泰州文獻

第四輯

巽齋所藏錢録
梅溪洪氏節烈雙褒録
濟世妙義
賈子次詁
正定王氏家傳
尚詩徵名
説劍山堂經解
古本大學説義
中庸箋正

鳳凰出版社

ISBN 978-7-5506-2201-2
9 787550 622012 >

圖書在版編目（ＣＩＰ）數據

巽齋所藏錢録、梅溪洪氏節烈雙褒録、賈子次詁等 /
(清) 費錫申等撰. -- 南京 : 鳳凰出版社, 2015.9
（泰州文獻）
ISBN 978-7-5506-2201-2

Ⅰ. ①巽… Ⅱ. ①費… Ⅲ. ①泰州市－地方史－史料
Ⅳ. ①K295.33

中國版本圖書館CIP數據核字(2015)第181898號

責任編輯	王愛榮
裝幀設計	姜　嵩
出版發行	鳳凰出版傳媒股份有限公司
	鳳凰出版社(原江蘇古籍出版社)
	發行部電話025－83223462
出版社地址	南京市中央路165號　郵編:210009
出版社網址	http://www.fhcbs.com
印　　刷	揚州文津閣古籍印務有限公司
	揚州市開發區鴻揚路22-2號(6幢)　郵編:225009
開　　本	889毫米×1194毫米　1/16
印　　張	36.75
版　　次	2015年9月第1版　2015年9月第1次印刷
標準書號	ISBN 978-7-5506-2201-2
定　　價	560.00圓

(本書凡印裝錯誤可向承印廠調換,電話:0514－87969255)

《泰州文獻》工作委員會

主　任

藍紹敏　陸志鵬

常務副主任

盧佩民

副 主 任

戴勝利　王學鋒　張培成　佘江涛

委　員（按姓氏筆畫为序）

丁少華　方標軍　成愛君　季春芳　周興安

查學斌　姜小青　奚愛國　陳士宏　黄林華

曹茂良　曹學賦　許大才　張國祥　萬永良

程榮穩　鄒祥龍　費振鐘　劉　玲　劉仁前

劉宏鳴　潘時常　薛金林　顧維中

《泰州文獻》編纂委員會

主　編

盧佩民

副主編

黃林華　姜小青

執行主編

成愛君　費振鐘

編　委（按姓氏筆畫为序）

王　飛　王　劍　王正奎　卞惠興　朱長順　全　勤
李文華　李明官　吴　迪　吴小晴　吴雙林　汪　政
沈　俊　林世田　莫其康　倪培翔　徐一清　徐同華
高　峰　陳　立　黄　靖　曹學林　常　康　張　定
張永龍　劉仁前　劉春龍　潘浩泉　薛　飛　謝冬榮
竇立成　顧寄南

《泰州文獻》學術指導委員會

（按姓氏筆畫为序）

江慶柏　金良年　茅家琦　華學誠　徐　雁　畢飛宇

程章燦　楊九俊　魯國堯　劉玉才　顧　農

總序

泰州古稱海陵，漢初（公元前一一七年）置縣，晋末（公元四一一年）設郡，南唐（公元九三七年）建州，始稱泰州。

泰州濱江近海，物阜民豐。漢唐以來，糧鹽並舉，商貿繁榮，爲溝通南北的重要港口城市。

泰州素爲文教昌明之邦。唐初立州學，北宋建貢院，明清開學政試院，産出大批科舉優秀人才。

泰州自古人文薈萃。走進泰州的，從范仲淹、富弼、陸佃，到孔尚任、吴讓之、蔣春霖，都留下深遠影響。走出泰州的，從張懷瓘、胡瑗、施耐庵、王艮，到李清、吴嘉紀、柳敬亭、黄龍士、李鱓、鄭燮、劉熙載、李詳、梅蘭芳、高二適，都在各自領域爲中國文化作出巨大貢獻。

泰州遺存的文獻也很豐富。僅據《江蘇藝文志》所載，便有二千七百餘種，涵蓋經、史、子、集的方方面面。其中，尤以明清時期爲夥，占到百分之九十九以上。這當中不排除由於種種原因，致使元以前的一些著述湮没無聞，但明清兩代，確是泰州文化的繁盛期。在這些文獻中，如《書斷》（張懷瓘）、《水滸傳》（施耐庵）、《王心齋先生遺集》（王艮）、《宗子相集》（宗臣）、《陋軒詩集》（吴嘉紀）、《板橋全集》（鄭燮）、《藝概》（劉熙載）、《李審言文集》（李詳）、《黄龍士先生棋譜》等，在中國文化史上都有重要地位和深遠影響。

與此同時，對鄉邦文獻進行整理的也代不乏人。自宋至清，周氏（周麟之等）、宫氏（宫偉鏐等）、陳

氏（陳應芳等）、徐氏（徐鳴柯等）等都曾致力其事，爲泰州留下了許多寶貴的文化財富。清嘉道間，鄉人夏荃編輯《海陵文徵》二十卷、附録十二卷，《海陵詩徵》十卷。民國初年，曾任江蘇省省長的鄉人韓國鈞歷經十餘年編成《海陵叢刻》計二十三種六十六册。

二〇一一年九月召開的中共泰州市第四次代表大會，提出了建設文化名城的任務。爲此，中共泰州市委、泰州市人民政府決定編纂《泰州文獻》。這是泰州有史以來對本土文獻最大規模的整理和彙編。它對於保存、利用、研究和開發泰州的歷史文化，尋繹泰州獨特的地方文化價值，爲泰州文化建設提供歷史人文資源，意義重大。

爲了保證編纂工作的順利進行，市委、市政府專門成立了工作委員會、編纂委員會和學術指導委員會。工作委員會由市委、市政府領導和相關部門負責同志組成，負責對編纂工作的領導和協調。編纂委員會由相關專家、學者組成，具體負責《泰州文獻》的編纂出版工作。學術指導委員會由江慶柏、魯國堯、程章燦、茅家琦、華學誠、徐雁、金良年等國内知名文史專家組成，負責對編纂工作的指導和把關。

編纂工作按如下幾個步驟進行：（一）進行文獻調查，建立文獻檔案；（二）精選有代表性、有學術價值的作品影印出版，選目由編纂委員會和學術指導委員會共同審議確定；（三）編輯出版《泰州文獻總目》。

《泰州文獻》分爲四輯：

第一輯『官修舊志』，收録泰州地區現存所有官修地方志。

第二輯『地方史料文獻』，收録泰州地區歷代重要的筆記和史料。按内容又可分爲史地類：收録有關泰

州歷史地理方面的著作，包括小志、專志、雜志等；政情類：收録有關泰州政治、經濟等方面的著作；文教類：收録有關文化、教育、圖書館等方面的著作。

第三輯『家族文獻』，收録泰州地區重要的家譜、家傳、家集與名人年譜。按内容又可分爲家乘傳記類：擇要收録泰州家族譜牒中的譜序、家規、家訓、箴言、族約、族記、祠田記、塋田記、雜記、著述等資料；家族總集類：以家族姓氏筆畫爲序。

第四輯『泰州文存』，收録泰州地區作者的詩文著作及其他代表性著作。按内容又可分爲學術論著類：收録泰州作者的經史雜著；文集類：收録泰州作者的詩文集；地方總集類：收録泰州作者的詩文合集。

考慮到《水滸傳》、《封神演義》（《辭海》云『一説陸西星作』）、《檮杌閑評》（學界多謂李清所作）等小説流傳甚廣，版本豐富，故不再收録。其他如堪輿、術數類著作，泰州人撰泰州地區以外的地方志、地理志類著作，一般性的彙編、摘鈔類著作，亦不予收録。

《泰州文獻》原則上收録現轄區内的作家作品。但從尊重歷史出發，泰州學派創派人物、明代思想家、哲學家王艮，平民詩人吴嘉紀等人，歷史上均屬於泰州地區，對泰州地區具有深遠的文化影響，他們的作品亦予收録。

前人給我們留下了豐厚的文化遺産，我們既要加以珍視和傳承，更要在前人的基礎上，創造出無愧於今天這個偉大時代的新篇章。這是我們更重要的使命，讓我們爲之努力。

《泰州文獻》編纂委員會

二〇一三年十月十八日

凡例

一、《泰州文獻》（以下簡稱《文獻》）分爲《官修舊志》、《地方史料文獻》、《家族文獻》和《泰州文存》四輯。

二、《文獻》收録範圍原則上爲現行政轄區内作者的著述和與泰州有關的重要著述，但考慮到歷史上曾屬於泰州地區的人物，如泰州學派的代表人物王艮、平民詩人吴嘉紀等對泰州文化深具影響，對他們的作品亦予收録。

三、所收著作成書年代限於一九四九年以前。

四、《文獻》所收著作，以學術價值、使用價值較高爲原則，適當兼顧版本價值。

五、《文獻》以影印方式出版。如有蠹損、殘缺、漫漶不清處，原則上以相同版本予以補配，以保證完整、清晰。

六、《文獻》對所收每種著作均撰寫提要，置於該著作前面，以方便讀者瞭解作者生平、主要内容、學術價值等。

七、《文獻》除保留所收著作原有頁碼外，均新編頁碼，每册頁碼自爲起訖。

八、《文獻》最後一册編有書名索引和作者索引，以方便讀者使用。

目録

巽齋所藏錢録

（清）費錫申 撰

《巽齋所藏錢録》十二卷，清費錫申撰，據上海圖書館藏清光緒十六年（一八九〇）刻本影印。

費錫申，字巽齋。清泰州人。履堅子。諸生。

清代錢幣著録非常興盛，出現了《古今錢略》《古泉匯》之類錢幣譜録，推進了中國錢幣學研究，《巽齋所藏錢録》亦這類書籍之一。此書作者費錫申精金石校勘之學，喜蓄古錢，潛心研究歷代錢幣，撰成此書。十二卷按朝代排列，卷一夏至東吴，卷二晋至北周，卷三隋唐，卷四五代，卷五北宋，卷六南宋，卷七遼金元，卷八明，卷九明末諸王及農民軍政權，卷十安南、朝鮮、日本等，卷十一壓勝、吉金錢，卷十二支幣、神符錢等，共著録各類錢幣一千餘品。每類錢幣先列正反兩面圖案，再加文字介紹和考證，少則數字，多則數百字，常常引經據典，加以考察，行文精審，要而不煩。讀者據此書可以按圖索驥，頗助後學。此書收録錢幣數量不多，但貫穿中國各個朝代，又收割據政權、外國以及壓勝、神符錢等，門類齊全，亦爲一部有價值的錢幣譜録，有助於對中國錢幣學乃至金融學的研究考察。

（周　忠）

巽盦所藏錢録

朱晉原書首

光緒十六年春月刊

敘

古人生長而至制心之江草古文字之留跡歷千載而不朽者當讀書稽古恨不親見古人相與考證而商榷之得其一名一物而時微事之源流而不覺其好之深味之長極天下可欣可欣之物而無所寄于其中焉韓子云樂之終身不厭於焉亦其然乎甲午春賈子壺山持其先人聲甫先生所著詩詠嘅然謂余曰先君生平精力萃於是書小子不敏謹摭拓以付剞劂先生幸賜之序而以之承先而讀其書上溯三代下迄明季凡正統偏安竊據外藩厭勝打馬諸品一

一儒哉博稽而詳考之要魁有大
者小者圓者方者厚者薄者精者粗
者巍而斜者其體有正有側者篆
者以分者古以篆者斜斗文者其字者
其實各調者殊者欲者其凡者白議者
嗚呼可謂儒者之承備之心好于隋之
頤經而唐之懷充得宋之張台陶王李

序　二

孝美董道明之鄭潛胡泰璟傳家
梅備尺諸而雖之碩其足哉不多之者
惟宋洪遵承志一書頗採軼論而
穿鑿附會亦所不免哉
桐通儒少年生著錄其務冥心搜討
於搨之遺蓄獨之手鑒古人而上之
至不失是以出視諸家為何如而果

於制作之原文字之變顯於融會貫通
集一家之而不爲前人所囿者先生之
用力精且勤矣先生循雅符轉清
介絕俗不慕榮利生平無古取所尚
他好每得一品審辨研究終日靡
於今古手箋書注其手如是在山兄文
於勉承家學成先生未竟之志其

序　三

亦可謂篤述如是
甲午三月里後學王年謹序

畢齋所藏錢錄

卷一目錄

卷二目錄

卷三目錄

卷四目錄

巽齋所藏錢錄

海陵費錫申編輯

夏幣一品

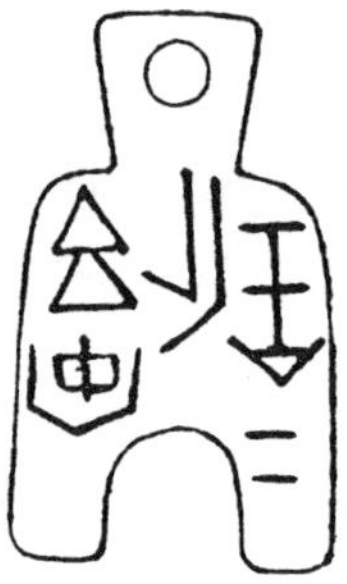

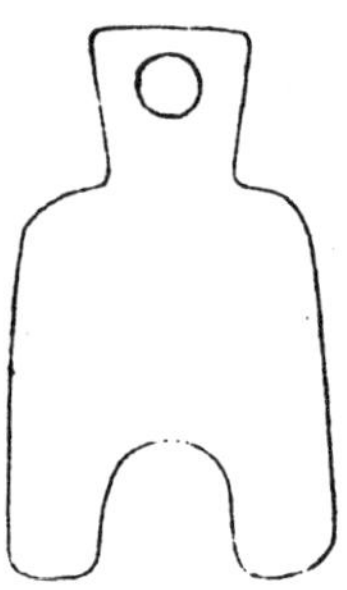

幣文倒列安邑貨二金五字夏禹時鑄按路史云禹始陽城後徙安邑漢志曰禹自平陽徙安邑此禹幣之証也長二寸一分中廣寸三分上廣九分足長五分重二十八銖洪志載異布有陽之吉貨疑即此誤順讀其文也

商幣一品

十貨錢商時鑄錢志載商幣長三寸餘兩文四字
背文二字重十二銖李孝美曰古布中此品較大
後新莽仿古制亦有此篆文惟十貨二字逆讀

周錢二品

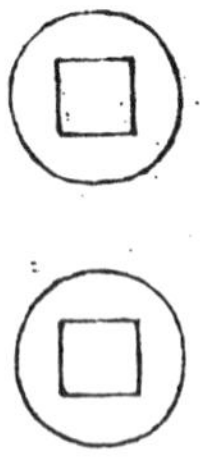

無字錢漢志云太公爲周立九府圜法錢圜函方
荀悅曰外圜内方面背肉好俱有周郭俗謂之古
老錢洪志載戰國時各諸侯亦鑄無字圜錢惜今

莫能考辨矣

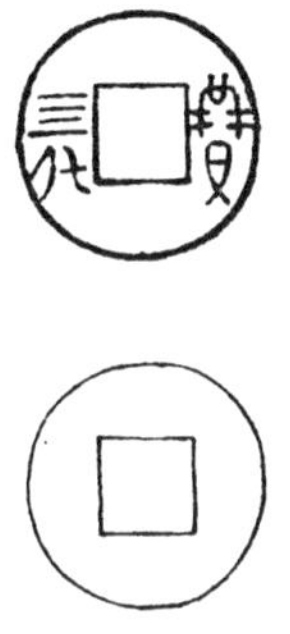

寶四貨錢漢書食貨志周景王患錢輕更鑄大錢
文曰寶四貨單穆公諫弗聽卒鑄之鄭樵通志周
初錢文本曰寶貨至景王廣其製爲四貨有周郭
背夷漫如半兩洪遵李孝美列於不知年代品張
崇懿誤爲左讀遵書天贊二字均前人疎畧處也

齊刀一品

刀文卽墨邑寶貨五字齊刀也諸譜詳載不一列
國刀幣亦夥余僻處海陵僅得此刀三代以來寥

寥數品未免爲富藏家所笑然古趣可愛備一代
之式可耳

秦錢二品

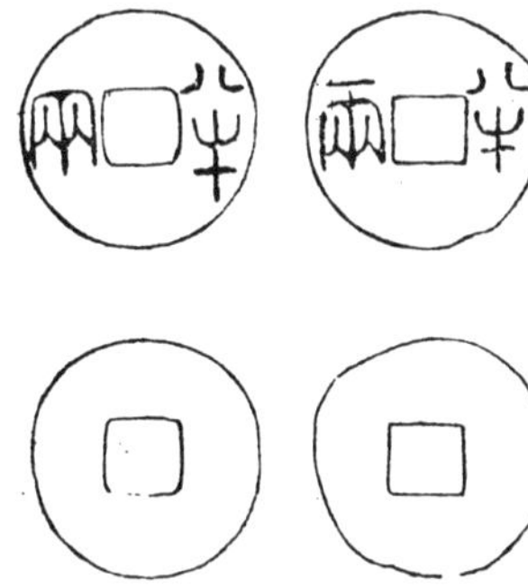

半兩錢按史記平準書曰秦至關中鑄錢文曰半兩重如其文漢書食貨志曰秦幷天下鑄錢銅質如周文曰半兩葢錢之銅質如周唯文少異耳顧烜曰始皇鑄半兩錢重十二銖敦素曰嘗得此錢徑一寸三分重止八銖無輪郭又一品兩作㒳

前漢錢十三品

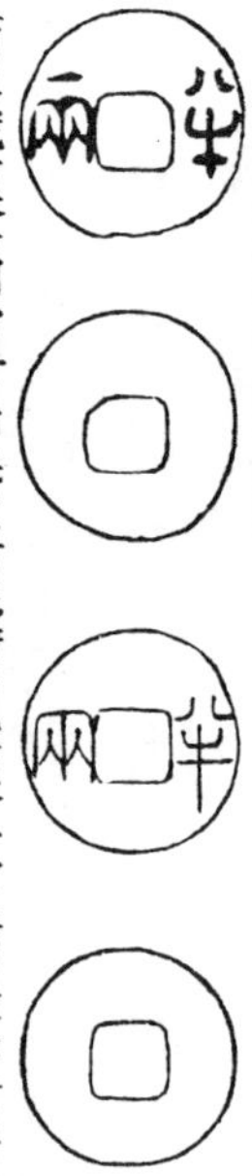

半兩錢漢高祖呂后所鑄也漢承秦製較秦錢稍輕狀亦不同重八銖徑八分世謂之八銖錢者是

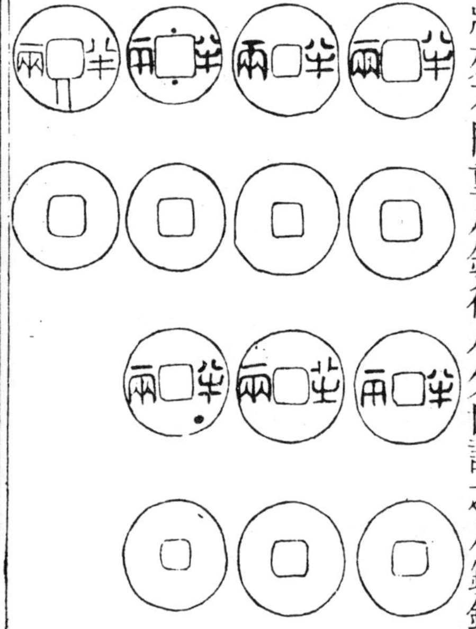

巽齋所藏錢錄　卷一　四

半兩錢漢文帝所鑄也較漢初更輕小形模各異重四銖仍曰半兩

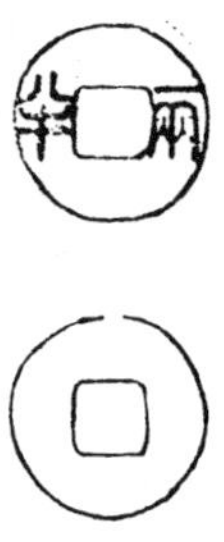

兩半錢亦文帝鑄重四銖

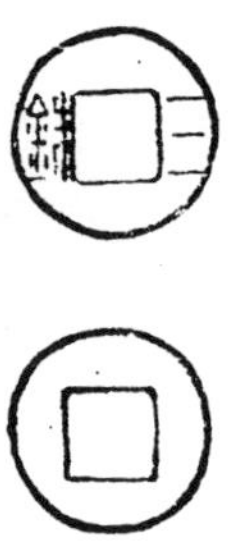

三銖錢漢武帝所鑄也按漢書武帝建元元年二月行三銖錢重如其文

巽齋所藏錢錄　卷一　五

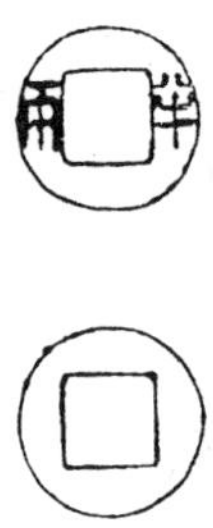

半兩錢亦武帝鑄建元五年罷三銖錢行半兩錢顏師古注曰又新鑄作也

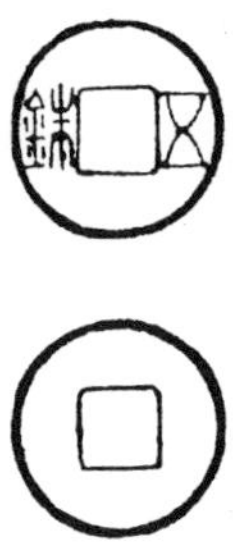

五銖錢亦武帝鑄元狩五年罷半兩錢行五銖錢按史記平準書武帝時郡國多鑄錢輕公卿請令京師鑄官赤側官非赤側不行赤側質謂紫紺錢

也

附新莽錢刀幣二十五品

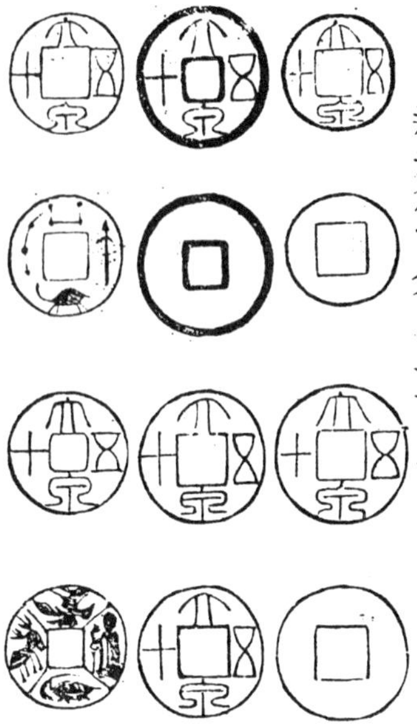

大泉五十錢王莽篡漢所鑄也莽變漢制以周錢子母相權乃更造大錢徑一寸二分重十二銖文曰大泉五十文有懸鍼玉筯之別但民多盜鑄不可禁故官私雜出其錢自有大小又有對文有龜星劍有爵祿壽龜蛇者

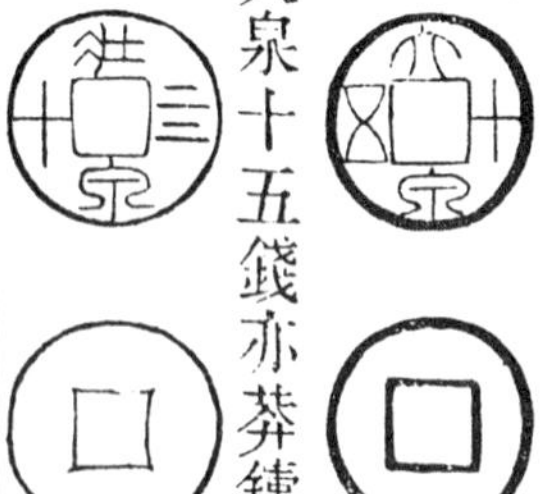

大泉十五錢亦莽鑄乃五十二字傳形文也

壯泉四十錢食貨志曰莽鑄大泉五十壯泉四十中泉三十幼泉二十幺泉一十小泉直一凡六品是爲泉貨此錢徑一寸重九銖

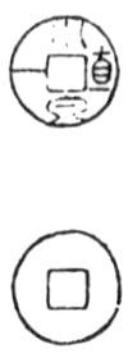

小泉直一錢亦莽鑄徑六分重一銖

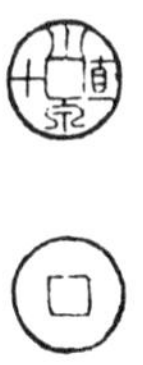

小泉直十錢莽時民間私鑄與幺泉一十並行徑六分重三銖

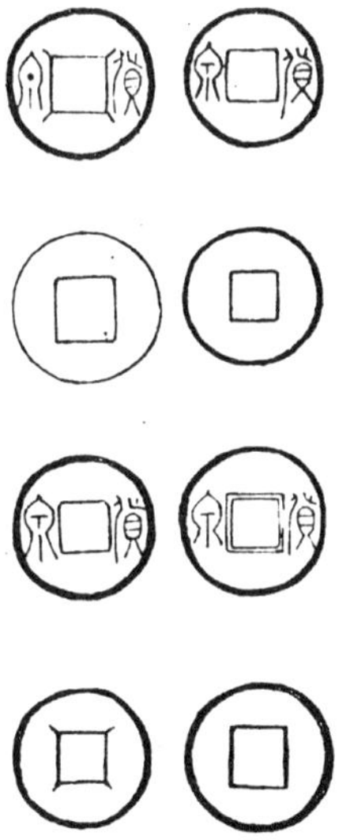

貨泉錢洪氏曰徑一寸重五銖每枚直一漢官儀曰莽鑄貨泉其文爲白水真人光武居白水鄉乃應其瑞錢文有懸針玉筯之別懸針文者俗謂之男錢

又二品對文

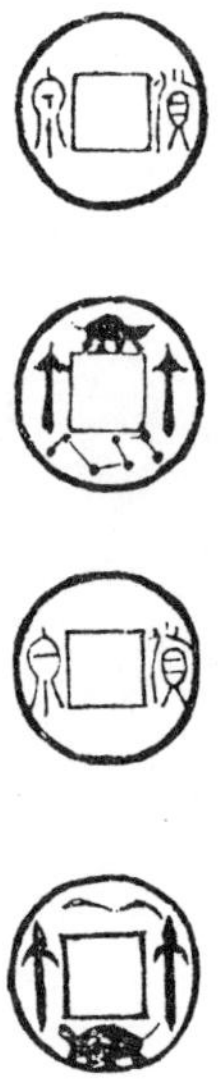

又二品背文有龜星劍及龜蛇劍謂之直武錢佩
之辟邪

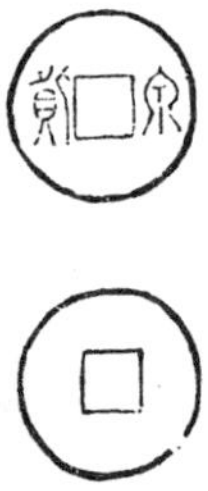

又一品傳形

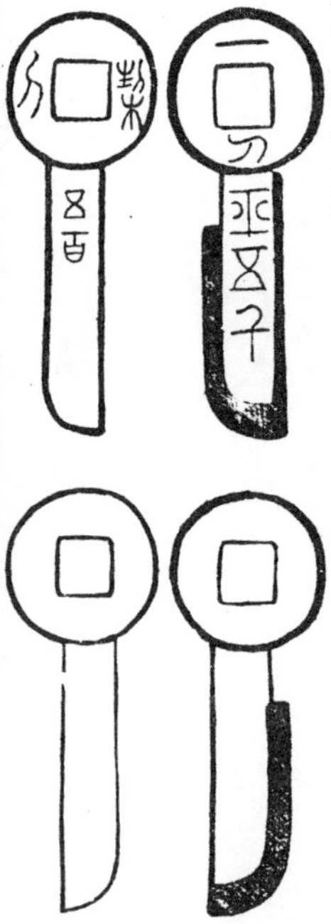

錯刀錢食貨志曰其環如大泉身形如刀長二寸
文曰一刀平五千又一品文曰契刀五百

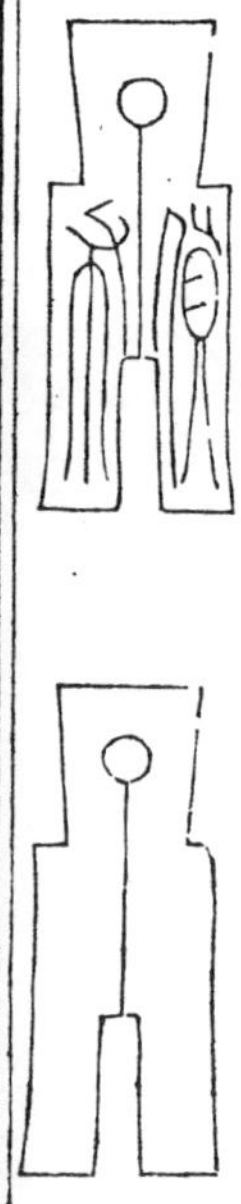

貨布錢漢書食貨志云莽天鳳元年罷大小錢作
貨布長二寸五分首長八分有奇廣八分其圜好
徑二分半足枝長八分廣二分其文右曰貨左曰
布重二十五銖直貨泉二十五張台云此布大小
輕重絲毫不爽泠謙定律亦借以爲準

又一品微小銅質稍白顧烜云莽作錢布間用銅
雜鏈錫即此是也

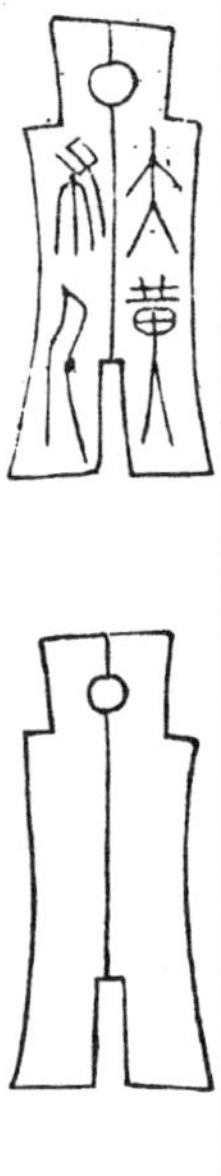

大黃布千錢亦莽鑄與貨布同仍以一當貨泉二
十五泉志作大黃布刀讀閩宰云布刀不作順讀
錢述云大黃布刀了無意義篆文刀字中多一點
盖千字也因以爲大布黃千黃横衡三字通用黃
作横横者平也平即直所謂大布直千也余謂莽
自稱黃虞之後當作大黃二字讀且有么布一百
小布二百至次布九百則大黃布千明矣

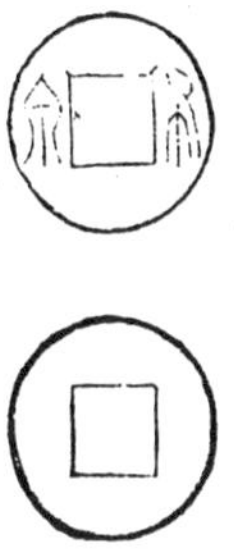

布泉錢亦莽鑄徑九分重四銖上有决文懸鍼者謂之宜男錢婦人佩之則生男

東漢錢十一品

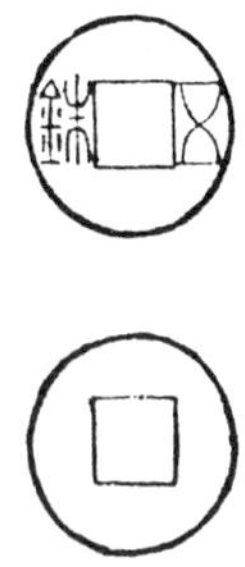

五銖錢漢光武帝所鑄也食貨志曰建武十六年三月丙申始鑄五銖錢蜀中童謠曰黃牛白腹五銖當復至是應之錢志載光武五銖錢銅質字文精好其後諸帝皆承前漢舊製鑄五銖錢今莫能考

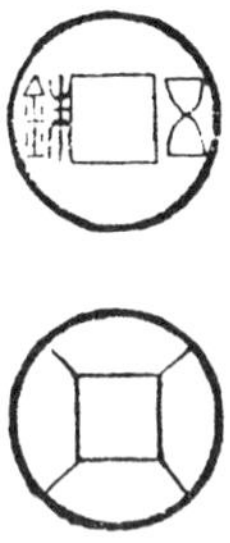

五銖錢漢靈帝所鑄也後漢書曰中平三年鑄四出錢又獻帝春秋靈帝作角錢式猶五銖背有四道爲民散四方之讖徑一寸重四銖

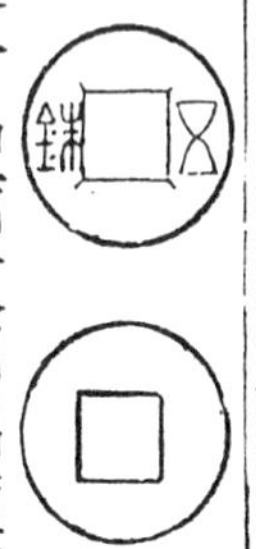

又一品面文四出短不及郭

無郭錢漢獻帝時董卓所更鑄也漢書董卓傳曰卓悉取洛陽及長安銅人馬之屬以充鑄錢無輪郭無文章不便人用後漢紀曰卓更鑄五銖錢無輪郭不可把持蓋卽此錢也

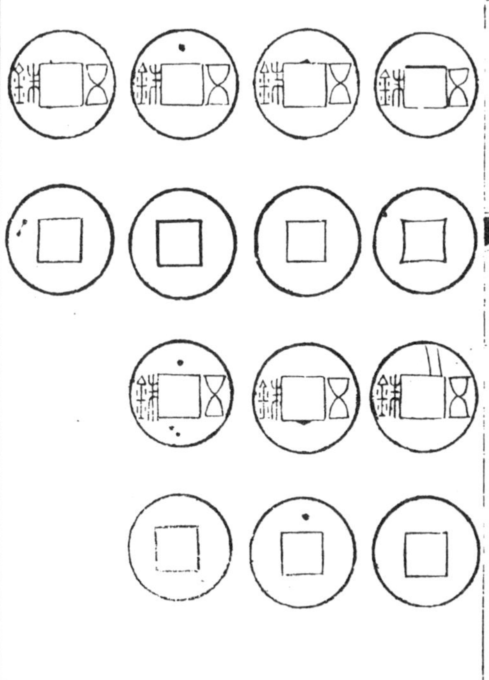

第一品穿上有一字第二品穿上有二豎文第三品穿上半星第四品穿下半星背一星第五品穿上一星第六品穿上一星穿下雙星第七品背雙星雖點畫有別究難辨某某所鑄錄數種以備格

蜀漢錢四品

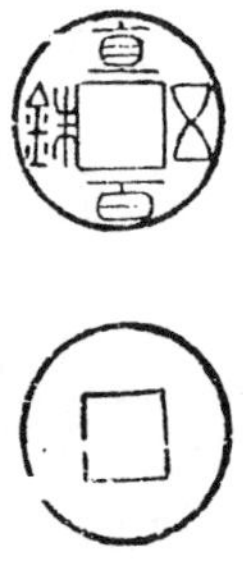

直百五銖錢蜀昭烈帝所鑄也按蜀志先主初拔成都軍用不足劉巴議鑄直百錢平諸物價從之

顧烜曰徑一寸一分重八銖背面有周郭文字明坦

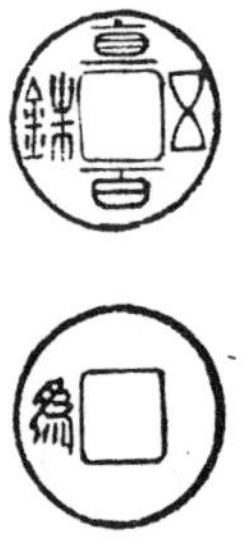

又一品背有爲字

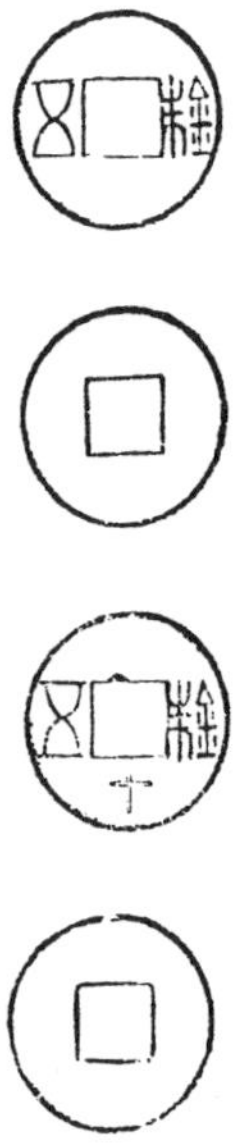

又二品銖字篆法不同郎西涛古鑑言傳形五銖者是

吴錢三品

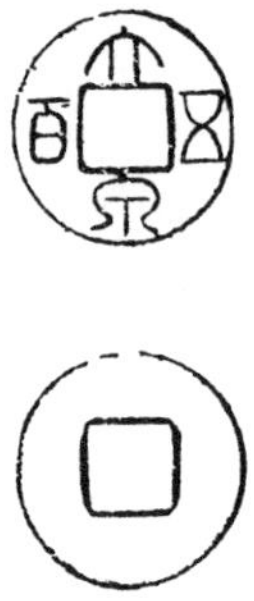

大泉五百錢吴大帝所鑄也按吴志嘉禾五年春鑄大泉五百徑一寸一分重四銖六參

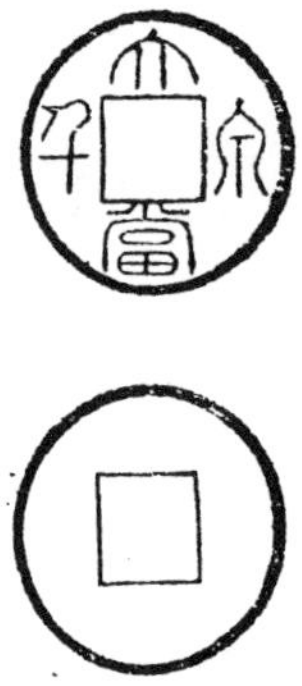

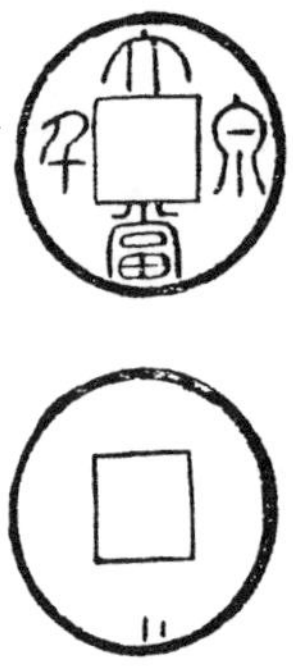

大泉當千錢按吴志大帝赤烏元年鑄當千大錢徑寸五分重十二銖文字夷漫輪郭重厚晉書食貨志謂之比輪錢又一品微小與舊譜異

巽齋所藏錢錄

海陵費錫申編輯

晉錢一品

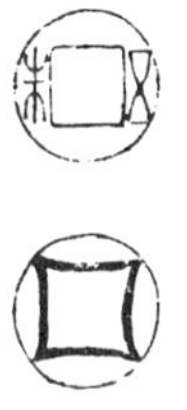

五銖錢晉時吳興沈充鑄也按晉書云輕薄郭小世謂之沈郎錢又潛確類書晉有四分錢即指此錢也

宋錢六品

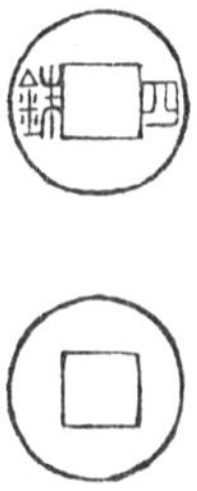

四銖錢宋文帝所鑄也按宋書文帝紀元嘉七年冬十月戊午立錢署鑄四銖錢面背皆有周郭徑七分重如其文

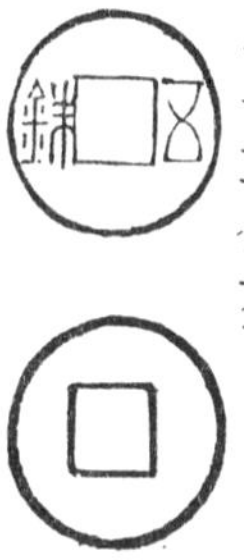

五銖當兩錢亦文帝鑄元嘉二十四年六月以貨貴制大錢一當兩次年因民不便罷

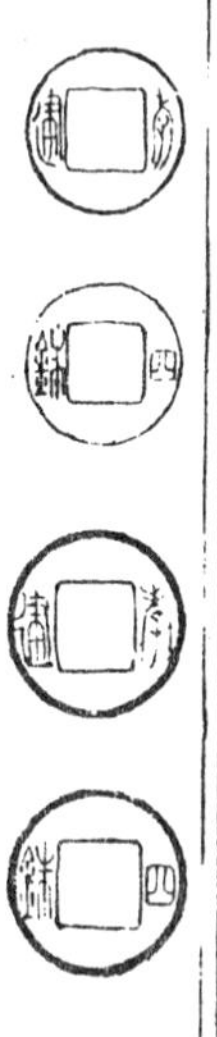

孝建四銖錢宋孝武帝所鑄也宋書孝建元年春正月更鑄四銖錢顧烜曰錢文一面孝建一面四銖孝建二字薤葉四銖二字大篆

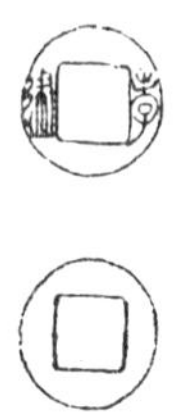

孝建錢亦孝武帝所鑄舊譜云孝建二字錢薄小明帝泰始三年停鑄

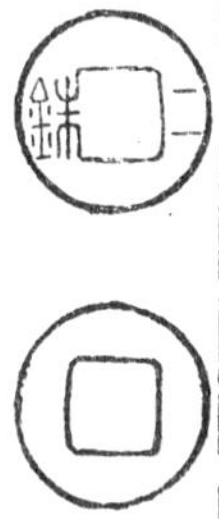

二銖錢宋中廢帝所鑄也宋書永光元年春二月鑄二銖錢三月罷此品與新編所載同

齊錢一品

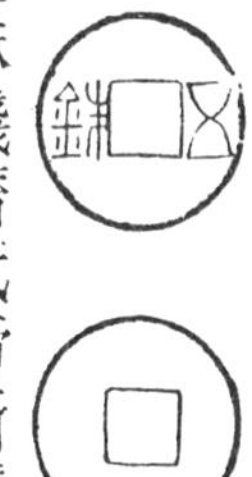

五銖錢齊武帝所鑄也永明八年十月鑄五銖錢輕重大小悉依漢制後以工費不足而止按此錢

較漢五銖錢穿徵小

梁錢十五品

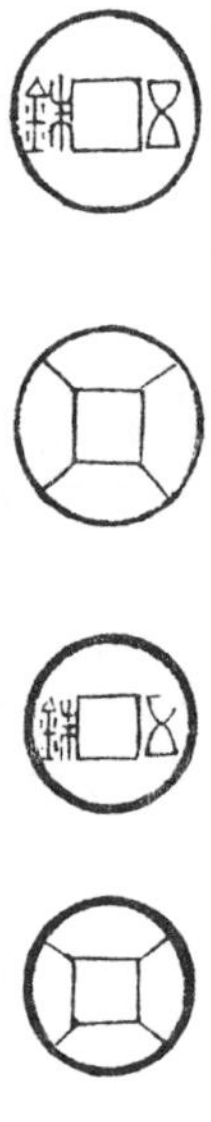

五銖鐵錢梁武帝所鑄也梁書武帝紀普通四年
冬十二月始鑄鐵錢文曰五銖背四出文大小有
二品

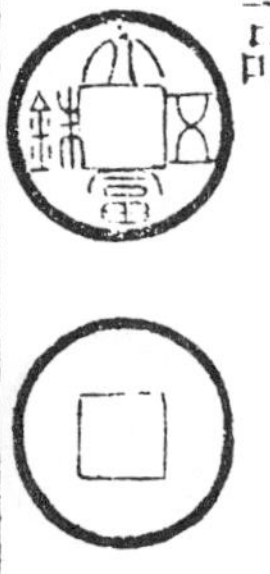

大富五銖錢亦武帝鑄謝氏謂近所得皆鐵錢此
乃銅錢背無四出與諸譜小異耳

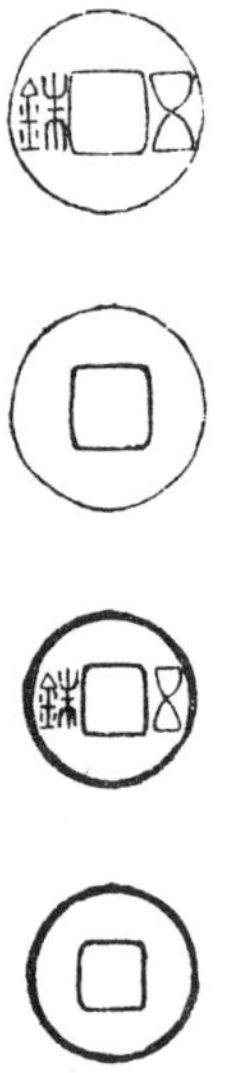

五銖女錢亦武帝鑄張台曰背無好郭名之女錢
天監元年聽民私鑄有不精也背有好郭名之公
式女錢蓋官鑄也

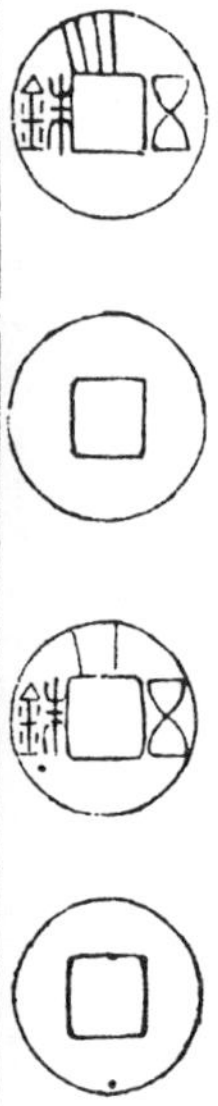

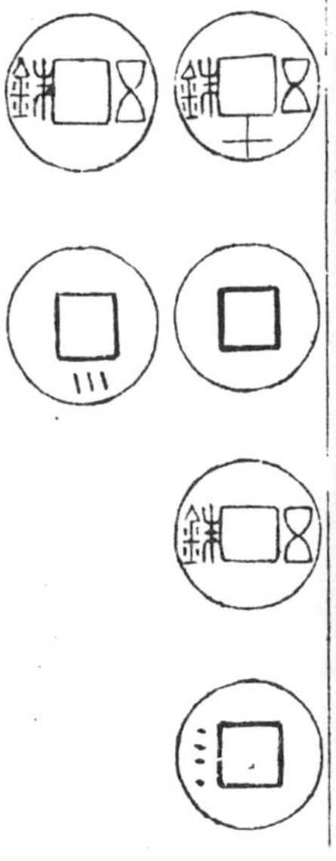

五銖四柱錢梁敬帝所鑄也太平二年夏四月鑄
一準二十後改一準十新編云又有二柱二柱三
柱者或在面在幕

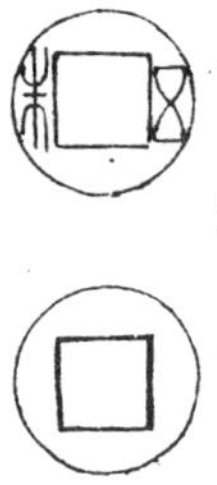

五銖錢　欽定錢録及新編俱載梁鑄顧烜曰徑
七分半重三銖文曰五朱以銖爲朱源出稚錢三
吳屬縣行之

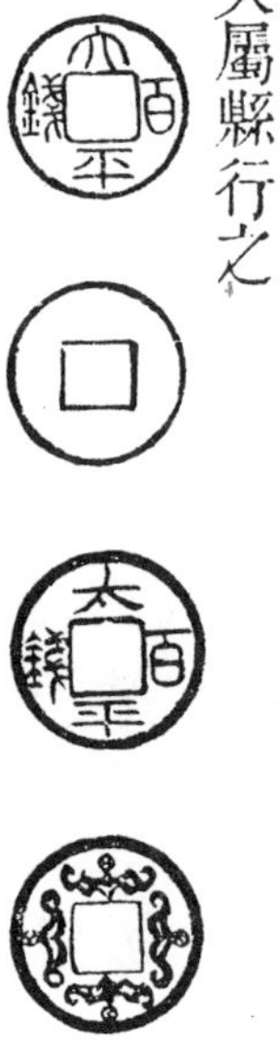

太平百錢梁時民間私鑄也第一品篆書第二
品間以隸體背有花紋余門生俞惠圃見贈也

五銖錢亦梁錢背有花紋與太平百錢相似蓋民
間好奇私鑄也

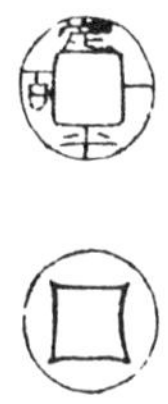

定平一百錢按食貨志梁武帝時百姓或私以舊
錢交易有定平一百等錢則已先梁鑄矣　欽定
錢錄金石索均附於梁後謂定字漶缺此品獨完
好

陳錢二品

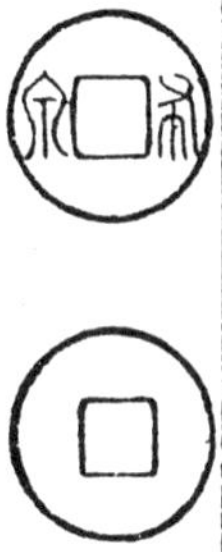

布泉錢陳文帝所鑄也新編引董逌說天嘉二年
鑄錢日布泉以一當百與新莽之布泉周武帝之
布泉迥有不同此則玉筯文也

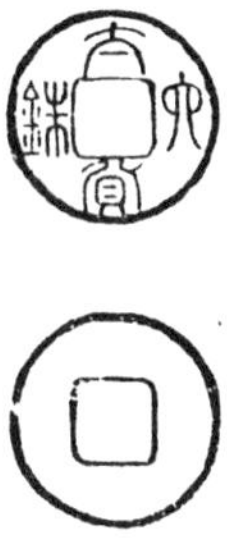

太貨六銖錢陳宣帝所鑄也陳書大建十一年秋
初用太貨六銖錢以一當五銖十行之不使後還

當一民間視錢文形勢有叉腰哭天子之謡

北魏錢四品

五銖錢北魏宣武帝所鑄也食貨志曰永平三年
鑄五銖錢較漢錢稍小濶緣五字交股直下左側
有豎畫俗名凶五銖於五字横讀也

永安五銖錢北魏孝莊帝所鑄也食貨志曰永安
二年秋鑄永安五銖錢至次年正月止錢多輕濫
後詔諸州鎮收銅更鑄其文仍舊董逌謂北齊錢
非蓋齊承魏猶用永安五銖錢東西魏亦鑄永安
五銖錢又高澄鑄永安五銖百鑪名令公百鑪錢
行用日久故存世多有三品第二品背穿四出不
及郭第三品背文土字

北齊錢二品

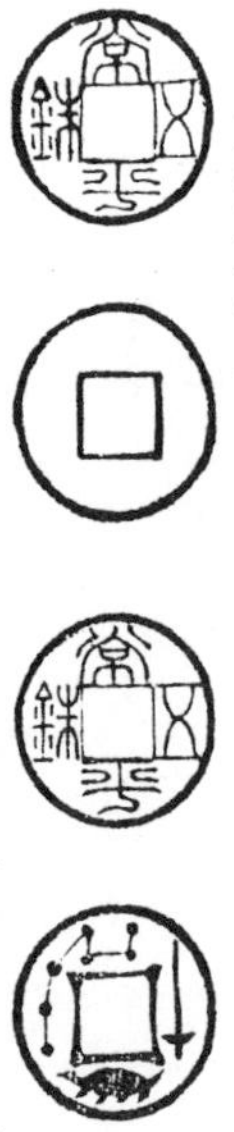

常平五銖錢北齊文宣帝所鑄也北齊書天保四年春正月除乑安五銖錢改鑄新錢文曰常平五銖又隋書食貨志曰重如其文其錢制造甚精舊譜曰徑八分李孝美曰徑一寸又一品背文龜星劍

北周錢七品

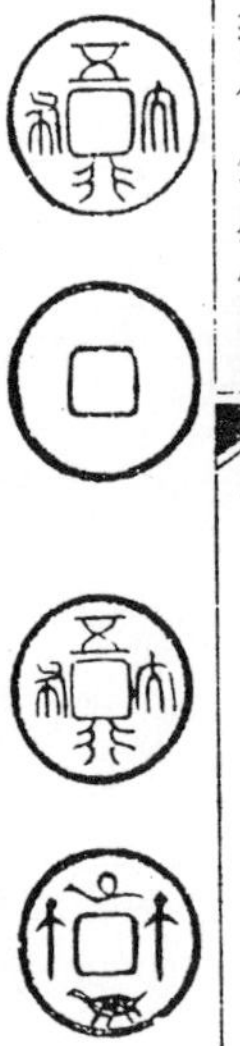

五行大布錢北周武帝所鑄也按周書武帝紀建德三年六月更鑄五行大布錢以一當十其文上五下行左大右布張台曰徑六分第二品背有龜蛇雙劍

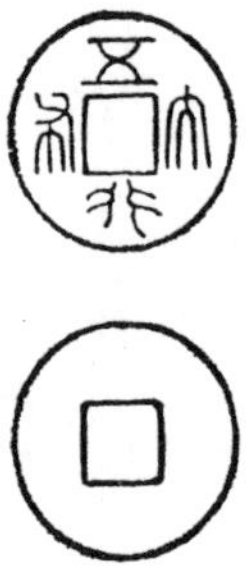

又一品差大徑一寸一分

五兩大布錢謝氏云亦如當十之說

永通萬國錢北周宣帝所鑄也周書曰大象元年十一月初鑄以一當十背有立武星劍與五行大布並行

又一品形製與諸譜較異惟謝佩禾有之

又大錢一品　欽定錢錄云面文萬字鐘鼎篆背文四字可識者明萬二字餘莫辨因其面文同前附錄於後

附成錢一品

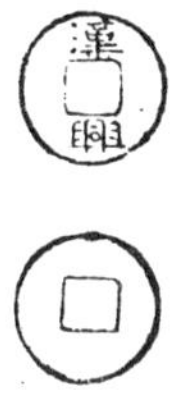

漢興錢成李壽所鑄也按壽私謚中宗更國號爲漢改元漢興凡六年

附後趙錢一品

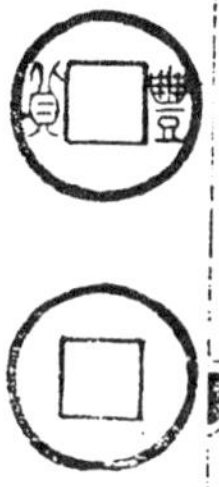

豐貨錢後趙石勒所鑄也世俗謂之富錢言人得此錢可致豐富也洪氏曰輪郭深好徑九分重三銖又舊譜曰徑一寸重四銖或云有銅鐵二種此錢乃銅鑄也

附北燕錢一品

太興平寶錢北燕馮弘所鑄也弘馮跋弟建元太興鑄太興平寶錢重四銖徑八分背文丁字

巽齋所藏錢録

海陵費錫申編輯

隋錢九品

五銖錢隋文帝所鑄也食貨志曰高祖既受周禪以錢貨輕重不等乃更鑄新錢文曰五銖重如其文漢王諒於并州晉王廣於鄂州蜀王秀於益州各立五鑪均鑄此錢大業後民多私鑄輕至一銖

六黍用白鑞和鑄唐書謂隋行五銖白錢因錢色白故謂之白錢耳

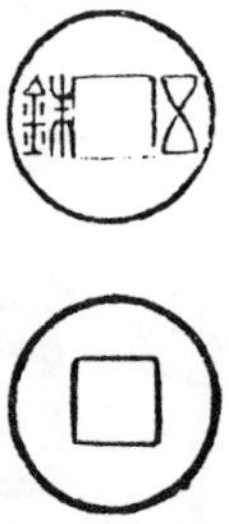

又一品其五字左有竪文與魏五銖異識者自能辨之

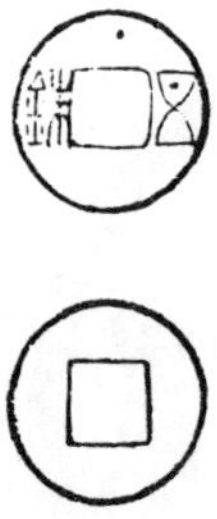

又一品五字内上一星又穿上一星張台曰五字

内上下有一星此則小異耳

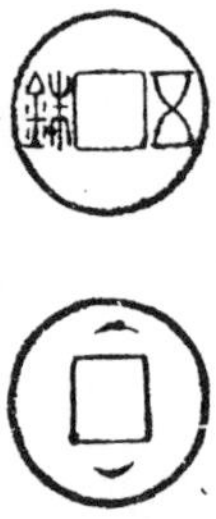

又一品背穿上下月文

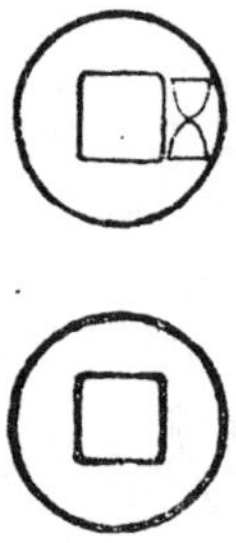

又一品單五字　欽定錢録有此品

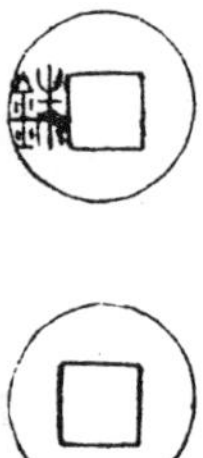

又一品單銖字以上五種　欽定錢録皆附於隋後今從之

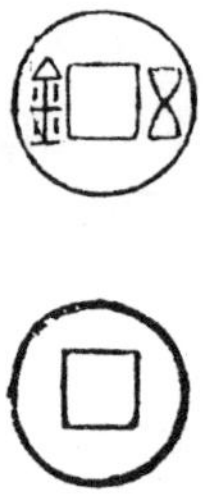

五金錢　欽定錢録亦作五銖云如梁初所行五銖去金以朱為銖也徐氏名曰五金錢

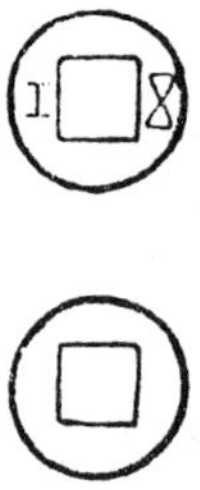

五工錢　欽定錢録有五王錢謂是五銖別種疑

卽此類

巽齋所藏錢錄　卷三　三

五銖萬千錢舊譜萬作卍　欽定錢錄有五銖十

千錢云鑪工凡新鑄錢必先造一二枚大者名母錢

附林士洪錢四品

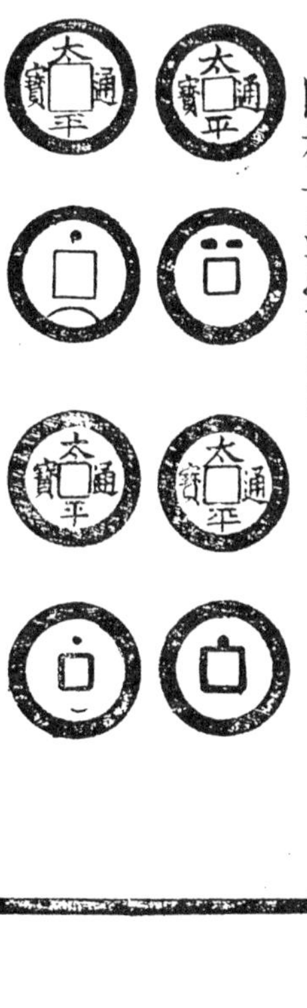

太平雙柱錢林士洪鑄按林鄱陽人大業十二年冬十二月壬辰自稱皇帝國號楚建元太平佩禾

巽齋所藏錢錄　卷三　四

日錢雖屬盜鑄實開通寶之先聲矣背有一柱星月等文

唐錢六十三品

開元錢唐高祖所鑄也舊唐書曰開元錢文歐陽詢書其字食貨志武德四年鑄開元錢積十錢重一兩洪志謂終唐之世相繼冶鑄故傳世多俗謂之開通元寶錢其意若曰開國通行之元寶也

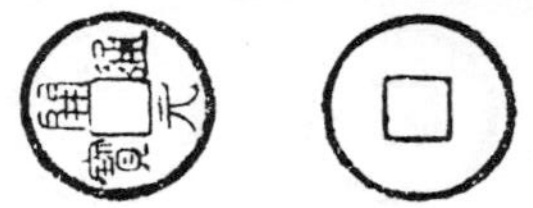

又一品元字左挑文

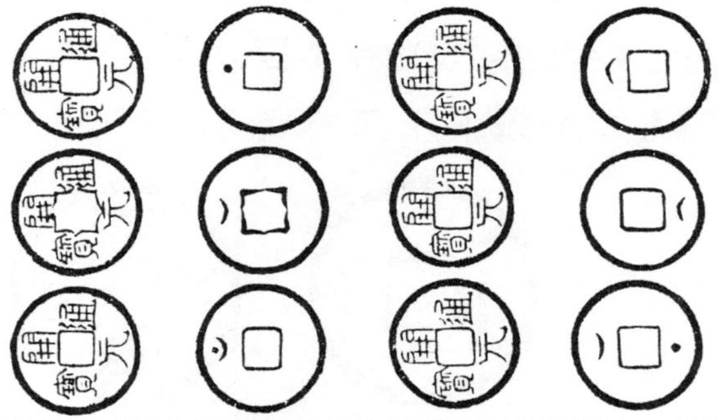

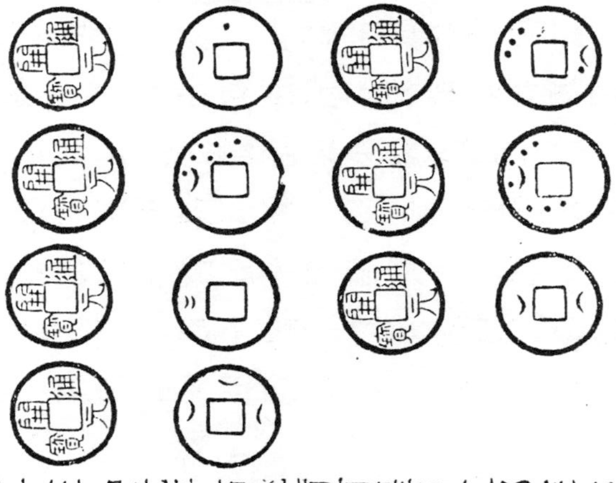

又十三品元字右挑背有星月文鄭虔云初進蠟

樣文德皇后掐一甲跡故錢背有掐文其說無考

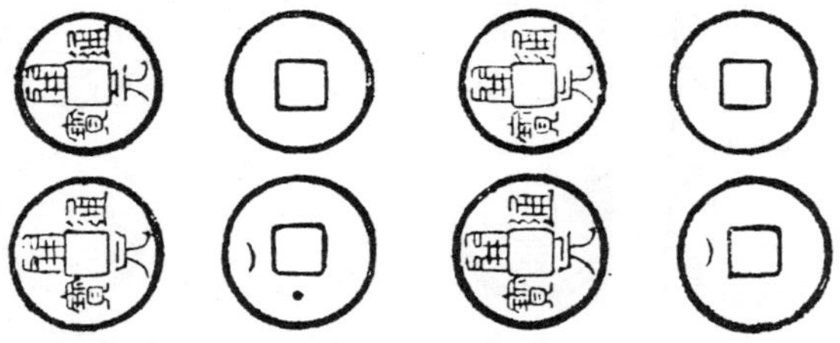

又四品元字雙挑文各異

乾封錢唐高宗所鑄也按舊唐書乾封元年封嶽之後改造新錢文曰乾封泉寶乾字直上封字在左新錢以一準十踰年詔復行開元錢鑄遂止

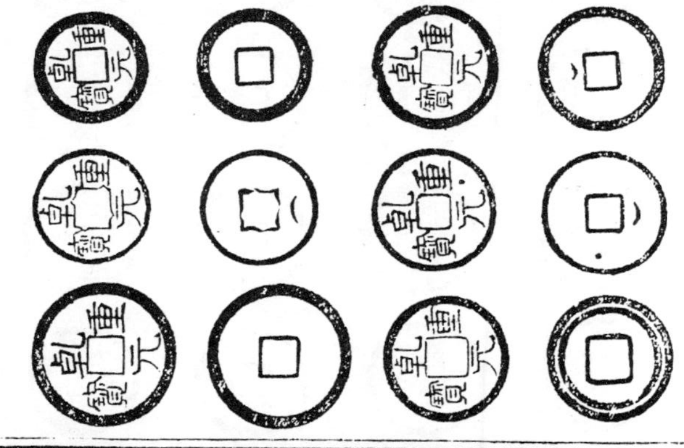

乾元錢唐肅宗所鑄也按肅宗乾元元年九月鑄乾元重寶錢以一當十食貨志曰第五琦爲相請鑄重輪錢一當五十然考寶應元年改行乾元錢一以當二重稜小錢一以當一重稜大錢亦一以當三尋又改行乾元大小錢俱以一當一則當日所鑄大小雜出又按名義考錢文稱重寶自此始背鑄星月文不一錄數品識其大概云

開元錢唐德宗所鑄也按唐書食貨志曰建中元年判度支趙贊請採連州銅鑄大錢一以當十以權輕重詔從之洪志曰字文明坦銅質渾厚

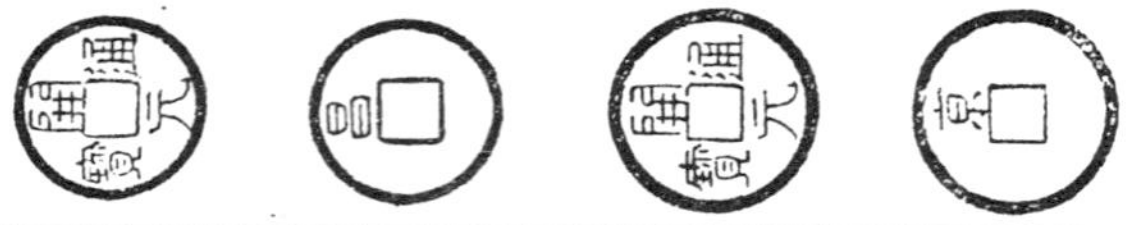

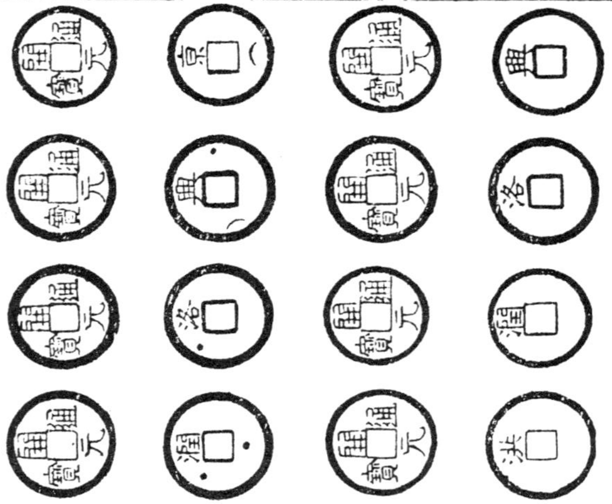

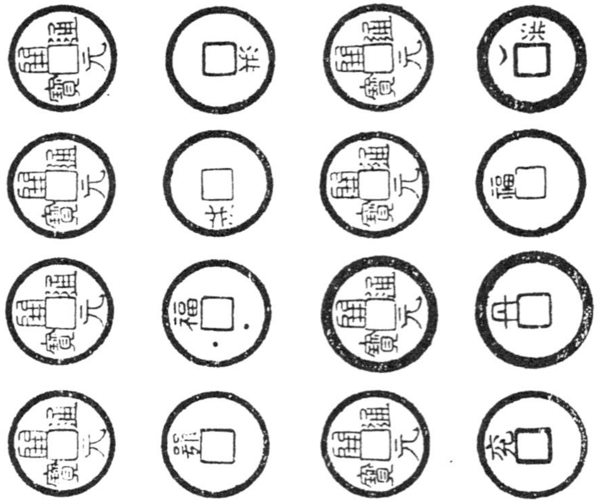

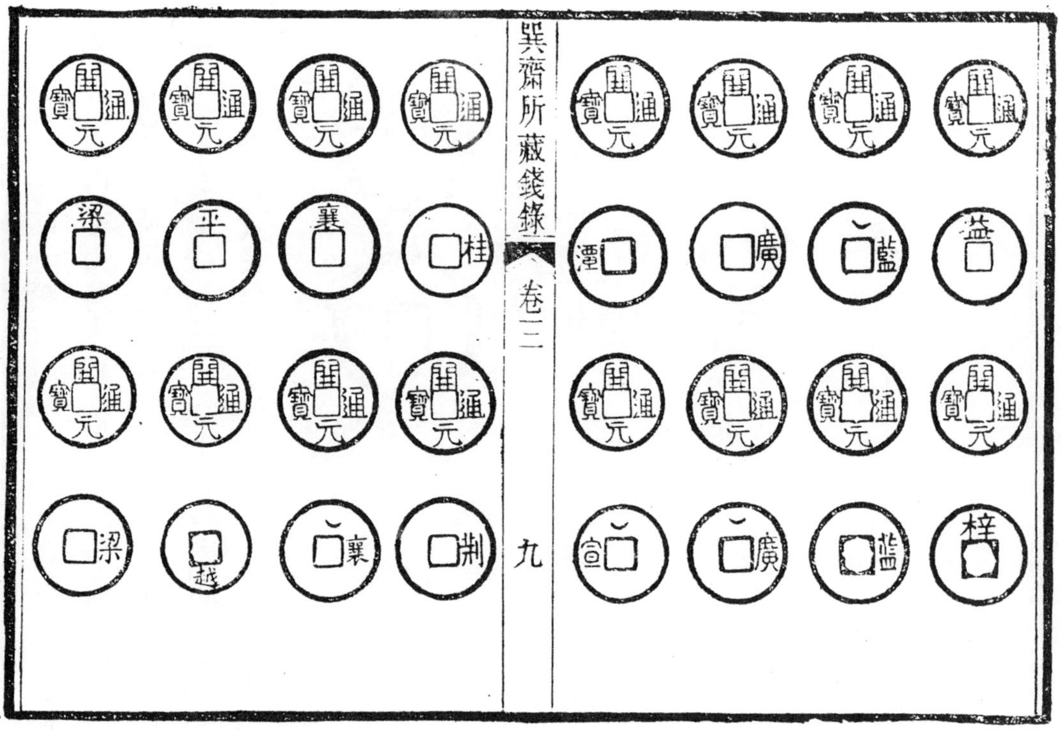

開元錢唐武宗所鑄也按會昌六年武宗廢天下佛寺以銅鐘佛像鑄錢文仍開元揚州節度使李紳乃於新錢背鑄昌字以表年號進之遂飭諸道鑄錢之所各鑄本州郡名於背於是京兆府鑄京字興元府鑄興字洛陽鑄洛字浙西鑄潤字江西鑄洪字福州鑄福字丹州鑄丹字鄂州鑄鄂字兗州鑄兗字西川鑄益字東川鑄梓字藍田鑄藍字廣州鑄廣字湖南鑄潭字宣州鑄宣字桂陽鑄桂字江陵鑄荆字襄州鑄襄字平州鑄平字越州鑄越字梁州鑄梁字背文或在穿上穿下穿左穿右並星月等文皆鑄錢所私誌也余所缺惟揚字一品

附史思明錢二品

得壹錢史思明據東都時所鑄也唐書乾元二年正月思明自稱大燕皇帝僭號得壹已而惡得壹

非常久之兆改元順天以一當開元錢百按麗元英文昌錄曰後唐同光三年洛陽馬步使朱守殷於積善坊役所得錢八百九十六枚又沈存中筆談熙寗中發地得錢三十餘千皆得壹順天也舊譜曰得壹元寶錢徑一寸三分重十三銖背有仰月文

順天錢亦思明鑄舊譜曰順天元寶錢徑一寸五分重十五銖

巽齋所藏錢錄

海陵費錫申編輯

後梁錢一品

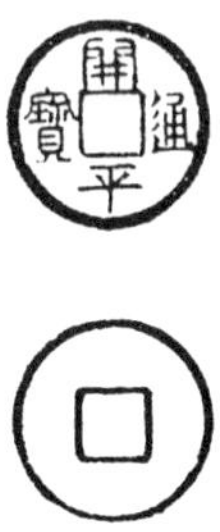

開平錢後梁太祖所鑄也按五代史太祖建元開平四年改元乹化泉寶錄錢志新編俱載開平通寶錢

後唐錢一品

天成錢後唐明宗所鑄也按續通典曰天成元年十二月敕禁中外所使銅錢內鐵鑞錢二年八月禁民間銷銅錢為器洪志曰天成元寶錢徑九分重三銖六參

後晉錢二品

天福錢晉高祖所鑄也五代史晉天福三年詔曰國家所資泉貨為重宜令三京諸道州府無問公私有銅者並許鑄錢仍以天福元寶為文又鄭向曰天福三年詔建錢鑪於藥州稗史彙編謂錢文稱元寶者自石晉始然唐代宗大歷史思明得壹順天後唐天成等錢文皆元寶不始於晉也或云石勒所鑄尤謬

又一品面文鎮寶西清古鑑謂鎮寶者葢如通寶重寶之變易其文舊五代史言石晉時鑄背文黎字　欽定錢錄以為所鑄之地也

後漢錢四品

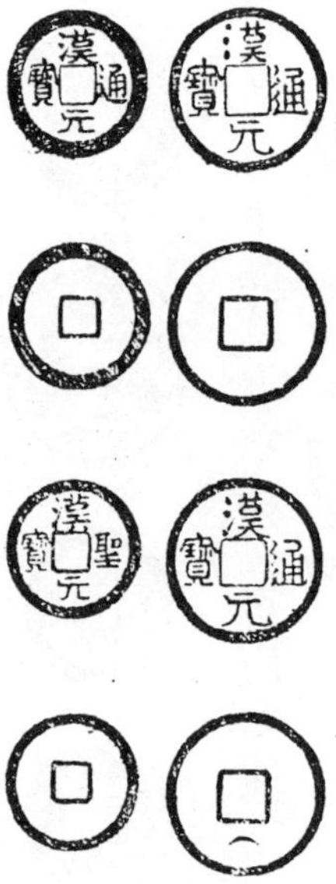

漢元錢後漢高祖時鑄也按續通典漢乾祐元年四月膳部郎中羅中引請在京置錢監俾銅盡為錢以濟軍用此錢文曰漢元通寶與後周周元宋初宋元同意背穿下作仰月形葢仿開元制也又二品微小有聖寶之別

後周錢十一品

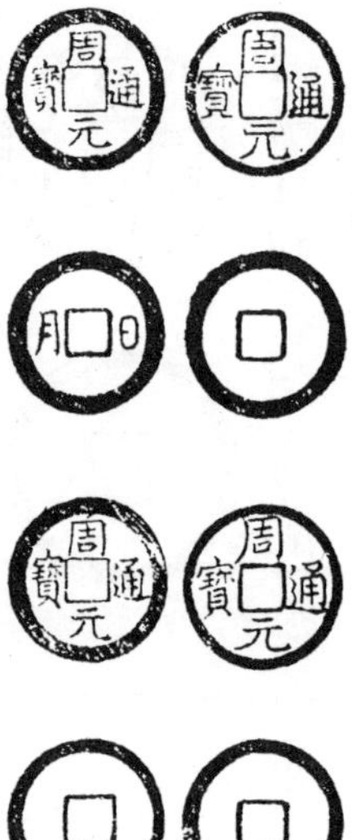

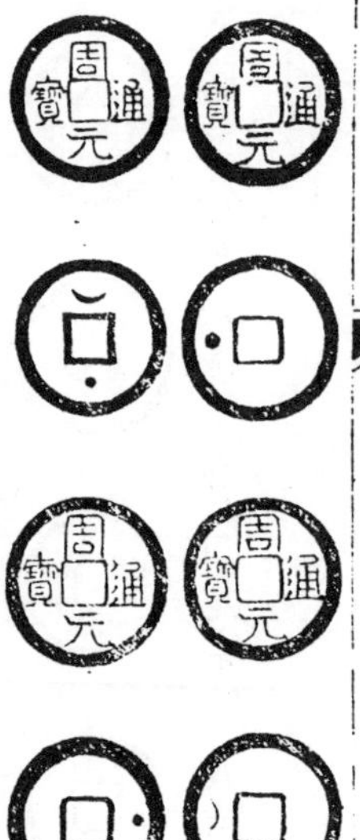

周元錢周世宗所鑄也按五代史周世宗即位之明年廢天下佛寺三千三百三十六是時中國乏錢詔悉毀銅佛以鑄錢又遣尚書水部員外郎韓彥卿以帛數千疋市銅於高麗以鑄錢背文有日月二字及正字星月文俗以此錢占課最靈葢誤

誌作周文王錢也

又二品背作龍鳳形新編云可以塞地下泉穴

又大錢一品李氏錢譜曰重一兩傳世絕少不易

巽齋所藏錢錄　卷四　四

得也

附楊行密錢一品

大和錢楊行密鑄按歷代說約行密據吳傳位至

幼子溥始稱帝國號吳建元順義三年改元大和

附南唐錢八品

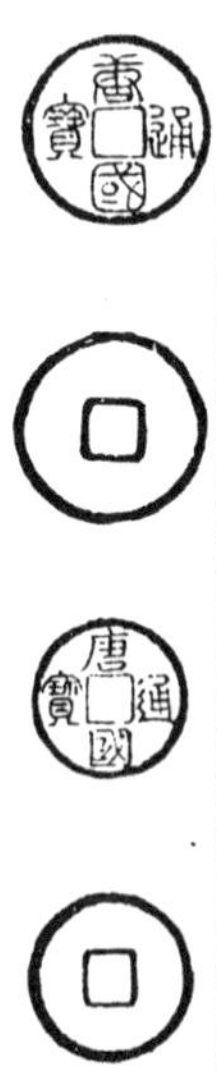

唐國錢南唐元宗所鑄也按唐史元宗以府藏空

錢貨益少乃更鑄唐國通寶錢以二當開元錢一

字法有楷篆分隸之別

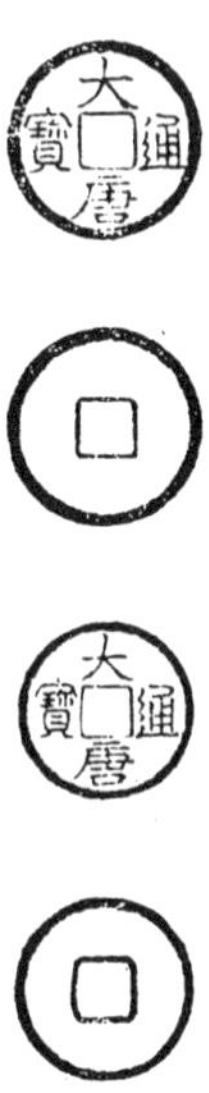

大唐錢亦元宗鑄馬令曰元宗鑄大唐通寶錢與

唐國並行

巽齋所藏錢錄　卷四　五

永通泉貨錢亦元宗鑄南唐書曰元宗鑄大錢以

一當十文曰永通泉貨字八分書面背皆有周郭

肉好洪志曰徑寸五分重八銖七参

開元錢南唐後主所鑄也按綱紀彙編後主四年

三月行鐵錢其錢之大小一如開元文亦如之用
徐鉉篆文比舊錢稍大而輪郭深濶以鐵錢六權
銅錢四行公私便之或曰銅貿者元宗時鑄

附蜀錢八品

永平錢前蜀高祖所鑄也按五代史前蜀世家武
成三年八月有龍見洵陽水中十月麟見壁州十
二月大赦天下改明年元爲永平其錢諸譜皆載

元寶余所得乃通寶耳

通正錢亦高祖鑄永平五年黃龍見大昌池十月
大赦遂改元通正李孝美曰徑七分重三銖形製
不精信然

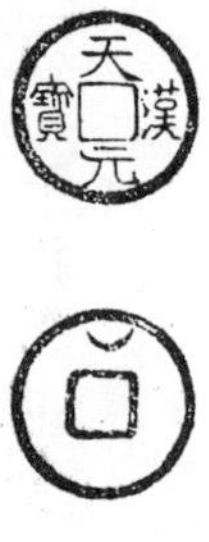

天漢錢亦高祖鑄通正元年十二月改明年元曰
天漢國號漢第二品背作仰月形

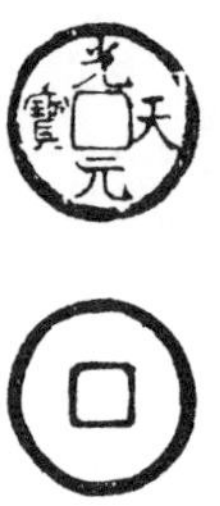

光天錢亦高祖鑄天漢元年十二月大赦又改明
年元曰光天復國號曰蜀李孝美曰錢形製大小
輕重與通正錢同

乾德錢前蜀後主所鑄也按光天元年六月建卒

子衍立明年改元乾德第二品背有星月文

咸康錢亦後主鑄按乾德五年改元咸康洪志曰
蜀錢皆重三銖獨咸康重三銖三參

附閩錢一品

永隆錢閩景宗所鑄也按閩世家景宗立改元永

隆又按十國紀年永隆四年八月鑄永隆通寶大
鐵錢一當鉛錢百此品乃小平銅錢也

附南漢錢一品

乾亨錢南漢高祖所鑄也按南漢世家高祖稱帝
於廣州國號漢改元乾亨錢文曰乾亨重寶

附楚錢一品

天策錢楚武穆王所鑄也董逌曰馬氏建天策府
因鑄此錢洪志曰天策府寶錢徑寸七分重三十
銖二參

附燕錢一品

應天錢燕劉守光所鑄也守光據幽州稱帝建元
應天遼史統和十四年四月鑿大安山取劉守光
所藏錢董逌曰幽州劉守光鑄應天元寶錢背文
万字

巽齋所藏錢録

宋錢百六十三品

海陵費錫中編輯

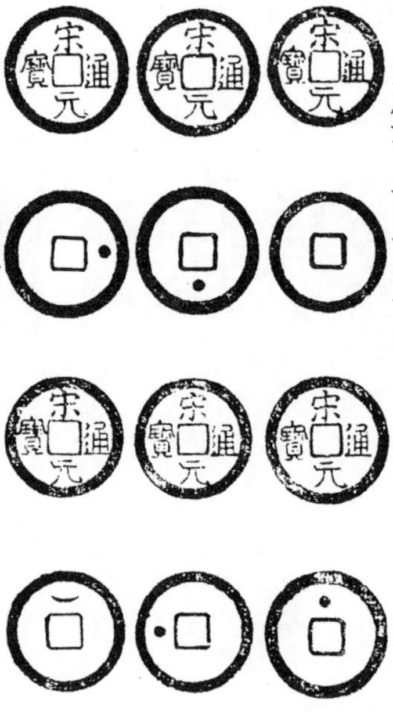

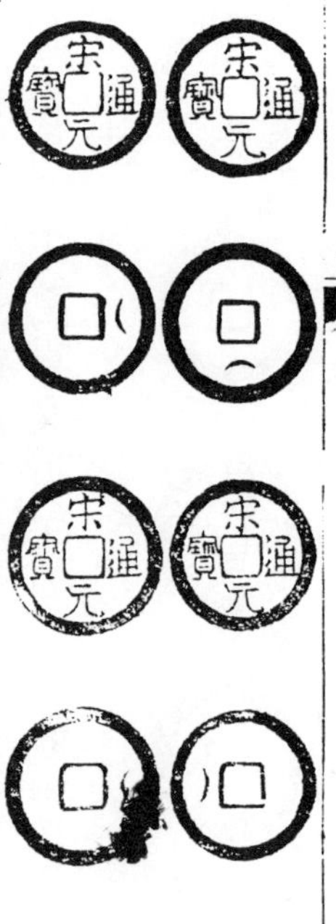

宋元錢宋太祖所鑄也按宋史食貨志曰五代以來皆用唐之舊錢其鑄者鮮少太祖始鑄錢文曰宋元通寶錢之輕重肉好一準唐之開元光幕外有星文四品月文四品星月文一品歸田録讀作宋通元寶非

又一品篆文傳世絕少

太平錢宋太宗所鑄也按宋史食貨志曰太平興國元年更鑄太平通寶錢

又一品背有月文俗傳可辟兵火瘟瘧

淳化錢亦太宗所鑄也按酉清古鑑端拱二年改元淳化及鑄錢文太宗親書眞行草三體佩禾云其時將集閣帖倘書法元字右挑仍遵唐之開元舊製也

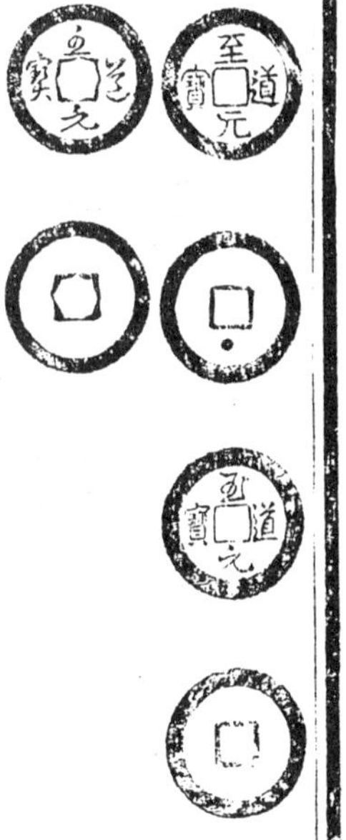

至道錢亦太宗鑄按淳化六年改元至道錢文亦三體書鑄八十萬貫又於至道二年池州置錢監賜名永豐

咸平錢宋真宗所鑄也按食貨志曰咸平四年作永利監鑄錢又硏北雜志云咸平錢十枚重一兩第二品差大

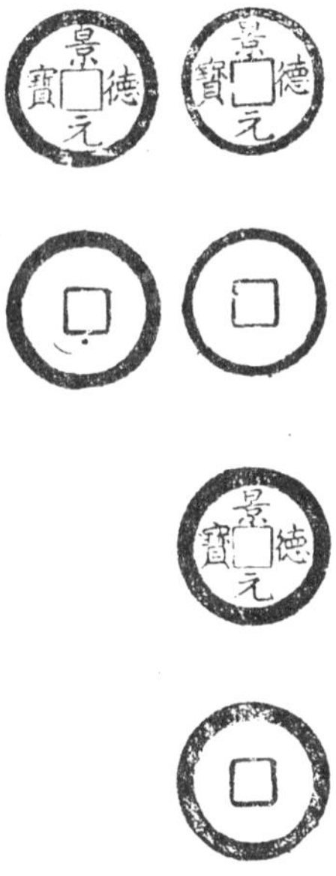

景德錢亦真宗鑄按景德四年有詔曰鑄錢素有程限念其勞苦特示矜寬自五月一日至八月一日止收半功歲鑄錢一百八十三萬貫錢文景德元寶德字書法不同又一品背作星月文

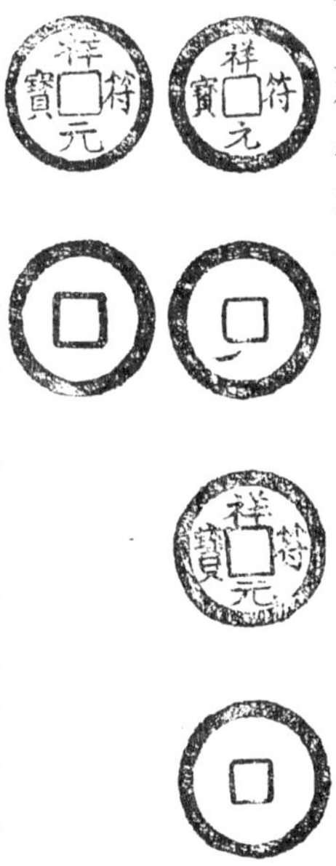

祥符錢亦真宗鑄按通鑑景德五年春正月有天書見於承天門之鴟尾大赦天下遂改元大中祥符七年從知益州凌策言歲鑄錢二十一萬貫文曰祥符元寶

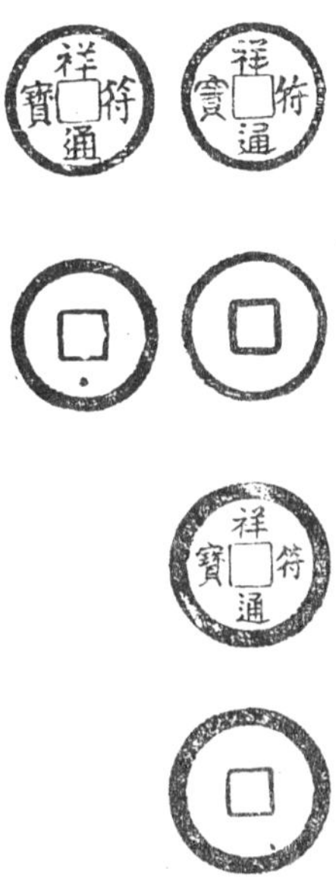

又三品錢文曰祥符通寶

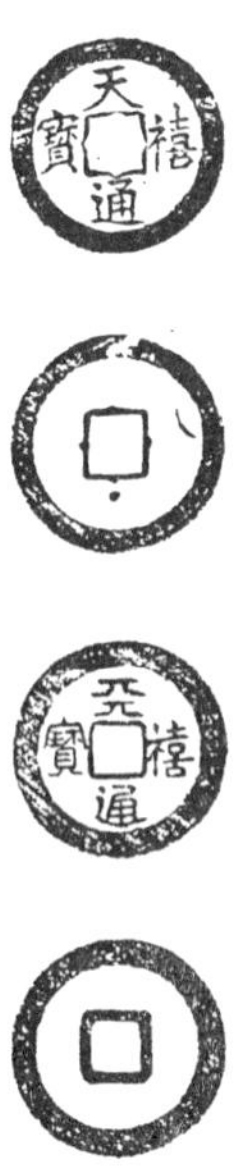

天禧錢亦真宗鑄按綱鑑大中祥符十年春改元

天禧食貨志曰天禧末歲鑄錢一百五萬貫錢録
云眞宗凡五改元至天禧六年改元乾興未開鑄
餘俱著於錢文第二品天寶二字篆書

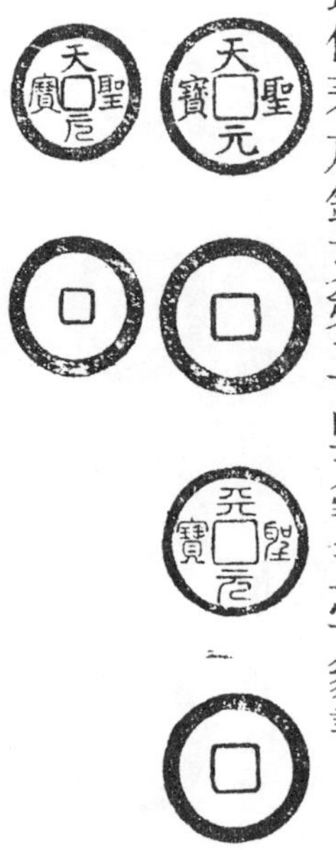

天聖錢宋仁宗所鑄也按西清古鑑仁宗卽位改
元天聖歲增鑄錢至一百餘萬貫文曰天聖元寶

有楷篆二種張氏新編載宋錢篆書自天聖始謝
氏春草堂亦載天聖始又曰天禧有篆書惜未一
見殊不知太祖初鑄宋元錢已有篆書矣

明道錢亦仁宗鑄按仁宗十年春改元明道其錢
亦楷篆二種俱元寶

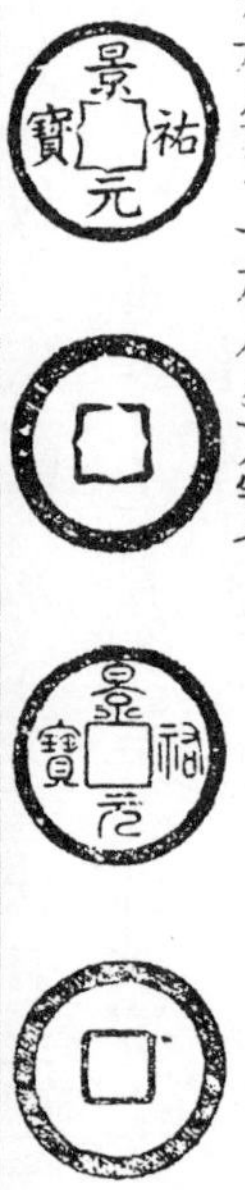

景祐錢亦仁宗鑄按仁宗明道三年改元景祐錢
亦楷篆二種俱元寶又按宋史許申建議以藥化
鐵與銅雜鑄鐵居其六費省利厚詔用之

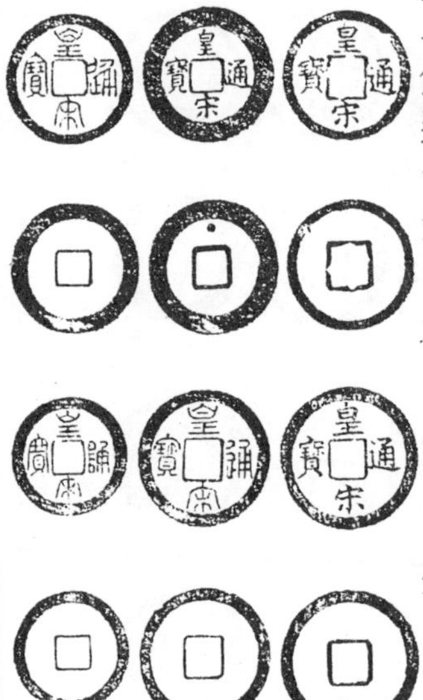

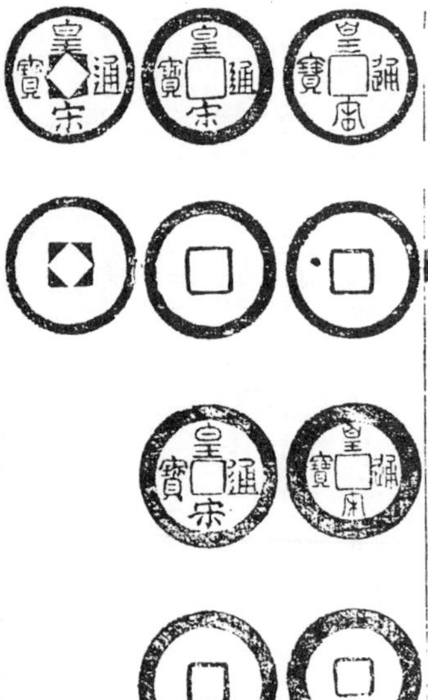

皇宋錢亦仁宗鑄按綱鑑景祐五年改元寶元又
按文獻通考謂宋改元更鑄錢皆元寶若冠以年
號當曰寶元元寶詔學士議請改曰豐濟元寶仁

宗特命以皇宋通寶爲錢文書法有三體第一品楷書第二品穿下一星第三品緣潤穿上一星第四品篆書第五品寶字異第六品寶字亦異第七品穿右一星第八品緣潤第九品字含三體第十品宋字異第十一品穿孔異

慶曆錢亦仁宗鑄按綱鑑康定次年改元慶曆因

軍費不足從范雍請鑄當十大錢後葉清臣爲三司使與學士張方平等上陝西錢議減作當三文曰慶曆重寶

至和錢亦仁宗鑄按綱鑑皇祐五年改元至和錢文有楷篆二種左旋讀皆元寶

又二品直下讀通寶錢也

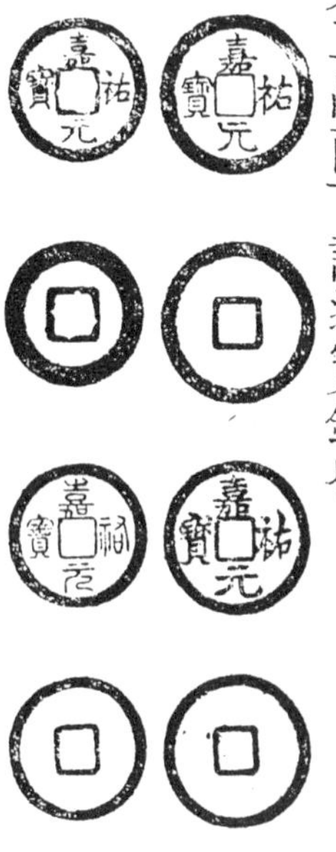

嘉祐錢亦仁宗鑄按仁宗本紀至和三年冬詔改明年元爲嘉祐是時西民多盜鑄至四年更行當三錢盜乃止邱濬曰宋自開寶後每更一號必鑄錢故每帝皆有數種續泉志曰鑄最多者仁宗也

錢文自湻化以後皆尚書法嘉祐元寶錢亦三體書

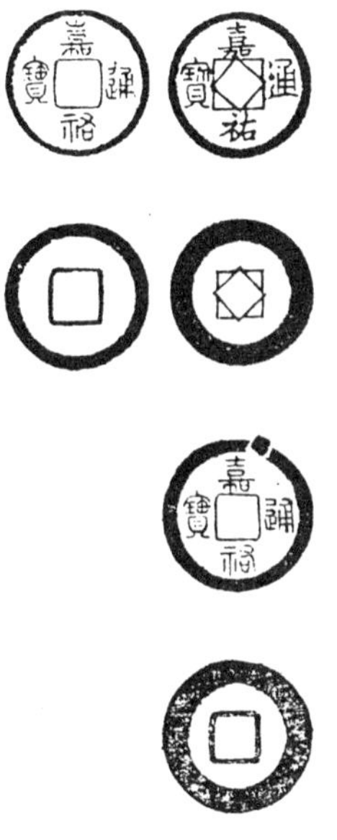

又三品錢文通寶

治平錢宋英宗所鑄也宋史嘉祐八年英宗即位次年改元治平食貨志曰饒池等六州歲鑄錢百七十萬緡有元寶通寶之别字亦楷篆二種

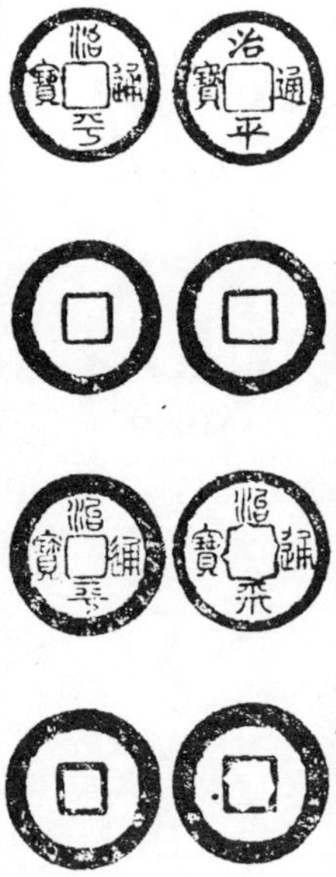

又五品錢文通寶楷書一品篆書四品平字各異

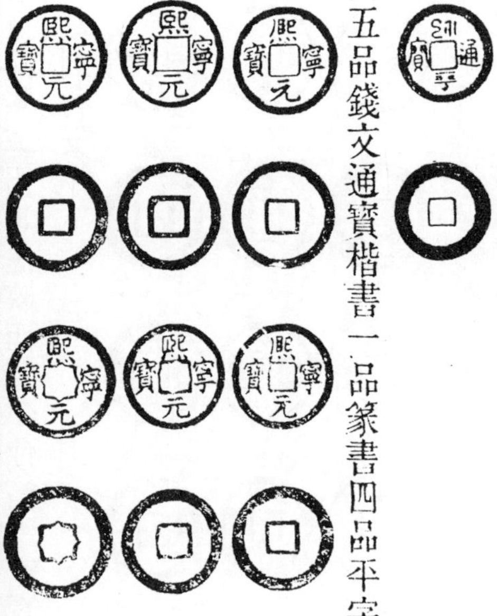

熙寧錢宋神宗所鑄也按宋史治平四年改元熙寧是時西陲用兵嘗鑄大錢其小者謂之小平錢有元寶無通寶亦三體書

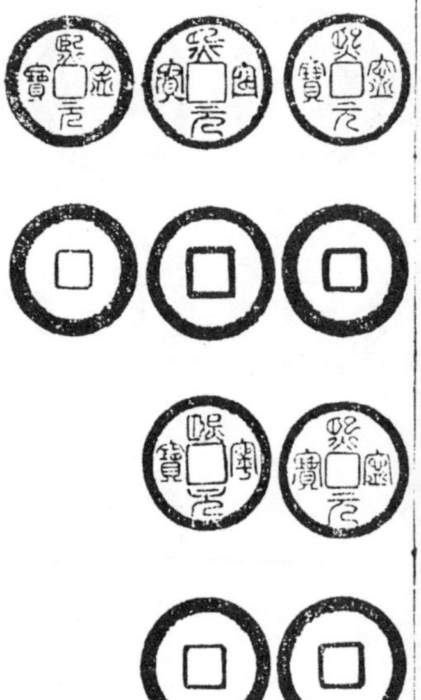

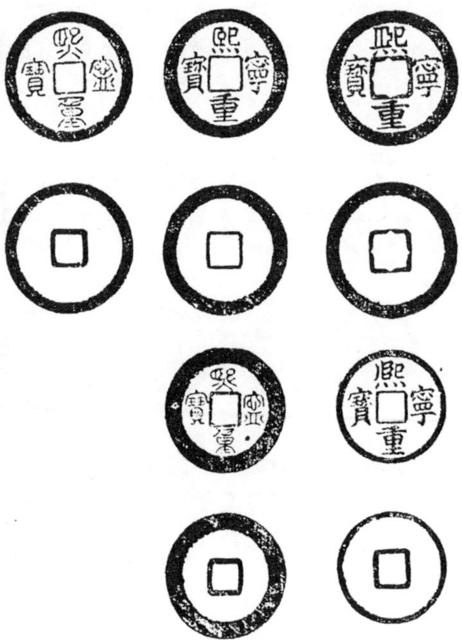

又五品熙寧四年從陝西轉運使請鑄重寶折二大錢頒行天下

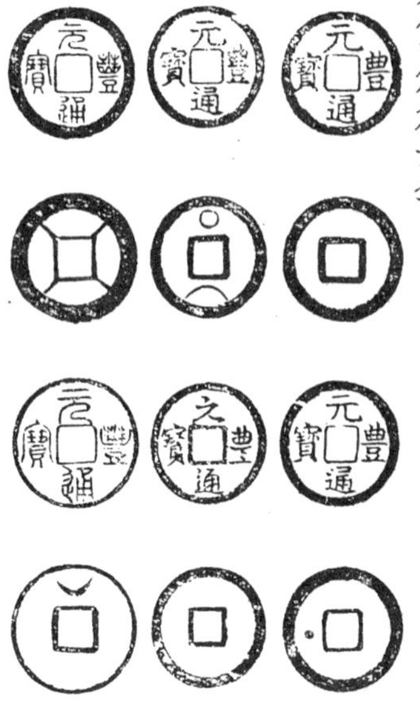

元豐錢亦神宗鑄按熙寧十年改次年元日元豐

其錢皆通寶書法楷篆草三體背有星月文

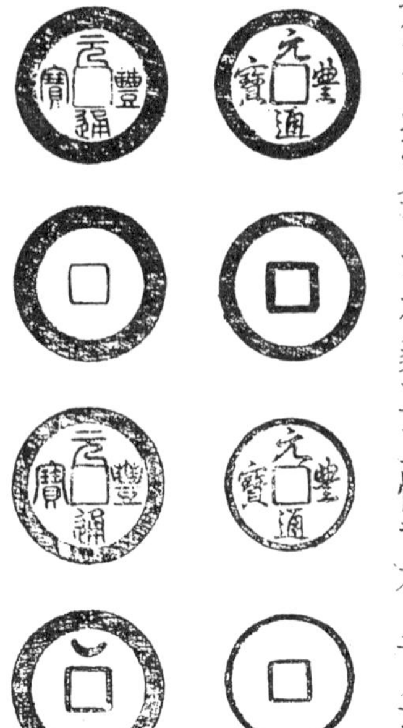

又四品元豐中寶豐下監歲鑄折二大錢二十萬緡轉移陝府有草篆二體而無楷書

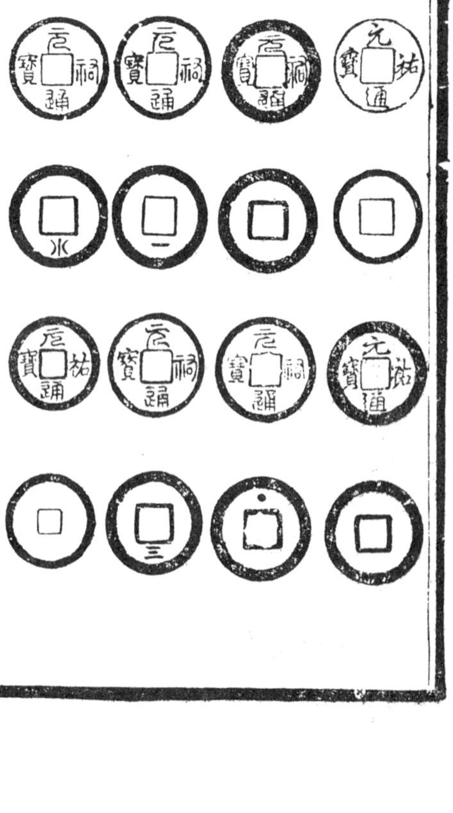

元祐錢宋哲宗所鑄也按元豐八年哲宗即位詔

罷增置鑄錢監凡十四次年改元元祐復合陝西鑄小平錢文皆通寶背有一字三字小字及星文書法行篆二體惟第八品祐寶二字楷書

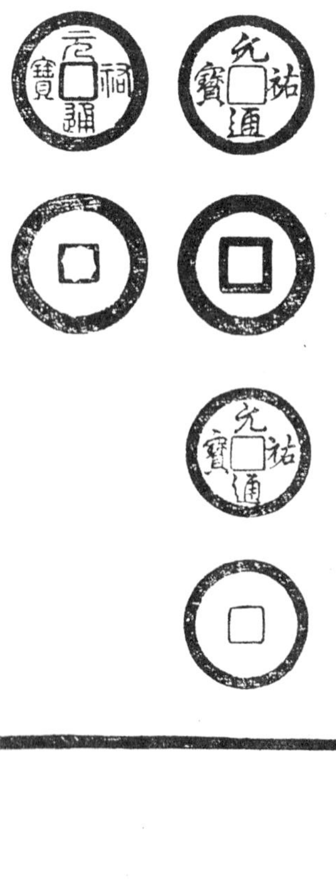

又三品元祐八年令行折二錢於陝及河東諸路

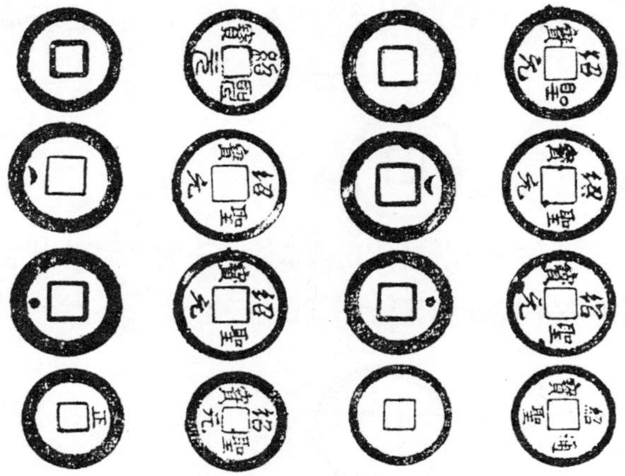

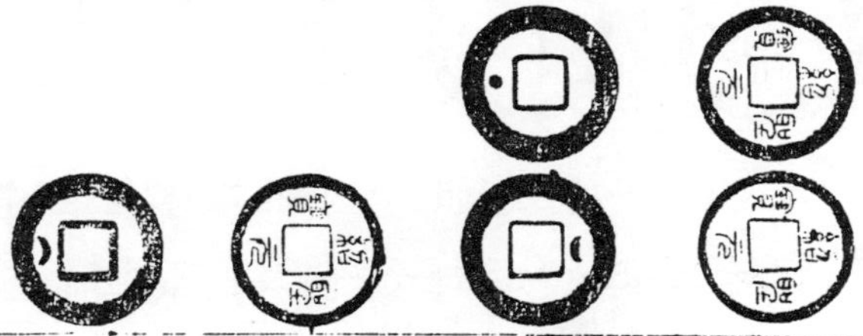

紹聖錢亦折二宗鑄元祐九年改元紹聖其錢通寶
則楷書元寶則行篆體背有正字星月等文

又二品折二大錢

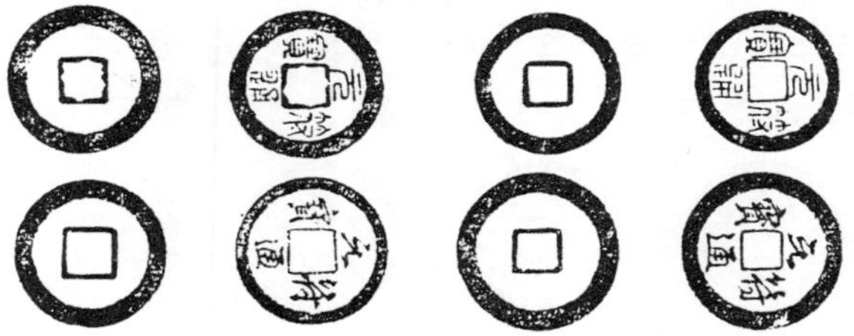

元符錢亦折二宗鑄按宋史紹聖五年改元元符食
貨志曰元符二年詔下陝西諸路悉禁民間銅錢
令送之官而官銅取就京西置監又曰以元符錢
一千易紹聖鐵錢一千五百錢文俱通寶亦行篆

二體

又二品折二大錢

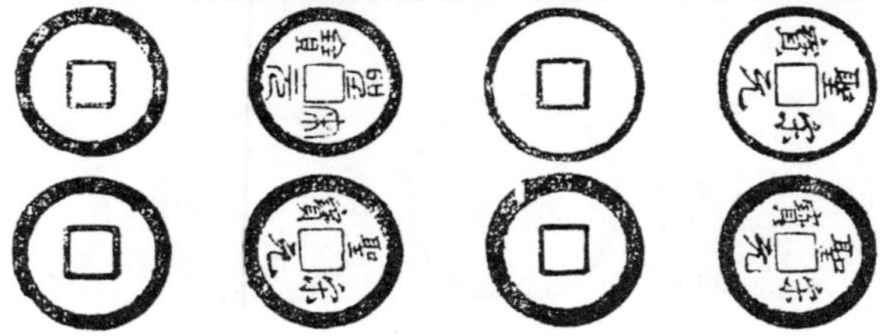

聖宋錢宋徽宗所鑄也按宋史徽宗即位改元建中靖國以聖宋元寶爲錢文亦行篆二體書

又二品食貨志曰崇寧二年五月令陝西及江池饒建諸州以每歲所鑄小平錢增料改鑄當五大

銅錢三年置監於京城復徐州寶豐衛州黎陽監並改鑄折二錢爲折十

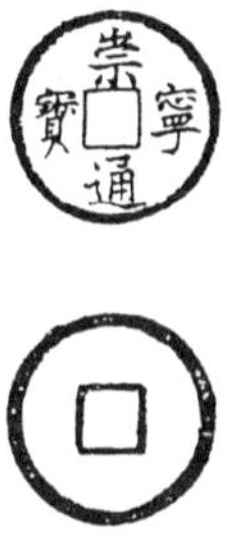

崇寧錢亦徽宗鑄按本紀建中靖國次年改元崇寧錢文御書詔頒其式於諸路

又一品折二錢隸書

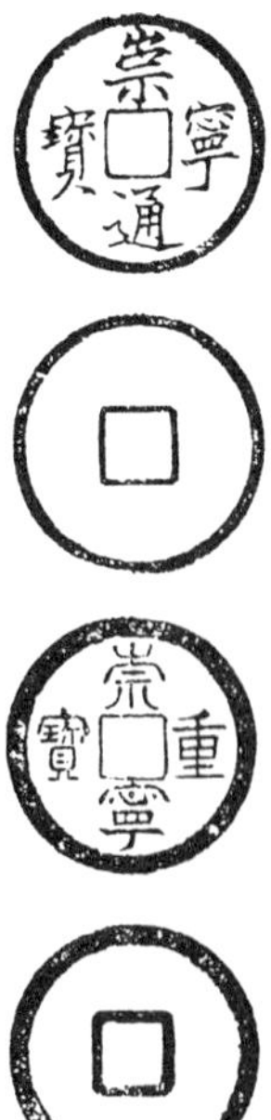

又二品折三錢或曰是當五錢也有楷書隸書二體

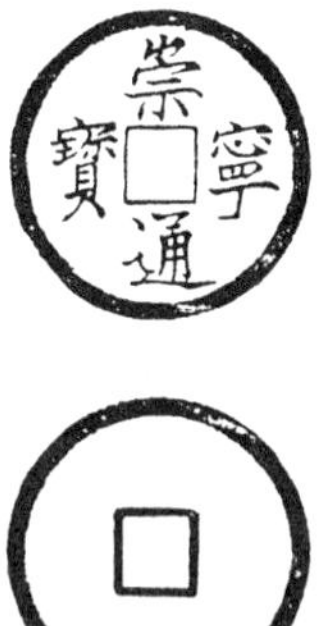

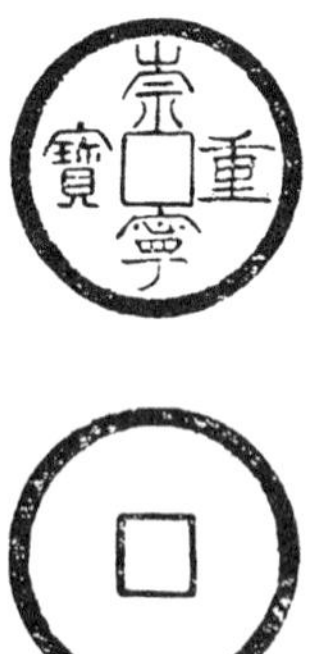

又二品當十大錢食貨志曰崇寧四年立錢綱驗樣法以崇寧監所鑄御書當十錢每貫重一十四斤七兩

大觀錢亦徽宗鑄按崇寧六年改元大觀先是崇

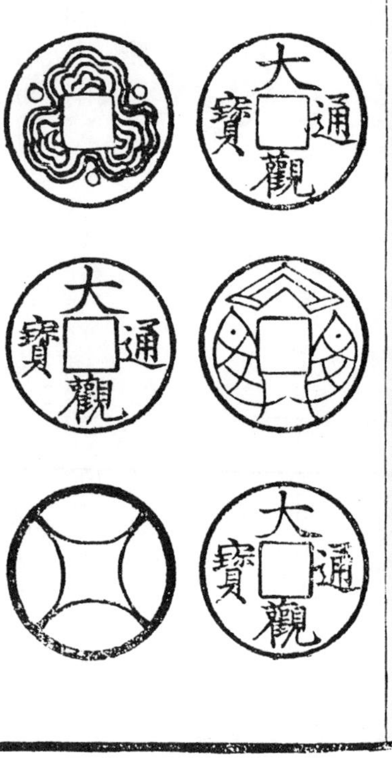

又三品當十錢或曰當五錢第一品背作雙魚文
第二品背作朶雲文第三品背作四出文

又一品對文

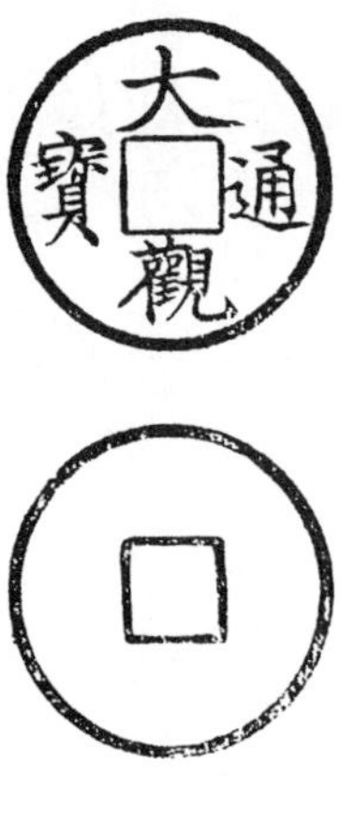

又一品當十大錢譜曰烏背漉銅錢是也書史會

寍所鑄當十錢不便於民右僕射趙挺之等屢言
後減作當五或當三繼罷鑄蔡京復相再行折十
錢以京畿錢監所得私錢改鑄大觀當十錢尋興
復京畿兩監以轉運使宋喬年領之至大觀四年
正月罷鑄二月復罷京西錢監詔鑄舊額小平錢
第二品背作偃月形

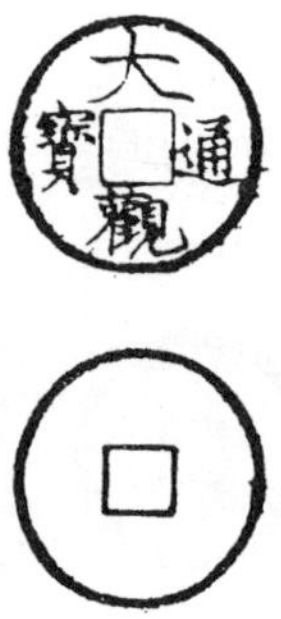

又一品折二錢

又一品折三錢亦曰當五錢

又一品鐵錢

要云徽宗親書崇寧大觀錢文自號瘦金體

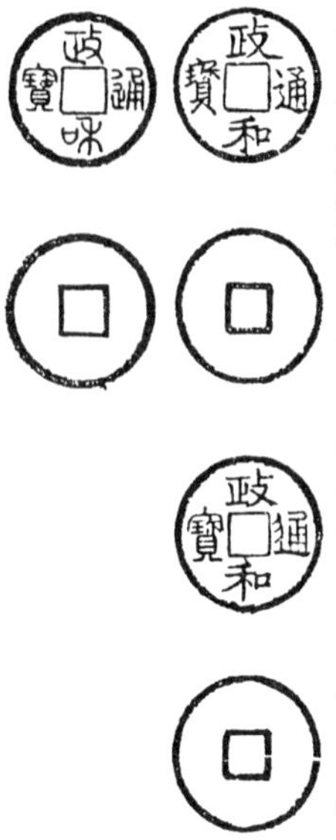

政和錢亦徽宗鑄按本紀大觀五年改元政和食貨志曰政和元年詔往歲圖利之臣鼓鑄當十錢苟濟目前不究悠久公私爲害行之其法日弊可並作當三錢張商英請悉收入官擇其惡者鑄小

平錢錢文楷隸篆三種

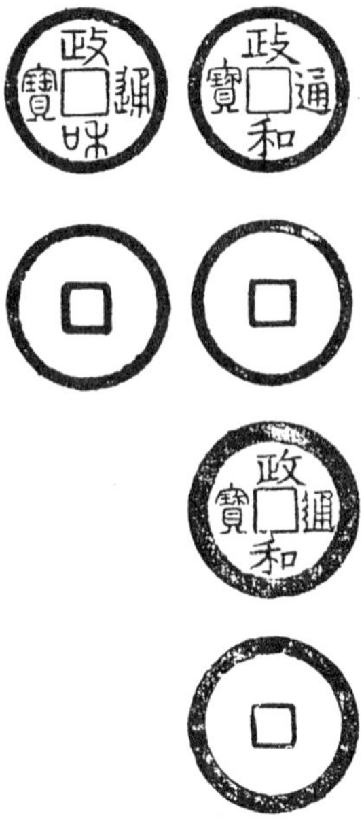

又三品折二錢按食貨曰初蔡京主行夾錫錢會京罷政遂不行政和二年京復相請鑄夾錫錢如故卽以政和錢頒式焉

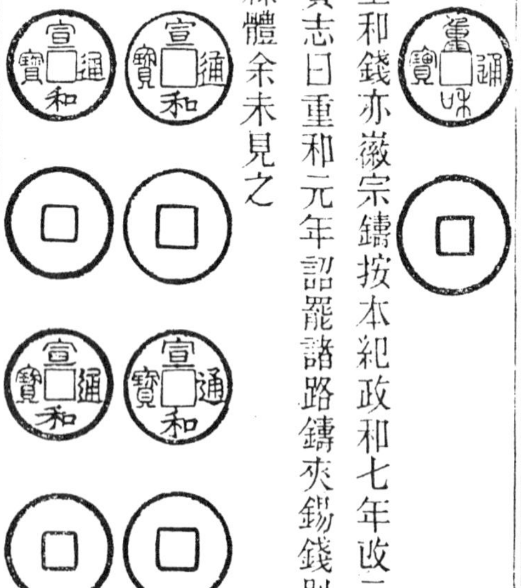

重和錢亦徽宗鑄按本紀政和七年改元重和食貨志曰重和元年詔罷諸路鑄夾錫錢別譜載有隸體余未見之

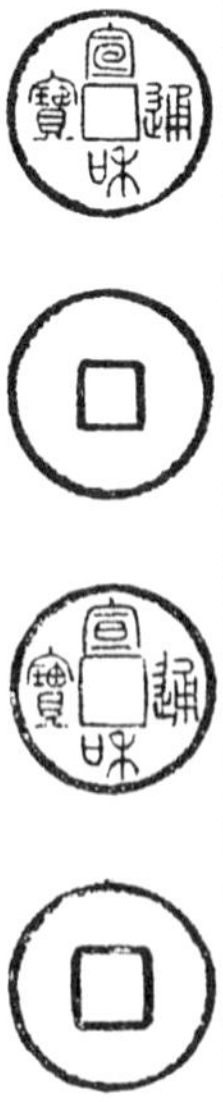

宣和錢亦徽宗鑄按西清古鑑重和次年改元宣和東南錢額不敷乃令饒贛錢監鑄小平錢書法三體

又一品篆書錢文宣和元寶揚州謝氏謂此錢近世罕見

又一品背文陝字亦有鐵錢剝蝕未録

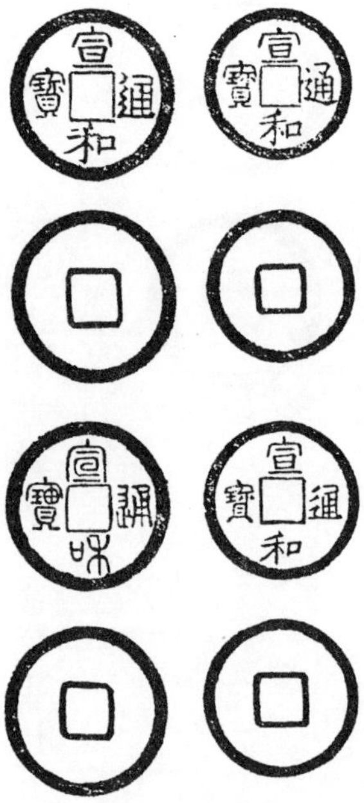

又四品折二錢按宋志曰御府乏用令江池韶錢監盡以小平錢改鑄當二錢

靖康錢宋欽宗所鑄也按宋史欽宗即位僅一年改元靖康食貨志曰靖康元年四月申銅禁

巽齋所藏錢録

海陵費錫申編輯

南宋錢二百十二品

建炎錢南宋高宗所鑄也按通鑑靖康二年高宗即位於南京改元建炎食貨志曰建炎錢經兵燹鑄皆廢本紀建炎元年九月壬辰鑄建炎錢書法有楷篆二體

又二品折二錢按本紀建元元年九月庚戌始通大錢於淮浙荆湖諸路

紹興錢亦高宗鑄按通鑑建元五年改元紹興又本紀紹興元年八月壬午鑄紹興錢十五年詔利

州錢監鑄錢二十萬緡錢文有通寶元寶背有星月文

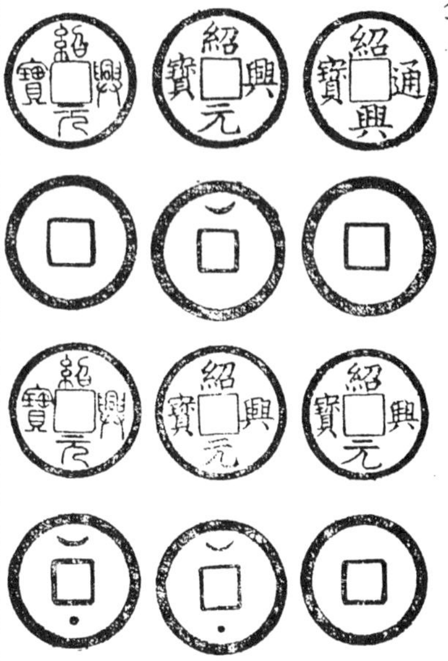

又六品折二錢錢文曰通寶直下讀楷書曰元寶左旋讀有楷篆二體又背作星月文

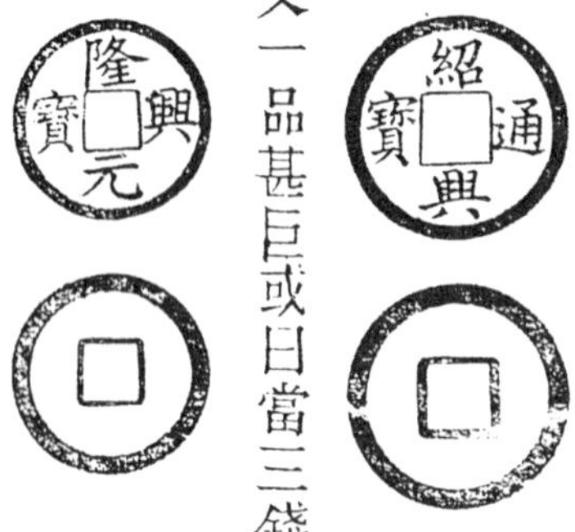

又一品甚巨或曰當三錢

隆興錢南宋孝宗所鑄也按食貨志曰隆興元年詔鑄隆興元寶錢

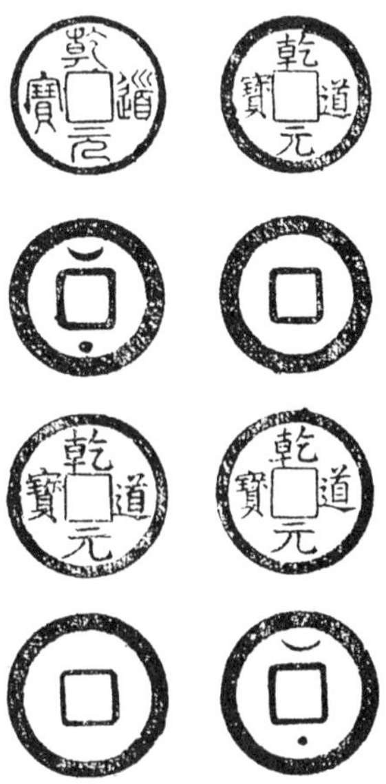

乾道錢亦孝宗鑄按本紀隆興三年改元乾道六

年鑄錢司歸運使二月復置舒州同安監六月置蘄州蘄春監十二月置黃州齊安監江州廣寧監臨江軍豐餘監撫州裕國監皆鑄錢末一品鐵錢

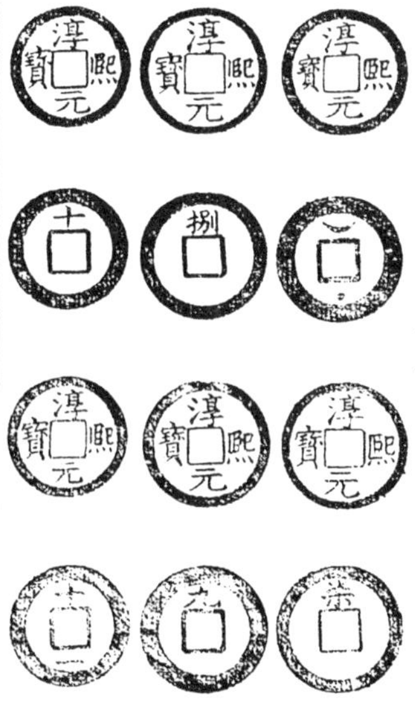

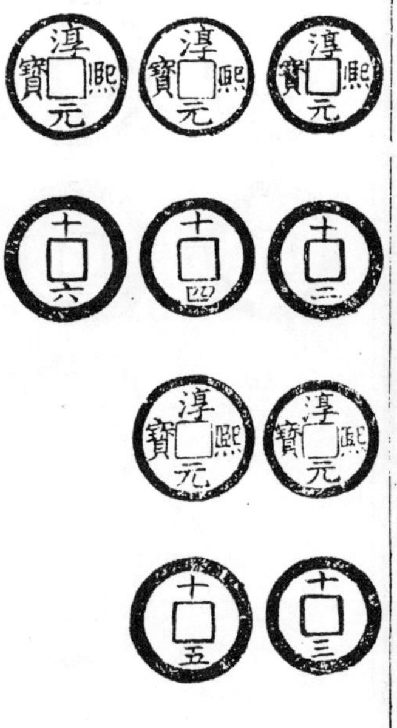

淳熙錢亦孝宗鑄本紀乾道十年改元淳熙詔罷鐵錢改鑄銅錢背間鑄星月文自七年紀年鑄七字至十六年背皆鑄字錢文鑄年數自此始

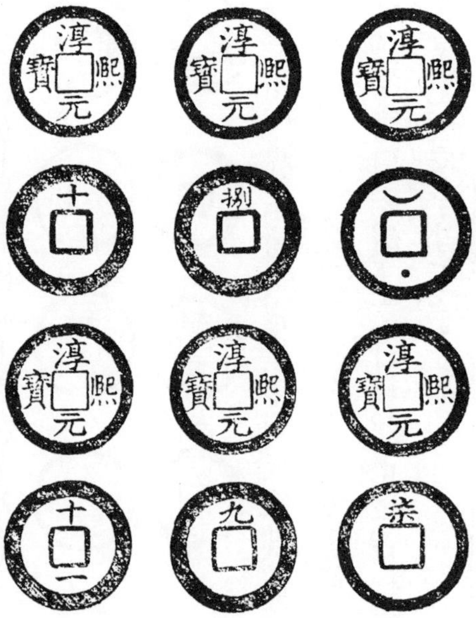

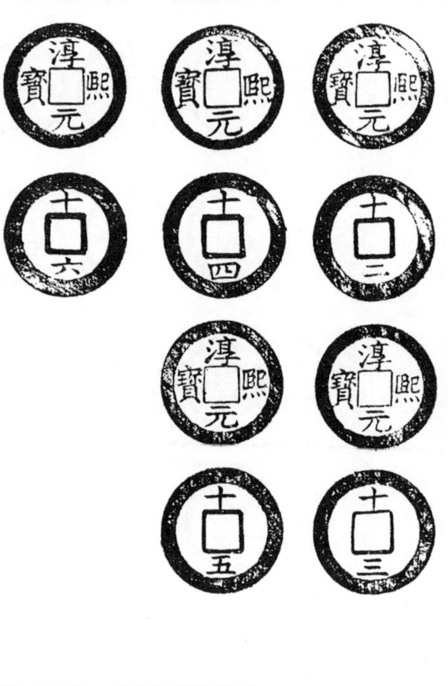

又十一品折二錢背文同前

又四品折二鐵錢食貨志曰淳熙中詔舒蘄等監復鑄鐵錢並增鑄五萬貫文曰淳熙通寶背鑄錢

監等名有春十二舒松同十四春七各字

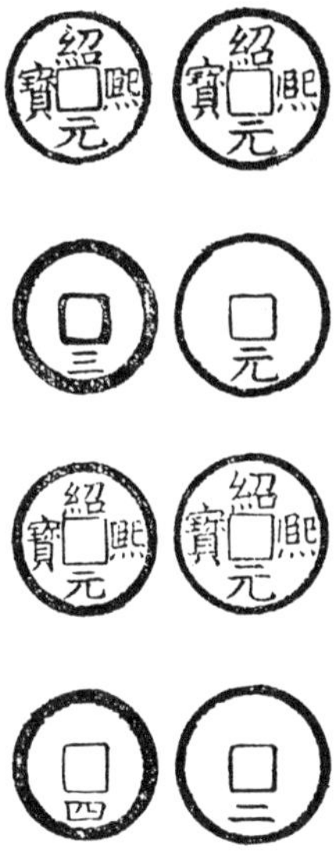

紹熙錢南宋光宗所鑄也按宋史光宗即位改元
紹熙食貨志曰紹熙二年減蘄春同安監歲鑄錢
各十萬緡譜曰宋錢篆文自紹熙止後皆楷書背
鑄元字至五字今缺五字一品

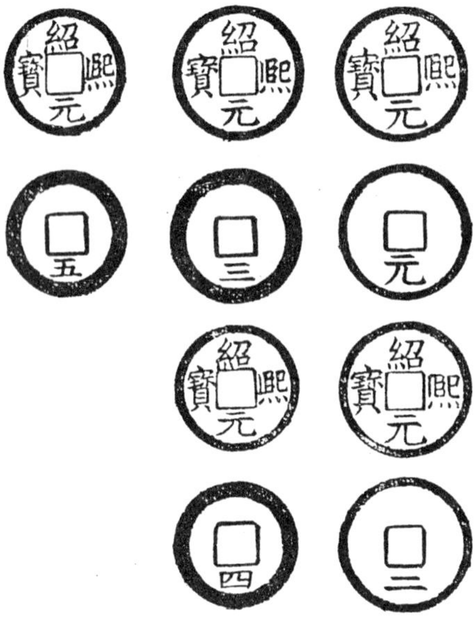

又五品折二錢

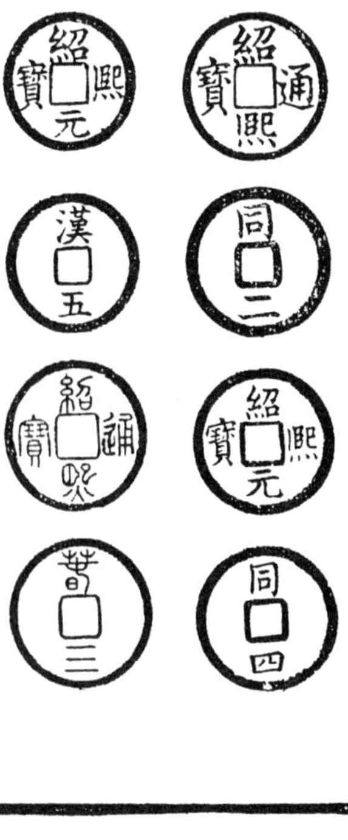

又四品折二鐵錢第一品背文同二第二品背文
同四第三品背文漢五第四品篆文背春三

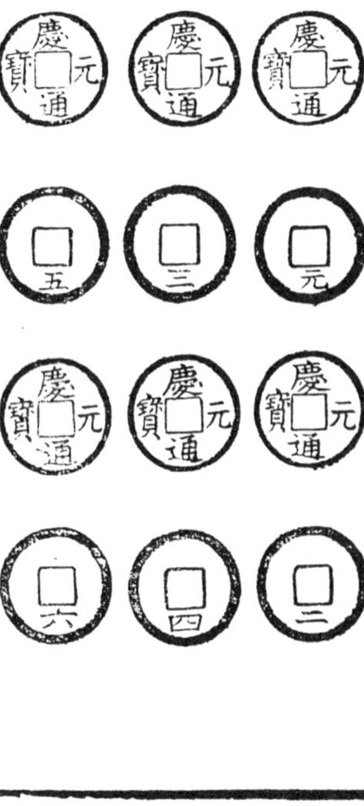

慶元錢南宋寧宗所鑄也按宋史紹熙五年秋七
月寧宗即位改次年元日慶元錢以通寶爲文背
鑄元字至六字

又二品小平鐵錢背文春五同六

又五品折二錢背文鑄有元字至六字余所缺惟
六字一品

又二品折二鐵錢背文同二春三

又三品折三大錢食貨志曰慶元三年復睦州神
泉監以所括銅器鑄當三大錢隸工部製特精妙
背鑄三四五六字茲缺三字

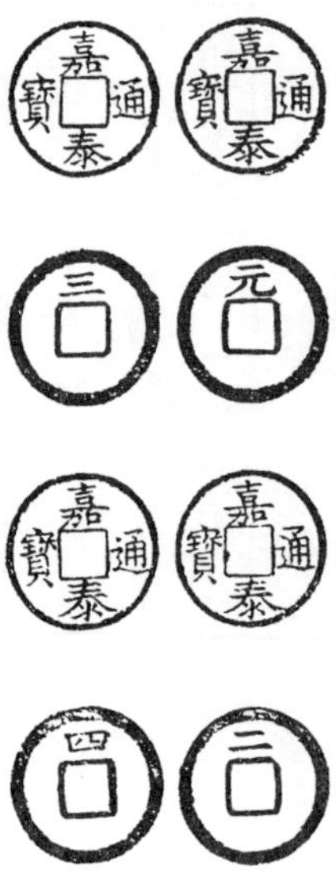

嘉泰錢亦寍宗鑄按宋史寍宗本紀慶元六年十
一月癸卯詔改明年元曰嘉泰凡四年錢文嘉泰
通寶背鑄元字至四字

又二品鐵錢背文同二同三

又四品折二錢背文悉如小平錢鑄元字至四字
春草堂載有五字錯

又一品大錢按西清古鑑云是當三錢也背無紀年字

開禧錢亦寧宗鑄按寧宗本紀嘉泰四年十二月己亥詔改明年元日開禧凡三年錢文開禧通寶背鑄元字至三字

又一品鐵錢背文同二

又三品折二錢背亦元二三字按董逌曰開禧大錢有元寶余未見

又一品折二鐵錢背文春三

嘉定錢亦寧宗鑄按寧宗本紀開禧三年十一月
丁卯改明年元曰嘉定凡十七年背鑄元字至十
七二字余少十五十六十七三品

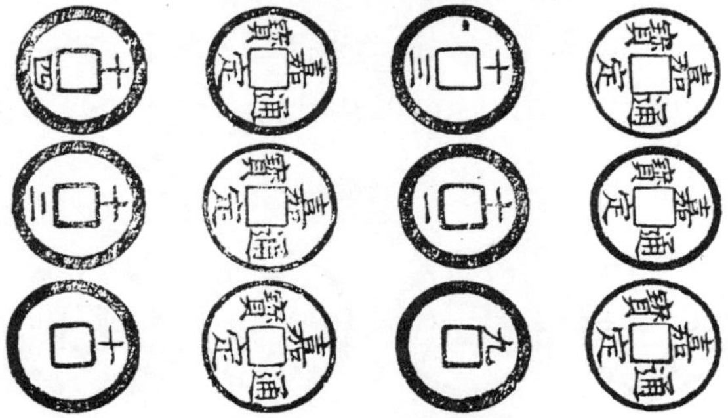

異齋所藏錢録 卷六 十二

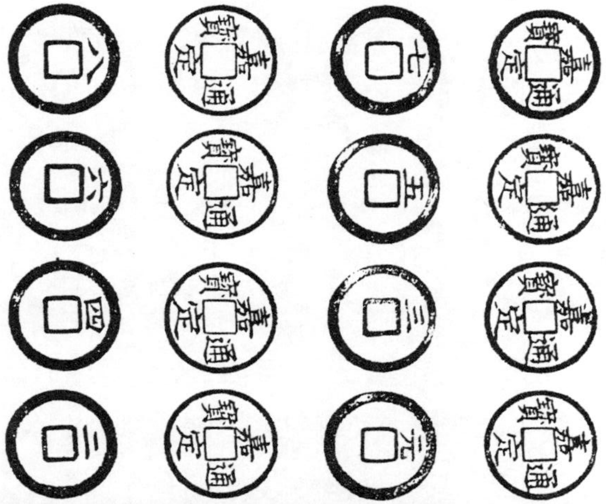

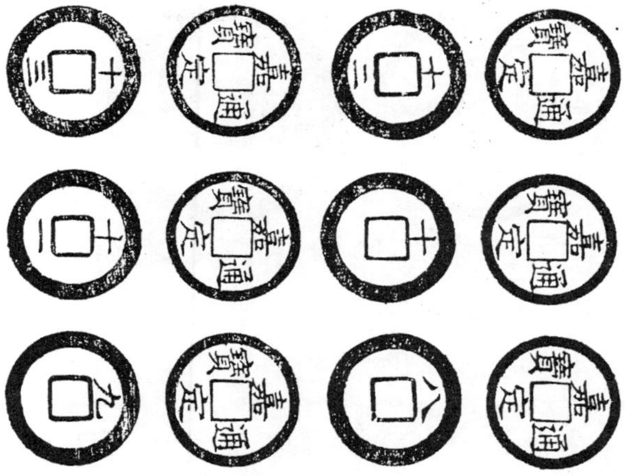

異齋所藏錢録 卷六 十三

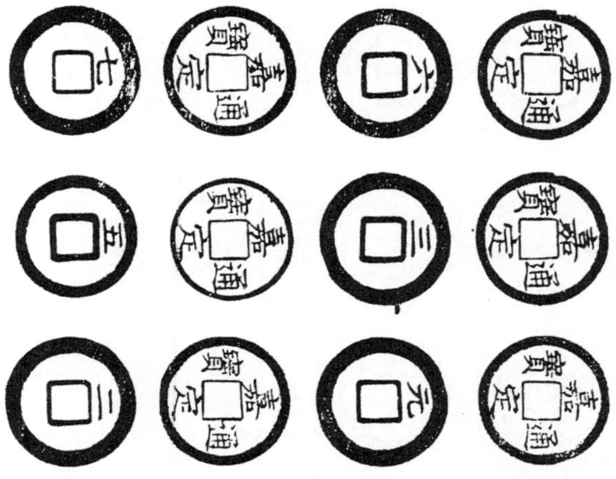

又十三品折二錢按此錢背文鑄字與小平錢同
余所得元字至三字五字至十四二字少四字十
五二字十六二字十七二字

又六品折二鐵錢第一品背文春二第二品背文
春四第三品背文春十第四品背文春十二第五
品背文同二第六品背文漢二

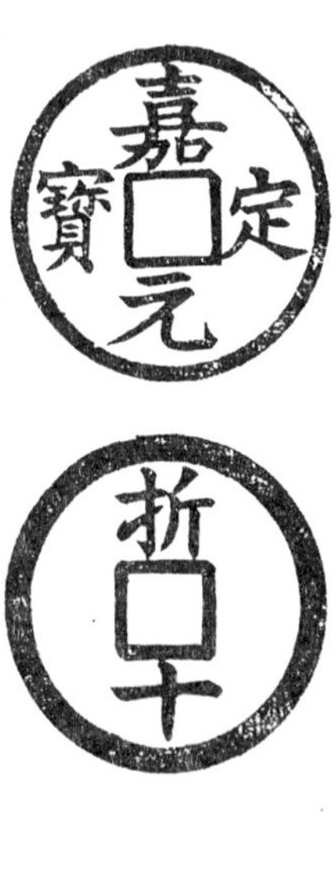

又一品大錢文曰嘉定元寶左旋讀背有折十二
字食貨志曰紹興惠民二監鑄三十萬貫同當三
折二小平錢並行

大宋錢南宋理宗所鑄也按宋史理宗即位改元
寶慶秋七月乙酉詔行大宋元寶錢食貨志曰寶
慶元年新錢以大宋元寶爲文西淸古鑑曰猶之
開寶鑄宋元寶元鑄皇宋之意

又一品鐵錢背文春元

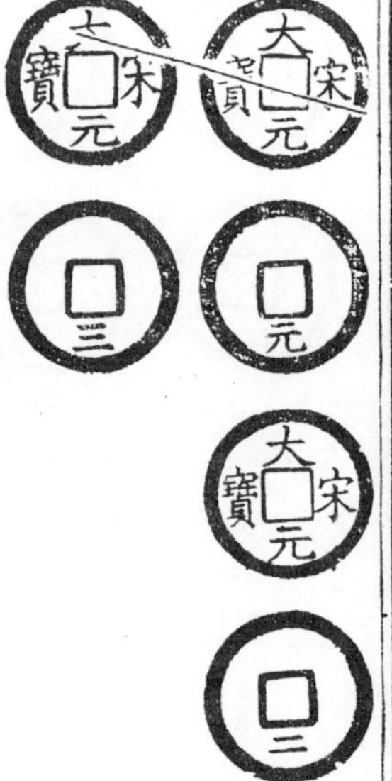

又三品折二錢背文元字至三字或曰有寶慶元寶大錢並未一見

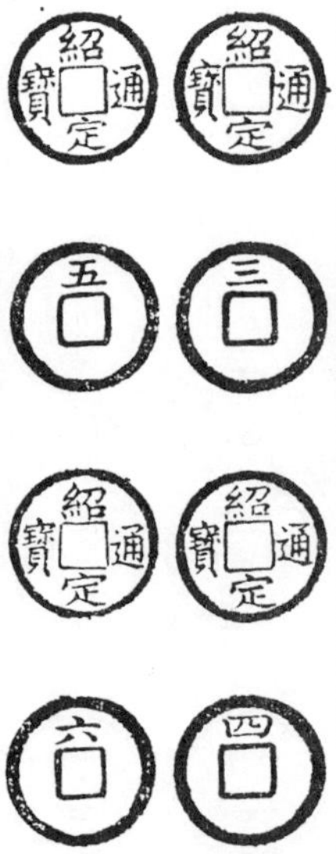

紹定錢亦理宗鑄按寶慶三年冬大赦改明年元日紹定凡六年錢文紹定通寶背鑄元字至六字

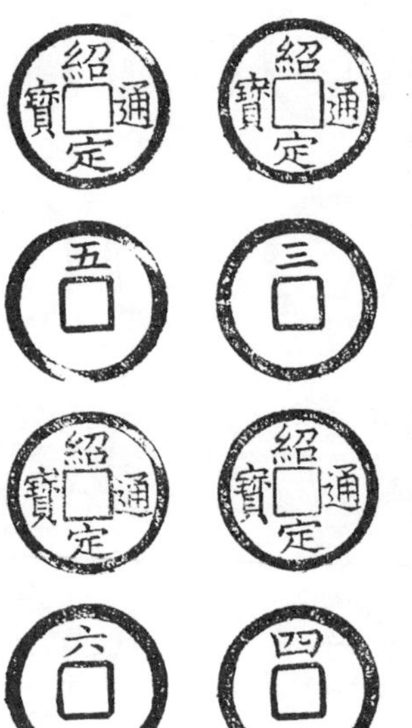

又六品折二錢背文元字至六字

端平錢亦理宗鑄按理宗本紀紹定六年十一月丙申改明年元日端平食貨志曰端平元年錢用膽銅所鑄故不耐久舊錢精緻者泄於海泊雖申嚴禁不復能止背文鑄元字至三字茲錄元字一品餘未有

又一品當五錢面文通寶背光幕

又一品大錢面文元寶背利折十二字當十錢也

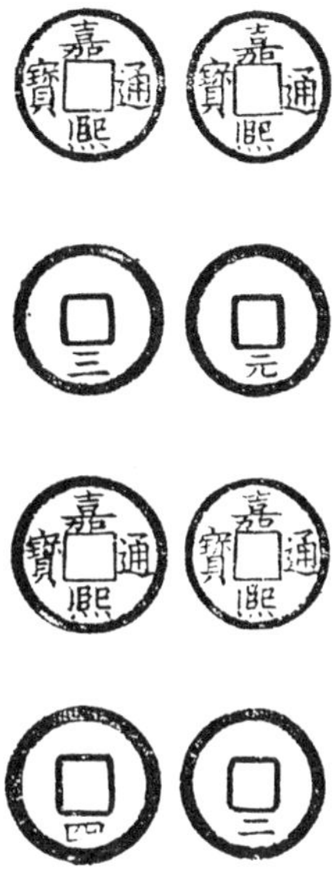

嘉熙錢亦理宗鑄按理宗本紀端平三年十二月壬寅改明年元曰嘉熙食貨志曰嘉熙新錢以通寶爲文背鑄元字至四字

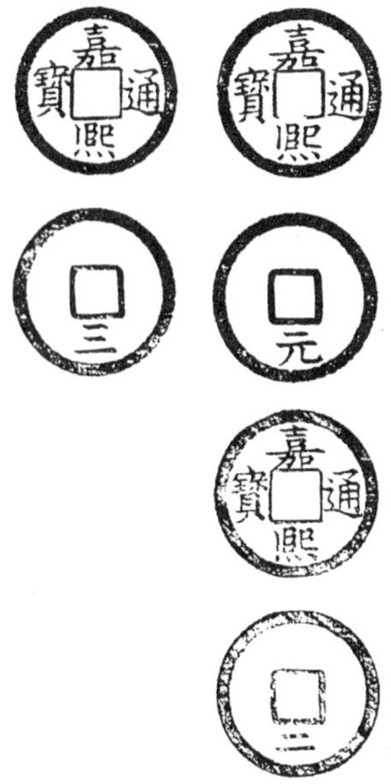

又三品折二錢少四字一品

又一品大錢文曰重寶背光幕盎當十錢也

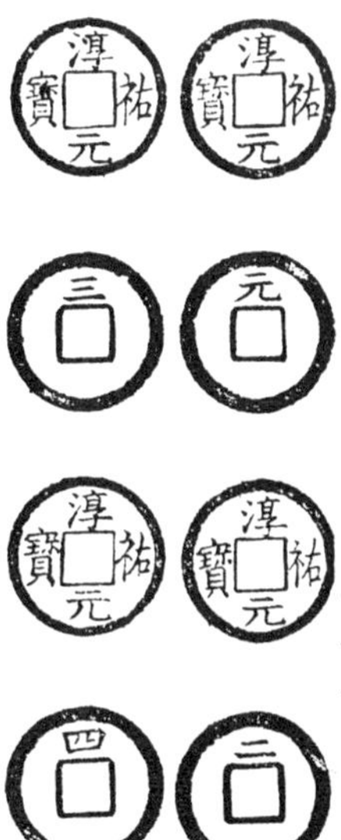

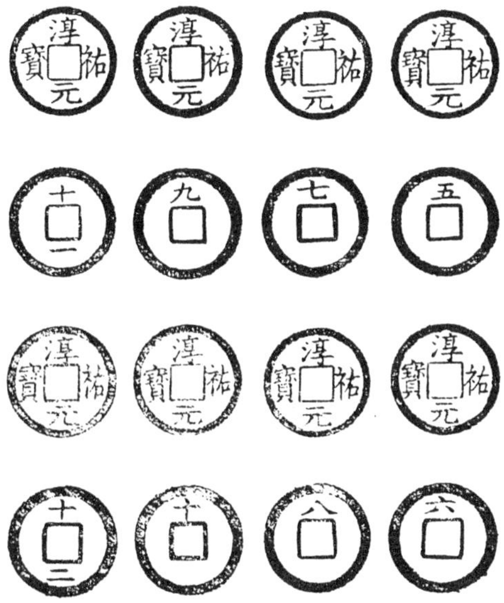

淳祐錢亦理宗鑄按理宗本紀嘉熙四年冬十月癸巳詔改次年元日淳祐鑄淳祐元寶錢背文自元字至十二二字止

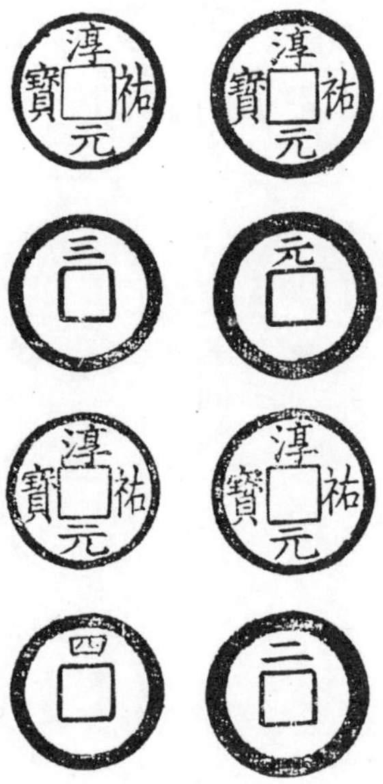

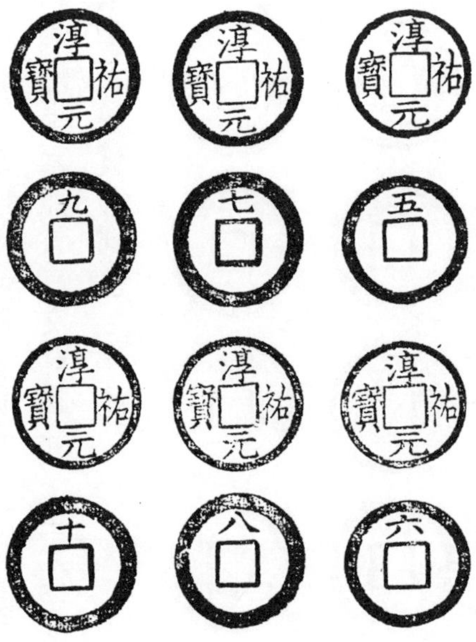

又十二品折二錢背文與小平錢同

又一品大錢面文通寶背文當百銅質厚重過於諸大錢數倍

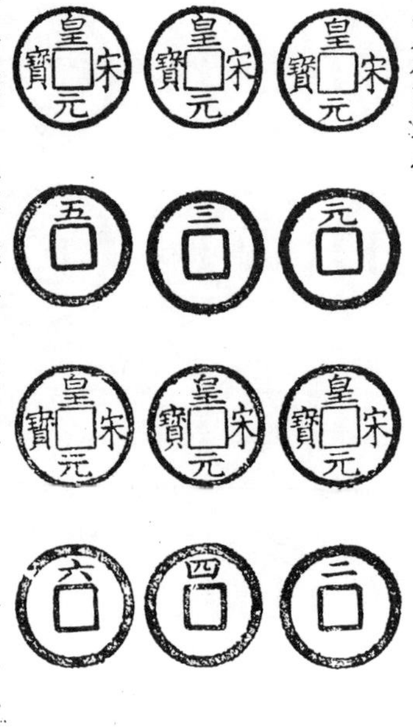

皇宋錢亦理宗鑄按理宗本紀淳祐十二年秋八

月辛巳詔改明年元日寶祐食貨志曰寶祐元年
新錢以皇宋元寶爲文背鑄元字至六字並與仁
宗皇宋通寶錢別也

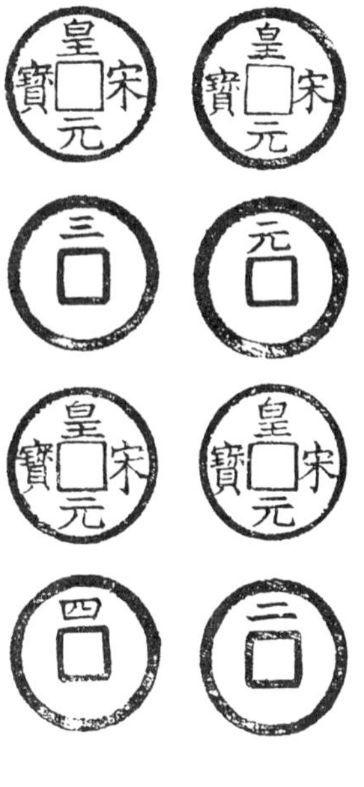

又六品折二錢背文同前

開慶錢亦理宗鑄按理宗本紀寶祐六年十二月
戊寅改明年元日開慶元年五月詔行開慶通寶
錢背文元字

又一品折二錢背文元字

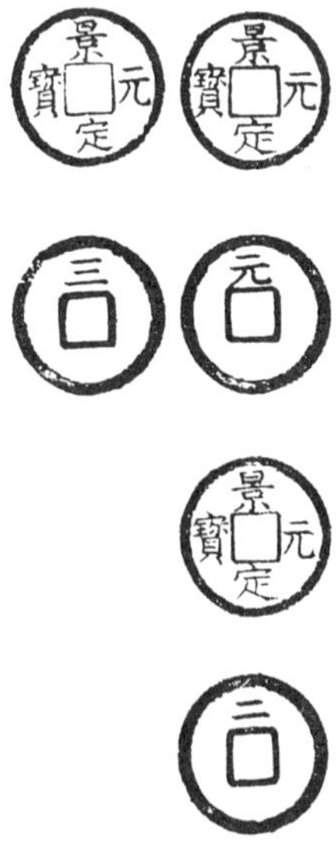

景定錢亦理宗鑄按理宗本紀開慶元年十二月

辛亥改明年元日景定又按王圻續文獻通考景
定元年九月詔改新錢文曰景定元寶背鑄元字
至五字茲錄元字二字三字三品餘缺

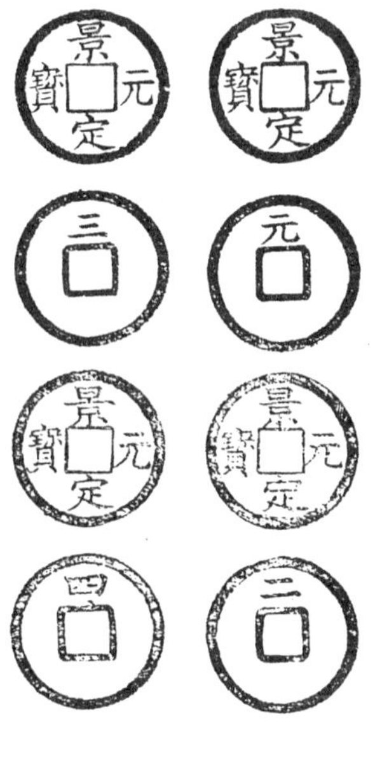

又五品折二錢背文元字至五字共五字一品黃
秀生從京都寄贈亦千里鵞毛也

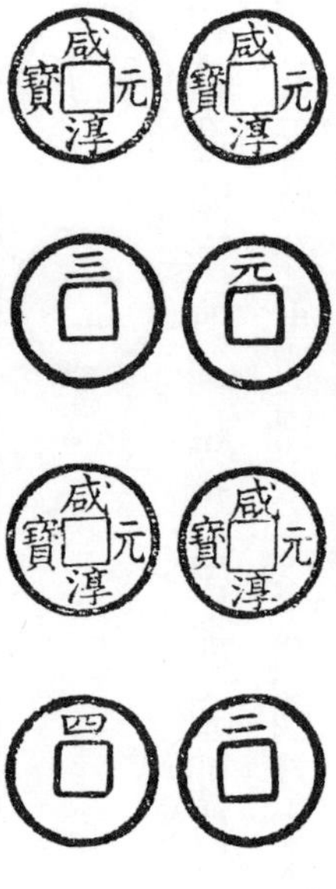

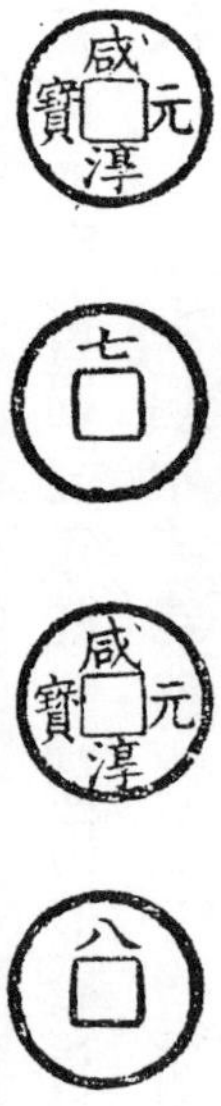

咸淳錢南宋度宗所鑄也按宋史度宗卽位改元
咸淳鑄咸淳元寶錢背文自元字至十字又按咸
淳七年契丹建國號曰元至後宋之德祐景炎祥
興皆無復置監開鑄矣余得六品悉錄之

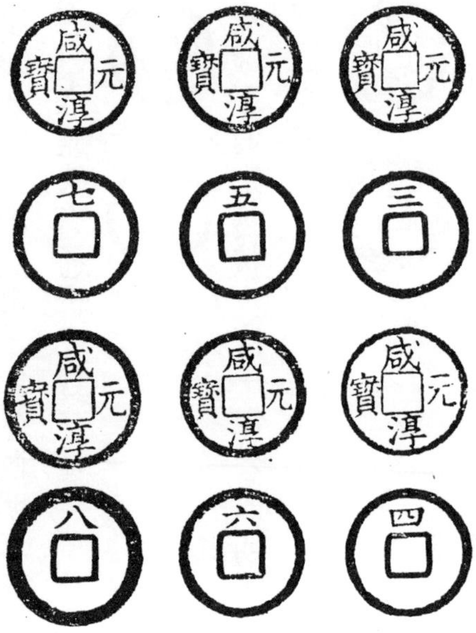

又九品折二錢背文與小平錢同少九字一品

巽齋所藏錢錄

海陵費錫申編輯

遼錢九品

天贊錢遼太祖所鑄也按遼史太祖於梁貞明二年稱帝國號契丹改元神册至梁龍德元年改元天贊後太宗會同元年改國號曰遼食貨志曰遼先代以土産多銅始造錢幣錢文天贊通寶

統和錢遼聖宗所鑄也按遼史聖宗即位復國號契丹改元統和董逌曰宋太平興國八年遼鑄統和元寶錢

清寧錢遼道宗所鑄也按遼史道宗以重熙二十四年即帝位改元清寧洪志曰道宗鑄有清寧通寶錢食貨志獨不言清寧鑄錢　欽定錢錄謂史書之缺也

咸雍錢亦道宗鑄按遼史道宗清寧十年冬改明年元曰咸雍二年復改國號曰遼董逌曰遼鑄咸雍通寶錢時宋治平二年也

大康錢亦道宗鑄咸雍十年冬改明年元爲大康洪志曰大康錢有通寶元寶二種

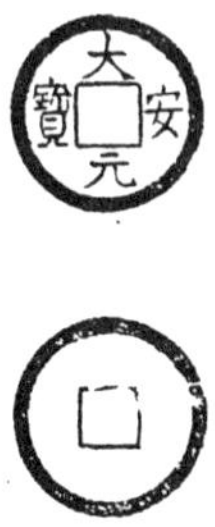

大安錢亦道宗鑄按大康十年冬改明年元爲大安文曰大安元寶

壽昌錢亦道宗鑄按大安十年冬改明年元爲壽

品文曰壽昌元寶

乾統錢遼天祚帝所鑄也按遼史帝於壽昌六年即位改元乾統食貨志曰天祚之世更鑄乾統元寶新錢

金錢十三品

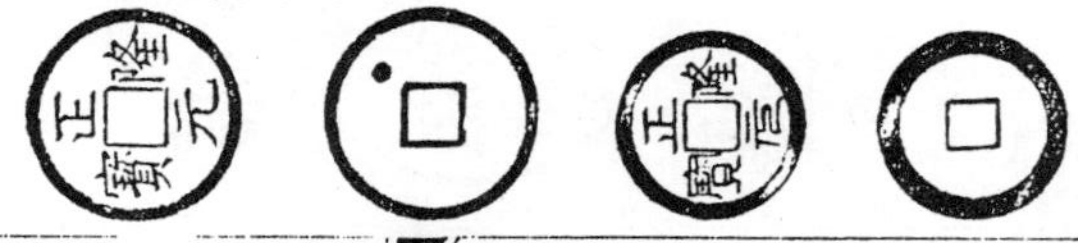

曝齋所藏錢錄　卷七　三

正隆錢金廢帝所鑄也按帝紀熙宗即位改元天德五年改元貞元四年改元正隆時宋紹興二十六年也食貨志曰金四十餘年皆用遼宋舊錢至正隆二年始議鼓鑄三年二月中都置錢監二京兆置錢監一文曰正隆元寶輕重如宋小平錢

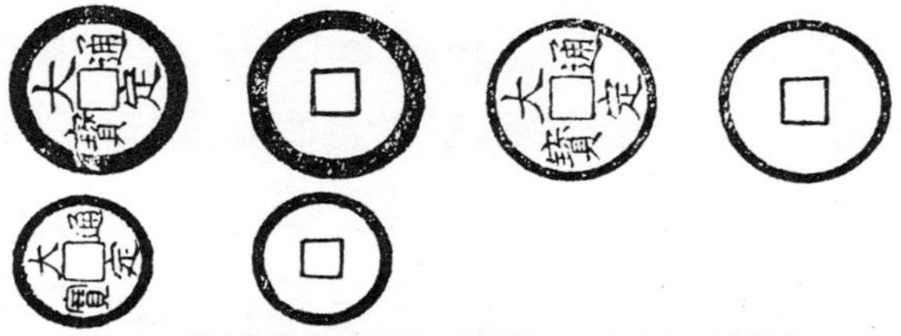

大定錢金世宗所鑄也按金史世宗即位改元大定十年令戶部流通官錢十五年諭宰臣擬鑄新錢十八年代州立阜通監二十七年曲陽立利通監金代鼓鑄於斯爲盛其錢文曰大定通寶大小三品精好過於正隆

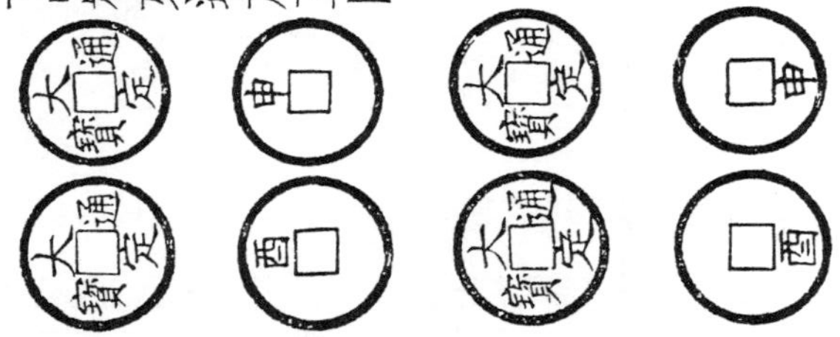

曝齋所藏錢錄　卷七　四

又四品穿上下有申酉二字紀年也

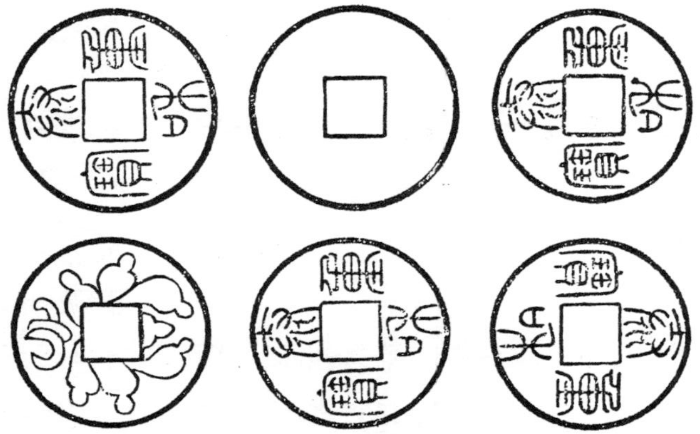

泰和錢金章宗所鑄也按金史章宗以正月甲午
即位改元明昌六年改元承安五年改元泰和初
章宗罷鑄錢自明昌以來無置監鑄錢事食貨志
日泰和四年八月鑄大錢一直十篆文曰泰和重
寶與鈔並行有對文花紋製極精美

又一品奇製上覆荷葢下鑄象形足踏朵雲中函
錢式春草堂載有虎形等品此則尤異

附夏錢五品

天盛錢西夏仁宗所鑄也按西清古鑑曰仁宗即
位改元大慶四年改元人慶五年改元天盛鑄天
盛元寶錢

乾祐錢亦仁宗鑄按仁宗天盛二十一年改元乾
祐文曰乾祐元寶有銅鐵二種

天慶錢西夏桓宗所鑄也按桓宗以乾祐二十四
年改元天慶鑄天慶通寶錢書法與遼天祚帝錢
有異

皇建錢西夏襄宗所鑄也按襄宗廢桓宗而自立
改元應天四年改元皇建鑄皇建元寶錢

光定錢西夏神宗所鑄也按續筆乘曰古帝王以
科第出身者惟吳大帝會舉孝廉而神宗則以狀
元及第更爲稀有所鑄有光定元寶錢

附劉豫錢一品

阜昌錢爲齊劉豫所鑄按豫以濟南太守叛宋降金
據大名府金人立爲帝僭號曰齊改元阜昌時
宋建炎四年也鑄阜昌元寶錢

元錢十七品

至元錢元世祖所鑄也按元史世祖即位改元凡
二中統四年至元三十一年後順帝年號亦有至
元張氏新編載此錢於世祖時

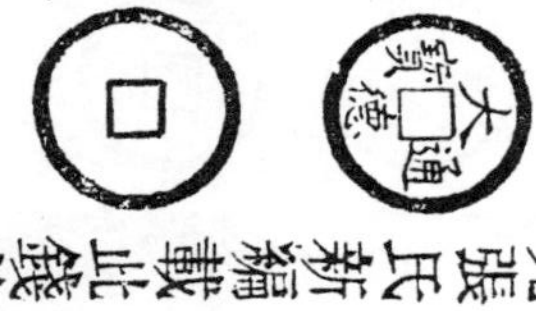

大德錢元成宗所鑄也按成宗以元貞三年改元
大德張氏新編曰今世流傳有大德通寶錢然史
亦失載

至大錢元武宗所鑄也按元史食貨志曰武宗至
大三年初行錢法立資國院泉貨監以領之其錢
稽書曰至大通寶一文準至大銀鈔一釐又按草
木子曰元初只行鈔法而不鑄錢至至大錢惟官
裏行之

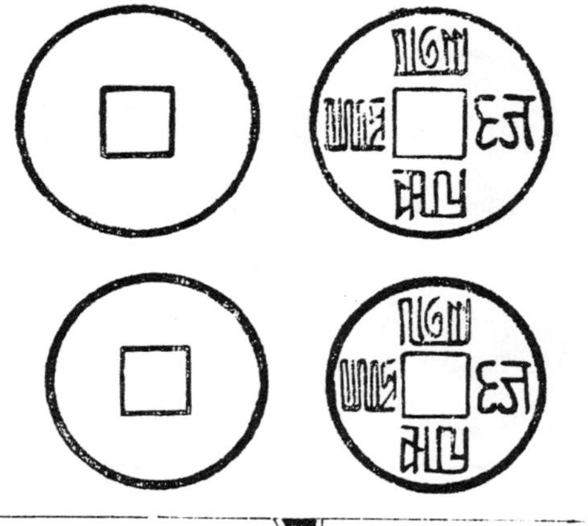

大元錢亦武宗鑄西番篆文曰大元通寶當五當

十錢也

皇慶錢元仁宗所鑄也按仁宗即位改元皇慶錢文皇慶通寶食貨志失載

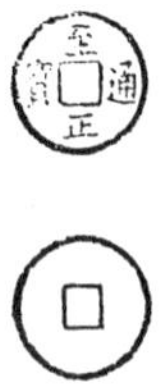

至正錢元順帝所鑄也按本紀順帝改元元統二年至元六年至正二十七年食貨志曰至正十年

丞相脫脫始復建議開鑄置寶泉提舉司鑄至正通寶錢

又二品背文穿上有西番篆一字　欽定錢錄曰前一品西番篆讀作巴納蒞梵語錢也

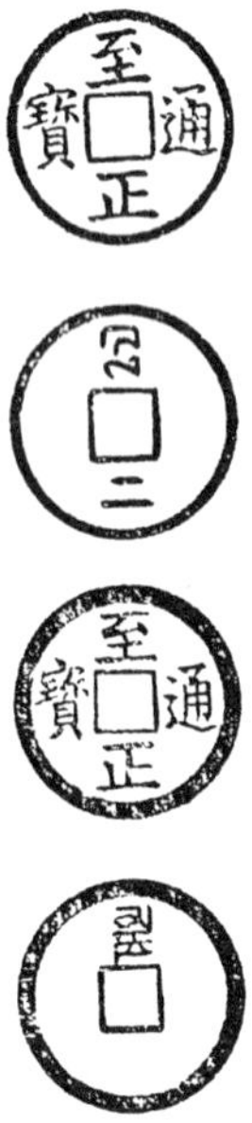

又二品折二錢第一品背文西番篆一字楷書一字第二品惟西番篆一字

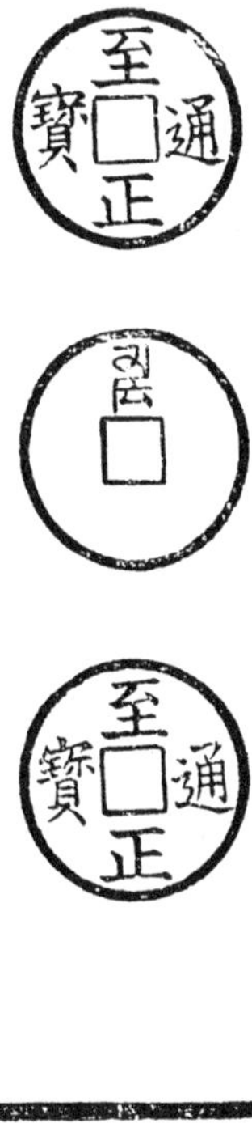

又二品折三錢背文西番篆與小平錢同

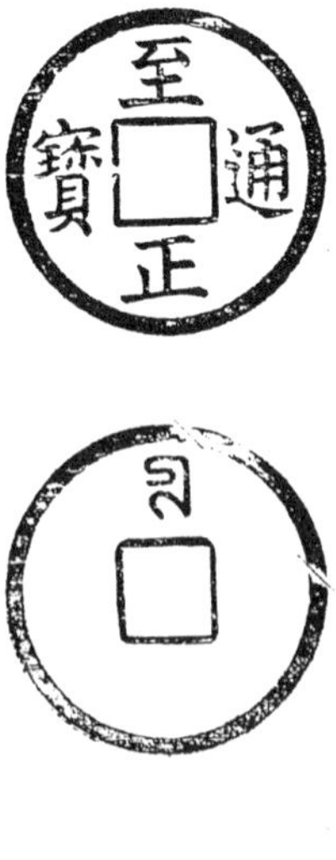

又一品當五錢背穿上西番篆一字

又一品當十大錢背穿上西番篆一字穿下橫列
楷書壹兩重三字

又一品權鈔大錢按元世祖頒行中統鈔又頒至
元皆錢鈔也武宗至大中行銀鈔仁宗初罷廢不

行至正中脫脫爲相復行新銀鈔即所謂交鈔此
錢面文至正之寶背文穿上一吉字左權鈔二字
右一錢五分四字葢權鈔者以錢權銀鈔也

又一品亦權鈔大錢背文有吉權鈔五錢五字誠
巨製也

附韓林兒錢二品

龍鳳錢韓林兒鑄按至正十一年隸州劉福通播
言林兒實徽宗後當爲中國主建國號大宋改元
龍鳳張端木曰龍鳳通寶錢字文遒美

又一品折二錢

附徐壽輝錢二品

治平錢徐壽輝鑄按壽輝初爲布賈因袁州僧彭瑩
玉以彌勒教煽惑湖湘間倪文俊等推爲帝稱國
號曰天完改元治平時至正十一年也謝氏曰治
平錢與宋製異

天啓錢亦壽輝鑄按壽輝又改元天啓謝氏曰書
法與明製異

天定錢亦壽輝鑄按壽輝後又改元天定新編曰
天定錢以赤銅鑄字亦精美

附張士誠錢二品

天佑錢張士誠鑄按士誠初建國號曰周改元天
佑後授蘇杭諸路降元據地如故旋改國號爲吳
錢迹曰天佑史誤作祐所鑄錢有大小三品此小
平錢也背文一字

又一品當五錢背文五字篆文

附陳友諒錢一品

大義錢陳友諒鑄按友諒本姓謝漁家
子嘗作縣吏從徐壽輝爲帥後自立爲漢王旋弑
壽輝稱帝僭國號曰漢改元大義鑄有大義錢三
種此則折二錢

巽齋所藏錢録

海陵費錫申編輯

明錢百六十五品

大中錢明太祖所鑄也按明史稿太祖初置寶源局於應天鑄大中通寶錢與歷代錢並行王漁洋池北偶談曰太祖初建國號意在大中既而祈天乃得大明

又一品折二錢背光幕按太祖平陳友諒後命江西行省置貨泉局頒大中通寶錢鑄折二折三折五折十與小平錢凡五等

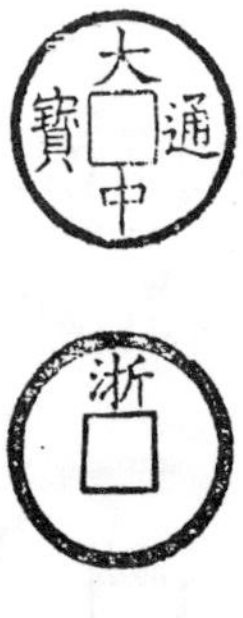

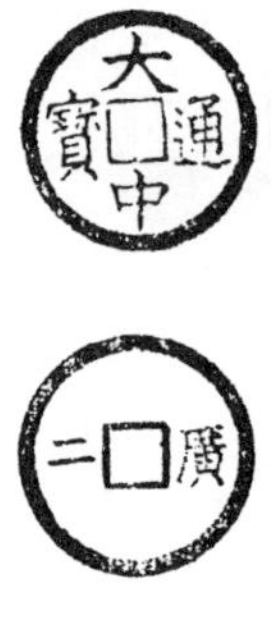

又三品亦折二錢第一品背文浙字第二品背文豫字第三品背文廣二二字

又一品折三錢背光幕

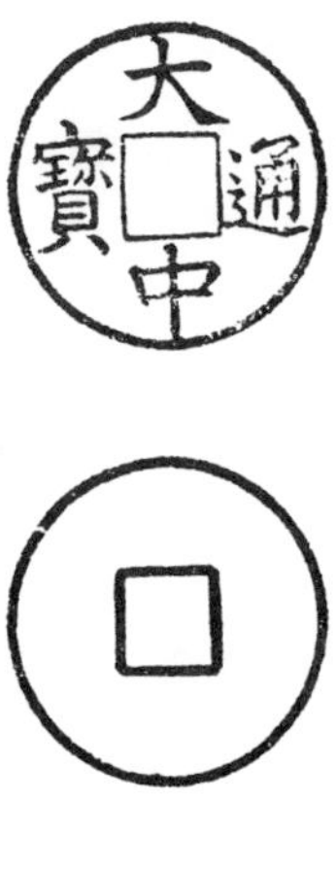

又一品折五錢背光幕

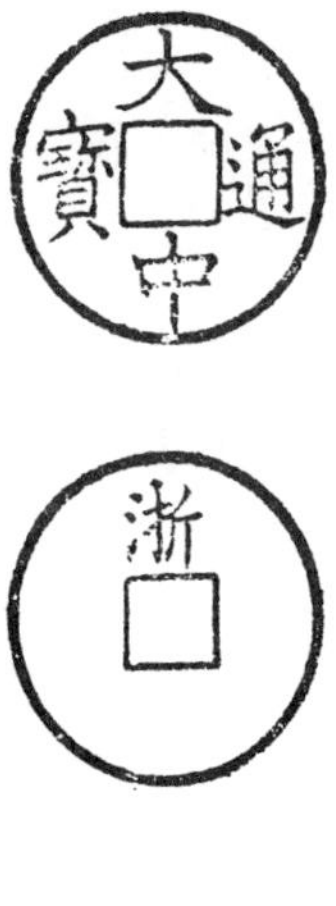

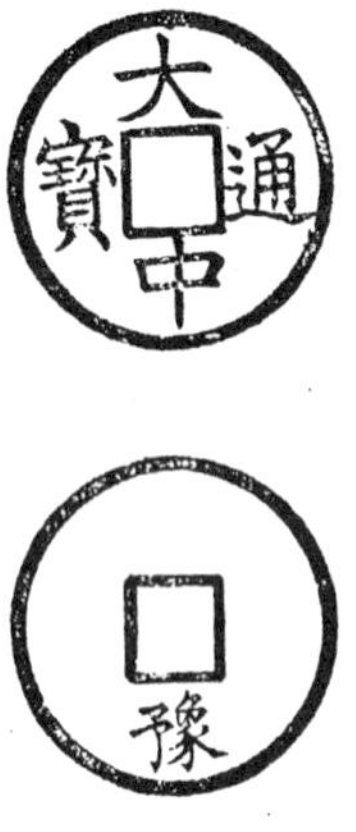

又二品折五錢背上下有浙字豫字

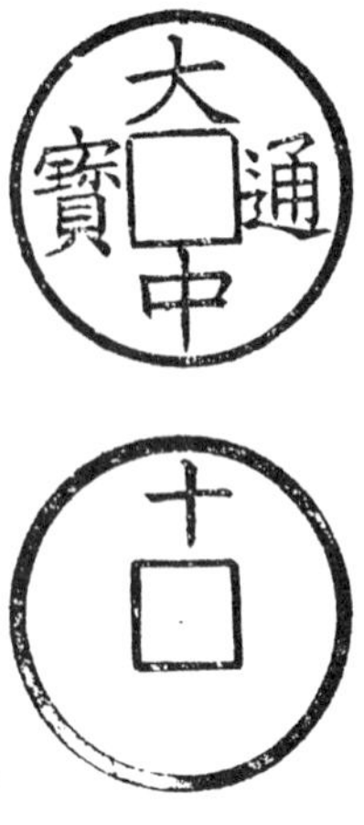

又一品當十大錢背文十字

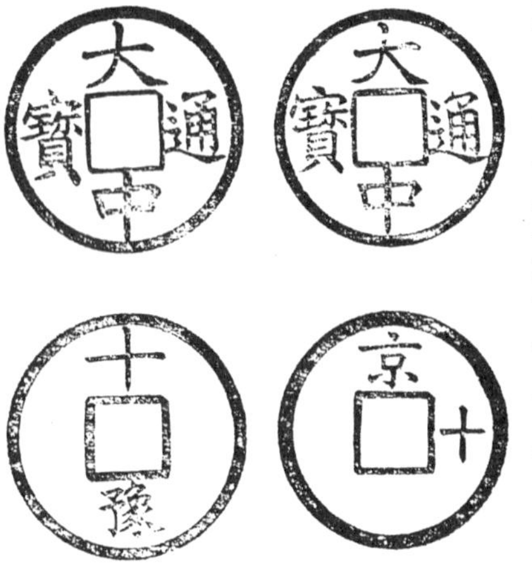

又二品背文京十二字十豫二字葢紀所鑄之錢

監字樣

洪武錢亦太祖鑄按明史稿太祖即位鑄洪武通寶錢亦五等民間以大錢不便行用四年詔改鑄

小平錢

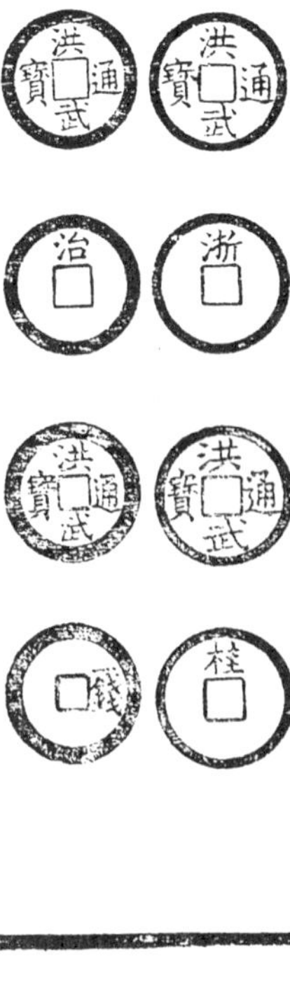

又六品背文有北平二字福字浙字桂字治字一錢二字葢各行省寶泉局所記如唐武宗會昌之錢制也

又一品背文龍鳳

又一品背有二錢二字重如其文此五等錢之折
二錢

又一品折三錢背文三錢二字

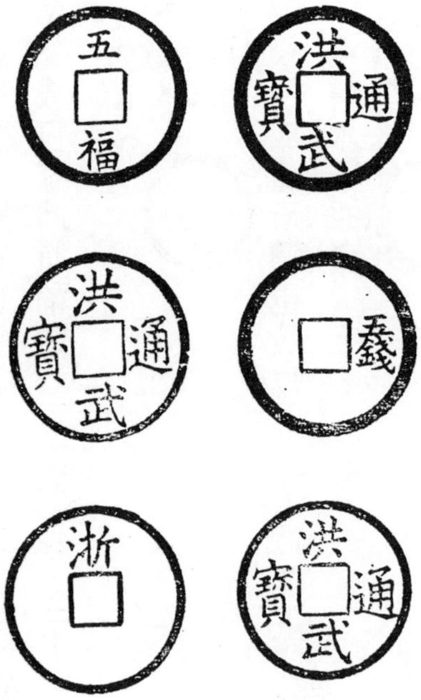

又三品折五錢背文有五錢二字五福二字浙字

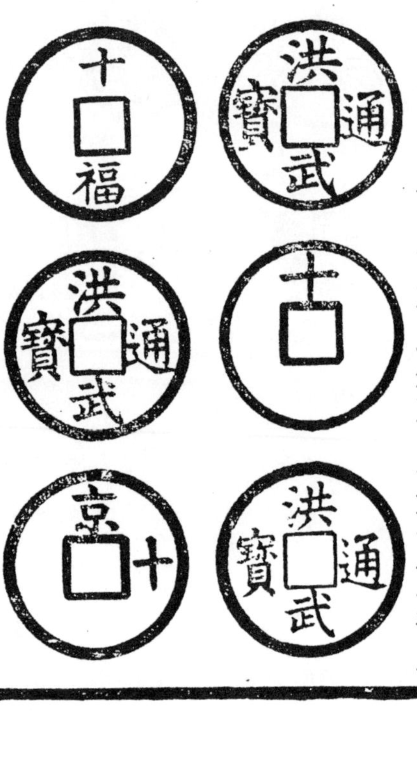

又三品折十錢背文十字十福二字京十二字

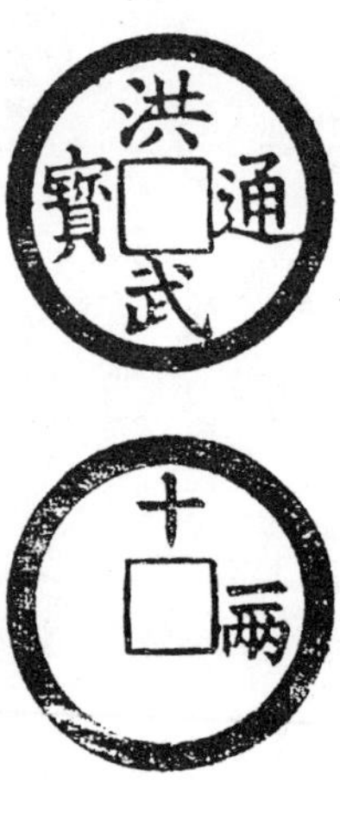

又一品大錢背文十一兩三字準洪武鈔也此錢
更工緻而肉好

建文錢明惠宗所鑄也錢逃曰建文鑄通寶錢世不多見或曰嘉靖時補鑄一百萬錠錠五千文余得大小二品

永樂錢明成祖所鑄也按會典成祖以燕王卽帝位六年鑄永樂通寶錢

宣德錢明宣宗所鑄也按明史稿宣德九年鑄宣德通寶錢

景泰錢明代宗所鑄也按帝以監國卽位七年英宗復辟所鑄錢不多

成化錢明憲宗所鑄也按會典嘉靖三十二年補

鑄成化通寶錢一百萬錠

弘治錢明孝宗所鑄也會典弘治十六年鑄弘治通寶錢十八年題準每文重一錢二分此錢第一品輕小十八年前鑄也

正德錢明武宗所鑄也會典曰正德五年命洪武永樂洪熙宣德弘治與歷代大錢兼行新編曰正德小平錢有光幕

又一品背文龍鳳謝氏謂此錢亦嘉靖時鑄

又一品折二錢背文龍鳳

又二品折三折五錢背文龍鳳吳陶宰曰明錢有
金背火漆制法金背貴以黃銅鑄色如金火漆賤
以低銅鑄用藥涅之黑如鐵此則金背錢也

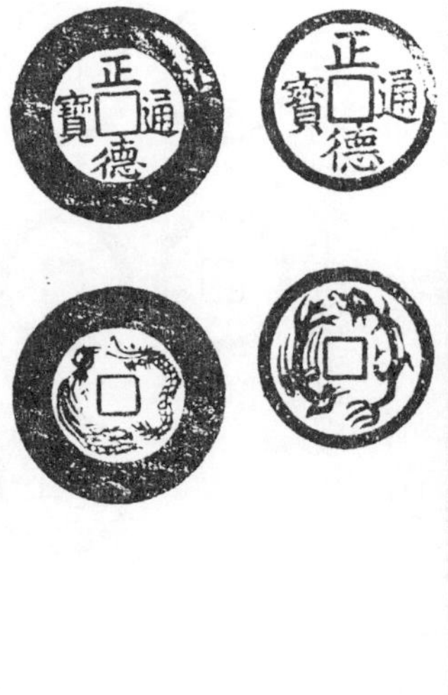

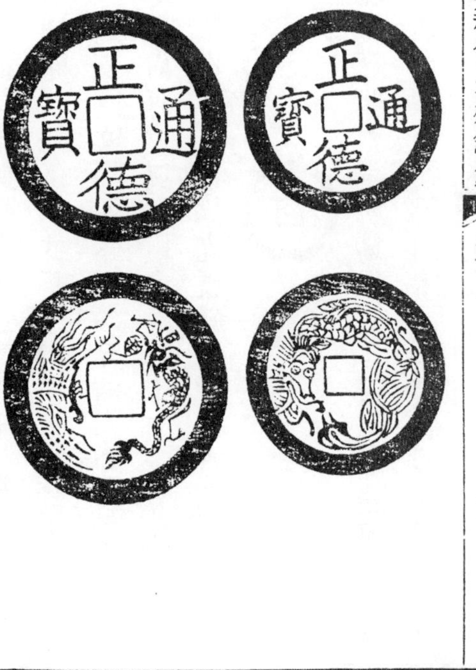

又二品大錢背亦龍鳳第二品形製尤巨字亦古
緻春草堂云是當十錢或傳此錢置雞籠中雞竟
不鳴

大明錢明世宗所鑄也按會典嘉靖六年令曉諭
京城內外收積新錢盡數赴府縣及兵馬司具呈
戶部照銅價發銀新錢銷化用大明通寶錢食貨
志曰此錢重一錢三分

嘉靖錢亦世宗鑄按世宗七年鑄嘉靖通寶錢又
合河南閩廣鑄嘉靖通寶錢三十四年題準雲南
鑄嘉靖通寶錢時所鑄有金背火漆鏇邊三種

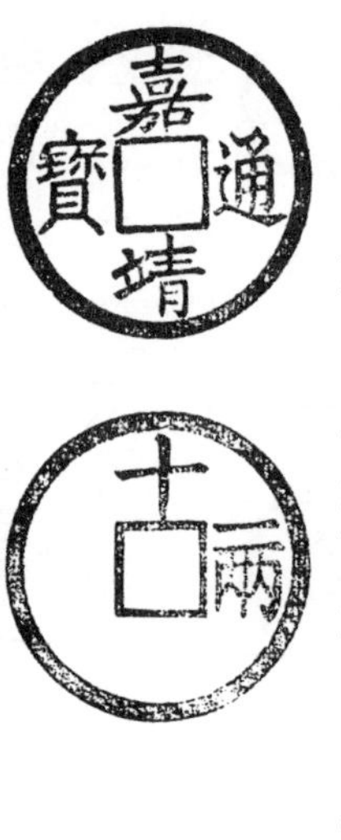

又一品當十錢按會典曰嘉靖十三年命工部造
嘉靖通寶錢依洪武折二折三當五當十式各鑄
三萬文陶宰曰所鑄不多今時罕覯惟當十一種
傳世尚有會典又曰嘉靖三十二年令照新式鑄
洪武以下至正德九號錢每號一百萬錠

隆慶錢明穆宗所鑄也會典穆宗隆慶四年鑄隆
慶通寶錢明初沿用宋元舊錢鈔後多用銀而鈔

法不行惟俸錢獨支鈔如故至是時始以新錢給
京官俸日知錄曰嘉靖錢最精工而隆慶萬曆更
加重半銖

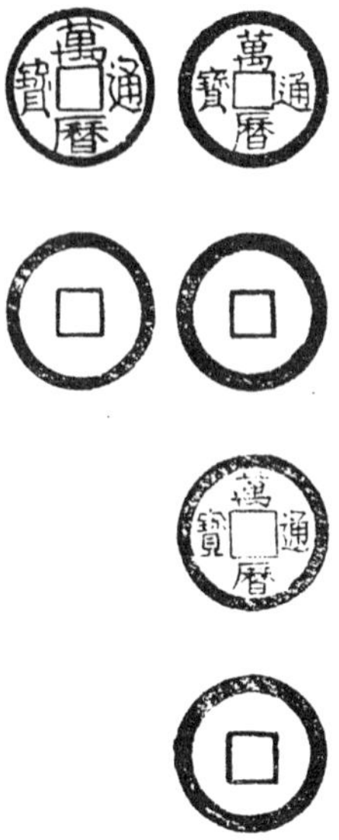

萬曆錢明神宗所鑄也按食貨志曰萬曆四年命
戶工二部准嘉靖錢式鑄萬曆通寶亦金背火漆

鏇邊二種金背錢二准火漆鏇邊錢三有粗惡者
罪之又命十三布政司皆開局鑄錢以五銖爲準
書法有楷隸體

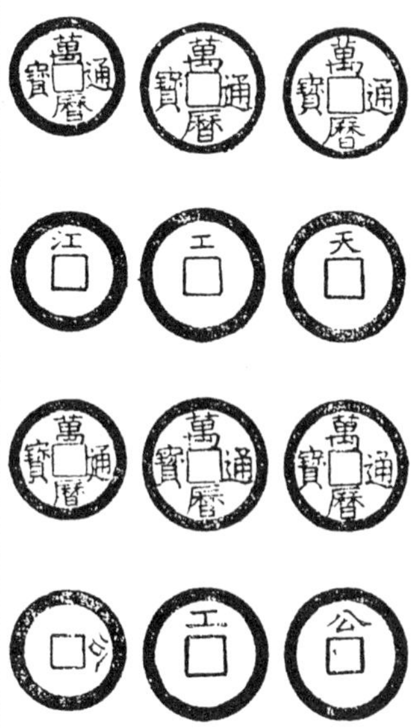

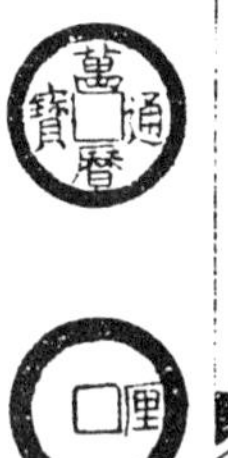

又七品背文穿上有天字公字工字江字穿左分
字厘字重工字一品

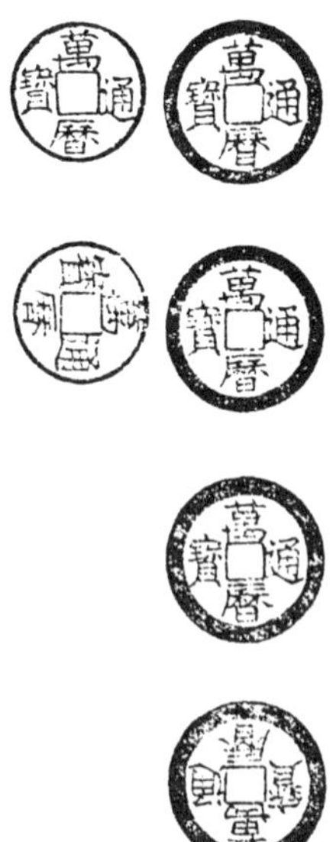

又三品對文

又一品折二錢

泰昌錢明光宗所鑄也按光宗以萬曆四十八年八月丙午朔即位詔以明年爲泰昌元年九月乙卯朔熹宗即位詔改萬曆四十八年八月爲泰昌元年以明年爲天啓元年光宗之立甫閲一月熹宗仰思泰昌年號尚未鑄錢遂命鑄泰昌錢與天啓錢並行

又一品面文泰昌通寶背文天啓通寶按聞見巵言天啓元年命並鑄泰昌天啓錢

天啓錢明熹宗所鑄也按天啓小平錢制如泰昌

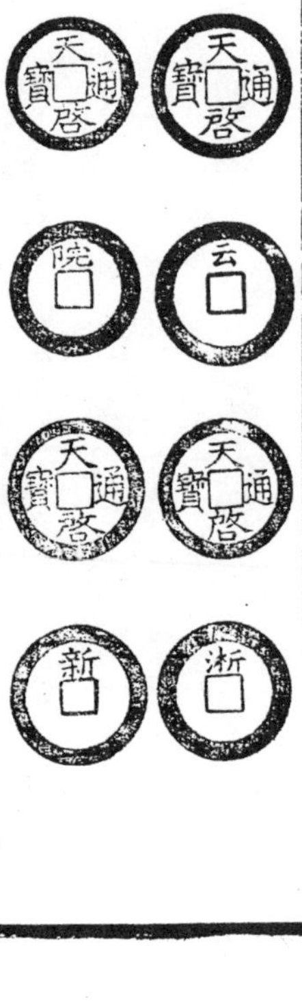

又八品背有戸字及穿左月文穿上下工字云字浙字院字新字其製不一皆當時記所鑄之錢監號也

又二品第一品背文五字曰新一錢一分第二品四字曰一錢一分

又二品背有一錢二字第一品直下文第二品横列文

又二品對文

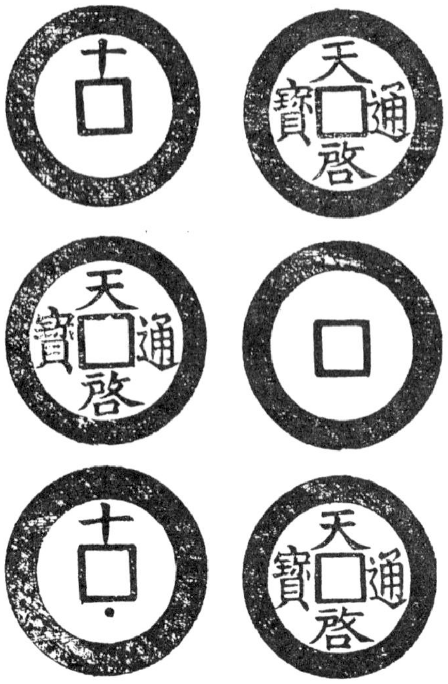

巽齋所藏錢錄 卷八 十五

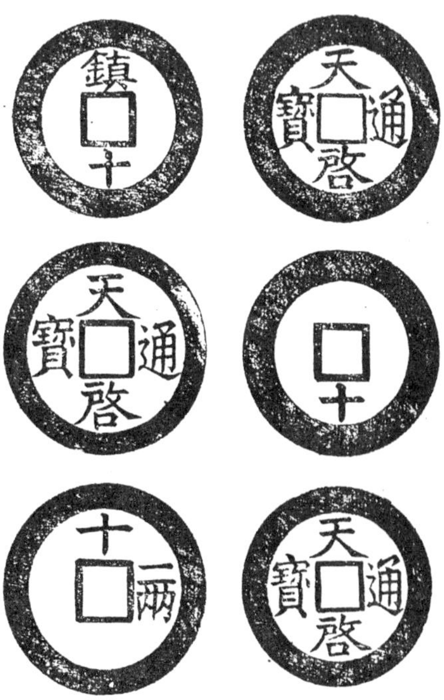

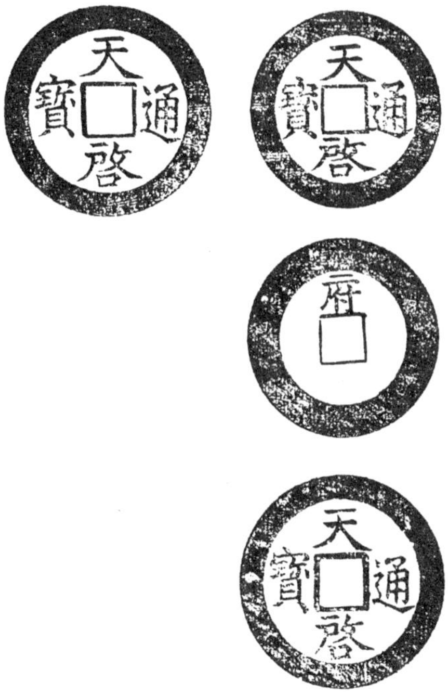

巽齋所藏錢錄 卷八 十六

錢所存無幾矣

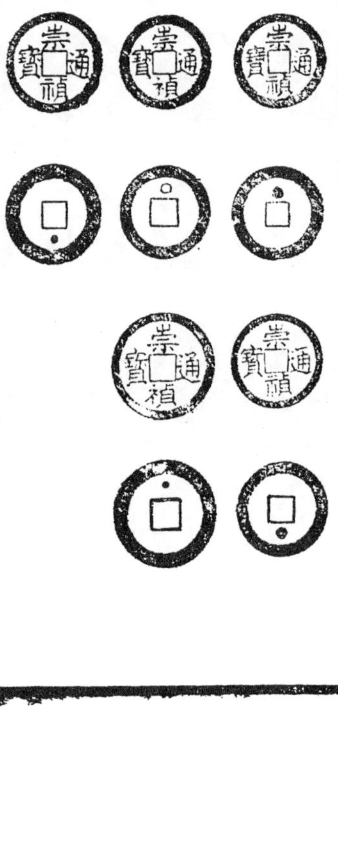

又五品第一品二品背穿上下日文第三品背穿上月文第四品五品背穿上下星文

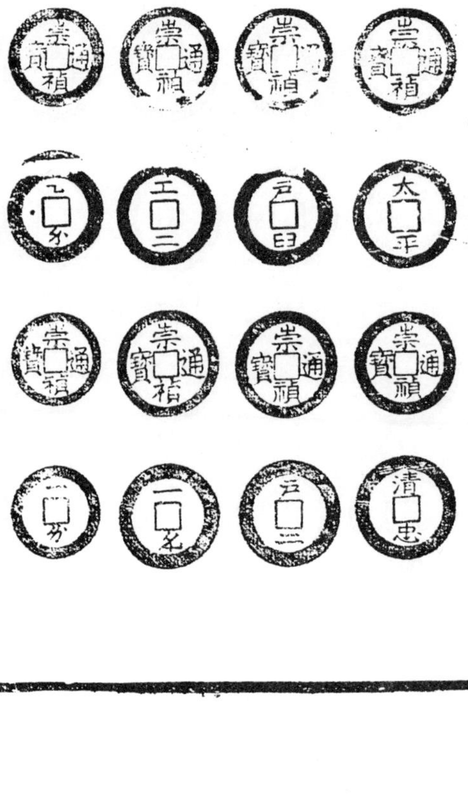

又八品當十大錢第一品背光幕第二品背穿上十字第三品背穿上十字穿下一星第四品背穿下十字第五品背穿上下鎮十二字第六品背穿上十字穿左一兩二字第七品背穿上府字第八品對文按西淸古鑑兵部尚書王象乾請鑄當十當百當千三等大錢仿白金三品之制於是兩京皆鑄大錢後有言大錢之獘者詔南京停鑄大錢收大錢發局改鑄當時旋鑄旋罷當百當千固未嘗行使也

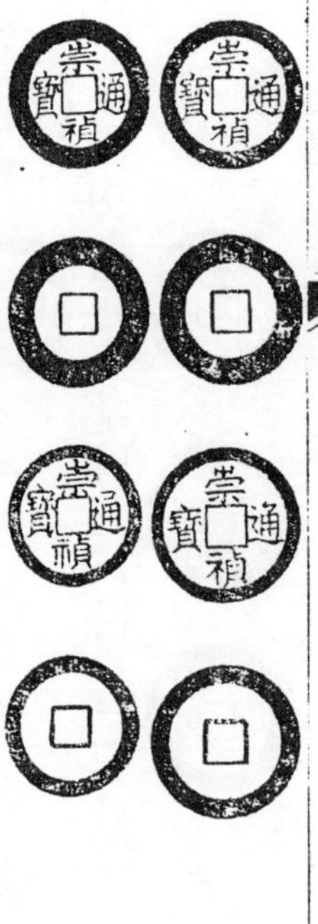

崇禎錢明懷宗所鑄也按食貨志曰崇禎七年所鑄小平錢以五十五文當銀一錢定錢式每文重一錢南京所鑄輕薄乃定每文重八分明初歴代錢與制錢通行至崇禎時始括古錢以充廢銅民間市易亦擯不用蓋自隋盡銷古錢至是再銷古

又三品背穿左二字聯文曰八錢曰一錢曰一分

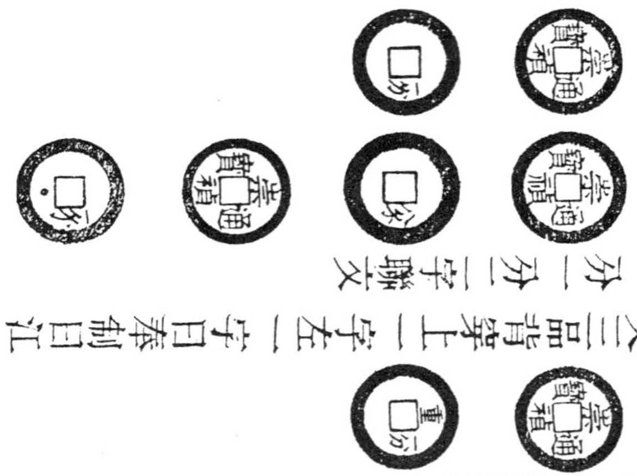

一分一分二字聯文

又三品背穿上一字左一字曰奉制曰江二曰重

崇齋所藏錢録　卷八　十九

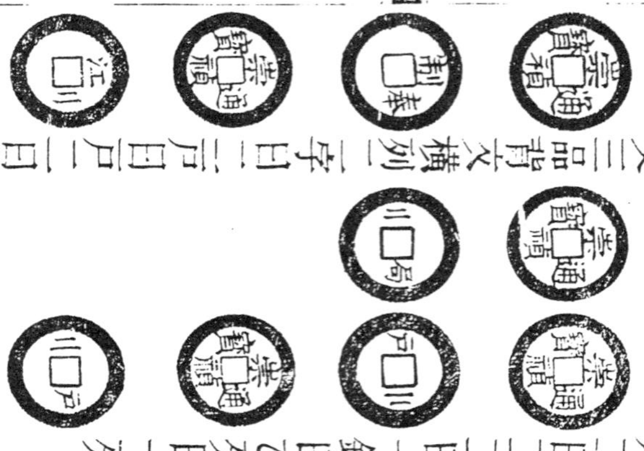

又三品背文横列二字曰二戶曰戶二曰局二

又八品背上下文二字曰太平曰清忠曰戶曰
戶二曰工二曰一錢曰乙分曰一分

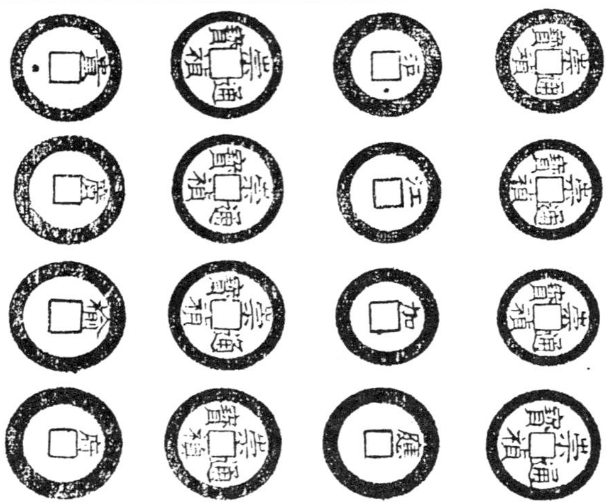

崇齋所藏錢録　卷八　二十

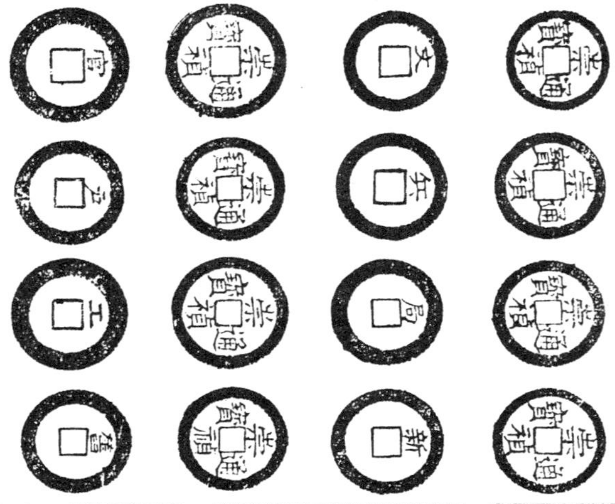

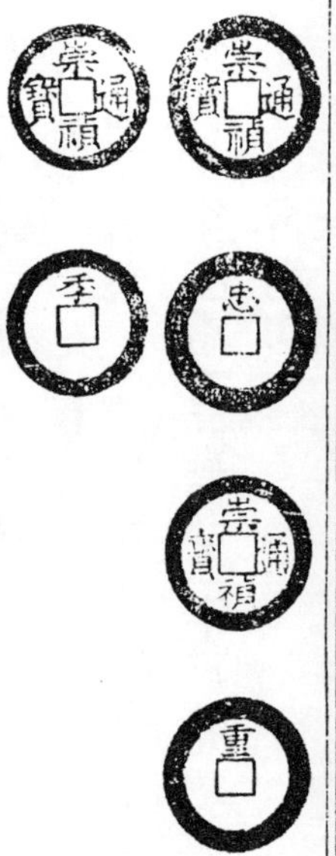

又十九品背文穿上一字曰新曰舊曰局曰工曰兵曰戸曰文曰官曰應曰府曰加曰榆曰江曰廣曰沪曰貴曰忠曰重曰季沪即滬字省文也

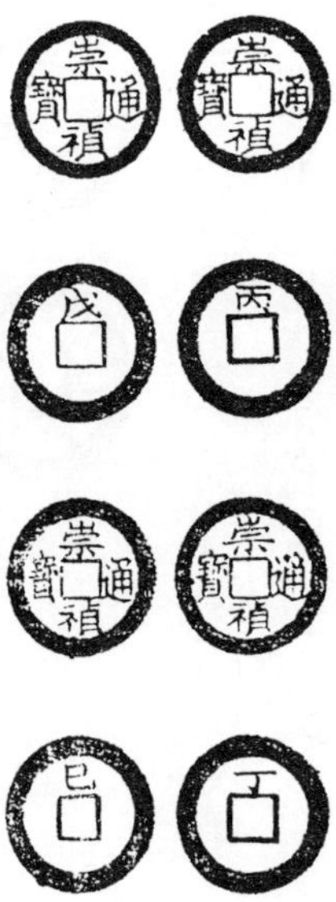

又六品干字錢按甲字從崇禎七年甲戌起也嘗見亡友王白生處有庚辛壬癸四錢

又一品背穿左二字

又二品背穿右行字一字

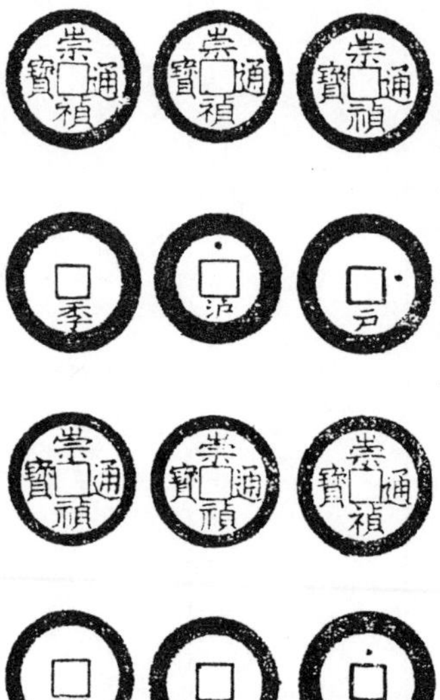

又七品背穿下一字曰戸曰工曰沪曰青曰季曰捌曰共

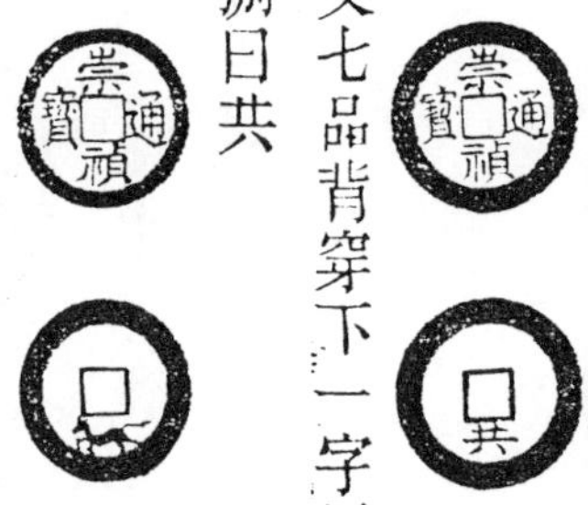

又一品馬錢按蚓庵瑣語崇禎季年鑄有馬形錢或曰門下有馬是李自成自號闖將入彰義門之讖也或曰國亡於馬士英此其驗也又俗傳跑馬

崇禎可治難産催生

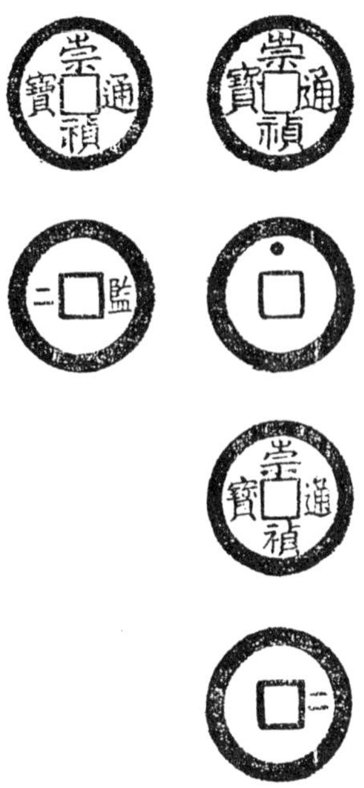

又三品折二錢第一品背穿上星文第二品背穿左二字第三品背左右監二二字

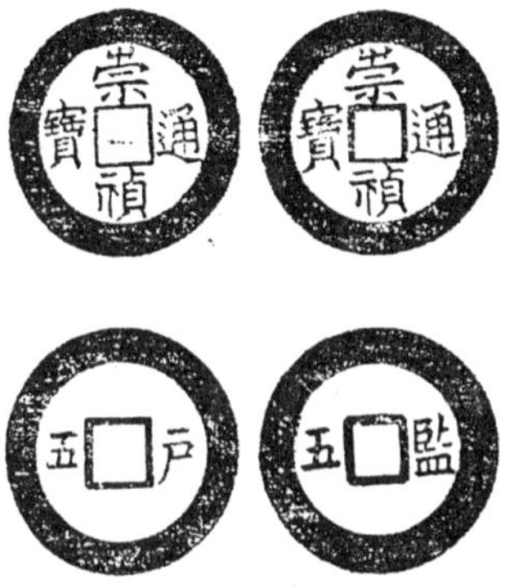

又二品當五錢　欽定錢錄曰懷宗末年勅鑄當五錢背文穿左右有監五二字戸五二字張麗瀛曰此錢以青銅爲之

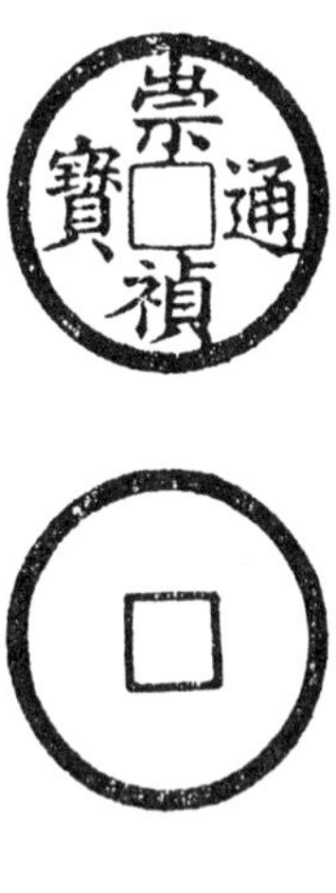

又一品當十大錢較天啓當十錢微小背光幕無當五錢精緻也

巽齋所藏錢錄

明末諸王錢二十六品　海陵費錫申編輯

弘光錢應天福王鑄按王以崇禎十六年嗣封福王十七年三月南京參贊兵部尚書史可法等迎王爲帝改元弘光又按鄒漪遺聞曰甲申十月初一日應天福王鑄弘光通寶錢第二品背穿上星

文

又一品背穿上鳳字乃馬士英總督鳳陽時開局鑄錢以鳳字别之

又一品折二錢背穿左貳字

隆武錢福建唐王鑄按王太祖九世孫弘光乙酉福王北去王至杭鄭鴻逵等奉入閩稱監國六月丁未即位於福州改元隆武錢文鑄隆武通寶第二品背穿上星文

又二品背穿上有戸字工字

又一品折二錢

大明錢浙江魯王鑄乙酉六月鄭之尹等奉王於紹興立爲監國鑄有大明錢新編日魯王大明通寶錢背穿上有戸字工字帥字與嘉靖時鑄大明

錢形製不同

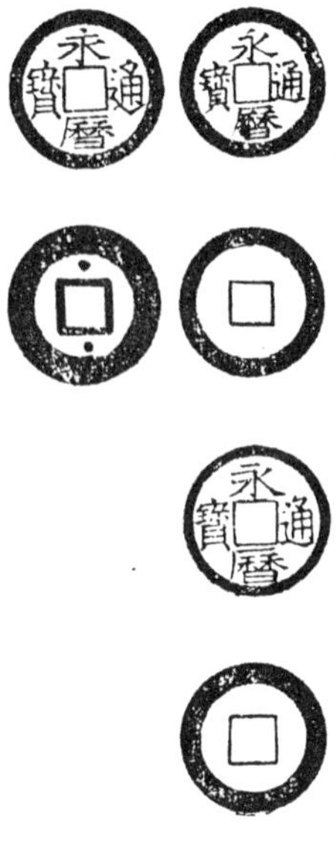

永曆錢廣東永明王鑄王初封衡陽徙梧州丁魁
楚瞿式耜迎王至肇慶於丙戌十月十四日稱監
國改元永曆鑄永曆通寶錢文有楷隸二體第三
品背穿上下星文

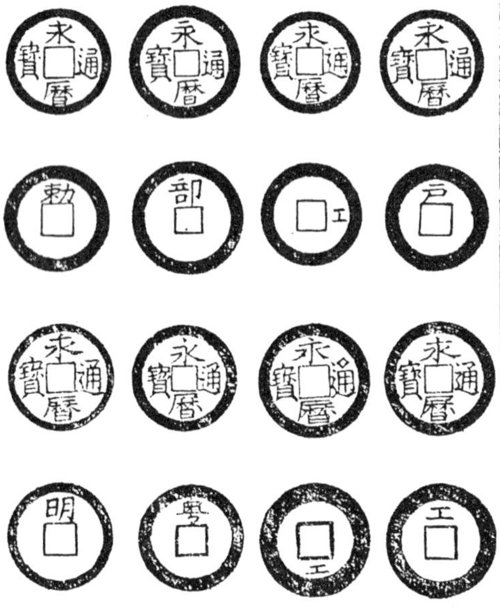

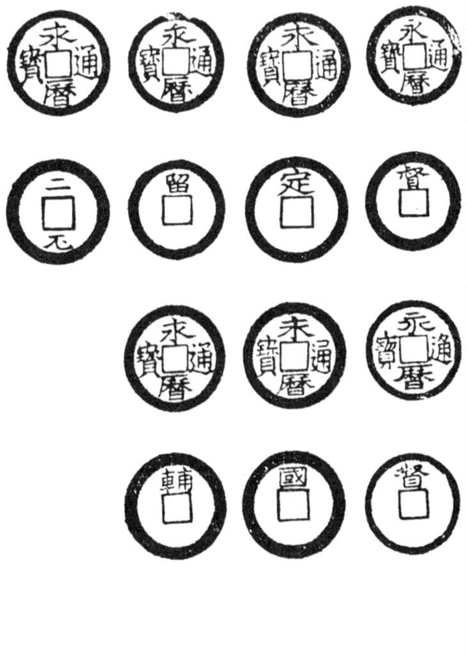

又十五品背文第一品戸字第二品三品四品工
字第五品部字第六品粤字第七品勅字第八品
明字第九品十品督字第十一品定字第十二品
國字第十三品留字第十四品輔字第十五品二
厘二字厘省作兀諸字蓋當時紀官紀地並
所値之厘數有不一也

又一品折二錢背光幕

又一品當五錢背文五厘二字

又一品當十錢背文一分二字

又一品當十大錢背文亦一分二字較前一品製甚鉅

又三品折二錢錢文行篆草三體新編云此錢相傳為島寇汪直所鑄按逆臣傳當是鄭成功據臺灣遥奉永曆正朔時鑄也

附李自成錢三品

永昌錢李自成鑄崇禎十七年正月自成稱王於西安據秦府為宮僭號大順改元永昌鑄永昌通寶錢此錢永字有二種

又一品當百大錢

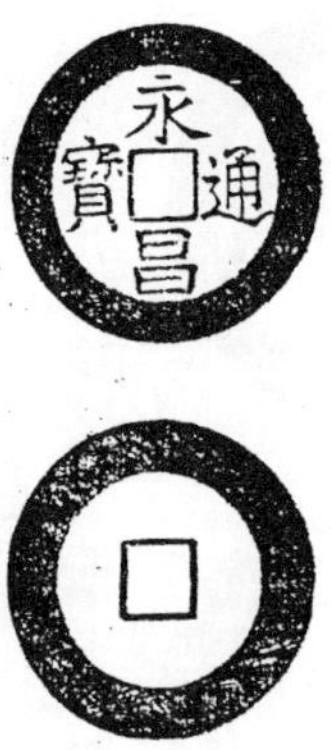

附張獻忠錢四品

大順錢張獻忠鑄崇禎十七年十一月獻忠於成都僭僞號大西改元大順鑄大順通寶錢第二品背穿下工字

又二品折二錢背文有戶字工字

巽齋所藏錢錄　卷九　七

附孫可望錢四品

興朝錢孫可望鑄可望爲獻忠養子獻忠敗遁入滇自稱東平王鑄興朝通寶錢背穿下工字

又一品折二錢背穿下工字

又一品當五錢背穿上下五釐二字

又一品當十錢背穿上下壹分二字

巽齋所藏錢錄　卷九　八

附耿精忠錢四品

裕民錢耿精忠鑄精忠爲靖南王耿仲明孫叛據閩中僭號裕民鑄裕民通寶錢

又一品折二錢背穿左一分二字

又一品當十錢背穿左右一錢二字

又一品亦當十錢背穿左浙字右一錢二字

附吳三桂錢十四品

利用錢吳三桂鑄三桂叛滇僭稱周王是時湖南等處皆爲所據自謅倉庫蓄積鑄錢爲文文曰利用通寶

又四品謝氏曰其錢背文種種今錄第一品穿左厘字第二品穿右厘字第三品穿左右二厘二字第四品穿上貴字

又二品折二錢第一品背穿左右二厘二字第二

品穿左雲字

又一品當五錢背文穿上下五厘二字

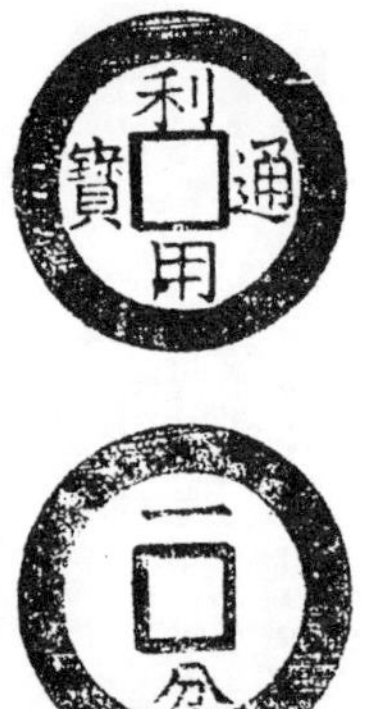

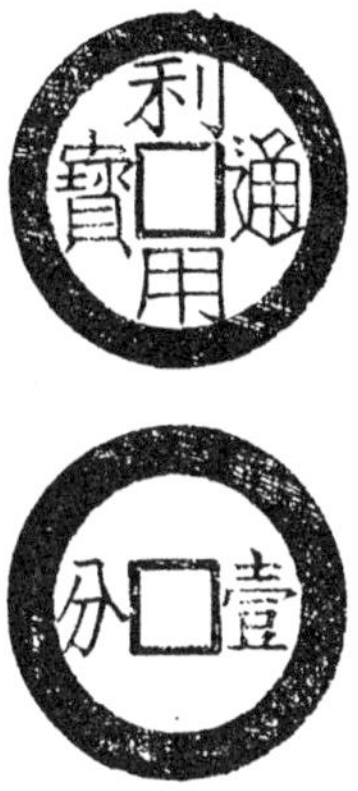

又二品當十大錢背文第一品穿上下一分二字

第二品穿左右一分二字

昭武錢亦三桂鑄三桂稱帝於衡州改僞號昭武

鑄昭武通寶錢有楷篆二種

又二品楷書背文工字正中二字

又一品當十錢篆文背穿左右有一分二字較利

用當十錢差小

附吳世璠錢三品

洪化錢吳世璠鑄世璠爲三桂孫僭立桂陽改僞

號曰洪化鑄洪化通寶錢

又二品背穿左右有戶字工字

巽齋所藏錢錄

外夷錢百十四品

海陵費錫申編輯

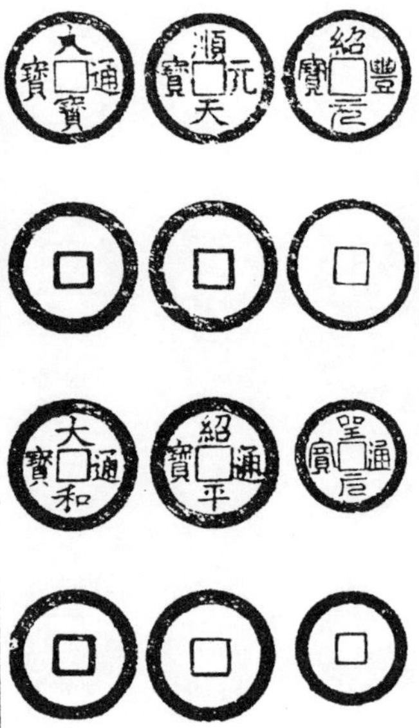

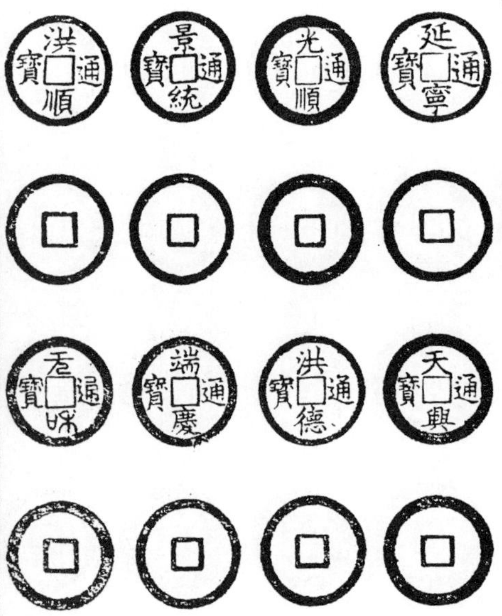

安南國錢十五品紹豐錢陳𣊊鑄聖元錢胡季犛鑄自順天錢至元和錢皆黎氏鑄明德錢莫登庸鑄按安南古稱交趾國也

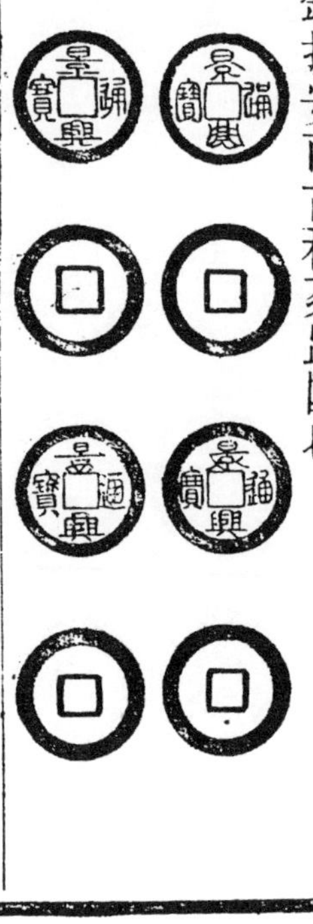

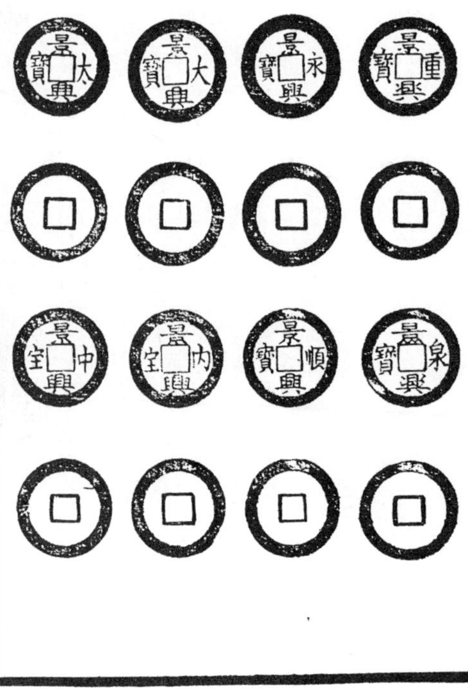

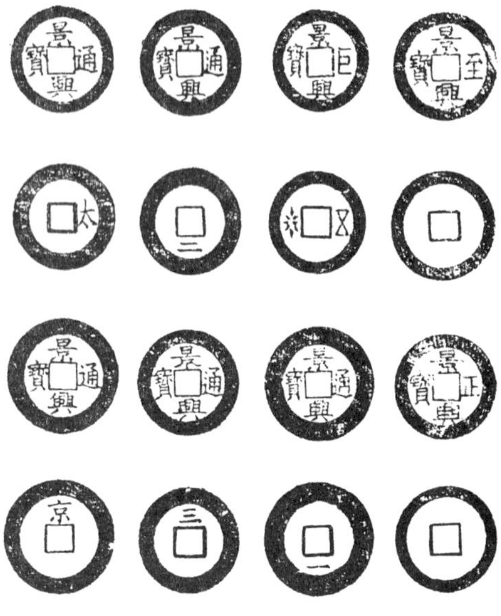

巽齋所藏錢錄　卷十　三

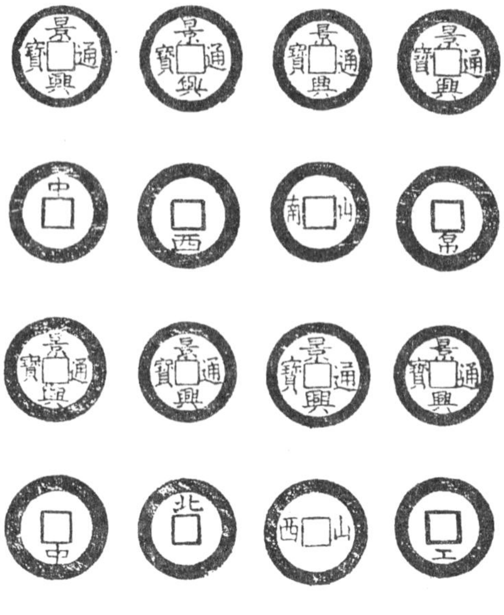

又景興錢二十八品黎惟禑鑄面文楷篆二體書
有重泉永順大內太中至正巨通等寶背有五字
花紋及一二三太京帛工山南山西西北中等字

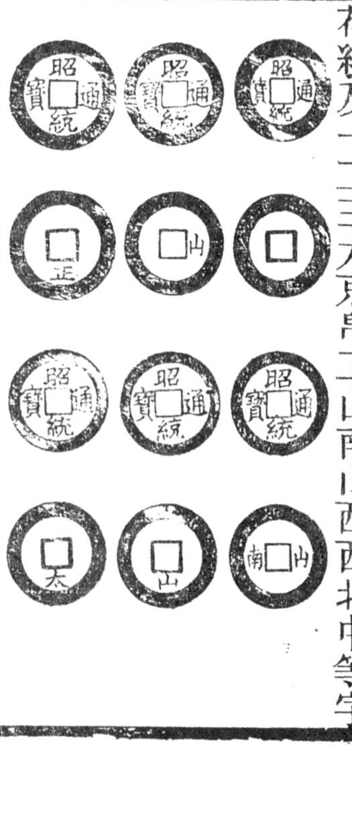

巽齋所藏錢錄　卷十　四

又昭統錢十品光幕外背左右有山南二字及左
山字下山字正字太字上下一字中字諸譜皆載
不知年代品惟紀元韻編曰安南

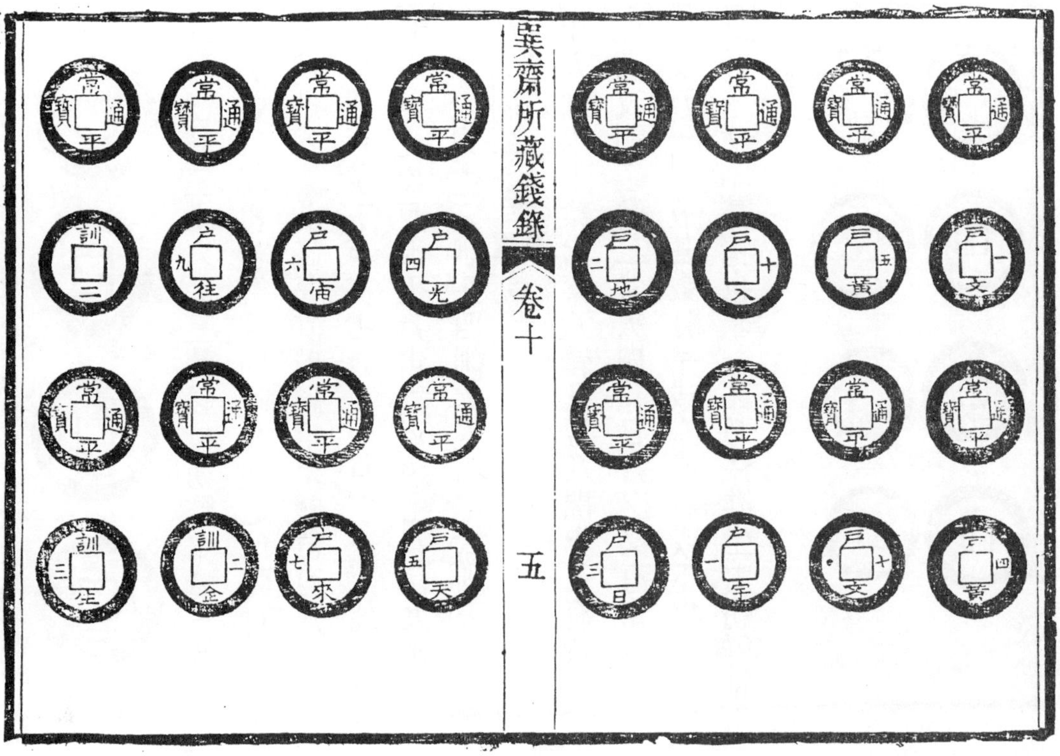

巽齋所藏錢錄 卷十 五

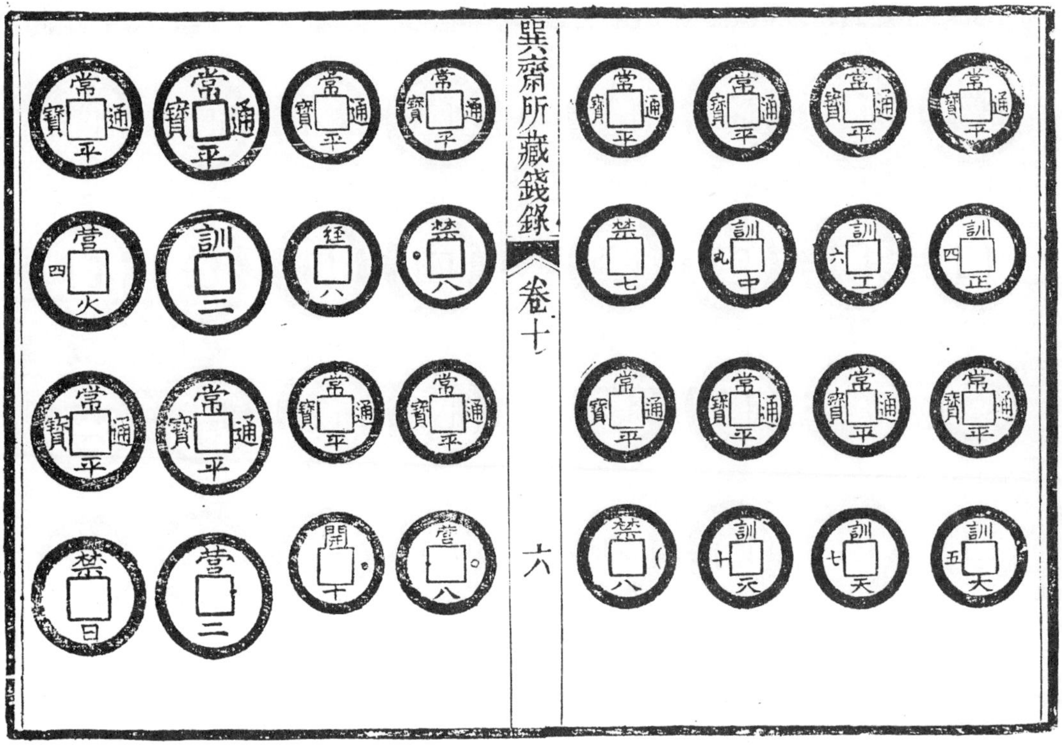

巽齋所藏錢錄 卷十 六

朝鮮國錢三十六品三韓錢按朝鮮史略三韓馬韓辰韓弁韓也朝鮮錢明初高麗遣使朝貢詔仍以朝鮮爲號此錢是其時鑄常平錢背有戸文一戸黄四戸黄五戸文七戸入十戸宇一戸地二戸日三戸光四戸天五戸宙六戸來七戸往九訓企二訓二訓生三訓正四訓大五訓工六訓天七訓

中九訓天十禁七禁八營八經八開十又有折二錢背文訓二營二營火四禁日戸二又有當五錢背文戸一當五其數目字或左或右或下倘有十餘品未錄不甚精也末一品乃汪淮生由朝鮮歸來贈予

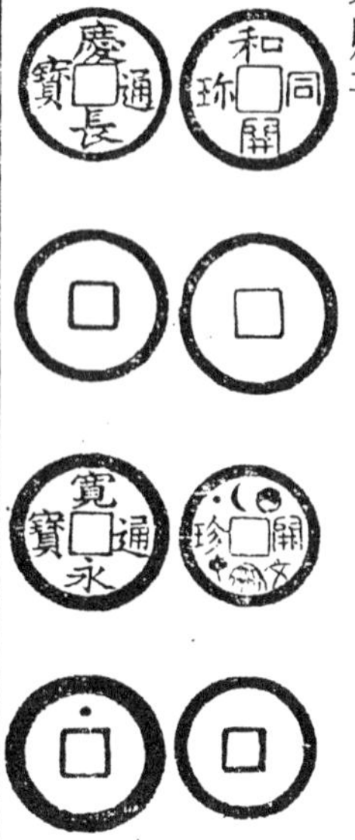

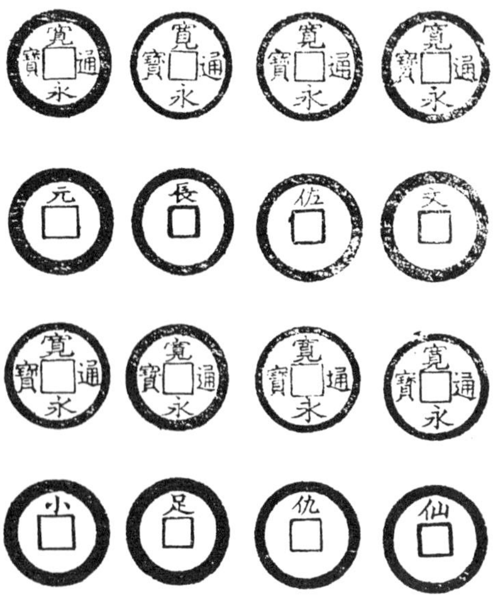

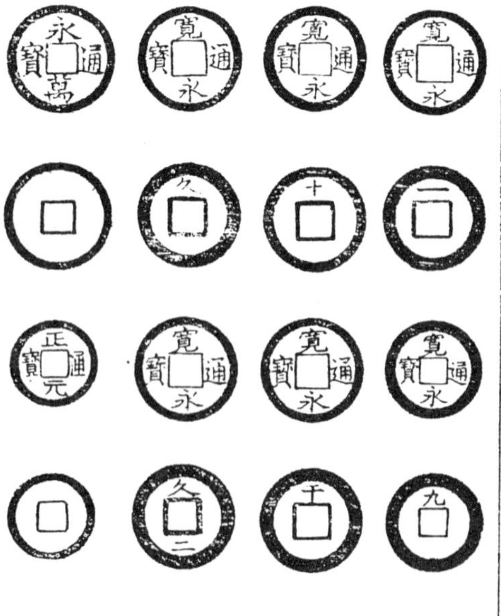

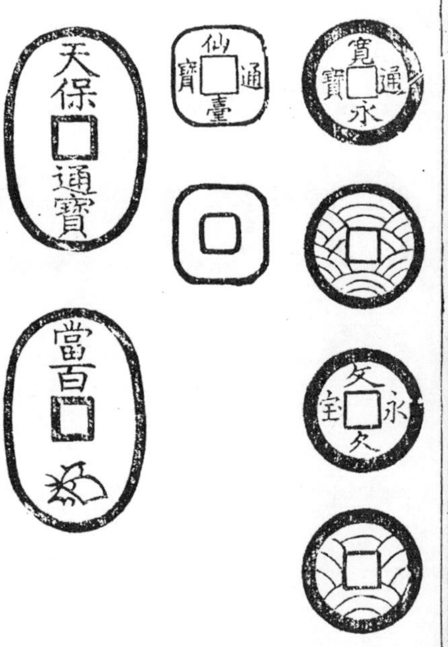

日本國錢二十四品有和同開珍及花紋開珍二

字又有慶長通寶寛永通寶又背有文仙佐仇長
足元小一九十千久久二等字又有永萬通寶正
元通寶又折二錢寛永通寶文久永寶背水波紋
又仙臺通寶又長式大錢天保通寶四字直下背
穿上當百二字穿下花紋琉球奉日本正朔錢文
亦鑄日本年號馮宴海日仙臺錢文類寛永皆用
鐵鑄方式此外尚有無穿錢五品面背或人形獅
形龍形花紋一錢半錢大日本明治年等文製極
細緻未可圖入

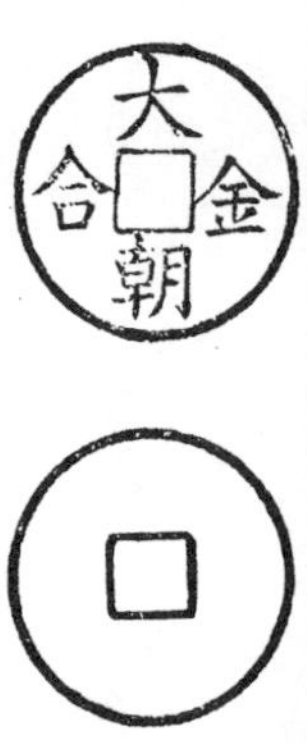

大朝金合錢洪志引李孝美說其文楷書徑寸五
分重十二銖下注外國鑄今附於外國錢後

無考錢六十三品

乾符錢唐僖宗有此年號然與唐代錢字迹迥異

景元錢新編亦載或曰外國奉宋正朔蓋誤認景
德景定爲景元也

熙元錢文有楷篆隸三體

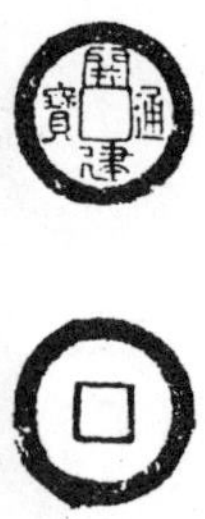

開建錢篆文

安法錢大小二品亦三體書

祥聖錢楷書惟寶字篆文

祥元錢文有楷篆二體第二品背有星月文

平安錢書法四體

咸紹錢楷行篆三體

光中錢三品第一品光幕第二品背有番書二字皆銅赤肉好第三品大寶寶省作宝青銅尚有星文月文一字二字諸品未錄

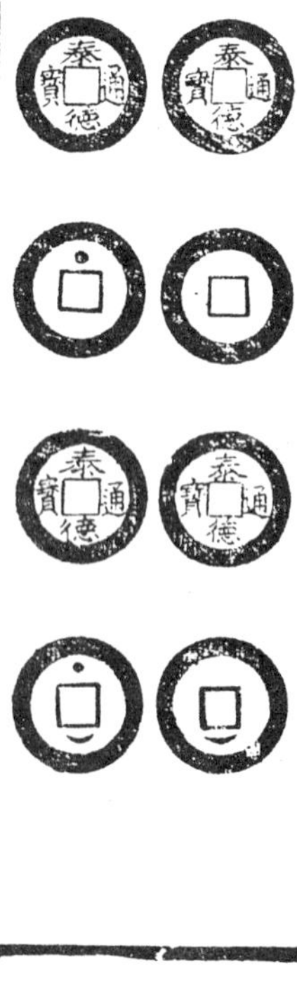

泰德錢五品光幕外背有月文星文星月文及番書二字

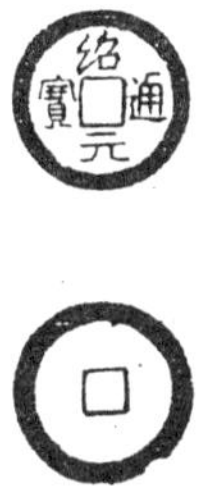

紹元錢楷行篆三體

紹符錢二品符字篆文異

紹宋錢篆文

保泰錢楷書第二品背有星月文

永盛錢二品有光幕穿右已字

世高錢楷書

治元錢

定元錢文制粗惡

福平錢二品篆文有大小之別

崇明錢楷書

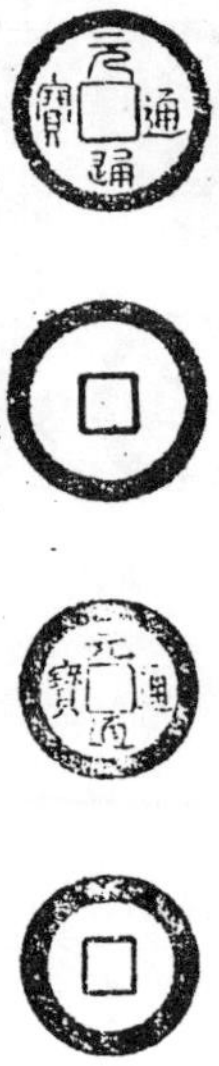

元通錢二品第一品元通寶三字篆文

元隆錢二品楷書第二品元字行書

元聰錢文日遵寶草篆二體書

祥宋錢篆文

明定錢文曰宋寶明定二字楷書宋寶二字篆文

金圓錢文曰世寶楷書

廣和錢篆文

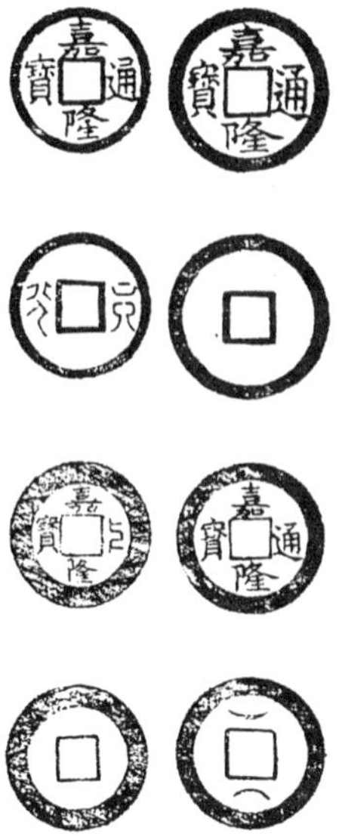

嘉隆錢四品第一品差大第二品背有月文第三
品背有篆文六分二字第四品乞寶錢皆銅質

明命錢大小二品又有錫鑄未錄

紹治錢明世宗有此擬號亦有錫鑄

嗣德錢背光幕錫鑄者背有河內二字

水官錢銅質純赤

太聖錢通寶楷行篆三體

洋元錢楷篆二體書

永壽錢三品行楷書各異見道經雜記所載年號

天符錢天符二字楷書元寶二字篆文按绛州白雲洞有晉天符五年白雲子書佛經是道家錢也

景盛錢第一品光幕第二品背左右星文尙有對文月文因鑄甚輕薄未録

正法錢玉海云李令戎雷進有此僭號

天字錢錢輪八角面文四天字向穿孔背光幕或日是牽牛借天帝錢也

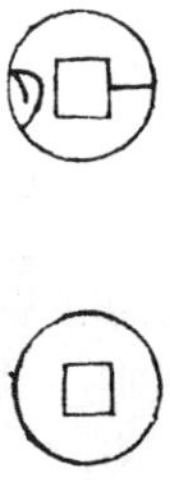
一月錢銅質篆文皆古是明月錢一類

星月錢背亦星月横列製極古厚

巽齋所藏錢録

壓勝錢二十七品

海陵費錫申編輯

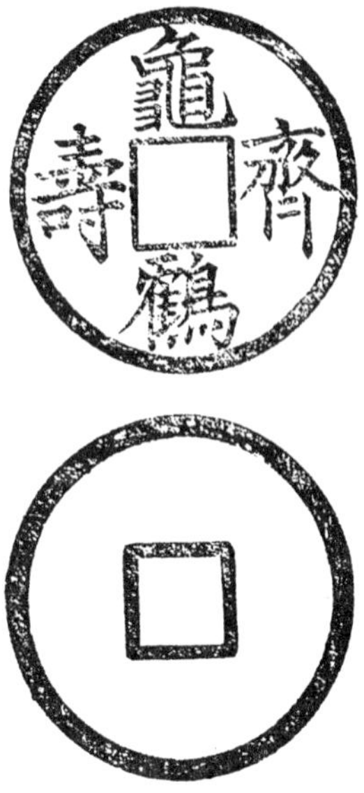

龜鶴齊壽錢背無文字肉好製精較宋之大觀金

之泰和尤工緻也壓勝品中可推第一

又一品篆文背有雙劍

舟楫梅鹽錢背有樹鳥形書云用汝作舟楫用汝作鹽梅此錢賜臣下也

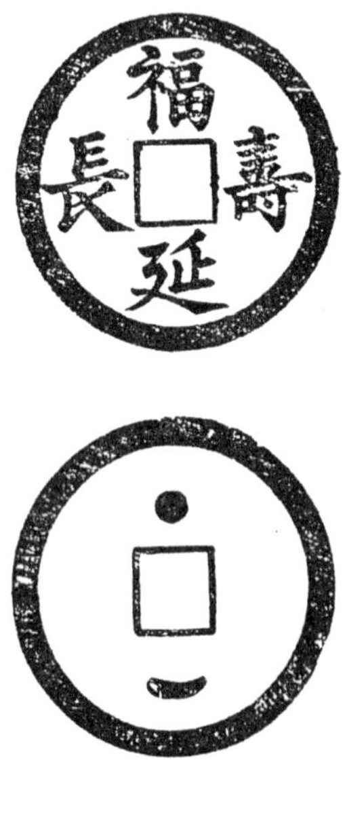

福壽延長錢背有星月文製極精好謝氏謂是六朝錢

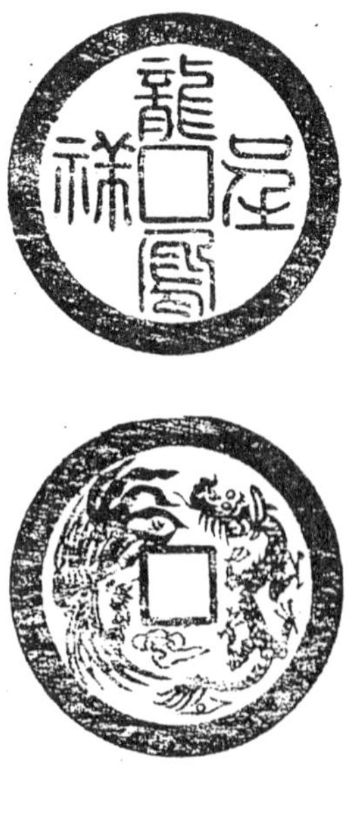

龍鳳呈祥錢篆文背作龍鳳形

牙籤萬軸錢字極古緻背文作書册花瓶及案頭小品

宜爾子孫錢面作水波紋背作花枝其錢文書畫皆非近人手筆

七州砥柱錢背文龍鳳鑄旌有功也

福祿保祐錢穿上福字左右保祐二字下作鹿形

背有二星官下伏一獸

福祿元神錢祿亦作鹿背文同前一品

乾元亨利貞錢面文元亨利貞四字背文乾字

本命星官錢面文本命星官四字左星官右一童下立一鶴背文全壁二字左星官側一龜口吐雲氣上立一鶴

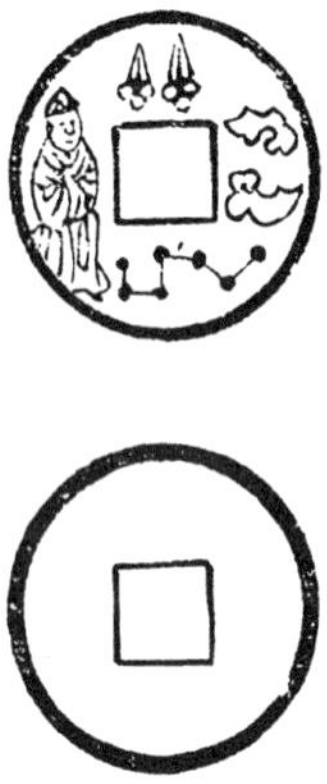

又一品星官錢上有二劍下有七星左有雲朵

驅邪降福錢背作鍾馗及鬼使形上有一蝠

風雲聚會錢篆文背作龍虎形

出將入相錢篆文背作松樹

同心永遠錢背文龍鳳

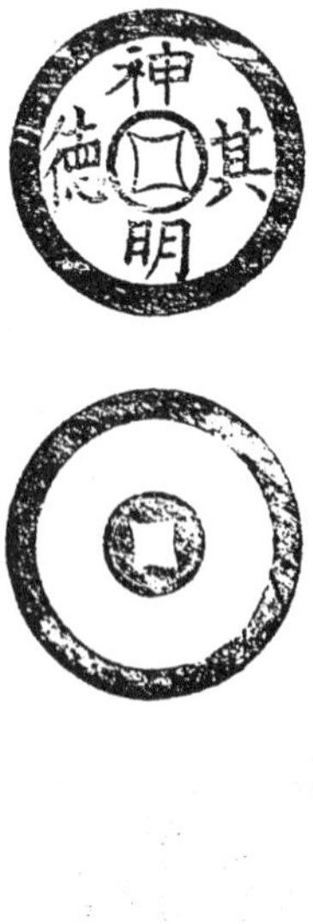

神明其德錢背光幕書法是北魏體六朝錢也

星迴寅清錢背文龍鳳

熙朝梁棟錢背文龍鳳

龍鳳錢面作龍鳳形背光幕

七夕錢面作牽牛織女相向背光幕

文王易卦錢背作八卦文

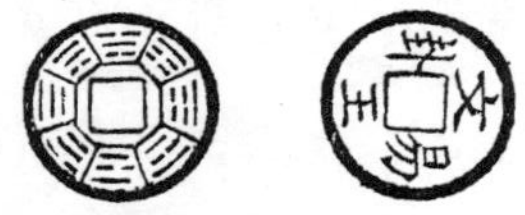

雷霆號令錢篆文謝氏曰背有龍虎龜鳥形

慈悲方寸錢背文阿彌陀佛或曰六朝僧所鑄

爲善最樂錢背文存心忍耐是壓勝中小品

又一品背文吉慶有餘

又一品背文榮華富貴

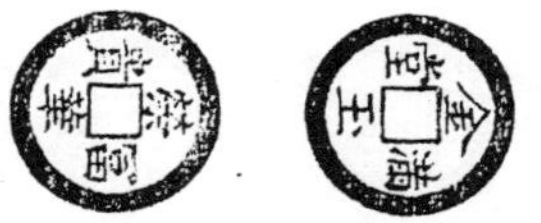

金玉滿堂錢背文長命富貴董逌曰所謂異錢雖不見傳記然制作之近古者錄之如李居擷錢其文曰金玉滿堂長命富貴

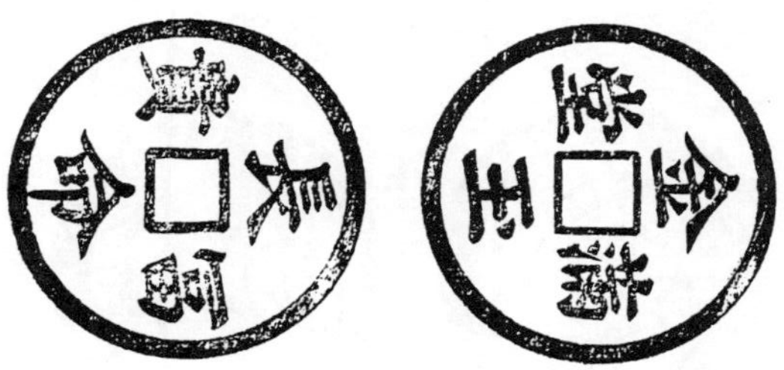

吉金錢三十六品

辰生錢面文辰生左右雙魚背作星官龍形

花甲重週錢背文壽山福海

一人有慶錢背文萬壽無疆

國泰民安錢背文風調雨順

天下太平錢背文萬福來朝

太平通寶錢背文平安吉利

大吉利市錢背文招財進寶

夫榮子貴錢背文和合如意

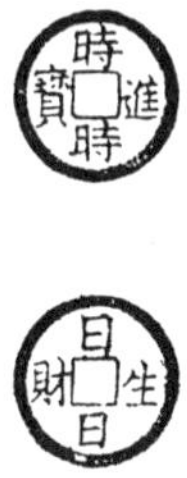

時時進寶錢背文日日生財

一品當朝錢背文狀元及第

狀元及第錢背穿上福字穿下一鹿及靈芝

松柏長青錢第一品背文夫妻偕老第二品背光
幕謝氏謂仕宦撒帳錢

吉祥如意錢形製甚鉅背作八寶花紋有方勝雙
魚種種

又一品背文百壽

黃金萬兩錢背文左右壽字

天賜金錢錢背左右萬斛二字篆文惟斛字漶漫
不明晰

螽斯衍慶錢背文五子登科

喜報三元錢背文連陞五級

日有萬陪錢陸南軒曰背文作權黃白之象而稱錘中有一意字蓋取稱心隨意而已

萬祿綿長錢背文左右八仙二字按此錢萬字當作萬字

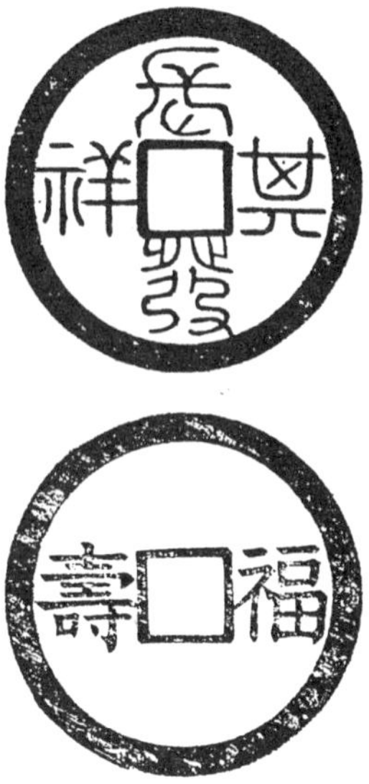

長發其祥錢篆文背有福壽二字楷書

位祿名壽錢背左右九霞二字

千倉萬廂錢背作筆錠如意等式

封妻蔭子钱背文與前品同

父慈子孝錢面背同文

富貴千年錢篆文背作連環如意形

福如東海錢篆文背作雙龍旋繞

百子千孫錢背光幕

長命富貴錢背作二人持戟狀

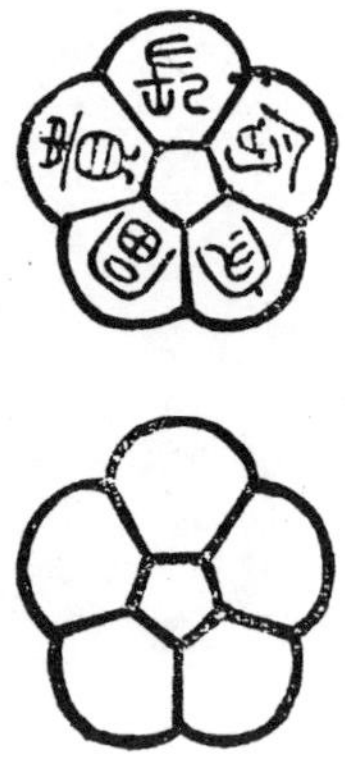

長命守富貴錢按洪氏泉志云其錢五出穿亦隨

之其文左旋讀曰長命守富貴葢唐睿宗女荆山公主出降特鑄此錢用以撒帳勅近臣十錢其錢有金銀銅三品此則銅鑄與　欽定錢録大小脗合惟篆文有異

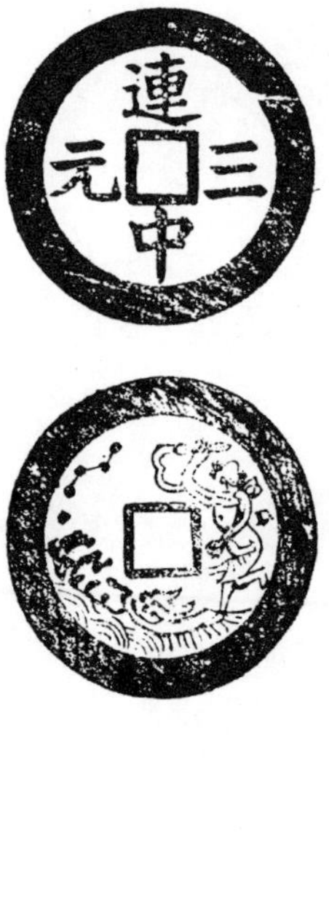

連中三元錢背作魁星立鼇背狀

榮封百代錢背作天官及童子狀

福壽康寧錢背作龍鳳形

壽享千春錢背作龍鳳形

巽齋所藏錢錄

支幣錢十二品

海陵費錫申編輯

支錢一品面作十二生肖及書卷文十二支字背作樹下一人趺坐側立一鶴右有一童若進饌狀

欽定錢錄有此品

又一品絲潤文與前品同

支錢一品銅質古厚面作十二生肖及十二支字背作武士形盔甲旌旗左一人執劍侍立下二人並跪

支錢一品重輪面作十二生肖錯綜参伍無文字背作神仙及仙童龜鶴樹木幡幢謝氏春草堂曰此錢與他品絕不一同畫法古雅是六朝高手所製也

支錢一品面作十二生肖及十二支字背作樹下一人趺坐前一獸爲俯伏狀此錢與　欽定錢録所載相同

支錢一品面作十二生肖十二支字背作一人執劍斬虎狀上有勅令二字

支錢三品第一品面文十二生肖十二支字背作龍虎形第二品差小面文同背亦龍虎形有風雲際會四字第三品面文同背作一鹿一猴上方印式中加官進祿四字蓋取封侯得祿之義也

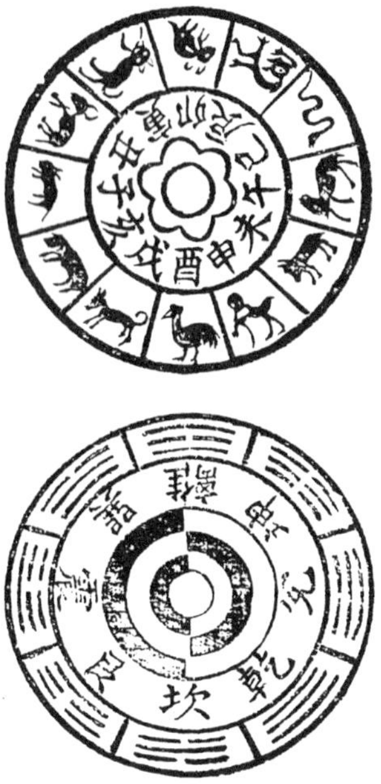

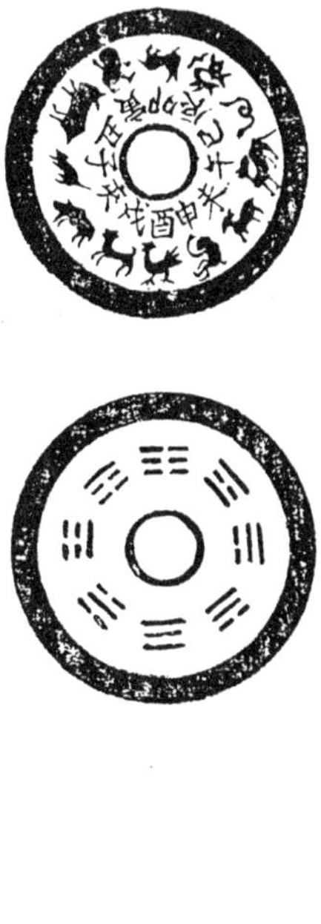

支錢二品第一品面文十二生肖十二支字背作太極陰陽文有離巽震艮坎乾兌坤八字畫卦亦如之此文王後天位次也其錢古緻可愛第二品面文同前背無字惟畫八卦文銅質如金亦可愛也俗謂之八卦錢

支錢一品面文十二生肖十二支字背文長命富貴四大字

神符錢二品

符錢一品面文書符太上咒曰天圓地方六律九章符神到處萬鬼滅亡急急如律令二十五字又符神從官三十五人八字背文兩星官一執劍一執械立雲中按道家有太上太初太始太素太清諸名號太上者太道君誕於西那天鬱察山浮羅嶽丹元之阿云云此錢稱太上錢是也

符錢一品方穿按此錢面文有與孫思邈入山符彷彿背左右兩星官下有仙童執杖上有祥雲繚繞捧日

通花錢十六品

花錢二品第一品串枝蓮第二品梔子其錢面背通透如一世俗名為通花錢

連環錢一品面文五行大布四字背文四字剝蝕不能辨

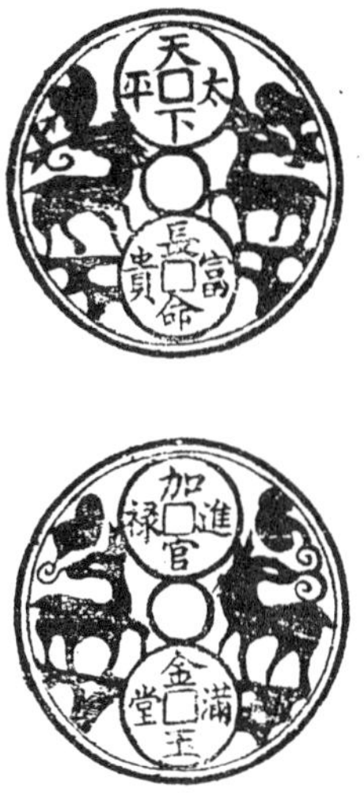

雙鹿錢一品左右有二鹿口啣芝草上下二錢式面背吉語十六字曰天下太平曰長命富貴曰加官進祿曰金玉滿堂按謝氏春草堂謂此品爲漢製錢也

雙獅錢一品銅質古厚

雙魚錢一品面背墳突按漢唐器多雙魚形此亦漢製也

人魚錢一品謝氏謂武梁祠多畫人魚雜處與錢無異是知漢錢無疑且銅質斑駁有可觀者又曰今人仿其式僞造以覔利往往用爲拴匙扣袱真假混淆遂不復辨

雙龍錢一品謝氏謂是漢武帝時鑄按博古圖之龍幣又與此異

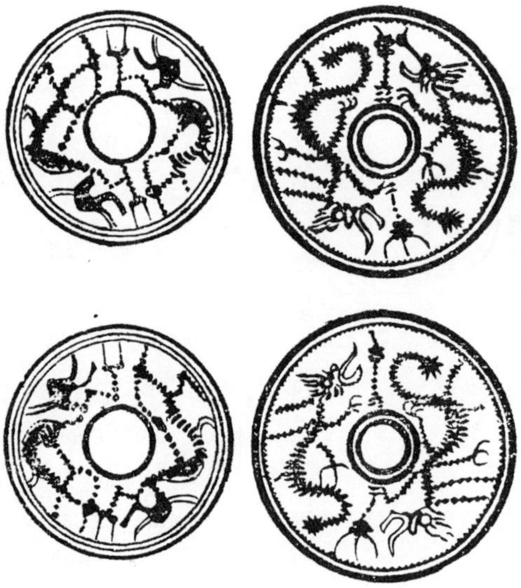

又四品第一品二龍倒垂作戲珠狀第二品二龍旋繞各戲一珠第三品雙輪龍亦旋繞第四品三輪龍與三品相似

龍鳳錢一品面背亦空縷

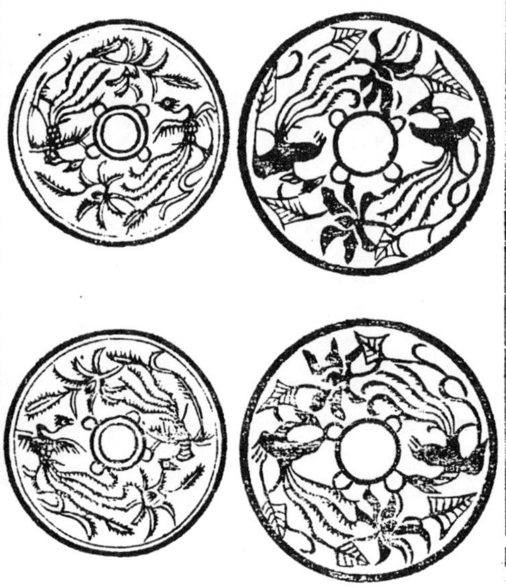

雙鳳錢三品俱作穿花狀有重輪三輪大小之別

馬格錢十四品

神駿錢面文馬形背上下神駿二字

渠黃錢面文馬形背左右渠黃二字

屈産之良錢面文馬形背篆文屈産之良四字

驊騮錢面文馬形上下驊騮二字背篆文八龍之駿四字

躡影錢面文馬作仰形上下躡影二字背光幕

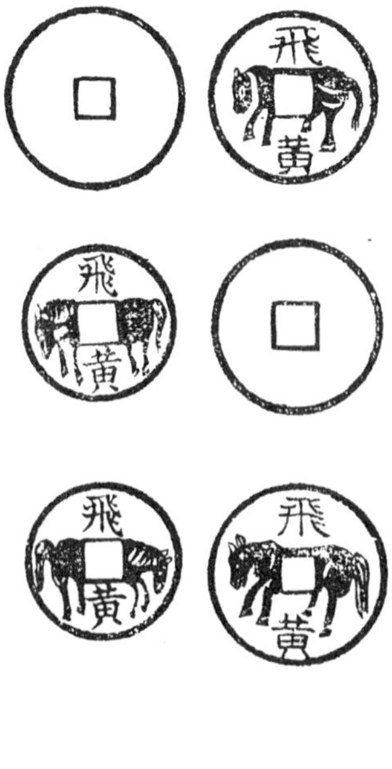

飛黃錢三品第一品面作馬形上下飛黃二字隷書背光幕第二品差大第三品面背相同楷書取義於詩所謂乘乘黃也

銅雀晨鳧錢面文雙馬相背穿上銅雀二字穿下晨鳧二字背光幕

漢騎超光錢面作人騎馬上手持器械狀背漢騎超光四字

蜀將馬超錢面文馬形背文蜀將馬超四字

決波錢面作馬形穿上下決波二字背文貞觀十驥四字

龍媒錢面文馬形背左右龍媒二字

卯官錢面作馬形上有卯字背作鹿形上有官字銅質純赤按此錢非易安居士所鑄是支格馬錢之一種

合鏡錢五品

合鏡錢一品面背皆龍文亦曰龍幣又名支錢式類不一

合鏡錢一品面文星官騎鶴旁有一童上有祥雲

捧日背文五福團壽字

合鏡錢一品面文長命富貴四字背文雙鵲穿花

合鏡錢一品面背篆文曰源流通寶曰福壽齊天

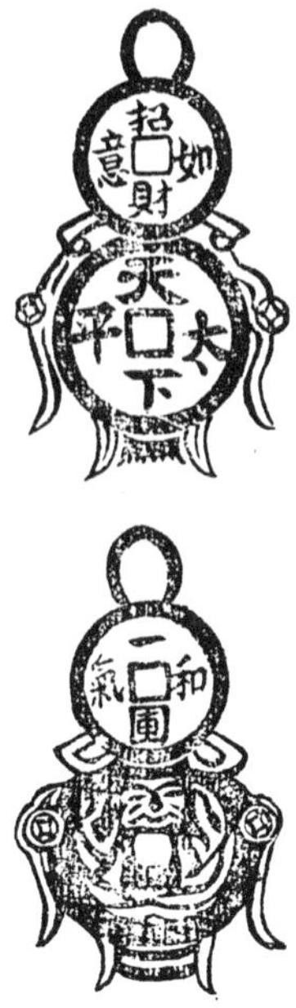

合鏡錢一品面文上招財如意四字下天下太平四字背文上一團和氣四字下作人形

梅溪洪氏節烈雙褒録

（清）洪文翰 撰

《梅溪洪氏節烈雙褒録》不分卷，清洪文翰撰，據南京圖書館藏清光緒八年（一八八二）刻本影印。

洪文翰，字筱圃，晚號緇翁，江蘇泰州人，祖籍安徽歙縣。先世賈於泰，因家焉。增貢生，候選訓導。少工詩，中歲絶意進取，遍遊皖浙佳山水以倡其詩。晚益芟除俗慮，惟與諸耆宿賦詩飲酒爲樂。仿香山故事爲九老會。喜讀五子書。内行篤孝，見義必爲。嘗倡修同仁堂，輯《梅溪支譜》。善舉如施藥賑粥之類甚多。卒年六十又九。

咸豐三年（一八五三），太平軍攻佔江寧（今南京），其勢蔓延數省，而梅溪地當孔道，爲兩浙之要地。太平軍往返蹂躪十數次，侵擾最久，死傷之民難以勝計。事平，曾國藩設兩江采訪忠義局，聘梅溪汪士真司其事，凡男、婦殉難者請於朝均得旌表，永昭不朽。是時，梅溪族人文翰核算洪氏殉難男、婦節烈後先，又將現存節烈婦女匯列，輯得此録，綜計五百數十有奇。是録由蓋平姚正鏞題名，古香主人鄭親王題詞。前有興化劉熙載、和州鮑源深、績溪程遵道等名公碩彦之序，綜計二十又六篇。是集《凡例》後亦附刊各級來往公文，分别爲督撂、上諭、例案、奏稿、移文、汪禀、司札，以便稽考。爾後爲洪氏殉烈男、婦名録，詳情如下：義烈一百九十七員、節婦六十九口、烈婦二百七十六口、貞女一口、貞婦一口、烈女六口。又因『殉難男、婦或先或後，月日難以詳稽，且老成凋謝末由查訪，僅從編年之例』。後亦附洪文翰爲其族人殉烈之男、婦各作傳記一篇，『以俟大雅君子之垂鑒』。是録尤爲稱道者，乃文翰亦代死於此事之僕人、婢女以及外姓節烈男、婦請爲旌表，並附其名於此録之後，載明僕、婢字樣以及外族姓氏以示區别。是録最後乃洪文翰自作之《紀略》以及譚葉禮所作之跋，亦可作爲是録之補充。

（張文豔）

歙梅溪洪氏節烈雙褒錄

光緒八年歲次壬午涂月姚正鏞署

兩間正氣

光緒壬午冬十月
以竹元以洪氏節烈雙
褒錄囑敘愧不能文
書此應之

鄭親王

梅溪洪氏節烈雙褒錄序

徽郡爲朱子之鄉千百年來人皆明法度
而勵廉恥蔚乎江南禮義之邦也且其地
多山峰巒深邃南宋至今無兵革之虞而
居其間者歷世既長所在成聚往往有之若
洪氏其著者也洪氏自唐建中朝居徽越
二十有七世士基君者勤幹成家明天順
初獨卜築于歙之梅溪梅溪者舊多梅氏
故名自洪氏居之緜緜延延其地遂無別姓
蓋洪氏之積累者遠矣迨入
國朝二百餘年海宇承平長養生息而徽
之土風最厚鮮狙詐浮靡之習無何咸豐

中粤寇滋亂蔓延於湖湘江浙閒惟徽郡千百完善之區垂山峻谷悉為賊蹤之所出沒而梅溪適當其衝焚掠所加較他邑尤慘比癸亥甲子閒　王師克振逐次蕩平曾文正秉節兩江首逮釆訪忠義局即屬徽人汪君士珍司其事前後得梅溪洪

二

氏之死其難者男女凡三百數十人是皆不必有守土之責一命之榮而皭然莫肯少汙其志視死如歸如此其衆余於是歎徽之人德化之所由感與風俗之所以成已非一日而紫陽之流風遺韻終不可泯則洪氏之積累者自此益遠矣嘗按輿地志黄山高四

千仞有三十六峯其深厚峻拔之氣鍾於其人男子得之以樸誠女子得之以貞靜其安常處順有必然者一旦猝罹變故而苟安確乎不拔之操舍恥偷生為世僇辱豈不貽山靈之羞哉若洪氏者抑何其偉也余竊謂人生皆有死子死父婦死夫死而得其所則

三

亦已耳當其投繯冒刃尚且不顧初何意於邀褒寵而釣聲名然而
朝廷之旌卹典冊之表揚則又天理之正而人心之公各有不容已者洪君文翰洪氏良士也少負俊材善著作不忍沒其族之忠義思有以慰英魂於九泉而發其幽光於不朽

遂承樹坊建祠之後，體曾公採訪之盛心，舉汪君之冊按戶而稽，以節稱者若人，以烈稱者若人，人各為傳，彙而錄之，名曰雙褒，昭國恩也。其將彰同族之休，且以風示天下後世，俾有所徵信也。於乎，洪氏之積累更何如哉。余未履徽之地，而心儀其子之鄉久矣。故因洪君族人仲祥之請而為之序。

光緒六年孟春月之幾望詹事府左春坊左中允前廣東學政興化劉熙載拜撰

梅溪節烈雙褒錄敘

天地正大之氣之不能一日息也，其鍾於人，在男子為忠義，在女子為節烈。然未值其時，無所激發，亦無由而見，而世之論者遂以為匹夫匹婦不必皆具忠義節烈之性，何其輕視斯民而昧天地生人之故也。咸豐初年粵寇肆虐，蔓延十數省。歙邑居萬山之中，自南宋後未經兵燹，至是寇氛徧及城鄉。梅溪為賊往來之衝，被擾最久，受禍亦最深，男婦殉節死者三百數十人。事平，同鄉汪君士珍司金陵采訪忠義局，為之彙請

旌表植坊建祠族人洪君文翰又爲著録
以闡揚之俾姓名長存於簡編而毅魄貞
魂不至隨碧血青燐久而俱滅死者有知
亦可以慰於泉下矣夫人當承平無事
之時家人婦子歡聚一室鄰里往來婚
姻洽比幾不知世間有兵革事有談及古

二

人臨難捐生者未嘗不感喟欷歔亦絶
不計及其身之或遭乎此而亦能爲古
人之所爲也不幸禍變猝嬰爭先效死
或死於禦侮或死於抗賊子死其父婦
死其夫奴婢死其家長毅然蹈白刃而不
辭者比比皆是于以見忠義節烈之出於

性生而天地正大之氣果未嘗一日息也
又以見
聖朝二百餘年深仁厚澤浹洽人心下
至愚夫愚婦皆知親上死長之義而至性
所激發乃勃然而不可遏也烏乎盛哉獨
念兵興以來大江南北寇擾者非一邑即歙之

三

鄉被禍者不獨梅溪一里今梅溪死事諸
人既得汪君之請仰邀綽楔之榮又得洪
君爲之著録以傳不朽其他闡發無人就
於湮沒者不知其幾矣然則梅溪死事諸人
固爭輝桑梓而兩君表彰之功又烏可沒
乎是爲敘

光緒六年歲次庚辰仲秋月中旬祖居歙邑東村和州鮑源深撰

四

新安洪氏節烈雙褒錄序

自同治初元大軍克復江甯祠祀肇興設局採訪忠義其時扶舉廣隊志有條理同郡劉大令壽曾江上兩縣祠祀攷可稽也而他郡縣胥仿焉然其間忠義節烈之祀大都府異而縣不同是在仁人君子留心採輯不遺僻壤志所謂貞教移俗善之善者也梅溪洪氏聚族而居隸徽州歙之南鄉烟火萬家其地在深山中為之浙之江西孔道咸豐癸丑粵逆據江甯蔓延數省郡邑騷然涇陽張文毅公駐節徽州檄郡縣辦團防梅溪一隅號稱勁旅賊屢犯屢卻文毅去而賊始由浙之淳安奪隘以進蓋庚申辛酉之交也峭村賊踪蹂躪去來綏百數十次其間士死執戈女死殉烈者不可勝紀志曰以死勤事則祀之又曰

一

薦紳冠冑士室忠信以逮閨幃一至之行則祀之
信乎有其舉之莫敢廢也歙人汪君士珍司歙事
其同邑洪君文翰採洪氏〻死節烈者後先彙
類士自某〻以下若而人女自某〻以下若而人凡得
三百數十人當事請於
朝褒崇祠祀典至隆也噫守望一鄉殺賊殉節
巾幗含貞處變殉烈舉一隅而他邑〻殉難者
哀閔可知吾揚先賢有言曰蹈義成仁各有以自
致祀不一族歆以同德其在斯乎人稟五常健順
之性蹈常則中和臨難則節義其殁也精氣往
往不朽剛節烈之尤稱凜冽者哉祠設版位坊
祟綽楔蓋事會〻適然血食千禩俾有所歸
也夫表微闡幽賢者〻責當祀不舉豈曰仁
智歙州山水清淑建祠之區廓爾堂宇更列應

二

祀者姓氏彙為一編以付剞劂亦郡邑記載〻資
也洪君搜輯〻勤凡越數載故余引祠祀攷之義
例以志之
光緒六年歲在上章執徐冬十月泰州袁錦叙於
廣陵客次

三

節烈雙褒錄叙

歙邑之陽有梅溪里聚族而居者千百家守望相助有死徒無出鄉之義焉咸豐庚辛之交粵匪猖獗蔓延十數省梅溪居萬山之中而地當孔道先後蹂躪十數次是村獨能禦侮折衝誓以死守因之殉節烈者男婦計三百數十人嗚呼盛矣亂既平汪君聘卿司採訪忠義局事得以彙請於

朝又得洪君筱圃輯為節烈雙褒錄以垂不朽並問序於余余自慚譾陋且讀鮑公花潭弁言已詳梗概固無俟復贅一詞矣第念兵燹以來屍骨枕藉者不下數萬億死於水死於火死於刀兵其間湮没不彰者何可勝道即間有節烈可褒然求其忠義萃於一村聚於一姓誠戛戛乎其難之是役也既得汪君請于前復得洪君編于後不獨三百餘人之節烈常存足以維持風化即汪洪兩君之盛舉亦與之俱傳也夫

光緒六年歲在庚辰冬十二月鹽運使銜江蘇補用知府泰州知州績溪程遵道謹序

洪氏節烈雙褒録叙

咸豐癸丑春粵逆披猖凡十餘年兵事始戢一時士女殉節而姓氏湮没者殆不勝記頃讀徽歙梅溪洪氏節烈雙褒録竊歎洪君筱圃采輯之功為不可及也梅溪隸歙之南鄉洪氏聚族居焉初賊氛告警歙邑王少宰茂蔭 奏已涇陽張文毅公督兵徽州公檄郡縣為團練邑人又已前明金公聲守徽要略上之梅溪一隅尤嚴防禦庚申文毅移師他去賊遂乘間由浙之淳安而進梅溪地當衝要賊踪往返受禍最烈厥後江甯克復湘鄉曾文正公設局采訪忠義先後題請得

旨襃卹有嘉崇之祀典昭忠義也嘉穀近亦司邑中采訪節孝是邦完善之區僻壤窮鄉搜輯尚不易易矧在遭亂郡邑洪氏之殉難者凡三百數十人而洪君閱十數寒暑彙集成録可謂難矣然低徊其間能保其絶無

遺佚歟論者謂隨事竭忠不遺餘力仁人君子亦行其心之所安可耳

聖朝二百餘年仁澤涵濡浹肌膚而藏骨髓際承平則俗美風純丁離亂則成仁蹈義凡郡縣之死節者茍得其人表微闡幽共垂不朽豈不懿歟

光緒辛巳孟春知府銜直隸候補同知泰州夏嘉穀謹撰

三

梅涇節烈彙錄敘

國家氣運之隆係乎人心人心固即關有跳梁小醜彼士民敵愾之氣至於殺身成仁而有所不辭猶憶庚申辛酉之交戈鋌蔓延流毒殆徧其間身徇節烈者幸際承平之後正宜多事激揚以爲親上死長之士勸往戢通籍儀曹得竊聞軍興以來殱吏先後顧請

賜卹諸大典幾於累牘不勝迹其死事之尤烈者則莫如新安之梅涇里里居萬山之中先是歙之洪氏聚族

一

而居鐙火萬家敫然古處泊乎邊
氛告警倡團自衛狀瀕于危卒以
地當孔道潮湢兵潰殘猝突入巷
戰而甃及男媍之罵賊捐軀者尸
相枕骨相藉其慘虐殆不忍言夫
鰥寡孤獨雙一夫之失所而矜憫蔟
於無端草木昆蟲有一物之受傷
即形神為之不豫而況碧血青燐
彌望皆是如梅溪當日之浩劫者
哉余嘉之為紀其略歸述於其
鄉洪君文翰適洪君出所著梅溪
節烈雙褒錄示余且為余訖詳

二

載汪君士珍司採訪時所請列入祀典
者凡三百數十人將付剞劂以貺來茲
烏乎俎豆芊芊煥光榮於一邑仌霜
凜凜豆風化而千秋後之覽者其必
有感於忠義之忱而欲我
朝培植之厚正未有涯涘也若僅僅
以徵顯闡幽之功為不可沒猶淺之乎
測是編矣
光緒七年歲在辛巳仲春之吉
賜同進士出身禮部祠祭司主事兼
儀制司行走泰州李沛深拜譔

三

梅溪洪氏節烈雙襃錄序

古歙洪君筱圃博學工詩歌錄其族之以
節烈
旌者都為一冊求序於諸名公而猥以及
予予曰是錄也奚取乎其得
旌者業已勒之貞珉列諸祀典定日脩志
乘者所必采其為錄也大矣洪君曰否否

一

吾所以為是錄者始以誌吾戚而終以誌
吾喜也吾鄉梅溪在歙之南聚族而居歷
有年所惟平安無事是望耳一旦狂寇飈
起吾鄉適當其衝或以力戰死或以罵賊
死男婦至三百數十人之多凡為吾諸父
行羣從行者半異物矣能無戚歟然太史
公有言人固有一死死或重於泰山或輕
於鴻毛嚮使此三百數十人當無事之日
老死牖下又或當有事之日偷活草間亦
卒與草木同腐視今之死其輕重何如也
此則吾所為破涕為笑者而可無誌歟洪
君之言蓋如此嗟乎世之人於其族之有
名位者稱之不去口而義夫烈婦坐視其
湮沒而莫為之所者比比然矣今洪君獨

二

勤勤於是人之度量相越豈不遠耶後之
覽者知君子之所重在此不在彼則所以
作其忠義之氣者是錄亦不為無助夫豈
一家之私榮也哉故不辭而為之序

光緒七年歲次辛巳春二月泰州顏馴仁
卿甫謹序

梅溪洪氏節烈彙褒敘

天下有人心焉感　國家深仁厚澤粹遇兵亂必不從賊而生此就義者之人心也兵亂既靖又有人心焉一鄉一里備誌其人俾忠義之氣倚於不朽此表章者之人心也二者蓋均重焉夫死事者之重所不待言表章者何以均重乎曰　朝廷旌典多待奏聞大吏陳書博采固有賊陷某城屠戮某處就義之人得知其尤著者而已豈能舉一鄉一里某姓某名某士某女一一知之無遺漏也苟然則表章者之均重亦宜新安山水甲於他郡而梅溪則毗連宣州豫章兩浙之要地也賊從粵起蔓延江河洎及庚辛之

交歙每被兵梅溪地居衝要賊蹤所至廬井蕩然事平後湘鄉爵相設采訪忠義局汪君聘卿司其事於前里人洪君筱園著錄於後梅以節烈死者三百數十人子殉父婦殉夫節者若干人烈者若干人皆入奏被　旌歲時享祀表章者之博且勤顧不偉歟嗚呼天下人心古今一也古非有表章忠烈之人何以使郡邑之忠義傳於今今非有表章節烈之人何以使此梅溪者傳於後此以知闡揚節烈亂平後之急務不可一日緩者也　國家承平日久地大物豐不逞之徒蘖芽其間偏亂一方蔓延他省燎原之火慘盈川陸投繯自刃墜井

烈而死者兵過未久何難按戶而稽著其
閱時既遠徵信無從遂與長逝之魂魄亦
所不計然好異之士豈能泯沒必待有人
焉掇拾於煨燼之中奮筆書之曰某死於
罵賊某死於戰鬥某死於水火殉於何時
死於何地節則視其所守烈則據其所行
位以傳信褒不妄褒歲月未遠聞見較真
鄉里搜羅攷據必確此好德之公心古今一轍
雖一鄉一邑一村一聚不以其地之僻左而遂聽湮
沒去時未久遠人必為之也豈非事之足重者歟
光緒七年歲次辛巳上巳前一日
賜同進士出身戶部廣西清吏司興化陳廣德譔

三

節烈懺褒錄敘

古歙左荊溪南山之南遠西鄉三百餘里萬峯林立為樵
夫牧豎所罕到承平日久不當要衝庚申髮逆竄擾南來北
往勿成通衢邑中士民設險團防信遭荼毒而吾族之聚居
篠里者更不堪問矣甲子之春大兵克復宜荊瞻拜祠宇久成
灰燼訊何子姪十無二三爰暨同人多詳殉難事實先後數
百餘名而吾宗頗夥請
旌入祀總旌忠義節孝兩祠以安幽靈以昭
盛典此乃吾邑吾宗殉難殉節之本末也然不知南山之南亦被此蹂
躪否紳民婦女得遠避否抑有設團際險以致被擄赴水折首
刎腸信遭荼毒否不湮沒否惜未遇有心人一一詢之丙申余
奉選司鐸吳陵吳陵為江北完區不見兵燹亦不聞有殉難
事而年時貞孝節烈例得請
旌同歸一致獨囑士紳公同採訪得二百餘人內有寄籍吳陵之古

序 一

歙節婦洪方氏等夫洪氏為古歙望族敦氣節而習詩書此郎
吾鄉南山之南昔日同遭失陷者僑寓至此竟必有心人可以一證前
事着詢厥由來果得見洪君筱園所作節烈雙褒錄叙備言古
歙梅溪諸
旌事與吾邑吾宗如出一轍而并囑叙於余噫嘻庚申之變余忍言
哉吾姊死於是吾同祖之昆季死於是吾宗之聚族而居暨戚友之
散處村邑者亦多死於是幸而

序　二

天日昭回光被泉壤滿腔熱血尚留一片貞魂耳不幸而為擧報
所不加採訪所不及煙荒草蔓魂兮安之日復一日年復一年欲一
訪其姓氏而并不可得者正不知凡幾矣十餘年來奔走燕齊
遠離桑梓余甚愧於里中節烈未能備錄而深嘆洪君原叙
之足以扶名教而重本根也噫嘻庚申之變余尚言余何言
余惟叙吾邑吾宗被難殉節之慘質之洪君為古歙之
一證云爾　光緒七年四月朔日荊溪任凱拜撰

梅溪節烈褒錄敘

黃山雄峙南邦廣袤三百餘里高三千六百仞迤
峻峭莫可名狀其間一花一艸一木一石咸挾奇氣
不與凡伍若蓮花青鸞諸峰俱為三十六峰尤夭
矯特拔奇而不詭於正旁礴鬱積儲洩其奇
於鄉之士大夫類皆磊落抑塞有奇才焉山背
宣而歙實二州之交衢自粵匪南擾此邦幾無
淨土糜爛之甚者惟宣歙二州余家宣城世居黃
山北麓聚族而處丁繁逾二萬被賊蹂躪今其存
者十不得一聞亦有奇節足傳者惜當時無載筆
之士為一一紀之其名遂湮沒而不傳可慨也夫山
南麓為梅溪與余鄉相距不百里屬歙地當初逕
易張文毅公設皖防檄團協勦梅溪之練勇俱奇
寂且婦孺皆知兵能擊賊立奇功迨宣歙防潰村

一

民死難之者酷或罵賊不屈致隕其身或殺賊未果
反受其毒子痛其父憤不欲生妻哭其夫飲刃自決
其節之勁竹挺嚴阿其風如霰霜披木葉皆能
成仁取義者曾奴顏婢膝苟且貪生哉嗚呼者
矣夫世有妻瑣齷齪之徒傳列通顯每值事變輒
神志彷恍羞失告以警怖急返走梵戶以飢饉謹
錄鑰牡不敢張目視賊退反揚扈以闡醜然變上

二

賞至不幸失機宜則又沈吟不斷草間偷活羞然
仰面傳鼓茲獨以匹夫匹婦臨大節而不奪失貞
烈而予欽為非素明大義浩然有正氣抒於胸
肌間曷克臻此嗚呼殆黃山之靈者鍾於是歟
洪君筱園梅溪人也念殉難諸男婦遇之蹇心
奇悲而事多者特予傳爰搜輯名氏得三百數
十人都為一錄將以垂後世俾不湮沒噫洪君之

志尚足嘉矣嘗慨天下紛亂人命如沙蟲菌路山積
抑豈無一二奇俠甚不從賊殺然捐軀卒無人表彰之
至不得樹驥舍者宛於九原者曷勝浩歎又有會逢
其適疾病夭亡非斃賊手而文人好事張大其詞捕
先捉影以炫其聞忠烈傳中居然濫廁予不知其
對此貞魂又將何地自容耶今洪君之為是錄也
網羅遺軼確有得於目見耳聞以闡幽光以昭信

三

史以垂示久遠其可以詳於錄中余不復贅惟是錄
中諸人節雖苦而得甘氣以英而愈壯其名益顯能
死猶生嘗夫神祠月黑雲海雨來遠聞鶴笙自
天都而下靈旗南指猿禽怒號鞞鼓聲沈棒槍
謁息恍若怒著三百數十人之英爽隱現於三十
六峰間歟與山之奇花奇草奇石奇木爭奇焉
迄今望黃山之崱屴直不啻瞻仰三百數十人之

奇節崢嶸也則諸人不且與黃山並傳乎要其所以得傳者係於洪君也洪君亦奇士哉

光緒七年歲在辛巳夏五月下澣庚午舉人揀選知縣庚辰科大挑二等宣州集作舲拜敘

四

梅溪節烈雙褒録敘

嘗考縣志載歙山水峭厲人多剛介自持不移不屈雖婦女亦貞潔自矢世稱之曰閨門鄒魯蓋山川清淑之氣所獨鍾抑亦程朱之教澤至今猶未盡泯也庚辛之交粵逆陷城肆虐四鄉其間男婦之殉難者莫可殫紀而惟南鄉之梅谿為往來要衝其被害尤酷茂才洪君筱園觸目傷心以維風化為己任獨綜計本里三百數十名口彙報兩江忠義局予時適奉憲委辦善後事宜亦邀集同人分途采訪共計男之死忠者四千六百餘名女之守貞

一

及死節女一萬二千九百餘口早經與洪君所報一律請旌得旨准入總祠總坊發籌款與修分別設主男則崇祀於昭忠祠女則崇祀於總旌祠庶幾勁節貞名克垂不朽矣而洪君則尤惓惓於此焉復於里中家廟亦列三額中義烈左旌節右旌烈崇以綽楔臚列芳名而又恐久而弗彰復刺節烈雙褒錄以垂永遠其為世道人心計者豈淺鮮哉故樂而為之敘

光緒七年歲次辛巳季夏月里人楊昌樾謹撰

梅溪節烈雙褒錄序

乙部傳記有以地者三輔決錄之類是也有以人者漢末名士錄之類是也五常秉彝名義以立與日星河嶽昭揭天壤於是甄錄一行之書出焉孝子傳顯忠錄之類是也其書始於東晉六朝唐以後則益多矣考其義例皆以人區列其偶兼係以地者豫章烈士傳之類是也若一行之美出自一族之人彙而為書者則有宋浦江鄭氏旌義編此外無聞旌義者鄭氏聚族而居號為義門者也安徽行省在大江上游徽州界南境歙為首邑萬山叢疊村別以姓有祠堂譜牒以收其族

國家久道化成教澤深厚風俗尤美咸豐初粵寇之亂歙當皖浙衝要寇蹤出沒靡常歙之受禍視旁郡縣深且久桑梓與歙汪君士珍今與其弟士珮先後勾管兩江采訪忠義局最錄歙之死難者不下數千百人而梅溪洪氏一族得三百數十人嗚呼烈哉古未有也蓋

列聖作人之澤深矣抑亦廬落相望觀感師厲有所激勸而然與其死事之狀既次第上都府以聞於

朝更下部議議應格

詔旌門建坊如甲令於是洪君筱圖痛宗人義烈之
盛感
朝廷褒顯之榮亟刊此錄用鄭氏旌義錄例也書成
屬榮序其緣起竊謂東南軍興以來淪寇之郡邑其
長官兵弁士夫氓隸以逮婦女見危授命者當無不
仰邀
優卹
恩綸渙汗幽微畢昭即境隸兩江由官局采訪而上
聞者固已八十餘起矣榮猶恐僻壤荒陬窮閻單族
爲見聞所不及而舉報無人幽光潛烈其抑沒仍復
不少矣而得如梅溪洪氏合族殉難貞魂毅魄亦既
被
旌獎殊恩更得洪君稽核詳審都爲一編於以增輝
譜牒光顯久遠豈非誓死義烈者之大幸哉而洪君
之用心尤爲不可及已夫古者風教之盛基於一鄉
尚冀於宗祠之外時崇祀典別立爲梅溪義烈祠俾
鄉之人資欽式焉亦所謂禮以義起者也洪君其有
意乎
光緒七年孟秋之月江都沈榮謹序於金陵差次

二

梅溪洪氏節烈雙褒錄敘

一

梅溪在歙之南倚山結屋臨水成邨煙火萬家氏族
一姓梅開古雪揚宋詩制之清芬水接漸江流唐觀
察之遺韻主以詩書為業農惟稼穡是勤鳴機則伊
軋波宵服賈則間關遠道風俗簡樸人物繁多宋元
以來罕遇兵革春臺扇暖願長為熙皞之民夏屋飛
灰詎意羅旦明之劫時咸豐庚申夏四月也賊走紅
巾城燒夷燧睢陽之横遂霖閻臨淮之葬刀空在練
圍練勇民尚張之一軍為虺為蛇嶺且踰乎六宇家
哭之凶酷於安史狼噬之毒慘於闖獻護門之艸來
生弱遂之方無及爰乃殺身成仁以殉國或則井
隊銀瓶或則鋒蹈白刃繯投而梁空落月水赴而后
澱頹波斷頭勿屈之夫正命盡抱貞之媛毒霧迷
乎三里大節著於一族嗚呼盛已迨夫兵靖秣陵烽
銷練水
雨露降乎層霄
恩澤流於勁骨崇祠展祀綽楔邀榮
帝旌廬元禮之居人欽鄭子美之里所謂時爭一息
名著千秌者矣肰而日月既邁風節將湮儻紀錄之
失皆彼輶軒其何據則有洪君筱圖其族人也情篤

枌榆勁嶙松柏載筆紀褒焚香昊名首劉同宗菊及
宗族蒐羅既久事皆得之見聞紀載非誣感且深此
曠世節永光於舊里藏不待乎名山梨棗含光簡編
傳信行間慘淡字裏蒼涼十餘年之褒事堪徵二百
載之人心不死趙姬夫裂皆之寄徐懋賢軼紀之刻
同轟媿已嗟夫浩劫茫茫嚴烽處處豈無毅魄飲恨
重泉亦有貞魂含悲槁壤碧血煥鵑湮之色衰草黃
昏青燐留詩闔之光空山夜雨未邀表揚此彤管剩
憐同腐於草木茲睹新編允推褒錄剞劂既樸勁節
欣看珂里之冥搜披榛尚有遺蘭更冀他鄉之博采

二

云介

光緒七年歲次辛巳閏七月

賜進士出身

欽加二品頂戴按察使銜原任福建汀漳龍道泰州

王廣業譔

梅溪節烈雙褒錄敘

天地之正氣未嘗一日息也當承平時無所表見一旦遭逢禍難則其磅礴鬱積發而爲忠義激而爲節烈不獨都會爲然也卽窮鄉僻壤亦莫不慷慨而捐軀又不獨男子爲然也卽婦人女子亦莫不誓死以明志蓋正氣之彌綸必因有所觸而始見也咸豐閒粵逆倡亂大江南北糜爛無遺吾歙以峻嶺環繞亦被蹂躪而梅溪尤當賊衝故洪氏一村男女殉難者三百數十人此固天地之正氣也然設非

國家厚澤深仁培持蓄積亦烏能如是之多哉且洪氏爲吾邑著姓國初以來科名鼎盛富貴蟬聯其以文章學問顯者指不勝屈蓋其平居涵泳於詩書之澤敦崇乎節義之風是以子弟皆能率教婦女均知大義遇患難而益顯也同治紀元先兄聘卿奉湘鄉曾文正公命采訪兩江忠義洪氏之殉難者皆得上達

朝廷旌閭建坊悉如典禮亦足慰於泉壤矣洪君筱圖又復取其所旌卹者勒爲一編名之曰節烈雙褒

一

錄蓋人情孰不自愛其生然卒能舍命不渝遂至綸音褒寵邑乘流芳其所以裒而錄之者正欲培持正氣使後人悉其事實想其風概而爲之興起也洪君之所見遠矣然余竊有感者先兄典司是事幾二十年與兩江士君子博采窮搜死難不下數十萬人彙案至八十餘次之多而猶有續報者嘗謂死者雖得旌於朝一名氏而已究莫得其詳於是陳諸大府擇其尤者據其事實潤以詞章名曰忠義錄業已次第刻成數十卷而先兄編次校閱單詞隻義亦必親自檢點用是備極勞瘁遂至病不能起臨沒仍以此錄未成爲恨制府沈文肅公深憫其勞命余與沈君戟門續成其事余與沈君勾當積案隨時詳報而所謂忠義錄者一時尚未能竣事此則余之深愧於洪君也夫

光緒七年仲秋月同邑汪士珮謹序於兩江采訪忠義局差次

二

梅溪洪氏節烈雙褒錄敘

粵逆之亂海內騷然人民塗炭及渠魁就殄餘孽甫清晏然復覩天下之平而死者已不可復生亡者已不可復存其死而猶生亡而猶存者獨此懔然之大節而已雖食茅踐土之民多罔識上死長之義以身殉節者復何憾然其死事之烈有足愍者

國家甫平禍亂百事具舉而尤亟亟以采訪忠義爲先此亦

恩之至渥事之難緩者也夫死事者更僕難終而異日史官載筆采摭弗詳則僅錄其尤著者已耳蚩蚩者氓不能備列於煌煌之史

一

梅溪洪氏節烈旌褒錄序

太平御覽書目列古人別傳數十種語之別傳所以異乎史家也每為汪訂頑做此例成史外一書亦異於正史其書為前明忠義別傳凡死節諸賢載在傳記彰人耳目而未經表揚亦入正史者亦訪諸遺老參以傳聞確有所實者取節烈較正史慕詳其間子衿爲士卿社布衣以及郎山之野人幽閨之碩女無不攷訂而傳述之口褒筆卹俾諸人軀幹短長鬚眉蠕動其心炯炯向希軒昂足以廉頑立懦振衰起靡此有用之書善於著述者嗟乎士人亦知學久矣自丱角至壯至老父兄諄諄而命之子弟偲偲而習之簽閣括几瞪目搖膝咿唔就視則一卷骫骳文也技止是矣而叩以歷代掌故張口蒙然即近而鄉邦文獻亦罔不經心者何其陋而不知愧也歟洪小園先生則所謂雖死猶生雖亡猶存者果孰知之哉洪君筱園閔之輯其族人居梅溪之死事者若而人都爲一集以況手余雖事不出於鄉鄙里閭亦足補

國史之未備焉嗚呼忠義之事固當傳諸不朽而輯是編以傳忠義之事者不尤足重乎哉洪君仲祥與余交最久余習聞仲祥道其事不勝悲感於懷爰不辭蕪拙而序其大意如此

光緒七年歲在辛巳秋八月

賜進士出身吏部文選司主事興化陸殿鵬撰

咸豐季年髮寇蹦东南殆徧江之東
西皖之南北水沸蛟蜃陸走豺亂晨
烟夕烽千里相望某谿當歙縣之
南迤淛滸番取道於此鷹伺鷲集
戰爭無時爰自丁壯下及婦孺執戈
衛墟引脰自決牽連殞殪者不可
勝紀事定之後洪君筱圃追感前
事籍其名氏可攷者三百數十人
上之行省以達於
朝得邀
旌卹如例烏乎此三百數十人者曷
嘗有一命再命之榮專城百城之寄

一

僑寓吾邑與予家為世好工詩嗜學著述
斐然梅溪節烈雙褒録事載咸豐朝庚辛
之交族人之不屈死者得五百餘人是書半
足備邑乘所采可謂無遺憾矣且有一言
君是書于死節諸人各為立傳應與汪
氏史外巾盧州忠義諸公合傳桑梓闡
幽潛光輝映射此定劉與化已先我言之
是為序
光緒八年歲次元黓敦牂涂月泰州表度
謹撰於邑上樓

二

爲有所感激奮發以盡其職而致其名哉德以皎皎之軀恩受汙辱一夫振臂千人協心固壘設奇志取一決及夫力殫孰孫毒焰逾熾疇人節士貞媛烈娥甘刃如飴蹈死不悔使一隅之地巍於列城之守詎庶

二

之義榮於圭組之施由今思之其特立不滓蓋未嘗不與日月同光矣且夫汪錡魯之童子也孔子許之以其能衛社稷矧茲節烈數百人之眾不謀同趨不言同符抗節死義以完其軀以扞其里閭是春秋之法所宜

大書特書者也夜閱既揭闡之又最錄其人爲節烈雙褒錄一卷將以充乙部之儲樹後賢之表章志明顯實符經義余知閱此而後序云永歎神往斯編則我

國家德澤之深士女風節之盛爲白

三

嶽崇峯儷天無極凡有血氣緬將景而行之夫豈僅繫某縣一鄉之掌故而爲金鐀石室之所必證哉於其刊成敬爲之序

光緒八年歲在壬午夏六月績谿程秉銛書於海陵舟中

梅溪洪氏節烈雙褒録序

節烈雙褒録者吾鄉洪筱圃先生文翰表章其族人一姓捍賊死難之作也方粤寇之亂蔓延諸省殺掠焚毁不可以數計

穆宗皇帝以平定之任責成於相國曾文正公閲數年事平然斯時賊蹤所蹂躪蓋已閲天下大半矣振旅一麾渠魁授首何亂之烈而靖之易也觀梅溪洪氏一姓死難之事而有以見我

朝

列聖恩澤入人之深人心就義之勇變生倉卒從容赴節而卒無一人甘心以與賊而由洪氏一姓推之而知普天之下凡有心知血氣者無不痛心疾首以讐賊人人欲得賊而甘心也曰人心所共疾以殄其天誅夫是以拉朽摧枯不崇朝而奏績也且夫聚族而居里閈相保平居注来無訓練之法無部伍之教一旦臨事制梃相抗徒手相搏毅然投兕狼而不顧者豈不以

教化之洽承之

累朝清白之體貽之先世是以振臂一呼義氣勃發轉移刀鋸之下傷殘水火之中少壯死於戰鬬老幼婦女死於義奮創痍皆起蹈刃猶甘嗟乎如是以為褒誠有當於褒之義者矣今之取是編而讀者猶且怒髮上指恨不得賊而生齧之而當其厄者其猶可涉想耶觀於此而知當時靖亂之易也是編也既得

朝廷之旌寵以發其幽光復得綴輯而表章之俾垂之永久則其人其書殆豈期以不朽也夫

光緒八年歲在壬午六月望先世休寧隆阜村人

高郵吳同甲敬敘

書梅溪節烈雙褒錄後

嗚呼人滿天概之說誠慘礉少恩而亦何莫非兩間剝復盈虛之數之消息於千百年間也劫數之既窮雖聖賢豪傑力而爭之其心亦自知無濟而無濟而必冀其萬一此則振古綱常所寄不必魁磊鴻碩即極之匹夫匹婦而亦多慷然赴乎其數而無所靳者雖然數可訓天下乎哉惟其不可訓而上者爭之次者赴之直視此身為外物彼覥顏屈節僥倖獲存者又豈僅為

一

歛梅溪貞魂毅魄之所唾哉汪君士珍洪君文翰或彙請於前或著錄於後無非欲闡一時節烈式百世繫香而深識者於是知人滿而天概之不匹概其血肉之軀不能概其不可銷蝕之氣也又況時事偶乖維持特任天所挾區區之數而亦有時為人力所挽回也耶諸君子敘是錄緣起既質有其文余不獲辭而又拘古者一書不兩序之例故書其後以歸之

光緒八年秋八月全椒薛時雨撰

二

梅溪節烈雙褒録序

余讀五代史至歐陽公之序一行未嘗不廢書三歎以為當時廉恥之喪頹文字之殘缺何一至於斯乎夫一代之史隱括一代之事其與一邑之志乘固相近絶邑之志乘其於忠臣孝子節婦義夫赴難之事未合命之情状猶有幸而傳不幸而不傳者蓋繁簡殊而詳畧亦異也余因歎梅溪死事諸人為不幸中之大幸矣咸豐間粵寇遍東南歙邑為三江之要害梅溪一里又賊

氣入歙之衝故其受害最鉅男婦死節者至三百餘人事平汪君既為之彙請

旌表洪君又著之於簡編即此録也夫自兵興以來當道於節烈之事皆留心採訪其大者將著於史其細者亦見於志乘而洪君不憚編輯之勞以為此者豈好事者蓋哉一里之事則其述之也詳傳桑梓之人則其言之也確無卷帙之繁則其觀之也易則是編出將窮鄉僻壤無不羨覩其全而梅溪閭里之貞

魂毅魄無改有幸不幸之憾矣
固足見我
朝二百餘年深恩厚澤激厲廉
隅雖梅浮一里其致命死義者然
之自兩二君先後表章之功又烏可
忽乎哉夫他邑之誌容有與梅浮相
埒而不得如兩君者爲之顯揚其
亦所謂有幸有不幸也歟
光緒八年歲次壬午嘉平月立
春前一日休陽子巖吳鈞撰書

三

梅溪乾坤雙忠錄序
古今來忠臣義士名湮滅而無
聞者何可勝數況窮鄉僻壤已
亦已緣舍生赴難填溝壑而不
傳何知其湮世之名哉夫於與
亦之見有而不而樂道人之善
者此邑乘所於與傳以湛君彼
圖梅溪乾坤雙忠錄之見欲旌
也錄所載山中數百年未見屍
革咸豐五年昔學究文人郡城
邑人贈太僕卿程鎮以大守倡
率鄉兵號稱十萬賊彌與戰不
敵徒鄉殺身死十年始李觀
察元度微字驗之所以衛城賊
來時人以護城觀察贈師號
竟不遂吳賊森見忌梅山紹詞

一

二

三

序

居今之世而有以論乎百世之上者曷賴乎賴乎書居今之世而有以示乎百世之下者曷賴乎亦賴乎書孔子曰夏禮吾能言之杞不足徵也殷禮吾能言之宋不足徵也文獻不足故也蓋書闕也是故有論道之書有載事之書論道之書無取乎枝葉懼其繁而將蕪也載事之書不遺乎簡牘為其參而益明也歷朝之正史尚矣而布衣文學之士身之所親歷耳目之所聞見述為文章大者數萬言小者或數千百言自非離經畔道奇麗無則之比則未始不與乎著作之林也而況桑梓之廢興身世之喪亂而一宗乎顯微闡幽之意發於不容已之情者乎然則　洪君之著是錄也事雖止於桑梓而治亂之在當世者可畧見人雖入於志乘而傳述之由親見者為尤詳而其不憚編輯之心尤欲使後之君子讀之思見危致命之難則知飭立廉隅之易思高曾膺綽楔之榮則當戒孫子頹聲之辱而博采軼聞之士過是墟而考古亦不至有摩挲殘碣之勞也則所謂思深慮遠而有關乎世變人心之大文獻之徵者不在是乎以視世之沾沾著書而窮大失居者其孰傳而孰不傳不待智者而知矣紹賢末學罔見謹叙作書之意如此至於事之顛末有詳之者茲不具道

馬歲在昭陽協洽元月績溪程紹賢拜撰並書

三

書梅溪洪氏節烈雙褒録後

右梅溪洪氏節烈雙褒録一卷歙洪筱圃茂才
文翰撰梅溪在歙之南距縣治一百里咸豐間
粵匪之難洪氏男婦死事者前後凡三百數十
人事平之後曾文正公開局江寗采訪忠義筱
圖籍其名氏彙請入
奏得邀
旌卹既又仿浦江鄭氏旌義編之例而為是録
培系讀之有感也曰
國家承平二百年矣民生不見兵革休養生息
孳乳滋繁海内殷庶而日趨於逸樂一旦有變
民不知兵兵不知戰相顧睜眙而罔知所措此
粵匪之禍所為乘間而竊發也當咸豐間賊焰
方張如火烈烈跡其竄武昌窺金陵曾不數月
大江南北諸郡縣無不瓦解氷裂破軍失地之
報月不絶書求其能金城拒敵以張國威者殆

一

節烈雙褒錄敘

節烈雙褒錄一書洪君筱圖「文翰」搜輯其村中殉節男婦已邀　旌表之崖略也吾歙於咸豐年間遭粵逆之亂賊衆竄城鄉數年荼毒幾靡有孑遺洪村地名梅溪聚族而居素稱仁里忽經凶暴之擾自知破巢不能完卵男則奮身格鬭不計瓦全女則畢命水火不惜玉碎故一時節義惟洪氏爲多焉亂定後採訪者詳其事於當道請旌於

朝褒揚節烈顯榮至矣而筱圖復爲臚列其名付諸剞劂名曰節烈雙褒錄馳書索序於余余維當日諸男婦執節守義斷脰焚身豈必有心於後日之褒揚作俎豆千秋之想爲頑懦百世之師哉不過甘以義死不願以不義生耳然苟旌揚弗及湮沒不多覯梅溪僅歙南一隅之地且其人又非有守土之責專閫之寄特以其當皖浙往來之衝爲賊蹤出没之所徑乃一聞風鶴衆志成城粵自丁壯以及婦孺靡不慷慨激烈誓不辱其身勠力棘矜以捍鄉里迨勢窮力蹙併命於凶暴之一爐揕胸斷脰視死如歸投繯蹈淵纍纍相望蓋罹毒之慘從古無斯而嚮義之忱亦於今爲烈已今筱圖撰是書於以著一門風節之盛與夫

朝廷之深仁厚澤將使天下後世之覽是編者頑廉懦立相與感發而興起豈不偉歟吾郡自兵燹後文獻凋零士多輟學乃筱圖獨留心一方之掌故表潛闡幽孳孳不勌可謂加人一等矣讀既竟敬書於簡末

光緒九年歲次癸未季秋月朔績谿胡培系

無聞數十年以過蔓草荒烟誰爲憑弔而同時之草間求活靦然人世者反笑死義爲迂且竊幸已之忍辱爲得計也倘得成爲風俗哉兹洪君搜輯成編垂諸永久其用意深遠庶以此植節垂範天下之大百世之遠閲是録者感發興起而有以副國家褒揚節烈化民成俗之意夫豈小補之哉余故樂爲之序

序　二

敕授文林郎甲子科舉人貴池縣教諭同里吳肇麒拜譔

梅溪節烈雙褒録叙

粤聞滕國之末新安有汪公偉者與其妻耿夫人從容就義其孫忠亮節與今赫赫照人耳目雖年湮代遠頑孺皆知蓋其剛毅之氣不挠之節足以維人心而強風俗也咸豐庚申之交東南淪陷粤匪猖獗出没無時梅溪距歙之南當四達之衝浙省失守賊迭次竄至藩籬梅溪之人倡率辦團竭力守隘一抗再抗奈賊勢蔓延力不可遏遂相與畢命兄弟男則慷慨赴死女則激烈就義寧爲玉碎不爲瓦全雖生長於忠義之邦耳濡目染其能若烈澤然公此哉事乎當事者臚列請旌後先計三百有奇奉

優卹勒石立祠以垂不朽

與區區也兹復蒐録何爲乎緣賊起於粤流於楚境

一

於吳越痛毒幾半天下隣城採芑書不勝書其間節〻
烈〻死而湮沒者何可勝道第惜無人以錄〻彼與金
石同湮耳披風表微闡幽代今傳後將於此乎是賴
然則筱圃〻著錄其有關於人心風俗者豈淺鮮
哉疾風知勁草歲寒見松柏殉難者有焉藏〻
名山傳〻其人著錄者其是志
光緒七年歲次辛巳仲夏月下澣
賜同進士出身戶部郎中布政司銜江西督理九江
閩部廣饒九南兵備道曲阿儲撰

二

節烈雙褒錄序
咸豐之季寇氛孔熾皖以南遭蹂躪者歙為甚
梅溪歙〻一里也寇至洪氏男婦殉節死者三百
有數十人事平嘗路採訪忠義族人文翰具以聞
得請於
朝邀
旌表爲例復錄其事爲一書顏曰節烈雙褒錄
屬書句子序洪我同姓也慷慨明大義臨難能自裁
決毅然伸正氣於兩間者如此乎〻讀未終篇不禁
欷歔欲絕矣予家世居涇東〻藤溪距歙二百里而
近嘗粤寇肆虐吾藤溪一族蹈鋒刃遭經瀆者匯
和屬也視死如歸彼此一轍登山回望碧血未銷殺

一

愧貞魂皆懔懔有生氣則又不禁流覽憑弔為之泣下霑襟者矣嗟夫兵燹之際赴難捐軀懼辱自盡者固所在而有於聚族而數百人以殉此豈多覯哉予嘗謂人之以節烈著者非獨其天性然也必居恒崇尚廉恥視其身可殺決不可辱及猝遇禍變乃能激發志氣為宇宙完人今我姓毅然争

二

殉至如此其衆吾知梅溪一族其男婦素重廉恥必有遠邁尋常者得是録而表章之其姓氏皦然不朽矣抑予又有説焉節烈者根於廉恥而生也死者既以廉恥獲為節烈生者即當慕節烈而勵其廉恥但使家人婦子時時尋繹是編感發興起將人人存可殺不可辱之見而世俗一切

卑汙苟賤之行去之若浼久之而羞惡之良融於義理忠孝之忱且有油然沛然而舞蹈不自知者於以扶倫紀而敦風俗則是録之着豈有裨世道人心者豈淺鮮哉顧我兩族子姪之深體此意也爰為之序而歸之光緒七年冬同族汝奎拜撰

三

梅溪節烈雙褒錄

凡例

一迭次稽報節烈或在金陵采訪忠義局詳冊由　安
兩江督憲彙奏或在歙縣學總旌案內詳冊由　安
徽撫憲彙奏而皖省通志仿史表之例另編忠義節
烈表婦女節烈表節孝待旌錄梅溪殉難男婦先後
請
旌者綜計五百數十有奇均經采入志中永昭不朽
一名公碩彥郵寄敘言以年月先後爲序
一粵匪跋躪吾鄉起庚申訖癸亥凡四年族中殉難
男婦或先或後月日難以詳稽且老成凋謝末由查
訪僅從編年之例閱者諒之
一里中聚族而居理宜序昭穆判尊卑但殉難有後
先以故不論輩行專以請
旌先後爲序
一吾族男婦或就義從容或死事甚烈殊途同歸成
仁一致其各項殉難事實錄中難以悉載惟事蹟較
異者略加小傳以昭覈實
一各項殉難男女由　禮部議
旌者例准建坊入祠茲辦　禮部咨行例案刊入以便稽

攷錄中不復逐名贅列
一錄中節婦貞女其守節守貞年分可稽者均於該
氏下註明其有昔年曾經專案奏辦者茲並一例刊
刻以免遺漏
一案女未廟見則未成乎婦也然既爲夫誓守有妻
道焉或事舅姑或撫嗣子有婦道母道焉謂之貞女
於義未協又案貞婦之稱已見
國朝張惠言茗柯文中今從之若漢魏書所云貞婦則
概指節婦而言未可援以例此
一現存節婦年例相符已蒙
旌典列名省志節孝待旌錄者茲編不復刊入
一祠內有代外姓男婦報請
旌表者均係族內親戚逭沐
旌典或門鮮孑遺或零丁遠徙有幽莫闡湮沒不彰編中
附列其名亦廣表揚之意
一村內殉難青衣男婦或懼辱自盡或爲主捐生覩
死如歸亦當附名編末惟載明婢僕字樣以示區別
一梅溪丁番族大遷居異地者多第恐道途遼遠難
以周知嗣後如有續報節孝貞烈者務望函致敘倫
祠以便彙齊請

旌刊入續錄

一是編序文甚繁似與古人一書不兩序之例不甚符合但著述之書誠恐因序以傳故不多索是編專為闡幽起見端賴文人學士表揚以傳不朽故覺多多益善

兵部尚書兩江總督部堂沈摺稿

奏為忠義第七十一案懇
恩分別旌卹恭摺仰祈
聖鑒事竊兩江忠義局派員采訪各屬陣亡殉難官紳人等業經奏報七十次並聲明嗣後續報者由該局核明造冊咨部議卹請免再行開單入
告在案嗣准吏部咨開仍照定章彙奏奉
旨允准等因當經飭局遵照辦理茲據該局續訪得安徽歙縣一門殉難者十八家凡一百五人殉難官紳一員陣亡團丁二十名並殉難紳民婦女造冊稟請核辦前來 臣查歙縣地方久被賊擾荼毒極深該紳民士女或闔門殉節或禦敵捐軀大節不渝殊堪憫惻謹將全家殉節及陣亡請卹之紳士團丁循案繕具簡明清單恭呈
御覽合無仰懇
天恩敕部分別旌卹以慰忠魂除將殉難例止議旌之官紳洪忠運等五十四員士民許嘉仁等三百六十三名婦女方許氏等二百七十一口事實名冊咨部查核外相應請
旨敕部一併議旌所有兩江忠義第七十一案采訪忠義

緣由理合恭摺具陳伏乞

皇太后

皇上聖鑒訓示謹

奏

光緒三年十二月初十日奏

光緒三年十二月二十一日軍機大臣奉

旨鄭士堅等均著照所請交部分别旌卹單併發欽此

安徽巡撫部院札

撫憲裕、札開爲知照事光緒六年二月初三日准
禮部咨儀制司案呈所有前事一案相應抄錄清單
知照該撫查照可也計單內開
禮部謹
題爲請
旌表事議得安徽所屬歙縣採訪已故現存貞孝節烈婦
女楊程氏等八千七百四十九口據該撫等詳慎核
實造具冊結到部與
旌表之例相符應請准其

旌表俟
命下之日臣部行令該撫轉飭各該府廳州縣統計所屬
烈婦烈女及阨窮貞節婦女共若干口給銀三十兩
官爲總建一坊題名其上毋庸按口給銀已故者於
節孝祠內設位致祭再此本向歸彙題合併
聲明臣等未敢擅便謹
題請
旨光緒五年十二月十七日題十八日奉
旨依議欽此

禮部咨行例案

查定例殉難紳士庶民令該督撫轉飭該地方官於
本邑忠義孝弟祠內設位致祭並題名石碑俾得流
傳永久其被賊戕害之婦女等各該督撫轉飭該地
方官每縣給銀三十兩於通衢大路總建一坊無論
大小婦女姓氏全行鐫刻其上並於節孝祠內設位
致祭未及十歲者毋庸設位各等語又道光十六年
題准殉難家丁僕婦婢女准於各該處忠義節孝等
祠石碑及坊上分別題名停止設位又咸豐三年奏
准官紳殉難家屬應行建坊人等除官爲給銀建坊

外如本家有願自建專坊者亦聽其自便又咸豐四
年奏准紳民殺賊遇害及闔家男婦同時殉難者准
照總坊例聽其自行另建一坊以示表異又咸豐四
年題准殉難家屬僅止一二名口亦准給銀建坊等
因

禮部奏稿

再光緒三年四月內閣抄出兩江總督沈葆楨奏兩江忠義第七十案一摺聲明嗣後續行呈報者均隨時造冊咨部請免再行開單具奏等因到部茲據該督將續訪得安徽歙縣一門殉難監生鄭士堅等十八家凡一百五名口殉節官紳揀選知縣江廷紹一員陣亡團丁八品軍功楊文啟等二十名又殉難官紳洪忠運等五十四員名士民許嘉仁等三百六十三名婦女方許氏等二百七十一口造冊咨請

旌邺等因前來除邺典應由吏兵二部辦理外臣等查遭寇殉難之紳士庶民及被賊戕害之婦女等例准

旌表又題准紳士殺賊遇害及闔家男婦同時殉難者准照總坊例聽其自行另建一坊以示表異又殉難家丁僕婦婢女人等准於各該處忠義節孝等祠石碑及坊上分別題名停止設位等因各在案今該督將安徽歙縣殉難之紳團婦女咨請

旌表之處臣等逐名查核紳團婦女或闔門就義或赴敵死綏洵為大節不渝應請准其

旌表如蒙

俞允由臣部行文該督轉行安徽巡撫飭令地方官遵照

例案分別入祠建坊其冊內所開僕婦張氏一口應遵照成案於坊上題名節孝祠內停止設位再查各省殉難請

旌成案其由該督撫題請交議者均經臣部歸入年終彙題此次該督咨送核議與成案稍有未符惟該督於本年四月業已奏明臣部是以照例核議歸入年終彙題本內辦理合并聲明謹附片具

題請

旨於光緒三年十二月十六日題十八日奉

旨依議欽此

欽縣知縣移文
爲移知事奉
撫部院英　札開爲知照事同治十年二月初四日
准
禮部咨儀制司案呈所有前事一案相應抄單知照
可也計抄單內開
禮部謹
題爲彙題
旌表事該臣等議得安徽所屬節婦吴徐氏等六十四口
貞女程胡氏等七口孝女陶貞姑一口烈女彭氏一

口烈婦許闞氏一口採訪貞孝節烈婦女王汪氏等
一千七百八十九口據該撫學政等詳慎核實造具
冊結到部均與
旌表之例相符應請准其
旌表俟
命下之日臣部行令該撫轉飭各該府廳州縣統計所屬
烈婦烈女及阨窮貞節婦女共若干口給銀三十兩
官爲總建一坊題名其上毋庸按口給銀已故者於
節孝祠內設位致祭安徽巡撫疏稱民人湯聯奎之
妻節婦王氏原籍江蘇上元縣各建坊入祠之處俟

命下之日應由臣部行文安徽巡撫轉行該氏本籍督撫
飭令地方官照例辦理其安徽所屬孝子吴敬義等
九名均與
旌表之例相符應遵照奏定章程令該撫學政轉飭查明
該州縣尚未建坊者給銀三十兩官爲另建總坊題
名其上前經建坊者續行鐫刻姓名於上毋庸再給
坊銀如本家自願建坊及紳士願在本州縣捐建者
均聽其便已故者於忠義孝弟祠內設位致祭再此
本向歸年終彙題合併聲明臣等未敢擅便謹
題請
旨等因於同治九年十二月十一日題十三日奉

旨依議欽此等因到院准此查此件
部文核覆各屬貞孝節烈係按各府州彙計口數誠
恐各該州縣未能分晰合就查照原案分別摘單札
行等因計摘單下縣奉此合就備文移知爲此合移
貴學請煩遵照辦理望切須移
計摘單
欽縣採訪已故現存貞孝節烈婦女吴煌之妻曹氏
等壹千柒百壹拾陸口
欽縣孝子吴敬義　吴珍重

同治十年三月　二十四　日移

辦理兩江采訪忠義局國子監助教銜郎選州學正

汪稟稿

敬稟者竊卑局采訪兩江忠義隨時彙冊呈送先後
七十次稟辦在案茲續訪得安徽歙縣一門殉難者
十八家凡一百五人殉節官紳一員陣亡鬬丁二十
名又殉難請旌之官紳洪忠連等五十四員士民許
嘉仁等三百六十三名婦女方許氏等二百七十一
口伏查該縣地方久被賊擾荼毒極深該紳民士女
或闔門殉節或禦敵捐軀皆屬大節不渝謹循案分
別造具事實清冊呈請

鑒核彙題

憲恩分別奏咨俾邀

旌卹以闡幽光而維風化所有卑局詳報第七十一案忠

義緣由理合肅稟恭請

鈞安伏惟　垂鑒

計呈送清冊三本

稟爲詳送七十一案安徽歙縣忠義清冊三本由

右　呈

兵部尚書兩江總督部堂沈

光緒三年十一月十一日

安徽承宣布政使司札

奉

撫憲札開同治十年二月初四日准

禮部咨覆總旌一案於同治九年十二月十一日題十

三日奉

旨依議欽此所有已故現存貞孝節烈婦女吳曹氏等一

千七百十六口俱沐

曠典旌揚總建一坊祔主入祠致祭

義烈

洪伯邁年七十八歲監生	洪伯璇年五十九歲監生
洪承達年三十八歲從九品、	洪本岐年五十歲從九品
洪本鈞年四十八歲	洪瑞春年二十四歲
洪太義年七十二歲	洪伯瑾年四十八歲監生（忠義節烈表誤作理）
洪本輔年四十二歲四品封職	洪伯貫年七十二歲監生、
洪伯璐年五十六歲從九品	洪伯祿年六十八歲從九品
洪本杰年三十九歲從九品	洪伯奏年七十一歲從九品
洪本滏年五十二歲	洪良楨年五十五歲

洪本矩年四十七歲	洪承沅年四十二歲監生
洪茂春	洪上達年三十一歲
洪承春	洪開法年四十二歲
洪觀義	洪觀友年四十三歲
洪上德	洪承益年五十八歲
洪本惠	洪開義
洪觀連	洪觀春
洪觀奇	洪本仁年三十歲
洪承渭	洪本雨
洪四妹年六十歲	洪白開年三十八歲

洪開愜　洪開二
洪興水年五十四歲　洪坐妹年四十歲
洪興耀年五十六歲　洪本清年三十歲
洪本彩年三十五歲　洪春妹年四十二歲
洪本土年三十五歲　洪本林年二十四歲
洪五弟年七十歲　洪開聖年四十八歲
洪坐堂年十八歲　洪本孝年二十歲
洪志高年五十八歲　洪本五年十二歲
洪開春年四十八歲　洪觀火年十四歲忠義節烈表誤作觀大
洪天有年四十四歲　洪二妹年十一歲

洪天貴年三十六歲　洪雲妹年三十八歲
洪懷寶年二十八歲　洪東妹年四十二歲
洪興祿年四十一歲　洪上有年六十一歲
洪觀高年五十六歲忠義節烈表誤作官高　洪承燉年四十二歲
洪高發年五十歲　洪本順年五十八歲
洪福壽年六十四歲　洪承元年五十歲
洪本福年三十八歲　洪觀富年三十七歲
洪本恆年三十歲　洪本祖年六十五歲
洪大元年十三歲　洪本水年四十四歲
洪四元年十二歲　洪興富年六十歲

洪本課年二十八歲　洪本水年四十九歲
洪興田年五十七歲　洪本景年二十二歲
洪興德年六十四歲　洪本產年二十二歲
洪坐林年二十七歲　洪興財年五十六歲
洪本六年四十三歲　洪本厚年十七歲
洪本慶年三十八歲　洪添妹年四十歲
洪承桃年四十四歲　洪元妹年二十三歲
洪承愷年二十二歲　洪承妹年三十四歲
洪承忠年二十三歲　洪本貴年六十一歲
洪摘堂年三十四歲　洪承安年三十八歲

洪禹順年三十六歲　洪瑞禎年四十六歲忠義節烈表誤作貞
洪本文年五十二歲　洪本輝年四十二歲
洪承湘年四十一歲　洪三元年三十六歲
洪承田年四十歲　洪本光年六十八歲從九品
洪有慶年四十一歲　洪本貴年六十歲
洪九如年九歲　洪開餘年七十歲
洪坐高年二十六歲　洪本上年五十歲
洪大坐年五十八歲　洪承治年二十四歲
洪本台年五十七歲　洪承梓年二十三歲
洪富才年三十四歲　洪承澤年九歲

洪本治年四十三歲　洪坐宣年十四歲
洪正茂年二十七歲　洪伯桂年三十八歲
洪坐成年二十四歲　洪承載年二十九歲
洪本禹年三十八歲　洪伯梓年四十五歲
洪承瑞年三十七歲　洪本堂年二十六歲
洪三富年二十歲　洪本金年十八歲
洪坐善年二十八歲　洪承燦年十四歲
洪承壽年十八歲　洪本杠年三十二歲
洪坐金年二十七歲　洪承吉年二十九歲
洪伯妹年三十四歲　洪承恆年二十四歲

梅溪節烈雙褒錄　四

洪貞壽年八歲　洪承烈年二十四歲
洪上貴年二十六歲　洪伯貴年七十四歲
洪其大年五十四歲　洪本佳年三十二歲
洪本松年三十二歲　洪本保年四十一歲
洪本成年三十二歲　洪五瑞年三十九歲
洪本裕年二十六歲　洪承森年十五歲
洪興鴻年九十六歲　洪本雯年三十歲
洪本義年四十歲　洪觀社年十六歲
洪雙壽年二十四歲　洪觀高年三十六歲
洪承壽年二十八歲　洪連長年四十三歲

洪本金年三十二歲　洪觀火年四十六歲
洪上妹年二十九歲　洪伯清年四十三歲
洪雙桃年二十七歲　洪伯規年五十八歲
洪伯妹年四十二歲　洪伯宣年三十歲
洪觀壽年六十四歲　洪興順年八十一歲
洪興連年七十四歲　洪萬富年四十二歲
洪本樹年三十四歲　洪其院年六十一歲
洪伯海年四十二歲　洪本貴年五十二歲
洪本奎年二十四歲　洪上溪年十六歲
洪本壽年二十六歲　洪承慶年四十三歲

梅溪節烈雙褒錄　五

洪伯光年六十二歲　洪承水年三十歲
洪承進年二十五歲　洪伯廷年三十五歲
洪承全年十六歲　洪本坤年五十一歲
洪承玉年二十七歲　洪本順年四十八歲
洪承恆年十八歲　洪坐財年五十七歲
洪社順年四十三歲　洪本燦年二十六歲
洪承水年三十歲　洪本端年四十五歲
洪開玉年四十九歲　洪開松年四十三歲
洪本林年四十四歲　洪承銓年四十八歲
洪本年年十四歲　洪本光年六十歲

洪本貴年六十一歲

右監生洪伯邁等一百九十七員名彙入第七十一

案奏請照新章

賜旌仍入該縣總祠總坊

兵部咨單內開洪與鴻照鄉勇因公差遣遇賊戕害

例覈減給邮銀十二兩五錢等因

兵部咨單內開洪本岐照鄉勇因公差遣遇賊戕害

例覈減給邮銀十二兩五錢等因

兵部咨單內開團丁洪開松洪承銓洪開玉洪本年

洪本端胡老四均照鄉勇因公差遣遇賊戕害例覈

減各給邮銀十二兩五錢等因

梅溪節烈雙褒錄　六

節婦

方氏　洪本楫妻年十九夫故守節三十四年卒

方氏　洪本鍾妻年三十四撫嗣子成立守節三十二年卒

方氏　洪承汾妻年二十九撫孤承釗成立守節二十一年殉難

方氏　洪本福妻年三十夫故守節十六年卒

方氏　洪伯湖妻年二十七守節三十八年卒

方氏　洪本銓妻年二十九守節二十五年卒

方氏　洪本鈿妻年二十六夫故守節十六年卒

王氏　洪本餘妻年三十夫故守節十三年卒

梅溪節烈雙褒錄　一

方氏　洪伯慶妻年三十夫故守節十八年卒

吳氏　洪本來妻年二十八守節十一年卒

方氏　洪其謨妻年二十八夫故守節二十六年遇賊投崖死

柯氏　洪本輝妻年二十四夫故守節十一年卒

吳氏　監生洪本滙妻年二十夫故守節三十年卒

吳氏　監生洪本榕妻年二十九夫故守節二十六年卒

周氏　監生洪本倍妻年三十夫故守節十八年卒

柯氏　洪開來妻年二十一夫故守節三十年卒

王氏　洪承維妻年十八夫故守節十四年卒

呂氏　洪承卓妻年二十夫故守節三十三年卒

柯氏 洪本全妻年二十六夫故守節十八年卒
吳氏 洪門妹妻二十二夫故守節二十六年卒
潘氏 洪承林妻年二十夫故守節三十二年卒
夏氏 洪開壽妻年十九夫故守節十四年卒
方氏 洪觀海妻年二十六夫故撫孤惟培成立守節十八年卒
李氏 洪本鶴妻年二十八夫故守節十一年卒
方氏 洪國梓妻年三十夫故守節十五年卒
王氏 洪本厚妻年十七夫故守節十六年卒
方氏 洪開泰妻年二十七夫故守節十三年卒
潘氏 監生洪大海妻年十九夫故撫嗣子承烈成立守節三十年卒

方氏 洪興柏妻年三十夫故守節二十年卒
方氏 洪本型妻年二十夫故守節三十三年卒
方氏 洪本塀妻年十八夫故守節二十八年卒
方氏 洪承煇妻年二十七夫故守節三十一年卒
方氏 洪承烱妻年十七夫故守節二十九年卒
王氏 洪承棟妻年二十二夫故守節三十年卒
朱氏 洪承俊妻年二十三夫故守節十七年卒
王氏 洪承寅妻年二十夫故守節二十一年卒
方氏 洪承達妻年三十守節十六年卒
吳氏 洪源泰妻年二十七守節五十年卒

吳氏 洪開善妻年二十夫故守節四十二年卒
姚氏 洪本敦妻年二十七夫故守節十九年卒
方氏 洪承大妻年二十六夫故守節二十二年卒
王氏 洪其霱妻年二十守節二十八年卒
胡氏 監生洪開錦妻年二十一守節二十三年卒
方氏 洪承燦妻年二十八夫故守節十一年卒
方氏 洪本英妻又名一美年二十夫故守節二十三年卒
方氏 洪本煒妻又名連朝年十九夫故守節二十二年卒 節孝待旌 錄作本縣
方氏 洪本宏妻年二十二夫故守節二十一年卒
王氏 洪奎發妻年二十七夫故守節四十七年卒

方氏 洪本光妻年二十八夫故守節十七年卒
柯氏 洪伯炳妻年二十二夫故守節三十五年卒
柯氏 洪源基妻年二十六夫故守節二十一年卒
鮑氏 洪承杖妻年二十四夫故守節十六年卒
馮氏 洪本健妻年二十一夫故守節三十七年卒
吳氏 洪伯金妻年三十夫故守節十九年卒
柯氏 洪伯民妻年二十七夫故守節二十一年卒
方氏 洪興來妻年二十八夫故守節二十四年卒
王氏 洪坐炳妻二十一夫故守節三十七年卒
方氏 洪開炳妻年二十七夫故守節三十六年卒

吴氏貤贈光祿寺署正洪本蓮妻年十八夫故苦節四十五年卒學憲祁賜額曰葆貞緜筭

方氏洪本培妻年十九夫故守節二十三年卒

潘氏洪伯炳妻年十九夫故守節三十七年卒

方氏洪福九妻年十八夫故守節四十年卒

王氏洪承美妻年二十八夫故守節十六年卒

鄭氏洪本佩妻年二十六夫故守節二十六年卒

吴氏洪開漢妻年二十九夫故守節十三年卒

吴氏洪開植妻年二十四夫故守節二十四年卒

陳氏洪源福妻年二十一夫故守節三十三年卒

黃氏洪源勝妻年二十九夫故守節三十三年卒

王氏洪伯振妻年二十一夫故守節五十三年卒

右節婦方氏等六十九口彙入安徽歙縣總旌案內

奏請照新章

賜旌仍入該縣總祠總坊

烈婦

王氏洪伯林妻　王氏監生洪本容妻一名社慶

王氏洪三壽妻　方氏布政司理問洪本焜妻

王氏洪本書妻　馮氏直隸州州同洪承灝妻

潘氏洪伯梓妻　方氏監生洪伯豐妻

鮑氏洪本三妻　方氏監生洪本榮妻

王氏洪六慶妻　方氏監生洪伯楨妻

王氏洪本成妻　方氏監生洪本熊妻

黃氏洪本發妻　方氏洪吉如妻

方氏洪上富妻　王氏直隸州州同知洪吉慶妻又名本慶

余氏洪灶順妻　朱氏洪本校妻

方氏洪上來妻　方氏洪本校妻又名文升

方氏洪本田妻　吴氏洪興霸妻

方氏洪興盤妻　方氏洪上水妻

鮑氏洪觀長妻　方氏洪本銓妻

王氏監生洪本釗妻一名閏　方氏從九洪伯槐妻

方氏洪本俊妻　王氏洪伯燦妻又名保齡

王氏洪承趙妻　方氏洪本章妻

吕氏洪伯烈妻　黃氏洪承登妻

方氏 洪本都妻
方氏 洪本文妻 節烈表誤作承文
方氏 洪本儐妻
方氏 洪承文妻
方氏 洪伯種妻
吳氏 洪觀妹妻
黃氏 洪伯士妻
方氏 洪本爾妻
柯氏 洪觀保妻
方氏 洪承灝妻

王氏 洪本成妻
王氏 洪本火妻
王氏 洪承泰妻
方氏 洪三有妻
方氏 洪坔才妻
方氏 洪承茂妻
呂氏 洪承壽妻
黃氏 洪承德妻
章氏 洪金水妻
鄭氏 洪伯許妻

方氏 洪維才妻
柯氏 洪伯元妻
胡氏 洪本長妻
吳氏 洪承順妻
方氏 洪本玶妻
吳氏 洪本壽妻
柯氏 洪伯明妻
程氏 洪本成妻
方氏 洪本貴妻
柯氏 洪開泰妻

方氏 洪伯瑞妻 一名伯渠
方氏 洪伯茂妻
潘氏 洪伯炳妻
方氏 洪承閔妻 以上均咸豐十一年殉難
方氏 洪伯長妻
吳氏 洪本甯妻
方氏 洪本容妻
柯氏 洪監生承變妻
程氏 洪大椿妻 節烈表作方氏椿誤作春
董氏 洪興水[illegible]

潘氏 洪伯田妻
呂氏 洪本貞妻
吳氏 洪伯遠妻
葉氏 洪伯長妻
王氏 洪承登妻
吳氏 洪玉妹妻
王氏 洪德萬妻
潘氏 洪本法妻
方氏 洪本濤妻
王氏 洪本易妻

方氏 洪太義妻
柯氏 洪本敘妻
柯氏 洪本進妻
柯氏 洪本敦妻
方氏 洪本和妻
方氏 洪惟材妻
方氏 洪本妹妻
王氏 洪開灼妻
程氏 洪興槐妻
柯氏 洪伯高妻

方氏 洪本懿妻
吳氏 洪其士妻
方氏 洪本佳妻
潘氏 洪滿林妻
王氏 洪九閔妻
方氏 洪良高妻
吳氏 洪本釜妻 節烈表誤作金
黃氏 洪本鉉妻
王氏 洪本村妻
王氏 洪承福妻

方氏 洪閔祝妻
方氏 洪上林妻
方氏 洪本松妻
張氏 洪四妹妻
方氏 洪上富妻
方氏 洪伯慶妻 以上均咸豐十年殉難
黃氏 洪觀水妻
王氏 洪四妹妻
柯氏 洪伯教妻
吳氏 洪本貴妻

程氏洪來順妻　程氏洪承謨妻
王氏洪五珠妻　方氏洪開義妻
方氏洪開郎妻　吳氏洪伯瞎妻
方氏洪坌林妻　吳氏洪致遠妻
潘氏洪本厚妻　方氏洪本剛妻
鄭氏洪開春妻　方氏洪承煌妻
潘氏洪開甸妻　柯氏洪其廣妻
江氏洪本滿妻　柯氏洪本桂妻
羅氏洪興道妻　周氏洪其鐸妻
吳氏洪開光妻　周氏洪其岐妻道光年間旌節

柯氏洪本金妻一名金貴○氏至孝翁年近八旬諸子皆貿易於外每聞賊至氏輒負翁避深山得食忍飢以奉翁旋以疾卒里人稱爲孝婦云
王氏洪白閑妻　方氏洪本蓀妻
方氏洪本矩妻又名福朝　方氏洪承容妻
方氏監生洪伯烋妻　方氏洪伯登妻
王氏洪承暐妻一名坌新　方氏洪承鳳妻
王氏洪本杉妻　方氏洪細黑妻
吳氏洪福慶妻　柯氏洪伯長妻
潘氏洪七婆妻　江氏洪觀九妻
方氏洪社妹妻　吳氏洪興錢妻

汪氏洪本椿妻　黃氏洪觀高妻
周氏監生洪伯璇妻　黃氏洪本金妻
方氏洪本閑妻一名本坤　柯氏洪大元妻
方氏洪五瑞妻　王氏洪本旺妻
方氏洪承寶妻　方氏洪觀義妻
王氏洪伯燉妻　鮑氏洪本進妻
吳氏洪承遂妻一名金妹　李氏洪承光妻
王氏洪本燮妻節烈表誤作承燮　方氏洪承寶妻
程氏從九洪煌伯妻　王氏洪惟烈妻
王氏洪伯輝妻　程氏洪林貴妻

方氏洪本德妻一名五保　王氏洪觀富妻
方氏洪三寶妻　吳氏洪承全妻
潘氏洪本君妻　方氏洪坌林妻
方氏洪本順妻　方氏洪宇屏妻
柯氏洪承元妻　吳氏洪伯遠妻
方氏洪坌貴妻　方氏洪其需妻節烈表作其霓
柯氏洪本貴妻　方氏洪本娃妻
吳氏洪承楝妻　黃氏洪本立妻
方氏洪觀有妻　周氏洪本高妻
柯氏洪全妹妻　方氏洪承華妻

余氏洪興福妻
方氏洪有慶妻
方氏洪本奎妻
王氏洪上林聘妻
方氏洪本煥妻
王氏洪伯燒妻
方氏洪興鴻妻
方氏洪承恩妻 以上由咸豐十年訖同治二年殉難
吳氏洪四謂妻
方氏洪上有妻
方氏洪本火妻
黃氏洪本發妻
方氏洪本在妻
方氏洪源艺妻
方氏洪本瑞妻
王氏洪源義妻
柯氏洪伯交妻
吳氏洪興産妻
吳氏洪伯海妻
周氏洪興壽妻

吳氏洪坐姝妻
柯氏洪興鴻妻
程氏洪承坐妻
方氏洪承度妻
方氏洪連長妻
方氏洪坐定妻
潘氏洪本林妻
方氏洪本南妻
唐氏洪本姝妻
黃氏洪本泰妻
張氏洪本畛妻
柯氏洪本舉妻
方氏洪伯林妻
王氏洪本唐妻
方氏洪伯姝妻
柯氏洪本龍妻
汪氏洪伯寶妻
王氏洪本林妻
方氏洪伯榮妻
吳氏洪本仁妻

方氏洪伯德妻
王氏洪本有妻
方氏洪伯元妻
方氏洪本發妻
方氏洪伯德妻 與前同名姓係兩人
方氏洪本治妻
方氏洪承義妻
方氏洪本寶妻
王氏洪承光妻
柯氏洪伯招妻
汪氏洪承槃妻
方氏洪伯源妻
方氏洪五水妻
潘氏洪承川妻
張氏洪五錦妻
潘氏洪承謨妻
王氏洪坐堂妻
柯氏洪承元妻
王氏洪華國妻
程氏洪觀庄妻

柯氏洪八慶妻
倪氏洪觀耳妻
方氏洪程姝妻
方氏洪觀品妻
方氏洪開楚妻
方氏洪觀順妻
王氏洪開邱妻
章氏洪興德妻
王氏洪有慶妻
章氏洪興壽妻
潘氏洪社發妻
呂氏洪本上妻
潘氏洪本貴妻
呂氏洪本同妻
方氏洪承瑞妻
胡氏洪承進妻
吳氏洪興報妻
方氏洪興連妻
潘氏洪伯祥妻
方氏洪伯威妻

夏氏洪祉順妻　方氏洪坐銘妻

柯氏洪本禧妻節婦　吳氏洪與壽妻節婦

右烈婦王氏等二百七十六口彙入安徽歙縣總旌

案內奏請照新章

賜旌仍入該縣總祠總坊

貞女

洪氏程嘉讓之聘妻○附程簡敬公貞女傳貞女姓洪氏字闇圃予老友竹亭之女孫幼端淑工鍼黹年七歲許字家詠寬立志之子名嘉讓先是女大父由梅溪遷巖鎮與詠寬比鄰居昕夕過從見嘉讓愛其秀慧遂字之詠寬母設帨之辰思一見孫媳女往介壽爾雖穉彬彬有大家風範見者咸慶程門得婦焉嘉讓年十三忽以痘疾夭女聞訃欲以身殉竊不果每於閒中設位哭誓不他適又恐以是貽親憂侍生時强歡笑然終哀慟不自禁遂病肝厥疾亟猶勉强持後漸劇竟不拔距嘉讓之死未百日年僅十三耳女大父悼逾恆爲陳諸當道請於朝特旌閭里稱之夫人當結縭以往壹與之齊終身不改猝遇變故以死殉之故黃鵠慟孤飛鴛鴦誓雙死亦固其所若夫髫年女子僅聞采之納未見輪之御竟能矢靡它之節抱從一之心追隨九京殞身不悔非至性過人深明大義者能若此哉吾聞女幼耽翰墨女紅之暇輒誦內則女誡諸篇暨詩書之氣陶淑者深耶抑稟夙因而然耶○附題詞王芝之原先生句云月冷旌節花風摧女貞木程雅扶先生詩云斬彼南山桐截此北山梓製爲瑟與琴韻叶宮商美烈火碎琴材瑟音忽變徵聲豈堪聽絃急悲風起彈成列女操鴛鴦會雙死程勞仙先生詩云夙稟詩書訓垂髫大義明登堂曾介壽植木久含貞絕粒敢傷孝捐生甯計名梅溪溪上水嗚咽動哀聲程鶴様先生句云冰霜侵病骨松柏識貞心孫駿聯先生詩云蘭無不吐香竹有難刻節人事任推遷女德唯貞潔解洪氏有賢女丱角字程門夙風雙玉樹宿葉本同根笄介壽昔稱鴨曾成孫婦禮風範何彬彬入門舅姑喜癡狂風捲庭柯夜半瓊枝折噩耗忽傳來肝腸欲摧裂幽食悔不知蘗飲冰不知寒一死等鴻毛何知寒與酸羅幾回欲自決恐益重闈痛女貞萎秋風病根已早種骸問名早相知相知無見時泉臺無近遠生死長相隨翫棠梨穠殯宮魂兮在何許白楊蕭寺鈴替戾宵相語無何小泉先生詩云節義如斯亦太奇十三殉志古無之足貞血性原難轉豈譜詩書反不宜介壽曾經成婦禮招魂何日是歸期烏樯大父鍾情甚那忍

傷心作誄辭○貞女爲文翰仲姊幼字程門髫年殉
志大父傷之徵諸文人筆墨輒盈寸撰刊闡貞録
以彰貞節書未竟燬於兵燹嗣是流離轉徙並副本
亦遺佚重可念也惟程簡敬公貞女傳尚能追憶附
錄於此藉先正之鴻文表當年之苦志他如朱徐甫
葛鐵生程可山諸先生作均已不能記憶矣此外題
詞甚夥各體具備無美不臻茲就其可憶者錄之或
篇或句亦足以闡幽貞而誌風謡云文翰謹識

右貞女洪氏一口道光二十二年十月　日禮部
題奏奉
旨特旌

梅溪節烈雙褒録　二

貞婦

方氏

洪伯珷未婚妻○氏幼字伯珷未及婚珷墮水死氏
聞訃誓以不嫁至珷家守節事姑以孝聞侍女秋桂
從氏姓甫九歲感氏節義願與相依終身不字同心
苦節歷久彌堅卒年三十○附泰州康伯山常博發
羣方貞婦傳歙縣方義之女許字同邑洪源椒季子
名伯珷珷童年賈於廣陵道光二十二年春將歸成
婚渡江遇顛風覆溺焉方洪兩家閟不告女後有
漏語者女知之淚盡繼以血欲以身殉母阻之欲往
守志母懼其激烈捐生也與洪商姑如其請女至夫
家服衰茹蘖事姑甚謹親族罕覯其面如是者廿餘
年辛戌之變賊麕至懼害者不可勝計女遁深山中
遂以憂卒女有婢名秋桂者年九歲於洪與共苦
辛亦廿餘年女遣嫁不去女死後未逾月亦病卒議
曰世之議禮者動謂納采納吉乃後婚禮所由行非
禮所由成必於廟見後方成婦道若未嫁之女入門
守志是不由禮之甚拘儒往往持此劉刻之說以繩

梅溪節烈雙褒録　一

世無惑乎固執而鮮通也夫先王之禮士當委摯後
誠能見危授命每以忠節褒之信如拘儒之見則必
授職於朝始得以忠節褒之乎彼未嫁之女能明大
義壹意孤行竟能爲夫守志廿年如一日以孝著以
節終此禮之正者也婢也何知尚憐苦志誓死相依
蓋亦義氣使然賢哉主僕百世可風矣彼拘儒之見
又何譏焉

右貞婦方氏一口彙入安徽歙縣總旌案內奏請照
新章
賜旌仍入該縣總祠總坊

烈女

洪氏得時　洪氏壽福
洪氏桂林　洪氏招蘭
洪氏鳳雲　洪氏帶姑

右烈女七口隸入安徽歙縣總旌案内奏請照新章
賜旌仍入該縣總祠總坊

梅溪節烈雙褒錄　一

梅溪節烈雙褒錄

傳

伯邁字萃羣爲予從祖平生敦氣節重然諾書法過庭爲世所重咸豐庚申冬年過七十矣而腰脚强健視聽不衰賊由涪奪隘蹂躪我里得公於燕窠山欲令爲嚮導公不可繼以甘言餂之復大罵賊酋怒閉諸茅舍縱火焚死

承達字在邦予之從堂兄性至孝曩客揚之泰州聞徽州兵亂星夜遄歸奉母避居黄柏山離梅溪十五里日日負米足繭身疲不遑恤也庚申冬十月粤賊僞普王盤踞我里大索山林兄負母入山巖深處賊踞已久山巖糧絶夤夜下山冀得所獲以餉母時已深更謂賊已星散不虞餘黨伏草莽中大呼酣殺兄據其刃相持片時餘賊踵至卒爲所戕是夜同下山者九人予亦在焉或殺或傷幾無一免而兄奮不顧身竟以身殉尤可慘

堂叔本約奉孀母方氏避兵草萊坑此山險峻鄉團防禦甚嚴賊由間道進奮力與鬭力盡被殺

太義爲余族祖年近古稀而神明不衰與人言聲振屋瓦平生以節義自負賊入我里大罵不屈賊以矛攢其口罵不絶聲遂見殺

本輔爲予堂叔字佐廷以姪助餉急公貤封四品性謹慤

梅溪節烈雙褒錄　傳　一

與人言若吶吶然不出諸口貿易雉皋幾二十年雖席豐履厚然觸目時艱悒鬱鬱不自得忽歌忽泣殊無常度閒世間有大不平事慷慨激昂義欲赴死庚申十月賊股竄至深山密林搜索殆盡叔時養痾鴨子塘山中一聞賊至奪農器直搗賊酋賊酋驚走尾賊續至刃揕其喉氣不少懾賊令跪挺不爲屈大罵不絕被賊戮死

本杰字荷舫爲予從父幼失所怙母氏程撫教兼資晝荻嘗丸無以過也及長博覽羣書手所鈔錄裒然成集設帳里中里人樂從之遊性極孝親所愛翫之物不吝重值以博親歡丱角與予交最久且最契酒酣耳熱相與縱談今

古事不少勸同治己未賊竄甯國我郡戒嚴君時亦與團練事次年夏四月賊由浙滸直竄六甲嶺官兵逃遁君猶率團以固吾圉衆寡不敵賊遂釆入我村蕩然自此無甯日矣君後奉母避兵草莢坑山中冬十月賊復竄至圍攻斯山山勢峻削有險可守君率鄉團極力守禦賊不得逞後賊得嚮導由長嶺腦後直入居高瞰下鄉團盡潰而避兵男婦老幼均歸慘劫賊大呼奮殺血汪成渠君已受重傷猶以身翼母賊亂斫之母子相持而死越日賊退里人殮之顏色如生其左手猶牢握母臂云

族祖伯璐資性平淡視富貴利達泊如也晚耽禪悅究心內典閒居一小樓焚香誦經食惟蔬果不與人世事與人言皆因果之鑿鑿可據者庚申十月賊掠方田塝得公於山莊中脅入賊館不從援以刃色不爲動被戮死

本燁乳名白閔予族叔也素樸實善議論所談皆宋儒之學人皆迂之而叔致力於斯不少懈與王少宰茂蔭爲姻婭少宰讀禮家居時相過從談最洽妻王氏少宰族女庚申四月嶺隘不守賊魚貫而入君謂妻曰我等夙知大義不辱賊手盍早爲計妻曰願相從地下遂解帶雙縊於唐田山中之大樹下明季我郡汪文烈公殉節題壁云夫婦同死節義成雙移贈族叔洵無忝也

本光族叔素行磊落與人交悃謙抑自下家道中落乃習業於羅塘生計稍裕晚年歸老故鄉逍遙自得常拄杖看山持綸臨水有瀟灑出世之概庚申四月賊鋒近逼里人勸其遠避叔不爲動及賊入勸爲嚮導乃大罵不息賊揮刃死之

與鴻族祖與先大父石田老人同庚素相契性情和易不立崖岸以故人多樂就之每歲時伏臘恆以 聖祖聖諭化里人里人宗之奉爲矩矱事無鉅細非決之於公若有所歉然也庚申四月官兵棄險遁賊勢益張由浙滸之間道犯我里衆寡不敵鄉團旋潰人勸公遠避公不可

日賊亦猶人耳其所以肆兇殘逞悖逆者良知汩盡無人化導之耳余年近期頤螢光易燼欲以大義曉之生死聽之可也何以避爲其配柯氏亦年踰七十與有同志喈曰汝能殉義余豈不能殉節乎麾婦女遠避而白頭二老相守不出已而賊酋入其室公作而言曰汝非 大清之子民乎何以悖逆若此也 國家數更大赦拯災恤患直佚唐虞我小民均在覆幬中宜若何感戴 君恩捐頂踵而乃不知順逆從賊造反何也爾若猛省迷途回頭是岸如執迷不悟刻聞曾帥率大兵追勦捧海澆螢爾輩爲齏粉矣慷慨激昂聲淚俱下賊憐其老舍之去而

公堅掣其衣勒令其下令賊館俾知改圖賊沈吟無以應乃大罵賊酋怒揮之以刃羣賊繼之公以頸承刃毫無懼容遂被殺妻柯氏亦同時憤罵被害時咸豐十年四月初七日也里人憐之弔以詩曰白髮耆民知罵賊雙雙就死竟如歸傳聞撤險偷生者越境倉皇正潰圍

本端爲予族叔少任俠有膽略且膂力強壯技藝過人庚申冬賊搜山得之山岩中時已數日絕粒矣乃張空拳楞腹與鬬立斃一賊賊黨繼至寡不敵衆遂被殺

本瀅予之從堂叔平生有孝行父母在堂窺其嗜好以供甘旨不少怯家雖屢空必借貸而益之子承鋭爲賊所逼以驚怖死叔恨之刺骨庚申十月賊掠白石大股先退有餘賊四五人斷後奮勇擊之接戰良久他賊以鳥鎗擊之遂斃

庚申四月初七日辰刻賊大隊擁至我里族祖伯璇同妻周氏闔門死守賊以石撞門門毀族祖以刃擊之賊格刃落地乃縛族祖與周氏於柱勒令供村內素封者何人窖藏何處族叔罵曰汝曹焚殺過當慘刹荼毒爲天地所不容吾何能草菅人性命搜索人財帛以媚爾而偷活乎吾甯死必化厲以擊汝罵不絕口賊怒殺之周氏亦同時遇害

庚申十月十三日僞侍王賊股據梅溪中村一帶蔓延十餘里盤踞幾一月每日分布擄掠深山邃谷搜括殆徧余堂叔本岐素有武技避亂昌化之角門坑從者數人族祖貢琳予姪元紱與焉峯回路轉有山舍如蝸可避風雨是日宿霧未開叔方洗秫粒待炊忽隔林長嘯賊隊深入莫辨多寡從者各星散叔手持鐵鎗便與接仗賊衆麕至徧體鱗傷而死

族祖伯蕢伯祿同胞兄弟也雖分居卅載而怡怡之情無間寒暑方粤賊初入兄已稀年足步蹣跚手攜竹杖沿龍山而行山路崟崎行亦不疾其弟年亦六十外脚力較强

健扶掖而登甫及頂爲賊所乘亂矛叢集兄洞喉而死弟奮怒大罵奪矛反刺賊撥矛墜地拔刃殺死

伯瑾爲伯璐族祖季弟性謹慤和藹近人渾然一團眞氣語音律之學而有潔癖聞寇陷甯國輾轉不寐中夜自起獨立遂得狂易疾食寢之中大呼殺賊家人恐以是賈禍也避居黃柏山深巖中已而賊入境遽搜山倉皇四望未有所獲伯瑾從林箐中連呼殺賊賊搜得怒殺之

艮楨亦予從祖行平生有奇節膂力過人能挽强弓發勁矢庚申四月偕鄉團堵禦六甲要隘賊由涫之馬山猝至官兵望風先遁鄉團潰族祖殿後遇賊酋發矢殪之賊

股大至衆寡不敵遂被殺

族祖伯奏幼而家貧旅食京華垂四十載囊橐稍餘歸以養母不作出岫之雲矣事親能先意承志得母歡心孺慕之忱無時或釋性崛强與人言不合聲色俱厲人欽其內行弗與較也賊初入我里公既遠避復單身入賊窟以大義諭之令毋肆焚殺毋縱淫掠賊頷之脅以僞職不受遂被害

承沅字楚江予族兄也當粵寇鴟張宣州失守郡城亦繼陷張文毅飛檄各鄉自爲團練以固邊圉先君子及族祖貢琳靜瀾族叔荷舫省梅遐兄芸襄其事設局籌商每有調報恆終夜不寐城以南聯絡一氣一境有驚一鄉響應君工手札問答往復半出其手賊聞之不潛窺者數月俄而張文毅瓜代以去吾鄉大局不可支矣庚申十月之亂兄避居鴨子塘猝與賊遇勒入賊館不從被戕死

庚申十月賊久踞我里遣酋四掠名曰打先鋒到處成墟慘不可喻余侍親避亂黃柏山山寓爲賊所焚儲穀亦燼而山巖所攜之粮幾竭八口嗷嗷僅可立待十七夜二鼓偕堂兄承達下山告貸鄰寓以延朝夕賊伏草莽遽爲所乘堂兄格鬭殞命余適服皮衣未鈕賊遽捽其衣乘勢脫遁伏叢箐間伺賊退始返故處風嚴霜降凍餒欲僵堂叔

本矩解衣衣之得不死不數日堂叔竟以罵賊而死追念疇昔曷禁涕下

瑞春爲予從堂弟本煒堂叔之子母方氏青年守志撫養成立年少氣銳有膂力庚申夏四月六甲失守官軍逃走賊大隊擁至弟率團丁當其衝奮勇直前賊爲少却有黑衣賊從旁以矛擣其腹痛極撲地縛至賊營挺立不屈剖腹洞脅以死

族祖瑞禎服賈泰州因徽郡兵亂回里省墓適粵賊盤踞我里猖獗日甚遣酋分掠人不聊生我里之避賊者人持一槍登山可以爲杖遇賊可以爲兵也族祖避匿山中闔

賊已退攜姪九如由唐田山返里手持一槍適與賊遇格鬬久之力盡叔姪皆被害

觀友族叔身頎而長素嫺武藝槍法得秘傳數十人莫敢近與族祖伯萬開泰並以槍法齊名庚申四月賊訌急距我里僅一舍許叔率練勇駐札六甲以亂石爲壘掘險駐守賊諜不敢近會官軍逃遁賊遂長驅直入叔率團與之接戰力盡爲賊縛去賊中有知之者曰此三十二都鄉團巨擘也賊怒斬其首懸之長竿賊退始得縫殮

同時有三富者亦族叔行以勇力自負六甲失守賊大隊擁入逢人便殺有騎馬賊搖鞭直入叔出其不意以槍刺

之遽墜馬後賊繼至奮力與鬬往來衝突足陷汙田中被戳死

坐財族祖素善棋與先君子恆對局專心致志頗費匠心署適文墨不囿於俗庚申十月避居黃柏山賊圍山搜得之脅與俱去公佯應之及至山岩峻險處奮力擠排賊遂墜岩而死餘賊踵至如梳如櫛終爲所縛擁至賊館脅之以威不屈被殺

族兄承益究心於拳技之學平居恆以食中二指頻擣碎甕甕已成粉而指不傷寔坐起居無少息如此二十年其指晶熒欲化迥不見骨恆以錫器置案上指到錫穿而器不動其技藝亦可謂精良矣庚申四月賊深入兄以二指連傷二賊賊目僚爲之盲盲賊訴於賊魁賊魁怒大索三日然後得之遂被殺

開法亦族祖行尙勇負氣殺賊尤踴躍庚申四月賊搜山猝遇之與之接仗賊力不勝遂退冬十月草莢坑守險之役公晝夜巡邏不少息相持十晝夜賊由山背間道入勢如瓦解公猶與之力戰爲賊所得支解之死甚烈

承敞素營業於六甲庚申四月賊由湻安竄入有二賊闖入其家敞已令妻孥遠遁潛懷利刃擬醉賊以酒而斫之爲賊所覺搜衣得刃遂被殺

本孝族叔年甫冠以力農爲業庚申夏以病瘦臥山中賊搜山甚急叔潛藏山舍扉後伺賊入手鐮刃斫之傷賊臂賊羣出亂斫之遂死堂弟二妹年十一賊愛其秀異欲以爲子甘言誘之威勢脅之皆不從同時被殺

承瑞百桂（省記誤作伯）異母兄弟也均尙勇力有膽氣且素習槍法爲時所推方草莢坑險隘之未破也賊日輪流喊戰每以噴筒鳥槍上擊承瑞兄弟恆以利石擊之石重百觔舉之輙斃賊相持旬日賊氣餒擬舍之適賊虜得長嶺腳人教其由腦後攻入險隘遂失守承瑞兄弟中槍死同族與耀伯光四妹觀義本雨同時被害

本義字集生爲余族叔乃潘履芬師入室弟子績學未售侘鬱鬱不自得獨坐長嘯徉狂於山水之間人與之言則反走著書數卷皆語錄之類讀畢則投諸火庚申十月賊盤踞我里叔抗身入賊酋侍逆館陳說利害懷中出數紙洒洒數百言賊酋悶之怒令左右殺之

族叔本仁年少氣銳勇於殺賊庚申四月之亂與賊遇於竹嶺潛格鬬久之失脚落水遂被戕

觀高亦族叔也平生有膽略與賊格鬬屢瀕於危幸不死庚申十月賊伏草莽間叔負舂粮適過此賊出其不意斫其脛痛難起立旋遇害

庚申四月六甲嶺之失守也官軍棄械遁賊尾之而入鄉團雖潰其氣猶壯族祖其大族叔本治本貴本輝本奎與接仗多寡不敵先後被殺

梅溪節烈雙褒錄

傳

方氏族祖伯瑞妻叔名伯渠中年夫故家式微勤劬紡績俾子本奎成立辛酉冬賊由滸安猝至脅氏入館不從擁至寻家一葦書屋牆陰踞地不起賊以刃背擊其臂氏大罵賊怒虐以非刑死甚慘血濺牆陰泥土每陰雨血痕昭然如人趺坐丙子冬寻由揚回里起血土瘞於欄干溪之高岡爲置揭櫫題曰碧血塚

王氏堂叔本容妻叔貿遷吳陵未歸粵賊於辛酉十月廩至氏攜幼子承全避居鐙盞窟山名山路偪仄賊蹤跡至戕以槍氏憤罵賊推其子墜山麓氏益大罵賊怒刃之立斃

方氏堂叔本煌妻喉患瘰癧臥於牀聞賊入村懼爲所辱以繩扼吭而死賊縱火焚之骸骨俱燼其姪媳馮氏堂兄承灝之妻懼爲賊辱亦從容自縊賊並焚之

周氏伯璇族祖繼妻賊刃伯璇氏憤罵不息賊以刃決其齒齒落含血噀賊面賊並殺之

程氏伯煌族祖妻青年守志撫其孤成立即本杰族叔也庚申冬本杰奉氏避居草萊坑壘石要隘練團誓守賊從間道攻之團旋潰遂殺氏並其子木杰本杰另有傳

方氏爲伯豐族祖妻淑慎持家里人稱賢辛酉冬草萊坑

之亂賊搜殺甚亟氏適隨姪本鈞避跡密箐中賊搜得本鈞殺之氏罵不絕口賊又殺之其長媳本榮妻方氏見姑遇害罵益厲並見殺

伯禎族祖之繼妻方氏攜其媳本熊之妻方氏並幼孫遜賊於草萊坑賊與鄉團接仗遷怒於老幼氏偕媳及孫遁於茂林中賊踪跡得之先殺其孫氏與媳齊罵同遇害

方氏本和叔之妻又名本堯性賢淑居貧食賤恆無戚容庚申十月避賊黃柏山前巖巖甚深遂賊盤踞梅溪久終日搜山獲方氏奪其環珥氏憤批賊頰賊怒戳之墜巖死

方氏吉如族叔妻孝事舅姑得其歡心辛酉賊股擄至義不受辱爲賊所殺其姒王氏爲吉慶族叔妻復行憤罵賊怒亦殺之

吳氏爲承順兄妻夫力田妻餉饁有冀缺之風庚申賊擾梅溪旬日不退獲氏於叢薄間氏怒罵賊殺之並殺其子

周氏其鐸族祖妻夫故守節閭里稱賢賊搜山獲之於石巖不屈遂見殺

王氏族叔本熚妻又名白閑其殉難事實已具義烈傳

柯氏族祖其廣妻辛酉正月賊屯營績溪餉盡分股據歙南之竹溪時雪深數尺氏偕夫及兩幼子避居大坑茅舍內舍陷雪中斷絕烟火凍餒欲僵賊埽雪出之擁氏下山

氏至山腰投深雪中自斃夫與子不知所終

族祖與福之妻余氏爲子乳母子幼弱善病乳母維持周摯余避地滑安擬招同往因有子力農不忍離邊庚申十月賊股大至乳母猝不及避賊欲殺其子子名伯銓乃奮據其刃賊斫其喉遂死

方氏與鴻族祖妻義不受辱同夫殉難事實已敘與鴻族祖小傳

方氏本鈞堂伯妻堂伯故後家中替其子承暉久客不歸氏以針黹度日與媳王氏相依爲命辛酉四月賊入我村與媳偕避於查半坑之祖師洞內賊推之出洞不從與媳同死於賊

方氏太義族祖妻避亂草萊坑賊搜得之勒指諸男婦窖藏處氏云不知賊怒納氏於茅舍積薪焚之

王氏堂叔本杉妻堂叔耽於酒遂得消渴疾輾轉牀第氏維持不怠家素貧典釵珥以爲醫藥夫故針黹自給長子賈於外次子尙幼每聞賊警攜負而逃辛酉仲夏同子家逃亂東山深霧重賊至不知其幼子被虜氏復受傷絕粒數日死

族叔本書之妻王氏善持家勤操作教子有方辛酉夏賊入村懼爲所辱乃自盡

開泰族祖妻柯氏苦節三十年撫孤成立庚申四月閩賊將入村乃曰吾生平足不履閾安可自辱於賊闔門自殺

方氏爲宇屏妻始避亂於田四旬日而賊不退日肆虜掠勢漸逼氏恐罹其害星夜昇至草萊坟適鄉團潰散賊正猖獗輿人委之而去賊衆肆行宗壽妻氏爲所殺時與同避亂者爲族祖伯然妻亦方氏見宇屏妻被戕罵賊被殺

族祖七婆妻潘氏避居黄柏山庚申十月賊盤踞半月終日搜山無脱網者氏知難免遂自戕

伯輝族祖妻王氏年臻七旬視聽猶健庚申十月之亂偕媳本德妻方氏避冦山中王氏爲賊搜出欲殺之方氏乞

以身代賊不許方氏以身翼姑賊戟才刺之血透重襟手抱姑背不釋賊揮刃殺其姑方氏以首觸賊賊闔方氏入茅舍反扣兩扉縱火焚死

本長族叔妻胡氏自幼寄養于家識女箴粗明大義辛酉夏賊鋒逼近與夫避亂深山中途相失爲賊所乘逼之入館抵死不從受戕甚慘

吳氏爲本甯族叔妻主持家政内外嚴肅中歲夫故紡績課子俱能成立里人稱之庚申冬猝爲賊乘義不爲屈遂遇害

金水族祖妻章氏爲賊所逼義不受辱賊怒殺之

本坤族伯妻方氏並長媳承恩妻方氏兩世守節皆撫孤成立其先世亦兩世節孝　憲旌其門粤賊迅入兩方氏復義不受辱先後殉難

本矩堂叔之妻方氏聞鄉團潰散賊漸逼近懼爲所辱解帶自縊

承燮之妻柯氏賊甫入村倉猝不及避賊脅以威罵賊被殺

周氏其岐族祖妻中年夫故以義訓子終日長齋禮佛聞賊至乃曰吾不願苟生見豺狼之橫噬也竟自殺

本立族叔妻黄氏同媳承華妻方氏並其姒本桂之妻方氏同避山中賊搜索得之大罵不屈賊並殺之

伯瑶族祖之妻吳氏年臻上壽視聽不衰粤賊入村縱火焚屋氏力闢之賊推之仆氏擊以杖賊怒殺之

與産族祖之妻吳氏早歲夫卒茹荼撫孤爲孤完娶已而子遠游無耗氏撫弱孫孀居數十年外人罕見其面賊蹂躪我里氏携媳暨孫避居深山賊蹤跡得之令供避亂諸人姓名氏不應以刃抵其頸氣不爲懾賊怒殺之

右族中男婦殉難者前後綜計五百餘人死事雖殊其趣則一　文翰見聞所及彙爲此編蓋搜輯已歷十數寒暑痛念宗人赴死之烈稽核深恐未備謹誌崖略以俟

大雅君子之垂鑒焉

光緒五年仲冬月族人文翰述

義烈附 異姓

王明墀 監生年六十七　柯士月 年四十二

王竹象 年三十八　金正妹 從九年六十二

胡老四 名兆大年五十四　王金瑞 年三十八

方來順 年三十五　王觀愛 年六十

吳閒 年四十二　王開元 年五十五

吳華 年二十八　王開富 年五十二

方庭林 年二十五　張開枉 年四十九 忠義節烈表誤作桂

右監生王明墀等十四員名彙入七十一案奏請照

新章

賜旌仍入該縣總祠總坊

烈婦附異姓並已嫁女

洪氏潘福金妻　洪氏王載揚妻

洪氏方王豐妻　江氏李順變妻

洪氏程雙妻　方氏趙同德妻

章氏章綿妻　洪氏趙同法妻

洪氏王經瀚妻　洪氏彩姑適梓里王氏

洪氏並女娥姑　監生洪伯適之女

王氏潘遵銘妻

右烈婦洪氏等十一口烈女一口彙入安徽歙縣總

旌案內奏請照新章

賜旌仍入該縣總祠總坊

義烈附男僕

程坐交年三十六

程福林年二十二

毛金良年二十三

張連慶年四十四

右程坐交等四名彙入七十一案奏請照新章

賜旌仍於該處忠義節孝祠石碑及坊上分別題名

烈婦附女僕

毛氏仲妻
馮氏汪松玉妻　節烈表誤作王
程氏吳堃倉妻
張氏徐堃繼妻

右烈婦毛氏等四口彙入安徽歙縣總旌案內奏請

照新章

賜旌仍於該處忠義節孝祠石碑及坊上分別題名

貞女附婢女

方氏秋桂○事見前

右貞女方氏一口彙入安徽歙縣總旌案內奏請照

新章

賜旌仍於該處忠義節孝祠石碑及坊上分別題名

公祭同族節烈男婦文

嗚呼腥風震谷林木爲摧横波糜沸川壑流哀妖星吆張
遘戾嬰災毒痡郡縣白骨成堆運塞東南鼓聲忽死烽火
沿江賊潰圍突驅圍頓失遂陷新安闖獄接踵肆彼凶殘
獨我梅溪地當孔道鄰壤毗連干戈潦倒奉檄辦團嶺防
六甲奮勇敵愾同心戮力大兵不繼一軍皆墨要隘不守
伊誰之責豺狼怒嘷長驅竟入有屋必焚擇人而食男則
格鬬畢命沙場女則守志投井懸梁或則罵賊順受其正
或則懼辱從容授命刀鋸斧質鼎鑊水火五毒備嘗矢霄
悔禍慘過羅刹耳不忍聞睊睊心目怖怵夢魂誰敂帝閽
沈冤澌雪無老無幼同歸一劫賊蹤四趨剽忽去來荼毒
輕重擢髮難該如梳如櫛鬼伯頻催人亡家破豈不痛哉
浮生若夢天地逆旅人誰無死死貴得所泰山鴻毛危於
累黍凡我同族曰士曰女毅魄貞魂一息千古陵谷變遷
不隨物化碧血三年青燐五夜省垣克復采訪忠貞後先
旌表光燭幽明勒碑刻銘總坊
詔建古歙祠崇靈龕永奠匾額重題輝煌家廟金石不渝
欲獻憑弔汗簡常青雙褒紀實取義成仁數逾五百由甲
訖庚捜采靡遺十七寒暑念兹在兹或有幽潛湮沒未表
昭昭靈脩心香縹緲亦有節婦茹蘗飲氷淚枯眼底孑影

青燈忍死須臾撫孤孝養勁柏貞松神欽鬼仰附祭於祀
時屆降霜節烈無忝前輝後光靈之來兮杉嶺之陽靈之
去兮梅水之旁罔恫罔怨安栖故鄉勿思曩昔摧裂肝腸
有肴盈俎有酒盈觴於萬斯年永薦馨香嗚呼尚饗

梅溪洪氏節烈雙褒錄紀略

我
朝承
列聖忠厚之遺陸讋水慄四方嚮化蓋承平已二百餘年矣縱有跳梁小醜亦如拉朽摧枯旋卽殄滅曾未有肆毒若虎狼蔓延徧郡縣烽煽城闉血膏原野如粵氛之惡者徽郡以乙卯失守旋收復庚申春冬兩淪於賊其間死忠孝死節義尸骨相枕藉比比皆是梅溪處歙之南予族世居向有萬家凡之浙之宣之豫章者罔不經此以故賊蹤絡繹不絕村墟蕩然哀哉黎

梅溪節烈雙褒錄 紀略 一

民幾鮮孑遺矣先是涇陽張文毅公駐節郡城檄團防堵賊不得逞後分兵他禦遂不可支賊始由浙宿奪隘而進我村抗敵死者百數十人精鋭殆盡而賊剽忽去來繁於擢髮士女授命者不可殫書碧血青燐煩寃鬼哭疇昔之日慘目怵心迨
穆皇御極湘鄉爵相規復省城百廢就理設兩江采訪忠義局延吾鄉汪君聘卿司其事凡男婦殉難者請於
朝均得
旌表文翰謹將族中殉難男婦後先核實請
旌嗣吾歙有總旌局之設文翰於是又將已故現存節烈婦女彙列請
旌自甲子訖庚辰綜計三百數十有奇續訪一百數十有奇大吏題奏
恩准入該縣總祠總坊歲時享祀而梅溪家廟分列三額中義烈左旌節右旌烈列名於上藉闡幽光歲月既邁寖恐湮沒雖皖省通志外另有專書此數百人者已足傳之久遠矣然卷帙浩繁編甿之家或難徧睹是編之刻將以發桑梓之幽潛存枌榆之故實且使千秋百世後知窮鄉僻壤中匹夫匹婦食菉踐土猶且奮不顧身以殉

梅溪節烈雙褒錄 紀略 二

國家之急則凡通都大邑自卿大夫以至於庶人其慷慨赴死從容就義者正不知凡幾亦足以見我
朝忠厚之遺而收忠厚之報者矣編既竟爰記其崖略如此

光緒五年歲次己卯仲冬月族人文翰謹識

洪氏節烈雙褒錄跋

雙褒錄者，歙洪氏紀庚辛死事族人作也。歙居上游，亙亂山中，其地廣，其人眾，望衡對宇，享安樂垂二百年。粵氛告警，皖省郡邑遭塗炭者十之九，而歙尤甚。歙之人率皆從容就義，抑或罵賊不屈，闔族罹鋒鏑，洪為歙邑冠。涵濡聖澤者，名士女或繫佩或捐軀，且女殞亦寖成善俗，所謂慷慨誓死以不移者，大率如斯。嗚呼！歙之難去今將一紀矣，流亡還徙，村舍邱墟頹陷，當年死事不得其詳者。洪丈筱園以聞幽舉為闔族尤篤，成節烈雙褒錄一卷，諸名公序之，復徵序於余，余不敏，謹以闕之洪丈者，綴數語於後。

光緒七年仲春泰州譚棻禮謹跋

濟世妙義

（清）宫元溱 撰

《濟世妙義》，清宫元溱撰，據泰州圖書館藏《宫氏一家稿》手鈔本影印。

宫元溱，字桂泉，號小圃。清泰州人，雯華子。郡庠生。工詩，精於岐黄。

宫元溱精於醫學，此書即搜集梳理古代醫學典籍及著名醫家之説，探討傳統醫學中各類疾病的成因及診治方法。本書各篇名爲摘要，包括傷寒、和解、表裏、利濕、理氣、理血、瀉火、除痰、消導、祛寒、清暑、潤燥、調補等。所摘典籍有《黄帝内經》《外臺秘要》《脉訣》《醫貫》等，醫家有張仲景、李東垣、朱丹溪、李時珍等。

（周　忠）

傷寒摘要

經曰善治者治皮毛其次治肌膚其次治筋脉其次治六府其次治五藏治五藏者半死半生也蓋三陽為表三陰為裏太陽為表之表陽明為表之裏少陽為半表半裏也邪之傷人先中于表以漸而入于裏始自太陽以及陽明少陽乃入陰經由太陰少陰以及厥陰六經乃盡也治病者當及其在表而汗之散之使不至于傳經入裏則病易已矣若表邪半盡而遽下之則表邪乘虛入裏或誤補之則內邪壅閉不出變成壞症多矣

傷風傷寒辨

傷寒鬱而後能發熱傷風即能發熱傷寒無汗傷風有汗傷寒無涕傷風有涕傷寒手足微厥傷風手足背皆溫傷寒脉緊傷風脉緩

陰陽表裏辨

陽症之表發熱惡寒頭痛脊強便清不渴手足溫和陰症之表無熱惡寒面慘息冷手足厥逆陽症之裏脣焦舌燥煩渴掀衣揚手擲足大便秘結小便赤澁爪甲紅活身輕易于轉側脉浮洪數陰症之裏不渴踡卧引衣自蓋脣紫舌卷大便滑泄小便清白爪甲青黑身重難于轉側脉沈細數惟腹痛與嘔陰陽裏症皆有之三陽經又有陰陽表裏之分太陽以熱在皮膚頭痛項強在經為表麻黄湯桂枝湯九味羌活湯以口渴尿赤熱在膀胱在府為裏五苓散陽明以熱在肌肉目痛不眠在經為表葛根解肌湯以口渴背寒為熱漸入裏白虎加參湯若自汗狂譫熱已入胃府為全入裏調胃承氣湯少陽以胸脇之間為半表半裏表多小柴胡湯裏多熱盛者黄芩湯以上皆發熱太陽惡寒陽明自汗少陽多嘔皆三陽症也大抵陽症多得之風寒暑濕邪生于太陽也陰症多得之飲食起居七情邪生于少陰也故曰傷寒內傷者十居八九也

外傷內傷證辨

李東垣曰人迎脉大于氣口為外傷氣口脉大于人迎為內傷外傷則寒熱齊作而無間內傷則寒熱間作而不齊外傷惡寒雖近烈火不除內傷惡寒得就溫煖則解外傷惡風乃不禁一切風內傷惡風惟惡乎些少賊風外傷症顯在鼻故鼻氣不和

而窒感有力内傷則不然内傷症顯在口故口不知味而腹中不和外傷則不然外傷則邪氣有餘故發言壯厲且先輕而後重内傷則邪氣不足出言懶怯且先重而後輕外傷手背熱手心熱内傷手心熱手背不熱内傷頭痛時作時止外傷頭痛常常有之直須傳裏方罷内傷則怠惰嗜臥四肢不收外傷則得病之日即着牀枕非扶不能筋攣骨痛外傷不能食然口則知味而不惡食内傷則惡食而口不知味外傷三日以後穀消水去邪氣傳裏必渴内傷則邪氣在血脉中有餘故不渴大概内傷不足者飲食勞倦是也温之補之調之養之外傷有餘者風寒暑濕是也瀉之吐之汗之利之

夫寒者天地殺厲之氣也秋之霧露冬之霜雪皆寒邪也是以辛苦之人起居不由乎節飲食不順乎時感其霧露之氣則其邪淺感其霜雪之氣則其邪深感而即病名曰傷寒不即病者寒邪藏於肌肉之間伏於榮衛之内至春因温煖之氣而發者名曰温病至夏因暑熱之氣而作者名曰熱病傷寒也温病也熱病也一理而已若乃疫癘之疾稍有不同　蓋因春應温而反涼夏應熱而反冷秋應涼而反熱冬應寒而反温四時不正之氣也感其春夏不正之氣則為温疫感其秋冬不正之邪則為寒疫然其經絡傳變表裏受症與傷寒同也俗云時氣病爾經總論之曰傷寒所以為人之大病者害人最速也軒岐以下得其治法之秘者惟張長沙仲景醫師一人而已厥後劉河間不蹈其麻黄桂枝發表之藥自製雙解散辛涼之劑非不同也時有異也彼一時也奈五運六氣有所更世態居民有所變天以常静人以常動動則屬陽静則屬陰太平之世乾坤清氣所鍾同水化也雖有辛熱之藥不生他症擾攘之世天地厲氣太重同火化也若用辛熱之藥則發黄生斑各種壞症傳變不已矣蓋人内火既動外火又侵所以辛熱發汗不如辛温辛温發汗不如辛涼之藥發汗一劑而立愈以辛熱之藥發汗輕者必危重者必死可不謹哉

經曰人之傷寒則為病熱寒初中人必先在表即足太陽膀胱寒水之經太陽為諸陽主氣乃一身綱維本經之脉起自背上腦下項循肩挾脊抵腰行于身後故所過之處無不痛也惡寒

者雖無風而惡寒惡風者當風而始惡之故惡寒必兼惡風惡寒有陰陽之分惡風唯屬陽經故三陰無惡風之症風為陽邪寒為陰邪也

喻嘉言曰冬傷寒春傷温夏傷暑秋傷濕此四時正病也然夏秋亦有傷寒冬春亦有傷暑傷濕乃四時之客病所謂異氣也冬春正病有汗為傷風無汗為傷寒即夏秋正病有汗為傷暑濕無汗仍為傷寒

經曰陽明病脉浮無汗而喘者發汗則愈宜麻黄湯若應汗反下之此為大逆或問太陽陽明兩經合病當用兩經之藥何以偏用麻黄湯蓋邪自太陽而來仍當提出太陽不欲其陷入陽明故不用葛根也

李時珍曰仲景治傷寒無汗用麻黄有汗用桂枝未有究其精微者津液為汗汗即血也在營則為血在衛則為汗寒傷營營血内濇不能外通于衛衛氣閉固津液不行故無汗發熱而惡寒風傷衛衛氣外泄不能内護于營營氣虚弱津液不固故有汗發熱而惡風然風寒皆由皮毛而入皮毛肺之合也証雖屬太陽然面赤怫鬱咳嗽有痰喘而胸滿非肺病乎蓋皮毛外閉則邪熱内攻故用麻黄甘草同桂枝引出營分之邪達之肌表佐以杏仁泄肺而利氣汗後無大熱而喘者當加石羔

李士材曰古云冬不用麻黄夏不用桂枝蓋以冬主閉藏不應踈泄夏令炎熱不宜辛温經所謂必先歲氣毋伐天和是也又云夏月不用麻黄兩説相反何耶或舍時從症或症從時臨時變通存乎其人耳

王履曰傷寒即病者謂之傷寒不即病者謂之温暑其原不殊故一稱為傷寒其類則殊施治不得相混仲景之書專為即病之傷寒設不兼為不即病之温暑設也今人或以傷寒法治温暑不過借用耳三陰傷寒寒症十居七八若温暑但一于熱耳後人誤為通治遂疑諸熱劑不敢用是未悟仲景立麻黄桂枝湯之有所主有其時矣苟知非治温暑之劑則羣疑氷釋矣傷寒即發于冬寒之時寒邪在表閉其腠理非辛温不能散之此麻黄桂枝等劑所以必用也温病熱病發于暄熱之時鬱熱自内達外無寒在表故非辛涼苦寒苦酸之劑不能解之此桂枝

麻黄等劑所以不可用而後人所處氷解散大黄湯千金湯防風通聖之類兼治内外者之所以可用者也夫即病之傷寒有惡風惡寒之症者風寒在表表氣受傷也後發之温熱病有惡風惡寒之症者必重感風寒而表氣亦受傷也若無新中之風寒則無惡風惡寒之症故仲景曰太陽病發熱而渴不惡寒者為温病温病如此則知熱病亦如此而不渴惡寒者非温熱病矣或有不因新中風寒亦見惡風惡寒之症者蓋因表虚熱達于表而傷表氣所謂衛虚則惡風營虚則惡寒耳非傷風惡風傷寒惡寒也温病熱病亦有先見表症而後傳裏者蓋鬱熱自内達外外不得泄還復入裏而成可攻之症非如傷寒從表而始也每見世人治温熱病誤攻其裏亦無大害誤發其表變不可言此足明其熱之自内達外矣間有誤攻致害者乃春夏暴寒所中之疫症邪純在表未入于裏不可與温病熱病同論夫秋冬傷寒真傷寒也春夏傷寒乃寒疫也與温病熱病自是兩途豈可同治況傷寒直中陰經與太陽雖傷不及鬱熱即傳陰經為寒症而當温者又與温病熱病大不同其可混治乎

張子和曰飧泄以風為病根風非汗不出有病此者腹中雷鳴水穀不分小便滯澁服濇藥温藥皆不效灸中脘臍下數十壯燥熱轉甚津液枯竭延余視之脉浮大而長身表微熱用桂枝麻黄湯加薑棗煎連進三大劑汗出終日至旦而愈次以胃風湯和其藏府食進而安正合經曰春傷于風夏必飧泄故可汗而愈按風屬木脾屬土木尅土故泄也

或問發汗後不可更行桂枝湯桂枝既不可行麻黄可行耶無大熱石羔可行耶喻嘉言曰治傷寒先分營衛桂麻二湯斷無混用之理此症太陽之邪雖從汗解然肺中熱邪未盡所以熱雖少止喘仍不已故仲景立方用麻黄發肺邪杏仁下肺氣甘草緩肺急石羔清肺熱即以治足太陽之藥通治手太陰經也倘誤行桂枝寔不壅塞肺氣而吐癰膿乎

按脉關前為陽衛亦陽陽以候衛關後為陰營亦陰陰以候營陽脉浮者衛中風也陰脉弱者營氣弱也經曰陽浮者熱自發陰弱者汗自出風併于衛營弱衛强故發熱自汗也衛虚則惡風營虚則惡寒自汗則皮腠疎故惡風復惡寒也惡寒雖屬表

亦有虛實之分無汗惡寒為表實宜發汗汗出惡寒為表虛宜解肌後人謂傷寒惡寒傷風惡風誤矣

傷寒例曰桂枝下咽陽盛則斃承氣入胃陰盛則亡周揚俊曰風既傷衛則衛氣疎不能內護于營而汗自出矣汗者血之液也苟非用血藥以桂枝和營散邪以芍藥護營固裏則不但外邪不出且入而為裏患矣然後知和營則外邪出邪出則衛自密更不必用固表之藥而汗自止矣

或問桂枝止煩出汗仲景治傷寒發汗數處皆用桂枝湯又曰無汗不得用桂枝汗多者桂枝甘草湯此又能閉汗也二義相通否乎王好古曰太陽病發熱汗出者此為營弱衛強陰虛陽必湊之故用桂枝發其汗此乃調其營氣則衛氣自和風邪無所容遂自汗而解非若麻黃能開腠理發出其汗也汗多用桂枝者以之調和營衛則邪從汗出而汗自止非桂枝之能閉汗孔也

許叔微曰仲景一百一十三方桂枝獨冠其首今人全不用何也按仲景治傷寒用麻黃桂枝而全不用羌活防風是古人亦有所未備也故潔古製羌活湯黃耆湯川芎湯海藏製神朮散白朮湯皆用羌活防風以代之

陶節庵製疏邪實表湯以白朮為君以代桂枝湯亦做潔古之黃耆湯海藏之白朮湯而來按節庵所著傷寒六書盡易仲景原方參合後賢治法以代桂枝麻黃葛根青龍等劑在後人誠為便用故世之嗜節菴者勝于仲景以節菴為捷徑以仲景為畏途節菴之書行而仲景之書晦如節菴者可謂潔古海藏輩之功臣而在長沙實為操莽也

夫風寒外感人身之陽必鬱而為熱石羔體重瀉熱氣輕解肌故云重輕之劑足太陽膀胱經表病也而表有營衛之不同病有風寒之各異仲景治分三症桂枝解肌驅風麻黃發汗散寒青龍風寒兩解各分疆界鼎足三大綱也大青龍湯為發汗之重劑

喻嘉言曰解肌兼發汗義取青龍者龍興而雲升雨降鬱熱頓除煩躁乃解龍之為靈何以得此乎青龍湯為太陽無汗而設與麻黃證何異因兼煩躁一證煩為風躁為寒非此法不解也

然不汗出之煩躁與發汗後之煩躁逈别下後之煩躁與未下之煩躁亦殊若少陰煩躁而誤服大青龍則有汗多亡陽之變症矣

金匱云膈上有留飲其人短氣而渴按内有水飲則水寒相搏水留胃中故乾嘔而噎水寒射肺故咳而喘水停則氣不化津不生故渴水漬腸間故下利水蓄下焦故小便不利而少腹滿短氣者氣促不能相續與喘不同有實有虚有表有裏此為水停心下亦令短氣水氣内漬所傳不一故也

程郊倩曰水氣之渴與白虎湯中之渴不特寒熱有殊亦且燥濕各異金匱云先渴後嘔者水停心下小青龍湯主之不治渴而耑治水水去而渴自止矣仲景治傷太陽症表未解心下有水而咳乾嘔發熱或喘或利主以小青龍湯表已解有時頭痛惡寒心下有水乾嘔痛引兩脇或喘或咳主以十棗湯蓋青龍散表邪使水從汗出内經所謂開鬼門也十棗逐裏邪使水從二便出内經所謂潔淨府去陳莝法也

傷寒有併病有合病本經未解傳入他經有催併之義為併病二經同受邪者為合病合病者邪氣甚也太陽陽明合病其症頭痛腰痛肌熱鼻乾目痛脉浮大而長頭腰太陽也肌目鼻陽明也浮大太陽也脉長陽明也陽經合病必自下利邪併于陽則陽實而陰虚陽外實而不主裏則裏虚故下利庸醫便謂漏底傷寒不治與葛根湯以散經中表邪則陽不實而陰氣平利不治而自止矣蓋葛根能引胃中清陽上行故凡下利多用之

趙嗣真曰合病者二陽經或三陽經同病不傳者也併病者一經先受病又過一經病之傳者也如太陽陽明若併而未盡是傳未過仲景所謂太陽症不罷面赤陽氣怫鬱在表不得越煩躁短氣是也猶當汗之以各半湯若併之已盡是謂傳過仲景所謂太陽症罷潮熱手足汗出大便鞕而譫語是也法當下之以承氣湯是知傳則入府不傳則不入府併病傳變有如此仲景治太陽陽明合病主葛根湯太陽少陽合病主黄芩湯少陽陽明合病主承氣湯三陰有兩感而無合病

仲景于太陽帶陽明症其風傷衛則桂枝湯中加葛根寒傷營則麻黄湯中加葛根太陽帶少陽症其風傷衛則桂枝湯中加

柴胡寒傷營則麻黃湯中加柴胡合併之病亦然則陽明以葛根為主藥少陽以柴胡為主藥矣乃少陽經專用小柴胡湯而陽明經全不用葛根湯何耶此有二義太陽而畧兼陽明則以方來之陽明為重故加葛根陽明而尚兼太陽則以未罷之太陽為重故不加葛根恐葛根大開肌肉則津液盡從外泄耳

仲景太陽篇云病發熱頭痛脉反沈身體疼痛當救其裏宜以四逆湯少陰篇云少陰病始得之反發熱脉沈者麻黃附子北細辛湯均是發熱脉沈以其頭痛故屬太陽盖陽症脉當浮而反不能浮者以裏久虛寒正氣衰微又身體疼痛故宜救裏使正氣內强逼邪外出而乾薑附子亦能出汗而散假令裏不虛寒而脉浮則正屬太陽麻黃症矣均是脉沈發熱以無頭痛故名少陰症陰病當無熱今反熱寒邪在表未全傳裏但皮膚鬱閉為熱故用麻黃細辛以發表熱附子以温少陰之經假使寒邪入裏外必無熱當見吐利厥逆等症而正屬少陰四逆湯症矣由此觀之表邪浮淺發熱之反猶輕正氣衰微脉沈之反為重此四逆湯不為不重于麻黃附子細辛湯矣又可見熟附配麻黃發中有備生附配乾薑補中有發仲景之旨微矣

經曰少陰病吐利手足不逆冷反發熱者不死脉不至者灸少陰七壯此又以陽氣為主少陰吐利法當厥逆以無陽也發熱為陽氣猶存故不死

劉宗厚曰傷風一症仲景與傷寒同論雖有麻黃桂枝之分至于傳變之後亦未嘗悉分之也諸家皆與感冒四時併中風條混治惟陳無擇別立傷風一方在四淫之首且依傷寒以太陽為始分註六經可謂詳密但風本外邪諸方例用解表發表然受病之源亦有不同若表虛受風專用發表之藥必致汗多亡陽之症若內挾痰熱而受風亦宜內外交治不可專于解表也或曰此云表虛與傷寒中風表虛同歟予曰不同也彼以太陽中風而于有汗無汗分虛實實者加麻黃虛者加葛根俱解表也此云表虛者當固守衛氣而散風者也

張元素曰有汗不得用麻黃無汗不得用桂枝若有不當則其變不可言故立九味羌活湯使不犯三陽禁忌為解表神方冬可治寒夏可治熱春可治温秋可治濕是諸路之應兵代麻黃

等湯較為穩當但陰虛氣弱之人在所禁耳

經云感冒四時不正之氣謂之時氣天災流行沿門闔境傳染相似謂之瘟疫頭痛發熱惡寒無汗邪在表也咳嗽鼻塞聲重風寒兩感故表實而氣為之不利也此局方十神湯能解利陽明瘟疫時氣非正傷寒之藥若太陽傷寒發熱用之則引邪入陽明傳變發斑矣慎之

經曰太陽純傷風傷寒則不發痙惟先傷風後傷寒先傷風後傷濕及太陽過汗濕家過汗產後血虛破傷風皆發痙其症頭搖目噤手足搐搦項背反張無汗為剛痙有汗為柔痙亦有剛柔不分者不可純作風治宜清熱化痰疎風養血亦有用大承氣者凡陽痙不厥逆其厥逆者皆陰痙也宜附子防風湯

或有濕熱時毒感于口鼻傳入陽明邪正交爭陰勝則憎寒陽勝則壯熱流于百節則一身盡痛上行頭面則為腫火名大頭瘟大無主以平胃散而重用陳皮為君也蓋人之一身以胃氣為主胃氣強盛則客邪不能入故治外邪必以強胃為先也加入藿香菖蒲取其辛香通竅亦能辟邪而益胃也

水飲結成窠囊非蒼术辛烈雄壯不能破之許學士神术散用蒼术脂麻大棗取肉搗丸加脂麻者潤其燥也用棗肉者補土以制水也

按風寒在表則惡寒發熱頭痛項強風寒在肺則鼻塞聲重痰多咳嗽聲如蛙鳴俗名蝦蟆瘟邪氣實也風寒濕熱之氣上干則目赤口瘡下流則脚氣足腫傷于陽明則腮腫結于少陰則喉痺蘊于腸胃則毒痢注于皮膚則瘡疹

喻嘉言曰暑濕熱三氣門中有人參敗毒散一方當推第一蓋三氣合邪豈易當哉其氣互傳則為疫矣方中所用皆辛平更有人參大力者荷正以祛邪病者日服二三劑使疫邪不復留詎不快哉奈何俗醫減去人參曾與他方有別耶夫傷寒方用人參其辨不可不明蓋人受外感之邪必先汗以解之惟元氣旺者外邪始乘藥力以出若素弱之人藥雖外行氣從中餒輕者半出不出重者反隨元氣縮入發熱無休矣所以虛弱之體必用人參三五七分入表藥中少助元氣以為驅邪之主使邪氣得藥一涌而出全非補養衰弱之意也即和解藥中有人參

之大力者外邪遇正自不爭而退舍否則邪氣之縱悍安肯聽命和解耶不知者謂傷寒無補法邪得補而彌熾即痘疹瘧痢以及中風中痰中寒中暑癱疽產後初時槩不敢用而虛人之遇重症可生之機悉置不理矣古來表汗用五積散參蘇飲敗毒散和解用小柴胡白虎湯竹葉石羔湯等方皆用人參領內邪外出乃得速愈奈何不察耶外感體虛之人汗之熱不退下之和之熱亦不退大熱呻吟津液灼盡身如枯柴醫者技窮正為元氣已漓故藥不應手耳倘元氣未漓先用人參三五七分領藥深入驅邪何至汗和不應耶東垣治內傷外感用補中益氣加表藥一二味熱服而散外邪有功千古傷寒耑科從仲景至今明賢方書無不用參何為今日醫家單除不用全失相傳宗旨使體虛之人百無一活曾不悟其害之也蓋不當用參而殺人者是與耆朮歸桂薑附等藥同行溫補之誤不謂與羌獨柴前芎半枳桔芩膏等藥同行汗和之法所致也安得視等砒鴆耶如嘉靖己未江淮大疫用敗毒散倍人參去前胡獨活服者盡效萬曆己卯大疫用本方復效崇禎辛巳壬午大飢大疫道饉相望汗和藥中惟加人參者多活更有發斑一症最毒惟加參于消斑藥中全活甚眾凡飢饉兵荒之餘飲食起居不節致患時氣者宜用此法

陶節菴曰治頭痛項強發熱惡寒無汗服發汗藥一二劑汗不出者為陽虛不能作汗名曰無陽症庸醫不識不論時令遂以麻黃重藥劫取其汗誤人死者多矣夫人第知參者能止汗而不知其能發汗以在表藥隊中則助表藥而解散也東垣丹溪治虛人感冒多用補中益氣加表藥即同此意

內經曰傷寒一日巨陽受之太陽經脉循腰脊經頭項故頭項痛腰脊強二日陽明受之陽明主肉其脉俠鼻絡于目故身熱目疼而鼻乾不得臥三日少陽受之少陽主胆其脉循脇絡于耳故胸脇痛而耳聾四日太陰受之太陰脉布胃中絡于嗌故腹滿而嗌乾五日少陰受之少陰脉貫腎絡于肺繫舌本故口燥舌乾而渴六日厥陰受之厥陰脉循陰器絡于肝故煩滿而囊縮兩感者謂一日則太陽與少陰俱病有頭痛項強而又口乾煩渴也二日則陽明與太陰俱病有身熱譫語而又腹滿不

欲食也三日則少陽與厥陰俱病有脇痛耳聾而又囊縮厥逆也此陰陽表裏俱病欲汗之則有裏症欲下之則有表症故内經仲景皆云必死潔古製大羌活湯意謂傳經者皆為陽邪一于升陽散熱滋養陰藏則感之淺者尚或可平也

仲景書兩感無治法按兩感病俱作治有先後如表症急當先救表裏症急者當先救裏表裏俱急者宜用大羌活湯陽症體痛而不下利者為表急先以葛根麻黄解表後以調胃承氣攻裏陰症體痛而下利不止者為裏急先用四逆救裏後以桂枝救表陰陽未分者陶氏冲和湯探之古法一日太陽少陰五苓散主之頭痛加羌活防風口渴加黄柏知母二日陽明太陰大柴胡湯三日少陽厥陰危甚大承氣加川芎柴胡救之

凡治瘧法無汗要有汗散邪為主帶補有汗要無汗扶正為主帶散河間曰瘧發寒熱大作此太陽陽明合病汗出不止知為熱也陽盛陰虚之症不治必傳入陰經桂枝芍藥湯主之桂枝三錢芍藥黄耆知母石膏各一兩如寒熱轉大者桂枝黄芩湯和之小柴胡加桂枝知母石膏外邪已罷内邪未已大柴胡大承氣等下之

忌汗諸症　仲景曰陽盛陰虚下之則愈汗之則死陰盛陽虚汗之則愈下之則死　脉浮緊者當身痛宜汗之假令尺脉遲者不可發汗以營弱血少故也　咽燥喉乾者不可發汗津液不足也　咳而小便利若失小便者不可發汗發汗則四肢厥冷肺腎虚冷也　下利雖有表症不可發汗汗出必脹滿走津液而胃虚也　淋家不可發汗發汗必便血亡耗津液反增客熱也　衄家亡血家不可發汗發汗則陰陽俱虚針經曰奪血者無汗奪汗者無血王海藏曰仲景言衄家不可發汗蓋為脉微也若浮緊者麻黄湯浮緩者桂枝湯活人云脉微者黄芩芍藥湯犀角地黄湯　瘡家雖傷寒身痛不可發汗發汗則痓表虚熱聚故生瘡汗之則表益虚熱益聚而生風故變痓　少陰病脉沈細數病為在裏不可發汗　少陰病但厥無汗而强癈發之必動其血或從口鼻或從目出是名下厥上渴難治　脉動數微弱者不可發汗　脉沈遲為在裏反發其汗則津液越出大便難表虚裏實必譫語　汗家重發汗必恍惚心亂汗者

心之液心亡血液故亂　腹中上下左右有動氣者不可發汗忌下諸症　太陽病外症未解不可下　脉浮大不可下浮大為在表　惡寒不可下惡寒為邪在表　嘔多雖有陽明症不可下嘔為邪在上焦　陽明病不能食攻其熱必噦胃中虛冷故也　陽明病應發汗反下之此為大逆　太陽陽明合病喘而胸滿不可下宜麻黄湯肺氣清則胃邪自散　少陰病陽虛尺脉弱澁者不可下　脉數不可下數為血虛為熱下之則熱邪入裏血虛為亡陰　惡水者不可下下之則裏冷不嗜食完穀出　頭痛目黄者不可下　虛家不可下　陽微不可下下之痞鞕　諸四逆厥者不可下

和解摘要

經曰邪在表宜汗在上宜吐在裏宜下若在半表半裏則從中治宜和解故仲景于少陽症而以汗吐下三者為戒也昔賢云或熱病脉燥盛而不得汗者陽脉之極也然有當和解之症汗之不得汗和解之力到汗自出而解慎勿錯認作死症也和解之劑用以分理陰陽調和營衞顧不重歟

經曰太陽行身之後屬膀胱寒水為表陽明行身之前屬胃燥金為表之裏邪在于中近後膀胱水則寒近前陽明燥則熱也寒熱有定時者為瘧無定時者為往來寒熱以熱在表而淺邪惡正故畏寒寒已復熱此邪未併于表裏故寒熱微而無定時也半表半裏屬足少陽胆脉行于兩脇手少陽三焦之脉絡心包風邪干之心氣不得宣暢故煩滿或攻胸脇故又胸脇痛也邪在表則呻吟不安在裏則煩而悶亂邪自表而方傳裏故默默靜也

經曰陽入之陰則靜邪在表則能食入裏則不能食今在表裏之間故但欲不食未至于不能食也邪在表則不煩不嘔在裏

則煩嘔表方傳裏故心煩喜嘔也裏虛腸熱或渴或利或腹中痛裏有停飲心悸而小便不利少陽胆脉絡于耳故耳聾胆氣上溢故口苦胆與肝皆屬木故脉弦春月時嗽少陽當令之時也血室衝脉也男女皆有之婦女傷寒七八日邪當傳裏値經水適來則邪不入府乘虛而入血室或經水適斷表邪乘虛亦入血室熱與血搏結而不行致有寒熱如瘧暮則譫語如見鬼狀在男子則下血譫語皆為熱入血室婦人傷寒與男子無異惟熱入血室姙娠傷寒為不同也小柴胡在經主氣在臟主血故更能入血室

仲景曰汗出為陽微假令純陰結不得復有外症脉雖沈緊不得為少陰病所以然者陰不得有汗今頭有汗故知非少陰也

按三陰脉皆至頸胸中而還不上循頭

仲景曰少陽中風耳聾目赤胸滿而煩不可吐下吐下則悸而驚蓋邪在半表半裏以吐除煩吐則傷氣虛者必悸以下除滿下則亡血血虛必驚

李時珍曰少陽症雖在半表半裏而胸膈痞滿實兼心肺上焦之邪心煩喜嘔默默不欲食又兼脾胃中焦之症故用小柴胡湯之黄芩以治手足少陽相火黄芩亦少陽藥也半夏止嘔和胃健脾亦通治煩嘔不欲食寒熱閒作脾亦有之不獨少陽也小柴胡之用半夏以邪在半表半裏則陰陽爭用半夏和胃而通陰陽也靈樞經用治不眠亦同此意而仲景治喉痺咽痛及大小便秘皆用半夏取其辛能潤燥又能散也丹溪謂半夏能使大便潤而小便長今人專以半夏為除痰之藥稍涉燥症輒不敢用而半夏之功用不復見知于世矣

喻嘉言曰傷寒分表裏中三治表裏之邪俱盛則從中而和之故有小柴胡之和法于人參甘草半夏生薑大棗助脾之中但帶柴胡一味透表黄芩一味透裏飲入胃中聽胃氣之升者帶柴胡出表胃氣之降者帶黄芩入裏一和而表裏之邪盡服未盡者加工治之不相扞格矣若虛勞發寒熱者乃衛虛則惡寒營虛則發熱耳緩調營衛俾不亢戰寒熱自止若誤用小柴胡汗多而衛傷于外便溏而營傷于内虛熱轉加病益甚矣

吳綬曰小柴胡為半表半裏之劑太陽經之表熱陽明經之標

熱皆不能解也其有陽氣虛寒面赤發熱脉沈足冷者服之立見危殆及内有虛寒大便不實婦人新産發熱皆不可用也今人治傷寒不問陰陽表裏槩用此方去参投之以為平穩殺人多矣不獨峻劑也

傷寒六七日邪將傳裏嘔而支結支結者胸中支撑而結謂結于心之邊旁也加以發熱惡寒骨節煩痛為外症未除此兼太陽宜和解仲景治以小柴胡加桂枝湯和其營衛以通津液

傷寒八九日過經然後下之可謂慎矣孰知外邪未盡乘虛而入裏胸滿煩驚陽熱入胸心惡熱而神不守也煩驚雖係乎心亦因胆虛胆為將軍之官失榮而多畏也小便不利裏虛而津液不行也譫語胃熱也身重不可轉側陽氣不營于表也與柴胡湯以除煩滿加茯苓龍骨牡蠣鉛丹收歛神氣而鎮驚而茯苓牡蠣又能行津液利小便加大黄以逐胃熱止譫語加桂枝以行陽氣合柴胡以散表邪而解身重因滿故去甘草接傷寒傳足不傳手其實原無界限此症邪熱干心神明内亂故致煩驚譫語仲景加入心藥數種不專以足經之治治之也

李梴曰傷寒餘熱未盡重感六淫之氣變而為瘧治法與雜病不同寒多熱少或單寒者太陽邪變也柴胡桂枝湯熱多寒少或單熱骨節煩痛者陽明邪變也白虎湯加桂寒熱相等或先熱者少陽邪變也小柴胡湯渴者去半夏加花粉知母寒熱大作戰慄汗出不散者太陽陽明合病也桂枝石膏湯服此後瘧愈甚者三陽合病也恐傳入陰經急用桂枝黄芩湯如傳入陰經從卯至午發而嘔吐大便閉者大柴胡湯下之從午至酉發而腹滿便閉者大承氣湯下之從酉至寅發而欲狂善忘便黑者桃仁承氣湯微利之不敢下者卮子升麻湯若挾痰食瘴氣治法與雜病略同附桂枝石膏湯桂枝一錢黄芩二錢石膏知母各三錢又桂枝黄芩湯即小柴胡加石膏二錢知母二錢桂枝五分二方以桂枝治太陽白虎治陽明柴胡治少陽意甚明顯挾痰合二陳食積合平胃溺澁合五苓便閉合大柴胡無汗加葛根蒼术有汗加黄耆白术夜發加白芍桃仁日發加常山梹榔吐之治瘧之法盡矣

喻嘉言曰濕家下之舌上有胎者丹田有熱胸中有寒也仲景

亦用黃連湯何耶蓋傷寒分表裏中三治表裏之邪俱盛則從中而和之故有小柴胡之和法至于丹田胸中之邪在上下而不在表裏卽變柴胡爲黃連湯以桂枝代柴胡以黃連代黃芩以乾姜代生姜飲入胃中聽胃氣之上下敷布故不問下寒上熱上寒下熱皆可治之也夫表裏之邪則用柴芩用生姜之辛以散之上下之邪則用桂連用乾姜之辣以開之仲景聖法灼然矣

機要曰瘧有中三陽者有中三陰者其症各殊同傷寒也在太陽謂之寒瘧治多汗之在陽明謂之熱瘧治多下之在少陽謂之風瘧宜和之此三陽受病謂之暴瘧發在夏至後處暑前此傷之淺者也在三陰經總謂之濕瘧當從太陰經論之發在處暑後冬至前此傷之重者遠而爲痎痎者老也居西方宜用毒藥療之

李梴曰凡瘧須分陰陽氣虛屬陽血虛屬陰發于春夏屬陽發于秋冬屬陰自子至巳屬陽自午至亥屬陰橫連膜原不能與衛氣並行故間日發或三四日一發衛虛則先寒營虛則先熱

喻嘉言曰瘧發必有寒有熱蓋外邪伏于半表半裏適在少陽所主之界出與陽爭陰勝則寒入與陰爭陽勝則熱卽純熱無寒爲癉瘧温瘧純寒無熱爲牝瘧要皆自少陽而造其極偏補偏救弊亦必還返少陽之界使陰陽協和而後愈也謂少陽而兼他經則有之謂他經而不涉少陽則不成其爲瘧矣脉縱屢遷而弦之一字實貫徹之也

劉宗厚曰暑盛陽極伏陰在內人或納涼澡浴寒客肌肉之間或飢飽勞役內傷而病作肌肉屬脾發則惡寒戰慄乃謂之脾寒耳實由風寒濕暍邪鬱腠理夏時毛竅疎通而不爲病至秋氣收斂之際表邪不能發越故進退不已往來寒熱勢如凌虐人之狀所以名瘧卽四時之傷寒也十二經皆能爲病古方多兼理內傷取効由脾胃和精氣通陰陽和解諸症悉散實非脾病也世用發表解肌温經散寒等法亦未嘗執于燥脾劫劑也蓋脾虛惡寒胃虛惡熱寒熱間作脾亦有之不獨少陽也雖十二經藏皆能爲瘧而脾胃受傷者實多故仲景小柴胡湯人參甘草半夏姜棗皆脾胃藥其治少陽獨柴胡一味而已嚴氏宗

之故以小柴胡加減而立清脾飲清脾者非清涼之謂乃攻去其邪而脾部為之一清也是明從脾胃論治矣劉氏之論亦主脾胃內傷乃不敢翻子和之案以為非脾病恐不然也古方有用辟邪丹雄珠丸治鬼瘧蓋雜病多有挾鬼症者何獨于瘧必云無此也

按太陽少陽合病何以不用二經之藥蓋合病而兼下利是陽邪入裏則所重者在裏故用黄芩以徹其熱而以甘芍大棗和其太陰使裏氣和則外症自解和解之法非一端也故仲景之書一字不苟此症單言下利故用黄芩湯單治下利機要亦用之治熱痢腹痛更名黄芩芍藥湯潔古因之加木香檳榔黄連大黄歸尾官桂更名芍藥湯治下利仲景此方遂為萬世治痢之祖矣

保命集曰瀉痢不止或暴下者皆太陰受病故不可離芍藥人不受濕則不痢故須白术四時下痢于白芍白术內春加防風夏加黄芩秋加厚朴冬加桂附更詳外症治之如身困倦加白术自汗逆冷氣息微加桂附以溫之如裏急後重膿血稠粘雖在盛冬于溫藥內亦加大黄

經曰膻中者臣使之官喜樂出焉膻中在兩乳中間心肺之分諸陽受氣于胸中轉行于背胸中陽氣如離照當空曠然無外設地氣一上則窒塞有加故知胸痺一症陰氣上逆之候也仲景微則用薤白白酒以益其陽甚則用附子乾姜以消其陰世醫不知胸痺為何病習用荳蔻木香訶子三稜神麴麥芽等藥坐耗其胸中之陽亦相懸矣

醫貫曰南方逍遥散柴胡薄荷當歸芍藥陳皮甘草白术茯神其加味者則丹皮巵子然巵子屈曲下行泄水故用吳萸炒連其論五鬱曰東方先生木木者生生之氣即火氣也火附木中木鬱則火亦鬱矣火鬱則土自鬱土鬱則金鬱金鬱則水鬱五行相因自然之理也今以一方治木鬱而諸鬱皆愈逍遥是也散中柴胡薄荷二味最妙蓋胆乃甲木少陽之氣其氣柔嫩象草穿地而未伸此時若被寒風一鬱即軟萎遏抑不能上伸不上伸則下尅脾土而金水併病矣惟得溫風一吹鬱氣始得暢達也蓋木喜風搖寒即摧萎溫則發生柴胡薄荷辛能發散溫

能入少陽古人立方之妙如此其甚者方中加吳萸炒連即左金丸黄連清心火吳萸氣臊肝氣亦臊同氣相求以平肝木木平則不生心火火不刑金而金能制木不直伐木而佐金以制木此左金所以得名也此法之巧者然猶未也繼用六味地黄加柴胡芍藥以滋腎水俾能生木逍遥散風以散之也地黄飲雨以潤之也木有不得其天者乎此法一立木火之鬱既舒木不下尅土土亦得滋潤無燥熇之患金水自能相生一法可通五法者如此推而廣之凡寒熱往來惡寒惡熱嘔吐呑酸嘈雜胸痛脇痛小腹膨脹頭暈盜汗黄疸温疫疝氣飧泄等症皆對症之方推而傷寒傷風傷濕除直中外凡外感者皆作鬱看以逍遥散加減出入無不獲效如小柴胡湯四逆散羌活湯大同小異然不若逍遥散之響應也倘一服即愈少頃復發或頻發而愈甚此必下寒上熱之假症此湯不可復投當改用温補之劑如陽虛以四君子湯加温熱藥陰虛以六味湯加温熱藥元機之士不須贅叙矣又于冬月正傷寒麻黄桂枝症作寒鬱治不惡寒者作火鬱治此亦創論也既曰寒邪何故入内而反為熱不知即是本身之火為寒所鬱一步返歸一步久則純熱矣三黄解毒解其火也葛根升麻火鬱發之也三承氣土鬱奪之也小柴胡木鬱達之也此理甚簡易劉守真謂用麻黄桂枝必加涼藥子和六神通解加石膏于麻黄蒼朮中陶氏謂九味羌活可代三方皆非也不若逍遥散真可一方代三方也火為寒鬱熱煎腎水至木旺時無生發滋潤之本故發熱而渴非外感也余以六味湯滋其水以柴胡舒其木活人多矣

戴元禮曰肥人多中以氣盛于外而歉于内也肺為氣出入之道人肥者必氣急氣急必肺邪盛肺金尅肝木胆為肝之府故痰涎壅盛治之必先理氣中後氣未盡順痰未盡降調理之劑當以藿香正氣散和星香散服非特治中風之症中氣中惡霍亂尤宜

按藥中治霍亂者最多然有寒熱二症而本草主治未嘗分别言之萬一誤用立死不救倉卒患此脉候未審切勿輕投偏熱偏寒之劑惟飲陰陽水為最穩此中焦分理陰陽之劑也

附方　沸湯　井水　各半鍾和服

表裏摘要

夫病在表者宜汗宜散病在裏者宜攻宜清至于表症未除裏症又急者仲景復立大柴胡葛根黄芩等法合表裏而兼治之後人師其意則有防風通聖散參蘇飲五積散諸劑善用者審症而消息之可也

周揚俊曰仲景于太陽入膀胱府症則有五苓散少陽兼陽明府症則有大柴胡湯皆表裏兩解之法也少陽固不可下然兼陽明府症則當下宜小承氣湯輕則大柴胡湯

陶節菴曰傷寒邪熱傳裏須看熱氣淺深用藥三焦俱傷則痞滿燥實堅全見宜大承氣湯邪在中焦則有燥實堅三症宜調胃承氣湯加甘草和中去枳實厚朴者恐傷上焦氤氲之氣也邪在上焦則痞而實宜小承氣湯去芒硝者恐傷下焦真陰也若表症未除裏症又急不得不下者則用大柴胡湯通表裏而緩治之大承氣最緊小承氣次之調胃又次之大柴胡又次之蓋恐硝性燥急故不輕用

趙嗣真曰太陰腹痛有三有次第傳經之邪有直入本經之邪有下後内陷之邪此腹滿時痛為下後内陷之邪以桂枝加太芍藥湯大實痛者桂枝加大黄湯設遇本經直入陰邪腹滿實痛脉沈細者用桂枝大黄湯下之豈不貽結胸之悔耶

陶節菴曰夫病不身熱頭痛初起怕寒腹痛嘔吐泄瀉踡卧沉默不渴脉沉遲無力人皆知為陰症矣至于發熱面赤煩燥揭去衣被脉大人皆不識認作陽症誤投寒藥死者多矣不知陰症不分熱與不熱不論脉之浮沉大小但指下無力重按無根便是浮陰急與五積散一服通解表裏之寒若内有沉寒必須薑附温之若作熱治而用凉藥則渴愈甚而燥愈急豈得生乎此取脉不取症也

内經曰卑下之地春氣常在故東南卑濕之區風氣柔弱易傷風寒俗稱感冒受邪膚淺之名也由鼻而入在于上部客于皮膚故無六經形症惟發熱頭痛而已至胸滿噯氣惡食别兼内傷也

元戎謂參蘇飲治一切發熱皆效謂有風藥解表有氣藥和中則外感風寒内積痰飲並可用也

利濕摘要

經曰地之濕氣為陰邪感則害皮肉筋脉諸濕腫滿皆屬于脾濕者土之氣土者火之子故濕每能生熱熱亦能生濕如夏熱則萬物潤溽也濕有自外感得者坐卧卑濕身受水雨也有自內傷得者生冷酒麪縱恣無度脾虛腎虛不能防制也有傷風濕者有傷熱濕者有傷寒濕者有傷暑濕者有中濕而喎邪不遂舌强語澁昏不知人狀類中風者濕在表在上宜發汗在裏在下宜滲泄裏虛者宜實脾挾風而外感者宜解肌挾寒而在半表半裏者宜温散凡中濕者不可作中風治

程郊倩曰傷寒邪在上焦而以五苓散治其下焦者使濁陰出下竅而清陽之在上焦者自能宣化矣心邪不從心瀉而從小腸瀉此臟實而瀉其府又一法也

夫濕勝則脾不運土不能制水溢于皮膚則腫脹併于大腸則泄瀉水停心下則嘔逆水寒射肺則喘咳暑先入心則煩渴五苓散利小水降心火故兼治中暑煩渴肺病則金不能生水膀胱熱則陽不能化陰故便秘而渴陰陽不利則霍亂吐瀉濕勝則身痛身重大抵下不通利則陰陽不能升降而變多矣

陳來章曰治秘之道有三一曰肺燥不能化氣故用二苓澤瀉之甘淡以泄肺而降氣一曰脾濕不能升精故用白术之苦温以燥脾而升精一曰膀胱無陽不能化氣故用肉桂之辛熱以温膀胱而化陰使水道通利則上可以止渴中可以去濕下可以泄邪熱也

或問五苓利水何以能止渴生津蓋濕熱壅于中焦則氣不得施化故津竭而小便不通也用五苓利其小水則濕熱下消津回而渴自止矣亦內經通因通用之意

太陽症飲水過多水停心下必悸火畏水故心惕惕然動不自安也按悸症有過汗而悸者有吐下而悸者有氣虛而悸者惟飲之為悸甚于他邪以水停心下無所不入侵于肺則咳傳于胃為嘔溢于皮膚為腫漬于腸間為利故經曰先治其水後治其厥厥為邪之深者猶先治水况病之淺者乎

經曰腎者胃之關也關門不利故聚水而從其類也上下溢于皮膚故為胕腫腎消者腎水衰竭龍雷之火不安其位上炎于

肺消渴引飲飲入于胃下無火化直入膀胱飲一溲一治用金匱腎氣丸引真火歸元壯真水滋腎爲治下消之劑

何柏齋曰造化之機水火而已宜平不宜偏宜交不宜分火宜在下水宜在上則易交也交則爲既濟不交則爲未濟分而離則死矣消渴症不交而火偏盛也水氣症不交而水偏盛也乾始坤成至其交合變化之用則水火一氣也大旱物不生火偏盛也大澇物亦不生水偏盛也人之藏府以脾胃爲主然脾胃能化物與否實由于水火二氣非脾胃之能也火盛則脾胃燥水盛則脾胃濕皆不能化物乃生諸病水腫之病蓋水盛而火不能化也導水補火使二氣和平則病去矣

醫貫曰火爲陽之根水爲陰之根而水與火之總根兩腎之間動氣是也余于五行之中獨重水火而其生尅之妙用又與世論不同世人皆曰水尅火而余獨曰水養火世人皆曰金生水而余獨曰水生金世人皆曰土尅水而余獨于水中補土世人皆曰木尅土而余獨升木以培土若此之論誰則信之詎知君相二火以腎爲宮水尅火者後天有形之水火水養火者先天無形之水火也今之言補肺者人參黄耆清肺者黄芩麥冬斂肺者五味訶子瀉肺者葶藶枳殻病之輕者豈無一效若本原虧損者毫不相干蓋肺金之氣夜卧則歸藏于腎水之中肺名嬌藏畏寒畏熱腎中有火則金畏火刑而不收歸腎中無火則水冷金寒而不收歸或爲喘脹爲嗽咳爲不寐爲不食纍纍若喪家之狗惟收斂之僅似有理然不得其門從何而入故仁齋云肺出氣腎納氣肺爲氣之主腎爲氣之本腎虛不能納氣歸元必壯水之主或益火之原水向火中生矣混沌之初何嘗有土自天一生水而水之凝結處始爲土此後天卦位艮土居坎水之次也堅者爲石最堅者爲金可見水生金先天一原也肺爲土之子先補其子使不食母之氣則母不衰亦見金生土之義也至于木能尅土舉世欲伐之余謂木藉土以生豈有反尅之理木乃生生之氣始于東方春升之氣也陽氣也元氣也胃氣也同出而異名也譬之種樹雨以潤之風以散之日以暄之使得遂其生發長養之天而已矣及其生意將竭則又當斂其生生之氣于水土之中以爲來春生發之本焉有伐之之理乎

此東垣脾胃論用升柴以疏木氣譆譆言之也但未及雨調風散及歸根復命之理耳余特申五行妙用耑以水火為重也蓋人身水火本自均平偏則病矣火偏多者補水配火不必去水火水偏多者補火配水不必去水譬之天平此重則彼輕一邊重者只補足輕者之一邊決不鑿去法馬令之欲瀉水降火者硬鑿法馬者也

難經曰陽氣不足陰氣有餘當先補其陽而後瀉其陰陰氣不足陽氣有餘當先補其陰而後瀉其陽營衛通行此其要也

按五水脉浮惡風骨節疼痛惡寒不渴名風水脉浮胕腫按之沒指其腹如鼓不惡寒而渴名皮水當發其汗假令皮水不渴亦當發汗脉沈遲自喘名正水脉沈腹滿不喘水積胞中堅滿如石名石水脉沈遲發熱胸滿身腫汗如柏汁名黄汗

按陽水先腫上體肩背手膊手三陽經陰水先腫下體腰腹脛胕足三陰經腫屬脾脹屬肝腫則陽氣猶行如單脹而不腫者名蠱脹為木横尅土難治腫脹朝寬暮急為血虚暮寬朝急為氣虚朝暮俱急為氣血兩虚腫脹由心腹而散四肢者吉由四肢而入心腹者危男自下而上女自上而下者皆難治腫脹唇黑則傷肝缺盆平則傷心臍出則傷脾足心平則傷腎背平則傷肺皆不可治腹脹身熱脉大者是逆也多死

經曰腎何以主水腎者至陰也至陰者盛水也肺者太陰也少陰者冬脉也故其本在腎其末在肺皆積水也腎何以聚水而生病腎者胃之關也關門不利故水聚而從其類也故水病下為胕腫腹脹上為喘呼不得卧者標本俱病故肺為喘呼腎為水腫肺為逆不得卧

喻嘉言曰胃為水穀之海五藏六腑之原若脾不能散胃之水精于肺而病于中肺不能通胃之水道于膀胱而病于上腎不能司胃之關時其輸泄而病于下以致積水浸淫無所底止

王好古曰水者脾肺腎三經所主有五藏六府十二經之部分上頭面中四肢下腰脚外皮膚中肌肉内筋骨脉有尺寸之殊浮沈之别不可輕瀉當知病在何經何藏方可用之按水腫有痰阻食積血瘀致清不升濁不降而成者有濕熱相生隧道阻塞而成者有燥熱衝激秘結不通而成者症屬有餘有服寒凉

傷飲食中氣虛衰而成者有大病後正氣衰憊而成者有小便不利水液妄行脾莫能制而成者症屬不足宜分别治之然其源多因中氣不足而起

醫貫曰治腫滿先以脾土爲主宜補中益氣湯六君子湯或疑水脹喘滿而用純補之劑不益脹滿乎曰肺氣既虛不可復行其氣腎水既衰不可復利其水純補之劑初覺不快過時藥力得行漸有條理矣此即内經塞因塞用之意

朱丹溪曰治水腫宜清心火補脾土火退則肺氣下降而水道通脾旺則運化行而清濁分其清者復回爲氣爲血爲津爲液濁者爲汗爲溺而分消矣治宜參苓爲君視所挾症加減苟徒用利水藥多致不救

經曰三焦者決瀆之官水道出焉上焦不治水溢高原中焦不治水停中脘下焦不治水蓄膀胱三焦病者腹氣滿小腹尤堅不得小便窘急溢則水留則爲脹下焦少陽經氣當相火之化相火有其經無其藏府游行于五者之間故曰少陽爲游部其經脉上布膻中絡心包下出委陽絡膀胱豈非上佐天施下佐地生與手厥陰相表裏以行諸經者乎故腎謂經受邪則下焦之火氣鬱矣鬱則水精不得四布而水聚矣火鬱之久必發則與衝脉之屬火者同逆而上衝爲十二經脉之海其上者出頏顙滲諸陽灌諸精其下者並少陽下足滲三陰灌諸絡由是水從火溢上積于肺而爲喘呼不得卧散于陰絡而爲胕腫隨五藏之虛者入而聚之爲五藏之脹皆相火泛濫其水而生病者也非相火則水不溢而止爲積水

朱丹溪曰脾具坤靜之德而有乾健之運故能使心肺之陽降肝腎之陰升而成天地之泰是爲平人今也七情内傷六淫外感飲食失節房勞致虛脾土之陰受傷轉輸之官失職故陽升陰降而成天地不交之否清濁相混隧道壅塞鬱而爲熱熱留爲濕濕熱相生遂成脹滿經曰鼓脹是也以其外雖堅滿中空無物有似于鼓以其膠固難治又名曰蠱若蟲之侵蝕而有蠱之義焉宜補其脾又須養肺金以制木使脾無賊邪之患滋腎陰以制火使肺得清化之令却鹹味斷妄想無不安醫者急于取效病者苦于脹滿喜行利藥以求通快不知寬得一日半日

其脹愈甚而病邪甚矣元氣傷矣

李東垣曰中滿治法當開鬼門潔淨府開鬼門者發汗也潔淨府者利小便也中滿者瀉之于内謂脾胃有病令上下分消其濕下焦如瀆氣血自然行化如或大實大滿大小便不利者從權以寒熱藥下之

經曰陽明病發熱汗出此為熱越則不發黄若但頭汗身無汗小便不利渴引水漿此為瘀熱在裏必發黄黄者脾胃之色也熱甚者身如橘色汗如栢汁頭為諸陽之會熱蒸于頭故但頭汗而身無汗夫熱外越則不裏鬱下滲則不内存令便既不利身又無汗故鬱而為黄内有實熱故渴熱甚則津液内竭故小便不利凡瘀熱在裏熱入血室及水結胸皆有頭汗之症乃傷寒傳變故與雜病不同濕在經則日晡發熱鼻塞在關節則身痛在藏府則濡泄小便反濇腹或脹滿濕熱相搏則發黄乾黄熱甚色明而便燥濕黄濕甚色晦而便溏又黄病與濕病相似但濕病在表一身盡痛黄病在裏一身不痛

仲景曰發黄小便自利當與虚勞宜小建中湯自利脹滿而喘不可除熱而除之必噦小半夏湯主之

朱丹溪曰小便不通有熱有濕有氣結于下宜清宜燥宜升有隔二隔三之治如不因肺燥但膀胱有熱則瀉膀胱用黄栢黄芩以瀉膀胱此正治也如因肺燥不能生水則宜清金用車前茯苓以清肺此隔二如因脾濕不運而精不升故肺不能生水則當燥脾健胃用蒼朮白朮以燥脾此隔三又有小便不通屬氣虚血虚實熱痰閉皆宜吐之以升其氣氣升則水自降氣虚用參朮升麻等先服後吐或就參耆藥中調理吐之血虚用四物湯先服後吐或加香附木通或就芎歸湯探吐之痰多用二陳湯先服後吐實熱當利之或八正散蓋大便動則小便自通矣或問以吐法通小便其理安在曰取其氣化而已經謂三焦者決瀆之官水道出焉膀胱者州都之官津液藏焉氣化則能札出矣三焦之氣一有不化則不得如決瀆而出矣豈獨下焦膀胱氣塞而已哉譬如滴水之器上竅閉則下竅無以自通必上竅開而下竅始出也

史國信曰若欲興陽先滋筋力若欲便清先分肝火萆薢能泄

陽明厥陰濕熱去濁而分清治陽虛白濁漩白如油名曰膏淋等症

外臺秘要曰腎水虛則心肺俱熱使小便赤而澀也腎既虛熱膀胱不足加之以渴飲則小便淋澀由臟虛不能主其府也

別有脚氣自外感得者山嵐雨水或履濕熱之地自內傷得者生冷茶酒油麵濕熱之毒有濕有熱濕又能生熱濕性下流故注于足濕熱分爭濕勝則憎寒熱勝則壯熱有兼頭痛諸症者狀類傷寒亦有六經傳變但脛腫掣痛為異耳此病忌用補劑及淋洗以濕熱得補增劇也亦不宜大瀉治之喜通而惡塞若脚氣冲心喘急不止嘔吐不休者死水淩火故也先痛而後腫者氣傷血也先腫而後痛者血傷氣也筋脉弛長痛腫者名濕脚氣宜利濕疎風蜷縮枯細不腫而痛者名乾脚氣即熱也宜潤血清燥

劉宗厚曰飲食入胃輸精心肺氣必上行然後下降若脾胃有傷不能上升反下流肝腎而成泄利者法當塡補中氣升之舉之不可疎下此東垣製升陽除濕防風湯發前人所未發也

理氣摘要

經曰諸氣膹鬱皆屬于肺怒則氣上喜則氣緩悲則氣消恐則氣下寒則氣收熱則氣泄驚則氣亂勞則氣耗思則氣結九氣不同百病多生于氣也夫人身之所恃以生者此氣耳源出中焦總統于肺外護于表內行于裏周流一身頃刻無間出入升降晝夜有常曷嘗病于人哉及至七情交攻五志妄發乖戾失常清者化而為濁行者阻而不通表失護衛而不和裏失營運而不順氣本屬陽及勝則為火矣河間所謂五志過極皆為火丹溪所謂氣有餘便是火也人身有宗氣營氣衛氣中氣元氣胃氣冲和之氣上升之氣而宗氣尤為主及其為病則為冷氣滯氣上氣逆氣氣虛諸變症矣無病之時宜保之養之和之順之病作之時當審其何經何症寒熱虛實而補瀉之

夫中者脾胃也藏府肢體皆禀氣于脾胃饑飽勞役傷其脾胃則衆體無以禀氣而皆病矣陽氣下陷則陰火上乘故熱而煩非實熱也頭者諸陽之會清陽不升則濁氣上逆故頭痛其痛或作或止非如外感頭痛不休也陽虛不能衛外故惡寒自汗

氣虛故懶言脾虛故惡食脾胃虛則火上干肺故喘金受火尅不能生水故渴脾虛不能統血則血妄行而吐下清陽下陷則為瀉痢氣血兩虛則瘧不止名痎音核老也瘧

李東垣曰脾胃虛者因飲食勞倦心火亢甚而乘其土位其次肺氣受邪須多用黃耆而人參甘草次之脾胃一虛肺氣先絕故用黃耆以益皮毛而固腠理不令自汗上喘氣短故以人參補之心火乘脾用炙草甘溫以瀉火熱而補脾元若脾胃急痛併大虛腹中急痛宜多用之中滿者減之白术苦甘溫除胃中之熱利腰臍間血胃中清氣在下必加升麻柴胡以升之引參耆甘草甘溫之氣味上升以補胃氣之散而實其表又緩帶脉之縮急氣亂于中清濁相干用去白陳皮以理之又助陽氣上升以散滯氣脾胃氣虛為陰火傷其生發之氣營血大虧心無所養致令心滿而煩病名曰悗故加甘辛微溫之劑以生陽氣仲景之法血虛以人參補之陽旺則能生陰血更以當歸和之少加黃柏以救腎水瀉陰中伏火如煩猶不止少加生地以補腎水水旺則心火自降虛人感冒不任發散者補中益氣湯可以代之

明醫雜著云發熱有數種治各不同仲景論傷寒傷風此外感也故宜發表以解散之此麻黃桂枝之義也感于寒冷之月即時發病故用辛熱以勝寒如春溫之月則當變以辛涼之藥夏暑之月則當變以甘苦寒之劑又有冬溫此天時不正陽氣反泄用藥不可溫熱又有寒疫却在溫熱之時此陰氣反逆用寒藥不可寒涼又有瘟疫沿門闔境相似者此天地之厲氣當隨時令參氣運而治宜辛涼甘苦寒之藥以清熱解毒若夫飲食勞倦為內傷元氣則真陽下陷內生虛熱故東垣發補中益氣之論用甘溫之藥大補其氣而提其下陷此用氣藥以補氣之不足也又有勞心好色內傷真陰陰血既傷則陽氣偏勝而變為火是謂陰虛火旺勞瘵之症故丹溪發陽有餘陰不足之論用四物加黃柏知母補其陰而火自降此用血藥以補血之不足者也又有夏月傷暑之病雖屬外感却類內傷東垣所謂清暑益氣是也又有因暑熱而過食涼物以傷其內或過取風涼以傷其外此則非暑傷人乃因暑而致之病治宜辛熱解表辛

温理中之藥却與傷寒治法相類者也外感之與内傷寒病之與熱病氣虚之與血虚如冰炭相反治之若差則輕病必重重病必死矣

醫貫曰讀傷寒書而不讀東垣書則内傷不明而殺人多矣讀東垣書而不讀丹溪書則陰虚不明而殺人多矣東垣脾胃論深明饑飽勞役發熱等症俱是内傷悉類傷寒切戒汗下以為内傷多而外感少只須温補不必發散如外感多而内傷少温補中少加發散以補中益氣為主如内傷兼寒者加麻黄兼風者加桂枝兼暑者加黄連兼濕者加羌活實萬世無疆之利此東垣特發陽虚發熱之一門也然陰虚發熱者十之六七亦類傷寒今人一見發熱則曰傷寒須用發散發散而斃則曰傷寒之法已窮余嘗于陰虚發熱者見其大熱面赤口渴煩躁與六味地黄丸方一大劑即愈如下部足冷惡寒上部渴甚躁極或飲而反吐即加肉桂五味甚則加附子冷飲以此活人多矣此丹溪發明陰虚發熱之外尚遺未盡之旨也

嚴用和曰人之元氣强壯外邪焉能為害必真氣先虚榮衛空疎邪乃乘虚而入若内因七情得者法當調氣不當治風外因六淫得者亦先當治氣後依所感六氣治之此良法也宜八味順氣散方用人參白术茯苓甘草陳皮青皮白芷烏藥併不用前方枳梗麻黄姜蚕風藥正先治氣後治風之妙旨後人或謂不當雜入白芷不知白芷香而不燥正和榮衛之善藥也

經曰木鬱達之火鬱發之土鬱奪之金鬱泄之水鬱折之夫六鬱者氣鬱血鬱痰鬱火鬱食鬱也六者之中以氣為主氣行則鬱散矣吞酸嘔吐由于痰火飲食不消由氣不運行六鬱不言風寒者風寒鬱則為熱也

滑伯仁曰鬱者結聚而不得發越當升者不得升當降者不得降當變化者不得變化所以傳化失常而病見矣氣鬱者胸膈痛濕鬱者周身痛或關節痛遇陰寒即發痰鬱者動則氣喘寸脉沈滑熱鬱者昏瞀便赤脉沈數血鬱者四肢無力能食食鬱者噯酸腹飽不能食寸口緊盛

朱丹溪曰鬱為燥淫燥乃陽明秋金之位肺屬金主氣主分布陰陽傷則失職不能升降故經曰諸氣膹鬱皆屬於肺又鬱病

多在中焦中焦脾胃也水穀之海五藏六府之主四藏一有不
平則中氣不得其和而先鬱矣此朱氏製越鞠丸之兼升降者
將欲升之必先降之將欲降之必先升之蒼朮辛烈雄壯固胃
强脾能徑入諸經疎泄陽明之濕通行斂濇香附陰中快氣之
藥下氣最速一升一降故鬱散而平撫芎足厥陰藥直達三焦
上行頭目下行血海為通陰陽血氣之使不但開中焦而已胃
主行氣于三陽脾主行氣于三陰脾胃既布水穀之氣得行則
陰陽藏府不受燥金之鬱皆由胃氣而得通利矣

或問丹溪曰脉訣云熱則生氣冷則生氣吾子引仲景之言而
斥其非然則諸氣諸飲嘔吐呑酸反胃諸病將無寒症耶曰五
藏各有火五志激之其火隨起若諸寒為病必須身犯寒氣口
食寒物非若諸火病自内作所以氣病寒者十無一二

針經云胃絡不和喘出于陽明之上逆真元耗散喘出于腎氣
之上奔

經曰肝者將軍之官謀慮出焉鬱久肝火必盛濁氣閉塞清氣
日薄故雖痛雖膨而不用木香枳殼必用人參以壯主氣之藏
官桂以制謀慮之官况桂性辛温氣厚純陽疏氣甚捷鬱結者
還為和暢矣

按方書無呃字或作欬逆或作噦氣仲景書中亦作噦說文曰
噦氣牾也海藏東垣皆以噦為乾嘔人多非之今從俗作呃逆
此病有因痰阻氣滯者有因血瘀者有因火鬱者有因胃熱失
下者此皆屬實有因中氣太虛者有因大下後胃虛陰火上衝
者此皆屬虛呃在中焦穀氣不運其聲短小得食即發呃在下
焦真氣不足其聲長大不食亦然寒熱虛實治法不一古方以
丁香柿蒂湯治寒呃雖病本于寒然亦有火也

玉機微義曰呃逆本因陰氣已虛陽火暴甚立衝而上出于胃
入于肺而作聲東垣用凉藥者所以瀉熱降火也若陰症呃逆
以陰氣先消陽火亦竭浮于胸中亦欲散也故不用寒藥而反
以温藥養胃留其陽氣胃氣一和陽生則陰長之說也

或問治陽呃者何以不用知柏吳鶴臯曰此少陽虛邪非實邪
也故用柿蒂竹茹之味薄者主之若知柏味厚則益戕其中氣
否塞不愈盛乎按古人治陰呃每用桂附乾姜吳萸丁香茴香

諸熱藥治陽呃用橘皮竹茹湯多有收效者古人蓋深權之矣

經曰膈有膠固之痰外有非時之感則令人哮喘由寒束于表陽氣併于膈中不得泄越故膈熱氣逆聲粗為哮外感之有餘也氣促為喘肺虛而不足也故用白菓麻黄半夏款冬桑皮蘇子杏仁黄芩甘草射干婁皮等藥名定喘湯相助為理以成散寒疎壅之功

理血摘要

經曰人身之中氣為衛血為營營者水穀之精也調和五藏灑陳于六府乃能入于脉也生化于脾總統于心藏受于肝宣布于肺施泄于腎溉灌一身目得之而能視耳得之而能聽手得之而能攝掌得之而能握足得之而能步藏得之而能液府得之而能氣出入升降濡潤宣通靡不由此也飲食日滋故能陽生陰長取汁變化而赤為血也注之于脉充則實少則濇生旺則諸經恃此長養衰竭則百脉由此空虛血盛則形盛血弱則形衰血者難成而易虧可不謹養乎陰氣一傷諸變立至妄行于上則吐衄妄行于下則腸風衰涸于內則虛勞枯槁于外則消瘦移熱膀胱則溺血陰虛陽搏則崩中濕蒸熱瘀則血痢火極似水則色黑熱勝于陰發為瘡瘍濕滯于血則為癮疹凝濇于皮膚則為冷痹畜血在上則善忘畜血在下則如狂跌仆損傷則瘀惡內聚此皆失于攝養變為諸病也

朱丹溪曰經水者陰血也陰必從陽故其色紅上應于月其行有常故名曰經為氣之配因氣而行先期為熱後期為寒為虛為鬱為痰其或成塊者氣之凝將行而痛者氣之滯行後作痛者氣血俱虛也色淡亦虛也錯經妄行者氣之亂紫者氣之熱黑則熱之甚也今人見紫黑作痛成塊率指為風冷乘之而用温熱之劑禍不旋踵矣經曰亢則害承無制熱甚則兼水化所以熱則紫甚則黑也若曰風冷必須外得寒則凝而不行既行而紫黑故知非寒也

吳鶴皐曰天地之道陽常有餘陰常不足人身亦然故血者難成而易虧夫草木無情安能生血以地芎能養五藏之陰芎歸

能調營中之氣陰陽調和而血自生耳若夫失血太多氣息幾微之際慎勿與以四物湯蓋四物陰類非所以生物者也當重用參耆以固欲絕之氣故曰脫血者先益其氣否則川芎香竄反能耗氣氣血雙亡而死矣故凡虛損胃虛氣弱之人皆不宜宜多服

或問四物湯是女門尚藥于內亦有脾胃藥乎一陽子曰四物湯隱潛脾胃治法人昧久矣脾經少血多氣當歸地黃生血溉灌脾經土畏賊邪木來尅土芍藥能瀉木補土肝欲散用川芎之辛以散之非制木補土脾胃之藥乎

或曰產後禁用芍藥否曰新產血氣未平恐芍藥酸收作痛耳芍藥尚治血虛氣痛新產正血虛氣痛之時醋酒微炒用之何害又血塊凝滯作禍不可泥于產後大補氣血於時放膽用之即用玉燭散以下之無妨推陳致新亦是補法只因產後大補氣血一語致積血而殞者多矣

丹溪論勞瘵主于陰虛蓋自子至巳屬陽自午至亥屬陰陰虛則熱在午後子前寤屬陽寐屬陰陰虛則盜汗從寐時出升屬陽降屬陰陰虛則氣不降痰涎上逆吐出不絕脉浮屬陽沈屬陰陰虛則浮之洪大沈之空虛宜用四物竹瀝加炒柏龜板補陰降火之劑又須遠嗜慾薄滋味靜心調養以助之準繩曰丹溪論勞瘵主乎陰虛用四物加知柏主之世醫遵用百無一效何哉蓋陰虛火必上炎芎歸辛溫非滋虛降火之藥川芎上竄非虛炎短乏者所宜地黃泥膈非胃弱痰多食少者所宜知柏辛苦大寒雖曰滋陰其實燥血雖曰降火久而增氣反能助火至其敗胃所不待言不若用苡仁百合天冬麥冬桑皮地骨丹皮酸棗五味子枇杷葉之類佐以生地汁蘇汁人乳童便等如咳嗽則多用桑皮枇杷葉有痰增貝母有血增苡仁百合阿膠熱甚增地骨食少增苡仁至七八錢而麥冬常為之主以保肺金而滋化源無不輒效夫虛勞之疾百脉空虛非粘滯之物填之不能實也精血枯涸非濡濕之物滋之不能潤也當用參耆地黃二冬枸杞五味之屬各煎膏另用青蒿以童便熬膏合前諸汁併麋角膠霞天膏化服大抵苡仁百合之屬治肺虛參耆地黃膏之屬治腎虛蓋心肝屬陽肺腎屬陰故補肺腎即是補

陰非知柏四物之謂也

經曰血實則身涼血虛則身熱此以飢飽勞役傷其陰血虛陽獨勝故肌熱煩渴與陽明白虎症無異但白虎症得之外感實熱內盛故大脉長而大按之有力若得之內傷血虛發熱脉洪大而無力內經所謂脉虛血虛是也悞服白虎湯必斃故東垣主以當歸補血湯黃耆五倍于當歸有形之血生于無形之氣陽生則陰長此其義耳

經曰靜則神藏躁則消亡蓋心藏神而生血心傷則不能生血而血少故怔忡健忘驚悸盜汗汗者心之液也脾主思而藏血脾傷則血不歸脾故不眠脾主肌肉故肌熱脾主四肢故體倦脾不健運故食少脾不能統血則妄行而有吐衄腸風崩漏等症夫治實火之血順氣為先氣行則血自歸經治虛火之血養正為先氣壯則自能攝血醫貫曰心主血脾統血肝藏血凡治血症須按三經用藥故濟生歸脾湯中遠志棗仁補肝以生心血茯神補心以生脾土參耆炙草補脾以固肝氣木香行氣而舒脾既以行血中之滯又以助參耆而補氣總欲使血歸脾耳

經曰脾氣散精上輸于肺此地氣上升也肺主治節通調水道下輸膀胱此天氣下降也脾肺虛則上下不交而為痞榮血無所籍以生肺虛故氣短脾虛故食少心主脉脉屬榮榮虛血少則心失其主故驚悸健忘寢汗發熱肺主皮毛脾主肌肉血虛火盛故肌瘦色枯毛髮脫落也汗為心液汗即血也發汗過多則血液枯涸筋肉無以榮養故有振搖瞤惕諸症立齋主以人參養榮湯五藏交養互益故能統治諸病而其要則歸于養榮而已

喻嘉言曰養榮方內皆心脾之藥而註肺虛何也夫養榮原不及肺然肺主氣凡補氣藥皆是補肺氣旺自能生血即此便是養榮便是補心補脾理實一貫古方補血湯黃耆五倍于當歸而云補血豈非明證乎況五藏互相灌溉傳精布化專賴傳相之功焉得謂養榮不及于肺也哉

經曰肝者將軍之官肝火上逆能爍心肺故咳嗽痰血也咳者有聲無物嗽者有物無聲咳嗽者有聲有物也肺為華蓋至清之藏有火則咳有痰則嗽肺主氣氣逆為咳腎主水水泛為痰

腎脉上入肺循喉嚨其支者從肺絡心屬胸中故病則俱病也涎唾中有少血散漫者此腎從相火炎上之血也若血如紅縷從痰中咳出者此肺絡受熱傷之血也若咳出白血淺紅色似肉似肺者必死凡唾中帶血咯出有血或血絲屬腎經鼻衄出血咳嗽有血屬肺經嘔吐成盆成碗者屬胃經陽明多血多氣故也自兩脇逆上吐出者屬肝經溺血屬小腸膀胱經下血屬大腸經牙宣出血屬胃腎虛火舌血謂之舌衄汗孔出血謂之肌衄心與肝也丹溪咳血方用青黛瓜蔞而不用治血之藥者蓋火退則血自止也

北齊褚澄曰喉不容物毫髮必咳血既滲入愈滲愈咳愈咳愈滲飲溲溺百不一死服寒涼藥百不一生按溲溺俗名童便別名還元水自己溺名輪廻酒性温不寒飲之入胃隨脾之氣上歸于肺下通水道而入膀胱乃其舊路故能治肺病引火下行其味鹹而走血故治血病當熱飲熱則真氣尚存其行自速冷則惟有鹹寒之性而已若煉成秋石真元之氣漸失不及童便遠矣

經曰心移熱于肺則咳嗽出血便血有寒熱二症傷寒便血為傳經熱邪瘀血在上焦則善忘在下焦則如狂嗽水不欲嚥熱在經未入裏也畜血發躁而内不渴故雖嗽水而不欲嚥海藏曰大凡血症皆不飲水惟氣病則飲水也

經曰陽明病口燥嗽水不欲嚥者必衄傷寒當發汗而不發汗邪熱入裏逼血妄行故見吐衄諸症其有熱甚傷血裏實表虛發于皮膚而為斑疹傷寒下早熱毒乘虛入胃則發斑下遲熱留胃中亦發斑或服熱藥多亦發斑見紅點者為疹如錦紋者為斑疹輕而斑重色紫黑者熱極而胃爛也多死凡斑疹慎不可汗汗之重令開泄更增斑爛亦不可遽下恐斑毒内陷也

醫貫曰犀角地黄湯乃衄血之的方蓋犀水獸也可以分水可以通天鼻衄之血從任督脉而至巔頂入鼻中惟犀角能下入腎水引地黄滋陰之品由腎脉而上故為對症若陰虛火動吐血與咳咯者可借用成功若陽虛勞嗽及脾胃虛者非所宜也

夫傷寒汗出不徹能逼動經血誤發其汗亦動經血二者不同

陶尚文治一人傷寒四五日吐血不止醫以犀角地黄湯茅花

湯治之反劇陶切其脉浮數而緊遂用麻黄湯汗出而愈此取脉不取症也可謂得仲景心法矣或問設脉不浮緊而數其可用乎經曰傷寒脉浮緊不發汗因致衄者麻黄湯主之又曰太陽病脉浮緊發熱身無汗自衄者愈風寒在經鬱而為熱不得汗解衄則熱隨血散俗名紅汗故愈若全未發汗致衄者仍須用麻黄發之

成無已曰傷寒衄者為邪氣不得發散壅盛于經逼迫于血也桂枝麻黄湯治衄者非治衄也即是發散經中邪氣耳血鬱于上而吐血者謂之薄厥留于下而瘀者謂之畜血此由太陽隨經瘀熱在裏血為熱所搏結于下焦少腹當鞕小便自利

朱肱活人書言瘀血入裏吐衄血者犀角地黄湯乃陽明聖藥如無犀角代以升麻二藥性味相遠何以相代蓋以升麻能引諸藥同入陽明也要之升麻性升犀角性降用犀角止血乃借其下降之氣清心肝之火使血下行歸經耳倘誤用升麻血隨氣升不愈湧出不止乎故古方亦未可盡泥也

東垣嘗治一貧士病脾胃虚與補藥愈後繼居曠室卧熱炕咳而吐血東垣謂此久虚弱冬居曠室衣服單薄是重虚其陽表有大寒壅遏裏熱火邪不得舒伸故血出于口當補表之陽瀉裏之虚熱因思仲景治傷寒脉浮緊當以麻黄湯發汗若不與之遂成衄血却與麻黄湯立愈與此甚同因作麻黄人參芍藥湯與之一服而愈綱目云觀此一方足以為萬世模範矣蓋取仲景麻黄湯與補劑各半服之但凡虚人當服仲景方者當以此為則

針經曰陽絡傷則血外溢而吐衄陰絡傷則血内溢而便溺戴氏以隨感而見色鮮者為熱為腸風自大腸氣分來色瘀者為寒為藏毒自小腸血分來蓋血之在身有陰有陽陽者順氣而行循流脉中調和五藏灑陳六府謂之營血陰者居于絡脉專守藏府滋養神氣濡潤筋骨若感内外之邪而受傷則或循經之陽血至其傷處為邪氣所沮漏泄經外或居絡之陰血因留着之邪潰裂而出則皆滲入腸胃而泄矣世俗率以腸風名之不知風乃六淫之一耳若腸胃受火熱二淫與寒燥濕怫鬱其氣及飲食勞力傷其陰絡之血者亦可謂之腸風乎夫腸風者

風邪淫胃藏毒者濕邪淫胃治各不同

仲景治吐血不止氣血虛寒用柏葉湯柏葉乾薑各三兩艾三把馬糞汁一升合煮服柏葉生而向西禀兑金之正氣能制肝木木王升金王降升降相配夫婦之道和則血得以歸肝馬屬午為離假之以降心火

脉訣云手陽明大腸庚金也清燥主收司行津液以從足陽明胃土之化旺則生化萬物人或醉飽入房酒熱留着忍精不泄流注篡間前陰之氣歸于大腸木乘火勢而侮燥金火就燥則大便閉而痔作矣受病燥氣也為病者胃濕也濕熱風燥四氣合邪法當瀉火潤燥踈風和血止痛東垣主以秦艽白朮丸

劉河間曰行血則膿血自愈調氣則後重自除蓋下痢皆屬濕熱赤為傷血白為傷氣膿血稠粘氣血兩傷也腹痛後重氣血皆滯也潔古以芍藥湯加減治之

夫心主血小腸其府也熱甚搏血流入胞中與便俱出為血淋蓋小便必自小腸滲入膀胱心熱者小腸必熱經所謂胞移熱于膀胱則癃溺血是也然熱必兼濕痛者為血淋不痛為溺血

瀉火摘要

蓋人之五藏六府各得其平則榮衛冲和經脉調暢何火之有一失其常度則衝射搏擊而為火矣火者氣之不得其平者也故丹溪曰氣有餘便是火也有本經自病者如忿怒生肝火勞倦生脾火之類是也有五行相尅者如心火太盛必尅肺金肝火太盛必尅脾土之類是也有臟腑相移者如肝移熱于胆則口苦心移熱于小腸則淋閟之類是也又有他經相移者有數經合病者相火起于肝腎虛火由于勞損實火生于亢害燥火本乎血虛濕火因于濕熱鬱火由于遏抑又有無名之火無經絡可尋無脉證可辨致有暴病暴死者諸病之中火病為多不可以不加察也有以瀉為瀉者大黃芒硝芩連卮柏之類是也有以散為瀉者羌防柴葛升陽散火之類是也有以滋為補者地黃天冬元參知母之類壯水之主以制陽光是也有以補為瀉者參耆甘草瀉火之聖藥是也

劉河間曰傷寒表熱極甚身熱頭痛不可忍或脛或嘔裏有微熱不可發汗吐下擬以小柴胡天水涼膈之類和解恐不能退

其熱勢之甚或大下後再三下後熱勢尚甚本氣虛損而脉不能實擬更下之恐脫而立死不下亦熱極而死或濕熱内餘小便赤澁大便溏泄頻併少而急痛者必欲作痢也並宜黄連解毒湯蓋陽盛則陰衰火盛則水衰故用苦寒之藥抑陽而扶陰瀉其亢甚之火而救其欲絶之水也然非實熱不可輕投

經曰壯火食氣少火生氣故少火宜升壯火宜降今以黄芩瀉上焦黄連瀉中焦黄柏瀉下焦則壯火降而少火升氣得生而血得養三焦皆受益矣

或問心氣不足而吐衄何以不補心而反瀉心丹溪曰少陰不足亢陽無輔致陰血妄行故用大黄瀉其亢甚之火心本不足肺肝各受火邪而病作故以大黄救肺黄連救肝肺者陰之主肝者心之母血之舍也肺肝火退則血歸經而自安矣

楊仁齋曰血遇熱則宣流故止血多用涼藥然亦有氣虛挾寒營氣虛散血亦錯行所謂陽虛陰必走是也法當温中使血自歸經宜理中湯加木香七氣湯加川芎或用甘草乾姜湯甚效

按傷寒心下滿鞕而痛者為結胸為實鞕滿而不痛者為痞為虛經曰心下痞按之濡關脉浮者大黄連瀉心湯心下痞而復惡寒汗出者附子瀉心湯大抵諸痞皆熱故攻之多寒劑此加附子恐三黄重損其陽非補陰也或下後復汗或下後陽虛故惡寒汗出保命集云脾不能行氣于四藏結而不散則為痞傷寒之痞從外之内故宜苦瀉雜病之痞從内之外故宜辛散

李東垣曰酒積雜病下之太過亦作痞傷蓋下多亡陰陰者乃脾胃水穀之陰也胸中之氣因虛下陷于心之分野故致心下痞宜升胃氣以血藥兼之若全用氣藥導之則痞益甚甚而復下之氣愈下降必變為中滿膨脹非其治也

李時珍曰仲景治心氣不足吐衄血者用瀉心湯實瀉心包肝脾胃四經血中之伏火也治心下痞滿按之軟者用瀉心湯亦瀉脾胃之濕熱非瀉心也病發于陰而反下之則痞滿乃寒傷營血邪結上焦胃之上脘在心故曰瀉心經曰太陰所至為痞滿又曰濁氣在上則生䐜脹是已病發于陽而反下之則結胸乃邪熱陷入血分亦在上脘故大陷胸湯丸皆用大黄亦瀉脾胃血分之邪而散其熱也若結胸在氣分只用小陷胸湯痞滿

在氣分只用半夏瀉心湯按發陽發陰諸解不同終成疑案李氏則以寒傷為陰病熱陷為陽病然仲景所用皆寒藥未嘗有所分也周揚俊則謂總屬下早致然似為近理

人皆曰汗多亡陽不知下多亦亡陽以亡陰中之陽故曰亡陰耳下焦之陽驟虛氣必上逆則上焦之陽反因下而成實以火氣不下行故也治多瀉上補下心君得苦寒而安則反能從陽引之入陰故芩連梔子瀉亦成補若汗下相因有虛無實溫補猶恐不足瀉法一無所用矣

經曰脾胃虛則腸鳴腹滿若傷寒下利腸鳴乃下後裏虛胃弱陰氣內損所致雜症腸鳴亦多屬脾胃虛又云中氣不足腸為之苦鳴宜參朮補劑加甘草芩連枳實乾姜等丹溪又曰腹中水鳴乃火激動其水也宜二陳湯加芩連梔子若陽症下利誤溫則發黃出斑而死此等支離處尤當詳辨

劉河間曰瀉而水穀變色者為熱不變色而澄徹清冷者為寒若肛門燥澀小便黃赤水穀雖不變猶為熱也此由火性急速食下即出無容尅化所謂邪熱不殺穀也

人之陽氣晝日行陽二十五度平旦屬少陽日中屬太陽日晡屬陽明傷寒症中日晡潮熱為胃實無虛症胃熱失下則發斑邪熱盛故脉洪大熱在表而淺邪惡正故惡寒熱入裏而深邪甚無畏故不惡寒反惡熱中風有汗傷寒無汗傳入陽明則有汗謂之熱越故陽明病法多汗裏熱故作渴陽明主肌肉故肌熱脉交額中故目痛脉俠鼻金燥故鼻乾胃不和故卧不安經云熱淫于内以苦發之或瀉其子或瀉其母不啻治陽明氣分之熱而已

按白虎症脉洪大有力類白虎症脉大而虛以此為辨陰盛格陽陽盛格陰二症至為難辨蓋陰盛極而格陽于外外熱而內寒陽盛極而格陰于外外冷而內熱經所謂重陰必陽重陽必陰重寒則熱重熱則寒是也當于小便分之便清者外雖燥熱而中必寒便赤者外雖厥冷而內實熱再看口中燥潤及舌胎淺深蓋舌為心苗應南方火邪在表則未生胎邪入裏津液搏結則生胎而滑胎白者丹田有熱胸中有寒邪在半表半裏也熱入漸深則燥而澁熱聚于胃則黃宜承氣及白虎若熱病口

乾舌黑乃腎水刑于心火熱益深而病篤矣然亦有胎黑屬寒者舌無芒刺口有津液也又當用温補之劑尤宜細辨

李東垣曰邪在陽明肺受火尅故用辛寒以清肺所以有白虎之名白虎西方金神也如秋金之令行則夏火之炎退若以白虎為大寒承氣又何以行于冬令乎太陽發熱無汗而渴忌白虎表未解也陽明汗多而渴忌五苓猪苓津液大耗也若悞投之不可救也

東垣曰動而傷暑火熱傷氣辛苦之人多得之宜人參白虎湯靜而傷暑濕勝身重安樂之人多得之宜蒼术白虎湯又有脉按沈細先受暑後受濕暑濕相搏其症脛冷腹滿頭痛多汗渴而譫語名濕温以白虎加蒼术主之

經曰火鬱發之夫脾主四肢四肢熱即五心煩熱也火性上行若鬱而不達則反以銷爍真陰而肌膚筋骨皆為之熱也若飲食填塞真陰抑遏陽氣于脾土清陽不得上行故不能傳化也吳鶴皋曰經曰少火生氣天非此火不能生物人非此火不能有生揚之則光遏之則滅今為飲食抑遏則生道幾乎息矣必使清陽出乎上竅則濁陰自歸下竅而飲食傳化無抑遏之患矣東垣聖于脾胃治之必主升陽味薄氣輕上行之藥所以升舉其陽使三焦暢遂而火邪皆散矣俗醫知降而不知升是撲其少火也安望其衛生耶

喻嘉言曰按中風症大勢風木合君相二火主病古方用涼膈散居多如轉舌膏用涼膈散加菖蒲遠志散心經之蘊熱活命金丹用涼膈散加青黛藍根散肝經之鬱火蓋風火上炎胸膈正燎原之地所以清心宣神轉舌活命涼膈之功居多不可以宣通腸胃輕訾之也

經曰肝者將軍之官也謀慮出焉胆者中正之官也决斷出焉脇為肝胆之部火盛故作痛胆脉絡于耳火盛故耳聾胆虚數謀慮而不能决胆氣上溢口為之苦肝主筋濕熱勝故筋痿肝脉絡于陰器陰汗陰腫陰痛白濁溲血皆肝火也

或問吞酸素問以為熱東垣以為寒何也丹溪曰吐酸與吞酸不同吐酸吐出酸水如醋平時津液隨上升之氣鬱而成積濕中生熱故隨木化遂作酸味非熱而何其有鬱之久伏于腸胃

之間咯不得上噤不得下肌表得風寒則內熱愈欝而酸味刺心肌表温暖腠理開發或得香熱湯丸津液得行亦可暫解非寒而何素問言熱言其本也東垣言寒言其末也嘗治呑酸用黄連茱萸製炒隨時令迭爲佐使蒼术茯苓爲輔湯浸蒸餅爲丸呑之仍教糲食蔬菓自養則病易安

戴氏曰房勞腎虚之人胸膈多有隱痛此腎虚不能納氣氣虚不能生血之故氣與血猶水也盛則流暢虚則鮮有不滯者所以作痛宜破故紙之類補腎芎歸之類補血若作尋常脇痛治則殆矣

按肝屬風木木盛生火欝而發熱多甚于寅卯木旺之時按之在內之下骨之上肝胆之經行于兩脇風火干之故卧不安肝在志爲怒故多怒肝虚胆怯故多驚肝主筋逢熱則縱故痿目爲肝竅風熱發于目故腫痛五藏之中惟肝嘗有餘散之即所以補之以木喜條達故也

余子容曰時醫多執肝常有餘之説舉手便云平肝按聖濟經云原四時之所化始于木究十二經之所養始于春女子受娠一月是厥陰肝經養之肝者乃春陽發動之始萬物生化之源故戒怒養陽使先天之氣相生于無窮是攝生之切要也不可泥于前説

內經六節藏象論曰所謂得五行時之勝各以氣命其藏求其勝也皆歸始春蓋春屬肝木乃吾身升生之氣此氣若有不充則四藏何所禀承如春無所生則夏長秋收冬藏者何物乎五行之中惟木有發榮暢茂之象水火金土皆無是也花菓青葱艷麗可愛結菓成實食之以全生皆此木也使天地而無木則世界黯淡其無色矣由是言之培之養之猶恐不暇而尚欲剪之伐之乎故養血和肝使火不上炎則心氣和平而百骸皆理不特養身之要道亦養德之切務也

外臺秘要曰五行五藏皆互相生肝雖處中而爲藏首位在甲乙懷養懷仁故應春而生也爲心之母餘藏循次而生焉心爲主主神四藏爲四鄙四鄙有憂主必懷憂四鄙和平則主有悅悅則榮衛不錯憂則經絡患生心不受邪所病者惟憂樂能致也肺爲風府呼吸之門諸藏紊亂氣息皆形誰能出不由戶耶

若風熱盛心憂則頭痛過憂則心煩寒盛必熱熱盛必寒倚伏之道也但平風熱抑狂邪而營衛自然通泰矣

按口為脾竅唇者皮之外候口燥唇乾口瘡口臭皆屬脾火脾熱故煩渴易飢病名中消脾主肌肉故熱在肉分輕按重按皆不熱不輕不重乃得之遇夜尤甚者為脾熱實熱宜瀉黃散及調胃承氣湯虛熱宜補中益氣湯

又曰胃居臍上胃熱則臍以上熱腸居臍下腸熱則臍以下熱肝胆居脇肝胆熱則脇亦熱肺居胸背肺熱則胸背亦熱腎居腰腎熱則腰亦熱可類推也

或問脾中伏火何以不用黃連吳鶴臯曰燥矣又問既惡燥何以用防風鶴臯曰東垣有言防風乃風藥中潤劑取其升浮能發脾中伏火又能于土中瀉木也故李東垣曰瀉黃散非瀉脾也脾中瀉肺也實則瀉其子以脾為生肺之上源土能生金也且脾之華在唇燥在唇口故從其性而升發之耳

按足陽明胃脉循鼻外入上齒中挾口環唇循頰連上耳前主上牙齦喜寒飲而惡熱手陽明大腸脉上頸貫頰入下齒挾口主下牙齦喜熱飲而惡寒足陽明脉別絡腦故腦痛陽明之脉營于面故面熱二經熱盛故唇口齒頰病而腫痛也齒為胃屬腎牙齦出血齒縫出血亦名齒衄乃腎病若血多而湧出不止為陽明熱甚以陽明多氣多血也唇屬脾胃大腸經燥則乾熱則裂風則瞤寒則揭若腫皺裂如蚕繭名曰繭唇唇舌者肌肉之本也人中平滿者為唇反唇反者肉先死

錢乙瀉白散瀉肺經氣分之火肺主西方故色白也皮膚蒸熱肺主皮毛也灑淅寒熱邪在膚腠也日晡尤甚金旺于西也肺苦氣上逆故咳嗽喘急輕按即得重按全無是熱在皮毛日西尤甚是肺熱手太陰經也桑白皮甘益元氣之不足辛瀉肺氣之有餘地骨皮寒瀉肺中之伏火淡泄肝腎之虛熱粳米清肺而補胃甘草瀉火而益脾土為金母虛則補其母之義也

朱丹溪曰五藏各有火五志激之其火隨起若諸寒病必身犯寒氣口食寒物非若諸火病自內作者蓋心與小腸相表裏心熱則小腸亦熱故便赤淋痛心屬君火是五藏六府火之主故諸經之熱皆應于心面赤煩躁咬牙口渴皆心熱也舌為心苗

若心火上炎熏蒸于口則口糜舌瘡輕手按至皮毛之下肌肉之上則熱口中大甚是熱在血脉為心熱心為丁火小腸為丙火心熱泄小腸用導赤散以共導丙丁之火由小水而出釜底抽薪之義也

或有傷寒後心下不硬腹中不滿二便如常身無寒熱病不在府也神昏不語或睡中獨語飲食不思形如醉人此邪熱傳手少陰心心火上而逼肺也邪熱入裏故目赤口乾邪熱在陰故不渴此症自足而傳手經名越經症夫傷寒傳邪手足原無界限故仲景亦有瀉心數湯而麻黄桂枝先正以為皆肺藥也節庵製導赤各半湯瀉心肺之邪熱從小腸膀胱而出其與瀉心異者以無痞硬之症也

俗曰大頭天行親戚不相訪問染者多不救泰和間多有病此者初覺憎寒體重次傳頭面腫盛目不能開上喘氣逆咽喉不利口渴舌燥醫以承氣加藍根下之稍緩翌日如故下之又緩終莫能愈漸至危篤東垣視之曰夫身半以上天之氣也身半以下地之氣也此邪熱客于心肺之間上攻頭面為腫盛以承氣瀉胃中之實熱是為誅伐無過病以適至其所為故處以普濟消毒飲全活甚衆

按三陽之氣皆會于頭額從額至巔絡腦後者屬太陽從額至鼻下面者屬陽明從頭角下耳中耳之前後者屬少陽李東垣曰病在三陽頭如雷鳴頭面疙瘩腫痛憎寒壯熱狀如傷寒不可過用寒藥重劑誅伐無過河間處以清震湯治之

經曰陽氣有餘為身熱無汗陰氣有餘為多汗身寒陰陽有餘則無汗而寒按此有餘乃病邪有餘卽不足也陰陽和則無病過中則皆病也陽盛生外熱陰盛生内寒是皆亢則為害非眞陰眞陽盛也熱發午前陽虚而陰火乘之也熱發午後熱在陰分陽陷陰中也

李東垣曰晝熱夜静者是陽氣旺于陽分也晝静夜熱者是陽氣陷入陰分中也名曰熱入血室晝夜俱熱是重陽無陰也當亟瀉其陽峻補其陰晝病則在氣夜病則在血勞熱則火炎水竭眞陰銷爍肌骨之間蒸蒸而熱也

玄珠曰五行六氣水特其一耳一水既虧豈能勝五火哉醫不

如邪氣未除便用補劑邪氣得補遂入經絡至死不悟夫涼劑能清火養水熱劑能補火燥水理易明也勞為熱症明矣尚可補乎惟無熱無積之人脉微無力方可補之必察其胃中及右腎二火果虧後用補劑可也證治要訣云治虛勞獨用熱藥者猶釜中無水而進火也過用涼藥者猶釜下無火而添水也非徒無益而又害之

張子和曰經何以言一陽一陰結為喉痺一陰少陰君火一陽少陽相火也蓋君相二火獨勝則熱結正絡故痛且速也嗌乾嗌痛咽腫頷腫舌本强皆君火也惟喉痺急速相火也君火人火也相火龍火也十二經脉惟足太陽在表別下項不歷膈咽餘經皆循喉嚨歷膈或實熱上攻或虛火妄行痰涎結聚則成咽痛咽瘡實火宜升之散之若虛火宜用人參姜附辛熱之藥多有過服寒涼而病反甚者

金匱曰咳而胸滿振寒咽乾口渴時出濁唾腥臭為肺癰夫肺癰者熱之所過血為之凝滯蓄結癰膿吐如米粥始萌可救膿成難治必乘其新起胸滿振寒病尚在表開提肺氣提其敗血或從唾出或從便出足以殺其毒若勢已入裏又當引之從胃入腸切勿用上提之法

外臺秘要曰五藏之尊心雖為主而肺居其上肺為華蓋下覆四藏合天之德通達風氣性愛溫而惡寒心火更炎上蒸其肺金被火傷則葉萎倚着于肝肝發癢則嗽因心肝虛弱不能傳陽于下焦遂至正陽俱躋變成嗽矣肺主皮毛遇寒則慄而粟起肺嗽因痿倚着于肝而成病由木能扣金與鳴也必先養肺抑心肝虛熱和其腎則愈矣

經曰足少陰腎脉俠舌本足太陰脾脉連舌本手少陰心別脉繫舌本三經虛則痰涎塞其脉道舌不轉運而不能言或三脉亡血舌無血榮養而瘖舌瘖者中風不能轉運之類而咽喉音聲如故喉瘖者勞嗽失音之類而舌本則能轉運言語也

傷寒或因陽症誤投熱藥表熱乘虛入胃熱留胃中裏實表虛血熱不散蒸于皮膚則為斑輕如疹子重若錦紋紫黑者熱極而胃爛也多死斑症有六曰傷寒發斑或下早或下遲也曰溫毒發斑冬時感寒至春始發也曰熱病發斑冬時感寒至夏乃

發也曰時氣發班 天疫時行之氣也治畧相同曰內傷發班先因傷暑次食涼物 遏其暑火浮游于表也宜加香薷扁豆曰陰症發班 元氣大虛寒伏于下遏其無根失守之火 上騰薰肺傳于皮膚淡紅而稀少也宜大建中湯誤投寒劑則殆矣

原病式曰痢為飲食不節寒暑所傷濕熱蒸鬱而成或言下痢白為寒者悮也寒則不能消穀何由反化為膿也燥鬱為白屬肺金也泄痢皆衆于濕濕熱甚于腸胃之內致氣液不得宣通使煩渴不止也下痢赤白俗言寒熱相兼其說尤誤寒熱異氣豈能俱甚于腸胃而同為痢乎各隨五藏之部而見其色其本則一出于熱但分淺深而已或曰何故服辛熱之藥亦有愈者曰為能開發鬱結使氣液宣通流濕潤燥氣和而已莫若用辛苦寒之藥微加辛熱佐之如錢氏香連丸之類是也

經曰耳為腎竅舌為心竅以舌非孔竅故心亦寄竅于耳十二經中除足太陽手厥陰其餘十經皆入絡耳中腎治內之陰心治外之陽清淨精明之氣上走空竅而聽斯聰矣若二經不調陰陽不和或煩勞陰虛或衛氣不下循經脉或得于風邪或經藏積熱或大怒氣逆或濕飲痞隔或熱聚不散流出膿血或風熱搏結成核塞耳皆令暴聾經曰頭痛耳鳴九竅不利腸胃之所生也宜通竅調氣安腎使精氣充足邪熱自退耳竅自通矣

李時珍曰肺開竅于鼻陽明胃脉俠鼻上行腦為元神之府鼻為命門之竅經曰天氣通于肺氣清則鼻通氣熱則鼻塞腸胃無痰火積熱則平常上升皆清氣也人之中氣不足清陽不升則頭為之傾九竅為之不利皆由燥火內焚風寒外束血氣壅滯濕熱蘊甚蒸于肺門鼻生瘜肉猶濕地得熱而生芝菌也治宜散熱破結勝濕祛風通精氣而利九竅散諸鬱而助清陽引胃中清氣上行頭腦此嚴氏辛夷散所以治手太陰足陽明二經也

經曰腦滲為涕又曰胆移熱于腦則辛頞鼻淵頞即山根辛頞酸痛也鼻淵鼻流濁涕不止也原病式曰如以火爍金熱極則反化為水肝熱甚則出泣心熱甚則出汗脾熱甚則出涎肺熱甚則出涕腎熱甚則出唾皆火熱盛極銷鑠以致之也清陽不升濁陰逆上所致也

除痰摘要

内經有飲字而無痰字至仲景始立五飲之名而痰飲居其一痰之源不一有因熱而生痰者有因痰而生熱者有因氣而生者有因風而生者有因寒而生者有因濕而生者有因暑而生者有因驚而生者有多食而成者有傷冷物而成者有嗜酒而成者有脾虛而成者俗云百病皆由痰起又腎虛不能制水水泛為痰是無火之痰痰清而稀陰虛火動火結為痰是有火之痰痰稠而濁痰症初起發熱頭痛類外感表症久則朝咳夜重又類陰火内傷走注肢節疼痛又類風症但肌色如故脉滑不匀為異

準繩曰痰之生由于脾氣不足不能致精于肺而淤以成者也治痰宜先補脾脾復健運之常而痰自化矣

龐安常曰善治痰者不治痰而治氣氣順則一身津液亦隨氣而順矣

夫脾虛不能健運則生痰飲稠者為痰稀者為飲水濕其本也得火則結為痰隨氣升降在肺則咳在胃則嘔在頭則眩在心則悸在背則冷在脇則脹其變不可勝窮也

或曰有痰而渴二陳湯内宜去半夏代以貝母栝蔞吳鶴皋曰渴而喜飲水者易之渴而不能飲水者雖渴猶宜半夏也此濕為本熱為標濕極而兼勝已之化非真象也按貝母寒潤主肺家燥痰半夏温燥主脾家濕痰雖俱化痰而寒温燥潤各異設或悮施貽害匪淺用者宜審之

又有血不足陰火上逆肺受火傷肅清之令不得下行由是津液渾濁生痰不生血者名燥痰當用潤劑如地黄天冬麥冬枸杞之類滋陰降火而痰自清若投二陳立見危殆有痰飲流入四肢肩背痠痛手足罷軟悮以為風則非其治宜導痰湯加木香薑黄大凡痰飲變生諸症當以治飲為先飲消則諸症自愈如頭風眉稜骨痛投以風藥不効投以痰藥見功又如眼赤羞明與之涼藥不瘳畀以痰劑獲愈凡此之類不一而足有人坐處吐痰滿地不甚稠粘只是沫多此氣虛不能攝涎不可用利藥宜六君子加益智仁以攝之

金匱曰短氣有微飲者當從小便去之桂苓朮甘湯主之腎氣

九亦主之夫痰飲積于厥陰心包胸脇支滿阻其胸中之陽水精不能上布目眩頭暈本草曰甘草能下氣除煩滿此症為痰飲阻遏陽氣故用陽藥以升陽而化氣也

經曰氣能發火火能役痰熱痰者痰因火盛也痰即有形之火火即無形之痰痰隨火而升降火引痰而横行變生諸症不可紀極火借氣于五臟痰借液于五味氣有餘則為火液有餘則為痰故治痰者必降其火治火者必順其氣也蓋氣之亢而為火猶民之反而為賊賊平則還為良民而復其業矣火退則還為正氣而安其位矣故化痰必以清氣為先也

夫痰由濕生過飲則脾濕多食辛熱油膩之物皆能生痰壅于胸膈則滿悶不舒胃有食積五更時火氣流入肺中則咳嗽多痰蓋外感久則鬱熱内傷久則火炎俱要開鬱潤燥降火清金其七情氣逆者順氣為先停水宿食者分導為要氣血虚者補之斂之不宜妄用濇劑

病有五藏六腑之殊而其要皆歸于肺以肺為五藏華蓋下通膀胱外達皮毛為氣之主而出聲也肺受火傷則氣逆而為欬脾有停濕則生痰而作嗽大法新嗽脉浮為表邪宜發散脉實為内熱宜清利脉濡散為肺虚宜温補久嗽曾經解利以致肺胃俱虚飲食不進宜温中助胃兼治嗽藥

素問曰肺之能令人欬何也曰五藏六府皆令人咳非獨肺也皮毛者肺之合也皮毛先受邪氣邪氣以從其合也五藏各以其時受病非其時各傳以與之有自外得者肺主皮毛風寒暑濕之邪自皮毛入内傳藏府而為嗽也有自内得者七情飢飽内有所傷則邪氣上逆肺為氣出入之道故五藏之邪上蒸于肺而為嗽也然風寒暑濕有不為嗽者蓋所感者重不留于皮毛逕傷藏府而成傷寒温熱諸病七情亦有不為嗽者蓋病尚淺只在本藏未傳入肺所以傷寒有嗽者為輕而七情飢飽之嗽必久而後發也

直指方云咳嗽感風者鼻塞聲重傷冷者悽清怯寒挾熱為焦煩受濕為纏滯瘀血則膈間腥臭停水則心下怔忪或實或虚痰之黄白唾之稀稠從可知也

三因方云一婦人牙痛治療不效口頰皆腫以金沸草散大劑

煎湯薰嗽漱而愈

玉機微義曰二仙丸與局方四七湯指迷茯苓丸皆行痰而兼用氣藥即嚴氏氣順則痰自下之意然紫蘇枳殼肺氣藥也厚朴脾胃氣藥也香附肝氣藥也隨藏氣而用不可不分嚴氏以人之七情鬱結氣滯生痰氣道通利痰自降下又有原有積痰其氣因痰而結滯者必先逐去痰結則氣自行豈可偏主一説有一咳而痰即出者脾濕勝而痰滑也宜半夏南星皂角之屬以燥其脾若利氣之劑所當忌也有連咳而痰不出者肺燥勝而痰濇也宜枳殼紫蘇杏仁之屬以利其肺若燥脾之劑所當忌也

李東垣曰夫風從上受之風寒傷上邪從外入令人頭痛身重惡寒此傷寒頭痛也頭痛耳鳴九竅不利腸胃之所生乃氣虛頭痛也心煩頭痛者過在手太陽少陰乃濕熱頭痛也如氣上不下頭痛巔疾者下虛上實也過在足太陽少陰甚則入腎風濕頭痛也如頭半邊痛者先取手少陽陽明次取足少陽陽明此偏頭痛也有厥逆頭痛者所犯大寒内至骨髓髓者以腦為主腦逆故令頭痛齒亦痛有真頭痛者甚即腦盡痛手足寒至節死不治頭痛每以風藥治之者高巔之上惟風可到味之薄者陰中之陽乃自地升天者也太陽頭痛惡風寒脉浮緊川芎羌活獨活麻黄之類為主少陽頭痛脉弦細往來寒熱柴胡黄芩為主陽明頭痛自汗發熱惡寒脉浮緩長實者升麻葛根白芷石羔為主太陰頭痛必有痰體重或腹痛為痰癖其脉沈緩蒼术半夏南星為主少陰頭痛三陰三陽經不流行而足寒氣逆為寒厥其脉沈細麻黄附子細辛湯主之厥陰頭頂痛或吐涎沫厥冷脉浮緩吳茱萸湯主之血虛頭痛當歸川芎為主氣虛頭痛人參黄耆為主氣血俱虛頭痛調中益氣湯少加川芎蔓荊子細辛又青空膏風濕頭痛藥也白术半夏天麻湯痰厥頭痛藥也羌活附子湯厥逆頭痛藥也如濕氣在頭者以苦吐之不可執方而治

李時珍曰痰涎為物隨氣升降無處不到入心則迷成癲癇入肺則塞竅為喘咳背冷入肝則膈痛乾嘔寒熱往來入經絡則麻痺疼痛入筋骨則牽引鈎痛入皮肉則瘰癧癰腫陳無擇三

因方並以控涎丹主之此乃治痰之本痰之本水也濕也得氣與火則結為痰故李士材曰治病先攻其甚若氣實而喘則氣反為本痰反為標矣是在智者神而明之若氣虛者非所宜矣

經曰心在竅為舌心別脉繫舌根脾脉連舌本散舌下腎脉挾舌本三脉皆虛風邪乘之而痰涎乘虛閉其脉道故舌本强而難語也風痰塞其經絡舌强不能言其症為重若壅熱上攻舌腫不能轉者其症為輕

按風木太過尅制脾土氣不運化積滯生痰壅塞上中二焦廻薄腸胃曲折之處謂之老痰變生百病不可測識非尋常藥餌所能療也王隱君製礞石滾痰丸主之

凡藥必先入胃然後能分布于某經某絡胃乃人身分金之爐也安有長在膈中而可以見功者乎若云膈藥必須在膈將治頭痛之藥亦必令之上駐于頭耶

王隱君曰痰症古今未詳方書雖有五飲諸飲之異而莫知其為病之源或頭風作眩目暗耳鳴或口眼蠕動眉稜耳輪痛癢或四肢游風腫硬似疼非疼或為齒頰癢痛牙齒浮而痛癢或噯氣吞酸心下嘈雜或痛或噦或咽喉不利咯之不出嚥之不下其痰似墨有如破絮桃膠蜆肉之狀或心下如停冰鐵心氣冷痛或夢寐奇怪之狀或足腕酸軟腰背骨節卒痛或四肢筋骨疼痛難以名狀並無常處以致手臂麻痛狀若風濕或脊上一線條如線之寒起者或渾身習習如卧芒刺者或眼粘濕癢口糜舌爛喉痹等症或繞項結核狀若瘰癧或胸腹間如有二氣交紐噎息煩悶有如烟火上衝頭面烘熱或為失志癲癇或為中風癱瘓或勞瘵荏苒之疾或風毒脚氣或心下怔忡如畏人捕或喘嗽嘔吐或嘔冷涎緑水黑汁甚為肺癰腸毒便膿攣跛内外為病百端皆痰所致其狀不同難以盡述蓋津液既凝為痰不復周潤三焦故口燥咽乾大便秘結面如枯骨毛髮焦槁婦人則因此月水不通若能逐去敗痰自然服餌有効余用滾痰丸以愈諸疾不可勝數特相傳于世云

風癇一症小兒居多或因母腹中受驚或因大驚而得蓋小兒神氣尚弱驚則神不守舍舍空則痰涎歸之以致痰迷心竅或感風寒暑濕或飲食不節逆于藏氣鬱而生涎閉塞諸經厥而

乃戍或數日一發或一日數發發則眩仆倒地昏不知人瘛瘲抽掣口目喎邪或隨臟氣作六畜之聲牛黄丸主之按牛黄丸之方頗多互有異同然大要在于搜風化痰寧心通竅多用冰麝牛雄金珠犀珀中臟者宜之如中府中血脉者反能引風入骨喻嘉言曰牛黄丸與蘇合丸異治熱阻關竅宜牛黄丸寒阻關竅宜蘇合丸若手撒口開遺尿等死症急用參附峻補間有生者若牛黄蘇合入口即斃

諸癇因驚恐憂怒火盛于心痰塞心竅發時卒倒搐掣叫吼吐涎食頃乃醒身熱脉浮在表者陽癇屬六腑易治身冷脉沈在裏者陰癇屬五臟難治其實痰火與驚而已癲狂亦由于此癲多喜笑尚知畏懼症屬不足狂多忿怒人不能制症屬有餘喜屬心怒屬肝二經皆火有餘之地也此病多因驚憂痰血塞于心竅所致難經云諸陽為狂諸陰為癲

趙以德曰常究本草知母草菓常山甘草烏梅檳榔穿山甲皆云治瘧集以成方者為知母性寒入足陽明治獨勝之熱使退就太陰草菓温燥治足太陰獨勝之寒使退就陽明二經和則無陰陽交錯之變是為君藥常山主寒熱瘧吐胸中痰結是為臣藥甘草和諸藥烏梅去痰檳榔除痰癖破滯氣是為佐藥穿山甲穴山而居遇水而入則是出入陰陽貫穿經絡于榮分以破暑結之邪為使藥也若脾胃有鬱痰者用之收効

李士材曰常山生用多用則吐與甘草同用亦必吐若酒浸炒透但用錢許每見奇功未見其或吐也世人泥于老人久病忌服之説使良藥見疑沈痾難起抑何愚耶

經曰工不能治其已發為其氣逆也瘧正發時不可服藥若正發而服藥反能助寒助熱

玉機微義曰常山飲乃温脾燥烈之藥蓋作脾寒治也用之亦効者値病人陰陽相并脾氣鬱結濁液凝痰閉塞中脘因得燥熱亦以暫開所以氣通而疾止若中氣虚弱内有鬱火之人復用燥熱愈劫愈虚咎將誰執

保命集云瘧晝發屬陽屬氣夜發屬陰屬血瘧夜發者乃邪氣深遠而入血分為陰經有邪宜加桃仁于桂麻湯中發散血中之風寒也

消導摘要

經曰脾胃者倉廩之官胃乃脾之剛脾乃胃之柔脾虛不運則氣不流行氣不流行則停滯而為積或作瀉痢或成癥痞以致飲食減少五藏無所資稟血氣日以虛衰因致危困者多矣故必消而導之消者散其積也導者行其氣也蓋濁陰不降則清陽不升客垢不除則真元不復如戡定禍亂然後可以致太平也輕則用和解之常劑重必假峻下之湯丸消補兼施者為消導之劑

夫土濕太過木邪乘所不勝而侮之脾虛不能健運乃有痰食留滯中焦致生痞滿諸症胃寒則嘔濕盛則瀉嵐瘴水土之病亦由胃虛故感之也主以平胃散泄中有補務令濕土底于和平也

王安道曰勞倦飲食雖皆為內傷然勞倦傷誠不足矣飲食傷又當于不足之中分其有餘夫飢餓不飲食者胃氣空虛此為不足而傷也飲食自倍腸胃乃傷者此不足之中兼有餘而傷也惟其不足故補益惟其有餘故消導亦有物滯氣傷消補兼行者亦有物滯氣不傷但須消導者亦有不須消導但須補益者枳朮丸之類雖曰消導固有補益之意焉引用荷葉者中空色青形仰象震在人為少陽胆生化之根蒂也飲食入胃營氣上行即少陽甲胆之氣也胃氣元氣穀氣甲胆上升之氣一也食藥感此氣化胃氣何由不上升乎

李東垣曰傷飲者無形之氣也宜發汗利小便以導其濕傷食者有形之物也輕則消化或損其穀重則方可吐下脉云大腸有宿食寒慄發熱有時如瘧輕則消導重則下之蓋食積飲停脾不運化滯于腸胃故有泄痢食瘧等症傷而未甚不欲攻以厲劑惟以平和之品消而化之故曰保和此內傷而氣未病者但當消導不須補益也

經曰太陰所至為積飲痞隔皆陰勝陽也受病之藏心與脾也因而鬱塞為痞者火與濕也蓋心陽火也主血脾陰土也主濕凡傷其陽則火怫鬱而血凝傷其陰則土壅塞而濕聚脾虛不運故痞滿惡食脾主四肢虛故懶倦右關屬脾脉弦者脾虛而木來侮之也

金匱云堅而不移者名積為藏病推移不定者名聚為府病按痞病由陰伏陽蓄氣血不運而成處心下位中位填塞痞滿皆土病也與脹肝滿有輕重之分痞惟內覺滿悶脹滿則外有脹急之形也前人皆指誤下所致蓋傷寒之病由于誤下則裏氣虛表邪乘虛入于心下脾積在于胃脘大如盤久不愈令人四肢不收或發黃疸飲食不為肌膚若雜病亦有中氣虛衰不能運化精微而成痞者有飲食痰積不能施化而成痞者有濕熱火甚上來心下而成痞者古方用黃連黃芩枳實之苦以泄之厚朴半夏生薑之辛以散之人參白朮之甘苦溫以補之茯苓澤瀉之淡以滲之惟宜上下分消其氣果有內實之症庶可畧施疏導世人苦于痞塞喜用利藥暫時通快過後滋甚皆不察夫下多亡陰之意也

李東垣曰痞滿皆血症也下多亡陰謂脾胃水穀之陰亡也心主血心虛而邪陷于血分故致心下痞宜理脾胃以血藥治之若全用氣藥則痞益甚而復下之氣愈下降必變為中滿鼓脹矣世有用氣藥治痞而不效者蓋未明此理也

李東垣曰酒大熱有毒無形之物也傷之只當發汗次利小便上下分消其濕氣今人或用酒癥丸大熱之藥下之或用大黃牽牛下之是無形元氣受傷反損有形陰血陰血愈虛陽毒大旺元氣消亡而虛損之病成矣或曰葛花解酒而發散不如枳椇枳椇一名雞距一名木蜜俗名龍爪菓經霜黃赤而味甘其葉入酒酒化為水門外植此木者屋內釀酒多不佳

按瘧久不愈為痰瘧多成癖于左脇之下名曰瘧母乃肝之積也瘧屬少陽胆經胆與肝相表裏久瘧屬在血分血亦肝所主也當以鱉甲為君隨症虛實而施佐使之藥

嚴氏鱉甲飲乃足少陽胆足厥陰肝足太陰脾藥也久瘧必由脾虛白朮補脾氣黃芪補肺氣氣足脾運方能磨積也川芎補肝而行血中氣滯白芍助脾而散肝經火邪二藥並和厥陰榮氣榮血調則陰陽和矣檳榔下氣而攻積草菓煖胃而祛寒厚朴破血而散滿陳皮理氣而消痰甘草和中而補土鱉甲醋炙鹹平屬陰色青入肝常能益陰補虛消熱散結故為痰瘧之君藥也引以姜棗烏梅取其調和營衛清熱解渴也

祛寒摘要

經曰陽氣者若天與日失其所則折壽而不彰寒者陰慘肅殺之氣也陰盛則陽衰陽竭陰絶則死矣蓋人之一身以陽氣爲主寒中于表宜汗寒中于裏宜温仲景著書先從傷寒以立論誠欲以寒病爲綱而明其例也其在三陽者則用桂麻柴葛之辛温以散之其在三陰者非假姜附桂萸之辛熱參术甘草之甘温則無人祛其陰冷之邪沴而復其若天與日之元陽諸傷寒濕者皆視此爲治矣

宋徽宗食冰太過病脾疾國醫不效召楊介進大理中丸上曰服之屢矣介曰疾因食冰臣請以冰煎此藥是治受病之源也果愈

王海藏曰上吐下瀉不止當渴而反不渴脉微細而弱者理中湯主之經又曰傷寒下之利不止醫以理中主之利益甚理中者理中焦此利在下焦赤石脂禹餘糧湯主之復利不止者當利其小便

太陰脾經也腹滿而吐食不下自利腹痛爲太陰病自利渴者爲熱不渴者爲寒喜嘔腹痛便溏皆虚寒所致寒徹于外則手足厥冷拘急寒凝于中則結胸泄瀉吐蚘霍亂者陰陽不和而揮霍撩亂或吐或瀉亦有寒熱二症

三陽傳陰經而下利者爲協熱利陰寒直中陰經而下利者爲寒利外邪傳裏而腹痛者其痛不常陰寒在内而腹痛者痛無休止時欲作利大腹屬太陰少腹屬少陰臍下屬厥陰亦有挾食積與痰火者三陽下利身熱太陰下利手足温少陰厥陰下利身冷其大較也下利雖有表症不可發汗以下利爲邪氣内攻走津液而胃虚也

仲景曰大病瘥後喜唾久不了皆因胃中有寒宜用理中丸以温之切勿悮以爲熱妄用凉藥

按腹痛自利裏寒也三陰自利居多身凉脉静者順身熱脉大者逆内寒故惡寒不渴四肢者諸陽之本寒則血脉凝濇陽氣不能敷布故一身盡痛而手足厥冷也反不惡寒面赤發躁者陰盛格陽于外也寒留胸中故食入即吐膈有寒飲故逆而乾嘔虚火上炎故咽痛脉沈者寒則伏藏也按少陰脉有沈有緊

有數而仲景統以微細言之蓋沈必重按始得緊數亦在沈細中見不似陽症浮大而緊數也

喻嘉言曰陽虛之人雖有表症其汗仍出其手足必厥若用表藥立至亡陽不用表藥外邪不服故用四逆湯加葱爲治經曰寒淫于内治以甘熱肝腎位遠非大劑不能達必冷服者寒盛于中熱飲則格拒不納恐致嘔吐經所謂熱因寒用又曰治寒以熱涼而行之是也

仲景曰傷寒醫下之續得下利清穀腹滿身痛者急當救裏宜四逆湯清便自調身痛者急當救表宜桂枝湯蓋身痛尚屬表症急則先救裏而後解表也

厥陰篇曰大汗出熱不去内拘急四肢痛又下利厥逆而惡寒者四逆湯主之按厥陰症四肢厥冷指甲青脉沈疾按之有力者爲陽厥當下之宜大承氣湯如脉沈遲按之無力者則爲陰厥宜四逆湯更須速灸之凡傳經熱邪則爲陽厥溺赤而四肢熱直中真寒謂之陰厥陰縮而四肢冷

程郊倩曰世言傳經爲熱厥直中爲寒厥斯言甚謬三陽之厥多得于失下此爲熱厥少陰之厥悉屬于寒厥陰之熱厥仲景書中僅有傷寒一二日至四五日而厥者必發熱一條果如傳邪之説則在四五日固得矣論中何云一二日不知何經之邪而神速若此其曰厥應下之者下其熱非下其厥也遇發熱則可下遇厥則萬不可下矣推原其故厥陰與少陽一府一藏少陽在三陽爲盡陽盡則陰生故有寒熱之往來厥陰在三陰爲盡陰盡則陽接故有寒熱之勝復凡遇此症不必論其來自三陽起自厥陰只論熱與厥之多少熱多厥少知爲陽厥厥多熱少知爲陰厥熱在後而不退則陽過勝而陰不能復遂有喉痹便血等症厥在後而不退則陰過勝而陽不能復遂有除中亡陽等症仲景所以調停二治法須合陰陽進退之機陽勝宜下小承氣湯中已去芒硝之寒而有厚朴之温在厥陰中破陽以行陰陰勝宜温縱有陽邪一見厥利便宜烏梅丸聚辛熱之品而加苦寒之佐在厥陰中破陰以行陽雖有上熱如篇首消渴氣上衝心之症亦不慮其爲扞格也扶陽抑陰之旨微矣

經曰凡陰陽不相順接便爲厥手足逆冷是也方時行曰三陰

三陽之脉俱相接於手足陰主寒陽主熱陽氣内陷不與陰氣相順接則手足厥冷也

仲景茯苓四逆湯治汗下後病不鮮而煩躁蓋以過汗則亡陽而表虚誤下則亡陰而裏虚陰陽表裏俱虚乃生煩躁故用茯苓人參入心以除煩附子乾姜入腎以解躁也

傷寒百問曰汗後惡寒人必虚下後發熱人必實汗出表不解而惡寒其為過汗陽弱可知汗出為營虚惡寒為衛虚若重補其陰則惡寒愈甚但回其陽則陰愈劫矣故用附子以回陽而加芍藥以斂陰此營衛兩虚之救法

李梃曰汗後亡陽惡寒者表虚也芍藥附子甘草湯下後惡寒者裏虚也四逆湯其有表邪未盡者必兼發熱柴胡加桂枝湯又有裏實熱伏于内陽微于外而惡寒便堅者猶須下之

成無己曰脉者血之府也諸血皆屬于心通脉者必先補心益血心苦緩急食酸以收之肝苦急急食甘以緩之四逆之名多矣而有因寒因熱之不同此則因風寒中血脉而逆故以當歸細辛血中之氣藥為君通脉散逆必先去血中之邪故以桂枝散太陽血分之風細辛散少陰血分之寒為輔未有營衛不和而脉能通者故以芍藥甘草大棗調和營衛通草利九竅通血脉關節諸藥藉之以破阻滞而厥寒散矣

經曰熱深厥亦深熱微厥亦微按傷寒邪在三陽則手足必熱至太陰則手足温至少陰則熱邪漸深四肢逆而不温至厥陰則手足逆冷矣

陶節庵曰病在一經有用熱藥又用寒藥者如少陰症有用白虎湯四逆散寒藥者有用真武湯四逆湯熱藥者庸醫狐疑詎能措手不知寒藥治少陰乃傳經之熱症也熱藥治少陰乃直中之寒症也

凡人寤則氣行于陽寐則氣行于陰然必自少陰始故傷寒少陰症心煩但欲寐陰氣勝也一有陽擾則反是矣周揚俊曰但欲寐非能寐也昏昏如夢耳六經中惟少陰症難辨少陰屬腎腎病不能制水水飲停為水氣寒濕内甚腹中隱痛寒濕外甚四肢沈重骨節疼痛水穀不别小便不利或咳或嘔皆停飲也

程郊倩曰汗多亡陽夫人知之然有衛外之陽為周身營衛之

主此陽虛遂有汗漏不止惡寒身痛之症有膻中之陽為上焦心肺之主此陽虛遂有乂手冒心及奔豚之症有腎中之陽為下焦真元之主此陽虛遂有發熱眩悸惕瞤擗地之症有胃中之陽為中焦水穀生化之主此陽虛遂有腹脹滿胃不和而成心中痞之症總之汗為心液汗去心虛如魚失水則躍也水停心下心屬火火畏水故悸也虛陽內動故頭眩也汗多則液少不能榮養筋肉故筋惕惕而跳肉瞤瞤而動也亡陽無奈故振振欲擗地而入也救誤者須按脉症知犯何逆以法治之

經曰寒淫所勝治以辛熱濕淫所勝佐以酸平腎主骨寒淫則痛此一身骨節盡痛乃陽虛陰盛而生內寒所致非外感也若以外感之痛治之則殺人矣故用附子人參助陽而勝腎寒加白芍斂陰以為陽之所附補陽必兼和陰不欲其偏勝也

按背為胸中之府諸陽受氣于胸中轉行于背背為陽腹為陰陽氣不足陰寒內盛則背為之惡寒若風寒在表而惡寒則一身盡寒矣且背為太陽部分然少陰腎脉亦貫脊與太陽相表裏又背居北方與腎同位故寒傷少陰而背惡寒亦其義也又有陰氣不足陽氣乘虛內陷陰中表陽新虛背微惡寒者經所謂傷寒無大熱口渴心煩背微惡寒者是也白虎加人參湯主之一為陰寒內盛一為陽氣內陷何以明之蓋陰寒為病內無燥熱則口中和陽氣內陷則消爍津液口燥舌乾而渴也欲辨陰陽寒熱之不同當以口中燥潤詳之一法看小便之清赤清者為寒赤者為熱也

經曰逆而從之從而逆之正者正治反者反治以熱治寒以寒治熱為正治以熱治熱以寒治寒為反治亦曰從治謂從其性而伏之也厥有陰陽二症陰厥者身涼不渴脉遲細而微陽厥者陽熱極而反厥雖厥而煩渴譫妄身復時温而脉數也若陽厥極深至于身冷脉微欲絕為熱極而將死矣急以大承氣下之則厥愈所謂寒藥反能生脉而令身煖也若以熱藥助其陽則陰氣暴絕陽亦將絕而死矣若陰已先絕而陽亦將絕于此時而後下之則陰陽俱竭而亦死矣陰厥用白通四逆亦須急投緩則無及

附葱熨艾灸法治陰毒手足厥冷腹痛暴絕服白通湯或四逆

湯後用葱一大握以繩纏束切去兩頭留白寸許以火炙熱安臍上先將麝香半分填臍中次放葱餅用熨斗盛火熨令熱氣從臍入腹痛甚者連熨二三餅身温有汗即瘥否則不治或用艾炙關元氣海臍下一寸五分名氣海二寸名丹田三寸名關元各二三十壯內外協攻務令一時之內陰散陽回得汗而解

或曰用釅醋拌麸皮炒熱袋盛蒸熨比前法尤捷

經曰陽受氣于胸中陽虛則陰邪得以中之陰寒之氣逆而上衝横格于中焦故見高起痛嘔不可觸近之症蓋心為陽寒為陰寒乘于心冷熱相激故心胸大痛寒乘于脾脾冷弱不消水穀心脾為子母之藏為邪所乘故痛而且嘔復不能飲食也俗云諸痛無補法痛而至于不可觸近痛亦甚矣仲景乃用大建中之人參飴糖大補之藥為治將以仲景為信歟抑以後人為然歟

吳鶴皐曰以參耆桂附而治斑法之變者也蓋陰症發斑者或因汗吐下後中氣虛乏或因慾事損傷腎氣或因過服涼藥遂成陰症寒伏于下逼其無根失守之火上獨薰肺而發斑點其色淡紅隱隱見于肌表與陽症發斑色紫赤者不同此胃氣極虛若服寒藥立見危殆醫不達權安足語此

喻嘉言曰虛勞症至于亡血失精手足煩熱咽燥口乾精血枯槁難為力矣不知虛勞之病多本脾胃故引伸建中之法為十四味建中湯以參耆桂附温建中藏使飲食增而陰血旺故但用稼穡作甘之味生其精血而酸辛酸苦在所不用舍是別無良法也今人用建中者絶不用飴糖失仲景遺意矣

準繩曰脾居四藏之中生育榮衛通行津液一有不調則失所育所行矣脾者榮之本胃者衛之源鍼經曰榮出中焦衛出上焦是以衛為陽益之必以辛榮為陰補之必以甘辛甘相合脾胃健而榮衛通矣

李東垣曰傷寒論云陽脉濇陰脉弦法當腹中急痛以芍藥之酸土中瀉木為君以飴糖炙草甘温補脾養胃為臣水挾木勢亦來侮土以肉桂大辛熱佐芍藥以退寒水以薑棗辛甘而温發散陽氣行于經絡皮毛為使此仲景製小建中湯乃治足太陰足陽明藥也

或謂桂枝湯解表而用芍藥少建中湯温裏而用芍藥多何也蓋皮膚為近則制小其服心腹為遠則制大其服所以分兩有不同此即表欲其散裏欲其收之義然建中為補能補中焦之虛而不能補上焦下焦之虛調胃為瀉能瀉中焦之實而不能瀉上焦下焦之實

準繩曰小建中加黄耆兩半名黄耆建中湯金匱用治虛勞不足蓋血不足而用黄耆黄耆味甘加以炙草大能生血此乃仲景之妙法夫稼穡作甘甘能補胃胃為氣血之海氣血所從生也經曰無陽則陰無以生以甘益胃而生血旨哉今人但知參耆為氣藥故特表而出之補血湯黄耆五倍于當歸有形之血生于無形之氣陽生則陰長此其義耳

喻嘉言曰腎氣空虛外風入之風挾腎中陰濁之氣厥逆上攻頭間重眩極苦難耐兼以脾虛食不知味此脾腎兩虛風邪入藏近効方白术附子湯不用風藥但用附子煖其水藏白术煖其土藏水土一煖則濁陰之氣盡趨于下而脾腎俱安製方之義精矣

經曰風以上先受之濕則下先受之殆至兩相搏結注經絡流關節入肌骨無處不到則無處不痛也風勝則衛氣不固故汗出而惡風濕勝則水道不行故小便不利而身微腫故主以白术附子湯而加桂枝以散風固表風濕去而煩痛自愈矣

成氏曰煩躁者先煩漸至躁也躁煩者先躁而迤邐復煩也煩出于肺躁出于腎内熱曰煩謂心中鬱煩為有根之火外熱曰躁謂身體手足動擾欲裸衣入井為無根之火從煩至躁為熱先躁後煩謂怫怫然更作躁悶此為陰盛格陽也雖大熱欲于泥水中卧但飲水不得入口是也此氣欲脱而爭譬如燈將滅而復明矣故但煩不躁及先煩後躁者皆可治故但躁不煩及先躁後煩者皆不治

夫初病無身熱頭痛是無表証邪不在陽也惡寒厥逆是寒中于裏陽氣不宣于四肢也引衣自蓋踡卧沈重是寒中少陰也腹痛吐瀉不渴是寒中太陰也指甲唇青口吐涎沫是寒中厥陰也至于沈遲無脉陰寒為已甚矣陶節菴以回陽救急湯主之乃治足三陰脾腎肝藥也

經曰腎者胃之關也前陰利水後陰利穀腎屬水水旺于子腎之陽虛不能鍵閉故五更時將交陽分則瀉也脾之清陽下陷不能運化闌門大小腸之交元氣不足不能分别水穀不痛而瀉也皆由腎命火衰不克上生脾土故也楊仁齋曰腎命之氣交通水穀自然尅化故四神丸大補下焦元陽使火旺土强則能制水而不復妄行矣

許學士曰有全不進食者服補脾藥皆不効予授二神丸頓能進食此病不可全作脾治蓋腎氣怯弱真元衰削是以不能化食如鼎釜之下無火物終不熟也蓋火乃土之母破故紙補腎為癸水肉荳蔻厚腸胃為戊土戊癸化火同為補土母之藥

李時珍曰一婦年六十餘溏瀉五載每犯生冷油膩肉食即作痛服升濇藥瀉反甚脉沈而滑此乃脾胃久傷積冷凝滯法當以熱下之用蠟匱巴豆丸即感應丸五十粒服二日遂愈自是每用治瀉痢愈者近百人醫貫曰感應丸神妙不可言雖有巴豆不令人瀉其積自然消化也

經曰疝有七種寒疝水疝筋疝血疝氣疝狐疝癩疝也陰氣積於内復為寒邪所襲榮衛不調則成疝病囊冷結硬如石或引睾丸而痛名寒疝症雖見于腎病實本乎肝以厥陰肝脉絡于陰器故也此導氣湯乃治疝之通劑以疝病多因寒濕所致也女子陰菌亦同此類

丹溪曰疝病俗名小腸氣自素問而下皆以為寒世有寒而無疝者必有説以通之可也因思此病始于濕熱在經鬱遏至久又感外寒濕熱被鬱而作痛只作寒論恐有未盡古方以烏頭梔子等分作湯其効亦速後因此方隨症加減無有不應須分濕熱多少而治之又有挾虛而發者當以參术為君而佐以疏導其脉沈緊而大者是也山梔附子酒煎加鹽服名梔附湯亦治疝病

茎囊睾丸腫硬不痛不癢為㿗疝亦有引臍腹絞痛者症有四種腸㿗卵㿗水㿗氣㿗也皆寒濕為病朱丹溪曰㿗疝不痛非痛斷房事與厚味不可若蒼术神麯山查白芷川芎枳實半夏皆要藥又宜隨時月寒熱加減為治

清暑摘要

經曰夏氣在經絡長夏氣在肌肉表實者裏必虛且熱則氣泄故經曰脉虛身熱謂之傷暑暑為陽邪心屬離火故暑先入心從其類也巳月六陽盡出于地上此氣之浮也外症頭痛口乾自汗面垢嘔吐泄瀉少氣倦怠其大較也有餘症者皆後傳變也傷暑有兼傷風者有兼傷寒者有兼傷濕者有兼傷食者有冒暑飲酒引暑入內者有納涼巨室暑不得泄反中入內者有手足搐搦名暑風者有手足逆冷名暑厥者有昏不知人為中暑者潔古曰中熱為陽症為有餘中暑為陰症為不足蓋肺主氣夏月火盛灼金則肺受傷而氣虛故多不足凡中暑者不可作中風治

李時珍曰有處高堂大厦而中暑者緣納涼太過飲冷太多陽氣為陰邪所遏反中入內故見頭痛惡寒之症用香薷以發越陽氣散水和脾則愈

玉機微義曰東垣論暑症同冬月傷寒傳變為症不一乃為寒邪傷形此則暑熱傷氣若元氣虛甚有一時不救者與傷寒陰毒頃刻害人實同啟是病例大開後人聾瞶活人書云脉虛身熱謂之中暑乃不足之症頭痛惡寒形面拘垢宜用溫散之劑脉盛身熱謂之中熱乃有餘之症頭痛壯熱大渴引飲宜用清涼之劑

薛氏曰中暍乃陰寒之症法當補陽氣為主少佐以解暑先哲用乾薑附子此推內經舍時從症之法也香薷飲乃散陽氣導真陰之劑若元氣虛犯房勞而用之者適所以招暑也李士材曰香薷為夏月發汗之藥其性溫熱只宜于中暑之人若中熱之人誤服之反成大害李時珍曰香薷乃夏月解表之藥猶冬月之用麻黃氣虛者尤不可多服今人謂能解暑概用代茶遺誤不淺矣

張兼善曰風寒濕皆地之氣係濁邪所以俱中足經暑乃天之氣係清邪所以中手少陰心經其症多與傷寒相似但傷寒初病未至煩渴暑初病卽渴傷寒脉必浮盛暑脉虛弱為不同耳蓋長夏暑濕蒸人脾土受傷則四肢困倦精神減少大便溏瀉暑熱傷肺則胸滿氣促身熱心煩口渴便赤濁氣在上則生䐜

脹故痞悶惡食暑先入心汗為心液則自汗暑必兼濕濕盛則身痛身重暑傷氣元氣耗傷則脉虛而不足故東垣製清暑益氣湯以治手足太陰足陽明肺脾胃三經熱傷氣故用參耆益氣而固表濕傷脾二朮燥濕而強脾火盛則金病而水衰麥冬五味以保肺而生津肺為水之上源火旺克金金不生水故用麥冬五味合人參名生脉散并用黄柏以瀉熱而滋水青皮平肝而破滯當歸養血而和陰神麯化食而消積升麻葛根解肌熱而升清澤瀉瀉濕熱而降濁陳皮理氣甘草和中合之以益氣強脾除濕清熱也

醫貫曰有傷暑吐衄者暑傷心心虛不能生血不宜過用寒涼以瀉心宜清暑益氣加丹皮生地犀角之類蓋暑傷心亦傷氣其脉必虛以參耆補氣使能攝血斯無弊也

經曰肺主氣肺氣旺則四臟之氣皆旺夏月炎暑火旺克金火熱傷肺故氣短金為火制不能生水故口渴氣少故倦怠肺主皮毛虛故汗出虛火乘肺故欬

李東垣曰津者庚大腸所主三伏之時為庚金受囚若亡津液汗大泄濕熱亢甚燥金受囚風木無制故風濕相搏骨節煩痛一身盡痛也

李東垣曰手陽明大腸手太陽小腸皆屬足陽明胃大腸主津小腸主液大腸小腸受胃之陽氣乃能行津液于上能漑灌皮毛充實腠理若飲食不節胃氣不充大腸小腸無所稟氣故津液涸竭焉又曰脉者元氣也故千金生脉散用人參之甘補元氣瀉火熱麥冬之寒補水源清燥金五味之酸以瀉火補庚大腸與肺金也

河間六一散一名天水散其數六一者取天一生水地六成之之義統治上下表裏諸病蓋取其能通除上下三焦濕熱也然惟體盛濕多之人宜服之以解暑利水使濕熱從小便出若無濕之人而多服此則反耗其津液而渴轉甚矣

長夏炎蒸濕土司令人或冒暑伏熱過于飲冷食寒脾胃受濕陽氣不得伸越以致陰陽氣逆藏府不調霍亂吐瀉夫脾胃者喜燥而惡濕喜溫而惡寒陽外陰内治之多用煖劑利氣調脾升伏陽于陰中亦從治之法也然有陰陽二症治當審慎

潤燥摘要

經曰諸濇枯涸乾勁皴揭皆屬于燥乃肺與大腸陽明燥金之氣也氣為水母土為金母金為生水之源寒水生化之源絕不能溉灌周身榮養百骸故枯槁而無潤澤也或因汗下亡津或因房勞虛竭或因服餌金石或因濃酒厚味皆能助狂火而損真陰也燥在外則皮膚皴揭在内則津少煩渴在上則咽焦鼻乾在下則腸枯便秘在手足則痿弱無力在脉則細澁而微皆陰血為火熱所傷也治宜甘寒滋潤之劑甘能生血寒能勝熱潤能去燥使金旺而水生則火平而燥退矣

素問曰燥乃陽明秋金之化經曰金木者生成之終始又曰木位之下金氣承之蓋物之化從於生物之成從於殺造化之道生殺之氣猶權衡之不可輕重也生之重殺之輕則氣殫散而不收殺之重生之輕則氣歛濇而不通歛濇則傷其分布之政不惟生氣不得升而收氣亦不得降經曰逆秋氣則太陰不收肺氣焦滿是也

按有聲無痰謂之乾咳脾中有濕則生痰病不由于脾故無痰肺中有火則咳病本于肺火盛津枯故乾咳瓊玉膏以地黄滋陰生水參苓補土生金蓋人參益肺氣而瀉火茯苓清肺熱而生津也

仲景炙甘草湯一名復脉湯按傷寒脉結代與雜病不同脉動而中止能自還者曰結不能自還曰代血氣虛衰不能相續也心中動悸真氣内虛也肺氣虛則成痿胃中津液之上供者悉從燥熱化為涎沫故濁唾多仲景主以炙甘草湯以補氣血而復脉耳

喻嘉言曰炙甘草湯乃仲景傷寒門中之聖方也千金翼用治虛勞外臺用治肺痿究竟本方所治亦何止二病哉外臺所取在于益肺氣之虛潤肺金之燥至于桂枝辛熱似有不宜不知桂枝能通營衛致津液則肺氣能轉輸涎沫以漸而下尤為要緊所以云治心中温温液液也

玉機微義曰肺痿如乾咳聲啞聲嘶咯血此屬陰虛火熱甚也吐涎沫而不欬不渴必遺尿小便數以上虛不能制下此肺中冷也必眩多涎唾用炙甘草乾薑湯以温之肺痿涎唾多心中

温温液液者用炙甘草湯此補虚勞也亦與補陰虚火熱不同故肺痿有寒熱之異

喻嘉言曰胃中津液乾枯虚火上炎用寒涼藥而火反升徒知與火相爭知母貝母屢施不應不知胃者肺之母氣也仲景于麥冬人參粳米甘草大棗大補中氣大生津液隊中增入半夏之辛温一味用以利咽下氣此非半夏之功實善用半夏之功擅古今未有之奇矣按半夏亦脾胃藥能燥能潤以能行水故燥以味辛故潤也仲景治咽痛不眠皆屢用之今人率以為燥而疑之則誤矣

經曰肺也者傳相之官也治節出焉肺屬辛金而主氣大腸屬庚金而主津金者水之母也土者金之母也脾土不强肺氣先絶火盛尅金則肺熱葉焦氣無所主而失其治節故肢體或縱或縮而成痿躄也火上逆肺故喘促肺主皮毛故色白毛敗濕熱塡于膈中故胸滿壅于陽明則食少上升于頭則眩注于身則體重流于關節則身痛肺受火傷天氣不能下降膀胱絶其化源故口渴便赤東垣清燥湯益氣燥濕保肺生津滋陰養血升清降濁使濕熱從小便而出則燥金肅清水出高源而諸症悉平矣方名清燥而以去濕為首務非東垣具過人之識不及此也

朱丹溪曰今世風病大率與諸痿症混同論治古聖論風痿條目不同治法亦異夫風病外感善行數變其病多實發表行滯有何不可諸痿起于肺熱傳入五藏散為諸症其昏惑瘛瘲瞀悶暴病鬱冒蒙昧暴瘖皆屬于火其四肢不舉足痿舌强痰涎有聲皆屬于土悉是濕熱之病當作諸痿論治大抵只宜補養若以外感風邪治之寍免實實虚虚之禍乎

或曰内經治痿獨取陽明何也丹溪曰只諸痿生于肺熱一語已見大意金體燥而居上主氣畏火者也土性濕而居中主四肢畏木者也嗜慾不節則水失所養火寡于畏而侮所勝肺得火邪而熱矣肺受熱邪則金失所養木寡于畏而侮所不勝脾得木邪而傷矣肺熱則不能管攝一身脾傷則四肢不為人用而諸痿之病作矣瀉南方則肺金清而東方不實何脾傷之有補北方則心火降而肺金不虚何肺熱之有故陽明實則宗筋

潤能東胃而利機關矣治痿大法無過于此

仲景曰脉浮而數能食不大便者此爲實名曰陽結脉沈而遲不能食身體重大便反鞕名曰陰結按風結即風秘由風搏肺藏傳于大腸或素有風病者亦多秘氣秘由氣不升降血秘有亡血血虚津液不足熱秘由大腸熱結冷秘由冷氣橫于腸胃凝陰固結津液不通非燥糞也東垣曰實秘熱秘即陽結也宜散之虚秘冷秘即陰結也宜温之

朱丹溪曰古方通大便皆用降氣品劑蓋肺氣不降則難傳送用枳殼沈香訶子杏仁等是也又老人虚人風人津液少而秘者宜滑之用胡麻麻仁阿膠等是也如妄以峻藥逐之則津液走氣血耗雖暫通而即秘矣必變生他症

按下脘即幽門胃之下口也人身上下有七門皆下衝上也幽門上衝吸門吸門即會厭氣喉上掩飲食者也衝其吸入之氣不得下歸肝腎爲陰火相拒故膈噎不通濁陰不得下降而大便乾燥不行胃之濕與陰火俱在其中則腹脹作矣治在幽門使幽門通利泄其陰火潤其燥血生其新血則幽門通吸門亦不受邪膈噎得開脹滿俱去矣是濁陰得下歸地也

李東垣曰腎開竅于二陰經曰大便難者取足少陰夫腎主五液精液足則大便如常若飢飽勞役損傷胃氣及食辛熱味厚之物而助火邪伏于血中耗散真陰津液虧少故大便燥結少陰不得大便以辛潤之太陰不得大便以苦泄之陽結者散之陰結者温之傷食者以苦泄之血燥者以桃仁酒製大黄通之風燥者以麻仁加大黄利之氣濇者以郁李仁枳實皂角仁潤之不可槩用牽牛巴豆之類下之損其津液燥結愈甚遂成不治之症

夫胃脘有死血者嗜酒食辛燥暴多怒積久而成瘀熱也枯槁者血聚則肝氣燥燥熱故槁也瘀血阻碍故食下作痛翻胃而吐出也瘀血不去新血不生故腸枯而便秘也

膈噎翻胃多因氣血兩虚胃槁胃冷而成飲可下而食不可下槁在吸門即喉間之會厭也食下胃脘痛須臾吐出槁在賁門胃之上口也此上焦名噎食下良久吐出槁在幽門胃之下口也此中焦名膈朝食暮吐槁在闌門小腸下口也此下焦名反

胃又有寒痰瘀血食積壅塞胃口者或補或消或潤宜隨症加減論治

朱丹溪曰反胃膈噎大便燥結宜牛羊乳時時嚥之兼服四物湯為上策不可服人乳人乳有五味之毒七情之火也夫膈噎不通服香燥藥取快一時破氣而燥血是速其死也不如少服藥飲牛乳加韭汁或薑汁或陳酒為佳

經曰二陽結謂之消二陽者陽明也手陽明大腸主津病消則目黄口乾是津不足也足陽明胃主血熱則消穀善飢是血中伏火血不足也末傳能食者必發腦疽癰瘡不能食者必傳中滿鼓脹皆不治之症

夫渴而多飲為上消肺熱也多食善飢為中消胃熱也渴而小便數有膏為下消腎熱也皆火盛而水衰也氣分渴者喜飲冷水宜寒涼滲劑以清其熱血分渴者喜飲熱水宜甘温酸劑以滋其陰上輕中重下危如上中平則不傳下腎消小便甜者為重水生于甘而死于鹹小便本鹹而反甘是生氣泄脾氣下陷入腎中為土尅水也

經曰肺主氣肺無病則氣能管束津液其精微者榮養筋骨血脉餘者為溲肺病則津液無氣管攝而精微亦隨溲下如膏油也此因中消之後胃熱入腎消爍腎脂令腎枯燥飲一溲二溲出如膏致見兩腿漸細腰脚無力等症

喻嘉言曰友人病消渴後渴少止反加燥急足膝痿弱主以白茯苓丸加犀角有醫曰腎病而以黄連犀角治心毋乃倒乎不知腎者胃之關也胃熱下傳于腎則關門大開心之陽火得以直降于腎心火灼腎躁不能需故用犀角黄連對治其下降之陽光寍為倒乎服之果效再服六味地黄丸加犀角而肌澤病起矣

經曰陽氣者精則養神柔則養筋筋骨過勞耗其津液不能榮養故勁急而筋數轉也爪甲者筋之餘筋屬木猶木枯則枝葉皆萎也不能久立筋衰不能束骨也肝主筋筋極六極之一也

許叔微曰一婦年八十四忽腹痛頭疼惡心不食醫皆議補脾治風清利頭目服藥雖愈全不進食其家憂惶予辨前藥皆誤此是老人風秘主以麻仁蘇子粥兩啜而通利不藥而愈矣

調補摘要

經曰聖人不治已病治未病不治已亂治未亂夫病已成而後藥之亂已成而後治之譬猶渴而穿井鬪而鑄兵不亦晚乎故先補養然調補非旦夕可效故以丸劑居前湯劑居後補者補其所不足也養者栽培之將護之使得生遂條達而不受戕賊之患也人之氣禀罕得其平有偏于陽而陰不足者有偏于陰而陽不足者故必假藥以滋助之而又須優游安舒假之歲月使血氣歸于和平乃能形神俱茂而疾疢不生也

古云肝腎之病同一治也或謂腎氣丸為補水之劑以熟地大補精血故也不知精血足則真陽自生況山藥茱萸皆能濇精固氣氣者火也水中之火乃為真陽腎氣丸水火兼補不寒不燥至平淡至神奇也或曰腎氣丸實補肝藥也腎為肝母亦虛則補母之義

按腎氣丸熟地溫而丹皮涼山藥濇而茯苓滲山茱收而澤瀉瀉補腎而兼補脾有補而又有瀉相和相濟以成平補之功所以為古今不易之良方也即有加減不過一二味極三四味而止令人多揀本草補藥任意加入有補無瀉且客倍于主責成不專而六味之功反退處于虛位失製方之本旨矣此後世庸師之誤也

趙養葵作醫貫專用六味地黃湯大劑治病且云即以傷寒口渴言之邪熱入于胃府消耗津液故渴恐胃汁乾急下之以存津液其次者但云欲飲水者不可不與不可多與別無治法縱有治者徒知以苓連梔柏麥冬五味花粉甚則石羔知母此皆有形之水以沃無形之火安能滋腎中之真陰乎若以六味地黃大劑服之其渴立愈何至傳至少陰而成燥實堅之症乎然以地黃湯治傷寒亦趙氏之創見也

李士材曰腎有兩枚皆屬于水初無水火之別仙經云兩腎一般無二樣中間一點是陽精兩腎中間穴名命門相火所居也一陽生于二陰之間所以成乎坎而位于北也

李時珍曰命門為藏精係胞之物其體非脂非肉白膜裹之在脊骨第七節兩腎中央系着于脊下通二腎上通心肺貫腦為生命之原相火之主精氣之府人物皆有之生人生物皆由此

出內經所謂七節之旁中有小心是也以相火能代心君行事故曰小心又按男女搆精皆禀此命火以結胎人之窮通壽夭皆根于此乃先天無形之火所以主云為而應萬事蒸糟粕而化精微者也無此真陽之火則神機滅息生氣消亡矣惟附子肉桂能入腎命之間而補之故加入六味丸中為補火之劑有腎虛火不歸經大熱煩渴目赤唇裂舌上生刺喉如烟火足心如烙脉洪大無倫按之微弱者宜十全大補湯吞八味丸或問燥熱如此復投桂附不以火濟火乎曰心胞相火附于命門男以藏精女以係胞因嗜慾竭之火無所附故厥而上炎且火從腎出是水中之火也火可以水折水中之火不可以水折桂附與火同氣而味辛能開腠理致津液通氣道據其窟宅而招之同氣相求火必下降矣然則桂附者固治相火之正藥歟八味丸用澤瀉寇宗奭謂其接引桂附歸就腎經李時珍曰非接引也茯苓澤瀉皆取其瀉膀胱之邪氣也古人用補藥必兼瀉邪邪去則補藥得力一闔一闢此乃玄妙後世不知此理專一于補必致偏勝之害矣張仲景用此丸治漢武帝消渴喻嘉言曰下消之症飲水一斗小便亦一斗故用此以折其水使不順趨夫腎水下趨則消腎水不上騰則渴舍此安從治哉

朱丹溪曰君火者心火也人火也可以水滅可以直折黃連之屬可以制之相火者天火也龍雷之火也陰火也不可以水濕折之當從其類而伏之惟黃柏之屬可以降之按知柏八味丸與桂附八味丸寒熱相反而服之者皆能有功緣人之氣稟不同故補陰補陽各有攸當藥者原為補偏救弊而設也醫貫曰左尺脉虛細數者是腎之真陰不足宜六味丸以補陰右尺脉沈細數者是命之相火不足宜八味丸以補陽至于兩尺微弱是陰陽俱虛宜十補丸此皆滋先天化源自世之補陰者率用知柏反戕脾胃多致不起不能無憾故特表而出之

王節齋云凡酒色過度損傷肺腎真陰者不可過服參耆服多者死蓋恐陽旺而陰消也自此說行而世之治陰虛咳嗽者視參耆如砒鴆以知柏為靈丹使患此症者百無一生良可悲也蓋病起房勞真陰虧損陰虛火上故咳當先以六味丸之類補其真陰使水升火降隨以參耆救肺之品補腎之母使金水相

生則病易愈矣世之用寒涼者固不足齒間有知用參耆者不知先壯水以制火而遽投參耆以補陽反使陽火旺而金益受傷此不知先後之着者也

何首烏流傳雖久服者尚寡明嘉靖間方士邵應節進七寶美髯丹世宗服之連生皇子遂盛行于世按何首烏熟地黄皆君藥也故六味丸以地黄為君七寶丹以何首烏為君各有配合未可同類而共施也即有加減當各依本方隨病而施損益今人多以何首烏加入地黄丸中合兩方為一方是一藥二君安所適從乎失製方之本旨矣

夫腎為先天之根本脾為後天之根本蓋兩腎中間有命火乃先天之真陽人之日用云為皆此火也此火衰微則無以薰蒸脾胃飲食減少而精氣日衰矣二本有傷故未老而先衰二本既固則老可還少楊氏還少丹乃水火平調脾腎交補之劑也

經曰肝主筋腎主骨血不足則筋痿精不足則骨痿人之一身陽常有餘陰常不足骨蒸勞熱本乎陰虛故步履為艱也虎潛丸用龜板虎脛骨者龜得陰氣最厚故以補陰而為君虎得陰氣最強故以健骨而為佐用脛骨者虎雖死猶立不仆其氣力皆在前脛故用以入足從其類也名虎潛者虎陰類潛藏也補陰所以稱陽也凡陽勝者不必瀉陽只補其陰以配陽必使陰陽相濟水火均平自無偏勝之患矣

難經云損其肺者益其氣損其心者調其榮損其脾者調其飲食損其肝者緩其中損其腎者益其精夫虛損者一損肺皮槁毛落二損心血液衰少三損脾飲食不為肌膚四損肝筋緩不自收持五損腎骨痿不起于床五勞者志勞思勞心勞憂勞瘦勞也七傷者大飽傷脾大怒傷肝強力舉重久坐濕地傷腎形寒飲冷傷肺憂愁思慮傷心風雨寒暑傷形大恐不節傷志也肺為氣所出入之道内有所傷五臟之邪上逆于肺則咳嗽潮熱者如潮水之有時晝熱夜靜者為陽盛晝靜夜熱者為陰虛吳球大造丸大要以金水為生化之源合補之以成大造之功也

經曰肺主氣而氣根于丹田氣者人身之根本也故肺腎為子母之臟肺氣既虛火又尅之則成肺勞而發熱有咳嗽咯血肺

瘵諸症必水能制火而後火不刑金也固本丸以二冬清肺熱二地益腎水人參大補元氣氣者水之母也且人參之用無所不宜以氣藥引之則補陽以血藥引之亦補陰也

按人乳乃陰血所化服之潤燥降火益血補虛所謂以人補人也然能濕脾滑腸膩膈人服亦有不相宜者惟製為粉則有益無損須用一婦人之乳為佳乳雜則其氣雜又須旋用經久則油羶不堪用

經曰心也者君主之官也神明出焉思慮過度耗其心血則神明傷而成心勞故怔忡健忘也汗者心之液心煩熱故多汗心主血血不足故大便燥而秘或時溏者心火不能生脾土也舌者心之苗虛火上炎故口舌生瘡怔忡者心惕惕然動不自安也丹溪曰怔忡大概屬血虛與痰

經曰血并于下氣并于上亂而善忘又曰𢢽怒傷志志傷善忘又曰靜則神藏躁則消亡人不耐于事物之擾擾其血氣之陰者将竭故失其清明之體而善忘也夫藥固有安心養血之功不若寧神靜慮返觀內守為尤勝也終南宣律師課誦勞心夢天王授以補心丹蓋心主脉肺為心之華盖而朝百脉補肺生脉所以使天氣下降地氣上騰也讀書之人所宜常服

夫人之精與志皆藏于腎腎精不足則志氣衰不能上通于心故迷惑善忘皆由心血不足而痰與火亂其神明也故孔聖枕中丹之用龜板龍骨龜者介蟲之長陰物之至靈者也龍者鱗蟲之長陽物之至靈者也借二物之陰陽以補人身之陰陽假二物之靈氣以助吾心之靈氣也且龜能補腎元武龜蛇屬腎腎以藏志龍能鎮肝青龍屬肝肝以藏魂遠志能通腎氣上達于心强志益智菖蒲為水草之精英神仙之靈藥使痰火散而心肝寧則聰明開而記憶强矣

李東垣曰經曰右寸氣口大于左人迎四倍名曰關關則不得小便左寸人迎大于右氣口四倍名曰格格則吐逆關者甚熱之氣格者甚寒之氣是關無出之由格無入之理也小便者足太陽膀胱所主生于肺金肺中伏熱水不能生是絕小便之源也渴而小便不通者肺氣不得降是也故用清燥金之正化氣薄淡滲之藥瀉火而清肺滋水之化源也若熱在下焦而不渴

是絕其流而濁不泄也蓋腎中有水有火水不足則火獨治故虛熱時作肝腎虛而濕熱壅于下焦故脚膝無力陰痿陰汗衝脉起于二陰之交直衝而上至胸水不制火故氣逆上而喘便秘不渴須用氣味俱厚陰中之陰之藥治之王善夫病小便不通漸成中滿腹堅如石腿裂出水夜不得眠不能飲食請余診治歸而至旦不寐因記素問云無陽則陰無以生無陰則陽無以化又云膀胱者州都之官津液藏焉氣化則能出矣此病癃秘是無陰則陽無以化也此因膏粱積熱損傷腎水火又逆上而為嘔噦內關外格之症悉具死在旦夕矣遂處北方大苦寒之劑黃柏知母各一兩桂一錢為引須臾前陰如刀刺火燒溺如瀑泉腫脹遂消此症一在上焦氣分而渴一在下焦血分而不渴二者之殊至易辨耳

按鹿一名斑龍睡時以首向尾善通督脉是以多壽頭為六陽之會茸角鍾于鹿首豈尋常含血之屬所可擬哉成都道士常貨斑龍丸歌曰尾閭不禁滄海竭九轉靈丹都謾說惟有斑龍頂上珠能補玉堂關下穴

五勞之外又有六極謂氣極血極精極筋極骨極肌極也精生氣氣生神精極則無以生氣故瘦弱少氣氣弱則不能生神致見目耗不明精氣不固水不能濟火故遺洩而精愈耗也龜鹿二仙膏用以治之龜鹿皆靈而壽龜首常藏向腹能通任脉故取其甲以補心補腎補血以養陰也鹿首常返向尾能通督脉故取其角以補命補精補氣以養陽也久服可以益壽豈第已疾而已哉

吳鶴臯曰凡人之身有真火焉寄于右腎行于三焦出入于甲膽聽命于天君所以温百骸養藏府充九竅者皆此火也為萬物之父故曰天非此火不能生物人非此火不能有生此火一息猶萬物無父故其肉衰而瘠血衰而枯骨衰而齒落筋衰而肢倦氣衰而言微矣

戴元禮有言曰諸涼藥皆滯惟黃連寒而不滯諸熱藥皆燥惟硫黃熱而不燥昔仁和吏早衰服之年至九十他如范文正公之金液丹得効之玉真丸和劑之來復丹半硫丸靈砂丹百選之二氣丹活人之返陰丹楊氏之紫霞丹皆用之但所主各有

攸當耳按人有真陽虛衰桂附所不能補者非硫黃不能補之令人以為燥毒棄而不用不知硫黃性雖燥而疎利與燥濇者不同本草稱為救危妙藥道家以之服食尊之為金液丹固人所可常服者且硝與黄一陰一陽然皆同類之物令人惟知用芒硝而不敢用硫黃可見令人之不逮古人矣

古云黃柏無知母破故紙無胡桃猶水母之無蝦也李時珍曰命門在兩腎中央為生命之原相火之主腎命相通藏精而惡燥胡桃狀頗相類皮汁青黑故入北方佐破故紙潤燥而調血使精氣內充血脉通調有木火相生之妙氣足則肺不虛寒血足則腎不枯燥久服利益甚多不獨上療喘嗽下强腰脚而已也

按桑乃箕星之精其木利關節養津液其葉甘寒入手足陽明涼血燥濕而除風巨勝甘平色黑益腎補肝潤藏府填精髓故胡僧扶桑丸歌曰扶桑扶桑高入雲海東日出氣氤氳滄海變田幾億載此樹遺根今尚存結子如丹忽如漆緑葉英英翠可捫真人采竊天地氣留與紅霞共吐吞濯磨入鼎即靈藥芝朮區區未可群蒼松已有人仙去我今朝夕從此君葉兮葉兮願玉汝緑陰裏面有桃津

經曰土為萬物之母脾土受傷則失其健運之職故飲食不消兼寒則嘔吐兼濕則濡泄飲食既少衆藏無以禀氣則虛羸日甚諸病叢生矣凡治脾胃者補其虛除其濕行其滯調其氣而已參苓白朮散使氣得升降而益和且以保肺防燥藥之上僭云爾

腎主藏精心主藏神邪火妄行心腎不交上實下虛夢中遺失心虛神擾故多驚悸憂思氣滯則成鬱結病之初起亦有不在肝腎而在心肺脾胃之不足者然必傳于肝腎而精乃走也又曰心腎是水火之藏法天地施生化成之道故藏精神為五藏之宗主皆由他藏而致腎之泄者必察四屬以求其治大抵精自心而泄者則血脉空虛本縱不收自肺而泄者則皮槁毛焦端急不利自脾而泄者色黃肉消四肢懈怠自肝而泄者筋痿色青自腎而泄者色黑髓空而骨墮即脉亦可辨也

朱丹溪曰主閉藏者腎也司疎泄者肝也二藏皆有相火而其

系上屬于心心君火也為物所感則易于動心動則相火翕然隨之雖不交會精亦暗流而滲漏矣所以聖賢只是教人收心養性其旨深矣王荆公妙香散用以交和乎中猶黃婆之媒嬰姹也夫黃婆脾也嬰兒姹女心腎也

陽也者衛外而為固也陽虛不能衛外故津液不固而易泄且畏風也此與傷風自汗不同彼責之邪實此責之表虛故補散各異李東垣曰玉屏風散黃耆得防風而功益大取其相畏而相使也準繩曰卒中偏枯之症未有不因真氣不周而病者故黃耆為必用之君藥防風為必用之臣藥黃耆助真氣者也防風載黃耆助真氣以周于身者也亦有治風之功焉許胤宗治王太后中風口噤煎二藥薰之而愈況服之乎

夫脾者萬物之母也肺者氣之母也脾胃一虛肺氣先絕脾不健運故飲食少思飲食減少則營衛無所資養脾主肌肉故面黃體瘦肺主皮毛故皮聚毛落脾肺皆虛故脉來細軟也

凡小兒表熱去後又發熱者世醫到此盡不能曉或再用涼藥或再解表或謂不治此表裏俱虛氣不歸元而陽浮于外所以再熱非熱症也宜用四君子加山藥扁豆姜棗煎名六神散加粳米煎和其胃氣則散陽歸內而身涼矣熱甚者加升麻知母名銀白湯

經曰陽受氣于胸中陽氣者若天與日清陽失位則濁陰上干脾虛不運而怠惰嗜臥也體重節痛濕藏而陰邪勝也口苦舌乾陰火上炎也不嗜食不知味胃氣虛弱也大便不調濕勝也小便頻數膀胱有熱也洒淅惡寒陽虛也慘慘不樂膻中陽氣不舒也

李東垣曰升陽益胃湯以治肺之脾胃也虛也何故秋旺用參朮芍藥之類反補脾為脾胃虛則肺俱受病故因時而補易為力也又曰余病脾胃久衰一日體重肢節疼痛大便泄下小便閉塞默思內經云在下者因而竭之是先利小便也又治諸瀉小便不利者先分利之治濕不利小便非其治也當用淡滲之劑又思聖人之法雖布在方策其未盡者以意求之今寒濕客邪自外入裏而甚暴若用淡滲以利之病雖即已是降之又降復益其陰而重竭其陽也治以升陽風藥是為宜耳羌活獨活

升麻柴胡各一錢防風炙甘草各五分一劑而愈大法寒濕之勝風以平之又曰下者舉之聖人之法舉一可知百矣東垣又曰藥中但犯澤瀉猪苓茯苓木通燈草淡味滲洩之類皆以時令之旺氣以泄脾胃之外邪而補金水之不足也或小便已數肝腎不受邪者而誤用之必大瀉真陰竭絶腎水先損其兩目也又曰靈樞云頭有疾取之足謂陽病取陰也足有疾取之上是陰病取陽也中有疾旁取之中者脾胃也旁者少陽甲胆也甲胆風木也東方春也胃中穀氣者便是風化也胃中濕勝而成泄瀉宜助甲胆風勝以克之又是升陽助清氣上行之法也

李東垣曰胃乃脾之剛脾乃胃之柔飲食不節則胃先病脾無所稟而後病勞倦則脾先病不能為胃行氣而後病胃為十二經之海脾胃既虛十二經之邪不一而出假令不能食而肌肉削此本病也右関脉緩而弱本脉也或本脉中兼見弦脉症中或見四肢滿閉淋洩便難轉筋一二症此肝之脾胃病也當加風藥以瀉之脉中兼見洪大症中或見肌熱煩熱面赤肉消一二症此心之脾胃病也當加瀉心火之藥脉中兼見浮濇症中或見短氣氣上喘咳痰盛皮澁一二症此肺之脾胃病也當加泄肺及補氣之藥脉中兼見沈細症中或見善欠善恐一二症此腎之脾胃病也當加瀉腎水之浮及瀉陰火之藥所以言此者欲人知百病皆從脾胃生也處方者當從此法加時令藥

有聲無痰曰咳蓋傷于肺氣有痰無聲曰嗽蓋動于脾濕也有聲有痰曰咳嗽有因風因火因痰因濕因食因虛之異此為肺虛不能生腎水水不制火虛火上炎而咳嗽也凡咳嗽脉浮為客邪宜發散脉實為内熱宜清利脉濡散為肺虛宜温補久嗽曾經解外以致肺胃俱虛飲食不進宜温中助胃兼治嗽藥

仁齋直指曰肺出氣也腎納氣也肺為氣主腎為氣本凡咳嗽暴重自覺氣從臍下逆上者此腎虛不能收氣歸元當用地黄丸安腎丸毋徒從事于肺此虛則補子之義也

醫貫曰五行惟肺腎二臟母病而子受邪何則肺主氣肺有熱氣得熱而上蒸不能下生于腎而腎受傷矣腎傷則肺益病蓋母藏子宮子隱母胎凡人肺金之氣夜卧則歸藏于腎水之中因肺受心火之邪欲下避水中而腎水乾枯火無可容之地因

是復上而為病矣劉宗厚曰因勞而嗽則非嗽為本也故補肺湯與金匱腎氣丸為少陰例藥

李士材曰趙蕺庵百合固金湯殊有卓見然土為金母清金之後亟宜顧母否則金終不可足也醫貫曰咳嗽吐血未必成瘵也服四物知母之類不已則瘵成矣胸滿膨脹悒悒不快未必成脹也服山查神曲之類不已則脹成矣面目浮腫小便秘澀未必成水也服滲利之藥不止則水成矣氣滯膈塞未必成噎也服青皮枳殼寬快之藥不止則噎成矣

經曰氣極六極之一也肺主氣元氣虛則陰火盛壯火食氣故成氣極火炎肺系故久嗽不已甚則逼血上行也蓋勞而久嗽肺虛可知即有熱症皆虛火也海藏以保肺為君故用紫菀阿膠以清火為臣故用知母貝母以參苓為佐者扶土所以生金以甘桔為使者載藥上行脾肺五味子滋腎家不足之水收肺家耗散之金久嗽者所必收也

寇宗奭曰柴胡本經並無一字治勞甄權大明並言補虛勞醫家執而用之貽害無窮李時珍曰勞有五若勞在肝胆心心包有熱或少陽經寒熱則柴胡乃手足厥陰少陽必用之藥勞在脾胃有熱或陽氣下陷則柴胡為退熱升清必用之藥惟勞在肺腎者不可用耳寇氏一槩擯斥殊非通論再按直指秦艽扶羸湯用柴胡為君則肺勞亦有用之者矣大抵柴胡能退熱升清宣暢氣血昔孫琳治勞瘧而曰熱有在皮膚在臟府在骨髓之不同非柴胡不除則柴胡亦有退骨蒸之力矣況有滋補之藥以輔之乎直指方又云柴胡之退熱不及黃芩李時珍曰黃芩之退熱乃寒能勝熱折火之本也柴胡之退熱乃苦以發之散火之標也

按五心乃心窩手心足心也脾主四肢五心煩熱是心火陷于脾土之中宜升發火鬱四肢倦怠脾虛也咳嗽肺火也咽乾腎水不足相火上炎也自汗陽虛也食少脾胃弱也日西潮熱肺虛也謙甫治以黃耆鱉甲散此表裏氣血交治之義也

夫風陽邪也在表則表熱在裏則裏熱附骨則骨蒸午後甚者陰虛也風火相搏則咳嗽蒸久血枯則肌瘦虛火上炎則頰赤睡而汗出曰盜汗陰虛也故脉來細數細者為虛數者為熱蓋

風生熱而熱生風非柴胡秦艽不能驅風邪使外出况柴胡青蒿皆感少陽生發之氣凡苦寒之藥多傷脾胃惟青蒿清芬入脾獨宜于血虛有熱之人耳

李東垣曰醫不理脾胃及養血安神治標不治本是不明理也夫五藏皆禀氣于脾胃以達于九竅目爲肝竅耳爲腎竅若因飲食勞役脾胃受傷心火太盛百脉沸騰冲和之氣不能上升邪害空竅故目昏而耳聾也若中氣既足清陽上升則九竅通利耳聰而目明矣

賈子次詁

（清）王耕心 撰

《賈子次詁》十六卷《叙録》一卷，清王耕心撰，據《續修四庫全書》本影印。

王耕心（一八四六——一九〇九），祖籍河北正定，寓居泰州。原名昂霄，字道農，號穆存，自號龍宛居士。曾任徐州府運河同知。其學兼儒佛，於經史、古文、詩詞等方面皆有造詣，屬桐城學派。其學欲深究天人之道，晚年篤好賈子之學。其著述頗豐，流傳於今者有各類著作共十六種。

《賈子》即賈誼之《新書》，又稱《賈子新書》，爲漢劉向所輯賈誼文章而成。據王耕心自序中所説，其父對賈子研究頗深，有《賈子年譜》一書。王耕心受此影響，而晚年窮精賈子之學，故爲之撰次、校詁。該書寫定於光緒二十八年（一九〇二），次年刊成，其刊版存於其泰州寓宅龍樹精舍。書前有王耕心叙録，書後有陳兆琛後叙。其書凡十六卷，分爲内外兩編。内編有賈子之文五十八篇，外篇有賈子之文九篇、傳記三篇、家譜一篇和緒記一篇。其書蓋有三意：一爲撰次賈誼之文。其書取繹賈誼舊著五十八篇以及《史記》《漢書》中別家所録賈誼之文，分別録入，附以《史記》《漢書》中之傳記、《賈誼年譜》及其評論。其所搜録之資料兼綜諸家，龐博賅洽。二爲校勘釋詁。其書每篇先録賈誼之文，於每文之後附以校詁，義例謹嚴。其將校勘與釋詁綜爲一體，校勘之精爲其所長。但因其本專意於撰次《賈子》，而於釋詁則稍有不足，亦爲一憾。三爲其論説《賈子》之文。王耕心半生皆『究心於生死、生命之奥』，明儒術，於道德倫理教化之學頗有見地。故其於《賈子》之論説評價『皆折中至當，無所偏倚』。

（蔣　樂）

賈子次詁十卷

海崧謹署

光緒二十六年
晉三四泉定本

賈子次詁敘錄

新定賈子內外篇六十有七漢故梁太傅洛陽賈誼
箸翼篇五則賈子傳記之屬三篇總十六卷正定王
耕心譔次且爲校詁曰祛未寤旣卒業敬爲敘曰周
秦之際先聖之微言幾墜於地惟荀子踵孟子之後
擯斥異端扶翼政教赫然有曰詟百世厥功偉矣當
是時非荀子之出且無曰要聖學之終其後雖歧說
蠭起必欲推其學於眞儒之外適自形門戶之陋於
賢豪命世之隆替無與也逮漢氏曰椎魯定天下襄
禮之士或曰通變自矜輔相之徒復誤解無爲之指

幾墜之緒且湮沒無遺時則子賈子蹶起洛陽首曰
經世之學自勖旣秉伊傅之才復蘊忠貞之志其爲
說悽愴往復若有不能已於言者曰是遠紹孔門之
四科遂兼叔孫氏之三不朽本所獲曰覵荀子有過
之無弗及焉故論者謂三代曰後非賈子之出亦無
曰原聖學之始及董子繼之曰正義明道之說建儒
術不祧之宗相得益彰有非流俗運會所能掩者豈
偶然哉夫經世之要惟曰兼濟天下爲槃瘁而已苟
不能知兼濟之得失天下亦奚曰儒爲後世不達此
義記誦益工門戶益峻道義之是非乃益曰淆一旦

强出所學曰應世變且適爲通識所詬病然則賈子之學亦有志之士所宜盡心也先考府君博通乙部諸籍偏好賈子之爲人同治中嘗著賈子年譜一卷抉擇幽微能補江都汪氏所未及小子耕心少聞緒言壯知嚮往顧其時方究心於生死性命之奥未遑致力也其後涉世益深寖通政教得失之故因取賈子舊著五十八篇及史漢曰次諸家所紀之文繹之乃知賈子之爲學其志道據德之縈雖備見舊書而經世諸說非博求史漢諸家所紀不足曰盡兼善之懿益體用既殊精粗亦別後世諸君子惟知沿襲舊

文尋檢枝葉不獨無曰知賈子亦非討論絕學之正軌於是創闢義例兼綜諸家重訂其書爲內外二篇復備摭傳記及內篇敘跋參曰新說別爲翼篇曰總攬其事實本末賈子遺書由是悉統於一靡所不具慕其學者乃無放失之悔後之君子可覽觀焉爲虖形而上者謂之道形而下者謂之器內嚮之謂正外嚮之謂邪惟恐天下不治者爲君子惟恐天下不亂者爲不肖賈子之學由誠曰入明其於邪正治亂之辨審矣惟其操本運末乃足師範百世學者苟能心知其意庶幾深契政教之原若德慧無聞神明鉄薄或假兼濟高名轉昧治安實務是則賈子之罪人殆非余之所敢知已

內篇一卷弟一

過秦上弟一
過秦中弟二
過秦下弟三

內篇二卷弟二

數寍弟四
藩傷弟五
宗首弟六
親疏危亂弟七
制不定弟八

藩彊弟九
五美弟十
大都弟十一
解縣弟十二
埶卑弟十三
威不信弟十四

內篇三卷弟三

孽產子弟十五
時變弟十六
俗激弟十七
保傅弟十八

光緒二十八年太歲在壬寅夏四月甲辰耕心撰
賈子次詁敘錄竟

賈子卷弟一　內篇一

正定王耕心次詁

過秦上弟一

秦孝公據殽函之固擁雍州之地君臣固守以闚周室有席卷天下包舉宇內囊括四海之意并吞八荒之心當是時也商君佐之內立法度務耕織修守戰之備外連衡而鬬諸侯於是秦人拱手而取西河之外孝公既沒惠文武昭襄蒙故業因遺策南取漢中西舉巴蜀東割膏腴之地北收要害之郡諸侯恐懼會盟而謀弱秦不愛珍器重寶肥饒之地以致天下之士合從締交相與爲一當此之時齊有孟嘗趙有平原楚有春申魏有信陵此四君者皆明智而忠信寬厚而愛人尊賢重士約從離衡兼韓魏燕趙齊楚宋衛中山之眾於是六國之士有甯越徐尚蘇秦杜赫之屬爲之謀齊明周最陳軫昭滑樓緩翟景蘇厲樂毅之徒通其意吳起孫臏帶佗兒良王廖田忌廉頗趙奢之倫制其兵嘗以十倍之地百萬之眾仰關而攻秦秦人開關延敵九國之師逡巡而不敢進秦無亡矢遺鏃之費而天下諸侯已困矣於是從散約解爭割地而賂秦秦有餘力而制其敝追亡逐北伏

尸百萬流血漂櫓因利乘便宰割天下分裂山河彊國請服弱國入朝施及孝文王莊襄王享國日淺國家無事及至秦王續六世之餘烈振長策而御宇內呑二周而亡諸侯履至尊而制六合執敲扑㠯鞭笞天下威震四海南取百粤之地㠯爲桂林象郡百粤之君頫首繫頸委命下吏乃使蒙恬北築長城而守藩籬卻匈奴七百餘里胡人不敢南下而牧馬士不敢彎弓而報怨於是廢先王之道燔百家之言㠯愚黔首墮名城殺豪俊收天下之兵聚之咸陽銷鋒鏑鑄㠯爲金人十二㠯弱天下之民然後踐華爲城因

河爲池據億丈之高臨不測之淵㠯爲固良將勁弩守要害之處信臣精卒陳利兵而誰何天下已定秦王之心自㠯爲關中之固金城千里子孫帝王萬世之業也秦王既沒餘威震於殊俗然而陳涉甕牖繩樞之子甿隸之人而遷徙之徒也材能不及中庸非有仲尼墨翟之賢陶朱猗頓之富躡足行伍之閒俛起阡陌之中率罷散之卒將數百之衆轉而攻秦斬木爲兵揭竿爲旗天下雲集嚮應贏糧而景從山東豪傑遂並起而亡秦族矣且夫天下非小弱也雍州之地殽函之固自若也陳涉之位非尊於齊楚燕趙

韓魏宋衛中山之君也鉏耰棘矜非錟於句戟長鎩也謫戍之衆非抗於九國之師也深謀遠慮行軍用兵之道非及曩時之士也然而成敗異變功業相反也試使山東之國與陳涉度長絜大比權量力則不可同年而語矣然秦㠯區區之地千乘之權招八州而朝同列百有餘年矣然後㠯六合爲家殽函爲宮一夫作難而七廟墮身死人手爲天下笑者何也仁義不施而攻守之勢異也

過秦中弟二

秦幷海內兼諸侯南面稱帝㠯四海養天下之士斐

然嚮風若是者何也曰近古之無王者久矣周室卑微五霸既沒令不行於天下是㠯諸侯力征彊凌弱衆暴寡兵革不休士民罷敝今秦南面而王天下是上有天子也卽元元之民冀得安其性命莫不虛心而仰上當此之時守威定功安危之本在於此矣秦王懷貪鄙之心行自奮之智不信功臣不親士民廢王道而立私權禁文書而酷刑法先詐力而後仁義㠯暴虐爲天下始夫幷兼者高詐力安定者貴順權此言取與守不同術也秦離戰國而王天下其道不易其政不改其所㠯守之者孤獨而有之故其亡可

立而待也借使秦王計上世之事竝殷周之迹以制御其政後雖有淫驕之主猶未有傾危之患也故三王之建天下名號顯美功業長久今秦二世立天下莫不引領而觀其政夫寒者利裋褐而飢者甘糟糠天下嗷嗷新主之資也此言勞民之易爲仁也嚮使二世有庸主之行而任忠賢臣主一心而憂海內之患縞素而正先帝之過裂地分民以封功臣之後建國立君以禮天下虛囹圄而免刑戮除去收孥汙穢之罪使各反其鄉里發倉廩散財幣以振孤獨窮困之士輕賦少事以佐百姓之急約法省刑以持其後

賈子十一 四

使天下之人皆得自新更節修行各慎其身塞萬民之望而以盛德與天下天下集矣即四海之內皆歡然各自安樂其處惟恐有變雖有狡猾之民無離上之心則不軌之臣無以飾其智而暴亂之姦弭矣二世不行此術而重以無道更始作阿房之宮繁刑嚴誅吏治刻深賞罰不當賦斂無度天下多事吏弗能紀百姓困窮而主不收恤然後姦僞竝起上下相遁蒙罪者眾刑戮相望於道而天下苦之自君卿以下至於眾庶人懷自危之心親處窮苦之實咸不安其位故易動也是以陳涉不用湯武之賢不藉公侯之尊奮於大澤而天下響應者其民危也故先王覩始終之變知存亡之由是以牧民之道務在安之而已天下雖有逆行之臣必無響應之助矣故曰安民可與行義而危民易與爲非此之謂也貴爲天子富有四海身不免於戮殺者正傾非也是二世之過也

過秦下弟三

秦兼諸侯山東三十餘郡修關津據險塞繕甲兵而守之然陳涉以戍卒散亂之眾數百奮臂大呼不用弓戟之兵鉏耰白梃望屋而食橫行天下秦人阻險不守關梁不闔長戟不刺彊弩不射楚師深入戰於

賈子十一 五

鴻門曾無藩籬之艱於是山東大擾諸侯竝起豪傑相立秦使章邯將而東征章邯因以三軍之眾要市於外以謀其上羣臣之不信可見於此矣子嬰立遂不寤借使子嬰有庸主之材而僅得中佐山東雖亂三秦之地可全而有宗廟之祀未當絕也秦地被山帶河以爲固四塞之國也自繆公以來至於秦王二十餘君常爲諸侯雄此豈世賢哉其埶居然也且天下嘗同心幷力而攻秦矣當此之世賢智竝列良將行其師賢相通其謀然困於阻險而不能進者豈勇力智慧不足哉形不利埶不便也秦小邑幷大城守

險塞而軍高壘毋戰閉關據阸荷戟而守之諸侯起於匹夫目利合非有素王之行也其交未親其下未附名曰亡秦其實利之也彼見秦阻之難犯也必退師案土息民目待其敝收弱扶罷目令大國之君不患不得意於海內貴爲天子富有四海而身爲禽者其救敗非也秦王足已而不問遂過而不變二世受之因而不改暴虐目重禍子嬰孤立無親危弱無輔三主惑而終身不悟亡不亦宜虖當此時也世非無深慮知化之士也然所目不敢盡忠拂過者秦俗多忌諱之禁忠言未卒於口而身爲僇沒矣故使天下

賈子十一　六

之士傾耳而聽重足而立拑口而不言是目三主失道忠臣不敢諫智士不敢謀天下已亂姦不上聞豈不哀哉先王知壅蔽之傷國也故置公卿大夫士目飾法設刑而天下治其彊也禁暴誅亂而天下服其弱也五霸征而諸侯從其削也內守外附而社稷存故秦之盛也繁法嚴刑而天下震及其衰也百姓怨而海內叛矣故周王序得其道而千餘歲不絕秦本末並失故不長久由是觀之安危之統相去遠矣鄙諺曰前事之不忘後事之師也是目君子爲國觀之上古驗之當世參目人事察盛衰之理審權埶之宜

去就有序變化因時故曠日持久而社稷安矣

校詁一

過秦上弟一 舊弟同

殽函 盧本殽作崤史記漢書文選如文與左傳合是也今改正

目闚周室 史記秦始皇本紀漢書目作而盧本如文陳涉世家文選同是也今仍原文闚盧本作窺漢書如文是也今改正

四海之意 史記秦始皇本紀意作志漢書無之意二字盧本如文文選同是也今仍原文

當是時也 史記秦始皇本紀無也字盧本如文陳涉世家漢書文選同是也今仍原文

守戰之備 盧本備作具文選同史記漢書如文是也今改正

昭襄 盧本下有王字諸家此句多脫誤惟漢書如文是也今改正盧氏亦目襄爲衍文非

因遺策 史記秦始皇本紀策作冊盧本如文諸家同是也今仍原文

南取漢中 史記秦始皇本紀取作兼盧本如文諸家同是也今仍原文

北收至之郡 諸家無北字文選同盧本如文兪氏目無北字爲是愚按此數句悉本李斯諫逐客書李書本作北收上郡是也諸家無北字皆誤兪說尤失考今仍原文

賈子十一　七

會盟 盧本會作同諸家如文是也今改正

肥饒之地 史記秦始皇本紀饒作美盧本如文諸家同是也今仍原文

當此之時 史記秦始皇本紀作當是時盧本如文諸家同是也今仍原文

此四君者 漢書君作賢盧本如文諸家同是也今仍原文

尊賢重士 史記陳涉世家文選賢下有而字盧本如文秦始皇本紀漢書同是也今仍原文

約從離衡 史記陳涉世家離作連漢書文選衡作橫盧本如文諸家同是也今仍原文

兼韓至之衆 盧本無齊楚字史記陳涉世家漢書文選同惟秦始皇本紀作并韓魏燕楚齊趙宋衛中山之衆丁先生曰無齊楚皆脫文近世上元梅郎中校定此句如文是也今改正始皇本紀兼作并義亦未安今仍原文

甯越 盧本如文史記秦始皇本紀同按別本史記亦作安甯之甯漢書藝文志作甯愚按如文是也今仍原文此字消誤已久學者多不能辨考說文安寍之寍宀下从心心下从器皿之皿詁曰安也奴丁切

乃安盜字之正文近世字書以爲古文非也語詞之盜宀下从心心下从皿皿下从丂隸變从丁詁曰顧
詞也音亦奴丁切經典卽㠯爲安盜之正字非也又一文宀下从心心下从用合之用詁日所顧也乃定
切其音如侯姓氏之寳當作此㠯上皆說文正字安盜順詞二文音同義別而近世相沿合爲一字又㠯
避諱故改書寳氏宇爲安盜字而寳氏字反誤作宀下必必下冉於是三字之形聲皆無定見矣寳越字
藝文志既作俗文寳則其宇當作寳氏之寳爲文从宀从心从用讀乃定切與寳武子之字同从必冉者
乃俗文不疋算也 爲之謀 盧本謀下有主字諸家無是也今删正 昭滑 盧本昭作召漢
書文選同史記秦始皇本紀如文陳涉世家作邵愚按諸家各異惟司馬貞㠯滑爲楚人當㠯作昭爲是
呂昭所景皆楚之公族也今改正 兒良 盧本兒作倪諸家如文愚按古文倪氏皆作兒讀如倪五
兮切倪乃後出字呂氏春秋亦作兒是也今改正 之倫 盧本倫作朋史記秦始皇本紀漢書同陳
涉世家文選皆如文是也今改正 十倍 盧本十作什史記陳涉世家同秦始皇本紀漢書文選皆

如文是也今改正 百萬之衆 史記陳涉世家衆作師漢書作單盧本如文秦始皇本紀文選
同是也今仍原文 仰關 史記秦始皇本紀文選仰作卯盧本如文陳涉世家漢書同愚按司馬貞
顏師古皆謂秦地高攻者皆仰擊則㠯作仰爲是近世桐城姚氏鼐謂卯闕闕闕文義相承主用卯字然
作仰既見地形九存古義㠯爲闕必待卯疏矣今仍原文 開關延敵 史記陳涉世家文選闕下
有而字盧本如文秦始皇本紀漢書同是也今仍原文 逡遁 盧本如文注曰遁與巡同愚按盧說
當已㠯遂巡爲遂遁乃漢文通用字如漢書不當傳遂遁有取殺傳遂遁致仕皆是也史記陳涉世家及
文選直作適逃秦始皇本紀叉作遂巡遁逃皆誤漢書本文叉作適巡九謬顏師古乃强爲解詁始近夢
嚶今仍原文 而天至困矣 史記陳涉世家作而天下困已困矣漢書作而天下已困矣盧
本如文秦始皇本紀文選同是也愚按無諸侯字殊謬今仍原文 從散約解 史記陳涉世家
漢書解作敗盧本如文秦始皇本紀文選同是也今仍原文 賂秦 史記秦始皇本紀賂作奉盧本

如文陳涉世家漢書文選同是也今仍原文 制其敝 盧本敝作弊史記陳涉世家漢書文選同
秦始皇本紀如文愚按敝乃正文是也囷敝亦引伸之義作弊後世增益字也今改正 漂櫓 盧本
櫓作楢史記秦始皇本紀漢書皆作鹵陳涉世家文選如文愚按說文櫓大廚也楢爲亟文鹵爲通假作
櫓是也今改正俗味櫓之本義惟㠯爲櫓櫓字非也 分裂山河 史記秦始皇本紀文選山河作
河山盧本如文陳涉世家漢書同愚按山河有陰陽之判直作河山非也今仍原文 請服 盧本服作
伏文選同史記漢書如文是也今改正 施及 史記秦始皇本紀施作延盧本如文陳涉世家漢書
文選同愚按施延義同而施文九古蓋賈子自作施今仍原文讀難易之易 享國日淺 史記
陳涉世家漢書文選囪下有之字盧本如文秦始皇本紀同是也今仍原文 及至秦王 盧本
秦王作始皇史記陳涉世家漢書文選同惟秦始皇本紀如文愚按盧及諸家作始皇非誤也顧中下篇
皆作秦王此獨作始皇殆非義例所宜有桐城姚氏日爲中秦王史記本如此漢書皆作始皇窺按陳政

事疏亦稱始皇爲秦王似諡惡繫泰不稱其諡姚說既精復證㠯始皇本紀則此文決不當作始皇明矣
今改正如文不但折裒義例亦所㠯存賈子之原文也下文秦王均仿此 奮六世 史記秦始皇本
紀奮作續盧本如文陳涉世家漢書文選同是也今仍原文 御宇內 漢書御作馭盧本如文史
記文選同愚按御馭古通用而有車馬之刷御宇當㠯車言不得㠯馬言作御是也今仍原文 敵扑
盧本作摘朴史記秦始皇本紀作捶拊陳涉世家作敵朴漢書文選如文愚按敵爲說文正字摘乃後出
之文扑爲岗書殺刑正名其文从手从木之字訓木皮與殺刑無涉作敵扑是也今改正 威震四
海 盧本震作振史記文選同漢書如文愚按震習字从雨振救字从手二文義正相反不當通假盧及
諸家多作振殊謬作震是也今改正下文仿此 百粤 史記文選粤作越盧本如文漢書同愚按二文
異地不當通假作粤是也今仍原文下仿此 頫首繫頸 盧本頫作俛史記泰始皇本紀文選
同漢書如文緊盧作係諸家多同惟史記陳涉世家如文愚按頫正文俛俯皆後出亟文繫正文係亦亟

賈子一　十一

文作頫繫是也今改正**乃使**漢書乃作迺盧本如文史記文選同愚按乃正文迺重文今仍原文**藩籬**文選藩作蕃盧本如文諸家同愚按藩正文蕃通假作藩是也今仍原文**士不敢**史記陳涉世家士下有亦字盧本如文諸家同愚按有亦衍今仍原文**彎弓**史記陳涉世家彎作貫盧本如文諸家同愚按彎正文貫通假作彎是也今仍原文**燔百家之言**史記秦始皇本紀漢書燔作焚盧本如文陳涉世家文選同愚按燔說文正字焚字後出作燔是也今仍原文**殺豪俊**史記秦始皇本紀俊作傑盧本如文諸家同是也今仍原文**銷鋒至十二**盧本鏑作鍉史漢文選同譚本作鏑古本史記同愚按鏑乃正文鍉屬通假作鏑是也今改正此句諸家皆同盧本推史記秦始皇本紀作銷鋒鑄鐻㠯爲金人十二文與本紀正文及此皆不合僅易數字幾不可通決非賈子原文今所不取**天下之民**史記秦始皇本紀天下作黔首盧本如文諸家同是也今仍原文**踐華**史記秦始皇本紀踐作斬盧本如文諸家同索隱曰賈子本書作踐是也今仍原文**爲池**史記秦始皇本紀池作津盧本如文諸家同是也今仍原文**億丈之高**史漢文選高作城盧本如文愚按城複上文作高是也今仍原文**不測之淵**盧本作百尺之谿史記文選皆作不測之谿漢書淵作川愚按賈子文不必㠯億丈百尺爲對作不測是也㠯淵爲谿爲川乃唐人避諱所改作淵是也今訂如文**萬世之業也**文選無也字盧本如文諸家同是也今仍原文**然而陳涉**史記秦始皇本紀無然而二字盧本如文諸家同愚按無二字謬甚今仍原文或無而字亦非**甕牖**史記秦始皇本紀作甕盧本如文諸家同是也今仍原文**甿隸**盧本甿作氓史漢文選皆如文愚按甿古文氓周官多作甿是也今改正**之徒也**史記秦始皇本紀無也字盧本如文諸家同愚按無也殊謬今仍原文**中庸**盧本庸作人史記同漢書文選如文是也義見李善說今改正**仲尼墨翟**盧本諸家皆如文是也今仍原文惟別本或作仲弓盧氏意改爲是蓋不知孔墨竝稱屢見晚周諸子改尼爲弓乃出淺人妄竄決非賈子原文也**之賢**漢書賢作知盧本如文諸家同

賈子一　十二

是也今仍原文**之富**史記陳涉世家富下有也字盧本如文諸家同是也今仍原文**倔起至之中**盧本倔作俛文選同史記秦始皇本紀作而倔起陳涉世家俛作俛仰漢書作而免起阡陌盧本及漢書文選如文史記竝作什伯愚按而衍文今不取作倔作阡陌皆是也上云躡足行伍之閒謂爲戍卒也此云倔起阡陌之中謂起自田閒也今參訂如文俞氏謂阡陌當作什伯蓋未考二句之義且忘行伍猶什伯轉與上文繫複也免乃俛字之誤顏師古必爲強解尤謬**率罷散**盧本率如文諸家同惟漢書作師罷散盧本作疲弊史漢文選皆如文愚按諸家是非各異今參訂如文**轉而攻秦**史記秦始皇本紀作而轉攻秦盧本如文諸家同是也今仍原文**雲集響應**盧本集作合漢書同史記陳涉世家作會文選集下有而字秦始皇本紀文選如文是也而衍文今改正**山東豪傑**史漢文選傑作俊盧本如文王說及諸本同愚按作傑是也上文豪俊謂賢材也此文豪傑謂雄傑之人也文近似而實不同陳涉世家屢言召三老豪傑微國之豪傑及貴人豪傑即此所謂豪傑也史漢諸家皆與上文比而一之謬矣惟盧及諸本舊文僅存今據定如文無取摹棲也**遂竝起**盧本無遂字譚本如文史漢文選同是也今補正**且夫天下**史記陳涉世家漢書無夫字盧本如文史記秦始皇本紀文選同愚按無夫字文義不備非也今仍原文**非尊**漢書作不皆盧本如文諸家同是也今仍原文**之君也**史記秦始皇本紀漢書無也字盧本如文陳涉世家文選同是也今仍原文**鉏耰**盧本如文諸家多同惟文選鉏作鋤史記秦始皇本紀耰作耰愚按說文鉏爲正文是也耰經子諸家皆作耰亦皆㠯从耒爲正今仍原文**非鋏**盧本作不敵漢書同譚本作非銛史記陳涉世家文選同推秦始皇本紀如文愚按不敵殊謬鋏銛皆說文正字是也今改正如文**句戟**盧本句作鉤漢書文選同史記如文愚按說文句曲也句戟長鎩對待之文作句是也今改正**謫戍**史漢謫作適文選作適盧本如文愚按謫爲正文見說文餘皆通假不足算今仍原文**非抗於**非抗盧本如文史記秦始皇本紀文選同陳涉世家作非儔漢書作不亢於字盧本無譚本及史漢文選

皆有愚按抗乃正文亢屬通假作抗是也不亢未安非僞亢謬無於字亦不可曉今補正九國之
師也史記秦始皇本紀無也字漢書同諸家如文是也今仍原文曩時史記作鄉時盧本如
文漢書文選同愚按曩鄉義同鄉屬通假作曩是也今仍原文功業相反也漢書反下有何
字文選無也字盧本如文史記同愚按有何無也皆屬衍文不足辨今仍原文試使史記陳涉世家
試上有嘗字盧本如文諸家同是也今仍原文則不可漢書無則字同盧本如文史記文選同是也
今仍原文然秦至之地史記陳涉世家然下有而字盧本如文諸家同是也今仍原文千
乘之權盧本作致萬乘之埶史記陳涉世家作致萬乘之權漢書文選同秦始皇本紀如文愚按
區區言其地之小千乘言其埶之弱皆原秦之先世爲言蓋謂孝公時也致萬乘字文義非當蓋出妄竄
俞氏說同如文是也今改正抑八州史記秦始皇本紀漢書文選抑皆作招盧本作序陳涉世
家如文愚按如文是也今改正作序未安招乃抑字形近之誤俞說必以序爲是非也百有餘

賈子十一　十二

年矣漢書無矣字盧本如文史記文選同愚按無矣謬甚今仍原文然後至爲宮史記
秦始皇本紀後作后漢書同盧本如文陳涉世家文選同愚按後乃正文后屬通假必作后謬矣今仍原
文仁義不施漢書義作誼盧本作心譚本及史記文選皆如文愚按作仁義是也今改正仁
義乃道德之總會惟作仁心狹矣誼乃仁誼字之正文當从漢書以適爲賈子之名復與諸經相違今不
取義則誼通假字也之過秦中第二舊弟同秦幷海內盧本秦下有滅周祀
三字史記加文愚按滅周祀衍文也秦莊襄王滅東西周東西周皆入於秦周既不祀見史記周本紀是
周祀之滅久在莊襄王時上篇已言吞二周此復言滅周祀贅矣史記無此文是也今刪正或言加陽人
一聚何答天下大君當以宗廟爲存亡乃以三村中一孟麥飯爲存亡可虐以暴秦當時已道良以外後世
乃計校至此可哀已以四海養盧本如文史記作以養四海愚按以四海養謂取四海自奉也
以養四海則居大君之位職然以保衛生民爲事矣嬴氏如肯保衛生民尚何傾覆之有四字得失頗闕

暴秦一代之是非存亡則史記之謬番矣今仍原文彌足見賈子褒貶微旨嚮風史記嚮作鄉盧
本如文是也今仍原文若是者盧本無者字史記如文是也今補正五霸既沒盧本
沒作滅史記如文是也今改正諸侯力征盧本征作政史記同盧氏曰政讀爲征愚按考下文
作征是也以政爲征不若以征爲征矣今改正彊凌弱盧本彊作強史記如文夌史記作侵愚按
彊正文強通假夌義九切作彊夌是也今改正罷敝盧本敝作弊史記如文是也今改正即元
元之民史記即作既盧本如文愚按二文義皆通作即九切即猶則也今仍原文守威定
功盧本守作專史記如文愚按專威非吉人語作守是也今改正而立私權盧本權作發史
記無而字愚按作發謬甚無而亦非今改正禁文書盧本禁作焚史記如文是也今改正安
定者盧本定作危史記如文愚按安安其身定定其志安定天下之身心王道之始也此正上文所
謂安危之本若復作安危謬矣今改正順權順天理人情自然之權衡也與上文私權正相反此言

賈子十一　十三

至術也盧本作推此言之取與攻守不同術也史記如文譚本同愚按盧本誤衍史記是也今改
正秦離至待也盧本秦下有雖字其所以上有是字守之者作取之也其所以守之者史
記作是其所以取之守之者異也而待也史記無也字餘如文愚按以孤獨而有之者謂岐視其民惟君孤立
於上也此言秦王既以霸術取天下當知逆取順守之義悉變其舊術轉以王道之大公守之庶幾可久
乃不知更化之術不以王道之大公惟仍執戰國幷兼之習岐視其民以暴虐爲守故孤立於上其亡可
立待耳上文已略言取與守不同術故此文惟言秦不知以安定爲守致天下怨叛驟致覆亡盧本及史
記皆有誤衍遂不可通今據兩家本訂正如文庶免支離背馳之咎計上世盧本計作論史記如
文是也今改正猶未有史記猶作而盧本如文是也今仍原文而觀其政盧本政作
亡史記如文愚按作亡謬甚諸本及意林所引皆作政與史記同惟建本作亡殊不足信盧氏从之復強
爲之說非也下文方代爲幹蠱此已先言天下莫不觀其亡也決不可通矣史記是也今改正天下

嗷嗷 盧本嗷作囂史記如文下下有之字愚按嗸說文作嗸詁曰眾口愁也囂詁曰聲也是嗸爲正文嗸爲重文囂屬通假也既有正文無取通假矣今改正之衍文今刪 易爲仁 盧本如文史記同意林仁作治愚按作仁尤切今仍原文 囹圄 盧本如文史記圄作圉愚按圄正文圉通假今仍原文 除去收帑 盧本無除字史記帑作孥愚按有除是也帑正文孥通假今補訂如文 更節修行 盧本修作循史記如文是也今改正 而㠯至天下 盧本如文史記盛作威愚按作威謬甚今仍原文 天下集矣 盧本無天下二字集作息史記如文愚按無二字脫文也集義尤切今改正 歡然 史記歡作讙盧本如文愚按歡乃正文讙屬通假且爲讙譁字義不可通今仍原文 惟恐 史記惟作唯盧本如文愚按說文唯訓諾惟獨字當㠯从心爲正今仍原文 狡猾 盧本猾作害潭本如文史記同是也今改正 弭矣 史記弭作止盧本如文愚按二文義同今仍原文 重㠯無道 盧本如文史記重下有之字愚按之字衍今仍原文 更始至之

賈子十一　十四

宮 盧本如文史記無之字盧及史記此句上皆有壞宗廟與民五字集解徐廣曰史記一本無此五字愚按徐廣蓋猶及見古本故有此說諸家失考皆增此五字疏矣更始作者已罷復作與始作同故云然諸家既衍五字因讀與民更始爲句不知壞宗廟之事二世所無本紀具在不當誣罔與民更始乃更化之美詞亦不當加諸作阿房之上近世校本末檢徐廣之說又謂與民更始句當在不行此術之下於是此數句之文皆不可通尤不足辨今从徐說刪此五字訂之此句如文史記無之字亦非今仍原文 吏弗能紀 盧本弗作不史記如文是也今改正 主不收恤 盧本恤作郵史記不作弗愚按恤乃正文作不恤是也今改正 上下相遁 盧本句上有而字史記同丁先生曰而字衍愚按先生說是也今刪正 刑戮 盧本戮作僇史記如文愚按戮正文僇通假也今改正 君卿 盧本君作羣史記如文愚按君謂封士之君將相之屬也作羣非今改正 奮於大澤 盧本如文史記奮下有臂字愚按臂涉下篇誤衍今仍原文 覩始終之變 盧本覩作見見上有者字屬上句始終作終始史記無者字始終如文俞氏曰此本作覩覩字誤分爲者見二字亦猶禮記祭義篇分覵爲閒見二字愚按俞說及始終字皆是也今訂正如文 存亡之由 史記由作機盧本如文是也今仍原文 牧民之道 盧本民作之史記如文是也今改正 安之而已 盧本已下有矣字史記如文愚按無矣是也今刪正 天下至之臣 盧本無天字史記如文是也今補正 嚮應之助矣 盧本無矣字史記如文是也今補正 行義 盧本行作爲史記如文是也今改正 富有四海 史記四海作天下盧本如文愚按天下複上四海是也今仍原文 身不至 殺者 盧本作身在於戮者史記如文愚按盧本脫誤史記是也今改正 正傾非也 盧本作正之非也史記如文愚按盧本謬甚史記是也今改正

過秦下弟三 舊弟同

秦兼諸侯 史記作并兼諸侯盧本如文是也今仍原文 修關津 盧本修作循史記作繕關津皆作津關愚按作循誤俞氏說同繕義未安關津亦有險陽之別丁先生謂當作關津是也今定如文 據

賈子十一　十五

險塞 盧本險作嶮史記如文愚按險正文嶮通假史記是也今改正 繕甲兵 盧本如文史記繕作修愚按作繕尤切史記與上互易非也今仍原文 㠯伐至數百 盧本作率散亂之衆數百史記如文愚按盧本脫誤史記是也今改正 阻險不守 盧本險作嶮史記如文是也今改正 不闔 盧本闔作閉史記如文是也今改正 楚師深入 盧本師作沛史記如文是也今改正 藩籬之艱 盧本艱作難史記如文是也今改正 山東大擾 盧本無大擾二字潭本如文史記同愚按無二字脫文也今補正 豪傑相立 盧本史記傑作俊愚按豪俊說見上篇作傑是也今改正 因㠯三軍 盧本㠯作其史記如文愚按作其殊謬史記是也今改正 謀其上 盧本上作二史記如文盧氏疑當作貳愚按謀貳上謀上皆非韋昭本懷司馬貞㠯此說爲誤是矣然賈子生當漢初或別有所本未可知不得據史遷孤文遽議其失今从史記作上㠯史錄此文當在俗本賈子之前也 羣臣之不信 盧本不下有相字史記如文是也今刪正 遂不

寤盧本寤作悟史記如文愚按寤以形言悟以心言人必形先寤而後心有所悟是不寤之惑視不悟尤甚史記之文彌切矣今改正借使盧本如文史記借作藉愚按借乃正文藉爲通假今仍原文儻得中佐盧本上有而字史記無是也今刪正三秦之地盧本如文史記無三字愚按三秦正賈子時語史輒刪去疏矣今仍原文未當絕也盧本未當作宜未史記如文是也今改正此豈世賢哉盧本如文史記作豈世世賢哉愚按盧本近是今仍原文而攻秦矣盧本無而字史記如文愚按無而脫誤今補正當此至便也盧本此文惟作然因於險阻而不能進者豈勇力智慧不足哉形不利埶不便也凡二十四字史記作當此之世賢智並列良將行其師賢相通其謀然困於阻險而不能進秦乃延入戰而爲之開關百萬之徒逃北而遂壞豈勇力智慧不足哉形不利埶不便也凡六十一字愚按此節之文本書及史記皆有差謬非詳事考訂其文句且不可通曉蓋賈子之意上文既有且天下嘗同心并力攻秦之句其下必當有當此之世一節之文乃合其發

賈子十一　十六

明上篇及振舉下文之耦盧氏不問義法不取史記惟以苟存舊文爲事致此二十四字與上下不相承彼其脫誤固不待辨史記此節文雖詳而有錯文衍秦乃延入戰等三句十九字詞語凡陋且複上篇殆出後人妄竄不可存故此節之文固宜以史記補本書脫誤復當刪除史記妄竄之語乃無餘憾今參訂如文學者詳之秦小至守之盧本作秦雖小邑伐并大城得阨塞而守之史記如文愚按盧本多脫誤與上節同史記是也今改正以利合盧本合作會史記如文是也今改正其下未附盧本下作名史記如文愚按下謂士民史記是也今改正名曰亡秦史記曰作爲盧本如文是也今仍原文難犯也盧本無也字史記如文是也今補正案土盧本如文史記案作安索隱曰賈書作案愚按案讀爲按止也見爾雅釋詁土疆域也案土謂撫安其境內使止息也俞氏謂土當作士卒之士非也今仍原文以待其敝盧本敝作弊史記如文愚按敝乃正文史記是也今仍原文收弱至之君盧本作承解詠罷以令國君史記如文愚按盧本脫

誤史記是也今改正富有四海盧本如文史記四海作天下愚按說見中篇今仍原文其救敗盧本無其字救作捄史記如文愚按無其字脫文也救乃正文捄屬通假史記是也今改正而不問盧本如文史記無而字愚按無而脫文今仍原文三主至不悟盧本主下有之字無而字史記如文愚按盧本脫誤史記是也今改正深慮知化盧本深下有謀遠二字史記如文是也今刪正拂過盧氏曰拂與弼同忌諱之禁盧本句下有也字史記如文是也今刪正身爲戮沒盧本作身戮沒史記作戮沒愚按盧本脫爲字史記戮字誤今改正如文拑口盧本拑作閩史記如文愚按作閩複上文史記是也今改正說文拑脅持也拑口不敢言亦見漢書鼂錯傳忠臣至哀哉盧本忠上有而字無二敢字謀下有也字姦下有臣字哀作悲史記如文愚按盧本或脫或衍皆誤史記是也今改正壅蔽盧本如文史記壅作癰愚按壅文當以从土爲正周官雍氏乃古文通假字今仍原文飾法盧氏曰飾讀爲飭五霸征

賈子十一　十七

盧本如文史記作伯愚按伯霸皆屬假借經典通用無區別今仍原文以符中篇天下震盧本如文史記震作振愚按史記非也說見上文今仍原文百姓至叛矣盧本如文史記怨下有望字叛作畔愚按望衍文叛正字畔通假史記非也今仍原文王序盧本如文史記王作五索隱曰賈書五作王愚按王序王政之次序也王讀去聲作五非也今仍原文而千至不絕盧本無而字歲作載史記如文愚按盧本脫誤史記是也今改正故不長久盧本作故不能長史記如文愚按無久字殊謬史記是也今改正由是觀之盧本如文史記是作此愚按二文義同今仍原文鄙諺曰盧本如文史記鄙作野愚按二文義同今仍原文後事之師盧本無事字史記如文愚按無事脫文也今補正參以人事盧本以作之史記如文是也今改正變化因時盧本如文史記因作有愚按因時以爲變化作因是也今仍原文曠日持久盧本持作長史記同丁先生曰同里雷氏學淇校此文以長爲持其說曰長複上文此當

作捺長持乃聲轉之誤思按雷氏之說莫詳所
本然㠯二字爲聲轉之誤乃確詁也今據改正

賈子卷弟一竟

正定通惠王氏校栞版
存泰州寓宅龍樹精舍

賈子卷弟二　內篇二

正定王耕心次詁

數寍弟四

臣竊惟事埶可痛惜者一可爲流涕者二可爲長大息者六若其他倍理而傷道者難徧㠯疏舉進言者皆曰天下已安矣臣獨曰未安或者曰天下已治矣臣獨曰未治恐逆意觸死罪雖然誠不安誠不治故不敢顧身敢不眛死㠯聞夫曰天下安且治者非至愚無知固諛者耳皆非事實知治亂之體者也夫抱火措之積薪之下而寢其上火未及𦡀因謂之安偷安者也方今之埶何㠯異此夫本末舛逆首尾横決國制搶攘非有紀也胡可謂治陛下何不一令臣得孰數之於前因陳治安之策陛下試擇焉射獵之娛與安危之機孰急也使爲治勞知慮苦身體乏馳騁鍾鼓之樂勿爲可也樂與今同耳因加㠯常安四望無患因諸侯附親軌道致忠而信上耳因上不疑其臣無族罪兵革不動民長保首領耳因德窮至遠近者何奴遠者四荒苟人迹之所能及皆鄉風慕義樂爲臣子耳因天下富足資財有餘人及十年之食耳因民素朴順而樂從令耳因官事甚約獄訟盜賊可

令悬有耳大數既得則天下順治海內之氣清和咸
理則萬生遂茂晏子曰惟吕政順虖神為可吕益壽
髮子曰至治之極父無死子兄無死弟塗無繈絲之
葬各吕其順終穀食之法固百吕臣則至尊之壽輕
百年耳古者五帝皆踰百歲吕此言信之因生為明
帝沒為明神名譽之美垂無窮耳禮祖有功宗有德
始取天下為功始治天下為德因觀成之廟為天下
大宗承天下太祖與漢長亡極耳因卑不疑尊賤不
踰貴尊卑貴賤明若白黑則天下之眾不疑眩耳因
經紀本於天地政法倚於四時後世無變故無易常

賈子十　二

襲迹而長久耳臣竊吕為建久安之埶成長治之業
吕承祖廟吕奉六親至孝也吕宰天下吕治羣生神
民咸億社稷久饗至仁也立經陳紀輕重周得後可
吕為萬世法吕後雖有愚幼不肖之嗣猶得蒙業而
安至明也壽竝五帝澤施至遠於陛下何損哉吕陛
下之明通因使少知治體者得佐下風致此治非有
難也陛下何不一為之其具可素陳於前願幸無忽
臣謹稽之天地驗之往古案之當時之務日夜念此
至孰也雖使舜禹生而為陛下計無吕易此

藩傷弟五

夫樹國必審相疑之埶下數被其殃上數爽其憂故
甚非所吕安主上非所吕活大臣者也甚非所吕全
愛子者也既已令之為藩臣矣為人臣下矣而厚其
力重其權使有驕心而難服從也何異於善砥鏌鋣
而予射子自禍必矣愛之故使飽粱肉之味玩金石
之聲臣民之眾土地之博足吕奉養宿衛其身然而
權力不足吕徼幸埶不足吕行逆故無驕心無邪行
奉法畏令聽從必順長生安樂而無上下相疑之禍
活大臣全愛子孰精於此且藩國與制力非獨少也
制令其有子吕國其子未有子者建分吕須之子生

賈子二　三

而立其身雖夭夫將何失於實無喪而葆國無患子
孫世世與漢相須皆如長沙可吕久矣所謂生死而
肉骨何吕厚此

宗首弟六

今或親弟謀為東帝親兄之子西嚮而擊今吳又見
告矣天子春秋鼎盛行義未過德澤有加焉猶尚若
此況莫大諸侯權埶十此者虖然而天下少安者何
也大國之王幼在懷衽漢所置傅相方握其事數年
之後諸侯王大抵皆冠血氣方剛漢所置傅歸休而
不肯住漢所置相稱病而賜罷彼自丞尉吕上偏置

其私人如此有異淮南濟北之爲邪此時而乃欲爲治安雖堯舜不能黃帝曰日中必熭操刀必割今令此道順而全安甚易弗肯早爲已乃墮骨肉之屬而抗剄之豈有異秦之季世虖夫㠯天子之位用天下之力乘今之時因天之助尙憚㠯危爲安㠯亂爲治假設陛下居齊桓之處將不合諸侯匡天下虖

親疏危亂弟七

假令天下如曩時淮陰侯尙王楚黥布王淮南彭越王梁韓信王韓張敖王趙貫高爲相盧綰王燕陳豨在代六七公者皆無恙案其國而居當是時陛下卽天子之位試能自安虖哉臣有㠯知陛下之不能也天下殽亂高皇帝與諸侯併肩而起非有側室之埶㠯豫席之也諸侯幸者乃得爲中涓其次僅得爲舍人材之不逮至遠也高皇帝五年卽天子之位割膏腴之地㠯王有功之臣多者百餘城少者乃三四十縣德至渥也然其後十年之閒反者九起幾無天下者五六陛下之與諸公也非親角材而臣之也又非身封王之也自高皇帝不能㠯是一歲爲安陛下獨安能㠯是自安也然尙有可諉者曰疏臣請試言其親者假令悼惠王王齊元王王楚中子王趙幽王

賈子二　四

王淮陽共王王梁靈王王燕厲王王淮南六七貴人皆無恙各案其國而居當是時陛下卽天子之位能爲治虖臣又竊知陛下之不能也諸侯王雖名爲人臣實皆有布衣昆弟之心慮無不宰制而天子自爲者擅爵人赦死罪甚者或戴黃屋漢法非立漢令非行也雖離道如淮南王者令之安肯聽召之焉可致幸而至法安可得尙動一親戚天下環視而起天下安可得制也陛下之臣雖有悍如馮敬者乃啟其口匕首已陷於胸矣陛下雖賢誰與領此故疏必危親必亂陛下之因今㠯爲治安柰何知其必且危亂也然且吟齘而堅控守之爲何如

制不定弟八

炎帝者黃帝同父母弟也各有天下之半黃帝行道而炎帝不聽故戰涿鹿之野血流漂杵夫地制不得自黃帝而已困㠯高皇帝之明聖威武也旣撫天下卽天子之位而大臣爲逆者乃幾十發㠯帝之埶身勞於兵閒紛然幾無天下者數矣淮陰侯韓王信陳豨彭越黥布及盧綰皆功臣也所嘗愛信也所愛化而爲仇所信反而爲寇可不怪也地里蚤定豈有此變陛下卽位㠯來濟北一反淮南爲逆今吳又見告

賈子二　五

皆其薄者也莫大諸侯澹然而未有故者天下非有固安之術也特賴其尙幼偷緩之數也且異姓負彊而動者漢已幸而勝之矣又不易其所已然同姓襲是迹而處骨肉相動又既有徵矣其執盡又復然殃禍之變未知所移長此安窮明帝尙不能已安後世柰何屠牛坦一朝解十二牛而芒刃不頓者所排擊所剝割皆衆理也然至髖髀之所非斤則斧矣仁義恩厚此人主之芒刃也權執法制此人主之斤斧也執已定權已足矣乃已仁義恩厚因而澤之故德布而天下有慕志今諸侯王皆衆髖髀也釋斤斧之制而欲嬰已芒刃臣已爲刃不折則缺耳胡不用之淮

南濟北執不可也

藩彊弟九

竊迹前事大抵彊者先反淮陰王楚最彊則最先反韓王信倚胡則又反貫高因趙資則又反陳豨兵精彊則又反彭越用梁則又反黥布用淮南則又反盧綰國比最弱則最後反長沙乃幾二萬五千戶耳力不足已行逆則功少而最完執疏而最忠非獨性異人也其形執然矣曩令樊酈絳灌據數十城而王今雖已殘亡可也令韓信黥布彭越之倫列爲徹侯而居雖至今存可也然則天下大計可知已欲諸王皆忠附則莫若令如長沙欲勿令菹醢則莫若令如樊酈絳灌欲天下之治安天子之無憂莫如衆建諸侯而少其力力少則易使已義國小則無邪心

五美弟十

海內之執如身之使臂臂之使指莫不從制諸侯之君不敢有異心輻湊竝進而歸命天子雖在細民且知其安故天下咸知陛下之明割地定制齊爲若干國趙楚爲若干國制既各有理矣於是齊悼惠王之子孫各已次受其祖之分地地盡而止趙幽王楚元

王之子孫亦各已次受其祖之分地燕吳淮南他國皆然其分地衆而子孫少者建已爲國空而置之須其子孫生者舉使君之諸侯之地其削頗入漢者爲徙其侯國及封其子孫於彼也所已數償之故一寸之地一人之衆天子無所利焉誠已定治而已故天下咸知陛下之廉地制一定宗室子孫慮莫不王制定之後下無背叛之心上無誅伐之志上下懽親諸侯順附故天下咸知陛下之仁地制一定則帝道還明而臣心還正法立而不犯令行而不逆貫高利幾之謀不生棧奇啟章之計不萌細民鄉善大臣效順

上使然也故天下咸知陛下之義地制一定臥赤子天下之上而安待遺腹朝委裘而天下不亂社稷長安宗廟久尊傳之後世不知其所窮故當時大治後世誦聖一動而五美附陛下誰憚而久不爲此

大都弟十一

昔楚靈王問范無宇曰我欲大城陳蔡葉與不羹賦車各千乘焉亦足以當晉矣又加之以楚諸侯其來朝虖范無宇曰不可臣聞大都疑國大臣疑主亂之媒也都疑則交爭臣疑則並令禍之深者也今大城陳蔡葉與不羹或不充不足以威晉若充之以資財

實之以重祿之臣是輕本而重末也臣聞尾大不掉末大必折此豈不施威諸侯之心哉然終爲楚國大患者必此四城也靈王弗聽果城陳蔡葉與不羹實之以兵車充之以大臣是歲也諸侯果朝居數年陳蔡葉與不羹或奉公子棄疾內作難楚國雲亂王遂死於乾溪芋尹申亥之井爲計若此豈不可痛也哉悲夫本細末大弛必至心時虖時虖可痛惜者此也天下之埶方病大尰一脛之大幾如要一指之大幾如股惡病也平居不可屈信一二指搐身固無聊也失今弗治必爲錮疾後雖有扁鵲弗能爲已此所以竊爲陛下患也病非徒尰也又苦跋盭元王之子帝之從弟也今之王者從弟之子也惠王之子親兄之子也今之王者兄子之子也親者或無分地以安天下疏者或專大權以偪天子臣故曰非徒病尰也又苦跋盭可痛哭者此病是也

解縣弟十二

天下之埶方倒縣竊願陛下省之也凡天子者天下之首也何也上也蠻夷者天下之足也何也下也蠻夷徵令是主上之操也天子共貢是臣下之禮也足反居上首顧居下是倒縣之埶也天下倒縣莫之能

解猶爲國有人虖非特倒縣而已也又類辟且病痱夫辟者一面病痱者一方痛今西郡北郡雖有長爵不輕得復五尺已上不輕得息斥候者望烽燧而不敢臥將吏戍者或介冑而睡而匈奴欺侮侵掠未知息時於焉望信威廣德難已臣故曰一方病矣醫能治之而上弗肯使進諫者類以爲是固不可解也無具甚矣陛下肯幸聽臣之計請陛下舉中國之禍而徙之匈奴中國乘其威而富彊匈奴伏其辜而殘亡繫單于之頸而制其命伏中行說而笞其背舉匈奴之眾唯上之令陛下威撣大信德義廣遠僶視中國

遠望四夷莫不如志然後退齋三日吕報高廟令天下無愚智男女皆日皇帝果大聖也胡忍吕陛下之明承天下之資而久爲戎人欺傲若此可謂國無人矣

執卑弟十三

匈奴侵甚侮甚遇天子至不敬也爲天下患至無已也目漢而歲致金絮繒綵是入貢職於蠻夷也顧爲戎人諸侯也埶既卑辱而禍且不息長此何窮陛下胡忍吕帝皇之號特居此臣竊料匈奴之衆不過漢一千石大縣吕天下之大而困於一縣之小甚竊爲執事羞之陛下有意胡不吕臣爲屬國之官吕主匈奴因幸行臣之計半歲之內休屠飯失其口矣少假之閒休屠繫頸吕艸膝行頓顙請歸陛下之義惟上財幸而後復罷屬國之官臣賜歸伏田廬不復洿末廷則忠臣之志快矣今不獵猛獸而獵田彘不搏反寇而搏畜兔所獵得毋小所搏得毋不急虖玩細虞不圖大患非所吕爲安

威不信弟十四

古之正義東西南北苟舟車之所達人迹之所至莫不率服而後云天子德厚焉澤湛焉而後稱帝又加美焉而後稱皇今稱號甚美而實不出長城彼非特不服也又大不敬邊長不寧中長不靜譬如伏虎見便必動將何時已昔高帝起布衣而服九州今陛下杖九州而不行於匈奴竊爲陛下不足天下之埶倒植矣莫之能理猶爲國有人虖德可遠施威可遠加舟車所至可使如志而特搚然數百里而威令不信可爲流涕者此也

校詁二

數盜弟四 舊第五 長大息 盧氏曰大息歎息之大也俗本作太息非愚按盧解不必然說見外篇陳治安大計疏 及爇 愚按爇同然燒也 孰急也 盧本此句下有臣聞之自禹已下五百歲而湯起自湯已下五百歲年而武王起故聖王之起大臣五百爲紀自武王已下過五百歲矣聖王不起何怪矣及秦始皇帝似是而卒非也終於無狀及今天下集於陛下臣觀寬大知通竊曰是吕摻亂業握危若今之賢也明通吕足天紀又當天空請陛下爲之埶矣然又未也者又將誰須也百二十三字盧氏謂當移置篇首臣竊惟事埶之上則此文理俱順愚按文殊不類雖強移篇首亦屬笑資此等決出後人妄竄徒增賈子之玷非也今刪 晏子至益壽 見晏子春秋內篇雜下盧氏說 穀食至吕足 盧本足作是注謂當作足是也今改正盧詁曰穀食謂人也人之大期固當足百年也 爲天至極耳 盧本作爲天下太宗承太祖與天下漢長亡極耳俞氏訂如文是也今改正

藩傷弟五 舊弟六 爽其憂 盧本此下有凶饑數動彼必將有怪者生焉禍之所罹豈可豫知二十字丁先生曰何隙妄竄是也今刪 其身雖夭 盧本雖夭作吕子丁先生

宗首弟六 舊弟四

親疏危亂弟七 舊弟二十四

假

令至髮時盧本此上有臣下有所不爲矣臣將不敢不畢陳事制十六字丁先生曰爲妄竄是也今刪時盧本作也別本如文是也今改正六七至無恙盧本句上衍令字公者作諸公皆誤今據漢書改正爲舍人盧本此下有高皇帝南面稱帝諸公皆爲臣十二字丁先生曰爲妄竄是也今刪中子王趙盧本作中山王王趙注以爲當从漢書如文是也今改正吟齘盧氏曰吟齘疑當作柴齘方言作濶齘音皆相同怒也爲何如盧本此下有制以繚相懸五字丁先生曰妄竄不可曉是也今刪此下仍有闕文無從補正矣

制不定弟八舊弟十四

俞綴盧本作偸猥俞氏訂如文是也今改正皆象理也盧氏曰當謂仿傚其支節也漢書作皆眾理解也

藩彊弟九舊弟七

而最忠盧本此下有全骨肉時長沙無故者九字愚按句陝妄竄可哂今刪

五美弟十舊弟十三

諸侯之君盧本此下有敢自殺不敢反心知必蒞臨耳丁先生謂語意凶險決出妄竄是也今刪歸命天子盧本此下有天子無可曰微倖之權無起禍召亂之業十六字丁先生曰意是辭非亦出妄竄是也今刪棧奇啟章盧本棧奇作機奇漢書作柴奇後淮難篇亦作棧奇盧氏說柴棧音義兩通韓詩外傳齊景公游牛山事有柴車晏子春秋作棧車是其證也以棧爲機形近之謌啟章漢書作闕章以避景帝諱改愚按盧說是也今改正作棧奇與淮難篇同啟章仍原文各以至而止盧本作王之分地盡而止俞氏訂如文是也今改正久不爲此盧本此下有五美二字注以爲以上文丁先生曰二字與篇首題名同典籍無此例妄竄無疑盧說非愚按先生之說是也今刪

大都弟十一舊弟八

必此四城盧氏曰左傳但言陳蔡不羹而無葉杜預分東西不羹爲二以當之此并數葉爲四此是也

解縣弟十二舊弟十六

不輕得息盧本此下有苦甚矣中地左戍延行數千里糧食餽饟至難也十九字丁先生曰何陳妄竄是也今刪上弗肯使盧本此下有也天下倒縣甚苦矣竊爲陛下惜之十四字丁先生曰何陳妄竄是也今刪徙之匈奴盧本徙作從丁先生曰直當作徙是也今改正乘其威盧本威作嚴俞氏訂如文是也今改正德義廣遠盧本此下有據天下而必固稱高號誠所空十二字丁先生曰何陳妄竄是也今刪執

卑弟十三舊弟二十六

胡不至之官盧本胡不下有使臣一試理此夫胡人於古小諸侯之所鈺權而服也矣安敢悍若此二十七字丁先生曰胡不以臣爲屬國之官明是一句此於一句之內妄竄數語且不可曉幾同嘐戲矣愚按先生說是也今刪正

威不信弟十四舊弟二十七

竊謂至不足盧本此下有且事執有甚逆者凡天子者天下之首也何也上也蠻夷者天下之足也何也下也蠻夷徵令是主上之操也天子共貢是臣下之禮也足反居上首顧居下是倒植之執也六十六字丁先生曰事執句不成語天子者以下一節已見前篇此屬妄竄愚按先生說是也今刪捫然愚按捫乃謌文盧氏疑當作左傳撊然援兵登陴之撊與此九不合非也

賈子二　三十

賈子二　三十一

賈子卷弟二竟

正定通惠王氏校栞版
存秦州寓宅龍樹精舍

賈子卷弟三　內篇三

正定王耕心次詁

孼產子弟十五

民賣產子得爲之繡衣編經履偏諸緣入之閑中是古者天子后之服也后之所以廟而不以燕也而衆庶得以衣孼妾白縠之表薄紈之裏緁以偏諸美者黼繡是古者天子之服也今富人大賈召客者得以被牆古者以天下奉一帝一后而節適今富人大賈屋壁得爲帝服賈婦優倡下賤產子得爲后飾然而天下不屈者殆未有也且帝之身自衣皁綈而靡賈

侈貴牆得被繡后以緣其領孼妾以緣其履此臣之所謂踳也且試觀事理夫百人作之不能衣一人也欲天下之無寒胡可得也一人耕之十人聚而食之欲天下之無飢胡可得也飢寒切於民之肌膚欲其無爲姦邪盜賊不可得也國已素屈矣姦邪盜賊特須時爾歲適不爲如雲而起耳夫餑此而有安上者殆未有也今也平居則無茈施不敬而素寬有故必困然而獻計者類曰無動爲大耳夫無動而可以振天下之敗者何等也悲夫俗至不敬也至無等也至冒其上也進計者猶曰無爲可爲長大息者此也

時變弟十六

秦國失理天下大敗衆揜寡智欺愚勇劫懼壯凌衰天下亂至矣是以大賢起之威振海內德從天下曩之爲秦者今轉而爲漢矣今者何如進取之時去矣并兼之埶過矣胡以孝弟循順爲善書而爲吏耳胡以行義禮節爲家富而出官耳驕恥偏而爲祭尊黥劓者攘臂而爲政行惟狗彘也苟家富財足隱机盱視而爲天子耳惟告罪昆弟欺突伯父逆於父母乎然錢財多也衣服循也車馬嚴也走犬良也矯誣而家美盜賊而財多何傷欲交吾擇貴寵者而交之欲

埶擇吏權者而使之取婦嫁子非有權埶吾不與婚姻非貴有戚不與兄弟非富大家不與出入因何也今俗侈靡以出倫踰等相驕以富過其事相競今世貴空爵而賤良俗靡而尊姦富民不爲姦而貧爲里侮廉吏釋官而歸爲邑笑居官敢行姦而富爲賢吏家處者犯法爲利爲材士故兄勸其弟父勸其子則俗之邪至於此矣商君違禮義弃倫理并心於進取行之二歲秦俗日敗秦人有子家富子壯則出分家貧子壯則出贅假父耰鉏杖彗耳慮有德色矣母取瓢椀箕帚慮立誶語抱哺其子與公併踞婦姑不相

說則反脣而睨其慈子嗜利而輕簡父母也念罪非有倫理也其不同禽獸僅焉耳然猶并心而赴時者曰功成而敗義耳蹷六國兼天下求得矣然不知反廉恥之節仁義之厚信并兼之法遂進取之業凡十三歲而社稷爲墟不知守成之數得之之術也悲夫

俗激弟十七

大臣之俗特巳牘書不報小期會不答耳巳爲大故不可矣天下之大啗舉之而激俗流失世壞敗矣因恬弗知怪大故也如刀筆之吏務在筐箱而不知大體陛下又弗自憂故如此哉管子曰四維一曰禮二

曰義三曰廉四曰醜四維不張國迺滅亡使管子愚無識人也則可使管子而少知治體則是豈不可爲寒心哉今世巳侈靡相競而上無制度弃禮義捐廉醜日甚可謂月異而歲不同矣逐利虖否耳慮非顧行也今其甚者剄大父矣賊大母矣踝嫗矣刺兄矣盜者慮探柱下之金掇寢戶之簾搴兩廟之器白晝大都之中剽吏而奪之金矯僞者出幾十萬石粟賦六百餘萬錢乘傳而行諸侯此其無行義之尤至者已其餘猖蹶而趨之者乃豕羊驅而往是類管子謂四維不張者與竊爲陛下惜之巳臣之意吏慮不動於耳目巳爲是時適然耳夫移風易俗使天下移心而嚮道類非俗吏之所能爲也陛下又不自憂竊爲陛下惜之夫立君臣等上下使父子有禮六親有紀此非天之所爲人之所設也夫人之所設弗爲不立不植則僵不修則壞秦滅四維不張故君臣乖而相攘上下亂僭而無差父子六親殃僇而失其宜姦人並起萬民離畔凡十三歲而社稷爲墟今四維猶未備也故姦人冀幸而衆下疑惑矣豈如今定經制令主主臣臣上下有差父子六親各得其宜姦人無所冀幸羣衆信上而不疑惑哉此業一定世世常安而

後有所持循矣若夫經制不定是猶渡江河無維楫中流而遇風波也船必覆矣悲夫備不豫具之也可不察虖

保傅弟十八

殷爲天子二十餘世而周受之周爲天子三十餘世而秦受之秦爲天子二世而亡人性非甚相遠也何殷周之君有道之長而秦無道之暴也其故可知也古之王者太子初生固舉巳禮使士負之有司齋肅端冕見之南郊見于天也過闕則下過廟則趨孝子之道也故自爲赤子而敎固已行矣昔者周成王幼

在襁褓之中召公爲太保周公爲太傅太公爲太師
保保其身體傅傅之德義師道之敎訓三公之職也
於是爲置三少皆上大夫也曰少保少傅少師是與
太子燕者也故孩提有識三公三少固明孝仁禮義
㠯道習之逐去邪人不使見惡行於是皆選天下之
端士孝悌博聞有道術者㠯衛翼之使與太子居處
出入故太子初生而見正事聞正言行正道左右前
後皆正人也習與正人居之不能無正也猶生長於
齊之不能不齊言也習與不正人居之不能無不正
也猶生長於楚之不能不楚言也故擇其所嗜必先

賈子二十　五

受業乃得嘗之擇其所樂必先有習乃得爲之孔子
曰少成若天性習貫如自然是殷周之所㠯長有道
也及太子少長知好色則入於學學者所學之官也
學禮曰帝入東學上親而貴仁則親疏有序而恩相
及矣帝入南學上齒而貴信則長幼有差而民不誣
矣帝入西學上賢而貴德則聖智在位而功不遺矣
帝入北學上貴而尊爵則貴賤有等而下不踰矣帝
入太學承師問道退習而考於太傅太傅罰其不則
而匡其不及則德智長而治道得矣此五學者既成
於上則百姓黎民化輯於下矣學成治就是殷周所

㠯長有道也及太子既冠成人免於保傅之嚴則有
司直之史有虧膳之宰天子有過史必書之史之義
不得書過則死過書而宰收其膳宰之義不得收膳
則死於是有進善之旌有誹謗之木有敢諫之鼓瞽
史誦詩工誦箴諫大夫進謀士傳民語習與智長故
切而不愧化與心成故中道若性是殷周之所㠯長
有道也三代之禮天子春朝朝日秋暮夕月所㠯明
有敬也春秋入學坐國老執醬而親饋之所㠯明有
孝也行㠯鸞和步中采齊趨中肆夏所㠯明有度也
其於禽獸也見其生不忍其死聞其聲不嘗其肉故

賈子二十　六

遠庖廚所㠯長恩且明有仁也食㠯禮徹㠯樂失度
則史書之工誦之三公進而讀之宰夫減其膳是天
子不得爲非也明堂之位曰篤仁而好學多聞而順
道天子疑則問應而不窮者謂之道道者道天子㠯
道者也常立於前是周公也誠立而敢斷輔善而相
義者謂之輔輔者輔天子之意者也常立於左是太
公也絜廉而切直匡過而諫邪者謂之拂拂者拂天
子之過者也常立於右是召公也博聞彊記捷給而
善對者謂之承承者承天子之遺忘者也常立於後
是史佚也故成王中立聽朝則四聖維之是㠯慮無

失計而舉無過事殷周之所㠯長久者其輔翼太子有此具也及秦而不然其俗固非貴辭讓也所上者告訐也固非貴禮義也所上者刑罰也使趙高傅胡亥而教之獄所習者非斬劓人則夷人之三族也故今日卽位明日射人忠諫者謂之誹謗深爲之計者謂之妖言其視殺人若艾艸菅然豈胡亥之性惡哉其所㠯習道之者非理故也鄙諺曰不習爲吏視已成事又曰前車覆後車戒夫殷周之所㠯長久者其已事可知也然而不能從是不法聖智也秦之亟絶者其軌迹可見也然而不避是後車又覆也夫存亡

之故治亂之機其要在是矣天下之命縣於太子太子之善在於蚤諭教與選左右心未濫而先諭教則化易成也夫開於道術智義之指則教之功也若其服習積貫則左右而已矣夫胡越之人生而同聲嗜慾不異及其長而成俗也累數譯而不能相通行有雖死而不相爲者則教習然也臣故曰選左右蚤諭教最急夫教得而左右正則太子正矣太子正而天下定矣書曰一人有慶兆民賴之此時務也

階級弟十九

人主之尊辟無異堂陛陛九級者堂高大幾六尺矣若堂無陛級者堂高殆不過尺矣天子如堂羣臣如陛眾庶如地此其辟也故堂之上廉遠地則堂高近地則堂卑高者難攀卑者易陵理勢然也故古者聖王制爲列等內有公卿大夫士外有公侯伯子男然後有官師小吏施及庶人等級分明而天子加焉故其尊不可及也鄙諺曰欲投鼠而忌器此善喻也鼠近於器尙憚而弗投恐傷器也況乎貴大臣之近於主上乎廉醜禮節㠯治君子故有賜死而無戮辱是㠯係縛榜笞髡刖黥劓之罪不及士大夫㠯其離主上不遠也禮不敢齒君之路馬蹴其芻者有罪見君

之几杖則起遭君之乘輿則下入正門則趨君之寵臣雖或有過刑戮不加其身尊君之埶也此所㠯爲主上豫遠不敬也所㠯體貌羣臣而厲其節也今自王侯三公之貴皆天子之改容而禮也古天子之所謂伯父伯舅也今與眾庶徒隸同黥劓髡刖笞傌弃市之法然則堂不亡陛乎被戮辱者不太迫乎廉恥不行也大臣無乃握重權大官而有徒隸無恥之心乎夫望夷之事二世見當㠯重法者投鼠而不忌器之習也臣聞之曰履雖鮮弗㠯加枕冠雖敝弗㠯苴履夫嘗㠯在貴寵之位天子改容而嘗體貌之矣吏

民嘗俯伏㠯敬畏之矣今而有過令廢之可也退之可也賜之死可也若夫束縛之係紲之輸之司空編之徒官司寇牢正徒長小吏罵詈而榜笞之殆非所㠯令衆庶見也夫卑賤者習知尊貴者之事一旦吾亦乃可㠯加也非所㠯習天下也非尊尊貴貴之化也夫天子之所嘗敬衆庶之所嘗寵死而死爾賤人安宜得如此而頓辱之哉豫讓事中行之君智伯伐中行滅之豫讓移事智伯及趙滅智伯豫讓釁面變容吸炭變聲必報襄子五起而弗中襄子一夕而五易臥人問豫讓讓曰中行衆人畜我我故衆人事之

智伯國士遇我我故爲之國士用故此一豫讓也反君事讎行若狗彘已而折節致忠行出乎烈士人主使然也故人主遇其大臣如遇犬馬彼將犬馬自爲也如遇官徒彼將官徒自爲也頑頓無恥奊訽無節廉恥不立則且不自好則苟若而可見利則趨見便則奪主上有敗因而挐之矣主上有患則吾苟免而已立而觀之耳有便吾身者則欺賣而利之耳人主將何便於此羣下至衆而主至少也所託財器職業者率於羣下也但無恥但苟安則主最病故古者禮不及庶人刑不至君子所㠯厲寵臣之節也古者大臣

有坐不廉而廢者不謂曰不廉曰簠簋不飾坐污穢男女無別者不謂污穢曰帷薄不修坐罷軟不勝任者不謂罷軟曰下官不職故貴大臣定有其罪矣猶未斥然正㠯呼之也尚遷就而爲之諱也故其在大譴大訶之域者聞譴訶則白冠氂纓盤水加劍造請室而請其罪爾上弗使執縛係引而行也其中罪者聞命而自弛上不使人頸盭而加也其有大罪者聞命則北面再拜跪而自裁上不使人捽抑而刑也曰子大夫自有過耳吾遇子有禮矣遇之有禮故羣臣自喜厲㠯廉恥故人務節行上設廉恥禮義㠯遇其

臣而羣臣不㠯節行而報其上者卽非人類也故化成俗定則爲人臣者主醜亡身國醜忘家公醜忘私利不苟就害不苟去唯義所在主上之化也故父兄之臣誠死宗廟法度之臣誠死社稷輔翼之臣誠死君上守衛捍敵之臣誠死城郭封境故曰聖人有金城者比物此志也彼且爲我死故吾得與之俱生彼且爲我亡故吾得與之俱存夫將爲我危故吾得與之皆安顧行而忘利守節而服義故可㠯託不御之權可㠯託五尺之孤此厲廉恥行禮義之所致也主上何喪焉此之不爲而顧彼之行故曰可爲長大息

者也

校詁三

孽產子弟十五舊弟二十踏也盧氏曰踏與外同歲適不爲盧氏曰不爲不成也見春秋繁露又續漢律厤志注引易緯有雜稻不爲麥不爲之語如雲而起耳盧本此下有若夫不爲見室滿胡可勝撫也十二字丁先生已爲妄竄是也今刪鋍此盧氏曰鋍此猶言際此山海經魏山是鋍于西海敦題之山是鋍于北海鋍章問反郭注猶隈埻也是則今人之所云適際耳茈施盧氏曰茈與柴同茈施猶藩籬也

時變弟十六舊弟十八壯夌衰盧本此下有攻擊奪者爲賢貴人善奕盜者爲析諸侯設詐而相飭設輈而相紹者爲知二十九字丁先生謂何隙妄竄是也兪氏强爲之說誤今刪今者何如愚按此下一節盧氏謂與上文不相承接疑妄竄所致是也今已義尚可取姑仍原文今俗至相競盧本此三句有倒衍兪氏訂如文是也今改正里侮盧本侮作爲建本作毋兪說當如文是也今改正

賈子　十二

俗激弟十七舊弟同故如此哉盧本此下有夫邪俗日長民相然席於無廉醜行義非循也豈爲人子背其父爲人臣固忠於君哉豈爲人弟欺其兄爲人下固信其上哉陛下雖有權柄事業將何寄之六十字丁先生曰何隙妄竄不成語即賈子之文亦當刪除無論其非原文矣愚按先生說是也今刪慮非顧行兪氏曰慮猶無慮大氏也踝嫗盧氏曰踝當與剽同割也幾十萬石盧本十作拾云與十通丁先生曰潭本作十是也盧氏必拾正文別取適假謬矣今改正

保傅弟十八舊弟十四三知好色盧氏曰知好色語乃約其年歲之所至耳如孟子論人曰少日知好色曰有妻子曰仕皆謂其年少壯所當値也宋儒譏賈子知好色下語未了宜極言防閑之道不當便接則入於學由不知當日語意故爾輕詆潭本从漢書作知如色愚按今與外篇名仍原文已備參考幷見外篇陳治安大計疏司直之史盧氏曰司直別本作司過與大戴同漢書作記過虧

膳之宰盧氏曰虧別本作徹潭本譌作勸過書至其膳盧本無過書二字注曰大戴禮有之是也今補正順道盧本作道順太平御覽引如文是也今改正別本順作愼大戴禮同故斷盧氏曰建潭本作致斷今从別本大戴同輔天子之意盧氏曰大戴輔作充意作志不習至成事盧本爲史作爲史視已成事作而視已事潭本如文漢書同大戴禮史亦作吏而作如愚按潭本漢書皆是也今改正吏非史史非吏不容發也而祇已事語尤晦昧大戴之如亦聲近之誤後車戒盧本後上有而字潭本無是也今刪存亡之故盧本故作反說曰別本作變與漢書大戴同沈本作故愚按作故是也今改正

階級弟十九舊弟十六輸之司空盧氏曰司空掌城旦鬼薪之事役使罪人爲之漢書百官公卿表宗正屬官有都司空令丞如淳曰律司空主水及罪人卽引賈誼此語別本从漢書作司寇非也愚按盧說不必然別見外篇陳治安大計疏奊苟無節愚按奊音奚上胡禮切詳見外篇陳治安大計疏造清至罪

賈子　十三

爾盧氏曰清音才性反蘇林曰音潔清胡公漢官車駕出有清室令在前驅此官有別獄也如蘇言則漢書請室亦有作清室者建本新書正作清室知蘇言非謬矣三輔黃圖作靜室潭本作造請其罪耳非自弛兪氏說弛讀爲褫詳見外篇陳治安大計疏羣臣自喜盧氏曰喜讀爲憙漢書作憙主醜至忘私盧氏曰建本作醜諸本皆作爾漢書作耳

賈子卷弟三竟

正定通惠王氏校栞版
存泰州寓宅龍樹精舍

賈子卷弟四　內篇四

正定王耕心次詁

鑄錢弟二十

法使天下公得顧租鑄錢敢雜㠯鉛鐵爲他巧者其罪黥然鑄錢之情非殽鉛鐵及石雜銅也不可得贏而殽之甚微其利甚厚名曰顧租公鑄法也而實皆黥罪也有法若此上將何賴焉夫事有召禍而法有起姦今令細民操造幣之埶各隱屏其家而鑄作因欲禁其厚利微姦雖黥罪日報其埶不止爲民設阱孰積於是曩禁鑄錢死罪積下今公鑄錢黥罪積下雖少異虖末具也民方陷溺上且弗救虖且世民用錢縣異而郡不同或用輕錢百加若干或用重錢平稱不受法錢不立吏急而一之虖則大煩苛而民弗任且力不能而埶不可施縱而弗苛虖則郡縣異而市肆不同小大異用錢文大亂夫苟非其術則何鄉而可哉夫農事不爲而采銅日蕃釋其耒耨冶鎔鑪炭姦錢日繁正錢日亡善人怵而爲姦邪愿民陷而之刑僇黥罪桀積吏民且日鬬矣將甚不祥柰何而忽國知患此吏議必曰禁之禁之不得其術其傷必大何㠯圉之令禁鑄錢錢必還重四錢之眾必還二錢耳重則盜鑄錢如雲而起則弃市之罪又不足㠯禁矣姦不勝而法禁數潰難言已

銅布弟二十一

銅布於下爲天下菑何㠯言之銅布於下則民鑄錢者大抵必雜石鉛鐵焉黥罪日繁此一禍也銅布於下僞錢無止錢用不信民愈相疑此二禍也銅布於下采銅者棄其田疇家鑄者損其農事穀不爲則鄰於飢此三禍也故不禁鑄錢則錢常亂黥罪日積是陷阱也且農事不爲有疑爲菑故民鑄錢不可不禁上禁鑄錢必㠯死罪鑄錢者禁則錢必還重錢重則盜鑄錢者起則死罪又復積矣銅使之然也故銅布於下其禍博矣今博禍可除七福可致何謂七福上收銅勿令布下則民不鑄錢黥罪不積一銅不布下則僞錢不繁民不相疑二銅不布下不得采銅不得鑄錢則民反耕田矣三銅不布下畢歸於上上挾銅積㠯御輕重錢輕則㠯術斂之錢重則㠯術散之則錢必治貨物必平矣四挾銅之積㠯鑄兵器㠯假貴臣小大多少各有制度㠯別貴賤㠯差上下則等級明矣五挾銅之積㠯臨萬貨㠯調盈虛㠯收畸羨則官必富而末民困矣六挾銅之積制吾弃財㠯與匈

奴逐爭其民則敵必壞矣七此之謂七福故善爲天下者因禍而爲福轉敗而爲功今顧退七福而行博禍可爲長大息者此其一也

淮難弟二十二

竊恐陛下接王淮南王子曾不與如臣者孰計之也淮南王之悖逆亡道陛下爲頓顙謝罪皇太后之前淮南王曾不誚讓敷留之罪無加身者舍人橫制等室之門追而赦之吏曾不得捕王人於天子國橫行不辜而無譴乃賜美人多載黃金而歸侯邑之在其國者畢徙之他所陛下於淮南王不可謂薄矣然而

淮南王天子之法咫蹂促而弗用也皇帝之令咫批傾而不行天下孰不知天子選功臣有職者目爲之相吏王慠不踏蹴而逐耳無不稱病而走者天下孰弗知日接持怨言目誹謗陛下之爲皇太后之餽賜逆拒而不受天子使者奉詔而弗得見僵臥目發詔書天下孰不知聚罪人奇狡少年通棧奇之徒啟章之等而謀爲東帝天下孰弗知淮南王罪已明陛下赦其死罪解之嚴道其人自病死陛下何負天下大指孰能目王之死爲不當陛下無負也如是咫淮南王罪人之身也淮南子罪人之子也奉尊罪人之子

適足目負謗於天下耳且世人不目內爲心則已若目內爲心人之心可知也今淮南子少壯聞父辱狀是立咫泣洽衿臥咫泣交項腸至腰肘如繆維耳豈能須臾忘哉是而不如是非人也陛下制天下之命而淮南王至如此極其子舍陛下而更安所歸其怨爾特曰埶未便事未發含亂而不敢言若誠其心豈能忘陛下哉白公勝所爲父報仇者報大父與諸伯父叔父也令尹子西司馬子綦皆親群父也無不盡傷昔者白公之爲亂也非欲取國代王也爲發憤快志爾故挾匕首目衝仇人之匈要與俱靡而已耳固

非冀生也今淮南土雖小黥布嘗用之矣漢存特幸耳夫擅仇人足目危漢之資於策安便雖割而爲四四子一心也豫讓爲智伯報趙襄子五起而不取者無他資力少也子胥之報楚也有吳之眾也白公成亂也有白公之眾也闔閭富然故使專諸刺吳王僚燕太子丹富然故使荊軻殺秦王政今陛下將尊不億之人與之眾積之財此非有白公子胥之報於廣都之中者卽疑有專諸荊軻起兩柱之閒此所謂假賊兵爲虎翼者願陛下少留意計之

益壤弟二十三

陛下卽不爲千載之治安如今之勢不過一傳再傳諸侯猶且人恣而不制豪橫而大强漢法令不可得行矣今淮陽之比大諸侯厪過黑子之比於面耳豈足以爲楚御哉而陛下所恃以爲藩扞者以代淮陽耳代北邊與彊匈奴爲鄰僅自完足矣唯皇太子之所恃者亦以之二國耳今淮陽之所有適足以餌大國耳方今制在陛下制國命子適足以餌大國豈可謂工哉人主之行異布衣布衣者飾小行競小廉以自託於鄉黨邑里人主者天下安社稷固不耳高皇帝瓜分天下以王功臣反者如蝟毛而起高皇帝以

爲不可剽去不義諸侯空其國擇良日立諸子洛陽上東門之外諸子畢王而天下乃安故大人者不怵小廉不牽小行故立大便以成大功今淮南地遠者或數千里越兩諸侯而縣屬於漢其苦之甚矣其欲有卒也類良有所至逋走而歸諸侯殆不少矣此終非可久以爲奉地也陛下豈如蚤便其勢且令他人守郡豈如令子臣之愚計願陛下舉淮南之地以益淮陽梁卽有後割淮陽北邊二三列城與東郡以益梁卽無後患代可徙而都睢陽梁起新郪以北著之河淮陽包陳以南揵之江則大諸侯之有異心者破膽而不敢謀如臣計梁足以扞齊趙淮陽足以禁吳楚則陛下高枕而臥終無山東之憂矣臣竊以爲此二世之利也若使淮南久縣屬漢特以資姦人耳惟陛下幸少留意

屬遠弟二十四

天子都長安而以淮南東南邊爲奉地彌道數千不輕輸致郡或乃越諸侯而有免侯之地於遠方調均發徵又且必同大國包小國爲境小國廓大國爲都小大駮躁遠近無衰天子諸侯封畔之無經也至無狀也以藩國資彊敵以列侯餌篡夫至不得也陛下

柰何久不正此古者天子地方千里中之而爲都輸將繇使其遠者不出五百里而至公侯地百里中之而爲都輸將繇使遠者不出五十里而至輸將者不苦其勞繇使者不傷其費故遠方人安其居士民皆驩樂其上此天下之所以長久也及秦而不然秦不能分尺寸之地欲盡自有之耳輸將起海上而來一錢之賦耳十錢之費弗輕能致也上之所得者甚少而民毒苦之甚深故陳勝一動而天下振今漢越兩諸侯之中分乃以廬江爲奉地雖秦之遠邊過此不遠矣今此不輸將不奉主非奉地義也尚安用此而

久縣其心哉若令此如奉地之義是復秦之迹也竊㠯爲不便夫淮南窳民貧鄉也繇使長安者自悉㠯補中道衣𢿌錢用之費稱此夫行數千里絶諸侯之地而縣屬漢其勢終不可久其苦屬漢而欲王類至甚也逋遁而歸諸侯者類不少矣陛下不如蚤定毋㠯資姦人

權重弟二十五

諸侯埶足㠯專制力足㠯行逆雖令冠處女勿謂無敢埶不足㠯專制力不足㠯行逆雖生夏育有仇讎之怨猶之無傷也然天下當今恬然者遇諸侯之俱少也後不至數歲諸侯偕冠陛下且見之矣夫秦日夜深惟苦心竭力㠯除六國之𡖋今陛下力制天下頤指如意而故成六國之禍難㠯言智矣苟身常無意但爲禍未在所制也亂媒日長孰視而不定萬年之後傳之老母弱子使曹勃不能制可謂仁虖

無蓄弟二十六

禹有十年之蓄故免九年之水湯有十年之積故勝七歲之旱夫蓄積者天下之大命也苟粟多而財有餘何鄉而不濟㠯攻則取㠯守則固㠯戰則勝懷柔附遠何招而不至管子曰倉廩實知禮節衣食足知

榮辱民非足也而可治之者自古及今未之嘗聞古人曰一夫不耕或爲之飢一婦不織或爲之寒生之有時而用之無節則物力必屈古之爲天下者至悉也故其蓄積足恃今背本而㠯末食者甚衆是天下之大殘也從生之害者甚盛是天下之大賊也殘賊公行莫之或止大命泛敗莫之振救生之者甚少而靡之者甚衆天下之勢何㠯不危漢之爲漢幾四十歲矣公私之積猶可哀痛也故失時不雨民且狼顧矣歲惡不入請賣爵鬻子既或聞耳矣安有爲天下阽危若此而上不驚者世之有饑荒天下之常也禹湯被之矣卽不幸有方二三千里之旱國何㠯相恤卒然邊境有急數十百萬之衆國何㠯餽之矣兵旱相乘天下大屈勇力者聚徒而衡擊罷夫羸老易子孫而齩其骨政法未畢通也遠方之疑者並舉而爭起矣爲人上者乃試而圖之豈將有及虖可㠯爲富安天下而直㠯爲此廩廩也竊爲陛下惜之

憂民弟二十七

王者之法民三年耕而餘一年之食九年而餘三年之食三十歲而民有十年之蓄故禹水九年湯旱七年甚也野無青艸而民無飢色道無乞人歲復之後

猶禁陳耕古之爲天下誠有具也王者之法國無九年之蓄謂之不足無六年之蓄謂之急無三年之蓄曰國非其國也今漢興三十年矣而天下愈屈食至寡也上弗自憂將呂誰輸五歲小康十歲一凶三十歲而一大康蓋曰大數也卽不幸有方二三千里之旱天下何呂相救卒然邊境有數十萬之衆聚天下將何呂饋之矣兵旱相承民填溝壑剽盜攻擊者興繼而起中國失救外敵必駭一日而及此之必然魄然事困乃驚而督下曰此天也可柰何事既無如之何及方今始秋時可善爲陛下少閒可使臣從丞相御史計之

賈子四　九

校詁四

鑄錢弟二十（舊弟十二）三而法至言已（盧本無難言已三字舊本有丁先生言當補之呂完文氣是也今訂如文）銅布弟二十一（舊弟同）淮難弟二十二（舊弟三十）數留（盧氏曰留未詳）敷等室（盧氏曰等室他無所見疑是靜室卽前階級篇之清室也）旭踩促（盧氏曰此篇多呂旭代則字踩從猶踩蹴）嚴道（盧本作金道云當作嚴愚按作嚴是也今改正此下更有呂之神四字盧云衍文亦是也今刪）爲於天下耳（盧本此下有無解細於前事六字注呂爲衍文是也今刪）予綦（盧氏曰左傳作子期此與說苑同）要與俱靡（盧本句上有固爲二字無與字今據注說訂如文）然故（盧本兩然故皆作故然兪氏訂如文是也今改止然故屢見禮記少儀篇管子任法篇荀子大畧篇韓子難篇三說見王氏引之經傳釋詞又此節文當呂閭閭富燕太子丹爲句兩然故皆屬下句讀均兪氏說）富不僨（兪氏說不僨猶不逞也呂見襄二十四年左氏傳盧氏曰不億爲不掎疏矣）專諸至之閒（盧氏曰專諸與史記吳越春秋同左傳作鱄設諸漢書作剸諸盧本此句下更有其策安便故五字丁先生呂爲衍文是也今刪）益壞弟二十三（舊弟十一）如今至大強（盧本如作知不過作豈過傳下有故字強下有也字愚按知及形近之誤餘皆妄竄蓋意在故爲異同呂示古耳今刪訂如文盧氏知其妄而固循不革非也）豪橫而大強（盧本此下有至其相與特呂縱橫之約相親耳十三字丁先生曰何䟽妄竄是也今刪）慟過（盧氏曰慟與僅同建譚本亦作慟字書無）社稷固不耳（盧本此下有故黃帝者炎帝之兄也炎帝無道黃帝伐之涿鹿之野血流漂杵誅炎帝而兼其地天下乃治三十六字愚按數語蓋仿制不定篇妄竄且意在導上呂多殺諸侯是弟誣賈子亦甚矣今刪）縣屬於漢（愚按盧本此下亦多妄竄而語不可斷姑仍原文）而不敢謀（盧本此下有今所恃者代淮陽三國耳皇太子亦恃之十六字丁先生曰屢複上文妄竄可嗤是也今刪）屬遠

賈子四　十

弟二十四（舊弟二十三）天子至正此（此節凡百七字盧本上屬壹通篇兪氏謂當合下文屬遠篇是也今移正）不出（盧本出作在注謂當如文是也今改正下仿此）天下振（盧本作不振兪氏曰不爲衍文是也今刪正）中道衣破（盧本中上有行字道下有而字衣下有行勝已嬴四字敝下有矣字句下復有蹻提荷弊衣而至慮非假貸自蕭非有呂所聞也屨不數易不足呂至二十八字丁先生曰賈子原文僅四字此碎其句讀妄竄不可曉語呂示古爾盧氏明知其妄而不加芟薙九不可曉是也今刪正）錢用至稱此（盧本此下有若甚穢呂所聞縣令丞相歸休者慮非甚強也不見得從者二十三字丁先生曰無理取闇決出妄竄卽賈子自作此等語亦宜陶汰是也今刪正）終不可久（盧本此下有漢往者家號泣而送之其來錄使者家號泣而遠之俱不相欲也三十五字丁先生呂爲妄竄是也今刪）權重弟二十五（舊弟十二）不能

制盧本能作盜別本如文是也今改正無蓄弟二十六舊弟三十一大賊也

盧本此下有汰流淫溢侈靡之俗日㠯長是天下之大祟也十八字注㠯爲衍文是也今刪憂民

弟二十七舊弟二十五三十年矣盧氏曰三十漢書作四十食至寡也

盧本此下有陛下不省耶未穫年富人不貸貧民且飢天時不收請賣爵子既或聞耳饑人頗不雨令人寒心豈雨需慮若更生天下無蓄若此甚極也其在王法謂之何必須因至乃慮窮至乃圖不亦既虖然則所謂民無人者何謂也有天下而欲其安者豈不在於陛下者哉百一字丁先生曰妄而竄不成語且複無蓄篇盧知其妄而不发謬已是也今刪正將㠯誰輸盧本輸作偷愈氏解爲委輸謂當作輸是已今改正其假借之說殊謬今所不取此之必然盧本此下有且用事之人未必此省爲人上弗自憂十五字丁先生曰妄竄不成語且複上文此下䢅然事因至篇末皆然措文義難駐不能悉加芟薙耳愚按先生說是也今姑刪此十五字

賈子卷弟四竟

正定通悳王氏校栞版存泰州寓宅龍樹精舍

賈子卷弟五　內篇五

正定王耕心次詁

審微弟二十八

善不可謂小而無益不善不可謂小而無傷非㠯小善爲一足㠯利天下小不善爲一足㠯亂國家也當夫輕始而傲微則其流必至於大亂也是故子民者謹焉彼人也登高則望臨深則窺人之性非窺且望也埶使然也夫事有逐姦埶有召禍老聃曰爲之於未有治之於未亂管仲曰備患於未形上也智禁於微次也事之適亂如地形之惑人也機漸而往俄而

東西易面人不自知也故墨子見衢路而哭之悲一跬而繆千里也昔者衞侯朝於周周行人問其名荅曰衞侯辟疆周行人還之曰啟疆辟疆天子之號也諸侯弗得用衞侯更其名曰燬然後受之故善守上下之分者雖空名弗使踰焉古者周禮天子葬用隧諸侯縣下周襄王出逃伯鬬晉文公率師誅賊定周國之亂復襄王之位於是襄王賞㠯南陽之地文公辭南陽卽死得㠯隧下襄王弗聽曰周國雖微未之或代也天子用隧伯父用隧是二天子也㠯地爲少余請益之文公乃退禮天子之樂宮縣諸侯之樂軒

縣大夫直縣士有琴瑟叔孫于奚者衛之大夫也曲
縣者衛君之樂體也繁纓者君之駕飾也齊人攻衛
叔孫于奚率師逆之大敗齊師衛於是賞以溫叔孫
于奚辭溫而請曲縣繁纓以朝衛君許之孔子聞之
曰惜乎不如多與之邑夫樂者所以載國國者所以
載君彼樂亡而禮從之禮亡而政從之政亡而國從
之國亡而君從之惜乎不如多予之邑宓子治亶父
於是齊人攻魯道亶父始父老請曰麥已熟矣今迫
齊寇民人出自艾傅郭者歸可以益食且不資寇三
請宓子弗聽俄而麥畢資乎齊寇季孫聞之怒使人

讓宓子曰豈不可哀哉民乎寒耕熱耘曾弗得食也
弗知猶可聞或以告而夫子弗聽宓子蹴然曰今年
無麥明年可樹令不耕者得穫是樂有寇也且一歲
之麥於魯不加彊喪之不加弱令民有自取之心其
創必數年不息季孫聞之慙曰使穴可入吾豈忍見
宓子哉故明者之感姦由也蚤其除亂媒也遠故邪
不前達

服疑弟二十九

衣服疑者是謂爭先澤厚疑者是謂爭賞權力疑者
是謂爭彊等級無限是謂爭尊彼人者近則冀幸疑
則比爭是以等級分明則下不得疑權力絕尤則臣
無冀志故天子之於其下也加五等已往則以爲臣
臣之於下也加五等已往則以爲僕僕亦臣禮也然
稱僕不敢稱臣者尊天子避嫌疑也制服之道取至
適至和以予民至美至神進之帝奇服文章以等上
下而差貴賤是以高下異則名號異則權力異則事
埶異則旗章異則符瑞異則禮寵異則秩祿異則冠
履異則衣帶異則環佩異則車馬異則妻妾異則澤
厚異則宮室異則牀席異則器皿異則飲食異則祭
祀異則死喪異故高則此品周下則此品周下加

人者品此臨之埤人者品此承之遷則品此者進紬
則品此者損貴周豐賤周謙貴賤有級服位有等等
級既設各處其檢人循其度擅退則讓上僭則誅建
法以習之設官以牧之是以天下見其服而知貴賤
望其章而知埶位挈人定其心各著其目故眾多而
天下不眩傳遠而天下識祇尊卑已著上下已分則
人倫法矣於是主之與臣若日之與星臣不幾可以
疑主賤不幾可以冒貴下不凌等則上位尊臣不踰
級則主位安謹守倫紀則亂無由生

等齊弟三十

諸侯王所在之宮衛織履蹲夷吕皇帝所在宮法論之郎中謁者受謁取告吕官皇帝之法予之事諸侯王或不廉潔平端吕事皇帝之法罪之曰一用漢法事諸侯王乃事皇帝也是則諸侯王乃埒至尊也然則天子之與諸侯宜撰然齊等若是乎天子之相號為丞相黃金之印諸侯之相號為丞相黃金之印而尊無異等秩加二千石之上天子列卿秩二千石諸侯列卿秩二千石則臣已同矣人主登臣而尊今臣既同則法惡得不齊天子衛御號為大僕銀印秩二千石諸侯之御號曰大僕銀印秩二千石則御已齊

矣御既已齊則車飾惡得不齊天子親號云太后諸侯親號云太后天子妃號曰后諸侯妃號曰后然則諸侯何損而天子何加焉妻既已同則夫何吕異天子宮門曰司馬闌入者為城旦諸侯宮門曰司馬闌入者為城旦殿門俱為殿門闌入之罪亦俱弃市宮牆門衛同[illegible]其嚴一等罪已鈞矣天子之言曰令令甲令乙是也諸侯之言曰令令儀令言是也天子卑號皆稱陛下諸侯卑號皆稱陛下天子車曰乘輿諸侯車曰乘輿乘輿等也然則所謂主者安居臣者安在人之情不異面目狀貌同類貴賤之別非天根著於形容也所恃吕別貴賤明尊卑者等級埶力衣服號令也亂且不息滑曼無紀天理則同人事無別然則所謂臣主者非有相臨之具尊卑之經也特面形而異之耳近習乎形貌然後能識則疏遠無所放衆庶無目揤則下惡能不疑其上君臣同倫異等同服則上惡能不眩其下孔子曰長民者衣服不貳從容有常吕齊其民民德則一詩云彼都人士狐裘黃裳行歸于周萬民之望孔子曰為上可望而知也為下可類而志也則君不疑於其臣而臣不惑於其君此之不行而沐瀆無界可為長大息者此也

瑰瑋弟三十一

天下有瑰政於此予民而民愈貧衣民而民愈寒使民樂而民愈苦使民智而民愈不知避縣網甚可瑰也今有瑋術於此奪民而民益富也不衣民而民益煖苦民而民益樂使民愈愚而民愈不罹縣網陛下無意少聽其數虖夫雕文刻鏤周用之物繁多纖微苦窳之器日變而起民弃完堅而務雕鏤纖巧吕相競高作之宜一日今十日不輕能成用之宜一歲今半歲而敝作之費日用之易敝挾巧不耕而多食農人之食是天下之所吕困貧而不足也故吕末予民

民大貧㠯本予民民大富黼黻文繡纂組害女工且夫百人作之不能衣一人方且萬里不輕能具天下之力埶安得不寒世㠯俗侈相耀人慕其所不如倲迫於俗願其所未至㠯相競高而上非有制度也今雖刑餘鬻妾下賤衣服得過諸侯擬天子是使天下公得冒主而夫人務侈也冒主務侈則天下寒而衣服不足矣故㠯文繡衣民而民愈寒㠯褫民民必煖而有布帛之饒矣夫奇巧末技商販游食之民形佚樂而心縣愆志苟得而行淫侈則用不足而蓄積少矣卽遇凶旱必先困窮迫身則苦飢甚焉今敺民而

歸之農皆著於本則天下各食於力末技游食之民轉而緣南畝則民安性勸業而無縣愆之心無苟得之志行恭儉蓄積而人樂其所矣故曰苦民而民益樂也世淫侈矣飾智巧㠯相詐利者爲智士敢犯法禁昧大姦者爲識理故邪人務而日起姦詐繁而不可止罪人積下眾多而無時已君臣相冒上下無辨此生於無制度也今去淫侈之俗行節儉之術使車輿有度衣服器械各有制數制數已定故君臣絕尢而上下分明矣擅退則讓上僭者誅故淫侈不得生智巧詐謀無爲起姦邪盜賊自爲止則民離罪遠矣智巧詐謀不起所謂愚故曰使愚而民愈不罹縣網

壹通弟三十二

所爲建武關函谷臨晉關者大抵爲備山東諸侯也天子之制在陛下今大諸侯多其力因建關而備之若秦時之備六國也豈若定地埶使無可備之患因行兼愛無私之道罷關一通天下無㠯區區獨有關中者所爲禁游宦諸侯及無得出馬關者豈不曰諸侯得眾則權益重其國眾車騎則力益多故明爲之法無資諸侯於臣之計疏山東孽諸侯不令似一家者其精於此矣豈若一定地制令諸侯之民人騎二

馬不足㠯爲患益㠯萬夫不足㠯爲害今不定大理數起禁不服人心害兼覆之義不便

匈奴弟三十三

竊料匈奴控弦大率六萬騎五口而出介卒一人五六三十此卽戶口三十萬耳未及漢千石大縣也而敢歲言侵盜屢欲亢禮妨害帝義甚非道也陛下何不使能者一試理此將爲陛下㠯耀蟬之術振之爲此立一官置一吏㠯主匈奴誠能此者雖㠯千石居之可也陛下肯聽其事計令中國日治匈奴日危大國大富匈奴適亡此犬馬行理埶然也將必㠯匈奴

之眾爲漢臣民制之令千家而爲一國列處之塞外自隴西延至遼東各有分地以衛邊使備月氏灌窳之變皆屬之直郡然後罷戍休邊民天下之兵帝之威德內行外信四方悅服則愚臣之志快矣不然帝威不遂心與嘿嘿竊聞匈奴當今遂羸此其示武昧利之時也而隆義渠東胡諸國又頗來降以臣之愚匈奴且動疑將一材而出奇厚贊以責漢不大與不已旁午走急數十萬之眾積於北方天下安得食而饋之臨事而重困則難爲工矣陛下何不蚤圖建國者曰匈奴不敬辭言不順負其眾庶時爲寇盜撓邊

賈子五　八

境擾中國數行不義爲我狡猾爲此柰何對曰臣聞彊國戰智王者戰義帝者戰德故湯祝網而漢陰降舜舞干羽而南蠻服今漢帝中國也宜以厚德懷服四夷舉明義博示遠方則舟車之所至人力之所及莫不爲畜又孰敢怮然不承帝意臣爲陛下建三表設五餌以此與單于爭其民則下匈奴猶振槁也夫無道之人何宜敢捍此其久陛下肯幸用臣之計臣且以事勢諭天子之言使匈奴大眾之信陛下也爲通言耳必行而弗義夢中許人覺且不背其信陛下已諾若日出之灼灼故聞君一言雖有微遠其志不

疑仇讎之人其心不殆若此則信諭矣所圖莫不行矣一表臣又且以事勢諭陛下之愛令匈奴之自視也苟胡面而戎狀者其自以爲見愛於天子也猶弱子之遌慈母也若此則愛諭矣一表臣又且諭陛下之好令胡人之自視也苟其技之所長與其所工一可以當天子之意若此則好諭矣一表愛人之狀好人之技仁道也信爲大操帝義也愛好有實已諾可期十死一生彼必將至此謂三表凡賞於國者此不可以均賞均則國窾而賞薄不足以動人故善賞者踔之駮轢之從而時厚之令視之足見也誦之足語

賈子五　九

也乃可傾一國之心陛下幸聽臣之計匈奴之來者家長已上固必衣繡少者必衣文錦將爲銀車五乘大雕畫之駕四馬載綠蓋從數騎御驂乘且雖單于之出入也不輕都此矣令匈奴降者時時得此而賜之耳一國聞之者見之者希心而相告人人冀幸以爲吾至亦可以得此將以壞其目一餌匈奴之使至者若大降者大眾之所聚也上必有所召賜食焉飯物故四五盛美胾膹具醯醢方數尺於前令一人坐此胡人欲觀者固百數在旁得賜者之喜也且笑且飯味皆所嗜而所未嘗得也令來者時時得此而饗

之耳一國聞之者見之者垂涎而相告人悇慄其所
自目吾至亦將得此將目此壞其口一餌降者之傑
也若使者至也上必使人有所召客勇令得召其知
識胡人之欲觀者勿禁令婦人傅白墨黑繡衣而侍
其堂者二三十人或薄或揜為其胡戲目相飯上使
樂府幸假之具樂吹簫鼓鞀倒挈面者更進舞者蹈
者時作少閒擊鼓舞其偶人昔時乃為戎樂攜手胥
彊上客之後婦人先後扶侍之者固十餘人使降者
時或得此而樂之耳一國聞之者見之者希盱相告
人人怓怓惟恐其後來至也將目此壞其耳一餌凡

賈子五　十

降者陛下之所召幸若所目約致也陛下必時有所
官必令此有高堂邃宇善廚處大囷京廄有編馬庫
有陣車奴婢諸嬰兒畜生具令此時大具召胡客饗
胡使上幸令官助之具假之樂令此其居處樂虞囷
京之畜皆過其故王慮出其單于或時時賜此而為
家耳匈奴一國傾心而冀人人怓怓惟恐其後來至
也將目此壞其腹一餌於來降者上必時時有所召
幸拊循而後得入官夫胡大人難親也若上於胡嬰
兒及貴人子好可愛者上必召幸大數十人為此繡
衣好閑且出則從居則更侍上卽饗胡人也大轂抵

也客胡使也力士武士固近侍傍胡嬰兒得近侍側
胡貴人更進得佐酒前上乃幸自御此薄使付酒錢
時人偶之為閒則出繡衣具帶服賓餘時目賜之上
卽幸拊胡嬰兒擣遒之戲弄之乃授炙幸自啗之出
好衣閑且自為贛之上起胡嬰兒或前或後胡貴人
既得奉酒出則服衣佩綬貴人而立於前令數人得
此而居耳一國聞者見者希盱而欲人人怓怓惟恐
其後來至也將目此壞其心一餌故牽其耳牽其目
牽其口牽其腹四者已牽又引其心安得不來下胡
抑抆也此謂五餌若夫大變之應大約目權決塞囷

賈子五　十一

空而行不可豫形尊翁主重相室多其長吏眾門大
夫皆謀士也必足之財且用吾人且用其尊觀其限
窺其謀中外符節適耩抅也夫或人且安得久悍若
此故三表已諭五餌既明則匈奴之中乖而相疑矣
使單于寢不聊寐食不甘口揮劍挾弓而蹲穹廬之
隅左視右視目為盡仇也彼其羣臣雖欲毋走若虎
在後眾欲無來恐或撕之此謂埶然其貴人之見單
于猶迸虎狼也其南面而歸漢也猶弱子之慕慈母
也其眾之見將吏猶噩迕仇讎也南鄉而欲走漢猶
水流下也將使單于無臣之使無民之守夫惡得不

係頸頓顙請歸陛下之義哉此謂戰德彼匈奴見略且引衆而遠去速此有數夫關市者固匈奴所犯滑而深求也願上遣使厚與之和已不得已許之大市使者反因於要險之所多爲鑿開衆而延之關吏卒使臣自守大每一關屠沽者賣飯食者美臛膹炙者每物各一二百人則胡人著於長城下矣是王將彊北之必攻其王矣臣匈奴之飢飯羹啗膹炙嚾潛多飲酒此則亡竭可立待也賜大而愈飢多財而愈困漢者所希心而慕也則匈奴貴人以其千人至者顯其二三以其萬人至者顯其十餘人夫顯榮者招

賈子五　十二

民之機也故遠期五歲近期三年之內匈奴亡矣此謂德勝或曰建三表明五餌盛資翁主禽敵國而后止費至多也惡得財用而臣之對曰請無敢費御府銖金尺帛然而臣有餘資問曰何以對曰國有二族方亂天下甚於匈奴之爲邊患也使上下踣逆天下窾貧盜賊罪人蓄積無已此二族爲祟也上去二族弗使亂國天下殆富矣臣賜二族使祟匈奴過臣言者或曰天子下臨人民意之曰苟或非天子民尚豈天子也詩曰普天之下莫非王土率土之濱莫非王臣王者天子也苟舟車之所至人迹之所及雖蠻夷戎狄孰非天子之所哉而慉渠頗率天子之民以不聽天子則慉渠大罪也今天子自爲懷其民天子之理也豈下臨人之民哉

校詁五

審徵第二十八舊第十五　備患至上也盧本此下有語曰焰焰弗滅炎炎奈何茀茀不伐且折斧柯十八字盧氏丁先生皆以爲妄竄是也今刪　衛侯至曰燬盧本兩行下無人字問其名下無若字燬作燬皆誤史記衛世家引此如文是也今改正　周襄至伯闕盧氏曰周襄王出居於鄭左傳以爲避大叔帶也此以爲避伯闕乃古今相傳之異　直縣盧氏曰直當作特或本是植字　叔孫于奚盧氏曰左傳作仲叔于奚　治亶父盧氏曰即單父音善甫　艾傳郭者盧氏曰艾同刈傅音附　服疑第二十九舊第十　是以高下異盧氏訂異字句絕是也下文十九句仿此　此品周高盧氏曰周齊也或作同非今按周徧也皆也　周埤人者盧氏曰埤與卑同漳本作卑　擅退則讓盧氏曰讓責讓也　而知執位盧本作知其執別本執下有位字愚按其字衍文有位是也今訂如文盧別有說非　孝人臣其心盧氏曰孝古使字李匡乂資暇云行李是行使棠舊文使字作孝山下人人下子云云建本譌作季譚本作使今據李說定作孝　臣不幾盧氏曰幾讀與冀同下仿此　等齊第三十舊第九　以皇帝所在盧本所在作在所譚本如文俞氏从譚本是也今改正　然則至諸侯盧本此下有臣之與下四字譚本無是也今刪　登臣而尊盧氏曰登當如左傳各自其四以登於釜之登　令儀令言盧氏曰儀亦言也見周書寶典解孔晁注俞氏謂明吉府本作令儀之言而亦無確解今仍原文　可類而志盧氏曰類別本作述或校者以緇衣之文易之今一依本書引詩亦然是也今仍原文　瑰瑋第三十

賈子五　十三

一舊弟十九用之宄一歲盧本作用一歲俞氏訂如文是也今改正增挾巧不耕盧本挾巧二字誤衍在上俞氏訂如文是也今移正方且萬里盧氏曰萬里字譌是使至侈也顏師古曰公謂頭然為之也杜預曰夫人猶人人也俞氏說壹通弟三十二舊弟二十二所為至關者盧氏曰秦南有武關秦昭王詐楚懷王處也東有南谷臨晉關為盧本作謂非也今改正俞說必捨正文用通假亦非匈奴弟三十三舊弟二十八耀蟬之術盧氏曰荀子耀蟬者務明其火振其木而已此卽三表五餌之驗吒犬馬行也盧本吒作吒注謂當作吒是也今改正為文从六七之七灌竄之變盧氏曰灌竄疑當作竄渾縣名在朔方郡一說竄乃瓜字之譌灌瓜卽退讓篇所云者示武昧利俞氏曰昧利猶貪利也漢書匈奴傳贊昧利不顧師古曰昧貪也份然盧氏曰份與紛音義同見列子黃帝篇仁道也盧本仁作人下無也字顏師古漢書賈子本傳注引此如文是也今補正俞氏

賈子五　十四

仍作人謂人仁古通用殊謬國窾盧氏曰窾空也踔之盧氏曰說文踔蹈也猶言踐踏也先使之失所望而後以恩加之彼必大喜過望之矣此卽高祖之所以待英布也聽臣之計盧本此下有則臣有餘財五字注以為衍文是也今刪若大降者俞氏曰若猶及也禮記內則篇父母有婢子若庶子庶孫與此若同義下文若使者至也若所以約致也並同美哉臏盧本此句下有炙肉二字俞氏曰二字衍文也臏卽炙字之異文炙从肉从火此變从火為从貴則以義而兼聲矣詳見諸子平議者是也今刪正垂㳄盧氏曰㳄與涎同徐僤愚按徐僤讀殊覃古訓懮憂亦曰禍福未定是也徐僤所自謂憂其所自有耳故下曰以吾至亦將得此也盧氏據誤本淮南倒其文且據部語讀為貪圖非也傅白墨黑盧氏曰猶言紛白黛黑也假之具樂盧本具作俱俞氏訂如文且曰具謂器具樂謂鼓樂非一事是也今改正倒挈盧氏曰倒挈卽今所謂筋斗也面者盧氏曰面假面也舞其偶人盧氏曰此卽假師戲也昔時盧氏曰昔夜也

希盱盧氏曰喜說貌忣忣盧氏曰忣忣與急急同時有所官盧本官作宮建本如文俞氏曰作宮非是官者館之古文是也今改正說見諸子平議皆過其故土盧本土作王俞氏訂如文是也今改正慮出至家耳盧氏疑文有誤俞氏曰慮出其單于或六字為句或讀為域說文戈部或邦也从口从戈以守一一地也重文域曰或又从土是或本域之正字也出其或者出其單于之邦域也慮與無慮同猶大氏也言大氏出其單于之邦域時時賜此而為家也大穀抵盧氏曰穀抵卽角抵也至此薄俞氏曰薄讀為博謂博戲也時人偶之盧氏曰中庸仁者人也鄭讀如相人偶之人愚按相人偶猶俗語所謂我們文言所謂吾輩吾儕皆引人同已視人如我之辭近世解此迄無定說盧氏以為相慰問非也賓餘俞說賓餘卽史記匈奴傳之比余餘余同聲通假之文貸比一聲之轉也詳見諸子平議愚按史記索隱曰漢書作比疏比音鼻小顏云辮髮之飾也以金為之比疏卽後世篦梳字特以金飾為異耳擣適盧氏曰擣適猶騰倒也

賈子五　十五

抑抎盧氏曰抎隕也言降下胡人如隕墜之易前云下匈奴猶振槁也搆拘盧氏曰字書不載搆字案白樂天詩身以能言搆寵祿入夢京搆為鸚鵡之義則此當謂繫屬而固結之也愚按此當音構結木為構結絲亦空兩也恐或撕之盧本撕作軒俞氏訂如文是也今改正說見諸子平議大每一鬩俞氏曰大猶言大率也臏炙盧氏曰臏房紛切亦臛也著於長城盧氏曰著章略切唯猾盧氏曰唯猾敏切口也猾字書無考大息之盧氏曰息同患慉渠盧氏曰毛詩鄭箋云慉驕也

賈子卷弟五竟

正定通恴王氏校栞版存泰州寓宅龍樹精舍

賈子卷弟六　內篇六

正定王耕心次詁

連語弟三十四

紂聖天子之後也有天下而宜然苟背道棄義釋敬愼而行驕肆則天下之人其離之若崩其背之也不約而若期夫爲人主者誠奈何而不愼哉紂將與武王戰紂陳其卒左臆右臆鼓之不進皆還其刃顧曰鄉紂也紂走還於寢廟之上身鬭而死左右弗肯助也紂之官衞與紂之軀棄之玉門之外民之觀者皆進蹴之蹈其腹蹷其腎踐其肺履其肝周武王乃使

人帷而守之民之觀者搴帷而入提石之者猶未肯止可悲也夫敖爲民主直與民爲仇殃忿若此夫民苟踐盤其軀而況有其民政教虖臣竊聞之曰善不可謂小而無益不善不可謂小而無傷夫牛之爲胎也細若鼷鼠紂損天下自象箸始故小惡大惡一類也過敗雖小皆已之罪也周諺曰前車覆而後車戒今前車已覆矣而後車不知戒不可不察也梁嘗有疑獄半吕爲當罪半吕爲不當梁王曰陶朱之叟吕布衣而富侔國是必有奇智乃召朱公而問之曰梁有疑獄吏半吕爲當罪半吕爲不當雖寡人亦疑焉吾子決是奈何朱公曰臣鄙人也不知當獄然臣家有二白璧其色相如也其徑相如也其澤相如也然其價也一者千金一者五百金王曰徑與色澤皆相如也一者千金一者五百金何也朱公曰側而視之其一者厚倍之是吕千金王曰善故獄疑則從去賞疑則從予梁大說吕臣竊觀之牆薄咫亟壞繒薄咫亟裂器薄咫亟毀酒薄咫亟酸夫薄而可吕曠日持久者殆未有也故有國畜民施政教者臣竊吕爲厚之而可耳抑臣又竊聞之曰有上主者有中主者有下主者上主者可引而上不可引而下下主者可

吕引而下不可引而上中主者可引而上可引而下故上主者堯舜是也夏禹契后稷與之爲善則行鯀讙兜欲引而爲惡則誅故可與爲善而不可與爲惡下主者桀紂是也推侈惡來進與爲惡則行比干龍逄欲引而爲善則誅故可與爲惡而不可與爲善所謂中主者齊桓公是也得管仲隰朋則九合諸侯任豎貂易牙則餓死胡宮蟲流而不得葬故材性乃上主也賢人必合而不肖人必離國家必治無可憂者也若材性下主也邪人必合賢正必遠坐而須亡耳又不可勝憂矣故其可憂者惟中主爾又似練絲染

之藍則青染之緇則黑得善佐則存不得善佐則亡此其不可不憂者耳詩云芃芃棫樸薪之槱之濟濟辟王左右趨之此言左右日㠯善趨也故臣竊㠯爲練左右急也

傅職第三十五

或稱春秋爲之聳善抑惡㠯革勸其心敎之禮使知上下之則或爲之稱詩而廣道顯德㠯馴明其志敎之樂㠯疏其穢而塡其浮氣敎之語使明於上世而知先王之務明德於民也敎之故志使知廢興者而戒懼焉敎之任術使能紀萬官之職任而知治化之

儀敎之訓典使知族類疏戚而隱比馴焉此所謂學太子㠯聖人之德者也或明惠施㠯道之忠明長復㠯道之信明度量㠯道之義明等級㠯道之禮明恭儉㠯道之孝明敬戒㠯道之事明慈愛㠯道之仁明僩雅㠯道之文明除害㠯道之武明精直㠯道之罰明正德㠯道之賞明齋肅㠯道之敬此所謂敎太子也左右前後莫非賢人㠯輔相之總威儀㠯先後之攝體貌㠯左右之制義行㠯宣翼之章恭敬㠯監行之勤勞㠯勸之孝順㠯內之敦篤㠯固之忠信㠯發之德音㠯揚之此所謂順者也此傅人之道也非賢者不能行天子不諭於先聖人之德不知君國畜民之道不見禮義之正不察應事之理不博古之典傳不僩於威儀之數詩書禮樂無經學業不法凡此其屬太師之任也古者齊太公職之天子無恩於親戚不惠於庶民無禮於大臣不忠於刑獄無經於百官不哀於喪不敬於祭不誠於戎事不信於諸侯不誠於賞罰不厚於德不彊於行賜予侈於左右近臣吝授於疏遠卑賤不能懲忿忘欲大行大禮大義大道不從太師之敎凡此其屬太傅之任也古者魯周公職之天子處位不端受業不敬言語不序音聲不中

律將學趨讓進退卽席不㠯禮登降揖讓無容視瞻俯仰周旋無節妄咳唾數顧趨行色不比順隱琴肆瑟凡此其屬太保之任也古者燕召公職之天子燕辟廢其學左右之習詭其師荅遠方諸侯遇貴大人不知大雅之辭荅左右近臣不知已諾之適簡聞小誦之不博不習凡此其屬少師之任也古者史佚職之天子居處出入不㠯禮衣服冠帶不㠯制御器在側不㠯度雜采從美不㠯章忿怒說喜不㠯義賦與譙讓不㠯節小行小禮小義小道不從少師之敎凡此其屬少傅之任也天子居處燕私安而易樂而湛

衣漏屏人而數飲酒而醉食肉而飽飽而彊飢而惏暑而暍寒而懦寢而莫宥坐而莫侍行而莫先莫後自開戸自取玩好自執器皿亟顧還面而器御之不舉不臧折毀喪傷凡此其屬少保之任也干戚戈羽之儛管籥琴瑟之會號呼歌謠聲音不中律燕樂雅頌逆樂序凡此其屬詔工之任也不知日月之時節不知先王之諱與國之大忌不知風雨雷電之眚凡此其屬太史之任也

輔佐弟三十六

大相上承大義而啟治道總百官之要目調天下之宜正身行廣教化修禮樂目美風俗兼領而和一之目合治安故天下失宜國家不治則大相之任也上執正職大拂秉義立誠目翼上志直議正辭目持上行批天下之患匡諸侯之過令或鬱而不通臣或盭而不義大拂之任也中執政職大輔聞善則目獻知善則目獻明號令正法則頒度量論賢良次官職目時順脩使百吏敬率其業故經義不衷賢不肖失序大輔之任也卜執事職道行典知變化目規是非明利害掌僕及輿馬之度羽旄旌旗之制步驟徐疾之節春夏秋冬用之倫色居車之容登降之禮見規宜

諭見過則調故職不率義則道行之任也調諍典撫聞目掌馭乘領侍從比賢能天子出則為車右坐立則為位承聖帝之德畜民之道禮義之正應事之理則職目箴刑獄之衷賞罰之誠已諾之信百官之經喪祭之共戎事之誠身行之彊則職目諭遇大臣之敬遇小臣之惠坐立之端言默之序音聲之適揖讓之容俯仰之節立事之色則職目証出入不從禮衣服不從制御器不目度迎送非其章忿說忘其義取予失其節安易而樂湛則職目諫故善不徵過不聞侍從不諫則調諍之任也典方典容儀目掌諸侯遠方之君譔之班爵列位軌伍之約朝覲宗遇會同享聘貢職之數辨其民人之眾寡政之治亂率意道順僻淫犯禁之差弟天子巡狩則先循于其方故或有功德而弗舉或有淫僻犯禁而不知典方之任也奉常典天目掌宗廟社稷之祀天神地祇人鬼凡山川四望國之諸祭吉凶妖祥占相之事序禮樂喪紀國之禮儀與居其宜目識宗室觀民風俗審詩商脩憲命禁邪言息淫聲於四時之交有事於南郊目報祈天明故厤天時不得事鬼神不序經禮儀人倫不正奉常之任也祧師典春目掌國之眾庶四民之序目

禮義倫理教訓人民方春三月緩施生遂動作百物是時有事于皇祖皇考

問孝闕文弟三十七

禮弟三十八

昔周文王使太公望傅太子發太子嗜鮑魚而太公弗與曰禮鮑魚不登於俎豈有非禮而可㠯養太子哉尋常之室無奧剽之位則父子不別六尺之輿無左右之義則君臣不明尋常之室六尺之輿處無禮卽上下踳逆父子悖亂而況其大者虖故道德仁義非禮不成教訓正俗非禮不備分爭辨訟非禮不決

君臣上下父子兄弟非禮不定宦學事師非禮不親班朝治軍莅官行法非禮威嚴不行禱祠祭祀供給鬼神非禮不誠不莊是㠯君子恭敬撙節退讓㠯明禮禮者所㠯固國家定社稷使君無失其民者也主主臣臣禮之正也威德在君禮之分也尊卑大小彊弱有位禮之數也禮天子愛天下諸侯愛境內大夫愛官屬士庶各愛其家失愛不仁過愛不義故禮者所㠯守尊卑之經彊弱之稱者也禮天子適諸侯之宮諸侯不敢自阼階阼階者主之階也天子適諸侯諸侯不敢有宮不敢為主人禮也君仁臣忠父慈子孝兄愛弟敬夫和妻柔姑慈婦聽禮之至也君仁則不厲臣忠則不貳父慈則教子孝則協兄愛則友弟敬則順夫和則義妻柔則正姑慈則從婦聽則婉禮之質也禮者臣下所㠯承其上也故詩云一發五豝吁嗟虖騶虞騶者天子之囿也虞者囿之司獸者也天子佐輿十乘㠯明貴也儀牲而食㠯優飽也虞人翼五豝㠯待一發所㠯優中也人臣於其所尊敬不敢㠯節待敬之至也甚尊其主敬愼其所掌職而志厚盡矣作此詩者㠯其事深見良臣順上之志也良臣順上之志者可謂義矣故其歎之也長曰吁嗟虖

雖古之善為人臣者亦若此而已禮者所㠯節義而沒不還故饗飲之禮先爵於卑賤而后貴者始羞殺膳下浹而樂人始奏觴不下徧君不嘗羞殺不下浹上不舉樂故禮者所㠯恤下也由余曰乾肉不腐則左右親苞苴時有筐篚時至則羣臣附官無蔚藏腌陳時發則戴其上詩曰投我㠯木瓜報之㠯瓊琚匪報也永㠯為好也上少投之則下㠯軀償矣弗敢謂報願長㠯為好古之蓄其下者其施報如此國無九年之蓄謂之不足無六年之蓄謂之急無三年之蓄國非其國也民三年耕必餘一年之食九年而餘三

年之食三十歲相通而有十年之積雖有凶旱水溢民無饑饉然後天子備味而食日舉㠯樂諸侯食珍不失鍾鼓之縣可使樂也樂也者上下同之故禮國有飢人人主不飧國有凍人人主不裘報囚之日人主不舉樂歲凶穀不登臺扉不塗榭徹干侯馬不食穀馳道不除食減膳饗祭有闕故禮者自行之義養民之道也受計之禮主所親拜者二聞生民之數則拜之聞登穀則拜之詩曰君子樂胥受天之祜胥者相也祜大福也夫憂民之憂者民必憂其憂樂民之樂者民亦樂其樂與士民若此者受天之福矣禮聖

王之於禽獸也見其生不忍見其死聞其聲不嘗其肉隱弗忍也故遠庖廚仁之至也不合圍不掩羣不射宿不涸澤豺不祭獸不田獵獺不祭魚不設網罟鷹隼不鷙眭而不逮不出穎羅艸木不零落斧斤不入山林昆蟲不蟄不㠯火田不麛不卵不刳胎不殀夭魚肉不入廟門鳥獸不成毫毛不登庖廚取之有時用之有節則物蕃多湯曰昔蛛蝥作罟不高順不用命者寧丁我網其憚害物也如是詩曰王在靈囿麀鹿攸伏麀鹿濯濯白鳥皜皜王在靈沼於仞魚躍言德至也聖主所在魚鱉禽獸猶得其所況於人民虖故仁人行其禮則天下安而萬里得矣逮至德渥澤洽調和大暢則天清澈地富煴物時孰民心不挾詐賊氣脈淳化攫齧搏擊之獸鮮毒螫猛蚄之蟲密山壽不蕃艸木成薄矣鑠虖大仁之化也

容經第三十九

志有四興朝廷之志淵然清㠯嚴祭祀之志愉然思㠯和軍旅之志怫然慍然精㠯厲喪紀之志漻然懣然憂㠯下四志形中四色發外維如志色之經也容有四起朝廷之容師師然翼翼然整㠯敬祭祀之容遂遂然粥粥然敬㠯婉軍旅之容湢然肅然固㠯猛

喪紀之容怮然慑然若不還容色之經也視有四則朝廷之視端沶平衡祭祀之視視如有將軍旅之視固植虎張喪紀之視下沶垂綱視經也言有四術言敬㠯正朝廷之言也文言有序祭祀之言也屏氣折聲軍旅之言也言若不足喪紀之言也言經也固頤正視平肩正背臂如抱鼓足閒二寸端面攝纓端股整足體不搖肘曰經立因㠯微磬曰共立因㠯磬折曰肅立因㠯垂佩曰卑立立容也坐㠯經立之容胻不差而足不跌視平衡曰經坐微俯視尊者之膝曰共坐仰首視不出尋常之內曰肅坐廢首低肘曰卑

坐坐容也行㠯微磬之容臂不搖掉肩不下上身似不則從容而任行容也趨㠯微磬之容飄然翼然肩狀若流足如射箭趨容也旋㠯微磬之容其始動也穆如驚倏其固復也旄如濯絲跘旋之容也跪㠯微磬之容揄右而下進左而起手有抑揚各尊其紀跪容也拜㠯磬折之容吉事上左凶事上右隨前㠯舉項衡㠯下寧速無遲背項之狀如屋之氐拜容也拜而未起伏容也坐乘㠯經坐之容手撫式視五旅欲無顧顧不過轂小禮動中禮式大禮下坐車之容也立乘㠯經立之容右持綏而左臂詘存劍之緯欲無顧顧不過轂小禮據中禮式大禮下立車之容也禮介者不拜兵車不式不顧不言反抑式㠯應武容兵車之容也若夫立而跛坐而蹁體怠懈志驕傲趍視數顧容色不比動靜不㠯度妄咳唾疾言嗟氣不順皆禁也

古者年九歲入就小學蹍小節焉業小道焉束髮就大學蹍大節焉業大道焉是㠯邪放非辟無因入之焉諺曰君子重襲小人無由入正入十倍邪辟無由來古之人其謹於所近乎詩曰芃芃棫樸薪之槱之濟濟辟王左右趨之此言左右日㠯善趨也

賈子六

古者聖王居有法則動有文章位執戒輔鳴玉㠯行鳴玉者佩玉也上有蔥衡下有雙璜衝牙蠙珠㠯納其閒琚瑀㠯雜之行㠯采薺趨㠯肆夏步中規折中矩登車則馬行而鸞鳴鸞鳴而和應聲曰和和則敬故詩曰和鸞雝雝萬福攸同言動㠯紀度則萬福之所聚也故曰明君在位可畏施舍可愛進退可度周旋可則容貌可觀作事可法德行可象聲氣可樂動作有文言語有章㠯承其上㠯接其等㠯臨其下㠯畜其民故為之上者敬而信之等者親而重之下者畏而愛之民者肅而樂之是㠯上下和協而士庶順壹故能安輯其國㠯藩衛天子而行義足法夫有威而可畏謂之威有儀而可象謂之儀富不可為量多不可為數故詩曰威儀棣棣不可選也棣棣富也不可選衆也言接君臣上下父子兄弟內外大小品事之各有容志也

子贛由其家來謁於孔子孔子正顏舉杖磬折而立曰子之大親毋乃不寧虖放杖而立曰子之兄弟亦得無恙虖曳杖倍下而行曰妻子家中得毋病虖故身之倨佝手之高下顏色聲氣各有宜稱所㠯明尊卑別疏戚也

賈子六　十三

子路見孔子之背磬折舉褒曰唯由也見孔子聞之
曰由也何以遺忘也故過猶不及有餘猶不足也
語曰審度明王執中履衡言秉中適而據度宜故威
勝德則惛德勝威則弛威之與德交若繆纆且畏且
懷君道正矣質勝文則野文勝質則史文質彬彬然
後君子
龍也者人主之辟也亢龍往而不返故易曰有悔悔
者凶也潛龍入而不能出故曰勿用勿用者不可也
龍之神也其惟蜚龍虖能與細細能與巨巨能與高
高能與下下吾故曰龍變無常能幽能章故至人者
在小不寶在大不窕狎而不能作習而不能順姚不
惛卒不妄饒裕不羸迫不自喪明是審非察中居宜
此之謂有威儀
古之爲路輿也蓋圜以象天二十八橑以象列宿軫
方以象地三十輻以象月故仰則觀天文俯則察地
理前視則覩鸞和之聲側聽則觀四時之運此輿教
之道也
人主太淺則智闇太博則業厭二者異失同敗其傷
必至故師傅之道既美其施又慎其齊適疾徐任多
少造而勿趣稍而勿苦省其所省而堪其所堪故力

不勞而身大盛此聖人之化也

校詁六

連語第三十四舊第三十五吾子決是盧本無子字新序如文是也今補正
粱大說盧本大作國別本如文新序同是也今改正推移盧氏曰推移粱之臣見漢書古
今人表韓非子作侈侈抱朴子良規篇作推哆即推移也淖本作飛廉與惡來皆紂臣無粱臣非是龍
逢盧氏曰諸書皆作龍逢近代多作龍逄薄江切愚按其字古作逄音蓬蒿之蓬後世作逄以示別其
音亦改讀龐乃通聲之轉傅職第三十五舊第三十三革勸其心俞說倉頡
篇曰革戒也革勸即戒勸昔語正作戒勸塤其浮氣盧氏曰塤與鑟同故志盧氏曰故
志古先之記也學太子盧氏曰學讀爲斆潭本作敎長復盧氏曰長復謂久要不忘踐言
也倜雅盧氏曰倜與嫺同以道之敬盧本敬作敎潭本如文是也今改正德音
以揚之盧本音作言俞氏說楚語如文是也今改正學業不法盧本作天子學業之
不法注曰大戴禮無天子之三字愚按注大戴無是也今刪正天子至親戚盧本無愚作不
媢俞氏訂如文是也古稱父母爲親戚見左傳亦俞氏說客授盧本客作玄注謂大戴玄授作鄭愛
鄭亦同客愚按客正文玄俗文今改正授者授官授賓皆是也大戴禮作愛非受業不敬盧本
此下有發誨諷誦詩書禮樂之不經不法不古十五字注謂大戴無愚按數事已見上文此實誤衍大戴
無是也今刪正數顧趨行盧氏曰趨行讀促行句絕節閒小誦盧本節閒作僩問別
本如文大戴禮同是也今改正誋讓盧本誋作噍莊謂當作誋是也今改正小義小道
盧本此下注曰當有不從太保之教六字孔氏廣森大戴禮注謂賈子別本有之而太保作少師愚按孔
氏說是也今補正安而易盧本而作所俞氏訂如文是也今改正夜漏至而數
俞氏曰數者說也屏人而數猶屏人而言詳見諸子平議飽而盪盧本盪下有食字大戴禮記無

是也今刪寒而儒盧氏曰別本作嗽大戴同自開戶盧本作帝自爲開戶丁先生曰常爲衍文是也今刪正叵顧還面盧氏曰大戴作壞面注環旋也愚按還讀爲旋器御至不臧盧本器上有而字注曰大戴無臧作藏愚按大戴無而是也臧古文藏字逆樂序盧氏曰逆大戴禮作迭時節盧本時上有不字注謂大戴禮無是也今刪正

輔佐第三十六舊弟同

以時順脩盧本順脩作迺循俞氏曰荀子王制篇曰以時順脩楊注謂不失其時而順之脩之可據訂正是也今改正愚按二字乃形近之誤俞氏復以迺順通假爲說必從徐正文以从舊誤之通假謬已馬之倫色盧本馬作用注謂潭本作馬是也今改正見過則調盧氏曰說文讕爲調之重文然此處義當與諫通愚按盧說是也讕讀爲諫古晏切領侍從盧本侍作時注曰疑是侍從愚按作侍從是也今改正職以証說文証諫也之盛切愚按証當以告誠爲訓以職諫別見下文也說文訓詁不必備此盡猶存古義軌伍盧氏曰五家爲軌五人爲伍

審詩至淫聲盧本商下無修憲二字俞氏據荀子王制篇訂如文是也今補正是時至皇考盧氏曰此下文脫案大戴禮千乘篇共文與有相似者彼作司徒典春其下文不同至方春三月下云敍施生育動作百物於時有事享于皇祖皇考朝孤子八人以成春事司馬司夏云云方夏三月養長秀蕃庶物於時有事享于皇祖皇考爵士之有慶者七人以成夏事司寇司秋云云方秋三月收斂以時於時有事嘗于皇祖皇考食農夫九人以成秋事司空司冬云云方冬三月艸木落庶虞藏五穀必入于倉於時有事蒸于皇祖皇考息國老六人以成冬事所以不全引大戴禮之文者彼亦有脫誤故也皇祖皇考建潭各本俱作皇考祖考今從大戴禮改正

問孝闕文第三十七舊弟同

禮弟三十八舊弟同

奧剽愚按剽義未詳別本一作宎亦作咋皆以意改非也君仁臣忠盧氏曰潭本作君惠下同僃牲盧氏曰僃貳同潭本作貳優中也盧本優作復俞氏說復乃優字之誤言優假尊者使之易中也上文以優飽文義正同是也今改正而

沒不遝盧本遝作還俞氏曰還乃遝字之誤小爾雅廣詁沒無也方言曰遝及也沒不遝者無不及也愚按俞說近是也今改正榭徹干侯盧氏曰榭與序同所以習射之處干侯即豻侯潭本作射徹侯今從建本驚眭盧氏曰眭音奚目深惡貌不出穎羅穎羅未詳俞氏讀穎爲絓曰太元元瑩篇禍福絓羅爲證其說迂曲殆非確詁魚肉至廟門盧氏曰魚肉之義未詳肉疑肓之壞字肓下从肉闕其上半卽爲肉字奧魯語曰鳥獸成水蟲孕水虞於是禁罝罠設穽鄂以實廟庖卽魚育不入廟門之義於忉盧氏曰忉切同地富熅盧氏曰熅盛意漢書禮樂志后土富媪疑卽熅形近而譌後人遂以毋媪釋之愚按熅音氳於云切猛蚒愚按猛蚒蓋害稼之蟲舊說非蚒丁聊切蟲密愚按密深藏也退藏於密是也俞氏讀爲伏謂當作虙宓非也山毒至薄矣盧本山毒作毒山愚按二字誤倒非也動植金石諸毒皆生於山故以諸毒爲山毒山毒不蕃山中諸毒不蕃育也成盧本作少義不可通亦成字之誤今皆改正如文艸木成薄言艸木皆成林薄也鑠序愚按爾雅釋詁鑠美也詩於鑠王師也俞氏別有說委曲傅會殆非確詁是

容經弟三十九舊弟同盧本此篇自志色之經以下至兵車之容十五節皆分節提行其子目亦別爲一行目下皆無也字王讀本自爲首至氣不順皆禁也通爲一章各子目亦皆有也字愚按王本是也觀末節若夫立而跂句則此文當通爲一章無疑盧氏不詳文義輒依誤本分節提行且刪除子目諸也字俾文義古式皆就湮沒殊近武斷今據王本仍合爲一章諸也字亦悉補正如文舊本分節大率皆宋以後人所爲不據也

足懣然盧氏曰懣音悶憂以下盧本下作湫潭本如文俞氏曰當從潭本作下湫卽懣字之誤文不當重出愚按俞說是也今改正維如盧氏曰下有缺文惚然盧氏曰惚音幽憂也若不遝盧本遝作還俞氏曰當作遝若不遝若不及也愚按俞說是也今改正容色之經也盧本惟作容經二字愚按篇內子目與全篇同名古今無此例決誤無疑考下文容色不比句知此當作容色之經亦適與上節志色之經合蓋原文實脫色之也三字爾今補訂如文端

泝盧氏曰泝卽流字言敬以正盧本正作和意林如文是也今改正文言有序盧氏曰意林作和以序屛氣折聲盧氏曰意林作屛聲氣胕不差盧氏曰別本胕作胕身似不則恩按不則未詳俞氏讀則爲卽亦非確詁旋如濯絲俞氏從淮南子高誘注旋讀近綢繆之繆義蓋近之跘旋盧氏曰跘與盤同隨前以舉俞氏讀隨爲骸詳見羣經平議是也骸腿字之舊文隨又骸之假字也如屋之氏盧本氏作丘恩按丘乃氏之俗文今改正氏讀如低漢書食貨志封君皆氏首是也拜而未起盧氏曰此有脫文視五旅盧氏曰郎曲禮所云立視五巂趯視盧氏曰趯與躍同躍小節盧氏曰尚書大傳躍作踐此躍亦踐也下同慸衡盧本作雙珩孔氏校注大戴禮記如文是也今改正安輯其國盧本安輯作宗握俞氏訂如文是也今改正恩按安輯古之常語數見不鮮盧本乃形近之譌俞氏必欲捨正文以从通假非也有儀至之儀盧本下儀字作文準本作儀是也今改正

倨佝盧氏曰佝與句同審虖明王俞說高誘曰審明也審虖明王正以審虖爲形況之辭威勝德則惛盧本惛作涽俞氏訂如文是也今改正又說當讀爲愍惡也見周書世俘篇孔注是德勝威則弛盧本弛作施恩按此形近之誤今改正繆纆盧氏曰纆與糾同蜚龍盧氏曰與飛同不宛盧氏曰宛音朓肆也潭本作窕姚至不安盧氏曰姚覽遠之意卒倉卒也以象列宿盧本宿作星潭本如文是也今改正四時之運盧氏曰別本作側蟲則觀四時之運巽失同貶盧本無失字貶作敗恩按此文亦見董子春秋繁露玉杯篇彼作巽失同貶是也今補訂如文又愼其齊盧氏曰齊讀爲劑適疾至勿苦盧氏曰言皆以衛進也

賈子卷弟六竟

正定通恩王氏校栞版存泰州寓宅龍樹精舍

賈子卷弟七　內篇七

正定王耕心次詁

春秋弟四十

楚惠王食寒菹而得蛭因遂吞之腹有疾而不能食令尹入問曰王安得此疾王曰我食寒菹而得蛭念譴之而不行其罪虖是法廢而威不立非所以使國人聞之也譴而行其誅虖則庖宰監食者法皆當死心又弗忍也故吾恐蛭之見也遂吞之令尹避席再拜而賀曰臣聞皇天無親惟德是輔王有仁德天之所奉也病不爲傷是昔也惠王之後而蛭出其久病

心腹之積皆愈故天之親德不可謂不察

衛懿公喜鶴鶴有飾以文繡而乘軒者賦斂繁多而不顧其民貴優而輕大臣羣臣或諫則面叱之及翟伐衛寇挾城堞矣衛君垂泣而拜其臣民曰寇迫矣士民其勉之士民曰君亦使君之貴優將君之愛鶴以爲君戰矣我儕棄人也安能守戰乃潰門而出走翟寇遂入衛君奔死遂喪其國故賢主者不以艸木禽獸妨害人民進忠正而遠邪僞故民順附而臣下爲用今釋人民而愛鳥獸遠忠道而貴優笑反甚矣人主之爲人主也舉錯而不僨者杖賢也今背其所

主而棄其所杖其價仆也不亦宜乎語曰禍出者禍反惡人者人亦惡之管子曰不行其野不違其馬此違其馬者也

鄒穆公有令食鳧鴈者必㠯粃毋敢㠯粟於是倉無粃而求易於民二石粟而易一石粃吏請曰㠯粃食鴈爲無費也今求粃於民二石粟而易一石粃㠯粃食鴈則費甚矣請㠯粟食之公曰去非而所知也夫百姓煦牛而耕曝背而耘苦勤而不敢惰者豈爲鳥獸也哉粟米人之上食也柰何其㠯養鳥也且汝知小計而不知大計周諺曰囊漏貯中而獨弗聞歟夫

賈子七　二

君者民之父母也取倉之粟移之與民此非吾粟乎鳥苟食鄒之粃不害鄒之粟而已粟之在倉與其在民於吾何擇鄒民聞之皆知其私積之與公家爲一體也

楚王欲淫鄒君乃遺之技樂美女四人穆公朝觀而夕畢㠯妻死事之孤故婦人年弗稱者弗蓄節於身而弗眾也王輿不衣皮帛御馬不食禾菽無淫僻之事無驕熙之行食不眾味衣不雜采自刻㠯廣民親賢㠯定國親民如子鄒國之治路不拾遺臣下順從若手之投心是故㠯鄒子之細魯衛不敢輕齊楚不能脅鄒穆公死鄒之百姓若失慈父行哭三月四境之鄰於鄒者士民嚮方而道哭抱手而憂行酤家不讐其酒屠者罷列而歸敖童不謳歌舂築者不相杵婦女抉珠瑱丈夫釋玦靬琴瑟無音朞年而後始復故愛出者愛反福往者福來易曰鳴鶴在陰其子和之其此之謂乎故曰天子有道守在四夷諸侯有道守在四鄰

宋康王時有爵生鸇於城之陬使史占之曰小而生巨必霸天下康王大喜於是滅滕伐薛取淮北之地乃愈自信欲霸之亟成故射天笞地伐社稷而焚之

賈子七　三

曰威服天地鬼神罵國老之諫者爲無頭之棺㠯示有勇剖傴者之背鍥朝涉之脛國人大駭齊聞而伐之民散城不守王乃逃於倪侯之館遂得病而死故見祥而爲不可祥反爲禍

晉文公出畋前驅還白前有大蛇高若隄橫道而處文公曰還車而歸其御曰臣聞祥則迎之妖則凌之今前有妖請㠯從吾者攻之文公曰不可吾聞之曰天子夢惡則脩道諸侯夢惡則脩政大夫夢惡則脩官庶人夢惡則脩身若是則禍不至今我有失行而天招㠯妖我我若攻之是逆天命乃歸齋宿而請於

廟曰孤寡不佞不能尊道吾罪一執政不賢左右不良吾罪二飭政不謹民人不信吾罪三本務不脩吕咎百姓吾罪四齋肅不莊粢盛不潔吾罪五請興賢遂能而章德行善吕導百姓毋復前過乃退而脩政居三月而夢天誅大蛇曰爾何敢當明君之路文公覺使人視之蛇已魚爛矣文公大說信其道而行之不解遂至於霸故曰見妖而迎吕德妖反為福也

楚懷王心矜好高人無道而欲有霸王之號鑄金吕象諸侯人君令大國之王編而先馬梁王御宋王驂乘周召畢陳滕薛衞中山之君皆象使隨而趨諸侯

聞之吕為不宜故興師而伐之楚王見士民為用之不勸也乃徵役萬人且掘國人之墓國人聞之振動晝旅而夜亂齊人襲之楚師乃潰懷王逃適秦克尹殺之西河為天下笑此好矜不讓之罪也不亦羞虖

齊桓公之始霸也翟人伐燕桓公為燕北伐翟乃至於孤竹反而使燕君復召公之職桓公歸燕君送桓公入齊地百六十六里桓公問於管仲曰禮諸侯相送固出境虖管仲曰非天子不出境桓公曰然則燕君畏而失禮也寡人恐後世之吕寡人為存燕而欺之也乃下車而令燕君還車乃割燕君所至而與之遂溝吕為境而後去諸侯聞桓公之義口不言而心皆服矣故九合諸侯莫不樂聽扶興天子莫不勸從誠退讓人孰弗戴也

二世胡亥之為公子昆弟數人詔置酒饗羣臣召諸子賜食先罷胡亥下陛視羣臣陳履狀善者因行踐敗而去諸侯聞之莫不太息及二世即位皆知天下之棄之也

孫叔敖之為嬰兒也出遊而還憂而不食母問其故泣而對曰今日吾見兩頭蛇恐去死無日矣其母曰今蛇安在曰敖聞見兩頭蛇者死恐他人又見吾已

埋之矣其母曰無憂汝不死吾聞之有陰德者天報吕福人聞之皆諭其能仁也及為令尹未治而國人信之

先醒弟四十一

懷王問於賈君曰人之謂知道者先生何也賈君對曰此博號也大者在人主中者在卿大夫下者在布衣之士乃其正名非為先生也為先醒也彼世主不學道理則嘿然惛於得失不知治亂存亡之所由忳忳然猶醉也而賢主者學問不倦好道不厭鋭然獨先達虖道理矣故未治也知所吕治未亂也知所吕

亂未安也知所以安未危也知所以危故昭然先寤
虖所以存亡矣故曰先醒辟猶俱醉而獨先醒也故
世主有先醒者有後醒者有不醒者昔楚莊王即位
自靖三年以講得失乃退僻邪而進忠正能者任事
而後在高位內領國政治而外施教百姓富民恆一
路不拾遺國無獄訟當是時也周室壞微天子失制
宋鄭無道欺昧諸侯莊王圍宋伐鄭鄭伯肉袒牽羊
奉簪而獻國莊王曰古之伐者亂則整之服則舍之
非利之也遂弗受乃南與晉人戰於兩棠大克晉人
會諸侯於漢陽申天子之辟禁而諸侯說服莊王歸

賈子七　六

過申侯之邑申侯進飯日中而王不食申侯請罪曰
臣齋而具食甚潔日中而不飯臣敢請罪莊王喟然
歎曰非子之罪也吾聞之曰其君賢君也而又有師
者王其君中君也而又有師者霸其君下君也而羣
臣又莫若者亡今我下君也而羣臣又莫若不穀不
穀恐亡無日也吾聞之世不絕賢天下有賢而我獨
不得若吾生者何以食爲故莊王戰服大國義從諸
侯戚然憂恐聖智在身而自錯不肖思得賢佐日中
忘飯可謂明君矣謂先寤所以存亡此先醒也昔宋
昭公出亡至于境喟然歎曰烏虖吾知所以亡矣吾

被服而立侍御者數十人無不曰吾君麗者吾發政
舉事朝臣數百人無不曰吾君聖者吾外內不聞吾
過吾是以至此吾困宜矣於是革心易行衣苴布食
䭛餕晝學道而夕講之二年美聞於宋宋人車徒迎
而復位卒爲賢君謚爲昭公旣亡矣而乃寤所以存
此後醒者也昔者虢君驕恣自伐諂諛親貴諫臣詰
逐政治踳亂國人不服晉師伐之虢人不守虢君出
走至於澤中曰吾渴而欲飲其御乃進清酒曰吾飢
而欲食御進腶脯粱糗虢君喜曰何給也御曰儲之
久矣曰何故儲之對曰爲君出亡而道飢渴也君曰

賈子七　七

知寡人亡邪對曰知之曰知之何以不諫對曰君好
諂諛而惡至言臣願諫恐先虢亡虢君作色而怒御
謝曰臣之言過也爲閒君曰吾之亡者誠何也其御
曰君弗知邪君之所以亡者以大賢也虢君曰賢人
之所以存也乃亡何也對曰天下之君皆不肖夫疾
吾君之獨賢也故亡虢君喜據式而笑曰嗟賢固若
是苦邪遂徒行而於山中居飢倦枕御膝而臥御以
塊自易逃行而去君遂餓死爲禽獸食此已亡矣猶
不寤所以亡此不醒者也故先醒者當時而霸後醒
者三年而復不醒者枕土而死爲虎狼食烏虖戒之

哉

耳痹弟四十二

竊聞之曰目見正而口言枉則害陽言吉錯之民而凶則敗倍道則死障光則晦誣神而逆人則天必敗其事故昔者楚平王有臣曰伍子胥王殺其父而無罪奔走而之吳曰父死而不死則非父之子也死而非補則過計也與吾死而不一明不若舉天地目成名於是紆身而適闔閭治味目求親闔閭見而安之說其謀果其舉反其聽用而任吳國之政也民保命而不失歲時熟而不凶五官公而不私上下調而無

九天下服而無御四境靜而無虞然後忿心發怒出凶言陰必死提邦目伐楚五戰而五勝伏尸數十萬城郢之門執高兵傷五藏之實毀十龍之鍾撻平王之墓昭王失國而奔妻生虜而入吳故楚平王懷陰賊殺無罪殃既至虖此矣子胥發鬱冒忿輔闔閭而行大虐還十五年闔閭沒而夫差即位乃與越人戰江上棲之會稽越王之窮至乎喫山艸飲腐水易子而食於是履甓戴璧號唫告無罪呼皇天使大夫種行成於吳王吳王將許子胥曰不可越國之俗勤勞而不慍好勝而無禮谿徼而輕絕俗好詛而倍盟放

此類者鳥獸之儕徒狐貍之醜類也生之為患殺之無咎請無與成大夫種拊心嗥啼沫泣而言信割白馬而為犧指九天而為證請婦人為妾丈夫為臣百世名寶因閑官為積孤身為關內諸侯世為忠臣吳王不忍縮師與成還謀而伐齊子胥進爭不聽忠言不用越既得成稱善累德目求民心於是上帝降禍絕吳命虖直江君臣乖而不調植社槁而塼裂容臺振而掩覆犬群嗥而入淵彘銜藪而席隩燕雀剖而虺蛇生食蘆菹而蛭口浴清水而遇蠆伍子胥見事之不可為也何籠而自投水目抉而望東門身鴟夷

而浮江懷賊行虐深報而殃不辜禍至虖身矣越於是果逆謀負約襲刭夫差兼吳而拊事齊功成范蠡負石而蹈五湖大夫種繫領謝室渠如處車裂回泉自此之後句踐不樂憂悲薦至內崩而死故天之誅伐不可為廣虛幽閒攸遠無人雖重襲石中而居其必知之虖若誅伐順理而當辜殺三軍而無咎誅殺不當辜殺一匹夫其罪聞皇天故曰天之處高其聽卑其狀芒其視察故凡自行不可不謹慎也

諭誠弟四十三

湯見設網者四面張祝曰自天下者自地出者自四

方至者皆罹我網湯曰嘻盡之矣非桀其孰能如此令去三面舍一面而教之祝曰蛛蝥作網今之人循緒欲左者左欲右者右欲高者高欲下者下吾請受其犯命者士民聞之曰湯之德及禽獸矣而況我虖於是下親其上

楚昭王當房而立愀然有寒色曰寡人朝飢時酒二酣重裘而立猶憯然有寒氣將柰我元元之百姓何是日也出府之裘㠯衣寒者出倉之粟㠯振飢者居二年闔閭襲郢昭王奔隨諸當房之賜者請還致死於寇闔閭一夕而五徙臥不能賴楚吏師而去昭王

賈子十七　十

乃復當房之德也

昔楚昭王與吳人戰楚軍敗昭王走屨決眥而行失之行三十步復旋取屨及至於隨左右問曰王何曾惜一蹝屨虖昭王曰楚國雖貧豈愛一蹝屨哉思與偕反也自是之後楚國之俗無相棄者

周文王晝臥夢人登城而呼己曰我東北陬之槁骨也速㠯王禮葬我文王曰諾覺召吏視之信有焉文王曰速㠯人君禮葬之吏曰此無主矣請㠯五大夫文王曰吾夢中已許之矣柰何其倍之也士民聞之曰我君不㠯夢之故而倍槁骨況於生人虖於是下信其上

豫讓事中行之君智伯滅中行氏豫讓徙事智伯及趙襄子破智伯豫讓剔面而變容吞炭而爲啞乞其妻所而妻弗識乃伏刺襄子五起而弗中襄子患之食不甘味一夕而五易臥見不全身人謂豫讓曰子不死中行而反事其讎何無恥之甚也今必碎身糜軀㠯爲智伯何其與前異也豫讓曰我事中行之君與帷而衣之與關而枕之夫眾人畜我我故眾人事之及智伯分吾㠯衣服餌吾㠯鼎實舉被而爲禮夫國士遇我我固國士爲之報故曰士爲知己者死女

賈子十七　十一

爲悅己者容非先言也故在主而已

校詁七

春秋弟四十舊弟同　是法至之也盧本無非所㠯使句九字俞氏據論衡福虛篇所載訂如文是也今補正上句也字衍今刪　是昔也盧氏曰昔夜也　其久病盧本句上有故字俞氏㠯爲衍文是也今刪　故天至不察盧本親德作親聽俞氏據論衡訂如文是也今改正也　寇挾城堞俞說挾讀爲接見鄭氏儀禮注　敖童不謳歌盧本敖作傲注言當讀爲遨恐按此當作敖敖爲文从出从放乃遨遊之正文从辵者屬後世增益字此文作傲已誤盧氏捨正文反取謬妄之通假非也今訂如文　抉珠瑱盧氏曰抉去也釋抉軒盧氏曰抉卽決也鉤弓絃者曰環抉鞢弓衣也音刑　一小而至天下盧本巨作大霸下有於字俞氏从戰國策訂如文是也今改正巨下古爲頟作大非頟矣　伐薛盧本作伐諸侯戰國策新序皆

如文是也今改正淮北之地盧本地作域戰國策新序皆如文是也今改正無頭之
棺盧氏曰無頭之棺俱諱因策作無顏之冠愚按無頭之棺示人人皆頗喪其元耳非誤也以示
有勇盧本示作視國策新序皆如文是也今改正鍥刎涉盧本鍥作鄙國策新序皆如文
是也今改正作新者蓋後人反據僞古文尚書所妄改齊閭而伐盧本齊作齊王國策新序
無王字是也今刪正遂得病而死盧本無病字別本如文是也今補正行之不解
愚按解讀爲僻母問其故盧本母上有其字太平廣記所引無是也今改正敖閭盧本
敖作吾太平廣記所引如文是也今改正埋之矣盧本矣作也新序如文是也今改正先醒
弟四十一舊弟同忳忳然盧氏曰韓詩外傳作眊眊然愚按忳音屯徒渾切玉篇悶
也忳忳蓋昏悶狀與眊眊義同之自靖三年盧本靖作靜俞氏訂如文是也今改正愚按靖
治也見毛詩傳俞氏據韓詩外傳訓爲謀非也南與至兩棠盧氏曰潭本無南字此鄭春秋

賈子七　十二

宣十二年鄭之戰而又有師丁先生曰而下當有又字蓋脫文是也今補正侍御至
十人盧本數十作數百韓詩外傳如文是也今改正朝臣數百人盧本數百作千韓詩
外傳如文是也今改正蹸餕盧氏曰蹸字無考劉氏雜俎用此語亦無音訓疑當是豆食之餘屑
丁先生曰蹸左讀鄰蹸餕蓋今之豆滓榨油所餘者是也亦名豆餅南人以糞田飼豕饑饉時人亦食之
或疑爲今之豆滓非也豆滓乃豆腐之餘秦漢以前有豆油無豆腐也耳痹弟四十二
舊弟同紓身至闔閭盧本句有缺衍丁先生據譔本訂如文是也今改正王天下
至撫御盧本御上缺一字俞氏補作無而讀撫爲啎其說曰說文午部啎逆也蓋御从卸聲御从
午聲御卸啎皆从午得聲御有啎齊故得通用愚按俞說近是齕山艸盧本齕作吃注謂當與齕
同丁先生曰當直作齕齕乃正文吃爲通假是也今改正飲腐水盧本腐作腑俞氏說腑即腐字
腐亦漿積之水王逸曰腐臭也愚按腐乃正字今改如文是谿磤盧本磤作微注曰當作磤修磤

也愚按盧說是也今改正沫泣盧氏曰沫與瀆同閒宮爲積俞氏讀官爲館是也稱
善累德俞氏曰稱讀爲再說文再并舉也舉亦有積累之義愚按俞說近是并植社至
席隩盧本植作置槁作稷搏作分振作樹覆作敗戴作植席隩作適奧愚按四語見尸子下篇及淮
南子覽冥訓蓋此文及淮南皆本尸子也植社句見淮南尸子無容臺句尸子淮南皆同義尸子加文淮
南作豕藪尸子如文淮南作尊隩尸子如文淮南作澳盧本多以形近致誤今悉據二子改正加文植社
社上植木也容臺禮容之臺也犬入淵稱也稱術藪豕稱也搏呼誘切說文埲也埲裂也適鑑外紀說
夏禁事據淮南之文作埲而今本淮南子反作埲其字不見字書蓋亦誤字或爲埲字之重文觀鑄爲鯙
字之重文可見今从通鑑外紀作埲正文具在無取譌文也藪蓋亦艸尊之屬蚖蛇生盧氏曰蚖
即虺字蛇盧本作蚖俗文也今改正食蘆至蛭口盧本蘆作蘧愚按蘧字書無考蘆字之俗
文也今改正蘆菹以蘆芽爲菹今所謂薦筍也蛭口蛭螫口也范蠡至五湖盧本作負室而

賈子七　十三

歸五湖俞氏說潭本如文吉府本同當从之蓋此文言越之君臣皆不善終以明誣神逆人天必敗其事
也下文曰大夫種繫頸謝室云云則范蠡負石蹈湖亦言不得其死非如黎澤所謂超然避世長爲陶朱
者也呂氏春秋悔過篇故箕子窮于商范蠡流於江意與此近古事相傳往往不同如子胥爲夫差所殺
其事甚著此云何龍而自投水然則說范蠡事豈必如世所傳乎愚按俞說是也今改正繫頸謝
室盧氏曰謝室即請室渠如處盧氏曰渠如處當即臯如吳越春秋作句如故天至
之虖愚按此言誅伐乃上天所重不可恃其廣遠以爲不知也淮南子覽冥訓文亦本此而樹義各
殊此謂人不可以誅伐歟天彼謂天誅不可避也其狀至視察盧本狀作牧俞氏訂如文
是也今改正諭誠弟四十三舊弟同循緒盧氏曰本亦作緒稽新序作循序呂
覽作尊紓吾請至命者盧氏曰新序作吾取其犯命者酒二酣俞說酣爲酣之異文
是也愚按酣酖茲音壇上徒當切酖見說文酣字書失考弈隨盧本隨作隋愚按當作隋今改正如

文曰隋爲隋乃楊氏之譌壁虛造若復亂及春秋國名狂惑甚矣[illegible]決眥盧氏曰眥[illegible]匡也周文王晝臥盧本無周字丁先生訂如文是也今補正剟面盧本剟作劓注曰舊人校改如文是也今改正餡吾盧氏曰當讀爲陷夫國士遇我盧本夫上有大字俞氏訂如文是也今刪正

賈子七　十四

賈子卷弟七竟

正定通惠王氏校栞版存泰州寓宅龍樹精舍

賈子卷弟八　內篇八

正定王耕心大訂

退讓弟四十四

梁大夫宋就者爲邊縣令與楚鄰界梁之邊亭與楚之邊亭皆種瓜各有數梁之邊亭劬力而數灌其瓜美楚窳而希灌其瓜惡楚令因以梁瓜之美怒其亭瓜之惡也楚亭惡梁瓜之賢已因夜往竊搔梁亭之瓜皆有死焦者矣梁亭覺之因請其尉亦欲竊往報搔楚亭之瓜尉以請宋就曰惡是何言也是構怨召禍之道也惡何稱之甚也若我敎子必每莫令人往竊爲楚亭夜善灌其瓜令勿知也於是梁亭乃每夜往竊灌楚亭之瓜楚亭旦而行瓜則皆已灌矣瓜日以美楚亭怪而察之則乃梁亭也楚令聞之大說具以聞楚王聞之惄然醜以志自惛也告吏曰微搔瓜得無他罪乎說梁之陰讓也乃謝以重幣而請交於梁王楚王時則稱說梁王以爲信故梁楚之驩由宋就始語曰轉敗而爲功因禍而爲福老子曰報怨以德此之謂乎夫人既不善胡足效哉

翟王使使至楚楚王欲夸之故饗客於章華之臺上者三休乃至楚王曰翟國亦有此臺乎使者曰否翟

賈子八　十二

宴國也惡得此臺也翟王之自為室也堂高三尺壤陛三絫茆茨弗翦采椽弗刮且翟王猶㠯作之者大苦居之者大佚翟國惡得此臺也楚王媿

君道弟四十五

紂作梏數千睨諸侯之不諂已者杖而梏之文王桎梏囚于羑里七年而後得免及武王克殷既定令殷之民投徹桎梏而流之於河民輸梏者㠯手徹之弗敢墜也跪之入水弗敢投也曰昔者文王獄常擁此故愛思文王猶敬其梏況于其法敎虖詩曰濟濟多士文王㠯寧言輔翼賢正則身必安也又曰弗識弗

知順帝之則言士民說其德義則效而象之也文王志之所在意之所欲百姓不愛其死不憚其勞從之如集詩曰經始靈臺經之營之庶民攻之不日成之經始勿亟庶民子來文王有志為臺令匠規之民聞之者麇裹而至問業而作之日日㠯衆故弗趨而疾弗朞而成命其臺曰靈臺命其囿曰靈囿謂其沼曰靈沼愛敬之至也詩曰王在靈囿麀鹿攸伏麀鹿濯濯白鳥皜皜王在靈沼於仞魚躍文王之澤下被禽獸洽于魚鼈故禽獸魚鼈攸若攸樂而況士民乎詩曰愷悌君子民之父母言聖王之德也易曰鳴鶴在陰其子和之言士民之報也書曰大道亶亶其去身不遠人皆有之舜獨㠯之夫射而不中者不求之鵠而反脩之於己君國子民者反求之己而君道備矣

官人弟四十六

王者官人有六等一曰師二曰友三曰大臣四曰左右五曰侍御六曰廝役智足㠯為源泉行足㠯為表儀問焉則應求焉則得入人之家足㠯重人之家入人之國足㠯重人之國者謂之師智足㠯為礱礪行足㠯為輔助仁足㠯訪議明於進賢敢於退不肖內相匡正外相揚美謂之友智足㠯謀國事行足㠯為

民率仁足㠯合上下之驩國有法則退而守之君有難則進而死之職之所守君不得㠯阿私託者大臣也脩身正行不愆於鄉曲道語談說不愆於朝廷智能不困於事業服一介之使能合兩君之驩執戟居前能舉君之失過不難㠯死持之者左右也不貪於財不淫於色事君不敢有二心居君旁不敢泄君之謀君有失過雖不能正諫㠯其死持之憔悴有憂色不勸聽從者侍御也柔色傴僂唯諛之行唯言之聽㠯睚眦之閒事君者廝役也故與師為國者帝與友為國者王與大臣為國者霸與左右為國者彊與侍

御爲國者若存若亡與厮役爲國者亡可立待也取師之禮黜位而朝之取友之禮㠯身先焉取大臣之禮㠯皮幣先焉取左右之禮使使者先焉取侍御之禮㠯令至焉取厮役之禮㠯令召矣師至則清朝而侍小事不進友至則清殿而侍聲樂技蓺之人不並見大臣奏事則俳優侏儒逃隱聲樂技蓺之人不並奏左右在側聲樂不見侍御者在側子女不雜處故君樂雅樂則友大臣可㠯侍君樂燕樂則左右侍御者可㠯侍君開北房從薰服之樂則厮役從待㫰聽治罷朝而論議從容澤燕夕時開北房從薰服之樂是㠯聽治論議從容澤燕矜莊皆殊序然後帝王之業可得而行也

賈子八　四

勸學弟四十七

謂門人學者舜何人也我何人也夫啟耳目載心意從立移從與我同性而舜獨有賢聖之名明君子之實而我曾無鄰里之聞寬徇之智者獨何與然則舜僶俛而加志我儃僈而弗省耳夫㠯西施之美而蒙不潔則過之者莫不睨而掩鼻嘗試傅白黱黑揄鋏被雜芷若筀風視㿻口笑佳態佻志從容爲說焉則雖王公大人孰能無悇憛養心而顛一視之今㠯二三子材而蒙愚惑之智予恐過之有掩鼻之容也昔者南榮跦醜聖道之亡乎己故步陟山川坌冒楚棘彌道千餘百舍重繭而不敢久息既遇老聃噩若慈父厲行避影嫈立蛇進而后敢問見教一高言若飢十日而得太牢焉是達若天地行生後世今夫子之達佚乎老聃而諸子之材不避榮跦而無千里之遠重繭之患親與巨賢連席而坐對膝相視從容談語無問不應是天降大命㠯達吾德也吾聞之曰時難得而易失也學者勉之乎天祿不重

道術弟四十八

賈子八　五

曰數聞道之名矣而未知其實也請問道者何謂也對曰道者所從接物也其本者謂之虛其末者謂之術虛者言其精微也平素而無設施也術也者所從制物也動靜之數也凡此皆道也曰請問虛之接物何如對曰鏡義而居無執不臧美惡畢至各得其當衡虛無私平靜而處輕重畢縣各得其所明主者南面而正清虛而靜令名自宣命物自定如鑑之應如衡之稱有舋和之有端隨之物鞠其極而㠯當施之此虛之接物也曰請問術之接物何如對曰人主仁而境內和矣故其士民莫弗親也人主義而境內理

矣故其士民莫弗順也人主有禮而境內肅矣故其士民莫弗敬也人主有信而境內貞矣故其士民莫弗信也人主公而境內服矣故其士民莫弗戴也人主法而境內軌矣故其士民莫弗輔也舉賢則民化善使能則官職治英俊在位則主尊羽翼勝任則民顯操德而固則威立教順而必則令行周聽則不蔽稽驗則不惶明好惡則民心化密事端則人主神術者接物之隊凡權重者必謹於事令行者必謹於言則過敗鮮矣此術之接物之道也其爲原無屈其應變無極故聖人尊之夫道之詳不可勝述也曰請問

品善之體何如對曰親愛利子謂之慈反慈爲嚚子愛利親謂之孝反孝爲孽愛利出中謂之忠反忠爲倍心省恤人謂之惠反惠爲困兄敬愛弟謂之友反友爲虐弟敬愛兄謂之悌反悌爲傲接遇慎容謂之恭反恭爲媟接遇肅正謂之敬反敬爲嫚言行抱一謂之貞反貞爲僞期果言當謂之信反信爲慢衷理不辟謂之端反端爲趽據當不傾謂之平反平爲險行善決衷謂之清反清爲濁辭利刻謙謂之廉反廉爲貪兼覆無私謂之公反公爲私方直不曲謂之正反正爲邪㠯人自觀謂之度反度爲妄㠯己量人謂之恕反恕爲荒惻隱憐人謂之慈反慈爲忍厚志隱行謂之潔反潔爲汰施行得理謂之德反德爲怨放理潔靜謂之行反行爲汙功遂自卻謂之退反退爲伐厚人自薄謂之讓反讓爲冒心兼愛人謂之仁反仁爲戾行充其宜謂之義反義爲懜剛柔得適謂之和反和爲乖合得密周謂之調反調爲盭優賢不逮謂之寬反寬爲阸包衆容易謂之裕反裕爲褊欣憮可安謂之熅反熅爲鷙安柔不苛謂之良反良爲齧緣法循理謂之軌反軌爲易襲常緣道謂之道反道爲辟廣較自斂謂之儉反儉爲侈費弗過適謂之節

反節爲靡僶勉就善謂之慎反慎爲怠思惡勿道謂之戒反戒爲傲深知禍福謂之知反知爲愚亟見窕察謂之慧反慧爲童動有文體謂之禮反禮爲濫容服有義謂之儀反儀爲詭行歸而過謂之順反順爲逆動靜攝次謂之比反比爲錯容志審道謂之僩反僩爲野辭令就得謂之雅反雅爲陋論物明辯謂之辯反辯爲訥纖微皆審謂之察反察爲旄誠動可畏謂之威反威爲圂臨制不犯謂之嚴反嚴爲軟仁義脩立謂之任反任爲欺伏義誠必謂之節反節爲罷持節不恐謂之勇反勇爲怯信理遂惔謂之敢反敢

為撿志操精果謂之誠反誠為殆克行遂節謂之必
反必為怛凡此品也善之體也所謂道也故守道者
謂之士樂道者謂之君子知道者謂之明行道者謂
之賢且明且賢此謂聖人

校詁八

退讓弟四十四舊弟同冓怨召禍盧本作講怨分禍別本作構怨召禍丁先
生訂如文是也今改正愚按冓乃結構之本文構為重文講斵通假亦形近之誤每莫盧本作誨
莫新序作每莽是也今訂如文呂莫為莽子本文也行瓜愚按行讀去聲遝行也皆已濯
盧本皆作此新序如文是也今改正懟然盧本懟作怨新序如文是也今改正上者至乃
至盧本上上有上字休下有而字至下有其上字丁先生訂如文是也今刪正惡得此臺

賈子八　八

也盧本得作見俞氏呂為尋字之誤是也今改如文尋古文得字君道弟四十五舊弟
同經之營之盧本缺丁先生曰此文悉本孟子應獨缺此句賈脫文是也今補正不令
匠規之盧本匠規作近境譚本四字作今近規之俞氏訂如文是也今改正說見諸子平議麋
褎盧本作褎糧譚本作麋褎愚按褎說文作麋正文也後世作磨俗文也今改正如文譚本是也麋羣
也褎褎糧也言眾皆褎糧而至庶民子來之義也官人弟四十六舊弟同不憸
盧氏曰憸與怍同暱眦愚按此謂視睚眦為進退勸學弟四十七舊弟同鄰
里之閭盧氏曰閭名譽也讀問寬衕盧氏曰寬裕衕通也臘黑盧氏曰臘黛本字
佻志盧氏曰佻與姚同美好貌愚惑之智盧氏曰智字譌南榮跦盧氏曰莊子作
趎跦趎同淮南子作犄亡乎已盧本亡作忘俞氏訂如文是也今改正坌冒盧氏曰坌
塵坌也別本作蚠冒乃楚先君名此非也不避盧氏曰避讓也道術弟四十八

舊弟同鏡義而居盧本義作儀譚本如文是也今改正鏡義而居謂呂此義為立身之具如
下所陳者是也俞氏讀儀為俄呂俄為衰迂曲旁鶩幾成詭陋非也反友為虐盧本虐作醬別
本如文當矣今改正俞氏別有說非反端為趽盧氏曰何云當作跋今案趽亦有曲義反
行為汙俞說服虔曰水不流謂之汙字亦作洿三蒼日停水曰洿是汙為停積之水故反行為汙
也反義為僇盧氏曰僇與僇同反調為盤盧氏曰盤戾同別本即作戾反
寬為阸盧氏曰阸隘同欣憛盧氏曰憛字無考當是和悅意謂之熅盧氏曰熅當謂
蘊藉也一云烟熅亦和一意廣較自斂盧氏曰建本作別本作斂皆未詳偭勉就善
盧本有脫文舊校改如文差勝無字爾今據補反戒為僘盧氏曰此做當與僘同放也與前反
悌為做異謂之智盧本作知丁先生訂如文是也今改正智正文知通假也貌察盧氏曰貌
音窸窕察深察也行歸至之順盧本咼作過俞氏曰當作和古書和字或呂咼為之淮南

賈子八　九

子說山篇曰咼氏之璧高誘注曰咼古和字是也賈子原文本作咼後人不識因改為過矣和與順義正
相應愚按俞說是也今改正反察為旄盧氏曰與毫同譚本作眊反嚴為帳愚按
帳音訓無考或本作輾亦非遂悏盧氏曰悏或鋏字之譌鋏者鋒鋭與鈹義近悏疑非也

賈子卷弟八竟

正定通恩王氏校栞版
存泰州寓宅龍樹精舍

賈子卷弟九　內篇九

正定王耕心次詁

六術弟四十九

德有六理何謂六理道德性神明命此六者德之理
也六理無不生也已生而六理存序所生之內是㠯
陰陽天地人盡㠯六理爲內度內度成業故謂之六
法六法藏內變流而外遂外遂六術故謂之六行是
㠯陰陽各有六月之節而天地有六合之事人有仁
義禮智信之行行和則樂與樂與則六此之謂六行
陰陽天地之動也不失六行故能合六法人謹脩六
行則亦可㠯合六法矣然而人雖有六行微細難識
唯先王能審之凡人弗能自至是故必待先王之教
乃知所從事是㠯先王爲天下設教因人所有㠯之
爲訓道人之情㠯之爲眞是故內本六法外體六行
㠯與詩書易春秋禮樂六者之術㠯爲大義謂之六
埶令人緣之㠯自脩脩成則得六行矣六行不正反
合六法埶之所㠯六者法六法而體六行故也故曰
六則備矣六者非獨爲六埶本也他事亦皆㠯六爲
度聲音之道㠯六爲首㠯陰陽之節爲度是故一歲
十二月分而爲陰陽陰陽各六月是㠯聲音之器十

二鍾鍾當一月其六鍾陰聲六鍾陽聲聲之術律是
而出故謂之六律六律和五聲之調㠯發陰陽天地
人之清聲而內合六行六法之道是故五聲宮商角
徵羽唱和相應而調和調和而成理謂之音聲五也
必六而備故曰聲與音六夫律之者象測之也所測
者六故曰六律人之戚屬㠯六爲法人有六親六親
始曰父父有二子二子爲昆弟昆弟又有子子從父
而昆弟故爲從父昆弟從父昆弟又有子子從祖而
昆弟故爲從祖昆弟從祖昆弟又有子子從曾祖而
昆弟故爲從曾祖昆弟曾祖昆弟又有子子爲族兄
弟備於六此之謂六親親之始於一人世世別離分
爲六親親戚非六則失本末之度是故六爲制而止
矣六親有次不可相踰相踰則宗族擾亂不能相親
是故先王設爲昭穆三廟㠯禁其亂何爲三廟上室
爲昭中室爲穆下室爲孫嗣令子各㠯其次上下更
居三廟㠯別親疏有制喪服稱親疏㠯爲重輕親者
重疏者輕故復有麤衰齊衰大紅細紅緦麻備六各
服其所當服夫服則有殊此先王之所㠯禁亂也數
度之道㠯六爲法數加於少而度出於小數度之始
始於微細有形之物莫細於毫是故立一毫㠯爲度

始十毫為髮十髮為氂十氂為分十分為寸十寸為尺備於六故先王㠯為天下事用也事之㠯六為法者不可勝數也此所言六㠯效事之盡㠯六為度者謂六理可謂陰陽之六節可謂天地之六法可謂人之六行

道德說弟五十

德有六理何謂六理曰道德性神明命此六者德之理也諸生者皆生於德之所生而能象人德者獨玉也象德體六理盡見於玉也各有狀是故㠯玉效德之六理澤者鑑也謂之道腒如竊膏謂之德湛而潤

厚而膠謂之性康若樂流謂之神光煇謂之明礐乎堅哉謂之命此之謂六理鑑生空竅而通之㠯道德生理通之㠯六德之畢離狀六德者德之有六理畢離狀也性生氣而通之㠯曉神生變而通之㠯化明生識而通之㠯智命生形而通之㠯定德有六美何謂六美有道有仁有義有忠有信有密此六者德之美也道者德之本也仁者德之出也義者德之理也忠者德之厚也信者德之固也密者德之高也六理六美德之所㠯生陰陽天地人與萬物也固為所生者法也故曰道此之謂道德此之謂德行此之謂行

所謂行此者德也是故箸此竹帛謂之書書者此之箸者也詩者此之志者也易者此之占者也春秋者此之紀者也禮者此之體者也樂者此之樂者也祭祀鬼神為此福者也博學辯議為此辭者也道者無形平和而神道物有載物者畢㠯順理和適行故物有清而澤澤者鑑也鑑㠯道之神模貫物形通達空竅奉一出入為先故謂之鑑鑑者所㠯能見也見者目也道德施物精微而為目是故物之始形也分先而為目目成也形乃從是㠯人及有因之在氣莫精於目目清而潤澤若濡無毳穢雜焉故能見也由此

觀之目足㠯明道德之潤澤矣故曰澤者鑑也生空竅通之㠯道德者離無而之有故潤則腒然濁而始形矣故六理發焉六理所㠯為變而生也所生有理然則物得潤㠯生故謂潤德德者變及物理之所出也夫變者道之頌也道冰而為德神載於德德者道之澤也道雖神必載於德而頌乃有所因㠯發動變化而為變變及諸生之理皆道之化也各有條理㠯載於德德受道之化而發之各不同狀德潤故曰如膏謂之德德生理通之㠯六德之畢離狀性者道德造物物有形而道德之神專而為一氣明其潤益厚

矣濁而膠相連在物之中爲物莫生氣皆集焉故謂之性性神氣之所會也性立則神氣曉曉然發而通行於外矣與外物之感相應故曰潤厚而膠謂之性性生氣通之㠯曉神者道德神氣發於性也康若濼流不可物效也變化無所不爲物理及諸變之起皆神之所化也故曰康若濼流謂之神神生變通之曰化明者神氣在內則無光而爲智明則有輝於外矣外內通一則爲得失事理是非皆職於智故曰光輝謂之明明生識通之㠯智命者物皆得道德之施㠯生則澤潤性氣神明及形體之位分數度各有極量

賈子九　五

指奏矣此皆所受其道德非㠯嗜欲取舍然也其受此具也磐然有定矣不可得辭也故曰命命者不得毋生生則有形形而道德性神明因載於物形故磐堅謂之命命生形通之㠯定物所道始謂之道所得㠯生謂之德德之有也㠯道爲本故曰道者德之本也德生物又養物則物安利矣安利物者仁行也仁行出於德故曰仁者德之出也德生理理立則有宜適之謂義義者理也故曰義者德之理也德生物又養長之而弗離也得㠯安利德之遇物也忠厚故曰忠者德之厚也德之忠厚也信固而不易此德之常也故曰信者德之固也德生於道而有理守理則合於道與道理密而弗離也故能畜物養物物莫不仰恃德此德之高故曰密者德之高也道而勿失則有道矣得而守之則有德矣行而無休則行成矣故曰道此之謂道德此之謂德行此之謂行諸此言者盡德變變世者理也書者著德之理於竹帛而陳之令人觀焉㠯著所從事故曰書者此之著者也詩者志德之理而明其指令人緣之㠯自成也故曰詩者此之志者也易者察人之循德之理與弗循而占其吉凶故曰易者此之占者也春秋者守往事之合德之

賈子九　六

理與不合而紀其成敗㠯爲來事師法故曰春秋者此之紀者也禮者體德理而爲之節文成人事故曰禮者此之體者也樂者書詩易春秋禮五者之道備則合於德矣合則驩然大樂矣故曰樂者此之樂者也人能脩德之理則安利之謂福莫不慕福弗能必得而人心㠯爲鬼神能與於利害是故具犧牲俎豆粢盛齋戒而祭鬼神欲㠯佐成福故曰祭祀鬼神爲此福者也德之理盡施於人其在人也內而難見是㠯先王舉德之頌而爲辭語㠯明其理陳之天下令人觀焉垂之後世辯議㠯審察之㠯轉相告是故弟

子隨師而問博學㠯達其習而明其辭㠯立其誠故曰博學辯議爲此辭者也德畢施物物雖有之微細難識夫玉者眞德象也六理在玉明而易見也是㠯舉玉㠯諭物之所受於德者與玉一體也

大政上弟五十一

聞之於政也民無不爲本也國㠯爲本君㠯爲本吏㠯爲本故國㠯民爲安危君㠯民爲威侮吏㠯民爲貴賤此之謂民無不爲本也聞之於政也民無不爲命也國㠯爲命君㠯爲命吏㠯爲命故國㠯民爲存亡君㠯民爲盲明吏㠯民爲賢不肖此之謂民無不

爲命也聞之於政也民無不爲功也故國㠯爲功君㠯爲功吏㠯爲功國㠯民爲興壞君㠯民爲彊弱吏㠯民爲能不能此之謂民無不爲功也聞之於政也民無不爲力也故國㠯爲力君㠯爲力吏㠯爲力故夫戰之勝也民欲勝也攻之得也民欲得也守之存也民欲存也故率民而守而民不欲存則莫能㠯存矣率民而攻而民不欲得則莫能㠯得矣率民而戰而民不欲勝則莫能㠯勝矣故其民之爲其上也接敵而喜進不能止敵人必駭戰由此勝也夫民之於其上也接敵而懼退必走去戰由此敗也故夫菑與

福也非萃在天也必在士民也烏虖戒之戒之夫士民之志不可不要也烏虖戒之戒之行之善也萃㠯爲福已矣行之惡也萃㠯爲菑已矣故受天之福者天不功焉被天之菑則亦無怨天矣行自爲取之也知善而弗行謂之不明知惡而弗改必受天殃天有常福必與有德天有常菑必與奪民時故夫民者至賤而不可簡也至愚而不可欺也故自古至於今與民爲讐者有遲有速而民必勝之知善而弗行謂之狂知惡而不改謂之惑故夫狂與惑者聖王之戒也而君子之醜也烏虖戒之戒之豈其㠯狂與惑自爲

之明君而君子乎聞善而行之如爭聞惡而改之如讐然後禍菑可離然後保福也戒之戒之誅賞之慎焉故與其殺不辜也寧失於有罪也故夫罪也者疑則附之去已夫功也者疑則附之與已則此毋有無罪而見誅毋有有功而無賞者矣戒之哉戒之哉誅賞之慎焉故古之立刑也㠯禁不肖㠯起怠惰之民也是㠯一罪疑則弗遂誅也故不肖得改也一功疑則必弗倍也故愚民可勸也是㠯上有仁譽而下有治名疑罪從去仁也疑功從予信也戒之哉戒之哉慎其下故誅而不忌賞而不曲不反民之罪而重之

不誠民之功而棄之故上爲非則諫而止之㠯道紀之下爲非則矜而恕之道而赦之柔而假之故雖有不肖民化而則之故雖昔者之帝王其所貴其臣者如此而已矣人臣之道思善則獻之於上聞善則獻之於上知善則獻之於上夫民者惟君者有之爲人臣者助君理之故夫爲人臣者㠯富樂民爲功㠯貧苦民爲罪故君㠯知賢爲明吏㠯愛民爲忠故臣忠則君明此之謂聖王故官有假而德無假位有卑而義無卑故位下而義高者雖卑貴也位高而義下者雖貴必窮烏虖戒之哉戒之哉行道不能窮困及之

賈子九　九

夫一出而不可反者言也一見而不可得揜者行也故夫言與行者智愚之表也賢不肖之别也是㠯智者愼言愼行㠯爲身福愚者易言易行㠯爲身菑故君子言必可行也然後言之行必可言也然後行之烏虖戒之哉戒之哉行之者在身命之者在人此福菑之本也道者福之本祥者福之榮也無道者必失福之本不祥者必失福之榮故行而不緣道者其言必不顧義矣故紂自謂天王也桀自謂天子也已滅之後民㠯相駡也㠯此觀之則位不足㠯爲尊而號不足㠯爲榮矣故君子之貴也士民貴之故謂之貴也君子之富也士民樂之故謂之富也故君子之貴也與民㠯福故士民貴之君子之富也與民㠯財故士民樂之故君子富貴也至於子孫而衰則士民皆曰何君子之道衰之數也不肖暴者禍及其身則士民皆曰何天誅之遲也夫民者萬世之本也不可欺凡居於上位者簡士苦民者是謂愚敬士愛民者是謂智夫愚智者士民命之也故夫民者大族也民不可不畏也故夫民者多力而不可敵也烏虖戒之哉戒之哉與民爲敵者未有勝之者也君能爲善則吏必能爲善矣吏能爲善則民必能爲善矣故民之不

賈子九　十

善也吏之罪也吏之不善也君之過也烏虖戒之戒之故夫士民者率之㠯道然後士民道也率之㠯義然後士民義也率之㠯忠然後士民忠也率之㠯信然後士民信也故爲人君者其出令也其如聲士民學之其如響其爲政也其如形曲折而從君其如景矣烏虖戒之哉戒之哉君鄉善於此則佚佚然協民皆鄉善於彼矣猶景之象形也君爲惡於此則啍啍然協民皆爲惡於彼矣猶響之應聲也是㠯聖王而君子虖執事而臨民者日戒愼一日則士民亦日戒愼一日矣㠯道先民也道者聖王之行也文者聖王

之辭也恭敬者聖王之容也忠信者聖王之教也夫聖人也者賢智之師也仁義者明君之性也故堯舜禹湯之治天下也所謂明君也士民樂之皆即位百年然後崩士民猶㠯爲太數也桀紂所謂暴亂之君也士民苦之皆即位數十年而滅士民猶㠯爲太久也故夫諸侯者士民皆愛之則其國必興矣士民皆苦之則其國必亡矣故夫士民者國家之所樹而諸侯之本也不可輕也烏虖輕本不祥實爲身殃戒之哉戒之哉

大政下弟五十二

易使喜難使怒者宜爲君識人之功而忘人之罪者宜爲貴故曰刑罰不可㠯慈民簡泄不可㠯得士故欲㠯刑罰慈民辟其猶㠯鞭狎狗也雖久弗親矣欲㠯簡泄得士辟其猶㠯弧怵鳥也雖久弗得矣夫士者弗敬則弗至民者弗愛則弗附故欲求士必至民必附惟恭與敬忠與信古今毋易矣諸澤有枯水而國無枯士矣故有不能求士之君而無不可得之士有不能治民之吏而無不可治之民故君明而吏賢矣吏賢而民治矣故見其民而知其吏見其吏而知其君矣故君功見於選吏吏功見於治民故勸之其上者由其下而上睹矣此道之謂也故治國家者行道之謂國家必寧信道而不爲國家必空故政不可不慎也而吏不可不選也而道不可離也烏虖戒之哉離道而災至矣無世而無聖或不得知也無國而無士或弗能得也故世未嘗無聖也而不得聖王則弗起國未嘗無士也不得君子則弗助聖明則士闇飾矣故聖王在位則士百里而有一人猶無有也故王者衰則士沒矣故暴亂在位則士千里而有一人猶比肩也故國者有不幸而無明君君明也則國無不幸而無賢士矣故自古而至於今澤有無水國無

無士故士易得而難求也易致而難留也故求士而不㠯道周徧境內不能得一人焉故求士而㠯道則國中多有之此之謂士易得而難求也故待士而㠯敬則士必居矣待士而不㠯道則士必去矣此之謂士易致而難留也王者有易政而無易國有易吏而無易民故因是國也而爲安因是民也而爲治故湯㠯桀之亂氓爲治武王㠯紂之北卒爲彊故民之治亂在於吏國之安危在於政是㠯明君之於政也慎之於吏也選之然後國興也故君能爲善則吏必能爲善矣吏能爲善則民必能爲善矣故民之不善也

失之者吏也民之善者吏之功也吏之不善也失之者君也吏之善者君之功也是故君明而吏賢吏賢而民治矣故苟上好之其下必化之此道之謂也夫民之爲言也暝也萌之爲言也盲也故惟上之所扶而㠯之民無不化也故曰民萌民萌哉直言其意而爲之名也夫民者賢不肖之材也賢不肖皆具焉故賢人得焉不肖者伏焉技能輸焉忠信飾焉故民者積愚也故夫民者雖愚也明上選吏焉必使民與焉故士民譽之則明上察之見歸而舉之故士民苦之則明上察之見非而去之故王者取吏不妄必使民

賈子九　十三

唱然後和之故夫民者吏之程也察吏於民然後隨之夫民至卑也使之取吏焉必取其愛焉故十人愛之有歸則十人之吏也百人愛之有歸則百人之吏也千人愛之有歸則千人之吏也萬人愛之有歸則萬人之吏也故萬人之吏選卿相焉夫民者諸侯之本也教者政之本也道者教之本也有道然後教也有教然後政治也政治然後民勸之民勸之然後國豐富也故國豐且富然後君樂也忠臣之功也臣之忠者君之明也臣忠君明此之謂政之綱也故國也者行政之綱然後國臧也故君之信在於所信所信

不信雖欲諭信也終身不信矣故所信不可不慎也事君之道不過於事父故不肖者之事父也不可㠯事君事長之道不過於事兄故不肖者之事兄也不可㠯事長使下之道不過於使弟故不肖者之使弟也不可㠯使下交接之道不過於爲身故不肖者之爲身也不可㠯接友慈民之道不過於愛其子故不肖者之愛其子不可㠯慈民居官之道不過於居家故不肖者之於家也不可㠯居官夫道者行之於父則行之於君矣行之於兄則行之於長矣行之於弟則行之於下矣行之於身則行之於友矣行之於子

賈子九　十四

則行之於民矣行之於家則行之於官矣故士則未仕而能㠯試矣聖王選舉也㠯爲表也問之然後知其言謀焉然後知其極任之㠯事然後知其信故古聖王君子不素距人㠯此爲明也察國之治在諸大夫察士之理在其與徒君必擇其臣而臣必擇其所與故察明者賢庶人之辭不出於室而無不見也察明者乘人不出其官而無所不入也故王者居於中國不出其國而明於天下之政何也則賢人之辭也不離其位而境內親之者謂之人爲之行之也故愛人之道言之者謂之其府行之者謂之其禮故忠諸

侯者無吕易敬士也忠君子者無吕易愛民也諸侯不得士則不能興矣君子不得民則不能稱矣故士能言道而弗能行者謂之器能行道而弗能言者謂之用能言之能行之者謂之實故君子訊其器任其用乘其實而治安興矣烏虖人耳人耳諸侯即位享國社稷血食而政有命國無君也官有政長民有所屬而政有命國無吏也官駕百乘食食千人而政有命國無人也何也君之爲言也道也故君也者道之所出也賢人不舉而不肖人不去此君無道也故政謂此國無君也吏之爲言理也故吏也者理之所出也上爲非而不敢諫下爲善而不知勸此吏無理也故政謂此國無吏也官駕百乘而食食千人近側者不足吕問諫而由朝假不足吕考度故政謂此國無人也烏虖悲哉君者羣也無人誰據無據必蹶政謂此國素亡也

脩政語上弟五十三

黃帝曰道若川谷之水其出無已其行無止故服人而不爲仇分人而不劓者其惟道矣故播之於天下而不亡者其惟道矣是吕道高比於天道明比於日道安比於山故言之者見謂智學之者見謂賢守之者見謂信樂之者見謂仁行之者見謂聖人故惟道不可竊也不可吕虛爲也故黃帝職道義經天地紀人倫序萬物吕信與仁爲天下先然後濟東海入江內取綠圖西濟積石涉流沙登於崑崙於是還歸中國吕平天下天下太平惟躬道而已

帝顓頊曰至道不可過也至義不可易也是故吕後者復迹也故上緣黃帝之道而行之學黃帝之道而常之加而弗損天下亦平也

帝顓頊曰功莫美於去惡而爲善罪莫大於去善而爲惡故非吾善善而已也善緣善也非惡惡而已也惡緣惡也吾日慎一日其此已也

帝嚳曰緣道者之辭而與爲道已緣巧者之事而學爲巧已行仁者之操而與爲仁已故節仁之器吕修其躬而身專其美矣故上緣黃帝之道而明之學帝顓頊之道而行之而天下亦平矣

帝嚳曰德莫高於博愛人而政莫高於博利人故政莫大於信治莫大於仁吾慎此而已矣

帝堯曰吾存心於先古加志於窮民痛萬姓之罹罪憂眾生之不遂也故一民或飢曰此我飢之也一民或寒曰此我寒之也一民有罪曰此我陷之也仁行

而義立德博而化富故不賞而民勸不罰而民治先恕而後行是以德音遠也是故堯教化及雕題蜀越撫交趾身涉流沙地封獨山西見王母訓及大夏渠叟北中幽都及狗國與人身而鳥面及焦僥好賢而隱不逮强於行而蓄於志率以仁而恕至此而已矣

帝舜曰吾盡吾敬以事吾上故見謂忠焉吾盡吾敬以接吾敵故見謂信焉吾盡吾敬以使吾下故見謂仁焉是以見愛親於天下之人而見歸樂於天下之民而見貴信於天下之君故吾取之以敬也吾得之以敬也故欲明道而論教惟以敬者爲忠必服之

大禹之治天下也諸侯萬人而禹一皆知其國其士萬人而禹一皆知其體故大禹豈能一見而知之也豈能一聞而識之也諸侯朝會而禹親報之故是以禹一皆知其國也其士月朝而禹親見之故是以禹一皆知其體也然且大禹其猶大恐諸侯會則問於諸侯曰諸侯以寡人爲驕虐朔日視朝則問於士曰諸大夫以寡人爲汰虐其聞寡人之驕之汰而不以語寡人者此教寡人之殘道也滅天下之教也故寡人之所怨於人者莫大於此也

大禹曰民無食也則我弗能使也功成而不利於民我弗能勸也故環河而道之九牧鑿江而道之九路灑五湖而定東海民勞矣而弗苦者功成而利於民也禹嘗晝不暇食夜不暇寢矣方是時也憂務故也故禹與士民同務故不自言其信而信諭矣故治天下以信爲之也

湯曰學聖王之道者譬其如日靜思而獨居譬其若火夫舍學聖之道而靜居獨思譬其若去日之明於庭而就火之光於室也然可以小見而不可以大知是故明君而君子貴尚學道而賤下獨思也故諸君子得賢而舉之得賢而與之譬其若登山乎得不肖

而舉之得不肖而與之譬其若下淵乎故登山而望其何不臨而何不見陵遲而入淵其孰不陷溺是以明君慎其舉而君子慎其與然後福可必歸菑可必去也

湯曰藥食嘗於卑然後至於貴藥言獻於貴然後聞於卑故藥食嘗於卑然後至於貴教也藥言獻於貴然後聞於卑道也故使人味食然後食者其得味也多若使人味言然後聞言者其得言也少是以明王之於言也必自也聽之必自也擇之必自也取之必自也藏之必自也行之故道以數取之爲明以數行

之爲章㠯數施之萬姓爲臧是故求道者不㠯目而㠯心取道者不㠯手而㠯耳致道者㠯言入道者㠯忠積道者㠯信樹道者㠯人故人主有欲治安之心而無治安之政者雖欲治安顯榮也弗得矣故治安不可㠯虛成也顯榮不可㠯虛得也故明君敬士察吏愛民㠯參其極非此者則四美不附矣

脩政語下弟五十四

周文王問於鬻子曰敢問君子將入其職則其於民也何如鬻子對曰唯疑請㠯上世之政詔於君王政曰君子將入其職則其於民也旭旭然如日之始出

也文王曰受命矣曰君子既入其職則其於民也何若對曰君子既入其職則其於民也暵暵然如日之正中文王曰受命矣曰君子既去其職則其於民也何若對曰君子既去其職則其於民也暗暗然如日之已入也故君子將入而旭旭者義先聞也既入而暵暵者民保其福也既去而暗暗者民失其教也文王曰受命矣

周武王問於鬻子曰寡人願守而必存攻而必得戰而必勝則吾爲此柰何鬻子曰唯疑攻守而戰虖同器而和與嚴其備也故曰和可㠯守而嚴可㠯守而嚴不若和之固也和可㠯攻而嚴可㠯攻而嚴不若和之得也和可㠯戰而嚴可㠯戰而嚴不若和之勝也則惟由和而可也故諸侯發政施令政平於人者謂之文政矣諸侯接士使吏禮恭於人者謂之文禮矣諸侯聽獄斷刑仁於治陳於行其由此守而不存攻而不得戰而不勝者自天地之闢未之嘗聞也今也君王欲守而必存攻而必得戰而必勝則惟由此也爲可也武王曰受命矣

周武王問於王子旦曰敢問治有必成而戰有必勝虖攻有必得而守有必存虖王子旦對曰有政曰諸

侯政平於內而威於外矣君子行修於身而信於輿人矣治民民治而榮於名矣故諸侯凡有治心者必修之㠯道而興之㠯敬然後能㠯成也凡有戰心者必修之㠯政而興之㠯義然後能㠯勝也凡有攻心者必結之㠯約而諭之㠯信然後能㠯得也凡有守心者必固之㠯和而諭之㠯愛然後能有存也武王曰受命矣師尙父曰吾聞之於政也曰天下壙壙一人有之萬民叢叢一人理之故天下者非一家之有也有道者之有也故夫天下者惟有道者理之惟有道者紀之惟有道者使之惟有道者宜處而久之故

夫天下者難得而易失也難常而易亡也故守天下者非㠯道則弗得而長也故夫道者萬世之寶也武王曰受命矣

周成王年二十歲卽位享國親㠯其身見於鬻子之家而問焉曰昔者先王與子修道而道修寡人之望也亦願㠯教敢問興國之道柰何鬻子對曰唯疑請㠯上世之政詔於君王政曰興國之道君思善則行之君聞善則行之君知善則行之位敬而常之行信而長之則興國之道也成王曰受命矣

周成王曰敢問於道之要柰何鬻子對曰唯疑請㠯

上世之政詔於君王政曰爲人下者敬而肅爲人上者恭而仁爲人君者敬士愛民㠯終其身此道之要也成王曰受命矣

周成王曰敢問治國之道若何鬻子曰唯疑請㠯上世之政詔於君王政曰治國之道上忠於主而中敬其士而下愛其民故上忠其主者非㠯道義則無㠯入忠也中敬其士不㠯禮節則無㠯諭敬也下愛其民非㠯忠信則無㠯諭愛也故忠信行於民禮節諭於士道義入於上則治國之道也雖治天下者由此而已成王曰受命矣

周成王曰寡人聞之有上人者有下人者有賢人者有不肖人者有智人者有愚人者敢問上下之人何㠯爲異鬻子對曰唯疑請㠯上世之政詔於君王政曰凡人者若賤若貴若幼若老聞道志而藏之知道善而行之上人矣聞道而弗取藏也知道而弗取行也則謂之下人也故夫行者善則謂之賢人矣行者惡則謂之不肖矣故夫言者善則謂之智矣言者不善則謂之愚矣故智愚之人有其辭矣賢不肖之人別其行矣上下之人等其志矣成王曰受命矣

周成王曰寡人聞之聖王在上位使民富且壽云若夫富則可爲也若夫壽則不在天虖鬻子曰唯疑請

㠯上世之政詔於君王政曰聖王在上位則天下不死軍兵之事故諸侯不私相攻而民不私相鬬不私相殺也故聖王在上則民免於一死而得一生矣聖王在上則君積於道而吏積於德而民積於用力故婦爲其所衣丈夫爲其所食則民無凍餒矣故聖王在上則民免於二死而得二生矣聖王在上則君積於仁而吏積於愛而民積於順則刑罰廢矣而民無天遏之誅故聖王在上則民免於三死而得三生矣聖王在上則使民有時而用之有節則民無厲疾故

聖王在上則民免於四死而得四生矣故聖王在上則使盈境內興賢良以禁邪惡故賢人必用而不肖人不作則已得其命矣故夫富且壽者聖王之功也

成王曰受命矣

校詁九

六術弟四十九（舊弟同）六理至生也（俞氏曰無字絕句言無此六理則不生也）以興至之術（盧本與作取與之與俞氏訂如文是也今改正）陰陽各六月（盧本無陰陽二字譚本有是也今補正）聲之術（盧氏曰聲之術譚本作六術）是故至更居（俞氏曰此所謂廟非廟祧之廟也呂氏春秋慎埶篇曰古之王者擇天下之中而立國擇國之中而立宮擇宮之中而立廟是王者所居謂之廟也此三廟即所謂三寢莊三十二年公羊傳何休注曰天子諸侯皆有三寢一曰高寢二曰路寢三曰小寢父居高寢子居路寢孫從王父母妻從夫寢夫人居小寢其說畧同而謂孫從王父母似不若此說之善）大紅細紅（盧氏曰即大功小功也）度出於小（盧本小作居俞氏曰此本作小言度之大者從小而出也下文正度出於小之證愚按俞說是也今改正）

賈子九 三十三

道德說弟五十（舊弟同）德生至狀也（舊本上畢字如文盧本改作華下畢字盧本舊本皆作理俞氏曰盧校改畢作華說以周官形方氏華離之地恐未足據其於離字絕句九誤據下文故曰如脣謂之德德生理通之以六德之畢離狀則狀字當屬上讀此云理離狀也亦離狀連文不得於離字絕句明矣理離狀即畢離狀蓋誤作里又誤作理耳愚按俞說是也今據改正如文下文畢離狀文亦弁校改作畢離狀句終不可曉殆謂六理分別之狀也）分元而為目（盧本元作先王誤本如文是也今改正元元氣也）夫變者（盧本夫作未俞氏訂如文是也今改正）道冰（盧氏曰冰古疑字）指栥（盧氏曰栥疑與溙音義同）察人至弗循（盧本上循字作精俞氏訂如文讀察人至弗循十字為句是也今改正下文守往事之合德之理與不合亦十一字為句盧本訂至不字句絕亦非）欲以佐成福（盧本欲字下有明其指至此之志者也十九字句內妄竄且複上文大謬王謨本無是也今刪正）

大政上弟五十一（舊弟同）吏以為力（俞說下有缺文是也今無從校補矣）按敵至走去（盧本脫二字別本如文是也今補正）非萃在天（盧本萃作粹王謨本如文是也今改正下二萃仿此）君子之醜也（盧本醜作愧注謂當作醜是已賈子文例以恥為醜也今改正）附之去已（盧氏曰已音以語辭下同）以道紀之（盧本紀作弼建本如文是也今改正）衰之數也（盧本之作也俞氏訂如文是也今改正又讀數為速據禮記曾子問鄭氏說也）不可敵也（盧本敵作適與下文異形近之誤也今改正）未有至者也（盧本作民必勝之譚本如文是也今改正）其為至顯矣（盧本無其為政也其如形七字俞氏言下有脫文丁先生增訂如文是也今補正）佚佚然（盧氏曰佚佚輕便之貌）啍啍然（盧氏曰啍啍壯健之貌）

賈子九 三十四

大政下弟五十二（舊弟同）忧身（盧氏說忧同誘也）信道至必空（愚按信道不為知而不能行也俞氏疑當作倍殊謬倍道乃下文所謂離道此猶未也）闇飾（盧氏曰闇飾猶闇修）故苟至謂也（盧本謂作政俞氏訂如文是也今改正）萌之為言（盧氏曰萌與氓同）材也（盧氏曰材別本作杖同鶡子）選吏焉（盧氏曰選鶡子作撰）選卿相焉（盧氏曰鶡子作撰鄉相矣）夫民至本也（盧氏曰鶡子作鄉相者諸侯之丞也故封侯之上秩出焉卿相者侯之本也）行政之綱（盧本行下無政字俞氏訂如文是也今補正）以此為明也（盧本明下有察字俞氏謂察字當屬下句是也今刪正）察國至大夫（盧本察字屬上句俞氏訂如文是也今據移正在上盧本有政字舊校本無俞仍盧本非也今刪大上盧本有佚字俞氏以為衍文是也亦刪此與下文皆四字為句俞仍衍政字且別有說非也）察士至與

徒盧本察士作士察俞氏訂加文是也今移正謂之其府盧氏曰出於脯廨也盧本此下
復有故愛人之道五字注吕爲衍文是也今刪而政至君也愚按此與下文政有命及故政
謂此諸政字皆指古政典而言即問之於政與請吕上世之政詔於君王之政也命被吕此名也政有命
謂古政典有此垂戒之言如國無君國無吏諸目也俞氏失考直吕政爲語辭疏矣君之至道
也盧本道作考別本作道是也今改正修政語上弟五十三舊弟同而不
刺盧本刺作誇愚按俞說謂當作刺是也說文刺滅也音尊上祖本切从言乃形近之誤今改正俞則
有說非故播至亡者盧本亡作忘俞氏謂當作亡是也今改正亡絕也學黃至
常之盧本常作賞嘗子如文是也今改正常者天不變道亦不變也俞別有說非身專其
美矣愚按盧本此下有故上祿黃帝之道至亦平矣二十五字俞氏據困學紀聞所引無吕至爲衍文
非也紀聞吕與上文復故節去賈子本書仍有此文非衍文可知今仍原文而化富盧氏曰說苑富

賈子九　圭

作廣而後行盧氏曰說苑行作教訓及盧氏曰訓與馴同薦於志盧氏曰薦謂植
立也故吾取之盧本吾下有詳字俞氏吕爲不當有是也今刪正一皆知其國
盧本無國字句下並脫其士萬人吕下十字注吕爲當如文是也今補正環河盧本瓌作瓊別本如
文是也今改正道之九路盧氏曰說苑作通於九派邐五湖盧氏曰邐與醴同疏也
是吕明王盧本作故吕是明上說苑君道篇如文是也今改正必自也盧氏曰說苑自
也皆作自他說又衍二句施之至爲臧盧本臧作藏注曰舊校改作臧愚按臧善也吕道施
萬姓所謂兼善天下也作臧是已今改正治安之政盧本政作故注謂當作政是也今改正下
治安題策盧本無安字注謂當有是也今補正修政語下弟五十四舊弟同鬻
子盧本鬻皆作粥漢書藝文志鬻子本書皆如文愚按說文有鬻無粥此皆从叚假作粥非也今改正
如文下文皆仿此文王曰盧本文上有周字別本多省丁先生據需氏學湛本訂篇首諸章皆

有周字章內惟作文王武王等其書法與經與及別本同是也今刪正下皆仿此攻守至同
器盧本戰作勝俞氏訂如文是也詳見諸子平議今改正自天地之闕盧本句上有自
古而至於今六字注吕爲衍文今刪正闕盧作辟句下有也字丁先生訂如文亦無也字是也今改正
壙壙盧氏曰壙與曠同蕞蕞盧本作蕞愚按蕞蕞正文今改正年二十歲盧氏
日案鄭注金滕武王崩時成王年十歲服喪三年畢成王十二即位及周公歸政成王年二十二歲此處
建本作二十或昝舉歸政之年或是十二之誤潭本別本並作六歲非也與子修道盧本子作
帝或本作子是也今改正等其志矣俞氏說禮記鄭注曰等差也等其志謂其志有等差也非
齊等之謂相闕盧本闕下有闕字丁先生曰衍文是也今刪正

賈子九　丟

賈子卷弟九竟

正定通惠王氏校栞版
存泰州寓宅龍樹精舍

賈子卷弟十　內篇十

正定王耕心次詁

禮容語上闕文弟五十五

禮容語下弟五十六

晉叔孫昭子聘于宋宋元公與之燕飲酒樂昭子右坐歌終而語因相泣也樂祁曰過哉君非哀所也已而告人曰今茲君與叔孫其皆死虖吾聞之哀樂而樂哀皆喪心也心之精爽是謂䰟魄䰟魄已失何㠯能久且吾聞之主民者不可㠯媮媮必死今君與叔孫其語皆媮死日不遠矣居六月宋元公薨閱一月

叔孫婼卒

晉叔向聘於周發幣大夫及單靖公靖公享之儉而敬賓禮贈賄同視禮而從享燕無私送不過郊語說昊天有成命既而叔向告人曰吾聞之曰一姓不再興今周有單子㠯為臣周其復興虖昔史佚有言曰動莫若敬居莫若儉德莫若讓事莫若咨今單子皆有焉夫宮室不崇器無蟲鏤儉也身恭除潔外內肅給敬也燕好享賜雖歡不踰等讓也賓之禮事稱上而差咨也若是而加之㠯無私重之㠯不倦能辟怨矣居儉動敬德讓事咨而能辟怨㠯為卿佐其有不興虖夫昊天有成命頌之盛德也其詩曰昊天有成命二后受之成王不敢康夙夜基命宥謐謐者甯也億也命者制度也基者經也夙早也康安也后王也二后文王武王也成王者武王之子文王之孫也文王有大德而功未就武王有大功而治未成及成王承嗣仁㠯臨民故稱昊天焉不敢怠安蚤興夜寐㠯繼文王之業布文陳紀經制度設犧牲使四海之內懿然葆德各遵其道故曰有成承順武王之功奉揚文王之德九州之民四荒之國歌謠文武之烈累九譯而請朝致貢職㠯供祀故曰二后受之方是時也

天地調和神明順億鬼不厲祟民不謗怨故曰宥謐成王質仁聖哲能明其先能承其親不敢惰懈㠯安天下㠯敬民人今單子美說其志也㠯佐周室吾故曰周其復興虖故周平王既崩㠯後周室稍稍衰弱不墜當單子之佐政也天子加尊周室加興

晉之三卿郤錡郤犨郤至從晉厲公會諸侯于柯陵周單襄公在會晉厲公視遠步高郤錡見單子其語犯郤犨見其語訐郤至見其語伐齊國佐見其語盡單襄公告魯成公曰晉將有亂其君與三郤其當之虖魯侯曰寡人懼晉而彊其君今君曰將有亂敢問

天道意人故也對曰吾非諸史也焉知天道吾見晉君之容而聽三郤之語矣殆必有禍矣君子目㠯正體㠯從之是㠯觀容而知其心今晉侯視遠而足高目不在體而足不步目其心必異矣體目不相從何㠯能久夫合諸侯國之大事也於是觀存亡之徵焉故國將有福其君步言視聽必皆得適順善則可㠯知德矣視遠曰絕其義足高曰弃其德言爽曰反其信聽淫曰離其名夫目㠯處義足㠯踐德口㠯庇信耳㠯聽名者也故不可不慎也偏亡者有咎既亡則國從之今晉侯無一可焉吾是㠯云夫郤氏晉之

寵人也是族在晉有三卿五大夫貴矣亦可㠯戒懼矣今郤伯之語犯郤叔訏郤季伐犯則凌人訏則誣人伐則掩人有是寵也而益之㠯三怨其誰能忍之齊國子亦將有禍齊亂國也立於淫亂之朝而好盡言㠯暴人過怨之本也惟善人能受盡言今齊既亂其能善虖居二年晉殺三卿明年厲公弑於東門是歲也齊人果殺國武子詩曰敬之敬之天惟顯思命不易哉毋曰高高在上陟降厥士日監在茲維予小子不聰敬止日就月將學有緝熙于光明佛時仔肩視我顯德行故弗順弗敬天下不定忘敬而怠人必乘之烏虖戒之哉

胎教弟五十七

易曰正其本而萬物理失之毫釐差㠯千里故君子愼始春秋之元詩之關雎禮之冠婚易之乾坤皆愼始敬終云爾素成謹為子孫娶妻嫁女必擇孝悌世世有行義者如是則其子孫慈孝不敢婬暴黨無不善三族輔之故鳳凰生而有仁義之意虎狼生而有貪戾之心兩者不等各㠯其母烏虖戒之哉無養乳虎將傷天下故曰素成胎教之道書之玉版藏之金匱置之宗廟㠯為後世戒

青史氏之記曰古者胎教之道王后有身七月而就蔞室太師持銅而御戶左太宰持斗而御戶右太卜持蓍龜而御堂下諸官皆㠯其職御於門內比三月者王后所求聲音非禮樂則太宰撫樂而稱不習所求滋味者非正味則太宰荷斗而不敢煎調而曰不敢㠯待王太子太子生而泣太師吹銅曰聲中某律太宰曰滋味上某太卜曰命云某然後為王太子縣弧之禮儀東方之弧㠯梧梧者東方之木春也其牲㠯雞雞者東方之牲也南方之弧㠯柳柳者南方之木夏也其牲㠯狗狗者南方之牲也中央之弧㠯桑

桑者中央之木也其牲以牛牛者中央之牲也西方之弧以棘棘者西方之木秋也其牲以羊羊者西方之牲也北方之弧以棗棗者北方之木冬也其牲以彘彘者北方之牲也五弧五分矢東方射東方南方射南方中央高射西方射西方北方射北方皆三射其四弧具其餘各二分矢縣諸國四通門之左中央之弧亦具餘二分矢縣諸社稷門之左然後卜王太子名上毋取於天下毋取於地中毋取於名山通谷毋悖於鄉俗是故君子名難知而易諱也此所以養恩之道也正之禮者王太子無臣之子也身朝王者

賈子十 五

妻朝后之子朝王太子是謂臣之子也此正禮胎敎也周后妃妊成王於身立而不跛坐而不差笑而不諠獨處不倨雖怒不詈胎敎之謂也成王生仁者養之孝者繦之四賢傍之成王有知而選太公爲師周公爲傅前有與計而後有與慮也是以封於泰山而禪於梁父朝諸侯一天下由此觀之王左右不可不練也

昔禹以夏王而桀以夏亡湯以殷王而紂以殷亡闔閭以吳戰勝無敵而夫差以之見禽於越文公以晉霸而厲公以見殺於匠麗之宮威王以齊彊於天下而簡公以殺於檀臺穆公以秦顯名尊號而二世以劫於望夷之宮其所以君王同而功迹不等者所任異也故成王處襁褓之中朝諸侯周公用事也武靈王五十而弑於沙丘任李兌也齊桓公得管仲九合諸侯一匡天下稱爲義主失管仲任豎刀而身死不葬爲天下笑一人之身榮辱具施焉者在所任也故魏有公子無忌而削地復得趙任藺相如而秦兵不敢出安陵任周瞻而國獨立楚有申包胥而昭王反復齊有陳畢襄王得其國由此觀之無賢佐俊士能成功立名安危繼絕者未之有也是以國不務大而

賈子十 六

務得民心佐不務多而務得賢者得民心而民往之得賢者而賢者歸之文王請除炮格之刑而殷民從湯去張網者之三面而二垂至越王不頹舊冢而吳人服以其所爲順於人也故同聲則處異而相應意合則未見而相親賢者立於本朝而天下之士相率而趨之何以知其然也管仲者桓公之讐也鮑叔以爲賢於己而進之桓公七十言說乃聽遂使桓公除仇讐之心而委之國政焉桓公垂拱無事而朝諸侯鮑叔之力也管仲之所以趨桓公而無自危之心者同聲於鮑叔也衛靈公之時蘧伯玉賢而不用彌子

瑕不肖而任事史鰌患之數言蘧伯玉賢而不聽病且死謂其子曰我卽死治喪於北堂吾生不能進蘧伯玉而退彌子瑕是不能正君也生不能正君者死不當成禮死而置屍於北堂於我足矣靈公往弔問其故其子㠯父言聞靈公戚然易容而寤曰吾失矣立召蘧伯玉而進之召彌子瑕而退之徙喪於堂成禮而後去衛國㠯治史鰌之力也夫生進賢而退不肖死且未止又㠯屍諫可謂忠不衰矣紂殺王子比干而箕子被髮而佯狂陳靈公殺泄冶而鄧元去陳㠯族徙自是之後殷幷於周陳亡於楚㠯其殺比干與泄冶而失箕子與鄧元也燕昭王得郭隗而鄒衍樂毅自齊魏至於是舉兵而攻齊棲閔王於莒燕度地計衆不與齊均也然而所㠯能信意至於此者由得士故也故無常安之國無恆治之民得賢者顯昌失賢者危亡自古及今未有不然者也明鑑所㠯照形也往古所㠯知今也夫知惡古之所㠯危亡不務襲迹於其所安存則未有異於卻走而求及前人也太公知之故國微子之後而封比干之墓夫聖人之於聖者之死尚如此其厚也況當世存者虖其弗失可知矣

立後義弟五十八

古之聖帝將立世子則帝自朝服升自阼階上西鄉於妃妃抱世子自房出東鄉太史奉書西上堂當兩階之間北面立曰世子名曰某者參帝執禮稱辭命世子曰度太祖太宗與社稷於子者參其命也妃曰不敢者再於三命曰謹受命拜而退太史㠯告太祝太祝㠯告太祖太宗與社稷太史出㠯告太宰太宰㠯告州伯州伯命藏之州府凡諸貴已下至於百姓男女無敢與世子同名者㠯此防民百姓猶有爭爲君者夫孰明則民定而出於一道故人皆爭爲宰相而不干爲世子非宰相尊而世子卑也不可㠯智求不可㠯力爭也今㠯爲知子莫如父故疾死置後者恣父之所㠯此使親戚不相親兄弟不相愛亂天下之紀使天下之俗失所尊敬而不讓其道莫徑於此疾死置後㠯嫡長子如此則親戚相愛而兄弟不爭此天下之至義也民之不爭亦惟學王宮國君室也湯放桀武王伐紂此天下之所共聞也爲人臣而放其君爲人下而伐其上天下之至逆也而所㠯有天下者㠯爲天下開利除害㠯義繼之也故聲名稱於天下而傳於後世隱其惡而揚其德美立其功烈而

傳之於久遠故天下皆稱聖帝至治至秦爲不道以彊淩弱衆暴寡智欺愚士卒罷敝死於甲兵老弱騷動不得治產業以天下之無天子也高皇帝起於布衣而兼有天下臣萬方諸侯爲天下辟興利除害寢天下之兵天下之至德也而天下莫能明高皇帝之德美定功烈以施於後世故天下猶行傚世德與其功烈風俗也夫帝王者莫不相時而立儀度務而制事以馴其時也欲變古易常者不死必亡此聖人之所制也惡民更之故敬爲書以詔之所以聞於後世也

賈子十　九

校詁十

禮容語上闕文弟五十五舊弟同

禮容語下弟五十六

舊弟同叔孫昭子盧本無子字注曰爲當有是也今補正今茲盧氏曰今茲今年也

同視禮而從盧本視作是俞氏曰是當爲視古書或假是爲視荀子解蔽篇是其庭可以搏鼠楊倞注是蓋當爲視此其證也國語周語載此事曰賓禮贈餞視其上而從之此言是彼言覲文異而義同愚按俞說是已今據國語改正作視正文與在無取通假也

事莫若咨盧本咨作資別本如文與國語同是也今改正下仿此

器無蟲鏤盧氏曰別本作雕鏤國語作形鏤

身恭除潔盧氏曰國語恭作龔

外內齋給盧氏曰國語齋作齊

稱上而差盧氏曰國語作放上而動

不侈盧氏曰國語作殺推也

宥謐盧氏曰案國語宥寬也謐寍也此下全同

不命者至經也盧本制度作制令經也下有埶也二字俞氏訂如文是也今改正

埶也俞以爲衍文今刪說見諸子平議

文王武王也盧本無也字丁先生曰案文當有蓋脫文是也今補正

郤錡盧本郤作郄左傳如文說文有郤無郄是也今改正

其語訂盧氏曰說文訂詬譊也國語作逅

意人故也盧氏曰意與抑同國語作抑

諸史盧氏曰諸史潭本作譬史國語同

吾是以云盧氏曰源本作吾是以知其亡

齊國子盧本子上有武字愚按武寶衍文今刪正

胎教弟五十七舊弟同

素成盧氏曰目下之辭

娶妻嫁女盧本娶作婚注大戴禮保傅篇作娶是也今改正

青史氏盧說何氏曰漢志有青史子五十三篇

蔞室盧氏曰大戴禮作宴室

太宰持斗盧本如文大戴禮保傅篇斗作升愚按斗乃有柄之器故以荷言蓋北方爵勺之屬俞氏疑當作豆非也今仍原文

撫樂盧氏曰大戴禮作縕瑟

不敢以待盧本待作侍潭本大戴禮皆如文是也今改正

縣弧之禮儀盧本儀作義注讀爲儀愚按義乃古文儀字然經典禮儀字皆从人爲說文亦同所以示別也今訂从正文以合諸經儀自爲一句目下之辭也

賈子十　十

東方之木盧本木作艸下作春木也丁先生曰雷氏本作東方之木春也蓋以艸爲衍以木爲倒下文柿棘諸郤皆視此愚按先生之說是也今改正下仿此蓋艸木無別決非賈子原文也

正之至子也盧本無字下有羨臣領三字無臣之子也下有故謂領臣之子也七字注以爲譌誤難考俞氏訂如文且爲說曰此謂上文所說諸禮惟王太子得行之人臣之子皆無是也詳見諸子平議愚按俞說近是今據改如文、

周后妃盧本后妃倒置大戴禮如文是也今改正

不羞盧氏曰羞與醜同

不習盧本習作嫺大戴禮如文是也今改正

王左右盧本王作主大戴禮如文是也今改正

威王至植黨盧氏曰威王在簡公之後而文如此古人多不拘大戴禮亦同俞氏曰威王在簡公之後不應先威彊而後簡殺與上下文皆不一律矣大戴禮記與此同惟說苑尊賢篇作威王以齊彊於天下而滑王以弑死於廟梁則與上下一律或賈子原文也愚按諸子之文惟以發明義理爲主不以考證爲工盧氏所謂不拘是也此文乃

賈子之偶誤，劉氏覺其誤而改之耳。今仍原文，不欲遽目劉氏之文爲賈子之文也。削地復得盧本無得字，別本有，與大戴禮同，是也，今請正。昭王反復盧本作復反，建潭本如文，大戴禮同，是也。今改正。陳單盧氏曰：卽田單也。炮格盧本格作格，校本、史記如文，是也。今改正。炮格如後世架格之格，乃置鋼格於火上，而使人行格上，滑而墜，卽爲火所燔也。置格蓋象窗格，特平置火上爾。後世書不達其義，多作炮格，避俗本史記亦然，非也。越王至舊塚盧說亦見說苑。越王謂句踐也。無恆治之民盧本恆作宜，俞氏據說苑尊賢篇訂作恆，是也。今改正。立後義

弟五十八舊弟同

世子至者參盧氏說參與三同，下仿此。干爲世子盧本干作姦，王謨同。愚按：干犯、干求皆目干爲正文。說文：奸，犯婬也。左傳多目爲干犯字，亦通假，非正文也。此文盧、王皆作姦，殊謬，或奸字之譌。今改正如文，不欲復从通假也。比使盧氏曰：比，語辭。孟子：比天之所目與我者。本書：此物此志也，皆同。建潭本作此，非。今從別本。使天至不讓盧本

所作明，俞氏說俗字絕句，明所字之誤，失所尊敬而不讓七字爲句。盧本於失字絕句，非解，亦未安。愚按：俞說是也。今改正。莫徑於此盧本徑作經，注曰：爲當如文，是也。今改正。王宮國君室盧氏曰：書大誥亦惟在王宮邦君室，此文所本。丁先生曰：諱邦爲國，漢人之辭，此賈子之原文也。湯放至伐紂盧本湯上有殷字，伐作弑，王謨本作伐。丁先生曰：武王無周字，湯上不當有殷字。目武王爲弑紂，既侮古聖，亦非事實。吾意紂如不自號武王，亦惟目湯之所目處桀者處之耳。聖人之志，惟欲使虐民之人不居君位而已，決不目殺戮爲快也。今从孟子及王本訂如文，下文爲人下句放此。愚按：先生說是也。今改正。至秦爲不道盧本作其道之下，當天下之散亂，注曰：十字潭本作至秦爲無道五字。愚按：潭本是也。今改正。目施於後世盧本作而施之於後世也。丁先生據雷校本訂如文，是也。今改正。馴其時盧氏曰：馴，猶順也。故敬至詔之盧本作故拘爲書使結之也。丁先生訂如文，其說曰：此章蓋述經世之綱及昔賢不得已立言之意，所目自況也。拘

結昔形近之誤，使聲近之誤也，爲衍文。雖目意定，殆得其實，若苟仍舊文，決不可通矣。愚按：先生說是也。今改正。

賈子卷弟十竟

正定通蒐王氏校栞版
存泰州寓宅龍樹精舍

賈子卷第十一　外篇上

正定王耕心次詁

陳治安大計疏一

臣竊惟事埶可爲痛哭者一可爲流涕者二可爲長太息者六若其它背理而傷道者難徧㠯疏舉進言者皆曰天下已安已治矣臣獨㠯爲未也曰安且治者非愚則諛皆非事實知治亂之體者也夫抱火厝之積薪之下而寢其上火未及然因謂之安方今之埶何㠯異此本末舛逆首尾衡決國制搶攘非甚有紀胡可謂治陛下何不壹令臣得孰數之於前因陳

賈子十一　一

治安之策試詳擇焉夫射獵之娛與安危之機孰急使爲治勞智慮苦身體乏鐘鼓之樂勿爲可也樂與今同而加之諸侯軌道兵革不動民保首領匈奴賓服四荒鄉風百姓素朴獄訟衰息大數既得則天下順治海内之氣清和咸理生爲明帝没爲明神名譽之美垂於無窮禮祖有功而宗有德使顧成之廟稱爲太宗上配太祖與漢亡極建久安之埶成長治之業㠯承祖廟㠯奉六親至孝也㠯幸天下㠯育羣生至仁也立經陳紀輕重周得後可㠯爲萬世法程雖有愚幼不肖之嗣猶得蒙業而安至明也㠯陛下之明達因使少知治體者得佐下風致此非難也其具可素陳於前願幸無忽臣謹稽之天地驗之往古按之當今之務日夜念此至孰也雖使舜禹復生爲陛下計亡㠯易此夫樹國固必相疑之埶下數被其殃上數爽其憂甚非所㠯安上而全下也今或親弟謀爲東帝親兄之子西鄉而擊今吳又見告矣天子春秋鼎盛行義未過德澤有加焉猶尚如是況莫大諸侯權力且十此者虖然而天下少安何也大國之王幼弱未壯漢所置傅相方握其事數年之後諸侯王大抵皆冠血氣方剛漢之傅相稱病而賜罷彼自丞

賈子十一　二

尉㠯上偏置私人如此有異淮南濟北之爲邪此時而欲爲治安雖堯舜不治黄帝曰日中必熭操刀必割今令此道順而全安甚易不肯早爲已迺墮骨肉之屬而抗剄之豈有異秦之季世虖夫㠯天子之位乘今之時因天之助尚憚㠯危爲安㠯亂爲治假設陛下居齊桓之處將不合諸侯而匡天下虖臣又知陛下有所必不能矣假設天下如曩時淮陰侯尚王楚黥布王淮南彭越王梁韓信王韓張敖王趙貫高爲相盧綰王燕陳豨在代令此六七公者皆亡恙當是時而陛下即天子位能自安虖臣有㠯知陛下之

不能也天下殽亂高皇帝與諸公併起非有仄室之埶以豫席之也諸公幸者廼爲中涓其次廑得舍人材之不逮至遠也高皇帝以明聖威武卽天子位割膏腴之地以王諸公多者百餘城少者乃三四十縣悳至渥也然其後十年之間反者九起陛下之與諸公非親角材而臣之也又非身封王之也自高皇帝不能以是一歲爲安故臣知陛下之不能也然尙有可諉者曰疏臣請試言其親者假令悼惠王王齊元王王楚中子王趙幽王王淮陽共王王梁靈王王燕厲王王淮南六七貴人皆亡恙當是時陛下卽位能

爲治虖臣又知陛下之不能也若此諸王雖名爲臣實皆有布衣昆弟之心慮亡不帝制而天子自爲者擅爵人赦死辠甚者或戴黃屋漢法令非行也雖行不軌如厲王者令之不肯聽召之安可致虖幸而來至法安可得加動一親戚天下圜視而起陛下之臣雖有悍如馮敬者適啓其口匕首已陷其匈矣陛下雖賢誰與領此故疏者必危親者必亂已然之效也其異姓負彊而動者漢已幸勝之矣又不易其所以然同姓襲是跡而動既有徵矣其埶盡又復然殃旤之變未知所移明帝處之尙不能以安後世將如之

何屠牛坦一朝解十二牛而芒刃不頓者所排擊剝割皆衆理解也至於髖髀之所非斤則斧夫仁義恩厚人主之芒刃也權埶法制人主之斤斧也今諸侯王皆衆髖髀也釋斤斧之用而欲嬰以芒刃臣以爲不缺則折胡不用之淮南濟北埶不可也臣竊跡前事大抵彊者先反淮陰王楚最彊則最先反韓信倚胡則又反貫高因趙資則又反陳豨兵精則又反彭越用梁則又反黥布用淮南則又反盧綰最弱最後反長沙迺在二萬五千戶耳功少而最完埶疏而最忠非獨性異人也亦形埶然也曩令樊酈絳灌據數

十城而王今雖以殘亡可也令信越之倫列爲徹侯而居雖至今存可也然則天下之大計可知已欲諸王之皆忠附則莫若令如長沙王欲臣子之勿菹醢則莫若令如樊酈等欲天下之治安莫若衆建諸侯而少其力力少則易使以義國小則亡邪心令海內之埶如身之使臂臂之使指莫不制從諸侯之君不敢有異心輻湊竝進而歸命天子雖在細民且知其安故天下咸知陛下之明割地定制令齊趙楚各爲若干國使悼惠王幽王元王之子孫畢以次各受其祖之分地地盡而止及燕梁它國皆然其分地衆而

子孫少者建㠯為國空而置之須其子孫生者舉使君之諸侯之地其削頗入漢者為徙其侯國及封其子孫也所㠯數償之一寸之地一人之眾天子亡所利焉誠㠯定治而已故天下咸知陛下之廉地制壹定宗室子孫慮莫不王下無倍叛之心上無誅伐之志故天下咸知陛下之仁法立而不犯令行而不逆貫高利幾之謀不生柴奇開章之計不萌細民鄉善大臣致順故天下咸知陛下之義臥赤子天下之上而安待遺腹朝委裘而天下不亂當時大治後世誦聖壹動而五業附陛下誰憚而久不為此天下之埶

方病大瘇一脛之大幾如要一指之大幾如股平居不可屈信一二指搐身慮亡聊失今不治必為錮疾後雖有扁鵲不能為已病非徒瘇也又苦跊盭元王之子帝之從弟也今之王者從弟之子也惠王之子親兄子也今之王者兄子之子也親者或亡分地㠯安天下疏者或制大權㠯偪天子臣故曰非徒病瘇也又苦跊盭可痛哭者此病是也天下之埶方倒縣凡天子者天下之首何也上也蠻夷者天下之足何也下也今匈奴嫚娒侵掠至不敬也為天下患至亡已也而漢歲致金絮采繒㠯奉之夷狄徵令是主上之操也天子共貢是臣下之禮也足反居上首顧居下倒縣如此莫之能解猶為國有人虖非亶倒縣而已又類辟且病痱夫辟者一面病痱者一方痛今西邊北邊之郡雖有長爵不輕得復五尺㠯上不輕得息斥候望烽燧不得臥將吏被介冑而睡臣故曰一方病矣醫能治之而上不使可為流涕者此也陛下何忍㠯帝皇之號為戎人諸侯埶既卑辱而旤不息長此安窮進謀者率㠯為是固不可解也亡具甚矣臣竊料匈奴之眾不過漢一大縣㠯天下之大而困於一縣之眾甚為執事者羞之陛下何不試㠯臣為

屬國之官㠯主匈奴行臣之計請必係單于之頸而制其命伏中行說而笞其背舉匈奴之眾惟上之令今不獵猛敵而獵田彘不搏反寇而搏畜兔翫細娛而不圖大患非所㠯為安也德可遠施威可遠加而直數百里外威令不信可為流涕者此也今民賣僮者為之繡衣絲履偏諸緣內之閑中是古天子后服所㠯廟而不宴者也而庶人得㠯衣婢妾白縠之表薄紈之裏緁㠯偏諸美者黼繡是古天子之服今富人大賈嘉會召客者㠯被牆古者㠯奉一帝一后而節適今庶人屋壁得為帝服倡優下賤得為后飾然

而天下不屈者殆未有也且帝之身自衣皁綈而富民牆屋被文繡天子之后以緣其領庶人孽妾緣其履此臣之所謂舛也夫百人作之不能衣一人欲天下亡寒胡可得也一人耕之十人聚而食之欲天下亡飢不可得也飢寒切於民之肌膚欲其亡爲姦邪不可得也國已屈矣盜賊直須時耳然而獻計者曰毋動爲大耳夫俗至大不敬也至亡等也至冒上也進計者猶曰毋爲可爲長太息者此也商君遺禮義棄仁恩幷心於進取行之二歲秦俗日敗故秦人家富子壯則出分家貧子壯則出贅借父耰鉏慮有德

色母取箕帚立而誶語抱哺其子與公併倨婦姑不相說則反脣而相稽其慈子嗜利不同禽獸者亡幾耳然幷心而赴時猶曰蹷六國兼天下功成求得矣終不知反廉愧之節仁義之厚信幷兼之法遂進取之業天下大敗眾掩寡智欺愚勇威怯壯陵衰其亂至矣是以大賢起之威震海內德從天下曩之爲秦者今轉而爲漢矣然其遺風餘俗猶尚未改今世以侈靡相競而上亡制度棄禮義捐廉恥日甚可謂月異而歲不同矣逐利不耳慮非顧行也今其甚者殺父兄矣盜者剟寢戶之簾搴兩廟之器白晝大都之中剽吏而奪之金矯偽者出幾十萬石粟賦六百餘萬錢乘傳而行郡國此其亡行義之尤至者也而大臣特以簿書不報期會之間以爲大故至於俗流失世壞敗因恬而不知怪慮不動於耳目以爲是適然耳夫移風易俗使天下回心而鄉道類非俗吏之所能爲也俗吏之所務在於刀筆筐篋而不知大體陛下又不自憂竊爲陛下惜之夫立君臣等上下使父子有禮六親有紀此非天之所爲人之所設也夫人之所設不爲不立不植則僵不修則壞筦子曰禮義廉恥是謂四維四維不張國乃滅亡使筦子愚人也

則可筦子而少知治體則是豈可不爲寒心哉秦滅四維而不張故君臣乖亂六親殃戮姦人竝起萬民離叛凡十三歲而社稷爲虛今四維猶未備也故姦人幾幸而眾心疑惑豈如今定經制令君君臣臣上下有差父子六親各得其宜姦人亡所幾幸而羣臣眾信上不疑惑此業壹定世世常安而後有所持循矣若夫經制不定是猶度江河亡維楫中流而遇風波船必覆矣可爲長太息者此也夏爲天子十有餘世而殷受之殷爲天子二十餘世而周受之周爲天子三十餘世而秦受之秦爲天子二世而亡人性不

甚相遠也何三代之君有道之長而秦無道之暴也其故可知也古之王者太子迺生固舉㠯禮使士負之有司齊肅端冕見之南郊見於天也過闕則下過廟則趨孝子之道也故自爲赤子而教固已行矣昔者成王幼在繈抱之中召公爲太保周公爲太傅太公爲太師保保其身體傅傅之德義師道之教訓此三公之職也於是爲置三少皆上大夫也曰少保少傅少師是與太子宴者也故迺孩提有識三公三少固明孝仁禮義㠯道習之逐去邪人不使見惡行於是皆選天下之端士孝悌博聞有道術者㠯衛翼之

賈子十一　九

使與太子居處出入故太子迺生而見正事聞正言行正道左右前後皆正人也夫習與正人居之不能毋正猶生長於齊不能不齊言也習與不正人居之不能毋不正猶生長於楚不能不楚言也故擇其所嗜必先受業迺得嘗之擇其所樂必先有習迺得爲之孔子曰少成若天性習貫如自然及太子少長知妃色則入於學學者所學之官也學禮曰帝入東學上親而貴仁則親疏有序而恩相及矣帝入南學上齒而貴信則長幼有差而民不誣矣帝入西學上賢而貴德則聖智在位而功不遺矣帝入北學上貴而尊爵則貴賤有等而下不踰矣帝入太學承師問道退習而考於太傅太傅罰其不則而匡其不及則德智長而治道得矣此五學者旣成於上則百姓黎民化輯於下矣及太子旣冠成人免於保傅之嚴則有記過之史徹膳之宰進善之旌誹謗之木敢諫之鼓瞽史誦詩工誦箴諫大夫進謀士傳民語習與智長故切而不媿化與心成故中道若性三代之禮春朝朝日秋暮夕月所㠯明有敬也春秋入學坐國老執醬而親餽之所㠯明有孝也行㠯鸞和步中采齊趣中肆夏所㠯明有度也其於禽獸見其生不忍其死

賈子十一　十

聞其聲不食其肉故遠庖廚所㠯長恩且明有仁也夫三代之所㠯長久者㠯其輔翼太子有此具也及秦而不然其俗固非貴辭讓也所上者告訐也固非貴禮義也所上者刑罰也使趙高傅胡亥而教之獄所習者非斬劓人則夷人之三族也故胡亥今日即位而明日射人忠諫者謂之誹謗深計者謂之妖言其視殺人若艾艸菅然豈惟胡亥之性惡哉彼其所㠯道之者非其理故也鄙諺曰不習爲吏視已成事又曰前車覆後車誡夫三代之所㠯長久者其已事可知也然而不能從者是不法聖智也秦世之所㠯

亟絶者其轍迹可見也然而不避是後車又將覆也夫存亡之變治亂之機其要在是矣天下之命縣於太子太子之善在於早諭教與選左右夫心未濫而先諭教則化易成也開於道術智誼之指則教之力也若其服習積貫則左右而已夫胡粵之人生而同聲嗜欲不異及其長而成俗絫數譯而不能相通行有雖死而不相為者則教習然也臣故曰選左右早諭教最急夫教得而左右正則太子正矣太子正而天下定矣書曰一人有慶兆民賴之此時務也凡人之智能見已然不能見將然夫禮者禁於將然之前

而法者禁於已然之後是故法之所用易見而禮之所為至難知也若夫慶賞㠯勸善刑罰㠯懲惡先王執此之政堅如金石行此之令信如四時據此之公無私如天地耳豈顧不用哉然而曰禮云禮云者貴絶惡於未萌而起教於微眇使民日遷善遠辠而不自知也孔子曰聽訟吾猶人也必也使毋訟乎為人主計者莫如先審取舍取舍之極定於內而安危之萌應於外矣安者非一日而安也危者非一日而危也皆㠯積漸然不可不察也人主之所積在其取舍㠯禮義治之者積禮義㠯刑罰治之者積刑罰刑罰積而民怨背禮義積而民和親故世主欲民之善同而所㠯使民善者或異或道之㠯德教或敺之㠯法令道之㠯德教者德教洽而民氣樂敺之㠯法令者法令極而民風哀哀樂之感禍福之應也秦王之欲尊宗廟而安子孫與湯武同然而湯武廣大其德行六七百歲而弗失秦王治天下十餘歲則大敗此亡它故矣湯武之定取舍審而秦王之定取舍不審矣夫天下大器也今人之置器置諸安處則安置諸危處則危天下之情與器亡㠯異在天子之所置之湯武置天下於仁義禮樂而德澤洽禽獸艸木廣裕德

被蠻貊四夷累子孫數十世此天下所共聞也秦王置天下於法令刑罰德澤亡一有而怨毒盈於世下憎惡之如仇讎既幾及身子孫誅絶此天下之所共見也是非其明效大驗邪人之言曰聽言之道必㠯其事觀之則言者莫敢妄言今或言禮誼之不如法令教化之不如刑罰人主胡不引殷周秦事㠯觀之也人主之尊譬如堂羣臣如陛眾庶如地故陛九級上廉遠地則堂高陛亡級廉近地則堂卑高者難攀卑者易陵理埶然也故古者聖王制為等列內有公卿大夫士外有公侯伯子男然後有官師小吏延及

庶人等級分明而天子加焉故其尊不可及也里諺曰欲投鼠而忌器此善諭也鼠近於器尚憚不投恐傷其器況於貴臣之近主乎廉恥節禮以治君子故有賜死而亡戮辱是以黥劓之辠不及大夫以其離主上不遠也禮不敢齒君之路馬蹵其芻者有罰見君之几杖則起遭君之乘車則下入正門則趨君之寵臣雖或有過刑戮之辠不加其身者尊君之故也此所以為主上豫遠不敬也所以體貌大臣而厲其節也今自王侯三公之貴皆天子之所改容而禮也古天子之所謂伯父伯舅也而令與衆庶同黥劓髡

賈子十一　十三

刖笞傌棄市之法然則堂不亡陛乎被戮辱者不泰迫乎廉恥不行大臣無迺握重權大官而有徒隸亡恥之心乎夫望夷之事二世見當以重法者投鼠而不忌器之習也臣聞之履雖鮮不加於枕冠雖敝不以苴履夫嘗已在貴寵之位天子改容而體貌之矣吏民嘗俯伏以敬畏之矣今而有過帝令廢之可也退之可也賜之死可也滅之可也若夫束縛之係緤之輸之司寇編之徒官司寇小吏詈罵而榜笞之殆非所以令衆庶見也夫卑賤者習知尊貴者之一旦吾亦迺可以加此也非所以習天下也非尊尊貴貴之化也夫天子之所嘗敬衆庶之所嘗寵死而死耳賤人安宜得如此而頓辱之哉豫讓事中行之君智伯伐而滅之移事智伯及趙滅智伯豫讓釁面吞炭必報襄子五起而不中人問豫子豫子曰中行衆人畜我我故衆人事之智伯國士遇我我故國士報之故此一豫讓也反君事讐行若狗彘已而抗節致忠行出乎列士人主使然也故主上遇其大臣如遇犬馬彼將犬馬自為也如遇官徒彼將官徒自為也頑頓亡恥詬亡節廉恥不立且不自好苟若而可故見利則逝見便則奪主上有敗則因而挺之矣主上

賈子十一　十四

有患則吾苟免而已立而觀之耳有便吾身者則欺賣而利之耳人主將何便於此羣下至衆而主上至少也所託財器職業者粹於羣下也俱亡恥俱苟安則主上最病故古者禮不及庶人刑不至大夫所以厲寵臣之節也古者大臣有坐不廉而廢者不謂不廉曰簠簋不飾坐污穢淫亂男女亡別者不曰污穢曰帷薄不修坐罷輭不勝任者不曰罷輭曰下官不職故貴大臣定有其辠矣猶未斥然正以謼之也尚遷就而為之諱也故其在大譴大何之域者聞譴何則白冠氂纓盤水加劍造請室而請辠耳上不執縛

係引而行也其有中辠者聞命而自弛上不使人頸盩而加也其有大辠者聞命則北面再拜跪而自裁上不使捽抑而刑之也曰子大夫自有過耳吾遇子有禮矣遇有禮故羣臣自憙嬰㠯廉恥故人矜節行上設廉恥禮義㠯遇其臣而臣不㠯節行報其上者則非人類也故化成俗定則爲人臣者主耳忘身國耳忘家公耳忘私利不苟就害不苟去惟義所在上之化也故父兄之臣誠死宗廟法度之臣誠死社稷輔翼之臣誠死君上守圄扞敵之臣誠死城郭封疆故曰聖人有金城者比物此志也彼且爲我死故吾

得與之俱生彼且爲我亡故吾得與之俱存夫將爲我危故吾得與之俱安顧行而忘利守節而伏義故可㠯託不御之權可㠯寄六尺之孤此厲廉恥行禮誼之所致也主上何喪焉此之不爲而顧彼之久行故曰可爲長太息者此也

諫使民顧租鑄錢疏二

法使天下公得顧租鑄銅錫爲錢敢雜㠯鉛鐵爲它巧者其罪黥然鑄錢之情非殽雜爲巧則不可得嬴而殽之甚微爲利甚厚夫事有召禍而法有起姦今令細民人操造幣之勢各隱屛而鑄作因欲禁其厚利微姦雖黥罪日報其勢不止迺者民人抵罪多者一縣百數及吏之所疑榜笞奔走者甚衆夫縣法㠯誘民使入陷阱孰積於此曩禁鑄錢死罪積下今公鑄錢黥罪積下爲法若此上何賴焉又民用錢郡縣不同或用輕錢百加若干或用重錢平稱不受法錢不立吏急而壹之虖則大爲煩苛而力不能勝縱而弗呵虖則市肆異用錢文大亂苟非其術何鄉而可哉今農事棄捐而采銅者日蕃釋其耒耨冶鎔炊炭姦錢日多五穀不爲多善人怵而爲姦邪愿民陷而之刑戮刑戮將甚不詳柰何而忽國知患此吏議必

曰禁之禁之不得其術其傷必大令禁鑄錢則錢必重重則其利深盜鑄如雲而起棄市之罪又不足㠯禁矣姦數不勝而法禁數潰銅使之然也故銅布於天下其爲禍博矣今博禍可除而七福可致也何謂七福上收銅勿令布則民不鑄錢黥罪不積一矣僞錢不蕃民不相疑二矣采銅鑄作者反於耕田三矣銅畢歸於上上挾銅積㠯御輕重錢輕則㠯術斂之重則㠯術散之貨物必平四矣㠯作兵器㠯假貴臣多少有制用別貴賤五矣㠯臨萬貨㠯調盈虛㠯收奇羨則官富實而末民困六矣制吾棄財㠯與匈奴

所禁禦方今制在陛下制國而令子適足㠯爲餌豈可謂工哉人主之行異布衣布衣者飾小行競小廉㠯自託於鄉黨人主惟天下安社稷固不耳高皇帝瓜分天下㠯王功臣反者如蝟毛而起㠯爲不可故嶄去不義諸侯而虛其國擇良日立諸子雒陽上東門之外畢㠯爲王而天下安故大人者不牽小行㠯成大功今淮南地遠者或數千里越兩諸侯而縣屬於漢其吏民繇役往來長安者自悉而補中道衣敝錢用諸費稱此其苦屬漢而欲得王至甚逋逃而歸諸侯者已不少矣其勢不可久臣之愚計願舉淮南

賈子十一　六

地㠯益淮陽而爲梁王立後割淮陽北邊二三列城與東郡㠯益梁不可者可徙代王而都睢陽梁起於新鄭㠯北著之河淮陽包陳㠯南揵之江則大諸侯之有異心者破膽而不敢謀梁足㠯扞齊趙淮陽足㠯禁吳楚陛下高枕終亡山東之憂矣此二世之利也當今恬然適遇諸侯之皆少數歲之後陛下且見之矣夫秦日夜苦心勞力㠯除六國之禍今陛下力制天下頤指如意高拱㠯成六國之禍難㠯言智苟身亡事畜亂宿禍孰視而不定萬年之後傳之老母弱子將使不寧不可謂仁臣聞聖主言問其臣而不

遂爭其民則敵必懷七矣故譬爲天下者因禍而爲福轉敗而爲功今久退七福而行博禍臣誠傷之

諫接王淮南諸子疏三

竊恐陛下接王淮南諸子曾不與如臣者孰計之也淮南王之悖逆亡道天下孰不知其辜陛下幸而赦遷之自疾而死天下孰㠯王死之不當今奉尊罪人之子適足㠯負謗於天下耳此人少壯豈能忘其父哉白公勝所爲父報仇者大父與伯父叔父也白公爲亂非欲取國代王也發忿快志剡手㠯衝仇人之匈固爲俱靡而已淮南雖小黥布嘗用之矣漢存特

賈子十一　七

幸耳夫擅仇人足㠯危漢之資於策不便雖割而爲四四子一心也予之眾積之財此非有子胥白公報於廣都之中即疑有剸諸荊軻起於兩柱之閒所謂假賊兵爲虎翼者也願陛下少留計

請封建子弟疏四

陛下即不定制如今之勢不過一傳再傳諸侯猶且人恣而不制豪植而大強漢法不得行矣陛下所㠯爲蕃扞及皇太子之所恃者惟淮陽代二國耳代北邊匈奴與強敵爲鄰能自完則足矣而淮陽之比大諸侯廑如黑子之著面適足㠯餌大國耳不足㠯有

自造事故使人臣得畢其愚忠惟陛下財幸

論積貯疏五

筦子曰倉廩實而知禮節民不足而可治者自古及今未之嘗聞古之人曰一夫不耕或受之飢一女不織或受之寒生之有時而用之亡度則物力必屈古之治天下至孅至悉也故其畜積足恃今背本而趨末食者甚衆是天下之大殘也淫侈之俗日日㠯長是天下之大賊也殘賊公行莫之或止大命將泛莫之振救生之者甚少而靡之者甚多天下財產何得不蹷漢之爲漢幾四十年矣公私之積猶可哀痛失時不雨民且狼顧歲惡不入請賣爵子既聞耳矣安有爲天下阽危者若是而上不驚者世之有饑穰天之行也禹湯被之矣即不幸有方二三千里之旱國胡㠯相恤卒然邊境有急數十百萬之衆國胡㠯餽之兵旱相乘天下大屈有勇力者聚徒而衡擊罷夫羸老易子而齩其骨政治未畢通也遠方之能疑者並舉而爭起矣迺駭而圖之豈將有及乎夫積貯者天下之大命也苟粟多而財有餘何爲而不成㠯攻則取㠯守則固㠯戰則勝懷敵附遠何招而不至今敺民而歸之農皆著於本使天下各食其力末技游

食之民轉而緣南畮則畜積足而人樂其所矣可㠯爲富安天下而直爲此廩廩也竊爲陛下惜之

校詁十一

陳治安大計疏一

見漢書本傳皆題作陳政事疏或作治安策㠯疏爲策流俗所加非也惟作陳政事亦非定名今詳考本傳更訂如文大計即疏內所謂大數也疏內流涕二節㠯何如之禍無已時爲一事㠯已有制之之術而上不使爲一事王伯厚疑有缺文欲㠯論積貯疏當其一近世桐城姚氏又疑二爲一字之誤皆非也長太息六文缺其一西山眞子嘗補㠯新書等齊篇姚氏意不謂然欲補㠯論積貯疏皆非確論論積貯疏乃賈子之絕筆別爲一篇非此文所有此文所缺乃諫放民鑄錢一事留其說別見鑄錢疏下若顏師古王伯厚直謂長太息六惟存三事俗未嘗一考本文者則不解其何說已

長太息

漢書如文新書太作大小之大盧氏曰大息者歎息之大也俗本作太息非㠯按盧

說本顏師古見漢書高帝紀然高紀作大賈疏不妨自作太新書作大未必果爲賈子之原文且太義足㠯兼大而大義不足㠯兼太顏氏依文爲解殆非確詁又戰國策春申君曰先生大息矣謂宴息也據此則作大息義既未安且與宴息之義相殺尤非至當不易之說今與內篇各仍原文藉備參考非必許顏盧之說也

未及然

漢書如文新書然作[illegible]愚按然正文[illegible]重文其字不見說文或㠯爲古文非也

衡決

漢書如文新書衡作橫愚按二文音義同

搶攘

二文㠯讀鏘穰爲正音㠯讀傖獊爲通聲譌轉之音顏師古必舍正音從譌轉謬矣蓋顏氏於六書音韻皆非所長故於漢書音訓文字往往偏徇流俗而音韻尤甚此其一也

㠯幸天下

漢書如文新書幸作辛愚按二文皆通而辛義尤美疑漢書爲形近之誤

立經陳紀

漢書如文新書潭本經作綱愚按二文皆通

輕重周得

漢書周作同新書如文愚按周徧也其義視同爲優漢書乃形近之誤今改正

舜禹復生

漢書作禹舜新書同丁先生曰舜先禹後不宜倒置姚氏校本如文是也今改正

十此者虖

漢書如文新書虖作乎或謂說文虖訓哮虖乎訓語之餘其音亦有陰陽之判語詞之乎當以說文爲是其說當矣然漢書古成遠在說文之前其以乎爲虖當別有所本且全書皆然尤非偶失可比此文既出漢書一切文字自當以漢書爲主卽屬古文通假亦無遺議今仍原文後皆仿此其有差謬仍隨文訂正非非說隨也漢所置傅相漢書漢下有之字新書如文愚按之衍文新書是也今刪正諸侯王漢書侯下有之字新書如文愚按之衍文新書是也今刪正偏置私人漢書如文新書同盧氏曰俗本漢書偏作徧非愚按盧說是也必蓺漢書蓺上加艸新書如文愚按說文埶上不加艸新書是也今改正廬得舍人漢書如文俗本廬上無點愚按說文廬少劣之居也上無點世無其字此僅字之通假也宰制漢書宰作帝新書如文俞氏曰白虎通諫諍篇曰宰制也故此以宰制連文漢書作帝制則與天子自爲複矣愚按漢書此文乃以形近致誤俞氏專據白虎通以宰制爲詁亦非宰者主也長也故周禮天官之長曰冢宰一邑之長曰邑宰荀子曰心者道之主宰陳平

曰使平得宰天下亦如此肉史記禮書亦同宰制萬物則宰之爲主其義甚著自說文失載本義反以罪人爲說後乃昧昧耳新書作宰猶賈子之原文今據改正新書雖多妄竄其遺文墜說猶時存賈子之舊有足補正漢書所誤者此其一也殃旣至所移姚氏曰殃旣在下則骨肉抗剄設移於上或危社稷皆象理解漢書象作衆新書如文愚按作衆乃形近之誤新書是也今改正象理解詁義尤精決不當誤也適在漢書如文新書在作纔愚按在讀爲纔其祖之分地漢書無其字新書如文是也今補正慮莫不王漢書慮莫作莫慮新書如文是也今改正下無倍叛漢書叛作畔新書如文愚按畔屬通假非也今改正柴奇開章漢書如文新書作倭奇啓章愚按見內篇盧氏說啓乃賈子原文後以避孝景諱改爲開今仍漢書原文待遺腹漢書待作植新書如文愚按卧赤子天下之上言天子幼弱也朝委裘言上無天子也待遺腹則在上有無天之閒矣曰待謂赤子猶未生也如作植是已有其人且與上文卧赤子無別矣作待是也此乃賈子之原

文班氏刪事更訂謬已今據改正五業附漢書如文新書業作美愚按二文皆通大瘇漢書瘇作瘇新書作瘇愚按瘇音嬞時勇切說文瘇爲正文瘇爲籀文獨無瘇字蓋从重乃後世增益字漢書以形近致誤也今改正惠王之子漢書脫之子二字盧本新書如文是也今補正辟且病痱漢書如文新書辟作躄愚按辟正文作躄音璧必益切人不能行也見說文辟屬通假躄則重文也今仍原文而困於一縣漢書無而字新書如文愚按而字必當有漢書脫文也今補正畜兔漢書兔上加艸愚按此乃說文象形正字加艸非也今改正孽妾漢書孽作孼新書如文是也今改正臣之所謂舛漢書無之字新書如文是也今補正併踞漢書踞作倨新書如文愚按倨傲也踞蹲也倂傲非辟作踞是也今改正慈子嗜利漢書嗜作耆新書如文愚按嗜爲正文見說文不當通假作耆新書是也今改正豢人幾幸漢書如文新書幾作冀顏師古曰幾讀曰覬羣臣至疑惑漢書作羣臣衆信上不疑或實應劉台拱言當如文

寫者誤倒也今改正生長於楚漢書楚下有之地二字新書無是也今刪正知妃漢書如文新書妃作好愚按知妃色謂知男女居室也作好蓋形近之誤盧氏謂此乃約其年歲之至確矣或以爲必當作好非也今內篇各仍原文別詳內篇保傅所學之官姚氏說當大戴禮作宮俞氏說官如文乃古文館字是也不忍其死漢書忍作食新書如文愚按作與下文復殆不可新書是也今改正而禮也漢書禮下有之字新書如文是也今刪正輸之司寇漢書如文新書司寇作司空盧氏以司寇爲誤說見內篇等級愚按盧說雖有據而諸本漢書無作司空者此旣如文下文亦云司寇小吏則漢書自作司寇非誤也今與內篇各仍原文以備考謑詬亡節漢書謑詬作謑詬新書作謑苟亡新書作無愚按謑詬二文漢書新書及徐鍇說文形聲差謬皆不足據近惟姚氏姬傳所校至確又未加精析致後學仍徇舊說反無定論非詳事考且無以解學者之惑考說文謑詬恥也謑亦从奊謑詬亦从句作詢謑胡禮切音如奚上詬詢呼

寇切音如射圭又夬部叀文詁曰頭褏歠叀態也从大圭聲徐氏曰胡結切其音如絜矩之絜顏師古漢書注翻音亦同撲此則叀爲漢文之通假且式居弟三音如不同即不當通假義恐相涉更當直用本文或从言作讀以示別今皆不然反濇煩惑此漢書新書之訛也叀文既从圭得聲其音亦當讀如奚上與誤讀無別以圭字正音本與難近今東南諸道猶存此音推中原自江淮以北皆讀如歸絕不知有正音耳顏徐失考直以絜音爲注此又漢書說文釋音之誤也且談訴雙聲欲叀豈韻丸爲誤叀同音之類證顏氏徐氏皆不達此義不可解也漢書新書以二文同音故取爲通假如非同音倘何通假之有二文形聲既以通假致誤當仍以改从正文爲是今頓从叀作謨以定字形仍讀奚上以定字辭以通假致誤者卽以不通不假正其誤庶無歧說矣惟作謨者所以題二文之正變若直作謨則去通假之文太遠轉恐無所發明矣新書訴作荷義亦可通以與漢書異同今所不取亡字亦仍原文以符漢書字法通例推期折衷至當不欲徒事更張也

挻之新書挻作擎漢書如文是也今仍原文音挻尸連切

大何漢書如文新書何作訶愚按當讀爲訶顏氏惟以問爲訓非也

而自弛姚氏曰弛者解去其職也師古云自廢而死非俞氏讀弛爲縱說近迂曲非也

主耳忘身漢書如文新書耳作醜愚按作醜不辭非也

諫使民顧租鑄錢疏二見漢書食貨志此疏乃陳治安大計疏六太息之一班氏以別入食貨志故彼文從刪說詳下文

臣誠傷之漢書如文新書銅布篇無此四字別作可爲長太息者此其一也十字愚按此疏乃陳治安疏六太息之一班氏以別入食貨志故刪去長太息句又以而行博爾下文無結束復易以臣誠傷之四字蹤迹究然殆不可掩後世論治安疏者惟知有缺文而不知其所以缺非也孝文五年已除盜鑄錢令使民放鑄次年賈子遷爲梁太傅陳治安疏郎上於傅梁以後此文郎在彼疏之內無疑貞子失考欲補以等齊篇不知等齊篇文辭卑亢失告君之體決非彼疏所宜有亦不臣當太息之一也

諫接王淮南諸子疏三見漢書本傳

取國代王漢書王作主新書如文是也今改正

請封建子弟疏四見漢書本傳

豪植漢書如文新書植作橫愚按植義亦通今仍原文

論積貯疏五見漢書食貨志姚氏曰通鑑因食貨志有文帝感此開籍田躬耕語而文帝二年有開籍田詔遂置此疏於文帝二年此非是文帝二年漢才二十七年而此云幾四十年必在長沙召回時也愚按賈子以孝文六年徵拜梁太傅以十二年卒孝文六年漢興僅三十三年其十二年漢興適三十九年此疏既云漢之爲漢幾四十年自當上於孝文十一二年之間最在所陳諸疏之後蓋賈子之絕筆也若在六年已不得云幾四十年如在二年則漢興裁二十九年尤與疏文不合班氏失考輒置此疏於孝文躬耕藉田之前通鑑亦不考原文年分以沿襲致誤皆非也姚氏謂上於長沙召回時庶幾近之惟不知此爲賈疏最後之文乃欲取以補陳治安所缺亦非也又孝文亦誤年爲漢興之二十九年姚氏以爲二十七年亦誤

窶窶漢書作窶新書同姚氏曰此卽窶字說文本作窶隸省作窶此又假借窶字耳哀十五年左傳窶作然愼大夫之尸同此愚按此爲窶文之譌省校讐家所謂壞字也姚氏以假借爲解疏矣今據說文改正

賈子卷第十一竟

正定通惠王氏校栞版
存泰州寓宅龍樹精舍

賈子卷弟十二　外篇下

正定王耕心次詁

度湘水弔屈原賦六

恭承嘉惠兮竢罪長沙仄聞屈原兮自湛汨羅造託湘流兮敬弔先生遭世罔極兮迺隕厥身烏虖哀哉兮逢時不祥鸞鳳伏竄兮鴟鴞翺翔闒茸尊顯兮讒諛得志賢聖逆曳兮方正倒植世謂隨夷溷兮謂跖蹻廉莫邪爲鈍兮鉛刀爲銛于嗟默默生之亡故兮斡棄周鼎寶康瓠兮騰駕罷牛驂蹇驢兮驥垂兩耳服鹽車兮章甫薦屨漸不可久兮嗟若先生獨離此

咎兮誶曰已矣國其莫吾知兮獨壹鬱其誰語鳳縹縹其高逝兮夫固自引而遠去襲九淵之神龍兮沕深潛已自珍偭蟂獺已隱處兮夫豈從蝦與蛭螾所貴聖人之神德兮遠濁世而自臧使騏驥可得係而覊兮豈云異夫犬羊般紛紛其離此郵兮亦夫子之辜也歷九州而相其君兮何必懷此都也鳳皇翔于千仞兮覽德煇而下之見細德之險徵兮遙曾擊而去之彼尋常之汙瀆兮豈能容吞舟之巨魚橫江湖之鱣鯨兮固將制于螻蟻

服烏賦七

單閼之歲四月孟夏庚子日斜服集余舍止于坐隅貌甚閒暇異物來萃私怪其故發書占之讖言其度曰野烏入室主人將去問于子服余去何之吉虖告我凶言其災淹速之度語余其期服迺太息舉首奮翼口不能言請對曰臆萬物變化固亡休息斡流而遷或推而還形氣轉續變化而嬗沕穆亡閒胡可勝言禍兮福所倚福兮禍所伏憂喜聚門吉凶同域彼吳彊大夫差已敗越棲會稽句踐霸世斯游遂成卒被五刑傅說胥靡迺相武丁夫禍之與福何異糾纆命不可說孰知其極水激則旱矢激則遠萬物回薄

震盪相轉雲蒸雨降糾錯相紛大鈞播物坱圠無垠天不可預慮道不可預謀遲速有命烏識其時且夫天地爲鑪造化爲工陰陽爲炭萬物爲銅合散消息安有常則千變萬化未始有極忽然爲人何足控摶化爲異物又何足患小智自私賤彼貴我達人大觀物亡不可貪夫殉財烈士殉名夸者死權品庶馮生怵迫之徒或趨西東大人不曲意變齊同愚士繫俗僒若囚拘至人遺物獨與道俱眾人惑惑好惡積億真人恬漠獨與道息釋智遺形超然自喪寥廓忽荒與道翺翔乘流則逝得坎則止縱軀委命不私與己

其生兮若浮其死兮若休澹乎若深淵之靚氾乎若不繫之舟不以生故自寶兮養空而游德人無累知命不憂細故蔕芥何足以疑

旱雲賦八

惟昊天之大旱兮失精和之正理遥望白雲之蓬勃兮滃澹澹而妄止運清濁之澒洞兮正重沓而竝起嵬隆崇以崔巍兮時彷彿而有似屈卷輪而中天兮象虎驚與龍駭相摶據而俱興兮妄倚儷而時有遂積聚而合沓兮相紛薄而慷慨若飛翔之從橫兮揚侯怒而澎濞正帷布而雷動兮相擊衝而破碎或窈

窕而四塞兮誠若雨而不墜陰陽分而不相得兮更惟貪邪而狠戾終風解而霧散兮陵遲而堵潰或深潛而閉藏兮爭離而竝逝廓蕩蕩其若滌兮日炤炤而無穢隆暑盛其無聊兮煎沙石而爛渭湯風至而合熱兮羣生悶滿而愁憒畎畝枯槁而失澤兮壤石相聚而爲害農夫垂拱而無事兮釋其鉏耨而下淚憂疆畔之遇害兮痛皇天之靡惠惜稺稼之旱夭兮離天災而不遂懷怨心而不能已兮竊託咎於在位獨不聞唐虞之積烈兮與三代之風氣時俗殊而不還兮恐功久而壞敗何操行之不得兮政治失中而違節陰氣辟而留滞兮厭暴至而沈沒嗟乎惜旱大劇何辜於天無恩澤忍兮嗇夫何寡德矣既已生之不與福矣來何暴也去何躁也孳孳望之其可悼也憭兮慄兮以鬱怫兮念思白雲腸如結兮終怨不雨甚不仁兮布而不下甚不信兮白雲何怨奈何人兮

虡賦九

攷太平以深志象巨獸之屈奇妙彫文以刻鏤舒佁尾之采垂舉其鋸牙以左右相指負大鐘而欲飛妙彫文以刻鏤兮象巨獸之屈奇兮戴高角之峩峩負大鐘而顧飛美哉爛兮亦天地之大式

攫拏拳以蟉虯負大鐘而欲飛

校詁十二

度湘水弔屈原賦六（見史記漢書本傳題名依史漢訂如文選作弔屈原文非也烏程嚴氏可均言文選題名當本賈集尤誤賈集乃後世所爲不得更在史遷之前也文選有序亦見史漢本傳今不錄此賦諸家多異同惟漢書近是今所訂以漢書爲主且備列異文以俟考漢書有誤乃別事糾正）恭承（史記恭作共漢書如文文選同是也）竢罪（史記竢作俟文選同漢書如文是也顏師古曰竢古俟字待也）仄聞（史記仄作側文選同漢書如文是也顏師古曰仄古側字）自湛（史記湛作沈文選同漢書如文是也顏師古曰湛讀曰沈）迺隕（史記迺作乃文選作乃殞漢書如文是也愍按隕墜也作殞後世增益字也）烏虖哀哉兮（史記烏虖作嗚呼下無兮字文選同漢書如文是也顏師古曰虖讀曰呼）鴟鴞（史記鴞作梟文選同漢書如文同毛詩是也）世謂至

蹻廉漢書無世字餘如文史記有世字文選同隨夷溷史記作伯夷貪跖蹻作盜跖文選溷廉上皆有為字愚按世謂小人流俗之世無世字非也今補正人餘如文為鈍史記鈍作頓漢書如文文選同是也于嗟默默漢書如文史記默作嘿下有兮字文選于作吁愚按于讀為吁毛詩皆如此古文通假字也嘿字說文無諸兮字漢書皆在下句下史記皆在上句下漢書是也今訂如文後至獨離此咎皆仿此亡故漢書如文史記亡作無文選同愚按亡讀為無古文通用幹棄史記棄作弃漢書如文文選同是也寶康瓠兮史記寶上有而字漢書如文文選同是也章甫薦屨史記如文漢書甫作父文選屨作履愚按儀禮作章甫是也履屨義皆通今从史記如文嗟若史記文選若皆作廿苦之苦愚按嗟若見周易作若是也今改正說見胡氏克家文選考異誶曰史記作訊文選同漢書如文愚按誶告也見爾雅毛詩又讓也見說文音粹雖遂切訊問也亦見毛詩傳音信息晉切此二文音義之眞也而其義正相反音亦迥別不當通假經史百家之文往往殽雜不分者巨六

賈子十二　五

朝行楷俗書卒作卆孔作孑字形備有微別遂致傳譌至今音義及字書諸家不加詳考徑以不當通假者為通假謬妄甚矣近世江愼修戴東原頗知二字之別但仍未達其致誤之由非也此文當作誶告之卒今仍漢書原文史記文選皆誤國其至知兮史記吾作我文選同史又無兮字漢書如文是也獨壹至誰語史記作獨堙鬱兮其誰語漢書句上有子字文選如文是也今刪正鳳縹至逝兮史記縹作漂文選同逝史記作遰漢書如文愚按縹漂當作飄諸家皆通假字逝正文作遰亦通假字今从漢書如文夫固至遠去史記引作縮文選無夫字漢書如文是也沕深潛漢書深作淵史記如文文選同是也偭蟂獺史記作彌融爚漢書如文文選同愚按漢書是也史記之文詭異不可曉顔野王雖強為之說非也所貴聖人漢書無人字史記如文文選同是也自臧史記臧作藏文選同漢書如文愚按臧古文藏字漢書是也使騏至羈兮漢書騏驥作麒麟無衍字史記無而字文選如文愚按史漢皆有差誤文選是也今如文

般紛紛史漢文選皆如文惟顔師古說當从丹青之丹愚按顔說非也古文史漢皆作般蘇林音盤孟康李善皆曰盤桓為解謂戀戀不去反為讒人所搆耳為文从舟梋之舟从丹之字獨見玉篇蓋後出之譌文殊不足據經子百家書皆未嘗用推司馬相如封禪書有之然為封禪書字古亦作般从丹之文殆亦顔氏所改且強為之說皆非也今仍以古文為定離此郵史記郵作尢文選同漢書如文愚按郵尢同義古文通用或以尢為正文亦非說文本訓今訂如文夫子之辜漢書辜作故文選同史記如文愚按作故失韻且複上文史記是也今訂如文麻九至君兮史記麻作歷漢書如文文選同是也鳳皇至仞兮史記仞下有之上二字漢書如文文選同愚按之上衍文漢書是也今訂如文覽德至下之史記揮作輝文選同漢書如文愚按从火正文見說文从光後出字今訂如文險徵史記作微細之微漢書作徵驗之徵文選同愚按漢書是也史記亦形近之誤今訂如文遙曾至去之史記作搖增翮逝而去之漢書曾作增文選如文愚按史漢多

賈子十二　六

誤如稿訓曾為高文選是也今訂如文豈能至巨魚史記無巨字漢書無能字文選容下有夫字之下有巨字愚按夫字衍文巨魚之說本莊子無能字義亦未安今訂如文鱣鯨史記鯨作鱏漢書如文文選同是也今如文螻螘史記螘作蟻文選同漢書如文是也今如文服鳥

賦七見史記漢書本傳文選服作鵩後出之字文多異同亦以漢書為定與度湘賦同

單閼之歲漢書如文史記有兮字文選同愚按史記篇內上句皆有兮字漢書無是也蓋度湘賦偶寄選譎之慨故其文效屈子此賦所陳悉道德性命之奧故其文效荀子樹義不同文格迻異漢書所錄蓋猶賈子之原文史記已後辭賦家不解此義皆視此與度湘賦同疏矣篇內諸兮有無今悉以漢書為正後不復出日斜漢書如文文選同史記斜作施今定如文服集余舍漢書如文史記余作予文選同服文選作鵩愚按二文義同今定如文下仿此來萃漢書萃作崪史記作集文選如文愚按文選是萃字周易毛詩皆如此無煩別求異文也史記復上文尤謬識言史記識作策漢書如

文文選同是也

入宅 史記宅作虛漢書如文文選同是也

問于子服 史記作請問于服文選同漢書如文愚按子服者加吕美稱顏師古說是也

其災 史記災作菑漢書如文文選同愚按災正文菑通假也今定如文

淹速 史記速作數漢書如文文選同愚按漢書是也速乃正文數亦讀爲速通假之字

服迺太息 史記作服乃歎息文選作鵩迺歎息漢書如文是也

請對

吕臆 史記如文或本臆作意漢書作意文選如文愚按作意皆誤文選是也李善注請吕臆中之事爲對允矣臆胸臆乃說文之正字史漢皆作意而仍讀爲臆是推恐天下無事矣不可解也

固亡休息 史記亡作無文選同漢書如文是也

斡流而遷 顏師古曰斡音管斡轉也愚按顏說至確今俗皆讀烏括切非也見史記考證顧炎武說

變化而嬗 史記變化作化變或本變亦如文漢書如文文選嬗作蟺愚按顏師古從蘇林說謂即禪代字合韻音嬋是已然其文實兼傳變二義女子者傳變之主宰故爲文从女惟形氣轉積然後足吕爲傳變若形氣不續向何傳變之有形氣轉續則傳

賈子十二　七

變不可勝窮此指三才萬象而言極近一先佛生死輪轉之說其義恢宏無垠韋昭詁乃專吕一蟲爲喻妄矣今定嬗音嬋時連切與禪說之彈音同此乃古文之正音顏氏吕爲合韻非也今讀如纏方俗之譌也此文義則爲傳變音如上說音義皆如顏氏說惟稍事推闡蟺與蟬亦同文

沕穆亡閒 史記亡閒作無窮文選同漢書如文是也

彊大 史漢皆如文文選彊作強愚按彊正文強通假作彊是也

越棲會稽 史記如文文選同漢書越作粵愚按吳越南與不當通假史記是也

霸世 漢書作伯史記如文文選同是也今从史記

回薄 史漢皆如文文選回作迴愚按回正文是也迴後世增益字

震盪 史記作振蕩漢書作震蕩文選作振盪愚按震盪字見左氏春秋震吕从雨爲正盪吕从皿爲正餘非也今訂如文

糾錯 史記作錯繆漢書如文文選同是也

大鈞播物 史記作大專槃物漢書如文文選同愚按史記之文雖出通假別無所見蓋由傳寫索隱說尤迂曲非也今定如文

坱圠 史記圠作軋漢書如文文選同是也

天不可預慮 史漢預皆作與文選如文

愚按二文義皆可通然惟不可預慮故遲速之期不得知則吕作預爲勝李善引鵩冠子爲解其文正作預柳子厚吕鵩冠爲僞謂其文悉本此賦文既本此轉可爲此賦字句之確證則原文作預審矣今依文選訂如文下預謀字同

烏識其時 史記烏作惡文選作焉漢書如文愚按烏惡同文焉烏同義今定如文

何足控搏 史記如文文選同漢書搏作揣愚按搏正文揣通假史記是也今訂如文控搏之校古無確詁大季引持把玩之意猶俗所謂搏游也符不考六書音部惟从談書吕端是爲附非也

小智自私 史記智作知漢書如文文選同愚按智正文知通假漢書是也吕知爲智蹤經典通用字亦不必專舍正文別取通假也

達人大觀 史記達作通漢書如文文選同是也

貪夫殉財 史漢殉皆作徇文選如文愚按此義本莊子莊子作殉在傳禮記同是也今从文選訂如文下殉名仿此

烈士殉名 漢書烈作列史記如文文選同愚按烈士貪夫對待之文作節烈之烈是也列士猶眾士也殉名非眾士所能解半字之異速關得失則漢書之諺不容不正矣

賈子十二　八

品庶馮生 史記如文漢書馮作每文選同愚按史記此文屢見皆作馮其義尤長是也今訂如文

意變齊同 史記意作億漢書如文文選同愚按意變齊同乃折衷至善不爲外撓之義作億爲億之億淺矣其字亦與下文積億複史記三家注皆無論說其誤可知今定如文

愚士繫俗 史記愚作拘漢書如文文選同是也

儋若囚拘 史記儋作摑文選作窘漢書如文愚按三文義皆可通今从漢書原文推保字古音義皆荒詭無稽亦未審別見他文疑資古文俗字如訞叔垂所彌者史記校注所論精矣校注定其音義皆如容是也

眾人惑惑 史記惑惑作或或漢書如文文選同是也

好惡積億 史漢億皆作意文選如文愚按觀李奇說作億是也史漢皆誤今从文選訂如文顏氏失考仍吕合謂爲說謬矣

真人恬漠 史記恬作澹漢書如文文選同是也

釋智遺形 史記智作知漢書如文文選同是也

得坎則止 史記坎作坻文選同漢書如文愚按坎止之義易家之古訓作坻吕示異非也今定如文

其生兮若浮 史記作其生若浮兮漢書

如文文選同是也今定如文其死兮若休史記無兮字漢書如文文選同是也澹虖史記虖作兮靚作靜文選虖作乎靚作靜漢書如文愚按虖說見前作靚通假字今仍漢書原文至之靚氾虖史記作氾兮文選作泛乎漢書如文是也自寶漢書寶作保史記如文文選同愚按作保非也不自寶乃知自守黑知雄守雌之義不自寶可也不自保謬矣修身齊家皆所吕自保清靜無爲亦所吕自保也班孟堅未究道德之微故任意更訂附不知二字得失懸絕不可通融也今定如文養空而游漢書游作浮文選同史記如文愚按作浮謬甚此游正莊子所謂虛而遨游者勘吕道家至論決無作浮之理又與上文字複其誤審矣今訂如文細故蔕芥史記蔕芥作蔕薊漢書如文文選同愚按蔕芥正文蔕薊通假漢書是也今定如文

旱雲賦八見古文苑近世嚴氏可均全漢文亦有校正本覩賈子集稍詳運清濁古文苑清作混全漢文如文是也而合沓兮古文苑合作給全漢文引文選謝朓敬亭山詩注作合是也今改正揚侯怒全漢文俟作波古文苑作侯是也今改正隆暑至聊兮古文苑作隆盛暑而無聊兮全漢文同文選陸機從軍行注引此如文是也今改正垂拱而無事古文苑事作聊全漢文如文是也今改正憂疆畔古文苑如文注曰疆一作壤

虡賦九原文佚不傳今所存弟一節見蓺文類聚弟二節見初學記弟三節見太平御覽近亦竝見全漢文說詳旱雲賦下虡古文苑作虡全漢文作虡愚按正文當作虡見說文虡虡皆後出之字今从說文改正玫太平古文苑如文全漢文玫作牧愚按作牧不可曉如文是也今改正此節全漢文吕爲賦蓺文類聚吕爲銘而文體不類恐有傳譌今从全漢文仍作賦舒偩尾全漢文偩作循愚按循乃偩字形近之誤今改正

賈子卷弟十二竟

正定通恴王氏校栞版
存泰州寓宅龍樹精舍

賈子卷弟十三　襍篇一

正定王耕心譔次

史記賈子列傳耕心按原題作屈原賈生列傳

賈生名誼雒陽人也年十八吕能誦詩屬書聞於郡中吳廷尉爲河南守聞其秀才召置門下甚幸愛孝文皇帝初立聞河南守吳公治平爲天下弟一故與李斯同邑而常學事焉乃徵爲廷尉廷尉乃言賈生年少頗通諸子百家之書文帝召吕爲博士是時賈生年二十餘最爲少每詔令議下諸老先生不能言賈生盡爲之對人人各如其意所欲出諸生於是乃吕爲能不及也孝文帝說之超遷一歲中至太中大夫賈生吕爲漢興至孝文二十餘年天下和洽而固當改正朔易服色法制度定官名興禮樂乃悉艸具其事儀法色尚黃數用五爲官名悉更秦之法孝文帝初即位謙讓未遑也諸律令所更定及列侯悉就國其說皆自賈生發之於是天子議吕爲賈生任公卿之位絳灌東陽侯馮敬之屬盡害之乃短賈生曰雒陽之人年少初學專欲擅權紛亂諸事於是天子後亦疏之不用其議乃吕賈生爲長沙王太傅賈生既辭往行聞長沙卑溼自吕壽不得長又吕適去意

不自得及度湘水爲賦㠯弔屈原其辭云云賈生爲長沙王太傅三年有鵩飛入賈生舍止於坐隅楚人命鵩曰服賈生既㠯適居長沙長沙卑溼自㠯爲壽不得長傷悼之乃爲賦㠯自廣其辭云云後歲餘賈生徵見孝文帝方受釐坐宣室上因感鬼神事而問鬼神之本賈生因具道所㠯然之狀至夜半文帝前席既罷曰吾久不見賈生自㠯爲過之今不及也居頃之拜賈生爲梁懷王太傅梁懷王文帝之少子愛而好書故令賈生傅之文帝復封淮南厲王子四人皆爲列侯賈生諫㠯爲患之興自此起矣賈生數上

疏言諸侯或連數郡非古之制可稍削之文帝不聽居數年懷王騎墮馬而死無後賈生自傷爲傅無狀哭泣歲餘亦死賈生之死時年三十三矣及孝文崩孝武皇帝立舉賈生之孫二人至郡守而賈嘉最好學世其家與余通書至孝昭時列爲九卿

太史公曰余讀離騷天問招魂哀郢悲其志適長沙觀屈原所自沈淵未嘗不垂涕想見其爲人及見賈生弔之又怪屈原㠯彼其材游諸侯何國不容而自令若是讀服鳥賦同生死輕去就又爽然自失矣

漢書賈子傳 耕心按原題作賈誼傳

賈誼雒陽人也年十八㠯能誦詩書屬文稱於郡中河南守吳公聞其秀材召置門下甚幸愛文帝初立聞河南守吳公治平爲天下弟一故與李斯同邑而嘗學事焉徵㠯爲廷尉廷尉迺言誼年少頗通諸家之書文帝召㠯爲博士是時誼年二十餘最爲少每詔令議下諸老先生未能言誼盡爲之對人人各如其意所出諸生於是㠯爲能文帝說之超遷歲中至太中大夫誼㠯爲漢興二十餘年天下和洽宜當改正朔易服色制度定官名興禮樂迺艸具其儀法色上黃數用五爲官名悉更奏之文帝謙讓未皇也然

諸法令所更定及列侯就國其說皆誼發之於是天子議㠯誼任公卿之位絳灌東陽侯馮敬之屬盡害之迺毀誼曰雒陽之人年少初學專欲擅權紛亂諸事於是天子後亦疏之不用其議㠯誼爲長沙王太傅誼既㠯適去意不自得及渡湘水爲賦㠯弔屈原屈原楚賢臣也被讒放逐作離騷賦其終篇曰已矣國亡人莫我知也遂自投江而死誼追傷之因㠯自諭其辭云云誼爲長沙傅三年有服飛入誼舍止於坐隅服似鴞不祥鳥也誼既㠯適居長沙長沙卑溼誼自傷悼㠯爲壽不得長迺爲賦㠯自廣其辭云云

後歲餘文帝思誼徵之至入見上方受釐坐宣室上因感鬼神事而問鬼神之本誼具道所目然之故至夜半文帝前席既罷曰吾久不見賈生自目爲過之今不及也迺拜誼爲梁懷王太傅懷王上少子愛而好書故令誼傅之數問目得失是時匈奴彊侵邊天下初定制度疏闊諸侯王僭儗地過古制淮南濟北王皆爲逆誅誼數上疏陳政事多所欲匡建其大畧云云是時丞相絳侯周勃免就國人有告勃謀反逮繫長安獄治卒亡事復爵邑故賈誼目此譏上上深納其言養臣下有節是後大臣有罪皆自殺不受刑

至武帝時稍復入獄自甯成始初文帝目代王入即位後分代爲兩國立皇子武爲代王參爲太原王小子勝則梁王矣後又徙代王武爲淮陽王而太原王參爲代王盡得故地居數年梁王勝死亡子誼復上疏云云文帝於是從誼計迺徙淮陽王武爲梁王北界泰山西至高陽得大縣四十餘城徙城陽王喜爲淮南王撫其民時又封淮南厲王四子皆爲列侯誼知上必將復王之也上疏諫云云梁王勝墜馬死誼自傷爲傅無狀常哭泣後歲餘亦死賈生之死年三十三矣後四歲齊文王薨亡子文帝思賈生言迺分齊爲六國盡立悼惠王子六人爲王又遷淮南王喜於城陽而分淮南爲三國盡立厲王三子目王之後十年文帝崩景帝立三年而吳楚趙與四齊王合從舉兵西鄉京師梁王扞之卒破七國至武帝時淮南厲王子爲王者兩國亦反誅孝武初立舉賈生之孫二人至郡守賈嘉最好學世其家

贊曰劉向稱賈誼言三代與秦治亂之意其論甚美通達國體雖古之伊管未能遠過也使時見用功化必盛爲庸臣所害甚可悼痛追觀孝文玄默躬行目移風俗誼之所陳略施行矣及欲改定制度目漢爲

土德色上黃數用五及欲試屬國施五餌三表目係單于其術固目疏矣誼目天年早終雖不至公卿未爲不遇也凡所著述五十八篇掇其切於世事者著於傳云

賈子卷弟十三竟

正定通惠王氏校栞版
存泰州寓宅龍樹精舍

賈子卷第十四　翼篇二

正定王耕心僎次

賈子年譜

敘曰同治九年秋讀江都汪中氏賈子年表竊㠯爲考訂精審足爲依據乃論次其說別箸年譜一通㠯備省覽越二年偶閱舊槀重事校讐復本史記風俗通義爲賈子軼事述二首本兩漢書爲賈子後嗣考一首皆㠯附年譜之後於是賈子外謫之故及其子孫之顯晦皆有所發明求賈子故實者得此乃無放失之悔因㠯詒知人論世之君子或有取焉夫經世

之猷不朽之業賈子之外迹也篤兼善之志抱忠貞之節賈子之內心也經世之儒苟能通其內外之分則賈子之學箸焉矣今之所譜蓋亦賈子之外迹固不足尙然豪傑之士沿流㠯討源診外㠯及內者世豈無其人哉斯拱而俟之耳同治十一年夏五月

高帝七年　賈子生賈子名誼洛陽人列傳見史記弟八十四漢書弟四十八

十二年　賈子六歲

孝惠帝元年　賈子七歲

七年　賈子十三歲

高后元年　賈子十四歲

五年　賈子十八歲㠯能誦詩書屬文稱於郡中河南守吳公召置門下

六年　賈子十九歲

七年　賈子二十歲

八年　賈子二十一歲　是年淮南丞相張蒼爲御史大夫

孝文帝元年　賈子二十二歲召爲博士超遷太中大夫　是年徵河南守吳公爲廷尉

二年　賈子二十三歲爲長沙王傅度湘水爲賦㠯

弔屈原　是年帝親耕籍田賜天下田租之半　立皇子武爲代王參爲太原王揖爲梁王　汪氏曰按文三王之立本紀在二年傳在三年代王武徙爲淮陽王本紀在三年傳在四年紀據下詔之日傳據到國之日也

三年　賈子二十四歲　是年淮南王長殺辟陽侯審食其　匈奴入居北地河南爲寇　濟北王興居反　代王武徙爲淮陽王太原王參徙爲代王幷得太原都晉陽如故

四年　賈子二十五歲　是年絳侯周勃逮詣廷尉

詔獄卒復爵邑　御史大夫張蒼爲丞相
五年　賈子二十六歲作鵩鳥賦　是年除盜鑄錢
令
六年　賈子二十七歲徵拜梁懷王太傅　上疏諫
使民放鑄　是年梁懷王入朝
七年　賈子二十八歲
八年　賈子二十九歲上疏諫接王淮南諸子　是
年封淮南厲王長子四人爲列侯
九年　賈子三十歲
十年　賈子三十一歲

賈子十四　三

十一年　賈子三十二歲　是年六月梁懷王入朝
墜馬死
十二年　賈子三十三歲卒　是年徙淮陽王武爲
梁王徙城陽王喜爲淮南王
汪氏曰按本傳云梁王勝墜馬死誼後歲餘亦死賈生之死年三十三矣梁懷王之死本紀在十一年表云十年參其前後㠯紀爲正則賈生之卒在十二年其生在高帝之七年也文帝初立㠯吳公爲廷尉吳公薦誼爲博士是年生年二十二故傳云年二十餘也經典序錄云左氏傳陽武張蒼授洛陽賈誼據百官公卿表張蒼於高后八年由淮南丞相入爲御史大夫明年而文帝卽位賈生受學於蒼必在其時矣傳云誼爲長沙傅三年有服飛入誼舍其賦曰單閼之歲按史記厤書太初元年焉逢攝提格上推孝文五年是爲昭陽單閼賈生㠯孝文元年爲博士歲中超遷至太中大夫旋出爲長沙王傅至是適得三年傳云後歲餘文帝思誼徵之至拜爲梁懷王太傅則當爲六年事其年王入朝十一年再入朝則賈生自六年㠯後皆在梁其陳政事及諫王淮南王諸子竝當此時哀帝紀令諸侯王朝得從其國二千石傅相

賈子十四　四

中尉皆國二千石懷王朝則賈生當從至京師王薨無子國除則王國官省可知而賈生方上書請益封梁淮陽則是㠯故二千石留長安也
文新書序曰新書五十八篇漢梁太傅洛陽賈誼撰今亡一篇校本傳自凡人之知至胡不引殷周秦事㠯觀之也四百三十四字皆無其文據㠯補之問孝禮容語上二篇有錄亡書藝文志但云賈誼稱新書者劉向校錄所加荀卿子稱荀卿新書見於楊倞之序是其證也過秦三篇本書題下無論字陳涉項籍傳論引此應劭注云賈誼書之首篇也足明篇之非

論吳志闞澤傳始目爲論左思昭明太子並沿其文
誤也自數寧至輔佐三十三篇皆陳政事按鼂錯傳
錯言宜削諸侯事及法令可更定者書凡三十篇則
知當日封事事各一篇合爲一書固有其體班氏約
其文而分載之本傳食貨志爾其指事類情優游詳
愳或不及本書自春秋至君道皆國中失之事自官
人至大政皆通論修政上下皆重言也三古之遺緒
託目傳焉容經目下則皆古禮逸篇與其義舊本編
錄無次弟今略目意屬之定爲六卷題下有事埶有
連語有雜事與管子書同例今亦仍之別爲年表一

賈子十四　五

篇俾覽者詳焉經典序錄所次本劉向別錄其序左
氏傳云荀卿授陽武張蒼蒼授洛陽賈誼然則生固
荀氏再傳弟子也故其學長於禮其所陳立諸侯王
制度教太子敬大臣皆先王之成法周公舊典仲尼
之志蓋春秋經世之學在焉是故備物典策國所與
立君舉必書目詔後世春秋者秉周禮而謹其變者
也吾於荀氏賈氏之言禮也益信劉子駿稱漢朝之
儒惟賈生而已豈虛也哉其書述左氏事止禮容篇
叔孫昭子一條先醒篇言宋昭公出亡而復位號君
出走其御進酒食及枕土而死耳辯篇言子胥何籠

而自投於江諭誠篇言楚昭王目當房之德復國皆
不合左氏審微篇言晉文公請隧叔孫于奚裁孫桓
子春秋篇言衛懿公喜鶴而亡其國先醒篇言楚莊
王與晉人戰於兩棠會諸侯於漢陽申天子之禁皆
與左氏異同其時經之授受不箸竹帛解詁爲讀率
皆口學其有故書雅記異人之閒則亦依事技舉取
臣目明教而已禮篇君道篇說詩騶虞賀靈臺皇
矣旱麓均非毛義於時三家之學未立故秦時老師
大儒猶有存者師友所承不可盡知使得是千百說
而通之豈復有末師之陋哉於乎漢世尊尚經術史

賈子十四　六

氏稱其緣飾故公卿或持祿保位被阿諛之譏博士
講授之師僅僅方幅自守文吏又一切取勝蓋仲尼
既歿六藝之學其卓然箸於世用者賈生也傳曰稱
先王詩曰秩秩大猷聖人莫之賈生有焉班氏敍梁
捍吳楚及淮南四子之敗於其經國體遠既明列其
功而不詳其學之所本是目表而出之若夫五餌三
表秦穆用之遂霸西戎而中行說亦目戒匈奴則既
有徵矣謂之爲疏是一隅之見也漢世是書盛行於
世司馬遷劉向箸書動見稱述孝昭通保傅傳則當
時目教冑子傅職保傅連語輔佐胎教戴德采之禮

篇之文載在曲禮今二書幷尊為經而是書傳習蓋寡道之行廢豈命也歟藝文志賦七篇今見弔屈原惜誓服賦旱雲賦簴賦蔚為辭宗賦頌之首可謂多材矣錄而附之亦成相賦篇意也乾隆屠維大淵獻且月江都汪中述

賈子軼事述

史記日者列傳曰自古受命而王王者之興何嘗不以卜筮決於天命哉其於周尤甚及秦可見代王之入任於卜者太卜之起由漢興而有司馬季主者楚人也卜於長安東市宋忠為中大夫賈誼為博士同日俱出洗沐相從論議誦易先王聖人之道術究徧人情相視而歎賈誼曰吾聞古之聖人不居朝廷必在卜醫之中今吾已見三公九卿朝士大夫皆可知矣試之卜數中以觀采二人即同輿而之市游於卜肆中天新雨道少人司馬季主閒坐弟子三四人侍方辯天地之道日月之運陰陽吉凶之本二大夫再拜謁司馬季主視其狀貌如類有知者即禮之使弟子延之坐坐定司馬季主復理前語分別天地之終始日月星辰之紀差次仁義之際列吉凶之符語數千言莫不順理宋忠賈誼瞿然而悟獵纓正襟危坐曰吾望先生之狀聽先生之辭小子竊觀於世未嘗見也今何居之卑何行之汙司馬季主捧腹大笑曰觀大夫類有道術者今何言之陋也何辭之野也今夫子所賢者何也所高者誰也今何以卑汙長者二君曰尊官厚祿世之所高也賢才處之今所處非其地故謂之卑言不信行不驗取不當故謂之汙夫卜筮者世俗之所賤簡也世皆言曰夫卜者多言誇嚴以得人情虛高人祿命以說人志擅言禍災以傷人心矯言鬼神以盡人財厚求拜謝以私於己此吾之所恥故謂之卑汙也司馬季主曰公且安坐公見夫被髮童子乎日月照之則行不照則止問之日月疵瑕吉凶則不能理由是觀之能知別賢與不肖者寡矣賢之行也直道以正諫三諫不聽則退其譽人也不望其報惡人也不顧其怨以便國家利衆為務故官非其任不處也祿非其功不受也見人不正雖貴不敬也見人有汙雖尊不下也得不為喜去不為恨非其罪也雖累辱而不愧也今公所謂賢者皆可為羞矣卑疵而前孅趨而言相引以勢相導以利比周賓正以求尊譽以受公奉事私利枉主法獵農民以官為威以法為機求利逆暴譬無異於操白刃劫人者

也初試官時倍力爲巧詐飾虛功執空文旨謂主上用居上爲右試官不讓賢陳功見僞增實旨無爲有旨少爲多旨求便埶奪位食飲驅馳從姬歓兒不顧於親犯法害民虛公家此夫爲盜不操矛弧者也攻而不用弦刃者也欺父母未有罪而弑君未伐者也何旨爲高賢才虖盜賊發不能禁夷貊不服不能攝姦邪起不能塞官耗亂不能治四時不和不能調歲穀不孰不能適才賢不爲是不忠也才不賢而託官位利上奉妨賢者處是竊位也有人者進有財者禮是僞也子獨不見鴟梟之與鳳皇翔虖蘭芷芎藭棄

賈子十四　九

於廣野蒿蕭成林使君子退而不顯衆公等是也述而不作君子義也今夫卜者必法天地象四時順於仁義分策定卦旋式正棊然後言天地之利害事之成敗昔先王之定國家必先龜策日月而後乃敢代正時日乃後入家產子必先占吉凶後乃有之自伏義作八卦周文王演三百八十四爻而天下治越王句踐放文王八卦旨破敵國霸天下由是言之卜筮有何負哉且夫卜筮者埽除設坐正其冠帶然後乃言事此有禮也言而鬼神或旨饗忠臣旨事其上孝子旨養其親慈父旨畜其子此有德者也而旨義置

數十百錢病者或旨愈且死或旨生患或旨免事或旨成嫁子娶婦或旨養生此之爲德豈直數十百錢哉此夫老子所謂上德不德是旨有德今夫卜筮者利大而謝少老子之云豈異於是虖莊子曰君子內無飢寒之患外無劫奪之憂居上而敬居下不爲害君子之道也今夫卜筮者之爲業也積之無委聚藏之不用府庫徙之不用輜車負裝之不重止而用之無盡索之時持不盡索之物游於無窮之世雖莊氏之行未能增於是也子何故而云不可卜哉天不足西北星辰西北移地不足東南旨海爲池日中必移

賈子十四　十

月滿必虧先王之道乍存乍亡公責卜者言必信不亦惑虖公見夫談士辯人虖慮事定計必是人也然不能旨一言說人主意故言必稱先王語必道上古慮事定計飾先王之成功語其敗害旨恐喜人主之志旨求其欲多言誇嚴莫大於此矣然欲彊國成功盡忠於上非此不立今夫卜者導惑教愚也夫愚惑之人豈能旨一言而知之哉言不厭多故騏驥不能與罷驢爲駟而鳳皇不與燕雀爲羣而賢者亦不與不肖者同列故君子處卑隱旨辟衆自匿旨辟倫微見德順旨除羣害旨明天性助上養下多其功利不

求尊譽公之等喁喁者也何知長者之道虖宋忠賈誼忽而自失芒虖無色悵然噤口不能言於是攝衣而起再拜而辭行洋洋也出市門僅能自上車伏軾低頭卒不能出氣居三日宋忠見賈誼於殿門外乃相引屏語相謂自歎曰道高益安埶高益危居赫赫之埶失身且有日矣夫卜而有不審不見奪糈爲人主計而不審身無所處此相去遠矣猶天冠地屨也此老子之所謂無名者萬物之始也天地曠曠物之熙熙或安或危莫知居之我與若何足預彼哉彼久而愈安雖曾氏之義未有㠯異也久之宋忠使匈奴不至而還抵罪而賈誼爲梁懷王傅王墮馬薨誼不食毒恨而死此務華絕根者也

風俗通義正失篇中壘校尉劉向對孝成帝曰太中大夫鄧通㠯佞幸吮癰瘍膿汁見愛儗於至親賜㠯蜀郡銅山令得鑄錢通私家之富侔於王者封君又爲微行數幸通家文帝代服衣𧝑襲氈帽騎駁馬從侍中近臣常侍期門武騎獵漸臺下馳射狐兔畢雉刺彘是時待詔賈山諫㠯爲不宜數從郡國賢良吏出遊獵重令此人負名不稱其舉及太中大夫賈誼亦數陳止遊獵是時誼與鄧通俱侍中同位誼又惡通爲人數廷譏之由是疏遠遷爲長沙太傅既之官內不自得及度湘水投弔書曰闒茸尊顯佞諛得意㠯哀屈原離讒邪之咎亦因自傷爲鄧通等所愬也

賈子後嗣考

洛陽賈氏始著於梁太傅厥後子孫能世纘其業故兩漢之際史不絕書下逮唐宋賈氏復顯於西北諸郡而真定尤盛考其淵源亦多太傅之苗裔然年祀既遠繫世難明新唐書宰相世系表雖敘述稍詳仍多疏舛亦不煩稱引今惟取班范兩書所紀繫世彰著者次於篇學者亦可㠯知其槪矣謹按前世大儒

之子孫莫盛於荀子而賈子次之軒冕之外名德輩出故尤非他族所及云蓋二子之學正誼明道悉秉至誠所坐言者皆足收起行之效準㠯聖門四科均無愧色卽在闕里亦未必遽後諸賢乃皆見抑當時負謗後進取章甫㠯薦屨識者恫焉及稽其後嗣之隆替則累世相承皆有㠯自見其寖微之學近世通儒亦頗有推闡其說者平陂往復之際殆猶有所謂天道者邪烏虖豈偶然哉賈嘉者賈子之孫也孝武帝立慕賈子之爲人舉其孫二人皆至郡守嘉通尚書尤㠯好學著賈子之世賴㠯不墜至孝昭時列爲

九卿其一人名不傳見史記漢書賈子傳及儒林列傳賈捐之字君房賈子之曾孫也元帝初上書言得失召待詔金馬門當是時帝㠯珠厓數反與有司議大發軍捐之建議㠯為不當擊帝使詰之捐之㠯書對其言深切帝從之珠厓由是罷捐之因數得召見言多納用時中書令石顯用事而捐之數短顯㠯故不得官進見亦寖疏長安令楊興者與捐之交善因共議更相薦譽㠯希進用捐之復短石顯興曰顯鼎貴上信用之今欲進弟從我計且與合意即得入矣捐之乃與興共為薦顯奏又共為薦興奏石顯聞而

賈子十四　十三

陷之由是獲罪竟坐誅捐之雖㠯躁進敗而下筆言語妙天下文辭之美有足稱者見漢書本傳賈光賈子之六世孫也為常山太守孝宣帝時始㠯吏二千石自洛陽徙平陵賈徽賈子之八世孫光之孫也從劉歆受左氏春秋兼習國語周官又受古文尚書於塗惲學毛詩於謝曼卿著左氏條例二十一篇㠯經術名當世賈逵字景伯賈子之九世孫徽之子也顯宗時㠯應鼓獻神雀頌拜為郎和帝永元三年稍遷左中郎將八年復為侍中領騎都尉逵悉傳父業弱冠能誦左氏傳及五經本文㠯大夏侯尚書教授雖

為古學兼通五家穀梁之說自為兒童常在太學不通人閒事身長八尺二寸諸儒為之語曰問事不休賈長頭性愷悌多智思俶儻有大節尤明左氏傳國語著解詁五十一篇永平中上疏獻之顯宗重其書寫藏祕館方為郎時與班固并校祕書應對左右肅宗立降意儒術特好古文尚書左氏傳建初元年詔逵入講北宮白虎觀及南宮雲臺帝善逵說使出左氏傳大義長於二傳者逵於是具條奏之畧曰臣謹擿出左氏三十事尤著明者斯皆君臣之正義父子之紀綱其餘同公羊者什有七八或文簡小異無害

賈子十四　十四

大體至如祭仲紀季伍子胥叔術之屬左氏義深君父公羊多任權變其相殊絕固㠯甚遠而冤抑積久莫肯分明其言博辨有鑒裁書奏帝嘉之賜布五百匹衣一襲令逵自選公羊嚴顏諸生高才者二十人教㠯左氏與簡紙經傳各一通逵母嘗有疾帝欲加賜㠯校書例多特㠯錢二十萬使潁陽侯馬防與之謂防曰賈逵母病此子無人事於外屢空則從孤竹之子於首陽山矣逵數為帝言古文尚書與經傳爾雅訓詁相應詔令撰歐陽大小夏侯尚書古文同異逵集為三卷帝善之復令撰齊魯韓詩與毛詩異同

并作周官解故八年迺詔諸儒各選高才生受左氏穀梁春秋古文尚書毛詩由是四經遂行於世皆拜逵所選諸子及門生爲千乘王國郎朝夕受業黄門署學者皆欣欣羡慕焉和帝時内備帷幄兼領祕書近署甚見信用逵薦東萊司馬均陳國汝郁帝卽徵之并蒙優禮逵所著經傳義詁及論難百餘萬言又作詩頌誄書連珠酒令凡九篇學者宗之後世與鄭玄竝稱通儒號賈鄭之學然逵不修小節當世亦以此頗譏焉永元十三年卒年七十有二子二皆爲太子舍人名不傳光以下皆見後漢書賈逵列傳

蔭祜曰賈子之見疏太史公以爲𢙢於絳灌之屬然并大其傳於屈原之後其指亦頗有不可曉者及劉子政之說見錄於風俗通義乃知賈子之不能安其位實有若上官靳尚者媒櫱於内其邂逅之奇蓋無一事不與屈原同則太史公論著之義非無微意於其閒矣夫賈子以見疏之故遂不能盡抒所藴此非賈子之不幸特漢室之不幸爾議者苟知賈子之蚩非其區區一人之不幸然後知尚論之君子於此所以悽愴傷心者決非無說以自處然此豈志在詭遇之徒所及料哉班孟堅爲賈子傳既備載其經世諸文復述七國淮南之禍於本傳之末乃庶幾無負賈子而太史公尤深遠矣

跋曰先師鞠龕先生著賈子年譜一卷抉擇幽微能補汪容甫氏所未及公子穆存太守出以見視恩浩因別錄副本用規傳布先生遺文多燼於兵火穆存蒐羅放失惟軼詩若干篇及此書僅存幸邪悲邪恩浩少沐先生賞異今垂老無成所以報吾師者惟仍在區區文字之末亦可慨已先生諱蔭祜字子受自號鞠龕姓太原王氏初授訓導終兩淮鹽運使司經厤卒年五十有二光緒二十七年秋七月門下士天津郭恩浩謹識

賈子卷弟十四竟

近定通惠王氏校栞版
存泰州寓宅龍樹精舍

賈子卷第十五　襍篇三

正定王耕心僎次

緒記上

李氏賈子敘曰賈子者賈誼新書也奚稱賈子子之也賈子賈子作序類賈子之言者作也漢興誼文最高古然誼陳說治理善據事實識要與一一可措之行蓋管晏之儔焉故曰誼練達國體云誼文高古最者太史公業裁之入史記矣後人或摭其創艸及他篇簡論說不忍遂捐棄於是類之稱書焉如過秦論太史公業裁入之矣褚先生又取其餘附之後今爲三篇云亦有一事一義而篇二三者或二篇而雜之一如治安策攙截無復緒理可尋乃其宏識巨議皎皎如日星如江河地中不得掩沒之矣此書宋淳熙閒嘗刻潭州淳祐閒又刊修焉時已稱舛缺及刻本失士夫家轉鈔一切出吏手吏苦其煩也輒任減落其字句久之咗或踰行竄其字句重複譌之士夫者又靡之校也故其書愈舛缺不可讀宏治閒都進士穆得此書於樂平喬公刻之京師已復有翻刻者顧仍舛缺也予今刻則略校之矣然卒莫之質補之也麟甲鳳毛僅存見於世者此耳幸邪悲邪賈子十

卷共五十八篇內亡其三篇明正德八年歲在癸酉冬十一月北郡李夢陽撰寓白鹿洞書院

黃氏新書敘曰余昔承乏選部時偶於京國書肆中得賈太傅新書鈔本凡若干卷余手披目覽口誦心惟始而駭終而不知神與之接融融攢攢不知旨之樂之詠之歎之於是乎乃知太傅之生值漢室初造光嶽氣完之時通乎天人精微之蘊窮乎厤代治亂之故洞乎萬物榮悴之情完乎禮樂刑政之端貫通乎仁義道德之原故正言竑議卓卓乎其奇偉悠悠乎其深長鑿鑿乎其有援據如江河盪潏而莫測其涯也如風霆變化而莫見其迹也如雲霞卷舒出沒晻靄千態莫狀而莫可名言也世之稱近古者亦在是矣所宜珍重不啻若湯盤周鼎而毋敢忽耳正德甲戌余致政家居長沙郡守陸公呂誼謫于長沙去今千有餘歲國朝既崇祀享之禮但傅長沙時所著新書獨無傳焉乃檢閱郡齋故櫝中得版刻數十片計其脫落尚多因詢于子子卽出是本補刻遂成完書屬予爲序予惟太傅高世之才殆出天縱漢劉向稱其通達國體雖古之伊管未能遠過班史痛其不用但謂其天年蚤終雖不至公卿未爲不遇誼過長

沙作賦吕弔汨羅而太史公傳於屈原之後明其若屈原之忠而遭乘逐也宋歐陽公謂其所陳孝文略施其術猶能比德於成康況用於朝廷之間坐於廊廟之上則舉大漢之風登三皇之首猶決壅稗墜爾蘇公論其爲王者之佐如其所言雖三代何吕遠過此數公者故有定論誠毋容加喙於其間顧其書之在霄壤中上則爲德星爲慶雲下則爲朱艸爲醴泉光景常新而精神不虧亙萬古猶一日柰何自宋淳熙辛丑提學漕使程公版刻之後三百餘禩僅得一陸公補輯殘缺爲書再行是何寥寥知貲之難也非

賈子十五　三

惟嘉惠後學廣其見聞吕資博識慎而擇之而立身行己之道亦寓焉中間如鑒秦俗之薄惡指漢風之奢僭請定經制述三代之長久深戒刑罰明孤秦之速亡譬人主之如堂所吕假臣子之禮置天下於大器所吕示安危之機凡孁民傅職官人大政等篇皆經濟之大略又有國與天下者之所當鑒也郡守公名相字良弼宏治癸丑進士累官南京吏曹郎中英名偉績有所自也政尚平恕有古循吏風今觀是益可見其知所擇而其藴畜之富未可量也故不揆愚陋僭書於端吕識歲月云正德九年九月賜進士出身嘉議大夫都察院右副都御史長沙黃寶

盧氏校定新書敘曰西漢文武之世有兩大儒焉曰賈子曰董子皆吕經生而通達治體者也二子之書世多有顧其善本絕少余不揣固陋竝爲校讐賴友朋之助先吕賈子開雕既成因爲之序其緣起曰班書藝文志儒家載賈誼五十八篇今世所行本其目祇五十有六然過秦有三篇而惟載上下兩篇又禮容語宋本分上下兩篇而本復不分故視漢志所載缺其二篇隋書經籍志載賈子十卷錄一卷舊唐書志則云九卷其稱賈子則同新唐書志始稱賈誼新

賈子十五　四

書其卷則十隋唐志俱同漢志列儒家至宋志乃妄生異見入之雜家此如劉子政推崇賈誼比之伊管而其子歆則謂其父之言爲過何吕異人所見不盡同顧若是哉陳振孫直齋書錄載賈子十一卷云首載過秦論末爲弔湘賦且略節誼本傳於弟十一卷中其書非漢書所有者輒淺駁不足觀決非誼本書余謂此書必出於其徒之所纂集篇中稱懷王問於賈君又勸學一篇語其門人皆可爲明證但多爲鈔胥所增竄凡漢書所有者此皆割裂僨到致不可讀惟傅職輔佐容經道術論政諸篇在漢書外者古雅

淵奧非後人所能僞撰而陳氏乃反謂其淺駁豈可謂之知言者哉此本十卷據宋本目錄增多過秦論中一篇定爲五十八篇中有其目而亡其書者二焉謂與漢志適脗合余亦未敢信然蓋容有出於後人之所分析者至其甚謬者則畧爲刊正之已世每以文帝不能用賈生爲惜然生之言後多見之施行則不用而用已過半矣在生宜可無恨以視夫其身尊榮顯赫而尺寸曾不得展者所得爲孰多虖哉余所校據兩宋本而誼所爲賦不在書中則非卽陳氏所見者卷末傳非漢書本文今姑沿其舊後有復梓者

賈子十五　五

終當全載孟堅之所撰爲得云

皇帝六巡江浙之歲三月舊史氏盧文弨書於杭東里之抱經堂

胡氏新書跋曰長沙故楚地前代人物不乏有而顯然各載史氏者獨屈原以忠憤賈誼以謫徙見之文詞磊落相望今離騷經潭已板行而誼書獨無傳焉誠墜典也提學潽使給事程公先生暫攝潭事乃取櫝中所藏誼新書十篇俾刻之學宮价既承命竊考誼所著過秦論所陳治安策雖繁簡與是書不同要皆椎輪於斯也蓋誼自長沙召對宣室文帝嘉之已乃數上書論政事危言讜議卓詭切至若眾建諸侯益廣梁地發大臣有節崇廉恥之風後皆遵之有效一一如誼所言則誼之謀謨論建誠有大過人者劉向謂爲通達國體伊管不能過其亦美矣然討其源流率多新書所艸定是新書之作乃傳長沙時所爲也然則長沙以是書行其不宜虖蓋非特足以修墜典之闕抑亦有補於世可見先生之用意云願退方無他善本可參校字多譌舛姑存之以俟是正淳熙辛丑日南至門生從事郎充潭州州學教授南昌胡价謹題

賈子十五　六

慈谿黃震曰右賈誼新書十卷淳熙辛丑歲湖南漕使程公以家藏本刊於長沙所論漢事皆於治安策及論積貯諫禁鑄錢者殆平日雜著所見而他日總之以告君歟三表五餌之說詳見此書謂可坐滅匈奴至今疑其大言然不過欲誘致降者使其眾漸空非謂必以兵勝以誼奇才得爲典屬國以試之匈奴雖無可滅之理孰須漸弱未可以大言而少之若其分王諸侯施行漢事後多卒如其說眞洞識天下之埶者也然要其本說以道爲虛以術爲用則無得於孔子之學蓋不過以智略之資戰國之習欲措置漢

天下爾文王葬槁骨之言世多以爲鑿靈沼得之此
以爲夢意古有此說而傳者不同未必有其實若於
事情則此事爲近之見黃氏日鈔右賈子內篇敍跋
漢書藝文志儒家賈誼五十八篇又詩賦家賈誼賦
七篇
隋書經籍志子部儒家賈子十卷錄一卷又集部別
集注梁有賈誼集四卷
舊唐書經籍志子錄儒家類賈子九卷又集錄別集
類賈誼集二卷
新唐書藝文志子錄儒家類賈誼新書十卷又集錄

別集類賈誼集二卷
宋史藝文志子部雜家類賈誼新書十卷集部別集
類無賈子集右正史賈子內篇及舊集目錄
欽定四庫全書總目子部儒家類曰新書十卷漢賈
誼撰漢書藝文志儒家賈誼五十八篇崇文總目云
本七十二篇劉向刪定爲五十八篇隋唐志皆九卷
別本或爲十卷考今隋唐志皆作十卷無九卷之說
蓋校刊隋書唐書者未見崇文總目反據今本追改
之明人傳刻古書往往如是不足怪也然今本僅五
十六篇又問孝一篇有錄無書實五十五篇已非北

宋本之舊又陳振孫書錄解題稱首載過秦論末爲
弔湘賦且略節誼本傳於第十一卷中今本雖首載
過秦論而末無弔湘賦亦無附錄之第十一卷且併
非南宋時本矣其書多取誼本傳所載之文割裂其
章段顛倒其次序而加以標題殊瞀亂無條理朱子
語錄曰賈誼新書除了漢書中所載餘亦難得粹者
看來只是賈誼一雜記稾耳中間事事有些個陳振
孫亦謂其非漢書所有者輒淺駁不足觀決非誼本
書今考漢書誼本傳贊稱凡所著述五十八篇掇其
切於世事者著於傳應劭漢書注亦於過秦論下注

曰賈誼書第一篇名也則本傳所載皆五十八篇所
有足爲顯證贊又稱三表五餌以係單于顏師古注
所引賈誼書與今本同又文帝本紀注引賈誼書衛
侯朝於周周行人問其名亦與今本同則今本即唐
人所見亦足爲顯證然決無摘錄一段立一篇名之
理亦決無連綴十數篇合爲奏疏一篇上之朝廷之
理疑誼過秦論治安策等本皆爲五十八篇之一後
原本散佚好事者因取本傳所有諸篇離析其文各
爲標目以足五十八篇之數故餖飣至此其書不全
眞亦不全僞朱子以爲雜記之稾固未核其實陳氏

㠯爲決非誼書尤非篤論也且其中爲漢書所不載者雖往往類說苑新序韓詩外傳然如靑史之記具載胎教之古禮修政語上下兩篇多帝王之遺訓保傅篇容經篇竝敷陳古典具有源本其解詩之騶虞易之潛龍亢龍亦深得經義又安可盡㠯淺駁不粹目之哉雖殘闕失次要不能㠯斷爛棄之矣

欽定四庫全書簡明目錄子部儒家類曰新書十卷漢賈誼撰原本五十八篇今佚其三篇多取漢書誼本傳之文割裂章段顚倒次序而加㠯標題殊瞀亂無緒疑舊本殘缺好事者取本傳所載離析其文㠯足五十八篇之數不可謂眞出誼手亦不可謂非出誼手也右四庫全書賈子內篇目錄

賈子卷弟十五竟

正定通意王氏校栞版存泰州寓宅龍樹精舍

賈子卷弟十六　敘篇四

正定王耕心撰次

緒記下

新撰定賈子凡例曰賈子書五十八篇見漢書蓺文志今仁和盧氏文弨校定本總五十六篇視漢志僅缺二篇尚不失爲完書惟其書自宗首數寍㠯後二十餘篇凡與漢書諸疏相涉之文皆敘次庬雜多所增竄或瞀亂不可曉昔朱子㠯爲賈子之雜記稾正謂此等　欽定四庫全書總目疑原書已多散佚後世取陳治安等疏離析其文㠯足漢書五十八篇之數其說雖與朱子不同亦理所宜有今考其文雖多增竄猶時存古文之舊閒值精確頗足正史漢諸家文字之疏禮敎諸文尤多淵懿不容偏廢也竊惟賈子命世通才天秉忠貞且具不撓之節其爲學實能㠯兼善該獨善其經世諸文既已師範百世尤當敘錄全文㠯補原書之缺乃傳世已久理董無人輒使舊本日晦若存若亡亦慽事也今別事譔次仍取舊書五十六爲內篇復備采史漢諸家所紀五疏四賦諸文爲外篇又別枏列傳年譜內篇敘跋及新說之屬爲敘篇分別部居無使雜厠內篇失次諸文亦更

定新弟傳與諸疏之文章次相應賈子遺書由是悉統於一持此㠯饜學者所求或無憯焉是爲僎次例弟一舊書五十六篇原名賈子宋元後諸家刊本乃改名新書其義殊不可解考新書爲名大率㠯計出無慘不足奉爲典要如王霒王氏新書虞喜志林新書杜夷幽求新書翟錯鼂氏新書之屬皆是也其名汎濫已甚於賈子無取今既總撰全文別爲篇次宜循諸子通例仍名賈子㠯糾謬妄之嫌新書之目當屏諸四裔不足論已是爲正名例弟二盧氏所校本剗除蕪穢厥功甚偉今勘定內篇輒據爲根柢復取

王謨校本十卷錢氏大興丁先生嘉璋校識一卷德清俞氏樾平議二卷參㠯新說悉加裁定所訂正者凡得六百三十七事外書九篇自史漢所錄諸文已多疏舛今亦徧考史漢文選古文苑賈子集及近世烏程嚴氏可均全漢文諸籍辨析是非所訂正者亦得百四十事內外篇總得七百七十七事外篇諸文向無定本紕謬實多今力事廓清意在折衷至當或有疏略則拾遺補缺仍當俟後世達人是爲正誤例弟三古文傳注皆與正文別行今諸經猶存單行疏本是也風俗偷薄此例遂不可復近世惟校勘之文

猶存舊式今取匡訂諸說統名校詁皆傅箸各卷之後用備考鏡別行之例雖不敢循姑使正文無斷續之做亦一得也是爲校詁例弟四僎訂之義惟願具存賈子遺書不欲旁蒐僞託轉爲全書之玷楚辭惜誓一篇王叔師已云不知誰作或曰賈誼疑莫能明後世總集㠯無作家主名輒歸諸賈子如嚴氏全漢文所謂姑入賈集是也其文雖摛辭高朗不讓昔賢而篇首卽云余年老而日衰其非賈子遺文已不待辯或㠯爲代屈原爲辭尤非事實屈原之褒健向無明文可考今乃妄稱衰老於義何居且賈子之忠誠

可質屋漏庋湘賦雖頗寓遷謫之慨亦怨而不怒無愧風人此文篇首已云衰老篇中復云壽冉冉而日衰又云況賢者之逢亂世哉又云遠濁世而自藏㠯孝文之世爲亂爲濁後世猶無此言況在賈子若直㠯此爲賈子所作何異誣罔先賢妄謷渾沌朱子注楚辭雖亦姑事因循要爲千慮之一失非後學所宜附和今屏不復存亦徵質之義也是爲祛僞例弟五漢書食貨志曰文帝卽位躬修節儉思安百姓時民近戰國皆背本趨末賈誼說上云云於是上感誼言始開籍田躬耕㠯勸百姓又曰孝文五年爲錢益多

而輕乃更鑄四銖錢其文爲半兩除盜鑄錢令使民放鑄賈誼諫云云上不聽是時吳邑諸侯卽山鑄錢富埒天子後卒叛逆鄧通大夫也邑鑄錢財過王者故吳鄧錢布天下今按諫使民鑄錢疏乃陳治安大計疏六太息中之一節論積貯疏則別爲一篇更上於陳治安之後志文所紀皆非事實其說已詳見兩疏校詁下今復箸志文於此目備參考

史記太史公自序曰作辭邑諷諫連類邑爭義離騷有之作屈原賈生列傳弟二十四漢書敘傳曰賈生矯矯弱冠登朝遭文叡聖屢抗其疏暴秦之戒三代

是據建設藩屏邑彊守圉吳楚合從賴誼之慮述賈誼傳弟十八今按賈子扶翼政教之文漢書所紀詳矣太史公邑屈賈皆被遷謫必欲營合傳邑寄慨故悉汲賈子經世諸文惟載兩賦上繼懷沙俾與屈氏文埶相稱邑專規文字體裁幾使賈子命世之學不顯於後設非有班氏補傳世且不知賈子爲何如人矣太史公傳文辭雖工殊非史家正軌不足效也

賈子之進退不在絳灌而在鄧通劉子政所紀詳矣先府君已箸其說於年譜之後茲不具論或疑其說爲不必然不知但求諸漢書已有二證至今猶可佐子政之說賈子之諫放民鑄錢其論至精而孝文不聽其不聽者所邑爲鄧通也賈子之復召孝文自邑爲不能及而終不肯留仍出爲梁太傅其不留者非他亦所邑爲鄧通也有是二證則子政之說憭然矣然此亦孝文不知賈子之賢材故倒置如此爾苟能眞知賈子身繫治安之得失必欲假邑政教之任如齊桓之於管仲蜀漢之於諸葛君符秦之於王猛雖有百鄧通絳灌何患焉足爲天下圖治安而必不肯爲此後世所邑不能解也

寶應劉氏台拱曰陳治安疏行之二歲當作二十歲

今按內篇時變亦作二歲惟史記商君傳作二十歲劉說葢本此然賈子之意別有所在不得妄改也劉氏又曰治安疏與保傅傳本各爲一書班氏乃合爲一篇其說尤非陳治安疏綱舉目張義法井然保傅傳乃其羣目之一節文埶自有起訖烏得云班氏合二爲一哉史家載文惟有刪薙之法無代人撰文之例若合兩文爲一自作首尾是代人撰文矣有是理虖劉氏他說亦多未審惟此尤不可通不足辯也

重訂賈子內篇江都汪氏亦有此議而其書不傳其擬附楚辭惜誓亦非精審今所撰次雖邑全備爲主

惜舊既非賈子之文自當屏棄不錄按僞㠯亂眞最爲典籍之害汪氏乃不解此何也

史記集解班固典引曰永平十七年詔問臣固太史遷贊語中寧有非邪臣對賈誼言子嬰得中佐秦未絕也此言非是臣素知之耳今按因說是已其詳已見秦始皇本紀附記所謂小非不必非不足爲賈子重輕也

過秦乃賈子首篇次弟亦無乖刺惟文選題加論字史記附錄復倒其次敘嚴氏全漢文必據文選作論又不取賈子原文反㠯史記本爲正不知過秦名論乃昭明之誤先儒所辯已詳史記附文亦後世所加注家亦嘗議及嚴氏所錄皆出偏見不足依據也

內篇諸文舊本有事埶連語雜事三部之名自過秦㠯後至銅錢皆曰事埶凡三十二篇自傅職㠯後至道德說皆曰連語凡十八篇自大政上㠯後至立後義皆曰雜事凡八篇悉注部目於篇題之下而亦時有不注者連語既屬部類之名保傅後復別有連語一篇其義例皆不可曉今既撰定全書內篇亦別爲新弟覆分部類皆在所不取姑存其名㠯備考鏡連語一篇必有疏舛今亦無從更訂矣

賈子嘗受左氏春秋見漢書儒林傳及經典釋文而內篇書無其說史記日者傳又謂賈子嘗詣於司馬季主而本傳無其說兩事殆出附會皆不足信蓋道義之學先天也術數之學後天也其高下相懸不可㠯道里計雖管郭之精猶不足當顏曾之一顧其他可知賈子何人輒㠯市隱爲卑污司馬季主何人乃挾所能㠯抗兼綜四科之通儒其非事實亦可知豈日者傳乃褚少孫所補非史公原文其說因與本傳抵捂不合歟嘗受左氏春秋且爲訓故亦疑劉歆之徒所傳西漢之初未必有是也

蘇子瞻謂賈子不能親絳灌㠯蘄得政非篤論也彼賈子天下賢材之冠冕也㠯冠冕天下之材治兼善天下之學且已爲天子近臣乃責其不肯納交椎魯無識之絳灌㠯蘄得政不已過哉或者賈子既爲近臣遂挾所能㠯傲執政㠯此不爲執政所助則亦不爲無過而賈子無是也當是時賈子既白所學於朝則用舍進退悉當聽諸天子於絳灌無與也漢文如能眞知賈子惟當君臣一德不恥下問孜孜求治磨㠯歲月不過三數年足建成效之防亦可銷身後無形之禍乃志在無爲且誤㠯因循頹惰爲無爲不論

得失不辨是非故外惑於絳灌內惑於鄧通遂使賈子所學無補於世投閒置散馴至於死爾此其過不但賈子不能任卽絳灌亦不能獨任蘇氏乃獨取㠯病賈子何歟夫君子之進退消長遠則繫國祚之安危近亦關一時之治亂賈子之道不行卒成七國之禍漢家制度亦遂不能追三代之隆㠯蘇氏之智乃無一語及此殆非能通天人之故者矣烏虖蘇氏之論賈子如此及身屯邅其顚沛艱難乃更不及賈子之什一此尤俻論之士所深悲也

朱子論賈子學本從橫頗致不滿今考內外篇皆未及從橫之說朱子所論莫知所本殊不可曉㠯賈子之明德且兼顏曾所長乃意其學本從橫何也蓋不通天下之形埶不足㠯言經世不知天人之是非亦不足㠯言經世彼從橫之不足貴㠯蘇張之徒惟持其學㠯博取人閒之埶位富厚且必濟㠯變詐耳此實㠯人累學非必其學之能累人也今賈子招之則來揮之則去來則正義明道足爲一世之禎祥去則匿迹銷聲當世若未嘗有其人焉其出處之正已爲後世所共見而朱子薄㠯從橫意推其學於道義之外何歟又內篇三表五餌及幷兼者高詐力一語或

可爲從橫之一證然三表五餌乃天理人情所必至亦正見謀國之忠幷兼一語乃文辭之抑揚皆不足爲學術累也朱子又訶新書之文除漢書中所有餘亦難得粹者此亦不然內篇之文惟與漢書相涉者厖雜蕃蕪幾不可讀其非漢書所有者多獨見之文且時存古義盧抱經所論至確則亦未必非精粹之言㠯上兩說皆非定論而南宋㠯後目錄家莫不本此爲說故余次內篇敍錄自兩宋㠯後皆無取焉非敢略也㠯所論多妄不足爲賈子重輕也或曰朱子語錄亦不免附會增損之誤是則非余所敢知矣

近世錢塘袁枚子才過長沙弔賈子賦曰惟吾夫子之於君臣兮淚如秋霖而不可止前既哭其治安兮後又哭其愛子爲人臣而竭其忠兮爲人師而殉之㠯死又曰彼絳灌之戇戇兮召儒生而恆東向見夫子而吷所怪兮㠯弱冠而氣淩其上曰丁我躬而未諳夫人世兮未免負孤姿而抱絕狀當七國之妖氛將發兮彼社稷臣無一語徒申申其排余兮余又見木索箠笞而憐汝孫兩愛而莫知所爲兮終不知千古之孰爲龍而孰爲鼠彼俗儒之寡識兮訶宜交驩夫要津使詭遇而獲獸兮吾又恐孟某之笑人聖賢

毋汝汶而屯邅兮厤萬祀而不知其故也吾獨悲吾夫子兮爲其知而不遇也又曰欲嘉遯虖山椒兮感君王之恩重圖效忠於晚節兮鵩鳥又知而來送已之薄命固甘心兮又累梁王而使之翻軖傷爲傅之無狀兮自賢人之忠愛也三十三而化去兮恐終非哭泣之爲害也彼顏淵之樂道兮亦時命之不長賢者不忍其言之驗兮宜其身先七國而亡先儒之論賈子者衆矣其說至確至公反未有及此賦者蓋袁氏胸無城府超然於門戶之外故平情尚論不肯誣及先賢轉得爲賈子之知己爾惟不知賈子外謫之

故偏信史家専咎絳灌猶不免失考然以弱冠後生敢爲此等文亦賈子之畏友天下之奇才已其直以蘇氏爲俗儒寡識亦快心之論也

材力過人者爲豪傑道義過人者爲君子若以道義兼材力且負經世之志高世之才然後得爲賢哲人必至賢哲乃足備三才之一通天人之故此百世不祧之說也一家賢哲必繫一家之治亂天下賢哲必繫天下之治亂然以一人之身至繫天下之治亂其孰必不爲天人所容何也以世運將治其治亦必有分劑而賢哲之規治安決不肯姑如分劑而止世運將亂必先樹釀亂之階及致亂之人而賢哲之規治安又決不肯姑容此兩事故世運將頽賢哲必無通顯之理或先被其殃如後漢兩宋諸君子皆是也賈子經世之才實在漢宋諸君子之上乃致力規百世之治安而孝文之心惟在苟就須臾之治且方藉釀無形之亂則賈子不能得志於當世乃天道之自然殆無足怪然賈子之志雖不行於當時未嘗不大伸於後世特漢代之政教由此遂一蹶不振且因循蒙昧至數百年沒而後已亦君子所深悲也蓋天定雖可勝人而人定亦必能勝天靳天永命乃先天不違

之學先聖之至言也乃其時治人儼在而治效無聞天且無如人何矣此亦爲國者所宜知也

從祀孔子廟廷學校之鉅典也唐宋以後朝廷以是爲襃崇盛事諸儒亦以是爲沒世光榮尚已然論者謂前世已經祔祀諸公雖頗有是非要非後學所當議惟經世賢哲如賈子實漢氏以來真儒之冠冕至今猶未議從祀典禮殆非崇德報功之義蓋希聖之方惟以至誠惻怛兼濟天下爲絶業其餘皆細故也惟其明體達用然後足以爲兼濟然其學非志士仁人不能通非依託經術専務記誦者所能入也賈子

為學兼綜三德高挹四科㠯覩闕里諸賢毫無愧色其經世之業爲世所已知者不具論他若進德之勇闇修之密亦備見內篇書其文雖頗爲後世所亂而是非誠僞猶昭如日星未嘗有一語之缺佚也苟持此㠯議從祀之典不但決無遺議亦可使經世通儒有所觀感詎非盛事特㠯推闡無人且非外吏所能及爲可惜也賈子之前當補祀者更有荀子一人荀子之罷祀𠁊於張璁桂蕚之徒不知張桂何人竟能黜荀子之祀典而近世專僻之儒猶不肯詳繹本書仍事排擯此無他至誠惻怛之絕學非兼善通識之

賢俊決不能悉其淵源也賈子之後當從祀者更有盧尙書植高中令允此皆忠貞剛毅行義經術皆㠯兼質天人者如均議祔祀於先賢之列亦典禮之光也今輒附鄙說於此㠯備主持名敎及議禮之通儒擇焉若諸公事實則史傳詳矣無俟覼縷也

史記索隱誼爲傅是吳芮之玄孫差襄長沙王時非景帝之子長沙王發也荊州記曰長沙城西北隅有賈誼祠及誼坐石牀在正義括地志曰吳芮故城在潭州長沙縣東南三百里賈誼宅在縣南三十步湘水記曰誼宅中有一井誼所穿極小而深上斂下大其狀如壺傍有一局腳石牀容一人坐形流古制相承云誼所坐今按　大淸一統志賈誼故宅在今長沙縣西北濯錦坊縣志賈太傅故宅今濯錦坊之屈賈祠也又湘鄉縣南有賈太傅祠河南府城東關亦有賈太傅祠均見一統志此皆賈子故實之緒餘也

賈子卷弟十六竟

正安通息王氏校栞版
存泰州寓宅龍樹精舍

賈子次詁後敘

龍宛先生兼通儒佛深究天人之故五十後尤篤好賈子之學新定賈子書三篇義例謹嚴援據奧博諸論說皆折衷至當無所偏倚賈子二千年之墜緒至是乃昭晰無疑以質昔賢殆無愧色先生嘗言賈子之學以操本運末故能超然於萬物之表若本末倒寘懷挾偏私舍至道以談經世即下愚亦未能通曉況在賢哲其說絜靜精微洞悉政教之本蓋名言也光緒癸卯春先生既重訂賈子遠屬校讐且徵敘引兆琛雖志在希古莫敢當禮惟仍述昔所聞於先生

者以冀無倍宗指然獨見之學幾非流俗所能喻先生雖軫念橫流慨然太息以擴經世之大防亦奚補哉先生字穆存亦字道農自號龍宛居士由主事改南河同知今為徐州府運河同知所著別有毛詩音詁龍樹篇新定周易傳義董子蘇子及正定王氏家傳宗史龍宛文稾若干卷兆琛嘗議具錄副本以示同志而先生以尚無定稾執不可今輒因審定賈子敬附鄙說以當息壤錄副之業姑以俟異日云丹徒

後學陳兆琛

賈子次詁後敘竟

正定王氏家傳

（清）王耕心 撰

《正定王氏家傳》六卷，清王耕心撰，據南京圖書館藏清光緒十九年（一八九三）泰州龍樹精舍刻本影印。

王耕心（一八四六—一九〇九），字穆存，一字道農，號龍宛居士，清江蘇泰州人，祖籍正定。官徐州府運河同知。學兼儒釋，深究天人之故。五十歲後尤好賈誼之學。著述甚富，有《新訂周易傳義》《毛詩音詁》《賈子次詁》《龍宛居士集》《龍宛文稿》等。

《正定王氏家傳》六卷，五十篇，撰於光緒十九年，上起洪武年間明清族人傳略。書前有自序，第六卷後有後記，書後附《王蔭祜覺華龕詩存》。首篇『始祖清源公家傳』載，明洪武三年（一三七〇）王氏因官府調遣自太原清源縣遷至正定（時稱真定，雍正年改）。自清源公起逾八代，方山公爲入仕宦第一人，正定王氏至此時始仕宦不絶。五六百年之間仕學相承之世家，爲近代少有。王氏仕宦，不過九卿、監司，而王耕心述其祖訓，以家道之升降由於道德修養之盛衰。閲覽是書，可知王耕心文風近古，然其人不以著述爲事。其曾祖王椒園與其伯父王梅叔皆以釋氏之學爲旨歸。古之才識之人通達於釋氏之説，以萬物爲虚幻，惟意念爲本真，即意成空，因空定物。以『意物』之間不隔一塵爲修行之要務，捨程朱心性之學而談形氣之説，而格物致知之事興盛。然因循釋氏之説而更探求之，盛衰治亂之氣運且有更新，不僅謹守之以善其家。蓋王耕心亦有更新其家之意。

（侯君明）

正定王氏家傳

宗炎敬署

光緒十有九年夏六月彫栞版存京師宣南龍樹精舍

正定王氏家傳敘錄

敘曰學不足以知一心胡以爲身謀識不足以知一家胡以爲國與天下謀此皆君子所宜急乃泄泄以從事可憂孰甚焉耕心無狀睎道誼之原莫能徹其涯涘雖於先世文獻仰止旣久確知其會通所在此家傳之所繇箸也我王氏奠居正定禩踰五百仕學相引十有四世命世之傑或接迹古賢篤守恆心無所失墜者亦項背相望而求諸家乘記載蕪浩莫能統一若不亟加譔集且虞湮沒無傳故過不自揆廣稽旁證理而董之謹次爲傳以詒後人務宏追遠之規遂違退讓之雅匪敢專也有所不得已者在也其論述大例則一本史氏或加埤益必以比義爲斷若掇拾凡陋以累我先人則有所不忍增不知誰何之美以誣我先人亦有所不敢得失之故我先人之靈爽實式憑之雖爲不知者所詬病無恤焉此義法所在小子所嘗盡心者也烏呼尊祖故敬宗敬宗故收族收族之制雖末繇復尊敬之誼烏可不求其本然而志不立知不致視一家如秦越能契性命之奧者誰歟能擴兼善之量者誰歟能不朽其業以爲祖宗光者誰歟此尢小子所深懼且彷徨四顧累涕增欷

不能自已者已後嗣達人其亦有取乎此正定王氏家傳五十首總六卷敬次目錄如左光緒十四年太歲在戊子冬十月校定訖付汗青可繕寫其十一月哉生霸弟十九世裔孫耕心謹譔

始祖清源公家傳
四世祖太和公家傳
封中憲大夫開封府知府七世祖後泉公家傳
山東按察使司副使整飭臨淸兵備道八世祖方山公家傳
光祿寺少卿九世祖紹山公家傳

膠州州判九世本生祖見山公家傳
山東左布政使九世從祖思山公家傳
霍州學正十世祖視亭公家傳
贈文林郎宣化縣知縣十世族祖㝛思公家傳
附學生十世族祖奕思公家傳

右弟一卷

石埭縣知縣十一世祖百成公家傳
附學生十一世族祖君錫公家傳
太常寺卿十一世族祖恆碭公家傳
贈朝議大夫知府銜永定河北岸同知十一世族祖冰潭公家傳
附學生十一世族祖軒明公家傳
肇慶府同知十一世族祖紫鉉公家傳
贈修職郎句容縣縣丞十二世祖潔齋公家傳
附學生十二世從祖和璞公家傳
恩貢生十二世從祖文懿公家傳
廣西右布政使十二世族祖止庵公家傳
福州府知府十二世族祖柏崖公家傳

右弟二卷

婁縣縣丞十三世祖厚庵公家傳

任縣教諭十三世從祖蘅皋公家傳
孝子十三世族祖少梅公家傳
南康府知府十三世族祖奕臣公家傳
翰林院孔目十三世族祖瀛一公家傳
萊州府知府十三世族祖樗庵公家傳
處州府知府十三世族祖瀓齋公家傳
臺灣鎮左營參將十三世族祖子聘公家傳

右弟三卷

贈通議大夫兩淮鹽運使太高祖廓亭公家傳
樂昌縣知縣十四世族祖眉庵公家傳

海州州判十四世族祖香巖公家傳
饒陽縣教諭高祖漁湖公家傳
盧龍縣訓導十五世族祖均庵公家傳
贈文林郎夏縣知縣曾王父卜臣公家傳
浙江按察使本生曾王父椒園公家傳
附學生王父琴舫公家傳
知州銜汾陽縣知縣從祖遠亭公家傳
兩淮候補鹽運使司經歷先考鞠龕公家傳
鹽提舉銜江蘇候補知縣世父梅叔公家傳
知府用武定府同知從父五橋公家傳
翰林院檢討從父石廬公家傳

右弟四卷
十一世族祖妣邵夫人家傳
十二世族祖妣梁夫人家傳
十三世祖妣梁孺人家傳
十五世族祖妣劉太君家傳
本生曾王母傳淑人家傳
王母傳太君家傳
右弟五卷
王氏先正會傳

王氏先碩人會傳
右弟六卷
弟十九世裔孫官穀審定官澄爕立譯柳官智官敍
宗炎官菰官滔襄閱二十世裔孫海琳海觀海華海
壽海年海康海容海崧海昆海岑海諶海鑄海會海
慈海筠海鈞恭校

正定王氏家傳敍錄竟

正定王氏家傳卷弟一

弟十九世裔孫耕心箸

始祖清源公家傳

公系出太原王氏諱大賢先世山西清源縣羅谷都西峪村人有明洪武三年以選充眞定衛右所小旗始遷眞定遂爲眞定人字不傳後嗣號稱清源公楬先籍也公家眞定卜宅城北之權城村及卒葬城東三里屯今塋兆存焉或謂公所居亦在三里屯蓋誤子三曰林曰思忠曰福廣

十九世裔孫耕心曰公遷眞定迄今五百二十年保

世滋大宗支繁衍而數典者或致忘祖殆非所以承先澤也清源於元屬冀寧路於明屬太原府眞定於元屬眞定路於明屬眞定府清源今曰清源鄉幷入徐溝縣眞定自雍正後乃改稱正定而新修正定縣志於前世縣名宜書眞定者皆改爲正定義例疏謬不足依據此皆吾宗所宜知也相傳公始遷時夫婦二人以獨輪車至衣衾釜甑外無長物故清源以上世次無徵焉居眞定後文獻相承譜牒咸備乃彬彬然無缺軼矣自公寄迹兵農傳數葉無顯者而每以潛德懿行見推鄉黨四世祖太和府君開誠化俗食貤九箸及七世從祖柏軒府君始登仕籍爲學官八世祖方山府君始以科弟起家致身通顯繇是三百年來繼繼繩繩守業勿替號吾縣箸姓徵門閥者必及焉蓋皆公之詒謀有以啟之此尤吾宗所宜知也夫世家大族皆以天爵爲盛衰而人爵其後焉者也故當其始莫不崇德懋功然後世業隆起慶及子孫及其衰亦莫不裂冠毀冕然後身名兩敗辱及先祖亞聖之訓乃百世通誼既昭然矣而妄庸之士每以門祚既崇轉忘先世功德蔑棄禮法逐欲忘歸大則侮世殃民立見禍敗小亦辱人賤行下伍輿臺乃猶

坦然向人無意內訟不知祖宗有靈痛哭地下者固已久矣烏呼家道升降之原天人相與之際可勝歎哉耕心少別里黨壯無學術而於木本水源恆久不忘故因論次公傳慨然太息輒附鄙說以質吾宗夫盛衰之理海內名族莫不皆然吾宗得失詎能獨外有志之士苟外治方策內克身心獨善兼濟孳孳不已天人之故既通轉移之境斯闢果能無忝先祖自然福被子孫矣明哲君子通材子姓其念之哉其念之哉

四世祖太和公家傳

公姓王氏諱順字用和直隸眞定人考亨公少業農不甚解文字而天資朗悟敏於剖斷鄉人有疑就公決公輒以片言析是非皆唯唯退謝莫能置詞久之名漸箸排難解紛無虛日鄉黨畏公甚於畏長吏終公世鄉無訟獄而公開誠接物謙謙自牧終其身無名利心故遠近慕敬之號稱太和先生而不名順德府有疑獄久不決巡按御史檄知府必欲得其情知府難之一老吏進曰眞定有太和王先生者雖布衣然持行高有聽斷才試與謀或得當焉知府以爲然使使者聘公公辭焉使者再請乃往知府告以故問

策所出公使知府訊兩造而自屏間聽其辭訊已謂知府曰某囚某辭中有罅隙繇此批導之情僞可立判也知府諾一訊而服讞遂定獄上巡按驚異之移檄褒美知府悅推公爲上客疇以金幣辭不受乃以禮遣歸繇是名益箸賢豪長者皆願納交而公無所矜伐謙抑如故也卒年失考順德之役在有明宣德閒子三瑄璋琪

十六世裔孫耕心曰正定王氏肇基於清源種德於太和下逮後泉方山乃昌厥宗今之三大門皆太和子孫也而太和之名知者蓋鮮詎非後死之責哉蓋世族之陋莫甚於忘忽先世之潛德而惟徵名爵苟懲其陋則振公之緒者必有人公乃大慰公益不朽矣同里梁玉立氏清標嘗爲公傳稱公有王彥方之風而以限於資格不獲用世爲公惜是固然矣而耕心所深惜者乃在彼而不在此吾宗明哲不知又以鄙見爲何如也

封中憲大夫開封府知府七世祖後泉公家傳

公姓王氏諱佑字天眷號後泉直隸眞定人始祖大賢原籍山西清源縣有明洪武三年始遷眞定後嗣號清源公清源子林林子亨是爲公高祖亨子順順

號太和先生是爲公曾王父太和子璋璋號東原翁是爲公王父東原子連連號潛德翁是爲公之考東原倜儻有節概潛德孳孳樂善好施濟鄉黨皆推重之公少治舉業無所就而篤守古訓廉隅自好非禮弗履潛德府君丞世公事王父及妣賈太君盡敬盡養無毫髮過東原府君篤愛之嘗曰承先業啟後昆必在此兒矣公每以先學自訟教諸子有法度以冢子貴封中憲大夫河南開封府知府及冢子卒更以所以教子者教諸孫諸孫復繼起公乃以壽考終年八十有九時萬歷九年也公抑抑自下樂道人之善

子孫雖貴顯足迹未嘗及公門治家儉約衣無紈綺食不重味蓋有古敦龐長者之風焉子四長撫民纍官山東按察使司副使整飭臨清兵備道次育民次新民儒官次澤民

十三世裔孫耕心曰竊觀家乘見公教子若孫勤勤精到無文飾意蓋皆出於身體力行非襲故紙以講學者所及焉渾渾爾噩噩爾溢三百年聞公之風者猶不敢萌佻薄念誠之所及遠矣哉

山東按察使司副使整飭臨清兵備道八世祖方山公家傳

公姓王氏諱撫民字仁甫號方山直隸眞定人考佑封中憲大夫河南開封府知府公繇嘉靖二十年進士授戶部廣西司主事累遷郎中外擢河南開封府知府性通敏有吏材官戶部時督理太倉銀庫適有僞銀納官之弊公疏請納銀者皆鐫官銜匠名於錠以備稽覈朝議韙之遂著爲令初莅開封時有積案三百餘宗不數月皆訊決無枉縱府人稱神君焉居官風裁棱棱無華飾無私謁後遷山東按察使司副使整飭臨清兵備道卒於官年四十有一時三十四年也子三蔚光祿寺少卿藻山東左布政使薦山東

膠州州判

十二世裔孫耕心曰公强仕徂謝治勣不多見然廉以持身明以莅政綜其大端已足詒似續矣厥後子孫濟美循良踵起有以哉

光祿寺少卿九世祖紹山公家傳

公姓王氏諱蔚字國光號紹山直隸眞定人考撫民山東按察使司副使整飭臨清兵備道公繇隆慶五年進士授山東滋陽縣知縣滋陽多宗室無賴最號難治公至持正不阿一裁以法人不敢犯數年縣大治擢南京戶科給事中督理後湖黃冊悉屏宿蠹都人稱之閱五年遷尙寶司少卿旋擢北京光祿寺少卿未赴以憂歸公少時刻苦力學有文名立朝侃侃不畏强禦官戶科時嘗極論屯田積弊復抗疏劾罷授戶部右侍郎胡執禮及右都御史謝鵬舉以是邪黨皆側目迨憂居竟以被論除名終於家萬歷二十年卒年五十有一公居鄉篤恩誼所周恤無慮數十百人退處十年角巾布服翛然自得其沖淡尤不可及云繼嗣子兆吉山西霍州學正

十一世裔孫耕心曰明自萬歷後小人道長君子道消士大夫少箸風節輒掇奇禍繇是頹墮馴致滅亡

卒無覺悟通識憾焉公正色立朝無所貶詘以未躋顯位僅獲廢棄殆有天幸然譏人高張賢士無名治索其流弊所極彌足悲已

膠州州判九世本生祖見山公家傳

公姓王氏諱薦字國士號見山直隸眞定人考撫民山東按察使司副使整飭臨淸兵備道公少有宿慧甫冠與伯兄紹山仲兄思山兩府君皆以治舉業文有盛名而公尤箸後兩兄皆登弟公獨不遇晚繇歲貢生授山東膠州州判恥以送迎絓歲月自免歸萬歷四十二年卒年六十有八子二兆慶附學生兆吉霍州學正少出嗣爲伯兄後

十一世裔孫耕心曰公以舉業文見推於鄉黨乃恆欿然不自足人多怪之蓋科弟之外猶有事在公旣稔知之論者或不及知爾近世治舉業者乃幷文藝不自反遽積怨尤以貽通識笑陋何如哉然則公所失者僅其一公之所得猶處其二焉此又子姓治舉業者所宜盡心也

山東左布政使九世從祖思山公家傳

公姓王氏諱藻字國華號思山直隸眞定人考撫民山東按察使司副使整飭臨淸兵備道公繇隆慶二

年進士授南直隸甯國府推官署宣城縣知縣內擢禮部祠祭司主事改廣東道監察御史巡視中城出巡兩浙鹽政巡按山東旋還朝巡視京營當是時江陵張居正當國諸附麗者恆得美秩公獨孤行己意無所阿比有挽以共投門生刺者公辭焉居正母路出山東餽謁者駢道公方爲巡按獨不往及巡京營復論劾居正所親厚者以是積忤居正意幾爲所中賴銓曹持以公論得無恙但藉年例外轉按察使司副使分巡河南道人皆爲不平公夷然也初知宣城多惠政經畫一條鞭法利民尤大及巡兩浙執法不撓鹽政大起分巡河南時有礦盜倡亂公嚴緝皆就捕復有妖黨縱橫公設方略解散之全活甚眾萬歷十年遷山東布政使司參政分守濟南道旋署布政使越二年以憂歸服闋除陝西參政分守隴右道旋改按察使司副使整飭莊浪兵備道莊浪僻在邊垂地方雲擾會以歲祲邊餉屢空士卒嗷嗷且激意外變公乃議多增鹽引而使鹽商納糧餉於官繇是商皆應募不兩月所納粟已支一歲是年秋成復稔士馬飽騰邊圉遂安公乃乞病歸有終焉之志旣閱視甘肅給事中李汝華及巡按直隸御史安文璧交章

論薦詔賜金幣復起爲按察使司副使整飭霸州兵備道二十年遷河南右布政使尋轉山東左布政使時東海有倭警議沿海設兵而以乏餉爲憂公爲别籌餉源糧乃不匱已而歲大饑民多流亡公議以備倭軍糧四萬石振之民獲蘇醒所拯無筭司庫收支胥吏爲奸畸輕畸重州縣以爲鉅患公復議出納之際使解官自兌宿弊遂絶二十二年以疾致仕甫兩月終於家年五十有一公少有至性潛心道誼通周易好宋五子書其爲學以主忠信爲本以希聖爲歸胸有統會視聽言動靡不中禮莅政精勤案無留牘

而尤以清節著初署山東布政使吏以羨餘進公不納時宗藩祿糧多缺乃以所羨償所虧宗藩德之分司隴右時州縣解紙贖心紅之屬亦不取及再任山東吏進羨餘萬餘金公悉報撫按存爲公費已請以三千金修文廟登州蓬萊罹水災多死者乃以所餘充振貧民大感悦撫按皆敬異同年生張鞏昌謂公清介太過以爲大愚而山東高副使者方官井陘道每謂公鄉人曰此我山東二百年所未有也當是時以方岳負海内重望者公實稱首云其居家孝友肫摯終身如一日自奉儉樸外無華飾内絶聲色及告歸田宅無所增不異爲諸生時而秉性慈祥好周人急同府賈知州者有賢名貧無所棲卽捐廬以處之鄉人以爲難天啟四年詔祀鄉賢祠子六兆年附學生兆甯登世兆弘四川丹棱縣知縣兆熙廪膳生兆泰附學生兆定禮部儒士

十一世從孫耕心曰吾宗以聖學見者公爲弟一人而著述無傳厥後十三世從祖蘅皋府君繼之有著述矣而阨於仕進兼善無聞及我本生曾王父椒園府君會通儒佛起而恢宏之論箸奥衍能自樹一家言治勣充實亦與公先後輝映則皆公有以導其先

也公爲學有實效無空言得於有明叔季之世爲尤難柏鄉魏文毅公銘公之藏謂公抗志希古懸魚茹蘖始終如一所論最切蓋知言云

霍州學正十世祖視亭公家傳

公姓王氏諱兆吉字子祺號視亭直隸眞定人考蔚光祿寺少卿本生考薦山東膠州州判公繇歲貢生授曲周縣學訓導崇禎十三年遷山西霍州學學正霍州附生苟如蘭嘗以事忤知州丁時學時學惡之必欲致之死屢謀於公公以如蘭無可殺罪拒不應時學大慽每以事陵轢公公卒不顧十七年春霍州

土匪大亂劫殺雲起且謀迎流賊公慨然棄官去猶以兵阻不得歸如蘭聞之感公舊恩屢館公於別墅數近兵火卒獲無恙適公子太初亦自家來訪遂得歸而困瘁已不可楮矣順治五年卒年七十有六子二太儀附學生太初江南石埭縣知縣

十世裔孫耕心曰公宅心敦樸犯而不校觀所箸年譜蓋自處家已然不獨苟生一事已也晚更喪亂履險不傾身名俱泰亦其宜矣

贈文林郎宣化縣知縣十世族祖尊思公家傳

公姓王氏諱兆年字伯修號尊思直隸眞定人考藻山東左布政使公性端毅操純履潔慕古篤行士九以家法名鄉黨閒其治家婚嫁喪祭皆有儀式不豐不嗇適如禮制晨興坐堂上男女各營所職業無敢惰男非冠女非褎裳無敢以褻見布政府君有丈夫子六公其冢子也六子既有室食指益繁而布政以清節箸既歿家無長物公不干非義惟以勤儉率諸弟諸弟亦循其教家賴以濟暇則涉獵載籍旁及醫方卜筮督諸弟惟以經史故諸弟皆以儒術見而弟五弟兆泰尤以高材博學知名太常公鍾龎公仲弟之子也少孤公視之如己子而尤有恩太常既老每

念公及公之所以治家者輒太息以爲古之人焉公卒後家人守其成法門以內莫不雍如肅如眞定論有家法者必曰王氏皆公之遺也公少補附學生以冢孫官贈文林郎廣西宣化縣知縣卒年三十有九萬歷三十三年也子二鍾美定州營千總鍾鼎附學生

十世族孫耕心曰古以家法名後世者漢曰石氏唐曰柳氏宋曰呂氏陸氏恩義兼箸足以儀百世雖先聖哲修齊之學無以遠過公所爲庶幾近之矣然有治人無治法苟無其人法不徒行而公之於家一人導於前諸子弟亦相率奮於後遭遇既美終獲令名尢使人低徊無已焉

附學生十世族祖奕思公家傳

公姓王氏諱兆泰字階平號奕思直隸眞定人考藻山東左布政使公天才英敏兼資文武於學無所不闚經史外凡天象地形兵法奇遁及陰陽術數莫不殫精研思通其奧賾遇異書必錄其副俛而誦仰而思手胝口沬無厭倦也生有神力舉重若輕殆勝百鈞嘗與從兄霍州公兆吉戲手車軸兩輪寘大樹上人莫能取見者駭焉當是時海內多故公既負異材

愜有用世志已見事無可爲乃終隱不復出年五十有一卒於家崇禎間嘗與客登城遙矚忽見東北方紫氣炎炎其光燭天或問故公歎曰國運將有大變此天命也復何言公既殁三年莊烈殉國明社遂屋公之卒實崇禎十五年五月也公少補附學生子鍾岳增廣生

十世族孫耕心曰公以驥代逸才侘傺以終殁後惸惸孤寡至無以殮子壻都司僉書賈人豪哀之既助其喪復楬表墓上斬用不朽文詞雖略其高識厚誼有足多者烏呼桓桓武夫乃能知此彼才智自命者於三不朽事轉無聞焉何也公於是爲知人矣

正定王氏家傳卷第一竟

正定王氏家傳卷第二

弟十九世裔孫耕心箸

石埭縣知縣十一世祖百成公家傳

公姓王氏諱太初字百成直隸眞定人考兆吉有明山西霍州學正順治十六年公繇副榜授江南石埭縣知縣甫莅任閩海盜鄭成功寇江南移檄遠近府縣使出降不降且屠城江南大震石埭民恐私造降册劫公入土地祠迫書諾公力拒則脅以白刃公以頭觸柱示必死民曰公雖不降不能禁我輩之降我輩降亦不患公之不降也遂扃祠門使人嚴守而出議迎降事議未定梁總兵化鳳援兵已至痛剿賊賊大潰城遂獲全而民之首事降賊者懼官發其謀將及禍猶洶洶圖議勢且不測公聞之急招至喻之曰吾爲　朝廷命吏固無降賊理若輩欲降亦徒以避死耳豈誠樂從賊哉今幸荷　天子威靈及梁將軍之賜已出若輩於萬死則若輩猶吾赤子也吾忍使若不死於賊轉死於吾手乎遂取降册對衆焚棄之衆感泣去民心乃安縣民陳懋修者富而狡先爲布政司書吏以犯法被斥且發本縣杖責公奉檄將行法懋修使人說公乞免且進巨金爲壽公不可再請

固不可卒杖之懋修大恨必欲殺公以泄忿乃賂羣盜劫公署盜至不趨倉庫惟務殺人有家僕二人嫺技擊出禦之殺一賊而二僕亦被殺公走匿後圃鹿羣中鹿競蔽之盜大索公不可得搜後圃則羣鹿臥自若盜謂已逃乃罷索而卒攫縣印去公繇是奪官留緝盜已而盜盡獲奸謀大露逮懋修繫獄懋修復上下行賄謀翻案凡數年幾爲反噬及羣盜伏法案乃結公亦以赦復官乃歸里不復出崇禎十七年山西大亂霍州府君棄官避寇於山堡音耗斷絕公徒步往省崎嶇兵火閒卒訪得之父子相抱泣乃奉以歸歸途屢蹈危險皆無恙人稱其孝感而霍州府君亦謂人曰不圖吾兒之誠孝若此也公少時刻苦向學工詩畫今皆不可見惟逸詩一卷藏於家康熙三十年卒年八十有三子六璨附學生珆廩膳生玡附學生瓚增廣生玶恩貢生球康熙辛卯科舉人

雲孫耕心曰公於忠孝大節卓然無愧博涉艱難卒以獲濟殆繇天相厥後文獻相引幸無隕越今且十世矣則公之詒謀遐哉茂焉苟有明哲烏可不追念所從出哉

附學生十一世族祖君錫公家傳

公姓王氏諱鍾鼎字君錫直隸眞定人考兆年附學生公少有儁才治經籍求大義不屑爲章句學善屬文好詞賦天性忠耿篤於宗族每出佐大府幕脩脯所入恆分助里黨無德色王氏向無家乘公始創爲之後累世譔集得成完書皆公有以倡之也故明崇禎十七年公客北京三月李自成來寇及城陷公大憤號呼曰國家養士三百年今乃見社稷傾覆邪吾縱不能操兵柄以制賊肯與賊共戴天哉乃衣襴衫赴棋盤街罵賊賊不聞聲益厲賊大怒交刃之遂遇害烏呼足不朽矣公少補附學生無子

九世族孫耕心曰公以諸生殉國難而忼慨若此殆無所爲而爲之者邪設通籍當與申孔嘉黃陶庵諸君子爭烈矣

太常寺卿十一世族祖恆碭公家傳

公姓王氏諱鍾龐字慧生號恆碭直隸眞定人考兆甯丞殉妣趙氏高邑人吏部尚書忠毅公南星女繼妣許氏同縣人也明熹宗時公以恩貢生授內閣中書舍人魏忠賢亂政忠毅具疏劾之密以稾授公使繕寫公藏稾於內宅而繼妣許太夫人有姪亦官京師久爲魏氏私黨而公不知適至公內宅竊見疏稾

伺公隙遽袖之走白忠賢繇是忠毅之禍益棘而公之名亦遂爲忠賢所知矣及汪文言獄起忠毅被陷公亦牽連就逮保定巡撫郭尙友及巡按御史馬逢皋皆忠賢私黨也既庭辱忠毅復杖公及忠毅子淸衡獄具讁公戍永昌衛逮莊烈踐位乃得召歸復原官旋擢翰林院典籍加禮部員外郎李自成陷北京公不屈被繫幾死公子原膴以計脫公於獄乃歸里我

世祖定鼎京師起公於家再復原官遷太僕寺少卿再遷太僕寺卿太常寺卿公少明敏博聞强記爲文

踔厲風發饒奇氣官京師久尤習掌故凡 朝廷大典禮如玉牒經筵諸儀式多所裁定性好周人之急族黨賴以舉火者甚衆而自奉乃極儉轉有人所不能堪者順治十五年終於位年六十有六 詔賜祭葬贈通政使司通政使子二原膴廣西右布政使原直福建福州府知府

九世族孫耕心曰明代忠烈之士震爍天地自東漢以來不多覯而附和權奸者頑鈍無恥天良泯絶亦往往出恆情之外心術之不相及誠有不能推測者邪如許氏之於公抑何怪也許氏以媚璫故頗致通顯巡按淮揚時進羨餘金百餘萬復爲魏璫建生祠故崇禎後名列逆案而陷公始末亦詳見眞定鑒誠志事既著矣今沒其名蓋不欲刻覈出吾宗非爲閹黨諱也自公被陷後吾族例不與許氏通婚姻至道光間有犯約者宗人輒大鬨復申舊例而許氏名益顯烏呼怨毒之於人亦甚矣黨奸禍世之徒其得失果何如哉

贈朝議大夫知府銜永定河北岸同知十一世族祖冰潭公家傳

公姓王氏諱鍾岳字岱輿號冰潭亦號恆石直隸眞

定人考兆泰有明附學生公天才超軼狀貌瓌傑美須髯善騎射工書畫詩歌詞賦靡不精妙博聞强記學演迤無涯涘少充增廣生每試不得意後遊京師名藉甚或勸繇捷徑擬功名復不屑就竟以諸生終性豪邁好游名山水足迹幾徧海內同里梁公清標公之甥也康熙十二年秋以戸部尙書奉 詔赴廣州經理平南王尙可喜徹藩事公與偕行時廣州議論籍籍人皆洶懼公獨飲酒賦詩與梁公相應苔意豁如也王氏向無家乘公因從兄君錫府君所錄世系創義例蒐集之乃有成書所著曰香草亭詩集若

干卷所遺書畫燕趙閒皆珍弆之今且寥寥不易靚云康熙三十八年卒年六十有六以孫官贈朝議大夫知府銜汞定河北岸同知子六原貞增廣生原昭國子監生原縠廩膳生原雍處士原讓原煥皆增廣生

九世族孫耕心曰吳三桂既叛於雲南廣州人多反側梁公喻解之公與有力焉王氏家乘萌芽於君錫府君公復繼爲之及我太高祖廓亭府君踵事增修事迹乃備公之有益於宗學者於是爲大若抱道懷蓺不爲世用乃畸士所同慨蓋非獨公一人已也

附學生十一世族祖軒明公家傳

公姓王氏諱鑑字軒明直隸正定人高祖倫字柏軒有明嘉靖閒拔貢生官阜城縣學教諭曾王父獻民字愼菴處士王父蔭字仰山崇禎閒禮部儒士考兆鯤武舉人是爲振南府君府君性忠耿篤恩誼與人交始終無閒時推魁傑長者族子石埭縣知縣太初以被劫奪官賓客僕隸皆散去府君方家居聞之慨然徑偕石埭之子玣往省於江南相依數年外佐訟獄內謀生計備極勞瘁卒與甯事歸或勸其去府君曰朋友且共患難況宗族乎卒不聽康熙四十七年

卒年九十有六公少補附學生能爲制舉文而試輒不遇鄉居教授垂三十年生平力崇勤儉自立家室有耕而後食之操嘗曰吾值豐年如凶年至凶年當如豐年也年幾八十猶躬自灌園或以節勞勸公曰吾自樂此不爲疲也若飽食而嬉不閒死且氣死矣乾隆五年卒年八十子原恪

九世族孫耕心曰自風俗日下無恆心遂無恆產者大氐然矣公所爲雖硜硜無奇節要爲優游自逸之藥石烏可忽乎他若阜城府君創習儒業爲吾宗弟一人振南府君夙肄韜鈐而卓然有高世行皆足以

震聾聵厲薄俗亦豈甘下達保妻子者所能幾哉今皆匃而箸之於篇非無謂也蓋有以也

肇慶府同知十一世族祖紫鉉公家傳

公姓王氏諱鏐字紫鉉直隸眞定人曾王父子民字心庵有明附學生四世祖太和府君之元孫也重然諾篤恩誼處已以敬謀人以忠宗黨賴之王父衢字嗣山亦明附學生性坦易無疾言遽色橫逆相加輒謹避之未嘗與校家饒貲產好行利物事時推長者考廷瑞字德徵順治戊子科舉人河南鹿邑縣知縣公繇國子監生官河南夏邑山西翼城兩縣知縣擢

廣東肇慶府同知康熙三十六年卒於任年五十有四白公曾王父迄公凡四世皆以敦族睦姻爲務公天性恢宏尤好施與居家設義學以教宗族子弟賴以成名者甚衆值春秋試期必按名助公車費終公世無以貧故阻進取者戚族誣諉乞假歲無虛日公皆量力賫之無不意滿其視人艱難一如疾痛之在厥躬行所無事不求名譽蓋天性然也好名馬喜壯士踔厲風發人恃以爲重蹈仁襲義以擴先業時以爲俶儻君子焉繼嗣子原慉附監生

九世族孫耕心曰貴不禮士是謂賤德富不資人是

謂貧德既賤且貧世奚以賴如公所爲庶幾富貴其德達於邦家者矣烏呼古之人與古之人也

贈修職郎句容縣縣丞十二世祖潔齋公家傳

公姓王氏諱瓚字子中號潔齋晚號東村居士直隸正定人考太初江南石埭縣知縣公少有至性石埭府君在官被盜幾蹈不測公聞之爲流涕不食石埭府君有孝行蚤卒公追傷之至老不替嘗攜孫發傳與家人書曰是兒仁孝出天性可念也弟三兄和璞至家上指示曰此我之胞兄若之伯祖父也孝而無子若好讀書他日能成立當爲立大碑歲時祭埽如

我在時言未竟輒嗚咽涕下不自已中年家益貧常客於外每爲詩多懷母思弟之作其詞悽愴讀者悲之爲人忠厚簡默工書法有時名少補增廣生恆以授徒自給其教人勤勤不倦多語以忠孝廉節事與人交好面斥人過而退無雌黃治家寬而有法雖臧獲未嘗加暴戾語每曰彼亦人子也何多求焉雍正四年卒年七十有五以仲子官贈修職郎江南句容縣縣丞子二艮驥任縣教諭麟超江南婁縣縣丞

仍孫耕心曰公口無擇言身無擇行鄉閭稱君子無異詞雖畢生不遇所以爲子孫法者百世猶在也烏呼懿哉

附學生十二世從祖和璞公家傳

公姓王氏諱玶字和璞直隸眞定人考太初江南石埭縣知縣公才識明敏狀貌清臞所爲詩如古磴幽泉風林秋籟有超然清肅之氣康熙初石埭府君以被劫奪官復糾訟獄留滯不得歸公時方里居聞之大戚毅然首途省府君於安慶府君大悅府君既去官橐無餘資公侍於旅次外謀饘粥內視寢膳凡營貸之艱風濤之險世態之翻覆人情之變詐莫不身嬰其困暇復從府君出坐江濆諸經史賡倡詠府君

益大慰而公以勞瘁故遂不可支矣七年得北歸以逋累山積毀聽事以償尢抑鬱不自得遂成疾至八年卒公既卒石埭府君每念之輒流涕公年十六補附學生十七之江南二十歸里又一年終年二十有一配梁氏後公數月卒無子

八世從孫耕心曰公有雋才且以篤孝稱而享年不永君子悲之然忠不必信孝不必愛公所得於父母者如此奚惆焉若漆園所悼乃人生之至不幸爾

恩貢生十二世從祖文懿公家傳

公姓王氏諱玶字瑤全自號梅谷居士直隸眞定人

考太初江南石埭縣知縣公天資英敏讀書十行竝下日記數千言總角爲詩能驚其長老既長博通載籍善屬文同縣梁公清標見所作輒歎爲不易才所爲古文詞賦以歲爲紀總名因閒集幾二百卷藏於家少補附學生晚充恩貢生每試不遇竟以落拓終爲人行誼修飭時推端人正士家居教授所成就宗族子弟甚眾及卒鄉黨私謚曰文懿先生公尢好藏書自少至老訪求不倦所積至數萬卷河朔圖書之富殆罕其儷卒年六十有五時康熙五十八年也子二聿鵬附學生次榮駒

八世從孫耕心曰吾宗著述之富推公弟一以未嘗梁行今遂無一字存者惜哉大河以北不屑以文章自見或爲詩文多不入格閒有作者崛起亦無詗者吾縣文章耆宿如蘇伯修氏鄰縣如王從之氏士大夫莫能舉其名求其集至無瓿可覆則他可知矣荀子曰蓬生麻中不扶自直若蓬麻易地其勢可知然則公之箸述就湮固其所也非不幸也

廣西右布政使十二世族祖止庵公家傳

公姓王氏諱原膴字安之號止庵直隸眞定人考鍾龐太常寺卿贈通政使司通政使順治初公繇恩貢

生授內閣中書舍人三年和碩肅武親王豪格以靖遠大將軍征四川公充行營從官張獻忠伏誅王命公署按察使司副使分巡川北道再署布政使司右參議管左布政使事旋實授右參議仍署左布政使當是時四川以大亂之後有田無稼有官無民且軍政旁午拮据萬端咸萃於一王知公才倚如左右手公乃議城守定經費開屯田貸牛種規復鹽政采買米豆勞來流亡招撫僞將分別行閒功罪莫不殫心區畫次弟舉行每與王造膝籌度未嘗不稱善奏入輒報可已而王進軍川南公獨留守保甯賊帥張顯

者猶負固不服聚衆四掠公數喻以禍福招之降題不從旣乃列陣錦屏山遣騎來報須公親至營乃肯降公欲往僚佐皆諫公不聽竟與副將嚴自明率數騎往賊盛陳兵衛露刃相環公不爲動賊見公乃拜且泣曰公至誠待人如此吾屬無患矣公復從容說以大義賊遂解甲降繇是恩信大著無何巡撫王遵坦卒公方臥病軍士輒大譁諸將手巡撫印直造公臥內曰非公莫能當此任願受此我輩且共請諸朝公大驚蹶然起曰吾受　國厚恩若跋扈至此將何爲立揮諸將退封印歸庫而力疾出巡城軍民見之

喜曰王公無恙吾屬何憂於是內外宴然狡黠者皆不得逞時大憝雖除蛾賊競起獻忠餘黨孫可望李定國劉文秀等猶踞川南寇掠九府五州諸將帥不可勝數文武吏皆就糧保甯歲又大饑斗米十餘金道殣相望公外接驕將內籌軍實委曲調劑補衣疏食與吏卒同甘苦案牘無徵胥史不備則口授指畫臨機肆應枕戈臥甲者凡二年羣盜乃平秦蜀之路始通時諸將東西征討大小數百戰以糧餉不匱得奏功者皆公爲之經畫轉輸也軍務稍定初舉鄉試於保甯公充提調官主考已至復聞寇警士子大駭

且散去公謂人材可惜不當以倉卒墮鉅典乃與巡按御史郝公浴力督士子入闈示以鎮定闈甫徹賊渠劉文秀已疾走近郊矣賊衆號稱十萬烽火燭天金鼓聲聞數十里至則登山臨嘉陵江俯瞰城中揚言曰若好爲我炊我且入城朝食城中大震公與撫按料丁壯治戰具竭力守禦晝夜不懈及故平西王吳三桂援兵至公謂巡撫李公國英曰我兵少非出奇不能制勝巡撫然之乃與援兵分出北東門援兵人人殊死戰府亦益爲疑兵繼其後夾擊之遂大捷殲賊無算文秀遁去危城乃全時順治九年也捷聞

加一級仍繇參議擢陝西按察使司副使整飭榆林兵備道莅榆林數月護理陝西巡撫踰年遷河南布政使司參政分守大梁道奉檄治河於外不一年工成就遷按察使以父喪歸服除再授福建按察使時福建以海寇鄭氏之亂多大獄而總督李忠襄公率泰方持威重見者凜若負霜公治獄多所平反忠襄或難之公輒力爭牘至三四上忠襄察其誠皆曲從全活者且數百人公嘗謂同里何給事澄曰凡爲刑官不可不讀售不疑傳先大夫之訓也以故所治獄非大故皆不以苛擊爲能而給事亦歎服其言稱爲

仁人按察福建三年遷廣西右布政使凡提調文武鄉試者七造計典者四衆論咸服康熙六年謝病歸九年卒年五十有三　詔賜祭葬入祀河南福建廣西三省名宦祠公長不踰中人而須髯戟張儀觀偉然爲人樂易慈惠與人無忤在四川七年上下輯睦民九載之不忘遷榆林時以前所貸民閒牛種未繳不得行父老聞之曰吾儕非王公無以有今日安忍以此累公不三日所負悉完初至福建李忠襄見公狀貌疑爲武健吏既察其廉平乃戲謂公曰吾向者以皮相幾失之子矣少有至性事祖妣許太夫人繼

妣邵太夫人皆能得歡心通政府君嘗遘難公竭力拯之得無恙友愛少弟終身無閒門以內熙熙如也少立功名於崎嶇榛莽之際而清操卓然不可以私干護陝西巡撫時有庫羡萬餘金亦不取及家居口不言功蒔花種竹陶陶竟日被服無異寒素見者不知其故監司也箸述無考惟蜀中案牘文一卷猶存子榮恩兵部車駕司郎中外擢南康府知府

八世族孫耕心曰故記有言公年二十餘以奇計脫父難而同難者亦以牽連得解誼貫金石矣在四川七年闢草萊勤撫綏所處有非人所能堪者故雖以功名終而享年不及耆壽蓋心力爲已竭矣耕心竊謂忠誠孝友公旣兼得之雖乏壽考公亦何憾若心期不朽復欲以暇豫求之此必不可得之數豈志士仁人所欲聞哉

福州府知府十二世族祖柏崖公家傳

公姓王氏諱原直字子諒號柏崖直隸眞定人考鍾麗太常寺卿贈通政使司通政使公緜廕生授太常寺典簿外擢浙江甯波府同知福建福州府知府在官以清介著惓惓慈惠視民閒疾苦如芒刺在背必拔而噢咻之乃已故所至治功赫然民戴之如慈父

母康熙二十九年公知福州六年矣有已革知縣孫鏞者以侵蝕庫欵控巡撫布政使於京師　詔遣郎中吳爾泰審理爾泰至拘巡撫布政使公亦以株連被逮方解任民大駭罷市三日數萬人不期而集呼號投牒諸大府爲公辯復有五人祼體面縛銜白刃願以頸血灑地以白公寃而照磨田玉璽者亦投狀自陳請代公繫獄浙閩總督興公永朝以爾泰審理狀上聞
聖祖矜之　別簡內閣學士郭公世隆覆訊郭公至公事立白仍命復任民大悅鼓吹旌旗迎公歸署夜

二更炷香於鼎酌酒相慶張鐙達旦士女鼓舞雜遝如上元節焉蓋公知福州威惠尢著故功德浹於民心者如此初官甯波時海禁始開兼榷稅務商船出入例有規費公於正稅外纖毫無所取商旅遂大集及莅福州值耿精忠亂後民生凋㢢公撫字多術民獲蘇醒府治河西民舍先為耿氏所據耿氏滅復扼於豪强民多露處時奉 旨以屋還民而奉行者輒畏葸不敢前公獨竭力與抗一椽一瓦悉歸業主兼并之患乃絕福清誤報升科多無田之賦民不堪累率逃亡公力請於上官親赴縣履畝清丈盡得田數

虛實大府據情入告浮糧萬餘緡皆豁免豪紳葉氏者家巨富久為鄉黨害吏按問輒以賄免公至有發其事者葉用舊術將投暮夜金公大怒立按其罪得詐害事十餘款劾治不少貸害遂除民尢歌誦之民間浮慕節義凡已聘未昏之女其夫死皆迫使自裁無知幼女則親屬手殺之俱以節烈聞公知其弊為設厲禁俗漸革全活者甚衆他善政皆此類也三十年卒於官年四十有二公天性孝友度量豁如母邵夫人自甯波歸里渡江至梁湖夜已深而梁湖有虎患公左執火右扶輿步衛十餘里至郵舍乃止從子以官事斥公中產二萬金或以為言公坦然無所問其處戚友語人如恐傷施濟無所吝在浙江時嘗署奉化象山等縣知縣徵糧不取耗羨官兵以數千人過境亦以一身當其責不取民間一錢故卒後逋累頗鉅賴同里梁大學士清標力拯之得無恙而家計亦絀矣子六榮登翰林院孔目榮賜山東萊州府知府榮邁考授縣丞榮綸考授州同榮命四川邛州知州榮增考授縣丞

八世族孫耕心曰漢氏良二千石名在百世後之守士者每自以為不可及而公之得於閩人者如此蓋

不知其果何如也公歿後閩人相傳為彼土城隍神此固不足為典要然同治閒耕心客福州鄉士大夫猶有知公遺事者復不知龔黃輩所得於潁川渤海者又何如若古今不相及之說則確知有不足信者孫知縣上控事初於公無涉也及吳爾泰刑訊巡撫必欲巡撫攀公乃以備質解任非郭公至公之寃且不得白迄今民牒猶在可按也此其事蓋與張清恪陳恪勤諸公無少異烏呼非

聖祖如天之仁明察萬里外下民之呼號雖切於公之艱危奚補焉 聖朝政治之隆遠軼前代蓋如此

以是知循良奏效尤在朝廷知人孟水之說誠古今
通論哉

正定王氏家傳卷第二竟

正定王氏家傳卷第三

弟十九世裔孫耕心著

婁縣縣丞十三世祖厚庵公家傳

公姓王氏諱麟超字仁趾號厚庵直隸正定人考瓚增廣生公繇雍正己酉拔貢生授江南句容縣縣丞以母憂歸服除再授江南松江府福泉縣縣丞缺裁調婁縣縣丞歷署金山上海甘泉長洲震澤興化婁縣知縣居家在官以孝以勤尤長吏治故江蘇巡撫陳公大受及長白安甯公皆知公爲人赴甘泉時陳公謂曰此膻地惟君之清操足以滌之震澤缺出安公曰舍王某無可任者其見重如此然累荷推薦輒以事阻不得遷竟以佐縣終公慕古循良諟諟自持每値危險皆以意外獲濟嘗儆居震澤鄰火及甍勢不得出乃朝服告天忽火光中有白鸚鵡反風滅火火截然止奉檄輓庫綱渡黃河中流暴風裂帆百口震號俄覩金容炳煜致分風斷流之異乃手繪觀世音菩薩妙相報再生德又以赴河南采買雜糧部議核減糧價應賠者幾二千金無以爲計且失官布政使郭公一裕以爲大戚委曲代籌竟得具償所虧名賴以全公感之不忘於家設長生位歲時禮敬之

其篤誠如此公狀貌朗秀有出塵之表書畫皆高潔絕俗而畫尤工時以爲倪元鎮之匹有得其縑素者輒珍襲如拱璧焉乾隆三十六年卒年八十有二子三發位平鄉縣學訓導發傅乾隆戊子科舉人發倌附貢生

曽孫耕心曰風俗偷薄以德報德者已不易覯況致敬於無人之地哉公政事雖不可見觀其報知己者如此則事上臨民之不欺其志亦可知矣翰墨之卓越其末焉者爾然胸無塵滓蓺術乃適如其量此翰墨之所以能邁俗也

正定王氏家傳三　二

任縣教諭十三世從祖蘅皋公家傳

公姓王氏諱艮驤字逢伯號蘅皋直隸正定人考瓚增廣生公繇恩貢生授任縣儒學教諭幼有奇慧讀書過目成誦而力學不倦操筆爲文數千言立就嘗作倚馬賦以自況其言票姚拔俗蓋實録云年十一補附學生八十餘始官教諭在官數年謝病歸又數年乃終年九十有二時乾隆三十年也公壯歲困於生計恆出游足迹半天下及告歸乃擁衾誦書據枕高詠閉門習靜不復與世俗接平生傲然自得不可一世稟氣甚厚不畏疾病不憚寒暑臨終神明不衰自爲輓詞猶嶔奇豪邁無侘傺意烏呼古所謂有道之士公殆其流亞矣著有蘅皋文集數十卷藏於家子二發甲廩膳生次發肇

七世從孫耕心曰公方總角應督學試學使見所爲文效韓尚書菼喜曰若童子亦知有慕廬先生邪學使又曰視學畿輔目中殊尠佳士惟得兩娃子差强人意是二子者他日所造皆未可量一謂宛平黄先生叔琳其一則公也公後阨於有司畢生不遇年登大耋僅以校官終以視黄先生榮瘁懸絕矣然道誼文章無愧先哲所著圖銘纂義以示從子者判別理欲諄諄垂戒以子弟不能聞道引爲己憂則公之所獲亦可知已其傲然自得蓋皆出於集義之誠非弟以才智加人若畸人逸士之所爲已也

正定王氏家傳三　三

孝子十三世族祖少梅公家傳

公姓王氏諱榮紳直隸眞定人字不傳以孝字龔梅後稱少梅公考原膳母張氏公少失學而天性敦篤事母以純孝稱母所需雖稱貸必適其意値風雪跬步不離側母起行輒左右扶掖懼顛仆也夜嚴寒必爲母溫手足視母寢乃敢退壯年不娶有爲謀室者公曰奉母不暇敢恤其他有永固富人張氏者慕敬

之欲妻以女公曰吾兩弟皆有子吾安事此且女之賢愚不可知如驕蹇柰老母何卒謝之或嗤其愚弗顧也迨母卒哀毀骨立鄉黨感其孝會弔者累千人公卒於康熙間以未娶竟不立後

七世族孫耕心曰公之孝至矣哉雖坊表無聞天爵之貴自若也世有慕妻子不顧父母之養者可以觀矣

南康府知府十三世族祖奕臣公家傳

公姓王氏諱榮恩字奕臣直隸眞定人考原膴廣西右布政使公繇廕生授太常寺典簿遷兵部職方司

督捕主事武選司員外郎車駕司郎中天性仁惠恢恢有大度好施濟揮千金無吝色治家莅政忠厚藹如當時賢哲皆以爲仁人君子官督捕時旗下逃人之例甚嚴有發覺輒累及無辜公按之一決以　國家憲典每有株連皆委曲爲圖解釋保全者甚眾嘗被　命監督甯波府關稅前督稅務者公叔父柏崖府君也先是海禁初開柏崖府君以甯波同知兼稅務嚴定規條盡塞弊竇多惠政公至一守其故約無所變易商旅頌之繇是甯海榷政爲諸道冠皆公有以成之也眞定申甲者攜妻游京師以困故誤鬻身於豪强主人盬其妻欲犯之婦不可則日加捶楚且囚其夫夫婦皆危甚公聞之惻然乃挈金謁主人請贖且詭曰此吾瓜葛親也主人拒不納公憤然曰若誤占人妻我皆知狀如不聽我贖我且以若劣款上聞主人懼乃聽贖申氏夫婦以是得歸里既歸値朔望必造公門爇香稽首去如是者幾三十年公年四十無子母李夫人方家居爲買汪氏女將送京師爲公妾汪有兄狡人也既得身價復誘其女弟歸距不令出而日銜白刃踵公門聲言壓良爲賤將刲刃以甘心知府聞之怒逮汪去欲繩以法公遺知府書曰

彼不欲强之無益也且無子命也豈必汪氏之宜男人與價兩皆不取竟爲解於知府罷其獄公之抑情以息事皆此類也其居家孝友純篤惠及三黨性坦易無詰屈與人交如飲醕醴醇如也家有大喪輒獨任其艱祖妣有遺產則讓之叔母曰此先人志也宗戚有婚喪不克舉家室不足贍功名不得進取者輒就公謀公皆有以紓其困所周恤至不勝計而終其身無倦色尤不可及云官京師時每値春秋試期必先賃大宅庀食飲入闈之需纖悉畢具鄉黨應試者至則偃僂以待俾入居之居之無所乏識不識亦無

所問至者如歸焉康熙三十三年外擢廣西柳州府知府以祖妣喪不及任服除再授江西南康府知府復以病辭不赴後客陝西卒於客邸遠近聞之莫不咨嗟涕下卒年五十有四康熙四十二年也公吏材英爽尢稔掌故於舊文新例口講指畫纍纍如貫珠寶坻杜文端公立德最推奬之九卿嘗以廉能薦詔加二級在官能舉其職於家能振其宗而尢以盛德箸旣歿數十年宗黨猶欽慕不寘云公歿後妾文氏以守志撫孤　詔賜旌表入祀節孝祠子發善繼室許恭人出文所撫以成立者也以舉人官四川中江縣知縣

七世族孫耕心曰福善禍淫造化之大權也大權苟失何以爲造化而太史公箸夷齊傳乃以是非疑天道何也公以盛德名世而不逮壽考以歿君子悼焉然無子而有子棄一妾而獲賢妾天之所以償之者旣已豐矧復永以後世令名哉古今得失大氐例此此蓋不待稽之先佛氏之說而天道之有無已昭然可見然則夷齊高名旣超然於泰山喬嶽上而太史公猶以流俗之安危尉之陋可知已夫太史公以文章之伯上論天道其疏也固宜而數千百年來猶有襲其說而不知變者豈不異哉烏呼傎矣

翰林院孔目十三世族祖瀛一公家傳

公姓王氏諱榮登字瀛一直隸正定人考原直福建福州府知府公緜附貢生授翰林院孔目以冢子官贈文林郎廣東樂昌縣知縣少有材藝能爲制舉文旣丁福州府君憂以冢子總家政不復出仕性孝友廣交遊慷慨尚義家議析產獨取瘠田餘悉以讓諸弟諸弟妹婚嫁輒經營盡力母夫人慰焉福州府君虧官帑二千金亦以一人肩其任不以累人人有急難或以資助或以力解無傲言無德色好賓客讌會

無虛日家居數十年自大吏以下皆敬其爲人其卒也鄉黨莫不垂涕所箸曰開蒙集若干卷卒時年六十雍正三年也子四發枝廣東樂昌縣知縣發桂江南海州州判發鼇國子監生出嗣爲仲弟後發槐雲南元江州吏目

七世族孫耕心曰公所爲與閉戶自守者殊絶蓋得於庭訓者深矣公能象賢後亦有象賢之子孰謂天道之無知哉

萊州府知府十三世族祖樗庵公家傳

公姓王氏諱榮賜字履臣號樗庵直隸正定人考原

直福建福州府知府公緜康熙丙子舉人授河南新鄉縣知縣擢陝州直隸州知州累署汲洪輝獲嘉柘城縣知縣少時家居教授善獎勸所成就子弟人材甚衆爲治淸靜仁惠軫恤民隱張弛得宜知新鄉時値黃河北決新鄉例出民夫三千畚臿皆自具民以爲苦公輒捐俸恃之悉豁民累又以民夫勞瘁使三千人輪流供役民力大蘇植碑河上以頌德擢陝州入　覲時
世宗召見　賜御書喜雨詩及數珠人蔘諸珍異不三月　特授山東萊州府知府蓋異數也萊州水澇

爲災公按部分振得振者數十萬戶侵蝕弊絕全活無筭府有土豪毒流一方爲時巨患公列款按治之民氣大和登州李鄉官者公同年生也方搆訟於家聞公且移知登州先投書以千金餽公焚其書卻金不受時上官方以苛刻爲能客有請發其事者公曰以人之身家性命沽一已名非吾所忍爲卒不納或以爲拙亦不校也按察使唐公綏祖誣揭濟南知府金允彝受昌邑知縣袁登陛賄四百金密授公意指使周內成讞公研鞫再三察其枉以實白綏祖綏祖大憾而河東總督田端肅公文鏡公原薦大臣也時將以病乞休恐綏祖中傷公再薦公以部郎內用公乃致仕歸歸時囊橐蕭然幾無以戒行李或醵金贈道塗費亦不受士民送至百里外猶不忍去其得民心如此公爲人律已甚嚴而沖和樂易表裏洞然人皆敬之好爲詩工書詩學陸務觀氏書學蘇子瞻氏皆能得其神似歸後未幾卒於家年六十有二時雍正九年也繼嗣子發鼇國子監生

七世族孫耕心曰士君子不論禍福先通義命設公求合於田唐之私未必遽至通顯而委化隨之詎非平生之玷哉惟其行不離道乃得身名俱泰希世取

寵之倫亦徒爲小人而已豈弟君子求福不回公實有焉

處州府知府十三世族祖澂齋公家傳

公姓王氏諱榮勣字丕公號澂齋亦號立亭直隸正定人考原讓增廣生公緜雍正乙卯舉人効力北河補霸州淀河州同擢子牙河通判以憂歸服闋補薊州運河通判遷永定河石景山同知累署延慶遵化州知州順天西路及天津府同知再遷雲南廣西府知府廣西缺裁　詔以知府銜仍留石景山任越一年調北岸同知公少有經世略尤長河務故大學士

直隸總督高文定公斌最知公乾隆十一年畿輔大興水利遂以文定薦留工効力及補官修防精勤慎惜經費所至工輒安堵故總督方恪敏公觀承知公賢尤敬禮之累任親民官善決疑獄不以刑威民而民亦安之三十八年

高宗親巡永定河嘉公廉能　賜御書齋額　御製詩及貂皮表裏嗣是　臨幸所及累荷　恩賚皆異數也四十一年授浙江處州府知府處州在萬山中民貧地瘠俗樸而好鬬公爲政勤於教化每以敦孝弟勤稼穡爲勸嘗曰吾心樂乎恕殘忍之法非所願

聞也麗水有堰及閘蓄水啟閉灌田數千頃爲縣大利時舊迹久湮前知府欲修復之未果公至卒成之旱災以免學宮傾圮復新之以振文教處州久無領鄉薦者至是中式者數人不三年政通人和民大稱便公少勤學問博通經史公暇輒手一編寒暑不渝尤善易理數之說窮源竟委莫測涯涘工諸體書於今體隸書最好李北海嘗臨有道碑鐫諸石識者謂北海眞迹無以加也性篤孝事二親能視聽於形聲之表少有忤色輒長跪以謝色愉乃起其處昆弟僚友以恩以敬終身無閒識與不識皆以爲盛德君子焉四十三年卒於官年六十有二著有周易觀象永定河志澂齋詩集各若干卷子四發椿從九品發棨山西文水縣知縣發楠永清縣學教諭發櫟出嗣爲季弟後

七世族孫耕心曰公無講學名而修身莅政無愧先儒敦樸之風奚加焉申公曰爲政不在多言顧力行何如耳蓋道誼之寶莫不以力行爲的不獨爲政一端而已彼以言爲尚者烏知力行之不可襲取哉

臺灣鎮左營參將十三世族祖子聘公家傳

公姓王氏諱榮遴字子聘直隸眞定人考原悠公繇

行伍授武職以從征新河逆匪手斬僞將軍劉可大敘功加三等超擢都司僉書管江西贛州營中軍守備事累遷福建泉州營游擊臺灣鎮左營參將康熙三十五年卒年六十有一少時豪邁自喜不事詩書自通道義友愛兩弟使皆發名成業宗黨稱之官贛州時有諸生孫氏僕越城宵遁爲吏所獲孫氏富甲一鄉聞之大恐使人乞恩且持八百金爲壽公曰此小事何須爾力辭不受次日薄責其僕而遣之孫氏大感悅其持身嚼然皆此類贛州臺灣皆爲建生祠肖像以祀而在贛十五年遺愛尤著居恆曰甯使子

孫受窮勿爲父母爭罵烏呼此可以概公平生矣繼嗣子一曰綱晚生子二曰緯曰紀皆國子監生緯以詞翰知名

七世族孫耕心曰竹素無毒而不善用之每罹其毒非竹素之罪也人之罪也古今名將得天者厚往往不解文字而履忠蹈義轉非腐儒所及何哉非毒之毒亦無繇澆超然自全其天焉而已如公者亦其倫也

正定王氏家傳卷弟三竟

正定王氏家傳卷弟四

弟十九世裔孫耕心箸

贈通議大夫兩淮鹽運使太高祖廓亭公家傳

公姓王氏諱發傳字築巖號廓亭直隸正定人考麟超江南婁縣縣丞公繇拔貢生中乾隆戊子科舉人以冢孫貴贈通議大夫兩淮鹽運使少勤學問務譔述九工制舉文性嗜典籍如大欲所存湌脯所入輒以購書林列萬餘卷寒以被體飢以飴口自少至老未嘗一日去書不觀也每展卷輒欣然忘食家人請饌至再三或不聞手錄經史百家書至千餘卷考訂評騭者至數百卷匡謬導窾學者咸推重焉壯歲後教授於鄉者垂數十年遠近慕嚮執贄者踵相接其訓後進子弟肫肫懇到反復千萬言聞者爲耑然心開憮然意解所教士自補諸生中鄉試及登上弟者至百數十人凡鄉人之工舉業能文章通道義倜然有以異於凡俗者不問皆知爲廓亭弟子也故正定諸州縣僂計陶鑄人材誘進後學者皆以公爲弟一人公家承儒素僅具中人產而仁義藹如施濟無所吝戚黨中若舅氏若姨氏及女弟之孤嫠無倚者或周其急或贍其家惟力是量惓惓如也日積米於壟

以待施謂之義槩凡宗族有婚喪不贍者皆取給焉行之幾二十年無怠志而公之自奉乃無所不用其簡意蓋謂自典籍外有無皆不足論也晚年闢一廛蒔花種茶命曰頤園日與羣弟子論文其間意陶然樂之或以公事爲勸輒笑不應如是者且十年乃終年七十有五時乾隆之五十一年也公既卒遠近聞之莫不嗟歎曰吾鄉文教其遂衰乎而自公卒後能繼其軌者實無聞焉烏呼蓋其難也所箸曰廓亭文集詩集廓亭漫紀及王氏家乘各若干卷藏於家子正準饒陽縣學教諭

來孫耕心曰公嘗有言近世之師有三品而舉主座主不與焉三品者道誼師文學師舉業師也道誼不世出文學不多覯惟舉業之師徧天下故論者忽之意若無足重輕然而不知其誠進於道實兼三師之任而一之得失所在胡可輕也所言如此故公之教人來者雖以舉業問公必溯而上之極於道誼而後已聽者雖厭倦教者未嘗厭倦也以是高足弟子所成就者往往在科弟之外是則據一兼三之效公既言之亦允蹈之鄉校之師苟知效法爲益於天下人材豈淺鮮哉雖然唯先知乃覺後知唯先覺乃覺後覺若號爲人師而舉業之外無聞焉則風痹不知痛癢貽誤英髦必在斯人悠悠之論奚繇弭哉此小子耕心所以繹公之言而慨然太息也

樂昌縣知縣十四世族祖眉庵公家傳

公姓王氏諱發枝字南玉號眉庵晚號無垢道人直隸正定人考榮登翰林院孔目公繇雍正甲辰舉人授廣東樂昌縣知縣吏材精敏而爲政主教化不尙威刑縣人頌焉年四十謝病歸家居二十年卒年六十時乾隆二十五年也公天才敏贍每操觚纚纚千言倚馬可待有口辯善詼諧或涉紛難輒以一言解

稠人廣坐偶出俳語莫不絶倒凡宴集有公在則四筵歡忭時以方陳孟公云天性孝友事父母獨任艱鉅不以累諸弟晚好釋氏學戒殺放生仁而愛人交游敬慕鄉黨稱善人及卒僊夫走卒皆悼惜之其感人如此繼嗣子正書福建侯官縣典史

六世族孫耕心曰出世之道尙已公所學雖不知於體用何如而既孝既仁感被閭里溯其流風洵豪傑之士哉

海州州判十四世族祖香巖公家傳

公姓王氏諱發桂字香巖直隸正定人考榮登翰林

院孔目公繇乾隆辛酉拔貢生授江南溧陽縣縣丞調上元縣縣丞擢海州直隸州州判少勤學工爲詩治身在官威整肅有法度嘗勘災桃源同事者皆以不謹聞公獨課最巡海州村社見山氓疑爲盜陰捕以俟不半月郯城符至廉以去果劫盜也居平有通識嘗謂同學曰人在世當與天爭時與地爭利而不可與人爭財天地至仁每儲其精以待用不患人爭也若人之財惟此數此優彼絀則利害險巇皆出焉險巇見身乃危矣天地願人爭而人不與天地爭人患人爭而人獨好與人爭此大愚也聞者以爲名言

乾隆三十一年卒於官年五十有九子正悅浙江定海縣知縣

六世族孫耕心曰不爭之爭所爭乃大公所謂爭非惟天道所甚願抑亦先祖所日望其子孫者也乃言者諄諄而聽者之揖讓不前如故噫嘻惜哉

饒陽縣教諭高祖漁湖公家傳

公姓王氏諱正準字景萊號漁湖直隸正定人考發傳乾隆戊子科舉人是爲廓亭府君府君家居教授數十年最以陶冶人材名當世公少聞庭訓通舉業文既長佐府君授生徒亦知名乾隆五十一年夏四月府君捐館舍公以哀毁致疾及六月朔亦下世年五十矣公繇乾隆乙酉拔貢生中戊子科副榜充正藍旗官學教習授饒陽縣學教諭以冢子官贈通議大夫兩淮鹽運使子三定柱浙江按察使定枚蚤世定樞嘉慶癸酉科舉人

元孫耕心曰廓亭府君教授於家公佐其劬府君中鄉試公副其榜府君卒公竟以哀毁殉公之孝無閒然矣而所歷無弗同尢異數云

盧龍縣訓導十五世族祖均庵公家傳

公姓王氏諱正棨字棨仲號均庵直隸正定人王父

麟超江南婁縣縣丞考發倌字田叔附貢生少隨婁縣府君宦江南服勞無違多所翼贊能爲詩著有世德堂集若干卷公性純篤言笑不妄發處昆弟閒雍雍怡怡無私財無忤色及家議析箸不競貪產惟人所與雖絀於生計而好周人急傾倒無所吝尢熟先世掌故每薄醉輒爲子姓輩稱述祖宗功德齒齒鑿鑿皆足以資觀感益見聞少有儁才治經史務窮其賾著述最富高可隱人皆手自校寫無分任也工爲舉業文而試輒不遇晚繇歲貢生授盧龍縣學訓導非所好也後客朱福屯所著書爲夜客攫去大索踰

年始得之敗井中則已泥涴不可辨矣竟以是惘惘致疾卒年七十實嘉慶之十五年也子三定宏附學生定寓增廣生次定宣

五世族孫耕心曰著述之顯晦殆有數存然修能如公轉以所獲爲戕生之具彌可哀矣外物不可必莊生之論微矣哉

贈文林郎夏縣知縣曾王父卜臣公家傳

公姓王氏諱定枚字卜臣直隸正定人考正準饒陽縣學教諭公天資異敏年十二徧誦六經四子書時以意抗論傳記得失輒中銖兩長老皆驚歎性摯孝

饒陽府君卒哀毁如成人妣魏太淑人每督稼於別業公常從晝之隴上課耕耨視井溉洎暮歸則爲太淑人作孺子戲或雜說俚俗可哂事以博太淑人一開顔太淑人雖嚴毅亦欣然也又數年太淑人有疾多憂善恚怒必公昆弟皆在側意乃少解一人不在輒不喜公乃日挾一册置榻畔俟太淑人寐則下聲讀之或盡三四卷太淑人稍欠伸輒趨枕下問痾癢進食飲太淑人病益進或以杖誤擊公至血流公復自引杖再三擊蓋懼傷太淑人意也太淑人卒公毁瘠如執父喪時絲是神惘惘體貌異常時而公不自知其痛之深也公昆弟三人公次弟二兄爲椒園府君定柱弟爲星垣府君定樞公處昆弟間天眞盎然友愛敦至而事兄嫂尤有禮無傲言無惰容怡怡如也歲有秋椒園府君將親視稼公以府君病請代往府君授以制舉文三百首使自課五日而歸所部署及摘發佃人欺詐事皆井井詢所挈文皆已成誦且能析其命意之所在公既卒椒園府君每念之輒流涕蓋悼之者深矣公之卒年甫十九時乾隆五十七年也公孝友天授尤有志量好爲詩多奇語視稼別業時爲先考妣設主於案寢食必在側以憂居不及

應督學試每懼無以荅先志恆鬱鬱及病革猶自詫曰日且暮吾文未及成柰何故其卒也椒園府君爲私謚曰孝友童儒烏呼所以襃之者尤切矣道光中以兄子官贈文林郎山西夏縣知縣配馬氏苦節撫孤後公三十年卒繼嗣子世汞附學生

曾孫耕心曰椒園府君友愛諸弟諸弟亦皆有至性篤孝弟故家庭之內藹若春和鄰里皆羨之當是時椒園府君將赴官而公年尤長能向學知家政矣故公卒椒園府君哀尤甚每曰家運就衰乃使卜臣夭絶烏呼公之爲人抑可知已公雖蚤世而以身教子

孫者已篤設充其量雖爲命世之儒焉亦可乃竟不
克竟其志則命爲之梗也悲夫

浙江按察使本生曾王父椒園公家傳

公姓王氏諱定柱字靖擎亦字敦安號椒園直隸正
定人考正準饒陽縣學教諭公繇乾隆丁酉舉人庚
戌進士授雲南師宗縣知縣調麗江擢普洱府他郎
通判思茅同知累署黑鹽井提舉鎮沅州知州普洱
永昌開化府知府
宣宗踐阼知公名繇雲南同知 特授四川成都府
知府故太子太傅大學士襄平蔣公攸銛嘗爲雲南

布政使知公最深亦薦公爲雲南貴州兩行省循吏
第一故
上眷益隆洊位監司遂以循良名天下公爲政原本
道誼所在興利除弊孳孳不倦清介絕俗超然無涴
而惠猛兼濟尤能力任艱鉅無所屈撓黑鹽井夙稱
膏腴公悉裁陋規以恤商竈凡爲井病者皆竭力爲
籌萬全修書院增膏火購書數千卷延名師主講席
拔其士之秀者陶育之井大治及受代餽贐鉅萬悉
不納送者皆涕下普洱有山產鹽狀類水精俗名石
膏鹽工省價廉銷行最暢輸課外歲贏十萬緡率歸
於官而他屬鹽以額銷不足開參者無虛歲公至歎
曰通省稅課有常額吾額課無絀足矣乃以利故爲
他縣疲滯憂乎遂與商約但輸課足常額卽封井不
許出鹽犯者懲之以此通省鹽皆得暢銷終公任諸
州縣無以鹽課被論者自公提舉黑鹽井及守普洱
者數年凡裁斥金錢二十餘萬而橐中實不名一錢
尤爲人情所難夫人賈氏嘗從容謂公曰君之廉信
矣乃獨不爲子孫計乎公笑曰是乃所以爲子孫計
也鎮沅風俗強獷初以夷匪滋擾知州創團練以自
衛久之練兵根柢蟠固不可解練首馬佑者自稱大

元帥聚其黨千餘人謀爲亂州人大恐公莅任密設
方略壞其機牙遂獲佑按誅之境內宴然全活株連
者尤衆民銜感次骨爲建生祠歲時尸祝焉思茅據
九龍江爲險最爲雲南邊境江以外猓夷所居歲與
緬甸附庸戛于臘爲敵兵戈相尋時擾內地公示以
朝廷威德且以誠意感格之猓夷遂奉約束無稱
亂者知永昌時野夷方搆難公履行陣籌儲偫食息
俱廢半年而後定及蕆事以積勞遘疾幾殆蓋公
歷官雲南二十餘年所至皆課最然後得移知成都
故其名尤著於梁益間而瘁亦甚矣道光二年擢川

東兵備道七年晉山東鹽運使當是時山東鹽政久敝商力竭劾公盡除繁費重定章程力請於巡撫琦善公舉積弊而更張之東綱遂得復振居二年調兩淮鹽運使未赴授浙江按察使入　覲日
上温諭有加禮且曰朕素知汝立志作好官非講升官發財者又曰惜不知汝年紀用汝太遲公退益感激思奮綜核庶獄必勤必敬越一年卒於位年七十時道光十年也公決獄有神解人莫測其所以然初知師宗時民以方包孝肅號稱王青天同知思茅時印藏匣中忽失所在公陽陽若不聞翼日乃踔馬索

之夷峒中果得焉知成都時先有藩庫失銀案久不結繫累者數百人大府見公謙抑自下疑名實不相副使讞是獄以嘗之公乃盡閱諸囚審視其面忽擇一人專訊之果盜也不刑而服須臾而讞定都轉山東時巡撫琦公嘗檄治濟甯獄濟甯獄者兩造以爭產搆大訟猝不解且家世皆貴顯厚貲殖當其事者莫敢力爭故訟垂二十年不決公赴訊盡得其情乃折之以理咸允服無異辭凡十日而案結琦公尤歎異焉公少有異稟五歲能詩讀書經目成誦里中稱神童稍長有鄉塾師倡言今之佛老即古之楊墨能

言距佛老然後得為聖人徒公聞而大悅毅然以闢異端扶聖學為己任遂日尋諸同志互以能詆佛相褒詡然實不知佛義云何也乾隆四十二年年十七中鄉試初謁座主阿侍郎於京師侍郎曰子前路未可限顧僕一言相贈他日得志幸勿闢異端公愕問何謂也侍郎哂曰適見子勇形於色聊相規爾子誠欲闢異端試言異端何等公以佛老對侍郎曰孔孟時有楊墨無佛老以佛老為楊墨乃後儒之言非孔孟之言也夫異端異其端也所謂端即孟子惻隱羞惡四端是也苟其言不仁不義無禮無智乃為楊墨

之弊若其言為仁為義為禮為智則非楊墨之弊也非偏觀其言烏能別乎今世士君子罕行孔孟之言惟以闢佛老張門戶以自鳴為儒其下者病天堂地獄之說不便於己所為亦姑詆之以紓其怖懼徒為佛者所懸笑恐皆未必為聖人徒也吾子自審之而已公聞之憮然退自省察乖謬益顯繇是意稍愧沮及歸則鄉塾詆佛諸鉅儒儼然猶在以牽率故仍復推波助瀾餤弗為衰五十一年里中大疫道殣如麻卒以旬日不汗死公亦染疾至二十一日三震戰三不汗氣遂絕神歷房闥出衢中將適東嶽祠忽見西

來戈甲如雲人馬皆長尋丈問前驅者何爲荅曰關神武帝受勅征臺灣寇也俄見神武橐鞬乘馬至神采熠然不可偪視乃當衢迎拜泣陳所苦籲乞庇宥一仰視則黼几已具神武袞冕秉圭東面垂拱厲聲叱曰若知罪乎若以先世積德籍注鄉薦後四年隨登辛丑進士第福祿未艾不謂若自得舉後童昏無識忘先世功德自詡才雋多懷意惡黑籍等身且不覩二氏之書妄肆臆毀心無忌憚貌附聖賢九犯天律所深惡游巡使者日有奏報髮不勝擢故上帝震怒初削科名今削壽籍且墮惡道豈吾所能垂祐乎

公聞之震慄喪魄崩角求活矢自湔洗良久神武色稍霽微頫首曰止姑觀汝後修公泥首敬謝再仰視則金容已杳乃皇恐趨歸入門歷榻呻而寤復覩眞官朱衣玉顏從兩童子搴簾入曰奉帝命來活汝童子登榻各手短杖擊公體擊頭頭汗擊胸胸汗至膝而止汗浹而病去明日遂能扶杖起以是激發深達天人之故不復敢以流俗自囿乃託言養痾掩關里中之隆興寺徧讀三藏教典凡數年豁然通其學於教觀一宗尤有心得嘗作訟過記原佛無智無得說罪福說無智無得說跋諸文以警後學誨子孫其說

宏深奧衍闡發心性之義甚備見者或不能盡通而無意自拔者尤不樂稱道云公少既有得於教乘於九流百家書益無所不闚故其學會通儒佛研求性命身體力行精進不懈泊以知縣起家遂以佛理飭吏治故所至多異政而至誠感人始終一軌當時流輩皆自以爲莫及其居家孝友篤摯尤爲鄉黨所宗仰無閒言也狀貌端毅風度凝然見者皆肅然敬慕五十後齋居修止觀者二十年其卒也玉箸瑩然下垂蓋其所養深矣所爲文樸屬典雅然非扶植道誼發揮心性不輕作也他若太乙壬遁卜筮醫藥及神

僊方技皆有師承窺其奧窔而終身未嘗輕以語人惟里居時卽家施診活人甚衆一時醫學爲之丕變云所著書曰周易瑣箋大學臆古中庸臆測道德經注金剛般若波羅密經溯源金剛般若波羅密多心經淺說從政餘談六壬疏釋傷寒闢妄扶統錄鴻泥五錄黑鹽井志椒園詩賸椒園文賸各若干卷子三

世耀山西汾陽縣知縣世永附學生出嗣爲仲弟後

世瑞附學生出嗣爲季弟後

曾孫耕心曰道光中公最以治勣名世而學術之淵源無知者所著訟過記諸文覺世之意至切而見者

菅如也咸豐閒上元蕭先生文霍爲公傳精切博贍深達本原然後公之學術治術同條共貫炳然大著於世而謗亦隨之蓋公之所以爲政在學術而公之所以爲學在釋氏釋氏之學適爲世所不及知故雖有高世之行兼善之美亦一切抑之若惟恐其說之明道之行焉及夷考其所以爲謗則與公少時之覆轍無以異烏呼流俗相嬗大惑難解亦可哀矣公初以誤於鄉塾詬誶十年雖聞阿公之誨猶不能止迨搆疾委世見譴神明易死爲生然後收視反聽背塵合覺翻然一變其所爲而學以大成苟非夙根深厚

轉移者速固已沈淪於不可知之浩劫人亡而家亦隨之烏能澤施於世福衍於身且開不世出之絕學以慈及子孫哉烏呼絕續之原存亡之會雖不獨後嗣之大幸而凡爲子孫者上溯遺軌正其觀感固宜有悚然以懼悄然以悲者已耕心少聞家學意雜疑信後讀公遺書及阿氏蕭氏之所以先後公學者然後意有所寤二十後博求宗乘及諸儒之說乃深悉其得失所在於公之爲學遂亦融會貫通曉然無疑雖材質凡陋繩武末繇而入道有方已決去他歧之惑幸亦至矣今謹本之遺書及蕭氏舊說復爲公傳雖不足窺測精微背馳之說庶幾已免後世子孫苟不至皆入妄庸或以此得啟其本有之良未可知也若禪那之眞淨土之奧性相之分合顯密之殊致生死之故邪正之辨下逮世論之所以爲異繁賾無方有不可以一端盡者或爲公說所已及或爲公說所未及則拾遺補闕尢賴後嗣哲人今耕心弟次公傳靡得而言旦暮匪遠俟之而已

附學生王父琴舫公家傳

公姓王氏諱世永字仲恆號琴舫亦自署種薇居士直隸正定人考定枚蚤殁本生考定柱浙江按察使

公少有材蓺不憙舉業文及補附學生惟一赴鄉試輒棄去不復措意能書好爲詩琴弈篆刻騎射樂律之屬靡不精妙晚好醫所治多驗而尢以畫名燕趙閒於山水篤好江東諸王而得意之作尢近石谷子賦性剛勁不能折節向人而事親事長無失禮妣馬孺人守志撫孤最愛憐公公亦孝養無閒孺人晚病風痹轉側需人或覆溺器於牀公以手捧之揮洒於庭無惰容方出游而家人議析箸及歸不問資產之得失輒退就所居無違言生十餘年卽從本生考椒園府君宦游西南所歷多名山水及家居以業鹺折

閲復出游累歲月不得歸故雖侘傺無聊而足迹幾徧天下畫之工蓋得諸山川之助者爲多云咸豐四年七月卒年五十有八箸有琴舫詩稾二卷藏於家子三蔭福江蘇候補知縣蔭祜兩淮候補鹽運使司經歷蔭祉附學生女蔭齡適聊城李氏咸豐十年以罵賊殉節於杭州

孫耕心曰公宅心質直孝弟無怍庶幾保世之祥矣道光中吾家顚而復起危而復安雖皆我祖妣傳太君搘柱之功亦公所以庇其子孫者有素非偶然也公以久客故譔錄無傳縑素散佚先世父及先考府

君每以中更離亂不獲勼集爲憾今小子耕心學術荒陋且遠在二千里外手澤之遺不獲勼集者如故蓋不肖之責終莫繇逭矣悲夫

知州銜汾陽縣知縣從祖遠亭公家傳

公姓王氏諱世耀字鳳賓號遠亭直隸正定人考定杜浙江按察使公繇嘉慶癸酉科舉人道光壬午恩科進士授山西壽陽縣知縣調夏縣再調汾陽累署臨汾安邑縣知縣汾州府張蘭鎮同知咸豐初以在籍守城功加知州銜少倜儻不拘小節既而發憤向學學日進在官勤於其職尤善治盜所在盜不敢逞有族人省公於治所方入境夜宿客邸見諸惡少習技於後圃技絶精懼而退主人出曰子毋然此屬亦吾客也問習技何爲荅曰不欺子此屬皆綠林之傑也特以縣主王公故姑引退聊習技以自遣耳有大府過境以供張不備詰責公有越分語公厲色規以禮大府輒自失使人謝過焉其抗直不阿又如此道光十年以父喪歸旋病失明不復出咸豐九年卒年七十有九公少有兼人稟晚以失明家居每暗誦諸經自娱大經十餘日小經三四日輒竟其卷後生學子莫及也江陰蔣春霖少客正定嘗從公假經典

注疏公獎勖之春霖曰此不足道客中適暇欲稍溫習耳公哂曰僕老且盲注若疏多遺忘誠不敢與吾子角請先與子誦其正文可乎春霖無以應謝而去公於時不親方策且二十年矣子四蔭普拔貢生蔭昌山東武定府同知蔭東附學生蔭豐翰林院檢討少出嗣爲季弟後

從孫耕心曰聞之故老道光初山西知縣以廉幹知名者六人公其一也以箸述蕭落故治迹多不傳然卽一二軼事亦可以知其略矣

兩淮候補鹽運使司經歷先考鞠龕公家傳

公姓王氏諱蔭祜字子受號鞠龕直隸正定人考世永附學生公年十三能爲試牘文甫十七教授於外十九補附學生爲學能自策礪好尙論古人而知其得失所在壯歲游江南客海州咸豐八年再以書記客揚州粵匪陷城公罵賊不屈欲以求死賊怒將殺之會以事阻不得殺乃自間道脫歸同治初繇附貢生授鹽運使司經歷待次兩淮故鹽運使長白忠廉公豐順丁公日昌最知公咸敬禮之五年署通州分司角斜場鹽課大使前大使以不識字場政多廢弛公至絕餽遺定約束政乃日新不兩年增場垣以十

正定王氏家傳四 十八

數旣去任商民猶稱道之八年與伯兄梅叔府君同奉母夫人僑居泰州光緒元年十月終於寓宅年五十有二公性慷慨有志節好周人之急少居鄉重然諾工騎射有任俠風獨處則流覽方策默默竟日每以棄學自逸爲恥客海州時與湘潭周光輔廉廷漢陽劉世大子謙世仲殿壎沭陽王翃子揚順德張守恩慰霖海州許寶謙牧生吳廷炬蓮卿友善相漸以學相摩以詩時稱吟中八僊公嘗言交游之盛無踰此時者晚年追悼昔游或以索處增感喟云所箸曰鞠龕詩錄二卷子三耕心南河候補同知夔立附學生宗炎廩膳生

孤子耕心曰公少涉艱難壯更離亂晚雖寄迹一官於流俗骫骳終不能解壹鬱無憀藴志以歾年雖不及六秩而憂患勞瘁夙倍恆人神氣摧傷殆匪無故乃不肖孤煢煢在疚忽溢十年涂見耄耋輒增悽愴且感且羨莫能自解忽若有亡疑將没齒烏呼悲夫公學術高遠每不欲以文采自見嘗誨耕心等曰士君子惟解文章已非弟一流若究心詩詞志在風雅尤不足效惟立言之文實與德功并垂不朽小子輩其各奮勉不宜自薄也耕心恆謹志之不敢忘今譔

正定王氏家傳四 十九

次公集於兵火之餘掇拾畸零裁能成帙校訂旣訖且付梓氏此雖非公夙志所存要亦不肖孤所不容已者神哲在上慰邪悲邪烏呼悕矣

鹽提舉銜江蘇候補知縣世父梅叔公家傳

公姓王氏諱蔭福字梅叔直隸正定人考世永附學生公繇附貢生授南河縣丞軍功擢知縣加鹽提舉銜待次江蘇同治初署徐州府沛縣知縣時豫匪縱横粱楚閒沛境屢被其毒民生凋敝公莅任催科不擾折獄慈恕尤不願以嚴刻自襮時稱其廉平旣去任僑居泰州再榷釐金於泰州上海光緒七年十月

辛於江甯旅次年六十少時跅弛自憙不拘小節而內行醕篤事母夫人能盡色養友愛諸弟始終無閒視從子猶子也治家嚴肅有條理雖臧獲無廢事四十後專修念佛三昧深通生死之說誦持日有課程二十餘年未嘗暫廢平居考究教典禮敬道侶有就教者輒欣然導之無倦容必欲人同證菩提而後快雖聽者厭棄弗恤也其救世之誠如此所箸曰三百樹梅花庵詩及雜箸各若干卷藏於家子五官鶴官鴿官智官莍官滑官鵠先公卒官智出嗣爲從弟後官鴿今名譯柳兩淮候補鹽運使司經歷

從子耕心曰乾隆閒我本生曾王父椒園府君以空談謗佛遘疾卒親見關神武帝厲色訶數崩角自懺乃得放歸於是閉關謝客徧讀三藏教典三年乃通其學晚年專精止觀究徹天人既身體力行發爲治勳復以所親歷者箸爲文章以示後學垂涕而道往復無已且不侚禪那不徵淨土專闡心性綱領以斬溥利三根而見者聞者蒙昧如故或但高其政勳而不知所以致此政勳者安在本末倒寘雖甚失實有所不顧烏呼開示悟入佛之知見抑何難也於是我世父梅叔公憂之後府君三十餘年豁然有省痛砭往習究心正覺復以府君於淨土一宗未嘗致力乃博考教乘專以橫出三界解脫生死爲務蓋自同治紀元以後迄公之終二十餘年未嘗一日不以念佛三昧爲提倡之本所以示同志誨子弟者辭無枝葉罔非正知正見雖譔箸無閒而校其所獲實足以補椒園之學之所闕且爲吾宗五百餘年家學之所未有烏呼創闢之功又何偉也小子耕心少聞緒言壯知向往而以迫於生計汩於俗學日月既逝悠忽如故每憶公之殷殷期許輒慼然內咎若無所容雖嗣公之學未必無人而擴充繼起蓋有不得妄自菲薄

者四十無聞忽已逾三顧跂眞如且慚且懼烏呼悲夫

知府用武定府同知從父五橋公家傳

公姓王氏諱蔭昌字子言號五橋直隸正定人考世耀山西汾陽縣知縣公繇道光丁酉科拔貢生中庚子科舉人授國子監學正遷助教充通倉監督外擢同知分發山東署沂州府通判補武定府督捕水利同知以守城功擢知府用　賜花翎少時英敏向學稍長以文詞書法名當世既官京師久知交徧海內而超淡絕俗確然有以自守也道光季年大學士某

方以延攬後學自文屢招公公執不往後數年而某
果敗官武定時以同知有督捕責慨其廢弛請於故
巡撫丁公寶楨乞自効巡撫嘉許之繇是屢獲積盜
而州縣疾之如仇遂以蜚語互揭於上巡撫無如何
兩平之公歎曰天下事乃如是邪余不負丞丞其負
余哉既而巡撫以卓異薦公又曰大府之知遇不敢
忘然余彌滋愧矣公之自克皆此類也其處家事上
接下咸有恩禮雖子姓至亦體貌之而疾惡特甚有
自蹈於禮法外者輒峻拒若不屑教誨者外雖刻厲
公之志益可悲矣光緒三年卒年六十有五所著曰

廢齋詩尺壺詞若干卷子官澄山東候補通判
從子耕心曰同治十三年秋公以領運次北通州且
入　覲耕心方客京師趨侍於通州行館公有暇輒
示以家庭故實文章利病而每及吾宗文獻日衰門
祚不振則感慨傷懷有餘恫焉耕心微請其說公曰
文獻日衰則人材日下門祚不振則祖宗之業且墜
於地甯無悲邪已而曰吾老且病無能爲矣小子好
方策旣道誼他日克自立當識吾言耕心雖遜謝不
敢當未嘗不心知其意且念公之衰也越一年先考
府君終於泰州又二年公亦卒於武定蓋於是吾家

之文獻日益微小子之懼亦日益甚今乃執筆敘次
公傳不覺涕泗之横集而去公之卒又十有一年矣
烏呼纂先世之盛軌以爲子孫光小子弗可及已乃
公之所望不在勢位而在學術則有志之士或誠求
而有益於得未可知也故耕心謹述公訓以明不忘
苟有通識英材因公之說蹶然興起耕心且敬執鞭
弭以從其後

翰林院檢討從父石廬公家傳

公姓王氏諱蔭豐字子京號石廬直隸正定人考世
瑞附學生本生考世耀山西汾陽縣知縣公繇道光

己酉拔貢生中咸豐乙卯舉人己未進士選翰林院
庶吉士授檢討充　國史館協修官性剛而氣和能
書工舉業文居家在官篤內行厲品概而卒以貧病
交撼坎軻以終年四十有三時同治六年也配何氏
遭公喪以哀慟卒去公之歿甫兩旬子官毅候選訓
導
從子耕心曰莫之爲而爲者天也莫之致而致者命
也公既釋褐故大學士壽陽祁文端公歎曰此天下
循吏子孫也固宜爾然公甫逾强仕遽捐館舍卒亦
未得有所表見豈非命哉雖然立命之說尚已有志

之士苟不能修身以俟固不得先援命以自靳解免
也

正定王氏家傳卷弟四竟

正定王氏家傳卷弟五

弟十九世裔孫耕心箸

十一世族祖妣邵夫人家傳

夫人姓邵氏十一世族祖太常寺卿恆碭公鍾龐之繼配廣西右布政使原膴之繼母福建福州府知府原直之所生母也恆碭公卒夫人治家儉約教子若孫有法度且以高識遠慮燭照門祚盛衰於數十百年後故後嗣謂夫人有先知之哲尤稱道不衰云我眞定王氏自八世祖方山公撫民始以科弟起而三公子繼之三公子者長曰光祿寺少卿紹山公蔚次

曰山東左布政使思山公藻季則膠州州判見山公薦也三公之後皆居府城內謂之近三門三門子姓屬最親居相鄰故習尙亦不能無相染當夫人暮年近門有以武功顯者㫖田華屋照耀遠近而子弟不習正業相尙以奢靡夫人見之意弗善也乃進諸孫教之曰家道隆替視乎後生之所爲以彼所爲無不敗者若輩勿效也當是時長門以仕宦不進多以一經自業夫人又曰長門讀書守分且有達人若輩當以爲法乃使諸孫遞受業於潔齋公瓚及潔齋之弟梅谷公玶季瑛公球而戒督尤勤繇是諸孫皆恂恂

然通道誼多以學術科弟世其家有名績而長門亦漸起惟棄正業習奢靡者不數十年皆傾覆無餘莅丁壯亦寥寥矣夫人諸孫爲次門之五世孫潔齋公則長門之曾孫而耕心之十二世祖也夫人性慈惠篤恩誼所使婢女方及笄輒遣嫁所貧匳具有非貧家所及者他懿行多此類尤能不失恆碣公之家法故子若孫皆以博濟著名亦夫人之教然也夫人卒於康熙季年初封夫人以冢子貴封太夫人

九世族孫耕心曰勤正業者不必穫而墮正業者無不敗不穫者不過阨於進取趨敗者或至一蹶不振

其勢然也夫人具通識子孫遂得延其緒有功於王氏亦大矣然思山恆碣兩公每以陰德活人而人不及知其内訓有方克家者衆殆亦有默牖其衷者豈偶然哉

十二世族祖妣梁夫人家傳

夫人姓梁氏直隸眞定人禮科給事中維本之女子子十二世族祖廣西右布政使止庵公原膴之繼配也少讀書通大義年十六歸王氏事親相夫有賢名故明崇禎十七年止庵公以諸生居北京夫人從焉三月李自成陷城夫人與其女叔慶皆毀容深藏乃不爲賊所窺及賊遁夫人從祖姑許太夫人將歸里方出彰儀門賊猶在前見諸婦女被掠者甚衆且有井騎自若者夫人憤且懼曰柰何許太夫人曰吾尾賊賊不反顧夫人曰如反顧柰何乃謂女叔慶曰吾且以死避若能從乎對曰諾願從嫂已見道傍有井喜曰清泉皎皎吾與若得死所矣遂相攜赴井死世稱王氏雙烈祖姑慶太常寺卿恆碣公鍾龐之季女止庵公之女弟也先聘定州劉氏死時年十三

八世族孫耕心曰夫人死節事具見家乘地志及夫人從兄故吏部侍郎清遠所著雙烈傳詳畧雖殊事

蹟無疏舛也惟計氏明季北略謂爲清苑梁氏婦莫知所本及核其傳文則明書眞定人爲王公原膴配不知附論所云何以仍涉歧誤可怪也祖姑慶聘劉氏略文謂聘賈氏亦謬夫夫人之死事卓矣當時既失推闡之義見遺於正史而稗記所載轉以滋考鏡之惑後嗣子孫烏可以默默已哉

十三世祖妣梁孺人家傳

孺人姓梁氏直隸正定人附學生清遴之女子子十三世祖棗縣縣丞厚庵公麟超之配也年二十歸王氏孝舅姑敬夫子劬力操作數十年如一日初厚庵

公以授徒自給家劇貧親屬十餘口炊爨縫紉無分任者皆惟孺人一人是賴孺人矻矻終日幾無食息暇雖祁寒溽暑繁勩如故莫能暫卽淸溷也旣厚庵公待次江南孺人獨家居楮柱事蓄尤竭心力每至告貸路窮則背人飲泣而怨尤之詞未嘗一形諸口及厚庵公補官七任知縣所歷皆繁盛地孺人常從乃儉約如昔於珠玉玩好紈綺之屬視之蔑如故厚庵公以淸操著而宦退猶得粗立家室者皆孺人勤儉之助也晚年稍足自給尤好施與兄公夫婦皆篤老則敬資饔饋女叔無屋則輸貲以助値歲暮察宗

戚有困乏者必餽以粟米蓋孺人雖躬歷空匱轉以激發其仁惠之志而無所吝烏呼彌足法已孺人卒於乾隆間子三發位平鄉縣學訓導發傳乾隆戊子科舉人發信附貢生

曾孫耕心曰庸行之充通於神明孺人所爲皆天理之至庸行之極也其獲終吉也固宜若處貧而怨處富而驕則孺人之罪人安足齒哉

十五世族祖妣劉太君家傳

太君姓劉氏十五世族祖處士子彊公鎭豪之配也年二十歸王氏越五年處士卒太君守志撫孤以終其事舅姑能執婦道處士旣卒家益貧乃自啖粗糲而舅姑之奉必精潔及暮年子客四川諸孫號寒啼飢者尤衆太君率子婦勤紡績以自給茹荼如薺宗族敬之乾隆十二年以鄉黨公舉　詔賜旌表入祀節孝祠子定一靈壽汎外委把總

五世族孫耕心曰太君之被旌縣志書乾隆十二年家乘以爲十年蓋誤縣志之文宜本案牘尤可徵信今據以爲傳致謹也

本生曾王母傅淑人家傳

淑人姓傅氏諱淑直隸靈壽人豐潤縣學訓導金鐸

之女子子本生曾王父浙江按察使椒園公定柱之元配也年十六歸王氏上事舅姑必孝必謹夫婦相對恪如賓友周旋三黨咸有恩禮兩叔方幼撫之如弟旣娶處築里閈相敬愛無違言方是時淑人總家政而室無私財梱以內莫不粹然太和見者咸以爲家庭瑞事云君姑魏太淑人殁淑人毀瘠甚幾滅性椒園公病多忿恚淑人事之盡瘁未嘗有迕色病且亟淑人手疏禱佛願減年以益夫壽公愈見燼疏遺字疑而詢之淑人泫然曰誠有此然婦人之義以死夫前爲福卽早死何憾且脫有意外變妾亦烏能久

活乎越數年淑人果卒初淑人方來歸椒園公夢行水田間遇一綠衣女子謂曰妾君前世妻也二十年後儻更相見未可知及淑人卒距來歸時適二十年淑人爲人莊而和才敏而敬事善烹飪精女紅偶學爲詩有至性語好施與乞假輒應合藥施人歲費數十緡至病亟未嘗暫廢卒年三十有六時嘉慶四年也子三世耀山西汾陽縣知縣世永附學生次世瑞亦附學生後淑人賈氏出

曾孫耕心曰淑人懿德咸備中道徂謝宗黨哀之故至今徵內範者必曰傅淑人夫名者道之華也與其

身在而名滅何如身逝而名存淑人知道其亦足以自慰已

王母傅太君家傳

太君姓傅氏諱昐直隸靈壽人巡檢漱芳之女子子本生曾王母傅淑人之姪王父琴舫公世永之配也年二十五歸王氏甫數月君姑馬孺人病風痺委頓牀第轉側飲食皆需人太君勤扶掖潔餐饋雞鳴而起夜分乃退斯須未嘗不在側雖有他婢嫗莫能代勞也如是者凡六年而孺人卒孺人既卒太君舉一子裁免乳大慟曰吾姑久望抱孫今有孫矣而吾姑不及見天乎悲哉聞者皆涕下當是時鄉黨皆曰孝婦孝婦無異辭太君性剛毅而相夫盡禮惟恐不得當道光中琴舫公以業鹺折閱致爭訟每遠游不得歸太君輒獨任家事飢寒困瘁有非人情所能堪者而太君有拮据無怨尤落落然也其教子惟督以守先業勤講誦偶涉懈惰輒訶責不少貸當極困時或謂太君曰若諸子且長矣如徙業猶足以贍若家問何業曰府史也太君默不應已而曰吾兒拙耶得有此福願勿復言後諸子卒皆以儒業自見者卒太君之志也咸豐初以冢子官江南就養淮揚間繇是

太君始漸卽宴安而心力已交瘁矣光緒六年卒於泰州寓宅年八十有八子三蔭福江蘇候補知縣蔭祜兩淮候補鹽運使司經歷蔭祉附學生女蔭齡適聊城李氏咸豐十年以罵賊殉節於杭州

孫耕心曰道光中年後吾家中落勢且不支以太君劬勞補苴幾二十年然後得延其門祚太君之保衛子孫者已至而茹荼之酷或不忍聞何其悲也太君有言娶一婦管三世或請其解太君曰上以事舅姑下以教子孫中以相夫子也其人賢則三世蒙其福其人不賢則三世被其禍爲婦者當知此娶婦者亦

當知此烏呼太君所言卽太君所以自厎厲也雖班氏女誡之說奚加焉楬而箸之亦以資法戒也

正定王氏家傳卷弟五竟

正定王氏家傳卷弟六

弟十九世裔孫耕心箸

王氏先正會傳

光緒十四年夏四月耕心謹考先世行朕碑版譔家傳若干首既卒業復讀新修正定縣志則吾宗先正見於箸錄者更有若爾人乃復綜覈家乘比而書之命曰王氏先正會傳於是吾宗先正之可見於世者舉無所軼小子繼述之志乃益以大慰新修縣志纂自眾手於吾宗傳文疏謬附會皆不能免今一正以譜錄裁以義法不敢蹈不仁不明之咎以惑後人義例謹嚴與專傳同蓋其慎也烏呼小子之文不足論若表道以立言或猶不失夙志之所存先正會傳一篇凡五十有八人弟十世二人弟十一世三人弟十二世九人弟十三世十三人弟十四世十三人弟十五世四人弟十六世七人弟十七世三人弟十八世四人

十世從祖積庭公諱兆慶字積庭九世本生祖見山府君鷹冢子也府君有子二人次曰兆吉幼出嗣爲伯兄紹山府君蔚後是爲霍州公紹山府君歾霍州以後生治生計多外侮公扞衞敎誡無餘力霍州以

濟宗黨稱焉少充附學生天啟元年卒子七太恆附學生次太元次太和太清皆附學生次太純太朴太茂

十世族祖臨池公諱兆舜字臨池九世族祖莘府君冢子也家三里屯隱居不仕好交游戶外之屨常滿豪名震一時卒時先考蓋有明季年也子太奉

十一世族祖泗濱公諱太和字泗濱十世從祖積庭府君兆慶季子也少充附學生美風儀工書畫為人謙沖樂易鄉閭敬之康熙四年卒子三原震原光原浩

十一世族祖伯聲公諱鏜字伯聲十世族祖顯若府君兆耀子也中康熙壬午武舉人以冢子官封中憲大夫三等侍衛為人端厚教諸子有禮法晚好禪悅每乘鹿車游隆興寺與諸大德析六度三乘妙義子若孫前後推挽人皆慕之乾隆九年卒子七原熔高州營游擊原儁附監生出嗣為從兄後次原恂次原忱武學生原懿岢嵐州把總次原憓次原愉武學生

十一世族祖幼平公諱鎬字幼平十世族祖德徵府君廷瑞冢子也繇歲貢生授國子監助教歷官行人司行人奉天府通判公天性友愛弟鏐官肇慶府同知卒於任公軫其無後為立繼嗣保其遺產無所失墜人以為難少工制舉文及告歸猶以誘掖後進為務操觚者宗焉康熙三十七年卒繼嗣子原樺武學生

十二世從祖子璧公諱玠字子璧十一世祖百成府君太初仲子也少充廩膳生有高行孝友慈惠束修自好鄉黨推之善屬文尤工丹青染翰甫畢人輒藏弆困頓場屋三十餘年卒以不遇終時康熙二十二年也子四聿崇榮振次榮武歲貢生榮蘭附學生

十二世從祖季瑛公諱球字季瑛十一世祖百成府君太初少子也中康熙辛卯科舉人少倜儻好長槍大劍及鬬雞走狗之屬已而折節向學文章高出流輩鄉先生皆歎詫稱奇才李文貞公光地視學京畿最重公繇是知名所為制舉文義法精密家居教授及門者多騰踏去公累舉進士卒不中弟康熙五十

七年卒子四艮翰雍正己酉科舉人次艮臣艮佐次龍攀附學生

十二世族祖叔果公諱原毅字叔果十一世族祖泳潭府君鍾岳弟三子也泳潭府君嘗箸王氏世系譜未卒業公復增修之益精密有條理後家乘得以成

編公有力焉少充廪膳生勤學工書有時名康熙四十七年卒子榮文附學生

十二世族祖退庵公諱原讓字遜之號退庵十一世族祖永潭府君鍾岳弟五子也少充增廣生以子官贈朝議大夫知府銜永定河北岸同知公言行卓越有物有恆甯醕無肆甯犯無欺純粹篤敬時推善人君子居恆以教授自業泊如也而尤以書畫名當世書由趙孟頫氏沿溯二王議者以爲趙氏畏友畫亦雄厚時入米氏之室平生肆力翰墨臨摹古帖碑版高可等身其勤如此箸有退庵詩稾若干卷乾隆十

九年卒子三榮勛增廣生榮勷浙江處州府知府榮贇附學生

十二世族祖子文公諱原煥字子文十一世族祖永潭府君鍾岳弟六子也才思敏贍爲文落筆數千言未嘗起草熟經籍教授有法度游其門者多知名少充增廣生康熙五十八年卒無子

十二世族祖乾輔公諱原震字乾輔十一世族祖泗濱府君太和冢子也善治生計少依外舅崔氏於平樂莊以力耕致富篤於故舊宗戚過從者皆厚款之無不意滿順治間卒子三世元歲貢生世亨附學生次世貞

十二世族祖靜軒公諱原爽字靜軒十一世族祖盈若府君太沖冢子也少孤貧從父谷虛府君太洪撫之有恩公既壯以逐什一立家室事谷虛府君如父禮孝敬無違府君慰焉爲人篤誠謙退表裏如一遇宗戚喪葬婚冠莫不盡禮勇於濟人教子有義方好施方藥全活甚眾乾隆七年卒子榮封附學生

十二世族祖怡若公諱原愘字怡若十一世族祖伯聲府君鎧冢子也繇康熙癸巳科武進士授三等侍衛嘗單騎迎　駕古北口

聖祖嘉之

世宗御極寵賚尤渥　賜花翎　命專達外擢廣東高州鎮中軍游擊未幾卒於官時雍正二年也公天性孝友卓犖不羣年不稱德宗黨惜焉繼嗣子榮台

十二世族祖廣庵公諱原慒字長濬號廣庵十一世族祖紫鉉府君鏐繼嗣子也天性慈愛飲人以和好闍因果時稱長厚君子晚耆出世學每與禪侶討論竟日忘倦少補附學生充國子監生乾隆二十一年卒子二榮獲歲貢生次榮壯

十三世族祖繩其公諱榮武字繩其十二世從祖子

璧府君玿弟三子也充歲貢生候選訓導狀貌秀偉多材藝工舉業文善掖人材好爲詩超軼可誦少病失血精衛生之術年登大耋神明炯然卒年九十時乾隆二十四年也子二發聯歲貢生發弟天津縣學訓導

十三世族祖公藩公諱艮翰字公藩十二世從祖季瑛府君球冢子也性端潔不妄取與講求道誼通宋五子書尤好平湖陸氏之學工舉業文教誨生徒勤勤懇到學者慕嚮之中雍正己酉科舉人乾隆十八年卒子二發端乾隆癸酉科舉人次發裕

十三世族祖蘿村公諱榮遴字逢年自號蘿村居士十二世族祖柏崖府君原直弟三子也治家有法度睦於宗黨書法米元章氏得其神髓題壁尤工少繇國子監生考授縣丞乾隆十二年卒子六發頤甯津縣學訓導發頫增廣生發顥廩膳生發韻增廣生發潁附學生發顯武學生

十三世族祖梅蹊公諱榮增字不傳號梅蹊亦號杯隱子十二世族祖柏崖府君原直弟六子也英敏有才氣工擘窠書好爲詩著有夢谿詩鈔若干卷繇國子監生考授縣丞砌後始授福建古田縣縣丞乾隆十六年卒子三發燕增廣生發丹附學生次發源

十三世族祖長卿公諱榮爵字長卿十二世族祖子固府君原貞冢子也少補附學生家貧好學爲文有奇氣躬自灌園猶挾冊吟誦康熙四十五年卒年二十有六子發魁增廣生

十三世族祖爾郁公諱榮文字爾郁十二世族祖叔果府君原毅子也幼孤貧獨與姊居姊賢且慧精女紅通文字恆手營衣食以資公公亦發憤力學文思英銳不屑隨人後甫充附學生遽以疾死姊適梁氏不數年亦死宗黨哀之公娶杜氏無子卒時失考蓋康熙季年也

十三世族祖肅亭公諱榮勛字靖臣號肅亭十二世族祖退庵府君原讓冢子也少補增廣生力學不倦讀全史至兩周文辭英奇振筆疾書莫能自閟爲人胸無奥窔接物以誠浩然自得見公者輒謂無懷葛天去人不遠乾隆三十五年卒子發津

十三世族祖敬亭公諱榮贊字不傳號敬亭十二世族祖退庵府君原讓弟三子也性顓愨每窮一義輒力行不疑初讀禮書慨然曰禮爲人道綱紀違禮則邪悖禮則亂烏可以已乃與昆弟家人約値朔望必

拜於堂秩然有儀其訓生徒趨蹌少不中節必使重肄主人厭其煩從游者多引退嘗値歉歲財用困乏忽悟儉以濟絀之理復一意行儉而公所謂儉每爲人所不能堪常稱曰種匏之利可代陶瓦大以充篕小以當盂何以陶爲或諷之曰汙樽抔飲不尤勝栽植之繁邪公自信彌篤竟不能屈而亦以儉故卒以無困晚年復留心文字體裁謂字體左右偏傍皆宜相配不可相觸每以其法䤵摫舊帖雖古今名家不能盡合也其議論創闢多類此然公律己甚嚴論者雖病其迂終不能不謂之端人焉少補附學生乾隆

四十三年卒繼嗣子發櫟

十三世族祖永佩公諱榮嗣字永佩十二世族祖上之府君原陞繼嗣子也爲人言行謹飭恂恂有禮通音律多材藝尤擅技巧嘗手製自鳴鐘備極工妙無舛晷刻所作笙簧咸中音節又能鍊銅爲銀人不能辨然特偶資戲劇未嘗售欺也子二發進出嗣爲族人後次發金

十三世族祖子銓公諱榮選字子銓十二世族祖舒予府君原悠仲子也少入行伍歷官山東河標左營守備貴州平越營都司篤宗誼通文辭所著王父眞常府君碑陰文至誠惻怛肫然仁孝之意有足垂範後嗣者雖一節之偶見亦可以知其概矣康熙四十九年卒子六長繹次發緋次綱國子監生出嗣爲伯兄後次發瑞次績國子監生次緒武學生

十三世族祖子立公諱榮業字子立十二世族祖毓六府君原奇冢子也繇行伍累官陝西靖遠營守備在官能振其職御下有恩旣謝病士卒爲勒碑以頌德雍正元年卒子四發祺發令發軔發乾

十三世族祖金章公諱榮封字金章十二世族祖靜軒府君原爽子也少充附學生孝謹不匱能以行誼

嗣其家靜軒府君臥病久公侍側衣不解帶無閒夙夜憂勞旣甚所業就荒勉應督學試輒中雋府君雖疾篤亦爲色喜人以爲孝感乾隆閒卒子二發徵發常常出嗣爲舅武氏後

十三世族祖君寵公諱榮顧字君寵十二世族祖原亮府君仲子也善治生產兼精農商以勤樸起家忠爲人謀有託以貲財者權衡不苟滋息輒茂時稱卜式之流亞晚充國子監生乾隆三十九年卒子發林乾隆辛卯科武舉人

十四世族祖石鯨公諱發甲字殿揚號古狂更號石

鯀十三世從祖蘅皋府君𠈉驥冢子也爲人超軼不羣文詞英爽工書法時稱異才撫諸弟不拘儀節而友愛獨至少充廩膳生雍正元年卒年二十有七著有愚山詩稾若干卷無子

十四世族祖臨莊公諱發端字臨莊十三世族祖公藩府君𠈉翰冢子也少病聾而勤敏向學家居教授善治人材有盛名經籍外泊無所營清操九箸中乾隆癸酉科舉人三十三年卒子二正凝廩膳生正靜附學生

十四世族祖至亭公諱發善字廉夫號至亭十三世族祖奕臣府君榮恩子也鯀雍正癸卯科舉人授四川榮縣知縣調華陽中江縣知縣少孤貧而篤志力學有文名在官能以文學飭吏治爲人溫文簡默有儒者氣象涉醉鄉則高談雄辯不得復以方幅拘乾隆三十四年卒子二正芴國子監生正斗附學生

十四世族祖雪客公諱發頫字昂友號雪客十三世族祖蘿村府君榮邁仲子也少充增廣生爲人翛然澹泊越諸塵累工書畫一以吳興趙氏爲宗時稱吳興後身雍正十年卒無子

十四世族祖月舫公諱發顥字景梁號月舫十三世族祖蘿村府君榮邁弟二子也少充廩膳生天資朗悟爲文典麗風華紛如錯繡雍正十一年卒子正儀

十四世族祖章仲公諱發袞字章仲十三世族祖玉音府君榮綸仲子也少鯀附學生充國子監生爲人言規行矩無忝世業工制舉文能入章羅之室名藉甚乾隆四十六年卒子二正來山東臨清州州判正采從九品

十四世族祖雨巖公諱發霖字雨巖十三世族祖錫三府君榮命冢子也鯀國子監生考授主簿事親孝謹工書畫有時名乾隆三十三年卒子三正憲四川邛州吏目正鎔附學生次正鉉

十四世族祖桂圃公諱發燕字桂圃十三世族祖梅蹊府君榮增冢子也少充增廣生負雋才文詞清逸有別韻乾隆六年卒子正通

十四世族祖柳庭公諱發棨字柳庭十三世族祖徵齋府君榮勣仲子也鯀乾隆甲寅科舉人授山西文水縣知縣工爲詩著有捒耆堂詩集若干卷嘉慶二十三年卒子二長正瑄次正琮附學生出嗣爲伯兄後

十四世族祖石蕚公諱發楠字楚𠈉號石蕚十三世

族祖澂齋府君榮勳弟三子也緐乾隆己酉科拔貢
生授永清縣學教諭篤學嗜古誨人不倦游其門者
多通顯著有王氏世系譜二卷諍友齋詩集若干卷
道光十年卒子三長正搢次正呂附學生出嗣爲從
兄後次正同道光己酉拔貢生

十四世族祖經公公諱緯字經公十三世族祖子聘
府君榮遴仲子也少充國子監生性倜儻多材藝文
詞書法博奕射獵下逮蠻貊方言靡不通曉好交游
重節義恆爲人排難解紛不責報累試不弟輒遨遊
遠近縱情山水後游江甯終於客館卒時談笑自若
賦辭世詩一章投筆而逝時雍正七年也子三家彩
正彩正烈

十四世族祖元村公諱發寬字不傳以家獲鹿元村
後嗣因以爲公號十三世族祖子尊府君榮達弟三
子也性端默有隱操尚義不倦元村不廢鄉校而游
庠序者闃無人有精相地者至指一處曰若於此建
一先聖祠三年內當有成立者其地適在公居宅前
公慨然曰地雖吾有旣爲一鄉文教所關烏敢吝乃
捐地爲祠基且首事勾貟以創建自任於是業科舉
者咸樂輸諸富氓輒趦趄不前且撓以鄙語經費旣

鉅所得僅數十金勢且中輟公又曰旣爲首事烏可
以稗議廢遂斥賣已田大半以益之祠乃就且躬執
洒埽之役朔望致敬焉居二年村人果有入學者已
而相繼獲雋者不一村氓乃服論者謂建先聖祠於
鄉社雖不中禮公之篤志好義實不可及云公與物
無競人皆化之鄰垣傾圮輒曰相與聚處甚樂何築
爲遂與鄰人同院居者二十年其純樸無爲如此公
之卒在乾隆閒初無子旣毀家建祠年已五十餘乃
生子曰正端及壯能以孝謹力田世其家

十四世族祖發軾公諱發軾字不傳十三世族祖世
亭府君冢子也天性孝友事叔父如父叔父病醫藥
飲食事必躬親審寒燠察好惡不待告語也諸弟幼
撫之咸有恩殁後數十年從弟一鵬每語及公未嘗
不流涕公少補附學生康熙閒卒無子

十五世族祖霽亭公諱正悅字霽亭十四世族祖香
巖府君發桂子也緐附監生授浙江杭州府經歷遷
定海縣知縣以獲洋盜功擢知州用能爲詩著有霽
亭詩稾若干卷嘉慶十八年卒子三定筠候選縣丞
定筌候選從九品次定籌

十五世族祖寶文公諱正訓字寶文十四世族祖訥

庵府君發裔弟三子也少有才名力學好古爲文精嚴有法度晚充歲貢生候選訓導絕意仕進惟以典籍自娛著有桐雨山房雜組怡怡軒詩集若干卷道光六年卒子四定甡東强縣學教諭定珏廣東候補知縣出嗣爲季弟後定喆蚤世定覞候選從九品

十五世族祖方理公諱正琮字方理十四世族祖壽莊府君發椿繼嗣子也少有令譽通詩古文博聞强識才辯縱橫聞其説者莫不傾靡晚充恩貢生候選教諭著有方壺詩稾若干卷同治閒卒子定慧附學生

十五世族祖惠侯公諱正同字惠侯十四世族祖石萼府君發楠弟三子也少充道光己酉科拔貢生有才名以落拓終好爲詩儲稾甚富皆佚不傳同治閒卒無子

族曾祖秋舫公諱定寓字育卿號秋舫十五世族祖均庵府君正㮚仲子也夙有詩名壯游滇蜀尢得山川之助著有秋舫詩稾柳林漁笛詩餘若干卷少充增廣生道光十六年卒子世藎歲貢生

族曾祖鹿坪公諱定甡字易亭號鹿坪十五世族祖寶文府君正訓冢子也中嘉慶丙子科舉人弟一授知縣待次江蘇署興化甘泉縣知縣少勤學工制舉文有時名爲縣慈祥愷悌民號彌勒佛而天性戒慎不慕榮利卒請改教職歸補東强縣學教諭道光閒卒子世度同治庚午科副榜

族曾祖玉峰公諱定珏字錫周號玉峰十五世族祖儕南府君正謹繼嗣子也嘉慶丙子科舉人授雜澤縣學教諭擢知縣待次廣東署化州知州公少與伯兄鹿坪府君齊名立身端潔有品學知化州時値寇亂公守禦有法城得全州人頌之咸豐閒卒於廣州子二世溥候選主簿次世濬

族曾祖冰谷公諱定愈字進之號冰谷十五世族祖東紫府君正來子也少充國子監生天資高朗治醫方窮其奧蹟於痘疹尢有神解晚年能察形色斷生死百不失一求診者無貧富輒應尢貧者或濟以藥餌無厭倦家居數十年所投皆效名噪遠近全活者無筭著有痘疹捷要若干卷嘉慶二十二年卒子二世敬世敘

族曾祖穀堂公諱定恆字立方號穀堂十五世族祖文度府君正憲冢子也繇國子監生歷官山東東阿縣縣丞四川富順縣鄧井關縣丞湖北黃州府江防

同知少涉艱險有識度受侮不校卒以堅忍故克自
樹立登仕籍雖治勣失考其志量有足稱者道光十
六年卒子二世臣候選從九品次世錦
族曾祖海田公諱定鶴字海田十五世族祖儀薛府
君正瑄冢子也少補附學生爲人謹樸無華飾能詩
著有十石齋詩稾若干卷卒年失考子世灝
族曾祖季田公諱定瀛字季田十五世族祖儀薛府
君正瑄弟三子也少補附學生未冠以詩名工奕著
有閒吟稾若干卷道光閒卒年二十有二不娶無子
族祖英臣公諱世隆字英臣族曾祖心之府君定志

弟三子也繇行伍累官湖南宜章營中軍守備加都
司銜　賜花翎咸豐五年九月從征粵匪於湖北德
安府三陂港力戰歾於陣　詔錫雲騎尉世職子蔭
堂襲職隸正定鎮標
族祖勵堂公諱世敭字勵堂族曾祖心之府君定志
季子也繇行伍官天津大沽協千總咸豐九年五月
夷匪寇天津公從大軍守北礮臺歾於陣　詔錫雲
騎尉世職子蔭紳襲職隸正定鎮標
族祖雪門公諱世勳字萊峰號雪門族曾祖敬之府
君定久仲子也繇道光戊子科舉人授吉林甯古塔

學正擢內閣中書舍人加侍讀銜性剛直能任事官
學正時訓士有法門下士多以學術致通顯欒城彭
氏子客吉林爲人誣陷致之獄公力拯之旣免復經
紀其父喪使歸里順天馮甲以訪兄流落吉林公哀
之時恤其困且匄資送其家屬歸京師其施濟不吝
如此同治閒卒子蔭疇附學生
叔父延之公諱蔭祉字延之先大父琴舫府君世永
季子也能爲詩少作尢清逸咸豐初補附學生同治
十三年客太原卒子二官政附學生次官敍
從父蓮伯公諱蔭普字龍田號蓮伯從祖遠亭府君

世耀冢子也充道光丁酉科拔貢生少有雋才跅弛
不羈博學嗜古通古文辭賦游京師最知名咸豐五
年卒子二官駿河南候補縣丞官騏附學生
族父蔭滄公諱蔭滄字不傳族祖韞堂府君世鎰冢
子也性孝友鄉黨無閒言弟蔭淮早死遺孤皆幼公
教養兼至待弟妻有加禮卒年失考無子配何氏撫
蔭淮之子官秀爲子
族父璧山公諱蔭繪字璧山族祖廣齋府君世斌仲
子也繇行伍官正定鎮晉州汛把總同治六年十一
月禦馬賊於原頭村歾於陣子二官政官敏

王氏先碩人會傳

九世從祖妣陳夫人眞定人世襲眞定衛百戶力之女子子九世從祖山東左布政使思山公藻之元配也年十七歸王氏事姑任太夫人以孝謹稱敬以相夫慈以撫下治家尤勤儉無華飾或爲豪家婦所笑夫人自若曰吾自惜福耳卒不屑改徇流俗也萬歷九年卒年三十有七封安人贈夫人生子二兆年附學生兆甯蚤世後夫人范氏生兆宏兆熙兆泰兆定

十世族祖妣許太夫人眞定人十世族祖贈通奉大夫太常寺卿述思公兆甯之繼配也年十八歸王氏

越二年述思公卒太夫人守志撫前室孤子鍾龐如已出慈愛備至執紡績以督課鐙火熒熒每至夜分治家嚴肅蕭然刑布子後雖貴顯無加焉順治間卒鍾龐累官太常寺卿贈通政使

十一世族祖妣閆太君眞定人十一世族祖國子監生國度公太涵之配也年十七歸王氏越十年國度公卒太君自經以殉以救免上事舅姑存歿盡禮夙通經史教孤子有法度守志三十五年卒時康熙五十年也乾隆元年奉　旨旌表子原健武學生

高祖妣魏淑人柏鄉人國子監生紘佩之女子子先

高祖王父饒陽縣學教諭贈通議大夫兩淮鹽運使漁湖公正準之配也少孝謹有智略年十五歸王氏事祖舅姑舅姑皆盡禮漁湖公卒治家勞勩督諸子尤嚴乾隆五十六年卒贈淑人子三定柱浙江按察使定枚蚤世定樞嘉慶癸酉科舉人

十五世族祖妣傅太君靈壽人十五世族祖正儀公之配也年十九歸王氏甫數月正儀公卒太君茹苦守志七十七年乃終年九十有六卒時失考蓋乾隆季年也無子繼嗣孫世昌

十五世族祖妣魏太君柏鄉人十五世族祖儀薛公

正瑄之配也嘉慶間儀薛公卒遺孤皆幼太君從容教誨諸孤皆得嗣家學有令名太君守志四十二年終卒時失考蓋道光季年也子三定鶴附學生定芝歲貢生定瀛附學生

從曾祖妣魏宜人柏鄉人從曾王父嘉慶癸酉科舉人贈奉直大夫翰林院檢討星垣公定樞之配也嘉慶十九年星垣公試禮部卒於京邸無子宜人撫兄公之子世瑞爲子世瑞蚤世再撫從孫蔭豐爲子婦李氏子宜人治家嚴峻人咸敬畏無廢事凡守志三十九年李太君守志二十年咸豐二年先後卒皆贈

宜人世瑞附學生蔭豐翰林院檢討
族曾祖妣何太君正定人族曾祖希曾公定異之繼配也歸王氏五月而希曾公卒太君守志五十七年乃終希曾公卒於乾隆四十八年太君之卒蓋道光十九年也繼嗣子世鎰
族曾祖妣梁太君正定人族曾祖附學生定選公之配也定選公卒無子太君守志三十二年終卒時失考蓋在道光閒
族曾祖妣段太君族曾祖友竹公定梅之配也友竹公卒太君年二十有二守志四十九年乃終卒時失考子世琦世珣

族曾祖妣梁太君正定人族曾祖附學生心之公定志之繼配也心之公卒諸子皆幼家益貧太君撫諸孤歷涉艱苦皆獲成立凡守志三十二年乃終卒時失考蓋在咸豐閒子四世斌正定鎮固關營千總世敷正定鎮稾城汛外委把總世隆湖南宜章營守備世敫天津大沽協千總
族祖妣朱太君族王父世達公之配也年十八歸王氏年二十六世達公卒有一子太君守志撫孤議者或以年少家貧爲說太君大慟矢志益峻鄉黨敬之已而繼姑文氏有子女食指繁家益落太君乃率孤子歸母家資紡績以自給舅有疾復歸省未幾舅歿不數月繼姑亦歿繇是家居數年嫁其女叔悉以己之匳具資焉子旣壯事母孝謹娶婦亦婉順太君乃大慰蓋世達公能有其家與子皆太君數十年堅貞之操之所集也太君守志四十五年乃終年七十有一卒時失考蓋道光中年也子蔭遠
世母鄔太君浙江山陰人南河通判椿之女子子先世父故江蘇知縣梅叔公蔭福之繼配也年二十四歸王氏少在室有孝行父搆危疾太君刲臂肉以療疾竟瘳後十二年乃卒人以爲孝感來歸甫一月即

謂梅叔公言家有從父妹少病失明恆以爲己憂君如聘之妾憂可釋矣梅叔公不敢應上書先祖父母以請命先祖父母嘉許之遂娶焉即今繼室太君也太君天性豁達不吝財貨敎子女有法度諸子在家塾惟恐不得師師雖嚴厲弗恤也咸豐閒梅叔公以待次江蘇家南清河後復以寇亂徙安東時饑饉連年家困甚太君悉斥匳具以供饔飧費宴如也同治二年卒年三十有七後三年梅叔公知沛縣宦涂稍遂而太君不及見矣子五譯柳官智太君出官鶴官

孤官渻今繼室太君出

裔孫耕心曰右先碩人會傳凡十有三人竝見家乘及光緒正定縣志縣志列女別有王棨宗妻馬氏王世普妻楊氏王世和妻殷氏王蔭岱妻吳氏或以殉夫見或以撫孤箸其夫族世次皆與吾宗合節烈之概亦卓犖可書乃求之家乘或有名而無事狀若世普則幷名缺焉豈別屬他族歟抑吾宗之譜牒失修轉疏略不備歟顧小子立傳之誼傳信不傳疑且有疑則闕先聖之訓也故馬氏以下四人於文弗箸惟附其名於此以俟吾宗有志之士續考焉烏呼昔我先人討論宗學勤勤譔箸靡所失墜今乃以述事無人致節烈之名亦霝落不追亦可慨已

正定王氏家傳卷弟六竟

正定王氏家傳後記

光緒十四年冬旣箸家傳五十篇越二年復成世譜世錄各若干篇吾宗記載庶幾已備而考證賡續不能無俟望徹編之期猶有竢焉唐宋以上譜與傳皆別行有明後乃合爲一今以譜錄尙無定稾輒先梨家傳以質宗族更有賸義則件繫於後蓋一以備采訪霝丁一以示家塾子弟也

正定王氏本出太原太原王氏出姬姓周靈王太子晉之後也昌黎韓子以爲祖王子成父莫知其審要皆周室之支庶后稷之苗裔也唐宋之際王氏族望二十有七出姬姓者六曰太原曰瑯邪曰東海曰高平曰京兆曰河閒出子姓者十曰天水曰東平曰新蔡曰新野曰山陽曰中山曰章武曰東萊曰河東曰汲郡出嬀姓者三曰北海曰陳留曰魏郡元城出虜姓者四曰河南本可頻氏曰馮翊本鉗耳族曰營州本高麗曰安東本阿布思未詳所出者四曰金城曰廣漢曰長沙曰堂邑姬姓王氏太原瑯邪同祖太子晉而瑯邪少後顯高平京兆皆祖魏公子無忌河閒一族亦祖魏氏惟東海一族莫知所本子姓王氏天水以下十族皆祖殷王子比干嬀姓王氏三皆祖齊

王田和爲虞舜之後虜姓諸族惟鉗耳氏亦出太子晉見集古錄目隋鉗耳君淸德頌餘皆無聞此王氏族系之大凡也我始祖大賢公先家淸源後徙眞定初遷時惟自志淸源本族系出太原他譜牒皆不備故自公以上世次無考緜明迄今吾宗宦山西者六七公亦皆未得上溯淵源詳求本系蓋敦樸之風如此與傳會古賢無徵不信者異矣太原王氏自東漢後久爲海內名族其列名正史傍見傳記者不可勝紀正定一宗明以上世次既已失考固不得妄援先正以自淆譜牒之例惟淸源一族爲本宗所自出如

能訪其世系庶幾猶可上闚宋元之際惜耕心遠居江淮無能爲矣敢敬存吾說以勖我後人

始祖大賢公有同產弟名大聖明洪武間以軍功授浙江觀海衛世襲指揮僉事終明世未嘗中絕公九世孫有名尙文字保疆者以嘉靖壬辰武進士累官鎭守福建總兵官佩印征蠻將軍都督同知著有葢心堂集二卷萬歷六年廣西柳州苗獞煽亂馬平獞韋王朋率東甌大產諸蠻攻掠鄉社保疆討平之十八年以致仕過眞定與先九世祖光祿公稽譜錄爲昆弟行見先光祿子姓林立悅之因薦餘姚王先生承奉爲諸子師先後事迹見　欽定四庫全書總目集部別集類明史廣西土司傳及先十世祖霍州公自敘年譜先從父武定公所譔淸源公述正定王氏分支未有前於此者保疆本集自署鄉貫亦仍作眞定蓋其不忘宗國如此而我先世家乘以大聖公以下世次不備於兩公名字僅見別記迄未列入譜牒雖格於義例不得不然亦少涉疏略矣考明史地理志觀海衛洪武十九年十一月置治所在甯波府慈谿縣西北與鳴鶴鹽課司鄰明制衛所子弟皆就襲官所在附籍應試謂之衛籍至今猶然觀海衛旣治

慈谿則大聖公支裔卽在慈谿無疑今年世雖遠若亦能求其世次別爲篇弟以補正定宗譜之缺當亦我始祖昆弟及光祿都督兩公所嘉許者吾宗子姓尙其勉旃

乾隆閒先太高祖廓亭公箸家乘十卷吾宗掌故乃有成書嘉慶初族太高祖石莩公復考訂世譜徧徵舊說定本族爲六大支一曰權城村始祖淸源公下一支二曰權城村處士公房一支三曰府城東門內耆英坊光祿公房一支四曰耆英坊布政公房一支五曰耆英坊膠州公房一支六曰龍藏寺街紹廷公

房一支此六支下分居本縣各鄉者有里雙一支小屯一支三里屯一支塔子口一支西上寨一支羅家莊一支東平樂一支韓家樓一支新城鋪一支分居外縣者有獲鹿縣元村一支鎮頭村一支鎮頭楊家莊一支稾城縣奉化村一支趙莊一支果莊一支固營一支行唐縣化壁村一支東正村一支協神村一支靈壽縣靑練莊一支分居外府州縣者有保定府清苑縣二支天津府天津縣一支大名府大名縣蟬宅坊一支趙州一支趙州柏鄉縣一支分居外部者浙江慈谿縣觀海衛一支外復有杭州府治一支江

西南昌府治一支湖北襄陽府襄陽縣一支河南彰德府臨漳縣一支大小總三十六支皆見家乘惟觀海衛一支及現以需次游學僑居京師及外部者不與焉內趙州一支舊譜無考光緒十七年耕心客濟南閒諸從弟官澄始訪得之而亦莫能詳其所自出蓋吾宗譜錄失修已久故於各支之存亡盛衰皆不能深悉原委以後凡我宗人獲見家傳者宜各詳敍本支寄送正定宗祠以備纂集庶大宗全譜永無缺佚之虞追遠敦族是爲首務聞風興起當必有同志君子在

故明萬歷閒先九世祖光祿公譔定世次十六字曰祖兆太原榮發眞定世蔭觀海文武昌盛歷世遵用未有通其說者至先從父武定公始詳考宗乘爲釋其義曰祖兆太原謂吾宗先世系出太原也榮發眞定謂我始祖大賢公遷眞定後子孫以文學起家也世蔭觀海謂大賢公弟大聖公授世襲指揮僉事實隸浙江觀海衛也文武昌盛合兩支通言之亦頌禱之辭也眞定眞字後以本縣更名正定吾宗命名亦改用正字康熙閒亦有用鎮字者以唐時鎮州治眞定縣也觀海字故記皆作觀不知何時誤觀爲官近

世命名遂無不作官字者既違先製且使此句之義湮沒不彰可惜已今耕心以族人命名已有至文字者因敬白宗老續定十六字曰惪懋秉彝學傳善慶錫敍端守允修篤敬并前製十六字皆附記於此他日當編入宗譜以垂久遠本末彰箸或不致再涉疏謬云

先六父仲恆公宣南日記曰先世家乘昔經我曾王父廓亭公手訂者箸錄之文皆有法度絕少紕繆後三十年以傳鈔者衆已不免互有增損今年夏偶取近時錄本觀之則竄亂愈甚誤不勝乙爲之憤懣累

日以後族中如議重修家譜宜折衷至當不可踵襲譌謬詒誚通儒也時在咸豐紀元五月去廓亭公成書時已六十餘年矣耕心昔讀家乘頗有獻疑碑版諸文皆隨事訂正及見先大父所記乃悟其致誤之繇因述校勘記一卷以示不敢專輒今譔次家傳於已正諸說皆所不取蓋不惟義法當爾亦所以述先大父之志也又正定府舊志先十二世族祖福州公傳書公解任事稱郡人爲公鳴寃者數千人新修縣志又作千人縣志先從父檢討公傳又曰饒經濟敦氣節於國家事指陳利弊悉可見諸施行云云耕心

謹按福州公行狀及侯官鄭三才所譔公傳皆作爲公鳴寃者數萬人浙東沈奇芳詩稾有晉安紀異詩十首專記此事其前叙亦稱爲公鳴寃者二三萬人以此知行狀所載數萬人字乃當時實事非出杜譔而府縣兩志輒歷次核減莫喻其故殆意以人數太多懼涉聚眾之嫌歟則時隔二百年地去六千里固已無嫌可避而公之被誣正以民情愛戴乃渥荷
聖祖矜察俾復厥職前輩既已播之詩歌流傳已久則當時事狀尤有不容隱飾者故今博考眾說新傳之文仍以行狀爲定於兩志所改不能不少涉異同

云先檢討公官翰林時惟充　國史館協修官未嘗上疏言事縣志所云蓋意在推獎而譽出不虞未必爲公所冒受今亦不取皆所以存事實也吾宗風尚質實深戒浮誕家乘所錄舊文雖猥瑣牴牾時不能免獨無傅會之陋今新傳諸文悉稟前規而彌加敬慎事非證據未嘗輒書少涉疑似甯從舍寘不欲執鄉塾臆見以抑揚我先人故雖地志溢量之辭失考之說亦必釽擿明審靡所阿比不惟糾正碑版諸文已也外此猶有不及備論者亦皆以此爲標準折衷至當之訓小子詎敢不勉吾宗子姓苟知此意乃不致妄沿俗說繆述丹青非格物烏能致知若闒茸不學卽所以蔑我先人矣可不慎哉

傳記之文凡地名官名皆宜直書當代之制不得妄援古昔以惑後世此史法也唐宋大家文爲例已不能純至明中葉後七子之徒倡言復古而不知所以古乃強并其名器一切古之於是鄉塾失考習非勝是遂成痼疾而史法蕩然矣近世堯峯汪氏望谿方氏穆堂李氏隨園袁氏箭堂惲氏諸先生於此等義例辨析已久而攬其全文湔祓猶不能盡則復禮之難也耕心昔讀先世碑版文見有書戶部主事爲司

徒尙書郎者有書甯波府同知爲明州司馬者有書
眞定爲恆陽者意頗以爲惑世誣民無理取鬧故今
新傳所書悉以史法爲宗雖相國守令之於官中山
析津之於地亦必矯而正之不使稍有出入惑誣之
弊庶幾其免特箸於此以代釋例謹之至也或謂傳
文篇首無不箸姓氏縣名者頗疑衍設柰何荅篇幅
之文皆宜以一篇爲起訖者也知以一篇爲起訖則
衍設之疑可釋矣昔賢箸先世家傳每不書姓氏里
居以爲子孫之辭宜爾不知或錄一文入他書讀者
且不知爲何許人若縣名屢易則惑人尤甚是雖欲

傳其先人適以沒之矣揆之義例殆非盡善今竝矯
而正之亦謹之至也烏呼學已僻則飾智驚愚學已
陋則倍理售妄不飾不倍乃衷於誼此其說雖不足
以質大雅而以爲吾子弟勸或無懵焉非好辯也不
得已也

光緒十九年太歲在癸巳春三月淸源公弟十九世
裔孫耕心謹譔

正定王氏家傳後記竟

尚詩徵名

（清）王蔭祜 撰

《尚詩徵名》二卷，清王蔭祜撰，據華東師範大學圖書館藏清光緒三十四年（一九〇八）刻本影印。

王蔭祜，字子受，號鞠安。清正定人，寓泰州。蔭福弟。附貢生，候補兩淮鹽經略。

此書爲王蔭祜考察《詩經》作者而作，完成於同治十二年（一八七三）。《詩經》作者大多不詳，王氏深以爲憾。於是推本毛公，旁徵三家軼文，下逮朱子集傳及百家之説，凡可以考見作者名氏者，靡不甄録。古來人們將儒家經典的詩三百篇通稱爲《詩》，王氏以爲不妥，上援《尚書》之名，定名爲《尚詩》。書分上下二卷，分載甲篇乙篇，甲篇爲已定之説，乙篇爲未定之説，定説者前有依據，且適如義理。未定説者，前世雖有依據而爲説多誤，非義理所宜。兩者共七十五篇。《詩經》的作品來源很廣，有周王朝的樂官所作、公卿列士所獻，以及流傳於民間的歌謡。王蔭祜考察《詩經》作者主要依據《毛詩序》及朱熹《詩集傳》等，其對經典著作刻苦鑽研，用力甚勤。也有部分考述只是重複舊説，作者并無新證，較少創意，如甲篇中的《民勞篇》，認爲是召穆公作，只是簡單抄撮《毛詩序》《詩集傳》的相關論述，自己的意見只是『此篇主名無疑，其義亦當以《集傳》爲正』。

（周　忠）

尚詩徵名二卷

宗炎謹署檢

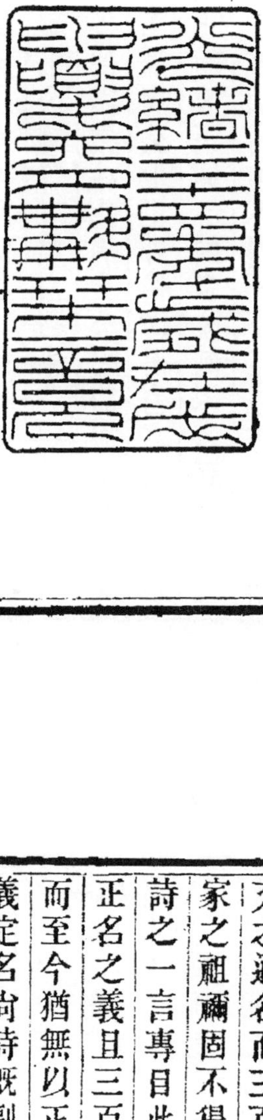

尚詩徵名敘說

三百篇爲詩學權輿而佗家之主名多不𥚃於世少時肄業及之深以爲憾此雖以後世之義例上求古經要亦治經之一事殆不可忽今輒推本毛公旁徵三家軼文下逮朱子集傳及百家之說凡可以考見佗家名氏者靡不甄錄皆臚列舊文正以新說意在會通漢宋規以天理人情以冀折衷一是得失具在良驗難誣持此以餉學者庶無負闡幽之義如有闕疏則拾遺補缺仍以俟後之君子稾既成復析爲甲乙二篇甲篇乃已定之說乙篇則未定之說也

有韻之文以詩爲大宗騷賦乃詩之引伸箴銘頌贊其附庸也是故有韻之文通謂之詩詩既爲有韻之文之通名而三百篇適爲元首則三百篇一經乃詩家之祖禰固不得專以詩名矣乃自漢氏以來惟以詩之一言專目此經殆由晚學平議之疏決非先聖正名之義且三百篇上起商頌時至前漢已溢千載而至今猶無以正其名實豈通論哉今上援尚書之義定名尚詩既副正名之蘄亦祛因循之失是亦徵名之淵源綱領通儒先哲或無愆焉

孔氏毛詩正義云家父吉甫詩辭自有名字其餘有

名者他書傳記有之左傳引桑柔謂之周芮良夫之詩是也故敘得據之而言其不言者皆不知也或曰大夫作者止知是大夫所作不知姓名故不言也頌及風雅正經唯公劉等三篇言召康公以外皆不言作者姓名外傳謂常棣爲周文公之詩思文爲周文公之頌則二篇周公作也外傳尙得言之敘者不容不知蓋以正詩天下同心歌詠故例不言耳公劉三篇言戒成王戒須有主不得天下共戒故特見召康公耳又諸言姓名爵謚者皆是王朝公卿大夫緜蠻謂士爲微臣不言姓名蓋以士位卑微名不足錄也推此則太子之傅及寺人譚大夫不言姓名亦爲微也又變風唯七月鴟鴞言周公所作其餘皆無作者姓名亦以諸侯之大夫位比天子之士官位亦微故亦無見姓名者也唯魯人作頌非常特詳其事言行父請周史克作頌耳不然豈變風十有二國其詩百有餘篇作者不知一人也孔氏之說如此其論詩家名氏之存亡繫而不殺其意雖頗在徵實而證以道義多不可通非篤論也蓋上世渻樸詩家不以沽名爲務諸國風詩又散在民閒作詩采風兩不相謀爲時復不知幾何歲月諸篇姓名之或傳或不傳莫不由此非天下同心歌詠即可不紀名氏也雅頌諸篇或以近在朝廷或以別有作詩本事其姓名之易見亦匪無故變雅諸篇又以多涉譏刺意有所諱故其名多不可考孔氏不明此義乃一以官位之崇卑爲詩名之得失謬矣夫立言爲不朽之一君子方自任不疑如已以文學名家猶不免以官位之崇卑定斯文之顯晦是立言之學且埽地無餘古聖昔賢且無以爲立身之地無論餘子其爲說謬妄如此烏得謂之通人之論哉若詩序之不能偏悉作家主名惟在考證之疏及師傳之略別無他故今孔氏云云不過仍持固執一家之習以勉強彌縫其缺失焉爾其識本不足以知此不待辨也

朱子詩序辨說云詩序之作說者不同或以爲孔子或以爲子夏或以爲國史皆無明文可考唯後漢書儒林傳以爲衞宏作毛詩序今傳於世則序乃宏作明矣然鄭氏又以爲諸序本自合爲一編毛公始分以寘諸篇之首則是毛公之前其傳已久宏特增廣而潤色之耳故近世諸儒多以序之首句爲毛公所分而其下推說云云者爲後人所益理或有之但今考其首句則已有不得詩人之本意而肆爲妄說者

矣況沿襲云云之誤哉然計其初猶必自謂出於臆度之私非經本文故且自爲一編別附經後又以尙有齊魯韓氏之說竝傳於世故讀者亦有以知其出於後人之手不盡信也及至毛公引以入經乃不綴篇後而超冠篇端不爲注文而直作經字不爲疑辭而遂爲決辭其後三家之傳又絶而毛說孤行則其抵捂之迹無復可見故此序者遂若詩人先所命題而詩文反爲因序以作於是讀者轉相尊信無敢擬議至於有所不通則必爲之委曲遷就穿鑿而附合之寧使經之本文繚戾破碎不成文理而終不忍明以小序爲出於漢儒也愚之病此久矣然猶以爲其所從來也遠其傳容或眞有傳授證驗而不可廢者故既頗采以附傳中而復幷爲一編以還其舊因以論其得失云朱子之說如此其論詩序及傳箋正義之失精矣其說蓋自漢氏以來所未有既本此義以爲集傳復本此義以爲詩序之辨說其勤如此而近世考證諸家方自恃其記誦之長別樹標識自稱漢學直視宋學爲土苴尤甚者至目兩宋諸君子爲愚誣之學卽自昧艮知亦在所不計是則世道之深憂苟肆其很戾流弊所極必且爲政敎之灾怪學者不容不知也蓋朱子之爲學以立德爲主以說經爲輔其說經也復以義理爲主以考證爲輔其意既在折衷義理則於考證或時有疏略亦勢所必至漢學家以是徑持其考證之長遽欲貶其說經諸籍因幷斥其立德之懿則縱欲敗度惡直醜正之私心決不可以爲訓者矣如詩集傳及辨說諸文悉本道義以立言既屏支離附會之習其說尤多明爽足爲後學津梁晉儒雖謗議百端卒不能沒其藉垂法戒以上纂聖學之宏規學者亦不可不知也徵名之例意在考證與義理兼崇力絀偏詖於朱子千慮之失雖亦時有駮議不爲苟同要於其說經之醕詣兩不相妨漢學家不得藉爲口實也

徵名之例以定說爲甲篇以不定之說爲乙篇定說者前有依據且適如義理也不定說者前世雖有依據而爲說多誤非義理所宜有也劉向氏古列女傳事迹宛然而涉及尙詩諸文樹義多與毛公異趣劉氏世傳魯詩其所本皆魯詩之說也魯詩之爲學有疑則缺已見史記儒林傳是其所傳諸經義大抵皆具有淵源匪同鹵莽則劉氏說詩凡適合諸篇之本文者皆足爲依據故甲篇之文多所甄錄朱子之學

以立德爲主其說經諸書亦本此義所箸詩集傳雖時有矯枉過直之論皆持之有故餘則無不衷以天理人情非若舊說之固陋今所取如白華小弁諸篇是已如文王大明緜三篇主名其說更前有所據非由獨斷今箸於篇尤無疑義云折衷諸家之義大率視此其爲說之委曲則詳見諸篇本文不具論

徵名甲篇邶風柏舟一綠衣二燕燕三日月四終風五式微六鄘風柏舟七載馳八河廣九黍離十大車十一清人十二無衣十三渭陽十四七月十五鴟鴞十六東山十七常棣十八節南山十九小弁二十何人斯二十一巷伯二十二賓之初筵二十三白華二十四文王二十五大明二十六緜二十七生民二十八公劉二十九泂酌三十卷阿三十一民勞三十二板三十三蕩三十四抑三十五桑柔三十六雲漢三十七崧高三十八蒸民三十九韓奕四十江漢四十一常武四十二瞻卬四十三召旻四十四清廟四十五時邁四十六思文四十七武四十八閔予小子四十九訪落五十敬之五十一小毖五十二酌五十三桓五十四賚五十五般五十六駉五十七有駜五十八泮水五十九閟宮六十乙篇關雎一芣苢二汝墳三行露四騶虞五旄丘六泉水七二子乘舟八碩人九竹竿十伐檀十一墓門十二雨無正十三大東十四那十五甲乙二總七十五篇

同治十二年太歲在癸酉春二月正定王蔭祜籑

尙詩徵名卷上　甲篇

正定王蔭祜學

邶風柏舟篇五章衞寡姜夫人作歷城馬氏國翰重緝魯詩故曰柏舟衞寡姜夫人作古列女傳曰衞寡夫人者齊侯之女也嫁於衞至城門而衞君死保母曰可以還矣女不聽遂入持三年之喪畢弟立請曰衞小國也不容二庖請願同庖終不聽衞君使人愬於齊兄弟齊兄弟皆欲與君使人告女女終不聽乃作詩曰我心匪石不可轉也我心匪席不可卷也厄窮而不閔勞辱而不苟然後能自致也言不失也然後可以濟難矣詩曰威儀棣棣不可選也言其左右無賢臣皆順其君之意也君子美其貞壹故舉而列之於詩詩序曰柏舟言仁而不遇也衞頃公之時仁人不遇小人在側朱子辨說曰詩之文意事類可以思而得其時世名氏則不可以强而推故凡小序唯詩文明白直指其事如甘棠定中南山株林之屬若證驗的切見於書史如載馳碩人淸人黃鳥之類決爲無可疑者其次則詞旨大槩可知必爲其事而不可知其的爲某時某人者尙多有之若爲小序者姑以其意推尋探索依約而言則雖有所不知亦不害其爲不自欺雖有未當人亦當恕其所不及今乃不然不知其時者必强以爲某王某公之時不知其人者必强以爲某甲某乙之事於是傅會書史依託名謚鑿空妄語以誑後人其所以然者特以恥其有所不知而唯恐人之不見信而已且如柏舟不知其出於婦人而以爲男子不知其不得於夫而以爲不遇於君此則失矣然有所不及而不自欺則亦未至於大害理也今乃斷然以爲衞頃公之時則其故爲欺罔以誤後人之罪不可揜矣蓋其偶見此詩冠於三衞變風之首是以求之春秋之前而史記所書莊桓以上衞之諸君事皆無可考者謚亦無甚惡者獨頃公有賂王請命之事其謚又爲甄心動懼之名如漢諸侯王必其嘗以罪譴然後加以此謚以是意其必有棄賢用佞之失而遂以此詩與之若將以衒其多知而必於取信不知將有明者從旁觀之則適以暴其眞不知而啟其深不信也凡小序之失以此推之什得八九矣又其爲說必使詩無一篇不爲美刺時君國政而作固已不切於情性之自然而又拘於時世之先後其或詩傳所載當此之時偶無賢君美謚則雖有詞之美者亦例以爲陳古而刺今是使讀者

疑於當時之人絕無善則稱君過則稱已之意而一不得志則扼腕切齒嘻笑肆語以懟其上者所在而成羣是其輕躁險薄尤有害於溫柔敦厚之教故子不可以不辨集傳曰婦人不得於其夫故以柏舟自比蓬祜曰詩序此篇無主名魯詩以爲衛寡姜夫人作劉子政夙傳魯詩因書其事於古列女傳所紀故實精切不支足以發明詩中疑義且以補毛公所缺蓋實錄也王伯厚詩考韓詩篇云柏舟衛宣姜自誓所作齊詩篇云衛宣夫人作今本列女傳亦多作衛宣夫人惟福山王安人照圓注云太平御覽引作衛寡夫人與本傳魯寡陶嬰梁寡高行陳寡孝婦同今本寡作宣乃字形之誤易說卦宣髮作寡髮亦其例也今從其說定爲衛寡夫人庶無悖正名之義而王注本傳仍作衛宣如故則漢學家不肯改字之陋習不足尙也詩考所述韓齊兩家詩已皆作宣其誤蓋始於宋元之際而誤寡爲宣幾使梟鳳無別尤不可不亟正矣傳文請願同庖謂請爲夫婦也其貞壹之操文辭之工足爲世範如此先儒說此詩者乃皆略其事迹名氏俾湮沒不彰亦可惜已

綠衣篇四章衛莊姜作詩序曰綠衣衛莊姜傷已也妾上僭夫人失位而作是詩也鄭氏箋曰綠當爲褖故作褖轉作綠字之誤也莊姜莊公夫人齊女姓姜氏妾上僭者謂公子州吁之母母嬖而州吁驕孔氏正義曰作綠衣詩者言衛莊姜傷已也由賤妾爲君所嬖而上僭夫人失位而幽微傷已不被寵遇是故而作是詩也四章皆傷辭此言而作是詩及故作是詩皆序作詩之由不必卽其人自作也故淸人序云危國亡師之本故作是詩非高克自作也雲漢云百姓見憂故作是詩非百姓作之也若新臺云國人惡之而作是詩碩人云國人憂之而作是詩卽是國人作之各因文勢言之非一端不得爲例也朱子辨說曰此詩下至終風四篇序皆以爲莊姜之詩今姑從之然唯燕燕一篇詩文略可據耳集傳曰莊公惑於嬖妾夫人莊姜賢而失位故作此詩又曰莊姜事見春秋傳此詩無所考姑從序說下三篇同蓬祜曰毛公傳綠閒色黃正色文止六字已定此篇之大指鄭箋改綠爲褖別出葛藟殊不可曉正義又以爲不必自作且引高克爲證不知高克乃奔亡之虜與賢夫人之事理懸殊不得引以爲證必如其說是凡經中有主名諸詩皆可改爲無名之作於學經者不知何

取朱子集傳已從序文定有主名而復作游移之辭其說亦不可曉苟如其說又必作詩諸家皆如尹吉甫詩之署名篇內且自作自贊而後得爲有據其如詩家無此通例恐亦非定論矣主名既確鑿有據且與本文之義靡不相符復以姑從爲訓是猶執廢序之舊說非折衷一是者所敢效法也若正義葛藟不已徑以不被寵遇爲自傷直視命世之賢妃爲末流之妒婦適爲解頤撫掌之資尤不足道已

燕燕篇四章衛莊姜作詩序曰燕燕衛莊姜送歸妾也鄭氏箋曰莊姜無子陳女戴嬀生子名完莊姜以

爲己子莊公薨完立而州吁殺之戴嬀於是大歸莊姜遠送之于野作詩見己志孔氏正義曰隱三年左傳曰衛莊公娶於齊東宮得臣之妹曰莊姜美而無子又娶於陳曰厲嬀生孝伯早死其娣戴嬀生桓公莊姜以爲己子四年春州吁殺桓公經書弑其君完是莊姜無子完立州吁殺之之事也由其子見殺故戴嬀於是大歸莊姜養其子與之相善故越禮遠送於野作此詩以見莊姜之志也又曰坊記引此詩注以爲夫人定姜之詩不同者鄭志答炅模云爲記注時就盧君先師亦然後乃得毛公傳既古書義又宜然記注已行不復改之朱子集傳義與毛鄭同蔭祜曰毛詩以此篇爲莊姜作魯詩以此篇爲定姜作或以爲定姜之送婦或以爲定姜之送其娣義涉多歧此三家之所由分也鄭箋既從毛義且闢定姜之說之非朱子從之是已前復以姑從爲說非定論也其說已詳見綠衣篇下王應麟詩考韓詩篇云燕燕衛定姜歸其娣送之而作馬氏重緝韓詩故同此韓氏之義也齊詩篇云燕燕衛定姜送婦作魯詩篇云先君之思以畜寡人此衛夫人定姜之詩也定姜無子立庶子衎是爲獻公畜孝也獻公無禮於定姜定姜

作詩言獻公當思先君定公以孝於寡人馬氏重緝魯詩故同此齊魯兩家之義也詩考以定姜送婦爲齊詩蓋齊魯之義無別也古列女傳云衛姑定姜者衛定公之夫人公子之母也公子既娶而死其婦無子畢三年之喪定姜歸其婦自送之至於野恩愛哀思悲心感慟立而望之揮泣垂涕乃賦詩曰燕燕于飛差池其羽之子于歸遠送于野瞻望不及泣涕如雨送去歸泣而望之又作詩曰先君之思以畜寡人君子謂定姜爲慈姑過而之厚王照圓注此魯詩說畜孝也毛詩作勖義異此又魯詩之故實也此篇之

義雖以毛公爲定齊魯兩家之義亦不可不知今具列舊文以備一解非以其說爲確詁也

日月篇四章衛莊姜伦詩序曰日月衛莊姜傷已也遭州吁之難傷已不見答於先君以至窮困之詩也朱子辨說曰此詩序以爲莊姜之伦今未有以見其不然但謂遭州吁之難而伦則未然耳蓋詩言寧不我顧猶有望之之意又云德音無良亦非所宜施於前人者明是莊公在時所伦其篇次亦當在燕燕之前也集傳曰莊姜不見答於莊公故呼日月而訴之蘅䄐曰此篇主名無疑其義當以朱子之說爲正

終風篇四章衛莊姜伦詩序曰終風衛莊姜傷已也遭州吁之暴見侮慢而不能正也朱子辨說曰詳味此詩有夫婦之情無母子之意若果莊姜之詩則亦當在莊公之世而列於燕燕之前序說誤矣集傳曰莊公之爲人狂蕩暴疾莊姜蓋不忍斥言之故但以終風且暴爲比蘅䄐曰此篇之義當以朱子之說爲正有夫婦之情無母子之義深得其恉矣鄭箋必從序義以州吁之暴爲解多膠固不可通非定論也主名本無疑義辨說復伦游移之辭亦非定論其說已見綠衣篇下

式微篇二章黎莊夫人及其傅母伦古列女傳曰黎莊夫人者衛侯之女黎莊公之夫人也既往而不同欲所務者異未嘗得見甚不得意其傅母閔夫人賢公反不納憐其失意又恐其已見遣而不以時去謂夫人曰夫婦之道有義則合無義則去今不得意胡不去乎乃伦詩曰式微式微胡不歸夫人曰婦人之道壹而已矣彼雖不吾以吾何可以離於婦道乎乃伦詩曰微君之故胡爲乎中路終執貞壹不違婦道以俟君命君子故序之以編詩王照圓注中路路中也言所以微者以君不見納之故去將安歸何爲而行路中也答傅母以明已不去之意此亦魯詩也毛詩路伦露以爲黎侯寓於衛其臣勸以歸詩序曰式微黎侯寓于衛其臣勸以歸也朱子辨說曰詩中無黎侯字未詳是否下篇同集傳曰此無所考姑從序說蘅䄐曰此詩序以爲黎臣所伦而名氏失考與無主名同魯詩以爲黎莊夫人及其傅母同伦其說雖與毛鄭異趣而所紀事迹甚詳蓋別有所傳非由附會也今紬繹詩意取爲定論猶愈黎臣一義別無證據云先儒又以此篇爲後世聯句之祖亦一解也

鄘風柏舟篇二章衛共姜伦詩序曰柏舟共姜自誓

也衛世子共柏蚤死其妻守義父母欲奪而嫁之誓而弗許故作是詩以絶之鄭氏箋曰共伯僖侯之世子朱子集傳之義與毛鄭同馬氏國翰目耕帖曰史記衛世家謂武公和篡共伯而自立列女傳亦謂武公殺兄而欺其嫂夫以武公睿聖之德大學與文王並取爲至善之準觀其耄年篤學箴儆於國焉有此事傳聞異辭而史遷劉向沿其譌謬耳今以鄘柏舟之詩折之詩序云云稱世子明其父尚在也曰蚤死則猶在殤列可知詩詠髧彼兩髦傳曰髦者髮至眉子事父母之飾此父在而夭亡之明證正義依世家其伯之死時釐侯已葬入釐侯羨自殺則未成君故繫之父在之辭又謂言蚤死者謂蚤死不得爲君不必年幼也此則附和史記而與詩序經文皆不合又依世家武公立五十五年引楚語武公年九十有五猶箴儆於國謂武公即位四十一二以上共伯是其兄則又長矣其妻蓋少猶可以嫁此又自相矛盾考竹書紀年宣王十五年衛釐侯薨平王十三年衛武公薨五十五年年數符矣據國語約武公即位在四十一二亦近之其兄既長於武公如死於釐侯薨之歲亦當在四十五六以上其妻年應相若何由而知其少謂之少者亦以詩稱髧彼兩髦是少婦口吻然獨不可即詩辭稱髧髦而決共伯之少殤乎假令武公有篡兄逼嫂之事詩中即不指實亦當微諷乃詩直怨母氏逼嫁不能信己之終守而別無所譬懟則又安知非未嫁而夫死而必以老夫女妻以鍛鍊武公之罪案邪惟以經證史傳之謬睿聖千秋之冤獄可以白矣藍紺曰因共伯之蚤死然後共姜有此詩而共伯之死史記以爲由其弟武公之篡弒武公即國語所謂睿聖武公也國語在史記之前衛語一篇惟言武公之聖德未嘗一語及其篡弒尚詩及詩序諸篇亦然徧考古籍舍史記外皆無武公弒兄之事則史記之誣審矣孔氏正義說此詩必附和史記以成睿聖之誣雖於此詩支離無當亦無所恤朱子集傳亦以武公爲聖賢之徒史記之誣則未嘗齒及殊不可曉然武公之被誣史記索隱已辨正於前久成陳說今復翼以馬氏之議則史記之誣益著馬氏此說不惟平反衛武之冤獄亦足闢正義支離之謬今附箸於此以祛學者之惑索隱之文見史記衛世家

載馳篇四章許穆夫人作春秋左傳閔二年曰冬十二月狄人伐衛衛懿公好鶴鶴有乘軒者將戰國人

受甲者皆曰使鶴鶴實有祿位余焉能戰公與石祈子玦與甯莊子矢使守曰以此贊國擇利而爲之與夫人繡衣曰聽于二子渠孔御戎子伯爲右黃夷前驅孔嬰齊殿及狄人戰于熒澤衛師敗績遂滅衛衛侯不去其旗是以甚敗狄人囚史華龍滑與禮孔以逐衛人二人曰我大史也實掌其祭不先國不可得也乃先之至則告守曰不可待也夜與國人出狄入衛遂從之又敗諸河初惠公之卽位也少齊人使昭伯烝於宣姜不可强之生齊子戴公文公宋桓夫人許穆夫人文公爲衛之多患也先適齊及敗宋桓公逆諸河宵濟衛之遺民男女七百有三十人益之以共滕之民爲五千人立戴公以廬于曹許穆夫人賦載馳古列女傳曰許穆夫人者衛懿公之女許穆公之夫人也初許求之齊亦求之懿公將與許女因其傳母而言曰古者諸侯之有女子也所以爲苞苴玩好繫援於大國也今者許遠而小齊大而近若今之世强者爲雄如使邊境有寇戎之事維是四方之故赴告大國妾在不猶愈乎今舍近而就遠離大而附小一旦有車馳之難孰可與慮社稷衛侯不聽而嫁之於許其後翟人攻衛大破之而許不能救衛侯遂

奔走涉河而南至楚邱齊桓往而存之遂城楚邱以居衛侯於是悔不用其言當敗之時許夫人馳驅而弔唁衛侯因疾之而作詩曰載馳載驅歸唁衛侯驅馬悠悠言至於漕大夫跋涉我心則憂既不我嘉不能旋反視爾不臧我思不遠君子善其慈惠而遠識也王照圓注據左傳許夫人乃懿公之妹此言是其女又言懿公不死於翟難俱與左傳不合疑亦本於魯詩說也詩序曰載馳許穆夫人作也閔其宗國顚覆自傷不能救也衛懿公爲狄人所滅國人分散露於漕邑許穆夫人閔衛之亡傷許之小力不能救思歸唁其兄又義不得故賦是詩也集傳曰宣姜之女爲許穆公夫人閔衛之亡馳驅而歸將以唁衛侯於漕邑未至而許之大夫有奔走跋涉而來者夫人知其必將以不可歸之義來告故心以爲憂也既而終不果歸乃作此詩以自言其意爾蓋祐曰列女傳記夫人事雖多疏謬而因傳母所言云云必有所本以控于大邦誰因誰極之語考之殆非無故馬氏國翰以爲其識在鄭忽之上非過論也夫人天資仁智雖遭逢不幸其遺文墜説猶足爲百世法戒醴泉無源固非其先世所能掩也

河廣篇二章宋桓姬夫人作詩序曰河廣宋襄公母歸於衛思而不止故作是詩也集傳曰宣姜之女爲宋桓公夫人生襄公而出歸于衛襄公即位夫人思之而義不可往蓋嗣君承父之重與祖爲體母出與廟絶不可以私反故作此詩蔭祐曰此篇主名無疑集傳之義尤精悉當以爲正

黍離篇三章尹伯封作馬氏重緝韓詩故曰昔尹吉甫信後妻之讒而殺孝子伯奇其弟伯封求而不得作黍離之詩亦見陳思王集重緝薛君韓詩章句曰黍離伯封作也詩人求己兄不得憂不識物視彼黍乃以爲稷馬氏目耕帖曰太平御覽引韓詩曰黍離伯封所作彼黍離離彼稷之苗離離黍貌也詩人求之不得憂惑不識故物視彼黍離離然憂甚之時又以爲稷之苗乃自知憂之甚也曹植貪惡鳥論昔尹吉甫信後妻之讒云云亦用韓詩說而劉向新序節士篇云衛宣公子壽閔其兄伋之且見害作憂思之詩黍離是也漢師殊異若此王風不應有衛詩韓說近之詩序曰黍離閔宗周也周大夫行役至於宗周過故宗廟宮室盡爲禾黍閔周室之顛覆彷徨不忍去而作是詩也朱子集傳義同蔭祐曰毛詩以黍離爲周大夫作韓詩以爲尹伯封作其不同如此韓氏所述故實詳矣其義亦與本詩合蓋別有所傳也今從其說以易毛義以故實之文既無以證其必非毋寧存備一解馬氏亦以韓說爲近是也劉子政又以爲衛風之詩則支離無當其說乃韓詩外傳之流亞不足辯也

大車篇三章息君夫人作古列女傳曰息君夫人者息君之夫人也楚伐息破之虜其君使守門將妻其夫人而納之於宮楚王出游夫人遂出見息君謂之曰人生要一死而已何至自苦妾無須臾而忘君也終不以身更貳醮生離於地上豈如死歸於地下哉乃作詩曰穀則異室死則同穴謂予不信有如皦日息君止之夫人不聽遂自殺息君亦自殺同日俱死楚王賢其夫人守節有義乃以諸侯之禮合而葬之君子謂夫人說於行善故序之於詩王照圓注穀生也以爲息夫人作乃魯詩說序之於詩亦魯詩之序不知列於何國之風詩序曰大車刺周大夫也禮義陵遲男女淫奔故陳古以刺今大夫不能聽男女之訟焉朱子辨說曰非刺大夫之詩乃畏大夫之詩集傳曰周衰大夫猶有能以刑政治其私邑者故淫奔

者畏而歌之如此馬氏國翰目耕帖曰大車詩列女傳以為息君夫人作與毛大異以左傳楚子滅息事考之亦不合蓋此息君夫人與息嬀別為一人楚以息嬀故滅息卒納息嬀所謂息夫人三年不言生二子者是也此之入宮而不貳醮與息君俱死者乃別一息君夫人非息嬀也書缺有間幸得子政表之息君夫人不死矣蔭祜曰大車一篇毛詩無主名漢唐諸家之說義亦未安惟集傳近之而釋末章四語亦非事理所宜有以淫奔之流乃冀死而同穴決非人情也魯詩之說有主名矣而事迹復與左傳相反惟馬氏謂此與息嬀別為一人傳文說末章之義尤合義理則魯詩之義必不可廢不但其節義可欽足以垂訓百世已也蓋不言之夫人乃既滅之息同死之夫人乃失國之息其時雖不可考而事迹適與此詩吻合即當為此篇之補義今從魯詩定主名如右可為確詁諸家舊說既無以易之則補闕之義尤不當舍寘已

清人篇三章鄭公子素作春秋閔二年日十有二月狄入衛鄭棄其師左氏傳曰鄭人惡高克使帥師次于河上久而弗召師潰而歸高克奔陳鄭人為之賦清人詩序曰清人刺文公也高克好利而不顧其君文公惡而欲遠之不能使高克將兵而禦敵于竟陳其師旅翱翔河上久而不召眾散而歸高克奔陳公子素惡高克進不以禮文公退之不以道危國亡師之本故作是詩也集傳曰鄭文公惡高克使將清邑之兵禦狄于河上久而不召師散而歸鄭人為之賦此詩蔭祜曰左氏以此詩為鄭人作序以為公子素作乃別有所本公子素猶鄭人也集傳之義與毛鄭同惟沒公子素之名不書非定論也今以序文為正既無以證其必非宜仍舊說此通例也

無衣篇三章秦哀公作春秋左傳定四年日初伍員與申包胥友其亡也謂申包胥曰我必復楚國申包胥曰勉之子能復之我必能興之及昭王在隨申包胥如秦乞師曰吳為封豕長蛇以荐食上國虐始於楚寡君失守社稷越在草莽使下臣告急曰夷德無厭若鄰於君疆埸之患也逮吳之未定君其取分焉若楚之遂亡君之土也若以君靈撫之世以事君秦伯使辭焉曰寡人聞命矣子姑就館將圖而告對曰寡君越在草莽未獲所伏下臣何敢即安立依於庭牆而哭日夜不絕聲勺飲不入口七日秦哀公為之

賦無衣九頓首而坐秦師乃出詩序曰無衣刺用兵也秦人刺其君好攻戰亟用兵而不與民同欲焉朱子辨說曰序意與詩情不協說已見本篇矣集傳曰秦俗强悍樂於戰鬭故其人平居而相謂云云從兄武定君毛詩校議曰左氏春秋傳云美而無子衛人所爲賦碩人也又云高克奔陳鄭人爲之賦清人又云皆秦之良也國人哀之爲之賦黃鳥申包胥之乞師也哭於秦庭者七日至勺飲不入口其文亦曰秦哀公爲之賦無衣是無衣一篇卽哀公所作也而先儒說詩皆未嘗及此何歟或曰春秋時宴享歌詩皆謂之賦此所謂賦蓋亦仍歌舊詩耳未必卽以賦詩爲作詩也其說似有理而殊非確論蓋傳文歌詩亦謂之賦雖似通例而凡有事實在前然後書爲之賦某詩者無一不指作詩而言非止云賦某詩某章者可比觀碩人清人諸篇之書法灼然可見以此推之則無衣之作實出哀公無疑不得以先儒疏略未嘗及此輒不許後人之補缺拾遺也蔭祜曰此篇舊無作家主名惟從兄武定君毛詩校議定爲秦哀公作其說推尋左氏書法義例自謂無疑今求諸此詩原文覆審義例亦無以易之雖於古無徵要爲確詁今從其說以補先儒所未及君名蔭昌今官山東武定府同知擢知府蔭祜受業師也

渭陽篇二章秦康公作詩序曰渭陽康公念母也康公之母晉獻公之女文公遭麗姬之難未反而秦姬卒穆公納文公康公時爲太子贈送文公於渭之陽念母之不見也我見舅氏如母存焉及其卽位思而作是詩也朱子辨說曰此篇得之但我見舅氏如母存焉兩句若爲康公之辭者其情哀矣然無所繫屬不成文理蓋此以下又別一手所爲也及其卽位而作是詩蓋亦但見首句云康公而下云時爲太子故生此說其淺暗拘滯大率如此集傳曰舅氏秦康公之舅晉公子重耳也出亡在外穆公召而納之時康公爲太子送之渭陽而作此詩又曰按春秋傳晉獻公烝於齊姜生秦穆夫人太子申生娶犬戎胡姬生重耳小戎子生夷吾驪姬生奚齊其娣生卓子驪姬譖申生申生自殺又譖二公子二公子皆出奔獻公卒奚齊卓子繼立皆爲大夫里克所殺秦穆公納夷吾是爲惠公卒子圉立是爲懷公立之明年秦穆公又召重耳而納之是爲文公王氏曰至渭陽者送之遠也悠悠我思者思之長也路車乘黃瓊瑰玉佩者

賵之厚也廣漢張氏曰康公爲太子送舅氏而念母之不見是固艮心也而卒不能自克於令狐之役怨欲害乎艮心也使康公知循是心養其端而充之則怨欲可消矣蔭祜曰序文說此詩頗費支吾而卒不可解以缺文公之姊一語也集傳序述乃爽豁無疑義蓋箸詩序者惟務苟得不能深通史法人情故多涉謬妄朱子惟以爲淺暗拘滯猶恕辭也此篇之義仍當以集傳爲正主名無歧誤不具論

七月篇八章周文公伦詩序曰七月陳王業也周公遭變故陳后稷先公風化之所由致王業之艱難也

朱子辨說曰董氏曰先儒以七月爲周公居東而伦考其詩則陳后稷公劉所以治其國者方風諭以成其德故是未居東也至於鴟鴞則居東而伦其在書可知矣集傳曰周公以成王未知稼穡之艱難故陳后稷公劉風化之所由使瞽矇朝夕諷誦以教之又曰周禮籥章中春晝擊土鼓龡豳詩以逆暑中秋夜迎寒亦如之卽謂此詩也蔭祜曰有七月一詩而後豳風成豳風者周公陳王道之難始於軫民之瘼所系至鉅公所爲詩此當爲弟一篇矣詩序以爲遭變而伦鄭箋卽以管蔡流言避居東都爲說而求之本文未見此意集傳所解大恉甚允董氏所辨亦至精則序箋之義仍不免支離傅會之習非定論也

鴟鴞篇四章周文公伦尚書金縢曰武王既喪管叔及其羣弟乃流言於國曰公將不利於孺子周公乃告二公曰我之弗辟我無以告我先王周公居東二年則罪人斯得于後公乃爲詩以貽王名之曰鴟鴞王亦未敢誚公詩序曰鴟鴞周公救亂也成王未知周公之志公乃爲詩以遺王名之曰鴟鴞焉集傳曰事見書金縢篇蔭祜曰周公先以被流言避居東國及成王感雷風之變見金縢書乃悟而迎歸仍以爲相鴟鴞一詩伦於方居東時於時成王猶未知周公之志公亦尙在危疑中故金縢仍有未敢誚公之文此詩大恉乃自言憂勤國家已至而難猶未已蓋欲藉以曉成王王雖得詩猶持疑未決及重感雷風之變知金縢之本末乃悉公言之無疑然後備禮迎歸爾公既秉政三監大懼遂與武庚叛成王命公東征以討之又三年乃歸此尙書大誥之緣起也周公居東及迎歸本末具見金縢全文而居東東征兩事首尾且及六年居東事毛傳失考似合東征爲一鄭箋雖知居東東征爲二事復謂成王欲罪周公官屬鴟

鴞一詩乃爲請王赦其官屬而作是且以周公爲舍置大計偏顧私屬使此篇之義益晦昧不可解惑亦甚矣朱子說此篇大恉是已而傳內猶不免合居東東征爲一事則猶未能精悉也周公憂勤天下國家之大恉具見此詩若如鄭箋所說是周公之志成王開悟已久且能相與共成太平之盛業後世說此詩者轉以納諸迴護偏私之域是豈通儒所宜出哉

東山篇四章周文公作詩序曰東山周公東征也周公東征三年而歸勞歸士大夫美之故作是詩也一章言其完也二章言其思也三章言其室家之望女也四章樂男女之得及時也君子之於人序其情而閔其勞所以說也說以使民民忘其死其惟東山乎鄭氏箋曰成王既得金縢之書親迎周公周公歸攝政三監及淮夷叛周公乃東伐之三年而後歸耳分別章意者周公於是志伸美而詳之朱子辨說曰此周公勞歸士之詞非大夫美之而作也集傳曰序曰一章言其完也云云愚謂完謂全師而歸無死傷之苦思謂未至而思有愴恨之懷至於室家望女男女及時亦皆其心之所願而不敢言者上之人乃先其未發而歌詠以勞苦之則其歡欣感激之情爲何如哉蓋古之勞詩皆如此其上下之際情志交孚雖家人父子之相語無以過之此其所以維持鞏固數十百年而無一旦土崩之患也蔭祐曰東山篇序以爲大夫所作無主名也惟朱子訂爲周公勞歸士之詞雖於古無徵而衷以天理人情之至蓋定論也說以使民民忘其死乃王道之大綱先聖之盛業其義恐非大夫所能及今以爲出於周公所自作無疑義矣集傳敘此篇緣起仍合居東東征爲一則非定論其說已詳見鴟鴞篇下

常棣篇八章周文公作國語曰襄王十三年鄭人伐滑王使游孫伯請滑鄭人執之王怒將以狄伐鄭富辰諫曰不可古人有言曰兄弟讒鬩侮人百里周文公之詩曰兄弟鬩于牆外禦其侮若是則鬩乃內侮而雖鬩不敗親也韋昭解曰文公之詩者周公旦所作常棣之詩是也所以閔管蔡而親兄弟此二句其四章也其後周衰厲王無道骨肉恩闕親親禮廢宴兄弟之樂絕故召穆公思周德之不類而合其宗族於成周復修常棣之歌以親之鄭唐二君以爲常棣穆公所作失之矣惟賈君得之穆公召康公之後穆公虎也去周公厤九王矣春秋左傳僖二十四年曰

鄭之入滑也滑人聽命師還又即衞鄭公子士洩堵俞彌帥師伐滑王使伯服游孫伯如鄭請滑鄭伯怨惠王之入而不與厲公爵也又怨襄王之與衞滑也故不聽王命而執二子王怒將以狄伐鄭富辰諫曰不可臣聞之大上以德撫民其次親親以相及也昔周公弔二叔之不咸故封建親戚以蕃屏周管蔡郕霍魯衞毛聃郜雍曹滕畢原酆郇文之昭也邘晉應韓武之穆也凡蔣邢茅胙祭周公之胤也召穆公思周德之不類故糾合宗族于成周而作詩曰常棣之華鄂不韡韡凡今之人莫如兄弟其四章曰兄弟鬩于牆外禦其侮如是則兄弟雖有小忿不廢懿親今天子不忍小忿以棄鄭親其若之何詩序曰常棣燕兄弟也閔管蔡之失道故作常棣焉鄭氏箋曰周公弔二叔之不咸而使兄弟之恩疏召公爲作此詩而歌之以親之孔氏正義曰作常棣詩者言燕兄弟也謂王者以兄弟至親宜加恩惠以時宴而樂之周公述其事而作此詩焉兄弟者共父之親推而廣之同姓宗族皆是也故經云兄弟既具和樂且孺則遠及九族宗親非獨同懷兄弟也序又說所以作此燕兄弟之詩者周公閔傷管叔蔡叔失兄弟相承順之道不能和睦以亂王室至於被誅使已兄弟之恩疏恐天下見在上既然皆疏兄弟故作此常棣之詩言兄弟不可不親以敦天下之俗焉此序其由管蔡而作詩意直言兄弟至親須加燕飲以示王者之法不論管蔡之事以管蔡之缺不須論之且所以爲隱也又曰外傳云周文公之詩云云則此詩自是成王之時周公所作以親兄弟也但召穆公見厲王之時兄弟恩疏重歌此周公所作之詩以親之云云朱子詩序辨說曰序得之但與魚麗之序相矛盾以詩意考之蓋此得而彼失也國語富辰之言以爲周文公之詩亦宜明驗但春秋傳爲富辰之言又以爲召穆公思周德之不類故糾合宗族于成周而作此詩二書之言皆出富辰且其時去召穆公又未遠不知其說何故如此杜預以作詩爲作樂而奏此詩恐亦非是集傳曰此燕兄弟之樂歌又曰此詩蓋周公既誅管蔡而作故此章以下專以死喪急難鬭鬩之事爲言其志切其情哀乃處兄弟之變如孟子所謂其兄關弓而射之則已垂涕泣而道之者序以爲閔管蔡之失道者得之而又以爲文武之詩則誤矣大抵舊說詩之時世皆不足信舉其自相矛盾者以見其一端

後不能悉辨也蘐祐曰先儒說常棣者有二黨上本國語者以爲周文公作是爲國語之黨上本左傳者以爲召穆公作是爲左傳之黨詩序既無作家主名鄭氏復本左傳爲箋此左傳一黨所由成也正義雖以推本國語爲說而疏及鄭箋猶有騎牆之語朱子集傳雖以爲周文公作而猶爲不定之辭此國語一家之義所以轉無定論也今揆以道義測以當時之事勢復上窺大聖人之苦心則此篇確爲周公所作決無疑義國語雖出於春秋以後其所依據悉西周以來相傳之舊文非左氏惟詳東周諸家國史者可比剟左氏之說此詩尤多支離及不相承接之弊是國語之義允爲不易之定論而朱子猶若持疑不決亦不免千慮之失矣今據國語定此詩爲周文公作乃天理人情之至當超然於二黨之外非偏倚之談也又韋昭解詁既本國語爲說復欲爲左國之調人朱子亦若未嘗一見尤不可曉矣國語作者先儒以爲與左傳同出一手今覩此一節其說亦決不足信不但文辭氣象不侔已也

節南山篇十章周大夫家父作詩序曰節南山家父刺幽王也朱子集傳曰此詩家父所作刺王用尹氏以致亂又曰家氏父字周大夫也又曰序以此爲幽王之詩而春秋桓十五年有家父來求車於周爲桓王之世上距幽王之終已七十五年不知其人之同異大抵序之時世皆不足信今姑闕焉可也蘐祐曰序說主名蓋有所受其義則集傳尤精切當以爲正

小弁篇八章周平王作故幽王太子宜臼也詩序曰小弁刺幽王也太子之傅作焉朱子辨說曰此詩明白爲放子之作無疑但未有以見其爲必宜臼耳序又以爲宜臼之傅尤不知其所據也孔氏正義曰太子謂宜咎也幽王信褒姒之讒放逐宜咎其傅親訓太子知其無罪閔其見逐故作此詩以刺王朱子集傳曰舊說幽王太子宜臼被廢而作此詩又曰幽王娶於申生太子宜臼後得褒姒而惑之生子伯服信其讒黜申后逐宜臼而宜臼作此以自怨也序以爲太子之傅述太子之情以爲是詩不知其何所據也傳曰高子曰小弁小人之詩也孟子曰何以言之曰怨曰固哉高叟之爲詩也有人於此越人關弓而射之則已談笑而道之無他疏之也其兄關弓而射之則已垂涕泣而道之無他戚之也小弁之怨親親也親親仁也固矣夫高叟之爲詩也曰凱風何以不怨

曰凱風親之過小者也小弁親之過大者也親之過大而不怨是愈疏也親之過小而怨是不可磯也愈疏不孝也不可磯亦不孝也孔子曰舜其至孝矣五十而慕蕙祐曰舊說小弁有三解序以爲太子之傅作集傳以爲太子所自作此傳注家之兩解也諸家以爲尹伯奇作又雜家之一解也今按詩辭悽愴其爲放子之作無疑而語意恢宏不致一懸䮀騁如曰譬彼舟流不知所届是其意猶欲有所届非若伯奇之計無復之徑至自戕者可比是以爲伯奇所作者必不然矣又曰何辜于天我罪伊何我躬不閲遑恤我後自傷之意至深至切決非他人所能代亦非他人所肯代其爲太子自作無疑而序家傅會輒以爲其傅所作謬矣蓋舊序之例凡詩家所作必欲歸諸美刺二端而後快未嘗深味此詩知爲放子之自傷乃以爲上刺幽王又意子不可以刺父因訂爲其傅所作爾其心曲如此殆無足辨是朱子直以爲太子自作者豪無勉强今從集傳定爲太子自作蓋揆以義理之自然實定論也馬氏重緝韓詩故曰小弁伯奇之詩也目耕帖曰孟子高子曰小弁小人之詩也趙岐注云小弁小雅之篇伯奇之詩也又云伯奇仁人而父虐之故作小弁之詩曰何辜于天親親而悲怨之辭也案趙氏之說非無本孔衍琴操履霜操尹伯奇所作也伯奇無罪爲後母讒而見逐乃集芰荷以爲衣采楟花以爲食晨朝履霜自傷見放於是援琴鼓之而作操曰履朝霜兮采晨寒考不明其心兮聽讒言孤恩別離兮摧心肝何辜皇天兮遭此愆痛殁不同兮恩有偏誰能流兮知我冤曲終投河而死曹植貪惡鳥論昔尹吉甫信後妻之讒而殺孝子伯奇其弟伯封求而不得作黍離之詩俗傳云吉甫後悟追傷伯奇出游於田見異鳥鳴於桑其聲噭然吉甫心動曰無乃伯奇乎鳥乃拊翼其聲尤切吉甫曰果吾子也乃顧謂曰伯奇勞乎是吾子棲吾輿非吾子飛勿居言未卒鳥尋聲而棲其蓋歸入門集於井幹之上向室而號吉甫命後妻載弩射之遂射殺後妻以謝之後漢書黃瓊傳伯奇至賢終於流放章懷太子注引說苑王國子前母子伯奇後母子伯封後母欲其子立爲太子說王曰伯奇好妾王不信其母曰令伯奇於後園妾過其旁王上臺視之卽可知王如其言伯奇入園後母陰取蜂十數置單衣中過伯奇邊曰蜂螫我伯奇就衣中取蜂殺之王遥望之乃

逐伯奇也劉歆曰注伯奇王國子案伯奇尹吉甫子王國未詳翰案王國即尹吉甫之譌諸書傳聞雖異而伯奇見逐於父實有其事以黍離爲伯封作又以小弁爲伯奇作趙氏與曹子建所說皆本韓詩與毛乖別特甚據此是以小弁爲伯奇作者始於韓詩雖亦此篇之一解要非確詁傳注家亦未嘗取以爲說殆以此歟

何人斯篇八章蘇公作詩序曰何人斯蘇公刺暴公也暴公爲卿士而譖蘇公焉故蘇公作是詩而絕之朱子辨說曰鄭氏曰暴蘇皆畿內國名世本云暴辛公作塤蘇成公作篪譙周古史考云古有塤篪尙矣周幽王時二公特善其事耳今按書有司寇蘇公春秋傳有蘇忿生戰國及漢時有人姓暴則固應有此二人矣但此詩中只有暴字而無公字及蘇公字不知序何所據而得此事也世本說尤紕繆譙周又從而附會之不知適所以章其繆耳集傳義與序說同蔭祜曰此篇主名僅得其半序說必有所受朱子乃欲從千四百年後究其所自來意近苛索非定論也

巷伯篇七章寺人孟子作詩序曰巷伯刺幽王也寺人傷於讒故作是詩也鄭氏箋曰巷伯奄官寺人內小臣也朱子集傳曰時有遭讒而被宮刑爲巷伯者作此詩又曰巷是宮中道名秦漢所謂永巷是也伯長也主宮內道官之長即寺也故以名篇班固司馬遷贊云迹其所以自傷悼小雅巷伯之倫其意亦謂巷伯本以被譖而遭刑也蔭祜曰此篇主名亦僅得其半此等序文皆前有所傳若必究其所據轉近吹求矣

賓之初筵篇五章衛武公作詩序曰賓之初筵衛武公刺時也幽王荒廢媟近小人飲酒無度天下化之君臣上下沈湎淫泆武公既入而作是詩也朱子辨說曰韓詩說見本篇此序誤矣集傳曰衛武公飲酒悔過而作此詩又曰毛詩序曰衛武公刺幽王也韓詩序曰衛武公飲酒悔過也今按此詩意與大雅抑戒相類必武公自悔之作當從韓義蔭祜曰此篇主名無疑不贅論其義當以集傳從韓詩爲正詩序傅會不合詩義正義苟從序說皆非確詁

白華篇八章周幽王后申氏作詩序曰白華周人刺幽后也幽王娶申女以爲后又得褒姒而黜申后故下國化之以妾爲妻以孽代宗而王弗能治周人爲之作是詩也朱子辨說曰此事有據序蓋得之但幽

后字誤當爲申后刺幽王也下國化之以下皆衍說耳又漢書注引此序幽字下有王廢申三字雖非詩意然亦可補序文之缺集傳曰幽王娶申女以爲后又得褒姒而黜申后故申后作此詩藍祐曰此篇詩序有脫誤鄭箋卽據脫誤之文爲解至直以褒姒爲幽后雖史傳無此名號全文皆不可通亦所不顧正義則固執其說加以詭誕更支離不足論惟朱子詳繹本文定爲申后所自作今覆審其說確無疑義則主名詩義皆當以集傳爲正以意逆志是爲得之朱子說詩以孟子爲法其不能傳會箋義宜矣漢書注見外戚班倢伃傳

文王篇七章周文公作呂氏春秋古樂篇曰周公旦乃作詩曰文王在上於昭于天周雖舊邦其命維新以繩文王之德國語曰夫歌文王大明緜則兩君相見之樂也皆昭令德以合好也韋昭解曰文王大明緜大雅之首文王之三也此三篇皆美文王武王有盛德天所輔祚其徵應符驗著見於天乃天命非人力也周公欲昭先王之德於天下故兩君相見得以爲樂也詩序曰文王文王受命作周也朱子辨說曰受命受天命也作周造周室也文王之德上當天心下爲天下所歸往三分天下而有其二則已受命而作周矣武王繼之遂有天下亦卒文王之功而已然漢儒惑於讖緯始有赤雀丹書之說又謂文王因此遂稱王而改元殊不知天之所以爲天者理而已矣理之所在衆人之心而已矣衆人之心是非向背若出於一而無一毫私意雜於其閒則是理之自然而天之所以爲天者不外是矣今天下之心旣以文王爲歸矣則天命將安往哉書所謂天視自我民視天聽自我民聽所謂天聰明自我民聰明天明畏自我民明威皆謂此耳豈必赤雀丹書而稱王改元哉稱王改元之說歐陽公蘇氏游氏辨之已詳去此而論則此序本亦得詩之大旨而於其曲折之意有所未盡已論於本篇矣集傳曰周公追述文王之德明周家所以受命而代商者皆由於此以戒成王又曰東萊呂氏曰呂氏春秋引此詩以爲周公所作味其辭意信非周公不能作也馬氏目耕帖曰黃佐詩傳通解曰文王大明緜三詩皆周公所作以戒成王者後世因諸侯朝見燕享必工歌以致儆此大雅所以爲大政也案朝見燕享歌先王受命之詩因以致儆卽周禮讀法之義藍祐曰文王篇爲周公手著始見於

呂氏春秋再見於韋昭國語解至東萊呂氏復加以推闡發揮其說益明朱子集傳定爲周公所作皆本此數家其爲說當矣詩序受命作周之說義出無謬孔氏正義更縛於讖緯至支離莫可究詰殆不可曉惟集傳以爲周公追述文王之德云云乃得此篇之正恉實精切不易之說也蓋積善餘慶本上世聖人相傳之大義矧受命以有天下乃事之至大者哉作周之基雖若啟於文王實則權輿於公劉以後蓋累數百千年之積德行仁乃能膺此無疆之祚文王適遭其會復恢宏不已然後得受此天命爾非偶然也詩序惟言受命而不言其所以受爲正義者更埤以不經之說即呂覽之文亦若未嘗一覩可異也此詩義恉及作家之主名朱子釐正已久今本朱子之義再事引伸道義所關不厭煩瀆也

大明篇八章周文公作韋昭國語解曰周公欲昭先王之德於天下故兩君相見得以爲樂詩序曰大明文王有明德故天復命武王也朱子辨說曰此詩言王季大任文王大姒武王皆有明德而天命之非必如序說也集傳曰此亦周公戒成王之詩藍祜曰韋氏國語解以大明爲周公作朱子集傳本以爲說是已國語及解詁之文詳見文王篇下此詩無異周家先世之行狀信非周公不能作也

緜篇九章周文公作韋昭國語解曰周公欲昭先王之德於天下故兩君相見得以爲樂詩序曰緜文王之興本由大王也集傳曰此亦周公戒成王之詩追述大王始遷岐周以開王業而文王因之以受天命也藍祜曰韋氏國語解以文王大明緜三篇皆周公所作朱子本以爲說是也國語韋氏解詁及馬氏目耕帖諸文皆詳見文王篇下

生民篇八章周文公作詩序曰生民尊祖也后稷生於姜嫄文武之功起於后稷故推以配天焉朱子集傳曰周公制禮尊后稷以配天故作此詩藍祜曰此篇詩序無作家主名正義更蔓延旁及不言作者惟朱子集傳云云雖不必即謂周公所手箸而撰之以義此詩即有他人參訂周公亦當尸其名何也以后稷爲周家先世之弟一人配天鉅典乃制禮之弟一事周公復身膺其任篇內所陳又皆后稷始生諸佚事當爲子孫追述之辭決非他人所能代以周公盛德之至文辭之美且適當制作豈有轉屬他人之理今推本朱子之義即定此篇爲周公所作殆無遺議

學者其詳之不然卽當歸之無名諸篇殊非人情所宜出尤非確詁矣

公劉篇六章召康公作詩序曰公劉召康公戒成王也成王將涖政戒以民事美公劉之厚於民而獻是詩也朱子辨說曰召康公名奭成王卽位年幼周公攝政七年而歸政焉於是成王始將涖政而召公爲太保周公爲太師以相之然此詩未有以見其爲康公之作意其傳授或有自來耳後篇召穆公凡伯仍叔仿此集傳之意與序說同蔭祜曰此篇主名無歧說朱子已意其傳授有自復以別無考見爲疑則義有未安以漢初文籍及經典皆出殘鈌之餘無論百家傳注序文若純出杜撰不妨每篇皆列主名如傳授有自卽先見傳記千百年後亦決不能具存況秦漢之際專以口學爲尙哉余嘗謂論詩者專宗序說不問詩人本義者固多謬妄惟意所如不論淵源考證者尤非定論若辨說之文又於舊序儼有主名諸篇必追論其所本何書何人殊不知其書其人放失已久本非考詢所能及說太苛細讀者或以爲有意吹求轉非定論矣今以以後諸詩主名皆從序說爲定故先具論如此雖獲罪於先儒亦所不辭且有執公義以報私恩之意亦可自歎已

泂酌篇三章召康公作詩序曰泂酌召康公戒成王也言皇天親有德饗有道也朱子辨說曰序無大失然語意亦疏集傳之義與序說同蔭祜曰此篇主名無歧說見公劉篇下

卷阿篇十章召康公作詩序曰卷阿召康公戒成王也言求賢用吉士也朱子辨說曰求賢用吉士本用詩文而言固爲不切然亦未必分爲兩事後之說者旣誤認豈弟君子爲賢人遂分賢人吉士爲兩等彌失之矣夫泂酌之豈弟君子方爲成王而此詩遽爲所求之賢人何哉集傳曰此詩舊說亦召康公作疑公從成王游歌於卷阿之上因王之歌而作此以爲戒蔭祜曰此篇主名無疑其義當以集傳爲正以爲說尤簡切無枝辭也

民勞篇五章召穆公作詩序曰民勞召穆公刺厲王也朱子集傳曰序說以此爲召穆公刺厲王之詩以今考之乃同列相戒之辭耳未必專爲刺王而發然其憂時感事之意亦可見矣蔭祜曰此篇主名無疑其義亦當以集傳爲正

板篇八章凡伯作詩序曰板凡伯刺厲王也鄭氏箋

曰凡伯周同姓周公之胤也入爲王卿士朱子集傳曰序以此爲凡伯刺厲王之詩今考其意亦與前篇相類但責之益深切耳蘤祐曰此篇主名無疑其義當以集傳爲正尤警切無枝辭也

蕩篇八章召穆公作詩序曰蕩召穆公傷周室大壞也厲王無道天下蕩蕩無綱紀文章故作是詩也朱子辨說曰蘇氏曰蕩之名篇以首句有蕩蕩上帝耳序說云云非詩之本義也集傳義與序說同蘤祐曰此篇主名無歧誤而集傳沒而不書亦無駁議不知何意今仍以序文爲正集傳殆由疏略別無奧義也

抑篇十二章衛武公作國語曰昔衛武公年數九十有五矣猶箴儆於國曰自卿以下至於師長士苟在朝者無謂我老耄而舍我必恭恪於朝朝夕以交戒我聞一二之言必誦志而納之以訓道我在輿有旅賁之規位宁有官師之典倚几有誦訓之諫居寢有暬御之箴臨事有瞽史之道宴居有師工之誦史不失書矇不失誦以訓御之於是乎作懿戒以自警也及其沒也謂之睿聖武公韋昭解詁曰三君云懿戒書也昭謂懿詩大雅抑之篇也懿讀曰抑毛詩序曰抑衛武公刺厲王亦以自儆也詩序曰抑衛武公刺厲王亦以自警也朱子辨說曰此詩之序有得有失蓋其本例以爲非美非刺則詩無所爲而作又見此詩之次適出於宣王之前故直以爲刺厲王之詩又以國語有左史之言故又以爲亦以自警以詩考之則其曰刺厲王者失之而曰自警者得之也夫曰刺厲王之所以爲失者史記衛武公卽位於宣王之三十六年不與厲王同時一也詩以小子目其君而爾汝之無人臣之禮與其所謂敬威儀愼出話者自相背戾二也厲王無道貪虐爲甚詩不以此箴其膏肓而徒以威儀詞令爲諄切之戒緩急失宜三也詩詞倨慢雖仁厚之君有所不能容者厲王之暴何以堪之四也或以史記之年不合而以爲追刺者則詩所爲聽用我謀庶無大悔非所以望於既往之人五也曰自警之所以爲得者國語左史之言一也詩曰謹爾侯度二也又曰曰喪厥國三也又曰亦聿既耄四也詩意所指與淇澳所美賓筵所悔相表裏五也二說之得失其佐驗明白如此必去其失而取其得然後此詩之義明今序者乃欲合而一之則其失者固已失之而其得者亦未足爲全得也然此猶自其詩之外而言之也若但卽其詩之本文而各以其一說

反覆讀之則其訓義之顯晦疏密意味之厚薄淺深可以不待考證而判然於胸中矣此又讀詩之簡要直訣學者不可以不知也集傳曰衛武公作此詩使人日誦於其側以自警又曰董氏曰侯包言武公行年九十有五猶使人日誦是詩而不離於其側然則序說爲刺厲王者誤矣蔭祜曰此詩主名先見國語淵源最古其義則當以朱子爲正辨說精切足箴舊序附會之陋正義說乃固執序文支離無當不足辨也

桑柔篇十六章芮良夫作春秋左傳文元年曰殺之役晉人既歸秦帥秦大夫及左右皆言於秦伯曰是敗也孟明之罪也必殺之秦伯曰是孤之罪也周芮良夫之詩曰大風有隧貪人敗類聽言則對誦言如醉匪用其良覆俾我悖是貪故也孤之謂矣孤實貪以禍夫子夫子何罪復使爲政詩序曰桑柔芮伯刺厲王也鄭氏箋曰芮伯畿內諸侯王卿士也字良夫朱子辨說曰序與春秋傳合集傳義與毛鄭同蔭祜曰諸家說此詩無差謬以有左傳之文在前也良夫周賢臣事迹見國語及逸周書芮良夫篇

雲漢篇八章周大夫仍叔作詩序曰雲漢仍叔美宣王也宣王承厲王之烈內有撥亂之志遇烖而懼側身修行欲銷去之天下喜於王化復行百姓見憂故作是詩也鄭氏箋曰仍叔周大夫也春秋魯桓公五年夏天王使仍叔之子來聘朱子集傳義同序說蔭祜曰此篇主名無疑集傳亦無歧說以此益知舊篇集傳沒召公之名刖無奥義也

崧高篇八章尹吉甫作詩序曰崧高尹吉甫美宣王也天下復平能建國親諸侯褒賞申伯焉鄭氏箋曰尹吉甫申伯皆周之卿士也尹官氏申國名朱子辨說曰此尹吉甫送申伯之詩因可以見宣王中興之業耳非專爲美宣王而作也下三篇仿此集傳曰宣王之舅申伯出封於謝而尹吉甫作詩以送之蔭祜曰吉甫爲詩署名篇內且自作自賞例亦創見主名之無疑未有過於此者矣

烝民篇八章尹吉甫作詩序曰烝民尹吉甫美宣王也任賢使能周室中興焉朱子集傳曰宣王命樊侯仲山甫築城于齊而尹吉甫作詩以送之蔭祜曰主名無疑說見崧高篇下其義當以集傳爲正

韓奕篇六章尹吉甫作詩序曰韓奕尹吉甫美宣王也能錫命諸侯朱子辨說曰其曰尹吉甫者未有據

下二篇同其日能錫命諸侯則尤淺陋無理矣既爲天子錫命諸侯乃其常事春秋戰國之時猶有能行之者亦何足爲美哉集傳曰韓侯初立來朝始受王命而歸詩人作此以送之序亦以爲尹吉甫作今未有據下篇云召穆公凡伯者彷此蔭祐曰此篇主名以序說爲正朱子以爲無據不知序說卽今之據也其說詳見公劉篇下

江漢篇六章尹吉甫作詩序曰江漢尹吉甫美宣王也能興衰撥亂命召公平淮夷鄭氏箋曰召公召穆公也名虎朱子辨說曰吉甫見上他說得之集傳曰宣王命召穆公平淮南之夷詩人美之蔭祐曰此篇主名已見詩序朱子亦以爲未有據故集傳惟以詩人爲辭而求據之義殊不可曉其意如必以詩序之前別見傳記爲據邪則古傳記之失傳已多決非後世所能盡見其說已詳見公劉篇下如必以書於諸經爲據邪則諸經亦殘缺之餘非後世所能盡見其義亦與諸家之傳記同則無據如故也且尙詩諸篇不過總集之權輿當晚周時以嘗經先聖論定因欲藉垂法戒故得列於諸經爾當未經采風之前亦惟偶賦篇什不爲典要既未嘗編集通行亦未嘗署名勒石則佗家主名之或存或亡惟聽之諸家之傳授以此有名之詩不可多得無名諸詩至不可勝數此三百餘篇佗家主名所以僅得十分之一也蓋古人湻樸本不以求名爲務序說有名諸篇既偶得所傳轉多可信序說有名卽當以序說爲據如不達其義復別求他據以爲據豈至當不易之說哉充朱子之意賦詩之人必每篇自署其名如崧高烝民巷伯諸篇然後得爲無疑之確據不知此乃詩家創見之例不能概諸一切篇什則其說尤非篤論矣此篇主名仍以序說爲正朱子所議更有不得不辨者今復附著於此以袪學者之惑

常武篇六章召穆公作詩序曰常武召穆公美宣王也有常德以立武事因以爲戒然朱子辨說曰召穆公見上所解名篇之意未知其果然否然於理亦通集傳曰宣王自將以伐淮北之夷而命卿士之謂南仲爲大祖兼大師而字皇父者整治其從行之六軍修其戎事以除淮夷之亂而惠此南方之國詩人作此以美之蔭祐曰此篇主名以序說爲正辨說召穆公見上者亦以爲未有據也今辨詳見江漢篇下

瞻卬篇七章凡伯作詩序曰瞻卬凡伯刺幽王大壞

也鄭氏箋曰凡伯天子大夫也春秋魯隱公七年冬天王使凡伯來聘朱子辨說曰凡伯見上集傳曰此刺幽王娶褒姒任奄人以致亂之詩蔭祐曰此篇主名無疑當以爲正集傳沒其名蓋亦以爲未有據爾其說詳見江漢篇下

召旻篇七章凡伯作詩序曰召旻凡伯刺幽王大壞也旻閔也閔天下無如召公之臣也朱子辨說曰凡伯見上旻閔以下不成文理集傳曰此刺幽王任用小人以致饑饉侵削之詩也蔭祐曰此篇主名當以序文爲正集傳沒其名義不可曉其說亦見江漢篇下

下

清廟篇一章周文公作重緝申培魯詩故曰文王既歿周公思慕歌詠文王之德王褒四子講德論曰昔周公詠文王之德而作清廟建爲頌首劉向論災異封事曰及至周文開基西郊雜遝衆賢罔不肅和崇推讓之風以銷分爭之訟文王既歿周公思慕歌詠文王之德其詩曰於穆清廟肅雍顯相濟濟多士秉文之德詩序曰清廟祀文王也周公既成洛邑朝諸侯率以祀文王焉毛詩正義曰清廟詩者祀文王之樂歌也詩人歌詠其事而作此清廟之詩後乃用之於樂以爲常歌也朱子集傳曰書稱王在新邑烝祭歲文王騂牛一武王騂牛一實周公攝政之七年而此其升歌之辭也書大傳曰周公升歌清廟苟在廟中嘗見文王者愀然如復見文王焉蔭祐曰詩序此篇無作家主名正義道以爲詩人所作惟申公以爲周公歌詠文王之詩王子淵亦云作清廟建爲頌首劉子政世受魯詩故亦推本其說援以爲文大率周頌諸詩多出周公清廟乃祭文王之樂歌其爲周公所親製無疑魯詩之義允爲定論不但其學朋有所傳已也

時邁篇一章周文公作國語曰穆王將征犬戎祭公謀父諫曰不可先王燿德不觀兵夫兵戢而時動動則威觀則玩玩則無震是故周文公之頌曰載戢干戈載櫜弓矢我求懿德肆於時夏允王保之韋昭解曰文公周公旦之謚也頌時邁之詩也武王既伐紂周公爲作此詩巡狩告祭之樂歌也春秋左氏傳宣十二年曰武王克商作頌曰載戢干戈載櫜弓矢我求懿德肆於時夏允王保之孔氏正義曰周公既致太平追念武王之業故述其事而爲此歌焉宣十二年左傳云昔武王克商作頌曰載戢干戈明此篇武

王事也國語稱周文公之頌曰載戢干戈明此詩周公作也治天下而太平者乃是周公爲之得自作頌者於時和樂既興頌聲咸作周公采民之意以追述先王非是自頌其身故得親爲之序不言周公作者頌見太平同心歌詠例皆不言姓名經之所陳皆述巡守告祭之事指文而言時邁其邦是巡守之辭也懷柔百神及河喬嶽是告祭之事柴望祭天經不言天百神以天爲宗其文可以兼之矣詩序曰時邁巡守祭告柴望也蔭祐曰時邁乃周公所作文見國語國語之出與左傳同時記載之古莫先於此證據之精確殆與鴟鴞篇同正義所論審矣而詩序不著作家主名蓋出疏陋正義所説則迴護之辭朱子集傳亦兼引左傳國語定爲周公作是也時邁在樂名肆夏亦謂之樊樊亦作繁乃周禮春官鐘師九夏之一也詳見般篇目耕帖説

思文篇一章周文公作國語曰故頌曰思文后稷克配彼天立我烝民莫匪爾極韋昭解曰頌周頌思文也謂郊祀后稷以配天之樂歌也言周公思有文德者后稷其功乃能配於天謂堯時洪水稷播百穀立我衆民之道無不於女時得其中者功至大也孔氏正義曰周公既已制禮推后稷以配所感之帝祭於南郊既已祀之因述后稷之德可以配天之意而爲此歌焉國語云周文公之爲頌曰思文后稷克配彼天是此篇周公所自歌與時邁同也詩序曰思文后稷配天也蔭祐曰以思文爲周公作始見於韋昭國語解而國語無其文正義引國語正文直作周文公之爲頌云云與今本國語不同殆出誤記或今本尚有脱文未可知此篇作於周公固無疑義兩文之異同亦不可不知也

武篇一章周文公作春秋左傳宣十二年曰武王克商作頌曰載戢干戈載櫜弓矢我求懿德肆于時夏允王保之又作武其卒章曰耆定爾功其三曰鋪時繹思我徂維求定其六曰綏萬邦屢豐年漢書禮樂志曰武王作武周公作勺武言以功定天下也朱子集傳曰周公象武王之功爲大夫之樂又曰春秋傳此爲大武之首章也大武周公象武王武功之舞歌此詩以奏之禮朱干玉戚冕而舞大武然傳以此詩爲武王所作則篇内已有武王之謚而其説誤矣詩序曰武奏大武也從兄武定君毛詩校議曰周公既致太平作大武之樂箸樂詩六篇其一篇已佚不傳

餘五篇皆見今本周頌麻城馬氏目耕帖嘗定其次敘而頗涉武斷今別以周頌原文之次爲次庶無舛午五篇者武爲第一酌爲第二桓爲第三賚爲第四般爲第五是也據左傳所記樂次則賚爲第三桓爲第六且統謂之武是今本武詩一篇猶不得專以武名蓋以樂論則六篇統名大武以詩論則當以見存之篇目爲定無事更張也朱子以武篇爲大武之首章左氏原文則以爲卒章首章之説蓋見左氏引列第一故援以爲據卒章云云乃指首章之末句言之兩説固未嘗相背也今按左氏春秋武王克商作頌曰載戢干戈云云又作武其卒章云云所謂作頌謂時邁之詩也時邁乃周公所作已見國語第一所謂武王克商作頌者言周公推本武王之克商乃作此詩非謂此詩爲武王所作也左氏之意作頌之義如此作武之義亦如此則武詩確爲周公所作已無疑義又篇內明著武王之謚其非武王所自作更不待辯朱子已加駁議是已特未嘗詳繹左氏原文不知作頌作武皆非指武王作頌作樂者爲何人作武詩諸篇者即爲何人惟知武樂作於周公而不知武詩諸篇亦作於周公猶不免疏略爾漢書禮樂志更不暇深考輒云武王作武則鹵莽甚矣孔氏正義乃云周公象武王伐紂之事作大武之樂既成於廟奏之詩人覩其奏而思武功故述其事而作此歌是亦未達左傳之意及漢書之誤遽爲調停之説尤非篤論矣蓋有詩斯有樂決無先樂後詩之理正義之意不過以詩序未著周公之名故强爲之辭不知周頌諸詩例無主名時邁篇疏已明著義例不得自相矛盾也嚴粲詩緝定酌般二篇與武桓賚三篇皆爲大武樂詩之一章其説至當不易目耕帖引以爲據以定五詩之篇第而仍非定説今復因周頌原文別爲次敘且推明右詩五篇悉爲周公所作乃無賸義若酌詩一篇作於周公已先見漢志嚴氏所增惟有般詩一篇復因名篇之義例推測而知可謂敏矣馬氏又以我將篇當祭統之武宿夜復以爲大武之首章又强搜諸詩以求合於周禮之九夏則影響之説爲多非確詁矣蔭祜曰武詩爲周公作雖朱子無定論惟從兄武定君毛詩校議考辨至精近世學者頗以爲不可易蓋確論也今從其説著於篇酌桓賚般四詩均仿此君嘗充山東書局總校官玉函山房叢書初出時君偏好之故尤熟馬氏一家之學云

閔予小子篇一章周成王作詩序曰閔予小子嗣王朝於廟也鄭氏箋曰嗣王謂成王也除武王之喪將始卽政朝於廟也漢書匡衡傳衡復上疏曰臣聞治亂安危之機在乎審所用心蓋受命之王務在創業垂統傳之無窮繼體之君心存於承宣先王之德而襃大其功昔者成王之嗣位思述文武之道以養其心休烈盛美皆歸之二后而不敢專其名是以上天歆享鬼神祐焉其詩曰念我皇祖陟降廷止言成王常思祖考之業而鬼神祐助其治也又曰詩云煢煢在疚言成王喪畢思慕意氣未能平也蓋所以就文武之業崇大化之本也朱子詩序辨說論閔予訪落敬之小毖四篇曰此四篇一時之詩序但各以其意爲說不能究其本末也集傳曰成王免喪始朝於先王之廟而作此詩蓋祐曰此篇及後三篇序皆以爲成王之詩匡稚圭以治齊詩名家其疏文出於前漢中葉樹義亦同卽鄭氏朱子亦無異議諸家之說出以渾淪不必定爲成王所自作乃心知其意以爲義當如此非疏畧也惟孔氏正義云詩人述其事而作此詩其說意在徵實而轉多歧誤何也成王上襲祖父之盛業爲有周之賢君其免喪時年已在成童以後烏知其必不能詩輒以爲他人所代其失一矣諸詩自稱或曰予或曰朕或曰予小子其尤切者則曰皇考皇祖無非自述之辭斷非臣下所宜出卽屬代言之作成王亦不得不尸其名況自作代作已不可考乃不顧本文毅然以爲詩人所代則其失二矣正義之文往往支離破碎膠固不通或意在詳盡而不知苟爲詳盡之尤不足法此朱子集傳之所以作也漢學家不知神悟所由惟力崇記誦反誣道義其流弊至不可勝辯其說此詩之失亦其一矣今從諸家之說仍定此篇爲成王所自作以於義抉不可代爾非以苟得作家主名爲能也

訪落篇一章周成王作詩序曰訪落嗣王謀於廟也鄭氏箋曰謀者謀政事也朱子集傳曰成王旣朝於廟因作此詩以道延訪羣臣之意蓋祐曰此篇之義當以朱子爲正正義釋作家主名亦以詩人爲辭非也其說詳見閔予小子篇下

敬之篇一章周成王作詩序曰敬之羣臣進戒嗣王也朱子集傳曰成王受羣臣之戒而述其言云云蓋祐曰此篇之義亦當以朱子之說爲正序文失辭正義亦以爲詩人所作皆非是其說詳見閔予小子篇

下

小毖篇一章周成王作詩序曰小毖嗣王求助也鄭氏箋曰毖愼也天下之事當愼其小小時而不愼後爲禍大故成王求忠臣早輔助已爲政以救患難朱子集傳曰此亦訪落之意蔭祜曰正義亦以爲詩人所作非也其說詳見閔予小子篇下

酌篇一章周文公作周頌篇名如文漢書禮樂志作勺春秋左傳作汋皆古文之通假其義一也漢書禮樂志曰武王作武周公作勺勺言能勺先祖之道也顔師古注曰勺讀曰酌酌取也董子春秋繁露曰周公輔成王作汋樂以奉天春秋左傳宣十二年曰汋曰於鑠王師遵養時晦耆昧也詩序曰酌告成大武也言能酌先祖之道以養天下也朱子集傳曰酌卽勺也內則十三舞勺卽以此詩爲節而舞也然此詩與賚般皆不用詩中字名篇疑取樂節之名如曰武宿夜云爾蔭祜曰酌詩爲周公作明見漢志及董子書孔氏正義朱子集傳皆無述焉蓋不以作家主名爲意無他說也從兄武定君本嚴氏詩緝馬氏目耕帖定此詩爲大武樂辭之弟二篇其說詳見武篇毛詩校議下

桓篇一章周文公作春秋左傳宣十二年曰武王克商作頌曰載戢干戈云云又作武其卒章曰耆定爾功其三曰鋪時繹思我徂維求定其六曰綏萬邦屢豐年詩序曰桓講武類禡也桓武志也朱子集傳曰此亦頌武王之功又曰春秋傳以此爲大武之六章則今之篇次蓋已失其舊矣又篇內已有武王之謚則其謂武王時作者亦誤矣序以爲講武類禡之詩豈後世取其義而用之於其事也歟蔭祜曰大武之爲樂爲詩皆作於周公左傳之義謂時邁大武諸詩皆因武王克商而作非謂武王親箸諸詩也從兄武定君定此詩爲大武樂辭之弟三篇其說詳見武篇毛詩校議下左傳以此爲大武之弟六章蓋樂奏之次也

賚篇一章周文公作春秋左傳宣十二年曰武王克商作頌曰載戢干戈云云又作武其卒章曰耆定爾功其三曰鋪時繹思我徂維求定其六曰綏萬邦屢豐年詩序曰賚大封於廟也賚予也言所以錫予善人也集傳曰此頌文王之功而言其大封功臣之意又曰春秋傳以此爲大武之三章而序以爲大封於廟之詩說同上篇蔭祜曰時邁及大武之爲樂爲詩

皆周公所作也從兄武定君定此詩爲大武樂辭之弟四篇左傳以爲弟三蓋樂奏之次其說詳見武篇

毛詩校議下

般篇一章周文公作詩序曰般巡守而祀四嶽河海也集傳曰般義未詳馬氏目耕帖曰周禮春官鐘師掌金奏凡樂事以鐘鼓奏九夏王夏肆夏昭夏納夏章夏齊夏族夏祴夏驁夏鄭注杜子春云夏大也樂之大歌有九故書納作內杜子春云內當爲納祴讀如陔鼓之陔王出入奏王夏尸出入奏肆夏牲出入奏昭夏四方賓來奏納夏臣有功奏章夏夫人祭奏齊夏族人侍奏族夏客醉而出奏陔夏公出入奏驁夏引春秋傳以證肆夏之詩又引國語曰金奏肆夏繁遏渠天子所以享元侯肆夏繁遏所謂三夏矣呂叔玉曰肆夏繁遏渠皆周頌也肆夏時邁也繁遏執競也渠思文也今本國語作樊遏渠韋昭注肆夏一名樊韶夏一名遏納夏一名渠與呂說小異今即兩說通之肆夏一名樊樊亦作繁謂時邁也韶夏即昭夏一名遏即執競也納下一名渠即思文也九夏得其三其六夏疑是大武六章春秋左傳宣十二年楚子曰武王克商作頌曰載戢干戈載櫜弓矢我求懿德肆于時夏允王保之又作武其卒章曰耆定爾功其三曰鋪時繹思我徂維求定其六曰綏萬邦屢豐年杜預注頌皆一章言其卒章者謂終章之句也朱子集傳於武及桓賚皆用春秋傳嚴粲詩緝朱氏謂桓賚二篇皆大武篇中之一章則酌與賚般一體亦大武篇之一章明矣據此則武有六章合此六詩於肆夏昭夏納夏則爲九夏樂之九成用之除此三夏則爲大武之六章樂之六成用之楚子敘作武在時邁後而取卒章一語明當有首篇也則武當是章夏桓爲武之三章則齊夏也賚爲武之六章則驁夏也酌般二章以序意言之酌言酌先祖之道當是族夏般言巡守四嶽河海當是陔夏凡五詩合五夏而缺其一集傳於酌云此詩與賚般皆不用詩中字名篇疑取樂節之名如曰武宿夜云爾案禮記祭統夫祭有三重焉獻之屬莫重於祼聲莫重於升歌武莫重於武宿夜鄭注武宿夜武曲名也正義引皇氏云師說書傳云武王伐紂至於商郊停止宿夜士卒皆歡樂歌舞以待旦因名之武宿夜其樂亡也熊氏云此即大武之樂也皇氏引述舊說亦無經據熊氏謂大武之樂確不可易以祭統與祼升歌竝言則武宿夜

爲武之首章蓋周禮之王夏也然於詩頌不知當何篇我將宗祀文王在時邁上篇中有夙夜字意其是乎蔭祜曰大武樂詩諸篇皆周公所作從兄武定君定此詩爲大武樂辭之弟五篇其說原本嚴氏馬氏不祧之論也今備錄馬氏目耕帖以溯其淵源所自武定說則前見武篇毛詩校議下

魯頌駉篇四章史克作詩序曰駉頌僖公也僖公能遵伯禽之法儉以足用寬以愛民務農重穀牧於坰野魯人尊之於是季孫行父請命於周而史克作是頌鄭氏箋曰季孫行父季文子也史克魯史也孔氏正義曰文六年行父始見於經十八年史克名見於傳則克於文公時爲史官矣然則此詩之作當在文公之世其年月不可得而知也行父請周而不見於經者凡羣臣出使嘉好聘享受命而行者乃書之耳此行父適周自以羣臣之心請王作頌雖復告君乃行不稱君命以使非史策所得書也駉頌序云史克作是頌廣言作頌不指駉篇則四篇皆史克所作閟宮云新廟奕奕奚斯所作自言奚斯作新廟耳而漢世文人班固王延壽之等自謂魯頌是奚斯作之謬矣故王肅云當文公時魯賢臣季孫行父請於周而令史克作頌四篇以祀是肅意以其作在文公之時四篇皆史克所作也四篇一人之作而爲此次者以駉言務農重穀爲政之本又善於任賢故次有駜言君臣之有道也君臣同心則能修教征伐故次泮水言能修泮宮服淮夷也文武既備明神降福則能克翦放命復其疆宇故終以閟宮四篇皆頌僖公之美德也若然春秋僖八年秋七月禘於太廟用致夫人三十一年夏四月四卜郊不從猶三望三十三年薨於小寢皆爲春秋所譏則是行不純善而得作頌者春秋所譏皆人事小失非有損於國家僖以魯之先君國事多廢遠遵伯禽之法能復周公之宇安寧魯國作爲賢君緣王者不陳其詩故臣子請而作頌亦猶他國作詩美其君耳非是太平德洽和樂頌聲雖復行有小失不妨其作文也又曰諸侯作頌詩爲非常故說作頌之意雖復主序此篇其意亦通於下三篇亦是行父所請史克所作也朱子序辨曰此序事實皆無可考詩中亦未見務農重穀之意序說鑿矣蔭祜曰據王肅及正義之說是有駜泮水閟宮三篇皆史克所作也駉篇事實蓋有所本以年祀綿邈無由考見亦理所宜有既無以證其必非當仍以舊說

爲正務農重穀乃稱述僖公之素政如此駉詩篇內亦莫由具陳此兩說殆皆千慮之一失非定論也又曰黃氏日鈔謂季孫行父史克皆在後未必逮事僖公以史克作頌爲不足信其說甚辨近馬氏國翰又謂行父請命史克作頌或在文公之世兩家皆以未考正義所陳故復云云黃氏之說雖辯猶廢序之餘習亦非定論徵名之例意在折衷義理之至當不主一家詩序出於秦漢之際最稱近古其說雖時涉傅會而所得爲多後世考訂必爲說至確至精且有以易之然後改從新義若徒事聚訟同非定論則仍以舊說爲正以故實名氏必有所受本非後世所能奪也雖朱子之辨說例亦從同諸家視此矣

有駜篇三章史克作詩序曰有駜頌僖公君臣之有道也蔭祜曰序無作家主名以通上篇爲文也說見上篇

泮水篇八章史克作詩序曰泮水頌僖公能修泮宮也蔭祜曰說見駉及有駜篇

閟宮篇九章史克作詩序曰閟宮頌僖公能復周公之宇也朱子序辨曰此詩言莊公之子又言新廟奕奕則爲僖公修廟之詩明矣詩所謂復周公之宇者祝其能復周公之土宇耳非謂其能復周公之屋宇也序文首句之謬如此而蘇氏信之何哉蔭祜曰說見駉及有駜篇朱子所辨亦確論也

尚詩徵名卷上竟

尙詩徵名卷下之乙篇

正定王蔭祜學

周南關雎篇三章或曰畢公作重緝后蒼齊詩傳曰周漸將衰康王晏起畢公喟然深思古道感彼關雎德不雙侶願得周公配以窈窕防微漸諷諭君父孔子大之列冠篇首重緝申培魯詩故曰昔周王承文王之盛一朝晏起夫人不鳴璜宮門不擊柝關雎之人見幾而作又曰周之康王夫人晏出朝關雎預見思得淑女以配君子古列女傳曰周之康王晏出朝關雎起興思得淑女以配君子夫關雎之鳥猶未嘗見乘居而匹處也男女之盛合之以禮則父子生焉君臣成焉故爲萬物始王照圓注文選注引虞貞節曰其夫人晏出故作關雎之歌以感誨之漢書杜欽傳云佩玉晏鳴關雎歎之藝文類聚張超賦云周漸將衰康王晏起是皆以關雎爲刺詩漢書注云此魯詩也馬氏國翰目耕帖曰張超靑衣賦云周漸將衰康王晏起畢公喟然深思古道云云復實指關雎爲畢公所作皆本三家與毛鄭說詩不合羅泌路史又云康王一晏朝而暴公作關雎之詩以風暴公當是畢公之譌詩序曰關雎后妃之德也風之始也所以風天下而正夫婦也故用之鄉人焉用之邦國焉風風也敎也風以動之敎以化之然則關雎麟趾之化王者之風故繫之周公南言化自北而南也鵲巢騶虞之德諸侯之風也先王之所以敎故繫之召公周南召南正始之道王化之基是以關雎樂得淑女以配君子憂在進賢不淫其色哀窈窕思賢才而無傷善之心焉是關雎之義也朱子辨說曰按論語孔子嘗言關雎樂而不淫哀而不傷蓋淫者樂之過傷者哀之過獨爲是詩者得其性情之正是以哀樂中節而不至於過耳而序者乃析哀樂淫傷各爲一事而不相須則已失其指矣至以傷爲傷善之心則又大失其旨而全無文理也或曰先儒多以周道衰詩人本諸袵席而關雎作故揚雄以周康之時關雎作爲傷始亂杜欽亦曰佩玉晏鳴關雎歎之說者以爲古者后夫人雞鳴佩玉去君所周康后不然故詩人歎而傷之此魯詩說也與毛異矣但以哀而不傷之意推之恐其有此理也曰此不可知矣但儀禮以關雎爲鄉樂又爲房中之樂則是周公制作之時已有此詩矣若如魯說則儀禮不得爲周公之書儀禮不爲周公之書則周之盛時乃無鄉射燕飲房中之樂而

必有待乎後世之刺詩也其不然也明矣且爲人子孫乃無故而播其先祖之失於天下如此而尙可以爲風化之首乎集傳曰周之文王生有盛德又得聖女姒氏以爲之配宮中之人於其始至見其有幽閑貞靜之德故作是詩藼䄃曰以關雎爲刺詩齊魯說同以爲畢公所作則獨見齊詩暴公乃畢公形近之誤徧考諸家無以關雎爲暴公作者羅氏宋人不得忽創異論其爲形近之誤審矣關雎繫於周南爲風雅之冠冕其義終當以毛公朱子爲正三家不論風之正變旣以爲風刺之辭且求之成康以後決非確論雖有作家主名亦不足信朱子所辨皆精當無疑今存齊魯諸說姑以箸畢公之名爾非以其說爲定論也

芣苢篇三章蔡人之妻作古列女傳曰蔡人之妻者宋人之女也旣嫁於蔡而夫有惡疾其母將改嫁之女曰夫不幸乃妾之不幸也柰何去之適人之道壹與之醮終身不改不幸遇惡疾不改其意且夫采采芣苢之草雖其臭惡猶始於捋采之終於懷擷之浸以益親況於夫婦之道乎彼無大故又不遣妾何以得去終不聽其母乃作芣苢之詩君子曰宋女之意甚貞而壹也王照圓注韓詩章句曰芣苢傷夫有惡疾也芣苢澤泄也芣苢臭惡之草詩人以芣苢雖臭惡乎我猶采采而不已興君子雖有惡疾我猶守而不離去也見文選注是魯韓義同馬氏目耕帖曰劉向列女傳云云蓋本魯詩文選劉孝標辨命論顏回敗其叢蘭冉耕歌其芣苢李善注引韓詩曰芣苢傷夫有惡疾也是韓魯說此詩同爲傷夫有惡疾而作詩序曰芣苢后妃之美也和平則婦人樂有子矣朱子集傳曰化行俗美家室和平婦人無事相與采此芣苢而賦其事以相樂也采之未詳何用或曰其子治產難藼䄃曰蔡妻氏族無考此與缺名無異而其事當有所本且貞壹可風宜爲法戒詩序敷衍不足論集傳無疵然皆不如劉氏所傳略可考見詩義猶勝瞢無所知也

汝墳篇三章周南大夫妻作古列女傳曰周南之妻者周南大夫之妻也大夫受命平治水土過時不來妻恐其懈於王事蓋與其鄰人陳素所與大夫言國家多難惟勉强之有無譴怒遺父母憂昔舜耕於厤山漁於雷澤陶於河濱非舜之事而舜爲之者爲養父母也家貧親老不擇官而仕親操井臼不擇妻而

娶故父母在當與時小同無虧大義不罹患害而已夫鳳皇不罹於尉羅麒麟不入於陷穽蛟龍不及於枯澤鳥獸之智猶知避害而況於人乎生於亂世不得道理迫於暴虐不得行義然而仕者爲父母在故也乃作詩曰魴魚赬尾王室如燬雖則如燬父母孔邇蓋不得已也君子以是知周南之妻能匡夫也王照圓注燬燬壞也毛詩作燬此蓋魯詩也詩序曰汝墳道化行也文王之化行乎汝墳之國婦人能閔其君子猶勉之以正也蘅祐曰列女傳之說與無名同姑存之聊備一解耳

行露篇三章召南申女作古列女傳曰召南申女者申人之女也旣許嫁於酆夫家禮不備而欲迎之女與其人言以爲夫婦者人倫之始也不可不正傳曰正其本則萬物理失之豪釐差之千里是以本立而道生源治而流淸故嫁娶者所以傳重承業繼續先祖爲宗廟主也夫家違制不可以行遂不肯往夫家訟之於理致之於獄女終以一物不具一禮不備守節持義必死不往而作詩曰雖速我獄室家不足言夫家之禮不備足也君子以爲得婦道之義故舉而揚之傳而法之以絶無禮之求防淫慾之行焉又曰雖速我訟亦不女從此之謂也王照圓注此魯詩也韓詩外傳同詩序曰行露召伯聽訟也衰亂之俗微貞信之教興强暴之男不能侵陵貞女也集傳曰南國之人遵召伯之教服文王之化有以革其前日淫亂之俗故女子有能以禮自守而不爲强暴所污者自述其志作此詩以絶其人蘅祐曰傳文事迹太簡殆由附會惟曰申女別無名氏亦與無主名同姑存之以備一解爾

騶虞篇二章邵國之女作馬氏重緝魯詩故曰騶虞邵國之女所作也古者聖王在上君子在位役不踰時不失嘉會內無怨女外無曠夫及周道衰微禮義廢弛强凌弱衆暴寡萬民騷動百姓愁苦男怨於外女傷其內內外無主內迫性情外迫禮義欲傷所讓而不逢時於是援琴而歌詩序曰騶虞鵲巢之應也鵲巢之化行人倫旣正朝廷旣治天下純被文王之化則庶類蕃殖蒐田以時仁如騶虞則王道成也朱子辨說曰此序得詩之大恉然語意亦不分明集傳曰南國諸侯被文王之化修身齊家以治其國而其仁民之餘恩又有以及於庶類故其春田之際草木之茂禽獸之多至於如此而詩人述其事以美之且

歎之曰此其仁心自然不由勉强是卽眞所謂騶虞矣蕙祐曰邵國之女别無名氏與無主名同姑存之備一說爾朱子謂序文語意不分明申公之說亦未嘗見其分明也

旄丘篇四章黎侯之臣作詩序曰旄丘責衛伯也狄人迫逐黎侯黎侯寓于衛衛不能修方伯連率之職黎之臣子以責於衛也朱子辨說曰序見詩有伯兮二字而以爲責衛伯之詞誤矣又曰陳氏曰說者以此爲宣公之詩然宣公之後百餘年衛穆公之時晉滅赤狄潞氏數之以其奪黎氏地然則此其穆公之詩乎不可得而知也集傳曰舊說黎之臣子自言久寓於衛時物變矣故登旄丘之上見其葛長大而節疏闊因託以起興蕙祐曰此篇朱子以别無考見姑從序說序說惟曰黎侯之臣與無主名同其事實則當有所受不容廢棄也

泉水篇四章衛女作詩序曰泉水衛女思歸也嫁於諸侯父母終思歸寧而不得故作是詩以自見也集傳義同蕙祐曰惟作衛女與無主名同姑存備考

二子乘舟篇二章衛太子伋之傅母作馬氏重緝曾詩故曰二子乘舟衛宣公之子伋也壽也朔也伋前母子也壽與朔後母子也壽之母與朔謀欲殺太子伋而立壽也使人乘舟於河中將沈而殺之壽知不能止也因與同舟舟人不得殺伋方乘舟時伋傅母恐其死也閔而作詩春秋左傳桓十六年曰初衛宣公烝於夷姜生急子屬諸右公子爲之娶於齊而美公娶之生壽及朔屬壽於左公子夷姜縊宣姜與公子朔構急子公使諸齊使盜待諸莘將殺之壽子告之使行不可曰棄父之命惡用子矣有無父之國則可也及行飲以酒壽子載其旌以先盜殺之急子至曰我之求也此何罪請殺我乎又殺之二公子故怨惠公十一月左公子洩右公子職立公子黔牟惠公奔齊詩序曰二子乘舟思伋壽也衛宣公之二子爭相爲死國人傷而思之作是詩也毛公傳曰二子伋壽也宣公爲伋娶於齊女而美公奪之生壽及朔朔與其母愬伋於公公令伋之齊使賊先待於隘而殺之壽知之以告伋使去之伋曰君命也不可以逃壽竊其節而先往賊殺之伋至曰君命殺我壽有何罪賊又殺之國人傷其涉危遂往如乘舟而無所薄汎汎然迅疾而不礙也朱子集傳與毛公義同蕙祐曰作此詩者毛公以爲國人申公以爲伋傳母傅母卽

國人申蓋別有所受非附會也伋急二文同音故左傳書伋爲急難出通假要當以伋文爲正今從申公說定爲伋傳母作而別無姓氏與無主名同亦姑以備一解爾

碩人篇四章衛莊姜之傳母作春秋左傳隱三年曰衛莊公娶於齊東宮得臣之妹曰莊姜美而無子衛人所爲賦碩人也古列女傳曰齊女傳母者齊女之傳母也女爲衛莊公夫人號曰莊姜姜姣好始往操行衰惰有冶容之行淫泆之心傳母見其婦道不正諭之云子之家世尊榮當爲民法則子之質聰達於事當爲人表式儀貌壯麗不可不自修整衣錦絅裳飾在輿馬是不貴德也乃作詩曰碩人其頎衣錦絅衣齊侯之子衛侯之妻東宮之妹邢侯之姨譚公維私砥厲女之心以高節以爲人君之子弟爲國君之夫人尤不可有邪僻之行焉女遂感而自修君子善傳母之防未然也莊姜者東宮得臣之妹也無子毋戴嬀之子桓公公子州吁嬖人之子也有寵驕而好兵莊公弗禁後州吁果殺桓公王照圓注以爲傳母作亦魯詩說也詩序曰碩人閔莊姜也莊公惑於嬖妾使驕上僭莊姜賢而不答終以無子國人閔而憂之朱子辨說曰此序據春秋傳得之集傳義與毛鄭同藘祜曰此詩左氏惟曰衛人無主名列女傳以爲莊姜之傳母所作傳母猶衛人則當別有所傳矣而覆審本文絕無規戒之意猶不如左氏及毛鄭以後諸家所詁爲切殊不可曉又傳母無氏族亦與無主名同姑存其說以備一解非定論也考綠衣諸詩莊姜之賢而有文如此殆非規諫所能就刻規諫之義不顯且與左氏相違其不足信可知馬國翰氏乃謂細繹詩辭實相符合可與毛義相通云云則與余說正相左爾不可曉已

竹竿篇四章衛女作詩序曰竹竿衛女思歸也適異國而不見答思而能以禮者也朱子辨說曰未見不見答之意集傳曰衛女嫁於諸侯思歸寧而不可得故作此詩藘祜曰惟作衛女與無主名同姑存備考

伐檀篇三章魏國女作馬氏重緝魯詩故曰伐檀操者魏國女之所作也傷賢者隱避素餐在位閔傷怨曠失其嘉會夫聖王之制能治人者食於人治於人者食於田今賢者隱退伐木小人在位食祿懸珍奇積百穀并包有土德澤不加百姓傷痛上之不知王道之不施仰天長歎援琴而鼓之詩序曰伐檀刺貪

也在位貪鄙無功而受祿君子不得進仕爾朱子辨說曰此詩專美君子之不素餐序言刺貪失其旨矣蘐茹曰此篇毛詩無主名魯詩以為魏女所作則無姓氏與無主名同姑存以備一解其義則當以朱子之說為正

墓門篇二章或曰陳辯女作續列女傳曰陳國辯女者陳國采桑之女也晉大夫解居甫使於宋道過陳遇采桑之女止而戲之曰女為我歌我將舍女采桑女乃為之歌曰墓門有棘斧以斯之夫也不良國人知之知而不已誰昔然矣大夫又曰為我歌其二女曰墓門有梅有鴞萃止夫也不良歌以訊止訊予不顧顛倒思予大夫曰其梅則有其鴞安在女曰陳小國也攝乎大國之間因之以饑餓加之以師旅其人且亡而況鴞乎大夫乃服而釋之君子謂辯女貞正而有辭柔順而有守詩序曰墓門刺陳佗也陳佗無良師傅以至于不義惡加於萬民焉鄭氏箋曰不義者謂殺君而自立又曰歌謂作此詩也既作又使工歌之朱子辯說曰陳國君臣事無可紀獨陳佗以亂賊被討見書於春秋故以無良之詩與之序之作大抵類此不知其信然否也集傳曰所謂不良之人亦不知其何所指也蘐茹曰此篇毛詩無主名序以為刺陳佗朱子亦所不取其無作家之名如故也近有說此詩者據鄭箋歌即為作之義又據列女傳云云即以此篇為陳辯女所作頗自以為確詁今考傳文陳辯女亦惟歌舊詩以拒狂且爾輒以此詩為辯女所作謬已今姑存其說以備一解非以其說為定論也詩弟二章梅亦當作棘訊乃誶字之誤王照圓說是也訊予之予乃而字之誤朱子之說亦是也經文誤字皆當校正今本仍因循不革非也

雨無正篇七章或曰正大夫作詩序曰雨無正大夫刺幽王也雨自上下者也衆多如雨而非所以為政也鄭氏箋曰亦當為刺厲王王之所下教令甚多而無正也馬氏重輯韓詩故曰雨無極正大夫刺幽王也朱子詩序辨說曰此序尤無義理集傳曰此詩饑饉之後羣臣離散其不去者作詩以責去者又曰元城劉氏曰嘗讀韓詩有雨無極篇序曰雨無極正大夫刺幽王也至其詩之文則比毛詩篇首多雨無其極傷我稼穡八字愚按劉說似有理然弟一二章本皆十句今遽增之則長短不齊非詩之例又此詩實正大夫離居之後暬御之臣所作其曰正大夫刺幽

王者亦非是且其爲幽王詩亦未有所考也蔭郝曰此篇毛詩惟曰大夫無主名韓詩增二句而曰正大夫亦與無主名同今過而録之所以存韓毛兩家詩增損之異非以其主名爲是也

大東篇七章譚大夫作詩序曰大東刺亂也東國困於役而傷於財譚大夫作是詩以告病焉鄭氏箋曰譚國在東故其大夫尤苦征役之事也魯莊公十年齊師滅譚朱子辨説曰譚大夫未有考不知何據恐或有傳耳集傳之義與序説同蔭郝曰惟曰譚大夫與無主名同姑存以備考

商頌那篇一章或曰正考甫作詩序曰那祀成湯也微子至于戴公其閒禮樂廢壞有正考甫者得商頌十二篇於周之大師以那爲首國語曰昔正考父校商之名頌十二篇於周大師以那爲首史記宋微子世家太史公曰襄公之時修仁行義欲爲盟主其大夫正考父美之故追道契湯高宗殷所以興作商頌索隱曰今按毛詩序云云國語亦同此説今五篇存皆是商家祭祀樂章非考父追作也又考父佐戴武宣皆在襄公前且百許歲安得述而美之斯謬説爾朱子集傳曰紂無道爲武王所滅封其庶兄微子啟於宋修其禮樂以奉商後其後政衰商之禮樂日以放失七世至戴公時大夫正考甫得商頌十二篇於周大師歸以祀其先王至孔子編詩而又亡其七篇然其存者亦多闕文疑義今不敢强通也蔭郝曰詩序據國語爲説本無疏舛史記不考國語誤校爲撰輒以商頌爲正考父作又不言所作何篇惟以商頌概之一若商頌十二篇皆出考父手箸者多所抵捂此類亦其一矣然史記之誤索隱辨正已久近世更有不考索隱復作無益之辨者殊不可曉今再加審定且以箸那篇之後考商頌者當視此

何詩徵名卷下竟

説劍山堂經解

（清）盧福保　撰

《説劍山堂經解》，清盧福保撰，據泰州圖書館藏紅格鈔本影印。

盧福保，字崧亭，號茨如。清泰州人。歲貢生。工制藝，兼究心經世之學。創説劍山堂文會。清末初設學、商兩會，福保被選爲學會會長、商會協理，又被選爲姜堰鎮商會總理。

此書爲盧福保考釋群經之作，共三十一篇，涉及六經及《論語》《孟子》。盧福保熟於經史之學，從此書即可見其鑽研之深，如《洛邑成周王城分合考》，考察三者關係，此問題歷來衆説紛紜，盧氏以爲洛邑與王城合，成周與二者分，依據來自《後漢書》《水經注》《括地志》《左傳》《史記》《博物志》等，考訂頗爲細緻，有助於此問題的探討。

（周　忠）

說劍山堂經解

[illegible]山堂箸作

范易

綴衣虎賁解

周书立政綴衣虎賁、孔傳綴衣掌衣服、虎賁以武力事王者、孔疏因其說引周礼以实之、蔡氏集傳掌服器者曰綴衣、执射御者曰虎賁、近侍孫氏江氏皆謂虎賁守王宮、綴衣职为侍帷幄之臣、蒙按傳疏之說是也。蔡傳釋綴衣則是。謂执射御为虎賁、殊屬費按。近侍之釋虎賁。意与傳疏並指。唯职綴衣为帷幄之臣。其誤宜辨。攷周礼大僕下大夫掌正王之服位、此掌衣服者當是太僕之官，實近臣也。夏官虎賁氏掌先後王而趨，舍則守王閑；王在國則守王宮，有大故則守王門，亦近臣。據此則綴衣之官，雖不見於周禮，要即王左右司服之臣。然蔡以為侍帷幄者，此但惑於顧命狄設黼扆綴衣，傳訓綴衣為幄帳，故此訓為帷幄之臣，不知綴衣有三解。本經綴衣指官名而言，顧命出綴衣于庭，綴衣指王之斂衣，狄設之綴衣方訓幄帳。既以此誤綴衣為侍帷幄之臣，則何不可云為王出斂衣之臣耶？立說之謬，不辨可見。虎賁為[illegible]禮夏官之屬，經有明文，本無可疑。蔡氏故欲新奇其說，以為執事之官。致周礼有旅賁氏執戈盾夾王車而趨，然則王執御之官自有其司。如秦氏說云，則經何不言旅賁，而獨言虎賁乎？此說之最謬者也。或又以綴衣布物，以招黼扆之燕，虎賁侍衛以壯掖庭之威，其說迂而曲矣，益無足辨云。

書皇帝解

書呂刑言皇帝者三，皇帝哀矜庶戮之不辜，皇帝清問下民。孔傳以皇帝為君帝，皆指帝堯而言。鄭君謂上指顓頊，下指帝堯，蒙按鄭說是也。孔傳之誤，可辨者三。國語觀射父曰：少皞之衰也，九黎亂德，民神雜糅，禍災荐臻。顓頊受之，乃命南正重司天以屬神，命火正黎司地以屬民，使復舊常，毋相侵黷。是謂絕地通天。按此則命重、命黎，實為顓頊，并非帝堯。此可辨者一也。楊子法言重黎篇：或問南正重司天，北正黎司地，今何僚也？曰：近羲近和。孰重孰黎？曰：羲近重，和近黎。然則羲和并非重黎。重黎受命於顓頊，羲和受命於帝堯，異代別時，本非一事。傳言重即羲，黎即和，是以顓頊所命之重黎，強為帝堯所命之羲和也。知此可辨者二也。国語其沒三苗復九黎之德，韋昭德，其後，高辛氏之季年，三苗，九黎之後，高辛氏衰，三苗為亂行其凶德，如九黎之為。堯興而誅之。夫三苗為九黎之後，故鄭君解苗民為九黎之君。九黎亂德，在少皞之衰。命重黎顓頊事。則遏絶苗民，自是謂顓頊之誅九黎，并非三苗。至下皇帝清問下民鰥寡有辭于苗之苗，方是三苗。何得以顓頊所誅之九黎，併為帝堯所誅之三苗乎。此可辨者三者也。如孔傳立說之誤，則知鄭君所言之足據。孔疏明知傳說未允，強欲附會，反指鄭意為不愜。鄭君據國語之文而言，豈得云不愜耶。趙岐注孟子引甫刑帝清問下民無皇字。按墨子尚賢篇引此經皇帝清問下民。墨子本為用人，尚見尚書古本，其有皇字無疑。近儒段氏懋堂謂今文尚書名甫刑者無皇字，古文尚書名呂刑者有皇字，其說最為直捷。唐陸氏釋文又以皇帝之皇字宜作君。不知偽訓皇為君，非字當作君也。經上文言官伯，傳謂官長，亦可謂經之伯字當作長乎？此謬之謬也。

禮伯某甫仲叔季說

陳汝恭 子壽

士冠礼伯某甫仲叔季唯其所當。鄭注伯仲叔季長幼之稱、甫是丈夫之美稱。賈疏以周制二十爲字之時、未呼伯仲、至五十乃加而呼之。蒙按賈說是也。檀弓幼名冠字五十以伯仲、孔疏云人年二十有爲人父之道朋友等類不可復呼其名、故冠而字之耳、至五十耆艾轉尊、又捨其二十之字、直以伯仲呼之。家大人白虎通疏證引凌先生覆書答問云、誠爲孔誠說、則徒以伯仲、將何以區别人耶。

白虎通疏証係陳卓人先生所著子壽是其文嗣以故稱家大人

孔子生三月名之曰避諱、至二十則稱尼甫、至五十去甫配仲、稱仲尼。豈有舍尼而稱仲者乎。然則孔子生周時從周制、五十乃稱伯仲也。若然冠禮于二十而冠之時、即云伯仲叔季、唯其所當耳。蓋兼二十得冠五十時言之。不必冠時即呼伯仲也。謹案此說止爲辨孔疏之誤。然正可以申明此經之賈疏。蓋伯仲叔季、定之于天昭告爾字、必連舉之而不以爲五十以前之常稱。五十以前但稱某甫、至五十、乃稱伯某甫也。然亦有年未五十而以伯仲稱者。莊公之弟慶父死號曰共仲。莊公生于桓六年、至閔公二年、慶父死。時莊公未滿五十則莊公之弟亦未滿五十也可知。而慶父稱共仲者，或以其死而稱之耶。要死于生時稱之也。然則命字之初，別為伯仲叔季者，特序其長幼之次，如周之八士稱伯仲叔季，而所謂五十以前之常稱也明矣。

說輻解

易小畜三爻輿說輻。說經諸家多以輻為誤字。惟胡氏炳文、毛氏奇齡謂輻為正字，不專與大畜混同。嘗謂二氏之說是也。按輻訓輪轑。輹為軸縛。二物判然，說文可考。輻在輞中，取其堅緻。輪不敗壞，則不相離。若輹則上承車箱，以梔車軸。車行則縛，不行則說。說輹，猶可進。說輻外，不能行也。大畜占為無尤，小畜占為反目，一吉一凶，皆因卦作而辨。必混輻輹而同之，說輻之義反晦矣。或援鄭氏訓輹為伏菟，遂以輻當作輹。考鄭氏易註不傳，伏菟之說並不見于本經之註。何得以證鄭之誤，而遂因之改經乎。釋文輻本作輹，又云輹或作輻，以實陸氏考古之疏，不能自決，因存以論，釋經者正不必執誤行之訛辭，害古書之本意也。

重較解

衛風淇澳篇猗重較兮。毛傳云重較卿士之車。孔疏謂車上兩旁。重較之制、均未明著。後世釋經諸作、多以兩較為重較。蒙按車制輢輪皆兩。較以兩而言重。則兩輪兩輢、獨不可言重乎。諸說之謬、不辨可見。考匠人四阿重屋。重為重複。重複即交錯之道。續漢書輿服志金薄繆龍為輿倚較。劉昭註引徐廣云繆交錯之形也。又大行載車、施組與璧、交絡四角、金龍首銜璧。觀此二者、則重較之制、或先以木成兩較，軾上各飾以龍首，交錯，故名重較。蓋漢時去周甚近。以金玉飾車，周方其制，取以為証，庶可徵信於。

徹廣六尺或云八尺宜以何說為定

周礼車人徹廣六尺。匠人軌度八尺。鄭注以為乘車徹廣，与經显異。近儒解經，因之各執一說。程氏瑤田特加詳核，終無定論。所以然者，皆由泥于同軌一言耳。蒙攷段注說文云：徹廣六尺，自其裏言之。軌度八尺，自其表言之。段意蓋謂徹廣在輿下空虛之處。上距輿，下距地，兩旁距輪，不當指為徹迹。蓋軌字本有兩必轍迹，而不名軌。要非轍廣亦爲轍迹也。高注呂氏春秋、兩輪之間曰軌。毛公鮑若葉詩傳由輈以下曰軌。段氏之說、實有所証。然則所謂同軌者、言裏有六尺之轍廣。即表有八尺之軌度。推之天下而無不同。而不分車制大小、强天下概合一等轍迹也。以此推求、與程氏所論駕馬之車輪崇六尺、算準軌度、適得八尺、說亦符合。可以互相發明。而六尺八尺之皆可以通、不待煩言而解矣。

皆踞轉而鼓琴解

左傳襄二十四年皆踞轉而鼓琴。注疏訓轉為衣裝。傳訓以轉為軫之偽。蒙按轉字从車。說文轉運也。与衣裝義迥不相涉。通考諸書、此注之外亦無有訓為衣裝者。則杜說非也。而圓其說者、見阮氏校勘記則謂轉為縳之通字。引二十五年閭邱嬰以其帷縳其妻而載之。縳即衣裝之義。不知轉縳二字、并皆從專得声。而一在車部。一在糸部。說文分別判然。即使可以通借。而縳字之義、或訓為白鮮色、或訓為束、或以為絹字。从未有訓為衣裝者。縳非衣裝。轉何得叚為縳也。則其說尤非也。若傳氏以轉為軫字亦作收引詩小戎俴收、注軫也。謂、車、後、橫、木、距、之、可、以、鼓、琴。

且六文云緻胄于橐而胄。則橐固為衣裝矣。又何衣裝之有也。

說較杜為近確。然細繹之、轉从專、軫从㐱。專㐱二形既别。軫又

何得誤為轉。傅氏偽字之說亦未可从也。然則何以通之。近

時惠氏棟曰、按文選注引許慎注淮南子云、軫轉也。或是古軫

字本作轉。即此一語可見惠氏得其說、而傅氏失其說矣。何

也。轉、軫、双、声。例、得、通、假。楊子軫轉其道。顏含軫轉之窮也。軫、轉

連文。則轉、軫、之、同、字、可、知。故服虔注左傳曰、轉軫也。正為淮

南注彰轄也、訓詁通融。并而見彰者不可以為轄。轄者不可以為彰也。轄字之义明而諸說之誤。自不待煩言而解矣。

黃帝堯舜垂衣裳而天下治蓋取諸乾坤解

易繫辭黃帝堯舜垂衣裳而天下治蓋取諸乾坤。虞注。乾為治、在上為衣。坤下為裳。乾坤萬物之蘊、故以象衣裳。乾為明君、坤為順臣。百官以治、萬民以察。故天下治。汶行釋此經者多同其說。惟近行焦氏以上乾下坤為君、曲伸已說。惠氏周易述謂乾坤十二爻、衣裳亦十二章、故取象乾坤之象。蒙按虞說近是。得惠氏說而益暢其旨。崔氏之說、蓋本于是。鄭康曰。乾為天、其色玄。坤為地、其色黃。故玄以為衣、坤以為裳。荀氏九家易、衣取象乾、居上覆物。裳取象坤、在下含物。按此則衣裳取象乾坤。虞氏本之聽說。百官以治萬民以察二語乃下文夬象傳文。虞于此引之者。以消息坤由夬入乾。故取以為天下治之稿解。惠氏言十二章者。鄭注皋陶謨云。自日月至黼黻凡十二章。孔安國書傳云天書鄭注皋陶謨云子服日月而下、上得兼下、下不得兼上。是十二章既定、而上下之分、各得其正。故天下治。上繫傳所謂天尊地卑乾坤定矣是也。惠氏之說、較虞注爲直捷。實足以互證虞矣。如焦氏所言。則何不言蓋取諸否、而反言取諸乾坤乎。易卦以六爻而成体。上言取諸益而不言取諸震矣。言取諸噬嗑而不言取諸震離。以此例推之。不應于此變其文而特異。且否卦天上地下。天地隔絶。不相交通。所以爲否。豈有取爲而治之世。文明日啟。而獨取象于否乎。焦氏曲說殊不足據矣。

溥彼韓城燕師所完解

詩溥彼韓城、燕師所完。毛傳訓衆爲師。不詳韓城所在。鄭箋訓燕為安。言古平安時衆民所築完。王子雍以韓城在涿郡方城縣。
而以燕為北燕國。後行解經，各持一說，輒無定論。故周時有二燕：一為
南燕。在衛，衛人以燕師伐鄭，杜注：南燕國，今東郡燕縣。一為北燕，史
記武王封召公于北燕，索隱曰：北燕在今幽州薊縣故城。
二韓。王符五德志：蕃韓，武之穆也；韓，姞姓也。其辨二韓甚晰。姬姓韓
在河東，其後為晉所滅。漢書郡國志河東郡河北縣有韓亭。
即姬姓韓國也。武穆之韓在禹貢冀州北。王符潛夫論不明，以詩韓
為周宣王時韓侯，其國近燕，是即武穆之韓也。
燕之所封，故鮮有確解。試折衷王說而詳辨之。毛傳釋本經先祖云：
韓侯之先祖，武王之子也。是則韓侯為武穆矣。既為武穆之韓，其地
近于北燕，則不煩役南燕之衆以築其城。水經聖水注引王肅說云：

括地志載方城故城在幽州固安縣南十里。今固安縣在順天府西南。司馬貞亦以北燕在今幽州薊縣故城。漢志廣陽國薊故燕國、召公所封。方輿紀要云北直順天府府治東有薊城古燕都也。按此則韓城與燕皆在幽州域內。其地甚近。當時役燕師以築韓城者。正如召伯營申國、是謝人、若桓城邢、不過宋曹二國而已。舊說以韓國在同州韓城縣。同州去燕二千餘里。召公為司空、不得役二千里外之人而為築城。顧氏亭林已詳辨之。陳氏毛詩稽古編、主王肅之說。以燕為燕國。而以韓城在今西安。攷西安之地、較同州之去燕益遠數百里。豈得以山甫城齊自鎬而往之例。而遂云燕之去韓路亦相等乎。其識誠出顧氏之上矣。又據詩言王錫韓侯，其追其貊，奄受北國，伐韓果在関中，則所役燕爲之築城。又何能受追貊北国乎。此又正之至而非者也。近人俞氏羣經平議，指燕爲南燕，以婚姻之故，因爲築城。不知南燕去武穆之韓已千餘里。平王伐畿內之民戍申，相去不過數百里，而民猶有怨思。何僅以婚姻之故，并役王命，而民遂涉遠而無怨乎。此謬之謬也。故釋此經者，當以子雍之說爲是。

虢仲虢叔封國攷

虢仲虢叔封國，言人人殊。有以虢仲者上陽，虢叔者下陽者。馬融之說也。有以虢仲封東虢、虢叔封西虢者，賈逵之說也。近行王氏西莊、李氏貽德皆從賈說；惟江氏慎修不從，折衷杜注。蒙樓馬氏之說，孔穎達正義已辨其非，賈氏之說亦未可信。朱氏駿聲謂文王弟虢仲初封于今陝西鳳翔府寶雞縣，為西虢；後改封于今河南陝州，為東虢。弘陽於此則以東西虢皆為虢仲，其說之謬，不足與辯。元年傳虢叔死焉，杜注虢叔東虢君也。虢國，今滎陽縣。漢志劭氏云滎陽有虢亭，虢叔國。則虢叔之封東虢無疑。孔疏謂東虢君虢仲之後字叔者，此惑于賈氏之說，遷就其辭。豈有其國已滅，而漢末猶以死君名其國乎。或又以虢叔死焉，此虢叔必即封之虢叔，為王季之穆，文王之弟者。祖孫同號可乎。樓左元年傳文載傳僖五年、虢仲伐西戎。虢仲亦見於書之虢仲。彼既乃同號，何獨至于此而異之。鄭人以王師虢師伐衛南鄙。杜注虢西虢國也。宏農陝縣東南有虢城。續漢志宏農郡陝本虢仲國。則虢仲之爲西虢又可知。姓氏書云。仲曰西虢。後遷上陽為南虢。晉滅之。叔曰東虢。平王奪其地與鄭。夫晉侯圍上陽。晉滅虢。經傳皆有明文。鄭氏以為平王卿士、其言亦於碻泓。二虢之孰東孰西。于此可辨。不特此也。太平寰宇記、虢州下引帝王世紀云。周封虢仲于西虢。此其地也。封虢叔于東虢。即今成皋。漢志成皋註、故虎牢、或曰制。杜注五年傳、制、鄭邑、今河南成皋縣也。一名虎牢。然則制本虢叔舊封。後爲鄭有，故云鄭邑。杜注實不誤也。歷觀諸説，則虢仲之封斷在東虢，虢叔之封斷在西虢矣。賈説之謬亦甚焉。

洛邑成周王城分合攷

洛邑成周王城分合，説各不同。惟水經洛水注所引，混二者爲一。其誤爲甚。胡氏禹貢錐指、謂澗瀍水道之變遷，酈氏諸人按後世之水道以爲禹迹，而莫之辨，其説甚詳。蒙按洛邑王城、合而不可分。成周與王城洛邑、分而不可合。試詳攷之。續漢志河南尹雒陽、周時號成周。河南、周公所城雒邑也。春、秋時謂之王城。按此則雒邑與王城合，而與成周分矣。水經注以洛陽為周公所營洛邑，不知漢書何以割析若是。實啓諸人之惑。括地志云、故王城一名河南城、本郟鄏。左傳成王定鼎于郟鄏。杜注郟鄏今河南。史記平王東遷于洛邑，正以即王城也。若漢志河南、顏注故郟鄏地、周公致太平、營以為都、是為王城。歷觀諸說。雒邑王城、可合而不可分也。若此。隱三年傳、又取成周之禾。杜注洛陽縣也。鄭注洛誥成周今洛陽縣。賈疏洛陽即成周。敬王自王城遷而都之。三說又皆與漢志合。未周謂成周王城洛邑為一也。博物志云、王城方七百二十丈、郛方七十里、南望雒水、北至陝山。地道記曰：去雒城四十里。雒城者指雒陽而言也。然則王城去成周方四十里、碻有明證。不得合為一矣。呂氏以成周為東都總名、其謬尤甚。今是辨之。

周易名義

論周易者名義其說不一。蒙謂釋、易、之、義、者、以、虞、仲、翔、為、是。釋周、、、、、以鄭康成為是。虞氏謂易字從日從勿、勿即月也、故日月為易。按許書引秘書說曰：日月為易，象侌昜也。虞說本即本此。六十四卦皆侌昜相也。以易名之、寔有至理。陸德明卿其容齋漸易之十四卦皆合易，相如以易名之，實亦至矣。陸農師佃密齋蜥蜴之訓，雖亦本之緯書，未免近于附會。鄭康成易贊引云易一名而含三義，易簡伸之論。其實易理不外會易耳。鄭又言周易者，易道周普，無所不備，與繫辭言易廣大悉備，其義實合。鄭又據繫辭以斷，孔穎達正義更主其說矣。穎達又言文王作易，正在羑里，故題以周，猶周書、周禮之題周以別餘代。不知周書、周禮本周家一代之書，故題以周。易爲文王一人所成，安得私爲一己之書？且既在羑里作易，何不即言羑里易，而獨云周易乎？此說之尤不可通者也。故必以虞氏之釋易、鄭君之釋周。然後知易道周帀，含易、不易之用易，其名義固實有互矣。

尚書名義

伏生以尚書為上古之書，因名尚書。納孔書序載之。孔氏穎達曲伸其說，謂此字實伏生所加。當據此說推也。亦以鄭君書贊之言為是。尚書之名，非始立於伏生。墨子明鬼篇已有尚書之目。其尚字、則伏生所加，確有明證。正義引云伏生仰遵前代，漢世以上便為上古者，其語亦可互證。康成書贊言尚者上也，尊而重之若天書。

致刊紀數要通六宗云者，謂璇璣鈐曰存者上也。上天垂文以布節度於天行也。然則康成於贊、圓令者謂璇璣鈐所云，而小變其說。並私出于胸臆乎？知正義引鄭以人言而繫之天者，不知鄭言若天者、正權言人之者。故私人言繫之于天也。鄭說實優於偽孔諸人而為者于名義，即由此定矣。

會同為壇加方明說

覲禮載會同為壇加方明之制。鄭曰以壇在國外，方明為上下四方之神，會同而盟，明神監之，謂天之司盟。鄭注觸貿意而試申鄭意而爲之說。大行人曰：時會以發四方之禁，殷同以施天下之政。鄭注：時會，王會爲壇于國外，合諸侯而發禁命事焉。殷同者，六服皆朝，王亦命爲壇于國外，合諸侯而命其政。據此，則會同之時，無不在國外之壇者。近時凌氏禮經釋例謂凡會同于壇。續漢胡氏以諸侯會同者衆，故于國外。此之說者，實是發明鄭君方明形制，經有明文。必用方明者，以會同爲非常之事，設此以爲神所憑依。高氏愈云：蓋所協和萬邦，懷柔百神之意。王氏士讓云：王者作主，百神享之，必有所依，是也。必加于壇上者，待祀也。天子會同之日，先拜日而後朝諸侯。朝事儀曰：天子帥諸侯朝日于東郊，所以教尊尊也。退而朝諸侯。○本經亦言天子禮日及祀方明之禮。○由此言之，可知必祀方明乃見諸侯。○此王制孔疏所以謂未祀方明，不先見諸侯者也。○但朝諸侯之時，必徹方明。○鄭注及祀方明，古者言及盟時又加于壇上也。○鄭云又加，知會同之禮，先祀方明，既祀，徹之而朝諸侯。○若及盟，則于盟時又加方明于壇上，以載書辭也。○鄭意蓋援春秋云不協而盟，知會同有不盟者也。○故為又加之說以明之。○然則加方明實有二說：○會同之時固加之以待祀。○若會同而盟，則再加之以為司盟之神。○是方明國、為、上、下、四方、之神。盟時、即為司盟之神。二而一者也。陳氏禮書云鄭氏以會同必盟方明之設、為盟而已、其說甚拘。亦未思鄭注會同而盟、祈於言必盟也。陳氏之說、誣鄭甚矣。

先後甲庚解

周易蠱象先甲三日後甲三日、巽九五先庚三日後庚三日。解此經者、言人人殊。馬融謂甲在東方、艮在東北為先甲、巽在西北為後甲、其於艮巽則合矣、然於三日無所取也。虞氏謂下卦變乾為前三甲、上卦變乾為後三甲、純取變動之象、全無實義。且何以言三日也。王輔嗣以蠱先甲後甲引漢制甲乙之令爲解。夫令非甲乙、所謂甲即令也。經若果言命令、則何不言先令三日後令三日、而但稱甲乎。王注又謂巽以命令、則于申命義相合。然曰申命令謂之庚、則又不可訓矣。鄭康成以甲爲造作新令之日、甲前三日、取改過自新、故用辛；甲後三日、取丁寧之意、故用丁。近行王氏引之引申其說、謂先後甲庚三日、皆指行事之吉日而言。蒙按王說是也。甲庚乃十日之名、非命令之名。蠱用先後甲之辛與丁、巽用先後庚之丁與癸者。古人行事之日、多用辛與丁癸。如郊特牲曰郊之用辛也周之始郊日以至，夏小正日丁亥萬用入學，春秋隱三年冬十有二月癸亥葬宋穆公，王氏既引此書、又有疏證，再證以漢武帝詔辛卯夜若星見十有二明，丁酉拜況于郊，顏注辛夜有光星，先甲三日，丁日拜況，是後甲三日也。按此則辛為丁之為行事之先日，至西漢時猶存古說。毛氏西河謂此特背取斷文，與經理不同，還知先後甲必繫之於蠱，先後庚必繫之於巽者，蠱三至五，互體成震，震主甲乙，故於蠱不言先庚後庚。巽二至四，互體成兌，兌主庚辛，故於巽不言先甲後甲。然蠱二至四，互體亦成兌，而不言先庚後庚者，蠱象所言終則有始。甲為日之始，癸為日之終。若言先庚三日後庚三日、則庚後三日為癸，庚先三日為丁。不能至甲，即於有始之义矣。巽五至五、互作成離，離主丙丁，而不言先丙後丙者，巽九五所言无初有終。甲為日之初，若言（癸為日之終）先丙三日、後丙三日，則先丙二日為甲，何得云无初也？丙後三日為己，不能至癸，又何得云有終？故先甲三日後甲三日，必言於蠱；先庚三日後庚三日，必言於巽也。世之說經者，求其背于經文，必為王說。而後甲庚先後三日為有稽，并與經文所言終則有始无初有終之意，亦無隔閡矣。

香詠韵
甲謀韵

辛壬癸甲解

虞夏書皋陶謨娶于塗山辛壬癸甲。漢儒立說互異。謂禹登用之年娶塗山氏三宿而為帝治水者，此鄭君之說也。謂辛壬娶塗山癸甲生啟者，史遷之說也。謂辛壬癸甲為九江當塗民俗嫁娶之日者，許叔重之說也。謂辛壬癸甲為生啟後四日者，劉向列女傳母儀篇之說也。蒙按史遷之說是以歲計，劉以日計也，理不可通。許叔重之言本之呂氏春秋。然呂覽言江淮之俗以辛壬癸甲為嫁娶之日者，特因禹事而相沿成俗耳。未可以釋書辛壬癸甲之文也。

列而以辛壬癸甲為生啟後四日，其言亂迺。并于禱證。然則釋此經者，未以鄭义為是。呂氏春秋曰：禹娶塗山氏，不以私害公，自辛至甲四日，復往治水。故辛壬癸甲，江淮之俗為嫁娶日也。（見水經淮水注）接此則禹以辛日娶，以甲日被帝命，經歷四日，則凡越三宿也。呂覽本先秦古書，足可依據。鄭君之言，信而徵矣。民以辛壬癸甲之日嫁娶者，言民見禹辛日娶妻，至甲日而即辰子生啟，故以此四日為嫁娶之吉辰也。又按本經上文以丹朱漫遊相戒，下文言不子其子，荒度是勤，所不敢效丹朱也。惟不有丹朱之漫遊，故始娶塗山，方歷三宿，而已復往治水。正以見急于治水，公而忘私，異於漫遊是好也。鄭君所言，實于上下經文字精，釋經者必能從所說，奈何反以鄭言為牽強耶。

子卯不樂解

禮檀弓子卯不樂，正義引鄭司農注以為五行子卯相刑。康成注紂以甲子死，桀以乙卯亡，王者謂之疾日，不以舉樂為吉事。正義循用其說。嘗按漢書律歷志引武成曰：粵若來二月既死霸，粵五日甲子，咸劉商王受，則紂以甲子死，信有明證。至謂桀以乙

卯亡乎古本微。孔疏獨據左昭十八年二月乙卯，萇宏曰：是昆吾稔
之日也。以商頌昆吾夏桀一語，遂謂桀以乙卯亡。然宏僅言昆
吾稔之日，未聞言桀亡也。商頌昆吾夏桀連文，當以湯伐昆吾伐
桀兩事相連。觀於史記殷本紀，湯自把鉞以伐昆吾，遂伐桀，而
知兩事相去不遠，而要不得以昆吾亡日即夏桀之亡日也。呂氏春秋簡
選篇：殷湯良車七十乘，必死六千人，以戊子戰于郕，遂禽移大
犧。高誘注：桀多力，能推大犧，因以為號。據此則桀亡實于戊子
之日。桀亡既非乙卯，則子卯之不樂，自不因桀紂。彼鄭孔穎

達之説，殆不可憑。前漢書翼奉傳，謂子為貪狼，卯為陰賊，是以王者忌子卯，礼經避之，春秋諱之。是疾子卯者，正以子卯為相刑也。近代孔氏廣森引伸其説，謂五子五卯皆相刑。獨疾甲乙者，以居十幹之首，且乙為卯位，日辰相配，是為重刑，甲位在子，於日辰亦比，唯避五子之先者而已。然則先鄭之説，殆不可易。崑山顧氏以以相刑之説為術家之言，亦未免太過矣。

程長倍之四尺者二十分寸之一謂之枚宜以何讀為正

周礼一書，字句倣舛，不可枚舉，汀正而能近于是者，唯杜子春、考工記輪人程長倍之四尺者二十分寸之一謂之枚，故以十與上二合為廿字。說文十部，廿二十并也，古文省。卅，三十并也，古文省。蒙按秦刻石文多有并兩字為一字，而一字自有兩義意者，然用以成四字句則可。為其拘倖於文不能多一字。若夫經文字句長短參差無一定之例，其亦必以二字合一字也可知。且經本必文理俱周，乃合於文。如以二十合廿為於字義雖例無據。然此經文作一句讀，其義既不可解，即強分二句，以十屬上，以分屬下讀之，其義亦不可曉。故鄭氏注賈氏疏皆以杜氏經改四尺者二十分寸之一為是。近時阮氏周禮校勘記亦盛秋子春之功。段氏周礼漢讀攷、戴氏攷工圖記、皆從其讀。惟王氏引之說當作程長四之二尺者四。并據冶氏戈廣二寸鋝四之為例。王氏一代大儒、解經多有碻詁。獨於此說、似覺附会。蓋程長倍之、謂校達常二尺加一倍、既加則為四尺。四尺者二、自是八尺。故鄭司農注杠長八尺加達常二尺、則蓋高一丈也。或云程長倍之、則達常為四尺。故云四尺者二、則是杠長八尺、再加達常四尺、蓋高丈二尺矣、與鄭不合。其疑鄭氏所見之本、必作程長四之二尺者四、故鄭氏不言其誤。則又安知鄭氏非望文知义、本不訛舛、固不復贅一辭乎。鄭注所引子春所云、則鄭亦以杜讀為是可知。後世讀經詁作、亦當以二十為廿合讀者，則經文自宜以杜說改訂爲正。

攷成王封伯禽伯禽作費誓年月

成王封伯禽、伯禽作費誓年月，諸家之說不同。然要以確证，史記魯周公世家，載周卒相成王而使伯禽代就封于魯，未明言就封年月。孫之周書洛誥篇，鄭司農注祭歲，謂歲爲成王元年正月朔日。註周公世家，謂將封伯禽也。鄭玄蓋謂伯禽就封，即在是年。蒙按所謂元年者，當指成王八年爲親政之元許而言。蓋此時周公既已返政，則成王即政，方封公後二事，皆不容緩，故于歲首即行。劉歆歷譜云、成王元年正月己巳朔、此命伯禽俾侯于魯之歲也。蓋亦此七年內攝政之年。今通鑑等書、皆書命魯侯于成王即位之元年。是不考歷譜、并此書於攝政七年耳。按成王於周公則姪、伯禽若伯禽、已于成王即位元年就封、抗世子之法、安所施乎。且魯即奄國之地。（括地志云奄即曲阜奄至鄉）成王五年始遷奄君于蒲姑。若元年仍於奄國、安得魯地而封伯禽乎。故伯禽就封、以成王親政之元年、為得其實。費誓之作、周書不詳年月。魯世家于叙費誓于內、誤序治管蔡。按周公伐三監、在攝政三年。伯禽受封、在成王親政之年。則伯禽作費誓、自當在

孫周官鄭
注考秋月

受書之後，上距攝政三年，相隔甚久，其繆固不待言。禮曾子問篇注云：伯禽有母喪，東方有戎，為作難，喪卒哭而征之，急王事也。按禮，諸侯不得專征伐，費誓言征徐戎，當是伯禽佐王征討。竹書十三年云：王師會齊師、魯師伐戎。費誓之作，非在是年，故經文言征，言承王命而征也。竹書又於是年夏六月書魯大禘于周公廟，伯禽為魯君，自當在廟主祭，可知征徐戎之時，在六月以前，費誓之作，亦必在六月以前矣。至孔氏謂伯禽周公歸政之明年，淮夷奄又叛，魯征淮夷，作費誓，王征奄滅其國，五月還鎬京。按費誓首言淮夷徐戎並興，而討征者惟徐戎。不及淮夷。且奄君之遷蒲姑、在成王五年。皆亦已遷其君于數、、、、、年以前。而復滅其國、于數年以後者也。孔氏之説。殊不足據。考古者能互証參觀而得其實、亦斯已矣。

申厭降旁尊降義

聖人制禮、別尊卑之分、設隆殺之節。儀禮喪服一篇、尊尊親親、名正而言順。鄭司農以傳於降不降之文、遂總解喪服上下降服之文、別為四品。四品之中、於厭降旁尊降之名。不詳申之、亦以明其説也。蒙按：凡其本服謂之不降。降其本服謂之降。以其不降謂之厭。厭降者不得伸之謂。厭于尊者也。為其尊公子之母賤，其妻更疎遠，是其所以不得伸，五服中之其服。斯謂之厭。厭而殺恩曲者其恩，故五服之外制為既葬除之服，以為近于私，則五服中固之其服。惟其厭而進于五服之中。然猶不得過大功也。故曰先其餘尊之所厭也。大夫之子為從父昆弟本小功者。蓋從父昆弟論服本為大功。以其尊所厭，故降入小功。猶之庶孫本在大功，而降入小功是也。知此而後公子大夫子以厭降之說明。曾尊降者謂其同一降服。而說與尊降者截然不同也。小功章云公之昆弟為從父昆弟者論服以二者本在大功。以其爲士、故降小功。旁尊之義于此可見。然公之昆弟、又在所謂餘尊厭者。爲大功所云公之庶昆弟爲母妻昆弟是也。鄭于厭降之外別立爲旁尊降者。恐與厭降相混。蓋旁尊自可通乎厭降。厭降不得包乎旁尊。鄭氏精意之學、于此見矣。

樂無大夫士制論

儀禮少牢篇爲上大夫祭禮，特牲篇爲士祭禮，皆不及樂。以大夫士無樂之明文也。小胥職云大夫判縣，士特縣。大夫士有樂之明文。又

于此可見。蒙嘗攷周礼公侯伯之大夫士、与王朝異。大夫士既有
等差、則用樂之數亦当有等差。小胥判縣特縣者、当指天子之大
夫士而言。蓋天子之大夫四命、其士皆命。故天子之大夫士、不得与
諸侯之大夫士比例。左傳載衆仲說佾、天子八、諸侯六、大夫四、士二。舞
佾惟用之際、似大夫士実有祭樂。不知少牢特牲篇中、委曲緐重、諸
节皆及、独于樂之大端反畧。大夫士用樂于祭、必非古礼可知。况左氏
本非聖經、其所載多春秋变礼。觀于晉魏絳始有金石之樂。既曰
、。、、、、、、、、、、、
始有、則所謂天子之特賜。然凡為大夫者皆有也。鄭司農言大夫士娛樂

於樂者。如鳴鳴鐘言琴瑟曲禮下言徹縣琴瑟皆是。言治人於樂者、則如飲射篇之所記。甚大夫士惟祭則占樂、此禮之常也。或有歸乃於、此禮之變也。儀禮言禮之常、故少牢特牲篇中并不言樂。左氏載當時之事、說禮之變、故或於樂。

樂記鄭注云耐古書能字古以能為三台字試列其證

禮樂記鄭氏注耐古書能字、古以能為三台字、孔疏申其义而未列其證。漢崇漢代釋經、惟鄭為最。鄭君之學、尤以三禮為精。苞書不列之何哉、而次于張書之後、其旨微矣。蒙竊究其說以實證

樂記是河間王所得
古文記能作耐，荀子
依秦篆今文，故變耐
為能，此鄭說似欠晰

之。本經言故人不當耐无樂，樂不耐无形，形而不為道，不耐无亂。而荀子樂論篇，載故人不能不樂，樂則不能无形，形而不為道則不能无亂。經多耐字，皆爲能，荀卿生于秦火之先，古籍具在，其引經不作耐而作能者，知古時經字本作能，不作耐也。鄭以耐為古書能字，實有據證。又言古以能為三台字者，尚書緯刑法放三台象三能矣。三能即是三台，史記天官書三能色齊，班書藝文志魁下六星兩兩相比者曰三能，然則能之為台，西漢時猶存古文，不得以鄭君信緯書之說而被為引申之辭矣。後何不知述古被漢書郎顯傳注魁下六星兩兩而比曰三台。劉元傳[illegible]注三公在天曰三台，從無有段能為台者，古今之変。至于此極。設兆鄭君特明之。古义不致倚晦耶。至謂或為形，能亦為態，以共与聞于鄭注。不復備于篇。

論語引詩素以為絢兮馬注以為衛碩人章逸句試申其說

論語八佾篇素以為絢兮，馬注以為衛詩逸句。邢疏從之。朱文公以碩人四章章皆七句，不應此獨多一句而見刪，遂斷刖為一詩，

而不得指為碩人之章逸句，況與馬氏蒙樓文出之說究竟
論。詩人作詩，以言志也，即如關雎之詩，凡三章矣，何嘗以首章四
句為斷限邪。蓋詩經秦火之餘，逸此一句，而毛韓諸家未遑訂正。
故啟後世之疑。然玆之許書糸部絢字下，曾引此句，不言逸詩，可
知當世詩經諸家具有完书可見，而授受之際，仍以巧笑倩兮美目
盼兮與本句連讀耳。不然，許君何以紕繆至此，而妄為援引耶。說文
目部盼字下亦引衛碩人章美目盼兮，知所稽亂不明，馬氏與許君同
漫為兩條，絢字下引詩云之字必所妄加可知。
時。同一字完书可見。然亦必有得之傳聞者。故斷為碩人章逸

句。是則許君之說、馬氏之注、誠足以互為發明矣。或疑孔子刪詩、
本有篇刪其章、章刪其句、句刪其字、若歐陽公之說者。馬氏謂遷
詩、或未可信。不知刪詩之說、始于馬遷。後世行者、莫敢易議。然
近行之辨其說者詳矣。嘗攷不為之贅。

詩皇父攷

詩言皇父者二。十月之交皇父卿士、毛傳以為幽王時人。箋謂
皇氏父字、為厲王時人。常武大師皇父、傳以皇父為大師、從之。監
特軍衆於卿士也。箋意皇父本為宣王時大師、命為卿士將軍。毛鄭

兩家立說互異，孔疏袒鄭而絀傳。近代辨者甚詳，已小雅之皇父不得謂為厲王時人。常武之皇父，不得混為幽王之南仲。陳氏毛詩稽古篇、李氏毛詩紬義、辨之甚悉。阮氏研經室集謂二皇父為一人，為臧氏拜經日記所駁。蒙按以皇父為一人，自是確論。但阮以皇父為吳臣，其說誠誤。而鄭詩序曰：刺宣王也。箋曰：刺其不能留吳也。其詩曰：予公予侯，豈循其姻。按此外宣王之臣，未必皆為吳臣也，可知。召穆公作常武以美宣王，篇名常武，正寓勸戒之意。本詩序文常武之詩，多言命遣將帥、修戒兵戎之事，絕無一言贊美皇父。或以為嵩高之詩美宣王、而并稱申伯之功。烝民之詩美宣王、而兼頌仲山甫之德。然則皇父者未必有、宣王命之為大師監軍者、或以皇父之有將材耳。周幽為宣王之子、纘承大統、錄用老臣、自是常事。至幽王不自為政、皇父遂專权窃柄、為一時羣小之宗、其于理也亦得。自來國危主弱、老臣驕恣者、亦未可悉數也。然則小雅之皇父即常武之皇父也、奚疑焉。

書皇帝解

書呂刑皇帝哀矜庶戮之不辜、皇帝清問下民、凡兩言皇帝。

孔傳之意，皆指帝堯。鄭注一指顓頊，一指帝嚳，近行解此經者多據國語之文，申鄭而紕繆。當楼命重黎自是顓頊之世，命三后自是帝堯之時。傳說之誤，不辨可見。然謂此皇帝爲指顓頊帝堯，殊難詳信。皇帝之稱天子，始于秦時。古未有人君稱皇帝者。且三皇五帝，說者紛如，從未有以顓頊帝堯列于三皇者。則顓頊帝堯稱之爲帝則可，稱之爲皇則不可矣。經典多稱古帝，如孔子繫辭所述、大戴禮五帝德所載、月令所記，皆未有稱皇帝者。何獨于此經稱顓頊帝堯爲皇帝邪？按此經皇帝，本作指上帝而言。詩文王思皇多士、毛傳皇天也。後漢張衡傳注、天皇天帝也。文選顏延年曲水詩序皇祇發生之始、李注、皇天祇也。蔡邕忠信上皇而俟正注、上皇上帝也。然則經言皇帝、猶言天帝云爾。言皇帝哀矜者、即泰誓天矜下民之意。言清問者、文選吳都賦廻曜靈于太清、劉逵注、太清謂天也。彼經不僅言問、而必曰清問、正以見爲天子之問于下民耳。且經自上言上帝臨民、下文言惟克天德、自作天威、天罰不極、皆懷然于承天之意。則此皇帝之指天而言、尤灼然可見者也。或以重黎之命、三后之命、定爲顓頊帝堯。今以皇帝爲上帝、豈命重黎命三后、

乾出之于顓頊帝堯舜不知天命於法乾謂謂然命之也惟辟奉天縱於形文○顓頊帝堯之命即二圣之善于承天也何疑焉○

易大君解

曷之言大君者三師上六大君有命履六三武人為于大君臨六五知臨大君之宜虞注師上六云同人乾為大君注履六三云乾象在上為武人矣位變而得正成乾故曰武人為于大君荀注臨六五云五者帝位大君謂二也宜升上居五位吉翟椄虞注師上六云然者師錯同人同人外体乾大君之象也注履六三云然者大君乾五也三變占上曷位上自乾

來、更四五為乾、乾健故武、又互離為甲胄、亦武人之象也、陽大陰小、會
變為陽大之象、故曰大君、荀注臨六五云然者、鄭注乾鑿度云臨之九
二有中和美異之行、應于五位、故曰百姓欲其与上為大君、蓋言二升五
之以五居君位、臨上為坤、坤又錯乾、故曰大君、說卦傳曰乾為君、故經之
于乾、每稱之為大君、為天子、為王、師之大君有命、承九二王三錫命而言、乾
五之坤二成師、為王三錫命、於乾二之坤五、為王用三驅、王者皆謂乾也、
推之萃渙之彖辭王假有廟、小畜二之豫、五成萃、小畜下体為乾、萃九五從乾
体而來、故謂王假、渙与丰為旁通之卦、渙五之丰
二、則丰之下体成乾、故亦云王假、萃之言王、謂九五互乾而來、家人之九五王假有家、大畜
渙之言王謂九五往而成乾也、

（下体为乾二之五成家人）随上六之王用亨于西山、（随与蛊旁通蛊三之随上成无妄、无妄上体为乾）升六四之王用亨于岐山、（升与无妄旁通无妄四之升初成泰、泰下体为乾、）凡言王者、亦皆指乾而言也、坤六三讼六三之或从王事、一以坤三上之乾上、一以讼之上体为乾也、观六四之利用宾于王者、否九四一爻变而成观、上体之乾成巽与于王、故曰利用宾于王、益六二之王用亨于帝者、否四之初成益、否上为乾、益下为震、是谓王用亨于帝、大有九三公用亨于天子者、比四之大有初、则上体为震、下体为乾、是谓公用亨于天子、然则王也、天子也、君也、名异而实同、谓乾也、乾为君而独称为大君者、震得乾易之一索、说卦云帝出乎震、为君道矣、復上六以其国

君而後之上下體為震，故稱君，猶小過之六二曰不及其君，遇其臣，君指上體之
震而言。歸妹之六五其君之袂不如其娣之袂良，其君亦指震而言。震得
乾初一畫，故稱之為君，而乾之體亦為大君者，正所以別于震也。據此則易之
凡言大君，皆指乾而言。師上六之大君，謂同人上體之乾也。履六三之大君，指
三之變而成乾也。臨六五之大君，取臨之坤上錯乾也。易之言大君之例
也如此。

后稷非帝嚳子說

生民之詩，載后稷之誕生，而未明言其父何人，故考稷之家世者，諸說紛如。

鮮卜磣解。毛傳以為后稷之母配高辛氏，周本紀云姜嫄為帝嚳元妃，
是皆以稷為帝嚳之子也。汲仲多本此以立說。嘗按稷為嚳子，實本於
史，列中壘列女傳云：棄母姜嫄者，邰侯之女也，當堯之時，行見巨人迹，履之
歸而有娠，生子以為不祥，而棄之，因名曰棄。及堯出稷于邰，號曰后稷，
據此則稷未嘗于有邰，亦幼所長育之處。并非本族。此詩所以言即有邰
家室也。使稷為帝嚳之子。則稷何至長育于有邰。且中壘傳中，何不一及
帝嚳乎。此可疑者一也。太史公三代世表，謂稷契與堯同父，堯不能用，
至舜始舉之。攷春秋命歷序，帝嚳傳十世，四百歲，是謂稷契闓六

言帝嚳三百五十重年，然則堯亦非帝嚳之子。姜嫄并不得爲帝嚳之妃。安得强稷謂之子耶？此可疑者二也。毛傳既言天生后稷，異之于人，欲以顯其靈異，則上帝不言。帝嚳何由知上帝之意而順之？既順之矣，又何必再三棄之？其説已不可解。且姜嫄果爲帝嚳之妃，稷之生又異于人，則帝嚳何不承天意，而與之天位，而必立淫荒之摯？此可疑者三也。近何李氏學經識小，以稷爲嚳子，稷又當爲高辛氏之情，其説可信。但以姜嫄不容于郃氏，不勝數。致鄭司農注姜嫄爲高辛世之世妃，而不言元妃者。鄭亦當以帝嚳世數相隔，不能牽合，所謂高辛世者。必高辛後裔降爲諸侯。後異代繼絶。仍不改國氏。我必定指帝嚳而言也。帝王之興。每託非常之瑞。故周禘遂以帝嚳爲祖。并我謂后稷之父爲嚳。而遂以而禘之也。毛傳本無此說、殊不足信。王肅引馬融遺腹子之說、王基孫毓已辨其誤。或又據列女傳而遂斷姜嫄寡夫、說益近誕。今足辨云。

成湯十一征攷實

孟子湯始征自葛載十一征而無敵于天下、趙注言湯初征自葛始十一征而服天下、一云載當作再、再十一者、言湯凡征二十二国也、後行攷經、止辨其所征之國數之多寡、而于所征之十一國、弗能詳解。蒙試即經史之所可援者而證之。史記殷本紀言湯征諸侯、葛伯不祀、湯始征之。與孟子梁惠王篇所引湯一征自葛始適合、是湯之始征為葛。實與之互契。本紀又言昆吾氏為亂、湯自把鉞以伐昆吾、遂伐桀、桀敗于有娀之墟、奔于鳴條、夏師敗績、湯遂伐三朡、按此則伐昆吾、伐夏、伐三朡之伐且有先後、要亦為一時事可知。然攷商頌苞有三蘖、毛傳三蘖謂韋顧昆吾、詩又言韋顧既伐、昆吾夏桀、則未伐夏之先韋顧之國湯已載旆征之。本紀僅載伐昆吾而不及韋顧、故缺也。而于此可見鄭箋以韋為豕韋彭姓、此本鄭語史伯對鄭桓公說載商滅之國有己姓昆吾顧溫、彭姓彭祖、豕韋諸稽、此在商頌所言諸國之外。又得溫彭祖諸稽三國矣。詩文言維女荊楚、居國南鄉、昔有成湯、自彼氐羌、孜呂覽異用篇湯見祝網者、置四面收其三面、置其一、而漢南之國聞之歸之者四十國、新書自然篇亦云湯祝網而漢陰降、楼漢南之國、即荊楚也、漢書匡衡傳言成湯懷鬼方、註、鬼方、遠方也、氐羌、西方最遠之國、湯懷鬼方、可知鬼方即氐羌矣。海內經汲冢古文及孔晁注逸周書王會篇亦并謂氐羌為一種。詩言莫敢不來享、莫敢不來王、則安知湯之師行、不及詩于楚茨美矣○合於詩引湯征之國○適得十一○至于隋煬皇帝伐高麗詔謂成湯二十七征、則又多于二十二征之說、古書殘缺○蓋亦不知詩本矣○

南風謂之凱風釋義

爾雅釋天南風謂之凱風、郭注引詩曰凱風自南、邢疏又引李巡云、南風長養萬物喜樂、故曰凱風、凱、樂也、案據白虎通禮樂篇云、南之爲言任也、任養萬物、說文宋部南艸木至南方有枝任也、从南方羊聲、豈部愷康也、从心豈、豈亦聲、段云豈愷經傳多作愷愷樂毛詩亦作豈、二字互相

段借愷不入心部者重叫豈今意也愷字俗作凱、按此謂南方長養之為李從實好礦

説〇説文愷訓為康康爲樂義故云譬帰喜樂、實其可〇鄭注南

子詮言云〇舜彈五絃之琴而歌南風之詩以治天下〇高注南風凱

樂之風〇此説尤為直捷〇礼樂記昔者舜作五絃之琴以歌南風鄭注

南風長養之風也又言已得父母生長、為舜歌得南風以生也説

亦与李氏異〇庚觀諸説皆足證明南風謂凱風之義〇故近仟郝氏邵

氏亦未別為一解云〇

井上文消不息説

易升卦上六冥升利于不息之貞象曰冥升在上消不富也王注以不息為進而不已。消不富為當不可久也。孔疏因之曲伸其說。此家按象以釋爻象言消不富正以解爻之所謂不息也。王氏之說爻言利貞象言當不可久也。象之辭義仍與爻相反若是。其說之謬不辨可見。夫人因含易以空消息。消息者含易生長之名也。既為消息於卦象之虛實判矣。息則不消。易生故實。不息則消。含虛失實。故不富。此理之最易著明者也。易之言不富者外此為二。泰之六四翩翩不富。謙六五不富以其鄰。虞氏注泰卦之不富言坤虛無陽故不富。泰謙二卦上皆為坤。本卦亦以坤上成体。爻至上六含虛已極。象言消不富。正即虞氏坤虛無陽故不富之意。然則象之所言本發明不息之故。安得以不息為不已、以消不富為勞不可久耶。然說易者每言易息，則陰消則凶。既不息矣、何以言利。不知坤元亨利牝馬之貞、所利者不僅曰貞、而曰牝馬之貞。一若以柔順為安貞者。觀此可知陰爻得位、亦能獲利。用易觀象謂當習極者唯自治其私。當外極者唯固守其正。自治守正、則亨而不危、滿乘豈。按此又何解爻之言利貞。或卦象既釋爻、何止釋不息、而不釋所以利。揆之釋爻之例、當不若是。按豫上六冥豫成有渝无咎、象曰冥豫在上何可長也。近行毛氏西河謂豫之九成奏樂為艮。既變而渝、則冥、冥則不長。云无咎者、即以毀為成、以變為正之道。是象、言冥豫在上何可長也、亦止釋爻、成有渝、之意。而所謂无咎者、自可以意推測。即此一例以觀，則象之但釋不息、亦何疑耶。

諸儒釋經以不息之息、為息止之息者、其先与王氏同。惠氏天牧謂此為天行不息、象言不息、皆指象而言、則又謬之謬也。愈不足辨矣。

圂豚行解

禮玉藻「圈豚行不舉足，齊如流。」鄭君訓圈為轉、言豚為循。孔子執圭如之、循以証之。宋行方氏愨謂豚性喜散，圈則聚而之。陸氏佃謂豚行俯首。崇按寧人于聲音訓詁之學、頗有未通，故說經每多誤解。

圈轉聲相近。豚循亦古同音字。本論語。從按鄭借以為訓者、正所謂足行不

离地。由后而前、踵趾相接。若其旋转之象。本经下言执圭鞠躬立辞首曳
踵蹜蹜之为也。与乡党记孔子执圭足蹜蹜如有循、文义正合。然则孔子固
秉礼以行、康成即以孔子行礼之节、以为此经之确诂。其于本义实合
知。近行氏循亦从郑说。惟以踵趾相接、旋转为圈、则立言为不辞。圈既
训转、复言旋转为圈、此何说乎。赵氏坦以圈豚为旋遁、遁引申其说。
以此为卻退之状。而徐趋之节。殆说文循顺行也。既言顺行、自不得卻退以指
为解。且端行与行之节、既明指疾趋而言。则此言圈豚行、亦正明指徐趋
之节。康成固不误也。赵氏欲与郑异为难矣可哉。

易 韓康伯注 晉人 王弼注 魏人 孔穎達疏 唐人 虞翻注 漢人

書 孔安國傳 漢人 孔穎達疏

詩 毛亨傳 鄭康成箋 漢人 孔穎達疏

易

[illegible]

書

[illegible]

詩

[illegible]

古本大學説義

（清）徐天璋 撰

《古本大學説義》一卷，清徐天璋撰，據南京圖書館藏清宣統二年（一九一〇）鉛印本影印。

徐天璋（約一八五二——一九三六），字睿川，號曦伯。清泰州人。諸生。年八十餘卒。葬於揚州平山堂。湛深經學，於十三經均有著作。主要著作有《禹貢傳注圖考》《尚書句解考正》《毛詩傳箋考正》等。

「古本大學」者，即《禮記》中之《大學》一篇。其文次序與朱熹所著《四書章句集注》中之次序有別，故有「古本」之稱。且是書之解《大學》亦與朱熹有異。篇中「格物致知」四字，朱熹稱「物」，器數之理。徐天璋謂：「物，即教典。周官大司徒以鄉三物教萬民而賓興之。一曰六德，知、仁、圣、義、忠、和；二曰六行，孝、友、睦、婣、任、恤；三曰六藝，禮、樂、射、御、書、數。」物，正指司徒之教鄉三物。格物，司徒之教油然而入心也。由此徐氏解《大學》，先明大學即士子修學以膺民社也，開首之「明德」、「親民」、「止善」爲全篇之綱。後以「本末」「始終」「先後」六字爲統領，講明習學之要。「本」「始」「先」即士子必先以誠懇之心修其業，即以誠「格物」。而後則可修身，齊家、治國、平天下，即學之「末」「終」「後」也。又古之司徒掌此教，亦掌理財，故《大學》始於正德而終於理財，與司徒之職正合。徐氏依此條目，一一分章離析，講明各目，是爲「説義」。其道古本《大學》本以「明德」、「親民」、「止善」爲綱，修齊治平爲目，内聖外王之化貫之以誠，「有倫有脊，秩然而不紊也」。此與朱熹以意解經，分原文爲經、傳；書有與己之理想不盡合者，乃指爲錯簡，顛倒其次序；又指爲有脱漏，而自作《補格致傳》一章諸法，區别大矣。

（李　姣）

古本大學說義

韓國鈞題藏

序

大學者士貢於朝選升司徒陶成樂正學將出膺民社者也其教爲禮樂詩書其道卽倫常孝弟以明德親民止善爲綱以誠正修齊治平爲目內聖外王之化貫之以誠古本次第有倫有脊秩然而不紊也說者格致篇亡不知格物者非易云逐知來物非孟子云物交物非倉頡篇云量度事物非溫公云捍禦外物非程子云卽物窮理非陽明云正物去欲所謂物者實卽司徒三物之教油然而入人心哀公問云孝子不過乎物仁人不過乎物也後人不知三物爲物散見誠正修齊治平之內隱括明德民親止善之中遂謂格致篇亡豈非鑄成大錯歟大學釋始誠意者聖王之道不外一誠誠之至卽善之至實卽格物致知之至中庸云物者誠之終始不誠無物今卽誠意數節求之天人交警自感感民由是而用賢由是而興邦由是而立極由是而格奸是皆內聖外王之道探本於三物也治亂存亡反復取譬或引詩言或引書語忠信以得驕泰以失結終小人禍國其旨微矣或曰以明德爲用賢以親民非新民以格物卽三物之教子說毋乃創與曰用賢古訓也親民經文也三物之教本自周官也古者教象掌自司徒理財正民亦掌司徒且也以五禮防萬民之僞而教之中凡民萬之不服而有訟獄者聽而斷之傳曰大畏民志此謂知本以及修齊治平始於正德終於理財無一不與司徒職掌合焉司徒教成而後出膺民社不失爲愷弟君子所以爲近道也若必曰物爲器數之理豈有明德親

民止善之學勞心苦思日疲於萬物之想哉時在庚戌春三月
徐天璋自識於天津雲麓山館

古本大學說義

泰州 徐天璋睿川 說義

大學陸德明釋文大舊讀音泰

古者家塾黨庠州序國學大學即國學也杜佑通典注云大學爲上庠鄭康成云大學者以其記博學可以爲政也

大學之道在明明德在親民在止於至善

大學之道即王制云樂正順先王詩書禮樂以造士也士由小學選升大學行將出膺民社故以明德親民止善爲綱朱子云大學者大人之學也鄭康成曰明明德謂在明其至德也頤齋經說明明德明揚明德之人也書堯典明明揚側陋孔叢子論書篇孔子答齊景公曰明德者能顯用有德與而任之也語類光明正大者謂之明德在明明德實即大學中陶成之士察取賢才而授官也孟子曰人倫明於上小民親於下大學之教掌自司徒教以人倫者也書曰百姓不親五品不遜在親民者程叔子改定大學本親當作新王應麟困學紀聞曰大學之親民當爲新民予玩親字實是不必改讀爲新明德之士身膺民社視民如子弟民亦愛之如父母也易曰元者善之長也止於至善正謂官師之教仁育萬民雅化作人天下興起莫不陶淑於禮讓也

此節爲全篇之綱

知止而后有定定而后能靜靜而后能安安而后能慮慮而后能得

朱子云止者所當止之地即至善之所在也頤齋經說至善之道莫如明堂教孝太學教弟知止者胥知孝弟爲依歸也下云止仁止敬止孝止慈止信是知至善既知孝弟依歸則天下底定天下底定則風俗寧靜風俗寧靜則上下相安上下相安則能協心謀慮利計百年而與久大之業也故曰能得得即得乎天下之心易曰大得民也

孟子曰得乎邱民而爲天子也

此節釋能用明德者親民止善次第之效

物有本末事有終始知所先後則近道矣

物謂教典事謂職事學記曰官先事是也周官大司徒曰以鄉三物教萬民而賓興之一曰六德知仁聖義忠和二曰六行孝友睦婣任恤三曰六藝禮樂射御書數物字正指司徒之教鄉三物言方與進道意合本始末終知所先後者言其不可倒行逆施也

此節揭明教有本末先後終始之序祇言物字不言三物者當日司徒教與懸於象魏人無不知物爲三物也

古之欲明明德於天下者先治其國欲治其國者先齊其家欲齊其家者先修其身欲修其身者先正其心欲正其心者先誠

其意欲誠其意者先致其知致知在格物

明明德於天下者皋陶謨曰元首明哉股肱良哉聖主得賢臣頌云明明在朝穆穆在列也先治其國者詩曰惠此中國以綏四方也先齊其家者文王之化刑於寡妻也先修其身者儒行云澡身浴德左傳昭公二十五年云貴其身而後能及人是以有禮也先正其心者吾之心正則天地之心亦正天君泰然百體從令也先誠其意者閑邪存誠夙夜基命宥密也先致其知者見其禮而知其政聞其樂而知其德禮陶樂淑致禮以治躬致樂以治心始則統同辨異繼則窮本著誠終則偩天地達神明也格感格格物者司徒之教油然而入人心哀公問云孝子不過乎物仁人不過乎物詩曰民之秉彝有物有則化皆止於至善地也

將欲正人必先正己未有己不正而能正人者此節釋知所先也

物格而后知至知至而后意誠意誠而后心正心正而后身修身修而后家齊家齊而后國治國治而后天下平

三物之教人既感格莫不歎爲至善故曰物格而后知至知至至之教至矣蔑以加矣中心悅而誠服故曰知至而后意誠靈樞本神第八云心有所憶謂之意本三物之教拳拳服膺義以方外敬以直內故曰意誠而后心正禮緇衣云心莊則體舒心肅則容敬故曰心正而后身修孟子曰天下之本在國國之本在家家之本在身身修則言有物而行有恆家齊則男正外而女正內國治則賢在位而能在職天下平則己立立人己達達人民物熙熙羣遊化宇而忘帝力是謂大同

后與後同自物格至於身修學皆盡其在己自身修至於天下平學皆盡其在人此節釋知所後也

自天子以至於庶人壹是皆以修身爲本其本亂而末治者否矣其所厚者薄而其所薄者厚未之有也此謂知本此謂知之至也

昊天子天子天子子天下故曰自天子以至於庶人壹齊壹也爵位有天子庶人之分道德無天子庶人之別本即孝弟禮義修身謂陶淑於禮教之中不越其範圍也人有禮則安無禮則危天下絕無禮教陵夷而能治者禮教絕無不親其親而親人親謂之厚者夫禮天之經也地之義也民之行也知本者即知禮也何以知本爲禮大學之教載於禮經也知之至者即前聖繼天立極莫大於禮後聖垂世立教莫先於禮也上自天子下至庶人不以正心誠意爲本而獨以修身爲本者禮以淑躬即以淑世能胥天下納於軌物中也

身心密養之功心爲內而身爲外惟聖人能洗心藏密修

身之法可以合上下爲之則焉故此節兼釋本末

所謂誠其意者毋自欺也如惡惡臭如好好色此之謂自謙故君子必慎其獨也

謙者有而不居之義也惡臭好色固有之性人所同情聖王節之以禮不失其中絕非拂人之性也如必自謙而不有斯意則是好人所惡惡人所好矯情鎮物先自欺其幽獨也顧齋解說惡臭狂香也

小人閒居爲不善無所不至見君子而后厭然揜其不善而著其善人之視己如見其肺肝然則何益矣此謂誠於中形於外故君子必慎其獨也

厭順從貌正韻見君子而后厭然謂迫於君子在前而小人貌爲順從之也自人視之如見其肺肝然者不善之性自然流露誠中形外不容其掩飾也

古本大學說義　四

曾子曰十目所視十手所指其嚴乎富潤屋德潤身心廣體胖故君子必誠其意

前言閒居小人此言在位君子十目所視十手所指詩曰相在爾室尚不愧於屋漏也嚴乎鄭康成注言可畏敬也富潤屋者周代爵以馭貴祿以馭富士庶之家室制不甚相殊至卿大夫方能美輪美奐也德潤身者孟子曰仁義禮智根於心其生色也睟然見於面盎於背也心廣體胖書曰作德心逸日休也必誠其意且明獨嚴對越即魯頌曰思無邪也

中庸曰誠者物之終始不誠無物右誠意三節皆釋事有始也

詩云瞻彼淇澳菉竹猗猗有斐君子如切如磋如琢如磨瑟兮僩兮赫兮喧兮有斐君子終不可諠兮如切如磋者道學也如琢如磨者自修也瑟兮僩兮者恂慄也赫兮喧兮者威儀也有斐君子終不可諠兮者道盛德至善民之不能忘也

此衛風美武公進德之詩淇水名澳厓內近水處也託菉竹以詠君子者蓋君子切磋琢磨以成其德猶之菉竹始生至於美盛也毛傳菉王芻也竹萹竹也猗猗美盛貌匪文章貌治骨曰切象曰磋玉曰琢石曰磨瑟矜莊貌僩寬大貌赫有明德赫赫然咺威儀容止宣著也諠忘也朱子章句切以刀鋸琢以椎鑿磋以鑢鐋磨以沙石治骨角者既切而復磋之治玉石者既琢而復磨之瑟嚴密之貌僩武毅之貌赫咺宣著盛大之貌恂慄戰懼也威可畏也儀可象也琢磨難於切磋故以切磋喻道學琢磨喻自修恂慄者瑟僩之貌威儀者赫咺之容盛德至善民不能忘者服神而畏教也

詩云於戲前王不忘君子賢其賢而親其親小人樂其樂而利其利此以沒世不忘也

詩周頌烈文篇於戲歎辭前王美文武也賢親樂利建國親侯民皆飲和而食其德雖易世猶蒙其庥周祖文王而宗武王明堂之祭百世不祧故曰沒世不忘也

右民不能忘沒世不忘兩節皆釋事有終也

康誥曰克明德太甲曰顧諟天之明命帝典曰克明峻德皆自明也

康畿內國名括地志故康城在許州陽翟縣西北三十五里衛始都康而後徙殷故左傳定公四年云命以康誥而封以殷墟也世本宋忠注曰封從畿內之康徙封衛衛即殷墟也克明德者謂能顯用俊德之人孔安國書傳文王能顯用俊德也太甲商書之篇名太甲成湯之孫因君以名篇也顧謂常目在之諟是也言敬奉天命以承順天地見書傳帝典堯典克明俊德傳云能明俊德任用之也皆自明者三引書篇之文明德並言明命蓋帝臣不蔽簡在帝心也宋翔鳳大學古義說此誠意所以明憲也周公作洛與諸侯於明堂而作康誥太甲諟賚有牧方明方明者明堂也帝典格於文祖亦明堂也大學懸引其文以證古之明明德者乃能立明堂大學之制而無不由於自明矣克能也康誥帝典皆言能用人太甲言方明配天之義是明堂爲配天用人之地故以自明申其說也

古本大學說義　五

此申釋在明明德

湯之盤銘曰苟日新日日新又日新康誥曰作新民詩云周雖舊邦其命維新是故君子無所不用其極

經言親民此言新民何也曰惟能自明故能自新惟能親民故能新民以湯盤自新證自明故以康誥新民證親民也古之帝王建三物以親民於鄉明五倫以親民於學使民日遷善而不知其故乃能新舊邦之命而受上天景命之隆此聖人之盛德大業也故曰君子無所不用其極（以上惠士奇大學說）盤盥盤也（江永羣經補義大戴禮武王有盥盤銘湯之盤銘疑亦盥銘若沐浴之盤不可日日用也王懋竑白田草堂存稿引新安邵氏曰日日盥頮人所同也日日沐浴恐未必然內則記子事父母不過五日燂湯請浴三日具沐而已斯銘也其殆刻之盥頮之盤歟）鄭注盤銘刻戒於盤作新民者商人式周之化舊染汙浴咸與維新也（孔穎達曰成王既伐管叔蔡叔以殷餘民封康叔誥言殷人化紂惡俗使之改變爲新人也）周雖舊邦詩文王篇謂自后稷封駘公劉居豳太王遷岐皆爲侯服至文王始受天命而興周也君子有德位之稱極中也中庸曰舜執兩端用其中於民洪範曰建用皇極（孔傳極中也）又曰會其有極歸其有極又曰皇極之敷言是彝是訓見民無不協於中也

此申釋新民卽爲親民

詩云邦畿千里惟民所止詩云緡蠻黃鳥止於丘隅子曰於止知其所止可以人而不如鳥乎

詩商頌玄鳥篇邦畿千里王者之都國方千里也惟詩作維維民所止言能以禮義維繫其民也緡蠻黃鳥詩小雅緡蠻篇（毛傳緡蠻小鳥貌韓詩作今章句緡蠻文貌朱子云緡蠻鳥聲）丘隅丘角也鳥之小者不敢止於高顯故自安於偏下人豈可不知禮讓而止者歟

詩云穆穆文王於緝熙敬止爲人君止於仁爲人臣止於敬爲人子止於孝爲人父止於慈與國人交止於信

穆穆美盛敬謹之義（詳見爾雅釋詁邢疏）緝明也熙廣也於緝熙敬止詩大雅文王篇言

文王之德美盛其道光明而能推廣之也仁敬孝慈信五者至善之目君子思不出位故敬止各適其宜也

子曰聽訟吾猶人也必也使無訟乎無情者不得盡其辭大畏民志此謂知本

周禮司市職云結信而止訟子曰民無信不立書曰簡孚有衆必也無訟正使民止於信也惠士奇大學說察獄以情忠之屬也（莊公十年左傳云小大之獄雖不能察必以情對曰忠之屬也）蓋察民情則知民志志無畏故辭無情古之君子能使民闇行若有嚴刑於旁者無他焉誠於此者刑于彼也故曰誠者聖人之本苟無其本則雖明罰敕法豈能畏服之哉

右三節申釋止於至善無訟正民俗止至善也

所謂修身在正其心者身有所忿懥則不得其正有所恐懼則不得其正有所好樂則不得其正有所憂患則不得其正

懥怒貌惠士奇大學說老子曰吾之所以有大患者爲吾有身吾無身吾何有患故忿懥恐懼好樂憂患皆起於身而心爲之累者以此（張九成大學說曰心之正體無忿懥恐懼好樂憂患也其所以爲之者皆血氣也此所以言身有而不言心也）懥忿之甚懼恐之深樂好之極患憂之殷人不得其正者蓋忿懥則血氣張（去聲）與恐懼則首尾畏縮好樂則徑行矜高憂患則形色沮喪（去聲）故經言身而不言心也顧內外交養心能平則忿懥不生心能直則恐懼不事心能靜則好樂不萌心能澹則憂患不攖凡身有四者之形皆先不得其心之正也

心不在焉視而不見聽而不聞食而不知其味

心不在焉蓋志專於彼遂忘於此也視之不見九方皋相馬不知牡牝驪黃也聽之不聞張祜苦吟不知妻奴喚己也食而忘味孔子聞韶三月不知肉味也

專心者尚各有忘況放心者出入無時莫知其鄉與操存舍亡故古人必志於正也周語云故必聽和而視正聽和則聰視正則明若視聽不和而有震眩則味入不精不精則氣佚氣佚則不和於是乎有狂悖之言有眩惑之明有轉易之名有過慝之度與此可以參看

此謂修身在正其心

惠士奇大學說古者天子必有四鄰前疑後丞左輔右弼王中心無爲也以守至正心不苟慮必依於道手足不苟動必依於禮此之謂存養之功也

右三節申釋正心修身不釋格物致知者大學物字爲司徒教典故所釋在致治於修齊平治也

所謂齊其家在修其身者人之其所親愛而辟焉之其所賤惡而辟焉之其所畏敬而辟焉之其所哀矜而辟焉之其所敖惰而辟焉故好而知其惡惡而知其美者天下鮮矣

之猶於也辟明也王制辟雍鄭注辟明也鮮善也玉篇云人於五者能明則好惡得正故天下皆善之也親甚於愛賤甚於惡畏甚於敬哀甚於矜敖甚於惰頤齋啓說辟法也鮮寡也人於五者各能閑之以法所以家齊而身修也

故諺有之曰人莫知其子之惡莫知其苗之碩此謂身不修不可以齊其家

諺俗語也溺愛者不明貪得者無厭朱子章句故明於察人而闇於觀己身有所私以致見知乖舛所以難齊其家也孫志祖讀書脞錄續編惡謂貌醜也呂氏春秋去尤篇魯有惡者其父出而見商咄反而告其鄰曰商咄不若吾子矣且其子至惡也商咄至美也彼以至美不如至惡尤乎愛也

右前節正說此節反說申釋修身齊家

所謂治國必先齊其家者其家不可教而能教人者無之故君子不出家而成教於國孝者所以事君也弟者所以事長也慈者所以使衆也

齊家治國道不同而理自通也其家不可教而能教人者無之如季氏愛立悼子即不能止孟氏立孝伯也詳襄公三十二年左傳不出家而教成國如文王之爲世子武王帥行之類孝以事君弟以事長慈以使衆即下云上老老三句教在此而通在彼其應若桴鼓焉

康誥曰如保赤子心誠求之雖不中不遠矣未有學養子而后嫁者也

養輔養也鄭注養子者推心爲之而中於赤子之嗜欲也惠士奇大學說孝弟慈之理藏於身根於性本於天藏於心曰恕根於性曰仁本於天曰誠誠者天之道故引康誥保赤子明之三月嬰兒不知欲不知惡而慈母之愛喻焉誠也此以誠求彼以誠應相感以天而莫知其所以然者不待學而能也是故以心推心通乎神明擴而充之則達乎天下矣

一家仁一國興仁一家讓一國興讓一人貪戾一國作亂其機如此此謂一言僨事一人定國

家公家一人謂君也戾乖戾貪戾者己嗜利而拂人欲反乎仁讓勢必至於亂也機發動所由𠊱僨覆敗定安戢也

堯舜帥天下以仁而民從之桀紂帥天下以暴而民從之其所令反其所好而民不從

君者民之表也表正則景正表邪則景邪絕無表邪而能求景正者淮南主術曰文王周觀得失徧覽是非堯舜所以昌桀紂所以亡者皆著於明堂故明堂四門垣墉有堯舜之容桀紂之象以爲王者戒也堯舜唐虞盛德之君桀紂夏商亡國之主堯親九族舜弟克諧率民於孝弟者仁也若桀紂則反是而暴虐焉

是故君子有諸己而后求諸人無諸己而后非諸人所藏乎身不恕而能喻諸人者未之有也故治國在齊其家

有諸己謂己能仁讓無諸己謂己無貪戾也求責也非訾也推己及人爲恕喻曉也

詩云桃之夭夭其葉蓁蓁之子于歸宜其家人宜其家人而后可以教國人

詩周南桃夭篇之子謂賢士也古者君臣喩之夫婦于歸宜家謂賢士來歸必能治其公家和輯其上下也詩義辨正桃夭聘賢士也鄭風士如歸妻迨冰未泮荀卿書云霜降逆女冰泮殺止周禮媒氏仲春大會男女周之仲春夏令十二月也時冰未泮何有桃華惟月令云仲春桃始華季春聘名士禮賢者是辨此詩託與桃夭是聘禮賢士之時非迎娶女婦時也古者君臣每喩夫婦之子指賢士實家宜人宜室謂賢士來歸安定公家和輯上下也　夭夭美好貌　蓁蓁美盛貌

詩云宜兄宜弟宜兄宜弟而后可以教國人

詩小雅蓼蕭篇兄弟諸侯之國宜謂不失親親之誼也

詩云其儀不忒正是四國其爲父子兄弟足法而后民法之也

詩曹風鳲鳩篇儀義也忒差也法則也

此謂治國在齊其家

結上三引詩言之義

右上皆申釋齊家治國教人之法不外誠求

所謂平天下在治其國者上老老而民興孝上長長而民興弟上恤孤而民不倍是以君子有絜矩之道也

矩揆方之度絜挈也絜矩之道謂本孝弟慈爲治推行皆準猶執方度以揆物也此皆王者明堂之政預陶成於太學者老老樂記云食三老五更於太學天子袒而割牲執醬而饋執爵而酳也長長文王世子云將君我而與我齒讓何也曰長長也然而衆知長幼之節矣相愛曰恤恤孤郊特牲云春饗孤子倍與偝同孟子曰師死而遂倍之　不倍者謂不棄倍也鄭注民不倍不相背棄也

所惡於上毋以使下所惡於下毋以事上所惡於前毋以先後所惡於後毋以從前所惡於右毋以交於左所惡於左毋以交於右此之謂絜矩之道

上言絜矩者道之體此言絜矩者道之用事上使下兼諸侯公卿言之所惡毋以與中庸己所不欲勿施於人同旨一言以蔽曰恕而已矣

詩云樂只君子民之父母民之所好好之民之所惡惡之此之謂民之父母

詩小雅南山有臺篇君子愷悌者也故民歌樂之所謂民父母者推己及人吉凶與民同患也

詩云節彼南山維石巖巖赫赫師尹民具爾瞻有國者不可以不愼辟則爲天下僇矣

詩小雅節南山篇巖巖高貌赫赫盛也師尹周太師尹氏皇父竹書紀年幽王元年王錫太師尹氏皇父命節南山詩詠刺幽王尹氏是皇父也　辟邪也僇辱也荀子曰爲天下大僇是也南山終南山名

詩云殷之未喪師克配上帝儀監于殷峻命不易道得衆則得國失衆則失國

詩大雅文王篇未喪師者文王率商畔國以服事紂牧野之師時未敢續也克配上帝多士篇曰殷先哲王自成湯至于帝乙罔不明德恤祀亦惟天丕建保乂有殷殷王亦罔敢失帝罔不配天其澤也儀監于殷峻命不易武王觀兵孟津諸侯會者皆曰紂可伐矣王曰天命未可乃引師還其在文王時則殷命未改可知詩文王篇云宜以殷爲鑒思爲駿天之大命不可改易　然有道焉將欲得國必先得衆將欲失國必先失衆泰誓曰受有億兆夷人離心離德予有亂臣十人同心同德雖有周親不如仁人此天命所以眷周也

是故君子先愼乎德有德此有人有人此有土有土此有財有財此有用

書之六府三事皆歸於九功之德故大學之言財用君子必先愼乎德也朱子章句德即所謂明德有人謂得衆有土謂得國有國則不患無財用矣

德者本也財者末也外本內末爭民施奪

天地之大德曰生聖人法天爲治故養民之生而不㑋民之生也何以宅身曰德何以聚人曰財施謂損上益下奪謂損下益上外本內末則是爭民之利反施以爲奪也

是故財聚則民散財散則民聚

財聚民散老子曰多藏者必厚亡財散民聚武王大賚四海而天下之民歸心也

是故言悖而出者亦悖而入貨悖而入者亦悖而出

言悖者違道干譽背德不祥上有逆命下有逆辭之類貨悖者取之無度用之

無節易曰屯其膏小貞吉大貞凶也

康誥曰惟命不于常道善則得之不善則失之矣

命謂天命道善則得不善則失有德者昌無德者亡也夫苟好善則人輕千里而來告之以善夫苟不好善則士止千里之外而讒諂面諛之人至矣國欲治得乎

楚書曰楚國無以爲寶惟善以爲寶

楚書楚語也昭王使王孫圉聘晉趙簡子問曰楚之白珩猶在乎爲寶幾何圉曰未嘗爲寶楚所寶者觀射父能作訓辭以行事於諸侯使無以寡君爲口實左史倚相能通訓典以叙百物以朝夕獻善敗於寡君使寡君無忘先王之業若夫譁囂之美楚雖蠻夷不能寶也 新序秦欲伐楚使者觀楚之寶器楚王召昭奚恤而問焉對曰寶器在賢臣于西門之內爲東面之壇一南面之壇四西面之壇一秦使者至昭奚恤曰君客也請就上居東面之壇令尹子西南面太宗子敖次之葉公子高次之司馬子反次之昭奚恤自居西面之壇稱曰客欲觀楚之寶器楚之所寶者即賢人也全祖望經史問答楚書本無專指鄭康成注引春秋外傳楚語王孫圉事復引新序昭奚恤事新序說苑並出劉向之手道聽塗說舛錯四出昭奚恤乃春秋以後人以國策史記考之大抵當楚宣王時而是條所指葉公子高令尹子西則昭王時人若司馬子反則共王時人至大宗子敖則其人從無所見乃昭奚恤嘗與之同班列其妄甚矣及觀李固傳所上疏曰秦欲謀楚王孫圉設壇西門陳列名臣秦使惆然爲之罷兵則又笑曰劉向以王孫圉之事移之昭奚恤而此又以昭奚恤之事還之王孫圉異所謂展轉傳譌也

舅犯曰亡人無以爲寶仁親以爲寶

舅犯 史記晉世家等書作咎犯 晉文公 名重耳晉語狐氏出自唐叔狐姬伯行之子也實生重耳 舅狐偃字子犯亡人文公時爲公子出亡在外也仁愛也 朱子章句 晉獻薨秦穆公使弔因諷文公乘時圖國舅犯曰孺子其辭焉喪人無寶仁親以爲寶父死之謂何又因以爲利而天下其孰能說之

秦誓曰若有一个臣斷斷兮無他技其心休休焉其如有容焉人之有技若己有之人之彥聖其心好之不啻若自其口出實能容之以能保我子孫黎民尚亦有利哉

秦誓尚書篇名 誓作於春秋魯僖公三十三年 秦使孟明伐鄭還爲晉敗於崤故穆公縞素誓師以

道其悔痛之意也一个書作一介 正義一介謂耿介也 臣指蹇叔斷斷誠一貌技謂才能無他技者不必再求他技惟能休休 鄭注休休寬容貌 有容斯其所以爲介也彥美士聖知幾其神者人技已有彥聖心好不啻若自其口出者言介臣好賢之心雖未形之於言而無言之言不啻出自其口實能禮其賢者使各盡其才智宣勞於國俾得保我子孫黎民如周公吐握之類庶幾世樂其利也爾雅釋詁介大也此言進賢爲大臣之職故書曰一介臣也

人之有技媢疾以惡之人之彥聖而違之俾不通實不能容以不能保我子孫黎民亦曰殆哉唯仁人放流之迸諸四夷不與同中國

此即秦誓之義而言蔽賢者也媢忌也疾與嫉同違拂戾俾使也通達也蓋穆公悔信杞子之言遂違蹇叔之諫以致師徒撓敗不能保我子孫黎民而反瀕

於死亡也作大學者因言人君體仁立極雖具元善長人之德獨見此娼嫉之人則必屏諸四夷深斥遠置如舜流竄四凶不使在中國也放謂安置一方流則去而不返迸與屏同

此謂唯仁人爲能愛人能惡人

愛人愛其有容惡人惡其娼嫉也

見賢而不能舉舉而不能先命也見不賢而不能退退而不能遠過也

不能舉不能退者力未逮不能先不能遠者志未堅也力未逮者如史魚不能進蘧瑗而退彌子瑕既死猶以尸諫志未堅者如郭公善善而不能用惡惡而不能去故終以此亡其國也先謂早晉諸位不能先識舉晚也遠謂屏於四夷不能遠居容國也命謂氣數所關過實愆尤自召命猶可諉於天過則無道於

身也命鄭註程子說作慢凡人皆得賢君而事之與不得賢君而事之皆命也人君得賢臣而用之與不得賢臣而用之亦命也此章說平天下事則命字恐就人君言若漢文帝之於賈誼宋仁宗之於蘇軾兄弟不可盡謂之過則可歸之於命而已矣如唐德宗之於盧杞宋徽宗之於王黼豈得謂之命故直謂之過也命之一言尚有寬假之意過字一言全是責備之辭焉

好人之所惡惡人之所好是謂拂人之性菑必逮夫身

拂逆也菑與災同逮及也秉彝者人之性好惡者人之情情如其性謂之順情反其性謂之拂順則固有之心存逆則本然之善喪故災不免于當躬也如夏桀殷紂身亡國喪之類

是故君子有大道必忠信以得之驕泰以失之

君子有德位者大道修己治人之術發己自盡爲忠循物無違謂信驕者矜高泰者侈肆朱子章句忠信者衞國之寶驕泰者亡國之符周文止敬而歸者六州齊桓震矜而叛者九國况其餘乎

生財有大道生之者衆食之者寡爲之者疾用之者舒則財恒足矣

三農力田百工居肆則生者衆矣朝無幸位國無游民則食者寡矣事無作輟時無怠荒則爲者疾矣薄賦輕徭量入爲出則用者舒矣此因有土有財以明足國之道也

仁者以財發身不仁者以身發財

仁者公財以利民作德心逸日休不仁者厚斂以富己作僞心勞日拙公財者擁有四海已得安富尊榮故曰以財發身厚斂者已成獨夫惟日逐逐于泉幣貨殖故曰以身發財

未有上好仁而下不好義者也未有好義其事不終者也未有府庫財非其財者也

上以仁施下以義報民既式義其事必終府藏寶藏財幣者庫藏兵車器物者

未有君之府庫不出于民之輸供也

孟獻子曰畜馬乘不察於雞豚伐冰之家不畜牛羊百乘之家不畜聚斂之臣與其有聚斂之臣寧有盜臣此謂國不以利爲利以義爲利也

孟獻子魯之賢大夫仲孫蔑也畜馬乘士初試爲大夫者伐冰之家卿大夫以上喪祭用冰者也朱子章句百乘之家采地之至大者此蓋魯宣公者十五年秋仲孫蔑會齊高固于無婁還見稅畝而感言也

長國家而務財用者必自小人矣彼爲善之小人之使爲國家自彼爲至國家朱子章句**菑害並至雖有善者亦無如之何矣此謂國不以利爲利以義爲利也**

彼爲善之小人蓋小人僞爲利民而言其善以說其君君臣授之以政卒致

蕃害並至雖有善人在朝亦不能使君奪其柄也宋王安石青苗禍國是明徵焉

右上皆申釋治國平天下

勘定譌字

序

明德親民止善一頁陽面九行作民親非

凡萬民之不服一頁陰面八行作凡民萬非

經注

太甲商書篇名五頁陰面八行作商書之篇名多之字

吉凶與民同志也十一頁陽面志譌作患

詩文王篇鄭箋十一頁陰面譌作鄭箋二字顛倒

此皆魯宣公十五年秋十五頁陰面宣公下多者字

中庸箋正

（清）徐天璋 撰

《中庸箋正》一卷，清徐天璋撰，據南京圖書館藏民國八年（一九一九）泰州徐氏鉛印本影印。

徐天璋（約一八五二—一九三六），字睿川，號曦伯。清泰州人。諸生。年八十餘卒。葬於揚州平山堂。湛深經學，於十三經均有著作。主要著作有《禹貢傳注圖考》《尚書句解考正》《毛詩傳箋考正》等。

《中庸》屬《禮記》中之一篇，後朱熹列爲『四書』之一，世人多所誦習，學者亦各有見解。徐氏謂『中庸』爲『中和』，旨在發揮中和之爲用，以成内聖外王之化。《尚書》曰：『天秩有禮，自我五禮有庸哉。』五禮，吉、凶、賓、軍、嘉五者；庸，常也。《周禮》：『大司徒以五禮教萬民之中，以六樂教萬民之和。』故中庸之道，即中和之道，中和之道，即禮樂之道。又《中庸》首言『天命之爲性』，終言『上天之載，無聲，無臭』，此由天命而言修道立教。中和，即天人一貫之大道。故是書以天、性、道三字爲綱，條列章句，隨文釋義。其道《中庸》前文引孔子、顏回、子由之語，稱述文王、武王之德行，及魯哀公之問政等例皆明中和之義。後文解中合之道需貫之以至誠：内而聖誠於修身，外而王誠於爲政。由誠而參天地育萬物也。說解多采古書與文意相同者，如《公羊傳》《禮記》之類，稍加按語，以明經文所闡，鮮有私臆。又倚重古文稽考古制，頗顯精審。末附《中庸序辨》一文，論《中庸》爲子夏所作，舉證據諸則，可供參資。而其考證文獻著者之法，亦可借鑒。

（李　姣）

中庸箋正

單毓斌題簽

叙

中庸一書內聖外王之化也物治於人人祖於天自天賦人爲命自人承天爲性範圍天人而不過曲成萬物而不遺曰道斯道也何道也聖王之道非他卽禮樂也道也者不可須臾離也禮樂不可斯須去身也戒愼不睹恐懼不聞無形之禮無聲之樂也周禮大司徒以五禮教萬民之中以六樂教萬民之和致中和卽致禮樂道皆實踐者也君子身律身度日以禮樂陶淑躬心常人祇知五禮爲容不知六樂爲義司徒雖日以教而究之禮能賅樂樂不能賅禮故曰中庸中庸之義卽皐陶謨曰天秩有禮自我五禮有庸哉由斯而言舜用中用禮也回擇善擇禮也由問强問禮也夫婦之愚能知能行禮之淺易也聖人不知不能禮之蟠極也富貴貧賤不能外此禮夷狄患難不能越此禮禮承祭祀體物而不可遺致齊於鬼神也禮宜民人武周之達孝仁人饗帝孝子饗親也哀公問政五達道三達德以及九經無一不爲禮也知卽知此禮生知學知困知一也行卽行此禮安行利行勉行一也能致禮之極者道在貫以至誠而已誠則參天地贊化育極之覆載之內凡有血氣莫不尊親苟非聰明聖知達天德者其孰成此大同之化也與且至誠之將禮樂非的然示人爲尊已也寓外王之化於內聖之修不待動言而敬信不待賞怒而勸威百辟刑而天下平洗心藏密止聖王之極功也中庸首言天命之謂性終言上天之載無聲無臭蓋乾道變化各正性命原始也人生而靜歸於穆要終也反覆

而觀中庸之德其至矣乎時在己未秋仲曦伯自識於邗上棣園明月樓南窗

中庸箋正

泰州 徐天璋睿川 箋

中庸

中庸之道實即成均之遺教國子於中和祗庸也

天命之謂性率性之謂道修道之謂教

乾道變化各正性命自天賦人爲命自人承天爲性節性而復其天使人不迷所嚮共由於禮樂之中謂道率與帥同修道謂教蓋聖王因時制宜不凝滯於物者也

（按）萬化之原渾然一氣氣清而明爲天天妙五行下合地氣以生萬物人稟二五之精而成者也精氣靈者爲心心宰身中猶果中之核性見心中猶核中之仁成性存存人能節性而復其天即能凝命而造乎聖率帥同人有賢愚性有善惡惟有道以督率之界其涵養中和默成位育雖愚亦復其天也道非清

虛玄寂即禮樂之修明者蓋聖王教以人倫非禮樂不能化成天下也

道也者不可須臾離也可離非道也是故君子戒愼乎其所不睹恐懼乎其所不聞

離去也道即探原於天本人性制爲禮樂者樂以治內禮以治外禮樂不可斯須去身也見樂記須臾離禮則傲慢生須臾離樂則邪僻入戒愼不睹恐懼不聞無形之禮無聲之樂君子偵天地達神明也

莫見乎隱莫顯乎微故君子愼其獨也

幽暗曰隱細渺曰微治忽之在見其禮者無不知聞其樂者無不察也獨即洗心藏密法見於已然之後禮禁於將然之前愼則絕惡於未萌遷善於平旦也大戴禮禮察篇禮禁於將然之前又曰禮云禮云貴絕惡於未萌而起敬於微眇於此可證

喜怒哀樂之未發謂之中發而皆中節謂之和中也者天下之

大本也和也者天下之達道也中節之中平聲讀去聲非

喜怒哀樂感於情而動於性也未發謂中平旦之天不偏不倚發皆中平聲節聖王準人情而爲之節畀陶成於禮樂者遂其性而樂其天中者道之體和者道之用也

(按)中節之義卽樂記云夫民有血氣心知之性而無哀樂喜怒之常應感起物而動然後心術形焉是故先王本之情性稽之度數制之禮義合生氣之和道五常之行使之陽而不散陰而不密剛氣不怒柔氣不懾四暢交於中而發作於外皆安其位而不相奪也

致中和天地位焉萬物育焉

致推極也樂記云致樂以治心致禮以治躬禮樂明備天地官矣周禮大宗伯曰以天產作陰德以中禮防之以地產作陽德以和樂防之禮序羣物有辨樂和百物皆化不曰致禮樂而曰致中和者大司徒職曰以五禮五禮吉凶賓軍嘉教萬民之中以六樂六樂雲門咸池大韶大夏大濩大武教萬民之和聖王化成天下推極其德者也

仲尼曰君子中庸小人反中庸君子之中庸也君子而時中小人之中庸也小人而無忌憚也

仲尼孔子字也曰發語詞中者禮之體庸者禮之常不曰中和曰中庸者卽書曰自我五禮有有五庸哉之義有其位並有其德曰君子有其位而無其德曰小人反自反也言小人反身脩德順習詩執競威儀反反箋反反順習之貌禮樂亦能不背於道而復其性也禮有常有變有經有權之猶於也燕居仲尼燕居云夫禮所以制中也禮器云禮時爲大君子而時中動與天隨因時以制宜恭敬撙節退讓以明禮小人而無忌憚者外雖納身軌物內實不能居敬存誠翼翼小心也蓋君子之於禮也恭而安小人之於禮也利而勉君子性之小人反之君子天性渾全不假修習小人雖復其性終難免爲人欲之擾而忘其天命之可畏也

子曰中庸其至矣乎民鮮能久矣

子師稱上言仲尼此言子曰明此所引師言爲孔子也至極也鮮罕也禮器云三代之禮一也民共由之民鮮能久者蓋三代之民冠婚喪祭哀樂自然合禮然過時則怠不能念茲在茲久於其道言非自今始也

子曰道之不行也我知之矣知者過之愚者不及也道之不明也我知之矣賢者過之不肖者不及也

道以中庸爲至過則失之文不及失之野知愚賢不肖各有所偏此道所以不行不明也

(按)禮運孔子曰大道之行也與三代之英丘未之逮也而有志焉大道之行也天下爲公是謂大同又曰今大道旣隱天下爲家各親其親各子其子貨力爲己大人世及以爲禮城郭溝池以爲固禮義以爲紀以正君臣以篤父子以睦兄弟以和夫婦以設制度以立田里以賢勇知以功爲己故謀用是作兵革由此起禹湯文武成王周公由此其選也此六君子者未有不謹於禮者也以著其義以考其信著有過刑仁講讓示民有常如有不由此者在埶者去衆以爲殃是謂小康禹湯文武成王周公謹於禮者也是謂小康又曰我觀周道幽厲傷之足辨此節道之不行不明賢知之過由於禹湯文武成王周公以小康爲治所以大道隱而天下爲家不能大道行而天下爲公以成大同之化愚不肖不及蓋歎幽厲傷之也

人莫不飮食也鮮能知味也子曰道其不行矣夫

飮以養陽食以養陰朝夕屬饜者天下期於易牙莫不善其知味也不知制禮之初始諸飮食燔黍捭豚汙尊杯飮皆可致敬於鬼神太羹不致粢食不鑿非饗味也貴有禮也今則燕飮饗食人皆美薦多品而忘制禮之原曰爲食德飮和其味淡永此道所以不行矣夫始諸飮食數句並見禮運

子曰舜其大知也與舜好問而好察邇言隱惡而揚善執其兩端用其中於民其斯以爲舜乎

舜虞帝也好問察言詢岳闢門明目達聰集衆善而决壅蔽也隱去也隱惡揚善去四凶舉十六族皋陶在位不仁者遠也執兩用中即舜命伯夷典禮夔典樂直溫寬栗濟其剛柔之性陶成中正之德也其斯以爲舜乎歎美之至也

子曰人皆曰予知驅而納諸罟獲陷阱之中而莫之知辟也人皆曰予知擇乎中庸而不能期月守也

予知私智也罟獲陷阱四者皆掩取禽獸之機猶人之刑網也辟避也擇審擇期月匝月擇乎中庸而不能期月守者言人甘踰禮樂而入網羅也王夫之四書稗疏獸網也擭揉竹木施機設網於獸往來之徑以害其足陷也植木交加爲之如牛豕陷置羊犬其中誘虎狼入機發捷閉以生致之阱則爲坑坎也

子曰回之爲人也擇乎中庸得一善則拳拳服膺而弗失之矣

中庸箋正 四

回顏淵名孔子弟子擇乎中庸農山言志回願敷其五教導之以禮樂也得一善拳拳服膺而弗失者有不善未嘗不知知之未嘗復行其心三月不違仁也

子曰天下國家可均也爵祿可辭也白刃可蹈也中庸不可能也

均謂執法以御可者僅可而有未蘦之辭天下國家可均如管仲治齊作內政以寄軍令九合諸侯一匡天下爵祿可辭如介子推焚死綿山不受封賞白刃可蹈如仇牧不畏彊禦仗劍而叱冒死直前三者賢知之過凡有血氣者皆可勉能至若中庸則身律身度進退雍容非純粹於道德者不能經權常變因應咸宜也仇牧仗劍說見公羊傳

子路問强子曰南方之強與北方之强與抑而强與

子路仲由也孔子弟子强謂天德剛健南風北方囿於風氣者而汝也抑而强者謂由固有之天性也

寬柔以教不報無道南方之强也君子居之

南方風氣柔弱能以天下之至柔馳騁天下之至剛不報無道故以含忍之力勝人爲强君子謂有德位者居安也

衽金革死而不厭北方之強也而强者居之

衽衣襟也衽金革言佩刀劍於襟間死而不厭可使赴火蹈刃死不旋踵也北方風氣剛勁故以果敢之力勝人爲强而强者居之言類汝者實安之也

故君子和而不流强者矯中立而不倚強哉矯國有道不變塞焉強哉矯國無道至死不變强哉矯

此渾合南北風氣之殊陶成禮樂之中涵養其德性者也正曲曰矯流淫佚倚偏著也樂記云樂勝則流禮勝則離不流不倚禮樂導民中和能自强而不過也充滿曰塞祭義曰致禮樂之道天下塞焉蓋有道時天下式化君子不以已治已安而變其禮樂之盛至無道時如曾子生則曳縱而歌商頌死則易簀而沒正席皆能秉禮樂而不變焉

中庸箋正 五

（按）孔子與老墨同時老子言天下之至柔馳騁天下之至剛此寬柔以教也又言報怨以德此不報無道也老子楚人故云南方之强淮南子泰族篇墨子服役者百八十人皆可使赴火蹈刃死不旋踵又呂氏春秋上德篇墨者鉅子孟勝死弟子死之者百八十人此衽金革死而不厭也墨子宋之大夫宋在楚北故云北方之强節錄宋翔鳳過庭錄予玩君子當指遽伯玉史魚也孔子論史魚曰直哉史魚邦有道如矢邦無道如矢論伯玉曰君子哉遽伯玉邦有道則仕邦無道則可卷而懷之伯玉不爲昭昭信節不爲冥冥惰行外寬內直直己而不直人秉衞之政晉趙簡子使覘不敢加兵衞獻之出以及衞獻之入不與亂謀皆

能潔身從近闘出和而不流中立不倚有道無道伯玉有之說苑仲尼曰史鰌有君子之道三不仕而敬上不祀而敬鬼直能曲於人家語載史魚尸諫之事孔子曰古之烈諫者死則已矣未有如史魚之尸諫忠感其君者可不謂直乎有道無道生死不變其志史魚有之

子曰素隱行怪後世有述焉吾弗爲之矣

素通作索漢書藝文志引孔子曰索隱行怪顏師古注索隱求索隱暗之事隱爲幽渺怪爲詭異索隱探索幽渺以立言行怪矯行詭異以炫俗如列莊之爲寓言子桑不衣冠而處原壤母死而歌之類後世有述蓋傳其學者著書立說也吾弗爲者孔子崇正黜邪以禮樂絃歌爲教故七十子皆服習於文行忠信也列子鄭穆公時人莊子游其學

君子遵道而行半途而廢吾弗能已矣

道卽先王之道致中和爲位育者遵道而行猶言循途守轍詩曰不愆不忘率由舊章也半途而廢蓋世之有德位者每以先王之道高遠不能成其近功遂致中道而畫也吾弗能已聖人好學孜孜不知老之將至云爾

君子依乎中庸遯世不見知而不悔惟聖者能之

依倚也君子身律身度自以禮爲憑恃遯世旡悶不見世而旡悶修天爵而忘人爵非有聖人之德者其孰能與於斯

君子之道費而隱

費拂也釋文費本又作拂君子之道本以用世爲心其隱者蓋道與時違是以遯世旡悶也

(按)君子之道費而隱是承上文遯世不悔而言非爲下節夫婦之愚開端之詞辨見錢大昕潛研堂集

夫婦之愚可以與知焉及其至也雖聖人亦有所不知焉夫婦之不肖可以能行焉及其至也雖聖人亦有所不能焉天地之大也人猶有所憾故君子語大天下莫能載焉語小天下莫能破焉

與知能行夫婦愚不肖皆可以者冠婚喪祭日用之常經以及飮蜡吹豳野人之禮樂也及其至也雖聖人不知不能者儐天地達神明君子之禮樂也聖人所不知如孔子問禮老聃訪樂萇宏所不能如堯舜博施猶病武箭盡美而未盡善也天地之大人猶有憾如覆載生成之偏及寒暑災祥之不得其正者惟君子以禮樂爲教語大莫載極乎天而蟠乎地語小莫破動容周旋斯須不能廢也王制云析言破律亂名改作破謂敗亂古人之成法也

(按)樂記云若夫禮樂之施於金石越於聲音用於宗廟社稷事乎山川鬼神則此所與民同也又曰知音而不知樂者衆庶是也郊特牲云禮之所尊尊其義也失其義陳其數祝史之事也故其數可陳也其義難知也論語八佾篇或問禘之說子曰不知也知其說者之於天下也其如示諸斯乎合觀參考愚夫愚婦能知能行者禮樂之儀容聲音聖人不知不能者禮樂之精義神妙也

詩云鳶飛戾天魚躍于淵言其上下察也

鳶飛戾天窮高也魚躍于淵出深也詩大雅旱麓之篇蓋紀武王渡河東征魚躍入舟火流爲烏今文泰誓注爲鵰之祥瑞也上下察者樂記云明於天地然後能興禮樂夫禮樂行乎陰陽通乎鬼神窮高極遠而測深厚也

君子之道造端乎夫婦及其至也察乎天地

夫婦之禮嘉禮也郊特牲云天地合而萬物興焉夫昏禮萬世之始也昏義云昏禮者將合二姓之好上以事宗廟而下以繼後世也故曰君子之道造端乎夫婦

子曰道不遠人人之爲道而遠人不可以爲道

人人倫也聖王制禮作樂修道爲教正以端人倫也若其爲道而去人倫豈可以爲道哉

（按）春秋之世老子尚爲柱史史記老子傳姓李名耳字伯陽謚曰聃周守藏室之史也張湯傳老子爲柱下史佛教未入中國漢明帝七年始遣使之天竺求佛書釋老之道未與聖王之道皆以人倫爲教道皆實踐躬行要非清淨寂滅玄虛爲宗旨也子曰道不遠人人之爲道而遠人不可以爲道蓋聖人聰明睿知灼見釋老將興故特預爲之防也

詩云伐柯伐柯其則不遠執柯以伐柯睨而視之猶以爲遠故君子以人治人改而止

詩豳風伐柯篇詠美周公之德者柯斧柄執柯伐柯喻操權柄以治人也則法也其則不遠言今日治人之道卽昔日學治之道猶今日所執之柯卽昔日所伐之柯也睨邪視貌匠氏㓷木平直必睨視以爲準繩猶以爲遠謂未能悉肖合也若君子治人道以人倫爲治推之古今而皆準苟有從者卽止不治此夫婦之愚不肖皆可與知能行也

忠恕違道不遠施諸己而不願亦勿施於人

忠信質也禮樂文也文質彬彬然後君子苟無忠信之人則禮不虛道故曰違道不遠不曰忠信曰忠恕者禮本推已及人放諸四海而皆準也不願勿施此卽忠恕之體用也

君子之道四丘未能一焉所求乎子以事父未能也所求乎臣以事君未能也所求乎弟以事兄未能也所求乎朋友先施之未能也庸德之行庸言之謹有所不足不敢不勉有餘不敢盡言顧行行顧言君子胡不慥慥爾

君子之道丘未能行者蓋周公制禮作樂克成文武之德父子君臣兄弟之間無不能盡其事歌鹿鳴伐木諸詩朋友之交無不先爲之施若孔子幼而卽孤事父未能攝相不終事君未能及己成立孟皮已亡事兄未能子產晏子蘧瑗諸賢雖爲孔子兄事嚴事然皆聞達在前欲求先施未能此皆限之於天也庸常也德不足而勉則行益力言有餘而訒則謹益至謹之至則言顧行矣行之力則行顧言矣八句編注慥慥猶汲汲也廣雅慥慥言行急也君子胡不慥慥爾言君子何不汲汲自勉乎王引之經義述聞慥慥者言勉不敢廢之意猶言汲汲耳

君子素其位而行不願乎其外

素本也位謂所處之位行謂行道素位而行不願乎外君子思不出其位不敢自放於禮法之外也

素富貴行乎富貴素貧賤行乎貧賤素夷狄行乎夷狄素患難行乎患難君子無入而不自得焉

行謂行道輯略呂大臨曰達則兼善天下得志則澤加於民素富貴行乎富貴者也不驕不淫不足以道之也窮則獨善其身不得志則修身見於世素貧賤行乎貧賤者也不諂不懾不足以道之也言忠信行篤敬雖蠻貊之邦行矣素夷狄行乎夷狄者也從宜從俗不足以道之也文王內文明而外柔順箕子內難而能正其志素患難行乎患難者也懲毖豫防不足以道之也從宜從俗句用隨宜解說無入而不自得見禮教能大同也

在上位不陵下在下位不援上正己而不求於人則無怨上不怨天下不尤人

在上不陵下交不瀆在下不援上交不諂求責也正己而不求人躬自厚而薄責於人也不怨不尤仰不愧天俯不怍人自盡其道故坦蕩而無憂戚也

故君子居易以俟命小人行險以徼幸

易和平險詐僞君子和平以樂天小人詐僞而冀得也（小爾雅非分而得曰幸 險謂詭詐易謂平安）

（也君子於時事變易之際安然自得樂乎天命絕不願求乎外 焉險危險小人則冒險圖功以求幸得此君子小人所以分也）

子曰射有似乎君子失諸正鵠反求諸其身

凡射者其容體比於禮其節比於樂志正體直發而後中也正鵠射侯之的射以觀德失則己德未至非人力之所能爭故君子不怨勝者必自反求諸己也

君子之道辟如行遠必自邇辟如登高必自卑

高遠卑邇其地不同行必自邇登必自卑言不可躐等及也大樂必易大禮必簡始於家庭終於四海故君子下學而上達也

詩曰妻子好合如鼓瑟琴兄弟既翕和樂且耽宜爾室家樂爾妻帑

詩小雅常棣篇此燕兄弟之樂並及其室家者王燕宗族則宗婦內宗之屬悉從后於房中妻子好合蓋言昏禮合二姓之好上以事宗廟下以繼後世也兄弟既翕和樂且耽刑于寡妻至于兄弟以御于家邦也翕合也耽近也妻帑妻子也

子曰父母其順矣乎

孝經云以敬事長則順順愛也家室和樂父母必愛其子者也（孟子萬章上疏 不順於父母注）（順愛也）

子曰鬼神之爲德其盛矣乎

祭義曰氣也者神之盛也魄也者鬼之盛也合鬼與神敬之至也蓋人本天地陰陽之氣以生其死曰鬼生有功德於民死得列於祀典者曰神神即鬼之聰明正直者也

視之而弗見聽之而弗聞體物而不可遺使天下之人齊明盛服以承祭祀洋洋乎如在其上如在其左右

弗見弗聞鬼神與人幽明道隔故無形聲之可求也然於無可求中而能知鬼神之情狀者其惟致齊乎體謂統之一心（周禮春官序官注）物謂鬼神（漢書郊祀志上注）體物而不可遺祭義云致齊之日思其居處思其笑語思其志意思其所樂思其所嗜齊三日乃見其所爲齊者也齊明盛服洋洋如在者祭之日入室僾然必有見乎其位周旋出戶肅然必有聞乎其聲出戶而聽愾然必有聞乎其歎息之聲也

詩曰神之格思不可度思矧可射思

言祭者恍惚與神明交接論其志意庶或饗之然不知其神明格否况爲厭怠不敬者乎矧况也射厭也思語助詞

（按）射厭也祭義云立而不詘固也進而不愉疏也薦而不欲不愛也退立而不如受命傲也已徹而退無敬齊之色忘本也如是而祭失之矣此皆爲厭字寫照

夫微之顯誠之不可揜如此夫

微隱也微者顯之由於祭者盡慤盡信盡敬盡禮致誠之所致也不可揜者孝子之有深愛者必有和氣有和氣者必有愉色有愉色者必有婉容也

子曰舜其大孝也與德爲聖人尊爲天子當有四海之內宗廟饗之子孫保之

言德必基於孝者孝爲百行先也仁人饗帝孝子饗親宗廟饗之以帝廟言自黃帝至堯以親廟言自窮蟬至瞽叟也子孫保之夏封商均虞思殷封虞遂周封胡滿於陳皆奉虞祀而不湮墜者也（帝系黃帝少昊顓頊帝嚳帝摯帝堯親系顓頊窮蟬敬康句芒蟜牛瞽叟）

故大德必得其位必得其祿必得其名必得其壽

位天子位祿天子祿名大孝名壽期頤壽也

故天之生物必因其材而篤焉故栽者培之傾者覆之

材謂質性天必因材而篤者風霜雨露無非教也聖人法天治民以爲禮樂刑政故人有禮則安無禮則危栽培傾覆視人質性區別以明賞罰培猶培植覆傾敗也

詩曰嘉樂君子憲憲令德宜民宜人受祿於天保佑命之自天申之

詩大雅假樂篇假當依此作嘉憲當依詩作顯宜儀也民在野者人在官者蓋言令德之君子能爲人民表儀而承天祿也既承天祿天即以保佑之命申錫之焉

故大德者必受命

命天命也聖王之位不同然有大德者必受天命而興也

子曰無憂者其惟文王乎以王季爲父以武王爲子父作之子述之

文王姬姓西伯昌也王季季歷武王周王名發憂阨也舜於父子之間猶爲天阨若文王則聖聖相傳父作子述其無阨於天也明焉

武王纘太王王季文王之緒一戎衣而有天下身不失天下之顯名尊爲天子富有四海之內宗廟饗之子孫保之

纘繼也太王古公亶父緒統緒戎衣韋弁之屬一戎衣書武成篇言一著戎衣伐紂天下定也顯名令德之名宗廟后稷以下太王王季文王之廟子孫謂成康以下繼嗣爲君者保守也

武王末受命周公成文武之德追王太王王季上祀先公以天子之禮斯禮也達乎諸侯大夫及士庶人父爲大夫子爲士葬以大夫祭以士父爲士子爲大夫葬以士祭以大夫期之喪達乎大夫三年之喪達乎天子父母之喪無貴賤一也

末終也文王之世其命維新至武王而有天下克終文王受命之功至周公制定禮樂克成文王未竟之德追王之禮祇及太王王季上祀先公蓋武王既有天下七廟之立自后稷下並有高圉亞圉祖紺也（高圉子亞圉亞圉子公叔祖類一作祖紺祖紺子太王亶父亶父子季歷季歷子文王合后稷爲七）司服云享先王則衮冕享先公則鷩冕以天子禮者鼎俎籩豆簠簋之陳祭用天子也上士一命大夫再命三命喪服自期以下諸侯絕大夫降非貴貴而弗親親也喪服不祭蓋諸侯有宗廟社稷山川之祀不可以曠故惟服三年而不服期大夫降者駿奔在廟助祭於君者非一大夫期降大功所曠祇一時也三年之喪以義服者如舜爲堯服之（繼統之作）太甲爲仲壬居憂（任爲叔服）天子爲后世子（左傳昭十五年云王一歲而有三年之喪二焉王后與世子也）故曰達乎天子（諸侯於天子大夫於國君嫡孫承重祖父並皆三年）父母之喪一者自天子至於庶人哭踊倚廬苴麻饘粥悉無貴賤之分非若義服之喪飲食居處衣服之制皆有差殺也

子曰武王周公其達孝矣乎

達通也言能通天下之志以爲孝也孝經云昔者明王以孝治天下也不敢遺小國之臣而況於公侯伯子男乎故得萬國之懽心以事其先王又曰昔者周公郊祀后稷以配天宗祀文王於明堂以配上帝是以四海之內各以其職來助祭夫聖人之德又何加於孝乎

夫孝者善繼人之志善述人之事者也

繼志述事謂能成文武之德制禮作樂化成天下也

春秋脩其祖廟陳其宗器設其裳衣薦其時食

王制天子七廟三昭三穆與太祖之廟而七諸侯五廟二昭二穆與太祖之廟而五大夫三廟一昭一穆與太祖之廟而三士一廟庶人祭於寢修其祖廟兼太祖昭穆而言也宗器先世所藏之重器若周之赤刀大訓弘璧琬琰大玉夷玉天球河圖以及瑚璉敦彝之屬裳衣先祖之遺衣服祭則設之以授尸者時食薦嘗薦鮪獻羔開冰羞以含桃也

宗廟之禮所以序昭穆也序爵所以辨貴賤也序事所以辨賢也旅酬下爲上所以逮賤也燕毛所以序齒也

天子七廟以周言之后稷爲祖高圉爲昭亞圉爲穆祖紺爲昭太王爲穆王季爲昭文王爲穆武王入廟則高圉去祧之昭史云成王七年歸自東都立高圉廟而祀之因高圉祧也成王入廟則亞圉去祧之穆人死必祔於祖孫可以爲王父尸子不可以爲父尸爲其昭穆之序也祖有功而宗有德夏商七廟周九廟者奉文武爲世室也世室不祧天子有事於廟凡諸侯來助祭者文之世室則必以文之穆武之世室則必以武之昭其祫祭於祖廟也太祖東嚮羣昭南嚮羣穆北嚮皆以西方爲上昭穆子孫有職事者以次爲序無職事者羣列阼階之下西面北上肅雍以待也爵謂諸侯五等之封及附庸之君四命之孤卿三命再命之大夫也賢有才德者事謂視滌濯贊幣玉奉牲鬯執豆籩也主人飮賓曰獻賓答主人曰酢主人先飮復酌以飮賓曰酬宗廟之中君酬賓後弟子洗觶酬長兄弟於薦南賓取觶酬長兄弟長兄弟酬賓則必兄弟之弟子先舉觶而後長兄弟以弟子所奠之觶酬賓既賓將行無算爵則賓之弟子及兄弟之弟子同時各舉觶於其長然後賓舉觶酬兄弟之黨長兄弟舉觶酬賓之黨故曰旅酬燕毛者同齒尙毛既酬而燕則以毛髮之色別尊卑班次以爲坐也

十四

(按) 文王世子云公族朝於內朝內親也雖有貴者以齒明父子也外朝以官體異姓也宗廟之中以爵爲位崇德也宗人授事以官尊賢也登餕受爵以上嗣尊祖之道也與此可以參觀

踐其位行其禮奏其樂敬其所尊愛其所親事死如事生事亡如事存孝之至也

踐登也位祭位行禮謂行灌獻之禮奏樂冕而舞大武也所尊先王之祖考所親先王之子孫敬則郊祀后稷以配天宗祀文王以配上帝愛則祫及羣廟並燕諸父昆弟於宗宮也始死曰死既葬曰亡事死如生喪三日而殯凡附於身者必誠必信事亡如存其往也如慕其反也如疑免喪之外見似目瞿聞名心瞿也至極也

郊社之禮所以事上帝也宗廟之禮所以祀乎其先也明乎郊社之禮禘嘗之義治國其如示諸掌乎

郊祭天社祭地冬至祭天圜邱曰南郊夏至祭地方澤曰北郊天祀上帝地祀黃帝惟天子得以行之故統名曰郊兆五帝於四郊迎春東郊祀以靑帝迎夏南郊祀以赤帝迎秋西郊祀以白帝迎冬北郊祀以黑帝方明之祀惟天得以統之故皆名曰上帝王爲羣姓立社曰大社自爲立社曰王社諸侯爲百姓立社曰國社自爲立社曰侯社大社國社在庫門之右王社侯社在籍田之中天子有郊有社諸侯無天地之郊郊社之禮所以祀上帝者指天子之祀典也郊必有禘禘必有配祭法云有虞氏禘黃帝而郊嚳祖顓頊而宗堯夏后氏亦禘黃帝而郊鯀祖顓頊而宗禹殷人禘嚳而郊冥祖契而宗湯周人禘嚳而郊稷祖文王而宗武王禮不王不禘四代之禘各配其帝於郊祀明堂者非宗廟之禘嘗也宗廟之禮夏禘秋嘗時祭也並有春禴冬烝王與諸侯行之祫禘祫嘗並有祫烝祝迎羣廟之主祭於太室禘祭之盛者也以親疏遠近測之

十五

通典引左氏說古者先王日祭於祖考月薦於曾高時享及二祧歲祫於壇墠禘及郊宗石室曾子問曰君祫祭於祖則祝迎四廟之主出廟入廟必蹕時禘惟合羣廟三年之禘當合祧廟五年之禘遂合壇墠終王之祭始合郊宗石室以尊卑等差言之天子歲有夏禘諸侯則一犆一祫間歲行之天子三年大禘五年殷禘法天行三年一閏五年再閏也諸侯殺於天子故爲五年大禘而無殷禘天子終王禘合郊石諸侯終侯禘合壇墠三年喪畢吉禘合及羣廟魯之郊禘非禮也示昭著也諸掌衆職所掌之禮司徒奉牛其屬官有牛人宗伯奉雞其屬官有雞人司馬奉羊其屬官有羊人司寇奉犬其屬官有犬人司空奉豕冬官亡其屬有豕人太宰親滌濯其屬官有膳庖饔亨酒漿籩醯醢鹽等職秩然不紊先王治國之道蓋已昭著於郊社禘嘗之中也郊禘敬其所尊廟禘愛其所親也吉禘事死亡如生存也祫禘由親親以及疏遠仁鬼神也禮運云禮行於郊而百神受職焉禮行於社而百貨可極焉禮行於祖廟而孝慈服焉其國豈有不治者乎

中庸箋正　十六

哀公問政子曰文武之政布在方策其人存則其政舉其人亡則其政息

哀公魯君名蔣問政以國政問於孔子也文文王武武王方木版策竹簡方廣於簡古者大事書方小事書策舉行也息止也政舉政息視人存亡有治人無治法也鹽鐵論方策長二尺四寸爲律

人道敏政地道敏樹夫政也者蒲盧也

敏達也蒲水草莞類盧蘆通葭之大者葦屬皆叢生近水之草春至易榮秋至易枯人道達之於政事猶之地道達之於蒲盧畢息榮枯其理一也

(按)蒲盧一名而有三物夏小正雉入於淮爲蜃傳曰蜃者蒲盧也爾雅蜾蠃一名蒲盧𧊒䖵之細腰者曰蒲盧朱子獨取沈存中說謂蒲葦不擇地而生蓺蒲葦者遂之而已人之爲政亦在遂之所謂行其所無事也予玩既云地道敏樹其取譬之蒲盧當從沈括筆談爲是

故爲政在人取人以身修身以道修道以仁

治法必視治人故爲政者首在有治人也君者臣之表也君聖則臣良故曰取人以身道即禮樂之道仁謂有孚惠心存元善長人之德者也

仁者人也親親爲大義義古通誼**者宜也尊賢爲大親親之殺尊賢之等禮所生也**

仁者人也言仁從人道之所生也義者宜也言義從事理之所起也人道不外親親事理莫若尊賢而親親尊賢復有等殺此聖王所以制禮爲節文也殺謂父母伯叔兄弟敬愛之殊三年期功喪服之異等謂小賢大賢友事師事授爵頒祿各有不同者也

在下位不獲乎上民不可得而治也

中庸箋正　十七

鄭康成注此句其屬在下若脫誤重在此孔穎達朱子並同

故君子不可以不修身思修身不可以不事親思事親不可以不知人思知人不可不知天

修治也脩身必事親者身親所生也人即人倫事親必知人者推己及人人人欲親其親親親之外五常之義皆人道所從出也天天道知人必知天者成性存存聖人立人倫之極法天道以爲治也

天下之達道五所以行之者三曰君臣也父子也夫婦也昆弟也朋友之交也五者天下之達道也知仁勇三者天下之達德也所以行之者一也

達通也道即人親之道五謂五典父子有親君臣有義夫婦有別長幼有序朋友有信也五者天下之達道古今之所共由放諸四海而皆準也所以行之者

三智知此也仁體此也勇强此也非知則五者之理不明非仁則五者之誼不親非勇則五者之行不力此三德皆所以行達道也

或生而知之或學而知之或困而知之及其知之一也或安而行之或利而行之或勉强而行之及其成功一也

知卽知人知天生知聰明睿知者也學知好古敏求者也困知困心橫慮而後喩者也及其知之一者君子深造之道知其性則知天也行卽行五達道安而行之根於性也利而行之感於義也勉强而行之迫於教也及其成功一者君子深造之道同至聖人之極功也此言才識氣質之分非言知仁勇三德之殊也

子曰好學近乎知力行近乎仁知耻近乎勇

好學猶言好問力行者强爲善也知耻則不甘爲人下好學則理日明力行則

善日積知耻則身日修三者雖非生禀之資然皆近於達德者也

(按)孔子家語亦載此章而其文尤詳成功一也之下有公曰子之言美矣至矣寡人固實不足以成之也故其下復以子曰起答辭今無此問辭而猶有子曰二字蓋述者删其繁文以附於篇也

知斯三者則知所以修身知所以修身則知所以治人知所以治人則知所以治天下國家矣

三者指三近而言知斯三者言能造成三達德也修身治人治天下國家天下之本在國國之本在家家之本在身人者對身之稱天下國家則盡乎人矣

凡爲天下國家有九經曰脩身也尊賢也親親也敬大臣也體羣臣也子庶民也來百工也柔遠人也懷諸侯也

經者道之常修身尊賢道之目自修身以至諸侯道之序也脩謂正其心體尊謂師事賢者親愛也敬謂待之以禮體謂恩結其心子如父母之字其子來勸賚柔撫綏懷惠保也

修身則道立尊賢則不惑親親則諸父昆弟不怨敬大臣則不眩體羣臣則士之報禮重子庶民則百姓勸來百工則財用足柔遠人則四方歸之懷諸侯則天下畏之

道立謂德成於己而可爲民表也不惑謂賢者能安其心不怨謂親者無解其體不眩則卿宰其屬事無曠官報重則士竭其才衆無廢事勸則近悅遠來足則財康物阜歸謂四海引領傾心畏謂天下服神畏德此言九經之效悉能推己以及人也

齊明盛服非禮不動所以修身也去讒遠色賤貨而貴德所以勸賢也尊其位重其祿同其好惡所以勸親親也官盛任使所

以勸大臣也忠信重祿所以勸士也時使薄斂所以勸百姓也日省月試旣禀稱事所以勸百工也送往迎來嘉善而矜不能所以柔遠人也繼絕世舉廢國治亂持危朝聘以時厚往而薄來所以懷諸侯也

齊齊其思慮明潔其身心盛成也齊明以一其內盛服以肅其外身律身度所以修身也讒足以蔽賢色足以阻賢貨足以妨賢能去能遠能賤道正道明所以勸賢也位爲官爵祿爲士田尊則欲其貴也重則欲其富也好惡同則休戚相關所以勸親親也盛多也使使令官屬任使謂官屬任其節使所以勸大臣也忠謂謀忠信謂言信重慕也祿廉俸忠而見信則益其祿所以勸士也時三時斂賦稅時使薄斂公役有期征取有節所以勸百姓也旣定也方言六旣定也郭注旣已然也禀廩粟日省月試旣禀稱事如周禮宰夫曰月終則令羣吏正月要旬終則令

正日成宮正曰稽其功緒糾其德行幾其出入均其稍食（稍稍給食）槀人曰考其弓弩以上下其食預定其制所以勸百工也

送往迎來往則授節以送來則委積以迎善則嘉其才不能矜其困所以柔遠人也朝謂諸侯躬朝聘謂卿大夫代聘時謂各有其期厚往謂問賜之豐薄來謂貢獻之寡所以懷諸侯也此言九經之事也

（按）周禮大行人云春朝諸侯而圖天下之事秋覲以比邦國之功夏宗以陳天下之謨冬遇以協諸侯之慮朝在王庭覲在宗廟宗在明堂遇在射宮（詳周禮說）（箋正）蓋言諸侯來朝時既不同地亦各異其故何與周正建子朝正在春（周令孟春夏令仲冬）時正嚴寒故在王朝行禮夏則天氣和暖周人正禘明堂故在明堂行禮古者賞以春夏論功行賞必在祖廟周令孟秋正夏令仲夏故在祖廟行禮冬時周行大閱之禮遇言隙地者大閱必在閒曠之地故在射宮行禮非因四岳來朝分爲東西南北取合四時之名爲義也大行人又云間問以喻諸侯之志又云侯服歲一見甸服二歲一見男服三歲一見采服四歲一見衛服五歲一見要服六歲一見頤齊經說天子巡狩之後首歲侯服朝二歲甸服朝三歲男服朝四歲采服朝五歲衛服朝六歲要服朝一齊一也五服各以其年齊來見也其爲比年小聘三年大聘者小聘使大夫大聘使卿以六年計之子年諸侯朝丑年天子殷問寅年諸侯使大夫小聘卯年使卿大聘辰年天子間問巳年諸侯使大夫小聘午年諸侯再朝十二年中諸侯朝王二小聘四大聘二天子間問諸侯四於是天子巡狩方岳諸侯各朝方岳之下如天子有故不能巡狩方岳則諸侯必使其卿悉來王國閒覜謂之殷頫諸侯躬來謂之殷同即位歸脤弔賀因事朝聘不在此例

附列朝聘表

子（午）諸侯躬朝天子	侯服朝
丑（未）天子殷問諸侯	甸服朝
寅（申）諸侯使大夫小聘	男服朝
卯（酉）諸侯使卿大聘	采服朝
辰（戌）天子間問諸侯	衛服朝
巳（亥）諸侯使大夫小聘	（巳年要服朝 亥年朝方岳）

（按）古注侯服歲一見謂每歲一朝甸服二歲一見謂十二歲中六朝男服三歲一見謂十二歲中四朝以次遞推采服三朝衛服二朝要服一朝頤齊經說則謂十二歲中諸服各祇二朝惟要服一朝餘至巡狩悉朝方岳予玩經說近於理焉若云侯服每歲朝王何以又有小聘大聘諸禮毋乃奔走京畿亟僕僕於道路與

凡爲天下國家有九經所以行之者一也

一者同也言天子諸侯所行九經之事無不同也

凡事豫則立不豫則廢言前定則不跲事前定則不困行前定則不疚道前定則不窮

（箋正）曰豫傾隍曰廢跲急也困亂也疚病也窮塞也

在下位不獲乎上民不可得而治矣獲乎上有道不信乎朋友不獲乎上矣信乎朋友有道不順乎親不信乎朋友矣順乎親有道反諸身不誠不順乎親矣誠身有道不明乎善不誠乎身矣

獲謂得也在下位而能治民如周禮族師閭師縣師之職上士中士爲之治民要於誠身天下國家之本在身也朋友與親悉人倫之所當盡者明善言明五

常之義禮樂之原淑心淑身之化也

誠者天之道也誠之者人之道也誠者不勉而中不思而得從容中道聖人也誠之者擇善而固執之者也

誠者生性未漓天道之本然也誠之者反身而誠循理而至者也本於天者不思不勉生知安行之質本於人者擇善固執學知利行之功從容和緩也中道者不偏不倚無過不及惟聖者能之擇善之效亦惟賢有德者能之也

博學之審問之愼思之明辨之篤行之

學無常於五官五官弗得不治學問思辨行皆致力於五官擇善固執而求其誠者也

（按）博學之以下家語悉無其文意者彼有所闕此爲著中庸者補與古時學校之中不若今時學校廣有書籍故教者皆以口授學者皆以耳聞博學是致

力於耳也審問是致力於口也愼思是致力於心也明辨是致力於目也篤行是致力於身也

有弗學學之弗能弗措也有弗問問之弗知弗措也有弗思思之弗得弗措也有弗辨辨之弗明弗措也有弗行行之弗篤弗措也人一能之己百之人十能之己千之

有弗學言有未及學者必自學以求其能若其弗能必不中道而置亦不遽行而用也人一己百人十己千蓋自百倍其功爲則必要其成也

果能此道矣雖愚必明雖柔必强

果誠也道即五常之道行之以三德施之於九經陶成於禮樂者愚明柔强蓋言擇善固執之功困知勉行之效也

自誠明謂之性自明誠謂之教誠則明矣明則誠矣

明顯著也言以至誠之道化成天下故曰自誠明天下式化無不服神畏敎故曰自明誠天道謂之性人道謂之教根於性者無不明服於敎者無不誠也

（按）誠明明誠近儒解曰明心見性正如釋云覺照道云淸虛予曰不然誠云形著明動變化性云盡人盡物合誠與性爲外內之道時措之宜想見吾儒之誠即天道之不息吾儒之明正大人明照四方化成天下也

唯天下至誠爲能盡其性能盡其性則能盡人之性能盡人之性則能盡物之性能盡物之性則可以贊天地之化育可以贊天地之化育則可以與天地參矣

至誠盡性大人者不失其赤子之心也盡人者己所不欲勿施於人老吾老以及人之老幼吾幼以及人之幼也盡物則冬斬陽木夏斬陰木草木當春不折鳥獸當孕不殺也贊化育與天地參者賞以春夏刑以秋冬四靈爲畜時無昆

蟲水旱之災民無凶饑妖厲之疾惟聖王能修其禮教也

其次致曲曲能有誠誠則形形則著著則明明則動動則變變則化唯天下至誠爲能化

致曲（管闚札記曲矩尺也）謂範人於禮不踰矩也禮器曰經禮三百曲禮三千其致一也曲禮威儀之謂其次致曲正致禮儀之節文也曲能有誠禮必居敬存誠形著明動變化朱子云形者積中而發外著則又加顯矣明則又有光輝發越之盛也動者誠能動物變者物從而變化則有不知其所以然者皆由德容次第之所發見誠中形外馴至黎民於變而天下化也

至誠之道可以前知國家將興必有禎祥國家將亡必有妖孽見乎蓍龜動乎四體禍福將至善必先知之不善必先知之故至誠如神

前知先知也禎休徵祥嘉瑞禎者象示於天祥者物應於地也衣服歌謠草木之怪爲妖禽獸蟲蝗之怪爲孽蓍所以筮龜所以卜見謂示其吉凶四體謂動作威儀之間歆忘亨傲行速言徐皆自召其禍也升降有容周旋有度皆自求其福也善不善必先知者人有禮則安無禮則危能者養之以福不能者敗以取禍也至誠如神惟聖人恭默思道日謹於禮祥桑生於殷廷震雷不出周境轉移捷於影響禍福無不自己求也

誠者自成也而道自道也

誠以心言本也道以理言用也禮器曰忠信之人可以學禮苟無忠信之人則禮不虛道誠者自成而道自道蓋言成己成物誠必自禮以成己道必自禮以導人也

誠者物之終始不誠無物是故君子誠之爲貴　二十四

物謂凡物事理誠者事理之實也子孝臣忠以及倫常之所當盡者惟誠貫徹始終表裏如一不誠即有間斷故君子必以誠爲貴也

（按）誠者物之終始祭義云其立之也敬以紺至已徹而退敬齊之色不絕於面終始之謂也不誠無物若季氏祭終而跛倚以臨孔子曰禘自既灌而往者吾不欲觀之矣事雖一端可以取譬禮器曰君子之於禮也有所竭情盡慎致其敬而誠若有美而文而誠若由是觀之故君子必以誠爲貴也

誠者非自成己而已也所以成物也成己仁也成物知也性之德也合外內之道也故時措之宜也

此言誠者之效成己成物如舜盡事親之道而天下化子羔爲宰而成人立服兄衰合外內之道得時措之宜者德盛禮恭智周萬物而道濟天下也

（按）禮器云故君子有禮則外諧而內無怨故物無不歸樂記云故樂者動於內者也禮者動於外者也樂極和禮極順內和而外順則民瞻其顏色而弗與爭也望其容而民不生易慢焉故德輝動於內而民莫不承聽理發於外而民莫不承順故曰致禮樂之道舉而措之天下無難也與此互相發明其義

故至誠無息不息則久久則徵徵則悠遠悠遠則博厚博厚則高明

息止也久長也徵成也言其久道悠遠無窮竟也悠遠故其蓄也廣博而深厚博厚故其顯也高大而光明此言聖人久於其誠而天下化光也

（按）至誠不息即易乾象曰天行健君子以自強不息

博厚所以載物也高明所以覆物也悠久所以成物也

載承也覆冒也成生成此言聖人之功與天地同用

（按）樂記云樂者天地之和也禮者天地之序也和故百物皆化序故羣物皆別樂由天作禮以地制過制則亂過作則暴明於天地然後能興禮樂也與此隱合　二十五

博厚配地高明配天悠久無疆

配匹也無疆猶言無竟此言聖人之德與天地同體

（按）樂記云清明象天廣大象地終始象四時也與此同旨

如此者不見而章不動而變無爲而成

不見而章含宏光大地道也不動而變自強不息天道也無爲而成四時行百物生時措之宜也（顧齋續說不見而章無聲之樂日聞四方不動而變無體之禮日就月將無爲而成純德孔明施于孫子也）

天地之道可一言而盡也其爲物不貳則其生物不測

不貳不測可一言盡者孔子閒居云天無私覆地無私載日月無私照天有四時春夏秋冬風雨霜露無非教也地載神氣神氣風霆風霆流形庶物露生無

非教也

天地之道博也厚也高也明也悠也久也

上言天地之化功此言天地之體德也

今夫天斯昭昭之多及其無窮也日月星辰繫焉萬物覆焉今夫地一撮土之多及其廣厚載華嶽而不重振河海而不息萬物載焉今夫山一卷石之多及其廣大草木生之禽獸居之寶藏興焉今夫水一勺之多及其不測黿鼉蛟龍魚鼈生焉貨財殖焉

四者發明天地之道以致盛大而能生物之義斯昭昭之多猶言明祇此多也太陽爲日太陰爲月少陽爲星少陰爲辰繫綴屬覆上冒也指撮曰撮華嶽二山名河南曰華河西曰嶽華太華嶽吳嶽也載承也振收也洩與泄同散也卷

區也奇珍曰寶珍蘊曰藏黿鼉蛟龍魚鼈悉鱗介之屬也所與所生實皆貨財之所殖也

詩云維天之命於穆不已蓋曰天之所以爲天也於乎不顯文王之德之純蓋曰文王之所以爲文也純亦不已

維天之命美周之禮也維念也言文王有光顯之德崇效乎天其所行周禮亦如天命之運行不已文王之德大亦如天之大也純大也

大哉聖人之道洋洋乎發育萬物峻極於天優優大哉禮儀三百威儀三千待其人而後行故曰苟不至德至道不凝焉

大哉聖人之道即聖人制禮極乎天蟠乎地也洋洋充滿意發育萬物草木當春不折禽獸當孚不殺制爲禮法與大造同其仁也優優寬裕貌禮儀經禮也威儀曲禮也不曰曲禮曰威儀者出乎禮入乎刑也說見王夫之四書稗疏顧齋經說古者明刑弼教五刑之屬三千正與威儀三千相輔而成鄭闕札記引禮記正義序三百謂周禮三千謂儀禮歷引孝經禮篇春秋說禮說漢書藝文等說以證謂三百即周官三百六十限其大數而云也三千非謂篇有三千但事殊別有三千條耳待其人而後行苟無忠信之人則禮不虛道至德謂聖王也苟不至德至道不凝者非有王天下之道不敢作禮樂也

故君子尊德性而道問學致廣大而盡精微極高明而道中庸溫故而知新敦厚以崇禮

尊重也道由也推極曰致究竟曰盡窮至曰極尋繹曰溫知喩也敦篤也崇尚也尊德性守其在己道問學求其在人致廣大極高明學取其博盡精微道中庸守取其約溫故敦厚深造之功知新崇禮自得之境也

是故居上不驕爲下不倍國有道其言足以興國無道其默足以容詩曰既明且哲以保其身其此之謂與

不驕不倍言與默容四者皆僅於禮也倍與背同容非求容蓋容忍也所謂沉

機以觀變者詩大雅烝民篇明謂聞見之博哲謂才知之多保信持也明哲保身正事君者持禮於身以待用也

子曰愚而好自用賤而好自專生乎今之世反古之道如此者裁及其身者也

愚無德者賤無位者自用自專是不信先王之道者也遵先王之道而過者未之有也生今之世反古之道謂變易其禮樂宜其自取禍害也

非天子不議禮不議度不考文

天子受天命以王天下者議禮制度考文即改正朔易服色殊徽號之類言非受命之君必不輕爲損益也禮典常度律歷文書名

今天下車同軌書同文行同倫

軌轍迹之度文篆籀之形倫次序之體今天下皆同者言世猶從周也

雖有其位苟無其德不敢作禮樂焉雖有其德苟無其位亦不敢作禮樂焉

位謂天子之位德謂聖人之德言作禮樂者非德位兼隆必不能盡其聲容之盛也

子曰吾說夏禮杞不足徵也吾學殷禮有宋存焉吾學周禮今用之吾從周

徵謂信成存謂保守從謂遵行朱子曰杞夏之後宋殷之後三代之禮孔子皆嘗學之但夏禮既不可考證殷禮雖存又非當世之法惟周禮乃時王之制今日所用孔子既不得位則從周而已

王天下有三重焉其寡過矣乎

重尚也三重謂三代禮各有尚夏尚忠殷尚質周尚文也寡鮮也過越也其寡過矣乎言三代之所損益者鮮有能越其制也

上焉者雖善無徵無徵不信不信民弗從下焉者雖善不尊不尊不信不信民弗從

上焉者謂夏商之禮雖善今非時王之制故皆不可考證而民難信從也下焉者如孔顏爲邦之論雖善於禮而非居於尊位空言徒託民亦弗信從也

故君子之道本諸身徵諸庶民考諸三王而不繆建諸天地而不悖質諸鬼神而無疑百世以俟聖人而不惑

本諸身有其德也徵諸庶民驗其所信從也朱注考稽也繆紕繆建立也悖違並質正也疑謂不信於理俟待也惑謂不信於心不繆不悖無疑不惑謂君子之道足以信於上下古今幽明也

質諸鬼神而無疑知天也百世以俟聖人而不惑知人也

知天知人幽明之故往來之理其揆一也

是故君子動而世爲天下道行而世爲天下法言而世爲天下則遠之則有望近之則不厭

動謂變動行謂躬行言謂命令望威望不厭美其有常度也

詩曰在彼無惡在此無射庶幾夙夜以永終譽君子未有不如此而蚤有譽於天下者也

詩周頌振鷺篇惡憎也射厭也譽美也言彼此既無憎厭所以夙夜克終厥美也蚤與早同未有不如此而早有譽者蓋反決其爲必然也

仲尼祖述堯舜憲章文武上律天時下襲水土

述繼也章彰也律法也襲因也祖述堯舜尚書斷自唐虞憲章文武風詩首列周召上律天時春秋奉天法時下襲水土禮樂隨風移俗此言孔子能集大成者也

譬如天地之無不持載無不覆幬辟如四時之錯行如日月之代明萬物並育而不相害道並行而不相悖小德川流大德敦化此天地之所以爲大也

譬如天地四時日月易文言曰夫大人與天地合其德與日月合其明與四時合其序也不害不悖此言並育並行之量川流敦化此言小德大德之功蓋以天地之道與聖人同極其大故明取譬之義也

唯天下至聖爲能聰明睿知足以有臨也寬裕溫柔足以有容也發强剛毅足以有執也齊莊中正足以有敬也文理密察足以有別也

至聖聖人之極也聰明睿知耳目性心靈於人者臨謂居上而臨下也寬裕溫

柔（寬宏廓裕舒徐溫和煦柔慈順）法地道之含弘發強剛毅（氣揚曰發力堅曰強性勁曰剛志貞曰毅）則天行之不息容容量執執守也齊莊中正（齊齊也莊重也中不偏正不邪也）四者敬以直內文理密察（文文章理條理密詳細察明辨）四者義以辨外也此言聖人之德體

溥博淵泉而時出之溥博如天淵泉如淵見而民莫不敬言而民莫不信行而民莫不說

溥博廣徧淵泉靜深時出待時而發見也如天如淵言其充積極其盛民敬民信民說至聖之德無往而不誠服於心也此言聖人之德用

是以聲名洋溢乎中國施及蠻貊舟車所至人力所通天之所覆地之所載日月所照霜露所墜凡有血氣者莫不尊親故曰配天

洋溢盈滿也蠻南蠻貊北狄言蠻貊則四裔該於其中水行曰舟陸行曰車通達也此言德化涵濡中外極之覆載所容日月霜露之所照隊凡含血氣以生者莫不尊重親愛喁喁以嚮其化此聖人所以配天而立極也

唯天下至誠爲能經綸天下之大經立天下之大本知天地之化育夫焉有所倚

大經者五品之民彝大本者五常之德行禮本天地以別尊卑惟至誠知盡其理化成天下故無偏倚於其間也經綸擘畫之謂建立也

肫肫其仁淵淵其淵浩浩其天苟不固聰明聖知達天德者其孰能知之

肫肫懇至貌淵淵靜深貌浩浩廣大貌所謂親之如父母容之如江海蓋之如天地也固常也聰明聖知足以有臨苟不常見聰明聖知以臨其下則生成必有偏倚其孰能知聖人之德通於天地之化育哉

詩曰衣錦尙絅惡其文之著也故君子之道闇然而日章小人之道的然而日亡君子之道淡而不厭簡而文溫而理知遠之近知風之自知微之顯可以入德矣

詩國風衛碩人鄭之丰皆作衣錦褧衣褧絅同襌衣也尙加也錦文采之衣君子爲己小人爲人君子之道闇章小人之道的亡故以錦絅爲喩也朱子云淡簡溫絅之襲於外也不厭而文且理焉錦之美在中也（松陽講義言皆庸言行皆庸行無新奇詭怪可喜可驚之處者淡也然言雖庸而皆根至理行雖庸而皆當然雖淡而不可厭焉沉靜樸素無浮詞蔓說無瘏容繁飾者簡也然言寡而中貌質而恭雖簡而自有文焉不危激其言論不峭厲其稜角者溫也然事之孰是孰非人之孰賢孰否胸中涇渭昭然妍媸不混雖溫而自有理焉）遠之近見於彼者由於此也風之自著乎外者本乎內也微之顯有諸內者形諸外也（頤齋經說知遠之近遠來必由近說知風之自草偃必視風加知微之顯水懷珠媚山蘊玉輝）再言君子之道皆爲己謹獨之事入德之要者也

詩云潛雖伏矣亦孔之昭故君子內省不疚無惡於志君子之所不可及者其唯人之所不見乎

詩小雅正月篇潛隱也伏匿也孔甚也昭明也所云卽莫見乎隱莫顯乎微之義疚病也無惡猶言無愧君子愼獨之修不求人見者也視闇章益加密矣

詩云相在爾室尙不愧於屋漏故君子不動而敬不言而信

詩大雅抑之篇屋漏室西北隅祀先祖之處也不動而敬不言而信蓋言愼獨之效隱能感格於神明也

（按）禮器云故作事不以禮弗之敬也出言不以禮弗之信也君子不動而敬不言而信正無往不以禮存諸心也

詩曰奏假無言時靡有爭是故君子不賞而民勸不怒而民威於鈇鉞

詩商頌烈祖篇奏假詩作鬷假言進而感格於神明也靡無也爭競也此言禮樂行於廟宫人皆肅敬而生讓德不待賞怒而民自勸懲也鈇莝斫刀鉞斧也

（按）樂記君子曰禮樂不可斯須去身也致樂以治心則易直子諒之心油然生矣生則樂樂則安安則久久則天天則神天則不言而信神則不怒而威致樂以治心者也此正兩節之所本也

詩曰不顯惟德百辟其刑之是故君子篤恭而天下平

詩周頌烈文篇言天子有不顯之德而諸侯法之其效極於天下也篤純也篤恭而天下平無爲而治恭己以正南面乃聖人至德淵微之應中和之化造極之功也

詩云予懷明德不大聲以色子曰聲色之於以化民末也詩曰德輶如毛毛猶有倫上天之載無聲無臭至矣

詩大雅皇矣篇聲色言貌也不大聲以色謂不以言貌暴顯使民有所勸戁也德輶如毛詩烝民篇輶道也言積德於毫渺之徵至於重大民莫能舉是猶有形迹之可求也不若詩文王篇所言無聲無臭化成於修之中絶無功迹之著此所以爲德之至也

經註譌字校正　三頁　中庸其至矣乎節　註鮮善也罕也脫善也二字　人莫不飲食也節　註汙尊抔飲汙抔譌作汗杯　十一頁　經富有四海之内富譌作當　十七頁　天下之達道五節　註道即人倫之道倫譌作觀　二十頁　註所以勸皇也送往迎來兩句　二十七頁　經不制度制譌作誘　二十八頁　故君子之道本諸身節　註悖小譌脫空[illegible]行違背背譌作並

中庸序辨

泰州　徐天璋睿川　辨

徐氏曰中庸一篇子夏之所傳也大旨修道立教始終推原於天其可證明爲子夏傳者禮記中庸次孔子閒居及坊記之後孔子閒居子夏侍觀其問三王之德參於天地其得聞夫子云云者正與中庸相表裏也閒居引言帝命中庸首言天命閒居告以三無中庸結言無聲無臭閒居言天地四時風雨霜露無非教也中庸由天命而言修道立教並及四時錯行霜露所隊閒居言夙夜基命宥密中庸言戒懼隱微閒居言哀樂相生志氣塞乎天地中庸言中和位育中庸篇法三段自天命至位育冒起全章子夏推原立論之旨也自仲尼曰君子中庸至在彼無惡之節子夏反復引明夫子之言也自仲尼祖述堯舜至末章子夏再四贊歎聖人合天之義也中庸大綱三字曰天曰性曰道其妙一以貫者誠而已矣内而聖誠於修身外而王誠於爲政明通帝謂幽洽鬼神藉非文學之科君子之儒其孰能與於斯中庸中更有爲子夏可證者子夏習詩中庸多引詩曰子夏習禮中庸多引禮經夫子告子夏曰天無私覆地無私載日月無私照中庸疊句則曰天之所覆地之所載日月所照者欲將至有開必先中庸推闡則曰禍福將至善必先知之不善必先知之明目而視之不可得而見也傾耳而聽之不可得而聞也中庸引伸則曰視之而弗見聽之而弗聞體物而不可遺閒居美文武之德中庸故述文武之政而明九經閒居贊三代之德中庸故禮徵杞宋而道考三王閒居言明明天子令聞不已

中庸故引於穆不已純亦不已關居引威儀逮逮中庸故說禮
儀三百威儀三千不獨於關居可爲子夏證也論語子夏曰博
學而篤志切問而近思卽中庸博學審問數語也大德不踰閑
卽中庸立天下之大本也君子有三變望之儼然卽之也溫聽
其言也厲卽中庸齊莊溫柔剛毅也君子之道孰先傳焉孰後
倦焉卽中庸君子之道譬如行遠必自邇譬如登高必自卑也
闕里志傳子夏云諸侯之驕我者我不爲臣大夫之驕我者我
不復見也卽中庸遯世不見知而不悔也韓詩外傳子夏聞關
雎爲王化之原喟然歎曰乃天地之基也卽中庸所言夫婦之
道及其至也察乎天地尙書大傳子夏曰昭昭如日月之代明
離離如星辰之錯行卽中庸曰譬如四時之錯行如日月之代

明也子夏設教西河言山故徵華嶽子夏篤信謹守擇善故美
拳拳子夏姿稟不及困知勉行正自道甘苦之言始則家貧衣
鶉繼則爲魏文侯師觀其義勝而肥富貴貧賤之間又無入而
不自得夫子之後商也日益大道之傳中庸一篇舍子夏其誰
屬哉況子夏門弟多才如曾申受詩公羊傳春秋荀況輩傳五
經或傳易序或傳詩序不待孔壁書出而經學亦已風行子夏
誠有功於洙泗也大爲門弟子上稟師承卽流溯源無非孔子
之教故不復分攷某篇識某名記某著也注疏引鄭康成目錄
陸德明釋文云孔子之孫伋作中庸以昭明聖祖之德孔叢子
云子思困於宋作中庸賈逵云孔伋窮居於宋懼家學不明作
大學以經之中庸以緯之大學既爲曾子所傳焉見中庸不爲

子夏傳與朱子章句直斷爲子思所作以爲中庸係子思授於
孟子信如斯言則孟子七篇何無言及中庸二字屢談王政何
不言及文武九經盡心一章又何不言中和位育惟居下位章
與中庸有同文者焉知非得諸人口之傳聞與藉非傳聞孟子
必明述師承如滕定章引曾子之言尙冠曾子曰三字於此引
中庸之言不應抹煞子思攘爲己有更不應顯學孔子渾曰私
淑諸人且中庸言仁子思何以不顧祖諱一則曰仲尼再則曰
仲尼子思何其直以字呼檀弓載子上母死子思稱父則曰吾
先君子援是以證稱仲尼曰者絕非子思之口吻也論語記伯
魚對陳亢之問述父之言祇一曰字不冠子者至親無文也何
休注公羊傳子沈子下子者師也子列子天瑞篇稱子亦然中

庸屢引子曰又非祖孫之稱引也或曰詩書不諱臨文不諱廟
中不諱所謂君子之道仁未能一者詩書乎臨文乎廟中乎反
覆玩索故曰中庸非子思以授孟子實子夏以傳門人不然中
庸何以與關居連類而誌並能相表裏哉更何以先書仲尼曰
後引子曰與坊記表記先冠子言之後引子云子曰例同與蓋
冠仲尼曰者明其道原孔子繼引子曰者明其引皆師言孔叢
子賈逵諸說或者子夏居於西河子思仕衛遊魏嘗聞子夏之
言退而習業也且子思學於曾子禮載曾子諸問無一與中庸
相類中庸傳自子夏之門夫何疑哉夫何疑哉

泰州文獻

第四輯

性理纂要抄狐白
韻略類釋
柴庵疏集
三垣筆記
楊升庵史略詞話正誤

鳳凰出版社

ISBN 978-7-5506-2234-0

9 787550 622340 >

圖書在版編目（ＣＩＰ）數據

性理纂要抄狐白、柴庵疏集、楊升庵史略詞話正誤等/（明）宗臣等撰. -- 南京 : 鳳凰出版社, 2015.10
（泰州文獻）
ISBN 978-7-5506-2234-0

Ⅰ. ①性… Ⅱ. ①宗… Ⅲ. ①古籍－彙編－泰州市 Ⅳ. ①Z422

中國版本圖書館CIP數據核字(2015)第289542號

責任編輯　王愛榮
裝幀設計　姜　嵩
出版發行　鳳凰出版傳媒股份有限公司
　　　　　鳳凰出版社(原江蘇古籍出版社)
　　　　　發行部電話025－83223462
出版社地址　南京市中央路165號　郵編:210009
出版社網址　http://www.fhcbs.com
印　　刷　揚州文津閣古籍印務有限公司
　　　　　揚州市開發區鴻揚路22-2號(6幢)　郵編:225009
開　　本　889毫米×1194毫米　1/16
印　　張　40.5
版　　次　2015年10月第1版　2015年10月第1次印刷
標準書號　ISBN 978-7-5506-2234-0
定　　價　580.00圓
（本書凡印裝錯誤可向承印廠調換,電話:0514－87969255）

《泰州文獻》工作委員會

主　任
藍紹敏　陸志鵬

常務副主任
盧佩民

副主任
戴勝利　王學鋒　張培成　佘江涛

委　員（按姓氏筆畫为序）
丁少華　方標軍　成愛君　季春芳　周興安
查學斌　姜小青　奚愛國　陳士宏　黄林華
曹茂良　曹學賦　許大才　張國祥　萬永良
程榮穩　鄒祥龍　費振鐘　劉　玲　劉仁前
劉宏鳴　潘時常　薛金林　顧維中

《泰州文獻》編纂委員會

主　編

盧佩民

副主編

黄林華　姜小青

執行主編

成愛君　費振鐘

編　委（按姓氏筆畫为序）

王　飛　王　劍　王正奎　卞惠興　朱長順　全　勤

李文華　李明官　吴　迪　吴小晴　吴雙林　汪　政

沈　俊　林世田　莫其康　倪培翔　徐一清　徐同華

高　峰　陳　立　黄　靖　曹學林　常　康　張　定

張永龍　劉仁前　劉春龍　潘浩泉　薛　飛　謝冬榮

竇立成　顧寄南

《泰州文獻》學術指導委員會

（按姓氏筆畫为序）

江慶柏　金良年　茅家琦　華學誠　徐　雁　畢飛宇

程章燦　楊九俊　魯國堯　劉玉才　顧　農

總序

泰州古稱海陵，漢初（公元前一一七年）置縣，晋末（公元四一一年）設郡，南唐（公元九三七年）建州，始稱泰州。

泰州濱江近海，物阜民豐。漢唐以來，糧鹽並舉，商貿繁榮，爲溝通南北的重要港口城市。

泰州素爲文教昌明之邦。唐初立州學，北宋建貢院，明清開學政試院，産出大批科舉優秀人才。

泰州自古人文薈萃。走進泰州的，從范仲淹、富弼、陸佃，到孔尚任、吴讓之、蔣春霖，都留下深遠影響。走出泰州的，從張懷瓘、胡瑗、施耐庵、王艮，到李清、吴嘉紀、柳敬亭、黄龍士、李鱓、鄭燮、劉熙載、李詳、梅蘭芳、高二適，都在各自領域爲中國文化作出巨大貢獻。

泰州遺存的文獻也很豐富。僅據《江蘇藝文志》所載，便有二千七百餘種，涵蓋經、史、子、集的方方面面。其中，尤以明清時期爲夥，占到百分之九十九以上。這當中不排除由於種種原因，致使元以前的一些著述湮没無聞，但明清兩代，確是泰州文化的繁盛期。在這些文獻中，如《書斷》（張懷瓘）、《水滸傳》（施耐庵）、《王心齋先生遺集》（王艮）、《宗子相集》（宗臣）、《陋軒詩集》（吴嘉紀）、《板橋全集》（鄭燮）、《藝概》（劉熙載）、《李審言文集》（李詳）、《黄龍士先生棋譜》等，在中國文化史上都有重要地位和深遠影響。

與此同時，對鄉邦文獻進行整理的也代不乏人。自宋至清，周氏（周麟之等）、宫氏（宫偉鏐等）、陳

氏（陳應芳等）、徐氏（徐鳴柯等）等都曾致力其事，爲泰州留下了許多寶貴的文化財富。清嘉道間，鄉人夏荃編輯《海陵文徵》二十卷、附録十二卷，《海陵詩徵》十卷。民國初年，曾任江蘇省省長的鄉人韓國鈞歷經十餘年編成《海陵叢刻》計二十三種六十六册。

二〇一一年九月召開的中共泰州市第四次代表大會，提出了建設文化名城的任務。爲此，中共泰州市委、泰州市人民政府決定編纂《泰州文獻》。這是泰州有史以來對本土文獻最大規模的整理和彙編。它對於保存、利用、研究和開發泰州的歷史文化，尋繹泰州獨特的地方文化價值，爲泰州文化建設提供歷史人文資源，意義重大。

爲了保證編纂工作的順利進行，市委、市政府專門成立了工作委員會、編纂委員會和學術指導委員會。工作委員會由市委、市政府領導和相關部門負責同志組成，負責對編纂工作的領導和協調。編纂委員會由相關專家、學者組成，具體負責《泰州文獻》的編纂出版工作。學術指導委員會由江慶柏、魯國堯、程章燦、茅家琦、華學誠、徐雁、金良年等國内知名文史專家組成，負責對編纂工作的指導和把關。

編纂工作按如下幾個步驟進行：（一）進行文獻調查，建立文獻檔案；（二）精選有代表性、有學術價值的作品影印出版，選目由編纂委員會和學術指導委員會共同審議確定；（三）編輯出版《泰州文獻總目》。

《泰州文獻》分爲四輯：

第一輯『官修舊志』，收録泰州地區現存所有官修地方志。

第二輯『地方史料文獻』，收録泰州地區歷代重要的筆記和史料。按内容又可分爲史地類：收録有關泰

州歷史地理方面的著作，包括小志、專志、雜志等；政情類：收録有關泰州政治、經濟等方面的著作；文教類：收録有關文化、教育、圖書館等方面的著作。

第三輯『家族文獻』，收録泰州地區重要的家譜、家傳、家集與名人年譜。按内容又可分爲家乘傳記類：擇要收録泰州家族譜牒中的譜序、家規、家訓、箴言、族約、族記、祠田記、塋田記、雜記、著述等資料；家族總集類：以家族姓氏筆畫爲序。

第四輯『泰州文存』，收録泰州地區作者的詩文著作及其他代表性著作。按内容又可分爲學術論著類：收録泰州作者的經史雜著；文集類：收録泰州作者的詩文集；地方總集類：收録泰州作者的詩文合集。

考慮到《水滸傳》、《封神演義》（《辭海》云『一説陸西星作』）、《檮杌閑評》（學界多謂李清所作）等小説流傳甚廣，版本豐富，故不再收録。其他如堪輿、術數類著作，泰州人撰泰州地區以外的地方志、地理志類著作，一般性的彙編、摘鈔類著作，亦不予收録。

《泰州文獻》原則上收録現轄區内的作家作品。但從尊重歷史出發，泰州學派創派人物、明代思想家、哲學家王艮，平民詩人吴嘉紀等人，歷史上均屬於泰州地區，對泰州地區具有深遠的文化影響，他們的作品亦予收録。

前人給我們留下了豐厚的文化遺産，我們既要加以珍視和傳承，更要在前人的基礎上，創造出無愧於今天這個偉大時代的新篇章。這是我們更重要的使命，讓我們爲之努力。

《泰州文獻》編纂委員會

二〇一三年十月十八日

凡例

一、《泰州文獻》（以下簡稱《文獻》）分爲《官修舊志》、《地方史料文獻》、《家族文獻》和《泰州文存》四輯。

二、《文獻》收録範圍原則上爲現行政轄區内作者的著述和與泰州有關的重要著述，但考慮到歷史上曾屬於泰州地區的人物，如泰州學派的代表人物王艮、平民詩人吴嘉紀等對泰州文化深具影響，對他們的作品亦予收録。

三、所收著作成書年代限於一九四九年以前。

四、《文獻》所收著作，以學術價值、使用價值較高爲原則，適當兼顧版本價值。

五、《文獻》以影印方式出版。如有蠹損、殘缺、漫漶不清處，原則上以相同版本予以補配，以保證完整、清晰。

六、《文獻》對所收每種著作均撰寫提要，置於該著作前面，以方便讀者瞭解作者生平、主要内容、學術價值等。

七、《文獻》除保留所收著作原有頁碼外，均新編頁碼，每册頁碼自爲起訖。

八、《文獻》最後一册編有書名索引和作者索引，以方便讀者使用。

目録

性理纂要抄狐白

（明）宗臣　撰

《性理纂要抄狐白》四卷首一卷，明宗臣撰，據上海圖書館藏明末世德堂刻本影印。

宗臣（一五二五—一五六〇），字子相，一字方城。明興化人。宗周子。嘉靖二十九年（一五五〇）成進士，授刑部主事，進吏部稽勳司員外郎。以牾楊繼盛，忤嚴嵩，出爲福建參議，遷提學副使，以勞疾卒於官。《明史》卷二八七有傳。

明代程朱理學是占據官方統治地位的學術思想，代表性的著作有胡廣《性理大全》等，此外陳洪謨、施夢龍等人都曾撰《性理纂要》之類書籍，《性理纂要抄狐白》即此類書籍的抄録本，狐白即精華、選粹之意。此書封面作《性理纂要》，扉頁作《性理狐白》，所録内容則只及《性理大全》一半，國家圖書館所藏宗臣撰《性理纂要抄狐白》八卷首卷一卷，行款等項與此書相同，當爲全本。此書卷首有《成祖文皇帝御製性理序》《八卦圖》《古今州域輿圖》《先儒姓氏》等，正文四卷，上下二欄，多有眉批。所録内容分標題、正文、小字注文。卷一内容見於《性理大全》卷一至卷三，卷二内容見於《性理大全》卷四至卷六，卷三内容見於《性理大全》卷七至卷十三，卷四内容見於《性理大全》卷十四至卷三十七。宗臣與李攀龍、王世貞等稱『嘉靖七子』，爲明代著名文學家，本書則爲其研習理學之作，非常難得，爲深入研究宗臣的思想與創作提供了依據，亦有助於對明代學術思想的考察。

（周　忠）

論策標題

性理狐白

世德堂梓

性理纂要　全部四卷

成祖文皇帝御製性理序

昔者聖王繼天立極以道治天下伏羲神農黃帝堯舜禹湯文武相傳授受上以是命之下以是承之率能致雍熙悠久之盛者不越乎道以為治也　夫道之在天下無古今之殊人之禀受於天者亦無古今之異何後世治亂得失與古昔之弗逮耶此無他道之不明不行夫豈道之病哉其為世道之責孰得而辭焉切思帝王之治一本於道然所謂道者人倫日用之常初非有待於外也厥初聖人未生道在天地聖人既生道在聖人聖人已往道在六經六經者聖人為治之迹也六經之道明則天地聖人之心可見而致治之功可成否則人之心術不正而邪說暴行又作侵尋蠹害欲求善治烏可得乎　聖人之心法與天地同其妙聖人之書法與天地同其工非心法無以見書法之工匪書法無以見心法之妙苟不得於心而徒泥於迹者亦末矣

性理要抄首編

進士方城宗　臣　纂
翰林婺陽黃洪憲　參
進士去華潘士藻　校

圖說略

圖何肇其肇自圖書乎羲文得之而列卦大禹得之而序疇天地間至理秘數洩矣周子之太極邵子之皇極宗乎卦者也楊氏之太玄蔡氏之皇極宗乎疇者也天文有圖地理有圖禮樂事物各有圖雖據事衍義總之不離乎卦範之數也理非數不顯数非圖不明用是采輯彙訂列之編首以俟夫因數明理者得焉

河圖

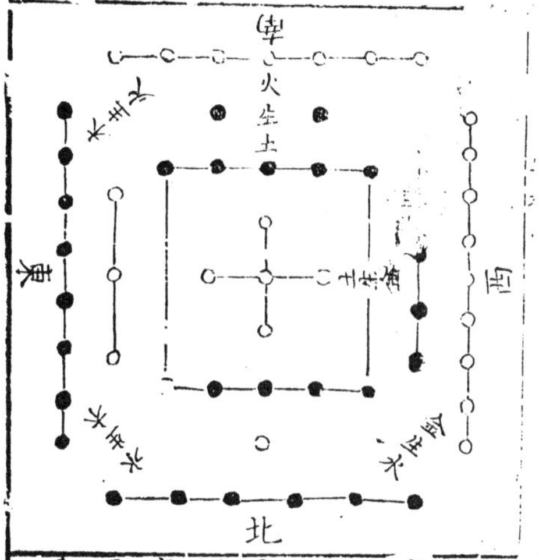

孔安國曰河圖者伏羲氏王天下龍馬負圖出河遂則其文以畫八卦

河圖以相生為序故左行自北而東而南而中而西復始於北

洛書

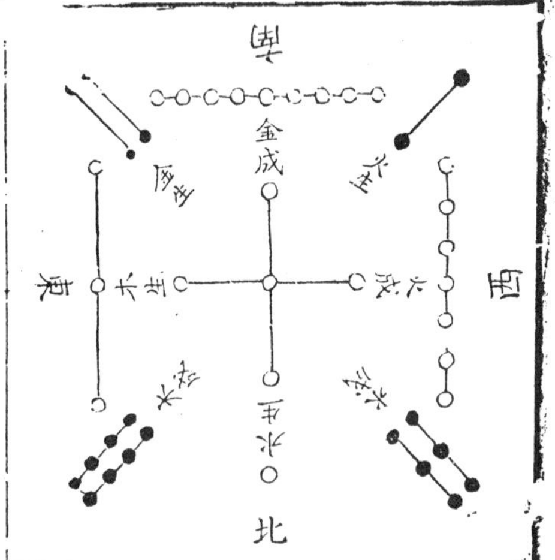

洛書者禹治水時神龜負文列於背有數至九禹遂因而第之以成九疇

洛書以相克為序故右轉自北而西而南而東而中復始於北

伏羲則圖作易

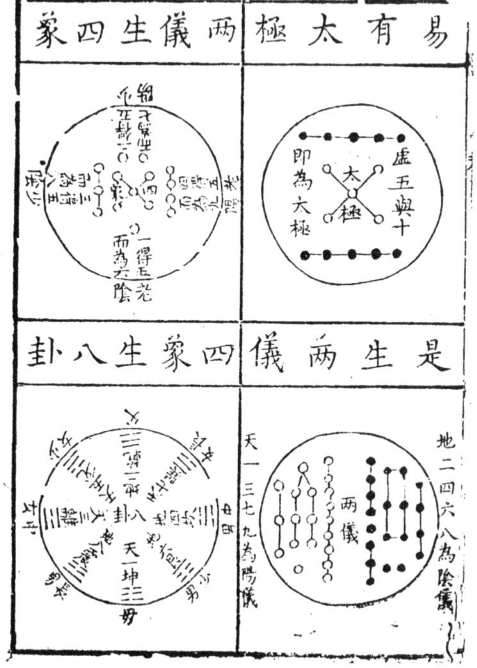

周子太極合易繫太極圖

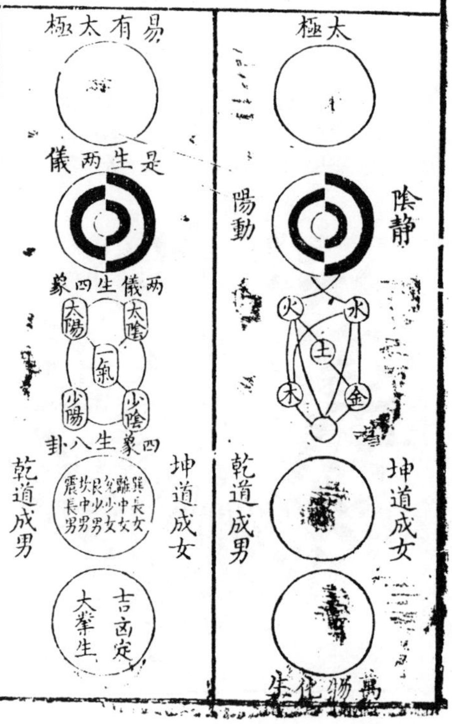

伏羲八卦橫圖

繫辭曰易有太極是生兩儀兩儀生四象四象生八卦

邵子曰一分為二二分為四四分為八是為八卦

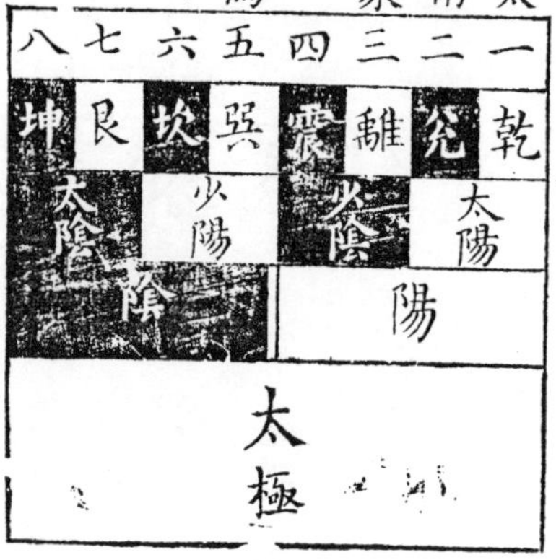

伏羲六十四卦橫圖

繫辭曰八卦成列象在其中矣因而重之爻在其中矣故下三畫即前圖之八卦上三畫則各以其序重之而下卦因亦各衍而為八也

邵子曰八分為十六十六分為三十二三十二分為六十四是為六十四卦

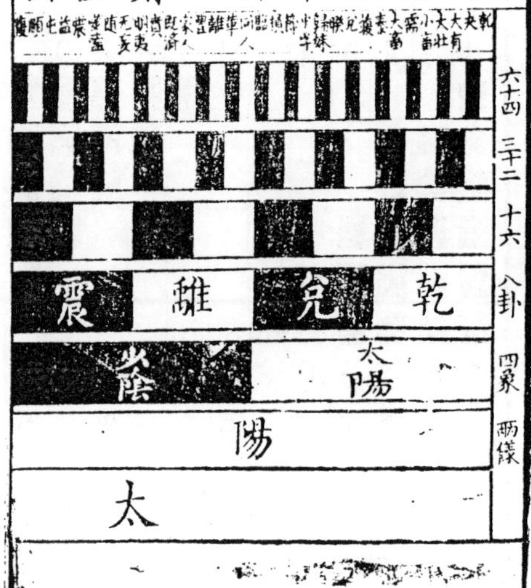

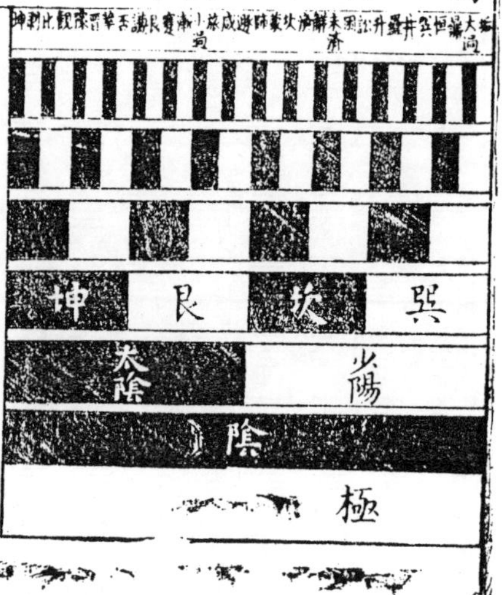

伏羲八卦圓圖

說卦傳曰天地定位山澤通氣
雷風相薄水火不相射八卦相
錯數往者順知來者逆是故易
逆數也
朱子曰此圖以乾一兌二離三
震四巽五坎六艮七坤八為序
員圖左方自震而離而兌而乾
皆陽之卦也皆進而得其已生
之卦猶自今日而追數昨日也
故曰數往者順右方自巽而坎
而艮而坤皆陰之卦也皆推而
得其未生之卦猶自今日而逆
計來日也故曰知來者逆

伏羲六十四卦方圖

方布者陰
陽對待之
體地之象
也乾始于
西北坤盡
于東南一
高一下定
而不易

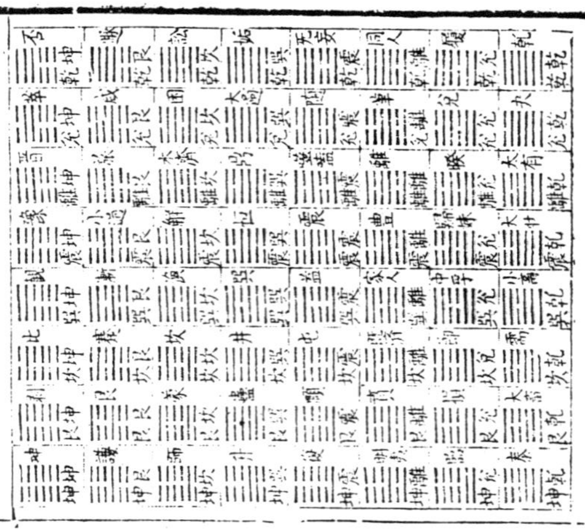

伏羲六十四卦圓圖

圓布者陰陽
運行之數天
之象也陽生
於子中極於
午中陰生於
午中極於子
中一消一息
派而不窮

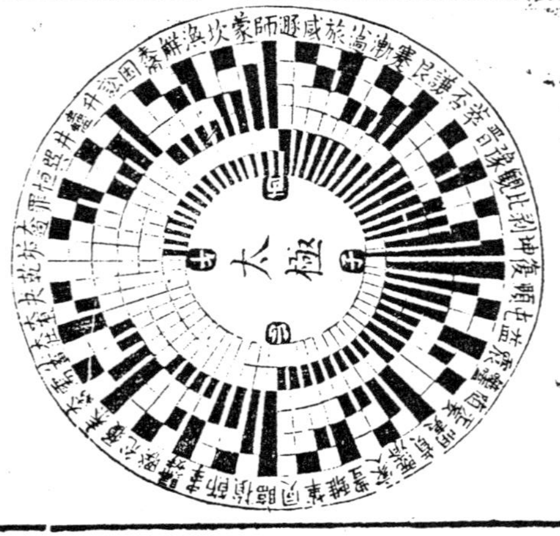

十二月卦氣圖

此縱於行數之陽
臨陰皆自一而六
橫而數之陰陽各
六其六合之各為
三十六又見陰陽
一而陰二三十六
陽曰乎三十六陰
之中天地間無非
一陽氣之運而已
息於復盈於乾消
於姤虛於坤消息
盈虛天行也

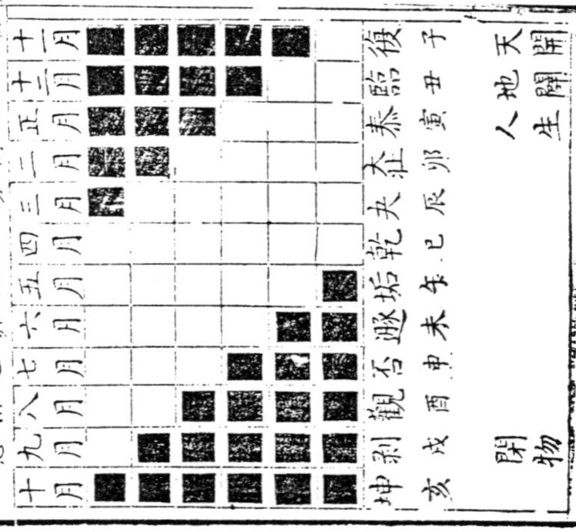

六十四卦配二十四氣圖

二分二至四立總爲八節每節計兩卦共十六卦十六氣每氣計三卦共四十八卦合之爲六十四卦　自坤而震月之始生初三日也至兌則月之上弦初八日也至乾則月之望十五日也至巽則月之始虧十八日也至艮則月之下弦二十三日也至坤則月之晦三十日也

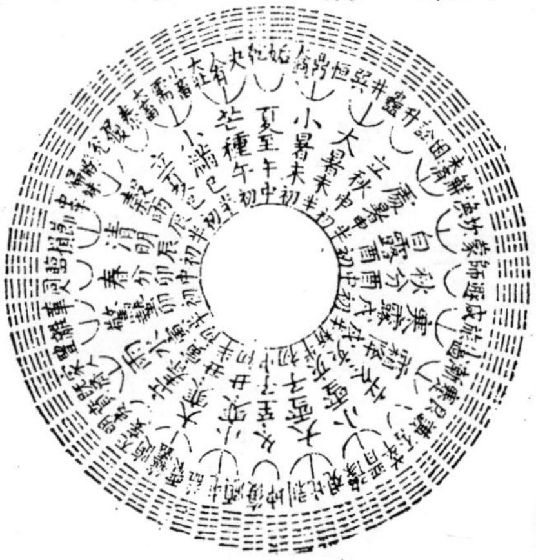

文王八卦次序

乾父	震長男	得乾初爻	艮坎震	
	坎中男	得乾中爻		
	艮少男	得乾上爻		
坤母	巽長女	得坤初爻	兌離巽	
	離中女	得坤中爻		
	兌少女	得坤上爻		

文王八卦方位

易說卦傳曰帝出乎震齊乎巽相見乎離致役乎坤說言乎兌戰乎乾勞乎坎成言乎艮

邵子曰文王八卦置乾於西北退坤於西南長子用事而長女代母坎離得位兌艮爲耦乃入用之位後天之學也

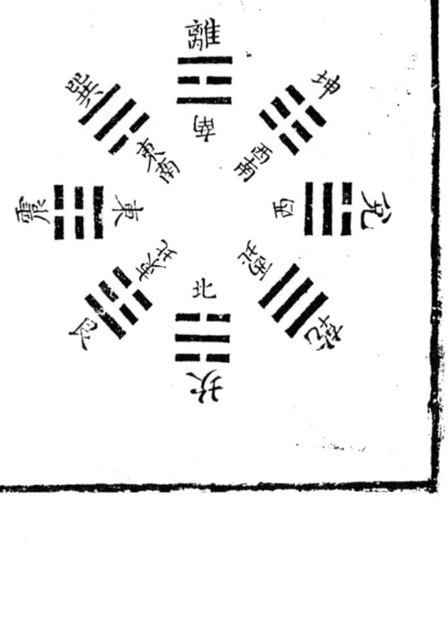

文王六十

乾	
坤	
屯	蒙
需	訟
師	比
小畜	履
泰	否
同人	大有
謙	豫

需訟晉明夷對　泰否損益對

咸	恒
遯	大壯
晉	明夷
家人	睽
蹇	解
損	益
夬	姤
萃	升
困	井

四卦次序

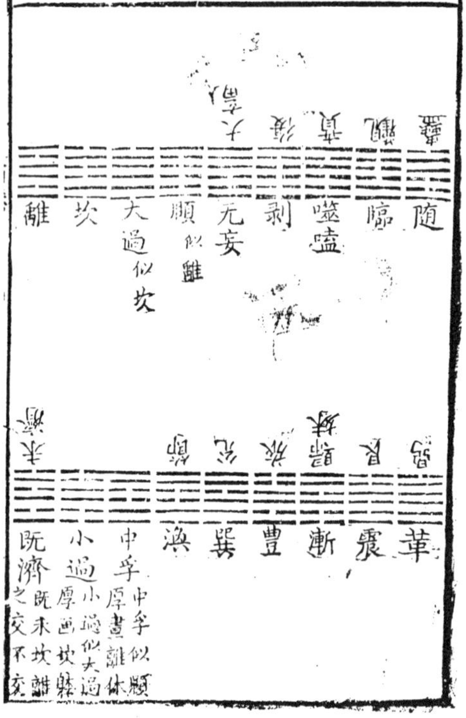

邵子天地四象之圖

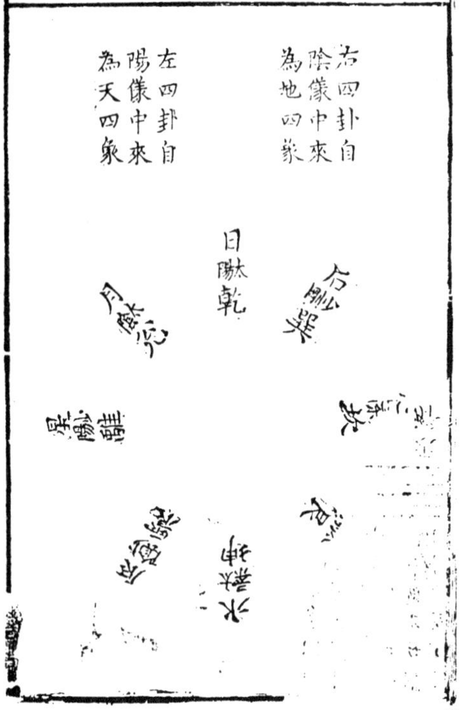

邵子一元消長之圖

日元甲	月會 子一	星運 三十	辰世 三百六十	年 一萬八百	復	
	月 丑二	星 六十	辰 七百二十	年 二萬一千六百	臨	
	月 寅三	星 九十	辰 一千八十	年 三萬二千四百	泰	開物星之己七十六
	月 卯四	星 一百二十	辰 一千四百四十	年 四萬三千二百	大壯	
	月 辰五	星 一百五十	辰 一千八百	年 五萬四千	夬	
	月 巳六	星 一百八十	辰 二千一百六十	年 六萬四千八百	乾	唐堯始星之癸一百八十辰二千一百五十七
	月 午七	星 二百一十	辰 二千五百二十	年 七萬五千六百	姤	夏殷周秦兩漢兩晉十六国南北朝隋唐五代
	月 未八	星 二百四十	辰 二千八百八十	年 八萬六千四百	遯	
	月 申九	星 二百七十	辰 三千二百四十	年 九萬七千二百	否	
	月 酉十	星 三百	辰 三千六百	年 一十萬八千	觀	
	月 戌十一	星 三百三十	辰 三千九百六十	年 一十一萬八千八百	剥	閉物星之戊三百二十五
	月 亥十二	星 三百六十	辰 四千三百二十	年 一十二萬九千六百	坤	

洪範九疇圖

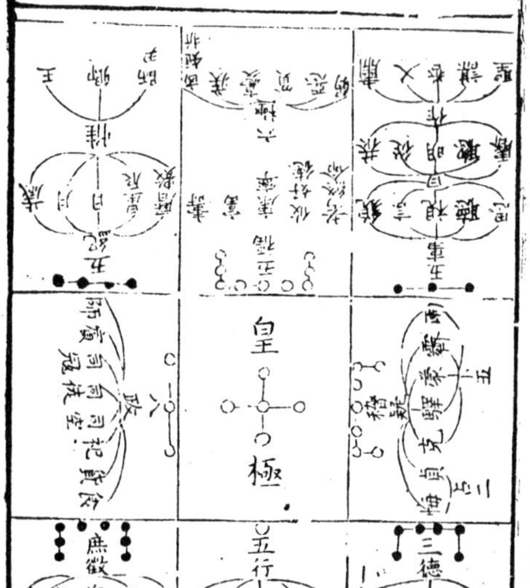

揚子太玄擬易之圖

玄圖曰一玄都覆三方方同九州枝載庶部分正羣家

玄始三方方有三州州有三部部有三家皆一生三故有三方九州二十七部八十一家也

蔡氏洪範皇極之圖

黃瑞節曰易更四聖而象已著範錫神禹而數不傳九峰蔡氏揆範數圖八十一章六千五百六十一變西山真氏曰蔡氏範數與三聖之易同功

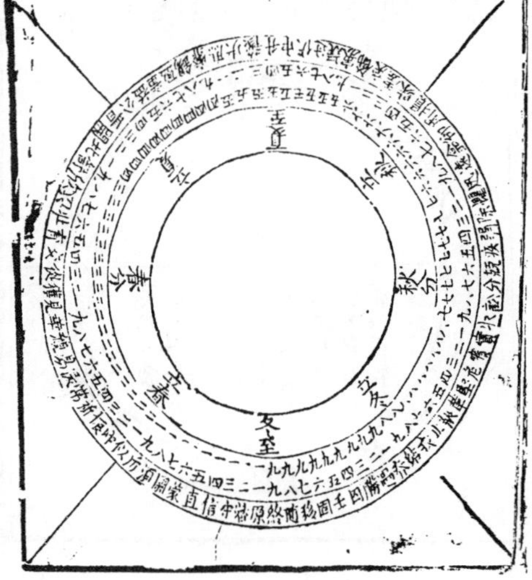

天文經星之圖

二十八宿分布周天天無體以二十八宿為體謂之經星分之有三百六十五度四分度之一

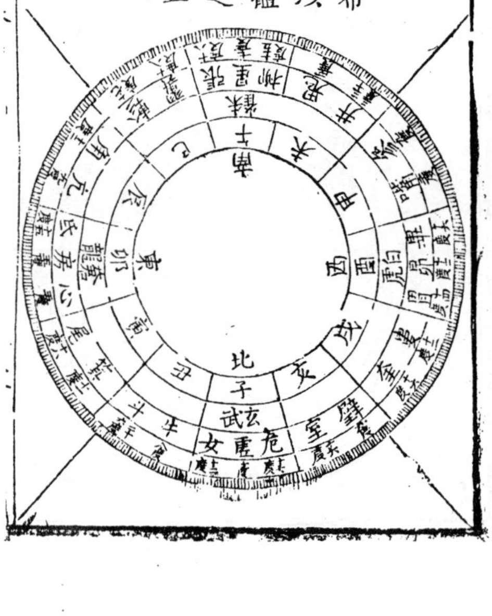

天文緯星之圖

日

太陽之精順天左旋天行一日常週三百六十五度四分度之一仍過一度日亦一日一週而比天不及一度積三百六十五日四分度之一而與天會

月

太陰之精亦順天左旋一日常不及天十三度有奇不及日十二度有奇積二十七日有奇而與天會積二十九日有奇而與日會

火

一名熒惑隨天左旋而不及天常以十月入太微垣受制平行二日移一度二歲一週天

金

一名太白隨天左旋而不及天輔日而行或前或後平行一日移一度一月移一宮一歲一週天

土

一名填星隨天左旋而不及天平行二十八日移一度二十八月移一宮二十八年一週天

水

一名辰星隨天左旋而不及天輔日而行或前或後平行一日移一度一月移一宮一歲一週天

木

一名歲星隨天左旋而不及天平行十二日移一度一歲移一宮十二歲一週天

太陽中道之圖

中陸去南北極各九十一度半強春分日行中陸自春分而夏至漸行至北陸爲夏至之日道自夏至而秋分由北陸而轉中陸爲秋分之日道自秋分而冬至漸行至南陸爲冬至之日道自冬至而春分由南陸而轉中陸爲春分之日道

日有永短由地有升降春秋分時地適當天之中其日出卯入酉且行中陸故長短均由春分而夏至陽日升地日降而下其日出寅入戌且行北陸故永由秋分而冬至陽日降地日升而上其日出辰入申且行南陸故短

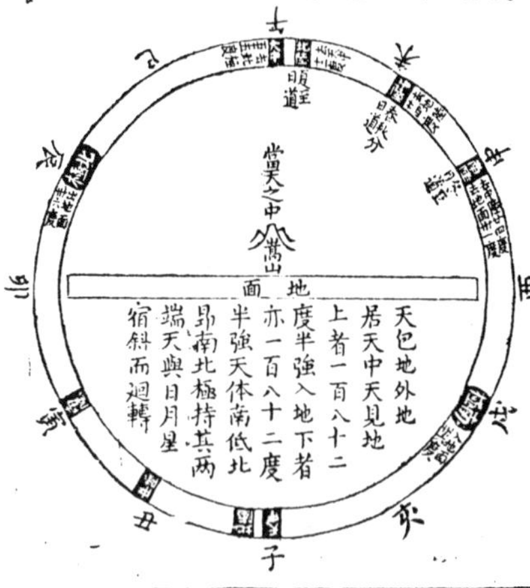

四仲中星正日圖

星鳥張三度午中春分之初昏見于午星火房心之間卯中夏至之初昏見于午星虚𧇾危之間子中秋分之初昏見于午星昴八度酉中冬至之初昏見于午以二分二至日躔加戌候之爲定

二十四氣分經定局圖

天度平運而常舒日道内轉而常縮歲氣所積周天三百六十五度二千四百二十六分日躔所積周天一百六十五度二千五百六十四分以歲氣較日躔歲差一百二十八分先時冬至日在虚今冬至日在箕以此　度法萬分爲度

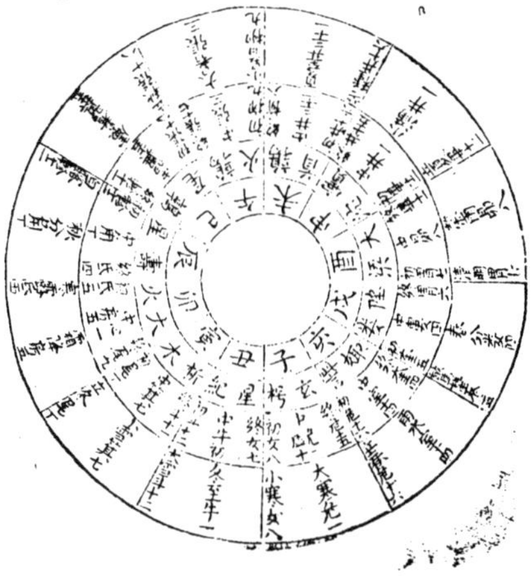

太陰九道之圖

四序離爲八節八節各爲九限毎限五日凡月行舍朔所交與黄道相會出外爲陽曆入内爲陰曆是名九道

冬在陰曆夏在陽曆月行青道冬在陽曆夏在陰曆月行白道春在陽曆秋在陰曆月行赤道春在陰曆秋在陽曆月行黒道

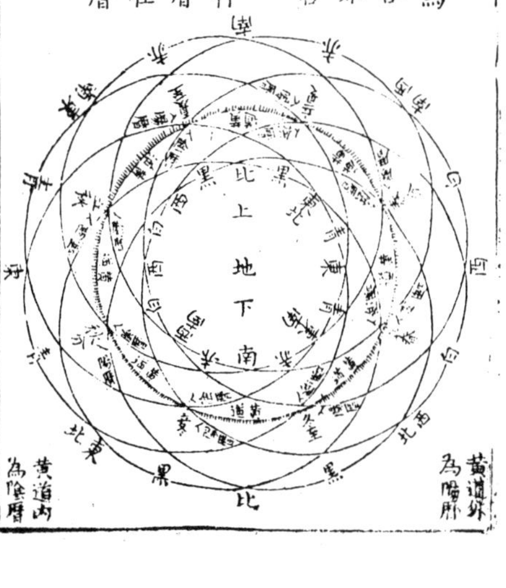

天文分野之圖

周礼保章氏掌天星以星土辨九州之地所封封域皆有分星以觀妖祥議者謂周在中土而星之應在南吳在東而星之應在西燕在東而星之應在北似無可考然諸傳記所載十二國災祥之應又皆有驗而可證

閏月定時成歲圖

古曆法以章蔀紀元為宗十有九歲為一章至朔同日四章為蔀至朔同在甲子日二十蔀為紀至朔同在甲子時三紀為元至朔年月日時皆值甲子謂之曆元日月如合璧五星如貫珠 太玄曆法以章會統元為宗十有九歲為一章閏分尽二十七章為會月食尽三會為統朔分尽三統為元六甲盡

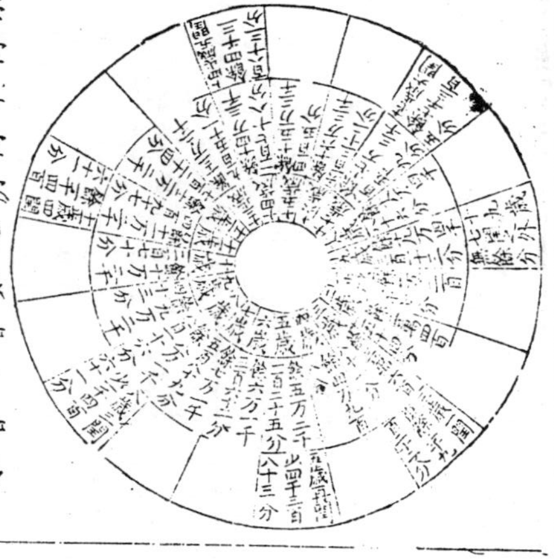

日月會辰之圖

過一度漸進而東惟天漸進而東故日月相會所躔之度漸退而西焉其實日未嘗退也 一月三十日一歲十二月三百六十日此常數也但月與日會率三十日而不足月有大小所以補其不足之數日與天會率三百六十日而有餘歲有閏月所以補其有餘之數令有餘不足而閏生焉其法皆在月上為之盈縮

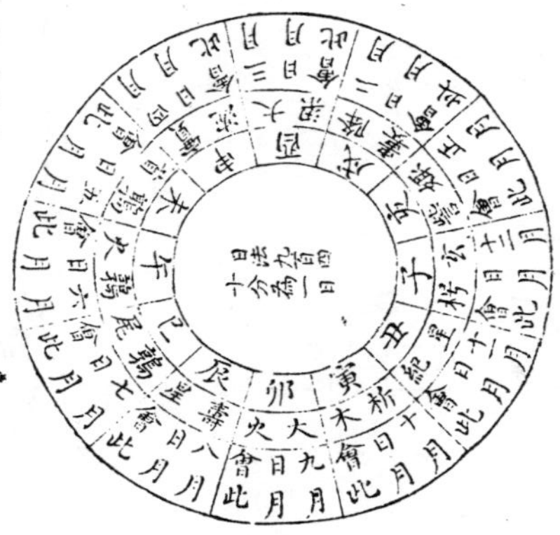

明晦朔弦望圖

日月相會必在初一日日月相望或在十五十六十七日 卯在初一日卯時以前相會則十五日為望酉時以後相會則十七日為望卯時以後酉時以前相會則十六日為望知望日之或先或後則月之大小與上下弦之或先或後亦可知

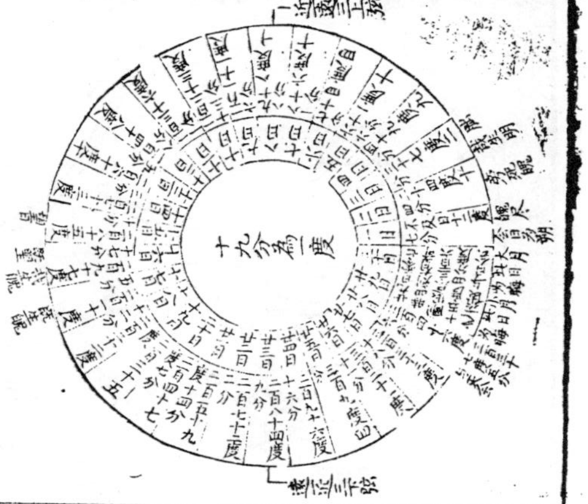

古今州域輿圖

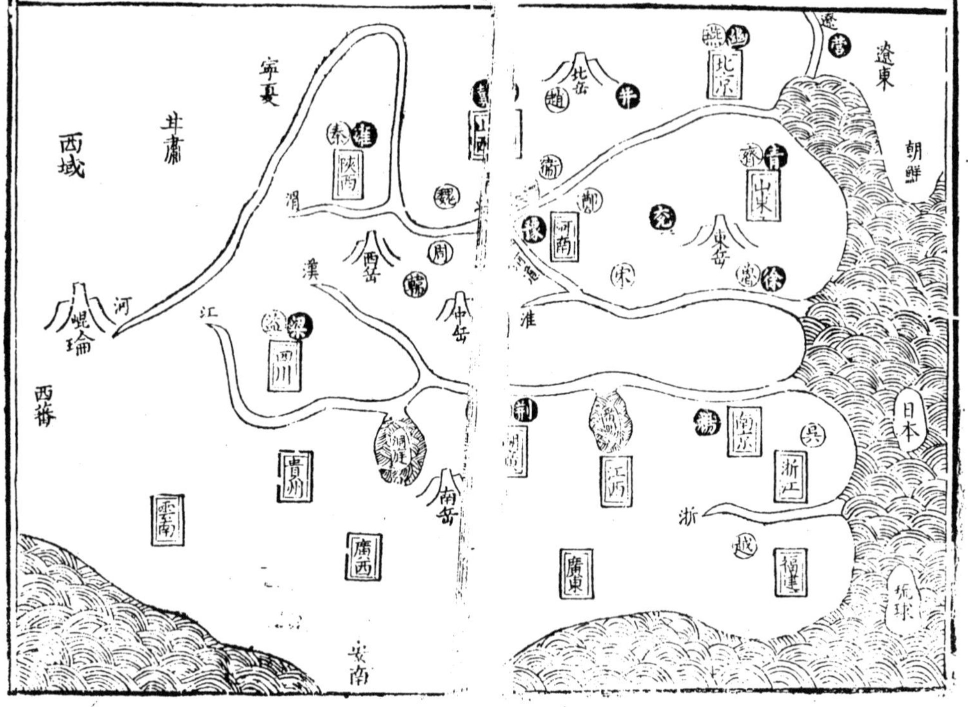

九服萬里之圖

天子之国，方千里，曰王畿。自畿之外，曰侯甸男采衛蠻夷鎮蕃，皆以五百里言之。每面四千五百里，四面相距一萬里。大司馬稱為九畿，職方氏併為九服。謂之畿，責以供王税貢為職；謂之服，責以服事天子為職。畿之與服，名異制同。

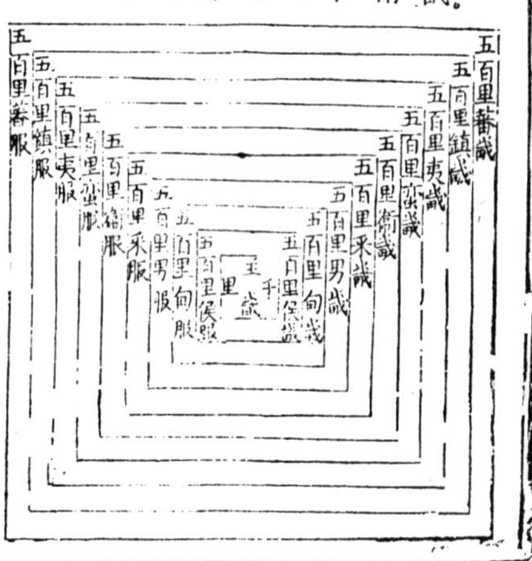

王畿千里之圖

王畿之地，東西南北相距千里，為方百里者百。其中山陵林麓川澤溝瀆城郭宫室涂巷三分去一，又以一易再易之田通之，三分折一，為方百里者三十三。鄉遂用貢法，十夫有溝；都鄙用助法，八家同井。每夫家各受田百畝，約之可受三百萬夫。自国中以至大都之田，盡於此矣。

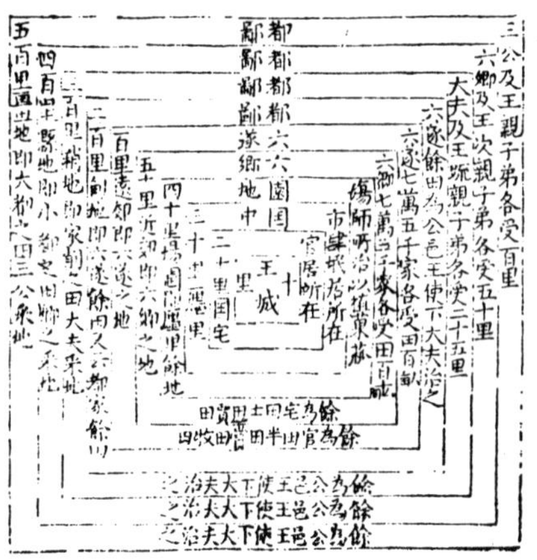

周官九命圖

王

命						
九命	作伯		上公（二王之後 三公出封）			伯（一方之長）
八命	作牧	三公（孤同）				牧（一州之長）
七命	賜国			侯伯（卿出封）		
六命	賜官	六卿				
五命	賜則				子男（大夫出封）	
四命	受器	中下大夫	孤			
三命	受位	上士	卿（大夫 望）	卿（大夫 望）		
再命	受服	中士	大夫	大夫	卿	
一命	受職	下士	士	士	大夫	
不命					士	

周禮三朝圖

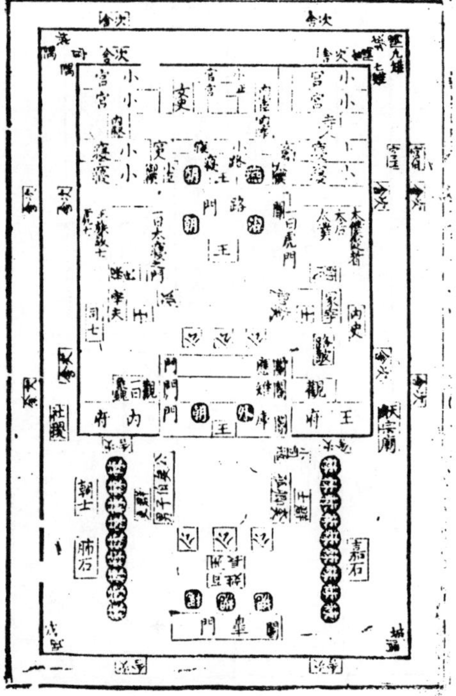

燕朝所治宮中事也羣臣不與惟設僕從三官以正位傳命治朝則正朝也公孤卿大夫士咸在天下之政歸焉有冢宰以贊有内史以詔有宰夫以掌朝法有司士以正朝儀有師氏以詔王媺有保氏以諫王惡有大僕大僕從者以正位傳命有太右以駕有王族故士虎士以衛其朝儀之倫如此外朝有二一詢萬民一聽獄訟詢萬民以萬民為主故公卿大夫士外有州長百姓有羣吏盖將以集天下之公也但一詢外無他治故惟擯以小司寇其威足以肅朝儀而已至於聽獄訟則王與州長百姓不與而諸侯與羞所治者侯国獄訟大司寇主其事群士司刑皆在而二朝之儀則皆朝士掌之也王宮内之治内宰為之主内小臣正后服位女史掌后禮女御掌御叙宮人掌寢寺人相出入内竪通内外其戒皆属于内宰宮正掌内次舍宿衛宮伯掌外次舍宿衛閽人掌五門之禁其他若宗廟社稷嘉石肺石王府内府天府五門兩觀宮隅七雉城隅九雉皆準古制圖之耳

周官

	地	鄉遂	都城	宮城	堂	階	席
天子	千里	六鄉 六遂	十里	千步	九尺	九級	五重
諸侯	公一百里 侯伯七十里 子男五十里	大国三鄉三遂 次国二鄉二遂 小国一鄉一遂	公九里 侯伯七里 子男五里	公九百步 侯伯七百步 子男五百步	七尺	七級	三重
公卿大夫	采地		里居		五尺	五級	再重
士	元士采地 中下士稍食		里居		三尺	三級	一重
庶人	百畝		氓廛二畝半 民宅二畝半	寢			

五音相生圖

宮音五聲之首。商音徵所生。其角音羽所生。其徵音宮所生。其羽音商所生。其
其行屬土。其象行屬金。其象為行屬木。其象為行屬火。其象為行屬水。其象為
為君。其數八十一。臣。其數七十二。民。其數六十四。事。其數五十四。物。其數四十八
一。其聲極長極。其聲次長次下。其聲在長短高。其声次短次高。其声極短極高
下極濁。次濁。下清濁之間。次清。極清。

論五音長短之序，則曰宮商角徵羽。論五音相生之序，則曰宮徵商羽角。長短清濁相間成音，乃人聲之自然，本無不和，為其中有不和者，由是制三分損益之定法以和之。

之圖

射耦	六耦	四耦	三耦	二耦	
廟	七廟	五廟	三廟	適士二廟 官師一廟	祭寢
祀	七祀	五祀	三祀	二祀	一祀
耕耤	千畝 三推	百畝 公五推 侯伯七推	圭田五十畝 九推	圭田五十畝 十二推	
軍	六軍	大国三 次国二 小国一			
塟	七月	五月	三月	踰月	
娶	八娶	六娶	四娶	二娶	

禮文

樊纓	十二就	公九 侯伯七 子男五 就	三就		
貳車	十二乘	公九 侯伯七 子男五 乘			
旗	十二斿	公九 侯伯七 子男五	各如其命數		
介		公九 侯伯七 子男五 介	三介		
擯		公九人 侯伯七人 子男五人		[illegible]	
牢禮	十二牢	公九 侯伯七 子男五 牢	三牢	一牢	
饗禮		公九 侯伯七 子男五 獻	三献		
食禮		公九 侯伯七 子男五 舉	三舉		

五等

鼎	十二鼎	公九鼎 侯伯七鼎	五	三	
豆	二十六	公十六豆 侯十二豆	上大夫八 下大夫六	四	
食	一 一餐飯告飽 勸侑與又餐	再	三	三	無數
冕	十二旒	公九旒 侯伯七旒 子男五旒	各如其命數	弁	
服	十二章	公九章 侯伯七章 子男五章	各如其命數	一章	
圭贄	鎮圭尺有二寸	公圭九寸 侯伯圭七寸 子男璧五寸	孤執皮帛 卿執羔 大夫執鴈	執雉	庶人執鶩 工商執雞
繅藉	尺有二寸	公九寸 侯伯七寸 子男五寸	天子之孤虎飾 公之孤豹飾 卿大夫布飾		
路馬	玉路六馬	公金路 侯伯象路 子男革路 四馬	孤夏篆二馬 卿夏縵 大夫墨車 二驂	棧車	役車

三分損益圖

宮其數八十一
三分之每分（二十七 二十七 二十七）
內損一分 併二分共得五十四為徵

商其數七十二
三分之每分（二十四 二十四 二十四）
內損一分 併二分共得四十八為羽

角其數六十四
三分之每分（二十一 二十一 二十一）零一數
有奇零則不和不和則不生故音止于五

徵其數五十四
三分之每分（十八 十八 十八）
外益一分 十八
併四分共得七十二為商

羽其數四十八
三分之每分（十六 十六 十六）
外益一分 十六
併四分共得六十四為角

以三分損益之法正五音五音和矣然皆止于五猶不足以盡其變由是截竹十二管為十二律以應十二月而亦以三分損益之法正之焉

律呂隔八相生之圖

黃鍾之長九寸空圍九分積百一十分是為律本十一律由是而損益焉黃鍾太簇姑洗蕤賓夷則無射六律為陽皆三分損一隔八下生六呂大呂夾鍾仲呂林鍾南呂應鍾六呂為陰皆三分益一隔八上生六律一說林鍾南呂應鍾在陰無所增損大呂夾鍾仲呂三呂在陽則用倍數方與十二月之氣相應又一說黃鍾太簇姑洗大呂夾鍾仲呂屬前六辰為陽皆三分損一隔八下生蕤賓夷則無射林鍾南呂應鍾屬後六辰為陰皆三分益一隔八上生未知孰是

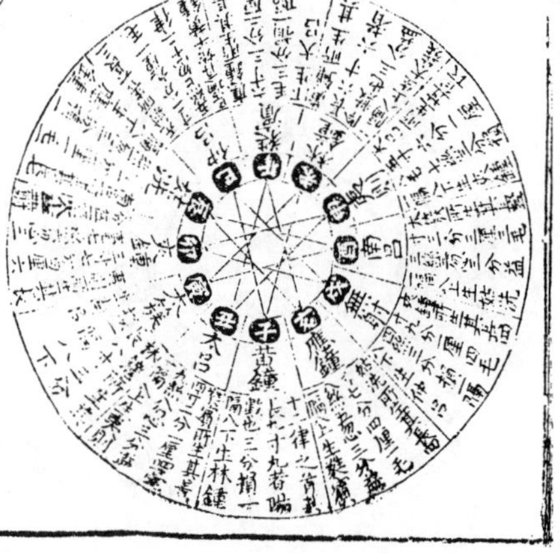

十二律旋相為宮圖

記曰五聲六律十二管旋相為宮謂如黃鍾為宮初隔八生林鍾為徵再隔八生太簇為商三隔八生南呂為羽四隔八生姑洗為角餘律倣此焦延壽京房輩五音之外復有變宮變徵十二律之外復有六十調三百六十音以當一歲之日先儒謂考于絃而無據施于樂而不和附會之說也今皆不取

律呂配卦圖

自十一月一陽生其卦為復黃鍾氣應積陽至四月而六陽已極其卦為乾律應仲呂自五月一陰生其卦為姤蕤賓氣應積陰至十月而陰已極其卦為坤律應應鍾一律一呂逓月分配周而復始一歲成焉

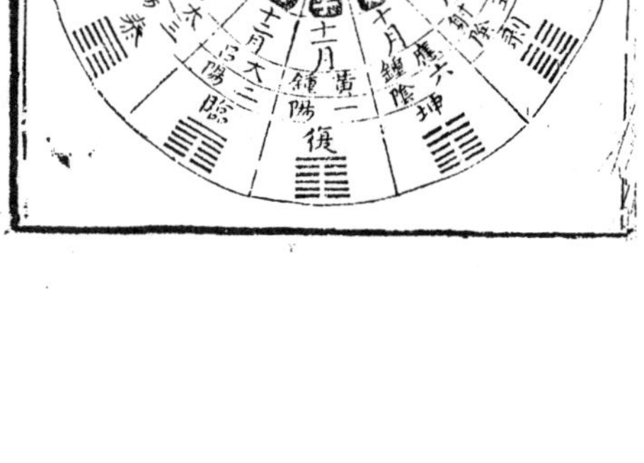

五聲八音八風之圖

天地之間聲大者如雷霆，小者如蠓蠛，皆不得其和。惟十二律定而後聲之大者不過宮，小者不過羽，聲始和矣。以此被之八音，則八音和；奏之天地，則八風和。八風和而諸福之物可致之祥畢至矣。聖人一天地，贊化育之道，莫善于此。

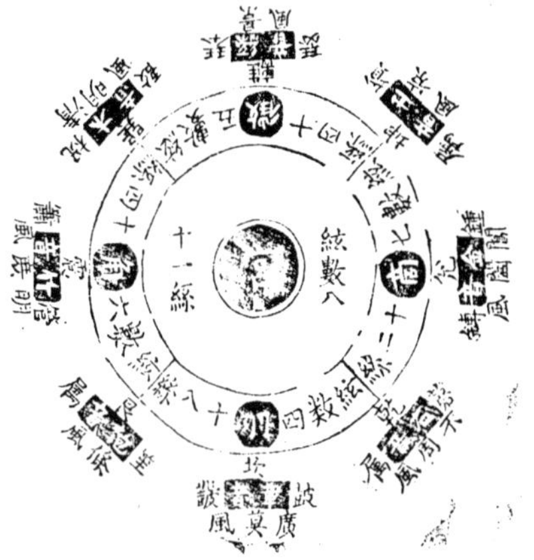

十二律相生相應同心統一圖

漢前志曰：黃鍾為宮，則太蔟、姑洗、林鍾、南呂皆以正聲應，無有忽微，不復與他律為役者，同心一統之義也。非黃鍾而他律，雖當其月自宮者，則其和應之律有空積忽微，不得其正，此黃鍾至尊無與並也。前律呂相生圖以隔八為次，此則取其所生者比而次之，六陽律當位自得，六陰呂反居其衝，如黃鍾陽八生林鍾，林鍾在未，今反而居丑，陽餘五呂倣此，正見同心一統之義，君不為臣役之意。

十二律同類娶妻隔八生子圖

律書有同類娶妻隔八生子之說，謂如黃鍾子娶同類之大呂丑為妻，隔八生夷則申為子；夷則申娶同類之南呂酉為妻，隔八生姑洗辰為子；姑洗辰娶同類之仲呂巳為妻，隔八生黃鍾子為子，與前十二律相生圖不合。說者謂以六十甲子之納音配十二律，週而復始，循環不窮焉。圖之以備參考。

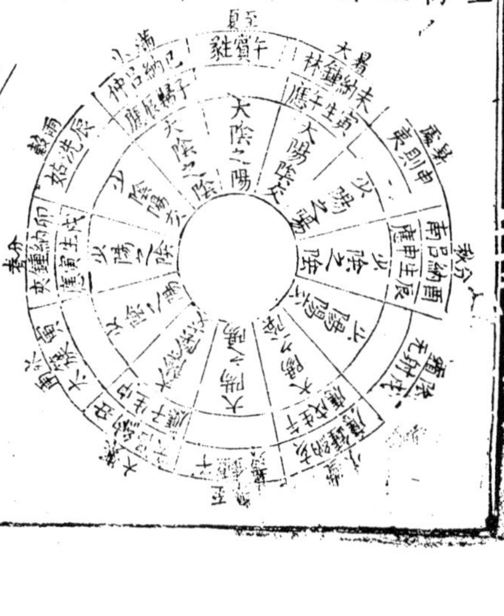

黃鍾萬事根本圖

黃鍾生度

黃鍾之管，其長積秬黍中者九十粒，一粒為一分，十分為寸，十寸為尺，十尺為丈，十丈為引。

黃鍾生衡

黃鍾所容千二百黍為勺，重十二銖，兩勺則廿四銖為兩，十六兩為斤，三十斤為鈞，四鈞為石。

黃鍾生量

黃鍾之管，其長廣容秬黍中者一千二百粒為一勺，十勺為合，十合為升，十升為斗，十斗為斛。

首卷終

先儒姓氏

宋儒 共八十餘人

周子惇頤茂叔濂溪 程子顥伯淳明道 頤正叔伊川 邵子雍堯夫康節 張子載子厚橫渠

胡安定瑗翼之 司馬涑水光君實 蘇眉山軾子瞻東坡 轍子由穎濱 黃山谷庭堅魯直

呂滎陽希哲原明 晁嵩山以道說之 王氏巖叟彥霖 劉元城安世器之 游廣平酢定夫

謝上蔡良佐顯道 李氏籲端伯 劉氏絢質夫 呂藍田大忠大臨 進伯與叔

呂京兆大鈞和叔 蘇氏昞季明 范氏育巽之 楊龜山時中立 侯河東仲良師聖

張壽安繹思叔 尹和靖焞彥明 范華陽祖禹淳夫 劉河間安禮立之 劉永嘉安節元承

朱河南掞光庭 馬東平伸時中 邵氏伯溫 邢河間恕和叔 胡武夷安國康侯文定

胡致堂寅明仲 胡五峯宏仁仲 陳氏怡叔易 陳氏淵 馮氏忠恕

呂氏稽中 呂氏本中 章氏憲 張氏嵲 歐陽氏棐

羅豫章從彥仲素 李延平侗愿中 朱韋齋松喬年 劉屏山翬 朱子熹元晦晦庵

李樂庵衡彥平 張南軒栻敬夫 陸象山九淵子靜 呂東萊祖謙伯恭 黃勉齋榦直卿

蔡西山元定季通 蔡節齋淵伯靜 蔡九峯沈仲默 陳北溪淳安卿 李果齋方正叔

陳潛室埴器之 張范陽九成子韶 廖氏德明子晦 度山陽正性善 真西山德秀景元

魏鶴山了翁華父 翁思齋泳永叔 蔡覺軒模仲覺 胡萍鄉安之叔器 葉平巖采仲圭

饒雙峯魯仲元 楊氏復 李氏士英 臧氏格 許庸齋仲翔

謝氏方叔 胡玉齋 李吳郡韶 陳氏 周氏坦

元儒 十人

黃氏瑞節 許魯齋衡平仲 吳臨川澄幼清草廬 李氏希濂 姚牧庵燧

虞邵庵集伯生 揭氏傒斯 馬古洲 耶律氏有尚 歐陽圭齋玄元功

性理纂要抄狐白一卷

進士 方城 宗臣 纂

翰林 豫陽 黃洪憲 參

進士 吉華 潘士藻 校

太極圖

○(第一圈子)此所謂無極而太極也所以動而陽靜而陰之本體也然非有以離乎陰陽也即陰陽而指其本體不雜乎陰陽而為言爾◎(實圈子)此○之動而陽靜而陰也中○(極)者其本體也☾(陽)者陽之動也○(太極)之用所以行也☽者陰之靜也○之體所以立也☽者☾之根也☾者☽之根也

(二畫交系乎上)火水土木金此陽變陰合而生水火木金土也㇄(自右而下交于左)者陽之變也㇃(自左而下交于右)者陰之合也水陰盛故居右火陽盛故居左木陽穉故次火金陰穉故次水木沖氣故居中而水火之㇈(變合)交系乎上陰根陽陽根陰也水而木木而火火而土土而金金而復水如環無端五氣布而四時行也○(自太極)◎(而陰陽而五行)火水土木金五行一陰陽五殊二實無餘欠也陰陽一太極精粗本末無彼此也太極本無極上天之載無聲臭也五行之生各一其性氣殊質異各一其○(極)無假借也此○(四畫俱聚于一極)此無極二五所以妙合而無間也○(第四圈子)乾男坤女以氣化者言也各一其性而男女一太極也○(第五圈子)萬物化生以形化者言也各一其性而萬物一太極也惟人也得其秀而最靈則所謂人○(極)者於是乎在矣然形☽(陰)之為也神☾(陽)之發也五性火水土金木之德也善惡男女之分也萬事萬物之象也此天下之動所以紛

五行一陰陽五殊二實陰陽一太極

聖人全太極之体用　君子脩此而吉　三極之道立　造化之樞紐品彙之根柢

論交錯而吉凶悔吝所由以生也惟聖人者又得夫秀之精一而有以全乎○（太極）之體用者也是以一動一靜各臻其極而天下之故常感通乎寂然不動之中蓋中也仁也感也所謂◐（陽）也○（太極）之用所以行也正也義也寂也所謂◑（陰）也○（太極）之體所以立也中正仁義渾然全體而靜者常為主焉則人○於是乎立而○（太極）◎（陰陽）（五行）○天地日月四時鬼神有所不能違矣君子之戒謹恐懼所以脩此而吉也小人之放僻邪侈所以悖此而凶也天地人之道各一○（太極）也陽也剛也仁也所謂◐（陽）也物之始也陰也柔也義也所謂◑（陰）也物之終也此所謂易也而三○之道立焉實則一○（太極）也故曰易有太極◎（陰陽）之謂也

無極而太極

上天之載無聲無臭而實造化之樞紐品彙之根柢也故曰無極而太極非太極之外復有無極也

動靜互為其根　太極本然之妙動靜所乘之機

太極動而生陽動極而靜靜而生陰靜極復動一動一靜互為其根分陰分陽兩儀立焉

太極之有動靜是天命之流行也所謂一陰一陽之謂道誠者聖人之本物之終始而命之道也其動也誠之通也繼之者善萬物之所資以始也其靜也誠之復也成之者性萬物各正其性命也動極而靜靜極復動一動一靜互為其根命之所以流行而不已也動而生陽靜而生陰分陰分陽兩儀立焉分之所以一定而不移也蓋太極者本然之妙也動靜者所乘之機也太極形而上之道也陰陽形而下之器也是以自其著者而觀之則動靜不同時陰陽不同位而太極無不在焉自其微者而觀之則冲漠無朕而動靜陰陽之理已悉具乎其中矣雖然推之於前而不見其始之合引之於後而不見其終之離也故程子曰動靜無端陰陽無始非知道者孰能識之

太極本無極　造化發育之具

陽變陰合而生水火木金土五氣順布四時行焉

有太極則一動一靜而兩儀分有陰陽則一變一合而五行具然五行者質具於地而氣行於天者也以質而語其生之序則曰水火木金土而水木陽也火金陰也以氣而語其行之序則曰木火土金水而木火陽也金水陰也又統而言之則氣陽而質陰也又錯而言之則動陽而靜陰也蓋五行之變至於不可窮然無適而非陰陽之道至其所以為陰陽者則又無適而非太極之本然也夫豈有所虧欠間隔哉

五行一陰陽也陰陽一太極也太極本無極也五行之生也各一其性

五行具則造化發育之具無不備矣故又即此而推本之以明其渾然一體莫非無極之妙而無極之妙亦未嘗不各具於一物之中也蓋五行異質四時異氣而皆不能外乎陰陽陰陽異位動靜異時而皆不能離乎太極至於所以為太極者又初無聲臭之可言是性之本體然也然五行之生隨其氣質而所稟不同所謂各一其性也則渾然太極之全體無不各具于一物之中而性之無所不在又可見矣

天下無性外之物

無極之真二五之精妙合而凝乾道成男坤道成女二氣交感化生萬物萬物生生而變化無窮焉

夫天下無性外之物而性無不在此無極二五所以混融而無間也所謂妙合者也真以理言無妄之謂也精以氣言不二之名也凝者聚也氣聚而成形也蓋性為之主而陰陽五行為之經緯錯綜又各以類凝聚而成形焉陽而健者成男則父之道也陰而順者成女則母之道也是人物之始以氣化而生者也氣聚成形則形交氣感遂以形化而人物生生變化無窮矣自男女而觀之則男女各一其性而男女一太極也自萬物而觀之則萬物各一其性而萬物一太極

萬物統体一太極　聖人全体太極　聖人定之以中正仁義○聖人立人極　聖人與天地合德

也蓋合而言之萬物統體一太極也分而言之一物各具一太極也所謂天下無性外之物而性無不在者於此尤可以見其全矣

惟人也得其秀而最靈形既生矣神發知矣五性感動而善惡分萬事出矣

此言衆人具動靜之理而常失之於動也蓋人物之生莫不有太極之道焉然陰陽五行氣質交運而人之所稟獨得其秀故其心為最靈而有以不失其性之全所謂天地之心而人之極也然形生於陰神發於陽五常之性感物而動而陽善陰惡又以類分而五性之殊散為萬事蓋二氣五行化生萬物其在人者又如此自非聖人全體太極有以定之則欲動情勝利害相攻人極不立而違禽獸不遠矣

聖人定之以中正仁義（聖人之道仁義中正而已矣）而主靜（無欲故靜）立人極焉故聖人與天地合其德日月合其明四時合其序鬼神合其吉凶

聖人全動靜之德　聖人中正仁義　聖人所以成位乎中　聖人太極之全体

此言聖人全動靜之德而常本之於靜也蓋人稟陰陽五行之秀氣以生而聖人之生又得其秀之秀者是以其行之也中其處之也正其發之也仁其裁之也義蓋一動一靜莫不有以全夫太極之道而無所虧焉則向之所謂欲動情勝利害相攻者於此乎定矣然靜者誠之復而性之真也苟非此心寂然無欲而靜則又何以酬酢事物之變而一天下之動哉故聖人中正仁義動靜周流而其動也必主乎靜此其所以成位乎中而天地日月四時鬼神有所不能違也蓋必體立而後用有以行若程子論乾坤動靜而曰不專一則不能直遂不翕聚則不能發散亦此意爾

君子脩之吉小人悖之凶

聖人太極之全體一動一靜無適而非中正仁義之極蓋不假修為而自然也未至此而脩之君子之所以吉也不知此而悖之小人之

太極圖正文止此之下

諸子散論

原始反終　人道所以立　聖人作易不出此　五字添減

所以凶也脩之悖之亦在乎敬肆之間而已矣敬則欲寡而理明寡之又寡以至於無則靜虛動直而聖可學矣

故曰立天之道曰陰與陽立地之道曰柔與剛立人之道曰仁與義又曰原始反終故知死生之說

陰陽成象天道之所以立也剛柔成質地道之所以立也仁義成德人道之所以立也道一而已隨事著見故有三才之別而於其中又各有體用之分焉其實則一太極也陽也剛也仁也物之始也陰也柔也義也物之終也能原其始而知所以生則反其終而知所以死矣此天理之間綱紀造化流行古今不言之妙聖人作易其大意蓋不出此故引之以証其說

大哉易也斯其至矣

易之為書廣大悉備然語其至極則此圖盡之其旨豈不深哉

顛撲　二○為萬化之原　有二名無兩體　蒲山青黃碧綠　伊川見得分明　如蟻在磨盤　琴弦乘機　月落萬川

朱子曰無極而太極此五字添減一字不得

朱子又曰太極乃天地萬物自然之理亘古亘今顛撲不破

蔡節齋曰先儒皆以太極二字為萬化之原

朱子曰語道體之至極則謂之太極語太極之流行則謂之道雖有二名初無兩體　那箇蒲山青黃碧綠無非是這太極

伊川言形而上者謂之道形而下者謂之器此是伊川見得分明故如此說

黃勉齋曰太極不是會動靜底物隨陰陽而為動靜耳曰生陰生陽者亦於動靜而見其生也如蟻在磨盤上一般磨動則蟻隨他動磨止則蟻隨他止蟻隨磨轉而因蟻之動靜可以見磨之動靜

吳臨川曰氣動則太極亦動氣靜則太極亦靜太極之乘此氣猶弩弦之乘機也機動則弦發機不動則弦不發

陳北溪曰太極者立乎天地萬物之表行乎天地萬物之中在於萬古無極之前貫於萬古無極之後無一物不有陳幾叟月落萬川處處皆圓之譬亦正如此

陳北溪曰聖人稟氣至清不隔蔽那義理便呈露昭著如銀盞滿貯

原始反終
人道所以立
聖人作易不出此
五字添減

所以凶也脩之悖之亦在乎敬肆之間而已矣敬則欲寡而理明寡之又寡以至於無則靜虛動直而聖可學矣

故曰立天之道曰陰與陽立地之道曰柔與剛立人之道曰仁與義又曰原始反終故知死生之説

陰陽成象天道之所以立也剛柔成質地道之所以立也仁義成德人道之所以立也道一而已隨事著見故有三才之別而於其中又各有體用之分焉其實則一太極也陽也剛也仁也物之始也陰也柔也義也物之終也能原其始而知所以生則反其終而知所以死矣此天理之間綱紀造化流行古今不言之妙聖人作易其大意蓋不出此故引之以証其説

大哉易也斯其至矣

易之為書廣大悉備然語其至極則此圖盡之其旨豈不深哉

古
不得
二字為萬化之原
有二名無兩體
蒲山青黃碧綠
伊川見得分明
如蟻在磨盤
弩弦乘機
月落萬川

無極而太極此五字添減一字不得

曰太極乃天地萬物自然之理亘古亘今顛撲不破

蔡節齋曰先儒皆以太極二字為萬化之原

朱子曰語道體之至極則謂之太極語太極之流行則謂之道雖有二名初無兩體　那箇蒲山青黃碧綠無非是這太極

伊川言形而上者謂之道形而下者謂之器此是伊川見得分明故如此説

黃勉齋曰太極不是會動靜底物隨陰陽而為動靜耳曰生陰生陽者亦於動靜而見其生也如蟻在磨盤上一般磨動則蟻隨他動磨止則蟻隨他止蟻隨磨轉而因蟻之動靜可以見磨之動靜

吳臨川曰氣動則太極亦動氣靜則太極亦靜太極之乘此氣猶弩弦之乘機也機動則弦發機不動則弦不發

陳北溪曰太極者立乎天地萬物之表行乎天地萬物之中在於萬古無極之前貫於萬古無極之後無一物不有陳幾叟月落萬川處處皆圓之譬亦正如此

陳北溪曰聖人稟氣至清不隔蔽那義理便呈露昭著如銀盞滿貯

通書是程子的

盞底銀花
溫公為二程所不滿
立極之要領
聖人脩己治人之心法
伏羲畫八卦同功
與周子意異義同
統宗會元
二字灼見道体
周子契緊為人處
分更分漏

清水自然透見盞底銀花賢人清多濁少聰明易於開發自大賢而下昏蔽得厚了如盞底銀花只看不見又有人質純粹而稟氣不清如溫公恭敬力行篤信好古是甚正大資質只緣少那至清之氣識見不高明二程屢將理義發他一向偏執固滯更發不上甚為二程所不滿

李果齋曰人生而靜性之本體湛然無欲斯能主靜此立極之要領也

饒雙峰曰先生發明三極之蘊以上繼洙泗之絶下啟河洛之傳使天下後世復見天地萬物之大全復聞聖賢脩己治人之心法幾與伏羲始畫八卦同功可謂盛矣

真西山云周子説靜程子説敬義同意異程子是怕人不得他靜字意便似入禪坐定周子之説只是無欲故靜其意大抵以靜為主

萬物之生各具一太極不相假借不相凌奪統之有宗會之有元者也

周子無極二字灼見道體　周子作太極圖乃是契緊為人處

黃端節曰先生於此圖講受一意分更分漏開示學者惟恐一毫之

太極在先天範圍之內
易通與太極圖相表裏

不明且盡也而人之好異者託此以排擊先生亦可畏哉後之讀是書者其知先生苦心云

論格局則太極不如先天之大而詳論義理則先天不如太極之精而約蓋合下規模不同而太極終在先天範圍之內又不若彼之自然不假思慮安排也

通書

朱子曰此篇本號易通與太極圖説並出程氏以傳於世而其為説實相表裏大抵推一理二氣五行之分合以紀綱道體之精微決道義文辭利祿之取舍以振起俗學之卑陋至論所以入德之方經世之具又皆親切簡要不為空言顧其宏綱大用既非秦漢以來諸儒所及而其條理之密意味之深又非今世學者所能驟而窺也

誠上　此論天以實理付于於人而為性命之本原也

誠者聖人之本大哉乾元萬物資始誠之源也乾道變化各正性命誠

太極圖解之要旨二字尤為緊要

端水火牛

斯立焉純粹至善者也故曰一陰一陽之謂道繼之者善也成之者性也元亨誠之通利貞誠之復大哉易也性命之源乎

梁世榮謂此章又太極圖解之要旨又云通復二字尤為緊要

誠下　此論聖人全此實理而為五常百行之本源也

聖誠而已矣誠五常之本百行之源也靜無而動有至正而明達也五常百行非誠非也邪暗塞也故誠則無事矣至易而行難果而確無難焉故曰克己復禮天下歸仁焉

誠幾德

誠無為幾善惡德愛曰仁宜曰義理曰禮通曰智守曰信性焉安焉之謂聖復焉執焉之謂賢發微不可見充周不可窮之謂神

朱子曰幾微之决善惡之分也若於此分明則物格而知至知至而意誠意誠而心正身修而家齊國治天下平如激湍水自已不得如田單火牛自止不住

君子慎動

守貴行利

聖　此論性焉安焉之謂聖

寂然不動者誠也（實理之體即太極在靜中）感而遂通者神也（實理之用即太極在動中）動而未形有無之間者幾也（即太極在陰陽動靜之間）誠精故明神應故妙幾微故幽誠神幾曰聖人

慎動　此論復焉執焉之謂賢

動而正曰道用而和曰德（道德即五行之性）匪仁匪義匪禮匪智匪信悉邪也邪動辱也甚焉害也故君子慎動

道

聖人之道仁義中正而已矣守之貴行之利廓之配天地豈不易簡豈為難知不守不行不廓耳

師

或問曰曷為天下善曰師曰何謂也曰性者剛柔善惡中而已矣（剛柔善惡

即太極陰陽之內氣質之性也中即太極本然之性也）不達曰剛善為義為直為斷為嚴毅為幹固惡為猛為隘為強梁柔善為慈為順為巽惡為懦弱為無斷為邪佞惟中也者和也中節也天下之達道也聖人之事也故聖人立教俾人自易其惡自至其中而止矣故先覺覺後覺闇者求於明而師道立矣師道立則善人多善人多則朝廷正而天下治矣

師道立則善人多

幸

人之生不幸不聞過大不幸無恥必有恥則可教聞過則可賢

思

洪範曰思曰睿睿作聖無思本也思通用也幾動於彼誠動於此無思而無不通為聖人不思則不能通微不睿則不能無不通是則無不通生於通微通微生於思故思者聖功之本而吉凶之機也易曰君子見幾而作不俟終日又曰知幾其神乎

志伊尹學顏子

志學

聖希天賢希聖士希賢伊尹顏淵大賢也伊尹恥其君不為堯舜一夫不得其所若撻於市顏淵不遷怒不貳過三月不違仁志伊尹之所志學顏子之所學過則聖及則賢不及則亦不失於令名

胡氏曰周子患人以發策決科榮身肥家希世取寵為事故曰志伊尹之所志患人以廣聞見工文詞矜智能慕空寂為事故曰學顏子之所學

順化

天以陽生萬物以陰成萬物生仁也成義也故聖人在上以仁育萬物以義正萬民天道行而萬物順聖德脩而萬民化大順大化不見其迹莫知其然之謂神故天下之衆本在一人道豈遠乎哉術豈多乎哉

治

十室之邑人人提耳而教且不及況天下之廣兆民之衆哉故曰純其

禮先而樂後

心而已矣仁義禮智四者動靜言貌視聽無違之謂純心純則賢才輔賢才輔則天下治純心要矣用賢急焉

禮樂

禮理也樂和也陰陽理而後和君君臣臣父父子子兄兄弟弟夫夫婦婦萬物各得其理然後和故禮先而樂後

務實

實勝善也名勝恥也故君子進德脩業孳孳不息務實勝也德業有未著則恐恐然畏人知遠恥也小人則偽而已故君子日休小人日憂

愛敬

人有善不及則學焉有不善則告之不善且勸曰庶幾有改乎斯為君子有善一不善二則學其一而勸其二故君子悉有衆善無弗愛且敬焉

作樂以宣八風之氣

動靜

動而無靜靜而無動物也動而無動靜而無靜神也動而無動靜而無靜非不動不靜也物則不通神妙萬物水陰根陽火陽根陰五行陰陽陰陽太極四時運行萬物終始混兮闢兮其無窮兮

樂

古者聖人制禮法脩教化三綱正九疇叙百姓太和萬物咸若乃作樂以宣八風之氣以平天下之情故樂聲淡而不傷和而不淫入其耳感其心莫不淡且和焉淡則欲心平和則躁心釋優柔平中德之盛也天下化中治之至也是謂道配天地古之極也後世禮法不修政刑苛紊縱欲敗度下民困苦謂古樂不足聽也代變新聲妖淫愁怨導欲增悲不能自止故有賊君棄父輕生敗倫不可禁者矣嗚呼樂者古以平心今以助欲古以宣化今以長怨不復古禮不變今樂而欲至治者遠矣

聖人功化之盛

朱子云欲心平故平中躁心釋故優柔言聖人作樂功化之盛如此

八風歌良匏條兮震竹明巽木清兮離絲景坤土涼兮兌金閶闔生乾石不周兮坎革廣莫終

樂者本乎政也政善民安則天下之心和聖人作樂以宣暢其和心達于天地天地之氣感而太和焉天地和則萬物順故神祇格鳥獸馴

樂聲淡則聽心平樂辭善則歌者慕故風移而俗易矣妖聲豔辭之化也亦然

聖學

聖可學乎曰可有要乎曰有請聞焉曰一為要一者無欲也無欲則靜虛動直靜虛則明明則通動直則公公則溥明通公溥庶矣乎

公明

公於己者公於人未有不公於己而能公於人者也明不至則疑生明

月映萬川

處一化齊

無疑也謂能疑為明何啻千里

理性命

厥彰厥微匪靈弗瑩言理剛善剛惡柔亦如之中焉止矣言性二氣五行化生萬物五殊二實二本則一是萬為一一實萬分萬一各正小大有定言命

問此章何以下分字朱子曰不是割成片去只如月映萬川相似

顔子

富貴人所愛也顔子不愛不求而樂乎貧者獨何心哉見其大而忘其小焉爾見其大則心泰心泰則無不足無不足則富貴貧賤處之一也處之一則能化而齊故顔子亞聖

師友

天地間至尊者道至貴者德而已矣至難得者人人而至難得者道德

虛車

有於身而已矣求人至難得者有於身非師友則不可得也已
道義者身有之則貴且尊人生而蒙長無師友則愚是道義由師友有
之由師友而得貴且尊其義不亦重乎其聚不亦樂乎

過

仲由喜聞過令名無窮焉今人有過不喜人規如諱疾而忌醫寧滅其
身而無悟也噫

勢

天下勢而已矣勢輕重也極重不可反識其重而亟反之可也反之力
也識不早力不易也力而不競天也不識不力人也天乎人也何尤

文辭

文所以載道也輪轅飾而人弗庸徒飾也况虛車乎文辭藝也道德實
也篤其實而藝者書之美則愛愛則傳焉賢者得以學而致之是為教
故曰言之無文行之不遠然不賢者雖父兄臨之師保勉之不學也強
之不從也不知務道德而第以文辭為能者藝焉而已噫弊也久矣

聖蘊

聖人之蘊微顏子殆不可見發聖人之蘊教萬世無窮者顏子也聖同
天不亦深乎常人有一聞知恐人不速知其有也急人知而名也薄亦
甚矣

精蘊

聖人之精畫卦以示聖人之蘊因卦以發卦不畫聖人之精不可得而
見微卦聖人之蘊殆不可悉得而聞易何止五經之源其天地鬼神之
奧乎

乾損益動

君子乾乾不息於誠然必懲忿窒慾遷善改過而後至乾之用其善是
損益之大莫是過聖人之旨深哉吉凶悔吝生乎動噫吉一而已動可
不慎乎

摧山填壑 風速雷決

朱子曰懲忿如摧山窒慾如填壑遷善當如風之速改過當如雷之
決

家人睽復無妄

治天下有本身之謂也治天下有則家之謂也本必端端本誠心而已
矣則必善善則和親而已矣家難而天下易家親而天下疎也家人離
必起於婦人故睽次家人以二女同居而志不同行也堯所以釐降二
女於嬀汭舜可禪乎吾茲試矣是治天下觀於家治家觀身而已矣身
端心誠之謂也誠心復其不善之動而已矣不善之動妄也妄復則無
妄矣無妄則誠矣故無妄次復而曰先王以茂對時育萬物深哉

先王以茂對時育萬物

富貴

君子以道充為貴身安為富故常泰無不足而銖視軒冕塵視金玉其
重無加焉爾

陋

聖人之道入乎耳存乎心蘊之為德行行之為事業彼以文辭而已者
陋矣

擬議

至誠則動動則變變則化故曰擬之而後言議之而後動擬議以成其
變化

至誠者實理之自然擬議者所以誠之之事也

刑

天以春生萬物止之以秋物之生也既成矣不止則過焉故得秋以成
聖人法天以政養萬民肅之以刑民之盛也欲動情勝利害相攻不止

二者自有先後

則寂滅無倫焉故得刑以治情偽微曖其變千狀苟非中正明達果斷者不能治也嗚呼天下之廣主刑者民之司命也任用可不慎乎

朱子云中正本也明断用也然非明則断無所施非断則明無所用二者又自有先後也

公

聖人之道至公而已矣或曰何謂也曰天地至公而已矣

孔子

春秋正王道明大法也孔子為後世王者而脩也亂臣賊子誅死者於前所以懼生者於後也宜乎萬世無窮王祀夫子報德報功之無盡焉道德高厚教化無窮實與天地參而四時同其惟孔子乎

亦必莞尔而笑

養心莫善於誠

遗書太極之肯更宜虛心熟玩乃是錮說一字不可易處設使濂溪復生亦必莞爾而笑

荀子曰養心莫善於誠周子曰荀子元不識誠明道曰既誠矣心安

吟風弄月有吾與點之意

見獵有喜心

自家意思一般

光風霽月

聖人所由惟一理

明道曰自再見周茂叔後吟風弄月以歸有吾與點也之意又曰吾年十六七時好田獵既見茂叔則自謂已無此好茂叔曰何言之易也但此心潛隱未發一日萌動復如初矣後十二年復見獵者不覺有喜心乃知果未也又曰周茂叔窓前草不除云與自家意思一般

黄庭堅曰茂叔人品甚高胸中灑落如光風霽月

程子曰二氣五行剛柔萬殊聖人所由惟一理人須要復其初

頑封人錫類

性理纂要抄狐白二卷

西銘

乾稱父坤稱母予茲藐焉乃混然中處故天地之塞吾其體天地之帥吾其性民吾同胞物吾與也大君者吾父母宗子其大臣宗子之家相也尊高年所以長其長慈孤弱所以幼其幼聖其合德賢其秀也凡天下疲癃殘疾惸獨鰥寡皆吾兄弟之顛連而無告者也于時保之子之翼也樂且不憂純乎孝者也違曰悖德害仁曰賊濟惡者不才其踐形惟肖者也知化則善述其事窮神則善繼其志不愧屋漏為無忝存心養性為匪懈惡旨酒崇伯子之顧養育英才潁封人之錫類不弛勞而底豫舜其功也無所逃而待烹申生其恭也體其受而歸全者參乎勇於從而順令者伯奇也富貴福澤將厚吾之生也貧賤憂戚庸玉女於成也存吾順事歿吾寧也

西銘妙旨

儒者功用之全

聖人知變化之道

聖人通神明之德

論曰天地之間理一而已然乾道成男坤道成女二氣交感化生萬物則其大小之分親疎之等至於十百千萬而不能齊也不有聖賢者出孰能合其異而反其同哉西銘之作意蓋如此程子以為明理一而分殊可謂一言以蔽之矣蓋以乾為父以坤為母有生之類無不皆然所謂理一也而人物之生血氣之屬各親其親各子其子則其分亦安得不殊哉一統而萬殊則雖天下一家中國一人而不流於兼愛之蔽萬殊而一貫則雖親疎異情貴賤異等而不牿於為我之私此西銘之大指也觀其推親親之厚以大無我之公因事親之誠以明事天之道蓋無適而非所謂分殊而推理一也

仁人事親如事天事天如事親此西銘之妙旨

儒者之道必至於參天地贊化育然後為功用之全

聖人知變化之道則所行者無非天地之事矣通神明之德則所存者無非天地之心矣

一句皆存兩義　楊時也未釋然　所見不終於此　與性善養氣之論同功　到此別有見處　訂頑可達天德　西銘原道宗祖　子厚能養浩然之氣　西銘備載

朱子曰惡旨酒育英才是事天顧養及錫類則是事親每一句皆存兩義。

楊時答伊川論西銘書有釋然無惑之語先生曰楊時也未釋然乃知所疑第二書之說先生亦未許也

龜山曰西銘明理一而分殊知其理一所以為仁知其分殊所以為義此論分別異同各有歸趣大非答書之比因表而出之以明答書之說誠有未釋然者而龜山所見蓋不終於此而已也

程子曰西銘推理以存義擴先聖所未發與孟子性善養氣之論同功

程子曰訂頑意極完備乃仁之體學者其體此意令有諸已其地位已高到此地位自別有見處不可窮高極遠恐於道無補

訂頑立心便可達天德

孟子以後只有原道一篇若西銘則是原道之宗祖也

西銘言弘之道子厚作西銘能養浩然之氣

和靖言人能自處以天地之心便是與天地同體西銘備載此意顏子克己便是能盡此道

此意　顏子能盡此道　杜順作法界觀樣　棊盤下棊　事天樣子

楊龜山曰西銘會古人用心要處為文正如杜順作法界觀樣箇物大父[illegible]猶之十方世界之喻也時保于翼猶之戒定苦空之談也窮神知化猶之智慧盧極之論也顛養錫類猶之慈悲纔施之意也

朱子曰西銘前一段如棊盤後一段如人下棊

西銘不是說孝是將這孝來形容這事親底道理便是事天樣

正蒙 序

范育序曰夫子之為是書也有六經之所未載聖人之所未言蓋道一而已語上極乎高明語下涉乎形氣語大至於無間語小入於無朕一有窒而不通則於理為妄正蒙之言高者抑之卑者舉之虛者實之礙者通之衆者一之合者散之要之立乎大中至正之矩天之所以運地之所以載日月之所以明鬼神之所以幽風雲之所以變江河之所以流物理以辯人倫以正造端者微成能者著知德者崇就業者廣本末上下貫乎一道過乎此者淫遁之狂言也不及乎此者邪詖之卑說也推而放諸有形而準推而放諸無形而準推而放諸至動而準推而放諸至靜而準無不包矣無不盡矣無大可過矣無細可遺矣言若是乎其極矣道若是乎其至矣聖人復起無有間乎斯言矣

晬盤示兒　宋之四篇文字

橫渠曰吾作是書譬如晬盤示兒百物具在顧人所取何如耳

太極圖西銘易傳序春秋傳序此宋之四篇文字也

一　太和

太和所謂道中涵浮沉升降動靜相感之性是生絪縕相盪勝負屈伸之始其來也幾微易簡其究也廣大堅固起知於易者乾乎效法於簡者坤乎散殊而可象為氣清通而不可象為神不如野馬（日中塵也）絪縕不足謂之太和語道者知此謂之知道學易者見此謂之見易

太虛無形氣之本體其聚其散變化之客形爾至靜無感性之淵源有識有知物交之客感爾（以上言道體，以下言體道）客感客形與無感無形惟盡性者一之

天地之氣雖聚散攻取百塗然其理順而不妄氣之為物散入無形適得吾體聚為有象不失吾常太虛不能無氣氣不能不聚而為萬物萬物不能不散而為太虛循是出入是皆不得已而然也然則聖人盡道其間兼體而不累者存神其至矣彼語寂滅者往而不反徇生執有者物而不化二者雖有間矣以言乎失道則均焉

聚亦吾體散亦吾體知死之不亡者可與言性矣

知虛空即氣則有無隱顯神化性命通一無二顧聚散出入形不形能推本所從來則深於易者也若謂虛能生氣則虛無窮氣有限體用殊絕入老氏有生於無自然之論不識所謂有無混一之常若謂萬象為太虛中所見之物則物與虛不相資形自形性自性形性天人不相待而有陷於

浮屠以山河大地為見病之說，此道不明，正由懵者略知體虛空為性，不知本天道為用，反以人見之小因緣天地，明有不盡則誣世界乾坤為幻化，幽明不能舉其要，遂躐等妄意而然，不悟一陰一陽範圍天地，

三極大通之矩

通乎晝夜，三極大通之矩，遂使儒佛老莊混然一途，語天道性命者，不罔於恍惚夢幻（佛），則定以有生於無（老），為窮高極微之論，入德之途，不知擇術而求，多見其蔽於詖而陷於淫矣。

氣坱然太虛，升降飛揚，未嘗止息，易所謂絪縕，莊生所謂生物以息相吹野馬者歟！此虛實動靜之機，陰陽剛柔之始，浮而上者陽之清，降而下者陰之濁，其感遇聚散，為風雨，為雪霜，萬品之流形，山川之融結，糟粕煨燼，無非教也。

氣聚則離明（離明謂目）得施而有形，氣不聚則離明不得施而無形，方其聚也，安得不謂之客？方其散也，安得遽謂之無？故聖人仰觀俯察，但云知幽明之故，不云知有無之故。盈天地之間者，法象（謂物形）而已，文理之察，非離不相覩也。方其形也，有以知幽之因；方其不形也，有以知明之故。

氣之聚散於太虛，猶冰凝釋於水，知太虛即氣，則無無。諸子有有無之分，非窮理之學也。

太虛為清，清則無礙，無礙故神；反清為濁，濁則礙，礙則形。

凡氣清則通，昏則壅，清極則神。故聚而有間則風行，而聲聞具達，清之驗與！不行而至，通之極與！

由太虛有天之名四者本是一理

由太虛，有天之名；由氣化，有道之名；合虛與氣，有性之名；合性與知覺，有心之名。（陳潛室曰：天道性心四者本是一理，但所由之名異耳。）

鬼神者，二氣之良能也。聖者，至誠得天之謂；神者，太虛妙應之目。凡天地法象，皆神化之糟粕耳。

天道不窮，寒暑已；衆動不窮，屈伸已；鬼神之實，不越二端而已矣。

兩不立則一不可見，一不可見則兩之用息。兩體者，虛實也，動靜也，聚散也，清濁也，其究一而已。

感而後有通，不有兩則無一。故聖人以剛柔立本，乾坤毀則無以見易。

游氣紛擾，合而成質者，生人物之萬殊；其陰陽兩端循環不已者，立天地之大義。（朱子曰：陰陽紛擾生人物之萬殊，如麵磨相似，四边只管散出；天地之氣運轉亦只管生出人物。）

日月相推而明生，寒暑相推而歲成，神易無方體，一陰一陽，陰陽不測，皆所謂通乎晝夜之道也。

晝夜者，天之一息乎！寒暑者，天之晝夜乎！天道春秋分而氣易，猶人一寤寐而魂交，魂交成夢，百感紛紜，對寤而言，一身之晝夜也；氣交為春，萬物糅錯，對秋而言，天之晝夜也。

氣本之虛則湛本無形，感而生則聚而有象。有象斯有對，對必反其為；有反斯有仇，仇必和而解。故愛惡之情同出於太虛，而卒歸於物欲，倏而生，忽而成，不容有毫髮之間，其神矣夫！

天人有交勝之理

氣與志，天與人，有交勝之理。聖人在上而下民咨，氣一之動志也；鳳凰儀，志一之動氣也。

參兩

地所以兩，分剛柔男女而效之，法也；天所以參，一太極兩儀而象之，性也。

一神兩化

一物兩體，氣也；一故神（兩在故不測），兩故化（推行於一）。此天之所以參也。

地物也，天神也，物無踰神之理，顧有地斯有天，若其配然爾。

地有升降，日有修短。地雖凝聚不散之物，然二氣升降其間，相從而不已也。陽日上，地日降而下者，虛也；陽日降，地日進而上者，盈也。此一歲寒暑之候也。至於一晝夜之盈虛升降，則以海水潮汐驗之為信。然間有小大之差，則繫日月朔望，其精相感。

日質本陰，月質本陽，故於朔望之際，精魄反交，則光為之食矣。

中天半璧　銀丸彈丸

兩鏡相照

法密理透

虧盈法月於人為近日遠在外故月受日光當在於外人視其終初如鉤之曲及其中天也如半璧然此虧盈之驗也
沈括曰月本無光猶一銀丸日曜之乃光耳光之初生日在其旁故光側而所見纔如鉤日漸遠則斜照而光稍滿朱子曰大抵如一彈丸以粉塗其半側視之則粉處如鉤正視之則正圓也
朱子曰日月在天如兩鏡相照故月中微黑處乃鏡中天地之影畧有形似而非真有物
陰性凝聚陽性發散陰聚之陽必散之其勢均散陽為陰累則相持為雨而降陰為陽得則飄揚為雲而升故雲物班布太虛者陰為風驅斂聚而未散者也凡陰氣凝聚陽在內者不得出則奮擊而為雷霆陽在外者不得入則周旋不舍而為風其聚有遠近虛實故雷風有小大暴緩和而散則為霜雪雨露不和而散則為戾氣曀霾陰常散緩受交於陽則風雨調寒暑正
朱子曰陰陽五行康節說得法密橫渠說得理透

聖人神道設教而天下服

帝天之命主於民心

天道

天道四時行百物生無非至教聖人之動無非至德天何言哉
天體物而不遺猶仁體事而無不在也禮儀三百威儀三千無一物而非仁也昊天曰明及爾出王昊天曰旦及爾游衍無一物之不體也
上天之載有感必通聖人之為得為而為之也
天不言而四時行聖人神道設教而天下服誠於此動於彼神之道與
天不言而信神不怒而威誠故信無私故威
鼓萬物而不與聖人同憂天道也聖不可知也無心之妙非有心所及也
天之知物不以耳目心思然知之之理過於耳目心思天視聽以民明威以民故詩書所謂帝天之命主於民心而已焉
神而明之存乎其人不知上天之載當存文王黙而成之存乎德行學者常存德性則自然黙成而信矣

聖人之神惟天

谷之神也有限故不能通天下之聲聖人之神惟天故能周萬物而知
聖人有感無隱正猶天道之神
形而上者得意斯得名得名斯得象不得名非得象者也故語道至於不能象則名言亡矣
正明不為日月所眩正觀不為天地所遷

神化

神天德化天道德其體道其用一於氣而已
虛明照鑒神之明也無遠近幽深利用出入神之充塞無間也
形而上者得辭斯得象矣神惟不測故緩辭不足以盡神化為難知故急辭不足以體化
氣有陰陽推行有漸為化合一不測為神其在人也知義用利則神化之事備矣德盛者窮神則知不足道知化則義不足云天之化也運諸氣人之化也順夫時非氣非時則化之名何有化之實何施
鬼神常不死故誠不可揜人心隱微乘間而見故君子雖處幽獨防亦不懈
神化者天之良能非人能故大而位天德然後能窮神知化易謂窮神知化乃德盛仁熟之致非智力能強也
先後天而不違順至理以推行知無不合也雖然得聖人之任者皆可勉而至猶不害於未化爾大幾聖矣化則位乎天德矣
見幾則義明動而不括則用利屈伸順理則身安而德滋窮神知化與天為一豈有我所能勉哉乃德盛而自致爾
精義入神事豫吾內求利吾外也利用安身素利吾外致養吾內也窮神知化乃養盛自致非思勉之能強故崇德而外君子未或致知也
神不可致思存焉可也化不可助長順焉可也存虛明久至德順變化

仁知一而聖人之事備　無我得正己之盡　範圍天地之化　義以反經為本

達時中，仁之至，義之盡也。知微知彰，不舍而繼其善，然後可以成人性矣。惟神為能變化，以其一天下之動也。人能知變化之道，其必知神之為也。知神而後能饗帝饗親，見易而後知神。是故不聞性與天道，而能制禮作樂者末矣。徇物喪心，人化物而滅天理者乎。存神過化，忘物累而順性命者乎。敦厚而不化，有體而無用也。化而自失焉，徇物而喪己也。大德敦化，然後仁知一，而聖人之事備。性性為能存神，物物為能過化。無我然後得正己之盡，存神然後妙應物之感。範圍天地之化而不過，過則溺於空，淪於靜，既不能存夫神，又不能知夫化矣。旁行不流，圍神不已也。百姓日用而不知，溺於流也。義以反經為本，經正則精。仁以敦化為深，化行則顯。義入神，動一靜也。仁敦化，靜一動也。仁敦化則無體，義入神則無方。

動物

冰才湿性

動物本諸天，以呼吸為聚散之漸。植物本諸地，以陰陽升降為聚散之漸。物之初生，氣日至而滋息。物生既盈，氣日反而游散。至之謂神，以其伸也。反之謂鬼，以其歸也。海水凝則冰，浮則漚，然冰之才，漚之性，其存其亡，海不得而與焉。推是足以究死生之說。有息者根於天，不息者根於地。根於天者，不滯於用。根於地者，滯於方。此動植之分也。生有先後，所以為天序。小大高下，相並而相形焉，是謂天秩。天之生物也有序，物之既形也有秩。知序然後經正，知秩然後禮行。獨見獨聞，雖小異，怪也，出於疾與妄也。共見共聞，雖大異，誠也，出陰陽之正也。

物感之良能　六者有五行之別

賢才出國，將昌子孫才，族將大。寤形開而志交諸外也，夢形閉而氣專於內也。寤所以知新於耳目，夢所以緣舊於習心。聲者，形氣相軋而成。兩氣者，谷響雷聲之類。兩形者，桴鼓扣擊之類。形軋氣，羽扇敲矢之類。氣軋形，人聲笙簧之類。是皆物感之良能，人皆習知而不察焉耳。形也，聲也，臭也，味也，溫涼也，動靜也，六者莫不有五行之別，同異之變，皆帝則之必察者與。

誠明

誠明所知，乃天德良知，非聞見小知而已。天人異用，不足以言誠。天人異知，不足以言明。所謂誠明者，性與天道不[illegible]

仁知合一存乎聖　性與天道合一存乎誠

義命合一存乎理，仁知合一存乎聖，動靜合一存乎神，陰陽合一存乎道，性與天道合一存乎誠。性者萬物之一源，非有我之得私也。惟大人為能盡其道，是故立必俱立，知必周知，愛必兼愛，成不獨成。彼自蔽塞而不知順吾理者，則亦末如之何矣。天能為性，人謀為能。大人盡性，不以天能為能，而以人謀為能，故曰天地設位，聖人成能。天所性者通極於道，氣之昏明不足以蔽之。天所命者通極於性，遇之吉凶不足以戕之。不免乎蔽之戕之者，未之學也。性通乎氣之外，命行乎氣之內，氣無內外，假有形而言爾。性其總，合兩也。命其受，有則也。不極總之要，則不至受之分。盡性窮理而不可變，乃吾則也。天所自不能已者謂命，不能無感者謂性。雖然，聖

人循不以所可憂而同其無憂者有相之道存乎我也
湛一氣之本攻取氣之欲口腹於飲食鼻舌於臭味皆攻取之性也知德者屬厭而已不以嗜欲累其心不以小害大末喪本焉耳
盡其性能盡人物之性至於命者亦能至人物之命莫不性諸道命諸天我體物未嘗遺物體我知其不遺也至於命然後能成己成物不失其道
性於人無不善係其善反不善反而已過天地之化不善反者也命於人無不正係其順與不順而已行險以僥倖不順命者也
形而後有氣質之性善反之則天地之性存焉故氣質之性君子有弗性者焉
人之剛柔緩急有才與不才氣之偏也天本參和不偏養其氣反之本而不偏則盡性而天矣

須惡全好

德不勝氣性命於氣德勝其氣性命於德窮理盡性則性天德命天理氣之不可變者獨死生修夭而已故論死生則曰有命以言其氣也語富貴則曰在天以言其理也此大德所以必受命易簡理得而成位乎天地之中也所謂天理也者能悅諸心能通天下之志之理也能使天下悅且通則天下必歸焉不歸焉者所乘所遇之不同如仲尼與繼世之君也
纖惡必除善斯成性矣察惡未盡雖善必粗矣
不識不知順帝之則有思慮知識則喪其天矣君子所性與天地同流異行而已焉
和樂道之端乎和則可大樂則可久天地之性久大而已矣
莫非天也陽明勝則德性用陰濁勝則物欲行領惡而全好者其必由學乎

大心能体天下之物
天下無一物非我

大心

大其心則能體天下之物物有未體則心為有外世人之心止於見聞之狹聖人盡性不以見聞梏其心其視天下無一物非我孟子謂盡心則知性知天以此天大無外故有外之心不足以合天心見聞之知乃物交而知非德性所知德性所知不萌於見聞
由象識心徇象喪心知象者心存象之心亦象而已謂之心可乎
天之明莫大於日故有目接之不知其幾萬里之高也天之聲莫大於雷霆故有耳屬之不知其幾萬里之遠也天之不禦莫大於太虛故心知廓之莫究其極也人病以其耳目見聞累其心而不務盡其心故思盡其心者必知心所從來而後能
成吾身者天之神也不知以性成身而自謂因身發智貪天功為己力吾不知其智也

向明顧影

凝氷

體物體身道之本也身而體道其為人也大矣道能物身故大不能物身而累於身則藐乎其卑矣
成心忘然後可與進於道化則無成心矣成心者意之謂與無成心者時中而已矣
以我視物則我大以道體物我則道大故君子之大也大於道大於我者容不免狂而已
燭天理如向明萬象無所隱窮人欲如專顧影間區區於一物之中爾
釋氏不知天命而以心法起滅天地以小緣大以末緣本其不能窮而謂之幻妄真所謂疑氷者與
釋氏妄意天性而不知範圍天用反以六根之微因緣天地明不能盡則誣天地日月為幻妄蔽其用於一身之小溺其志於虛空之大此所以語大語小流遁失中其過於大也塵芥六合其蔽於小也夢幻人世

謂之窮理可乎。不知窮理而謂盡性可乎。謂之無不知可乎。

中正

君子大居正

中正然後貫天下之道。此君子之所以大居正也。蓋得正則得所止。得所止則可以弘而至於大。

君子之道成身成性以為功者也。未至於聖。皆行而未成之地耳。極其大而後中可求。止其中而後大可有。

不得已當為而為之。雖殺人皆義也。有心為之。雖善皆意也。正己而物正。大人也。正己而正物。猶不免有意之累也。有意為善。利之也。假之也。無意為善。性之也。由之也。有意為善且為未善。况有意於未善耶。

妄去然後得所止。得所止然後得所養而進於大矣。無所感而起。妄也。感而通。誠也。計度而知。昏也。不思而得。素也。

將窮理而不順理。將精義而不徙義。欲資深且習察。吾不知其智也。君子於天下。達善達不善。無物我之私。循理者共悅之。不循理者共改之。改之者。過雖在人如在己。不忘自訟。共悅者。善雖在己。蓋取諸人而為。必以與人焉。善以天下。不善以天下。是謂達善達不善。

徙善未必盡義。徙是未必盡仁。好仁而惡不仁。然後盡仁義之道。

遜其志於仁則得仁。遜其志於義則得義。惟其敏而已。

仲尼與互鄉之進

責己者當知天下國家無皆非之理。故學至於不尤人。學之至也。

為山平地。此仲尼所以惜顏回未至。蓋與互鄉之進。

學者四失。為人則失多。好高則失寡。不察則易。苦難則止。

聖人一言盡天下之道

有不知則有知。無不知則無知。是以鄙夫有問。仲尼竭兩端而空空。易無思無為。受命乃如嚮。聖人一言盡天下之道。雖鄙夫有問。必竭兩端而告之。然問者隨才分各足。未必能兩端之盡也。

教人者必知至學之難易。知人之美惡。誨以事。誨以質。知至學之難易。知德也。知其美惡。知人也。知其人且知德。故能教人使入德。仲尼所以問同而答異以此。

聖人未嘗有知

洪鐘未嘗有聲。由扣乃有聲。聖人未嘗有知。由問乃有知。有如時雨化之者。當其可。乘其間而施之。不待彼有求有為而後教之也。

大人所存。蓋必以天下為度。故孟子教人。雖貨色之欲。親長之私。達諸天下而後已。

孚化翼飛

子而孚化之。衆好者翼飛之。則吾道行矣。

至當

至當之謂德。百順之謂福。德者福之基。福者德之致。無入而非百順。故君子樂得其道。

制行以己。非所以同乎人。必物之同者。己則異矣。必物之是者。己則非矣。能通天下之志者。為能感人心。聖人同乎人而無我。故和平天下。莫盛於感人心。

義。仁之動也。流於義者於仁或傷。仁。體之常也。過於仁者於義或害。大海無潤。因暍者有潤。至人無恩。因不足者有恩。樂天安土。所居而安。不累於物也。

聖人不私其身

不知來物。不足以利用。不通晝夜。未足以樂天。聖人成其德。不私其身。故乾乾自强。所以成之於天爾。

君子之道達諸天

君子之道達諸天。故聖人有所不能。夫婦之智淆諸物。故大人有所不與。匹夫匹婦。非天之聰明不成其為人。聖人。天聰明之盡者耳。

大人者。有容物。無去物。有愛物。無徇物。天之道然。天以直養萬物。代天而理物者。曲成而不害其直。斯盡道矣。

金和玉節

金和而玉節之則不過。知運而貞一之則不流。道所以可久可大。以其肖天地而不離也。與天地不相似。其違道也遠矣。

君子知幾於屈伸之感
勝矣之勝在至柔

然不容。然後盡屈伸之道。至盡則無所不伸矣。君子無所爭。知幾於屈伸之感而已。精義入神。交伸於不爭之地。順莫甚焉。利莫大焉。

勝矣之勝。勝在至柔。明屈伸之神爾。

將致用者。幾不可緩。思進德者。徙義必精。此君子所以立多凶多懼之地。乾乾德業。不少懈於趨時也。

作者

作者七人。伏羲神農黃帝堯舜禹湯。制法興王之道。非有述於人者也。以知人為難。故不輕去未彰之罪。以安民為難。故不輕變未厭之君。及舜而去之。堯君德。故得以厚吾終。舜臣德。故不敢不虔其始。

三十

困之進人也。為德辨。為感速。孟子謂人有德慧術知者。存乎疢疾。以此。自古困於內無如舜。困於外無如孔子。以孔子之聖而下學於困。則其

顏子龍德而隱
顏子與聖者同
聖人合內外而成其仁

蒙難正志。聖德日躋。必有人所不及知而天獨知之者矣。故曰莫我知也夫。知我者其天乎。

顏子龍德而隱。故遯世不見知而不悔。與聖者同。

仲由樂善。故車馬衣裘喜與賢者共敝。顏子樂進。故願無伐善施勞。聖人樂天。故合內外而成其仁。

顏淵從師進德於孔子之門。孟子命世修業於戰國之際。此所以潛見之不同。

有德

君子寧言之不顧。不規規於非義之信。寧身被困辱。不徇人以非禮之恭。寧孤立無助。不失親於可賤之人。三者知和而能以禮節之也。

德主天下之善。善原天下之一。善同歸治。故王心一。言必主德。故王言大。言有教。動有法。晝有為。宵有得。息有養。瞬有存。

君子不大望於愚者

君子於民。導使為德而禁其為非。不大望。愚者之道與。

困辱非憂。取困辱為憂。榮利非樂。忘榮利為樂。

克己行法為賢。樂己可法為聖。聖與賢迹相近。而心之所至有差焉。

辟世者。依乎中庸。沒世不遇而無憾。辟地者。不懷居以害仁。辟色者。遠恥於將形。辟言者。遠害於禍辱。此為士清濁淹速之殊也。

弓調而後求勁焉。馬服而後求良焉。士必慤而後求智能者。不慤而多能。譬之豺狼不可近。

有司

報者天下之利。率德而致善有勸。不善有沮。皆天下之利也。小人私己。利於不治。君子公物。利於治。

大易不言有無

大易

大易不言有無。言有無。諸子之陋也。

迎隨不見首尾
聖人用中之極
后稷贊化育之端
周公愛人之至
周公不失其聖
周公感人心於和平
統上統下

一物而兩體。其太極之謂與。陰陽天道。象之成也。剛柔地道。法之效也。仁義人道。性之立也。三才兩之。莫不有乾坤之道。

乾之四德。終始萬物。迎之隨之。不見其首尾先後。推本而言。當父母萬物。

仁統天下之善。禮嘉天下之會。義公天下之利。信一天下之動。

聖人用中之極。不勉而中。有大之極。不為其大。大人望之。所謂絕塵而奔。峻極於天。不可階而升者也。

樂器

教民稼穡。后稷贊化育之一端也。

破斧缺斨。周公征東以安四國之人。愛人之至也。

狼跋美周公不失其聖。卒能感人心於和平也。

土禘

天子因生以賜姓。諸侯以字為謚。蓋以尊統上。卑統下之義。

之義

人心所自來

乾稱

凡可狀皆有也。凡有皆象也。凡象皆氣也。氣之性本虛而神，則神與性乃氣所固有。此鬼神所以体物而不可遺也。

至誠天性也，不息天命也。人能至誠則性盡而神可窮矣，不息則命行而化可知矣。學未至知化，非真有得也。

有無一，內外合，此人心之所自來也。若聖人則不專以聞見為心，故能不專以聞見為用。

至虛之實，實而不固；至靜之動，動而不窮。實而不固則一而散，動而不窮則往且來。

性通極於無，氣其一物爾。命稟同於性，遇乃適然焉。人一已百，人十已千，然有不至，猶难語性，可以言氣；行同報異，猶雜語命，可以言遇。大學當先知天德。知天德則知聖人、知鬼神。今浮屠極論要歸，必謂死生流轉，非得道不免，謂之悟道可乎？自其說熾傳中國，儒者未容窺聖學門墻，已為引取，淪胥其間，持為大道。其俗達之天下，人人著信，使英才間氣，生則溺耳目恬習之事，長則師世儒宗尚之言，遂冥然被驅，因謂聖人可不修而至，大道可不學而知。故未識聖人心，已謂不必求其心；未見君子志，已謂不必事其文。上無禮以防其偽，下無學以稽其弊。自古詖淫邪遁之詞，翕然並興，一出於佛氏之門者千五百年。自非獨立不懼，精一自信，有大過人之才者，何以正立其間，與之較是非、計得失。

釋氏語實際，乃知道者所謂誠也，天德也。其語到實際，則以人生為幻妄，有為為疣贅，以世界為蔭濁，遂厭而不有，遺而弗存。就使得之，乃誠而惡明者也。儒者則因明致誠，因誠致明，故天人合一，致學而可以成聖，得天而未始遺人。易所謂不遺、不流、不過者也。

太虛者氣之体。氣有陰陽，屈伸相感之無窮，故神之應也無窮；其散無數，故神之應也無數。雖無窮，其實湛然；雖無數，其實一而已。陰陽之氣散則萬殊，人莫知其一也；合則混然，人不見其殊也。

東銘

戲言出於思也，戲動作於謀也。發乎聲，見乎四肢，謂非己心，不明也。欲人無己疑，不能也。過言非心也，過動非誠也。失於聲，謬迷其四體，謂己當然，自誣也。欲他人己從，誣人也。或者以出於心者歸咎為己戲，失於思者自誣為己誠，不知戒其出汝者，歸咎其不出汝者，長傲且遂非，不知孰甚焉。

性理纂要抄卷之二終

性理纂要抄狐白三卷

皇極經世

邵伯温曰皇極經世書凡十二卷其一之二則總元會運世之數易所謂天地之數也三之四以會經運列世數與歲甲子下紀帝堯至於五代歷年表以見天下治亂離合之迹以天時而驗人事者也五之六以運經世列世數與歲甲子下紀帝堯至於五代書傳所載興廢治亂得失邪正之迹以人事而驗天時者也自七之十則以陰陽剛柔之數窮律呂聲音之數以律呂聲音之數窮動植飛走之數易所謂萬物之數也其十一之十二則論皇極經世之所以為書窮日月星辰走飛動植之數以盡天地萬物之理述皇帝王霸之事以明大中至正之道陰陽之消長古今之治亂較然可見矣故書謂之皇極經世篇謂之觀物焉。

蔡西山曰嘗謂體天地之撰者至於易而止矣不可以有加矣楊氏之太玄八十一首關氏之洞極二十七象司馬氏之潛虛五十五行皆不知而作者也康節之學雖作用不同而其實則伏羲所畫之卦故其書以日月星辰水火土石盡天地之體用以暑寒晝夜雨風露雷盡天地之變化以性情形體走飛草木盡萬物之感應以元會運世歲月日辰盡天地之始終以皇帝王霸易詩書春秋盡聖賢之事業自秦漢以來一人而已耳。動者為天天有陰陽陰陽之中又各有陰陽故有太陽太陰少陽少陰以為日月星辰為天之四象有日月星辰而後有暑寒晝夜四者天之所以變也暑寒晝夜變乎物之性情形體萬物之所以感於天之變也靜者為地地有剛柔剛柔之中又各有剛柔故有太剛太柔少剛少柔以為水火土石是為地之四象有水火土石而後有雨風露雷四者地之所以化也雨風露雷化乎物之走飛草木萬物之所以應於地之化也暑寒晝夜變乎走飛草木之性情形體雨風露雷化乎性情形體之走飛草木天地變化參伍錯綜而生萬物也蓋天地萬物皆陰陽剛柔之分人則兼備乎陰陽剛柔故靈於萬物而能與天地參也人而能與天地參故天地之變有元會運世而人事之變亦有皇帝王霸元會運世有春夏秋冬為生長收藏皇帝王霸有易書詩春秋為道德功力是故元會運世春夏秋冬生長收藏各相因而為十六皇帝王霸易書詩春秋道德功力亦各相因而為十六十六者四象相因之數也凡天地之變化萬物之感應古今之因革損益皆不出乎十六十六而天地之道畢矣自天地觀萬物則萬物為萬物自太極觀天地則天地亦物也人而盡太極之道則能範圍天地曲成萬物而造化在我矣故其說曰一動一靜天地之至妙與一動一靜之間天地人之至妙與一動一靜之間者非動非靜而主乎動靜所謂太極也又曰思慮未起鬼神莫知不由乎我更由乎誰所謂範圍天地曲成萬物造化在我者也蓋超乎形器非數之能及也

伯温曰圓者為天方者為地天地之道皆在是也指六十四卦方圓圖言

邵伯温系述曰至大之謂皇至中之謂極至正之謂經至變之謂世大中至正應變無方之謂道以道明道道非可明以物明道道斯見矣故善觀道者必以物善觀物者必以道謂得道而忘物則可矣必欲遠物而求道不亦妄乎有物之大莫若天地然則天地安從生道生天地而太極者道之全體也太極生兩儀兩儀形之判也兩儀生四象四象生而後天地之道備焉立天之道曰陰與陽立地之道曰柔與剛陰陽變於上而日月星辰生焉剛柔變於下而水火土石成

秦漢以來一人

十六而天地之道畢

天地之道皆在是

天地萬物以一為本

焉日月星辰成象於天水火土石成體於地象動於上而萬時生焉體交於下而萬物成焉時有消長盈虛物有動植飛走消長盈虛者時之變也動植飛走者物之類也時之與物有數存焉數者何也道之運也理之會也陰陽之度也萬物之紀也定於幽而驗於明藏於微而顯於著所以成變化而行鬼神者也道生一一為太極一生二二為兩儀二生四四為四象四生八八為八卦八生六十四六十四具而後天地萬物之道備矣天地萬物莫不以一為本原於一而衍之以為萬窮天下之數而復歸於一一者何也天地之心也道化之原也日為元元者氣之始也其數一月為會會者數之交也其數十二星為運運者時之行也其數三百六十辰為世世者變之終也其數四千三百二十觀一歲之數則一元之數覩矣以一運而覩一元則一元一歲之大者也以一元而觀一歲則一歲一元之小者也一

元統十二會三百六十運四千三百二十世歲月日時各有數焉一歲統十二月三百六十日四千三百二十時刻分毫釐絲忽眇沒亦有數焉皆統於元而宗於一終始往來而不窮在天則為消長盈虛在人則為治亂興廢皆不能逃乎數也有數則有物數盡則物窮矣有物則有數物窮則數盡矣然數無終盡數盡則復物無終窮物窮則變變故能通復故能久日月星辰變乎暑寒晝夜者也水火土石化乎雨風露雷者也暑寒晝夜天之變而唱乎地者也雨風露雷地之化而和乎天者也一唱一和而後物生焉暑寒晝夜變乎性情形體者也雨風露雷化乎走飛草木者也性情形體本乎天而感乎地者也走飛草木本乎地而應乎天者也一感一應而後物成焉天地有至美陰陽有至精物之得者或粹或駁或淳或漓故萬物之類或巨或細或惡或良或正或邪或柔或剛咸其自取之爾備天地兼萬

聖人以天地為一体聖人以万物為一身

物而合德於太極者其惟人乎日用而不知者百姓也反身而誠之者君子也因性而由之者聖人也故聖人以天地為一體萬物為一身善救而不棄曲成而不遺以成能其中焉天有至粹地有至精人類得之則為明哲飛類得之則為鸞鳳走類得之則為麒麟介類得之則為龜龍草類得之則為芝蘭木類得之則為松栢石類得之則為金玉萬物莫不以其類而有得者焉是故至治之世則賢人衆多龜龍游於沼鳳鳥翔於庭天降甘露地出醴泉百穀用成庶草蕃廡順氣之應也衰亂之世則反此逆氣之應也逆順之應由人心之感焉故古之聖人自昭明德協和萬邦災害不生禍亂不作日月星辰不忒其序風雨晦暘不失其常山川鬼神以寧鳥獸魚鱉咸若天人之際安可忽哉大哉時之與事乎聖人所以極深而研幾也時者天也事者人也時動而事起天運而人從猶形行而影會聲發而響應

唐虞中天而興

歟時行而不留天運而不停違之則害逆之則凶故聖人與天並行而不逆與時俱逝而不違是以自天祐之吉無不利時不能遺天物不能違時聖人不能遺物時不能違天故天運而必變物不能遺時故時變而必化聖人不能遺物故物化而必順聖人唯不能遺物故天亦不能違聖人是以先天而天弗違後天而奉天時天之時由人之事乎人之事由天之時乎故天有是時則人有是事則天有是時興事而應時者其唯人乎故消長盈虛者天之時也治亂興廢者人之事也有消息盈虛而後有春夏秋冬有治亂興廢而後有皇帝王霸唐虞者其中天而興乎堯舜者其應運而生乎何天時人事之相驗歟先之者則未之或至後之者則無以尚之其猶夏至日之向中乎故聖人刪書斷自唐虞時之盛也修經始於周平道之衰也故聖人懼之以二百四十二年之事繫之以萬世之法法

者何也君臣父子夫婦人道之大倫也性之者聖人也誠之者君子也違之者小人也亡之者禽獸也興之則為治廢之則為亂用之則為中國舍之則為夷狄五霸去王也遠矣不猶愈於狄乎當世之諸侯去霸也遠矣隣於狄也不亦近乎微聖人之生春秋之作則天下後世之人其被髮左衽矣春秋有天道焉有地道焉有人道焉王者擧而用之則帝王之功豈難致哉

觀物內篇

物之大者無若天地然而亦有所盡也天之大陰陽盡之矣地之大剛柔盡之矣陰陽盡而四時成焉剛柔盡而四維成焉夫四時四維者天地至大之謂也凡言大者無得而過之也亦未始以大為自得故能成其大豈不謂至偉至偉者與

動靜交而天地之道

天生於動者也地生於靜者也一動一靜交而天地之道盡之矣動之始則陽生焉動之極則陰生焉一陰一陽交而天之用盡之矣靜之始則柔生焉靜之極則剛生焉一剛一柔交而地之用盡之矣

本体致用

太陽為日太陰為月少陽為星少陰為辰日月星辰交而天之體盡之矣太柔為水太剛為火少柔為土少剛為石水火土石交而地之體盡之矣

八者天地之体備

邵伯温注水火土石本体也金木水火土致用也

太陽少陽太陰少陰成象于天而為日月星辰太剛少剛太柔少柔成形于地而為水火土石八者具備然后天地之体備

日為暑月為寒星為晝辰為夜暑寒晝夜交而天之變盡之矣水為雨火為風土為露石為雷雨風露雷交而地之化盡之矣

暑變物之性寒變物之情晝變物之形夜變物之體性情形體交而動植之感盡之矣雨化物之走風化物之飛露化物之草雷化物之木走飛草木而動植之應盡之矣

夫人也者暑寒晝夜無不變雨風露雷無不化性情形體無不感走飛草木無不應所以目善萬物之色耳善萬物之聲鼻善萬物之氣口善萬物之味靈於萬物不亦宜乎

人之所以能靈於萬物者謂其目能收萬物之色耳能收萬物之聲鼻能收萬物之氣口能收萬物之味聲色氣味者萬物之体也目耳鼻口者萬人之用也体無定用惟變是用用無定体惟化是体体用交而人物之道於是備矣

然則人亦物也聖亦人也生一一之物當兆物之物者豈非人乎生一一之人當兆人之人者豈非聖乎是知人也者物之至者也聖也者人之至者也物之至者始得謂之物之物也人之至者始得謂之人之人也何哉謂其能以一心觀萬心一身觀萬身一物觀萬物一世觀萬世者焉又謂其能以心代天意口代天言手代天工身代天事者焉又謂其能以上識天時下盡地理中盡物情通照人事者焉又謂其能以彌綸天地出入造化進退古今表裏人物者焉

聖人者非世世而效聖焉吾不得而目見之也雖然吾不得而目見之察其心觀其迹探其體潜其用雖億萬千年亦可以理知之也

道為天地之本

道為天地之本天地為萬物之本以天地觀萬物則萬物為萬物以道觀天地則天地亦為萬物道之道盡之於天矣天之道盡之於地矣天地之道盡之於物矣天地萬物之道盡之於人矣人能知天地萬物之道所以盡於人者然後能盡民也

天之能盡物則謂之曰昊天人之能盡民則謂之曰聖人夫昊天之盡物聖人之盡民皆有四府焉昊天之四府者春夏秋冬之謂也陰陽升降於其間矣聖人之四府者易書詩春秋之謂也禮樂汚隆於其間矣春為生物之府夏為長物之府秋為收物之府冬為藏物之府號物之

庶謂之萬雖曰萬之又萬其庶能出此昊天之四府者乎易為生民之府書為長民之府詩為收民之府春秋為藏民之府號民之庶謂之萬雖曰萬之又萬其庶能出此聖人之四府者乎昊天之四府者時也聖人之四府者經也昊天以時授人聖人以經法天天人之事當如何哉觀春則知易之所存乎觀夏則知書之所存乎觀秋則知詩之所存乎觀冬則知春秋之所存乎

修夫意者三皇之謂也修夫言者五帝之謂也修夫象者三王之謂也修夫數者五霸之謂也修夫仁者有虞之謂也修夫禮者有夏之謂也修夫義者有商之謂也修夫智者有周之謂也修夫性者文王之謂也修夫情者武王之謂也修夫形者周公之謂也修夫體者召公之謂也修夫聖者秦穆之謂也修夫賢者晉文之謂也修夫才者齊桓之謂也修夫術者楚莊之謂也

秦穆得聖之事

秦穆改過自誓得聖之事而已

皇帝王霸者易之體也虞夏商周者書之體也文武周召者詩之體也秦晉齊楚者春秋之體也

意言象數者易之用也仁義禮智者書之用也性情形體者詩之用也聖賢才術者春秋之用也

用也者心也體也者迹也心迹之間有權存焉者聖人之事也

三皇同意而異化五帝同言而異教三王同象而異勸五霸同數而異率同意而異化者必以道以道化民者民亦以道歸之故尚自然夫自然者無為無有之謂也無為者非不為也不固為者也故能廣無有者非不有也不固有者也故能大廣大悉備而不固為固有者其惟三皇乎是故知能以道化天下者天下亦以道歸焉所以聖人有言曰我無為而民自化我無事而民自富我好靜而民自正我無欲而民自樸其斯之謂與

三皇同仁而異化五帝同禮而異教三王同義而異勸五霸同智而異率同禮而異教者必以德以德教民者民亦以德歸之故尚讓夫讓也者先人後己之謂也以天下授人而不為輕若素無之也受人之天下而不為重若素有之也若素無素有者謂不已無已有之也若己無己有則舉一毛以取與於人猶有貪鄙之心生焉而况天下者乎能知天下之天下非己之天下者其惟五帝乎是故知能以德教天下者天下亦以德歸焉所以聖人有言曰垂衣裳而天下治蓋取諸乾坤其斯之謂與

三皇同性而異化五帝同情而異教三王同形而異勸五霸同體而異率同形而異勸者必以功以功勸民者民亦以功歸之故尚政夫政也者正也以正正夫不正之謂也天下之正莫如利民焉天下之不正莫如害民焉能利民者正則謂之曰王矣能害民者不正則謂之曰賊矣以利除害安有去王耶以王除賊安有弑君耶是故知王者正也能以功正天下之不正者天下亦以功歸焉所以聖人有言曰天地革而四時成湯武革命順乎天而應乎人其斯之謂與

三皇同聖而異化五帝同賢而異教三王同才而異勸五霸同術而異率同術而異率者必以力以力率民者民亦以力歸之故尚爭夫爭也者爭夫利也取以利不以義然後謂之爭小爭交以言大爭交以兵爭夫強弱者也猶借夫名焉者謂之曲直名也者命物正事之稱也利也者養人成務之具也名不以仁無以守業利不以義無以居功利不以功居名不以業守則亂矣民所以必爭之也五霸者借虛名以爭實利者也帝不足則王王不足則霸霸又不足則夷狄矣若然則五霸不謂無功於中國語其王則未也過夷狄則遠矣周之東遷文武之功德於

刻舟求劒

有子能知聖人之心

皇帝王霸之事相因而成

四者始終隨乎天地

是乎盡矣猶能維持二十四君王室不絶如綫夷狄不敢屠害中原者猶五霸借名之力也是故知能以力率天下者天下亦以力歸焉所以聖人有言曰眇能視跛能履履虎尾咥人凶武人為於大君其斯之謂歟道德功力者存乎體者也化教勸率者存乎用者也體用之間有變存焉者聖人之業也夫變也者昊天生萬物之謂也權也者聖人生萬民之謂也非生物非生民而得謂之權變乎

徒徇聖人之迹而不達聖人之心是皆膠柱鼓瑟刻舟求劒者古有墜劒水中刻舟求之

喪欲速貧死欲速朽有子獨以為非君子之言乃有為而言可謂能知聖人之心者也

意言象數性情形体仁義禮智聖賢才術道德功力化教勸率皇帝王霸之事皆相因而成者也

以化教勸率為道謂之易為德謂之書為功謂之詩為力謂之春秋四者天地始則始終則終隨乎天地

天時聖經相表裏

皇帝王霸時也易書詩春秋經也天時聖經相為表裏相因而成也

夫古今者在天地之間猶旦暮也以今觀今則謂之今矣以後觀今則今亦謂之古矣以今觀古則謂之古矣以古自觀則古亦謂之今矣若然則皇帝王霸者聖人之時也易書詩春秋者聖人之經也時有消長經有因革時有消長否泰盡之矣經有因革損益盡之矣否泰盡而體用分損益盡而心迹判體與用分心與迹判聖人之事業於是乎備矣所以自古當世之君天下者其命有四焉一曰正命二曰受命三曰改命四曰攝命正命者因而因者也受命者因而革者也改命者革而因者也攝命者革而革者也因而因者長而長者也因而革者長而消者也革而因者消而長者也革而革者消而消者也革而革者一世之事業也革而因者十世之事業也因而革者百世之事業也因而因者千世之事業也可以因則因可以革則革者萬世之事業也一世之事業者非五霸之道而何十世之事業者非三王之道而何百世之事業者非五帝之道而何千世之事業者非三皇之道而何萬世之事業者非仲尼之道而何是故皇帝王霸者命世之謂也仲尼者不世之謂也

仲尼萬世事業

動靜見天地之心 聖人作易本于此 子云知易之本

人皆知仲尼之為仲尼不知仲尼之所以為仲尼欲知仲尼之所以為仲尼則捨天地將奚之焉人皆知天地之為天地不知天地之所以為天地欲知天地之所以為天地則捨動靜將奚之焉夫一動一靜者天地至妙者歟夫一動一靜之間者天地人之至妙至妙者歟是故知仲尼之所以能盡三才之道者謂其行無轍迹也

天地之心蓋于動靜之間見之

聖人作易蓋本于此指動靜之間言

揚子云知易之本以作玄始于中首象中孚次以周首象復中者天下之大本所謂天地之心也

皇帝王霸之分

仲尼以萬世為土

孔子贊易自羲軒而下序書自堯舜而下删詩自文武而下修春秋自桓文而下自羲軒而下祖三皇也自堯舜而下宗五帝也自文武而下子三王也自桓文而下孫五霸也

祖三皇尚賢也宗五帝亦尚賢也三皇尚賢以道五帝尚賢以德子三王尚親也孫五霸亦尚親也三王尚親以功五霸尚親以力

道德則無親疎之間功力則有從違之異然以力率天下而親之則狹矣此皇帝王霸之所以分也

嗚呼時之既往億千萬年時之未來亦億千萬年仲尼中間生而為人何祖宗之寡而子孫之多耶人謂仲尼惜乎無土吾獨以為不然獨夫以百畝為土大夫以百里為土諸侯以四境為土天子以九州為土仲尼以萬世為土若然則孟子言自生民以來未有如孔子也斯亦未為之過矣

三者成敗之形

天下至富也天子至貴也豈可妄意求而得之也雖曰天命亦未始不由積功累行聖君艱難以成之庸君暴虐以壞之是天與是人與是知人作之咎固難逃已天降之災禳之奚益積功累行君子常分非有求而然也有求而然者所謂利乎仁者也君子安有餘事於其間哉然有幸有不幸者始可以語命也已

夏禹以功有天下夏桀以虐失天下殷湯以功有天下殷紂以虐失天下周公以功有天下周幽以虐失天下三者雖時不同其成敗之形一也

平王東遷無功以復王業赧王西走無虐以喪王室威令不逮一小國諸侯仰存於五霸而已此又奚足道哉

仲尼修經周平王之時書終於晉文侯詩列為王國風春秋始於魯隱公易盡于未濟卦

子貢欲去魯告朔之餼羊孔子曰賜也爾愛其羊我愛其禮是知名存實亡者猶愈於名實俱亡者矣禮雖廢而羊存則後世安知有不復行禮者矣晉文公尊王雖用虛名猶能力使天下諸侯知有周天子而不敢以兵加之也及晉之衰也秦由是敢滅周斯愛禮之言信不誣矣

王者往也能往天下者可以王也周之衰也諸侯不朝天子久矣及楚預中國會盟仲尼始進爵為子其僭王也不亦陋乎

中國義理之師

夫以力勝人者人亦以力勝之吳嘗破越而有輕楚之心及其破楚又有驕齊之志貪婪攻取不顧德義侵侮齊晉專以夷狄為事遂復為越所滅越又不監之其後復為楚所滅楚又不監之其後復為秦所滅秦又不監之其後復為漢所滅恃強凌弱與虎豹何以異乎此所以謂之中國義理之師也

秦始盛於穆公中於孝公終於始皇起于西夷遷于岐山徙於咸陽兵瀆宇內血流天下吞并四海更革今古雖不能比德三代非晉隋可同年而語也其祚之不永得非用法太酷殺人之多乎所以仲尼序書終於秦誓一事其言不亦遠乎

夫好生者生之徒也好殺者死之徒也周之好生也以義漢之好生也亦以義秦之好殺也以利楚之好殺也亦以利周之好生也以義而漢且不及秦之好殺也以利而楚又過之天之道人之情又奚擇於周秦漢楚哉擇乎善惡而已是知善也者無敵於天下而天下共善之惡也者亦無敵於天下而天下共惡之天之道人之情又奚擇於周秦漢楚哉擇於善惡而已

聖人事業盡在是 孔子存王者之禮法 文侯有功于時 文侯知有君臣之義

易書詩春秋皇帝王霸聖人事業盡在是

孔子存王者之禮法作春秋以明王道

晉文侯知尊周有功于時

犬戎侮中國晉文侯獨能攘戎狄而遷周于洛知有君臣之義未同于夷狄其功亦可尚矣此書所以有文侯之命也

秦穆公能改過自誓霸之優者也故序書上自典謨下及秦誓焉

聖人取狂狷之義 穆公一善可稱 聖人蓋有深意 天人相為表裏

猶取之而不廢是亦不得中行而與之必也狂狷乎之義也穆公有此一善可稱

昔者孔子語堯舜則曰垂衣裳而天下治語湯武則曰順乎天而應乎人斯言可以該古今帝王受命之理也堯禪舜以德舜禪禹以功以德帝也以功亦帝也然而德下一等則入於功矣湯伐桀以放武伐紂以殺以放王也以殺亦王也然而放下一等則入於殺矣是知時有消長事有因革前聖後聖非出於一塗哉

孔子謂韶盡美又盡善武盡美未盡善蓋有深意焉

天與人相為表裏天有陰陽人有邪正邪正之由繫乎上之所好也上好德則民用正上好佞則民用邪邪正之由有自來矣雖聖君在上不能無小人是難其為小人雖庸君在上不能無君子是難其為君子自古聖君之盛未有如堯舜之世君子何其多耶時非無小人也是難其為小人也故君子多也所以雖有四凶不能肆其惡自古庸君之盛未

有如殷紂之世小人何其多耶時非無君子也
人多也所以雖有三仁不能遂其善……是知君擇臣臣……
也君得臣臣得君者繫乎……夫者也賢愚人之本性利害人之常情虞舜
陶於河濱傅說築於巖下天下皆知其賢而百執事不為之舉者利害
使之然也吁利害叢於中而矛戟森於外又安知有虞舜之聖而傅說
之賢哉河濱非禪位之所巖下非求相之方昔也在億萬人之下而今
也在億萬人之上相去一何遠之甚也然而必如此云者貴有名者也
易曰坎有孚維心亨行有尚中正行險徃且有功雖危無咎能自信故
也伊尹以之是知古之人患名過實者有之矣其間有幸與不幸者雖
聖人人力有不及者矣伊尹行冢宰居責成之地借使避放君之……
曰不忠乎則天下之事去矣又安能正……
委寄於匪人三年之間……

大忠大孝

也坎有孚維心亨不亦近之乎
易曰由豫大有得勿疑朋盍簪剛健主豫動而有應群疑乃亡能自強
故也周公以之是知聖人不能使人無謗能處謗者也周公居總己當
任重之地借使避嫌親之名豈曰不孝乎則天下之事去矣又安能保
嗣君成終始之大孝者乎吁若委寄於匪人七年之間其如嗣君何則
天下之事亦去矣又安有周公也由豫大有得勿疑朋盍簪不亦近之乎
夫天下將治則人必尚行也天下將亂則人必尚言也尚行則篤實之
風行焉尚言則詭譎之風行焉天下將治則人必尚義也天下將亂則
人必尚利也尚義則謙讓之風行焉尚利則攘奪之風行焉三王尚行
者也五霸尚言者也尚行者必入於義也尚言者必入於利也義利之
相去一何遠之如是耶
是知言之於口不若行之於身行之於身不若盡之於心言之於口人

聖人能立於無過之地

漢氏立桓武之間

得而聞之行之於身人得而見之盡之於心神得而知之人之聰明猶
不可欺況神之聰明乎是知無愧於口不若無愧於身無愧於身不若
無愧於心無口過易無身過難無身過易無心過難既無心過何難之
有吁安得無心過之人而與之語心哉是故知聖人所以能立於無過
之地者謂其善盡於心者也
武王雖不逮舜之盡善盡美以其解天下之倒懸則下於舜一等耳桓
公雖不逮武之應天順人以其霸諸侯一匡天下則高於狄亦遠矣以
武比舜則不能無過比桓則不能無功以桓比狄則不能無功比武則
不能無過漢氏宜立乎桓武之間矣秦二世萬乘也求為黔首而不能
得漢劉季匹夫也免為元首而不能已萬乘與匹夫相去有間矣然而
有時而代之者謂其天下之利害有所懸之耳
天之道非禍萬乘而福匹夫也謂其禍無道而福有道也人之情非去
萬乘而就匹夫也謂其去無道而就有道也萬乘與匹夫相去有間矣
然而有時而代之者謂其直以天下之利害有所懸之耳
日既沒矣月既望矣星不能不希矣非星之希是星難乎其為光矣能
為其光者不亦希乎漢唐既創業矣呂武既擅權矣臣不能不希矣非
臣之希是臣難乎其為忠矣能為其忠者不亦希乎是知任天下事易
死天下事難死天下事易成天下事難苟成之又何計乎死與生也如
其不成雖死奚益況其有正與不正者乎與其死於不正孰若生於正
與其生於不正孰若死於正在乎忠與智者之一擇焉死固可惜貴乎
成天下之事也如其敗天下之事一死奚以塞責生固可愛貴乎成天
下之事也如其敗天下之事一生何以收功噫能成天下之事又能不
失其正而生者非漢之留侯唐之梁公而何微斯二人則漢唐之祚或
幾於移矣

孔子不以柴來為非
三皇之世如春

孔子謂柴也其來乎由也其死乎孔子不以柴之來為非則知由之死未為是也

三皇之世如春五帝之世如夏三王之世如秋五霸之世如冬如春溫如也如夏燠如也如秋凄如也如冬冽如也春夏秋冬者昊天之時也易書詩春秋者聖人之經也天時不差則歲功成矣聖經不忒則君德成矣

天有常時聖有常經行之正則正矣行之邪則邪矣邪正之間有道存焉行之正則謂之正道行之邪則謂之邪道邪正由人乎由天乎天由道而生地由道而成物由道而形人由道而行天地人物則異也其於由道則一也噫二道對行何故治世少而亂世多耶君子少而小人多耶曰豈不知陽一而陰二乎

三皇春也五帝夏也三王秋也五霸冬也七國冬之餘冽也漢王而不

三變而帝道可舉
天地交際之道
聖賢立法不同

足晉霸而有餘三國霸之雄者也十六國霸之叢者也南五代霸之借乘也北五代霸之傳舍也隋晉之子也唐漢之弟也隋季諸郡之霸江漢之餘波也唐季諸鎮之霸日月之餘光也後五代之霸日未出之星也

有命世之人繼世而興則雖民如夷狄三變而帝道可舉三變則百年矣

陰陽剛柔所以相進退者陽中有陰陰中有陽剛中有柔柔中有剛

天地交際之道

易用九六大衍經世皆本於四太玄用三聖賢立法不同其為數則一

物有大小民有賢愚移昊天生兆物之德而生兆民則豈不謂至神者乎移昊天養兆物之功而養兆民則豈不謂至聖者乎

天所以謂之觀物者非以目觀之也非觀之以目而觀之以心也非觀之以心而觀之以理也天下之物莫不有理焉莫不有性焉莫不有命焉所以謂之理者窮之而後可知也所以謂之性者盡之而後可知也

聖人能一萬物之情
聖人以物觀物

所以謂之命者至之而後可知也此三知者天下之真知也雖聖人無以過之也而過之者非所以謂之聖人也夫鑑之所以能為明者謂其能不隱萬物之形也雖然鑑之能不隱萬物之形未若水之能一萬物之形也雖然水之能一萬物之形又未若聖人能一萬物之情也聖人之所以能一萬物之情者謂其能反觀也所以謂之反觀者不以我觀物也不以我觀物者以物觀物之謂也既能以物觀物又安有我於其間哉是知我亦人也人亦我也我與人皆物也此所以能用天下之目為己之目其目無所不觀矣用天下之耳為己之耳其耳無所不聽矣用天下之口為己之口其口無所不言矣用天下之心為己之心其心無所不謀矣夫天下之觀其於見也不亦廣乎天下之聽其於聞也不亦遠乎天下之言其於論也不亦高乎天下之謀其於樂也不亦大乎夫其見至廣其聞至遠其論至高其樂至大能為至廣至遠至高至大

聖人不過如是
聖人能同乎人
八者天地之体

之事而中無一為焉豈不謂至神至聖者乎

窮理盡性至命是謂真知聖人亦不過如是

能同乎天故能同乎人能同乎人故能用天下之耳目口心為己之耳目口心

觀物外篇

張氏㟭曰先生觀物有內外篇內篇理深而數畧外篇數詳而理顯先天者當自外篇始

天數五地數五合而為十數之全也天以一而變四地以二而變四四者有體也而其一者無體也是謂有無之極也天之體數四而用者三不用者一也地之體數四而用者三不用者一也是故無體之一以況自然也不用之一以況道也用之者以況天地人也

八者天地之體謂天之體數四地之體數四

陽尊而神尊故役物神故藏用是以道生天地萬物而不自見也天地

萬物亦取法乎道矣
裁方而為圓天之所以運行分大而為小地之所以生化
陽不能獨立必得陰而後立故陽以陰為基陰不能自見必待陽而後見故陰以陽為唱陽知其始而享其成陰效其法而終其勞

天地之本起於中

天地之本其起於中乎是以乾坤交變而不離乎中人居天地之中心居人之中日中則盛月中則盈故君子貴中也
天得地而萬物生君得臣而萬化行父得子夫得婦而家道成
天變時而地應物時則陰變而陽應物則陽變而陰應故時可逆知物必順成則是以陽迎而陰隨陰逆而陽順語其體則天分而為地地分而為萬物而道不可分也其終則萬物歸地地歸天天歸道是以君子貴道也
天有四時地有四方人有四肢是以指節可以觀天掌文可以察地天

天地之理具乎指掌

地之理具乎指掌矣可不貴之哉
日行陽度則贏行陰度則縮賓主之道也月去日則明生而遲近日則魄生而疾君臣之義也陽消則生陰故日下而月西出也陰盛則敵陽故日望而月東出也
日月相食數之交也日望月則月食月掩日則日食猶水火之相尅也

君子用智

是以君子用智小人用力
極南大暑極北大寒故南融而北結萬物之死地也夏則日隨斗而北冬則日隨斗而南故天地交而寒暑和寒暑和而物乃生也
有意必有言有言必有象有象必有數數立則象生象生則言著言著則意顯象數則筌蹄也言意則魚兎也得魚兎而謂必由筌蹄可也舍

筌蹄

筌蹄而求魚兎則未見其得也筌香草以餌魚者蹄兎罝以繫兎者
乾坤天地之本離坎天地之用是以易始於乾坤中於離坎終於既未

春時不可行冬令

濟而否泰為上經之中咸恒為下經之首皆言乎其用也
為治之道必通其變不可以膠柱猶春之時不可行冬之令也
天道之變王道之權也
心為太極又曰道為太極

木神不二

木結實而種之又成是木而結是實實非舊木也此木之神不二也此實生生之理也
天地之氣運北而南則治南而北則亂亂久則復北而南矣天道人事皆然推之歷代可見消長之理也
不我物則能物物任我則情情則蔽蔽則昏矣因物則性性則神神則明矣
潛天潛地不行而至不為陰陽所攝者神也
先天之學心也後天之學迹也出入有無生死者道也
凡人之善惡形於言發於行人始得而知之但萌諸心發諸慮鬼神已得而知之矣此君子所以愼獨也
天地生萬物聖人生萬民生生長類天地成功別生分類聖人成能心一而不分則能應萬變此君子所以虛心而不動也

六經渾然無迹　孟子善藏其用

夫聖人六經渾然無迹如天道焉故春秋錄實事而善惡形於其中矣
顯諸仁藏諸用孟子善藏其用乎
君子之學以潤身為本其治人應物皆餘事也
剸劌者才力也明辨者智識也寬弘者德器也三者不可闕一
學不際天人不足謂之學
能醫人能醫之疾不得謂之良醫醫人之所不能醫者天下之良醫也
能處人所不能處之事則能為人所不能為之事矣
人患乎自滿滿則止也故禹不自滿假所以為賢

楊雄知曆法

楊雄見天地之心數千年一人

蹈水之道無私

得天理者不獨潤身亦能潤心不獨潤心至於性命亦潤天下言讀書者不少能讀書者少若得天理真樂何書不可讀何堅不可破何理不可精

曆不能無差今之學曆者但知曆法不知曆理能布筭者洛下閎也能推步者甘公石公也洛下閎但知曆法楊雄知曆法又知曆理

資性得之天也學問得之人也資性由內出者也學問由外入者也楊雄作玄可謂見天地之心者矣

莊周雄辨數千年一人而已如庖丁解牛曰踟躕四顧孔子觀呂梁之水曰蹈水之道無私皆至理之言也

一國一家一身皆同能處一身則能處一家能處一家則能處一國能處一國則能處天下心為身本家為國本國為天下本心能運身苟心所不欲身能行乎

至誠與天地同久

春秋王道之權

人之精神貴藏而用之苟銜於外則鮮有不敗者如利刃物來則劘之若恃刃之利而求割乎物則刃與物俱傷矣

君子處畎畝則行畎畝之事居廟堂則行廟堂之事故無入不自得

智數或能施於一朝蓋有時而窮惟至誠與天地同久

歛天下之智為智歛天下之善為善則廣矣自用則小

聖人行權酌其輕重而行之合其宜而已故執中無權者猶為偏也

王通言春秋王道之權非王通莫能及此故權在一身則有一身之權在一鄉則有一鄉之權以至於天下則有天下之權用雖不同其權一也

夫弓固有強弱然一弓二人張之則有力者以為弓弱無力者以為弓強故有力者不以己之力有餘而以為弓弱無力者不以己之力不足而以為弓強何不思之甚也一弓非有強弱也二人之力強弱不同也

今有食一杯在前二人大餧而見之若相讓則均得食矣相奪則爭非徒爭之而已或不得而食矣此二者皆人之情也知之者鮮知此則天下之事皆如是也

聖人貴未然之防

孟子善用易

夫易者聖人長君子消小人之具也及其長也闢之於未然及其消也闔之於未然一消一長一闔一闢渾然無迹非天下之至神其孰能與於此

復次剝明治生於亂乎姤次夬明亂生於治乎時哉時哉未有剝而不復未有夬而不姤者防乎其防邦家其長子孫其昌是以聖人貴未然之防是謂易之大綱

孟子之言未嘗及易其間易道存焉人能用易是謂知易如孟子可謂善用易者也

學以人事為大今之經典古之人事也

秦穆公為霸者之最

五霸者功之首罪之魁也春秋者孔子之刑書也功過不相掩聖人先褒其功後貶其罪故罪人有功亦必錄之不可不恕也

秦穆公有功於周能遷善改過為霸者之最晉文侯世世勤王遷平王於洛次之齊桓公九合諸侯不以兵車又次之楚莊強大又次之宋襄公雖霸而力微會諸侯而不盟所執不足論也治春秋者不先定四國之功過則事無統理不得聖人之心矣春秋之間有功者未見大於四國者有過者亦未見大於四國者也故四國功之首罪之魁也

人但知春秋聖人之筆削為天下之至公不知聖人之所以為公也如因牛傷則知魯之僭郊因初獻六羽則知舊僭八佾因新作雉門則知舊無雉門皆非聖人有意於其間故曰春秋盡性之書也

臨大事然後見才之難才者天之良質學者所以成其才也周勃霍光能成大事唯其無學故未盡善人而無學則不能燭理不能燭理則固執而不通人有出入之才必以剛克中剛則足以立事業處患難

海潮應月

事無巨細，皆有天人之理。修身，人也；遇不遇，天也。得失不動心，所以順天也；行險僥倖，是逆天也。求之者，人也；得之與否，天也。得失不動心，所以順天也；強取必得，是逆天理也。逆天理者，患禍必至。經綸天地之謂才，遠舉必至之謂志，并包含容之謂量。法始乎伏羲，成乎堯，革於三王，極於五霸，絕於秦。萬世治亂之迹，無以逃此矣。

海潮者，地之喘息也，所以應月者，從其類也。

孔子既尊夷齊，亦與湯武。夷齊，仁也；湯武，義也。唯湯武則可，非湯武是篡也。

變從時而便天下之事，不失禮之大經；變從時而順天下之理，不失義之大權者，君子之道也。

莊子與惠子遊於濠梁之上。莊子曰：儵魚出遊從容，是魚樂也。此盡

莊子善通物

天地大寤在夏

季札之才近伯夷

秦穆幾於王道

之性，能盡物之性也，非魚則然，天下之物皆然。若莊子者，可謂善通物矣。文中子曰：易樂者必多哀，輕施者必好奪。或曰：天下皆爭利棄義，吾獨若之何？子曰：舍其所爭，取其所棄，不亦君子乎？若此之類，禮義之言也。心迹之判久矣，若此之類，造化之言也。

莊子曰：庖人雖不治庖，尸祝不越樽俎而代之。此君子思不出其位，素位而行之意也。

太極，道之極也；太玄，道之玄也；太素，色之本也；太一，數之始也；太初，事之初也。其成功則一也。

智哉留侯，善藏其用。

天地之大寤在夏，人之神則存乎心。

季札兄弟四人，札幼而賢，父欲立之，札避逃去。劉向曰：夫不以國私身，捐千乘而不恨，棄尊位而無忿，可以庶幾矣。

秦穆公伐鄭，因敗而悔過自誓，幾於王道。

漁樵問答

樵者問於漁者曰：魚利食而見害，人利魚而蒙利，其利同也，其害異也，敢問何故？漁者答曰：彼之利猶此之利也，彼之害亦猶此之害也。魚之利食，吾亦利乎食也；魚之害食，吾亦害乎食也。子知魚終日得食為利，又安知魚終日不得食不為害？如是，則食之害也重，而鉤之害也輕。子知吾終日得魚為利，又安知吾終日不得魚不為害也？如是，則吾之害也重，魚之害也輕。以魚之一身當人之一食，則魚之害多矣；以人之一身當魚之一食，則人之害亦多矣。又安知釣乎大江大海，則無易地之患焉？魚利乎水，人利乎陸，水與陸異，其利一也；魚害乎餌，人害乎財，餌與財異，其害一也。又何以分乎彼此哉？子之言，體也，獨不知用爾。樵者曰：必吾薪濟子之魚，吾知有用乎子矣。曰：子知子之薪能濟吾之魚，不知子之薪所以能濟吾之魚也。樵者曰：願聞其方。曰：火生於動，水生於

溫泉寒火

靜。動靜之相生，水火之相息。水火，用也；草木，體也。用生於利，體生於害。利害見乎情，體用隱乎性。一性一情，聖人成能。子之薪猶吾之魚，微火則皆為腐臭朽壞，而無所用矣，又安能養人七尺之軀哉？樵者曰：火之功大於薪矣，敢問善灼物，何必待薪而後傳？曰：薪，火之體也；火，薪之用也。火無體，待薪然後為體；薪無用，待火然後為用。是故凡有體之物，皆可焚之矣。曰：水有體乎？曰：然。曰：火能焚水乎？曰：火之性能迎而不能隨，故滅；水之體能隨而不能迎，故熱。是故有溫泉而無寒火，相息之謂也。（外篇云：有溫泉而無寒火，陰能從陽，陽不能從陰也。）曰：火之道生於用，亦有體乎？曰：火以用為本，以體為末，故動；水以體為本，以用為末，故靜。是火亦有體，水亦有用也。故能相濟，又能相息，非獨水火則然，天下之事皆然，在乎用之何如耳。曰：用可得聞乎？曰：可以意得者，物之性也；可以言傳者，物之情也；可以象求者，物之形也；可以數取者，物之體也。用也者，妙萬物為言者也，可以

天地自相依附

意得而不可以言傳非獨吾不能傳之以言聖人亦不能傳之以言也曰聖人既不能傳之以言則六經非言也耶曰時然後言何言之有樵者贊曰天地之道備於人萬物之道備於身衆妙之道備於神天下之能事畢矣又何思何慮吾而今而後知事心踐形之為大

漁者嘆曰熙熙乎萬物之多未始有雜吾知遊夫天地萬物之間萬物皆可以無心而致之矣樵者曰敢問無心致天地萬物之方曰無心者無意之謂也無意之意不我物也不我物然後能物物曰何謂我何謂物曰以我徇物則我亦物也以物徇我則物亦我也我物皆致意由是明天地亦萬物也何萬物之有焉我亦萬物也何我之有焉何物不我何我不物如是則可以宰天地可以司鬼神而況於人乎況於物乎

樵者問漁者曰天何依曰依乎地地何附曰附乎天曰然則天地何依何附曰自相依附天依形地附氣其形也有涯其氣也無涯有無之相生形氣之相息終則有始終始之間天地之所存乎天以用為本以體為末地以體為本以用為末利用出入之謂神名體有無之謂聖惟神與聖能參乎天地者也小人則日用而不知故有害生實喪之患也夫名也者實之客也利也者害之主也名生於不足利喪於有餘害生於有餘實喪於不足此理之常也養身必以利貪夫則以身徇利故害生焉立身必以名衆人則以身徇名故實喪焉竊人之財謂之盜其始取之惟恐其不多也及其敗露也惟恐其多矣夫賄與贓一物也而兩名者利與害故也竊人之美謂之徼其始取之惟恐其不多也及其敗露也惟恐其多矣夫譽與毀一事也而兩名者名與實故也凡言朝者萃名之所也市者聚利之地也能不以爭處乎其間雖一日九遷一貨十倍何害生實喪之有耶是知爭也者取利之端也讓也者趨名之本也利至則害生名興則實喪利至名興而無害生實喪之患惟有德者能之天依地地附天豈相遠哉

六物具而得魚

樵者問漁者曰子以何道而得魚曰吾以六物具而得魚六物者竿也綸也浮也沉也鈎也餌也一不具則魚不可得然六物具而不得魚者有焉未有六物不具而得魚者也是知具六物者人也得魚與不得魚者天也六物不具而不得魚者非天也人也

漁者謂樵者曰人之所謂親莫如父子也人之所謂踈莫如路人也利害在心則父子過路人遠矣父子之道天性也利害猶或奪之況非天性者乎路人之相逢則過之固無相害之心焉無利害在前故也有利害在前則路人與父子又奚擇焉路人之能相交以義又何況父子之親乎夫義者讓之本也利者爭之端也讓則有仁爭則有害仁與害何相去之遠也仁因義而起害因利而生利不以義則臣弑其君者有焉子弑其父者有焉豈若路人之相逢一日而交袂於中逵者哉

漁者謂樵者曰大哉權之與變乎非聖人無以盡之變然後知天地之消長權然後知天下之輕重消長時也輕重事也時有否泰事有損益聖人不知隨時否泰之道奚由知變之所為乎聖人不知隨時損益之道奚由知權之所為乎運消長者變也處輕重者權也是知權之與變聖人之一道耳

聖人所以惜才之難

漁者曰有才之正者有才之不正者才之正者利乎人而及乎身者也才之不正者利乎身而害乎人者也曰不正則安得謂之才曰人所不能而能之安得不謂之才聖人所以惜乎才之難者謂其能成天下之事而歸之正者寡也若不能歸之以正才則才矣難乎語仁也譬猶藥之療疾毒藥亦有時而用也可一而不可再也疾愈則速已不已則殺人矣平藥常日而用之可也重疾非其所能治也能驅重疾而無害人之毒者古今人所謂良藥也易曰大君有命開國承家小人勿用如是

古今良藥

今日如覩其面

則小人亦有時而用之時乎治定用之則否詩云他山之石可以攻玉其人之才乎

樵者曰善人常寡而不善人常衆何也曰觀之於物何物不然譬諸五穀芸之而不苗者有矣蓬莠不芸而猶生芸之而求其盡也亦未如之何矣由是知君子小人之道有自來矣

樵者曰吾聞古有伏羲今日如覩其面

無名公傳

夫無名者不可得而名也凡物有形則可器可器斯可名然則斯人無体乎曰有体有体而無迹者也斯人無用乎曰有用有用而無心者也夫有迹有心者斯可得而知也無心無迹者雖鬼神亦不可得而知不可得而名況於人乎故其詩曰思慮未起鬼神莫知不由乎我更由乎誰能造萬物者天地也能造天地者太極也太極者其可得而名乎可

弄丸

得而知乎故強名之曰太極太極者其無名之謂乎故嘗自爲之贊曰借爾面貌假爾形骸弄丸（謂太極也）餘暇閑性閒來人告之以修福對曰未嘗爲不善人告之以禳災對曰未嘗妄祭故其詩曰禍如許免人須謟福若待求天可量又曰中孚起信寧須禱無妄生災未易禳性喜飲酒嘗命之曰太和湯所飲不多微醺而罷不喜過醉故其詩曰性喜飲酒飲喜微酡飲未微酡口先吟哦吟哦不足遂及浩歌浩歌不足無可柰何所寢之室謂之安樂窩不求過美惟求冬煖夏涼遇有睡思則就枕故其詩曰墻高如肩室大如斗布被暖餘藜羹飽後氣吐胸中充塞宇宙其與人交雖賤必洽終身無甚壞未嘗作皺眉事故人皆得其歡心見貴人未嘗曲奉見不善人未嘗急去見善人未之知也未嘗急合故其詩曰風月情懷江湖性氣色斯其舉翔而後至無賤無貧無富無貴無將無迎無拘無忌聞人之謗未嘗怒聞人之譽未嘗喜聞人言人之惡未嘗和聞人言人之善則就而和之又從而喜之故其詩曰樂見善人樂聞善事樂道善言樂行善意聞人之惡如負芒刺聞人之善如佩蘭蕙家貧未嘗求於人人饋之雖寡必受故其詩曰窘未嘗宴飲不至醉收天下春歸之肝肺朝廷授之官雖不強免亦不強起晚有二子教之以仁義授之以六經舉世尚虛談未嘗掛一言舉世尚奇事未嘗立異行故其詩曰不佞禪伯不諛方士不出戶庭直遊天地家素業儒口未嘗不道儒言身未嘗不行儒行故其詩曰心無妄思足無妄走人無妄交物無妄受炎炎論之甘處其陋綽綽言之無出其右羲軒之書未嘗去手堯舜之談未嘗離口當中和天同樂易友吟自在詩飲懽喜酒百年升平不爲不偶七十康強不爲不壽此其無名公之行乎

張氏㟁曰先生治易書詩春秋之學窮意言象數之蘊明皇帝王霸之道著書十餘萬言研精極思三十年觀天地之消長推日月之盈縮考陰陽之度數察剛柔之形體故經之以元紀之以會始之以運終之以世又斷自唐虞訖於五代本諸天道質以人事興廢治亂靡所不載其辭約其義廣其書著其旨隱嗚呼至矣

風流人豪

曾皙獨見稱於聖人秦漢諸儒無此氣象

朱子曰皇極經世書乃一元統十二會一會統三十運一運統十二世一世統三十年一年統十二月一月統三十日一日統十二辰是十二與三十迭爲用也故季通以十二萬九千六百之數爲日分

魏鶴山曰邵子平生之書其心術之精微在皇極經世其宣寄情意在擊壤集凡歷乎吾前皇帝王霸之興替春秋冬夏之代謝陰陽五行之運化風雲月露之霽曀山川草木之榮悴惟意所驅周流貫徹益左右逢原畧無毫髮凝滯倚著之意嗚呼真所謂風流人豪者歟使猶得從遊於舞雩之下浴沂詠歸毋寧使曾晳獨見稱於聖人也歟洙泗已矣秦漢以來諸儒無此氣象也

源流遠有端緒　先生淳一不雜　加一倍法　堯夫驚撫其背　恐當絕勝諸家　康節別是一般　康節甚喜子房　康節學似子雲

程子曰：先生得之李挺之，李挺之得之穆伯長，推其源流，遠有端緒。今穆李之言及其行事，槩可見矣。而先生淳一不雜，汪洋浩大，乃其所自得者多矣。

明道曰：堯夫之數，只是加一倍法。堯夫驚撫其背曰：大兄乃爾聰明。

康節之書固自是好，若見於用，恐當絕勝諸家。

問康節學到不惑處否？曰：康節又別是一般，聖人知天命以理，他只是術。

康節甚喜子房，以為善藏其用。

康節之學似子雲，太玄以三數推之，康節之數則是加倍之法。

性理纂要抄卷之三　終

河圖洛書相為經緯八卦九章相為表裏　四字該盡河圖之數　位數所以不同

性理纂要抄狐白四卷

易學啟蒙

劉歆云：河圖洛書相為經緯，八卦九章相為表裏。

陳潛室曰：經言其正，緯言其變，而二圖互為正變。主河圖而言，則河圖為正，洛書為變；主洛書而言，則洛書為正，而河圖又為變。二圖雖縱橫變動，要只是參互呈見，此所以謂之相為經緯也。表裏之說亦然。伏羲之畫卦，其表為八卦，而其裏固可以為疇；大禹之叙疇，其表為九疇，而其裏固可以為卦。但當時聖人各因一事以垂法，後世耳此所以謂之相為表裏也。

易太傳云：天數五，地數五，五位相得而各有合。

胡玉齋曰：相得則取其奇偶之相為次第，辨其類而不容紊也；有合則取其奇偶之相為生成，合其類而不容間也。相得有合四字該盡河圖之數。

或曰：河圖洛書之位與數，其所以不同，何也？曰：河圖以五生數統五成數，而同處其方，蓋揭其全以示人，而道其常，數之體也。洛書以五

朱子各舉所重　尊陽之義昉於此　三同二異　河圖相錯之說尤佳　默契聖人作範之心　九疇子目

奇數統四偶數，而各居其所，蓋主於陽以統陰，而肇其變，數之用也。

胡玉齋曰：河圖數十，十者對待以立其體，故為常；洛書數九，九者流行以致其用，故為變。常變之說，朱子特各舉所重者為言，非謂河圖專於常，有體而無用；洛書專於變，有用而無體也。

胡玉齋曰：陽大陰小，陽饒陰乏，故陽得用全，而陰惟用半。其尊陽之義，實昉於此矣。

圖書之一六皆在北，三八皆在東，五皆在中，三者之位數皆同。圖之二七在南，而書則二七在西；圖之四九在西，而書則四九在南，二者之位數皆異。

董銖曰：河圖之數，不過一奇一偶相錯而已。故太陽之位即太陰之數，太陰之位即太陽之數，見其迭陰迭陽，陰陽相錯，所以為生成也。

朱子曰：所論甚當，河圖相錯之說尤佳。

胡玉齋曰：禹之則洛書以作範，未必拘拘於書之位次，以定疇之先後，然自一至九之數，實有以默契聖人作範之心。

九疇子目者：五行五，五事五，八政八，五紀五，皇極一，三德三，稽疑七，庶徵十，福極十一，總五十五也。

天地萬物之理盡在其中 開卷第一義 此一義先儒未嘗發 康節餘事 二者各有不同 聖人扶陽之至意 坎離功用之大

邵子曰圖雖無文吾終日言而未嘗離乎是蓋天地萬物之理盡在其中矣

朱子曰太極兩儀四象八卦此乃易學綱領開卷第一義

朱子曰因一二三四便見六七八九老陽位一便含九少陰位二便含八少陽位三便含七老陰位四便含六數不過十惟此一義先儒未曾發先儒但說中間進退而已

陳璧中云先天之學以心為本其在經世書者康節之餘事耳

邵子以乾兌離震為天四象者以此四卦自陽儀中來以巽坎艮坤為地四象者以此四卦自陰儀中來朱子以乾兌坤艮生於太陽太陰故屬其象於天離震巽坎生於少陰少陽故屬其象於地二者各有不同也

諸卦皆乾所君宰聖人特以君言之扶陽之至意昭昭矣

坎離列左右之門故凡天地之所闔闢日月之所出入春夏秋冬晦朔弦望晝夜長短行度盈縮莫不由乎此所以極贊坎離功用之大也

天道貴陽賤陰聖人抑陽扶陰程子論復之陽長而曰陰亦然聖人

程子正與此合 羲文微意 聖人所以知變化之道 見得前賢所未到 方見聖人一部易 看兎可作八卦 孔子從先進之遺意 程先生取象甚精 寓愛礼存羊之意

不言正與此合

翁氏曰先天位坎離以卯酉後天位坎離以子午只此四位陽中有陰陰中有陽是羲文微意

蔡西山曰揲蓍在天地則虛一而用四十九在萬物則揲一而用四十八此聖人所以知變化之道也

朱子一生只看得大學啓蒙兩件文字透見得前賢所未到處

看啓蒙方見得聖人一部易皆是假借虛設之辭

程子曰聖人見河圖洛書而畫八卦然何必圖書只看此兎亦可以作八卦數便在中可起古聖人只取神物之至著耳

家禮

朱子云家礼一書大抵謹名分崇愛敬以為之本至其施行之際則又畧浮文敦本實以竊自附於孔子從先進之遺意

程先生木主之制取象甚精可以為萬世法伊川云作主用栗趺方四寸象歲之四時高尺二寸象十二月身博三十分象月之日厚十二分象日之辰

家禮大義所繫 開祭傳世之本 朝廷大有所益 攝盛 最得祭祀本意

楊復曰先生家禮明大宗小宗之法以寓愛禮存羊之意此又家禮之大義所繫

祠堂一章合在祭禮今以報本反始之心尊祖敬宗之意實有家名分之守所以開業傳世之本也故特著於篇端

張子曰宗法立則人各知來處朝廷大有所益公卿各保其家忠義豈有不立忠義既立朝廷豈有不固

黃瑞節曰士婚禮謂之攝盛蓋以士而服大夫之服乘大夫之車則當執大夫之贄矣

程子以高祖有服不可不祭疑此最為得祭祀之本意

律呂新書

古樂之亡久矣然秦漢之間去周未遠其器與聲猶有存者故其道雖不行於當世而其為法猶未有異論也逮於東漢之末以接西晉之初則已浸多說矣歷魏周齊隋唐五季論者愈多而法愈不定爰及我朝功成治定禮宜有作建隆皇祐元豐之間蓋亦三致意焉

珠不出盤

和峴胡瑗阮逸李照范鎮司馬光劉几楊傑諸賢之議終不能以一也季通乃獨心好其說而力求之旁搜遠取巨納不損積之累年乃若冥契著書兩卷凡若干言予嘗得而讀之愛其明白而淵深縝密而通暢不為牽合附會之說而橫斜曲直如珠之不出於盤其言雖多出於近世之所未講而實無一字不本於古人已試之成法蓋若黃鍾圍徑之數則漢斛之積分可考寸以九分為法則淮南太史小司馬之說可推五聲二變之數變律半聲之例則杜氏之通典具焉變宮變徵之不得為調則孔氏之禮疏固亦可見至於先求聲氣之元而因律以生尺則尤所謂卓然者而亦班班雜見於兩漢之制蔡邕之說與夫國朝會要以及程子張子之言予謂國家行且平定中原以開中天之運必將審音協律以諧神人當是之時受詔典領之臣能得此書而奏之則東京郊廟之樂將不待公孫述之瞽師而

孔孟正脉近世諸儒莫能及
黄鍾聲氣之元
黄鍾全数

後備而黍絫四分之書亦無待乎後世之子雲而後知好之矣
朱子曰蔡神與教[illegible]學通西銘程氏語録經世正蒙而語之曰此孔
孟正脉也
季通律書法度甚精近世諸儒莫能及
黄鍾者陽聲之始陽氣之動也故其数九分寸之数具於聲氣之元
不可得而見及斷竹為管吹之而聲和候之而氣應而後数始形焉
均其長得九寸審其圍得九分積其實得八百一十分長九寸圍九
分積八百一十分是為律本度量權衡於是而受法十二律由是而
損益焉
按黄鍾生十二律子寅辰午申戌六陽辰皆下生丑卯巳未酉亥六
陰辰皆上生其上以三歴十二辰者皆黄鍾之全数其下陰数以倍
者二分本律而損其一也陽数以四皆三分本律而增其一也六陽
辰當位自得六陰辰則各其衝其林鍾南吕應鍾三吕在陰無所增
損其大吕夾鍾仲吕三吕在陽則用倍数方與十二月之氣相應蓋
陰之從陽自然之理也
易者盡天下之變善與惡無不備也律者致中和之用止於至善者

聖人一天人贊化育之道
黄鍾為萬事根本
律吕有可求之理
古人制作之意
人終天地之功
同心一統之義
黄鍾至尊

也以聲言之大而雷霆細而蠛蠓無非聲也易則無不備也律則歸
其所謂黄鍾一聲而已矣雖有十二律六十調然實一黄鍾也是理
也在聲為中聲在氣為中氣在人為喜怒哀樂未發而中節也此聖
人所以一天人贊化育之道也
國朝會要曰黄鍾為萬事根本蓋言尺有長短生於黄鍾之長量有
多少生於黄鍾之容權衡所以權輕重生於黄鍾之重
張子曰律吕有可求之理德性淳厚者必能知之
太史公曰黄鍾始於聲氣之元班固所謂黄帝使伶倫取竹斷兩節
間吹之以為黄鍾之宫又曰天地之風氣正而十二律定劉昭所謂
伏羲紀陽氣之初以為律法又曰吹以考聲列以候氣皆以聲之清
濁氣之先後求黄鍾者也是古人制作之意也
漢志曰人者繼天順地序氣成物統八卦調八風理八政正八節諧
八音舞八風監八方被八荒以人終天地之功
漢前志曰黄鍾為宫則太簇姑洗林鍾南吕皆以正聲應無有忽微
不復與他役為役所以同心一統之義也非黄鍾而他律雖當其月自
宫者則其和應之律有空積忽微而不得其正此黄鍾至尊無與並

古人三五以存法

也
按一黍之廣為分故累九十黍為黄鍾之長積千二百黍為黄鍾之
廣古人蓋三五[illegible]也
洪範九疇
蔡九峯自序曰體天地之撰者易之象紀天地之撰者範之数数者
始於一象者成於二一者奇二者偶也奇者数之所以行偶者象之
所以立易更四聖而象已著範錫神禹而数不傳洞極用書潛虚用
圖非無作也而牽合附會自然之数蓋晦蝕焉
太極未分冲漠無朕萬象具矣而儀既判動静無端後則先矣氣根於
道道著器矣一實萬分萬復一矣混兮闢兮其無窮矣是故数者計乎
此者也疇者井乎此者也行者運乎此者也微而顯費而幽神應而不
測所以妙乎此者也
内篇上

水寒火熱

理之所始数之所紀微乎微乎其小無形昭乎昭乎其大無垠微者昭
之原小者大之根有先有後孰離孰分成性存存道義之門老氏為虚
釋氏為無刑名失實陰陽多拘異端曲學烏乎不渝哉
有理斯有氣氣著而理隠有氣斯有形形著而氣隠人知形之数而不
知氣之数人知氣之数而不知理之数知理之数則幾矣動静可求其
端陰陽可求其始天地可求其初萬物可求其紀鬼神知其所幽禮樂
知其所著生知所來死知所去易曰窮神知化德之盛也
人非無知也而真知為難人非無見也而真見為難義之質人所知也
而犯義者多禮之文人所見也而越禮者衆以其知之非真知見之非
真見爾真者精之極精則明明則誠誠則為其所為不為其所不為始
水之寒火之熱亦[illegible]已矣
陰陽五行其體而用用而體者耶渾渾淪淪而出入其門繩繩井井而

形色具混合之而知其異析之而知其同微之而知其顯充之而知其不可窮者其庶矣乎

無形者理也有形者物也陰陽五行其物也與所以陰陽五行其理也與無形之中而具有形之實有形之實而體無形之妙故君子語上而不墮於虛無語下而不泥於形器中立而不倚旁行而不流樂天知命而不憂

理其至妙矣乎氣之未形物之未生理無不具焉氣之既形物之既生理無不在焉渾然一體而不見其有餘物各賦命而不見其不足主萬化妙萬物人知其神而不知其所以神

神者氣之伸陽之動也鬼者氣之屈陰之靜也靜不能以不動動則萬物之所從生動不能以不靜靜則萬物之所由復一往一復其機蓋有不能自已者焉

君子貴同賤獨

仁義禮智信者義理之公也人之所固有視聽言貌思者形氣之私也我之所自生公者千萬人之所同私者一人之所獨是以君子貴同而賤獨

人心至靈也虛明之頃事物之來是是非非無不明也少則昏矣久則息矣又久則棄之矣無他形氣之私溺之也人能超乎形氣拔乎物欲違其初心則天下之理得矣

人之一心實為身主其體則有仁義禮智之性其用則有惻隱羞惡辭讓是非之情方其寂也渾然在中無所偏倚與天地同體雖鬼神不能窺其幽及其感也隨觸隨應範圍造化曲成萬物雖天地不得與其能至小無內至大無外無內不可分也無外不可窮也

禮義交際其萬化所[illegible]耶東北萬物之所出也出則育命西南萬物之所入也入則復命其出也順而生其入也拂而逆不觀其出無以

聖人得之而天下和平

萬化机軸

知物之育不觀其入無以知物之復火之尅金水之生木出入循環生尅嗣續老彭得之[illegible]君子得之以養民聖人得之而天下和平

明禮而後可與適道守禮而[illegible]與治民達禮而後可與言數非禮之道老佛之道也非禮之治荒唐之說也非禮之數京房郭璞之技也君子所不由不為不言也

天地之化不翕聚則不能發散仁智交際萬化之機軸也（智則翕聚仁則發散而仁智之間正東北萬物所出之地故曰萬化之机軸也）

內篇中

河圖體圓而用方聖人以之而畫卦洛書體方而用圓聖人以之而敘疇卦者陰陽之象也疇者五行之數也象非偶不立數非奇不行奇偶之分象數之始也

河圖非無奇也而用則存乎偶洛書非無偶也而用則存乎奇偶者陰陽之對待乎奇者五行之迭運乎對待者不能孤迭運者不能窮天地之形四時之成人物之生萬化之凝其妙矣乎

言天下之靜者存乎正言天下之動者存乎時正者道之常也時者因之綱也是故君子立正以俟時

靜則察乎數之常而天下之故無不通動則達乎數之變而天下之幾無不獲

聖人因理以著數

數由人興亦由人成萬物皆備於我咸自取之也聖人因理以著數天下因數以明理然則數者聖人所以教天下後世者也

義之所當為而不為者非數之所能知也義之所不當為而為者亦非數之所能知也非義不占非疑不占非疑而占謂之侮非義而占謂之欺虛其心和其[illegible]其聽有不占也而事無不應有不謀也而用無不成誠之至焉神可至焉是謂動之以天

聖人經天緯地

命之流行而不已其道也道於天其陽乎道於地其陰乎道於人其仁義乎人者兼天地[illegible]者也是故天覆地承非聖人不形天施地生非聖人不成天神地靈非聖[illegible]誰為貞

內篇下

渾淪之間兆朕之先数之原也有像有象判一而兩数之分也日月星辰垂於上山岳川澤奠於下数之著也四時迭運而不窮五氣以序而流通風雷不測雨露之澤萬物形色数之化也聖人繼世經天緯地立茲人極稱物平施父子以親君臣以義夫婦以別長幼以序朋友以信數之教也分天為九野別地為九州制人為九行九品任官九井均田九族睦俗九禮辨分九變成樂八陣制兵九刑禁姦九寸為律九分造曆九筮稽疑九章命筭九職任萬民九賦斂財賄九式節財用九府立圜法九服辨邦國九命位邦國九儀命邦國九法平邦國九伐正邦國

與三聖之易同功

潔淨空闊世界

不害二物各為一物

太極本無体用之分

九貢致邦國之用九兩繫[illegible]營國九里制城九雉九階九室九經九緯數之度也孔子曰凡為天下國家有九經所以行之者一也皆數也

蔡西山云蔡氏範數與三聖之易同功

理氣

朱子曰天地之間有理有氣理也者形而上之道也生物之本也氣也者形而下之器也生物之具也是以人物之生必稟此理然後有性必稟此氣然後有形

理只是潔淨空闊底世界無形迹却不會造作

理氣在物上看則渾淪不可分[illegible]然不害二物之各為一物也

太極

吳臨川曰太[illegible]体用之分當其靜也太極在其中因以為太極之体及其動也太極亦在其中因以為太極之用

二者常相依

萬理統會之名

萬物萬事原於此

天中一物

善觀於此必知道

天地所以為中庸

天地之祖

天地間如洪炉

天地安有內外

[illegible]魚[illegible]水

二者常相依指理氣言

真西山曰太極[illegible]理[illegible]統會之名萬物萬事原於此[illegible]則為陰陽分五則為五行

天地

以形體謂之天以主宰謂之帝以至妙謂之神以功用謂之鬼神以性情謂之乾其實一而已所自而名之者異也夫天專言之則道也

天中一物地也

程子曰天地生物之氣象可見而不可言善觀於此者必知道

天地之化雖蕩然無窮然陰陽之度寒暑晝夜之變莫不有常此之道所以為中庸也

天地以虛為德至善者虛也虛者天地之祖

天地間如洪爐凡物之散其氣遂盡無復本原之理造化又焉用既散之氣哉

天地安有內外言天地之外便是不識天地也人之在天地如魚在水不知有水直待出水[illegible]動不得

剛風

此事深有可驗

康節不出此意

桃樹李花

兩盌相合

一去便休

天地所以造化萬物

問天有形質否朱子曰[illegible]旋風下軟上堅道家謂之剛風

嘗見高山有螺蚌殼或生石中此石即舊日之土螺蚌即水中之物下者即變而為高柔者即變而為剛此事思之至深有可驗

康節言天依形地附氣所以重復而言不出此意者惟恐人於天地之外別尋去處故也

天地別無勾當只是以生物為心若果無心則須桃樹上發出李花他又却自定故萬物生長是天地無心時枯槁欲生是天地有心時

天地之形如人以兩盌相合貯水於內以手常常掉開則水在內不出稍住手則水漏矣

大鈞播物一去便休豈有散而復聚之氣

許魯齋曰天地所以造化萬物日新無蔽者也

天度 附曆法

程子曰北極出地[illegible]六度南極入地下亦三十六度而嵩高正當天之中極[illegible]五度當嵩高之上又其南十二度為夏至之日道又其南二十四度為春秋分之日道又其南二十四度為冬至之

南北極持其兩端
磨臍
秉燭執扇
日月行道之大略
堯夫歲差法冠絶古今
堯夫學似揚雄
合璧連珠

日道南下去地三十一度而已是夏至日北去極六十七度春秋分去極九十一[illegible]極一百一十五度此其大率也南北極持其兩端其天與日月[illegible]而迴轉也

磨臍指南北極為天之樞[illegible]

日蝕如一人秉燭一人執扇[illegible]去差遠雖扇在內燭在外不能掩燭或秉燭在內執扇在外則雖近而扇不能掩燭

陸象山曰南北二極中等之處謂之赤道去南北極各九十一度春分日行赤道從此漸北夏至行赤道之北二十四度去北極六十七度去南極一百一十五度從夏至以後日漸南至秋分還行赤道與春分同冬至行赤道之南去南極六十七度去北極一百一十五度其日之行處謂之黃道又有月行之道與日相近交路而過半在日道之裏半在日道之表其當交則兩道相合去極遠處兩道相去六度此日月行道之大略也

程子曰邵堯夫立歲差法冠絶古今却於日月交感之際以陰陽虧盈求之遂不差　堯夫學似揚雄楷曆法言

陳潛室曰甲子朔夜半[illegible]元日月如合璧五星如連珠

銀丸彈丸
斯言足破千古之疑
近一遠三

天文 附日月星辰[illegible]行四時

胡五峯曰觀日月之盈虛知陰陽之消息觀陰陽之消息知聖人之進退

朱子曰天地間無兩立之理非陰勝陽即陽勝陰無物不然無時不然

盈天地之間所以為造化者陰陽之二氣終始盛衰而已陽生於北長於東而盛於南陰始於南中於西而終於北故陽常居左而以生育長養為功其類則為剛為明為公為義而凡君子之道屬焉陰常居右而以夷傷慘殺為事其類則為柔為暗為私為利而凡小人之道屬焉

沈括曰月本無光猶一銀丸日耀之乃光耳光之初生日在其傍故光側而所見纔如鉤日漸遠則斜照而光稍滿大抵如一彈丸以粉塗其半側視之則粉處如[illegible]視之則正圓也

朱子曰世俗桂[illegible]惑矣哉以月中微黑處乃天地之形影非真有物也[illegible]斯理足破千古之疑

望日則日月極遠而相對上下弦則日月近一而遠三如日在午則

聖人側身修行
輪鼓磑臍
聖人復起不能易
天地間義氣
天地自然之數
天下奇觀
此理最妙陰陽升降大節
略有一乾五
[illegible]發育之[illegible]
子建冠[illegible]之義

月或在卯或在酉之類是也

陳潛室曰日[illegible]事必有災處故聖人畏之側身修行庶可彌也

朱子曰帝座常居其所如輪[illegible]如磑之臍雖欲動而不可得

胡致堂曰陰氣凝聚陽在內不得出則奮擊而為雷霆雖聖人復起不能易矣所謂龍車石斧鬼鼓火鞭怪誕之說

天地間義氣南軒指雷霆言

朱子曰雪花所以必六出者蓋只是霰下被猛風拍開故成六出又六者陰數太陰玄精石亦六稜蓋天地自然之數

高山無霜露却有雪某嘗登雲谷晨起但見煙霞在下茫然如大洋海衆山僅露峰尖煙雲環遶往來山如移動天下之奇觀也

程子曰艮之為義終萬物始萬物此理最妙一箇陰陽升降大節一陽未生然而梅發者何也其榮其枯此萬物一箇乾坤也然逐枝自有一箇榮枯分限不齊此各有一乾坤也

周子曰五行序各參差而造化所以為發育之具

吳臨川曰揚子建以歲[illegible]首與契先天始震終坤之義

地理 附潮汐

呂東萊曰關中是形勢之地洛是都會之中欲據形勢須都關中欲施政令須都洛

陳潛室曰自古入關有三道一自河北入為正道（項羽漢光武安祿山）一自河南入為間道（漢高祖桓溫檀道濟劉裕）一自蜀入為險道（漢高從此路出定關中諸葛亮從此出師）關中雖號天險豈無可入之道第不比他戰場可長驅而進耳

馬古州曰朝生為潮夕至為汐日太陽也月太陰也合於日以起朔陰陽消長晦朔弦望潮汐應焉潮汐依日而滋長隨月而漸移潮於寅則汐於申潮於巳則汐於亥而辰而盈而辰而縮朔後三日明生而潮壯望後[illegible]而汐湧每歲仲春月落水生而汐微仲秋月明水落[illegible]入寒極陰而凝弱於大暑畏陽而縮陰陽消長不失其時故曰潮信

風水極佳 南北相顧 三国必争之地 古人重其原

朱子曰：堯都中原，風水極佳。左河東太行諸山相繞，海島諸山相向；右河志遶[illegible]泰海，第二重自蜀中出湖南出廬山諸山，第三重有五嶺至[illegible]自北纏繞至南海。荊襄為南北咽喉[illegible]必争之地，乃戎馬之場，非帝都也。吳臨川曰：天下有原之水[illegible]第一。古人祭川，先河後海，重其原也。

鬼神 附祭祀

張子曰：鬼神者二氣之良能也。神者氣之伸，陽之動也；鬼者氣之屈，陰之靜也。靜不能以不動，動則萬物之所從生；動不能以不靜，靜則萬物之所由復。一往一復，其機蓋不能自已者焉。

張南軒曰：鬼神之說不越數端，而語其德則誠而已。學者誠能致知以窮其理，則不為衆說所咻；克己以去其私，則不為血氣所動。於其有無是非之故，毫分縷析，了然於中，各有攸當而不亂，然後昔人事鬼神之精意可得而求，德可立而經可正也。不然，辨之不明，守之不固，眩於外而怵於內，一理之蔽則為一事之疑，一念之差則為一物之誘，聞見雖多，亦鮮不為異說所溺矣。

聖人有是言 二說皆精切 学者須識其名義 別是一般道理 子産知鬼神之情狀 元城養氣剛大 子産得聖

謝上蔡曰：陰陽交而有神，形氣雜而有鬼。知此者為智，事此者為仁。惟仁智之合者可以制祀典。祀典之意，可者使人格之，不使人致死之；不可者使人遠之，不使人致生之。致生之故其鬼神，致使之故其鬼不神。則鬼神之情狀豈不昭昭乎。

問鬼神有無。程子曰：為爾言無，則聖人有是言；為爾言有，爾得不於吾言求之乎。

陳北溪曰：程云鬼神者造化之迹，張云鬼神者二氣之良能，二說皆精切。

真西山曰：天之神曰神，地之神曰祇，人之神曰鬼。學者亦須識其名義。朱子曰：伯有為厲，伊川謂別是[illegible]般道理。蓋其人氣未當盡而強死，自是能為厲。子産為之[illegible]所歸，遂不為厲，可謂知鬼神之情狀矣。

劉元城死時，[illegible]寢雲霧晦冥，只是元城養得此氣剛大，所以散時如此。

賢之遺旨 古人極有深意 天地間公共之氣 古人交神明之道 而盡幽明之義 此語極為親切

子産謂人生始化曰魄，既生魄，陽曰魂，斯言亦真得聖賢之遺旨。

程子曰：古[illegible]極有深意。[illegible]氣者只是天地[illegible]子之心負荷天地，此氣便與天地相通。聖賢之心負荷萬世[illegible]與萬世相通，無此負荷之心，則便不相通矣。

古人交神明之道，無些子不相接處。

陳北溪曰：敬鬼神而遠之，始兩盡幽明之義。文公說專用力於人道之所宜，而不惑於鬼神之不可知，此語示人極為親切矣。

性命

程子曰：天之賦與之謂命，稟之在我之謂性，見於事物之謂理。理也，性也，命也，三者未嘗有異。窮理則盡性，盡性則知天命矣。天命猶天道也，以其用而言之則謂之命。命者造化之謂也。

吳臨川曰：性者天所賦於人，命者人所受於天。天之賦於人者，公而不私；人之受於天者，同而不異。惟其氣質之不齊，而其善則一也。

子之道性善蓋原於此 一字有二義

楊龜山曰：性，天命也，命[illegible]則性命之理而已。孟子道性善，蓋原於此。

陳北溪曰：命一字有二義，有以理言者，有以氣言者，其實理不外乎氣。

性 附人物氣質之性命

程子曰：性之本謂之命，性之自然者謂之天，自性之有形者謂之心，自性之有動者謂之情。凡此數者皆一也。聖人因事以制名耳。

李延平曰：動靜真偽善惡，世皆對而言之也。惟求靜於未始有動之先，而性之靜可見矣；求真於未始有偽之先，而性之真可見矣；求善於未始有惡之先，而性之善可見矣。天[illegible]理無異道，天下之人無異性。性惟不可見，孟子始以善形[illegible]性而觀，則其致可求；苟自理而觀，則理一而見二。

朱子曰：有天地之性，有氣質之性。天地之性，則太極本然之妙，萬殊之

程子發明千古聖賢未盡之意
程子甚為有功
康節數句極好
橫渠不易之論
四字最為端的
韓公見識於明道
諸子中最為近理
孟子言有根抵
孟子實淵源於夫子
禽獸之性[illegible]

一本也。氣質[illegible]則二氣交運而生，一本而萬殊也。

程子云：論性不論氣不備，論氣不論性不明，二之則不是。所以發明千古聖賢未盡之意，甚為有功。

朱子曰：性者道之形體，心者性[illegible]郭。康節這數句極好。

橫渠心統性情一句，乃不易之論。

天命之性，只以仁義禮智四字言之，最為端的。

性之為性，天下莫不具焉，本無妄也，烏得并與其真而無之。此韓持國無真假之言，所以見識於明道也。

韓子說所以為性者五，而今之言性者皆雜佛老，所以在諸子中最為近理。

張南軒曰：性固難言，而惟善可得而名之，此孟子之言所以為有根抵也。

陳北溪曰：孔子繫辭曰繼之者善，孟子之所謂善，實淵源於夫子所謂善者而來，非有二本也。

程子曰：禽獸之性却[illegible]許教，如[illegible]子之類。

本窮源之性
三人一目別色
程張不易至論
人不可不加澄治之功
只是元初水
復性可無此患
澄清求油之義
孔孟言性又異

孟子之言善者，乃極本窮源之性。

朱子曰：呂與叔云：性一也，流形之外，有剛柔昏明者，非性也。有三人焉，皆一目而別乎色，一居乎密室，一居乎帷箔之下，一居乎廣庭之中，三人所見，昏明各異，豈目不同乎？隨其所居蔽有厚薄爾。

程子言性即理也。張子又言：由太虛有天之名，由氣化有道之名，合虛與氣有性之名，合性與知覺有心之名。皆不易之至論也。

程子曰：性猶流水也，有流而至海終無所濁，有流而未遠固已漸濁，有出而甚遠方有所濁，有濁之多者，有濁之少者，人不可以不加澄治之功。故用力敏勇則疾清，用力緩怠則遲清，及其所也，則只是元初水矣。

韓退之說叔向之母聞楊食我之生，知其必滅宗，此無足怪，其始便稟得惡氣，便有滅宗之理，所以[illegible]聲而知之也。使其能學以勝其氣，復其性，可無此患。

澄清求油之[illegible]氣質之性言。

孔孟言性[illegible]言之，則夫子雜乎氣質而言，故曰近；孟子專言性之理，故曰善。

如寶珠在清冷水中
張程有功於聖門
此中最宜分別
燈火紙罩
白米赤飯
孟子獨出諸儒
伊川語意尤密

氣稟之清者為聖為賢，如寶珠在清冷水中；氣稟之濁者為愚為不肖，如珠在[illegible]明德者，是就濁水中揩淨此珠也。

氣質之說起於張[illegible]聖門，有補於後學，前此未曾有人說到此。

性者渾然天理而已，纔說[illegible]已帶氣矣。所謂離了陰陽更無道，此中最宜分別。

氣有清濁，譬如著些物蔽了，發不出，如燈火紙罩，光依舊在裏面，只去了紙便自是光。

有一般人稟氣清明而行為不篤，如井泉甚清，貯在銀盞裏亦清徹，但泉脈從淤土惡木根中穿過來，味不純耳，以之煮白米則成赤飯。

程子言孟子所以獨出諸儒者，以其能明性也。

朱子曰：孟子所謂才，是指本性而言，性之發用無有不善也。伊川所謂才，是指氣質而言，氣有清濁，則才亦有清濁也。與孟子說大小異，而語意尤密，不可不攷。

心

程子曰：心一也，有指體而言者，寂然不動是也；有指用而言者，感而遂

聖人至公至神之化
聖人之心明鏡止水
聖人之心與天為一
懸鏡空中
君實自謂得術
搖扇得涼
道心如將
一片空明境界

通天下之故是也。

李延平曰：心無私主，有感皆通，善則好之，惡則惡之，善則賞之，惡則刑之，此是聖人至公至神之化。

程子曰：聖人之心，明鏡止水，與赤子不同。

體會必以心，謂體會非心，於是有心小性大之說。聖人之心與天為一，或者滯心於智識之間，故自見其小耳。

人心作主不定，正如一箇翻車，流轉動搖，無須臾停，所感萬端。又如懸鏡空中，無物不入其中，有甚定形。不學者都都不察，及有所學，便覺察得是為害。司馬君實自謂吾得術矣，只管念箇中字，此則又為中繫縛。

尹和靖曰：橫渠云由知覺有心[illegible]。若只寂然不動，與木石等也。只為感而遂通，便是知覺[illegible]也。至於搖扇得涼，是知覺也。自人心而收之則為道[illegible]放之便是人心。人心如卒徒，道心如將，須是一[illegible]斷人心與道心為一，恰是無了那人心相似。

未發之中，[illegible]寂然，喜怒哀樂都未形見，只有一片空明境界。未

萬世心學之綱要

性立天下之有，情效天下之動，心妙性情之德

有倚靠此時[illegible]謂之中
吴臨川曰[illegible]教學。程子云有生則虛，此二言實萬世心學
之綱要。

心性情 附定性[illegible]情 志意 思慮

楊龜山曰：六經不言無心，惟佛氏言[illegible]亦不言修性，惟揚雄言之。心不
可無性，不假性，故易止言洗心盡性，記言正心尊德性，孟子言存心養
性。

胡五峰曰：探視聽言動無息之本，可以知性；察視聽言動不息之際，可
以會情。視聽言動，道義明著，孰知其為此心？視聽言動，物欲引取，孰知
其為人欲？是故誠成天下之性，性立天下之有，情效天下之動，心妙性
情之德。

張子問：定性未能不動，猶累於外物，何如？程子曰：所謂定者，動亦定，靜
亦定，無將迎，無內外。苟以[illegible]而從之，是以[illegible]為有內外
也。且以性為隨物於外，則[illegible]時何者為在內？是有意於絕外誘，
而不知性之無內外也。既以內外為二本，則又烏可遽語定哉？此一段言心無內外
夫天地之常，以其心普萬物而無心；聖人之常，以其情順萬事而無
情。故君子之學，莫若廓然而太公，物來而順應。此一段包盡一篇之意。所謂普萬物順萬事者，即廓然太公之謂，便是不絕乎物；所謂無心無情，即物來順應之謂，便是不累於物。易曰：貞吉悔亡，憧憧往來，朋
從爾思。苟規規於外誘之除，將見滅於東而生於西也，非惟日之不足，
顧其端無窮，不可得而除也。此一段引易以結上段之意。貞吉則虛中無我，不絕乎物而亦不累於物也。憧憧則累於物矣。人之情各有所蔽，故不能適道，大率患在於自私而用智。自私則
不能以有為為應迹，用智則不能以明覺為自然。今以惡外物之心，而
求照無物之地，是反鑑而[illegible]。此段與前三段意相反。有私便是未免乎物，用智是反累乎物。不能以有為為應迹，故有[illegible]明覺為自然[illegible]易曰：艮其背，不獲其身；行其庭，不見其
人。孟氏亦曰：所惡於智者，為其鑿也。與其非外而是內，不若內外之兩
忘也。兩忘則[illegible]無事矣。無事則定，定則明，明則尚何應物之為累哉？此段亦引易[illegible]以結上段。私用智而鑿，惟不[illegible]獲其身則無我，無我則不自[illegible]然，故不若內外之兩忘也。聖人之喜，以
物之當喜；聖人之怒，以物之當怒。是聖人之喜怒，不繫於心而繫於物
也。是則聖人豈不應於物哉？烏得以從外者為非，而更求在內者為是
也？今以自私用智之喜怒，而視聖人喜怒之正為何如哉？此一段以聖人喜怒明其廓然太公物來順應也。夫人之情，易發而難制者，惟怒為甚。第能於怒時遽忘其
怒，而觀理之是非，亦可見外物之不足惡，而於道亦思過半矣。此一段專說順應。一忽然遽忘其怒，則便是太公矣；一觀理之是非，在此句。

朱子曰：定性者，存養之功至而得性之本然也。性定則動情如一，而內
外無間矣。天地之所以為天地，聖人之所以為聖人，不以其定乎？君子
之學，亦以求定而已矣。故廓然而太公者，仁之所以為體也；物來而順
應者，義之所以為用也。[illegible]性定而天下之動一矣，所謂貞也。
[illegible]急於外誘之除[illegible]人之所以不定者，非其性
之本然也。自私以賊夫仁，用智以害夫義，是以情有所蔽而憧憧耳。不
知自反以去其所蔽，顧以惡外物為心，而反求照於無物之地，亦見其
用力愈勞而燭理愈昧，益以憧憧而不自知也。艮其背則不自私矣，行
無事則不用智矣。內外兩忘，非忘也，一循於理，不是內而非外也。不是
內而非外，則太公而順應，尚何事物之為累哉？聖人之喜怒，太公而順
應，天理之極也；衆人之喜怒，自私而用智，人欲之盛也。忘怒則公，觀理
則順，二者所以為自反而去蔽之方也。夫張子之於道，固非後學所敢
議，然意其強探力取之意多，涵泳[illegible]之功少，故不能無疑於此。程子
以是發之，其旨深哉！

真西山曰：[illegible]無不正，而其用則有邪正之分。志者，進德
之基。若聖若賢[illegible]多軌乎此。志之所趨，無遠不達，窮山極海不能限

也志之所向[illegible]人說兵精甲不能禦也善惡二途惟道與利而已志乎道則義[illegible]不能移志乎利則物欲為之主而理義不能入堯桀舜跖之所由[illegible]不謹乎

伊川云自性之有形者謂之[illegible]之有動者謂之情此性情心三者未有至當之論夫心一也寂然不動是性感而遂通是情故橫渠云心統性情者也此說最為穩當

性不可言觀情之善可以見性之善如見影知形之意

陳潛室曰心居性情之間向裏即是性向外即是情心居二者之間而統之所以聖賢功夫只在心裏著到一衆而無得之橫渠謂心統性情此語大有功

明道定性書都不見一箇下手處然須是知得天下之理都著一毫私意不得方是所謂知止而後有定也不然只是見得他如生龍活虎相似更把捉他不得

朱子曰情如舟車意[illegible]使那舟車一般

[illegible]叔常[illegible]如彼至中[illegible]東面一[illegible]

此說最為穩當　見影知形之意　聖賢一套　無得　橫渠此語大有功　生龍活虎　情如舟車

来未逐得西面又[illegible]其四面空疎盜固易入無緣作得主定又如虛器入水水自然入[illegible]以水置之水中水何能入来盖中有主則實實則外患不能入自然無事

橫渠曰思曰睿睿作聖致思如掘井初有渾水久後稍引動得清的出来思慮始皆溷濁久自明快

器入水　致思如掘井

道　理　德　仁

胡五峯曰道不能無物而自道物不能無道而自物故離物求道者妄而已矣

呂東萊曰夫道非窮天以為高非極地以為深所性之中固有之矣其體則純而不雜其用則施之無[illegible]

黃勉齋曰陰陽分而五行[illegible]而萬事出太極之妙為之根抵而周流其間[illegible]不可須臾離也形交氣感而稟受不齊欲動情勝[illegible]心以形役志以氣移理以慾昏性以情鑿鄉之

不可離者[illegible]存矣圖書出而天文始兆聖賢生而人文始闢二儀肇分[illegible]布五事備矣禮以天秩典以天叙而教行焉因至顯之象驗至[illegible]事之當然察天命之本然加之以操存持養則動容周旋無違而[illegible]斯道之中矣三才之植立萬化之流行自一息至於不可終窮自一毫至於不可限量所以綱維主宰者道而已道非他行乎天理之當然不雜以人欲之私而已自古帝王參天地贊化育更堯舜禹湯六七君上下數千百年致治之盛常如一日豈有出於此道之外哉

謝上蔡曰天理也人亦理也循理則與天為一與天為一我非我也理也理非理也天也唯文王有純德故曰在帝左右

呂東萊曰天下事有萬不同然以理觀之則未嘗異君子須當於異中而求同則見天下之[illegible]

程子曰道未始有[illegible]天道在地則為地道在人則為人道

所貴乎智周天地萬物而不遺又幾時要如死灰所貴乎動容周旋中禮又幾時要如槁木論心術無如孟子也只謂必有事焉今既如槁木死灰則却於何處有事

張子曰天地之道無非以至虛為實人須於虛中求出實聖人虛之至故擇善自精

明道先生曰道即器器即道兩者未嘗相離

陳北溪曰道理二字亦須有分別萬古通行者道也萬古不易者理也

案上花瓶朱子指物有理言

許魯齋云事物必有理未有無理之物在聖人觀轉蓬便知造車或觀擔夫爭道而得運筆意亦[illegible]

觀物於靜中皆有春意[illegible]體仁

觀雞雛此可[illegible]生理悉具

心譬如[illegible]仁

天心所[illegible]性公爾人能至公便是仁

不始有人之別　論心術無如孟子　聖人虛之至　而者未嘗相離　二字亦有分別　案上花瓶　覌轉蓬便知造車　靜中皆有春意　雞雛可觀仁　心如穀種　天心所以

至仁[illegible]甜
醋酸
春賜醴酒
求仁當自
絜矩始
么荷
聖人之仁
如天地

仁者愛之[illegible]是根愛是苗仁之愛如糖之甜醋之酸愛是那滋味
謂乎若夫[illegible]醴酒之醇此是形容仁底意思
士之求仁當自[illegible]而又自明義利之分始
凡天下至微之物皆得[illegible]心以為心故自心中發出生意
又成無限物且如蓮實之中有[illegible]荷者便儼然如一[illegible]之荷
吳臨川曰天地生物之心曰仁[illegible]其壽最久聖人之仁如天地
亦惟上古聖人之壽最久
仁義禮智信　誠忠信忠恕恭敬
張子曰仁不得義則不行不得禮則不立不得智則不知不得信則不能守此致一之道也

四端迭為
賓主
堯舜湯武
與天地同
大
文公說
得

四端迭為賓主蓋四德未嘗相離遇事則迭見層出
西山真氏曰堯舜之仁湯武之義所以與天地同其大者以其能充之也
韓文公說最為得蓋人之所以為性者五
陳北溪言程子曰[illegible]

[illegible]入增
形影
本根枝葉
恭敬如形
影

謝上蔡曰忠恕[illegible]
朱子言忠是本根恕是枝葉
北溪言恭是敬之見於外者敬是恭之存於中者恭敬不是二物如形影然

性理纂要抄四卷終

韻略類釋

（明）李齊芳等 撰

《韻略類釋》四卷，明李齊芳等撰，據北京大學圖書館藏明隆慶二年（一五六八）刻本影印。

李齊芳（一五三〇—一五九二），字子蕃，一作子繁，號青霞外史。明興化人。春芳弟。官至南京都督府都事。

此書爲李齊芳等人爲方便人們作詩用韻所撰，序言明代已修《洪武正韻》，非常完備，詩人則久循唐韻，有必要爲古今韻訓，與沈霑編撰此書。韻用沈約舊韻，字遵《洪武正韻》，釋義不詳，取其簡略易曉，字不盡載，芟其煩冗。依四聲分爲四卷。此書名爲類釋，類編爲李齊芳所撰，評釋爲沈霑所撰。

（周　忠）

韻畧類釋序

古詩自賡歌歷三百篇迄離騷魏晉詩皆出入韻學其歌奏之必依永叶之說者因謂古詩無韻始孔也作者之未備也沈約始類四聲孫愐詳著唐韻遂為詞林規範人莫之違豈徒聲調之諧手開叢收閉清濁上下進四時之氣協生成之理播之樂章可以歛神人燮陰陽所繫非渺小也康節先生觀物篇以為作韻者亦有所得其旨深哉

國朝正韻一書誠一代考文之大典其增益異同則視吳棫韻補更淵海矣然詩家習唐已久率遵唐韻故又有為古今韻剎者愚暇遍閱諸家知正韻已備無容復訂特唐韻紛紜盤無定轉錐釋義頗詳間有泛繁不切之失韻要似精又多舉一廢二之誚故不自分謬同沈山人雨田編為韻畧類釋一書未錄者補可點

者削或字跡同而致用異則不
嫌于屢出或書法變而意義
同則不諱夫詳刪俚俗怪僻者
去連綿半逸者棄文士易解
者不注經史罕見者兆釋同
韻焉次同音焉顛書既成復
洗心簡編 主
授同志戚明潘子〻〻曰可以偹
詞林之選矣遂焉校正以梓
之
隆慶戊辰冬古塩村李齋芳
序

韻用沈約從古也字遵洪武
正也每置圈于字巔類其音使
不紊也釋義不詳取其簡畧易
曉也字不盡載芟其煩冗悉詩
家之所不用也故題曰韻畧類
釋析裹繁簡評訂差訛予不自
知其謬俟四方有識者辨之

洗心所編 四

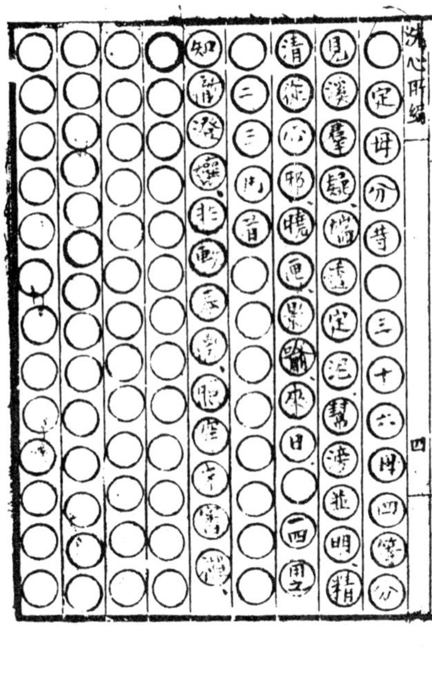

[illegible] 崆[illegible]山名 腢髃 肩前也
爖 火盛也
(群)一 [illegible] 面上皃
一 齈 鼻齈也 髶 髮多也
一 [illegible] 使也 [illegible] 虛脹也
二 瞢 不明也 薨 艸名
(影) 翁 老人也 螉 細腰蜂也 (?)三

韻畧類釋卷一 上平

塩邨李齊芳類編
雨田沈霑評釋
鹿墅潘應詔裁訂

一東

東 春方 蝀 螮蝀 涷 暴雨 (見)二 公 無私也 工 匠也 功 勳勞也
攻 治也擊也 玒 玉名 弓 弧也 躬 身也 宮 室也 三 空 中虛也
箜 箜篌樂器 悾 悾悾慤也 倥 倥侗無知 崆 崆峒山名 四 通 達也 (定)五
同 齊也合也 筒 竹名 峒 山名 桐 木名 銅 金之類 舸 舟也 衕 通衢也
洗心肟編
童 未冠 僮 僕也 曈 日欲出 朣 月欲出 瞳 目瞳子 一 六 䍶 羊無角 犝 牛無角
潼 水名 艟 戰船 罿 罬也 筩 斷竹 六 蓬 草名 篷 覆車者
逢 鼓声也 鬔 髮乱也 芃 芃芃草盛 (明)七 蒙 覆也昧也 幪 蓋衣 曚 日將出
朦 月將出 濛 微雨也 艨 舟名 矇 目不明 (非)八 風 天風也 楓 木名
豐 盛也又歲登 酆 邑名 灃 水名 蘴 蕪菁 (奉)九 馮 馬行疾 渢 水声
(精)十 椶 椶櫚 騣 馬鬣 嵸 巃嵸山皃 (清)十一 悤 遽也 蔥 菜名
聰 耳察也 璁 石似玉 十二 叢 萃也 潨 水之會也 (知)十三 中 不偏也
忠 盡己也 衷 方寸所蘊 終 尽也 螽 蝗屬 十四 充 滿也 琉 珥玉
忪 心動 忡 憂也 十五 崇 高也 (影)十六 翁 老者之稱 蓊 [illegible]也

(見)一 [illegible] 扶也 一 [illegible] 石声
一 炵 火色也 [illegible] 懼怕也
[illegible] 大風皃 [illegible] 石声大也
(徵)三 蹱 躘蹱皃 [illegible] 地名也 (見)三
三 [illegible] 牛名也 [illegible] 毛曲也

十七 烘 燎也 十八 洪 大也 紅 赤色 虹 霓也 鴻 雁之大者
洚 水不遵道 十九 籠 擧土器 巃 巃嵸山高 櫳 房櫳 聾 耳病 礱 磨石
瓏 玉也 嚨 喉也 二十 穹 穹窿天形 芎 芎藭香草 (群)二十一 窮 困也
藭 藥名 二十二 嵩 嶽名 崧 山高皃 菘 菜名 二十三 蟲 動物總名
沖 虛也 种 稚也 翀 上飛也 二十四 融 和也 二十五 隆 豐大也
窿 穹窿天勢 䨴 雲師 癃 疲癃 (日)二十六 戎 兵也 駥 馬高 狨 獸名
絨 毛布 茙 茙葵 二十七 雄 英雄雌雄 熊 獸也

二冬

冬 冰霜候也 一 二 彤 丹飾 鼕 鼓声 (泥)三 農 耕農 濃 稠也
洗心肟編 二
膿 血熟 (非)四 封 聚土為封 葑 蕪菁也 丰 美盛也 峯 山端也 鋒 兵端
烽 兵火也 蜂 飛蟲 五 逢 遇也 縫 縫衣也 (精)六 宗 宗祖
七 悰 樂也 琮 玉名 淙 水声 八 鍾 酒器 鐘 樂器
九 衝 通道 憧 意不定也 艟 戰船 十 舂 擣也 惷 騃昏也
[illegible] 驚馬 十一 醲 厚酒 穠 花多 十二 慵 懶也 (見)十三
恭 敬也 供 設也 十四 銎 斤斧穿也 十五 蛩 獸名 邛 地名
筇 竹名 十六 顒 仰也大也 十七 樅 木名 縱 直也 蹤 跡也 十八
從 聽許也 十九 鬆 髮乱 松 木名 二十 重 複也 (影)二十一
邕 聚也和也 廱 辟廱 癰 腫也 饔 熟食 噰 和声也 雍 和也 二十二

(見)二

(照)三

胷臂也 洶水鳴 訩衆言 兇暴惡 凶不吉 (喻)二十三四 容納也儀也
蓉芙蓉 鎔治器法也 溶水盛也 榕木名 庸平常也 鏞大鐘 傭役傭
墉城垣也 (來)二十四三 龍鱗虫之長 籠竹器 (日)二十五三 茸草生皃

三江

江江海 杠橋也 玒玉名 釭燈也 扛對舉也 (溪)二二 腔曲調
(匣)三 降服也 (幫)二四 邦大国 (明)二五 尨犬也 厖厚也
(知)二六 樁橛也 (穿)二七 窻窗牖也 (審)二八 雙成對為双 艭舟名
(澄)二九 幢翳也 (床)二十 淙音床水声

四支 開口

洗心齋編 三

支持也 開口 枝木別條也 肢四體也 鳷鳷雀 巵酒器 榰柱砥也 禔安福也
脂膏凝曰脂 祗敬也 之語辭 芝神草 ●二二 見 羈馬絡頭 羇旅寓
奇不偶 畸殘田 肌肉也 姬婦人美称 箕播穀器 其語辭 基基址
朞周一歲也 (溪)二三 欹不止也 崎崎嶇 欺詐也 (群)二四三 奇異也
騎跨馬 錡釜也 琦玉名 萁豆莖 期會也 琪玉名 淇水名
祺吉也 麒仁獸 騏青馬 旗熊虎為旗 棊博局也 綦蒼艾色 (疑)二五三
宜所安也 儀容也 涯水際 疑惑也 (幫)二六 畀賤也四 碑石碣也三
悲傷也 (並)二七三 皮革也 疲困也 ●四 蚍蚍蜉 琵琵琶 比和也
陴城上女牆 埤增也 脾土臟也 裨將之偏副 (明)二八 彌益久也 瀰水大皃

(知)二九 知覺也 胝足繭也 (徹)二十 摛音痴舒也 螭似龍無角 魑魑魅也
絺細葛 嗤笑也 媸醜也 癡不慧 笞擊也 鴟鵂鶹也 眵目汁凝也
(□)二十一 施與也 尸陳也 鳲鳲鳩 蓍蓍草 詩志發於言 (□)二十二
馳走馬也 池穿池鍾水 篪管樂也 褫奪衣也 踟踟躕 (澄)二十三 墀塗地也
遲徐行也 蚳蟻子也 治理也 耛除草也 持握也 (□)二十四 尼女僧
怩忸怩也 (□)二十五三 匙匕也 鍉鑰也 時節候也 塒雞棲垣也 鰣魚名
(□)十六 漪水文也 檹木名 欹不正辭 猗猗旋 伊彼也 醫治病也
(□)十七 犧宗廟牲 曦日光 羲氣也 巇山相对也 僖樂也 嬉戲也
嘻多大之声 禧禮吉也 熹明也 熙和也 (□)十八四 移遷徙也 扅戶扃也

洗心齋編 四

貤與也 匜盥器 蛇委蛇 夷平坦也 桋木名 姨妻之姉妹 彝常也
飴餳飴 怡和也 詒遺也 頤頰也 圯橋圯 (來)十九二 離別也
蘺江蘺 籬藩也 褵香纓也 縭以絲介履 璃瑠璃 醨薄酒也 鸝倉庚也
麗附着也 罹憂也 梨果樹 黧黑色 蔾蒺蔾 釐家福 嫠女無夫
貍伏獸 (日)二十二 兒子也 而語辭 洏漣洏 [redacted]
[redacted] (□)二十三四 遺亡也棄也 壝壝埒也 (□)二十三四 祇地神也 岐山名
耆老也 鬐馬鬣 (□)二十四 貲財也 髭口上鬚 咨謀也嗟也 資貨也
姿態也 粢齋稷也 齎資裝 玆此也 孳生也 滋潤也 鎡鋤也
孜汲汲也 鼒小鼎 (□)二十五 差音雌不齊 雌鳥母 (心)二十六 私不公也

思念也 罳罘罳 緦治麻曰緦 颸凉風 絲蠶吐中繅 司主也 斯此也
凘水索 澌流水也 廝養馬者 ○二十七 慈愛也 磁石可引針 鷀水鳥
(從)二十八四 茨草名 瓷陶器 疵病也 呰毀也 ○二十九 詞與辭義同
祠春祭名 辭言也 辤不受也 (?)三十 師兵衆也 獅獸名 釃漉酒
(見)卌一四 規爲員器 龜蟲屬三 (溪)三十二 虧損也 (群)三十三三 逵九達之道
夔舜臣名三四 葵花名 頯面顴也三 (疑)三十四 危殆也 帷幔屬二 爲作也
(幫)三十五三 陂澤障也 詖偏辭 羆熊屬 (滂)三十六三 披開也 丕大也
邳地名 (明)三十七 糜粥也 縻爛也 縻羈縻 靡散也 劘分也 醾酒名
(明)三十八 眉目上毛也 湄水草交也 楣門楣 麋鹿屬 黴物黴青黑 (心)三十九四
洗心所編一　五
綏安也 緌纓也 荽香荽 雖雖然 (邪)四十四 隨從也 隋代名 ● 四十一三
隹鳥也 鵻小鳩也 騅馬名 錐錐器○知 追逐也 (徹)四十二三 吹噓氣也
炊炊爨也 推測度也 (澄)四十三三 椎擊也 鎚鐵鎚 槌木槌 垂自上縋下
陲邊遠也 (禪)四十四三 誰何也 (影)四十五三 逶逶迤 萎草枯也 (來)四十六三
羸瘦也 纍綴也 欙山行所乘 (日)四十七三 蕤草木華垂 緌系冠纓 (?)四十八四
闚門中視也 窺小視也 (曉)四十九四 觿觽角解結 (曉)五十三 麾指麾 撝裂也
(審)五十一二 衰老邁也 (喻)五十二四 惟思之 惟專也○維綱維也

五微

[illegible]微 (見)二三 機弩牙也 璣珠璣 饑餓也 鞿馬絡頭也
磯水石激 譏誹也 幾微也殆也 (溪)三二 祈求也 旂交龍爲旂 頎長也
[illegible]門內 (疑)四二 沂水名 (?)五二 非不是也 蜚虫名 緋絳色
扉戶扇 飛飛翔 (敷)六二 霏雨雪霏微 菲芳菲茂貌 騑馬行貌 馡香也
妃嫓御也 (奉)七二 肥腯也 (影)八二 衣服也 依倚也 (曉)九二
希少也求也 稀疏也 俙依俙彷彿 晞明之始升 睎仰盼曰睎 欷悲氣也 (見)十三
歸回也 (群)十一二 韋柔皮也 幃單帳也 禕蔽膝也 違乖離也 闈宮中小門
圍四匝也 (疑)十二三 巍獨立而高 (影)十三二 威威儀可畏 葳草木盛 (曉)十四二
暉日光普散 煇火氣也 揮指揮 翬雉屬 徽美也○○微細也○薇[illegible]

六魚

洗心所編一　六
魚魚蝦 漁漁樵 ○二 居處也 琚琚玉也 裾衣裾 車輿也
○三 袪衣袂也 祛却也 ○四 渠溝渠他也 蕖芙蕖 蘧蘧麥也
籧粗竹席也 璩環屬 ○五 苴履中草 且語辭 沮水名 疽癰也
葅酢菜 趄趑趄不進 ○六 雎鳥名 ○七 胥皆也相也 湑露貌
○八 徐安行也 ○九 諸衆也之也 瀦水停曰瀦 ○十 攄舒也摛也
樗木名 樗樗蒲戲也 [illegible]玉名 ○十一 書著於竹帛 舒展也 紓緩也
○十二 除階也去也 躇躊躇不前 儲積也養也 蜍蝦蟆也 帤巾也 ○十三
於語辭 淤濫泥也 ○十四 虛空也 歔欷也 噓吹也 驉驅驉獸名
○十五 余我也 畬三歲治田 餘饒也 與舒泰貌 歟疑辭 旟鳥隼爲旟

譽稱美也 舁共舉也 ○十六 驢馬屬 廬舍也寄也 閭里門也 櫚欃木也
○十七 如隨也似也 袽衣絮也 茹茅也 洳濕地 ○十八 初始也
○十九 蔬菜也 疏通也 梳理髮具也 ○二十 鉏田器 耡鍬屬
狙猿屬

七虞

虞度也 娛樂也 愚戇也 隅陬也 嵎山名 ○二 拘執也管也
駒小馬 俱皆也 斛酌也 ○三 驅策馬也 區小兒壚丘 嶇崎嶇
軀身也 ○四 劬勤也 臞瘦也 衢四達路也 瞿却顧也 鸜鳥名
○五 于於也 竽樂器 迂曲也 盂盤屬 雩舞雩 ○六

洗心研編 七

趨走也 ○七 須待也鬚也 嬃女字也 需須也用也 ○八 朱赤色
珠珍貝也 侏短人 株木根 誅責也 蛛蟲名 ○九 樞戶樞
姝美色 ○十 輸不贏為輸 ○十一 廚庖屋也 躕踟躕不進 ○十二
殊異也 銖十黍之重 茱茱萸 殳兵器 ○十三 紆詘也 迂曲也遠也
○十四 訏詭譎也 盱張目也 ○十五 俞然也答也 逾越也 窬穿戶也
瘉病也 膢私祠膢膢 榆木名 瑜玉光 愉樂也 臾須臾須刻 諛諂也
腴腹下肥也 萸茱萸 ○十六 蔞蒿也 ○十七 儒賢士之称 嚅囁嚅
濡沾濡 襦短衣也 ○十八 孤獨也 觚酒器 呱小兒啼 苽雕胡也
罛魚罟 姑父之姊妹 酤一宿酒 沽賣也且也 蛄蟬屬 鴣鳥名 辜罪也

○十九 枯槀也 刳剖其中也 ○二十 吾我自稱也 梧木名 鼯鼠也
吳國名大言 ○二十一 都邦國 闍城上重門 ○二十二 徒步也但也 途路也
荼苦菜也 塗泥也 屠刲也殺也 瘏馬病曰瘏 ○二十三 奴僕隸也 孥妻孥子也
駑下乘也 帑藏金幣 ○二十四 逋逃也欠也 餔嚼食也 晡日昳夕也 ○二十五
鋪門環陳也 痡病也 ○二十六 蒲水草 酺大酺聚飲 匍手行也 ○二十七
模法也 謨議謀也 嫫醜女也 ○二十八 膚皮也 夫男子之称 玞石次玉
扶扶持 鈇莝斫及 跗足也 枹擊鼓杖 敷施也 孚信也 莩葭中白皮
罦車上網也 桴編木為筏 俘軍所獲也 郛郭也 麩麥皮屑也 ○二十九 扶封胡切
蚨青蚨錢也 夫語辭 芙荷也 符契合也 鳧水鳥 ○三十 無有之反也

洗心研編 八

蕪蕪也 巫祝也 誣詐也謗也 ○三十一 租田賦也 ○三十二 粗不精也
蘓草也甦也 酥醍醐也 ○三十三 徂往也 ○三十四 芻草食曰芻 ○三十五
毹毛毹也 ○三十六 雛鳥子也 ○三十七 烏孝鳥 汙水不流也 於歎詞
○三十八 呼息也喚也 滹水名 ○三十九 胡匈奴何也 湖江湖 瑚珊瑚
餬食也 鶘鵜鶘鳥 乎疑詞之助 壺酒器 弧木弓 狐妖獸 ○四十
盧飯器姓也 蘆葦屬 鑪洪鑪 櫨柱也 鱸魚名 壚酒壚也 艫船頭曰艫
轤汲水木也 瀘水名 纑布縷也 顱首骨

八齊

齊平也 臍腹凹也 蠐蟲名 ○二 雞知時禽也 稽留也考也 笄女子笄簪

枅屋櫨也○三谿水注川也○四醯醋也○五兮歌語助辭
奚官婢 嫨女隸也 蹊徑路 鼷小鼠○六低不高也 羝牡羊
隄塘也 鞮革履○七梯木階也○八題額也寫也 提挈也
騠良馬 啼號也 蹄足也 綈厚繒 餅餌也 稊稗屬 鵜水鳥
荑初生草也 桋女桑也○九泥水土相和 虀有骨醢○十鼙騎鼓也
○十一迷惑也 麛子鹿○十二齎持遺人也 齏擣辛也 擠排也
躋登也○十三妻婦與己齊 萋草盛 凄寒涼也 悽痛心也○十四
西秋方 栖鳥宿也 犀角獸 撕提也○十五鷖鳧屬○十六
倪端倪旄倪 裞衣也 輗轅端橫木 麑獅子也 霓曲虹○十七黎衆也黑也

洗心附編 九

犂田器 黧黑色 藜草名 蔾蒺蔾 瓈玉名 梨果名 鸝鳥名
○十八圭端玉 閨小門○十九睽乖違也 奎星宿名 刲剖也
○二十畦田畝

九佳

佳善也 街四出之路 皆俱也 偕同也 階陛也級也 喈鳥鳴 荄草根
○二揩摩拭也○三諧和也 骸脛骨也 鞵皮履也 鮭魚名
○四乖戾也○五騧黃馬黑喙 蝸螺也○六佤不正
闖門不正開○七蛙蝦蟆○八懷念思也 槐木名 淮水名
○九厓山邊也 涯水畔○十牌標也扁也 排擠也 俳戲也

○十一埋瘞也 霾風雨土也○十二齋潔也恭也○十三釵婦人首飾
靫盛箭室也 差遣也○十四柴小木材也 祡燎祭天也 豺狼屬 儕等輩也
○十五娃美女 哇不正之曲○十六挨推也

十灰

灰死火餘燼 虺馬病○二該備也兼也 垓八極地也 陔階次也 峐山死草木
荄草根 剴切也近也○三開張也○四皚霜雪之白○五
胎婦孕三月 台星名 鮐魚名○六臺樓臺 薹草名 儓陪臣也
駘鈍馬○七[illegible]苔蘚○八哉語助詞 栽培植也 災禍也
○九猜測也疑也○十鰓魚頰 顋頷也○十一裁制也

洗心附編 十

才能也賢也 材成才也 財貨也賄也 纔僅也暫也○十二哀閔也 埃塵也
○十三咍蚩笑也○十四孩小兒 頦頤頷也○十五來往來也
萊蔓草 徠山名 騋馬名○十六倈大也 詼詼戲也○十七
嵬崔嵬高也 隗高貌 桅舟檣也○十八堆聚土也○十九推排也
○二十隤下墜也 頹摧也 [illegible]馬病 僓順也○二十一杯酒器
胚婦孕一月 坏未燒陶瓦 醅酒未漉也○二十二裴長衣貌 徘徘徊 培益也隄也
陪重也伴也○二十三枚箇也 玫玫瑰 梅木名 莓苔也 媒議婚人也
煤煤炱烟墨○二十四崔山高 催迫也 縗喪服也○二十五隈水曲
煨盆中火 偎愛也○二十六回轉也 茴蘹艸 洄逆流而上 徊不進貌

瑰玫瑰次玉 槐木名 ○二十六 雷陰陽激薄 罍酒樽 瑠玉器也

十一眞 带、命文二

眞安也 振盛也 甄陶也 珍宝也 （見）二 四 鈞三十斤 均平也

囷廩之圓者 箘竹名 （精）三 四 遵循也 僎僎賓鄉飲 （清）四 四 逡逡巡退卻

皴皮細起也 蹲蹲兒 （心）五 四 荀草也 詢咨也 恂信也 峋嶙峋山多

珣東方玉 ●詢徧十日也 循順也依也 馴馬順也 巡歷也視也 （邪）六 三 屯難也

窀窀穸厚夜 諄告言誠懇 肫肫肫其仁 惇心实也 （穿）七 三 春四時之首 椿木名

（床）八 三 脣口端 漘水涯 （禪）九 三 純粹也篤也 淳厚也質也 醇醲也厚也

鶉鵪鶉鳥名 蓴水中香菜 （喻）十 三 筠竹也 匀均平也 （來）十一 二 倫輩也

洗心齋編 十一

淪沒也漣也 輪車輪 綸青絲綬 掄擇也 論言有理也 （日）十二 三 犉牛也

（見）十三 二 巾佩巾也 （疑）十四 三 銀白金也 垠岸也崖也 誾和悅而諍 訢和敬也

寅恭也 四 夤敬惕也 四 螾虫名 四 嚚言不忠信 （娘）十五 三 紉繼衣也 （幫）十六 四

賓客也 四 濱水厓也 彬文質備也 三 繽雜乱 四 ●滂十七 三 砏 頻数也 四 蘋大萍也

顰顰蹙也 嚬笑也 貧無財也 三 （明）十八 四 民百姓 四 珉石之美者 岷山名

罠兎罟 緡錢貫釣絲 旻秋天也 閩東南越種 （精）十九 四 津渡口也 四 （清）二十 四

親愛也密也 （心）二十一 四 辛酸也苦也 新對旧之称 薪柴也 四 （從）二十二 四 秦国名

（穿）二十三 三 瞋張目也 嗔恚也 （審）二十四 三 申明約東也 伸舒也 呻吟也

（澄）二十五 三 陳布也 塵塵埃 辰時也 晨早昧爽也 宸帝居曰宸 臣百官事君

（影）二十六 四 因仍也 茵車重席也 姻婿家也 絪絪縕麻枲 湮沒也 堙土山也

禋潔祀也 諲敬也 闉城內重門 （來）二十七 三 鄰五家為鄰 粼水在石門 麟仁獸

驎馬斑文 鱗魚甲也 嶙山厓重深 潾水青 璘玉文 燐火兒 瞵目也

（日）二十八 三 人萬物最靈 仁親也愛也 （臻）二十九 二 臻至也 溱水名 榛木名

蓁美盛兒 （審）三十 二 莘国名長兒 詵致言也 侁行兒 駪馬多 （床）三十一 二

神神祇精神 ●眞 三 濱也 振盛也 甄陶也 珍宝也

十二文

文文章也 紋織文也 三 雯雲成章也 聞知聲也 ○ 二 君尊稱天下 軍師旅也

皸凍裂也 ○ 三 羣衆也類也 裙下裳 ○ 四 熏火烟上出 薰香氣

洗心齋編 十二

醺醉也 曛日入餘光 纁淺絳色 獯匈奴 勳能成王功 葷臭菜也 焄氣也

○ 五 斤斧斤也 筋肉中筋也 ○ 六 勤勞也 廑義同上 芹水菜名

○ 七 齦齒本也 ○ 八 殷衆也盛也 慇慇懃 ○ 九 雲山川氣也

云言也 芸草也 沄水轉流也 耘除苗穢也 紜紛紜雜乱 ○ 十 熅鬱煙也

馧香氣 氳元氣也 ○ 十一 欣喜也 昕旦明也 ○ 十二 分別也

芬初生草甲 雰雪兒 棼乱也 紛義同上 ○ 十三 汾水名 焚火灼物也

濆水厓也 墳塚墓也 蕡枲實也

十三元

元始也 黿大鼈也 沅水名 原高平曰原 源水原本也 袁長衣兒 轅車轅也

園有垣曰園 垣垣墻也 爰于也 援引也 媛美皃 湲水名 ○二
昆同也兄也 琨石之美者 錕赤金 崐山名 鯤魚名 鵾大鷄也 褌底衣
○三 坤天乾地坤 髡剔髮也 ○四 敦大也 惇厚也 暾日始出
○五 豚小豕 臀髀也 ○六 奔走也 ○七 歕吹氣也
○八 盆盂也 湓水名 ○九 門雙戶也 捫扶也 璊赤玉
虋赤苗嘉穀 ○十 尊崇高也 罇酒器也 ○十一 村鄉落也 ○十二
孫子之子也 蓀香草 飧餔也 ○十三 存恤問也 蹲踞也 ○十四
溫和煖也 㬈日出曛㬈 ○十五 昏日冥也 閽閽門隷也 婚婚家也 惛不了也
○十六 冤冤皃 渾混流不清 ○十七 論議也 崙山名 ○十八

根木本也 跟足踵也 ○十九 吞咽也 ○二十 恩惠也 ○二十一
鴛鳥名 眢目無明也 鵷鳳屬 冤屈也 ○二十二 暄溫也 喧驚呼也
萱草名 晅日氣 諼忘也 塤樂器 ○二十三 鞬盛弓矢器 犍牛也
○二十四 言宣意曰言 ○二十五 軒窓屬 掀舉出也 騫飛皃 ○二十六
痕瘢也 ○二十七 藩屏也 ○二十八 翻飛也 幡旗屬 轓車之蔽
璠玉也 旛旗幡下垂 番數也 反平反也 ○二十九 煩冗也悶也 繁多也
蘩白蒿 膰祭肉 燔爇也 墦冢也 樊籠也鷙也

十四寒

寒冷也 韓國名 翰鳥羽也 豻野犬 汗可汗戎酋 邗地名 邯邑名

○二 干犯也旌干 竿竹竿 玕崑崙寶樹 肝木臟也 乾燥也 ○三
看視也 刊削也 ○四 單孤單也 簞竹器 癉勞病也 襌衣不重也
殫極盡也 鄲邑名 丹赤石也 ○五 灘水瀨也 攤鋪開也 ○六
壇祭場也 檀木名 驒白馬黑脊 彈鼓爪糾也 ○七 難不易也 ○八
餐吞也 ○九 珊珊瑚 跚行不進 ○十 殘[illegible]傷也 ○十一
安安也 鞍馬飾 ○十二 闌遮也殘也 蘭香草 瀾大波也 ○十三
官長也主也 棺櫬尸木 觀視也 冠冕之總名 ○十四 寬廣也大也 ○十五
岏山銳 刓剸也 ○十六 端正也直也 ○十七 湍疾瀨也 ○十八
團圓也 漙露多 摶手擊也 ○十九 般運也 ○二十 盤盂也

磐大石 鞶大帶也 般樂也 瘢瘡也 潘水名 蟠曲也 ○二十一
瞞構蔽也 縵無文也 ○二十二 酸辛也 狻狻猊 ○二十三 攢聚也
○二十四 剜削也 ○二十五 歡喜也 驩馬名驩虞 貛野豕 ○二十六
桓盤桓不進 峘山也 洹水名 完全也 丸圓也 芄芄蘭 汍汍瀾泣皃
紈素也 瓛桓圭 ○二十七 鸞神鳥 鑾金鑾 巒山小而銳

十五刪

刪除刪也 潸涕泣也 山石高為山 ○二 間中間也 艱難也 姦私也
菅茅也 ○三 慳恡也 ○四 閑以木拒門 閒暇也 鷳鳥名
○五 關塞門閉也 瘝病也 鰥老而無妻 綸青絲綬 ○六 頑鈍也

○七 彎曲也 灣水曲也 ○八 還復也 寰天子畿內 環璧也繞也
鬟髻也 闤市垣 圜繞也 ○九 湲水流 ○十 顏容色也
○十一 班分列也 斑文也 頒大手布也 扳引也挽也 ○十二 攀引也
○十三 蠻南夷 ○十四 潺水流 孱劣也 ○十五 殷赤黑色

一先 下平

先前進也 躚舞皃 褼編褼衣皃 僊神仙 鮮明也新也 ○二 堅剛也固也
枅屋櫨也 豣王歲豕 肩髆也 ○三 邊陲也旁也 籩竹豆也 編次簡也
鞭策馬具 ○四 篇書篇也 蹁蹁躚旋行 偏頗也 艑舟名 扁小舟也
○五 箋簡書也 諓巧言也 濺水疾流 戔戔戔深水 韉馬鞍具也 煎熬也

○六 千十百也 阡路南北名 芊茂皃 遷升也移也 ○七 饘糜厚曰饘
鸇鷂也 氈撚毛成片 旃曲柄旗 邅迍邅不進 ○八 羶羊臭也 扇戶扇也
○九 焉語助 煙火氣也 燕國名 咽喉也 ○十 涓小流
娟美好也 睊相視皃 鵑鳥名 蠲潔也除也 ○十一 權量輕重也 顴輔骨也
拳手也 惓惓惓謹也 婘美好也 鬈髮好也 ○十二 員物數官數 圓方圓
○十三 鐫鐫研鑿也 ○十四 詮擇言也 銓衡也 拴揀也 駩白馬
佺偓佺仙人 荃香草 痊病除 筌魚笱 悛改也 鋑狡兔 ○十五
宣布也 瑄璧大六寸 ○十六 全完也 泉水原所出 ○十七 旋周旋盤旋
漩回泉 璿美玉 還復也反也 涎口液 ○十八 專一也擅也 甎燒墼也

剸截也斷也 顓謹皃 ○十八 穿通也 川水流注海 ○十九 椽榱也
傳授也布也 船舟也 遄速也 ○二十 翾小飛也 嬛便嬛輕麗 懁辯急也
○二十一 祆胡神也 ○二十二 駽青驪馬 ○二十三 淵止水也 鞙數音
鴛鳥名 婉好也 冤枉也屈也 鳶鳥名 ○二十四 玄遠也黑色 縣繫也
懸義同上 ○二十五 沿緣水而下 鉛青金也 緣衣邊飾也 捐除去也 ○二十六
㖶城下田 撋煩撋也 蠕虫行皃 ○二十七 愆差忒也 騫飛舉也 褰袴也
搴取也 牽引也 ○二十八 乾卦名健也 虔恭也 騝騝馬黃脊 鍵鑰也
○二十九 妍美好也 研磨也 ○三十 顛頂也 巔山頂 蹎蹎仆也
滇水出昆明 ○三十一 天至高无上 ○三十二 田耕以種穀 佃治田為佃 鈿花鈿而飾

畋取禽獸也 填塞也 闐盛也 ○三十三 年歲也 ○三十四 緶交枲也
胼皮堅也 駢駕二馬也 軿屏車也 諞巧言也 便安也 楩木名 ○三十五
眠閉目瞑也 緜緜緜遠也 綿絮也續也 ○三十六 前先也進也 錢泉貨也 ○三十七
纏縛束也 躔躔度 廛市中空地 ○三十八 嬋嬋娟美皃 蟬秋蟬虫名 禪禪坐靜也
○三十九 延長也引也 筵舖席也 埏地際也 綖冠上覆 言自言曰言 ○四十
蓮芙渠也 憐哀也惜也 連合也 漣水動成文 聯連也 ○四十一 然燒也
○四十二 賢多才能也 弦弓弦 絃八音之絲 舷船舷也

二蕭

蕭艾蒿也 簫樂器 瀟雨声 宵夜也 霄雲漢也 消減也盡也 綃繒也絲也

銷鑠金 逍逍遙自適 翛飛羽皃 ○二 驍良馬健也 澆漓也 梟不孝鳥
僥僞也 ○三 貂鼠名 舠吳船 刁刁斗 凋瘁也 雕刻琢也
彫琢文也 鵰鳥名 ○四 祧遷廟 恌偷薄也 佻上義同 挑荷也撥也
○五 囂喧也 鴞鳥名梟同 枵虛也 呺虛大皃 歊氣出皃 獢田犬
嘵懼声也 ○六 么小形 夭少好和舒 腰身中也 要約也求也 葽草也
喓虫声 訞巧言 妖媚也䄏也 邀招也 ○七 驕馬高壯大 嬌女態
穚禾秀 ○八 蹺举趾也 橇泥行所乘 ○九 喬木高也 蕎麥名
橋水梁也 嶠山銳而高 僑高也 蹻举足高行 翹举也 荍荍蕘也 ○十
迢迢遞遠也 齠始毀齒也 苕草可爲箒 髫重髫 佻独行皃 調和也 蜩蟬也

洗心所編 十七

條小枝 鰷魚名 [illegible] ○十一 猋犬走 飆扶搖風也 標準則表也
熛火飛 摽揭也麾也 幖幟也 杓斗柄 鑣馬銜 瀌雨雪之皃 穮除田薉草
臕脂肥 儦行皃 麃武皃 ○十二 漂浮也動也 僄輕也 飄飄遙
翲飛也 ○十三 瓢瓠之半也 ○十四 苗田中稗草 描畫也 貓捕鼠獸也
○十五 焦炙傷日焦 嶕山顛也 蕉芭蕉 椒辛香木實 𪓔灼龜不兆 ○十六
鍫臿器 ○十七 樵取薪也 譙城上樓名 憔憔悴 ○十八 昭明也著也
招呼也致也 鉊鐮刀 炤明也 釗遠又努也 朝旦也 ○十九 超跳也越也
○二十 燒爇也 ○二十一 朝觀君也 潮海水爲潮 ○二十二 韶美也舜樂
招與韶同 ○二十三 遙遠也 搖動也 瑤玉之美者 徭役也 愮憂無告也

謠徒歌也 颻飄颻風也 繇於也由也 姚舜姓 銚燒器 窰燒瓦竈也 堯唐堯至高
嶢山高皃 僥僬僥短人 垚土高 ○二十四 聊賴也且也 寮同官為寮 簝宗廟食器
僚官僚朋僚 嘹嘹亮鳥声 [illegible]周垣也 橑椽也 繚纏也 遼遠也 鷯鷦鷯鳥名
憀悲恨也 漻清深也 飂風声 寥空也寂也 獠庭燎也 ○二十五 饒餘也多也
橈楫也 嬈妍媚 蕘薪也

三 爻

爻卦爻 肴俎實也 殽旨酒嘉殽 淆混濁也 崤山名 ○二 交相交合也
郊邑外爲郊 蛟无角龍 鮫海魚也 鵁鵁鶄鳥名 茭草名 敎使之爲也 膠黏膏也
嘐鳥声 ○三 敲扣也擊也 ○四 哮哮呼也 烋息哮氣健 ○五

洗心所編 十八

聱語不入也 磝山多小石 ○六 鐃止鼓小鉦 譊恚呼也 撓擾也亂也 呶讙声
怓乱也 ○七 包容也褁也 胞胎衣也 枹木叢生 苞草名 ○八
泡水上漚 拋擲也 ○九 庖厨也 炮炙肉也 咆嗥也 匏瓠也
跑速行也 ○十 茅草名茆同 罞麋罟 貓狸也 ○十一 啁啁嘐
嘲調笑也 ○十二 抄謄寫也 鈔叉取也 ○十三 梢樹枝末也 捎取也掠也
鞘鞭鞘也 弰弓末 旓旌旗旒旓 筲竹器 ○十四 巢鳥窩也 轈兵車望敵
○十五 坳地不平也

四 豪

豪英傑也 壕城下池 毫長毛 號呼也 嘷咆也 ○二 高崇也

膏脂也 篙刺舟竹幹 皐水邊淤地 槔汲水桔槔 羔羊子 餻餻糜 鼛大鼓也
橐箭黼也 ○三 敖遊也 熬煎也 鼇海中大鱉 鷔駿馬 獒犬名
鏊餅首 鏖盡死殺人 爊煨炙也 嗷衆口愁也 璈樂器 翺翱翔 ○四
刀兵器 舠小船 忉憂愁也 ○五 饕貪也 滔水大也 幍巾名
韜劍衣也 慆悅也 絛編絲為繩 叨濫也忝也 弢弓衣也 ○六 陶瓦器也
淘澄汰也 醄酕皃 綯絞也 鞀鼓腔也 騊馬名 萄蒲萄也 桃果名
咷號咷 逃亡也 濤大波也 鼗鞀者所執 鞀有柄鼓 ○七 猱母猴
○八 褒獎也 ○九 袍長襦 ○十 毛髮之屬 髦俊也髮也
軞公車也 旄幢也 ○十一 糟酒滓也 遭遇也 ○十二 操把持也
洗心所編 十九
○十三 騷擾也憂也 搔撓亂也 繅治繭也 艘船總名 臊腥臊也 ○十四
曹輩也衆也 嘈聲也 槽馬槽酒槽 艚船也 ○十五 蒿蓬蒿 薅拔去田草
○十六 勞疲也動也 撈沉取曰撈 醪濁酒也 牢獄也圈也

五歌

歌詠也 哥聲也兄也 柯斧柄枝柯 舸大船 ○二 珂白玉 軻車接軸
○三 莪草名 峩山高 娥美女也 俄俄頃速也 哦吟也 睋視也
蛾蠶化飛虫 鵝家鳥似鴈 囮鳥媒也 訛謬也 ○四 多有餘也 ○五
佗彼之稱也 它義同上 他義同也 ○六 駝負荷也 沱滂沱雨皃 陀坡陀不平
跎蹉跎不進 紽縫也 酡酒容也 鮀魚名 迤逶迤行皃 鼉水虫 馱馬負物

○七 那何也 儺鄉俗逐邪 ○八 蹉蹉跎不進 嵯嵯峨山皃 磋磨也
瑳玉色鮮白 搓搓挪也 ○九 娑婆娑舞皃 傞醉舞皃 ○十 醝白酒也
鹺鹹也 瘥病也 ○十一 阿曲也隈也 痾病也 ○十二 訶大言而怒
呵氣出 ○十三 何誰也問也 荷芙蕖也 河水道也 和順也偕也 禾稼也
苛細也虐也 ○十四 羅以絲網鳥 蘿女蘿兔絲 籮竹器 𥗊[illegible]造石 鑼行兵器
螺蚌屬 覼覼縷也 ○十五 戈戟也 過經也 鍋釜也 ○十六
科程也坎也 窠鳥穴也 ○十七 波水涌流也 ○十八 頗偏頗不正 坡阪也
陂陂陀不平 玻玻璨玉名 ○十九 婆婆娑舞皃 皤白也 ○二十 摩撫也
磨治石也 麼細小也 魔鬼也 ○二十一 挼兩手相摩 ○二十二 蓑雨衣也
洗心所編 二十
莎草名 梭織具 ○二十三 矬短也 ○二十四 窩穴居 ○二十五
鞾靴同履屬

六麻

麻枲也 蟆蝦蟆蛙屬 ○二 嘉美也 加增也 笳胡吹葉捲 駕駕鵝
珈婦人首飾 耞打穀具 跏屈足坐 枷四械 葭蒹之未秀 豭牡豕 家居也
○三 遐遠也 霞日傍彤雲 瑕玉病也 鍜頸鎧也 蝦蝦蟆 鰕魚屬
○四 瓜蓏也 媧古之聖女 騧黃馬 蝸蝸牛蠃也 ○五 誇大言
姱好也 ○六 檛箠也 撾擊也 髽髽髻也 ○七 窊汙下也
窪清水也 娃美女也 哇邪聲也 蛙蝦蟆 汙汙下也 ○八 花草木之英

○九 華中夏華美 譁讙也 驊馬名 ○十 牙齒也 芽草萌也
衙行皃 涯水際 厓同上 呀嗟呀 ○十一 拏牽引也 ○十二
巴巴屬地名 笆籬巴 芭芭蕉 豝牡豕 耙腊也 鈀兵車 ○十三
葩華也 杷田器枇杷 爬搔也 琶樂器 ○十四 樝菓名 柤木閑也
○十五 叉手指相錯 杈木丫枝也 差舛謬也 艖舟名 ○十六 沙灘沙
紗絹屬 袈僧衣 鯊魚名 ○十七 槎桴也 查水中浮木 苴水中浮草
茶茗也 ○十八 鴉烏鳥也 丫物之岐頭 啞小兒亲語 ○十九 嗟咨也
罝兎網也 ○二十 些少也 ○二十一 遮蔽也 ○二十二 車輿也
○二十三 奢侈也 賒遠也貰也 ○二十四 斜不正也 簭蒒蒿 ○二十五

洗心所編 二十一

闍城上重門 蛇毒虫 ○二十六 釾莫釾劍名 椰木名 爺俗称父 耶語辭

七陽

陽陰陽二氣 暘日出也 楊木名 揚飛舉 颺風飛物奉 瘍瘡也 羊柔毛獸
洋盛皃 佯詐也 徉徜徉 ○二 岡山脊也 剛堅也勁也 綱網維綱領
鋼堅鐵 掆本也 肮頸也 伉剄正皃 [illegible]甕屬 ○三 康樂也
糠穀皮 慷慷慨歎也 ○四 卬仰首望也 昂日升也 ○五 當抵也宜也
鐺長鎖也 璫充耳珠也 襠裲也 簹竹名 ○六 湯熱水 ○七
唐國名大言 塘隄岸 餹餳也 螗蟬也 瑭玉也 堂正寢明顯 螳虫名
棠棠梨木名 ○八 囊橐也 ○九 彭盛也 搒掠也 滂沛也

磅隕石声 旁溥也側也 傍近也側也 彷彷徨徘徊 ○十 茫浩渺也 忙迫也冗也
鋩刃鋩 芒刺也 ○十一 方四方正也 坊邑里 枋木名 祊祭四方
芳芬芳茂也 ○十二 妨害也 房室也 防隄也 魴魚名 ○十三
亡逃也死也 忘遺也 望瞻也 朢月滿也 ○十四 臧善也 贓吏受賍也
○十五 倉廩也 蒼草色 滄滄海滄浪 鶬鶬鶊鳥名 ○十六 桑木名
喪亡也 ○十七 藏匿也 ○十八 章文章明彩 璋半圭曰璋 樟木名
嫜姑嫜 麞鹿屬 張開也 ○十九 昌盛也善也 閶閶闔門名 菖草名
倡優人 猖狂也 娼妓也 ○二十 商賈也量也 觴酒巵 湯湯湯水声
傷痛也害也 殤幼死 ○二十一 長久遠也 場場圃 腸心之腑也 ○二十二

洗心所編 二十二

娘少女母也 ○二十三 常恒久也 裳下衣也 嘗試口味也 償還也 ○二十四
杭邑名 頏頡頏相抗 行列也 ○二十五 郎男子之称 廊廡也 榔檳榔木名
浪滄浪水名 琅琅玕玉也 蜋螳蜋 狼豺狼 筤幼竹也 ○二十六 穰豐也
禳除疾也 瀼露瀼皃 瓤瓜中肉 勷劻勷急遽 ○二十七 薑辛菜 疆界也
韁絡馬繩 僵僵仆也 姜齊姓 ○二十八 羌西戎語辭 蜣虫名 ○二十九
彊[illegible] 強義同上 將欲然也 醬醬屬 漿酢水也 ○三十 瑲玉声
槍[illegible] 蹌趨蹌行皃 鏘鏗鏘 鶬鳥名 蹡趨蹡行皃 斨方斧 ○三十一
襄贊也 驤馬低昂也 纕馬腹帶 相交相共也 湘水名 緗淺黃色 箱竹器
廂廡也 ○三十二 牆垣也 檣舡檣桅柱 嬙婦官 薔薔薇花名 戕外殺曰戕

○三十三 詳審也 祥福也 翔翱翔飛也 庠庠序學名 ○三十四 央四方之中
泱泱也 秧禾也 殃咎也 鴦匹鳥也 ○三十五 香氣芳馨也 鄉里也黨也
○三十六 良善也 量称量多少 糧穀食也 梁橋梁棟梁 粱穀名 涼薄寒也
○三十七 光光耀明耀 洸水涌皃 珖玉名 ○三十八 匡正也 筐竹器
眶目眶 劻忙遽也 ○三十九 狂顛也蕩也 ○四十 王主也君也 ○四十一
汪深廣也 尫尫瘠也 ○四十二 荒蕪也 肓心上鬲下 ○四十三 黄中央正色
簧笙簧也 潢天河也 璜半璧也 皇大也君也 凰瑞鳥名 篁竹名 煌輝也
隍城池也 艎吳舟名 瑝玉声 鍠鐘声 蝗食穀虫 喤小兒声 惶恐也
徨彷徨 遑暇也急也 ○四十四 莊端也含也 妝女飾也 裝束也 ○四十五

洗心齋編 二十三

瘡瘡痍也 ○四十六 霜露所凝也 孀寡居曰孀 驦驌驦馬名 ○四十七 牀榻也几也

八庚

庚星名干名 賡續也和也 鶊鳥名 更改也漏也 羹五味所和 秔白稻 耕犁田也
○二 京大也都也 驚惶也懼也 荊木名 麖大麃 ○三 卿公卿
○四 擎拳也 檠架也 鯨大魚也 黥墨刑在面 勍勍敵彊也 ○五
迎逢也 ○六 兵戎器 幷相兼也 ○七 平坦也均也 苹草名
萍水草 枰棊局 評品論也 ○八 明日月光明 盟誓也 鳴鳥声
名姓名 ○九 精細也礭也 睛目珠也 蜻虫名 鶄鳥名 菁蕪菁草名
晶光也 旌旗屬 ○十 清朗也 圊溷廁也 ○十一 情性情

晴朗霽也 ○十二 餳飴也 ○十三 禎祥也 貞正而固也 楨幹也
征行也伐也 鉦鐃也 正晝布射也 ○十四 檉河柳 蟶蚌屬 偵邏伺也
赬赤色也 ○十五 聲音也 ○十六 呈獻也 程式也課也 酲酒困也
珵玉名 裎露體也 成就也 城外郭也 誠實也 盛黍稷在器 ○十七
英千人之英 瑛玉光也 罌瓶屬 鸚言鳥也 韺帝嚳樂 櫻果名 嚶鳥鳴
攖觸也迫也 鶯鳥名 嬰孩也 瓔瓔珞 纓冠系 ○十八 盈滿也
楹柱也 迎逢也 瀛蓬瀛水名 贏賈有餘利 籯笭也 嬴嫦嬴女態 ○十九
令使也 伶樂官 ○二十 行人之步趨 珩珮上玉也 桁屋橫木 衡權衡
蘅香草 莖草木幹 ○二十一 兄長也 ○二十二 阬塹也 鏗金石声也

洗心齋編 二十四

硜石堅声 ○二十三 輕不重也 ○二十四 亨通也 ○二十五 儜惡語相呼
獰猙獰惡皃 ○二十六 抨使也 絣以繩直物 恲悙也 ○二十七 烹煮物也
澎水皃 怦心急也 ○二十八 彭盛也鼓声 輣兵車 棚棧也 ○二十九
爭鬬也競也 箏樂器 丁伐木声 琤玉声 錚金声 ○三十 瞠直視也
橕斜柱也 崢崢嶸峻皃 鐺有耳釜也 ○三十一 生產也出也 笙樂器 牲牛羊已殺
鬇鬇鬡也 甥姊妹之子 猩言獸也 ○三十二 棖門兩旁木 ○三十三 橙橘屬
○三十四 盲目無眸子 甍屋棟也 萌草芽也 氓民也 ○三十五 渹水相激声
鍧鐘鼓声 薨衆死也 轟羣車声 ○三十六 橫闌木縱橫 黌學舍 宏大也
紘冠纓八紘 鈜鐘鼓声 竑度量寬大 翃飛皃 閎巷門 泓水深皃 嶸崢嶸山峻

○三十七傾欹也○三十八瓊赤玉煢孤獨身惸憂也嬛獨也
○三十九榮茂也華也瑩石似玉○四十騂赤色騂牡赤色○四十一
甇罌也塋墓也

九青

青東方正色○二經典籍常也涇濁水也○三馨香也○四
丁丙丁值也玎玉声○五聽聆也廳屋也汀水際平地鞓帶革
○六庭宮中也莛朝廷霆迅雷声婷娉婷女容蜓蜻蜓蟲名亭行旅之舍
停止也渟水止也○七寧願詞也寍安也○八俜伶俜俠也
娉美也缾瓮也軿輜車也屏障也○九冥幽也蓂瑞草
洗心斎編　二十五
溟水黑色螟食穀虫銘金誌也○十星星斗腥生肉惺了慧也
醒醉解也鯹魚臭也○十一靈神之灵也醽酒名零餘雨零落令使令也
聆聽也齡年齒也泠雨声蛉虫名鈴似鐘而小軨車轄横木怜了慧也
伶樂工鴒鳥名翎羽也艇汪水艇也苓藥名○十二形象也
刑罰具鉶盛羹器硎砥石鈃酒器陘山絕坎娙好也○十三
扃外戶之關坰郊外遠界駉駿馬○十四熒燈燭之光螢光虫滎絕小水也
瀅小水兒

十蒸

烝衆也進也蒸火氣上行徵召也○二登上升也燈火灯鬙鬅鬙亂也

○三騰躍也升也謄移書傳鈔藤草蔓延也○四能才能○五
崩山壞也○六朋同門曰朋鵬大鳥○七瞢日不明○八
增益也矰生絲繫矢憎惡也繒帛也罾魚網也○九僧浮屠人
○十層級也曾嘗也嶒崚嶒山兒○十一恒常久也○十二
棱觚棱也稜稜稜神威○十三兢相爭也矜誇也○十四凝聚也
○十五冰水凝結也○十六凭依几也憑藉也馮馬行疾也○十七
稱詮言也○十八升登進也昇平也陞陟也勝任也○十九
繩索也澠水名○二十乘駕馬也塍稻畦也○二十一澄清也
懲創也承奉也丞佐也翊也○二十二膺胸也應當也鷹鷙鳥也
洗心斎編　二十六
○二十三蠅飛虫○二十四陵大阜凌逼也綾綺紈也菱芰也
○二十五仍因也陾築墻声○二十六興起也○二十七肱臂也
○二十八薨壞声○二十九弘大也

十一尤

尤怨也最也肬贅也蚘虫蚘郵傳舍牛大畜也由經也因也油油然雲行
猷謀也猶似也尚也蕕水草輶輕車也斿旌旗末垂蝣蜉蝣虫名游優游浮游
遊遨遊也彪虎文滮水流兒○二鳩鳥名○三丘土高也
○四求乞也球美玉賕以財枉法逑匹也毬蹴鞠裘皮衣
仇匹也讎也○五湫水名啾小兒声○六秋禾穀熟時楸梓屬

鶖（秃鶖也） 鞦（鞦韆蹴鞦） 鰍（魚名） ○七 脩（脯也長也） 修（飾也葺也） 羞（美味恥也）
○八 酋（酋長） 蝤（蝤蠐虫名） 遒（迫也勁也） 囚（拘也繫也） ○九 周（密也徧也）
輈（重轅） 賙（賙濟） 州（五黨為州） 洲（水地可居） 舟（刳木浮水） 輈（轅也） 鵃（鶻鵃也）
啁（鳥声） 譸（譸張誑也） ○十 抽（引也） 瘳（病愈也） ○十一 收（捕也斂也）
○十二 儔（衆也侶也） 籌（籌筭度也） 稠（多也密也） 裯（禪被也） 惆（惆悵） 紬（繒屬）
讎（仇也敵也） 詶（荅言也） 醻（進酒也） 疇（田疇耕也） 酬（酬酢報也） ○十三 憂（愁也）
攸（所也） 悠（悠悠思也） 優（優游倡優） 耰（摩田器也） 嚘（嘔嚘歎声） 麀（牝鹿也） 幽（隱也深也）
呦（鹿声） 侯（公侯） 篌（箜篌樂器） 喉（咽也） 餱（乾食也） 鍭（矢鏃也）
猴（猢猴） ○十五 留（止也） 榴（果名） 瑠（瑠璃） 騮（馬名） 流（水行也）

洗心所編 二十七

旒（冕旒垂玉） 劉（殺也） 遛（逗遛不進） 鶹（鵂鶹鳥名） 瑬（玉名） ○十六 柔（和也順也）
揉（以手捺物） ○十七 繆（綢繆纏綿） ○十八 休（息也美也） 庥（蔭也） 貅（猛獸）
○十九 鉤（曲兵也） 篝（熏篝也） 溝（水瀆） 韝（射臂決） 褠（單衣） ○二十
彄（弓弩彄） 摳（兩手摳衣） ○二十一 兜（兜鍪） ○二十二 偷（盜也） 媮（巧也黠也）
○二十三 頭（首也） 骰（博陸骰子） ○二十四 諏（咨事為諏） 陬（陬隅也）
鯫（鯫生小也） 鄒（邑名） 騶（騶御） 緅（帛青赤色） ○二十五 搊（拘也） 篘（取酒器）
○二十六 摉（求也） 鎪（鏤也） 溲（浸也） 廋（隱也） 颼（風也） 蒐（春獵）
○二十七 愁（悲也） ○二十八 謳（齊歌曰謳） 漚（水上泡） 鷗（水鳥） 甌（盌屬）
○二十九 婁（星宿名） 樓（重屋也） 艛（船名） 螻（土狗） 髏（髑髏） 摟（曳也）

○三十 抔（引取也） 裒（聚也） ○三十一 謀（計也慮也） 矛（兵也） 蟊（食草根虫）
鍪（首鎧也） 侔（齊等也） 蛑（蝤蛑） 眸（目珠） 麰（麥也） ○三十二 不（未定之詞）
浮（溢也） 桴（棟也） 蜉（虫名） 芣（草名） 罘（兔網）

十二侵

侵（漸進侵凌） 駸（馬行疾） 鋟（刻板也） ○二 金（五金之長） 今（對古之称） 禁（力所勝也）
襟（衣衿也） ○三 欽（敬也） 嶔（山高貌） 衾（大被也） ○四 琴（樂器）
黔（黑色） 芩（草名） 禽（鳥總名） 檎（果名） 擒（捉也持也） ○五 吟（哦也詠也）
崟（崟崟山貌） 唫（蟋蟀秋唫） ○六 祲（氛祲日氣） ○七 心（人之心也） ○八
尋（搜也繹也） 潯（水厓也） 鬵（釜屬） 鐔（劍鼻也） ○九 斟（酌也） 鍼（縫衣小器）

洗心所編 二十八

箴（規戒也） 碪（擣衣石也） 椹（木實也） ○十 琛（美玉） ○十一 深（淺之對也）
○十二 諶（誠諦也） 忱（誠也） ○十三 音（声有節也） 喑（兒啼不止） 瘖（口不能言）
陰（陽之對也） ○十四 淫（亂也溢也） 婬（奸婬同淫） 霪（久雨為霪） ○十五 林（叢木曰林）
琳（美玉也） 淋（淋漓） 霖（甘霖時雨） 臨（莅也至也） ○十六 壬（干名奸也） 任（堪也）
紝（織紝也） 妊（孕也） ○十七 歆（羨也來歆） ○十八 簪（首笄） ○十九
參（參差不齊） ○二十 森（木多貌） 參（星名） ○二十一 岑（山小而高）

十三覃

覃（深廣也） 潭（深水處） 譚（與談同） 鐔（劍鼻） 曇（雲布曇花） 談（語也） 惔（憂也）
痰（病液也） ○二 甘（美也） 柑（果名） ○三 龕（塔下室） 堪（任也勝也）

戡勝也克也○四　耽樂也　眈下視也　酖樂酒　搭荷也○五
貪貪婪嗜欲　探遠取也○六　南火方　喃呫喃燕語　男丈夫也　枏木名楠同
○七　簪首笄○八　參趨承參錯　驂駕三馬也　毿毛長也○九
三數名○十　蠶吐絲虫　慙媿也○十一　諳悉也曉也　鵮鶴屬
庵草屋　菴同上　馣馣馣香也　淹沒也○十二　蚶蚌屬　憨愚也
○十三　含容也　函匣可感物　涵容也受也○十四　酣酒樂也○十五
藍染青草也　籃大籠也　襤無緣衣也　婪貪也　嵐山之朝氣

十四鹽

鹽煮海爲鹽　檐屋檐也　閻里中門　阽危也○二　兼并也　縑繒也
洗心齋編　二十九
鶼比翼鳥也　蒹蒹葭水草○三　謙讓也○四　猒飽也○五
鉗以鐵束物　拑拑口不言　黔黔黑黑色　鈐鈇鈷鋤○六　嚴教命急也　巖山險也
炎火光上也○七　甜美也　恬安也○八　鮎魚名　拈以指取物
○九　砭以石刺病○十　殲盡滅也　纖纖悉細也　漸漸染漸漬　尖末銳
○十一　籤驗也　僉咸也皆也○十二　銛利也　霑廉纖微雨　憸詖也險也
暹日光升也○十三　潛沉也藏也○十四　詹至多言也　瞻仰視也　譫多言
占測也筮也　霑雨濡也　襜衣蔽前　幨車帷　覘闚也○十五　苫蓋也
○十六　黏相著也○十七　蟾蟾蜍○十八　淹淹沒　崦山名
閹竪也　醃漬藏物也○十九　廉潔也察也　簾竹帷也　鐮刀名　匳鏡匣也

帘酒旗○二十　顩頰毛　蚺大蛇○二十一　嫌疑也○二十二
杴鍫屬

十五咸

咸皆也　諴和也　鹹鹽味　函匱也　銜馬勒○二　緘束篋也
椷篋也　監臨下○三　嵒石窟○四　凡總括也　帆隨風張幔
颿馬疾步○五　欃彗星　讒譖也　饞饕也　瀺水声　毚狡兔
巉高山　鑱犂鐵　劖斷也○六　衫小襦也　杉木名　釤鎌屬
芟刈草

洗心齋編　三十

韻畧類釋卷二 上声

一董

董正也 懂懵懂心乱 ○二 孔穴也甚也 ○三 桶木器 捅進前也
統系也總也 ○四 琫佩刀上飾 唪大笑也 菶草盛也 ○五 懵心亂
○六 總統也括也 偬困苦也 ○七 蓊草木盛 滃雲氣也 ○八
嗊囉嗊歌也 ○九 籠竹器 攏持也

二腫

腫脹也 踵足後也 種類也 ○二 拱斂手也 珙璧也 栱栱枓
鞏韋束也 ○三 恐懼也 ○四 竦敬也 悚思也 聳山聳起也

洗心斋编 三十一

○五 擁抱也 壅塞也 ○六 洶水涌也 ○七 隴大坂也
壟田埒也 ○八 俑木偶人 涌水上溢也 埇道上加土 踊跳也 悀心喜
勇健也 ○九 捧掬也 ○十 寵崇也愛也 ○十一 宂雜也
茸草生貌

三講

講和解也 港水分流處 ○二 項頭後也 缿受錢器也

四紙

紙楮也 抵至也 砥礪石也 只語已辞 枳藥名 咫八寸曰咫 旨甘味也
指手指也 底究也 止息也 芷香草 沚小渚也 阯基也 趾足趾也

峙土高處 徵五音名 ○二 巳自身也 紀大綱小紀 几人所凭 麂大麋
○三 綺羅綺 起振起也 杞木名 屺山無草木 玘佩玉 芑菜名草名
企舉踵望也 ○四 螘蚍蜉也 艤整舟向岸 擬度也 儗僭也 矣助語辞
○五 旎旖旎飄揚 ○六 俾使也 髀股也 鞞刀室 ○七
匕匙也 比方也 妣考妣 秕不成粟也 庀治也具也 仳別也 ○八
弭止也息也 彌止也 瀰水盛貌 敉撫也安也 靡分披也 ○九 齒牙也年齒
○十 弛一張一弛 豕彘也 矢箭也 始初也 ○十一 豸無足虫
阤山崩也 雉鳥名 峙山屹立也 侈奢侈 褫奪也 恥辱也愧也 祉福也
○十二 是非之对也 諟審也 氏姓氏 視瞻也 市市里 恃賴也

洗心斋编 三十二

○十三 倚依也 輢車旁也 旖旎旗從風 ○十四 喜樂也 ○十五
以用也 已止也 苢芣苢草名 酏黍酒也 迆斜行也 ○十六 里居也
理天理調理 鯉魚名 俚鄙也 李果名 邐邐迤旁行連接 [illegible] ○十七
爾汝也 邇近也 耳兩耳主聽 珥耳璫也 餌米餅 ○十八 軌車轍也
匜匜也 宄姦也 晷日影也 簋簠簋祭器 詭詐也 ○十九 跪拜也
○二十 彼此之对也 ○二十一 鄙粗鄙也 ○二十二 否不臧也 痞病結也
圮毀也 ○二十三 美甘也 ○二十四 髓骨中脂 ○二十五 水山水
○二十六 委積也曲也 ○二十七 洧水名 鮪魚名 ○二十八 壘軍壁
藟草名 累積也 欙山行所乘 誄謚也 ○二十九 蘂花未放也 ○三十

紫閒色 訾毀也 姊女兄也 子嗣息也 耔治禾 梓木名 〇三十一
此斯也 玼玉色鮮 〇三十二 徙移也 璽王者印也 〇三十三 枲麻子
葸慎也 〇三十四 兕獸名 似肖也 姒長婦曰姒 耜耒耜也 祀祭名
死殁也 俟待也 竢同上 〇三十五 滓滓也 胏乾肉也 〇三十六
釃下酒也 纚冠纚也 韃草履也 簁物數也 〇三十七 史記事之書 駛疾也
使令也 〇三十八 士儒者之称 仕宦也 柹赤實果也 〇三十九 癸十干名
〇四十 跬半步也 頍舉頭皃 〇四十一 毀缺也 燬焚也 〇四十二
揆度也 〇四十三 唯諾之速也

五 尾

尾首尾 亹勉也 〇二 蟣蝨子 幾多少之詞 〇三 豈非然之辭
〇四 顗謹莊皃 〇五 匪非也 篚筐也 榧木名 棐果名
蜚蟲名飛同 斐文皃 菲薄也 誹謗也 朏月生三日 〇六 扆屛風
〇七 鬼鬼神 〇八 韙是也 偉倚也大也 瑋美玉 煒盛赤也
暐日光盛皃 韡光明也 葦蘆葦 〇九 虺小蛇 卉草之摠名

六 語

語應荅也 齬齟齬不相值 敔禁也 圄拘罪人 圉養馬人 禦止也當也 籞禁苑也
〇二 舉扛也挈也 莒草名 筥竹器 柜木名 〇三 去除也
〇四 巨大也 炬東葦為燭 秬黑黍也 虡鍾鼓柎也 〇五 諝才智也

醑酒也 湑湑湑露皃 稰熟穫曰稰 敘端緒也 序東西墻也 嶼山在水中 緒絲端也
〇六 煑烹也 渚小州 紵繒屬 宁門屏之間 〇七 杵直舂曰杵
處止也 楮紙也木名 〇八 暑熱也 黍穀名 鼠嚙物蟲 〇九
佇久立也 杼機杼 苧麻屬 〇十 女婦未嫁 〇十一 墅田廬也
〇十二 許聽言也 〇十三 與黨也施也 予賜下我也 呂律呂也 侶儔也
膂脊肉也 旅軍旅客旅 祣祭名 穭禾自生 〇十四 汝爾也 茹飲食也
〇十五 阻險也 俎祭器 詛呪也 〇十六 楚木名 礎楹石
〇十七 所處所所以 〇十八 沮止也 咀嚼也

七 麌

麌麋群相聚 羽鳥長毛也 禹舜禹 瑀石似玉 宇屋邊也 雨水從雲下 〇二
古今之對也 詁訓言也 估市稅 牯牛名 酤一宿酒也 罟網也 皷鐘皷
瞽目盲也 鼓擊也 股髀也 羖牡羊 蠱慄也 賈坐販曰賈 〇三
苦味不甘也 〇四 五數名 伍參伍也 午時名 迕逆也 〇五
覩見也 堵垣也 睹旦明也 賭博奕取財 肚胃也 〇六 土地也
吐去口中物 杜甘棠也 土桑根也 〇七 弩弓屬 努勉也 〇八
補脩治也 圃種菜曰圃 譜籍錄也 〇九 普徧也廣也 浦水濱也 溥大也博也
〇十 姥女老稱 莽宿草也 姆女師也 〇十一 甫男子美稱 黼黼黻
脯乾肉 俌輔也 簠黍稷圜器 府公堂也 腑臟腑 俯低頭 斧兵器

撫安也　拊擊也　父父母　㕮咀嚼也　輔相也　腐爛也　○十二
武止戈為武　鵡鳥名　碔石似玉　舞歌舞　廡廊也　膴美也　嫵媚也
憮愛也　侮傷也　○十三　祖祖宗　珇琫珇　組綬也　○十四
塢山阿　○十五　虎山獸也　琥琥珀　滸水厓　扈取魚器　怙恃也
岵山无草木　祜福也　○十六　魯鈍也　櫓大盾　艣所以進船　虜獲也
鹵鹹地　○十七　矩為方之器　踽獨行皃　○十八　取捕也　○十九
主君也　麈大麋　炷香炷　拄撐也　○二十　數計也　○二十一
豎立也　○二十二　詡大言也　珝玉名　煦溫也　○二十三　庾倉也
愈勝也　窳汙窬也　○二十四　縷綫也　○二十五　乳乳汁也

洗心所編　廿五

八薺

薺菜名　鮆刀魚　○二　啓教也開也　棨有衣之戟　綮戟支　启開也
○三　邸旅舍也　柢木根也　詆毀也　弤弓名　抵至也大抵　牴觸也
軧車後　底下也　氐至也　○四　體身也　涕泣也　○五
禰親廟也　瀰水流皃　○六　陛階也　髀股也　○七　米穀實
眯物入目中　○八　禮理之節文　醴一宿熟酒　鱧魚名　蠡齧木虫

九蟹

蟹螃蟹　獬獸名　澥海別名　駭驚也　○二　解釋也判也　○三
楷模也　○四　擺開也佈也　○五　買市也　○六　灑汛也

躧徐行也　○七　廌一角獸　○八　矮矬也

十賄

賄財也　悔恨也　○二　隗高也　○三　腿股也　○四
浼汙也　每每常　○五　璀玉光　○六　辠罪同　○七
磊衆石也　壘営軍之壘　儡木偶戲　蕾始華蓓蕾　○八　改更也　○九
愷康也　鎧甲也　闓開也　○十　詒欺也　靆靉靆雲皃　○十一
乃辭之緩也　鼐大鼎　○十二　宰主也　載年也　○十三　采採同
寀寮官也　彩文色也　綵繒繒也　○十四　在存也　○十五　茝香艸
○十六　欸棹相應声　靉雲盛皃　靄雲集皃　藹草木叢蘙　○十七　醢肉醬

洗心所編　廿六

十一軫

軫車後橫木　診視也　畛田陌　袗畫衣　鬒稠髮　縝結也密也　○二
牝牝獸　臏刖刑　○三　愍痛也　憫憂也　敏疾也　黽勉也
○四　賮送行財貨　○五　囅大笑皃　疢疾也　○六　矧況也
哂微笑也　腎臟也　蜃似蛟无足　○七　眹目兆　○八　引導也延也
紖牛絏也　靷引軸也　○九　忍耐也　○十　窘窮迫也　囷圓廩
菌地蕈　箘竹筍　○十一　筍竹牙　隼鷙鳥　○十二　準平也
○十三　蠢不馴　○十四　盾兵器也　楯闌檻　○十五　尹治也正也
○十六　緊急也　○十七　隕從高墜下　殞歿也　允信也　狁玁狁

十二吻
吻口邊也 刎斷也 脗合也 抆拭也 ○二 謹愼也 瑾美玉
槿木名 卺瓢也 ○三 隱蔽也 殷雷聲 ○四 惲重厚也
藴積也 韞藏也 縕枲也 ○五 粉傅面飾華 坌塵也 忿怒也

十三阮
阮姓也 遠遼也 苑苑囿 ○二 袞龍衣也 ○三 緷滿也
悃愊也 壼宫中道 ○四 本本猶根也 畚盛土器 ○五 撙挫也
噂聚語也 ○六 忖度也 ○七 損減也傷也 ○八 穩安也
○九 焜光也 ○十 蹇難行也 謇難於言也 ○十一 偃僵也

蝘蟲名 鼴鼠名 鶠鳥也 匽匿也 ○十二 幰車上幕 ○十三
宛依然也 菀茂兒 琬玉也 畹田畹 婉順也 ○十四 渾渾然不露
混混沌 ○十五 煖溫也 ○十六 反覆也 返還也 阪山坡
○十七 飯食也 ○十八 晚暮也 輓引車也 娩娩媚也 ○十九
懇誠也 墾耕也 ○二十 狠㺧狠不遜

十四旱
旱不雨也 悍性急也 ○二 稈禾莖也 ○三 侃剛直也 ○四
亶誠也 ○五 坦安也 ○六 袒衣袖也 誕詞妄也 ○七
散跡而不聚 繖蓋也傘同 ○八 嬾懈怠也 ○九 管樂器管束 館客舍舘同
盥澡手也 ○十 款誠也愛也 ○十一 短促也 斷截也 ○十二
疃鹿傍畦㽤 ○十三 滿盈溢也 ○十四 纂撰也 纘繼也 ○十五
盌小盂也 ○十六 緩舒也 澣濯衣也 ○十七 卵蟲鳥所生

十五潸
潸淚下兒 ○二 簡牒也 柬分別也 ○三 僩武兒 ○四
綰繫也 ○五 睆明兒 莞小笑兒 ○六 眼目也 ○七
赧面慙 ○八 版籍也判也 ○九 醆酒濁微清 琖爵也 ○十
剗削也 ○十一 棧閣木為路 ○十二 産生也

十六銑

銑金之澤 跣足先履地也 洗潔也 毨毛更生也 獮秋田也 鮮少也 燹兵火也
○二 繭蠶衣也 趼足胝也 ○三 遣發也 ○四 巘山形似甑
瓛王甗 ○五 扁署也 匾匾虒薄者 褊狹陋也 惼性狹也 ○六
翦殺也伐也 剪斷也剪取 譾淺也 戩福也盡也 ○七 淺水不深也 ○八
展轉也 輾臥而不定 ○九 闡開也 蕆備也 ○十 顯明也
○十一 畎田中溝 犬狗也 ○十二 選擇也 ○十三 雋肥肉也
吮咀也 ○十四 轉旋也 剸截也 ○十五 舛謬也 荈茶晚取者
喘疾息也 ○十六 泫泣涕也 鉉舉鼎具 ○十七 愞弱也 ○十八
蹇跛也 謇吃也 鞬韜也 ○十九 典常也則也 ○二十 腆厚也

泱 泱恖垢濁 愌 慙也 琠 玉名 靦 慚也 殄 尽也 蜓 蝘蜓守宫 ○ 二十一
恖 泱恖 撚 以指撚物 ○ 二十二 緬 遠也 湎 沉湎酒也 勔 勉也 澠 水名
免 脱也止也 冕 冠冕 勉 勖也 娩 婉娩順也 俛 俯也 㝃 産子也 ○ 二十三
善 吉也 ○ 二十四 演 習也流也 衍 廣也侈也 綖 冕上覆也 ○ 二十五 輦 車也
○ 二十六 卷 書卷藏也 ○ 二十七 撰 述也 譔 教也具也 ○ 二十八 峴 山水而險
晛 日氣 睍 出目也 ○ 二十九 璉 玉名

十七篠

篠 小竹也 ○ 二 皎 月之白也 皦 石之白也 曒 明也 繳 纏也 ○ 三
鳥 禽總名 蔦 寄生草 窕 幽也 佻 獨行皃 ○ 四 䠷 身長皃 ○ 五
洗心所編 三十九
褭 馬名 嫋 娜也 ○ 六 縹 帛青白色 瞟 目病 醥 酒清 剽 末也掠也
○ 七 皫 鳥毛色變 藨 草名 ○ 八 眇 一目小也 渺 渺渺水皃 杪 樹杪曰杪
秒 禾芒也 淼 大水 藐 遠也 ○ 九 剿 絶也殺也 勦 勞也 ○ 十
悄 憂也 愀 容色變也 ○ 十一 小 物之微也 ○ 十二 曉 明也 ○ 十三
杳 明也深也 窅 深目也 窈 深遠也 ○ 十四 皛 顯也 ○ 十五 矯 揉也詐也
撟 舉手也 ○ 十六 褾 袖端也 標 木末也 ○ 十七 表 表外曰表 摽 擊也
殍 餓死曰殍 ○ 十八 沼 曲池曰沼 ○ 十九 少 不多也 ○ 二十 旐 龜蛇為旐
兆 朕兆 肇 始也 ○ 二十一 夭 屈也 殀 短折也 ○ 二十二 舀 杼臼
○ 二十三 了 慧也尽也 繚 纏也 瞭 目明也 燎 放火 蓼 辛菜 ○ 二十四

擾 煩也 繞 纏也 遶 圍也

十八巧

巧 好也 ○ 二 絞 縊也 狡 黠也 姣 美好也 攪 乱也 ○ 三
齩 齧也 ○ 四 飽 不飢也 ○ 五 卯 時名 昴 星名 爪 指爪
笊 笊籬 獠 戎獠別名 ○ 六 稍 漸也 ○ 七 炒 熬物也

十九皓

晧 日出皃 浩 大水皃 顥 天邊氣 灝 水勢 皞 熙也 ○ 二 杲 日明也
皜 潔白也 稾 禾稈也 暠 白貌 縞 鮮色 稿 枯也文稿 ○ 三 考 稽察也
栲 山栲也 槀 木枯 攷 察也成也 ○ 四 倒 仆也 禱 求福也 擣 手舂也
洗心所編 四十
島 海中山 道 理也路也 稻 禾也 [illegible] 驕也 ○ 五 腦 頭髓 瑙 文石
惱 事物撓心 ○ 六 寶 珍也 保 養也 葆 羽葆 緥 小兒繃 鴇 鳥也
○ 七 早 日旦也 藻 水草 澡 洒濯也 棗 棘實也 蚤 與早同 ○ 八
草 百草也 埽 洒埽 嫂 兄妻也 ○ 九 懊 恨也 襖 袍也 ○ 十
好 美也 ○ 十一 老 年高也 潦 雨水大皃 獠 西南夷

二十哿

哿 可也 舸 大船也 ○ 二 可 肯也 坷 坎坷不平 ○ 三 我 自謂也
○ 四 嚲 垂下皃 妥 安也 ○ 五 娜 婀娜美皃 那 何也 ○ 六
左 右 ○ 七 果 木實也 裹 纏也 ○ 八 顆 箇數也 ○ 九

朶花朶開也〇十垜射的堋〇十一跛行不正簸揚米去糠〇十二
頗偏也叵不可也〇十三鎖關鎖也瑣玉声碎也〇十四火水火
〇十五夥多也〇十六臝祖也蠃蜾也蓏果死实

二十一馬

馬獸名〇二檟木名假非真也嘏大遠之福也斝玉爵也〇三
下底也夏中国也廈大屋〇四寡少也冎剔肉刑也跨行不進也
〇五瓦土器〇六踝足骨也〇七雅正也〇八
打擊也〇九把握持也〇十鮓醃魚爲俎〇十一灑瀟洒
〇十二啞瘖也〇十三姐姊也〇十四且聊且也〇十五
洗心齋編　四十一
寫描寫也瀉去水也〇十六者語辭赭赤土也〇十七奓張大也
〇十八捨釋也惹亂也〇十九社五土之神〇二十野郊外也
也辭之終也冶鎔也

二十二養

養育也痒膚欲搔也〇二黨董也讜善言也〇三儻倜儻不羈
帑金帑所藏〇四曩曏也〇五榜木扁揭也〇六莽草莽
蟒大蛇〇七昉日初明也倣效也〇八仿相似皃紡網絲也
〇九網結繩以漁魍山川之精輞車輞惘失志皃罔無也〇十
駔壯馬〇十一顙額也磉柱下石〇十二掌手中也〇十三

長長幼生長敞開也氅析羽爲衣廠屋无壁昶通明也〇十四賞賜有功也
〇十五上高也〇十六朗明也〇十七壤柔土也〇十八
鏹以鈇貫錢襁負兒衣彊勉也〇十九仰引首望也〇二十奬誇也
蔣菰蔣也槳棹也〇二十一搶爭取也〇二十二想冀也思也鯗魚腊
〇二十三鞅韉也怏懟也〇二十四響声也嚮兩階間饗神之歆
曏前時也享獻也〇二十五恍恍惚不明〇二十六兩再也魎木石之怪
〇二十七廣寛大也〇二十八往之也枉曲也〇二十九謊言不实也
晃明也幌帷也滉水深廣貌〇卅奘明也

二十三梗

洗心齋編　四十二
梗枝幹也鯁魚骨骾骨留咽中哽咽也綆井索也挭梗槩大畧頸項也
〇二景光也警戒也儆備也境界也〇三丙干名
炳明也怲憂也秉持也餅麪餈也鉼金鉼也併合也屏蔽也
〇四皿食器也黽勉也〇五井穴地出水〇六請謁也
〇七省視也〇八整齊也騁直馳也〇九影物之陰影
〇十癭頸瘤〇十一領項也嶺阪也〇十二杏果名
荇菜名幸吉而免凶倖親也〇十三礦銅鐵樸石懭悍也〇十四
猛暴也艋小舟蜢蝗類〇十五頃田百畝檾枲也褧禪縠
〇十六永長也〇十七憬覺悟也璟玉光熲小光也耿明也

○十八 頴禾末也 ○十九 省減也 眚目病 ○二十 泠涼也

二十四迥

迥遠也 炯光也 ○二 剄割剄也 ○三 謦欬也 棨肯棨結處

○四 頂顛也 酊酩酊醉皃 鼎和味之器 ○五 挺直也 脡脯也

町田也 艇船小而長 鋌銅鐵樸也 梃杖也 ○六 茗茶晚取者 酩醉甚

冥暗也 瞑目不明 ○七 醒醉醒也 惺悟也 ○八 涬溟涬

○九 絅禪也 ○十 珽玉名 頲狹頭 莛草莖 ○十一

脛足骨 ○十二 濘泥濘 ○十三 並皆也併也 ○十四 整齊也

拯救也 ○十五 肯許也 ○十六 等齊也

洗心昕編　四十三

二十五厚

厚薄之對也 ○二 九數名 久常也 玖石似玉 灸灼也 韭菜名

臼舂也 舅母之兄弟 咎災也 ○三 有足也多也 友同志為友 ○四

紐結可解 杻手械也 鈕印鼻也 忸愧也 ○五 酒米所釀也 ○六

肘臂節也 帚拂壁也 ○七 丑時名 醜惡陋類也 ○八 首頭也

守持正也 狩冬獵也 手拳也 ○九 受容納也 綬印帶也 ○十

吼牛鳴 ○十一 黝微青黑色 ○十二 酉時名 莠草名 羑獄名

誘引也 牖窗也 ○十三 柳小楊 罶曲梁取魚 ○十四 蹂踐也

揉折也 糅雜也 ○十五 糾合也 赳輕勁有力 ○十六 朽腐也

○十七 耇老壽也 笱曲竹捕魚 苟若詞誠也 枸杞也 狗犬也 詬辱也

垢濁也 ○十八 口出言進食 叩扣也 ○十九 偶匹也 耦並耕也

藕芙渠根 ○二十 斗十升 枓拱也 蚪蝌蚪也 陡忽然而下 ○二十一

黈冕旁纊 ○二十二 走趨也 ○二十三 叟老也 藪大澤也 ○二十四

醙白酒也 ○二十五 毆捶擊也 嘔吐也 ○二十六 塿培塿小阜 ○二十七

掊擊也 剖判也 ○二十八 母父母 拇足指也 畝田畝 某誰也

茂美也 ○二十九 缶瓦器 不不然也 否口不許也 ○三十 婦女出嫁也

負受貸不償 阜大陸無石

二十六寢

洗心昕編　四十四

寢卧也 ○二 錦文繡也 ○三 噤閉口也 ○四 稟白也告也

○五 品眾類 ○六 枕卧而置首 ○七 審詳也 嬸叔母曰嬸

諗告也 ○八 甚尤也 葚桑實 ○九 朕我也 ○十

飲歠也 ○十一 廩米藏曰廩 懍懼皃 凜淒清也 ○十二 飪大熟也

衽衣襟也 恁思念也 稔穀熟

二十七感

感動人心也 敢進取也 ○二 坎陷也 欿欿然不足 ○三 膽連肝之府

○四 菼蒹葭初生 毯毛席 倓安也 禫除服祭名 髧髮垂皃 萏菡萏草

窞坎中小坎 ○五 慘悽惻也 ○六 糝以米和羹 ○七 揜遮也取也

〇八 喊譁声也 〇九 頷頤下頸上 菡花未吐也 撼動也 〇十
覽觀也 攬持也 欖果名

二十八琰

琰玉名 棪利耜也 錟利刃也 剡銳利也 灩水滿皃 奄忽也 掩覆也
崦山名 晻日無光也 渰雲興皃 弇蓋也 〇二 檢校也法也 撿束也
臉媠也 〇三 芡鷄頭也 〇四 儼昂也恭也 广因巖為屋 〇五
點檢也玷也 〇六 忝辱也 餂舌取物也 〇七 貶抑也 〇八
諂諛也 〇九 閃爍也 〇十 斂收也藏也 〇十一 苒草盛皃
染染色 〇十二 歉荒歲恨也 嗛口有所銜 慊恨也 〇十三 黶面有黑子

洗心所編 四十五

魘魘魅 〇十四 險阻難也 玁玁狁

二十九豏

豏豆半生也 〇二 減損也 〇三 檻欄也 艦戰船 〇三
斬截也 〇四 黵深慘色

韻畧類釋卷三 去声

一送

送贈行也 〇二 貢獻也 〇三 控引也 鞚馬勒也 空窮也
〇四 凍冰凍也 蝀螮蝀 棟屋柱也 〇五 痛病也 〇六
洞深遠也 筒通簫也 動起也作也 慟大哭也 〇七 夢寐中神遊 懵惛也
〇八 諷以言諷人 〇九 賵賜死之物 〇十 鳳神鳥 糉角黍也
〇十一 中射中的也 衆多也 〇十二 甕汲瓶也 〇十三 哄呵喝声
閧鬬声 〇十四 弄玩也 哢鳥吟声 〇十五 仲次也

二宋

洗心所編 四十六

宋居也 〇二 供設也 共同也 〇三 縱放也緩也 從隨行也
〇四 頌禱詞 誦讀也 訟爭辨也 〇五 重厚也 〇六
用使也中也 〇七 葑菰根也 〇八 俸秩祿也 縫衣會也 〇九
綜机縷也 〇十 種藝植也

三絳

絳大赤色 降下也 洚水不遵道 〇二 虹虹霓 巷街交通也 〇三
惷愚也 埈不耕而種 撞撞擊也

四寘

寘止也 忮恨也 觶酒器 至到也 摯握持也 贄相見之禮 鷙擊殺鳥也

志在心為志　誌記也　幟旗也　○二　寄託也附也　冀望也　驥千里馬也
覬希幸也　記志記不忘　芰荷也　騎乘馬也　妓女樂也　技巧也　埴堅土也
暨及也　塈塗也　忌憎惡也　○三　器皿也　亟疾也數也　○四
義仁義　議謀也　劓鼻刑也　○五　地土也　○六　臂手臂也
畀付與也　比密也黨也　庇廕也　○七　譬喻也　○八　鼻口鼻
避迴也　○九　寐寢也　○十　致理致推致　輊車前重　躓跲也
智心有所知　置立也　○十一　翅翼也　啻但也　○十二　試用也
弒臣殺君也　施與也　示呈也　謚述死之行　嗜欲也　視瞻也　侍承也
○十三　識記也　緻精密也　稺幼穉也　治理也　值逢遇也　豷豕也

洗心所編　四十七

○十四　膩土肥也　○十五　意志也　薏草名　懿美也　饐飯傷濕也
○十六　戲嬉游也　○十七　易不難也　肄習也　勩勞也　遺贈也
異不常也　异舉也　○十八　詈罵也　荔草名　離遠別也　利銛也財也
莅臨也　吏官也　○十九　二數名　貳副也　樲酸棗也　○二十
恚恨怒也　○二十一　棄捐也　企企踵也　跂垂足也　○二十二　恣縱也
○二十三　刺殺也　次次第　○二十四　賜予也　四陰數也　泗水名
駟四馬一乘也　肆陳也　笥竹器　伺候也　思情緒也　寺佛居也　嗣繼也
○二十五　字書也愛也　牸牝牛也　自我也　○二十六　胾大臠也　○二十七
廁溷也　○二十八　使將命也　○二十九　事行之成者　○三十　媿慚也

○三十一　喟太息　○三十二　匱乏也　饋餉也　蕢草器也　簣土籠
○三十三　僞詐也　○三十四　賁飾也　祕察也　泌水名　閟閉也幽也
毖慎也　○三十五　轡馬轡也　○三十六　被寢衣　備具也　糒乾飯也
○三十七　媚好也嬖也　魅精物也　○三十八　醉酒潰也　○三十九　邃深遠也
粹不雜也　睟潤澤也　誶讓也　祟神禍也　燧取火之木　鐩取火之金　彗掃竹也
穗禾秀　○四十　萃聚也　瘁病也　悴憂也　顇勞苦兒　翠鳥名
○四十一　遂從志也　○四十二　吹風也　○四十三　縋以繩縣物　墜隕也
○四十四　懟怨也　○四十五　瑞祥也　睡寐也　○四十六　餧食牛也
○四十七　位列也　爲助也　○四十八　類等也　淚目液　累係累也

洗心所編　四十八

○四十九　季少也　悸心動也

五　未

未事不就也　味滋味也　○二　既已也　○三　氣元氣　○四
毅強忍也　○五　沸水上出也　芾蔽芾盛兒　費耗也　○六　衣被服也
○七　愾太息也　餼生牲也　○八　貴尊也　瞶目無精也　○九
胃穀府也　謂告也　渭水名　緯織橫絲也　彙類也　尉官名　慰安也
蔚文兒　罻捕魚網　畏懼也敬也　○十　諱隱也　卉草之總名

六　御

御使馬也　禦止也　語告也　○二　據有所考也　踞蹲也　倨不遜也

遽騶車匆迫 醵合錢飲酒 詎豈也 〇三 覷視也 〇四 絮緜也
〇五 著明也 翥飛舉也 〇六 處所也 〇七 恕如心爲恕
庶衆也 〇八 箸匕屬 〇九 女以女妻人 〇十 署官舍也
曙旦也 〇十一 飫飽也 〇十二 豫樂也 與及也 譽稱也
〇十三 預先也 澦水名 〇十四 慮謀思也 鑢治鐵器 濾濾去滓也
〇十五 茹茅根食也 〇十六 助佐也 去不來也

七遇

遇逢也 寓寄也 芋土芝也 雨水從雲下 〇二 屨履也 句詞絶也
懼恐也 具備也 〇三 娶取婦也 〇四 聚集也 〇五

洗心所編 四十九

注灌也 〇六 註解也 炷燈炷也 澍時雨也 鑄銷金也 馵馬左足白
駐馬立也 柱撐也 住立也 〇七 戍守邊也 〇八 樹生植總名
〇九 嫗老婦也 饇飽也 〇十 煦溫和也 昫日出溫也 呴氣以溫之
〇十一 裕衣物饒也 籲呼也 諭告也 覦欲也 〇十二 孺童子也
〇十三 顧回首也 雇傭也 固堅也 錮鑄之堅也 痼久病也 故舊也
詁訓也 〇十四 庫兵車藏也 袴底衣也 〇十五 誤謬也 悟覺也
晤明也 捂抵觸也 忤逆也 寤寤寐 〇十六 妬忌也 蠹木中虫
〇十七 兔獸名 菟草名 吐寫也 〇十八 度法制也 渡濟也
鍍塗金也 〇十九 怒恚也 〇二十 布帛屬列也 怖惶也 〇二十一

步行也 捕取也 哺食在口也 餔餔也 〇二十二 暮日冥也 慕愛習也
募廣求也 墓墳也 〇二十三 付與也 傅師相也 賦詞也稅也 富備也
〇二十四 赴趨也 訃告喪也 仆偃也 副貳也 〇二十五 附依也
祔合葬曰祔 駙副馬也 鮒魚名 賻助喪也 負擔也 婦妻也 〇二十六
務專力也 婺星名 騖乱馳也 霧陰陽背氣 〇二十七 措置也 醋醯也
素白也 訴告也 泝逆流而上 塑埏土象物 〇二十八 祚福也 胙祭肉也
阼主階也 〇二十九 數筭也 〇三十 汙藏也 惡憎也 〇三十一
護擁護也 頀湯樂名 〇三十二 互相迴也 冱寒也 瓠匏也 嫮美容兒
〇三十三 路道路 璐玉也 露陰之液 鷺鳥名 輅車名 賂贓也

洗心所編 五十

八霽

霽雨止也 濟渡也 祭祀也 際壁會也 穄黍類 〇二 罽魚网也
罽織毛爲布 〇三 偈僧詩 〇四 劓去鼻也 〇五 帝王也
諦審也 蔕瓜果 締結不解也 螮虹也 〇六 替代也 涕泣也
髻髮髻也 〇七 第草束之次 弟兄弟 悌愷悌也 娣女娣 睇目小視也
遞更易也 禘祭名 杕樹獨生兒 棣棠棣 〇八 泥滯也 磾囷也
〇九 閉闔門 蔽隱也 弊壞也 敝敗衣 斃死也 幣帛也
〇十 袂袖也 〇十一 砌階也 妻以女嫁人 〇十二 細微也
壻夫也 〇十三 劑藥分也 薺菜名 〇十四 制禁也度也 製裁衣也

○二十二 世入間也 貰貸也 勢威力也 誓言盟也 逝往也 筮易卜占筮

噬嚙也 ○二十三 滯凝也 ○二十四 瘞埋也 瞖目疾 翳隱也

蘙草茂皃 曀陰而風也 殪死也 縊經也 曳拽也 袣袖也 枻楫也

裔後嗣也 詣至也往也 睨邪視也 堄城上垣 藝種也業也 ○二十五 麗美也附也

儷偶也 戾乖也罪也 唳鶴鳴 荔草名 隸附著也 沴沴氣也 離別去也

例比也 厲嚴也 礪砥石也 糲米不精也 勵勉力也 ○二十六 計會也算也

繼續也 繫維也 髻束髮也 ○二十七 契券也 ○二十八 系聯屬也

係束也息也 禊祓除不祥 ○二十九 桂木名 鱖魚也 ○三十 衛護也

○三十一 脃物易斷也 毳獸細毛也 綴連合也 贅以物質錢 橇泥行所乘 ○三十二

洗心所編 五十二

篲掃竹也 歲年也 ○三十三 稅租也 帨佩巾也 說誘也 ○三十四

叡明智也 銳鋒也 ○三十五 嘒小聲也 噦聲徐有節 ○三十六 慧性通解也

惠仁也 蕙香草 喙鳥吻也

九泰

泰清平也 太甚也 汰沙汰也 ○二 蓋苫蔽也 匃乞也丐也 ○三

嘅嘆也 ○四 艾草名 ○五 帶紳也攜也 ○六 大小之對也

○七 柰果名 奈奈何爭奈 ○八 貝寶也 狽狼屬 沛雨皃

霈多澤也 旆旌旗之屬 ○九 眛目不明也 昧蒙也 ○十 害傷也

妎妬也 ○十一 賴恃也 瀨水流沙上 籟三孔籥 賚賜也 ○十二

儈牙儈也 禬帶所結也 檜木名 澮水名 膾細切肉也 獪狡獪也 ○十三

外遠也 ○十四 蛻蛇蟬解皮 ○十五 兌說也 最極也 ○十六

薈草多皃 濊汪濊深廣 翽飛聲也 繪畫也 ○十七 酹以酒沃地

十卦

卦筮也 挂懸也 絓罣也 詿誤也 ○二 怪異也 ○三

壞毀也 ○四 夬決也 ○五 懈怠也 廨公舍 解除也

戒警也 誡告戒 介畫也廉介 界境也限也 魪比目魚 玠大圭也 价善也

芥菜也 届極也至也 ○六 械桎梏也 瀣沆瀣海氣 ○七 薊草也

蕢草名 塊土也 快喜也 噲咽也 ○八 嘬一舉盡臠 ○九

洗心所編 五十三

畫描也 話語也 ○十 拜首至地也 敗毀也 ○十一 派水支派也

○十二 粺稊稗 憊疲也 ○十三 賣貨物也 邁遠行也 ○十四

債逋財也 瘵病也 ○十五 瘥病除也 ○十六 蠆毒蟲也 ○十七

曬曝也 灑汛也 鎩長矛 殺戮也 ○十八 眦恨視也 砦山居木柵

○十九 隘陋也 餲飯敗也

十一隊

隊群也 憝怨也 對成雙應答 碓舂也 ○二 憒心亂也 ○三

塊土塊墣也 ○四 磑磨也 ○五 退却也 ○六 內內外

○七 背違也脊也 輩類也 ○八 配匹也 佩大帶也 珮佩玉也

誖乱也○九妹女弟也昧旦明也眛目昏也瑁瑇瑁○十
倅副也○十一碎細破也○十二穢田中雜草○十三誨告也教也
晦月尽也賵贈也瞶目疾也闠市外門也○十四顡[illegible]酹以酒沃地
○十五喙口也○十六槩平斗斛器○十七慨慷慨也嘅歎也
欬逆氣也○十八礙妨也止也閡外閉也○十九戴負戴貸借也
態休兒殆危也待俟也○二十代世也更也岱太山也袋囊也
儓畫眉墨也逮及也○二十一耐忍也柰如也鼐鼎之大者○二十二
再兩也載乘也○二十三萊蕪也寀官也采臣食也○二十四
塞邊隘也賽賭賽也○二十五在存也○二十六愛惠也○二十七
洗心所編 五十三
徠勞勑也○二十八乂治也刈芟草也○二十九廢傾也棄也○三十
肺五臟名○三十一吠犬鳴

十二震

震動也振奮也鎮壓也○二瑾美玉饉菜不熟覲見也
○三儐相也殯殮也鬢頰髮也○四晉進也縉帛赤色
瑨美石進前也登也○五信誠也訊問也汛灑也迅疾也
○六燼火餘也賮會礼也藎忠草盡竭也○七陣行伍也
○八慎謹也○九印執政所持○十胤嗣也○十一
吝鄙也遴選也蹸車踐也○十二刃刀鋒也訒難言也仞八尺

牣滿也韌堅柔也認識也○十三俊材過千人畯田官駿良馬
餕食餘睃明也○十四峻高也浚深也濬深也通也○十五
殉以人從死徇以身從物○十六舜堯舜瞬目動時也○十七順循理也
○十八釁福端也○十九閏餘月潤澤也○二十櫬棺也
襯近身衣也齔毀齒也

十三問

問訊也聞聲所至也紊乱也汶水名璺玉破痕○二靳固也
○三近[illegible]○四運轉動也暈日光氣也韻聲之和也○五
醞釀也慍怒也緼枲也蘊積也熅以火伸物○六郡人所羣聚
洗心所編 五十四
○七訓教也○八糞棄除也奮揚也僨覆敗也忿怒也
○九分定分也憤懣也

十四願

願心之欲也愿謹也遠離去也○二建立也健強也○三
堰障水也○四獻貢也賢也憲法也○五怨悔恨也○六
困窮迫也○七諢戲言也○八頓俯首也○九褪卸衣也
○十鈍不利也遯逃也腯肥牲也○十一嫩少弱也○十二
奔急赴也○十三噴鼓鼻○十四坌塵也○十五悶煩也
○十六寸十分也○十七巽順也卦名遜順也○十八慁憂也

圂亂也〇十九論議也〇二十券契也勸勉也綣繾綣
〇二十一販買錢賣貴〇二十二飯食也〇二十三萬數名万同上
曼引也蔓葛屬〇二十四恨怨也〇二十五艮止也
十五翰
翰書也辭也瀚北海名扞衛也抵也釬臂鎧也汗人液也閈閭也旱不雨
悍勇也垾堤也〇二旰日晚也骭骹也〇三幹能事也
榦枝也〇四看視也〇五岸水涯豻胡地野狗〇六
諺俗語〇七旦明也〇八炭燒木灰也歎太息也〇九
憚忌也彈丸也但任從也〇十難險阻也〇十一贊助也
洗心軒編 五十五
讚稱美也〇十二粲米也燦明也〇十三散不聚也〇十四
按察也案几屬〇十五漢天河暵乾也〇十六爛明也壞也
〇十七貫事也穿也鸛鳥名觀諦視也灌溉也罐貯水器瓘玉名
冠首服也〇十八玩弄也翫習也〇十九鍛鍛鍊斷決斷也
叚片叚〇二十半物中分也絆牽也〇二十一判分也泮泮宮池水
泮冰釋胖体豐肥也畔田界也叛離也〇二十二幔幕也謾欺也謾且
漫縱逸瀾漫曼曼衍死極〇二十三鑽錐以穿物〇二十四竄奔也逃也爨炊也
〇二十五筭計也蒜葷菜〇二十六腕手背也〇二十七喚呼也
涣水流散也焕火明也奐大也〇二十八換易也逭逃也〇二十九

亂不治也
十六諫
諫諍也〇二澗山夾水〇三莧菜名〇四慣習也
卄束髮〇五篡逆取也〇六患憂也豢養豕也宦仕也
幻詐也惑也〇七鴈鳥名贋偽物也〇八盼目好流視〇九
辮瓜中實也瓣具也〇十慢不畏也嫚侮易也〇十一訕謗也
〇十二棧棚也〇十三綻衣縫解也〇十四晏清平也
十七霰
霰稷雪也先先之也線縷也〇二見視也〇三徧匝也
洗心軒編 五十六
變更也〇四片判木也〇五薦進也荐也箭矢也煎熬也
濺水激也揷插也〇六蒨草盛兒倩美也茜草染絳〇七
洊再也屢也洊水重至也〇八賤賣賤餞酒食送行〇九戰鬬也
顫四支寒動〇十扇取風竹箑煽熾盛也〇十一宴安也燕玄鳥
醼飲會也嚥吞也嬿嬿婉〇十二䀢側視兒罥網也絹繒也
狷有所不為〇十三倦厭也〇十四院周垣也〇十五選銓官也
旋繞也漩水迴也〇十六囀鳥鳴也傳驛遞也〇十七釧臂鐶
穿貫也〇十八傳經傳〇十九絢文兒眴目搖也眩目無常主
炫火光也琁玉名袨好衣也衒自售也〇二十䮂青驪〇二十一

縣郡縣 ○二十二 掾官屬 彥美也 諺俗言也 唁吊生也 讞議罪也
○二十三 譴譴問也 繾繾綣不已 ○二十四 殿宮殿後也 瑱以玉充耳 電陰陽激耀
甸郊甸 佃營田 鈿以寶飾器 奠以禱致祭 ○二十五 便安也 忭喜樂也
弁冕也 昪日光 ○二十六 面臉也 麪麥粉也 瞑瞑眩 ○二十七
羨慕也 ○二十八 繕補也 膳具食也 禪祭天 墠除地也 擅專也
○二十九 硯研墨石 ○三十 練繒也 鍊治金也 楝木名 ○三十一
見顯也 莧菜名 ○三十二 眷顧也 卷書冊 ○三十三 戀慕也
○三十四 饌食也 撰述也 僎具也 譔撰同

十八嘯

洗心脐編 五十七

嘯吹声也 笑喜出声也 肖相似也 鞘刀室也 ○二 叫呼也 噭吼也
○三 竅空也 ○四 弔問也 釣取魚也 ○五 糶出穀也
眺望也 趒越也 覞聚見日顛 ○六 慓疾也 摽擊也 ○七
醮祭名 釂飲酒盡也 ○八 俏好皃 ○九 要會也 ○十
嶠山道 轎小車 ○十一 調声律也 掉搖也 蓧芸田器 ○十二
驃馬名 票勁疾也 ○十三 廟神室也 妙精微也 ○十四 照明也燭也
詔告也 ○十五 少幼也 燒野火 ○十六 召呼也 ○十七
劭勉也 紹繼也 ○十八 燿照也 曜日光 鷂鳥名 ○十九
料量也 燎焚也 療治也

十九效

效斈也 傚像也 効驗也 校斈宮 恔快也 斆教也 ○二
教訓也 校量也 較量度也 窖地藏 覺寤也 ○三 拗捩也
袎襪袎 ○四 孝善事親 ○五 樂好也 ○六 豹獸名
爆火裂 ○七 砲机石也 ○八 貌儀容也 ○九 罩捕魚器
○十 鈔掠取也 ○十一 哨前哨後哨 ○十二 櫂槳也 ○十三
淖泥也 鬧不靜也

二十號

號教令也 ○二 誥告也 告報也 ○三 犒餉也勞也 ○四

洗心脐編 五十八

傲倨也 ○五 到至也 倒不順也 ○六 導引也 道言也理也
幬禪帳也 纛羽葆幢也 蹈履也 悼傷也 盜竊賄為盜 ○七 報告也戕也
暴晞也粗也 瀑疾雨也 ○八 帽首冠也 瑁天子執玉 媢忌也 冒覆也
耄老也 眊目不明也 ○九 竈炊竈也 躁疾也 ○十 操守也
造就也 糙米穀雜 慥篤實也 ○十一 噪鳥群鳴也 譟呼也擾也 燥乾也
○十二 埽除穢也 ○十三 奧深妙 隩水隈也 懊悔也 ○十四
耗消也 好愛也 ○十五 勞慰也 澇水傷多也 潦霖雨積水

二十一箇

箇枚也 ○二 餓飢也 ○三 臥眠也 ○四 癉勞病也

○五 大巨也 ○六 柰能也 那語助 ○七 磋磨治也
蹉足跌也 ○八 些楚之語辭 ○九 賀慶也 荷負也 ○十
過越也 ○十一 課試也程也 ○十二 唾口液也 ○十三 惰怠也
○十四 愞弱也 稬稻名 ○十五 播種也揚也 簸揚米也 ○十六
破石碎也 ○十七 磨石磑也 ○十八 挫摧也 ○十九 剉折傷也
莝斬芻也 ○二十 坐止也定也 座正坐也 ○二十一 貨財也 ○二十二
和應也 ○二十三 邏巡也

二十二禡

禡師至祭 罵詈也 ○二 訝疑怪也 迓迎也 ○三 霸長也強也

靶刀弓柄也 弝弓稍 杷柄也 ○四 帊巾屬 怕惧也 ○五
罷休也 ○六 咤叱咤 姹少女也 詫誇也 侘失志貌 差異也
汊岐派也 ○七 嗄聲變也 ○八 詐欺也 笮漉酒具也 ○九
乍卒然也 ○十 亞次也 啞啞啞鳥聲 稏䆉稏 婭兩婿相謂 ○十一
駕馭馬也 架所以架物 稼禾也 嫁女適人 假告休也 價售直也 ○十二
罅隙也 ○十三 暇閑日 下降也 夏時也 ○十四 跨越也
胯股間也 ○十五 化教也變也 ○十六 華山名 擭机檻也 ○十七
藉賴也 ○十八 謝辭去也 榭臺有屋 ○十九 射發矢也 麝獸名
貰貸也 ○二十 夜宵也 ○二十一 借助也假也 ○二十二 卸解馬脫衣

瀉去水 ○二十三 柘木名 蔗果名 鷓鳥名 炙燔肉 ○二十四
舍市居 赦放罪之也

二十三漾

漾蕩漾 樣式也 養奉養也 恙憂也 颺從風飛也 ○二 亢高也
伉匹也 ○三 當中也 ○四 盪滌器也 宕過也放也 碭山名
蕩放浪也 ○五 謗毀也 傍倚也 ○六 放逐也 舫船也
○七 妄虛誑也 忘棄也 望眺也 朢月滿也 ○八 葬藏屍也
○九 喪亡也 ○十 藏物所蓄處 ○十一 障隔也 嶂山峯屏嶂
帳帷也 漲水泛也 ○十二 唱歌也 悵望恨也 韔弓衣也 鬯芳草也

暢通達也 餉饋也 ○十三 仗憑依也 杖節也 ○十四 釀醞也
○十五 尚崇也 上高也 ○十六 盎盎然盛也 坱塵也 ○十七
䈰竹架衣也 行次也 ○十八 浪水波 ○十九 讓謙也 ○二十
壯大也 狀形也 ○二十一 創懲也 愴悽愴也 刱初也造也 ○二十二
強自是也 ○二十三 將帥也 醬醢也 匠木工 ○二十四 相助也
○二十五 怏情不足也 鞅鞅掌勞也 ○二十六 向往也相向 鄉向同 曏曩也
○二十七 況且也比也 貺賜也與也 ○二十八 諒信也 兩匹也 量斗斛也
○二十九 誑欺也 ○三十 曠空明也 纊絮也 壙塹穴也 ○三十一
旺光美也 王興也主也

二十四敬

敬肅也恭也 竟終也 〇二 慶賀也 〇三 競爭也 〇四
迎迓也 〇五 柄靶也柯也 併兼也 〇六 聘問也娉定 〇七
病疾也 並偕也 〇八 命令也性命 〇九 倩假也 〇十
性性情 姓氏也 〇十一 凈无垢也 静寀也 靚裝飾也 靖安也
阱穿地為壍 〇十二 正平也 政正人不正 証徵也佐也 〇十三 遉邏候也
偵問也 〇十四 聖通明也 〇十五 盛茂也多也 晟明也 〇十六
映相照也 硬堅牢也 〇十七 令號令也 〇十八 勁強也 更再也
〇十九 行行之成也 〇二十 迸散邊也 〇二十一 諍諫止也 〇二十二
洗心所編 六十一
孟長也 〇二十三 横不順理也 〇二十四 詠歌也 泳潜行浮泳

二十五徑

徑路之捷者 經經綸織也 俓直也 〇二 罄空也 磬樂名 〇三
興感物動意 〇四 訂評議也 定安也 〇五 聽聆也 〇六
濘泥濘也 佞巧也諂也 〇七 凭依几也 〇八 甑甗飯器 〇九
證驗也 〇十 稱權衡也 〇十一 勝勝負 乘車乘 賸餘也
〇十二 瞪直視兒 〇十三 應荅也 〇十四 孕胎也 媵妾媵也
〇十五 脛足骨 〇十六 亘竟也極也 〇十七 鐙馬鐙 凳牀也
蹬蹭蹬 〇十八 贈送遺也 〇十九 瑩玉色

二十六宥

宥寬也 侑耦也 右左右 祐助也佑同 又再也 褎盛飾也 〇二
救護也援也 廄馬舍 疚病也 究窮也竟也 〇三 糗糒也 齅以鼻取氣
〇四 舊故也 柩棺也 〇五 謬妄也 繆紕繆 〇六
僦賃也 〇七 秀禾实也 琇石似玉 繡錦繡 宿列星 〇八
就成也 鷲鳥 〇九 岫山有穴 袖袂也 〇十 晝白日也
〇十一 臭氣之總名 〇十二 狩火田也 獸六畜也 首自陳也 〇十三
胄胤嗣 宙宇宙 酎醇酒 〇十四 授予也 綬紱維也 壽考也
售賣也 〇十五 幼年少也 〇十六 詬耻也 〇十七 候伺也
洗心所編 六十二
堠斥堠 后居也 逅邂逅相遇 後不敢先也 〇十八 霤水霤下也 〇十九
冓材木交處 構架也 購以財求也 媾重婚也 遘遇也 覯見也 姤陰遇陽也
彀張弓也 〇二十 寇賊也 扣擊也 叩以手至首 〇二十一 鬬爭戰也
〇二十二 透徹也 〇二十三 豆木器 荳菽也 餖飣也 逗逗遛不進
竇空也 讀語絕 〇二十四 耨除草也 〇二十五 奏節奏 走疾行也
〇二十六 輳合也 〇二十七 漱洗也 嗽欬也 〇二十八 縐絺屬
皺面皺也 甃井甃也 〇二十九 瘦臞也 〇三十 驟馬行疾 僽僝僽也
〇三十一 漏滲漏 鏤刻金 陋陝也 〇三十二 茂草盛 楙勉也
袤衣帶以上 貿易財也 姆女師 〇三十三 覆蔽也 仆頓也 復又也

二十七沁

沁水名 ○二 禁止也 噤閉声也 ○三 浸漬也 祲氣祲祥也
○四 枕臥首據物 ○五 讖言之驗也 ○六 鴆毒鳥也 酖毒酒
○七 賃傭也 ○八 甚過也 ○九 蔭庇也 窨地室也
飲歠也 ○十 臨哭臨也 ○十一 妊孕也 紝絡緌也 衽衣衿
任用也 ○十二 譖訴也 ○十三 滲下漉也

二十八勘

勘校也 闞望也 瞰俯視 ○二 紺青赤色 ○三 撍負也
顑小頭皃也 ○四 探伺也討也 ○五 澹澹泊 淡薄也 啗食也

洗心所編　六十三

○六 三覆也 ○七 暫不久也 ○八 暗日無光 闇冥也
○九 憾恨也 ○十 濫泛也溢也 纜舟絚

二十九豔

豔美好也 餤大華也 ○二 劍[illegible]刃刀 ○三 欠少也 ○四
釅酒味厚也 驗效也 ○五 坫屏也 玷玉病 店停物之舍 墊下也
○六 念常思也 ○七 窆葬下棺也 砭以石刺病 ○八 僭擬也
○九 塹坑也 槧削板牘也 ○十 占據也 ○十一 襜披衣也
韂馬障泥也 ○十二 覘窺也 ○十三 苫草蓋屋 贍豐足也 ○十四
歉歉灩 殮殯殮 ○十五 厭足也 饜飫也

三十陷

陷坑陷也 ○二 鑑鏡照也 監瞰也 ○三 泛浮也 氾濫也
○四 梵西域國名 ○五 蘸以物淬水 ○六 懺悔也 ○七
賺市物失實 湛澄也

洗心所編　六十四

韻畧類釋卷四入声

一屋

屋居也 剭誅也 ○二 穀百穀總名 轂車輻所輳 谷山谷 ○三

哭哀声 ○四 秃无髮也 ○五 牘書版也 讀誦書 讟痛怨也

瀆溝也褻也 櫝匱也 匵亟也 犢牛子也 黷黑也垢也 獨单也 髑髑髏項也

○六 卜灼龜也 樸木皮生也 ○七 僕給事者 暴日乾也 ○八

木草木 沐濯髮也 霂小雨 鶩鳥名 ○九 福祐也善也 幅布帛廣

輻車輪也 腹五臟之總 複重衣也 轐車下縛也 覆反也 ○十 伏偃也

復往来也 馥香氣也 服馴也 菔蘆菔菜名 鵩鵩鳥 匐匍匐 ○十一

洗心所編 六十五

目眼也 苜苜蓿草名 睦順也 牧養牛人 穆深遠也 ○十二 鏃箭端

簇小竹 族宗族 ○十三 速疾也 蔌菜也 樕樸樕小木 餗鼎實

觫觳觫 縮退也 蹜足迫也 ○十四 縠羅屬 斛五斗也 ○十五

禄官廩 碌碌碌死爲 録抄寫録用 鹿枝角獸 漉滲也 麓山足也 ○十六

菊秋花 鞠蹴鞠也 掬撮也 鞫窮理罪人 ○十七 麴酒母也 ○十八

蹙迫也 顣顣也 踧行恭謹也 蹴躡也 ○十九 肅敬也 宿止也

蓿草名 夙早也 ○二十 祝禱也 粥水飯也 竹箭竿 竺天竺国名

筑樂器 築擣也 ○二十一 蓄積也 矗長直皃 ○二十二 菽豆也

叔父之弟也 俶善也 倏疾也 ○二十三 逐追也 軸車輪也 舳船也

柚織具 ○二十四 衄鼻出血也 恧慙也 ○二十五 孰誰也 熟生熟

塾鄉李也 淑清湛也 ○二十六 彧水有文章 郁文皃 澳限也 隩四方可居

○二十七 畜養也 ○二十八 育養也 昱明也 煜燿也 ○二十九

六數名 陸高平爲陸 戮殺也 勠并力也 ○三十 肉肌也

二沃

沃溉灌也 ○二 告示也諭也 牿械牛也 梏手械也 酷酒味厚也 ○三

篤實也 督察也 毒害也 纛羽葆幢也 ○四 襆帕也 ○五

曲不直也 ○六 局部分也 ○七 玉石之美者 獄牢也 ○八

足趾也 ○九 促迫也 ○十 粟嘉穀實也 ○十一 續聯也

洗心所編 六十六

俗習也 ○十二 燭庭燎也 屬連也 矚視也 躅迹也 ○十三

觸抵也 歜怒也 ○十四 束檢約也 贖出金免罪 ○十五 蜀虫名地名

○十六 旭日旦出皃 勗勉也 頊謹皃 ○十七 鵠鳥名 ○十八

欲貪也 鵒鳥名 浴澡也 ○十九 籙籍也 渌水清也 醁酒名

綠東方間色 騄馬名 ○二十 辱耻也 蓐薦也 褥裀也 溽濕熱也

縟繁彩色也

三覺

覺寤也 角獸頭骨也 桷椽也 榷木橋 搉揚搉大舉 較車輢上木 珏雙玉也

○二 㱿包裹 慤謹也 觳卵孚也 確堅也 ○三 學覺悟效也

翯鳥白肥澤 ◯四 嶽山高而尊 鷟神鳥也 樂音声物名 ◯五 剝裂也
駁馬色不純 ◯六 璞王未成器 樸木未成器 墣土塊 朴素也 雹雨冰也
◯七 邈渺也 藐不經意 ◯八 齪齷齪 ◯九 渥霑也
幄帷也 握持也 喔鷄声 ◯十 捉把也 斲斫也 卓植立
倬大也 琢治玉也 啄鳥食也 㧻擊也 浞濡也 鷟神鳥 濁不清也
擢引也 ◯十一 朔月始蘓 矟矛屬 数疾也 ◯十二 搦按也
◯十三 犖卓犖不羣

四質

質素也朴也 礩礎也 桎足械 隲陰隲善也 窒塞也 ◯二 吉獲福也
洗心冊編 六十七
◯三 詰問也 ◯四 必決詞 珌玉名 畢竟也 韠蔽膝
蹕止行人也 ◯五 匹儔也 ◯六 蜜蜂飴也 宓安也 謐安也寧也
密寧也備也 ◯七 唧衆声也 ◯八 七數名 漆木名 ◯九
悉詳也 蟋蟲名 膝人之脛卩 ◯十 疾病也 嫉妬也 ◯十一
實誠也 ◯十二 秩品也 紩縫也 帙書衣也 姪兄弟之子 ◯十三
暱日近也 ◯十四 乙十干名 鳦玄鳥 ◯十五 一數之始也 壹專也
◯十六 逸奔也 佚不勞也 泆放也 佾舞列也 溢器滿也 鎰二十四兩
◯十七 栗木名 溧寒皃 慄惧也 篥觱篥 ◯十八 日日月
馹驛傳也 ◯十九 聿遂也語詞 矞滿也詭詐 遹遵也述也 繘井綆也 鷸鳥名

◯二十 櫛梳名 ◯二十一 瑟樂器 蝨嚙人虫 ◯二十二 筆書字之具
弼輔也 ◯二十三 橘果名 ◯二十四 汨汨羅江 ◯二十五 卒尽也
◯二十六 恤憂也 戌支名 ◯二十七 崒山高 ◯二十八 出出入
◯二十九 黜貶也 怵恐也 ◯三十 術道術 述循也 秫稷之黏者
◯三十一 律法律也 嵂山高 ◯三十二 率大畧粗率 蟀虫名 帥將帥帥師

五物

勿禁止也 物萬物也 沕沕穆深微 ◯二 弗不然也 黻黼黻 紱印綬也
拂拭也 艴色怒也 祓除惡祭也 佛西方聖人 咈違也 ◯三 訖止也
吃言蹇難也 ◯四 乞取也 屹山皃 ◯五 迄至也 ◯六
洗心冊編 六十八
屈不伸也 ◯七 鬱香草 欝茂也 尉持火展繒 罻網也 蔚文皃

六月

月太陰之精 刖斷足 軏車轅 越超也過也 鉞斧也 粤發辭 ◯二
厥其也 蕨蕨芽 蹶跌也 ◯三 闕門觀也 ◯四 搰穿也
◯五 訐攻人陰私 揭高舉也 羯羖羊也 ◯六 竭尽也 碣特立之石
◯七 歇息也 蠍毒虫 ◯八 謁請見也 暍傷暑 ◯九
髮頭毛也 發揚也生也 伐征也誇也 閥門在左 筏桴也 罰賞罰 ◯十
韈足衣也 ◯十一 骨肉之覈 滑狡也乱也 汩没也 ◯十二 窟兔穴也
◯十三 兀高皃 卼危也 ◯十四 咄呵也 柮榾柮短木 ◯十五

○十六 突卒然而來 揬搪揬 ○十七 胐月未盛 ○十八 孛彗星
悖乱也 勃变色皃 渤海名 ○十九 没沈也 殁死也 ○二十
卒隸人 ○二十一 卹撫摩也 ○二十二 忽倏忽畧也 惚恍惚 笏圭也
○二十三 齕齧也 鶻鳥名 ○二十四 核果中实

七曷

曷何也 褐毛布 鶡鳥名 ○二 葛絺綌草 割剝也 ○三
渴欲飲也 ○四 抹塗也 末木上曰末 ○五 薩胡神 ○六
遏止也 頞額也 ○七 喝訶也 ○八 括檢也 栝隱栝也
活生也 ○九 闊遠也 ○十 掇拾也 ○十一 脫釋也
洗心齋編 六十九
○十二 奪攘取也 ○十三 撥揀也 鉢食器也 跋跋涉 魃旱厲也
○十四 撮取也 ○十五 斡斡旋 豁通也兑也 ○十六 捋取也
○十七 怛懼也 ○十八 闥門也 撻擊也 獺獸名 ○十九
達通也 ○二十 剌戾也 辢辛味 糲粗粟也

八黠

黠慧也 ○二 恝无愁皃 ○三 瞎目盲也 ○四 八數名
○五 拔抽也薦也 ○六 札木片 ○七 察審也 刹僧寺
○八 軋車声也 ○九 刮削也 ○十 茁草初生皃 ○十一
刷刮也 ○十二 滑利也 猾乱也

九屑

屑勞也清也 泄漏也 褻私服瀆也 ○二 結締也 潔清也 ○三
挈持也 ○四 鐵黑金 ○五 涅染也 捏搦也 ○六
鼈介虫可食 ○七 別分也离也 ○八 瞥過目也 ○九 蔑死也
滅燒也 ○十 節貞節符節 ○十一 切割也 竊盜也 ○十二
浙水名 晰明也 折拗也屈也 哲知也明也 ○十三 掣掣肘 徹通也
撤抽也 轍車迹也 澈澄也 ○十四 設陳也 ○十五 咽声塞也
○十六 擷捋張也 ○十七 齧噬也 隉危也鮠同 ○十八 列陳布也
烈火猛也 裂衣破也 冽清也 ○十九 熱溫也 ○二十 孑[illegible]
洗心齋編 七十
傑豪傑 ○二十一 孽庶子妖孽 蘗萌蘖 糵麴糵 讞議罪也 ○二十二
絰喪首經也 咥齧也 垤蟻封也 耋年八十 迭更互也 跌傾仆也 瓞小瓜
闋静也 ○二十三 截斷也 ○二十四 舌口舌 ○二十五 玦玉佩也
決斷也絶也 訣訣別 觖怨望也 抉剔也 鴂鳥名 譎詐也 ○二十六
缺破也 闑閑門槃絲 ○二十七 雪雨雪 ○二十八 絕斷也 ○二十九
棁梁上短柱 ○三十 輟止也 惙憂也 啜飲啜泣啜 ○三十一 說言也
○三十二 血氣血 ○三十三 悅喜也 閱閥閱 劣弱也頑也 埒垣也
○三十四 爇燒也

十藥

藥治病單 躍跳也 禴夏祭禴同 瀹漬也 鑰鎖鑰 籥樂器 約束也
○二 腳足也 屩履也 噱大笑也 矍矍鑠輕健 攫撲取也 卻退也不受
恪敬也 躩盤辟皃 ○三 虐殘害也 瘧病名 ○四 灼炙也
酌行觴也 妁媒也 斫砍也 繳生絲系矢 著被服附著 ○五 綽裕也
婥美皃 ○六 鑠銷金 爍光也 杓鄭屬 ○七 謔戲也
○八 略簡也 掠奪取也 ○九 弱不強也 若如也 箬竹皮也
○十 郭城外 椁外棺 ○十一 擴張大也 廓開也 鞹皮去毛也
○十二 臒丹也 蠖尺蠖 彠度也 ○十三 藿豆葉 穫刈穀
○十四 各異辭也 閣樓閣 ○十五 諤直言 鰐魚名 愕驚也

洗心齋韻編 七十二

鶚鳥名 蘀花托 ○十六 縛束也 ○十七 託寄也 拓充也開也
橐囊也 籜竹皮 ○十八 鐸大鈴 度謀也 ○十九 諾應也許也
○二十 慱溥也 搏擊也 鎛田器 薄厚薄迫也 ○二十一 粕酒滓也
泊止也淺泊 箔簾也 礴旁礴混同 ○二十二 莫無也 漠濱漠沙漠 摸捫也
膜肉間胲膜 幕帷也 寞寂寞 瘼病也 ○二十三 作起也為也 ○二十四
錯鍍金也 ○二十五 索草繩 ○二十六 昨累日也 酢客酌主人 怍慙也
鑿穿木也 ○二十七 惡過也 堊白塗也 ○二十八 壑溝也 鶴鳥名
貉獸名 涸水竭也 ○二十九 洛水名 落木凋也 酪乳漿 絡絮也
駱馬名 烙燒也 珞瓔珞 樂娛也 ○卅 爵酒器 雀小鳥

嚼噬也 ○三十一 皵皮皴也 鵲鳥名 ○三十二 削刻也

十一陌

陌田間道 貊蠻貊 驀卒然也 麥芒穀 脈血脈 霢霢霂小雨 ○二
格至也正也 隔障也 膈胸也 革改也皮也 ○三 客賓也 ○四
赫赤色盛也 嚇怒也 ○五 覈考實也 翮羽本 核果實也 ○六
馘斷耳 蟈螻蟈 幗婦人喪冠 摑打也 ○七 劃剖也 畫界也
獲得也 ○八 額顙也 ○九 百數名 伯長也 柏木名
迫近也 ○十 拍拊也 珀琥珀 魄魂魄 ○十一 白西方色
帛繒也 舶海舟 ○十二 窄狹也 ○十三 責求也任也 幘巾也

洗心齋韻編 七十二

嘖嘖嘖嘆聲 簀牀棧 摘手取也 謫罰也 ○十四 坼裂也 拆開也
○十五 策簡也鞭也 冊符命也 柵編木為柵 ○十六 索取也求也 ○十七
宅居也 澤光潤也 賾幽深也 ○十八 阸塞也 軛轅也 搤捉也
啞笑也 ○十九 隙際也孔也 綌粗葛也 ○二十 劇增也戲也 屐屩也
戟有枝兵也 ○二十一 逆迎也 ○二十二 辟法也除邪 璧瑞玉 ○二十三
躃人不能行 僻邪也 擗撫心也 闢開也 ○二十四 積聚也 迹形迹
脊背也 蹐小步也 鯽魚名 瘠瘦也 ○二十五 刺針刺也 磧水渚有石
○二十六 昔前日往昔 腊乾肉 惜憐也痛也 舄履也 ○二十七 籍簿書也
藉狼藉借也 ○二十八 席藉也几席 夕暮也 汐海水 穸夜也 ○二十九

隻單也 摭拾也 炙炮也 ○二十九 尺十寸 赤南方色 斥面叱
○卅 釋解也 適往也 ○三十一 擲投也 ○三十二 射矢發也
○三十三 石山骨 碩大也 ○卅四 益增也 嗌咽也 繹抽絲也
譯傳譯夷語 驛馬遞也 懌悅也 斁厭也 掖以手挾人 液津也 腋人兩臂下
亦又也 弈圍棊 易變也交也 蜴蜥蜴 埸疆埸 ○三十五 役使也
疫病也 ○三十六 碧青白色

十二錫

錫金屬 裼袒也 晳晳白明白 淅淅瀝雨声 析分也 蜥虫名 ○二
寂靜也 ○三 歷來歷經也 曆曆數也 瀝漉去水也 櫪馬槽也 礫小石

櫟木名 轢車所踐也

十三職

職分也 織經緯相成 陟登也 稙種也 ○二 亟敏疾也 殛誅也
棘小棗 ○三 極至也 ○四 即就也 唧蟲鳴 稷五谷之長
○五 息喘也生也 熄滅火也 ○六 敕誠也 飭整也 ○七
識知也 式法也 軾車前横木 拭揩也 飾粧也 ○八 食飲也
蝕侵壞也 ○九 直正也 ○十 匿亡也 ○十一 寔止如此也
湜水清也 殖生也 植種樹也 ○十二 億料度也 臆胷也 憶思也
抑屈也 弋射鳥也 翼翅也 廙行屋也 翊輔也 翌明日也 ○十三

力氣力 ○十四 國邦名 ○十五 逼迫也 愊誠也 ○十六
北方向名 ○十七 墨書墨也 默不語 纆索也 ○十八 域邦也
閾門限也 ○十九 或未定也 惑亂也疑也 ○二十 洫溝也 ○二十一
黑色名 ○二十二 劾𠞊有罪也 ○二十三 克任也能也 剋定期也 刻特刻鏤也
○二十四 德德 得得失 ○二十五 忒差也 慝惡也 ○二十六
特專也 ○二十七 則法也等也 ○二十八 塞窒也 ○二十九 賊害也
側旁也 昃日在西方 仄傾也 ○三十 測度也 惻痛也 ○三十一
色顏色也 嗇吝也 穡可斂收也 ○三十二 勒馬頭絡也 肋脅也

十四緝

緝緝線也 葺補也 ○二 急疾忙也 汲取水也 給足也 ○三
泣哭無声也 ○四 及逮也 笈書箱也 岌高也 ○五 集聚也
輯和也 ○六 習數飛也 襲掩取襲也 隰阪也 ○七 執縛也持也
汁液也 縶絆馬足也 ○八 蟄藏也 ○九 濕潮溼也 ○十
十數之終也 什什伯 拾掇也 ○十一 邑郡邑 悒憂也 浥潰也
○十二 吸內息也 翕合也 ○十三 揖讓也 挹酌取也 ○十四
翊飛皃 ○十五 立住也止也 粒米粒數也 笠簦帽也 ○十六 入出入
廿二十也 ○十七 戢藏兵也 ○十八 澀不滑也

十五合

合同也 盍何不也 闔開閉也 ○二 閤門旁户 合揔其数也 韐韎韐
鴿鳩属 ○三 榼酒器也 磕石声 溘奄忽也 ○四 罨網也
○五 答報也 荅同上 搭附也 沓重也 誻語多 蹹践也
○六 塔浮图也 榻床狭而長 塌地低下也 ○七 納入也 衲衲衣
○八 帀周也 ○九 㲚小兒發 鈒鏤也 颯飄風也 ○十
雜不純也 ○十一 臘冬祭

十六葉

葉草木甲拆 業事業 ○二 刦以力制人 袷单衣 ○三 笈箧也
○四 跲躓也 ○五 曄光也 爗熾也 鍱鍋田 ○六

洗心脟编 七十五

涉徒行厲水 ○七 頰面旁也 鋏劍也 莢草实 夾傍也 ○八
篋笥也 愜快也 慊足也 怯畏也 ○九 帖小戭也 怗静也
貼妥也 ○十 牒札也 諜軍中反間 蝶蛺蝶也 堞城上女垣 蹀履也
疊重也 ○十一 聶附耳私語 躡蹈足 鑷箝也 捻捏也 攝持也
○十二 接交也 楫棹也 睫目旁也 ○十三 浹洽也 ○十四
妾妻妾 ○十五 燮和也 躞蹀躞行皃 韘履中薦也 ○十六 捷徑也
倢疾也 ○十七 讋失氣也 ○十八 輒忽然也 ○十九 厭笮也
靨頰輔也 ○二十 協衆同和也 挾持也 俠豪俠相輔 ○二十一 獵逐禽
躐踰也 鬣毛也

十七洽

洽浹也 峽隘也 狎順習也 柙檻也 匣櫝也 ○二 甲干首名
○三 恰止好也 掐爪刺也 ○四 法刑也度也 ○五 乏匱也
○六 劄錄也 ○七 鍤鍬也 插刺入也 ○八 啑啖也
○九 翣棺羽飾也 霎雨声 箑扇也 ○十 煠爚也 閘水閘
○十一 押簽也 壓鎮也 鴨鳥名

洗心脟编 七十六

柴庵疏集

（明）吴甡 撰

《柴庵疏集》二十卷，明吴甡撰，據清初刻本影印。

吴甡（一五八九—一六七〇），字鹿友，號端愚，晚號柴庵。明興化人。萬曆四十一年（一六一三）進士，官至禮部尚書、東閣大學士。明末政治家。

《柴庵疏集》清代爲禁書，《清代禁毁書目四種》中《應繳違碍書籍各種名目》列本書。吴甡萬曆至崇禎間歷任知縣、御史、巡撫、大學士等官。本書爲其奏疏集，起天啓二年（一六二二），迄弘光元年（一六四五）。自序言其奏疏多被采納，收録此類奏疏以彰先帝納諫之美，弘光後清議混淆，保存奏疏亦可供後世考實。卷一至卷四爲《臺疏》，作於天啓二年、三年和崇禎元年（一六二八），其任都察院山西道、山東道監察御史。卷五、卷六爲《按豫》，作於崇禎三年，其巡按河南。卷七至卷十爲《賑秦》，作於崇禎四年、五年，其撫賑、巡按陝西。卷十一至卷十六爲《撫晋》，作於崇禎七年至十年，其任山西巡撫。卷十七至卷二十有《大理疏》作於崇禎五年，時任大理寺左寺丞。《部疏》作於崇禎十四年，其任兵部左侍郎。《協理戎政》作於崇禎十五年，其任協理京營兵部左侍郎。《内閣疏揭》作於崇禎十六年，其任禮部尚書東閣大學士。最後兩篇作於崇禎十七年和弘光元年，南明政權赦免其罪，其回奏謝恩及分辯其責，又附史可法奏疏一篇。吴甡任監察御史，與閹黨及權臣不屈抗争，有名於時。按、撫河南、陝西、山西時臨危受命，拯民於水火，不愧良臣。讀相關奏疏如《禦患莫如修備弭盗莫如安民疏》《安民必先擇吏疏》等，可見其風骨。其任大學士後，漸有非議，最終以督師延緩不行，免官得罪，其編此集，亦有辨明是非之意，十八至二十卷的《内閣疏揭》及弘光奏疏，載吴甡有關督師征伐與朝廷的不同意見，據此類奏疏及《撫晋》中流寇各疏，可考明末朝廷政治鬥争及軍事失敗的原因教訓。

（周　忠）

子以萬曆癸丑成進士
為令閱十載而入拜西臺是
為天啓之二年逆璫魏忠賢
方用事有朝紳數輩與之交
結謀構東林剙海内忠鯁之
士一日謁座師福清相公曰
知時事寢不佳乎子論内操
陵工諸疏拂中貴意持不下
即天下事可知吾輩可去矣
予遂以養母歸未一年而楊

左諸君子鉤黨禍作予讀禮
里居五年而削籍當是時逆
燄張甚天下震恐昔漢嘗侍
構禍黨人皆節甫輩自為之
朝士猶以不與黨人為溪恥
未有舉朝冠帶之倫甘為逆
豎兒孫四布爪翼摶噬善類
如此一時者真千古異變也
烈皇御極首誅奸逆然黨與
尚在予起自廢籍是以有除

奸之法一疏而不知
曆斷久匱
宸衷發紅本定逆案即內閣
諸老不敢仰贊一辭況珥筆
交戟之下者乎然魏崔之黨
固已目攝而心銜之矣予素
戇直觸迕要人不獲久留中
十年積俸猶遣賑秦久病孱
軀尚推撫晉仰賴
先帝仁明鑒其愚忠所進封

事朝上夕報可以是讒間不
行然卒以督師一案請兵討
賊為異己構陷幾死荷
聖恩不殺得戍滇海萬里投
荒未獲身殉
君父屏跡荒野五內崩摧自
念敭歷中外章奏頗多空言
何補每一披對血淚迸下將
取而焚之一二故友止予曰
古人焚草恐彰君過今予所

言國是民隱朝典兵事之層
皆仰承
鑒採多見施行著之史册用
彰
先帝納諫之美媲德堯舜固

不休歘即請兵一事誣陷甚
溪當日拜颶殿陛籌畫幃幄
蒙
聖明俞允侯兵集啓行後人
鮮有知者弘光朝逆案既翻

奸黨踵出清議混淆無復天
日儻太史氏東遊江淮之間
徵文考實於子疏或有採焉
子拭淚有味其言年衰垂斃
沒世無聞竊自傷悼乃出笥

中藏稿自西臺以至部閣摘
其切要者共二十卷暨友人
所惠序文録而存之以授諸
子宋朝薛奎志或未伸輒不
食曰吾仰慙古人俯愧後世

子之存是集也亦以識吾慙愧焉云爾

淮南吴甡自識

柴菴疏集目錄

臺疏

卷之一

尊主權以遏亂萌正人心以維世道疏

預患莫如修備弭盜莫如安民疏

臣父被誣已久乞勅部行勘疏

王言太褻國法陵彝爲今日隱憂疏

學政當修改差風憲疏

卷之二

災異疊見乞圖修省之實疏

比例太濫名器可惜疏

表章眞儒乞議易名疏

兵食大計亟爲籌畫疏

用人貴預任人貴專疏

卷之三

視學大典速賜舉行疏

直陳時政之失疏

召還忠直大臣疏

嚴限緝盜以肅法紀疏

額餉難加冗食當撤疏

安民必先擇吏疏

乞代題終養呈

卷之四

朝廷除奸之法疏

枚卜宜慎國體當惜疏

謹陳視學要務疏

言官以糾彈爲職業疏

冢臣媚逆有據恭請聖斷處分疏

遵旨回話疏

河決一日不塞災邑殘廢可憫疏

水患日深生計愈蹙民逃盜起兩邑將廢疏

代典化鹽城兩縣災民附繪圖

附餉議上畢大司農

目錄畢

柴菴疏集卷之一

山西道監察御史臣吳甡謹題

臺疏 天啓二年

尊主權以遏亂萌正人心以維世道疏

臣伏見邇年以來綱紀陵彝法令廢弛人懷異心國無常憲漸至陰盛陽衰彝敵跳梁小人竊位所在奸逆潛伺竊發白蓮煽集異黨青衿凌辱臺臣江右之妖書鼓惑愚氓羅甸之僞檄搖動中外臣不覺仰天

長歎拊膺痛哭曰嗟乎亂賊之興所繇來者漸矣竊謂今日欲誅外賊先除內奸欲興問罪之師先正朝廷之法臣忠憤填胸不識忌諱謹直陳一二逆形久著奸狀難掩者以彰

陛下雷霆之威則有崔文昇李可灼者當

先帝臨御之初勵精過勞哀毁成疾爲臣子者宜倍加敬慎何物么麽敢爲嘗試崔文昇故用泄藥李可灼悞進紅丸服御未幾而鼎湖弓墮當是時天地爲之慘淡

九廟爲之震驚忠臣飲恨義士拊心無不思啖二賊之肉以附於人人得誅之義者

陛下賴

祖宗之庇正神靈之統謂宜不戴天日首除亂賊而漏網至今尚需查奏書之史册謂

陛下忘

先帝之仇諸臣無討賊之舉臣爲此懼懼夫爲人臣

而有悖逆之行者不當斧鉞之誅將其漸不可長也故今日宜急誅此二賊告之

宗廟播之臣民曰朕爲

先帝討賊而後人人知有君父無敢存僥倖之心行嘗試之事亂萌消而人心正矣至如募兵賈祥本一無賴廢弁竄跡江濆乘東氛之熾焰懷攘竊之奸謀兵部給之劄付令招家丁奸宄而弄兵權不知申令約束小人而持凶器遂敢矯命雄行會城擾攘沿途

搶奪按之軍法罪在不赦日者出示倡亂挺而走險欲扎營近郊要脅朝廷夫春秋之義人臣無將將則必誅今賈祥跋扈如此竊意

陛下赫然震怒速加顯戮而猶煩查勘未正典刑傳之九邊謂國家行姑息之政養禍亂之源臣爲此懼懼夫爲人臣而有倡亂之舉者不蒙斧鉞之誅將其漸不可長也故今日宜急斬賈祥懸之藁街傳示邊鎮而人人知有國法無敢矯

明旨而狂逞糾賊黨而煽禍亂萌消而人心正矣至如輔臣沈淮允可駭異其穢跡奸謀屢經論列不必再贅惟是通國皆知其爲奸同鄉亦誚其鮮恥使臣心尚在惟速去可以少謝人言而甘受唾罵貪戀不休淮卽不自愛奈傷國體何嘗怪其飾辯兩疏一則謬爲兄弟鬩牆之喻媚俗乞憐一則妄爲東事安危之說欺心罔上自許愚忠有何匡贊之策招納亡命豈是桀侮之謀夫大臣當首爲朝廷植風節嚴進退明出處而敗名喪節若此道路之口皆謂其貪位不去稍欲竊弄威福驅除善類果爾則關係不小臣爲此懼懼夫爲人臣而無廉恥之防者不蒙

主上之斥將其漸不可長也故今日宜急罷淮允其請告曰朕待輔臣有禮矣而後人人知有廉恥無敢畀援以固寵飾說以欺君亂萌消而人心正矣臣非不知方今 賊披猖黔蜀告警天下危亂當議安攘而惟是誅逆斥奸若不可一日緩者亦以今日致亂

之病根在臣子則功名念重君父誼輕在朝廷則紀綱不振刑威未肅故願

陛下急提太阿激發臣子忠義之心痛除奸邪叛逆之漸使人心改邪歸正平日爲忠臣義士則異日必不爲亂臣賊子平日爲進禮退義則異日必不爲植黨營私故臣愚竊以爲欲人人知有君父請誅無君父之崔文昇李可灼始欲人人知有國法請誅不畏國法之賈祥始欲人人知有廉恥請罷無廉恥之沈

濯始此世道汚隆之關人心邪正之界而天下治亂之機也主權尊而王法彰大義明而百廢舉然後責樞臣選將厲兵以征不義責計臣持籌握算以裕軍需責禮臣申明禮教以挽士習責各省直撫臣宣布恩威以惠窮黎而除反側

陛下宵旰圖治親賢遠奸躬郊祀以敬天遵舊章而法祖中興之業一整頓而定矣內順外威何憂彝敵哉故曰天下之生一治一亂其亂也始於人心之不正主權之不尊流弊極於無父無君而爲害慘於洪水猛獸世衰道微亂賊蠭起孔子修明王法著之春秋而孟子曰春秋天子之事也然則今日誅亂賊斥奸邪固

陛下事矣撥亂返治孰有大且急於此者臣所謂尊主權以遏亂萌正人心以維世道蓋竊附春秋之義云爾臣至愚極戇冒昧瀆陳伏乞

陛下立加裁斷如日月明而陰翳全消雷霆震而妖氛自淨於以維持世道潛消亂萌臣愚幸甚

宗社幸甚

禦患莫如修備弭盜莫如安民疏

今天下外困於彝內困於盜成土崩瓦解之勢而旣憂無兵復憂無餉有捉襟露肘之形當事者不悠沇置之曰氣數固然則苟且塞責謂計畫止此若是者終必至於悞國而悞蒼生臣愚不揣竊抱杞人之私憂謬效狂愚之一得惟

陛下不厭爲常談而閣部不視爲故套則請臚而列之於左一曰修備京師者天下之根本山海者京師之藩籬固藩籬所以固根本也永平薊密保定通津環衛京師應援山海者也有一足恃乎否也急宜及此時嚴勑督撫率所在有司賑饑恤寒以固民心修城守整兵馬以防緩急無事則固守內地消奸宄窺伺之萌有警則入護神京備勤王仗義之用此關係宗社安危者也而可無備山東盜起曹濮以南大河以北皆漕運咽喉急宜勑山東河南北直兩淮各制撫檄行各兵備道整理標兵練集鄉勇各於要害犄角屯札以壯聲勢則鴟張者可以立擒蟄伏者可以潛杜而臨清濟寧德州曹州等處方有虎豹在山之勢此關係地方安危者也而可無備鄒滕繼潰勢逼徐淮順流而下金陵亦根本重地也雖小民無知弄兵潢池撫臣趙彥力能辦賊焉知異地無奸人猝起攘據稱雄者東南半壁全在金陵而可無備揚州帶江襟淮亦大都會也游士任募兵三千無餉而譁萬一變生不測則奸民起而應之可爲寒心雖屢蒙嚴

旨催督而杳無調發之期若使士任統領而前取道天津由河入海免陸路之繹騷而因以護衛漕糧亦一策也其一切劄付名色之官皆赤棍白徒擁蓋橫金恐嚇鄉愚褻越名器爲害不小宜行撫按嚴查追劄以清地方此又法所當飭備亂於未形者也臣故曰禦患莫如修備也一曰安民夫爲國計者莫如安民迫於鞭笞而民不得安迫於饑寒而民不得安迫於盜賊而民不得安豈惟不安久之且率而爲盜矣

愚民何知國法彼見夫鞭笞而死饑寒而死與盜而死等死耳而盜而死者猶須臾緩也工之人能盡法誅之乎一二豪民以妖術邪說鼓煽其間故易與爲亂夫使民安則必不爲盜欲民不爲盜必有收拾豪民之法而後可

陛下試想危急之秋終日選將不得一將終日募兵不得一兵何以草澤之間奸邪之輩揭竿一呼百千響應計陷縣邑如此之猝且勇也臣攷從古盜賊之

生發必有梟傑之輩爲之倡首此輩頗讀史傳粗知典亾習學韜鈐張大胸膽祗因仕進無路鬱鬱思逞而愚民迫於饑寒易於眩惑往往釀成大禍故富弼請訪兇險之徒習知武藝者作草澤遺逸薦用蘇軾請別開仕進之門李琮請諭各路知州陰求豪猾之士使以告捕自効量加酬賞秦觀謂銷大盜之術莫大乎籠取天下之豪儁皆淵謀至論也臣愚以爲今日宜倣此意諭所在有司採訪有前項豪猾梟傑之流分別驗試果有智謀超衆勇略過人者薦之於朝破格擢用其餘善爲駕馭練爲義勇如告捕自効之例則豪民不至挺而走險亦弭盜之善法也近學臣左光斗條試兼收騎射之士最得此意而臣因思我朝設文武之科皆以八股腐套三寸毛錐取士所以不能盡豪傑之用史稱諸葛亮能用度外人而宋臣范仲淹謂能用度外人方能周大事安民者當安民之心而消其不平之氣則用人亦民心向背所係也

臣故曰弭盜莫如安民也一曰汰冗夫今日之患所用非所養所養非所用所以無兵以有用供無用以無用害有用所以無餉餉之不足繇兵之不清清兵所以清餉也而不獨兵也財耗於冗食自古患之而今爲甚自遼事至今不知增添幾許官矣添一官則添一官之俸薪添一官之衙役而修造衙門公費工食因之即如監軍一道歲費金錢當以數千計今關門地狹兵少安用多官速宜議裁而天津登萊只以

兵道兼之不必更設計節一官之費足充二百兵之餉是裁一官而得二百兵也如參遊守備宜照兵數定其員額不當濫授匪流計節一官之費足充百兵之餉是裁一官而得百兵也錦衣之襲濫及中涓恩蔭之官多如車載試逐一清査

祖宗朝有此額否又如各巡撫各道將名色聽用之官家丁總哨之屬皆月領厚糈而實遊棍無用似當議裁十分之五計節一人之費足充十餘兵之餉是

裁百人則得千餘兵裁千人則得萬餘兵也近日經臣汰冗員四百餘名歲省餉數十萬餘一邊推之各邊餘一省推之各省不惟足兵亦可足餉果何憚而不爲也況多官爲害未易枚舉武弁之剋削也貲郎之攫取也道臣之賢者苦於牽制也不肖者徒滋紛擾也未効前籌䇿爲侵盜尤令人污頰夫無益於國而有害於地方猶當議裁況裁而有資兵餉者乎又況國家置官原自足用但須考覈本官果其人地相宜則專委之否則隨易之官得人則事自理何取於十羊九牧爲也故今後請添設官員者宜止也臣故曰措餉莫如汰冗也凡臣所言無甚高論然而綢繆牖戶迨天未雨有備無患昔人所戒籠取豪傑以消奸民不軌之心如富弼諸人皆宋名臣蓋卒驗於宋江方臘之患實爲遠見生衆食寡大學理財之常官多法亂今日受病之根故敢不避瑣瀆而竭其愚忠如果臣言可採伏乞

陛下留神省覽勑下部院詳議施行於國計民生未必無少補也

臣父被誣已久乞敕部行勘疏

臣惟孝始於事親終於立身揚名於後世以顯父母故夫親有隱德不爲表揚非孝也親有冤抑不爲申雪尤非孝也今
冲聖御極追堯舜之治弘錫類之仁羣情休暢公道昭明誠千載一時而臣父清操直節不阿權貴被仇遭誣不獲自明賫恨泉室無由湔雪臣爲人子日夜痛心欲披瀝肝血哀鳴於君父之前者屢矣而躊躇再四已復私念人情疾痛憂患必籲天而呼父母況臣抱茲隱痛積誠二十餘年何忍失之一旦仰負聖世縱使言而獲罪亦所甘心故敢冒死而卒陳其狀
雅
陛下憫督焉臣父吳三畏係舉人萬曆二十七年授廣東部州府推官廉潔明允治行第一按臣李時華薦舉以備行取擢用其考曰剛方正氣抑畏清操蒞實錄也其治狀如清吏弊理冤獄除積蠹興學校種種善政勸之碑記士民尸祝於今不忘而臣父居官惟有赤心更無媚骨不意勢宦某以吏部郎請給歸里氣焰薰炙凌轢郡邑自守令以下皆傴僂拜謁而臣父強項獨長揖不拜又某縱子某拐妓占産爲人告訐臣父審擬如法請托不行致某恨入骨髓百計傾陷揑造事款密揭當路而是時監司御史皆某同年遂墮其術又有宦某者爲子考試力囑居首臣父閱卷斥其文置之後列某銜之後代某爲吏部郎又姻婭戚也益文致媒孽不遺餘力臣父信心自守拙於彌縫遂於萬曆三十二年推陞楚府審理正矣至三十五年大察復被職爲民蓋撫按備察之疏每於左遷之官粧點事蹟以完一時計典不知臣父以持法不阿權勢被仇傾陷之至此也今查論疏開載事件寥寥數款俱係誣揑絕無形影以勢宦之舍沙成彈文之羅織一字汚名千秋冤狀嗟嗟彼其之子亦寧知有天日哉臣父伏處田間雖萬分屈抑不得叩

闕自陳臣嶴爲外吏雖考滿乞恩未敢赴闕具疏今臣叨列臺班職爲言官是瀝血求明剖心籲天之日也竊念臣父一生淸節恥求溫飽敝廬數椽薄田百畝皆臣祖所遺臣父宦歸琴書之外了無長物即臣遵父訓三令嚴邑不敢以一縑相貽鄉評輿論私相頌美以爲庶幾淸白吏之風而嶺南父老暨臣邑人追數往事爲扼腕拊膺至有泣下者曰世寧有公道又曰公道終不可泯也語云事久論定今臣父歿七

年矣臣不能爲父表揚淸節已爲大痛而忍令無端受此汚名嗟乎白璧點於蒼蠅貝錦成於萋菲此詩人所爲痛恨夫譖人而志士冤憤不平欲泣血以相明者也昔馬援以薏苡蒙譏朱勃爲之上書李邕以坐贓被陷孔璋因而抗疏之二人者所稱疏賤之士也於馬援李邕非有不可解之誼也然而挺身厲節甘觸忌諱者憤忠直之遭讒而公議不申於後世也又況臣爲人子者乎夫官職之予奪總由自朝廷其關係榮辱者在一時而立身之貪廉爲士人名節其關係榮辱者在萬世臣既不得如前臣斷親皆邀一命之榮而又不能爲父湔雪以洗萬世之辱臣父在九泉目必不瞑臣異日亦何面目下見臣父哉謹按國制凡民間有冤枉陳訴者許擊登聞鼓令御史一人監之凡御史於民間冤抑皆得申理爲之昭雪而臣父冤抑反幽滯不白臣亦何顏列班行之末爲碌碌之羞乎伏遇

皇恩普被

聖度寬弘不以舊惡錮自新之門不因一眚掩生平之節而臣父以淸介之吏蒙汚穢之名豈聖世所宜有也此臣所爲仰天拊心泣盡而繼之以血也伏乞勅下吏部咨行廣東撫按將臣父被誣事欵逐一査勘明白回奏如果有穢迹贓私卽褫臣職以贖父罪如被仇傾陷實係誣枉則速賜昭雪復父原官給一恩命庶淸議雖暫晦於一時公道猶彰明於後世朝

廷不失勤懲之典而微臣得享清白之名當與子子
孫孫共戴鴻恩永祀
聖壽於無疆矣臣不勝激切惶悚顒天待命之至

附錄

天啓二年壬戌夏四月甡初濫竽西臺荷
上登極覃恩諸試御史得實授兼貤贈其父母甡追
念府君則杜門吞聲哭日夜繞楹彷徨行於是瀝血
爲書草具而躊躇未上每朔望逐隊行謁座師葉臺

山相公問曰子有憂色云何甡未敢荅又久之謁則
曰子何憂之深也甡不覺掩袂哭失聲乃以書草進
曰先府君嘗爲廣東韶州府推官以介直觸近璫官
被誣落職今不得與覃恩甡不孝負茲大痛日夜啣
心棘讀未竟掀髯曰此至情也何不遂上甡於是歸
而熏沐三日乃伏闕上書旨下吏部時太宰張公問
達亦爲伊父乞贈方奉俞旨益負痛與甡同卽日爲
移檄粵撫又咨都察院行巡按御史勘時壬戌九月

也甡遺僕粵東往返幾半年而僕回則云行至韶州
巡按御史周名用賓者適行部按其郡郡士民踊躍
具呈乞祀名宦御史曰吾巡閱數郡未見士民誦祖
父母如是懇懇者且又在二十年後詢其事則欷歔
歎息曰天道天道云而郡守張公巽軫力贊之總督
胡公應台者亦首肯急下縣道勘實僕又云南雄守
顧公懋光聞之爲發憤不平每見上臺則訟言其冤
顧公同郡人知先府君素履故憤也癸亥三月故事

請封者必吏部考功郎類題而後給僕以三月十六
始賫文到京太宰則語考功郎曰需之俟吳公覆疏
下而後類題十七日疏上閱三日奉
聖旨吳三畏准復原官仍給予恩命而府君勑贈得
比諸同列益異數也制詞極古雅可誦千年向谷璫
於一旦一時人心翕然公論大明吾邑士紳請祀於
鄉曰孰賢如吳公者韶郡士民請祀於郡曰孰賢如
吳使君者御史采其議檄郡邑祀焉嗚呼府君之德

菉始炳炳人耳目矣而韶州文學謝撖則曰吳使君謝官歸時韶父老相與流涕立石帽峰山下頌德也彼宦聞之怒密令人踣石斷之水中彼宦死韶父老又相與流涕曰共奈何忘吳使君復立石帽峰山下項御史檄下縣道問狀則韶父老又相與流涕已踊躍上吳使君治行且營專祠祀焉今祠前石巋然矣嗟嗟茲不足徵天道耶城中時與壯同讀書署中徵府君事尤悉故獨慇慇懃懃云竊稽往牒士之懷奇

抱璞不屑屑隨俗俯仰爲世人揶揄者可勝道哉乃姬公有跋狼之喻孔父蒙喪狗之譏彼世所稱大聖人也而猶若此府君之蒟固其宜也然事久論始定後世榮之士林宗之其德業日星炳也彼訶議者草木腐朽且萬世罵矣士在當世寧遇不遇論哉府君苦心亮節自信彌堅遇炎獨冷履險獨夷當衆口銷鑠之秋不懾心瞬日者益寡而府君不爲動吾道非耶乃今者日星炳也壯不肖何能闡揚萬一則有韶

人口碑

天朝綸綍在至於民者戶祝士者俎豆聯於一時而炳於萬世不可謂不遇矣壯思後之子孫無念爾祖不克黽勉以昭令德故詳著簡編使後世覽觀知君恩祖德守之勿替且令世世稱爲清白吏子孫則是錄也嗟念哉嗟念哉

王言太褻國法陵彝爲今日隱憂疏

臣聞王者之言如綸如綍信於四時堅於金石將以昭示中外垂於久遠刑賞於是乎出法守於是乎在益言宜重也尚矣臣伏見秦封一事前後票擬至二十餘旨則褻甚也夫秦藩之不可封禮臣以去就爭者屢矣

陛下明知其非制而顧不能裁之以禮反援不可開之例以滋口實何也册使之遣宜在四月今且十月

矣而猶曰必待秦封秦終不可封將併廢諸藩之封乎此言何以詔天下示後世有如執

祖訓以問廷臣廷臣以何詞謝之茂

祖宗之制褻綸誥之體長秦藩凌肆之漸生諸王𨒌貳之心一舉而四失備焉是階之亂也且今之時事多外不獨此也臣竊觀

陛下出旨太褻行法太寛故臣下奉旨太輕視法太易不當行者既多反汗之失急當行者又鮮風雷之厲故有事關軍國而部臣寢閣不覆者有嚴旨督催而諸臣玩視不遵者臣請略舉其一二毛舉之援濟爲牽制　也終日催兵而無一兵終日催餉而無一餉則援濟之旨謂何淮兵之召募爲援廣寧也不命之勦妖而徑勦妖屢命之渡海而竟不渡海則召募之旨謂何樞貳之添設備經略也高臥林下者有侍郎慷慨出關者無侍郎則添設之旨何居總兵之赴關練新兵也爲盜行劫者有兵列伍分隊者無兵

則練兵之旨何居明時舉李達之釀禍蜀人恨入骨髓奉旨幾一年矣而何以至今不解王文燁賈祥之罪案國法在所不赦奉旨已半年矣而何以至今不問清查盜餉屢奉嚴旨不知何年是清查之年何椇如侈然享家園之樂矣救援黔省急在燃眉不知何日是救援之日張我續悲焉無痛癢之關矣嗟乎此國家何等事而玩忽若此然諸臣謀國事似甚拙而謀富貴又甚巧爲朝廷幹辦似甚疎而爲身家私圖

又甚密官人之公典從爲請乞之私徑京堂巡撫可請奪得矣從來之成例忽作今日之濫倖豢虎狎龍可貧緣起矣諸如此類未易枚舉臣觀今日諸臣敢於抗明旨忽於忘國恤勇於徇私情甘於犯清議在外如是在廷復然小臣如是大臣復然而總自王言輕褻國法陵夷積漸以至於此人不知畏　不知畏
君父人知重名利不知重朝廷萬一　長驅中原書擬諭下而海內不應法立而臣下不守貨之不爲

勸刑之不爲戚宋末之禍殷鑒不遠是則臣之所謂隱憂也伏乞
陛下毅然獨斷法行自近先止泰封以杜私恩速遣冊使以成典禮併諭內外諸臣凡事關軍國屢旨督催而違玩不遵蔑法徇私者有
祖宗刑章在庶令行禁止人心儆惕王言重而國法昭天下事尚可爲也

學政當修政差風憲疏

伏惟
陛下遜志典學克修文德將以風勵海宇愷悌作人使文教覃敷俗尚淳美庶幾比屋可封追美唐虞而教化未興風俗無術致蠻彝猾夏盜賊蜂起青衿子衿甘爲戎首四川生員授僞官矣山東生員從逆賊矣遼左生員迎　矣諸生固誦法孔氏服先王者也而今若此何俗不長厚人鮮忠義至此極哉語

曰父兄之教不嚴則子弟之率不謹亂賊之興所由來漸矣古之帝王必以風俗教化爲首務是故師道尊而風俗美教化行而人才出學政之設豈爲是晉青紫酬羔雁哉以興教化毓人才變風俗也則今日者奈何視學政緩也臣伏見督學之任惟兩京差御史各省皆用道臣隸於臬司畀以專勅固不重歟而今亦陵替也上而仰承撫按頗多掣肘矣下而俯臨當官皆得關說矣權分則法玩法玩則弊生私徑易

開積習雜流門第者前茅寒素者落寬巧營者捷得厚養者沉淪甚至豪宗勢族橫行里閈恃有墻壁莫可誰何故貪緣之風長則甄拔之典淆勸懲之法格則教率之風寡也豈無賢者秉公獨立雅志整飭而任怨任謗往往不免夫千仞之山跛羊易牧則積漸使然也今欲挽積習莫如飭學政欲飭學政莫如崇事權則臣以爲差御史便御史爲

陛下耳目攬轡澄清以振綱紀爲職業共名教爲已任風力足以觸邪指佞吞謀足以善俗觀風若授之學政必能興文教而挽頹俗是故上而比肩撫按撫按不得撓其權有關風化軼倫紀者得執而問之不則白簡從事矣下而約束守令守令不得關其說有不矢公慎濫請托者得移檄議之不則糾彈隨之矣況今日儲才剔蠹尤爲急務異能卓行埋光未耀者得以上聞劣行敗類恃惡橫行者得以徑問是故杜貪緣至公也肅綱紀至重也挽風俗至淳也儲賢才至弘也剔弊蠹至清也臣故曰遣御史便夫居高而呼聲不加疾而應者遠則所居之地然也或曰令甲不虞舛歟臣曰否國家用人視時緩急如國初急軍政則有各省清軍之差是也今

陛下重文教而特命風紀之吏書之史冊尤爲美談如謂令甲不載則兩京學差非歟何舛也或曰增差不虞擾歟臣曰否各省督學以御史代之隆重其事非增設也官舍如故衙役如故廩餼如故而地方更

增一番整肅何擾也或曰部曹不虞壅歟臣曰否仕路疏通今日爲甚官額增設部郎爲甚監軍者若而人督餉者若而人贊畫者若而人有連茹之升無積薪之歎何壅也或曰各省鄉試嘗用部曹爲考官而斯學政歟臣曰否掄取一時之人才爲考官易專司一方之風教爲督學難自非隆以事權特差風憲鮮能勝任而倫快者若夫權輕法玩積弊叢生臣前固言之悉矣此非臣臆說也

祖宗朝各省鄉試皆令御史與按察使主其事內外臺相爲表裏行二百餘年至江陵相與生而始議改國家未始不以文事任御史也且匪獨此也每遇鄉試如江浙等處諸大省必命詞林給諫卿寺銓司總裁其事無非謂掄才大典宜從隆重耳而提督學政獨靳之御史使各省不得與南北直同被肅清之化而御史不得與詞林給諫卿寺銓司共增文教之光臣竊以爲熙朝一缺政也今諸臣濟濟班行維

天子使卽一切屯牧茶馬之類不以付有司而肯勅御史往者何也利弊關焉則權在所必重耳夫學政之關利弊也大矣而獨靳之是新標樸棫之大典不及屯牧茶馬之瑣務也非風厲海宇愷悌作人之意也近候補科臣蒲秉權有增設按臣兼攝學差之議奉旨議覆臣亦有見於朝廷紀綱四海風教關繫甚重故不揣愚昧而直陳其悃款如此伏乞勅下部院詳議或以法宜盡一將各省提學盡差御史或以例難盡更則先將江浙閩楚諸大省酌量改差擇資深望重者如兩京學臣例則挽回士習淸肅風紀亦聖世文治之光也

災異疊見乞圖修省之實疏

臣伏見邸報山西有天鳴地震之變陝西有星隕地震之變城垣廬舍頹塌過半人口牲畜殞斃數萬嗟乎此亦最可憂最可懼矣然竊觀

陛下似未嘗知憂未嘗知懼日者

聖壽無疆嵩呼萬國二俘纍獻快意武功豈遂謂已治已安卽天變不足畏乎臣不習占驗但據時事可憂可懼者爲

陛下陳之今國家所患　安　奢　而　爲甚之謀算出萬全而我求一大將備折衝不可得　之奸細遍都城而我求一邏卒探虛實不可得譬之敗屋頹垣未施補葺風雨猝至則飄搖傾覆曾不旋踵夫逆　至狡也至叵測也一旦窺鬪是風雨之猝至也而不及今補葺其何能免於飄搖傾覆之患

陛下試念山海一綫止仗一樞輔其足供樞輔驅策者尚寥寥也而得無憂得無懼乎安　之勢正熾奢之巢未傾而督撫新更兵力未集終無芟除之期各邊之備全虛枵腹之卒易譁而太倉如洗庚癸時呼將有脫巾之變

陛下試一猛省蓋憂無兵猶議召募召募不足猶議征調今募無可募調無可調則竟無兵矣蓋憂無餉猶議加派加派不足猶議發帑今加無可加發無可發則竟無餉矣豈惟無兵今之切奪行旅劫貨闔門者皆

陛下之兵也不制之而爲寇者也豈惟無餉今之賄官侵帑竊餉肥己者皆

陛下之餉也不能軍而飽貪者也夫此猶小醜蠢動耳然已困天下矣萬一別有不測何以支吾

陛下念此而得無憂得無懼乎且今日民心何如昔水旱之災頻仍未已誅求之令四出不休離人父子鬻人田宅以供國課國課未完而已作無家之別易子而食析骨而炊以給餉仰餉仰莫措而盡爲溝中

之禍於是人變爲妖民驅爲盜弄兵潢池終無噍類至今齊魯之郊黔蜀之墟流血成渠積屍蔽野與狐夜鳴大鳥悲號啄人肝腸飲人腦血死於者白骨生若流離者哀鴻滿野天未悔禍殞我西陲復遭荒旱之

陛下不及今下德音發明詔急加蠲賑收拾人心而聽困窮之漫置若罔聞百姓方恐死以望再生而當事者故立視其死而不救萬一有司不備朝廷恤民之意而惟於考成重如剝膚使小民流離在道化爲盜

賊妖民一呼揭竿四起 賊動於外窮民訌於內此時仰平勃爲謀韓白爲將計無所出

陛下念此而得無憂得無懼乎嗟乎邊有百破而無一完民有百苦而無一樂官有百偷而無一修國有百竭而無一餘時事至此可爲寒心

陛下但見內軍三千甲光耀日劍戟旦雲以爲武備在是而不知關塞之上有被朽持鈍戰不敢戰守不能守之將士但見奘賊獻俘如盆中之魚俎上之肉以爲盜不足憂而不知山海之外黔蜀之間有伏戎土地殺我將吏屠我生靈之强敵但見妖賊就擒田左蕩平以爲太平可期而不知閭閻之間有饑不得食寒不得衣生不得歸死不得葬之赤子且也日日緝奸而畿輔之奸細布滿則關門譏察安在日日詰盜而禁城之盜劫公行則官軍守衛何爲

陛下念此而得無憂得無懼乎人事廢弛天怒孔赫撥之天鳴地震之異恐有土崩瓦解之憂今日不戒

懼且有不及戒懼者今日不修省且有不及修省者噫危矣哉臣又聞古之帝王遇災則省躬罪己下詔求言上自皇躬下逮庶政凡有闕失皆得直言無諱

今

陛下諭廷臣但言邊事不及宮府闕失忠言日寡

能聞所未聞見所未見諸臣又皆以

陛下冲年未敢直言觸忌夫古稱冲主無如周成王當時周公旦爲師召公奭爲保閎散之徒爲之左右

先後有無變佞織巧之奸內無遊畋獨馬之好外無彝畝盜賊之儆然猶訪落莊始小毖懲患七月之陳王業公劉之勤民事無逸之戒盤游如此而後能守成令主今

陛下自視孰與成王當臣孰與周召今日時事孰與成周而泄泄沓沓若此何以濟時艱而挽天變乎臣愚竊以為

陛下春秋方盛宜練習國事凡一切章奏有關係軍

務彝情與四方水旱盜賊災異之變皆當常置座右時加儆戒或有疑問則召諸大臣共相商確而諸大臣亦宜盡心輔佐日取四方所奏水旱盜賊災異及軍務彝情條列害利指陳得失使人主知小民疾苦王業艱難庶幾開悟君心克成聖德即今天鳴地震未必非知憂知懼之一機也然諸臣以飭武備恤災民為請而猶俟部覆遷延歲月何濟實事謂宜即下詔令頒示海內責成各邊將吏急加訓練嚴為防禦以安反側以戒不虞責成各省撫按查遇災傷地方除賑濟外其加派自今年起永行蠲免被兵火地方除免加派外其舊額俟三年後方議起徵懇切痛快出自

陛下真誠惻怛之衷使人心振發窮民感泣方於時艱有濟天變可弭臣愚不識忌諱冒昧瀆陳伏乞

陛下留神省覽立見施行臣愚幸甚天下幸甚

柴菴疏集卷之二

山西道監察御史臣吳甡謹題

臺疏 天啓三年

屯例太濫名器可惜疏

臣巡視廠庫凡工部新舊事例皆繇臣衙門掛號伏見屯田司陵工新例再四簡閱浩歎久之竊不意名器之濫觴一至於此夫該部之開事例爲陵工也或有慨於發帑之艱誅求之竭不惜借箸以籌少示通

融臣寧不諒之如果無關體統罔礙國制亦何樂株守爲而實有不然者謹先按其必不可行者數事爲陛下陳之一廪生納准貢例因之有貢士蕤昉之肩官鄉舉里選之意

祖宗朝極重之枯管三冬寒窗午夜嘔心鏤腎需之數十年尚不易得而今以納鏹得之則辱士類甚也且邇來兩次恩選俊乂雲集銓曹之牘疏淪甚難若此倒一開納者必多則壅選法甚也是何可行也一納府通判運判正提舉例府判列在郡守之下位居邑令之上秩固甚崇矣今無籍市民多金邑子朝輸白鏹夕紹青綬使郡守比肩有非類之辱邑令折腰切銅臭之耻沐猴而冠牛驥同皁名實既乖體統安在是何可行也運判提舉職司鹽課其途甚雍今國家急軍儲淸鹽政議者方有改用甲科之說蓋重事權而法乃行借廉能而蠹可淸也今貲郎以數百金攫得此官如置肉餓虎之蹊驅蠅積穢之地濡而溺

焉何惜之有亦甚非國之利也是何可行也至於首領佐貳納銀請封一款尤爲悖謬朝廷設封典以昭激勸榮及父母恩逮妻室最鉅典也雖守令之賢非得撫按正薦未可妄邀如行人之官郎進三年考滿不得及父今三司首領衛郡佐貳但有奬勵皆得納銀買贈是輿隸之流得襲衣冠貤封之典竟同市販乖之青史謂國家封典不足重輕貤恩無關榮辱所損不小又不獨繁纓之惜敝袴之徵已也是何可行

也臣聞惟名與器不可以假人爵位曰名章服曰器故古之人君見賢授爵因能任官唯持之甚重故與者愼而受者安有之不易故得者榮而失者辱也譬之珠玉以難得爲貴使易如丸礫則婁人賤子皆可俯拾何足貴乎況名器太濫則人有倖心典章太褻則俗多凌替茲亦賈生所爲痛哭流涕者也他如遣戍本係重犯或終身或永遠俱令以貨解免則開有力者輕犯法之門又如納官宜有定數舊例多新例減故以輕值招來幾同爲市者左右望之行變亂王法虧損國體諸如此類併當議裁雖然臣區區愚忠非獨此也

陛下纘承大業富有四海

先帝龍馭方遐殿廡未就玄宮甫閟劍履猶新每當春秋之際清露下零寒霜既降

陛下於此能無恫愴古人不以天下儉其親

陛下何惜數十萬帑金不以輸之

山陵嚴責司官早竣厥事庶幾少盡人子一日之心乎該部不能仰贊孝思力持大義而止以事例襲責貽朝廷以賣官營葬之名臣竊爲不取也今

裕陵開工在邇而事例之入尚無分毫如欲取給非沿日曠月必不可得

陛下踐祚已三年矣而

先帝山陵日久未竣臣度

陛下之心必有所不安也伏乞勅下該部將臣前所列諸款先行停止其餘仍令酌議或先請發帑俟陵工竣事而該部以別項節省次第補之不令國家有爲陵工開事例之名於以全國體而昭孝思豈淺鮮也

表章真儒乞議易名疏

嘗考周禮士之有道德者沒爲樂祖祭於瞽宗又古者士大夫死而易名以彰媺行爰有謚典雖褒崇各異其於表章先哲翊揚風教均也而况闡明道術德在人心功垂萬世者謚與祀固可緩乎故迦自孔孟下迨宋儒或稱千聖之真傳或名六經之羽翼有功斯道俱隆是典至於我朝
太祖開帝統於中原
列聖顯文謨於奕世淑氣所鍾名賢輩出如薛瑄胡居仁陳憲章王守仁等業採羣議各予美謚侑食孔廟崇儒重道於斯爲盛矣而臣竊以爲未盡也共間名世間出真儒蔚起或以歷世尚淺偶因公論之未定亦有潛見殊遭苦於表章之無人雖洙泗一脉不乏繼統之賢而俎豆千秋容多未舉之典然不墜者道不晦者心今

聖明御宇正大道中天之會而禮官議謚乃徵顯闡幽之時所爲紹明聖統表章實學經正民興千載一日天恭以開
陛下也以臣聞見最真私淑有年世未遠而居甚近風猶在而澤未斬如故儒王艮者臣謹據實爲
陛下陳之艮泰州安豐場人場俗故業鹽無宿學者而艮孝出天性寔日見親以急務與冷水乃痛哭曰某爲子而令親天寒與冷水乎何用人子爲於是出代親役入濉掃定省如古禮惟謹時
武宗朝總兵神周索鷹犬於鹽場有司派諸竈丁有艮父名艮毅然代父往極言利害事遂寢久之謝役專禮爲儒者行益純忽心量洞明悟性無礙而天地萬物爲一體行住語默皆在覺體中王守仁巡撫江西講良知之學艮聞而造之往返問難悉其精微已而太息曰是艮之罪也夫何風之未遠也駕蒲車北謁孔廟所至以道誨人留京師一月竟諸衆心而反艮骨剛氣和性靈明徹見人眉睫即知其所存接引

人無問僕隸雖貴顯悍戾聞言媿悟有蓄疑不解者旁及他事使本疑頓釋機應響疾是時同講習者如山陰王畿安福鄒守益吉水羅洪先皆海內名儒從艮學者甚衆而林春爲第一春亦泰州人以會試舉首官吏曹至文選郎中尊信師説終身不懈蓋艮之學以悟性爲宗以反己爲要以孝弟爲實以樂學爲門以太虛爲宅以古今爲旦暮以明學啟後爲重任以九二見龍爲正位以孔氏爲家法所著語錄及樂

學歌孝弟箴勉仁方格物要旨明哲保身等論皆洞徹性理鼓吹聖經脫訓詁之筌蹄探孔孟之精奧總之艮得力處透悟似九淵而不滯於禪窮理似朱熹而不滯於迹先臣大學士趙貞吉稱其契聖歸眞生知之亞蓋實錄也洪御史垣搆室居其徒吳御史悌抗疏表其學海濱學者尊之爲夫子迄今宇內士大夫皆稱之爲心齋先生艮歿而其子王襞最知名獨得其傳世儒亦稱爲東崖先生襞博問精討迥流窮源生平嚴取予敦孝弟標樹山嶽之上越軼風塵之表嘗與門人扁舟往來歌聲與林樾相擊發聞者以爲有舞雩詠歸之風海內名卿鉅公如李文定春芳凌中丞儒羅參政汝芳聘迎無虛日又如臣邑韓貞以村里陶人一遊其門卽成彬彬儒者今祀鄉賢有光邑乘益見艮之風教遠也

皇祖朝議艮從祀未果今公論久而益定大道闡而日章臣愚竊謂布衣易名從祀自胡居仁而下無有

右於王艮者臣因是而知聖賢淑世之功大也在昔韋布主盟斯道刪述之業與平成之勳共茂空言之垂與典謨之訓並傳何哉蓋道之不行其患大而道之不明其患尤大不行之患升沉猶在世運不明之患晦蝕遂在人心世衰道微異學蠭起邪説橫議簧鼓世教其弊流爲乾竺老莊而其禍慘於洪水猛獸所賴天生聖賢提醒聾聵振覺世之金聲掃迷途之榛棘倡明絕學昭於大道如夢者因而得覺醉者迷

而得醒良知格物之學眞千聖之嫡派而儒者之正宗也議者謂王守仁之功不在孟軻下臣亦謂艮之功不在守仁下蓋守仁之學得艮而彰明於世守仁名位顯赫事業彪炳世皆知之而艮之功在萬世之人心祇以隱處草澤表章無人未崇大典臣生同里閈素得於聞見之眞故敢據實敷陳庶幾揚潛德之光翼文明之化云爾伏乞

皇上勅下禮部將先儒王艮速議易名與以美謚其從祀孔廟併採羣議與諸臣疏請如羅倫章懋吳與弼鄒守益諸儒臣俟論定隆以祀典於以明正學而光文治豈非聖世第一美政哉

兵食大計亟爲籌畫疏

竊觀今日逆　虜伏於關外安　跳梁於黔南

陛下宵衣旰食再三勅諭者惟此兵餉一事即諸臣殫智竭忠屢牘入告者亦惟此兵餉一事問諸職掌則戶部主餉兵部主兵此身在局中者也宜視國如家實心任事使精神貫徹血脈流通無方圓之盡而泰越之視庶能補救萬一而今何如也主兵者不籌餉主餉者不籌兵不知兵與餉原非二事主兵主餉

當同一心今既互相推諉如某處請兵兵部不問有餉無餉而增兵矣某處請餉戶部不問有兵無兵而增餉矣故有財已匱竭而兵部益兵不已民已困窮而戶部加賦不已一歲出入之額未見清查各邊增減之數未經銷算每見票擬下部不高閣束之則仰屋而歎不以爲計無復之則以爲權不在我噫嘻負國家而悞封疆莫此爲甚嘗考宋臣范鎮之說以爲中書與樞密兵民財用當互爲關通臣謂今戶兵二

部宜倣而行之總計各邊鎮兵若干原額幾何今增若干減若干應用餉幾何舊餉若干新餉若干一歲清數觸目了然有無通融互相商確至於贅員冗食作何澄汰逃兵盜餉作何追究占籍逋賦作何查覈每季清算逐年結銷計兵定餉節餉養兵亦宜聞會輔臣使知兵餉之數孰緩孰急宜增宜減量入爲出以制國用即有意外之虞額外之費時加劑量協力籌算如此而後精神貫徹血脉流通庶幾有濟於事

項輔臣葉向高萬目黔省之危請發帑金三十萬陛下止給十萬餘著鄰省措處南京協濟協濟之說不知出自何項措處之策則大司農但斂之當鋪已耳無藝之征無論非體即權宜於一時將解發於何日無乃止渴之術歟恐爲枯魚之索矣臣昨歲曾有汰冗一說謂清兵所以清餉項閱督餉御史李時榮軍兵茫無歸著一疏新募之兵大半子虛了無尺籍冀爲避事孔棘不得已募之如果精銳宜統以大將

別立一營爲防禦京師策應山海之用不則從而散之猶留有用之金錢不至供游棍之耗蠹夫即此數十新兵已歲費太倉數十萬金矣恐各邊鎮各衙所蠹蝕者又不止是也此獨非餉歟而不一問耶今天下未嘗無餉也不釐弊不節用始無餉耳臣不暇縷指即如鑄錢一節歲留淮課十萬計自開鑄至今四年於茲且四十萬矣當銅幾何月鑄幾何歲得子錢幾何所留淮課皆京邊急需曾否扣存聞奸商冒領

銅價蠹蝕不可問爐頭皆市棍猾胥奸弊萬狀又聞所進大內銅錢每年萬緡皆非出之羨餘實乃取之正額司鑄者以萬緡爲口實而以四十萬金爲漏卮大可異矣夫無子錢猶可言也併母錢而糜之不可言也此獨非餉歟而不一問耶太倉金錢出入無數至有不繇堂劄不經科道掛號之錢糧徒供吏胥積棍之乾没大可惋惜内外各倉之餘米司庾者加意節省歲可得二三十萬石今乃借之市惠半以供衙

門各役之費脊其不肖者同於市販或以價舖戸之買辦飽一已之囊橐此獨非餉欸而不一問耶其他財賦之司皆有弊可革有餘可積臣嘗聞舊工部郎中郭尚友廉能卓品經濟長才爲營繕時節存料銀百餘萬後遼餉無措爲戸部那借八十萬使司餉者而盡尚友也何患無餉哉臣請

陛下著爲令凡司財賦者不論在內在外以節存多寡分別才品不次優擢各部堂上官當精爲遴選擇

廉幹司屬以任餉務與禮兵二部一例題選其貪庸不職者重加降斥天下之士曉然知

陛下奬廉懲貪則賢者有以自見必不紛紛求調其有補於餉也大矣臣近見邸報斬鮮擅自廢立識者僉謂　　狡計欲斷毛弁牽制之路爲併力窺關之舉時勢至此亦孔棘矣關撫閻鳴泰外示强陽中實庸懦卽其舉動乖舛疏詞鄙謬上負國恩下負知己若不早爲褫斥終必敗壞封疆當事大臣必不襲姑

留之套以遺君父之憂無俟臣言惟是樞輔關外布置竭盡心力而關內一帶尤宜責成順天撫臣悉心料理郡邑守令不可不擇魏尚之守雲中頗與卿之守平原古之守令卽將也

陛下念邊吏之苦詔以三年行取恩至渥矣誠宜擇廉幹精敏之吏星布其間人人干城處處武備如孫朝肅楊炳趙延慶汪心淵其人者爲山海之保障作畿輔之金湯異日取而置之淸華非獨有補於地方

抑亦不負優渥之大典其庸懦貪暴者急斥之年力未衰者量移之此撫臣事也而安諉乎夫擇守令在他郡邑皆然而京東尤甚他郡邑以敎養黎庶爲事京東一帶則文事而兼武備撫字而兼訓練者也亦目前之急務也夫貪暴有司吞噬者

陛下之赤子剝削者國家之元氣故盜餉之害猶一二蠅營於溪壑病在國計剝民之害縱百千虎狼於郡邑病在民生民窮盜起勢必增兵請餉不可謂此

用人貴預任人貴專疏

臣竊見遼左用兵六年於茲易經撫者屢矣未有出

一奇建一策以分

陛下東顧之憂者

陛下賜蟒賜劒之人即負國負恩之人荏至於今亦

心任事不辭勞怨者僅得一樞輔然亦幸賴

陛下威靈　悔禍嚮伏未逞故得從容展布耳非

過都歷塊不辨良馬非爭鋒對壘不顯智勇臣願樞

輔且無言去其素所自負者幸爲

主上終試之頃者撫臣閻鳴泰波㮣吏部有咨訪閫

撫之單臣覽而浩歎久之良由得人如此之難也今

人巧於營富貴拙於謀封疆每遇華膴之地清要之

官則攘臂爭先曰論資望應及我矣一旦巖閫有事

彝邊之人則裹足不前曰此難事我不任也嗟嗟臣

竊不意

陛下素所優以隆恩寵以崇秩者乃不能備國家緩

事無關於兵食之計也臣目擊時艱日夕思維冀少

竭一得之愚而智慮疎淺懼無以仰助

高深況臣所敷陳不過空言兵食大計全在戶兵兩

部提挈要領職業所關安危所繫若昏憒不振一籌

莫展其如國家事何臣言雖戇不失爲部臣之藥石

惟

陛下俯賜省覽採擇施行

急之用亦至於此臣私用慨歎以為山海何地巡撫何官樞輔留則用巡撫樞輔去則改經略是今日之關撫即他日之經略也此其人以一身係天下安危胡可易得夫得之固為不易然求之失於不早臣有說於此曰儲才於先久任於後而已儲才如儲粟粟儲於豐年乃可以救饑才儲於平日乃可以濟用曩者臺省議添設兵部兩侍郎非以資帷幄之算備閫外之寄者乎而今有人焉請纓而往者乎若未也則

添設謂何以後推選必可以經略山海者乃任此官任此官而知異日有事山海則必屈羣策羣力而蚤為籌畫居恒具有成算臨事不至張皇萬一有如鳴泰者朝議罷而夕啓事不十日抵關門而代之矣今幸有樞輔在故從容議人不然者累卵之地虛無人焉即有人非數月不得代可不寒心哉今之順天天津保定等處諸巡撫非與山海表裏者乎無事則鎮撫百姓訓練將士為榆關之犄角有事則躬率精銳指授方略為榆關之策應此其責任實不下於關撫今時論所推如張鳳翔李邦華誠為翹楚此外未敢妄許也以後廷推宜擇有才望可為經略者方授之節鉞以鎮鑰山海保障神京萬一有如鳴泰者朝議罷而夕啓事不十日抵關門而代之矣先臣王瓊為兵部尚書預置王守仁於南贛曰此居上游即有變守仁必能擒賊臣亦謂諸撫得人即山海有警諸撫必能禦　此皆可議之平日為儲經略之策者也李

光弼入河陽軍而旌旗變色韓琦范仲淹為招討使而西賊寒膽然則今日所難亦在得人耳誠平日講求預書夾袋或置之近畿或置之樞貳以備經略之選勞於求而逸於使亦計之最便者有人矣可為巡撫可為經略矣則願

陛下久任之

先朝如于謙撫二鎮前後十年周忱撫江南二十二年久任責成以故文經武緯皆盡其長今之驟遷無

乃爲地方之累乎若關撫得人幸勿責以近功勿搖以紛議使得休養士卒選練兵將如李牧守邊之法無輕言戰俟布置已定將士豫附投石超距樂爲我用然後乘　之隙伺　之怠興問罪之師爲恢復之舉耳夫不審虛實不料强弱不問將士可用不可用而曰　在日中遼瀋旦夕可復此妄言徒爲有識者所笑從古大經濟人必沉潛剛克内有赤心外無浮氣乃能收戡亂除兇之績若好事喜功輕舉妄動不待兩軍相對而已知其什轅泛駕矣語曰亡羊補牢猶未爲晚當事大臣鄭重此舉必且虛公擇人不拘資俸不採虛譽務得真實經濟之才使今日可爲關撫他日即可爲經略以代樞輔庶不至一悞再悞付封疆於一擲耳伏乞

勅下吏兵兩部採臣愚見以後推樞貳及近畿各撫務預儲經略之才但有更易就中推補推補既當併議久任不待臨時咨訪倉卒悞事則封疆之幸

宗社之福也

柴菴疏集卷之三

山西道監察御史臣吳甡謹題

臺疏

視學大典速賜舉行疏

臣惟自昔盛王莫不崇尚風教雖時當衰亂莽雄雲擾東西誅戰不遑寧處猶投戈講蓺息馬論道誠以治亂之原係於教化而風厲之術倡自朝廷况孔子萬世之師神京首善之地躬行倡率風示海宇使道化翔洽文治覃敷家敦詩書之好人多君子之行小大隨化八方清肅是亦帝王之盛節也國朝舊章凡刻聖御極之初舉行典禮郊祀以敬天大閱以講武視學以右文蓋鉅典也

陛下兼天地之姿纘

祖宗之業勤學圖治三年於玆頃允諸臣之請郊祀大閱次第舉行惟視學之典未沛德音在

陛下垂情聖學游意經蓺必知崇儒重道爲千古懿

舉從以禮臣未位致稽上請然海內嚮化之心每於臨御之始引領觀望未可視爲虛文遂致因循昔我

太祖高皇帝膺億兆君師之任正中夏文明之統首建國學親祀孔子御筵講書取尚書大禹皋陶謨洪範親爲講說反復開諭羣臣聞者莫不悚悅

成祖文皇帝視太學行禮畢御彝倫堂諭諸臣曰六經聖人之道彌綸天地明揭日月垂憲萬世率由彝訓與卿等共勉之復御製碑文峙列學宮自是而後守爲彝章無不紹明纘述以光大典在昔漢明帝駕幸辟雍引桓榮及諸弟子升堂帝自爲辯說諸儒執經問難於前冠帶縉紳之人圜橋門而觀聽者以億萬計永平之政青史榮之魯僖公紹修文德思樂泮水無小無大從公於邁是以有采芹采藻之頌卒之淮彝獻琛懷我好音蓋古之哲后類皆崇尚文教若此若衰季世主則不然用嵬瑣之人行因循之政棄先王之道遠經術之士或焚棄詩書爰有坑儒之禍

或崇信乾竺漸成左衽之風益倡率不端則人心日僞人心既僞則風俗日偷廉恥之風砂而忠義之節衰斯道否塞國運隨之如秦皇梁武之世可爲殷鑒

伏願

陛下遵

祖宗之成憲追哲王之芳軌黜閒圭之衰習端風教之首務勑下禮部預爲修舉或於仲秋或侯明春幸臨國學躬行典禮講習聖經寵進儒雅仍博求海內經明行修之士徵詣公車如李光縉陳繼儒之徒督率生儒闡明經義以庶幾執經問難之風至廊廟之上不可無皤皤之艮華首之老論難衎衎共求治化儒臣鄒元標三朝遺直一代名賢時望攸歸士論共仰若徵赴京師寬其職務常侍左右必能陶成聖德彰明政化即或行年將衰出山無期詔令有司時加存問亦養老尊賢之盛事也焉從吾端品亮節篤學閒修静依仁宇動践禮域以堯舜君民爲本懷以明道淑人爲己任非獨學者之宗師實爲國家之典刑年力正茂雅抱未展若居朝宁之間論道經邦必能興起絕學表正頹風又如詞臣文震孟孫落倜儻雅志忠孝感時念殷報主心亦偶以字句未簡致被嚴罰夫非

陛下首拔之士歟何斥之速也夫翰苑清華之地但知涵養元氣坐致鼎鉉一有諫諍便詫爲異事然

先朝如岳正舒芬皆以直諫著聲詞林至今猶賞其忠不罪其戇如震孟者正未可少儻旦夕賜環列在經筵必能剖忠陳說開悟聖聰此皆名儒有關經學故臣縷及之昔漢臣匡衡論政治得失謂長安天子之都親承聖化遠方郡國於此則倣此教化之本原風俗之樞機宜先表正臣竊見邇來風俗靡陋士習囂凌不勝慨歎即如國學去天尺五而假生市猾充斥其間見於詞臣姜逢元所參摘者把棍得濫衣巾而干禁私揭肆行無忌見臺臣方大任所糾題者纖

內尚然何怪陝西青衿鼓噪無忌哉夫爲
陛下教養人才者外則提學內則祭酒司業不獨文字考課之間當有木鐸鞞瞶之意今國學廢弛已極博士倚席不講臣入班行日淺未見有胡瑗李時勉其人者申嚴條教甄陶士類江河日下狂瀾安砥臣竊有世道之憂焉兩京學政克舉其職至如各省適年以來求其卓粹清嚴持正不阿指不多屈若夫驕蹇自恣取舍任意逢迎勢宦進取徇情則比比而是

矣恐天下孤寒之士聞而惋歎以夤緣鑽刺之習終不可破有灰心焉而勢要子弟則舉手相賀風俗日偷人心滋僞其關係甚非小也
陛下方建中興之業海內日望教化之成而諸臣以風教爲綴圖經術爲迂譚何以仰贊文明之治共襄雍熙之理乎是在
陛下加之意而已矣

直陳時政之失疏

國家所以震懾人心者惟此法紀英主之朝不別議法也法在必行而已矣闇主之朝非眞無法也法不必行而已矣法不必行與無法同日陵日替馴致於亂所由來漸矣夫天下犯法亂紀之事非必人甘爲之其始未嘗不畏憚繼而稍嘗試之久則安焉習以爲常下以犯法爲常上以不用法爲常因循苟且而天下事去矣語曰爲虺不摧爲蛇若何言漸不可長

極則難返也故英主往往防之於微而不開之以漸臣不必遠引伏見近日數事竊不勝惓惓焉爲
陛下憂之去歲新兵鼓譟挫辱遊擊使當時梟一二倡首者於市則今日必不敢羣譟於總督之門夫譟遊擊者譟總督之漸也總督京營國之重臣也而軍士淩辱之無法極矣猶然懸三尺不問薄罰一二員役以塞責也此與後魏羽林軍焚張彝第而被赦者何異臣恐軍士習以爲常長此不已必至元帥輿偏

禆偏裨輿士卒
陛下端拱熟視而成後魏之風也是可憂也前者科
臣爲閹豎所侮抗章以請使是時稍懲一二輩於法
則今日必不敢譁集於尚書之堂夫侮科臣者侮尚
書之漸也尚書大臣也而羣閹侮辱之無法極矣今
幸稍一斥降猶存國體而查究司官外庭駭異不解
其故以爲
陛下罪內臣爲朝廷存法紀耳豈併罪司官爲內臣

存情面乎夫內臣以朝廷爲吾儕而罪司官也必糾
結以爲常冬衣一日不給則咆哮一日不止且罪司
官與罪尚書鍾羽正何異羽正義不受辱必當力請
去以明大臣之節若不早爲慰諭恐內外爭勝而成
漢末十常侍之釁也是可憂也至於先臣薛蕙不得
贈官司官徐大相降調一事外議喧傳皆爲扼腕夫
蕙披肝瀝膽效忠兩朝文章節義炳照千秋彼且輕
富貴於當年寧復計官爵於身後而大相闡揚不置
者意
陛下激勸臣忠必首旌錄之有捐軀之思有不與同
時之歎而靳不予贈又罪之何也臣聞式怒蛙者求
勇力之士市駿骨者致千里之馬上好下甚捷於形
影今
陛下不錄忠直之臣竊恐天下爲臣者謂全軀保妻
子者享生前之福吐膽批逆鱗者無死後之旌誰肯
冒萬死不幸一生而以忠直取罪乎是

朝廷厭棄忠諫之漸爲臣子習僞懷欺之漸也夫使
臣子窺
上意旨皆習以諂諛容悅軟熟圓巧爲常即朝有闕
事求如蕙奮死爭者必不可得甚非國之利也又如
近日三王請逮治於守先等一事不過鄉民逋欠租
課耳臣愚以爲事甚微細下其章撫按行有司查覈
奏當法如是止耳何至煩天子緹騎哉
陛下誼篤親親不忍以二三無知小民田租瑣細之

事重違三王之意而三王固天下之賢王也豈以二三無知小民田租瑣細之事輕瀆朝廷之法頗無奈張學書之蒙蔽何也臣聞孝婦枉死能致三年之旱庶女含冤爰飛六月之霜人命至重行法宜平據撫臣岳和聲疏列學書淫虐諸狀令人髮指即其賄買戶書銀紬有據姦逼民婦律例森然地方官見聞旣眞何可不問近聞鄖報鎭撫審詞亦有虎假難容之語特以投鼠之忌莫伸破柱之威耳三王賢明豈庇

一學書而廢

祖宗之法臣知其必不然矣閒左愚民不得上叩九閽若不勅法司據實研審窮究情弊恐犯法者借口祖課以漏網爲幸以誣陷爲常是左右欺蒙之漸爲刑政倒置之漸也其關係甚非小也此四事皆有關軍國大臣宜爭小臣亦宜爭今日宜爭後日亦宜爭爭而得則國法伸而

陛下享納諫之名爭而不得則公論明而國家存清議之案如以煩聒爲嫌則古之解衣就烹引裾補牘者非歟忠臣愛君不以逆耳取罪而甘諛佞明矣或謂屢奉明旨未便更改臣以爲帝王盛德莫如成湯仲虺之誦湯不曰無過而曰改過不吝過而能改天下仰日月之明風雷之益垂之青史尤爲美事豈

陛下爲堯爲舜而固遜之兒前事振飭甚易如飭軍政則嚴鼓譟之令留大臣則寬司官之罪錄忠直則復封司之官愼刑政則覈情罪之實天心默轉感雷

皆敎何憂積習不立掃而人心不感奮哉臣聞聖人防微明主杜漸故易著履冰之詞書嚴罔譏之訓即在盛明之世猶宜凜凜况今廟算無聞外寇未靖奸民窺伺豪傑生心每談時事輒爲咋舌朝廷舉動乃治亂之原不可不愼臣之私憂實非過計臣幸遇寬仁之朝事堯舜之主亦欲矢心竭忠以圖報稱何忍緘默自負生平故從諸臣之後而竊附於知無不言之義如此伏乞

陛下採臣防微杜漸之説爲飭法振紀之圖則犯法者少而願忠者衆中興之績可坐致矣臣無任激切屏營隕越待命之至

召還忠直大臣疏

臣聞大臣法小臣廉夫廉爲臣節尚矣若大臣垂紳殿陛委蛇退食亦足以養尊處優安取法乎臣潛玩斯義乃知大臣者庶官之表也古人立朝首尚風節夫守正不阿屹若柱石使海内具瞻凜不可犯然後綱紀肅而朝廷尊循覽近季玆風益渺伏見前刑部尚書王紀生無媚骨卓有擔當歷中外皆著大節

陛下採之輿論畀以司寇之位而紀執法如山去惡務盡片言定封疆之案屢疏擿奸佞之魂孤忠報國鼎鑊如飴策蹇西歸一身似葉詢厥所由初無大過祇以慎重刑章遂蒙褫斥雖聖度如天終有召還之日而輿情久鬱共輿直道之嗟自去夏以來屢奉温綸凡因言被譴皆荷殊恩納諫容直之美上媲堯舜下陋漢唐臣竊私慶

陛下之待小臣如此豈於大臣獨靳而賜環之舉迄今杳然是何紀之未槩於聖心也方今時事多艱用

人爲要負清望者激於大義而有褫被之行鮮才畧
者甘心昏憒而悞軍國之事有臣如紀未可終棄昔
人有言鷙鳥累百不如一鶚每誦此語爲紀三嘆且
聞紀以忠鯁襲爲閹人劉朝所搆陷人心憤鬱非復
一日特以齒馬之嫌未敢直言
陛下業察朝奸狀與衆共棄天下仰頌聖明至今手
額夫旣勇於除奸寧復怯於用賢矧大慶在邇凡被
譴諸臣冀沐隆恩即大臣中有德望表著千秋才猷
夐出一代養痾林下行當召用未若紀忠而見擯以
朝廷大臣而編於閭左齊民者也臣竊以爲賜環盛
典宜從紀始臣明不知人惡多迕俗伏採公論訂合
愚衷有見於紀之忠直褫削非宜不顧聖明之朝有
此闕事輒敢補牘上塵睿覽伏乞
陛下念紀三朝老臣夙多建樹襲雖爲法而受罪不
妨略短以錄長若復其官秩特賜起用出自
聖恩實爲盛舉

嚴限緝盜以肅法紀疏

看得盜賊之害今日尤劇兵潰於行伍而嘯聚者能
爲盜民困於誅求而獪黠者亦能爲盜臣曩有言入
告謂京東一帶宜責成守令緝盜安民甚不勝惓惓
焉憂之及臣有巡視北城之役未嘗不以詰盜爲首
務督諸捕盜官役日三令而五申之也不謂都城之
外有盜縱横劫財殺人閔不畏死如劉卜科等數十
人者據失主陳本之詞謂盜手執刀箭殺死蔣惟進
則非鄉邨鼠竊之伍也謂地在青龍橋去城不過數
里又非荒僻之野也謂次早跟獲三賊於阜成門外
則又横行大都之中者也若捕盜之官素能謹嚴兵
番之役用心覊訪必能覺察於蚤何至聽其蔓延若
此哉巡捕把總李芳春何辭以逭玩盜之罪即已獲
三人而未獲者尚多也該坊副指揮張應聘亦與有
地方之責如曰責屬夜巡治盜自有主者而應聘所
主何事也臣因是而知保甲之法宜飭窩盜之禁宜

嚴也盜雖黠不能置身空桑之內盜雖智不能妄竄秘密之藏有積盜焉窩之而又有地方熟盜焉指授之而後可以得志然使保甲素嚴稽查誠密雖有窩藏之家慣偷之輩皆可縛而致之官富者得保其身家窮者得保其性命地方安枕而臥矣故除盜宜先除窩除一窩勝除十盜何也窩除而盜無所藏地方之盜除而流聚之盜無所入也除窩除盜總之責成保甲是又拔本剪萌之道也除已獲强賊劉卜科等

宜下法司究擬正法外其餘未獲夥盜乞嚴勅李芳春張應聘勒限協緝一月不獲另聽參處仍乞
明旨申飭有司行保甲之法嚴窩盜之禁庶可以弭民害而靖地方不至蔓延難圖空貽異日之憂也

額餉難加冗食當撤疏

臣巡視北城於本月初五日入署視事接提督九門太監李希哲移會手本爲門軍苦役可憫等事懇求加月糧也初六日見邸報已奉旨下戶兵二部矣臣始以
陛下優恤軍士如此其厚也已而思之門軍月糧從來以久肯我
成祖文皇帝經理天下建都燕薊其於軍政最爲詳

盡豈不知門軍巡守之勞而故靳之夫亦謂如是焉足矣相傳二百六十年未有敢擅議增者今乃自該監始臣查內外十六門設軍六千有奇其精銳者隨京營操演月支米一石而老弱者乃充夜巡傳箭之役如該監所稱一千四百七十三名者月支米八斗
祖宗設法自有深意該監不察而代爲不平之鳴至引新兵邊兵之例則悞甚矣新兵八千議起倉卒原非良策始猶軍舍冒充今且尺籍伍符了不可問將

用以防禦則京營十萬亦不爲少將用以守門則舊軍六千猶見爲多今新兵不隸京營不隸各門空付之奸弁之手子虛烏有安享坐食奚所用之目前兵多餉匱司農仰屋計無所出不得已而會議議者曰以汰冗清濫爲請臣堂官鄭三俊亦言新兵宜裁忠謨讜論鑿鑿可行而部覆耽延至以有用之軍儲供無名之冗食良堪浩歎不謂該監之復引例求加也夫人情至無厭也八斗不足加至一石一石不足必

求再加今京營兵操戈比干爲

天子爪牙亦不過月支米一石門軍若求加於八斗之外則營兵必求加於一石之外以有限之粟供無饜之求臣竊憂其繼矣今天下非無兵之患而無餉之患非無餉之患而糜餉之患兵日益增餉日益糜兵日益潰餉日益竭月支九錢者或加而一兩五錢矣又或加而二兩三兩矣臣私用揣度假如有岳家之軍淮陰之將使在今日當費國家幾許糧餉耶科

臣方有度疏稱正賦之外尚欠一百六十餘萬理財無策久當必匱未收戡定之功先受空虛之害是以有識之士怛焉心憂夫今日最急無如關門最勞最危無如關門之將士此以備折衝敵愾之用者也而議者猶以加餉太多爲憂卽使帑有餘金廩有餘粟亦當儲以俟關門緩急之需門軍何得比數於邊兵而乃妄議加哉臣前奉堂劄嘗查右安西便等門官軍平日冒替臨時應點百名之中十不足五半以飽

貪弁之侵尅半以供各監之隱占故貪弁利於兵多而各監利於糧多何也兵多則侵尅亦多糧多則隱占亦多也該監以月加二百九十餘石僅僅爲太倉之稊米而不知以歲計之則三千五百餘石粒粒皆小民之膏血當此三空四盡之時增此無名無藉之費加糧之說臣愚竊以爲不可且非獨此也兵食者

軍國之大計

陛下詰戎兵則問兵部覈糧餉則問戶部清查軍士

則問巡視科道若提督之役不過朝夕查點稽出入司啓閉而已餉之增減非該監所得言輕改祖制市恩瀆奏臣不能爲之解矣臣職掌相關不敢避蒭馬之嫌區區愚忠非直爲太倉惜此數粒米而已伏乞勅下戶兵二部留心兵食無徇情面新兵冗冒速當議裁門軍月糧仍宜照舊庶兵有實用而餉無虛糜亦今日會議中之一端也

安民必先擇吏疏

臣起家縣令歷遊閭閻之間竊見上下文法黎然具備監司守令下及丞尉猶知兢兢職業有犯法者三尺繩之罔不斂戢未聞有經歲不結之事屢年不獲之奸臣妄謂在外如是京師可知臣入班行已年餘矣而所見聞者殊不然軍國之事有經歲不結者矣漏網之奸有屢年不獲者矣各衙門多徇情面職業不必修矣下吏縱橫神奸蝟集良懦小民有朝夕莫

必其命者矣臣不覺瞿然有餘憂焉此根本之地也而何以玩縱若此頃有司城之役業已告竣其於民間疾苦得之聞見者稔矣臣竊惟今日之務欲飭法振紀去害安民則惟五城御史府尹與兩縣令而已矣京師五方雜聚凡捍網懷奸之輩皆借爲逋逃之藪往往憑籍叢神奸蠹百出究之惡通於天而禍中於國惟五城御史得操刈楚之柄如臣同官梁之棟之擒劉保方震孺之擒莊士元劉芳之擒王一鵬夏

之令之擒王天授等霆搜電擊摘發如神冷面忠肝爲國家芟除大蠹至今奸宄斂跡憚其手采澄清畿甸加惠元元厥功不小臣乃知國朝設五城御史緝奸摘弊無非誅鋤稂莠爲培養嘉禾之地法最善也近有議五城改差一年之說或亦見及此乎至於身任牧民責在守令府尹之權在漢得專誅殺宋時以親王領其職最爲重任而今不然體貌徒尊事權不重往往厭苦簿書纔一受事旋即遷去眞所謂五日

京兆而已此當亟推精明任事之臣使之久任以責成功者也至宛大兩縣畿輔之首邑兩縣令爲諸令之領袖似宜重其事任加意遴選久任優擢以爲海內有司之倡乃作令者視如傳舍其精神用以營求陞轉結納權要於民事漠如也曾履任幾時而已報陞矣閭左舖商歲有迎新送舊之累姝非政體臣目擊兩縣令報陞衙官署事有赴愬於臣者進而問之曰詞落衙官小民嗚呼矣此嗟怨之極愁嘆之聲也

詢其所由有二苦焉一苦衙役之需索一苦店禁之羈勒凡豪強之輩爭鬬私憤錢債細事一稟衙官則一票數差此數差者聚噬羣嚼威如虎狠故民間極小一事嘗有數虎狼坐其家而吞噬之莫可控告此一苦也猾黠之徒據市營利是爲店家串同衙役設爲罟阱凡拘獲人犯不行到官徑送店家私自鎖禁如入地獄不得出見天日任其朘剝已罄乃始赴審而衙官無甚裁決不過押保追債而已于連牽累無

有了日此又一苦也臣嘗出示嚴禁稍就寧帖然相沿已久未易盡革夫百姓幸依輦轂之下親承聖化非若僻遠之鄉隔在天末而亦若此矣方今四郊多壘亂萌屢見京師根本之地不蚤爲固結何恃無恐臣實痛心何敢視爲瑣細之事知而不言乎雖然此長令之責也近京東一帶吏部有選用甲科三年行取之疏何獨靳於天子之首邑謂宜選擇廉明之吏先以約束衙官釐剔民害爲首務又必久任俟三年

考滿覈其才品而後優擢之如謂六品官不與清華則我朝亦有主事而選臺省者矣如謂破格事難於開端則近日二甲進士亦有選外州知州者矣以此例推之而京縣之宜用甲科久任斷斷可行者也如臣言可採伏乞勑下吏部酌議具覆併勅五城御史痛革衙蠹店禁之害庶小民有更生之望而京師享寧謐之休矣臣草疏畢適接家報聞臣母臥病方寸亂矣當陳情乞歸而區區犬馬報主之心既有一得之愚亦不敢不以奏聞惟

陛下采擇焉

乞代題終養呈

職萬曆四十一年進士起家縣令三任巖邑天啓二年四月蒙恩拔置言路於今一年零六月矣時事艱危正臣子捐糜圖報之日何敢自恤其私且需次題差期不甚遠攬轡澄清職雖不肖區區之志不後於人而無奈職有老母烏鳥之情萬不得已本月初三日職僕從家來言老母近得脾胃之疾飲食頓減日就衰羸呻吟牀榻念職不置語僕人曰兒久不歸亦

知我衰病至此乎此語旁人聞之亦爲酸鼻職人子也而何忍恝然於此職曩任闒邑職父見背於家未獲一訣終天之恨每一念及不覺腸爲之摧而淚繼以血也今老母衰病職不獲依依膝下致一日之養職烏鳥之不若矣且職自已未補官離家五載曩所爲竭歷供職於外者以有兄茝在母子相依爲命而兄茝已無祿早世矣職至今未得撫棺一哭前年冬特遣職妻歸奉老母近聞職妻亦病奄奄形瘁矣職

非人子乎而又安忍恝然於此自聞報以來方寸亂矣日忡忡怦怦心旌無所終薄寢食俱廢虚火上炎若不乞歸終必成病迨病而即欲竭忠事主豈可得乎職母今年七十有九職年三十有五昔人所云報劉日短者也不然衣繡持斧亦榮遇也職獨非人情也哉查萬曆四十二年山西道御史馮嘉會以母老身病具呈本院代題終養職與相同伏祈本院俯念人子至情准照終養事例代題職得歸依子舍終母餘年少盡愛日之誠不啻高天之戴矣

柴菴疏集卷之三 畢

柴菴疏集卷之四

山東道監察御史臣吳甡謹題

臺疏 崇禎元年

朝廷除奸之法疏

臣以終養家食五載横遭羅織之禍倒推部覆今蒙恩賜環一身恩怨可置不言請言其大者臣慮京察在邇奸邪伏莽實繁有徒恐察處難盡又恐有借察以掩其奸狀者國法未明關係匪細按我朝舊制六年京察四品以上令之自陳聽科道掌察者糾劾而其餘則考功黜幽有貪酷不謹罷軟老疾浮躁才力不及之名而處以革職閒住致仕降調之罰此爲諸臣職業不修者而設各衙門定有額數不得增減不過千百中摘處十一耳若大奸大惡附逆害人者不在此例如先朝劉瑾之敗一時附瑾用事者或誅或戍或削處降黜皆不待六年京察以此輩罪大人多考功之法所不載也魏忠賢竊柄數年奸邪蝟集忠

賢之兇逆倍於璫而附忠賢者之罪惡亦甚於附璫之徒臣約指其狀大略有四如搖動國母遐封三王虎彪義子上公封爵名曰佐逆如借題殺人屠戮忠良門戶封疆一網打盡名曰害正如稱頌功德建祠聚歛引薦邪類要典誣詆名曰媚璫如廝通權勢入幕親從矯旨加銜一歲九遷名曰速化此四等人或性如梟獍不知有朝廷君父或行類犬豕甘心作逆豎兒孫或奸官自爲唾罵絲他或殺人獻媚廉恥不

顧如是者豈無聰明才辨之士然名節掃地國法不貸有已經參處者有處分未盡者有經參論而部未覆者有未經參論而幸逃者有蒙面在任者有靦顏歸里者若不徹底澄清斬斷根株零章項奏恐煩聖聽若混入察典則名目不合額數有限挂一漏萬何以示懲而職業不修者將何安置似非法之平也伏乞

皇上於附璫諸奸勑部院科道將前所列四等罪狀彙列官銜職名各註事款實跡限考察之前合疏請

旨特賜處分務摘其附璫營私之實爲分別重輕之等勿拾其暧昧風影之言致開展轉飾辯之路其不在此四等者各令自新量加寬政則國法明而人心服矣至六年以內職業不修者照常處以察典應革職閒住者革職閒住應致仕降調者致仕降調各就本等罪案行其幽黜使天下曉然知附璫諸奸終難逃於憲法而邪類爲之一清職業不修之官不與奸

邪混處褫斥者尚可歸見鄉里降用者尚可懲創末路明白痛快法無善於此者不然漏網多則國法不行邪正混則仕路不清名實淆則人心不服如此而望蕩平之治未也如臣言不謬乞賜採擇施行

枚卜宜愼國體當惜疏

臣惟今日關繫國體無如枚卜一事古帝王擇相求賢托之夢卜曰天賚良弼簡在帝心如此其敬且重也其職則理陰陽順四時鎭撫四夷親附百姓使卿大夫皆得任其職焉是

皇上與之謀議幃幄平章軍國者也今推一吏選一官主爵者定流品矣不再舉也謂紛更非體也而況於輔相夫相大官也而如之何其可苟也臣見邸報

及記註所載深惜大臣不能力持大體致干聖怒啓有黨之疑下增減之旨國家數百年盛典一旦褻越至此臣愚竊爲國體惜之

祖宗朝凡枚卜多不過四五員少則二三員未有推至十員之外者今被人言者止一錢謙益耳其餘合輿論協聖心者尚多也若因一人而盡疑諸臣聽一言而幾廢大典則國體謂何至增減之說臣借箸以籌有未便者三減之則似以宅揆之舉行黜陟之法也在朝者既側色而求去在籍者將裹足以不前夫枚卜何事而令之進退維谷也未便一也增之則似以綸扉之所爲濫觴之地也有識者不處衆爭之位無品者或來續尾之嘲夫枚卜何事而令之出處蒙議也未便二也即使有增而無減慮或棄此而取彼前推者不能發明王之夢後舉者何緣致帝座之通夫枚卜何事而令之議論滋多也未便三也今首輔韓爌已入政府計首請於

皇上者無如此一事

皇上隆禮老臣計文華商確者亦無如此一事臣願

皇上召問首輔獨出睿斷仍將前廷推八員內欽定二三員以完大典以慰輿望其廷推未及者暫令恬退以端其品歷練以老其才少需歲月另候舉行則大體全羣爭息浮議省臣以爲甚便且也斷出聖心贊自首輔眞明良喜起第一盛事也臣因是而知閣臣關係之重票擬尤宜詳愼也臣頃有朝廷除奸之

法一疏已蒙採擇矣但票擬之旨微似未明臣疏原爲除奸而票擬畸重於曠職臣疏原爲查處而票擬循僕於酌議況該部見聞有見獨任頗難必得科道主察者從公協查乃無遺漏若該部少有推諉則諸奸反多漏網非臣建言之意矣伏乞
皇上申諭閣臣仍將臣前疏分別奸邪四等罪狀限京察之前著部院科道查明具奏聽候聖裁輕重處分則臣疏不至委之空言而仕路立見澄清矣因論枚卜而併及之

謹陳視學要務疏

臣惟帝王之治首崇教化而風厲之術倡自朝廷故孔子爲萬世之師神京係首善之地倡率宜先觀化甚遠臣見國家每事必求實效而况太學者教化之本原也
皇上備法物之駕盛清道之儀儼然幸臨從視爲虛文必有彬彬可光文治者謹列要務上陳一曰勤兢業以新聖學詩曰日就月將學有緝熙於光明蓋帝王之學不在文義字句之間取記問辯博而已在領其要而持之以敬是故大學始教皮弁祭菜示敬道也書曰予視天下愚夫愚婦一能勝予然則主上神聖其臣莫及之說皆諛言也以堯舜之聖猶曰兢兢日業業未敢傲然臣民之上而自曰予聖是故聰明非不可以示英察而明目達聰不炫聰明也喜怒非不可以著恩威而致中致和不任喜怒也臣願
皇上以古帝王爲法聖不自聖新而又新一言一動

謹防其微而在宮在庭一主以敬則學日淵徵德日
光大矣一曰禮老臣以光舊典古者大學有養老乞
言之典漢明帝幸辟雍以李躬爲三老桓榮爲五更
引弟子升堂執經問難史冊美之三代而上固有大
政有大議有大疑皆决於老成人之言是故廟廊之
上不可無皤皤之頁華首之老問難衎衎共求治化
非徒改容禮貌之空文而已臣願
皇上攷究古人所以尊禮黃耇之意而力行其實凡

一切大政大議大疑與在廷老臣從容商榷推誠勿
疑如
仁宗之眷楊榮賜之銀印曰繩愆糾謬又如
孝宗之召劉健藹然一堂如家人父子故諸臣得效
其匡啓沃之助此隆禮老臣之盛軌也至大臣在
籍八十以上者賜勑存問畿輔郡縣有孝弟行義三
老力田皆以差賜爵及帛如漢時故事是亦養老之
遺意也一曰端師範以養人才我
太祖高皇帝首建國學令生員入監肄業以三等定
高下凡通四書未通經者居正義崇志廣業堂年餘
文理條暢者升修道誠心堂又年餘經史兼通文理
俱優者升率性堂又孟月試本經義仲月試論及內
科詔誥章表一季月試史策及判語二每試俱優者
爲及格與出身不則仍坐堂肄業其後陳敬宗李時
勉爲南北名祭酒替宗之政肅於朝廷而得士最多
自納粟之例開於景泰以後而作養之意衰不復有

人才矣今監生年資淺者反不如効勞吏胥輩朝輸
白鏹暮挂青袍亦庠序之羞也臣願
皇上法
祖宗之舊勑祭酒司業加意作養亦遵課試之法以
次而升有文行俱優者咨送出身而博士以下皆宜
擇博雅經術之士充之則師範端而俊乂或可興也
一曰提忠孝以正人心傳曰君子之事親孝故忠可
移於君夫君父大倫與天地並爲臣盡忠爲子盡孝

凡有人心無不知之自小人用事良心滅泯忍棄父
母而爲閹人子孫故有母死不奔喪而爲乾父稱觴
上壽者忍背
先帝而爲閹人鷹犬故有率諸生拜祠而呼逆奴九
千九百歲者此正孟軻氏所謂無父無君其禍烈於
洪水猛獸者也而邪說暴行又作詆道學而媚權璫
毀書院而建淫祠褻大聖之像於日中繫先賢之頸
於地上又甚有宮墻俎豆之傷爲祝釐輿寵之地建
極執中之訓作嬌旨擅命之符而試題獻媚萬世稱
功者比比也此眞人倫梟獍名教窮奇得罪萬古有
玷昭代幸遇
皇上日月中天重開倫類伏乞急提忠孝二字喚醒
天下之爲人臣爲人子者而於背倫蔑教諸奸暴其
罪狀重則肆諸市朝輕則移之郊遂仍乞詔諭天下
垂戒將來庶邪說息而人心正矣一曰表正學以勵
風教自治亂循環而天下之生久矣止恃此聖賢一
脉維挽人心理學莫盛於宋故備食孔廟獨多我朝
議謚從祀惟薛瑄胡居仁陳憲章王守仁四賢而其
餘眞儒輩出國典未彰臣攷作述之林如王艮羅倫
章懋黃仲昭吳與弼鄒守益諸賢皆能接眞傳有功
道統羅倫等或卿貳或宮詹而王艮以東海布衣倡
明正學臣在
先帝時有特疏褒揚尤當照例議謚崇祀者也近代
如顧憲成鄒元標馮從吾高攀龍理學名彥儒者高
蹈元標等皆荷殊恩贈卹與謚而憲成鼓吹東南領
袖羣賢所著劄記尤邃於性命之學當照元標等例
贈卹與謚者也乞勅禮部速有咨訪將道學諸臣應
從祀者從祀應贈卹者贈卹應與謚者與謚表章正
學激揚風教尤視學時喫緊一事也臣有慨於世波
靡而道刑榛正學一脉不絕如綫竊有志於闡明道
術提醒聾瞶今遇
皇上法堯舜之治崇孔孟之學首幸太學决非虛行

故事以飾觀聽臣故擇其切要條列五欵上塵睿覽如不以臣言爲迂而加之採納斯道幸甚

言官以糾彈爲職業疏

日者恭遇

召對

皇上命翰林官宣讀御史任贊化論禮部尚書溫體仁一疏廷辯良久已而諭各官各修職業臣等退而思維朝廷設官各有職業惟御史爲風霜之任彈糾不畏將相大臣非其人百官有司失其職天下之敗法傷紀伏讒蒐慝者皆得白簡從事是糾彈者言官職業也薦贖固疑市恩條陳亦係塞責非職業之所急也宋臣蘇軾言臺諫許以風聞而無官長言及乘輿則天子改容事關廊廟則宰相待罪夫臺諫未必皆賢所言未必皆是然須養其銳氣而借之重權者將以折奸臣之萌而救內重之弊也然則臺諫之職業關係亦不小矣任贊化素著狂直其論溫體仁自謂職業當然祇因激於忠憤不暇飾於文詞

皇上責其穢褻罪亦何辭而因言獲譴遽加降謫臣

竊有未安夫忠直者人臣之大節鄙褻者論奏之細過未聞聖明之世以言語文字罪臣下者也古者建鐸求言止輦受諫開納奬勵尚恐不至語曰狂夫之言聖人擇焉巷語里諺不廢問察豈取夫利口喋喋以娛聽聞也哉臣恭誦明旨爲贊化惜爲體仁惜尤爲朝廷惜何也贊化於面剛腸矢心圖報屢有建白亦屢蒙採納今糾論大臣不告以進退之義廉恥之大而指摘纖行至令忠弼掩於褻詞不得共言而去故爲贊化惜也體仁讀書中秘三十餘年豈不知古之大臣一被人言則杜門引退是非聽之公論而爭辯不休致異議叢生葛藤紛延言官被斥何以自安故爲體仁惜也

皇上弘開言路優容直諫乃前爲體仁之疏削章允儒降房可壯瞿式耜今又爲參體仁之疏而黜贊化一摘再摘班行削色播之海內書之史冊似非美事故爲朝廷惜也然而臣尤有慮焉凡建言者非不抑容容多福坐積俸資可躋卿寺而頂豸觸邪義難緘默故有得之見聞採之咨訪知無不言言無不盡寧結怨賈罪而不自顧惜者總以爲國家而舉職業也今被論者指論人之人曰爲某報復及至召對又疑所論之事曰出於詆誣而文華商確政事之所反爲諸臣爭論是非之地臣恐今後言官多所諱忌即有得之見聞咨訪者躊躇自疑曰得無涉於報復嫌於誣訐乎則言道廢止矣凡被言之人巧於遮飾皆可加以報復之名而戇直之士訥於奏對反日受夫誣訐之罪設有大奸大惡而言者杜口結舌以贊化爲戒此小人之利非國家之利也

皇上聰明天縱豈不慮及此乎臣方擬疏上請而恭遇皇嗣誕生普天同慶歡忭鼓舞仰頌無疆之福竊意聖德覃敷必有優渥之恩無如召還言官一事爲今日之美政請自贊化始矣伏乞

皇上曲加優容特恩賜環則聖度如天真可媲美堯

舜而臣等感激圖報又不足言矣

冢臣媚逆有據恭請聖斷處分疏

臣前有朝廷除奸一疏謚議除媚逆諸奸也吏部尚書王永光兩疏頌璫皆係爵賞重典臣竊意皇上發紅本必在處分之內臣可無言近見邸報有彈冢臣者泰久任大臣之吉則rightarrow但倖免罷斥而上過蒙任任臣始不能已於言矣夫所謂久任者必其人品卓犖識力端凝正直可以折奸萌而潛消可以安社稷則倚任不可不專自非然者鷹鸇之逐惟恐不速何言久也況大臣爲庶臣之表冢臣尤爲大臣之表人才進退邪正消長於此焉繫非其人而議久任患乃滋大臣不必縷指永光奸狀而第就其兩疏折之方逆璫擅政潛謀不軌一時忠臣義士請劍者引頸就戮掛冠者屏跡歸耕自非義子乾孫誰肯作爪牙鷹犬永光有何因依復起中樞則以魏廣微爲密友而崔呈秀爲舉主也既投逆幕委身事璫於是寧遠敘錄則頌查核功次則又頌援引寧晉之例贊

成肅寧之封軍功伯爵開逆璫僭僞之始後來寧錦假提上公僞號皆根抵於此此國家何等事永光身爲大臣不能力爭而且爲之紀功而且爲之頌美而且擁戴封拜濫叨賞廕一疏再疏津津不置不曰純忠爲國正色立朝則曰讓大美而不居准今甲以入告

皇上試問永光魏忠賢刑餘賤役耳何得冒承邊伐僭擬五等似此竊弄威權謀危宗社爾何爲而稱之曰純忠名之曰正色又何爲而頌逆節爲大美拮濫封爲令甲不知永光安所置喙也大明律乃

太祖高皇帝垂憲萬世之刑書也内一欵云文官非大功勳所司朦朧奏請封公侯爵者當該官吏及受封之人皆斬若是其凜凜也文官且然而况閹豎乎而况爲閹豎奏請者乎律法森然不知永光何居也而永光猶自謂屢疏抗璫夫璫之逆謀孰有大於封爵者兩疏具在抗耶媚耶豈大媚而小抗陰用之以佐逆而陽用之以護身耶春秋惡趙盾不討賊以其身爲正卿綱目書揚雄爲莽大夫以其劇秦美新清議之嚴凜於秋霜豈永光未之聞耶今

聖主在上衆正盈庭爲大臣者垂紳正笏使天下仰見風度庶幾明良之遇而不謂永光以逆輔私人竊據要地大負國恩今猶思護庇邪類不自引退恐天下之議叢生蝟起必將曰

皇上顧廷臣爲皋夔而何以用媚逆之人居百官之長必將曰

皇上方刈鋤逆奸而何以留負罪之臣在班聯之右必將曰

皇上方行天討明國憲而何以使媚逆之人議處媚逆之案在羣臣恥與同列曰彼附璫者而何以久玷清朝即諸奸亦借爲口實曰均稱頌也而何以獨寬斧鉞奸爲漏網法無錯貸即欲飾辯而無可解說之詞即思強留而無施顏面之地愧汗之餘良心未萌

宜其有自考之疏也其言曰將臣兩疏簡發內閣要見臣所犯當在何等如係擇黨願即兩覩如係贊導願投四裔如係稱頌願從罷譴即此自具之供狀足定今日之爰書而皇上之處永光第如永光之所自處者而已同罪異科摘小遺大法失其平無以服天下萬世之心乞諭閣臣將前兩疏從實參詳併入逆案惟聖斷處分焉臣聞禮義廉恥國之四維紀綱於此植

名節於此樹人心世道於此立蓋缺一不可者近來諸大臣絕不講求此義功名之念重而君父之誼薄囂競之風長而名義之防裂被糾爭辯貪戀不休甘以其身受耐彈頑鈍之譏不復自惜名節其如紀綱何如人心世道何願我皇上急提廉恥磨厲之宜自家臣始從此逆案一清擇賢圖治而議久任臣曰可矣

遵旨回話疏

臣前具疏特糾媚逆冢臣項援郎報吏部尚書王永光一本爲人言踵至有因等事奉聖旨卿秉銓公慎用人持平朕所鑒悉部務殷繁目前會推督撫各官尤爲緊要卿素體國急公豈宜杜門稽悞著該司官敦促即出愼勿再陳此牲著回將話來該部知道欽此臣以爲永光辨臣參疏也及見其全疏而後知爲會推一事內稱臣以名次更改不

如所許約束衆臣不使入朝遂使隔宿所約鬨然退散等語永光謂借此可以罪臣而不知與臣絕無干涉也前二月二十五日臣感冒風寒臥病私寓至晚忽傳吏部知單約掌道諸臣於二十六日會推枚卜臣於單中註病不與三字臣之不與以病也非有所托非有所避也衆臣之入朝退散當問衆臣臣何能約束之衆臣豈受臣約束者試問永光是日見臣否臣曾見更改名次否臣曾向永光許何人否在廷萬

耳萬目誰能掩之而永光出此褻語也夫枚卜大典臣去歲十二月初八班行曾具枚卜宜愼一疏奉有靜聽舉行之旨旣可以入告卽可以廷爭昔唐德宗欲相裴延齡陽城伏閣諫至欲取白麻壞之張萬福賀曰朝廷有直臣天下太平矣臣愧不及陽城而永光視萬福何如也臣病愈後見諸臣有言前會推之臣九卿科道畢集閣

上召對閣部大臣以此而退者則是諸臣未嘗不入

卷之四

朝特因永光入對而散豈臣使之也如臣果與聞有所爭論永光何不執奏於當日乃待臣有彈文而始爲此言挑激耶葢自臣有朝廷除奸一疏永光膽落久矣彼稱頌二本關係爵賞重典見臣叅疏據事據法詞嚴義正無可飾辯故旁借枚卜一事欲搆陷臣以自爲解免之地遂不暇循查知單而詭謊以欺

皇上也乞勑令會推諸臣據實回奏併勑文選司郎中耿志煒將知單進呈御覽則臣不待辯而明矣夫臣亦何仇於永光而特糾之天地鬼神照臣肝血臣所痛惜者朝廷之封爵臣所執爭者

祖宗之法度前疏所言軍功伯爵開逆璫僭偪之始又引所司朦朧奏請之律語語實錄字字鐵案葢魏良卿之封伯始於兵部之查例吏部覆疏正據例而覆也寧晉以邊功受封良卿何得比例而永光奉之爲令甲是何心歟易戒履霜孔子惜繁纓綱目書初命晉大夫魏斯趙籍韓虔爲諸侯皆言愼也逆孽之

卷之四

由錦衣而伯而侯而公將有不忍言者追惟其始一不愼而至此極臣至今猶爲寒心此段情罪未有爲

皇上言者臣故於永光兩疏發明其說欲

皇上仰法

太祖申明國憲以昭示天下葢臣爲國家億萬世防微杜漸非但責備永光而已而永光恨臣入骨原爲叅疏不爲會推也臣官可罷臣言終不可易臣所恃者

聖明在上必能鑒臣愚忠容臣直言不然臣爲李應
昇之續矣臣無任惶悚待命之至 崇禎二年三月留中

河決一日不塞災邑殘廢可憫疏

今天下洶洶稱多事矣秦晉山左處處騷動水旱盜
賊在在可憂而臣以爲不若淮揚爲甚何也秦晉山
左所患者惟盜耳然請留餉則留餉矣議徵調則徵
調矣
皇上宵旰圖之將吏竭蹷以趨猶庶幾有蕩平之望
也而淮揚之水患異是自河決堤潰巨浸兩年日甚
一日諸臣每苦錢糧之乏未有毅然起而任修築者
勢必將興鹽高寶數十州縣盡舉而棄之而鹽課漕
運久之亦必俱廢饑民化爲盜賊桑田變爲滄海其
憂方大臣故曰甚也臣揚州之興化人也請言興化
受水之狀興化西連淮寶北接鹽城南界高泰東通
鹽場四面俱高蕞爾彈丸宛在中央地形窪下素稱
釜底所恃伏秋無恙稼穡不害者全賴西北一帶長
堤爲之保障一遇潰決建瓴而下莫可底止自崇禎
四年六月水漲堤壞新河決矣蘇家嘴決矣建義口

又決矣雖議修葺卒無成功至今年六月蘇家嘴等口又復大潰自鹽城而興化而寶應高郵無處不被其害矣乃高寶一帶漕堤如金門閘九里七顆柳及淮安三城堋等處又在在告潰西北之水盡滙於興化浩浩洪流漭瀁如海數百里內村舍田廬漂蕩一空斗大孤城深浸水中老弱者轉溝壑少壯者散四方生者旣不得有其身家至百年丘墓爲馮夷所齧土去棺浮漂流無算各鹽場艸田淹沒樵蘇無路小民析骨而爨死者亦不得有其朽骨平日膏腴之田水深數丈牛畜舟船俱遭覆溺農者不得執耒耜而耕於野高泰鹽城大盜嘯聚千百爲羣殺人如麻客舟米貨盡遭劫掠而商者不得操奇贏而出於途以故流亡殆盡邑里蕭條雖兵燹之禍不慘於此計臣亦知興鹽爲異嘗災傷矣而興化漕糧止議半折又每石折銀八錢夫興化受水劇於鹽城兩年大浸顆粒不收卽今全折亦難望其完納

神祖時曾截漕糧數十萬石以賑山東饑民今獨奈何吝此數千石米不以恤災黎哉臣又攷

祖宗朝凡遇災傷必下詔蠲租改折每石以五錢爲則所以恤其窮而寬之也若槩律以欠折新例民何以堪且京邊等項力難措納上卽不蠲民將自蠲何如恩出朝廷者之可以感動人心也近見邸報按臣饒京兩疏一字一淚雖流民圖當不是過其請蠲請賑願戶部諸司遵旨看議案呈速覆勿謂前已有疏可置高閣使皇恩不下沛也至按臣言塞河決一事尤中肯綮爲地方百世之利臣伏讀明旨被災緣繇皆係河決浸灌又謂錢糧不乏何故先時不行修築致滋昏墊民命何辜國課何賴

聖天子眞明見萬里之外矣臣按黃河自龍門歷晉汴繇徐州邳宿至清河與淮水合而東流入海淮源自桐柏從楚黃南陽繇頴亳鳳泗入洪澤湖至清河口與黃河合流入海二水舊以海爲壑南北兩岸各

有長堤束水歸海水既歸海自無旁溢之患去年自淮東四十里名新河決百餘丈又東去三十里蘇家嘴建義口又決數百丈堤壞則水不歸海所以氾濫於各州縣今春蘇家嘴等處遷延未築故六月淮黃水漲無堤束水水不循故道入海而氾濫更甚自蘇家嘴等處決後黃河南徙舊日河道流緩沙停漸就淤塞倘長堤不為速築黃淮永無歸海之期而興鹽等州縣為衆水之壑三十鹽場商竈俱困兩淮鹽課

數百萬何所取給黃淮湖海混合為一每遇風濤覆溺可虞而大盜出没其間為禍叵測漕運咽喉從此斷矣其關係為何如者而可悠忽視乎哉臣聞善圖治者制治於未亂已壞而後圖則禍大而費多若已壞矣又復不圖嗟何及矣今蘇家嘴等處涓涓不絕遂尋江河而猶托言於天災之流行藉口於錢糧之無措是棄兩淮者也河決業已二年冬末春初水勢稍退施力頗易若至明年桃花水泛瓠子興歌農時

一奪終歲失望是故築之不亟猶弗築也百丈之堤潰於蟻穴鹵莽從事苟且塞責僅以柳枝枯草塡塞下流河水一漲百孔俱出是故築之不堅猶弗築也工既巨則費不貲節省之文徒屬虛名僉派之舉却多實害如近日撫按所參鹽城知縣馬文燿借堤科歛以潤私橐睢寧民疏所稱派夫派料致煩詰問是故委任不得其人錢糧不預為備責成不嚴勸懲無術求堤之速且堅必不可得亦猶之乎弗築也伏望

皇上嚴勅漕河諸臣速選委廉能府佐州縣正官若干員會勘河口新舊决者共幾處應修築者若干丈令各官分理其事責成道府董其成而撫按操三尺繩其後估用木石夫料幾何作何雇募作何措買應支見在歲額若干應請留節省若干星速料理停妥務於今冬十二月內興工明年三月內報竣一面勒限課成一面具疏奏聞而

皇上預懸賞罰以待築亟而堅完者紀錄優擢遲緩

而疎虞者重議處分如是則有限金錢不致委之無窮逝波而責任旣耑功罪攸分人無委卸之心國享平成之福策無便於此者臣聞堯舜之時洚水警予不敢委之天行之數其臣若禹若稷思天下有饑者繇己饑之也思天下有溺者繇己溺之也是以如是其亟也今

皇上軫念民瘼念切痌瘝眞可媲美堯舜臣鄉之水未至懷山襄陵非眞不可治者願部院諸臣抱禹稷饑溺之思爲同室纓冠之救使兩淮數百萬生靈不淪於昏墊國家三百年疆土不蕩爲江海則功施百世明德遠矣不然河決一日不塞水患一日不消饑饉薦臻盜賊蠭起臣恐秦晉山左之禍復踵於淮揚異時雖費金錢百萬未易收拾願諸臣之熟計而速籌之也臣自聞淮揚河決之害災民流離之苦爲之食不下咽寢不帖席者數月矣擬具疏叩閽而静聽考覈未敢遽爲控籲幸荷

天恩回道管事謹披瀝血誠爲此痛哭流涕之言上干

聖聽伏乞

皇上留神省覽特勑戶工二部速議題覆立見施行

臣愚幸甚災邑幸甚

水患日深生計愈蹙民逃盜起兩邑將廢疏代

典化鹽城兩縣災民

竊惟淮揚兩郡爲國家咽喉要地屢遭水患三年於玆而鹽城興化受害尤甚前蒙
聖主軫念災民特賜蠲賑又以建義諸口久決不塞關係甚鉅責成地方官速行修築尅期報竣其爲國計民生慮至深遠也詎意天未悔禍涓涓不絕遂至泗天決口兩處堙塞無期堤日益壞水日益深而興

鹽兩邑之民日益淪亡其視他災傷州縣萬有不同蓋他州縣水旱盜賊或亦時有然一徼皇恩即可轉危爲安即淮揚各屬亦多被災之處然低窪沉矣高原尚在禾稼没矣商販猶通或乘時種蒔水至之日猶餘半菽或盜賊焚劫寇退之後尚可營生未有如興鹽兩縣桑田變爲滄海赤子化爲綠林無地可耕無廬可棲逃者不得歸死者不得葬數百年丘墓沉於海底數十萬生齒盡爲魚鼈數百里疆土蕩爲湖海爲古今未有之奇變如今日者也故他州縣勘災猶爭輕重也興鹽兩邑之災則爭存廢矣某等海濱孑遺蜉蝣殘命萬不得已千里匍匐上叩九閽萬一邀聖恩浩蕩而生猶愈於忍饑餓覆溺而死也敢以兩縣近日危苦情形爲我
皇上陳之淮揚兩屬共二十一州縣南際長江西連淮泗北帶黃河東濱大海四面地形皆高而興化鹽城獨居窪下形如釜底所謂澤國也惟恃東水有堤周遭障護不至汎濫耳四瀆之水淮黃最爲巨浸淮

水自泗州西來黃河自徐邳南下交會於清河口而東歸於海瀕海一帶鹽竈星列有范公堤障之始免浸没之患無奈廢弛日久漫無修築自崇禎四年六月黃淮交漲堤潰河決水不歸海而從建義諸决口下灌興鹽等縣懸水數仞勢若建瓴數日之內水深二丈千村萬項漂没一空至崇禎五年四月始議築塞費金錢數萬止完新溝一處延至七月伏秋水發

前功盡廢決者彌潤彌潑工料日匱日乏迄今竭力拮据尚未告成滔滔汩汩望洋增歎黃淮運道之水奔流下注皆以與鹽爲壑而尤可畏者四月初三日海潮迅發將范公堤衝壞數處狂濤巨浪排空而來近堤鹽場室廬牲畜及軍民商竈漂者沒者死者無算洶洶之勢莫可禦遏失今不治久之興鹽兩縣與大海混合爲一而鹽課而漕運從此俱壞此豈尋常水患可不爲之寒心也至小民流離死徙之苦雖繪

鄰侯之圖不足寫其一二者前此兩年凡有蓄積之家儲積之餘竭皆盡力從事南畝曰庶幾其有豐年乎不謂支祈爲孽雨肆稽天將垂熟稻田盡付陽侯處處村舍悉爲蛟窟而人與財俱盡矣今年水積不退浩瀚仍前自去歲七月以來如江如海併往日水澤之利魚蝦荷藻之屬一望茫茫何處尋覓今二麥未種三春不耕農事絕望楞因何生欲採樵而無路欲煎煑而無鹽欲賣妻賣女而無受買之家欲鬻產

鬻田而無交易之主衣囊罄矣無典質之具富足貧矣絕稱貸之門身衣鶉結之衣人食犬彘之食蒿子麥糠鬻以充饑味極苦澀食之輒病以故老弱僵臥道殣相望少壯轉徙鴻飛滿野結蓬乘桴流丐江儀通泰之境而其力不能移餓不能支者或夫妻引頸雉經於樹杪或子母投河葬身於魚腹或取水而浮棺折骨以爲薪或殺襁褓稚子割肉以相餉而最可傷者新任教官王明佐因士民窮困無俸可支欲歸

無計忍餓經旬自縊衙齋僅存一僕不能成斂遠近悲歎彼爲朝廷之官者尚如此況窮民乎怨號之聲上震天地水熱交蒸結爲厲疫而死亡者殆不可以澤量而數計也嗟乎使人止於死亡則亦已耳而無奈閭左惡少城市不逞之徒莫肯忍餓待斃甘心爲盜東嘯西聚千百成羣以楔棹爲矜戟以帆檣爲戎馬劫奪客商焚掠村鎮殺人如麻膏血川原如近日沙家莊湖北莊大范吉李臨澤等處所過焚滅其來

也千人爲隊勢同席捲其去也湖天爲家任其出沒而海外巨寇以千萬計飄忽無定縱横任意折典上岡一帶幾同戰場臣等有不忍言者若夫殺人而姦其婦女隨挑販於他方刦財而拆其房屋公然轉鬻於鄰邑逃亡之家反作盜賊之窠蛟蜃之窟盡爲豺虎之場致河道阻絕糴販不通市無米肆廚絕炊煙比之晉豫慘毒萬倍嗟乎河決三年禍流萬姓一至於此今按戶口圖籍民之死者十三逃者散者及爲

而盜者十五僵餓孤城莫必旦夕者十存一二耳有司雖賢慈母不能撫斷哺之子循吏能保垂死之民哉惟我
皇上雨露之施恩同天地光明之燭下照窮簷知必有惻然而爲之計生全者某等恭遇堯舜之主時値昏墊之憂恭進繪圖合詞控籲懇乞
聖明加意省覽洞知海邊災邑有此危苦情狀某等雖死爲餓鬼感恩不朽仕側撫按類報災傷皆在秋

後謂種麥而麥傷種禾而禾傷也乃與鹽耕種無地無麥無禾色沼民魚異常大變若僅與他州縣一衕類報之例司農無從查覈復下檄徵催舊逋新課併責有司哀此孑遺聞風驚潰不南走江干則東竄海陬居者有掉臂之行逃者無回鄉之日土爲曠土城爲空城縣治且廢國課奚出恐從此以後催科亦無所施某等卽欲緩須臾無死怨苦君父之前豈可得哉伏望我

皇上垂憫災危早沛德音將本年漕糧逬米加派京邊等項勅部議覆槩賜蠲免并勅下撫按體訪疾苦大施賑恤築堤弭盜消除永害庶瘡痍漸起危邑可保如以臣等草野之言不足深聽更乞照
先朝事例特遣風力科臣一員前往踏勘若一言不實甘受斧鉞之誅某等無任激切哀籲之至

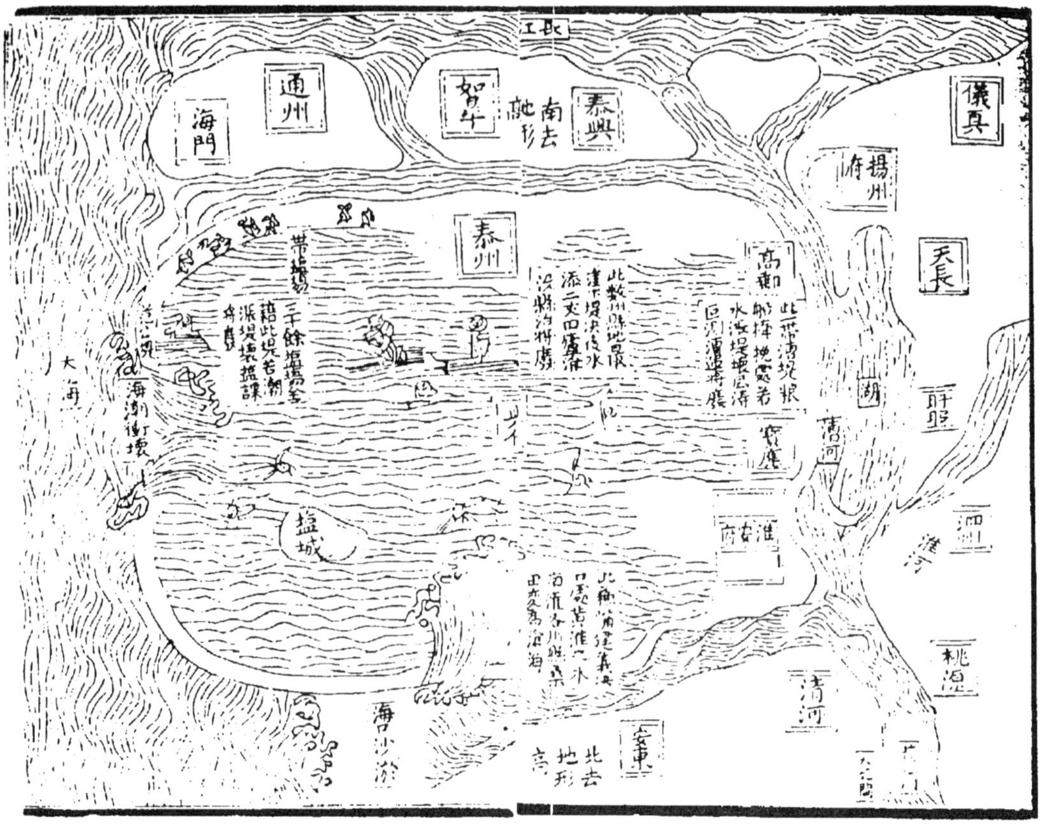

附餉議上畢大司農

日者餉缺兵譁

皇上惻焉東顧召問司農餉安措而足是以有會議之舉凡爲臣子思獻芹曝敢惜捐糜仰明旨不下詢職亦竊有請也職嘗慨夫邇年持議者不識大體箕會瑣細如搜括抽扣之類有司奉行無狀能朘民膏無補國用是非明主所宜行夫帝王經理天下自有大計可垂久遠者書史所載莫不以民爲根本灼知

夫民者財之源養民以足國萬世不易之經也漢武帝任桑孔算無遺策天下騷動民窮盜起晚年悔而搜粟富民昭帝繼之舉賢良課農桑除苛斂崇儉約問民疾苦修復孝文之業故海內晏然戶口繁殖免租之詔日下此養民之効也今

聖主在上求治若渴惜無有以此道進者即執事曰主錢穀言錢穀計目前切要之務無如清兵厳餉一事夫今日非兵多而餉少之患乃兵少而餉多之患

執事亦知各邊之兵數乎五六十名而充百名者其通弊也督撫道將而下書識家丁廝養之屬半充其數而羸食者十之四夫百名而止五六十之兵所以無兵也五六十而食百名之食所以無餉也故議汰兵者無苦兵多但除其隱占清其[illegible]則不苦汰而兵已汰矣議措餉者無苦餉少但覈其原額去其虛冒則不言措而餉已措矣如清覈得人由近而遠由漸而久清隱占而實行伍清老弱而練精壯是

食足兵總不出此當事者何憚而不為也至管庫管倉管餉管稅皆國家財賦之司善治家者必不肯以金錢付浪子獨柰何以商民膏血數十萬委之貪庸之輩及任子孝廉日暮途窮之流為營乞者作情面真可痛惜自今當作廉幹有聲者久任責成而舉一二賢者以示勸劾一二貪者以示懲有治人乃有治法不得其人而言理財未也夫所謂理財者非求財而益之去事之害財者而已今之害財者則虛冒之兵為甚而冗吏冗官冗將次之吏之一途濫觴極矣事例之入歲得幾何而此輩取償於民勢如虎狼是朝廷圖涓滴之利而散百千虎狼於民間也非策也劾勞冠帶種種冒濫若申明三考之例而冗吏一切裁去則去其害財之一矣國初官制各衙門皆有定額今所增設何啻十倍外而司道府縣佐貳之屬內而各部各寺苑及錦衣廕襲之類十裁二三則所在之費甚多而事簡民安亦去其害財之一矣腹內新

增之兵固當查汰即各邊冗設之將亦宜議裁蓋將冗而隱占剋削之弊乃生故有將多兵少之謠裁一大將可餉千兵矣裁一參游可餉五百兵矣裁一把哨可餉百兵矣此亦去其害財之一矣害財者去而求財用之不豐不可得也舍是不圖而別議持籌用之不給則取之益多天下未有事也而已行衰世苛且之政一旦有急則何以復加故從古未有朘削其民而國享富強之利者也況國家利權犂然具備[illegible]

田也鹽筴也鼓鑄也常平倉也人存則舉人亡則息何必巧立名色漁獵小民是故大學理財先之用人而以盜臣聚斂臣爲戒執事宜何從焉至若京庾告匱漕運日遲萬有不虞大爲可憂夫黔遠在大末古稱鬼方從來馭彝狄者來則禦之去則勿追而況於苗乎菁深險阻不可入職日持久不可待師老財匱不可支當事者不審勦守何居如不可勦則縮兵而守亦有可商奈何以五省民膏塗一偶也留都爲

祖宗根本之地乃亦扣楚餉三十萬石以予黔致有截漕之患所謂急小痛而忘大憂非策之得今宜速議仍以楚餉歸留都而以全漕歸京師其黔中兵餉量加裁減計緩急爲籌畫在當事者加之意而已若泄泄從事如去歲南軍幾譁而反歸咎司庾者之截漕嗟何及矣又如水旱所恃有也荒政亦所宜講京南一帶遇災傷則請改折情豈得已而改折多則漕額虧勢所必至職有法於此凡災傷改折地方宜預勑撫按官督責道府措處折色銀兩差廉能府縣佐貳於穀米豐賤之處照數糴買知會總漕衙門就近分撥水次以便交兑以省往來搬運之費則在民既受改折之利而在漕又不虧歲運之額一通融間而事已兼濟雖著爲令可也此皆軍國大計不早爲區畫日復一日將誰諉耶

聖明勵精圖治慕唐虞而陋晚代執事者當究心於

古帝王及

祖宗朝財用經制之道務其遠大略其細瑣而要之理財以得人爲先以養民爲本使上下兩便庶百年可守毋以掊克傷元氣毋以苟且損國體如桑孔剝民之術豈盛代所宜有哉職媿無心計恥言聚斂姑述其所見如此因回奏候

旨未敢具疏惟執事財擇以聞

序

聞之天王所以撫邦國侯男者或巡狩或殷國則戒於四方曰其各脩平乃守以攻乃職事爭厥制踰歲徧存三歲徧頫五歲徧省皆儼然使臣禮而掌糾萬民之德巡問而觀察之以時書其德行道藝名曰司諫而一代之宏謩懸焉稽法惟姬周獨單當其大相東土肅將祇歡考輿圖兆即今之河朔瀍澗哉迨定四國之叱毖凶德之頑用明光于上下然猶基命佐民肇誥雒[illegible]亦曰是厥誨言克篤棐迪云尔

明興定鼎於燕古豫半壁為周東都沿洪河順流而下拱衛唇齒實三輔之脊四維之腹而五合六聚之胞絡矣

聖天子眷焉南顧特簡吳公
持繡公以雄峻手采獨標黄
鼎介中之孚執斧蛾蛾示以
貞光則清風響條飛雹爍目
不啻集盤盖和艫於車鈴馬
駢閬也會以徵師薦嵗交煽
易闕又冠盖望于鄞天潢繁
於泒河湍悍無常地墳壚鮮
蓺加之緺茶賦繭㕦囂牘突
盗賊司目民無所放不迹者

騷離則遠者距遠耳惟公說
以先民與之更始而興共視
聽補乏蘉饑功滜盬加若合
百邑里左食貿貿者而授之
乜閒有未庢於康者則紗紗
截蠕之懸其在大譴大呵之
域無以㦀意爲模鑠手以庚
斷甲即文武諸將吏望輪憝
胝日聽官府之殿最以糾察
阿墨眡賢者不趐膝加之及

眂重覇匡遠革又若借麐鼪
於觚稜而鳥雀逐之也項者
蠢 匪茹橐血射天海内爭
于及鞧以用享于王前兩河
要津之衝行者齎居者送蕭
肰煩費公起而憂曰豫難支
矣賢者急病而讓吏為提一
旅師移節滏陽挺鼓擂鐸呱
厥門户簡其往夫驚夫游夫
之選蹶戰喈喈若熊若螭以

方行於疆 單于合闔聋風
霄遁而貔貅之雲集者霆震
其耳亦詘腹無敢轥琅瑒凌
轢忽而晏如是時東鎝徐濮
西連雍冀南控荆湘北接恒
泖泒妖礦寇憑林嚻峒諜瑕
而竊發者撲勦先時遂如刈
菅儱獸乃洶洶虢虢之衆聚
族螘動又復盤踞於儀浚問
鉏耰棘矜望屋而食公傳檄

汛蕩指顧摘赤黑九於掌中
忽若箄氾塵塗兵無刃師無
陳而萑澤一洒無有輕民豢
而重民散章道以教明法以
期其所敷奏而斅議者皆公
之三人
布憲事也彥和不云乎奏以
按劾議以執異總之位在摯
摯明憲清國是以愕愕所將
氣流墨中聲動簡外咸似索
貫魚而赴矢鷃昔人上方畧

無賸語九閽陳章千里如面
譚者殆足以章公體國之忠
規矣閒嘗鉛察封事如伯豪
之式臺閣伯始之擅典文太
傅之駿發燕公之雅裁忠宣
見人
之懇惻士衡之矜重贊皇之
洞達周詳昌黎之端亮閎博
彼之言俱有不得已者行其
中故足以退世舌而抒讜悃
以公治理高柬雅謨遠播訏

而明淵而靖徑而䝢亦何必不郤諸君子而諸君子白意互杼相與馳騁千古總未嘗
於
君父之前舒筆鋒驥馯砱磕之焰精搜確監景追響奔倘亦依然拜手稽首之遺意與然則今日解蟠之用負者周之圃田瀠瀁以于敉於殷腆也志攬范鑾官釆澄肅周之

敵天之六計也循阡陌而繪俠圖民無縣邦野無與草周以五雲之物辨祲象而即康功田功也代枳棘遏蟊賊武威既明令不再行周之以刑罰禁虣越有胥伯小大而閭不克臬也設旄蒐乘虎琥振廞周以旗致萬民而治徒庶為四輔也夫是中州之鄉遂各憲之於其所治而考其德

行道藝以勸之環玆監牧墥於兩原其廢幾俑乎乃守以攻乃職事而要歸膚於公功棐廸馬耳玫也前伏事交戟之下竊更有以信于辰之君子也嚮當十常肆熖財爋氣蟒之日衡折枂摧高人吐血衆方脂韋絜楹忍尤讓詬曼不谿谷鶩之而澠池戀之公獨發以張弧批龍鱗而劘虎牙至今誦讀言諸疏可涕可憤方今日飛懸陰風動雷興就諸所撥裁要以阜飭司直而慷慨剛鯁之氣載之彤管猶為讀章也目中夏而布德瞰四 而抗稜其味公奏議哉

崇禎三年吏科給事中門人

宋玫頓首謹序

柴庵疏集目録

目録畢

柴菴疏集卷之五

巡按河南監察御史臣吳甡謹題

按豫崇禎二年

洄彝大肆騷擾疏

今天下驛遞之疲憊極矣而兩河孔道四出冠蓋絡
繹困苦尤甚臣當入境之始無他補救之術惟有仰
體
皇上拯恤驛遞子惠元元之德意清冒濫嚴撥剔蘇
息兩河瘡痍之民故立稽查文簿首禁需索文告未
幾而有分巡河北道之報貢回洄彝淹留恣擾於彰
德衛輝之間臣即出示曉諭併督令該道責成印官
應付前行遂次閿鄉撞遇西來大貢洄彝東西朋合
大張咆哮之威鞭敺夫頭驚散衔民府縣具報於臣
臣不勝髮指檄守巡河南道行令印官親自料理勒
限應付出境并究首禍根繇去後今據該道副使楊
閶昌具呈到臣恭惟

聖明御宇蕩囙朝宗屬使重臣遣官伴護固
聖朝柔遠之意亦慎重彝人非我族類不可不預爲
之防法甚善也無奈法久弊生黨繁害肆至以天朝
來享來王之典爲姦人射利營私之謀邇年以來濫
觴至極論人則百計論扛則數百計至一處逗遛
旬日托言買貨而其實騷擾地方苦不可言且今計
河南一府開報洄彝與序班通事需索銀錢數至二
千有奇則以此而推從前河以北三府又不知若干
中州省分而外又不知若干嗟嗟驛遞非破家蕩産
以供則鬻妻賣子以應當此民窮財盡之秋更罹狼
吞虎噬之慘若不嚴加懲戮以儆其後何以拯驛遞
之水火何以懾奸宄於將來該臣會同巡撫河南
右僉都御史丘叅看得序班鮮仲明等鬼蜮尤過犬
羊不如本使之押送洄彝禦暴而反爲暴專主乎需
索驛遞制彝先已同彝甚至激變地方幾於羌彝接
軫允宜付之司敗庶俾百姓聊生臣等若謂么麽下

流不足以厚白簡坐使其漏網而去則將來貽害地方更有不可言者伏乞
皇上勅下禮部將序班鮮仲明都司汪津通事李小虎行臣等勘問正罪追贓助餉用嚴不法之懲永示將來之戒而至於貢例彝人用伴送用夫馬亦須申飭限定數目懸掛榜文庶令地方有所遵守彝人不至橫行其於國體郵政未必無小補云

名還忤璫科臣疏

自姦璫撓政愛升譏奪彼時朝端正人君子亦既一網打盡矣伏遇
聖主龍興分別忠佞一以紅本為主恭自三月十九日聖諭一出凡係前後媚璫諸臣無不致其討而聲其罪天下快之然媚璫者在所盡鋤則忤璫者在所盡録而獨有原任戸科左給事中現為臣屬分守汝南道日陳奇瑜者糾璫原有辨本直氣可謂千古而獨令之回翔外藩不得與前後名還諸臣同依日月重瀝忠款臣竊惜之況奇瑜分司汝南實實為地方做事如禁火耗清驛遞行保甲練鄉兵查獄囚清棄牘加意民瘼克盡憲職實司道中所未數數見也臣既幸為地方得人自不得不強為地方借寇而今讀邸報奇瑜已以按察使陞陝西潼關道矣在奇瑜終不免於地方之一去在臣何可復無揚扢之一言照得原任戸科左給事中今陞陝西潼關道按察使陳

奇瑜血性眞是男子忠貞允矣名臣抗疏折姦原無傾於九死竄身入壑又奚問乎一官幸當聖主煌煌之中興伏覩諸賢人人之內名事同擢異忠故報懲在奇瑜雖無妄覬之心在明主豈無同仁之視且名諫之益宜與朝之所亟欲資而堯舜之君尤外臣之所親欲見伏乞聖恩勅下吏部查照前後諸科臣賜還原例即將陳奇瑜改擢京堂或暫補原官以需大用庶清時無向

隅之臣而併使臣等得效薦賢之實如謂新陞已有成命即是恩波則現今汝宛士民集臣署而哀泣係留者日且踵相接也不若即以新銜仍管分守汝南道事其潼關道遺下員缺另行推補此即於奇瑜少抑而於地方實大有裨亦臣等爲地方所爲尸祝而求也

流妖煽惑可慮疏

臣奉命出按河南自閏四月二十四日陛辭之後畏此簡書不遑寧處即於六月內觸冒暑驅馳入河南境至二十九日路繇歸德府之永城縣據永城縣知縣賀鼎呈稱本縣與夏邑縣交界會亭驛突有河北流妖潛來地方謠言四起有賊數千約日要搶夏邑縣仍有不軌妖言會亭一帶居民閭戶潛逃等情到臣臣即停駐永城一面牌行睢陳兵巡道副使劉餘祐

夏邑縣知縣何斯美歸德守備蔡如蕙前來會亭驛等處嚴行緝捕妖首及眞正夥黨一面出示曉諭鄉民毋得搖惑受脇自蹈法網去後隨據各官申稱於洪溝寺地方提獲餘黨何喜龍胡宗文趙應元劉永才等審據何喜龍等招稱係山東汶上縣人有河北人李愼吾張思誠朱可夏等旬日前流來潛住會亭驛東梁家莊上李愼吾相貌異常大耳長手左右脚各有赤痣狀如日月自號紫微星有十八子當出御

世之說張思誠等密勾賊黨凡引見李愼吾者即付銀二兩買製器械投見人數姓名俱寫有簿籍約日要搶夏邑於洪溝寺取齊左賢遐各插一錢爲記不期謀洩即被兵壯拏捉龍等李愼吾張思誠朱可夏聞風逃遁山東直隸率衆散訖等情到臣該臣看得永城縣居本省偏南與南直隸之蕭碭山東之曹濮北直隸之開州大名錯土接壤蓮妖棒黨實繁有徒而大盜往往潛匿其中伺隙思逞臣久聞之止緣本縣保甲森嚴竊發無繇畢竟以餉重差繁獨受偏累之害夏月亢旱禾黍焦枯民貧盜起人心洶洶適有李愼吾者河北妖民四布流言煽惑愚民而張思誠朱可夏復爲之號名於是何喜龍胡宗文等皆不逞棒棍首應其募一倡百和幾旬日而大河南北之民皆爲搖動幸未發先露而道縣守備等官防備素預協力立擒不然若永城夏邑幾爲鄒滕之續矣中原腹心重地豈宜有此臣目擊心憂駐永城五日嚴行督緝妖氛幸已撲滅地方幸已寧謐但妖首李愼吾張思誠朱可夏等出沒詭秘包藏禍心竄匿河北伏莽可虞除檄行各州縣嚴緝外事關地方妖賊聚散情形臣竊附於古人日取水旱盜賊奏聞之義據實入告伏乞

皇上勅下部院移文山東南北直隸撫按一體防緝剪厥根萌未必非綢繆未雨之一助也

糾劾不肖有司疏

臣遵奉不時糾劾之
旨故入境受事即有直糾不職守令一疏拜疏之日渡河而北廵歷衛鄭之間見土瘠歲歉蕭條殊甚又聞汝南一帶水旱頻仍民之困苦亦復如之撫綏教養惟有司是賴譬人負虛尫之疾元氣未克當進以溫補之劑稍加攻尅未有不傷而不肖吏之爲攻尅也實多臣竊以安民只在察吏每念察吏之難與司

卷之五

道府廳刻刻訪求總期盡破情面力除民害一月以來耳目漸廣聞報亦詳又得不肖者二人一衛輝府同知郭[redacted]綠索絲人蟹簠不飭覗攝篆爲奇貨冀橐是營以徵收爲利媒谿壑滋怨已滿飲河之量安望桑榆之收所當照不謹例冠帶閑住者也一汝寧府真陽縣知縣黃□賦質駑駘居心齷齪邪錢羅以還京債人駭聽聞縱左右而袁官箴民滋怨怒但歷任未久策勵有待所當照不及例重加降處者也

臣查往例入境應劾三人今合前疏已糾共四昔漢臣范滂攬轡登車志在澄清爲考其行事惟劾去貪污吏十餘輩益謂稂莠不鋤嘉禾不茂故史稱墨吏望風解綬有以也我
皇上勵精理道尤加意吏治臣何敢博長厚名以避怨嫌雖然察吏臣責也勢必責之司道即司道亦必責之府廳以知府爲一郡師帥而推官查盤各屬耳目最近故也臣屬推官如張瑤衛景瑗党崇雅尹明

卷之五

翼趙懷玉皆秉公矢慎雅有藻鑑知府如王建和持躬清正率屬端簡最爲得體惟衛輝府知府安[redacted]臣不能無議焉[redacted]治狀庸平姑置勿論只官評一事臣檄査札訪不啻再三而本官徑將臣催查之票朝下夕繳且具稟爲屬官揄揚不置臣思以問司道諸臣皆謂從無此體臣猶以爲其屬果賢何必求多乃今所劾之郭□則[redacted]所與同堂共事者也穢劣如是而猶稱爲行李一鶴考註上等欺臣歟欺明旨歟抑

情面重歟鑑識昏歟蒙蔽若此不重加罰治則臣何
以責成不大負我
皇上察吏安民之意哉伏乞勅下吏部覆議將郭
聞任黃[redacted]降處安[redacted]議處庶官邪知儆吏治飭
而民生有賴矣

恭報發兵日期措置事宜疏
崇禎二年十一月初一日接邸報該兵部爲緊急鋒
精事奉
聖旨據奏遵城已失賊勢披猖關兵著袁崇煥督發
前來尤世威瞿從義合兵策應協力堵禦無令虜斷
西一步即爲上功保定官大已調各兵星速赴援山
西山東河南各調五千延綏三千著該撫速選精銳
委謀勇將官督發前來分住近京地方犄角策應仍

各沿途奏報通州著楊國棟速赴防禦守薊等事另
有旨九卿科道官奉旨集議即日具奏該衙門知道
欽此欽遵隨該撫臣范[redacted]會同臣即行左布政使楊
公幹措辦錢糧清軍兵備道副使黃承昊河北兵巡
道按察使張光縉查點兵馬隨據光縉呈稱候汰防
陝各兵散在汝維之間雖經臣預調而相距寫遠去
必倉卒齊集復行分巡河南道副使楊嗣昌催促上
道無悞隨期一日夜間部署略定諸臣羣議兵至五

千一時同行沿中食飲居停難以安插分作二運底
使頭運二千五百名委標下練兵叅將楊大慶總行
統領二運二千五百名委磁州練兵遊擊陶承恩統
領弁聽大慶節制陸續起行魚貫前進在磁營者一
面令張光縉監發臣同撫臣於十四日督發省兵於
演武場中行糧安家一一如例椎牛釃酒親爲慰勞
奬以忠義申以利害仍諭恪守軍令不得逗遛生事
以干軍紀慷慨灑泣衆皆感動軍士無不踴躍爭先

表奏彙集　卷之五　三

就道者臣於是知衆人之可用而國家恩養之厚法
度之嚴也然治兵約束則惟將領是賴查得往兒領
兵俱屬偏裨今本道委諸勇將官之吉中綰置節制
叅遊爲大而智計勇力亦惟二臣爲最故特授[illegible]
行但此行千里赴義其誼可嘉非鼓舞以作其氣優
崇以重其權國家何以用人而得其死力若早至信
地㧞屯無犯楊大慶宜加副將職銜陶承恩宜加叅
將職銜以示激勸查二臣各作俱淺期已及瓜但當

改步不過其本等應有而自朝廷予之一號令嚴肅
有旌旗皆變壁壘生色者矣倘紀律不嚴失伍離次
即坐以罪勿少寬貸如是有重賞誘於前峻法繩其
後或當感奮惕息以報國恩而敵王愾乎在此行矣

表奏彙集　卷之五　十

中原單匱早議兵食大計疏

臣本書生不諳軍旅自奉簡命廵歷所至操閱兵馬乃始綜覈伍籍蒐討軍實而後知兩河武備大約皆州縣民兵其聚練各郡以備城守多不過數百名耳而乘徵調者惟開封鋒兵親丁之屬僅滿三千磁州武勇二營兵一千六百餘毛兵一千則籍在汝雒分班駐磁者問其餉則皆民兵工食及抽扣之餘也近因陝西流賊煽亂河南道副使楊嗣昌議以毛兵移

駐陝州斟酌未定雖奉旨議裁冗兵臣知其無冗可裁也因歎兩河綰轂居中爲根本要地四方有事孰非其事指臂之傷痛延腹心勢使然也安內者所以攘外計師武臣力爲熊爲虎之士如林如雨乃足稱百二之雄而今設備僅若此臣方檄各道臣汰其老弱補其虛冒嚴其約束爲桑土綢繆之計而不意逆

之披猖也臣志切同讎恨不能請長纓繫茲

項者

皇上惆然東顧下尺一之詔徵兵河南撫臣整搠兵馬遣將統率前後繼進而且身先士卒移鎮彰磁以便調度雖省會空虛義不返顧臣審決事竣與聞師命乃暫輟廵歷而居守會城惟恣持三尺法以鎮定人心消弭姦盜然而不勝鰓鰓過慮焉東毘陳宋是徐宿曹濮之錯壤也流妖巨寇之窟穴也其西則河雒礦洞亦盜藪也亡命之徒聚族而居之又西連秦晉枹鼓時聞其南則汝南災祲之踵接也地瘠民饑

湖廣之盜時出没焉其北則衛鄴新被旱災粟貴如珠民徙欲盡臣前有勘災一疏未蒙部覆每念及此中心如焚而茲又當多事之時無兵無餉四顧單匱之狀不寒而慄夫　賊不知順逆闌入內地折衝運籌自有廟算臣何敢遥度臣所慮者中原赤子凶年饑歲膏血竭於催科老弱轉於溝壑而狡黠之徒必不肯坐而待斃朝廷之上不早爲賑恤勢必聚而爲盜一可憂也妖民煽惑實繁有徒鄒滕餘孼根株尚

在恐乘空匱之日妄有嘯聚之謀搖動人心不可收拾二可憂也各處赴援之兵紀律無聞遁化潰逃之卒流離四散既不畏我而畏敵恐不禦寇而為寇橫逞內地必有剽掠之患三可憂也臣自受事以來亟責成守令申飭保甲揀練民兵軫恤災黎稽詰奸宄不待今日然臣責州縣者止此耳至於省會之地又為八郡根本一旦兵將俱遣空匱頓見自非增兵給餉何以弭亂消萌萬一天未悔禍則義在勤王前茅

後勁當有率然首尾之形即使逆賊授首而計安中夏居重馭輕宜有虎豹在山之勢事豫則立有備無患若居常則開雙眼以視事遇變則空兩手以待人臨渴求井無米責炊臣愚計不知所出矣頃撫臣具疏謂作何召募動何錢糧亦知時事倥傯不得已為喉心之語願廟堂早計而力行之也地方情形關係安危臣不敢不以入告惟

皇上念中原為腹心重地增設武備一以壯京師之聲援一以消姦人之窺伺則根本固而神氣張於以捷伐醜鹵易易矣

本章內之吝劄得朝至夕傳庶中外相通不致遲悞
軍機臣無任激切待命之至

柴菴疏集　卷之五

移駐境上鼓兩河忠義疏

前月十二日接調援之旨撫臣隨於十四日同臣親詣教場點齊兵馬即日啓行有疏報聞而半月以來邸報不至遣役偵探皆謂艮鄉被搶道路不通不知臣所奏之疏得達御覽否撫臣二十日移鎮磁州遣臣揭帖云聞鹵圍三河復調河北民壯及檄募毛兵共計二千於廿六日親自赴京入衛臣因會城空虛暫留募兵修備爲城守計神馳魏闕此心如焚至本

柴菴疏集　卷之五

月初五日始傳聞　賊入犯京城狂逞未退臣不勝憂憤投袂而起君父有急敢自寧處隨進司道各臣責以居守會城而臣即於初六日移駐磁州檄行各州縣團練鄉兵招募義勇一以備勤王之聲援一以固兩河之藩籬臣雖無兵馬錢糧之寄而以身許國枕戈待旦少效愚忠臣之分也謹具疏以聞至南北阻隔羽書不傳中州去京較遠人心洶洶伏乞

皇上勅兵部亟調兵馬屯駐艮鄉以靖道路使外之

河北防禦祖備疏

白齿賊入犯撫臣赴援臣居會城一時單騎之狀令人不寒而慄已復思之聖主宵旰於上臣子敢惜頂踵況彈壓地方振肅人心是臣職也日檄各道以實營伍爲第一急着凡諸旗幟器械銃砲火藥之類舊者修整缺者製造拮据措久以俟不事半以解赴軍中半以留備城守事甫就緒而南晉都城之報至矣臣發憤之極恨不滅此朝食而又慮河北空虛門戶不固貽禍匪細故於本月初六日移駐磁州具疏以聞臣甚以枕戈待旦之臬聯識席藁不寧之意焉耳渡河而北四野蕭條恭當災眚之餘啼饑號寒鶉衣菜色之民慘目恫心又傳聞齒營訛言四起人情洶洶皆思逃竄臣每至村邑則進父老子弟諭以聖主威靈處置得宜賊自送死殄滅在邇而人心稍稍定矣又進守令誡以加意撫恤停民簡訟寬刑發賑煑粥毋令失所而民亦稍稍安集矣惟是衛輝彰德諸府團練民兵俱被征調所餘老弱無幾至磁州則竟無一兵一馬矣兵備副使黃承昊隨臣至磁臣檄令各州縣分投召募揀選義勇收買馬匹擇委偏裨整理旌旗器具轉民間之習弧矢精武藝者朝夕教演半月以來營伍稍有次第規模而民心用是帖然益地方緩急有備即遠近始知振刷各州縣輸輓不絕且齎牛酒勞軍一時無不人人兢憤而毛兵之續募者皆星馳出境計前後發兵七千而居民安堵如故秋毫無犯益信朝廷之恩威遠也臣自十一月十五日以後計各道申報開封補過兵一千五百餘名衛輝補過五百名懷慶補過五百名彰德補過五百名磁州補過一千六百名河南募過毛兵一千名歸德汝南數郡民兵無多團練如舊而補伍之兵即以舊兵額餉酌量給之不敢另請朝廷一餉也所製旗幟器械長槍勾鐮腰刀鉞斧三眼銃之屬多者千

許少者數百弓矢五百副馬一百匹共費數千金皆
臣括之查盤贖鍰及節省公費等項不敢費朝廷一
錢也臣爲地方綢繆桑土但得饑民不弄兵於潢池
可幸無罪而未敢必也以
皇上神武殲茲醜　當在指日京師安而天下始安
臣乃敢渡河以南行巡方之事耳關係地方兵馬錢
糧臣不敢不據實奏聞惟
聖明鑒察焉

漕米弊蠹當除疏

看得漕米積弊不可窮詰爲日已久以國家惟正之
供填奸胥難饜之慾經一官則有一官常例使費過
一衙門則有一衙門常例使費耗費既多則米價必
減米價既減則額數必虧於是委官往往告累不得
已派之民間每石或加四錢三錢不等者數年以來
習以爲常謂不如是則悞漕而罪且滋大也臣巡歷
河北始悉其弊爲痛心疾首竊以爲弊日盛則費日
增而派且日多所司不痛加釐剔力除官役侵蝕之
蠹而權宜加派剜盡小民心頭之肉濫觴何日止民
困何日蘇哉故議以徵銀委官買米責成各州縣印
官而以交兌查催革弊責成督糧道使百年積弊一
旦掃除士民無不手額稱快顧臣屬之弊臣得禁之
小灘爲奸蠹窟穴而轄於大名之元城臣不得而禁
也監兌衙門往日常例使費尤難枚舉打點需索不
飽其慾則勒措刁難以致委官解戶視臨德爲刀山

韍林不傾其身家性命不已者卽新奉簡命而舊弊恐難遽剔臣不得而禁也此督糧道夏時亨所爲言之痛切而有兼轄之請也蓋地分彼此則法多阻隔欲除奸蠹似非兼轄不可然漕米吃緊處只在各州縣印官早徵銀早委官早糴米而已當秋成之始米多而價不甚昂一經過歲囤販之家居爲奇貨勒索高價無可誰何故糧道預於八月移駐小灘而督責州縣於六月委官七月發銀買米貯廒事半功倍豈

年尚可節存十分之一二留待歉歲酌盈濟虛將永無不足之憂永免私派之累而道臣所言九害從此可除此臣一片熱腸苦心爲窮民留膏血爲軍國籌奸弊籌之累月訪之衆議斷斷可行者也不意今歲大祲因之以饑饉加之以師旅米價湧貴問糴無所每石額派九錢六分五釐者今時値至一兩六七錢矣臣雖於告災疏内有改折之議而今何時也軍需急需日檄州縣官竭力糴買以待交兌而那借抵塡之法尚費酌議然祛害駐轄諸款實有裨漕務伏乞勑下戶部覆議賜勑督糧道兼轄元城魏縣以便責成更乞

天語申飭一切買米交兌夙弊痛行禁革至民窮已極凡錢糧額派不足者當另議設處抵補不得私派民間犯者俱以違旨坐贓論罪庶於民生國計未必無小補也

柴菴疏集卷之五 畢

柴菴疏集卷之六

廵按河南監察御史臣吳甡謹題

按豫 崇禎三年

兩河空匱已極疏

臣竊有慨於客兵之害而傷人心之易搖也處鴻功垂竟于耳頓兵赴援一不戢而良鄉搶掠之患更烈於僨今僨鴻功已無救於數十萬生靈也彼饑餉歷戶所猶若此矣今則微分毫各省之兵無不取道

中州將兵者未聞紀律而且軍民主客異情也樵止供食異宜也一不戢而良鄉之禍立至矣起視鄰邑則野無青草室如懸磬何恃不恐臣爲之寒心頃者俱以特外爲大言只據鎮物耳本月二十一日途陽驛抄牌陝西總督楊爲飛報援兵事今遣陝西總兵官統領官兵共三千二百二十五員名馬騾共四千九百三十頭匹又叅遊坐營官三員日支廩給一分粳米五升中千把總二十二員日支廩給一分紅藍旗官隊長標營陣百總共一百九十七名每名日支食米一分軍丁三千三名每名日支口糧米一升五合馬騾駝每匹日支草一束料三升各兵分爲三運自固原起行赴援仰經過有司驛遞即便預備齊項糧草聽候兵到支給等因又抄陝西巡撫劉爲赴援事照得本院親督固原鎮官兵三千二百二十五員名臨洮鎮官兵一千五百員名并督撫官兵二百員名分運星馳赴援其沿途行糧亦大略同前

臣以臣無兵馬錢糧之寄則不知會而臣既義急勸王又夔深蒭恤已預檄行郡邑權宜措給矣各州縣中請紛紛僉稱地方災荒流離載道各項錢糧舊者已解新者未徵將何措辦而士民控告亦復紛紛其君子則曰是役也吾河南撫臣先之矣小民安堵市不易肆一粒一草皆不取給縣官陝兵無行糧乎而騷動若是其小人則曰吾儕子弟皆已荷戈從戎所餘老弱因年饑歲救死不贍反朘我脂血以供陝人

者何恐也臣聞之心稍可汝以大義責之曰是王師也不聞壺漿之迎乎臨爲地方善覓已極矣使其兵果有約束秋毫無犯尚不能率令撲簞懷等驛捐餼遊擊趙宦所領兵九百餘名横肆異常官折廪給矣又有坐司俶矣兵飽食矣又索酒肉矣稍不如意則露刃相向持鞭亂捶官民奔之有如驕子郡邑爲之罷市嗟乎朝廷未收分毫之用而地方先被無窮之擾只一秦中之兵而疲累已至此恐此後潤廣四川諸省之兵踵至害有不忍言者災邑供應不前反爲逗遛者口實一也彼以供應爲名而大肆需索一不饜而瞋目語難二也饑民相激乘機而鬨奸宄從之呼庚揭竿勢所必至三也頃接邸報

皇上責臣料理臣敢不竭厥心力惟是援兵之驛騷則臣無所施其約束錢糧之空匱則臣更有難於措處況中原人心思亂奸盜百出臣草疏一日而各道府揭報者四大梁道李天經則揭稱流妖猖惑訛言四起徧貼通衢某月日衆聚搶某地方人心惶惶汝南道王琨則稱南陽民兵近被鄖陽撫臣調援境守一空自前假王流言之後人心一日數驚不逞之徒有結聚者爲謀臣潤汝寧府知府王建邦則稱汝郡接連荒蕪今冬無雪春無雨麥種在地若已枯盜賊生發民多離徙懷慶府知府康四海則稱棠臣札諭賑濟陽信武等縣饑民千百成羣號天搶地不散情形可憂職親詣其地發穀勸諭止得米二三百石尚不足煮粥半月別無措處臣不勝浩歎除容檄道府加意防備賑恤而知中原之不能終無事也艱危既已如此而各省之兵皆欲取給其何以堪萬一別生事變則其禍又不止於內而已者何也譬之一人之身京師元首也彝廸指足也四方肢體也中原腹心也惟腹心無恙而後可以奉元首運肢體而制指足若腹心潰壞則天下事尚忍言哉臣心憂汝南開歸之間奸盜縱横旦晩叱馭借巡歷之事爲消弭之計

而不意地方又有供應援兵之害仰懇
聖明念中原爲根本重地饑民易動不堪再擾申飭各省援兵自帶行糧嚴加約束而州縣所動錢糧准
賜銷算以便考成如果鹵賊既遁則撫臣及各道臣亦宜早勅回鎮以安人心以防内變臣爲地方安危不得不瀝血入告惟
聖明裁察焉

糾劾昏庸有司疏

臣惟天下最悞事者莫如庸人而最害民者莫如庸吏其人庸則才既靡靡心復惛惛已漫無所執持而人得提其線索故其爲吏也一身無主百竅不靈左右狐鼠滿堂皆官而流毒始無窮矣今何時也中原何地也在上則征調之令赴援之兵硝鉛料豆之派糧餉漕米之需如是其急也在下則供應之疲戎馬之擾米珠薪桂之艱而溝瘠道殣之多又如是其窘也即人人廉幹尚拮据未易而況昏庸之輩哉昔司馬光因使賑濟河北流民上言欲察災傷州縣守宰不勝任者易之誠爲確論臣雖在磁修備兩河吏治固刻刻在臣胸中彼昏不知政於此時恣肆而臣亦正於此時以白簡議其後矣臣訪得河南府盧氏縣知縣蔡[redacted]開封府密縣知縣鄧[illegible]大可異焉在盧氏則避處山中民刁而悍臣歲前十月巡歷河南府時一見本官卽知其柔靡不振然猶謂盧非善地

官係初服姑寬假以需之時或更張而善其後也不
謂□簪押至神京戒嚴中州大小臣工徵兵轉餉日
不遑暇而盧氏實產毛兵之地額有民兵七十餘名
而本官聽吏胥之言發兵不給一錢致領兵官張三
才等擁縣挾索幾成大變又如小灘漕米軍需甚急
該縣應買三千四百石臣屢檄嚴催勒限取完今正
月將盡而本官尚未投批赴買當此軍興之日宜何
如黽勉而泄泄從事若此不幾悞軍儲而曠職守哉

臣因細訪其吏狀則大率類是士民怨詛呼爲木鐘
噫盧氏安用此木鐘爲哉所當照不謹例冠帶閒住
者也在密縣則斗大一城民窮土瘠雖有成皋之險
不足恃也臣從河雒回省時親歷其境見本官黔驢
之技沐猴而冠詢以民瘼如秦越人之視肥瘠了不
關心而止誇其邑有白松一株古蹟可翫臣竊哂之
以爲其人如是治狀可知徵收之華加耗禁諭不啻
嚴矣而本官每一兩收錢一千二百文及發里老易
銀則止給錢八百五十何其心遊孔方也漕米之禁
僉派申飭不啻切矣而本官私派大戶韓一斗等二
十餘家小灘運米許其告免各罰穀三五十石不幾
身爲碩鼠乎其理訟而坐堂上有如傀儡任皁快李
國安等在衙提掇因吏缺而報農民居爲奇貨索富
民郭仁宇等營求買免至該縣有馬鞍山爲盗賊窟
穴大盗王麻子等結聚黠黨爲日已久而漠然置不
問也幸爲臨穎擒獲不然貽害地方豈淺鮮哉而本

官一味昏闇百事闒茸科罰無藝甘取罵兒貼婦之
錢衙役縱横遂肆社鼠城狐之害此巡方總約所稱
木痺之吏所當照不及例重加降處者也抑臣受事
以來糾劾者屢矣臣豈有苛求哉今國家烽火未息
羽檄紛馳既徵求之未已又水旱之相仍所恃者惟
此中原數百萬窮赤子不生心耳而縣令親民之官
不爲之求芻牧已非矣而反朘其膏血皮盡而毛安
傅根搖而枝易凋一旦有事又悠悠忽忽如聵如聾

以此充位而害民臣所爲致恨於昏庸之吏不肯以情面曲徇者也

偏派積累懇恩酌減疏

臣嘗於記註恭讀

皇上軫念民艱海內加派何時可已蓋眞聖人之言哉中州地方不大於南直浙江而加派逆餉幾與之等然義在急公其誰敢辭獨是同一加派也同一府屬也如永城縣則獨派一萬三千有奇視商丘等縣多至三倍追惟其始各照地畝而中州皆陸地瘠薄其派正糧皆三小畝而折算一大畝永城派餉之時

縣官失於申請未及折算遂偏重若此南陽府之唐縣裕州內鄉汝寧府之息縣亦同此弊故加派之數反多於起運京邊之額噫此矛盾其何以堪臣巡歷其地士民泣訴者踵接於道臣詰之曰逆餉急需豈得議減且曩何以不言待至今日皆對曰年年告累無繇叩閽今旱災頻仍窮民皆逃而爲盜勢窮情極故哀控耳臣不勝拊膺長歎曰是官茲土者之責也臣讀詩至皇華駪駪征夫每懷靡及而朱臣朱熹以

爲使臣宜上德達下情故以靡及爲懷爰咨入告夫民有情而不之達上有德而不之宣則使臣爲不盡職矣

聖明在上軫念黎元命臣以察吏安民若明知其偏累而隱匿不聞無以宣布德意儻民窮走險散而爲盜

皇上詰問所繇而責臣何不蚤言則臣罪大矣夫同爲朝廷之赤子何獨累此數州縣而令之三倍派餉

也如謂地有肥瘠則糧有重輕而國初派徵之額見在不相上下也民已恐死竭髓供十餘年而有司不以告撫按不以聞坐視其逃徙而後已臣不忍也今

聖而慮賦役之重命科道清理豈知有此偏累之弊如皋城諸州縣者乎知之必且慨然而爲之釐正矣說者謂軍興告匱措餉正殷今何時也而爲此寬恤之言不知正惟此時有不得不爲之寬恤者中原財賦甲於海內近來調發徵求何事不取辦於兩河當此奇荒異祲猶竭蹷以赴公家有民如此亦可念也臣以爲必留百姓有餘之力而後儲國家不匱之源自古帝王未有不寬恤其民而能久安長治者也臣謹熏沐具疏爲民請命乞勅下戶部將皋城等五州縣加派及此清理賦役之時會同科道勘議如果偏重失平久累當恤乞酌量減豁三分之一若謂餉額必不可減則併敕臣等別議抵補之法蓋非獨宜德達情臣職當然亦國家培養根本之至計也

州縣人地非宜疏

臣屢奉

皇上用心巡歷之旨不勝兢惕竊自誦思巡歷之當用心者莫如察吏察之維何入其境覈其品徵其行事觀民之向背而吏之賢不肖可知也夫吏之賢不肖地方之安危判焉而況在多事之秋關係尤重臣何敢狥情面拘格套以博長厚之名以負

皇上委任之意哉臣巡歷南陽而知南召縣知縣陶

柴庵疏集　卷之六　三三

□之不可留也先是□有請告之文批行汝南道查之詞南召刁疲山邑本官求去豈有托乎及臣按部至南陽本官匍匐庭下痛哭流涕爲言病狀且自陳不能一日安於地方錢糧國餉也而徵之不能完盜賊民害也而驅之不能去留一日則徒增一日之病耳臣乃今知本官之果病也地方積習刁疲既足累本官而本官病本官事事乖舛無以慰地方而地方亦病年非衰偷才非樗櫟而二豎見侵六筞無主惟冀一去以無憂性命如此者臣安能留之所當照病例致仕者也臣巡歷汝寧而知信陽州知州蘇□之亦不可留也□閩人其舌鴃其口吃其言語支離坐衙理事言出而下之人不應也及小民控詞紛紛而本官亦不應也專憑左右傳說而吏胥乃得肆其奸欺庫書陳一奇等借叢骫法經臣訪拏本官不一問也而州事亦因之以廢是錢糧是何如急需一任逋欠豈謂催科政拙乎饑荒當何如賑濟而

柴庵疏集　卷之六　三四

勿收不求將立而視其死歟雖到任未久操守未玷而地方既緩急難恃本官亦自覺面貌可憎夫信陽居中州之南與楚接壤年來屢遭異祲盜熾民窮至衝劇也非精明果斷之才未易勝任而本官非其人也所當照不及例調簡僻以全器使者也昔宋神宗謂文彥博等選任知州未得善法曰朕每思祖宗百戰得天下今以一州生靈付庸人常痛心疾首有味哉其言之也夫使州縣官皆得其人則四境獲安萬

物生氣國無逋課萑苻息警庶民安其田里而無歎息愁恨之心政平訟理端必繇此然則今日所宜急講者尤在擇守令哉臣巡歷其地覈其品徵其行事覩我民向背安可復留此病吏庸吏以釀民害臣寧負二臣不忍負地方也

卷之六

緝獲妖賊疏

竊惟開封歸德之間近河北州縣與山東直隸棊置壤錯原有邪妖一種皆巨盜亂民窟穴其中借白蓮金禪之教煽惑村愚勾結亡命自崗警孔棘征調頻興而姦宄之徒何隙生心分布號召在在有之臣嘗與撫臣總總過慮日檄各道申飭有司嚴保甲練鄉兵三令而五申之幸一二長吏力行不懈擒之於未著撲之於方張而地方得旦夕無事茲臣於巡歷之餘廉其情形併舉其能緝盜者以為諸有司之勸是臣激揚事也如近日所獲諸大盜則挾有妖書稱有王號焚劫村民縱橫閭左跨州連邑於三四百里之內布滿黨羽潛通線索訛言紫微星謀舉大事此豈僅僅胠篋探丸之雄已哉惟保甲鄉兵之法行而不軌邪謀終無逃於天網耳臨潁知縣靳先先則以緝獲王進孝報祥符知縣宋琮則以緝獲時堯相報杞縣知縣宋玫則以緝獲魏調臣等報鹿邑知縣張化

卷之六

中則以緝獲李新等報鄢陵知縣王廷賓則以緝獲
于慎行張明山等報睢州知州習應元則以緝獲李
朝綱等報若柘城之李守志一逃軍耳乃衆推爲奸
漢手下有人臣以巡歷在邇密封訪牌一紙授歸德
府推官萬元吉出其不意而擒之臣面審時猶供吐
反叛不自隱諱矣之各縣之申報情形往往相同使
非覺之於早擒厥渠魁待其黨集蟻合雖與數萬之
師處勢萬之倘未易動也臣竊謂此數臣者定力長

才綢繆未雨真有功於地方者也而曲突徙薪之論
發縱指視之力則大梁道李天經睢陳道劉餘祐能
不動聲色而消弭萌孽是更難耳臣查往牘如崇禎
元年霍丘盜起謀搶固始知縣王萬象率衆固守賊
不敢犯四境以寧去茂會亭集之變妖氛甚惡永城
縣知縣賀鼎擒獲何喜龍等妖黨遂散臣心韙之如
是者可不謂保障哉在李天經等臣有加銜久任之
疏尚未部覆其萬元吉宋玫靳光先宋宗舜應元吳

化中並賀鼎王萬象俱宜紀錄以待行取優擢蓋臣
見近日剿賊之難而後知諸臣消弭之不易見伏莽
之奸根萌未盡近儀封縣申報山左流寇焚搶情形
臣測度鄢可虞值此多事之秋尤當於真心任事之
臣鼓舞之以作其氣臣爲地方計非市恩於諸臣也
若鄢陵之羅寨村雖被賊燒劫而發速禍小知縣王
廷賓率能督率鄉兵擒獲大盜二十餘名亦可謂失
之東隅收之桑榆者矣且到任未久發憤方新所當

令之策勵供職者也

驛站酌裁疏

看得河南居天下之中綰四方之轂其間藩封貢篚縉紳吏承之屬趾相錯也非朝貢之典則軍國之需由而銜命入而報竣棊布郡邑星拱宸京於是置之郵傳給之夫馬即賫奏之役利有攸往亦得予以脚力蓋

祖宗之制規模宏遠所以體羣臣柔遠人也至於後有司奉行不善遂至濫觴額設之金錢不足供輪蹄之繹絡而於是乎有加增此有司代為申請多寡之數猶可紀也僉報之苦累徒以賠積棍之包攬而於是乎有私幇此民間自為津貼多寡之數不可問也今查通省州縣驛所額設夫馬等項銀五十三萬一千六百一兩三分二釐五毫三絲六忽而加增銀八萬八千七百六十六兩六錢三分五釐四毫私幇又不啻數十萬民間苦累已極皮骨僅存無從控額者非一日矣至驛遞之苦大約錢糧派自本州縣者十之四五出自外州縣協濟者十之五六外州縣秦越相視不能如期解給或有歲遭荒歉彼此不完因之拖欠者驛官往往稱貸以資供應日久子母相權息已數倍領到錢糧半以償債而此外折乾需索之弊衙蠹所不敢開載者甚多此驛遞之所以困也

皇上軫念民艱納科臣劉悃之疏清釐積弊大約以去冒濫革增貼為蘇息民力第一義去年三月臣得與召對之列恭聆天語訓民力已竭裁省當歸之民間恭聖明無一念不在民隱也如此臣奉簡命按部中州又聞有驛遞錢糧解部修防之議臣行檄道臣黃承昊勒限清查不意有南營之報該道職司兵備撫臣入衛一切徵調措據良多而自後各省援兵絡至撫鎮道將無不取途中原夫勤王大義也假不與之同仇滅此朝食即所用夫馬溢額敢不竭蹶以奉而牛大馬卒苦供應之煩蓋數十年所未有者有司惟恐其不支而逃也亦何暇細與之較馬間欲爭從

此時而責之節縮望其裁扣臣知其必不能也臣自奉有勘劄力裁加增私幇之弊出示榜諭民間歲可省數十萬益十分已去其四五今所存原額又欲議裁道臣謂在今日信手裁之無難但恐有意外供應額銀不給勢必派民益籌之審矣況祖宗朝所定之額寬嚴得中不欲算析秋毫開後世以不可繼之端而猶不免濫觴若此故上裁之愈甚則下幇之愈多而其究也反以厲民故今日再四酌議除私幇加增一槩禁革而於原額內量裁其一計歲可得五萬餘金以佐公家之急在小民免僉報津貼之累無不歌咏朝廷之德而在驛遞存有餘不盡之意亦可以永杜擾民之害若必於裁減之外尺尺寸寸以直窮之使盡無論勢必不能亦非祖宗設立驛遞之本意也或曰衝簡各別烏乎齊曰衝者原多簡者原少也故裁則均裁也或曰十分裁六烏乎一曰增貼既革原額復損名為裁一實已裁六也臣等上憂國計下軫民窮為此裁扣一事嘔盡心血伏望聖明念中原徵調之煩十倍他省俯允末議或俟事平之後方行裁扣或照原旨以崇禎三年為始則皇上恤民之特恩非臣等所敢擅議也

緝獲妖首疏

看得歸德一郡地聯三省中界黃河向以命不廷之徒往往出沒其間自昔師尚詔本一草澤以賴利起於白蓮無爲乃遂號召多人斬竿揭木已而入府城殺職官劫督經獄且長驅西向直薄太康太梁迤東多所殘破至煩大兵始就底定迄今中州士民言之猶然色變數十年來懲前毖後多方禁戢始稍稍安靖不謂自東省蓮妖繼起而永夏一帶愚氓翕慕者

卷之六

如醉如狂傳頭教主在在流布而李慎吾輩以邢台之黠生因負辜詐死脫籍南來張思誠爲之羽翼講經說法招搖遠邇圖書假癋自稱紫微以故何喜龍等遂稱爲真主投謁號召惟恐不及此其不軌之謀亦叵測矣儻會亭之計一行而永夏兩縣不幾爲鄒滕之續耶天奪其魄未發先露而何喜龍等成擒矣臣具疏入告奉旨捕除首惡每對郡縣守令未嘗不以此賊爲慮又值北鹵入犯之秋尤此輩生心之日臣駐磁州微聞李慎吾潛匿廣平遣人密探而已遁去山左臣因檄雎陳道參政劉餘祐歸德府知府董嗣諶推官萬元吉嚴加偵訪未幾而果縛之於永城夏邑之間旣擒之後其黨時孟福等尚鼓衆倡言救主真驁悍愍不畏死者矣彼自知罪大惡極不食獄死未獲明正顯戮恭請明旨將妖首李慎吾張思誠梟首懸之藁街庶足以明三尺之法而儆愚民之惑其何喜龍胡中所徐三剛姜曉文時以明五犯按以

泰州文獻　卷之六

妖言惑衆之律無容再議矣株連者訊明釋放以安反側自是大河南北芟除莫大之妖孽消弭無窮之隱憂此皆

聖主威靈振懾人心者遠而文武各官緝捕之勞亦未可泯也

敬舉忠節最著祈賜易名疏

臣奉命巡方境内忠孝節義今古幽微闡揚光大皆臣職也昨歲甫入中州爲稽掌故首錄忠臣得龍逢比干而下逮本朝正嘉之間以直諫死節推誠盡力成仁取義者一百六十六人行令所在有司考求祠墓以時修葺而享祀焉至隆萬以來忠節之士亦復不少俱俟論定請乞表章此臣志也近奉恩詔内一欵革除間殺戮諸臣皆我

卷之六

太祖高皇帝所儲養忠臣義士已經前詔褒表忠魂郎錄後裔更査忠節最著者予謚以勵臣節臣於是儆行學臣潘曾紘而曾紘毅然以風教爲己任謂表揚忠節乃督學專責訪求遺事於中州得忠節最著者則兵部尚書鐵鉉浙江按察使王良是也學臣臚列其生平大節開冊具申到臣臣讀未終卷欷歔太息不知涕之何從也竊聞革除之世諸臣義不二君忠而晦跡行歌數澤沒齒幽遐者實繁其人而第其姓名爵里不可得而聞也自非有知者當時不敢顯其事家傳野史載筆蕭條或託名山斷文零落以故中州之大名世之多而可得而述者僅二人焉其餘惟有掩泣風煙埋光日月已耳臣是以舐筆低徊欷然而歎重有遺也夫古來大節首稱夷齊自我朝有諸臣而後稾稾英風遠駕其上何則革除之事當我

太祖高皇帝開國承家世僅再傳時未三紀而

成祖文皇帝以

卷之六

高皇愛子慈叔父尊親假一時之權開萬世之治

成祖以爲然而諸臣不然

太祖亦宜以爲可而諸臣不可惟知有伏節死義耳且其所以死有不可言不忍聞至蔓引一身之決負一時之痛已也嗚呼此其所以度越夷齊者也

明詔謂

高皇帝儲養忠臣義士臣以爲革除之忠義誠萬古未有之忠義

高皇帝之儲養誠萬古未有之儲養而何道以致之
故捕[redacted]之宇宙開衣冠禮樂之乾坤我
高皇帝之取天下開太平也亦萬古帝王之所未有
者開創之初禮亦稱詩蘭祀余闕獎往勸來開臣子
忠義之源所以世傳再傳時未三紀而忠臣義士以
翊戴
高皇帝者戴 建文闔門延頸比屋駢肩糜爛湯火
之中庖割刀鋸之下日若倍而皆若渴以至如此而
死勝於如彼而生不可算數譬喻也嗚呼奈何今日
而媚逆未已復有陰謀獻城
者哉豈儲養之未至抑風厲之未廣歟然則是舉也
誠激發人心之第一義也伏乞
皇上特勅禮部立賜施行然學臣弟舉中州者言之
耳以臣所讀革除遺忠諸錄如方孝孺練安陳迪王
淑英卓敬黃觀之類受禍最慘死節最烈者若而人
併乞推廣明詔通查覆議各予美謚則風厲之大權

與儲養之宏恩並垂萬古雖與
高皇帝競烈可也
計開
鐵鉉字鼎石鄧州豐和鄉人
高皇帝時官禮科給事中歷五軍斷事至山東叅政
靖難兵起李景隆㧁德州鉉飛芻輓粟水陸不絕濟
南之圍鉉悉力守禦已而開門詐降
文皇帝按轡入鉉急下鐵板中馬首
文皇帝大怒攻之不能克已又有東昌之捷小河之
捷傾動中原
文皇帝幾引還忽再戰得勝乃長驅渡江鉉摧殘兵
駐淮南擒之至不屈反背立庭中
帝令一顧而不可得乃劓其耳鼻竟不顧遂碎劈其
體至死喃喃不絕罵子福安成池河康安輸鞍轡局
皆辭死父仲名母薛氏年八十餘皆遷海南女二落
教坊司皆不辱嗚呼鉉死忠之烈有如此者

王艮字天性祥符縣人也革除初爲刑部侍郎左遷浙江按察使拜岳武穆墓慨然誓不媿其人聞靖難師入慟哭志必死

文皇帝即位遣使召之艮縛使送獄且驅由市將斬之而市人鬨奪使者去乃還坐堂呈佩所司印兼收浙東西五道暨經歷照磨司獄之印凡九綴携入舍閉家人毋得出積薪於庭火發投其印盡室自焚死事聞

文皇帝曰艮死分也印不宜輒毁乃徙其家於邊或言艮未死前語其妻妻引義先自死池中稺子一匍匐逃邊一妾携以遁嗚呼艮死忠之烈有如此者以上二臣明詔所謂忠節最著無以踰此臣請特勑禮部立予應得諡典併查忠節如方孝孺等諸臣裦賞詳議類請伏候

聖裁

請錄先賢後裔疏

臣惟

天生聖賢以維挽斯道於不墜而推論其功者至謂孔子賢於堯舜孟子不在禹下故其食報於後世也崇之以三等之爵錫之以俎豆之光名炳千秋廟食萬世其子孫世世奉祀不替後之帝王有能尊崇而錄用之者則史必書之侈爲美事如是者何也存其道不沒其功錄其後不朽其人焉耳矣故道有所當

尊而非迂也典有所當隆而非濫也臣幼學孔孟而知斯道之傳惟伊雒爲正派伊雒者即河南之伊水雒水也宋儒程顥程頤實生其間倡明正學而又有康節先生曰邵雍者精易學爲顥頤畏友讀其書如見其人今予役兩河得瞻所謂伊雒者而遡其淵源又先生之安樂窩在焉歷金元胡馬之後五百餘年而遺跡猶存若有神物呵護之者詩云高山仰止景行行止亦何能已於嚮邇哉臣細詢其後裔則程氏

之子孫至景泰間始授官翰林院五經博士而邵氏之奉祀者缺如也儒效不殊恩典獨異臣爲之欽歎太息曰是天留之以待我
聖天子矣據提學參政潘曾紘申稱伊維大儒推求邵雍程顥程頤而雍得道尤早理數獨精脫乾上河北低徊百泉精舍益史稱雍刻勵堅苦不爐不扇寒簡策以探往命者伊其地云景泰間顥若頤之子孫世授五經博士以奉其祀雍獨遺焉先是萬曆末年

卷之六

巡按張御史具疏留中至天啓三年丘御史又特疏得旨下部禮臣恐世代綿遠後嗣未確覆題請旨行巡按御史查核隨經前院轉行道府下維陽縣查得生員邵繼祖系雍二十七代的裔象賢繩武名錄憲綱堪以承襲結勘無異其時嚴道學之禁濂雒關閩方爲世忌部未果上職惟今士大夫建一功効一節者其子孫陳乞恩典朝廷查與例合往往從之豈於大儒而反靳焉職若不爲代言是使雍終不得比迹

於二程而國家崇儒報功之典尚湮於聖世也等因到臣該臣看得錄邵氏後裔一事蓋前按臣屢言之最後丘御史兆麟有疏下部議覆部題其言而姑慮世系之未確故行按臣覈實業舉其嫡派二十七代孫邵繼祖達部而不意道學之禁方嚴禮臣不敢堅請今案在禮部可查也夫邵氏之有功斯道也其性命之學見於皇極經世一書闡伏羲先天之旨挾道體於一動一靜之間以殫天地人之至妙而歸重以

卷之六

聖人之四經配昊天之四時昊天以時授人聖人以經法天天時不差則歲功成聖經不忒則君德成而直以仲尼之行無轍跡者配昊天而盡三才與千古第一義也夫道之大原出於天其在易則始於乾坤而文言尤贊乾道書始於欽若昊天而周召之口無一非祈天永命之說詩則文王昭事上帝武王上帝臨汝皆畏天也春秋首春王正月蓋以天冠王而尊之曰天王尊王以尊天也邵氏以易爲生民之府書

爲長民之府苛爲牧民之府㧞爲藏民之府以説
昊天之春夏秋冬實有見於此後世言道統者不知
天則流爲乾竺之空老莊之誕言治統者不知天則
莽浮生於上而亂賊生於下我
太祖紹百王之統一切法制皆首循奉天而獨表六
經堯孔心法聖印同符乃邵氏早巳發明其理推極
其數於經世之書厥功豈細也哉當時二程嚴事之
稱之曰淸似伯夷任似伊尹深潛純粹似顔子剛大
充塞似孟子又與之議論終日退而歎曰堯夫内聖
外王之學也宋之賢相無過富弼司馬光呂公著居
雒時輒造盧請教屢薦於朝起官不仕故當熙寧元
祐之世超然於朋黨之外如是者可不謂儒者之高
蹈哉業與二程配祀孔廟而其後裔乃不得與二程
等諸臣所爲鬱焉而思吐也幸遇我
皇上崇文重道禮儒報功一時推折理學諸臣次第
贈廕卹功忠之裔自行陳乞者不難查例給予蕩蕩
皇仁幽隱悉耀而惟是異代眞儒之後若尚有未被
之恩是亦熙朝一缺事而我
皇上定墜宸衷者也伏乞勅下禮部覆議仰照二程
巳事轉行吏部將邵氏二十七代的孫邵繼祖題授
世襲五經博士以承雍祀盐雍賢宜錄其後與雍後
賢而可錄屢疏具悉覆査巳確莫逕
皇上一俞行耳臣巡方事竣爲地方廉頑起懦爲朝
廷敦典庸禮是正觀風之肴事職掌所當言敢採與
論具疏以聞

柴菴疏集卷之六畢

序

任天下事必無爲目前苟且之謀而後揆始晰終列利害如眢指成敗於掌何者心無私則弗顧身家無徇情面故其識豫而力全而膽定也從來名臣戡亂定傾莫不繇此乃余讀直指吳公賑按封事而公之淵識獄力與夫皎日之心有可得而言者閒者秦

民苦歲苦兵一鼎同沸五年不息

天子西顧旰食命疆吏討賓申儆復以流離失業軫在

聖衷

特簡公以十萬金錢遄賑之既成事民用稍康遂命公即領澄清之任斯時也羣盜蠭起以十數萬計懦將倚之爲富貴地者復皷艮以貿功名

賊陽丐撫而陰嗜殺日虔劉百姓百姓膏原量澤不勝數賊勢炎炎幾不可撲滅公騰章上聞列古今得失之林以决策勦撫其言曰從來盜賊縱橫莫盛宋元之季皆因當日憚用兵招安太早於是羣不逞紛然倣效競相誘脇小民肝腦塗地怨恨填胷不得秉耒耕而聚廬處生者不歸死者不葬自非艮善未有不化而爲盜者

武宗朝齊彥名劉六等盜起都御史馬中錫欲効龔遂渤海故事一意招撫事大决裂至徵各鎭兵數十萬費太倉二百萬海內騷動夫不能爲龔遂也者則不幸而爲中錫非徒地方有養癰之禍亦恐後來有徵兵費餉之憂今日

策斷以先勦後撫爲機宜以
蕩平善後爲結局

上立報可公奉廟筭與督撫
協心號令布而旌旗改色軍
行輒持斧隨其後所向胥捷

上神武知公可屬大事凡所
建畫皆朝上夕俞於是諸軍
霆擊電發舉從前劇賊擁官
騎持官械曆官將據名城廻
翔翻覆不與封疆爲臂指者

次第削平諸脇從以無所鼓
煽始稍稍就撫耴歸南畝泰
民纔有更生望而公之期及
瓜矣夫公碩識閎裁炳千秋
者不具論卽公之犖犖績我西

人所嘗百世壘祝者余亦弗
更僕數也獨稱述其大乃在
赤衷結
明主之知片語發將吏之覆
一疏捩成敗之關

天語一傳俎籌立定俾將吏之果者有所用其鷹揚怯者無所庸其鼠朒遂以救百萬生靈於豺虎之吻而兵無外借糧不內增其所全赤子之頭顱而省國家他日無窮之供億豈其渺哉卽公疏所稱古人臣不爲一時苟安計而爲百年長治之圖者身踐之矣孰謂三寸霜毫不果賢於

十萬師而且謂封疆之功不關社稷乎昔韓魏公生平未以膽許人往往以膽自許其指陳西事乃云陛下焦勞之際臣不敢避形迹不言望于納和禦侮間愼其處置爲聖朝長久之慮而趙營平有云兵勢國之大事當爲後法臣不爲陛下明言利害誰當言者夫前事後事之師也是編

在而公之膽識具在卽河華
赤子生而之死死而之生之
情狀具在而我
聖天子萬里之明一怒之安
亦昭然具在余又曷能贊一
言惟是秦民湯火甫離呻吟
未改羣盜之筊藏而嵎負者
尚繁有徒其鴞音且未全革
斯砭石麋鬻並用之時非封
疆彂弓安枕日也公行且趨
丹陛繪瘡痍爲三秦父老請
命
上必且聽公言繼沛雨露則
公方來之澤與後劵之勛余
何能涯涘將必有大書特書
礲終南片石以進矣
治史氏龍門解僴樾拜手
謹題

序

上之四年以秦民荒梗未戢
不忍令封疆臣盡誅夷之於
是以鹿友吳公齎十萬金發
倉廩賑之公持斧馳至宣布
德意且賑且撫民皆呼
萬歲所存活解散無筭居亡
何直指使者請代難其人迺
就用公而仍兼賑使期年將
報
命公乃裒其秦中前後疏草
爲一集請余序之序曰時際
昌明不乏朝陽之鳳讜論遠
猷滿公車矣至於遺大投艱
身處事中不迺食其言或寡
昔人謂談何容易信然也當
公立班行按中州所論奏士
大夫已能傳誦之三秦之役
居人所却步之地當人所咋
舌之任論人所囁嚅之事而

能上當
帝心下服衆志固已難矣而
時何時也羽檄交馳叛服亙
告决機宜覈功罪無徇無狃
奏成手中輶軒所至鳩形鵠
面遮訴如蟻得處分活升斗
迺去公肆應若無事然時時
條上其狀使
天子見萬里幽隱情僞鼓其
餘暇釐前人難結之案不可

勝數驛奏相望於道以稱
上厲精綜覈至意難之難也
余與公同官同事最久誠見
當世罕有其儷求於古名臣
以奏議傳者賈誼馬周陸贄
三家最著誼著述五十八篇
其切於世事者纔及半周傳
者僅十餘條獨贄至百餘篇
史稱炳若丹青又謂人人可
曉號絕盛矣然三家皆居中

論議或強半不納徒空言耳
如公纚纚數十萬言歷危疆
見行事以視彼三家何如哉
柱史古史官今以為采風之
使一方巨細事無不得言著
作之庭悉取其奏疏為信史
非若諫草可焚公之存是集
即存史也即存柱史職也故
序之
崇禎四年巡撫陝西都察院
右副都御史太丘通家治年
弟練國事撰

柴菴疏集目錄

賑秦

卷之七

按秦

卷之八

卷之九

降賊劫餉殺官異常大變疏
寧塞神賊授首黨惡據城未下疏
逋寇流入慶陽急宜追勦疏
荒盜頻仍賑賚有限疏
綏清降丁復叛疏
糾參大將輕敵失利疏
糾參府劣道臣疏
酌議改折贍鹽疏

卷之十
邊寇謀犯平固官兵夾勦有功疏
北地豐年有象疏
查覈官兵追勦情形疏
查覈官兵勦賊功次疏
鳳翔派納鹽課疏
平固餘孽勦盡疏
延北逆賊授首疏

邊地有司減俸行取疏
預陳善後十策疏
表揚節義疏

目錄畢

柴菴疏集卷之七

撫賑陝西監察御史臣吳甡謹題

賑秦崇禎四年

微臣奉命賑秦敬陳一得疏

臣日者差按畿南領有批印行且叱馭往矣寔臣閔洪學等奉旨擇廉幹御史一員賑賚秦民謬舉及臣特請改差

皇上不以臣爲不肖召至會極門賜之諭旨臣小臣

也遘此殊典不勝惶悚退而加額慶幸曰聖明軫念災黎如在痌瘝不忍其罹於鋒刃也而捐金遣賑佇見秦中父老扶杖以覩德化之成甚盛舉也臣聞宋臣蘇軾有言熙寧荒政之弊費多而無益以救之遲故也其言淺切延安諸郡饑荒四年矣使地方官早爲請命寧至今日即今日遣使已爲遲矣臣領印後即單騎兼程星馳赴秦宣布朝廷德意殫厥心力以副委任之隆以蘇災民之困一切機宜未能懸度計

聖諭一道崇禎四年正月二十六日

聖諭朕覽章奏據陝西延綏等處總督撫按各官屢報地方饑荒小民失業甚有迫而從賊自罹鋒刃者誰非赤子顛連若斯誼切痌瘝可勝惻惻茲特命戶兵二部共發銀十萬兩差御史吳甡前去會同該省撫按相酌被災處所次第賑給必須躬親料理實惠及民不許委官吏胥從中侵沒仍責成府州縣有司多方措處設法湊濟以贍窮黎毋得専恃京庾反寬

求牧果能實心幹辦奉行得宜准與奏薦如有玩遝闒茸及乘機染指的即當叅劾拏問還著大張曉諭開導愚氓朝廷軫念饑貧特行賑賚嗟爾百姓何故不安本分甘作非爲即有已被脅從誤投賊黨若肯歸正便爲良民嘉與維新一體收恤其差去御史著遵體朝廷恤民戢亂之意著實用心相機行事以副簡委待復命之日即以稱否爲殿功罪其欽承之特諭

撫按在秦中久情形必悉臣請明旨勑令預加料理
臣一到卽與酌議施行及春暮夏初青黃不接之時
蚤沛如天之澤則秦民幸甚臣先臚列要務六條上
塵乙覽惟
聖明採擇則守令之宜擇也昔司馬光賑濟河北流
民上言京師之民有限河北流民無窮莫如察災傷
州縣守宰不勝任者易之此要言也秦地曠遠以撫
按賑一郡縣而不足以本州縣官賑本州縣民而有
餘今查延綏等處州縣官大率皆潦倒明經迂窮智
短孰爲
皇上加惠元元者臣到地方當首察其闒茸不堪及
貪汙有據者不時糾叅拏問以除民害而賑濟之能
否俟復命之日另行舉劾更望勑下吏部如撫臣練
國事言速選甲科或乙榜有精力者勒限到任儻能
加意撫字則饑民當如弱子之依慈母豈致流移失
所是弭盜之第一策也則監司之宜補也臣頃見鄖
報鄖州道臣蔣士忠慶陽道臣孟楠皆以察處夫此
窮邊要害之衝又當盜賊披猖之日非精明幹濟之
才未易勝彈壓消弭之責卽如賑濟一事全賴監司
得人所宜力破情面精擇才望速賜銓補勒限一月
到任愼毋謂邊地艱苦聽人規避而以庸碌之人循
資塞責則一路福星所賴不淺也則責成之宜嚴也
祖宗朝遣使賑饑所賑者特饑民也今秦中徊賊饑
賊礦賊土賊所在縱橫又兼之以邊軍家丁之類皆
持火器嫻弓馬習戰鬬未必盡屬饑民則賑濟之法
當與勦撫之事並行而後有濟書曰殲厥渠魁脅從
罔治是先勦而後可撫也旣震之以不測之威而旋
與之以可生之路則全活多而元氣不傷是勦撫並
用而後可賑也勦撫者督撫道將之事也賑濟者臣
之事也責各有屬機實相因如督撫道將不力任勦
撫或勦撫失宜而徒靠此十萬金錢謂可滅賊異日
者盜不息而責賑濟者以不能弭盜則臣不受也今

督撫與心壯猷自能辦賊總兵杜文煥王承恩等世受國恩義憤所激必能奮勇剿賊而臣尤望皇上嚴加責成必督撫道將奏勳撫之功而臣乃收賑荒之效也則緩急之宜酌也延地袤延二千餘里京庾有限勢難遍及宜酌其被災重輕分別次第而先其所急近見邸報撫臣洪承疇疏稱延安州縣四載奇荒靡有孑遺所述情形慘目恫心而聖諭亦首延綏早已明見萬里也臣馳至延郡會同

撫按擇其最荒亂之處某州應賑若干某縣應賑若干酌議均妥親自賑濟不時奏聞而其餘可緩者亦必親歷其地督責有司設法措處或勸義輸或發倉穀務令三秦之民皆曉暢聖主軫念之意其賑法酌用本折廣糴糶之路議輸挽之方苦心調劑俟至日相機而行耳則安插之宜議也賑之所及爲惠幾何不過緩死須臾耳臣以爲賑不徒點名分給也要在安插得宜使爲可久之策

臣聞之秦人凡村堡被劫者盜必焚其廬舍殺其老弱而精壯之丁逼脅爲盜其心寧自甘匪彝哉還願生計已盡無復之耳今宜檄各州縣大開招安之路有復業投歸者令里老保結查給田土趁此春夏可耕之時量給牛種勸課農桑勿責賦稅更爲立保甲互救之法以防劫掠則十年生聚在此舉矣則徵求之宜寬也先朝凡遇被災地方皆下詔蠲租今秦中如延綏慶平等處災荒洊至有司者既鮮易牧之求

復嚴催科之令皮骨已盡救死不贍不得已迫而爲盜今業遣臣賑之矣而州縣復日鞭笞其民以責逋負則何賑之能濟語曰苛政猛於虎當兵荒之日而課國賦猛孰甚焉與其懸催欠之空名何如賜蠲租之實惠聞崇禎三年以前已經免訖其四年分一切錢糧尚未奉旨臣願皇上早渙德音將被災地方特賜蠲免俟年豐盜息之後徐議徵收則災民聞之必有起色而發賑非虛

文矣以上六欵皆賑濟之最切要者雖然臣不勝鰓
鰓慮也賑未從賊之饑民易賑已從賊之饑民難賑
饑民使不爲盜易化盜賊盡爲良民難爲一時補救
之術易開百年樂利之原難臣惟遵照諭旨與撫按
諸臣協力殫心以圖賑事仰賴
皇上之恩威
祖宗之德澤上天降鑒時和年豐則盜自衰止雖有
獷驁之民不難使之賣劍買牛賣刀買犢行謳詠聖
化於無窮矣

延鎮饑軍可念疏

項者延郡之民困於饑寒而吏不恤致令赤子弄兵
潢池
皇上遣臣賑濟事不辭難臣之職也拜命之夕心若
飲冰念秦民之命懸於十萬之賑賑荒當如救焚拯
溺勢不容緩計戶兵兩部仰體德意必且卽刻差官
嚴立期限務於三月初旬押赴延綏知會督撫分貯
府庫以待賑發事關錢糧經過地方倍宜嚴加防護
毋致疎虞是委官與地方官之責也臣賦性硜拙媿
無心計惟躬率儉約效法古人圖書琴鶴之風誓不
以一絲一粒累苦地方其發給賑銀自有道府州縣
官凡用一錢一粒必會同撫按議妥乃行萬萬不敢
委之泥沙以取罪戾顧從來賑濟之難頭緒紛紜姦
弊百出而况延地外鄰[redacted]內多大盜盜不息而求
兵之安不可得也欲盜之息不得不用兵欲兵之强
不得不措餉今荷戈控弦之士枵腹呼庚屢年欠餉

師不宿飽傳聞延鎮斗米四錢月餉糊口尚餘不給何暇顧父子兄弟故有父爲兵而子作賊兄爲兵而弟作賊者寧塞之陷饑軍內應其爲饑寒所迫與饑民無異不善爲收拾盜何繇息民何繇安則發餉以接濟軍士尤爲急著也伏乞勅下戸部查積欠速行補給見額按期解發毋以逋欠爲故事致悞封疆也

臣竊更有請焉

皇上儆念軍士之苦正在剿賊之日特沛德音發帑

金二萬兩解赴軍前勅撫臣逐名分給以示朝廷賞賚之意則鼓舞歡呼勇當百倍賊不足平也賊平則民安則賑始有濟耳臣因饑民而念饑軍用廣

聖恩如臣言可採乞勅部覆議施行

微臣星馳入關疏

臣蒙簡命賑賚延綏仰體

皇上加惠元元之意恨不立沛膏澤以救災民敢有寧處焉前月初九日叱馭而西日馳百三四十里而後敢息至本月二十七日即抵潼關三月初二日至省城撫臣練國事適自富平回省按臣李應期至自固原委官勞永譽等解銀於初四日亦到西安臣再四訪求務欲得流賊之根因與猖獗之情形而後可

以次第議賑敢先爲

皇上陳之延鎮四面黃沙無可耕之地常倚兩運爲續命之膏自改本色爲折色而庾廩空矣自改輸粟而納銀增浮課而引滯而鹽政廢矣自鹽商歸籍田地荒蕪豪弁肆虐而屯政廢矣自黍罰之令嚴凡馬匹倒損諸弁率隱匿不報而馬政廢矣加以幾番調援精銳俱盡凶年相繼月餉不敷此饑軍爲盜之根因也延慶一帶荒涼瘠薄仍復加派邊餉明經有司

口粦途窮巧營歸索徵收藍麥吏胥包棍之手百姓入城封糧則監追其積逋一人逃亡則累一戶一戶逃亡則累一甲一甲逃亡則累一里輾相拖累轉相逃亡全無樂生之氣因之饑饉富者皆貧貧者皆賊邊軍糾集遂相附合此饑民爲盜之根因也又有不軍不民如邊地之軍餘及廢弁之家丁此輩皆生來勁悍弓馬精熟既無月餉之需又憚耕耘之苦惟有倣賊一路視爲固然當其躍馬而出肆行剽掠歸來

得有多財則分送親識仰將官之左右無不相通貪將則私受其餉惰將則畏不敢發縱與日衆張大肆膽敢爲叛亂此軍餘爲盜之根因也賊之初發勢亦甚微地方官視爲泛常全無備禦總一缺乏錢糧偎事到底且調來邊兵皆與賊相識臨陣有相對立談而不戰者有將老弱饑民割級送與獻功者有將精壯遺棄聽其擄掠者上下轉相蒙蔽趕出境外便謂蕩平玩日愒月以有今日此盜賊猖獗之根因也前

歲延綏有東援之役全鎮空虛人心洶洶郎鎮城幾不可保孤山副將李釗訪聞東賊結聚挑選兵馬假以巡查各堡爲名陰圖勦殺不料機事不密左右前後皆賊之黨行次清水營遂被賊害攻圍府谷城內奸民遂開門而納賊矣此賊不過數百官兵大集已久困於府谷城中此時乘勝追殺可以盡殲而輕用招安不踰旬日賊復號召安排內應東陷河曲矣此東路賊之情形也延西諸堡缺餉四年較別路其苦

更倍賊頭神一元自遼東逃回久蓄禍心嬀集軍丁突入新安堡即收本堡之軍攻陷寧塞城中內亂參將被戕而賊勢遂勃不可遏矣進攻柳樹澗饑軍饑民乘隙搶掠寸絲粒粟罄盡遺者一元既克三堡遂陷保安暗勾套　虜不可禦官兵興散賊遂出城南下攻犯慶陽聲勢甚熾此西路賊之情形也鄜州中部雒川宜川之間從來受餉賊之害近亦乘釁而起招集亡命衆至數萬處處分犯此鄜雒賊寇之情形

也西安門戶如耀州涇陽淳化三水白水富平郃陽澄城韓城等處無處不可闖入所恃以禦賊者止屯兵鄉兵無戰馬無盔甲無錢糧又束於近日設處之說不得不責之有司輸運糧草不得不派之民間而民窮極矣廟堂之上亦曰曾發餉若干矣詎知逋餉逋欠之數裁省難追之銀望梅止渴何以勦賊故今日不獨延慶危而西安未嘗不危也夫秦昔為京師右臂遼東為京師左臂兩者並重況秦百二河山延

卷之七　三

鎮勁兵甲於宇內今賊聚衆數萬東延西蔓殺戮人民淫掠妻女焚毀廬舍攻陷城堡屠毒兩省此豈減於水西薊遼而可易視之耶即延鎮應得之餉計臣寧慎封疆而必不肯慨發數十萬以濟燃眉秦事真不可為矣則無如就近兌支陝西遼餉尤急著也臣遵奉諭旨次第給賑已檄司道轉行州縣查取見在饑民及已被脅從悞投賊黨願歸正維新者一體收恤於賑貲之中寓解散之意廟謨宸斷已得要領少

俟須布德音即當冒險而前躬歷郡縣親自給散不敢不竭盡心力至攻城陷堡之叛賊如王加胤神一元之類在督撫鎮將同心合力聲罪致討以存國法以彰國威未可奉若驕子懈將士之心貽異日封疆之禍如欲臣以哺饑之具為盜齎糧臣所不敢出也總之激厲將士全在足餉餉足而後可以申嚴賞罰賞罰明而後人心鼓舞用命失事機陷城池之罰稟然議其後而文武俱束於法則大賊可平而小賊不

卷之七

足撫也若然則前日失陷保安之將吏請勅撫按查明逮問正法未可緩矣臣無任激切待命之至

遵旨條議措處之方疏

聖天子念三秦赤子之窮弄潢池者實迫於饑寒情匪獲已特發水衡十萬而簡臣布德意秦父老聞之無不人人感泣臣知人心可義激也孜

祖宗朝嘗遣鍾化民賑河南過廷訓賑山東矣此皆千里赤地民至相食僵殣於道匍匐不前則一味煮粥散粟便霍然立有起色然且用帑金三十萬彼未嘗有盜賊之擾師旅之需也尚多開事例以佐之役

數十萬今延綏之饑民情狀異是實塞上之饑軍與其失伍之餘卒爲之倡而饑民隨之一招百應始之合數百人則掠野繼之合數千人則攻城又繼之合數萬人則剽郡饑則饑矣然少壯者猶能執刃從賊今委十萬金於延綏十九州縣之間人僅得其涓滴之潤而賊之攻掠自若儻賊至而民能空拳拒之乎則安輯解散之方不可不並行是役也與向來河南山東之專賑饑民者其事異彼爲饑而死故專賑之此爲饑而亂故兼撫之也而乃止此十萬金臣竊憂其繼矣明旨令臣責成府州縣有司多方措處設法

奏濟臣未敢遽開事例沿行一切苟且之政而惟持急君父效忠義之一說爲諸臣倡敢條其議一在秦藩之首倡也秦藩之賢嘗助建塔助修橋皆以千金助大工助邊餉皆以數千金而今賑秦民爲

皇上分憂尤望其亟爲捐多爲捐也蓋聞成都之留蜀藩食數萬軍費至巨萬鄒兗之亂魯藩賚軍士亦

不下數萬豈可令其當美於前乎即不能數萬而以萬金爲諸藩及諸宗先是義所不容已者臣當據實以聞亮亦褒旌有加者也一在各院之議捐也簡命關中者有總督一有巡撫四有巡按有茶馬有巡鹽有甘肅巡按皆有地方之寄安民之責其公費贖鍰且勿括之助邊而先以之助秦則各捐一二千金似亦易易者即酌遠近分多寡而萬餘金可旬日集也一在監司守令之議助也藩司爲錢糧出納之總視

諸事宜倍捐而併括無礙可充賑者盡搜之以佐軍需其餘臬司守巡各道人可二百金府大者可三百小者可二百即府佐可五十上也縣令大縣可二百金小者可百金折穀之鏹歲派之費不以充橐而以惠民其誰自外焉一在鄉紳之義助也同室有鬬者披髮纓冠而往救之以地則梓里也以害則遠者震鄰近者剝膚也第視其身家如府谷保安城中對賊之身家而捐輸恐後矣其見任爲大僚者可百金上也爲庶僚者可五十金上也身雖宦遊子弟可披籍而問也其在林之大僚可五十金上庶僚可三十金上也其孝廉明經之爲守令郡佐者可二十金上也即孝廉青衿宦族纓弁之屬願捐者聽其自輸不定以數多者旌之則慕義者必衆仍責有司籍名躬勸即不願顧君父之急念梓里之亂若亦明書不願助而統籍之以聞於朝恐不若是恝也臣抵會城纔一議及而原任南京光祿寺少卿文翔鳳即慷慨輸五

卷之七　二

十金爲諸紳倡翔鳳素抱忠義前秦兵入援時首倡勤王之義捐百金佐餉而監司守令以下因之感動各輸助有差今寧無聞翔鳳之風而興起者乎一在富民之勸輸也涇陽三原富平諸縣多素封大賈之家賊之垂涎常在此地而其餘州縣次之今令輸百金以上者或予之以冠帶如儒壽例捐千金以上者或予之以品級如遙授例即數十金上者有司額其門願輸者應不乏如前者富平李盡心助賑二萬金而進鴻臚少卿今昔人不甚相遠也儻此之不應試問渭北盜掠時篋笥安在而况以之救饑又種德者所欣赴也以上數款知君父之誼者必捐即不然知身家之計者必捐何也秦天下之奥區也而延安又三秦之要害也盜縱橫下而西安危西安稱陸海爲財賦地西安危而全秦岌岌矣故捐貲賑饑兼以弭盜釋

聖明西顧之憂享有道清寧之福計諸臣聞臣言而

卷之七　七

起者接踵也臣先會同撫按一面勸助伏望
皇上採納允賜施行庶有餘於賑乃不窮於撫若督
撫鎮將厲兵秣馬擐甲以待不因是而懈勦賊之心
則亂或可弭也不然點金無術待哺靡窮臣刖無巧
思足起溝瘠矣

安插流移廣開糴販疏

臣自入關以來廣諮博訪知延安一郡十九州縣有
賊四大股最勁者河曲之王加官保安之神一元攻
城圍郡敢爲叛亂非大兵重餉未易撲滅而其餘二
枝縱橫於鄜雒之間衆至三四萬道路爲梗然多饑
民脅從此賊若不解散則賑濟亦無益也臣與撫按
議急下招安之令聞亦漸有悔心然招之非難而解
散難散之非難而安插難故必使軍還軍伍責之於
各將官民還民籍責之各有司還伍者揀其精鋭爲
兵而予之以月餉還籍者給以籽種歸耕而兼寬其
賦稅是故申什伍之令以約束軍士飭保甲之法以
稽查戶口則可以晝然不亂又在督撫日日揀練時
時防禦申嚴賞罰激勵將士扞網者相機而行勦蕩
之威就撫者畏憚而消反側之念臣以賑而寓撫之
意督撫以勦而堅撫之局則庶乎無旋滅旋起之患
也而其餘饑民專責印官親詣鄉村一面安插一面

查覈單騎減從以省銜役之擾按籍分散以免等候之費錢糧既蒙吉蠲停刑訟亦無煩苛刻惟一味實心措處牛種勸課農桑而臣時時親巡郡邑稽覈奸弊勞苦父老臣條布已定而無如盜賊充斥何也臣心血幾幅矣雖然卽令盜招安矣而斗米四錢總無糴處若不設法通糴販之路則金錢有限老弱者待斃少壯者終跳梁爲盜耳臣攷延安地圖北鄰套黃沙不毛西接慶陽被禝遭掠自哺不給惟南連西

宗恭亮集　卷之七　二三

安西接山右尚堪借潤臣議通宜雒甘泉中部等州縣一路糴販自涇陽三原等處轉輸而北以耀州道鄜州道主之通綏德葭州吳堡米清等州縣一路糴販自山西臨河州縣轉輸而西以榆林道主之惟是山西近河一帶因流賊戒嚴遏糴日久延鎮以是坐困昔秦晉兩國尚有汎舟之役今莫非王民何忍彼此之分宜勅晉撫宋統殷委守巡冀南岢嵐等道屯兵河上一以防河一以通糴而糴販之法在責成撫

按措處官銀二三萬爲兩路糴本委官糴買米豆穀麥一槩兼收轉輸不絕而平價糶之髣髴長平倉法仍多方招徠米商曉諭民間廣開集場而令各州縣防守兵衞之以杜劫掠則必輻湊至矣此今日秦民續命之膏舍此別無回生之望也臣一面會同撫按酌議施行但人心玩愒監司守令易分畛域不關痛癢伏乞

明旨嚴飭分別功罪以示激勸以活此一方之民地

宗恭亮集　卷之七　二三

方幸甚

賑濟饑民必先解散流賊疏

臣奉命賑秦值流賊倡獗初謂賑濟之日即可寓解散之機今親歷其地乃知非先議解散之法亦無以施賑濟之恩也何也鄜延之賊擁衆三四萬綿亘二三百里之內固皆清澗米脂綏德等州縣之軍民也原因赤旣經年逆至潢池竊弄在本處焚掠已空日馳而南垂涎西安而宜雒鄜甘中部宜君之間村落搶劫殆盡止數孤城四壁立耳殘破之狀不忍見聞

臣初入關即大張曉諭本月十六日行次耀州復遣官赴賊營宣布

聖諭又手書諭示推誠開導臣一面委西安府推官史可法查覈延郡以南八州縣饑貧一面檄榆林神木等道招撫延郡以北十一州縣及三十六營堡軍民近聞賊衆稍稍北去西安州縣幸獲安堵矣撫臣練國事於本月十八日提兵移鎮鄜州廓清道路臣且萘抵郡城俟查清冊始可次第議賑葢臣受事後文移行各道府者不啻顊秃舌敝而半月以來杳不一應料諸臣非敢玩違亦以賊勢縱橫郵傳阻隔之故也延郡兵荒交至千二百里之地倂未種麥臣欲及此春夏之交令有可措處籽種又檄關內守巡各道先發賑銀一萬分派西安就近州縣糴運本色而不意盜賊蔓延道路荆棘若此臣懼久稽聖恩臣心欲碎臣血幾嘔矣然尤有慮者臣奉旨賑者饑民也今饑民半爲盜矣鎮將旣不任勦督撫又欲議撫諭

旨亦爲歸正良民一體收恤臣何敢屯膏不發然深以齎盜糧爲憂臣議專責成於延之四道臣鄜州道張允登陛辭已久尚任在邇榆林道張福臻靖邊道李若梓神木道樊一蘅所屬不過四五州縣單騎親詣督率有司安插撫摩旬日可偏待其招撫旣定取各州縣官印信收管饑民清數而後會同撫按分別給賑若歸正之民州縣官不能撫守致令失所復生他變臣得題參拏問各道亦與同罪如是而賑始有

實著也若流賊仍前屯聚所在分援城門晝閉四野煙稀有司亦難查審臣又何憑散賑此在有地方之寄者不可不早求蕩平之策也然臣尤有慮焉賊即就撫不能保其不復叛夠河曲渠魁未殲合水賊黨未散則跳踯可虞號召更可虞也榆林營堡之兵原以備　西大將退縮觀望又不肯盡赴西安之援會城屯衛之卒素不習戰即撫臣賈鋭直前勞必不能敵延安之賊耀州韓城淳化三木等處與延安接壤者在在可以闖入最爲單薄萬一撫不成撫勦不成勦秋復赤旱盜復披猖延安焚掠已矣擁衆南下而西安首受其禍即遠調邊兵遲不及事恐兵至而賊已逝也況客兵之害不減於盜乎則增兵買馬爲可戰可守之計撫臣日夕籌之自當疏請無俟臣越俎而譚矣

發賑伊始據實奏聞疏

秦中流賊猖獗原起於延安以北而焚掠既久遂蔓於延安以南故論被災與被掠之䔍延北爲甚延南次之臣仰遵次第給賑之旨與撫按商議謂發賑宜自北而南不謂道路中阻文冊未到事多錯迕近撫臣練國事行中部一捷殺賊百餘羣盜遂擁衆東下掠澄城白水間而鄜雒之路稍通臣宜布聖諭後聞各頭目亦有[illegible]北去投延綏撫臣洪承疇安插者惟有賊名點燈子者嘯聚黄龍山不肯受撫即今擾澄城白水者是也臣懼久稽聖恩冒險而進撫臣分兵護臣又力任轉運錢糧之事臣已於四月初一日抵宜君縣是延安南界之首邑也荒山壘嶂四野蕭條視西安另一世界矣饑民扶老攜幼擁臣而哭不忍見聞臣所委西安府推官史可法適送清冊至共開饑民丁口二千七百八十四名口臣進諸父老詢之所報皆實一面會同撫按發賑銀一千四百三

十兩有奇付知縣李迪康令其分別極次逐名給散窮民感激隆恩人人垂泣曰西部之民不意
聖主軫念及此過宜君七十里至中部縣清冊亦漸次將完當賊未退時推官史可法微服單騎徧歷鄉村備極苦心蓋真幹濟之才也臣入關來惟見此一官耳從此而北惟俟道府催各州縣冊至即便次第給發但無流賊紛擾之害則早賑一日早濟一日耳賑濟中亦有姦弊可得而言者一曰追逼欠糧饑民

逋賦雖多屢經明旨蠲停今纔得賑濟而里長收頭借名欠糧嚇要追徵或稟官拘攝不異逼奪而所賑之金止充姦胥橐槖所當禁者一一曰索取宿債窮民專望領賑易升斗餬口救死不贍而土豪强梁之輩逼討私債有傾囊剝去或勒索一半者是朝廷立望其生而此輩不顧其死也所當禁者二一曰衙役扣尅賑濟原無陋規常例而吏書巧計朦官或假稱造冊紙張或借名兌支工食或封兌短少假票冒領有司耳軟腹饑一受其餌猫鼠爲姦而有限金錢祇供若輩吞噬所當禁者三一曰富民買票彼中即無甚富之家第恐窮民朝不保夕賑票到手急不能待勢必預借富民重利折算及至領賑不過得銀一半有名無實是爲此輩作生涯也所當禁者四臣思預杜四弊嚴行禁約但有犯者必罪不宥如是而小民始霑實惠乎此指見在饑民而言也至脅從歸正則責成於四道臣前疏已悉若曉諭開導至再至三而

屯聚如故殺掠如故則彼自怙終法難姑息蕩平之期非臣所能逆料也臣仰體
聖明軫念元元之意略陳梗概如此事關錢糧臣謹會同督臣楊鶴陝西撫臣練國事延綏撫臣洪承疇按臣李應期合疏以聞

流賊肆掠無已饑民困苦日甚疏

臣自宜君中部散賑而北披荊棘入延郡是時黠賊子一起東掠澄城白水問道路稍通行次鄜州州城東北一角爲雒水所衝最爲單薄山田磽瘠耕作絕少饑民最多入冊者近六千而逃亾者半之所在鄉村屢遭焚劫慘不忍言自鄜州九十里至甘泉縣斗大山城廬舍蕭條男婦攜老幼臥道傍皆掘草根剝樹皮而食臣停輿取閱親嘗其味苦澀不堪入口鶉衣鵠面與鬼爲鄰一縣之內十室九空縣官新任止抱空印幾無民矣驛最衝疲應付艱難青衿冠帶之屬捉當馬頭人人思竄臣撫慰歎息若非另議接濟之法萬不能支也沿鄉挨戶查饑貧不滿六百名口臣分別極次賑之視鄜州以上銀數稍增鄉民指點前後山谷皆賊盤踞臣赴郡之日數報有賊臣不爲動遣人持安撫牌示之賊佯避去臣纔過而旋有報掠鄉人牛騾者郡城四面皆山形勢甚險先年防民多鑿窯而處子女粟穀多藏其中以爲可恃無患不謂賊皆土人悉其情狀日日攻掠民間之蓄爲之一空三月以前循斗米三錢也今五錢無糴處矣人心洶洶莫必旦夕道殣相枕籍老幼環臣號泣者聲相接數十里不絕僵仆於路者無算而一府之中僅一知府兼管縣事別無一官士民泣留臣親賑臣扶傷問疾日夕撫摩遣諭山中諸盜速散歸原籍聽候撫賑而近城之寇悉散適賑銀到郡西安買運本色亦到數百石查審有緒銀米兼給人情大安臣始叱馭鎮城葢延安居南北之中風鶴可虞且士豪橫而民黠悍不得不多方以安集之耳訪諸賊情形頭目甚多陽爲投順仍屯聚不散四出劫掠名曰打糧在在如是不可數計旋起旋滅倏撫倏叛職此之繇又榆林軍民仰賴糴販自晉中河禁不開閉糴日久爲患不細西安一春無雨二麥半枯米亦涌貴而山路險仄轉輸維艱視延安如在刀山戟林中裹足不前

遙聞西安鄉紳有願輸粟助賑者亦因民鬧懼於輸挽而止人心畏賊遂至如此臣千慮之餘願效一得惟望督臣楊鶴慶陽事畢速統兵移鎮延安居中調度而兩撫臣左提右挈南北應援怙逆者勦之歸正者散之責成各道臣及諸守令安插得所開之以衣食之源而免其徵求之苦又在在設備預防使畏威懷德庶無後患耳至於師行糧從兵家之常近見將士動稱缺乏或令經過州縣措辦而州縣錢糧奉旨蠲停無可措處閭閻窮困又不能具牛酒所過稍不輯則紛擾爲患或有機會可乘又因糧盡撤兵任彼出沒無常在我應接不暇是賊反爲主我反爲客饑飽勞逸自失勝算此數年用兵所以無功也以臣之愚與其今日費數百明日費數千今日報蕩平明日報斬級零提糜費毫無解於地方之禍何如徹底打算應用兵馬若干作何調募應支糧料若干作何預備或有額可動則早爲措置如無米難炊則速爲題請何地險要當增兵防禦何賊狡黠當設奇勦捕何將廉勇當破格錄用協力合謀刻期奏効一勞永逸貽地方以寧謐之休比苟且目前釀禍異日者孰得孰失也哉至各營堡軍士之苦不減於民撫臣洪承疇移臣手書言各軍每月領餉五錢六分近邊一帶米貴五錢或六七錢則一月之餉不足易升斗之粟能餬口幾日枵腹荷戈實爲可憫京民兩運補給月餉尚多未給若止賑州縣之民而獨遺營堡之軍脫巾而呼爲憂更大況軍以衛民欲安民當先安軍一體散賑必不可已其言甚切撫臣身在地方洞悉利害臣曩有饑軍可念一疏正慮及此也如臣言可採伏乞

聖明裁擇施行

請通糴以安危疆疏

臣自前月二十四日繇延安府北馭而北行次延長警報驟至流賊數萬屯聚城下臣遣典史陳聖德撫諭之示以禍福令之解散適榆林監收同知趙鶴年至縣給賑再四曉諭謂不速散大兵且至矣其圍遂解七十里至延川斗大山城其細已甚襄之避賊散四方者聞臣至復歸者甚衆縣官韓曠已經參劾臣併委鶴年查賑人服其公此二縣饑貧得霑實惠矣

二十七日抵清澗荒亂尤甚縣中之民半化爲盜因之饑饉人心洶洶知縣牛養蒙潦倒明經不諳吏事所報饑民册中多重名虛冒臣訪係積書蕭吟鳳王吉新受賄姦弊挐究枷示而責令本官覆覈如仍前玩違當自簡從事頗其民奄奄待斃之狀監門圖畫恐有未盡城十里外皆是賊巢賊首党熊等四百餘名受撫已久給餉如兵居之石嘴田莊即令防守以通道路當事者別有苦心其餘黨多屯種西川數百里之內蹂躪時聞然不敢攻圍城邑而邑中士民猶凛凛慮其後又往日被其焚掠殊慘相視若讎民以不和綏德州衛與清澗無異道殣野莩慘不忍言往者州之西河驛與晉中永寧州距一衣帶水糴販最便即鎮城亦從此乞糴自渡船爲晉兵所破道以中梗斗米五錢無有糴處以是坐斃士民軍丁討賑最多即就撫者亦四千有奇臣與饑民一體賑恤其頭目數輩日令控馬護行示以蔡人吾人之意雖屬

瑕未化然已懷我好音矣惟是一路有司乏廉能之吏安插尚未得法語曰治亂民如理亂繩不可急也撫臣洪承疇深以爲憂須兵威既振綏定有方徐議安頓久當化彼頑梗耳米脂一縣幾於無民從賊者十之四流離饑死者十之六近亦漸歸乞賑臣憫而收之三千有奇里巷蕭條村落殘破甲他邑矣此三州縣爲盜淵藪饑荒更甚先是撫臣將題留餉銀預爲給賑臣復賑之如負瘵之夫元氣已失遽難望有

起色也五月初一日撫臣將往寧塞安插取道魚河堡與臣相會商確竟日言及地方顛危及臣述所聞見相對欷歔泣下時事若此正同心戮力之秋也初三日抵榆林鎮四望黃沙一城壁立道臣張福臻旣監總鎮王承恩之兵南勦逆賊惟借餉臣張伯鯨彈壓伯鯨廉仁有幹濟最得軍士之心而軍士亦素結於撫臣之恩信雖忍饑待斃人無異志詢問父老僉稱近日晉糴不通斗米六錢城中視米如珠獲糴升合如獲再生或數日販運不至悉僵仆市傷人如鬼矣草根樹皮剝食已盡至有割死屍之肉以充饑臨行道之人而竊食者瘞埋嵛幣日數百計一月以來澤量萬軀軍士從征者父母妻子半登鬼錄守戍者鵠面鳩形了無生氣言之惻心聞者酸鼻稍幸賊盡南下遙望四野尚有把犁而耕者稻畦麥隴間有青青之色臣親查分賑仰體

聖明軫念根本要地軍民共需併嚴督各營堡官招流移給牛種課耕農間近邊東西一帶亦頗乘時耕種臣不勝舉手加額頌我

皇上如天之福而不意旱魃爲虐膏雨未零天意如此臣心若焚賑濟雖漸有次第而鎮城所仰命者尤在晉中糴販臣入關具疏奉有俞旨在西安接濟延南阻隔萬山其途遠所需猶緩在山西接濟延北相望一水其途近所需更急晉秦糴路如清澗綏德葭州與晉之臨縣興縣永寧州等處皆有渡口商民互相易買從來已久今晉中設兵防盜可也而因以遏糴則不可何也榆林天下之雄鎮也九邊倚爲重輕三秦恃爲安危宿將勁兵多出其中非他鎮比即今遼東塊土幾成甌脫國家尚竭海內之財搜省直之粟漕輸陸輓不遺餘力而顧可置榆林於度外歟况糴販貿利商民欣赴初無損於晉者若以防河爲名而扼秦民之吭絕秦民之命恐老成爲國遠謀者必不出此也晉中撫按視爲隔屬道府州縣不關痛苦

以至防河將吏奉行不謹勒索百端然如百萬軍民
嗷嗷待命何故河路一日不通則商販一日不至粟
米一日不來則軍民一日不食獸窮則鬬人負血氣
肯忍死不走險乎危急如是自非天語申飭山西撫
按責成道府州縣作速疏通糧道廣招商販則鎮城
危在旦夕雖人給賑金饑者不可以爲食亦何濟矣
雖然晉所藉口者防盜也今延綏撫臣設防河上協
勤河曲無非爲弭盜之計求開糴販之路心良苦矣

軍民何罪而忍絕之臣爲封疆安危起見不敢復避
聒瀆惟
聖明採擇焉

皇恩次第給發恭報錢糧數目疏

皇上念延郡災荒赤子顛危特命戶兵兩部發銀十
萬遣臣前往延綏會同撫按酌量被災處所次第給
賑此近代未有之曠典也臣馳至秦中與撫臣練國
事按臣李應期面議再三延安以南州縣則委西安
府推官史可法查審臣暫駐耀州催督文冊其延安
以北州縣及鎮衛營堡則移會延綏撫臣洪承疇擇
委文武各官預爲料理是時流賊縱横道路爲梗臣

旣慮給散稍遲無救饑民旦夕之生又慮虛冒太多
有負朝廷軫恤之意幸撫按諸臣仰體
聖明遣賑特典同心籌畫各有次第臣以四月初一
日自宜君縣發賑伊始徧歷州縣無不親自稽覈所
過鄉村無不盡心諮訪至五月初三日抵鎮城撫臣
洪承疇雖西赴寧塞安插而三路營堡一切委解之
官監散之法俱井井有條臣從中劑量漸次給發至
五月二十一日而竣未幾雨澤大沛軍民領賑濟牛

種者尚得及時播種秋田無不舉手加額仰頌聖恩與天澤同一浩蕩也臣亦少釋稽遲之慮矣惟是延郡南北無處不災無處不亂臣從荊棘虎狼中廣布皇仁先城守良民以培元氣次荷戈戍卒以結軍心又次則歸正降民以示招來或念其焚掠之後而從優賑或憫其荒亂之久兼給牛種總之因人因地無偏無私至於查覈虛冒尤加嚴嘶期於有犯必懲無蠹不剔庶免冒濫之弊而有實需之恩共計一府十

九州縣鎮城三衛三十六營堡給散過賑濟牛種銀共八萬一千九百八十五兩七錢尚存一萬八千一十四兩三錢目今勦撫未結流移甚多有已賑而瘠死不贍先逃而後復來歸孰非赤子忍不為之收恤各州縣續報招撫殆無虛日而殘破如保安重災如綏洧米脂等處尤當加意培養臣尚憂其未足也議催取各府勸輸銀兩多方湊濟恐非旦夕可竟當此司農告匱

聖主宵旰之日臣與地方諸臣共矢詳慎萬萬不敢泥沙用之也除慶陽州縣督臣楊鶴另請二萬分賑西安如耀州同官白水之屬素稱疲瘠該州縣官俱請賑恤尚在查議不敢開列外臣仰見皇上軫念延綏荒亂無一刻不厪如傷之視謹先具賑過地方發過錢糧數目具疏以聞

欽奉聖諭疏

臣於崇禎四年正月二十六日捧接
聖諭
皇上軫念延郡災荒赤子顛危特命戶兵二部發銀十萬兩遣臣前往延綏會同撫按酌量被災處所次第給賑此近代未有之曠典也臣至秦中與督撫按臣擇委文武官員查審造冊臣躬徧歷州縣親抵鎮城覆加綜覈次第給發共計延安一府十九州縣鎮

城三衛三十六營堡給散過饑民軍餘一十五萬八千九百六十五名口賑濟牛種銀共八萬一千九百八十五兩七錢臣備造給散花名銀數文冊具本於崇禎四年十一月內奏聞訖先是臣行守巡等道翟師雍葉廷桂等議通糴販於所存賑銀一萬八千一十四兩三錢之內動發咸長涇三等州縣銀五千七百三十二兩五錢九分五釐各照市估共買米四千三百八十四石一斗三升八合麥豆六百六十石四斗

九升五合轉運延安鄜州中宜耀同等州縣用過腳價銀二千四百三十五兩三錢九分八釐共在富平同州渭南運至金鎖關等處被賊前後劫奪米共四百七十三石七斗七升六合該價銀六百六兩八錢六分五釐腳價銀八十五兩二分四釐共在咸長等屬運至耀州同官宜君者經督撫諸臣支給赴復中部兵馬行糧米一千八百五十石二斗八升七合麥豆一百九十四石八斗二合止照原價扣歸糴本止

項銀二千八百五十五兩二錢一分二釐共在高陵涇三同華等屬運至延安鄜州者米二千六十石七升五合麥豆四百一十一石六斗九升三合臣做常平倉之法照市估減價糶賣共得價銀六千三百四十二兩六錢六分八釐除還糴本外贏餘利銀一千七百二十一兩七錢七分六釐除抵金鎖關等處被賊劫奪米四百七十三石七斗七升六合米價腳資銀六百九十一兩八錢八分九釐外實存利銀一千

二十九兩八錢八分七釐嗣據布政司冊報陝西院部司道府州縣衛所官員并鄉紳士民共捐銀三萬二千二百九十二兩七錢七分雜糧三千一百一十二石六斗臣將捐輸花名銀糧數目造冊具本奏聞訖臣奏報之後續據該司呈報瑞藩捐銀一千兩秦藩捐銀一千兩韓藩并宗儀捐銀一千五百兩乾州新任知州楊殿元并佐領鄉紳捐銀一百二十兩洵陽縣鄉紳士民捐銀八十九兩八錢藍田縣舉人徐

嘉績捐銀三兩八錢通前報捐共銀三萬六千六兩三錢七分連前存賑銀一萬八千一十四兩三錢雜糧三千一百一十二石六斗運至耀州同官宜君延安州縣用過腳價銀五百三十一兩三錢六分四釐照市估減價糶與被難士民一千五百六十二石六斗五升一合糶銀一千一百五十八兩七錢一分五釐統計共銀五萬五千一百七十九兩三錢八分五釐督臣洪承疇軍餉支過一百四十七石九斗七升撫臣練國事軍餉支過五百二十石臣賑過慶陽耀州難民并守城生員義兵二千五百五十八名口糧共六百六十二石二斗中部宜君失陷被賊劫去糧二百一十九石七斗七升九合臣計捐輸雜糧一項則已盡支無餘矣而共前項銀兩則延綏撫臣張

賑濟延綏鎮城臣先發一萬兩又慮延北各營堡饑荒續發籽種銀六千兩共銀一萬六千兩散過花名文冊因征討流寇道路梗塞屢移文催取未至應

聽延綏撫臣徑自具奏外臣會同督臣洪承疇撫臣練國事續賑過延安府一十九州縣二衛一營籽種銀一萬五千一十三兩九錢五分八釐慶陽府五州縣一衛賑濟銀三千三百九十四兩七錢平涼府屬平固等八州縣賑濟銀九百七十一兩七錢西安府屬韓白澄郃蒲耀同官七州縣賑濟銀四千五百七十六兩七錢七分以上共賑過饑民難民生員共七萬八千八百二十二名口給散過銀共二萬三千九

百五十七兩一錢二分八釐又中部雒川宜川三縣
修理城垣銀五百二十二兩八錢中部縣買站騾銀
五百兩奉旨接濟文安等八驛站銀四千兩發慶陽
府銀六百兩買米豆五百九十一石五斗八升四合
爲備賑之需督臣洪承疇偶因軍餉缺乏支用過銀
二千二百一十二兩四錢三分六釐撫臣練國事軍
餉支用過銀五千九百五十九兩六錢三分七釐合
於事平之日聽督撫清算開銷連前運送雜糧脚價

銀五百三十一兩三錢六分四釐共實支銷過五萬
四千二百八十三兩三錢六分五釐今止存銀八百
九十六兩二分臣親見望賑軍民皆奄奄待斃之人
先查審而後給賑中間豈無逃亡事故自應扣留具
報難容虛冒檄行知縣劉三顧等設法清查續據申
報鄜州扣留銀一十一兩一錢宜川縣初報降丁甚
多後因逃散扣銀六百二十三兩二錢雒川縣扣銀
二百三兩二錢中部縣扣銀二百五十一兩三錢五

分八釐黄甫川營堡扣銀五十兩神木營扣銀八十
八兩三錢綏德衛扣銀一十一兩二錢韓城縣扣銀
一十六兩二錢蒲城縣扣銀七兩一錢澄城縣扣銀
二兩白水縣扣銀三兩八錢以上前後清查出事故
賑銀一千二百六十七兩五錢五分八釐幷前存捐
賑羨餘利銀三項共實在貯庫銀三千一百九十三
兩四錢六分五釐臣前在慶陽見平凉各州縣鄉村
被賊搶掠煢煢孑遺急宜賑恤因前項清查未明又

慮涓滴無補故具疏續請發賑儻蒙俞允合與此項
留候接管御史續賑外爲照臣奉命廵按陜西仍料
理賑務州縣營衛袤延數千里軍民饑餓及被殘掠
者數甚夥也止持此賑濟捐輸一十三萬七千一百
六十五兩八分五釐一賑再賑小民沐浩蕩之恩莫
不歌詠聖德臣朝夕氷兢竭歷從事今差已報滿矣
除應開銷過一十三萬六千二百六十九兩六分五
釐尚存銀三千一百九十三兩四錢六分五釐則清

冐裁濫銖累寸積之所餘也臣宣布
皇上德意非能有裒益酌濟之方而拯救災黎使霑
實惠不令纖毫有所蠹冐區區心力則已竭盡矣惟
是延綏荒亂日久地方在在殘破軍民窮苦至極淡
秋凛冬饑寒迫膚恐其復聚爲盗必再爲賑恤而後
可新按臣入境授事自當繪圖上請臣敢因奏繳而
併及之

柴菴疏集卷之八

巡按陝西仍料理賑務監察御史臣吳甡謹題

按秦 崇禎四年

驚聞新命敬剖愚忠疏

臣駐鎮城散賑已畢各路營堡賑濟牛種次第給發
竊念錢糧關係重大查覈最宜清楚俟撫臣洪承疇
回自寧塞臣與商確勦撫機宜當復還西安造冊奏
繳並臣蒙
皇上特遣賜以諭旨奉命而出歸而報命臣之職也
五月十七日接邸報都察院一本爲就近酌併巡按
官員事奉
聖旨吳甡著巡按陝西仍料理賑務這本說的是以
後巡方遇有緩急須酌量入地差遣以責澄清之效
欽此仰見我
皇上爲地擇人其軫念三秦欲拯救而安全之如此
其至也又俯念臣賑務未結令之一面巡方一面料

理求事可而功成如此其艱也臣焚香叩頭恭謝
天恩已而不勝惶悚陝西何地也荒盜相仍今何時
也臣有何才而能辦此曩臣巡按河南事完復命蒙
恩回道因有狗馬之疾具呈舊憲臣閔洪學代乞骸
骨而洪學不從遂差按眞順未幾收賑延綏是役也
上宣聖德下拯民命頭緒紛紜奸弊百出殫力以圖
尚媿靡職無狀不意復有巡按陝西之命臣子然一
身耳半年之內三易差遣似從來未有者乃自臣始

卷之八

臣何敢當雖然秦而無事之國也持斧衣繡豈曰無
人今秦而多事矣荒盜四年了無結局地方殘破極
矣臣旣身歷艱危之地何敢復憚馳驅之勞况
皇上酌緩急而責澄清量人地而隆委任似此殊恩
臣惟有感極涕零鞠躬盡瘁以圖報稱其何敢辭臣
自入關以來見秦中法紀之玩吏治之偷民生之困
邊備之弛盜賊之熾皆他省所無私用浩歎不謂澄
清之責謬以及臣臣請先言其切要者數事而

皇上垂聽焉夫陝西古稱百二河山沃野千里天府
之國也其中州縣儘多雄壯不知誰懸逐客之令致
裹選人之足而潦倒書生寂無朝氣者多塡其中地
方之壞皆繇於此臣請勅下吏部以後選補陝西者
盡以老成甲科精力孝廉而一槩明經且停銓注可
乎邊地弁流習爲欺誑掩敗爲功僞級冒賞功罪不
分勸懲何賴臣請據實直言以聽朝廷處分而一洗
欺瞞之習可乎督撫諸臣承凋敝之後處萬分危難

卷之八

之地其才皆足有爲責任原輕安危與共宜聯絡一
心呼吸互應臣願時時效他山之石謀斷相資雷同
非福請從封疆起見毋分畛域可乎大將三軍之司
命勦賊原以衛民而紀律無聞殺良報功及逗遛觀
望老師糜財則地方反增一害願
皇上先以軍法懲其尤者而偏裨以下自稟稟用命
臣請毋嚴於文而寬於武可乎秦事之難救荒弭盜
紛如亂繩所當聚精會神同心戮力以圖安攘大計

若分心於簿書日不暇給則遺大騖小非策之得臣請少寬期限以餘力了號件可乎恭臣習知巡方事務紛瑣卽平時無事猶案牘山積而況値此艱危之秋當有百倍於往昔者臣惟力任勞怨知無不言言無不行以求不負朝廷不負生平而已至成敗利鈍非臣之愚所能逆覩也容臣一面差人恭領批印外謹具疏以聞

直參玩寇憸懦大將以肅軍紀疏

本月十三日接邸報臣疏[illegible][illegible]新命等事奉

聖旨吏偷民困備弛盜熾總法紀不飭以致人皆積玩吳甡以才幹簡命按秦還著力任勞怨刻意澄清本內將領掩敗飾功及殺良觀望等項卽據實參來重處督撫諸臣自當同心共濟不得各分珍域致誤邊計州縣選用甲科已有屢旨若聽人規避再以潦倒明經充數責有所歸前件果係難完的仍奏明白認限期報代該衙門知道欽此臣本庸劣仰荷溫綸勉以力任勞怨刻意澄清臣感激隆恩矢竭頂踵一一遵行惟謹其本內將領掩敗飾功及殺良觀望等項命臣據實參奏臣前疏所指大將蓋提督山陝左都督杜文煥也臣之未遽從臼簡亦自有說臣自奉命賑秦之日卽訪之秦人之在京者盜胡以若是熾也僉謂大將不得其人玩寇釀禍以至於此也臣入關後卽見督臣楊鶴疏已參文煥矣臣可以無言及

郡士民憤恨不平幾至激變罪二矣府谷復城不可謂非其力而縱一王加印嫁禍三晉至今未已文煥雖奉提督山陝之命何嘗爲山陝殺一賊耶聖明委任如此其隆而忍負之罪三矣軍將皆匿行糧指虛不啻剜肉醫瘡文煥用兵數月竟以安坐糜費四五萬金絕無底績老師匱財貽害地方罪四矣語曰軍中有婦人兵氣恐不揚文煥貪淫成癖雖在行間必擁娼妓數輩戎妝騎馬士卒共見其在延安坐視鄜雒流賊縱橫猶自嫖妓宴樂夫所貴爲將者身先士卒甘苦與共文煥行徑如是何以鼓勵軍士罪五矣臣過同官縣忽見該鎮遣牌南下心竊訝之及臣至宜君則宜君士民擁臣哭訴曰幸勿令杜鎮兵來過中部則中部士民擁臣哭訴曰幸勿令杜鎮兵來臣謂兵來勦賊爾等何畏僉曰賊來猶可兵來殺我臣細訪文煥此來原爲護送家眷下居西安非爲勦賊也如果勦賊賊見掠遂城白木間從鄜州至雒川以赴延郡自擊其人訪問士民自延安以至綏德道路之口人人思噉其肉甚有言之而痛哭流涕者及見邸報已奉旨勘議矣臣又可以無言臣始知流寇之日熾繇於將領之驕玩則杜文煥其首倡也若於此不振之以軍法則議勦終是虛譚故願

皇上懲其尤者以儆其餘賊不足平也今奉有明旨臣於不容已於言請摭實數其罪狀可乎當去歲秋冬之交綏清盜賊蠭起文煥身爲大將統延鎮兵馬六千有奇正宜鼓銳直前滅此朝食乃師次綏德去賊不數舍輒按兵不動者四日賊遂衆間南遁竄聚饑民爲禍滋烈皆繇文煥逗遛不進所致罪一也及至清澗遍索縣官預支四日行糧時賊掠延川一帶使銜枚疾走一鼓可擒文煥不身督營陣徒以兵事委之偏裨而徑自單車直走延安宴然家食致令軍士搶掠民間多殺老幼婦女報功冒賞見有驗功文冊可據比至延安擁兵擾害十有餘日置賊不問圖

逵澄白不過百四五十里而近今反紆廻中宜道逕同耀何爲哉臣既遺書勸勉又面以大義責之而文煥曰已請告不能出兵矣嗟嗟勒限三月之言炳如日星乃敢玩視若此乎夫榆林延安皆係文煥原籍俱有第宅可居當此荒亂之日人情洶洶文煥身任封疆正宜持以鎮靜而移家遠徙搖惑衆心臣聞古之爲將者受命之日則忘其家援枹鼓則忘其身文煥獨不聞之乎且軍丁四五百人護送家眷沿途索糧索馬百端騷擾則朝廷金錢皆供文煥移家之費乎不知文煥何以自解也罪六矣臣襄具疏責成督撫鎮將尚謂文煥世受國恩必當奮勇剿賊不意其虛擁牙纛仰負

聖明縱軍殃民養寇釀禍結三秦赤子之怨貽封疆不了之局如前六罪彰明較著此外議論沸騰事涉曖昧者臣不敢臚列以瀆天聽若不從重議處則後來將領尤而效之蕩平何日之有是在

聖明獨斷自有處分無待臣詞之畢矣臣因是而更有請焉提督之設原爲山陝剿賊徵調旁午事權宜重故以大將統之今山西協勦則有副將曹文詔矣陝西用兵則有大將王承恩矣而提督乃在西安養病名實不副似爲贅疣今欲議防勦之策當責成之任其在西安近延南者當責之分守道臣翟師雍分巡道臣葉廷桂潼關道臣胡其俊及新設副將趙大胤參將張全昌延安鄜甘一帶當責之分巡河西道臣張允登副總兵李卑延綏三路州縣營堡當責之榆林道臣張福臻神木道臣樊一蘅靖邊道臣戴君恩及該副將參遊等官其各路兵馬則以總兵王承恩統領文武將吏則聽兩撫臣調度在腹者弭盜安民在邊者備鹵禦寇大賊則南北合勦小賊則各屬分緝

祖宗舊制自可以責成功而一事權臣竊謂提督一官似可議裁也如果臣言可採伏乞

皇上勅下兵部覆議施行

卷之八

直陳久旱情狀自劾不職疏

夫延盜之所以日熾者何也曰歲凶民饑也始而一二桀驁之徒嘯聚爲盜旣而年復一年荒盜相仍卽平常荷戈把犂之夫生計窘迫亦不得已而從賊邊地風氣勁悍習於戰鬬亂所從來已非一日今欲弭盜安民別無奇策亦曰足食而已矣民以食爲天一歲不稔則凶一日不食則饑而今三年矣且四年矣議勦議撫終無善後之法必糧草足而士馬飽騰勦可也必衣食足而流移復業撫可也軍不能枵腹而戰賊亦不能枵腹而降也

皇上憫三秦赤子顚連失業發金大賚一切新舊錢糧槩賜蠲停雖史册所載賑貸免租帝王盛事業已兼行其軫念災黎者至矣臣卽不肖奉命嚴重日夕飲冰苟有益於民生又何愛夫髮膚數月以來披荆棘之林探虎狼之窟直抵鎮城於顚危饑困者未嘗不計口而分哺也於流離歸正者未嘗不安定而還

卷之八

集也田地荒蕪則給牛種課農桑未嘗不家榆而戶曉也虛冒侵蝕之弊吏胥綴弁之流未嘗不嚴覈而痛懲也方自幸是役也惠及窮民即窮民未嘗不感皇恩而與享太平也惟日引領以望者曰天乎其降之膏雨乎夏麥已矣秋成在即從此而逃者歸歸者不復逃盜其衰止乎不意自四月以至五月亢旱日甚雖督率地方官齋素虔禱併無雨澤夫遼方苦寒耕種正在中夏若五月不雨則一歲之計絕望矣必待明年麥熟方是續命之時而此一年之中寧復有可生之路晉中糴販臣與撫臣洪承疇設法疏通然馱運無幾斗米貴至六錢仍是粃粟粗粃一經碾簸僅得八升是實價已七錢也其在軍士往例應給本色二斗因官運無術折銀三錢此三錢止糴米五升耳外給月餉五錢六分尚不能糴一斗父母妻子皆仰給於一斗五升之米以延一月之命而危苦極矣然此猶日食大餉者也至軍餘百姓無餉可領無田可耕無商可通求糴既苦無錢有錢又苦無糴即有中人之產誰為售主眼看一室之內半登鬼錄父母不相顧兄弟妻子離散號哭之聲愁慘之氣上徹蒼穹下蒸疫癘故民間反羨盜賊猶得一飽而死也哀哉斯民至此極乎臣曾遣官招諭流賊中有頑梗者揚言曰吾儕亦知搶掠非策但今日歸家明日餓死矣即上官憐而賑我餬口幾日餓亦死盜亦死寧盜以緩須臾耳嗟乎是言也其怙惡可誅其饑餓亦可憫也臣前經過河南訪之父老有能言昔年鍾化民之賑中州也每人止給銀二錢五分耳山東饑過庭訓設粥之外所給銀錢亦無幾彼設粥則取之漕運及臨德二倉米甚便而關中轉輸既難臣所給銀數多至一兩或六七錢少亦不下四五錢視昔日數倍然河南山東散賑之後歲即大豐未有若延綏旱至四年米至六七錢者攷之往代從未經見天意如此盜何繇息民何繇安恐地方從此脊脊多事也臣竊

鎮城以發賑賚通糴販兩事安輯軍民而私憂過計以爲上郡朔方天下勁兵處也今窘迫若此幸而人無異志然靡有孑遺誰爲
皇上守封疆者萬一有不忍言則三秦危而山西而河南在在騷動可爲寒心矣臣毎讀書見古人有單車赴賊壘而解散其黨者有開倉賑流民而盜不入境者自謂今日庸詎不可爲乃奉
聖主之命矢竭股肱之力而才識短淺罪咎深重上

卷之八

不能感格天心下不能消弭盜賊災害竝至生民塗炭臣奉職無狀媿憤欲死雖身在危地未敢遽求罷斥而封疆關係重大亦望廟堂之上蚤爲長計者也

天澤大霈晉糴漸通疏

竊惟歲凶民饑爲起盜之根源故延綏軍民望雨如望歲望糴亦如望雨地方之頻年擾亂也朝廷之宵旰肝衡也與臣愚之禱祈陳請也皆爲是也臣抵榆中已在五月芒種時矣而亢旱不雨齋沐虔禱幾二十日驕陽轉甚又糴販不通米價涌貴民間愁嘆之聲危迫之狀眞有莫必旦夕者臣奉
聖主之命救萬民之生發賑不敢不均普也給牛種

卷之八

不敢後時也人方誦解澤之流而天反示屯膏之象夫榆林何地堪此四年赤旱民寧有孑遺乎臣痛自刻責憂懼交集是以有天未悔禍之疏自本月二十日拜發之後至二十四日幸天不絕秦油然作雲自辰至亥大雨如注二十六日復雨遠近霑足喜出望外是日也農慶於野民歌於市共祝
聖明無疆之福臣詢問父老謂夏田豆苗業已半槁尚可回生邊地秋田宜黍米芡麥此時領賑濟措辦

牛種正爲及時儻從此雨暘無愆則秋成可望即所
耕之田不能如往昔之半而山右延南將來豐稔有
期借潤不患無地也至秦晉糴販近復屢奉明旨臣
再四移會山西撫臣宋統殷又行冀南道臣王國相
期以出示疏通幸統殷等仰遵
皇上軫恤洪恩回札到臣許以開渡設防兩者並舉
目前糧道漸通綏德一路則自西河驛葭州一路則
自王家砭晉中米商已有馱運而至者而綏德州知
州周士奇以民間窮困慮一時壅滯無以招來請糴
本二千兩照臣前疏所議常平法易買平糴臣與撫
臣洪承疇商確暫借所餘賑銀給之自二十四日得
雨之後斗米六錢者減至五錢五分豆麥五錢者減
至四錢五分此後若得轉輸不絕積聚日廣價值自
平而人漸有更生之望矣夫此數日之內耳枯槁之
色忽改而潤澤愁慘之象忽改而欣暢如果時和年
豐自可民安盜息臣仰見我

皇上步禱精誠昭格
上帝及屢於邸報恭讀秦晉勅撫諸旨廟謨淵深措
置得宜於以默回天意挽結人心未有
聖人在上而天下不太平者臣不勝爲封疆手額惟
是渠惡未殲脅從未散尚須相機勦撫督率諸臣第
遵行殲渠散黨之諭則地方不患無寧謐之日也
皇上軫念危疆無一刻不在民生臣身歷邊鎮荒
之地不敢不據實入告謹以近日得雨通糴二事奏
聞以慰
聖明西顧之懷若夫修人事以荅天心則臣願與地
方諸臣夙夜拮据共勉圖之也

剿撫機局宜審疏

秦盜之熾其始起於三載旱荒遂有桀驁不軌之徒脅附煽亂勢日披猖

皇上不忍遽行誅討特命所司講所以綏戢之聖恩誠浩蕩矣旱魃為虐莫不翹首而望歲今廿霖大霈豐登可冀天心亦厭亂矣督撫諸臣議剿議撫心力俱竭數月於茲盜宜衰止而近日以來剿未見功撫未見安者何也書曰殲厥渠魁脅從罔治又曰威克厥愛允濟愛克厥威允罔功此帝王馭世剿撫之定案也故剿必殲渠魁撫必散餘黨未有渠魁不殲而餘黨可以解散者也夫使盜賊感

皇上恩赦念天心悔禍棄干戈而持鉤鋤軍歸於伍民歸於農束身以聽有司安插不復聚掠為暴不血刃而定數十萬之衆豈非臣之至願哉而奈之何不然也臣因查賑濟駐榆林最久復奉巡方之命頒有批印日夕以地方未靖為憂近據分巡河西道臣

卷之八

張允登塘報稱流賊東剿西奔南撫北掠鄜州迤西合水保安之界二百里又受禍獨慘近且攻三川又攻柳池寨鄜州原未設有多兵賊勢猖獗城邑大事深為可虞職若不言恐後日坐職以隱匿雖萬死不足謝地方也如是則鄜延之間無在非盜大約皆陽為就撫而陰為搶掠者也又接督臣楊鶴遺臣書云初入耀州即值金鎖關失事韓白蒲富之間無日不報搶掠而寧州真寧環縣警報沓至近當調兵分剿如是則慶陽西安盜氛日熾所云招撫者第數頭目而餘黨仍舊狂逞臣於今而益信撫之未足恃也嘗試以古今得失之案為今日决剿撫之策可乎臣觀從來盜賊縱橫莫盛於宋元之季皆因當事者憚於用兵而招安太早有以致之夫國家所以振肅紀綱懾服人心者以其有賞罰也當天下無事之時如方國珍輩一旦敢為亂首宜痛誅剿之以懲夫民之不逞者乃遽行招安之策不徒不加之以罪而又授之

卷之八

以官是賞善之具以勸惡也於是羣不逞之徒紛然傚傚競相誘脅盜賊蠭起不可收拾而小民肝腦塗地怨恨塡胸不得秉耒而耕聚廬而處生者不得歸死者不得葬自非善良未必不化而爲盜此招安之弊載在史冊可爲殷鑒秦中自有盜以來杜文煥玩寇養亂以至今日總兵王承恩宜川郃陽之捷差強人意幸榆林道臣張福臻身歷行間申嚴軍令有以督之然兇渠逆魁尚稽授首寧夏總兵賀虎臣臥病

耀州兵多不戢其餘偏裨無足比數是猶未一大創之也彼寔頑怙惡止見爲盜之利不畏朝廷之法寧肯弭耳帖心解散歸農也哉漢臣朱儁有言今海內一統惟黃巾造逆納降無以勸善而更開逆意使賊利則進戰鈍則乞降縱敵長寇非良策也古之人臣不爲一時苟安之計而爲百年長治之圖其言甚可味也今議者多稱龔遂化渤海盜以爲美談臣攷遂乘傳至渤海界移書敕屬縣罷逐捕吏持田器者皆爲良民持兵者乃爲盜盜賊聞遂教令卽時解散遂乃開倉廩假貧民選用良吏慰安牧養彼其盜未若今日結禍秦晉攻圍城寨矯命雄行於數千里之內者也假令當日盜不卽時解散遂亦安能使之帶牛佩犢也哉

武宗朝齊彥名劉六等盜起副都御史馬中錫欲效龔遂所爲一意招撫事大決裂後至徵調各鎮邊兵數十萬費太倉銀二百餘萬海內騷動則招安之說

誤之也夫招安而不能爲龔遂也者則不幸而爲馬中錫非獨地方有養癰待潰之禍亦恐後來有徵兵費餉之憂臣所爲鰓鰓過計也臣遵旨與督撫諸臣商確再三竊謂今日之策以先剿後撫爲機宜以蕩平善後爲結局如果投戈棄甲抱旗乞降則剿之中亦自寓撫之意而實以剿堅撫如或狡詐復逞聚掠不散則撫之時亦自有剿之用而不因撫廢剿務擒厥盜魁懸首藁竿蕩彼巢窟剪其根蔓以申國家討

賊之威以洩三秦赤子之恨直至窮聚之徒望風膽落然後歸附之衆免死輸誠剿爲眞剿則撫爲眞撫必如此而蕩平可期也請徵之近事山東蓮妖之變廵撫趙彥殺戮甚慘然迄今享平寧之福者剿之力也黔蜀藺酋重慶永寧之捷所報斬馘多係酋首故能息數年之禍而終歸我戎索亦剿之力也然則爲秦策者亦若是則已矣蓋不大剿則不大撫兵威不立則賊膽不寒我一意言撫剿必不力賊不復畏剿

卷之八

撫亦不堅每見府州縣官驚心風鶴卽零星土賊亦不敢問惟恐有壞撫局而防守官兵登陴充伍非托言賊衆則藉口招安嗟乎此盜之所以日熾而解散之無日也雖然秦不獨患盜又且患鹵不獨患無兵又患無將山西鹵在宜雲賊尚在汾州今延綏一牆之外卽鹵一牆之內卽盜秋高弓勁獯狁孔棘豈不日戒萬一盜與句結禍何可言近撫臣洪承疇親詣綏清相機調度臣恐鎭城空虛暫駐料理但此中兵將徵調幾盡憶亦危矣孤山副總兵曹文詔勇冠三軍其所統領皆秦中精銳近報擒斬王加印則協剿之局已結客兵不宜久疲於外且延鎭正當危難多事之時目前急宜撤回防鹵禦盜早圖自救以文詔之勇略佐王承恩之忠實庶可以合而成功所當加銜鼓勵留任延鎭勢難別有遷轉使銜邊重地失此長城至調集兵馬措處糧餉南北夾剿尤爲急著伏

卷之八

督撫協心早計無容再緩臣身歷危疆籌畫再四謹會同督臣楊鶴陝西撫臣練國事延綏撫臣洪承疇具疏入告惟

聖明採擇施行

剿撫俱無實著疏

臣因賑賫之役徧歷延安南北而駐榆林最久見各營堡饑軍窘迫之狀與各州縣小民荼毒之慘屢疏入告亦屢奉明旨申飭剿撫夫流賊之熾不始於今日也葢數年於茲未聞有起而大創之者春夏之際盜掠延南西安州縣警報疊至鎮臣王承恩始領兵南剿屢有斬獲賊又以乞撫爲名漸徙而北屯聚於延川延長安定清澗之間㸃燈子一枝擁衆近萬嘯聚不散即其餘頭目就撫不過數十百人而夥黨甚衆仍多聚掠無識有司欲以招安苟且結局而終不能令其解散人心洶洶莫必旦夕撫既難結剿亦未竟即令延鎮之兵銳意圖賊而延南無兵堵截賊不東走晉則必南走陝矣賊多兵少豈易撲滅臣因舊按臣李應期已報出境督臣楊鶴以防秋將回固原撫臣練國事亦聞回省臣乃以本月十一日叱馭而南二十日行次延川見賊延山蔓野攻圍村寨勢熖甚熾詢之乃捷糧賊也二十四日抵鄜州接該州知州張崇㣲塘報稱本月二十一日巳時有撤塘流賊數十至直羅地方攻寨至二十二日賊約萬餘齊到四鄉劄營傳說係賊頭郝臨菴劉六獨行狼等夥黨至本州七十里張村驛搶掠等因臣目擊情形如是道路之口皆爲賊以撫愚我我以撫自愚其信然矣夫郝臨菴劉六等皆慶陽之賊屢報就撫王承恩縱離鄜州而餘寇即掠張村東剿西奔南撫北掠延南用兵則賊遁而北歸若延北用兵則賊仍潰而南下地方之禍何時而止故今日欲奏蕩平非多用兵不可欲用兵非多措餉不可餉足兵多非南北協剿不可願督撫諸臣當合南北視爲一家無分彼此合勦撫視爲一事務求底定然後集兵措餉責成賞罰之方可得而議也臣聞寡不可以敵衆今賊多至數萬而我敢戰之兵止恃延鎮數千之卒豈能結局必責成督臣楊鶴與陝西撫臣練國事協心商確立調寧

固甘肅臨洮等處馬步精兵五千餘以三千駐慶陽剿環慶諸賊而張犄角之勢以二千合之新設流曲韓城兩路之兵分駐宜中韓雒以杜延賊南下而爲夾擊之用延綏撫臣洪承疇立調孤山副將曹文詔參將艾萬年等勁兵合之王承恩馬步兵六千餘自北而南到處援剿與寧固甘肅臨洮諸兵相會四面皆兵諸處保寨應渠魁授首脇黨星散不至有此聚彼散之患兵之當急議者一也臣聞千里餽糧師不宿飽樵蘇後爨士有饑色今秦中空乏已極用兵數万費行糧四萬皆以延鎮軍餉中多方措處不足又借臣所餘賑金前後幾近一萬尚未補還夫餉竭延鎮之餉用延鎮之兵萬萬其難繼也急宜議動布政司應解部餉銀十餘萬務令實在充足隨取隨應總候事完開算而預懸老師糜財之罰其誰敢不遵餉之當急議者二也臣聞禦寇者於門庭不於堂奧今鄜州乃西安之門庭也而無一兵一馬何以制敵

臣攷鄜延地圖西通環慶東接黃河南扼中宜北控三榆一大要害也唐用郭子儀宋用范仲淹韓琦皆統重兵經略其地扼要制勝即此可見道臣張允登精敏沉練雅以滅賊自任與榆林道臣張福臻才略俱堪伯仲急當於鄜州增設馬步兵各五百合之延安營兵千餘責令居中策應延安步兵不能追賊亦宜增馬兵三百增設兵馬之費皆宜取給部餉而以副將李卑參將卜應第領之總聽道臣調度即近日流曲韓城新添之兵亦當責令監軍道棨廷桂加意控馭諸將使之與鄜延兵馬南北應援合剿不然徒守堂奧亦復何益若慶陽則當責之道臣周日強彼既受朝廷不次之擢則當爲地方奏廓清之功撫未足恃責將誰諉須著著皆實處處有備臣以功罪課其後不數月而盜氛可靖此責成之當急議者三也臣聞書曰殲厥渠魁脇從罔治易曰有嘉折首獲匪其醜蓋言渠首既除餘黨自散今用兵以來所剿殺

者多係脅從而頭目反多受撫或給以劄付或賞以金帛而此數降丁者既飽且榮陽雖爲我用而陰實能號召其衆有以係餘賊之心以是不肯解散故今後剿賊當以剿獲首惡爲功又兵士貪賊之餌臨陣之時賊以牲畜財物遺棄路傍我兵競相攘取而賊遯已遠不可復追此尤軍法所首禁也是故獲渠魁者懸重賞貪賊餌者行重罰賞罰明而士氣自鼓此賞罰之當急議者四也總之大病不宜小醫大事不

宜小做兵力不厚集不足以大創錢糧不多費不能以久安責成不嚴賞罰不明不能以成功今延安士民皆以秋田爲命脉不及此八九月之內協力早圖而各以防秋之故罷兵而去任賊縱横莫可誰何若秋田被掠小民生命已絕秋深冬盡饑寒相迫人人相隨爲盜而天下事決裂不可收拾矣如督撫諸臣邊防爲重勢難分身料理則請如先朝遣重臣專征之例如王守仁之剿贛賊陸完彭澤之剿劉六項忠之剿滿四皆特奉簡命而出益用知兵大臣專其委任以免彼此推卸苟且延緩之病是亦一策而非臣所敢輕議也臣本文弱書生何知兵事而嘵嘵若此祇以身歷艱危灼見情勢痛生靈之荼毒悲士民之飲恨不忍一字隱飾以欺

皇上而悞封疆寧使臣言不驗地方之福不然悔亦何及矣

查明流寇旋撫旋叛情形疏

八月初五日奉到都察院勘劄一道內稱七月初五
日准兵部咨職方司案呈崇禎四年六月二十五日
奉本部送該陝西廵按李應期題奏中流寇旋撫旋
叛等事奉
聖旨據奏秦中流賊各郡縣申報情形甚亟該督撫
如何竟未奏聞屢旨相機剿撫正欲殲渠散黨若一
面言撫一面焚掠縱寇流毒莫此爲甚楊鶴等前疏

有無隱飾併這本內要挾重貲等語是否確情還著
吳甡查明據實速奏該部知道欽此夫盜賊撫剿情
形臣身歷延安南北多所見聞亦屢疏入告今再參
之各道及諸郡縣申報者據實爲
皇上陳之臣查得延慶郡縣及各路營堡延亘數千
里山川險阻土瘠民窮從來多盜前此屢年缺餉又
歲遘旱荒軍民交困盜賊蠭起東路則王加印爲首
攻破府谷擁衆渡河嫁禍於晉西路則神一元爲首

破寧塞破柳樹澗破安邊破保安神一元死其弟神
一魁繼之又破合水圍慶陽此盜之最兇狡而惡焰
最倡獗者也督臣楊鶴以本年三月移鎮寧州因兵
馬一時徵調不前遂遣官招撫神一魁等數十頭目
乞降督臣賞以金帛又給一魁守備職銜安插寧塞
者四千有奇尚有未盡餘黨如郝臨菴劉六等衆不
下數萬督臣五月初旬統離寧州而賊已紛紛掠擾
縣與寧之間此保安合水餘孽流毒慶陽者也延安

四載奇荒始而邊軍倡亂繼而軍餘煽聚米綏清澗
各鄉村被掠脅從者甚衆幾於無民去年秋冬之間
勢若燎原諸盜如點燈子整齊王不沾泥之類名號
甚多延山莈野莫可蹤迹揄中州縣既無可掠遂流
劫延南焚人廬舍掠人牲畜淫人妻女殺人男婦慘
不忍聞是時延綏撫臣洪承疇方收拾東西兩路力
不能及延南陝西撫臣練國事到任未久西安已卒
單弱不能制賊死命臣奉命賑濟以三月入關賊掠

宜雒宜中等縣點燈子一起衆號數萬新自山西渡河而歸嘯聚黃龍山一帶聲勢甚熾臣披荆棘而入延安人心洶洶莫必旦夕臣宣布朝廷德意及奉旨蠲停錢糧延北士民始有更生之望惟西安北界韓城白水澄城蒲城富平郃陽宜君中部數十州縣受賊屠毒最慘至殺典史殺千總殺都司中軍殺運糧委官鄉村殘破者以數百計男婦殺死者以數千計一時州縣告報疊至前按臣李應期據之具疏此延

北邊賊流毒西安者也五月總兵王承恩榆林道臣張福臻始統勤王兵五千餘南下剿賊屢戰屢捷賊望風潰逃使督撫銳意圖賊整集兵馬分布堵剿接濟錢糧俾無缺乏則賊可一鼓而殲也督臣移鎮耀州下令招安諸頭目擄取已飽有赴耀州求撫者督臣給賞花紅鼓樂迎導造花名册予路費錢待之殊厚亦有臨陣抱旗乞降者如滿天星等榆林道臣撫之收入行伍隨從征剿者亦不下數百賊黨見大兵

在南遂徙而北歸延長延川安定清澗綏德米脂吳堡葭州皆其原籍解散者十有一二嘯聚者千百成羣鄉村搶糧日無寧刻士民於是有官賊之詬人人恨招撫矣點燈子聚衆五六千在清澗之解家溝花牙寺名爲就撫心懷叵測近復有渡河之報而旋撫旋叛情形類如此矣慶陽郡臨菴劉六等亦受道臣周日强之撫餘黨披猖環合今攻陷中部者多其衆則信乎招安之失策也總之流賊爲數甚衆東剿則

西奔南撫則北掠我兵雖有斬獲不能遽奏蕩平病在賊多兵少有進剿之兵無堵截之兵有直搗之兵無左右翼之兵有一路之兵無東西犄角之兵剿未盡剿故撫亦未盡撫兼之有司奉行不善奉降丁如驕子任其討地方則予地方討劄付則予劄付討名糧則予名糧而最可異者賊頭獨虎等見大兵之來已由韓城境矣潼關道臣胡其俊猶遣官追送路費錢九十萬賊復索粟米索酒肉一一供給惟謹道路

喧傳塘報有據要挾軍背之說所自來矣賊黨既衆安插愈難在寧塞者驕橫異常在馬撊石梯趙和尚寺者盤據內地有類養虎招降釀禍臣竊憂之又査招撫諸疏督臣第言慶陽撫酬一魁一事撫臣第言延南撫滿天星等數頭目耳至於賊勢重大賊情反覆未言撫後復掠甚幾幸撫局之成爲旦夕粗安之計明旨所謂一面言撫一面焚掠其弊正坐不能殲渠散黨以至流毒未已耳爲今之計惟有調集兵馬多發錢糧速行南北合剿之議迅掃延慶聚掠之黨殲渠魁而餘衆自散明賞罰而士氣自鼓秦事猶可爲也

狡賊突陷名城禍因降丁內應疏

秦中流賊披猖屢奉

明旨殲渠散黨卽督撫行文州縣亦止令招撫安插而已未有求降丁如驕子任狡賊爲心腹布置左右出入禁城若督印同鄭師玄之爲者師玄爲西延捕盜官不能捕盜而反招致之守城探賊不用兵壯但用降丁士民有言流賊近城可憂者則訑訑斥之曰有吾降丁在爾輩何爲甚且撤去原設防兵而以降兵之餉餉降丁矣初至縣時止帶數十降丁而後來日臣招降至賊掠城之日猶收降丁數人不獨甯鼠之同眠且若狼狽之相倚病在喪心似有物憑之者然不知早爲降丁所賣而以名城送賊矣當大兵驅賊北去西安界上盜氛稍靖使非降丁勾引則慶陽之賊何以越數百里而突如其來且鄜州塘報二十三四等日攻圍張村者卽此賊也張村一堡破驛耳中住流移六七十家閉門拒賊尚不能破而中部

堅城百雉乃忽於二十九風雨之夜攘臂一呼城中遂亂則降丁內應情狀昭然矣塘報所稱獨行狼李老柴卽郝臨菴劉六夥賊保安合水餘孽也所稱一條龍及惡虎翻山虎等皆師玄降丁總之撤防兵者師玄也招降丁者師玄也縱降丁通賊者師玄也爲降丁扶出城者師玄也師玄之罪上通於天矣三秦之民怨恨招降曰曩來之賊猶在野外今日之賊皆在城中曩來之賊尚畏兵殺今日之賊爲兵殺人而師玄納降最多貽禍最烈棄印偕逃罪狀最著臣所謂萬磔不足以謝地方者也若道臣張允登到任未久才足辦賊而鄜州原未設有兵馬止踐更衛卒一二百名求兵於延綏則鞭長不及求兵於西安則額設無多鄜州城爲水衝人心洶洶道臣督士民死守臣甚憂之故有增設兵馬之議正爲此耳而不意其早及於禍也地方久壞臣不能獨責道臣封疆事大臣不敢獨寬道臣則有策勵自贖之例在鎮臣王承恩頓兵延安爲進剿點燈子計難以苟求督臣楊鶴聞變復回耀州調催兵馬糧餉撫臣練國事親赴軍中誓師討賊如其不能滅此朝食尅復名城則亦安所辭責矣伏乞

聖斷勑下該部覆議立逮鄭師玄正罪以申嚴失守城池之法道臣張允登戴罪策勵滅賊自贖併嚴勑督撫鎮道毋納降丁毋狃零捷務盡殲盜魁解散餘黨以徙蕩平則桑榆猶可收也

驛站困於兵荒急議接濟疏

延郡奇荒四年赤地千里大盜橫行民靡孑遺流離死亡焚掠屠戮之慘從古所未有也至於驛遞疲苦更甚自用兵以來芻餉之轉輸羽檄之飛馳將士之往來支應臣見其煩苦而錢糧俱已蠲停戶口死逃近年多累類如珠桂地方日見其蕭條在有司自閉城防險之外別無治績欲徵比而無可徵比欲那借而無可那借在小民除餓死做賊之外別無生理欲鬻妻子而無妻子可鬻欲敲筋骨而無筋骨可敲驛卒馬夫大半從賊所遺剩者每驛不過數家自非老弱忍饑待斃之輩未必肯戀戀於茲土而應募當差何以支吾如雲陽驛募夫原召募百二十名今止存九家矣如無安驛馬差闔縣逃亡至報鄉官生員貼銀當差矣近如翟道驛中部既陷則馬羸俱爲賊有城復之後尤費料理自此而三川而鄜城而金明而千谷文安此八驛者疲累之狀大約相同南北孔道萬不容廢即以臣所目擊數事言之往時撫按經過即甚減騶從猶供應不乏今臣所過之驛頹垣壁立了無廚傳夫皆餓損鄉民十不足五臨行吏書覓驢不得臣等如是而他使客可知榆林邊餉取給西鳳委官押解每至一處則數日守候即自出錢覓夫無夫可覓就延數月始得抵鎮軍餉如是而他應付可知各邊鹵情州縣流賊塘報最爲緊急往時日夜行三百里今各驛馬匹倒損塘軍夜役類多步行雖至急軍務輒淹旬日失悞征調關係非小軍情如是而他公移可知夫盜賊充斥閭里蕭條猶恃有道路之疏通輪蹄之絡繹成一郡縣若一槩斷絕則千里無煙竟同沙漠成何景象曩之君子所履小人所視者今幾鞠爲茂草滿目荆榛臣所爲顧瞻周道潸焉而出涕也各驛之告詞州縣之申文臣俱不敢臚列以瀆聖覽惟據臣耳目所經者略陳其狀如此若不及此時設法接濟目前立見傾廢異日欲從頭整頓所

費不貲臣查延安各驛除米脂綏德清澗延綏撫臣洪承疇前請站銀多方設處接濟外惟文安干谷金明撫安鄜城三川翟道雲陽八驛窮於無可措處萬分苦累眞所謂血盡髓乾莫可控籲臣於督撫諸臣往返商確四年裁省站銀似皆扣供軍餉合無於存剩賑銀內動四千兩自今年九月初一日起接濟至十二月終止再議動五年裁省驛站銀四千兩自明年正月初一日起接濟至五月終止大略動支八千

兩接濟八驛爲十箇月支應夫馬之需而責成鄜州道臣張允登酌量多寡每月分給另立簿籍稽查以防虛冒俟明年盜平麥收之後再爲調劑如八千兩尚有未足臣與撫臣再設處公費佐之是役也所費僅八千耳而爲地方利便者三疏通道路使轉輸無滯塘報無阻一也輸蹄所聚冠蓋往來盗賊不敢逼處孔道二也窮餓饑寒之民借此衤食得以存活不至流而爲盜三也此雖無關於賑濟而賑濟孰大於

此臣處地方疾苦艱難之際再四爲之斟量乃敢激切上請

中部已復首惡就縛疏

臣看得中部賊據城兩月有餘饑困已極我兵三面合攻勢不能支故乘夜出走西三營將士已躡其後城中男婦可保無虞先是榆林道臣張福臻借撫誘賊果得其頭目二人其曰一條龍則內應陷城之賊首也其曰李老柴則諸賊所推爲大頭目者也渠魁縛而城中之賊遂無固志拚命既走我兵尾而殲之撫臣又約束衆兵不令入城而付之鄜州道臣張允登撫安其民比之河曲城破盡被殺掠者勝矣此皆仰仗

皇上威靈撫鎮道將之力也但一條龍李老柴雖已就縛尚有頭目獨行狼催老柴等及諸有馬賊最爲兇狡不盡殲之禍本終未除也雖然即此賊殲矣劉五郝臨菴等擁衆萬餘見掠真寧寧州之間神一魁逆黨精悍馬步賊不下四五千也據寧塞而日縱有馬賊肆掠鄉村近又報攻靖邊矣以臣之慮急當分一軍從環慶一路而剿劉郝諸賊分一軍從延安以西而剿神一魁諸賊是在新督臣洪承疇延綏新撫臣張福臻及陝西撫臣練國事早定方略更乞

天語可寧責成鎮將協力同心速圖殄滅毋狃復城之捷而玩方張之寇但得流賊早結一日生靈早受一日平寧之福則三秦之幸也

柴菴疏集卷之九

巡按陝西仍料理賑務監察御史臣吳甡謹題

按秦崇禎五年

糾參驕橫將領疏

臣身歷西延最久每痛心於生民之塗炭盜賊之披猖問誰致此者則將領驕玩成習不用命殺賊卸有斬獲多係協從零級元惡大憝反致漏網以是搪厓日熾流毒無已然未有徑殺良民充賊級以冒功者杜文煥之外又有趙大爺焉臣因在榆林縣晉道路阻隔見聞未悉近駐隆坊益悉大爺惡狀殺良乃其慣技不獨韓城爲然也三月二十一日在中部之塘河堡報殺賊一百二十級而中有村民三十五人其地逼近隆坊父老子弟有向臣而哭訴思欲食大爺之肉者臣再四訪問皆有主名如張養心係皁隸作鄉導者而殺之矣任天貴抱病在床者而亦殺之矣任天秩任得水趙讓趙汝美趙祥趙俊趙穩趙錦趙邦金任三良任三戒李景賢李和尚李應選張纍子李陰陽雷養性劉存得皆在家者而殺之矣甚至高汝慶一家三口高汝見一家四口雷世剛一家四口齊倉父子二人王老漢夫婦二人俱殺之矣今父哭其子弟哭其兄妻哭其夫皆謂屠戮之慘不減盜賊臣不覺髮上指冠恨不請尚方劍爲匹夫匹婦復仇也尤可異者六月中大爺繇富平回耀州令家丁脅毁居民釜甑士民閧譟該道大爺不得已將家丁責治十餘棍然意甚怏怏復授意家丁兇毆被害之人士民洶洶不平大爺傳令家丁上馬徑至州中頼州官大開州門以待之草譁遂定復翻然欲去明言縱兵不管恐嚇州人似此衆動居然跋扈將軍也又自防守流曲之後所招延安內丁親識不時從同官耀州往來繹絡不絕不持牌票硬要驛馬騎坐每次一二十匹又索需折乾州縣驛遞無可誰何違旨犯禁何其悍然不顧也其他嘖有煩言事涉曖昧者臣不

敢臚列以煩
聖聽當此流賊猖獗之時安用此驕橫之將爲哉伏
乞
皇上勅下兵部覆議處分庶奸弁知儆而小民之寃
憤可少洩也

卷之九

西安北界被賊殘傷急行賑濟疏

據西安府推官史可法呈蒙臣憲牌照得流賊縱橫所在焚掠小民被其殺傷者不知其幾除延安已經賑恤外西安北界如同官白水蒲城澄城韓城郃陽宜君耀州等處數月以來遭賊荼毒慘不忍聞合行査勘牌仰本官卽親詣各該州縣逐一清査被賊焚掠鄉村見存窮民若干有無耕種狀見今流移何處分別輕重等第死者委官掩埋生者分別賑濟務

卷之九

要詳明以憑酌量賑恤不得遺漏以孤難民望恩之意不得重冒以開里役侵蝕之端文到卽行單騎減從作速勘明備造花名文冊呈報等因該職查勘得流寇煽亂以來延慶兩府無一尺乾淨地所賴以備器馬轉芻糧惟恃西安爲不竭之府乃數月以來萃寇南侵兵焚慘酷蓋有大非其舊者職奉查賑之命親赴各州縣被難鄉村單騎周咨至耀州則見西北鄉一帶如馬搁趙和尚寺等處人煙寥落一望荒涼

猶曰一隅之殘破也至同官則東西北三鄉俱遭其蹂躪矣逃亾轉徙鴻雁嗷嗷向之十三里者今歸併八里而尚苦不足矣同官以北爲宜君自中部用兵及劉五郝臨菴等賊踐掠甚慘同官以東爲蒲城北界如宜陽下馬等里以言乎地則盡荒以言乎人則盡竄矣蒲城之東北則白水也該縣之北鄉素爲盜藪佩刀佩劍之俗無日不思揭竿知縣鞠思讓宣示恩威甚有撫戢之術而無如殘劫之後生意蕭然何

也益岌岌乎有不保之勢矣澄城風土與白水同而縣北界接雒川村落丘墟杳無雞犬若郃陽則賊逼城下縣城以北無處得免且殺傷鄉兵頗多而韓城則尤甚矣該縣素有饒富之名賊之垂涎在此故被劫之慘亦在此此數州縣者雖棠以西安之名而實受延慶之禍哀哀日擊轉轉傷心白骨如林荒原極目自非早杜亂萌大施拯救則逃亡相繼萬一窮極無聊挺而走險是又爲延慶之續矣謹將查過難民開造花名文冊具呈到臣該臣看得西安北鄰延慶如韓郃蒲白等州縣則脣齒相聯輔車相倚者也流賊南下首被其禍莫熾於五六月之內竟以各邑鄉村爲食邑戶矣賊至七月初旬方盡徙而北臣八月初一日行次隆坊始悉焚掠之狀即委西安府推官史可法查勘至九月而同耀宜君還劉郝諸賊踐毀秋禾焚掠村落慘不堪言臣併委可法查之可法爲臣數難民之狀或刀傷鱗集匍匐而不能行或襁褓

柴庵疏集 卷之九

呱啼饑寒而不能語或孰孰嫠婦痛良人而血淚淋漓或慘慘衰翁悲愛子而肝腸碎裂或一門畢命遺骴骼而莫收或數口流離填溝渠而誰顧或摧楹斷杜半楂枒於淒風冷霧之中或敗屋焦垣渾顛倒於古壁黄蒿之內野無青草盡爲馬噉軍傷樹挂斜陽祇有烏號鳶唳數十年物阜民安之象竟成天荒地老之悲臣聞之不覺拊心泣下嗟乎秦民亦何不幸而至此極也臣於是一面行各州縣委官掩埋遺骼

免致暴露以干天和一面查照難民文册開報數目韓城等七州縣共發賑濟銀四千八百三十兩一錢雜糧二百三十六石四斗檄行該道散給宜君前給賑在四月今被賊殘掠在八月合與中部分別給賑發銀五百八十九兩八錢檄行該道散給近聞慶陽各州縣遭賊焚掠更慘除委官查明另賑外臣雖拮据巡方之事不敢不於賑務竭盡心力以宣布
皇上德意惟是韓城郃陽蒲城白水澄城同官耀州此七州縣既受流賊焚殺之慘又多兵馬征繕之累田地荒蕪戶口逃亡錢糧拖欠一時難完守令宜留撫字之恩戶部當寬考成之罰臣不得不爲災民請
命緩徵者也至延慶兩府盜賊未靖哀鴻可憫明年遼餉邊糧仍望
皇上再沛洪恩特賜蠲停俾窮民沐浩蕩之恩庶地方有平寧之望也

賊勢甚劇缺餉可憂疏

照得秦盜之披猖四年未靖大約有賊又苦無兵有兵又苦無餉相沿日久遂至大壞如近日流賊情形延安以南似爲稍靜延安以北則所在蠭起宜雒之賊自總兵王承恩有一百七十餘級之捷遂分兩股一北走延安一東竄山右而鄜甘一帶俱爲出沒之塲郝劉之賊自副將張全昌等有八百餘級之捷亦分兩股一屯環縣之北一聚合水之西而西路兩川皆其嘯聚之窩寧塞之賊尚無尅復戡定之報邊地稟寒雪深三尺道路阻塞塘報月餘不至安塞逸出之賊蝟集延安郡城百里之內盡成蓁莽巳檄催副將李卑從宜川撤兵回郡相機防勦近邊各路窮荒至極無論軍民甘心從賊了無悔志未撫者殺掠無忌即已撫者打糧不休各營堡兵馬征調須與在在空虛一無可恃近分巡河西道臣張允登具稟到臣言見延綏差夜不收催王承恩兵回鎭謂插道犯邊

至保寧堡牆外套㐫俱入邊牆求救勢甚危急夫王
承恩自復中部後原赴寧塞行至鄜州因宜川賊熾
撫臣練國事留之協勦今李卑既赴延安王承恩又
回榆鎮而延南之備又單弱矣總兵王嘉謨領甘肅
新舊兵三千近赴鄜州其兵勁悍鼓之可用然嘉謨
坐守持重兩月以來未肯輕議進勦臣再三札催其
將領動以缺餉藉口臣查秦中向雖留有兵荒商稅
站銀爲數不多尚未足本地防兵口糧支用至征調

各鎮兵馬前蒙
皇上允留遼餉八萬自中部失陷以及東西用兵行
糧賞功之需皆取辦於此而費用已盡猶借過別項
尚俟事平銷筭至於州縣原無設有客兵糧餉臣責
之州縣而州縣有詞也曰民力已竭正賦多逋倉無
顆粒野無青草將何以供將士臣責之將士而將士
亦有詞也曰領兵勦賊氷雪在地糧草缺乏饑寒可
憫不得不索之州縣臣責之督撫而督撫無如之何

也點金之術無米難炊見司農仰屋之苦則不敢請
念地方膏血之竭則無可措將何以勦賊而成功臣
每一念及心悸魂搖若坐視不言日復一日將玩軍
譁勢必至於不可收拾縱逮將吏而治之亦何救於
地方也哉然則今日如之何曰惟留秦餉餉秦兵而
已秦之有遼餉也遼急則輸秦餉餉遼今秦急則留
遼餉餉秦總是
皇上赤子之膏脂總是朝廷扼要之封疆但乞立下

尺一之詔令藩司將陝西一省明年遼餉及雜項盡
留以供征勦之用内除延慶𨿽停各州縣逋欠之數
實亦不過二十餘萬耳然後責成督撫酌量用兵州
縣預發錢糧儆令儲聚料以待若是而兵至州縣官
不能分粟爲炊求牧與芻則責州縣以失誤之罪而
州縣無詞若是而糧足將領不能約束軍士安靜無
譁則責將領以驕縱之罪而將領無詞若是而州縣
辦糧料將士無候伇而督撫不能調度鼓厲協力奏

功則責督撫以玩怯之罪而督撫無詞今各道府未嘗不催州縣辦糧草及州縣申請動何錢糧而道府無以應督撫未嘗不催道府措錢糧及道府申請應給錢糧若干而督撫亦無以應如近日甘肅領兵參將潘惟忠遊擊趙仰高經過寧州眞寧淳化等縣皆被賊殘破最稱疲瘠之地勢不能供癸庚之呼有駭聽聞究其根繇皆因無餉臣今日言之

皇上責臣不能措餉輒敢覆請臣罪尚可原使臣今日不言坐待軍士有脫巾之變封疆有决裂之禍日久勢熾事大費多異日

皇上詰問臣何不早言則臣死不足塞責矣臣三月內星馳入關一疏謂秦中扼要不减遼左而流寇劇於水西藺當事者發餉調兵早爲消弭非至今日敢以危言煩聒天聽也臣駐隆坊兩月今入省謀决後即復星馳前赴耀州爲西安咽喉延慶北界一面督覈將吏功罪一面料理巡方事務替竭狗馬之力不敢偷安一息目擊缺餉情形謹據實具疏以聞伏乞

勅下該部速覆施行

邊賊披猖日甚疏

今之所謂流賊皆延鎮近邊一帶之軍民也其地砂磧不毛緜亘千里風氣勁悍人習騎射從來多盜而兒迫之以大荒四年故往往揭竿倡亂歲無寧日延安古稱上郡天下勁兵處也今盡化而爲賊是安可以鼠竊狗偷視之乎昔范仲淹守鄜州終不能得志於夏人韓琦一戰卽有好水川之敗益腹內之兵不可以敵邊徼之寇自古已然臣連章累牘以延盜爲憂者正有見於此數年以來言撫言勦都無實著其病皆繇於易視賊耳而不知日沿一日釀禍愈大今欲保西安則當急救延安欲保延安則當急救榆林而近日之榆林何如也臣五月至鎮城時晋糴不通天旱不雨斗米六錢道殣相望勢已岌岌幸

皇上發金賑賚疏通糧路久旱得雨米價漸减人心少安不意入秋以後盜賊蠭起延鄜之間道路阻塞商販不通寧塞告變西路營堡危如累卵劉郝縱横環慶糧道俱斷又兼之大雪十餘日米珠薪桂苦無見處臣前疏已言之督臣洪承疇延鎮荒盜一疏一字一血近餉臣張伯鯨手書到臣言額餉有限川餉遠者難到民運近者蠲停而主餉又借爲征勦防兵之用者十之二三故鎮城缺餉三月三路營堡缺餉四五月矣米價湧貴比初夏更甚危亂之形只在旦夕撫臣張福臻差官討賑濟捐輸銀一萬兩臣卽行藩司給發亦以道路有劫奪之患不能遽到又據靖邊道臣戴君恩具稟內稱神一魁已於十一月二十五日爲黃友才等紿入卤地此時黃友才爲大頭目矣探得賊中計議僉欲南下而其南下也勢必據占一城十分可慮夫延安所恃者全在榆林榆林及各路荒亂至極萬一營堡破壞不可收拾延安孤懸內地州縣無一堅城以此思危危可知矣近據甘泉縣報流賊從北來將城外南北兩關歇下販粟客人牲畜粟物劫奪一空延安府報稱安定縣有薛紅旗者

招賊攻城人心搖動孤城難守而秦寇入晉者又報
擁衆西渡賊勢披猖至此總因大兵精銳者俱集寧
塞討賊各縣防守之兵多不過二三百少則百餘力
分勢弱不能禦賊延長安定安塞俱無正官即已補
者以賊阻不得到任其餘各州縣官處窮荒之地無
俸薪養廉衙門吏役無工食餬口城内士民無產
貧生非黠之徒俱逃而從賊城守單虛在在可憂延
南慶陽米価稍賤而兵馬分調空虛更甚夫延安慶

陽為邊郡重地鄜州耀州為咽喉要衝急宜各增馬
步主兵數千統以能戰之將承備防剿若以錢糧難
措止侍徵調客兵恐兵撤賊劇長驅南下勢難兼顧
則三秦之禍有不忍言者臣目擊情形不寒而慄封
疆事大敢不據實入告伏乞
皇上勅下戶兵二部從長會議急照督臣疏請補支
欠餉以救延鎮饑軍與臣前疏請留陝西遊餉等項
錢糧併延安鄜州耀州慶陽增設主兵以資戰守更

望速賜俞允庶幾保全危疆於萬一臣不勝激切控
籲之至

降賊劫餉殺官異常大變疏

甘泉縣前月二十六日之變起於降丁白柳溪石耀宇等謀劫餉銀道臣張允登知縣郭永固登城率士卒殺賊俱不幸遇害臣聞報不勝拊心泣下傷地方之多故而悲二臣之死難也臣請著其情狀白柳溪石耀宇李仕友張榮華等原係賊頭日素聚掠鄜慶之間鄜州雖設兵道止有潼關衛屯卒二三百人更番戍守允登銳意圖賊而苦無可用之兵值五六月

招撫令下賊先後乞降遂安插白柳溪等二百餘人於甘泉之甄家灣安插李仕友等百人於鄜州城外併未給與月糧諸賊亦蟄伏未動前月延北索餉甚急司府苦心那湊銀一萬八千有奇委涇陽縣主簿張掄押解至鄜州值允登欲詣安塞見督臣議勦賊事令委官以二十四日先赴甘泉暫候本道至日同行允登因鄜州空虛將兵士盡留防守止帶家丁三十人降丁百人行經甄家灣白柳溪等道迎又呼令

隨行者七十餘人允登之意亦慮降賊乘虛復叛欲攜往安塞示以不疑而不知降賊當銀鞘經過時即已安排爲劫奪之謀矣二十六日黎明白柳溪等糾衆劫餉復埋伏諸賊於城外一呼俱起允登聞變即率家丁吏書十餘人登北城親率士卒殺賊知縣郭永固隨至賊即殺之允登見賊殺永固趨戰益力有勸允登走者允登慷慨大言曰縣官死吾義不獨生走亦死殺賊亦死寧死賊耳遂拔佩刀手刃數賊爲

衆賊亂斫死賊劫餉銀於次日遁去臣恐塘報未悉復再四密訪眞實情形如此夫允登之見督臣原爲請兵討賊其留兵防鄜州而單騎攜降丁以護餉銀原防他盜劫奪也而不意劫奪者即起於降丁變生倉卒智不及料賊衆兵寡勇不及决徒挺身仗義以死惜哉然允登自本年四月到任以來清嚴一介勤惜寸陰拮据城守撫綏士民鄜延人人德之臣七月曾共勦撫俱無貲著一疏請於鄜州增設馬步兵一

干以資戰守使允登果有一旅之師寧有今日之禍哉其與郭永固義不避難刃賊而死有烈丈夫風夫爲臣子不幸遭意外之變以身殉義亦足悲矣臣敢以成敗苛置一議乎惟是降丁之害有類養虎急討叛賊以洩神人之憤以正朝廷之法督撫鎮將不得辭其責也甘泉防守官及該道中軍領兵官疎玩失事俟查明另疏外其死難二臣伏乞勅部行臣勘確具奏重加贈恤以爲封疆死事者之勸不然恐鄭師玄輩笑二臣之拙也

寧塞神賊授首黨惡據城未下疏

逆賊神一魁投降復叛據險稱雄遠邇駭聞聲勢甚熾然蠢爾豎子本無智略始爲黃友才等紿入 中繼又計誘復出縛而殺之臣竊揣度友才利於奪其權非借以贖其罪也不然則仍以撫愚我也緩我也雖殲厥首惡稍可洩神人之憤而殺白夥黨未足彰我兵之威今黃友才等盤據益力猙獰如故是所殺者止一一魁而未殺者且百一魁也諸將正宜出奇

綏清降丁復叛疏

看得拓享党雄等綏清之大盜也起於崇禎三年嘯聚山谷往來秦晉所在焚掠是時榆林兵馬半赴援遼今延綏撫臣張福臻爲榆林道不得已而撫之擇其精健者五六百人爲兵與之月餉安插石嘴田莊以通南北樞路臣查賑榆中經過其地衆降丁皆鮮衣怒馬控弦插羽爲之前驅其人頗多驍勇去歲榆林道征剿延南流賊多征調隨營亦能衝鋒殺賊而趙光遠又未經題補非信地專官難以責成臣讀未既此心如焚夫劉綁諸賊自合水報捷之後即潛伏慶陽之北去寧塞甚近線索相通爲謀叵測若糾合南下則勢如建瓴環慶之間先有蹂躪之患雖督撫諸臣嚴檄該道會兵督剿而兵單餉缺終多可慮慶陽新營將領未補原任遊擊趙光遠道臣既稱其智勇兼人且所募邊丁四百屢報斬獲地方賴之若該部就近推補仍以遊擊職銜管事授之信地專其責任再令多募遊勇練成一旅使瀕危郡邑早得干城之力亦目前急着也總之盜賊之爲禍在聚而不散撫而復叛出沒無常所過殘破必內地重重設備使之不得侵犯然後責成徵調各鎮將士協力進剿庶無顧此失彼之虞若一著稍疏則全局俱敗故雖復安塞殺神一魁臣終不以小喜輕大憂也

逋寇流入慶陽急宜追勦疏

神一魁之破合水鬧慶陽也則劉五郝臨菴等皆其夥賊也從寧塞而保安從保安而合水而慶陽建瓴之勢也寧塞之西南若金湯央旗營鐵角城苦環縣槐安月落木鉢一帶脣齒相依盜之巢窟在焉西接萬安鎮原足爲平涼南連于午嶺縣隆益張村則達鄜州縣合水與寧則通三水淳化縣慮保嶺馬攔則通中宜同耀而皆可以窺西安盜賊之潛伏出沒其

間者四年於茲矣夫百聞不如一見臣乃今至慶陽而知賊之根蔓未易翦也神一魁自崇禎四年九月十八日復叛後爲黃友才所殺總兵曹文詔副總兵張應昌等領東西兩路勁兵受督撫方略道臣指縱攻勦數月軍士暴露於冰雪之中百苦備嘗至十二月十四日賊乃出走躡而殺之斬馘一千一百有奇將士之奏茲功也良不易矣何也以此賊最狡而追剿最難也然臣至慶陽則聞頭目黃友才等寧塞逃出者尚有一二千人在鐵角城與劉五郝臨菴可天飛崔副將諸賊合營而謀攻環縣先是環縣斗大山城孤懸邊地爲賊垂涎兵單餉缺一無足恃署印寧州同知趙應聞竟以憂懼靡措自縊而死危急情形亦可想見矣總兵楊嘉謨兵入慶陽同原任遊擊趙光遠等於十二月二十日有槐安一捷獲級四百有奇慶之士民交口而頌其功然木鉢永合溝等處數百里之內被賊殺掠一空今聚衆數萬聲勢甚熾揚

擒獲姦細之言稱賊議分兩股一西窺平固一南下涇三爲謀臣測此亦寧塞未結之案也頃督臣移臣手札欲催曹文詔張應昌兵自環而南楊嘉謨趙光遠兵自環而北東西分布四面夾攻則釜底遊魂可以盡殲洗其從前結聚之巢窟而後縣子午嶺屯搜霆擊清真寧三水一帶餘寇取道鄜延合力掃蕩延北諸賊則庶幾漸有蕩平之望臣復爲之三令五申檄催札諭嘔盡心血蓋冀及此正二三月之內鼓勵

將士同心戮力上以紓
聖明西顧之憂下以洩三秦赤子之恨義憤所激不復再計若各鎮將觀望逗遛坐失機會或縱令賊西走平涼南走西安一處決裂處處靡爛蔓延內地爲憂更大朝廷之法知必不爲各鎮將寬矣臣草疏甫畢又接同官縣知縣丁弘譽塘報內稱崇禎五年正月初四日二更流賊入宜君縣城劫殺甚慘似是甘泉逸賊臣不勝仰天拊心申飭如此之嚴而防禦如

此之疎總由地曠山深賊多兵少嚮有村落可掠則掠村落今無村落可掠則掠州縣以臣所親歷延慶地方殘破之狀小民疾苦之情不忍見聞自非督撫速集大兵多措厚餉嚴督鎮將及早殄滅而日延日熾後必至動天下之兵竭海內之財恐黃巾赤眉之禍更烈於彝敵亦可患也

荒盜須仍賑貸有限疏

近日秦盜之熾仍是四年來連荒之寇每掠一村則一村之強壯者盡逼脅而爲賊彼強壯者非眼見妻子被囚財畜被劫房舍被毀求生無術欲逃無歸而亦不得不爲賊賊所爲日多而荒所爲日甚也然盜之與荒亦自有說四年以前致盜緣荒四年以後致荒緣盜何以言之自崇禎元年旱魃爲虐赤地千里軍缺餉而譁民缺食而逃一二奸黠不逞之徒挺而

走險袒臂一呼饑軍饑民互相附和盜因以起使歲稍豐稔人有悛志而二年三年其旱尤甚盜之燎原不可撲滅蓋起於此故曰盜緣荒致也四年仲夏雨澤霑足臣發賑之後近城居民亦有荷犁而耕者臣七月發自榆林見芃芃黍苗陰雨膏之不勝色喜曰天心其厭亂乎無奈賊以搶劫爲生秋成之日盡爲所掠而且截我糧道而且斷我樵採入冬以後大雪助虐孤城晝閉非竈俱寒強壯者既化爲盜所留老

動何以守城故內應而報賊者狎至也使無盜賊之擾則秋穫可望糧路可通身家可保亦何至饑寒若此故曰荒餘盜致也然脅從雖多而揭竿爲首之奸渠魁仍舊如今日在環慶者黃友才劉五郝臨菴之類是也在延安者獨行狼惡虎紅狼滿天星不沾泥混天猴白掠溪之類是也近聞石背田莊清綏一路降丁拓養王門子點燈子之類搶綏德米市又復叛矣

明旨所謂流賊未殲窮民何繇安業蓋

天埊入明見萬里之外也臣在耀州時因延安南北饑荒至極斗米五六錢或有錢而無米可糴或有米而無錢可買道殣相望慘不忍言榆林一月之內死者六千餘人此流民之圖所不載而賈生之涕無從抑者臣不待撫臣之請即檄行布政司於閏十一月內解捐輸銀一萬兩具疏入告已而思之此以濟鎮城尚憂不給豈能波及三十六營堡乎又於十二月內發捐輸銀六千兩又思十九州縣二衛處處窮荒四野蕭條白骨青燐宛號星夜田地荒蕪耜犁無人若不預給籽粒招撫流移勸課耕農則資生無策矣又發捐輸一萬二千有奇委各道督其事分給各有司查散而捐輸之數大約盡矣乃自甘泉宜君告變道路梗塞前此榆林一萬聞尚留延安府庫後此二萬解官趦趄不前不知何日方到窮民之手即到窮民之手矣不知何日方有收穫之望此涓滴者能有幾何金錢有限饑民無窮望救西江索之枯肆臣每念及此如痌瘝在身無一刻得以自寧然非先除盜賊則孑遺之民尚不保其性命何能有其身家而得飽食含哺耕雲鋤雨享太平之福乎故臣不避請纓而先請餉者有餉養兵及此正二三月內督撫協力大做窮追夾擊殲渠散黨爲滅此朝食之圖流賊稍靖城內之民乃敢出而求田問舍各營生計以供賦役

皇上再沛宏恩大加賑資殘黎方有更生之望也臣

督撫諸臣日在行間勤苦萬狀臣同事地方知之最悉惟有憫其所遭之不幸不敢苛置一議誠見時勢至此千難萬難欲行徵調而各邊防禦備盜調發無多即見其兵馬若無糧餉司臣陳奇瑜苦心措辦西鳳各州縣竭力催徵所爲剜小民心頭之肉而供之者一至延安斗米束草動費數金軍士不得一飽枵腹何以進剿夫諸將苑命世奇才由師討賊亦以糧匆不繼不得伸其志積勞身殲千古共歎爲今日秦中之督撫者蓋亦難矣伏望

皇上寬以文法多措兵餉使洪承疇等徐竟其用至延慶地方各官言之可憫無俸錢可以養廉而米珠薪桂資斧俱窘如中部保安合水等縣皆借棲民房出門徒步併無騎從城中士民無畜產資生父子不相顧兄弟妻子離散更有何處設法可以勸耕安業惟夜巡城頭日抱空印茹荼味苦聞警魂驚旣無米之難炊豈空拳而能禦乃一有失事則身被囚繫望荷戈旦暮如獲再生臣執法之官不敢毫有勾庇一年以來逮者勘者大小文武等官不下數十餘員而殘破州縣缺官未補帶署無人如此情景亦必有蹙然於

聖心者夫士俯首受書幸得邀一命之榮此時此地寧敢復有玩肆之心不竭之力而所遭艱苦若此夫戡亂異才世不常有中才以下窘迫無措至人人不能保其身名亦可念也

綏清降丁復叛疏

看得拓享党雄等綏清之大盜也起於崇禎二年嘯聚山谷往來秦晋所在焚掠是時榆林兵馬半赴援逆今延綏撫臣張福臻爲榆林道不得已而撫之擇其精健者五六百人爲兵與之月餉安插石嘴田莊以通南北糧路臣查賑榆中經過其地衆降丁皆鮮衣怒馬控弦挿羽爲之前驅其人頗多驍勇去歲榆林道征剿延南流賊多征調隨營亦能衝鋒殺賊而其餘黨則日日打糧頭目弗之禁也惟恃撫臣恩威足以控馭之不遽逞耳自西川賊首高凌志不沾泥等大肆披猖潛爲勾引降丁見獵心喜因而復反且攻綏德掠義合矣夫綏德者榆林之股肱義合者綏道之咽喉賊從中發一時南北路一皆梗不通斗米六錢勢甚危急自非將吏登陴固守則延北之禍尚忍言哉撫臣計誘賊首拓享等六人梟斬於市鎮臣進勒斬賊多級差足以寒諸賊之膽而洩神人之憤石嘴田莊稍廓清矣然閒餘孽多竄入西川西川爲米脂綏德西路其地綿亘數百里界連慶陽與東川鐵角城一帶正相唇齒不沾泥等據之爲巢窟諸不逞之徒皆歸焉非大兵萬餘四面合擊未易深入若此窟不洗盜賊由沒寧有止息之期哉臣因是而知招賊爲兵之說不可行也夫精健未有過於神一魁拓享等者也督撫苦心招之分地授廛按丁給餉非不曰是卽吾之兵可以爲吾殺賊也而鷹眼未化狼心復逞一朝攘臂羣兇蠭起攻城掠堡殺人如麻其背義負恩叛逆不道若此今延慶降丁無一不反者矣臣竊以爲納降有類養虎終貽後患特發遲而禍小發速而禍大耳神一魁等頭目幸已授首或者天厭其惡而假手以滅之耶近接部劄仍議行督撫招精健者爲兵不知招饑民乎亦招賊乎招饑民則延慶近邊一帶精健者俱化爲賊未肯俛首赴招其眞褁者又柔怯不足以禦邊寇而往往工於內應若招

賊則賊利搶掠月餉不足饜其欲卽令俛首赴招臣憂其爲神一魁拓亭之續也且所留遊餉十五萬係五年見徵未完之數目前那借苦難湊手假令全完尚不足供行糧賞功之用又將何項招兵而兼賑濟也語云百聞不如一見今身在事外者未有不以叛逆爲流賊以流賊爲饑民易視剿賊而重視措餉者也然欲招募不費錢之精健賑濟無窮盡之饑民終取足於有限量之錢糧廟堂之上以爲泰中有兵有餉有賑濟矣而孰知其不盡然也哉此臣不得不據實入告者也

糾參大將輕敵失利疏

崇禎五年二月二十日據分守河西道僉事周日強塘報到臣恐有隱飾覆行查覈無異該臣看得環慶有東西兩川東川直通鐵角城延亘數百里皆高山深澗鳥道羊腸久爲盜賊盤踞之窟從來官兵未嘗過而問焉西川路接平固自正月內黃友才劉五可天飛等數十頭目西掠萬安鎮原賴固原道王振奇領兵堵截總兵王嘉謨等協力追剿屢戰屢捷殲一大頭目黃友才賊勢披靡使此時乘其敗而躡之亦有掃蕩之機而兵力已疲芻粟不繼遂休兵曲子者六日至二月初二日從東川一路進剿而賊已聚歸老巢又句調郝臨菴諸賊堅壁以待嚮探者初報有賊及兵至又輒遁去蓋賊示弱誘我也而嘉謨等不之疑以爲賊畏我耳深入二百餘里初五日至洪滸夫鐵角城僅三十里賊列營山頭初不過數千我兵撲斫賊佯作敗假以招安爲詞爲緩兵俟援之計初

六日午刻各山背賊閧譟肆起又暗伏兩溝酣戰之餘忽從左右蜂擁而前賊衆兵寡我師敗績馬兵先走步卒隨潰大營隔一山一溝不相策應甘肅營參將薄維忠等陣亡其餘殺傷亦略相當而我兵銳氣盡挫矣臣查訪失利情形如此蓋乘勝氣驕役誘深入鏑探不明鎮將不一心之所致也夫偏裨聽令於主將楊嘉謨賀虎臣以兩總兵領各營兵馬三千有奇不能運籌決勝以奏膚功又不能同心協力以保

萬全而挫銳於小醜損威於輕進亦足羞也查甘兵傷亡獨多而寧兵遇敵輒走大將之號令節制安在乎在楊嘉謨雖有圖賊之心而臨機不能應變在賀虎臣本無敵愾之略而當陣每多退縮至於威令不行兵無紀律則今日用兵者之通病也臣聞古之善戰者知彼知己百戰百勝又曰其勢險其節短未有以數千驕玩之卒抗數萬負嵎之寇懸軍虎狼之穴而妄覬擣巢之功犯兵家之大忌墮狡賊之姦謀而

不敗者不節之嗟又誰咎哉是役也非獨臣不能爲兩鎮臣解兩鎮臣亦不能自爲解也顧臣猶不能不爲地方躊躇者目今賊氛正熾躁虜旣未可去兵而各鎮征調幾空臨敵似難於易將姑以前功責圖後效或仍令戴罪策勵自贖或別賜處分恭候

聖裁非臣所敢擅議也

糾叅庸劣道臣疏

臣攷環慶南接邠乾北控套鹵東連鄜延西通寧夏在昔宋人無用重臣招討經略其地蓋秦中一要害也自流賊披猖東西兩川恣其出沒焚破我疆土虜劉我人民焚掠之慘村落爲墟凡有血氣莫不裂眥切齒恨不殄滅之爲快而況監司一方師帥所爲除害雪恥以撫安子遺者宜何如憂憤早夜拮据尚恐不足未有終日泄沓從事縱賊殃民致百姓怨恨與

曾不可一日安其位如分守河西道僉事周日強者臣先數其不能辦賊之實而後列諸慫假情狀爲
皇上陳之夫日強本一寧州知州耳才具無多僅足支吾簿書自神一魁糾賊攻圍慶陽占據合水日強力主招撫之說縱遣重囚張加賢廢弁繆光先等由入賊中今日報曰賊十幾萬明日報曰賊十幾萬以恐喝人心不敢言剿縱險遂其撫賊之謀爲巧獵功名之地致縱壑者負嵎隟成大亂臣曾言之蒙
皇上寬恩令其戴罪自贖而至今未見其奮厲者幾何事也臣入慶陽嚴檄督責時大兵俱集環縣計程甚近而日強遲延不進畏賊如虎擁兵自衛動言招安以懈將士之心長跪鎮將大發監司之體臣不意負七尺軀者庸懦乃爾也夫舊督臣楊鶴懸破格之賞拔之有司之上固曰日強能撫之必能安之今而後環慶之事其尋責矣而日強既爲監司一籌不展蒙所誇爲佩牛帶犢者未幾而控弦反戈不克終其

委托貽舊督臣以封疆之罪是負舊督臣也有司陛道惟有禦寇功者間一授之不數數然也日強受此殊恩不思爲地方料理兵馬惟日遣人招安賊具稟帖感恩主則喜動顏色一州四縣任賊蹂躪不欲以一矢加遺有壞撫局朝廷安用此監司而超遷之是負朝廷也地方望兵剿賊不啻雲霓楊嘉謨等領兵而西不爲預辦糗草致兵士擾害民間而不之禁高坐郡城不一出督戰去歲劉郝諸賊擁衆萬餘分道

侵掠非關內道翟師雍越境討賊有八百餘級之捷
慶陽危如累卵試問日強安在也是負地方也於是
怨謗煩興道路有口不可弭矣當慶陽被圍士民效
死固守十餘晝夜定邊副將張應昌領邊兵三千出
賊不意搗其中堅賊大敗走士民皆謂乘勝剿除大
足寒其心膽而日強慮撫局不終盡語騰謗應昌厭
心撤兵而還人心大爲不平怨恨者一也既撫神一
魁又撫劉六劉五引入衙內密語移時酒餼蔬麪供

送不絕安插於鐵角城卽今據爲巢窟者也怨恨者
二也劉六等數頭目出入環縣城內姦謀叵測士民
驚恐合謀誅之臠食其肉殆盡日強不行塘報遣人
語賊曰此環縣士民殺之非本道意也至今劉五屢
夾攻城以報讐爲詞而感日強不置怨恨者三也日
強知不爲郡民所戴欲嚴刑以威之到任之日由票
行局製造鐵棠木板曰犯者用此斃之人人震恐幾
於激變收票乃止怨恨者四也邊郡驛站困於兵荒

差人塘報聞川馬票已屬違禁而縱舍人需索折馬
錢稍不遂意卽聽其誑稟枷責窮蹙致斃池曲子等
驛馬夫盡逃怨恨者五也信任指揮李世廷中軍倪
有光詐索差委各官財物不遂卽行拏解二弁索銀
過付代爲解免收票不究怨恨者六也寵任死罪犯
人張加賢與賊往來給以門扁每遇加賢稟話徑入
後宅民心驚疑加賢恃此凌虐鄉民無不側目怨恨
者七也黃友才等攻破木鉢小堡日強不急討賊而

遣人講撫友才遺以一書語殊悖逆道路喧傳幸友
才中砲死耳不然玩弄日強於股掌噫亦危矣怨恨
者八也身督行間宜和輯將士以圖克敵而狥鄉戚
私情左袒賀虎臣致與楊嘉謨有隙鎮將不和號令
不一以取敗北不獨民怨之軍亦怨之怨恨者九也
臣按此一臣者智識暗淺舉止輕率不明順逆之理
驕子視盜而寇讐視民本非戡定之才巧於逢迎而
拙於籌策其中藏乃姦邪小人之心故行事無光明

正大之氣未雨既之綢繆每聞警報則手忙脚亂臨變全無膽略一經小挫則神悸魂搖賞罰不明大爲將士所輕威望不肅徒來士民之侮夫慶陽何地而可容此庸劣之監司哉湫溝失利臣所爲不責道臣者以師中有兩大將不能克敵制勝宜執其咎而日強種種劣狀地方怨恨者不止一事故據實具疏糾叅伏乞勅下吏部從重議處別擇幹才就近調補以保危疆地方幸甚

酌議改折賠鹽疏

臣奉命巡方上宣主德下逹民隱凡爰諮所及關係地方利病皆得據實奏聞日者漢中查盤之役臣遴委鳳翔府推官錢國用檄令諮訪民間疾苦國用因爲臣條晰漢鳳運鹽之累小民窘迫之情娓娓數千言眞堪流涕蓋自東　西寇徵調煩興誅求四出每歲正供外有加派遼餉銀有新增遼餉銀有空陪解池鹽課銀自瑞藩分封漢中又有加派贍田銀加派瑞鹽折色銀運鹽脚價銀秦民窮窘至極皮骨已枯況荒盜頻仍人心洶洶莫必旦夕而復有運鹽一役情若倒懸安可不急爲寬解者查得瑞藩每年食解鹽除折色一千引外本色三百引又外加走滷鹽四十引每引六百六十觔共計二十二萬四千四百觔每一百觔爲一包共計二千二百四十四包又續發火食鹽每年三十九引每引重二百觔共計七千八百觔每一百觔爲一包共計七十八包照河東折色

事例每包僅值銀一兩二錢通計值銀二千七百八十六兩四錢以上本色併耗消火食三項除公派雇船雇夫雇騾等項銀一千五百四十兩四錢二分外又有沿途損壞揹架護席補席銀有路費銀有買免員役鞭朴銀有雨溼消折補陪銀有領鹽使費銀有交鹽使費銀有官差催督使費銀有朋幇夫役工食銀有朋幇騾頭草料銀自晉至漢總計運鹽一包約外費銀十數兩通共約外費二萬三千餘金又有里長什則因攀報牛車騾夫鬬毆告狀官府追呼終歲不斷通計運鹽外費較鹽價不翅倍蓰什伯且殞殘民命不可勝數自寶鷄而南路經雲棧山高石險路窄硤曲懸崖絕壁危橋潺水跋涉艱難去歲霪雨連綿水溢堤斷運鹽至此無論車騾勢不能通即空人獨行猶且難之況負背鹽包越嶺攀磴而走兼以炊爨非時止宿無所號寒啼饑哀痛悲怨多有凍餓死於溝壑墮跌失足深淵者如此情狀辛苦萬千嗟乎斯民誰無身家誰無性命當此荒亂之秋救死不贍無奈爲有司恪供王事拋家殞命息肩無日言念及此令人惻惻雖然使瑞藩而必需解鹽也即歷諸艱而致之亦分所當然臣何敢妄陳惟是漢中接壤川蜀而至蒲解在千七百里之外晉鹽味苦價貴而路遠川鹽味甘價廉而路近案查甘肅撫臣白貽清爲開南道時曾以改本爲折易買川鹽奏啓奉令旨聽鹽一節便於本不便於折爲食用計也今據貴道啓稱恐推輓轉運之間爲奸賊竄伏之地萬一詐冒夫役變生不測如近日秦晉陷城墮堡等事亦是計安地方至慮本藩宜共封疆寧不惻惻動懷但本色三百四十引業奉欽依何敢擅折須於撫按商酌題請則吉方可遵行至於易買之說查得漢人雖納晉課實食川鹽本藩仍效漢人暗買則虧體明買則違禁不買則坐困事類觸藩迹同掩耳地方官果能有兩便之圖本藩何難爲轉圜之聽敬此敬遵案行本府

覆議日久今經道府呈詳鑿鑿言之然不如今旨所稱奸賊竄伏變生不測又暗買傷體明買違禁不買坐困之語尤爲懇切臣竊籌之若不開買鹽之路何以塞運鹽之途欲食川鹽未奉
聖旨則爲私鹽而違功令然川路遠近平險臣未悉知恐日後貽川民之害亦非兩便之道因再四訪求有謂四川保寧府爲頓鹽之所射洪蓬溪等縣產鹽最多查各縣產鹽地方陸路運至保寧府遠者不過

三四百里近者二三百里自保寧府上船十日可至陽平關乃寧羌州所轄係陸路二日可到沔縣再一日到漢中卽係陸路運至漢中共計一十五站通筭七百四十里各商販買川鹽俱係水路查晉鹽至漢中水陸共計一千七百里以川晉相較則晉遠九百餘里且皆山險棧道此遠近平險之異也又有謂易食川鹽自保寧載至陽平船價之省於脚價者十數倍又從陽平僱夫抵沔縣仍用舟載不一日至漢中矣相時而行兩月卽可竣事委官易買初不貽累川民信斯言也則改折解鹽易買川鹽之說斷斷其可行矣朝廷曲成藩王恤民之仁而又不失親親之誼一善也藩王仰體朝廷愛民之意而又不虧贍用之額二善也國課旣無損折之慮而小民永蘇轉運之苦三善也一舉而三善備臣故曰可行也况贍鹽在藩府不過食用之細事而在地方則係百姓之安危前此淸彝不關緩急今流寇報警處處戒嚴運鹽僱

夫千百爲群民勢易動可爲寒心若不早除此害恐鳳漢之間轉爲延慶之續也曲突徙薪圖之此其時矣合無仰祈
聖裁俯順輿情將瑞藩本色鹽三百四十引并火食鹽三十九引俱自崇禎五年爲始照前引折色事例各按年起解瑞府量食用多寡聽其給票委官易買川鹽不復累民公私兩便儻謂漢中係
祖制河東行鹽之地恐地方刁棍借名私販則請特

頒明旨止許瑞府改運川鹽嚴禁緝鹽官兵不許奸徒借此混行私販而民間供晉課食解鹽如舊則無虧於晉無害於川而有利於漢雖垂之永久可也

柴菴疏集卷之九畢

柴菴疏集卷之十

巡按陝西仍料理賑務監察御史臣吳甡謹題

按秦 崇禎五年

邊寇謀犯平固官兵夾勦有功疏

崇禎五年三月十七日准臨鞏總兵曹文詔塘報據准按院手本內稱慶屬盜賊披猖甲有寧塞餘孽逃督官兵前來勦滅准此本鎮星蒙軍門奏倚督發從間道星馳於三月初五日抵慶陽按院面諭賊之巢

窟在東川鐵角城一帶結聚數萬據險負固必多兵乃可掃穴惟大小方山有賊近萬內有邊寇　丁與腹賊勾連兇狡異常若不速圖不犯慶陽必掠平固且客逼鎮原禍切剝膚近固原道王恭攻平凉道徐兵備督兵防禦撫院移駐涇州相機調度三秦安危係此一舉今且休養士馬以待進勦等諭初八日一更時慶陽府知府朱紼差人探得賊在蒲河一帶安營正好攻其不備本夜三更時蒙按院與恭謀貢生

俞咨伯進院詳示勒賊情形刻期發兵務要神速仍將調到寧夏官兵四百餘騎付本鎮統領暗令庹岐守備張鳳傳知河州副將李夢暘加銜遊擊曹變蛟馮舉劉成功平安守備續應奇刁明忠高應法李登楊等同賀總兵標下守備屠師賢等於是夜四更出兵初九日抵驛馬關會同甘肅總兵楊嘉謨慶陽新營守備趙光遠等合兵進勦於初十日次王案原墻擬守備馬寬探報賊離蒲河去西壕鋪立三大營恭

謀俞咨伯中途盤獲奸細飛虎招稱賊頭李二柱三楊偽總兵紅軍反等已差人潛入鎮原縣買結內應約十一日攻鎮原令彪打探兵馬消息等情本鎮同楊總鎮乃驅兵疾從大小方山出其不意於十一日巳時至西壕賊果萬餘騎於登壕高臨處設待兵二三千大砲矢石力拒我兵本鎮督令曹變蛟劉成功馮舉平安等突入賊隊衝斫又得楊光烈協營官等協力撲衝本鎮與楊總鎮李夢暘趙光遠合營官兵

臨陣親督官兵賊始敗去又遵按院嚴檄臨陣勿貪牲畜勿掠婦女勿爭割首級賊慣埋伏勿中狡計等語故止將上馬強賊斬首二百七十七級賊從小路奔投小河溝我兵追至又斬七十四級十二日窮追至松樹梁賊迎死戰斬獲五十五級餘賊敗上俄家窖西山誘我兵追至乃隔深溝賊窺人馬疲倦暗於溝下伏兵誘我欲俟進戰四出截殺本鎮與楊總鎮向[illegible]

伏兵亦收上山相彼地形止有二鳥道可達絕嶺本鎮統李夢暘曹變蛟馮舉等從東北進楊總鎮統楊國楨李召楊光烈等從西北進賊分敵死戰我兵遂山突衝斫入老營眾賊大潰叫哭棄甲失馬墜澗者不可勝紀餘孽北遁羅家大峰臺去訖斬首三百二十九顆前後通共斬首七百三十五顆提獲活賊鐵天哨等稱賊頭李都司杜三楊偽總兵被官兵陣殺訖等情又據固原道右參政王[illegible]

合寧塞環慶餘孽聚結西壕孟壩寺等處謀逼鎮原垂涎平涼禍幾不測本道同分巡關西道右參議徐如翰督兵協力防禦塘報軍門請發中軍副將王性善領兵相機堵剿撫院親至涇州屢檄誡嚴指倭犒賞調發靖虜官兵及鹽礦二兵於三月初十日分巡關西道行鎮原縣知縣王化民嚴督鄉兵守城本道領丙丁親赴營內督同副將王性善統領都司靳柱香遊擊佘魁等官兵分布劄營賊亦劄三大營老營

住西壕倚山負險挑選精兵防我西南二面官兵不意曹楊總兵於十一日襲背而攻老營賊見灰塵四蔽老營攻破而西南二營賊走北援各兵一齊進擊除曹楊各兵跟追斬獲另報外當陣斬獲賊級三百二十六顆等因到臣該臣看得慶陽之賊劉五郝臨菴可天飛等擁衆數萬盤踞鐵角城一帶所謂東川也東川焚掠已盡臣駐慶陽催兵催餉鼓勵將士以虛聲恐喝賊未遠南下而其狡悍者如楊信總兵之

類復侵掠西川謀趋鎮原以圖平固寧塞逋寇多竄入其中勢甚猖獗撫臣練國事移鎮涇州調度固原道王振奇平京道徐如翰集兵防禦督臣洪承疇因臣告急發總兵曹文詔領臨洮兵二千從間道疾走慶陽以三月初五日到府臣恐賊聞文詔至必且遠遁揚言俟養士馬故以緩賊初八日晚得撫臣手劄鎮原告警危在旦夕臣與府臣朱純密議喚參謀貢生俞咨伯語以進兵勦賊狀文詔即於是夜出兵十

一日追賊西壕賊驚駭以爲從天而下也文詔同楊嘉謨督戰各將用命而衝鋒破陣者則多文詔部下諸將也窮追兩日夜血戰數十陣斬獲七百餘級而督臣所發副將王性善兵固原道臣王振奇督之亦斬獲三百餘級寧塞餘孽掃除略盡賊頭目亦多授首者臣屢嚴檄將士當陣勿貪賊餌勿中賊伏以全勝爲能不以零級爲功而文詔能行之故斬獲如是之多臣又屢飭諸將賊姦細甚多冀來我兵未出賊

已預知故敗夫惟聲東擊西亂其耳目出其不意蹶而能密可以取勝而文詔能行之故出師如是之速是役也解平固鎮原之危而寒東川諸賊之膽卽甘肅諸兵餒氣頓新而楊嘉謨等亦恃爲桑榆之收從此同心戮力蕩平或有機乎雖然勦賊非難用兵爲難用兵非難用將爲難語曰有必勝之將無必勝之兵今雖有能勦賊之兵而無能用兵之將賊終不可勦兵亦不可用也臣見曹文詔忠而且勇廉而有威

其號令軍士紀律嚴明兵至郡縣不擾民間一粒令行禁止人人效命部將如馮舉曹變蛟劉成功平安李登榜刁明忠武士玄等文詔解衣推食甘苦與共此數將者各足當一面每戰居先故能摧鋒陷陣貢生命㕘伯以今年正貢例應赴京廷試文詔留其謀略呈請督撫授以叅謀之劄羅而致之幕府本生運籌決勝屢積戰功凡此類者不減古名將風有將如是而不專其閫外之權予以敢戰之兵是縶騏驥之

足而望其走千里也臣與督撫往返密商歸於各鎮兵馬中挑選精鋭五千付之使得展其勇略而再佐以嘉謨協謀制勝必能成功今止領臨洮新兵二千卽合之甘肅寧夏等鎮兵不滿四千而以三鎮臣統之責以掃蕩鐵角城數萬之賊將多則權分兵少則力薄非策之得也目今厚集兵力多措糧餉乘勝進勦在此一時知督撫有同心矣其將領馮舉曹變蛟劉成功平安李登榜刁明忠武士玄與貢生命㕘伯

此番用力用謀實超諸人之上宜俟敘功之日從優錄用以示鼓舞夫天下未嘗無才不稍破常格而欲才之爲我用不可得也臣因議用兵將而併及之

北地豐年有象疏

日者西豪之提兵威大振餘孽多已散遁去而西川一帶數百里之內小民猶得耕種秋田先是二月臣檄布政司除解發延安各州縣衛所捐賑銀一萬三千五百兩榆林一萬又各營堡六千外凡有贓庫餘剩銀兩盡搜解慶陽以備賑濟難民之用撫司臣黃奇瑜差官解至者三千二百七十餘兩內將瑞藩捐銀一千兩泰藩捐銀一千兩韓藩并各宗捐銀一千

五百兩俱行解發別無遺欠臣委官查審凡被流賊搶掠有田而不得耕欲耕而力不支者給以粒種之需勸令速耕以環縣委同知李含樸發過銀四百兩以安化合水二縣慶陽一衛委推官馬一荀發過銀一千四百兩糧三百石寧州則委知州唐萬齡真寧則委知縣安如嵩各發過三百兩又見兵馬漸集米豆之價一時湧貴恐後來糴買艱難年歲凶豐未卜又行府發銀六百兩委馬推官易買米豆貯倉備賑而前項銀兩所存者無幾矣臣出示通行勸諭鄉民課督耕農又委官閱一查驗有力勤而種多者賞以花紅以示激勸近詢之父老及各官所報各鄉村種麥豆者十之四種黍穀者十之六惟環縣東北爲賊蹂躪人多逃竄地盡荒蕪一望蕭條其餘各鄉荷鋤而耕者甚衆自三月以來時雨既零禾麥蔚起芃芃黍苗陰雨膏之民庶幾有更生之望免流徙之患矣聞延安各州縣督臣洪承疇多方課勸散給牛種而

臣所分發之銀照州縣大小或一千八百六百五百有差俱已遍及窮黎涓滴孰非浩蕩也哉民間父老子弟欣欣喜色相告曰麥秋熟免饑死矣而臣猶不免惴惴滋懼者夫胼胝而耕者民也而有不耕而食之賊如數十萬虎狼分布山谷今日掠一鄉明日剋一堡彼固以戰鬬爲耕作以焚搶爲尋常殺人如麻脯肝而食者也即令天與吾民以豐年吾民得而收穫之乎吾民得而安享之乎三月已矣及此四月早

集兵力速行勦蕩殲其兇渠散其脅從此滅賊之一時即安民之一時也若過此以往不爲殄滅則穰穰棲畝者賊掠之皆其糧也終歲勤動祇以資盜是年雖豐而仍荒民雖耕而仍饑也臣所爲惴惴懼也數日以來據各處塘報賊所屯據之地如劉五可天飛等之鐵角城混天猴獨行狼等之盧保嶺皆窘於無可擄掠在鐵角城之賊惟有走平凉固原一路在盧保嶺之賊惟有走同耀涇三一路理窮勢極拚命狂

逞寧復再有顧忌而內地守備單虛在在可憂我兵止楊嘉謨曹文詔等三千五百有奇分勦則力薄不足以戰合營則賊衆不能兼顧頃兩鎮臣因混天猴賊逼近寧州領兵追勦兵纔至寧州而環縣則報三月二十日圍城矣報賈家井驛併清平所焚劫矣分巡關西道臣徐如翰報鐵角城賊侵平京走白水近華亭謀欲屯據關山窺鳳隴矣撫臣練國事不得已又催兵赴平凉勦賊而臣所駐慶陽及寧州真寧合水等處無一兵一馬止環縣曲子二處有賀虎臣等夏兵七百餘防守耳若平固有事則鳳隴戒嚴恐前年漢南之禍復見於今日也至師行糧從所費不貲而又時不容缺去冬所留之餉近督臣屢遣臣御極言不足用之狀且慮餉缺兵逃爲禍甚大擬再補牘叩閽良非得已臣終始以厚集兵力多發糧餉及早撲滅爲請者蓋亦籌之熟矣兵多則可以分勦餉多則可以四應數月之內必有掃蕩之望其費因速而

所費反省兵少則顧此又以失彼餉少則偶給又或告匱需之歲月更有滋蔓之憂其實因遲而所費反多願司兵司餉者之熟思而早計之不然三秦之禍何時而息哉伏乞

皇上勅下該部速賜覆施行

查覈官兵追勦情形疏

賊自趨華亭之後聞大兵追至即棄城而逃攻莊浪焼城門岌岌幾不保幸兵躡其後乃獲解圍四月初四日有張麻村之捷甘肅將官李鴻嗣莫與京領新調甘兵適至與兩鎮臣合營兩鎮臣乃遣趙光遠方懋功領兵一千五百有奇回守慶陽臣深慮賊流入鳳漢貽禍内地震驚藩王故星馳赴鳳翔儆責開南道防鳳縣略陽等處責關西道防隴州寶雞等處以

斷賊南下之路而一面設處公費差官犒賞軍士以示鼓舞一面移文兩鎮臣催督速勦毋令滋蔓兩鎮臣勦賊之志亦甚鋭一擊賊於成縣再擊賊於隴安司屢戰皆捷賊鋒少挫初賊掠縣頭鎮時逼寶雞縣數十里而近耽耽欲取道鳳縣入漢中鳳縣士民聞風多有逃入山中避之者聲勢甚急賴有備不獲逞賊又新敗故折而走清水燒長寧驛殺人盈野焚掠一空臣遣人偵探近報賊復向水落城綠靜寧莊浪仍入平凉地方而鳳翔漢中暫得安堵矣然流賊出沒不常不早殄滅慮其復逞終未敢恃以無恐也兵遇賊未嘗不有斬獲而終未能蹤撲滅者以平隴一帶皆深山茂林兵至則潛匿其中據險以待兵退則剽掠四出焚殺無忌即我出其不意襲而擊之困獸死鬬度不可勝則又鳥獸散矣山險路仄深入窮追頗覺其難而州縣糧草缺乏轉輸艱苦邊賊狡悍工騎射將士往往有中傷者則饑飽勞逸之勢異也

賊所掠男婦凡係平隴脅從者臣皆諭令州縣招集之戒軍士勿殺逃回頗多惟是回顧其家房屋毀矣妻子殺矣田地荒矣牲畜財貨罄矣糊口之需無從乞貸臣即屢檄有司多方撫恤而欲以空言存活十萬枵腹之衆勢必不能查捐輸銀止存二百餘金耳以委平凉推官王崇顯查賑華亭士民涓滴能濟幾何而鎮原武安隴州莊浪静寧等處被賊蹂躪者無以給也臣目擊傷殘之狀惟有拊心泣零則特發一

二萬金賑救此一方未可緩也凡此孑遺撫之則民散之則賊臣以爲今日急務亦在乎撫恤難民以孤賊之黨勦滅貞賊以除民之害而已伏乞
皇上勅下該部施行

查覈官兵勦賊功次疏

先是總兵曹文詔楊嘉謨追勦原劫華亭縣城流賊三次斬獲賊級一千八十餘顆該臣查覈情形先行具疏奏
聞訖一面嚴檄道將統兵跟追務要盡滅此寇以安地方去後臣駐鳳翔就近督覈續據總兵曹文詔楊嘉謨各塘報到臣該臣復行查訪無異看得流賊之突入平涼也其謀最狡然意不在平涼也欲走鳳翔入漢中據險負嵎以營爲三窟而後出沒內地恣其剽掠崇禎元年邊賊曾繇略陽犯漢典其已事也自華亭一破之後聚衆數千勢甚洶洶幸鎮臣曹文詔楊嘉謨等兵星馳赴援屢戰屢捷敗之於張床鎮敗之於關山嶺又敗之於隴安司而賊鋒少挫投降者數百人解散男婦無算又用間殺其頭目紅軍友自是望見大將旌旗輒走匿山中不敢逆戰然猶刼掠清水有副將蔣一陽失利坐營都司李宮用被殺之

事邊賊狡悍若此清水非臣所轄撫臣練國事當有
疏詳言之也漢鳳之間各隘口防守頗嚴賊不獲南
下復折而北分爲兩股其有馬賊數百騎走固原諸
歸老巢其馬步零賊數百散匿於華亭莊浪隆德諸
山谷間兩鎮臣分兵搜勦近有楊三川之捷又有唐
毛山之捷餘孽倏聚倏散爲數無多鳳翔漢中可保
無虞卽平凉亦幸不爲延慶之續矣臣與撫臣密商
賊走固原者責成固原總兵楊麒發兵堵勦賊匿平

凉者責成曹文詔等速爲殄滅及此兵威大振賊膽
旣寒之時廓清平固還兵慶陽而後鐵角城之賊可
圖也是役也督撫之督催調度殫厥心力鎮將之奮
勇血戰屢獲功級道臣徐如翰之晝夜拮据備極苦
心若用兵在在如此賊未有不可撲滅者臣莊誦屢
旨仰見
聖明鼓厲之神恩威併用時嚴加督責以課其功時
大爲鼓舞以作其氣臣一一宣示將吏人思感奮故

此番勞績似爲獨著臣竊以爲用兵討賊激勸爲先
如楊嘉謨策勵已久有功可贖似應免其戴罪住俸
曹文詔旨敘王加印復寧塞至今屢有戰功或量行
加銜以示優異道臣徐如翰督戰措餉能爲桑榆之
收仍當優敘其餘有功將領分別錄賞想亦朝廷所
不惜也至撫臣練國事自恢復中部以來拮据行間
隨賊向往無有寧刻賊掠慶平往來寧涇之間備歷
艱辛獲奏屢捷良亦不易此無逃

聖鑒不佚臣言矣

戶丁逃亡飛灑包賠者愁哉鳳民沒利於前而易患於後誠可憫也查自鳳至靈千二百里羊腸峻坂車馬難馳而脚價盤費守候支鹽與夫驗引盤鹽催諸收課解課𥌆夫工食等項總計不下三兩每引正課三錢三分三釐較之平凉慶陽兩府距靈池道近且平每引價止一錢一分又就近納寧鎮充各軍月餉無解納遠涉之費以視鳳翔何啻逕庭同是秦民胡爲一體之中偏有集菀集枯之嘆耶毋怪乎二萬之

逋課終不可得而問也且累日久則課日逋受病又不獨在民矣臣洞悉其苦歷查舊案自萬歷四十二年至今當事者月議加增二石而未得一當也臣正欲爲一方請命頃見鹽城王與府疏請每引加鹽一石另給一票驗行部覆奉旨鹽觔以意增減引票詰行殊非成法且前時駁減至三分之二必有定議何又僉派病民紛更無已還遵前旨查酌明確具奏欽此臣莊誦之仰見

鳳翔派納鹽課疏

鹽法利病鹽臣職也鹽法而爲民利病則臣職也臣奉命廵方咨諏民隱久痛心於鳳翔派納鹽課之苦及臣比駁鳳翔進道府州縣暨鳳之父老子弟詢問疾苦以爲莫如流賊劇矣乃僉謂鹽之害劇於賊以流賊肆虐一時之禍鹽課累民萬世之禍也臣查鹽法之壞自萬歷四十一年鳳守張棋之以意增減始棋解人也因解商以折閱累不願赴而議名靈商遂

改食靈鹽然雖食靈鹽仍納解課久之靈商又以折閱累不願赴而議名鳳商夫鳳無商也僉富戶充之故有每解引一道支靈鹽三石之議謂不如是則鳳人不赴也府道與鳳民有成議矣及申報鹽臣鹽臣持舊額上請駁減二石仍令照解鹽每引一石倘而鳳商之以折閱累也更甚有司束於功令勢不得不議僉派議私封甚有傾貲納課不願領引到池儎脚即行私鬻者有運至府屬價踊售艱引遲獲譴者有

聖明洞灼民隱惟恐其病之也夫鳳民食解鹽解商納解課與平慶每引一錢一分領鹽一石此

祖制也成法也自張榊令鳳屬改食塞鹽代納解課是紛更也至駁減三分之二是胥襲苟且之見原無定議所以虧國病商逋課病國僉派病民二十年來紛更之無已也今即不能做

祖制令解商辦課以釋鳳民之苦獨不能做平慶成例每引一錢一分支鹽一石鳳屬每引三錢三分三釐加鹽二石以為經久可行之道乎不然昔減二石今止增一石正明旨所謂以意增減也何可著為令甲如謂引票竝行未免溷淆今若照平慶事例加鹽二石合無於頒發鳳屬解引之內每引明註三石觔數似亦直截可行之法也抑臣慮此至熟矣夫商民累則國課虧國課虧則官鹽壅官鹽壅則私鹽盛私鹽盛則千百成羣劫奪公行拒捕殺人而盜賊起如鳳臨之間所謂鹽兵長杆手者皆亡命私販之徒也

此輩實有為盜之具以千百計勢又不可以急捕急捕則生變如聽其私販公然抒網久必釀禍為害不小今誠照原議加鹽二石則商民有倍利之入不復稱累而課裕課裕則官鹽行官鹽行不苦踊貴則私鹽絕私鹽絕則前此千百成羣者無所覬利而黨散黨散則盜賊不起夫商無折閱課無逋欠民無僉派而又可以消私販之積蠹弭盜賊之隱憂此亦

聖明之所宜急講也而今不過加鹽二石便可以甦久困而臻美效特在

皇上俞允耳夫鹽出於天地之自生惠而不費令行於商民之樂赴法乃可久法善固無事於紛更法弊亦何嫌於通變及今不有定議將來議增議減徒滋築舍鹽法愈壞地方愈困私販釀盜隱禍更有在於僉派之外者臣知而不言有負

皇上日夕惴惴寢食靡寧且鹽臣巡歷例不到鳳翔特懸揣其事權量輕重之間是以有加一石之議臣

親歷其地悉小民之害求永久可行之策故仍議加二石總之為地方起見為厰民請命而已伏乞皇上垂念厰民二十餘年之苦累俯順輿情勅下該部覆議上請允將厰屬每觧引一道准支鹽三石自崇禎五年為始將領發厰屬觧引每引明註三石責令有司召集厰商辦課不許僉派里甲永為成法以杜紛更庶曠然與一方更始乎或謂鹽多流販西安則在道府州縣嚴行禁緝如有故違聽撫按参處如是裕國安民計無便於此矣

平固餘孽勦盡疏

先是總兵曹文詔楊嘉謨追勦原掠華亭縣城流賊五次斬獲賊級一千四百餘顆該臣隨即查明業已具疏奏聞訖一面嚴檄道將在於山谷收勦務要餘孽盡殲毋留一賊貽禍内地去後兹准總兵曹文詔楊嘉謨塘報到臣該臣看得平固此番勦賊撫鎮道將可謂竭盡心力矣賊望見旌旗輙潛伏於山壑林箐之間掃蕩最難而臣愚獨以為平隴内地與延之

西川慶之鐵角不同西川鐵角賊之巢窟亦多有百姓家於其中者被賊迫脇計無復之故殲厥渠魁脇從罔治可也平隴本無一賊自逃寇流劫地方受其蹂躪而姦狡不逞之徒類多生心覬望思逞若不殄滅一倡百和其蔓難圖故臣以除惡務盡責成兩鎮臣遑擇電擊不遺餘力旬日以來殺者降者婦女奪獲者以數百計而華亭隴州一帶賊盡矣其潰而北者固原鎮臣楊麒又發兵勦之兩次得級二百有奇

而固原之賊亦漸盡矣道臣徐如翰之言曰令各州縣偵探凡可以藏賊者必窮搜而嚴索之若今日報無賊而異日有賊竊發者治以欺罔之罪如是而賊之盡無疑也臣總計自西壕剿賊以來血戰十餘合斬級共三千有餘寧塞餘孽至此乃盡而撫鎮道將之功不可泯矣所慮者恐鐵角城之賊復逸而西不可不防今督臣文詔楊嘉謨先後班師慶陽督臣洪承疇不日回鄜州剿泥天猴賊卽欲移鎮北地臣以爲

當檄固原鎮臣楊麒駐師鎮原而分兵守萬安清平一帶以堵賊西下平固之路當檄定邊副將張應昌等駐兵金湯吳旗營一帶以成南北夾擊之勢撫臣練國事督副將張全昌等兵以堵賊南下西安之路而以曹楊兩鎮兵馬及督臣所領標兵合之可七八千洗巢大舉賊眞如釜中魚矣殲其克渠撫其脅從蕩平之機似可計日定也今秦中雨暘時若二麥已收秋田甚茂大有豐年之象願督撫諸臣乘此兵力

刻期早圖時不可失不然各鎮過七月以後有防秋之役兵馬勢必撤回延北到窮冬之時有饑寒之衆盜賊恐復蠭起整兵兵單措餉餉缺欲起而圖賊難矣臣不敢不爲萬全之慮也

延北逆賊授首疏

崇禎五年六月初二日准延綏總兵王承恩塘報到臣該臣看得延慶諸盜爲夥最多今除寧塞餘孽走平涼者勦除略盡此外尚有三大夥一爲延綏之西川頭目不沾泥等一爲環慶之鐵角城頭目劉五等一爲中宜之蘆保嶺頭目混天猴等多者萬餘少者亦三四千計而其爲綏德米脂榆林之患則西川爲最不沾泥賊自去冬大叛撫臣張福臻因大兵方集寧塞未暇征討不得已而撫之未嘗不結之以恩也而鷹眼未化狠心復逞今年三月復叛擁衆數千攻綏德攻米脂攻葭州逼鎮城截王家砭糧路遂斷榆林岌岌幾不保撫臣憤極徵各路兵勦之於葭州斬首三百餘級而有馬强寇仍歸老窩督臣洪承疇因榆林告急提兵北征躬擐甲胄鼓勵將士設伏出奇分布要害又計誘賊渠旣擒不沾泥於山西又斬頭目三十餘人於西川殺强寇四百有奇其餘撫定之督臣親爲調度鎮撫道將同心協力何以有此臣查西川險阻數百里不沾泥等招亡納叛爲日已久今旣殲厥渠魁餘孽膽落矣第大兵進勦之日豈無一二狡賊深匿山谷幸漏天網者卽此受撫之衆豈無中懷反側包藏禍心者兵到則散兵去則聚從來已然臣愚以爲賊雖報平兵未可議撤也必如督臣議設防兵以偵其動靜但有聚掠情形卽行勦捕而併責成州縣官編保甲練鄉兵稽查奸宄撫恤善良俾各安其業責劍投戈聽有司徭差如舊盡破從前討地方給月糧屯聚一處之覆轍而再急勸蘆保嶺鐵角城諸賊以孤其黨庶乎久而相安無事耳窮邊荒塞每到深秋凛冬之際饑寒之衆恐復以搶掠爲生計則救荒通糴爲善後之要著不可不急講也伏乞

皇上勅下該部施行

邊地有司減俸行取疏

臣於去年六月具縣令親民之官殘邑尤宜得人一疏奉兵荒邊地有司果著有實效准減俸行取以示鼓勸之旨仰見我皇上體恤邊吏如此其至也臣時以此言勸勉有司其不肖者自爲暴棄天地雖大不能施雨露之恩則亦已耳其賢能者竭蹶黽勉幸有成效而臣差將竣出關有日矣不及此時遵奉溫綸申明前說不但有負諸臣亦且負皇上體恤邊吏德意是以惴惴不敢自寧臣謹列諸有司勞邊之狀以暢言減俸之指可乎今夫中原腹心之地江浙膏麗之區閩粵僻腆之鄉官其地者衣冠甚都騶從如雲其俸薪之入公費應酬之需無不取之裕如訟牒科罰徵求羨耗歲入不貲民亦不稱厲焉其賢者稍知砥飭則聲譽易起而高才捷足之徒分其所入用以要結貧緣俸期將及無不遷美官去者不肖之流朘削膏脂充潤囊橐即不幸遭遇白簡輕止降調重止罷斥歸猶出其橐中裝構園亭連車騎招賓客肥酒大肉以自娛樂且多買良田美宅以遺子孫雖不爲清議所齒而要未嘗有刑戮之加也今延慶之爲吏者異是大荒四年群盜如毛四野焚燬一望蕭條止數孤城壁立而城以內多者千家少者數百家田地荒蕪不治課稅既停縉紳復絕官無俸錢役無工食其賢者自辦資斧以餬其口孑然

卷之十

一身日抱印牘夜宿雉堞在戎馬烽火之中與鳩形鵠面爲伍非獨無居官之樂亦且鮮生人之樂如中部保安安塞合水等縣煨燼之餘縣官棲止民房出騎款段力不能具輿臺其艱苦至此即令廉如伯夷誰爲蜚聲譽於當道之前者不幸寇至奸從內應命危如綫即或僅以身免而國法具在誰敢徇之不逮繫司敗則戍伍鬼薪狼狽一身窮歸無路臣舉目擊心惻爲之隕涕同爲朝廷司牧綰半通之綸受一命

之寄而苦樂異趣亦至於此今二三賢能幹濟之吏從千苦萬難中竭力支撐保障危城可不謂循良卓軼哉而乃不得與腹裏有司爭一日之遇豈不可爲太息乎惟朝廷之上垂鑒異苦憫其賢勞加以不次之擢開以減俸之例使知今日盡瘁異日尚有清華一路庶幾鼓舞怠倦以爭自濯被勉收後效不然彼處安席膴者坐致美遷此茹荼食苦者久困枳棘徒以灰豪傑之心而令海內之士裹足不入秦耳臣以

爲宜勅下吏部覆議遵照
明旨今後兵荒邊地如延安慶陽等府各州縣凡知推不論科貢但有實效應行取者減俸一年以三年四月爲期卽與截取考選科道部屬其同知知州等官以三年爲滿卽加優擢與以善地庶勞逸均而無獨賢之歎乎且不獨此也人皆視邊地爲畏途故擇地而蹈者規避不前今知有減俸之例考選優擢之榮則賢者爭思奮厲於功名之路矣銓司知

聖天子加意邊吏必多方遴選授以老練甲科精力孝廉而吏治從此一新收拾殘局爲生聚教訓之圖則保障之功循良之績民生與封疆俱嘉賴之矣且有司仰承風旨勉勵服官有司卽將百姓卽兵因閑禁備綢繆必力其考選而爲言路也則凶賊情形封疆利害得以所見聞者條議入告不至遙揣懸度以拾經上之譚其考選而在戶兵部者知糧芻虛實兵馬強弱將領勇怯及一切險隘防禦之術不致扶同

術套以塞苟且之責而經濟事業亦皐從此出矣茲
朝廷特行一激勸之法而邊地已受無疆之福然則邊吏減俸之議豈第爲諸有司計也哉伏乞
皇上垂念邊吏之苦特賜鼓舞非獨延慶也雖昔爲令行之各邊郡州縣可矣

條陳善後十策疏

臣以賑賫入秦改而廵方自去年仲春至今二十閱月矣强半在延慶之間流寇情形小民疾苦屢疏入告猥蒙採納多見施行日者賴
皇上神靈威武之所變化平京西川諸寇漸次勦平督撫鎮道同心戮力拮据行間日事征討今惟混天猴劉五等兩枝賊尚未殄滅而臣將瓜代矣封疆安危日夕籌畫得善後十策如野人食芹而美思欲獻之君王雖無足采亦出於愚誠不容已也或謂蕩平未奏遽言善後得無早計乎臣謂勦賊督撫責也條陳利病言官責也臣亦盡言責焉而已矣十策維何

一曰擇守令民生之休戚係守令之賢否在平日已然而況荒盜頻仍地方殘破之後生聚教訓尤當急講全在有司悉心勸諭加意撫字果其地漸開墾民漸樂業婦子桑麻漸有煕聚之象卽本官勸課之力當註上考不則雖斤斤自守而無補凋瘵亦考中下監司刑官仍宜不時單騎循廵嚴加稽覈而其真正廉幹著有實效者減俸行取以示鼓勸吏治當蒸蒸起矣臣查延安州縣近日銓調亦多得人而新補者尚多褒足如醴泉令羅朝彦督臣洪承疇題補雒川乃朝彦又報陞署正徑離任赴京矣葭州守王家瑞以病去膚施令董直恩以陞去此皆要地不可一日缺官者誠擇廉幹之吏在在布之是善後第一義也

一曰招流移延慶兵荒五年民之壯而黠者爲盜不則散而之四方矣老弱者塡溝壑四野蕭條鬼燐夜嘯黃狐晝啼丼戶口之餓而死鋒刃而死者十之六七矣今雖孤城壁立無民共誰與守卽有賢守令舍招撫流移一著無處下手而要非可以空言招虛文撫也臣在榆林檄行州縣議清查各村各里逃亾者幾何戶山寨幾何處窯房空無人者幾何所田地荒蕪者幾何畝一一登註於籍然後招致流民及脅從之願歸正者問其何里之民也有無房地田畝有則

以原業付之無則取之絕戶者而受廛分地給之印照量助牛種編里甲安插之俟年豐事平當差者仍舊當差納糧者仍舊納糧方謂之版籍良民而招撫始有實著也豈可令之屯聚山谷弱肉强食已哉一曰墾荒田延慶兩郡延亘千餘里地廣人稀往日所獲粟穀轉販西安今因荒滋盜因盜滋荒而田多蕪粟如珠矣卽議招流移與之以田驅之爲農貧無餘力終多曠土臣查宜雒兩川近韓郃一帶其中宜則

接壤渭三藩富有力之家多有負耒耜而願耕於其野者特爲盜阻耳若事平之日有司多方招勸有佃種荒地者投官給牒俾得盡力開耕有耕百畝以上者量爲獎賞其初墾之年免其差糧果遇豐稔每畝量納分釐以爲官師俸廩驛站工食之需待元氣已復土皆沃壤民皆成聚始一例給縣帖徵課賦久之無不闢之土矣一曰廣屯種募民墾田止可待之延慶以南與西安相界者耳亦未必盡緣南畝而耕也

則無如屯種便近邊一帶凡係屯田逐畝清查招軍屯復業而其餘拋荒之地查有各衛所軍餘及各營堡軍丁有願領佃者官給印牒亦照民田例俟數年之後如果豐稔按例徵收籽粒則屯田可復也其民田絕無人者荒蕪最多雒川令劉三顧曾議招練鄉兵揀鄉民中有勇力者爲兵每兵給荒田五十畝量貸以牛種之資至秋收穫除扣償牛種外卽予兵爲衣甲器械月糧之用大縣可五百人給田計二千五

百頃小縣可三百人給田計一千五百頃卽不必拘守成數而大約每縣數百兵可得也擇忠實有身家者數人爲之長訓練督課皆責成之益收其勇健者爲兵實驅其遊惰者爲農有警可資之以守城禦盜無事則使之保聚耔養似亦策之可行者也盜息年豐之後仍照百姓一例納糧第在稽查有法不爲紳役市豪所吞占則善矣一曰清編審延慶邊郡州縣官最多衰暮明經風力不足任狐鼠縱橫徵收[illegible]錢

莫可詰問出入皆書吏收頭之手在官無紅簿不知出納幾何在民無絲帖不知派納幾何一人逃則累及一戶一戶逃則累及一甲一甲逃則累及一里差役勾攝監追拏禁小民骨髓已乾惟吏書收頭中飽耳以故富者貧貧者逃一經大荒相率爲盜皆緣番不清厳刑重斂之所致也臣去春歷延安甯州縣父老言之嗚咽臣乃宣布

皇上錫祖德意一槩徭糧俱行停止士民感而泣下今地方殘破民逃地荒經界紊亂當責成各道委廉能府佐及州縣各正官履畝清查逃丁編審田之熟者幾何荒者幾何見在可耕者幾何拋荒待墾者幾何戶口幾何丁徭幾何一一註之於籍編成里甲除豁一切荒糧逃丁而止就見在者照畝派糧照丁派徭俟豐稔之秋或量徵分釐供俸廪驛站祭祀等項萬不可缺之需其餘錢糧必俟三年之後乃可議徵亦必官立紅簿民給絲帖使吏役收頭不得上下其手民生共有瘳乎一曰修山寨臣考鄜州慶陽志宋臣范仲淹經略其地所紀治績亦惟招流移墾荒田修山寨數事臣乃知修山寨之可以保民也延慶近邊苦寒民多穴處昔人於山峰要險處設立堡寨以禦鹵寇今其基址依然尚茂業臣在延慶日久習知其俗常勸諭父老山寨可以避鹵詎不可以避盜凡數家之村落處之眾皆當聚處山寨寨有城有井有窯大者容千人小者亦容數百人據險固守有一夫當關之勢若廣蓄粟糧多備火器無不可守者臣檄行舊河西道張允登徧諭里民又捐貲爲鄜州宜君中部等處修葺太平等寨民多藉爲保聚賊亦不能犯似宜飭有司留心修葺爲力甚易而可以避鹵賊之患亦保民一事也一曰嚴保甲先臣王守仁之勦贛寇也首檄州縣行十家牌法稽查最爲嚴密蓋以絕盜賊潛通之路防內地勾引之奸法最善也今延慶之民逼脇從賊者半係剪髮鴻鷲鳥舉反側生心最

雖馴伏有司宜倣其法編成保甲嚴加申飭令之互爲閑防一人不軌九家出首如或欺隱致生事端則連坐之法不爲輕貸是故境內有盜竊自相挨緝則奸僞無所容而盜賊可息甲內有爭訟即令勸釋講信敦睦則詞訟可簡通之於訓練連其伍而制其什則外侮可禦通之於政教警其薄而勸其厚則風俗可淳是故事變未起以保甲消弭之而有餘若形勢已成雖大兵勦除之而不足在有司著實舉行不以虛文塞責自有成效況孑遺無幾單騎編查不致滋擾是弭盜安民之要著也一曰通糴販臣按延綏糧道中東兩路自山西止隔一河西路自慶陽寧夏延鄜自宜雒中宜近因大盜披猖道路梗塞米豆之商多被劫奪以是中斷而斗米四錢以上軍民安得不餓死乎臣會具疏以通糴販責成各道臣然道臣第能提挈綱領耳督運轉輸必得一二廉能府佐而往來護運必得一二廉勇將領但使桴鼓不鳴則糧道

疏通官爲之倡而商民糴販自源源至也若欲實邊儲莫善於漢臣耿壽昌常平倉之法預發銀以爲糴糴徵貴賤以爲灌輸當日行之各邊俱獲充裕今時患無治人耳使責成有專官則三年九年之備易辦也而在民間則各處集場尤爲喫緊夫有無相通易粟資薪利之所聚人爭趨焉如榆林一帶有鹽有炭小民餬口之資原自不乏第在上之人有以利導之耳一曰復本色榆鎮孤懸塞外四面黃沙不產五穀一切芻糧皆仰給腹裏弘治中布政文貴奏改西延慶三府本鎮之說爲拋荒折色者二萬餘石正德中侍郎馮清又改三府本色盡爲折色自後軍用始窘矣內地凋疲偶遇災傷又多逋欠焉得不困今春狡賊斷我糧路岌岌殆若攻圍日久惟有束手待斃雖積金如山不可食也故論榆林者急在芻糧若本色不復則榆林未可知也語曰千里不餽糧今欲芻西安以轉運誠難若延安諸州縣可以運至綏德

陽諸州縣可以運至定邊餉司督責運軍將榆鎮城歲可得米豆十餘萬石草百餘萬束年豐價賤則單支折色而蓄備以備荒年荒價貴則本折兼支而務糧不虞匱東路距晉最近若歲予行糧銀數萬令靖本道糴買積貯即一旦有征調之役三路士馬仰給有資何至如今日之坐窘哉乃先臣許論謂黃河自蘭州而上至綏德近境春初時皆可舟行計沿河郡縣改徵本色水陸轉運亦是一策臣逃之以俟當事者採擇焉此百年之計也一曰實邊備榆林一鎮在各邊素稱忠勇年來歲凶餉匱道殣相望致荷戈健兒皆爲揭竿劇寇所餘軍丁類多老弱力不能作賊者耳務料無可糴買馬匹日報倒死藉督撫諸臣以恩信維繫人心猶有固志此後漸次整頓逐項清理必京運民運按季給發毫無欠額而後可以議興虜如城堡須把作何修葺馬匹倒損作何買補行伍空缺作何招訓火藥器甲作何製備即無米之炊急難

兢緒而東益節縮要有實用使旌旗變色壁壘改觀士飽馬騰外以防虜內以禦盜只此一鎮壁防如萬曆初年儘自足用無煩征調他鎮矣至日前險隘處所如西川蘆保嶺鐵角城等處似當設兵防守以絕盜賊出沒之路是在督撫加之意焉以上各款卑之無甚高論然皆從地方受病之源尋其脈理而一一調劑之如醫者用藥但求對症不必盡海上奇方也若延慶兵荒五載元氣垂盡惟有一味溫補深秋窮冬之際仍乞大沛恩膏廣行賑濟庶有回生之望固不可用攻劫之劑亦未可求欲速之效也臣因是而更有進焉秦在昔最號富強所稱河山百二沃野千里天府之國也不意今日凋敝若此然而勁兵猛將多出其中今海內多事所在用兵廟堂之上加意三秦速殄流寇併勅各邊撫鎮多方訓募以實營伍鼓舞豪傑以拔將材萬一或有征調三秦將士尚堪爲國家一臂之用詩曰王於興師修我戈矛與子同仇

忠勇固其天性也而今日最宜寬恤者民力無論延慶即西平鳳漢等府州縣之民困於徵輸流徙載道如鱗遊一縣派糧一萬七千零而拋荒之糧計八千有奇如平凉之華亭鎮原莊浪隆德等縣西安之三水淳化永壽同官耀州白水等州縣土瘠民窮毎年正賦完不及十分之二而近復被賊蹂躪民多死徙有司拮据城守日有不給豈可復責之以催科糾之以考成乎民窮則易與爲亂借徵糧爲名而嘯聚思

逞者比比也臣以是惴惴焉竊抱杞憂妄謂延慶已潰之癰也西平鳳漢將竭之澤也不可不早爲之所也近見部劄欲追天啓六七年以來未完加派徵求太急民不堪命矣臣恐揭竿而起者不止延慶也臣受
皇上簡任宏恩媿無以報稱萬一凡有所見不敢不嘔心上聞惟
聖明宥其狂瞽俯賜採擇臣愚幸甚地方幸甚

表揚節義疏

臣惟節義之在人心如日月之在天江河之行地也綱常賴以立風俗賴以淳故事有似緩而關係甚鉅者此類是也夫人生死之際亦大矣使非有不可磨滅之精誠亦豈能激頹風而彂沒世令人名位非不尊榮權勢非不赫奕然當時則顯沒則泯泯且草木腐朽矣乃窮鄉下士閨閣婦女之流執義苟堅立志不奪或蹈白刃而如飴或瀕九死而靡他聞其風者

雖百世之下猶追慕之豈非精誠之至有以昭日月泣鬼神者哉我
祖宗朝崇尚節義令巡方御史差完報命悉採以聞旌揚如例
皇上前年恩詔尤惓惓於窮鄉單戶慮幽芳之不揚隱行之難彰也所以激勸人心維挽世道者至深遠矣秦固周之舊也有二南遺風守貞礪節自其天性當流寇披猖士女罹鋒鏑者數矣豈無罵賊不屈而

死湮沒弗傳者臣滋懼焉撤學臣史高　竊附而廣
諮之擇其犖犖著大節者列姓氏如左伏乞勅下禮
部覈議照例旌表於人心風俗未必無小補也

計開

孝子義士一名

高起鳳淳化縣生員家貧甚崇禎五年二月初
三日賊至本里將其繼母秦氏妹高荊媧擄去
生馳赴賊營曰生父年高賴母與妹以度朝夕
如必引去則生父不保賊曰得二馬贖之生得
一馬至營祈請甚哀賊予其母留其妹生乃與
妹訣曰我去汝卽死遂持母歸賊惡之數十騎
遮留生曰吾營中少一書記汝速順我且勸汝
妹當惟汝所欲生大罵曰吾讀聖賢書作盜賊
事乎賊怒撲殺之截其四指仍梟刃揕刲而死
結勘到臣看得高起鳳不憚以其身入虎狼之
窟以求其母若妹曰無母若妹則亦無父也孝
子哉迫遭賊逼脅臨白刃知母若妹不可得而
身又不可辱乃罵賊被指嚙刃而死然則荊媧
之貞烈亦起鳳有以成之也讀聖賢書有殺身
以成仁嗟乎生死之義盡矣

烈女二口

劉貴姐係延安府淸澗縣白草一里民劉與室
女年一十七歲與祖居神崖寨崇禎三年十二
月二十七日被賊圍攻寨搶擄去同寨婦女五
十餘口獨貴姐被賊迫脅不從乃自言曰與賊
爲妻吾父吾兄何以爲人不若一死徑投崖身
碎而死賊歎息去結勘到臣看得淸澗志載李
家姊妹死節事甚烈今媲美惟劉氏女哉然而
更難矣劉氏女尚未字人非有與醮之約也僻
處山村非有壺訓之素也當寇至比閭之婦靡
然被掠者五十餘口卽其家嫂氏亦褰裳從矣
獨此女不少屈罵賊投崖以死至今味其言真

可以質天地而泣鬼神慷慨赴義從容就死嗟乎烈哉盡之矣臣既志其居曰烈女崖而復表而出之如此

高荆媧係西安府淳化縣白堡里民高一奎室女年十六歲崇禎五年二月初三日賊至本里劫脇擄去陳金帛於案曰此物惟汝用之媧義不受辱竟不語擁之騎馬即倒於馬下賊大怒割髮裂衣仍不動遂斫三刃斷喉而死結勘到

臣看得高荆媧不幸而爲賊所擄欲收爲妻誘之金帛而不從及擁之騎乃臥身馬側而竟不從也寧引頸受刃斷喉裂膚以死天地貞烈之氣不意一女子鍾之彼鬚眉丈夫屈節媚人以偷視㾕息者何以生哉

烈婦一口

解氏韓城縣江李里已故生員衛景韜妻張村里解經雅室女適夫時氏年一十五歲夫死氏僅一十九歲氏引刃斷脰者數四以翁姑密防父母勸論乃抱其親姪衛雲龍嗣夫後日惟事織紝躬操作以奉翁姑共教嗣子嚴而有方間取夫遺書手自督課無何而嗣子染疫死烈婦即投繯柩側結勘到臣看得解氏歸景韜甫三載即值夫疾革籲天請代不能輒輟食以死自誓父母姑舅慰諭之以植孤大義始收淚取姪衛雲龍爲嗣撫之成立受室入黌能讀父書矣無何雲龍病疫死氏集家人痛哭拜訣曰未亡人不即從夫地下者爲撫此子耳今無望矣遂闔扉自縊嗚呼悲哉烈婦之志也矢志殉夫歷二十五載而不變殆有烈丈夫之風焉

節婦七口

王氏西鄉縣宣化里已故生員許天祥繼妻生員王天民室女祥先娶王氏病故遺三子冲幼氏適天性時年一十六歲是日偶值祥父許玹

病故喪次守柩未與合巹次年祥葬父西郊卽
廬墓至服滿姑歸行夫婦合巹禮無何病故氏
年一十九歲是時氏有八旬老姑三月遺腹強
稱未亡甘貧績紡奉衰葬事撫前子與己子成
人現年六十九歲苦節五十年例應表揚結勘
到臣看得王氏以弱齡孀居侍八旬老姑僅得
三月遺腹強稱未亡人甘貧勵志代夫而奉其
母且撫呱呱之子與前婦子俱有成立則孝慈

兼之矣當其夫天祥續絃之夕卽値翁喪能盡
哀守墓三年而後行合巹禮節孝萃於伉儷固
已奇矣

李氏鄠縣孝義里故民高徵妻兆豐里民李穆
室女適夫時氏年一十七歲甫及八年夫故氏
孑然幼寡衣食無藉乃能砥礪苦志堅持守死
晝夜勤績紡以自給饔飧甚至竝日而食形容
枯槁此志不移至今八十一歲結勘到臣看得

李氏眞所謂苦節者矣夫守節難貧而守節尤
難無食無兒以二十五歲之少寡而成八十餘
歲之老嫠其間晨火暮煌燈紝月織形影相弔
窮且益堅五十年如一日也堅貞之性天固多
假之年以勸世矣

李氏蒲城縣尚義里故民王沂妻與平里李邦
吉室女適沂時氏年十六歲沂病故氏年二十
三歲事親保孤遠近稱之守節五十二年結勘

到臣看得李氏之失所天年尚少也嗟乎翁姑
老矣如風燭矣李氏不絕如綫止此呱呱者子
不有撫之其何以立所謂死易立孤難氏固爲
其難者矣

陳氏華州清寧里已故生員王栻妻華陰縣廓
下里民陳諫室女適夫時氏年一十五歲夫病
故氏年二十五歲守節四十餘年結勘到臣看
得陳氏守節之初翁姑在堂藐孤在抱自非矢

栢舟之志者鮮能之矣而靡他矣閱歷四十餘年菽水以事雙親丸熊以教孤子經百折之危途畢一生之苦志其稱此完節也可不爲難乎

秋氏乾州在城里故民師賓妻孝義里故民秋艮貴室女適夫時氏年一十九歲夫故氏年二十七歲有勸以改適者氏斷髮毀面誓死不從守節五十餘年結勘到臣看得秋氏之喪所天也誓以死殉其貞性然也轉而念翁姑靡依弱

嗣未立甘困窮而勉爲事育計亦曰以是成夫之志而已覩其嚴拒改嫁之請至斷髮毀面則貞且烈矣松栢之飽歷風霜也久而逾勁其享有長年豈非氣完者難毀哉

段氏洋縣留村里已故楊熔妻上橋里貢士段復性室女適夫時氏年一十九歲夫故氏年二十一歲遺孤甫半歲孝事翁姑更竭力以葬夫之祖父母教其子成立守節五十年結勘到臣看得段氏于歸楊熔未三年而稱未亡人彼熔者老親靡依幼孤未立祖父母未歸葬卒此荼苦以遺一弱齡之婦而氏事翁姑克全其孝葬祖父母曲盡其禮教藐孤卒有成立如是者非獨婦德也天固歷試諸艱以全節付之矣

劉氏興安州興化里已故生員屠琦妻本里民劉卿室女適夫時氏年一十八歲事孀姑六載夫故遺孤居秉忠纔八月氏年二十四歲誓甘

同死賴鄰婦救之甦勉持家教子入泮苦節四十八年結勘到臣看得劉氏稱未亡人時家業蕭條形影相弔乃能事垂白孀姑而稱孝撫八月遺孤而稱慈此四十八年苦雨凄風皆茹荼集蓼之境也卒之姑以天年終八月藐孤爲青青子衿而行年且古稀也成此節亦不易矣

柴菴疏集卷之十　畢

序

吳子自賑按三秦歸暫息清卿之署方以積勞抱病上疏請告而忽有撫晉之推同志者憂之私問於予曰吳子以多病之軀而加之以師旅其克濟乎予應之曰濟哉於何知之知之於拜颺之一疏也吳子謂禦　當禦之口外若闌入內地則難與爭鋒昔李牧守邊惟堅壁清野使進無所掠則退且自困此善策也防寇當防之河上若外寇不入則內寇自消殲渠散黨剿撫互用申嚴殺良冒功之禁而三晉賊氛可靖也此皆批大郤導大窾肯綮熟嘗固知其遊刃已恢恢有餘地矣夫如是則朝士何尤於彼推者而嘵嘵爲予曰古之人皆然

不獨吳子吳子不云乎昔虞
詡出治朝歌李綱宣撫太原
皆權姦爲之穽也而詡謂事
不辭難綱願進而死敵純臣
之誼固應如是讀疏至此其
氣直其志壯持此以往於撫
晉何有未幾予入綸扉見晉
撫諸章奏邊務軍情無不洞
中機宜賊嘗從雲中入犯鴈
代吳子飭邊吏民堅寨入保

扼要置火器擊賊賊以無所
掠而遁無一城一堡報陷者
防河之役躬冒氷雪率將吏
嚴毖設備龍門一帶屹若金
湯賊不敢窺左足於河晉中
大寇數萬次第勦撫民獲買
犢而耕其勞績夐出古人吳
子曩所拜颺之言一一身踐
之如持左劵予素推服吳子
侃侃立朝獨見風裁以爲秉

正嫉邪抱忠憂國自是周子
忠介一流人及其廷爭逆案
觸迕權要竄以危邊謂可盤
錯困也而吳子卓識壯猷出
爲國家建豎偉績可著旂常
世俗皆誚吾輩狂簡徒標聲
氣擁虛名而鮮實効若吳子
者何如哉吾聞吳子在軍中
指麾整暇兵事而外即其繪
圖爲災民請命諫止開採稅
間架等事無不嘔心吐膽上
徹　主聽下廑民隱賴
聖明在上鑒其忠懇疏朝入
夕報可以故底厥成功而讒
謗不行若吳子者固非權奸
之所得穽也
崇禎八年仲秋禮部左侍郎
兼東閣大學士友弟文震孟
題

柴菴疏集目錄

撫晉

卷之十一

卷之十二

卷之十三

目錄畢

柴菴疏集卷之十一

欽差提督鴈門等關兼巡撫山西地方都察院右
僉都御史臣吳甡謹題

撫晉 崇禎七年

晉事積壞已久謹據目前要者疏

臣頃者親承
天語蒙恩擢用自愧遭際
聖明涓埃無補雖孱軀多病駑足難馳敢不矢捐糜仰酬知遇顧晉事之壞非一日矣大兵之後加以奇荒寇掠之餘復罹鹵患軍民兩病邊腹交空據臣平日所聞兼訪目前危狀真有可爲寒心者晉以三關爲藩蔽自北鹵受欵不被兵革者六十餘年邊垣圮而未築營伍弛而未練馬匹斃而未補器甲火藥缺而未修東自平刑西抵岢嵐邊長七百餘里其間如北樓鴈門寧武偏關俱稱要害水泉營更逼近鹵巢計全鎮之兵不滿四萬各營之馬不滿數百即總

鎮標下見存之馬僅得四十餘匹而他可知也昨犯宣雲從茹越小石口南下直逼崞繁我兵無敢以一矢加遺　雖暫遁然未經大創定當復來而揷之在甘寧者又漸次東行萬一回巢挾賞何以待之此禦鹵之難也晉中州縣設在腹裏無將無兵自有寇患凡失陷吉隰三州河曲樂平石樓臨縣大寧永和平順沁水和順九縣共餘八十餘州縣無處不被兵猝近聞永寧興臨之間及太原潞澤一帶在在有

賊多者以數萬計少者亦數千計皆據險聚衆未經解散耽耽思逞而秦寇復報猖獗與晉僅隔一河冬月氷堅乘虛徑渡自唐家會至青龍驛迤邐數百里如曲谷村保德灘吏川口白家庄等處官私十餘渡處處可越處處宜防而沿河一帶又皆荒山峭壁難以駐兵且汾潞兩營之兵未盈千數以防土賊尚恐共難欲議徵調則三關非無事之時行鹽無額設之費此防寇之難也他鎮之兵月糧厚者三兩二兩至少亦九錢一兩獨三關月餉即極厚不過七錢餘則三四錢耳使此數錢之餉按月關支邊地荒苦斗米三錢尚不足供數日之飽乃十餘年來京運欠至百餘萬民運亦欠至百餘萬崇禎三年計臣畢自嚴有停舊支新之議共停給二三兩年曾幾何時而今之壓欠者又已年餘矣無事猶枵腹相安遇調則攘臂而譟此練兵之難也連年勦賊之費聞用過各項銀凡一百餘萬除題留新餉及各官捐助搜括無礙等

項外共該借動無礙銀約五十萬未知作何清銷此外州縣之供輸民間之賠累尚不知其幾何也以致流亡相繼田畝多荒里甲疲累頃見戶部有德意單敷一疏奉旨先完見年帶徵舊欠用一緩二寬恤已多但三關軍餉迫于燃眉各宗祿糧更難缺額即欲爲百姓先撫字黜蔭絲勢不可得此恤民之難也臣謬膺填撫中夜旁皇竊以目前剝膚之憂無先防寇而防寇須兵用兵須將至總兵一官尤師中長子急

宜得人訪求廉勇刻不可緩聞臣標下兵僅千餘又皆衛所窮軍不習戰鬬臣聞昌將左良玉湯九州領兵四千項奉命入晉禦鹵雖有旨撤回尚駐晉中合將此兵酌留一枝甞用防河以資勦禦實爲便計或別有健將精兵可爲征調供臣鼓厲者亦望樞臣預圖之也又前撫臣戴君恩自延綏西路帶有邊兵千人甚得其力誠恐該撫解任苦於無餉未免散歸合令善爲撫循仍安營伍容臣受事之後再行選練統

赴河干責成各該道將沿河有司各練民兵竭力堵禦然兵力終苦不足是必五省督臣陳奇瑜親提大兵移駐秦晉之交臨河要害之處毋令乘隙渡河再蹈從前覆轍臣願與督臣戮力同心共圖勦定則兵將之當急議者也兵之所恃者馬晉之馬匹耗斃殆盡聞以前曾題請馬價六千餘金兵部未經給發應令樞臣於各邊年例馬價內再措發二三萬金委官遠市庶衝鋒有具而後可作戰士之氣則馬匹之當急議者也至於行鹽料草等費連歲兵荒米豆草束無一不貴從前議留之餉業已告竭而防河禦寇之兵月費萬金若待臣到地方方爲奏請兵機呼吸庶殊堪虞必討臣於新餉內槪留數萬甞餉防兵臣嚴飭各州縣遵奉新詔不許槩徵舊欠不許輕動宗祿邊糧不許擅派民間供應有不遵者題叅拏問庶師得宿飽民免驛騷即日後銷算亦覺清楚不然題留之數什僅二三別項那移什且七八究竟所用者仍

是軍國正供徒爲有司小民多一番苦累耳此餉之當急議者也兵餉具矣而喫緊處尤在用人臣查晉中司道郡守州縣缺者甚多兵荒之後仕者裹足長吏率皆潦倒明經責以保障力恐不勝而才品超出者又不行破格鼓舞易致灰心臣按秦時曾有邊俸行取一疏仰蒙
聖明採納近雖間一舉行未嘗著爲令甲臣謂宜將臨邊臨河各州縣歷俸三年曾經薦揚即准行取永

著爲令容臣受事後上自道府下及州縣有闒茸不肖者卽行題參才力平常者酌量調用邊道著有成效者加銜久任不得驟爲遷轉有司術卓最著者特薦超擢以示風勵至於各處缺員必須銓臣遴擇甲科及鄉科之年力精壯者速爲銓補官得其人防寇安民舉無難事則用人之當急議者也至於晉中兵力單弱則城守最爲急務凡鄉紳士民遇有事之時能倡義鼓率効死勿去其中有勞績可紀者功宜敘錄有仗節不屈者義雖泯沒俱當廣爲激勸急加旌表庶可以鼓殉難守節之風而收家守戶戰之效此尤臣一腔血誠所欲提忠義兩字鼓舞三晉人心者也此外如整飭邊防駕馭降寇等事俟臣到日再與司道諸臣從長商議另行馳奏謹先將目前要著仰瀆

聖聰伏乞勅下該部速爲議覆施行

恭攄微臣拜颺之忱疏

臣本文弱書生豆俎嘗問軍旅未學前以御史奉命賑按三秦艱苦萬狀幸獲瓜代承乏清署二年於茲抱慚尸素伏遇

皇上宵旰圖治軫切封疆於本月十六日召對平臺此堯舜疇咨之典臣何人斯與聞盛事蒙

皇上俯賜清問咨以防禦方畧復令各陳所見霽顏垂聽已而畀臣節鉞填撫山西此何等知遇卽書之史冊傳之海內尚傳爲美談而況臣身被之者乎感激圖報又何足言退而思維臣一時奏對雖未盡中機宜然狂夫之言聖人所擇就中有一二關切晉事者敢再一敷陳仰求

聖明卽賜施行可乎如禦　者當禦之於口外若待進口而後商調援議堵禦爲力甚難先臣戚繼光之守遵薊惟謹斥堠築邊牆廣哨探練兵馬布置嚴密以鹵騎不入爲功卽李牧古之名將其守邊正在鴈

門一帶亦惟堅壁清野捐租犒士以養敢戰之氣使
賊入不得利則進無所逞今日禦　之策無過於此
雖然　揷外患也時而進掠亦時而退遁目前惟流
寇原是朝廷赤子爲饑寒所迫化而爲盜今秦中猖
獗已甚近報情形皆聚延安冬間冰結勢必渡河一
渡河則三晉復遭蹂躪必致流毒畿內狂逞中州依
然前日光景矣蓋尾追則奔潰而前招安則旋且復
叛不行會勦終難底定賊之流也何日而止致

皇上赤子肝腦塗地地方殘破萬姓流離田荒賦逋
師老財匱此腹心之病傷在元氣廟堂之上尤宜加
意伏望
皇上勅五省督臣陳奇瑜速於十月望前提兵河上
自東而西三邊督臣洪承疇提兵鳳平之間自西而
東勅延綏撫臣張伯鯨陝西撫臣練國事各發銳師
定謀協勦勿縱賊渡河臣領勅之後星馳入晉料理
兵馬親赴河干與諸督撫戮力一心犄角挾擊以奏

膚功斷不敢諉責於人而卸擔於已也葢賊在延安
以四五督撫左提右挈兼之秦中兵力足以辦賊圖
之甚易但流賊不渡河則內地土寇自然膽寒無揭
結響應之患豈徒三晉安畿輔兩河皆安臣之言爲
天下非爲晉也至招安一說最宜愼重書云殲厥渠
魁脅從罔治此千古帝王勦撫定案卽屢言殲渠散
黨正得此意未有渠魁不殲除而脅從可以解散者
也臣曩在秦中稔知將領有節制者絕少所勦殺多

是脅從而所招撫多是渠魁此輩狠子野心勢難馴
擾加以邊地窮荒無房窰可以棲身無牛粒可以耕
種有司綏輯無方安揷極難自非闢以衣食之源予
以生聚之樂而謂免死一票可令其搏心揖志恐不
可得則解散脅從一著亦不可不愼圖而熟講也伏
望
皇上速賜俞允諭兵部馬上差官星馳傳飭則地方
幸甚臣非不知兵難遙度而灼見流寇情形海內安

危所係故不敢不再聒天聽也若夫吏部左侍郎張捷之推臣非能知臣者也亦非從封疆起見也捷生平反覆傾邪臣鄉不齒臣素恥之適見三晉危地徼臣病軀謂可困之以所不能且臣辭則坐以巧規避臣任則誣以盼要津鬼蜮心事最爲叵測而不知臣致身之義報主之誠講之熟矣昔虞詡治盜於朝歌李綱宣撫於太原皆權姦爲之穽也而詡謂事不避難綱願進而死敵純臣大誼固當如此臣器慚盤錯志抱孤忠以聖明簡拔爲榮以朝廷嚴疆爲重自今以後惟有殫精報國誓生死以靡移盡瘁鞠躬置利鈍於不問而已他何計焉惟是山西外防鹵內防寇而兵馬單弱無一足恃數年以來撫晉而遭罪斥者五人矣時勢艱危須從頭整頓封疆之吏事事仰承廟謨奉以周旋語曰戰勝在廟堂所望在廷諸臣公忠體國共爲封疆凡請兵請餉呼吸機宜各矢和衷力求共濟使臣消其憂讒畏譏之念而一意爲保釐勘定之圖恃有聖明在上鑒徹臣孤危之踪使臣竭力報稱不負我皇上賜對特遣之意則臣死且不朽矣

寧武三晉重鎮大將急宜得人疏

山西一省雖外倚宣大爲藩蔽近日鹵騎闌入遂同劇邊臣取道紫荆歷平鴈等關見數百里之內遭蹂躪所在殘破其軍士饑疲馬匹倒損景象蕭條有不忍言者寧武尤三關重地而將士驕玩成風素稱易譁日者逆 虜咫尺救援不前又乘崞縣之陷而煽其孽焰令邑里丘墟幾無噍類則大將不得其人所係安危如此之重也近報秦寇披猖屢奉

明旨督撫協勦秦中兵力旣集則賊之西潰東奔勢所必至晉北自嵐臨南迄平芮上下千餘里在在可渡而土寇嘯聚山谷者爲夥尚衆日夜欲與謀合狂逞誠岌岌矣誰司閫外之寄而張禦侮之威者則鎮臣是賴近見邸報寧武總兵駐自強奉旨革任矣夫自強之在晉鼓鼙不靈旌旗無色久矣矧今又褫斥吏安望有餘勇可賈者自非其人謀勇兼全且畜有家丁馬匹足資彈壓未易勝任而愉快也臣曩在秦中習知曹文詔張全昌之爲將善鼓舞之猶足爲用不意鹵騎入犯乃一籌不展若此然禦 虜雖不足而禦寇則有餘且其幕下有健丁各數百人衝鋒破敵往往決勝至今流寇聞其名而憚之夫人固有能有不能二將之禦寇固其所能也今晉中正急防河如念其尚堪策勵酌補其一於晉令之戴罪勦賊猶可資其一臂之用如謂懲創伊始法有難寬或令二帥隨帶家丁馬匹調赴晉中立功自贖臣資其兵力與

之戮力行間先聲可以寒西賊之膽而勇銳亦可以挫狂寇之鋒臣藉之如左右手無虞寇矣從來成大功者在文武同心故曰師克在和又曰軍識將意將識士心廉頗古名將思用趙人以其拊循者素也臣在秦所以鼓厲文詔全昌者亦非一日文詔全昌必不負臣故臣思用之非爲二將地也臣因是而有感於馭將之難也張應昌在秦亦屢有戰功而在晉則全無節制今其家丁七百有奇奉有明旨令應昌統

領回泰不知何以久駐汾州非客非主日久食匱地方恐復多事則速勑令赴泰亦消萌杜漸之一道也臣爲三晉過計敢併及之伏惟
聖明鑒裁施行

卷之十一

晉中盜賊情形及勦撫機宜疏

晉自用兵討賊以來蓋無歲不苦賊亦無歲不苦兵究氣上蒸降爲災眚旱魃與野燐競熖民不死鋒鏑則死饑饉故邇來逃亡者既不能復歸爲民而餓殍者又不得不聚爲盜州縣報寇至然後發兵兵來州縣則索糧草而無以應命兵來鄉村則殺鄉民而輒以報功彼前所報之賊久已遁去不可復追而州縣糜糧草鄉民糜頭顱乃盜賊仍舊卒不可靖臣到任

卷之十一 二

旬日諮之司道詢之守令訪之士民言其狀頗悉而盜賊情形已得其槩大略此時山西有三種賊一曰土賊其在交城者煉銀菴上諸寨原是良民所居後爲一二黠盜竊據遂有化而爲盜者約有千餘人劫掠村鎮殆無寧日其在盂縣壽陽平定諸州縣者山中素有逋賊年來結聚漸多亦約有七八百人劫奪行旅禦越人于貨悶不畏死其餘介武霍趙之間十百爲羣鼠竊狗偷不可勝數此輩行徑大約衙蠹爲

之關通店家爲之引線滋蔓不已勢將盜熾但村寨蝟結日久小民驚魂未定官兵一到玉石莫分故使賊巢未破而民廬已墟不可言也臣乃密檄諸縣令謂盜雜民中可借保甲法淸之而鄰近各邑會集鄉兵計擒渠首則餘黨可散也陽曲知縣李雲鴻榆次知縣任濬才誠兩合識略兼人文水知縣白澤知兵有幹才署交城簡較王凝命赤心能任事臣一以責之而諸臣力圖所以報臣各無讓色果如是則旣無

殺良縱寇之患而亦省兵馬錢糧之費此治土賊之略也一曰流賊南關遼州驛也南北孔道最爲衝要自遼州陷南關亦破今遂爲羣盜出沒之區其盜名高徊子又多潞澤逃兵巢於沁源武鄉之山中據險負嵎出沒分掠東西靡定如近歲奪官馬劫貢紬悉此其輩密遣探之約有馬步三千餘非用銳卒數千裹一月糧爲直搗窮搜之計而又分兵堵截斷其去路未易得志也與縣鄰河保而接岢嵐多深山峻嶺

素爲賊藪今賊首與五等負險于雄嘯聚秦晉逋寇近三千人流毒近河一帶最爲兇狡前撫臣戴君恩屢遣官招之不服此須選兵一旅聲罪致討庶洩神人之憤而貽地方以安在南關轄於守南道臣盧友竹在興縣轄於岢嵐道臣宋祖舜此二臣皆曉暢機務胸藏甲兵者臣以責之而近爲防河喫緊兵馬無幾分用爲難當俟河警解嚴臣若得曹文詔張全昌之兵與道臣戮力行間或可滅此朝食耳此治流寇

之略也一曰已撫之賊劉浩然一夥約有二千安插後河底卽臨縣地方也高加計一夥亦約有四千餘安插白塢村卽永寧地方也賀宗漢一夥亦約有五六千餘安插花池窊卽石樓縣地方也臨永石樓皆被賊殘破名爲州縣實若丘墟而瀕河與陝之延川清澗相對其夥黨亦爲秦人前撫臣推誠置腹設處兵糧數百分以給之而要其結寨聚衆若一敵國不似渤海帶牛佩犢景象臣到任後心知此反側子當

令自安遂馳檄頒示以安輯之俾毋疑畏而又使防守官龔能等諭以爾等既食官鏹即是官兵今秦寇躭躭思渡正爾等報效之秋其各選健丁遊騎河上爲吾防河有功一體賞賚蓋用之以安其心收其力道當如是然而結聚終不如解散徒予之月餉不如實收之營伍臣侯親履河干察其動定諭以禍福結以恩信如其投誠向化蔡人吾人自有散遣歸農之法如其陽順陰逆分隊剽掠亦無養癰待潰之理也

道臣盧友竹主撫之事必能結撫之局臣以責之使爲善後之圖必在我選將練兵有制勝之具而後閩風膽寒消其復逞之心也是治已撫之賊之略也是三種賊者實爲晉害而晉人則尤苦兵者何也晉中將士素無紀律每一發兵不藉口曰賊遁則借名曰糧匱必預儲糧草飛輓不竭乃可貲飽騰之氣必設伏堵截奇正相生乃可奏斬馘之功而目今最當申明者曰殺良之禁臣按軍令一欵云凡軍士殺老幼婦女報功充數者斬法如是其嚴也夫殺老幼婦女即賸從亦且禁之況殺鄉民乎殺良之禁嚴而將士自不敢驕肆冒功糜餉之弊庶其少瘳乎至南關爲全晉要衝修復殘驛以通道路多設防兵以禦寇賊此尤不可已者容臣行道議妥另疏以聞茲未敢贅也臣日夕冰兢恐負

皇上委任地方情形不敢不竭力以圖據實入告惟

聖明鑒督施行

遵旨防河敬陳責成事宜疏

臣自十月廿七日到任因前撫臣候代一切文移壓積日久窮旦兼夕殫力批發又查訪弊蠹當裁革將吏當申飭疾苦當諮詢者一一布之文告旬日以來稍有次第一面遣役偵探河上一面調兵分防責成道將蓋不啻臥薪懸膽未嘗一日忘秦寇也臣奉有防河勵勦之旨敢不身先將士雖副將湯九州兵馬奉命勵防尚未入晉臣念此時河氷已堅防禦孔棘

業於十二月十五日移鎮汾州親履河干督率諸將各分信地設法堵禦其責成事宜亦有可按而言者北自偏關而下河津而上與陝西對為河東河西河至蒲州東注而下與中州對為河南河北上下千數百里此河之大略也其在岢嵐一帶每冬例當設防原為防鹵今並防寇近河州縣如保德興縣河曲與陝之神木府谷對是岢嵐道所轄信地當責之道臣宋祖舜近部議以岢嵐備邉委巡寧道寇慎代防今會城藩臬俱缺寇慎署藩司印臣又移鎮省會重地何可缺人此當併屬宋祖舜矣所設防兵則河保營叅將馬科領兵一千有奇駐河會等處遊擊趙民懷領川兵五百駐岢嵐等處加銜守備陳可萬領兵五十餘名駐興縣然神木係延綏東路未聞有賊所慮者興縣嘯聚之寇耳其在汾州一帶近河州縣如臨縣永寧石樓寧鄉與陝之清澗綏德對是分守冀南道所轄信地當責之道臣盧友竹併汾州營叅將常

懷德所設防兵則都司王㷂領兵一百餘名駐臨縣把總周芳領兵一百名駐曲峪鎮堡則峪加銜都司王體貞領兵一百二十五名把總李庫領兵五十名俱駐青龍鎮把總孔白凝等領兵五十名駐孟門鎮加銜守備張必明領鄉兵三百名駐石樓加銜守備王國樑領兵九十二名沿河鑿氷而降丁三大夥皆屯聚近河要害臣亦責令各領健丁隄防反復戒諭道臣盧友竹時刻隄防多方控馭當必有以辨此

其在平陽一帶近河州縣如鄉寧隰州大寧永和吉州與陜之延川延長宜川雒川對岸日秦寇繇此東渡禍至燎原是分巡河東道所轄信地當責之道臣李庭芳并平陽叅將虎大威所設防兵則守備賀明威領兵三百餘名駐吉州守備尹端領兵四百餘名駐隰州而兵馬單弱分布不給近五省督臣陳奇瑜又檄汾州營叅將常懷德領兵五百駐鄉寧潞澤營叅將猛如虎領兵二百駐吉州俟湯副將到當分兵駐防其間尤爲阨要之衝也自龍門渡而下爲河津榮河蒲州芮城平陸垣曲而榮河河津與朝邑韓城對餘與潼關閿鄉靈寶陜州澠池對岸者賊陷澠池繇垣曲渡河是分守河東道所轄信地當責之道臣葉廷桂併新陞遊擊劉保領西兵六百有餘防平陸一帶而蒲芮所練鄉兵最多葉廷桂願以身往來其間與足當一面者也雖然晉所防之河皆賊之去路而陜西河南則賊之來路在兩省督撫斷不以鄰爲壑然堵賊者當斷其去路尤當遏其來路今晉設防河上以數千分散之卒禦數萬方張之寇於勢恐有所不能支必秦豫同心戮力在在設防庶克有濟然封疆之責臣何敢辭惟是防兵之在河干共州縣多被流賊殘破之後荒凉蕭瑟措辦糧草千難萬難客兵如湯九州劉保趙民懷等行糧鹽菜取之題留矣其餘將士可令枵腹往乎此項餘糧臣雖目前設法那借以供之而終不可不予以開銷之路也儻藉

聖明威靈賊不東渡則三晉之福然晉賊日盼秦賊之來來則合謀狂逞視渡河如履平地移鎮以後刻刻皆臣枕戈待旦之日也

河東衝劇要地急需廉幹道臣敬舉所知疏

近見邸報分守河東道叅政葉廷桂陞本省按察司按察使廷桂在河東最久威信最著其設防嚴飭賊不敢犯即陞臬司亦按俸循資非異數也臣既喜刑名之司得一鸞鳳而深憂衝劇之地少一干城急求其人則有一焉今管舊餉司郎中史可法是也臣前賑延綏可法爲西安司理爲臣披荆榛之林探虎狠之窟查名散賑人沾實惠秦人口碑至今頌之及臣巡按陝西可法爲臣祛貪吏剔豪蠹軫災黎訟平政理使吏無遺奸民無冤獄與之談兵事料成敗如聚米而畫山川也幹才敏練無出其右至其守身礪節一塵不染通籍多年家如寒士此其人真才誠兩合器識雙超可以任大投艱恢恢遊刃者也且可法久歷秦中稔知流寇情形於一切守禦堵勦機宜洞若觀火若以陞補此缺人地最爲相宜可法在司勞績久懋當有不次優擢司農方期以卿寺之秩而臣欲

授以監司之任亦以此時封疆爲重防河爲急爲地擇人不暇再計耳即錢糧奏繳半月可完代者苦不乏人知以人事君者不以臣言爲越俎也伏乞勅下吏部覆議將可法以應得職銜陞補山西分守河東道勒限前來管防河事務庶地方得人一路福星有攸賴矣

懦弁不堪禦侮急議調用戰將疏

寇盜之不靖繇於招撫之太濫招撫之太濫繇於兵力之不足兵力之不足繇於將領之不得其人從來無必勝之兵而有必勝之將今之爲將者非浚削爲事則恇懦不前或利其遺賄而致賊遁走或採其去遠而聊一尾追殺一二老弱零級則詡詡然報功矣當事者苦措餉之難懲用兵之害不得已議撫冀以苟且結局而孰知狡賊包藏禍心名爲招安實是牖

卷之十一

聚饑寒之民走之如鶩日聚日多是故盜之不靖其咎總歸無將臣昨以防河之役移駐汾州查驗汾營兵馬額設二千數非不多也設一叅將權非不重也汾陽以西瀕河一帶與泰比鄰數萬巨寇鴟張虎視其地又最危劇也使有勇略兼人之將內討軍實外禦強寇令壁壘改觀旌旗變色西賊聞之心膽寒矣而叅將常懷德非其人也臣見其人恂恂雅飭似有儒將風及進而叩其韜鈐中無一籌矣又進而觀其營伍兵多子虛矣有謂其支放月餉多尅常例者有謂其身臨戰陣不肯勇往者有謂其威望素輕軍士不受約束者有謂其營卒與賊往來傳消息而漫無覺察者汾州何地而可以懦弱之將擁疲羸之卒虛糜餉金乎雖到任未久無大玷疵而叅將一官難勝其任所當降調偏僻地方以全器使者也臣訪得代州副總兵今降二級調用劉光祚原任汾州營遊擊其爲將也勇而有謀威而能惠其整飭營伍則軍威挾纊人人用命其勦禦流寇則計擒渠魁在在成功

卷之十一

馭兵有紀律秋毫無犯汾之士民至今尸祝之曰安得如光祚者而使之復將兵又曰光祚在賊何至披猖若此光祚之自汾而代也諸盜舉酒相賀曰莫予毒也已臣聞之不勝歎息夫懷德民之所怨賊之所侮而光祚民之所喜賊之所憚然則爲汾擇將斷非光祚不可者合無照所降級以應得職銜管汾營叅將事用之於創艾之初則其氣倍奮置之於輕熟之

地則其功立成臣方有事討賊又在平汾之間鼓厲而前必能盪此羣醜以靖三晉是以躊躇再四而終爲之請也

防河之役未終討賊之舉更急疏

臣一入晉陽卽具疏言晉有三種賊曰土賊曰流賊曰已撫之賊及移駐平汾目擊情形始知所報尚多未盡蓋盜寇倚山負嵎而晉中之山袤延六七百里所在皆賊出沒焚掠五六年於茲矣曩特因大股佯就招安所攻劫者皆鄉村堡寨不及郡邑城池遂以爲苟安無事而不知一郡一邑村寨幾何日日焚掠致田地拋荒戸口死逃僅存孤城誰與輓輸誰爲終事此則釀禍有不忍言者臣以防河所關全晉安危兵馬有限既用之河上則不能復鼓之行間勢使然也幸天心悔禍河伯效靈西賊屢窺復遁目前有湯九州兵馬分布設防或可無虞而臣始得一意圖境內之寇矣近據岢嵐道臣宋祖舜報興縣西北兩路賊首飾底兒小裁縫等統賊數千在孟枀寨等處搶掠又神仙洞一帶有賊三股沿路劫擄等情又據介休縣報稱擒獲活賊一名孫俊在五條龍管內爲賊

招稱山内有賊黨四營各流賊二千餘人營在清源縣地方時常分隊打劫行據臨縣報稱降賊高加討聚衆日多將白文村往來鄉民盡行拘留每人給大棍一條口稱兵馬時下來勦你們替我在前助戰不從者割耳又稱高加討營内叛賊满山紅等三百餘到城南八十里攻陷李家塢地窨熏死男婦三十餘口等情又報稱高加討營内降賊頭目馬流神領夥賊劉紅虎等五百餘攻陷三山村劉希明等地窨熏死男婦九名口又陷劉家嶺寨殺死男婦十餘口粟物盡空又報稱高加討近日將四境攻劫降賊謅回一半置辦烘炒晝則分撥四路偵探夜則人不解甲馬不離鞍防備兵馬撲勦又稱高加討領叛賊千餘在本縣周圍窺伺謀爲不軌等因又據南關防守千總官王行諫報稱十二月二十七日夜平遥縣東泉里有賊千餘騎到寨攻開擄搶等情如此塘報不一而足臣竊將地方之寄勦賊安民乃其當責特因防河爲急有稽撻伐兵力難分臣心媿憤竊念晉中流土勾結原非一起攻堡尅寨亦非一朝大約在典嵐者則與四王剛豹五等之餘黨今所號篩底兒小戱縱之類時出沒於忻靜交文之間撫而復叛者則高加討號斷道神者是也其同時爲前撫臣戴君恩所撫者有三大夥一爲賀宗漢一爲劉浩然一爲高加討劉浩然一夥臣購其黨令梟頭目獻功賀宗漢一夥皆係秦人臣諭以禍福勸令回籍此二賊者漸有解散之機容事完另疏奏聞外惟高加討包藏禍心怙惡不悛招亡納叛其黨甚盛此神人所共憤而天討所首加者也此外則沁源山中地一川是賊老巢其賊高回子草上飛之類聚衆數千卽南關之賊也霍州靈石僟民嘯聚亦數千計剽劫客商道路爲梗臣料理兵食日夕不遑當調各營兵馬親督道將入山勦賊賊一日不靖則地方一日不安臣一日無所辭責也但晉中將領兵單從來勦賊必刷調邊兵臣

前請湯九州兵以防河請曹文詔張全昌兵以勦賊益灼見晉中之賊非晉中之兵可以得志必如文詔全昌夙爲賊所畏憚者而臣又拊循有素將士皆樂爲臣用鼓之而前滅此朝食可翹足而俟也近見邸報奉旨調赴鄖襄矣均之爲地方勦賊均之是

皇上封疆督臣洪承疇新奉簡命調集各邊勁兵數萬分追協勦不患無兵而二將健丁合之僅二千有奇舍晉賊不討而遠追楚寇豈以三晉五六年不易撲滅之賊氛臣一病弱書生便可空拳了結之乎曩日秦中止因根株未盡所以釀有今日之披猖若必責臣與本省一二將士謂可辦賊恐異日晉中亦如今日秦中也臣此時不冒死直言迨至釀成大勢不可收拾然後請兵請將亦已晚矣即使二將必不可兼留伏望

皇上睿斷允留其一臣與戮力行間必不敢有負委任即不然二將之兵繇晉入豫必取道平汾彼見焉

領賞以治裝尚需月餘今其兵漸次將抵太原臣就近資其兵力先破高加討一枝勁敵俟兵威大振賊渠已殲之後促二將兼程赴豫其餘零寇臣再與晉中將吏相機勦撫以圖善後此既無悞楚事而可以兼除晉患或亦

聖明所矜允也臣不能不有望於樞臣焉樞臣晉人也豈不知晉有大寇數萬不可不急爲勦除而晉無健將精兵力不足制賊死命乃因二將應否俱赴山西立功之旨遂不能力持前議又如東路叅將劉光祚以失原嵂降調臣請調之汾州用以禦賊取之人地相宜也而近見邸報調補宣府夫人有能有不能豈光祚不能禦　於鴈平者而反能禦　於宣府乎若復憚於改正使臣留一將不得請一兵不能臣有自効求罷而已不忍坐視重悞封疆也

自陳不職疏

崇禎八年例當京官考察臣備員四品待罪危疆理合遵例自陳臣見年四十七歲中萬曆四十一年進士初授福建邵武縣知縣調繁晉江丁父憂起補山東濰縣知縣天啓二年考選山西道試監察御史本年實授天啓三年十月終養回籍丁母憂天啓七年二月陞廣東叅議因忤璫革職爲民崇禎元年奉旨以原官起用補山東道監察御史崇禎二年巡按河

南三年奉差巡按真定崇禎四年正月改差撫賑延綏本年巡按陝西崇禎五年六月推陞延綏巡撫未蒙欽點本年考覈回道管事六年二月推陞大理寺左寺丞本年八月陞通政使司右通政七年三月陞左通政去年九月推陞今官夫臣以一介書生受
四朝恩遇當忤璫革職時已無復出山之望自我
皇上御極錄用廢籍臣乃得有其官
皇上復起臣爲御史以御史者耳目之官與其旋求忠直之士不如仍用已試之人甚盛舉也而臣爲御史珥筆文戟之下幾五閱月嘗具朝廷除奸一疏逆案諸奸很臣刺骨又糾媚逆舊冢臣舊冢臣側目臣特疏論臣夫銓衡要地齮齕一小臣似可驅逐惟意
幸賴我
聖明在上鑒臣孤忠特賜原宥
皇上之保全言官千古所未有也臣無折檻之忠而猥蒙止輦之聽至今追思猶有餘媿是臣爲御史不稱御史職一當罷臣差按河南值鹵騎入犯舊撫臣范景文領兵入援臣移駐磁州蒐練軍卒思作勤王後勁雖一腔忠憤不能自已而才庸力弱不能敵王所愾及賑延綏按陝西幾及二年憂危至極嘔血怔忡抱病至今在臣似無不盡之心而地方終有未結之局視之古人劍牛刀犢之風臣媿滋甚是臣奉御史差不稱御史差職二當罷延綏填撫之推原出意外

皇上洞知臣非邊料故臣得藏拙理署古稱司刑丞如徐有功多所平反夙立臯羣而臣碌碌無表見惟隨法司後一署名牘尾而已臣益媿甚是臣爲大理丞不稱大理丞職三當罷臣爲左右納言忝在喉舌之司書云朕堲讒說殄行震驚朕師命爾爲納言夙夜出納朕命惟允臣在任一年有餘豈無一二讒說顯犯公論倒翻定案者而臣不能止朕師之驚弭殄行之禍惟隨班行一引奏殿陛而已臣益媿甚是臣

爲納言不稱納言職四當罷

皇上念封疆多事加意用人不肖如臣亦蒙

召對霽顔垂聽千古美談造膝披陳略無建白

皇上不棄葑菲畀以節鉞山西何地今日之山西又何時臣戇直迂疎實慚蚊負到任數月未展一籌滿目瘡痍哀鴻未集潢池赤子弄兵不休恩既莫宣威亦未著且臣素有弱症一遇煩勞輒至危困將來有負委任益滋罪督是臣爲巡撫不稱巡撫職五當罷

夫此五當罷在臣猶自知之而況人乎又況

皇上明並日月洞燭隱微臣復何所逃罪雖棄瑕取瑜君父之恩原大而量力程能臣子之分宜審則此番黜幽之典斷當自臣始矣伏乞

聖明將臣罷斥以爲人臣不稱職者之戒臣得跧伏田野咏歌帝力更無所憾臣無任惶懼屏營待命之至

柴菴疏集卷之十一畢

柴菴疏集卷之十二

欽差提督鴈門等關兼巡撫山西地方都察院右

僉都御史臣吳甡謹題

撫晉 崇禎八年

官軍越境追勦叛兵奮勇俘斬恭報捷音疏

臣因防河之役正在平汾要害詢度堵禦偶接叛兵之報深慮流禍內地糾衆焚掠患在心腹不可不除臣是以一面嚴飭道將各於緊關渡口倍加嚴防一

面諭遣路安參將猛如虎從遼州和順邀賊之前臣標下中軍陳國威從平定樂平追賊之後再三申飭相機勦撫不得徒以驅逐境外了事并檄沿路文武將吏一體堵勦去後據分守冀寧道降級管事副使劉孔敬塘報到臣該臣看得孔應麟招兵隨鎮臣王威北去初謂關寧厚餉足以餌之也所招半係汾人半係西兵皆烏合之衆最稱悍黠難馭及應麟領赴大同缺餉不給各兵喪所懷來矣行次廣昌張紅旗等糾衆上山相臨噪聚者二百八十餘人挾器械張旗幟從靈丘平刑繁峙徑走五臺爲東路副將劉光祚兵所追遂間道入盂縣平定一路糾集饑民數日之內衆至五百餘人焚人廬舍奪人馬騾掠人婦女居然叛賊矣臣遣將兩路邀擊再三容諭以相機勦撫而臣標下中軍陳國威之兵追至樂平賊已越馬陵入順德窮數日之力追至真定之大石賊迎敵大戰我兵奮勇斬級六十有三又陸續擒獲十有五名

越境數百里忍饑三四日而能奏此捷音陳國威與鄭取善孫玉等勇於用命其勞不可泯也然叛兵之不敢犯遼和而南爲腹心患者以有猛如虎一枝兵在也今叛兵止存一二百人竄伏真定山中臣竊謂此邊兵勁悍猝難盡戮乘此臍寒凫奪之時遣人招之若俛首歸降除計擒首惡請

旨正法外其餘或散之各營仍令充伍庶不致竄聚爲盜而國法既彰地方隱禍亦可以潛消矣

逃兵就撫歸伍安插已定疏

照得三晉當西賊縱横耽視之時忽有叛兵從靈丘流毒内地初報數千遠近震驚臣聞警親督調度借箸以籌此兵半係邊人驍勇善戰叛志初萌毒焰方張當速勦以聲其罪俟一經敗衄必有悔而願就絛鏇者乃可招也臣遣標下中軍都司陳國威窮追越境於眞定大石莊斬級六十三顆陸續活擒一十五名乘其披靡復遣官諭以禍福并行分守冀寧道降級副使劉孔敬督責府州加意招撫去後適戴罪援勦總兵官張全昌抵晉臣即與商確令招回隨伍以絕他患全昌以爲然亦遣官招撫去後今據道府塘報到臣該臣看得叛則必誅國家討罪之法降乃可宥

聖主解網之恩逃兵張守仁等初不滿三百因錢糧偶缺遂結隊倡逃搶掠鄉村饑民脇從數日之間衆至五百餘人兇燄亦甚熾矣自臣標下中軍陳國威越境追勦生擒斬馘大創之後漸思就撫臣屢示并責該道副使劉孔敬督令府州設法招安有平定州生員張壁星者膽略過人不避危險徑入其營示以禍福各丁始解散擄掠男婦搭耳乞憐矣葢緣孔應麟往來曾統兵防守平定張壁星捐貲犒勞家丁輩多感之者故以其言爲信也臣終慮此兵反側狡悍必得威望之將乃能彈壓無譁適鎮臣張全昌抵晉臣移送隨營勦賊各丁傾心感泣各願效死而勦撫之局幸已結矣乃全昌語臣謂各丁中倡謀首惡多有被官兵殺戮者今僅存一百二十四人查爲首者止張守仁一人在耳所謂張紅旗者是也或誅或宥伏候

聖裁至中軍都司陳國威之斬獲道臣劉孔敬府臣劉漢州臣王孔範之招撫各有苦心消弭隱禍以安地方臣不忍泯其勞除陳國威前疏題敘外在劉孔敬劉漢量與開復職級王孔範紀錄生員張壁星捐

難解紛平日兼有城守之功容臣優行奬賞此亦鼓
勵激勸之一事也

據報戍臣病故疏

原任總督倉塲戶部尚書孫居相因貪吏喬淳一案
被累擬戍在潞州衛左所著伍於去年九月初四日
卒於戍所理宜歸櫬臣於此重有慨焉貪吏之法未
加而老成之人先謝犯巨萬之贓者尚未結案而冒
言詞之過者竟以戍死居相已矣臣不能不拊膺而
隕涕也

生擒渠魁恭報捷音疏

叛賊高加討原流賊中之最兇狡者雖曰就撫實則嘯聚去年九月內將臨縣百姓秋禾任意搶割時遣零賊十百成羣四出劫掠地方遭其蹂躪非一日矣屯踞白文村數百里內焚掠一空自知罪惡滔天法在不宥乃於正月十三日焚巢離穴分掠靜樂忻定之間臣催諭叅將猛如虎虎大威中軍都司陳國威挑選精鋭馬步兵共二千適援勦戴罪總兵張全昌

到晉帶家丁一千合兵追勦再三申飭務殲渠魁毋縱賊遁脫又恐逸入畿輔猝難撲滅移咨真定撫臣發兵防堵協勦去後臣即移駐忻州親督行間節據塘報到臣又據平陽營叅將虎大威塘報擒渠殲黨情形總鎮張全昌類報外所有顯道神并本職部下陣前擒獲活賊王天神押解到臣驗審明白正法梟示訖官兵兩次共斬獲賊級一百四十五顆生擒顯道神等五名該臣看得高加討焚巢出掠兇鋒不可嚮邇靜寧忻定之間鄉村被其殘破慘不可言時陳國威猛如虎防勦逃兵虎大威備禦河津星馳調集各將士晝夜行數百里適援勦鎮臣張全昌已到太原願與合兵勦賊二十七日追至定襄與賊鏖戰高加討據險拒敵鋭不可當幸猛如虎兵繞其後虎大威田應龍等射中其喉而數年窮兇極惡逋誅之渠魁遂獲生擒雖斬級止百餘而就中如耿虎下得海之類皆係頭目與浪戰而割零級者異矣餘黨尚多

遁走平定以東先是臣慮賊必潰逸移咨真定撫臣發兵防堵計東西協擊可指日殲也此一役也張全昌大將旗鼓督戰身先猛如虎渾身是膽虎大威一發命中與陳國威田應龍等合力殲渠皆有戰功同知蔡如衡隨營督糧勤勞備至俱宜加優敘高加討舁至臣所已奄奄待斃見其狀貌獰猙身長七尺亟抒衆憤梟斬市曹市人臠食其肉殆盡卽輿情之共快知血戰之難也至如寧武都司閻智等三十餘

查明功次并追勦情形恭報捷音疏

臣移駐忻州督勦高加討等賊除生擒渠魁斬獲功級已於二月初三日題報訖臣令諸將星馳追赶去後節據潞安叅將猛如虎平陽叅將虎大威臣標下中軍都司陳國威塘報到臣該臣看得此一役也以殲厥渠魁之餘孽形若鳥散而以萬死一生之窮寇勢實鴟張乃諸將旬日窮追屢戰皆捷至斬獲五百一十八級此時雖不無未盡之遊魂然皆潛匿深山夜行晝伏近鎮臣尤弘勲又督兵入山搜勦報斬四十餘級矣若猛如虎虎大威陳國威身先士卒膽勇兼優窮日夜之力滅此朝食而臣閤猛虎兩將以三十騎追數百拚死之強賊於萬仞高岡連換數馬力戰不休尤令人擊節不已有將如此賊不足平也除有功官丁并陣亡軍士臣先行給賞優卹以示鼓勵外近據定襄縣又報王剛餘孽節底兒等賊一股約有數千在本縣東南山白泉郊離城三十里焚搶臣級之捷及各鄉兵所獲零賊均當優賞示勸者也再照師行糧從措餉爲急信賞必罰鼓勵爲先臣頃有疏題留八年新餉奉

旨速覆日今將士討賊伊始而枵腹以待呼庚可虞計臣詎急危彊知不待臣言之再瀆也至張全昌恭人也因家口安頓晉中而候領賞金馬匹以資飽騰且欲待曹文詔到晉與之合營目擊賊氛急期剪滅以報

聖恩勦賊在臣疏未奉旨之時近見邸報有旨催文詔等赴豫臣心惴惴踧踖靡寧其敢隕越明命以干罪戾伏祈

聖明矜宥臣不勝戰兢之至

仍檄三將征勦務行剪滅以靖地方俟有斬獲另報
外爲照晉中兵單餉匱素稱不振臣請留兵將又因
中州告急星馳赴援退而多方鼓勵猛虎等將人思
奮勇屢獲戰功臣本書生有何智略不過仗
皇上之威靈藉朝廷之賞罰懸示將吏曰有功者題
敘陞擢無功者軍法從事而已今叅將猛如虎虎大
威都司陳國威屢立血戰之功似不可不量加優敘
以鼓後效同知蔡如蘅先行紀錄以備優擢然酬功

出自
聖恩非臣所敢擅請也

援將星馳赴豫原非逗遛疏

臣去冬十月一入晉中見盜賊披猖所在焚掠急求
忠勇敢戰之將未見其人以爲安得有如曹文詔張
全昌者而臣與之討賊哉忽見嚴旨處分臣冒死具
疏請調兩將入晉是時西賊尚未流毒中原也張全
昌秦人欲送其母回榆林臣以爲紆回未便乃安頓
家口於太原當其謝事之後盡捐家財以養死士馬
羸強半斃去止存百餘匹頭兵部覆疏蒙特恩給與

賞金一萬以治資裝戰馬三百匹久領未到全昌嘗
語臣云家丁止一千有奇不成一旅又無馬匹徒步
難前必俟曹文詔到日與之共驅而往乃曹文詔正
月二十二日始從大同發兵二月初五日始抵太原
奉旨之日臣屢促兩將星馳赴豫今於初七日長驅
矣其誰敢委明命於草莽也近見兵科都給事中常
　中原告急如火一疏催二將入豫責以逗遛并波
及臣至謂二將酬臣薦拔之德此何語乎古人有言

薦賢爲國非爲私也臣之舉文詔全昌實因在秦時灼知其奮勇敢戰且部下多蓄健丁一旦棄置不無可惜故欲調之入晉勦賊爲朝廷惜將才豈有私乎且中州寇誠熾矣謂晉爲土賊不足慮非也晉中有賊半是往年渡河之秦寇嘯聚山林分掠州縣焚燒村舍千百成羣殺人如麻可曰此鼠竊狗偷也耶且秦中初無二十餘萬賊也星星不滅遂至燎原願當事毋以臣爲杞憂過計也夫肉食者鄙未能謀遠往往賊曲突徙薪之策而貴焦頭爛額之功無事則巢幕處堂有急則手忙脚亂如今日者釀禍已久潰決難收至動天下之兵費百萬之餉悞蒼生者誰執其咎哉可爲痛哭流涕也今賊逼近鳳泗

陵寢關係重大江北無一兵一馬若所調兵將盡從尾追日驅而南莫可底止所當急勅督臣洪承疇先發勁兵一二萬速馳而東堵擊其前戍東西夾勦之勢若夫南阻長江北界黃河各有兵堵截賊如釜魚可盡殲也臣愚忠自矢總爲封疆起見惟

聖明鑒察焉

災異疊告晉事可憂疏

自古國家有水旱盜賊葬敵小人之禍天必懸象以示之所以仁愛人主之至也臣叨撫三晉敢言晉事山右連年災旱七載兵荒沴氣祲氛無以復加詎意維皇譴告震疊未已如沁州臨汾陽曲等州縣所報天鼓鳴地震綠焰如火如雷變異如此之極也臣不敢妄言徵應惟就晉事觀之其召致天變有不待天之告變而始知者赤子糜爛之後郡邑之元氣無存鹵騎蹂躪以來嚴關之單虛如昨禦侮無兵飽騰無餉邊外有　插縱橫腹裏盡流土出沒兼以應候之雪雨俱亢遂致乘時之棍蔣從湖後陵利於焚搶圖已撫而復叛窮黎困於追呼競思挺而走險洶洶皇皇所在皆是況旁觀袖手呼應不靈卽當局焦思展布無策乖戾既已如此災害因而並至民變宜宣何必天鼓之鳴民勞易動何必坤維之震千里赤地一望兵墟白骨夜號青燐宵見又何必氣祲亘觸火光如焰東西閃灼鬱烈如雷而後知其爲變異也哉凡此皆職負乘致寇尸位貽羞既不克爲未然之消弭又不克爲已事之補救率屬無能拊躬多愆儻藉曰明日旦之威示以爲創爲艾之實敢忘如氷如淵之懼臬爲修救修備之圖夫亦曰人事之克盡庶天心其悔禍乎然而微誠薄德豈能感格伏望

皇上深維災變之原妙運挽回之用將臣立賜罷斥俯謝天譴仍別選賢能仰承天意使天人相應和氣致祥請兵兵足請餉餉裕庶綠林潢池之禍漸消而時和年豐之應立至臣惶悚待罪謹具疏以聞

道將用謀制勝殲渠擣窟大獲全捷疏

臣寇賀宗漢混名活地草係前撫臣與高加討等同時招撫者也夥黨約五千有餘皆延綏近邊一帶人去年渡河入晉流毒甚烈屯住石樓縣地名花地窊據嶮牆聚雖陽就招安陰使餘黨四出搶掠秦晉沿河地方俱受其害臣去冬防河時遣平遙縣典史王世禎與加銜都司龔能諄切勸諭令之回籍移會延綏撫臣安插解散宗漢等反側不遵狡詐百出靈霍

隰吉等州縣屢報焚劫皆稱活地草賊臣密行道將用計勦除救民水火去後節據分守冀南道副使盧友竹塘報內稱狡賊賀宗漢一枝屢蒙本院再三勸諭解散負固不服四出搶掠又蒙本院用計作許挑選強壯隨營勦賊立功分發各營食糧差平遙縣典史王世禎同加銜都司龔伯諄切勸諭因委本道移駐永寧料理其事又委汾州營叅將劉光祚至永寧就便收之仍帶多兵以備不虞宗漢等初猶豫不信

本道復差人曲為曉示於初五日具稟到道開報投誆不意包藏禍心欲借此賺城於原報之數止帶二三百到州暗伏二三百於山後又預設奸細二三十名假充道丁併汾州營兵混入城內以為內應渠等初十日住劄柳林鎮距州止五六十里本日午後有署州事判官劉士豪具稟到道本道密與劉叅將商議狡賊到晚作事伏兵外聚奸細內應大有未便不如就渠魁來見時即擒之隨發兵殺勦為得先著密

議已定賀宗漢同各大頭目如大狠頭真名高吾顯虎眼將真名衛進霜四天王真名衛進寶總虎真名賀進卿泥天虎真名張四並不知名爭天王等於十一日午時前來見本道先為温語慰勞除賞折羊酒銀兩外賞以紅紬紅布差人引之見劉叅將到時亦賞以羊酒餅食用間預伏健兵出盡數立殲之隨督本營軍兵併本道家丁勦殺餘黨各奸細與伏兵併

近城之兵齊來迎敵劉參將奮勇身先各兵用命將各賊盡數勦獲茫塘報到臣該臣勘得賀宗漢一夥原係中邊賊最兇且狡嘯聚花地宏焚劫西南數百里之內受其蹂躪非一日矣臣推誠撫諭屢示恩信遣官勸令解散回籍詎負固不服惡焰愈熾今欲收之營伍緩圖消弭之策仍復謀爲不軌藏奸細於城中佐精銳於郭外若非偵探之確預有隄防安能聚首惡並殲於一時而餘黨受戮於次第也哉先是道

臣盧友竹與臣密商殲滅之策嘔盡心血府臣趙之庠屢次具稟謂此賊勾連秦晉諸寇不急爲剪除爲禍臣測道僉高加討叛去臣檄道臣移駐永寧督參將劉光祚兵協勦叛賊而陰圖宗漢乃宗漢等罪惡貫盈天奪其魄光祚手刃渠魁渾身是膽又能於四日之內掃蕩賊巢前後斬級至以千計從前諸將所未有也道臣盧友竹深心卓有勝算妙略恰中微機親皆料理布置方略光祚之功皆其指縱知府趙之庠力贊勦議克佐壯猷措辦餉更饒苦心並應優敘參將劉光祚廣武斬獲之功原案

聖鑒今感恩奮勇力圖報稱儻復其原級以備異日登壇之選亦

皇上駕馭英雄之妙用不妨破格鼓舞者也若加銜都司龔能平遵縣典史王世禎併饒膽智出入虎穴九死一生用謀用間俱得其力似宜量加優陞臣未敢以微弁小吏而泯其勞也雖然活地草餘孽奔潰

南逋實繁有徒而平陽諸州縣殘破至極天久不雨耕種愆期饑民嗷嗷爲盜日衆雖賀宗漢高加討劉浩然等諸渠魁幸已殲除而零賊出沒尚費收拾兵少則力薄不足於勦兵多則餉匱甚艱於食臣憂勞過度心血皆枯不知何日仰副

皇上廓清之望也有鞠躬盡瘁而已

特糾貪吏加耗私派之弊疏

竊惟三晉遭大荒大盜七年於兹民生其間如久病之後元氣虧損奄奄待盡醫者不加培養而日迫以攻尅之劑人之生者鮮矣有司之於殘民何以異是彼紺保障而尚繭絲識者猶譏其不勞心於撫字而況朘削之以自肥潤其爲攻尅不更甚乎臣竊聞齊豫之間加耗爲重不意晉中亦然晉自用兵以來私派爲多不意至今日亦然夫今日所存之孑遺從盜賊鋒鏑中剩有此殘喘

皇上屢蠲屢賑不能冀其生聚者而以供不肖有司之剝削鷹鸇之逐其容緩乎如大谷縣舉人知縣劉芳聲者其穢狀甚可異焉此一官者才本闒茸守更齷齪百端營利無復廉恥之妨一味剝民不恤皮骨之盡加耗至千餘以徵收爲外府取民間賣兒貼婦之錢是可忍也每事有攤派輒因公爲科斂貼百姓敲筋搥髓之害獨何心歟朝廷之額課有限而有司之鑁取無窮新餉之加派苦多而貪吏之私斂更甚若不痛加禁革民不堪命挺而走險誰實毆之臣以爲貪吏不除大盜不止何也盜之日熾繇於民窮民之日蹙繇於吏貪是故除盜莫如安民而安民莫如擇吏擇吏之術在奬廉袪貪夫使吏留所加之耗所派之貲以予民民可無逃也使民輸所加之耗所派之貲以完賦賦可無逋也甚矣貪吏之爲害烈也臣故糾一劉芳聲者以爲加耗私派者之戒庶晉之有司從此而滌濯自勵乎伏乞敕下吏部將劉芳聲照貪例處分更望申嚴加耗私派之禁吏治幸甚民生幸甚

殘黎望恩孔急議蠲萬不容緩疏

據山西布政司呈詳到臣該臣看得晉中見在之盜有限而未來之盜無窮見在之盜自諸兇渠授首之後竄匿山谷多者千餘少者數百督兵搜勦次第可靖所謂未來之盜則各州縣之饑民是也晉民有三苦一苦於兇荒無計餬口則爲盜一苦於追呼無力完糧則爲盜一苦於敲撲無策保全則爲盜此三苦不除盡人皆盜比戶皆盜也特有待而起耳秦中殺轍殷鑒不遠臣故曰未來之盜無窮也昔唐太宗與羣臣論止盜謂民之所以爲盜者繇賦役繁輕徭薄賦選用廉吏使民衣食有餘則自不爲盜臣三復爲之流涕雖然此猶就居嘗言也今觀三晉之時勢則尤可哀痛矣鹵寇交訌兵荒洊至臣嘗行間目擊有數千家之邑竟日不見炊煙但數間破屋仰見天星而巳惟見白骨橫野一二老癃衰翁奄奄氣息不屬而巳葢其廬舍巳蕩爲黃埃衰草問之則曰某氏之居也某死某逃某盜田園巳鞠爲斷葛荒葵問之則曰某氏之產也某死某逃某盜臣欲招其復業任耕則曰若死若逃若盜巳若而年遺賦巳若而歲業其業則賦其賦有死不敢兇又無人可招無力可耕乎臣爲之抆淚相對及詆州縣則應比之里甲星稀司府之催檄雨下動曰崇禎四五六七年之遺額若干矣捉一欠糧花戶如獲大敵比至杖之枷之抵死而無以應也可奈何則爲晉之民者催科既無可催科徒驅零星赤子殉之於敲朴之下而巳敲朴又無可敲朴徒驅逋賦頑民盡之於潢池之中而巳爲晉之官者考成既無可考成徒令爲法受過者刺手而待參罰之至而巳參罰又無可參罰徒令日暮途窮者灰心而待褫斥之及而巳臣目擊心隱而不以入告是臣負

皇上而悞蒼生也臣罪多矣且三晉之州縣有百臣不敢一一槩市德也舉其殘破之尤甚者數處此數處

者蠲之亦逋徵之亦逋急徵之亦逋與其徵之而有
司以空名爲
皇上欽恤急徵之而有司以空名爲
皇上醲恩孰與蠲之以明朝廷德意乎且蠲之則反
側有首丘之望田廬有還定之期生聚急公不過數
年徵之則逃者不復歸聚者又復逃俱毆之而爲盜
是徵之逋無窮期而蠲之逋能幾何也
皇上固圉保民當有不待臣言之畢者矣伏望
聖恩赦其夙欠停其近徵一如司臣𦍑廷桂言如沁
水河曲遼州和順樂平隰州永和大寧蒲縣臨縣石
樓平順興縣嵐縣靜樂靈石黎城吉州鄉寧岳陽垣
曲沁源永寧州寧鄉汾西二十五州縣俱當免其七
八兩年一切錢糧并蠲六年以前拖欠如平定忻州
武鄉沁州榆社絳縣翼城浮山平陸霍州萬泉陽城
襄垣屯留十四州縣當蠲八年正徵十分之五并蠲
六年以前帶徵令有司之爲元結者得舒四體以行

撫字刺史之爲賈悰者得蠲徭役以招荒散則化賊
爲民不至驅民爲盜臣得以收拾殘黎保合餘燼以
報
皇上一二年之內民安盜息而搶攘之局底定矣如
謂邊土民屯額必不可缺而欲取足於待斃之孑遺
臣恐援勦百萬之費不少於災黎逋欠之數也願司
計者熟籌之也近見戶部覆臣疏爲繁峙諸州縣議
蠲議停所蠲者僅及遊餉存留夫遊餉預徵完納過
半所欠無幾存留係驛站及官生俸廩之類然亦幾
何謂之未始蠲也亦可臣對此殘民痛哭流涕仍請
命
皇上照大同靈邱例速賜蠲賑總被鹵患俱屬邊邑
無異視也更有請者晉中七載兵荒殺戮逃亡者十
居五六糧起於田田荒而糧在徭起於丁丁死而徭
存有司競尚繭絲致累見在里戶包陪有一丁而陪
數丁者有一里而陪數里者富者皆窮窮者皆盜臣

行各州縣清查絕丁荒糧其丁絕者盡行除豁其徵荒者望量寬考成分數以免百姓陪累之苦尤目前救濟之急著也

標兵經制允宜畫一疏

臣履接部咨奉

明旨內云巡撫標兵以三千爲率准另爲一營不許與戰兵牽涸欽此臣自到任之後因防河戒嚴親行調度嗣以討賊督兵行間查覈未詳酌議未定不敢草率具疏昨又准兵部咨文奉

明旨內云各鎮撫臣標兵多者減至三千爲額少者仍舊不必槩議增加欽此臣細查山西標營舊制原額標軍七百三十四名中軍一員月支廩紅等項十五兩六錢六分坐營一員月支廩銀三兩千總一員月支廩銀二兩四錢把總二員每員月支廩銀二兩一錢每軍月支餉銀四錢小糧米三斗每歲支布花銀三錢折色銀七分馬騾七百四十三匹頭每月支料九斗草三十束俱照時估不等大約共用銀一萬六千五百八十兩有奇小糧米二千六百四十二石有奇此標營舊額也自崇禎二年前撫臣耿如杞因

鹵犯入援添設軍丁併節年征勦流寇收彝漢丁共三百二十九名合前共一千六十三名餉銀不足至取北樓缺額空糧三百六十六分支給各丁惟馬騾節報倒損甚多止存三百六十五匹頭兼以大荒大益州縣殘破至極所徵民屯銀兩徵解不前今迭欠月餉半年而小糧米取之軍屯歲凶絕無徵收年餘未給軍士饑疲遂不可支矣臣竊議得標兵三千始成一旅山西獨苦措餉之難已不敢望增數倍惟是

外鄰強鹵內多狡寇原與他省不同若僅止千兵實不足供折衝禦侮之用明旨所云不必概議增加益酌量於緩急之間非概不許加之謂也至原設廩糧等項太薄官不足以養廉兵不足以餬口欲加訓練難矣今臣做督臣標營之制准部臣酌議之規從頭清理寧簡毋濫務求畫一以垂永久大約兵以一千五百為率馬以七百匹為率中軍設參將一員每月應給廩紅等項銀十八兩坐營守備一員月給廩紅銀八兩千總一員月給廩銀四兩把總二員每員月給廩銀三兩馬兵管隊二十八名每名月給餉銀一兩四錢步兵管隊三十二名每名月給餉銀一兩有馬彝漢軍丁三百名每名月支餉銀一兩二錢有馬營丁三百七十二名每名月給餉銀一兩步兵七百六十八名每名月給餉銀九錢每軍歲給布花銀三錢折色銀七分為數甚少然以原額屯米令各丁通融支算不必議增馬騾七百匹頭每匹月給草料銀

一兩較前額微減比見在之額兵添四百三十七名當選募健丁馬騾補三百三十五匹頭當於兵部解發六千兩內買補又禦鹵長技莫如火器應添火器守備一員月支廩紅銀八兩令領新兵管訓練以便責成添把總一員月支廩銀三兩以上每年官軍共該支俸廩月餉馬匹草料等銀二萬七千四百五十一兩八錢內除原額銀一萬六千五百八十兩三錢并除北樓空糧應還召募選兵外實該增添銀一

萬八百七十一兩五錢遇閏外加銀二千二百四十一兩四錢伏乞勅下部議或取之停貲或取之裁扣民壯工食以充前項軍需兵止存三千之半餉爲之邊腹之中雖於舊制微有所加而較之各鎮猶存見少此舊額不可再裁者也至領兵各官亦宜酌定如見任中軍都司陳國威忠而且勇雖面有何歷停已久屢著戰功節經題敘在案近日越境追剿逃兵及勦高加討等賊斬獲功級俱載塘報似應加恭將職

銜仍管中軍事事權既重則營制一新臣責以整頓易易矣中營守備往年皆劄委之官新經裁革當選謀勇之將臣訪得蒲州營加銜都司薛敏忠起自行伍屢立奇功近日防河勞績尤著兼有健丁百名馬五十匹足資折衝若推補此缺臣可鼓勵以收勦賊之功又訪得原任守備馬一麟技勇兼長膽氣絕人臣近招致標下驗試其所製火器委多可用應授以守備當管訓練火器爲防秋城守計斷不可無此一官也其餘千把等官及各軍丁容臣逐一選汰務精銳敢戰以少勝多日今流土諸寇所在狂逞就近督勦調度更便且省會藩封要地不有勁旅何以居重該臣謹會同總督宣大山西軍務兵部右侍郎楊合詞具題伏乞

皇上俯從臣請勅下戶兵二部速議具覆臣得及早選練以新營制

臣病萬難痊可危疆不堪重悞疏

臣樗櫟散材蒲柳弱質通籍二十餘年非簿書鞅掌則攬轡馳驅致身之義不敢不勉况蒙聖恩拔自蹷籍以洊至今官恕其狂愚曲加委任高天厚地莫可爲報今塡撫山右矢竭涓糜以紓西顧豈非至願臣獨何心敢以病請而展轉思維微臣性命爲輕朝廷封疆爲重若因臣病致悞地方死難塞責又何敢隱忍不言謹以臣近月病狀爲

皇上陳之臣之病始自崇禎二年冬十二月是時廵按河南逆　犯順逼近京邑撫臣范景文督兵入援一時倉卒風鶴皆警臣移駐磁州因地方空虛荒盜相因募兵補伍及一切文案山積晝夜靡寧忠憤塡胸憂勞過度遂得吐血怔忡之病臣年纔及壯初不爲意役竣回道復從眞定改差延綏賑濟採虎狼之窟披荆棘之林艱險備嘗兼風氣異宜水土不調夙疾轉劇賑濟甫竣又蒙差按陝西日在戎馬蒞蹴之場憂危至極心血俱嘔而前疾益甚曩曾具疏將情哀籲奉有督餉將吏不得稱病之旨扶病視事秦中士民無不念臣危臣者荷蒙聖主寛恩幸及瓜代數年以來藏拙冷署強半著籍從事藥餌去年六月疾復大舉延醫調治正欲具疏請告而適值卣報孔棘未敢拜進不意悞被廷推廵撫山西會推諸臣無不謂臣多病恐難勝任者不待臣自言也特以

聖恩隆重晉地殘危不敢遽辭力疾趨任已六閱月矣到任以後不遑寧處奔馳平汾鼓勵道將督兵防洞賴皇上威靈西賊屢窺未得竊渡大同逃兵叛入五臺警報一日數至臣從平陽星馳入省數晝夜行六七百里發兵追勦賴皇上威靈勦撫並用幸無他虞高加討賀宗漢皆寇撫後復叛擁衆焚掠人心洶洶臣移鎭忻州調兵征

討賴
皇上威靈渠魁俱殲斬獲亦多凡此皆臣職分內事湥以不獲先機消弭負罪地方何敢言勞而心血不覺耗盡元氣因而傷損三月初八日仰遵移鎮明旨十一日行次介休病遂大作吐血數升昏暈仆地半日方甦旬日之內吐血不止怔忡達旦不能成寐延醫王夏診視相顧咋愕稱是積勞之極大傷心血虧損元氣非數年靜養遽難痊愈調治數日臣繫

心河上萬不得已輿疾南行二十二日至平陽檄同知盧恢務往查沿河防兵監紀同知范廷輔催督叅將虎大威等亘絳一帶追勦流寇纔一披發而眩暈不省人事者久之日來神不守舍事多健忘虛火上炎頭痛欲裂骨蒸煩熱面赤如火耳作蟬鳴時喘時嗽或痰中帶血或腰背酸楚飲食減少形容枯瘦臣簡查方書自知此症名爲勞瘵凡得此疾十死一生臣不覺仰天隕涕壯志未酬主恩未報一腔熱血灑向何地今委頓旅署晝夕呻吟苦難名狀臣始知有性命之憂矣河上雖報賊遠地方正思拮据而臣病若此一身狼狽萬念灰冷命也如何竊念風寒飲食之疾可治以湯藥程效旦夕而臣耗者心血傷者元氣虛損勞弱全在精神非湯藥所能治旦夕可計效者臣身任何事而可以病軀復爲
皇上料理封疆哉使臣一旦塡溝壑以死勤事亦可無憾今抱此萬難醫治奄奄不起之病日深一日則

地方事必日悞一日以狗馬之病而悞地方之事以癆瘵之軀而肩封疆之擔不及早引退致遺君父西顧憂臣死不瞑目也臣之病秦中士民知之長安諸臣知之非始於今日委因今春舉發萬分危篤醫藥罔效事務廢弛恐悞封疆瀝血上懇非敢以危詞聒瀆
天聽惟望
聖慈垂憫放還田里若幸而少延殘喘圖報尚自有

日卽不幸溘焉朝露得歸骨先人之壠雖死之日猶生之年也

栗菴疏集卷之十三

欽差提督鴈門等關兼巡撫山西地方[illegible]右僉都御史臣吳甡謹題

撫晉 崇禎八年

鹵賊幸已出口微臣席藁待罪疏

臣於本月初六日督兵繁峙繁峙去茹越口六十里據東路營叅將劉宗苗塘報是日午刻鹵賊出口已盡寧武鎮臣提兵應援應州臣分布標太等營官兵於各隘口以資聲勢爲夾勦計令猛如虎領兵駐馬蘭虎大威領兵駐茹越陳國威領兵駐胡峪計鹵賊之掠應朔不久亦當出邊諸將雲集或得一創臣席藁待罪久矣今乃敢請於

皇上也晉雖三關設險畢竟以大同爲第一重藩籬名爲邊鎮實同腹裏兵馬之單弱牆垣之頹圮樞峙之空匱

皇上所洞鑒也自去秋蹂躪以後屢奉

明旨申飭嚴備修防不啻三令五申臣敢不黽勉從事而積壞已久整頓爲難且備火器嚴城守詰奸細飭保聚堅壁清野以忠義激發人心以賞罰勸懲將士臣之所能也立枹鼓使三軍奮勇敢戰身先士卒令人人用命奏斬馘之功非臣之所能也今鹵賊詭謀甚狡自入陽方直走忻州意圖太原臣幸駐忻州率民死守飛調三營將士檄村民歸併堡寨用火器擊賊以是城堡無恙所掠者山中牧放之牛羊及秋

禾徧遭蹂踐而已然賴有督臣楊嗣昌勵師代北共奮同讐殫力固守邊鎮藉以寧謐臣始得一意調集各營之兵遏賊南下之路而解忻定之圍此殆邀有天幸而總無以解臣之罪邊吏不戒致鹵闌入內地蹂躪浹旬來不能禦去不能殲罪一也鎮將畏賊如虎臣不能作其勇而敵所愾罪二也援兵遠者既不能旦夕到而近如雲鎮又以寧武道臣不卽給支糧草之故悻悻而去罪三也寧武兵不能辨賊又素慣譁逃所過村堡遭其騷擾民間苦之不啻如鹵臣格於鎮臣不能約束而多方令三營將士爲之前驅以防其潰卽此一事尚費調停安望殺賊罪四也臨邊各州縣營堡屢經兵荒蹂殘之後儲積孔艱所在空乏而臣無足食之術罪五也臣本非邊料又有嘔血怔忡之病恐悞封疆不得已屢乞骸骨原非假托今積勞日甚積眚日多積疾日深以虛癆之身負艱危之擔不自量力召侮有因罪六也臣有此六罪安所

逃於斧鉞伏望

皇上先革臣之任使臣得一日之暇從事藥餌調治病軀少延喘息急簡精力幹濟之臣料理晉事然後

勅下閣部議臣之罪恭候

聖斷速賜處分以爲封疆之吏不能嚴守封疆之戒

臣生死銜恩沒齒無怨

山右鹵警方殷流寇乘虛可慮疏

竊照秦賊數十萬流毒五省飄忽無定其偵探則雜布於九流之中其衝突則搗虛於無備之地年來所過各省州縣備嚴則去備疎則攻有兵則避無兵則掠此其情形之大略也目今大兵雲集殲滅在邇督臣洪承疇設奇制勝碁布星羅環豫楚以列營聯秦蜀而布陣到處是兵無險不據蠢彼遊魂立覩授首此其時矣臣有深慮不得不預為早計以共圖萬全者臣計蜀有劍閣連雲之險楚有洞庭漢江之阻豫有陝雒嵩潼之固今扼要之地俱設有重兵使賊畏而裹足獨山西一塊土與秦寇所隔僅盈盈衣帶水耳臣日與諸道府悉心料理為防河之計者不遺餘力自醜鹵闌入臣待罪代北廵東守南兩道俱缺推者未來料理乏人各營精銳調集防邊長河千里幾若既脫卽分列弱卒數百其何能守近接督臣洪承疇六月十七日咨文內稱親督將兵入秦督勦但大賊二三十萬分股數多四散逸走其西安平鳳與慶陽延安到處可以相通隨地可以奔入若一奔入鄜延上下處處皆可渡晉本部院先慮晉中東岸急宜防堵今賊苗頭已向鄜延等語臣晝夜思維晉在河東秦在河西與其待賊將泊而防之於東孰若乘其未渡而遏之於西恭今日發兵措餉六月辦賊者乃勦局也言勦則必困之死地令其一步不敢動殲之行間令其一賊不復留當必不令其狂奔復竄伺河臯而以晉為壑矣以臣再計之潼關朝韓而北宜雒綏葭而南當有大將建旗鼓領勁兵五六千堵勦於鄜延河上塞其奔軼之路以六萬之衆而抽此一旅非為防河實以勦賊知督臣計周桑土當不再計而決也不然蜀楚中州之要地皆設兵防堵獨山西對峙不聞樹一將發一兵致寇乘虛而舍晉可適矣豈數萬之師不能勦之於秦者而望千百之兵守千二百里之河而必其能防之於晉乎臣非敢卸責於

秦而弛防於晉也在晉以守為防無不罄竭之心力而兵寡河長分布難周結筏偷渡窺足易入秦不勦賊則已秦而勦賊也鄜延之間可無大將重兵扼賊奔潰之路乎哉不然秦寇潰而奔晉晉兵單餉匱必不能禦勢必復煩督臣提兵而東迨兵集之日恐賊已奔畿南走河北窺山東其決裂有不忍言者臣以勦兼防之說不獨係全河東股肱亦以鞏固神京右臂廟堂之上不可不熟計早斷者也

彙報擒斬鹵賊功級情形疏

鹵賊未入犯之先屢奉明旨申飭保聚之法多備火器歸併堡寨預懸賞格共為防禦鼓勵計者至周悉也臣飭所屬州縣遵行惟謹各鄉堡寨查給鎗砲火藥鄉民皆能奮勇擊賊賊以是屢攻堡寨不能剋而被鎗砲中傷死者甚多強半拉去無徵不信不敢入塘報也而斬鹵首百餘級擒活彝十餘名奪牛馬無算種種見報臣一一親驗皆實量賞示勸乃將士反不能乘戰擊惰何哉亦足羞矣內如鄉紳訓練親丁如吏部郎中孫傳庭之遣王承嗣等用飛砲擊賊賊以遠遁又遣孫劍等設伏奪獲馬騾進士丘茂華遣家丁田應秋等擒獲活彝所吐情形最確又如鄉民李茂奎李之本等皆斬鹵首各二級呂令村收彝箭至千二百枝賊竭力仰攻而鄉民効死弗去獲其雲梯等物安守福等已為鹵所掠能乘機殺賊潰圍而出幾與副將猛如虎等筐村之戰王忠賈村之提先

後競爽如此者功固可泯乎哉鹵之不敢南侵旋復北遁未必不得力於此矣鹵騎突如其來蹂躪內地二十日矣援兵無一至者而僅僅得此於士民城堡無虞茲賴廟社之靈邀有天幸矣若不分別敘賚何以鼓勵將來而作人忠勇之氣乎所獲馬騾百餘頭匹擇其膘壯者給價留營給軍士騎征之用餘給本人充賞首級活夥臣量行給賞仍應照例頒給大賞合於督臣所請懸賞銀內咨取臣一一分給示以朝廷鼓舞德意夫式蛙之怒可以作勇市駿之骨可以致士得

皇上一番鼓勵堡寨皆設險村農皆制挺矣

晉士凋疲已極懇蠲優免之征疏

崇禎八年六月十一日據山西提學道按察司僉事袁繼咸呈詳到臣看得生員有優免自

祖宗朝而已然矣士爲民之首所爲免其徭役優其生計將以育才養恥儲異日之用也故養士不厭厚也我

皇上風厲學宮甄陶多士教之育之意甚懇懇前者以軍餉告匱司農無所紓仰屋不得已算及生員之優免此權宜之計非正大之規也然使處安富之地享樂利之休即捐俯仰之資以急軍國士赴義惟恐後而非所論於晉之士也晉自大兵大荒被盜被鹵六七年於茲無不殘之邑里無不逃之戶丁無不蕪之田畝民之脇從爲盜與展轉溝壑者十八九矣凡我諸士妻子被鹵身死鋒鏑流徙他鄉田廬蕩盡至有不能具冠衿奉父母者他省所未有也今各州縣錢糧經臣題請蠲者蠲矣緩者緩矣生員優免亦無

可優免矣而猶且徵之比之不得與齊民遨一視之仁非所以恤士也臣查山西一省生員優免銀共一萬一千餘兩止三四兩年完解耳至五年止完解一千一百八十餘兩捉襟露肘已可槩見自後奉旨免徵拖欠至今近又奉恩詔豁免六年以前拖欠諸士間之方爲手額乃豁免之詔甫頒而復徵之令旋下何以示信且前此既多拖欠豈後此遂能全完計今日取之士子者額雖近萬完僅千餘朝廷不靳十萬以賑饑民又何惜此數千不以業貧士乎臣竊謂晉之生員優免一項仍宜遵照恩詔豁免便益以其佐軍糈者無幾而失士心傷大信所關固甚鉅也

防河禦寇並急要地單虛可慮疏

竊照交城山一帶綿亘六七百里南界交文東連陽靜西接汾永北通興嵐深崖峭壁層疊紆迴實爲盜藪近有小裁縫王剛餘孽等賊不時出沒其間因此山分隸各縣不相照應賊至請兵迨兵到而賊又遁矣以是餘氛難靖此禦寇一要地也石樓隸於汾州遠在西河與秦止一衣帶水地方殘破已極斗大一城孤懸河畔四野蕭條幾同甌脫前守南道臣盧友竹議欲倣靈昌州之例歸併寧鄉臣以

祖制未敢輕改而士民亦不願爲附庸其議遂止今西寇耽耽思渡土賊不時竊發如花地穴崖頭等處甚爲可慮是防河一要地也自非各設守備領兵駐防未易收敉寧之効矣臣屢行各道從長酌議去後今據署分守冀南道事汾州府知府趙之庠呈稱石樓設守備一員把總二員以資捍禦仰今財盡民窮不敢議設餉糧查得雲東飛等賊殲滅臨縣吳城青

龍解嚴卽將臨縣防兵一百七員名靑龍防兵一百七十員名吳城防兵一百四十二員名共四百二十員名頗成一旅其各軍月餉有頂食太原三衛空糧者亦有地方設處者見今西賊披猖仍依舊貫惟設守備一員把總二員每年公廪等項查汾州府屬汾陽平遙介休孝義永寧寧鄉每年派監視人役工食銀共五百二十八兩監視已撤此銀移作添設守把廪紅等項其餘銀兩留爲本營置買馬匹器械幷軍士月餉不敷之用不費公帑不派小民庶要地轉危爲安等緣由到臣又據冀寧道臣馬之陞呈稱文谷口原委有防官領兵二百餘名中有文水縣揀練鄉勇近奉旨給與工食然兵寡不能禦賊今宜添設守備一員把總二員於本院標營撥發步兵一百名本道門下馬兵撥發五十名本院所委防官張士俊帶有家丁一百名自備馬四十八匹合之得馬百匹兵四百五十名亦成一旅卽以張士俊統領駐兵於三座崖梁家掌等處居中防禦除文水鄉勇及標營本道馬兵原有工食額餉外其餘卽於交城等縣鄉勇工食中分給亦爲易辦等情到臣臣再四籌之交城山寇大約村民與之相通倏去倏來無有定巢每發兵入山賊輒遠遁未能盡勦費餉已多若居中設有守備駐有防兵則偵探旣確無玉石俱焚之憂扼險堵防有虎豹在山之勢此禦寇之便計勝於勞兵費餉遠矣石樓逼近黃河其地土荒蕪百里之內俱無炊煙地僻則譏察無人河窄則寬涉甚便且蕞爾孤城單危易乘若設有守備駐有防兵則分布河干可以張勢禦外合爲一旅可以堵寇安內此防守之便計勝於倂縣爲州遠矣今據兩道臣言兵馬錢糧撥派俱有成議不煩增募不費公帑此鑿鑿可行者也惟是將領關係最重不得其人與無兵同臣查訪得中路援兵營中軍張士俊七尺雄軀超羣勇略素有戰功載在塘報本官養健丁百人自備馬四十八匹

有志立功亦近來赳桓之選也似宜授以交城山守備實缺責令勦賊臣標下加銜都司龔能臨機應變饒有膽略熟諳西河地利擒賀宗漢斬雲裏飛等來往賊營皆用間成功威名素寒諸賊之膽堪當一面似宜授以石樓守備實缺責令防河臣見近日樞部裁革剳委諸弁無非欲重事權之意故必奉有欽依而後威令始行彈壓始重今之議設實一時權宜之急著也儻流氛已靖枹鼓不驚事後不妨議撤也

流賊攻陷陜州河北震鄰可虞疏

臣於本年十月初五日具疏恭謝
天恩即於初六日叱馭而南十二日抵平陽而臣九月內所發太原營兵已駐防平陸標營兵駐防芮城潞營兵駐防垣曲因探賊者屢報河南靈陜一帶流寇數萬倏去倏來剳營其間意在渡河而平芮正與對岸止隔一衣帶水也十六日午時據太原營副將管參將事猛如虎塘報到臣該臣看得西賊久聚陜靈之間眈眈窺伺臣屢飭官兵晝夕防堵頃報賊攻陜州於十四日夜二更陜城已陷賊縱火燒毀房屋喊聲震地晉中平陸縣與陜州正屬對岸相距數里西則芮城東則垣曲在在震鄰幸臣所調發猛如虎等兵駐防各渡口旌旗相望聲勢大振臣聞報即從平陽親歷河干嚴行鼓勵稽查船隻盡收北岸以伐竊渡之謀揚兵河畔多備火砲以張糾桓之勢河氷未合或可恃以無恐然亦危矣假令潼關早設大將

駐有勁兵扼秦豫要衝賊豈敢輕犯陝州平今勢甚披猖猝難收拾不獨三晋阽危已也

鼓勵官兵鄉勇協守防河事宜疏

臣前據防河副將猛如虎報稱十月十四日夜賊攻陷陝州與平陸僅隔一河該將在河北岸救渡難民多設大砲拒堵賊寇及臣調發標太等營兵馬分布各渡口聲勢頗振臣親歷河干嚴行鼓勵稽查船筏揚兵張勢絲絲具疏題報去後十月十七日節據守東道臣吳阿衡塘報到臣該臣看得狡賊自破陝州倏東倏西不離沿河一帶眈眈窺伺未嘗一日忘山

西也近報死賊有在蒲城白水者逼近朝韓則蒲州河津對岸也有過潼關閿陝者攻城焚劫則芮城平陸對岸也臣抵平陸閱太陽等渡咫尺陝州孤城被掠氣象慘悽乃初四日賊從閿靈來者又復大肆焚劫幸豫撫督兵追勦賊乃東遁臣抵芮城閱太安等渡隔岸閿鄉防兵指言初二日祖鎮兵馬追賊情形一望山河多成戰場臣一一點查防兵鼓勵鄉勇共在平陸村落荒蕪鄉夫多者百餘少者數十芮城

各渡口鄉兵甚多卽監生任紹統所練六百有奇儘成隊伍其餘皆以數百計與官兵聯絡河干大壯聲勢道臣吳阿衡分設鎗砲火藥足用布政司又解火藥萬觔大砲五十位臣俱令分布要害以資擊賊惟是今歲夏秋大旱故河水淺窄蝢如衣帶氷結甚易蒲州以東芮城平陸間有氷合或不能堅至平陸之東五十里名曰三門山勢紆廻水從三門建瓴而下中有一石所稱砥柱也臣親履其地詢問父老僉云

每年易凍惟去年仰仗
皇上威靈氷橋未結三晉生靈億萬受福今歲沍寒最甚幸氷可以屢邀惟多設兵砲嚴防而已其蒲州以北河津之禹門鄉寧之船窩師家灘乾柴坡等處及吉隰大永等州縣居河東西背陽向陰近報氷結百餘里處處可虞臣採大寧知縣丁嘉謨之議澆築氷牆間設砲臺又令鄉夫晝夕鑿氷平陽營虎大威兵馬於此駐防沿河各邑新遭旱蝗斗米四錢料豆草束俱無覓處轉運皆自數百里之外艱若異常合三晉之兵力與臣之心力不敢不竭盡以圖萬全至成敗利鈍非臣之愚所能逆覩也臣竊謂賊聚於秦隴殲之猶易今流毒各省滅之較難何也從來盜賊不患其聚而患其流不患其多而患其分彼無所不分則無所不掠我無所不分則無所不寡今欲早奏蕩平非勁兵十餘萬每股以二三萬兵綴之使賊饑疲不暇攻掠霆投電擊盡斬其有馬強賊而後老弱可招而撫也俟大寇殲滅稍有次第必如先朝設縣

治設郎撫之例分投安挿奪彼刀劍易以牛犢給之粒種安以田宅大勢乃定流禍乃止若目前兵寡賊多零星斬馘東追西軼終難收拾廟堂之上毋謂此鼠竊狗偷不足慮也臣因報流賊情形而併及之至臣親履河干馳驅於怒濤層氷之間距省會千有餘里一切文移章奏動淹時日伏望
聖明矜宥稍從寬假庶臣得以一意調度防河枕戈

臥冰非所恤也

臣親歷津河嚴督防堵疏

本年十一月初九日據分巡河東道臣羅憲許塘報到臣該臣看得往年流寇每至冬間冰橋一結則往來惟其縱橫習爲固然以是晉地有秦賊秦地有晉賊路徑熟諳如履其家自臣去歲督兵嚴防姑伐狡謀而今冬潜渡益甚河冰早結天亦似欲借之筏者臣歷平芮分布兵馬料理糧餉粗有次第灼知河北要衝惟三門以東故面商道臣吳阿衡移駐平陸多

設兵砲以防之近據猛如虎等所報秦寇窺伺情形固甚岌岌也臣因禹門以北屢報冰結單騎馳赴河津從河津二十五里抵禹門見其形勢險峻兩山相夾中有一門卽所傳爲龍門者是也夏秋水漲勢若建瓴今水淺瀠洄居然安瀾望其北一山遮蔽河水堅厚從此以往接鄉寧之船窩乾柴坡師家灘香爐崖吉州之壺口等處無處不水中有一二處山崖陡峻人不能渡餘盡平坦皆利攸往對岸爲宜雒川往

日渡河多從此地何可不防臣急調坐營守備薛敏忠兵二百八十餘名又檄催道臣羅應許移駐鄉寧徵其從丁二百餘名與黃家佐兵五百共一千有奇分布協防發布政司所解大砲二十位令之扼要擊賊臣因暫駐河津多遣偵探鼓勵鄉勇調劑兵食最可憂者晉中自七月至今亢旱不雨赤地千里二麥未種人心皇皇而平陽各屬爲最甚至鄉寧一縣殘疲至極米豆草束無可覓處四野蕭條山路險惡近

河百里之內無一村一民軍士露宿河畔饑寒可憫臣多方撫恤那措錢糧設法轉輸嘔盡心血饑饉師旅災害並至監門圖繪未盡形容萬一賊擁衆而來稿尚忍言臣日憷心恫惟枕戈履氷與同甘苦竭力守此殘疆以庶幾圖報

聖恩於萬一而已

恭報緊急賊情疏

十一月二十日據採賊快手劉官報稱十八日到韓城縣探得流賊一股見在白水西鄉一帶卩風要從龍門等處過河等情本日申時又據吉州守備賀明威塘報稱大賊苗頭向鄜延雒川懷北黃龍山等地逼近黃河西岸二百餘里且係吉州壺口徑路等情又據陝西韓城縣知縣左懋第申稱十七日報賊在白水地方洪軍門領大兵二萬餘隨勦十八日接本

院明文正欲具報間十九日聞兩路報一報北路大賊繇中部宜君過雒河一報南路大賊繇澄城過雒河俱入雒川界雒川離韓城止一百五十里大賊逼近兼氷橋堅結之時勢必繇禹門船窩等處渡河等情到臣隨將蒲營守備賀震彝兵五百調防芮城將芮城防河臣標下中軍陳國威兵馬一千急調發龍門等處將副將虎大威兵五百發鄉吉與黃家佐薛敏忠賀明威等兵協同防禦臣復差徤足飛諭鎮臣

王忠親督勁旅前來鄉吉等處與各兵堵禦又移咨督臣洪承疇咨開秦賊大勢已竄豫楚頃報有賊二股苗頭向鄜延雒川而來勢亦不小吉州壺口鄉寧船窩等處氷合百餘里在在可虞即有防兵勢難周布延鎮總兵王承恩原奉古磯勦鄜延河西一帶之賊不知近日駐兵何地晉省兵馬單弱本部院素所稔知萬一狡賊犯晉勢必狂逞畿輔逼近京師山左關係漕運安危重大今據報距河二百餘里旦夕可

至非仰藉大兵就近追勦從宜雒一帶遏其狂焰則氷堅之處擁衆飛渡滋蔓難圖事干封疆合差健足馳請救援合咨前去煩爲軫念賊逼西岸萬分危急速遣大兵星馳繇宜雒等處邀擊以扼流氛而晉兵扼險夾勦則賊可盡殲也除差健足陳王化等馳請督臣發兵追勦去後二十二日戌時又據快手劉官前去陝西郃陽縣探賊據知縣范志懋申稱塘馬李計詳等報稱死賊俱在黃龍山後雒川宜川等處苗

頭欲向東北老雅坡延水關等處東渡等情到臣該臣看得秦中大寇如闖王闖將等夥已過潼關掠靈陝結隊而東臣竊謂陝西即有零賊督臣兵力足以殲之然衣袽之防不可不預故臣一聞鄉吉氷結之報即從平芮星馳河津登龍門北望氷橋在在可渡急調薛敏忠兵及巡道健兵協防鄉吉而檄該道駐鄉寧料理兵食臣駐河津遣撥過河偵探乃未幾有賊掠白水西鄉之報有賊走鄜延入雒川之報又有

賊兩股一從宜君中部過雒河一從澄城過雒河之報距黃河西岸僅二百里河津之禹門鄉寧之船窩乾柴坡吉州之壺口皆賊出没熟繇之路往年覆轍可鑒也臣相機移緩就急催調蒲營賀震彝之兵防芮城而以陳國威防芮城之兵防禹門以虎大威防禹門之兵防鄉吉又一面移催鎮臣王忠急領邊兵赴援一面咨會督臣洪承疇發兵繇宜雒邀擊臣飭官兵鄉勇多設火砲枕戈河干萬一狂逞搶渡當鼓

厲各將士同心戮力期會督臣合兵夾擊殲此小醜耳但目前晉兵單弱平陸垣曲亦報河東猛如虎和應詔之兵既不便撤調今調發鄉吉一帶者兵僅二千五百有奇寧武邊兵隔千四百餘里未能猝到臣草疏甫畢而探役從郃陽來又報大賊苗頭欲向東北老雞坡延水關等處東渡夫延水關係隰州永和之界雖有守備張友名及加銜都司胡貢等兵多不過四五百勢不能遏數萬之寇秦中大兵見在白水追賊聞已過黃龍山尾賊之後必無坐視狡賊渡河以晉爲壑之理若督臣速進兵而臣夾勦之計得行亦未必非死賊授首之秋也

秦豫流賊竄渡情形勢甚危急疏

本年十一月二十五日准五省督臣洪承疇咨內稱流寇向在秦中苦於兵單未能制其死命近復添調三邊將兵漸集方圖勦滅賊即多半奔出河南尚有闖將等大賊七八萬在秦中西安腹心重地屯搶本院部督兵披剿闖將等賊即於十一月十一日北遁耀州同官宜君欲乘黃河氷結逃往山西及查以前各賊往來過河必繇延安府屬宜川延川各縣地方經行過河即係山西吉州大寧永和石樓各州縣本院部隨督發延綏王總兵統延寧官兵六千繇同官宜君隨賊緊追又督發陝西左總兵統各營官兵七千繇蒲城白水黃龍山疾趨雒川宜川各沿河一帶迎頭截勦務期前後夾擊使賊不得入晉但恐河氷若凍到處皆可越渡萬一官兵勢難堵勦各賊越過山西則晉豫兩地皆有大賊本院部一身必難分應查河南猶有關寧祖總兵左總兵等各處大兵可以

責成合勦本院部不得不親督延綏陝西兩總兵官兵一齊赴晉追勦然須在晉將領如虎大威猛如虎劉光祚和應詔等各統官兵會合截勦方能使各賊不得遠竄流毒其見在晉中防河將兵今亦不必拘執防堵河南過渡之賊以致兵分力薄總要亟合全力以圖大勦等因移咨到臣二十七日節據副將虎大威等各塘報到臣該臣看得秦中大寇初傳闖王闖將俱過河南不知闖將尚在秦地今盤踞宜雒者

二旬餘矣彼無可掠焱耽耽專爲渡河謀耳然逡巡未敢遽犯者以虎大威等兵設防頗嚴而秦有王承恩左光先兩鎮之兵綴其後也兩鎮兵共萬有三千不知何以日尾賊後不聞一矢加遺豈賊至七八萬寡固不可以敵衆乎若賊折而入晉又何以禦之晉河北河東兩面受敵今豫寇逼近垣曲平陸而三門五虎澗死石灘俱報水堅猛如虎和應詔之兵勢不能敵督臣洪承疇咨會夾勦亦度賊勢重大慮必過

河計不得不出於此耳臣急請督臣檄催王左兩鎮兵星馳宜雒取道沿河擊賊而令虎大威等兵佐其聲勢料賊必當遁去故與其待賊過河而會勦於晉不如及其未渡而夾擊於秦也近據韓城報賊塘馬已到薛峰薛峰去韓城四十里去禹門僅五六十里而虎大威報賊營火光與師家灘相望臣前調標營陳國威兵已到促之分布鄉寧船窩師家灘等處協防其禹門尚有險可據臣願率鄉勇身當其衝惟是

長河千里止蒲芮二處河水未合其餘在在結有氷橋堅厚可渡豫賊逼處垣平秦賊逼處鄉吉河津警報一日數十至諸將士分守各隘踐霜臥氷晝夜匪懈天氣嚴寒異嘗兵單餉匱危苦至極臣鞠躬盡瘁多方鼓勵祈保萬全儻萬有不幸如督臣言臣當與同心戮力拮据行間會兵合勦大遏狂氛不使遠竄流毒亦惟力是視而已

議管理府事疏

陽曲管理一案奉旨已久各宗投詞爭論不一而足臣詰責所司何以不行速結僉曰各宗祖分左右挾制問官動稱越奏未敢輕議臣等謂名封大典管理重任典制炳若日星亦惟援諸理法之當已耳及案既具臣詳閱再四則屢奉

明旨業已洞悉矣而其要尤在弟得先封兄止正名是何緣故此兩言足定慎鈫慎鍔之案查慎鈫之母

崔氏慎鍔之母葛氏俱係已故管理新堆遐妾題參玉冊具在誰敢誣之崔氏生慎鈫爲庶第三子葛氏生慎鍔爲庶第四子俱係新堆庶子題參玉冊具在誰敢紊之新堆以天啓六年病歿因嫡配張氏無出其庶第一子慎鉉亦係葛氏所生延至崇禎五年三月始蒙

皇上欽點管理府事未幾物故乏嗣庶第二子慎閤又復早逝而慎鈫慎鍔爭端起矣慎鍔爲慎鉉同母弟慎鉉既爲管理請封其母葛氏併爲胞弟慎鍔請封情固獨鍾勢亦甚便此慎鍔得先封之故也慎鈫爲慎鉉異母弟鉉意既注於鍔則鈫在所緩而鈫又貧不能得之於鉉故與其母崔氏俱未請封若其請名則在萬曆四十八年新堆未故之先此慎鈫止正名之故也是故論封爵慎鍔封矣慎鈫未封論倫敘慎鈫兄也慎鍔爲弟夫兄終當以弟及而在弟不可先兄況賢能原在伯仲之間而綱常必無紊亂之理

兄與弟之分定封與未封之故明而管理之案可結也孔子曰必也正名乎衆喙爭鳴各爲其私羣言淆亂必折諸聖臣查明弟得先封兄止正名緣故及奏章備細詳載呈詞刪削冗複恭呈

睿覽伏乞

聖裁早賜欽定今紛紛越奏詞多誣瀆控賣非法得

聖明嚴飭而倫法俱正矣

柴菴疏集卷之十三

柴菴疏集卷之十四

欽差提督鴈門等關兼巡撫山西地方都察院右
僉都御史臣吳甡謹題

撫晉 崇禎九年

恭報緊急賊情疏

闖賊聚掠韓城者幾兩月矣忽於本月二十五日焚掠東北逼河西畔臣先檄監紀同知范廷輔赴沿河一帶查飭防河將士臣隨卽星馳禹門駐山頭荒廟

中催督叅將陳國威等過河偵堵親見賊哨直撲禹門河灘稱係曹文詔張全昌賀人龍等家丁搶入賊營者父母妻子俱在山西必欲過河爲我兵用砲攻打始退至二十七夜二鼓韓城之渚北頭衛家村火起探者云堡被攻陷矣賊乘夜上房駕梯攻堡人無固志遂致失守逃出難民臣遣河津典史高擢查明救渡者頗多二十八日早賊酋頭北走楊家嶺趙家山與鄉寧之船窩乾柴坡師家灘相對臣預行嚴飭

而猶慮兵單河東急遣陳國威領馬步兵五百馳守船窩薛敏忠兵三百守乾柴坡黄家佐兵五百與吳復正等衛軍百餘協守師家灘麻子灘等處而飛檄防守吉州壺口虎大威兵互相策應以壯聲援并飭防大寧永和一帶數日來天氣凛寒臣親督軍士於禹門以北沿河打氷乃晝開夜又復合訊之土人謂必至驚蟄前後堅氷始泮此數旬者臣刻刻矢與諸將吏踐霜履氷晝夜防堵期保萬全不敢稍有疎隙

以虧垂成先是按臣巡查禹門船窩一帶險阻不逝備極勤勞又徧歷榮河臨晉蒲州芮平等處河干多方鼓勵將吏益加嚴飭大河以北賊氛漸以寧息今惟河東戒嚴耳聞秦中大兵將赴韓宜勦賊忽傳豫寇數十萬復奔入秦恐又勢難兼顧然叛兵爲禍更烈於賊臣愚以爲曹文詔之潰卒當責成曹變蛟張全昌之潰卒當責成張應昌賀人龍之潰卒當責成賀人龍設法收拾或勦或撫彼以主將誘致舊兵爲

力尚易奈何縱之爲賊綃矣乎各兵家口有在大同左衛者有在太原汾州者有在平陽者昔作征夫今爲叛賊秦晉雖隔寧無妻子之戀線索相牽終是伏莽之戎若不預爲處置得宜恐貽禍三晉未有已也

流賊窺渡甚急官兵極力防堵疏

崇禎九年正月初一日據太原府監紀同知范廷輔塘報稱先是賊攻陷韓城之衛家莊焚搶北走賊勢甚横蒙本院諭參將陳國威帶領馬步兵趨赴船窩相機協防連日天氣甚寒河氷復結二十九日賊在陝西楊家莊搶掠瞭高賊數十名從楊家莊登遏禹門我兵用鳥銃打退是日本院自禹門步行數里鼓厲各兵鑿氷楊家莊對岸至禹門渡盡行鑿開水流湍急又節蒙本院傳諭各營以後各兵丁遇有賊到止用砲銃攻打不得與賊講話令賊窺我虛實中其狡計如有違犯者卽刻正法復傳諭各將營看賊所向務要協力互援移緩就急共保萬全仍飛檄調猛副將兵馬前來策應等因屢蒙發行到職該職逐一遵奉並飭等情到臣該臣看得此股大賊久據韓城薛峰芝川一帶無日不爲竊渡之謀十二月二十八日督臣發曹變蛟崔重亨等領兵勦賊於韓城之咎

村馬莊斬獲百餘級賊北走趙家山而渡河之諜僉急聞闖王等復從靈閿過關以西督臣調曹變蛟等兵赴華渭堵賊而韓城北走之賊盡得焚掠於沿河莊村自二十六七至正月初四河津之禹門鄉寧之船窩乾柴坡師家灘吉州之壺口處處是賊衝突之路臣深慮元旦新節人心易解嚴檄申飭又多方鼓犒賊果以此數日夜驚營攻突屢為我兵大砲打退初四日臣在禹門遣標官陳尚智等過河遠探賊苗

頭漸向西南去河稍遠數日天氣漸和鑿開河氷不復再結似可幸無虞而狡賊出沒叵測倏南倏北臣惟嚴督各將士晝夜隄防必俟河氷盡泮大賊遠遁然後責成臨河各州縣印捕官嚴盤詰以緝奸細遠私船以杜濟窺庶幾可保萬全茲固未敢一刻撤防也

河防幸可無患善後尤貴早圖疏

秦豫諸寇狡謀窺渡非一日矣臣為冬月氷堅恐州縣有司與防守將領沿踵積玩致有疎虞關係三晉安危最為重大具疏上請親督各營兵馬調度河干鑿氷堵禦四月於茲仰賴

皇上威靈將士用命賊雖闖渡屢為火砲擊退近據各處塘報氷橋漸消流氛已遠可幸無虞各營兵馬履霜堅氷巡晝警夜勞瘁至極勢難久駐河干則善後之策不可不周也先是西賊強半從秦入晉從晉入豫其路徑最熟昔年禾地草二郎神等賊從永和石樓竊渡或用船筏或用渾脫在三四月七八月之間過河不必藉氷橋皆係地方官全無隄防貽禍至今臣竊謂沿河原設有防兵如永寧石樓永和隰州大寧吉州鄉寧蒲州平陸一帶有守備賀震簽等劄委胡貢等各領有步兵多者四五百少者一二百當嚴飭各官管川駐防河岸不得私任州縣城內偷

安自便多差撥役偵探流寇情形有警則各持鎗砲截流衝擊賊雖衆豈能飛越乎此當責成防守各官將北州縣印捕官當恪遵慶青揀練鄉兵擇廉幹勤勇之人統領分防各渡口毋有隙懈其渡口酌量要衝一二處印烙官船幾隻以利攸往限定每日某時過渡以便稽查但有逃兵賊細即時擒獲審實正法其不係要衝一切私船嚴行禁止木筏不許近岸違者從重治罪守禦之具無過大砲多方製備暇日教

習兵壯鄉勇於河干演放精熟則有備自可無患此當責成各州縣有司者也山右惟平汾兩郡逼臨黃河而統以三道守東道自垣曲以至河津巡東道自鄉寧以至永和守南道自石樓以至永寧地雖鶩遠而衝要渡口亦自有限若該道實心任事不避勞怨當不時單騎減從親自巡查防官有無在河防守州縣鄉勇有無訓練堪用大砲大藥有無製備私船木筏有無禁止逃兵賊細有無盤獲稽其勤惰分別勸懲儆有廢弛不舉者揭呈臣等糾參拏問則文武各官精神自振旌旗壁壘自然改觀西賊聞之膽寒先聲自有以奪其氣矣若安坐署中效燕雀之智止行一紙文移任各官虛文膜飾而望其備無虞難矣此當責成守巡各道者也臣等業已三令五申仍不時密察嚴糾斷不敢曲狗情面以悞封疆伏乞

勅下該部覆議嚴加申飭庶功令聊如日星將吏奉行惟謹於防河善後可保萬全矣

異常災變慘不忍聞疏

據聞喜等縣申報到臣該臣看得山右兵荒七載災異百出生民殘困未有甚於此者去歲夏麥失收秋禾未獲三冬無雪人心洶洶平陽絳稷靈霍之間開立人市貧民剜死人肉充饑臣等一面嚴飭道府督責州縣動支倉穀并鼓士民輸助煑粥救濟一面具疏報聞籲請蠲恤茲二月將終太原以南微雨尚未霑足太原以北併無雨雪春夏豆麥已屬失望人民

卷之十四

饑而死者遍野負而逃者載道各屬請賑紛紛踵至不意聞喜有人民相食之報如王恩貴等斧劈幼兒之頭刃俘壯婦之腹父殺其子夫噉其妻者不可縷指臣讀之魂驚心悸恐不獨聞喜一邑爲然卽刻行府徧查而該府久未申報臣抵太原又聞沁源等縣饑民亦復殺人而食所遺棄小兒道旁死屍爲行乞剜食者慘不忍言縣官每日止食一飱而有菜色臣等通行所屬槩行設處煑粥賑救并嚴行禁輯外臣等心切痌瘝雖多方設處極力調停然兵荒之地輸措維艱臣駐河津時勸勉紳民拯濟災黎而倡義樂施者有今巡漕御史張宸極之父張家璧首捐銀穀爲倡又有善民郭守才者多方勸募旬日之內得三百餘金分給饑民臣行縣旌奬仍徧檄各屬謂當有聞風而起者而至今未有報臣者卽臣等殫力拯恤不過暫濟目前少緩須臾而已若非

卷之十四

皇上大沛洪恩破格蠲賑恐薄㾠日多從盜者衆三晉阽危其禍患有不可言者伏乞

勅下該部亟議蠲賑於以拯殘黎而奠危疆不容一刻緩矣

特舉真孝廉以光顯俊大典疏

臣遵奉
聖諭於舉貢監吏士民中各舉堪任知州知縣者一
人所舉務求真才實德允堪民牧即將實蹟開款送
部類編進呈欽此臣業於去年十一月二十三日舉
絳州貢生辛全咨送吏部項接吏部咨稱辛全先爲
禮部尚書兼翰林院學士協理詹事府事教習館員
賀逢聖爲訖應咨復另選等因臣竊惟選舉爲
聖明一時特典必有真正賢才可以應側席之求者
方於斯典有光臣所舉辛全誠其人也而已爲詞臣
先得之矣今更密加延訪於平陽府得一人焉則中
癸酉科舉人桑拱陽是也臣以防河之役往返經過
平陽每守令相謁必問地方人才無不首舉拱陽者
有謂其孝於事親菽水承歡躬耕讀書咏歌先王之
風者有謂其慕程朱正學延同志諸生講求不輟四
方之士聞之願以爲師者有謂其清恬自守從不干
謁公府恥與外事者有謂其崇尚風教以名節爲已
任者有謂其躬行實踐明道淑人一鄉之人皆被其
化從無爭訟者臣嚮遂之訪求再四始得見其人藹
謹端莊之士也而留心經濟之學叩其底蘊又非無
實用者誠不意波靡之世而有此挺拔之彥也臣看
得舉人桑拱陽凌霄峻品覺世真儒步趨必軌聖賢
言行一依坊表紹明理學讀清心等歌程伯子之和
氣彷彿親人敦厲淳風致合里無訟王彥方之芳踪
庶幾步武其貞不絕俗介不近名一郡雖有夫子之
稱本生惟循庸言之謹此其度越時賢高寄俗表蓋
真不愧孝廉二字者矣藹藹吉士維國之楨豈但可
以鳴單父之琴鼓武城之弦已哉幸逢我
皇上求賢若渴之會正君子拔茅彙征之秋臣謹據
實薦揚用以光一代闢門之盛典可乎顧秉彝之好
人有同然恐咨送又復偶同故特具疏以聞昭揭中
外與衆共之伏乞

勑下吏部覆加採訪特行優異庶賢士慶風雲之遭而弓旌賁丘園之色矣

給折存本未便疏

看得給折存本之議欲留本色以實邊儲也軍士得折自糴亦屬便計乃各道憂憂乎難之臣駐鴈代訪諸軍士疾苦當爲借箸以籌果有未便者五焉所云給折者必兩運見貯有餘按月支放而後可乃三關苦迭欠今夏所領尚是去冬之餉寧復有召買見銀貯庫是無折可給也未便一也所云存本者必召買素預倉有餘粟而後可今三關在在匱乏也鹽所入無定昨定經制歲缺米六萬餘石即召買米豆多僅千餘少僅數百尚不足備客兵行糧是無本可存也其未便二也歲多凶歉米價踊貴每石至二兩有奇若欲照原折之例每石六錢三分軍士必不樂從若照市價折與約費二十餘萬金錢從何得來其未便三也三關月餉每上半年支米或二斗四升或三斗或六斗不等軍士迭欠月餉止恃此爲餬口之資今併此折之而既不時給又減其值肯甘受乎其未便

者四也屯糧歲入有限鹽糧日前告匱卽所謂六箇月之本色尚多逋欠餉司議給米折苦無點金之術若復行此議饑軍洶洶皆謂司餉者實奪其糈恐生意外之變其未便五也臣竊謂爲治貴本人情議事宜求至當利不百不變法仍舊貫如之何然則邊儲不當實歟曰實邊儲在復屯鹽之舊及多發召買糴粟以備軍需往例召買每歲應發京民兩運銀十餘萬兩古人作法良有深意夫使兩運無欠屯鹽俱足

歲豐穀賤召買有餘則給折存本通融行之皆可裕國實邊而在今日則有未便耳近部文有云如遇應支本色查庫貯無召買堪折銀兩卽放本色亦不得停本待折以致軍餉久遲蓋已洞悉軍餉之苦不待臣言之贅矣

巡察中東兩路設備情形疏

照得派兵設防分信責成申明賞罰臣業已具疏奉有著實恪行之旨臣又刊刻成書人給一册不啻三令五申矣𠧪患震鄰豈敢定居乃於初六日親查中東兩路鴈門廣武爲代州第一扼要之衝叅將劉宗苗信地也廣武西接盤道梁十餘里俱有磚牆其西白草溝路通代崞前歲𠧪從此出口今築臺於山南扼口要害撥兵二百名以把總馮玉守之砲火亦具

盤道梁爲中路最衝責成守備王明臣築女牆二百餘丈修舊臺四十餘座扼險設備可恃無恐陽方一帶山坡平衍處處可以闌入去歲賊犯苦森梁距陽方堡不數武而將官退守一城任其闌入今舊牆改土爲磚設兵扼守賊安能犯臣查閱陽方之日適鎭臣王忠提健丁三千自寧武來道臣吳阿衡自八角神池利民查邊亦至語臣云自八角至陽方皆有邊牆但多土少磚今歲舊者剗削陡峻新者陸續報完

各臺軍丁火砲犁然具備臣偶試一二處果然往時寧武標正兩營兵五千有奇備守一城臣移會鎮臣盡發分守陽方盤道梁等處而中路似可以守矣鑒廣武而東寺兒溝水峪皆有險可據惟胡峪口寬衍調臣標營中軍陳國威領兵七百多方設防又令兵士剷削山坡以阻鹵馬而伏兵設砲其上足資堵禦過胡峪三十里爲馬蘭垣堵甚堅山勢亦峻又十五里爲茹越鹵屢從此出入今新設守備馬得功於其

衝口壘石爲牆樹木爲柵臣預調太原營兵五百協防多給以大砲火藥鉛子使於各山張疑設伏亦覺改觀小石兩旁山雖層叠多可踰越其北關城西面六月二十六日爲山水所壞塌五丈餘原委官劉莛民施應堂也石壩四十丈沖塌年餘屢行該道責成原委官劉福何繼業而至今延玩此四弁者宜行提究照例勒限賠修但猝難得完臣已曉諭北關居民歸併大城矣各山墩臺甚多臣查閱守墩無人詰問守備趙可久則曰兵少先是六月初旬臣檄令添募二百餘名何以不招一兵則又曰餉薄如此支吾何以振飭卽嚴加褫斥亦不爲苛但查本堡城守粗具本官年力少壯尚堪策勵所當令之戴罪圖功自贖防守把總郝效祖怠玩尤甚臣照罰格細打革逐亦足少示懲創臣以調到太原營兵四百委加銜都司崔友福駐防三岡四岡等處千總石文駐防大石口稍稍稱有備矣過此爲北樓參將閆崇光信地也其

兵雖有一千七百餘分防平刑小石等處已去其半餘僅可守城臣觀其形勢全在設兵兩山之嶺前歲鹵不攻北樓城而從西山駕梁入口李秉春雖勇敢莫之能禦也閆崇光偶嬰痞疾臣飭以此非卧理時當親赴各隘不時查點無以空文掩飾彼亦當霍然起矣北樓以東爲平刑其衝隘甚多賊南犯廣昌靈丘則平刑首當其衝守備林永昌兵單力綿勢難支撑臣調太原營副將猛如虎兵五百防平安亦聽用

驚聞虜犯陵京恭請提兵入衛疏

崇禎九年七月十四日准兵部咨爲飛報緊急彝情事奉

聖旨陵寢重地屢旨申飭關道僻徑通宜嚴防如何漫不經心致賊突入疎玩可恨即著該督飛調協兵巢丕昌統率健丁盡力堵禦仍一面嚴催關寧雲晉兵星夜入衛併宣大督臣選鋭夾擊俱不得頃刻遑延自干重典欽此移咨到臣先是臣查閲邊備行次

陽方與鎮臣王忠面商戰守策應事宜未幾報虜賊入犯臣移書勸其領健丁三千速赴宣鎮應援兵已到應州矣今賊犯

陵園奉旨入衛正臣子盡忠報國之秋臣恐錢糧匱乏易致延悞餉臣既於初陸日發健兵月餉五千兩今又於十五日催到新餉一萬四千合之可充兩月坐餉此外又多方措發五千兩以備途次行糧料草之需鎮臣裹糧疾趨足資飽騰矣臣竊願有請者蓋參將劉遷兵一百五十防龍盆峪其餘各委千把總等官領兵分防此皆臣所身歷指授者也在晉之兵力與臣之心力俱竭終是邊長人少日惴惴焉爲懷靡及益三關西中兩路尚有邊將道臣吳阿衡盧友竹精神滿腹整飭精嚴遂覺旌旗壁壘一時生色獨東路無邊將可守道臣武獻哲又被論候議往年以地處腹裏兵馬錢糧頗派俱少今虜犯宣鎮若從蔚州而南以窺紫馬則逼近畿輔若從懷來而東以窺

居庸則震驚

陵京凡爲臣子義不以虜貽

君父近鎮臣王忠以督臣之請提健丁赴援宣鎮矣臣請集標太等營兵馬於東路固爲防守之資亦正以張犄角之勢也

茲醜鹵逆天犯順敢於震驚我
陵寢憂勞我
君父臣恨不殲滅此而後朝食聞報以來寢食俱廢凡爲臣子義不與賊俱生臣雖病弱書生忠憤所激直欲以氣吞　　頃爲設防調集標太等營兵馬分駐東路挑選精鋭可得馬兵二千願親領入衛取道紫荆十日可達京師臣提此一旅作海内勤王之倡當有忠勇智略百倍於臣者起而共殲醜鹵以泄神人之憤以紓宵旰之憂是臣區區一腔熱血捐糜不惜者也雖山右多事河上之寇氛未靖雲西之烽火頻傳而志切同仇義不反顧況省會藉按臣彈壓三關有各道料理臣何敢一刻寧居一面整搠兵馬移駐境上謹具疏請旨恭候命下臣卽星馳入衛儻藉
皇上威靈合群力群策痛掃　氛除兇雪恥以張撻伐臣願與文武諸臣共勉之矣

大兵盡尾賊後内地蹂躪可虞疏

逆賊攻陷昌平乘援兵未集肆掠無忌今關寧鐵騎宣雲健丁漸次雲集矣而賊營屯艮涿遊哨滿淶易猶䟦䟦謀掠眞保也前無堵截之兵任其蹂躪内地非計之得大兵在後賊如飽颺出口無路不走紫馬必走龍固走紫馬取道靈丘廣昌則晉之平刑一帶戒嚴龍泉山勢雖險而荚薄備單易竄取道五臺則繁代之間危矣最可慮者固關山險皆在井陘隔屬一入晉地俱係坦途先年設關城柴西向原防鹵蹂山右入犯畿輔今鹵若從眞保趨固關南北山梁徑路甚多處處皆可闌入而平定壽陽太原無險可守勢殊岌岌晉中鎮標精鋭强半調援臣所調虎大威等兵僅僅千餘見駐境上候旨入衛臣飭令防堵紫馬龍泉接壤要害而併調發潞澤營叅將和應詔兵六百星馳平定防堵固關但腹裏設防終難恃以無恐耳夫鹵賊匪茹敢於深入大犯兵家之忌今若飛

催理臣提一旅扼堵於前督臣合各兵截擊於後而各關守兵堅壁以待賊如釜魚檻獸可盡殲也儻失此機會不一大創何以洩神人之憤而寒驕鹵之膽哉伏乞
勅下兵部檄催各援兵前後夾擊俾賊進退俱困則殲滅可期不獨三晉免蹂掠之害已也

學臣積勞已久清望最著疏

臣竊謂近日人才之不振多繇於學政之不舉故欲興菁莪棫樸之化尤當於作養人才之地加之意焉內而成均外而提學皆為朝廷作養人才者也我
皇上廣厲學宮首重德行責成各學臣公歩衡文端嚴取士屢頒詔諭亦既詳切懇至矣其各學臣不稱職者罷斥之其稱職者優擢之計無不矢心奮勵以求仰副功令者如山西提學僉事袁繼咸臣稔知其賢敢為
皇上陳之繼咸自為御史及居散署持議侃侃多所建白不具論論其為學政者赴任之日止攜一二家僮行李蕭然有琴鶴之風每出郡縣試士則扃閉家僮於公署併不以自隨其日用蔬粟之外不以供應累州縣其砥行刻苦有如此者所積俸薪及學租之屬盡捐以賑賚貧生而於殘破州縣尤加意捐恤不一而足至城守河防亦多所輸助不取一文入橐其

清而惠有如此者毋試嚴禁闈節謝絶竿牘惟憑文字品題高下所錄試卷黜釣棘而尚淳正揭示諸生諸生人人心服謂從來濫倖之弊一清其公而明有如此者諸生有行劣把持有司者黜革不少貸衡緣作弊者摘發靡遺有與人爭訟者又諭以理釋遣之不加罰贖其嚴而不苛有如此者所至訪求孝義節烈旌勵之及古先賢哲有關世道者爲之論著闡揚之其留心風教有如此者修葺先撫臣魏允貞所建

三立書院崇祀先聖皋夔稷契以下迄漢唐宋昭代名賢凡出晉籍及宦於晉者若而人徵集各郡邑諸生之優等貧而有志讀書者三百餘人自二月起給之廩餼傚之館舍會課於書院使知所傚法而次第其文日受切磋之益秋闈入彀俱歲科優列元魁半出書院賞拔僉稱得人其作養士類有如此者以上種種實蹟皆平日得之臣所批詳揺之士子口碑無敢一字粉飾竊念山右八載兵荒流氛未靖士庶日守城堞而在鄉村者或身膏原野廬舍成墟妻子爲鹵子衿曠詩書之業閭閻鮮弦誦之聲自非學臣袁繼咸大洗舊習力砥頽波振鐸音於鋒鏑之餘起斯文於荊榛之後不知作何景象此其心良苦而勞亦綦著矣今任歷三年歲周兩考塲事告竣遷轉届期查往日提學官有公清自砥學行兼優者例得內轉清秩以示優異非獨酬其三年之勞亦以爲學臣者仰體

聖主愷悌作人之意所裨益於人才世風者大而特內徵一二賢者風示有位所以重文教也如繼咸者當之亦可以無媿色矣伏乞

勅下吏禮二部覈議覆請特加優擢以示風勵施行

臣係回應糾繫臣罪亦當考覈疏

竊照臣見年四十八歲中萬曆四十一年進士初授福建邵武縣知縣調繁晉江丁父憂起補山東濰縣知縣天啓二年考選山西道試監察御史本年實授天啓三年十月終養回籍丁母憂天啓七年二月陞廣東叅議因忤璫革職爲民崇禎元年奉旨以原官起用補山東道監察御史崇禎二年巡按河南三年回道奉差巡按真定崇禎四年正月改差撫賑延綏

本年巡按陜西崇禎五年六月推陞延綏巡撫未嘗欽點本年考覈回道管事六年二月推陞大理寺左寺丞本年八月陞通政使司右通政九月初二日到任七年三月內陞左通政本年九月內推陞今職十月二十七日到任今照臣以崇禎六年九月初二日通政司到任爲始計在京任事一年二箇月七年十月二十七日山西巡撫到任爲始扣至崇禎九年九月止計任事二年通前連閏實歷正四品俸已踰三

年例應考滿伏念臣以菲材謬叨重寄甫至晉即料理兵食親赴河干督率將士防禦頗嚴賊寇有備未敢闖渡河防事猶未竣據報大同叛兵二百餘人肆掠五臺平定一帶臣親督標營兵星馳追勦斬級六十有奇其餘張仲仁等一百二十四名撫定之又臣寇顯道神正名高加討未地草正名賀宗漢香里人正名劉浩然俱陽撫陰叛肆討已先焚巢出掠靜嶂忻定之間臣移駐忻州督勦於八年正月擒梟魁高

加討於土嶺山用間諜使劉浩然賊黨劉仕祥斬浩然并腹黨二虎於本巢計斬賀宗漢於永寧晉中三大寇一時並除賊勢漸衰擒斬賊黨共二千餘級與嵐諸寇嘯聚最久臣檄道臣宋祖舜集四營之兵擒斬賊首雲咬月撲虎蓮天飛等三百五十餘級又責守南等道各處擒斬賊首趙麥宇八大王五條龍鑽天鷂咬稍子等并賊黨一千一百餘級八年三月報泰豫大盜近河窺渡道古移鎮平陽督勦扶病沿河

調度防禦一面遣虎大威等領兵搜勦盡霍冀垣之
賊生擒賊首二郎神正名南汝近闖王小大王并斬
賊黨三百餘級各道將亦塘報擒斬賊首長水腿兒
郎與二等渠黨六百五十餘級五月內警報急臣移
鎮鴈代遵旨堅壁清野預行收斂多設火砲六月內
賊入犯仰仗威靈大小城池堡寨皆得保全而泰民
仍有擒賊功級臣統兵忻州遏賊南下之勢內地獲
免蹂躪嚴督諸將晝夜驚營追勦逐出口外然內陸

閫人臣罪何辭蒙
皇上寬其斧鉞降職五級戴罪管事臣感激涕零力
疾整頓邊備未敢休息七月內遁永寧之間餘孽乘
虛復聚肆行焚掠臣即集師會勦擒斬渠魁雲裏飛
鍾豹等賊黨一千五百七十餘名顆八月檄岢嵐道
防勦查內斬賊級四十五顆俱有塘報題疏在案十
月秦豫大盜數十萬耽耽思渡千里長河臣分兵畫
界爲守臣親督將士鑿冰堵禦露宿河干餱糧所費

不貲臣百計鼓勸各司道府州縣紳民設處捐助共
得一萬六千四百餘金其餘不足動因糧輸餉二萬
一百七十一兩有奇數千兵馬在河五閱月本折未
嘗缺乏軍士飽騰人人思奮流寇屢被擊回賴
皇上威靈及諸將吏之功伐賊狡謀幸保無虞臣方
憂兵單餉匱不克掃蕩寇氛以紓
聖明宵旰之憂難免罪戾蒙恩復臣二級仍免戴罪
臣感深銜結捐糜難報敢不鞠躬盡瘁修勉職業緣

三晉薦罹荒盜八年秋冬九年春夏災祲尤甚平陽
所屬聞喜及沁源等縣人民相食逃竄流離慘不忍
聞臣嚴督諸有司設法勸輸搜查倉穀一面煑粥拯
救一面具疏呼籲蒙
皇上軫念災黎渙發御金遣官會賑臣殫力捐輸躬
親救濟民沾實惠得延殘喘自頒發賑濟以來雨澤
應時今秋頗豐臣遵明諭申飭有司多方招撫流移
節據申報解散甚多如招撫過難民魚化龍等二千

餘人願回鄉者給以印票安插農業願充伍者擇其强壯分發各營自贖雖有餘孽竄兵馬入衛防邊不無乘虛竊發若援兵發回會集搜勦或可廓清耳邊備廢弛日久每年邊工皆憑委弁拖延塗飾尅減工料相沿積習牢不可破如繁峙縣城工係八年估修屢催未完臣以巡邊之役至縣登城閲驗親行估算摘發奸委管工官李茂德等侵尅二千七百餘金遁同官胥爪肥城垣垛口一味潦草了事已經疏叅奉

旨提問往時邊工遷延二三載不完今歲工程臣以嚴飭邊備之餘爲稽覈欽工之計其虛糜塗飾遷延者即行責治令其陪修務垂永久節據督修東路工程委官太原府監紀同知范廷輔東路通判邵承堯呈報東路共修完磚墩敵臺十三座土墩敵臺三座磚邊牆二千八十丈五尺廣武河墹一十六處除欽工外動節省銀督令防邊各官督率軍士剷削山坡陡峻如牆者共八百九十餘丈又據督修中路工程委官太原府清軍同知蔡如衡中路管糧同知石聲和呈報修完磚包臺牆共一百四十丈欽工外動節省銀督令防邊各官督率軍士修完磚邊八丈六尺剷成陡峻邊牆二萬一千一百四十五丈補築完邊牆七百九十丈砌塞隘口十一處又據岢嵐道臣盧友竹呈報好漢山老牛灣土堡并陪補七八兩年工程俱各通完見今取冊覈實具疏至三關兵馬素稱單弱東路爲最臣調標大營官兵馬遴選精鋭并臣

素製大砲鉛藥弓矢等器分發東路邊隘以資防勦忽聞逆　犯順陵京震驚臣義憤同讐欲親提一旅恨不滅此朝食以盡血忱拜疏之後恭奉明綸免臣入衛調猛如虎陳國威虎大威等兵二千餘員名隨鎮臣王忠健兵三千星速前進赴援今賊遁出口外邊防稍覺解嚴但內寇未靖河防復劇臣羸弱病軀空糜歲月一籌莫展而瓜期已及職任嚴疆例當考覈律載過限有送問之條延久有致仕之例欲不報

滿恐干欺延之咎欲行給繇又有降級之愆近見邸
報兩廣督臣熊文燦亦係降級戴罪有三年考滿之
報臣今歷俸三年亦降三級幸免戴罪事例相同未
敢容隱至於才小任大久慚覆餗功微愆重宜加罷
黜則臣日夕惴惴不能一刻自寧者也謹據實具疏
以聞伏乞
聖明勅下吏部將臣亟賜議處別簡賢能庶考覈之
典行而臣亦得引愚分以自安矣

柴菴疏集卷之十四 畢

柴菴疏集卷之十五

欽差提督鴈門等關兼巡撫山西地方都察院右
僉都御史臣吳甡謹題

撫晉 崇禎九年

臣舉學臣原採公論疏

十月十六日接邸報山西巡按御史張孫振一本學
臣茂憲婪贓等事奉
聖旨據奏袁繼咸婪肆庇劣多端殊可詫異着革了
職該撫按拿解來京究問本内有名衙蠹劣衿即著
張孫振嚴提究擬袁繼咸如此溺職吳 薦陞京堂
是何緣故還着明白回奏張弘襟薛莊劉承培俱著
革了職也著張孫振提問該衙門知道欽此案查前
月初十日臣有學臣積勞已久一疏舉提學僉事袁
繼咸清公自矢學行兼優例應遷擢此非臣之私言
乃通國之公論也繼咸奉勅督學山西俸歷三年歲
周兩考臣耳而目之亦已久矣赴任止攜一二童僕

行李蕭然不異寒素其居官清執不阿伉直自遂謝絕竿牘所甄拔皆寒俊名士捐學租賑殘邑貧生闡揚節義修葺先臣魏允貞所建書院課士作養秋闈元魁半出其中臣疏所列字字實錄上自藩王下逮士庶人人知之人人能言之山右自兵荒以來士風久頹又值前道濫倖之後文教不振而繼咸堅持名義力洗積習不肯曲徇權貴晉之人士無不服其公清臣謂司學政者能如繼咸卽優以清秩可以無媿

蓋灼見其賢然後舉之臣何私哉臣於司道從無情面其不稱厥職者糾之其克修厥職者薦之採地方之公論明朝廷之彰癉矢諸天日無敢枉狥司道府廳諸臣可問也是非之心人皆有之世寧有好惡拂人之性者乎臣疏一面拜發一面移會自是撫按共事地方之體至繼咸之得罪按臣與按臣不晝題之故臣時在代州遠不及知回省之日聞按臣明對人言大收遺才本院批呈送考學道不考則已又從而

降罰之目中無本院又曰十五日三司同見出語相侵若不具參有何顏面臣猶以考事提學專職未可侵奪言語一時小過何難優容而不意按臣恨之次骨且列欵糾之汙以贓私矣夫謂繼咸戇直不善逢迎語多觸忌則或有之謂其庇劣婪贓穢跡多端則臣從來所未聞也豈惟臣所未聞問之司道司道皆曰不知問之府廳府廳皆曰不知而推官袁愷稟帖云含淚面止具稟切言復誣人以贓私非病狂喪心

之極者必不至此通學生員朱善等宗生朱求枚等通省新中舉人衛周祚等數百人屢次具呈僉稱學臣剛正多忤直道難容而皆痛憤於窩訪纂造爲風俗人心之害又稟稱近日差承快五六輩鎖拿學道吏書欲煆煉文致成獄如公道何闔省輿論如此其顯著在人耳目者臣亦未敢遽言獨是繼咸一人之身耳臣以爲清公按臣以爲貪汙致令是非顛倒賞罰淆亂繫朝廷勸懲甚非渺小名義至重鬼神難

欺一時之喜怒易快清夜之良心不泯今繼咸逮京究問窮勘到底貪廉自見但究問者究問其欵中之事與人也若衙蠹劣衿復令按臣提究在京既無懸坐之法而在晉終有文致之嫌不如一併解京下法司從公訊質伏乞

皇上勅下該部將臣前疏與按臣之疏併行覈勘則

公道昭而人心服矣

遵旨起解犯官疏

為照繼咸聞命之日卽呈繳勅印束身就道止隨一二童僕行李蕭然司道各官言親見其笥中不過敝衣數件殘書數卷此外别無長物晉中諸生追隨不忍舍去人人爲之流涕如此清苦得諸士心公論共稱乃以私怨小忿汙衊多贓壞人名節天地鬼神共可欺乎臣若避謗不言坐視廉吏受誣陷之禍朝廷失刑罰之宜臣罪滋大是在

聖明鑒察臣一字涉欺願甘斧鑕

備查開採情形併瀝愚忠疏

方今鹵寇交訌公私告匱囿囿計必增兵設兵計必添餉而加派已窮搜那無術所在軍需未可停緩因有量行開採之議然而

聖明軫念元元恐妨民業復令諸臣詳勘慎酌其萬不得已之淵衷亦既昭示海寓感沁人心矣使萬有一焉可佐仰屋之籌少裨軍國之計臣亦何惜捐糜愛此髮膚然撫時慮事有不得不俯竭愚忠者今持議者必曰

神祖時嘗遣中貴開採矣何憚不爲而不知今日時勢實有不同萬曆年間海內承平無事外彝欵貢邊境安寧盜賊屏息閭閻殷富然礦役四出所至騷擾臺省撫按抗疏力諍章滿公車

神祖晚年亦深悔之因而報罷今天下脊脊多事豺狠出爪侵辱王命外則　插嬰躙燕雲內則寇盜流毒五省兵荒疊告民之死鋒鏑膏原野者不可勝紀

邑里蕭條田業蕪廢是故今日之憂受傷全在元氣不獨兵寡餉詘也生聚敎訓根本急務若議開採於山右則臣知地方情形甚悉近據各州縣中文稟牘借箸籌之大約有不便者五昔我

太祖高皇帝諭羣臣曰銀場之弊我深知之利於官者少而損於民者多況今凋瘵之餘豈可以此重勞民力夫開創之初已深慮及此今山右荒盜頻仍呻吟未復風鶴猶驚如久病之人不堪勞作一旦興事

動衆多一番辦集必多一番追呼先臣軒輗有言開礦雖一時之利然凡百器具皆出民間恐有司橫加科斂及市井無賴之徒因緣爲奸人心動搖山西自奉旨之後里巷山谷之民私議竊歎謂從此不復安枕臣雖曲加懈諭愚民無知難以戸曉夫監臣方愼重其事未及舉行而人情如此甚爲可憂臣竊謂不便者一也非獨勞民難動也然且無利

宣宗時嘗謂民有私取礦砂煮之可得白金者命巡

按官開驗每砂百觔煉銀四錢因謂夏原吉曰朕料鉛砂所得無幾遂報罷今者監臣閆思印差官入夏縣山中採礦砂五十觔僅煉得銀五分二釐前督臣張宗衡差官採取銅鉛皆以費多獲少而止今行開採計內外官屬夫丁爐頭煤米坑冶鑿燒種種工費取給縣官者爲數不貲得不償失亦大略較著矣夫利不十不興若有虧折責何抵補臣竊謂不便者二也非獨得不償費也又恐因而召亂晉中大寇雖平

而深山窮谷之嘯聚者十百爲羣一旦趨利如鶩鬬然蟻聚更費驅除萑苻時奸猾軍民聚衆偷開猶互相爭奪致有殺傷懲以嚴刑不能禁止況綠林之豪潢池弄兵者乎

皇上方遣官頒詔招撫難民解散未能詎可令聚臣竊謂不便者三也非獨內寇竊發也又恐外寇乘之秦豫之賊盤據蔚嵩耽耽河上儻風聞礦利以啖其衆勢必援儔爭先千里長河刻刻防禦爲力恐竭先朝侍郎王質力主銀場之事厥後民困盜起賊首葉宗留率衆稱亂至議調福兵擒勦又調浙兵策應紛紛至十四年王師勘定民始安戢夫無盜尚可誨盜者銀場也況鄰盜擾擾皆爲利來思以弭之何可復得臣竊謂不便者四也非獨患盜也目前規利有限而後來貽害無窮尤溪之礦自永樂納銀宣德設官後雖奉詔罷局而坑首額戶猶照舊納稅數年而未革也礦脉衰歇至令礦夫包賠謂之夫丁乾認或且

派入正糧項補稅額與言流弊必至於此若夫奸猾橫行指稱有礦封人房屋捉人財産甚爲禍患萬曆巳事尤可深鑒三晉之民不堪命矣本身差徭敲骨難完業巳挺而走險可更以此患苦之乎臣竊謂不便者五也凡臣所臚列皆灼見情弊推測利害又晉方患鹵盜人心洶洶未定勞民動衆更非其時故約略陳此五不便之說非敢襲往昔陳言爲憂危激論也且

聖諭曰果不妨民業酌量採取庴慮故爲周詳今所係地方安危若此不止有妨民業而已臣旣明知其弊不及今披瀝肝血懇請停止直待異日工役煩興得不償失抑或聚衆釀盜禍患叢生而後悔言之不早是

皇上原不負地方而臣深負

皇上也況聖諭酌採不專在銀併及銅與鉛鐵查通志晉不產銅惟鉛鐵則隨在有之小民販鬻餬口價

値甚賤如戶部侍郎吳國仕議令陽城留地畝銀買鉛轉運業有成說陽城出鉛用礦甘石燒煉聽從民便有司者治之耳卽龍固一帶苦不乏鐵易買非難何用鑿山開爐大費興作夫使有利而但妨民業我

皇上尚不忍遽見施行而況有五不便如臣所言則山西開採之役料聖明慨然與民休息立沛德音不俟臣喋喋矣

條山關繫甚大開採萬難輕舉疏

夫制治者貴於未亂作事者愼在謀始謂審夫倚伏之先幾而後可無馴致之後悔也山右開採一案鹽臣姜思睿目擊條山關繫甚大疏請停罷縷縷數百言而大意有三一爲鹽池國課之大利大害一爲三城氣脉之大利大害一爲近河引寇之大利大害其言皆採之士民商賈地方長老之陳訴憂深慮遠字字血誠非他摭拾陳言者比也然晉中處處荒殘民

習獷悍易於釀亂礦脉衰歇獲利無多貽禍甚巨開採之不便臣往亦縷悉言之不獨一條山也據委官之言目前得不償失大略可見萬一招盜誨亂如三晉士民所慮軍興之費當復不貲見形察影利害較然何待再議哉今海內在在擾動山西爲畿京右輔數年以來兵荒迭告鹵寇交訌民之死徙不可勝計邇來盜氛甫息瘡痍未起旱魃爲虐民生憔悴哀我瘵人俾得休息以養其元氣猶恐不給而復加之以

開採之役聚亡賴不逞之徒於深山大谷之中衆聚
則奸生事久而變起脫有意外之虞斬木揭竿一呼
響應豈州縣之吏鄉夫丁壯所能折其亂萌制其死
命也哉今日時勢原與萬曆年間不同萬曆時海內
承平無事外彝欵貢邊境安寧盜賊屏息閭閻殷富
然礦役四出所至騷擾
神祖尋亦悔之因而報罷今天下脊脊多事外則
插屢闖燕雲內則寇盜流毒五省邑里蕭條田業蕪

廢是故今日之憂受傷全在元氣臣前五不便疏中
葢首及之雖有劉忠奮案非所論於今日之晉也查
盂縣平定州翼城浮山襄陵夏縣安邑平陸芮城絳
縣等處採礦之役自正月至今招商聚衆晝夜搜鑿
其得幾何奸民聚之甚易散之甚難如襄陵所報刁
僧法憲詭首金礦聚擁多夫入寺開淘並無砂跡閭
村驚惶幾成大害夏縣所報刁民馬徐光因爭洞口
撝起釁端又奸頑躲避糧差俱托礦夫名色影射占

役莫可誰何如此情景必釀變亂可爲寒心若夫虧
鹽課損氣脉引外盜又不待言矣監臣以礦務爲職
掌委官開鑿豈不欲多有所獲用濟軍需無不智盡
能索以供厥役而得利無幾隱憂可慮臣有地方之
責何敢緘默不言竊以爲此一役也有害無利即有
小利終有大害不如速報罷便孔子曰不患貧而患
不安語曰與一利不如除一害大學一書垂訓萬世
其言平天下也在絜矩與民同好惡而於用人理財

尤三致意焉願我
皇上研究安危之幾洞察利害之原深繹大學用人
理財之義特出
乾斷早停開採以杜未然之患天下幸甚三晉幸甚

殲渠散黨疏

太汾所屬西北一帶山中有寇盜三股其一爲孫虎乃高加討之餘孽也一爲高雲河乃禾地草之餘孽也一爲小戴縫乃王剛之餘孽也屢次搜勦尚多嘯聚臣仰遵詔諭嚴飭道將以殲渠散黨爲第一義據道臣馮上賓屢報孫虎剿賊狡黠異嘗遊竄與臨靜交之間臣以防河之役親督副將猛如虎陳國威併叅將劉光祚等兵聲罪致討廣布間諜懸以大賞購

擒兇渠而道臣先遣安官王光國入營宣布恩詔持賞先撫其羽翼大小頭目皆願歸順獨孫虎梗逆不馴乃計誘劇目六豹等將渠魁孫虎斬級獻功與雙虎等百十餘人來降併招其領哨紅旗共十有五人皆收入汾標兩營食糧老弱男婦解散者已十之八九矣禾地草餘孽多係綏清饑民盤踞鳳儀山爲藪窟須詔部臣王之禎多方勸諭適延撫亦差生員馬允際等來晉招安難民多願就撫臣委官護之過河業有成議而賊頭高雲河反側阻撓過河者僅二百餘名口其餘仍聚掠孝隰之間臣督中軍陳國威入山撲勦令同知馬鳴玉監其軍官兵追至康城賊正攻圍堡寨一鼓殲之加銜守備陳獻策斬高雲河徐成安斬彦張皆掌盤頭目所獲壯級纍纍餘賊竄逃星散臣以防河緊急督兵南下檄飭道臣相機勦撫此外惟小戴縫賊陽撫陰叛頗多反側臣委永寧州知州陸養廉招之尚未定也數月以來平定榆次陽

曲各報解散餘黨而榆次招撫尤多逆河一帶枹鼓不鳴道臣馮上賓各將陳國威劉光祚等監軍同知馬鳴玉榆次知縣任濬陽曲知縣李雲鴻及撫賊之王光國等其功不可泯也共計勦過賊級二百三十名顆而孫虎高雲何彦張兇渠授首地方快之撫散過難民共二千二百有奇內收入各營爲兵者五百五十三名散遣歸農者一千六百七十六名口三晉大股之寇掃蕩略盡惟零星逃匿山谷十百爲羣不

能盡無語云治亂民猶治亂繩不可急也緩之然後可治今治之有其機矣

按臣辯疏涉欺巡方舉動可駭疏

臣駐禹門防河從邸報見按臣張孫振直駁撫臣回奏之言等疏支吾轉換其詞游其情遁矣臣可坐視其欺罔君父誣害善類焚剎小民而不一糾正乎臣查各省司道官有俸深勞著者撫按薦舉擢用此功令所不靳也袁繼咸歷俸三年歲類兩周淸執不阿公論共許值鄉場已畢例得陞遷臣之具疏何謂無端是時鹵已報遁久矣臣在代州不知按臣侵奪學道職掌私屬遺才怒其不徇大觸兇鋒即按臣至代州止對臣詈罵繼咸降罰其送考諸生爲辱已無顏面云耳併未言及糾参一字臣何爲多方求解臣採公論薦一道臣有何錯惧而自悔乎推官袁愷等臣素以名義相勗勉按臣論人誅出秘啓臣何事㰱兩推官况兩推官平日皆稱述學臣淸公不啻口出視袁愷含淚而止及病狂喪心之言其譏刺規切爲公道發憤亦已至矣豈臣囑之而然乎此按臣所以不

能釋然於愷而刺刺不休也至繳咸奉旨提解差官
出批乃按察司都任之事臣歎息地方有清苦耿直
之官忽遭誣陷至此今當遵旨速解都任云學道已
呈繳勅印亦願束身就道此一言而決何煩商議三
日爲也按臣遠在偏關臣一面移會一面具題自以
爲奉法惟謹不失臣子趨命之義而按臣以未付一
字差一人爲恨何也豈未遂其羅織煆煉之心歟乃
按臣舉動則異於是臣疏蒙
聖明洞鑒劣衿衙蠹一併解京質訊臣駐師蒲津兩
准部咨奉有嚴催速解各犯之旨屢檄催臬司而按
臣在省將各處提到人犯盡行監禁如絳州訓導原
無名薛莊者職在察吏豈不辨教官姓名今欲掩飾
欺誣之罪硬以無辜之薛際昌頂替將誰欺乎又如
翟炳人命一案九年七月內守南道臣馮上賓呈招
按臣親筆批云既查係杏犇依擬杖贖實收繳案墨
未乾而坐學道以多贓清夜捫心何以自對今原卷

弔取藏匿不肯發司解部各犯淹禁尚稽起解豈非
畏各犯到京口供敗露而預謀布置作鬼蜮伎倆耶
彼以臣遵旨速解繳咸爲非豈按臣藐旨不速解各
犯爲是耶
聖明在上自能洞燭其奸矣按臣之駁臣疏原無可
駁忽又扯袁推官呈送罰米一案忽又黜綴晉邊弊
蠹一語夫罰米有無杳勘自明是否推官自行呈送
按臣閃爍多機輔挾屬官壞人名節如健訟刀筆到
處攀誣甚可鄙也若晉邊弊蠹積壞已久誠當整飭
如欲借封疆爲題臣實迂腐書生多病寡謀不諳邊
事曩以觸忌薦逆張捷擠之於外數年碌碌不展一
籌有悞封疆自應席藁聽
皐上處分罪斥無憾不煩按臣伏此機穽也莫非王
事共處艱危誼當同心戮力以圖綏靖而按臣別有
肺腸絕不從地方起見事事乖忤甚至入衛之舉對
各司道輙加譏訕是誠何心臣卽不肯寧受按臣糾

忝義不受按臣侮辱以壞朝廷紀綱乃近見其飾辯諸疏君父之前尚忍於昧心欺罔何况於臣即如濫受將吏馬騾鞍刀之類各州縣俱抄有小報按臣見繼咸糾疏手忙脚亂暫且發還十二月初四日遣牌出巡尚令侯主簿牽進看驗戀戀不舍無所發怒責主簿十板闔省吏民傳爲笑柄其受道府州縣小送熟程在孝義陽曲三關爲甚各官每以購辦稱苦誰不知之乃飾言於會賑之時援臣與監臣爲證監臣

行久矣豈謂臣聾啞可扶同以欺我

皇上哉又如窩訪之害屢經

皇上嚴旨禁革即云衙蠧應懲從來大縣不過二三名中縣一二名僻小殘破之處多有免者按臣違禁濫訪陽曲三十二起府廳十三起司道五起一城之內共拿五十起文水拿十二起孝義彈丸小邑拿八起汾陽及府廳拿十四起平陽之絳州拿二十起蒲州八起聞喜拿至八十餘起扳累數千餘人單款坐贓皆千餘金按臣發問硃批牌票云不許徇情減贓以故問官承順意指令各犯多攀富民害及無辜破家蕩產甚於劫奪汾州府官問訪犯陳大秀一起止擬贓罪五十餘金批駁詈罵殊屬不堪訪犯自願募化親友鬻賣兒女添贓四十兩即行批允招詳可證也臣止據經過數州縣大略言之耳未經查問者不知其更幾許也晉中荒殘之後孑遺幾何而以賣兒貼婦之錢供充囊肥家之具臣嘗痛恨崔呈秀之

按淮揚婪取訪贓數十萬貽禍無窮今當

聖明之世不意復見之於按臣也更可駭異者纔行訪拿不俟問擬即一面差承差各州縣坐名票取贓贖其最彰著人耳目者如絳州一票差承差趙清取八百三十四兩一票差承差許承茂取三千兩州官以訪犯未審完爲言承差謂有硃筆諭帖令送南京原籍州官大懼不得已借動庫貯錢糧併需索嘗例共四千五百有奇付之至今各犯尚未問結前銀尚

未補庫也其餘如孝義霍州趙城洪峒曲沃夏縣安邑太平岳陽翼城多者數千計少者亦數百計中有贓多懸坐追比雖完者强半借動錢糧臣亦止據經過數州縣大略言之耳未經查問者不知其更幾許也夫國家當鹵寇交訌民窮財盡之秋應解京邊錢糧急若燃眉而乃借名訪贓累千累萬送回原籍此弊不除負累有司貽害軍國豈細故哉臣既目擊其欺罔君父誣害善類婪剝小民關係重大不敢不據

實入告除訪贓起數另疏具奏其州縣小報事屬瑣細者揭送閣部院以備確查外今三晉之民如在湯火伏乞

皇上留神省覽臣疏勅下部院遵照屢旨禁革濫訪坐贓之害嚴飭有司速除那借錢糧解贓之弊使紀綱肅而吏治清民生安而國計裕卽罷斥臣以謝按臣亦甘之矣

部議條欵疏

一部疏內開某路險阻某路平彝如把住某口則某路免於窺犯扼擊某地則某路可恃無虞該臣看得山右三關分爲三路東中兩路在宣雲之內惟西路孤懸鹵地先年插套駐牧黃河一帶諜犯偏老西路最爲首衝今套鹵勢弱插爲　併　之來自東徂西其諜犯宣雲則東中兩路爲衝而西路爲緩查數年以來鹵賊出入如東路之白草溝茹越口小石口北

樓營平安寨太安嶺等口中路之陽方口茹森梁盤道梁神池一帶山勢不甚險阻往時邊備廢弛墻垣頹壞各叅守千把等官一聞警報斂兵退守本堡置墩隘不問以故鹵入無人之境昨歲臣親赴各邊嚴飭道將除營堡酌量大小留軍丁三分之一再選本堡仕居人戶及遠近鄉村收保丁壯責成防守等官編派協守而其餘軍丁分派各墩臺隘口給以鎗砲火藥不啻三令五申而其最要害處如陽方盤道梁

各口責令寧武鎮正標兩營分兵守信如茹越小石
北樓平刑各口調取標太平陽等營分兵守信如前
議挑選戰兵六千把住險要相機扼擊臨期再於腹
內各營搜選零兵千餘以爲寄望而三晉之兵力已
殫矣邊以內一望平原虜繇陽方入則陽武峪爲扼
要之地繇白草溝茹越小石入則繁峙代州爲扼要
之地若大勢南下則原平忻口忻州爲扼要之地過
忻州四十里爲石嶺關有險可守唐時設防稍存遺

兵垣疏集　卷之十五　三四

跡今蕩爲平丘旁多小路可以南通陽曲西走靜樂
過此則直抵太原太原藩封重地城大人雜兵單故
前疏提其大害而略言之太原之東南則榆次壽陽
平定而通固關僅三百餘里太原之西則太原縣清
源交城文水而入汾州之境太原之南則徐溝祁縣
平遥介休而入平陽之境是故論地利則三關稍寬
險阻有守兵把住陽方盤道梁神池白草溝茹越小
石北樓平刑等口乃可使虜不寬犯內地內地在在

平彝有戰兵扼擊於代州原平忻口忻州石嶺關等
處則太原或可無虞也
一部疏內若大股賊勢盡趨山西亦豈無可略分兵
將策應聲援之理該臣看得虜陷麗據島如爲水陸
並進之謀則以一股犯登津絕我糧道以一股犯寧
錦掣我援兵以一股犯遵薊或宣大但有一處闌入
則內外響應聲勢叵測若止如往日搶掠故智薊遵
有險多兵力足以守必仍闖宣大而居庸紫荊倒馬

兵垣疏集　卷之十五　三五

等關新增兵馬未易窺犯則大勢必走山西無疑樞
臣義所口擊誠不啻聚米而圖山川也查虜若從大
同邊口入犯則走井坪應朔而犯神池陽方盤道梁
等口再東則廣武白草溝茹越小石北樓處處當防
若從宣府入犯則走蔚州渾源州而犯平刑北樓小
石茹越等口再西則盤道梁陽方神池處處當防崇
禎八年虜入陽方之苦森梁肆掠於原平忻州定襄
大同鎮臣領兵二千餘駐寧武未與虜戰惟總督親

領標下勁旅王忠白安等兵數擊賊於原平崞縣代州之間鹵亦旋遁故賊犯山西宜調陽和大同精兵一萬襲鹵之後使之有所顧忌而不敢深入是一策也臣前歲幸駐忻州徵標太平陽等營兵二千餘及鎮臣健兵三千扼其南下之勢鹵故折而東掠定襄遁近五臺以五臺山險不及掠而遁今賊若犯山西鎮巡當分駐忻州上下居中堵乃爲得力然必須前面有大兵五千擇敢戰智勇之將出固關而西駐

師太原之郊相機堵截斬其零騎大張聲勢鹵畏首尾夾擊始不敢遲若太原無重兵萬一忻州堵扼不住鹵東走固關謀掠截南則所憂又不獨三晉此前面截擊之兵將是在樞部預爲遴派臨期庶有聲援賊若從太原掠西南一帶則宜預飭延綏鎮臣統勁兵三千渡河而東駐於汾州堵之甚便第山右頻年兵荒各處糧餉匱乏今既擬定策應聲援之兵必須預勅戶部措發何項錢糧在三關責成餉臣多方召買大約一萬兵馬一月糧料計米五千餘石豆一萬二千餘石草三萬餘束在太原汾州等處責成藩司行州縣各爲買備亦大略如前數而鹽菜廪給俱在外如是而應援始有實着也然近來將驕兵肆紀律未明客兵之擾反劇於鹵臣竊謂援兵貴精不貴多止可扼要張疑設伏暗襲而收保一法尤爲喫緊要者責成兵備道嚴飭各州縣官堅壁清野處處固守鼓舞鄉勇於各城堡多設火器擊賊使鹵不得掠或

掠無所獲自然坐困我兵扼險擊惰可以得志此又禦鹵萬全之策也

柴菴疏集卷之十五　畢

柴菴疏集卷之十六

欽差提督鴈門等關兼巡撫山西地方都察院右

僉都御史臣吳甡謹題

撫晉 崇禎十年

邢西流寇就撫謹將安插情形據實馳報疏

據太原府監紀同知范廷輔塘報到臣該臣看得一隻虎等賊嘯聚遼和之間不啻負嵎之虎，幾經搜剿，未斷根株，往往竄擾畿豫，出没爲害。臣奉合剿之旨，再四躊躇，深慮大兵一動，賊必深入邢洺，南下彰磁，裹糧既虞不繼，殲除亦難遽盡，不如持檄招之，誘入晉境，相機剿撫，庶不至堅鄰而貽君父之憂。於是特委監紀同知范廷輔同榆次縣知縣任濬令多方招致，諭以大義，示以禍福。久之，諸寇始從順德西來，泣而就撫。擇其精强者爲兵，分收標太兩營，共三百餘名；其餘老弱男婦，給免死印票，路費銀錢，差人押回原籍，責成該州縣安插務農，並共計一千六百七十餘名口。不但遼和一帶蕩然廓清，而畿輔重地亦無竊號之餘，免征繕之勞矣。此皆仰仗

皇上威靈，成此一段不血刃不煩餉之功也。監紀同知范廷輔、榆次知縣任濬勞績久著，且單騎馳入賊營，宣諭朝廷德意，俾一夥巨寇俛首感泣，帖然就撫，此其勞績當在斬馘之上。與標營副將管中軍事陳國威、差官丁枝成、林陳養榮等越境招賊，宜示恩威，其勞亦不敢泯也，俱宜優敘。惟是各丁新填營伍，非有額餉可資餬口。查有監臣孫茂林去年賑濟尚存支剩輸助銀三千餘兩，合無於内動支，留給各丁月糧之用，俟該營有空缺，陸續頂補食糧，似爲便計。相應具題，伏乞

皇上勅下該部覆議施行

房號得餉無多徵派滋擾疏

臣幼讀史至唐德宗朝行稅間架法翰林學士陸贄以兵窮民困恐生內變上疏切諫臣未嘗不慕贄之忠而竊歎當時軍興告匱亦何至行瑣細箕斂之術以失天下之人心乃未幾有建中之亂始下詔罷稅間架此亦後世之殷鑒也我

皇上節用愛民媲美堯舜薄海內外亦既謳詠膏澤矣不謂鹵寇交訌所在增兵益餉司計者仰屋靡措

萬不得已爲權宜之策遂有稅房號之議去冬臣接部文亦即抄行所屬縣道除已經兵荒者不派外稟於三月欽限敢不奉行惟謹因臣臥病杜門久未查報確數乃各州縣商民日踵臣門號泣求免又值天災流行久旱不雨人心皇皇臣伏枕細思每市房一間徵稅一錢亦豈爲苛而有司查派不善或委之佐領吏胥便滋無窮弊竇一切徵納起解名爲每間一錢其實所費民多市販之人遷徙不常百物之價一時踊貴所關於窮民衣食更多不便晉中商賈不通貿易者少算來每縣多不過百有餘金斂百餘金而擾動一邑此亦瑣細之甚非經世之宏規也況旱災見告饑饉洊臻正項田賦尚求蠲免奈何復於市廛而擾之夫人者邦之本也財者民之心也人心不搖邦本自固不可不深長思也近日諸臣議勦賊之餉不及房號豈非深知房號之利無幾而騷擾閭閻其爲害實有甚焉者乎捧讀

聖諭殷殷慮查派滋擾飭撫按官嚴禁有司濫派之弊臣益歎服

皇上洞悉民隱光明之燭無微不照此議原不出自

朝廷不過司計者一時權宜之說而晉中疊遭兵荒井市蕭條不堪科派之狀臣既目擊心恫不爲一達

天聽早求報罷使千載而下謂

聖明之朝無一陸贄其人也豈不惜哉臣謹披瀝肝血爲地方請命伏乞

皇上立沛德音罷稅各省直房號以杜紛擾之端書之史册實爲懿舉臣愚幸甚

奸邪擾害可駭貽害宗民甚劇疏

竊照晉中藩藩夙稱賢明約束諸宗秩於矩矱左右羣小凜凜奉法惟謹地方受安靜之福久矣自藩王新逝世子年甫六齡煢煢在疚不與聞外事奸邪之人遂乘機擾置實煩有徒而臣聞其爲首者則典仗程朝宰也朝宰本一無賴市棍夤緣入府供書寫之役一旦濫冒典仗乘世子幼沖逞其機詐妄作威福竊權專國無所不至倚長史董葵書手李松王孟松潘雲龍等爲腹心藉一二素行不簡劣宗恬𩼷珵趙珵坆繼寰龍池等爲羽翼表裏作奸養成一呼百喏之勢貪橫無厭荼毒宗民夌轢有司郡王含怒而不敢言道府畏威而不敢問以故劣宗如恬𩼷等挾勢橫行有逼寫借約而奪人房地者有撒散私鹽沿村嚇詐者有開設博場誘人妻女者有倚恃强梁而覇人嫖賭者少不如意揎入私宅非刑苦拷其兇畝不可嚮邇小民傾家蕩產賣妻鬻子怨聲載道道府稍

一懲處黨惡則糾衆挰單動相汗蛾究其根繇則皆朝宰居中用事結黨害人之所致也近復擬置世子輒敢悖違典制具疏覆奏請封生母同管理府事肆無忌憚一至於此眞大奸巨蠹急宜芟除者也然使爲長史董葵者値濬王薨逝之後盡心輔導世子凡事規正則雖有奸邪亦無所施其伎倆而臣訪其人老憊無骨昏婪有染專與朝宰交結曲意阿奉全無主持且以王府之官擅受民詞將有司百姓沈汝奎

王國俊崔尚信等徑拿監禁濫罰贖鍰居官不謹如此朝宰惡跡顯著懼罪難免謀欲誆挾財物借赴京奏訐爲名希圖潛逃事露爲府臣焦洛羈候其與同惡諸蠹所當請旨一倂提究正罪而長史董葵應勑吏部速議罷斥另選老成端恪之人陞補誠不可一日緩者抑臣更有請焉濬世子孤幼靡所怙恃今各宗室鈐束無人雖謹守禮法者固多而踰越閑簡者不少似宜勑下禮部稽查典制應否推舉郡王一位請勑暫管府事凡一應奏請名封鈐束宗儀事件悉令管理惟錢糧止許稽查不許收掌待嗣子年長稍知事體即便具奏廻避仰候
聖明裁奪更祈勑諭承奉謹護於內長史匡輔於外養成世子令德紹休先王以昭義問於無窮則我
皇上敦睦至意爲維城久遠計者更大也

臣病實悮地方不敢欺隱不言疏

本年六月十四日接見邸報臣奏爲臣病阽危已極等事奉聖旨吳　勞著晉疆地方實深倚賴且部覆註銷已有旨了不得堅請該部知道欽此臣捧讀溫綸不覺痛哭失聲夫晉中近日盜氛稍息皆賴我皇上天威震疊文德覃敷之所致也臣何勞之有至於瘡痍未起旱災見告宗民交鬨邊警戒嚴當此多

事之時臣不能力圖綏靖而又不幸嬰虛勞之證杜門半載廢悮萬端皇上不加譴責反蒙慰諭臣感媿惶悚無地自容稍具心知敢愛膚髮展轉思維既抱不起之病不能出而視事又身肩煩劇之任不能退而調理事務叢脞憂惶日甚心血既枯晝夜焦灼業已上辜聖恩下負地方言念及此死難瞑目病久神昏時而拊膺狂叫有類失心每於牀蓐之間若向闕哀訴叩頭流血譫譆之語不可復辨家人驚駭俟臣神思稍定之時泣涕相告臣昏瞶之中不自知其顛危之狀亦至於此總緣病勢日久日深虛弱至極寬不束覓神不守舍而近又加以瀉痢交作寒熱雜攻真元氣耗榮衛俱損延醫胗視謂非藥餌能治奄奄待斃委頓不堪臣欲復言是狗馬之病屢瀆君父之聽罪在煩聒義有未安臣欲不言是以狗馬之病坐悮封疆之事罪在欺隱心更不敢臣命運乖

蹇一身狼狽受皇上如此恩遇而力不能報嬰此痼疾勢難視事一切緊急欽件防勦軍務要緊本章俱已停閣不克料理地方復何所賴因病致悮罪當萬死臣不敢望恩子告惟願早加褫斥以爲邊臣負病溺職之戒哀懇聖明特賜矜憫倘蒙垂念狗馬服勤有年病出不幸放之生還曲全終始則高天厚地之恩臣世世銜結無既矣

邊警孔棘秋防戒嚴預發防邊兵馬分信責成

疏

竊照三關倚宣雲爲屏蔽邊軍夙號單弱秋防屆期鹵報西行臣雖臥病未嘗時刻敢忘飭備先是臣酌議總鎮僉丁三千外奇兵營副將官撫民挑選戰兵三百遊兵營遊擊王弘祉挑選戰兵二百岢嵐道中軍守備馬世榮挑選戰兵二百岢嵐遊擊趙民懷挑選戰兵三百共足一千俱聽總鎮調度與健丁合營

以資勦禦又於腹裏臣標下挑選戰兵六百副將陳國威統之太原營挑選戰兵六百副將猛如虎統之平陽營挑選戰兵六百副將虎大威統之不足二千之數於巡東道挑選道丁一百加銜守備衛一典領之蒲州營挑選戰兵一百守備賀震彝領之以上兵二百總轄於虎大威統領節制俟五六月內聞有警報即飛馳調集各兵分防鴈代臨期確偵鹵犯何地責猛如虎虎大威陳國威三將或分或合充作奇兵以張犄角之勢以資策應之用不必與總鎮合營致有掣肘之患至太原爲三晉根本重地臨期議調汾州營叅將賀明威領兵五百潞澤營叅將和應詔領兵五百共一千協防省城業經題奉欽依在案今照鹵警頻聞應調各兵防援時不容緩除移會新鎮臣虎大威作速整練健丁及嚴飭奇兵等營副將官撫民等整搠前項兵馬以聽總鎮調度外查得臣標下中軍副將陳國威陞蓟鎮總兵前議戰兵半係國威

內丁相隨北去又平陽營副將虎大威亦陞寧武總兵所帶內丁强半塡補健丁缺額之數蒲州營守備賀震彝亦陞任去今以新任標下叅將管中軍事和應詔補陳國威新推平陽營叅將趙民懷補虎大威蒲州營中軍加銜守備李廷瑞代賀震彝業於六月十一等日調發太原營副將猛如虎官兵六百員名駐防平刑平安寗太安嶺一帶協同北樓叅將閆崇光平刑守備林永昌兵分防各隘據報六月十七日

已到信地平陽營官兵六百員名暫以本營中軍守備黃家佐統領併巡東道標下加銜守備衛一典官兵九十一員名蒲州加銜守備李廷瑞兵一百員名協同北樓守備趙可久茹越守備馬得功等兵分防北樓小石茹越等隘口據報六月十八日已到信地今又檄催趙民懷領戰兵三百速赴北樓一帶兼統領平陽營及蒲營道丁各兵以備援勦至臣標兵防禦因新中軍未任先將防禦省城潞澤營兵五百名

責成領兵加銜都司隆守全于世虎等領赴廣武胡峪一帶與東路叅將賈廷諫兵協防今標營叅將和應詔業已到任行令挑選戰兵四百再於潞營本官家丁內補完陳國威帶去之數務足原議戰兵六百亦於六月二十七日遣發廣武據報七月初二日已到信地以上各官兵令之無事則偵防隘口有警則聽調援勦其餘中西兩路皆係額設各營遊軍分布設防訖至於省城防守除原議汾州營叅將賀明威

兵五百名臨時照舊調防餘俟潞澤營叅將推補有人再行酌調如不及待則就近調都司管交城守備鄭薛敏忠平定守備陳尚智等兵並以臣標下所存標兵并太原營所存營兵約有千餘駐防南北兩關防守省城惟是前議各將領半已陞遷標營平陽營李有和應詔趙民懷代任其事惟潞澤營叅將苛嵐營遊擊兩缺未經推補以臣所見莫若就近以都司薛敏忠陞遊擊管潞澤營叅將事臣前所舉隰州守

備張友名陞坐營都司管交城守備事隰州守備則以加銜守備衛一典補之一典在平陽防河禦寇最爲熟練也苛嵐遊擊缺無如樓子營守備李可用陞都司僉書管遊擊事人地更爲相宜此數將者臣皆試之戰陣之間嘉其勞績且畜有鄉漢家丁可資之以壯營伍爲地擇人未可盡拘以俸薦常格也伏乞敕下兵部查覈覆題速行填補則整飭有人營伍不至廢弛矣臣病勢久痾奄奄不起屡懇

天恩未蒙放斥今奉調理視事之旨邊警方殷臣子
之義生死以之敢不仰體
聖心捐糜圖報謹遵旨扶病料理俟稍有起色卽輿
疾移駐忻代督率將吏不敢貽
聖明西顧之憂也

郡王違制出城謹據實奏聞疏

崇禎十年七月二十日據潞府長史司呈稱據內丘
王府署教授典儀高聲遠呈稱本王於十三日辰時
縣東門出城干係違禁等因到司隨卽具啓世子差
內官二員星往前途勸留但郡王爵位尊崇未知允
勸否等因申報到臣又據潞安府申據長治縣申報
與前相同據此臣一面繕疏具奏一面行令長史司
再啓世子差官勸諭本王回府并行潞安府申飭經
過州縣一體勸阻去後隨據長史司呈稱據原差內
官趙文昇百戶楊弘化回稱十四日奉差十七日赶
至河南磁州武安縣地方果見內丘王本王口說我
奏部文書我自行回奏你等如何敢來攔我二官跪
地婉詞百言啼泣苦阻不聽於十八日浩然長往攀
留不住等情到司復啓奉令旨又差官役星夜無停
晷責勸請力阻等緣由到臣該臣謹按會典郡王越
關之禁甚嚴蓋防微杜漸意至深遠也近忽有內丘

王七月十三日出城之報臣等不勝駭異一面檄行潞安府及長史司差官阻留一面繕疏報聞間又據長史司申稱王已出境次河南之武安縣謂奏部文自行回奏也夫自行回奏令其具疏非令其赴闕王豈不諳此而違制擅行臣等所不能解也除嚴飭長史司署印審理王修齡啓世子差官前途阻止候回府查撥置員役另奏外臣等竊爲地方憂之凡郡王與親王同城者聽親王鈐束自瀋藩薨逝世子幼冲

長史缺官輔導無人內丘王自踰禮法以結怨小民誣訐知府今又無端出城越境意欲何爲如此舉動駭人見聞臣等不敢不據實具奏伏乞

聖裁施行

微臣臥病在邊萬分危篤疏

臣不幸嬰痨瘵之疾氣血兩虛日深月積勢難痊可九疏乞骸萬非得已不謂微誠未能上格

聖聽延至七月秋防戒嚴屢奉

明旨以邊警方殷著臣調理視事臣子之義不以鹵

遺君父況

聖明西顧宵旰憂勤臣何敢復惜其死勉强支撑卽擬與疾移駐又深慮省會重地城守器具未盡嚴備

登城閱驗集司道府縣叮嚀訓誡不意久病之餘纔一登眺則神奪魂搖輿還署中昏暈仆地久而始甦又復調理旬日屢接

聖諭責成邊臣飭備不啻嚴切臣何敢卽安乃扶病於八月初吉移駐鴈代將近一月方幸秋田刈穫已完堅壁清野事有可爲而臣以憂勞過度疾病轉劇於本月十九日吐血之證又復衆發卽今頭目眩暈怔忡健忘虛火炎上嗽喘不已蒸熱煩渴晝夜焚灼

血枯氣竭致徧體骨節或麻木不仁或痛楚如刺痠食俱廢呻吟困苦之狀難以縷述一切事務不能料理無可奈何又只得杜門謝事奄奄牀褥與死爲鄰臣豈不欲勉効匪躬之誼竭股肱之力繼之以忠貞而才識闇淺不展一籌今又抱病經年廢悞萬端若虛擁節鉞苟幸一時之無事爲戀戀功名之計如負地方孤

聖恩何非獨臣之自審不宜坐悞嚴疆義當引退以讓能者即廟堂之上爲嚴疆長慮亦斷無坐視病臣廢悞之理臣病苦至極不得已復申前請然非卸防秋之擔也即今日蒙恩罷斥新舊交代轉瞬便是十月秋防亦已告竣如其有警臣生死以之不敢倖逃斧鉞儻藉廟謨預定邊事無虞臣猶望生入里門延醫問藥圖如綫生全於萬一不然力盡而斃使之輿櫬道路亦豈朝廷體恤邊臣之意哉臣謹瀝血哀鳴不暇擇音仰祈

皇上少垂矜憫念臣力疾秋防原圖報稱不幸病勢危篤不能供職懇乞

聖慈視同狗馬曲施帷蓋乘此一綫喘息早賜回籍調理則殘廢餘生沐高厚弘恩誓圖銜結未足云報

臣無任迫切哀懇之至

臣病篤難痊可地方不容廢悞疏

臣之扶病駐代州也原爲秋防戒嚴少盡狗馬報主一念卽或一當　而死裹革擴草無足惜也不意鹵警稍緩秋防漸竣而臣病勢日加危篤萬不得已
十懇
天恩乞求骸骨近見邸報奉
聖旨晉省多事防勦兼資㝎　著勉調力任以奠巖疆不得更有陳請該部知道欽此臣不勝感激不勝

媿汗臣矢忠圖報原有志於功名非甘心枯槁忍於央絕者也特無奈積勞成瘁奄奄床蓐力不從心醫藥罔效蓋臣之病原因血氣過耗憂思過苦以致水火不交陰虛火動一切吐血昏暈怔忡健忘盜汗骨蒸煩渴種種痨證日深日劇今復痰中見血喘咳不止脾胃傷損不進飲食若呼吸一斷則潰然立塡非如風寒暑濕之疾可以針砭湯劑治也卽入山靜攝屏居謝事尚恐不能久延人世而況處多事之地煎之以憂慮迫之以軍務糾纏之以欽件公移臣旣不能一一料理而身在事中心神縈繫豈能一刻寧帖有不促趨於死不已者臣聞智慮者五臟之精華也五臟受傷精華已耗則智慮皆昏故臣每値失血過多之後輒昏仆在地不省人事一身狼狽萬念灰冷嘗恐溘先朝露不能久事
陛下孤負主恩死難塞責豈能復力任而奠巖疆乎今臥病代州不能料理一事深恐耽延時日在封疆

日悞一日乃因杜門偃臥而至於事事廢弛益重微臣瘝曠之罪在臣病日深一日或以斥放無期而一旦齋志以歿不及沐
皇上生全之恩踊躍孤蹤形影自憐所爲仰天拊心悲痛命薄不能自已或者亦得援豫撫王家禎之例而蒙一視之恩乎語曰鳥之將死其鳴也哀臣惟有哀鳴於我
君父之前蚤早一日罷斥猶早冀一日生還免於輿

覩道路則帷盖之弘恩也煩聒
聖聽罪當萬死謹席藁待罪候旨臣曷勝懇切哀求
之至

微臣功微賞重懇容辭免以安愚分疏

崇禎十年九月二十九日准兵部咨爲典嵐賊寇縱
橫等事奉
聖旨這晋省節年勦寇功次既經勘覈有功文武各
官除應免叙外吳甡准復原降一級仍加陞一級欽
此欽遵移咨到臣除臣恭設香案令家人扶掖榻前
望闕叩頭謝恩外伏見我
皇上待封疆之臣無微不錄恩如此其渥也已而思
之計功而授賞者朝廷之典也量能而授職者臣子
之分也臣才能駑下軍旅未諳今因叙諸將吏典嵐
勦寇之功復臣原降一級仍加陞一級臣不勝感激
不勝惶媿竊有不自安者四焉三晋賊氛稍息地方
微獲敉寧皆賴
皇上威靈震疊賑屢頒使災黎戢心巨寇奪魄而
諸將士感恩用命之所致也臣何力之有貪天之功
而攘人之美臣所不自安者一也臣臥病經年廢惯

萬端
皇上不以膏斧鉞而賜之生全使得歸正首丘已屬
厚幸乃復加病臣以非分之榮臣所不自安者二也
卽流氛未靖賞罰宜行
皇上借山右將吏之微勞以示鼓勸如買千里馬者
先市其骨則復臣之級使以今勞得贖往罪巳爲逾
涯而又有加陞一級之敘臣所不自安者三也兵部
查敘自七年四月臣撫晉自七年十月則前數案之
功次實前撫臣戴君恩鼓勵之力何可泯也乃君恩
以病故戍所免議而以其功盡歸之於臣臣所不自
安者四也臣有此四不自安是以披瀝血忱上瀆
聖慈伏乞
皇上鑒臣之請俯容臣辭免加陞一級得以原官回
籍調理儻不卽塡溝壑則狗馬報主正自有日而將
來沐朝廷優厚之恩者尚無窮也

微臣蒙恩予告遵旨料理候代疏

本年十月初六日接邸報吏部一本爲秋防之役將
竣等事奉
聖旨吳　准回籍調理病痊起用仍料理候代員缺
卽會推才望堪任的來用欽此臣捧讀
明綸感激涕泣隨設香案令家人扶掖望闕叩頭謝
恩外我
皇上垂憐病臣放歸調理此之爲恩卽天地生成父
母鞠養不是過也遵旨料理候代竊念三晉目今要
急事務無如防河節據守東道臣李一鼇塘報稱大
賊數萬大肆狂逞攻陷澠池坐沒陝靈閿潼之間窺
探河北耽耽思渡勢甚披猖道臣督率官兵鼓勵鄉
勇堵擊不遺餘力惟是今歲沍寒頗早氷合在邇臣
病痊餘生不能躬赴行間竊度隨於十月初八日催
各防邊官兵回營酌量道里遠近定於十五十八等
日發兵赴信如太原營署都督同知猛如虎統兵七

百協同加銜都司聶應遝蒲州營守備柳如金等兵赴平陸縣防禦茅津三門太陽葛朝許家灘甕兒口等渡平陽營叅將趙民懷并中軍黃家佐統兵一千協同吉州守備王科隰州守備衛一典等兵赴吉州鄉寧大寧永和等縣防禦壺口高兒窰孟門馮家集乾柴坡船窩師家灘香爐崖馬鬪永和二關等渡潞澤營都司薛敏忠統兵五百赴垣曲縣防禦薛家窩趙家灣河底村刁窩村五虎澗寨崖村等渡臣標下中軍叅將和應詔統兵七百赴河津縣防禦禹門金門乾柴坡兩扇門等處汾州營都司賀明威并石樓營守備龔能各統本營兵馬防禦臨縣永寧青龍石樓等渡仍責成守東道臣李一鼇巡東道臣汪喬年守南道臣馮上賓嚴督將士及各州縣印捕官鼓率鄉兵多備砲火鑿冰器具晝夕嚴防又飭各屬動四事積貯米豆草束轉運河邊協濟沿河州縣支給軍馬行糧而委太原府同知范廷輔平陽府同知盧恢

卷之十六

衣汾州府同知馬鳴玉巡查河防監紀功罪仍令多差撥丁過河遠偵賊情向往預張聲勢力為勦禦比往歲益飭有加但賊勢重大長河千里移緩就急詎度機宜必新撫臣親歷河干號令威嚴將吏始有所稟承而用命惟謹況山右處處災荒平陽更甚撫綏拯救以安地方尤非可緩臣心雖有餘而力則已竭想新撫臣處切封疆計周桑土必且星言夙駕式遄共行不待臣言之畢矣

卷之十六

敬辭服級以安臣分疏

臣輿疾移駐榆次候新撫臣朱賢交代間於本年十月二十六日接邸報兵部一本防河事竣等事奉

聖旨這九年分防河著績文武各官既經覆覈除免議外吳　著加服色一級仍賞銀二十兩欽此到臣恭設香案令家人扶掖望闕叩頭謝恩外臣庸劣無能軍旅未學惟恪遵廟謨日夕氷兢至於親履河干躬督將吏雖勞勤之備嘗皆職分之當盡賴

聖主威靈流氛遠遁三晉小民獲有寧宇　無籌可展何力能效

皇上垂念將吏而敘錄及臣加以一命之榮章之服采優以百朋之錫惠之兼金臣何人斯叨茲異數雖賞賚須自尚方祇承猶多踧踖況服級有關名器濫叨益深媿悚既恐滋不衷之羞又懼速維鵜之誚伏望

聖明鑒臣朴誠容臣辭免服色之加以安愚分臣拜

領厚賞歸而一七一家皆沐恩膏苟餘生之可延誓捐糜以圖報臣無任惶悚待命之至

鹽糧關係匪細疏

看得鹽政邊計最相關切者也考永樂中商自輸邊每引止上粟二斗五升當時内地大賈赴邊墾田塞粟充盈鹽法通徹隨中隨支價平而息倍商人樂趨之自改折之議行而大商南徙邊儲遂匱不得已招此土著之邊商每引令照時估納粟邊倉取償海上後因鹽法漸壅邊商苦於守支勢不得不賣引於内商爲息漸薄而邊商病開中者寥寥至萬曆三十二年始定爲減四納六之例以誘其來迄於今相沿日久商人竟視此寬減爲分内應得之利不復知其爲特恩矣近年以來鹽法益壅内商益病且益狡每乘邊商買引急迫輒以市心抑勒減値拖價淹延故浙鹽自崇禎三年起至六年竟不能中只今庚午辛未之引七八年人本不歸加以晉地連歲兵荒蓋藏如洗凋殘轉甚既難糴買又苦力輸多方招徠尚恐不至今奉部議邊商不必納粟徑令實納引價夫以從來應納之價而令之實納似非厲商乃余琢儁等呼天搶地泣訴苦情縷縷不置臣多方勸諭輾轉思維商賈細民惟利是視利在則走死如騖無利則裹足不前況乎今日之三晉非復昔日之三晉矣自寇交訌荒旱相仍好義急公之事詎可望諸救死不贍之民哉且粟非稅畝徭非隷籍又有刑章所不忍加而法令所不能强者嘗試取開中案牒一一翻閲見鹽糧一項節年有欠而崇禎八年則顆粒未完稽其所以謂是年爲會商生財等事欲去寬減邊商遂逃避不赴開中以致虚閣一年至崇禎九年三月内職會同督按爲三關餉軍請命部覆仍從舊貫以四六寬減之例勸令邊商照嘗納米上倉以濟軍需業奉俞旨在案而後遵納如舊今又議令實納引價坐定六萬餘兩之歳額望其樂趨而實納在庫豈可復得邊商窮於稱貸勢必頑逋仍如八年則嗷嗷待哺之餉軍銀米兩空餉給安支既無分毫之入又無顆粒之

輸其觖望生心不重可憂也哉臣駐鴈代之痔目擊商民之苦且關係邊糧重大餓軍可虞不敢以去國之故而忘嫠恤之憂如蒙
聖明鑒允俯從商民之便將三關鹽糧令各商照舊納米上倉庶窮商沐寬減之恩必且樂輸而早完於邊計猶有小補也

郡佐勞績當優守令艱苦宜錄疏

臣塡撫山右三載有餘民亦勞止汔可小康非臣有才能習軍旅也則二三有司同心協力其勞有不可泯者今臣以久病蒙
恩予告旦暮得代行矣奄奄床褥不能爲諸臣一一敘揚而其中有功在戰守地處殘破勞績久著艱苦備嘗者耿耿一念何忍忘之臣若不爲拈出則負諸勞吏且使朝廷不得收用人之效則更負地方也如監紀太原府同知范廷輔自臣奉命討賊即與驅馳行間守邊防河禦鹵勦寇其深謀遠慮佐臣不逮者居多而紀覈功罪公嚴無私故將士用命撫勦有功且監紀官原權宜新設一切俸薪衙役工食俱無所措本官清苦實諸臣所未有屢經題敘文武各官有加一級二級者而本官止紀錄優陞似未足酬其勞也太原府清軍同知蔡如蘅臣屢委之督勦查閱邊防如擒巨寇顯道神等其功爲最而條議備邊設防

鑿鑿可行臣以之申飭邊吏俱獲成效至署府縣篆務料理城守無不悉飭乃督勦止蒙紀錄而日者敘功一案又復偶遺以上二臣才品皆卓然不羣勞績又燦然可紀歷俸三年較之腹裏郡佐功苦不啻倍之似當即行優擢或道府以展其猷爲或樞屬以資共籌策未可以俸格拘也至各殘破州縣當八九年以前四野多壘有能晝夜寢臥城頭與民死守卒能保障危疆招撫流移以至今日夫豈易易如吉州知

州黃光煒隰州知州周培忠皆歷任三年以上拮据防河鼓厲禦寇不愛錢不惜死文弱書生有守禦實績垣曲知縣段自宏河曲知縣錢永守汾西知縣王道行沁源知縣孔聞讜臨縣知縣魏錫祚或邑經久殘或賊窟城外而撫恤孑遺臥守孤堞攜家貲以備餼粥捐俸入以養戰士雖才品不同而飽歷艱危則無異也此七臣者處荒殘之地盜賊之衝數年以來不肯臥薪茹膽保城撫民備極艱辛若猶拘以考成之例日加叅罰不得與安容處優者博一級之榮何怪知巧之士累足不前賢勞之吏灰心求去也哉除垣曲知縣段自宏奉旨行取外其黃光煒等俸勞俱深或擢部曹或陞府佐庶急有以鼓厲之也臣從地方起見每有感於秦豫盜寇縱橫守令多有失陷城池爲法受罪者而晉中諸勞吏日在行間殫力勦撫苦守雉堞幸獲安全則計功授賞程勞查敘豈惟激勸山右諸有司亦國家酬敘之典所不容少靳焉者

也

柴菴疏集卷之十六畢

題揭
題揭
卷之二十
題揭
題揭
恭奉明綸益深愧悚謹席藁待罪疏
微臣聞命疾趨抵京候旨謹席藁待罪疏
遵旨回話疏

附南京兵部尚書史可法疏
中途驚聞恩赦敬陳謝悃疏
薄遣原屬寛恩臣心已蒙聖鑒謹剖明始末以質公論疏 弘光元年

目録畢

柴菴疏集卷之十七

大理寺左寺丞臣吳甡謹題

大理疏 崇禎五年

祖陵關繫甚大開濬利害宜審疏 同淮安府翰林院編修夏曰瑚揚州府中書舍人喬可聘禮部儀制司郎中解學夔

臣等讀邸報見工部覆淮揚按臣饒京及總河臣朱光祚所題祖陵關係重大等疏奉

明旨頃且遣博士徐祖健往矣仰見我皇上尊祖敬宗慮深根本而河按諸臣議開濬議分導出自忠愛各極苦心臣等何敢復置一喙但事關陵寢所係重大偶有一得之愚不敢不仰告我皇上者臣等嘗歷稽往牒自夏商以迄唐宋上下數千年功業之巍煥氣脉之磅礴未有如我國家之盛者太祖高皇帝以天授聖人起自淮右掃 之

復中原之禮樂
成祖文皇帝纘承帝業象北極以定鼎瞰四彝而抗
稜迨
列聖相傳景運熙隆天祚無疆澤流萬世迄今土宇
版章有如一日而遡其發祥爰自
祖陵臣等謹按
祖陵形勢龍脉來自萬里蜿蜒盤結東南面拱十一
山左右帶以五十二湖七十二溪之水而淮與泗合

襟交會浩浩泱泱以成朝宗之勢衆水滙於洪澤諸
湖障以高家等堰形家所稱朝水諸口不開而自開
去水諸口不塞而自塞蓋天生此靈阜奥區以開我
國家億萬年有道之長非人力所能爲也第泗州地
形窪下歷世以來間有伏秋泛濫之時而衆水縈洄
王氣所鍾說者以爲靈秀會聚實在於此況此水特
環繞於明堂之前而至於
陵寢從未有積水難消之患也開濬分導之議自非

萬不容已未易輕見施行是以按臣雖有八議之疏
而必諄諄請遣博士詳察地脉者蓋亦爲萬全之慮
也惟是高家堰三閘所關地方利害又有可得而言
者謹按高堰北當淮泗之衝南扼漕湖之吭地形最
爲高峻而淮揚兩郡及高寶與泰山鹽數十州縣地
居下流所謂懸水數仞建瓴之勢也東北保障全藉
此一堰是豈可輕議開洩者乎河臣朱光祚疏云
以三丈之水勢灌千里之下流仰受既不能容俯亢

又不能洩數郡縣不胥而魚乎此不易之確論也近
日建議諸口以錢糧不敷工料難集
欽限三月踰期未完民間之田尚沉水底東作失時
西成何望僅存災黎方且泣對重淵束手待斃而三
閘一開勢必以淮揚爲壑行見淮泗諸水滔滔東注
將高寶一帶漕堤蕩爲湖海運艘捧挽無路則數百
萬漕糧何繇而達京師各鹽場盡被渰沒黄海無策
則百餘萬鹽課其將問之水濱郡邑城池必致衝壞

田廬漂蕩數百萬生靈悉爲魚鼈則數百萬糧稅誰爲輸供況開濬諸費業委水衡於逝波若待淮揚水患頻仍不可收拾之後勢不得不議築塞又不知費
朝廷幾巨萬金錢如是而於國計民生甚不便嗟乎今天下脊脊多事司農仰屋竊歎者數矣國家財賦半在東南今一舉而阻運道廢鹽課棄兩郡數十州縣生靈三害備焉是何可不爲之深長思也議者必曰高堰既不可開則何以設三閘也臣等查高堰自

明興以來從未建閘建之自萬曆二十三年始然未幾旋議堙塞夫歷二百六十餘年開者一時而塞者永久固爲數郡民生漕鹽國計關係匪輕抑亦審於形家聚洩之理有利於蓄而不利於闢其爲
祖陵地脉計者未嘗不深遠也今高堰日就圮壞識者岌岌乎抱宣房瓠子之憂有地方之責者方急議修築以求鞏固之不暇而可輕言開濬乎哉臣等生長淮泗之鄉沐
祖宗數百年培養習知地方利害之原輒不勝鰓鰓過慮而共攄其愚忠如此伏乞勑下工部確議具覆併勑河漕按鹽諸臣公同會勘廣集衆論確求定畫於
祖陵則審度詳慎以圖萬全於高堰三閘則熟計利害勿輕開濬如是而
陵寢國計民生胥賴之矣臣等無任懇祈待命之至

疲邑連年大浸孑遺殘命難存災患異常情勢
迫切謹匍匐籲天急祈蠲賑以解萬姓倒懸
疏 代興化災民

某等田野愚氓義在終事自非疾苦迫身計無復之安敢冒死遠叩力闔祇緣興化爲揚州彈丸小邑僻處海濱地勢窪下四面受水素稱釜底土瘠民窮異於他邑查揚州一府三州七縣共額糧二十萬六千而興化獨派五萬五千有奇揚州一府計共田二十五萬二十餘頃而興化僅得二萬四千有零是田地不足十之一錢糧已踰十之三也此緣先年奸民誣許委官踏勘未確盡將本縣七湖五溪六十四蕩五十二河津浦港渠作田畝一體陞科有此浮糧累民賠納故本縣初編一百八里旋減至七十八里又復減至六十二里戸口日削田糧依舊雖歲歲豐稔猶苦稱貸然未有異災疊見萬不堪命如今日之甚者也崇禎四年七月內霪雨盆傾淮黃交潰乎地水深一丈五尺田苗沉沒盧舍漂流小民折屋編桴繋民爲筏老弱溺死不計其數少壯逃避偷生或繫舟樹上或棲止城頭經宿缺飧百里無煙啼號之聲日夜不絕父子不相顧兄弟妻子離散且數百年丘墓焉夾衙豁漂蕩殆盡生者不得保其性命死者不得存其骸骨比之兵焚未有此慘撫按稟疏具題仰蒙

聖恩量減新增遼餉三釐之一知縣趙龍新任苦心拮据多方借貸勉完漕糧院道捐貲發賑災民幸存

餘喘延至今年三月水勢稍退窮民鬻賣妻孥營得微貲租牛買種築舍壘垣從事南畝以爲西成有望流移可以漸復生命可以苟延庶幾黽勉以供國課不意今年六月黃河漲溢從淮安之建義蘇家嘴新溝等處河口潰決直瀉鹽城至七月初旬逆流而南延浸興邑數日之內合縣內外陡深一丈六尺有餘將熟田禾新搆廬舍盡付之洪濤巨浪而且水涂城市深至三尺井竈俱沉樵蘇無路較之去歲其害更

慘今萬姓嗷嗷寄命波濤之中者三月矣而高寶一帶漕堤亦多潰决合東西南北之水以灌一城阽危已極所存孑遺無米可炊無薪可爨鄉村廬舍百無一存十室九空救死不贍此從來未有之異災傷哉與民何不幸而至此也舊年渰溺猶有前歲所積之餘今則賣兒貼婦而無可措置矣舊年猶有當舖可典殷戶可借今則富者已貧望風先竄矣舊年猶有倉穀可賑今則倉廒懸磬顆粒無存矣饑寒之民逃

生無術不遑之徒嘯聚可憂西北則高寶鹽城栽脊及溺湖寇結連甚衆東南則泰州各場素稱剽悍鹽徒擕婦不少雖上官加意撫恤無米之炊尚不能起垂絕之命而再迫以催科未有不挺而走險者也今功令森嚴檄頒水次議徵漕米哀此災黎驚惶無措卽欲剜心頭之肉醫眼前之瘡其如骨髓已乾毛血俱竭何哉况他邑受災不過一兩月水勢退消室廬尚存猶可種麥栽豆藉以充食供餉獨興化爲衆水之壑卽今明春水勢稍落而牛種從何措辦田土無力耕種饑餓轉徙動經數歲如綫長堤儻修築未固年復一年縣邑將蕩爲江海百姓盡化爲魚鼈而責其納漕糧輸賦稅豈可得哉伏望我

皇上垂念下邑窮黎受此兩年大災寸粒不收逃亡將盡特將本年漕折新舊遼餉及一切逋欠錢糧俱賜蠲停速發帑金數萬大加賑濟庶垂盡之殘喘或有更生之一綫乎至修築漕堤堵塞决口保全興鹽

高寶等數州縣廟堂之上自有長策斷不忍以三百年

祖宗培養之赤子盡棄之蛟波鯨流之中也草野愚氓冒死叩閽命在旦夕勢迫呼天惟望

皇上早賜拯救而已可勝迫切控籲之至

柴菴疏集

兵部左侍郎加俸一級臣吳甡謹題

部疏崇禎十四年

優崇大儒敬抒拜颺之忱疏

臣恭遇

皇上躬臨太學釋奠

先師大禮告成憶崇禎二年春臣以御史侍班今復

叨列侍從恭䕶法駕煌煌大典兩逢其盛又遇

皇上臨閱角樓召諭輔臣等謂先儒周程張朱及邵

子之賢與諸儒不同禮宜優崇傳與禮部知道欽此

臣仰見我

皇上表章先賢倡明正學使天下學士大夫尊崇六

子以著明孔子之道此前代帝王所未有也臣請抒

一得以代拜颺可乎臣觀斯道統系聖聖相傳後先

一揆自堯舜禹湯文武周公皆在君相之位而道行

於上獨吾孔子以尼山布衣生植衰晚不獲行其道

於天下退而與七十子之徒講明絕學刪詩書贊周

易正禮樂作春秋以六經詔萬世而道明於下堯舜

以來之心法如日中天傳至孟子而後千有餘年不

絕如綫至宋大儒輩出周子敦頤得不傳之妙於遺

經作太極圖說易通等書程子顥頤繼起其學以誠

正爲本主敬爲要語錄易傳斯道大明若張子載之

以禮爲教著東西銘等篇邵子雍以數爲學作皇極

經世朱子熹纘述經籍開萬古之羣蒙集諸子之大

成是皆倡明聖學於世遠言湮之後直有以上接孔

孟之傳所著諸書闡發性理最爲精粹其於斯道薪

傳最爲正宗而程朱諸疏劄封事成就君德發明治

道尤稱龜鑑我朝理學惟薛瑄胡居仁講程朱之學

獨得其正庶幾近之是故六子之賢若在聖門當居

四配十哲之列非近代諸儒所可比擬也臣竊以爲

優崇其禮固朝廷重道之意而表章其言尤

聖明作述之心六子之學散見遺書雖汗載性理而

篇帙未全所當急爲輯正垂訓後世伏乞
皇上特命詞臣有學識者數員將六子之書正其訛
缺輯其冗複精加印訂鐫刻成書更乞
御製序文頒布學宮令天下博士弟子員朝夕肄習
講明其學曉然知道統之傳自堯舜禹湯文武周公
以傳之孔孟而傳孔孟之道必自六子如世系宗派
毫不容紊六子之書得與六經四書並傳我
皇上繼孔子之學紹堯舜之治身承道統垂法萬禩
又豈環橋觀聽所可髣髴其萬一哉如臣言可採伏
乞
聖鑒施行

急救疲邑殘黎疏 代興化災民

竊惟興邑彈丸四面阻水而且東連海堰潮水泛漲
斥滷直灌邑中不特禾麥立槁甚至寸草不生以故
民無恒產家無溫飽然而漕糧折色以至雜賦每年
無不拮据報完良繇士民狃知好義必先公而後私
也不意天降旱災昔日滄海今變陸地如焚如焚八
年於茲昔也水荒魚鮮可取商賈可通猶頗餬口朝
夕今也旱荒農夫束手待斃矣小民網罟無施矣舟
楫無用矣担荷無貲矣始也食樹皮嚼草根而今則
樹草又盡矣始也貼妻賣子折房鬻產而今則妻子
房產又盡矣嗟乎僅有孑遺人面如鬼朝不保暮爲
有司者心非不有餘於撫字而勢不得不迫於催科
幸蒙
聖恩浩蕩蠲免十二年以前逋欠而十三年十四年
之漕兌有司百計征比小民百計措處俱已報完惟
新舊三餉一時莫措卽粉身碎骨祇塡溝壑無補國

廷更有久奉明旨永折之八千頓今復征本色豈有豐年不能辦而凶年反可加乎豈有各項正額不能措而漕糧加派反可完乎至於興邑以湖蕩草蕩而免養馬復以宣城派帶而折俵駒亦久矣不聲完矣近更於改折馬價之外又有二千有零之加此興民糶筋敲髓萬萬不能者也且改舊者已重累凋瘵之興邑而新增者應仍歸豐稔之宣城不然必令興邑奄奄殘喘之孑遺盡委白骨而縣爲廢縣糧爲虛

糧矣此固聖心之所深憫而亦關係國課匪淺鮮也爲此既足跋涉不憚勞饑號泣叩閽伏乞

天恩下詔如三餉錢糧或從寬政或議帶征至復永折與加馬價哀求豁免庶疲邑可保殘黎得甦矣愚民不識忌諱可勝激切待命之至

戶部尚書傅淑訓具覆奉

聖旨興邑屢罹災荒窮黎委堪軫念准將十三四兩年一應本折錢糧盡行蠲免該縣漕糧既復永折缺額作何抵補仍著總漕臣酌議具奏

柴菴疏集

協理京營兵部左侍郎加服俸一級俸一級臣吳甡謹題

協理戎政 崇禎十五年

微臣無功可敘懇容辭免疏

本月十三日接邸抄該臣部一本爲彙敘山西流寇功案事奉

聖旨這彙敘山西勦寇各案功級既經察明俱依議吳甡加一級仍賞紵絲二表裏銀三十兩廕一子入

監讀書欽此臣聞命自天悚愧無地伏念山西往年災沴頻仍流氛孔熾臣文弱書生軍旅未學出而撫

晉賴

皇上鑒臣愚忠寬臣文法蠲停積逋賑救災黎凡所籲請悉蒙

聖俞臣是以仰承德意收拾餘燼然猶遷延數載乃奏小康迄今根孽潛消生聚可望皆我

皇上德威之所讋服與諸將吏用命勦撫之所致也臣藉以稍逭罪戾亦已幸矣何功之有朝廷激勸大典無微不錄譬之式怒蛙者聊取其氣求千里馬者幷市其骨今所在用兵懸賞勸功或亦式蛙市駿之秋乎將以鼓勵敵愾不意先自臣始臣聞明主愛一嚬一笑嚬有爲嚬笑有爲笑雖敝袠微物必待微物況級廕異數銀幣隆恩而臣敢貪天之功冒承非常之典乎臣病憊餘生蒙

皇上起之田間授以詰戎之寄日惴惴飲氷不克勝

任是懼復荷

聖慈錄其微績沛之殊恩益惶惕不知所措臣憶在

晉與臣戮力行間者王忠陳國威猛如虎虎大威劉光祚等曾相去幾年而陳國威爲封疆正法猛如虎劉光祚殉節南陽王忠虎大威亢爲事立功矣稱塞之難而隕越之易撫今思昔祇增感歎臣叨恩獨厚何以慰藉諸將所爲跼蹐靡寧未敢冒昧祇承者也

伏乞

皇上俯鑒愚悃允臣辭免留此重賞以勞有功將士
則朝廷之賞罰當而微臣之愚分安矣

援汴已發王師決勝尤煩廟算疏

我國家設立京營所以拱護
陵京居重馭輕建威消萌於是乎在臣等勅書雖云
居營則嚴扞衛遇警則聽征調此張皇六師赫聲濯
靈之意而京兵不可輕調詳載戎政事宜屢朝申飭
良有深意臣等召對之日亦舉兵馬慎形慎重機宜
入告
皇上念京師根本禁旅爪牙幾爲躊躇特以中原重
地寇在門庭不得已允樞臣陳新甲之請命將出征
臣等業於十八日會集諸將議定馬步一萬五千有
奇十九日驗兌馬匹器械擇吉二十一日五軍二營
以先啓行其餘次第分路揚鑣行見天戈所指京觀
早築奠安兩河獻俘
九廟在此舉矣臣等退而思維輒不勝緦緦遠慮者
今天下加派練餉總爲養兵而緩急卒無可恃古人
不以賊遺君父今督撫困頓圍城鎮將逗遛外郡縣

孽小醜致煩天兵此治標之著恐非固本之圖臣等
所爲相對徬徨不能不抱杞憂者也敢抒一得之愚
伏祈採擇語云師行糧從古之用兵皆有輜重士民
簞食壺漿以迎王師未聞有開門拒兵搶盜齎糧如
今日河南州縣者也禁旅非他鎮比凡所經過須預
備本折糧草資其飽騰今部議小灘漕米作何轉運
軍前河北所留錢糧有無輸徵在庫料豆穀草尤爲
急需作何措辦未可以望梅之說貽軍士庚癸之呼

也使將士不藉口缺餉然後申嚴約束庶幾節制之
師所當勑下戶部速差廉幹司官於禁旅未發之前
沿途設法預備此刻不容緩者也臣聞帝王之師動
必萬全禁旅援汴有類救焚雖云兵貴神速而相機
進止尤貴詳慎延津封丘去汴咫尺謂宜暫駐河北
大張聲勢約會督師及秦保諸督大兵俱集訂期進
勦庶幾不犯孤軍輕進之忌渡河亦須先備綢繆賊
勢燎原半渡可慮所當立勑諸將同心共濟以成合

勦之功者也國初設冏寺立孳種俵養之法皆爲京
營必雲錦成羣乃威靈遐暨後來裁定僅二萬七千
有餘已非全盛不意今日缺額過半且借運借鳳南
征南差動以數千百計今復援汴挑選驃壯六千餘
匹冀北之羣爲之一空兵部去年擬補冏馬十未兌
一差官市駿又復寥寥臣等屢經題請正爲春秋兩
防所需馬匹最爲喫緊伏乞勑下兵部立催冏寺勒
限二月內盡數催解兌補不容再稽者也王師之出

原爲解汴梁之圍勦蕩賊寇自是督撫專責使各兵
用命合勦而藉禁旅以張犄角之勢自可無師老財
匱之患今松錦之圍未解春秋之防孔棘蠢茲小寇
輒云無兵可調萬一邊警猝至又調何兵陵京防禦
惟藉京營今日非無事之時也計大兵從天而下流
氛不日可平屈指秋防之前早下班師之詔此臣等
所禱仰承睿算早定廟謨者也

柴菴疏集卷之十七　畢

柴菴疏集卷之十八

協理京營兵部左侍郎加服俸一級俸一級臣與韭謹題

協理戎政崇禎十五年

枚卜召對紀略

崇禎十五年五月十六日吏部遵

旨會推枚卜蔣德璟等十四人臣韭亦與焉後奉

旨再推幾員來看六月十九日召會推蔣德璟等各

官來中極殿是日賜各官飯午刻

上御中左門召輔臣周延儒陳演及去輔賀逢聖仍

賜逢聖宴又召樞臣陳新甲商邊事已又召冢臣李

日宣憲臣王道直議易薊撫及差各御史監軍新甲

等三臣先出

上御中極殿召各官入輔臣逢聖面辭哭奏不能忘

皇上天恩叩頭出各官行一拜三叩頭禮謝賜珍饌

上命各官進

上曰　　日驕流寇日熾何以勦禦災變作何消弭

小民流離作何安輯諸臣各陳所見又命依會推次

序輪對至臣韭謹奏

皇上勵精圖治十有五年而　寇交訌災異頻仍小

民瘡痍未復者夫之仁愛

皇上而啓之以大有爲之業也圖治之要貴務其本

昔者堯舜之治天下在知人在安民知人則哲能官

人內而公卿外而岳牧文武將吏各得其人自能爲

朝廷分理庶務所做皆皆安民之事安民則惠黎民

懷之此所以風動時雍而稱極治之世也臣望

皇上躬行堯舜之道而擇人用賢共圖治理敬天勤

民省刑薄斂選守令課農桑此安民本務也若閣部

大臣開誠布公則督撫監司自然得人督撫監司清

正率屬則守令自然奉法勞心撫字使閭閻愛戴不

啻父母則休嘉之氣上迎天和時和年豐民不饑寒

則自不至流亡而爲盜賊民不爲盜賊則可以不用

兵不用兵則可以不用餉不用餉則可以無加派矣

今朝廷蠲逋清刑德音日沛而守令怵於考成奉行不善煩刑苛斂急於催科撫按亦限於功令而不之寬恤小民愁歎之氣上干天和而有水旱之災有司治行無狀下失人心而有盜賊之患既驅百姓為盜則地方不安不得不用兵用兵則不得不措餉措餉則不得不加派兼之督撫更易不常而所更易者未必得人所在兵將驕玩日甚剽掠更倍於賊師老餉匱災害並至致厪宵旰令欲弭禦　寇消弭災變安

輯流離其要亦只在用人而已擇天下之賢人君子公忠端亮者居之要職事事從國家起見則朝政清明自能盡人事以格天心從此遴選督撫授之斧鉞有好督撫便有好鎮將有好鎮將便有好兵馬申明賞罰分別功罪未有不奮勇殺賊者勦禦安輯之策亦必繇此故臣終始以知人安民為治理之本是在

皇上留意而已

上俯聽久之申刻各官對畢退廿二日濫叨入閣辦事之命臣甡不勝惶悚謹記

微臣受知獨異聞命增慚疏

本月二十二日接吏部咨爲欽奉
聖旨事奉
聖旨蔣德璟黃景昉吳甡俱陞禮部尚書兼東閣大學士入內閣同首輔延儒等辦事會推大典當矢公矢慎勿濫勿遺況係輔弼重臣宜何如敬舉今乃任意蔣調徇情濫推內如房可壯宋玫張三謨等是否皆堪斯任著吏部回將話來欽此臣最譾劣承乏樞

戎日夕飲冰有懷况瘁我
皇上遴卜閣員內外兼用而臣獨謬膺特達之知濫叨綸思之列感激淪浹愧汗無地夫密勿清嚴稱曰
政本
皇上所藉以資啓沃者在於品學端醇才識練達而臣內自循省果如昔賢所云平生所學不出正心誠意乎能斷斷無技休休有容乎剖决如流才堪救時乎抑素有精鑒使百官稱職乎如是者臣未能一焉

當此時事艱危[redacted]寇之交訌災變之頻仍民生之憔悴兵將之驕儒幹濟維挽良未易言自非才識兩合詎能謀斷相資卽頃者蒙恩
召對恭聆
天語仰見
至尊勵精圖治日昃不遑知人安民遠乎堯舜而臣未有一籌片長仰佐高深退而抱咎益難自容不圖
簡命輕畀微臣令入內閣同首輔延儒等辦事伏念

機務殷隆動係安危所辦者至鉅之事而臣至庸所事者至聖之主而臣至愚夫德薄位崇知小謀大不能自效於臣時將恐貽譏於伴食旣負乾疑委任之重有累
皇上知人之明此臣之所甚懼也况與臣共推者如鄭三俊劉宗周皆公忠耆碩師濟名賢臣之才能豈出諸臣之下其不堪斯任也更甚非獨稱附於推讓之風抑語有之陳力就列不能者止臣之自審因甚

明耳伏乞
皇上鑒臣愚悃收回成命臣仍以原官少効尺寸勉
圖稱塞庶幾量能授官之義而臣亦得循分以自靖
矣臣無任惶悚待命之至

主恩益隆臣心彌惕謹再瀝愚忱懇辭非常簡
命疏
本月二十五日接吏部咨為微臣受知獨異等事內
稱該臣奏前事奉
聖旨卿品行貞醇才猷敏練特從樞席簡佐政幾著
即遵旨入閣輔理不必遜辭該部知道欽此臣於私
寓焚香望闕叩頭謝恩外伏念臣學既迂疎才復庸
陋歷官中外衹樹無聞其不足有無已莫逃於

聖鑒矣
皇上奬臣以貞純敏練勉臣以入閣輔理跪讀
溫綸恩同高厚感惕交深不知所措追憶往日出撫
晉軍久歷艱虞積勞成疾向非
皇上念臣恤臣予以生路幾無首丘之望林居數年
苟延視息復起佐樞承乏協理克詰戎兵不遑軍旅
之事而竭臣之愚日夕氷兢不展一籌况軍國安危
之大

聖主宵旰之時　驕盜熾歲歉民窮何以盡人事而
格天心何以罪主恩而輯民擭何以開清寧之泰運
何以礪廉法之休風調燮既難幹理匪易雖列諸輔
臣之後勉欲少效規隨而自審本謭陋之才何能稍
資謀斷萬一委任不効覆餗貽羞不幾自負生平而
孤我
皇上用人圖治之心哉昔司馬光以不能四六而辭
學士之職古人不苟就一官蓋自量若斯之審也綸

扉何地臣亦何人而敢濫叨乎日者盛典弘開
巖綸旋下方仰瞻日月之光華復稟承雷霆之震慴
在天心終自開霽凡臣子均懷悚惕臣誼當省躬引
咎所爲跼蹐靡寧未敢冒昧祇承者也伏乞
皇上鑒臣愚誠特允所辭別簡賢能以資襄贊則政
本得人而治理可致也臣無任惶悚待命之至

柴菴疏集

禮部尚書東閣大學士臣吳甡謹題

內閣疏揭　崇禎十六年

感激天恩恭陳謝悃疏

臣欽蒙簡命再疏懇辭又於本月二十三日召對中
左門面宣前請俱未邀恩允臣不敢更有瀆陳謹於
二十九日午門行五拜三叩頭禮謝恩即日入直辦
事訖伏見我

皇上宵寐旁求念輔弼重任明飭舊制倍加考慎仰
承巽命重申臣心敢不祇惕傳曰進思盡忠退思補
過臣以是益感知遇之隆愈凜稱塞之難也恭惟我
皇上敬天法
祖納諫用賢勵精圖治宵旰不遑然而災患猶未盡
消者此正天之所以開聖人也自古帝治之盛無過
堯舜堯舜之心曰精一曰執中堯舜之治在知人在
安民其時若皋夔契益昌言拜颺吁咈交警有永匪

懈亦有洪水之災而終賀平成亦有苗彝之患而誕敷文德殷憂啓聖在昔已然今聖明在上凡百臣工若能各殫心力同寅協恭共熙帝載大綱既挈久道化成何患黎民不懷庶事不康乎古人恥其民不被堯舜之澤一夫不獲時予之辜夫天下之事孰非臣子所當肩荷之事使天下之人環而相責不如先引而自責况政本動係安危尤無事可以自諉無刻可以自寬有不能不倍加警惕者

近代如諸葛亮教求違覆欲忠慮者勤攻其闕范仲淹以爲之自我者當如是韓琦知無不爲生死以之總以朝廷之事爲事不知有身家以君父之心爲心不知有利害故能殫慮竭忠而養國家和平之福此臣素所服膺願奉爲儀型者也惟集思乃可廣益必舍己而後從人愛惜人才爲社稷之計弘收忠讜開靖獻之門虛公以化方隅澹泊以礪廉節勿欺自矢精白一心求不負所學以少盡微臣匪躬之誼

聖恩如天欲報罔極又非區區捐糜所能酬答萬一也

預籌討賊大計以定廟算疏

竊照逆賊流毒愈久愈熾當事者莫不日議勦撫而十餘年迄無定算即如闖曹二大逆應時小醜屢爲我兵殺敗竄匿山中自去年總兵援河南報稱其勢漸盛秦督傅宗龍汪喬年先後出兵盡爲賊戮賊遂張大心膽所在跳躙大河以南無一堅城孫傳庭整兵出關竭三秦之力而塚頭一戰精銳幾盡賊益肆無忌憚且破汝寧蹈荆襄犯承天號稱百萬有集舟

師南下之役謀江南人心震恐莫必旦夕

皇上赫然震怒銳意征討自非精選天下才略膽智之士未易勝任臣最駑弱媿非其人而謬承簡命誼以督師討賊臣義當爲

聖主分憂何敢復惜其死誓將掃靖中原不與逆賊共戴日月但討賊大局必須集訪羣議預定廟謨而後可奏以周旋敢借箸而預籌之今河南五郡已成丘墟湖北上游爲古今形勝必爭之地亦遭焚躙說者謂賊利用鞍馬不習舟楫而不知荆襄一帶逼處江邊一葦可渡其江以南守備更爲單虛水陸並窺不俟再計南都根本重地何持不恐故今日集兵措餉必先鞏固江南乃可恢復江北則武昌九江其要衝矣臣初議山陝臣所舊游可以召號兵將促孫傳庭出關爲力較省而又恐從西北蹙勦賊必盡走東南何以禦之閣部諸臣皆謂目今大計先顧陪京遏賊南下檄調各督兵首尾夾勦聲勢乃壯其議甚韙

顧賊之精銳不下二三十萬我兵非十萬不能與之爭鋒孫傳庭潰敗之餘收整殘卒無幾須俟

邇之後邊鎮援兵調赴秦中聽傳庭挑選調度勦賊庶兵力爲少厚乎臣應取道金陵急趨九江武昌相機進止且可調集兵餉接濟江北臣不諳楚中形勢有謂辰沅川貴之兵尚可當賊似應預飭李若星整頓川貴精兵一萬移駐近地以候征調偏沅巡撫乞敕下吏部就近速推堪任一員飭令募練精兵一萬其餘

糧卽於所轄郡縣不論起運存留動支臣到楚中便可一呼而集至臣標兵須得三萬居重馭輕練成節制之師然後可以指麾督撫各兵此樞臣所當加意籌算者也至勦賊安民殲渠散黨恢復荆襄招撫上寨開荒屯種修葺城池澄別守令乞假便宜自可次第舉行顧從來流賊飄忽無定聞警而調兵及兵至而賊已遯往往疲於奔命卒無成功似應勅秦蜀豫楚應皖淮揚各撫領兵扼險堵禦無得縱其奔逸而

臣提調各督兵馬專力於勦使賊如釜魚檻獸乃可制也臣所見如此猶恐思慮有限似此安危大計須屈羣策羣力仰祈勅下廷臣廣集忠益各紓謀猷該部從長酌覈以候

聖裁俾得遵奉廟算早奏安攘臣愚幸甚

崇禎十六年三月十三日奉

聖旨覽卿奏預籌討賊全局具徵勝算其取道進師調催募練安民恢復等機宜悉聽詳審酌行並不中制秦督收整選銳黠督提師移駐併秦蜀晉豫應皖江淮各撫領兵扼險以遏狡奔俱如議嚴飭沅撫速推已有旨了卿受任專征朕佇望成功倚賴甚重亟宜迅速振勵救民水火愼勿緩稽所請廷議集思聽諸臣有謀自奏不必專待該部知道

謹議討賊機宜懇乞聖裁立賜勅部覆行疏

臣驚聞流寇叛將披猖日甚至焚鹽船漕艘水陸並窺謀犯金陵此國家命脈關係安危何等重大臣仰仗天威速調勁兵誓圖滅賊以仰慰我皇上救民水火至意但今日賊勢比往年不同曩故輔楊嗣昌出鎮時河南湖廣尚未殘破徵調應手呼吸可通今兩省郡邑殘破殆盡兵馬錢糧爲之一空郎文移塘報俱爲便阻臣當冒險深入楚疆又靠九江一線爲南都屏蔽此處必須重兵控扼而聯絡聲援始有次第已經而奏請補廣條列伏乞勅部議覆立見施行臣在閣中草疏與又見盧九德疏報情形大可駭畏賊勢如此擇將選兵實臣勒除該部不可不急爲籌算矣一議勦賊兵將河南湖廣半爲狡賊殘燬道路梗阻督撫之兵勢難調集而新募未必可用反致遲悞今鹵將北迺邊境稍寧莫如就邊兵中抽調一枝如唐通之類選馬步精銳一萬督率前去隨地可以勦殺兵法所謂從天而下先聲奪人者也江楚練水師稍易而絕無馬兵今爲討賊計不得不出於此若收服反側尤不可無勁兵制馭乞勅兵部覆行一議設行之兵邊兵奉調尚需時日臣未能待必宜先行但道路多梗須多兵防護勅印兵部已議設中軍旗鼓等官合無就近推補如和應薦尤翟文孫獻捷崔有福等臣在京營曾有疏薦之似亦可以推用乞勅下京營挑選馬兵二千責令收拾衣甲器械給與安犒即令和應薦等隨臣疾趨而南以俟邊兵到齊勦賊亦一策也乞勅兵部及該衙門施行一議控扼九江寇氛東下南都戒嚴秦督孫傳庭黔督李若星皆遠在數千里之外鳳督馬士英護陵禦寇亦便遠調楚撫之兵潰於荊承臣若深入楚地誰爲後勁賊或分股東窺腹背受敵其勢危矣急宜設一知兵重臣駐節九江總督江廣應皖一帶軍

務與史可法互相聯絡臣得資其指臂之用同心辦賊可以成功乞勅吏兵二部議推施行一議用贊畫監紀必須得人除沿途管餉押兵例用司官二員聽戶兵二部選委外察其大理寺評事翁元吉曾在故輔楊嗣昌軍前贊畫英年妙才且多歷練似宜加職方一銜仍為贊畫又守寧道參政范廷輔臣撫晉中曾為監紀同知廉幹有為能約束軍士似宜仍以參政職銜改為監紀仍令親隨赴臣軍前委用乞勅吏

部覆行一議調晉兵臣舊在晉中有曾經戰陣之將陳尚智張雄龔能陳守志等素習臣約束頗有紀律合於撫標調選馬兵一千即令統領赴臣軍前臣借此為訓練節制榜樣亦廉頗思用趙人之意若責成范廷輔監之而行甚便也乞勅兵部覆行一議就近酌留兵餉察故輔楊嗣昌原設有標兵三萬額餉七十餘萬而陸續題留者不與焉似應照舊派給但督餉臣莊祖誨所催練餉事例州縣殘破萬一未能接

濟容臣於所在地方不論何項就近截留扣抵額餉庶不致往返呼籲有悞軍需其一路行鹽應委司官管理似應預行措辦以備緩急之用乞勅戶部一併覆行若其餘如驛路之宜通塘馬之宜設本章之宜從會極門封進所當併乞申飭者也臣不勝惶悚待
命之至等因奉
聖旨卿忠猷奮銳力任恢勦面陳殊悉朕深嘉慰奏內所請各該部作速議覆本章准從會極門封進通

驛設塘以便不時飛奏自屬要務著速討飭行該衙門知道

召對紀略 三月十二日

上御文昭閣召臣甡入

上曰昨先生疏欲需多兵豈能猝集南京隔遠似不必退守臣甡奏言昨臣所以請精兵戰將者良有深意左良玉跋扈不用命當年閣部督師十檄徵兵一旅不發近日河南總督麾卒數十僅充輿從臣即憑藉國靈不過仍如閣部而良玉退踞江漢更有甚於河南方壓內憂邊禦外侮況賊勢縱橫十倍往日乎

若臣督領兵將結以恩義進可追勦強寇退可駕馭驕帥誠出萬全之策如僅張空拳節制不行徒損威重何益徂征南京

太祖高皇帝陵寢在焉從襄陽順流而下窺伺甚易此根本大慮且臣奉命督師原爲承襄報陷

陵園重大出師南征敢不兼顧非退守也九江一綫爲南都屏蔽必設重兵扼要聲援尤爲急著次輔陳演奏言督師出則督撫之兵皆其兵也臣甡奏言次輔讀書中秘未諳軍旅臣之請兵正謂督撫無兵耳秦督新集烏合之衆防禦尚憂不足且遠隔數千里之外豈能猝應河南總督止左良玉撥兵數十護從併無一卒豫撫自開封淪陷僅存千餘見屯河北楚撫失守承襄兵盡死逃督撫何兵可爲臣調度之兵乎兵者國之大事臣敢惜餘生不以上告

君父使臣出而仰面強鎮束手待賊然後呼籲臣近侍帷幄咫尺尚不得請何況遠在行間事機一失不

可收拾禍有不忍言者

上意始釋曰先生說的是但鹵在內地兵難多集姑先發一萬隨行乃命兵部尚書張國維議兵將孰可調者國維以唐通兵七千馬科二千京營一千應因奏言唐通等及京營兵馬目今皆發去追鹵必俟鹵退乃可調集

上曰姑俟鹵退兵集啓行未晚也

上出秦督孫傳庭疏示諸輔臣曰此秦督出兵疏也

何如臣甡覽畢奏言兵凶戰危而傳庭易言之且於
其強勇謂不出一月賊可盡殲傳庭新募之兵訓練
未久恩信無聞出抗數十萬方張之寇豈易得志又
謂間諜密諜兵至內應臣竊憂群賊皆秦人結連日
久內應之謀果否得當
上曰何也臣甡言傳庭軍多烏合所製衣甲器械皆
歛之民間秦父老怨之至背傳庭復驅之出戰豈能
動其親上死長之義乎一往之氣難以持久間諜恐
墮賊計一蹶則立見潰散深為可憂
上曰臨事而懼好謀而成先生見艮是但賊橫已極
秦督奮勇直前亦不可少臣甡乃不敢言甡退而演
始揭留唐通兵又迎合
上秦督奮勇直前語而移督師之命專任秦督矣

臣前承鼓勵退而束裝即擬擇日啓行疏

近聞叛將業已渡江破建德圍池州窺逼南京勢殊
岌岌臣憂心如焚勢難少待乞勅兵部會同總協速
挑選京營精健馬兵二千整備器甲給與安家糧料
檄催和應薦等統領隨臣而南不可再稽延矣其疏
請邊兵該部一面調集擇司官押護前來以便進勦
臣又聞唐通兵八千馬少步多恐未足以殺賊再於
馬科兵內挑選馬兵二千合成一萬用以勦賊聲勢
始壯臣亦知邊備不可全虛而鹵遁之後尚有暇日
可以整頓惟江南受賊殘蹋漕鹽餉運俱斷關係國
家安危不小固不得不先其所急也勅印速賜頒發
隨帶行鹽及監紀管餉各司官俱屬要緊併乞敕部
速覆臣愚不勝懇望崇禎十六年三月十八日奉
聖旨覽卿奏聞營即擬南馳忠奮可嘉朕知道了勅
印著該衙門速發重臣專征自宜親率勁旅以便遄
馘即勦應否不俟兵齊剋留司官在後督押其議擬

京兵務要馬甲步火俱全者即同該總協遵旨挑選
奏內請調唐通馬科等兵併隨帶行鹽各項通著詳
酌速覆該部知道

出閣詢訪兵食大計揭

臣已奉命督征平寇所有地方流賊情形及勦撫方
略必須多方詢訪彼中仕紳兵食大計時與戶兵二
部往來商議往日在直辦事辰入酉出或間日輪宿
直房臣素性孤直每避嫌疑不多見賓客而今恐不
能拘矣或暫免臣票擬使得在寓料理使兵餉已有
成緒道路稍通即可啓行如有應與同官商確間一
進閣不拘早暮但出入禁闥不敢不先奏聞伏乞
聖鑒崇禎十六年三月十三日奉
聖旨卿受簡督征事機方亟一切勦撫方略及兵餉
大計自宜詳訪確籌急圖料理覽奏朕知道了間有
應商確的不妨入直諮議該衙門知道

柴菴疏集卷之十九

禮部尚書兼東閣大學士臣吳甡謹題

內閣疏揭 崇禎十六年

微臣奉命已久懇乞聖鑒先調京兵以便徂征疏

皇上不以臣爲駑弱而特畀以討賊之任受命以來日夕飲氷每念流寇披猖至尊宵旰恨不飛渡江淮立殲逆醜但前奉有重臣專征自宜隨帶勁兵之旨而日來卤折路梗前所請唐通馬料等兵正在追勦卽京營馬步二千亦各分信設防臣靜俟月餘寢食靡寧今聞卤賊西股漸折而東良涿解嚴則臣可以行矣邊兵久疲奔命調集尚需時日臣憂江楚多事料理無人此心如灼勢難久待恭請

聖裁或照臣前議先於京營兵內勑下總協速行挑選臣得於旬日之間擇吉啓行似爲妥便其應調邊兵除唐通馬料所領未能足一萬之數或再於各營擇偏裨敢戰之將數員另抽精鋭分隷兩鎭更乞遴選幹練如兵之臣總押前來臣先至南中調度兵食以待兵至規圖進取庶不坐廢居諸有誤勦盪調遣兵將料樞臣於此必能籌算精當無使以紙上虛數塞應則封疆之至幸也臣束裝以待憂心迫切語次不倫仰乞

聖鑒崇禎十六年四月十五日奏奉

聖旨覽卿奏具見忠奮朕知道了討賊重任須統領勁兵齊發方便刻期掃蕩奏內京營兵著總協速行挑選其應調邊兵還著詳籌精選務足一萬之額隨卿調度南行仍將調發各兵將名數先期奏明該部知道

議買馬疋以資剿蕩疏

竊惟南中剿賊必需戰馬聞左鎮營內鐵騎甚多宜調取邊兵額止馬三步七恐不足以制賊死命擬欲借動賞功銀三萬兩赴宜大陝西各邊市口購買戰馬千餘匹俟察有兵部錢糧扣還似屬有便臣前蒙

召對曾一奏及

皇上面諭賞功係軍前鼓勵之需還與兵部商議那動馬價為便臣欽遵出商樞臣張國維而國維云市駿一事為辦賊急需自應於馬價動給差官往買難於得人卽與該司議妥然後具疏沿途料草并應馬價內開銷近因鹵報急緊樞臣無暇料理及此今賊已遠遁矣伏乞勅下該部速議上請

聖裁以便動支馬價遴委差官赴邊市購買併乞飭

諭該經管官先儘戰馬買完該部印驗陸續差人運解軍前給將士騎征亦勦盪之一助也又臣前議調山西撫標馬兵一千令陳尚智張雄等統領前來聞撫標馬止九百內有將官自備合於別營湊足一千而山西標兵亦不可一日缺馬察有十五十六兩年該省馬價兵部速宜借發或該省有堪動銀兩聽該撫就近實補亦屬兩便陳尚智等當刻期挑選精銳并帶家丁馬匹務堪衝鋒破敵如以羸弱充數該撫當執其咎矣其官兵安犒等項宜於布政司照例支給聽報部銷算仍預支月餉兩月以恤遠征庶不致藉口遲悞臣前疏未詳敢并及之懇祈

聖鑒勅部施行臣無任惶悚待命之至崇禎十六年四月二十二日題奉

聖旨覽卿奏朕知道了馬為勦賊急需著該部卽選委差官赴邊購買仍著先儘戰馬起解不得延悞其山西撫標挑選精銳補足馬匹及安犒月餉等項悉如議仍星速飭行

平寇安民必先收拾人心疏

從來撥亂反治必以收拾人心爲主今河南湖北及安廬一帶爲各賊殘蹂幾無孑遺然而山谷餘黎猶日夕引領以望更生者我
皇上深仁厚澤有以維繫其心也河南五郡錢糧業蒙蠲免三年矣湖北七府如荆州承天襄德等處殘破已極惟黄州漢陽僅存而所屬嬰經兵火骨髓盡枯廬州郡邑俱陷安慶轄邑所存無幾臣愚以爲已經殘破地方應照河南例蠲免三年其未經殘破者酌蠲其半以示寬恤而其餘酌徵本折用備本地軍需如是而恢復生聚尚可圖也此收拾人心之一機宜也臣昨見鴻臚寺隨堂麻文耀揭稱新鄭生員赵自明捐糧千石以助屯種臣出而延見本生言豫中土寨皆不得已避賊自保非有叛志卽有一二强横之徒弄兵潢池尚可招徠如其怙終若能聯合各寨鼓勵鄉勇亦可擒縛兇渠解散餘黨但自撫臣王漢死後無人料理恐日久則人心去耳臣前曾面奏請勑秦督孫傳庭出關屯駐雒陽招撫土寨李際遇等開荒屯種相機戰守勦撫互用已蒙
聖鑒諭部議覆臣又與戶兵二部議催豫撫秦所式統領河北鎮臣卜從善兵務鎮開歸亦如前説撫寨開屯而令山西河北就近州縣協濟糧草許其開銷蓋亦灼見及此也但激發感動須有微權懇乞
皇上垂念豫楚殘民結寨自固原非得已特賜恩赦許與維新仍頒給詔諭一道差官宣布德意在河南則責成孫傳庭秦所式蘇京在湖北則責成袁繼咸王聚奎王揚基安廬則責成馬士英黄配玄各按轄屬地方酌調兵馬次第恢復一面修葺城池可禆保障其各處土寨多方招撫鄉村之民各給田畝令之開墾屯種其頭目義勇足資捍禦者令擇練鄉兵且屯且守保護境土有怙惡不馴者設法勦之毋使滋蔓州縣各官之新補者催令到任受事如是而土寨

之民皆吾民土寨之兵皆吾兵也此又收拾人心之一機宜也總之責成有人事權乃一其勦撫聯絡用人委任聽該督撫便宜酌行勿責期限寬以文法久之民心向化成聚成邑興復有機而臣率各鎮以大兵掃殲逆寇朝廷第視功罪行賞罰天下事猶可爲也如臣言可採伏乞敕部覆議施行

[illegible]題揭

臣於本月二十二日接總漕史可法一札言近日南中人言嘖嘖皆云左帥可慮及細訪之本帥雖未即叛而部下降丁太衆一聞鬬報即欲渡江該帥未允輒謀縛獻渡江之後搶殺恣行該鎮擒一二正法則又揚言曰你敎我等如此如何又殺且楚撫官兵悉爲所有其札諭各官有智者避禍未然擇地而蹈等語恐目前借名禦寇收集各兵或有突犯留都之舉

天下事遂不忍言臣讀之不勝悚憤今豫楚賊勢重大鎮將驕怯成風不肯用命臣所以屢請多發邊兵欲以居重馭輕原非得已南兵脆弱不能殺賊惟左良玉一旅尚可整飭收之以爲用今該鎮降丁既多權不繼肆出搶掠南北騷動業已尾大不掉亟亟難返如史可法所言該鎮之心殊未可測臣一旦往督其軍能無驚疑臣仰仗

天威必當開誠鼓勸激以忠義或可令其俛首聽命

而部丁狠子野心約束維難恐臣未到楚中道路先
有傳揣全在此時處置得宜朝廷之上不可無一番
感動收拾之微權倘稍一失著縱之則廢法激之則
生變大江南北添一勁敵又不止闖賊而已再四思
維似宜及臣未出都門之日先請
勅諭該鎮溫言鼓勵有以釋其疑畏之心俟臣至彼
中多方駕馭或可得其指臂之用此目今急著也臣
另具奏本以便

御批下部先行傳諭如臣言可採伏
聖鑒施行

題揭

臣今日辰刻接湖廣巡按御史劉熙祚揭帖大約為
湖北被賊焚蹂湖南人心震驚省會單虛併濟殘廢
阻為可憂也內稱賊謀甚狡耽耽窺渡欲據全楚左
鎮各旅偵知消息又恐衆寡不敵跟蹤東下未知何
所底止又云賊不渡江則已一渡而豫章吳越俱莫
能保臣反覆看詳皆是思患預防之意闖賊尚未渡
江攻武昌也按臣見駐武昌其揭發於正月二十九

日併不言左鎮有截船拒賊之事且未偵知消息跟
蹤東下數語似左鎮各兵已先賊東下秦督塘報正
月情形或出風聞乎昨閱
皇上遣官頒賞欲以激勸有功鼓勵將士誠千古盛
舉即臣亦爲鼓舞思奮況彼中鎮將感泣圖報又當
何如因適見楚按之揭竊疑秦督所報尚恐未確萬
一事涉風影又不可不詳酌也臣謹具揭奏聞併將
熙祚揭帖封進

御覽臣愚竊以爲賞不踰時言貴速也賞當其功言
貴嚴也是在
聖明鑒裁臣不勝惶悚之至

題揭
本日卯時蒙發下臣封內臣姓題揭一本欽奉
御批覽先生所奏具見詳籌沉慮朕知道了聞該鎮
自襄陽以至九江到處不容所以順流而下地方不
行照管亦似乎有過今故因其有功而特旌之收此
一枝兵將助先生平賊一臂其遣官業已起行訖特
諭先生知之欽此臣姓莊誦
温綸不以臣言爲無當而鑒其籌慮臣不勝愧悚不

勝感激我
皇上勸勵有功不吝重賞鼓舞軍士妙有微權且欲
收此兵將之心以助臣指臂之用廟謨宏遠
聖慮淵深所以爲代暴安民之本推誠馭下之道益
兼至而曲盡矣臣素知左良玉敢戰可用亦曾具疏
稱揚昨所以具揭者因見撫按不言截船拒賊之事
恐泰督塘報語出風聞竊慮該鎮原無此舉特遣內
員反生其疑耳今蒙

聖諭乃知賞賚業已頒發非臣愚昧所能仰及萬一也臣嘗慨今之鎮將不能成功繇於兵無節制兵無節制繇於糧餉不繼糧餉不繼繇於地方官不實心照管使良玉自襄陽移駐武昌之時武昌各官爲之設處糧草安頓士馬何至宗民不容羣起阻拒而今之決裂若是

聖諭所云地方不行照管亦似乎有過真明見萬里之外矣我

皇上體念將士至此將士聞之未有不感而泣下者也臣前曾面奏俟至南中察左鎮兵馬催給欠餉資其飽騰如果收降過多亦宜揀選精鋭編之營伍量給月餉其餘老弱善爲安插使之得所然後可加約束申明軍紀不至擾害小民乃能鼓勵殺賊蓋亦有見於此也敢因

聖諭併效拜颺原奉

御批尊藏閣中謹具揭奏謝以聞臣甡可勝媿㥽感激之至

題揭

臣奉命已久急宜馳剿所以遲留至今者俟鹵遁之後調集勁兵親行督率

聖諭嚴重敢不祗遵湖北處處報陷名城未復

陵寢未安致厪我

皇上宵旰憂勤臣殫慮焦思何敢一刻自寧今鹵遁矣邊兵俱在薊密之郊可謂集矣臣咨催兵部而樞臣張國維云唐通兵擬議久定已飛檄再三今奉

旨留下覺於他營選調爲難昨移咨問臣有何兵將可以選調臣實愚昧愧不知兵卽國維身在中樞于各邊情形尚未詳悉臣恐曠日持久徒滋議論幸首輔延儒出而視師親履行間一月以來鼓厲振作備極苦心其於各將之勇怯各兵之強弱及行軍勦賊之機宜無不洞如觀火指日囘閣爲天下安危大計籌之已熟臣與從長商議恭請

聖裁廟謨既定奉以周旋臣卽疾馳而南奮往圖賊不致躭延滋誤有負委任區區微誠仰祈

聖鑒臣無任激切待命之至崇禎十六年五月初七奉

聖旨南征重任邊兵自當精選調足覽卿奏朕知道了俟首輔囘閣商定該部仍一面作速議妥奏奪

柴菴疏集卷之十九畢

柴菴疏集卷之二十

禮部尚書兼東閣大學士臣吳甡謹題

內閣疏揭崇禎十六年

題揭

昨蒙

皇上面諭南征兵將事宜首臣延儒一一條奏太約鎮將用李輔明馬科等戰兵取之關門督師所團練者而進取必從東南首顧根本其言鑿鑿可以立見施行業蒙

聖明俞允又傳該部具奏臣無容贅矣臣奉命日久前以鹵賊未遁兵將無人遲回躑躅萬難自安今幸

廟算精詳籌畫已定臣可星馳而南一意辦寇惟是各兵遠在關門往返調集尚需時日而南中警報頻聞勢難坐待臣擬於本月十五日移會總協諸臣於五軍營教場點驗京營兵馬照例給以安犒臣復蒙

加賞勞以壯行色擇吉十八日陛辭我

皇上即督率啓行矣馳至南中一面與鳳督淮撫商議兵食整集左鎮各兵相機勦盪以恢復承天肅清陵寢爲第一義計一二月內邊兵亦到揆之先後事機更不可誤但所調邊兵渙散無統必得風力科官一員察覈兵馬實數催押前來沿途接濟糧草申明紀律乃成節制察得刑科給事中光時亨敏練精詳留心經濟且剛柔互用不吐不茹雅堪斯任若照方士亮視師察覈之例將時亨改授兵科委之督押不獨行間資其彈壓而一切戰守勦撫機宜所裨益良者更不淺矣臣謹具題恭請

聖裁如臣言不謬伏乞俯賜飭行臣甡可勝惶悚待

命之至崇禎十六年五月十三日奉

聖旨覽卿奏擇吉啓行朕知道了京營兵馬著照數整搠隨征一面催李輔明等星馳赴調所請科臣督押事宜仍速議覆該部知道

題稿

臣因明日辭朝頃特詣閣與同官諸臣有所商確同官告臣云午間已欽奉聖諭五省督師專委秦督孫傳庭就近料理吳甡不必行遲著入閣佐理臣跪叩恭讀驚愧欲死竊臣受命已久遲遲其行誠大罪也然臣實欲得兵將奏手可以到彼即圖寸効此臣一念之愚誠大罪也至於西北東南原無簡擇止以回顧根本爲要圖恢復承

天爲首義則西北索兵臣須東南合旅臣質之衆論皆云承鄖地利從江黄入手爲便臣亦未能定擬而懸揣過慎誠大罪也伏念人臣之義惟君所使况臣受皇上破格殊恩雖赴湯蹈火捐糜頂踵亦所不辭苟蒙皇上不以臣爲不可用而委之平寇臣乃以詳審之過自棄裁成致攬不終任臣之負恩實甚臣之罪即擢髮豈堪數哉乃臣一點蚍雀犬馬之本願實欲審機圖成爲封疆稍効尺寸伏望皇上先治臣罪盡削臣銜將臣充爲事官以執戟從戎於楚豫之間如再不効即加等并論庶國法已明而臣心亦得自見伏惟聖鑒原宥臣不勝激踊戰兢惶恐待命之至

恭奉明綸益深愧悚謹席藁待罪疏

臣甡於本月十五日跪讀

勅諭驚悚之餘不知所措謹具揭請罪併狗馬微誠以明捐糜圖報一念自知負罪深重必無逃於斧鉞矣欽奉

御批覽奏自見恪慎已有諭旨了卿還回閣佐理該部知道欽此臣感激涕零媿汗沾背怨艾無及拊心自傷不意

聖明鑒其恪慎曲加寬宥之至此也眞如天地之大不因枯木而輟雨露之施父母之慈不以劣子而忘鞠育之愛臣循省於心彌增惶懼念國家多故之秋凡爲臣子皆宜竭歷驅馳黽勉從事況臣忝在政地奉命督師義當鼓率將吏奮厲圖功乃智識迂疎才能駑鈍不能上紓君父之憂下慰蒼生之望至於濫承寵命而不克仔肩屢荷隆施而莫知報稱負恩已極誤國實深雖戴高履厚無地可以自容卽粉骨捐軀一死不足塞責所當明揭罪狀垂戒臣工不敢以禁密之私而廢朝廷之法也臣謝過天地慚負日月生死遺憾踪跡靡寧謹束身席藁恭候勅諭伏乞

聖明立賜處分以爲大臣負委任者之戒庶法紀肅而臣誼明所關係非淺鮮也臣無任惶悚戰兢待命之至五月二十六日奉

聖旨這事情前諭已明輔臣吳甡著致仕去該部知道

微臣聞命疾趨抵京候旨謹席藁待罪疏

臣甡自奉旨罷歸之後日夕感泣受我
皇上厚恩未獲圖報萬一即死不足塞責矣正在杜門省愆於八月二十一日揚州府抄謄錦衣衛差官張鼎賚奉
聖諭吳甡規避要求故延師期以致楚省不守根本震鄰著革了職亦著該衛官旗催促來京候旨欽此謹設香案叩頭欽遵即日起行外臣不勝戰慄不勝

惶悚臣罪萬死萬死竊念臣之罪狀誠無逃於
聖鑒而區區苦衷亦有不敢不稍爲剖陳者臣見流寇披猖以來各督撫非不虛恢自詡而於賊勢强弱兵將勇怯錢糧有無全不細加籌算往往苟且倖成動取敗覆致郡邑殘破小民塗炭臣稔知其弊往按秦中與洪承疇密商詳畫卒無敗事迨撫山西選將練兵幸平晉寇臣自反生平無他才智惟此兢兢罔敢嘗試一念矢報
君父故新承簡命倍加謹凜竊以爲督師重任平寇大事必得敢戰之將精銳之兵充裕之餉用以居重自强而後申嚴紀律鼓厲將士實實爲我
皇上成一番廓清之功結十六年不結之局誠不敢踵虛恢積弊誑封疆以誤朝廷也至於東南爲帝業根本財賦輿匯維時風鶴震驚關係安危不細所以臣入而揭奏面奏仰請
聖裁不辭煩聒退而移札秦督出師河南川黔偏沅

調兵上游鳳督聯絡左兵先擒獻賊又差官張鎮遠檄飭左鎮駐師楚省以待會勦臣回至淮上鎮遠持左良玉回稟以楚中仇兵迎賊不給糧草爲詞蓋人心不固根本可憂臣未嘗不惓惓慮及也臣身雖未行而所籌畫者皆辦寇之事特欲調集勁旅候唐通馬科等兵到親行統領遇賊即勦可以立縛獻闖仰慰宵旰而兵部因鹵警孔棘兵將未集議補議留復有更易臣屢請以京兵先行非得已也而不知覺宸

遲延之罪也臣所尤咎心者流寇雖横不過么麽小
醜臣忝侍幃幄運籌不效又不能星馳行間滅此朝
食致遺南顧之憂每一循省䰟汗欲死且覲見
聖明何等焦勞生靈所至屠戮而臣猶蒙賜休致偷
息田園雖
聖恩無不包容而臣心何能自恕義當束身堅請或
膏斧鉞或編士伍生則執殳前驅死為厲鬼殺賊庶
幾少盡臣義用効銜結之報而一時愚昧南還至今

追悔跼蹐無地此臣罪萬死而無以自逭者也今欽
奉
嚴綸輿疾就道已於九月二十八日抵京謹私寓席
藁恭候
明旨處分儻蒙我
皇上垂念三十餘年狗馬舊勞曾効力巖疆卹數月綸
扉亦惟抽誠自矢不敢他有欺蔽或可俯賜矜宥是
則如天特恩而非臣所敢冀也臣不勝戰兢惶恐屏

營待命之至

卷之二十

遵旨回話疏

臣九月二十八日抵京官旗催促進城晝夜看守
天威咫尺益加凜凜謹齋戒薰沐於十月初一日拜
疏請罪屢投通政司未封初四日見邸抄錦衣衛一
本奉
聖旨知道了吳甡奉命就延要求規避以致貽禍楚
省根本震搖前諭已明著自行回話仍著法司一面
擬罪具奏欽此臣愈不勝戰兢惶悚
皇上不下臣於理而令私寓候
旨又不即加誅亟而令法司擬罪明罰勑法之中寓
優容教誨之意異數寬恩高天厚地臣有刻刻感泣
刻刻悔艾而已更何敢言且區區苦衷已詳待罪疏
內向來本揭面奏悉蒙
聖鑒亦無俟臣言者總緣臣書生迂腐但知兵將糧
草爲勦賊急需思欲練成節制之師杜地方搜掠之
害安民除暴實圖廓清而不知時有緩急兵難遙度
以詳愼之過成就延之失臣之罪也武昌失於五月
臣尚未在師中而督撫鎮道有防勦專責不知何故
不發一兵救援坐視江南潰陷若此臣七月途中聞
之爲太息流涕雖然何敢辭罪無論奉命督師不能
飛渡漢江急救纓冠臣之罪也卽前在政地不能運
籌帷幄決勝千里亦臣之罪也臣大負
聖恩有辱國體自媿生平惶汗欲死無所容於覆載
之間藉束身席藁靜聽斧鉞臣前疏併進
御覽惟
聖明矜察焉

附南京兵部尚書史可法疏

皇上以堯舜之資勵精十有六年而未能致堯舜之治則向來之輔弼非人也近且隆以優禮體以至情千古奇逢一時傳美若猶營私誤國畏事辜恩臣子少有良心寧不共爲痛憤然而人品邪正心術公私原未可同日而語也臣初任陝西西安府推官値革職輔臣吳甡爲廵按淸方正直精敏忠勤臣敬服其人奉爲師範甡賑秦撫晉素有重名日者奉命督師

遷延時日但甡於拜命之時卽將布置情形移書於臣與鳳督應皖諸撫臣不一而足又慮鎭臣左良玉之不爲用也卽委良玉差官張鎭遠持檄慰勉之身雖依於闕下心已徧於行間此皆一一可察非臣敢爲飾說也至於慮將師之跋扈而力請多兵軍旅未集猝難啓行亦非得已察督師楚撫原各有兵萬餘自左鎭倡義勤王盡爲收去江督袁繼咸屢次索取僅發三百餘人而楚撫王聚奎則求一名不得並言

輔臣視師兵力不厚呼之不應調之不前豈不損軍威而辱國體此皆一一可察非臣敢爲飾說也臣於六月間晤甡於淮上責以君恩未報相對欷歔一聞欽使來催扶病卽往蒼生平淸望旣爲海內所推而憂國熱腸亦共居恒自矢一時之偶誤其罪尚可原向後之自贖其效尚可責也臣敢以身保之臣生長京師絕無依傍憂心國恤久切捐糜使一念不可對聖明一言不可公海內卽或顯蒙恩宥亦當幽伏神

誅區區狗馬之誠

太祖高皇帝在天之靈實爲鑒察

中途驚聞恩赦敬陳謝悃疏

臣姓謭劣不才受屢朝恩遇不克報稱以自罹於罪
蒙
先帝特寬斧鉞遣戍滇南荷戈于役不敢或遑乃行次彭蠡值江楚盜氛未靖所在梗阻羈旅途窮棲遑屏營驟傳聞逆熖滔天震驚
宗社
先帝龍馭忽已升遐臣一聞悲慟五内摧裂晝不欲生既而聞社稷有君金陵重建恭惟
皇上智勇天錫孝友性成紹
祖宗之丕基立中興之大業從此文武同心内順外威北逐□西掃犁庭行當與
太祖高皇帝比烈矣洪恩浩蕩草被臣民雖臣罪釁之餘亦沐高厚之德本年六月二十日臣姓於南康府接邸抄吏部一本特舉端碩事奉
聖旨吳姓前案已定念數有才望過尚可原既卿交薦特准赦罪陛見欽此臣驚喜過望感愧無地謹於旅次設香案望闕叩頭恭謝外竊念臣沐
先帝深恩義當一死猶冀以狗馬之餘年尚可展蛇雀之微報不意復荷
天恩曲加寬宥褒以才望鑒其可原特准赦罪賜之
陛見臣舊德未酬新恩洊至而露雷霆皆屬至教天地父母莫喻隆恩今而後臣未死之餘咸再生之日也聞命即擬疾趨奈臣罪廢殘喘蒐愧久羈月今衰病侵尋筋力枯竭不得不從事舟楫時入新秋風濤正壯恐淹時日益增跼蹐容臣披瀝血誠另疏籲免謹薰沐先具奏謝感激
聖恩無任惶悚戰兢之至

薄遣原屬寬恩臣心已蒙聖鑒謹剖明始末以

質公論疏弘光元年

臣牲硜愚自守孤直寡援通籍三十餘年受
四朝殊恩而事
先帝獨久蒙知遇最深自崇禎元年起自廢籍臣入
臺班請除媢璫諸奸之罪一疏恭荷
鑒納欽定逆案日月爲昭前後賑按撫軍俱在兩河
秦晉之間歷艱險瘁苦萬狀洊晉卿貳簡入綸扉
先帝鑒臣愚忠去年二月承襄告警面諭臣督師討
賊是時山陝無虞急在湖南臣頗悉近日用兵情弊
皆繇督撫不能馭鎮將鎮將不能馭偏裨習爲驕横
肆無紀律又糧餉告匱賞罰不行民有離心士無鬬
志故臣叩頭流涕首請戰將精兵置之標下欲居重
自強申嚴軍令盡矯從前擄掠之習練成數萬節制
之兵可以駕馭各鎮迅掃羣寇安輯地方語云帝王
之師謀出萬全故臣悉懇懇實在於此蒙
先帝鑒允面諭臣俟鹵遁之日親統勁旅南行遇賊
即勒偵鹵騎充斥道路梗阻各兵防禦調集爲難臣
兩次具揭請行亦兩奉
明旨未允至五月初四日始報鹵賊出口是時兵部
所謂南征兵將唐通七千馬科二千不滿一萬舊輔
臣陳演獨言督師不必調兵秦督兵多可用臣謂秦
兵烏合之衆恐有潰逃之患多不足恃其餘見在撫
鎮無兵可調終非制勝長策議多不合演遂具揭留
唐通兵而馬科所領各鎮零騎鹵退又皆散去竟無
一兵臣不得已疏請自行於五月十四日報名陛辭
十五日奉有不必督師仍入閣佐理之諭實因閣議
欲以督師專任秦督孫傳庭也臣惶懼請命席藁待
罪
先帝不加督過僅令致仕至七月湖廣塘報稱武昌
失陷秦督既任督師出師不利屢報潰敗演爲首輔
恐

先帝詰問專任秦督之非乃借武昌失事歸罪於臣
先帝雖遣官旗止令催促赴京私寓候旨臣具疏回
奏述楚省之失乃在五月臣未在師中即蒙
先帝洞鑒有姑念未到地方該部速議具奏之旨法
司擬臣邊戍
御批著雲南金齒衛充軍終身蓋以臣雖奉命督師
尚未受事特因候集兵將稍延時日朝廷事後追論
法行自近然終寬其斧鉞不加誅殛原未以失誤封

疆之罪罪臣也今閣冢臣張慎言薦臣有議其非者
遂欠未見全抄但臣有負簡任未能捐糜圖報罪無
可辭痛念舊恩號攀無路亦安敢辭咎自白妄希榮
進但
先帝待臣寬仁大度終始保全之美意今在廷諸臣
未必盡知故敢據事直陳仰求
聖鑒併質公論督師請兵原非過舉秦督驕潰可否
專任臣言至今不幸而驗則臣之心事亦已揭之天

日白之後世矣
皇上憫念舊臣召令陛見亦即仰體
先帝不忍加誅之意臣捧讀之餘仰天號泣不能自
已若夫瞻雲就日豈非臣子至願而罪廢餘生形容
枯槁魂魄離散況復才劣望輕動遭物議敢不束身
省愆引義求退如冒干進之嫌而辱召見之典尤臣
義所不安也謹披歷血誠仰懇
聖慈矜允放回原籍使得歸骨先人之隴死有餘幸

柴菴疏集卷之二十畢

三垣筆記

（清）李清 撰

《三垣筆記》三卷《補遺》三卷《附識》三卷《附識補遺》一卷，清李清撰，據民國吴興劉氏嘉業堂刊本影印。

李清（一六〇二——一六八三），字映碧，一字心水，明南直隸興化（今江蘇泰州）人。崇禎四年（一六三一）進士，仕崇禎、弘光兩朝，官至大理寺丞。明亡不仕，隱居家鄉棗園，以著述自娱。李清學識淵博，文、史、曲、藝無一不精，而尤以史學造詣甚高。主要著有《南渡録》《南北史合注》《南唐書合訂》《澹寧齋史論》等。

李清著有《三垣筆記》，與《南渡録》爲記載明末牵及全局之史事，并足爲後世炯戒之姊妹篇，爲兩部史學價值極高之明史專著。《三垣筆記》中所記，多爲作者任三科給事中時耳聞目睹有關朝章典故及當時朝廷重要官員之言論行事，故名之曰《三垣筆記》。書前有自序，於是書大旨，言之甚詳。序中所言，約有三事：一爲交待書名之由來。二爲著本書爲存史事美惡賢否之真，不以恩怨爲是非。三爲美惡賢否，一準夏允彝（夏完淳之父）之《幸存録》。《三垣筆記》之價值，在於其目見者爲本書，耳聞者爲附識，以示慎重。此類史料，或不見它書記載，或它書言之簡略，此獨言之詳悉。尤其《三垣筆記下·弘光》中詳細記載福王朱由崧先監國後稱帝之一切言行，彌足珍貴，可用之匡《明史》之謬，補《明史》之不足。是書成書後，僅有鈔本流傳，且具殘缺不全，内容詳略亦頗有出入。直至一九一二年，古學彙刊本中始有六卷足本，其後一九二三年，劉氏嘉業堂又有刻本流傳。

（候君明）

三垣筆記 三卷 坿識 三卷

吳興劉氏嘉業堂刊

自序

三垣筆記者何崇禎丁丑予以司李內召入京其明年戊寅蒙 毅宗烈皇帝親策簡入刑垣又明年庚辰予以大司寇不職屢牘規之爲所嗾遷外未及任丁內艱會司寇以罪廢 上念予言壬午蒙恩賜環補吏垣癸未春開關淮濟入京轉本垣右已轉工垣左其秋奉命冊封淮藩明年甲申春三月方脂轄值北變隨復命金陵晉掌工垣斯則所云三垣也曰筆記者何也蓋自丁戊訖甲乙凡九年舉予所聞見以筆之書非予所聞見不錄也所上諸疏止錄其留中者其已報則亦弗悉錄也蓋內之記註邸鈔多疑多諱外之傳記誌狀多諛多

誤故欲借予所聞見誌十年來美惡賢否之眞則又予所不敢不錄也然猶以目見與耳聞不無疑信之別故先舉予所灼見以筆之諧其因聞記者猶云附述終致其愼焉而總以數言括之則於己恩固不敢飾瑜郎於己怨亦不敢益瘢惟存其公且平者云爾予初讀蔡孝來尙論錄或曰此君子之言也然予不盡是其言其言之非間有之間有非則偏繼讀吳純所吾徵錄或曰此小人之言也然予不盡非其言其言之是間有之間有是則愈偏獨夏彝仲幸存錄出乃得是非正則以存公又存平斯貴乎存耳若予作是記與是錄相先後時殊事殊而惟無偏無黨以立言則不殊苟彝仲見此無乃

序

三垣筆記爲明大理寺丞五世族祖映碧公諱清著述之一映碧著書凡數十種中涉明季史事及朝局足爲後世炯戒者唯此與南渡錄二書南渡錄收入明史藝文志唯此書最晦以有建州建虜北朝可汗屬夷異類小酋等語乾隆四庫初開采進之始即著禁燬之目未揭其故若以抽燬曝書亭集興化李先生壽詩例之（事見管世銘韞山堂詩集自注）宜在摘抽之列其獲免者天幸也映碧歷官刑吏工三垣故以名書身仕崇禎宏光兩朝舉所聞見著此以得諸目見者爲本書其聞而知之者則爲附識三百年來此書多無足本如順德李氏錢唐汪氏丁氏所藏率皆一律繆藝風先生昔官京師得自假鈔亦係兩卷本余之族人有藏六卷本者假觀有年曾以語藝風藝風大喜迻鈔一部以爲定本而藝風之跋是書盛詆映碧多爲其祖碧澥公迴護（碧澥公名思誠明禮部尚書）深文周內無所不至夫碧澥公爲王家楝所誣陷魏閹因奏削其籍此見於明史紀事本末彰彰可考三朝要典之署名亦爲顧養謙等所脅故其後功賞不及至御史吳尙默等交章奏雪有詔起用事乃大白映碧官弘光時亦有爲祖頌冤之奏足與紀事本末相證若誣以頌璫則劾碧澥去者即璫其不爲璫用明矣映碧此書絕無迴護碧澥之語亟立朝列不爲勢奪不爲利誘陽羨

首領是記亦如予首領是錄而又以存我心之同然爲幸也

爲其座師絶不附和同里姻親吳鹿友入相爲吳昌時所惑映碧殊不謂然直著其事而開國靖難與天啟慘死諸臣皆由映碧疏請予謚南渡荒朝此舉實快天下後世至國變後卒以屢薦不起稿隱以沒益吾宗巋然不滓之一老即全謝山楊秋室熟於明季史事者亦未嘗於映碧稍有微辭世以信謝山秋室者信映碧則映碧可以無憾矣映碧之失在輕信夏彝仲之幸存錄與夫誤書張捷楊維垣之徇節又於鄭崟陽之獄短其僞孝皆人所不滿者餘則光明磊落無可訾議余謀刻是書有年以當不諱之世可以出晉幷鐵匣之史重見天日因商之翰怡京卿成斯美舉京卿慨允要余爲序記其緣起乃以狂僭論列如右書前列銜有中書科中書舍人臣王挺恭閱一行以無所發明則汰去之書中如由作繇檢作簡校作較洛作雒常作嘗皆避明諱又原書闌外標舉各人科第履貫（不知何人所記）鈔者列入夾注幾若映碧自爲今已刻成不可剜改附記於此庶可識別余以映碧族裔爲首山庚癸之呼遽承京卿一諾我李氏子孫宜家戶頌禱大京卿之功德且慰映碧於地下知人論世與顧天辨誣天地鬼神固當默相之也癸亥冬五世族孫詳頓首拜撰

三垣筆記上

明興化李　清撰

崇禎

上於崇禎戊寅四月忽一日御門召諸推知入對一無問難惟五人一班聽其自言或語亢碎不可了　上必云減省些或誤稱臣爲知縣或誤稱　上爲老大人旋覺誤倉皇稱老皇上者　上微笑問畢人給一卷試題親灑宸翰貼於壁惟判題不同蓋亦倣唐人身言書判故事也

上召對推知於姓名單上分別圈點及卷入復留中六七日時位置已定矣一日忽發送閣閣時薛輔國觀（萬曆己未韓城人）孔輔貞運（萬曆己未句容人謚文忠）等謂聽其爲政遂置私人於前列而抑其不悅者居後數日旨下皆　上親定閣擬並不允相顧失色

予爲甯波司李與同鄉慈谿令汪偉（崇禎戊辰江寧人國朝順治九年改謚文毅）相善即後殉闖文烈公也偉先以入覲留部候考選予時以署篆錢糧被部參罰不敢離任偉踦瘦馬行烈日中爲予營解始得開復迨入都或語予曰汪舊屬應遜若居先予曰彼位置久定且盡心於我奈何以負心報後偉得簡討予得給諫皆　上特擢予笑曰若從人言相見汗顏矣

御擢諸詞林皆彬彬文士惟江西曾翰林就義（天啟乙丑寧都）

人卷云各縣令折封多私火耗宜用司李監收又浙江
虞翰林國鎮（崇禎戊辰 義烏人）卷云宜罷諸廩生糧銀用充兵
餉又廣東李翰林士淳（崇禎戊辰 程鄉人）年耄矣時田冢宰惟
嘉（萬曆丙辰 饒陽人）議將推知不應登臺省者先轉部曹諸人
欲疏辨而憚以爲首獲譴遂不告士淳首其名士淳懼
且怒大閧 上以爲首者必知名士也士淳遂得翰林
餘四人皆授御史四人者任公濬（崇禎辛未 益都人）王公章（崇禎
戊辰武進人殉闖難諡忠烈 國朝順治九年改諡節愍）涂公必泓（崇禎辛未 南昌人）予叔
嗣京（崇禎戊辰 興化人）也
上御試畢臺省科道皆屬欽定已親策十八卷發部議
行予卷亦在內時諸御史以例往胡房謁閣臣孔輔貞

垣上 二

運獨曰 上所發十八卷其說皆難行首卷更難行隨
言屯鹽亦難行郭侍御景昌（崇禎戊辰 洛陽人）曰王道無近功
安邊永遠之法莫過屯鹽貞運曰難其人景昌曰此屯
鹽且難行則北敵可聽其犯順而終不掃乎流寇可任
其縱橫而終不剪乎貞運曰愈難其人景昌曰有人不
能識不能舉豈可以難之一字委棄此全在執政擇人
用之貞運拂然無以對景昌遂具疏糾其糊塗闒冗有
撰席豈養濟院爲彼伴食素飧之資等語貞運卒以此
去
朝議以國計不足暫借民間房租一年於是怨聲沸京
城呼崇禎爲重征掯海剛峯（名瑞諡忠介 瓊山舉人）疏內呼嘉靖

爲家淨謂國家俱淨也
予初入刑垣鄭司寇三俊（萬曆戊戌 建德人）獲譴歸予就寓謁
問刑部何事最寃三俊慘然曰無過盜情若欲平反不
過云秋後處決爾予愕然曰何謂三俊曰此皆從東廠
緝獲者司官不敢反堂官何繇反惟擇無贓無證情可
矜疑者緩以秋決或可從容解網也相與歎息久之三
俊有清正名下獄時風埃暴起翳日無光行路莫不吁
嗟
田冢宰惟嘉以考選不公爲楊翰林士聰（崇禎辛未 濟甯人）所
糾傳聞惟嘉素通內故先得稿以辨疏進後復爲士聰
所糾責以參疏未下辨疏先上之故奉旨同奏芘無以

垣上 三

應執惟嘉倶四人送鎮撫司一時吏部重賄俱賫夜運
入錦衣人有吏部囊空錦衣地重之誚
予初入刑垣聞東廠盜最寃每廠役獲盜必加以五毒
擇肥而拳俟罄擄既飽然後呈廠廠上疏皆歷歷有詞
不四日便下部擬不十餘日便依樣招奏又不四日便
會官處決曾有一盜赴市太息云我賊也不曾做如何
誣我爲盜一日予晤刑部一司官以平反勸慘然曰不
敢予曰何也對曰天下有一介不取之官而無一介不
取之吏若一翻廠招異日借題羅織官吏并命矣一時
干和招災莫此爲甚
上寄耳目於錦衣衛稱爲心膂大臣托採外事以聞吳

金吾孟明綫於害人而急於得賄其子邦輔尤甚每緝獲州縣送禮單必故洩其名沿門索賂賂飽乃止東厰亦然嘗有某知縣送銀二十四兩求胡編修守恆崇禎戊辰舒城人撰文時尚未受亦索千金方已一時士大夫皆重足而立

刑部諸招屢奉内旨嚴駁劉司寇之鳳萬曆丙辰中牟人懼司官呈稿概蓄縮不發司官間往叩署亦不見吳刑部希哲崇禎辛未遂安人進按季摘參本盖故套也發改票數四時上意欲處之鳳方輔逢年天啟壬戌遂安人不審遂詰責去國逢年嘗醉誤以擬票直書本上具揭請罪 上雖暫宥心不善也

東林諸公素矜節義以劾宦官爲名高後馮給諫元颺天啟壬戌慈谿人孫給諫晉天啟乙丑桐城人等倡爲法門廣大説於是吳儀曹昌時崇禎甲戌吳江人始與東厰比一切行賄受賄間被緝獲必托昌時以數千金往方免昌時亦揚揚居功不以爲愧予親於徐給諫耀崇禎戊辰泰州人家見之

新建伯王文成守仁宏治己未餘姚人卒子正億嗣正億有二子嫡承勳庶承恩及卒承勳嗣承勳嫡妻無出惟妾沙氏有三子長先進次先達季先道先道以早殤無後先進生一子業昌先達生二子業弘業盛先進子業昌殀請於弟先達欲繼其長子業弘以待襲爵時先達妻章氏悍與伯嫂不相睦厲聲曰何繼爲阿伯無子襲爵應自我夫耳繇夫及子爵安往先進怒且自傷改立今王司馬業浩萬曆癸丑山陰人親弟業洵爲嗣業洵者守仁父華成化辛丑狀元餘姚人後也於是承勳室宇貲財並承襲祭田數百頃皆爲業洵所有已業浩爲業洵謀謂已非文成後例不應襲襲者終先達耳襲爵必索産遂羣謗先達爲乞養而另推承恩子名先通者嗣不過謂非其爵而爵則感出意外自有産不問耳由是先達與先通爭襲數十年不决及奉旨下撫按勘乃予司李甯波時也同紹李鄭瑜崇禎辛未番禺人與台李張化原會審時先達亡惟子業弘與先通對質予問曰何以前後兩子皆眞而中子獨贋又何以無後之兩子皆眞而有後之中子獨贋且

何以沙氏既有子兼有孫乃預知兩子一孫之或絶或殤而中抱一乞養先通無以應不過曰承勳曾具疏萬歷時指先達爲贋今留中耳予曰留中疏有據乎先通曰禁地深嚴一字不漏獨簡自見予曰若簡而有則業弘父贋爵合歸爾若簡而無則汝言誕爵合歸業弘於是先通業弘皆叩首承服然實無從簡也訊畢化原舉首指天謂先通之承服天道乎瑜亦歎曰業弘實不贋但柰予鄉公祖何鄭廣東人時業浩方總督鄭鄉故云及予入刑垣事猶未決擬具疏稿以伸公議業弘不知托葉姓者至寓求予一言且許襲爵後當割二歳俸爲壽予作色曰若如此不獨愧文成且上欺君父當立焚

稿耳遲一月方上旋奉旨速覈時簡承勳留中疏不得然諸公俟皆爲賄動遂羣倡去疑存信之說以先迺嗣業弘持疏入禁地舉刀抹頸且云以留中一疏有無定兩家偵賾有原問官刑科李清可問疏聞下獄擬罪竟不問予也先迺襲爵僅四年京城破爲闖賊所殺業弘反免

予入都後見此番考選最爲奔競時王侍御萬象天啟乙丑掖縣人以齊人掌河南道尤喜賄故予同鄉數人轉易如流問其故皆以賄之增減爲升降耳一時爭高下者遂至相毆而江右理學之戴亦以同籍兼至戚爭高下相詈詈毆之聲聞於長安予入垣後有當路問予曰何以

垣上　六

江南風波乃爾而江北獨無予曰予江南兩同籍皆以第一第二位置非詞林卽科然必不肯舍詞林就科兩虎相鬭遂至俱敗予入都最晚前三人位置已定無計跨越安分而已彼居第二而不甘于居最末而忘言所以有今日之濫竽也因此悟功名退步處最爲得力

陳中書龍正崇禎甲戌嘉善人喜談理學屢疏條陳皆深當上意最後西北墾荒一疏尤爲實務時抒國計者皆以加派爲長策龍正既疏陳其事復著議數千言大略謂金非財惟五穀爲財與屯不足以生穀惟墾荒可以生穀起科不可以墾荒惟永不起科可以墾荒五穀生則加派可罷加派罷則民生可安　上特下旨取龍正議

入覽爲設總理司道專董其事而墾屯迄無定指竟寢

往例考選科道內用中行評博外用推知自部屬改授之例出於是六部各司官視升郎中如錮地獄視管繁差如坐縲絏惟日夤緣科道爲華選地或知府司道缺出吏部閣筆不敢升若升一賢能往則大怨大謗隨之惟闒冗乃行予嘗見襄陽知府缺以一昏醉司官王承曾補之到任未久城陷

往例考選科道多用甲科乙榜則間見明經竟絕迹矣自一體考選之旨行於是乙榜明經無人不催科正餉雜項無一不考成其實甲科初選半係腴壤間補瘠邑不久輒調若乙榜明經大約瘠邑多於腴壤以錢糧難

垣上　七

完之地而人人思爲科道求其必完此民所以多病也予嘗過恩縣見乙榜令催比錢糧血流盈堵可歎

上初卽位便嚴於錢糧部議知府非完錢糧不得升司道推知非完錢糧不得與考選於是松江方郡伯岳貢天啟壬戌穀城人蘇州陳郡伯洪謐崇禎辛未晉江人有住俸數十次降至八十餘級者若推知考成錢糧只不過京邊遼餉後又益以雜項時戶部堂司皆竊於磨對惟書手爲政若得賄便挪前推後指未完作已完不則已完亦未完也故一時謠言有未去朝天子先來謁書手之誚

上屢用人不效思用保舉初所舉者猶知名士以數奇困場屋者最後皆銅臭予入垣後有求予保舉者先議

以三千兩賄若包攬部考爲討美缺則再以一千兩賄予愧且忿與解給諫學尹與化人崇禎戊辰立志不保然亦不被譴也

朱別駕術珣遼王府裔宗室也以欽召入京授戸部主政管草場乃具疏云以奉旨欽召親承召對之官一出門外便被戸部尚書拿去買草又陳給諫啟新山東武舉冊封某藩賜之帶中途失乃具疏云各役言此中多狐善竊人物觀者傳笑

陳啟新以武舉爲吏科後轉刑科右時宋都諫玫天啟乙丑萊陽人每入必與言醫藥卜筮事娓娓不倦啟新喜甚謂都掌科親我子與同鄉但呼老掌科不呼老親翁渠亦喜甚間以事他出托守科或代簽駕帖俱欣然不辭每侯予輩出輒呼諸書手與語云吾亦從此中來若爾等盡心奉公吾官即汝官也蓋啟新先又爲書手故其言如此

邊報鈔傳有禁故自本兵兵垣外無知者第聞九門俱閉劉輔宇亮萬曆己未綿竹人戎服乘馬閱内外城京兵丙丁持械而行路交錯各門列執斧執棍者各五十八然斧濶不二寸棍皆柳木殊不堪用每巷内輒有兵十人執械坐卧城門經數刻一啟時塵埃蔽天有小車騾驢載婦女老稚其面皆如土偶之落盡金漆者問之云聞北兵來故避入城薄晚見兵科鈔亦未言兵犯某地但見京營提督疏請鹽菜行糧吏部請撥大臣及勛臣分守各門司禮監錦衣衞都察院吏科亦各請撥司禮監臣錦衣衞官御史給事分坐各門管理城守官催辦懸簾油燭或請令惠安伯催督煤入城則兵已入口矣

北兵南下　上召對羣臣兵科姚都諫思孝崇禎戊辰江都人面奏謂北兵雖南恐其分兵窺關宜命總監高起潛回守而以遏敵重任專委總督盧象昇天啟壬戌謚忠烈意亦微矣　上疑象昇難獨任不允北兵以二十三日破墻子嶺進據牛欄山初二日盧總督象昇以兵二千至屯德勝門外入覲　上賜之銀幣慷慨以破敵自任出朝門楊閣部嗣昌萬曆庚戌武陵人邀於直房諷以和象昇毅然曰此來不能盡孝也須盡忠嗣昌知其諷也怫然象昇躍馬去自此軍中所請多格

盧督師象昇駐德勝門外兵甚多屢檄高總監起潛兵合擊不至上疏期以望夜襲敵李家橋迄旦不見砲音疑京兵頗有喪失司禮内監曹化淳駐城樓上有以首級來者輒賞元寶一錠令部辨驗兵部覈西虜之首面濶口短東人多係遼陽與中國無異無可驗驗係是兵益殺良爲功有以濕草鞋擊去網巾痕蒸其首使漲大充敵首者賞雖費敵無損焉

盧督師象昇故督宣大二鎮兵稍用命然亦有規避去者　上以地屢失責戰急劉輔宇亮楊閣部嗣昌均請

督師　上乃命字亮出削象昇職尋鐫其尚書秩以侍郎總督象昇知忤嗣昌意必爲所陷亦急欲殺賊自贖賈莊之役以卒六千迎敵勢不支虎總兵大威勸其斬避圍再舉不可乃力戰死敗報至云象昇以紫衣雙刀奮馬出後不知所在忌者乘之以爲偷生　上嚴詰死狀後得其尸面中二鏃身有三創及山東顏撫軍繼祖萬厯己未龍溪人等以失機立決徐都諫耀顧予歎曰若象昇不死必爲肆市之魁矣

楊司馬嗣昌父鶴萬厯辛丑爲三邊總督以失機逮繫嗣昌現任關內監軍道薄戍鶴未幾復原秩　上乞以大司馬起嗣昌也生其父故以奪情責報耳嗣昌以奪情代父報何辭但先不請纓後復入閣此其罪耳時黃翰林道周天啟壬戌漳浦人等皆以奪情罪嗣昌惟保舉監生沈壽民疏云嗣昌以居喪起用業一年矣漢儒創金革無避之說君子猶謂罪人令甲有墨衰從事之科或者施於武弁乃若遭時孔棘寇迫門庭君父總屬大倫臣子勢難偏盡則有倉皇奉命慷慨誓師宋劉珙之六詔不起非所宜言周伯禽之哭以征戎恐在當效下可報其先人上帥酬其殊遇詎有支吾旦夕安枕京畿於以礙天常而昧國憲若嗣昌者又云所尤痛者乞罷之疏屢聞而反覆無慮十數冀逭斧鉞之或加最擅欺者從軍之請曾見而後先催援數言領杜肺肝之如見又第二疏

論嗣昌並及熊督文燦萬厯丁未永寧人撫張獻忠陝西膚施人事云據其籌兵則似罄中外之精良無當於用而惟借犖力於餘孽始克振暢天威據其告捷則似諸將士之俘斬未爲有無而一恃降寇爲先聲便已鋪張殊績又云古人之勦不失撫者代有之而要其施爲固有序也耿弇大破張步於臨淄僵尸相屬步始窘促負斧鑕於軍門任其傳詣行在罷眾十餘萬歸鄉里馮異大破樊崇於崤底東走宜陽崇始棄甲兵如山內祖獻所得璽綬時但待以不死給田宅終其身古人先勦後撫成效章明誠以威不極則惠不深力不窮則心不帖耳而爲文燦者憒然不知擒縱之有方妄狃海上之前規僥倖於再試爲嗣昌者夷然不顧養癰之可慮復將未蓋之父愆仍襲爲便圖遵此術以往雖遠寬幾歲之限更累數年之民卒恐蕩賊無期而漫欲告成於旦暮不亦誕哉張納言紹先萬厯丙辰鉅鹿人懼嗣昌怒托言字逾格閣不上壽民復約其語上聞辭不達意遂留中

趙職方光抃天啟乙丑德化人時推邊材其出撫密雲總監內臣鄧希詔失守封疆自有正罪乃縣得奸細梁四供云希詔嘗受敵駝馬之贈貿與敵通黃少參衷赤鞫以爲信光抃列上之希詔爭辯下鎮撫司恐反原招以爲道與縣鍛鍊乃逮光抃衷赤及密雲令王應元崇禎甲戌通州人云

北兵方深入山，永馬撫軍任萬曆丁未慈谿人報四王子嘗征朝鮮中創，今瘡發已死，輿歸闕。部遽以聞，已察知其僞，中外笑之，任遂解職。

北兵以正月望焚王府，大驅輜重而北。時言敵既重有所携，必多瞻顧，且無必死心，利於邀擊。然自濟至通，莫敢尾追，況截殺乎？上嚴旨令無縱出口，楊撫軍繩武崇禎辛未山人宜親服戎服，執旗立口上，指揮發銃破敵，敵遂巡不出。尋錄分監內臣孫茂霖所守地脫去，人謂孫及部下皆得重賄，凡一人出，率予五兩，乃不發砲而俾之逸。夫敵亦何懼？乃以賄來，直將士不敢擊耳。茂霖後以縱敵與鄧希詔駢斬。

北兵入犯，連破數十城，無敢攖者。孫總督傳庭萬曆己未振武衛人亦云：「我麾下百戰兵，爲流賊望而膽落者，遇北兵輒股栗。偶一日與北兵隔河相望，我兵詈云：『吾淫若妻女。』北兵大笑，驅營中婦女百數十出，皆紅紫成羣，指與我兵曰：『此若輩婦女盡爲人淫，反欲淫人耶？』語未畢，以數十騎浮渡，我兵數千皆走，如失魂魄，踩踐死者甚衆。」

崇禎九年八月初，北兵入塞，陳給諫啟新時派守門，有新安官生楊光先歷階而上，責以不請纓而守門。啟新慚，但答「一死無益」。光先曰：「公以口舌得官，既荷殊恩，當有異報，乃憚一死耶？」攜衣欲出，啟新復挽之入室。光先責以先不當受職，又責以受職後國計、民生、兵馬、錢糧四項絕不侃侃直言，而今日一疏色衣穿朝，明日一疏御街走馬，後日一疏護日不敬，豈未爲官時天下便有許多可痛哭流涕處，一爲官後便人人遷善改過，事事革故鼎新，天下遂到無一事可言處？又曰：「公一味貞方，假藥恕己，責人尋人小疵，搪塞了事，異日被上看破，討不得個明哲保身，思予言晚矣。」啟新怒甚，後如其言。

上因楊輔嗣昌請，勉從款議，然猶欲隱其名。會黃翰林道周疏駁中寢，及北兵入犯，上撫膺歎曰：「大事幾成，爲幾個黃口書生所誤，以至於此。」道周之逮肇此。

楊司馬嗣昌值北兵交橫，羽書塡積，握豪如夙搆，俄頃數紙，人服其敏。但以救郭少司馬鞏萬曆癸丑遷安人成，爲姚給諫思孝所糾，遂結怨門戶，未免先私仇而後公家之急。及釁緣入閣，一手握定，凡兵部覆疏，皆自上自票，他閣臣無敢睨視。上委任之專如此。及北兵入犯，五案失機諸臣皆駢首西市，嗣昌雖名革職，猶眷倚如故。

劉輔宇亮自請督兵，至軍中，諸將皆不奉約束，無如之何。於是召諸將前，設席拜之，激使力戰，然驕懦如故。蓋總兵不能令偏裨，偏裨不能令士卒故也。宇亮竟獲譴，然請纓之首輔褫官，而坐嘯之薛輔國觀反扼其吭而奪之席，此任事者所以灰心也。

山東顏撫軍繼祖未敗時，徐都諫耀夢繼祖因服堦下，慘然捉耀手曰：「奈何？」又夢吏持一卷前，耀揭視，觸目戈戟傷者死者纍纍紙上又揭數頁過旁有人謂燿曰若已免矣未幾繳祖果以失機誅後楊司馬嗣昌薦燿邊才及召對僅平平數言示不能狀蓋有惕於夢也

北兵將攻高唐閻州紳衿惶懼適江西解官以銀至遍知州出庫銀並借此項解銀合十萬饋敵因免攻事聞下刑部州之正佐官無不擬辟時王進士正中（崇禎丁丑）人丁艱里居以知州姻婭過從又主簿同里人朱佳穀以青衿館穀商內皆坐不能諫正擬徒得旨云王正中朱佳穀還着確擬具奏一時堂司罔測遂援教誘人犯法律以辟擬予疏言之姚輔明恭（萬曆己未 蘄水人）不爲票明止云該部知道後以朝審先後請宥 上悉允之

北兵破蠡縣有劉印妻李氏兵欲逼污以死拒之被殺既死猶手護其衣帶不解生員邊遂聖妻劉氏兵欲牽之坐地寸步不移亦爲兵所死時李十九歲劉二十歲云

舊例六垣有差不守科宿科予巡視十庫念同垣中止同年袁給諫愷（崇禎辛未 聊城人）一人仍舊守科夜有內官捧紅匣至科乃處決失機督撫監鎭等官者以事係刑垣云非本科官不授其實六科除兵科外五科皆輪流入宿以防接本而是晚應輪宿者又戶科李給諫朝薦（崇禎戊辰 揭陽人）也內官覓刑科不得開甚不得已命書手邀戶科至而朝薦又未入內官怒以予是日守科遂指名報

越數日奉旨李某爲何不直科着自行回奏予商之愷愷曰公不應守科但以予回奏若再責予回奏予直指戶科何疑予曰不然若公指李李必重處惟予不應守科而守但據實認罪或可以勤愼邀宥耳是晚草疏明晨即上愷與朝薦俱不知也若已置一官於度外矣越八日旨下竟免究

上處決五案自督撫監軍而下並縣令靑衿共三十餘人即內官所捧紅匣也旨娓娓數十言皆 上御筆諸臣爲封疆受過一死何辭然子弟奴僕俱奉旨逐出至委骸不收數日亦可傷也予晤一同垣先輩云 上初即位欲決楊經畧鎬王撫軍化貞（萬曆癸丑 諸城人）等閣臣或言中宮將誕宜少寬 上曰祖宗封疆不能保何有於兒孫遂處決自是督撫失機纍纍駢首矣

張給諫作楫（崇禎戊辰 富陽人）爲人朴訥入兵垣後止上三疏一議罰二議處作楫時顧予欵謂不利如是且停封事耳忽北兵入犯奉旨條陳作楫疏有提兵十萬逗遛不前等語奉旨指名時實無提兵十萬者知不免處遂參高總監起潛縱兵殃民兼爲敵護送輜重並及楊司馬嗣昌 上怒甚塗抹不絕至皇上二字亦加一大乂人謂必廷杖及同話疏上止從重議處一時直聲動內外然初無意建言也

崇禎十一年六月十一日諭總督東廠王之心今年火

星逆度兩次爲災猛烈深可驚悼夫刑罰所以誅不仁緝訪欲得眞事苟或加之良善飾虛爲實大犯命官之戒必干天地之和近來人情好者固多僞詐者亦復不少今後凡有首報事件旗番止許拘人或求親審可喘刑官查質眞者據實參奏誣者即時開釋仍將首報之人反坐示戒不許徑自拿人私行拷打彼卑官小民以衙門爲活計惟知嗜利罔有良心是以有錢者放無錢者方來呈稟所以眞者不勝其狼狽誣者即使放去亦家財盡矣甚至張冠李戴增少爲多或久禁暗刑或苦打屈服可惡情狀令人一見輒怒全憑爾心腹近臣以清嚴作標虛公爲準固不可疏忽偏聽若事果偶誤縱

垣上　十六

或上本仍應簡舉改正別衙門偶有平反亦須公聽舊有平反原衙門無罪之例如堅持人罪偏執已見到底護短遂非輕視人命非惟有孤任使且損陰功亦不許因此推諉滋曠溺職戒之戒之特諭此密諭也不發鈔

予爲甯波司李見鄭庶常鄤（天啟壬戌武進人）被參下獄時王侍御章爲鄤令鄤同邑也語次問極薄鄤予曰愼行孫宗伯（萬曆乙未探花武進人）貴邑端人何獨善鄤章曰宗伯喜讀書左右數人無不飽鄤賄每宗伯閱某書必馳報越數日往謁凡宗伯帳中之秘鄤皆口誦如流宗伯因大服不知其陰習也

鄭庶常鄤貪橫惟同年黃翰林道周偏信之予以問鄤同里之賢者咸曰黃嘗寓鄤家渠皂幃瓦器事事同荆素每宴坐必入詢母數四或饍或藥皆躬親及黃與眷屬行鄤又奉母親送煦煦承顔黃太夫人嘗諭黃曰爾事我能如是乎舟發母先辭歸惟鄤不忍別作數日送一日忽愀然撫胸曰吾心痛必家慈感疾曩恆如此須臾數僮果以太夫人病告逆倉皇歸或曰彼舟中母亦假一老嫗爲之及處決旨下猶神色不變徐整衣帽先拜天次拜二親方就市時監斬盧侍御世漼（天啟乙丑德州人）以他事東行馳騎召之往返幾二十餘里鄤縛市曹待者踰時慘矣

靳考功光先（天啟乙丑汾陽人）性刻每奉旨議處各官皆深文

垣上　十七

巧詆無幸脫者時人謂吏部中有刑部及鄭庶常鄤處決責科道不言一概議處光先看語有云皆爲不鳴之寒蟬孰是指佞之屈軼於是各降級有差次日入朝徐都諫耀顧同官笑曰何蟬之多

予司李甯波鄭庶常鄤已下獄及奉旨處決猶予署刑部前一日事耳　上以諸科道不早言俱令回話以六垣人可盡言不專責刑科垣也時五垣都諫升京卿近皆憚以爲首處謂疏下刑垣宜刑垣爲首予與同垣袁給諫愷曰日若吾二人堅辭是小膽也甯以獨奏自謝牛後之名亦無以首奏予人附驥之便遂不入五垣疏另爲一疏皆奉旨議處時先任宋都諫之普（崇禎戊辰沂州人）

係薛輔國觀年姪遂罷守制奉差歷任於不問止處現任者予以署篆降二級餘皆分別帶降某侍御以奉差先一日離京遂免議又某侍御以服闋補官方三日遂降二級

予入刑垣見一切廷杖拿送並處決必錦衣衛送駕帖至科俟簽押持去予初謂故套及署印以赴廷推歸見校尉森列持杖不下一應杖官已解衣置地予問何待答曰非科簽駕帖則不得杖耳然後知此爲封駁設也今僅作承行耶予召數老書手問封駁云何皆云不知予署篆後見一書手把冊而前請用印予問何冊旁一書手答曰此名史書蓋彙刑部諸招疏送翰林院爲他

日修實錄地也予取閱見中有去取因問把冊書手此誰爲政其人瞪目張口不知所答旁一書手曰若聾耳予不得已以口遍耳再三呼方點額曰小人爲政予歎曰彼何知誤收猶可誤遺奈何因命此後鈔送皆聽予手酌未幾予以言謫恐又書手爲政矣

能總督文燦先撫閩寇鄭芝龍南安人張獻忠猾𤢜也屢撫不就時少宗伯姚明恭係文燦兒女戚聞于叔嗣京侍御疏糾留中怒曰獨不聞座師姻婭耶明恭湖廣人與楊司馬嗣昌同鄉兩人俱力主文燦說卒致決裂文燦駢首而明恭致政幸哉

田貴妃幼時父弘遇携至揚州寓予表姑閎姓家表姑母與予語妃性寡言雖酷暑熱食或行烈日中肌無纖汗枕席間皆有香氣予後巡視十庫內官復爲予言往時駕往東西二宮暴行巷中貴妃入乃罷遂覆其上往來無阻無乃祖宗用意良深而後人未可遽變耶又於西宮建一臺置小洞與　上同玩月非公事上殿則首不加笄每著衣必日更數色又　上所冠平天冠舊時多用鴉青石而間以珠妃則取珠大如彈丸者綴之皆備重價購得冠上石少珠多所以光明照目

田妃之寵周后頗不能容一日妃疏列后過　上曰妃可無禮於后耶命罰處某宮半年其實妃不能文　上故命爲之以諷止后又量示罰處以存大體耳此亦十

庫內官爲予言者又云凡東西宮對　上言皆自稱女兒

上自田貴妃入宮後凡衣鞋之類悉用南製貴妃母揚州人歲製以進又宮中燈皆以金四周僅敷可通光貴妃命去其一蒙以夾紗　上甚悅命宮中盡易之舊製靡存矣

上一日於宮中聞貴妃竊撫琴疑之問在家師誰貴妃以母授對次日即召其母入與妃對彈始釋然賜而遣之先朝后妃母罕入宮者惟孝宗張后母金夫人時得入見蓋繼於周而數於田也

田弘遇挾貴妃寵恣行結納一日邀同郡臺省共飲中

堂陳設甚盛酒數巡肉數簋即止中席後掩門邀予輩至後堂初以爲離飲及明燭捲簾則歌姬羅列曲度新奇達旦方啟戶出後一二風流學士以不簡開予恥之不復再往

舊例兵垣非機密邊情不密封間有密封五垣亦得借觀自楊司馬嗣昌力主欵議恐別垣有言於是先鋤異己之姚都諫思孝而以沈樞曹迅崇禎辛未蓬萊人曾樞曹應遴崇禎甲戌寧都人等前後改入兵科自此科員如屬員一聽指麾矣或旨竟發兵部或發兵垣轉發別垣無敢窺者時刑垣與兵垣近予謂兵垣諸公曰昔人謂耳屬於垣今亦垣獨不許耳屬耶諸公嘿然

張侍御孫振崇禎戊辰霍山人巡按山西爲吳撫軍甡萬曆癸丑興化人所糾逮獄或言欲擬戍恐甡嗔者予曰不然此事由在孫振彼糾一介執之文宗已誤奈何牽及吳公又欲指無干餉金入吳公罪吳之糾以不得已應耳而況於殺安有君子以怨殺人且殺同鄉者是薄待吳公也其人無以應時徐給諫耀在坐以爭宋頊二公謚與予微隙遂以予私孫振爲言立言之難如此

楊副總戎德政疏請府添設守備縣添設把總且請裁府之通判縣之主簿以其俸薪改給二官另募兵聽練予謂國初止有衛所設官與軍今以積弛不可用已添設流官兵民奈何又增此擾因言德政所謂守備把總

即衛所指揮千百戶等官而所謂府州縣之兵亦即衛所之軍宜勅撫巡道集指揮以下及於應襲等員皆比試槍法擇其力扼虎射飲羽者以當守備把總等官至所謂兵則合軍與軍餘各簡弓馬優長者以補而務精不務多其官止給以通判主簿之柴薪其軍亦稍益以民壯之工食而祿與米銀仍資之衛所原額足矣若不此之務而增官增兵可商有三欲取科於武科旣羅布未充欲搜官於白衣豈鑽營無實則官之可商一也欲聚兵於屯守則雞犬難靜旣恐驚下鄉之蠶魚欲集兵於召募而風鶴忽傳豈盡效當關之虎豹則兵之可商二也欲資餉於司農而三空四盡之餘旣難爲點金之應欲派餉於閭閻而剜肉敲骨之下豈能爲炊石之供則餉之可商三也夫創一事者計利必兼防害而慮遠乃可善近倘餉猶未裕而遽言募兵則已設之官可以復罷旣聚之兵難以驟散存則駢指割則決癰將奈何臣聞神孫之於聖祖良法也譬如作室者稍加補葺便成輪奐若俯鑒臣議勅部酌行則官即爲將軍即爲兵軍糧即爲餉一舉而三善備矣疏上留中

予署篆時袁同官愷忽入預與予別予驚問故愷袖出一稿示曰已上余閱之言甚激其一言　上不可過縱宗室以魚肉小民其二言　上不宜濫開保舉以混濁仕路其三言　上不宜贅設總監臣以掣諸督撫肘其

四言　上不宜戮辱大臣致罪輕罰重之刑部尚書劉之鳳身罹重辟中一段有云近上決意與河工同官夏尚綱崇禎辛未大興人切切言之亦未垂諭也諸臣皆不言何耶末云輔臣薛國觀是忠是佞更望詳察以聽自裁無令久妨賢路予閱訖舉手賀曰直哉公一身不惜何有一官越數日竟留中或云　上是時已疑國觀故不處愷國觀聞而銜之每愷具一疏不曰來屬沽名則曰何得市恩若　上一改票便加降謫耳閣臣休容之度一時乃爾

袁給諫愷每具疏皆孤行己意時臺省以年例爲劣轉然非盡公道半鋤異己耳愷忽具疏云凡科道升缺宜

垣上　三二

一內一外如舊制不得越次外遷啟排擠異己之路時雖奉旨未允然前輩及瓜者皆爲努目

上於閣臣擬票及刑部諸招間不適意則或抹或叉閣臣必繇淺之深刑部亦由輕之重然　上意淵微原未可測乃附會者之過耳聞閣臣遇臺省諸疏微涉逆鱗則以該部知道嘗試若一改票便從嚴時刑部諸司官蓄縮尤甚刻者加一等以防駁巧者留一等以待駁一駁則重再駁則再重甚有假此勒賄動云　上意不測者噫律例蕩然矣

上於刑部諸招多駁每繇輕之重然時有繇重之輕者如某氏女已嫁夫夫出不歸復寓母家一奸棍心涎其艾怨伊母求娶母不允怒甚誘殺母並幼子時母現懷孕刑部擬殺一家三命律擬凌遲　上謂以孕作一命太重命改斬又刑部失陷封疆一案擬道臣李梴天啟壬戌蘄州人王鳴善辟、上命改戍又擬棄城知縣劉貫與迎賊知縣劉業嵘崇禎丁丑樂安人不時決　上命改棄城者爲秋後其矜慎如此

往例朝審時刑科必具一疏不過故套耳時用法慘急故予疏有云近見　皇上批駁諸招或曰所擬未足蔽辜或曰還着確擬具奏夫謂所以未足蔽辜是罪浮於法未可輕出也謂確擬具奏是情未合律非必盡入也乃讞獄者不能仰體致舉確擬具奏與所擬未足蔽辜

垣上　三三

者一概從輕之重誤矣時閣臣見此數語恐拂　上意止批該部知道　上以朝審大典欲申飭數語又發改票閣臣疑　上怒聞擬票末句云李某不必襲陳仍不允始改票云朝審矜慎勅諭已詳着與審各官虛公祗遵以成明允　上改朝審爲二審又加勅諭爲十年勅諭其精詳如此

予爲給諫時每逢節慶必在導駕列見　上升御座時手足浮動及下座兩臂挺起玉體搖曳黃袍亦蕩漾不止將入御屏必回顧率以爲常

上每閱章疏必召　皇太子同觀且語之曰凡閱科道疏須觀其立意或薦剡市恩或救解任德此立意處若

鋪張題面娓娓紙上者借耳無爲所欺也
姚輔明恭致政一詞林作詩贈別內有兒爲太廟犧句人哂其言及後薛輔國觀周輔延儒（萬厤癸丑狀元宜興人）相繼賜死人始以其詩爲讖
上好文墨初讀史司禮監內臣多閱史後多延師習時藝兼務博綜司禮秉筆六人名下各有六人六部兩直十三省各有專司故閣部臺省詭舛靡不訂正者乃閣臣多假手深年中書淺學庸流葫蘆依樣一命改票模揣周張故爲上所輕致無媛席
上感念皇生妣從羣臣請加皇后爲皇太后時予導駕見　上御殿悽愴動容及奉上冊寶以手拭淚潸然不能止

禮科徐都諫耀長軀多髯聲氣主盟也楊司馬嗣昌忽以邊才薦一日　上召耀與楊侍御繩武對殿前繩武吐言如流畫地成圖耀平平數言耳同鄉姚都諫思孝生平尚氣面尤之耀俟思孝退語予曰予書生耳若令披甲彀弓實不能不能而弗自以爲能此予之能也
予同年左給諫懋第（崇禎辛未萊陽人）忠正士也言太夫人陳氏喜讀書尤好談節義予時疏開國靖難慘死諸忠請謚太夫人閱之輒擊節稱快其好尚如此後懋第以兵部侍郎使北竟不屈死或得之母教居多
徐都諫耀聲氣自矜然時有委蛇謝冢宰陞（萬厤辛丑德州人）將起言官多阻之惟耀獨婉解得推予曾密問曰何推異己耶耀曰彼羽翼已成知其必不能遏而故阻之此正人君子他日隱憂也不如從而玉成猶昔人所云寬一分則受一分之賜耳
吳儀曹昌時爲大行旁若無人舊例每遇考選必同鄉諸公爲政其視同鄉葛給諫樞（崇禎辛未丹陽人）等皆藐如也及考選得禮部慍甚又思攪吏部一席樞言於太宰急推王大行重（崇禎辛未沂州人）上聞故三部銜門皆不得
兵科沈給諫迅疏云郎不能如唐臣傅奕所言命僧尼匹配增戶口數十萬亦宜量汰等語一時聞然訛傳謂不日議行於是京城諸尼或易裝越城遠匿村墟皆以偶僧爲懼聞者莫不傳笑

績溪縣民李世選自稱韓國公李善長（定遠人）十世嫡孫捧　高皇御筆龍封自云善長賜死後駙馬都尉李祺（善長子）嫡子李盛慶貶績溪爲民即臨安公主（高皇長女）出也因主號泣　上前故賜之龍封封面書云勅賜皇親外孫李盛慶爾祖善長因國事罰貶去守龍關二百十六春爲民依數滿我封此旨到京見主開拆復忠臣勳爵護國永遠世世不忘劉李徐勳臣保障我爲主收伐陳友諒（僞漢王沔陽人）天下俱服十大功勞秋豪無犯洪武二十三年出給李盛慶收執又封內勅諭末云勳臣善長衆臣詐稱僞坐胡惟容不曉自犯向後復查豪不干你事

李善長保障開國十大功勞秋豪無犯忠臣與我股肱心腹你爲國爲民我不忍忘天晢我常怕你先年同劉基誠意伯青田人一時敗友諒十六萬大兵今你男李祺外孫福緣已故止存三外孫李盛慶長孫貶罰二百十六春爲民取復護國准令到京見主復韓國公收過家貲錢糧數萬國用養老三萬還你開國勳臣勅賜皇親云云時上辨驗龍封云長字二字臣字爵字相似餘不盡似又書胡惟庸爲容書祺爲棋且善長之死在洪武二十三年五月乙卯而此勅又云仲春月故閣臣以爲疑適錢少宗伯謙益萬曆庚戌探花常熟人出都以所鈔閣中奸黨錄示宋給諫鳴梧萬曆己未浙州人且云善長之獄已有招妻妾與火者俱有招實錄猶多諱安得有此故鳴梧疏詆其僞及下撫按查云盛慶以三歲貶與世選爲善長後俱實但龍封眞僞不可知時熊給諫維典崇禎辛未建昌人先爲績溪令語予云自下車以來便聞世選爲善長後龍封相傳已久士大夫及里民俱知非新假者予時爲刑垣疏請世選方得宥遂然已繫獄十年矣龍封眞僞卒莫能辨惟鄭司寇三俊有批云若善長之功雖百世宥之可也此言爲得

沈樞曹迅博學多才與張樞曹若騏崇禎辛未登州人皆以邑令考選因書帕未周觸楊翰林士聰怒士聰嘗語人曰某司李令曹向以同譜薄致殷勤吾同里同籍乃漠置

耶其糾兩人以此迅尋改兵科楊司馬嗣昌意也獨若騏不得嗣昌胸中固有優劣觀兩人末節可見

涂侍御必泓在臺日與同年王侍御範崇禎辛未內江人爭差大閙聞於上故範以雲南改浙江必泓以浙江改雲南

往時詞林見前輩皆矩步傴躬每同赴宴非前輩帖邀則逡巡不敢至迨推知與選氣稍驁一日早朝某詞林以臂格吳編修偉業崇禎辛未榜眼太倉人抑使下其前輩也又翰林院一送卷官以小事觸怒笞三十此官泣訴前輩云無例沈簡討延嘉崇禎辛未鄞縣人笑曰此某四府某太爺未可以庶常忽視也若笞固宜

姚給諫思孝孫給諫晉皆氣高遇考選獨不與陳給諫啟新互商啟新怒故往者有考選預定之糾而江南考選知縣陸自嶽崇禎辛未武進人遂以訪單書公舉翰林四字坐謫外及姚孫去國徐都諫耀每事與之商啟新始喜會江北銓部缺耀不敢坐名以鬮置瓶中夾取得張大行一如崇禎辛未蕪湖人思孝深病之其實啟新在座唯唯而已雖預定亦不糾也

李方伯光春萬曆丙辰樂清人破例推僉院御史中有昔爲巡按曾疏薦光春而今作屬員者光春心歉每御史來謁俱往答非體也　上廉知不旬月罷

上每於科道升京卿必詰是邊才與否予在刑垣時見同官數人皆借邊才二字鋪張數語遂蒙欽點然京卿

外遷巡撫者重則獄輕亦帶降惟留內不數年便至部堂如山東顏撫軍繼祖木舊科臣以失機誅又如江西解撫軍學龍（萬厤癸丑興化人）亦舊科臣以錢糧帶降不選者九載又如徐都諫耀力辭邊才不二年便以少卿轉僉都比比皆然　上亦不能察也

戴璽丞澳（萬厤癸丑奉化人）居鄉貪橫後以京卿陪推巡撫澳念先陪後正可翹足待非有以中　上所喜恐不點時懲貪最嚴遂疏陳貪利爲害上命指名具奏倉卒無以應再四追詰不得已遂參及嘉興司李文德翼（崇禎甲戌德化人）平遂令王凝命（崇禎辛未呈貢人）德翼素有文名而凝命則舊李福州以強項降補閩兩人單欵皆臨期巧取沈給諫迅不平疏駁之未幾下澳鎮撫司拷訊或曰吳儀曹昌時與德翼鄉試同門頗有力然亦自取也

故李侍御應昇（萬厤丙辰江陰人）之舅蔡士順自號東林鄉人著尚論錄凡列聲氣二百餘人書賈攜數十部至京時禮科徐都諫耀克已有名恐爲異已所搆遂以重價盡市之秘不出刊者固好事而市者亦小膽古有上書恥不與黨者獨何人也

陳司馬新甲（四川舉人）入都風埃四塞黃霧酸鼻見者以爲不祥後卒棄市

孫冏丞三杰先爲吏科以連參溫輔體仁（萬厤戊戌烏程人）被謫轉今官時薛輔國觀日與東林諸公搆而劉都諫安行（萬厤己未襄陽人）曾先任禮垣國觀都而安行左也國觀往閱卷曾駁舉人曹某卷數語將題參安行以伊婿故力解於是三杰疏發其事謂安行以屬處則國觀當以受屬處耳上見疏命取原卷進止下安行獄而以國觀先駁置不問未幾三杰以他事爲同里所牽國觀亦挾忿屢駁竟鬱鬱卒於官

王給諫文企（崇禎戊辰江夏人）先以庶常散甫得報郎丁艱歸及服闋補官首以民窮財盡言奉旨降調一生止一疏

上憂國用不足發萬厤中所儲遼參出外貿易于時市其中者上有微孔色堅而味永與他參迥異惟吳儀曹昌時所市最多皆取其上者聞此番貿參獲可數萬金

蔡少司空國用（萬厤庚戌金谿人）以會推閣員不與心怏怏及召對言曰近來黨比成風國家大事皆爲數人把持耳聲色俱激　上默然既退馮給諫元飈與予言曰彼欲以此激上爲點用地耳今　上無言氣折矣越數日竟入閣

范廷尉復粹（萬厤己未橫縣人）與予比鄰不數日大拜予往謁見其中庭置案奉佛像晨昏跪拜而已時張輔四知（天啟壬戌費縣人）與蔡輔國用皆庸予與同年申銓曹佳胤（崇禎辛未永年人後殉闖難謚節愍國朝順治九年改端愍）曰若輩縱不能益國或不至害人耳佳胤曰不然彼無識又無力闇所票擬或駁則心手俱戰極力附會恐庸之害甚於忮也果然

傳司馬宗龍萬曆丁未昆明人初入見諄諄以民窮財盡爲言云餉不可加兵不可增　上初云卿言是時宗龍指天畫地言愈力　上始不悅語宗龍曰卿但當料理寇敵耳既退語閣臣曰宗龍所言半言官唾餘何也自此兵部諸疏無一俞者未幾下獄

刑科葛給諫樞曾具條陳疏有自禮樂工虞以及水旱盜賊邊兵之議增議汰京餉之額出額入遠而治亂興亡近而得失善敗無一非輔臣啟沃則無一非輔臣職掌等語　上加大圈十九命閣臣票進遂以說得是擬樞見疏喜予曰公禍自此始矣未幾疏陳邊務批葛某不諳未幾疏救劉司寇之鳳周郡伯光夏天啟乙丑杞縣人又批葛某市恩再發改票遂降調一時閣臣以私怨處人若此

仙居過邑侯周謀崇禎戊辰新城人熊銓曹文舉崇禎辛未新建人同鄉也曾遣二僕入都求遷宿娼家酒後洩言爲廠役緝獲其與文舉一稟云所送尊翁宅者乃王者興必有名世者之數也又云敝座師首揆處業有善意東廠以聞薛輔國觀甚不悅時馮少常元飈奉差同籍其保舉邑令秦姓者亦以書禮饋被廠緝獲吳儀曹昌時歛金親友力解乃息國觀密以聞於是閣廠水火而昌時自爲大行郎樹東林幟及考選時見一上於部擬各衙多所改定諸閣臣頗得操議於是又托國觀私人拜爲門生然國觀疑其狡猾弗信也卒改科爲部仇隙日深國觀剛愎夙與東林爲難然不聞有貪穢聲月前昌時忽語人曰國觀輩必敗吾已於廠衛處張四面網矣國觀等知之然無如之何不數月果敗于曾詢錢主政位坤崇禎辛未長洲人云有之但視吏部升一美官昌時必以小紙報東廠云國觀得銀若干廠皆以聞他日賜死追贓本此

甄司寇淑性刻及代劉司寇之鳳爲尚書愈深文每語司官云但將應擬杖者擬徒應擬徒者擬戍應擬戍者擬辟則可不駁故一時諸司官無不以殘刻爲事自安之道在人之死豈聖世所宜見耶

雲南二將張銓彭大道以失機先經撫臣擬戍及事下

刑部甄司寇淑改辟俞之時事關兵部楊司馬嗣昌仍擬戍亦俞之予心語曰此正可借題洗發使上知法官深文如是又使在下知上無意深文如是也故疏云此一事也而忽輕忽重非兵部縱則刑部苛臣爲此一事言而實不止爲此一事言淑見疏怒欲是兵部則已爲失入當引罪欲是己則兵部爲失出亦當引罪時嗣昌以部臣兼閣臣銜遂不敢言而止恨予刺骨矣

傳司馬宗龍以復疏拂上意下獄入門即索錢及行至天下太平一門錢盡監門者閉不使入宗龍徬徨門外侯續取錢至方入又原任謝少司馬啟光萬曆丁未章邱人下獄爲牢頭索詐不遂被擊數掌予時以久旱疏請寬刑

且列二事於疏末有言不知提牢官所司何事而致令獄吏之貴移爲牢頭之橫等語時提牢官宋秋曹翼明（崇禎甲戌山東人）薛輔國觀門生許秋曹琛（崇禎戊辰莆田人）姚輔明恭門生也不悅責予以不得暗有把持不過謂上所惡者把持一改票卽處耳幸不改票遂蓄怒不已偶一日上召甄司寇淑至語曰若司官賣法爾部郎參處淑承旨又曰若他官把持爾部亦參處淑不對退時明恭係淑同鄉又挾恨從後呼淑曰命公參把持者不承旨爲何於是明恭主議於上兩提牢官傳語於下此淑劾予一疏所由來也閣臣批云明係暗有把持姑着同將話來一二同志見旨嚴憂不測予草疏訖慨然曰吾不受賂又不徇情雖人非徐有功而言則其言欲同人於生而自陷於死無此天道也況又有聖明可恃耶旨下僅命議處吏部復降二級照舊竟改爲降一級調用閣臣意也

甄司寇淑疏下或勸予托人兩解予笑曰甯敗吾官耳彼險且很若以求解上聞吾氣節墮地矣又郭侍御景昌素惡淑出其數十罪欵授予欲予入告予曰吾爲諫官時卽對天自誓止就事論事從不開人罪欵蓋恐諫官疏下必播之海內若以莫須有之事玷人名節無論是公難於自容獨不爲他人之孝子慈孫地乎初誓固在豈以新怨改且有言不先而待淑操戈方言若聖明反詰將何辭對卒不上

予自入刑垣見廠衛暨刑部日事苛殺或上聞取數事及於寬政則錄置案頭入之疏內以廣風當開導是歲元旦朝賀罷戴給諫明說（崇禎辛未滄州人）執予手曰若今歲冊封矣予曰不然近擬寬刑數疏將次第奏恐未聳聖聽先觸時忌已不能待耳又王給諫文企以極陳催科之害謫予往謁別且曰公以薄稅欲請予又將以省刑罰請徐之公先我繼耳果如言

予降調後金冏丞光辰（崇禎戊辰全椒人）爲予言往伊爲侍御時每同官以言謫則共製錦帳不稱慰稱賀又胡編修守恆語予云往吳給諫家周（天啟乙丑歙縣人）以劾溫輔體仁謫時先發之言者孫給諫晉也往謁蒼頭與主人皆努目視予閩而笑曰兩公言往事吾言近事近葛給諫樞被謫有謂渠太癡徒拋好官者今予又謫矣彼罔無帳相賀想當代予努目耳夫公論鬱於上則淸議明於下今兩者俱無世道憂也二公太息退

予奉旨謫外門可設羅惟劉翰林理順（崇禎甲戌杞縣人後殉國難謚文正國朝順治九年改謚文烈）從未識荆獨命騎顧予且袖扇贈有詩曰丰采追儀鳳好生矢拜颺中心如皎日世事付黃粱湖上峯巒遠天邊雨露長宜公祠宇下相對且飛觴時予謫補浙藩故也又語人曰吾讀彼數疏猶知逆鱗耳劉公甲戌狀元杞縣人爲同袍二十八年所居止茅

屋其子以庚午發腎書偶闕說一事遂撻其子而逐其物及中鼎元鄉人扁其門曰天從人願後殉闖賊難

子同年喬侍御可聘（崇禎辛未寶應人）巡浙歸夢吾邑魏少司馬應嘉（萬曆甲辰興化人）書者英會其一自書其二吳少司馬甡其三姚都諫思孝其四喬其五予皆同郡人也時應嘉與甡致政惟予三人現任未幾思孝與可聘俱謫又未幾予亦謫同時徐都諫耀顧給諫國寶（天啟壬戌通州人）亦同郡人也餞予城外慨然曰兩弟歸耳予笑曰弗憂喬公夢中無二公尋皆卒於京惟予輩五人家居

傅同少永淳（天啟壬戌寶應人）先巡按陝西劾予叔撫軍喬（天啟己未興化人）遣戍及予給諫命下對人言輒惴惴首謁予於

垣上　三四

宅者即永淳也王少司馬道直（天啟壬戌進德人）晤予言傳司馬宗龍入獄爲牢頭所詐予據以入告後以此疏爲甄司寇淑反噬奉嚴旨回話道直又惴惴托人言於予求回話疏無牽及未數年道直總憲而永淳冢宰乃知爲大官者必須小膽

凡御史至會極門上疏必贈收本官銀三錢六科則無惟裹疏大紙四張而已黃翰林道周上三疏一言楊嗣昌不當奪情入閣一言方一藻（天啟壬戌歙縣人）撫北事與俺答不同一言不必又起復陳新甲爲宣大總督其言一藻與新甲兩疏俱在未枚卜之先五月間已繕完命班役投會極門班役以道周方在枚卜望其萬一起用則

已即爲中堂班役又知此疏一上必忤旨不用乃架言會極門中貴索銀八兩道周無以應至枚卜既下班役絕望乃並投三疏故上詰道周當用新甲時何不即言直待枚卜不用乃言明係挾私道周亦不能對至召對後語人曰都是幾個班役把朝廷大事悞了

予同籍屠翰林象美（崇禎辛未平湖人）有婢紅葉因内妒箠死或曰以不謹死痤之郊忽甦呼聲聞於外發視則活錦衣衛勒象美賄不得奏聞尋冠帶閒住時予以言謫同辭朝人嘲之曰李給諫風節屠翰林風流

金同丞光辰與予別切齒曰司寇毒惡乃爾可計傾也予曰彼以計傾我我亦以計傾彼相當耳出爾反爾先

垣上　三五

賢格言曾見周興來俊臣輩終爲牖下老乎弟非徐有功之官而責有功之言今歸矣行坐觀其敗不數月果爲廠緝云受錢霖賄下詔獄此淑攻予一事也當淑入獄時聞獄中紳民皆欲痛擊葉主政國華時提牢恐其致斃乃以獄官房處之命諸囚無得近猶詬詈數日然受賄者實其子也淑刻而不貪

萬曆間諸諫官以藩幕謫者抵任即歸以待内遷然初謁院道猶用手本冠以稍銜而列今銜於後院道皆辭不見徐乃往拜以素服迎用主賓禮惟項詞林煜（天啟乙丑吳縣人）謫浙幕獨持晉投帖仍大字院道反往拜葛給諫樞遂踵爲故事獨予以爲自尊固體非所以共君命也

欲仍如前會丁內艱不行

三垣筆記上

三垣筆記上

明興化李清撰

補遺

上命楊輔嗣昌督師討張獻忠親作詩餞之云鹽梅今暫作干城上將威嚴細柳營一掃寇氛從此靜還期教養遂民生其屬望嗣昌若此初敗張獻忠於瑪瑙山幾獲已竄入蜀復襲破襄陽事遂大壞未幾嗣昌憤恨死或曰飲酖也

凡六垣上陵歸必送同垣棗栗等四種又冊封回必各送青布一疋猶有簡朴古風

凡按院出巡用精微批先送刑科簽押於直隸巡按監察御史某准此則用硃筆大直如按院直推知法於批後又書候回還日繳五大字送中官用印予嘗顧同垣笑曰我輩下筆如此縱放若上入宮見必怒矣一日果命中官至垣詰責因告以舊例取歷年所繳批進覽次日發出亦莫稽其故也大約科臣簽押疑代皇后爲之者

內臣劉若愚先爲霍給諫維華萬曆丁丑東光人楊侍御維垣萬曆丙辰文登人所糾擬絞繫獄予於朗審時猶及見之獄中所著酌中志略敘次大內規制井井而所紀客氏魏忠賢驕橫狀亦淋漓盡致其爲史家必採無疑然以如此博洽宏才而迫於太監李永貞嗾召又知永貞必敗而

不能見幾托病以去致自罹網羅可歎也後竟斃於獄
姚都諫恩孝主持聲氣及以謫出國門送者傾都應接
不暇不二月予亦以謫行送者寂然也止同郡顧給諫
國寶姚都諫攤一至飲數盃即行孤立無倚者喧寂迥
異乃爾豈知他日同列名賜環而獨蒙欽點者乃予也
于讀滇志載洪武間傳天錫歷官郡守以謫滇遂家於
滇爲傳穎公友德後名山藏史概皆因之及予給諫刑
科晤傳司馬宗龍問公信穎公後否宗龍但云上世傳
聞如是耳因憶楊學士慎（正德辛未狀元新都人）傳內謂某方伯
將聘修滇志而因鄉士大夫有欲冒嗣友德以覬世爵
者愼不可遂去其言良有指也宗龍卽天錫元孫其曾

祖良弼嘉靖時給諫與愼同時欲冒嗣以覬世爵者必
指此

崇禎十二年己卯上召對候考選諸推知於中左門命
先將吏部所試奏疏大意各奏其槪韓城左邑侯懋第
所奏未詳已奏次員職名復命懋第再奏及諸臣各奏
訖復出御題就試階下又命中使設冰水一甕於側內
貯四竹筒少頃命中使移諸臣試桌東廊下以避日色
其曲體若此後御定懋第爲第一授戶科給事中懋第
與御定之劉狀元理順俱先後死難亦佳話也

三垣筆記上

三垣筆記中

明興化李　清撰

崇禎

予於崇禎十五年五月得環召報初不解所以繼得汪
簡討偉書乃知上從張侍郎肯堂（天啟乙丑華亭人）言錄謫降
諸臣而吏部以名聞者十八人復命取諸臣去國原疏
與閣臣面議或指及某某則曰此喜事者故止點四人
復職而予與焉此偉書語也雖濟濟名賢實不止此然
蒙恩者再矣

予同邑丙中九十六名者二八一魏少司馬應嘉一予
也俱司李又俱給諫又俱刑科及予被謫歸晤應嘉於

嘉業堂校刊

里乃知往年謫官時所補爲浙江布政司照磨而予亦
此地此官也後賜環補吏科無不同者又予降調前一
日夢口誦二句云古木陰雲裏時時見月明至是與陰
給諫同賜環又同守制所謂古木者或取風木與悲義
若陰雲見月則與陰同環召耳異哉

予起補吏科不數日卽聞邊警以主恩深重冒險北上
行至淮安方遇予師倪少司馬元璐周儀曹鑣（崇禎戊辰金壇人）方中丞孔炤（萬曆丙辰桐城人）等議同行一日聞吳儀曹昌
時改文選正郞倪愀然曰恐非其福又問廖給諫國遴
楊給諫枝起（崇禎甲戌金山人）爲孫侍御鳳毛（崇禎庚辰萊陽人）所糾
相顧太息謂鳳毛不知何所認耤輒排擠善類豈知有

不然者

子與倪少司馬元璐（天啟壬戌，上虞人，後殉難，諡文正）寓淮，有客獻議謂開登州某路以通漕運，可省貼腳銀二百萬兩，倪以為奇，於召對及之。不一月，即改戶部尚書，上意欲節此費耳。後予詢前後巡漕諸公，僉云貼腳無幾，客妄言也。

予行至濟寧，與河道黃總督希憲（天啟乙丑，原名晤希，金貴分宜人）坐次，閒言首揆必敗，予愕問故，希憲云：往在江南時，見首揆弟名正儀，今為新同袍者，每得乃兄手書，即遍示親知，招搖納賄。又云：差役自長安來，見首揆門如市。朝廷耳目廣，終以此敗耳。首揆者，予師周輔延儒也。

子與倪少司馬元璐行抵濟寧，忽飛騎傳北兵至，城中如沸，婦女啼號載道，諸公皆惶惑欲遁，倪走書約予矢不他移，且擬次日與周儀曹鑣、錢寺簿位坤同登城犒兵，諸公慚而止。又行至一小堡，值北兵攻某城，砲聲甚逼，諸公又惶惑欲遁，倪曰：吾當以死守堡耳。次日方徐徐登道，時與北兵雖分道，然相去僅三十里，一橫衝便至，倪不懼也。

子過德州，與同鄉雷僉憲縯祚（崇禎壬午特用榜，太湖人）晤。縯祚乙榜，剛愎，時范督志完（崇禎辛未，歸德人）尾北兵，德州兵橫甚，不殺賊殺良，又行牌仰道，縯祚以非所轄，怒抗，不令入城。未幾，疏糾有憑藉大力等語，蓋暗指周輔延儒也。時周猶荷眷顧，責令指實回奏，縯祚遷延未上。予問故，縯祚曰：未見部咨。到予曰：見邸報即是，何必部咨？縯祚不能答。

子與倪少司馬元璐行至雄縣，傳聞北兵彌近，周儀曹鑣、錢寺簿位坤決意不行，諸僕皆止。予予曰：倪吾師也，背師獨生不可。遂聯輿行。行二日，有傳倪與予皆陷身北兵者，眾咸惋歎，惟鑣撫掌大笑曰：前行者竟何如？時位坤與同行諸公皆以此薄之。

子與倪少司馬元璐行過涿州，忽馮醬輔銓（萬曆癸丑，涿州人）以飛騎至，邀回州款語，半日方旋。予問倪曰：馮何言？倪曰：惟言不敢與聲氣左耳。

子入吏垣，始與吳都諫麟徵（天啟壬戌，海鹽人）晤語，次問詢廖楊兩給諫被糾狀，吳云：兩人自入戶垣，從不守科發鈔，非匍匐政府，則奔走吏部，以除奸扶正為名，賣官納賄為實耳。予方知孫侍御鳳毛之糾非過也。楊給諫枝起與吳銓曹昌時兒女戚也，昌時納仁和令吳培昌多金，以雁行呼謀，引至黃門，而枝起怒其賄不及己，遂唆宵侍御承勳糾之，即枝起所草疏也。昌時聞而大恨，知陳中書龍正與枝起交，故亦百計相傾，以閩事牽致龍正坐謫。時枝起與廖給諫國遴、曹侍御溶（崇禎丁丑，秀水人）等皆以考選一事干周輔延儒，不遂，怒欲返戈延儒事，尋洩，此孫侍御鳳毛糾疏所自來也。聞洩國遴等謀於延儒

者乃馬給諫嘉植而淺枝起言於昌時者又徐侍御殿臣（崇禎甲戌鄞縣人）一時貪橫變詐氣習殊可想見

孫侍御鳳毛糾廖楊疏以密封下予取視疏言國遴枝起宜糾且謂鳳毛密封亦不可訓及唔左給諫懋第方知鳳毛本露章上自密封發科耳予詢衙門前輩云密封之起由前宋給諫權（天啟乙丑商邱人）始時顏都諫繼祖深非之例轉本此

予抵京後韓給諫如愈（崇禎辛未興化人）與予言每過吳輔甡寓吳儀曹昌時必在又甡過昌時寓亦留連竟日率以為常

舊例吏部繇別部調者不過主政天啟時趙冢宰南星

（萬歷甲戌高邑人）在部始調兵部鄒員外維璉（萬歷丁未新昌人）於吏部時猶大閧若以禮部正郎調吏部文選司正郎則又自吳昌時始予邑吳輔甡與密諷之曰聞文選司一官必起家久任後輩無先者公或以稽勳驗封帶管文選何如昌時正色曰天子欲為天下得人故特簡一文選況目前銓部諸君皆予手援彼後輩也未幾竟敗

上一日語周輔延儒等曰往例巡按出皆微服訪民間近高牙大纛氣焰巡撫且衙門前後皆啟竇通賄每奉差竣富可敵國宜重懲以警時予叔侍郎嗣京福建巡按也與周輔延儒疏又吳輔甡同里至戚吳銓曹昌時以甡督師有離心故藉口上所指者嗣京欲重處以媚

延儒時鄭冢宰三俊議轉年例亦堅不從也毛僉憲士龍（萬歷癸丑宜興人）之糾緣此

吳銓曹昌時既破格調思以奇策堅上意且箝制臺省口春季例轉皆自己出吏科吳都諫麟徵掌河南道祁侍御彪佳（天啟壬戌山陰人）並未商也科五道十幾兩倍舊額蓋因上疑臺省橫屢旨申飭且恐他日有指摘則以例轉挾忿為言耳時浙江同鄉諸公集議本省新吏部昌時麟徵彪佳皆往咸努目視惟向侍御北（崇禎甲戌慈谿人）詬誶尤力幾飽以拳

吳銓曹昌時欲破格外轉科道謂吳輔甡曰惟此一着可為鄭太宰三俊結知主上甡曰不然大臣以休容為

度當保全言路子甫入而破格行之若此端一開後此不肖者驅逐言官必借鄭公為口實恐忠良之士亦皆寒心昌時不從甡復言之鄭冢宰三俊三俊然之後以昌時意堅僅留二人餘皆外轉然昌時計甚巧皆擇其平平者充之中情怯耳惡傷其類人有同情故一時眾口交沸識者皆曰昌時之禍從此始矣

蔣內閣德璟（天啟壬戌晉江人）語操閩音不甚辨然博學其談古事則述二十一史如黃河瀉水至於叢殘小記無不畢憶其談近事則十三陵之跡五府六部之故實與九邊十二鎮兵馬錢穀新故之數無不手畫而口數也又嘗一日應閣中二十餘誥勅皆立就文極典核同事駭

歎

舊例六垣例轉皆聽吏科都爲政五科都唯唯而已左右散以下皆不得聞自廖給諫國遴楊給諫枝起等入始雌黄先輩謂某堪某不堪及吳吏曹昌時越額例轉人疑有所授吳都諫麟徵語予曰皆廖楊所爲時兩人已下獄予驚問故麟徵曰此皆伊素所雌黄指爲不堪者耳

予與吳都諫麟徵同任吏垣曾密詢云吳公正人自負公何嫌麟徵曰彼非獨予同鄉且門人之門人也然實鄙薄其所爲如嘉興府王太守某予公祖也聞以二千金托竟攫入私囊及將掛察典伊蒼頭惶急致貸金長安爲彌縫計又海鹽令劉某予邑父母也誘伊數萬金入已托言謀佳缺然即其房師處亦不爲通訊今罹察典束裝無資特爲昌時貪耳舉二事餘可例推矣又曰公如不信可詢貴鄉光公光名時亨（崇禎甲戌桐城人）海鹽令房師也予後晤時亨不述麟徵言但云貴門人劉某曾相候否時亨曰無方知麟徵言不謬初劉某入閣昌時以其子密托之劉某恐後爲己累以藍筆重加圈點而以墨筆抹托言大主司吳翰林國華（崇禎甲戌榜眼宜興人）所爲已詢之國華非也故恨若王某則以五百金饋不稱昌時意耳此又何傴曹剛所言也

吳都諫麟徵爲予言昌時居里時凡公祖父母皆執贄稱門下士彼峩冠博帶此方巾短袍延送至中門止蓋以師道自居也有强項不執贄者即於上臺處媒孽故無不望風而靡

予爲刑垣時見言路諸公以頻過閣臣爲愧至此番獨不然每清晨過閣臣門馬肩輿沓非某科亦某道周輔延儒喜軟美故多媚子吳輔甡尚聲氣故間出僞士惟蔣輔德璟有才名喜掖後進知名士多附焉予與沈給諫應培（崇禎辛未歸安人）往謁見座無虛席止立談中門飲茶揩下而退予上馬顧問應培曰何例應培笑曰新例也

予族兄沛（諸生興化人國朝徵賢良方正不就）同邑吳輔甡甥也予賜環北行語予曰弟行矣何以益吾舅予曰但不爲累兄曰何累予曰不肖者貪利則假同邑相公以招搖賢者好名則假同邑相公以標榜皆累也及抵京聞周吳二閣臣處人競挑激時韓給諫如愈予同邑同籍也入謁蹙眉曰吾輩一門人一同里兩姑難爲婦若何予曰非公事不見亦非公服不見耳如愈首肯故予二人遊二輔間獨免於評論

韓給諫如愈起家單門然爲令清及居言路亦孤立無附時江南北閣臣一座師一同里皆不暱也予登堂謁見大書一對曰見地一分南北便是小人脚跟不靠東西方爲君子予爲揭去曰予與公刻心可耳何必對也

予與韓給諫如愈每謫吳輔甡則曾給諫恳直（崇禎丁丑汾陽

人龔給諫鼎孳崇禎甲戌合肥人必先在坐話畢偕行至堦下良直必曲躬辭送曰門生不敢鼎孳曰予陪卒以爲常然兩公皆險刻每遇早朝則自大僚以至臺諫咸嘖嘖附耳或曰曹科某某或曰龔科某某皆畏之如虎兩人與姓密人有以此併疑姓者

龔給諫鼎孳曰趨吳輔姓門江南諸人嘖嘖疑其搆周輔延儒隙姓一日語予曰龔故非江北人所用先未考選時委身江南與周仲琏崇禎甲戌長興人誓不相負故介紹首揆以黃門擢耳既列黃門見江北風價稍高故回面就此

傅給諫振鐸崇禎丁丑題名碑作金谿人臨川人曾具疏云凡招權

納賄言清而行濁者雖日講門戶日附聲氣而亦眞小人也凡不招權不納賄品高而名闒者雖門戶無講聲氣無附而亦眞君子也時龔給諫鼎孳面詆其非遂相閧一日鼎孳言及逆案振鐸佯曰能相示否鼎孳出諸袖振鐸故指龔萃肅萬曆丙辰合肥人問曰若爲誰鼎孳曰予嫡伯也最無行振鐸一笑

曹給諫良直龔給諫鼎孳居言路日事羅織予每騎過二人寓見有扇倚門問之必彼此過從也偶一日往謁鼎孳門者固拒予指曹扇詰之遂入時鼎孳尚未櫛沐與良直同話內室不得已邀予進予微諷曰言官難兩人問曰何難予曰言有言之流獘如謫官杖獄皆言官

本分惟以一疏故而或云指示或云附和推戴致君父疑而寮寀搆此流弊也又曰往予初入刑垣言事甚銳獨同鄉金公光辰語予云天下好事不是一人做盡予初疑及以寬刑數疏奉嚴旨他無所念惟念老母在堂恐貽慈憂方歎金公言不誤耳兩人知予諷彼不悅然以予與吳輔姓同里故不敢侵

熊司副開元嘉魚人天啓乙丑故給諫也往因周給諫瑞豹天啓壬戌秀水人作令時以某項錢糧未完先出已貲代納故得與考選已事發奉旨議處時周輔延儒以瑞豹其門人力救且言如瑞豹比者甚多故牽及開元亦坐謫至是欲求賜環又以非建言不得心愈恨糾延儒一疏實孫

廷尉晉意授人疑晉欲吳輔姓爲首揆故有此疏然疏中所指皆藥石也未幾晉出爲宣大總督

熊司副開元請對意在攻周輔延儒故請屏人諸臣請退皆允之惟延儒等請退則諭止之故開元不能暢所欲言上命開元具本蓋欲其直發延儒之過延儒心疑托吳銓曹昌時至開元寓故開元疏中所言半爲昌時勒刪上怒謂其陰陽兩可幾欲置之死

駱金吾養性楚人周輔延儒特用也吳輔姓以序不應及獨謂不可一日召對言及各衙門弊竇多端姓言錦衣衛尤甚衛役冗雜宜加清釐近有疏及者已擬旨兵部察奏如實當賜處分延儒亦言近日緹騎奉差逮人

霈嚇尤横卽迯遠撫按拿解可也不必又遣緹綺上然之養性不悦適熊司副開元姜給諫埰（崇禎辛未萊陽人）廷杖旨下養性密語同鄉廖給諫國遴曰有密旨逮兩人死子不奉詔國遴以告曹給諫良直良直卽草疏入告謂無此旨養性不宜謗君有此旨養性不宜自訶疏上以爲必勝然竟留中自此恨良直入骨又以良直與甡密故并疑甡

曹給諫良直疏既上久留中不發一日召駱金吾養性至以疏示之養性飾辯對遂解不知其所飾何辯也然亦無意殺熊司副開元矣已再訊開元遂盡舉閣臣私語以對大約皆指周輔延儒守不潔而吳銓曹昌時所言亦供入疏內疏上發閣使延儒知之其意可知矣此他日所以死也時吳輔甡勸延儒宜自引咎而請釋言者延儒不能從

孫廷尉晉先在言路以聲氣自雄然爲人圓巧善於迎時及總督宣大子謂之城外見其身着兜鍪忸怩作書生面目閒處江南江北兩輔間頗有趨忤故出之若之何以封疆爲戲也至宋納言學顯（崇禎戊辰吳縣人）所舉邊才乃同里錢位坤位坤故南職方郎風流場中豈有折衝耶邊事安得不壞

成樞曹德（崇禎辛未霍州人後殉國難謚忠毅國朝改介愍）寓江南每昌言於人曰周老師大錯忽一日風聞長安言與馬翰林世奇

王銓曹重謀疏糾周輔延儒并及周儀曹仲璉仲璉逐人垂泣愬其羽翼正人功巳知訛也人皆哂之

周儀曹仲璉（崇禎甲戌長興人）與周輔延儒密自稱猶子每致書於人目曰輔叔與昔之無賴曹欽程（萬厤己未彭澤人）呼馮輔銓爲家師同然無螫手人鮮怨者一日有給事往晤仲璉周儀曹鑣適至給事遂坐仲璉遽曰舍弟給事笑曰若令弟則僭坐矣

鄭冢宰三俊以聲氣與周儀曹鑣密每入見非竟日不出揭陽令張明弼（崇禎丁丑金壇人）鑣母舅又師也撫按交薦三俊獨欲處之曰吾有腹肚單又原任封邱令曹宗璠（崇禎辛未金壇人）鑣婦兄先以銀六兩餉邑紳邊刑曹之靖（萬厤己未封邱人先令興化）人爲厰緝禁錮具疏求雪久擱不復人皆謂鑣所爲予不信曹張出鑣手書保扎以示先諄諄引咎後云此後患難功名皆鑣躬任且有同邑諸公花押而吳廷尉履中（天啟乙丑金壇人）列名焉時鑣爲韓給諫如愈所糾恐兩人乘機出疏故也是耶非耶

鄭太宰三俊素有清望予疏中曾及之及爲冢宰誤任吳選郎昌時用舍一憑指授而周儀曹鑣亦與故韓給諫如愈糾鑣并尤三俊偏聽然前糾昌時者吳都諫麟徵祁侍御彪佳後皆殉國乃一二偏袒羣壬猶目麟徵等排擠正人信哉朋黨之能亡人國也

吏科章都諫正宸（崇禎辛未會稽人）以罪行上愼重其代周輔

延儒舉在籍吳給諫麟徵對遂用之初延儒以己與麟徵俱先後出張中丞延登萬厤壬辰章邱人門故力行推挽及麟徵抵任落落難合謁見甚稀一日往見延置上坐敘同門交謂曰吾以言路第一要任屬公知否麟徵曰公不審某不肖願申公誼以報私恩延儒不悅及欲復馮輔銓冠帶麟徵謂非大賢殊恩不宜輕改成憲又延儒會因會議首舉一曹郎姓氏詢百官皆許其當麟徵復有言自此與延儒隙矣

上以遷寇交熾與周輔延儒議南遷命無洩傳聞懿安天啟后張氏皇后語周后云此周延儒誤皇叔也宗廟陵寢在此遷安往且歷言周短周后崇禎后以聞上大怒遣宦者往詢索傳語者懿安堅諱上堅請迫欲自縊不得已乃遣周代征蓋覘其後也一云賂金吾養性重賄周后父奎故后言之未知孰是

周輔延儒出征邀方給諫士亮崇禎辛未歙縣人從行與予皆門人也時周門客猥雜予語之曰凡觀人當於其背今日顧指他年下石無兩人也若非門生須不屢邀不往若門生亦不邀不往方可信耳軍中暇時幸及此然已無及

周輔延儒出征時識者知上意疑之必有朝行夕伺者及至軍中用劉總兵澤清東平伯為中軍官諸大將及偏裨奔走如蝟猶居長安時內官密以聞上始大疑

垣中　十二

癸未正月二日大風晝晦次晨稍霽又三日午後傳各殿脊煙起疑有火災諸閣臣出視見各殿及門脊上冉冉若炊煙而微淡久之乃息亦異云

崇禎癸未三月湖廣塘報李自成米脂人攻陷襄陽承天失守上召對隕涕諭吳輔甡曰卿向歷嚴疆可往湖廣督師以圖恢復甡請發勁兵假便宜以往命條奏來看甡疏言李賊蹂踐兩河聚眾數十萬我兵怯弱未敢一矢加遺總鎮左良玉退避漢陽不肯用命殺賊而乘亂肆掠臣此行必得精兵三萬與敢戰之將統之南征方可恢復承襄掃清陵園南京豐芭重地恐賊窺伺亦當兼顧而兩河則責秦督孫傳庭出師南北夾勦疏入不下甡請面對上御文昭閣召入諭以所需多兵難以猝集南京隔遠似不必退守甡奏左良玉跋扈近閣部督師九檄徵兵一旅不發又河南總督羸卒數千僅充輿從臣即憑藉國靈不過仍如閣部而良玉退據江漢更有甚於河南若臣督領戰將自統精兵進可追勦勍寇退可駕御驕帥若僅張空拳節制不行徒損威重耳南京從襄陽順流而下窺伺甚易敢不兼顧非退守也時陳輔演天啟壬戌井研人言督師出則督撫之兵皆其兵甡言臣之請兵正為督撫無兵耳使臣出而仰而強鎮束手待賊然後呼籲事機一失臣有不忍言者上始怡然曰先生言是乃命下兵部議張司馬國維天啟壬戌東陽人請以

垣中　十三

唐通兵七千馬科兵二千京營兵一千應又言此項兵馬皆發去防邊必俟師旋方可調度上曰姑俟兵集啟行未晚也已北兵退演復具揭留唐兵已得旨甡又揭請集所調兵時上命兵部另議徵調實無一兵遲延久之甡遂得罪初楊閣部嗣昌出視師九調良玉兵而九不至嗣昌怏怏死丁總督啟睿（萬曆己未　永城人）代之則往來依違爲良玉調遣文書時人謂爲左府幕客甡之所言不爲無見但良玉素服甡威名聞其至必傾心聽命且欲屈節以見而甡不知其意且欲集兵以制乃馴至齟齬停待成命中格而國事亦隨之事乃關天非獨甡之過也

吳輔甡奉旨勦寇久未行適周輔延儒奉旨代征朝拜命夕出都時蔣輔德璟言於倪司農元璐曰上欲吳公速行綏語相慰者試耳觀首揆疾趨可見予聞倪言卽往告甡甡曰無兵安往時孫都諫承澤（崇禎辛未　順天人）亦力言宜速甡皆不以爲然蓋因甡屢奏請行以無兵爲言上曰徐之邊事靜則兵集獨卿往何益然聖意實欲甡先行而以兵繼之也初甡奉命後孫督傳庭將出兵勦闖上以語甡甡力言宜持重無信間諜以墮賊計上不以爲然則已窺見其端矣

吳輔甡面奏欲疏請蠲楚賦謂民久困兵火徵必不能應且令仁聲先路則安民卽勦寇勝着耳允之及疏入留中蓋不欲恩歸臣下也

白總兵廣恩本流寇麾下兵數萬甚銳時趙督光抃爲人粗率先未告廣恩密請召廣恩入京錫之宴用爲武經略時上頻誅大帥又故袁經略崇煥（萬曆己未　藤縣人）亦以召誅廣恩先失機心疑擁兵不至以索餉爲名盤桓眞定城下時吳輔甡欲上嚴旨治罪而已爲力救卒之勦寇自贖以密揭請廣恩甚感不數日上命內臣二人齎銀二萬犒其軍且諭以溫旨廣恩意驕遂不爲甡用

秦督塘報左良玉（寧南侯　臨清人）兵駐武昌賊船過漢陽爲左兵追殺復退上密遣中貴賫金幣往營諭之未幾楚按臣疏至並無追殺有功情密狀吳輔甡密具揭言左鎮

坐視承襄之陷退避湖南方懷疑懼今復遣內臣往若追殺報虛疑懼愈甚乞暫停遣俟察實命兵部差官照常賞賚未晚也御批云左良玉之退亦由地方官不爲措給糧餉朕故加意激勸留此一枝勁兵助先生徂征半臂耳中使已發不及停矣上寬假左帥若此

吳輔甡語予曰我日請兵兵不集若足跡先越春明恐當事者愈作秦越人視耳及邊警弛先所請唐總戎通兵又爲陳輔演揭留云關門不可無備不得已刻期辭朝行之前一日出勞從騎上猶命內官賜銀牌給賞越一宿忽責其逗遛命輟行入閣或云駱金吾養性之媒孽也

吳輔甡既奉旨杜門待罪予往謁適龔給諫鼎孳至曰必首輔所爲甡正色曰不然適蒼頭自閣至見首揆揭繳聖諭且力爭既繳復發安有一面媒孼一面解釋者鼎孳無以應方知兩輔水火皆若輩搆成也不數日首輔看議旨亦下

周輔延儒應對票擬機敏稱上意吳輔甡自言不及然門客猥雜酬酢紛紜竟若忘爲雄察主也及北征歸猶錫之宴手玉巵賜宴又失機范督志完趙督光忭等或戍或徒不由刑部由閣擬皆從輕悉俞允不數日命九卿科道會議惟五府一單稱其有功無過餘九卿科道議單皆褒貶相半獨曾都諫應遴破論註籍出一議單

托同官持至議獨峻末之用及予輩入垣見是日新下一疏乃應遴數日前所上也中二語云首輔之功何減韓范觀者失笑

周儀曹鑣抵京逢生辰周輔延儒躬往拜之若甚密者及延儒奉旨放歸鑣欲自解正色語予曰吾欲糾首輔予曰當首輔得志時不獨公宜糾即予爲門生亦宜糾不糾誠負國今乘危下石非君子所爲鑣乃止

往例科道疏互駁皆控御前無抄參者抄參則撫按及部疏也會劉給諫昌（天啟乙丑 祥符人）於數月前糾趙督光忭又云范督志完可角志完河南人與昌同鄉光忭江西人與曾都諫應遴同鄉也及疏下志完已決裂故不直昌疏者衆但應遴抄參過耳昌怒疏劾應遴歷數反覆罪中有云譬如倚門妖態送故迎新愛憎易心於轉盼譬如傅粉梨園扮男飾女黑白換形於須臾疏上留中會都諫應遴與韓給諫如愈皆兵科或言散員不宜糾都諫如愈正色曰若都諫賢則敬之若都諫奸則糾之吾忝居言職敢恤寮誼而欺明主哉遂疏糾有云應遴先爲楊嗣昌私人便辟庭中喔咿闒側故緣兵部改兵科者嗣昌力也迨嗣昌既死則力攻嗣昌疏請剖棺戮屍夫嗣昌即有罪即應剖棺戮屍而豈應遴之搖尾生前反唇死後者所宜以怨報德哉其反覆一也嗣昌既殞則附薛國觀然誰爲介紹而進之者國觀同鄉詞林

衛肖文（崇禎辛未 韓城人）也迨國觀遣歸又疏彈肖文爲解免地時肖文徵色發聲云彼手書在應遴始惶懼求解得寘無言其反覆二也國觀既斃則又附周延儒近於公座語人云我一生不負周老先生迨延儒奉旨看議則又從註籍中倉皇送單讀其議凛然霜鉞矣及臣歸垣發鈔則云首輔之功何減韓范又應遴疏也議單方出媚牘旋下詆延儒抑詆韓范耶其反覆三也昔呂布（後漢九原人）始反丁原再反董卓則爲二反劉牢之（漢元王 交齋初）反王恭繼反司馬元顯終反桓元則爲三反應遴之反二耶三耶且偶牢之而過布矣衣日上置紅匣中命一內官送閣擬票閣批有該部參看等語竟留中或見應

遴與吳銓部昌時同謁一大璫疑其有妙用也

韓給諫如愈以同垣後輩糾曾都諫應遴旨雖未下傳誦遍長安獨龔給諫鼎孳不平欲約同時兵垣救應遴而劾如愈時右給諫吳公甘來（崇禎戊辰新昌人後殉國難謚忠節國朝改謚莊介）不從遂止甘來應遴同鄉鼎孳如愈同鄉也如愈與同門陳計曹道暉最洽及遷廣平守又疏言其非才是能不徇情面者

楊司馬嗣昌條奏機宜自一至數十繩繩不絕人笑其以口擊賊耳及曾主政應遴改兵科亦踵故智北兵入日具一疏上一日召詰曰汝爲兵科嚴戰守劾功罪約言不煩足矣日疏何贅也應遴慚而退

垣中　十八

魏編修藻德（崇禎庚辰狀元通州人）前科狀元也先上屯田禦敵等疏平平耳留中至是忽召對褒其前疏語畢云朕將大用藻德遜謝上曰爾不聞惟辟作威惟辟作福耶越數日大拜周輔延儒奉旨看議

袁給諫彭年（崇禎甲戌公安人）先以司理轉禮部因病乞歸及起補復疏求考選陳輔演嚴駁不行彭年又託周儀曹仲璉言於周輔延儒再疏票允始授科至是乞差不下杜門養病及見會議旨遂首糾延儒疏列多人而不敢及仲璉仲璉太息每指階前石語人曰此某踞天指心誓不負政府處也

周輔延儒看議甫數日武德道雷僉憲縯祚同奏卽到大僚則范公景文（萬曆癸丑吳橋人後殉闖難謚文貞國朝改謚文忠）等詞林則方公拱乾（崇禎戊辰桐城人）等言官則朱公徽（崇禎辛未進賢人）沈公胤培袁公彭年等景文雖周同籍然甚疎每謁則辭不見拱乾新入都徽與胤培皆門生人謂發蹤指示者同鄉龔給諫鼎孳也疏中所劾御筆塗抹處若甚怒首輔者且召縯祚見越數日抵京又越數日方入對上意若不屬者及見召方翰林拱乾與質拱乾辨晰甚明且云臣不敢自謂賢卽果大不肖欲爲志完行賄而敵騎充斥安敢載數千金入都且志完與延儒門生也又有子爲金吾賄豈藉外人縯祚遂屈不數日命復任亦無優擢人謂陳輔演密間之也

垣中　十九

雷僉憲縯祚因參周輔延儒召見揚揚有驕色以總憲自居其掌扇大書云不要錢不怕死武德道已命復任始氣沮

周輔延儒既奉旨放歸猶疑曹龔二給諫有言託吳輔甡代解不數日良直糾疏忽上時甡尚未出都良直不時過從故人愈疑之甡與予云彼晉人以吾撫晉故云門生渠自爲之我不知也疏下塗抹與雷疏同然良直數日前又頻過周若甚款殊不可測也

吳輔甡將出都語予曰幸語龔給諫弗言及首揆人將謂吾毀之及行後鼎孳出疏糾劾臚列六十餘款又密疏一封力言王應熊（萬曆癸丑巴縣人）爲延儒私交疏上皆留

中周輔之逑與應熊他日之至而旋斥皆由此噫密疏已非體又延儒行時鼎孳遠送傴僂與前其叵測又如此或云鼎孳諸欵皆得之給諫廖國遴楊枝起往入幕時所記也

吳輔姓行後黃輔景昉（天啟乙丑晉江人）語予曰吳公必有後禍予問故景昉曰每閣中見劾周疏必云發蹤由吳恐浸入聖聽禍同連雞耳其意蓋指陳輔演也演素與姓不協故云

予入吏垣時江之南北各推同鄉二政府為主遂分南北黨既又以光給諫時亨龔給諫鼎孳為一黨以予及方給諫士亮韓給諫如愈為一黨以予輩三人皆江北

獨孤行無傍故外之也

沈少宰惟炳（萬曆丙辰孝感人）居言路時以東林為魏璫削奪至是復與江北左時吳輔姓以督師候集兵未行惟炳楚人疏請姓速之楚姓以事不先商相見時辭色甚峻惟炳遂劾姓逗遛及姓罷惟炳來謁予言此劾本非得已因爾時家報至云武昌陷不惟闔家飄零亦闔城塗炭故憤慟交迫疏言吳公早行必不至此耳時陳給諫泰來（崇禎辛未新昌人）疏亦點綴數語劾姓者兩人而已

光給諫時亨有疏及周輔延儒云利歸羣小玷集厥躬人皆以為當延儒聞之亦首肯

吳輔姓督師時光給諫時亨自請監軍以姓不行止後又乞慰安惠藩差時應以此差行者沈都諫胤培也胤培是歲應入春闈會都諫應遴以胤培科資先己恐不行則己入闈無階陰唆龔給諫鼎孳止時亨行遂己時亨失身闖賊致罹刑辟若輩誤之也

往例科員入闈皆論資先後是科應入闈者四人首吳都諫麟徵次吳給諫甘來次沈都諫胤培次予次曾都諫應遴也吳銓曹昌時龔給諫鼎孳皆與應遴密為圖入闈雷僉憲縯祚之參胤培半由此至是予以兩叔入闈堅欲乞差應遴自幸唾手可得不意前輩辛給諫朝薦又至時予以吏科右應轉工科左而應補吏右者朝薦也於是應遴與昌時計謂不轉予則朝薦無缺可補

無官何緣入闈未幾以本至會極門復追回然一面追回又一面以單報吏科踰二月旨不下一日朝薦語予曰公未升蓋疑予也予駭往查果然時具黃門非假升之官一疏將入告聞蔣侍御拱宸（崇禎甲戌丹徒人）疏上念乘危下石不可遂焚稿

上召對知推俱以圈點為高下蔣侍御拱宸初得圈自負必科然上以巡方任重欲概留御史會有覬科者謀之吳銓曹昌時時北兵新入昌時言於周輔延儒示意張司馬國維於是薦候考知推十二人察視諸郡城守謂已有巡按非科不可皆借題也拱宸以不得科有怨言昌時復嗾當路以拱宸監趙督光忭軍時范督志完

盡調重兵堵所守口，而光怍諸守口甚疎，拱宸懼獲罪，促光怍戰，戰輙大敗。昌時又致書光怍，勸以催戰罪拱宸，光怍不從，以書示拱宸，合疏上聞，謂往日以不戰挫，今以戰小挫，未可深罪也。會昌平內官以大挫報，上怒。時拱宸疑昌時嗾之，故冒險發通內諸欵，昌時激之也。

吳銓曹昌時通內，每閣票一旨，必先知，是以眾論沸騰，具疏乞休。擬票云：吳昌時准回籍調理，病痊起用。聞周輔延儒票也。旨未下，昌時已宣言於人，謂已得溫綸。及與蔣侍御拱宸質御前，拱宸幾屈，推所糾預聞旨一欵，上取原票閱之，果是，故敗。

吳銓曹昌時與吳金吾孟明密，及駱金吾養性以楚人繼，盡革孟明諸廠役與昌時相通者，昌時怒，欲除養性，以己心腹代。適朱侍御國昌（崇禎甲戌，合肥人）疏糾養性，養性所費幾及十萬方解。或云周皇親奎力，周輔延儒亦有易養性意，故養性并怒焉。

蔣侍御拱宸劾吳銓曹昌時有通內數欵，聞上日置案前親閱，閱訖納袖中，不令內官見，及旨下，乃御票也。往御票諸疏眞草相半，此獨楷書，止一畫帶草耳。蔣侍御耳鼎（崇禎丁丑，蘄水人）亦有疏糾，在拱宸先，獨不下。

陳輔演者，吳銓曹昌時鄉試大座師也。自周吳二輔行後，昌時與曹龔二給諫又百計圖演，聞演親過昌時寓，致慇懃，且托人語曰：俟入春闈訖即行。然恨昌時入骨矣，其得禍本此。

上御中左門，召蔣侍御拱宸與吳銓曹昌時對質，命錦衣衛備刑具。昌時初詆拱宸監軍時匿失機不奏，上詰之，拱宸對多支飾，命拿送朝房候旨。又詰昌時通內各欵，昌時堅執不認，命錦衣衛加刑。吏科吳都諫麟徵奏曰：臣聞祖宗朝刑人不於朝廷，昌時罪無所逃，宜下司寇治，以明國體。上曰：吾患刑部多所瞻顧，不能盡法耳。時昌時足夾幾折，不勝痛，謷謷曰：臣俱承認便是。遂下獄。事訖，上復作色語曰：兩輔臣負朕，朕待延儒厚，乃納賄行私，罔知國法。又朕命甡督師，百計延挨，爲推卸地。延儒被糾，甡何獨無糾？既而曰：朕雖言，知終無糾之者。本宜一同逮治，姑念國體所關，着錦衣衛俱喚來候旨。時攜皇太子同出，立久，亦從極懸地。蓋陳輔演孽甡於內，駱金吾養性搆延儒及甡於外，然激成兩輔臣禍，使羣小藉爲口舌者，曹龔兩給諫也。

吳輔甡得罪被逮，南京史司馬可法（崇禎戊辰，祥符人）疏言：甡賑秦撫晉，素有重名。日者奉命督師，以調集兵馬躭延時日。但甡拜命時，即將布置情形移書於臣，又慮鎮臣左良玉不爲用，即委良玉差官持檄慰勉之，身雖依於闕下，心已徧於行間。至於慮將帥跋扈而力請多兵，亦非得己。察督師楚撫原各有兵萬餘，自左鎮倡議勤王，盡爲收去，江督袁繼咸（天啟乙丑，宜春人）屢次索取，僅發三百餘名而楚撫王聚奎（崇禎戊辰 鄖縣人）則求一名不得若輔臣視師兵力不厚豈不損兵威而辱國體乎臣於六月間晤姓淮上責以君恩未報相對欷歔一時偶誤其罪或可原向後自贖其效猶可責也疏奏留中

吳銓曹昌時先陷故輔薛國觀內閣王中翰陛彥以乙榜坐罪棄市至是人夢陛彥曰吾已訴上帝夙寃獲伸昌時不日禍及矣未幾難作

周輔延儒軟美凡門生故人有求鮮不應故疵議遂集吳少廷尉履中嘗曰若周相去其欲則周召何遠之有予曰不然若吳公去其偏則周召何遠之有姓賑秦撫晉聲望赫然然滅於為相時蓋糅認門戶太着論是非不論眞僞故偏也鄭冢宰三俊亦同此累

垣中　卅四

鄭庶常鄤吳銓曹昌時皆奸人也一附黃翰林道周一附鄭冢宰三俊人欲擊鄤恐累黃公欲擊昌時恐累鄭公故上獨斷誅兩人卽孔子誅少正卯不過是也

黃給諫雲師（崇禎庚辰 德化人）號雷岸王侍御燮號雷臣皆疏糾賀冏丞王盛（崇禎戊辰 丹陽人）時人有二雷擊一賀之笑時辨疏先糾疏下云賀王盛已有旨了竟不知何旨越月餘雲師疏方下

予為刑垣時見言路諸疏以四日下間改票亦六日下及此番入垣獨異或數月或半年一年尤可異者督撫或請兵餉或補官皆中閣又北兵已退半載而邊臣諸告急疏猶續下傳者以為北兵再至也

趙督光忭猛率喜談兵以北兵入口方赴召間於某山下遇敵諸將欲走惟光忭坐地不起以死自誓諸將迫之方歛兵稍避得免然卒與范督師志完同誅人頗以為寃蓋上因白廣恩一事愧且恨不盡因失機也

馮司馬元飈與倪司農元璐同心剔釐請兵則核餉請餉則核兵此兩部通算法也後元飈以憂勞成疾上遣中使往視賜酒米等物名賜實瞷也尋以眞病得放

天津馮撫軍元飂（崇禎戊辰 慈谿人）耄言路諸公皆知不勝任然無敢糾云恐得罪正人後闖勢漸迫不得已始代歸與元飈相繼卒元飈清挺元飂機敏介不如兄也兩公居鄉甚善故皆以功名終

垣中　卅五

陳少司空必謙（萬曆癸丑 常熟人）聲氣夙望也予往謁語予曰往東林初起皆仗楚周吳兩政府相繼敗時人皆謂駱金吾養性所為養性楚人

往給諫初入言路或劾糾或條陳見邸鈔不絕至左右則漸逕音矣然都垣尤甚大抵散員遷至都諫則視京卿為掌中物得失交戰故所言必少必平間奉旨條陳則又獨後官前而言後罔愧也予賜環後轉右旋轉左一載得十疏時寫本者阻予曰數矣予曰何謂對曰散員以月諫左右都以季諫予笑曰我不願為季給諫

陳啟新以無賴濫竽省垣但諸公所劾賦 欽賞莫須有

謂不如是不足聳聖聽耳然啟新非無欲而人不敢顯恐以爲奇貨故也時奉旨下撫按察奏啟新已逃後予過淮安訪之史總督可法可法止笑云渠貪耳若可法以爲虛則言官姜給諫埰等必獲罪若以爲實則所坐數千誰償或云可法故縱之其妙用也

錢塘劉烈女者幼許吳生嘉諫年十九鄰有富兒張阿官屢窺之一夕擬梯入女呼其父共執之候曉鳴官阿官姪遂倡劉氏誨淫縛人取財之說鳴金聚衆衆皆信之女哭告父曰向未污吾身猶可活今污吾名不可活也我當死告鬼求直耳卽自縊官驗之時盛暑暴日下無屍氣其夫嘉諫初惑人言不哭及令人薙眉察之知其眞女也伏屍大慟女目忽開迸流血淚數行若對泣者阿官延訟師丁二堅執前說女見形於丁二曰若以筆污我吾先殺汝二二立死時江濤震吼裂崩岸上下人以爲女寃官遂杖殺阿官并姪

宮中有秘室久錮不啟上特命啟之見篋內有元人朝會圖一冊胡人華人皆分行坐上見之不悅此吳銓曹昌時親得之內侍口者外傳啟畫三軸非也已北兵入燕其言始驗時昌時死久矣

予一日與某同籍謁周輔延儒自午至暮不得見一長班耳語曰有四人方巾便服徑入後宅矣予問之其一銓曹一儀曹一兵曹一同鄉閣署也予歸而歎曰吾師必敗矣他且弗論安有以趨熱銓曹昏夜入相君宅而不起物議者不數日敗銓曹者吳選郎昌時也

張司馬縉彥（崇禎辛未新鄉人）初入都召對忽傳范司空景文接密封已出對諸廷臣長吁言曰新大司馬經濟乃爾及詢之則縉彥奏周府金銀數百萬皆沈汴河欲選慎密司官作速打撈故也會國亡不果行

上用人屢不效又思用侯伯曰畢竟是我家世官其最屬意者襄城伯李國楨（永樂初李濬裔和州人）與撫寧侯朱國弼（景泰初朱謙裔夏邑人）誠意伯劉孔昭（劉基裔青田人）忻誠伯趙之龍也國楨後殉難

上卽位後每勤召對人漸以口舌迎合如黃侍御澍其尤也最後無賴董心葵（武進人）亦緣周輔延儒薦大謬邀召對辜給諫朝薦疏云臣子任事决無不出於樸誠而能克濟時艱者然樸誠之人多得之老誠練達遠不具論邇來督撫中稱足任者如盧象昇史可法亦祇實心實做若與楊嗣昌張若騏等粉飾關辯必不能遠過繇是觀之在此不在彼況今日口舌相高攻訐滋勝將恐諸臣精神不用以貿圖職業而用以揣摩筆端雖皇上召對時勤無所逃於電炤然既察其才辯又當察其樸誠若徒以小才喋喋付之事權嘗試追悔何及疏上留中

往例司禮監內官如外之翰林不繇他衙門進元年冬

上始親考命作時藝首出事君能致其身題考中鄭內官之惠曹內官化淳皆升隨堂後又拔李瑞入司禮瑞京師人本予矜然入司禮後頗與外人交通後以賂遺事發自殺

國朝祭帝王陵寢不及夷君惟元魏孝文帝以用夏變夷獨得列祀應祭於洛陽之瀍西而國初禮官沿襲宋誤祭於陝西之富平蓋其孫文帝都關中故陵在此非孝文陵也予言於禮科沈都諫脩培疏云魏有兩文帝名宏者用夏變夷蔚然令主名寶炬者政在宇文徒擁虛器按魏書馮后傳云孝文遷都洛陽自表瀍西以為山園之所今乃祀於富平是否無誤所當亟議改正疏奏留中

東林諸君子皆以文章氣節廉隅相高即間有假借猶存白日面目予初入垣猶然及環召後見諸掃門政府者言夷行跖恬不知愧而省中尤横予知必為國禍痛切言之惟韓給諫如愈傅給諫振鐸朱給諫徵以為善慫恿速奏初疏云臣觀古忠臣事君居安則不逢其所喜而遇警則必隱其獨憂今皇上宵衣旰食日歷咨儆者非憂在邊寇乎故臣謂今日黨門戶獨與諸臣異蓋諸臣所持在內則為剖忠別佞清議獨標之門戶而臣所爭在外則又為防危圖安仔肩共力之門戶也一曰邊今特暫伏耳然再遲奈何若問北門之鎖鑰誰司則當以三協為門戶脫烽火復儆於傳致令穿塞而入則北之門戶隙矣一曰寇今猶盤踞耳倘揚帆奈何若問陪畿之扃鍵誰轄則當以兩淮為門戶脫干櫓不戢於揺致寇呼風而下則南之門戶又隙矣故臣謂國家兩門戶莫大於此而大小臣工所當急圖鞏固以寬我皇上焦勞者亦莫大於此雖然是未可與全軀保妻子之臣謀也臣以為正當與全軀保妻子之臣謀也今試問邊騎所蹂躪闖獻所蹴刈誰是身膺簪笏幸保首領者其他衣冠子女或繫虎穴或拋中野而畢竟吾軀能全否吾妻子能保否故謂君事視身國事視家猶落第二義而臣謂舍君別無身舍國別無家直一體也若猶怡

堂如故鬬穴如故有薪獨貽君父卧有膽獨貽君父嘗安乎不安乎昔宋韓琦（諡忠獻）范仲淹（諡文正）皆經略西邊而迫其續登揆席也雖二三宵小百計媒孽然無能損其邱山之望而君子終勝小人終詘則莫封疆於外正以持門戶於內也且今之門戶亦駸駸棼亂苗矣蓋始猶正與邪角而今則邪與正混言夷行跖文章之外另有肺腸致涇渭不分可歎也乃其最無賴者不為公家指佞屈軼而為私門善吠胡人忽呼喔入幕忽叱咤反戈世道江河長此安厎夫士君子行已當於炎處尋冷故非獨貪如嚴嵩（宏治乙丑分宜人）專如張居正（嘉靖丁未江陵人）所宜裹足即望塵三楊士奇（諡文貞泰和人）榮（諡文敏建安人）溥（諡文定石首人）

門終是趨炎有心耐冷無骨耳況下焉者乎掃門何親下石何捷猶靦顔自標曰我正人也直臣也如見其肺肝然則何益矣故臣謂門戸之大弊極蠹至此誰爲烈而孰端孰邪將安從辨則請仍從封疆辨果閉門誦經聞敵股戰必王欽若輩也是謂眞小人小人愛其身果飲博讙呼對虜色奮必寇準萊國公華州人徒也是謂君子君子愛其國故謂去河北賊易去朝中黨難猶中主狐疑之見而惟以奉公之誠僞任事之虛實定立品之端邪則諸臣固不必以門戸自標皇上亦不必以門戸致疑直相與滌肝協膽人人自赴於籌邊畫寇之場已爾銖是功不自我立可也朝廷苟有肩事之人此身卽不必

垣中　三十

在朝廷銖是恩不自我尸可也怨家苟有利國之爲此日卽可用怨家封疆之門戸翠而朝端之門戸合一道同風其在是乎疏上留中再疏云臣聞古人臣忠國時平則崇清議而勢急則幹實功故臣近者有疏欲諸臣以籌邊畫寇爲先然非盡言提醒恐猶膜外視而元黄水火之戰不向外敵而向中朝也夫自古君子與小人角無論已卽以君子與君子角而究竟何便宜之有是故宋雒蜀朔之幟標則君子分曹以角而熙豐小人卒伺間起問曾去雒容蜀否問曾去蜀容朔否蓋至感生抱蔓而悲深狐兎始追悔向者同根之煎爲失策也嗟其晚矣故以君子與小人角猶勝負半惟君子與君子

角而以小人乘其敝則一蹶不振之道也且今之君子亦豈盡如雒蜀朔之徒咸卓然有以自標哉不過一二敗類貌君子而實小人者此分門彼別壟廟堂之心戰猛過鉅鹿於封疆何利之有且不特此也過君子則能爲君子之言或理學或節義既欲襲弄簧之百舌以鼓喙遇小人則能爲小人之事或情面或賄賂又欲效獻媚之九尾以掃門如吳昌時廖國遴等比比是也謂是崇清議乎幹實功乎諸臣何助競焉昔唐安祿山叛時起郭子儀汾陽王謚忠武華州人爲帥時李光弼臨淮王謚武穆昌黎人素不相能入見請死子儀趨抱上堂而泣曰今豈懷私忿時耶執其手相持而拜故人知其能收功於百戰而不

垣中　三十一

知其止收功於一着夫所謂一着者人和也今邊騎寇横勢極倥偬而文與文相壓若身居暇豫其識出唐二武臣下矣臣聞鼎之爲器獨舉則壯士折脇而合肩則懦夫增氣遞者倆置矣兵儒而驕矣督撫或才不副任或用違其才矣若止以一人肩一事而不合衆人籌一事非策之長也臣願自今以始上而閣部中而臺省部曹皆勿作局外觀而以羣力佐獨力之不及一若人人有戸兵二部責又有督撫責者然且使諸臣桀羣隔除敵之戈則同類之戈自息何也専於此則不分於彼也然則仗馬之不鳴乃爲息乎蓋鴟梟必擲尤望鸞鳳來儀若盼彼鴟梟快吾彈射亦蛣蜣螫人之肺腸耳此臣

顧爲居言路者下一鍼砭也若人是非淆於盈廷而聽之衆咻則愈滋淆邪迷於築舍而決之聖斷則立清臣尤望皇上簡發諸疏立賜剖決是者俞之非者置之其有倒是非而混淆邪者不妨參之輿論定之聖斷量懲一二以警其餘此日囂風其少息乎夫維蜀朔搆而始乘之者小人繼乘之者外患爲身爲國兩者無一焉疏奏留中

予嘗歎世事之來必有其漸穀廟出實邀參即建州人中原遍地販參之兆穀廟夾吳昌時於廷即闖賊遍夾諸戚紳肆勒多金之兆穀廟改張侍御任學天啟乙丑安岳人爲總兵即建州改總兵士國寶爲吳撫耿焞爲薊撫之兆穀廟用無賴之武舉陳啟新爲給諫即建州入中原將飼馬肩水放炮各賤役俱任司府守令之兆穀廟以時藝考內官得入司禮即建州以時藝考女直蒙古人得登科名之兆又曹司禮化淳建蘆溝橋城題其一門曰永昌一門曰順治即闖賊年號永昌建州年號順治之兆

予以冊封淮藩行甫出門數步節損忽斷折及闖賊入都予繳節南畿節者君也折其亡乎

予奉差至姑蘇晤徐翰林汧崇禎戊辰長洲人吳銓曹昌時兒女戚也語予曰吾知伊死久矣人皆欲市恩令人感伊獨欲示威令人畏如某某敗官某某罹辟皆非其所爲

輙宣言曰忤我衆怨所萃禍能無及

予奉差至揚州遇周輔延儒舟欲入謁諸僕以緹騎同舟阻予曰此豈門生所爲耶煊赫而疎之患難而親之何害及見周以聖怒不測爲憂予勸速行又曰今日彈劾之人半是昔日委蛇之人何也周惟太息而已

山東勦寇功因中璫濫敘爲公論所譏山東劉總兵澤清上書辭恩廕吳輔甡擬旨允之語周輔延儒曰中璫昨敘功者上旋即處分澤清之廕尤濫不可不擬允辭也延儒默然旨下允辭矣澤清銜恨適澤清遣役行賄刺取兵垣章奏甡同邑署兵垣韓給諫如愈疏糾之奉密旨提問諸役澤清惴懼持重幣至如愈呼使誚讓返其賄澤清甚恨且疑甡指授然如愈實非聽人指授者後奉差督餉行至山東遇害中道時坐馬一騎名楊國柱者指麾加刃云爲主帥報仇澤清使之也初周輔延儒罷曹給諫良直疏糾之并及澤清行賄予與如愈閑坐曾曰澤清飛揚久非白簡所能制若因數疏激變言官必坐罪不則吾輩奉差往返道經齊地聶政荆軻之事可畏也時予不知如愈有疏故云然竟驗如愈被害日即北都淪陷先帝賓天之前一日也澤清又欲殺蔣侍御拱宸以不值免

甲申二月闖勢日熾薄真定徐撫軍標天啟乙丑濟寧人爲叛兵縛去汪簡討偉作書寄同年陸給諫朗上元人崇禎辛未云

闖賊襲據眞定去神京咫尺都門外一步不可行而奸細滿都城米銀外解無斗粟分文至者太倉銀庫不過千三百兩內府掃地不過四五十萬何以立國諸大小臣工無一人可支危亡者聖主日昃不遑焦勞無計今已調取邊兵吳三桂（高郵人）唐通入援而邊患更烈關門危殆眞不知所底弟命已付之大義如望主何如東宮何此所以憤恨於平時慨國之人終日言門戶而不顧朝廷之門戶終日言聲氣而不問窮民之聲氣積漸至今尙何處伸其狂喙耶南中賴史公祖稍定昨廟議又要移動弟正色言之日諸公並江南亦不要耶年兄此時移孝作忠久臥苦次不妨挺身爲士夫百姓倡江南一路作何防守賊得志於此勢必長驅而南其不爲秦晉續幾希矣賊之奸細想亦滿布南畿內地可虞眞定之失賊尙未到而內已縛總督送出矣賊之奸細有算命者有開店者有作前程者有投充將領者種種奇幻地方官與地方士民共緝之方可得其情狀年兄與史公祖及各臺公祖商而密行幸甚幸甚今都門所恃吳唐二鎭兵馬得勝則旦夕尙可恃若有意外之變則三四月間已不忍言弟死不足言南中當思萬全可也嗣後每與親知過無不談朝事泣下因與同門吳給諫甘來密訂同死後如其言

闖賊圍京城馬翰林世奇（無錫人）崇禎辛未與成樞曹德書云吾輩舍一死無別法吾不爲其難誰爲其難者而德亦復書云人生慷慨仗節易從容就死難吾輩爲其難亦爲其易乎又云弟老母舍妹爭欲先引決弟止之志在爲其難然慮變起倉卒我輩無以自明故復以二義相商也已妹先自盡德哭視其縊其妾請繼之德痛不及視入別其母張氏哭盡哀出而自縊母見子女及妾皆歿亦自縊惟繼妻一妾一子留居江南金壇縣得免越載餘忽傳德不死間行抵江南妻妾聞之皆忿然曰彼若不死我輩必死名殉實逃何顏生存旣問之妄也其忠義所感刑於寡妻如此

魏忠賢初得志時曹欽程以一主政糾四御史乃周侍御宗建（萬曆癸丑吳江人）李侍御應昇黃侍御尊素（萬曆丙辰餘姚人）張侍御愼言（萬曆庚戌陽城人）也後三人皆死鎭撫司惟愼言戊子爲刑垣時同官朝審點及欽程名驚其猶生五彪（許顯純田爾耕孫雲鶴楊寰崔應元）中尙有二彪存不知上何以不誅闖逆陷京師欽程等遂爲漏網亦可歎也

予以壬午冬季過維揚夢予師倪司成元璐爲予題一絹云深山移靜羅卜築之無聲倪雖上虞實寄籍山陰深山移靜將彈冠矣果起少司馬至京改司農尋遷詹事府未及枚卜殉闖禍非羅卜築之無聲何

陳輔演新失上意屢疏求去已得旨王總督永吉（天啟乙丑高郵人）上疏劾之言其逆料神京孤危急思全身遠害不

忠不孝當誅且歷數其裁密撫撤保督諸罪狀演聞之
不敢行遂寢閣禍
許光祿譽卿（華亭人萬曆丙辰）所納名妓王微有遠鑒南渡後
微病臨終以所緘一布袱授譽卿曰我死必亂汝可啟
之及北兵入吳譽卿將遠匿乃啟袱視之則破衣一件
碎銀一包也若錢宗伯謙益所納妓柳隱則一狎邪耳
聞謙益從上降北隱留南都與一私夫亂謙益子鳴其
私夫於官杖殺之謙益怒屏其子不見語人曰當此之
時士大夫尚不能堅節況一婦人乎聞者莫不掩口
予差竣返揚州適吳輔甡以遣戍歸與同郡鄭進士元
勳（江都人崇禎癸未）喬侍御可聘就飲予先至首言昌時反覆

垣中　三六

狀謂近讀錦衣衞招見昌時口供云公稱蔣侍御拱宸
賢夫拱宸以糾昌時通內故忤內稱其賢者似與謀焉
以此下石拱宸并下石公耳甡正色曰不然此騶養性
賊予肆行揑砌昌時豈至此語畢元勳至不知予先有
言又言昌時姦阿狀往得罪周輔委蛇蒲伏頓頭不起
甡又正色不然此嗔昌時者所砌昌時豈至此語畢可
聘至又不知予與元勳有言復備言昌時貪橫狀某處
納賄若干某事納賄若干言尤力甡訝曰乃爾宴罷甡
先行予述予言告鄭又述予與鄭言告喬笑曰三至投
杼矣
北都既陷蔣輔德璟以致政抵高郵云先帝已北來有

見之天津與周后及內宮數十人俱妝飾一樣且云郡
邑不宜遽設龍亭哭臨又出黎撫玉田書云吳將軍三
桂方圖闖且有傳定王已在關門三桂破賊立之南來
已知皆誕也
山東王撫軍永吉哉溢除奸家家尸祝一時譽滿長安
有北史南王之稱及北兵入齊地陷五十餘城上赦不
誅改總督薊遼召對引罪上諭以圖功及北都陷削髮
歸其師倘應軫作詩云昔日文山今鐵山文山死節鐵
山還又有人續之云更有疊山能蹈死三山相遇問誰
慚
崇禎末有商人自山東載花豆渡淮及出貨如人首然

垣中　三七

耳目口鼻皆具
自古人君即位後中宮方生太子一爲商紂亡國一爲
宋太子劭盤遊一爲宋欽宗與父徽宗俱被金擄一爲
本朝武宗幾以倦勤失國且無後至此爲毅宗皇太子
又亡國殞身亦一異也
惠宗之亡有皇太后呂氏在上今亦有懿安皇后在上
惠宗之亡有三皇弟今亦有三皇子惠宗之亡后馬氏
殉今后周氏亦殉且廟號之上與諡贈之加自二帝二
后以及東宮諸王暨前後殉國諸忠皆駢集弘光時若
一案然尤可異也
弘光初先從高輔弘圖（膠州人萬曆庚戌）之請上帝廟號曰思

宗予上疏請改屢擬皆駁最後管少宗伯紹寧[崇禎戊辰武進人]疏言謚法廟號不妨互見如我朝有睿皇帝又有睿宗有仁祖又有仁宗卜世無窮嘉名有限乃以敬宗與毅宗並請詔用毅

予偶讀一隅紳集見稱毅宗爲威宗已乃知爲隆武[唐王]時所改也按漢桓帝廟號威宗以無功德罷北齊主高洋先謚文宣皇帝廟號顯祖其臣祖珽有夙憾言文宣狂暴何得稱文既非創業何得稱祖遂改謚景烈廟號威宗珽貶逐後乃復舊未審隆武時諸臣何以改此號前既與劉禪同謚後又與漢桓高洋同廟號且爲洋棄而不用之廟號宜乎古人有宰相須用讀書人之歎也

若新朝遵議廟號之人不稱懷帝而稱懷宗尤異不知何家之宗也金哀宗乃其末主承麟所謚我明止謚元庚申君曰順帝

毅宗既改廟號禮科羅都諫志儒[崇禎戊辰濮州人]復以陵名請商之予予曰既改新廟號當以故廟號名陵曰思陵志儒是之

三垣筆記中

三垣筆記中

補遺

明興化李清撰

盱眙縣陳岐山以外科寓常州見陳生組綬[崇禎甲戌武進人]年尚少貧而能文衣食之後組綬登第授樞曹因兵部火藥局一武弁罷職去召岐山子至京補之甫三日局失火組綬恐岐山子因此失官乃與同年李樞曹青[崇禎甲戌金壇人]私計謂前武弁已去職且失火罪輕可以其名代不意聖怒不測立命棄市是日青即見無首人來索命數日死組綬爲含殮歸又見無首人來索命亦數日死岐山子復爲含殮訖亟歸至良鄉又見無首人來索命卒於邸

予賜環後疏凡十上而留中者七他疏亦然或疑上倦勤非昔時比已見一聖諭云爲國者爲君子爲身者爲小人即予國家有兩大門戶疏中語也始知上於留中諸疏亦非不覽者

上甫五歲所生皇太后早逝登極後以不及盡尊養爲憾宮中瞻太后遺像必嗚咽泣下詢乳媼或云未肖益大痛隨遣中使偕畫工詣劉新樂侯文炳第命瀛國太夫人口授之三易粉圖具鹵簿以進上俯伏大明門迎入安置奉先景神諸殿上食如平生輒痛哭拜
不能起因進文炳祖瀛國公祖母瀛國太夫人封號後數推

恩文炳父叔兄弟第宅塋田祿米恩賚無算當甲申三月初適讞國壽八十上益歔欷思皇太后不置賜賚金帑有加上之孝至矣

劉新樂侯文炳素與鞏駙馬永固善永固尚李選侍所生皇八妹者也甲申正月文炳偕永固召對中左門首請分封永定二王不果三月十八日中使捧詔諭文炳永固率健丁護駕而外城已陷文炳十九日投井永固已縱火焚公主柩自刎死當文炳與永固十八夜入見時上曰朕志決矣朕不能守社稷然能死社稷上哭文炳永固與左右皆伏地哭失聲次日遂有煤山之變

清世祖順治十四年諭工部曰朕念明崇禎帝孜孜求

治身殉社稷若不急爲闡揚恐千載之下竟與失德亡國者同類並觀朕用是特製碑文一道以昭惻側爾部即遵諭勒碑立崇禎帝陵前以垂不朽又於所諡懷宗端皇帝上加諡數字以揚盛美又嘗登上陵失聲而泣呼曰大哥大哥我與若皆有君無臣上爲後代所惓懷如此況其臣民乎

陳進士丹衷（崇禎癸未上元人）上疏毅宗欲調廣西土司兵以勦流寇上喜授御史命持詔往及至留都識者皆言其不可遲疑不行及北都之變奉監國諭至揚州鄭進士元勳與丹衷同籍言於萬樞菅元吉（天啟乙丑南昌人）曰陳君自負奇男子受知先帝遐回故里半年未移一步徼倖

國家淪喪以成其功名且云功成不受爵功不成而反受得無負其生平乎責善朋友之道予不敢爲好友諱也元吉亦然之

工部尚書嚴震直後人至京欲爲震直請謚問以諸書所載遇惠宗雲南吞金死則齊東也時管少宗伯紹寧欲予謚而以建文降臣恐見尤輿論欲取歷代輿論久孚尚未補謚者數人爲震直掩疵予曰雖濫一震直而波及諸賢得與易名亦快事也因舉羅通（永樂壬辰吉水人謚襄寧）王世貞（嘉靖丁未吉水人謚文憲）顧養謙（嘉靖乙丑通州人謚襄靖）陶晉（鬱林人謚襄靖）周新（南海舉人謚忠直）況鍾（吏員靖安人謚肅惠）王艮（建文庚辰榜眼吉水人謚端裕）王三善（萬曆辛丑永城人謚襄烈）等以告疏已錄箴矣因王閣學鐸不

悅世貞尼之而輟

三垣筆記中

三垣筆記下

明興化李 清撰

弘光

北都變聞在籍錢宗伯謙益有迎潞王議揚州鄭進士元勳密語予予語里人解少司馬學龍曰禍從此始矣神宗四十八年德澤猶繫人心豈可舍孫立姪況應立者不立則誰不可立萬一左貢玉扶楚鄭芝龍扶益各挾天子以令諸侯誰禁之者且潞王既立置福王於何地死之耶抑幽之耶是動天下之兵也不可時沈都諫胤培以此詢章都諫正宸正宸曰當光廟昌泰在青宮時則以光廟爲國本當光廟與熹天啟毅崇禎二廟皆絕時則又以福藩爲國本若謂潞可越福猶謂福可越光廟也於國本安居時草野聞立潞皆不平及王監國人心乃定首謁孝陵避御路自西門入祭告隕泣禮畢問懿文太子陵安在遂往瞻拜

高傑興平伯等既封伯袁督繼咸入見奏曰封爵以功無功而伯則有功者不勸跋扈而伯則跋扈者愈多上頷之歎曰事已成奈何析城伯趙之龍奏曰臣昨過揚州親見高傑與黃得功格鬬本輔臣士英貴陽人萬曆己未引傑過河宜令士英往輯繼咸亦從臾上曰其如不肯去何今史先生願去繼咸曰皇上即位之初雖以恩澤收人心尤當以紀綱肅下志大抵君德以英斷爲用伏祈振治精神申明法紀冬春間淮上未必無事臣等雖爲願率六龍爲澶淵之行上頗有難色姜輔曰廣萬曆己未新建人言澶淵之行不是遽爲此事却不可不時提此志上又頷之繼咸又請趨前密奏曰左貢玉雖無異圖所部多降將非孝子順孫皇上初登大寶人心未免危疑意外亦不可不防臣當星馳同信上允可繼咸往閣責閣臣可法不當遽伯高傑士英不悅時人謂繼咸言雖正然使諸臣果以序迎則上何至書召四鎮士英與傑又何得居功非錢謙益呂大器崇禎戊辰遂安人誤之而何

周輔延儒再召原任阮光祿大鋮萬曆丙辰桐城人迓之江干情甚摯延儒慮逆案難翻問大鋮廢籍中誰爲若知交可用者大鋮舉原任宣府馬撫軍士英對時士英猶編戍籍忽起鳳督茫然既知大鋮薦甚感故力薦於上諸閣臣皆以爲不可士英曰我自任之其冠帶來京一旨即士英手票也

阮光祿大鋮陛見自陳江防要害娓娓可聽將退馬輔士英申言大鋮冤陷十有數年欽定逆案署以贊導初無指實大鋮自訴冤陷謂輔臣弘圖向同班行亦當知之高輔弘圖言天啟年間崔魏亂政人知崔魏不知朝廷人知富貴功名不知名教氣節先帝初政有欽定逆案一書大鋮與焉臣亦知大鋮才可用但以逆案制自先帝不敢擅改惟求下九卿科道公議則大鋮出亦自

光明上首肯曰會議良是士英曰滿朝大半東林一會議大鋮且不得用且有何不光明豈臣曾受大鋮賄耶望陛下獨斷弘圖曰光明非不受賄之謂且大鋮之用何藉通賄臣以會議請正爲大鋮見用地非阻大鋮以不用也因請罷斥以謝不能附和之罪上慰留之

長洲許生員玠聞毅廟縊殉慟哭投水死于少參重慶崇禎辛未先濟南道以國變南歸與同鄉馮紳猶龍長洲人名夢龍貢生壽寧知縣飲猶龍力稱玠忠重慶曰不然若非憂貧則憂病假此爲名耳猶龍斥其言重慶幾與大閧衆解之乃已

劉澤淸初主立潞議至是陛見欲自解免及詆東林與江北黨詆言害己又言中興所倚全在政府舊用大帥自應羣臣公推今用宰相亦須大帥參同退謁姜輔曰廣曰廣微以先日聲氣諷澤淸作色曰我先帝時爲東林所賣被彈無完膚不盡殺此輩不止曰廣默然越數日疏糾呂大器雷縯祚薦張捷萬曆癸丑丹陽人鄒之麟萬曆丁未探花武進人張孫振劉光斗天啟乙丑武進人等

馬輔士英以薦阮光祿大鋮爲中外攻甚忿大鋮亦語人曰彼攻逆案吾作順案相對耳於是士英疏攻從逆光時亨龔鼎孳周鍾崇禎癸丑金壇人等大鋮敎也

寧南侯左良玉接監國詔書不肯拜袁督繼咸貽書良玉備道上倫序之順乃開讀如禮屬何內臣志孔黃直

指澍入賀實窺伺朝廷動靜也澍陛見而數馬士英十大罪且言不宜亟涎綸扉棄皇陵入朝又得張獻忠僞官周文江銀八千兩題授參將罪可斬上曰若有此事先帝時何不糾舉然澍猶攻詆不休時志孔亦助澍詆士英兼言文江不法聲色俱厲司禮監韓贊周叱志孔使退將議處分士英恐失良玉心疏寛志孔竟釋之澍復連疏劾士英不報時有以澍此糾爲正議者予言於喬侍御可聘曰以澍糾士英所謂以燕伐燕也鄭鄤不救舊輔文震孟耶護君子與攻小人同一借題耳無以澍爲鄖績可聘是之

陳少宗伯盟天啟壬戌富順人嘗赴閣請轉某翰林官姜輔曰廣固言不可盟作色固爭曰廣亦厲色曰待年兄入相自爲之綸扉一席幾成聚訟

舊例六科侍班皆立御道側東西向而侍御則止糾儀四員列御道對御座立予初入南都見臺省徑入殿內列閣臣下又導駕科員皆面向退走不敢背向予初入南都見導駕背走爲正其誤而內員反嗔面向者行稽羣呵之又百官見閣臣言事止立階上無入閣坐者今則匡坐健談一時草率氣象殊可想見

馬輔士英方移病忽疏薦原任謝輔陞張少宰捷言二臣淸執無黨又非逆案宜以陞爲吏部尚書帶閣銜捷爲吏部侍郎皆阮大鋮意也初士英以薦大鋮致中外

沸議意稍折一日閣中推詞臣缺言已故張庶常溥（崇禎辛未　太倉人）可惜士英曰我故人也死酹而哭之姜輔曰廣笑曰公哭東林賢者亦東林耶士英曰予非畔東林者東林拒予耳高輔弘圖復從臾之頗有和解意及劉總憲宗周（會稽人　萬曆辛丑）疏自外至大鋮等宣言曰廣實使之於是士英怒不可回而薦陛提等之疏出矣或曰激宗周上疏者在籍周儀曹鑣曰廣不知也然人終以宗周疏爲正

左少司馬懋第陳都督洪範北行命會同府部等官從長酌議或言以兩淮爲限高輔弘圖曰山東百二山河決不可棄必不得已當界河間耳馬輔士英曰彼主尚幼與皇上爲叔姪可也人哂士英言

上召對北使左少司馬懋第以憂不入獨閣部九卿科道與陳都督洪範馬閣少紹愉俱對上言及欵北紹愉言先帝時嘗命臣使北若欵成必無今日上問不成故紹愉言使者更往則欵矣主欵者陳新甲以言官劾棄市故輟上曰如此新甲應卹諸臣無應者獨陳翰林盟頭應曰可上命卹並察處劾新甲者六垣合爭乃止陳儀曹龍正旣陞令任竟不赴因賦詩云京華歌舞新南極野哭汎瀾舊帝星日閉門號讀人服其高時姜給諫應甲（崇禎戊辰　金華人）李侍御模（天啟乙丑　太倉人）見時事日非俱堅辭不出

東平伯劉澤清請宥周輔延儒助餉贓銀疏時議不欲在外武臣干與朝政故暫停不下欲令發自言路後久無言者乃票發部覆

予崇禎時嘗題頴國公傅友德（宿州人）宋國公馮勝（鳳陽人）贈謚爲禮科徐都諫耀所格南渡後復疏請始贈友德麗江王謚武靖勝寧陵王謚武莊陳給諫子龍（崇禎丁丑　青浦人）言於予謂宜入功臣廟予復爲題允忽一夕予稚兒夢兩官人入謁呼童索茗甚急云是功臣廟來謝者一軀長面赤一軀稍短面圓皆有喜色聳立以俟且告予予訝而詢之乃入廟日也後予得寧陵像於其家果長而赤但未知麗江像如何蓋二百餘年之靈不昧而假靈於牧人之夢若此二王入廟日歷冬至歲暮春分三祭而國亡

祖宗法制多爲牽制如卹典疏請下吏部選司核其銓除功司核其功業封司題與贈廕祭葬題於禮部得請以葬事移工部至與謚則詞臣擬二兼作謚議呈禮部禮部又呈閣閣具揭請上御點下禮部外人罕見者南渡後顧宗伯錫疇（萬曆己未　崑山人）俱一手握定後雖各還職掌惟擬謚不由詞臣請謚亦不藉閣揭止部疏題請而已然部疏奉旨人得共見而開國殉難慘死三案累累數百得以數月告竣者亦緣轉折少也但非祖宗其難其慎之意恐滋徇濫

張少司農有譽（天啟壬戌江陰人）先歷任漕儲道上召對時撫寧侯朱國弼力爭漕運總兵不可罷有譽不與辯惟歷陳漕事原委洞如指掌國弼一語不能對頰赤而已至是以周司農堪賡（天啟乙丑寧鄉人）久不到任轉陞有譽爲之識者謂且啟阮大鋮等轉陞漸也勸有譽力辭不能從于忠肅謙（永樂辛丑錢塘人）子應天府尹冕無嗣徽人于嵩冒稱謙族子得世杭州千戶奉祠後改世錦衣衛黃侍御澍亦由徽籍移杭籍遂爲嵩後之英謀求改伯徐家宰石麒等疏卽澍草也予獨以爲不可曰以忠肅功郎公侯之非濫而況於伯然非其後獨不見開國功臣廣德侯華高（和州人）卒無子納券墓中乎乃以加遠不可知之族裔耶時陳中允之遴（崇禎丁丑榜眼海鹽人）心黨之英又援安鄉伯張興（壽州人）姪勇世襲例張都諫希夏（崇禎戊辰蕭州人）折之曰勇隨興有血戰功之英有此否議遂詘

馬輔士英與姜輔曰廣同詆上前曰廣曰皇上以親以序當立若何功士英厲聲曰臣無功以爾輩欲立疎藩絕意奉迎故成臣功耳時朱統鏡（南昌府宗裔）以宗貢寓京師遂疏糾曰廣疏不由通政司以他賓而入

顧宗伯錫疇署銓日復諸言官起廢疏如金僉憲光宸楊編修廷麟（崇禎辛未清江人）詹侍御爾選（崇禎辛未樂安人）皆一時名流他如徐侍御殿臣（崇禎甲戌鄞縣人）以年例胡大行麒生（崇禎戊辰德清人）胡秋曹江（崇禎戊辰孝感人）以部擬科員俱未蒙欽點而概與賜環又如陸樞曹奮飛（崇禎辛未宿遷人）以耳重久廢爲懷遠侯常胤緒（開平王裔）薦而亦與起用又於復疏後自薦馮侍御明玠（天啟壬戌青浦人）等數員一併題用尤非禮若沈給諫迅已蒙毅宗環召獨不入啟事後闖門殉難馬輔士英初亦有意爲君子寶廷臣激之走險當其出劉入阮時賦詩曰蘇蕙才名千古絕陽臺歌舞世無多若使同房不相妒也應快殺竇連波蓋以若蘭喻劉陽臺喻阮也

顧宗伯錫疇署銓爲章都諫正宸熊給諫汝霖疏請復以削溫輔體仁謚爲張侍御孫振糾又以署銓不簡爲何侍御綸糾正宸與孫振等皆不同道兩路夾攻一人而已

部起孫宣督晉戶部右侍郎命另推內旨也先二日內傳王文選重至云欲換本既而止及推晉疏下已點復挖補痕宛然聞阮大鋮語人曰我阻之也

內傳起陞阮大鋮兵部添設右侍郎從安遠侯柳祚昌言也時馬輔士英謂大鋮冠帶已復且因薦叢議意稍懈至是忽因祚昌薦傳陞今官說者謂李司禮承芳發南都時因失勢無與交者獨大鋮杯酒慇懃意甚感此番傳陞實係承芳士英不知也頗懈恨

陸給諫朗家居留都以例推留用人疑其重賄內臣得之若徐太宰石麒所云奉差督餉挾妓飲西湖則風聞

誤也石麒疏朗通內被留朗亦疏詆石麒巧織贓欵并及章都諫正宸以正宸書朗名於掌示石麒故例轉也卒得留先是江陰李令晳崇禎庚辰未入都有妾弟圭內臣田成家不告令晳託爲求吏部致公言於朝稱敝門生又有中城兵馬司朱陽先以郭寺丞維經天啟乙丑龍泉人薦得與考選又託內臣孫元德爲求御史故石麒以此詆朗

陸給諫朗留後復疏糾徐冢宰石麒有不可寬斧鉞之誅一語時熊給諫汝霖崇禎辛未餘姚人素敢言朗同籍同官也以差行陳中朝敝政甚悉一日朗餞汝霖於家適科鈔至朗一讀一擊節及讀至一官外遷輒訾當事爲可殺二語相視默然旁觀者笑之

垣下　九

徐冢宰石麒疏糾陸給諫朗侵及內臣及予告閣臣知內臣恨之擬旨甚峻上曰冢臣猶冢子也當以優禮遣耳遂得溫旨歸

文正一謚舊不謚死節者倪宗伯元璐弟與予書曰曾子云得正而斃孟子亦云順受其正何必不謚死節者以謚先兄可乎予言於管少宗伯紹寧以爲然遂與劉中允理順俱謚文正方侍講孝孺洪武徵辟寧海人謚文正倣此亦以先有正學先生稱也

建文諸臣贈官皆予與張儀曹采崇禎戊辰太倉人所定采議贈魏國公徐輝祖王爵予以光山擬采撫掌稱快華銓曹允誠天啟壬戌無錫人愼重王封乃改贈太師時金川門卒龔詡獨未得謚采以爲恨予言之管少宗伯紹寧紹寧謂不便續請予曰卓忠貞名敬洪武戊辰榜眼瑞安人以私謚作公謚採輿論耳今詡私謚安節但須吏部咨官時拔忠貞例題作公謚可矣采請於允誠遂得謚又靖難諸臣予謚幾百餘人皆紹寧所定或疑此案太濫宜稍裁予曰若自我輩手定當少爲貴耳既予復奪可施之諸忠耶且此案鬱勃已久與其靳也寧溢遂止

內臣自有明二百餘年無謚者得之自王忠愍承恩與李恭莊鳳翔始然承恩從先帝縊破例非過鳳翔雖城破自刎止依嘉靖贈雲騎例可也

予請謚開國靖難慘死三案格於崇禎時禮垣徐都諫

垣下　十

耀成於弘光時管少宗伯紹寧耀與紹寧皆寡學然耀恥下問每與言三案堅執不行獨紹寧虛懷初欲以謚建文諸忠一案託予擬稿予以各有司者力辭及謚此案後聞人議其稍濫遂親過予寓以謚開國及慘死兩案懇予擬稿予嘉而允之後謚惠宗諸子弟亦然皆得報可視耀度量眞天淵也

開國慘死二案人少題覆較易惟建文諸忠一案多至數百禮吏二部艱於繕寫故久閣予時爲工垣都諫力言修祠是某職掌移文屢促之且言於二部諸司官始題允祠猶未及修予以陞任奉差而國旋亡矣若稍遲之便成諸忠一大缺典

姜輔曰廣力爭阮大鋮不可用與張九節先見何異但疏內歷暴穀宗用人行政諸失則過人臣以身殉國尤當因其大節諱其宿過況人主乎

上之得立實由四鎮然當日欲舍上立潞王者乃姜輔曰廣呂少司馬大器與錢宗伯謙益等也若倣英宗正統天順罪援立外藩事加以王文永樂辛丑束鹿人等之戮諸臣何以自免乃上不惟不加譴責且加擢用其大度亦不可及

上寬仁即位後從不追咎異議一日馬輔士英言及立潞王事上曰朕叔父立亦其分耳

黃儀曹端伯崇禎戊辰蘄城人考選時初擬投科以生平喜釋中用二釋語故得部後卒死難

垣下　十二

章奏外官由通政司京官則由皇極門實封奏聞文書房內員收之例無副本九月間新考選科道內員忽索副本云恐內中有言及馬相公與我內員者後爲前輩臺省執不與已之然亦足知內臣權臣之横矣

宣城人劉振著書甚富經年矻矻予見其所著國史雖筆非高健然已有成書又振嘗言東林所持挺擊紅丸移宮三案皆非彼三朝要典之假借當非其所借之人不宜非其所借之言又言劉學士三吾洪武徵辟茶陵人因懿文太子薨太祖欲立燕王以置秦晉二王於何地對故惠宗得立今惠宗既上廟謚三吾亦宜謚言頗可採

管少宗伯紹寀謚建文諸忠皆準殉國忠紀周儀曹鑣所纂也內左僉都御史司中不屈成祖命以鐵帚掃其肉死最烈殉國忠紀內遺此一事遂不得贈謚

世廟時革諸戚臣世襲爵止其身至是皇太后弟鄒存義封大興伯予世襲非制也人無知者

郭侍御貞一崇禎庚辰惠安人考選時以倖未及瓜擬部旨改道人疑馬輔士英有力後糾劉納言應賓萬曆癸丑沂水人犯士英所暱被謫人始服其正貞一謫後以辨疏上內臣以爲謫官疏應從通政司入宗納言敦一崇禎辛未宜賓人以爲故侍御仍應從皇極門入疏遂不得上貞一首糾從闖諸臣後降北仍爲御史

垣下　十三

往例閣中票擬必請裁首輔故鮮矛盾馬輔士英爲首相終不曉此制如諸舊臣子孫紛請贈謚王輔鐸以爲杜其陰則自絶故多駁乃士英又票允如北都公侯先降闖賊見殺者俱請卹懷寧侯孫惟藩天啓時都督孫鏜裔大同人子請卹不許乃以同降同死之新建伯王先通又同日批卹甚至贈成國公朱純臣永樂間都督朱能後懷遠人王爵比之張輔英國公祥符人殊駭聽聞一瞭而允駁殊一贈而予奪迥其顛謬乃爾

弘光元年正月朔上退朝諸寺人設宴爲上慶賀在某宮值天晦上意不懌諸閹競趨下堂除窗格上曰不必除朕此處坐不久諸閹失色聞之政府皆駭爲不祥後

果驗

顧宗伯錫疇署銓開單坐缺批送王選司重重概不從以手書與亦不答錫疇怒疏糾之咸謂曲在錫疇吏科章都諫正宸疏留重然猶密語予曰吾疏中不敢許者清耳予問故曰渠先任北都銓曹時素有物議後重卒以正宸有異言告病去

阮司馬大鋮自受事以來凡察處降補各員賄足則用嘗語沈都諫胤培曰國家何患無財即如撫按糾薦一事非賄免即賄求半飽私橐耳但命納銀若干於官欲糾者免糾欲薦者予薦推而廣之公帑充矣又云某人求監紀初饋金五百不納再贈千金亦不納直至二千用以充餉又語人云考選某某以二千金相送推之不去在我居省垣時兩人各送一卮皆白物耳今則黃爵二進或二對不納不已無恥孰甚噫若輩無恥固應厭薄然身實爲之作此鄙夾奸狠出人意表

管少宗伯紹寧署禮部初擬謚孔輔貞運文恪文恭奉旨有既無瑕德亦無表見等語不允至是紹寧忽改擬文忠貞運爲相醖謹無短長且以天年終何云義憤因駁加美伊予黃絲力也前二謚當

往時南糧角餉以給官俸軍糧常苦壓欠不給上卽位後楚鎮及四鎮（劉澤淸劉良佐高傑黃得功）頻以匱告而司兵惟務姑息不知汰無用核虛名楚鎮兵五萬餘需銀一百八

萬四鎮兵各三萬需餉二百四十萬本色一百萬五鎮不足恃且還爲我虞居重馭輕有京營六萬需餉一百二十萬鎮上游控江北復有江督安撫無撫文武操江鄭鴻逵鄭彩黃斌卿黃蜚卜從善等八鎮共兵十二萬計餉二百四十萬合之七百餘萬而川楚東豫督撫鎮不與焉然而監紀多鎮撫所題以備使令且皆齷齪下流敢有核虛冒一議汰練乎借警咆哮甚而截刼乃大司農綜計所入止六百萬關榷俱在焉而七百萬外有俸祿國用之費六百萬內有水旱災傷之減太倉既無宿儲內帑涸無可發漕糧改折此盈彼詘至利臣言利當軸以爲奇謀力主童生納銀沿海開洋之説唁嗚叱咤力詆人爲迂腐而決行之所入幾何而珠池一內臣屯洋兩撫臣數道臣及中軍取用不可勝計其供饋役使所糜尤不貲於兵餉所濟幾何

自燕京定鼎南都宮闕壁而不新衙宇亦日從凋落而外解錢糧率急大農而緩水衡上嗣立金陵百役並作部庫如洗不得不開事例副貢納貢已恐後來壅仕途中秘減銀納者麕至綉衣大扇招搖道途至後府部首領郎官寄徑也二千金卽得之待詔淸華府判民牧一千金卽得之光祿之署設官數倍有官有俸不免除僨道大工既畢中外執例關請營閱司空劄放從工垣推號者車火器械十不及一而內員之請討十居六七衙

字之修葺十有二三如銀作局工匠千名人日給工食銀一錢二分每月支銀三千六百兩工食如此所打造金銀又當如何錦衣監房修造至價銀一千五百兩光祿寺厨房至八百兩獨無可節可緩乎其餘監局靴帽冬至獸炭至銀二千種種皆援全盛舊制泥沙之用終爲名器之濫耳後府判爲銓部執停府部首領待詔盡改中書然不免爲失大信而懟小民矣

婚禮錢糧出戶工二部合京兆共措至二萬餘內府執言不足禮冠需猫睛祖母碌又重二錢珠及重一錢五分者數百粒又一錢及五分珠千粒監臣商人估價數十萬司空工垣言之俱不允後司徒合司空京兆公疏

垣下　十五

會計目前所入止六百二十萬養軍所出至七百餘萬通計每年正項缺一百五十萬乞上減定冠價得旨定爲三萬所減不啻十之九

京師選淑女人疑爲宮嬪競規避後知備后選方競出五城每城不下百人命監臣彙選乘輿魚貫金彩紅紫奪目初得之人言一黃氏爲冠入內以失投推算入一刺作崇退出再選內豎坐名索馬中書女聞此女色藝雙絕選時故欹其頸作斷尾犧雞亦不入選

彭樞曹遇颸崇禎癸未沂州人以內傳忽改授御史巡按浙江除授不自銓部題差不必總憲馬輔士英所爲欲布心腹以掮路王也或曰遇颸逈內徑取上傳耳遇颸既得旨凡浙紳詞賀銀幣悉納足跡未離國門僅篋燦然矣

王齊撫燮王東撫潆萬歷丁未益都人辭朝後皆恇怯不行觀望淮上雖疏糾旨催亦耳而已予言於馬輔士英謂國法宜振士英但曰人言我憤憤後人當思我憒憒

北使左少司馬懋第等之遣也書稱大明皇帝致書北國可汗又賜吳薊國三桂及陷北諸臣詔諭通和意懋第將行予以同籍至交與深語問使指若何以不屈對予曰成事貴於死事君不聞富鄭公對遼使語乎昔北使時方卧病車中聞北詔至卽起拜凡以圖成事也時予以今日之事自立爲貴所以通欵爲緩兵計耳不用詔用書以敵國待若至彼國時以代先皇帝復仇爲辭

垣下　十六

廷謝之待其情意漸洽方與議欵若驕蹇不從則罵敵而死未晚也言未竟懋第慨然曰彼吾屬夷非遼與宋比雖富鄭公膝亦不可屈予服其理正遂不竟所言至燕京議見攝政禮同行總兵陳洪範等皆言欲全國以全身必屈膝乃可獨兵部司務陳用極曰吾輩千秋氣節皆係於此何言屈膝懋第亦以敕書內有不屈膝節爲不辱命語故持初議甚堅而洪範畏禍且潛通攝政左右故獨得南旋懋第等已遣復追還改館太醫院題其院門曰生爲大明忠臣死爲大明忠魂後有續議遣使者上曰我往彼拒祇取辱焉但圖內治可矣然空言無益也

左少司馬懋第等北使爲犒師爲祭山陵訪東宮二王踪跡其奏據探官探視先帝梓宮以三十六人周后以十六人舁至田貴妃壙上民醵錢四十千開隧道安厝此山林局也東宮二王鈔有北示云有一男子自稱太子至周奎家入見公主主爲先帝手砍折臂未死也此人掩面哭公主不相識奎入奏令侍書朱國詔等及爲太子醫癖內官等辨認皆以爲非惟一管池內監三武侍衛武臣以爲是及見袁貴妃貴妃云太子有四虎牙牙根甚黑今無此非也發刑部審因欲置僞太子死恐眞太子藏匿故留之令父兄出首此東宮之局也二王杳然後陳洪範歸言皆爲闖殺亦未確

析城伯趙之龍有疏薦逆案陳常少爾翼（萬曆丙辰山陰人）戶科吳給諫适（崇禎丁丑長洲人）時移署吏科鈔參其非之龍怒疏爭之然張太宰捷不顧也仍奏起用爾翼時楊納言維垣（萬曆丙辰文登人）出逆案雪然不欲多雪每語人曰若不應雪而雪則雪者不光故爾翼雖題用終不登啟事

蔣侍御拱宸先帝時疏侵劉東平澤清澤清遣人刺之途以不遇免至是復官澤清出不遜語故獨不登啟事鎮臣之能奪權臣柄如此又先任宋少司農之普曾薦錢宗伯謙益等翼取容門戶復爲章都諫正宸賑薄鈔參之至是貧緣張侍御孫振黃侍御耳鼎疏薦求起用亦以見惡澤清優後仕北爲戶部主政忽堂忽屬又澤清惡得其正者

解司寇學龍再以從逆六案上兼請停刑蓋爲光時亨與周鍾緩須臾死也恐馬輔士英不悅或再駁適士英援例乞罷方註籍學龍不過止過王輔鐸密商疏上批允有詳慎平允褒迨士英見揭則旨已下矣疑學龍欺己會訊僧大悲獄阮少司馬大鋮與張太宰捷怒楊銀臺維垣等言早晚當有疏學龍遂移病初大鋮入士英幕多微服小輿每學龍以和衷語進大鋮輒屬垣聽乘機中之有以也

阮少司馬大鋮語人云皇上早朝宴罷何云溺聲色乃門戶諸奸以此誣蔑君德耳又張侍御孫振云皇上御

諱爲十八所云十八孩兒與胡戰者非讖乎此萬年祚也其相率蒙飾類是（御名由崧）

阮少司馬大鋮意氣軒驁侵撓銓政其門如市馬輔士英稍和然亦以銓部爲奇貨或有未經考授徑補推知者或有曾經補官合入大選而入急選以便擊缺者重以劉文選應賓賣官鬻爵恃二人爲墻壁張太宰捷晝題而已或夜榜大鋮門曰闖賊無門疋馬橫行天下元凶有耳一兀直犯神京又爲對曰闖用牛明用馬兩般禽獸清用銓明用鋮一塊金錢其爲人惡若此

阮少司馬大鋮爲都諫時與魏都諫大中（萬曆丙辰嘉善人謚忠節）以吏部一缺相迕然大鋮資俸居先迫之去者過章都

諫正宸嘗言之至魏忠賢殺大中謂爲大鋮陰行贊導者亦猱文也但一出而倨傲貪横鋤正引邪六十老翁復何所求而若敖已餒何不覔千秋名乃遺萬年臭讀恢復防江二疏㒷爲惋惜若張太宰捷居官清幹居家孝友尤不當抑及爲冢宰追怨東林刺骨且以諸勳臣及士英大鋮薦已一切推陞悉聽頤指又起用張侍御孫振袁侍御弘勳（萬厯己未慈谿人）以亂國是若非一死不免鮮終

崇禎癸未歲左帥㒷玉憚賊勢鴟張託言餉不足將就糧南畿阮司馬大鋮時猶爲民以招其年姪侯生方域與交不赴素恨之遂言方域與㒷玉善將内應方域貽書謝之内云執事忮機一動長伏草莽則已萬一得志必至殺盡天下以酬其宿所不快至是乃驗

吳學士偉業以奉差行與阮戎政大鋮別大鋮曰上仁柔主一切生殺予奪惟予與數公爲政耳歸語聲氣諸君猿鶴夢穩定不起同文之獄也又曰周鍾光時亨自有公論周鑣無死法惟雷縯祚當正大法耳其横恣如此

王選司重既與徐太宰石麒相繼去以張太宰捷代捷雖有守勳臣柄臣中人要人挾恩勢爲請託更承以委靡多欲之劉選司應賓閩浙監司盡行變置一應人託一飽已欲初尚價廉漸之漸貴如閩中一道一農部以七百金倖得之命甫下而丁艱一候補監司郎以李元功力用千五百金得之命下三日暴亡京邸不三日一人又以二千金轉補價日增而取如券如此以後凡係道缺價率三千金缺美更增遂無復公道至於卑秩推陞截選非官覔利郎吏受財又臺省公疏云計典廢錮斷不容推用以遵祖制明旨方允而察處閑住各外官或補或陞中人致爲請託銓部敢於違制應賓竟得美轉不數月自常少而掌銀臺郭侍御貞一抗疏糾之反謫朝政如是何得不亂

劉選郎應賓狼籍每以關說龍絡言官欲箝其口予醜之絶不往見應賓心疑一日遇予於張都諫希夏座間曰不見數月矣予曰言官多見則苦銓部公欲自求苦耶應賓默然

予以謁客過阮司馬大鋮門見一司閽者問曰主人在否閽者對曰若主人在車馬闐咽矣如此寂寂耶予爲一歎

韓贊周以守備首璫戴掌司禮而從龍則有屈尚忠田成來自流離甚貧故好賄且多妄動而自北來者亦皆窘甚競乞差討缺非營催錢糧則開缺廠往有乞三考缺者至此竟開單送選司云某人乞與考選某人乞與某府某人乞與某道雖一時唯然然徐冢卿石麒去而此輩益張當軸更與之比贊周云我未見閣臣與内臣

稱雁行飲酒者可歎也

吏部起原任唐總憲世濟（烏程人萬曆戊戌）原官管左都御史事李總憲沾（華亭人崇禎戊辰）方現任忽起一先任者爲逐沾地也時掌道張御史孫振貪橫目無堂官文移直達吏部或勸沾疏糾以一去爭之於名高沾不能從

舊例現任加銜陞任卽停張侍御孫振加僕少復拔登極恩例以三品服供奉至是賺封二代功司無敢駁者

王輔鋅當高姜共事時持內傳與廠衞甚力又力言蔡奕琛（德清人萬曆丙辰）張捷等不可用每指其文集語諸同志曰吾錚錚自樹則此集傳否則覆瓿耳誓不學周溫輩以貪奸貽唾也及奕琛等秉權意稍折至是以票擬從

逆爲公疏暗摘劉侍御光斗又昌言攻之不得已一日三往兼調停於內方留中至是宣諭入閣

王輔鋅工於詩然票擬非長擬旨或四字止曰煩聒可厭或單句止曰入監者何其太多何侍御綸（崇禎丁丑英山人）疏陳文體票有鬼語四六不雅不奇一味漢人胡語等句皆笑柄也一日票外廷諸疏皆爾之姜輔曰厭從容言曰外人以爾同內臣呼如何鋅大怒曰書言爾有嘉謨嘉猷入告爾后亦內臣耶是日諸疏票爾者不絕他類此

舊例銓曹一缺必用部屬及推知之無議者自武樞曹備（崇禎丁丑蘭陽人）以謫處舊令陪推反蒙欽點而此例遂破同鄉王輔鋅始也若熊樞曹人霖（崇禎丁丑進賢人）以察處舊令點尤異

王輔鋅初入閣爲誓文告關聖守頗介然其後稍稍易也喜作詩文中多奇字每客過則出而讀之且讀且解設宴無倦色間或解髈揮豪字作龍蛇狀雖兒童輿卒請之欣欣也與後進札輒自稱弟爲劉東平擇清作序呼其母爲老伯母人謂謙而失體

吏部尚書缺馬輔士英欲用張司馬國維以國維和易且爲劉總憲宗周糾也阮少司馬大鋮以國維爲給諫時所薦所糾皆與聲氣合故欲用張少宰捷內傳忽出士英撫牀驚愕自此始憚大鋮矣予時與張都諫希夏在坐捷雖喜猶顧予兩人曰此某朝某人例意殊不安也

誠意伯劉孔昭等思欲入閣且援國初徐中山王爲中書右丞相例不知此帶銜如唐郭汾陽兼同平章事非實任也後以輿論不許馬輔士英亦不欲入相之謀始折

袁侍御弘勳疏糾三案爲已故王之寀（萬曆辛丑朝邑人）孫愼行楊漣左光斗現存吳甡鄭三俊等欲勅部院正罪餘附和諸人一併勘議得旨事屬已往且經大赦不必追論時馬輔士英富貴已極惟包攬交結思永固寵祿而已貪庸誤國不殺人者士英也貪奸誤國又思殺人者

阮大鋮也

沈侍御宸荃（慈谿人，崇禎庚辰）以大行考選，鄉人愛之者曰：馬相君方收俊乂為用，請以千金贄。宸荃作色拒之。已，是人復至，云：不必金，但微服投一門生刺，立千金劵可也。宸荃曰：空言恐不足取信，微服相見恐累相君，且始以賄進，相公亦安用此齷齪人為？已赴考，得臺。初疏爲閣臣側目，復見忤同鄉，及掌道，不六月外轉。外轉疏將上，其書辦童姓者曰：部疏上，惟內閣可挽，願代措千金，但乞發一門生帖耳。宸荃曰：若用書辦千金，我將為書辦用，且向不肯作門下士，今有急相投，彼豈相信？遂得外。

彭侍御遇飏以倖進，且濫竊官爵，縱兵激變，僉謂年例當用遇飏，或陳侍御潛夫（錢塘舉人），不則王侍御孫蕃。適遇飏為馬輔士英所庇，潛夫、孫蕃欲重處，遂議用游侍御有倫（崇禎庚辰婺源人）、賀侍御登選（崇禎甲戌鄱陽人）。有倫屢疏忤時，登選則與黃侍御耳鼎糾薦相左者。經數日，又易有倫以高侍御允玆（崇禎甲戌利津人）。臨開送銓部，則又以沈侍御宸荃易登選。宸荃居鄉，遇廢籍袁侍御弘勳薄，弘勳以為不同道，當處，而掌道張侍御孫振又惜其疏有黨邪醜正四字，故外。

張侍御孫振嗜賄，某侍御面乞某差，屈二指，孫振以為二千，開顏諾之。次日以二百金至，忽莊容大言曰：若賄差，當糾！某侍御失色退。

沈侍御宸荃例轉，喬侍御可聘過慰之，曰：目今所忌而欲除者，仇怨也，次巽已，次中立，次將及調停，但須考察時作一網空，此後似併歸一路矣。然畢竟自相蹄齧，又一鬨散耳。時東林現任已同抱蔓，惟在籍未處，故張掌道孫振請以改元察，雖京察有期，不及待也。孫振堅握河南道印，欲俟京察方遷，劉侍御光斗、袁侍御弘勳以資深不得，皆恨，故可聘及之。

沈常少肩培諭祭周藩，歸浙，邀友陸雲龍（錢塘人）同行。雲龍曰：公在北以使事出都，不半月變作，今又行矣，時事如何？肩培曰：君以為何如？雲龍曰：似乎要敗。肩培曰：還似等不得要敗。時蔡少宰奕琛起用，予謂肩培曰：同鄉至僉院，入掌矣。肩培曰：弟今日上策，當循序遷一令曹耳，僉院豈可為耶？不為用則速敗，為用則敗稍緩，然名位俱失。予即不能出上策，何至出下？

喬侍御可聘掌河南道，有同鄉門生以一盃鑄號進，三往皆卻。吏垣章都諫正宸允峻，一同鄉託沈常少肩培轉致書札，肩培笑云：老虎頭上敢抓癢耶？又曰：他人怒時可畏，惟章格庵笑時亦可畏。一時掌科掌道淸操稟稟。

閩僞防禦使武愫（崇禎癸未鹽亭人）至徐，張示謂自為字成，為丞避李自成諱也。郭僉憲維經先為廷尉時，以刑部末解審，止送招畫題，遂題請，故勳色疏爭，駁愫不宜死，盍

未見此示也時鄒少京兆之麟延僉憲缺咬保國公朱國弼糾其庇逆遂以此去

楊納言維垣巡按河南時以祥符季邑侯寓庸天啟壬戌泰興人首薦故此番又列名薦疏與虞給諫廷陛萬麻丙辰嘉興人等並列後吏部復疏以廷陛等復原官而寓庸不得復銓部止云候服闋起任煩劇蓋因言官前以貪糾故難之也時寓庸守制聞報即解衰絰易烏紗帽圓領角帶與親友宴句餘

傳給諫櫆萬麻癸丑臨川人當天啟時連疏糾左僉憲光斗魏都諫大中等誠過然郷邪之汪文言自宜糾解給諫學龍曾爲予言一時頗稱快後因糾魏忠賢服闋後終擯

世不出乃以殺光斗等爲櫆贊導者亦過張太宰捷屢稱其枉然不起亦不雪或曰崇禎時先經楊納言維垣疏論意不許也

僧大悲屢經會訊語言顛謬有潞王施恩百姓人人服之該與他作正位等語幾搆大禍上召對閣臣於內殿皆請包荒以安反側獨張侍御孫振審詞有大悲本是神棍故作瘋僧若有主持線索又云豈是黎邱之鬼或爲專諸之雄語多挑激時孫振與阮戎政大鋮欲阱諸異己有十八羅漢五十三參七十二菩薩之說非上寬仁大獄興矣聞馬輔士英亦不欲故止誅大悲

蔡輔奕琛自是才人其入相杜銅臬入部院詞林杜納貢選教職濫冒濫職方禁部劄參遊守把爲害地方嚴核請乞及銓選之僞冒者又嚴束金吾不許添役收受詞狀亦有一番整振惜腹心已潰支吾何補且大節已喪不足錄也

陳侍御丹衷巡按湖廣未行時丹衷與馬輔士英密周旋曹鎮繫獄託丹衷致書幣求解未投被廠役緝獲故例轉長沙知府

許定國欲圖高傑多選諸妓以二妓縻傑一兵又選四豔妓侍傑及中夜伏兵發一兵已爲二妓所掣故敗

福建郭文宗之奇崇禎戊辰揭陽人以庶常散館儀部轉今官王輔鐸素與之奇善因陸直指清源崇禎甲戌平湖人疏薦徑

抵還翰林且超擢舊例所無也尋以張撫軍肯堂有言復調外忽內忽外有同兒戲

舊例言官賜環必需建言由京察得者三人戴給諫英崇禎甲戌宜興人以房師薛輔國觀衆既例轉復察處不謹賜環後糾韓翰林四維崇禎辛未萬縣人從逆不應復官又糾王濟撫燮王東撫澩不赴任頗鑿鑿吳給諫希哲以察降賜環後氣稍平言不欲爲已甚惟楊給諫兆升天啟壬戌武進人以醇謹稱

或搆予於張太宰捷謂將咬吳給諫适糾之予聞而笑曰予生平從不爲此昔作刑垣時被論有同郡徐都諫耀僕語人曰我主居言路久每後進有言必過商獨李

不然知有今日久矣又喬侍御可聘夙稱莫逆然亦不相商嘗語之曰吾所言平則無可商若戇則內斷耳脫與知己相商將令我卑之愛官中之愛身抑高之愛君父乎生平不受人教乃教人耶搆者爲慚阻

舊例六科抄參皆於部復時入疏中上聞然用人行政大事則以疏爭鈔參其瑣務耳張都諫希夏時爲吏科獨以鈔參爲常如戴給諫英等皆缺處不宜與建言同環召又陳都諫爾翼薦崔呈秀爲本兵不宜以逆案錄用皆不具疏爭止以鈔參結局又已隱其名而以移署吏科之吳給諫适當其咎皆巧卸也适下獄胎此

甲申十二月間高鴻臚夢箕人河間僕穆虎自北而南中途遇一稚子挾與偕薄暮解內衣燦然龍也虎驚詢謬云我王子既益狎乃易語太子行抵京師望孝陵輒伏地哭夢箕初猶疑留與深語每言及先帝先后則長號又問闖賊入宮何以呼爾稚子涕淚交下故作羞恨狀曰兒我問妮妮宮中事夢箕無以辨也乃始信之初欲疏聞繼謂此先帝肩出恐不免密送杭州宅內稚子至益驕每酣飲則狂呼間大言觸步夢箕姪不能進禁也懼書達夢箕箕亦懼命載送金華之浦江然外人已嘖嘖矣不得已於正月疏聞上亟遣內臣馮朝進迫回至紹興方及命府部大小九卿科道偕日東宮講讀等官前去辨驗時諸講官劉中允正宗崇禎戊辰安邱人李司業景濂皆云太子眉長於目而北使左少司馬懋第密疏至亦云北有一太子不知眞僞詢西宮袁妃妃曰太子有虎牙足下有痣至是驗之無一合繼問講讀何所則誤指端敬殿爲文華殿問講讀先後則誤以先讀爲先講問講讀既完所寫何字則以孝經爲詩句問字寫幾行則誤以描摹十大字自寫小字於旁爲全寫又問當日講讀曾問難數次尚記憶幾何曰不記又問講案上何物曰不知雖正宗景濂亦不識也已戴給諫英前問以崇禎十六年留廷鞫吳昌時攜皇太子於中左門何事何語又問嘉定伯何姓何名亦不能對時衆猶無言惟閣臣鐸大言曰假遂退未幾李總憲沾同數人升階始

踞地乞憐自云王昺孫之明非太子爲穆虎所教手書付沾遂據實奏聞午後上召對論曰朕念先帝身殉社稷言出淚落連拭不成語繼乃曰朕今日側耳宮中惟望卿等奏至若果眞即迎入大內仍爲皇太子誰知又不是慨傷久之

王之明再訊張侍御孫振命搜穆虎衣得高夢箕姪高成家書內有二月三月往閩往楚等語時之明與夢箕未到而穆虎又堅云不解問之乃新自杭郡至猝被執猶未授夢箕書也遂奏覆至是乃命各官鞫之明等於廷官民俱得入視甫訊黃得功提塘前忽出所刊疏有先帝子即皇上子若速處治恐東宮諸臣即識認亦不

敢出頭取禍於是旁觀益疑時得功疏猶未上也

王之明三訊三御史登大理寺堂安聖旨於中三法司與錦衣衛皆側坐御史坐稍後前此未有也指揮皆由張侍御孫振李總憲沾雖堂官亦唯唯而已夢箕等既到成以甘言誘之明以嚴刑加虎然明旨所云二月三月所成何局往閩往楚欲幹何事并主使附從實繫有徒數語皆抵死不供也先是夢箕曾爲史閣部可法買稍黃人疑欲附可法至是夢箕無所及惟口詐之明仰天歎曰我爲無賴子所愚耳然一念凝忠天地可鑒也法官無如之何乃以提高成等請

王之明四訊時高成已自杭郡解至復嚴刑鞫所言閩楚舍棚而已同奏命再訊夢箕惟請死是日夢箕與之明始刑張侍御孫振等持閩楚語甚堅獨葛廷尉寅亮（萬曆辛丑錢塘人）密言曰公等度朝廷兵力能聲左良玉鄭芝龍之罪而制其死命乎若其供也含忍則無法搜剔則激變耳孫振等始微悟言之士英自此不復究矣初高司寇倬（天啟乙丑忠州人）擬稿必請正寺院三御史亦往而孫振縱筆塗抹手自爲稿入告皆其所擬也

童氏自河南至謬云帝元妃劉良佐令妻往迎叩其顛末云年三十六歲十七歲入宮冊封爲曹內監時有東宮黃氏西宮李氏李生子玉哥寇亂不知所在氏於崇禎十四年生一子曰金哥嚙臂爲記今在甯家庄語甚鑿鑿妻信之跽拜如見后良佐素憚妻聞之亦信童氏由此愈驕凡所經郡邑或有司供饋稍略輒詬詈撇桌於地間有望塵道左者輒揭簾露半面大言曰免聞者駭笑至京上以爲贋命送鎮撫司鞫初猶云眞及刑拷乃云周王妃誤聞周王作帝故錯認耳說者謂不訊之禁內而拷之獄中非禮也童氏將至馬輔士英具揭帖請於上言皇上元良未建奸黨宗藩伺釁覬覦若此信果眞當先迎童氏歸宮密令河南撫按設法迎致皇子以消奸宄若謂童氏流離失散不便母儀天下則當置之別宮撫育皇子昔漢高祖開基英主也呂后爲項羽所獲置軍中者數年唐德宗母爲亂兵所掠終身訪求

不得宋高宗母韋氏后邢氏皆爲金擄韋終迎歸邢亦遙加后號古帝王遭時不造如此等事多矣況童氏寄居外家又何嫌焉疏成以從龍諸臣皆云詐僞且潛邸宮人無生子者遂止至是復刊其疏欲自明然人終不信也

王之明以僞太子至少司農何楷（天啟壬戌鎮海人）同驗時見阮司馬大鋮等軒驁狀密語予曰若輩目無人主矣太子其懼而少戢乎猶猜疵幸也至是質見之明贋因疏請毀得功刊疏允之

上寬慈寡斷羣小相倚爲奸流言喧民間故一國太子至皆喜而二三民望言足徵信如高輔弘圖徐太宰石

麒劉總憲宗周輩又無立朝者故愈疑愈辨亦愈辨愈疑上不得已發馬輔士英留中疏昭示臣民疏謚初聞太子至議保全者也然無信者

上以三月十九日忌辰祭先帝先后於奉先殿舉哀羣臣皆祭太平門外以東宮二王附祭時羣臣多哭失聲誠意伯劉孔昭哭畢言曰阻駕致先帝崩者光時亨今霜露已移而視息猶存何以慰在天之恫言已又大哭將散阮司馬大鋮始傳呼而至

姚學士希孟定慘死諸臣謚止及楊副憲漣（萬曆丁未應山人謚忠烈）而不及左僉憲光斗（萬曆丁未桐城人謚忠毅）又止及周銓曹順昌（萬曆癸丑吳縣人謚忠介）魏都諫大中而不及繆翰林昌期（萬曆癸丑江陰人謚文貞）周給諫朝瑞（萬曆丁未南城人謚忠毅）與周宗建袁化中（萬曆丁未武進人謚忠毅）黃尊素李應昇四侍御其胸中似有優劣然楊左並稱何得獨遺而宗建以力伸王僉憲德完（萬曆丙戌廣安人）與大中相詆議本錚錚況連參客魏大中亦心折所云上殿相爭如虎謂何而以此見遺若昌期此言可斬一語詆葉輔向高（萬曆癸未福清人）或過激而光斗於李選侍以垂簾聽政相侵雖夏銓曹允彝（崇禎丁丑嘉善人）亦病其過自不能諱也

崇禎時言者屢爲左僉憲光斗等請謚皆中格予亦言之南渡後予復申其說時阮少司馬大鋮輩方用事嫉楊左如仇黃侍御尊素子宗羲等挻京將爲父請謚見

垣下　三二

時勢不可決計歸幸予前疏内慘死一案原合正德與天啟並言故禮部復疏前列蔣欽數十人而後及光斗輩當事者不疑一概批允於是光斗與周中丞起元（萬曆辛丑海澄人謚忠惠）繆翰林昌期周給諫朝瑞暨四侍御袁化中周宗建李應昇黃尊素皆得謚而萬工曹燝（萬曆丙辰新建人謚忠貞）顧副憲大章（萬曆丁未常熟人謚裕愍）亦與郎諸忠後人亦自謂意外也

虞給諫廷陛當魏璫方熾時有要典既明紛囂宜息一疏挽救良苦且所糾乃孫司農居相（萬曆壬辰沁水人）而逆案中誤謂糾趙太宰南星故徐冢宰石麒夏銓曹允彝亦爲稱冤又呂司馬純如（萬曆辛丑吳江人）原無頌疏而逆案誤以爲頌或曰純如實有頌因霍戎政維華見璫當敗爲削去之亦莫須有也一起一昏皆各有辭惟喬撫軍應甲撫秦貪亦與復官公論非之

毅宗聞城破傳硃諭至閣命朱成國純臣總督内外諸軍託以東宮會閣臣俱出遂留之案上然純臣不知也已李自成入見之故純臣即日被殺至是忽命贈王比之張輔說者謂伊予元臣南寬議處懼不得襲故欲崇純臣以自爲地也

近例撫軍皆陞亞卿間陞納言廷尉則稍抑之矣至是應安程撫軍世昌（崇禎辛未光山人）忽陞太常蓋因爲民阮大鋮先往謁世昌不親答而送刺故恨將重處世昌託大

垣下　三三

鉞婿救解乃已名陞賓抑之且爲朱撫軍大典萬厤丙辰金華人地也

李翰林明睿天啟壬戌南昌人當闖逆入都曾被夾後仕北爲禮部左侍郎其謚先帝懷宗端皇帝備十六字又謚周后端皇后皆所擬也已以失儀削職遂泛海南歸疏中所言逼勒入朝見小酋不拜幾被殺幸乘間逃歸者皆飾詞也既抵南都與同志阮大鋮等酬飲城外數日竟不入覲識者非之

北兵與流寇方相持河南忽於十七年十二月某日午時有滎澤東南三十里郭村現大城一座樓棨門扇畢具北兵望之亦驚駭踰二時方滅人以爲中州鼎沸之

象

上命臺省開列從逆諸官予以侯總督恂萬厤丙辰商邱人名逆部倪給諫嘉慶天啟壬戌江寧人以恂舊司屬婉解之予曰昔爲刑垣時渠方以司徒坐繫諸者謂予寬刑數疏皆爲伊解免地故及於謫已賜環北上遇於途見其以奔喪大臣衰絰去體僕從皆鮮華故以當日不孝而疑今日不忠也嘉慶默然

張太宰捷先爲北少宰時曾薦逆案呂戎政純如爲太宰南垣將繼北垣後合疏攻之楊給諫兆升獨不從其被察以此至是捷決意予環不月餘迎擢至戶科都諫初兆升將復官吏科張都諫希夏鈔參之謂不宜以察員復捷不聽每語人云我爲吏科鈔參所苦此亦其一也

袁江督繼咸密遣何少司農偕倪給諫嘉慶等言左良玉雖無邪心左右骨鯁者少勢已成畸重寵濫不驕賢者所難朝廷宜稍假督撫權示相維勢二人言之當事漠然也至是因僞太子一案喧傳楚地有言薊國公吳三桂送太子於史督輔可法可法又轉送興善寺者有言上遣二監韓贊周盧九德往識認見即叩頭獨馬輔士英往視以爲僞者又有言舊講僚方翰林拱乾出歎息聲幾得罪人遂不敢言者然可法實無此事而士英則偕諸臣視非獨視若拱乾又士英遺書阮大鋮自

蘇州召驗亦未以歎得罪也良玉聞之疑疏言此事未可決於二三左右應決於國人天下使太子不失王封皇上不失至德羣臣不失忠藎等語語頗正及再疏至乃云束身赴闕代太子受罪雖錄訊詞以示疑自若也適下錦衣衛刑鞫窮詰之楚之鬪致中外競駭謂大獄將起時革職黃澍留楚心銜士英而良玉諸部將又畏闖逼遂力贊良玉借太子爲名焚武昌東下

江督袁繼咸聞闖賊南渡恐由岳犯沙則袁吉危乃以鄧林奇郝效忠陳蹸三將守九江自統副將汪碩畫李士元等援袁吉已登舟矣聞左良玉反復旋九江移諸將家眷入城繫兵心諸將列兵城外拒戰九江士民環

集言衆寡十不及三激之禍不測不若俟良玉至諭以
理諸將亦請欲兵入守相機行繼咸謂入城示弱不可
乃逆弁郝效忠兵則已不待令隨家口先入矣良玉舟
抵北岸書言願握手一别爲皇太子死九江士民泣請
繼咸往晤紆一方難繼咸曰寧南語雖順舉動與前殊
往必墮計士民請益堅遂同監紀余有灝會良玉於舟
中良玉言及太子下獄事大哭次日移舟南岸云欲請
教繼咸以良玉入城不便同各鎮以單騎往良玉袖出
皇太子密諭劫諸將盟繼咸正色曰密諭從何來先帝
舊德不可忘今上新恩亦不可負良玉怒監紀余有灝
陰躡繼咸足曰再激事立變繼咸遂不復言與良玉成

垣下　一五五

賓主禮而别約不破城繼咸歸集諸將城樓灑泣曰兵
諫非正晉陽之甲春秋所惡可同亂乎予已説寧南易
檄爲疏屯紮侯旨矣時繼咸方約諸將堅守而效忠先
陰與良玉約部將張世勳又故與良玉部將張國柱善
潛調其兵夜入城縱火撲一火復一火發世勳與效忠
遂夜半劈門出諸將懼罪俱出城與良玉營合良玉兵
湧入城殺掠九江人不能復辨識婦女財物俱席捲去
繼咸正冠帶將就死黄澍入署拜且泣曰寧南本無異
圖公以死成其爲亂大事去矣副將李士春密稟曰隱
忍到前途王陽明之事可圖也繼咸以爲然出城面責
良玉良玉疾方劇望城中火光大哭曰予負臨侯嘔血

數升是夜死祕不發衆共推良玉子夢庚爲留後急移
舟東

往例諸臣皆服不一色自毅宗即位始命專服玄以
爲玄北方色恐陰盛不祥至是予言於諸輔謂宜仍國
初服色爲便諸輔諾而未行卒爲北兵所滅

鳳陽皇陵未災時里民遥見陵中二人一衣朱一衣青
毆擊甚苦辞閒號泣不輟乃率數十人持杖入惟二犬
踉蹌走識者以爲不祥

惠宗與孝愍皇后謚後又謚靖難諸臣咸謂大典備矣
獨張儀曹采語予曰若獨不念惠宗弟若子乎封爵未
復謚號猶懸如昔於諸臣而靳於若主之弟若子猶缺

垣下　一五六

典也予復爲疏請於是孝康三子之降爲郡王者公主
之降爲郡主者與惠宗太子之未謚及少子文奎之爲
庶人者或復爵或補封皆予謚時太廟未建又奉先殿
不設位予言於張奉常元始（崇禎戊辰上海人）始以帝后附祭
孝康陵諸子皆附二百餘年僅有此祭歷冬至歲暮春
分三祭而國亡

易僉憲應昌（萬曆丁未臨川人）素負輿望至是耄矣初抵郊外
戴給諫英糾之不辨亦不辭竟抵任及轉少司空又爲
王給諫士鑅（崇禎辛未金壇人）所糾奉旨不必深求次日謝恩
亦不辨人以爲鳳德之衰

陳侍御以瑞（萬曆己未進賢人）當天啟時彈射多人至絓逆案

尋亦削奪故得復時張侍御孫振掌道欲畀以瑞及嗾糾某某皆不應每對喬侍御可聘言追悔前過誓不爲已甚孫振不悅遂不得掌道

錢宗伯謙益博覽羣書尤苦心史學當作開國功臣事畧時聞予家有傅潁公三代廟碑三走書江北期必得乃已又自言讀王弇州史料有定遠侯王弼賜死家至籍見楚昭王行實之說卽馳書托某親知往楚府求昭王行實至乃知弇州言非至是疏言留心國史三十餘年請在家開局纂修上命在任料理謙益志也然以久於門戶一老翁而誣東林薦逆案不知作史時何以措豪後國亡史稿皆付絳雲樓一炬殊可惜也

應天府張教授丁乾（光山人崇禎辛未）罷職回中州遇流賊耳鼻皆被割至是秉銓者憐其流寓補京官每入朝耳鼻皆以木代觀者以爲不祥

寧南侯左良玉疏云臣提師在途恐百萬之衆發而難收震驚宮闕且聲逆賊馬士英罪狀正告陛下自先帝之變士英利災擅權事事爲難逆案先帝手定者士英手翻之要典先帝手焚者士英復修之思宗改謚明示先帝不足思罪一也國家提衡文武恃名器鼓舞人心自賊臣柄國賣官鬻爵都門有職方賤如狗都督滿街走之謠如越其杰以貪罪遣戍不一年立陞部堂張孫振以贓污絞犯不數月夤緣僕少袁弘勳與張道濬同詔獄論罪者也借起廢徑復原官他如楊文驄（天啟辛酉貴陽）人劉泌王燧黃鼎等或行同犬彘或罪等叛逆皆用之當路罪二也閣臣司票擬政事歸六部至於兵柄不得兼握士英已爲首輔用腹心阮大鋮爲添註尚書濟其篡弒兩子梟獍又操重兵以爲呼應司馬昭復生於今罪三也陛下選立中宮典禮攸關士英居爲奇貨先擇其尤者以充下陳罪通於天而又私買歌女置阮大鋮家希圖進選計亂中宮罪四也陛下卽位初恭儉仁恕士英百計誑惑進優童艷色以損聖德每對人言惡則歸君罪五也國家遭此大變須寬仁慈愛以收人心士英自引用大鋮睚眦殺人如雷縝祚周鑣等煆煉周內

株連蔓引尤其甚者借三案爲題將生平不快意之人一網打盡令天下士民重足解體罪六也九重秘密豈臣子所敢言士英遍布私人凡陛下一言一動無不窺伺又募士竄伏皇城詭名禁軍以觀陛下動靜動曰廢立由我罪七也今皇太子至授受分明士英大鋮一手拏定抹殺的識認之方拱乾而信刪謀之劉正宗忍以先帝已立七年之嗣君付諸幽囚凡有血氣皆欲寸磔士英大鋮等以謝先帝此非臣私言諸將士之言亦天下忠臣義士愚夫愚婦之公言也伏乞立肆市曹傳首抒憤

子以奉差祭禹陵已領辭朝票聞左帥良玉反繳不行

日無事享其榮有事避其難臣道乎會黃侍御耳鼎一僕自武昌至謬言良玉未動訛傳耳喬侍御可聘以告予而馬輔士英聞之亦張筵賀誕朱衣塡門予曰是不可留矣復領辭朝票先士英誕期一日行越二日破安慶報至北報亦旋至人生遭際亦有數耶

自馬阮秉政後諸臣日憂潞藩睥睨且以東林不忘擁戴借題芟鋤予曰但移惠桂二藩於近畿以待皇太子之生若猶未生自有親藩在彼疎藩耳何睥睨亦何擁戴時皆然予言後命二王并安仁永明二郡王赴近畿居住以此會國亡不果

袁江督繼咸與袁侍御弘勳屢疏爭三案左鎭良玉亦

有疏助之人疑其相比故兩推刑戶侍郎將伺其入而阱焉上怒曰彼地需繼咸耳此地何需繼咸而一擬再擬皆不點用

袁江督繼咸先爲異己所忌不自安而吳應箕貴池副榜張自烈皆知名士與繼咸善應箕貽繼咸書勸其求解劉澤淸借援左良玉安身以安朝廷獨自烈書爭之言從古未有端人善類賴權臣羽翼自全者此枉尺直尋之說耳無論各鎭反側不足恃即幸爲我用賴以苟全此日播之遠近何以彰國憲異時書之史冊何以謝清議況各鎭陰賊險狠彼此牙角轉盼糜爛不可救安能爲吾黨屏蔽耶又言良玉恣睢日久若借援於彼得安其位必竊謂江督博我聲援宜德我如是必事事惟良玉意所欲爲少與齟齬必致憾不肯下且中外又謂良玉久據上游使正人不受禍寇賊不敢肆皆其首功良玉自此成尾大之形宅鎭自此貽跋扈之漸惡在能安身以安朝廷哉時皆韙其言

予爲開國功臣廖永忠楚國公永安弟巢湖人請贈謚得追封慶國公謚武勇旣而永忠後人具呈予處言昔文皇帝滅方孝孺十族九族外以門人爲一族時永忠孫二人先皆受業孝孺一論死一論戍至萬厯年間屠侍御叔方萬厯丁丑秀水人具疏請還諸忠族人之永戍者始蒙恩宥獨不知孝孺以門人爲一族故疏未之及迄今猶勾軍不

已世受其害乞移呈兵部特爲豁免予見而惻然亟向諸樞曹言之會國亡遂已

徐冢宰石麒等公疏請封于忠肅謙後爲伯其疏黃侍御澍草也內云與壽亭侯比烈又曰都城隍之號空懸蓋不知漢壽爲封邑故云壽亭侯都城隍乃齊東語豈可入告又爲左良玉草疏改謚思宗是以先帝爲不思不知思乃謚義非思不思之謂不學無術類此

左良玉兵半羣盜甚淫毒每入民家索賄用板夾爇之肥者或脂流於地又所掠婦女公淫於市若入舟後或注目岸上望父若夫泣則身首立分予同年兵戶曹應栒崇禎辛未先爲楚令對予言之猶欷歔若入南都其荼毒

必有不可言者

袁督繼咸㕔疏與左帥良玉相應人疑其比於良玉及良玉反兵抵九江繼咸爲衆所脅出迎遂失九江內外哄然皆以爲與良玉同謀雖同鄉萬同少元吉天啟乙丑南昌人亦密語喬侍御可聘曰有之後抗節死北人始諒其無他

湖廣巡按王中丞驥崇禎戊辰丹徒人家居京口質庫遍城內每雞羹一盂非腿不食庖人必殺三雞充之餘肉皆拋棄又烹魚時必先置燕窩腹內方食所用木器瓦器盡花梨古窰其豪奢乃爾時北兵告急驥方以巡撫入覲未至國門已加兵部侍郎矣

姚少廷尉思孝爲給諫時持門戶甚力至是以考察爲憂予曰非當察而察吾何畏若公道昭明洗雪前枉則今日墜淵之人正異日登仙之人也後予奉差出都思孝又言當事者委之守城予與書曰諸君貌順心險未可云好相知也思孝不能決已北兵入都薙髮爲僧復爲人所逼遂出見

左兵與北兵交逼上召對羣臣姚廷尉思孝喬侍御可聘成侍御友謙崇禎甲戌海門人皆揚人也奏左良玉稍緩北尤急乞撤江北兵馬固守淮揚控扼潁壽上曰劉良佐兵還宜留江北防守馬輔士英時立御前戟手詈曰爾輩東林猶藉口防江欲縱左逆入犯耶北兵至猶可議欵若左逆至則若輩高官我君臣獨死耳臣已調良佐兵過江南矣寧死北無死逆舉朝爲失色右賈似道棄淮陽之誚時上雖憂形於色猶顧友謙曰若成某耶蓋往者播徙時曾餉上於危也

左良玉反後九卿十三道合疏聲罪旣上已兩得旨惟六垣疏未上吏科吳都諫希哲初大言曰今日所重不在楚宜出公疏糾揆地並請固守江淮然逡巡未敢也已上防江公疏後以無疏討良玉罰六科俸

金吾于之英旣借謙後又恃奧援多幾冒伯喬侍御可聘以非謙嫡系言於掌道張侍御孫振十三道無晝題者遂祇封謙臨安伯時稱浙有三大功臣劉基誠意伯王守仁新建伯至是謙復贈伯

周禮曹鑣雷僉憲縯祚賜死王侍御懩以吉服承旨入獄懩先有疏請斬二人縯祚曰王懩能斷得我首否鑣覺對曰不斷我首吉服何爲各作家書訖又互書先帝遺臣四字於腹就縊縯祚遺命弗葬置棺雨花臺傚子胥抉目意不一月京師失

劉總憲宗周以聲氣故素重周儀曹鑣一日晤章吏部正宸問曰如周可謂粹品否正宸曰不純宗周問故正宸曰言有餘而行不足宗周嘿然又祁少司農逢吉天啟壬戌金壇人鑣同里人及賜死梁少司馬雲搆崇禎戊辰蘭陽人在坐語逢吉曰貴邑一日殺二賢耶逢吉曰一賢耳蓋以

周庶常鍾爲賢也其惡鍾若此噫斯言過
楊副憲維垣首攻崔逆列名逆案遣戍故夏銓曹允彝
幸存録亦以爲過獨一生大誤在攻熊經略廷弼廷弼
功多於罪至指附鄒總憲元標與趙冢宰南星者皆爲
鄒黨趙黨而欲於熊黨並錮尤謬及起任南都議或偏
而行無紕幸殉國一舉足洗前非乃誣其殺妾潛逃爲
亂兵所殺舌可犁也

江南旣陷左少司馬懋第向南哭盡哀中軍艾大選先
薙頭力勸懋第早降懋第怒縊殺之其同謀監餉傅濟
崇禎庚辰特用務廣寧衛人懼告懋第勾引齊寇謀危京城攝政王
遣兵入院勒令諸人薙髮懋第大呼曰我頭可斷我髮

垣下　四三

不可落時兵部陳司務用極王遊擊一斌張都司良佐王
都司廷佐劉守備統五人皆與同志遂俱執送刑部重
鍊三匝旋移水獄七日不飲食逼降皆不應執見攝政
懋第著母喪服同用極長揖南面坐見諸降臣列堦下
大言責之曰汝誰家臣子作此面孔諸降臣皆踧踖無
以自容攝政數懋第僞立福王勾引齊寇狀懋第抗言
曰我先皇痛罹大變以親以序當立福王何云僞立山
東豪傑皆忠孝有爲前者就見我皆勉以大義亦不係
士寇又歷數攝政不郊迎使臣不以龍亭出接御書罪
又言艾大選薙頭勸降應誅曰我血性男子到此惟有
一死耳時攝政指用極曰汝何人亦不跪用極曰我兵
部也三尺童子恥拜異類況我大明人物攝政怒命捶
其頰用極噀血呼曰士可殺不可辱攝政復從容曰汝
等不怕死皆忠臣也然降不失富貴懋第曰薙頭不如
斫頭命左右曳出至菜市口仍遣降臣勸曰先生倔乎
懋第曰無問我懼不懼請問若輩羞不羞至順城門又
遣滿官以封王啖之懋第曰懋寧爲大明鬼耳將刑顧
問五人云何一斌等皆曰願從死懋第曰好好但恐有
悔用極大呼曰求仁而得仁又何怨五人復同懋第南
向叩頭泣曰臣心畢矣遂被殺五人皆爭就死其時忽
風沙四起捲市棚雲際屋瓦皆飛觀者近萬人咸爲流
涕其同行門人咸默徐元敷葬懋第等於白馬寺傍火

垣下　四四

用極骸骨負歸崑山故里

馬輔士英爲黄侍御澍所糾密疏言上之得位由臣及
四鎮力其餘諸臣皆意戴潞藩今日彈臣去明日且擁
立潞藩矣上信其言爲雨泣久之以後一切朝事俱委
士英惟狂走宮死中如失心狀後聞北警十餘宦豎挾
之出奔外官尙不知也又言士英聽阮大鋮奸謀欲以
三朝典要挺擊事興黨人之獄上獨不允亦可想其爲
人矣葢濡忍勝而明斷少者

劉翰林正宗張侍御懋熺於弘光時皆仕南都國亡兼
程而北得補原官已正宗官至大學士懋熺尋謫外高
材捷足未可盡詡

萬厤四十四年丙辰爲北天命元年是沈同和趙鳴陽（吳江人代作事覺遣戍）以賢元黜革之歲也中國無元而外國有元且其得力之洪承疇已於是科獲雋

弘光乙酉二月有五色日數十相鬬煌煌激射自未至酉始滅天日爲晦

楊紨言維垣曾語予曰當時不宜遽逐李選侍選侍逐則客氏進無內主故也亦是一說

三垣筆記下

三垣筆記下

補遺

明興化李 清撰

劉總憲宗周（萬厤辛丑會稽人）有疏云天道有陰陽而人事應之其事爲君子小人君子小人進退則否泰之關也聖人嘗致嚴於始進矣於泰之初曰拔茅茹否之初亦曰拔茅茹同一拔茅耳未辨所爲君子小人也君子固自勉其爲君子而小人亦自忘其爲小人聖人從而微辨之則繫否以貞吉又以廣選善之門也嗟乎辨之不早未有不以小人加君子者而世道因之矣今天下誰甘爲小人者臣請質之事始陛下龍飛海甸天寶爲之人

扃力焉而乃有以護蹕微勞居功定策入內閣晉中樞宮銜世廕者非先鳳陽總督馬士英乎因以鳳陽之入吏司馬之出臨敵易將坐誤軍機亦士英也於是先吏科給事中李沾備言定策挑激廷臣搆成水火誠意伯劉孔昭又以功賞不均發憤冢臣致朝端聚訟諸臣之品不同而比類相從大抵有拔茅連茹之象於是群陰翩翩起矣借知兵之名則逆案可以然灰寬反正之路則逃官可以汲引兩家賓客互相譏亦互相挾中朝之黨論方興何暇圖河北之賊立國之本計已疏何以言匡攘之畧高傑一逃將也恃士英卵翼奉若驕子浸浸尾大而劉黃諸將又置若奕棋洶洶爲連雞之勢勦曰

不和至分割江淮四鎮以慰之遺異日藩鎮之禍則皆高傑一人有以倡之國勢如此人心可知督師之伎倆既窮北伐之聲靈盡挫宜其奄奄兩月不能一步踰江北也尤可慮者京營一旅自祖宗以來皆勳臣爲政樞貳佐之至先帝始設內臣提督成敗之數可知陛下立國伊始正可講求祖制以煥新猷而不意又有盧九德之命所稱居重馭輕之謂何則士英又有不得辭其責者矣總之夷狄盜賊皆從小人氣類感召而生而小人與宦官又往往相爲表裏自古未有宦官典兵而天下不壞者尤未有小人羣起用事而專閫之人能樹功方域者惟陛下自爲社稷計首辨陰陽消長之機獨奮朝

綱亟敕士英仍出督師鳳陽駕輕就熟聯絡各鎮次第決用兵之策諸將中仍有不用命者立以朝廷之大法處之由此北拒敵西滅寇南收荆楚惟諸將所至再啟茅土而士英遂並得以功名終矣若今督史可法即不還中樞亦可自淮而北歷河以南別開幕府與士英相犄角將見疆埸之臣既和於外廟堂之臣亦和於內中興事業其賴是乎若京城提督亦在陛下獨斷而寢之疏入留中

劉總憲宗周因馬輔士英乞休一疏語多譏刺乃言臣前疏規及樞輔馬士英士英遂杜門乞休致煩聖明下詔示以和衷臣罪滋大乃士英獨因臣疏追痛先帝而遂坐臣以目無君父又因以喪服未滿自稱草莽而並坐臣以不臣天子則臣罪死有餘辜臣不足惜將使天下還謂先帝可忘凡痛及先帝者即謂之不臣是顯爲亂臣賊子立赤幟也而又何有於皇上乎士英所亟亟自明者定策之功臣豈謂無功惜所以居功者猶未盡也使士英果居定策功則今日討賊復仇何如其急既坐中書之堂復筦樞務之重三月以來何事不辦將謂東除西蕩立取仇人之首懸之闕下祖宗疆土盡奠版圖斯時策勳飲至周召方虎之業又孰議士英者乃今江北四鎮岌岌乎分崩離析士英不聞調度一事惟聽其各相雄長以自爲利遂使進無恢復之圖退無畫江

之計日復一日敗局難收士英將何以保前功不終負恩皇上乎借曰別有機宜臣請翹企視之矣疏成將上會高輔弘圖言士英未可遽去恐水火不已將爲善類他日隱憂遂止

劉總憲宗周聞劉東平澤清糾己疏言國家所以久長弗壞恃此紀綱法度而已本朝受命三百年來未有武臣參文臣者尤未有武臣無故而欲殺憲臣者且未有武臣在外而輒操廟堂短長使士大夫盡出其門者有之皆自澤清始一時紀綱法度蕩然盡矣至澤清所欲殺臣者朋黨之說也概自神廟朋黨之說興而空國之禍積漸不可解其間所稱爲黨人久已丹沈碧化越一

二十年而臣尙偸息人間世方指爲遺孽至此當殿後死矣何待澤清言獨澤清尙自詡國家勞臣乃敢遂行君側之誅如溫卓故事朝廷安可置之不問臣忝大臣義不受辱仰惟皇上先與臣罷斥仍取澤清原疏下廷議應否誅臣稍存法紀之萬一卽臣罪應誅幸而不見殺於盜賊之手雖死之日猶生之年陛下不見科臣韓如愈之死於非命乎然至今竟無問及之者時事至此良可痛矣疏奏留中

劉總憲宗周爲四鎭誣詆不具疏辨但具揭云國難方殷非臣子角口之日然其中臣誼所關有不容徑置不問者君臣之義無所逃於天地況遭先帝非常之變臣子敢處以常禮曰草莽孤臣乃遂不臣乎且職民也欲署前任則前任無官欲署新任則新任未任稱草莽孤臣道其實也君父之喪一也禮未卒哭稱孤子二十七日以內於臣何獨不然乃欲借此以殺職職不受也至親征之說蓋仰體皇上急於復仇之意以爲討必出此卽假此先聲以圖實著存此大義以激人心亦兵機所不廢又欲借此以殺職職不受也方賊勢洶洶貴鎭究有家眷寄江南之說業已阻挫士心矣未幾而割地講和爭以維揚爲奇貨兵民仇殺激之者誰乎數月以來徒以諸鎭之故動費朝廷區處致坐誤北伐之機將何辭以謝天地激變之罪職尤不受也至挺擊一案與職風馬牛不相及而借此題殺職職甘受乎求其說而不得猥曰道學雍茸之言曰將受命之日則忘其家霍去病曰匈奴未滅何以家爲此亦道學君子所不廢也貴鎭獨未知乎今而後貴鎭幸一意辦賊有進無退以副知遇不致再作江南之夢與古人爭烈職雖死何恨澤清等語塞宗周遂求去

夏銓曹允彝憂居著降賊大義其言曰或問唐肅宗於安祿山之亂六等定罪首大辟次賜自盡次重杖一百次三等流貶今可倣否曰是不同唐長安雖破元肅迺存先帝何在君崩臣活較元肅時宜加一等或問唐德宗於朱泚破先斬降泚寵任官崔宣洪經綸等德宗至鳳翔又斬喬琳蔣鎭張光晟等今可倣否曰是亦不同泚初起止姚令言諸逆黨耳非崔宣等助之豈能猝行若此今闖勢久成諸降賊者自負恩喪節而非闖逆同起事則盡法中有差等或問先帝嘗有欽定逆案可倣否曰是又不同魏崔雖謀危宗社殺害妃嬪屠戮忠良而非弑主也今逆闖罪豈魏逆比比從逆當加等何疑或曰視唐之六等宜加一等是矣何以定之曰重者辟而加籍次辟次自盡次重杖及戍次遠戍最輕者流近地無貶法也或問加罪一等實仍六等今之降賊者以何等罪定何等刑曰宋企郊崇禎戊辰乾州人 張嶙然義烏人 黎志陞崇禎甲戌華容人 韓琳萬曆丙辰涇陽人 安伸萬曆丁未淄川人 白廣恩

陳永福等從賊攻陷城邑或爲搜宮或爲用刑皆大逆
非從逆不在此數所謂從賊者皆都城破後屈節者耳
其最重者如何瑞徵崇禎戊辰榜眼信陽人楊觀光崇禎戊辰招遠人韓
四維党從雅天啟乙丑寶雞人薛所蘊崇禎戊辰孟縣人等受賊寵任
爲賊僞大臣也周鍾手草僞詔指先帝爲獨夫稱逆賊
爲堯舜者也楊廷鑑崇禎癸未狀元武進人陳名夏崇禎癸未探花溧陽人
魏學濂崇禎癸未嘉善人或獻條陳或定儀注或請催漕此彌
天罪也爲首等降賊爲要秩且覩舊加陞如庶吉士徑
受僞編簡科道改僞弘文少卿改僞正卿等職非投順
最先媚奉最諂何以至此爲二等如降賊仍爲僞要官
雖不改其舊亦是受賊寵用尊如僞卿寺要如僞弘文

垣下補 五十二

僞吏政僞諫議僞漕院直指等官何容末減爲第三等
如已受僞官爲所疎遠不甚著名者爲第四等初曾受
夾不能自固而降又不甚著名者爲第五等獻金獻女
以媚賊求免而托故未授僞官者爲第六等似亦至平
矣內有已受賊官於五月十四日以前賊未敗先自逃
回者視本等或減一等或減二等又有不是五月十四
日以前爲敗後竄歸者身投司敗良心未滅或於本等
議減等惟至今未歸歸而不出雖云逃歸實受賊差委
將爲內應此無論逃於何時斷難減也又曰唐以早定
六等致從逆益堅再召史思明亂今刑章太峻無乃激
之叛乎曰臣子所論者法而已矣或誅亂而亂定或養

亂而亂滋諸從賊者皆誤國庸流非縱横險才也賊之
滅亡豈附賊者能支然國家不可不立一法以待殺賊
歸國者凡諸從逆未歸之家羈其妻子錄其家產俟之
三年有能擒賊渠魁建功於國者赦雖極如宋企郊等
苟能斬闖賊並劉牛等賊亦赦之可也惟終於不歸即
加等族誅籍沒又非六等可論矣議出人多是之
徐論德汧里居感憤時事貽同事書曰今日賢邪之辨
不可不明而異同之見不可不化以君民爲心則和一
之至不必合黨同羣而自無不同以職掌爲務則猷念
各分不必破黨渙羣而自無不異用人者執此爲衡其
忠君愛民精白乃心者爲君子否則小人修職就業竭

垣下補 五十三

節在公者爲君子否則小人流品區别澄敘無舛故人
謂異同立而賢邪之界限以明不知異同化而賢邪之
流品始出夫以先帝十七載乾惕卒使鼎湖泣於寇孽
椒殿傾於賊烽其故何歟良由頻年以來是非混淆士
大夫精神智慮未嘗爲君民勤恤爲職掌究圖極其末
流乃至膜視主上如胡越之瘠肥委身寇仇若秦楚之
朝蘇豈不痛哉今者吾皇中興百爾在位自當洗心滌
慮事我一人有能匡弼吾君者則登之不然如鸇逐雀
勿疑也有能奠麗斯民者則庸之不然如爲苗薅莠勿
後也有能殫心職業者則陟之不然枝官秕政便文自
營勿貸也毋以體骨不媚遠耿介特立之人毋以側媚

無華失尊心向公之士毋莒闇聲之浮慕援助之貿繁
濫收趨勢游利之肖類毋因一事之快心片言之順意
恹用呈身換面之憸流除凶雪恥端有頼矣其言公平
可采

三垣筆記下

三垣筆記附識上

明興化李清撰

崇禎

上爲信王時嘗夢烏龍蟠殿柱又偶遊本宮花園園有二井相離甚遠上戲汲於井得金魚一尾再汲一井復得一尾活潑光曜左右皆知其異秘不敢言

熹宗初即位上猶在冲齡忽問曰這個官兒我可做得否熹宗曰我做幾年時當與汝做人以其言爲讖

熹宗大漸逆璫魏忠賢方柄事懿安皇后召上入繼大統戒勿用宮中食上從周戚畹奎處作麥飯袖而食之

上即位數日大璫王體乾魏忠賢侍問及立枷事體乾

奏曰非大奸巨惡法所不能治者弗用上蹙然曰雖如此言亦太慘矣忠賢默然遂傳免

上初即位以內臣崔文昇用泄藥致光廟晏駕欲殺之忽內宮羣譁囂不可止上問故曰崔官兒好人理不應殺上命免其死越數日徐訪內臣爲首數人皆杖殺之

上聰明天縱初即位時視諸臣每有不足之意一日召對諸臣無一語當聖意上曰此就是召對了麽

上每言欲法堯舜有以漢孝文相方者猶目爲中主一日輔臣語及唐太宗上曰太宗掃滅羣雄朕愧無其才若閨門無序家法蕩然朕蒭稱之矣

上初即位倪侍御文煥江都人萬曆己未以附崔呈秀萬曆癸丑薊州

人傖獰歸同鄉喬中書可聘往謁文煥神色沮喪若悔前非者可聘曰他無論若楊左二公以忤璫罹禍君子也公糾之何故文煥曰一時有一時之君子一時有一時之小人我居言路時舉朝皆罵楊左諸人我自糾小人耳如今看起元來是兩個君子

吳侍御甡初入臺班獨行無倚趙太宰南星欲以年例處之不得已乃薦方侍御震孺（萬曆癸丑壽州人）等以釋其疑後魏崔專政又以三案有疏借例推削奪楊侍御維垣攻魏崔時猶以故意疏薦及再入臺班始風節矯矯以彈擊稱雄

予壬戌赴公車見張司馬鶴鳴（萬曆壬辰潁川人）以及臺省部郎皆與熊經略廷弼（萬曆戊戌江夏人）搆羣推一愚率之王撫化貞以抗廷弼而廷弼疏言廣寧必失河西必危乞留臣言以券一疏尤爲先見及事敗與化貞同辟人以爲冤至遼東傳一書爲丁輔紹軾（萬曆丁未貴池人）等進呈以殺廷弼者予曾見此傳最俚淺不根而指爲廷弼撰授尤誣赴市時挺立不跪下刃僅及頸半行刑者即以刀逆割之慘哉閆紹軾輿行長安道上白日見廷弼回寓腦裂死鶴鳴以陷廷弼卸罪生還後爲流賊索賄倒懸城門身首碎裂亦天道也崇禎初韓輔爌（萬曆壬辰蒲州人）疏請歸葬有不死於封疆而死於門戶等語公道始明

垣附上　二

王撫化貞邱副憲志充（萬曆癸丑諸城人）皆諸城人又皆癸丑進士一坐失陷封疆一坐行賄謀升同日棄市亦云怪矣

梁侍御夢環（萬曆癸丑順德人）首糾魏忠賢及巡按山海忠賢欲以查核餉糧中之法夢環惶急知忠賢憾張戚畹國紀（太康伯）以參疏獻媚內有丹山之穴藍田之種可疑二語謂張后非國紀生將撼中宮也上嗣位依子罵父律絞是年秋決上勾其名以墨輕未見諸因皆決夢環還獄及復奏以原疏對名方見其勾倉皇取之獄抱上馬至西市行刑

王冢宰允光（萬曆壬辰長垣人）當魏忠賢專權時請以票擬還之政府可謂言人所難吳侍御甡以其爲司馬時不駁魏良卿（忠賢姪）封爵糾之遂與聲氣大左及例轉科員與吏科陳都諫良訓（萬曆癸丑進賢人）各有所主相持不下良訓曰寧用晚生遂以大參補之

己巳除夜誤傳免朝上是夜宮中內宴宴畢竟升殿惟溫輔體仁馮給諫元飇在或奏聖駕御殿例閉朝門諸臣不得入上退坐命啟門復不至不得已還宮及諸臣聞駕出咸倉皇入上復升殿儀部吏佩元旦表與儀郎交臂相呼而不相識及拜賀禮行遂取別省賀元旦表讀之中官命報名以辨至否時諸臣各競紙筆伏地呵凍書之如犬蹠蛇行出訊之則自官僚以至從役皆如醉如癡不辨天曙莫知何故也

垣附上　三

錢輔龍錫萬曆丁未華亭人萬曆丁未會試時夢衣蟒玉有刀加頸爲人奪去後在政府以袁經略崇煥誅毛帥文龍謂龍錫知情下獄議死時上震怒人皆危之龍錫坦然曰吾先夢在必不以刑死已果減等出

崇禎癸酉甲戌鳳陽出惡鳥數萬兎頭雞身鼠足人取供饌甚肥美但犯其骨立死乙亥上元遂有流寇慘殺之禍

叛賊孔有德圍萊州城守甚固劉督宇烈萬曆丁未綿竹人主撫遣屈司李宜揚往說之賊誑宜揚往城下請謝撫軍璉萬曆丙辰監利人出受撫總兵楊某堅止璉不聽率朱郡伯萬年開城出賊故遥呼羅拜璉喜稍近之賊遣使請退左右有密言相告及刼兵衞而璉及萬年皆被執萬年誑賊曰爾執我無益可以精騎從吾呼守城者出降賊然之以精騎五百押至城下萬年大呼楊云我已被擒無生理賊精騎盡在此可速發礮擊之吾與俱盡亦不枉此死耳楊猶不忍萬年復頓足大呼遂遇害楊發礮擊死過半賊勢大摧

乙酉夏初鎮江民婦產一子頸戴二首與母俱斃又下游絲成團不知何兆

崇禎辛未四月揚州胡尚絅染疾不瘳婦程氏私刲股二片啖之嘔出不救婦不食二日然有身四月或解之曰若得男可延而夫嗣徒死無爲也婦曰吾亦知之但

生女又未免苟活數月恐無以對吾夫耳因復食至七月果生男踰年子以痘殤卽理前盟致謝翁姑曰未亡人且死不能常侍幸有娣姒養無悲也復絕食越二日其姑故難之曰爾父母家不越二百里若不俟而訣或有言奈何婦曰然可急迎之然終不食惟日飲清米湯一匙謂可延旦夕俟父母至迨十二日其父母遣幼弟至婦曰是卽可白吾志自是滴水不入口姑向之泣則曰未亡人若再嫁則當哭此好事耳何哭徐簡奩中簪珥令變易備後事以其餘給散家人并鄰嫗之曾過問者復自卜曰十八九日皆良吾當逝向曾刲肉二片救夫夫不可救尙以石灰養之牀頭死後可入歛以示全歸遂死

錢少宗伯謙益聲氣宿望虛譽隆赫時周少宗伯延儒爲上所眷注阻之令不得列名於枚卜延儒請之瞿給諫式耜萬曆丙辰常熟人式耜厲聲拒之適温宗伯體仁亦以沈故輔一貫隆慶戊辰四明人門人爲時望所擯每立朝無敢與言者而資俸久在謙益上亦不與名於是體仁延儒交遂合始有召對錢千秋之事謙益等又欲攻去周輔道登萬曆戊戌吳江人故道登亦從中主持當召對時體仁應答如流而謙益噤不能言上命錦衣衞拏謙益下猶相顧不敢致上益怒故謙益卒不勝

嘉興縣庠生李夢康幼女四歲喪母撫尸慟絕而甦

事後母以孝謹聞父食貧女獨勤紡績供父或鬻而求字因詢父曰世何謂賢父曰善事舅姑爾女曰舍已親事他人親以此謂賢質非兒願且我母早逝㷀㷀非伯兄事父休矣因哭拜力諭父亦感泣及笄愈貞不字之心父悲其志不強奪也父嘗病女禱天請代煑藥庭中有青鳥啣一朱實墜藥鐺中服之即愈崇禎二年六月朔女疾作自知不起抱父號泣以不克終養爲恨一慟遂絕

郝景春江都舉人萬厯壬子官房縣令張獻忠既就撫復叛來攻房城不用力者手刃之景春亦懸錢立賞格曰擊中一賊賞錢一千獻忠有花馬甚愛出則常騎亦爲礮擊死

其徒死者甚衆獻忠將退指揮張三錫以繩引賊入城城遂破降賊張大經百計說景春降不從呼其子鳴鸞至謂之曰男子不幸至此惟一死耳又以手畫頸曰此其甚痛耶乃與鳴鸞及僕陳宜往見獻忠不屈獻忠指大經曰彼九省監軍道如何恭謹汝一知縣敢爾景春曰彼已降賊不値一錢吾豈效彼者乃殺一丞以懼之罵如故獻忠與大經怒命曳出猶罵大經不絕口遂見殺鳴鸞撫父尸大呼曰死賊何不殺我遂與陳宜同遇害事聞贈太僕寺少卿

鄭輔以偉上饒人萬厯辛丑喜讀書而票擬非所長疏有何況二字誤以爲人名也票云何況着按撫提問上駁改乃悟由是有館員須歷推知之諭又一日擬票懸筆不能下周輔延儒等哂之以偉歎曰吾富於萬卷而窘於數行致爲後生所藐遂挂冠後竟卒於京

吳侍御甡辛未按秦一以察吏安民稽覈功罪激勵將士討賊爲務凡巡方舊套審錄拿訪等俱停守令賢否即以城守堅完盜賊不犯境民獲安堵者爲最故按秦二十閱月賊未過西安漢中一步

曹總兵文詔與洪總督承疇萬厯丙辰南安人不協吳直指甡會問文詔曰制府素稱得將士心而不能用將軍何也文詔曰制府爲人煦煦小仁御士以詐無雄畧英斷可遇小敵不可遇大敵文詔從征數年頗有功而幕下將

吏不聞薦錄一人此騏驥困於鹽車仰天長鳴者也甡爲疏題部下有功者請部加銜文詔甚感之故後撫晉時大得其用

鄭庶常鄤入京以温輔體仁異調恐阻已入館逢人肆詬謂吾必糾體仁然特以恐嚇爲牽制耳實無意糾也體仁知之遂爲先發制人計而蔑倫詞臣之疏出

禮科房之騏崇禎戊辰東明人父楠萬厯辛丑温輔體仁本房門生也之騏以國博改給諫負體仁力已復糾體仁以附聲氣噫寧吾爲逄蒙自負其師耳後兩仕清尋革職

宋給諫學顯以聲氣自雄田太宰維嘉與牴牾一日學顯以書干選郎維嘉得之遂例轉時學顯方揚揚謁客

忽數朝士擁馬首曰高升矣學顯呶呶不平維嘉揚言將以私書入告遂悒悒出都

田戚畹弘遇（田妃父）所爲不法人爭鼓訟御史稾以法繩之貴妃脫簪求解上怒曰祖宗法不可私擯居別宮久之周后召至看花乃承恩如故

上重太宰之選召內閣五府九卿科道等官命各舉所知張少宰捷云諸臣黨同伐異一切把持臣所舉皆所不喜盧吏垣兆龍（天啓壬戌光山人）曰科道例不薦舉惟舉有不當者方行糾參上然其言命吏部先舉捷因舉唐世濟呂純如諸臣皆各有所舉上問世濟何如人溫輔體仁錢輔士升（萬歷丙辰狀元嘉善人）王輔應熊皆極詈之上曰呂

純如係逆案不可開端於是兆龍首糾之而姜給諫應甲孫給諫晉言尤力張侍御三謨（天啓壬戌太原人）金侍御光辰等繼之獨河南道盧元賓不言捷再言純如才若用之不效願與同罪上曰既絓逆案不用也罷初召對諸臣傳聞閣部同心且有大力者爲之內援純如之用聖意已決故皆蓄縮不敢言賴上片言而定諸臣方敢繼其後然純如無頌忠賢疏逆案指爲有頌誤也

上以山西大同宣府等處失機罷督撫罪之命會推代者張少宰捷出諸袖中曰山西巡撫已有人矣衆問之以吳侍御甡對衆爲不平爭論久之捷竟以甡奏上召甡問何以撫山西對曰衆敵當禦之邊外若大同宣府不能遏其入口山西豈遽能驅之出口乎然其入邊尙在一二年後猶可預爲修備今流賊遍滿內地郡縣爲墟此國家腹心元氣之病不可不速爲撲滅山西逼近京畿關係尤大兼陳殲渠散黨防河用將申嚴紀律諸事上傾聽久之是晚命下

孫給諫承澤入垣諸疏中立無所依附當事者欲以年例處之疏糾蔡少司寇奕琛乃得免自此以聲氣推

上篤好文學勵精求治嘗因講席咨問春秋傳義左右陳說無稱旨者或薦文翰林震孟特賜燕對震孟援引侃侃上嘉悅之

吳給諫麟徵生平不受人意旨言事與文翰林震孟交

密震孟以劾潤州張某奏稿諷麟徵上之麟徵謝曰非時政所亟也震孟雖鞅鞅去而心敬之

文翰林震孟一日入講上加足於膝遇講中有云爲人上者可不敬哉震孟重言之上爲竦然及入閣頗疎脫曾擬票某本不決密遣僕持疏送姚給諫思孝代擬時思孝與溫輔體仁左大驚曰若洩禍立至矣謝遣之此思孝親爲予言者

蔣少宗伯德璟留心國計將各邊餉冊細加剔覈計祖制九邊及先後增設東西二協昌通津登保五處共十六鎭一切新舊練三餉兵馬及屯鹽民運漕糧馬價各項原額現額苦心編纂而諸形勢要害及近邊部落今

昔疏義有可采者亦附見焉合爲總册分爲各鎮名曰備邊御覽册先進總册次進備邊撫賞一本三進薊密山永一本薊永三衛考一本昌平鎮一本守邊乞賞各部落一本又將各邊十六鎮新舊兵馬屯鹽民運京運漕糧三餉本折及兵馬價各項括其大綱以便稽核名曰御覽簡明册一本又進九邊十六鎮兵餉總册二本御覽簡明册二本薊州鎮兵餉原額二本新設中協薊州鎮一本東協山永鎮一本西協密雲鎮一本大寧三衛考一本附戚繼光登州衛人諡武毅口外山川圖大寧啗撥歷朝經歷及朶顔福餘泰寧支派恢復大寧諸疏議新設昌平鎮二本附諸陵形勢歷朝謁陵事宜新設通州鎮一本新設天津鎮一本附二鎮漕河水利眞保鎮二本新設登萊鎮二本附膠萊河養魚池考海運考毛文龍至黄蜚始末考新設關外寧遠鎮二本附建州始末考二本山西鎮一本宣府鎮一本大同鎮一本守邊貢彝考二本附隆慶以來順義款貢始末陝西固原鎮一本延綏鎮一本寧夏鎮一本甘肅鎮一本附河套考大同叛兵考寘鐇考元昊考哈密諸番考其進册時在入閣後

文輔震孟入閣時溫輔體仁久居首席每票擬必商之震孟有改必從震孟密語諸同志曰溫公虚懷乃爾何云奸何輔吾騶萬曆乙未香山人曰是人伏機甚深何可信震

孟不爲意越十餘日體仁竊其疏脱凡震孟票擬竟發改震孟堅不從徑抹去之震孟怒拍案大呼以諸疏擲體仁前體仁亦不顧未幾許給諫譽卿爲謝吳宰陞所糾體仁擬旨爲民震孟力爭之不得曰科道爲民非天下美事體仁奏其語遂罷震孟每語諸同志曰諸君子見子當國放膽作事無復前者兢業遂爲奸輔所窺乘機相中先是周輔延儒被糾將去國體仁與閔冢宰洪學烏程人萬曆戊戌深談歷指某疏比某疏尤甚笑聲徹外後浪催前浪其相嫉固然也

許侍御自表糾溫輔體仁疏項翰林煜所授也煜以自表由明經拔上所注意雖糾必不處竟鐫級調用

體仁長於心計凡閣中票擬每遇刑名錢糧名姓之繁多頭緒之棼錯皆相顧攢眉獨體仁一覽便了從不以舛誤駁改故諸輔亦服其敏練但存心過刻伏機甚深又不敢批逆鱗其大病也

張給諫焜芳崇禎戊辰山陰人糾史閣少𡌴天啟壬戌溧陽人聞款揚州同袍鄭元勳所授也𡌴巡鹽狼籍多在揚郡故元勳知之甚詳然𡌴繫獄後毋死不得跡號泣不報頗有憐之者

吳輔甡在晉嘗語諸將曰予在行閒久知兵事好還賊焚掠害民卽殺之千萬有功無罪若無辜脅從卽殺一二亦有罪無功且我縱軍士濫殺上天或假手賊以致

喪敗諸將惻然甡乃製白旗二面每出陣令脅從老幼婦女降者跪伏旗下一散其黨俾得直前殺賊一全活無辜使有更生之望

河南流賊張甚謀欲渡晉吳輔甡請旨移駐河上督兵防禦往時撫院移鎮皆遠坐郡縣將吏得逍遥河上甡駐禹廟坐卧處韓城諸山村棨然在目分列軍士倚山爲壘多置火礮無事則鑿冰有警則伏銃以待臘月望後賊掠韓城諸山村火照壁壘開未幾逼河爭道相持旬日矢石交發賊不敢近除夜甡語中軍曰年節恐軍士酣飲離伍爲賊所窺此數日夜更宜嚴備賊果是夜呼噪至官軍寂然既近發礮擊之傷者甚衆至明乃止

次日賊遍滿山谷終不得渡以丙子正月三日遁徙而南入豫甡不解衣帶者半月

吳撫甡親詣雁門一帶邊堡閱從前敵兵出入處各堡廢弛無一勁卒壯馬可禦敵者邊牆倘不及環堵土垣器仗朽敝僅火器存焉將吏云自俺荅受款後人不復整理六七十年矣設邊原防西虜豈料東人千里外入犯乎甡乃繪圖列所應修治增設堡墩臺牆上聞委廉能官督各郡縣丁壯葺治之又察往日管修各弁侵冒狀嚴懲之立限完工半年而邊隘可守

山西饑吳撫甡疏聞中使賫金至語甡曰上覽公疏諭各宮曰山西饑荒人相食撫臣疏到矣各捐所有往賑之一日得三萬即刻差遣上留心民瘼如此甡不覺泣下即約巡按同中使馳赴平陽察賑賑畢大雨是秋熟

乙亥戶部議税開架雖比唐法稍輕而擾民買怨則均吳撫甡具疏援陸贄諫唐德宗事內云陛下投珠抵璧上希堯舜當事者固不當以德宗敝政進而諸臣中無一陸贄臣深以爲恥願概賜停止非獨爲三晉災民請命已也不報

乙亥山西提學袁繼咸以名教爲已任操履嚌然課士公明吳撫甡因明旨有提學官三年滿公有望者開擢五品京堂以示優異乃具疏薦之而張巡按孫振批遺才諸生狀令送入場繼咸曰本道事何以按院批狀行

乎嚴斥諸生孫振怒具疏參論揑諸贓款汙衊之奉旨革職解京究問且謂撫臣何得濫薦着自行回奏孫振密令一司李謁甡云回奏疏畧自引咎渠與烏程相公相知不過降級耳甡曰皇天白日可令甡賣繼咸以欺君父乎遂直陳按臣徇私屬託繼咸抗直不阿狀孫振恨益深

甲戌之春上御殿謂羣臣曰今天下有事用人方急在廷諸臣其各舉所知温輔體仁先對曰臣等名忝政府不宜以汲引自私若皇上下詢省掖近臣何患無賢上顧六垣無應者獨吳給諫麟徵出對曰臣所見與輔臣異竊謂薦賢正輔臣事宜開閤延士持吐握之誠薦達

疏遠備皇上任使若有不當則諫官循名責實糾彈隨其後雖閹臣無能顛倒邪正若令糾彈之臣雜主任使則國家論列長短屬之何人上曰善

喬侍御可聘巡按兩浙時吳下諸公皆欲重蔡少司寇奕琛受隨羿託嘉興史司李德龔言於可聘而錢少宗伯謙益爲最可聘心無適莫正色拒之謙益等遂以爲黨邪叛正且尤及吳侍御甡詔甡乃可聘兒女戚何不致一言及南渡後薦奕琛者又謙益也

上因逆事倖德思故寧遠伯李成梁舊功特宜詔赦其子如楨於獄時如楨坐楊經略鎬失事繫獄久矣清晨抵家叩門而入家人以爲鬼皆驚呼已知其故乃相持

感泣

甲戌河南孟縣民孫光顯舊阡在河陽驛之東偏塋中有蔓草俗名野葡萄滋蔓長丈許入夏枝節間忽抽新條條條列萬狀有美人者達官者爲龍爲鳳爲麟爲龜爲雀爲魚爲蟬爲蛇爲孔雀爲鼠又有鸚鵡棲於架架上有盞盞中有粒鳳則苞羽具五彩美人上衣下裳裳白衣黃面上依稀似粉黛蓋翳露所就也凡人間物象種種咸備獨無器用之具耳至布置點染宛肖生動雖善繪者猶失其巧逆陌王秀才及冀氏塋所產俱同三氏外則無有即一枝出三氏塋外者其上即無有曹副使應秋聞之急使人往取已爲好事者採盡有人親往得三美人一鸚鵡一鳳者故述此三物尤悉此異宜聞於朝縣令以葵草不久遂寢

壬午秋甘肅巡按奏田間蝦蟆皆生鼠食稼殆盡

予爲寧波司李謁嘉興守道婁大參日啟（萬曆癸丑新喻人）偶語及洪總督承疇日啟曰做門人往司李興化所取初謁時視其少雋甚喜然某踏蹬宦途幾十餘載不識何故鴻音示絕予曰有嫌否曰無今追憶其言良可味也

浙江郭直指鎧復命病甚所上疏俱不能自備內皇上敕下誤書皇下敕上上怒加二大叉後降調或曰此亦不祥語也

高侍御欽舜（天啟壬戌嘉興人）張侍御養（萬曆丙辰榆次人）巡鹽兩淮養甚憤憤欽舜則舳艫相銜載歸貲不絕爲內臣楊顯名所糾皆被逮一日刑部某主政過予言二人罪皆辟予慘然某主政問故予曰張過及秋刑欽舜欲求先死賂獄官前其名決訖忽訛唱停刑養以下諸犯皆免時上雖譴監刑御史而究不救養也

己巳永平樂亭縣被寇其鄉民家畜一犬主被殺犬護之不去後鄉人逃難者歸見衆犬伺尸欲食一犬橫阻其中則其主尸也歸者咸義之糾鄉人埋其主犬自穴於塚旁入其中不移趾死士人爲立義犬亭云此同年成樞曹德爲予言者德後殉闖賊難

北兵破汶上縣驅一婦上馬誓死不從强迫之上復大

馬投地遂被殺以血書片瓦置其懷中云此婦可風惜忘其姓此予過汶上士人所言

唐少司馬世濟素服霍司馬維華才家居時言及維華輒逆案輒惋悵不已及起任總憲遂以邊才薦閣逆吏部時維華戍徐州每對人言已旦晚必用及聞世濟被糾下獄怏怏卒

崇禎中有人詣通政司投疏謂年號崇字宜用古字作崈蓋以山壓宗不安若宗廟安於泰山則吉徵也通政司怪其誕屏弗奏

辛巳八月上視學行釋菜禮幸彝倫堂祭酒司業以次坐講畢駕閱城東北角樓樓新報落成也兵部堂上官得騎馬護駕上御角樓賜護駕各官瓜果輔臣等同入謝上諭輔臣曰大儒周二程張朱邵六子有功聖道與從祀諸賢不同宜議優崇卿等傳於禮部吳少司馬甡退而具表章眞儒疏請命詞臣輯正六子全書頒之學宮報可

吳少司馬甡在部以衞所各官承襲冒濫簡故牒大率皆靖難功而開國者百不一二靖難視開國何如而濫敘若是豈開國諸衞所軍皆從北征事後經誅奪殆漢諸侯王以酎金色輕惡除者百餘卽開國侯伯見在存襲者幾人而衞所各官傳襲二百五十年不絕祖父有罪子孫贖襲弱幼者優給卽嗣絕者亦得旁引不可知之族姓貧緣冒官徙廩俸銀濫名器可歎也

辛巳冬山東盜復劇請兵上命發京營五千往因召對上曰近日練兵何如吳少司馬甡對曰練兵必先選將將得其人兵自可練今京營諸將皆循資敘遷非有拔自行伍擢自功級者今發不練之兵靖方張之寇萬一不備有傷重威時提督太監王德化亦奏言京營馬匹不滿萬又多瘦弱不便發動語未畢上目攝之曰此非爾奏事處德化惶懼而退是晚上手諭下閣罷提督止發兵三千命內員督勦竟無功

壬午四月召對上欲於京營選五萬戰兵而汰老弱何以使選者精汰者不譁吳少司馬甡曰汰老弱卽在練精壯中京營原募邊勇營一萬二千專練騎射月支米一石鹽菜銀一兩又有壯丁營專練火器者三萬月支米一石銀六錢餘皆月支一石無鹽菜也近日驗之皆與散兵無異臣責各將領曰糧分厚薄而兵無强壯何以服衆軍士今後行分練法各將領日揀騎射火器精熟而力舉三百斤以外者另列名籍旬日呈總協合操之如式者散兵拔爲邊勇下則邊勇降爲散兵壯丁亦然老弱不堪者革退另選精勇者補伍行之數月選練者十之一二汰去者亦十之二三此法常行軍士皆鼓厲練習以圖厚糈而被汰者亦無怨革弊當以漸不可使知有汰兵之意上曰然又問當另立戰營得堪戰者

五萬否甡對曰京營設兵原期人人堪戰因承平日久不見戰陣前者發兵剿賊皆沿途無籍游棍代頂將領利於扣糧游棍利於擄搶飾敗爲功冒功濫賞歸營則大軍依舊充伍積弊已久今依臣練法要在選將有戰將自有戰兵五萬亦不爲難但法須易簡事忌紛更不必另立戰營也上諭兵部曰協理說得是卿速選將不可悠忽又諭甡曰還具疏條陳來看賜果餅拜謝而出

鞏駙馬永固順天人光宗婿上疏請補建文謚上與諸輔臣議皆慫恿甡更奏曰建文無過上曰不然渠變祖制戕親藩皆過也又曰此事列聖皆未行朕可行否歎而曰畢竟是一家會兵事迫遂已

黃翰林道周每具疏皆手書上閱從不倩筆及廷杖下獄猶手書孝經解百本序贊無一重者每本售銀一兩人爭市之以爲家珍其繼夫人蔡氏名玉卿字潤石並工詩文亦善書與黃公無別

楊翰林廷麟以劾楊內閣嗣昌改兵部主政爲盧督師象昇贊畫同籍居翰林象美自負知兵爲蘖烏合百餘人指麾操演旬餘方行至蘆溝橋望前途塵起訛傳敵兵至皆奔散惟存廷麟孑身而已

丙子五月詹侍御爾選上輔臣以去明心疏言甚切直上怒召對辭色俱厲爾選應對無所屈上問如何是苟且爾選曰即捐助一事也是苟且侃侃數千言且云臣死不足惜皇上幸聽臣言固可爲今日之用即不聽臣言亦可留爲後日之思上益怒輔臣中救亘久命錦衣繫之朝房翌日旨下都察院議處僅降調

崇禎時誤國輔臣皆指周延儒溫體仁誤國樞臣皆指楊嗣昌陳新甲然歷數前後輔樞其智畧優長又推四人最蒸將相之才故眾口所詆猶居然冠軍此國事所以不支也

戊寅四月六月八月皆有火藥之變而四月爲盛石板平起空中人家醬甌或移寘屋脊而醬不傾騎驢過者人驢俱在空中驢腹腸潰破而人徐墮地無恙

中貴有玉犀帶而無金銀花素之制其玉犀亦非品級

所宜得但因貴幸而賞之耳累朝相沿已爲定制上於辛巳創爲定品乃自花金以至光銀等帶皆有之又爲定補服斗牛飛魚而下以各色異獸分品

鳳陽總督楊一鵬萬曆庚戌岳州衛人初司李蜀中上峨嵋見一僧結跏趺殿上與佛並坐一鵬異之往問訊僧曰子非孩時不呱不泣者耶一鵬生時實有此事大驚執弟子禮兼詢終身事則云我鳳陽人汝六十時當與汝相見遂別及爲總督已二十餘年於甲戌九月聞有人夜擊鼓如響報朕亟取入則內有詩七章僅傳其五云謫向人間僅一週而今限滿恐難留清虛有約無相負好覓當年范蠡舟業風吹破進賢冠生死關頭着脚難六百

年亦今一遇莫將大事等閒看浪遊生死豈男兒數外鎮傳別有師富貴神仙今兩得尚牽繮鎖是狂癡難將蟒玉拒無常勳業終歸土一方欲問後來神妙處碧天齊擁紫金光須來法旨不容違仙律森嚴敢洩機楚木吳山相共聚與君同跨片雲飛細閱之乃向所遇峨嵋僧遣徒遠貽諷其歸隱也一鵬不能決但命贈其徒路貲笑曰何以金爲揮手去未幾以流賊掘皇陵逮誅赴市日惟仰天歎曰好師父好師父至定辟乃紀刑曹克家主筆克家引盜陵樹律有雖無其盜之情云云似屬牽合而一鵬求稍緩以待聖怒之解克家不從爰書不三日上遂立決後克家疽發於背一鵬晝現以手撲之

遂潰爛死

張司馬鳳翼（萬曆癸丑振武衛人天啟乙丑科有張鳳翼山東堂邑人官工部尚書當非此）遭丙子之變自請以身當之先是以舊司馬梁廷棟（萬曆己未鄢陵人）爲總督廷棟由南至鳳翼自京出北兵至雄縣乃返徧蹂畿輔破數十城二人俱尾其後北兵將出乃斫大樹白而書曰各官免送所在有之二人度北兵出且罹重罪日服大黃取瀉北兵以八月二十九日出口鳳翼以九月初一日卒又數日廷棟亦卒

楊司馬嗣昌奏以秦督洪司馬承疇兼勦務而用粵撫熊中丞文燦爲總理以十撫分爲四正六隅刻期合勦計兵十二萬馬三之步七之勦餉加派民間者至二百八十萬兵合後期以百日勦賊無遺否則按汎守行軍法且令各撫不必更調兵卽用郡邑民兵往秦督孫中丞傳庭移書爭之謂用多不用精無益且蹶況民力已竭不堪重困今但選關寧精銳馬兵八千屬僕及督理分將之同心殫力惟賊是求不數月可盡何用爾爾夫爾爾必不盡也嗣昌不從卒無功

總理熊中丞文燦所勦豫寇老回回混十萬等凡十三股聚屯殽函間聯營數十里文燦尾其後招使降賊佯與應多所要挾秦督孫中丞傳庭曰天下之寇盡此我擊其西總理擊其東不降則滅此賊滅張獻忠雖據穀城不敢獨反因提兵出潼關擊賊屢敗之賊以文燦手

諭上傳庭曰旦暮卽降傳庭曰爾曹就總理講而日肆屠掠僞也明日復進兵擊之行不數里得文燦檄若爲飭諭有司者謂吾功已成無妬功而害其成傳庭不得已旋師賊迄不就撫遂竄商雒南入於楚

仇少司馬維楨出鎮通州到任後疏稱通州內璫守禦之能金侍御光辰論之謂其不思自樹巧借內援責備極當召對平臺上怒甚曰維禎方至通州亦須讓他展布爾便借題沽名會天大雨雷震因而霽威

總理淮鹽揚內監顯名治衙宇於揚郡內起高樓落成日梁直指雲搆自泗州道扁如樓之廣大書迎恩樓字加以采繪鼓吹導至懸馬雲搆弘光時爲少司馬後降

北與其子銓曹羽明俱爲顯官媚璫與媚敵一道也

王給諫都（天啟壬戌金壇人直隸州人未考何官天啟乙丑科有王都北查甲申傳信錄金壇之王都官太常寺卿被闖賊舁至家即死未知即是人歟）考選時吏部擬授南道御史改北及沈兵曹迅以條陳邊務特改兵科都諫之曰舉朝受皇上特恩者不止我二臣當思負皇上特恩者恐又添此二臣迅爲悚然

江西解巡撫學龍以翰林黃道周夙望爲所屬幕官隨例薦舉若附中如舊例止批該部知道上置弗覽矣魏輔照乘（萬曆丙辰滑縣人）不悅道周批解學龍不得濫薦且有挑激語上覽之遂并逮

庚辰三月之望上御皇極殿策會試中式舉人乘步輦降殿階周視距諸士几案咫尺天顏霽悅已親閱試策諭禮部傳臚展期二日十九日黎明傳旨召貢士中使出執一名冊傳呼黃雲師等四十八人進至文華門外午餘上御殿召問滅敵雪恥一事中使傳御題十幅每幅四人共閱閱畢以次跪對上注聽甚殷執筆親錄數語或有名上註圈點者天顏睟穆任人數陳二十日卯刻臚傳訖亭午吏部接出上諭以趙玉森（無錫人）姚宗衡（歙縣人）劉瑄（澧州人）孫一脈（沂州人）嚴似祖（昆明人）五名授翰林黃雲師（德化人）周正儒（宜興人）宣國柱（懷寧人）胡周鼒（長洲人）李如璧（華陽人）五名授科馮垣登（浙建人）陳純德（零陵人）陳羽白（靖南人）魏景琦（永城人）吳邦臣（紹興人）五名授御史餘董國祥（不安人）顔渾（懷寧人）等授吏兵二部有差後殉闖難者止純德一人正儒邦臣皆於順治朝以薦起送

薛輔國觀既逮到不下獄自分必不死寓處城外爲理裝計及夜詔到猶鼾睡家人喚醒云外有衣紅衛詔者國觀始蹙然興曰吾死矣倉卒覓小帽不得裂蒼頭帽代之宣讀畢以首頓地泣曰皇上何處臣若此徒欲籍沒臣家不知臣貧耳又呼吳銓曹昌時名詈曰吾死必不置爾遂就縊

自溫輔體仁歸輔臣始用外官如張輔志發（萬曆辛丑淄川人）程輔國祥（萬曆甲辰上元人）楊輔嗣昌蔡輔國用范輔汝梓（萬曆己未黃縣人）謝輔陞等然自嗣昌外罕當上意者辛巳薛罷楊死起周輔延儒賀輔逢聖用之逢聖清謹延儒警敏延儒北行家眾相隨舳艫銜尾拜塵者櫛比逢聖以次輔不敢先一輕舟隔數程踵後人無知者識者謂延儒酬接太監異日臨事徇法則賈怨徇人則失已二者之咎必居其一矣

周輔延儒至京陛見上甚禮之賜宴上親作主退入宮欣欣色喜曰還是他故當時所請如蠲逋緩刑起廢罷廠衛罷京營提督內臣無不允且清獄亦命延儒而一時逮繫如侯司農恂孫總督傳庭晉得出獄且以贖罪各提兵權

長至上親郊傳聞天壇旗竿一綵繩價八百金上雖躬

行節儉而鼠雀於內監者亦不能盡革

流賊張獻忠嗜殺每破一城則遣一隊往居如有孑遺則一隊盡戮間有赦而不殺者必斷其右手或以左手進則兩手並斷又不許賊營畜女子其破楚省時驅婦女數千悉擁納江流兩岸泊尸如疊又喜嗜人肉每立其人於前面割而炙之一舉數臠又破黃州時拆其城役及女子指甲盡落血横流拆罷仍壓之

山東賊李青山據梁山泊諸生王某為謀主分遣其眾據八閘梗運道周輔延儒北上二賊以門生名刺來謁眾驚怖延儒命入見兩賊自云非敢為亂以護漕耳延儒曰如漕渠無梗無失當言之朝授汝官以衛漕船及

歲終青山寨安山閘鑿河十里通梁山驅漕舟并繫漕卒去焚掠近臨清意在脅招張禮部國維懼適內臣劉元斌率勦寇京軍還合鎮兵擊之誘青山降執送京師獻俘上率太子永定二王御門受之凡三十餘人貫一人磔青山及王餘斬首方縛付西市眾賊云許我做官乃縛我耶至市青山猶起所縛之樁立拔王詬罵當事負約死乃絕聲

大凌失後關外所恃八城已已北兵屯義州勢將持久籌食關外時祖總兵大壽駐錦州先大凌時嘗降北其心不可知洪薊督承疇乃自將兵駐寧遠名援之實制之脫錦州失尤得以己當一面耳時北敵四王子困松杏糧將竭聞承疇將至初亦失色候騎報云督師兵距城五十里而屯四王子指天而嘻曰吾事濟矣彼提重兵來援不望城疾趨有懼我心懼則怯怯可破也遂分兵繞出督師後鈔其糧運阻其聲援祖洪遂成孤懸朝議救之陳司馬新甲調五鎮兵十五萬出關張樞曹若騏以疏少為監督至關餉部計兵予餉大率千兵可得六百餉雜老稚餉部以人數不足減其餉將領復於六分中汰其小半實出關八萬餘至乳尖山北兵以三千踞其上若騏乘五鎮兵多進擊遂拔其寨無何北兵大至若騏議依寧遠城拒之至城承疇曰寧遠城小而固猶可堅守若頓兵城下責餉城中不旬月糧盡有俱斃

耳眾速還於是大同王總兵樸即以兵宵遁北兵已於所還道掘成三大塹軍士有脫衣甲委器械度者昏夜傾跌蹂踐死者已眾既歷三塹北兵以鐵騎四馳我兵力疲隊亂遂大潰惟所斬殺若騏上海舟得免樸等五將各還鎮上疏待罪所攜盔甲兵仗火器銀米車馬不可勝計悉以資敵北兵因我糧械坐困寧錦於是款議陰起

周輔延儒初入同直賀輔逢聖廉慎而短才謝輔陞清敏有擔荷而深刻不為眾所附形以延儒固敏其短才深刻益著然以兩人在旁延儒終有所顧忌門人在都者諫垣有章都諫正宸沈給諫胤培沈給諫迅為楊

輔嗣昌所汲引，故延儒不甚洽。正宸矯矯不肯依人，肩培善避形迹，未有以賄賂干者，故一時有譽無毀。

江宣撫禹緒（崇禎辛未杭縣人）爲周輔延儒門生，居官有煩言，陪推宣大總督，章都諫正宸以爲不可。李冢宰日宣（萬曆癸丑吉水人）承延儒意改正，點用，正宸疏劾日宣私易是未嘗爲閣臣地也。事幸寢。後六月，正宸坐繫，人疑延儒修郄云。

起廢中除逆案、封疆、贓罪、計典不與，餘得察用。金沙周儀曹鑣以言事罷，嘗有揭尼周輔延儒之出。王銓部重不知也，延儒問重吾鄉舉廢當用誰，重云無如周鑣。延儒默然。鑣因所親謝過，且認爲同宗，故得起。召延儒初入，用舍未違衆也。如江陵令史元調（崇禎辛未金壇人）亦門生，欲起之，因章都諫正宸於名下註鑽字，亦止。

黃侍御澍奉命賑河南，遷延不行。一日上召對，澍娓娓有言，上遽聲曰：住了。又問：命汝往河南，何不速去？澍曰：無兵。上曰：賑濟焉用兵？澍奏有賑金十萬，無兵誰爲護。致上命給以京營兵三千，仍厲聲限汝三日去。

周同袍正儀，延儒弟，其父彌留時曰：當視如子。故延儒甚愛之。及在京，日出拜客，路禮曹遴（崇禎甲戌宜興人）與正儀爲兒女姻，復爲招搖。候選候考者多趨焉，於是有以七千求詞林、五千求科、三千求道者。遴尋改吏部。

壬午考選各官，辰入，賜茶飯，逼暮。上出御中左門，閣臣亦几杌坐旁。人有名冊，先令內臣傳策題御書也，已以次跪對。名字有圈點者，有書所對數語於名旁者，有駁者。內馬令嘉植、金令汝礪（崇禎甲戌仁和人）敷對工雅，張大行法（崇禎甲戌羅山人）高喊而不辨所言，云何罷對。漏已二下，出至午門，令以所對補本進，不得增減。次日各封入，吏數日得省十二人，餘俱臺巽數也。

考選科道，吏部、都察院職掌也。上疑徇私，故戊寅考選召對候考各官，壬午復行之。對畢，鄭冢宰三俊、劉總憲宗周面奏：凡人才品外，輒官許內採輿論，尚恐不確。今片晷天威之下，有才品清卓而口吶，亦有才品卑劣而便佞者，何以裁定流品？且考選科道從來是部院職掌，

如果徇私不當，合加罪斥，乃至勞陛下宵旰，臣等爲溺職矣。上不懌。

臺省謝恩後，類候閣。周輔延儒諷以無及廠衛，無及謝輔陛。蓋延儒之入，王內臣裕民有力，其罷廠衛亦有力。已以祖制并罷裕民所管京營，裕民恚爲延儒所賣。延儒亦懼爲中傷，乃託所善黃心葵調停，陰還廠權，相約不羅織士大夫，猶懼諸新進言及，復激其怒故云。

上每次考選，旨屢云何以無科貢。蓋科貢所處之地疲痟，與考極難，到者常少，中榜待之往往裘敝，長安皆以爲謝輔陛所票，恨之。及謁陛，諸次云人主以不用聰明爲聰明，皇上太用聰明。又云救事諸君不必言，皇上曾

於奉先殿祈籤聖意已決諸人方憤陛閣數語以爲誹謗漏洩禁中語於是朱給諫徽啟端廖給諫國遴頻攻之省中羣和禍幾不測周輔延儒周旋得罷職去

寧錦之潰北邊精銳幾盡而中州寇禍正張上意亦欲以金陵姑緩北兵當力平寇謝輔陛與陳司馬新甲主之周輔延儒亦欲安享其成成則分功敗不及禍其不欲去陛以此

周輔延儒靈穎善對嘗召對上云近日科道橫如楊枝起一疏薦四十二人是用人不在銓部只在科道若楊嗣昌温體仁已物故薛國觀已賜死謝陛已處分何王士鏷疏又云四凶延儒云堯有四凶上色稍怡又云還

有馬嘉植都票來重處延儒云此皆新進外臣感特拔之恩有聞入告不覺過激若一經申飭自不敢妄言上曰即擬一諭旨來延儒退擬一敕極口詆斥言官末云除已往不究三人遂免

凡考選矯矯者多入省兹選朱給諫徽倘雅楊給諫枝起廖給諫國遴姜給諫埰倪給諫仁禎（崇禎丁丑浙江人）方給諫士亮光給諫時亨皆能建言然楊險廖橫倪陰狠皆濟以多欲方孤行一意姜戇直而戇若論品方姜朱似勝姜於禮垣能論禁中頻事齋醮亦云敢言矣

方給諫士亮任兵垣極敢言銜督之拔成虔北兵以偏師綴我而悉銳搗薊五鎮出關亦慮精銳盡餉而宜大空虛士亮疏欲撤張督福臻（萬曆癸丑高密人）倘如其言後來遵化之失必且追咎得非豈俟監軍時耶至欲用閩將陳鵬爲撫江一時勳臣以爲茂祖制不顧也

五鎮潰後朝中無言及寧錦者已聞寧錦失洪督承疇執祖總兵大壽降曹總兵變蛟死塔山一城以不肯降盡城自焚上臨軒垂泣云我不曾救得承疇敕建祠京師贈卹從厚且令設壇擬往親祭今猶儼然也

陳司馬新甲才品心事與楊閣部嗣昌酷似嗣昌在樞府牆子嶺失日上機宜以朝廷遙制軍中將從中旨事機已變徒增擾亂耳嘗恨其作聰明誤國顏東撫繼祖三旬六調疏其徵也及閣新甲所刊疏鋪張布置依然

一轍其陰主款同然亦有才能留心邊事者沈給諫迅請召對面詆之上曰令爾作新甲恐猶不如耳

大同王總兵樸賈莊之役託遼警還鎮致盧督師象昇兵單戰死及出援寧錦亦潰歸而洪督承疇遂敗初時各還鎮請罪知其爲負嵎也不問後以樸倡逃罪重罷還京師及寧錦失逮問周輔延儒所暱董心葵者爲行金察臺省有欲言樸之曰首揆已許不死矣故罕言者上卒震怒令法司三日讞其獄卒棄市延儒不能救也

中州頻失事臺省彈陳司馬新甲者蝟集上於措置兵機疏多云部科議了來說覆疏於本兵名後即列兵垣兩少司馬不及不惟責科臣重亦所以息其後言也

嘗見聖諭下部科者黄楮長僅尺闊二尺餘界以墨印龍邊中押御寶色鮮潤其所論用朱書瀝瀝數百言字皆行書甚遒逸凡下科疏類硃批日時以防壅過多有子丑時者甚批閱至丙夜不休也勤哉

中州警報頻至令兵部兵垣詣閣中會議諸臣相顧寂然良久周輔延儒云上令諸君議今無一言何以復命然竟無言者次日陳司馬新甲上疏科臣署名於後其言某府原有某兵某要害當參以某兵某兵單弱宜益以某兵紙上歷歷不殊聚米人皆服其才使其未死尚有可策

楊給諫枝起行文縱橫疏利以薦疏過濫責令回奏奏

上上披閱深賞其才惜有才而貪狡不善用才耳

周輔延儒熟於世故情面多而執持少賄來不逆賄歉不責故門人親故自賄及爲人行賄不拒也或匿其二三或侵其四五不問也每自閣中退休朝房或私宅見客徹丙夜撫道府部多以賄遷利溥於人詬貽於己矧病且中於國乎

貨賄之風壬午春暮已甚一監司以五千金營邊撫疑其俸淺又益二千金卒得之一部郎謀浙海道議者云須五千作事者靳之僅許三千金雖先獻半竟得一守而去令之倖足者得禮曹亦必二千兵曹亦必千金有營之銓曹爲出一缺而大力復攫去絶無無翼而飛者

修練儲備上催行下報復祇煩筆墨無資事也即如鄉兵營過齊魯過客多索以備行然華顛黄口鈍戟短棒無足恃也北趨未息肩南往復相迫不惟人無停趾且家得二三人方足備追呼時有請以江北班軍討賊張薊督福臻請以北直褁八府鄉兵備邊識者曰班軍赴工如入湯火今驅之干櫓何殊驅市人戰鄉兵雖日事奔走猶以暇服其田疇今遠去鄉土失其農業家口豈免飢寒且衣械道里之費責之本人或不給出之鄰里則騷擾且赴邊不無水土之不習將領之朘剝恐內地有害於邊無益王給諫士鑅將言之爲吳廷尉履中所阻僅言鄉兵一節時部覆不可行上已批暫調竟於疏中批免調

予同籍關少參永傑（崇禎辛未鞏昌人）長身赤面極類民間所畫關壯繆像自言貌壯繆後已備兵中州竟殉流賊難豈與壯繆相同皆宜以兵解耶

章都諫正宸掌吏垣時浙中新臺省有馬給諫嘉植倪給諫仁禎曹侍御溶人稱鼎足然三人者或借之爲重正宸未恃爲巢也

考選故有部屬有同知茲選俱省臺時謂一榜盡及第而庸陋厠朝班矣上見其條奏多不堪且乙榜中有起語用哉字者令王總憲道直考汰而一時以上言被謫責及言不合時者俱關節求留消直分一等爲予實授

二等爲試御史再考定奪三等爲部屬

宋少司農之普比於薛輔國觀國觀死懼爲東林所斥薦錢宗伯謙益劉中丞宗周等以求容時章都諫正宸惡其反覆鈔參之上笑曰渠旣非彼家人徒取辱耳何以薦爲及南都覆之普請爲常州知府復入東林書院講學書院乃故高中丞攀龍萬曆己丑無錫人所建噫中丞恥之哉

金沙盛太學順嘗之浙王侍御章時令鄞縣干求不已乘章入棘假關節行騙及黃翰林道周被逮順出千金佐行一時推其義俠遂得置身縉紳間及周輔延儒內召丙札謁浙江熊撫軍奮渭萬曆丙辰商城人許以內轉命仁

和吳令培昌爲出營資奮渭因親禮之順遂藉其勢關請兩浙監司所至倒屣皆愚以美轉亦各令其屬爲出營資搕挾上力以漁下借下力以媚上賢否差署皆一手握定獲不勝計及奮渭得南少司馬人益信初夏攜人營壓金及通候金數駝入京且公言此行當爲宋太常玫取相玫父嘉湖道繼登萬曆甲辰萊陽人取京卿培昌取科日奔走公卿間每入見延儒談幾竟夜識者曰此人必爲首揆累而一時縉紳方藉以親延儒無拒之者

松山杏山繼穽錦失陷朝中有文武官各積米粿之議未有知馬紹愉之往款者忽鈔傳紹愉塘報云見敵講和好敵索金三十萬銀三百萬已許金一萬銀一百萬兩敵尚不肯決要金十萬銀二百萬兩如不從卽發兵爾家所失豈止此數外遍鈔傳而兵科未之見方兵垣士亮疏劾本兵言各地塘報皆上聞後發科鈔傳今忽有此報僞耶兵部不宜爲此眩惑人心眞耶則陳新甲主和辱國時新甲與王司禮裕民昵士亮懼爲所中候命數日驟爲之白得旨下詰責本兵尋於馬給諫嘉植糾疏中命議新甲罪下法司擬秋決上命改擬竟立決以洩款故也

上與陳司馬新甲密議款還手詔往返數十紙戒弗洩忽一日報至新甲偶置案上其僕不知持授塘報官遂鈔傳於外方給諫士亮得報遂疏劾上怒故新甲終以

此誅周輔延儒時爲首揆猶力救曰國法敵兵不薄城不殺大司馬上曰連陷七親藩比薄城孰重竟誅

陳司馬新甲未下獄廖給諫國遴楊給諫枝起光給諫時亨倪給諫仁禎倡議必殺之及下獄奔走於徐司寇石騏言必不可殺者亦此四公蓋前之必殺以索賄後之弗殺以賂入也省中之橫至此爲劇

劉內臣元斌嘗監京軍討賊過雄縣紀律頗嚴及還至山東剿李青山王侍御孫蕃劾其淫掠旨下差官校拿問此疏密封下科不鈔傳元斌疏辨孫蕃因攻王司禮裕民云元斌爲裕民名下官裕民暗洩臣疏故元斌得按款强辨不然本係密封下科未嘗鈔傳元斌何以知之

上以孫蕃能發奸進二級，裕民亦下獄，與元斌共棄市。或云裕民之死，以比陳司馬新甲匿塘報，上借事殺之。

山示馬巡撫成名（崇禎辛未，濮陽人）起謫籍，逢人談兵，侃侃自得，然皆脣吻韜畧也。成名復從史姻家潘僉憲永圖（天啟乙丑，金壇人）以七千金自謫籍躐陞開府，僅兩月，以失事相牽入獄，駢首西市。

內閣嘗題陞姜少詹曰廣，不下。及召見時，語次有言曰廣相材者，上曰：「嘗有稱曰廣爲清任和者，朕謂此三字亦難勝。此後曰廣進講對朕，輒悻悻，豈休容大臣耶？」

每見考選諸君言及交際，輒首同鄉大老，他鄉不及焉。乃當日所號爲泰山北斗者，月旦所在，人爭趨之，皆進

重贄，亦無所辭，則其平日之高聲價、勤品題、廣延攬，亦爲賄府也。君子哉此！陸友雲龍所目擊，爲予言而歎者。

騂金吾養性，楚人，嘗過王給諫士鑅，士鑅言爾中冒濫者多，養性是之，劾其上疏清汰。或曰：「金吾棼如髮，誠宜加櫛，顧此人非端人也，若疏下倮掌印察核，適爲開賄門耳。」乃止。

崇禎十年，安慶生員蔣臣進《皇明薦舉考》，張納言紹先有《薦舉考》，皆寶訓諸書採集成帙，事係陳言，簽語蓋條陳之陳也。時閣臣不解其義，乃票云：「寶訓稱係陳言，殊欠敬慎，張紹先等着議處。」蓋認爲陳腐之陳矣，傳者笑之。

三垣筆記附識上

三垣筆記附識中

崇禎　　　　明興化李　清撰

壬午元旦上御皇極殿朝賀畢至寶座前南面正立顧內侍曰召閣臣來閣臣由殿東門入再奉詔遂趨至殿檀行叩頭禮畢跪以俟命上曰閣臣西班來蓋以師席待諸臣也閣臣起立尚不知上意擬分東西兩班又曰閣臣西班來隨有一內侍下引前上命閣臣上來諸臣趨進上曰古來聖帝明王皆崇師道今日講稱先生猶存遺意卿等即朕師也敬於正月端冕而求上轉而面西向閣臣一揖因曰經云修身也尊賢也敬大臣也體

羣臣也朕之此禮原不爲過又曰自古君臣志同道合天下未有不平治者上說至此句詞甚溫厲又曰職掌在部院主持在朕調和在卿等諸臣跪伏謝菲才不敢當上曰先生正是朕該敬的言之至再又再三言先生起諸臣始起轉下叩頭上退後遂補賜諭語與面諭大同小異云時勳臣不知聖意亦相率疾趨於閣臣下上曰公侯伯過去勳臣尚不解曰東班去

周輔延儒再召吳銓曹昌時自以爲功然實馮舊輔銓之力也延儒欲復其冠帶不得延儒語人曰錢少宗伯之起易於外而難於內馮舊輔之起難於外而易於內少宗伯謂謙益也

吳輔甡入閣孫廷尉晉金僉憲光辰皆與有力故二人皆借以標榜甡不能禁也然晉巧而光辰勁猶有顧惜至曹給諫良臣與龔給諫鼎孳繼起附會則一味毒橫矣

馮舊輔銓三次守涿州與楊冏少維垣守通州皆有微勞故撫臣爲題敘周輔延儒欲乘此復銓冠帶吳輔甡時爲少司馬與金僉憲光辰孫廷尉晉皆力爭卒格不行時維垣亦欲因此上疏求以布衣與九卿科道等同召對議退敵之策爲通政司所駁而止防其漸也張少宰捷素有清望又非逆案雖以晉撫陷甡而甡之聲望反藉以起延儒欲起捷爲南總憲甡堅執不從捷遂與

聲氣大左

上嘗召周輔延儒等言及挺擊紅丸移宮三案云此三事皆非如紅丸一案方從哲（萬曆癸丑績谿人）會奏不可輕進皇考慨然曰朕勢將不起飲之或徼倖可生不飲惟坐而待斃耳此實皇考欲進進而稍效又命再進時朕與先帝俱在側豈從哲所爲挺擊一案實係風顛朕記爲信王在宮忽片板自上墮其中戈戟森然時欲奏聞旣而曰此或以深宮須備不虞故儲自先朝耳命內宫掩完迄今如故若遽上奏蔑同挺擊矣又如移宮一事尤爲不倚當日皇考以朕與先帝俱失母命李選侍撫養渠愛如子朕與先帝故亦事之如母所謂氣毆垂簾皆

外臣不知内庭事有此紛紛且魏忠賢固係巨惡王安亦非善類若令得志一等人耳語畢延儒等唯唯此袁文宗繼咸親語喬侍御可聘者予後入長安詢之同官言皆同南渡後繼咸有疏駁袁侍御弘勳亦言諸臣風影傳説立論偏苛當以此爲戒予猶疑未確念張明經自烈與繼咸交最深持書詢其虚實自烈答云往過潯晤袁臨侯果如喬先生所言因自述其所記云甲申過袁臨侯署臨侯問三案要典具在操何説折衷之余曰處國事必平心觀理而後是非明公論定張差事宜如神廟初年王大臣入乾清宫及四十一年姦人孔學例捕執論如法不復窮詰上可全國體下可杜支蔓王之宷（萬曆戊戌，蒲州人）必欲重加鞫訊詞連鄭國泰（貴妃弟）欲危皇太子見不遠胡士相（萬曆丁未，平湖人）遠甚假令朝廷惑於何士晉（萬曆乙未，宜興人）之説不興大獄不已如國體何崔文昇内侍李可灼（鴻臚寺丞）進藥微倖罪與春秋許止同非誠謀弑逆也按其不可逭之罪如律治之國法既伸浮議自熄諸臣必許以行鴆必坐以弑君惠世揚（萬曆丁未，清澗人）必糾方從哲與趙盾並誅崔李與輔臣死不服也李選侍（泰昌宫人）闒陋怙寵一孱婦人耳何至與牝朝比方東宫正位時選侍晏處乾清諸臣義不得不爭既移宫則名分已正諸臣宜密請上加禮選侍宣示中外使曉然知朝廷仰體先帝至意李進忠（内監）盜庫果否訊實擬罪如律一

垣附中　三

切畫書選侍徒跣欲自裁及皇八妹失所投井之説皆可不入告熹廟昝諭閣臣縷舉選侍毆抗聖母威挾朕躬之罪已又詔暴李選侍過惡何其失優容也論者必指選侍爲武后必責選侍以垂簾皆非三案功過不揜蓋如此

流寇攻陷雒陽福王遇害上召閣臣及禮兵二部科召對言及福王聲淚俱下諸臣皆請罪或以氣數爲言上曰此説不得氣數就是氣數亦須人事補救已備訊福世子所在并旌死慰生等事范輔復粹言福王有内臣二人忠義可嘉上曰還有地方道府縣各官及鄉官士民皆當一體褒嘉復粹衛而退

上因雒陽陷召對諸臣兵垣李給諫焻（崇禎甲戌，晉江人）奏曰凡兵以取威爲勝今督師楊嗣昌出兵截餘惟初次報瑪瑙山一捷近遂寂寂似宜另遣一大將助之上曰督師去河南數千里所謂鞭長不及馬腹若汝等愛惜起見無乃太過其愛惜嗣昌如此

舊制太廟祧廟諸帝皆止一正后卽奉先殿亦依太廟定制凡繼后生母后俱不得入孝宗初别建奉慈殿以奉生母紀太后於是憲宗生母周太后與獻帝生母邵太后皆祀奉慈嘉靖十五年遷主祔陵罷奉慈祭穆宗初奉安繼母方太后於景雲殿更名弘孝又奉生母杜太后於神霄殿萬曆三年奉孝烈孝恪俱附享奉先而

垣附中　四

弘孝神霄之祭俱罷以故神宗繼母陳生母李二太后俱附奉先然其忌辰皆不得設祭服青上追念生母劉太后以不得色養爲恨故欲於宮中再建祧廟合七后共祀然自古無二祧廟再建非禮也蔣少宗伯德璟以爲必不得已寧復奉慈旣而上疑其非禮卒寢

崇禎十四年楊督師嗣昌以襄陽失事爲兵垣張都諫縉彥所糾上是其言有自督師以下調度失宜巧言善欺等語着按法議罪一時大小諸臣爭彈嗣昌語多過甚上召六部九卿科道等官入乾清宮怒甚諭曰楊嗣昌係朕特簡用兵不效朕自鑒裁況尙有才可取各官見朕有議罪之旨大家排擊紛紜不已如出忠直何不

於兵科未具疏時先言之也姑不深究各疏皆留中諭爾等知之

上將枚卜召周輔延儒賀輔逢聖陳輔演入德政殿賜坐逢聖以上允其休致惓懷聖恩忽大哭聞者大駭哭久不止已上移駕過中左門入中極殿三輔臣亦入殿留賜宴逢聖復大哭拜跪十數不止上命之出及出殿檻外行五拜三叩頭禮復絮哭不止見者怪之以爲不祥已枚卜後果有拏問下獄者

上枚卜閣臣面加召對蔣少宗伯德璟言邊臣須當久任如薊督何等關係半載已更五人恐難展布上曰不稱當更德璟曰與其以不稱更不如愼之於始上又問天變如何消弭德璟對曰天意只在百姓身上救得百姓一分卽消得天變一分近爲加派所苦萬厤年間各邊舊餉只三百餘萬今加新餉幾百餘萬又加練餉七百三十餘萬民何以堪又言祖制三協只一督一撫一總兵今增二總督三巡撫六總兵又有副總兵數十餘人總兵太多不相統攝督師亦提撥不靈故皆不用命宜裁之上頷其言時宋少司空玫亦召對娓娓九邊地形畫成地圖上疑其干進反不悅惟徐少司寇石麟稱疾不至

上以枚卜所推多濫召李太宰日宣吏科章都諫正宸掌河南道張侍御瑄崇禎戊辰介休人責之謂所推房少司空

可壯萬厤甲辰益都人宋玫張三謨俱屬徇私日宣與正宸瑄等皆力辨日宣復奏臣與科道商榷數四如可壯素有風采玫少年向學三謨亦曾掌印過上怒命錦衣衞去六人冠拏出候旨舊輔及新輔俱力救不從處分畢王總憲道直復奏此番會推俱冢臣與科道商榷臣從不敢置一語上曰此後枚卜只用翰林其各衙門三品以上間陪一二人不許多推永著爲例時皇太子與定與二王皆侍立上黃袍太子與二王則紅也

原任金少司空世俊萬厤丁未義烏人謀復秩命其子挾重貲至京其子日事聲色橐如掃乃僞作書與父言同鄉詞林臺諫皆飽重賄仍開一單遣家書內行至良鄉被厰

役緝獲時同鄉陳僉院乾陽（天啟壬戌武康人）虞翰林國鎮金侍御蘭（天啟乙丑會稽人）等皆與焉貸未納一錢也諸人無以自明各賄五六千金於廠官得免爲國鎮通線索者則罷官居長安之房給諫之麒其同門也後國鎮長班出首廠監拷得情實上聞所追金珠皆入內庫責國鎮回話國鎮驚悸死之麒送刑部擬配世俊竟以賄免

大僚及臺諫以枚卜搆競不休其不得與會推者遂造爲二十四氣之目摇惑中外以吳輔甡爲殺氣下註再生吳起孫廷尉晉爲梟氣下註兩頭蛇金僉憲光辰爲戾氣下註金甲神章都諫正宸爲陰氣下註灰地蛇吳銓曹昌時爲妖氣下註摩登伽女倪宗伯元璐爲淫氣

下註假姜詩王少宗伯錫袞（天啟壬戌雲南人）爲瘴氣下註夜郎王黃輔景昉爲時氣下註賽黃巢馬給諫嘉植爲獷氣下註小華光楊給諫枝起爲賊氣下註桃樹精王給諫士鑅爲悔氣下註金鎗手倪給諫仁禎爲霸氣下註塑大蟲周儀曹仲璉爲痴氣下註菲壁鬼房給諫之麒爲糞氣下註倭房公沈少宰維炳爲痰氣下註唻下癬姚都諫思孝爲毒氣下註姚令言賀冏丞王盛爲逆氣下註黑面豹房少司空可壯爲臭氣下註海上褁客吳諭德偉業爲望氣下註嘀人馬馮司馬元飈爲雜氣下註順風火袁給諫愷爲濁氣下註滋天罡徐詞林汧爲油氣下註九尾狐瞿給諫式耜爲穢氣下註兩眼鎗錢寺丞元慤爲尸氣下註癡虎假末又云若水棉花之李日宣假飛虎之孫承澤卑卑不足道也時日宣太宰承澤都諫

上寄耳目於東廠吏部每遇大選爲之惴惴後每選許以二萬金聽其自免謀鈌者遂安堵無虞

謝輔陞罷賀輔逢聖乞歸時請枚卜盛太學順日奔走爲宋少司空玫求與不得奉旨再推來看九列臺省紛紛各思市德而熊東大老有託人請求亦有躬謁人望其擁戴者順或動以利或愚以周輔延儒意所鍾玫遂得與及玫等送刑部後擬戍順驚竄已事定復入京有言其招搖於延儒者延儒榜朝房弗與通然弗能禁也

上一日早朝畢登昭文閣已步下閣御德政殿召對閣臣等五人言國初弘文館在禁中今文昭閣兩旁亦可建直房朕不時召對及講讀偶有疑問先生等往來亦便宋人言親賢士大夫之日多親宦官宮妾之日少翼日命於其地建直房云

葉刑曹廷秀（天啟乙丑濮州人）素不識黃翰林道周特爲義激疏救遂獲譴時吳輔甡以少司馬抵京周輔延儒問曰今最急當入告者何事甡曰自薛韓城謝德州在閣皆嚴刻繩下致主上疑猜日甚如黃道周解學龍諸人逮繫兩年餘然果何罪哉公到上信任甚篤宜乘間以至誠感動佐聖主行寬大延儒然之又曰刑部爰書亦宜

着意時姓往見劉司寇澤深爲言道周一案宜從寬擬且徼以古人大義澤深曰名義至重敢不竭力各擬邊戍上初不允澤深再疏力持始允道周永遠學龍極邊廷秀邊遠各充軍辛巳十二月也

壬午七月上召對問張溥張采何如人周輔延儒對曰讀書好秀才上曰亦不免偏延儒因奏曰張溥黃道周皆徼偏只因會讀書所以人人惜之耳蔣輔德璟曰黃道周永遠充軍家貧子幼還望天恩赦回或量移附近上微笑黃輔景昉復與吳輔甡同言之延儒曰皇上無我之心有同天地既黃道周有學便可徑用何言移戍上不答復微笑既退延儒顧同輩曰上將用之矣甡請

以公揭薦延儒曰不可當聽聖裁耳翼日遂奉赦云黃道周清操博學見今戍遠子幼朕心不覺憐憫彼雖偏迂經此一番懲創想亦改悔人才當惜宜作何赦罪酌用先生等密議來奏上親書也延儒等請復道周原官且言皇上此舉眾美咸備在廟堂既懸的以招則海內將聞風而起從此皆知學行可貴皆信廉吏足爲皆悉聖明善善從長宥過無大之本意皆感前日磨礱造就因才器使之深心蓋所關於黃道周一人者小而所裨於作人厲世君德治象者實大從之

壬午召對九卿科道於平臺面諭曰邇來賊寇愈熾朝政多舛皆繇諸臣結黨蒙蔽以後務須省改大小文武官但有請對者赴會極門報名次早候對退而姜給諫埰上疏內有朋黨之說皆小人欲蔽塞人主耳目故爲此言臣不知陛下所稱蘊蔽何所見而云然上大怒以爲詰責君父時諸輔入朝聞召錦衣衛官甚急吳輔甡語周輔延儒曰此必廷杖姜給諫也豈可坐視給諫血濺闕廷耶延儒方具稿而廷杖旨已下

熊司副開元姜給諫埰既下獄吏部吳都諫麟徵因召對先請寬宥埰上曰姜埰重處固非無因爾言官以言爲職當言不言敢於欺藐二十四氣之說事同匿名見者尚當焚燬乃屢見章奏何也言官自已不正何能正人麟徵曰昔先臣馬文升景泰辛未鈞州人王恕爲吏部時每

遇言官彈疏下部擬覆必言某官應去應留某人言當不當彼時言官亦無敢譁者此後邊疆用人言官糾正吏部詳核吏得輔臣主持天下事猶可爲也又言開元雖出位妄言然封疆事敗壞至此豈得不責備首揆上亦不罪

上以邊警日深督撫不能驅剿任其焚掠言之出涕周侍御燦崇禎辛未吳江人言戊寅年五案大法皇上先已行之與其嚴之於後不若用之於先請逮治一二最重者震悚人心上然之楊侍御若橋崇禎丁丑北通州人言揚若望西洋人深明銃法宜將新造西洋大礮先行點試然後傳其法各邊可以破敵時劉總憲宗周奏曰臣聞國之大事以

仁義爲本以節制爲師不專恃一火器近來通不講人才不講兵法任敵所到郎陷豈無火器反爲敵用若堂堂中國止用若望鑄礮小器恃以禦敵豈不貽笑邊方上勃然變色宗周又言周燦所奏照五案大法是今日急着又言往日督撫多以情面得如范志完身任總督縱敵入口又借入援推卸首當議處仍另敕今日諸臣從頭整頓做起上曰今南下敵兵如何掃蕩從頭整頓應做何事宗周曰惟在皇上敕吏兵二部愼選督撫觔將練兵但目下只說才望不論操守上曰督撫必才守兼全方可宗周奏須操守爲主上曰大將另是一段才幹非區區一操守便可勝任宗周又因傳司農淑訓（萬麻）

甲辰孝感人請宥熊司副開元等言朝廷待言官可用則用之不則置之皇上急切求言而二臣因言下獄於聖政有傷乞賜矜原以開諫諍之路郎如詞臣黃道周言語激烈有朋友不能堪者皇上不但待以不死且復其原官今二臣戇直不及道周何不幸不蒙法外之宥也上曰黃道周特恩不得比例似此愎拗偏迂着候旨處分時閣部俱同辭申救而金副院光辰言之尤力遂并議處光辰復言宗周爲人清直在都察院雖不動聲色人心亦爲振肅望皇上留此老臣上不允已退入㸌閣遣內官傳旨輔臣有劉宗周革職刑部擬罪等語諸輔臣持不發乞面奏復將原旨捧至御前跪奏力救不許蔣

輔德璟援唐太宗優容魏徵故事以請上曰朕不及太宗才若其閨門德行朕亦不願學德璟又言太宗巧於取名上曰如何德璟言人臣敢言用之則名在人主罪之則名在臣下太宗本不喜魏徵所以曲加優容者欲成其名耳周輔延儒等復婉解之上遂舉筆削去刑部擬罪四字色稍霽曰故輔體仁曾言其愎拗偏迂果然已諸輔退往謁宗周頗有德色宗周畧不致謝惟讓諸輔臣某事錯某事不做娓娓不已諸輔臣曰難做宗周正色曰諸公尙說難做更有何人可做諸輔臣皆慙後宗周過寶應喬侍御可聘往見之語及延儒曰大錯再語及吳輔甡曰此首輔勝然錯亦不少

上每發本俱先經覽定分爲首票通票數套其最重大者親封黃絹小匣御題某日某時送閣及票擬發上進亦封原匣內寫某日某時某臣等謹封餘則分項入套以文淵閣印鈐送而已及批紅發下部科復將親批票發密封送閣其愼密古未有也

李襄城國禎短小犀利有口才數上書言兵又自請於京營外選練衞所官舍上甚喜郎令擬敕行之及商議俸糧增給不貲歲費二十餘萬又請內庫兵仗銃藥甚多乞御書營額因取敕內共武二字以請上爲親書共武堂賜之未幾京營總督恭順侯吳惟英（洪熙時吳克忠裔通遠人）罷特以國禎代之官舍皆併入京營云

張致雍原係宣大廢弁以用哈攻敵上疏干進己經部中駁議數次蔣輔德璟亦核其情形附於守邊賞撫內在御覽備邊冊中未及進呈是日上密召之面議甚喜而哈在極西敵在極東實不相及也卜在宣大雖與哈市亦非能用哈者上既不召閣臣無從面駁故止以原冊進覽翼日召對中極殿顧德璟曰昨冊東西邊落皎如列眉極好

崇禎之末有倡議令各王府捐數十萬金助餉俟事寧補還者上諭蔣輔德璟擬書稿行之德璟言各王府自因藩封捐貲守城自所應為亦即是助餉似不必別有助餉之名且現在各府自守不暇即助亦不能多也乃

已

浙粵二鎮諸大弁競營求相持久不推而大璫有爲其弟地者樞部堂司避嫌不舉致蜚語上聞一日上召職方王郎中永積入德政殿詰其不推之故永積以外寇交訌邊鎮方急未暇推及內地爲對上怒鐫其官歸而大力者果得二鎮以去

蔣輔德璟纂九邊十六鎮原額新額兵馬錢糧名御覽備邊冊另進簡明冊一本蒙上面諭令會戶部堂司磨算亦不甚差只各邊兵馬數目報戶部甚多報兵部甚少戶部止據邊冊給發又各邊原有屯田鹽引民運本折少者數十萬多者百餘萬自爲支銷并不提起即歲終一奏報竟不經目也萬歷戊午以前部發邊餉銀三百萬尚苦其少今日加至二千三百萬尚苦其少而兵馬益不可問又天津從海運薊遼諸鎮另有本色米豆可三百萬惟倉場督臣及津撫司出入部中不問而米豆半委泥沙時德璟語堂司云必合津運部運及各邊民運與屯鹽通融察算則邊餉恐猶苦多而加派之新餉練餉皆可裁因復條爲十款責部中登答然各邊究未通行也

賈侍御繼春請優待李選侍一揭原不錯乃爲東林所斥悔而求用眞錯矣翻局後乃子環召一疏攻楊左甚力而又一疏改正削奪緹騎諸毒政亦非全爲不善者

上即位以學使者首糾逆樞崔呈秀拜疏更在楊侍御維垣先其急欲爲善又如此乃因此局再翻遂廣薦東林諸公數百人以希見容倪另一人者故予疏中亦刺及之大約繼春功名念重忽浙黨忽東林茫無定向但原其本心亦欲爲善此定論也

楊司馬嗣昌奉命征流寇連陷親藩有言其服酖死者上一日召諸閣臣語曰朕昨夕夢故輔楊嗣昌稽顙庭下曰臣鞠躬盡瘁死而後已爲諸臣不公不平連章見詆故歸訴皇上朕語之曰如某疏猶公平否嗣昌搖首曰亦未然語畢天顏慘惻既而刑部以碎追擬不許

故事經筵有二案一在御前一在講官前俱有講章而

日講則止一御案第以經書置案上講官指書口講無講章也講官韓翰林四維厲氶遺忘上謂閣臣曰日講可照經筵例亦進講章朕有所疑可據以問難而講官亦不至遺忘此後遂用講章在御前講官用牙籤指講云

廖給諫國遴楊給諫枝起每遇考選諸人至必造門先謁或需索不飽則黃夜叩門不曰某要路頃汝則曰某言官將糾汝聞有囊橐俱罄至貨袍帶以賂者

惠司寇世揚因會推忤旨閑住鄭太宰三俊重其素望故以左副都推非例也上以詢蔣輔德璟等皆力贊之遂賜點用德璟等皆跪頌聖鑒得人三俊亦喜謝中外欣然已三俊能世揚亦久不至命革其職德璟與黃輔景昉等具揭救之請免其革若非末路失身一生貞僞誰復知之

熊給諫開元姜給諫埰杖後周輔延儒恐煩言曰至故密言於上起王輔應熊於家蓋應熊爲聲氣諸公所畏若延儒行則應熊居首簿以護持耳

上以流寇橫行怒中外諸臣無任事者周輔延儒曰昔諸葛武侯天下奇才猶云臣鞠躬盡瘁死而後已至於成敗利鈍非臣之明所能逆覩也況今人才不及遠甚所以難耳上曰卿知武侯出師表中尚有漢賊不兩立王業不偏安二語乎彼欲以偏安之天下滅賊今奈何以全盛之天下縱賊延儒無以應

葉舊輔向高每疏揭皆發鈔自温輔體仁入閣言密勿之地不宜宣洩自後有揭無疏始不復發鈔至密揭或出手書并不存錄閣簿即如會推用人有點有否大約出首輔揭帖居多其他皆然宋李沆明劉大夏（天順癸未華容）人皆不肯用揭可法也

陳進士丹衷上疏請調兩廣土司兵平流賊上召對言之娓娓特授御史命往調還宮召后妃宴喜動顏色云朕今日得一奇士不費朝廷斗粟一金而可調兵平賊及丹衷至南都有言土兵不可空拳調且即聽調恐沿途不免騷擾丹衷遂遷延不行及國亡猶滯南都也

磁州一士人女與嫂皆有色賊困其寨指名求之寨中人議出之以緩禍女婦即相攜投絕壁下立碎賊怒攻破寨殺其父而去

闖賊掠三邊缺鄜延上翰林中部知縣朱新趡（晉宗訓本皆作朱華㙈華㙈係楚宗時爲宣諭楚豫江北一帶義勇使）自知守城不支先令妻妾各自縊死有一妾尚未配令急遣之去妾垂泣請甘投繯新甃亦從容縊死

張國憲宿州人有二女辛巳賊至二女及兄張國俊妻龔氏泣拜國憲曰幸各逃生勿我爲念各縊賊詢知感歎不殺人而去

蔣戶部主政臣（桐城青衿初名姬肩崇禎中舉賢良）獻議欲改紙鈔爲銅

寇盡撤沿險各兵故諸賊乘隙城邑多陷蜀人深怨之後解任駐重慶城破爲賊張獻忠凌遲以死亦可傷也

周輔延儒既奉旨賜死蔣輔德璟等揭救言延儒赴召之初一切奉揚聖德如蠲租起廢解網肆赦諸大政中外欣傳有太平之兆即我皇上亦曾有功多過寡之諭但其賦性寬疎以致門客脅王乘機假借納交通賄延儒不能盡知即知亦不能力絕因而寵賄彰聞疵垢多端天鑒炯然罪安所逭部院以煙戍議上誠當其辜至視師一出奉命即刻起行似亦慷慨圖報其馳驅通義一帶亦不無微勞可憫乞皇上法外施仁俯從部議上曰覽奏揭朕心惻然但周延儒罪犯太重前面諭已明

如濫用匪人遺誤封疆比昵奸險營私納賄及親履行閒回朝面詢應將兵情據實陳奏極力挽救庶幾收效桑榆而乃欺蔽機械蔽前愈甚若律以祖宗大法當在何條念係首輔姑從輕處勒令自裁已有旨了

上召對諸臣言及練兵一事蔣輔德璟云臣幼讀會典見高皇帝教練軍士律以弓弩刀鎗立行賞罰此練軍法凡衛所總小旗捕役並以鎗勝負爲陞降凡襲替官舍比試必須騎射嫻習方准頂襲此練將法所爲聖子神孫百世計至周悉也豈二百年無一兵至今方設兵亦並無一餉至今方設餉上悚然起聽又言祖制各邊養軍止屯鹽民運三項原無京運銀兩自正統始有數

鈔識者知其重而難運雖糜費甚多卒無成時南北所用錢大如臍手捏即破未幾國亡信乎錢運關國運也

子賜環北行遇戍樞晉德於舟中自言恥罹沈給諫迅薦然迅卒死難及渡江居金沙語人曰我未渡江時望東林諸君如山嶽及渡江後始悉錢謙益熊明遇等所爲夙昔之意都盡矣又曰輿人之口皆言張捷美而諸公攻之何也惟劉中丞宗周章給諫正宸則所心折者

山右秦撫軍所式（崇禎辛未三原人）體幹壯大腰可七八圍每輿人肩行數步則喘欲其馬上應賊驍捷如飛難矣既黜復更轉易如流銓部之誤封疆乃爾

周輔延儒吳輔甡同被逮甡陸道星馳延儒言病從水

道徐行識者疑其候王輔應熊抵京爲解免地也聞上使人微伺見應熊舟行則延儒亦行相去僅里許故應熊至京隨罷而延儒終不免

高給諫翔漢（寶雞舉人）既降闖逆有言其以陝西舉人挾闖逆賄貪絲入兵科爲停抑章奏久通消息者予初謂言過及讀吳常少麟徵殉節錄云逆臣高翔漢已受賊署解說百端公厲辭折之翔漢愧恨去又見吳邦策國變錄載翔漢爲闖逆左都既自降又說降且越擢乃爾挾賄貪絲之言無乃非訛

四川陳巡撫士奇（天啟乙丑鎮海人）能文先爲提學則專談兵及爲巡撫反談文人以爲兩反又誤聽訛言謂境內無

萬至萬厯末亦止三百餘萬名曰邉餉又有抽餉鍊餉并舊餉約計二千餘萬比萬厯末加至五六倍民窮財盡而兵反少於往時不知作何銷耗又言今日衛所官軍尤爲急着文皇帝設京衛七十二計軍可四十萬畿内八府軍二十八萬又有中都大寧山東河南班軍十六萬春秋入京操演深得居重馭輕勢今班軍虚冒包攬不可勝詰且自來屢朝征討皆用衛所官軍軍有父母妻子與烏合不同自嘉靖末始募兵遂置軍不用以致加派日增軍民兩困惟願憲章二祖修復舊制上頷之而已不能行也

上親享太廟拜揖最恭且久壬午年享廟將少宗伯德

璟每遇一揖輒默誦清廟惟天維清烈文諸頌又每遇一拜輒默誦祖宗十三廟號尚未起也

周輔延儒絶命詩曰恩深慚報淺主聖作臣忠國法冰霜勁皇仁雨露洪可憐惟赤子宜慎是黄封晉獻今何及留章達聖聰

三垣筆記附識中

三垣筆記附識下

明興化李　清撰

崇禎

甲申正月元旦三更上率皇太子視朝百官未至惟李輔建泰踉蹌至上不悦遂罷朝識者以爲君臣亂離之兆是日晝暝自寅至申陰翳始散終無日光人人憂危

段氏懷遠人生員李本妻也甲申亂兵入懷城段氏避居南安賊迫上馬誓死不從痛罵賊舉刀裂腦立斃刃下尚罵不絶口

湖廣何撫軍騰蛟（天啟辛酉舉人黎平衛人）諳數學崇禎末與王撫軍揚基（天啟乙丑潛山人）何内監志孔談時事騰蛟附耳云賊

已入晉燕分度且前星易位帝星熖南諸人皆欷歔不兩月果驗

癸未舉塲左右人鬼混雜薄暮人屏不敢行一時貿易多得紙錢知者皆投之水有聲則錢無聲則紙皆以此辨之亦一異也

上虞趙鉞老部胥奸竇也因與部諸新胥瓜分不平憤激上密疏盡發積弊一遂鹽原議引價四萬餘兩解部充餉而米不納寧遠銀亦不交戶部計二十餘年誆匿可百萬金一新增附綱二十九萬引多無歸着及天津派買米豆并帶運追比挂欠米折船價水脚各項盡屬侵漁每年數十萬一長蘆及淮北鹽價逋負甚多必責

按年徵解一朋扣馬乾爲各鎮道將侵分歲數十餘萬一各處屯牧加增錢糧並不察催皆被侵隱一召買弊大宣鎮每年十二萬尤爲奸竇即他處可省亦數十萬一各州縣攤派里甲儲備米豆不可勝計亦宜察核其疏在癸未年冬十月蔣輔德璟於召對時力言數次上面允即發而究未發或謂諸胥所爲諸胥因各輦金逃散至甲申年正月始發此疏然無及矣

上於癸未年九月發帑金四十萬買米是時若折米給軍每担八錢上下兩便且倉米可省支放所積自多其與召買民間轉輸出納之費利害易見倪司徒元璐既面奏蔣輔德璟亦力贊之退復具揭而京商豪家專以

囤米召買爲利竟不能行也戶部不得已以一金買一擔價高米惡甚金粟俱空付之太息

上以秦寇日熾命白廣恩充總兵官挂盪寇將軍印援與秦兵三萬一應勦撫聽便宜行事蔣輔德璟等以廣恩係降丁且先閩召不赴恐跋扈難專任欲倣先朝用王驥蔣貴例以知兵大臣與廣恩共事上恐其掣肘止欲設監軍一員爲調劑文武督催錢糧德璟終以爲疑仍請擇一豫楚總督調度之但不必並在行間以總兵前驅以督臣後勁又闖賊秦人恐秦兵以鄉情輒有呼應應聽廣恩設法選補與豫楚寨丁兼用皆從之後廣恩卒降闖

上因闖賊入關中百姓多從賊歎息久之因言前曾面諭該督着用好將好有司有好將自然兵有紀律不敢擾民有好有司自然撫綏百姓百姓視之如父母誰肯從賊這固結人心還是勦賊前一事蔣輔德璟言愛惜人才正固結人心處魏輔藻德亦言邊臣任事少畏事多因是時勢艱難人多掣肘亦因功令太嚴恩威莫測恐一干聖怒則無功有罪是以畏首畏尾俱不敢做即舉用一人亦恐有受人營求爲人復官之嫌所以蓄縮耳上曰朕正欲人實心做事豈眞有此藻德又言刑部罪槩諸臣亦未嘗無人上命諸輔臣舉姓名以聞次日御批到閣云昨面議愛惜人才一事朕再四思維只因

嚴疆封疆督振人心原非得已祖宗之封疆祖宗培養之人才祖宗垂憲萬世之法律必如何三者並行無礙既無廢法亦無廢事諸輔臣分別以聞於是先釋鄒侍御綱及許定國二人命從秦督勦賊久之始釋熊司副開元姜給諫埰方給諫士亮蔣侍御拱宸尹樞曹民與崇禎戊辰嘉魚人等於獄

楊司馬嗣昌欲用洪司馬承疇爲總督盡留秦兵入援者宿薊遼秦督孫傳庭具揭力爭言是兵必不可留留則寇勢漸張究無益於邊是代寇除兵也且兵之妻孥蓄積皆在秦久留於邊非譁則逃將不爲吾用而爲賊用是又驅兵從賊也嗣昌不能用

秦督孫傳庭練兵長安馬兵五六萬秦紳苦之倡議於
朝謂宜速出傳庭以八月出潼關旗甲甚盛銳意滅賊
遂屢敗其兵賊有議降者獨賊首李自成曰吾居王焚
陵罪惡滔天姑支數月決一戰不勝則殺我以降時師
露宿與賊持淫雨大降七日夕弗止糧糗三日不至馬
足陷泥淖中幾尺將士皆無人色雨稍霽餉車稍稍至
又爲賊劫傳庭無可奈何退師河畔就糧時總兵白廣
恩本降賊與高傑素不相能傳庭不盡知也兵既動賊
選驍渠數千人犯之傑兵且戰且走望廣恩爲援而廣
恩已兼程退汝州傑兵大潰廣恩兵聞之亦大潰傳庭
馳至關賊亦大至傳庭收潰兵陣城外自登陴督守禦

垣附下　四

時廣恩妻孥在關內聞城外兵敗率其衆保妻孥奪門
出潼關遂陷傳庭揮刀躍馬入賊陣遂遇害喬監軍元
柱亦伏劍死自是關以西無堅城而西安遂陷傳庭妻
馮氏率三妾二女皆赴井死

闖賊已入關推秦督無敢行者上曰往者罪廢諸臣廷
臣多以知兵舉之破格起用何故推督撫又云無人吏
部不得已以起廢余撫軍應桂（萬曆己未都昌人）推然非其才
也點用後上召對應桂問以方略應桂惟言難以無糧
無將無兵爲言上命戶兵二部速議撥與又召監軍霍
侍御達（崇禎辛未長安人）命速行料理達奏如有兵有餉臣不
惜一死報國若無兵無餉空死無濟因伏地慟哭已二

人行至陝西徬徨河干竟不能進

癸未進士選館百計鑽營正卷副卷以銀數之多寡爲
低昂遂至互相刷揭上聞之謂內臣曰新進士選館將
城內金子換盡矣命下日止取正卷副卷與未考者一
體候選不得優敘

往時臺省猶以彈射政府爲名高及崇禎末候考諸知
推謁政府皆稱門下士或政府止之已俯伏而拜遮呼
老師不絕矣士氣卑壞至此亦亡國之兆此吳輔甡向
予言者

賊破陝西都中震驚吏部猶開賄賂上聞之設高皇帝
牌位於朝令各官抽籤時地方多殘破有規避不出者

垣附下　五

前一人代後一人抽籤領憑馳報刻期到任

王總督永吉（天啟乙丑高郵人）聞闖賊入秦知必渡河甲申二
月二日疏請撤寧遠兵守關謂不獨寧遠軍民欲入關
內以圖存卽山海軍民亦欲借寧遠兵力以自助請敕
鎭臣吳三桂料理陳輔演不敢決批撫鎭奏明定奪已
撫鎭奏皆合卒格不行

京師聞宣雲既陷諸臣皆以京兵不足恃非薊督王永
吉寧遠吳三桂密雲唐通合力一戰不可上然之陳輔
演以爲不可揭云一寸山河一寸金錦州告急寧兵萬
不可調上命召諸臣赴閣會議有主不可調者有持兩
可者有主遷南京者獨朱成國純臣倪宮詹元璐金少

司寇之俊萬歷己未吳江人孫都諫承澤以爲當調而吳都諫麟徵爭之尤力謂非當從實其言云寧遠當徙與否該撫鎮當與皇上密議之而輔樞二臣當與皇上密決之委之盈廷誰執其咎然臣請任其咎矣嗟乎自有封疆之難死法死敵者比比而朝廷曾不之惜則夫裹革沙場横尸西市者皆齎志而未瞑目者也寧遠一鎮一撫皆當今人傑臣再三思不覺汗淚俱下又因閣部議久不決極言關外九城勢必棄棄則關門益薄無與守者棄地不可棄地兼棄人不可棄人失天下將士心是失天下愈不可吳三桂勇將宜拔用無委之敵人今寇旦夕發秦晉若使來扞京師一舉兩得今日之事當撥緩

急無論是非也趣六垣署名竟互諉不決乃獨署之疏留中又補牘云邊臣不可令有懼心不可令有死心臣讀吳三桂疏言切情危若有格格不忍言之意臣知其有懼心始以裹革自任終爲父弟乞恩臣知其有死心今寇勢方張不使從近捍禦京師則何恃乎陳輔演魏輔藻德皆與是議左方輔岳貢移書南司馬深咎之麟徵不顧也已上發閣演又具揭以爲外之督輔亦當僉同乃請聖諭差官前去及取奏旨以撤寧援京爲便始得旨去丞吉問命與三桂以三月初出關徙寧遠五十萬衆日行數十里十六日入關二十日抵豐潤而京師已陷

張司馬國維萬歷辛丑坐邊疆失事下獄吏垣吳都諫麟徵率同官理之得釋因請赴江南幸推貨財應軍實急需六垣皆往餞獨麟徵舉觴屬之曰今四方空虛流亡嘯聚方深咎催科吾閩撫字之良吏不聞催科之司馬國維有慙色

甲申三月十六日上御東左掖門召考選官三十二人麟次面對以安人心戢狡謀用兵足餉爲問每一人答訖御筆親注圈點自斟水磨硯席上置茶一壺不時取飲退食後又復進座自卯至亥方罷卽寇陷昌平日也十七日内璫猶差人索考選官賞銀每名十兩十八日李家宰遇知萬歷庚戌洋縣人陞官張司馬縉彥拜客如故未

時寇陷彰義門十九日巳時陷順城門遂進皇城上與后俱自縊考選官皆降越數日入朝過東左掖門尚有指而太息者曰此前日御試處也

賊陷平陽上召閣部九卿科道等官曰朕非亡國之君事事乃亡國之象祖宗櫛風沐雨之天下一朝失之將何面目見於地下朕願督師以決一戰卽身死沙場亦所不顧但死不瞑目遂痛哭陳輔演請代上曰南人不可次輔魏藻德蔣德璟邱瑜天啟乙丑宜城人范景文方岳貢俱請代皆不允至李建泰天啟乙丑曲沃人請代上曰卿以西人平西地朕願也

長安街上有一擲錢小民失記姓名閣上需餉囊中積

銀三百兩佽助公上嘉其意拜官錦衣衛百戶謝曰賊信急矣留財無用且此身恐未必保何有於官小民愚蠢亦不知做官也固辭不受職

上擬彰義門外爲李輔建泰郊餞建泰因辭此國朝未有之禮乃下禮部議於正陽門樓上設五十餘席卜吉卯時駕出文武官員分侍兩班建泰行五拜三叩頭禮上取酒三杯奉建泰飲曰卿卽朕朕卽卿朕與卿無兩身凡事以便宜行先發後聞建泰簪金花二枝披宮錦一端謝恩畢從彰義門出監軍乃兵部凌主政駉（崇禎癸未歙縣人）也建泰所薦是日天霽風和咸幸此行滅賊及行至大名府馬部兵因糧餉不給散去若干建泰三日止

得麥飯一餐腸腹饑墜馬稽遲中道上又詔促之建泰畏賊不進前召對後出西長安門外轎損忽折竟敗

上親餞李輔建泰於正陽門樓賜酒三杯卽以杯賜之旣又以兵事鄭重復自撰文一通親灑龍箋用寶於正陽門上親手賜之其敕云朕仰承天命繼祖宏圖自戊辰至今甲申十有七年未能修德尊賢化行海宇以致兵災連歲民罹水火皆朕之罪至流寇本我赤子盜弄干戈流毒直省朝廷不得已用兵剿除本爲安民今卿代朕親征鼓厲忠勇表揚節義獎勸廉能選拔雄傑其驕怯逗玩之將貪酷倡逃之吏妖言惑衆之人欺誤軍稍之輩情眞罪當卽以尚方從事行閒一切調度賞罰俱不中制卿宜臨事而懼好謀而成剿則直剿撫渠宥脅一人弗得妄殺撫則眞撫投戈散遣萬民從此安生以卿忠猷壯畧品望宿隆辦此裕如特茲簡任告廟授節正陽親餞願卿早蕩妖氛旋師奏凱侯封進爵鼎彝銘功有功內外文武各官從優敘賚朕仍親迎慶賞共享太平預將代朕親征安民靖亂至意徧行示諭咸使聞知特諭

蔣民曹臣以桐城一青衿言生財得授是官首言鈔法可行且言歲造三千萬貫一貫値一金歲可得金三千萬兩王少司農鼇永（天啟乙丑德州人）亦以爲必可行且言初年造三千萬貫可代加派二千餘萬此後歲造五千萬

貫可得五千萬金所入旣多將金與土同價其言甚美然實不可行上特設內寶鈔局晝夜造募商發賣而一貫擬鬻一金無一人應者鼇永請每貫鬻三分止鬻九錢七分京商騷然欲去蔣輔德璟言民誰肯以一金買一張紙上曰洪武時如何行得德璟曰高皇帝似亦以神道設教當時只賞賜及折俸月鈔其餘兵餉亦未用也且言民窮已極宜安靜以悅之上不聽及內寶鈔局言造鈔宜用桑穰二百萬斤舊例採取北直山東河南浙江諸處分遣各璫催督又五城御史言鈔匠除現在五百人外尚欠二千五百人議於畿內八府州縣多方勾解德璟皆擬旨不允上命改票賴德璟極言其弊謂

所募二千五百名月加費米千石銀九千九百五十兩得不償失且北直山東河南新經變亂無粟安有糧至浙江杭嘉湖三府雖宜粟若責以二百萬斤卽盡括亦不足掲入留中後竟得免

擬旨有向前聚斂小人倡爲練餉搜括致民窮禍結誤國良深等語上不悅因召對面詰曰這票內聚斂小人爲誰德璟不敢直斥楊嗣昌但以舊李司農待問(萬曆甲辰南海人)對而於科臣則云失記上曰朕非聚斂止欲練兵德璟曰上豈肯聚斂因既有舊餉五百萬新餉九百餘萬復增練餉七百三十萬當時部科實難辭責且所練

兵馬安在薊督抽練兵四萬五千今止二萬二千保督抽練三萬今止二千五百保鎭抽練一萬今止二三百若山永兵七萬八千薊密兵十萬昌平兵四萬宣大山西兵陝西三邊兵各二十餘萬一經抽練將原額兵馬俱不問并所抽亦未練徒增七百三十萬之餉耳民安得不困上又言今已并三餉爲一何必多言德璟言戶部雖并三餉爲一然外州縣追比只是三餉上震怒責以朋比德璟力辨諸輔臣復爲申救而倪司農元璐以鈔餉係本部職掌自引咎上始稍解德璟退又言臣因近日邊臣每言兵馬皆止以抽練之說或數千或數百抵塞明旨而全鎭新舊餉兵馬數萬概不言及是因有練餉而兵馬反少也又近日省直各官每借練餉名色追比如火致百姓困苦遇賊輒迎甚至未見賊先迎雖三餉並急不止練餉而練餉尤甚蓋至外無兵內無民且并餉亦不能完故追咎於議練餉之人冒昧患戇罪當萬死因引罪出直上雖慰留之竟以此去未幾練餉亦議裁

蔣輔德璟以北直河南山東召買米豆九十餘萬計民間當費數百萬金爲害甚多於召對時力言之上命擬諭罷之德璟復言祖制各邊除屯鹽民運本色外原無戶部舊餉折色今既有舊餉復增新餉練餉括盡民間金錢已不堪命近復以給關寧薊密四鎭而於北直山

東河南召買米豆百萬拘攝富戶充召買之役又復勒運至天津交納一切車輛驢騾及衙役使用勒索之費賠累困苦未易縷指鬪賊中鼓惑愚民皆指加派而加派之害莫甚召買伏祈卽賜裁行此疏於二月上留中既告歸三月上自草罪已詔書蠲免然已晚矣蓋各邊將士視米豆如泥沙止欲金錢而已在內召買之苦如此而在外輕賤米豆又如彼何苦括內地之膏血以塡塞上之泥沙乎

蔣輔德璟既予去孫都諫承澤汪都諫惟效(崇禎辛未)皆上疏留之承澤言尤峻有乞罷臣官而留德璟如用之不效請伏妄言之誅等語魏輔藻德不得已亦上言德璟

貫串古今博綜典故為皇上左右所不可一日少之文獻然已先傳稱首揆矣上御批密封下閣有大臣進退原不敢輕之語德璟初因山西新陷未敢輒去又以在廷連章見留避嫌即具疏辭朝行故不及闖禍

舊例國子監分獻用翰林修撰編脩為之未有用王府脩討者張脩討之奇（崇禎庚辰 新城人）劉脩討世芳（崇禎庚辰 盧龍人）因侍定王講讀挂翰林一銜從不與翰林事是秋遣魏輔藻德行禮藻德以庚辰進士三年入閣諸編脩皆前輩不便使分獻隨行故用之奇世芳皆庚辰同年也然亦變體

垣附下　十二

上以闖逆漸逼命羣臣會議以二月二十二日繳以次日召對時上手李總憲邦華（萬厤甲辰 吉水人）密奏內云輔臣知而不敢言上指問何事陳輔演以項少詹煜議單為言上即箭閣默然蔣輔德璟又奏一時廷議俱言東宮宜南往監國上不應而光給諫時亨參李翰林明睿南遷為邪說上不悅即召入面詰曰邪說皆同乃止參李明睿何也明係朋黨姑且不究遂無敢言者

有人運佛九座進武當山來京挂號其佛高六七尺下有車輪正陽門外布列三座觀者沸市後因事洩始知藏礮於佛腹中欲安置九門為賊內應下錦衣衛刑部勘問伏誅

城未破之前十餘日颶風大作自辰至夕未止拔去關神廟前旗杆琉璃廠大樹

三月十三日闖賊踞居庸關京師九門俱閉十七日午時賊攻城彼此銃俱發如萬雷轟烈十八日攻益急銃聲益怒城外火光四起上同二人登煤山頂望逾時回乾清宮日就晡上魚服出宮門兩出兩返乃命酒召后貴人良娣以下按掖庭籍屬被寵御者皆至慷慨酣溺未下三刻御所佩劍曰事至此可以死矣泣數行下於是皇后先投繯其餘咸引決稍顧望輒手劍刃之時長平公主被劍斷右臂仆地未死又喚內官王承恩着靴帶同內官數十人遶城奔門不得歸遂同承恩對縊煤山古樹下袁妃同宮人小內官紛紛奔出十九日內官遂開門迎賊

垣附下　十三

闖賊抵彰義門其軍師宋矮子（名獻策 河南人）初云此行觀兵城下卜五年始可破城城樓上忽墜一天啟大錢宋矮子喜曰此一當五用也破京師兆可急攻放一大礮而城角遂倒

常熟歸進士啟先（崇禎癸未）聞闖賊入都驚懼急走詢同里陳司空必謙（萬厤癸丑 常熟人）必謙從容櫛沐出聞之大笑曰若癡書生耳城守皆敝衙門事豈有賊入我不知者已傳者迭至方失色故顧給諫鋐是夕尚宿科初聞亦奔詢魏輔藻德藻德亦以為必無一時聾聵若此

闖賊將逼京師衆號百萬上數以兵餉為憂救百官捐

助一時大臣或請身督四方輸貢或請預征下貸殷戶或開貲冗官假民閒帶綬百官欲請誥敕傳世者入銀若干搜削歷法地壙勒償莫不議及及賊至則餉直連懸已及半載禁衛戈矛朽蝕未試一鬪賊鼓譟相覷股戰奸人伏匿暗助驚譟兒童數月或爲秦聲訛謠滿城意在迎賊於是人情擾惑莫有固志

闖賊圍城上下倉皇失措火攻備禦多不習賊發礮擊聲撼地日夜無閒緣城廨舍多圮城頭發萬人敵未及投下火驟然灼爛十餘人府士卒五月匱餉不用命城頭宦寺鮮衣怒馬徜徉不驚高擎靑蓋馳走雜撓守卒欲擅啟閉凡坐門諸臣多不得登城望敵惟吳太常麟

垣附下　十四

徵奪路上見勢不可支往見魏輔藻德藻德方出朝猶引麟徵手曰朝廷大福氣自無他虞旦夕兵餉且集公何太匆匆麟徵太息而已

闖賊入都指長安門三字祝曰若射中中閒字當有天下竟不獲中

三月十九日辰刻賊已破城尚有謝恩入朝者而宮人四出矣坤寧宮後爲欽安殿有樂志齋清望門曲流館四神祠東去則瓊華左門西去則瓊華右門出即長街也是日宮人從後宮出甚多

十九日辰時闖賊自齊化東便二門入擄掠甚酷時傳吳寧鎮三桂兵已至城外上以十八夜三更奪門南奔賊懸萬金購上二十一日闖賊已獲上尸於煤山命人背負東華門外朱國公門首用柳木棺盛破蘆蓆下蓬頭短衣一足穿襪一足跣留遺詔在胸云朕已喪天下不敢下見先人亦不敢終於正寢又嚙指血書臂曰朕誤聽文官言致失天下任賊碎裂朕屍但弗傷我百姓

是日晚百官出始言太監王德化數十人擁打張司馬縉彥責其開門迎賊時臣民共萬人俱痛哭求葬以帝禮祭以王禮聖母葬以后禮祭以妃禮亦有哭言求封太子大國者亦有求京城百官萬姓帶孝哭臨三日者二十二日至二十五六日則滿街遍捉士大夫拘繫路人矣二十七日賊牛金星點名會極門百官皆降伏賊

垣附下　十五

據坐殿上受之責以負國用者從東華門出送吏政府收用列名部門外高冠鮮服洋洋長安道上不用者從西華門出賊露刃排馬五人一隊押繫劉李二賊私寓各貢數萬金騈首搒掠哀聲震地刑死者不可勝計或輸金未足則人以二健士挾之皆赤身出行乞市肆人不忍見四月初九日爲劉賊繫者俱釋李賊繫者仍不釋十二日吳寧鎮三桂有示大張四門說義兵不日入城凡我臣民但戴孝者俱不必驚十二夜傳賊殺官三十二員故輔陳演爲首餘皆勳戚十三早闖賊戴帽布箭衣挾太子二王皆元色布衣行馬前盡擄羣賊東行皆哭不願去殺之不能止各城門止餘老弱數人把守

道路稱曠矣

申問丞佳胤（崇禎辛未）既投井死林侍御蘭友（崇禎辛未仙遊人）時謫冷署素相友善未就殮家人方遶哭一人毘盧錫杖排闥入愕視之乃蘭友也拊膺號曰公死矣我知公必死公視我豈貪生保妻子者老父在堂圖一相見當亦攜手地下耳登堂請見太夫人曰毋勿戚富貴子易得忠臣子難得也顧佳胤子煜曰設位乎曰未也索筆大書明捐軀殉國忠臣申公之靈復書柩云死爲藎臣不負君恩於地下生圖見父即就鼎鑊而心安擲筆大慟謂煜曰善自愛從此永訣拔淚去又徐起鳳者以佣書從佳胤凡十年佳胤殉節後僮僕或散去起鳳號號柩

次不少離賊從關東潰回欲肆焚戮佳胤子煜挾太夫人奪門出僮僕皆從獨起鳳請留曰俱去櫬誰與守已賊果焚民居將及寓起鳳泣曰吾主以忠死願勿焚賊怒鞭之起鳳叩請愈哀賊爲感動卒不焚及北兵至逐居民外徙令下三日室中所有縱掠不禁起鳳懼遍求里人在京者得鑄工朱攀桂等二十餘人舁櫬出寄天寧寺故得全

予過長安書肆見皇明詠化編一部命買歸書客故高其價予曰緩之及旋騎再訪則云賣去問之乃鞏駙馬永固也因心識之曰帝婿皆豪華自喜渠知讀書耶後死闖賊難方知觀人必於其微

項翰林煜以乙丑入館正魏璫方熾時頗爲江南清議所擯鄭同袍元勳揚州人與同籍最密時文翰林震孟姚翰林希孟過揚皆先達元勳爲煜置酒勸其厚自結納始聲氣自標矣及降闖本色畢露南京破後煜過徐詞林汧門語其僕曰爾主責吾不死今死未然汧卒死之煜行至慈谿邑人聞其先從逆納之竹籠沈河死

予里居日聞闖賊入宮後搜獲累朝內帑得金銀數百萬後京師人賈汝壽爲上虞令過予一同年因言闖賊入宮時悵然曰貴爲天子所蓄不過二十萬何以不亡渠得之耳聞乃知前言誣也一云此二十萬乃指戶部所儲而言非內庫

闖賊李自成陷京師誓滅東方方僭號傳吳帥三桂已上表請降止因闖賊權將軍劉宗敏聞三桂所娶妓陳沅色艾陳沅者田皇親弘遇遊南京所攜歸名妓也田還北京病死三桂使人持千金取沅去至是劉宗敏繫三桂父襄索沅不得拷掠甚酷三桂聞之忿而中改遂募兵七千據山海關敵自成自成殺襄家屬執襄東行四月十九日攻山海關城圍之又從關西一片石出口東突外城薄關門三桂先已約北兵至是邀之駐兵嶺上高張旂鼓以待三桂突圍出外城馳入北兵壁中薙髮稱臣三桂爲先鋒九王居後隊其兄弟號八王十王各統萬騎一從西水關入一從東水關入於是三桂復入

闖盡殺其民開關門迎敵自成猶不知是北兵也見之驚阻北兵望塵起乘勢攻之自成大敗立梟襄首懸之旂而返北兵逆擊之闖復大敗奔還棄京師而奔時劉少司馬餘祐以京師無主攝事三日忽聞三桂奉太子至咸歡迎及北兵入乃知非也出榜云昔在我國時欲與明朝和好永享太平屢致書不答致深入者四惟事屬既往不必論今雪爾朝君父之仇破釜沈舟一賊不滅誓不返轍所過州縣若削髮納款即與爵祿世守富貴抗違者盡行屠滅且令兵皆屯城上無下掠民遂定

質慎庫圖書百萬卷皆宣和所藏爲金自汴梁運入燕者歷元及國初無恙徐達下大都時封記宛然至國破皆失散不存聞者惋歎

金駕部鉉崇禎戊辰武進人於壬午七月晦日讀邵子記其後曰甲申之春定我進退進雖遇時外而弗內退若苦衷遠而弗滯外止三時遠不卒歲優哉游哉庶沒吾世及甲申死闖難人始見之又鉉初以駕部巡視皇城每過御河輒流連不能去歸語其弟曰吾一見御河若依戀不能舍何也竟投御河死鉉之死妾王氏與弟鋐俱隨母章氏入井南渡後但贈章恭人然不知王氏與鋐之死也

內監呂胖子忘其名闖賊陷京城金駕部鉉投御河死胖子見而歎曰公曾疏糾我輩不比於人吾初亦怨之然公能死吾獨不能死乎公生欲遠我輩我今以義近之必不拒我地下也遂從死已二屍並浮爲一內監收掩及北兵入鉉諸弟往見其屍惟亂骨二叢耳遂並葬葬御河側

崇禎十三年闖有平和縣生員金惟鎮忽得心疾盡薙其髮大言曰此世界不屬大明矣或問屬誰乃書三字於壁間曰大淸國因言城內猶可城外不忍言又指其族人曾慶曰有無限兵馬及北兵至慶果起兵從者甚衆已敗死城外如所言至大淸國後復書大安國三字則不知何解也

嚴州錢太守廣居嘗爲予言其同籍任邱人邊大綬曾令米脂乃闖賊故里也自成叛後邊令發其三世祖塋剖棺視之一棺骨生綠毛長二寸一棺骨色如玉一棺骨生青毛長三寸已見一大蛇從壙內出射之傷一目走後自成果以中箭傷其一目亦異事也

癸未上將祭廟鹵簿已設忽見黑氣自空而墜如有婦人衣白者疾飛入宮軍人皆見之及仲夏大雨沾衣如血雷霆通夕不止次日見太廟神主或橫或倒諸銅器爲電火所擊皆融而成灰又有人見太廟中鬼皆嘯呼而出

闖賊入京命諸臣俱於二十一日廷見是日百官畢集一象獨仰視大內淚如泉注四驛館復有回回使者六

人亦俱入不拜賊怒欲置重辟使者曰吾君知大明天子不知易姓若歸告吾君以貢獻來朝則舞蹈何辭今無君命故不敢終莫能屈

闖賊入宮後出長平公主尸碧血委頓無生理然按之體微温嘉定伯周奎舁歸灌米汁遂蘇自是育奎家後北兵入燕以主適周世顯即崇禎時所選將以降主者也主喜詩文善鍼紝右頰三劍痕即上所擊御械獲陽笑語隱處即飲泣呼皇父皇母未嘗不淚盡繼以血也以是生羸疾懷孕五月以丙戌年八月卒年僅十有七

三垣筆記附識下

三垣筆記附識

明興化李　清撰

弘光

福王登極南都詔至楚左寧南良玉返自承天駐兵漢陽意不可測永蘋詔何撫軍騰蛟往漢陽以劍自隨曰社稷之安危在此若不開讀此身有付三尺劍耳幸良玉私置正紀盧鼎者力以爲當拜且語良玉云方今四鎮合心同戴新君若擁兵而下能保必勝乎不勝無乃身家兩亡乎良玉時已耄老乃曰是固當拜耶乃拜詔

江西黄直指澍入朝擬進何撫軍騰蛟爲總督已爲巡撫面許薦永州吳司理晉錫（崇禎庚辰吳江人）爲代巡及與馬輔士英相詆不勝而歸鞅鞅失望已又革職提問愈怒適傳假太子至澍陰乘小輿夜見左寧南良玉謂拔營往南可圖大事良玉夙有此志以督撫調和止一聞澍言從之又念何騰蛟負中外望欲居武昌劫取其印一切文移皆用之聳動人心時民萬餘人懼爲良玉所屠入避騰蛟署内騰蛟坐於門向内坐聽民人入良玉復傳令從院後破垣入舉火焚之匿者悉死於火騰蛟卽解印付家人令速出城無爲所得良玉至索騰蛟印騰蛟故覓印腰間不獲反尤良玉曰何太匆匆致此印失搶攘中耶良玉無奈擁之行欲與騰蛟同舟騰蛟不可良玉另與一舟遣四副將守之置舟於後黎明各船俱

發騰蛟舟攻漢陽門跳入萬丈江濤守者擢誅赴江死騰蛟順流十里許至竹牌門遇一漁舟救之起登岸視之則關帝廟而懷印出走之僕亦在相視大驚喜亟覓漁舟不知所之說者以爲神救也是晚宿民家乘肩輿從江右寧州小路轉入瀏陽抵長沙吳監軍司理晉錫語騰蛟以爲艮玉在時撫軍有權不得自繇今旣棄省去湖南北兵餉皆在掌握應破盡從前局面大爲整頓總計餉數配合兵數以各府之餉隷各府之兵督撫任大帥司道任副將府州縣任參遊以文臣理武事則合出惟行生殺予奪撫軍以一人操之雜楚有材擇可爲大將者若而人擇可爲偏裨者若而人懸殊格以待有

功則眞英雄自出湖南北一帶應設水陸連珠營十里一礮臺一方有警號礮所發千里百里皆應所練之兵孰勇孰怯撫軍不時單騎按行部落即以此程殿最糜餉者正軍法居守之兵若干征調之兵若干一紙書集師數萬如是者三年可告成功騰蛟善其言然卒爲人阻格不得行

張獻忠破成都執蜀王將殺之王素仁厚軍民皆爲祈免獻忠不許將行刑雷霆大至行刑者爲之請不許已雷霆又至復請獻忠乃仗劍仰呼曰蒼天蒼天生我張獻忠殺人乃獨不許殺是人耶一時雷霆俱息王遂被殺

張獻忠破成都行特科先以保甲法試文士一人不赴試戮及十甲文士畏罪盡至邛州生徒心知其奸以爲特科特殺我耳歃血不赴者六十餘人獻忠遂發兵居邛州綠赴試文士三萬人圍而殺之婦人姦淫後即以試刃名曰礪石成都所屬三十餘縣人民盡殲

張獻忠破成都盡斷男子左手積如山至今山谷間有倩人置擔於肩爲糊口計者纍纍不絕其蜀王宮內錦數十樓悉焚之金銀數十萬悉沈於江

弘光末北兵渡淮揚城失守五月初七日楊江撫文驄命黔浙鄭兵往瓜洲及門見薙髮者遂驚潰北兵進至江口鄭兵亦極力禦之晚浮椑於江蔽以帷席中置燈

南來鄭兵遙見發火器矢石不知其誤我也初八日大霧兵守京口北兵則自上游七十里七里港渡早以五騎來浙兵及鄭兵追之不數里遇大眾矢蔽天如蝗飛眾乃不戰而潰鄭兵有船者入海無船者走丹陽與浙兵奪舟而南黔之騎則走金陵而鎭江遂降丹陽獄囚越獄村民入掠城中遂火城外民居北兵質未至也其鎭江城外民居官欲焚北兵止之得全北兵南下朱保國公國弼等屏人密奏上慨然曰太祖陵寢在此走安往惟死守耳至是早渡江信至中外大震駕薄暮開通濟門倉皇出狩百官猶不知但夜聞甲馬聲而已時馬輔士英亦不知惟戎政李司馬希沆（崇禎戊辰慶陽人）先知遂

行士英猶後之也百官多遁惟攜家者瞻顧不能遽行諸門盡閉太息而已

北兵既渡江馬輔士英惶急張侍御孫振往見士英擲刺於地詈之曰若輩誤我使天下之事一朝至此何見爲孫振慚阻而退

阮戎政大鋮許錢宗伯謙益入閤謂必疏糾侯納言峒曾（天啟乙丑 嘉定人）夏銓部允彝乃可業具疏稿矣會國亡不果

僞太子王之明歷訊百官皆知僞然民間猶嘖嘖眞也至是一二劣衿爲首率亂民擁立之御殿三日又羣往趙忻城之龍寓邀百官入朝之龍手斬爲首劣衿三人

乃退執之明繫獄劉廣昌良佐無拒北意惟於水西門外縱火焚掠百姓恐攻城撤夜驚呼乃議推保國公朱國弼爲留守官之龍密遣使渡江啟迎北兵時諸臣猶不知集議錢宗伯謙益所謙益太息曰事至此惟有向小朝廷求活耳擬啟稿送之龍之龍置不用内庫銀絹米豆服玩弓刀之屬皆被劫磬擄馬士英及羣黨家又合力剿士英標下川兵幾盡初王輔鐸潛遁有識者指罵曰若廣太子辜先帝恩羣捶之鐸大呼曰此馬士英所爲我不與士英秦檜我岳飛若曹無認飛爲檜也眾猶不釋鐸鬚髮盡禿拔至之龍處洶洶欲撲殺之之龍佯下之獄故免室内所蓄書畫極多與貲俱盡矣

王輔鐸與倪宗伯元璐同籍同官稱莫逆交及元璐殉難子持乃弟揭以謚文正爲言鐸拂然曰倪年兄以身殉國不謚亦足不朽何必文正子已言之儀部矣言雖正而意貲薄此即忘君事仇之先兆也

北兵將至城外文臣錢宗伯謙益梁少司馬雲搆張侍御孫振劉侍御光斗宋中翰顯等五人武臣趙忻城之龍先行餘皆續往時李少司馬喬姚廷尉思孝已薙髮爲僧之龍亦勒之出同謁豫王賜飲食席地啖之龍靖難功臣趙彝後至是啟門降劉誠意伯孔昭獨率麾下兵先斬關出走豫王勒各官具花名手本晝卯不到者搜捕咸加皮鞭點名者王輔鐸蔡輔奕琛也

錢宗伯謙益疏云原任吏部尚書房壯麗（萬歷乙未 安州人）當畿輔陷時投井死一入逆案遂不得出此與楊副憲所修（萬歷庚戌 商城人）殉賊同但楊納言維垣係壯麗同鄉何以洗雪逆案一疏獨不及壯麗可疑也倘侯別考

豫王先遣兵千餘命錢宗伯謙益梁少司馬雲搆等統之搜宮方入坐定即問崇禎太子安在乃出王之明於獄與上坐指語諸臣曰此眞太子也已見内外俱定乃屏不召時謂之明之來乃北廷所遣益以此擾惑臣民者

北兵往蕪湖襲鎔無一人知者時鎔已至太平猶寂然朱撫軍大典阮司馬大鋮入見舟中俱入閤黃靖國得

功入見誓力戰以報未幾得功兵方四出掠民家北兵突至得功倉皇出戰初中一矢猶不退繼矢貫其喉得功知不濟自刎死其中軍田雄入舟挾上降馬輔士英已先期奉皇太后走浙矣駕至南京城外諸降臣頓首豫王前請無死且求往見諭曰惟弗行君臣禮可矣時駕戴僧帽著藍布袍馬阮諸臣往見惟一揖一叩首爾上對諸臣泣眾亦泣尋北去當田雄負駕出降時駕以齒嚙其背遂成大瘡流血不止日懺悔於僧具德處終不愈及病甚輒移臥榻肉墜如割僅餘骨方死雄仕北至浙江總兵後內傳弘光乃一國之君雄有執君之功特加二等侯子孫世襲

北兵既破南京有內閣二大人訪及阮司馬大鋮蔡輔奕琛張冢宰捷楊副憲維垣鄒僉院之麟等出手單示乃已降馮輔銓所薦皆東林異己也至大鋮名下特註江南第一才子六字時捷與維垣已死難

馬輔士英挾太后渡獨松關沿途淫掠至廣德州州人拒之攻城入知州趙景和被殺死者甚眾杭州民聞之懼撫按等因先遣官往迎以駐兵城外請士英至窩臨湖樓外樓五月二十八太后駕至以城中總兵府為行宮羣臣及潞王往朝入見儀衛蕭條疑為士英毋所假薄暮城中豐樂太平二坊競以爆竹投樓外樓士英方宴驚起以二樓船艤湖心亭至晚入朝用精甲百許自衛請太后出服赭一紫衣女官侍令官吏士民皆入見朝罷傳旨召用在籍諸臣獨不及劉總憲宗周章廷尉正宸時江北彭直指遇颺適奔杭命以僉都御史募兵兩浙錢糧一憑取用皆士英意也翼日宗周與熊給諫汝霖（崇禎辛未餘姚人）入朝汝霖見士英詰聖駕何在輒來此士英無以應然猶盼上江捷不數日阮司馬大鋮朱中丞大典方總兵國安俱倉皇到則黃靖國得功兵敗死矣次日請潞王監國不受太后召王王泣拜終不受惟迎請太后入府從張撫軍秉貞（崇禎辛未桐城人）陳總兵洪範等計迎款而已楚藩一鎮國將軍慟哭解衣冠投地去時楊江撫文驄鄭總兵鴻逵亦自海入錢塘請王入閩

王終不許至六月十三日午北兵突至士英等方與撫按飲急渡錢塘何巡按綸李鹽院挺亦行惟秉貞縋城入偕王迎降錢塘令顧咸建（崇禎癸未崑山人）出佯迎旋遁執至迫之降不從見殺懸頭城上方暑蠅無集者越月餘北兵挾太后潞王等北去或曰洪範與北通許割地封王故王為所欺而降也陪都既失人咸恨不立潞藩時張奉常希夏奉敕獎王語予曰中人耳未見彼善於此又葉吉政國華為予言潞王指甲可長六七寸以竹管護之又命內官下郡縣廣求古玩倪廷尉盾培嘗曰使王立而錢謙益相其不支與馬士英何異

三垣筆記附識

三垣筆記附識

明興化李清撰

補遺

太倉陸文聲先考經歷一日謁里人舊臨川令張采有先人之言謂其曾肆毀言采怒閉門痛毆之及文聲謁選長安逢人文致采過時同邑庶常張溥聞之致書在籍吳編修偉業呼爲陸畜謂何不早翦之或竊見其書以告文聲文聲并恨溥遂逢賤當道意旨疏劾二張幾不免於罪後文聲選永州經歷或勸其弗之任以避後禍文聲不從尋以貪橫糾繫爲吳司李晉錫斃之獄

房侍御可壯曾引馬避堂官馬誤墜道旁深溝內僅露一進賢冠而已數日後遂以會推被謫後累官侍郎國變後改節復爲侍郎初天啓時傳給諫櫆攻汪中書文言并及左僉憲光斗魏都諫大中可壯乘機攻櫆指其認東廠理刑傅繼教爲宗兄櫆出疏辨難可壯復出疏誚之有厰兄科弟狠行狽依等語今乃與執中宅中旨不自中出而誰出之故給諫李魯生（萬厤癸未霑化人）同朝於改代耶狠行狽依追憶前語能無汗顏

崇禎初吾邑子衿袁靖遇禪僧毒鼓於某山下指天象語曰天遣齊黃輩下界不久將亂矣靖曰此皆建文故忠詎昔忠今亂者毒鼓曰彼積憤怨已久一朝下降不爲臣寇必爲叛臣皆所不辭耳至甲申之變乃驗

姑蘇毛孝廉夢父忽於崇禎五年若爲鬼物所憑作譫語曰吾前身及而子前身皆爲建文時守金川門官及燕兵至渠開門叛降致吾家四十口皆罹刀鋸久欲圖報以其福力尚厚今降爲而子駸駸乎衰矣而吾徒近皆從天而下紛紛圖報故吾亦乘閒報而子將戕其命耳語訖而醒茫然不知向語未幾竟果死此李侍御模爲予言者

松江袁子衿燦若丁丑袁進士定弟先闖逆陷京師二年夢至一所見歷代諸創業君會議燦若問何議曰議革命彷彿可識者漢明兩高帝而已有頃一人如帝者肰披髮伏地嗚嗚愬枉明高帝語之曰此事非吾所能主當往問建文皇帝燦若夢中驚疑問一人曰代明者李自成否其人曰卻又不是燦若蓋先二年言之非附會也

天啓時郭給諫鞏爲周侍御宗建彈其通內及魏忠賢用事屢遷鞏官至侍郎鞏卒抗志不出忠賢怒勒令冠帶閑住鞏始末如是若答清一書辭多委蛇初辟則過後戍亦所應得時楊司馬嗣昌巡撫山東特疏求寬姚給諫思孝疏駁之他年相左以此

上念農桑爲衣食之本於是詣壇耕三推已旋齋宫宴羣臣教坊司於丹墀前作戲承應雜劇上論典禮甚隆何得諧戲爲玩殊非正體命該衙門永革去著爲令

上每詣圜丘祀天皇攷地祇并朝日夕月社稷等壇皆預齋戒必親視祭品精潔然後供獻秉圭兢兢若神降臨然其敬慎若此

上英敏篤學諸經史畢覽書經大全春秋性理大全資治通鑑大學衍義補貞觀政要皇明寶訓帝鑑圖說廿一史等書皆命司禮監提督又將經廠印貯之書查進備覽又諭外庭書集每月採買二部以資御覽

上每逢朔望及三六九昧爽臨朝以勤勵自勉餘日講春秋書經四書二八日經筵與諸臣徵引古今出語成文上命武英殿中圖歷代明君賢臣像於屏如賈誼董仲舒魏徵陸贄皆在又書誠意正心四大字插屏安置

文華殿以資警惕

熹宗懿安皇后居慈慶宮宮在乾清宮外關雎門傍本宮侍婢設有管家婆管宮內事務又設老成太監二名提督宮禁上惟逢后聖誕元旦令節方詣后前行四拜禮餘節不入賀

上每遇日蝕月蝕必服青素袍望闕焚香行四拜禮設救護鼓二十四面親手擂鼓三下內外衙門齋肅不理事或有日月蝕甚者諭諸臣直諫惟修己愛民爲心以答天意

皇城內西首有虎城一處內畜虎一隻傍有牲口房諸禽鳥皆在上至見猛獸食肉歎云此孰非民脂民膏乃飽此無益以博觀玩可乎悉令除去

皇極殿傍貼匿名單一紙編九卿爲二十四氣守殿官獲單以進上諭司禮監焚燬勿令人見以全大臣之體且明朕無疑於諸臣

陝西山西大饑兼暴風不止上曰皇天不言以象設教乃詣中政殿玉帝像前率司禮監等官曝跪一炷香以祈雨澤次日風息雨霑上曰雖得時雨然苗稼必多損壞宜修己愛民庶可仰答上蒼乃發帑救賑焉

上念保姆陸氏恩厚賜詑即令出宮寧家永不許復入且日無蹈熹宗客氏覆轍

昔人謂柳芳唐歷皆本寺人高力士口傳故實而不覺躍然於王者從實錄著亦有明寺人也實與否與袁妃實未與周后同殉改代後猶生而錄中乃指爲自縊長平公主雖爲上手刃實絕而未絕改代後下嫁方卒而錄中乃指爲砍死嗟乎以若輩晨昏禁闥謂比說天寶故事之李龜年當寺人確於伶官而舛訛若此舉二事以概諸事舉宮禁二事以概廟廷諸事其名實而事虛者正復不少獨烈皇帝潛德徵猷歷歷如掌內庭視外庭反晰故予獨摘而存之附三垣筆記後取實故也今而後唐歷又爲明歷矣其宋室孤臣之心也夫謹跋

附誌二條

予閱南太常寺誌載懿文皇太子及秦晉二王均李妃生成祖則碽妃生詩之時錢宗伯謙益有博物稱亦不能決後以弘光元旦謁孝陵予與謙益曰此事與實錄玉牒左何徵但本誌所載東側列妃嬪二十餘而西側止碽妃然否曷不啟寢殿驗之及入視果然乃知李碽之言有以也惟周王不載所出觀太祖命服養母孫妃斬衰三年疑即孫出

予讀明與雜記見高皇埋毛老人於後湖以守黄冊謂誕耳同年陸給諫朗管冊邀遊後湖見黄冊盈架無耗者問之書手咸云是鼠皆自登架即伏死又云每日聞香風過便知爲老人之靈往不祭今祭矣方知雜記不謬

附錄

慈聖皇太后喪葉輔向高夫人入拜神宗拱立以待夫人方立拜未終神宗已跪矣內侍傳聲促之夫人方跪神宗之孝謹如此

有一內侍犯法走入大內巡城御史書硃票入內索之諸閹泣愬神宗謂無是例神宗哂曰我弗能救也亟命押出

神宗一日演戲爲樂聞巡城御史呵呼聲亟命止歌曰我畏御史

予侍王父宗伯公聞此三事眞盛德事也附錄於此

三垣筆記三卷坿識三卷明李清暎碧著暎碧江蘇興化人崇禎辛未進士仕崇弘兩朝歷官刑吏工科給事中所記皆在官時所見聞者故云三垣筆記是書向惟足本江陰繆藝風參議曾從其裔孫李審言明經詳處借鈔稿本六卷即是刻也藝風有跋謂李思誠曾署名三朝要典暎碧力爲其祖迴護甚有不足之辭而審言序則力辨其誣謂明季門戶之爭始於神宗之倦勤積流之禍極於熹宗之庸闇至莊烈踐阼毀三朝要典定逆案贈卹冤陷諸臣是非大明庶幾陰霾見晛曜忽爽於光明矣乃在廷諸臣蔽賢植黨仍無異曩時迨南渡後偏安江左馬阮弄權門戶之見益甚薰蕕不同器鴟

鸞不接翼盈廷黨同伐異載筆之史習熟見聞是丹非素亦容有不知其然者雖以夏文忠之幸存錄黎洲先生猶指爲不幸存錄暎碧所記乃自以爲是是非非不謬於夏錄同在所見之世其持論不同已如此若由今日上溯明崇弘已不啻所傳聞之世信如暎碧所云又何解於黎洲先生之言然則將何所折衷鄞謝山全氏謂暎碧是記最爲和平可見其宅心仁恕或者謝山在雍乾間去明未遠又以異代之人觀前代之事無復如黎洲門戶之見則以信謝山者信暎碧猶不爲無據乎余更反復是書其於讒諂之蔽明邪曲之害公一編之中三致意焉蓋痛夫國勢阽危而羣邪比黨將淪胥以亡冀挽回而無術也故篇終援柳芳著唐厤之例謂今而後唐厤又爲明厤此宋室孤臣之心也可見其故君故國之思即寓於此編迄今三百餘年如聞其聲矣嗚呼丁卯天貺節吳興劉承幹跋

楊升庵史略詞話正誤

（明）楊　慎　原著

（清）李　清　正誤

宮偉鏐

《楊升庵史略詞話正誤》二卷，明楊慎原著，清李清、宫偉鏐正誤，據北京大學圖書館藏清刻本影印。

李清有《三垣筆記》，已著録。宫偉鏐（一六一一—一六八〇），字紫陽，號紫玄，一作紫懸，别號桃都漫士。清泰州人。繼蘭子。明崇禎十六年（一六四三）進士。官翰林院檢討。入清兩薦舉未就。築春雨草堂，閉門著書。

本書原名《歷代史略十段錦詞話》，又名《廿一史彈詞》，爲明代文學家楊慎所著。楊氏以詞話形式總結自上古至元代歷史，復加以評論，抒發感慨。全書分兩卷，析爲十段，每段先用《西江月》《南鄉子》等詞調加以叙述，其後用詩句加以補充。此書行世後頗爲流行，版本衆多，頗多遺舛。康熙三年（一六六四），李清用陳惟直校定本、閩本、王起隆本三個版本重加整理，增補數則，復加汰繁、易俗、正舛，後又得宫偉鏐相助參訂，此書遂爲完璧。

（周　忠）

廣陵李映碧
宮紫陽兩先生仝訂

史畧詞話正誤

楊升菴先生史畧詞話一書久膾炙海內但遠客滇南諸史簡畧論次頗多遺舛今得兩先生重加訂定較從前坊刻諸本遂成全璧矣識者珍之

本衙藏板

宋序

世傳用修戍滇南常傅粉支髮爲兩角髻行歌市中予竊疑之謂賢達何放縻如是及得廿一史彈詞喟然嘆曰用修行吟自縻豈無意歟夫世之删史者不過節約其文與事備勸戒便觀覽而已用修不然先之以聲歌繼之以敘說雜以俚語街談檃括參差自然成韻似正似諧似俗似雅似近似遠其意豈徒以自責已哉蓋痛今古之須史悲興亡之倏忽而横目之氏悠悠以難悟也故爲曼聲以送之使言者足以感聞者易以思殆懷屈子沉淵之志而復能自脫於莊列達生之旨不失其正而亦不傷其生者乎夫用修以元輔子擢制策首其一時寵遇豈不盛哉及一朝遣戍終老南裔無望賜環彼聰明才悟殆有過人者也見夫菀枯華落陵谷變遷轉眼無定不以此一死生齊物化而徒怨嘆感憤以懟君父而夭其生則似愚矣故托往事藏來者短咏長歌傀儡千古被髮行吟以自全而不以爲恥嗟夫世何常語亦何常談言解紛利在微中世有奸雄懷禍亂而不悔如樊原

史畧詞話　宋序　一

烈澤不可向邇一旦萬夫孺子巷陌之謠片言入耳向日㓙焰輒爐消灰冷不待黃泉而氣息已盡何哉誠有以動其心也凡人瞶於自見未有不明於見人今觀用修所述纍纍萬餘言上自鴻龐下迄勝國其間皇帝王伯忠孝賢聖之驅馳亂臣賊子之縱橫戎寇盜賊之生滅靡不兼總條貫其詞可佾可絲可詬可笑至于重復悲慨凄其斷絕令人一而嘆再而悔如雍門之哦一市人皆泣如越石之嘯羌胡皆涕泗沾衣投戈北去而不自知其哀痛之何從也是眞所

謂情深于騷而用廣于騷者歟時初夏予方晝臥北窗下聽黃鸝歌金縷忽忽睡去夢身至堯禹所左右臂化爲皐夔其驩轉爲遷換下至莽操温懿尿溺轉化與同作賊旋復剖心出視變爲黼黻諸烈士叉變作庭前舞馬殿下孫供奉與兵使劍搥鼓掀衣殺賊駡賊城郭山川罔不遍歷侯王將相東征西討屠戮誅夷生死死生不可勝數旋及爪髮毛毫反復變化覺帝王聖賢所爲甚苦欲旦暮解脱不可即得又覺莽操懿温亦無樂境刀鋸焚炙無有苦樂俯視北邙高墳卑冢白骨枯骸皆身受享所過不復悲憶輒復歌曰將軍戰馬今何在野草閑花遍地愁忽然驚寤則兒子鼎持此詞話歌且讀于旁也推枕而起黃鸝在樹花影當庭拭眼悲悔謂塵塵不淨耳受乃爲身受夢作即同眞作因嘆黃粱一夢果不欺人鼠肝蟲臂俱爲蝶化慨然有赤松安期之想噫人生若朝露將睎古今三百二十七萬八千餘年亦剎那間事但聖賢豪傑於夢中得好光景耳若漢唐宋來亂臣賊子朋黨交鬨正如遊人夢入惡境顛倒呻吟不能自

醒昔用修旣放一時諸臣多貴盛者爾時君臣相得不啻魚水然其賢者旣憂讒畏譏不肯旋被譴斥甚而藁街爲戮名在丹書凄凉千載悲夫賢愚共盡黃土悠悠以視用修傳粉悲歌漁樵唱和猶贏得一場清夢也

古吳宋鳳翔羽皇題

陰序

六經中春秋者編年之史也書者記言之史也昭如日星吾夫子刪詩三百篇垂世立教豈非以詠嘆聲歌於移風易俗爲尤易耶自世衰道微風雅不振人心日入於淫邪俚詞艷曲雜然並興飾無爲有假事亂眞紕繆誣妄甚矣揆厥所由皆緣世人鮮學不通今古無以知其外而析其僞也然二十一史辭旨奧博簡帙繁多白首靑燈有讀未能竟之嘆乃欲家喻而戶曉之難矣吾鄉楊升菴先生本以天才博綜典

籍尤精於史輯爲十段錦一書上下古今自盤古迄於胡元凡禮制之沿革年號之變更國家之成敗與王亡王之賢愚忠良奸諛之功罪犂然如指諸掌且抑其高古俯就俚調使販夫田父樵童牧叟皆欣欣而喜聽之恬吻愉心化聱爲明移聾爲聰得免於面墻彼矯誣不經之說無以奪其實而售其欺其用意亦勤矣哉蓋正史謹嚴譬之姜桂列之上品未易可口蓋墳典之流也十段錦易曉譬之食案中籩皆甜蓋歌謠之流也近世學者多以艱深文其淺近先生獨以淺近發其該博噫睹此書亦足以知先生之苦心矣世之學者亟采下帶之言用藉稽古之益雖在千百年以後不可一日無此書也乃借爲序諸首簡

內江月溪陰武卿撰

補訂楊升菴史畧詞話序

夫靈均之離騷近於誕矣而晦菴乃爲之註子長之史記近於謗矣而伯恭酷好之靈均雖賢子長雖才豈若晦菴伯恭之爲醇儒哉況其言又不能無疵纇而顧爲晦菴伯恭之所取者我知其必有所爲而後之人未必能知其說也近代文人若升菴楊氏雖高才博學嘗考其生平其亦靈均子長之流亞歟所撰十段錦詞話乃在放謫之日邑鬱不自得攄往古史傳之畧編爲彈詞以供好事者傳述大抵言興亾歘

忽賢愚同盡皇帝王霸之業不足當其一瞬其言近於達觀凡以發攄其塊磊不平之氣然而輕世肆志非薄君相之心亦或不免焉聆昜耿碧李先生聞者有霜露之疾因取是書自娛重加編輯補其缺畧遂成善本以愚觀之升菴身際熙明之運君其君友其友雖以朝議不合重遭竄逐然其遇之不幸止於一身非有關於天下安危社稷存亾之大故也揆諸人臣之義似當引罪自責惓念闕廷與君德之精明視君身之強固今乃爲猖狂放達之言甚至傳粉角髻行歌市中是彰朝廷棄賢之失也惻怛愛君之意其然乎其不然乎然則先生顧有取其言而爲補訂之者何也先生之時非升菴之時也升菴之不幸止於一身而先生今日之不幸不止於一身往者先生居諫垣亦嘗以言事被謫此與升菴事何異而先生此時不聞其有取於升菴之詞話盍如升菴則不當爲猖狂放達之言而可以爲猖狂放達之言者其先生今日與夫是以悲極而病病而或笑或哭則命奚奴傍藥罏取是詞高唱之以自止其笑且哭者不知者

亦以先生爲狂而知者則以爲此柴桑之醉西臺之慟也然則先生之心豈升菴之心哉余故表而出之不欲先生如晦菴伯恭之好古而其心終未白於後之君子也

玉峯一巖丘鍾仁拜題

補訂史畧詞話敘

魏武云老而好學惟吾與袁伯業耳則甚矣老而好學之難也廷尉李公研精竹素年已逾耆手不停披甲辰歲嬰重疾仍日取升菴楊先生史畧從渊第閒補訂之此其好學何如哉今之人端居暇豫不肯窺經史一字何況疾病後生小子皆束書不觀游談無根無論耆艾以是知公殆非今之人也雖然先朝傳世近三百載薦紳學士無慮百千數而博物如楊先生者渺然不多見則又何咎今人哉讀全史而能爲

此書者前則升菴讀此書而能補訂其紕漏者後則李公絕無僅有如晦日晨星寥寥相望而公又成於呻吟偃息之中視昔人所謂老而好學者則又難之難矣或曰是不然公自里居後下帷閱史無虛歲弃無虛月自兩漢六朝以迄宋遼金元之蕪文冗史靡不手自丹黄至於四五而不厭區區是書胡云難或又曰公於書史如嗜欲技之正之譬之醒者之得酒而渴者之得飲胡云難或又曰公雖抱疾每一開卷體平而神王而於是書尤愛而玩之論者謂公殆以

楊氏爲盧醫史篇爲藥石焉未幾而公果霍然起矣夫枚乘之賦可以已疾陳琳之文足以愈病昔聞其語今見其事則含焉咀焉固其宜也胡云難陸子不能荅已而嘆曰語云我之所易人之所難人之所難我之所易其李公之謂乎會海陵紫陽宫先生垂老好學亦與公同互相讐訂遂以史畧付梓爰次其語僭書簡首以爲敘非徒慨世將以自警兼自勗云爾

同邑後學陸廷掄謹題

楊升菴史畧詞話卷之上

廣陵　李　淸映碧甫　　　　李　蘭馨遡
　　　宮偉鏐紫暘甫　正誤　男　宮夢仁宗衮
　　　　　　　　　　　　　李　瑱屯乂　仝較
　　　　　　　　　　　　　李　栩倚江

此書雖云娛俗，然與田父村姑彈唱爲娛，究竟誰解者？予考之蜀本，間易俚鄙爲典雅，殊覺可愛，故出是本，依蜀本改正之，未妥者亦僭改一二，然其愈俗愈妙處則不可改。清識

第一段　總説

天上烏飛兔走，人間古往今來。沉吟屈指數英才，多少是非成敗。富貴歌樓舞榭，淒涼廢塚荒臺。萬般回首化塵埃，只有青山不改。右調西江月

爲看青山日倚樓，白雲紅葉兩悠悠。秋鴻社燕催人老，野草閑花滿地愁。

野草閑花滿地愁，龍爭虎鬪幾時休。擧頭吳越齊秦楚，回首梁唐晉漢周。擧世盡從忙裏老，誰人肯向死前休。賢愚千載知誰是，滿眼蓬蒿共一丘。

凡句，罷談詩少責，且將今古事評論。詩詞只可談風月，今古還堪警世人。博覽經書尋故典，傍搜小傳綴新文。講談盡合周公禮，褒貶咸遵孔聖文。按捺奸邪尊有道，讚揚忠孝獎賢人。零裁錦繡篇篇好，碎剪冰霜字字眞。春夏秋冬排景致，風花雪月按時新。丁當擊玉敲金字，剔透蟠龍繡虎紋。清似釣舟聞夜雨，壯如軍壘發秋聲。助添豪傑英雄氣，感激忠臣烈士心。美玉良金思巧匠（吳本作短舞長歌思妙曲），高山流水待知音。當場告稟知音者，忙裏偷閑試一聽。

竊聞誦詩讀書，要知今古；撫琴彈劍，須待賞音。昔者太極初分，鴻濛始判，有大聖人盤古出世，能明天地之道，達陰陽之變，爲三才首君。自後三皇五帝，世代相傳。按史記，盤古之後有天地人三皇，春秋元命包曰：開闢以來至春秋魯哀公十四年獲麟之歲，凡二百二十六萬七千年，分爲十紀。索隱曰：凡三百二十七萬六千年，分爲十紀。雖有參差，大槩是世遠不能詳考，不必細推，但要知所謂十紀者。

九頭紀、五龍紀、攝提紀、合雒紀、連通紀、敘命紀、循蜚紀、因提紀、禪通紀、疏仡紀

自人皇氏至敘命氏凡八十三君又一書云一百八十三君十紀之後又有所謂　有巢氏　燧人氏

伏羲氏、女媧氏、栢皇氏、中央氏、大庭氏、栗陸氏、驪連氏、渾沌氏、赫胥氏、尊盧氏、昊英氏、朱襄氏、葛天氏、陰康氏、無懷氏、共工氏、神農氏、有熊氏、

此等皆係上古世稱伏羲爲太昊神農爲炎帝軒轅爲黃帝謂之三皇繼之以　少昊　顓頊

高辛　唐堯　虞舜　謂之五帝三皇五帝、始有文字相傳堯讓舜舜讓禹那時知有義讓不知有爭莊子云君如標枝民如野鹿風俗淳美敦朴此後禹傳家一作啓湯放桀武王伐紂所以干戈競起詐許日生自此五霸爭強以至春秋列國互相吞併千有餘年按元會運世圖云夏禹王治世先天六會已過時當午會陽極陰生所以治日常少亂日常多應後天六會也至於七國爭雄強秦獨霸楚漢爭鋒王莽簒朝奸雄逞志陰盛陽衰之氣候雖有聖人復起無可奈何後來光武中興三分割據五胡雲擾六代瓜分南北相吞隋唐混一流傳五代粉碎中原宋太祖纔得削平又有遼金西夏虎狼蛇蝎展轉相吞直至元朝暫時寧帖上下十九史按夏禹八年甲子至今洪武十七年甲子凡三千六百年夏商周三代共占一千九百年中間自魯隱公元年己未入春秋至哀公十四年庚申凡二百四十二年哀公十五

年辛酉至周烈王二十三年戊寅入通鑑至五代之末已未共一千三百六十二年宋太祖另起不在通鑑者又四百年至元末中間賢愚不等善惡不同是幾箇一場創業開基幾箇一場龍爭虎鬬誰強誰弱誰是誰非恰似一枕南柯都打入漁樵話裏今將歷代史書大畧編成一段攢十字詩詞雖然言語粗疏僅可畧知大槩少資談論以奉知音

盤古王一出世初分天地至三皇傳五帝建立乾坤天皇氏定干支陰陽始判地皇氏明氣候序列

三辰人皇氏相山川君臣定位有巢氏辨人獸物以群分燧人氏治熟食鑽燧取火女媧氏補蒼天復立崑崙有名號（有名號以下一對依吳本增）泯相承循蜚疏仡說赫胥談栗陸燊出傳聞紀年數凡三百二十七萬稱尊號共一百八十餘君伏羲氏造書契始畫八卦神農氏嘗百草救濟生靈軒轅氏制舟車衣冠濟濟金天氏典禮樂民物欣欣顓頊氏命五官無爲而治高辛氏布威德撫教黎民唐堯氏智如神存心天下命羲和欽曆象觀覽星辰虞舜氏

史畧詞話　卷上　五

去四凶躬行孝悌任九官封八愷四海歸仁堯讓舜舜讓禹相傳有道爲生靈作主宰不顧其身從此後禹傳家子承父業夏商周相倣倣直至如今夏后氏四百年一十七帝殷湯氏三十帝六百餘春成周氏八百年三十七世九州中諸列國併入強秦秦無道四十年止傳二世六國人并楚漢起義爭衡漢高祖定江山一十二帝二百年遭王莽篡國欺君漢光武復中興一十三帝二百年曹操起漢室三分三國志亂紛紛五十餘載漢歸曹吳

入晉取次銷沉司馬晉五十年五古大亂（原本作古人入）寇走江東承舊統百歲雲奔南北史兩相持不能混一氣相吞力廝併三百餘春宋齊梁傳陳國俱都江左元魏氏分齊周北地稱尊（宋齊梁以下一對依吳本增）隋文帝併周陳江山一統四十年彈指過海內風塵唐高祖立根基二十一帝三百年捱不足付與朱溫朱溫起號梁朝歸於李氏李唐亡石晉繼劉漢相承郭氏周緊相連通稱五代五十年十一帝流水浮雲宋太祖占中原無多日月西北邊遼金

史畧詞話　卷上　六

夏不任相爭三百載十六君汴杭闖廣（原本作疾如翻掌）到頭來元世祖一股而吞古元氏統乾坤中華承統急芒芒虛過了九十三春廿一史（原本作十九史）笑談間從頭數遍是和非長共短各有評論

要知就裏分明處　細檢殘篇着意聽。

滚滚龍爭虎鬭匆匆兔走烏飛席前花影坐間移。百歲光陰有幾　說古談今話本圖王霸業兵機要知成敗是和非都在漁樵話裏。

明朝有意來相訪　綠水青山別是春

第二段　說三代

攜酒上吟亭，滿目江山列畫屏。賺得英雄頭似雪，功名虎鬬龍吟幾戰爭。一枕夢魂驚，落葉西風別換聲。誰弱誰強都罷手，傷情，打入漁樵話裏聽。右調南鄉子

混沌初分氣候淳，標枝野鹿看君臣。三皇五帝賓天去，辛苦閻浮世上人。世上生靈作業多，功名富貴反成魔。常懷杞國憂天悶，不見康衢擊壤歌。仗劍提刀爭日月，伏尸流血換山河。白頭釣叟秋江上，笑指滄鷗下碧波。

一詩出大才，閑遣典語談今古，便驚人。沙金璞玉求良匠，流水高山待賞音。玉在石中難辨寶，金藏沙裏未爲真。淘金必索披沙揀，取玉須教破璞尋。琴對子期知雅操，馬逢伯樂長千金。龍光未識思雷煥，奇字難知問子雲。美酒要逢知己飲，好詩須向會家吟。講談盡合周公禮，褒貶咸遵孔聖文。原本作長篇調賦休閑說，往古來今要討論，今依吳本改。斷簡殘篇藏故典，冰絃玉軫播新聞。高人滿座垂清聽，始信書生用意深。

適間題說歷代總要，不曾開列君臣大體、賢愚國祚短長，流傳世次。今將三皇五帝之後，從夏禹傳家，以至商周三代，直至戰國七雄，畧陳大槩。禹王受虞舜傳位，爲天子，謂之夏后氏。傳一十七帝，共名曰啓、太康、仲康、帝相、少康、帝杼、帝槐、帝芒、帝泄、帝不降、帝扃、帝廑、帝孔甲、帝皐、帝發、帝桀，共享國四百五十八年。

商湯繼之，代夏放桀，撫有天下，傳三十君，共名曰外丙、仲壬、太甲、沃丁、太庚、小甲、雍巳、太戊、仲丁、外壬、河亶甲、祖乙、

祖辛、沃甲、祖丁、南庚、陽甲、盤庚、小辛、小乙、武丁、祖庚、祖甲、廩辛、庚丁、武乙、太丁、帝乙、帝辛。帝辛者，紂王也。共享國六百四十五年。周武王繼之。武王之父謂之文王，紂時封爲周侯，至武王代紂而有天下，傳三十七君，共名曰成王、康王、昭王、穆王、共王、懿王、孝王、夷王、厲王、宣王、幽王以上西周、平王、桓王、莊王、釐王、惠王、襄王、頃王、匡王、定王、簡王、靈王、

景王、悼王、敬王、元王、貞定王、哀王、
思王、考王、威烈王、安王、烈王、顯王、
慎靚王　赧王、以上東周　周敬王避王子朝黨自王
城徙都成周，至考王封其弟揭于王城，是爲周桓公，
傳之威公、惠公、武公、文君，秦滅之，遷於𢀖
狐，是爲西周。　西周惠公生少子班，又别封鞏以奉
王於成周、號文諡爲惠公，傳之其子傑，秦復滅之，遷
于陽人聚，是爲東周。王前後建都之殊者，以鎬京爲
西周，對洛邑爲東周也。二公封邑之殊者，又於洛邑
二城内，以王城爲西周，對成周爲東周也。
原本遺西周東周二公，今補。
共享國八百六十七年，三代共一千九百七十年。夏
禹、商湯、周武爲三代開基聖主，夏啓爲賢君，商有三
宗。　太甲爲太宗，太戊爲中宗，
武丁爲高宗。　謂之賢聖之君。周自成康
繼武，宣王中興，其餘者或長或短，各有事迹，今按史
記寫入詞文。
話說起三代君，尊稱夏禹，姓姒氏，乃軒轅黄帝玄

史畧詞話　卷上　九

孫，其父鯀，帝堯時廷推治水、原本作治平水土、爲無功，身
獲罪殛死，黄熊、原本作死墜其名。績父業，任司空，聲敷四
海。舜年高，讓以位，受命爲君，乘四載，决九河，消除
水害，任九州，作貢賦，萬國咸寧。絶旨酒，拜昌言，下
車泣罪，叙九疇，鑄九鼎，鎮國安民。天與子，啓承家，
兵征有扈。太康君畋洛水，五子歌闈。仲康氏討義
和，以威克愛。帝相氏被邪臣后羿侵凌，少康氏討
賊臣，鑾輿反正，田一成，衆一旅，遂致中興。再傳至
七朝君三更，甲子杼、槐、芒、泄、不降，以至扃、厪、帝孔
甲，醞雌龍，崇神好鬼，又相傳，復二紀，皐、發因循至
履癸，號桀王，荒淫無道，造瓊宮，寵妹喜，塗炭生靈。
十七帝統江山，子承父業，四百年彈指過，禹祚靡
承。原本作禹亦無闕　商湯氏順民心，興兵伐夏，祖名契，姓
子氏，掌教明倫，十四世乃生湯，應天革命，禱桑林，
祈雨澤，祝網施仁，舉伊尹，任阿衡，扶持太甲，放桐
宮，三載後反正修身，傳五世有賢君，中宗太戊，德
勝妖祥，桑死，帝道重興，黄河走，徙其民，因循八代
至盤庚，還舊境，改國稱殷，天輔助後三朝，武丁即

史畧詞話　卷上　十

仕、夢賢臣、調鼎鼐、作楫爲霖、原本作得號高宗、至武乙、鬬
天神、雷霆隕命、兩三朝、無德行、國勢頹傾、末主紂、
害生靈、飾非拒諫、縱奢淫、寵妲己、剖炙賢臣、鉅橋
粟、鹿臺財、反資敵國、旣倒戈、何漂杵、衣寶焚身、鉅橋
案以下一對今依吳本增、三十世、六百年、成湯世界、二老避、三
仁去、麥秀歌聞、原本作九重臺長夜飲喪國亡身今依吳本改 周武王、尊
太公、興兵伐紂、攷其先、姓姬氏、上古賢人、封后稷、
相唐虞、教民耕種、篤公劉、傳太王、王季、其勤、原本作世
相傳、十五代、乃至如今、今依吳本改 文王老、武王興、承殷社稷、斬飛
廉、封箕子、弔恤窮民、周公旦、輔成王、修明禮樂、召
公奭、相康王、發政施仁、周昭王、南巡狩、膠舟溺水、
穆王、朝徐夷、亂命楚徂征、共懿孝、道衰微、天災屢
見、至夷王、莪朝禮、下見群臣、厲王古行暴虐、淮夷
入寇、得衛巫、能弭謗、國亂狂奔、宣王靜、平淮夷、勤
于政事、任申伯、用山甫、周室中興、周幽王、寵褒姒、
聲聞裂帛、原本作荒淫失政、幸驪山、舉烽火、戲侮諸臣、三
川竭、岐山崩、國亡先兆、用非才、號石父、結怨黎民、
原本作結怨群臣 申侯反、召西夷犬戎、兵動、殺幽王、擄褒

史畧詞話　卷上　十一

姒、國勢分崩、秦襄公、鄭武公、驅戎救駕、立平王、遷
洛邑、冠帶蒙塵、至桓莊、無威令、下同列國、齊桓公、
晉重耳、五霸爲尊、釐惠襄、五十年、人知管仲、狩河
陽、盟踐土、顚倒君臣、原本作失政君臣 頃匡定、禮樂崩、憑
誰整頓、楚莊王、興士馬、問鼎歎、君簡王、後至靈王、
時生孔聖、祖三皇、宗五帝、力任斯文、原本力任作張主 景
悼、敬、兩三朝、家翻國亂、元、貞、定、哀、思、考、弑立紛紜、
勞攘攘、數百年、中原瓦裂、是和非、長共短、史記評
論、秦穆公、宋襄公、假行仁義、吳夫差、越勾踐、改號
爭尊、田穰苴、掌兵權、立誅莊賈、孫武子、教戰陣、令
斬宮嬪、伍子胥、施智勇、鞭荊降越、原本作臨潼鬬寶乃俗說
范少伯、破姑蘇、棄職辭君、韓趙魏、起陪臣、三分全
晉。原本作燕齊秦六卿分晉
入燕齊秦、誤范中行智氏、俱先敗、不得言六卿、
威烈王、容姦奪、自壞彝倫、安烈顯、守宗祧、綿綿一
脈、愼靚王、擁虛器、日暮殘雲、收拾在赧王、朝窮居
僻地、就中間千百樣變化、縱橫鄒子輿、孟軻氏、尊
王賤霸、距楊墨、闢邪說、不合終身、鄒子輿以下一對依吳本增、

史畧詞話　卷上　十二

齊孫臏魏龐涓爭強鬥智，趙廉頗秦白起賭勝誇能，曾連子射聊城解紛排難，藺相如澠池會重趙輕秦，施戰策寇七雄，田單樂毅掉舌尖說六國，張儀蘇秦養劍客四豪門，雞鳴狗盜破秦關九戰國原本作七戰國，時攻秦關者爲韓、魏、燕、楚、齊、趙、宋、衛、中山，見賈誼過秦論，蜀本作九國，爲是。秦蟻聚蜂屯，八百年周社稷東西分裂，消火滅原本作燈。昭王吞併了，富國強兵，細思想夏商周，八十四王，千百年能幾箇有道仁君，開基王，濟蒼生，知甘識

苦，守成君居富貴，橫斂繁刑原本作不念民苦，不禁不止，令不行，諸侯放恣，恩不流，政不節，萬姓生嗔，一朝滅，一朝興，魚龍變化，一邊扶，一邊倒，纍卵難撐，乾打鬧，占排場，戲棚傀儡，轉頭間消滅，却火上氷凌。

到頭止剩中原土，禾黍離離一望平。

檢盡殘篇斷簡，細評千古英雄，功名富貴，笑談中，回首一場春夢。昨日香車寶馬，今朝禾黍秋風，誰強誰弱總成空，傀儡棚中搬弄。

水絃歌指談鋒鈍，明日重來細講論。

第三段　說秦漢

滚滚長江東逝水，浪花淘盡英雄，是非成敗轉頭空，青山依舊在，幾度夕陽紅。白髮漁樵江渚上，慣看秋月春風，一壺濁酒喜相逢，古今多少事，都付笑談中。右調臨江仙。

成敗興亡古至今，飛雲去鳥入銷沉，荒郊廢塚傷心處，不待田文聽鼓琴。

記得東周併入秦，回頭楚漢鬧乾坤，時來驟雨推潢潦，勢敗狂風捲片雲，富貴一場蛩枕夢，是非千

載馬蹄塵，殘山剩水年年在，不見謀王定霸人。

剪雪裁冰詩有味，降龍伏虎事曾聞，夜來說到降龍處，今日還尋伏虎人。伏虎降龍輸好漢，談今說古看書人，休嫌短話成長話，要把新文接舊文，打虎金槌休換柄，斬蛟寶劍再磨新，斬蛟寶劍長三尺，打虎金槌重九斤，故典尋來知往事，新詞說動長精神，死灰撥火重生焰，枯樹開花再遇春，春去春來人易老，花開花落可憐人，不如忙裏偷閑好，再把新詞聽一巡。

昨序說夏商周三代，到周赧王，被秦昭王逼獻國邑，（原本作兼併六國，今依吳本改）奪了東西，（原本作奪了周朝）按秦國原姓嬴氏，周孝王時有非子者，爲主馬之官，孝王封爲秦伯，閏二世至秦仲，其國始大，傳之

莊公、襄公、文公、寧公、武公、德公、宣公、成公、穆公、康公、共公、桓公、景公、哀公、惠公、悼公、厲公、躁公、懷公、靈公、簡公、獻公、孝公，凡二十四世，孝公用商鞅之術，富國強兵，傳之子，是稱惠文王，傳之武王，武王

因舉鼎絕脉而死，其弟名稷嗣位，是爲昭襄王，乙巳年滅周，又六年薨，其子孝文王即位三日而薨，傳其子莊襄王，按莊襄王名楚，先前納呂不韋之妾，生子名政，莊襄王在位三年而亾，其子政即位，冒嬴氏之姓，甲寅年爲始，征伐六國，二十年之後，滅韓，又滅趙，滅魏，滅楚，滅燕，至庚辰年滅齊，天下歸一，自稱始皇帝，晏駕之日，李斯殺其太子扶蘇，立次子胡亥爲二世皇帝，三年趙高弒之，立兄子名子嬰，（原本作立扶蘇之子）

史記止云兄子，不聞爲扶蘇子，

爲三世秦王，討誅趙高，（一句新增）四十六日，沛公入關，子嬰出降，隨爲項籍所殺，（原本作楚霸王入關殺子嬰）又五年，天下歸于漢高祖，姓劉名邦，在位十二年，傳之

惠帝、呂后（附二少帝）、文帝、景帝、武帝、昭帝（附昌邑王）、宣帝、元帝、成帝、哀帝、平帝（附孺子嬰），凡十二王，共二百十一年，王莽簒位十八年，更始誅王莽，即位三年，光武中興，傳之

明帝、章帝、和帝、殤帝、安帝、順帝、沖帝、質帝、桓帝、靈帝、少帝、弘農王（新增）、獻帝，凡十三王，共一百

九十五年，天下三分，自秦始皇至漢獻帝，通共四百三十三年，中間覆雨翻雲，幾塲興廢，談論間不能細說，略將大槩品題，

七戰國秦昭王，英雄獨霸，奪周朝，取九鼎，遷徙周民，昭王沒，子孝文，繼登三日，奄然間，無疾病，忽作陳人，莊襄王，僅三年，承基未久，牀未暖，（原本作龍牀未暖）棄羣臣，立假子，（原本作亾化了棄群臣便是亾化，以語意重出改）結末。嬴秦始皇帝，呂家兒，根源不正，呂不韋，稱相國，就裏難明。承累世大威風，消磨六國。繫韓王，削趙壤，魏楚難存，

遺能將（原本作輕舉手）取遼東如同刈草入臨菑不血刃
四海歸秦取百越却匈奴鞭笞天下罷諸侯置郡
守獨立爲君造鍾鎼鑄金人銷除兵器坑儒生焚
聖典殄滅斯文塡大海建阿房蓬萊求藥（原本作傷殘百姓傷殘苦害意復改從吳本）築長城修五嶺苦害生民四巡狩
至沙丘鑾輿晏駕鮑魚車同載轉廝混尸腥奸臣
計暗圖謀扶蘇太子可憐哉承假詔賜死長城秦
二世用趙高指鹿爲馬笑李斯阿督責（原本作殺李斯除國害）黃犬東門（原本作弒主無君）始皇忿扶蘇冤同降禍否

望夷宮投奄阱自刃亾身（吳本作望夷宮求王侯至於黔首丞相命桀不許刀下亾身亦未妥故爲增改之如此）子嬰起殺趙高力扶宗社王
氣消天命改顚換乾坤都只恨二世君窮奢極欲
視蒼生如草芥重法嚴刑發戍卒動民心罾魚變
亂假狐鳴扇惑起廣勝張陳（原本作廣陳勝吳）趙武臣魏
王咎人人舉事齊田儋燕韓廣處處紛爭劉沛公
項重瞳興兵輔楚子房公能乘勢復立韓成六戰
國氣悄悄（原本作惡恨恨）重興舊業笑談間齊響應四海
瓜分（原作變了民心）劉沛公入關陝秦降軹道楚項羽過

驪宮一火而焚殺子嬰屠咸陽氷消瓦解關中原
爭逐鹿各競雌雄漢高祖用賢才築壇拜將蕭丞
相定律令約法安民韓元帥使機謀明修棧道度
陳倉虜戰伐（原本作選手段）席捲三秦擄魏豹斬陳餘生
擒夏說嚇燕書囊沙計四海馳名追霸王至烏江
奇謀妙算驅田橫入海島許太功勳（原本許作十）扶助
起漢高祖獨雄天下滅強秦誅暴（原本秦作惡下惡字太過）
楚掃蕩風塵用陳平出奇計許遊雲夢信呂后弄

朝權損害功臣登寶位據長安一十二載去賓天
付社稷平勃王陵（原本作付與兒孫）漢惠帝相曹參七年
垂拱恰昇平遭母后虧損寬仁投鴆酒暗傷殘趙
王如意逞淫刑人彘了戚氏夫人雖太歲自臨朝
誅劉王呂賴北軍齊左袒撥轉群心漢文帝德化
民除刑受諫講和親却獻馬休衆安人（原本作不動刀兵）
漢景帝命條侯剗平七國既中宮廢太子喪德傷
恩漢武帝仗雄才改元建號喜功名務廣地黷武
窮兵興禮教舉孝廉明經策士任衛霍奪天山空

了王庭、（原本作尚奇典立文成五利將軍今依吳本改）求善馬、任貳師、遠征宛國、泛樓船、破南越、強弩將軍蘇子卿牧羝羊、上林雁帛、汲長孺臥淮揚、戇直難容。（求善馬以下二對依吳本增）愛祥瑞、慕神仙、頻刑重斂、樂巡遊、興土木、耗國勞民。漢昭帝倚霍光、堪憐命夭、昌邑王無德行、不似人君。漢宣帝尚刑名、兼王雜霸、致中興、思輔助、圖象麒麟。漢元帝重名儒、優柔不斷、遣王嬙嫁西鹵、短見和親。漢成帝志荒淫、湛於酒色、忽天災、尊外戚、委棄宗臣。漢哀帝建平初、天星屢隕、大臣災

讒佞進、漢德頹傾。漢平帝莽專權、三綱絕矣、置毒杯、扶孺子、敢篡龍廷、（原本作酒杯中置毒藥、篡了龍廷）王莽亂、十八年人情憤慨。淮陽王號更始、委柄庸人、（原本作日月匆匆）漢光武起南陽、二十八宿策中興、誅王莽、際會風雲、擊銅馬、破赤眉、諸方嚮應、斬王郎、誅董憲、四海澄清。嚴內治、賞循良、褒封強項、下賢才、思故舊、禮聘嚴陵。漢明帝美功臣、雲臺圖畫、幸辟雍、拜三老、偃武修文、迎佛法入中原、金仙托夢、取哀牢、懷鄯善、率土歸心。漢章帝尚寬仁、慈祥長者、命曹褒

修漢禮、獎諭儒臣。漢和帝禮賢才、承家有耀、任中官、尊外戚、一味因循。漢殤帝襁褓中、權歸鄧后、坐御床方八月、葬入康陵。漢安帝廢儲宮、（原本作尊奉和熹）尊崇乳媼、東南巡崩葉縣、望絕還京。（原本作至葉縣不得還宮）漢順帝十九矣、群迎即位、抑忠良、尊后黨、地坼山崩。沖一載、質半年、外家跋扈、（原本作皇親跋扈）主威去、君壽促。敗在桓靈、處士羣互標榜、（原本作秀才互標榜）攢成黨禍、賣官爵、私傢藏、寇起黃巾、何遂高、（原本作袁本初）

召外兵者何進、非袁紹。

名外兵掃除君側、致董卓廢弘農、獻帝遷秦、（原本作廢弘農扶獻帝拐入咸秦）

讀此有似袁紹廢君、今依蜀本改。

董卓亡、曹操來、移居許下、（原本作遷都入許）自加官、自進職、大逞奸雄、挾天子令諸侯、垂涎漢鼎、弒中宮、殺皇子、跋扈無君、（原本作目無君側）擒呂布、破張超、橫行四海、走袁術、定劉表、叱吒風雲、任武勇、有能人、張遼許褚、用文才、多智士、賈詡陳琳、好發塚、巧立名、損金郎將、僞尊劉教、後代篡竊、留心。（原本作爲尊權教後代篡國奸臣）

聞西有漢中王擁兵蜀郡，見金陵孫討鹵割據江東，想兼併力難加。徘徊顧望，覷江山不得已鼎足三分。歸老向銅雀臺，分香賣履，假慈悲將惡擔推與兒孫。漢獻帝可憐生，一絲殘喘沒王張（原本作沒巴鼻），無倚靠寄命他人。恰回首，魏曹丕稱皇纂國（原本稱皇作稱王），丕稱帝非王，耻山陽流落做小可藩臣。四百載漢家邦，龍樓鳳閣一場空，單剩下兎跡狐塵，簡故紙嘆前人開基

創業，運機謀生巧計，奪利爭名。漢高祖怎生般五年滅楚，楚重瞳齊出力，三載亾秦，秦楚滅漢龍興，二十四帝轉回頭，翻覆手做了三分。

前人創業非容易，後代無賢總是空。
回首漢陵并楚廟，一般蕭灑月明中。

落日西飛，滚滚大江東去，滔滔夜來今日，又明朝，驀地青春過了。千古風流人物，一時多少英豪，龍爭虎鬬謾劬勞，落得一場談笑。

明朝整頓調絃手，再有新文接舊文。

第四段　說三分兩晉

道德三皇五帝，功名夏后商周，英雄五霸鬧春秋，秦漢興亾過手。青史幾行名姓，北邙無數荒丘，前人田地後人收，說甚龍爭虎鬬。（右調西江月）

虎鬬龍爭勢若何，百年豪氣苦無多。將軍老在秋江上，手撚銀髭作浩歌。

一自沙場戰罷歸，劍華生澁馬空肥。風穿伏虎蓮花帳（原本穿作憔，一作鬪），塵鎖蟠龍帥字旗。戰策兵書慵再展，龍韜虎畧有誰知。昨宵夢到相持處，血迸金鎗

汚鐵衣。

詩出大才閑遣興，話談今古要分明。夜來說到遊春處，今日還尋載酒人。載酒尋花僥意興，談今話古費評論（原本作談今論古看書人）。書中有女顏如玉，傳粉塗朱未算真（原本作不在施朱傳粉人）。朱粉回頭如一夢，書中一字價千金。千金難買閑風月，百歲空爭虛利名（原本作評論萬古千年事，講究爭名奪利人）。

人字韻一篇四用，又連用三句，殊欠詳酌，今改從吳本。

誰會、誰能、誰不濟、幾行青史見原因、功名總是虛脾、漢事敗、誰非錯用心、惟有感恩并積恨、萬年千載不生塵、勸君莫爲閑愁老、再把新詞聽一巡、

早來說秦漢兩朝故事、秦始皇併吞六國以來、止有二十五年、至子嬰亾國、漢高祖亾秦滅楚、至東漢獻帝之末、享國四百十一年、天下三分、今從庚子年曹丕篡漢、改稱魏國、劉備復興漢室、孫權自稱吳王、各有長短、劉備即位于西蜀、自稱漢帝、後謚爲昭烈皇帝、傳其子　後主禪、　通共四十三年、曹丕篡漢、是

史畧詞話　卷上　二十三

爲魏高祖文帝、原本高祖作世祖、

丕廟號高祖、非世祖、

傳其子　明帝叡　廢帝齊王芳、廢帝二字新增　少帝高貴鄉公髦、少帝二字新增　元帝奐、又名璜、原本作陳留王

髦年方二十、應稱少帝、與芳俱不得以司馬氏所黜、武王武公之

凡五主、共四十六年、孫權據江東、爲吳大帝、傳其子　廢帝會稽王亮、廢帝二字新增　景帝休、　末主烏程侯皓、末主二字新增　凡四主、共五十九年、謂之三國、後來曹魏先滅了漢、後主當是時、晉王司馬昭專權、司馬炎篡了曹家、又過十六年、滅了東吳、天下併成一統、司馬炎是爲晉武帝、傳之　惠帝、　懷帝、　愍帝、　謂之西晉、凡四主、共五十二年、瑯琊王司馬睿乃小吏牛氏、原本牛氏作牛金、

通妃者非金、乃有姓無名之牛氏、金則將也、非小吏、

通其母夏后妃所生、冒司馬氏之姓、渡江南來、謂之東晉元帝、傳之　明帝、　成帝、　康帝、　穆帝、

史畧詞話　卷上　二十四

哀帝、　廢帝海西公、海西公三字新增　簡文、　孝武、　安帝、　恭帝、　共十一主、通一百零四年、宋王劉裕篡奪而亾、今將三國并西東兩晉一百九十九年君臣事跡、畧陳其要、少資清聽、

三分國事頭多、不相統制、賭神通、憑氣概、原本作憑手段各用能人、論國勢、據中原、曹丕篡漢、論君臣、依正理、漢王爲尊、劉先主訪賢才、臥龍飛起、

蜀本改飛起爲爲輔、不如飛起佳、

任關張趙黄馬五虎馳名、續漢統、據巴蜀、扶衰合

散拔雄才豁大度志在經綸因仗義（原本作因愛弟一本作雲）長討孫權猇亭失利（原本作時乎不利）永安宮揮痛淚地
慘天昏劉後主恃孔明親吳抗魏（原本作抗中原兵強國富）五
丈原長星落漢火消沉寵黃皓用陳祗（原本作用姜維）
姜維曾有功且欲復國於亾豈宜雁行黃皓不
如陳祗爲當
因循苟且司馬昭（原本作魏曹璜）遣鄧艾剗滅無存
司馬昭時方專國於王璜無涉滅漢者昭也
北地湛諸葛瞻身徇社稷姜伯約斗胆剖炎祚終
淪（北地湛以下一對係予新增）天命改國無賢英雄喪氣日沉
西撥不轉慘霧愁雲中國王魏曹丕承其父業篡
炎劉即帝位國祚興隆稱高祖號文皇建都西洛
欲吞吳無計策幾度勞心寵其妾殺其妻幾於害
子獵圍中聞泣諫改念全恩魏明帝簡功能容言
納諫修宮室空帑藏鑄造金人立養子齊王芳承
其大統司馬師奪印綬貶做藩臣迎立起高貴公
能文尚學（原本作扶持六藝）慮時危行戰討志殄權凶機
不吝事無成空操劍戟血淋漓南闕下立作寃魂

史畧詞話　卷上　二十五

常道公滅西蜀方延二載司馬炎逼禪位孤寡欺
凌（原本作趁入金墉令依吳本改）算曹氏占中原匆匆四紀敢將
來支不住付與它人思往日逞奸雄興風作浪轉
回頭如一夢滅影潛形東吳王孫仲謀乘時得志
乃父兄當漢末奮起江東父兄死自嗟嘆聰明智
勇奄荊楊薄南海霸業金陵納魯肅任周瑜同心
戮力戰三江屯夏口赤壁鏖兵曹篡漢乃歸降封
王建號自稱尊大皇帝鼎足誇雄（原本作烈烈轟轟）傳其
子會稽王年方十六作聰明好問難見廢孫綝（原本作取怒孫綝）
取怒二字接不下遍其亾故改
兄景帝逼其亾能除巨逆（原本作不能詹予）
景帝能殺孫綝當表出
烏程侯頑且暴難保長存晉武帝大興師樓船直
下石頭城甘束手屈作降臣五十載王氣銷江沉
鐵鎖盼黃旗瞻紫蓋一旦成空勞擾擾幾千場將
軍戰馬絮叨叨三國志故紙遺文司馬氏總收拾
江山一統啓封疆稱武帝晉室龍興火焚去雉頭

史畧詞話　卷上　二十六

衷、留心儉約、駕羊車、遊内苑、遽作荒淫、原本作有始無終
最失策、銷兵備養戎、不徙賣官錢入私室、反遜桓
靈、最失策以下一對、依吳本增
癡蝦蟇蠢中毒亾身、與叛亂衆親王、同家名、禍羊
獻、容汚劉曜、巧語偷生、臣宰遠慮無人、原本作尚清談、大懷共愍
苦無能遭擒、被鹵着青衣、被戎服、掩面蒙塵、原本作捧杯盤執傘蓋受制于人
劉元海亂中華、五古雲擾、瑯琊王寵
江左、六代瓜分、想西晉、劃根基、謀心不善、老仲達
無比、賽詭詐、奸雄螳後雀、蹤前跡、曹瞞篡漢、馬中

史畧詞話　卷上　二十七

牛、循往事、呂政承秦、專逞縱、已之能傳家計、策不
隄防、天意轉果報相尋、翻滾滾擁將來、而推潢潦
渺茫茫消散去、風捲殘雲、從此後洛陽天無緣再
覩、據江東一塊土、小小乾坤、東晉王占金陵、龍蟠
虎踞、號中興、稱元帝、委政能臣劉越石、枕干戈、聞
雞起舞、祖士稚渡江、楫誓掃煙塵、劉越石以下一對、依吳本增
拂天道、原本作逆天理、
下逆字太重、
害無辜、輕誅督運、寵生災、恩成怨、外反王敦、因憂

憤、原本作憂疾痳、喪身軀、干戈未息、逆兄含、匯敦惡、先後
稱兵、原本作祖家郎蘇氏子叛國稱兵
二人皆叛于成帝時、於元帝時無涉
晉明帝剪大憝、潛謀獨斷、原本作恰三年傳之幼子
明帝能剪王敦逆黨、宜表出
晉成帝從舅言、命弟登宸、晉康帝私其兒、原本作短光陰
匆匆二載、晉穆帝之後、嗣伯子承宗、晉哀帝、再嗣
成、原本作病纏身、四年彈指、弟海西、無失德、見廢桓溫、簡
文帝、父之叔、入承大統、二年來交付與幼子、儲君

史畧詞話　卷上　二十八

孝武帝、相謝安、圍棋破敵、原本作桓妒未展、今依吳本改甫成人
耽酒色、杯酒長星、原本作一事靡成信佛法、敬僧尼、窮奢
極貴、被蒙頭、清暑殿、遇弒亡身、晉安帝、幼冲年不
知寒暑、會稽王專殺戮、激變孫恩、桓玄來、稱楚帝、
尋陽遷劫、亂荒荒草澤間、崛起豪英、桓玄來以下一對、依吳本
增
劉下邳、入建康、乘機舉事、討桓玄、原本作討玄黃、
黄字大誤、一作討玄超、亦非、超乃劉裕所滅之
南燕慕容超也、然與上入建康三字無涉、不如
徑作桓玄、方與譙縱、盧循相對、

殺譙縱、剗滅盧循、加九錫、封宋公、龍行虎步、就東堂下毒手、識應昌明、晉恭帝、貶零陵、一年有半、掩重衾、被扼殺、寧氣吞聲、十五帝、百餘年、東西兩晉、眼巴巴、空四海、不見英雄、從此去、晉江山歸之劉裕、望中原、空感嘆、古馬縱橫、南北史、兩分頭、強攻弱守、鬼神愁、天地慘、苦盡生靈。

生靈血混長江水、　一陣風來草木偃、

豪傑千年往事、漁樵一曲高歌、鳥飛兎走、疾如梭、轉眼風驚雨過、妙算龍韜虎畧、英雄鐵馬金戈、爭名奪利竟如何、必有收因結果、

龍爭虎鬬何時了、　結果收因事怎休、

第五段　說南北史

閑行閑坐、不必爭人我、百歲光陰、彈指過、成得甚麽功果、　昨日羯鼓催花、今朝疎柳啼鴉、王謝堂前燕子、不知飛入誰家。右調清平樂

燕子來時春雪消、幾家留得舊窩巢、風流王謝無踪跡、剩水殘山似六朝、

剩水殘山古又今、達時人物此登臨、詩吟杜牧孤

史畧詞話　卷上　二十九

鴻句、淚落雍門一撫琴、老去深藏經濟手、病來灰却戰爭心、殘篇簡到興亾處、閑悶閑愁海樣深、

詠月吟風詩罷、講談今道古話重、論花花草草香如舊、古古今今事不倫、昨日紅顏今日老、前人事業後人評、米粒細寫宮商調、話本重宣錦綉紋、不用妖嬈誇粉黛、全將故典說英雄、話傳史記中間事、論采儒宮筆下文、躍馬橫鎗誇猛將、鋪謀定策羨文人、文添秀士經綸志、武助英雄戰鬬心、寶劍重磨光射斗、金鐘再撞響穿雲、知音君子休心困、再聽新文接舊文、

詞分兩項事有別端、昨來說到三國鼎分、話兼兩晉、今日整理六朝人物、直至隋文、且道東晉之末、劉裕篡了司馬之位、是爲宋武帝、原本作高祖傳之廢王營陽王、文帝、孝武、前廢王子業、明帝、後廢王蒼梧王、順帝、凡八主、共六十年、蕭道成篡之、是爲齊高帝、原本作太祖傳之、武帝、廢王鬱林王、廢王海陵王、明帝、廢王東昏侯、和帝、凡七主、共二十四年、蕭衍篡之、是爲梁武帝、傳之簡文、豫章

史畧詞話　卷上　三十

王附新增）孝元、（原本作元帝）敬帝、（原本作恭帝）凡四主、共五十六年、又梁武之孫、昭明太子第三子詧、依附、北朝、魏、周、自立江陵、是爲後梁、宣帝傳之　孝明、後主、

凡三主、爲隋所滅、共三十三年、

敬帝非恭帝、又獨遺後梁三帝、今特補入、

陳霸先簒前梁敬帝、是爲陳武帝、傳　文帝、　廢帝　臨海王、　宣帝、　後主長城公、　凡五主、共三十三年、宋齊梁陳、謂之南朝、兼前孫權之吳及東晉、謂之六朝、皆在金陵建都、那時元魏拓拔氏、自稱皇帝、謂

之北朝、同天共日、後高齊宇文周接連在北方、按元魏之初、自三國曹奐景元二年辛巳之歲、有匈奴索頭拓拔沙漠汗入貢至晉武帝乙未咸寧九年、復入貢、留洛陽、尋還國、（原本作幽州刺史衛瓘表奏留在并州）

留并州者、匈女之劉氏、非索頭之拓拔氏、亦非瓘所留、

敷傳至沙漠汗子猗盧、晉封爲代王、（敷傳至爲代王二句、係新增）後世子孫拓拔珪稱帝、改號魏、是爲北朝之祖道武皇帝、傳之明元、　太武、（附南安王新增）　文成、　獻文、

孝文、　宣武、　孝明、　孝莊、（附長廣王新增）　節閔、（附安定王）

長廣、曄也、節閔、恭也、安定、朗也、後既有曄恭朗、宇面如何獨不列長廣、今補、

西魏孝武、　文帝、　廢帝、　恭帝、　東魏孝靜、　凡十五主、共一百七十年、孝武三年、高歡反、丞相宇文泰迎帝都長安、（原本帝作文帝）是爲西魏

宇文泰奉孝武都長安、復酖之、文帝始代立、傳之廢帝恭帝而亾、不宜遽言文帝、

又丞相高歡因孝武奔長安、別奉孝靜爲主、遷都鄴、

是爲東魏、後來高歡之子高洋奪了東魏、是爲北齊宇文泰之子宇文覺奪了西魏、是爲後周、北齊高洋稱文宣帝、傳之廢帝、濟南王、　孝昭、　武成、　後主溫公、（幼主附）　凡五主、共二十八年、後周宇文覺稱孝閔帝、傳之明帝、　武帝、　宣帝、　靜帝、　凡五主、共二十六年、後來宇文周滅了高齊、宇文之臣楊堅簒了周朝、是爲隋文帝、南併陳後主、天下一統、南北兩朝、共計一百七十三年、中間五胡亂華、有五涼、四燕、三秦、二趙、一夏、一蜀、共十六國、迭興迭滅、於晉魏

之間不及細論且將南史北史流傳世代興亡治亂因由略加品題以奉知音

東晉王北朝強江南寡弱義熙年桓玄反國勢伶仃劉寄奴起義兵袪除逆黨生擒了數天子(原本作入朝廷爲將相) 北戰南爭總大政纘其緒(原本作專篡立總百官)

武帝從無廢立事但一弒安帝再弒恭帝

志方曹操老奸雄無對手二十餘春敦孝道謹威儀清心寡欲簡嬉遊甘衣素不置妃嬪禁奢侈却禎祥身兼八行占御床僅三載(原本作一二載)

史略詞話 卷上 三十三

武帝在位三載非一二

稱了平生稱宋祖號武皇名掀一代不仁心首作俑再弒零陵(原本作天鑒察自有支分) 臨顧命戒當朝無煩母后營陽王親長子寸善無聞廢喪禮拒忠言歌呼爲樂(原本作褻狎左右) 徐羨之行廢弒文帝稱尊宋文帝享長年元嘉稱治(原本作遭逢不幸) 挑強隣師屢蹶春燕巢林殺彭城容仰濟但能裁弟(挑強隣以下一對係予漸補)

原本敘文帝事太略

門家見囚巫蠱手劝其親宋孝武討內渠群臣勸進笑高皇田舍老葛布籠燈貪酒色戲公卿留心土木世相承刀斷獵不顧人倫昏醉了十一年傳之子業踵遺踪狂且暴見弒湘東宋明帝假文談嫌人觸諱剪宗枝殺同氣傳祚螟蛉元徽王李將軍興心酖母跳臺岡私食犬(原本作偷狗喫) 授首於人宋順帝幽丹陽齊公逼禪可憐哉石頭城袁粲捐生願弗生帝王家零陵報應(可憐哉以下一對依吳本增) 彈指哭改換家門宋八主六十年匆匆盡了過元嘉(原本作可憐人)何曾見一日昇平齊高帝(原本作高祖) 蕭道

史略詞話 卷上 三十四

成深沉雅量甫登宸期十載糞土黃金謀宋鼎赤其宗四年短祚

高祖當作高帝

食小龍金翅鳥夢感嗣君(原本作老升遐傳長子寶位相承) 齊武帝號賢君嚴明有斷(原本作子先以太孫傳統) 鬱林孫顛厥德(原本作六個月) 見弒宣城海陵繼過無聞(原本作剛半載) 仍前被害宣城鷙負心賊猶子稱尊(原本作堂叔父占了龍庭) 齊明帝剷同宗恐讐高武(原本作五年終傳之寶卷)

敘明帝不及其惡爲改之

傳寶卷、忩狂虐、桀紂浮凶、貼金葉、走潘妃、蓮花步
步。傳寶卷以下一對、係予新補
敘東昏太畧爲益一對、兼改之、
衆、公卿、同興、忩、原本作南康王、親兄弟 弑、貶、東昏、齊和帝、代
其兄、委身蕭衍、原本代作弑、
弑東昏者、齊之群臣、和帝未嘗弑兄、此言大枉、
南康即和帝、亦不必重說、
貶巴陵、醉摺死、不藉生金、原本作一醉酒、毒以生金
梁武以生金進帝、帝求飲醇酒、遂被摺殺、非酒
與金兩用、今正之、
齊、七王、短光陰、二十四載、可憐生、風雨、過敗壞、無
存、梁武帝報兄讎、生心奪位、篤文學、勤庶政、優禮
群臣、敬佛法、造浮屠、捨身同泰、信奸言、原本作損金晚納
侯景、餓死臺城、簡文帝、受拘持、旋遭廢弑、原本作遭家不
造、立豫章、席未煖、原本作不三年終被害
景廢簡文後、又立豫章王棟、以遺棟故改、
景自稱尊、孝元帝不赴援、原本作起湘東江陵即位、秒一
日、性殘忍、剪刈宗親、原本作庾季才言星變、欲避無門、今依蜀本改 魏下

謹、領兵來、君臣授首、禍臨身、書萬卷、不救殘生、梁
敬帝、倚陳公、三年承制、到頭來、遭所廢貶、號江陰
梁宣帝、據江陵、僅能立國、緣親兄報讎叔觀、過知
仁、孝明帝、孝且慈、安民保境、入朝隋、兩皇帝並拜
誰尊後主繼、又朝隋長離故國、送客堂把手別悲
感群臣梁復、梁轉瞬空荒墳、蔓草傳、三君本嫡派、
分應先陳、梁宣帝以下四對、俱係予新增、陳高祖、名覇先、梁朝宰
輔、起江州、討侯景、屢建功勳、斬僧辯、廢淵明、奕棋
建置、剪王琳、敗齊師、兵不留行、斬僧辯以下一對、依吳本增、扶
敬帝、總朝權、終行篡弑、減珍羞、用瓦器、語事古神
有一子、原本一作二、
其子昌侄頊俱陷、非二子、頊即宣帝、
陷長安、內無儲嗣、臨川王、兄之子、理合稱尊、陳文
帝、起艱難、知民疾苦、殺衡陽、忘大德、自昧良心、原本
作不算仁君、
兩押君字、故改、
陳廢帝、遇安成、貶居臨海、安成王、武皇侄、原本侄作姪、
高祖止一子、昌、文帝既立、乃自長安歸、文帝忌

而害之、宣帝與文帝同爻、乃任非嗣、
攘位爲君、（原本攘位作禮合、）陳宣帝、事文皇、力辭儲副、既
持權、欺寡弱、信義何存、臨晏駕、孝堂中、群兒作亂、
下、稍頭收拾、在後、王長城、鑼鼓闐曲聲沉、金釵玉
樹、戰塵生風、刮倒、綺綺臨春、天分剖、三百年、乾坤
王氣、半東南、半西北、兩地崢嶸、經戰馬、骨如山、生
靈虀醢、動刀鋸、血混水、河洛羶腥、隋文帝、併周、陳、
寧南、靜北、總江山、歸一統、望想升平、此一段、說南
朝四家興廢、據偏方、些小地、何足云、云南朝事半

史畧詞話　卷上　三十七

邊、天長、江隔界、北朝、君同日月、再有評論、按北史、
魏居先、索頭種類、（原本索頭作匈奴、不切、）曹魏時、沙漠汗、八
貢來賓、道武帝、拓拔珪、興于晉末、戊戌年、即帝位、
建國平城、修制度、謹規模、天姿信美、戮先臣、懷故
怨、豈是仁君、（原本作鍊金丹、崇左道、不算聰明、）雷震殿、咎神靈、疑
心狠劣、殺人夫、奪人婦、敗壞人倫、奸生子、夜踰牆、
徑行手刄、狠虎心、終不善、天理難容、明元帝、討凶
人、能行孝道、舉八公、同聽政、不棄先臣、清郡縣、討
柔然、諸邪勃祭、控西秦、奪宋境、展到金墉、太武帝、

蠱、英雄、光前耀、北滅凉、燕、平夏國、整衆南侵、毆劉、
尉、奇筆、公放棋、納諫、（原本作典道法、立天師、尊崇孔聖、）救高允、族、
崔浩、殘不傷明、（原本作禁巫術、毁佛教、剪滅沙門、）毁佛教、築道壇、
猶知祀孔、（原本作能斬斷、殺心多、誅無厭足、）信讒言、惑宗愛、夭喪
儲君、奴弒主、立南安、仍逢酷弒、（原本作再行因蕭牆禍起、）
敘太泛爲易三句、
隴西王、誅逆滅、擁立皇孫、文成帝、善安民、重興佛
教、察誣言、誅有罪、保護忠臣、獻文帝、挺雄姿、肅清
朝野、好浮屠、悅黃老、厭世遺塵、傳位與、五歲兒自

史畧詞話　卷上　三十八

稱太上、馮太后、起邪謀、酖死宮庭、孝文帝、性英慈、
手不釋卷、（原本作精勤庶務、）變衣冠、典文學、仗義親征、（原本作重文學、滅圖讖、儉素持身、）遷大駕、入洛陽、改姓元氏、廢中宮、
誅太子、頗礙人倫、（原本廢中宮作殺中宮、）
前馮后、雖以無罪廢、然孝文、實未殺之、若遺詔
賜死之馮后、又當厥辜、非礙倫也、
宣武帝、害親賢、（原本作任宗親、）
宣武殺親賢彭城王勰、非能任宗親、
奸邪亂政、類元成、無果斷、（原本作衆心離、典反叛）

衆離與叛、皆孝明時事、宜武時無此、
國勢駸淩、原本駸作侵 孝明帝冲幼年承傳大寶、古太
后兩稱制、原本作稱制命 穢德彰聞、爾朱榮遣高歡入清
君側、衆奸臣、㕙太后、酖殺其君、孝莊帝志方剛、手
刃權惡、原本作遭逢惡死 被拘囚、原本拘作幽 無天道、縊死空
門、原本作及其子死在空門
孝莊子方生、先被爾朱兆撲殺、非以同囚死
節閔帝號賢明、廢同嚲朗、原本作嚲恭朗一年中浮漚起滅
節閔賢、宜另表出之

史畧詞話　卷上　三十九

賀六渾、扶孝武、自總朝廷、不三載、起疑心、高歡背
叛、仗將軍宇文泰、奔赴咸秦、逐明月入君懷、旋逢
泰鴆、原本作因禍亂酒盃中遭他毒手 孝文孫、名寶炬、原本名作元 繼
武稱尊、高丞相、進洛陽、手扶孝靜、原本作手扶善卷
孝靜名善見、非善卷、
遷鄴都、稱東魏、別立乾坤、青雀子、飛入城、多力善
射、似孝文、好文學、庠敘時、傾辭百辟、訣六宮中外
悲哽、漢人心、非天意、今古殊、青雀子以下二間對係尋新撰
祖劉裕、是高洋、弒君篡國、西文皇、保天祿、拱手權

臣、原本作保社稷嗣子欽承 登玄觀、望遠山、傷懷脫屣、嗣子欽、
后泰女、寵擅中宮、嗣婦翁、與謀否、忠君同禍、原本作字
文泰弒其君復其本姓、
復其本姓者、恭帝時、非廢帝、又北史言帝既廢
弒、后亦以忠魏罹禍、宜表出之、
革齊王、原本作中山王
東魏孝靜帝、禪齊、降封中山王、非西魏、恭帝初
、封恭帝、初封齊王
立三載、貶宋稱、公拓拔氏、拆兩家、原本兩家作爲三、

史畧詞話　卷上　四十

東西魏、分爲二、無三、
一十五王、原本五作六、宋齊、梁同、歲月、百七十春、北齊
者、自高洋、奪之東魏、號文宣、居晉鄴、原本鄴作冀 典役
勞民、原本作築起長城
文宣往來晉鄴、不居冀、又兼築三臺、不止長城、
貪酒色、縱昏狂、自歌自舞、赤元宗、燒二弟、怨痛靡
伸、原本作露身形塗粉黛剪刈宗親 嗣子立、原本作齊廢帝 一年來、常山
下手、孝昭皇、性孝友、圖政精勤、深棟上、競歌呼、文
宣爲、巢門兆、驚墜馬死、報應孤明、原本孤明作分明、

欽孝昭太畧補之、

武成帝繼二兄烝嫂殺侄、原本殺其猶子服緋袍不喪母、原本作四年餘稱太上禪位東宮後主緯、自稱呼無愁天子、信宵人殺斛律、原本作任中官輕輔宰、

按史後主無任中官事輕輔宰亦不切、

壞汝長城、原本作敗壞家門小憐嬖令萱專官加犬馬、原本作少不了被周朝生擒父子、

三用于字故改其二、

周兵來傳幼主、原本作至長安差按彝俘戮無存、原本俘戮作剪滅

史畧詞話 卷上 四十一

後周朝宇文覺尊稱孝閔伐而翁、原本而作尊為冢宰、西魏權臣丁丑歲稱天王長安即位未一年遭相護、原本作一年餘遭叔父

宇文護乃閔帝同祖兄非叔父帝在位僅數月、未嘗踰年也、

奪與其兒明皇毓、好文詞、原本作立四年仍逢護毒武皇邕、能果斷誅剪元凶、原本作處勝成功高齊滅突厥征雄心、已感疾還崩御駕有志難成假我壽繼着鞭問將安往渡江東先棠古混一稱雄對高齊以下二係予新增

宣帝贇淫刑、盤遊浪蕩、殺齊王、原本作倚中官

史不言宣帝倚中官、恐誤、

立五后喑啞而崩、靜帝闡受親傳、彎跧二載、一家兒、叢粉在外祖、隋文、寶冢雖傷舅氏身、投牀下、千金主、哭宗國淚灑屏風新增周共齊歷年短、楊堅篡國、論與伙同一轍、任闔乾坤、

到頭一枕南柯夢、 苦殺無辜四海民、

颯颯西風渭水、蕭蕭落葉長安、英雄回首北邙山、虎鬪龍爭過眼 閑看灞橋楊柳、凄凉露冷風寒、斷蟬聲裏凭闌干、不覺斜陽又晚

明朝又有新條在 惱亂春風卒未休

史畧詞話 卷上 四十二

楊升菴史畧詞話卷之下

廣陵　李　清映碧甫
宮偉鏐紫陽甫　正誤
李　蘭馨逸
宮夢仁宗袞
男　李　嶺元又　仝較
李　柟倚江

第六段　說五胡亂華

暮鼓晨鐘、春花秋月何時了、七顛八倒、往事知多少、昨日今朝鏡裏容顏老、千年調一塲談笑、幾箇人知道、右調點絳唇

百歲光陰似水流、千年計策爲誰憂、兒孫自有兒孫福、莫與兒孫作馬牛、馬力牛筋爲子孫、龍爭虎鬭鬧乾坤、戰塵摩擦英雄老、殺氣薰蒸日月昏、千載幾人傳後代、百年總是一孤魂、孔明若曉其中意、高卧南陽緊閉門、翰苑人才詩少詠、草堂詞客話重論、夜來說到題詩處、今日推敲句法新、剪雪裁冰誇俊筆、敲金擊玉羨清音、講談人品文兼武、褒貶興亡古至今、話到感傷堪墮淚、叫來哀怨每攢心、原本作人逢喜事笑生春、誦

陳是否依前古判決賢愚警後人、夜雨滴醒懷國夢、春風吹起馬蹄塵、風敲玉馬鬧中聽、雨滴金塔靜裏鬧、靜裏乾坤千古意、鬧中日月四時春、高人要識鬧中景、聽撥冰弦譜好音、原本作叙古今春字今字韻皆複今依吳本改

話說過南北史、上是大節目、中間又有五胡亂華、所謂五胡者、鮮卑、匈奴、氐、羌、羯五等胡人、自西晉武帝已亥咸寧五年、以匈奴劉淵爲左部帥、便有巴西氐人李特入據成都、至晉惠帝甲子永興元年、劉淵稱

漢王、特子雄稱成都王、原本作李特號成王

李特未嘗稱成王、與劉淵同僭王號者、乃特子雄也、時稱成都王、非成、後稱帝、乃號其國曰成、

自後五胡相繼而起、擾亂中原、至南宋文帝己卯元嘉十六年、北魏太武帝拓拔燾滅了北京沮渠牧犍、纔方畫一、總前後一百七十八年、又過了一百四十三年、隋文帝辛丑開皇元年、併周滅陳、南北始合、原本作北朝絕、

隋起於北朝、此言不合、

前後古人擾亂中國，共三百二十三年，正所謂古羯縱橫，鯨吞北海，南朝分割，（原本分割作瓜，依蜀本改）虎據金陵，四海生靈不勝塗炭。五古之國號有五涼、四燕、三秦、二趙、一夏、一蜀，共一十六國。漢成居先，二趙繼之，涼秦燕夏迭興迭滅，共計稱尊建號者六十七人，今將大畧叙之。

成李特，（原本作蜀國李特）巴西人，西晉惠帝時據成都，傳之李雄、李班、（原本李班之下有李越）李期、李壽、李勢。

李越未嘗在位，李期之下遺李壽。

史畧詞話　卷下　三

壽更國號曰漢，凡六主，（以上新增）共四十八年，東晉穆帝遣桓溫滅之。

漢劉淵，（原本作前趙劉淵）匈奴人，西晉武帝時據平陽，傳之劉和、劉聰、劉粲、劉曜。

內遺聰子粲。

曜更國號曰趙，（一句新增）凡五主，共二十六年，後趙石勒滅之。

後趙石勒，匈奴人，劉聰之臣，東晉元帝時破滅劉曜，據襄國，傳之石弘、石虎、石世、石遵、石鑒、石祗。

原本石虎之下遺石世、石遵、石鑒。

凡七主三十六年，其臣養子冉閔滅之，更國號曰魏，（末二句新補）閔尋爲燕慕容儁所滅。

前涼張軌，安定人，（原本作古人）

軌非古人。

晉懷帝時爲涼州牧，傳之張寔、張茂、張駿、張重華、張靈耀、張祚、張玄靚、張天錫。

原本張重華之下遺張靈耀、張祚。

凡十主，共七十六年，秦苻堅滅之。

史畧詞話　卷下　四

前秦苻健，（原本作符健）

以堅背有草付字，故改蒲姓爲苻，不應從竹。

畧陽氐人，晉穆帝時據長安，傳之苻生、苻堅、苻丕、苻登、苻崇。

原本苻登之下遺苻崇。

凡六主，共四十四年，其臣姚萇之子姚興滅之。

後秦姚萇，赤亭羌人，據長安，傳之姚興、姚泓，凡三主，三十四年，晉安帝時劉裕滅之。

西秦乞伏國仁，鮮卑人，苻堅之臣，（原本作苻健之臣）

乞伏國仁爲苻堅前將軍、非健時、
據金城、傳之弟乾歸、又傳熾盤、慕末、凡四主、前後共
四十三年、夏赫連定滅之、原本作赫連勃勃
滅西秦者乃赫連定、非勃勃、
夏赫連勃勃、匈奴人、晉安帝時爲姚興寵任、據朔方
統萬、背秦而稱天王、傳之赫連昌、赫連定、凡三主二
十二年、北魏太武帝滅之、
後涼呂光、畧陽氏人、苻堅之臣、據姑臧、傳之呂紹、呂
纂、原本呂纂之下有呂超、呂隆、

史畧詞話　卷下　五

原本呂光之下遺呂紹、呂超未嘗在位、
凡四主共一十八年、後秦姚興滅之、
南涼禿髮烏孤、河西鮮卑人、呂光之臣、據廣武、傳其
弟利鹿孤、傉檀、凡三主十八年、西秦乞伏熾盤滅之、
前燕慕容廆、昌黎鮮卑人、晉初爲都督、其子慕容皝
稱燕王、原本作據鄴都
皝未據鄴、乃儁、
傳慕容儁、始據鄴稱帝、再傳慕容暐、凡四主八十五
年、秦苻堅滅之、

後燕慕容垂、皝之子、爲苻堅臣、叛秦、據中山、傳之慕
容寶、慕容盛、慕容熙、凡四主二十五年、其臣養子高
雲同馮跋滅之、雲自立、爲幸臣所弑、跋乃自立、末三句係新增
北燕馮跋、信都人、原本作古人
跋亦非古人、
後燕之臣、叛、據昌黎、弟馮弘繼之、凡二主二十八年、
魏太武滅之、
西燕慕容冲、垂之族弟、據平陽自立、傳之慕容顗、慕

史畧詞話　卷下　六

容瑤、慕容忠、慕容永、
慕容冲之下、遺慕容顗、慕容瑤、
五主共十年、慕容垂兼之、
南燕慕容德、垂之弟、據廣固自立、傳之慕容超、凡二
主十一年、晉劉裕滅之、
西涼李暠、敦煌人、原本作古人
暠、乃唐之祖、非古人、鄭所南心史誤指唐爲夷
狄、疑踵此誤、
後涼呂氏之臣、傳其子歆、凡二主二十五年、北京沮

渠蒙遜滅之、

北涼沮渠蒙遜、盧水胡人、事呂光、又臣段氏、又臣晉、臣魏、後據張掖郡、傳之子牧犍、凡二王、三十九年、魏太武滅之、

凡此共十六國、

晉時本十八國、今查晉書載記、以冉閔之魏、附後趙、以慕容沖等之西燕、附後燕、故稱十六國、今此本以西燕另起、而附南燕、非是、故正之、

謂之五胡亂華、中間賢愚不等、畧舉大端、

史畧詞話　卷下　七

南北史亂紛紛、三百餘載、五胡人、十六國、據土稱尊、先剏立大將軍、（原本作成都王）巴陵李特、有子雄、始稱帝、（原本作當晉世）國號爲成、用處士范長生、扶持社稷、立姪男爲太子、不背其兄、三十載享祚終、傳之以位太子班、行喪禮、秉義開名、雄子越、秉堂中與心弑王、扶弟期、方得志、班母遭刑、（原本作老母）

期以班舅羅演、謀立班子、故并殺班母羅氏、伯母非老母、當依蜀本、

雄弟子壽爲名、（原本作襲成都）弑期纂國、自稱君、改國號、漢王中宗、嗣子勢、內相猜、（原本作亂發朝）殺其弟廣、遇桓溫、一擲、火束手遭擒、同世界趙劉淵、匈奴部曲、晉懷時、稱漢帝、祖漢爲君、擁大衆、據平陽、屢窺晉土、（原本作威加塞北）傳子和、聽讒口、（原本作方郎位）見弑、兄聰、聰無道、躭蠱妻、（原本作聰得志逆淫刑）芟除骨肉、兩番來、擒懷愍、傳粲荒淫、（原本作入洛陽擒晉王、十載而斃）

聰入洛陽、擒懷帝、入長安、擒愍帝、不宜止叙其一、

靳準賊、敢效尤、屠君掘冢、鬼猶哭司馬家、哭秦何

史畧詞話　卷下　八

入族劉曜、白眉兒名雄、洞鐵、比漢光、方魏操、豈是等倫、（靳準賊以下二對、係予新補）

以補叙粲故、改兼補曜太畧處、

因粲弑、（原本作弟劉耀）

曜非聰弟、乃族人、

展江山、改稱趙帝、九年來遭石勒、一戰成擒、石勒氏、負雄才、東門倚嘯、（原本作據襄國、時稱後趙）拔張賓、爲謀主、善任知人、（原本作號天王、嗣因載太子爲君）

不止自王、亦不止四載、先王後帝、計十五年、

蚩魏武誠晉宣音詞倜儻并幽秦稱後趙皆殺爲
心（蚩魏武以下二對係予新增）太子弘止一年寃逢不虎弑其
身及其弟大痛難伸不虎氏兩殺兒傳之冲世（原本作自稱尊殺其親兒）兒遵來又殺世骨肉相刑不記得勒遺
言深思伊霍前人負後人腎報應分明（不記得以下二對係吳本增）鑒殺遵閔殺鑒石祇稱帝二三年都做了横
死同群前涼王晉懷時西平張軌牧涼州加太尉
一代忠臣子張寔嗣其宗入朝蘇翼甯七年遭帳
下假蠻亾身弟張茂立三年請降劉曜封涼王方

史畧詞話　卷下　九

半載兒子爲君兒子駿去趙封仍稱晉將二十年
辭王號（原本辭作假）
群下勸駿稱王不從奉常明假
氣執光明傳位與嫡重華攻秦拒趙（原本拒作擊）逆祚
來（原本作無兒來）
名祚非名來
弑嗣子名爲窮凶（原本作弑初主骨肉分貧）張玄靚名暴亳仍
逢騎弑（原本作十九年死於叔父）張天錫奪其位敗德荒淫傳
七代亂離中四瑒家禍有虛名無實位面縛投秦

前秦者略陽人姓苻名健竊大寶成先緒據土稱
尊（原本作承和中卒玄孫即位稱秦）子生繼慘而昏見戕東海世
祖堅任王猛如遇孔明（子生繼以下一對係予新補）
內遺叙苻生又叙苻堅太畧爲補之
燕蜀掃涼代吞威凌晉國（原本作壯烈堅大作爲二十九載）
壯烈乃弑堅之姚萇所謚不可用
八公山逢敵手滅了英雄慕容冲攻長安出避五
將被姚萇生勒殺自悔寬仁（原本作懊悔平生）長樂丕丕
晉陽理當繼統（原本理當作稱尊）慕容永逼將來身隕強

史畧詞話　卷下　十

兵衆臣宰立苻登死休嗚志（原本作苻延幾端）美且雄妻
毛后騎射馳名死羌逆大界營堅貞慷慨（美且雄以下一對係予新補）
毛后見褒綱日不可不表出
未十年身戰死及子而傾（原本作十餘年亡壞擾政與姚典）
登在位九年
後秦主起姚萇前秦司馬自淝河兵敗後背主稱
秦遣麾下執苻堅幽君復弑（原本作既得志殺其君及其主后）
張夫人因萇弑堅自殺非主后

鞭、其、尸。貞、大、厲。夢、際、分、明。原本作子姚興相子與傳至太子姚泓
立、滅苻登延僧禮佛、乞伏奔赫連叛、傳子姚泓、子興
立以下一對係予新補、
原本叙姚萇及子興太畧、今補、
晉劉裕入潼關、降爲臣虜、可憐哉、亾國、主、伏、鎖、金、
陵、西秦主、乞伏氏、苻堅勇將、原本堅作健見秦萇背其、
主、隴右稱尊、傳位與弟乾歸、十年而敗、原本敗作止被
姚興、擒父子、乘間潛奔、原本作委質爲臣乾歸弒、原本弒作殺
子熾盤、報讐嗣立、抗沮渠、滅禿髮、原本作當宋世號文宣

熾盤謚文昭、非文宣、
有子傳承、子慕末、遇饑荒、時衰運蹇、赫連家、欺寡
弱、斬艾除根、夏國主、赫連氏、姚興臣子、叛其君稱
大號、原本作居統萬反面攻秦、降嶺北、取關中、奇謀間發、
肆凶殘、黜冢子、骨肉紛爭、降嶺北以下一對、係予新補、
原本叙勃勃太畧、今補
中、子昌、承其業、荏苒四載、原本作三年過耶魏太武、舉兵
來、擒入平城、赫連定、就平涼、稱皇建國、原本作稱王建號
定稱帝、不稱王、

歷四年、原本作恰三年仍舊貫、束手遭擒、後涼主、三河王、
名光、姓呂、事苻堅、聞國難、縞素於君、爲牧守、據姑
臧、稱王、即世、紹寬仁、遽見弒、原本作衆兒郎自讐殺
內遺叙紹、故改、
庶篡稱尊、超弒篡立、兄隆、亾家喪國、被姚興、除散
騎、崩角來廷、原本作府伏紅塵短局促、十八年、相傳四主、
困饑荒、支不任、貶作藩臣、原本作做丁凡民
先稱臣、後除散騎、非凡民、
南涼主、禿髮氏、烏孤創首、呂光朝、任都統、叛據金

城、傳、乃弟利鹿孤、仍傳、乃弟、至傉檀、獻羊馬、納款、原本
姚秦、輕蒙遜、薨、熾盤興師、討叛、被西秦、來掩襲、
作拿敗了鴆、炙其身、十八載、短光陰、弟兄三箇、功不成、
各、不就、禍及兒孫、前燕主、慕容廆、遼東當類世相
承、久臣晉、據守龍城、原本作前燕主鮮卑人慕容番類世相承爲晉將鎮守幽州
廆、首君、當叙出、非晉將、亦無并州
嗣主皝、僭稱王、原本作謚文明傳之子儁、永和中、即帝位、
擁衆、橫行、末主暐、伏太原、威加兩敵、原本作幽帝暐陷河南纔
方得志、恪云亾、被苻氏、原本作被苻堅輿士馬

慕容恪有大功、宜表而出之、

携入咸秦、後燕王、慕容垂、叛苻而起、斬飛龍、困長樂、猶念秦恩、并長子、借中山、能還舊物（斬飛龍以下係升補、）

原本叙垂太畧、今補、

賈餘勇、從間道、（原本作據中山、稱世祖）拔魏、平城、不思量、賢后、言驪姬、讒擬、傳位、與不才兒、自毀家門、（不思量以下一句依吳本改、）太子寶、嗣位、漸中山被困、（原本作龍城被困、）走龍城、（原本作走黎陽）

寶爲魏困於中山、非龍城、又以走龍城被弑、非黎陽、

遭禍患、父子同坑、慕容盛、討元凶、攝行統制、不三年、逢弑、不得全身、叔父熙、恣荒殘、（原本作遭弑子）高雲擒害、賴將軍、馮跋力、除慕稱尊、（原本作敍將軍馮跋氏討罪除凶）

高雲本耕馮跋、以除熙、非爲跋所討除、大誤、

雲後弑、（原本作馮跋氏）跋稱王、（原本作自）跋　北燕初王、弟馮弘、殘兒孫、（原本作殺兒子）

馮弘盡殺跋子百餘人、宜改殺爲殘、

自立爲君、無主宰、兩徘徊、稱藩宋魏、挈孫子、奔高麗、盡剿夔庭、（原本作夾在遼東）

既奔高麗、何又云夾在遼東、考其地、則北豊也、

西燕王、慕容沖、平陽自立、入長安、遭殺害、三王相承、（原本作兒子忠承、）

忠之前、遺叙顗瑶、故改、

慕容永、弑其君、終招一報、慕容垂、叩囊底、盡掃餘氛、（原本作施哥手掃蕩塵氛）南燕王、慕容德、垂之愛弟、復宗基、據廣固、講武屯兵、慕容超、五六年、家亡國破、被南朝晉劉裕、剗滅其宗、四慕容根本是一家宗派、或

相承、或相併、各自爲君。西涼主、呂氏亡、燉煌起事、武昭王、名李暠、文藝馳名、傳一代、及子歆、未曾展志、戰沮渠、兵敗死、恨諫亡身、（原本作喪了家門、）北涼主、盧水古、沮渠蒙遜、事呂光、奉段業、反覆爲人、自稱號、張掖公、仍倚晉魏、子牧犍、降魏國、俯首稱臣、如此樣十六家、強古稱凶、似浮雲、黑暗了半壁乾坤、長中短、短中長、六十四主、二十八、全天命、壽考終身、遭地網、陷天羅、三十有六、血刃中、多一半、不得全生。閙攘攘、占春風、喧聒燕雀、亂紛紛、消散去、過耳

蚊蚋半天下、廣孳生、番人種類、德關河、薰染做羊
犬。亶星
書生與恨春秋後、管仲孫桓不再生
事既不同時又異、也由天道也由人、
六代瓜分世界、五古雲擾中原、縱橫三百有餘年、幾
度交鋒索戰、馬過生靈虀粉、血流河洛、星亶耳聞
猶自不堪言、有眼休教看見、
東風刮散桃花雨、明日天晴別是春、
第七段 說隋唐二代

史略詞話 卷下 十五

一片殘山并剩水、年年虎鬬龍爭、秦宮漢苑晉家營、
川源流恨血、毛髮凛威靈、白髮詩人閒任馬、感懷
懷古傷情、戰場田地好寬平、前人將不去、留與後人
耕。布調臨江仙
九里山前舊戰場、牧童拾得舊刀鎗、烏江流水滸
滸響、彷彿虞姬哭霸王、
霸王烏江血未乾、長陵樹老朔風寒、千年暗草埋
金谷、幾筆征夫老玉關、去鳥消沉雲漢漠、野花零
落水滸滸、豪華一去無踪跡、留得虛名紙上看、

廣坐休將詩說講、當場再把話評論、要知古往今
來事、須問玲瓏剔透人、萬卷詩書留意、十年窗
下苦勞心、編成忠孝賢良傳、寫就談今論古文、濟
濟堂堂誇好漢、轟轟烈烈顯功名、凌雲壯氣冲牛
斗、對月高歌泣鬼神、山雨洗清千古恨、海風吹醒
萬年魂、屠鎗嚇破奸邪膽、舌劍恢弘烈士心、玉軫
頻調諧雅韻、冰弦細撥奏知音、知音肯共梅窗月、
試聽新詞接舊文、
昨來說至五古亂華、總是翻雲覆雨、今日將隋唐故

史略詞話 卷下 十六

典、看怎生作浪與風、按北史宇文周靜帝之臣楊忠
官封隋國公、卒後子楊堅嗣爵、其女乃靜帝嫡母 原本嫡作之
嫡母非生母、其生母爲朱后、
楊堅乃靜帝外祖、篡了寶位、是爲隋文帝、改元開皇、
至九年己酉、南取陳後主、併天下爲一統、傳之
煬帝、西恭帝侑、原本作恭帝。東恭帝侗、新增。
隋有兩恭帝、一侑一侗、亦宜疏明、而侑都長安
似西魏、侗都洛陽似東魏、故以東西別之。

凡四主、（原本作三主）三十八年、西恭帝則唐李公淵奪之、東恭帝則王世充繼奪之、而隋始亾、（東恭帝以下、係予新補）李淵稱唐高祖、傳之太宗、高宗、中宗、武后附、殤帝附、（新增）睿宗、玄宗、肅宗、代宗、（附字係予新增）德宗、順宗、憲宗、穆宗、敬宗、文宗、武宗、宣宗、懿宗、僖宗、昭宗、昭宣帝、（原本作哀宗）

朱温謚曰哀帝、不宜稱宗、後唐明宗改謚昭宣帝、合從之、

共二十一主、一女主、（一句新增）計二百八十九年、朱温滅之、是爲梁朝、隋煬帝之末、天下有六十四處煙塵、十八處改年建號、今略題大槩、說個始末因由、

隋文帝篡周朝、盡屠君族、（原本作既稱尊北朝君主）八年來、典士馬大舉平陳、（原本作併滅江東）陳後主納降書稱臣稽首、捲山河包社稷、（原本作捲江東包宇宙）一統乾坤、躬節儉、省差徭、思爲久計、（原本作些須好事）退勳臣、殺老將、轉目無恩、生長下惡宄、家凶人逆、子到頭來無結果、（原本作無好事）禍及其身、隋煬帝擴青宮、辜仁背義、（原本作不成才凶頑惡劣、）

以上凶惡字面太多、故改、

幽儲兒、（原本作殺尊兒、）煬帝殺太子在即位後、故改、

逼庶母、（原本作謀通、）犬彘其心、大寶殿、弑而翁、六宮鄭痛、（原本作稱尊即位、）手署封、貼金合、遽肆蒸淫、（原本作倚漁貪矜智勇恣、意荒淫、）漁女色、縱奢華、泥沙錦綉、弄刀兵、貪上地、螻蟻人民、廣倉廩、築長城、勤勞百姓、開汴河、實苑囿、蓋造宮庭、跨遼海、討高麗、愁民動衆、造龍舟、恣

遊賞、北狩南巡、行採獵、取鷹師、煩擾海内、（原本作論千撥萬、）聚樂音、陳百戲、誇耀番人、惡毒氣、廣熏蒸、普天之下、穢污名、喧傳徧率土之濱、民心變、起烟塵六十四處、知世郎王薄者、首唱山東、張金稱、高士達、因而聚衆、孫安祖、劉霸道、發怒生嗔、竇建德、苗海潮、東西響應、郝孝德、孫宣雅、遠近傳聲、吳朱燮、晉管崇、江東舉事、杜伏威、輔公祏、淮楚憑陵、王須拔、魏刀兒、剪截燕趙、甄翟兒、扶助起殘害人民、（原本作逞勢行兇、）郭方預、孟海公、各誇英勇、燕格、謙齊、孟讓、奮

力橫行。楊玄感。猛招呼。蒲山李密。太原兵。推戴起。
留守唐公。史萬寶。李仲文。長安接應。何潘仁。丘師
利。整衆相從。向善志。力扶持。孫華。鼓舞梁師都。扇
惑起。薛舉稱秦王。德仁。劉苗王。喧呼北地。丹端兒。
散盤陀。叫噪龍門。左才相。李子通。依山據海。董景
珍。原本作沈柳生
推戴蕭銑者、景珍也、柳生賊耳、
梁。蕭銑攬闊江陵。劉武周。郭子和。山西結黨。林士
弘。操師乞。江廣稱兵。徐世勣。王伯當。滎陽抄掠。王

史畧詞話 卷下 十九

當仁。周文舉。犨洛崢嶸。劉元進。沈法興。朋聚江表。
左孝友。盧明月。發忿齊東。楚朱粲。楊士林。互相攻
討。裴長才。白瑜娑。嘯聚山林。李公逸。單雄信。糾合
翟讓。王世充。乘釁叛敵。占東京。高開道。起漁陽。自
爲燕王。宋金剛。與易水出入縱橫。凉李軌。借稱王。
河西據土。徐圓朗。居海島。陷沒東平。虎賁郎。有羅
藝。幽州抗命。漢東公。原本作守新鄉劉黑闥。報怨馳名。原本
作背王降人、
守新鄉及背王降人、與後干戈亂起句不相涉、

故改之、
辛、未、歲。爲、饑、荒。干、戈、四、起。丙、子、年。隋、煬、帝。遊、幸、燕、
城。丁丑年。十。二。處。改稱年號。李世民。十。八。歲。舉義
興兵。扶立起。老令公。大唐高祖。據長安。平禍亂。濟
世安民。戊寅年。隋煬帝。江都遇害。宇文家。宄業。報
化。及。凶。心。衆臣宰、很、施、爲、露、齦、裂、眦、原本作摩拳搽掌解
練巾、原本作大麻繩
乃練巾、非麻繩、
授逆黨、斷送餘生、原本作咽頸下、送了三魂拋、撒、下、兩、恭、皇、原本

史畧詞話 卷下 二十

作兩孤孫權、臣、侮、弄、四、十、年、隋、家、國、化、作、微、塵、唐、高、祖、
創、業、成李家天下、併。群。雄。侍。兒。力。娘。子。將。軍。原本作歸
一統、原本作大乾坤行、戰、討、掃、煙、塵、一、十、四、載、鼓、風、雷、冒、霜、雪、
幾、度、勞、心、總、英、傑、原本作用人物羅、賢、才、能、謀、善、斷、侍、宮
人、臣、突、厥、頗、欠、光、明、原本作調兵官多猛勇慣戰能爭、
叙高祖有獎無貶、非是、今改補之
臨、湖、殿、舉、干、戈、貽、謀、不、善、原本作三王定統
建成本太子、世民秦王、元吉齊王、無三王、
建、德、誅、蕭、銑、殺、大、損、仁、恩、原本作凌煙閣畫丹青、將相標名、

凌煙閣三句乃太宗時事非高祖故改移於後
亦以盜賊消三句近俗故也
唐太宗登寶位神文聖武舉讐臣放怨女發政施
仁禮學士（原本禮作與）講經書招賢納諫輕差徭薄稅
斂惜愛生靈罷鷹犬吞蝗蝻人心感戴畫丹青凌
煙閣將相標名（原本作盜賊消食海內升平）大體段好規模
高出千古就中間有數事（原本作剛扭捏）不滿人心起大
業自卑微切父臣鹵亂巢妃幾作后（原本作亂人倫無主宰）
爲色傷倫（原本倫作恩）君臣義不克終停婚失信戰爭

史畧詞話　卷下　二十一

心無厭足臨老征東唐高宗初倚任遂良無忌修
所行慎所好不忝其親納父妾貶先臣持心不正
踈淑妃廢皇后（原本作寵偏宮廢正室）背禮辜恩果然是雄
奴懦不堪負荷憚中宮權旁落屏氣吞聲（果然是以下一
對依吳本增）唐中宗癸未年殘冬即位武則天稱太后
自總朝廷甲申年二月間裴炎作禍被雌龍生毒
害貶號廬陵（原本號作做）豫王旦坳母威（原本作順母情）暫登
龍宸母居中立年號混亂文明與實歲奪朝權稱
周改號賜君王姓武氏另有評論（原本作滅其親）回心

院戕后妃哀哉骨醉譽六郎蓮花貌諂穢流聲全
仁傑劉俊臣剛明善斷女變男居九五天子英雄
（回心院以下二對係予新補）
原本叙武后太畧故補
廬陵王十五年房州聽命戊戌年因納諫召入東
宮乙巳年五王戴乘機復辟（原本作春正月才方卸位）
五王宜表出
十六載再稱唐李氏乾坤憂變喜死復生不知忌
憚越昏愚越懵懂忘做人君想當日爲輕許外家

史畧詞話　卷下　二十二

天日甫回朝仍追念海誓山盟妻孀禍女持權功
臣斬首（原本作功臣失望）寵佞讐輕社稷太子遭刑（原本太子
作愛子）皇太子重俊以非韋后所生故不愛胡反言愛
戲燈市御梨園荒淫酒色五六年狂不止醜行邪
心韋皇后女同謀（原本同作童）
蜀本亦作童不知何指想以音同譌書
餅中藏藥苦炎天神龍殿頓作宽魂豫王子李三
郎興兵討亂戮元凶除惡黨廢黜沖君（原本作降卸臣）

唐肅宗、憑兒力、原本作乘此會再稱天子坐朝堂、方二載、禪位玄宗、唐明皇勤國政、開元大治、相姚崇、任宋璟、四海平寧、天寶後、養奸邪、荒於政事、寵楊妃、成女禍、敗壞人倫、洗兒會、費金錢、賂陽粉黛、荔枝香、勞士馬、棧道紅塵、李林甫擅朝權、傾危國勢、安祿山興士馬、攻陷神京、戰抖擻、馬嵬坡、傷心墮淚、險滴溜連雲棧、掩面蒙塵、空記憶、忠良言、曲江先見、宰負了、梨園子、凝碧啼聲、空記憶以下一對依吳本增郭子儀、仗金戈、重安社稷、李光弼馳鐵騎、復立朝廷、唐肅

宗自靈武、承恩受命、孝道衰、利心起、不顧其親、彭原驛、怠軍旅、驕妻博戲、興慶宮、惑讒佞、孝父傷心、張皇后、阻朝參、疏離父子、李輔國、害中宮、惡報相尋、唐代宗、經禍亂、老於軍旅、仗賢能、憑武勇、合力功成、痛親弟、原本親作愛

建寧王倓有功、爲張后譖、死、僅言、愛則私、

死讒言、追讐母、毒、原本作死無辜懷讐父母

假手宦人者、乃母非父、且以代宗爲仇、父、太過、若張后實有罪、當加一、毒字、

幸、宦奄、能假手、進爵功臣、回初意、惡專權、芟其手臂、二三心、無主宰、豈曰賢君、過委靡、欠剛明、貂璫用事、禍根源、從此起、朝省無人、吐蕃來、幸陝州、固方離叛、幸汾陽、身餌宦、再挽乾坤、吐蕃來以下一對依吳本增登高座、講仁王、僧尼受寵、任軍中立節度、藩鎮縱橫、原本作反北分明今依吳本改唐德宗、振紀綱、厲精思治、削煩苛、罷貢獻、美政宣行、不旋踵、用奸臣、多方聚斂、括商錢、稅間架、苦害生靈、朱泚反、懷光承、原本作藩鎮反盜賊興、變輿遷播、幸興元、罪己詔、收轉人心、天生下、李

令公爲唐社稷、更賴着、陸敬輿、規諫朏明、天生下以下一對依吳本增方定妥、罷瓊林、收藏寶貨、稅茶鹽、權酒酤、利孔紛紜、原本孔作亂

蜀本亦作亂、必書者之譌、想以字形相同耳、

德宗老、靜將終、當傳太子、唐順宗、失音久、風病纏身、唐憲宗、嗣寶位、延英議政、出宮人、蠲賦稅、禁止逢迎、討成德、剪蜀吳、原本作剪猾成除亂階削平淄蔡、幾椿兒人賛歎、果斷剛明、行未畢、後心生、奸諛得幸、寵宵小居宰輔、不任忠臣、麟德殿、龍首池、煩工再起、

紫金丹、長生藥、服煉修真、迎佛骨、貶諫官、崇（原本作宗）、佞鬼、爲稱尊、受群賀、處陋甘心、中和殿、改年初（原本改作）、大、一時殂落、細尋思、無疾病、事有來因、陳弘志、逞奸謀、行凶下手、梁守謙、立太子、掩罪容身、唐穆宗、居父喪、何曾踰月、命群臣、皆釋服、廢禮忘親、嬉聲色、喜遊畋、登高後宴（原本作重陽大宴）、縱藩臣、殺節度、河朔重淪（原本作放肆橫行）、依舊是、服金丹、亾身隕命、賴慈親、郭太后、却位扶君、唐敬宗甫登極、嬉遊濫賞、打毬回、遭宦者、滅燭行凶、絳王悟立、須臾仍逢禍害、

兩日中、三易主、迎立文宗、唐文宗、守祖訓、貞觀政要、患風疾、寵醫士、變亂規繩、甘露禍、反遭殃、公卿濺血、哭啼啼、比赧獻、受制家臣、仇士良、剪宗枝、扶持乃弟、唐武宗、毀玄教、澄汰沙門（原本作惑左道、受籙玄門）、平澤潞、任衛公（原本作崇羅僧尼、毀佛）

任德裕、與平澤潞、是武宗、獨斷之、大者、宜表出之、

雖稱獨斷、餌金丹、成大病、喑啞而崩、皇太叔、號宣宗、躬行節儉、小太宗、虛獎譽、大體無能、搖着手、濯

中官、驚心動魄（原本作提心釣膽）、爲猜嫌、弑嫡、有換人、倫、唐懿宗、重佛法、唱經門、講歲饑荒、人困苦、叛亂紛紛、唐僖宗、擊毬場、狀元人物、私鹽賊、黃巢反、捐棄神京、唐昭宗、立名號、門生國老、少陽院、苦幽囚、爾汝難聽、統千山、凍雀兒、離鄉背井、醉醺醺、椒殿裏、疾走無門、昭宣帝、軟朧朧、孤兒寡婦、母先除、子後弑、委命朱溫、三百載、大唐朝、二十一帝、亂離多、寧靜少、幾日升平、

春風回首人何在、　五代紛紛起戰爭、

追思千年往事、六朝蹤跡茫然、隋朝相繼統中原、世態幾回雲變、　楊柳淒迷汴水、丹青慘淡雲烟、樂遊原上草連天、飛起寒鴉一片、

東風掃盡隋唐恨、　百二山河換主人、

第八段　說五代史

雨汗淋淋、赴選場、秀才落得甚乾忙、白髮漁樵諸事懶、蕭散閒談今古論興亾、　虞夏商周秦楚漢、三分南北至隋唐、看到史官褒貶處、得趣不搖紈扇自然涼、布調定風波

山自青青水自流、南征北戰幾時休、青春壯士鬢
鬭老、紅粉佳人白了頭、
十遇征夫九皺眉○怨殘磨寢有誰知○中宵破夢兜
鈴舉○頓飯驚心戰馬嘶○剪髮搓繩穿斷甲○拆衣抽
綿補殘旗○風流宰相龍樓宴○翠袖雙扶下玉梯○
詩向會家閒講究、話逢知巳細評論、評論往事知
興廢、講究前賢說智能、東岸水流西岸響、南山風
送北山雲、雲容冉冉、舒還卷、水勢滔滔古又今、流
水浮雲何日了、人生在世幾回春、黃塵埋沒英雄、

老、白髮消磨壯士心、蓋世功名如一夢、掀天事業
轉頭空、半張故紙留蹤跡、千古漁樵作話文、閒論
高談依故典、長歌短句弔英魂、就中多少悲歡處、
珍重知音仔細聽、
說過隋唐三百載一場春夢、閱五代史又歷多少興
亡、按五代者梁唐晉漢周是也、
後梁太祖朱温本碭山小民、爲黃巢賊黨、乃屈降唐、
後有功、封梁王、賜名全忠、元弑唐昭宗、又廢昭宣自
稱皇帝、篡弑之、在位六年、被姐出子郢王朱友珪刺
殺、（姐原本作妾）其第三子末主友貞討殺友珪、又十年唐
莊宗滅之、
唐莊宗李存勗、祖朱邪國昌、沙陀人、有功於唐、賜姓
李氏、父克用、封晉王、身没後、存勗繼之、滅梁、自稱皇
帝、在位四年、被樂官郭從謙所弑、克用養子明宗嗣
源即位、傳之愍帝從厚、又被明宗養子潞王從珂所
弑、潞王立三年、被石敬瑭所滅、前後四主、共十四年
亡、
晉高祖石敬塘、本唐明宗之婿、在位七年、傳兄子重

貴、被契丹所擄、父子共十一年亡、其臣劉知遠即位、
爲漢高祖、傳子隱帝承祐、父子共四年亡、其臣郭威
篡之、爲後周太祖、在位三年、無嗣、妻兄之子世宗柴
榮即位、七年崩、子恭帝宗訓即位、在位七月、禪位趙
太祖匡胤、天下歸宋、後周三主二姓、共十年亡、
此謂五代之君、共十一帝、一起一滅、五十三年、中間
又有同起諸國、或稱王、或稱帝、共十一處、
閩忠懿王王審知、唐僖宗時、封據福建、統五州、傳之
子嗣王延翰、太宗延鈞、康宗延昶、景宗延曦、末主延

政共六主五十年，降於南唐，原本作吳越
延政降於南唐，非降於吳越。
吳越武肅王錢鏐，唐昭宗時封，據兩浙，統十三州，傳
之文穆王元瓘、忠獻王弘佐、忠遜王弘倧、忠懿王弘
俶，凡五主，八十四年，自降於宋太宗，原本作太祖
弘俶之降，乃降宋太宗，非太祖。
吳武忠王楊行密，唐昭宗時封，據廬州二十八郡，傳
之子威王渥、宣王隆演、睿帝溥，凡四主，四十六年，禪
位南唐。

史略詞話　卷下　二十九

南唐烈祖李昪，原本作昇
昪也，非昇也。
本淮南楊氏之臣徐溫義子，實係唐朝子孫，
實繫二字太實，以唐朝子孫名，僅故不改。
吳王楊溥封為齊王，受溥禪，建國金陵，統三十五州，
傳之子元宗璟，原本作後主景
後主乃煜，非璟，璟廟號元宗，因避周諱改景，宜
存故名。
宋太祖乾德二年，卒，子後主煜嗣位，降宋。原本後主煜作子煜

降作歸
後主為宋所伐，力屈而降，與吳越王弘俶自歸，
者不同。
凡三主，三十九年而亡。
楚武穆王馬殷，唐昭宗時為刺史，據潭州二十三郡，
朱溫時封，傳其子嗣王希聲、文昭王希範、希廣、希萼、
希崇，凡六主，共五十七年，南唐元宗滅之。原本元宗作後主
滅楚者乃元宗，非後主。
秦武信王高季興，梁朱溫之臣，又降唐，降吳，吳封秦

史略詞話　卷下　三十

王，據荊南三州，傳之文獻王從誨、貞懿王保融、保勗、
繼沖，凡五主，共五十七年，降於宋。
前蜀高祖王建，唐僖宗時為利州刺史，昭宗時封，後
稱帝，據成都四十八州，傳子末主宗衍，共三十五年，
唐莊宗滅之。
後蜀高祖孟知祥，唐明宗時封，據成都三十六州，傳
子末主昶，共四十一年，降於宋太祖。
燕劉仁恭，唐昭宗時為幽州節度使，據燕十州，及滄
景德三州，子守光囚而奪之。仁恭以下係新增

據、燕、始、於、仁、恭、不、宜、削、父、而、先、予、今、補之、

梁封燕王、後稱帝三年、唐莊宗滅之、

南漢襄王劉隱、唐昭宗時、（原本作梁太祖、）爲清海節度使、弟高祖巖稱帝、據廣南四十七州、傳之殤帝玢、中宗晟、末主鋹、凡四主、共五十五年、宋太祖滅之、

北漢世祖劉崇、漢高祖知遠之弟、拜河東節度使、（原本作封晉王、）

崇未嘗封晉王、誤也、

因郭威篡隱帝、遂稱帝晉陽、統十二州、（新增一句、）傳其子

史畧詞話　下　三十一

孝和帝鈞、無嗣、先有營卒薛釗、娶世祖女爲妻、生子繼恩、世祖即位、其女居內、釗自刎、世祖以繼恩與孝和爲嗣、其母改嫁何氏、又生子名繼元、亦與孝和爲嗣、相傳四主、共二十八年、宋太宗併之、（原本作太祖、）

併北漢者太宗、非太祖、

凡此十一處、爲王爲帝者共四十一人、自唐末梁初、各各據土稱尊、

晉世十六國皆夷狄、故不詳、若此十一國、與五代、等耳、原本或載其廟號與謚、或遺載、今一一補之、

至宋太宗太平興國四年、通共八十二年、北漢劉繼元歸附、後諸國盡絕、那時天下生靈受多少塗炭、今從五代梁朱溫創始之初說起、

按五代始於梁朱溫、溫創首芒碭山、無藉子、一介貧民、有唐末私鹽客黃巢搆亂、（原本作造反、）聚鄉民相接應、敢據河中、勢敗也、乃降唐、獲功受賞、弑昭宗、扶幼帝、（原本作扶末主、）獨占神京、雙弑主、（原本作再奪位、）

位無再奪、且弑君至再、宜暴其惡、

史畧詞話　下　三十二

篡唐朝、奸謀詭計、縱私邪、成內亂、大視狠心子友珪、肆惡言、（原本作高聲罵、）老賊萬段、醜作爲天報應、椒殿尸横、弟友貞攻逆賊、殺兒報父、一、家兒遞相殺、弑、討、分明、（原本作刀廝戳、不顧人倫、）

友貞爲父討逆、未可以不顧人倫槩之○且刀廝戳二句、已見前叙宋事內、故改、

寵趙張、棄敬劉、何其闇弱、王鐵槍、好男兒、人死留名、（寵趙張以下一卦、依吳本增、）李亞子大兵、來、哀號願死、（原本作號咷乞命、）

友貞命皇甫麟殺已非乞命
皇甫麟（原本蜀本俱作璘）揮短劍結果殘生父共子十一
年風燈草露被唐家追敗做小可凡民唐家者乃
唐朝沙陀降將李昌國及其子（原本作李克用）
以李克用疊見改之
兩世相承李克用惡朱溫窮凶篡國（原本窮凶作謀朝）誓
一生無改變義士忠臣李存勗承乃翁晉王名號
滅僞梁（原本僞作賊）○繼唐統氣緊豪英（原本作廟號莊宗今依吳本改）○
張承業一點心忠言拂耳辜負了老勅使遽爾稱
尊○（張承業以下一對依吳本改增）堪恨處志驕盈矜功自喜侮縉
紳悅女色寵任伶倫李天下壞名聲甘心苟賤郭
門高下毒手樂器焚身唐明宗李嗣源古人異姓
入洛陽監國政志在經綸遠女色減中宮英明有
道惜生民休士馬五穀豐登唐愍帝方臨朝時乖
運拙李從珂王氏子叛入西京中鴆酒在衛州（原本作辭鴆酒中麻繩）
據五代史則愍帝死於鴆不言中麻繩
哀哉短命一家兒妻共子盡作冤魂唐潞王篡登

氏戕民賞衆不隄防石郎反（原本作石駙馬）引動遼兵一
炬火玄武樓化成灰燼十三年傳四主過雨殘雲
石高祖滅殘唐更稱後晉拜豺狼（原本作拜契丹）爲父母
屈已甘心山前後十六州長淪左衽兒皇帝被呼
喚低小難聽（山前後以下一對依吳本增）爲招納吐谷渾遼君
發怒一番憂一番懼（原本作一場氣）染病亡身將幼子托
匪人老奸馮道立齊王爲國主又是庸君妻叔母
戲梓宮自稱新壻醉醺醺肆淫惡（原本作涎鄧鄧）敗壞人
倫景延廣橫磨劍冲突大國張彥澤兩頭蛇逼作
降臣劉知遠立漢朝親承晉祚幸遼君古馬退乘
勢爲尊稱天福於晉亡虛言憶念殺許王李從益
忝飯酸辛（稱天福以下一對依吳本增）子承祚嗣其傳謂之隱
帝殺大臣不以罪激變奸雄（原本奸作英）郭雀兒舉兵
來支撐無力孤另另一騎馬隕命荒村李太后自
臨朝垂簾一月契丹家軍馬動整備征行衆將帥
列黃旗高呼萬歲漢家邦改換作郭氏朝廷郭雀
兒號周朝尊稱太祖弑劉贇抗北漢（原本抗作攻）
攻北漢者世宗也考太祖時無此

純昧初心、原本作已見其心柴氏子、周世宗。因親繼統、諒陰中、親出將、果斷剛明、綱紀正。賞罰行。三軍喜悅。用文臣。任武將。各盡其能。平江北。取關南。鄰邦震慴。原本作布其威宜其德鄰邦入貢懷其威。向其化。遠近稱臣。方七載、棄群臣、宮中晏駕、漢、唐、來。稱、獨、步、有、道、明、君。符皇后、抱孤兒、遭時不幸、被陳橋兵變了、改換乾坤、五代史。八姓君。匆匆日月。朝屬梁。暮屬晉。草草。君臣當此際。亂離中。稱王據土鬬神通。原本鬬作題誇智勇更有能人。閩國主。王審知。因兄起事。奉唐朝。

史畧詞話　卷下　三十五

官節度。北面朱溫。據福郡。原本作福建若云、福、建、便、包、漳、泉、何必重言、統漳泉。稱王建號。壽云終。子延翰。繼統爲君。茂昆仲。拒良言。遭逢義弟戮其身。奪其位。與弟延鈞。收父婢。原本婢作妾侍婢金鳳也。非妾。殺朝臣。縱妻爲亂。李皇城。行弒逆。血濺宮庭。嗣君昶。初共謀。繼誅逆賊。原本作不共天首誅賊倚昶初通父婢春燕。與李倣爲皇城使者。同志其

殺父、繼因倣自疑、乃殺之、非能報不共也、信妖巫、長夜飲、剪滅宗親、叔父曦、行戰討、繼君村舍、原本君作下蹕前車、原本作歹施鴐佻謔、評酒色、昏沉、朱文進、五七人、乘其空便、遣壯夫、拉馬上、身死誰承、原本作一張弓就上馬刺死強魂據五代史云、遣壯士於馬上拉殺、今從之、若引弓殺數人、又投弓有言者、乃就死之、昶非曦、亦非、殺曦之、朱文進輩也、目、無主、御黃袍、原本作白披起衮龍袍稱孤道寡、吳成義、酬

史畧詞話　卷下　三十六

其首、送與新君、新君者、王延政、理當承受、李仁達、携所據、獻與金陵、南唐主、受其降、封官賜職、六十年、彈指過、水上浮萍、滸南地、有吳王、楊行密、氏昭宗、時盧州起、百戰成功、二十載、忠武王、承唐節制、統軍州、二十八、延攬英雄、長子渥、號威王、無才寡德、十闔燭、終見弒、張顥徐溫、弟隆演、號宣王、沉飲鮮食、原本作元武義改葫蘆提、十二載、委政權臣、膺皇溥、擁虛名、受拘徐氏、把江山、分付與古潤、潛身、四代主、走、風、雲、四、十、六、載、南唐主、存厚道、不戕其君所

嘆楊璉妃。李家公主。每聞呼。輒哽咽。義如忠呂。吾。
莽操與泰堅女皆如是割毛裹。夫金十五女傳心 補二對
唐烈祖、李家郎、大唐枝葉、吳徐温、之為子、累立功
勳、受封拜、據金陵、承其父業、統南州、三十五、復姓
稱尊、蹋蒲履、御青帷、躬行節儉、念生民、遭塗炭、口
不言兵、原本作年將老、飼金丹將加暴 怒王楓霞諫不盡飽喜錢喚 飼金石、致
傷生、號為賢主、原本作烝發帝壽 云終傳於後主 子元宗、名李璟、
嗣位承宗、性謙謹、更寬仁、優柔寡斷、統朝綱、失主
宰、五鬼縱橫、降閩越、下荊湘、風聲洶湧、失淮南、臣

史略詞話　卷下　三十七

強敵氣勢駿凌、降閩越以下一對係予新補
叙南唐烈祖、元宗、簡泛者為改二對、簡者為
增一對、
打擻、過晉漢周、三十八載、後主煜、歸付與宋將曹
彬、吳越國主錢鏐、杭州創業、討董昌、官節度、實係
功臣、受王位、統軍州、一十三郡、享長年、原本作百年身終、
壽考德義、馳名、錢元瓘、守成規、友于篤愛、十年終、
傳弘佐、原本作傳幼子
弘佐乃第六子、非幼子、

理政、公勤、忠獻王、七年餘、奄辭人世、弟弘倧、承國
祚、果斷剛明、統軍使、胡進思、懷疑廢立、原本作生心懷疑
強扶持、錢弘俶、繼統、為君論、始末、自唐朝、周旋、五
代、八十年、歸大宋、忠孝賢人、湖南主、楚王殷、扶風
馬氏、始殘唐、終五代、父子相承、武穆王、勇而謀、寬
慈樂善、獲吳人、仍遣去、頗見仁心、著遺命、位相承、
無分嫡庶、衆駒兒、爭皁棧、會有紛紜、原本作多內寵、欠兒繩
傳位與子希聲、再傳希範、平南蠻、立銅柱、自許英
雄、九龍殿、極奢華、疏賢拒諫、假慈悲、殺其弟、就裏

史略詞話　卷下　三十八

無仁、馬希廣、既承家、何嘗展志、朗州兄、來爭國、原本作仍下手
賜死、涯刑、馬希蕚、剪連枝、荒耽無道、被群臣、
幽囚在衡岳、山林、策立起、馬希崇、降唐受制、六朝
君、轉眼過、委命江東、杌兀閙喧喧、五十六載、統
孤城、單剩下、水迹潮痕、荊南王、高季興、梁朝舊將、
既降唐、封渤海、又作吳臣、父傳子、一家兒、心無定、
向、據江湖、阻要路、敹剝為生、貪賞賜、愛便宜、自輕
自賤、醜名兒、高無賴、到處稱臣、高從誨、高保融、傳
之保勗、受淮南、吳國主、封號為泰、高繼冲、奉還圖

倒戈趙宋、原本作結末稱投降趙宋、五十年、如一夢、故紙虛名、
前蜀王、大唐臣、利州王建、數十年、爲虎將、四海稱
雄、身百戰、受辛勤、開基創業、據西川、稱高祖、繼起
無人、原本作烈烈轟轟 王宗衍、長深宮、承家紹祚、任中官、
躭酒色、寵用妃嬪、無厭足、偏經遊、毬場酒肆、不儴
懸、輕出入、女市娼門、原本作柳戶花門 宜華蕊、醉重陽、傍
人墮淚、怡神亭、翫春景、宰相憂心、李存勗大軍來、
哀號請罪、劫其君、王宗弼、原本作殺臣僚獻首級
劫君又殺臣僚者、皆宗弼所爲、宜暴其首、罪與
逆名、
拜表營門、兩輩兒、氣昂昂、三十二載、闔門、親俱做
了、駢戮、究魂、後蜀王孟知祥、西川節度、唐莊宗親
委任、背主稱尊、子孟昶、僅一傳、原本作嗣其宗 奢淫失政、
私寢中、穢汚器、七寶裝成、伊審徵、王昭遠、貪邪盜
柄、李太后、良言勸、不樂依從、宋朝將、王全斌、長驅
席捲、修降表、率子弟、同作降臣、四十載、錦宮城、三
軍解甲、不男兒、貽笑、與花蕊夫人、北燕主、劉仁恭、
李家鎮將、原本作梁朝節度

史畧詞話　卷下　三十九

李克用、爲仁恭、請於唐、得節度、幽燕、幷始於梁、
帥幽燕、仗克用、據地、忘恩、原本作好騎奢貪且恭一介商人 築宮
館、大安山、勞民害衆、聚紅妝、藏外道、煉藥、銷兵、不
孝子、劉守光、通其內寵、破山城、囚乃父、梟獍爲心、
既得志、受王封、中無厭足、欲稱尊、原本作欲自作 滅骨肉、
室醢忠臣、原本作鬬了三春 李存勗、入幽州、生擒父子、一
家兒、俱做了、刄下亡身、原本作血刄滑神 南漢主、本梁臣、
姓劉名隱、弟劉巖、稱漢帝、據廣、爲雄、白龍現、造奇
文、龍天作龑、音儼 自矜誇、窮奢侈、寶殿珠宮、心慘刻、用
淫刑、蛇牢、水獄、縱奸民、沿海道、擄掠商人、用宦者、
掌朝綱、扶持後亂、恐朝臣難倚任、各顧兒孫、子劉
玢、承父位、遭逢乃弟、弟劉晟、乘其醉、拉殺宮門、既
殺兄、又殺弟、心猶未足、原本作改名劉晟 併嗣男、俱殺盡、
納女傷倫、原本作納女於宮 生地獄、活陰司、刀山劍樹、女
侍中、居左右、進退公卿、勢將衰、長嘆息、一身難保、
再相傳、其子鋹、一等、內人、求仕者、下蠶室、方能任
用、起疑心、下鴆酒、妄殺朝臣、原本妄作鴆 宋太祖、憫蒼
生、興兵救難、原本難作命 濟武惠、入城來、一鼓而擒四

史畧詞話　卷下　四十

代兒不仁君南蠻惡數五十年磨滅了幾許生靈
北漢王乃劉崇漢高親弟劉智遠稱尊日節度河
東周太祖兩弑君懷仇結恨據太原稱漢帝欲併
乾坤倚仗着大遼家兵威國勢動干戈與士馬虎
鬬龍爭實天去子承家追稱世祖孝和帝善繼持
保土安民尊遼主自稱男皆因國小儘人呼兒皇
帝不敢高聲用僞道理朝綱因循歲月美言詞尊
遼宋暫免交征無後嗣仗誰人承家繼統外甥兒
收拾做義子螟蛉薛氏子名繼恩稱尊兩月（原本作登）

朝兩月侯霸榮行篡弑命掩泉扃郭無爲用朝典立
誅奸黨何繼元承乃位宋帝來征烏紗帽縞素衣
城臺納表受官封一塊土老在彭城按前史閱興
亡浮漚起滅是和非長共短記載分明有德行好
君王無多幾位惡煞神無道王禍亂縱橫

救濟生靈須聖主　保全民命靠英雄
百年一點天瓢水　洗盡中原戰血紅

千古傷心舊事一場談笑春風殘編亂簡話英雄總
爲功名引動箇箇轟轟烈烈人人擾擾匆匆榮華富
貴轉頭空恰似南柯一夢

功名到底成何用　夜宴終須有散場

第九段　說宋遼金夏

檢盡殘編斷簡細數興亡總是英雄漢物有無常人
有限到頭落得空長歎　富貴榮華春過眼漢王長
陵霸王烏江岸早悟夜筵終有散當初賭甚英雄漢
右調蝶戀花

賭勝休嫌力不加　功名富貴眼前花
千年田地八百主　守到如今有幾家

鐵甲將軍夜過關馬蹄到處骨如山氣高無奈烏
江阻色重方知蜀道難長夜酒能涂社稷瓊林宿
不救饑寒若將四堵墻推倒海宴河清日月閑
筆底詩詞成笑語閒中今古要知聞書生靜坐寒
牕下永夜挑燈索用心撿盡殘編并斷簡參同往
古共來今鋪張短話成長話褒貶前人勸後人耳
聽良言增感慨情關義士長精神斬鐵截釘言詞
壯擊玉敲金字樣真萬壑風生因虎嘯九天雲起
爲龍吟龍吟虎嘯誇爭戰鳳舞鸞歌慶太平細擾

氷絃、調玉軫、勝聽檀板、醉紅裙、知音達者同高會
　再把新詞聽一廻、
話說五代史并十一國、（原本作僭僞十一國）
　若云僭則五代之朱溫石敬瑭輩、誰非僭者、至
　北漢之繼漢、亦可云僭乎、從前此等字面甚多、
　皆改去、
稱帝稱王者四十一人、中間全身壽考者二十八人、吳
越錢氏占了四位、餘皆死於非命、午會至此、已過三
分之一、陰日盛而陽日消、生靈至此亦云不幸矣、唐

明宗焚香告天、願早生聖人、宋儒信之、謂宋太祖生
於甲馬營、上應天象、後來果能消蕩群雄、混一華夏、
然中間又有未必然者、當在智人君子辨之、且說宋
太祖受周朝幼主讓位、稱宋太祖、傳之　太宗、
眞宗、　仁宗、　英宗　神宗、　哲宗、　徽宗、
欽宗、　高宗、　孝宗　光宗、　寧宗、　理宗、
度宗、　端宗、　帝昺、（新增）　凡十七帝、共享國三
百一十七年、天下歸於元、中間有遼金西夏元四家、
交征合戰、起滅紛紜、到底不是一統、且如遼國本契

丹古人、唐末耶律阿保機據古漢城、（原本作占據幽燕）
　阿保機未占據幽燕、乃其子德光
稱皇帝、是爲太祖、傳之子德光、改國號遼、是爲太宗、
傳之　世宗、　穆宗、　景宗、　聖宗、（復號契丹新增）　興宗、
　道宗、（又復號遼新增）　天祚王、（宣宗淳、梁王雅里、朮烈附、俱新增）
　以後敘事內、有連扶三主、何故補注、
凡九主共二百五十年、爲金太宗所滅、（原本作宋神宗時滅）
　金滅遼在宋徽宗時、非神宗、且滅遼者金太宗、
　宜註明、

金完顏阿骨打、先號女眞、
　原本不註其姓與故國號、今補之
本遼屬國、（原本屬國作之臣）後叛遼、（原本作篡奪其國）
　金以兵滅遼、非篡、又屬國不宜槩言臣、
稱皇帝、國號金、是爲太祖、傳之　太宗、　熙宗、
廢主海陵王、　世宗、　章宗、　廢主衛紹王、
宣宗、　哀宗、（一作義宗）　末主承麟、（附新增）　凡十主、共一百
一十九年、爲元太宗所滅、（原本作太祖誤）
西夏者、乃拓拔氏、自宋項於唐貞觀中、入居銀夏、唐

賜姓李唐末李彝昌爲夏州節度使與族人仁福（原本作叔父仁當、）族人非叔仁福非仁當俱見五代史宋史及彝超彝興光睿繼筠繼捧繼遷德明元昊兄弟子孫相承至繼遷始立國宋太宗時（原本作太祖誤）叛而復降據土如故其子德明嗣之至宋仁宗時德明之子元昊一名曩霄據興州之地盡有河南河西河外三十二州以戊寅宋寶元元年稱帝國號夏是爲景宗傳之　毅宗（原本誤作英）　惠宗　崇宗　仁宗　桓宗（原本誤作和、）　襄宗　神宗　獻宗　末主南平王（原本分作二主誤、）　凡十主共二百二十年元太祖滅之

西遼者太祖之後耶律大石因遼滅以乙巳年建國稱帝於起兒漫又遷於虎思是爲德宗在位十年卒因子幼其后蕭氏塔不煙稱制號感天皇后六年卒子夷列即位是爲仁宗又十二年卒其子幼遺命其妹普速完權國號承天皇太后又十五年弑其夫蕭朶魯不其夫之父斡里剌討而誅之立仁宗子直魯古改元天禧在位三十四年因出獵爲乃蠻王屈出律（原本乃蠻王作南蠻）乃蠻外彝國名非南蠻伏兵擒之而西遼遂亾計所傳　德宗　感天后（附）　仁宗　承天后（附）　大禧帝　凡三主二女主共七十年而滅

此四國者與宋相參分據四海非一統之天下也今將四國大畧寫入詞文

五代史運將衰中原破碎漢劉鈞（原本作劉崇）因雪恨鐵騎南征宋太祖事周朝官居點檢帥三軍拒北鹵力掃邊氛感天象動日光陳橋兵變應飛龍登寶位南面稱尊討南漢定西蜀八方顒望取江南平吳越四海咸賓廟堂間文用着能誅趙普邊關上武用着不殺曹彬（廟堂間以下一對依吳本增）勸藩鎮解兵權君臣定體誠行兵毋殺掠遠近棠恩遵母命保家邦惇行孝友挈江山（原本作把龍床 蜀本作把天下）傳乃弟不負初心怎承望壽將終人遮燭影哭啼啼同富貴就裏難明思往日順天心不當至此善惡爲必報應（原本必作惡 今依蜀本改）

愚按宋史程德玄傳、與司馬光涑水紀聞、皆言太宗入宮在太祖晏駕後、彼僧文瑩湘山野錄、所云竹影斧聲詭況、既云就裏難明、下惡字太實、茲從必。

萬古疑心。人瞻仰、太平年、雲開見日。巧稱呼、堯讓舜、總是虛名。瞪着眼、欺負人孤兒寡婦、昧着心瞞不過君子仁人。宋太宗美天姿、龍行虎步、抗遼兵、平北漢、際會風雲、鑒前史、退中官、朝綱整治、采直言、薄稅斂、政教修明、堪恨處奉先皇曾承顧命、刎德昭、原本刎作殺

德昭以太宗一言自刎、下殺字太重。

貶延美、痛入人心、金櫃裏一緘書、歸功趙普、朱雀門遺片紙。原本作香煙中四箇字

趙普以疾使道流上章禳謝、為風吹墮朱雀門、今從之。

得罪神明、朝登極、暮改元、其心不善、嫂后喪、不成禮、何忍怠兄。原本作忍為人何 宋真宗甫稱尊、遼兵犯境、原本遼兵作蕭娘蜀本作北虜 寇、萊公扶主上、命駕親征、和北虜、

史略詞話 下卷 四七

罷行營、生民樂業、封泰山、祠后土、取次升平、興異說、信妖人、芝龍現瑞、降天書、延聖祖、制作紛紜。宋仁宗奉嫡母垂簾聽政、尚寬容、存節儉、救濟流民、中夜裏惜燒羊、慈心及物、通天犀出、和藥中外、歌仁。中夜裏以下一對依吳本增 因內寵、貶中宮、過從嬖菲、原本作過從聽諺 少、稚、斷、原本作欠斟酌 無遠慮、黜降賢能、李元昊、原本作李曩霄

更名曩霄、以玩宋耳、仍依史著元昊爲安、

夏國王、乘時入寇、據河西、連北虜、小樣三分宋、英宗倚大臣、韓琦輔助、撤垂簾、貶內侍、朝野澄清、宋神宗勤且儉、勵精求治、天津橋啼杜宇、禍亂將興、用新法、改舊章、勞煩百姓、畢竟是福建子誤了金陵。原本作寵奸邪無王宰、貶竄朝臣、今依吳本改 宋哲宗承太后、女中堯舜、轉眼間與黨禁、小輩横行、洛蜀朔朋黨、與衆賢相厄。用調停、延匪類、二蔡章惇、洛蜀朔以下一對依吳本增 無子嗣、弟端王承家即位。宋徽宗矜技巧、原本作因弄 國祚彫零、鑄九鼎、運花石、尊崇道教、狐妖興、黑眚現、怪異縱横、嬉市井、好風流、原本作串花街 結心楊戩、玷人

史略詞話 下卷 四十八

君原本作好風流稱泥子取笑奸臣金二帥原本作阿骨打
阿骨打未嘗入中原乃粘罕斡離不二帥也
入中原山河失守宋欽宗承內禪父子遭擒一騎
馬渡康王江南立帝罷世忠閑信叔恢復無心原本
作建中興無計第沒寧功臣尤可嘆武穆王忠謀奇畧岳爺爺
金人慴不敢呼名破劉豫平楊么長驅京洛走李
成敗宗弼兀朮華名唾手燕雲方乘勝進朱仙焚香潃
路那得知牌十二金字班軍空殞滅十年功英雄
喪氣抵黃龍知何日忠義灰心下棘寺造爰書天

史畧詞話　下卷　四十九

乎何罪坐東窓付片紙虎將遭刑想當日笑談間
諸君痛飲忽翻成仇讐葦酌酒歡欣尤可嘆以下六字係新補
敘韓信不敘岳飛何也爲補之
綠秦檜原本作奸佞
秦檜宜揭出
主和盟生奸偏聽小朝廷原本作避兵鋒苟安且匿怨忩
親宋孝宗還承泒原本作承七世開基太祖嗣上皇登寶
位志掃古塵張紫巖原本作子岀
二字宋史俱無惟鶴林玉露兩見皆爲紫巖令

從之
再出師群臣競阻潃朝中皆婦女嘆盡英雄宋光
宗制李后信其誣罔重中宮一二載不見嚴親宮
人手置盒中原本作煑成羹
李后未嘗煑宮人成羹但斷置盒中送帝
椒房流毒原本作齋壇有使今依蜀本改宦官唆啓厭禍感病憎
心宋寧宗柔且暗不能自主乏皇儲立猶子窺伺
紛紜原本作交爭
時無交爭事故改

史畧詞話　下卷　五十

韓侂胄弄朝權伐金班詔本希榮反重辱函首函
廷韓侂胄以下一對今依吳本增史彌遠繼弄權納交楊后損皇
威壞家法宋德非純元太祖起幹難原本作起幽燕
是時金方都燕元太祖下不得一起字
中原膺碎金章宗渡淮水殺氣憑陵宋理宗沂王
子權奸矯立原本作中宮策立
楊后初以濟王竑宜立不肯立理宗乃史彌遠
逼脅而成此言中宮策立誤
寵倡優貪聚斂委政私臣原本私作躲仗蒙古與連兵

謀、吞、佔國、（原本作似吉馬、掃邊塵、謀吞西夏）

理宗未嘗吞謀西夏、即位之三年、夏即爲蒙古

所滅、

孟、無菴（乃孟珙自號）身、苦、戰、併、力、平、金、抱、虎、跤、蹈、宜、和、

蒙古又至、（原本作滅金鹵、恰寧帖、元兵又至）據西湖一洼水怎濟

蒼生賈似道、弄朝權、丧師誤國、買公田、立關會、害

盡生靈、宋度宗、不知機、荒於酒色、覷、褒、樊、如、草、芥、

棄、與、強、隣、㬎、昰、昺、軟、脽、脽、弟兄三、位、人心離、天命

去、閩、廣、飄零、元世祖、下江南、山川席捲、文文山。遭

史略詞話　下卷　五十一

鹵掠、趙氏無人、幸抗節借疊山。爭光日月范承明

老車所不擅高名（幸抗節以下一對、係予新補）

疊山宜表出、

三百載宋朝君一十八帝、夏遼金將世界碎割零

分一汴國二杭州三閩四廣、被金元欺負煞稱子

稱臣守緒骨假手兩方、鳴得意紹興骸轉眼發又

起傷心（守緒骨以下一對、係予新補）到底是鄙夫爲患得患失

殺不幸行不義仰昧神明佯孝順假慈悲瞞人不

過比三皇方五帝尚費評論遼國王、姓耶律、弃丹

古種、阿保機、大唐末、建國邊庭、（原本作建國黃龍）

阿、保、機、未、嘗、建、國、黃、龍、乃、其、子、德、光、遷、晉、主、重、

貴、於、黃龍府之誤

侵易定、犯幽燕、關河擾亂、（原本作取渤海、占中原、河東九郡）

阿保機未嘗占中原與河東地、

西流沙、北大漠、萬里來賓、統諸國、自稱尊、天皇太

祖、丁人皇妻地后、大度寬洪、遼太宗、仗兵威、興亾

石晉（原本作名德光欺凌石晉）殺古林、埀載了也、葬南征趙延

壽、假遺言、（原本作入恒州）權知國事、遼世宗、執矯命、（原本作執）

史略詞話　下卷　五十二

其醜

其醜即延壽、以語意不明改、

自立爲尊、四祖母、木葉山、輕賢傲士、五六年、甘酒

色、豈服南侵、燕述軋起謀心、弒君奪位、遼穆宗、名

述律、仗義除凶、（原本仗義作討罪）賞無度、罰無章、朝綱不

治、獵禽多、貪飲宴、遇弒行宮、遼景宗、宋之初、兩相

通問、高梁河、大得志、結怨相侵、（原本作結怨於心）遼聖宗、

十二載、權歸母后、仗休哥、（原本作下高麗）

高麗一小國耳、耶律休哥宜表出、

戰、河北、與宋和平、舉才行、察貪殘、設科取士、滅奢華、却女樂、富國強兵、遼興宗被脅制、獨尊生母。（原本作遼世宗違父命特尊其母）

興宗非世宗。興宗爲生母所脅、非違父命。

匹、先君（原本作正宮中）齊天后、憐作宛鬼、性佻達、變衣冠、混身樂隊、求關南、增歲幣、南北休兵。（性佻達以下一對依吳本增）遼道宗、嵗齋僧三十六萬、聽乙辛、縊蕭后、又裸其身。（原本作信奸臣殺妻子不第聰明）回心院、絶命詞、才高致禍。巧織詩、趙惟一、奇枉難明。（回心院以下一對係予新補）

史畧詞話　下卷　五十三

蕭后才高冤奇、惜遼史叙次不詳、此本亦然、爲益一對。

株、太子傳嫡孫。（原本作傳位與其孫）是爲天祚、阿骨打、行跋扈、驟起強兵、信讒口、殺其妃及其愛子、樂遊畋、荒政事、解散親臣、遺玉璽、走夾山、家亾國破、應州城風雪裹束手、宋生李處温、蕭特烈、連扶三主、可憐人、支不住、土裂山崩、西遼君、起進士、名登鴈塔。（原本作名六石虎思創國）吳孫權、魏曹操、孝廉同群、兩創國、皆迢方崎嶇萬里。（吳孫權以下一對係予新補）號德宗、圖興復、十載因循、感天后、輔皇儲、十年翻掌、至仁宗、傳女弟、穢德彰聞、承天后、普速完、弒夫爲亂、斡里剌、誅逆婦、策立儲君、直魯古、號天禧、三十四載、遇乃蠻、屈出律、因獵成擒。（原本作減除根併）金太祖、（原本作大金主）生女真、完顔姓氏、阿骨打、有雄才。（原本作叛遼國）虎視乾坤、集兵將、起來流。（原本作稱太祖展雄謀）筭無遺策、混同江、鞭指處、兵不留停、割遼國、恤遼君、戒傷子女、稱吾民、不佑叛、屠掠無心。（割遼國以下一對係予新補）金太宗、倚粘罕。（原本作吳乞買）

史畧詞話　下卷　五十四

粘罕宜表出。此金得力人、華名完顔宗翰、

亾遼覆宋、措所生、立世嫡、不背其兄、熙宗亶、厭言兵、通和宋國、過中年、秉酒醉、手刃朝臣、殺其后、亂其宗人、懷危懼、海陵王、行篡弒、大展燕京、恣淫佚、鬬門親行、同犬彘、滅宗人、弒嫡母。（原本嫡作親）

海陵親母大氏、先亾。所弒乃嫡母徒單氏。

擧衆南征、擬立馬在吳山高峯第一。遇允文、采石渡、戰艦犁沉。（擬立馬以下一對依吳本增）龜山寺、衆畨酋、同心一怒、箭先加、刀續應、再鴟麻繩、群羽翼、盡駢誅。原本

作妻共天欲成堆、
海陵妻子不在軍中、僅妃侍耳、時后徒單氏與
太子光瑛、俱留汴也、
屍橫血泊、一行兒都做了、怨鬼、強冤、金世宗、仁且
季、遼陽即位、嘉其妃能守節不立中宮、講和、好訪
賢才、（原本作崇節儉尚文儒、）
世宗禁女直入更華姓與學華服、非尚文儒者、
與民休息、崇節儉、戒修飾、弗用黃金、斷來四十七
人、幾追刑措、（崇節儉以下一對、依吳本增、）世、稱呼小堯舜、有道、

仁君、金章宗、好文學、君臣賡和、（原本作承祖麿升平未久、）李宸
妃持國政、踈害宗親、元太祖、幹難河、稱尊建號、衛
紹王、無計策、力乏支屯、（原本力乏作不敢、）胡沙虎、弑其君、
自稱監國、金宣宗、南遷汴、盜賊縱橫、（原本作被迫立國勢將傾）
繡旗將對梨花、同時敵手、脫交鋒、雙鋒女孰占雌
雄、（繡旗將以下一對、係予新補、）宋來伐、夏交侵、元兵得志、把中
原盡棄了、無地安身、金哀宗、亂亾、世十年天子、勇
且忠、陳和尚、一木難撑、（原本作蔡州城瘟疫起、死盡生靈、）
陳、和尚、宜表出、華名完顏彝、瘟疫乃汴、非蔡州、

走蔡州、被攻圍、（原本作殺廝馬犒軍兵、）明知喪敗、望苟延、（原本
作把虛名、）傳禪與、元帥承麟、哀宗縊、承麟戕、同歸不屈、
（原本作夾社稷體之常、可憐天命）幽蘭軒、一炬火烈烈如生、（原本作送
了殘生、）
哀宗身殉社稷、而原本語氣稍抑、故改之、承麟
宜表出、
李元昊、夏國君、依遼附宋、據西涼、稱兀卒、吾祖、淫
名、（原本作祖武烈、取次嗶嗾、）製文字、弄干戈、并包銀、夏錦綺、恩
頓忘了、王霸矜雄、（製文字以下一對、係予新補、）

原本敘元昊太簡、爲補之、
十年後、夏毅宗、承其位號、三大將、持王柄、政出多
門、與莽丹、互戰爭、叛與党項、（三大將以下一對、依吳本增、）名臣
宋、（原本作二十年）無定志、兩國交兵、夏惠宗、孺子、才受拘
囚、母十八年、臣事宋、保國安民、夏崇宗、親大國、請
婚遼主、至遼亾、（作亾）又入貢於金、夏仁宗、帝尼父、
尊師儒、見、（原本作名仁孝、國中多難、）
以謚犯諱、疑有誤、然考宋遼金三史皆然、
被權臣、任德敬、殺害宗親、無斷制、任所爲、（原本作儒教弛）

分其國土、金世宗、邦貢獻、命討權臣、夏桓宗十二
載、無能遺廢、李安全、奪其位、名曰襄宗、方四載、苦
元兵、投降獻女、狀元郎、徧大寶、入主科名（狀元郎以下半）
（詩係予新補）號、神宗、本族子、寒怨廢、齒遽稱兵（本族子以下三）
（句係予新補）叛金國、鷸蚌相爭（原本作反面與兵）元太祖、作漁
人（原本作國與刑）西奔避難、稱上皇、傳位與德旺、相承夏
獻宗、立四載、憂惶致死、南平王、崩厥角、（原本作歸附與）見
戕元君、西夏王、十代君、二百餘載、宋遼金、三下裏
見景依從、似一點水浮漚、生生化化、弄刀兵何曾

見一日升平、攔路虎、剩一行行、蹤步跡、占天龍、留
幾片敗甲殘鱗

繁華過眼如春夢、　斷簡殘篇說姓名、
三百餘年宋史、遼金西夏縱橫、爭強、賭勝、弄刀兵、誰
解、劍懸民命、富貴草稍垂露、英雄水上浮萍、是非
成敗總虛名、一枕南柯夢醒、

龍爭虎鬬無蹤跡、　剩水殘山自古今、

第十段　說元史

山色消磨今古、水聲流盡年光、翻雲覆雨數興亡、回
首一般模樣　清景好天涼夜、賞心春暖花香、百年
身世細思量、不及樽前席上（右調西江月）

慷慨樽前發浩歌、休教世事苦相磨、東風要與花
為主、無奈青春老去何、
桃杏花開滿樹紅、轉頭青子綠陰濃、梧桐葉上猶
殘雨、雪片簷前又舞風、時序往來千古在、人生聚
散一場空、今朝有酒今朝醉、說甚英雄十大功、
八句罷談停玉軫、詞文再舉奏知音、知音肯共閑
談笑、故典何妨細講論、論到可人趣品處、風花雪

月長精神、良言不吝叮嚀論、好句須頻仔細聽、夜
枕滴殘金砌雨、曉窗敲碎玉壺冰、金盤萬顆珍珠
落、寶樹千花錦繡分、讚美賢人談甚事、稱觴奏予
共忠臣、撥開虎鬬龍爭處、別有清閒物外人、范蠡
扁舟滄海月、陳摶高枕華山雲、冰絃喚醒紅塵夢、
不比尋常勸世文、
話說宋遼金三史已畢、說到蒙古鐵木真、姓奇渥溫
氏、本韃靼人、為金屬國、後叛金、（二句新增）
蒙古以屬國叛金、與金叛遼同、宜聲其罪、

乃於宋寧宗丙寅開禧二年金章宗泰和六年夏襲
宗應天元年三國擾攘之際稱皇帝於斡難河（原本有號稱聖武元年一句）
元自太祖太宗定宗憲宗以來四朝皆無年號
聖武乃太祖謚非年號也
在位二十二年崩是爲太祖傳位第三太子窩闊台
是爲太宗在位十三年崩皇后禿里吉納治國五年
長子貴由即位是爲定宗三年崩皇后斡兀立海迷
失后名（原本作皇太后名係新補）

史畧詞話　下卷　五十九

定宗皇后非太后
復治國四年太祖第四子拖雷之長子蒙哥即位是
爲憲宗九年崩其弟忽必烈即位（原本作太宗弟）
世祖乃憲宗弟非太宗弟
是爲世祖改國號元（一句新增）混一南北建都燕山府傳
至成宗名鐵木耳女真金乃世祖太子先世祖卒（一句新增）
後追謚裕宗裕宗有三嫡子（原本作子先卒）
內長子顯宗倚存至成宗大德六年方卒
長子甘麻剌不立（二字新增）後追謚顯宗次子荅剌麻八
剌先卒（二字新增）後追謚順宗立第三子（立字新增）是爲成宗
在位十三年崩順宗長子海山即位是爲武宗四年
崩其弟愛育黎拔力八達即位是爲仁宗九年崩太
子碩德八剌即位是爲英宗三年遇弒顯宗長子也
孫鐵木兒即位是爲泰定皇帝四年崩太子阿速吉
八立年九歲燕帖木兒謀反（自太子以下俱新增）
泰定帝於世祖爲嫡長孫其立甚正泰定崩而
子阿速吉八立亦正也不可不表出以著燕帖
木兒之逆

史畧詞話　下卷　六十

另迎武宗二子次子圖帖睦爾先即位及長子周王
和世㻋即位沙漠是爲明宗立弟圖帖睦爾爲皇太
子巳暴崩太子復即位是爲文宗四年崩明宗次子
懿璘質班即位是爲寧宗一月崩其兄妥懽帖睦爾
即位是爲順帝本國曰惠宗（一句新增）
本國謚宜存今補順帝則明朝所謚
在位二十七年國亡殂於應昌府計所傳　太祖
太宗（六皇后臨）　定宗（定宗后臨）　憲宗　世祖
成宗　武宗　仁宗　英宗　泰定帝　明宗

文宗、寧宗、順帝共一十四帝，二女主，歷一百六十二年，混一止九十二年，天下歸於大明。今將元朝始末畧記大槩、

三百載，宋遼金中原閙沸，幹難河，鹵兵起，別立乾坤。元太祖鐵木真，神謨妙筭，志圖金，能戰伐，原本作廣機謀多妙訣

語意重上，何故改之。

出類超群，掃沿邊四十餘，如同削草，使仁天原本作感天心角端現，罷戰休兵，終老在六盤山，雄心未已尚

吁嚀約宋，國併力平金，節委任股肱臣，真材實用有功勞，四怯薛，累世相承，博爾木、博爾忽、濟時人物，木華黎，赤老溫，後代留名。元太宗，虎狠心，屠城赤地，原本作窩濶台寬洪大量賴楚材，哭百姓，救止汴京百萬戶，幸保全，仁聲騰踴。○賴楚材以下一對、係予新補

耶律楚材，宜表出。

滅殘金，侵宋境，國勢隆興，但可惜，酒為魔，中宮竊柄，胡蘭山、原本作銚鐵鋒

三字欠雅，簡元史改。

因醉殺衆子，誰君原本衆作七元定宗，開五載，方能嗣位，不三年，賓天去。母后稱尊，元憲宗，勤政事，闡明果斷，不耽淫，不沉醉，原本作不貪杯不重色嚴御群臣。元世祖，滅南朝，華戎混一，據燕山，朝萬國，四海來賓。禁圖讖，焚道書，本乎清靜，寵西僧，夷宋墓，大損仁明。原本作求術士不筭聰明

世祖寵僧楊璉真伽，發宋陵寢，是其大罪，宜揭出之。

俊鷄子、美珍珠，宜乎不受，巨酒樽，無縫衣，何故勞

心。元成宗，嗣祖業，越兄而立，原本作垂拱而治十三年，所行事，間雜昏明，葡萄酒，門攤錢，罷之為美，馬牛羊、鷹，其大取索何勤。元武宗，兄之子，繼登天位，以同胞弟為子，頗得人倫。元仁宗，守文主，崇儒重道，選明經，立科舉，偃武修文。元英宗，行奔道，焚香請代寫經文作佛事，惑亂其心，縱奸黨，殺朝臣，剛明未足，駐南坡，行幄裏禍變，相尋君與相，可憐人俱遭逆手。原本逆作寇

弑君逆臣，不得言寇。

作聰明無遠慮，抱恨幽冥（原本作「恨了前程」）。泰定王，起世嫡（原本作「封元凶」），掃除凶黨，忽天災，受佛戒，市寶求珍，因避暑，上都宮，升遐去世，立親兒，年猶稚，倚仗無人（原本作「二宗難相離，遠國政誰承」）。

泰定帝自有太子阿速吉八，立於上都，不得言誰承。

元明宗和世㻋，北居沙漠，弟文宗圖帖睦爾，南處江陵（原本「南」作「遠」）。

江陵不得言遠，以北沙漠爲近，故先立之。

燕帖木叛，幼君迎文繼祚（原本作「迎文宗入承大統」），邦呼人和寧北，再迎明宗（原本「再迎」作「遠接」），行殿裏，喜相逢，歡歌飲宴，不明白，誰下手，骨肉分情。燕帖木，聞哭聲，隨收玉寶，將文宗扶上馬，事悲難明，復寶位，賜帛金，情懸顯露。天降災，虹貫日中，夭其身。明宗子號寧宗，年方七歲，御紫宸（原本作「坐龍牀」）。

蜀本改龍牀爲君位，亦不叶，故改。

偉一月，命夭難存。元順帝，乃其兄，承宗紹統，性優柔無果斷，委政權臣，製宮漏，造龍舟，躬施斧鑿（原本「躬施」作「施逆」），運氣衰，天魔舞，惑亂其心，察罕亦喪長城，支持何計（原本作「聽臣子弑中宮，不能遮護」）。

察罕宜表出其中宮，以蔽護兄弟爲逆，故順帝言豈能相救，非盡無罪者。

任孛羅（原本作「儘奸雄」），逐太子，駕馭無能（原本「駕馭」作「委靡」）。

以委靡二字同前優柔無果斷句，故改。

紀綱壞，國運終，群雄並起，棄燕京，還漠北（原本作「望北走」），社稷分崩，數元國十四君，不堪回首，九十年，纘華統（原本作「中華主」），一旦成空，天付與聖明朝，升平無極。混

乾坤，定于一（原本作「歸一統」），海晏河清，不濃陰，怎能勾真龍出現，不發黠，如何得曉日光明。

十九史，細評論，幾番興廢，笑談間，屈指數多少豪英，傳道統，古曾聞，三皇五帝，論征伐，至今說（原本作「何處是」，今依蜀本改），湯武桓文，數千載，史書中，今來古往，幾下場，風雲變，虎鬭龍爭，一箇箇，使機謀，圖王霸業，一朝朝，爭社稷，遣將興兵，運籌策，定功勞，朝中宰相，辨風雲，別氣色，閫外將軍，黃金印，御寶符，封侯拜將，錦征袍，金鎖甲，領隊排兵，花腔鼓，賽春雷驚

天震地。五方旗。遮月色。慘霧愁雲。雄赳赳。仗刀鎗揚威耀武。惡噷噷。臨陣處。捨死忘生。

原本有下死手、擗精拳、人頭斷、枳吱嚙牙、瞪怪眼、熱血相噴、只爲爭三寸氣、與心舉意、儘教些廝殺、漢奪利爭名、蜀本刪此二對、亦當以其俗今從之、

黄河岸。幾千塲。横尸濺血。北邙山。無打葬。白骨成塵。誰智勇。誰才能。南柯一夢。誰英雄。誰俊傑。高塚麒麟。前人事。後人悲。一聲長嘆。洛陽花。咸陽草。幾

度黄昏。吴王闕。越王臺。兩堆遺土。原本遺作糞。依蜀本改。家陵唐家寢。一樣飛燐。原本飛燐作黄塵。

兩對中連用二黄字、故改之、

流落後。怎分得金枝玉葉。路傍人。誰辨認鳳子龍孫。細思量。轉沉吟。人生有幾。巧安排。多計較。到底無成。今世裏。謝皇天。一人有慶。萬斯年。原本作萬萬年。無爭戰。四海澄清。遇飲酒。得高歌。開懷作樂。把新詞聽。一會清世閒人。一段詞。一段話。聯珠間玉。一篇詩。一篇鑑。帶武兼文。說武將。逞英雄。威風凜凜。敘

文人。施禮樂。文質彬彬。休笑話。釆書生。殘編斷簡。勝尋常。歌舞妓。翠袖紅裙。幸今日。與知音。逢場作戲。待來朝。重會面。再有新文。

高人解得其中意、　滅盡爭名奪利心、

細想三皇五帝、一般錦繡江山、風調雨順萬民安、不見許多公案、　後世依他樣子、齊家治國何難、流芳百世在人間、萬古稱揚讚歎、

仁皇治世天心順　不動干戈日太平、

跋　　　　　　　　　　　　　　　李清

予以甲辰早春忽感重疾呻吟半載它書皆不能讀獨取楊升菴史畧詞話爲陳方伯惟直校定者朗吟悲歌聊自娛還自傷已念笥内尚貯閩本命取而覆觀則此本所刪冗句頗簡潔可喜然諸國典籥提綱與詞話中臚列事實或承上或起下亦有不應刪而過刪者適攜李一門人以古禾王君起隆新本見寄少所正多所益亦佳本也因偃卧一榻出此三本日聽兩僮子王遜吳金對讀讀已乃呼兒積執筆代予復補數則且汰繁易俗正舛幾費研籌而予友宮紫陽又能出其同心卓見匡我不逮是本得此其爲完璧乎予生平最喜讀書手不釋卷而自念不起猶日把是本拳拳不能已噫亦大愚矣後人見此其憐我心時五月之夏至日也

泰州文獻

第四輯

海陵集
文城集
希董先生遺集
柴墟文集
一庵王先生遺集
東田遺稿
醫學指歸

鳳凰出版社

ISBN 978-7-5506-2231-9
9 787550 622319 >

圖書在版編目（C I P）數據

海陵集、文城集、柴墟文集等 / （宋）周麟之等撰
. -- 南京 : 鳳凰出版社, 2015.10
（泰州文獻）
ISBN 978-7-5506-2231-9

Ⅰ. ①海… Ⅱ. ①周… Ⅲ. ①古籍－彙編－泰州市
Ⅳ. ①Z422

中國版本圖書館CIP數據核字(2015)第246912號

責任編輯　王愛榮
裝幀設計　姜　嵩
出版發行　鳳凰出版傳媒股份有限公司
鳳凰出版社(原江蘇古籍出版社)
發行部電話025－83223462
出版社地址　南京市中央路165號　郵編:210009
出版社網址　http://www.fhcbs.com
印　　刷　揚州文津閣古籍印務有限公司
揚州市開發區鴻揚路22-2號(6幢)　郵編:225009
開　　本　889毫米×1194毫米　1/16
印　　張　37
版　　次　2015年10月第1版　2015年10月第1次印刷
標準書號　ISBN 978-7-5506-2231-9
定　　價　540.00圓
（本書凡印裝錯誤可向承印廠調换,電話:0514－87969255）

《泰州文獻》工作委員會

主　　任

藍紹敏　陸志鵬

常務副主任

盧佩民

副 主 任

戴勝利　王學鋒　張培成　佘江涛

委　　員（按姓氏筆畫为序）

丁少華　方標軍　成愛君　季春芳　周興安

查學斌　姜小青　奚愛國　陳士宏　黄林華

曹茂良　曹學賦　許大才　張國祥　萬永良

程榮穩　鄒祥龍　費振鐘　劉　玲　劉仁前

劉宏鳴　潘時常　薛金林　顧維中

《泰州文獻》編纂委員會

主　編

盧佩民

副主編

黄林華　姜小青

執行主編

成愛君　費振鐘

編　委（按姓氏筆畫为序）

王　飛　王　劍　王正奎　卞惠興　朱長順　全　勤
李文華　李明官　吴　迪　吴小晴　吴雙林　汪　政
沈　俊　林世田　莫其康　倪培翔　徐一清　徐同華
高　峰　陳　立　黄　靖　曹學林　常　康　張　定
張永龍　劉仁前　劉春龍　潘浩泉　薛　飛　謝冬榮
竇立成　顧寄南

《泰州文獻》學術指導委員會

總序

泰州古稱海陵，漢初（公元前一一七年）置縣，晋末（公元四一一年）設郡，南唐（公元九三七年）建州，始稱泰州。

泰州濱江近海，物阜民豐。漢唐以來，糧鹽並舉，商貿繁榮，爲溝通南北的重要港口城市。

泰州素爲文教昌明之邦。唐初立州學，北宋建貢院，明清開學政試院，産出大批科舉優秀人才。

泰州自古人文薈萃。走進泰州的，從范仲淹、富弼、陸佃，到孔尚任、吴讓之、蔣春霖，都留下深遠影響。走出泰州的，從張懷瓘、胡瑗、施耐庵、王艮，到李清、吴嘉紀、柳敬亭、黄龍士、李鱓、鄭燮、劉熙載、李詳、梅蘭芳、高二適，都在各自領域爲中國文化作出巨大貢獻。

泰州遺存的文獻也很豐富。僅據《江蘇藝文志》所載，便有二千七百餘種，涵蓋經、史、子、集的方方面面。其中，尤以明清時期爲夥，占到百分之九十九以上。這當中不排除由於種種原因，致使元以前的一些著述湮没無聞，但明清兩代，確是泰州文化的繁盛期。在這些文獻中，如《書斷》（張懷瓘）、《水滸傳》（施耐庵）、《王心齋先生遺集》（王艮）、《宗子相集》（宗臣）、《陋軒詩集》（吴嘉紀）、《板橋全集》（鄭燮）、《藝概》（劉熙載）、《李審言文集》（李詳）、《黄龍士先生棋譜》等，在中國文化史上都有重要地位和深遠影響。

與此同時，對鄉邦文獻進行整理的也代不乏人。自宋至清，周氏（周麟之等）、宫氏（宫偉鏐等）、陳

氏（陳應芳等）、徐氏（徐鳴柯等）等都曾致力其事，爲泰州留下了許多寶貴的文化財富。清嘉道間，鄉人夏荃編輯《海陵文徵》二十卷、附録十二卷，《海陵詩徵》十卷。民國初年，曾任江蘇省省長的鄉人韓國鈞歷經十餘年編成《海陵叢刻》計二十三種六十六册。

二〇一一年九月召開的中共泰州市第四次代表大會，提出了建設文化名城的任務。爲此，中共泰州市委、泰州市人民政府決定編纂《泰州文獻》。這是泰州有史以來對本土文獻最大規模的整理和彙編。它對於保存、利用、研究和開發泰州的歷史文化，尋繹泰州獨特的地方文化價值，爲泰州文化建設提供歷史人文資源，意義重大。

爲了保證編纂工作的順利進行，市委、市政府專門成立了工作委員會、編纂委員會和學術指導委員會。工作委員會由市委、市政府領導和相關部門負責同志組成，負責對編纂工作的領導和協調。編纂委員會由相關專家、學者組成，具體負責《泰州文獻》的編纂出版工作。學術指導委員會由江慶柏、魯國堯、程章燦、茅家琦、華學誠、徐雁、金良年等國内知名文史專家組成，負責對編纂工作的指導和把關。

編纂工作按如下幾個步驟進行：（一）進行文獻調查，建立文獻檔案；（二）精選有代表性、有學術價值的作品影印出版，選目由編纂委員會和學術指導委員會共同審議確定；（三）編輯出版《泰州文獻總目》。

《泰州文獻》分爲四輯：

第一輯『官修舊志』，收録泰州地區現存所有官修地方志。

第二輯『地方史料文獻』，收録泰州地區歷代重要的筆記和史料。按内容又可分爲史地類：收録有關泰

州歷史地理方面的著作，包括小志、專志、雜志等；政情類：收録有關泰州政治、經濟等方面的著作；文教類：收録有關文化、教育、圖書館等方面的著作。

第三輯『家族文獻』，收録泰州地區重要的家譜、家傳、家集與名人年譜。按内容又可分爲家乘傳記類：擇要收録泰州家族譜牒中的譜序、家規、家訓、箴言、族約、族記、祠田記、塋田記、雜記、著述等資料；家族總集類：以家族姓氏筆畫爲序。

第四輯『泰州文存』，收録泰州地區作者的詩文著作及其他代表性著作。按内容又可分爲學術論著類：收録泰州作者的經史雜著；文集類：收録泰州作者的詩文集；地方總集類：收録泰州作者的詩文合集。

考慮到《水滸傳》、《封神演義》（《辭海》云『一説陸西星作』）、《檮杌閑評》（學界多謂李清所作）等小説流傳甚廣，版本豐富，故不再收録。其他如堪輿、術數類著作，泰州人撰泰州地區以外的地方志、地理志類著作，一般性的彙編、摘鈔類著作，亦不予收録。

《泰州文獻》原則上收録現轄區内的作家作品。但從尊重歷史出發，泰州學派創派人物、明代思想家、哲學家王艮，平民詩人吴嘉紀等人，歷史上均屬於泰州地區，對泰州地區具有深遠的文化影響，他們的作品亦予收録。

前人給我們留下了豐厚的文化遺産，我們既要加以珍視和傳承，更要在前人的基礎上，創造出無愧於今天這個偉大時代的新篇章。這是我們更重要的使命，讓我們爲之努力。

《泰州文獻》編纂委員會

二〇一三年十月十八日

凡例

一、《泰州文獻》（以下簡稱《文獻》）分爲《官修舊志》、《地方史料文獻》、《家族文獻》和《泰州文存》四輯。

二、《文獻》收録範圍原則上爲現行政轄區内作者的著述和與泰州有關的重要著述，但考慮到歷史上曾屬於泰州地區的人物，如泰州學派的代表人物王艮、平民詩人吴嘉紀等對泰州文化深具影響，對他們的作品亦予收録。

三、所收著作成書年代限於一九四九年以前。

四、《文獻》所收著作，以學術價值、使用價值較高爲原則，適當兼顧版本價值。

五、《文獻》以影印方式出版。如有蠹損、殘缺、漫漶不清處，原則上以相同版本予以補配，以保證完整、清晰。

六、《文獻》對所收每種著作均撰寫提要，置於該著作前面，以方便讀者瞭解作者生平、主要内容、學術價值等。

七、《文獻》除保留所收著作原有頁碼外，均新編頁碼，每册頁碼自爲起訖。

八、《文獻》最後一册編有書名索引和作者索引，以方便讀者使用。

目録

海陵集

（宋）周麟之 撰

《海陵集》二十三卷《外集》一卷，宋周麟之撰，據上海圖書館藏《海陵叢刻》本影印。

周麟之，字茂振，宋泰州海陵人。高宗紹興十五年（一一四五年）進士，十八年又舉博學宏詞科。任起居舍人，歷擢兵部侍郎、直學士院、給事中、知制誥、翰林學士，官至同知樞密院院事。學識宏富，辭令得體。有《海陵集》。

是集爲其子周準編，共二十三卷，前十卷爲賦、詩、奏議、奏劄、奏狀、表、牋、啓，十一至二十卷爲内外制，後三卷爲雜文、書簡、碑銘。别有外集一卷，其中中原民謡十章，盛陳符讖，誇宋詆金，又前後凱歌三十首，詞句多鄙俚，不類麟之他詩。前有周必大序，稱：『集中内外制殆居其半，蓋久官於朝，故其他詩文因事而作者少。』麟之詩作不多，用詞典雅，以贈答唱和爲主，少有寫景抒懷之作。集中奏議奏劄多不關軍國大計，蓋因其珥筆禁挺，坐司綸誥，不出國門而躋通顯之故。啓表之類則多爲賀謝之作，如《賀立皇太子表》。文章嫻雅，猶有北宋館閣之餘風，非南渡諸家日趨新巧者可比。宋朝沿唐制，西掖掌外制，北門掌内制，以翰林學士草擬『内制』，中書舍人草擬『外制』，爲之兩制。麟之曾任起居舍人、翰林學士等，久掌内外制，故集中制誥最富。麟之有雋明之才、辯麗之文，所撰詔命多達數百篇，長於潤色，條理明晰，明白曉暢，切中事情，如《除楊存中加食邑制》《趙逵除中書舍人》，且并無私美及寄怨之詞，深得代言之體。

（耿陳陳）

海陵集序

盧陵周必大

本朝沿唐舊西掖掌外制北門掌內制謂之兩制而非侍從近臣之通稱也太宗時四方砥平人才輩出專以是處文學器識之士禮遇非他官比二府有闕率於此取之帷參知政事蜀人蘇易簡尤被眷奬其自兩制入中書猶未強仕淳化二年御飛白書玉堂等四字以賜至今號爲北門盛事炎祚中興時則有吾宗樞密公茂振以雋明之才辯麗之文受知上皇人皆以蘇公遇太宗爲比年踰三十由館閣兼掌書命其後眞拜掖垣入翰林三遷爲學士每一制詞出學者爭相傳誦天子嘗褒諭云卿久掌內外制中外士大夫咸稱得代言之體紹興三十年復大書玉堂二字賜之其視淳化若合符節公先世亦蜀人也後徙海陵登科者踵相躡所居號叢桂坊世有顯人至公遂大用可謂盛矣公薨嗣子準裒遺稿得二十三卷而內外制殆居其半蓋久官於朝故其他詩文因事而作者少然溫潤精切鼎彝可知向使天假公年主盟斯文則述作之富雖至於百卷可準刻意家學數以序爲請予與公同宗同朝不得而辭公諱麟之茂振字也

海陵集卷一

宋　周麟之　撰

賦

檻泉賦

陽羡祖塋之左有泉正出蓋詩所謂觱沸檻泉者也暇日往觀感而賦之

君山之陽大城之阜松楸城乎其中有泉出焉於蒼龍之首隱若靈湫豁若眢井吹波若魚目沸滴若湯鼎吁此何水也若是其異乎山人告予曰維山之巔峨峨巍巍三峰環峙中窪如卮萬斛之水瀦而爲池蛟龍之所蟠神物之所司水滔天兮不溢旱竭澤兮不虧下灌注乎山隴之脈上潛通乎天潢之湄森若陂浸之在望常未雨而生雲霓泓泓兮淵淵行地中兮寞然伯神秀之所萃乃奮迅而出焉稽之古詩是名檻泉其正中也萬竅互發蘊淪洄漩迸澄沙之金碎激浮漚之珠圓吹噓乎管灰之飛眩轉乎風蓬之旋其泄流也洄道委蛇如元虯之觸石遏流不平而鳴鏗鏘乎佩玉之音悠揚乎宮徵之聲擁山川之秀潤朝鬱鬱之佳城若乃陰伏陽亢害於有秋萬壑源斷千畦塿浮火雲晝燎燭龍夜游山岳焦金石流則是泉也其澤涓涓其聲濺濺走缾綆於百里溉稻秫於平田其羡流餘洩猶足以已道渴而灌蔬園也出山隅踰南阡斯前抵於大澗之濱而下會乎東瀉之川則其澤物之功豈淺淺哉予乃憮然曰夫天下之水殊源異族注川曰谿注谿曰谷仄出而泛則爲氿懸出而溜則爲沃湧輪口而凌雲則爲汾陰之瀵下萬仞而曳練則爲匡廬之瀑弱水則鴻毛莫載湯泉則不火而燠或止或行或見或洑各隨物以賦形紛莫數乎衆目茲檻泉之觱沸不概見於編牘豈先德之涵潤故

於此發長源而兆吉卜也因相與植杖而坐浥泉而飲之且歌曰泉之流兮
流祖之德肆其後兮沐靈澤泉之清兮爲文英泉之湧兮騰仁聲世世兮承
休與茲水兮同流

詩

郊祀慶成

紫極三階正黃宮一氣旋迎陽周吉士練日漢甘泉考典陳商輅占祥察舜
璐朝冠紛璀璨齋幄湛 蛸荔席方顒若浮雲已廓然瑤源尊始祖絳節從
羣仙碧瓦 煙外雕粱麗日邊大音諧美樂芳薦列嘉籩默喜雲孫燕深期
鼎祚延六虬紆制蹕九廟岡崇筵鬱 香桴爇芝檻瑞業連醇犧登碩俎鼎
被朱弦孝奏靈咸格誠存禮不愆清晨登玉 綵仗揭龍旂虎 羅三衞
蜺旌亙百廛展容趨泰畤裒福對蒼圜扆坐張皇邸帷宮駕采椽鼓鐘傳禁
漏星月燦高躔蠖略車斗熒迴煌裒象天華支金擢秀雅奏玉鳴銷虡次停
垂佩登壇儼奉瑄蘭生芬獻罍電燎鬱升煙氣 樵蒸 天澄 褰涓成
均拜胙抃慶趨摩肩鳳蓋端闈敞蜩書惠澤宣自欣千載遇叨貳六卿聯立
筆珥輿上扶圭繡黼前獨多親日表敢後賛雲篇帝德惟天大臣心匪石堅
願言陪虎拜寶歷萬斯年

太廟觀芝草

九廟寧神藹德馨煌煌又見產芝英香凝薦斝椒蘭潤色映雕粱日月明紹
復祖宗全達孝感通天地契精誠試披瑞牒占休應看取皇家萬葉榮
曉開 望榮光仰見威靈燭 房二本同楹直盛事三年疊秀是殊祥好
圖瑞采增旗幟二十五年太廟芝草生是歲郊祀臣乞依乾德中太祖親郊作三瑞旗故事特製靈芝旗有旨從之更誦靈華
續樂章頃歲臣嘗請以太廟瑞芝播之樂章 拜舞共陳歸美意喜浮春殿九霞觴

苦熱行

君不見浣花老翁爲作 觸熱簿書塵滿案坐曹束帶總不能但欲赤脚踏
層冰又不見青蓮居士金門客懶搖白羽巾挂壁有時裸袒青林中只知露
頂灑松風二子英規凜千古筆奪造化驅風雨如何避暑如避仇叫呼競作
驚人語是身本與天地同要當捫腹無弗容世間冷暖翻覆手焉用夷險惠
不恭我方窮居度炎熱火雲爍山金石裂一讀清詩百念空炯若冰壺浸明
月

憂旱

老農病旱如膏肓汲井灌秧秧已黃湖田半作龜兆坼河渠斷道不可航救
旱不必焚巫尪當去民害烹弘羊嗟哉銷變此不務龍川佛舍徒祈禳中興
天子食不遑側身感天天與祥霈然坐待三尺雨擬賦雲漢歌宣王

讀戰國策

從人爲從六國強橫人爲橫六國亡悲夫不用擯秦計徒以肉委強虎狼一
朝秦甲下函谷指揮韓魏如羣羊坐令不費一隻矢山東千里無金湯我寬
陳編三太息諸侯自覆非秦力紛紛二百四十年說士游談空滿籍我將西
上弔興亡南山自有能言石

秋日坐寐覺而有作

南國逢秋色西風攪客心久聞安飲啄多病廢登臨壁倚青藜杖窗橫綠綺
琴無魚甘糲食有酒任孤斟地僻千山瘠人稀萬籟瘖懶同牛臥隴倦劇鳥
歸林紙閣居容膝繩牀坐整襟縮頭須爾伴便腹莫吾箴俛仰三眠柳徘徊
五戲禽忘形初隱几得趣漸欹簪不假仙遊枕寧須女抱衾乍疑身栩栩已
覺息深深白鳳才難繼黃粱事可尋有人呼貴滿何處起寒砧短夢遽然覺

斜暉慘欲陰桂開香吐粟菊認蘂攢金磨熟雙旗茗爐殘小瓣沈感時思別
墅開戶見遙岑自別堯庭蓮俄驚壘突黔背無三甲起頭有二毛倢谷往眉
雖炙言歸足尙肹靜忘波洶洶老惜歲駸駸幸得安心法聊爲擁鼻吟黑甜
詩勝味黃落寄餘音猿鶴休相怨萍蓬自不禁却愁宵寐少臥聽竹蕭森

雙投酒

君不見白玉壺中瓊液白避暑一盃冰雪敵只今名冠萬錢厨此法妙絕天下無又不見九重春色薔薇露君王自酌賜金母涵椒桂光濯泉御方弗許人間傳向來我作金門客不假醸花並漬核日日公堂給上尊時時帝所分餘瀝一朝釋珮投江村卻訪田家老瓦盆道院丹泉灰脚重官爐玉友糟頭渾有酒如此寧不飲但賦獨醒招楚魂錦谿昨夜秋風入梧葉雨殘溪水急呼奴爲我挽飛流滌瓮燎薪炊玉粒奴言新釀良未宜此間寒燠來無時雙

投舊法酒經載今焉可試君無疑初觀白酵寒漿溜再加麴米成童　色如竹葉照人明香似蘭英和露透妻孥一笑酸畢空所恨無多幾數斗嗟予性與禮法俱況此帚軌甘窮居肯學鴟夷隨後車不煩騎驢蹶子扶焉用榼缶歌烏烏一觴一詠聊自娛

飛來峯

西域嶄　巒玉峯懸巖萬丈穿玲瓏世人不識眞鬼工夜半躍起隨雷風天與西湖作奇觀嶷然飛墮羣山中海風吹雨萬壑暝往往密有雲相從遙望煙鬟出林塢重巒面面靑蓮宇孤雲起石風生泉遊人六月不知暑世傳飛來我亦疑摩挲蒼壁心更悲當年禁囿山水遠艮岑一石須人挽無人把酒酹山靈飛入君王上林苑

賦張參政四老堂

散策相從倚玉鳩不須更伴赤松遊林塘在眼供舒嘯花鳥催詩好勸酬一座幾盈三百歲公四兄弟年皆六十餘四翁宜壽八千秋堂前風物如伊洛尙欠香山與石樓

西望斜川煙靄低荆溪東下泛淸漪夜來風雨秋懷共春草池塘晝夢遲江左便傳花蕚集曲中休奏紫芝詞安車不日聯鑣至銀角桃枝上玉墀

呈郫人李簽判

錦江煙水春茫茫錦城遊宴歌舞狂酒酣緩轡踏花去尙說當年先侍郎吾家本郫人先侍郎仕蜀日芙蓉堂詩有踏花歸去馬蹄香句後來游宦家因徙子孫不復歸桑梓世居淮海二百年路隔關山七千里犬羊南下風塵昏衣冠渡江黃屋奔淮鄉幾作邊戍地叢桂舊第無一存海陵舊居名叢桂坊我從避亂梅花塢釣月眠雲拉巢許邇來又卜南郭居自笑飄萍無定所見君襟韻眞謫仙往來遊戲壺中天眷言我

祖舊同閈　笑語心豁然平生行李遍方外南逾五嶺入蒼翠脫韈未屈力士手探囊已厭髮奴背爲歎干戈何日休浮家泛宅江海遊丹砂煉就葛洪鼎茶竈行隨魯望舟天涯一見傾蓋舊靑城猿鶴知存否會當叱馭過邛郲相從却飲郫筒酒

呈伯父元仲二首

我伯氣吐虹貫日千丈光胸中有和璞發揮見文章筆追羲獻風句壓曹劉牆平生　心孰得窺行藏人間富貴味掩口不一嘗方朔飢欲死次公醒而狂方寸不受浙養此百鍊剛江湖五十年飄飄曳征裳晚歲一區宅欲並幽林塘浙東山水窟選勝方徜徉蘭溪得佳致行築鍾山堂自顧世路險機穽寧易防俛首吾不能高臥庸何傷貧賤苟自得麴糵皆膏粱願言守此志鵰鶚聊相忘

干戈十年餘在苒百憂至誰憐齒未壯遽失綵衣戲捫心天不聞空下千斛淚菀然一星孤未忍隨以逝雨溼新松楸塵生舊幣帨奈此愁絕何況復形夢寐蕭蕭風樹悲此恨豈有既念昔髫齓中從公識奇字一從江淮別歲月不復記公蒔武彝春我友頤山桂此來忽相見再拜只流涕忽忽悅清話恍若已隔世先人有遺經夙夜焉敢墜餘生儻未殞肯負平日志但恨不及親臨風一歔欷

寄伯父元舉

我家百笏門族望甲鄉國堂堂六世祖名在碧落籍人曰吾故侯善政光古昔後裔聯簪纓北原蔭榆柏里居百餘年世出二千石當時叢桂中鳴珂動城陌變故忽相仍流蕩兵火厄一經焚刼餘故里半荊棘奔騰犬羊腥逃避天地窄十年湖山遊幸不死鋒鏑朝穿雲麓青夜釣月溪白閒關度陽九閻室僅安逸遽罹風樹悲呼天淚橫臆陂陁東龍崗悵望隔窀穸（先塋在陽羨東龍山）故鄉渺歸期異縣悲久客北轅吾未能遼絕江海隔思我伯父賢一別幾更歷冠至獨不去巍然空四壁高標把夷齊九死出焚溺居爲一鄉望後學所矜式泮水修復初儒盟首開席我獨隨風蓬孤陋阻規益明年秋鴻飛槐花動行色庶遂升堂拜情話輸悃愊詩成喜不寐與逐飛天翼

答宋子閑

冀北百馬一駃騠沅江之鼉九肋稀海邑十室士半之異材傑出今其誰有客有客氣吐霓行年五十龍披衣青鞵白帽鬢未摧筆下妙絕黃絹碑句中參徹後山詩解后一見秋雲披立談展盡胸中奇如刮眼膜如起痿硬許握手論交期看君有蘊未一施杜門却埽甘幽棲草樹蘶蘶含奇姿兩堂對啟白板扉我時剝啄叩屐屧君出迎笑喜見眉晴窗坐隱花影移茗椀未盡爐

香遲手弄麈尾風颸颸主人得意客忘歸嗟予惰學安所師矧復少也逢百罹尚賴先德流餘滋遺編爛爛星斗垂墨猶未乾吾忍窺梅花一詠偶弗遺君能鑒賞了不疑惜哉不與君同時生前未免俗子嗤身後有此名流知嗚呼吾意其何悲

上王吏部

人物南州望風流一代英夙傳天上譽早夢月中名車載三千牘鵬飛九萬程向來辭泮水端合上仙瀛接武虞廷邃含香漢殿清漸看丹極近首冠列星明準擬陪三接周旋位六卿鑑分金背重橐　荷輕未見恩綸出那知謗讟盈去朝雲路杳歸侍綵衣榮地借徵之竹樓吹子晉笙赤心何所負白眼不須驚自顧銜恩厚親逢較藝精妍媸歸藻鑒高下見文衡夢絕懷蛟巽詞非吐鳳成賦能窺　經漫說鍾鏗談玷春官籍終慚月旦評搶榆幾類鷃出谷僅同鶯志慕青錢士名參玉筍生別深秋鶴怨歸問海鷗盟未作河西尉聊爲江上行夜沈灘月釣曉壓隴雲耕歲暮人初返天寒雨未晴久稽從杖屨且復臥柴荊後見含深恧微吟寫至情佇聽宣室召鳳閣繼家聲

見張運使郎中

風度顒顒白首郎清朝趨奏久含香東南德望龍津闊甲乙科名雁序長使節不辭驅駕遠卿家重見戟門光願公早入承明去一試囊中活國方

野鶴摩雲萬里心一枝聊復寄高林愁邊舉目江山異客裏登樓歲月深長鋏誓爲知己用短檠空伴讀書吟龍門不拒通家子應許來聽正始音

送王時亨舍人帥蜀詩二首

煌煌天筆照坤維忽見文星下紫微萬里江山渾改　九重紳笏更爭輝占桃不假刀形夢換馬端期鵲趁飛試問郫筒故鄉酒路人應唱踏花歸

一從雁塔綴英游又見功名得志秋丹闕萬人窺榜眼碧幢千騎擁鼇頭錦城日暖悴䌟舞玉壘煙深銹仗收他日中和聞善政一琴寥復久淹留

和陳大監

君不見漢業已定猶勒兵白登坐困師無名席門先生計無誤黠虜不得窺平城論功自合班人傑蓋世拔山威盡折漫誇劍立是韓黠我出六奇秦項滅後來漢道如衰周德尊一代陳太邱二方相繼勵名節不顧恙雁眞善謀告霜貿貿年　改凜凜松筠見風采豺狼當路狐狸號獨有孤鴻橫四海至今逸韻傳清商雲和之瑟絃高張耳孫磊落天下士大才有出皆其長胸中萬卷饒邱壑鮮取遺音叩寂寞一朝解組又彈冠出處無心付天樂我輩等是風月人昔也同門今爲鄰不妨對語味如蠟擾擾萬事從橫陳

再次韻爲謝

公詩律嚴如用兵江淮草木元知名少當千人埽文陣晚策百勝攻愁城詩壇老將天下傑筆倒三江流萬折時將妙句吐長虹李杜文章光不滅由來事業師伊周詎止博識窮九邱星列丹墀靄華望月昇金掌陳嘉謀脫冠歸來雙鬢改任爾功名爭好采揮絃月下奏高山擊楫波間哦小海方今祝網仁如商聖賢相逢治具張鶴書旁午詔多士不以棖闑遺寸長如公豈得棲林壑焉問曉猿驚索寞歲晚方諧魏闕心官閑不減商山樂湖上春來花惱人我不憂貧依富鄰朋友膠漆古來事願言握臂追雷陳

趙見獨示所業幷詩次韻謝之

沅江九肋稀端問學不學向來屠酤輩過眼褐寬博如公負奇才尙隔雲津躍昔吾先隱君早識麟一角聯翩錦囊句紓餘仍卓犖千載埋玉悲孤芳竟誰擢別來二十年歷歷記前作賤子更白罹素業守彌恪餘輝忽振耀如獲

西山藥清夢到鈞天求音叩寥寞中宵對蓮炬何以稱光涯辱君瓊瑤篇重愧鼠呼璞大軸闕洪源洶湧千澗落一洗胸中塵豁若春雲廓

以珠子香建茶寄皖公山馬先生

筠谷珠璣北苑春寸誠千里託靈芬爲投白鹿岩前客何日容分半席雲

送台道人

我祖來從錦江曲倚憶郫筒醉春淥輕衫拂石踏花歸　傍靑城結茅屋〈余家〉

〈本郫人先侍郎仕孟蜀王爲翰林學士有拂石坐來衫袖冷踏花歸去馬蹄香之句傳于世嘗隱居靑城山〉子孫散作淮海居奕

葉英風溧相續不惟叢桂競傳芳時存高人更超俗〈余家登科者二十餘人海陵號所居爲叢桂坊〉

或隨羽化附青蛇或避詔徵稱赤局〈伯父遇吕公年未冠尸解伯祖得道宜和間累詔不起封守靜處士白稱上天〉

〈赤局左僕射〉我生本是林泉人失脚塵中困羈束每逢蜀士話維桑便欲攜筇訪前躅道人家世出巴西萬里江山見眉目笑施砭石起膏肓坐察形神窮倚伏我席爲門君荷旃相見忘情謝榮辱幽香小鼎暮煙橫濁酒一盃春蟻綠此君多病經百罹只合紉蘭與餐菊休論燕頷覓封侯莫說鳶肩騰火速我有風懷須問君何時一飽顏公粥今日君行跨奔鹿欲下鵝洲穿柳谷他年願結白雲期與君同看金峯鵠

送僧大通還山一首

三年虎臥白雲關誰念窮猿失故山野客已拚花白落道人今與鶴俱還虎眉皓首雙松老白髭青絲一室閒何日得追塵外趣聽君擊鉢翠微間

戲呈珉禪師

我來何幸識支郎百丈峯頭寶月光質薄自憐非燕頷途窮誰信是龜腸漸看鬢底千絲白敢說眉間一點黃坐見錦溪秋水闊不知何日理歸艎

海陵集卷一

海陵集卷二

詩

終風行　　宋　周麟之　撰

北風駕寒萬竅號聲如八月江上濤又疑大鵬上青霄南溟水擊摶扶搖昆陽陣敗虎豹嗥撼城飛瓦千兵逃焚輪夜起狂終朝直戞捲屋掀重茅我居門巷如荒郊衾無續罽裘無羔苦寒獵獵吹縕袍笑引藤尊漱濁醪不妨高臥醉陶陶夢騎天馬騰長飈睥睨玉臺閶闔高風聲詩興兩豪醉中一埽白雲謠

望秦川歌

明皇幸蜀一日登高山望秦川謂高力士曰吾取張九齡言不至此馬上吹笛爲曲號謫仙怨今亡焉因爲八章以申其念舊之意

長安回首戰塵中馬背行吹一笛風奇恨翻成謫仙怨始知深負曲江公

錦囊留得玉環香不見佳人空斷腸北望秦川煙草滿尚疑飛燕舞昭陽

向來花蕚弄春輝曾把寧王玉笛吹樂事已隨風燭過如今橫笛不勝悲

蜀山春動錦江流水綠山青總是愁愁絕不堪山上望無人解與月宮遊

雨聲鳴棧不堪聽盡日穿雲上杳冥羯鼓催花渾不記曲中空唱雨淋鈴

漁陽千幟埽空來滿目妖氛闢不開爲問玉京何日復傷心黃幄幾時回

煙霞縹緲認驪山遠想樓臺紫翠間尚欲神遊太眞院不知身過鬼門關

阿蠻按舞清元殿妃子洗妝端正樓此去恰如巫峽夢想望千里事悠悠

秋懷二首

雨沐秋容淨雲橫天宇高溪流走城塹木葉下亭臯興引淵明酒寒侵范叔袍淸愁不能已高枕誦離騷

燕去簾帷靜蛩鳴機杼忙凄風萬籟息夜月一奩光自喜襟懷豁寧爲景物傷幽窗有佳致坐挹桂花香

江遠蓴鱸晚逕荒松菊寒近知秋信好更覺旅懷寬遠杵風催急橫琴夜向闌飄零共惆悵吾道久艱難

觀梅

春來物物未關情只與寒梅有舊盟芳信已催詩興動幽香還讓客懷淸月萃瘦影橫窗淡雨浴疎花照水明却憶去年花下飲共持盃酒泛飛英

和元革叔無悶齋

家在濤江欲盡頭結茅寧爲樂休休達人自得一經趣遊子空懷千歲憂坐對聖賢惟酒適身遺形影以詩酬公今肥遯元無悶要把韋編續聖邱

初除西掖士華兄以詩賀喜次韻爲謝

向來歸臥白雲邊忽拜君王詔墨鮮誰借羽翰超弱水又隨簪橐過甘泉酒同今夕兄酬弟詩比當年聖得賢潤色正須燕許手小儒那有筆如椽

西園堂榭落成種植畢工偶成口號十首呈參政張公

遯叟高眠石磴雲鵾夷長泛五湖春爭如晝錦延華蕚同作商山四老人（以公四老名堂）

華堂迴出　城高更買鄰園徹古壕要展渭川千畝竹縢栽錦里百根桃

鈎簾待燕春風裏把酒酬花夜月前更啟西窗細淸景煙光如畫擁斜川

城外青林可當山橫雲翠靄鬱孱顏廬堂一枕林泉夢如在煙霞縹緲間

林花倒影落淸池池面春波泛綠漪更築小橋亭上去便成家世授書圯

小蹊深樹鹿呦呦野鶴無聲蕙帳幽風月滿亭供笑語依然不減醉翁游

草木青歸二月天川原明媚發春妍臨流忽見寒梅影皎若淩波洛浦仙
花梢日上雨痕乾冉冉香風破嫩寒眼底便知紅紫近山茶先放鶴頭丹
幽叢灌木便成林準擬炎天百步陰應許春禽樂餘蔭鶺鴒穩寄一枝深
水流映帶清漳宅野望遲回半月臺只恐宮鶯　日邊便有鶴書來
與蘇州守十詩以兵衞森畫戟燕寢凝清香爲韻
吳山濯濯煙鬟靑湖水練練光繞城城中主人目如電爽氣坐納山水淸千
門鳴絃夜月靜四野垂穎秋雲平試占古語詠侯德一賢可當百萬兵
蘇臺屹立層霄裏環望水雲三百里千年草綠春城荒麋鹿肆游歌舞地公
來一顧風物新華屋下蟠煙翡翠正須滿意事登臨早晚中臺拜英衞
館娃宮院秋沈沈採香芳徑花委金吳王舊事久寂寞此地猶懷千古心黃
堂高興動尊俎三百畫橋絲管音吳儂但識嘗會樂那知繞屋棠陰森

城西連　楓橋夜城東接舳闔門下細聽來往棹謳聲一一歌呼頌仁化爾
知德政並龔黃我慕風流到王謝會當臨景賦新詩寫得吳中有聲畫
洞庭雨斷兼天碧松江月明波動色剪橘霜包照座黃鱠鱸雪縷堆盤白秋
到湖山最佳處此景付公天不惜英名自是龍驤家更待高閎立幡戟
相門舊列名臣傳挺挺遺風眼中見遠覽初褰賈父帷仁風已滿袁宏扇坐
看詔璽天邊來袖章入對金鑾殿好追樂事醉昇平日奉宸游玉津燕
一方靜治民安枕天子英明用人審慈厚薰然布帛溫威明皎若冰霜凜斡
旋妙手經畫餘貫朽如山粟塡廩禁闈還容汲直歸淮南定報姦謀寢
六飛南駐問陪京朝廷恃此爲金城元侯臥護股肱郡去天尺五日月明誰
憐遊子歲一過欲往不得如流萍今日西風斐留客好山橫道煙光凝
靑衫飄泊江海生十年蓬底載我行每逢勝地一長望江山舉目難爲情登

樓幾作仲宣賦在野猶帶常林經邇來困甚幾執熱願爲一濯秋風淸
蓋公論治齊相堂穆生酌醴元王觴古人好士乃如此名重千載尊而光我
公風度冠今昔龍門冠蓋春雲翔微才詎敢充旨味藥籠庶容芝桂香
辛酉大雪戲成十詩以千山鳥飛絕萬徑人蹤滅爲韻
北風夜捲地凍雲晚黏天黃竹歌未終飛霰集我前森羅崑山瑱零亂淮夷
蠙縛賊懸瓠城安得兵三千
跨驢遊灞橋策馬阻藍關詩人自淸苦逐客何當還我獨擁敝襦高臥環堵
閒黃精已無苗斸雪思舊山
松桂亦華顚瓦石皆玉表造物不作難夜半月出皎書窗互照映䌽鸕驚易
曉舉頭忽彌望萬里絕飛鳥
複帳藏香篝綺席羅妓圍焉如篳門子淸哦袖鶉衣臘白三日寒　使書掩

扉愁思已如許共作風絮飛
舊聞沙漠寒積鹵一丈雪誰憐牧羝人白首持漢節朝廷北顧憂歲晚不忍
說寄言上林雁何事音信絕
堆盤水精鹽翻匙雲子飯年年六出花不必以瑞獻浪言平地尺貧亦非所
願愁無擔石儲安敢擲百萬
林梢宿鴉翻未覺煙樹暝瀟瀟打窗聲慣向雲屋聽冰結積已深風收舞初
定凌晨出門喜折屐印樵徑
吾無千金裘爲博麴米春床頭臘瓮熟漉以淵明巾飲少輒至醉醉眼迷天
垠衡寒望南巷不見披氅人
千騎射獵罩一簑垂釣翁寒江與曠野得意應無窮顧我俱未暇緩步聊倚
筇惜此連　白沇以雞犬蹤

拂衣珠唾飛撼樹縞裙裂巡簷索梅笑欹枕聽竹折念此積雪寒憂世心愈
切夜分耿不寐風燈半明滅
自南山歸口占上干閣老
湖上清遊樂有餘玉山未倒不須扶後堂深處無人到尚許鴟夷託後車
日高風軟不生塵十月湖山暖似春綠綺抱來人不至幾時容我喚眞眞
參政大資毗陵張公挽詩十首
溉上英遊遠江南慶系長二卿雙戟貴七葉一門光早負鵬天闊先分桂籍
香中興誰第一勳烈在旂常
德望三朝老才華一代宗偉名高附鳳餘事富雕龍　鷺黃玉仙遊問赤
松忽騎箕尾去雲路杳無蹤
一馬飛驤後中朝草創初秉樞登政路屈蹕擁宸裾像入雲臺書名標玉
書太平杏舊德不及駕安車
出入紆宸眷龍光溢帝閽賜書全晝爛分劑寶奩存尚擬陪三接俄悲築九
原道忠當厚報豈但幔瓜恩
自領一麾出旋更五鎭雄政追棲鳳迹民戢帶牛風鑑水恩波外西山爽氣
中棠陰隨　是繞屋自蘢葱
晚歲遊眞館分符澁別京九關留筦鑰千騎按屯營天上金甌覆江邊玉節
明傷心遊宴地悵望北山橫
四老延清會連年樂故鄉譽騰花蕚集光動德星堂今獨三荊茂居然一鑑
亡慶流知有在蘭玉藹遺芳
綠野裴公趣東山謝傅心林泉幽夢斷花柳舊蹊深淪茗風生腋飛觴月滿
襟向來親几杖猶恐聽高吟

久玷平津館叨陪北海尊軒騰期遠到刻苦記前言稱楊恩難報韋經業自
存孤蹤初筮仕此志與誰論
憶昔春官試惟公季子俱別來成永訣慟哭返諸孤忍預吹簫列空懷解劍
趨新阡閟長夜雪涕墮平蕪
致政大夫胡公挽詩五首
赫奕三公胄高華百笏門義風傾里社名德老邱園不起東山臥空餘北海
尊已隨飛劍逝猶記刻舟痕
西帥乘遲日趨庭正妙年飛書騰白羽曳綵汎紅蓮晚伏追風驥長嗟墮水
鳶卷舒安義命何恨及重泉
燕寢追遺事沉痾歎積年未扶鳩杖起已報鹿車懸顯服登三品榮名謝九
遷英姿儒復見歸作玉臺仙
碧落承先訓青冥屈壯圖珠懸三樹秀鑑舞一鸞孤逝水嗟何及佳城識不
誣江山蟠秀氣此地卜青烏
未緒慚非偶孤蹤託契深委禽申舊好奉履負初心已矣升堂拜潸焉雪涕
吟四郊煙樹慘引睇墮哀音
夫人孫氏挽詩
嬪風合冠女圖中禮法能兼郝與鍾自許夫知黃鵠志曾看女拜紫鸞封高
堂把酒同媚睦燕坐繙經樂始終千載管彤書盛事只今門有塔如龍
胡夫人挽詩
閫範三從正家聲兩大餘義高黃鵠操恩疊紫鸞書凋沼登蘋藻園林映板
輿忽乘飛鳳去應傍素臺居
晚歲塵根淨端由志節隆斂身遵七誡彈指悟三空此日傷朝露何人賦凱

風我方司汗簡盡載女師中
耆倚韓康伯高堂坐累茵奠先歸厚夜今又失靈椿族黨千車會階庭五鼎
陳季能當大事無負玉堂人

表兄知府郎中張公挽詩三首

自昔三珠樹如兄最早成握蘭芸睠馥奪桂阻高程健筆三江瀉英標一鶚
横危爲鷙電謝坐失劍崢嶸
淼淼沅江路猶遲皂蓋臨但疑三甲起那識二毛侵北海尊罍在南園草木
深水亭風月夜八詠想遺音
自是吾宗出金蘭臭味同彩纓聯北闕抱璽踵南宮夫國郵書密還鄉巷幨
通詎知生死隔回首一彈中

楊國夫人趙氏挽章

猗蘭奕葉神明胄四德宜家緒有　盛事可稽彤管史當年曾夢紫函書子
登虎榜朝輝弁夫握龍韜拱殿廬長樂宮中稱萬壽猶思翟茀擁軿車

海陵集卷三

宋　周麟之　撰

奏議

論乞修神宗以後寶訓

臣聞書曰監於先王成憲其永無愆詩亦言酌先祖之道以養天下然則前聖典謨布在方册後代纂之寶爲大訓顧可後哉昔唐史臣吳兢嘗采太宗與羣臣對問之語爲貞觀政要三百年治亂之龜鑑俱不出乎此洪惟國朝以聖繼聖傳襲一道故亦有寶訓之書追倣前制發揚光烈陛下紹隆丕緒祗適燕謀立政立謀未嘗不以祖宗爲法臣職在東觀修纂日歷之暇竊覩祖宗寶訓自太祖皇帝至英宗皇帝五朝並已成書惟神宗皇帝以後修纂未備喪亂以來舊本不存將何以昭示萬世自陛下中興屢降旨委官纂次因循迄今未應明詔憲章祖述庸有闕焉臣愚欲望聖慈申命史館速加研考以次條類續爲成書庶以彰累朝重規疊矩之懿明陛下繼志述事之美取進止

論乞製造靈芝之旗

某伏覩國朝會要乾德六年太祖親郊有司請以國初以來祥異著之旗章遂作金鸚玉兔馴象三旗今天子受命中興功光創業化致昇平諸福之物莫不應期紹至近者太廟生靈芝九莖連葉此尤瑞應之大卓絕而創見者仰惟清朝肸飾百度當郊禋之歲而帝祖昭鑒預賜嘉祥其顯赫如此宜令有司考故事特製華旗繪靈芝之形於其上以章一代之偉蹟新四海之觀聽昭示萬世實宗社大慶伏望朝廷特賜施行

論禁小報

臣聞國之有號令猶天之有雷風雷不一風不再號令如此然後可以鼓舞萬民動則丕應無有遠邇罔不是孚仰惟皇帝陛下自更化以來整飭百度鼎新庶政登用賢俊屏除姦回凡積年弊事固已一切劃革而釐正之矣方陛下頒詔旨布命令雷厲風飛之時不無小人譸張之說眩惑衆聽如前日所謂召用舊臣者浮言胥動莫知從來臣嘗究其然矣此皆私得之小報小報者出於進奏院蓋邸吏輩爲之也比年事有疑似中外未知邸吏必競以小紙書之飛報遠近謂之小報如曰今日某人被召某人罷去某人遷除往往以虛爲實以無爲有朝士聞之則曰已有小報矣州郡間得之則曰小報已到矣他日驗之其說或然或不然使其然耶則事涉不密其不然耶則何以取信此於害治雖若甚微其實不可不察臣愚欲望陛下深詔有司嚴立罪賞痛行禁止使朝廷命令播之天下天下可得而聞不可得而測可得而信不可得而詐則國體尊而民聽一臣不勝至願取進止

論戒守令遵守成法

臣伏見陛下勵精爲治勤求民瘼芻辭輿誦博采兼聽孳孳如不及四方利病至悉庶人得言之士大夫得言之監司郡守近民之吏得言之此誠有虞詢四門明四目達四聰之時也陛下求言之意聞之惟恐不盡而天下之所望者亦如此故邇者士庶上書陳獻利害及守臣到任條具裕民事進降著甚多看詳者不一然以臣觀之大要有三或施之於民而民利槩之以法而法通若此類者固無所疑朝廷皆以次施行矣有行之可以利民而於舊法及一時指揮或大相牴牾或小有不合言既不可盡廢法亦不可輕議臣亦各權其事之輕重乞從朝廷隨宜參酌可否矣其或自有見行成法州縣所當奉行而猶申請不已言者猥多覽者易厭臣每看詳至此謂之無可施行則實有其弊設或一一申嚴則不勝其繁若此者臣今欲並行類聚總其條目因取自聖裁特降明詔戒諭郡縣之吏使之明習條令罔或容私遵守成憲毋致違戾究心夙夜悉意奉行庶幾使陛下愛養元元廣謀從衆之惠徧及寰宇無一夫不被其澤天下幸甚取進止

論臣僚奏對合備錄聖訓詳盡

臣仰惟皇帝陛下以天德地業再造區宇　聖敬日躋雖古之所謂盛帝顯王無以加此臣頃在東觀以修纂日曆爲職因得歷覽陛下臨御以來三十餘年間事業之富謀斷之偉謨訓之大布在方冊赫然與日月爭光臣竊天之智狹而戴上之情切嘗考其間所載聖語大抵詳於前而略於後臣深求其故蓋由頃歲左右史多缺起居注不修三省樞密院時政記於聖語亦或闕略而不致其詳近者陛下總攬權綱修廢振弊更化之道粲然一新睿謨明訓發於九重密勿之間而風動乎天下贊襄之輔獻納之臣內外進對之官所得多矣臣區區之愚欲乞申嚴舊制自今凡與奏對備錄所聞毋致漏逸使史官皆得以具載仍令記時政者尤務其加詳以此授之國史著之日歷作宋一經襲舊六爲七用傳信千億萬世臣不勝至願取進止

論命令必經兩省

臣恭惟國朝稽古建官分三省以釐天下之務凡有命令則中書省取旨門下省審駁尚書省頒行三省相參而后百度正紀綱舉所以致其愼示不專也然自累朝以來號東西二省爲維持政本之地尤重其選或政令之罷行失當人才之進退非宜其在中書則舍人得以封繳其在門下則給事中得以論駁皆於命令未行之前而彌縫正救之則朝廷不至有反汗之嫌天下不見其過舉之迹爰自近歲事與舊違當軍興之時則有事干機速不可以

少緩及休兵之後因仍不改用事者又以私意自任廢棄成法故有所謂報者有所謂中人報者有所謂尙先行者有所謂人已者往往皆成定例自陛下銳意更化登用正人前日數者之弊固已十去八九然以沿襲之久狃於故常習熟見聞或未暇一一釐正若使詔旨一頒勅劄隨降所謂給舍者但書押已行之事而已設或事當論奏則成命已付於有司除目已布於中外使士大夫進退失據在朝廷亦爲難處甚非祖宗所以分三省建官之意臣愚欲望聖慈申明舊制凡命令之出如委非急速不可待時者並經兩省或無封繳即皆書時行下庶幾盡蠲宿弊昭示至公復祖宗之成憲取進止

論禁傳寫先朝實錄

臣伏見國朝會要嘉祐四年史館修撰歐陽修言史之爲書以紀朝廷政事得失及臣下善惡功過宜藏之有司往時史官書成進入則焚其稾乞詔龍圖閣別寫一本下編修院以備討閱從之然則史事在祖宗朝其嚴如此豈容輕示人也今者徽宗皇帝實錄成書奏篇既上儲於內閣中外士大夫欣聞盛事咸思以先睹爲快臣竊惟先帝之盛德休烈良法美意布在方册固當廣其傳以昭示天下後世然其間所載多涉國體與今日致論有相關者臣愚欲望聖慈申嚴舊制今副本之在有司者必謹其藏仍不許諸官司閱借謄寫及臣僚之家私自傳誦庶可以嚴宗廟尊朝廷遵祖宗之成憲取進止

論變文格

臣聞文章經國之大業體尙不一從古而然故論世者以是識風俗之盛衰觀人者以此別材智之遠近猶所謂見禮聞樂而知德政不可不察也西漢二百年名儒鴻生鋒起間作雍容揄揚著錄於後則炳然與三代同風唐有

天下文亦三變至於美才輩出嚅嚌道眞反刓劃僞烝醲涵浸然後天下化之粹然一出於正何其盛哉我國家恢儒右文列聖一揆取士之制不過曰經義詩賦然或偏廢而獨舉或兩存而並行或兼用而通試三者所向雖異及夫得人則奏賦擅場者無不精其能談經析理者靡不臻於奧累朝名臣悉由此出致治之美固已遠邁前世仰惟皇帝陛下體天縱之資恢復古道優入聖域猶且博覽經史左右藝文孜孜不倦至其躬御翰墨發爲宸章雲漢昭回光被萬物古帝王莫能跂及裁詩樂以侑禋祀則十三篇極風雅之妙記損齋以明鑒戒則數百言皆道德之辭若此之類殆不可殫舉士生斯時親得聖王爲之師此千載一逢也臣伏見昨降明詔用經義兼詩賦合二者之長以作成多士永爲定制可謂善矣今肄業之士服勤有年秋試不遠臣愚欲望聖慈申飭儒官愼勸士類戒志尙之不一革文體之未純毋好高以異論相矜毋因陋以陳言自蔽毋泥迂僻之習而失其正毋縱浮靡之說而溺於夸坏治一陶聖風雲靡將見四方俊茂試於有司者無不丕應後志成知以體要爲宗文弊既除而文格益勝用之以黼黻一代羽翼六經實斯文之幸取進止

論乞進讀本注音切

臣聞曾子曰尊其所聞則高明矣行其所知則光大矣高明光大不在於他在乎加之意而已斯言初止爲學者設也至董仲舒舉此以告漢武帝然後知帝王之學亦當如是仰惟聖帝陛下聖質天粹自誠而明緝修之功純亦不已至於博覽經史固已識其大者舉而措之天下國家日臻於嘉靖矣而猶不忘講學之益退朝清燕躬御邇英博延儒流敷繹古藝方且以西漢一代之史命官進讀是將以因事立教鑒往知今參求化源恢張國紀固不在

於考文義辨音訓爲書生章句之習也然臣竊謂三代而下惟西漢爲近古諸史之作惟班固爲名家讀之者考文義而後見紀事之本原辨音訓而後知立言之法則然文義或有難見非注解無以發明音訓或有難知非翻切無以辨證多聞之助或有取於此也臣不佞叨以讀誦爲職苟不能盡心於此或迷金根之義或誤雌霓之呼以上昧天聽臣則有罪敢陳一二願從聖訓而訂正之夫服虔應劭說疎義既多蘇晉衆家剖斷亦尠蔡氏纂集尤爲牴牾顏師古激揚鬱滯釐正暌違援據精詳有補學者然則注解不同臣欲以師古之說爲正漢書舊文多用古字間從假借其類實繁古今異言方俗殊語本音他切互見其中顏師古備爲科條剖析無滯字涉稍異隨卽翻音字協音諧舉當乎理然則音訓不一臣欲以師古所立爲定仍乞於進讀本內閒注音切臣非不知帝王之學志於治道初不問此區區之言可謂矜小節而闇大體矣然而列職禁近獻納論思事無巨細皆欲詳審不可苟況執經史以備顧問乎今茲所陳庶幾下以見愚臣盡心率職之誠上以副陛下加意興學之美取進止

論乞與四川進士父母年高者先次補官續行照驗

臣恭覩詔書應得解進士父母年八十以上與初品官封德至渥也自降詔以來凡諸州奏到封母者並經司封關會禮部考驗貢籍俱以施行惟是四川得解進士其貢籍不在禮部而在制置司每得關會禮部必稱無貢籍可照不見得解　致不放行經今年餘積壓留滯臣今秋見除目有資州得解進士史堯仁等七十四人例未曾上鈔若待取會道途往返愈見淹延欲乞且據逐州保奏文字並與先次放行具鈔給降告命續下四川制置司照驗貢籍如有僞冒卽行改正庶幾遠方高年早得均被上賜取進止

論守應之策

臣聞爲國者必有一定之計大計已定斷然無疑非徇一己之見也而千萬人之說莫能搖非苟一時之利也而數百世之議莫能易此其爲利害亦豈必　知神略而後知之惟所見者審而通乎事機所持者要而當乎人情所言者順而合乎天道所操執者漸固則成就者愈大古所謂聰明聖賢大有爲之君建功立事類如此仰惟皇帝陛下察問如虞舜憂勤如文王總攬權綱綜核名實則又與漢之宣光比立國於此固自有一定之計而近之言時事者乃紛紛而不一軍旅之言厲閭巷之言戚士大夫之言惑厲有所憤戚有所憂此其常態耳未至於大害治也惟惑之爲害蓋有不可勝言者此無他銳與怠之謂也銳者言兵而欲用怠者諱兵而不言言兵而欲用是喜功也諱兵而不言是偷安也自講和以來九廟甯矣東朝安矣赤子休息矣成

功著見昭昭可知陛下方且愼選重臣厚將信幣以堅永好以釋羣疑而汨之以喜功之說其可乎渝盟棄好陛下之所不爲也當朝廷閒暇修明政刑振舉綱紀簡練將士此不可一日忘者陛下方且頒明詔飭庶工懲緘默之風革驕怠之弊欲人人相與協濟國事而委之於偷安之說又可乎祝漏忽傾陛下之所不取也如臣所見粗有確論曰守曰應兩言而盡之耳當無事則思所以守有不虞則思所以應思所以守自治之謂也思所以應不得已之謂也守之者在我應之者在彼在彼在我者有常者也惟其有常則雖信睦交通不能廢吾之所以守在彼者不測者也惟其不測則雖事變猝至不能逃吾之所以應今夫千金之家固其垣墉常人之所及也若曰吾與親黨爲鄰不吾害也至慢易其固守之具而弗之理豈不備他盜哉所謂自治者如此詩曰迨天之未陰雨徹彼桑土綢繆牖戶今此下民或敢侮予孔子曰爲此

詩者其知道乎能治其國家誰敢侮之此言自治之爲可畏也獸蹂於田苟戈而逐孺子之所知也若曰吾將委肉而飼之不汝驅也而獸且噬人矣雖欲不逐其能安乎所謂不得已者如此漢元康中乘匈奴之衰議欲擊之魏相不可曰救亂誅暴謂之義兵兵義者王敵加於己不得已而起謂之應兵兵應者勝爭恨小故不忍憤怒謂之忿兵兵忿者敗非但人事乃天道也亦言應敵之不得已也蓋能守者能應之道也守之無不固則應之無不勝矣守之既固則銷萌折衝人莫予侮且將無敵之可應焉昔人所謂善之善者理固如此臣願陛下增修德政厚施於民蓄材俊廣儲峙敦本而抑末去華而務實明賞罰而一於信振威令以致其嚴考將帥之能否而爲摩勵之方察士卒之勤惰而求養用之實凡可以爲守國之具者靡不恢張而徧舉如此守無不固矣度山川之遠近視道途之險易孰當其阻孰當其衝孰爲之聲援孰爲之犄角孰爲之統一凡可以爲應敵之機者靡不素定而默喻如此應無不勝矣守國之具皆可以熟議而應敵之機不可以豫言惟在陛下言行之心識之執中自信而已矣書曰人心惟危道心惟微惟精惟一允執厥中夫人心危而易動易動者浮言之所以興道心微而難知難知者至理之所以隱君人者不過屏衆多之慮致精一之思執中自信則聖人之能事畢矣堯舜禹之治天下相傳以一道不外乎此數語者伏望陛下睿斷不移操一定之計圖守應之策以爲執中自信之道而毋惑於喜功偷安之說則千萬人之衆莫能搖數百世之遠莫能易證諸人事質諸神明臣之斯言庶或無愧惟陛下留神省察天下幸甚取進止

海陵集卷三

海陵集卷四

宋　周麟之　撰

奏議

論革續降之弊

臣聞傳曰非天子不制度不議禮不考文是一命令之行一制度之立皆當出於天子外乎此者不可以爲萬世法也臣竊見吏部諸選引用續降指揮前後不一或臣僚建明或有司申請皆經取旨然後施行尙慮抵牾之多承用者駁舛文之吏並緣爲姦不可稽考今以續降申明條册觀之乃有頃年都省批狀指揮參列於其間見今引用亦謂之續降向之修法者有所諱忌至與成法並立今之奉法者但知遵守遂與成法並行應令諸軍使臣到選將佐以上方理戰功而帳前使喚之類皆當時帶甲入隊之人並不許班此用紹興一年批狀指揮也遂使親冒矢石者反不蒙超異之恩今官吏陳乞任滿賞則不以限年釐革惟到任賞則不然此因紹興十二年批狀指揮也遂使勤勞王事者或不在褒錄之數以理推之誠未爲允欲望聖慈申詔有司推本至公革去前弊使履軍蹈陣者無得理爲戰功到任推賞者不必限以歲月仍令諸選其紹興二十五年以前批狀指揮如有類此者關勅令所司一一看詳可削則削毋使與三尺混淆資姦吏爲舛文之具天下幸甚取進止

論定歸正人補官之法

臣聞銓曹素號大有司比年以來右選尤爲繁雜若指揮不一承用多疑則吏姦日滋人無所訴其弊有不可勝言者試以歸正官兵一事論之前後有三指揮至今莫能相一據紹興二年八年二月用師中申請指揮應歸正人

不曾齎到付身並與減五官補正吏部方且遵用續承紹興二十九年閏六月指揮並令止用歸本朝日所給付身照使其有不曾齎到僞命文字者特與放行仍出榜曉示吏部已放行又承當年八月指揮令遵依今降指揮只用歸朝日所給付身照使并照應田師中申請指揮放行臣竊詳前件指揮若曰特與放行則不須遞減補正若曰遞減補正則難以一例放行二者自相牴牾而不可並用明矣今乃兼存之使姦吏得以出入有司無所適從實爲弊之大者若於二者之中舉其一而行之則又不容無弊蓋一於放行則不問其功閱不計其久近而例得升進必至於汎濫一於遞減則久在軍中者其間有立功官資類從毀抹將何以激勸臣愚欲望聖慈特降睿旨令省部別行看詳著爲定令毋輒更易使士知激勸而不至於汎濫庶幾可以救弊取進止

論放行從軍人磨勘

臣竊看四川諸軍從軍大小使臣自紹興九年正月三十日指揮今後許理爲資任昨來宣撫司未承上件指揮已前係奉便宜將從軍大小使臣依格並與放行磨勘出給便宜付身今來節次陳乞換給考功以當時未有理任指揮即係僥用宣司月日不該磨勘例行改正臣竊詳宣撫司隨軍人當時雖未有理任指揮其本司既以便宜放行若行改正其隨軍人委是在軍供職歷過月日實非僥冒伏見本選昨準紹興十一年正月二十五日指揮凡不係大儀鎮等五處立功之人或已作戰功起轉官資並免追改今欲乞將前項便宜磨勘僥用宣司月日者依紹興十一年正月二十五日指揮今後特免追改並與放行換給取進止

論乞置巡綽私渡軍

臣伏見國家自講和以來凡疆場之事專務愼重冀其　近年兩淮罷榷場之後禁止私渡尤爲嚴切昨聞北界屢形於言欲得彼此巡綽陛下敦信睦之好垂宵旰之慮累降詔旨戒飭邊郡丁寧切至臣頃以使事附奏於彼有語及此臣嘗告之以本朝約束甚嚴立賞已增千緡守臣失覺察者同其罪又令提刑司旬具結罪狀申彼亦樂聞朝廷之能順承其令也比者兩淮雖團結山水社亦欲鳩集保伍互相覺察倘處封圻曠遠愚民趣利冒法赴禁死不知避監司守臣按行有時巡尉出入徒爲文具如山陽一郡瀕淮界分延亘二百里安豐濠壽之間地廣人稀豈能一一巡捕禁防少弛或啟釁端不可不預爲之計臣謂不若於兩淮要地各置巡綽私渡軍專責其事淮東委之劉寶淮西委之王權分撥屬將之有方略善撫循者各率數千人以往命之曰巡綽私渡軍其營寨旗幟皆以巡綽私渡爲號文移則曰巡綽司

將佐繫銜則曰專切巡綽私渡事名順理得了無可疑徐於歲月之間漸增人數亦復無害小可以謹邊防大可以固國勢久而習熟又可以安南北之心如臣瞽言粗合時論願下臣章付三省樞密院熟議而行之取進止

論革泉司弊劄子

臣伏見朝廷復置提點坑冶鑄錢司既已參酌舊制條其事宜措置施行纖悉備具惟是戶部提領所見有吏人十四名發付本司復置之初不可不察蓋泉司職事散在諸路舊例分遣官屬催督採鑄置局他郡往往有終任不識官長面者每有申請必爲吏輩所格舞文弄法爲害非輕鑪戶鑄工刊剝殆盡百端規取必至充其所欲然後爲之行移官司遞筒積而不折或盜發以窺事宜或隨意以生沮抑屬官俛首唯唯聽命至以書問與之往來中經廢罷之後專命戶部置所提領又以此輩爲請曉取充吏役事權在內遠近

畏之奸計得行動作威福屬官既多差出其弊益甚於前至有一吏用白狀就信州借請數百千則鉛山一場課利置而不問贛州錢院供需不如意則並通判廳例送取勘玩習恣橫略無忌憚若此之類其害甚多今來朝廷復置此司臣竊謂諸路利害士大夫舊嘗更歷此事者不爲無人但當精選屬官不必多求舊例欲望聖慈以臣所奏行下提點司稍汰滑胥矯革前弊以之弭吏彊之害庶幾貨泉流布不至於蠹國害民其利甚溥取進止

論乞給告降下諸州就付老人

臣恭覩元日詔書皇太后仁德天祐聖壽無疆新歲八十應士庶男子婦人年九十以上與初品官婦人與封號並經所屬自陳勘會詣實保明聞奏臣於此仰見陛下極事親之仁崇貴老之化不止爲士大夫光榮而已鹿恩布渙汗於編氓古未有也今庶民薰陶美化安於田里保有壽命年多及格聞

州縣間相繼陳乞者甚衆然其人或多貧民下戶亦有僻處遠鄉終身未嘗識官府者如此類若使依士大夫敍封計會所屬保明遣人齎赴行在於左藏庫送納綾紙錢有省於部伺候上鈔祇請告命不惟無資而小民亦安知有此道途遼遠往返經營則年老之人霑恩後時矣如臣管見欲望睿慈深憐庶老乞令諸州軍檢坐詔命委官保明於所部根刷應年格該恩之人限指揮到日兩月類聚聞奏其合受告命亦乞降下逐州分送屬縣就行給付仍與免納綾紙錢則天下老人雖微且賤無不實霑恩惠如詔旨矣取進止

論賞罰名實

臣聞自古中興之君惟漢宣帝爲得治道之要史臣稱之曰孝宣之治信賞必罰綜核名實嗚呼斯言盡之矣仰惟皇帝陛下以英睿之姿系隆景祚躬履多難式遏寇略事同乎創業整飭百度濟登丕平功兼乎守成盛德丕烈固已超出百王上矣而臣猶區區以宣帝爲言者以陛下方勵精聽斷刬除宿弊用更化於四方施之於今莫此爲急信賞必罰則公道舉綜核名實則眞賢興二者國家之先務雖堯舜三代之治不外是而宣帝能用之以救弊願陛下取法焉若夫雜伯術尙利名此則宣帝之失臣不敢爲陛下道取進止

封事

隆興元年十月日具位臣周某謹昧死再拜上封事於皇帝陛下臣聞爲天下立事要當順天下之心明天下之勢然後能易亂爲治轉敗爲功古聖王所以安中夏御夷狄也莫不皆然舜之格有苗禹之敍西戎高宗之伐鬼方文王之事昆夷宣王之平玁狁幸用斯道也下至漢唐其跡異其理同在高文則結和親在武皇則事攻討在宣帝則受朝賀在武德之初則詭臣突厥在貞觀之盛則生擒頡利夫豈樂爲是異同哉視人心之所向度國勢之所

宜有不得不然者耳由是言之聖人應世初無私心也立國本無定勢也因人心之所喜爲之喜故樂民之樂而天下不以爲驕因人心之所怒爲之怒故一怒而安而天下不以爲暴因國勢之強有以成吾強故日闢百里而天下不以爲貪因國勢之弱有以處吾弱故以大事小而天下不以爲怯拱揖指揮之間衆心樂歸大勢堅定而國家計成矣世之懷偏見執異議者又烏能伸其喙以撼吾之所守哉紓一時之急收百世之利凡以此也金虜之爲中國患數十年矣自阿骨打之起繼之以吳乞買又繼之以東昏王亶又繼之以岐國王亮迨今葛王蓋五世矣時異事變勢亦隨之阿骨打一舉而吞遼人吳乞買再舉而覆中原當是時也掩中國之無備乘民心之久安長驅擣虛所至輒下猝然有迴山倒海之勢其孰能當之亶之立也命將興師入寇屢矣踰江南瞰海上而終不得志於我兀朮之歸師徒耗傷僅以身免士

馬物故者大半用兵連歲所失益多虜知事力之屈可以圖休息也亶與兀朮等謀則曰吾國天下大讎也使吾子孫一不振宋必報焉則吾國覆矣不若以恩解之此和好之所以通也和好既通則許我納幣屈我稱藩畫淮爲界然後慈寧就養永祐復土南北生靈各安其業聘問往來情文周密自締好以來講信修睦無若此時之歡者使亶不被禍凡我有求無不見聽雖列聖諸陵白溝故地皆可以次第而得之惜乎不十年間肺腑之禍起而亶戕矣至今北人類能言之是則和好之通豈非勢使然乎亮之立也大惡昭著內懷危疑握兵重臣多不受詔朝夕惴惴焉惟恐討賊之師四面而至我方遣朝賀之使以安之於是遂假然南面號令諸國而侈心肆矣狂愎自用以殺爲嬉勳戚諸王剪滅殆盡彼　虐日甚我之順事日嚴休兵歲深生齒蕃息虜知事力之全可以肆猖獗也亮與馬欽等謀則曰吾國天下大仇也使吾子孫一不振宋必報焉則吾國覆矣不若以力取之此和議之所以變也和議將變則罷榷場詰私渡邊釁橫生賊謀遽發遂欲割我兩淮要我近輔而又拒我行人一不如意埽境南下王室震蕩危若贅斿自交兵以來生民被害無若此時之慘者使亮不見殺則投箠濟江蓋無難焉顧其積惡天地之所不容神人之所共憤變生肘腋腹敗支披醜徒獸奔惟恐王師之躡其後也是則和議之變亦豈非勢使然乎太上皇帝仁天智神臨御三十六年躬履多難洞照事幾其於禦戎之道固嘗深思熟計歷試而兼行之矣陛下以大有爲之資光奉慈訓嗣守天位治民事神恭儉遜懿德無不周明無不燭惟疆埸未靖上貽宵旰之憂抑嘗有以天下之心天下之勢告陛下者乎自踐祚以來建議之臣有爲陛下言戰者矣必曰金鼓一動雷厲風飛則兵不血刃可以收疆土復陵廟活萬姓然王師所至城邑一空破蔡州則殺蔡

州之民入海州則殺海州之民奪宿州則殺宿州之民京西陝右往往皆然非所謂拯民於水火之中也繼之以士無鬬志棄甲來歸中原寸地了不可得烏在其爲戰有爲陛下言和者矣以厚禮將幣以卑屬寓書休兵息民庶乎兩得然使命數遣有延至於國中而不得伸其志者矣有見止於境上而不得通其辭者矣以此欲和不啻如方枘圓鑿之不相入也烏能必其和有爲陛下言守者矣以增陴浚隍遏其衝以積粟聚兵固其本來則勿與角去則勿與通然長淮東西延袤千里兵少則戍不周民貧則用不給比者築城壁修堰壩皆取辦於兩淮之人凋郡遺黎不堪其擾而守未必能固也設欲固守非經營數年不能就緒大敵忽至其何以支守雖長策亦未易以一朝集也故欲戰者以和爲姦謀爲辱國之舉欲和者以戰爲危道爲殘民之徒而欲守者又以戰爲邀功和爲怯敵謂和戰皆非萬全之策三說紛然互相矛盾得此則失彼舉一則廢二國論未定主聽未專斯民盻盻然不能自保嗚呼胡不觀天下之心稽天下之勢參三說而用之乎昔亶之請盟也太上皇決策講好遣使以先之而邊鄙遂定知其勢可與通也非用兵之時也及亮之敗盟也太上皇出不得已發兵以應之而兇首自斃知其勢不可與通也非遣使之時也以此論之和戰守三策善用之皆足以收功不善用之皆足以敗事使勢可戰也雖樊噲以十萬橫行李靖以三千喋血吾亦爲之無不勝者勢可和也如魏絳之五利可致賈誼之三表可施吾必爲之無不諧者勢可守也如宣帝之罷兵留田光武之閉關謝質吾必爲之無不濟者又胡可外天下之心忽天下之勢區區焉操一說而自以爲得乎臣頃歲出疆至河朔見所過州縣全盛如故入則人物繁夥闡廛充溢出則耕桑彌望牛馬被野然後知二十年息兵之効不爲無益於斯民一旦虜人叛盟赤子又

復塗炭前冬虜退淮甸白骨如山迹其殺人之禍皆起於逆亮一念慮之間而流毒至於如此豈不甚可戒哉今虜勢蹙矣虜計窮矣兩軍相角而所喪均兩國相持而其忠等欲戰者少不欲戰者多蓋兩軍之心也欲和者衆不欲和者寡蓋兩國之勢也臣聞之北人則曰虜中簽發人丁其下莫肯聽命又聞之士大夫則又曰近虜帥移書於督府致問於廟堂甚有通和之意陛下視人心之所向度國勢之所宜不知所以應之何如哉臣願陛下因天下之心乘天下之勢持邊信使諭以至理告以誠心與委曲評議使知和好之不可以虛辭合又知和好之不可以舊例拘則吾事濟矣或曰比歲兩遣使矣其如不諧何其如不見納何臣應之曰使之不諧非使者之過也使之不見納非使者之願也顧當時所以遣使者失其序耳何謂遣使失其序曰遣使一也而所以遣使則不一也有和議未定而遣者有和議已成而遣者和

議未定則以未定之辭與之通應和有所未修也報諭有所未及也如紹興之初遣韓肖胄孫近之類是也和議已成則以已成之禮與之接名分有定論也書辭有定式也如講和之後遣何鑄之類是也自逆亮渝盟和好絕矣和好既絕今始通焉故遣使以議之則是和議未定之時也我方有所議而損益之未可必又安可遽爲賀慶報諭而遣乎其曰賀登寶位則是和議已成矣往年以賀爲使者有舊例焉彼復以舊例取必於我又焉得而見納哉今臣之所謂遣使則不然當以審議爲名以韓肖胄孫近爲例審也者欲審而後交議也者欲議而後定和其本於誠心乎在所遣也其出於詭謀乎在所審也名數有未定者乎在所議也疆界有未正者乎在所議也禮幣之厚薄有未齊者乎在所議也爲此遣使彼安得不納舉此詳議彼安得不諧和議成矣然彼有所賀則賀之有所報則報之此之謂遣使得其序或曰遣使得其序遂可去兵乎撤備乎臣應之曰遣使足以議和也和雖可必亦當待之以不可必使者出境朝廷申命諸將各整其師淬礪鋒刃振飭旗鎧蓄鋭待敵常若兩陣相當者則是使者之行自不妨治戰具也大軍列屯分據要地修障隧正營部遠斥候力控江淮之險則是使者之行自不妨繕守備也夫戰和守固相須而並用者也善爲國可戰則戰不爲戰而廢和也可和則和不因和而忘戰也可守則守不膠於守而絕和戰之利合而論之則一析而言之則三胡可忽哉昔唐之平賀魯也駱宏義獻計曰安中國以信馭夷狄以權理有變通也噫斯言豈爲一時設哉惟陛下博覽兼聽詳究利害觀人心審國勢與時變通權以濟事允執厥中而行之天下幸甚干冒宸扆臣無任戰懼隕越之至

海陵集卷四

海陵集卷五

宋 周麟之 撰

奏劄

除起居舍人辭免劄子

臣今月二十六日準尚書省劄子奉聖旨除臣起居舍人日下供職者臣聞命震驚罔知所措臣竊惟左右史分掌記注密侍殿坳君舉必書當以才選臣器資甚褊學識非長與纂信書方叨序進擢司載筆寔懼超逾仰丐睿明俯矜誠悃亟追還於成命用改畀於隽能庶協師言少安愚分

辭免差兼實錄院同修撰劄子

臣仰惟徽宗皇帝以天德地業丕闡鴻化垂衣在御二十六年聖功巍巍雖非簡策之所能盡而傳信萬世必有成書纂修之工正在今日然自非一時大雅宏達之士兼才學識三長者焉得論次於其間如臣以章句小儒叨贊書命既無潤色討論之效何有研摩編削之能重惟不才其敢共二仰祈淵聽亟寢誤恩別選耆儒助成大典非特使事辭之稱亦惟昭名器之公所有恩命未敢祗受

辭免同修國史劄子

臣今月十四日惟勅差臣兼同修國史臣聞命震驚罔知所措臣聞作史有三長惟其才學識兼之故能綜序事理勒成信書今者皇運系隆時文載郁肇開史院選置官僚通修三朝正史事大體重豈臣末學所可與聞陛下紹羅羣才片善必錄以臣近編纂先朝實錄猥嘗以　已試無狀若又濫吹於其間則不惟虛縻廩　抑亦清議弗容伏望天慈察臣愚悃收還成命改畀耆英則載筆之間事辭俱稱將見三聖人之盛德大業布在方册炳然與日月爭光庶以仰副陛下揚鴻烈章緝熙之意所有恩命臣未祗受

辭免除兵部侍郎置學士院劄子

臣今月十九日準尚書省劄子三省同奉聖旨除臣兵部侍郎依舊直學士院日下供職臣聞命震驚罔知所措臣嘗謂詞臣不當以翰墨言功臣監中西垣日贊書命魯不能敷宣聖意潤色皇猷坐閱歲時絲毫無補恭遇陛下恢天縱之學以作興斯文如臣非才第慚不稱早獲以史事進對忽蒙天慈褒諭謂臣久掌內外制宣力爲多中外士大夫咸稱得代言之體今武部清簡當除貳卿仍兼玉堂之直仰聆玉音感懼交至既退跼蹐不旋踵而成命已頒欽惟聖造恢洪與天同大而於臣下尺寸之勞委曲存記如此固當體眷知之殊遇思親擢之異恩亟踐厥官勉圖報効然臣竊自念典戎華省實峻班聯視草禁林匪同寓攝併叨寵渥益重僥逾伏望皇帝陛下回旁燭之明寢已行之令俯矜愚悃改授真賢不惟安小已之私抑亦示大公之舉所有恩命臣未敢祗受

辭免除給事中劄子

臣竊以鸞臺要地朝政所關瑣闥舊儀夕郎爲重必得老成知治道之要庶幾審駁合人言之公如臣者蕞爾小才闇於大體攀坡入直既潤色以非工武部升班亦素餐而何補更荷中宸之眷復叨左省之除是不獨取其空言將使之於此詳試顧　求之意甚美懼綿薄之質難勝伏望睿慈亟收成渙惟君子見得思義故敢效於循牆若朝廷爲官擇人亦何嫌於　汗所有恩命未敢祗受

乞宸翰劄子

臣伏覩國朝典故淳化二年十月太宗皇帝以飛白書玉堂等四字賜翰林學士承旨蘇易簡告朕求此數字卿可召至中書授之他日爲翰林中美事字徑二尺餘以素綃二幅書之龍鵠之勢曲盡神妙爨經變故石本亦不可復得恭惟皇帝陛下聖筆天縱超冠百王萬幾燕閒染翰勿輟龍文龜書刊在翠琰布列中外焜耀璧日學宮儒館賁飾尤多惟是玉堂密邇清禁而臣愚猥以末技誤膺簡擢典司內命私心拳拳深有望於奎璧之光今者輒控丹誠仰干睿聽援淳化故事以爲請方明天子典學崇儒潤色鴻業儻於肆筆之際使得與被大賜則是中興以來復見禁林盛事覼美淳化垂休無疆一時詞臣永有榮耀實千載之遇取進止

乞以御書上石劄子

臣近蒙聖恩降到玉堂宸翰臣既拜賜士林歆豔爭先覩之爲快臣伏見淳

化中太宗皇帝玉堂御書嘗付宰臣李昉以下皆得觀睹學士承旨蘇易簡又會侍從館閣官觀於本院臣欲以今來御書就都堂宣示宰執依本院故事摹勒上石所有侍從館閣官緣近來燕設例能止乞候石刻成日於祕書省暴書會宣示幷以石本分賜取進止

辭免除同知樞密院事劄子

臣伏蒙聖慈除臣同知樞密院事特降中使宣押臣赴院治事者臣竊惟右府本兵爲國樞鍵參贊恭命通號籌帷之臣非德望素優不能壓服中外非材識兼裕不能洞照幾微若時詢來當愼厥與如臣一介器質客蒙了無寸長濫竊名器叨塵彝槖　歷歲時殊未能少効涓埃上裨海嶽而受祿過量顛覆是憂敢謂聖度幷容衆聽過聽驟加甄拔登贊事樞內循惷冥莫敢皇處伏望皇帝陛下念駑蹇之乘不足以議遠途哀矜悃忱許辭重任仰惟聖天子垂衣御治四方黎獻雲集在廷一時名流底績者衆簡能而授殆不乏人儻回渙恩改著者彥使天下享任賢之福而朝廷日進德而尊則反汗雖若有嫌在盛時不爲無補臣無任

初除乞減支賜銀絹劄子

竊以君賜甚豐必施於有德臣勞未著曷稱於隆恩伏念臣質薄無堪食浮有素以樞筦之庳淺當機地之邃嚴併加爵祿之崇舉爲逾分復賜金繒之厚秖益靦顏方大君抑損以登化原宜羣下精白以承休德偶乖辭富之義必蹈傷廉之譏矧如至愚尤戒多取所有臣初除銀絹欲望聖慈特與依例減半支給庶遵近制允協公言臣不勝幸願取進止

乞在外宮觀劄子

臣輒瀝危誠仰干睿聽伏念臣才猷質薄曾無寸長蒙陛下覆育生成之恩

擢自小官遍歷華　近登密命亦已歲周殊不能少効涓埃上裨海嶽而受祿過重災厄乘之夏秋已來數苦脾疾心力隨耗薾然不支雖欲強勉班行深恐有誤委寄夙夜慙懼寘不自安欲望聖慈許臣解罷機政除一在外宮觀差遣徜或未塡溝壑獲保餘生終當頂踵靡隕上報乾坤之造冒犯天威臣無任

第二

臣昨日嘗具劄子仰干天聽乞解機政除一在外宮觀差遣伏蒙宣押未賜矜從夙昔凌兢措躬無所今不免再伸前懇瀝瀆宸聽伏念臣受才甚微叨寵過厚踐更筆橐登翊樞機惟　溢之是憂曾涓埃之無補深虞尸素自速顛躋伏望聖慈早降處分冒犯宸極臣無任

第三

臣比嘗兩具奏劄僣陳危悃乞解罷機政除臣一在外宮觀差遣天聽高邈寸誠未孚退而省愆夙夜震懼伏念臣濫陪機政無補事功期年之間積有掠曠內之不能強本折衝以收薄効外之不能承命諭志以展微勞憂愧相乘病疾交至若不亟求閒退深恐上誤眷知伏望聖慈俯垂矜憫洞照誠懇特畀曲從瀝血叩閽期於得請疊冒宸嚴臣無任

第四

臣近具奏劄罄申迫切之懇乞解罷機政除臣在外宮觀差遣伏蒙聖慈特降詔書不允臣恭讀睿訓感懼交懷伏念臣稟資冥頑慮事闇淺自塵幾地蔑著微勞無制勝之籌何以助幄中之畫無解紛之略至於輟疆外之行既衆謂其非才亦自知其獲罪已干清議難冒邇聯伏望天慈俯從人欲使得就閒於外闔戶省愆庶幾未死以前捐軀論報屢瀆宸聰臣無任

奏狀

輪當轉對奏狀

右臣恭惟皇帝陛下駿惠先猷丕昭孝治近以實錄院修進徽宗皇帝實錄慶大典之崇成第史官之勞効凡譔次編摩之士下逮掌故例霑醲賞恩至渥也繼又以故翰林學士汪藻嘗修元符以來詔旨等書八百餘卷於實錄最爲有力特加褒贈優恤其於陛下此舉可謂深合公論明燭幽隱矣然臣伏見紹興初嘗降指揮搜訪先朝文字投獻之家與斟酌高下推恩今來實錄成書竊慮二十餘年間臣僚子弟有以其父祖逮事先朝所得聖語等來獻事繫國體可以爲萬世法者不可不少加甄錄伏望聖慈　詔有司檢會元降指揮令實錄院開具人數考覈事實擇其顯著者量與推恩以示勸獎是亦信賞不遺之義也謹錄奏聞伏候勅旨

繳進郊祀慶成詩狀

臣某等伏覩郊祀大禮慶成者恭惟皇帝陛下躬執百禮逆釐三神日雨曰暘天地明察以旦復旦日月光華迄熙事之備成見聖人之能享臣等幸逢亨會獲預駿奔奏技非工莫繼甘泉之頌詠仁以報庶同嵩岳之呼謹存齋沐撰慶成詩隨狀上進臣等無任

辭免翰林學士知制誥奏狀

今月二十一日准尚書省劄子三省同奉聖旨除臣翰林學士知制誥日下供職臣聞命震驚罔知所措竊以翰林逼華蓋言其密直禁廷學士號私人得以與聞大議此累朝甚盛之選在今日尤難其才恭惟皇帝陛下煥文在躬典學成德間出命令親形詔書四海流傳萬方詠歎咸謂觀天地之蘊不足喻其大眞若處堯舜之世而躬聆其言老師宿儒無能及者雅誥奧義實自得之豈繫小臣可奏薄技僞冒承於天獎必速致於人言仰祈睿慈洞照忠款念其掌制之久已試而罔功察其代言之疎不能則當止收還成命改授傑材庶在清朝不至汙玉堂之位若安愚分是爲酬黼扆之知所有恩命臣未敢祗受

辭免修國史奏狀

今月二十五日准勅以臣新除翰林學士知制誥兼修國史者臣聞命悚然益深戰懼臣竊惟史職有序皇朝率多以從臣兼之因其官遷亦俾類進茲爲故事實待異能有如微臣器劣材譾濫玷禁從既未能昭一代之文章授之麟毫豈足以訂三朝之筆削若叨疊組之命愈負素餐之譏敢列悃誠瀆祈淵聽亟鐫逾分之寵別選兼人之才不惟於授受協公亦可使器名增重所有恩命臣未敢祗受

謝宣召入學士院奏狀

今月初四日武功大夫翰林待詔錢奕至臣所居奉宣聖旨召臣入院充學士者忽奉除書首紆璠札遄膺召節趣直玉堂側聆溫詔之傳跂就禊門之入光榮過分感懼交顏臣竊觀歷代聖仁之朝深慕當時翰墨之選承明之廬啓於漢非萃軼材供奉之目更於唐始專內命惟其出入侍從得以雍容揄揚故金馬之文炳同於三代而黃麻之作深似於六經雖云所遇之殊時頗著能言之實效相如不以俳優畜人懷來於喻蜀之辭陸贄與有戡定功士感泣於奉天之詔迨本朝之稽古亦公選之得人況値熙辰尤資碩望如臣末學於道寡聞詒先人之清芬第拘口耳奏從臣之薄技何補涓埃姓名誤簡於九重職業徧揚於二代省言　久罕有發明論事雖疎必蒙開納方懷未報之慊復冒非常之遷此蓋伏遇皇帝陛下學統聖眞道經天地幹獨化於鈞陶之上器羣才於橐籥之間既灼見於愚心遂曲垂於聖獎禮優詞苑光動禁涂雖知稱職之難敢負酬恩之素一心自誓九殞爲期臣無任

辭免兼侍讀奏狀

今月十五准尚書省劄子二省同奉聖旨差臣兼侍讀者臣聞命震悸莫知所從竊以儒學之臣侍言帝幕咨詢所逮實藉多聞用能揚搉古今敷陳治道究觀成敗上贊宸猷自非愼選名流豈得奉承淸燕顧臣何有輒預選掄詞苑史闈已荷殊寵識迂辭拙不能發明舊章材朽業荒不能博曉奇字使之進讀懼弗克堪仰惟皇帝陛下天縱聰明日勤聚辨昕朝之暇經史是親講劘既多萬卷冰釋而猶不忘紬繹之助則所謂聖而益聖新而又新如臣至愚何以効塵露之補敢祈淵鑒追寢誤恩別柬耆英用符衆論所有恩命臣未敢祗受

謝賜御書奏狀

臣今月二十六日伏蒙聖恩賜臣御書玉堂二大字臣拜賜兢榮感抃交至仰惟皇帝陛下聰明淵懿藝與道兼肆筆成書八法該備古帝王莫能跂及凡宸翰所賜赫然如大明委照卿雲騰輝四維廓氛千古流耀臣猥以翰墨待罪明直禁林比於綸幃因侍閒燕輒忘冒昧援淳化故事以爲請退省瀆尊之咎蹐跼無以自容乃蒙天慈特賜俞允未踰信宿亟有寵頒盥薰捧觀寶墨煥爛拭目詠歎莫知所云臣敢不勉勵微才咨揚大賜襲藏寶秘侈億萬年琬琰之傳遂爲中興以來玉堂盛事臣無任

繳進封事奏狀

臣伏見皇帝陛下自踐祚之初首降詔旨開廣言路以通下情四方聞之不應如響雖芻牧之賤皆得指陳利害膺奏無壅聖德寬大兼聽博觀罔言曾謀靡不延納甚盛舉也臣智識淺陋罪廢滋久每自揆度不宜妄議時事重惟頃歲服在朝列與聞機政憂國之心實不敢以出處爲間竊謂今日之事惟邊患未弭爲朝廷深憂舍此皆非當務之急輒有已見利使不避犯分之誅其封事上進伏望聖慈俯垂一覽察其誠款貸其狂瞽倘有可采乞賜施行庶幾小効涓埃之補所有封事一寶封謹隨狀繳進以聞

海陵集卷五

海陵集卷六

表

宋　周麟之　撰

進茶鹽法表

貨均於殖孰先山海之饒法存乎人爰定帝王之制本一成而不變雖百世而可行承詔纂修奏篇輒備臣等中謝竊以給軍需之巨費彌谷貶春但資於天産然波積實亦分於地征措已合於時宜令固當於夕改不有成憲將何靖民恭維皇帝陛下如天之仁因民之利舜垂拱而坐視湯寛仁而信彰謂法猶江河欲難犯而易避而政如金石果陳範以爲程體茲一代之倫斟若九功之敘臣等佩服隆旨聯紬成篇莫殫鉛槧之勞徒冒冕旒之鑒綱提領振倘少裨於萬分國富刑清庶共遵於三尺

請皇帝御正殿第一表

星文示變欻臨東井之躔聖慮省躬久避泰徽之座顧已澄於象緯猶未正於昕朝爰聲有僚莫遑寧處恭惟皇帝陛下道同天大聖以日躋雖堯舜性仁靡恃欽明之德而禹湯罪已每懷抑畏之心睹乾躍之異常念天明之可戒乃不責股肱之惰至自窮宵旰之勞宣布細書退臨便座貶玉食之大奉詢芻言而廣謀應天之實既孚徇古之文盍已伏望皇帝陛下丕賚帝命俯咨民情詔司士以正儀御總章之布政清蹕而朝萬宇咸仰晬容斂福以賜庶民率歸皇極

第二表

清臺觀象喜妖祲之廓然路寢避朝尚宸衷之惕若敢肩戴后之悃輒冒憲天之聰淵鑒未回輿情胥佚臣等中謝竊以聖人非見異而修德未占有孚天道每虧盈而益謙其應如響比仰瞻於乾曜或稍咈於經躔脊王側躬彌軫淵臨之懼下臣當政乃寬策免之誅靡移宣夜之辰俄驗保章之吉蓋爲仁由己莫非此道之素充故以實應天遂致彼蒼之昭假未復寢饗之舊靡寧臣庶之情伏望皇帝陛下眷念帝忱曲從民欲惟嚴廓恭己儼當南面之尊則海寓傾心長拱北辰之所願矜衆志俯畀僉言

第三表

五緯宣符既弭在躔之慝一人負扆盍臨當宁之朝造此造庭期於得請臣等中謝恭惟皇帝陛下大德敦化至誠感神清明在躬久矣意誠而心正寅畏自度居焉害去而福來顧謫見之何憂恃身修之有素不移於民不移於相懋昭責己之誠必得其壽必得其名丕享保邦之慶已收寒變之効猶屈當陽之尊然番國貢琛將展紫宸之覲而清宮獻罕佇虞黄道之行與其固執以謙虛曷若順從於愛戴敢祈睿聽曲徇愚衷稱詔蹕以出房正垂衣而御極惟治定制禮應譽百辟之彝儀則德隆碁星永見三辰之順度

賀表

舜璿齊政初占常次之愆陽德享天俄致異星之伏一人席慶萬寓騰歡臣等中賀恭惟皇帝陛下至誠如神大德必壽兢兢行舜帝之道巍乎有成翼翼秉文王之心純亦不已茲復加於警懼曾何損於照臨言天者必有驗於人惟知省己在君者固可移於相不忍加誅顧盛美之難名宜妖芒之自殄臣等叨聯邇服與覩休占愧柱石之弗勝何陰陽之能理熒惑徙心而退舍福實有歸輔星佐斗以成功義當自竭願首四方之賀益申萬壽之期

賀正表

寶歷推元肇啟陽闓之旦璇杓布令允當物棣之辰宜頌康年以綏介福恭

惟皇帝陛下至仁天覆大化春敷受命穆清永膺千歲之統協神醇樸坐陟三皇之閾御人正以更新擁春祺而錫羨臣等幸逢端月叨贊盛朝行夏之時獲共循於天紀祝嘉之壽願益固於邦圖臣等無任

謝除中書舍人表

臣某言俯結絲綸方竊禁庭之侍進持荷橐遂叨詞掖之除成渙莫回大恩曷報臣中謝伏念臣藐焉一介少也百罹技斷斷以無他志卑卑而自勉蠹漫舊簡容懷闟管之心草鞠先疇坐縮扶犂之手頃陪後進濫齒周行鷁過都而退飛風爲之祟馬立仗而斥去人惡其鳴幸逢公道之興祇拜召書之寵叨纂修於東觀愒日何功司記注於西垣兼官更濯愧攝承之已冒省藂類之良多久懷不稱之憂忽玷爲真之命此伏遇皇帝陛下網羅衆俊摩礪庶工煥乎其有堯文如天之大粲然而興周道得士以昌顧雖棖闑之材與被冕旒之眷臣敢不懋明聖意思大王言才華雖近愧於當楊體要欲上規於姚姒吏期文學之士咸精其能庶幾播告之修不匿厥指臣無任

謝除兵部侍郎表

黼座對揚方圖於猷告玉音宣諭忽冒於恩除感榮遇之非常惭譾才之曷稱臣中謝竊以六卿置貳並高豹尾之聯兩禁用人尤邃鑾坡之直任而得一寵已云殊剏二命之同頒更九重之親擢必惟鴻碩之彥允副聖神之知如臣者樸學無聞欽言何用雕蟲小技皆楊子之不爲腊鼠虛名亦鄭人之過聽寖叨華貫誤簡淵衷自賜環而來歸獲持橐以入侍螭坳濡墨但知臨陛之恭鳳閣演綸初乏湧泉之思至若紬書金匱視草玉堂才學識雕劾其一長渾灝噩莫追於三代惟日負素餐之愧遹而承華袞之褒改畀清曹仍司內命顧始望未嘗及此使自謀何以過之茲蓋伏遇皇帝陛下至誠與賢

常德立武威械藏而俎豆布永觀二柄之歸元首明而股肱良坐致百工之飭治道既弛張之各當人材亦長短之兼收姑令翰墨之臣預知軍旅之事臣敢不力鞭駑鈍誓竭涓埃雖馬上之與詩書粗明當務謂禁中之有頗牧終恐非才臣無任

進徽宗實錄表

伏以燕謀啓後仰萬世之閎模嗣德昭先輯一朝之鉅典惟興王克紹聖統致太史汔成全書恭陳簡册之嚴揭徹冕旒之邃臣某等中謝臣聞聖明潤色洪業有光謨烈之承典籍垂法將來式謹事辭之載歷考繼文之代共存傳信之書述作相因古今共貫恭維徽宗體神合道駿烈遜功聖文仁德憲慈顯孝皇帝孝繩祖武仁體乾元其知如神照徹天人之表以身爲度裁成禮樂之中御圖籙二十六年受符瑞數千百所極治之風炳同於三代高世之德遠比於九皇黃屋非心是能爲脫屣之舉白雲賓帝詎止寶遺弓之傳惟於廣記而備言可以覲光而揚烈皇帝陛下行高繼志功極舉神見堯於羹居每勤乎孝慕纘禹之緒時載郁乎文明爰庀攸司具嚴直筆覽奏篇之半尙博采於三長念愒日之多至踰於七閏臣等粗殫忠赤甫及汗青補藝以成一家庶可追於往作廣愛而形四海端有賴於斯文所有徽宗皇帝實錄一部謹繕寫隨表一進以聞

謝除給事中表

臣某言伏奉告命授臣試給事中仍賜對衣金帶者夏官升貳曾暖席之未遑夕瑣改除顧循牆之莫避恩由聖造感極愚衷臣中謝伏念臣奏技無堪登朝最晚性惟駑緩常有意於佩弦迹本賤庸亦何勝於簪筆徒以久陪於法從屢玆密拱於淸光坐閱三年遍歷兩禁悉自九重之簡記無非一札之

親除方戴恩私未知所報復易論思之地俾聯封駁之司望黃散之清班所居彌要考塗歸之故事厥責非輕不圖巽懦之資亦玷高華之列此蓋伏遇皇帝陛下鼎新大化器使羣才獨優棫樸之能官更懋菁莪之樂育謂用人猶制木雖棖闑在所兼收倘從善如轉圜則涓塵不爲小補欲張吾道尤重此官故凡選任之賢孰非自擢每有封還之詔無不曲從惟其言聽而計行是以體嚴而望峻豈容尸祿負此隆知又忌好名率然妄發臣敢不求之公論濟以愼思誦揚子之解嘲已自知其過分效李藩之批勅庶或繼於前芳臣無任

謝賜對衣金帶鞍馬表

臣某言伏蒙聖恩以臣入院特賜衣一對金腰帶一條金鍍銀鞍轡馬一疋者身章襲紫爛若兼金廏乘飛黃飭之釦轡望嚴宸而拜貺顧朽質以懷慚臣中謝伏念臣起於布韋叨與辭藁荷聖明之簡拔致爵祿之僥踰然其骨相酸寒僅與魯國之一逢掖性資鈍下豈識唐公之兩鸘鷞幸際炳文之朝獲陳稽古之力便蕃所逮俯僂奚勝此蓋伏遇皇帝陛下三接禮賢五章命德推解衣之大惠示賜馬之明恩束帶使言既增華於著定着鞭自勵當盡瘁於馳驅臣無任

謝除翰林學士表

臣某言伏蒙聖恩除臣翰林學士知制誥者三年禁路久塵豹尾之班一札優恩驟玷鼇頭之直揣才非稱受寵若驚臣中謝伏念臣地望素寒天資甚窳半生鼠技固已類於五窮萬里鵬程敢自期於一息濫綴影纓之末猥從結綬之初周旋每近於清光晤咊獨多於從列凡叨甄擢盡出簡知屢形華袞之褒抑識大明之照忽盼隆指遂陟禁林竊考中興以來尤嚴內制之選

未嘗官備足見才難故金鑾之庭正員纔逾二十玉堂而翠琰所紀虛席蓋已三數年豈容賤壯輒冒親切念干戈之擾攘覺翰墨之無功書詔甚稀盡樂鈴條之寂諮詢愈密夜慚跋燭之光夫何晚生有此亨會茲蓋伏遇皇帝陛下憲章六學綱紀四方雲漢昭回揭儀刑以見天則雷風鼓舞孚號令以說民心欲令承學之臣助起烈文之治臣敢不少圖實用上副詳延煥乎堯舜之有文章本不資於潤色責以燕公之大手筆徒自愧於濡毫惟夙宵而盡忠以頂踵而歸報臣無任

謝兼侍讀表

臣某言伏奉告命授臣兼侍讀者大筆甫聞猥玷承明之直細旃垂聽復叨勸誦之官奉諸知榮捫襟失措臣中謝伏念臣草茅賤士鉛槧迂儒智不逮人顧何知於亥豕才非適用徒自困於蟲魚雖云居翰墨之司豈足語帝王之學幸廟朝之多暇當書詔之絕稀每闕一札之下頒悉由宸訓至效八甎之晚入深愧素餐忽紆命綍之優俾侍經帷之邃夙泉賜啜日溉君恩玉案緡書躬承聖問夫何光渥併及妄庸此蓋伏遇皇帝陛下其仁如天以古爲鑑躬聖人之能事莫非生而知之覽載籍之備陳固已識其大者猶兼收於小善用益廣於多聞拔此孤蹤登於近綴臣敢不溫元闕業展竭愚衷誦班史之文章雖莫追於述作陳漢家之治道庶有沃於咨詢臣無任

辭免除同知樞密院事表

臣某言伏蒙聖慈以臣辭免新除同知樞密院事恩命特降詔書不允者異恩簡畀理有必辭優詔申褒命惟弗及敢冒崇高之聽復殫懇惻之誠臣中謝伏念臣蕞爾小儒陶於鴻化枯荄已撥俄遂底於再生小器易盈亦豈容於多受猥荷聖神之眷遍塵清切之班文章不足以潤飾皇猷識略不足以

裨贊國論方虜幽黜忽被峻遷升兩地之官聯翊萬幾之事任當英主操天下之柄立武有常非傑臣助幄中之籌折衝何賴豈繁愚惷可副束求伏望皇帝陛下大智獨觀至明旁燭察臣樗材甚陋力有弗勝憐臣鼠技既窮用之無補特收已行之命少紓不稱之訶灑此曲衷期於得請臣無任

除同知樞密院事謝表

臣某言伏奉告命除授臣同知樞密院事尋具辭免伏蒙聖慈特降中使賜臣不允批答仍斷來章者昭回降札驟登列於紫樞俯僂循牆累具陳於丹悃洊拜如絲之旨難停已渥之恩冒寵不貲措躬無所臣中謝竊以文武並用之道祖宗相傳之規觀其於右府擇人莫非與貢儒共事如醫治國以砭劑而拯庶民如斗在天以樞機而斡元氣自非通於道而知本末之序達於識而達弛張之宜則安能應酬萬微該輔七德必求名世之彥以起慮邦之

功如臣者天與隘疎地縣寒遠智挈瓶而甚小學浚井以弗深抱槧懷鉛空言何補持橐簪筆歷試罔功居然日月之虛靡積有器名之濫假自躋禁路每歲一遷旋蹈複門兼官四所皆以蠅而附驥殆不稼而取禾初乏才稱聯聽履於星辰之上忽叨柄任贊運籌於帷幄之中方此議邦惟以戒不虞欲共佐廟謨以恢自治豈容末學忘測沈幾茲蓋伏遇皇帝陛下受命於天用人惟己堯仁廣被不戰而屈人兵周道復興有常以立武事收攬四方之豪傑輔成億世之基罔貌是孤蹤甄於大造臣敢不對揚丕訓摩勵謭材詭一割以效愚展四體而率職庶幾夙夜基命少裨有密之謀當使精神折衝共固安疆之業臣無任

海陵集卷六

海陵集卷七

宋 周麟之 撰

表

謝賜生餼表

臣某言伏奉詔書以臣生日特降中使賜臣羊酒米麵者載育生辰愴永懷於風木匪頒疏寵叨厚施於雲天祗荷慈榮益深感怍臣中謝伏念臣晚生蓬蓽舊業蘚鹽適逢千載之期誤沐九重之眷禁塗入侍徒自愧於吹竽宥席延登曾莫聞於借箸敢謂垂弧之旦更霑出綍之恩勑使傳普私庭益耀併有廩庖之饋切無塵露之裨此蓋伏遇皇帝陛下儀篤股肱寵優帷幄養賢而厚其禮兼備大亨接下以通其情每推耆錫俯旌初度內顧多儀頂踵甚微曷稱乾坤之造夙宵自厲但堅犬馬之忠臣無任

到筠川謝表

罪宰山積當伏嚴誅恩量海涵獲從寬憲祗戴乾坤之造曷勝犬馬之心中謝伏念臣稟資寡頑慮事闇淺叨以書生之末技誤蒙聖主之深知遍歷從班洊登幾地揣才非稱冒寵實多無制勝之籌何以助幄中之畫無解紛之略至于輶軒外之行不知國爾以忘家是謂食焉而怠事生致煩言之嘖亟宜顯戮之加敢冀睿慈曲憐孤蹟以嘗預萬幾之論久接清光不忍為四裔之投俾居善地此蓋伏遇皇帝陛下如天覆幬若日照臨五教弼行本躬行於舜德三風其訓終誕布於湯仁憫此微生與之末減臣敢不仰承善貸均滌非心杜門省愆倘識自新之路撫膺論報終捐不肖之身臣無任

賀殺獲虜主完顏亮表

天戈所指大敵摧鋒虜帳自除凶酋授首共快邦讎之雪仰繁廟略之神捷

奏九重歡騰四表中賀竊以北狄之難逾三十年南來之師號五百萬其貪殘固犬羊之所不附其暴戾有豺虎之所不爲豈期投箠以臨江妄意揮戈而卻日一夕瓦解腹敗枝披棊胡獸奔魄褫膽喪雖曰皇天之降罰實由上聖之成謀方徐動於和鑾卽坐收於疆土歷稽往牒度越前聞漢斬郅支第乘其無備唐擒頡利蓋得其已降猶足以揚昆山之威遂至於灑渭水之恥若今不續亘古絕倫恭維皇帝陛下天德清明聖圖廣大視民如子天下之所共知應敵以兵聖人之不得已膺信順之多助協修攘之本謀孟子言不嗜殺人齊焉能一高皇謂吾寧鬬智項豈終強偉此帝王之極功昭然仁義之明效臣自嬰大戾久闕清光幸存困躓之餘生得覩殊尤之慶事遙望天顏之喜阻拜舞以稱觴夙蒙帝力之深但謳歌而擊壤臣無任

車駕巡幸視師起居表

萬旅飈馳率連衡而遠討六飛雷動徐按轡以親行　蹕所臨輿情胥抃中謝臣聞大將以啟興邦之主世不能無猾夏之夷必躬小勞斯辦大事然而文帝勞軍細柳終莫勝胡太宗立馬便橋又譏輕敵既動符於機會宜功冠於古初恭惟皇帝陛下至德順民沈幾先物世祖身濟大業道本於柔憲皇能用忠謀斷歸於獨夙整時巡之馭大收恢復之勳百神恭扶萬福降輯臣方縻罪罟莫奉宸騶望屬車之淸塵徒坐馳於禁路禱上帝之景命佇歸宅於神京臣無任

賀車駕巡幸視師回鑾表

天仗巡師茂啓止戈之烈帝車復路式施行闕之居凡預見聞率同呼舞中賀恭惟皇帝陛下德配天地功光祖宗仁覆下以無私雲行雨施武通神而不殺雷厲風飛比陳應敵之兵亟勅渝盟之寇出師命將方進討於中原按彎勞軍乃鼎移於淸蹕迨此還衡之始偉茲獻馘之多亂甚有苗不待七旬之格勇如徂莒眞成一怒之安夷夏均歡神人底豫臣戴盆自咎拱極彌勤獨效堯封祝我聖人之壽共歌周雅喜於王化之行臣無任

天中節賀表

五月爲皋協應薰風之候一人有慶丕昭大電之符諸福川增衆心懽抃中謝恭惟皇帝陛下功高復古道大乘天舜羽兩階自致遠人之格湯網一面率惟寬德之歸好生溥洽於民心得壽永膺於帝祉當誕彌之紀節宜錫羡之儲休自天中之受命長矣臣坐拘黜典遜仰淸光漢殿稱觴雖阻九賓之會堯雲在望但傾三祝之誠臣無任

賀立皇太子表

臣某言恭覩五月二十八日手詔立皇太子者皇大輔德衍赤制之昌圖聖子承休履靑宮之正位涓辰授册浹寓騰歡中賀竊以聖人無私心至公而神器定天下有大本豫建則羣心歸必九重躬獨斷之明斯萬國仰元良之正肇稱閎典凡屬熙朝恭惟皇帝陛下其仁如天以古爲鑑受奉元之神筴以莫不增詒翼子之燕謀其寧惟永不圖垂裳之治聿嚴主鬯之求蔽自淵衷立茲儲極撫軍監國豈憚分宵旰之憂繼體守文將使荷宗祧之託仰窺宸慮上合天心臣久在黜科側聆溫詔聖謨倫王盡制莫窮盛德之光海重潤星重輝徒効輿人之頌臣無任

賀皇帝登極表

臣某言恭覩六月十二日太上皇帝詔書皇帝陛下登寶位者王假有家決大謀而內禪帝出乎震嗣洪業以丕承三靈扶不拔之基億載荷無疆之壯中賀臣聞藝祖膺圖肇造卜年過於成周上皇撥亂中興受命同乎光武屬

久勤於幾務　退養於壽康乃睠元良肆登大寶傳歸於子而尊歸於父兩今授受之光順助者天而信助者人交贊纘承之慶本宸謀之素定占鼎祚之彌昌恭惟皇帝陛下資稟聖神行全仁孝言底可績邁虞舜之聰明道得其傳體文王之淵懿自慎臨於國本知久繫於民心親承帝咨亟踐天位堯言誕布已明黃屋之非心漢歷重開又見赤符之有記豈止奉燕貽之本志遂將收恢復之成功臣屛伏遐方欣聞曠舉六龍在御雖莫逮於雲從八表同歡但率先於獸舞臣無任

賀太上皇帝傳位表

臣某言恭覩六月十一日詔書皇太子即皇帝位皇帝陛下稱太上皇帝退處德壽宮者授位儲闈躬發非常之斷頤神廣内坐膺難老之符千古有光萬邦無斁中賀恭惟太上皇帝陛下功深育物道極昭天攬權綱者三十六

年自濟艱難之業上符瑞者數千百所每懷損抑之心其聖人之成能斯大德之得壽舉此神器授之皇儲咨舜帝之四聰訪煩師錫陋唐家之三遜獨出誠心超然爲脫屣之圖了不持抵龜之決臣　於荒陬逢此盛明黃屋非心倘託堯天之庇玉巵上壽莫瞻漢殿之儀徒遡仰於清光願永膺於介福臣無任

賀今上皇帝上太上皇帝尊號表

臣某言伏覩六月二十九日詔書恭上太上皇帝尊號曰光堯壽聖太上皇帝者席慶膺圖嚴一人之大養歸尊報德建萬世之丕稱聲教所加旄倪胥抃中賀臣聞聖人何加於孝惟純孝斯能篤於親大德必得其名非隆名無以稱其實考百王之甚盛具二美之爲難赫若熙朝光於曠古恭惟皇帝陛下道繩祖武化輯人文受上帝之命而作君師家齊國治推哲上之心以事父母地察天明眘言踐祚之初宣示承顏之格舉五日一朝之故事既甫展於誠心因九州四海之歡聲復丕揚於顯號蔵儀穀旦奉册殊庭發揮傳聖之休功昭假後天之睿算臣屬羈宿負阻覲彌文雖蕩蕩無能名莫贊舉堯之美然欣欣有喜色但知歌舜之深臣無任

賀太上皇帝册尊號表

皇綱帝紀事彰授聖之功天號人稱茂正歸尊之典禮行中禁歡浹外區中賀臣聞自古以來惟堯爲大位傳於聖初非狥一人之私仁稟於天獨能高五帝之壽仰闕上哲卓冠前徽宜闡繹於閎休遂坐膺於顯册恭惟光堯壽聖太上皇帝陛下道公無我功大難名雖撫運中興創業實同乎藝祖而戢兵盛治歷年幾及於仁宗惟聖盡倫謂天與子渾噩布十行之札雍容辭萬乘之尊趣濟泊以頤神保康寧而介壽誕受鴻名之赫彌古鼎筴之長臣以

罪戾之餘生當光華之復旦雖弗能鋪張盛德與二典以爭輝但相與請祝聖齡從三光而不老臣無任

會慶節賀表

負扆當陽方仰龍飛之聖觀璿告瑞適逢電繞之辰慶叶千齡歡均萬宇恭惟皇帝陛下重華協帝大德庇民乘乾膺物覩之期受祖德世修之業統承邦慶大横應兆以庚庚瑞紀聖生佳氣靄空而鬱鬱自廓繼明之照有光初度之祥四海傾心載聽明之時乂三靈錫祚占福祿之日來臣頓胃清班常瞻晬表舜庭輯瑞雖阻覲於重瞳周雅揚休但深祈於萬壽臣無任

天中節賀表

握圖授聖有光揖遜之朝鳴社發祥復屆誕彌之月照臨所暨呼舞惟均中賀恭惟光堯壽聖太上皇帝陛下道以損修福由謙受功成而不自處與世

作程德大而無能名如天在上屬電繞虹流之紀旦宜日升川至之叢休賡成子授以長生燕頤自得華封人介之眉壽永保無疆臣屏跡衡門馳神魏闕奉玉巵而稱萬歲貢箴周行上金鑑以祝千秋徒深善頌臣無任

會慶節賀表

十月爲陽迓天宗之降嘏一人有慶肇帝武之開祥運際勛華歡均薄率中賀恭惟皇帝陛下位尊明兩德峻登三地平天成行焉復禹之迹父作子述固已廣文之聲當載震之熙辰治維祺之善頌烽沈柝靜坐清北徼之塵松茂竹苞永保南山之壽既修德錫符之有素矧宜民受祿之方增臣假伏巖阿傾瞻象魏仰泰微之座稱觴莫綴於在廷詠天保之詩拜手但期於報上臣無任

歸常州謝任便居住表

竊臣伏辠久逃司敗之誅容主臍圖首沐蕩瑕之澤恩光俯被感涕交流中謝伏念臣奮自諸生猗無他技偶遭逢於盛旦獲振拔於泠塗臺閣十年寖冒近臣之顯列雲天一札悉由太上之親除方贊幄中之籌適逢疆外之變既不能廟將使命排難解紛又不能力奮兵威誅暴除亂旋嬰大戾斥處遐年忽蒙曠蕩之恩返卽便安之地夫何幸會有此叨逾茲蓋伏遇皇帝陛下業紹垂裳仁深施罟天穹𡫳而在上廣覆無私日華曜以宣明重光有赫方且棄瑕而用善未曾記過以忘功有如玷缺之餘亦與麗鴻之渥臣敢不仰承休德益勵壯圖萬宇歸仁方戴龍飛之九五一心報上但同虎旅之三千臣無任

太上皇帝賀表

三綱正始燕嗣聖以貽謀四德修明登柔賢而儷極慶叢中壼歡浹外區中

賀伏以惟聖盡倫道全則大自天憒典福備爲難有如二帝之重輝豈謂千齡之　盛恭惟光堯壽聖太上皇帝陛下化由身率道與世隆高　比於九皇超乎萬物廣愛刑於四海驩若一家緝儀交絢於褘褕大養益嚴於寢膳衍宮闈之介福固廟社之鴻基臣久奏違顏遐焉在野幸逢舜旦仰日月之光華但賦周詩祝子孫之千億臣無任

今上皇帝賀表

皇明嗣服由五典之功昭婦順宜家見六宮之位正昕朝誕告溥海祇歡中賀臣聞堯以舜承尙觀嬪則任惟姒嗣益播徽音昔皆曠千載以垂芳今乃萃一時而協慶恭惟皇帝陛下德優治內孝篤寧親知天子之必有尊上遵嚴訓察家人之無攸遂旁吉古　揆穀日以裁儀啟椒風而迪化益煥權星之象永綿瓜瓞之休臣屏處窮閻欣聞渙號天高地厚方荷戴於隆恩國治家齊願揄揚於美化臣無任

上尊號表

天相丕圖一德撫興王之運君都顯號四方推戴上之誠茲冠代之鴻休實累朝之鉅典敢效叩閽之請輒忘席藁之誅竊惟有道之君必得斯民之譽三代之王先令問備載於經七制之主有天功首稱其孝厥惟盛際尤屬熙辰恭惟皇帝陛下受命穆清躋民仁壽出震御千齡之旦乘離恢九聖之基奠禹鼎以再安戢周戈而不戰二星抗節歲通北國之驩六驥旋輿日侍東朝之養炳然文治揭在民謠厚澤浸乎八區太平登乎二紀多儀且舉精意潛交黛耜三推奉盛於淸廟景鐘九奏颷燎於圜壇膺上帝之溥臨卜兆人之允蹈仰占乾象璇璣運而七政齊俯協坤靈玉燭調而百嘉茂凡茲著効不可殫論豈駿烈之彌崇尙丕稱之未建宜消穀旦式舉舊章雖蕩蕩乎無

能名莫贊舉堯之美然欣欣然有喜色但知歌舜之深臣等肆業儒宮觀光帝闕竊懷大願薦布需章不量草芥之微冀協宛旒之聽整皇輿而告廟行望翠華之旗受玉册而臨朝仰刊白玉之寶庶符輿論拱俟僉音臣等無任

牋

太上皇后賀牋

發號楓宸式嚴嘉禮騰芳椒極茂衍重輝道化合乎兩儀懽聲翔乎八表臣中賀恭惟壽聖太上皇后殿下恩深母育德厚坤承躬岐下之勤勞共成王業廣周南之教化首穆邦風休功既底於家齊備福更資於婦事光昭發策喜動鳴環臣身在寒鄉耳茲盛事仰唐虞之華旦彌切望雲歌任姒之徽音第同綮　臣無任

今上皇后賀牋

入從龍樓久嚴婦道進登椒掖聳正坤元天作合以同休下聞風而率舞中賀恭惟皇后殿下藝該圖史德稱翟行變彼令儀早承恩於魚貫係茲昌運實附翼於龍飛果符夢月之殊祥式舉俔天之異禮助承顏於兩殿資聽治於六宮臣屏跡巖洞係心觀闕青規考制雖莫預於討論彤管流芳第竊形於歌詠臣無任

海陵集卷七

海陵集卷八

宋　周麟之　撰

啟

見孫尚書啟

連年避地久鍾慕藺之情昔日曆門已遂識韓之願與聞末論大慰夙心有稽奉雉之趨猶覬登龍之列挽車而見永歎無欺懷刺而投復慚不敏恭惟某官南州望重北斗名尊流道德之淵源蔚言談之林藪勁氣阻金石高義薄雲天智能海內無雙風華江左第一蚤歲擢兩科之選雄文起百代之衰綵汗簡於蘭臺四部之書畢讀演綸言於鳳閣五王之册分占薦登喉舌之司屢鎮股肱之郡搢紳聳聞其風采草木知畏其威名不虞盈篋之書未即登颺之拜燕居自適清舉益高詠白傅之詩假息香山之第舉晉公之酒優

游綠野之堂佇膺宸命以趣歸當爲蒼生而復起某斗筲小器樗櫟散材收殘編於煨燼之餘勵素志於飄零之後質非幼敏謬稱天上之麟名不逮成孰謂人中之驥勉趨庭而學禮嶄發策以決科時喜帶經而鋤豈効秉觚而歎不克終養遽興銜恤之哀僅存餘生恐墜傳家之訓永惟先德實荷深知固無千斛之求敢期作傳不受萬縑之獻尚冀請銘雖懷荼毒之悲每起嚴瞻之念輒繼窺於數仞或沾丐於餘波牧豕而辱先君願佩澤中之戒取履而教孺子庶被圯上之書

見張侍郎啓

館鳴珂之里屢瞻軒蓋之光望列戟之門敢造釋褐之後失百川於向若輕萬戶於識韓雖無蟠木之先游輒　景星之快睹恭惟某官文章司命吾道主盟氣儲海嶽之精學探天人之蘊詞鋒訾鋭字挾風霜志節孤高忠貫日

月德望著東鄉之後才華傾北斗之南棣萼聯輝桂林擢秀一門何盛七業俱興三虎之中人推其最怒八龍之列獨擅於無雙擴先塋以及人障末流而反樸青藜下照早膺司典之華白首回翔久奉含香之奏逮分符於郡寄留執憲於臺綱權豪避御史之驄威聲落將軍之膽進持禮典擢在禁塗方期入贊於洪鈞遽乞就閒於眞館石樓詩酒暫追居易之遊竹塢林泉毋傚希聲之隱允惟國器簡在帝衷屬寧親靖難之初必思耆德願立政任人之本無越老成佇通帝夢之祥亟拜璽書之寵片言悟主行展盡於忠謀一字拔人冀獎成於士類某量幾夷隘性近柴愚和熊膽以助勤幼雖有訓賣牛衣而自給長亦無聞空存希驥之心妄究獲麟之旨作賦漫窺於小小說經徒聽其硜硜效兒曹刻鵠之工深虞類鶩授童子雕蟲之技或許升堂恥進足以趦趄獨倚門而骯髒惟是東南之望士願見下風愧非淮海之俊人敢陪高論幸借吹噓之末俾承謦欬之餘雖枯柏豫章未有棟樑之器而桂芝參朮庶充藥物之資

代回福建提舉杜朝請到任啟

伏審光膺命綍遠服使軺攬轡登車褰帷視事恭惟某官憲章明習風績藹聞以強敏之才更繁難之任臥琴堂而撫字遊蓮幕以優游擢從展驥之勞畀以斡山之寄立三等之資而定估悉掃弊源遵十二之法以便民即登課最行拜璽書之寵進陪夜席之前某臥疾里門坐馳旌節未皇修於慶牘先辱賁於珍題愧荷之深古言奚盡

代回賀臨安張待制啟

伏審拜命宸章升華次對顯膺帝簡歡浹師言恭惟某官學冠時髦智周物表以儒術飾吏事以才業結上知出分轉漕之權棨車不絕入著尹京之効

桴鼓稀鳴摘姦伏以如神典誥穰而爲最兼師臣之重鎭並藹風猷登內閣之近班茂隆寵數即膺眷倚大展經綸顧惟衰朽之餘敢謂記存之厚尚稽修慶遽辱飛緘感頌之私敷陳罔既

代回舒守張朝奉啓

三年養疾屛伏田廬千里懷賢坐傾旌棨敢謂眷存之厚過形緘　之先荷遠貺於衰殘實內增於榮佩恭惟某官天資恬粹吏道循良世傳召父之謠人樂張公之政化移姦盜訟訴昔虛福被遐氓烽亭夜靜大才久試尙淹一郡之乘溫詔俯頒行拜十行之寵某久膺衰疾正闕風猷竚觀旌召之來即展慶書之禮其爲瞻頌罔罄敷宣

上徽州胡提舉啓

絺好高閎忝在乘龍之列叨恩別乘慚非展驥之材幸德蔭之可承庶官曠之知免某官襟懷日月智略蓍龜才游刃以恢恢志凌霜而凜凜乘軺近服初褰賈父之帷剖竹藩方屢引買臣之綬宜布將同於佩犢去思猶戒於剪棠乃眷近邦復煩舊德凝香森戟固治理之有餘增秩賜金諒詔音之非晩某轍鮒年耆牆面何知將竊庇以自存仍造官之相踵始佐黃堂之善治以樂溪山終依皂蓋之餘陰獲安屛軾清和在候嘯諾云初祈妙褆於天倪益寵綏於帝簡

徽州鄭通判啓同官

大邑鳴琴嘗竊依於餘庇長途展驥乃獲佐於下風靜言絺好之深深切詠仁之素某官望高邦獻識達政經磊落多才絕由求之果藝周旋盛德貫夷惠之清和累種河陽之花初乘仲舉之坐雍容嘯諾已藹著於懽謠馳騁事功佇立登於要路某久違德宇幸綴官聯河漢已遙望星槎而阻闊葭莩甚

陋倚玉樹以增輝暑簷既升薫風初扇冀春調於寢佅即茂對於寵光

回郝門知縣

乘仲舉之坐深愧非才望河陽之花久聞善政居自慚於鷁退行喜覿於鳬飛某官藝了十人才兼數器擴高才於製錦觀小試於鳴絃百里將雛尙屈大賢之用一鳴展驥佇登要路之津某猥以兒蹤濫分別乘陪嘯諸之餘暇祇懼素餐稽撫字之良勞敢忘善助未皇修問先辱墜音

除著作佐郎謝啓

鳴騶問政吏則不閑載筆承明讀書未見因知小己之得失亦係大公之廢興竊惟著作之庭蓬在圖書之府舊文所次有巖石室之藏大雅爲羣寶貯金匱之彥自官制肇興於昔魏顧史才孰繼於班張閣筆無成難條章之未見上車不落嘲選任之式輕自非兼有三長之資何以與聞一代之典如某

者蓬茅弱植巖野窮栖兔園漫守於家傳狗曲第慚於師授多聞非約但同愚賈之操金逆旅無依更類窮猿之失木蔑陳末技濫造周行糾教成均亦屢更於歲月讎書天祿徒坐費於丹鉛猥緣四戶之攝承遂以一鳴而斥去拙於謀食釜中徒怪其生魚素不潰交門外何嫌於羅雀方虞委壑忽冒題輿曾坐席之未溫辱賜環之遽及大昕入對再瞻玉座之清光中祕延登復覩蓬山之舊觀此蓋伏遇某官才全國棟道正民彝已闢異端倡諸儒以六經之說方陳長策舉明主於三代之隆乃昭示於大公用旁招乎衆俊遂令困躓亦預甄收東明可占已見人才之聚大鈞所播敢忘國士之知

代七兄監酒謝湯漕司啓

元禮通家夙軫門闌之舊趙文舉士誤推筦庫之才念器使之不遺實恩憐之有素愛忘若此報稱謂何伏念某樸遬凡資羈窮末緒詩禮誦過庭之訓箕裘承弈世之傳早逐宦遊繼參時難安能久事慕投筆之班超要當立功想棄觚之介子逆遭戎旅綿歷歲時不能食肉而飛焉能裹尸而死每效搴旗之力寧忘綏帶之風壯節未酬視飛鳶之欲墮初心已負歎畫虎之不成晚克志於儒規復冒恩於世賞自兜鍪而出益愧操修以鉛刀爲銛尙圖淬勵妄冀雲津之躍遽纏風木之悲三釜及親已乖於素願一行作吏永效於微勞廿從俗以浮沈笑爲官而拓落棲遲旅館殆同涸轍之鱗悵望舊山已作焚巢之鳥方大旆甫臨於近鎭顧孤蹤久困於窮途就拜車塵勉圖齊攝思綈袍而戀戀曲荷記存御駟馬以揚揚樂從驅策爲貧而仕雖賤不辭舞醯甕之天方漸期於展翼走麴車之道初敢意於流涎繆當榷酤之司實係斡旋之計醉兵廚之百斛難繼高風給門下之三升濫霑微祿故將奚補恩實有歸此蓋伏遇某官履道廉平持心愷悌卓犖時材之冠嚴明世吏之師

暴公子之威名素聞汇海尹扶風之政舉久著朝廷茲惠一州甫逾半歲果膺褒璽復就使軺二千石之良能已觀往效十五城之重寄均被深仁致令嵬瑣之資亦預使令之列某敢不居勤職課靜察吏姦追楚客之獨醒戒宋人之不售永託榯幪之庇庶獲便安誓捐溝壑之身少酬知遇

代年節賀州府啓

千載一隆甲子起上元之運羣生咸遂青陽乘大簇之和恭惟某官廉德表民英風秀世御兩轓而作屏聽千室之鳴絃屬三陽肇歲之初迎百福順時之吉即膺宸命前對寵靈某久苦病痾阻修慶禮感璿璣之運益歎衰慵望麾戟之光徒深馳頌

回常州周守啓

伏審光奉細書趣臨近郡兩轓入境爭黼來暮之歌千室鳴絃已樂告新之

政懽聲所暨輿望彌休恭惟某官德具將明才高牧御含香奏事嘗參謀於民曹足食成軍亦屢將於使指仕無喜而已無慍撓不濁而澄不清惟夙負於實能故卒歸於公選凜然森戟暫分劍井之寒光行矣賜環即泛霅溪之春色某披雲尚邈借潤非遙惟公臥治之邦昔我羈棲之地言念松楸之壟獲託庇庥但同襦袴之民播於謠詠荷詔書之甚寵愧慶牘之何稽

回蔣龍圖啟

祗奉贊書濫司記注秉直筆於螭頭之下從屬車於豹尾之中方容選之加嚴乃庸才之躐進濫吹已甚借潤爲多恭惟某官罔辯治聞老成重望五千卷撐腸之富無問不知三十年攬轡之英雖多益辦復屈臨於省部將歸踐於華涂李白不願萬戶侯歎未偕於識面郇公能爲五雲體荷先辱於詔書

初除中書舍人回趙提官啟

祗奉容除濫升詞掖三年假寵每慚潤色之　疏恩誤謂代言之得體仰聆天獎欽荷主　之英與有游談之助恭惟某官心如冰鑑口有雌黃取友必端德自全於三益待人以約已兼具於百能貢茲黃絹之辭勉以丹青之價高情邁俗好稱篤於金蘭妙語噓枯報實慚於瓊玖

回張通判啟

華轍屈臨幸快景星之覩大編垂賁恍驚明月之投念晚學之何知蒙高情之過予伏惟某官望傾時輩才配古人淵生珠而崖不枯殆英靈之天賦鶴在陰而其子和宜聲譽之日聞況能自以詩鳴所得不爲俗絆有如妙作正是名家試窺筆下之波瀾可見胸中之邱壑陽春白雪和彌寡流水高山知亦稀命矣奴而背錦囊計篇章之甚富呼驥子而吟玉案喜格律之爭新某早識芝蘭舊鄰桑梓雖承顏之已後實託契之尤深聽遺音於三歎之餘自慚俚耳誦佳句於百僚之上徒效游談

回淮西張運司啓

伏審光奉宸綸肅將使指行軒所過殆同衣繡以還鄉習俗相諳不假褰帷而問事飛郵遠暨屬部懽呼恭惟某官妙手撥煩英姿拔俗才堪排難素韜武庫之甲兵志欲惠民方探藥囊之芝朮念淮右據川涂之要於江南爲屏蔽之區自當澄汰冗員少寬民力亦必撫寧他盜預戒邊虞況茲告后之嘉猷莫非保邦之長策更期勠力倚俟成功慚慶牘之未呈辱謙光之遽及一書借寵已逾十部之賢千里馳情莫效雙瓊之報

海陵集卷八

海陵集卷九

宋　周麟之　撰

啓

賀左相啓

伏審奉詔中宸舊庸上宰維能補袞久思山甫之歸若作和羹爰正傅巖之立消辰誕告率土祇歡竊以選賢雖以道觀命相莫非天啓大風著兆由帝夢以前知中夜閱章豈人謀而後獲偉千載一隆之運煥三台齊色之符龜筮其從股肱有喜用眞儒無敵於天下劝固宜然惟吉士勵相我國家政由此立恭惟某官道公無我量遠莫涯重任在躬伊尹先天民之覺博通當世仲舒有王佐之方更中外之顯勞際明良之亨會召從藩牧來翊政涂方一人總攬於權綱掃除宿弊欲二相彌綸於機務協贊　功簡是傑材授之魁柄巖廊高拱豈惟天子之仰成沙路　歡將見單于之却立某聳聞孚號欣覩曠儀一氣之轉洪鈞已歸大造千秋而奉明主佇讚殊勳抃詠之私敷宣罔旣

賀右相

伏審茂膺帝制峻陟台衡謝傅之才槃槃雖容高臥周公之舄几几復喜遄歸大號渙行輿情孚悅竊以抱道之大逢辰者難賈誼傷吞舟之魚莫能容己王襃美嶅鄰之駕要在得時惟安恬於命義而不顧其他則感會以精神而必見於用宜茲華旦有此舊臣恭惟某官上所倚平人之彥聖謫形无缺凜然松柏之後凋德裕乃身粹若圭璋之特達頃參大政未完遠猷十年湖海之心已之無慍千載風雲之會至此乃亨遂符霖雨之恩亟正袞衣之拜望風從化已聞御史之滅驄同日登庸復見開元之設饌某濫陪鵷鷺竦聽

絲綸元首明而股肱良方歌盛事大廈成而燕雀賀共贊歡聲

賀知院

伏審誕膺中詔榮總上樞聖主之得賢臣允當盛且文事之有武備卓見全才寵播絲綸歡騰搢胄竊以本朝分二柄之重有府筦七兵之嚴宰路旁兼久矣事權之少損儒臣獨領今焉體貌之彌崇厥有憲邦之姿能專恭命之寄恭惟某官道侔先覺學蘊壯猷當風雲千載之期有臺閣十年之望回翔天路冀乎威鳳之冲霄入贊廟謨沛若巨魚之縱壑茲踐機廷之長實爲鼎席之階姑借重於本兵示有嚴於當武當周室戢干戈之後懿德是資得子房在帷幄之中成謀益固某與觀鼎貴益竦巖瞻寬東壁之圖書舊明殊遇望北辰之樞極方託餘輝抃詠之私敷宣罔旣

回洪帥折樞密啓

伏審光膺容札易鎮雄藩洗南海之瘴氛旌旗動色挹西山之爽氣穽笏生輝條教一頒頌聲四洽恭惟某官忠謀衛社壯節雄邊家傳圯上之書力奮隆中之略屯履星辰之上早分職於六卿運籌帷幄之中獨折衝於千里當雪霜之四出凜松柏之後凋浩氣不衰　遭逢公道聊假息於上游卷雨飛雲坐嘯臨江之閣攀龍附鳳佇歸論道之庭某夙仰英風與諸餘潤未借望履徒欽斗北之一人首辱詔書若獲明珠之兼乘

又

祗膺容札濫正綸闈方書笏以丌　遂拜麾而壓角一人自擢知忠貿之無他三歲爲眞示器名之不假顧此叨榮之甚厥曰借潤之多恭惟某官德具九龜望爲喬木聲名赫奕稱一代之龍門問學淵源涉千尋之玉海以扶世導民爲己任以推賢揚善得士心事業不減古人品題便爲佳士退惟孤陋

幸及老成雖兌阻於拜塵諒陰蒙於推轂荆州未識固知萬戶之輕郇翰遞來徒仰五雲之妙

回孫尚書啟

伏審光奉溫綸寵還祕殿彌年奥渫不幾乎寶康瓠棄周鼎之嗟盛旦昭明乃復有遊閬闕觀玉壺之意華纓所萃綬帶交歡恭惟某官百代宗儒三朝壽俊學能必至水萬折而東之問靡不知龜千年而一聚當衆口鑠金而可畏顧匹夫懷璧以何辜大節不緇孤忠自白幽居無累超然藐姑射之山晚歲獨存巋若魯靈光之殿纔上公車之奏果興宣室之思亟疏寵於寶跗遂通班於清　遙瞻漢閣何當曳太乙之青藜佇入秦關亦粗識眞人之紫氣豈正聽履於星辰之上蓋將運籌於帷幄之中恠召節之未頒想高懷之頗鬱謝公不起顧其如蒼生何漢將有謀諒無踰老臣者大才當用清議所歸某頃自膺門叟嘗奉履甚愧登龍之舊乃稽燕賀之恭執古禮以事公當下袁松之拜爲先君而厚我忽垂苟逖之書仰服高情永懷音誘明珠在坐莫酬兼乘之珍妙筆驚人益壯五雲之體

回狀元啟

伏審欽承聖問卓冠儒科方明上表章六經詳延天下之士以匹夫動牖萬乘灼見仁人之言臚唱傳呼俊躔竦慕伏惟狀元先輩器博用遠學成行尊以海涵地負之才兼玉潔日光之操窮年待問手不停百家之編盛旦決科筆獨掃千人之陣當明聖修潤色之業謂春秋爲攬權之書誦語於庭豈止論天人之際正辭以對誠能明禮義之宗默契上心擢居前列在時論以爲龍虎榜不愧盛名如道家所謂蓬萊山固宜平步某濫司史筆叨贊大衡仰眷鑒之天臨眩　辭之奇合鱣堂糾教素知國士之無雙桂殿程書復見仙

宗之第一

回第二人啓

伏審奉對楓宸策名鼎甲危言不顧遂痛革於秦拘大器難量詎恥居於王後直臣增氣公道有光伏惟某官六館舊人四川名士多文是富豈惟食雞蹠之數千廣業不荒固已吞雲夢者八九以三冬積學之彥爲萬里觀光之行奮揚孤忠入奉大對盡言無隱當宁爲之改容下筆有神旁觀莫不縮手遂以朝陽之鳳亞於　之龜行展高程立登要路某叨司載筆備數程書白袍紛紛坐閱人材之盛一士諤諤獨成王室之昌

回陳先輩啓

伏審獻藝龍墀蜚聲虎榜蓋魯史爲經國之制能以心通而太邱有興門之孫詎非德報祖風不墜士論咸孚伏惟某人識抱龜長器韜玉潔軼材天賦素高吐鳳之辭奥學家傳備究獲麟之旨惟三冬以足用遂一鳴而驚人定價文場無慚王勃之後著鞭仕路勉效祖生之先某夙仰大門幸瞻英範較藝子踏槐之技已見絕塵閱飛仙折桂之遊復觀妙手投珍甚美益美爲慚

回荆南劉太尉啓

伏審渙寵三墀兼華二組升班尉府肇開鵲印之祥移牧通都益重虎符之寄絲綸誕布搢胄交懽恭惟某官將略無雙邊功第一蘊青萍之壯氣洞黃石之祕謀郤穀說禮敦詩眞可作三軍之帥羊祜輕裘緩帶坐能致千里之衝惟盛德之能謙故奇勳之莫掩果膺中詔復鎮上游草木知名固威聲之舊突旗動色想號令之凜然某夙仰英風與霑餘潤未諸望履徒欽北斗之一人首辱詔書若獲明珠之兼乘

回越帥王尚書

拜命赤墀叨官青瑣閲過門之命令益懼無堪慕批勅之風流惟知自勉濫吹已甚　穀爲誰恭惟某官德備韋弦器優盤錯有猷告后嘗陪前席之深諮所至惠民屢飲春江之遺愛雖已引買臣之綬猶能揚季布之聲遂致輪囷猥加刻畫伐柯取則幸亦繼於芳塵剖鯉得書愧難酬於厚意

回狀元梁先輩

伏審奉楓宸之大對誦語數千題雁塔之高名登科第一拾地芥得明經之效破天荒爲平海之光臚唱初傳士論交慶伏惟某人造道自得下筆有神俊氣橫秋見一鶚之直上辭源挾石障百川而東之茲陳乙夜之篇旋擢甲科之冠星槎可問雲路非遥某謬直禁林叨程儒藝拔茅連茹方觀多士之朋來志日中眉又見英才之角立

回狀元許先輩

伏審光奉宸諮顯膺魁擢自中興以來十策士皆至尊親拔其尤而列之首選三有官用　事屈居其次名雖少抑道則彌光伏惟某人問學海涵才華雲肆大門奏賦猶傳白雪之遺音再世騰芳復得青氊之舊物雖率就詞人之目實同儒擧首之恩某備數鑾坡程材桂殿品題高下豈能盡合於衆心議論正平此獨親聞於天語

回第三人丁先輩

伏審發策九重聯名三雋能落筆　士大夫之氣信不雷同非著鞭追古作者之文何由穎出盛年得志同閈增輝伏惟某人篤學起家淸才邁俗文如江漢流萬折而赴於東俊若駃騠生十日而超其母果發揮於鴻藻遂參列於上游坐令故鄉頓起頹俗某程書遂殿拭目英辭三人必有師爲歎老成之莫及一第猶淵子爾知大器之難量

回前宰執啓

玉堂賜札方被昭回之光丹扆疏恩遽陪宥密之命顧晚生之僥冒由先覺之奬成恭惟某官英望素高老猷彌壯扶持邦祚紀麟閣之勳名振拔人才負龍門之聲價致使迂儒之跡亦叨右府之聯猥荷謙光先貽處問望五雲之多處竊仰餘光荷雙鯉之遠臨難酬厚意顓　向膚良覿未期冀妙葆於冲襟用仰符於容眷

賀宰執

狂虜叛盟敢干王略大軍乘敵訖奮天誅坐收蓋世之勳仰見經邦之略捷音遠暨輿誦歡呼嘗聞兵貪者敗義者王師直爲壯曲爲老駭孽酋之無道信神理之不容忘二十年玉帛之歡遽生仇釁越數千里河山之阻自取滅亡當胡騎之長驅賴廟謨之素定天子欲勞軍細柳聲震遐荒諸將皆擊楫中流氣吞大敵既我師之屢勝知彼衆之多離方茲虎視於藩籬兩淮震蕩忽爾刃交於胸腹一夕殲夷斯上天悔禍之延示中國有仁之至邳支傳首乃揚大漢之威頡利就禽足洗太宗之恥若稽往牒允謂殊休恭惟某官識照元龜身扶大廈仲尼有文事有武備將復侵疆子房無智名無勇功自操勝算宜鈞衡之默運致鋒析之潛消上方樂得賢以立邦家之基公實善應變以成天下之務坐戢不制之虜行策非常之功某僻處偏州欣聞盛事竊仰風雲之會不勝燕雀之情一擧空朔庭復見太平之代千秋奉明主但歌眉壽之詩

賀汪參政

伏審歸覲嚴宸入參大政晉公討賊已光賜節之行汲黯在朝夫豈發蒙之比寵疏綸綍歡動搢紳恭惟某官名世上材憲邦全業孤高不倚屹若砥柱

之立中流純白自將炯如清冰之出大壑惟弗苟隨於時好故能自結於主知昨借重於臺綱甄宣明於王略絳騶清道威瞻憲節之威玉帳臨戎屢奏師干之捷既期月而趣見不崇朝而峻遷傺舊聞風豈止百人之綏帶廟朝增勢行觀千里之折衝雖斥遠方尚叨餘庇元金蘭之末契實自登瀛懷燕雀之懽悰敢忘賀慶

回莫子申謝中詞科

芝聯三秀每慕高門芥拾兩科復覩妙手人第窺其小小君益辨於多多豈惟吾道之有光益見後生之可畏伏惟某官器資玉潔學問海涵稽古二萬言本窮經而自得拄腹五千卷驚下筆之有神矧在名家夙稱盛事義方教子龍淵並躍於雲津綵服拜親瓊樹相望於桂苑偉矣詞林之冠蔚爲文社之光終日而獲十禽素推其絕藝一舉而得雙虎獨擅其奇功某濫廁儲宮

猥參文鑑觀瀾於水難窮渤澥之洪流索馬以圖遂識渥洼之駿足

海陵集卷九

海陵集卷十

宋 周麟之 撰

啓

謝徐正字

借明東壁常通問漢之津假翼南溟遂躡登瀛之步冒恩彌渥揣分奚堪竊以道原自天文炳於世漢收篇籍條奏者六百家唐聚圖書部分爲八萬卷倡斯文之大備俟有道之昌期或發自壁藏俄酒誥之脫簡或收於冢朽得蘭臺之舊書然非歆向論其是非緒馬爲之潤色則七略之富詎存於篇錄而四庫之盛曷著於開元洪惟聖朝坐斡文柄公師論道翊神化之兩儀帝保亮天冠仙宗於三島雲開祕府海聚羣書汲家補亡紛采異本羽陵暴蠹復見古文新章舊錄之兼收私格官勝之博采雖浩繁而有統亦譌謬以滋

多亥豕焉烏因而愈誤魯魚帝虎久則失眞儻未洽於見聞實每難乎是正幼婦外孫之義豈孟德之能知女郎世子之名信鮑昭之弗悉知二首六身者僅明乎甲子讀三墳五典者未覩乎祈招矧後人之弗如誠下筆之多類自匪識該奇字義了奧篇誦三篋之亡書寫五行之逸志雲屏疏列女之傳烟閣補侍臣之圖則拘邑鼎銘孰知周刻嵩山竹策焉問漢儀輿此校讎厥今遴選如某者質惟碔砆技等金昏習賦浸勞雖若屯毛而莫辨愛才倆夙豈於之無而不差賴素業之未泯冀遺經之是究兩登科目幸脫窮涂三入陶鎔遂超選調自糾成均之敎卽聯中祕之華竊眾甚優援宅奚補金根義著徒妄易於舊文石鼓年深豈盡明於缺畫每虞曠敗或玷寵光乃加重於品題俾就升於刊正雖性資魯鈍未詳雎蜆之呼而歲月漸礦恐失秦山之篆夫何淺陋獲此僥逾此蓋伏遇某官經緯人文股肱帝室房謀杜斷持衆

美効之君孔思周情以六經爲之倡一德鎭廟堂之上八荒歸鑪錘之間曾是才凡亦叨器使某敢不讀其未見增所不能觀道法於後先藏生成於終始靑藜委照幸亟拜於餘光白虎論經喜親承於平素永惟恩紀誓以身酬

賀宰相轉官

伏審楓宸發册鉉府旌庸方六龍御天首布風霆之大號而一相處內獨惟社稷之元勳帝命惟新邦瞻益峻恭惟某官道先民覺言合帝謨堂堂一代之宗臣表表四朝之舊德眷深當宁嘗目之曰君子人名動殊方亦知其爲眞宰相蓋器兼於文武能身任於安危折遐衝於尊俎之間定大議於笑談之頃自太上之恢帝業用爲霖雨而濟蒼生宜聖皇之握乾符待以元龜而咨庶政初席纂承之慶亟頒商賚之恩萬七百戶平陽侯豈止陪敦於異數二十四考中書令是將永保於全名某久　大鈞欣聞休命屬杜門而擯處阻賀慶以趨承自憐轅下之駒昔叨陪於後乘尙冀轍中之鮒今獲轉於淸波素籥在辰嚴郞多暇願適鼎茵之節式闓宗社之休

上張魏公

九重入侍舊闕彝鼎之勳一斥來歸行近麾幢之陰敢修竿牘用布腹心伏念某蕞爾寒生愚無遠慮困躓皆其自取流離夫復何言倘思以小子之妻辭試浼於丈人之靜聽嘗謂夷狄無常盛之理惟知彼可以度宜朝廷有自强之資不偷安乃能立事向溺講和之弊久忘應變之方軍政壞於休兵邦財耗於餽虜靡虞後患徒徇卑詞使事頻煩適足以媒蘖邊釁戎情譎詐遂至於包藏禍心龍互市固已渝盟禁私渡從而生事洎覺姦鋒之露猶膠舊轍之循獨念庚辰之春嘗行朔漠之壤抗狂酋之詭辨知其將虎視以鴟張聆故老之謳吟附我必雲從而風靡銳然歸報初若駭聞旋預幄中之籌適

逢疆外之變旣責以整軍經武當効所長若使之奉幣乞憐雖勞奚補祇荷本兵之寄力陳制敵之謀訑之者謂弗能犯難以捐軀因知獲罪祭之者謂不肯阿時而誤國或可原情大戾所攖孤忠莫白茲幸眞儒之復用定成算以董六師是宜異域之聞風折遐衝而淸萬里賴此心之未泯際吾道之將興恭惟某官德邁元龜望高喬木勳名暴耀垂竹帛已三十年知略縱橫當貔貅之百萬衆以身用合爲國安危自承赤舃之還歸實慰蒼生之徯望況今以輔弼之舊復總洪樞於此以精神之強盡護諸將必有長策共圖大功比聞降附之衆多已見規模之弘遠然而殘虜猶鬭故疆未歸正隆用事之臣各阻兵而相拒逆亮連衡之國或擁衆以自防負秦雍之山河競欲抗蜀中之甲積靑徐之糧械專圖遏淮上之師醜徒雖創艾於南侵王旅尙稽留於北伐西師屢捷如陝西諸道猶困於力爭東海旣窮若山東列城未聞於嚮應當得京兆而後建瓴之勢順取淮陽而後破竹之計成庶能包舉於中原頗勝浪攻於他路苟非據要恐易於進而退則難更在謀長使取於初而終可保若議大舉須勞熟圖儻觀變以非宜姑待時而自治涵養士力俾各盡其知能審覘敵情務實得其要領任將帥勿嫌於擢校廣貲儲無忽於憂民通內外以相須使卷舒而各當三時以講武事豈徒自固於本根一舉而空朔庭端俟可乘之機會蓋本根立乃所以爲進攻之漸若機會至又不當爲退守之拘願繹壯猷訖收洪烈某榮然罪廢偶此生還欣竊庇以逕從阻望塵而趨拜方昔公討賊不能參彰義之行若漢將平戎猶可效燕然之勒輒伸管見少贊廟謨畯律正中幾庭多暇願嗇天倪之粹永扶帝業之興

賀史參政

伏審光奉宸綸進參國枋方聖人有作乘六龍以御天宜君子得時見一鶚

之直上郵傳沓至士論同歸恭惟某官道極資深識優致遠心如止水筆頭倒瀉於三江貌不勝衣胸次綽容於萬斛久結潛藩之眷蔚爲耆學之師曾不累旬洊更兩禁豈獨擅洌泉之思屢入告於嘉猷固嘗秉跋燭之咨已與聞於大義亟躋三事協贊萬幾絕足追風千里僅同於歷塊亭衢附鳳一飛遂至於沖天蓋聖賢合符而興故中外歆豔其寵佇日新於大化廓雲施於函生某頃歲聯科在朝接武佩金蘭之永好悵霄壤之殊涂自顧傷弓尚糾纆於罪罟今知涸轍將沐浴於恩波

賀左相除特進

伏審堯庭奉册資上相之總儀漢札褒勳錫中宸之孚號進陟文階之冠益隆揆路之瞻凡在埏鎔舉深忻詠恭惟某官功熙帝載道暢人謀獄立清朝身作明堂之一柱斗斟元氣坐應泰階之六符外恢闢國之圖中懋致君之

業太上皇脫屣萬乘助成付託之公今天子承顏兩宮協濟顯揚之美肇稱闕典丕建鴻名獨高秉禮之勤首賁懋官之渥元之曰使聖人壽有光鏤玉之文繇是而爲帝者師卽正而槐之位某銜恩有素望屢彌睽欣聞大庭之成同於賀燕尚冀餘波之被活此涸鱗

賀右相

伏審賜環趣覲歸袞延登周公東征三年復佐興王之業召伯日闢百里久懷舊德之臣坯治一陶頌聲四合竊以當今之大患莫如有此之強胡其并吞兩國則甚於漢之匈奴其蹂躪中原則過於唐之突厥雖三尺之屢試汔萬全之罕聞定信好於寧存之時由取與一如其約懷疑謀於亮𨄔之後致進退兩失其機追欲前年之冬反貽今日之害既不能席可乘之勢命偏師以躡醜徒之奔又不能明不殺之恩示大體以延使客之至汨於羣議成此

近憂尚敦睦者徒徇乎卑詞厚幣而邉郵其他專進取者惟志乎略地攻城而靡圖其後稱藩或憚於屈已擣壘或嘗其貪功頃雖通紇石之書茲又狃符離之役欲議和則權不在我恐方柄之愈難諸欲言戰則力不能支念覆車之深可戒顧秋防之甚迫知時食之靡甯徒重吾九重之憂未聞有一定之計語咕嗫而事不決類同轅下之局駒制搶攘而跡愈多何異穴中之鬬獸盍恢遠略豫遏衝惟堅於守險以自持必急若救焚而乃可奈此貪軍之後犖然棄甲之餘糧儲煨燼於極邊器仗散亡於中野淮上之藩籬多缺江南之根本益虛民拊摩之不暇而又困於輸財士招練之已窮而恐難於禦敵於此欲內修外攘之並舉眞可謂戛戛乎其難哉每相與夙興夜寐而深思未嘗不規規然自失也賴有濟時之相來施活國之方恭惟某官氣粹函三道該絕四國有人而外夷服賢於秦之長城心無事而羣下安智若禹

之行水蓋聖君方乘運而奮知良佐乃爲時而生巩頤服於家司已備陳於長算人嗟去國之久我獨念得君之深且駕追鋒就膺闕袞太叔能斷大事夙有契於淵衷丙吉不道前功今益張於盛德煥若景星之復見廓焉沴氣之潛消惟揆路之迭居若高才之少屈豈一兼文武之兩器不害乎左爲旭右爲伊自非秉忠嘉之一心難乎前相堯後相舜行究經綸之業茂凝久大之勳某嬰此宿疢昧乎當務念忠臣之在畎畝不敢忘君矧弟子之於門牆有如知己輒露管蠡之見少裨帷幄之籌願啓迪於宸心力主張於國是定規模期於不變審命令戒其多遷謂中興當用實才我則棄瑕而錄善謂上策莫如自治我則固本以圖全惟處謀於不和不戰之間必收効於可戰可和之際能研幾以成務庶轉敗而爲功毋忽焉以腐儒之常談視之誠爲此而天下之能事畢矣芻言甚陋燕賀彌深

賀洪同樞

伏審晉膺寶札升貳鴻樞方宣王興六月之師念飭戎之是急以吉甫爲萬邦之憲資處內之惟賢右府得人中華增勢恭惟某官業傳忠孝學洞經權摛文如韓信之用兵多多益辦論事若馬周之切理纚纚可聽蚤參豹尾之聯再上鼇頭之直高文大册久矣播敷悍卒武夫聞之感涕力贊修攘之議延登宥密之司造膝一言折衝萬里謀猷胥契始知頗牧之在禁林方略自明焉問孫吳之有兵法將坐恢於疆土即正席於鈞衡某夙荷知音忻聞出綍昔聯粹棨契久佩於斷金今隔霄垠喜何勝於緩帶

賀周參政

伏審光奉宸綸進持國柄方周宣復古資處內之惟賢而汲黯在朝豈發蒙之可比正人獲用輿論知歸恭惟某官六館舊人四科全哲襟懷甚廓有同萬頃之汪汪議論不阿自勝千人之唯唯雖踐揚於中外不疐礙於去來屬此六龍之御天俄然一鶚之直上入陪邦政協贊廟謀定知不期月之間將立在鈞衡之右某內慚破甑久困飄萍所幸居鄭公之鄉密依鉅庇庶幾入和氏之肆永託餘輝

任便居住謝宰相

皐斥無堪已甘沒齒恩容自便獲返故棲蠢惟枯栫之萌實自大鈞之播伏念某才疎少與命蹇數奇鉛槧發身每愧吹竽之濫軒裳冒寵不知據蒺之危竟以罪行累茲歲易十年臺閣恍驚昨夢之非千里江山兀抱羈人之感百罹所絓九死爲鄰忽蒙曠蕩之恩返即便安之地訪故園之松菊後得鉏荒裹舊服之衣冠尚期刮垢此蓋伏遇某官天材山凝公道砥平感會風雲扶黃屋九天之上調和鼎鼐活蒼生四海之中致使陸沈亦叨春施某敢不

內懲瑕缺仰託埏鎔倘使愚使過之弗遺則成始成終之可待白圭有訓詎忘三復之心黃雀何知尚報再生之德

賀湯左相

伏審光踐泰階寵還魁柄仲虺嘗爲左相名高作誥之初蕭何復以宗臣位冠論功之首郵傳所聲爵躍惟均竊謂負異材者因天佑而生圖大勳者非常謀所及觀自古君臣之會遇考當時事業之規模得賢立邦基至或形於夢卜運籌合上意了不待於蓍龜迨末俗之橫流致淳風之掃地公道安在用一人則毀譽交興謀夫孔多詢衆口則醆觪異響羽沈舟而可懼道築室以何尤非聖人躬獨斷之神忠邪曷辨況天下有自然之理利害甚明由來一德之混融安取衆言之淆亂若光武之復炎祚但推赤心若憲宗之成蔡功靡惑羣議然後識正臣之表表於焉致忠烈之嶢嶢孰能寤萬乘而轉大謀斯可綏四方而惠中國恭惟某官器涵七澤材挽萬牛德量汪然人知其澄不清撓不濁才猷卓爾我嘆其鑽彌堅仰彌高自從結綬以登畿直至秉鈞而當軸凡朝庭之禮樂法度罔靡不知在侍從之獻納論思皆可復力啓勷華之運身更且爽之官出處何嫌徒笑蚍蜉之撼樹飛潛自得不妨鸞鳳之衝霄果大慰於羣心遂再居於上宰歷考本朝之故事備觀當代之偉人曾未有七閱歲華四登揆路兩宮眷注如一龍之結慶雲萬宇瞻如大廈之倚文梓宜確持於國是致坐　於邊衙金石不渝風波自息願恢萬世之長策更起二王之新功念人才之衰少則務愛養以成其能究國用之耗虛則審取予以革其弊惟忠厚可以變士風之媮薄惟安詳可以正法令之紛更尚當選吏卹民戒州縣之掊克自此寶邊圉息兵農之破傷永綏南北之含生共享邦家之盛福某迹淪老圃心係師門素荷賞音每慚呼鼠以

爲璞近蒙報札復愧抵遣而用金閨廷册之洊頒仰巖瞻之益峻顓頏自喜莫陪賀燕之趨觳觫何辜尚冀喘牛之問

賀張右相

伏審白麻申命黃髮膺庸湯非伊尹不能興爰嘉秉鉞之助魯用仲尼安得削復喜僕疆之歸綸綍誕敷旨紳交忭竊以辨天下之事必須求天下之才當聖人之興固自有聖人之偶念吹塵驅羊之夢斷悵耕野釣渭之風衰何君臣相遇之甚難蓋文武兼資者實鮮如周吉甫維以此而憲萬邦若魯僖公允能之而屈群醜自兵農之業異致將相之途分山東山西之才固以別其自出閫內閫外之事從而了不相關孰知七德之原俱繫萬民之命張子房身在帷幄決勝無前諸葛亮起於草廬成謀已具或臨敵而有投壺之暇或善兵而無汗馬之勞謀元帥者僅得之說禮敦詩號丞相者問使之率師討賊有如盛旦卓見全材恭惟某官學有壯猷忠無貳慮夙負平戎之志誓不與此賊俱生久操活國之方頗豈肯因人成事頃位秉鈞之次嘗分督戰之權號令肅將軍之營威名落夷狄之膽三十年安於靜退公其如蒼生何百萬衆自我卷舒今無踰老臣者果副軍民之望復兼袞鉞之司造膝一言天子爲之動色折衝千里鄰國不敢加兵茲就拜於台階實寵還於耆物廷中鵷鷺孰爲曩日之翹材帳下虎貔尚有當年之壯士願蒐羅穎異之傑更選揀驍雄之兵收一代之賢豪毋使埋光而鏟采蓄三千之義勇以須保大而定功比聞虜勢之慚衰深痛民財之已絀設若定通和之議尤宜思固圉之謀謂江淮之田萊多荒當從趙充國留屯之便謂宣潤之弩手可募當舉李衛公戍守之宜忽云機會之不來要是功名之終在覩賢人可大之業卜宗社無疆之休某覡在巖棲勤於斗仰謂孺子可教也累仲跪履之恭見長者何後乎每恨登門之晚茲疎闓於渙號方仰託於洪鈞一舉空朔庭佇俟奇勳之立千秋奉明主益祈純嘏之熙

海陵集卷十

海陵集卷十一

宋 周麟之 撰

內制

立皇子詔

朕荷天佑序承列聖之丕業思所以垂裕於後夙夜不敢康寧永惟本支之重強固王室親親尙賢厥有古義普安郡王藝祖皇帝七世孫也自幼鞠於宮闈嶷然不羣聰哲端重閱義有立亢於宗藩歷年滋多厥德用茂望實之懿中外所聞朕將考禮正名昭示天下立愛之道始於家邦自古帝王以此明人倫而厚風俗者也稽考前憲非朕敢私其以伯琮爲皇子改賜名瑗

皇太后慶壽詔

朕恢崇孝治棐迪民彝考立教之經親其親而爲大推廣思之道老吾老以及人方奉東朝之尊以光南面之履躬循至行日對慈顏侍膳問安靡違以溫凊備物博施期展於愛欽當歲籥之肇新欣鴻筭之方永就諏元吉祇闡曠儀介壽稱觴侈萬年之景貺示民錫類洽四表之歡心爰酌邦條式敷惠澤皇太后仁德天祐聖壽無疆新歲八十朕於宮中行慶賀之禮當與普天同慶使爲子者同樂以致其養居鄉者尙齒而達於尊文母思齊遂及古人之無斁魯君燕喜亦惟庶士之咸宜咨爾多方體予至意

賢良詔

昔漢設賢科欲聞大道之要唐開制舉以得非常之才沿及本朝參用前憲故所得多天下豪傑之士所言皆國家治亂之端其在當時豈云小補朕自紹履休運旁招隽能圖治功者逾三十年猶懼有闕下郡國者已八九詔未見其人屬當大比之期敢廢詳延之舉凡茲邇列各爲明揚俾褒然而造庭將諏爾以當務必有崇論宏議可行於今庶幾博問遐觀無愧於古

郊祀赦文

朕欽紹慶基肅遵昭式謂因天事天而因地祝地有丘澤之合祠惟以聖繼聖而以明繼明宜祖宗之並佑每躬三歲之祀茂輯百神之釐茲益厲精更思圖乂體覆載無私之德廓示大公奉燕詒有永之謀丕釐庶政中外闓澤顯幽統和靈臺中假伯之古祇路息鳴桴之警象載昭察甫田登成既膺眷佑之休當極齊明之報是用肸飾鸞路涓熙紫壇斂帝籍以共粢盛裁天歌以序金石祇見恭館祼將太宮遂迎景至之長載蒇郊禋之吉大宗祈而燕饗嚴陟配以宣延實俎間胥旅令芳之嘉薦辰詩應律鏘繳繹之和聲精意洞乎九陔祥光襲乎五瑞清明鬯矣事既底於備成福履綏之美敢矜於專享誕受函蒙之祉溥施曠蕩之恩可大赦天下於戲馨香感於神明裒對一純之祐恩膏洽乎黎庶丕臻四極之熙尙賴輔弼同寅官師率職協亮有邦之采永恢長世之圖

御札

朕宅天休命纂國丕圖永惟燕翼之謀允重欽柴之祭自紹開於景運累謁款以熙壇祇荷博臨益恢隆施五兵不試既茂迪於民康百穀用成亦屢書於歲有宜候迎陽之旦載躬類帝之禋合鏘玉之和聲備潔粢之令薦庶申吉報仰達精誠資肸於上儀覬函蒙於多祉特敷大號明戒先期朕以今年十一月二十二日有事於南郊咨爾攸司各揚厥職相予肆祀罔或不恭

賜崇慶軍官吏軍民僧道耆壽等勅書

朕以士衎庶慶皇支庀司宗事久賴董齊之力率歸振厚之風爰錄顯勞遂陞齊鉞以彼樂土爲之价藩既大號之播敷諒羣情之交慰

賜南平王李天祚歷日勅書

朕協用五紀底綏四方當歲事之嗣興必人時之欽授爰頒新歷式寵外藩其恪守於世封以懋經於邦務賜卿歷日一卷至可領也

賜安慶軍官吏軍民僧道耆壽勅書

朕以士錢皇屬近支戚藩英望典司宗事更閱歲勞爰錫命於齋壇俾建旄於鉅鎮諒聞廷渙式慰民瞻今特授士錢安慶軍節度使

賜南平王李天祚加恩制詔

朕寅承帝釐翕受神釐禮有賑膰恩均遐邇眷時藩服爲我世臣特頒綸渙之章用致饋將之貲宜祇眷渥益懋忠勤

除楊存中少師制

門下總干廬而爲衛式隆上將之元班九棘以在朝允重孤卿之冠睠時宿

望祗屈儼除爰稽整駕之儀用昇疇庸之典誕敭褒冊孚告治廷少傅楊存中義概傳家忠謀許國自蹟迹風雲之會嘗策勳帶礪之盟肯臣萃美於一門蓋本戎昭之緒漢將聯幸於三組亦惟世載之承夙提徼道之師內壯宸居之衛紀綱七萃不違李法之嚴錯綜五權自得金弢之祕賴握兵而寖久嘉積閱以孚深念當假革之期思謹勸功之式惟邊陲徼警閫閫無萬戶之封故歲月序勞將帥有十年之賞矧重臣之兼領宜徽數之申頒夏篆建檀進陟維師之亞騑旄導節益彰制閫之雄增采戶以陪敦疊恩章而寵拜於戲修和有夏文王資禦侮之臣肇敏戎公召虎佐興衰之略能助迪於彝教斯對揚於王休彌勵壯猷永綏多祉可

除沈該特進制

門下朕欽承景祚紹闡彌文敘弈世之璇源昭若慶圖之揭述詒孫之寶範坦然明訓之垂緊巨典之交修賴元臣之董正誕敭制綍孚告廷紳銀青光祿大夫守尚書左僕射沈該才高而智周器博而用遠推十翼以研道妙深窮理物之幾陳五利以嚮人和首贊休兵之策迨敷求於時望旋進秉以國成元齡特美劾之君維善謀而靡恃魏相總職稱其上非故事而不行闔同大政之餘典領琹儒之作自藝祖恢拓天統嘗參著於本支及裕陵丕顯聖謨亦具存於豊矩併加褒次汔用備成上憲亦文彪列星潢之派旁搜金匱葉分雲漢之章並躬覽於昕筵各安寧於禁宇允協三靈之喜重宣一代之光惟祖宗積累之休幸發揮於盛旦皆輔相經綸之助當褒顯於成勞洊進崇階用申特禮載行爰田之賦益增撩路之華於戲披皇圖而稽帝文若睹龜龍之祕穆天縡而經國體尚資鼎鼐之和勉迪令猷共彰洪業可

除皇叔士衎特授崇慶軍節度使

門下立愛而始家邦莫尚敦宗之懿同姓以鎮天下尤嚴制閫之雄睠我近支久司屬籍宜序勞而進律用敷號以揚廷皇叔保寧軍承宣使知西外宗正事士衎體備中和才高庸乂作善而心最樂挺有祖風好文而識不羣鬱爲宗傑洊被展親之渥分提糾族之權躬承內睦之恩宣猷於外累閱終更之秩率職如初穆然信厚之咸孚嘉爾訓齊之甚力迺疇雋望遂峻徽章六蠹多儀趣頒少府之節十連寵寄昇總元戎之麾加爵邑之新封示親賢之異數於戲周以大宗維翰兼彼价藩漢雖支庶畢侯矧予族老圖壯本根之輔助我形勢之疆勉服令猷益綏蕃祉可

除湯思退特授左正奉大夫制

門下丕后維前人之志篤成烈而作孚先大臣倡當代之文闡舊章而裁義類考百王之彝範嚴萬世之信書爰嘉次輔之英茂輯先猷之懿既助揚於

達孝宜褒咨於殊勞咨爾在廷聽予敷號左通奉大夫尚書右僕射湯思退材全而能鉅量遠而器閎高明道乎中庸發爲經世之學德業志乎久大僉曰立邦之賢迨進秉於國鈞彌變和於天綍同心以輔予政職有領而咸修善斷以濟其謀功不言而自著凡經國贊元之用惟重規疊矩之循朕仰徽考之烈光紹累朝之熙洽深仁厚澤結四表之歡心醲化懿綱邁三皇之遐武纂斯大典緊我鴻儒馬遷網羅舊聞遂致科條之備韓愈增修前錄又加銓次之精鑑奏篇而愴思襲延閣以寅奉允協彝牖之念繼序不忘載稽筆削之勤懋功惟賞進崇階之二等陪采戶之多畬茲爲至公併示優寵於戲大誤丕顯若日月之光四方周道復明似春秋之大一統成予遵制之美賴爾襲經之傳益勵交修永毗燕翼可

沈該加食邑制

門下萬物本乎天義尙精禋之報五經重於祭恩先惠餕之敷朕祗遹燕謀肅稱嚴祀登大糦於寧神之宇贄高禋於類帝之丘觀熙事之涓成賴元臣之秉禮追錫饗承之祐首稽商賚之章誕告羣工丕敭顯册特進尙書左僕射沈該贍智周物全材憲邦讀易陳謨頤義曉天人之際定議固好仁風孚南北之民自晉接於台衡能鼎新於政紀百度惟正普陶籥韶之和三年有成復見豆籩之飭方秩文於大祭實領使於先期崇壇八觚儼陪陟降之序美樂六變具奏翕純之音柴燎升而雲杳冥靈旂位而星錯落惟顯相有肅雝之助致休嘉多砰隱之符享洽誠陳事昭福舉乃增封於采戶仍衍食於眞畬式彰邦數之隆併示神釐之貺於戲聖人爲能饗帝敢忘奉若之誠宰相所以代天共謹時幾之戒益恢茂烈永佐昌圖可

除楊存中加食邑制

門下朕穆卜天正具嚴帝禋參周典之一純二精昭饗承於上象倣漢儀之千乘萬騎肅屯衛於中營惟時首棘之臣匠我屬車之蹕跋祠拜況渙號疏恩少師寧遠軍節度使楊存中識洞五權義循七德智能自奮屢陳頗牧之功方略如神非泥孫吳之學被以三孤之黻冕總吾七萃之紀綱比協康年恭修毖祀倚虓師以禦侮助祲威而展容路寢齋居之初董千廬而密護甘泉法駕之內按五校以齊驅汔熙典之備成與福釐之敷錫載陪多邑之賦式廣大封之仁於戲多續祀於太常備見勳勞之著惠術行於餕俎益彰政事之均服我寵光共茲純嘏可

吳益加食邑制

門下祝嘏以降上神事莫嚴於帝饗賀慶以親異姓禮具著於邦彝朕習卜歲祥欽修郊類嘉時歲𦕈之懿與有陽陔之勞爰告治廷誕揚褒律保康軍

節度使開府儀同三司充萬壽觀使吳益器範閎疑材猷厝敏飭己以謙居靡椒房之恃奉朝惟恪每聯槐位之趨善慶光乎一門英風表於四姓會茲景至對越天儀供元純以効功方資予內德之茂握齋旅而陪祀有若爾同支之良矧兼領於祕祀復從行於靈畤欽柴已事徹俎均釐載敦井賦之腴申衍戶租之實式光乃服用溥吾恩於戲上帝惟下土之臨朕敢專於祉福興王有外戚之助汝毋替於寅恭共對靈　往圖慶譽可

普安郡王加食邑制

門下朕潔粢酌之具嚴郊宗之祠象載垂光仰月星之明概神鴞安坐聽鍾石之昭融惟歆聲顧德之潛交乃降嘏產祥之並貺念宗藩之有相宜祭福之爰臻具諗朝倫式敭贊册檢校少保常德軍節度使普安郡王器資凝重襟量粹夷學舉六經每篤藝文之好才追二獻更勤禮樂之修自啓宇以疏

封能奉朝而率履闓制導騂旄之節官儀聯夏篆之車屬天元之上辰助帝饗之能事葱珩有度愘陪鳴玉之趨桂酒其芬參侑薦匏之酌儼若卯階之登降汔茲辰牡之備陳嘉爾賢勞序之慶典斥爰田而衍賦示惠餕以均釐於戲神嘉虞而申貳觴允有肅雝之賴澤汪濊而輯萬國敢遺敦睦之恩共對靈休永綏吉祿可

除皇叔士衎加食邑制

門下朕鳴玉鸞於郊被龍卷以祭大音融洽嘉虞樂之四陳休氣曣嗢邁神先之三燭褒對高靈之祐沛施肇辟之恩矧在懿親宜加褒律皇叔崇慶軍節度使知西外宗正事天水郡開國侯食邑一千三百戶食實封二百戶士衎賦資穎悟植德溫恭伯仲承芳韡有棣華之慶親賢著望信多麟趾之風自分糾於宗盟旋進儕於闓制追敦禋資祇協典彝雖清廟執籩莫預六旄

之列而大庭輯瑞當從五玉之封裁衍朕租式彰惠衍於戲克親九族德蓋自於克明漢秩百神福靡矜於專饗往祇猷訓益迓寵靈可

除皇叔士錢安慶軍節度使加食邑制

門下修德固宗允賴价藩之助勵賢予祿式嚴帥節之頒粤有近支久分隆寄爰加制閫之命誕布告廷之章皇叔定江軍承宣使同知大宗正事士錢令德韜和美姿稟粹身得用彝之善識推閱理之多父祖積仁世享真王之履弟昆聯事參籓屬籍之司豈惟增華萼之輝固已厚本根之庇自糾宗於京輔迨今八年嘗典祀於濮園亦既再歲宜考屢書之績遂膺明陟之科非鉞參旗庸峻十連之授金枝玉葉益隆九旌之瞻仍舊爵於通侯衍新畬於多邑斯顯訓齊之効併申惇敘之恩於戲周建懿親倚作干城之重漢封同姓輔成磐石之安尚懋汝猷以承予獎可

除劉錡加食邑制

門下朕就陽而兆於郊作樂以薦之帝觀干戈之舞而知武事道固備於張弛聽鼓鼙之聲而思將臣恩豈殊於中外迨均祭惠式渙褒綸大尉武泰軍節度使知荊南軍府事劉錡身蹈儒規學探世略臨戎之機好整暇多算無遺爲將之道能柔剛有功不伐屢策勳於盟府久席寵於齊壇鵲印本兵倚威名之壯虎符作鎮益嘉信義之孚比展禋容肆敷鴻祐乃陪敦於井賦俾增重於戎弢於戲寧神得四表之心朕不忘於固圉歸脤交諸侯之福爾毋忘於尊王思勉壯猷對揚休命可

除李顯忠加食邑制

門下朕闓侯景之門而躬祀事集禮神之囿而擁靈休髦士奉璋莫匪秉文之懿虎臣持節蓋多承德之恭爰舉豐章用疇壯略寧國軍節度使充殿前

司選鋒軍統制李顯忠智優排難勇擅冠軍衽革顏行素號萬人之敵韜弦儆道分提七萃之師方一統祇薦於壇陔以六引備陳於仗衛軍裝有肅既安黃道之行蹕路無譁遂訖紫營之享洎均釐而惠下乃進律以旌勞復舊聯於廂部之華衍新渥於爰田之賦式遵彝矩併示優恩於戲歌大呂而舞雲門已備升禋之奏帶干將而秉玉戚實嘉禦侮之勞服我寵光勉而忠概可

除鄭藻加食邑制

門下朕肇道德之精敦禮典以秩元祀蒙天地之貺施斂福而錫庶民矧時左戚之良克相上儀之備誕敭制綍孚告廷紳保信軍節度使領閤門事鄭藻詳練有材敏通多識抗壇於外身兼五善之能秉鉞在庭職總九賓之禮雖承榮乎鐘鼎之胄每勵志於夙宵之勞當大蒇於宗祈實首參於奉引鳴

玉祇導既靡忒於令儀執膰寵頒宜遂膺於徽數爰加采戶併衍眞租共服靈釐式彰慶典於戲明昭上帝具拜康年之休錫予善人均承大賚之渥往欽予命益懋爾猷可

除張子蓋加食邑制

門下朕卜豐犧之上辰具華玉之嘉薦熙紫壇之路用逆釐於三神御丹闕之門敷大賚於四海乃眷价藩之舊肆頒恩綍之新安德軍節度使龍神衛四廂都指揮提舉佑神觀張子蓋體負趨材識明善志建旄受任是爲師閫之臣束髮從戎蓋本勳家之子方聯華於廂衛乃均佚於內祠追舉嚴禋式覃慶澤載衍圭爵之賦膺增節鉞之光於戲天子祭天既被執膰之錫將門有將毋忘濟美之圖益懋忠勞欽承渙渥可

除韓公裔加食邑制

門下朕丕蔵帝禋顯承天祐觚壇奠璧之次既穆穆而肜升黼席畢觴之餘瑞穰穰而山委均時嘉祉賚我舊人華容軍節度使提舉佑神觀韓公裔迪德有常秉心無貳依光潛邸素同七姓之盟受命价藩晚建十連之節雖奉祠而處內能謹度以班朝眷言欽燎之成允賴忠勞之助併加爵邑具恊典彝於戲蘋蘩薀藻之可羞矧備展特之禮煇胞翟閽之有畀豈遺執豹之臣其對恩輝以綏福履可

除劉寶加食邑制

門下朕揆吉天元之旦承禋帝時之陽三靈嘉虞並舉瘞燔之禮萬福降輯俯同軍國之休念列將之撫師錫大廷之孚號安慶軍節度使捧日天武四廂都指揮使鎮江府駐劄御前諸軍都統制劉寶忠謀自奮勇略無前任總戎旃擁十連之戟蘊威行軍市肅萬竈之貔貅干戈既戢於邊鄙部曲自安

於次舍屬修郊報阻持節以侍祠載考國章宜徹疆而均惠用賁陪敦之數式彰曠蕩之恩於戲受脤執燔既等祀戎之事敦詩說禮無忘德義之經茂對榮懷益圖整暇可

除南平王李天祚加食邑制

門下朕明德恤祀欽柴宗祈承虛億以賓八鄉既備宣延之禮臻孝熙而撫四極爰加布濩之恩乃發號於明廷用賦釐於藩服推誠順化崇義懷忠保信嚮德安遠承和秉禮歸仁功臣靜海軍節度觀察處置等使特進檢校太師兼御史大夫安南都護上柱國南平王李天祚誠心蹈義念德思恭帶裳克紹世封之履航琛贄費每勤時事之歸奠國壤於南交炳官儀於外服方紫壇錯事茂承王日之祠想丹徼聞風彌洽望雲之喜宜趣頒於惠隆式增衍於圭爵併加功號之崇均示慶餘之渥於戲象采致福夙嘉享上之誠雲施稱氏誕受昭天之澤益圖忠順懋對寵靈可

除闍婆國王悉里地茶蘭固野加食邑制

門下朕承天之序享帝於郊潔普淖以薦芳丕擁下臨之貺舉洪頤而升燎聿瞻南暘之光宜渙渥恩用旌遐服懷遠軍節度琳州管內觀察處置等使金紫光祿大夫檢校司徒使持節琳州諸軍事琳州刺史兼御史大夫上柱國闍婆國王悉里地茶蘭固野蒙承世德志慕華風撫茲丹徼之邦知方自守占彼青雲之呂嚮化惟勤奮秉節旄仍分茅社矧在熙成之旦當加慶賚之章申衍戶封式洪郊霈於戲昊天有成命敢忘昭受之休中國有至仁斯被函蒙之祉欽承明訓益懋永圖可

除沈該觀文殿大學士宮觀制

門下輔相彌綸庶務實關治忽之宜帝王禮貌大臣當極始終之遇眷時冠

望久服家司俄釋秉鈞之勞趣頒上印之寵其數予命以告在廷特進尚書左僕射沈該蚤負通才寖膺劇寄謂天之將降大任嘗拂亂其所爲而古亦惟求舊人可共圖於有政屬予更化召自典藩首能副當饋思賢之心亟使居喬庸熙載之地宅我百揆迨今三年試之以股肱康庶事之能每克勤於小物責之以夙夜事一人之道正當惜於分陰何懿績之未凝致煩言之有嘖既薦披於彈疏亦頻覽於實封內循補衮之疎力丐垂車之佚平津謝病位高自以爲無功石慶告歸年老不能與於議姑遂便私之志特推均逸之恩錫祕殿之隆名俾眞祠之顯禄蓋遵彝矩庸示眷懷於戲慮天下之安危本欲任賢而注意全人臣之進退敢忘加禮以勸忠往即里居尚勤猷告可

海陵集卷十二

宋　周麟之　撰

內制

郊祀册文三首

聖祖

伏以先天之符肇自聖祖配極流曜是興炎圖迎陽稱禋夙夜熙事右序我宋永孚於休

昊天上帝

伏以明明上天錫宋成命世用禋帝維翼厥心初陽協辰秩祀昭報永祈孚佑降福無疆

皇地祇

伏以於皇柔祇毋育萬物順承天道協佑我民至景迎長合祛歆化欽事以祭申錫蕃釐

永祐陵　官修換神帳表文

仙寢妥靈將繕修於幄吉辰興事蹔遷寓於晬容敢申圭薦之誠尚迪鑒臨之祉

郊祀禮成奏謝諸陵表文

寅保丕圖恪遵舊典候黃宮之協氣秩紫畤之明禋假廟薦芳就陽升燎帝祉嘉饗神人具依實繄保右之休克就齊明之事敢申虔謝益迓洪禧

天中節茅山崇禧觀開建祝聖壽道場青詞

燕禖令序適届於炎煒鶴嶺眞宮載延於景馭爰舉歲祈之典茂迎天錫之休仰覬鑒臨默垂孚佑

太一宮開啓天中節道場靑詞

火行摽序電夢告符獲光紹於昌圖茲載臨於誕月預敞十神之幄歡迎八景之輿伏願帝鑒垂光天休申命丕鞏延洪之祚永儲錫羨之祥

太一宮介福殿開啓皇帝本命道場靑詞

天心垂佑方贊於寶圖日紀運行載臨於元命爰祓珍臺之邃具陳熏席之嚴庶格眞游式閟妙隂保丕平之永祚綏萬壽之休祺

郊祀大禮太一宮靑詞

祓泰壇而稱祀將舉上儀欵熉幄以告期預祈靈鑒仰貴神之協祐相熙事之涓休敢露潔誠冀垂昭應

郊祀大禮宮觀靑詞

嘉壇展事將修三歲之禋靖館告虔庶格九淸之鑒仰祈善應克相休成敢竭齋精預迎況施

郊祀大禮元天大聖后靑詞

伏以宗祈上圜祇見眞祖琳宮斯閟藥御所臨爰飭侍祠之臣往申報本之義冀垂冲監用迪孚休

太一宮開啓皇太后生辰道場靑詞

伏以母闈鍾愛方奉於徽音冬籥戒寒聿臨於誕序載祓殊庭之幄虔敷祕洞之科用輯眞祺仰增慈算躬受泰元之筴永承長樂之顏

天慶諸觀恭謝道場靑詞

伏以淸顯儲休護欽承於寶命嘉壇展采爰肅奉於嚴禋迨此涓成實繇助順祇按熏修之式用伸禮答之誠仰覬赫臨永垂孚佑

郊祀大禮前三日寧壽觀祈晴靑詞

伏以靈承帝事謁款陽丘冀上象之昭垂俾時暘之載若仰祈監佑訖相休成

太一宮介福殿開啓皇帝本命道場靑詞

六子循環紀命元之復旦九淸降鑒佑邦統之當天載祓殊庭恭延列御按中科而演祕導景貺以迎休願顧精忠默垂善應

郊祀大禮奏告祝文

天地

伏以荷乾坤之施思答洪休合丘澤之祠恪循舊典迺卜陽來之日式陳郊見之儀敢列至忱預申虔告

宗廟

伏以祗率燕謀肅稱元祀將蒇郊柴之禮必先廟祼之恭茲惟故常敢以前告

別廟

伏以穆卜天正將郊上圜假廟薦芳肅若舊典諒茲遺懿監我涓休

社稷

伏以土穀大神功施萬世今將以天統上正祇事郊廟亦當飭有司修血祭於社稷以申報本之義吉蠲茲始敢不告虔

郊祀天大禮前二日奏告太祖皇帝太宗皇帝配侑祝文

伏以國有大報禮行於郊欽惟祖宗陟配天地肆茲景至誕舉彌文先事告虔仰祈靈監

朝獻景靈宮侍從官分詣祖宗帝后前行禮祝文

伏以欽修上祀夙款閟庭仰惟列聖之靈並宅棲眞之宇方飭躬而朝獻爰

分命以侍祠敢覬昭明默垂監佑

郊祀大禮前一日朝饗太廟七祀祝文

三歲大報䕶神不賓矧惟廟庭舊有七祀各迪令薦相予休成

軷祭祝文

大輅鳴鑾親祠陽畤展軨在御犯軷而驅兹惟舊章先事命祭六虬按節鑿爾神休

天申節內中祝皇太后聖壽道場齋文

伏以節紀誕彌方紹休於聖緒恩深載育宜歸福於慈闈虔　不二之門仰祝無疆之筭上乘孚佑感四表之歡心長樂燕寧增萬年之壽祉

景靈宮樂章

皇帝還位乾安之曲

帝臨閟庭逆釐上靈神鵜安坐𦈏若有承嘉觴既申德聞惟馨靈光留俞祚我億齡

尚書徹饌吉安之曲

普淖既薦苾芬孔時神嗜而顧有來宴娛饗矣將徹載欽載祗展詩以侑益㨗厥熙

皇帝降殿乾安之曲

我秩元祀上推鴻源展事有伷祲威𦈏然升城既降秉心益虔荷天之休於千萬年

皇帝還大次乾安之曲

帝將於郊昭事上祀爰兹畢觴復即於次颷斿載旋容旌杳騎維皇嘉承錫祚昌熾

太廟樂章

皇帝盥洗乾安之曲

維皇齊精駿假於廟觀盥之初惟以潔告衎承祖宗恤祀昭孝誠心有孚介福斯報

皇帝還位乾安之曲

於穆清廟明禋是躬卿士駿奔助我𦈏雝灌鬯已事精誠交通佇立以思僾然其恭

奉俎豐安之曲

有碩其牲登於大房𦈏展以饗庶幾迪嘗匪腯是告我民其康保艾爾後垂休無疆

皇帝再盥洗乾安之曲

盥至於再潔誠俞孚帝用祗薦靈成嘉虞勝歆臚驩會於軒朱觀厥顒若受福之符

皇后賀皇帝郊祀禮成表

至景臨圭紀迎長之令序圜丘奠璧躬報本之明禋三神宴娛萬福降輯忝惟皇帝陛下聖圖廣大休德昭清蕆三歲之上儀迪一純之嘉薦靈承帝事備舊齋明之衷光　天心永贊昌熾之祚明陳壼則幸際邦榮聞紫畤之踐祠望翠華而胥慶

天申節集賢殿大宴樂語

教坊致語

臣聞澄河一色乃睹膺誕聖之期喬嶽三呼當寶殿稱觴之會信使　圭而來賀羣工委佩以在庭祗仰晬容具張兹宴恭惟皇帝陛下懋昭大德統輯

琴元容澤無私雲行而雨施宸文有煥漢倬以星輝乾坤扶再造之基禮樂治二登之化適届生商之序肆均在鎬之歡琬液浮樽同上萬年之壽珢璈度曲翕宣九奏之和臣等幸際昌辰叨塵法部願采輿人之誦載颺治世之音上奉宸嚴敢進口號

口號

曉開閶闔黼帷張五色凝雲捧玉皇風入舜絃聲蕩漾日浮堯莢景舒長猗蘭殿上霞飛棟華萼樓前露滿囊共指南山申善頌太平天子萬年觴

合曲致語

天臨黼座日轉綸絫觴況九霞式侑宮桃之醉樂陳三夏宜參嶰竹之鳴上奉皇歡教坊合曲

勾小兒隊

萬充庭五英備奏㲼韶垂髫之侶來陳秉翟之儀綏奏宮商教坊小兒入隊

隊名

帝扆開金鑑重裳舞玉梢

問小兒隊

禁殿風來光動槐龍之影蓬觴霧集歡同竹馬之遊必有敍陳分明敷奏

小兒致語

臣聞祥開甲觀丕昭大電之符宴啓均臺誕布需雲之澤一人示惠萬宇同歡恭惟皇帝陛下道貫堪輿仁孚動植聖圖天廣大蓋本無私王度日清華來歸有極饗帝受萬年之筴寧親得四表之心當聖旦之叢休仰皇慈之逮雲開宮扇同瞻北極之尊露滿帝觴恭上南山之壽臣等冒趨禁所竊忭

童心沛水酣歌與習飛雲之吹周庭合奏欲陪舞鳳之翔未敢自專伏候進止

勾雜劇

帝樂九成已覩於舜舞天容一笑或取於齊優宜陳平樂之嬉 效華封之祝綏調雲呂雜劇來歟

放小兒隊

鈞天廣樂華陳萬舞之容沂水游童久曳兩髦之采其湛曰樂復詠而歸再拜天階相將好去

勾女童隊

千官會弁初裂於宮花九陛鳴鞘再臨於禁扆宜慶結風之曲更呈回雪之姿徐韶金絲兩軍女童入隊

隊名

寶露霑堯醴流風入楚酺

問女童隊

玉琯含風下丹山之采鳳文茵薦地翻洛浦之驚鴻必有芳詞即宜敷奏

女童致語

聞泰微五府輯聖瑞以題期南極一星炳天符而介壽有啓流虹之旦均霑湛露之恩恭惟皇帝陛下大德好生重明麗正東朝視膳刑孝愛於四方乙夜觀書洞憲章於 事列日星之紀羣情同金石之和雖與興議稱太平猶思慎德以豐年爲上瑞靡務多祥當菖花照灼之期講柏殿亭嘉之會三千年之上果色映仙觴十六拍之新聲歡騰詩曲妾等幸聯翠袂獲造彤墀自顧微蹤比露葵之嚮日敢陳薄技効秋蘂之披風未敢自專伏候進

止

勾雜劇

星弁無譁方嘉賓之式燕天顏有喜謂小道之可觀暫停逸綴之容更獻詼諧之戲再庋妙引雜劇來歟

放女童隊

皇情普浹已具爾於榴盃昔景舒遲亦屢移於蓮漏宜縱凌波之步却爲行雨之歸再拜天階相將好去

春貼子詞

皇太后閣六首

北極瑤杓轉東朝繡戶開吾皇燕長樂親捧萬年杯

邃殿猗蘭紫浮觴壽柏青龜臺演春算倍受八千齡

曉箭君王問寢時光風浮玉琯瑞靄映雲旗

笑看宮額試梅妝樓角千絲御柳黃盡道九重春色早太平天子是東皇

日照蟠桃萬點丹花前仙佩響珊珊他年探寶供金母會見飛瓊捧玉盤

不用神丹嚥藥瓊年登八十自身輕試臨玉案緗金篋更覺春來眼倍明

皇帝閣六首

木鐸揚寬詔雲翹舞化風垂衣金殿裏聖德與天通

紅日升暘谷青煒應嶰筩萬方陶美化渾在太和中

翠水冰融盡雕櫳日上遲東風報花信先拂萬年枝

已過人日迎春馭直待階蓂十葉開應是九門燈夕近東皇欲駕六鰲來

鳳蓋龍車玉作輪比臨紫時謁三神已將福酒添眉壽更祝椒觴一萬春

聖上清非仍寡欲惟於筆硯未忘懷雲庭仗下春朝散獨擁圖書

皇后閣五首

沼荇微生綠宮梅暗度香五雲凝紫禁一氣轉青陽

露沐千門柳風縈九畹蘭會聽鶯出谷行傍采桑壇

勝裏金花喜占新紅酥細字點宜春內庭也作人間戲自是時康樂事頻

銀鉤慣學君王帖寶軫頻聽淑女琴更與六宮循節儉釵頭不綴辟寒金

椒塗日暖燕差池又見瑤箭受福時欲使六宮歌德化試將彤管作春詞

端午貼子詞

皇太后閣六首

皐月乘天數慈闈奉母儀靈芝三萬歲樂府有新詞

印金鈿麗菰黏玉俎香六宮隨鳳輦來獻九霞觴

翠戶雙人艾浮樽九節蒲更聞天子孝瑞箑扇堯廚

涼生洽殿藹蘭芳玉宇深沈晝漏長試誦瓊章開藥笈御爐風裊辟邪香

慈歡不爲植萱叢聖子晨昏孝養隆況是九重當夏清偏於扇枕得清風

方開八袠慶脩齡又捧榴盃拜紫庭一歲一添長命縷擬將萬縷獻慈寧

皇帝閣六首

赤伏題皇運朱明敞帝宸休符知有相此月是天中

祝網湯仁布垂裳舜德敷五兵渾不用安事赤靈符

日永三星正風薰萬宇涼要知垂艾意期與庶民康

槐綠午迷青羽蓋櫻紅已薦赤瑛盤太平節物年年好又見浮菖與浴蘭

西湖雨歇鏡奩開江面銀濤一線來自有雲仙供四座聖君元不事池臺

碧琳宮殿晝翻書時見龍鸞落寶肘一念清非能却暑不須更展北風圖

皇后閣五首

瑞靄浮龍鑑涼颸掠燕釵瑤鍾獻沐醴暑殿雪盈懷
繞臂長生縷無非柘館絲還因紾絺綌深念葛覃詩
甘霈今年應禱祈屏除葷茹與君齊化行自是恩波遠何止春郊雨一犂
不貪鬬草事詩書漫採香芸辟蠹魚永日揮毫自忘暑滴殘宮硯玉蟾蜍
翦就冰綃月影團不須多美女乘鸞君王瑤札親題處一樣蟾花點點丹

海陵集十二卷

海陵集卷十三

宋　周麟之　撰

外制

林大鼐兼侍講

王人求多聞惟師古以建事儒者學六藝貴陳善以告君朕臨大昕之朝處幾政之暇每延鴻博用廣緝熙具官某窮經造微論事據正擢陞憲府美公議之有歸入侍諫垣信直臣之無隱既位評臣之首宜參講席之華陪　燕閒賴爾宏益尚究淵源之蘊毋忘紬繹之勤可

又除吏部尚書

天官六職之尊周總以建邦之典吏部三銓之首唐兼於議政之臣自非詳練之才曷稱久虛之選具官某蘊雅亮之識持清恪之心風采素聞乎搢紳羽儀備見於臺省紀綱是任嘗深嫉於官邪議論不阿方力陳乎治要今寘之於喉舌出納之地且觀汝以權衡銓綜之公諒夙負於遠猷固不嫌乎詳試然流品具乎法而鑒裁存乎人爾惟明何事劇之難精爾惟正何吏姦之弗戢往率厥屬尚其懋哉可

陳相除權吏部侍郎

中臺之設六官允釐庶務小宰之敘郡吏實號貳卿必求才謂之優用付銓衡之重具官某器能精博襟度粹夷省戶爲郎已著清華之望樞庭列屬益高慎密之風迨釋縛於使軺旋服勞於宰士彌綸左右辨治雍容宜升禁橐之聯往贊天官之治爾其盡鑒裁之妙使吏畏而不欺致流品之清使法行而無壅勉助而長益觀汝能可

宋樸除御史中丞

夙憲之司體嚴望峻在漢持書之任或周歷於三臺有唐執法之宗至踐更於五院蓋賢者能勝其任故用之必盡其才具官某寡慾而得剛在約而彌厲訥處於下位而無滯淹之嘆立登乎要路而無躐進之嫌歲中超遷尚念相見之何晚汝下執奏灼知所蘊之素深俾以廌冠儷儀烏府惟昔賢之踐橫榻不累月而必升矧今日之缺中司在長材其何忝往振紀綱之治副予推擇之心可

史才除右正言

朕開廣言路延登正人冀聞讜辭裨我治道一士諤諤庶今見之以爾清才粹文雅有紀行學古從政士林仰焉年之爾高位則未稱應臺端之辟司柱後之書固已小進之矣然在朕意終不欲以法吏之責煩老成也來居諫省補過拾遺搢紳之有忠邪政事之有得失言之毋隱朕所樂從可

魏師遜除殿中侍御史

御史耳目官也自六察尚且皆吾遴選而入殿內糾非法肅百寮於交戟之下者職益近望益崇固不可以非其人也爾局量渾厚風槩嚴毅踐更中外端操有闓服於臺寮有察必舉是眞得吾御史之職矣今橫榻既已敘進而副端不可久虛汝以次升實爲因任一賢用而紀綱舉一言進而朝廷尊是所望焉勿隳爾守

祕閣修撰致仕劉一止除敷文閣待制

朕閱清風之頌喜周道之復興采鹿鳴之歌思漢儒之刱作念獲成於大業敢自昡於成功有嘉侍從之臣能繼聲詩之體具官某學而篤仕老不廢文雖久伏於林邱實眷聯於簪橐脫冠謝朝列方自樂於餘年摛藻摽天庭猶未忘於夙習比覽奏篇之善益知歸美之誠此盛德之事其何足以當之庶一代之文有可傳於來者爰　次對用賁褒章尚保令名以光晚節可

宋樸除端明殿學士簽書樞密院事

朕以本兵之地實關八政之原秉國元樞既有賴於一德之輔贊吾密命亦當求不貳心之臣思得其人與之共治具官某年高而德卲見博而智明樂道固窮嘗寄懷於邱壑得時則駕遂接武於夔龍惟平居之所養者厚而不爲苟求故今日之所用也優而猶恐弗及宜釋紀綱之寄與參帷幄之機豈乃志毋或蹈於二三愼乃猷毋或隳其終始往祇朕命益懋汝爲可

莫濛再任大理評事

今之廷尉平其負省其事劇其秩滿而遷者蓋勞閱之深者也不則補外者多矣如爾之才敏而無滯不自用於吏牘之繁宜其願留再踐厥次因能而用何異於遷尙殫爾能以俟褒陟可

施鉅除監察御史

朝廷綱紀屬在憲臺六察之官皆吾耳目考擇惟慎每歎才難以爾嘗膺選掄入踐烏府局量方雅朕固器之茲擁州麾湯見風矩爰畀賜環之命復歸峨廌之班望實素孚中外自肅尙殫所蘊以稱簡知可

知常州錢周材除集英殿修撰

朕迹漢家之治觀樂府之歌崇禮官考文章時則有從臣之頌宣上德尊忠孝時則有刺史之詩於今求之見此作者以爾文兼麗則學造精深四戶聯榮嘗高潤色之譽一麾出守久著承流之功能於晝諾之餘述是形容之美謄章來上嘉歎不忘進升祕殿之班增重專城之寄往祇予渙益懋爾猷可

大府卿徐宗說除權戶部侍郎

中臺六職分庶務之宏綱民部貳卿參從臣之高選爰稽已試益得其人具

官某以敏識達事經以通才了邦計長於貨府謹頒受之惟時播是版曹嘉幹旋之有素凡嚴三歲之祀實董一司之繁迨此涓成允宜褒陟夫禹疇用政足食爲之先周典建官理財居其半惟得裕民之要是誠富國之方其悉乃心以稱朕意可

曾愭知廬州

朕惟兵休以來淮西數千里之地脫於戰衎拊摩歲深民亦用乂今廬江雖號方面然事簡而官最遠俗淳而教易孚典藩之臣可臥而治以爾學廣器裕優於牧民自荆易夔足見才刃深惟制閫之舊久奕祠庭之間老而撥煩尚有餘地矧是肥水靡勞剸裁爾惠下則流移復而戶口增爾敦本則耕稼興而田野治勉集新効佇觀厥成可

朱妻除大理少卿

皋陶以刑教祇德用不犯於有司文王之法立準人罔攸兼於庶獄朕深惟民命繫在理官安得直寬之流副予欽恤之意以爾德優而毅心和而平以古義決獄疑久踐揚於棘路以儒術飾吏事嘗趨走於丹墀遂由星省之升處月卿之次念持平之有素豈閒退之可安趣下贊書俾還舊服庶革舞文之弊益觀讀讞之精務究乃猷往祗厥敘可

陳夔除太常少卿

朕修禮樂以交三神之歡酌情文而成一代之典奉常貳掌斯事少列必惟其人以爾風規粹清問學淵奧早揭儒範嘗參憲綱以十翼之辭論辨乎經幄以二省之要審閱乎宰司言續並優見於詳試進貳卿寺僉曰汝宜朕將祗卜靈辰展采於層陛爾其講明熙事治儀於曲臺濟予休成明有褒寵可

湯思退除權禮部侍郎

朕惟周之禮樂庶事備而治神人和上下莫重於春官維時貳卿司是容典當郊之歲尤慎擇人爾詞華邃精德蘊深茂學殖之富見推士林曩由石渠載筆入侍朕閲圖書之整而知其有典章練達之識嘉記注之嚴而知其夙夜直清之資肆盼明書升亞宗伯噫一陽大報已 戒涓沐三歲上儀毋忘肹飾懋乃攸績往哉惟寅可

林機除起居舍人

朕觀古之帝王言而爲命令動而爲法則布在方册粲然可觀非夫載筆之臣密侍左右從而紀之則何以垂勸戒詔萬世哉以爾儒林之英沈靜寡欲賓在東觀有太史氏之長才升之南宮有尚書郎之清望記注之任命汝司焉有舉必書入直螭頭之下在法當從出聯豹尾之中纂修所聞勿替厥守可

孫汝翼除成都府路運副

朕審處琴材遴更劇奇乘軺之吏或剖符而臨帥藩專閫之臣或分道而將使指所用雖異均爲得人以爾學富才通志操廉亮頃由奎府三易外臺蒞事剛明累著風績擁麾南夏報政有成惟石門劍閣之名區距荆非遠有流馬木牛之舊制於蜀可稽趣駕星車往其護漕祇予成命毋憚遠勞可

史才除右諫議大夫

朕稽古乂政臨朝聽忠念侍從之臣惟諫大夫實專於論議而治安之世雖明天子不廢於箴規我得其人登於近列具官某學篤自信行高弗渝譽素聞乎膠庠身幾老於州縣比直諫省屢陳讜言宜陞禁路之華俾服爭臣之首隆寬廣直朕方推延納之誠糾謬繩愆爾尚罄切劘之義懋迪予訓益殫厥心可

魏師遜除侍御史

朝廷類萃才而升處憲臺者必端方之士御史分三院而治位横楊者稱雄劇之官既遴簡之非輕亦褒遷之有序爾論必據正氣能養剛頃繇六察之聯共持乎邦法今以副端之望獨糾於官邪踐歷有聞深嘉乃績宜進司於柱下益增重於朝端國之紀綱繫爾正而中外肅予之耳目繫爾明而賢佞分往惟勉哉毋替厥守可

王珏除湖北運判

部使者之設或總漕計或按祥刑或經理財貨第其能者各以次升用人之方朕心庶幾矣爾名臣之胄家學未淪自勵其才志乎興利乃按淛右吏姦慴焉徙之湖湘能以靜治輸府之寄命汝就遷恪守詔條毋爲民擾可

邱礪除福建運判

閩粤之地東南奧區物夥俗譊號爲劇部其有素官於彼而周知民之利病吏之良否者朕以漕臺之節付之爾雅之才汝由郎歷郡建安之政迨今誦之朕當屬汝以刺舉之權就按一路以財則阜以刑則清命之將輸因其能也官望益重宜思所以裕吾民焉可

湯允恭除都大提舉四川茶馬

衛之騋牝魯之驕皇作詩者美之以其國富而用足也國家以茶市馬成憲具在刺舉之任亦繫乎得人朕以爾方叱馭遵塗平反一路長才遠用固宜以全蜀之權畀之惟蘂於外者無號嗷之耗爾之職也其尚勉哉可

張澄知福州

建旄專閫夙稱可帥之才分虎牧民更懋惟良之績宜頒譽命易畀名藩具官某識瑩事幾材周世用總地官而濟劇邦有餘財涖大府以摘姦廷無留

牒旌膺龍林之節旋擁洪都之麾五袴之詠已騰三年之計斯最俾以六纛慎於七閩惠愛黎元朕方垂寬大之詔廣宣風化爾尚播中和之詩益勵乃勤以永予訓可

張宗元知洪州

觀漢法號良二千石者必曰所居民富所去見思蓋居者閱累年以固能而職治去者更數郡以易地而惠均朕之於帥臣用斯道也具官某龐艾之德久矣彝藥典藩試之吳門其政清徙之桂林其治靜用之閩粤其民安今斂此三鎮之惠使致於大江之西俗雖剽輕孰不從化尚務綏撫體吾愛民之心可

李琳除吏部官齊旦除駕部郎官劉溉除都郎官李泳除比部郎官

勑具官李琳等文昌總庶務列宿分諸曹事任雖殊均爲華選朕慎簡郎吏考覈萃才欲觀其長預使之攝得於已試然後用之以爾琳心醇行夷明允有守以爾旦風規粹整謹畏自將以爾溉年耆而虔已淸以爾泳識邃而慮事審並揚休問假寵中臺久則爲眞因爾能也欽哉敘流品以公飭駕乘以備恪司都隸慎總比計職仍其舊命則維新毋廢成勞以祇茂獎可

程厚除直徽猷閣

樂天采詩第從臣之嘉頌禁廷隸職嚴列聖之寶儲非擅美才曷膺優獎以爾心精辭綺學廣聞多頃參鵷羽之行嘗典螭坳之記言語妙乎天下智略湊於朕前自違載筆之司益富掞庭之藻奏篇來上雅致可觀爰陞內閣之華用作名儒之寵勉思端操茂服渙思可

張子顏子正子仁並除直顯謨閣

朕惟宿將重望以功名自全眷禮不忘往幸其第諸子環列閭閻焉有鄉儒

之風朕甚嘉之西清謨訓之藏中祕圖書之府爾因嘗寓直乎其間矣六閣之設名器有差顧雖時髦必以序進今茲超授式表異恩勉其操修服我褒寵

高百之除浙東提舉

兼督兩司外臺所重分使諸道近甸爲優自非開敏之才曷副柬求之意以爾吏能強濟風蹟之良早以廉稱總茲貫舶載錄幹旋之効改陞刺舉之權惟食足貨通則民賴其利惟令行禁止則官修其方恪守彝章往祗寵寄可

楊愿知建康府

瀕江要地金陵標虎踞之雄作屏陪都帥守握麟符之重疇咨宿望允屬時英用煥綸章俾分閫寄具官某職囿而靜粹材劭而疏通賢路蜚聲早踐清華之貫樞庭接武久參宥密之謀自均逸於眞祠旋鎮麾於近服承流千里

治行已孚斂惠一州遠猷未究肆頒綍命徙鎮鄰藩境列屯營式資於綏附任嚴管鑰仍畀於居留尚懋汝爲趣承予訓可

章夏除端明殿學士簽書樞密院事

朕惟常德立武事既恢假革之功守成責儒臣益賴本兵之助疇惟邦獻登與政機具官某志端而量夷行潔而才茂蚤潛心乎大業致策足於要津考之以言責則議論謂有古諍臣之風付之以憲綱則威聲稜稜得中執法之體朕方收天下之兵柄敷七德以靖邦範斗中之樞躔幹萬微而齊政輒自南司之峻進陪西府之崇簡在朕心式孚衆論雖方隅底定靡勞餺糺之折衝而夙夜惟幾當叶廟堂之成算其懋乃德永孚於休

林大鼐除諫議大夫

朕厲精而求治道虛已以聽讜言諫大夫掌議論之官能爲朕別白忠邪指陳得失毅然以言責自任者蓋未嘗不親信而樂從之具官某稟資粹精有匪石之操履位正直有羔羊之風頃繇曲臺入踐烏府論事侃侃開吾聰明立三院之中旣善持乎綱憲進七人之首將近取於箴規其思藎忠輔予不逮

吳秉信除右文殿修撰知常州

朕以公恕之道待臣下思其始則必欲全於終罷於咎者猶或賜之福自一命以上予奪不敢輕也况吾侍從之列乎具官某以儒學之舊政身近班載筆演綸皆所更踐茲又進天官之貳亦云寵矣贊書未下已投佩而去之質於人言朕所深惜然人之才知亦各有長苟適於用其可以輕廢哉俾聯書殿之華付以專城之寄往思自効益勉後圖

凌景夏除直龍圖閣知信州

事君者不擇事而安聯彝橐於中則有論思之責擁輶蓋於外則爲師帥之官出處雖殊其任一也爾以儒業自奮踐揚清華固嘗繇郎曹紆郡紱矣肆茲召還洊致法從今又以被劾補外尙思有以勉之峻直河圖用爲爾寵往祇朕命毋貳乃心可

海陵集卷十三

海陵集卷十四

宋 周麟之 撰

外制

湯鵬舉兼侍讀

朕仰三朝之大訓賓萬世之宏規我祖詒厥子孫罔敢失墜其政布在方册皆可舉行爰命耆儒以時進讀具官某以直道扶世以正色立朝多聞極乎高明浩養全乎剛大既踐烏府振紀綱於頽弊之餘宜登金華抗議論於清問之燕將從容而顧問益啓迪於聰明爾固嘗告乃后之嘉猷更期有補朕因得鑒先王之成憲庶幾無愆尚罄忠言以裨治道

楊椿兼侍講

朕聽朝之暇玩意羣經尊聖道以表章斯文耆儒臣以折中其義邇英密侍

尤慎選掄具官某早以粹文傑出乎萬人之上通經傳古藉甚英聲今由蓬山進位持橐夫以授戈息馬之時而任武部以崇化厲賢之地而兼師儒勸講經帷無以易汝爾其探索六義之旨發明三百篇之辭以助成溫柔敦厚之教朕所望也爾惟懋哉

楊倓除祕書少監

朕蒐輯遺文紹開祕府念圖書既備豈惟號羣玉之峯而英俊所儲又以比藝林之圃惟能啓發篇章而充其所未見以是涵養器業而用之無不宜顧方多士之朋來孰非一時之遴選以爾志學無勸業儒有聞凡所踐揚莫匪清望昔已寓石渠之直今猶分星省之光宜即仙蓬遂陞少令爾其廣聞見以藝文之富究淵源於宏達之羣使仕學之兼優則聲實之並茂往欽是訓期稱所

翟蠡除直寶文閣知潭州

潭爲南國一都會介長江上游水陸輻輳素號鉅鎭近時置師尤愼地望益雄如秉旄鉞參樞機之臣皆嘗相繼在此選今也久缺甚難其人以爾有閎辨通敏兼人之才爲當世撥煩治亢之吏游刃所至目無全牛頃由郎曹踐歷卿寺將使指於外類能勸功樂進不避劇不容姦今畿右之政猶爾也凡所條奏切於爲民授之虎符才望咸允夫長沙距所部爲近而延閣比羣職益高朕故並以是命之毋乏兵農毋擾獄市明不在於苛察嚴不在於峻文介不在於崖行三者爾所長也尚當愼之以抑其過典聽朕訓往即撫綏之功

熊彥詩除西京運判

朕以畿右諸郡創殘歲深民雖息肩未狎於野今欲復戶口闢田野使守令

各盡心悉力拊摩之亦必賴部刺史班宣六條省察治狀然其所隸不過數城時方省員一漕臺足辦吾事以爾儒學吏治號爲兼通才刃恢然見於江夏洗手奉職規模一新剔其類紛補弊苴漏郡事既飭民情亦紓宜改命於臺使觀風於鄰部爾當戒疆場之吏毋生事諭師帥之官毋擾民惟招徠逋亡惟存問疾苦斯乃計最往其懋功

金安節除大理少卿

刑所以弼五教之敷獄所以司萬民之命要其効則如皋陶之淑問期於無刑得其情則雖子路之片言可以折獄念此久矣非古之所謂賢大理者孰能副朕意哉爾鯁亮廉明夙有清操頃嘗執御史之簡立使下糾非法朕固已識其人矣久去軒陛安於山林比分左符復攬轡於畿右廷尉之任汝誠其人夫吏端則刑清法立則民愨益愼乃辟往哉惟欽可

張綱除資政殿學士知婺州

舊德爲元龜時乃格王之丕訓故國非喬木視吾當世之老臣雖或去而莫留亦所臨而增重宜極股肱之遇式昭體貌之隆具官某禔身裕和立德敦大學皆本乎六藝疏通知遠而深於書文自成乎一家左右逢源而造於道早魁俊造之選徧歷清華之塗服兩禁論思之勞久參聯於簪橐行二疏止足之計嘗息駕於林邱屬當更化之初惟務招賢之廣特起壽雋以尊公朝昔投佩而去甘泉已高風之可仰及鳴騶而出幽谷　衆望之咸歸擢自從班入陪機政以妙用彌縫之密知期年協贊之多俄洊貢於需章至立辭於著位溫言加勞雅志莫回即俯徇於懇祈仍曲加於谷禮是用通籍祕殿剖符近藩尙冀聞君陳之嘉猷入告於內亦徒得汲黯之重望臥治斯民示予有志於貪賢想爾未忘於報國儻能共理何異在廷

陳康伯除參知政事

朕延登弼臣協贊治道謂天下本無事莫如有德之能安惟國人皆曰賢斯見眞材之可用概其僉論得於在廷具官某負博達之材蘊深湛之量心平不競每休休焉如有容宇定而光蓋淵乎其似道早陪鵷鷺之武已識棟梁之姿去國十年以復來而望重効官六列以素官而識明洊升喉舌之司益懋經綸之業覽條綱之備舉嘉品彙之咸精施設有方靡不合中和之度劑裁多事未嘗見喜愠之容矧惟大官實冠卿位周總以建邦之典唐兼以議政之臣宜副邦瞻遂躋政路噫朕欲以更化善治正猶琴瑟之張爾尙其協恭和衷毋替股肱之喜往祗譽命共即康功

王師心除吏部尙書

中臺總庶務之綱選部據羣材之會尙鑒裁則人爲重故昔人以一字被才論資格而法益繁故唐法以三銓分注朕襲用前制疇咨列卿必欲任賢而使能庶幾興滯而補弊具官某恭寬容物敏辨過人美矣器資雖鋼玉蒙金而莫掩恢然才刃當盤根錯節而有餘比以甘泉之舊人起於荆水之遐服訪論議則樂聞其侃侃考事功則詳試於多多委以版曹不逐利於理財之末升於瑣闥不邀名於批勅之間惟宿望之甚高故數遷而靡吝宜付天官之治遂登常伯之尊夫七司之繁條章莫不具備四選之會流品欲無混淆惟疏通可以振滯淹惟詳審可以察姦弊朕不多訓汝其懋功

賀允中除給事中

惟時論駁之司實關政事之本漢開青瑣有夕拜之舊儀唐隸鸞臺有塗歸之故事屬此虛位艱於用人自非得直亮剛明之才何以爲論思獻納之助具官某好古博雅奉身清高卓爾多聞蓋先朝館閣之士浩然遠引爲累歲山林之遊知否泰之有時故卷舒而自得遂以拔茅之卜副予仄席之求既回翔乎侍從之班講摩是賴能祓飾我禮文之事清直無渝茲有望於老成顧豈容於久次宜峻甘泉之秩遂升左省之聯朕方樂受藎言具修廢事凡詔勅之不便能勿憚乎封還則朝廷之所行舉皆協於公議朕所期者爾誠念哉

羅孝芬除祕書丞

學所以爲忠孝善視其親者必善事其君人雖難知行實可考頃爾之居州里也有母眉壽過於期頤躬營甘旨左右就養不肯一日舍府從吏役而違膝下之奉終始弗懈逾二十年風概凜然一方畏慕是其素志豈苟爲高者朕固知其爲忠孝人也今朝廷蒐聘賢雋乃得爾於薦士之章義當移忠可以仕矣然則舉者謂爾氣節剛正學術深醇其皆本諸此乎名見之初丞於

中祕矯薄厲俗予將汝覩可

劉卓除起居郎

古者左右史分記言動若書之與春秋莫得而一也今其官次雖各隸兩省然入侍禁庭則遞爲入直退操汗簡則迭爲之書與古少異矣至於從容造前時得以論天下之事則其爲職親望重又豈止記注而已也以爾學識淵源士之掄魁言揚於朝累踐華貫比以才望貳於蓬山一時大雅之羣無不浩然歸重夫以石渠之領袖覩螭陛之班聯其序列固不等也然而秉筆赤墀下實綴吾侍從之臣朕親拔老成期以自近而仍使資高者居此選其意顧不厚哉勿替論思將覩所守

王晞亮除左司郎官黃祖舜除右司郎官

文昌天府庶務之淵分之以六官而總之於宰士凡自部而上之省者無不關焉蓋所以佐丞轄而理曹事自昔多以周材之敏識望實俱　者爲之今吾尚書郎如晞亮之精詳審明如祖舜之爽達強濟皆宿儒也或久與典選或屈於司儲爰嘉已試之能並正彌綸之任夫省闥乃要地都公爲劇司惟得其要在於提綱之間則居其劇無不迎刃而解往承厥敍益究汝心

康執權落致仕知泉州

國莫先於貴老治尤急於綏民念八十者常珍當具高年之禮而二千石共理必圖舊德之人雖已投簪尚堪懷綬具官某材全甫乂學造精微早魁上舍之羣英晚作西清之放老　勞兩禁歷更吾道之艱難謝事十年猶想是翁之矍鑠朕固不忘於黃髮爾甯無意於蒼生宜趣駕於安車姑就頤於燕寢昔散金娛老欲終廣受之高今分虎牧民佇上龔黃之最往輸素蘊益懋來勤

陳正同權刑部侍郎

昔臧哀伯以德諫君聞之者固知其有後孫叔敖藎忠爲上思之者猶幸其復生惟効見於仁人之言故寵加乎賢者之嗣朕慨然遺直詢求老成得此典刑之英用爲名節之勸具官某器質端亮材猷粹清父教之忠恪守詩書之遺訓世濟其美多通臺閣之舊章昔爾先人時惟正士攘袂抗議極治亂之本原著書立言辨君臣之名分每有犯而無隱今雖死而不忘幽光既發於九原公論不移於千載賞黜革而藏斷罟方見其心愛召公而及甘棠矧惟其子茲久勞於省闥宜進貳於卿聯惟能持公平於三尺之間斯可藎忠孝於一門之內往祗厥敍勿隕其聲

朱倬除右正言

朕絜天下之賢雋而樹諸位未有不由推轂進者曾何疎遠之間哉公也惟一時諫官御史居耳目之寄必朕所親擢此無非祖宗之意亦公也覩本朝故事自雍熙改拾遺舊稱而明道有宸選之論踐斯職者或自山林起或以下次升舉出於人主自擇蓋不如是不足以聳動四方之觀聽而託之以至公焉如爾之鯁亮純誠不苟求於世人罕知者而朕實知之故昔之分守符而行則留汝爲成均之助今之時使指於外則命汝以言責之官皆於陛辭聞爾讜論深惜其去不旋踵而改除惟古爭臣厥績可考爾尚無隱裨予聰明

周綰除國子祭酒

朕勦甲敦儒崇建黌舍勸學以爲天下先十數年於茲矣今圜冠峨如大裾襜如閭閭乎其中者日益衆欲使之業不荒於嬉行不毀於隨則必有諸老先生相與倡率而作成之此所謂四海淵源者也以爾學贍文蔚今之耆儒

自初効官卓爾有立雖事功之所閱歷不過於惠一州肅一路而辭華之敏妙行實之方嚴見稱於士大夫久矣比自外臺入對朕始識之喟然有見晚之歎肆予命爾掌教成均爲師儒之長朕方兼兩科以造士談經者戒其迂體物者尙其則爾惟正訓誘之無不迪爾惟明考閱之無不精往其念哉以稱朕意

葉義問除殿中侍御史

憲府紀綱之地自昔居殿內糾非法者必以二御史爲之蓋欲廣視聽尊朝廷也朕自勵精政事延見羣材開納讜論得其人久矣奈何使其詘於外事乎爾以高明挺拔之資穎出士類持論據正直聲隱然自其奮身固已有敢言之氣而頡頏州縣義不苟安召見之初一見嘉歎朕以其容臺之席未溫而星軺已駕今詔歸而用之貳於臺端敵自朕志夫當正色之地而處盡言之朝遇其時如鵰鶚之在秋天見無禮如鷹鸇之逐鳥雀古有明訓爾惟懋哉

曾幾除祕書少監

東壁主天下圖書古之典星者又以是爲國家多君子之應今吾中祕篇籍略備棟宇之嚴同於木天眞所謂道家蓬萊山也而比年四方修文之士接武於其中瀛洲之目幾光焉必得耆儒爲之領袖垂象之著時於此古之以爾崗哉行尊心精辭綺名在館閣垂四十年識竹簡之舊文習麟臺之故事昔雖久勞於外人皆謂之行祕書再召而來聲猷愈偉俾以少令儀於英臚朕欲裒遺編於五厄之餘進盛觀於三閣之富訂魯魚之譌謬別朱紫之混淆爾其繼安世而誦亡書効世南而寫逸傳助我文治而惟汝能可

凌哲除權吏部侍郎

能官人之道其要本於知人善論事之臣不如措諸行事朕循名而責實納言以試功得茲通務之才屬以典銓之寄具官某直方有守閭侃自將人卽而溫渾然不見圭角躬行所學叩之皆有淵源比由憲府之聯旋歷爭臣之列去邪指佞坐肅百僚之師師陳善納忠喜聞一士之諤諤每於議論之際得爾鑒裁之公念言責不可以久勞況材能當見於實用宜進升於禁路俾分治於天官夫貳卿之華左選惟劇然姦吏巧舞足以致有司之疑則繁文多拘或至爲仕者之病茲乃前弊爾皆具陳其殫汝心以辨邦治可

辛次膺除給事中

朕載整頹綱茂凝庶績念東臺之要地開萬務以尤嚴如黄闥之從臣殆十年而不置必得直方之彥冀聞封駁之公具官某業履粹夷器資端亮昔焚諫草論事有爭臣之風晚臥隱廬持身得君子之守尙想心存乎魏闕亦知名衰於京師爲爾特招副予虛佇屏從近郡之節師來作清朝之羽儀雖春官見已試之才未攄素蘊而夕瑣乃久虛之席具遂延登惟故事之有塗[illegible]

惟前人之有批勑往振斯職用殫爾志

陳康伯兼侍讀

朕順考古道率由舊章深惟政化之原具載祖宗之訓迄今二百載更列聖以遵承凡此三十篇賴純儒而闡繹具官某才兼數器識洞羣書允矣典銓之公幸爲持槖之舊力行所學豈惟世務之博通德裕乃身蓋亦前言之多識方與修於寶謨宜入侍於金華念唐宗讀政要之書朕靡忘於慨慕而賈誼達國家之體爾實副於疇咨尙告謀猷庶揚光烈

賀允中兼侍講

朕儲精萬務之餘玩意六經之奧謂春秋乃天子事既深窮乎約史之辭惟

好惡與聖人同乂旁考於素臣之傳孰通大義茲得名儒具官某抱淵英之才躬卓約之守煒有華望儀於禁塗以春官貳卿方總理文之事於太史賨錄備觀學識之長宜與詳延俾參勸講朕欲識其大者簡二傳以紬異端爾尚曲而暢之惟五體以尋新意勉茲紬繹助我緝熙

姚　仲除龍神衛四廂都指揮使御前諸軍都統制知興元府

安邊而擇良將蓋惟務於戢戈承德以撫戍師茲莫嚴於謀帥乃睠藩宣之舊夙高牧御之能用趣貢於思綸俾進專於閫制具官某忠謀自奮勇略無前屹然飛將之才兼有藎臣之節搴旗數矣身更矢石之勞結眊先之氣壓虎貔之旅自師干之假息勤彊埸之塡臨賦政累年已矜穡之可詠總戎數郡亦桴鼓之不鳴求念長才宜膺重寄亟拜華於廂部肆改命於轅門皂蓋朱旛易鎮漢中之會伍符尺籍分提蜀道之屯萃此寵光寬吾憂顧噫萬福之威聲久著諒草木之知名臨淮之號令一新想旌旗之動色惟綏懷可以惠一路惟愼重可以律三軍若將壯猷奚俟多訓

海陵集卷十四

海陵集卷十五

宋　周麟之　撰

外制

凌哲除敷文閣制知台州

備西清之訪問華閣萃乎先猷列東輔之蕃宣赤城號爲嘉郡非賢勞之茂著曷寵數之兼隆具官某奮自膠庠任更臺諫論事亹亹無非仁者之用心在朝誾誾可見吉人之爲善自畀典銓之劇仍嘉勸講之勤遽此引痾祈於補外念雅懷之莫奪宜眷禮之彌優乃寓之於次對之淸班而付之以承流之重寄得陳力就列之義宜有令名當治民考功之時勉爲善政其體朕意益殫汝爲可

王師心除顯謨閣直學士知紹興府

天下之士無內外設官皆所以爲民人臣之心無去留立義不忘於體國肆茲謀帥首及從班具官某蓄積諸身識　於內蒼聯持槖蓋去朝者十餘年累易藩符能敷惠於數千里洎復還於近著每入告於嘉猷率勵大官事悉從於寬厚侍言帝幄學有助於緝熙念夫勞逸均則出入俱用表裏一則重輕各得爰遵近制式勸羣工矧六閣之在西淸此新儲於祖訓而七州之連東輔茲密邇於行都加寓直之崇名表殿邦之重寄益孚靜治以對優恩

賀允中除權吏部尙書

銓曹之設其始以鑒裁用人近世相沿蓋專以法令從事雖品數具存於成憲而推行實繫於得賢要須敏健之才痛革依違之弊具官某持論公正稟資淸通壯歲乖車久遂山林之志暮年結綬亟陪簪槖之游自擢貢於鎖闈數封還於詔令每觀敕尾之譏曾不吐剛而茹柔少露胸中之奇必能揚淸

而激濁惟是六官之長兼夫兩選之繁命汝以遷庶乎其稱爾旣明而通法意固無患於拘牽爾能直而杜吏欺必不容其巧舞益殫藴用元副予知可

沈介除祕書少監

石渠典籍之府東觀道家之山兩漢名儒未見元由此而進者矧今少令領袖羣英優游木天馳騁文囿得人之盛奎壁有光以爾策名兩科學贍辭蔚序於中祕今十五年雖久在外以枉其才然器識之所以涵養者日益富監試旣闕莫如汝宜其釋左符遂還清貫况惟兹職舊所攝承與修當代之信書兼纂前朝之大訓史家凡例無不習知益恢遠圖副予褒擢之寵可

王剛中除中書舍人

中書爲政事之原西掖極儒臣之選豈惟敷文華以藻飾一代蓋欲明號令以鼓舞萬民正須潤色之才共服演綸之地具官某富有用之學挺不羣之

姿發策而取文科固已應唐詞人之號讀書而通雅誥是又兼楚左史之能旣踐歷於螭階久攝承於鳳閣念已權者不試而命有故事之具存惟並建則伸所長俾贊善之分掌矧此國體繫於王言要當追三代之風使文章渙焉可述斯能聳四方之聽若卜筮罔不是孚往輯爾辭庶裨予治可

黄中除國子司業

三代之學皆本於明人倫漢唐右文惟以之飾吏治其本朝教養之法甚備賢能接武出其中奕世用之今不匱作成之効如此豈有他哉一師儒苟得其人可以首四方而善風化爾學問淵粹端莊有常冀魁俊科屈處第二級英游於館閣之上人莫得而親疎自遷郎闈久攝成均之武善誘不倦成禩可觀今命卽眞是爲因任爾明義訓之學如隸達勸忠孝之道如陽城使諸生業精行成爾則與有無窮之聞可

周必大試中詞學循一資

國家自紹聖以來設詞學一科蒐取異能之士行之旣久所得爲多肆朕中興斯文益振今試於春官者數十輩而爾以粹文獨與斯選拔尤若此陞秩俾褒姑游泮宮以俟甄擢可

洪遵除起居郎

昔楚左史倚相能讀三墳五典八索九邱見取於當時著名於後世然則載筆之任固不止於書言動昭法誡亦貴乎博識而多聞也爾頃以詞學之茂稱首殊科兩登遂山衆謂淹久自承宣室之召卽入直乎第二螭之傍持論造前多所宏益茲命序進隸於東臺夫記言之司是將專以古帝王之書爲法也典謨訓誥厥則具存纂修所聞毋易而守可

張孝祥除起居舍人

唐人有言左右史當用第一流蓋以其濡筆螭坳出入侍從羣才識拔之始必以是爲要塗苟非其人不在茲選爾才業識度秀於妙齡頃魁俊科朕所親擢加之以老成解事名未試而實已孚旁涵道山內益汪肆遂由南宮陞奏之任躐升西掖記注之司夫用士者欲各隨其材而懷材者貴有適於用朕今命汝庶兩得之往迪訓辭毋懈於位可

葉義問除侍御史

柏府分三院而杜下史爲雄劇之官故簪筆以別其儀橫榻以異其位給騶以嚴其體歷考前代不輕受人在於公朝推擇尤愼以爾鯁亮清恪國之勁臣峨冠赤墀中外咸肅凡正衙之所論與造膝之所陳毋非以糾逖官邪扶持國是行矣閱歲納忠爲多今陞臺端用增重於風憲之地昔有功授職而聞之者相賀溫造執奏而遇之者膽落爾其毋避強禦毋畏高明毋有隱而

不言朕所望者往殫厥心可

趙令報除權戶部侍郎

漢九卿之高位缺則選諸衛頁唐三省之從臣間亦求之督刺朕參用前制作興　工今得人於輔藩俾試事於計部具官某材力強濟器資　明以帝王之本支而躬寒素之風以公子之信厚而蘊疏通之略累官於外厥績有聞五馬軺車每應條而輒舉再分符竹茲游刃以無勞與其借洪河之潤於近封孰若觀利器之施於繁委乃召從於帥閫俾入掌於民曹況嘗通延閣之班可使蹈禁塗之轍若夫總國家之大計究財貨之本原倉儲斂散之權錢幣重輕之制朕不深告爾皆習知往其善謀副我虛佇可

何溥除左正言

臺諫皆吾耳目所寄也然御史糾官邪助風憲爲肅政之司諫官裨主失藎箴規有責難之義兩塗雖異任用則均以爾器資高明問學純正擢在臺察歲將再周端愼自居淡於榮進望實之懿久而益孚今升之於七人之聯屬汝以諫爭之事夫君臣之際言合惟艱下焉欲竭志而藎公上焉貴博觀而虛受漢文帝稱毋甚高論朕則無所不容魏鄭公謂願爲頁臣爾其以此自勉可

謝芷除國子錄呈文昌除太學正或作程大昌

國家興膠庠以造天下之士三年大比決科者每不下數千人幾馬羣之遂空蓋錐末之立見朕方尊尚經術衆建師儒固當求學校之舊行藝之優爲之亦庶乎多士之率服也知爾芷之明於體爾大昌之深於書久游賢關聲實俱劭糾正之任莫如汝宜夫治人者以身先得道者以心授作成在此惟明惟公可

唐堯封史浩並除太學博士

朕勸學勵賢恢張文教令四方肄業之士合經術詞賦爲一科惟時膠庠實號首善師儒之選尤愼擇人以爾堯封抱藝不羣累更侯泮以爾浩績文甚力舊服賢關是能兼二者之長可以課諸生之習夫經爲至治之法賦亦古詩之流通經者欲中道而從容能賦者貴體物而瀏亮士之器識於此可觀往其究心訓迪毋倦可

任古除監察御史

公道之在天下譬若權衡然必得正人相須爲柏臺之設繫此匪輕惟衆正之咸歸則大公之克舉爾之志操朕嘗於公論得之自爲小官非憚大吏其宰百里以身爲民終不肯枉道而事人可與居今而行古頃刻召對朕固器之憲僚缺員無以易汝惟庶事之一於繇惟正言之槪以公助我紀綱勿隳其守可

辛次膺差知泉州

國之從臣中外一體入則告嘉猷於后爲百辟之羽儀出則下膏澤於民作四方之藩翰委任之意其重爲均具官某贍智達材施於有政輔之以廉隅而志不詘持之以學問而論不阿頃自隱廬召還禁路進退之際不欺於心今起之於閒館之居授爾以專城之寄念彼閩粵泉爲大州獄市浩繁正須善治茇棠以辨民訟酌水以澄吏姦爾皆優爲朕不多告可

呂廣問除江東提舉

士君子懷材抱藝則必自有所守顧豈以仕已試其心哉質之公言朕不終棄爾之爲郎也以才謂用其去也以無罪行再登於朝前後一轍此時論之所未喻固宜有以詳示之大江之東往將使指凡邦儲之斂散與貨政之懋

遷爾能究心亦足自見可

徐林除權戶部侍郎

禹疇用政足食爲之先周典建官理財居其半矧是版曹之設實爲邦計之專非深知乎本末源流必自困於簿書期會不有能者孰堪付之具官某敏健兼人精明博物以儒選而有適時之用以經通而得富國之方昔同琬琰之就猥塵重嗟中廢今若驊騮之開道路益見老成與其蹈遠用於他司孰若試實才於劇郡宜頒新命俾易貳卿大夫不能貧在乎強本而節用惟國無恚費則不傷財而害民朕方深信於仁賢汝尚均齊於調度益思善後務究嘉猷可

黃章除國子監簿

今之占一善名一藝者苟有位於朝皆足以自見惟在乎隨所用而安之耳

憲府之屬爾嘗爲之服勞簿書每克自力今又以庠序之舊改命於成均周旋師儒之間典掌行藝之籍爾處於此必能安焉往其勉之益愼厥止可

沈樞除御史臺簿

國之紀綱屬在憲府官無大小皆欲以堅亮有守之士爲之儲才於茲其用固有序也爾以學業之茂安於所守而達於所知延見昕朝首告朕以君子小人之說夫二者治道之要也爾能知之足以爲臺屬矣鉤稽之任其尙勉哉可

陳良翰除江東提刑

凡抱功修職之吏必善用其所長如扁之斲輪良之執靶非智專者不能精也況乎典庶獄於外觀五刑之中敷求吉人意固有在爾之爲吾理官也練習文法亭疑以審淸讞以明踐更正丞貳於廷尉是嘗處天下平矣今付汝以攬轡之任責汝以平反之功蓋因其能敷惠一路當使形幃問俗之意不減丹筆泣囚之時往哉惟欽成庶中正可

施鉅除知洪州

江山作鎭有如翼軫之區岳牧用人無若股肱之舊蓋事權之所寄必資望之兼崇疇厥帥才命之書贊具官某夙猷廉勁識度粹夷由清路以奮飛登政塗而勵翼自安常操如松竹之貫四時汔保令圖如鴻鵠之舉千里旋受虎符之寄往塵桂管之行海道肅淸邊隅綏靖念賢人之在遠亦既久勞嘉善政之有成宜從近徙眷惟大府實控　嚚訟息而弭筆之風衰臨之以實父之威吏焉敢飯濟之以廉　之惠民孰無福往輯爾庸用承詳訓可

蔣璨除敷文閣待制

爵祿天下之砥石王者所以礪世磨鈍朕未嘗輕予人也况內閣之邃先猷

所藏龍職高華列於從槖今將以爲二千石共理之勸且見朕愛民之心因此序升庶乎其可具官某儒冑之懿藝兼於人乘軺効官閱歷二紀頃固嘗領轉輸於近甸典浩餉於行都游刃之餘老而彌壯顧蘇臺吾股肱郡方倚汝以治之燕衛森疑事能趣辦吏最之賞夫豈汝遺由祕殿纂修之聯陟西淸次對之選茲爲異數益懋而承可

凌景夏就差知襄陽府

自列郡而升帥府非二千石之有風績者朕不以虎符畀之爾頃自綸閣分麾出守淸才雅望卓然與俗吏不同民謠流聞政績登最宜有以褒表治効用勸師帥之官眷惟襄陽實號方面跨對楚沔今爲邊衝非信義不足以安遠人非寬仁不足以振疲俗命爾移牧爲予干城往頒詔條克荷愛寄可

周操郁絜並除吏部郎官季南壽除考功郎官張孝祥除禮部郎官

中臺號政本六屬分郎闕吏禮二曹尤爲高選朕勵精庶務思有實才官人之方先視其擬及此試可從而類升蓋操也以積學師賢關絜也以通才試工監南壽詞林之秀孝祥舉首之英久在石渠校讎祕籍今並以兼官之舊錫命而爲貢典銓者當兩選之繁考績者據七司之會隸南宮者有舍人之目各踐厥次毋曠爾成可

楊椿除給事中

東省之爲要地尤重設官夕郎之在從班盡專論事念庶政之　飭猶舊員之靡　今當並建於老成使得相參而平奏具官某蘊識端亮持身直溫故郡多賢繼西蜀之諸老先朝取士冠南宮之萬人自再歷於英躔亦久儀於禁路雖武部掌七兵之事能濟以文而經幃陳六義之辭必歸於正藉此論思之力揚於封駁之司惟朝廷治亂之端在命令罷行之際知體者志其大善謀者圖於初往能慎思庶有忠益可

周執羔復祕閣修撰改差知池州

今之士大夫以帥守入蜀者朕未嘗不念其道塗之遐等其歲月之勞或因任以數遷或由從而近徙皆有恩意勸趣事功安其止而榮其歸庶幾乎待下之道盡也以爾儒學之懿長於治民羽儀中朝嘗列從橐起自閒退分予左符轍轘四川綿歷三郡茲既以便親之請改命而言旋寵之以石渠課次之名優之以枌社鄰邦之寄亟承褒渥益盡乃心可

葉顒除司農寺丞余良弼除將作監丞

寺監設丞參釐衆務況九扈之爲農正五工之屬匠卿必得其人相須乃濟今爾顒以序而進厥位由才業之可稱爾良弼自外而登於朝亦器能之堪

用夫堯以稷官爲重而周惟事典至繁先王立政之規非吾儒不能知也朕所望者爾毋不祗可

張燾除端明殿學士依舊知建康府

漢褒循吏之治或拜爵於通侯唐寵守藩之臣至疏名於便殿矧茲留鑰之重地粵有禁塗之舊人既治績之彰聞宜徽章之特賁具官某精忠自信敏識多通才猷久著於從班事任累更於方面二十年持囊之望雖寖遠於本朝數千里比馭而驅嘗有功於全蜀洎投閒而抗志能秉哲以全身迨予庶政之更付以陪都之寄澄清獄市本齊相之無爲鎮撫軍民亦蕭公之是奬謂牧人御衆效有以善其職則增秩賜金不足以酬其庸爰加祕殿之新班式表西清之故老噫朕誠倚注不忘曳履之聲民願借留每　攀轅之志姑安舊服庶協羣情尚深體於予衷益茂揚於乃績可

陳誠之除知樞密院事

國家有常德之　可與立武而保邦君子有先見之明故能研幾以成務用人惟其若是當世莫不安之諏厥在廷得於已試具官某風度凝遠器資靖深當大庭發策之初首講明於長算在禁路服勞之久每涵養於壯猷　然進退之間綽有中和之度時方更化再持橐以還朝事不辭難三抗疏而出使遂自禁林之邃入陪機筦之崇按疆外之清夷協幄中之慎密當同寅而心不貳處獨任而心有餘爰稽衆論之公式畀元樞之命噫仲尼有文事武備蓋此道之本同子房無智名勇功宜斯人之是繼往祇予訓益盡乃心可

程臨知夔州

雲安控三峽之險蜀孔道也九郡四軍監皆總於帥臣惟望實之素孚則事權之增重求之最籍今得其人以爾果達之才老於吏事剖符乘傳往來乎

楚漢之郊領利路之轉輸鎭益州之都會夔之屬部舊亦按臨閫制既盧無以易汝朕欲使内外均重如權衡之平小大相維致藩屏之固爾其謹視民卒宏谷宜詔條予訓是承往廑綏馭可

王綸除同知樞密院事

朕惟天下無事尤宜致慎於萬幾賢人在朝固可折衝於千里乃眷本兵之地仍當偃武之時方用德以爲先必同寅而有助具官某懿文行遠沈識造微雖早以辭華結朕知而實以器業負時望學有所守是期君子之躬行知無不言益得古人之遺直嘗獨掌禁林之大册且備聞經幄之嘉猷念初服於從班卽兼承於密旨以周愼固弭兵之定議以嚴明整經武之舊規僉曰老成久兹詳試俾自冬卿之武進陪右府之嚴精神所加中外咸屬噫夙夜基宥密之命朕不敢康道德成安强之威尉其無懈益茂遠邦之略共圖康世之功可

海陵集卷十五

海陵集卷十六

宋　周麟之　撰

外制

孫道夫除權禮部侍郎

虞舜命九官蓋急賢之爲務伯夷典三禮惟熙績之是圖朕爲官而擇人本禮以成政思得式卿之俊率循往古之規具官某挺拔不羣疏通無滯辭華服衆本兩學之舊儒議論過人實　之名士久矣遂山之引去復茲省戶之來歸　在月卿不愧容臺之陟出爲星使有嘉沃辭之還既具著於顯勞宜亟膺於褒擢載念當郊之歲尤資掌禮之臣維春官修頌祇之書必有以肸飾舊典維司樂序雲門之舞必有以燕娛靈心勉蒐閟於上儀助消成於熙事往祇予訓惟既厥心可

魏良臣知宣州

朝廷待執政之舊猶吾股肱牧守視諸侯之雄爲國藩輔茲　雋望用付名城既僉論之咸孚宜賚書之是錫具官某才資果達志尙方嚴操修不變於險夷出處屢更於閒劇頃持槖以居外首賜環而造朝擢在政塗整頹綱而甚力恢然才刃掃宿弊以無留方須善治之興遽有均勞之請居是邦而聞政事屬此剖符之　起於家而見吏民不殊懷綬之寵　得君重亦便爾私噫汲黯在朝昔固多獻納之助召公維翰今必有蕃宣之勞往俟政成毋忘猷告可

王師心除給事中

臺閣從臣尤重瑣闥之拜朝廷庶務必關　之嚴自非平奏之才曷允至公之論爰咨在位今得其人具官某雅亮不羣清純有守早以俊林之譽揚

於禁路之華祇若予工嘗遠圖之未究久淹於外宜奮德之遄歸幹旋雖賴於長材封駁正資於重望朕方考昔賢之餘烈悵斯道之久衰觀元素納忠至擠回天之譽若李藩挺節尙存批勑之風蓋脂韋者必致於　官而矯訐者又嫌於邀譽往仲汝志用協予衷可

王綸除工部侍郎兼直學士院

朕考擇羣材分遷從列惟久於劇任必使之居淸簡之曹惟長於代言故因以畀嚴凝之直孰膺妙選茲屬名儒具官某藝了十人身兼數器由待問有殫見洽聞之業故結知於高文大册之間自歸踐於朝班繼獨兼於詞禁追歷代坦明之作思若湧泉當大庭播告之修言皆破的雖應酬之甚裕亦勤瘁之頁多朕今省繕營之工此則職閒而無事圖翰墨之舊此則禮厚而益親進陛荷橐之華仍視玉堂之草往承優眷益懋遠猷可

趙逵除中書舍人

司內史之贊書綴甘泉之法從觀昔治朝之盛嘗率用於數員念今詞制之繁亦固難於專掌茲得多聞之士盍從並建之規具官某稟資粹淸植操夷濬早魁多士得大名而匪虛平視要塗能中立而不倚自紬書於金匱旋載筆於螭陛有嘉記注之嚴不替論思之益豈惟勵遂頁之志職在守官咸謂有仲舒之文雅宜爲誥矧嘗攝事備著能稱俾從瑣闥之聯遂正綸闈之直益思廣業用副隆知可

徐林除刑部侍郎

刑名本乎禮義法律出於詩書故憲部貳卿之聯雖實總於刑辟然累朝圖任之制亦不可專於法家安得通儒之才用爲祇德之教具官某器資敏辨識慮精明少陪二館之游旣時觀乎未見晚踐九卿之次嘗中廢於非辜念遠業之素優宜公朝之復用就司府計出領軍儲暨茲歸覲之初嘉爾奏陳之悉宜延登於禁路遂入佐於秋官庶幾忠信慈惠之師復陳於臯事將使頗類放紛之弊盡變於文風往哉惟欽服我攸訓可

唐文若除起居郎王剛中除起居舍人

左右史雖以記言動爲職而論思獻納實視從臣地近秩淸每加遴選故本朝用士多取於蘭臺之英苟非其人不輕除授以爾文若學贍而詞蔚似其先人以爾剛中行峻而才淸嘗與前列或於石渠有博覽之譽或於蓬觀有佐譔之勤肆茲同陛載筆入侍惟守官以　惟臨陛以肅恭朕於此際觀汝遠器可

葛立方除吏部侍郎

天官之有大小宰首冠六卿吏部之有文武銓同分兩選思得淸通之彥助

予綜覈之公具官某學世其家器優於用早馳　之淸輶嘗歷握蘭之顯曹昨去周行久迂雋望迨闕至公之路盡收遺野之賢召以名郎登於宰士糾違省闥實多詳整之稱結好鄰邦不負光華之選肆圖嘉績或實從班爾能使法行而無汨格之私吏畏而絕姦欺之弊斯乃稱職往其懋功可

蘇簡除直祕閣知廣州

嶺海之陬去朝廷遠矣夫欲究王澤於下達民情於上非吾制閫之臣何望焉然其師節所臨於南方事無所不統地大體重必求如昔之人所謂正直方嚴中心樂易祇愼所職者爲之庶幾乎神人之致喜也今朕選用有得於世臣之家爾祖在朝以忠讜著聞傳家以端靜爲法克濟厥美皆曰汝賢頁之寵名用殿南服爾能內肅淸所部外鎭撫諸蠻使山行海宿不擇所而安公藏私蓄不勞力　之効將無愧於前人之光可

榮巖除權戶部侍郎

樂言利者病於不知義善足國者貴乎能富　若時邦用之耗登繫爾版曹之濟否具官某老於吏事舊有能名以三十年附翼之臣久焉留滯凡二千石承流之地多所踐揚幸存綿上之善人猶是正元之朝士徙從輔郡入守行都謂下車之可觀意餘刃之未頓是用擢升計部參貳列卿朕方歌南風阜民之詩下西漢敦本之詔念經常之有制宜取予之惟時毋規小利而較錐刀之微毋事虛文而忘鼠雀之耗當體朕意益殫汝爲可

張偁除知臨安府

漢以二千石高第入守長安一時名流類著風績朕於輦轂之下亦欲參前制而任人故比年或以循吏得遷或以漕臣就從能者必用不矜於同爾開敏有材深明乎吏道之要頃分郡寄治行卓然來班六條率職惟謹凡屬部有不平之訟及中都有一切之須皆能審決適中趣辦無缺今置之於浩穰之地而責之以彈壓之功若廣漢之發姦如神若翁歸之絜已自守惟濡囚之亟去惟宿蠹之深懲政或有成朕不汝棄可

李文會除四川安撫制置使兼知成都府

朕孚實德以順民心簡重臣而鎭方面念坤維所繫隸帥府者五十四城而魏闕相望經郵置者六千餘里遽聞牧御之缺亟選撫綏之良彼有人焉朕無憂矣具官某疏通知遠端重鎭浮剛柔有以相須文武惟其所用早由要路參密畫於斗樞之庭晚以舊勞領藩符於井絡之野洊從東路再典大州治貴靜而邊　當政報成而民譽藹雖長沙在近令內徙以誠宜然益部匪輕顧暫虛而不可眷言瀘水之勍素得蜀人之心爰就畀於重權庶俯從於衆望噫叱馭過邛郲之阪想忠臣無憚於遄驅好文追齊魯之風念循吏尚存於遺化朕屢下寬詔深懷遠氓滅科調之繁繫爾宣吾德　列屯戍之衆賴爾審其豁鈐往須善最之成克前謨之美可

趙子瀟除直祕閣兩浙運副

國家分道置使職均地殊如浙之東西實不可以諸路比護漕於此則又與其他按部者不同蓋以總兩幾之轉輸臨萬乘之都會兼是劇寄委於一司自非强敏之才未見其能濟也以爾警辨嚴恪爲時名郎豈惟吾宗之良是亦士大夫之有操守者比由計部出領兵儲有如長材焉得在外今使爾乘軺近甸宣布詔條於行闕有共官給御之須於屬城有察吏觀民之責凡是數者當率其先進聯中祕之華來作外臺之表可

參知政事湯鵬舉除知樞密院事

朕復祖宗之舊章分文武之大柄以宰臣當　之事任不兼於本兵惟有府得折衝之臣權實亞乎端揆我有明命播於多方具官某才堪憲邦仕不枉道以人望則素有大臣之風采以政績則類非俗吏之能爲自振淹於總攬之初卽借重於紀綱之地放淫距詖障百川而東之激濁揚淸見一鶚之直上言皆本十翼之義能讀三墳之書　用登政路雖可否相濟方觀釐嘏而靡爭然弛張異宜必賴研幾以成務非我壯猷之老孰專基命之司噫斗爲天之樞機蓋取乎斟酌元氣之用武乃世之砭劑當教於膏肓未病之時除戎器所以戒不虞用眞儒所以爲無敵　愼密共此幾康可

陳誠之除權禮部侍郎

朕當治定之初新一代之制固已質前聖而無疑交神人而成格惟其庶事之備則有司存至於兼總情文非時通儒孰能與此具官某以淵源之學濟沈粹之資頃者爲郎祠曹掌教學省皆春官事也而俱以稱職聞茲居貳卿

其詐曰不可昔舜以典禮命伯夷戒之以夙夜惟寅直哉惟淸何其簡而大也厥今法此以爲訓爾其法此以守官無俾秩宗專美前古可

韓仲通除權刑部侍郎

朕矜民愚自罹於罪雖不得已而用刑未嘗不爲之疚懷故屢下欽恤之詔愼擇明允之士用示以易避開其自新庶幾民協於中刑措不貳具官某持心近厚議法以情久踐棘司見謂稱職逮爲廷尉時無寃民茲擢貳於秋官蓋得之於已試昔虞舜有好生之德而皐陶有無刑之心民用不犯朕甚慕焉爾其往蹤乃心益體朕意無以古人爲不可及可

余堯弼除端明殿學士簽書樞密院事

朕總七德以經武務隆悠久之規飭右符以本兵實賛恢宏之治非時俊偉曷副　求具官某性資端良學力超詣中德外見粹然眞仁義之人遠業深淵久矣搢紳之譽屬進専於言責果大著於風猷眷惟樞筦之崇實亞台衡之重顧文修武假雖邊陲無事於折衝然必德進言揚斯廟廊不歎於莫助用掄才於衆俊俾叶志於上公茲誠輔弼之聯豈獨兵戎之務惟誠一可以參萬化惟忠藎可以究遠猷其虔乃心以爲予訓可

張祀除祕書少監

圖書府蓋國家儲才之地蘘者屹然　朕既親爲觀焉而又命近臣以専綱領之任然得隸職其間者多不踰數人而監不置少亦已累歲此有以知其選矣以爾文行之美表於搢紳比加識擢益有賢譽茲用輟爾於風憲之地界爾以文之樂爾能祇率厥屬　副朕遴選之意則朕豈惟於爾嘉爾屬當亦有以尊顯之其往欽哉無斁可

巫伋兼侍講

昔傅說訓事不師古以克永世匪說攸聞至哉斯言夫古事遠矣欲究觀治忽之所以然捨經何以哉具官某識趣高遠議論純正比以掌諫參與勸講蓋嘗以虞夏商周之書爲朕言之爾位諫大夫以經術入侍爲尤朕將取爾說之有補於今者舉而措之天下豈以　治古之盛爾於斯其益勉之可

葛立方除考功員外郎孫仲鼇除司勳員外郎

稽歲閱之淺深覈勞閥之虛實銓曹所以弊吏治明賞典茲者爲尤嚴非鍊達之才不輕畀也以爾立方智識明敏業世其家以爾仲鼇器局宏深譽聞於時頃者召試列於蘭臺積有刊正校讎之勤況茲兼攝既久緯著能名申命卽眞僉言惟允宜圖報塞嗣有褒嘉可

湯鵬舉除直顯謨閣差知婺州

九列之重延閣之華委之要邦付之共理凡以重吾民也今寓内無事根柢是先綏之則安擾之則懼過懦則無立過剛則不親爾之公直強明吾有取焉歷劇部更方州典輦轂其勤亦已聞矣寶婺之分地近俗龐畀付不輕也陟之近職以寵爾行爾其勉究所長益務惠養以荷吾寄可

段拂除給事中

政事之出本根實自於西臺審覆之詳鬱轄常資於左省用才惟一乎奏尤難必求端良之人以付論駁之事具官某早登名選屢掌泮宮晚貳宗司寖躋法從入筆秩宗之久直　之兼華凡所踐揚莫非淸要効見已試官宜次遷輟自綸闈陞於瑣闥俾出納以之多益則教令靡不是乎惟既乃心同歸於治可

敷文閣直學士晁謙之磨勘

考績之法自大夫而上至於朝議員則有定數矣庶官泥於格而不得進侍

從因其最而與之陞茲舊制也具官某粹文雅量能世其家頃游禁除蓋嘗以儒學入侍屢典藩郡丐閒自頤有司校年當以序進秩冠六品亦足以增延閣之重而彰官閥之優焉尚樂燕休毋忘明陟可

知臨安府疑職事修舉轉行一官

今之行闕實視上都繫諸夏之本根劇長安之浩穰治之急則致烹魚之碎應之緩則失御馵之轡二者罔中鮮能有濟惟爾以幹方之舊詳練而通事幾精明而有風采自二千石高第入守於茲不數月間鋤弊剔蠹舉有可觀者廂有官而都市肅夜無警而比閭安浚湖而水利修除道而經塗坦凡此實惠吾民願之匪棘匪舒不勞而辦焉得不舉增秩之科示勸功之意選諸所表俟以汝遷可

康執權落致仕與郡

朕敷求黎獻用乂我民亦惟有若耇之耆成人周之耆壽俊雖或得以自休於厥家若時詢猷則必復即我御事踐厥服具官某抱道純篤迪於多聞克遠省於古人之德在朕初載命之曰汝惟耆於膠庠首茲士多時惟汝式用陟汝於禁路祗乃畀事厥職修顯罔有內外茲三十年越其告歸用嘉汝之治肆朕今立政惟屏僉朋惟圖舊人罔敢播棄我黎老矧有遺於大耋之用汝心未　亦尚克堪往綏有邦俾民訓於爾德可

鄭望之落致仕召赴行在

朕蒐賢簡能穆布在位猶懼其有遺才也訪故老於菟裘之營得所謂守善純固黃髮不忘可以表儀當世者則又將襄輪以招之具官某集一代耆英安於靜壽馨棐之望今三十年散金邱園固無愧乎止足之義矣然首之謝事者或以陋巷與政議或以歲時爲朝臣蓋年彌高而德彌劭者世所尊身之老而才之壯者謀必審朕意所屬卿宜未忘盍亦審已垂之車紆既解之紱而來歸也佇觀遠用入告嘉猷可

蕭振職事修舉轉四官

漢代以承流宣化責成師帥之臣宣皇以增秩賜金用獎循良之吏念中興之歲久思外治之特修選建仁賢億甯方夏將使遐邇之共貫莫先勸沮之兼明爰錄顯庸遂申褒典具官某材資卓傑知慮光明憲邦全文武之能臨下合寬嚴之度楚令尹三已無慍色何慊於心杜延年再用有治名實堪其事比雪池陽之屈復勤蜀部之臨策竹歡迎豈止一方之風動芟棠聽訟不煩三令而化乎護列城以相安綏遠氓而用裕廉平不擾遠追建校之風審固多謀坐得籌邊之略爰稽最籍允謂殊勞內　陞華特陟通班之峻崇階錫寵更加寓祿之優集此寵章用爲醲賞噫五十城之重寄予復何憂三千石之名流爾最爲冠往其勵志共此榮懷可

汪勃知湖州職事修舉特轉二官

天下本無事庸人或至擾民俗吏多虛名顯賞莫先於貴實朕清心以理庶務褒德以懷萬方有嘉慈惠之師茂著循良之績欲彰厥善何愛於恩具官某以靜粹禔身以寬和服物浮沈州縣久安平進之塗左右樞機晚契老成之望當急流而去位能掃軌以全名比從巖壑之居起鎮股肱之郡避堂而咨治道簡易爲先酌水以振清風廉平可法惟無心求赫赫之譽故不伐有謙謙之光比再露於需章期退全於晚節累詔加勞爲民借留眷言苕霅之邦久闕襲黃之政有如靜治宜被褒揚夫吏數易則下不安美誠在久我無爲而民自化政貴有常往膺增秩之榮益懋承流之績可

洪遵除起居舍人

朕惟盛德之後必有達人雖天之報施理固如此亦教忠有所自也昔爾父忘身犯難能盡節於我國家而爾弟昆一門競秀以詞學中選者三人焉爾居伯仲間又有最良之譽再登館閣未究汝長困於　朕所渴見今既召對思所以處爾者其可使之遠於朕乎豹尾之中螭頭之下出入侍從爾宜與焉其勉厥修尚無愧於前人之績

洪邁除祕書省校書郎

士之有懷材抱藝雖其未遇世固以遠大期之及乎得時惟上所用人皆不以為過何者公道立則實能與有蘊於內不可揜於外也爾以宏博舉十餘年矣久坐困躓不得列於英躔今也召歸校讎天祿顧爾兄方載筆螭陛而爾又有登瀛之榮棣蕚聯輝處紳盛事益厚所養為邦之光

王剛中除起居郎

左右史密侍殿坳六司記注職雖一也然其位序則以東西二省為之別焉朕得雋才不嫌詳試以爾器閎用遠有守不阿頃自著庭列之螭陛造前論事　可聽夫古之史官各有所記言與事莫得而相入也言為尚書事為春秋今之設員亦本前制命爾更踐豈無素哉爾其秉舉而茂明之以稱褒遷之寵

海陵集集卷十六

海陵集集卷十七

宋　周麟之　撰

外制

王彥差知金州

朕惟蜀漢諸郡控連山南介於邊徼襟帶深阻二千石以共理之寄兼禦侮之事非他州比也必其威重可以彈壓屯戍加之靜治有以拊摩瘡痍自非名將之儁茲未易以輕畀具官某膽略忠壯望雄於邊周旋戎弢夙有多績武都之治威聲隱然惟茲西城實號方面分虎剖符莫如汝宜萬旅連營賴壯猷以為之節制四州接壤須善政以為之撫綏尚勵爾能以承予訓

劉章除權工部侍郎

朕簡任儒臣左司起部雖云技巧器械之事不足以煩老成至於論思獻納之官茲所以為高選非取充位蓋期得人具官某慎重自將純明有守精於吏學洞歷載之數千頃以文科居大廷之第一策名二館去國累年洎召對於公朝復　於清路守官載筆退惟謹於必書銜命　歸載嘉其不辱甄此多績卑之貳卿夫舜命共工序乃先於　典而周分事典制皆備於考工爾為多聞必達古意往祇予命尚遠乃猷

路彬除刑部郎官

朕擇吉人以觀於五刑之中惟時秋官實掌邦禁郎吏之選非才莫居以爾法理詳明輔之明雅擢在棘路逾三十年自評而丞一再為正又嘗五易憲車於外轍環於湖廣江漢之郊茲圖老成入踐省戶使汝持議之際不減平反之際斯為祥刑朕不多告

胡棣除兵部侍郎官

朕耀德以爲威安民以爲武任賢以爲折衝之具戎部雖設殆同淸曹握蘭者優游乎其間非老成謹厚之士不畀也以爾業履純茂多所踐更自蜀趨朝贊事外府久攝承於夏官之屬爰嘉乃績就命爲眞惟立武之常規與除戎之大戒載在古訓非儒者不能知之往思悉心以助而長

周綰除吏部侍郎

諸老並用足爲在位之光貳卿分曹無若兼銓之劇時膺寵命允屬耆英具官某局度方嚴性資敏達素官於外踐更帥守之官晚躋於朝躐賓師儒之長多士得所矜式斯文賴其作成念齒及於彌高豈官遷之可設朕覩其有考藝之識而知鑒裁之密取其有勵賢之効而見品覈之精協彼僉言升於選部爾其痛懲姦吏之弊使吏畏而不欺恪遵成法之嚴使法行而無壅往熙乃績毋易吾言

陳正同除敷文閣待制樞密院都承旨

右府本兵之地惟長貳總秉之事爲朕腹心若時屬僚寄委咸重奉承密命必用從臣闕而不除十餘年於茲矣朕今得世濟之彥拔其才而用之具官某直亮多聞得於家學持論倨正亦克似之賜環來歸旣陟汝於禁路罔不惟職業之思朕方櫜弓戢戈以常德立武事如爾明愼允宜在廷內閣陛華鴻樞稾務併以授汝往其欽哉

楊揆除權刑部侍郎

朕以大中之法輔常教惟四方典獄懼弗簡孚司寇詰姦實總斯事故自昔貳卿之選多以練習文法久於廷尉者爲之此所爲因能而任官者也具官某樸茂有守罔拘攣於法家之科亭疑決平不失古義久在棘路精明多通慮曹既慮無以易汝朕欲剔决滯訟申理寃民痛懲鍛鍊之吏爾能深體朕意恪脩厥官期於無刑斯曰稱職

湯允恭除權兵部侍郎

今東南士大夫仕於蜀者或受命而往或述職而歸朕未嘗不別其才能而盡器使之方旌其勞閱而制序遷之等凡所寵勵同於勸功具官某廉愨自將不爲表襮約已厚下所臨有聲自抗旌於井絡之郊固已三易軺傳七更歲華猛吏興而爾政平貪人敗而爾節見成効卓著亟賜之環延見斯朝軫其勤瘁授以彝蘩列之司戎夫成周之隆兵寢不用然猶命大司馬以九伐之法正邦國是則經武之備固不可以無事而廢也其體朕意益殫乃心

林安宅除廣東運判李植除湖北運判

凡觀風察俗之吏軺車所至通號外臺惟時寄委尤重況番禺當百粤之會荆楚據重湖之封地遠寄深所當遴選今爾安宅儒科之畣而優於吏能爾植吏道之良而本以儒術有此二者付之六條庶幾乎孚惠於列城用稱朕

愛民之意

李琳除敷文閣待制知湖州

天下之勢猶持衡善爲治者扶其偏而已惟中外一體重輕適中故漢選守相之良入備公卿之缺而當時廷臣亦聞使治郡如汲黯以九卿補外蕭望之繇諫大夫出守平原用斯道也朕比下明詔固欲踵前轍而行之具官某豈弟愛人得於天性與物無忤忠實敢爲至其遇事激昂每思有以自見典銓歲久士論稱之以身爲民盡汝本志雖朝廷重於失老成之彥而郡邑急於得慈惠之帥矧是霅川今爲近輔寬政之後弊亦且多爾是深懲吏姦勿使茲蔓首知民害毋令敗羣列職西淸仍班從橐帝城不遠治績易聞宣布之餘尙塵猷告

許尹李莫並除直祕閣

石渠天閣之祕今使司外臺制邊圉者亦得寓直於其間非功著而職修未易以斯寵畀也朕惟尹之按蜀部茶課辦而馬式明莫之帥瀘州疆事靖而封守固此兩人雖在萬里外而政事之美藹然有聞士大夫自西南來皆可訪而得也故於並命以職使　分吾東壁之　雖然朕深軫遐方亦嘗究其利病蜀中諸郡地隘民貧榷茗者額屢增而園戶不能支爾尹當圖其格瀘南劘邊地控夷落與寨者事獨擾則蠻人何所竄爾莫必謹其防各勉來勤以綏後握

胡彦國除直祕閣知潼川府

蜀郡五十四而會府爲雄藩考近時師帥之賢朕猶能志其一二首爾兄以達材贍智屛蔽西南保全一方臥護諸將功大名顯其民奉指有甘棠之思餘烈未泯服心慨想今梓潼闕守尙當求其類而用之以爾敏辨兼人世名不隕政事方略似其哲兄一歷專城所居民富徙帥淮右瘡痍日蘇迹其所臨靜治弗擾愛民則甚寬而不弛奉法則雖嚴而不苛與其跼近地而累事功莫若付遠民而分憂顧劍東重地命汝往焉內閣高華更加寓直旄麾所嚮誠可以慰蜀父老之心少須政成嗣有褒寵

王之望除直祕閣成都府運判

蜀漕重寄也而成都一路地尤達於本朝事最叢於諸部以言乎財賦則列城千數利入浩繁大計斡旋所關者版曹之務以言乎差注則人物之淵調官輻輳名籍升降又兼乎銓部之權自非器識卓然過人未易以稱斯選也爾學富才贍號爲通儒見於吏能每有可紀攬轡夔梓教條具孚今徙劍西朕不他告惟是均節調度之過痛懲選授之私則軍儲贍而民力紓官簿正

而吏姦戢爾尙悉力副予丁寧

鄧祚除廣西運判

張官寘吏凡以爲民雖內外遠近有不同要皆欲相爲表裏惟朝廷　外輕之弊則士大夫忘遠官之勞勢蓋然也爾以材諝茂揚於仕途惟其久在州縣間故能練達民事今既召見而遽以使指授之豈不思與賢者相近哉知爾有使者之才適應朕詔耳矧惟廣右僻在海陬頃嘗貳於桂林固已稔其風俗將漕一路實惟汝宜勿徐其驅往諭德意

林栗除太學正

養天下之士而作成其行藝藝非訓導不精行非糾率不成二者固有別也以爾問學之美往預有聞種學績文用意近古茲命召對陞之膠庠惟規矩之是司乃士行之所繫往率以正則予汝嘉

榮嶷除權兵部侍郎

武卿分治蓋同於爲禁從之華六職異宜當有以寬老成之責爰更聲命四示優恩具官某蚤以才稱用於世用自先朝擢之　監已席顯榮及往歲事朕潛藩益加親信既久勤於外寄方進隸於中臺念版曹之浩繁必財豐乃能裕於用雖心計之精敏當病間豈可躬其勞惟時司戎俾爾易地事斯清簡庶幾剖決之無難身或便安豈較班行之少屈往祗厥敘用副予衷

湯允恭除權戶部侍郎

朕用人之長益將以式序在位分職而治亦幾乎各安所施惟時詳練之才宜服浩繁之寄具官某抱能膚敏秉志篤誠嘗於學古之餘達是理財之要總賦全蜀深得遠民之心司均大農博知當世之利洎賜環而入覲卽持槖以外班念當櫜弓矢而戢干戈豈武部可施於方略欲使實倉廩而充府庫

惟版曹正賴於幹旋雖邦用之耗登靡常然民財之取予有制若其兼足上下在爾靡調盈虛往懋宿官之勞益攄富國之策

向伯奮除湖北提刑

人異於器惟舊是求吏能其官以久而習先王之任蕐才用斯道也爾之爲部使者幾三十年矣六條問事每形於議論之餘行部精明駐車決遣平日閱歷數路風采凛然可觀比自臺郎出爲郡守謂斂惠千里誠不足以展其長重湖奥區庶獄重寄茲予命爾攬轡遄驅往思澄清毋損而譽

余時言除國子監簿

國家闓設賢關作成士類錄其行藝歲有籍焉而簿書之官與典斯事是亦清選也以爾儒蘊之茂見推士林召對之初陞於監屬益思自勵往祇厥官

莫伯虛除刑部郎官

朕慨念庶獄敉寧嘉師具斷治既屬之理官刑成人聽於司寇郎曹所領責任匪輕爾以明允之資通法理之事周旋棘寺踐歷王官是以能習察獄之麗知播刑之迪者俾升憲部用展爾長決讞則詳審其重輕理寃則深求其情僞爾無佚訓尙愼之哉

楊邦弼陳俊卿並除著作郎

史有三長才學識世罕兼之昔人嘗以是爲篤論矣才不勝則僿學不充則殆識不卓則膠三者具而用之無不宜焉豈唯史今東觀司當代之簡策史也纂祖宗之謨訓亦史也而爾邦弼以閎爽之度見於用爾俊卿以清約之守形於文參與編摩皆已逾歲觀其所蘊可以推其長茲命序升俾專譔著雖所仍者凡例之舊而所譔者筆削之公益盡乃心以恢遠業

曾幾除權禮部侍郎

人求其舊黃老所以愼土風禮教之中得賢可以正王度孰贊神人之治咸推德齒之尊具官某早以時髦策偉名晚以壽俊儀清路弟兄騰翥昔多持橐之聯中外踐揚今作登瀛之冠圖籍皆其舊見典章無不周知朕念老者安之固難以筋力爲禮而賢才若此亦欲其身名俱榮乃擢貳卿用陪宗伯顧欽柴之甚邇資掌禮之惟寅廣所學足以究上儀清其心足以相熙事勉哉無懈時乃之休

李莊除兩浙運判樓璹除淮南運判

朕惟東南諸路號財賦之淵淮浙近甸當轉輸之要矧若央會行都在焉調度浩繁欲助邦計必濟之以強敏之才自江以北土曠人稀歲租未復欲紓民力必處之以寬和之政蓋不止厲効郡吏觀納風謠以六條察州而已也今莊以才選領二浙之權璹以政稱漕兩淮之粟庶乎其適朕意矣各思舉職以稱獎知

知潼川府沈該差知夔州

寧江巨鎮地控三巴分閫之臣專制一道朕觀兩蜀二千石有治理効者因以虎符畀之從民望也具官某以西淸之舊出典藩維梓潼之民實受其惠二年報政命徙於夔地近則教自孚俗同則政不易利之所及者廣才之所施者周究爾遠圖荷吾劇寄

御史中丞宋樸兼侍講

朕聽朝之暇躬御邇英樂延名儒敷繹古藝預斯選者名實欲其稱也故職在侍從則當以勸講之官待之具官某造道自得尤邃於經頃居殿中卽以三聖精微之義爲予誦說爻辭彖旨有發予衷今由憲端位中執法則是吾持橐之臣也宜升講席用正班聯益殫所聞成予典學之美

王珏除湖南提舉

國家以倉儲之利斂散邦財，以林鹽之饒阜通貨政，立爲成憲，其在有司。外臺總之，非才莫濟。爾之使浙右也，銳於集事，備著能聲。今按湖湘，詎勞餘力。地無遠近也，事無劇易也，一路之寄具重，則均毋過於立威，毋慢於奉法，政成民聽，朕不汝忘。

趙子厚依舊直秘閣知饒州

寓祕府之直，秉專城之麾，非才具之素優，曷寵名之兼畀。以爾吏資強敏，儒藴邃深，外擁使軺，能恪司於庶獄；入峨朝弁，當克壯於宗盟。其仍内閣之華，往服左符之寄，尙圖勉勵，以究蕃宣。

賈直淸除江西提刑，吳傳除江東提刑

朕以大中之法輔常教，四方司政懼弗簡孚，分道置臺，屬之綱領。我有成命，非明刺史孰能將之。以爾直淸雅吏之才，長於折獄；以爾傳望郎之俊，亦屢按刑。爰稽厥勞，吏授使指，惟爾所部，介於大江東西，城攬轡在望，使歡謠美政相聞乎二境之間，不其休哉。

陳相除左司郎官

中臺本天下之政，六職治其繁，而都司總其要，典領至重，在乎得人。以爾邃雅而文，達於世用，司我輿駕，舊爲望郎，贊謀福庭，再踐厥屬，識慮精審，備見於斯。肆以汝遷，升於宰。惟愼密足彌綸省闥，惟詳整足糾正諸曹。爾所優爲，奚俟予訓。

濟且除樞密院檢詳文字

朕以樞機之地，實筦萬微，簡任屬寮，參裨密畫，非素以詳愼自處者，烏能稱斯選哉。爾沈邃之資，操尙端慤，周旋省戶，涖事有數，馬之恭傳以才陞列之右府，惟審固足以協運籌之餘議，惟精勤足以考經武之舊規，茲爾所長，往哉無斁。

江西運判盧奎、利州路提刑、路彬潼川府路提刑，劉瓌並令再任

漢名臣嘗以數易長吏爲戒。一丞猶善助之矧？奏課餘行郡國，察二千石之治狀，而才効卓著者乎。今奎以心計漕邦儲，江右之民其用裕；彬以儒術飾吏事，漢中諸郡其利溥；瓌以明恕按獄，程劍南以東，其訟理。秩滿而去，美以久而成，善必累而進，再涖所部，毋斁厥勤。

海陵集卷十七

海陵集卷十八

宋 周麟之 撰

外制

宋棐除太府少卿

漢以二千石高第入備九卿之缺是不惟旌賢勸功而已亦所以均壹內外廣用人之路也朕率此道訓迪厥官以爾孚 有才格於心計比由使指往布藩條淮海之民服習其政令也褒表治効賜環而歸惟外府貨財之劇司而少列朝廷之顯位頃嘗攝事因任則宜往其欽祇益懋來績可

李庚除兵部郎官

文昌列曹雖受察於御史府然郎官著位實居六察之右或自臺而升省或由省以入臺二者均謂之遷惟才無所不可矣爾器範清穎士之髦敏於事爲果達而濟頃以公薦序於憲僚既升三院之聯彌聳一時之望峻自峨象畀之握蘭時方弭兵戎政簡矣若夫正邦之大法立武之常經職在司存有不可廢昔之所察今之所爲委任不殊往其懋勉可

褚籍除工部郎官

朕用人之方惟器是適謂賢者不可以職拘也苟才有餘地必使之踐更於臺省之間以爾質直而文心貌俱古蓋一鄉之所爲善士在時論亦以爲通儒回翔臺僚既已久矣序於郎吏孰曰不宜夫三院之聯六曹之屬皆選也惟前日之察人與今日之察於人爲少異耳其事雖異其理則同毋謂次遷不塵於績可

趙沂除夔路運判

蜀道有四夔當其衝雖飛輓粟芻不至輦下然九郡四軍監皆總於外臺其

任固不輕也爾能以儒術施之於政事之間劍南以東蓋其鄉國剖符之地適在鄰邦宜付軺車起臨近部凡六條之所問不三令而自孚爾皆習知矣俟予詞可

宋之才除知衢州

朕恵綏元元若保赤子每思得忠信慈惠之吏相與悉力拊摩之庶使斯民安於田里求諸侍從之舊莫如已試之良具官某學純行方聲中其實潔已涖政風猷可觀頃嘗爲成均之師貳宗伯之事洎分符於閩粤俄引疾而丐閒今其有瘳可以共理三衢劇郡物夥俗繁政中和而化乃成治清靜而民自定往勤官布益懋汝能可

鄭知剛除太府寺丞歐陽當世除軍器監簿

寺監設官無非公選外府總百貨戎監飭五材屬僚得人亦克有濟今知剛以老儒而練世務序之宗正則不足以展其能當世以名閥而有典刑委之糧儲亦未足以見諸用擢於列位爰俾次升夫出內邦財頒受之惟謹繕修武備鈎稽之必精各思悉心往助而長可

黄膺南差江西提刑

修潔之士以行實見信於人果若白璧之不能污也惟毁譽得其眞則忠邪爲之判公論所在較然可知爾以清恪廉介之資蓋嘗爲吾御史矣剖符江右風概不衰乃傷於讒坐免而去今焉暴白清望益高復畀軺車按刑舊部是必能使獄訟衰息鑄頑成仁六條素孚奚俟予訓可

李若川除江西運判

部刺史按行一路通號外臺惟時轉輸寄委尤重是必識朝廷之德意知財賦之本源使於四方乃克有濟以爾才具膚敏見於踐更頃固嘗鈎稽大農

贊治外府以司金爲版曹之屬今也臺軺江右實總貲儲爰因其能就畀漕筦茲所爲識德意而知本源者豈不曰得人乎哉益究乃心以孚大惠可

王揚英除成都府路運判

吾甚愛民而憂其憂德之所施遐邇一也矧知蜀道邈在西南而益之奥區拒朝廷尤爲遠甚朕屢下寬令以紓其民念風謠無以周知恐疾苦不能自達當此重寄實惟漕司今爾以臺閣之良承流支郡靜治弗擾人咸安之就升軺車蓋無若汝之便者夫繁於科調則民力屈過爲蠲復則官用虧上下之間要能兼足蜀之大計莫急於斯往圖爾功庶或有濟可

李如岡差知襄陽府

襄州古重鎭也山川帶　直接宛洛跨對南夏號鄖郢北門當承平時爲繁有之一都會迨茲近歲疆　繫焉創殘之餘田閭耗矣若時命帥固當以寬厚爲之先爾頃居從班見謂耆賦政於外未嘗求赫赫之名朕以其習知民情多歷吏事持重可倚今更以峴首之符畀之夫民安則復歸事簡則易治封守固而邊不聳農桑勸而利自興往須政成朕不遐棄可

徐康除浙西提刑

部刺史奉詔條於外論其職則不一較其才則不同然職之不一一於修才之不同同於用夫欲一其所不一莫若衆職之踐更同其所不同莫若通材之兼濟朕之所以命康者由此豈無意哉康相家也嗜學而多聞宿官而可績將輸湖外厥職既修今以憲車徙於近甸蓋將試之於不一之地而考其職處之於不同之間而觀其材汝往欽哉惟刑之恤可

羅孝芬除直祕閣湖北運判

今賢人在上引其類而除於朝豈徒取充位而已哉以德進者觀其行以事

舉者考其能以言揚者究其蘊皆將有所試也爾之孝行著於鄉閭稱於士大夫達於朝廷之上求之此三者爲之冠矣丞於中祕觀其行也命之察州尊其德也貢之華閣寵其行也夫有德者必惠惠可以阜俗有德者必威威可以戢姦中外不殊貴乎行志邦國若否尚其明之可

績猗除潼川府路運判

國家分道置臺俾司邦賦惟時護漕之任雖以給饋餉爲功然而一路之民休戚攸繫布朝廷之德意觀郡邑之風謠若職之先尤在於此爾頃以才諝薦用於朝爲吾名郎出入省戶則德意之所在無不周知剖符蜀中舊號能吏則風謠之所聞必嘗熟究有此二者付之軺車是將以銓曹之鑒裁甄別羣吏以治郡之風采按臨列城往圖爾功庶寬予顧可

李如岡改差知靜江府

聖人之愛民莫大乎同仁一視臣子之事上豈辭乎宣力四方均曰師藩何嫌改命以爾持槖之舊剖符之良於獻納論思之時知德意志慮之本再歷鉅鎭撫吾嘉師雖延年不進於治功未能逃責而嚴助顧圖於計最不可廢才方頒峴首之符復易桂林之節邈彼都會介於海陬惟靜愼足以寧爾邦惟綏懷足以固吾圉往懋厥績式孚於休可

徐度除江東運判

漢制部刺史以六條問事二千石有不奉詔書侵漁百姓蔽賢寵頑皆得以按治今朕選用則必擇二千石之良者爲之蓋以其自治然後能治人焉耳爾之在滁也勞農勸穡拊摩創夷里閭晏然民狎於野可謂治矣今付之以一路之寄使推所以自治者而治人則列城向風靡然胥效庸有不治者乎往其勸功毋怠而守可

鄭知剛除浙東提舉吳𡼖除淮東提舉

朕勵精圖治思所以裕民足國未嘗不謹貲儲均力役修貨政合是三者付之於刺舉之臣責任顧不重哉況夫浙江以東物產饒富而知剛司府之官也敏達可以堪其事淮服之左利入浩繁而𡼖屬城之守也疏通可以効其能或趣駕於中都或就升於所部惟民情之是究惟國計之是圖各思悉心往諭朕指可

陳機復直祕閣知衢州

賞勉罰偷而吏治舉記功忘過而君恩孚既共理之得人宜疏榮之有典以爾賦資敏劭爲政寛明向領藩符嘗顯褒於善狀近分漕節亦具著於成勞眷念三衢之衝實爲二浙之劇以盤錯之難治致藩宣之久虛茲煩屢試之才併復已鐫之職雖使車少駐欽大惠於一州然郡紱增華綴榮名於三館

往祗茂渥益奮嘉庸可

孟處義除淮南運判

兩淮之地自休兵以來歲寛田租屢下優詔蓋深欲拊摩凋郡墾闢曠土招徠失業之民迨今十餘年猶懼實惠之未孚也故每命部刺史必求諸二千石之良爾以通儒長於吏治軺傳相繼再臨於淮壖之東茲分守符實舊所隸今付漕臺之節俾易部以察州既德意之周知亦教條之習熟尚懋乃績副予褒遷可

蘇欽除利州路運判

朕惠顧全蜀欲紓其民故每擇帥守漕臣必用東南士大夫之賢者然四路財賦條目至繁非深知其本末源流未易以外臺處也以爾詳練精敏久分符於巴漢之閒凡刺部之規享屬城之會計民之利病吏之惰勤稔於見聞以二州所病開吾聰明且遠民何知久困悉索而　吏又或乘勢以侵之非爾之言吾不得亟下寛令也寓直祕府按刑山西茲爲獎知益勵欽恤可

符行中除太府少卿四川總領

三十年而制用有國之所先一千里而餽糧昔人以爲病眷惟巴蜀地錯與民黎元阜而吏絕征求屯戍閒而人無飛輓欲安靜而不擾宜總領之得人而爾器識並高文才兼贍屢拜繡衣之脣使嘗爲粉闈之望郎往副司府之卿聯俾隸外臺之軍賦服我休命益務遠圖可

正任承宣使士洪士嵘諳各轉官

周道中興歌棠棣而惻族親之缺漢圖紹復詔尚書而加宗室之封朕寅御昌期載披屬籍念近支之在列者有幾而寵數或曠年而不加爰詔司宗大明陟典具官某樂於爲善慶亦有餘侃然信厚之風實我神明之胄肆茲敦敍俾以次陞其進位於承流式增隆於磐石益圖令聞用稱殊恩可

蘇曄奉使回轉官

朕惟民不見兵實係兩朝之好臣能承命有嘉四牡之歸矧以著行異於歲聘念久稽乎信賞茲何靳於褒遷具官某以愼密持身以恭勤奉上夙揚令問服在宸闈鳴佩禔然致九儀之有辨抗旍屢奕忘六轡之爲勞比專飭於使軺復典修於鄰睦既還舊著宜賁新榮服我光華之思益肩志節之守可

楊俁進韶略補特轉一官

士大夫能力學不倦游心乎藝文之閒則隨所得之淺深必有可觀者自國朝以詩賦取士而審音用字有司之律爲尤嚴爾能博覽群書補綴漏逸參訂習傳之誤奏篇來上論者美之以其稽考精而援據詳也升秩示勸賁之身章尙尊所聞勉爲致遠之器可

安定郡王令衿轉承宣使

紹封儋爵既承率祖之休稽閱序年具載司宗之法念陟明之有典矧立愛之自親宜舉遷科用頒寵數具官某望高族老德協宗英志自篤於清修身不渝其素履服僚官寺嘗更試事之勞賦政侯方累上牧民之最晚膺世襲洊易朝班在高帝之子孫齒獨尊於祭酒爲漢家之藩輔位克繼於茸茅比參考課之公難廢懋官之渥俾增榮於使範遂陞亞於節旄尚慎乃猷毋忘予睠可

權禮部侍郎賀允中磨勘轉官

三載考績古制也夫以舜之命九官皋陶稷契之勵翼其上猶不廢陟明之典此國家所率前憲優待從臣其法不與庶僚等者豈非以亮天工之意待之歟具官某學成行尊夙有高致饋俊之始幡然來歸凡所居官皆夷夔禮樂之事而能夙夜祗慎惟寅與和比稽歲勞實應功令夫閥閱自爾積而名器非吾私姑以序升往俟予寵可

王俁轉一官 省進貢舉條法推恩

國家取人以三歲之科定令爲一王之法比嚴公選釐正弊端纂成新書昭示丕則惟時侍從之篤實典編摩之司具官某年耆學明器博用遠茲迪簡於舊德復延登於禁塗職在民曹得古人之心計官兼勅省習當代之憲章屬大比興賢之年奏中興試藝之法昭若甲令無非合古以使今逵予乙觀遂可陳綱而立紀爰加茂賞以答成勞往祗寵章益懋熙績可

喬昌時等轉一官 同前推恩

取才斂賢上聖之先務創法垂世太平之懿綱惟予國家遵用科目沿襲歲久辭因以滋屬大比以登材髦詔有司而定憲令爾等皆以　職之舊與茲

成書之勞既頒賞以有程俾進階而用勸益思忠藎稱此優恩可

知泉州宋之才磨勘轉官

三載考績舜申命於亮工八柄馭臣周首嚴於頒爵朕率是道用訓厥官顧維侍從之優不廢典彝之舊具官某器周於用學邃乎經早以藝文之英洊更儒學之選典朕三禮列在貳卿惠茲一州號爲良吏比稽會課之法實應陟明之科往服序遷毋忘猷告可

李琳奉使回轉一官

朕弭甲兵之事將永締於鄰歡孜忠信之臣俾再銜於王命乃渙出綸之寵用增濡轡之光具官某樂易不流純明自得儒者以義爲干櫓操尙弗渝君子之性守宮庭周旋無懈尙遊羽於在位嘗抗旃而出疆侃然專對之辭粹是既盟之好茲圖舊德復賁皇華洎四牡之遄歸獲五善而重拜亟升禁路既崇奬於積勞序進文階又率循於彝制往哉無斁朕則汝嘉可

葛立方奉使回轉一官

踐與五利以輯戢兵之福稽六德以觀出使之能雖聘事之有常豈褒恩之可後爾以通才周當世之務以廣業濟前人之休自歷清塗寖颺令問彌綸省闥每能糾庶事以參稽明習憲章可以使四方而專對授彼如絲之轡煥乎於隰之華展幣旋歸　驅馳之靡憚釋驂加勞宜禮樂之未忘爰賁陟科用遵彝矩往祗予渙益懋厥勞可

梁份奉使歸轉一官

琬圭結好義早重於睦鄰沃轡揚華禮宜優於遣使恩光所被使介惟均爾乎以令委服於筆綴職在上閤辨朝儀而有倫使於四方承君命而不辱比副行人之出汔臻聘事之成載念賢勞亟加寵命特升榮於使範俾進領於

兵圜其思恪恭以稱褒遟可

高公海於橫行上轉行一官

朕惟負羈紲之臣依風雲之士既隨才而錄用復考閱以褒升或畀異恩益超常格具官某幹用之裕忠勤不渝頃自潛藩隸於武帳赴事功而無闕更歲月以彌深忽披奏牘之陳願解賛賓之職載嘉勞閱用錫寵章躐升橫列之崇增重武階之舊體吾眷意　可

宋均奉使回轉官

古之使四方者或取其誦詩三百或貴其行己有恥誦詩三百通乎經也是以多專對之能行己有恥謂之士也是以有不辱之節朕選使介以修鄰好亦必參於是而求之爾博雅有文翺翔乎篇籍之囿蓋所謂士之知經者均轉而行既以禮遣復命之始可無恩褒一進厥官是爲彝制益殫才譜以俟甄擢之榮

海陵集卷十八

海陵集卷十九

宋　周麟之　撰

外制

王循友知建康府

控江山之都會望莫重於陪京撫民卒之浩繁治必資於良牧非聲猷之素楙曷寵寄之兼隆以爾雅亮不羣威寬有濟夙播儒紳之譽荐更省闥之華司列東銓管羽儀於禁路承流北固方屏翰於名邦嘉善政之流聞宜雄藩之就陟任兼留鑰爾典其嚴地有宿兵爾爲之重懋乃藩宣之職體予眷倚之優

趙不羣除兩浙運副

朕惟漢制以刺史班六條以司隸察三輔令漕臺置使實按列城而浙部觀風兼臨近甸任重於古久難其人以爾儒術該通吏才敏邵累有郡最蔚爲宗英擢從牧守之良入授轉輸之寄爾其幹貲儲以裕邦計導德意以廣上恩使寬不至於吏熳而事驟嚴不至於政苛而民擾時乃稱職則予汝嘉

章夏除御史中丞

朝廷紀綱之地御史府必得其人天子耳目之官中執法實爲之長地嚴則望峻才稱則職修朕考擇於朝幾同弄印人盧乃位盍俟登賢具官某氣深以純善不外見行毅而正志乎中庸擢自豸冠列之諫省茲日聆其讜論既序冠於爭臣專席南司無以易汝頃朝夕陳善固已誠而可觀今中外聞風當不繩而自肅往率厥屬朕有望焉

宋楪除殿中侍御史

臺綱正則朝廷理今三院御史皆風憲所繫而官望雄峻均也朕急賢而用

故中司不浹旬而遷愼選其人故横榻亦逾歲未補綱舉臺事屬之副端其任固不重哉以爾聞譽之廣施於身仁義之睟見於面端靜弗競朕所簡知分察六曹直繩無撓肆予命爾正班序於殿中豸筆赤墀亦云寵矣爾其思所以糾官邪而肅中外稱朕意焉

鄭嶼章岾並除大理寺丞

獄人之大命王者欲以是棐彝於民不可以威貨爲也朕嫉鍛鍊之吏懲五過之疵惟時理官靡不愼簡以爾嶼名閥之彥素明憲章以爾岾儒科之良深達古義皆嘗累佐名郡爲中部官處煩決疑必有餘裕今予命爾丞於廷尉之司聽辭欲其簡孚閱罪欲其審克惟察惟法時乃之休

都絜除將作少監

朕招徠四方之英褒采一介之善列布在位魚魚盈庭而猶且博問遐觀夙夜以求賢爲先者豈有他哉思人才之衆多以熙治功也爾志行馴雅學術淹貫安於州縣義不苟求自分左符綿歷數郡亦未嘗爲赫赫名也迥在遐服知之者希邇臣薦聞亟命召見占奏詳審朕甚嘉之念其資高不可以庶僚詘也用徑躋於列監而屬之以少匠之事焉肆覲爾能倘有旌擢

喻樗除工部郎官陳祖言除北部郎官

文昌率六屬以待天下之才朕未嘗不原省衆能詳試而用雖事之繁簡或小異至其爲握蘭之選則均也如樗識度夷粹嘗勇於挂車如祖言器資端淸久詘於銓調是皆二十年館閣之舊而復用爲公朝之光夫　曹董繕營計主鉤覆播承既久並命爲眞朕之所期亦豈在於工師繩墨之間財賦出納之會哉各懋遠猷毋忘所學

陳山除祕書省正字

蓬山俊躔昔人號爲羣玉府豈徒取典籍之富哉凡殫見洽聞大雅宏達之士曳裾於其間者是皆吾琮璜圭璧也世固有懷寶未售朕求諸和氏之肆而得之以爾有溫純密緻也資諸養以學問而發見於文章召對昕朝嘉爾遠器升之天祿是正祕文尙思琢磨以俟特達之選

潘莘除樞密院檢詳

凡天下之機務總在右府司於柄臣而檢　於詳覈之官茲其爲僚實視宰掾非端靜敏達之士未易居此選也以爾器尙沈邃長於撥煩曾不以才刃自高毎孜孜於厥職自歷樞屬克勤編摩雖爲臺郎亦參關於巷命之地練習久矣允宜即眞時方弭兵國有成算非恪愼何以與軍政之嚴密非精審何以察吏文之浩繁往其靖參毋忽幾事

鄧根除江東運判

朕固不欲數易吏今有不待終更而遷者豈樂爲是紛紛哉才者必用勞者必陟亦視公論何如耳爾之爲吾股肱羣議者謂有健決強濟之資可付之以一路剸繁析滯皆所優爲今江東奧區帥守與部刺史多儒者爾乘軺於其間相與究民之利病察吏之惰勤而臨事有以緣飾之則其設施無非可觀者往設而濟毋或不祗

范如圭除直祕閣江西提舉

士大夫重內而輕外蓋仕宦之常情也惟篤於道義者不然在朝廷有志乎爲民處遐外不忘乎愛主而朕之待下亦豈有厚薄於其間哉爾二十年蘭臺之英也議論挺挺介然不阿久於投閒在約彌勵今以從臣之薦入對於昕朝而首告朕以惠養斯民之說朕思得一腐使往按江右汝之來也實契朕心寓直石渠其行寵矣外得以紓攬轡之志內不失爲登瀛之仙輕重惟

均汝心無貳

趙善繼除直祕閣

二千石能惠養百姓勸課農桑使其民賣刀買犢斯治之上也若夫繕城壁程土功此雖非循吏之本然能者爲之亦可以觀政爾之於贛也是欲營守土之職耳原爾心豈計賞而爲之朕以其工築之費未嘗一毫取於民役不告勞事無愆素此非才敏者不能辦可嘉也已不然芸閣高華朕豈以是爲賞功之具哉傳曰衆心成城又曰保民以德不以城爾其思所以敷德惠固民心斯無負於專城之寄

盧奎除湖北運判

朕用人考其素分職因其能凡吏之近民皆不敢忽也况持漕節者乎爾歷官於鼎澧荆湖之間有年矣自爲郡掾爲儒官爲諸司屬僚以至於刺部典

落往來乎數州習熟乎一路幾若居鄉國而長子孫者則其於戶口之耗登財賦之廣狹官府之事里閭之情聞之詳得之審矣今付汝以奮治屬汝以輸將考閫閲之素則知民之必安因按澄之能則知吏之必畏朕命惟允往其觀功

湖南運判楊邦弼除祕書丞

册府有丞號爲高選與奉常司屬俱不以寺繫之其品清也非才望稱是果可以輕畀哉今天下之英畢集矣蘭臺校文石室紬書非一時之魁彥則多士之上游宏科之異舉也爾頃以對策預前列而詳試於外曾不得窺東壁之光今釋軺車序之中祕尚懋遠業以爲起遷之階

張晟除將作監

朕頃者籲衆俊而虛前席之問得耄髮而興見晚之嗟當振滯之云初或褒賢之未至今爾以耆德居省戶以通才掌司勳試之兼官綽有餘裕涖事精審久而益勤茲皆劇司豈以優老使其應酢於七司之會孰若雍容乎九列之聯朕方斥土木之工省繕營之事時此大匠亦爲清曹往紓爾勞以備吾用

吳武陵除司封郎官劉嶸除司勳郎官楊倓除都官郎官

尙書郎懷香握蘭趨走丹陛事任雖殊莫非華選比年雖闕員之多而每以地官兼領者愼所與也朕今簡　僚之俊拔其尤而用之以爾武陵才粹而淸士所矜式以爾嶸行峻而茂學有典型以爾倓器敏而通志乎文藝並以績用見於踐揚宜類以升置之省戶朕欲屬銓曹者無汨格之弊總都隸者有詳整之稱往惟懋哉各修厥職

劉嶸除福建提舉

斂散介儲國之善政法令明備諸路同之而摘山之利惟閩粤爲盛部刺史

之節付之非人其可乎以爾穎悟之資早以才稱再踐朝著洊登郎闈其於臺閣典章儒者之事固習矣至若商功利治貨財抑知有所謂本末源流者乎今因其請外而試之以刺舉之官汝毋忽焉思所以稱

王珪除太常少卿

御史掌風憲太常司禮文風憲所以正朝廷而糾官邪禮文所以辨上下而定民志二者未嘗不相爲表裏也爾在柏寺號稱嚴明察祀事之弗虔劾朝儀之弗稱凡所論疏欲人尊君可不謂之知禮者乎惟時曲臺禮所自出因使往貳且觀汝於躬行之間不僭於儀爾職斯舉

都民望除監察御史

風憲之官皆吾遴選是必由正臣之所薦爲公論之所歸然後召見以觀其

人親擢以定其位詳試以考其能授受之間庶乎惟允以爾學問純正濟之通才義不苟求介然有守至其聲實俱勸則雖邈在數千里外朕得而知之入對大庭嘉汝遠器今賓之正色之地必能爲朕明目張膽助振於臺綱此其權輿惟以俟

張宗元除將作監

朕奬拔寒素登明選公而又於功臣之後古善能自修者長育成就惟恐不及焉待用無遺之義也爾冊載厥問嫻於藝文握蘭司輿率職匪懈升之大匠益試汝能朕方斥土木之役而省繕營崇樸厚之風而抑淫末惟工監事簡官清優游其間足以自養朕命惟允爾毋不祗

劉度除太學博士

朕崇建膠庠作成士類首善於此必得博雅君子爲之師庶幾　然可觀有以尊道德而勵風化爾南州望士嘗有志於晁董之科厥所聞　鬱而彌耀是所謂明古今通國體者可使充博士位矣召自侯泮州之儒宮予方汝知毋倦於訓

逢汝霖除太府少卿依舊湖廣總領

朝廷設總賦之官貫朝序於中而幹利權於外堪其事者可無褒陟之思哉爾賦才明敏練達財計累治劇郡所臨有聲向起於閒列在星省念握蘭之已晚旋出領於軍儲發軔以時辨集無缺升貳外府庸旌其勞尙殫乃心以副褒用

李邦獻除直敷文閣江西運副

朝廷美意寓於人才抑揚之間而行乎賞罰勸沮之外使居之者無忘去之者有光待人以周吾復何愧爾之漕於浙也歲已再更處煩恢然才未克究

朕方圖裕民之政俾均惠於下不重內而輕外不泄邇而忘遠茲用命爾易部而使將輸於大江之西序勞而升寓直於六閣之次夫易部所以詳試而序勞所以寵行毋薄此際益勸來效

王正臣該第一賞轉一官特與轉遙郡刺史

國家類能而授之位信賞以勸其勞各有等差用程庶績凡所爲天下公也爾以謹孚之資隸職彤閣夙夜祗愼踐更有年朕方興周室之典禮以文太平復漢官之威儀以訓在位翳爾軒墀之舊備諸典故之詳賓掌資臚克贊朝事揆於優數當得褒遷升之刺符衆論惟允服此明命往其不欽

知樞密院王綸前任經修仙源積慶圖特轉一官

朕紹修聖緒膺曆御圖至於議禮考文未嘗不以祖宗之法爲法矧是寶牒職於司宗敘述仙源昭示萬世告成入奏頒賞第功凡所舉行蓋無非本於舊章者朕固不得而私也具官某學識純茂優有史才頃儀禁塗與典茲事今雖位在樞筦爲予股肱前功具存實不可廢顧朕方屬汝以本兵之寄倚汝爲立武之經惟能審定規模務明綱紀如疇昔之精且密則雖一日萬幾亦復何慮往祗寵命益懋多庸

起居郎王綱中經修神宗寶訓轉一官

仰惟神宗皇帝盛德大業冠冕百王孫謀燕詒萬世是式朕欽繩祖武弗敢忽忘爰命輔臣躬率承學之彥相與正列其義祕飾厥文著爲一代之典奏篇來上歡成無疆凡與編摩必加甄賞以爾發策之始爲朕所知蓋雖起於寒畯之中而能練達國朝典故議論齊齊發明爲多頃游著庭昉纂丕訓今雖陟在螭陛而恩典不可有遺膺此序遷益昌所學

楊椿磨勘轉左朝奉郎

任官惟賢効每彰於詳試積日曰閲法蓋許其序遷迺眷銓衡之司來登侍從之最宜遵彝制用錫寵章具官某早負軼材寖更華貫雍容在位幸若相如之用時靜默爲心自期楊子之樂道久儀禁路具著賢勞武部聯華既資於整暇經帷勸講復賴其論思爰稽會課之書式賁懋官之渥往祗予渙尙遠乃猷

李琳磨勘轉左朝議大夫

朕操名器以爲天下公德盛者位尊功多者賞厚義所當予雖一歲九遷其官人孰以爲過哉況在銓曹具存考法具官某謙愼淳篤古之吉人服采在庭樂於營職擢自少列貳於天官曾未數月間以聘問之勞編摩之績兼上侍從之最增秩者凡三焉綸闈恩書相屬而下禁路增焕綰紳榮之昔之正考父一再受君命至於俯傴循牆而不敢安行其恭也如是故鼎銘而策書之矧惟汝心素自謹畏亟拜嘉寵尙無忘乎滋益恭

王仰心磨勘轉左大中大夫

四善諸最皆考法之舊規三歲一遷蓋從臣之優數朕大計羣吏允釐百工矧惟列橐之英敢廢懋官之渥具官某才猷遂雅識量淵通早敷言而試功能展體以率職入居華省朝夕每賴其論思出殿大邦田里不聞於愁歎比以甘泉之奮登於瑣闥之嚴屬會課以序勞爰疏恩而進秩夫左省闗萬微之會而崇階比千石之優惟聲望之兼隆則事功之益振勉扶公道祗荅寵光

葛幸方磨勘轉左朝散大夫

侍從之臣持橐簪筆在朕左右本不以歲月爲資尙何徇考功課吏之法哉然九官亮工舜有陟典四善分最唐優選司邦彝至公朕不敢廢具官某學

藴淵茂自其家傳雕龍之文益充於後而游刃所至每能以辦治見稱入掾宰司出將使事進聯天官之貳底績多矣朕方使之銓綜人物則較年序進當以序先夫爲官擇人既因能而授之職積日閲又會課而升厥階兼二者以待天下之才朕固將爲士大夫之勸服我褒命益勤以祗

韓仲通進茶鹽法轉官

煞波摘山半天下而可以衣被幅員　制立則弊不滋而課益羨顧可後哉具官某明習憲章飾以儒雅理官司寇之政得法外意民以不寃則恭訂惠文之書蓋莫如汝宜者比帥臣奏章以書來上甲乙鱗次井井有倫誠可昭示萬世其陞華級用旌爾勤

梁汝嘉磨勘轉官

周官馭貴實爲八柄之先虞典陟明必限三年之久朕若稽往制恪守彝章儻庸歴之無愆在升崇而敢後具官某受材膚敏賦性疏通彈壓推天府之能斷割藹地官之譽粤從均佚傍彭澤以奉祠慶沐疏恩裂緡雲而賜壤會茲歲課已應邦常其升四品之官仍賁八命之爵往其祗服嗣有寵褒

海陵集卷十九

海陵集卷二十

宋 周麟之 撰

外制

資政殿學士楊愿以本官職致仕

典居留之鑰，方有俟於政成；乘得謝之車，乃遽聞於病去。爰頒從欲之命，以示愍煩之恩。具官某周慎自將，沈明有守。早以風儀於縉紳，陳力於朝。嘗贊樞機之事，剖符於外，累書屏翰之勞。矧是陪都，正須臥治，茲以疾諗，願從里居。仍祕殿之榮名，守文階之本秩。尚務精神之嗇，往膺福履之將。可

龍圖閣學士程瑀轉一官致仕

告猷於內，夙陪史履之聯；諗疾於朝，俄露挂車之請。肆茲從欲，厥有渙恩。具官某以博通經術冠儒科，以明習憲章歷朝宦。久於從橐，寖登常伯之尊；出則擁麾，屢上藩臣之最。望素高乎延閣，居方燕於殊庭。遽以抱病，力祈謝事。爰錫進階之命，式彰歸老之榮。勉嗇至和，尚綏遐福。可

資政殿學士何鑄致仕

結綬而登王畿，嘗致身於樞近；脫冠而謝朝列，俄引疾於燕元。肆頒從欲之恩，俾遂養痾之志。具官某器度閎雅，才猷邃明。繇華轍之踐揚，藹公朝之聞望。本兵西府，恪陪宥密之謀；仗節北庭，遠稱光華之選。方奉祠而均佚，忽告老而辭勞。仍茲祕殿之除名，守爾王官之舊秩。勉親醫砭，式介壽臧。可

敷文閣直學士吳表臣轉一官致仕

稽閱敘遷，方渙出綸之寵；抱痾寖劇，忽騰解組之章。念終保於令名，宜趣加於優禮。具官某身老才壯，學成行尊。居朝素識其履聲，出守累煩乎臥治。甫就閒於祠宇，俄謝病於里居。服我閔勞之恩，何恙不已。錫茲告老之秩，以榮其歸。勉頤精神，尚迪寵祿。可

資政殿學士程克俊守本官職致仕

惟陳力就列之臣，不能則止；方招賢聘能之世，以病而歸。此當饋之所深嗟，況有司之於常典。寓此恩意，敷於贊書。具官某器閎以周，學博而邃。居翰墨之任，則文施於典冊；贊樞機之職，則知達於謀謨。比自燕閒，從吾籲召。服在政路，不數月而丐閒；攖於痾瘵，僅逾年而告老。雖事功之莫著，豈寵禮之能忘？惟文階爲寓祿之榮名，而祕殿乃隆儒之美職。以此茂命，賁之終身。尚其壽康，副我優獎。可

中書舍人趙逵轉一官致仕

蜀士以文章名天下，代不乏人；比年以來，材俊輩出。朕嘗親拔尤異，首冠儒科，深知其人，擢在禁近。遽以疾去，寧不憮然？具官某清純濬夷，雅有特操，行不爲表，學不矜空言。東觀石渠，備聞所守。蓋其靜而不競，如野鶴之在雞群；湼而不緇，如清水之出大壑。遂自栽筆，升之綸閣。方將大放厥辭，遠追灝噩之作，而迫於危疾，終莫可留。進陟文階，仍班從橐，以此謝事，庶其或瘳。可

張綱特轉一官致仕

帝王以爵祿勵世，尤褒尚於廉隅；君子以明哲保身，貴克全其志節。眷言壽俊，祈謝官榮。爰頒上印之恩，用賁出綸之命。具官某才高一代，望貫三朝。學得其宗，蓋若總龜之燦；器全於樸，自同彝器之陳。早待橐以在庭，既脫冠而居里。爾則曰宦成名立，將嘯詠於窮年；朕以其齒戴行尊，可諮詢於大政。復自田野，致登廟堂。既分共理之符，旋上丐歸之牘。亮由衷之懇惻，申從欲之褒榮。廣德乘安車，宜子孫之永耀；君章還舊宇，想蘭菊之叢生。往祗寵光，尚保眉壽。可

孟忠厚加太保致仕

人臣盡瘁威榮解紱之歸國典崇媚或重面槐之拜眷惟耆哲舊服邇聯既引疾以乞身宜懋官而進律具官某持身淑愼迪德忱恂華承世胄之華躬習儒風之美蚤揚休問預列貴游考其素則中外之備更末於今則親賢之莫二運籌而登遂幄嘗參宥密之謀露冕以殿名藩專尙中和之政假革有載囊之助愬棠多勿翦之思比懷綬以過都使弢旌而留闕奉內祠之香火冀相親於朝謁之間領中祕之圖書使自佚於事爲之外不圖抱疾遂丐辭榮諒懇請之由衷宜眷私之從欲王封錫胙久兼戟纛之華帝保陞班用賁綵綖之寵茲爲異數益示隆恩噫野王之爲三公以行能之可尙樊宏之冠四姓惟禮義之能終往焉垂車尙或勿藥可

蕭振轉一官致仕

朕以全蜀重寄屬之以哲艾敏達之臣宿型所臨民皆信愛得人如是謂自此無西顧憂矣而病亟驛聞忽奏乞歸之計朕雖欲不許其去胡可得哉具官某才全器周爲國家之幹老於侍從彌有壯猷不數年間再臨益部朕以其信孚惠徧功著職修方頒璽書褒表治效以爲二千石共理之勸書贊具矣而諗疾之章遽騰上印不留何去之果朕固已矣長城之倚爾豈不念甘棠之思增秩賜金更申茂渥尙扶沈痼祗寵以歸可

康執權除龍圖閣直學士提舉在外宮觀

人臣之義雖盡瘁而不辭王者之恩以閔勞而爲重眷予耆德典是劇藩念當邮老之朝宜有賜休之寵具官某奮由兩學仕歷三朝齒宿意新未厭章編之讀宦成名立早榮荷橐之歸迨公道之復開惟舊人之圖任雖云已老尙可解蘭縛塵纓執謂無能方將剖竹守滄海念彼既愆之力分予共理之

憂使其鞅掌於簿書之間孰若優游乎泉石之外茲爲得計可以全生內閣崇名爰就加於峻直 臺寵祿亦足助於常珍往祗渙恩尙保眉壽可

徽猷閣直學士向子諲贈四官

乞身於朝早遂挂車之適書訃於策亟頒加襚之恩雖舊章之是循亦眷禮之攸著具官某明彊多識辨博有文儀於禁塗亞六卿之重位躋彼戚畹邁四姓之顯人退不待年勇於謝事雖故林之息駕仍延閣之舊班自樂餘齡爲問桑榆之迫奄歸 夜徒傷蘭菊之存惟命秩之躐升示寵光之追賁爽靈如在異數其歆可

蕭振上遺表特贈四官

蜀帥之雄今爲天下冠朕深咎往昔委非其人家用不寧衆怨且感既得良二千石之舊民曰蘇矣未再歲而失之朕心惻焉茲有愍典具官某延閣之老備更險夷頃在朕前知略輻輳分虎於外告猷益嘉臥護四川卓然有異等之效甫昇褒命而遽革向於朝卒不可爲遺告來上慨念風采盡傷何窮朕惟爾之再入蜀也蜀父老扶杖來迎懽呼之聲數百里不絕今而返旆乃以喪行思之者同墮淚於峴首之碑祀之者當侑食於文翁之廟追寵有命尙其知歆可

敷文閣直學士致仕蘇符贈官

朕望喬木而思世臣覽棠華而念君子偉近代有儒門之盛三英粲兮訪諸孫於從橐之聯一鑑亡矣爰愍 襚用奇追褒具官某擅雕龍之文蘊淩雲之氣善繼厥祖不隕其聲方延閣升班所冀得朝夕論思之益而便藩圖任庶幾聞中和宣布之詩忽焉挂神武之冠茲又奏茂陵之札典刑垂盡不復見於老成議論具存猶可想其風烈增秩四等用光九原惟英識之未淪尙

寵章之斯服可

洪興祖特贈直敷文閣

朕寅奉先猷襲藏邃閣揭爲龍職以待天下之賢有勞者況士之通經博學沈涵斯文餘力及於當代之典而太史因之成書者乎爾閎辨治聞淹貫今古頃在庠序業精於勤凡先朝之容文無不手自纂綴汔以奏篇之備遂新廣內之儲朕嘗頒賞於朝而爾獨以文致抵皋齋志以沒時論冤之爾子有陳朕所深惻追加寓直之命寳豈不稱哉尚其有知服此休寵可

万俟高贈少師

任耆德以賛元遽失秉鈞之助考䘏章而歸襚敢忘加紼之封鄉者股肱之虧追茲窀穸之事爰頒異數曲示終恩具官某學廣而聞多行高而能鉅氣全不撓凜如松柏之後凋識達未形綽有蓍龜之先見早疇宿望共挈宏綱踐揚風憲之司入賛機衡之地雖柄鑿方圓之或異少屈壯圖然棟樑假楨之有時卒歸大用召從遐服來陟近司予欲建大中以承天心急命相代工之舉爾能總衆職以稱朕意繼同心輔政之聲剛剛至公調娛庶務未究經綸之藴不圖疾疢之餘謂微爽於節宣乃俄聞於淪謝罷朝興愴深嗟一鑑之亡錫爵崇榮進位三柱之亞既全體貌用極哀榮曀泊館而錫章賢莫遂垂車之樂輟瓜而奠如晦可量當饋之思尚冀有知以光不朽可

孟忠厚贈太傅

求勳戚於故家有惻鑒亡之念究哀榮於舊典無加褒斂之文爰錫賛書式光遺範既以極始終之眷過又將慰中外之懷思具官某德盛而能謙位高而率禮温純無玷內全璞玉之資儉約不渝終守素絲之節久以縉紳之重望席茲將相之多儀朕優寵威藩載稽后族於此念昭慈之懿烈豈惟宣永

泰之休光扶王室於艱難功在十人之右飭私門以法度禮行四姓之先矧是近支有如名傑以乂政則爲樞衡之舊以假藩則稱岳牧之賢進謁見於儀形甫入趨於表著人所望者將庸建於上公天實爲之不憖遺於一老未賁垂車之寵已聞易簀之言節旄既授於眞王黻冕更升於公傅噫富貴所以長守由一告之不聞福祿至於永終諒九原之無憾

葉夢得贈官

朕惟先朝之臣居多碩學之士蓋嘗拔尤而用靡慚求舊之言其或得止以終可後追崇之典具官某蚤飛雋譽亟踐顯途有詞華以掞王庭有經術以飾吏事襃陪朕於經綸之始見勤勞之備宣逮致仕於疲曳之餘復探討之稱篤何頃罹於艱棘乃遂底於淪亡緬想儀形徒有茂陵之槀顧瞻邦國第深子產之思茲匪厚於恩徽曷以昭於愍飾用卽齋旄之舊俾偕亞保之儀綮爾有靈尚其克享可

皇太后封贈

故曾祖冀王韋舜臣追封吳王

仲天下之養孝莫大於寧親舉國內之禋禮蓋嚴於饗帝朕仰祗慈訓丕蔵上儀迎日之長用拜甘泉之況受天之祜以承長樂之歡宜崇外氏之恩式賁曾門之寵皇太后故曾祖某躬有嘉德善無近名立身不愧於前修筮仕已期乎後大百年茂緒果符沙麓之祥一等眞王屢享袞衣之襚徙封大國庸渙新恩尚緊爽靈服我追册可

故曾祖母冀國夫人段氏贈魏國夫人

朕肸飾鸞路芬陳羽林舉三歲之上儀秩一純之嘉薦風馬來下樵蒸配蓺神人祗歡中外禔福允賴慈闈之慶益隆先世之褒皇太后故曾祖母某氏

秉心　柔率禮恭下循二南之化嘗播美於方江卜三世之昌遂發祥於在
渭爰侈追封之典用昭緊積之休以魏地之新畬易冀方之舊賦泉塗雖閟
尚識寵靈可

故祖

朕執圭幣以事上帝炳膋蕭以延四方饗洽誠陳旣昭假爾德洋恩普汎布
濩之刓若外親之崇率其祖義之重爰因慶賚趣賁恩書皇太后故祖某潛
德韜光抱冲履素修其天爵雖於時無高密之勳詒厥孫謀顧乃後有和熹
之慶爰霈漏泉之澤申加刻密之章載瞻周原旣啓爾宇徙從曲阜用安乃
封追命有加承休彌渥可

故祖母

大事在祀莫重於郊至誠感神惟馨匪稷朕欽奉壇而修報坐宣室以受釐
嘉與寰區茂迪滂洋之福深惟母族素陶仁善之風亟下綸書追崇祖配皇
太后故祖母某氏徽柔有格惠順無違飭身爲姻黨之師種德厚子孫之廕
嗣有娥婁之女蔚爲馬鄧之門自六　之旋歸日嚴大養方四圭之毖祀天
錫鴻禧爰增象服之華載侈國田之沐淑靈不昧命數其猷可

故父

昔鄧氏荷白河之澤活民命者數千漢家飾觀津之藏置園邑者三百惟積
仁而深厚乃蒙福而顯融此天道之必然宜國章之有渙皇太后故父某敏
德爲行終身安仁陰功能大其一門慶系遂高於四姓是鍾文母以佑我家
朕方考思齊之詩用欽承於溫凊釆長樂之頌期永介於壽臧屬元祀慶條
之頒念外家禰廟之重金印盭綬載更王社之封袞衣綉裳有赫台躔之冠
尚其永饗式慰時思可

故母

朕謹東朝之奉崇外族之恩念太任承京室之徽實鍾摯氏之德而周南著
后妃之本必有葛覃之思爰錫尨鴻之禧以光聖善之懿皇太后故母某氏
抱聰達之識執端和之儀早儲夢月之祥茂毓俔天之質兆晉史之卜已彰
聖女之符飾蕭文之園追用小君之禮方盼祭澤薦舉褒章兩社疏封式循
於舊典六珈備服增煥於彤軒逝魄有知乖休無斁可

少師錢忱封贈

朕執犧牲以事宗廟修柷敔以降上神樂備禮周卜三靈之並貺仁滂施厚
嘉四極之爰臻矧予姻戚之門敢後褒封之律具官某故曾祖某業光四閥
譽振儒英袞鉞之貴萃於身枝葉之蕃繼於後屬備盛於熙事宜申錫於渙
恩已貢上公之圭更荒大國之履襚服彌寵尚其饗承可

故曾祖母

朕絜粢酌之具嚴郊宗之祠黼繡周帳陟紫壇而拜貺樵蒸上燎贄青昊以
升禋誕敷靈時之釐普洽漏泉之澤具官某故曾祖母某氏柔風有裕令德
是躬能同黽勉之心助啓燕詒之慶今予懿近實爾裔孫肆茲欽柰之成與
被慶條之錫易荒大國增被郵章尚惟淑靈歆懌徽寵可

故祖

朕歷天元之吉旦舉郊類之上儀百辟駿奔展釆而錯事高靈下墮降嘏而
産祥思與茂嫺共膺丕祉爰侈慶條之渥用申祖服之褒具官某故祖某早
以英材列於從橐身旣踐乎華轍慶復覃於令門　上疏封已光累襚用頒
錫履更易舊封英爽何之尚歆寵數可

故祖母

禮必本於天所以推尊而配祖惠必及於下所以斂福而錫民念建歲之丕彝著褒先之令典自義有率厥思有加具官某故祖母某氏以柔風宜厥家以善訓貽於後粤有良嗣爲予舊姻嘗參九棘之崇兼擁六旄之重屬郊壂之誕布宜湯賦之益豐遺靈有知歆我休命可

故父

朕惟聖人有饗帝之能天降之祜君子有篤親之念民興於仁迺揆靈辰親祠陽畤洎涓成而斂慶因教孝以廣恩眷惟戚閑之英宜賁彌宮之幄具官某故父某處躬端亮迪德粹和早以釋緌望高於華胄兼茲鉞黻位重於副車眷乃嗣賢復參差棘肆予上祀膺是喈燎爰申先世之褒載錫大邦之祚沒而不朽寵命其承可

故妻

朕迎日至以踐長卽壇陵而蒇事登侑二后服延八鄉孝奏大儀事昭福畢迺眷茂親之懿宜加故室之褒具官某故妻某氏迪四行之芳猷播六姻之惠問善佐君子聿興慶門雖早閟於韶華宜申榮於襚服迨布陽郊之慶改疏大國之封尚惟淑靈歆此徽寵可

海陵集卷二十

海陵集卷二十一

宋　周麟之　撰

雜文

乾龍節疏語

爲天下君功已成於授舜使聖人壽志猶效於祝堯式臨夢日之祥舉有望雲之喜敢虔修於靜供庶少罄於丹衷密贊皇休仰憑梵力伏願孝慈淵聖皇帝陛下受天百祿夢帝九齡寶仗還南申享萬年之樂玉卮奉上重開二聖之觀用叩佛乘永綏帝祉

天中節疏語

大火中天式屆朱明之候神光照室誕開炎帝之符百樂斯生四方來賀矧奉祠而均逸宜報上以益嚴迺繙海藏之文庸致華封之祝伏願皇帝陛下壽綿箕翼福固岡陵慶集東朝永御蟠桃之薦祥生中壼坐臻茉莒之和庶仗覺慈密諧至願

乾龍節疏語

舜曆已傳宜享萬年之報堯雲雖遠尚傾四海之心當虹渚以紀辰詣蓮祠而獻福仰憑妙慧密贊鴻休伏願孝慈淵聖皇帝陛下運與日昇福侔川至指瑞星於南極天仗遄歸授神藥於西山帝齡永錫

天申節進功德疏文

瑤光貫月丕昭誕聖之祥鶉火司辰前近慶陽之日用歸誠於淨供以效祝於華封庶乘十力之因永贊萬年之祜伏願皇帝陛下神開漢筴天界羲圖松茂引年永享寧親之樂椒蕃毓慶嶌垂弈世之休

天中節三省開啓滿散功德疏文

開啓

寶筴迎年載啓中天之運珍樞紀瑞於昭大電之符預叩覺乘仰祈純佑皇帝陛下恭願有秩斯祜無疆惟休億載萬年永錫金枝之茂五風十雨長贍玉燭之明

滿散

帝執衡而司夏允協昌期天申命以用休篤生上聖既具嚴於法會宜申衍於福疇皇帝陛下恭願垂拱萬年總道百祿玉關靜拆坐操假革之功金篋賜齡永保垂衣之治

進疏右語

夏日長贏爰肇發祥之旦天其申命式孚介壽之休憑梵剎之無邊祝帝齡之難老皇帝陛下恭願維祺錫羨伊嘏來崇受筴泰元四三皇而久視承顏

長樂萬年歲以同歡

乾龍節三省開啓滿散文并功德疏右語

開啓

爲天下君已載傳於舜曆使聖人壽茲竊効於堯封爰迎震夙之辰預建重修之席孝慈淵聖皇帝伏願克綏永祿茂對閎休大路鳴鑾慶言旋於北國卿雲復旦福共固於南山

滿散

樞躔紀瑞聿當載震之辰梵唄祝釐用介無疆之壽孝慈淵聖皇帝伏願緝熙純嘏保合太和坐格三神佑帝齡而永錫更憑千力擁天仗以遄歸

功德疏右語

六龍以御早題出震之期萬壽無疆遙罄望雲之祝敢陳覺品用贊皇釐孝慈淵聖皇帝伏願體固清明德孚信順三靈垂佑永膺難老之符九族襲祥終協必歸之吉

天申節進功德疏文

天其申命用休欣逢聖旦臣能歸美以報敢效愚衷虔休最上之乘仰祝無疆之算恭願皇帝陛下與天齊壽如日常明龜鼎億齡永保衣裳之治關河萬里坐觀圖籍之歸

會慶節功德進疏

夢日儲休由應大横之兆流虹紀節共推華渚之祥敢伏闕以馳誠用祝釐而介壽皇帝陛下恭願丕增鼎筴茂保松齡兩殿承顏長拱稱觴之會四夷交臂競趨執玉之朝於萬斯年永錫難老

天申節功德疏

脫屣堯階席歸尊之大養奉卮漢殿當誕聖之昌期雖違拱極之居適切望

雲之祝光堯壽聖太上皇帝陛下恭願帝齡錯羨邦統延休申命自天增衍泰元之筴頤神高世永符上古之椿

會慶節功德進疏

慶善發祥夙紀二龍之瑞華封贊壽仰申三祝之誠敢憑力於齋熏用繹休於佑命皇帝陛下恭願丕圖鼎固介福川增九陛垂衣受單于之朝賀萬年戲綵承太上之燕頤俯同有截之區誕保無疆之祜

皇后生辰功德疏

伏以桂月澄秋協巳中之灝氣椒風紀旦揆載夙之初祥恭陳三洞之章仰祝萬年之算皇后殿下伏願擁坤元之厚福儷天極之常明金篋賜齡與聖人而齊壽瑶箱獻瑞錫皇祚以彌昌妾無任虔祈激切之至

天申節三省開啓滿散並進疏右語

開啓

星火御辰當赤帝乘離之序渚虹流慶兆眞人出震之期率百辟以傾心叩三乘而贊壽皇帝陛下恭願道全久照業固丕承垂拱萬年永保後天之算本支百世更延錫祚之

滿散

華渚發祥爰肇聖生之旦寶坊祈祐用申天錫之休茲闡妙因既周彌月皇帝陛下恭願岱嵩儲祉箕翼畀齡萬里同文普洽無形之治百神受職共扶有道之長

進疏右語

電樞虹渚有開聖旦之祥金鑒露囊莫盡人臣之美敢陳梵利用侈閎休皇帝陛下恭願丕鞏蘿圖茂將蕃履五兵不試永綏仁壽之民九敍惟歌誕保平成之治

三省提點以下疏語

星虹紀旦茂昭載震之祥葵藿傾心仰祝無疆之算敢依歸於十力申扑蹈於三呼皇帝陛下恭願申命用休永錫難老萃祥光於南極同我太平協壽紀於東朝受茲介福

到筠州生日醮謝青詞

九關投佩驟洽君恩一舸泝江幸依神祐敢露積精之悃仰酬洪覆之私伏念臣頃以瑣才濫陳幾地力微任重已慚轅下之駒禍過災生忽覩坐隅之鵩旋娶天戾斥處偏州萬二百指骨肉之親涉三千里波濤之險焱馳借便駛若雲飛水宿迷津汔無夜警僅閱再旬之紀卽安環堵之居皆荷顯休敢

稽昭報會設弧之初旦修虞舉之令儀祇演沖科肅延景馭願迪留俞之鑒曲垂下濟之光丹筆蕩瑕早脫大河之域絳霄垂　永扶世德之門

夫人生日小醮青詞

至神善應常享於克誠諸福難名莫長於無禍輒忘蕞陋敢叩穹窿伏念臣多難餘生遠方擯處惟與閤門之眾苟圖歲月之安載念孤蹤尤資內助迺卜初生之旦虔伸列聖之祈願鑒由衷曲垂孚佑俯同幼累盡滌宿殃早被洪恩遄歸故里

壬午生朝玉隆宮設醮青詞

錦帷下覆仰千載之眞庭遂矢前陳恊一陽之令序祇拜紫焆之幄具瞻丹悃之辭伏念臣早絓名籍自投罪罟浮家蹈難嘗遠涉於風波闔戶省愆已坐彌於歲月猥緣中夏惕軫危憂進瞻背玉之光仰控延眞之懇屬臨初度恭展夙心翳柏星壇夙企驂鸞之馭承雲蕊笈虔披鏤玉之文庶格高游密垂妙蔭長江鼓枻送千里之歸艎別墅扶犂保一門之聚指

生日醮青詞

與物飛潛悉由造化在天倚伏或許修禳伏念臣多難相仍宿愆未洗自銜廬之小愬苦橫事之交侵揆度復初揭虔申禱願垂有赫之鑒俾祓不祥之氛道嘐時和蠲除罪垢庶同生聚獲保壽臧

夫人生日設醮青詞

浮家蹈難僅獲生還息駕圖寧敢忘順助伏念臣蚤違怙恃內倚妻孥顧憂患之相從期宴安之克享匪憑覆幬曷遣災虞迺消設帨之辰虔露叩閽之請馳神三景願丐眞庥錫祉一門同膺善慶

神功妙濟眞君殿還醮疏文

天浮羽蓋莫攀上漢之游地闢瑤宮舉託棲眞之庇敢披素臆用叩神扃念困躓之餘生稔流離之多難幼承先訓獲聽淨明之篇中生謫居適鄰冲舉之地揆茲塵跡知有夙因圖繪睟容躬每勤於嚴奉顧瞻寶篆動必對以傾祈頃當盛暑之時行力拯幼童之疾苦仰丹青惟肖之像控金石不渝之言茲卜令辰特趨恭館祓蘭場於邃殿延飈馭於層霄演祕瓊科薦芳藻奠荷蕖庥之默相汔醮範之熙成婦綴綺幡映霓旌而杳藹子閱龍藏運雷轂以回旋願鑒山衷益彰助順送長川之歸艦護故里之安巢望銅柯手植之靑身如栢茂酌錦水盃分之綠福比川流

神功妙濟眞君祝香文

大道難名故不言而善應高眞在上凡有感而必通爰申齋肅之誠用闡赫靈之懿恭惟神功妙濟眞君智該萬法神合九天積陰功在多刼之前傳孝道爲衆眞之長授經神母寶籥全開置竹獨源恩波溥暨鍊丹祠石室之奧礪劍濯梅山之湍斷蛇母而聚骨成洲協赤烏之瑞應叱蜃精而變形伏刃滅黃犢之妖蹤至於鑄鐵柱以弭水災化鵠盂而脫人禍種德周行於當世疑神復隱於舊山居數十年壽踰百歲時惟八月告朔云初俄有二仙乘雲而下宣玉皇之詔命授太史之仙階勅大力天丁以照辟之光告仲秋月望爲冲舉之節亟陳讌飲會別鄉鄰休辰俄及於日中廣樂遂來於天際列靑童之仗建寶節而曳瓊旌服紫綵之袍登龍車而御羽蓋干煙霄而直上與雞犬以同升搵衣三百餘人惟七君得執策而驂乘眾旅四十二口至一門皆背土以凌空徒聞稚耋之悲號已悵仙凡之夐隔游帷雖隤景馭難攀但驚卿藹之漫山猶挹異香之徑日事具聞於前志福垂裕於後人迨至皇朝肇加顯號頁嚴宸之玉册新福地之琳宮蓋度世已閱千齡其炳靈有如一

日壤下之枯柯復茂嶺頭之棄木猶生募天篆以饞珉尙存遺刻禱聖籤而探簡益仰明威臣猥以微生夙承妙蔭敢涓淸旦就禮睟容願垂降鑒之輝俾迪同休之貺天淸地泰國壽民康及我室家悉除災沴永堅一念不回鄉道之心或在五陵願與得仙之數

歲旦祠五福太一文

象著圜穹咸仰十神之貴名分太一首推五福之尊惟眞馭之所臨有休符之畢至比占神筴行次艮維數以四十五年適協賤生之初度參之二十八舍是爲元命之本宮敢於歲旦之初恭俟飈游之至肅陳非供虔露精誠柱洒椒漿聊效楚人之奠雲車風馬願同漢時之留伏念臣夙荷眞庥幸逃多難茲尙縻於罪罟尤切望於行棋欣逢運數之自然默冀天人之相應庶幾藐質與有多祺紫幄迤開旣導迎於景貺靑綵下照將永託於餘輝

祭竈文

赤精之君　維大庭氏　運乘火德　功配炎帝　紀官立名　以任民事　沒爲明神　利及後世　託祀於竈　式從其類　周監二代　肇建王制　始於司命　列之七祀　上自天子　庶人庶士　曰竈之祀　禮得通置　考之呂令　遇夏則祭　其數惟三　自孟及季　席門之奧　當陘布位　立主迎尸　俎實先肺　設盛於南　奉陳黍醴　設饌於前　哀列鼎簋　多儀孔嘉　禮經所志　漢秩百神　官有祠吏　族人先炊　晉巫是繫　武皇紹休　尊尙方熾　少君安陳　神物可致　丹砂化金　爲飲食器　迎年訪仙　類乖古意　夜見其貌　事涉妖異　自時厥後　國禮湮廢　士民之家　間聞一二　子厳在官　入舍除治　祭竈請鄰　世高其義　陰氏之興　慶來有自　子方仁孝　物被恩施

臘日晨炊　德感神至　形像恍然　闔室環視　乃封黄羊　再拜奠跪
坐致富盛　錢流於地　田廬貨物　輿馬僕隸　比於邦君　繄君之
惠　三世而昌　子孫蕃熾　神貺昭昭　載諸傳記　奈今愚氓　輒或
慢易　嬉聚施舍　頑奴悍婢　謂神弗聞　強爭善詈　謂神弗顧　聚
汙匿穢　舉爨弗時　頑塵弗彗　踞觚狂坐　席薪裸寐　上或失察
下莫知避　宜爾有家　千窮九匱　由爾弗敬　觸禁干忌　神唾棄之
禍不法界　門交醫巫　目眩砭劑　豈其慢神　而獲斯戾　自今以
始　各敬其義　戒爾厨人　告爾主饋　罔不夙夜　汎掃嚴侍　滌者
去滓　毋過流漬　煬者厝火　毋縱飆熾　炊者候湯　沃焦止沸　烹
者調飪　節和五味　餕食毋飫　或噫而噎　怒毋喧號　喜毋笑戲
神斯安之　作我藩衛　除我疢疚　驅我淫厲　豐我儲廩　富我龜幣
五窮之鬼　引帆夜逝　左餐右粥　呼吸和氣　神人咸寧　受福不
替　有殺苾芬　吉蠲爲饎　有酒清泚　舉觴以酹　尚其歆之　永竊
靈庇

初除同知樞密院告家廟祝文

曾孫周某蒙恩除同知樞密院事已正謝訖敢昭於某人烜兮吾門世有膴
仕身爲從臣自藐孤始簪橐五年洊登政地閥閱所無豈敢有覬本大末茂
實繇積累潛德之報顯融在此晉拜云初幽明具喜惟靈鑒知永錫蕃祉

初封三代祭告遠祖祝文

積德之深蕃後必大吾宗六世既僨而振以不肖身被服天寵追爵曾廟幽
泉與榮拜命之初不敢不告

海陵集卷二十一

海陵集卷二十二

宋　周麟之　撰

雜文

焚黄祭告家廟祝文

逖惟我祖西蜀之英爰自國初起於清城召登諫垣以直著名德施九江式
洪厥聲活民數千闔境既寧掩骼倍萬叢冢是銘繼易守符遂家海陵坡地
北原卜云莫興三子甲科叔也晚成十餘年間並建雙旌四枝騰芳五葉紹
榮桂籍相望弈世用宏襄厄變故忽如流萍浮江而南伏於巖坰惟不肖孤
困苦零丁吏北百罹僅存餘生幸賴遺業安於筆耕孰陰佑之既寒而亨連
明兩科王畿始登迺游儒宮列於仙瀛紫微三年遽以罪行乙亥之冬主化
更鼎革蠲弊搜聘賢能時自郡武亦蒙弓旌召對褒勞佐讚承明主知既
深歲一甄升載筆螭坳入侍紫清演綸鳳閣愈久弗勝俄兼內制正列貳卿
帝曰汝嘉予方勵精汝寶遠器用其敢輕東臺邃嚴大政所經汝往司之論
駁必平既踐夕瑣有言帝聽曾不期年升冠豸扃恩禮俱優懼弗克承合宅
史閣何裨汗青摘句經幄但抱寶聲玉堂之書天賜濫膺五雲擁笏鳳翥龍
騰顯寵特厚光於在廷退惟寒儒日戒滿盈帝將屬任試之銓衡半歲區區
姦伏是懲帝曰汝嘉屢見褒稱旋頒一札擢貳幾庭王人在門被命若驚屢
茲控辭渙汗莫停豈伊庸謭堪此寵靈輿籍餘陰扶其孤惸實荷先訓發其
惷冥罔極之報語寒涕零所幸重泉追典及曾念我三世皆以文鳴嗟嗟數
奇老於儒黌曾門詩宗古律鏗鍧太白襄陽與之爭衡經明行修擅美卿評
授道里門莫振其翎祖也逮事幸識典型厚德博施汪然淵渟春秋一藝先
覺所聆晚發登科獨立無朋以黄綬終喪亂相乘惟先隱君實大閎聲氣㕞

松偕學包滄溟潔已自修如玉壺冰振藻鮮劦協彼咸英刻意忘倦殆逾雪螢困躓場屋曾弗中程義方所傳匪以金籯母氏淑慧率禮罔愆粤自總丱教之準繩口授書傳快若建瓴頃值多難僅逃弓矰德充於身天不與齡尺波電謝永痛如醒及親之養一釜莫營既終閔艱隻影伶俜人所唾棄怵心勞形豈意自全抗於霄鵬視此鼎茵寧不兢兢得君之羨徒列於鍘讀父之書有涕如傾遙望邱墓惕焉以驚邈彼海漵孰芟其荆渺渺江湑綠野雲平銅棺之南有山崚嶒方任於朝官守所縈川塗阻修未獲展聆綸書既降爛若日星備述遺範潛光畢呈鈿軸金葩絲絡錦幐列布在廟耀於兩楹儲宮二品有華其纓副笄六珈湯賦且增具錄諸副以告潔誠徐當具儀遍走諸塋諒其監知來顧予烝永錫多祉惠於雲仍

祭竈文

具位周某以客舍修竈畢工用伸謝者居而借宅敢圖黔突之安食以養生難廢治庖之潔既繕修之甫畢宜禳祓之惟虔嘗聞家有主神竈爲司命念飲食膳脩之自出當去敝以從新故聰明正直之所臨可弭災而致福歷覩前志具著顯休託赤帝之靈威倘乘火王備黄羊之美薦或致財豐猶獲結比鄰之歡豈惟稱老婦之祭某萍流至止匏繫於兹囊槖不充恨未能數米而炊稱薪而爨簞瓢自適思欲以晚食當肉安步當車顧雖廚傳之蕭然所幸妻孥之樂爾屬臨歲暮將迓春祺撤觚竇之傾頹新瓦墁之黔飾聊陳不腆之具用冀有神之歆俾我一門膺時百順舂糧有繼不至於甑中生塵含哺無憂靡患乎矛頭淅米若陶令之瓶儲有繼則齊卿之列鼎何求約王大夫之將奴每滌杯而整案送韓吏部之窮鬼毋捩手而覆羹共慶新年即還故里當與閭門之聚永嚴伏臘之祠

先考諱日誦金剛經薦疏文

佛說第一波羅密見聞夙有因緣人居大千世界中持誦勝於布施矧劾劬勞之報當生淨信之誠爰即諱辰用資冥福先考少師伏願離一切相發最上乘種諸佛之善根證如來之法眼歷多刼百千萬億頓超夢幻之觀憑是經三十二章永脫輪回之苦

御書玉堂跋尾

臣近於經帷奏事因言昨被旨撰皇子賜字上宣諭曰此學士院故事不欲廢也臣恭聆玉音竊仰聖主深略緯文遠猷繩武事無鉅細允迪前徽一出言不忘典故而禁林自祖宗以來優寵詞臣賚貺非一昔有巨麗今獨闕焉睿訓及之不可嘿已即具奏國朝淳化祖太宗皇帝嘗以飛白書玉堂等四字賜翰林學士蘇易簡謂宰臣曰易簡告朕求此數字卿可召至中書授之他日爲翰林中美事字徑二尺餘龍鵠之勢曲盡神妙蔑更變故石本亦罕有存者恭惟皇帝陛下聖筆天縱超冠百王萬幾燕閒染翰弗輟龍文龜畫刋在翠琰布列中外焜燿羣目學宮儒館賁飾尤多惟是玉堂直廬密邇清禁臣愚猥以末伎誤膺簡擢典司内命丁辰晏清書詔甚稀鈴縧不鳴愓日無補曾弗能考授故事裨紹闕典以爲萬年無窮之休臣則有罪敢昧死以請制曰可越翼日内出玉堂二大字以賜奎壁煥爛自天而下寶氣昭倬發蔀燭幽啓緘竦瞻爵躍詠歎視前世所謂書起平雲點嶒芒王者不足以進於此顧臣譾陋大懼弗稱及入謝復得請於都省宣示宰執俟中祕暴書傳侍從館閣官咸得觀仰仍以石本分賜士林歆豔皇乎哉中興之偉觀一代之彌文也臣謹按玉堂本漢别殿名未央宫與清涼宜温神仙長年金華白虎麒麟列峙相望史不詳著而略見於李尋翼奉傳然則玉堂蓋殿名也待

詔者有直廬在焉故尋自謂久汚玉堂之直易簡所乞太宗所賜實取諸此後避英廟諱至紹聖中始援取二字榜於院而議者非之謂不當以前代殿名聖朝寶札榜之於臣下止息之所今臣建請則所不敢惟是仰承德意勒石旌事以永億載之傳廣四方之藏俾儒生千一之遇使天下後世咸知皇帝陛下典學稽古迪文右賢藝並千道能潤色洪業不廢故事如此則渥恩出於非常舊典振於已墜皆不失太宗皇帝本意豐功盛烈醲化懿綱魏乎與淳化比隆矣輒舉大概書於下方用對揚明天子丕顯休命

跋先君講春秋序後

先君潛心春秋二十年得成說於鄆上孫先生莘老其書已家傳三世矣兵火焚蕩遂爲煨爐及寓居江浙嘗誦其說以授學者予每得竊聽之一日先君爲余言初王荆公欲釋春秋以行於天下而莘老之書已出一見而有惎

心自知不復能出其右遂詆聖經而廢之曰此斷爛朝報也不列於學宫不用於貢舉儲積有年爰自近世是經復行而學士大夫亦罕知有莘老說也已而歎曰吁孫先生之書其遂湮沒已乎何其久而未顯也某應之曰此書豐城寶也隱顯亦各有時不幸而埋光鏟采於今之世然而龍泉太阿之氣自當夜動牛斗復有達識之士如張茂先輩表而出之以爲天下後世剖蒙之器亦必有日矣後數年有文定胡公著春秋傳以進於上學者皆傳之而先君不及見也予近得之晉反復其義蓋與莘老之說合者十常六七然莘老發明聖人之奧舉三傳以斷得失反覆折中著爲通論其旨詳而明深而當異說不得而破此其邃處文定似不及也因暇閱講序併述於後

跋德友兄所藏後湖帖

頃歲先隱君見養直於鵝湖之南山谷間以詩酒相從甚久予時尚幼亦熟其風度如遊張公境及醉中失冠之作皆有和篇別數年客有以眞止軒詩來者亦繼其韻予竊笑曰是欲醉煙波弄明月者烏能工自此不復相聞矣舊亦有數十帖今不知何在而吾兄乃能寶藏如此眞好事之尤者先隱君嘗謂兄曰聞子之賢久矣子能與養直游賢乎哉此吾家月旦評也

跋李侍郎青龍詩後

張子房運籌決勝貌若婦人女子予與侍郎游十餘年矣但見其謹厚謙畏而臨事乃能犯難不懼如此以是知侍郎亦帷幄中人云

跋張參政墨跡

毗陵公筆法妙絶一世今子弟皆刻意文藝疑然有諸父風子年蓋升其堂嚌其胾者也知寶此帖必知所以繼之

跋張參政兄弟唱和詩

余頃游毗陵公之門聞其論詩詳矣而公之詩恨不多見晚年作四老堂詩

句格超詣高壓羣律今觀此數篇雖遊戲皆造乎妙三復歎仰不已

仁宗皇帝賜楚建中御飛白記

臣仰惟仁宗皇帝在位四十二年治蹟之懿與天地同功原其本治不過以德爲元氣然後揭政令而日月之霈利澤而雨露之萃人材而淵獄之至其心術之妙形於筆墨者則又星斗爛而雲漢倬也今奎畫垂耀後世金石之刻惟飛白爲多此非獨天縱之能蓋胸中之所經緯筆下之所卷舒見於治道皆一理耳觀宸札之運也驍而安迅而紆婉而勁揚之者若翔抑之者若墜放之欲周乎八極之表斂之靡失於一毫之間則凡所以綱紀庶務幹旋至化者實於此乎見之一時在廷多被褒賜若龜龍二字晏元獻得之端敏二字王安簡得之傳記所聞不可殫舉而諫議楚公所得乃帝字也嗚呼帝

其有深旨乎豈不曰堯舜之所以帝其弼直也其謨明也其嘉言罔伏也諫議公當是時位在言責論事剴切侃然無所避是能陳堯舜之道以帝其君者也賜書之意其在茲與惟楚氏自昭輔事藝祖開國爲佐命大臣勳在盟府至是公復以名德進踐歷四朝爲時顯人以出處大槪考之不惟其直聲著聞也西鹵辟老峯以三十萬衆納欵詔許之公力疏其詐未幾果刼受降使叛去其識慮之精蓋如此將漕者更數路會朝廷考諸道殿最奏課爲天下第一遂除三司鹽鐵副使其材力之敏又如此晚年辭樞臣之召歸老於洛與文潞公司馬温公游觴詠高會列於耆英終身樂之則志節之清又如此公之孫與年懼先德之湮汨又念其家藏書詔漂燬殆盡惟存此寶墨思所以昭示於無窮迺磨崖勒之且俾爲之記因備載顚末以侈休烈庶使公之來裔見此者皆知自勉以世其家焉公諱建中景祐初舉進士歷觀諫議大夫章閣待制後累贈少保云

圓通閣瑞光記

杭之俗尚佛樂施蓋自錢氏始承平時西湖三百寺號爲東南冠而城中亦名藍相望靈蹟勝槪往往與兩山爭雄寇亂以來蕩爲飛埃緇徒散亡三十餘年間復振起者鮮惟千頃廣化院首能卽故基而新之有其人焉爾慧覺總持大師善彬敏辨嚴潔精意佛來不溺他技舍其寺之東偏剏觀音道場修演教法憑大智力爲一方護念救民諸苦病者已死者超有禱必應遠近嚮之善彬以菩薩每示白衣像於夢慨然慕念累年累年應得圓通相適與夢合雕繪立成悉如素志懺宇既新靈異不可勝紀然其規制尙狹善彬感焉思所以爲壯觀而聳動人耳目者遂發大願別建層閣重簷上加疊屋予竊怪之人亦曰善彬素無銖兩也此費無藝惡乎成閱再歲予過之則重簷飛栱已傑出乎棲殿之上奐瑞像莊嚴百用具修蓋糜錢萬餘緡皆士庶欣然助之善彬於落成之初期以四十九晝夜修行佛會用報恩布旣踰月矣感通非一夢天竺山煙雲四合中有五色光湧出又夢衣白者以寶瓶授舍利三善彬心異之不懈益虔忽於第六七日五鼓初懺禮之次讚歎之間道場中現大瑠璃色放百寶光晃耀煒綸經數刻不散善彬呼其徒瞻禮無不肅然動心焉有僧自外至見是夕閣中有光燭天如晝善彬亟以是告予而求爲之記噫日月燈皆光也日烜乎晝月晃乎夜日月所不照燈燭揚其光故經有日月燈佛是三者不能皆具具之者佛菩薩也日過酉則入月過晦則伏燈無膏則熄而佛菩薩光常在也常在而不常見由人心之有操舍存亡也予故以是記之而繫以贊曰

諸佛觀世間　光滿十方界　衆生弗知覺　皆由執迷故　人能塵根淨
諸閣悉朗徹　垢盡見明鑑　雲開覩白日　始知諸佛光　無來亦無去
念彼寶閣成　一一精進力　乃於修禮次　示現大光明　無佛本無疑
惟以爾心得　是心不退轉　光乃常在目　光本不可名　而我尙何贊
爲一切衆生　掃除顚倒想　同歸一光中　永刧不斷滅

海陵集卷二十二

海陵集卷二十三

碑銘

張循王神道碑

宋　周麟之　撰

宋故安民靖難功臣太師靜江寧武靖海軍節度使清河郡王食邑一萬五千七百戶食實封共千六百戶致仕追封循王謚忠烈張俊神道碑

左通直郎試中書舍人兼實錄院同修撰兼權直學士院臣周某奉敕撰

惟循王既葬之四年其子子顏泣而言於朝曰先臣幸備位三公儕爵析珪勳在盟府今郎木拱矣罔所以較德煒勤者猶未稱懼弗紹以泯前人光請得以碑立於隧皇帝曰噫惟爾父有勞於我國家予弗爾忘惟爾從遂詔臣曰汝典內史近命爾直寓於禁林宜爲之銘後數日諭宰相曰功臣張俊宜賜謚朕念其蚤以忠力屢經委任平寇捍患功勤尤著可取危身奉上安民有功之義謚曰忠烈翼日臣進對於垂拱殿上曰張某自元帥府提兵從衛備營心膂至爲大將總戎旅於外獨知奉君上尊朝廷及釋師而歸受命惟謹其始終恭順誠不與他帥比故報郵追榮恩禮特異汝其志之朕將有勸焉臣仰佩聖訓既退歎息然後知公之光明盛大福祿永終蓋一本於恭順以是而著之碑章視來世用爲天下勸臣不敢辭適端拜而言曰自古帝王之興所與戡定禍亂蕩攘四方捍固丕業必一時人豪感會風雲翼戴其上助成萬世之功嘗觀漢唐間元勳宿將以異姓王顯者彪列簡冊代不乏人然求其能以功名克終爲後世稱慕實無幾在高祖時惟鄱君不失正道慶流支庶中令書其忠至德以後惟郭尚父全名高節爛然獨著議者莫之貶

今聖主中興總挈英傑克弭多難推故循王張公以忠議衛上保有成績富貴壽考哀榮無窮居一代之冠海內崇仰之而莫知其所以致然者此其爲恭順之至歟公諱俊字伯英其先鳳翔人五世祖徙秦州子孫遂爲秦州三陽人曾祖守明贈太師吳國公曾祖妣石氏吳國夫人祖慶贈太師韓國公祖妣田氏韓國夫人考密贈太師魯國公妣謝氏魯國夫人公少孤事母孝謹祖母田氏夫人器之謂其母曰是兒必興吾門既壯負氣節善騎射里豪不能詘初從官軍討南蠻再攻夏人皆賈勇先登累授保義郎宣和五年邊事興郡邑多盜主帥种師道以沈毅有勇使當寇衝遂破鄆城李太於鹹河于追至洺州擊平之六年破大名賊於超化寺追至內黃又破內黃賊數千人七年破沂賊二萬人追擊至密州襲密賊於莒縣及南樓山又破之還沂破賊張先於儲鼓山又破濰州孟賊於地方村以前後戰功遷官至武德郎八年濟南賊孫列踞據鋒子山衆號十萬公討之未陳以一矢斃其挑戰者破之餘黨亦平自是河朔山東無劇盜公威名益震靖康元年以隊將從种師中救太原次榆次與敵遇公乘便擊之奪馬千疋公力請要戰主帥以日不利退保敵諜知之悉兵合圍攻且急榆次陷師中死之公與百騎潰圍而出至烏川敵尾之公大呼斬首五百授武義大夫權河北十三將時上爲天下兵馬大元帥檄諸道兵入援京師公乃勒兵勤王以十二月二十二日至北京見上擢元帥府統制每語時事無不當上意日親近待以腹心出入帷幄初元帥府兵尚單寡至是軍勢乃壯進武功大夫榮州刺史二年盜李昱據任城公爲都統討之公控險伺間與麾下將楊存中數騎馳入賊壁大軍繼之賊殲焉轉右武大夫桂州團練使上以公忠實可用尋遷貴州防禦使獨倚公爲重會左丞張慤自京師來詔大元帥趣入覲公曰此敵人詭謀爾

大王居外此乃天授非人力所爲愼毋往因請進兵自濟之鄜或告高才欲爲亂公伐其謀才遁去加左武大夫徐州觀察使二帝北狩諸軍議勸進公言於上曰大王人心所歸願早正位號以慰天下望且日白耿南仲奏之表三上上乃發濟州至應天卽皇帝位遣公迎隆祐太后及六宮以歸上悅命帶御器械是後平杜用於淮寧又平趙萬郭青於鎭江定杭州擒陳通取婺州射殺何三五縛秀州賊徐明斬之聞者讋服進寧武軍承宣使建炎三年上駐蹕維揚召諸將議事公曰今敵勢方張宜南渡據江爲險練習兵政撫安民心俟國勢定圖之時相不以爲然未幾敵人至公亟扈大駕濟江上幸臨安公屯吳江入平苗劉之亂拜鎭西軍節度使及敵人犯江浙公率衆軍從上趨明州鑾輿御舟師巡永嘉留公禦之賜親札曰惟卿忠勇事朕累年朕非卿則倡義誰先卿捨朕則前功俱廢卿宜戮力共扞敵兵一戰成功當

封王爵敵至公乃扼險爲陣令將士曰若等於此當以死報國家不用命者斬之部曲聞之爭奮公親鼓之人人殊死鬪敵大奔殺獲數萬人四年正月敵悉精銳復至公先以輕舟強弩匿其旁自高橋縱兵擊之一日數戰敵失利而還詔入衛拜檢校少保定江昭慶軍節度使紹興改元李成以江淮湖湘十餘州連兵百萬與羣盜合欲內向聲勢扞中外孔彥舟因之據武陵張用據湘漢朝廷患之議遣將未決公慨然請行乃以公爲江淮招討使卽日就道抵洪州徑濟生米渡遇賊前鋒擊走之追及筠州成驍將馬進以數十萬衆決戰公以兩軍分道翼之預戒其下秣馬蓐食視旌旗所嚮公冒雨陷陳金鼓俱振兩道精騎自山馳下賊駭亂死者數萬人俘二萬人遂至奉新敗之於樓子莊又敗之於江州賊怖走號公爲張鐵山上以親札賜之曰以李成之狡獪馬進之猖狂盤踞已深根連已固卿奮勦決策頻有克復快士

民之意釋朝廷之憂且朕待卿最親卿事朕最久君臣之際休戚是同宜乘賊勢之已衰當官軍之已振驅除勦戮連收全功時成在蘄州公亟引兵至黃梅攻之賊遁成以疋馬奔僞齊諸郡悉平江淮之民德公至今祠之凱旋拜太尉四年以公爲浙西江東安撫使屯建康時敵人陳江北公遣將張宗顏潛渡出其後敵窘蹙又遣王進等邀擊之薄諸淮敵大敗獲其二帥以獻五年正月拜開府儀同三司江南東路宣撫使六年劉豫遣子麟猊以十萬衆寇濠州詔併以淮西兵馬屬公駐盱眙公遣將楊存中先擊猊左右軍勝之會大兵鏖戰終日所殺不可勝計麟猊僅以身免僞齊由是遂亡班師拜少保加鎭洮崇信奉寧軍節度使上親賜詔曰卿專意報國如此朕復何慮改淮南西路宣撫使九年金國通和上咨公忠勞之拜少傅加安民靖難臣十年敵人再陷河南圍順昌公被命援劉錡卽將軍渡江與錡勢合敵引去

公又命將收宿亳二州盡復衞眞鹿邑等地遣其校獻俘闕下明年正月敵將以步騎數十萬自合肥取和州將渡采石江浙大恐公先引帳下數十騎夜絕采石奪和州衆心始安明日大軍至敵退守昭關公又奪關師次柘皋敵人斷石梁而水爲壘解鞍休馬公謂諸將曰急擊勿失公時有寒疾諸將欲止之公不聽乃力疾涉淺流登岸與敵合戰士馬激勵無不一當百獲萬戶長千戶長數百人牛馬鎧仗以萬計上遣中使勞軍公感泣俄而敵將復犯濠州王師乘柘皋之銳馳赴之敵以步騎三十萬衆相持於濠南公麾兵進擊敵背潰橫尸數十里敵將逃竄進少師封濟國公兼河南北招討使十一年和議成四月詔大將諸行在拜公樞密使賜玉帶公聞命而乞納兵自謂不當復領宣撫同章再上論者以爲得大臣體加太傅廣國公方是時朝廷以山陽武昌諸屯不安命公拊循之或曰彼多反側盍爲備公笑曰何自

疑如此至則慰勞士卒宣布德意遣人諭武昌軍帖然安堵還次鎮江因調護南北使之在道者上知其能體國益嘉之明年春還朝四上章乞解樞務不許秋梓宮歸祐陵皇太后御慈寧宮公復理前章又面懇切至上不能奪乃以太傅鎮洮寧武奉寧軍節度使進封清河郡王充醴泉觀使奉朝請賜第一區維以郊恩改靜江寧武靖海軍二十一年上幸第存勞甚篤拜太師子孫各進官加等二十四年六月以疾聞上遣中貴人撫問命國醫朝夕診視七月二日薨於正寢享年六十有九上震悼輟視朝三日追封循王賜一品禮服襚於賜第勞恤其孤及宗族恩各有差命內侍省押班張去爲護喪事以是年九月十一日葬於常州無錫縣塘灣山配秦國夫人魏氏先公薨繼室榮國夫人章氏五男子琦武義大夫子厚左武大夫康州刺史帶御器械皆早世子顏子正右文修撰子仁祕閣修撰四女長適武功大夫秦公

僅先公卒次適値徽猷閣韓彥朴次適右承務郎程浞次適直敷文閣劉堯勤孫宗元尙書駕部郎中曾孫鎡直祕閣公貌雄偉性渾厚嚴重家人莫見其喜慍臨敵應變謀無遺策大小數百戰未嘗言功征行戍守師律整齊納亡撫降至得其死力尤善任使今之名將多出其門如楊存中田師中趙密皆公所識用餘雖偏裨布在諸路分按營壘亦甚衆待同列謙亦惟以國事爲先不較小嫌此公平生大概顯顯在人耳目者若夫密謀祕畫有以契上心裨廟算公終身固不以語人人亦莫得而聞也初諸大帥各將屯要地一旦歸授以樞筦四方莫不聳動公恬然就列以身先之安其所處若未始有兵權在手者蓋公平日用心惟在於尊奬王室故能忘私徇公自始至卒秉節不渝無非恭順之實云嗚呼公之積功固多矣天子之報功亦備至於襃表恭順則又當具論而顯詳之使握兵者知所法焉夫恭順臣子之大節也事親非此不能致其孝事君非此不能成其忠況爲帥者乎將帥專閫外之任權盛則勢多陵功高則志易滿其可不以恭順持之彼拔劍擊柱者束之以禮然後定背闕譁語者糾之以法然後戢又烏知所謂恭順者哉昔之論將者曰富之而觀其無犯貴之而觀其無驕使之而觀其無隱誠有取於此也今公之功暴耀當世街談巷議之徒識與不識皆得以縷數惟恭順一節有諸將之所難能衆人之所弗察者臣故表而出之用對揚明天子之休命系以銘曰

多難啓聖　維天之仁　是生傑材　佐佑人民　如龍之升　滃然其雲
維皇中興　有此虎臣　虎臣維何　王胙于循　矯矯維王　孔武且洵
自帝初載　執羈扈巡　入衞宸扆　出澄寇氛　大敵之來　虎貔爲羣
舉麾卻之　笑談策勳　來歸於朝　避權納軍　諭我德意　撫安列屯

密勿機地　委蛇其身　身則不有　所尊者君　帝曰恭順　時莫與倫
人知其功　我念厥德　維恭維順　斯德之則　向也諸帥　怙衆而愎
公居其間　謹度自抑　向也諸帥　動曰吾力　公居其間　載巽載默
晚焉奉朝　夙夜祇飭　宜壽而富　保厥成績　何以寵之　受瑞南國
一命賜袞　帶裳幅舃　三鎭聯麾　蠢鉞旂戟　匪伊寵之　用勸羣辟
錫山之峨　佳城鬱鬱　豐碑在道　絢若金石　垂光無窮　過者必式

葛文康公神道碑

文康葛公自元符末以文章名天下登朝歷學校禮樂之任至國子長貳前後二十年數躓終不苟合宣和間親黨柄國聲燄震中外人謂公即大用矣公時已久詘爲郡由汝徙潮聞將有燕山之舉亟以書遺之其略曰今東南奠枕西北歡盟公之功莫大於此然天下無事則宰相安宰相生事則天下

危願公享宰相之安毋使天下至於危也是行實過闕例得入覲相省書不説乃書旨令使道之官未幾燕山之役興斂民間免夫錢以需軍用急若星火比屋駭懼浙西仍成水潦公持檄蹙然有憂色顧佐吏曰吾民方艱食奈何議欲減其半衆爭言不可公曰苟利於民死且不辭卒奏減之公平生以氣節自負議論鯁挺未嘗一俛首爲貴倨下雖位不稱德士大夫深惜之然識者多其有守以是尊仰焉公既沒十餘年公子立方以墓隧之刻來請銘於某某生也後不獲游公之門然頃以史事與修纂先朝實錄見公出處大槩又嘗讀公遺集及諸先生長老言所聞蓋如此今復得公之增章傃所爲狀而考之益不誣銘不可辭則舉以冠其首然後按公之世次官閥行治掇其大者追序而顯論之公諱勝仲字魯卿其先嬴姓夏后世封國於葛後因以爲氏漢魏之際著籍廣陵唐天祐中有諱濤者避孫楊連兵之禍徙江陰

家焉其子彫太宗時以高年有德賜爵公士彫生詳公高祖也隱居不仕曾大父惟甫贈吏部尚書配曰陳留郡太君吳氏大父密承議郎贈通議大夫配曰胡氏陳氏皆碩人父書思以朝奉郎致仕累贈少師母侍其氏秦國夫人自尚書而下三世踵登進士科通議早棄官悟性理之學自號草堂逸老少師以清德純孝聞既卒州上其事詔特謚清孝公幼警慧誦書日數千言九歲能屬文時出驚人語少師異之年十六應開封舉中其選紹聖四年擢進士第律學方興公游其間纔閱月於法令貫通若素習一試即爲冠調杭州右司理參軍杭爲劇郡多訟訴犴圄往往充斥吏習爲舞文市獄公至痛繩以法而於推鞫必委曲詳盡因感公之哀矜咸吐情無隱旬月間留獄一空吏畏慴不敢以儒生易之府帥豐稷知公爲偉人屢薦於朝文節林公希赴召京師一見公謂曰君文詞經術宜範模多士獄訟冗職溷君爾因薦試

學官公以詩書禮三經試於有司又試宏詞俱第一士林歆豔見其文以爲不可及公之聲聞自是彌大矣除教授兗州學公以兗先聖國益自刻勵朝夕講學訓諸生人得所未聞靡不悅服鼓篋踵堂者輻輳至弗能容乃移書部使者丐錢增闢而新之且豐其餼廩鄉校之盛遂冠諸郡入爲太學正少師書爲公曰士積學非獨爲己蓋將淑諸人汝其勉旃公既迎養不以官卑祿薄日營滫瀡之奉極其誠至上幸學四方士獻歌頌者甚衆公奏賦數千言祕書省第名上之公居其首已而丁外艱毀戚過制終喪屏酒肉弗御閱浮屠氏大藏經周其卷帙服除爲提舉議歷所檢討官是歲行明堂禮官陞朝者例封贈公居職若半歲則於格當改奉議郎預計之適在秋享後乞減秩一等前期受命朝廷嘉之特改通直郎由是恩及泉壤繼知太宗正寺丞事檢討如故議歷所初以從臣提舉至是郭天信代之公深嫉其人弗欲與

共事力求去天信曰公豈久於此者能暫屈相從正字指日可得公曰富貴在天儒者但當顧義耳遂罷歷局縉紳稱公爲難能除祕書省正字遷尚書考功員外郎以親嫌改禮部時郡國上符瑞者還至公掌南宮牋奏或日草數牘無滯思人皆服其敏而工會御史中丞石公弼上言僖祖原廟增置殿室違元豐之舊詔禮官議公謂有其舉之莫敢廢也予而復奪在常人猶難況在天之靈乎與時論不合責知歙州休寧縣歙在江東號難治而休寧嚴邑也民闘狠尤甚公視事親決疑獄洞見欺隱姦吏不得肆邑中以爲神明聽訟先與辨曲直徐告以孝弟禮遜之節民多感泣息所爭未踰月獄虛課爲一路最部刺史交薦之更數歲復召爲禮部員外以預議元圭進一官遷吏部擢國子司業公常患成均之士爲文率一律恐其寖入卑陋考試必取卓然不羣者置前列由是文格一變諸生習樂既成上御崇政殿按試大悅

謂輔臣曰士成於樂可謂文物之盛聲調與樂工不同手詔褒諭增秩遷太常少卿國朝自歐陽文忠公以建隆訖嘉祐禮儀沿革纂成一書凡百篇號太常因革禮至是命公續之公用前書條目增修爲三百卷於是治平以後五十年禮文之事粲然在目詔藏於奉常太子府初建以公兼右諭德公每見太子必言治心修身之要爲仁孝學三論獻之太子嘉納復採春秋戰國以來歷代太子善惡成敗之迹日進數事久則成書十卷號承華紹孏云徙太府少卿盛章以諂附權貴驟用爲開封尹忽遣其子并謂公曰外府左遷吾能爲公即還舊物許之乎公正色曰進退百官當自宰相僕不佞顧肯由他歧進以速重戾哉并歸以告章大慚恨聞者韙之除國子祭酒遷大司成賜對衣金帶入謝上曰卿在朝不惟以文字著稱實有靖共之操且曰觀每月私試程文高下甚當其爲上所知遇如此公退而語家人曰吾自布衣致

身侍從當有以報國前此不敢越職論事今豈宜默乃數求對言治亂大計與時政得失貴要咸切齒公自是不安於朝矣俄提舉江州太平觀宣和元年朝廷明公非辜復右文殿修撰知汝州京西多曠土寶元康定間持輕其賦募民墾闢歲久地無遺利而民益富政和初言利者始議增稅民已不能支其後宦官李彥謂京西之民率冒占官地括其田而籍之號西城所破產者紛紛或朝爲豪姓暮乞丐於市公下車數月適彥至大肆苛暴人多逃匿避禍公見彥泣曰斯民離散深所不忍願公少寬之且請蠲數千戶不當括者彥大怒曰是欲沮壞西城新法耶草奏劾公朝廷壯公敢爲寢其奏不行大河歲修埽岸費稍草不貲皆取辦旁郡而汝特倍民罷不堪命公喟然上疏乞免且令民綏輸待命轉運使以不及期督日峻公奏免益急僚屬惶怖莫知所爲公慰撫之曰諸君第勿書紙尾吾獨任其責頃之免符下民懽呼

交賀晝公像歲時率子孫羅拜相語曰微葛公吾儕非餒死即流徙異鄉能復自保於此乎前太守嘗建言崆峒山實黃帝問道之所宜築宮奉廣成子既得請則竭力以事土木工未究公至主觀道士出大言脅公繼前後吮之曰歲飢民僅可困以不急乎即上疏乞須豐登有旨特從公之內剛不畏強禦類如此復顯謨閣待制徙湖州六年又徙鄧州公在湖朱勔嘗求鸂鶒白雀之屬公弗與勔銜之由此橫加媒孽遂落職提舉江州太平觀靖康之冬金人再犯闕二帝北狩公時寓平江聞之西嚮號慟白郡守曰趣帥師勤王又曰大元帥在濟南以表勸進不可緩因呼左右索紙筆立草數百言俾守即遣官持詣元帥府詞旨懇切讀者流涕建炎四年復集英殿修撰再知湖州自金人蹂江浙盜賊蠭起人情洶洶朝不謀夕民見公復來懽迎蔽路會劇賊邵青欲道江入湖窺伺是州公乃大修城郭作戰艦數百分部隊以糅

轞別之日閱試陳法而加賞罰士卒皆精勇可用民恃以不恐賊望風引去有頃孫誠於烏墩鎮殺傷官吏居民散走公亟遣單騎齎樞密院旗牓招之日今日降後自可得美官賊徒相戒曰葛使君至誠不吾紿也即授戈就降是歲大飢斗米踰千錢餓殍相枕藉公既發官廩又輸己穀數百斛遣官吏賑給之右姓爭出穀爲助他郡之饑者咸襁負而至公於城內外闢僧舍若亭驛以處之薪釜菅藉之屬無一不備全活不可勝計建炎初太守梁端嘗獲謀叛軍人童照并其黨數十被加職之寵告者皆命以官至是復有劾之者公察其誣笑曰吾豈肯殺無罪而利己乎遂錄付獄果無跡狀因坐誣告者徙之闔境肅然公在郡能究心庶事雖甚微不輕委其屬視民惟恐傷之見利害施罷不俟日適時多艱疲於應接慨然有退休之志紹興改元復顯謨閣待制提舉亳州明道宮乃築室寶溪之上山水還轃名人魁士杖策造

門公爲之賦詩飲酒樂而不厭客去則觀書著文課子孫習儒藝商論不暫輟閨門之內弦誦相聞若庠序然尤喜釋氏書謂其邃處多與吾儒合耽玩禪寂宴坐凝然終日或夜分不寐如是者十有四年易簀之夕數聞異香索水盥手合爪掌跏趺端坐久之北首右脅而臥薨於正寢蓋釋典所謂如來涅槃相者享年七十有三實紹興十四年九月八日也爵丹陽郡開國侯虛二千石實食一百戶階自通直郎以年若賞及致仕十七遷爲左宣奉大夫遺表上贈特進明年九月壬申葬於江陰軍由里山之原又明年太常考功以公之行實言於朝曰道德博聞曰文安樂撫民曰康宜賜諡文康詔從之以其子立方列於朝累贈少傅配張氏贈魏國夫人金紫光祿大夫磐之女有賢行先公卒子六人立方左朝散大夫前權尚書吏部侍郎立中右廸功郎前河北路鹽香司幹辦公事而立器立卓立豫立參皆早卒今立方知袁

州女三人長適左朝請大夫主管台州崇道觀許暘次適右承務郎監登聞鼓院劉封次適左朝散郎通判泰州章傢孫男五郛右從政郎臨安府新城縣丞鄭左宣教郎江東路轉運司幹辦公事邵左宣教郎太平州州學教授鄰右承奉郎湖州歸安縣丞郯右承奉郎監潭州南嶽廟郭郯嘗預國子爲名儒孫女六長適左儒林郎臨安府司法參軍沈洵次適右廸功郎新饒州安仁縣尉章湜次適左承議郎主管台州崇道觀張本餘未行聘曾孫四拚搢皆將仕郎次尚幼公問學敏博書無所不讀一過目終身不忘研窮經旨雖祁寒隆暑不廢文雄贍而復精深醇密衆製各臻其妙紀事尤不苟凡子之葬其親非得公文識墓則必歉然詩淸麗有句法與賓客登臨宴賞即席援筆立成文不加點坐者莫不驚異嗟服公在孕時侍其夫人夢鳳凰集於庭既而生公人知其爲文字之祥及中兩科歸淸孝公又夢歐陽文忠公授公以巨硯自茲文益進信非偶然也有文集八十卷外集二十卷考古通論六十卷傳於世公爲人坦蕩樂易遇物盡誠勇於義若嗜欲不靳財費賙人之急從弟濟仲貧甚官之先己子族女之孤不能自存者則爲之辦裝遣擇所歸租入悉推以畀同產於奇玩一無所好臨事敢爲不畏禍患遭權倖巧中屢致齟齬處之怡然或問其故公曰吾道當如是又何悔在大學爲師儒之日多禮闈試貢士必與考閱公於數句中輒知其學之淺深是以多得奇士海人則德行先詞章後諸生以故皆知自重厲士惟取其器識凡所汲引位輔佐禁從臺閣者相望天下咸推公知人四爲二千石所至有惠政治吳興民愛之尤篤去之日挽車號泣送數十里不絕及聞其喪雖深山窮谷中無不流涕至今言公猶以手加額歎不已嗚呼天下無全才久矣綴學之士文豔用寡或劣於任劇至若嫻吏事則類多辨智趨勢爲幸進計不失節者幾希如公以英儒發身以循吏著績而又能以介特之守卓然獨立於當

世可無憾矣銘曰

葛爲名門　世擅厥文　祖也累科　濡仍其芬　自祖滀之　既鬱弗施
迨公發之　浩乎莫涯　非殖所學　惟得之卓　實敏實博　先民而覺
甫登膠庠　載煜其光　勿毀勿荒　士式而臧　既厲既長　既究所養
終始不爽　承帝之獎　惟此吏道　治無弗優　所試者小　吏之師表
勇於爲仁　仁行如春　我知愛民　遑恤吾身　汝鄧之區　棠蔽其廬
民歌袴襦　再膺於湖　人孰不藝　器狗則敝　人孰不吏　術勝則詭
疑疑文康　通乎大方　內全乎剛　靡怵於強　彼相回遹　孰砭其失
公弗與嘔　曾莫我屈　考公生平　實大聲閎　展如有成　見道甚明
晚臥林壑　避囂自樂　安禪澹泊　心若雲廓　瞻彼江干　有山盤盤

豐珉巍然　千載之傳

中書趙舍人墓誌銘

自中興三十餘年間廷策天下士其卓然號爲一時魁傑者往往皆出東南歲在辛未蜀人趙公始以瓌瑋博達之文入奉大對首論臣子事君父忠孝之大節言約意確洞見胸臆天子奇之親擢爲第一授左承事郎簽書劍南東川節度判官公事秩滿召爲祕書省校書郎明年自著作佐郎遷著作郎不數日除起居郎丁丑春正月同知貢舉夏六月拜中書舍人冬十月以疾卒後二年其孤棊自蜀以書來請曰先君仕於朝同出處者公也先君不幸死公哭之哀䘏之厚今葬有日矣銘先君以詔諸幽公爲宜予得書曰噫予尙忍銘公哉予與公自東觀歷左右史掌外制皆同日並命爲僚久且密知公實深雖不忍銘銘不可已乃爲公敘之公諱逵字莊叔姓趙氏家本秦也

八世祖銀青光祿大夫處榮徙居於蜀遂爲資州人曾大父可以季子贈官至大中大夫祖宗亮父衍贈右承事郎母馬氏何氏皆太孺人公少穎悟一讀書數行俱下甫冠嫺於文章所至求見者如市性廉靜不以世事介意居官行已安恬自有所守其在潼川簿書訟獄能以身親之符行中總領四川財賦暴橫無敢抗者有子與薦意公必爲類試考官密以文屬公公不啓緘既試符氏子不得奏符怒以他事擿摭甚峻終莫能害公亦不少屈也及入館閣未嘗輒以私一至時相府時相欲出白金助公以家來公不答時相怒人爲公危之未幾時相死上親擥庶事屏姦擢良風俗一變忽有旨以秉普安郡王思平郡王府教授即日引對上曰卿乃朕自擢秦檜日薦士曾無一語及卿以此知卿不附權貴眞天子門生也又曰兩王方學詩冀有以切磋之公因奏言路久塞願陛下廣覽兼聽勿以賤微爲間庶養成敢言之氣上嘉納洎爲侍從益以誠實見知嘗入謝上曰朕所以用卿卿既知之朝有闕政無鉅細宜助朕也又諭近臣曰趙逵純正可用其爲上所知遇如此一旦公有疾予過之問焉公喟然曰疾其不瘳乎昨夢驅車若將入館者或曰此給舍養病坊也汝常爲祕書監居無何疾亟力上章請外弗許後數日予因進對上首問公得疾狀論方劑甚悉且曰庸醫惡知此遣侍醫視之而疾不可爲矣享年四十有一訃聞上悼惜不已出內府銀絹各三百賻之贈左朝請郎官其子壻各一人敕沿路漕臣護其喪歸蜀以葬是行也母老子弱旅櫬數千里浮長江上三峽間關險阻幾再歲始得至鄉邑道路聞者識與不識皆哀之公先娶汝氏未歸而卒贈孺人繼室支氏封孺人一子四女棊右承務郎監潭州南嶽廟長女適右迪功郎新差監成都府商税務支肅餘尙幼以紹興三十年某月日葬於普州安岳縣永康鄉東北山之原公既沒哀

其文得三十卷藏於家公平生無他好獨喜收聚古書考歷代治亂興衰之迹而榷其至要爲文根據亦以古爲歸內行修潔不見過差嘗語人曰司馬温公不近非色不取非財吾雖不肯庶幾似之上本以大用期公而公亦厚自涵養欲有所建明不幸死矣嗚呼士君子必有所不爲而后可與有爲有所不爲知所爲也知所爲者矜其所不爲而安於所爲也可與有爲不必爲也不必爲者不待其有所爲而知其必自爲也曩者權臣用事附己者卿相可以立得公於此時有貴賤死生之變而處之泰然終不以彼易此亦不以是自高是不於其所不爲而安之也聖天子秉哲臨下得其才於遠方稠衆之中察其賢於羣小競鶩之際意其臨大事必將有所謂不可奪者而不克見也至今猶思之是不待其有所爲而知之也賢乎哉銘曰

蜀有偉人　今之卿雲　既圭璧其身　亦黼黻其文　內抱道以全其眞

而方榮親　而方得君　胡佹焉以淪　書之幽石尙不泯

海陵集卷二十三

海陵集外集

宋　周麟之　撰

歌謠

破虜凱歌六首

夜半江風金鼓聲拔營初起石頭城虜情不料諸軍渡一戰淮西唾手平

莫怕南來生女眞皂旓鬭馬漫如雲黃頭碧眼鶯相語切勿前逢八字軍

山川千里戰塵淸不負當初齧指盟從此胡兒敢欺我江淮草木已知名

將軍羽扇自臨戎帳下健兒立爭功鐵馬莫來淮上牧漢家旗纛半天紅

江花開隊曉霏開爭看官軍打賊回十萬羌胡今已破不煩天子六飛來

捷書日日到甘泉使者聯翩出勞旋將士歡呼拜君賜鵰銜寶帶鶻袍鮮

中原民謠

紹興己卯冬予被命出使長至後二日入北界留燕京旬浹明年人日復渡淮而歸時北人咸謂戎主不道汰虐已甚頷焉以殺人爲嬉方且竭財力事土木又將欲包舉南夏幷呑八荒曾不知覆亡之無日始予聞之駭且懼未敢盡信其說及往返中原數千里觀人心之向背測天地之逆順考事物之廢興得之謳吟者蓋不一而足何其慨然思舊德之深望王師之切也然則聖天子中興恢復疆土綏靖宇內兆已著矣北胡其能久乎於是因所聞見論次其事檃括其辭爲中原民謠十首庶乎如古所謂抒下情通諷諭宣上德廣風化者異時太史採詩或可以備樂府之闕云

一燕京小　二迎送亭　三金瀾酒　四歸德府　五過沃州

六造海船　七渡浮橋　八金臺硯　九任契丹　十雨木氷

燕京小

予次汴京聞虜欲遷都於汴起諸路夫八十萬增築城闕肸飾宮殿至以宣德門爲小而易之展東御廊徙民居五十步令下之日老壯悲憤至有號泣者及渡河而北見遊童歌曰燕京小南京大修蓋了康王坐（虜以汴爲南京）所過諸郡不謀同辭洎至燕則其宮闕壯麗延亘阡陌上接霄漢雖秦阿房漢建章不過如是又欲舍之而南陟果何意哉作燕京小

燕京小鉅防絡野長蛇繞展闢城池數倍寬帝居古盡民居少（燕京城内地大半入宮禁百姓絕少此得之北使）通天百尋殿十重（其端門名通天）金爵觚棱在半空萬戶千門歌舞窄不知九市人聲寂時時日曀盲風來殺氣冥濛胡舞寒舊來寢處穹廬中今乃燕坐防房宮猶嫌北方地寒苦又欲南嚮觀華風汴都我宋興王宅二百年來立宗祏一朝飛瓦下雲端盡毀前模變新飾故老慟哭壯士譙吾寧忍死不忍觀只恐金碧塗未乾死胡濺血川原丹孩兒拍手歌相和此地攣容犬羊涴旋頭夜落五雲還與吾皇泰開微坐

迎送亭

予留盱眙幾月待對境取接未有耗忽聞有四方館使先到泗州按視一路館舍修飾甚嚴潔及入北界所至都邑門外各起送迎亭一所丹猶未乾也駕車父老指以謂予曰迎送者迎宋也此地殆將迎宋乎作迎送亭

迎送亭亭邊柳色何青青樹頭風和鵲聲喜朱甍碧瓦煙光凝路人矯首城南北膀字新題照阡陌金牌天使走馬來蕃官出門餞迎客車頭老人扶軏行自言身是宋遺氓斯亭豈爲迎送設殆欲迎宋非虛名南人側耳驚相顧此語端能卜天數說與征夫且緩驅往來怕見征塵汚莫折亭前百年柳曾經宋德栽培久只期南望翠華歸再拜馬前稱萬壽

金瀾酒

予憩燕京會同館虜以吾國故不設樂一日有梁大使入館傳旨曰（梁乃先朝內侍官也）卿等執哀命至此朕拘典禮不得與卿同燕樂今賜卿金瀾酒二瓶銀魚牛魚二盤（銀魚長尺餘比南方者尤大牛魚出混同江一魚之大如牛或云可與牛同價）皆下拜受賜瓶盤乃金銀器　龍交錯形製甚精古且令併留之有客驚謂予曰酒則美也其名不祥予曰古人命酒名無不佳者蘭英以香名竹葉以色名蘇醾蒲萄又各以其木之華實名金瀾佳名也古樂府曰月穆穆以金波又曰洞庭秋月生湖心層波萬頃如鎔金金瀾之名其取諸此乎客曰不然子弗聞夫白蛇斷而秦亡當塗高而魏昌國之興亡實係焉金瀾者金運其將闌乎予瞿然曰有是哉作金瀾酒

金瀾酒皓月委波光入酒冰壺避著壓瓊艘（虜中避暑於冰窖造御酒甚清洌陳樞本使至彼當盛夏嘗）火炕敵寒揮玉斗（北方地寒臥床累土爲之若竈然熾火其下謂之炕寢處飲食皆在其上）追歡長是秉燭遊日高未放傳盃手生平飲血狐兔場釀糵爲酒（四夷附錄云女真人釀糜爲酒醉則殺人）氈爲裳猶存故事設茶食（胡俗重茶食阿骨打開國之初尤尚此品若中州餅餌之類多至數十種用大盤累釘高數尺所至供饋並賜燕必用）金剛大鐲胡麻香（茶食中一種名爲金剛鐲甚大）五辛盈柈雁粉黑（虜人盛饌以雁粉爲貴以木柈貯之其濡黑色以生葱蒜韭之屬置於上臭不可近）豈解玉食羅雲漿南使來時北風冽冰山峨峨千里雪休嗟虜酒不醉人別有班觴下層闕或言此酒名金瀾金數欲盡天意闌醉魂未醒醆未覆會看骨肉爭相殘一雙寶榼雲龍翥明日辭朝倒壺去旨留餘瀝酹亡胡帝鄉自有薔薇露（本朝禁中御酒名薔薇露）

歸德府

至南京聞車前有父老相與語曰此歸德府也易名矣或應之曰名則易矣而實未嘗易也此地古商邱是爲宋分我藝祖之興初受越於此時號

歸德軍大業既定列於陪都今天子繼統復於此登寶位改應天府盖我宋十葉興王之國今日歸德復舊名矣祖宗之澤在人者深神孫紹隆聖德昭著民不歸我而誰歸作歸德府

歸德府四野坡池抱重阻閼伯之墟舊宋州心爲大火占星土昔我藝祖龍潛初授鉞此地開炎圖錄裳拜野休運啓土氣鬱鬱雲扶　眞人當天朝萬宇北望帝城天尺五舟車輻輳川塗交盡說南京比三輔中興天子膺赤符又臨此地登　車版圖一失故地隔坐使神州淪虜區金杏園邊春色早連阡菽麥瀰河道景物依然似昔時只恨居民戴胡情民言我宋澤仁深況此舊名歸德軍於今府號襲前躅不日中原當自復金人無德亡無時大德日隆天下歸

過沃州

沃吾古趙州也予過趙問所以易名者州人曰往年此邦忽天開有聲如雷流火涌出虜疑其爲趙氏復興之祥也改今名且取夫以水沃火之義或又曰沃之文天水也趙氏之興其讖愈昭昭矣語雖不經不可不紀作過沃州

過沃州停車聽我遺民謳茲爲名邦古趙地皇家得姓基鴻休自胡雜居民在鼎民心不改千年幷一日天開神火流祥光寒空吐金景胡人驚呼上畔知（虜稱朝廷爲上畔多見於公文）日此異兆誰當之天其有意福趙氏於斯效瑞騰炎輝是歲更名州　沃自謂火炎瑞可撲不知字讖愈分明天水灼然眞吉卜君看石橋十尺橫上有蹋跡青騾行當年勝概壓天下豈忍歲久蒙氈腥我有簞壺辦漿饋未審王師何日至此身終作沃州民趙氏帝王千萬祀

造海船

河朔道中逢太平車數百輛相屬而北皆載竹木繩縴揭旗曰某州起發北通州造海船物料或曰北通州舊潞縣也隸燕山今升爲州在燕京之北虜欲瀕海虜於此造海船千數自潞將由膠西浮海而南矣作造海船

造海船造海兮何斷雷殷由大舶鯨鱷容萬斛小舶飛鷁何翩翩傳聞潞縣燕京北本蕭蕭空浪頭自近年升作北通州謂是昔吭宜控扼坐令斬木千山童民間十室八九空老者駕車載輸去壯者腰斧從鳩工自期鼓機浮溟隘便欲取道膠西奔檣顚相風風北來殲舫信宿趨吳會誰爲此計狂且愚北上惟天闌界北人鞍馬是長技南人濟瀬如坦塗果爾疑非萬全策驅民忽作魚龍食任渠轉海入江來自有周郎當赤壁

渡浮橋

大河自兵火後浮橋廢矣近歲虜復建焉予宿豐邱北使遣引接來告曰昨以凌冰東下斷浮橋二十六　修治未畢工今當以舟濟翼日未辨色至渡口各不下車曳而登舟後月餘回程橋已成遂策馬而過或曰此橋糜錢數百萬緡人力不可勝計斧斤未嘗輟也他年王師北征其無憂乎作渡浮橋

渡浮橋黃流噴薄雛雲濤駢頭巨艦寸金縴貫以巨木維虹腰戍河老兵二太息顧語行人淚潸廳去年造橋民力殫今年造橋車轂擊只愁屢壞費修營追呼無時困征役前月南朝天使來欲令踐此誇雄哉無何府冰敝流下三十六洪中夜摧當時白馬津頭渡不下氈車上船去今朝緩轡揚鞭回笑踏長鯨指歸路但願河伯常安流斯橋不斷千古浮他年過師枕席上孰憂王旋行無舟適見黎陽山下驛驛垣破處龜趺出豐碑大字天成橋猶是宣和時相畢

金臺硯

使還過白溝河河水涸深廣不盈尺耕種連阡陌無南北之異道左見茂林蓊然曰此御莊也望之有佳氣使人慨歎至保州接伴副使楊少卿遂陽人也其奴密以二硯來獻且曰此佳硯非翰林主人莫能當蓋山谷所謂金臺老張硯也硯底刻字尚如故予感之報以香茗作金臺硯

金臺硯舊日老張鬬寫縣金華仙伯一品題名高萬石羅文傳南轅同次白溝河搴裳欲渡塵沒靴向此書見限華裔今乃接吟皆夷歌忽見御莊雲蓊鬱千章喬木參天碧始知佳氣似春陵更喜眼前多舊物伴行蕃使言侏離皆奴隸耳乃有知叩轅斂袂出雙璧不待馹人來致辭自言所獻非荊璞僅比澄泥與銅雀雅稱揮毫白玉堂夜掃黃庥追灝噩人皆謂彼勤且誠忐探囊闕分寶聲歸家請辦千斛墨異時擬勒燕山名

任契丹

燕趙間豪傑任契丹者居太行山心懷本朝誓滅強虜時從數十騎出入所過郡邑靡然嚮風莫有能當之者或曰頃年虜酋打圍嘗爲博浪之謀而不遂一日倡義十萬衆可指呼而集予自欒城趨沃州已夜分也遇任於道衆胡駭懼計無所出纔而知其爲南使也從間道引去北人皆曰任將軍其有成乎作任契丹

任契丹太行爲家千疊山此山阻絕天下脊中有義旅蛟蛇蟠任君本是良家子身長七尺風姿偉心懷忠義欲擒胡誓與羣豪揭竿起時從數騎出郊坰所向萬人皆披靡不驅丁口不攫金只取餱糧事儲峙道遮天使奪牌歸佩牌夜易人不知往來燕趙數百里徒手不假寸鐵持夜半相逢沃州北問知南使寧相阨倡言我輩抱雄圖郎主打圍曾狙擊時來左袒奮臂呼十萬兒郎一朝得勸君努力雪國讎爲我斬取單于頭功成好爵皆君有金印垂腰大如斗

雨木冰

庚辰正月四日自虹縣至青陽驛夜半起程行未數里大風雨作雪霰雜下二車皆陷淖而壞跬步不能進明日彌望皆瓊林瑤草蓋世俗所謂木冰稼者因思春秋書雨木兵先儒以爲庶人執兵之象此方之民其將闚覦而起以共踣此虜乎不然彼有異謀犬羊蘂又將南牧乎天亡之時必不遠矣作雨木冰

雨木冰貫珠絡玉千葩明橫鞭一拂條葉動寶釵墮地聲鏗鍧昨日登車天地墨怪雨盲風起東北俄然散霰亂飛霙流淖滿途深沒膝前車折軸不得行後車脫輻泥黏軛曉來廓氛天宇清萬象奪目何晶瑩凜如介士執矛戟四野列陣霜雪凝汴河堤上民驚詫問是何祥木冰稼平生有眼未曾看舊說惟聞達怕官車中囁嚅齊魯生嘗學五傳窺遺經因言前哲論災異古曰庶人皆執兵只應此地干戈起草木如人刃相倚莫憂胡兒飲泗水盡道明年佛狸死

破虜凱歌二十四首 并序

紹興辛巳冬虜大舉入寇蹂兩淮諸郡欲自采石濟江王師邀擊大破之遂趨瓜州謀南渡甚急十一月二十八日大雪馳次維揚夜半虜營變起戕其主完顏亮衆胡瓦解奔潰北去軍民懽賀予頃在樞廷諜知北事甚悉因策其必敗至是因追述所聞作破虜凱歌二十四首於以見聖天子威德茂鬯上帝助順逆胡狂暴自取滅亡云

可笑狂胡到死狂欲投馬箠渡長江始知人語符天意東向南朝作鬼降 完顏

（亮決策南來羣臣諫止不聽曰天若不令我得志甘向南朝作鬼）

采石江頭萬鼓鼙祭天臺上手揮旗坐驅朔馬爲魚鼈笑殺江南踏浪兒（虜十營桑石晝夜擊鼓懽譟聲震天地隔江數上督發舟師手揮里皆聞之又築臺刑白馬祭天亮坐於臺旗以爲鼓檝之助）

雲航飛下北通州強檝膠西一戰收千七百艘同日盡始知飛將有奇謀（北通州燕山府潞縣也地濱海虜累年於此造海船因改爲州近盡發所造戰船至密州膠西案閱習聚會爲南下之計李寶自海道出奇兵攻膠西縱火焚大小戰艦一千七百餘隻至是無一舟可用）

一從犬吠瞰西山便報車輪不得還自詭長驅如破竹不知先屻劍門關（今年春有羅浮山得道者土木道人嘗以讖語聞於上其略曰山西犬吠東海人鬪亙木寒門交攻不少至是虜人稱兵東先犯蜀吳璘與戰大破之橫尸數千里已先失意矣李寶相繼取東海後亮爲木毒大總管大慘忠所殺皆如其言又謂虜侖來不得冬死不及臘亦驗云）

虜餓曾無一月糧煮弦燒箭莫充腸南來本恃淸河粟不意偏師夜絕綱（虜人齎糧不過一月因糧而已今破兩淮無所得食佚山東之自淸河而下一夕爲李寶以偏師絕糧道綱運不至餓死者甚衆虜退淮人於野竈中得箭鏃不計其數）

胡人不識九車船笑理輕舠狎大川莫道老胡曾得濟猶傳折箭誓靑天（建炎間兀朮南渡橫行江浙其歸也爲韓世忠所阨幾不得免幸而脫身至江岸卽折箭指天誓終身不復過江今亮之來旣失素備之艦伐木造舟皆輕舠不可用王師以九車船當之所向無前羣虜相顧失色亮猶怡然怒曰四太子尙能過江我何爲不可渡）

淝河席捲符堅陣赤壁灰飛孟德舟二虜猶能脫身去汝來斷送郅支頭

自古御行用衆難況圖深入冒多艱五百萬人存者幾淮南白骨委如山（亮之南來號五百萬其死也餓殍滿野）

燕山臺殿壓阿房又欲移巢占大梁起就漢宮三十六固知無德祇爲殃（亮都燕山宮闕壯麗極土木今年徙汴以宣德門爲陛而毀之別行增創其餘宮殿輪奐一新頃在燕廷內中出汴京圖宣示宰執大略如漢制而侈過之）

七寶爲牀坐殿衙金猊雙立噴飛霞自緣積惡難安享不得全軀作帝羓（予奉使至燕山朝見之日見虜主儀衛華盛過於中國其御榻以七寶爲飾夾坐有金狻猊二高丈餘飛香紛郁不能安享而南來以死復不得全首領而同

海陵集　外集　八　第四種　海陵叢刻

蓋積惡所致也）

只憑信誓畫山河二十餘年兩國和解道渝盟甘踏國若爲輕信馬韓哥（講和之初畫疆已定金亮無故請割兩淮之地元有誓書與本朝其末云皎如日月之可鑒堅若金石之不渝有渝棄好之背盟甘墜命而踏國其語如此今日之禍蓋其自取焉韓哥者燕人名欽亮之謀主也）

自聞三策日垂涎急趁西風一舉鞭狼子不知天數盡據鞍猶說馬兒年（馬欽嘗爲本朝差遣和議之初虜乘取去遂歸用事數年前獻三策於亮皆取江南之策亮喜之用爲謀主其南來也欽有力焉諜云亮與欽嘗並轡謀亮問欽曰南征之期當此蛇兒年或在馬兒年欽曰在蛇馬之間蛇馬乃巳午也韓哥欽小字胡俗稱呼多以小字行）

鷙而長鬚桀黠兒一生渾事殺人嬉莫將遺像欺羣目曾向貞元殿裏窺（虜主面黧黑目下視長鬚一胡人耳頃奉使日見於貞元殿見其狀甚熟今好事者傳其像乃作貓恐瞑目可畏之狀與向來所見不相同）

何事圖形到九墀豈容鬼質近神奎君王欲作諸戎戒不惜雲章手自題（近傳御製御書題完顏亮之像曰金虜曰亮獨夫自大弑君殺母叛盟犯塞殘虐兩國屢還必敗梟天降罰爲夷狄戒）

也學賦詩橫槊公浪拋狂語倡羣凶由來立馬元無地空指吳山第一峯（虜亮雖中都日賦有立馬吳山第一峯之句）

每率羣胡共打圍防姦惟許屬鞬隨一朝醉臥怡堤曲衆箭攢胸死不知（虜主每打圍隨行騎士只許屬鞬橐以從械封甚嚴不得擅自施放至虜軍之變謀逆者乘其醉臥引弓射之）

向來燒飯起中都已覺胡星墮玉除罪惡貫盈天不赦區區猶欲禱醫閭（亮離燕京嘗詣諸陵祭告胡俗相傳謂之燒飯又遣使聘北嶽醫閭諸山）

曾爲兵卜溷神聽不信名山事火攻今日汝魂遊岱去不知何面向靈宮（亮欲南向先遣金牌天使詣東嶽禱之不吉大怒遣使焚帝廟火之不燃僅燒東廡數椽而已其侮慢神明如此）

似聞　帳啓行初盡擁靑氈入故都便好乘機收赤縣長纓更縛北單于（予奉使日聞中有北元帥者擁重兵在嶺北不受詔命亮已不能制亮之南也有葛王自立於北方入據燕京遣使廢亮爲王改元大定所謂葛王豈非向之北元帥乎初亮遷都於汴凡汴之乘輿服御人物種種皆□以自隨復歸於汴王師若不疾驅則汴之所有皆歸葛王矣）

海陵集　外集　九　第四種　海陵叢刻

昨下北邙山下過旋移狼纛駐雞籠此身已是鄰尸冢又欲飛投鼎鑊中（亮先）過西京於北邙山起御寨乃在尸冢之間嘗掘地得石刻不祥語大怒撻其主事者內侍梁大使及到淮西又居雞籠山必死之兆已見於此

勝負端從曲直分我軍屢捷氣凌雲坐聽笳鼓傳新曲不怕番家鐵塔軍（虜人）驕吾中原遺民彼以重鎧乘介以巨木聯頭數千號爲鐵塔軍以爲前軍頃年我師屢敗望風奔潰良以此也近諸軍皆識其機不復畏之矣

中興天子漢宣光自有深仁合彼蒼天遣百靈爭助順神兵遍野拂雲長（胡人）被捉者皆言每與王師接戰見吾陣前猛士長丈執器械甚異若神人然多威滿野蓋百神助順之效

此日君王自撫師列營爭望翠華旗不凡一矢戎酋斃又勝澶淵卻敵時

江上春風颭蓋旋鬱葱佳氣藹中天從今四海歸圖籍金殿垂衣億萬年

海陵集外集

跋海陵集

右海陵集宋邑人周樞密麟之撰尤氏遂初堂書目祇載周麟之集不詳卷數陳氏書錄解題馬氏經籍攷焦氏國史經籍志皆作三十二卷宋史藝文志徐氏傳是樓書目皆作二十三卷外集一卷其作三十二卷者必二三兩字顛倒有誤當以四庫審定之卷目爲正樞密以文章受知雍容侍從洊歷通顯故其集中制誥樞奏居多他雜文亦甚富惜傳本甚少其間見玉海及歷代名臣奏議者皆有目無文攷訂家憾焉頃從江南圖書館鈔得全集卷與四庫目錄同亟爲付印以供海內文學家取求豈第爲邑故已哉抑攷樞密前有許大方者所著亦名海陵集同時晁補之爲作序稱與故人張芸叟張文潛陳伯修皆厚而不詳其里貫許氏在宋時爲邑著姓與喬氏周氏皆以科目顯多內行敦篤之士廬陵臨川兩家亟稱之大方集名海陵其亦泰

產歟

民國九年八月韓國鈞識

文城集

（明）茅大方 撰

《文城集》不分卷，明茅大方撰，據南京圖書館藏清鈔本影印。

茅大方（一三四八—一四〇二），一作毛大方、茅大芳，名誧，以字行。明泰興人。博學，能詩文。少負奇節。洪武三年（一三七〇）選儒士典教淮南。時洪武帝召見，對答如流，上甚喜，擢爲秦府長史，且勉以董仲舒相江都王事。誧感上恩，額其堂爲『希董』以彰帝訓，方孝孺爲之記。二十九年主陝西鄉試。建文元年（一三九九）擢右副都御使。及靖難起兵，時駙馬都尉梅殷守淮南，誧貽詩勸殷，忠憤激烈，聞者壯之。朱棣即位後，逮誧赴京師，誧不屈而死，年五十四。後武宗賜茅大方左都御使，謚號『忠愍』。另有《希董堂遺集》五卷。

是集前有徐應豐序，後有徐希明序及徐啓東序，正文後附《清河内傳》及《諸仙詩話》。由序可知，此爲茅大方《希董堂遺集》外復見之新稿，由徐希明、徐啓東等録之。今見清鈔本。是集中詩、詞、文皆有，内容繁雜。或言其交游授業，如《留別諸子》《送龍川赴召北上》《陳里説》《答里説》等；或寄其閑情逸致，如《感春》《釣錦石賦》《題十八學士圖》等；或論其學問文章，如《論春秋誅意之法》《孟子謂萬章曰：一鄉之善士》等，其它如墓志銘等也收在内，似教授一時之所作，足見其性情德行之卓然。如《答里説》一文覆諸生陳里之問，用小事明大理，言辭諄諄而寓教化，情真意切。又如《新春偶題》『舊緑扶新緑，深紅應淺紅。鶯聲與人話，只隔野橋東』，《尋山偶入廢寺》有『石床花鎖禪門寂，竹逕苔沾迹印低』句，其詩自然清麗，多類此。

（張　航）

文城集

文城集何集希董茅翁之新稿也翁死革除難迄今二百載矣新稿安從得耶曰此翁偶至而停披者也翁至之始駕雷霆凌雲霧舉相謂曰罕哉蓋喜之也及見其吐珠玉揮龍蛇又舉相謂曰奇哉蓋疑之也復見其祈理學闡道機又舉相謂曰吁嗟難言哉蓋不止喜與疑而且至於驚矣愈出而愈不可窮則愈見而愈不可測稱之於人但曰無名氏而

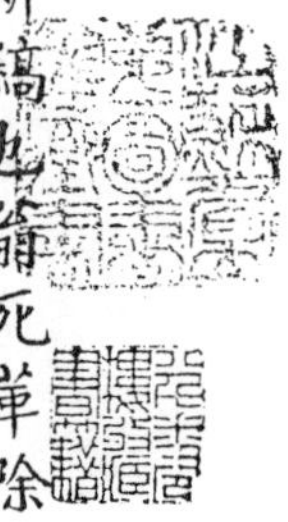

已終莫知其為誰一日明檢希董遺稿竊意其辭氣出自翁者而翁已覺始召言其詳節義慷慨聞之痛心疇昔所為恍然在目然後知雷霆雲霧不足喜也珠玉龍蛇不足疑也理學道機不足驚也凜凜乎正大之氣上與日月爭光下與山岳同峙傾教之際若親揖翁之德容而不徒神交焉者亦誠異矣顧管溪非駐驂之地明等非可以師之人而翁乃屑居於此是豈今時之幸哉夫亦千古綱常之一會也翁遺事幾載張君翊碑記無容稱頌至於文章以用世師翁之節義以立身則明東諸子事也亦翁之屬意於諸子者也子當觀其成以稽首於翁之教

太平山人前禮部主客司郎中直　內閣預修　國史　會典　玉牒奉　詔供事　無逸殿後學徐應豐頓首拜序

文城集

題十八學士圖

十八學士登瀛洲古今人盡稱風流我來披圖一指點幾人薄劣幾人優也有胸次富墳典也有肝膈懷忠猷也有先時獻諂諛也有後時倡邪謀經筵講罷瓊筵起帶出天香兩袖裏醉歸夜半走金吾馬蹄分破鳳池水自從唐虞賡歌來如此遭逢世無比云何繼世未多年中朝改樓名則天唐家三百年元氣

一旦喪在瀛洲仙瀛洲之美誰不羨要當勿鈍崆峒劍擎天立地正綱常答盡萬古蒼生念男兒到此方豪雄芳名直與伊周鄰區區房杜不足數羞殺瀛洲十六人

詠春雪

亂舞燕塞邊早積程門外纔飛梁苑去又向壩橋回頃刻裏將乾坤凝霎時間將造化埋威逼的青山失色摩盪的紅日難開眩昏了將舒柳眼勒綻了未放梅腮這壁廂但看見寒江上魚沉雁杳那壁廂止聞得空林中虎嘯猿哀誰道是豐年祥瑞留做了新春禍胎將一箇忠節蘇子卿若藏在北海將一箇廉潔袁邵公餓倒在書齋哀哉這的是天上飛來一段災有一日赫　炎炎烈火當空曬暖融融和風滚地來總有千萬座冰山也化作埃

遮蔽了龍盤宮闕填塞了錦繡樓臺

感春

人皆賞春愛春旼我獨逢春怪春繞嬌嬌媚媚爭妍媸葉葉枝枝逞妖媧百花香外藏遊蜂萬樹雲間啼小鳥滿前富貴一時新轉眼春光九十步少等閑寂寞春意闌紅紫枝頭盡成標王孫何處覓芳叢空使貞人惜春天歲寒惟有松柏心不競豔陽甘静俏面皮長自帶霜欺節操方知出塵表以此逢春不足誇還當春後看庭杪

題南石歸去來圖

徐君南石敷教朝城擧相慶曰吾道東矣不
期年而動田園之興人莫窺其際效靖節之
辭曰歸去來宦轍而迷途也歸去來昨非而
今是也歸去來稚子之門半開而久候也歸
去來三徑之菊就荒而猶存也南窗可以寄
傲而依然琴書之在几也策杖可以流憩而
暢然壺觴之在匏也盤桓於孤松而倦飛之
烏知還也崎嶇於經邱而無心之雲出岫也
欣欣然西山之木向榮而涓涓然鹿溪之流

文城集　五

未艾也良辰命駕清夜晤言植杖耘耔賦詩
舒嘯而吾生其行休矣予聞其辭而壯之曰
古之陶令焉知不爲今之徐孺耶今之朝城
又焉知不爲古之彭澤耶高尚哉今人而古
風也行當與葛天無懷之民而並傳之

釣錦石賦

壬戌之冬十月既望文城邀諸侶遊于天水
之錦石間水聲洶洶巨石橫川巉巗古怪變
化莫可盡識也有居者礢者礐者礛礑者磍
砐而磈礧者一左一右一縱一橫起者或銳
如筆或方如硯或聳如山或踞如虎或猛如
壯士或傴如病夫或羣處如隊或散落如星
或直立如壁或對峙如門伏者或聚如鼃黽
或困如鯨鯢或盤旋逶迤如虬龍形狀百端
半里許水臨之則奮怒吽吼漫之則奔騰澎
湃勢甚洶湧予駕小舟覓其空隙周廻曲折
如逆湍之鱗揚鬐擺尾縱身於隙光勺水中
甚可笑也客曰停舟而釣可乎於是削竹爲

文城集　六

竿理絲爲綸敲針爲鈎錦石釣叟非吾儕其
誰乃擊節而合歌曰伊昔尚父兮渭溪拂石
溪濵兮蓋將終身於玆投竿著鷹揚之勇兮
感姬伯後車之勤渠子陵兮桐江之湄羊裘
之著兮初無意於人知匪光武之物色兮終
山澤之下遺嗟吁二絲兮九鼎八百年之繫
維彼二老兮孰其尚之任公何人兮爲巨釣
於會稽詹何胡爲兮顧欲引盈車之魚乃若
玄真子之釣兮適意自如天隨子之舟兮放

浪不羈班嗣漁釣一壑兮傲乾坤而睥睨方千之鑑湖一曲兮收山川勝槩於品題之數子者蓋庶幾乎吾所爲吾釣六物雖具兮不釣爾縻旭日蒲團兮寒雨簑衣魴鯉春美兮鱸鱖秋肥冬吏鯿夏鰣之鬭味兮而或得或失之舉怡菰菱充口兮含哺而嘻釀泉爲酒兮爛醉斜暉來蘋藻兮嗅江蘺招鷗鷺兮喚辭鯱身徘徊之與天光雲影兮目魚躍之與鳶飛讀我書兮誦我詩紛紛塵世兮誰是誰

文城集　七

非一葉飄飄兮任東西榮辱謝絕兮水漪漪三公不博兮已而已而遂去不復有詞

留別諸子

三載高情一時長別烟雲漠漠野樹依依此地此心還悲還戀勢因顧阻思與日生追惟勝水佳山登臨適趣每逢良辰美夕吟咏舒懷野鳥門花盡是無心見道清風明月何妨有意談真興來筆壓五千豪醉後扶歸二三子如斯雅誼未易悉陳聊輾鄙忱用垂後念

雕蟲獻技勿因一字爭奇剪綵鋪粧當忌片辭奪巧文生本色若灌樹根穀種而枝葉自延理入真機如寫遠山流水而丹青自別然徒工浮靡終是文章不立本基何裨道德上追千百載不傳之聖學下淑千百載未覺之人心擔負綱常無愧朝聞夕死身乖節義徒羞暮賤朝榮如此丈夫方稱豪傑啼烏半夜夢興去後之思舞柳千條折繫作離之慘秋風塞雁雨助愁吟宿雨殘枝亂分行色凝眸

文城集　八

天際休聽隔水之驪歌翹首雲端擬看青霄之鹿宴前言已盡曲意何多

仙臺歌

予幼迹烟霞寄神風月飲不入口之酒歌不經心之詩忘却公門久矣然有以予辭見錄者則又未嘗却之堅姑識仙臺歌一首以應諸公之索

臺臺臺真奇哉凌雲霄駕蓬萊步虛空踏天台（四句虛敘仙臺）三休酾誇客（楚王誇客以

章華之臺登之三休乃至其上五仞薄楚材楚莊王作五仞臺九層卑累卵晉靈築九層臺荀息諫其危於累卵遂止中天羞等裁魏襄築中天之臺許綰諫而止此四句叙他臺之不如仙臺高臺一俏望高臺一俏望遠樹間朝暉出章詩瑶塔圖畫開仙閣古謂之瑶塔洞簫徹冰縷鳳凰集玉嵬簫史弄玉故事星斗纓絡燦宫羽循環催雪花數十點香風片片來瑶臺雪花數千點吹落春風片片香

文城集　九

出李詩通天承玉露滿盤珠圓堆漢有通天臺仙人掌通天臺上月初出滴露盤中珠正圓出李詩凝霞映瓊碧日本國之東三萬里有凝霞臺仙人居焉銅雀瑣嬌魁魏武帝銅雀臺銅雀春深瑣二喬出杜牧之詩不老花千種長生酒一杯仙人酒名曰長生花名曰不老空中八窗裏喚得春光回列缺貫倒景入在天上視名曰列缺去地三千餘里古云貫列缺之倒景姑射袪塵埃姑藐射山有臺仙居之茫茫望仙者漢武望仙臺何事空徘徊羨伊集烏子凡憲臺名曰集烏臺黄金延俊才燕昭築臺置千金以延四方之士融融歌煖響春光融融歌臺煖出杜賦熙熙登春壘衆人熙熙如登春臺出莊子我赴玉華宴邀爾遊九垓

仙臺公欲見却之曰仙臺歌予之心也仙臺之字予之面目也又何迹之拘若入公門於江湖二字何處着落

文城集　十

文昌辭

文昌星乃文之精輝煌天地皆崢嶸鹿鳴聽罷瓊林迎風雲際會龍虎爭金章玉佩誇縉紳御香繚繞朝紫宸天下人文觀化成

中進士調鶴沖天

街鼓動禁城開天上探入迴鳳銜金榜出雲來平地一聲雷　鶯已遷龍已化一夜滿城車馬家家樓上簇神仙爭看鶴沖天

中進士調述古

人洶洶鼓鼕鼕襟袖五更風大羅天上月朦朧騎馬上虛空　香滿衣雲滿路鸞鳳遶身飛舞霓旌絳節一羣羣引見玉華君

邀月歌

秋月明秋月明果然涼氣逼人清舉杯邀爾成浩酌杯底光搖寒水晶鳴蟲唧唧斷又續幽鳥鳴鳴止復驚夜半高枝玉露重坐深拂袖金風輕此時此景誰易識萬物靜觀思慮平月當為我長生照我亦為爾歌屢更月兮

我兮永相結要汝今夜無虧盈呼童莫放酒窄一飲須教百罣傾浪觀塵世舉汙濁胡忍獨使我偏醒月轉桐梧疎影淡醉眠星斗一天橫忽然淅淅淅猛可轟轟轟起來四顧望異哉非秋聲嫦娥猶恐我未醉來自廣寒鳴飛瓊從今直待月色改方且停杯了夙盟

問月

去年看月東海頭月色照我紫綺裘醉呼素娥歌窈窕跨鳳直與羣仙遊今年看月來管鄉月華冷浸芙蓉裳笑聽漁歌起欸乃惟聞滑辣村醪香兩年看月各有處月色涓涓只如此人生窮達那能移乾坤覆載原無私憶昔風流李謫仙曾將杯酒問青天杯空酒盡今何在明月萬古仍高懸良宵對酒且盡歡莫問多少杖頭錢亟呼斗酒數十酌俯仰惟覺心神安銀河界天淨無垢玉兔自與冰輪走靈槎此夕真可乘便欲乘之上南斗

翫月

萬籟無聲光皎一輪明月掛中天小樓臺倒影正參差江水涵銀長漂渺誰家吹斷玉簫聲飄飄臺上鳳凰迎玉人此夕乘鸞去風露凄然夜正清把釣漁舟簑笠翁長江月照、綱絲空歌盡村醪醉還醒滿船笑看載春風碧波蕩漾涼可挹露濃忘却欄干濕春纖掬水手擎秋花影東西鋪地密欲入清霄步翠華嫦娥此意應知麼桂枝笑折酒籌勸撫景一吟句佳人生塵世駒過隙轉眼流光挽不

得碧天懸鑑便開樽莫使鬢同秋月白

對月

月幾處笙歌幾處歇月幾人歡會幾人別隨
他世界變江河萬古清光長不滅人生百歲
若轉圜對景莫辭樽底竭論誰愚論誰哲論
誰汚論誰潔偷閒便步廣寒宮痛飲何妨清
夜徹不信請看上苑花未盈百日紅盡折詩
再酬香再爇但得一醉月明中那管世間塵
土涅道義豈爲酒中頽要使寸心堅似鐵箇

中真趣少人知一任傍看羞老拙月月月今
宵對爾暫停吟浩歌還待中秋節

玩月

青天淨無痕月掛一鈎小松景怯霜朝竹陰
破春曉光搖銀漢清冷浸碧波俏醉跨鸞鳳
遊笑看玉山倒

酒月

有酒無月酒杯俗有月無酒月色孤月浸酒
杯杯浸月直教醉倒倩人扶

見月（秋夜玩月適黑雲掩之少頃雲散月明有感而作前二句言純乎天理後二句言人欲交而天理亦未嘗息）

玉蟾皎皎正中天萬里清光散碧川一任黑
雲吞吐後九州餘潤自依然

雨後見月

初晴天宇濶夜靜小庭幽落月淡如水曉涼
清似秋身遊三島地興墜五湖舟不寐觀羣
動星河拂曙流

又

夜深華月靜娟娟正值西園雨後天萬户金
波流不濕一輪銀漢轉將圓山中欲訪吹笙
伴江上曾逢弄笛仙莫更乘風歌水調瓊樓
高句恐人傳

風（黃鶯兒）

暗度碧紗窗引輕羅透薄裳乍晴江燕隨飛
緩輕浮芰香微飄桂香漁舟偏送蘆花晚羡
文郎鵬程萬里直上五雲端

花

香氣逐和風逞芳菲簇綺叢上林富貴爭奇
勝露濃淚深風滋笑深歎聽影裏歌聲動羨
文君青雲有路親折一枝春

雪

萬里布彤雲舞天花體態輕須臾老盡江山
景松梢點瓊梅心破銀謾勞策蹇尋幽興更
堪稱玉堦閒步誤入碧虛空

月

碧水漫樓臺滿江山一鑑開簑衣穩卧扁舟

文城集 十五

窄銀河淨埃銀屏瑩白玉人多少無聊賴更
堪猜廣寒丹桂移向小窗栽

山家樂

山家樂最堪數試看春夏與秋冬歷遍四時
皆樂土人生白髮漸垂垂便當會結香山侶
有時或對楸枰彈有時或對焦尾鼓有時或
看網川圖有時或揭松菊譜有時杖履前山
阿有時壺榼鹿溪滸春風花草入座香好鳥
數聲愛日長青青芰荷堪製服南薰一榻傲
羲皇東籬秋菊呈佳色明月萬籟生微涼瓊
瑤老眼看豐兆更喜牆梅淺淡粧唫肩高聳
逸興發美酒數杯詩數章從今尋樂滿百歲
焉知天地兮茫茫

調酒泉子

綠樹春深燕語鶯啼聲斷續蕙風飄蕩入芳
叢惹殘紅　柳絲無力裊烟空金盞不辭須
滿酌海棠花下思朦朧醉香風

調摘得新

文城集 十六

摘得新摘得新枝枝葉葉春管絃兼美酒最
宜人平生都得幾十度展香茵

調更漏子

星斗稀鐘鼓歇簷外曉鶯殘月蘭露重柳風
斜滿庭堆落花虛閣倚上倚欄看還是去年
惆悵春又暮思無窮舊歡如夢中

調浣溪沙

綠樹藏鶯鶯正啼柳絲斜拂白銅鞮弄珠江
上草萋萋日莫欲歸何處客繡鞍驄馬一聲

嘶滿身蘭麝醉如泥

調

昨夜夜半枕上分明夢見語多時依舊桃花面頻低柳葉眉半羞還半喜欲去又依依覺來知是夢不勝悲

調此疑是天仙子變調

夜深歸來嘗酩酊扶入流蘇還未醒　熏熏酒氣麝蘭和驚睡覺笑呵呵長道人生能幾何

文城集　　七

雲鄉八景賦

自天地之開混沌兮遂列圖畫于山川慨人生無百歲之期兮胡不撫景以盤桓況今烟塵漂渺兮仕者罹殃又何丹墀兮白屋脫潁兮處囊茲羨九溪君卓見兮早棲幽谷而考盤遠壽瑩之東西南北兮皆四顧仙寵之茫然予凌烟而覽勝兮羽衣乘鶴而翩翩擊節扣絃而歌兮將歷狀其變遷并記其福慶之綿綿孤高猶立風霜愈堅巨幹勁節支住東南半壁之天百卉時發雲錦爛然噫人知石笋霞先也豈知為壽瑩之柢柱耶伯陽脩術百煉成丹地脈雖遠仙跡流芳烏陽呑吐相出沒於山麓之間噫人知金罍浴日也豈知為壽瑩之金杖耶天朝巨物肖形洞中天須臾一吼風雷自生麋鹿遠逐虎豹奔騰嗟吁象鼻其壽瑩之呼吸乎或擊或搏秋聲震空叅舒牙爪百鳥遁形洋洋牧野清明聿成吁嗟鷹岩其壽瑩之氣槩乎絲綸獨釣錦川

文城集　　六

之濱蘆花皎月釣鉤無尋太公海畔子陵臺竟相忘於尺網之鱗妙矣哉釣川涵白即壽瑩清白之遺風也遺世獨立遂以隱名碁枰一局詩酒一樽他何顧望所浮者青妙矣哉隱地浮青即壽瑩養高之遺範也旋繞紫雲戴之如蓋輝光掩映團團無外山巔上月儼若元燈八角之環另寶蓋團輝是可以識壽瑩之固結矣簾捲玉山畫屏春勝秀鍾多少四圍無盡百年申甫復昭松高之靈應玉屏

圜勝是可以識壽塋之保障矣八景咸具僻處雲鄉鳶飛魚躍樂吾性天大行何足羨窮居何足嘆由是而觀樵於八景則雲林青青斧聲丁丁石頭谷口鳴擔而歸咏也由是而觀耕於八景則禾麻翳緑麥稻分香朝卯暮壠踏歌而椎鼓也由是而觀釣於八景則孤竿明月短笛清風柳堤松岸得魚而供酒也生前九溪真地行仙哉既而樂事已盡大化復還安歸蓬島怡情景間晝則煦風麗日夜

文城集　十九

則走兔啼猿孰非八景中之故物又孰非九溪身後之盤旋嗚呼生死無不順壽塋之流澤於子孫者果何有紀極哉

贈裏山安山雙壽

古虞徐氏之宗甲於鄉邑其先丹峰翁起家進士官禄卿文聲政實至今訇訇人耳厥嗣裏山君自幼業儒家務殷委弗竟初志安山君嘗為庠弟子員平山君精墨法累遷春官大夫前烈用是益光今裏山君登八秩安山君登七秩而平山君亦週花甲有六矣琴瑟塤篪賡鳴倡和友于之性垂白彌堅室無私營内無間語荆花蘭愛何以加此某月某日裏山安山初度之辰二君晚年陶情詩酒徜徉於山林泉石間雖以禄大夫美於前禮大夫盛於後世故泊如也前以仁壽懋膺天寵烏紗峩峩錦袍采采童顔皓首挺挺乎碧梧蒼竹飄飄乎威鳳野鶴宜偕是壽而進於耄耋期頤哉平山君以雙壽並臻天倫勝事固慶

文城集　二十

其已往之天和而尤幸其將來之天瑞禱予為雙壽文予因序其槩而繫之辭俾壽筵開日羽衣蹁躚而歌之為壺觴侑其辭曰伊秋冬之月兮厥日可愛陽亨浸長兮方臨而泰松偃蹇而蒼翠兮實纍垂而掩菱柏昂藏而參天兮葉蓁蓁而色黛菊屯雲錦而火南山兮澄精神而未艾梅點瓊而送春兮香馥馥而遠來惟時二君兮壽域開天宇廓清兮無纖埃南極光騰兮燭九垓瑞氣氤氲兮藹春

臺二老秀眉兮映三台舃履雜遝兮門闌懸星極兮陳詩篇珠璣萬斛兮燦雲牋琳瑯千軸兮聯瑶編篚黃精兮壺丹泉放流奴兮籠胎仙脯玄鹿兮擊紅鮮蓺蘭麝兮雲鬌戲角觝兮雷轟鼉鼓逢逢兮廣樂洋洋插花起舞兮進霞觴籩豆靜嘉兮雜羣芳觥籌交錯兮紛冠裳再拜齊祝兮雙壽無疆北嶺之山兮峻而峭鹿溪之水兮清且秀山薦品物兮水釀酒年年此日兮為二君壽壽鄉無垠兮天

長地久

寵賚記

古虞禮大夫平仙徐公發述儒科馳聲翰苑繼司宬詔日侍腋庭君臣相遇亦奇矣厥弟刑大夫龍川公昔以疏抗執政者執政移怒於公終不獲解某年誣公不敬欲置之死幸荷聖明溥示庭杖編詆幾斃公素性豪邁有乃翁風雖歷久宦家務匪營寄樂溪濱怡情詩酒每談及廷杖輒欣欣焉人咸異之曰偉哉平山之度為弟受誣不惟弗愠之而且又喜之豈其樂成龍川之心歟予竊謂其不然蓋兄之於弟親親也私也臣之於君尊尊也公也心樂成乎弟而身負獲罪於君之嫌必非其中之所安者然則胡為而欣欣耶意者必有以致之矣一日出賞賚簿請予記為記見其常秩之外寵錫益蕃上可以擬宰輔下可以貫百僚宮花疊翠園錦漾池御果堆金瑞色鮮也醯醢下頒神休溥也醴茶面拜飲

德醉也賞燈元夜星洛燦也賜扇端陽仁風播也看芝青馥霞彩輝也覲兔洪應霜毛潔也濕暑頒衣雨露承也欒寒優服陽春回也龍舟隨泛賞釣續也禁樂宣聞太和啟也雨張龍蓋雷氣騰也夜徹金蓮祥光藹也洗粧覽勝蝀鬟奇也萬壽陳儀異香繞也公之談杖而喜夫乃在于茲乎曰然矣而天恩之浩蕩猶未盡也既而閱履歷又見其司廷試者六而多士由之以彙征播綸音者再而王命

由之以出納宴瓊林者五而宮袍由之以增采榮花誥者二而泉壤由之以生光則不特賚之厚而又任之隆矣公之談杖而喜無乃盡於茲乎曰然矣而天恩之浩蕩猶未異也及觀王子歲公以考察見詿未幾特旨留用夫黜之以考察主之以執政筆之以銓曹縱有高世之行軼衆之能亦且斂而山林矣而顧朝退外郊暮登禁室考察不得而例之執政不得而讐之銓曹不得而咻之於數百黜

文城集　二三

之中而猶示顯恩於天下此誠我朝未有之殊典也宜不為縉紳之所難哉故雖殞身亦不足以酬涓埃之報於萬一而況復全骸骨生還故里則自今以往之餘年又皆聖天子不盡之洪休矣蓋臣子報主之私固不以盛衰改節厚薄異心而恩踰骨月感深江河亦其情義之不容已者然則平山公之談廷杖而喜固其所宜而予謂不止樂成龍川之心者不由然耶若平山誠上不愧於君中不愧於父下不愧於弟矣是為記

簡平山

中翰古內史也直禁庭排金闥則又內史中之尤異者寵貫百僚恩先羣辟縉紳亦希遇哉今雖廷杖編氓而視昔考察特留之意惠亦足以當之矣況元惡歸田積奸遠戍則聖明至聰誰能掩之宣室召書行將有待予固洗耳以俟

平山門聯

文城集　二四

一點壯心百鍊愈堅丹石操四時和氣三難共樂太平春

挽平山

輝煌翰墨映瑶編台輔當年與後先九殿風雲三誥敕兩朝臺閣四經筵完名正擬開香社緣筆新驚赴玉宣仰止太平空入望不堪愁思對飛鳶

又

賓月樓前話同吟醉夕曛那知此日別遂作

百年分長劍揮孤月清才落片雲遥看飛隼逝孤野任成羣

祭平山文

嗚呼德節兩完先生之死固無憾而歸依無所人其可死先生哉先生抱磊落不羈之度負剛直不阿之風侃侃羽儀肫肫孝友宗族歸德鄉黨稱平上自搢紳章甫之士下及深山窮谷之夫一聞先生之疾作莫不愕然以鸞也俄聞先生之疾少愈又莫不欣然以喜

文城集　二五

也終知必不可起矣弔之不覺涕泗交頤也嗚呼何天道之罔知而使善人之遽殞耶抑虞邦氣運之厄而非徒關一身之存亡耶先生之垂紳而立朝也弘館蜚聲流香翰墨彤墀玉露黄閣清風優御賜於駢蕃隆特恩於顯赫所謂進而龍光乎國無忝褒章歟先生之完名而歸田也綠野長春黄花晩節杳山寄傲洛社追盟挽薄俗於旣漓振頹風於久習所謂退而珍重乎邦無愧鄉評歟況前之簪組蟬聯後之書香奕葉年雖未登於耄耋壽已將屆乎古稀則先生之殁亦可謂得正而全歸矣然予猶不忍先生之逝而恨天奪之速者蓋以泰山其頹高風孰仰梁木其壞大厦奚支君子之善無所與小人之心失所恃深爲扶世道者慨不止哭先生一人之私而已

贈龍川

長日書爲伴幽居寡送迎愁邊詩思苦閒裏

文城集　二六

夢魂清悟主非無術謀身斷可榮所安惟道在未敢負平生

簡龍川

仕途荆棘有踰絶險積久不振之勢一旦掃而更之避世之人亦足爲朝廷慶豈徒賀及朝野而已哉公自此名益重矣昔有以名重頌范公者而范公歎曰吾豈不欲無智名無勇功使天下陰受其福哉公之心猶是也然天下之顯名以彰而當世之奇勳有待則公

之大有為又不特一諫疏而已吾固諒公之心以期公之業

簡謝狷齋

風雲幻態日月孤懷謝世久矣然聞抗節直氣之士則亦未嘗不樂與之遊山林德休仰公有素而龍川公適以佳章開我茅塞不必親承尊教而可想見矣謹此先達倘偶會閒自當拱筆以待也不盡

簡朱見海

前東子偶值大變不敢輒應所請今草完上盛福之餘更自保惜以綿仁既是望是祈東子哀毀熒疚若罔休藉日與明子談及師生道義皇皇靡安凡在知己均宜憐恤執事以為何如

題椿萱並茂桂杏同榮圖

古虞三峯翁八秩有五偕老夫人八秩有三鄉之元壽也人有為行人君賀者曰壽本於天兼獲匪易而君之親咸登厥耄其得天壽之隆者乎文城子曰有壽而後無以繼之壽矣而未祺也太府公壽於行人君之貴祺乃有焉弘治三峯翁以戊午魁科壬戌魁甲國之耆舊也人又為行人君賀者曰爵卑於人濟美蹇艱而君之捷復居是歲其得人爵之之重光者乎文城子曰有爵而前無以享之爵矣而未樂也行人君爵於太府公之安樂乃有焉予所謂祺非徒以勢位言也壽膺於身而子貴於後則所以推太府公無疆之壽

以壽斯世斯民於不朽者當永觀其成矣予所謂樂亦非徒以勢位言也爵崇於已而祿養於親則所以充太府公未盡之澤以澤斯世斯民於無窮者當親炙其盛矣夫壽而祺天和將益以固爵而樂流慶將益以光然則太府公之壽豈特今之厥耄而行人君之爵又豈特前之候郡而已哉此之謂椿萱並茂此之謂桂杏同榮 重榮

示春文書院諸生

嗟夫人生天地間應酬交錯不知幾千萬皆取足於一身能必其盡如意哉不能盡如吾意而欲以不平之氣乘之事鮮不敗吾之性情心術亦緣是而遂乖此性情心術即天理聚會之處雖攻取百途而一隙之明未嘗不若日月之晦而復蘇者人將本來源頭認得真切遂乘此體念之地猛加擴充何事不可為程子之涵養須用敬周子之希聖希天凡以此耳後之學者惟伯安近之人見其良知

文城集 元

之說稍與朱子相反乃以偽指殊不知良知即朱子之尊德性而學問工夫未始不涵於內非欲人心如槁木死灰而已特其絕學之後遂將朱子之致知格物抵牾將大學一書變置古本故一旦駭人耳目況其功烈豐偉未必不投人之忌噫可惜也如以伯安良知惟自悟於方寸間致知工夫一毫無用力處後之功業豈一無聞見而乃能掀揭宇宙銘鼎太常哉惟不宜與朱子舛錯且當時朱陸同異之辨明儒論之詳矣茲欲求申一己之見人必將以詆象山者詆伯安若泰山人皆共仰而子小之奚可也耶後之人但當佩其良知之訓而不當泥其詆朱之迹則一心之中便覺塵翳盡脫而無纖芥遮蔽了涵養本源正在於此今人吾獨怪焉胷次不無窒礙竊理學之糠粃而附名於絕學之後揆其中竟不知靈臺作何氣象將本來源頭盡皆汚穢而事之卒然遇者又不無利心動於其間

文城集 三十

噫理學豈冒昧苟且者所能任乎吾以是知伯安之良知亦庶乎知道者矣諸子須以靜存時理會此心果能剗去蓁蕪不使內欺則日月之晦而復蘇者即此一隙之明也若徒剽竊章句媒青紫以為實學又豈子之所望於諸子者哉

復示春文書院諸生

昨涵養工夫已微示其旨而朱王之辨尚未極其詳姑與諸子再陳其略朱子曰致知在

格物伯安舛錯根苗正在於此伯安將物字認作吾心之物不然何說到正心誠意又說出外面去了且天下之物無盡藏必欲物物去格將皓首無得矣噫此正伯安之受病處天下之理雖皆在靈臺之內然必有啟其機而後瑩然明白物之散殊者正良知之用若徒靠這點靈苗發盡這許多道理必聖人纖翳無遮隔者方可常人若斑垢之鏡必痛加一番磨削斯能明白未有舍良知三十一之用而能文城集貫徹萬理之精者然物亦豈必盡格者要在即此例彼觸類引申夫子謂舉一隅不以三隅反則不復也何嘗教盡四隅只是一隅便要他通曉了此何用艱深議論其如所用之筆有各毫種種不同惟知毫之潤澤者可以為筆則毫便可盡識推之萬事萬物莫不皆然在外之聞見既有以為吾心之助良知機括自然萌動若必取足於良知是以聖人之事責常人然聖人亦多聞多見况是自聖人而

下者乎但要識得良知是真本源頭聞見是啟悟充拓處朱子將以致知格物放在誠正之後非自裏面說出外面此正是誠正以前根腳若不能預先格得理明忽失於不誠不正而自覺此言極有分曉初無礙於誠正烏可因此變易古本所以各立標榜而不相下也然要之伯安寔與朱子大無違礙只是將良知做箇話頭便有痕迹朱子將良知格物兩邊合將來伯安將格物看得輕三十二些觀其言文城集曰士大夫議我者曰舍良知二字更有甚說話予亦應之曰舍良知更有甚說話此正痕迹處其寔伯安未嘗無格物工夫觀其言曰人心靜時非如坐禪入定只為物欲牽擾將求收放心一段工夫耳夫謂心非坐禪入定則動時所格之物止於此際冥會安可說只是良知專之又曰吾與朱子不合非立異其同者未始不同也然則伯安何嘗盡牴朱子論者勿以朱王之辨為肩矛之不相入也但

伯安資質過人遂執定不改易耳且如父子之孝凡有良知者誰不知若格得到舜之事瞽瞍孝親之心愈覺勃然不可遏倘弗能格物又為私欲遮蔽一念孝親良知或少减一二分未可必也即孝之一理以觀百行萬善無不如此朱子之格物又安可認在心内而伯安之良知又焉可因其格物之説而遂少之哉此朱王同異之辨也予獨惜伯安知行之説看得太高彼謂行之至然後知之盡譬

文城集 三三

之到某處方知得到某處詳細殊不知要到某處路途定用識得若該向東而直趨之西隨步行去焉能到得彼地其不或於他歧者罕矣姑即彼之博學一段來説夫以博學審問慎思明辨為不可屬知篤行為不可屬行此固知行合一之理若必指定行在知先豈於所學所問所思所辨者已能見之行而後去博之審之慎之明之哉但當云知得到然後行得到行得到愈見其知得到斯於先後合一之旨無妨伯安將自己理會所以看得過於高而不自知予固因良知之論而并及學之者亦勿以其過高之見而遂泯其一貫之旨云

別春文書院諸生

涵養致知已無他説諸子體之終身聖賢事業只在於是予最愛名山勝川故偶遊至此又不覺烏兎幾變遷矣諸子朝夕將鄙言置之座几時加修省自有進益程子曰為學須

文城集 三四

用知有着力處又當知有得力處諸子將予言體而驗之即可見予今往遊他山川也矣昔至雲南之桃李鄉止寄跡半日後至福建之梅雲軒亦不過十日拙筆鄙作初未嘗多示今可謂不留底藴了諸子其勗之

晚春與諸生登山

單袷初成花意闌漫尋曲徑側輕冠閒雲流水情無盡野鳥遊絲日已殘詩到名山偏句好道逢知己覺心安吟歸忽憶春將老踏碎

香泥帶屐看

留別諸子

碧水丹山久駐驂俄驚歲月已過三常疑耳命還心授忽訝神交又面談千古綱常容我任一生事業付君担臨風莫嘆雲車北吾道從今已屬南

又

久止飛輪未偶然春風留款杏壇賢存亡長抱憂時志俯仰難忘濟世權聖學千年無異文城集 三五 訣恕忠兩字是真傳倉忙不盡溪頭別劍水衡雲月正圓

書堂勉諸子 秋試

龍虎交爭日風雲際會時青霄跨獸步端的是男兒

聞龍川欲見以詩邀之

聞公積敬已多時愧我疏才力不支新月一鈎風氣細好移玉步和新詩

留別龍川

獸憐聖學久生榛悟道如公有幾人已重百年清譽望更期千古妙經綸藏真且抱長吟膝濟溺終歸舊釣濱好自安排調化手會看草木慶長春

門聯 南州世澤家聲舊 北嶺閒居景物新

示諸子

人謂三年成舉子非謂曠三年而可成也人生於世能必其無曠時哉要當於多事中省文城集 三六 事以加功耳

諸子內有妻病幾危者又有妻生一子者病危者反生而得子者反故嘆曰

傷哉鼓盆也幸哉弄璋也一轉禍而為福一遇吉而化凶人事之參商有如此

翁別久諸子作歌奉請駕臨援筆以和

時維二月春雷生乘龍跨鶴來管城神交盡在 杳裏何用區區問隱名醉歌酒底沉明月混混江河流不竭俯仰包籠天地噲敢謂

陽春難白雪搦管雲行信手揮縱橫鉄騎陳合肥筆端寫出龍蛇種常恐風雷呼吸飛古人欲書酒一斗思通神化無生有予詩亦是酒中來醉逐銀河遶天走

答平山龍川

文城文城幸遇知己月白風清道心一洗而今而後形迹何泥

題小庄景

小小書齋景致新殘燈數點隔溪林黃花堆

文城集 三七

錦八九片幽鳥調絃三兩聲風度竹窗清夢醒月移松榻好懷傾有時共吐胸中繡豪筆縱橫鬼戰驚

癸亥元旦有感示諸生

新春今日是撫景惹詩魔一歲又如昨百年能幾何壯心經過少黑髮變來多勛業乘時見燕山石未磨

發釣臺

臺以釣為名如何無釣客番疑溪水流色應羊裘白

登錬丹石

常聞錬丹名石果方如硯我有匪石心寸丹不須錬

登檀燕山

昔傳檀燕聞絲竹兩過無聞絲竹清應是神仙滿溪地近來絲竹化書聲

草

冰雪凍不死輪蹄過又新青青遍天下愁殺

文城集 三八

把鋤人

會稽傳映割股救父士君子作詩美之陶生後梧館於斯因代為求翁作問答篇以與焉

客有某子過而問於予曰身體髮膚受之父母不敢毀傷古之孝乎曰孝無古也曰吾邑傳映割股救父似非不敢毀傷者比而士夫揚其美邑伯扁其門豈非今之孝哉安謂孝無古也曰是不然求孝於真偽未漓之始必

當以保身處其常求孝於真僞既淆之後亦可以毁傷處其變況傷其股而卒全其親則忍於其身者正不忍於其父也然則斯人亦賢矣哉予素不識傅映爲何如姑因陶子之求而答其問

割股辯

割股救原非中道此子之所以不盡與傅映也而議者以臣死君難並言過矣蓋君難而臣死君心聞之必樂割股以事親吾不知親

文城集 三九

心聞之亦樂乎否且父之於子一體而分食子之股是食己之肉矣焉有食人之肉以充己之腹者哉況股非真回生之藥石又焉必其疾之果愈耶使親不知而萬一食其股瘳其疾子之心猶得以自安倘親未食而覺能不見之而驚乎驚矣能不因之而篤乎見而驚驚而篤是我速親於死也又焉可以臣死君難例觀而疑我之不盡與

太平晴雪

飛寒玉肩凍雲連色際晴空入望妍豈是冰山消未得太平留此報豐年

秋日登石筍

偶來攀絶巖樵徑記還迷紅葉半酣樹黄花亂撲泥一天雲氣冷萬壑水聲低無限登高意山城草正萋

遊石筍不盡興而還出以哂諸子

落葉秋容淡晴空曉氣微青山面溪立閒鳥背人飛勝地不常有幽期已久違既多遊玩

文城集 四十

與何事早旋歸

翁援筆大書旁有見其墨法之精者喜而言曰祕圖字與此體相類翁問曰祕圖何人斯遂書以哂之

昔武侯列八陣圖于長坂有一士欲以術售於時不知其爲武侯也過而見陣曰此人亦頗知陣法武侯笑曰子非諸葛安能知陣法士慙而退呵呵何以異此

醉筆偶題

弄月嘲風閒中樂傍花隨柳醉裏詩神文城
文城其與白雲無心而空今古天下於眼底
者乎

白燕

長日飛飛愛晚晴水晶簾畔未分明來頻舊
巷頭渾白舞換新衣羽最輕掠地恐迷瑶草
色款簷疑隨玉釵聲冰肌未許青泥涴浪說
華胥夢裏情

早秋

文城集 四十一
誰道天工造化慳幾番霖雨洗塵寰青蠅不
識時光變猶自營營几席間

偶題

天淨雲自還夜深氣偏爽四壁寂無人只聞
流水響

又

沙平溪影靜風細樹聲清坐久幽襟愜空山
待月明

新春偶題

舊綠扶新綠深紅襯淺紅鶯聲與人話只隔
野橋東
夜靜羣籟息林深影婆娑明月入我懷浩然
一昔歌
遠樹荒城入望新春來煙雨滿江津相逢盡
道風濤惡猶有中流鼓枻人
文城集 四十二
老翁踪跡寄滄洲取適漁竿倦即收日暮傍
歌叢樹底誤將溪響亂馴鷗
冰簟高眠暑未殘隔簾花影夜初闌不須更
拂蒲葵扇已有清風來廣寒

偶題

一從飛舄下天台歲序曾經幾度催有意名
山留我住無窮活水送詩來中天日月孤心
在萬古文章兩眼開明日正逢詩社約欲尋

仙侶上沙臺

訪閑

欲訪修真者，亂山無路去杖藜隨步行却遇雲深處

惜春

忽驚春色去誰家幾向仙源認路差山鳥不知春已盡也來洞口覓桃花

又

纔見春來春又歸綠陰深處覺紅稀落花砌

文城集 四三

粉飄香雨新燕啣泥點舊扉釀酒且須隨意醉道心何惜與時違溪流自解予行樂常送沙鷗上釣磯

尋山偶入廢寺

日日尋山岐路迷隔林野寺照晴溪石床花鎖禪門寂竹徑苔沾跡印低屋破雲穿僧伴卧堂虛月入鳥同棲詩來幾度無人和壁染輕塵帶墨題

春日偶題

鳥送春風細歌生沂水香千年吾道樂誰識點之狂

又

倦來罷釣抱沙眠歌徹春風沂水天好鳥一聲樹底啄殘花片帶流泉

題扇面景

渺渺雲山水咽聲野無人渡半舟横茅簷着我詩翁在成就溪水一味清

早朝

文城集 四四

一派笙歌出上方羣仙擁護肅鵷行霓旌絳節隨風緩舞鳳飛鸞帶月忙玉珮聲傳雲漢迥羽衣身遠御真香孤臣何幸叨天寵讀罷離騷憶舊章

訪詩侶不過

扶杖尋真出翠池柴扉靜起坐多時上簷春信催花老倒耳泉聲落澗遲凍鳥穿雲藏曲徑寒梅帶雪戀殘枝分明一派天然景却共誰人收入詩

詠雪

昨夜冰花亂舞空，剪裁六出費神工。山河萬里須臾合，天地移時上下同。孤艇衝寒迷遠釣，早梅破臘透香風。興來杖策西郊外，盡入詩人指點中。

觀梅

僻愛清香迴出塵，閑來覓句探梅頻。水橫疏影痕還淺，蕋護輕寒色自新。夢冷黎雲三弄曲，詩涵冰雪一溪春。貞心索問誰相共，剩有

四十五

文城集

松筠伴故人。

對菊

愛爾漸成僻，移來近竹扉。節仍今月是，花已去年非。色向秋霜老，香生曉露微。幽姿撩俗況，相對自依依。

唫秋

秋色向人好，寒林蟬亂號。碎砧敲月落，孤雁叫雲高。冷豔迷花陣，清霜點鬢毫。悠悠良夜靜，有酒不須邀。

又

金風掃清夜，蟋蟀吟空堂。亂舞葉辭樹，驚飛鳥帶霜。道心和月白，叢菊雜詩香。回首江陵望，應知露正瀼。

雷別駕求甘露詩 雷通府諱鳴陽，家有三節柏，山其號也。

柏舟甘自誓，匪石此心長。節義三秋老，綱常萬古香。祥符應甘露，賢孝感鳴陽。吳地多餘潤，零零水未央。

晚春遇雪

四十六

文城集

三月今將盡，韶華又一新。雪飛猶帶臘，寒意尚欺春。辦碎花枝瘦，喉慳鳥舌湮。單衣誰復試，空憶詠歸人。

題雪

誰把冰盤撤玉臺，聲傳黃竹動悲哀。箇中添得詩人趣，半樹瓊花半樹梅。

壬戌初春

一別春文昔復今，春花秋月兩情深。安排一句中冷水，寫我今來見道心。

題菊

奕葉輝輝竹徑旁陶家景物佔秋光幽香自有風霜操不與羣花競豔陽

寫懷

生死何足論綱常須自盡君臣萬古心一念休錯認

自道

小架琴書幽客趣　草堂清白野人心
道義敢希千古譽　綱常聊寄一時心 四七
文城集

自述

古來節義誰無死惟有孤門死更多我死不妨閑草木綱常萬古待如何

癸亥元宵遇雪有感

去歲元宵燈避雪今歲元宵雪掩燈也不是元宵有意藏春巧都只為天上人間未可憑那曾見紅灼灼平地上芳蓮瓣湧那曾見錦簇簇半空中火樹飛升那曾見活潑潑金鰲出現那曾見舞飄飄彩鳳飛騰那曾見碧溶溶千門皓月搖朱幌那曾見輕拂拂萬户香風度玉繩那曾見寶重重粧臘尋雲母塔那曾見光瑩瑩擺幾座水晶棚那曾見韻螽螽六街迓鼓敲長樂那曾見聲隱隱九陌歌中鬧武陵止留下白茫茫數片飛來雪空結住冷颼颼雨載未消冰若使果是瓊瑤也縱元宵寂寞亦堪稱哀也麽矜只落得人世上添了雨度元宵愁越增

送允滈秋試 鳳山辛酉棘竇今歷甲子又藏修三年矣進當不可 四八
文城集 量用龍川韻以送之

上林秋色特分明喜爾携書入錦城萬里雲鵬看獨奮高岡彩鳳聽和鳴薇垣雨露新時寵桂省文章舊日盟翹首燕臺春正好片帆擬餞月中行

贈允滈登第初回

太阿百鍊藏精鋭出匣俄驚霜刃寒笑望東山渾折後光騰南斗喜弹冠文章已入清時選勛業還期後日看細剪燭花論往事不知

簾外月將殘

送允滈北上

孤蓬帶月滿耳棹歌匹馬嘶風盈眸野趣酒旗半捲漁唱輕聞梅破曉霜草留殘照相携知己共賞芳時暇則劇論高談倦則縱唫暢飲仰觀俯察靜會默思收山川絶勝之雄收圖為心胷無窮之生意天機既啟真境自起若彼章句之拘拘終難筆端之了了

評淵明圖

文城集　四九

盤桓之狀更難於孤松惜不以松菊而以松竹有失賦意

詠菊

桃園花木競芳菲開到秋初半已非只有東籬雲錦爛清風晚節吐奇輝

鳳山望平二子問曰俗傳人死當見閻羅王㦯善㦯惡賞罰甚明有諸文城子荅曰明有官司所以懲奸也然作惡而脫踈網者故又以冥府治之使善惡無不報此之必有無足㦯者何世之人以此為虛說此不過惡心除又欲脫踈網於明者脫之於幽耳其立言之意固可見矣胡明理君子亦反為之㦯耶可嘆可嘆予適因二子問及故隨以口號荅之亦以解世之愚惜也

幽明本一理何必問其詳善惡生前見刑威死後彰酆都愁莫限金殿慶無疆分付諸君子須將方寸量

文城集　五十

趙子洪範請翁既至示諸子曰予素性不履城郭偶值重九諸詩侶邀我登高於廬山故乘新月過此況諸子皆相知以心又安知城郭之不如溪山乎適聞蛩鳴賦以絶句

素性無緣城郭來偶乘新月下天台寒蛩織得衣多少分付詩人仔細裁

南野怡情

惟南其野主人怡情我誦我讀我歌我耕方

其未聘也桑麻翳緑松菊澄清芒鞋竹杖大
帶角巾豈其聞畎畝之風而為聖世之逸民
歟及其既聘也邊陲懋績弦歌頌聲煌煌冠
蓋堂堂縉紳豈其聞皤然之風而為太平之
清臣歟嗚呼或出或處古人式承或憂或樂
今時典刑主人為誰有莘趙君

湖口令趙君墓志銘

嘉靖庚申年夏六月江西湖口縣知縣趙君
卒明年辛酉歲之秋九月子洪範卜葬于官
文城集 五二
務嶺之原　內閣禮部主客司郎中應豐徐
君與君連姻知君最切具狀乞予銘按狀君
諱莘字元聘號南野其先宋室之裔十二世
祖抑舉進士為郎靖康丁未扈蹕南渡遂家
上虞曾大父慎大父琢俱抱隱德琢生三子
長禮生君次祐庠生祐早卒無子君承祐後
事繼母甚孝待姑姊宛若同胞而叔母鍾氏
亦忘其不為己出君生有異質爽邁倜儻甫
冠補庠生博學為時推重屢試不偶時論惜
之尋援例遊國學嘉靖戊戌銓選遼左經歷
以絶塞難與母俱惟分俸養親郡伯篤齋湯
公邑侯虛亭鄭公皆以節孝扁其門庚子遼
軍內叛君詣帥府籌畫隨即勦滅遼左烽火
之地屢年胡馬揉踐而民獲安堵以君措置
調集之功居多既而滿秩擢知湖口縣事君
下車以廉平公勤自持職掌催科心存撫字
湖口西連彭蠡南接大江號為賊藪聚衆山
林出没無定君緝捕有方遂臻靖嘉又以賊
文城集 五三
多乘舟為利欲止賊而不先之以舟是欲遏
其流而不清其源也乃編號粉其尾於舟賊
始遁迹民至今稱便是歲又值大飢君白當
道發倉廪賑恤路始逸餓莩越歲大稔民皆
歌舞君曰富而不教守令將安用之乃捐俸
資輯理大成殿明倫堂聿新文教故自乙未
廢奎璧者幾二十年而壬子中式者二復中禮闈
駸駸乎一時稱盛至是而君之教養益彰矣
其他惜民脂膏未易吏僕數當道獎嘉者累

累君初至湖口治之側有淵明石室每訪其遺踪踰年君果以不便於民者解政去人始知君之訪淵明有由然也君歸承歡之暇植菊數本於南城庄畔效五柳之盤桓日遊棋酒足不履城市家之豐蔑如也内剛外和雖髫童交接未嘗不以禮其於祖宗之失祀者置田以永其祀於不衰祖墳之失所者壟土闢莽以崇之母喪尤盡哀毁每鄉飲酒輒虚席以待庚申正月始以大賓應請及君疾甚 五三

文城集

惟對寡妙流涕其於男婦但云吾不及見一孫為憾耳至於死生漠然無所動正衣冠而斃蓋其素養者純故志氣精明而不潰耗如此君享年六十有一配成孺人允執婦道子男一即洪範邑庠生足世其家娶平山君之次女女一適學正南石君之次子希濂庠生即平山君之從弟也君其可以瞑目九泉哉

銘曰人之大節曰孝與忠箕裘之業循良之風人之全福曰始與終卯酉之正聲聞之隆民牧是司爵不為小下壽已踰年不為殀勇流急退仕途見少洛社香山閭里是表敝芾甘棠湖山之陽君之全美益遠益芳貽謀燕翼信義之坊君之後嗣必熾必昌君墓既封洛爾山靈是護是守君墓既銘惟兹雲根不磨不朽日居月諸天長地久

丹峰先生詩序

嗚呼詩豈易言哉才得於天而氣者人之所養氣昌而大則詩文雄偉豪邁步歎雖有才 五四

文城集

亦將底滯況非才之縱者乎古虞丹峰徐翁自幼非聖不師非理不窮然值早窘使中少餒才將以氣必室家無旦夕儲而磊落襟懷吟詠自若卒之由乙丑進士累遷禄卿故素所養者愈高俯仰古今時得於唫篆筆高輝香墨淋漓放縱横貫出入晉魏飽酣漢秦時遇興逸頃刻累數百言自人觀之莫不為江山助豈知天才不羈而又宦遊四方志在登覽得江山之助多其親所履歷則萃律澎湃

之狀之聲耳濡目染攬結其秀色飽觀而飫聽心於景會景於神融神於識故造詣日益深入於達而不知自知司馬子長是也倘以是傑作而子長復起與丹峰翁並騁藝苑接踵墨莊則所作森列又奚止是此其氣完然無所文而其文粹然暢然之可傳媿予蠡勺之見不能測其津涯但觀其稿想見其人自嘆詠不忍釋手直欲礱穹碑巨碣大書深刻於岱宗滄海之濱之崖以貽其曠逸并彰其名

文城集 五五

山大川之助使世之人知詩皆自養氣中來如司馬子長也翁諱子熙其豐功偉烈出於文辭之外者又非予之所能悉厥嗣平山公官春卿大夫日侍清禁又為我翁文獻之徵因并記之

陳里說

陳生里名仁甫字蓋取擇處里仁之義也歟志美哉但不知果能擇所處否也夫仁者該百行兼萬善以為言也存之於性則為仁發之於倫則為父子而君臣之義夫婦之別長幼之序朋友之信無不統會於斯是故擇而處之者謂其精察力行之耳於君臣之倫而擇之以仁則必知君臣之分不可少有所逃而仁之泰然者行於義之中矣夫夫婦之倫

文城集 五十六

而擇之以仁則必知夫婦之情不可少有所間而仁之藹然者行於別之中矣於長幼之倫而擇之以仁則必知長幼之節不可少有所紊而仁之截然者行於序之中矣於朋友之倫而擇之以仁則必知朋友之合不可少有所苟而仁之肫然者行於信之中矣是仁也貫徹於君臣夫婦長幼朋友也豈特屬之父子而已哉是君臣夫婦長幼朋友也通乎天下者又豈特在於里而已哉然婚匹人道

之始而閨門尤萬化之原則擇之不可不先
者故易曰有夫婦然後有父子有父子然後
有君臣有君臣然後有上下今子之身尊焉
者能無君乎先焉者能無長乎等焉者能無
朋友乎於夫婦父子之間不知所以察之精
而擇處焉尚何有於君臣長幼朋友哉五倫
既不能以無虧又何取於擇處里仁哉顧名
思義子於平旦時必有惕焉不容自安者子
因子之懇求故為之說使子之心自省

文城集　五十七

弟子陳里端肅頓首百拜啓上
尊師文城夫子　道駕下　生於管氏事甚
為衆議之所不與以衆議而觀之生宜喑啞
愧死矣然猶强顔自信者則曰有天在也昨
傳　尊師餘論頗與衆議者合然則天果有
不明與夫管氏之惡極矣歸陳以來無日不
與先母作孽平居反脣毆駡此亦尋常悉從
姑置至其被出之前一月先母之病革矣一
兒一婦親姑在床此其情宜何如而彼曾不
一侍左右一問飲食恣肆兇逆且益甚焉一
日分羹以為不足欲也遂并其器而碎之一
日以言有辨少拂其意遂舉凳擲至床前使
我母含忿嗚咽無可奈何其不至乎刃吾親
者幾希矣當時出之蓋將以少慰吾母之心
以為庶幾緣是而其病得稍安焉耳不然垂
歿之際乃汲汲焉舉其純孝之婦而逐之猶
為有人心乎夫生孤子也先母之所恃惟生
而生之所恃惟母兩口相依情無他屬是以

文城集　五十八

生雖成人踰冠而先母之所以撫養顧復者
不啻如嬰兒然生亦忘其年之已長而朝夕
歡呼猶戀戀不忘嬰兒態也祇今聞人有呼
其母則心未嘗不惕然為動追而思之未嘗
不怳然有失非有所强也嬰兒之態固然也
然則管氏之於我母何如者終天之恨没齒
之怨第恨不能食其肉又何有於出乎人之
議者皆曰當時以曖昧出也今其守志八年
事既白矣吁曖昧何足以重管氏之罪哉以

曖昧加之是斬關之盜而責以穿窬也非其情矣生固未嘗以是一對人言而人則惟是之傳者蓋當時偶有是語管氏聞之以為此事尋之則無迹言之則人未必信故紛紛藉藉借以自文而衆口閧然遂成虎市乃以生為槁木死灰為薄倖信讒以管氏為純懿貞良為無辜被屈吁亦可痛矣今夫癰疽附背日從內潰不得已謀所以決之其決之也拚死者十而九矣非樂之也途之人見其一決

文城集　五十九

而受瘉乃羣然而尤之不特病者且并及其一家焉不知病者之情固有甚苦家之人靦其形而不忍坐視是以從而與謀之又焉顧其疽之不可去且至於危以死也吁嗟難言哉議者又曰管氏之出信有罪矣然而克守厥子備嘗艱難亦足憐也胡而嫉之之深不知此在他人則可而生則誠有不可者今有盜馬殺人父而奪之金一日敗露遂創艾自立彼其行誠足多矣自他人而觀亦宜矜而進之矣然必欲使被害之子忘父而與之交則其子者其忍安之乎此生所以甘冒非笑而死之不悔者也竊怪世之人畧不加察而附和其聲一則曰夫婦人倫之首二則曰夫婦人倫之首視夫之有婦若以為尊於君而嚴於父者然其出之也猶之犯背逆蹈篡殺呶呶然協而攻之然則謂其為人倫之首也遂可縱使失道雖至於極惡大罪而莫為之所已乎誠生之所未解矣昔匡章通國皆稱

文城集　六十

不孝而孟子獨察之曰夫章子豈不欲有夫妻子母之屬哉生之情蓋亦章子之情故即斯言也可以諒生矣區區此情與他人言之未必見信而　尊師則天也冥冥之中當必有以鑒觀之使生言果誣是謂欺天欺天則降之罰無憾矣

答里書

夫婦之際人所難處也觀子自訴管氏之罪若出於情之必不可宥法之必不可赦雖碎

身而醢其肉亦不足以雪其恨於泉壤間者似為孝子之用心矣但情有可通君子不任情以廢德法有可恕君子不任法以加刑而委曲以行其孝又君子之所以通其變於不窮者子且即子之訴而開子之愚焉夫管氏賦性强悍平日奉姑不能承顔順志又從而犯之難必其盡無至如器碎於分羹凳擲於拂意審有之罪果彰矣然而管氏何敢至於此哉平日所以釀成之者子不能以辭其責

也既已釀成欲加離異正宜執此以揚其無良出之可也胡為久延惑於邪議而冐言於曖昧乎子謂當時偶有是語茲何事也而可以偶語哉子之心於出之之初以為曖昧足以重管氏之罪矣及其事皆瓦裂恐無稽之言不足以服衆論然後諱言而止曰偶語以文其説何其適乎雖然木必自朽也而後蟲生之舟必自破也而後水入之天下烏有賢婦而被逐於其夫者茲固不足道今乃守節

八年清心無玷育子八歲撫養已成是豈曖昧者所能為耶絶望良人困居庄屋吾意前愆似可少蓋而人情大有可矜者子不惟弗矜之且鳴之官欲置之必死是猶積火於薪而開其熖也今有二人一為竊盜一懼法而不敢為及事敗訟成責其懼法者不為盜而欲重之以刑豈理也哉子謂備嘗艱難亦可憐憫之女語在他人則可在己則不可引殺父奪金者以為例此正不可以例言也夫

殺其父而奪之金不惟被害之子與之相讐而凡民罔不譈縱使敗露之後能自創艾人亦鮮有矜而進之者而况忍於殺人者之終不能創艾乎據子之説毋病已久非病於碎器也非病於擲凳也特其剛悍之性不能寛姑之心以重其怒耳豈果於殺父者之可比耶前逐夫而後復逼於其繼母饑寒相仍困苦萬狀孤燈清夜幼子伶仃回視左右一無可倚則彼之創艾已深而子之示罰亦甚矣

夫逐而不能守守而未至於八年八年而無此子雖永絶之心自矢無二人固不得而疵於子也今有是焉聞之者誰不為之寒心哉子若謂母死而歸遽相安焉非所以言孝吾恐子之母或不死或死而可以回其生亦將愛其子以及其婦婦不在八年之外矣然則今日之歸固出於官司之明斷亦未必非母之心也何至於槁死不遺益重武怒而使其一無所容耶夫母子一而已矣子之逐婦以

安母則為汝之子者獨不思所以安其母乎奈之何利其子以棄其母也昔武帝之乳母獲罪不赦臨刑覓救於方朔方朔曰無能為也汝臨刑時試數回視或可以動上之心如其言朔言於上前曰汝就刑則已何顧之有帝豈念汝乳哺之恩耶帝悲咽令赦之今管氏固非良婦也而八年育子之恩獨不可以當乳母之赦哉且子自謂憐憫之語在他人則可是汝之心未嘗以此婦為全不可也於是惕然思幡然悟告之於母廟曰某非敢私婦也録其子以貽其養也告之於戚友亦曰某非敢私婦也録其子以貽養也善則和之以顔否則蓄之以惠使彼懲創其舊而改圖其新愛屋及烏有不得不然者如是則得於聞見者必將曰管氏之始而出非某之忍也彼有以召其釁也管氏之今而歸非某之悔也彼有以育其子也汝之心不盡白於鄉國矣乎顧迷亂自執恬不知省夫推汝立訟之

本心使管氏終其身不敢一日居其庄屋者今正室之居已喻旬月而新時之愛又旋車言邁矣天下事可為其甚拂者耶吾謂此時正宜二女同居和平家室不宜日為桑林之私約而已也大抵人情於管氏之苦節與夫既歸之謹嚴已悲其心而忘其始之不善矣今子復甚其為且夜棲於林若鳥之失羣而無所歸者則人又將以其利敗於始者而利敗於終也途人之心夫豈德於管而故讐

於子哉管之賢愈彰子之薄愈顯皆自取之而顧怪衆人謂夫婦人倫之首過矣嗟夫事之在世一人可之九人從而否之則是者未必是況是以鄉國而無一人之可乎衆人之心舉以為然亦可以挽未回之天況天心與人心相合而無間乎圖患於未然子當知所亟反矣天地鬼神鑒臨在上至公至明無忍無德者也使管之惡果為神所共憤則八年沮抑之中雖百管氏亦可死矣使管氏之行

文城集　六五

果不足以見恤於幽則俟其子之長泣隨於其父涕告於其人緩為歸陳之計亦未晚也胡能以無聊之婦觸不測之威不先不後而若有陰為之暴其節者也孟子曰天下之言性也則故而已矣觀天之心亦於其故而觀之可也子末以章子自處深為未然蓋章子得罪於父出妻屏子終身不養正所以痛刻自責也子之居喪得無日娛棊酒矣乎得無違遊失祭矣乎且釋服未幾而新闈又結章

子自責之道固如是哉夫於事姑則厚責以婦道之全於事毋則未盡乎子道之大使管氏亦能操弄筆墨數其短而尤之子將奈何然則管氏固非純懿貞良之婦而亦不失為若節之貞也汝固非悖逆不道之子而亦未得乎純孝之至也烏可責人而忘自責也哉不斷乃心悉從謗口已難自解於人矣至又以廱疽設喻而并及其家以為諱焉何愚之一至於此子之疾非廱疽也特癬疥耳家之人

文城集　六六

惡癬疥而必欲投之至毒者以攻其原子亦從而惡之而飲其毒一旦受疲則指之為癬疥之害豈知不在癬疥而在於毒之內攻其所以致其毒之內攻者又在於家之人哉甚矣子之愚也甚矣子之愚也因箴之曰昭昭在上禍福靡常方懋厥善降之以祥不悛厥惡降之以殃爾其趨祥毋蹈乃殃

勉允淳

方今　聖天子進直退姦尊賢禮士羣策畢舉百職允脩雖謟媚積久成風未能盡掃而朝廷因時更化以次漸新鼠竊狗偷縱爾權門之倖倖蠅妖狐媚難逃清議之昭昭況士人進門之階正君子立節之始文章高北斗終來二鳥一飽之譏勛業重南宮竟貽詭遇獲禽之誚欣逢盛世忍負初心幸際明時可灰壯志立中流之砥柱必須獸處時研幾挽

文城集　六七

既倒之狂瀾只在念頭上着力從事俊傑何曾於學之外別有一般出仕的功名夫自古聖賢不出那仕之中自有一般為學的道理報君報國要辨公私立德立功當嚴誠偽今子之致別不以迹而以心故我之贈不以褒而以戒予之拳拳不止榮身而已要當自此立得根脚定後來始有絕大的事功若一念少差終身受玷予於文墨之暇細加體察斯無負於文城子之子弟云

兩峯翁雙壽

綵雲繚繞雙鶴翩躚錦服班衣共舞瑶臺之日芝田蘭玉爭傳西海之觴仰令子之令名必須義方之訓開春風之綺席咸誇重慶之仙允矣樂哉洵可奇也

簡五橋公

嗟今宦海波濤屢作一人積惡天下成風昔人謂不有隨波而靡焉得中流之砥柱不有觸熱而焦然焉得烈火之真金然徒恃此而

文城集　六八

潔潔焉皜皜焉則積衰之勢其誰支之故予謂中流砥柱烈火真金固足以使天下陰受其福於一時而植砥柱於中流未定之先藏其真金於烈火未貫之始亦可以使天下明受其福於一世況今元惡去輔惡除清明於朝謳歌於野則用世者益得以大展騏驥畢盡心力行將司台鼎居密勿又豈特東蜀一方之寄而已公將有遠行予固書此以拭目調理之政

送龍川赴　召北上

聖主當陽萬化熙普天共切帝臣思班生遥羨登仙日唐介重還諫掖時玉殿　龍飛春蕩蕩丹山鳳起日遲遲廿年畎畝經綸熟細檢封章對仗儀

又

抗草當年入禁鑾奸雄落魄膽生寒由來下榻聞徐孺未許東山卧謝安耿耿葵心傾日老迢迢帆影傍雲看東南民力多憔悴此去

六十九

文城集

須教税斂寬

奉朱三峯

滚滚輪蹄走俗塵誰將正道剗荆榛静觀孔孟閒中趣高卧羲皇世上人壽筭定知同海鶴勛名應擬紹祥麟萬年天子思弘濟醉傍東山有老臣

春雨惜花和龍川韻

春來花正好風雨起無常色淡蜂遊少香微蝶信寬不妨唐禮樂自合晋衣冠興到吾忘我狂歌意自安

聞元老喜而有作 元老徐存齋翁

相業旁觀今古餘唐之狄也大明徐孤忠未及周家政塵迹猶同張子居鎮俗雅宜先帝日回天端識嗣皇初勛名並入梁公傳史筆從教仔細看

春夜聞蛙

春來科斗盡成蛙清濁無分閙晚衙鼓吹真堪當兩部公私何必問官家驟聞聲雜池邊

七十

文城集

雨細聽身潛草上沙村社已占豐歲兆亂鳴野館月光斜

贈趙麟陽侍御赴　召北上

聖主中興赫赫名争呼徵召下神京柏臺舊識冰霜面天府新誇藻鑑名影射神羊狐媚泣技明屈軼佞魂驚九重側席應知久玉燭遥看保太平

贈雨峯翁朋壽時令子聞　召

重慶堂前南極照葱蘢瑞氣接蓬萊班衣正

子千年哲射策公孫萬古羞荒草馬嘶霜滿地別筵人散月當樓三春征雁南來日報道蓬瀛第幾洲

又

小艇橫寒野渡深隔江雲影作晴陰滄溟萬里難成別獨對孤檠發浩唫

慰允淳

忽聞有美下燕臺萬斛離愁一笑開挾策漢庭嗟未偶看花唐觀擬重來寒燈且了溪山

文城集 七三

債　聖世須培廊廟才半榻清風依舊好不妨雲錦為君裁

慰養元

枯梅寂寂含餘凍獨自凌寒傍水濱一夜香風輕透也百花誰敢度先春

送養元赴試

昔年送客始超羣此日高歌又送君幾載踈籬對燈火三秋深棘起風雲龍駒未盡羈槽櫪寶劍應看煥斗文況值明時新　聖主上試中庭舞丹詔俄驚上國來人對雙峰春自永門迎合水晝長開年年碧自呈　色笑傍祥雲歌有臺

送允淳入試南宮

曉日初紅湛露稀小亭送客上京畿鳳池深鎖春無價洛浦長開花正肥五色雲英霏玉管九重霞彩炫朱衣蓬萊咫尺通人世好倩東風步紫薇

又

文城集 七二

幾年泉石追隨意一曲驪歌不忍離烟雨漫憐江上棹愁懷且盡菊中卮匡時定獻憂時策惜別難成送別詩悵望玉河天際遠孤舟臨發更遲遲

又

此夕銜杯話燭殘明朝霜路逐征鞍定知天闕留丹鳳覓寫新詩寄我看

又

有客乘槎上帝州要從真偽認源頭譚經董

林佳氣正氤氳

山寺

閑裏過山寺尋詩坐翠微草堂雙鷺立竹徑一僧歸雲氣衣間濕香風花底飛恍疑塵世隔忘却伴漁磯

論請仙

大抵請仙事多涉於虛其仙之來若不以人之前程禍福為言無足以動其心假此說以駭世其實前程禍福事動關天地陰陽大數

文城集　七三

終非號名為仙者所可測縱使悉知亦豈在一請之間而肯盡泄其祕哉諸子無昧於虛說

賓月

道人文城子偶寄興於管水之小樓清香浮榻素酒盈觴索居無朋思友之良俄有客自天東捧氷輪而出金闕馬駕慶雲而下通逵水裳文練玉質清姿初依依然而流光於簷宇忽皓皓乎散彩於簾闈不由擯介入座移時主人見而異之曰噫嘻此嘉賓也忙整衣冠迎而揖之清氣徹骨寒光襲騰碧天千里迥無纖翳謀舉杯以共酌儼生平之故知主人起謂賓曰古稱捧銅盤而盟躡朱履而集倒屣主人登龍上客嗟合散之不常難俯仰之久得迺若高照萬古渺視九寰不變遷於風雨不黜復於煥寒對之可以增雙眸之碧即之可以洞寸心之丹塵境寂寂俗慮漫漫若予者非予所樂賓即賓再再促席復於主曰

文城集　七四

當今非但主擇賓賓亦擇主予自開闢以迄于今閱人多矣開閣徒設入幕何為黃金之臺其美五花之館空貽嗢隱情伏意兼照靡遺迺若持玉斧而砍丹桂鍾水德而漾清輝虹霓氣節雲漢珠璣艷艷焉與星辰而爭燦凛凛焉與霜雪而爭威斯可共遊廣寒清虛府也而不然者予豈屑哉娥眉秋影昔為白賓南樓夜色昔為亮賓今於子其賓之者三矣主人再拜稱謝曰然人之耿耿留天地間

者惟道不朽誰其主之我其樞杻今夕何夕得此良友西園之遊北堂之寢采石之歌吟嘯之飲千載佳期爾我惟永予豈敢效臨池太液挺身騎鯨重為佳賓䵷哉言未已天雞咿喔斗轉河低客不答去亦不辭惟見餘光在地宿鳥驚棲主人猶舉杯招賓徘徊顧望賓已在山之西矣

泣春

子之於親不難於處常而難於處變不難於事生而難於事死夫常變死生一道也胡有所謂難易哉勢使之耳古虞雙溪徐公山林懋德聲聞於朝　武廟改元以明經行脩應聘時值逆豎用權欲收英望而惡公不附已遠謫鎮番遂欣然以往絕無内顧之念蓋地雖險而公之心愈坦也冢嗣子奎聞駭於家以諸弟俱行固所以為父而非所以養母乃

與幼弟子厚偕而二弟子行子宜留養馬鎮番即古河西酒泉毗北狄西戎出没之藪行道之難此亦其最者至大梁夜投郵亭不踰時而虜騎四出幸免虎啄然險尤未甚也至秦嶺雪深馬不能步弟幾斃於寒兄終夜解衣溫之始免於困然險亦未甚也至流沙弟馬險匿不止于步之不能前矣兄乃泣呼於天得躍馬以濟此其險甚險者也他如莊浪之遇醜虜望鄉之覺迷途黃河之禱於武穆

而尾官兵影形相弔卒獲全萬里不貲之孤身玆非忠孝之默祐於冥冥者耶既至戍城且驚且駭更喜更悲以窮邊既逐之孤臣而遇天涯不期之遊子亦誠異矣公居此地學行為人推重故雖久客而竟忘其身之在虜中後逆豎被誅公終以學行見珍而返時同事許君偕還貨妾以資費而公冢嗣復為之完其配至是不特能篤父子之倫而且為公曲為朋友之義矣抵家遂結廬西山為父

文城集　七十七

終隱計朝夕聚百順以事之立義學以訓子姓置義田以賙貧乏創家廟以崇先祀可謂以志養者卒之諸弟各有成顯公之心其冢嗣慰之乎丙申公逝世諸子泣之哀而冢嗣骨立尤甚夫公之逝全歸也何至骨立哉嗚呼公之全歸可無泣而大梁之虜猶在心也公之全歸可無泣而秦嶺之雪猶在目也公之全歸可無泣而流沙之馬猶在耳也西山渺渺綠水泱泱寒鴉寂寂古樹茫茫終天之

恨其在玆乎吾於是知事親之道處變固難於處常而處鎮番之變尤難事死固甚於事生而事全歸之死尤甚齊常變一死生事親如公之冢嗣亦可也予素閑忠義故樂聞其忠孝之實而為之記

文城集　七十八

孟子謂萬章曰一鄉之善士　全
盡古今而皆友焉則無有乎遺善矣夫自一
鄉而至於天下善之所取亦博矣而猶必友
古之人焉尚何善之或遺也哉孟子以友道
之不廣於天下故語萬章之意豈不曰友之
於人大矣欲進善而忘乎取友固無以為相
觀之資欲取友而遺乎古今亦何以受無方
之益君子之尚友者而可不求盡於此耶蓋
進德之助存於友而朋至之機先於身身有
文域集　七九
未善而能友人之善也難矣故必善之成於
已者足以端感化之基斯友之在於鄉者有
以成類之妙由是而善蓋於一國則一國之
善士可友也而鄉又不足言矣由是而善蓋
於天下則天下之善士可友也而國又不足
言矣已之造詣者愈深則友之類聚者益廣
善至於此夫固為天下之善士矣然猶以為
友以天下雖不限於其地而尚阻於其時也
豈因是而自足哉又尚論古之人焉蓋古人
之情見乎辭而詩書之所載莫非心法之寓
也於是誦其雅頌之音讀其典謨之旨而凡
言之可以昭明徵者皆于我乎會通之矣夫
尚論古人雖能盡得其概而尚未得其詳也
可不知其人乎又必論其世焉蓋古人之行
見於事而經綸之所在莫非心法之所顯也
於是稽其素履之真究其設施之實而凡行
之可以垂儀刑者皆于我乎體驗之矣夫然
則時之所寓固異也而意氣之潛孚自非時
文域集　八十
之所能限恢恢乎合千載之善以為善而吾
為古今之一人矣止於鄉國者視此為何如
哉世之所遭固殊也而精神之默契自非世
之所能拘浩浩乎通萬世之心以為心而為
古今之傑士矣止於天下者視此又何如哉
吁尚友之道至是而後無遺也萬章其知之
雖然天下為度古人為徒固人之所當自待
者而君子之取善惟自盡其心而已是故意
之所存苟無一毫之敢怠則一善之微亦可

以為吾進德之地而雖聞見之末善者且將懲創而救惡矣故三人之行必有我師此非吾心之嚴師友乎不然天下皆虛交詩書皆陳迹何友道之可資此又君子進善之始

文城集 仝

論春秋誅意之法

法者天下之公也以天下至公之法而寓於一人意見之私夫子衛世之心於是乎愈戚矣夫聖人之於人豈不欲置其法於不用哉欲置其法者聖人之心而卒不能忘情者天下之勢勢之變愈趨而苟不能為之防其微杜其漸將至於崩敗潰裂而不可救聖人默忍恝然乎哉然其中雖不能恝然而權之所統在上不在下若非委曲以行吾之權則用

仝

世之志終無以自遂於是不得不借一王之之典以維其法於不窮以私志公以道寓法使吾雖冒不韙之名而天下後世曉然知法之不可避嗚呼聖人之心不至是而甚戚耶昔臧武仲以防求為後於魯夫子誅其要君所以誅其意也楊氏謂其春秋誅意之法其殆知春秋者矣昔胡武仲胡為而得罪也始立悼子繼讐公鉏疑於孟氏之言其將亂而斬鹿門之關以奔邾成於藉除之東門甲從

而納大蔡之請以如防則仲子之赦罪非大不赦者而況春秋之立法謹嚴宅心忠恕不以大霈釋當誅之賊不以大刑加不弑之人吾意仲亦可以無誅也而夫子之誅其罪曾不少假焉何哉蓋天下之分莫大於君臣而人臣之罪莫甚於有所挾封邑魯也爵位魯也吾身吾後亦魯也或予或奪或廢或置或立或不立一惟君命之是從而我無與焉前悼子先鉏而立雖成於我實出於君孟顧讐

八十三

我我將奈何安之焉耳是孟之心未嘗一日而忘臧也及子秩出奔入哭甚哀噫哭之哀而孟氏將亂之言進矣幸其讒之不入又何必聞之戒哉既而孟氏將辟藉除於我使人助之是也而甲從何為至此不惟致疑於季而適以重其自疑之嫌則怒而攻之固所必致然仲雖處此而其罪亦有可原者吾為仲計正於此時待罪於朝泣訴其狀幸君之諒我猶昨此心亦得以自白倘不吾赦惟命之

聽久而矜予之失祀者必有之代請後可立也而鹿門之關不必斬也既出奔邾以大蔡使賈為納請則立後之命惟其所出邾可止也而防邑之地不必據也自魯而邾自邾而防仲之罪至是而重甚於甲從甚於斬關矣何也其心蓋曰苟如其請我可以有後而魯亦可以有防苟不如其請則後因我而亡防亦因後而失陰據故有之地而陽為求請之謀外示避邑之形而中藏不軌之志蓋亦狡

文城集 八十四

然莫能測其微矣當時之入見其請之辭曰非能害也知不足也非敢私請苟守先祀無廢二勳則信以為不忘先人之祀其亦賢矣豈知使請之日不明言防而默蓄之既用知以要君又逃罪而滅迹茲何意哉夫子以此若不發其意之隱者而示一王之誅於天下則法終廢而效武仲之請者將不可勝記矣於是不得已而以一人之私意行天下之公法使其無上之罪雖不得受顯戮於當時而

得以彰明罰討於萬世嗚呼聖人之心何心哉亂臣賊子接迹斯時欲操王者刑賞之權以勸懲乎天下勢既不能以直遂而姑取其至隱者以誅意焉其心亦汲汲矣是故刑牲歃血要質鬼神尤不能固其信而死節於荀息者可以言忠矣而書曰及其大夫荀息蓋以生不能正其過殁又成其邪志而死故誅其意之疑於忠也仲之要君視息之意為何如而可以無誅乎身為正卿任當國政而不能

文城集　八五

討賊如趙盾者非真弒也而書曰趙盾弒其君蓋以亡而越境去不復反然後君臣之義絶讐不復釋然後臣子之事終不然是與聞縱賊而有無將之心矣故誅其意之成於弒也仲之要君視盾之意何如而可以無誅乎不擇醫而誤用其藥不親嘗而妄進於君如許止者亦非真弒也而書曰世子止弒其君蓋以子之於親藥不躬嘗是有忽君父之心矣故誅其意之同於弒也仲之要君視止之

意又何如而可以無誅乎他如鄭歸生之憚老懼讒而以弒書楚公子比以不能效死不立而以弒書齊陳乞以廢長立幼而以弒書凡若此者皆逆探其意之所存法之所當而不容已於誅者也彼武仲者迹豈不類於此耶迹愈微則意愈逆孰謂仲而可以緩其誅也合天理以用刑順人情以加法是故迹是而意背者雖善必罰迹非而意美者雖惡必賞嚴予奪於片言之間寄榮辱於一家之

文城集　八六

內至微也而彰之至隱也而顯之春秋之法然也孰謂仲而可以緩其誅哉若謂聖人之宅心不恕則晉欒書身為元帥親執厲公於匠麗氏命程滑往弒而以一乘之車葬之於翼東門之外似惡之著於仲矣然春秋稱國人之弒而於欒氏初未嘗書其名書其氏何夫子之為欒諱而藏罰哉聖人之心與天為一若欒之意而果藏也則法中之誅當不在武仲下矣迹甚於仲而罪反掌其宥夫子為亂

臣賊子之防於此可盡識也由是觀之則知
武仲之罪不在於請後而在於如防夫子之
誅不在於請後而在於如防使其安於魯而
不奔於邾奔於邾而不如於防則後之幸而
立也君子必原其罪後之不幸而不立也君
子必哀其窮非惟無荀息趙盾許止之誅而
且與欒氏同其恕矣春秋立法之謹嚴宅心
之忠恕不其並行也哉自是而後如楊氏為
我而孟子誅其為無君墨氏兼愛而誅其為

無父聖賢汲汲於衛世而不忍天下之一日
無法大抵如此豈有所意於其間耶嗚呼以
夫子之聖不得操禮樂征伐之權而措斯世
斯民於不用刑法之地徒委曲以匹夫之賤
假南面之威寓意於法之內而垂於不窮亦
可悲也雖然不以位而以道不以勸懲而以
榮辱二百四十二年之間禁亂臣賊子不敢
肆則至今之法彰而不廢者舉其功也若曰
權不在我何以區區意見之小為天下明是

非為後世惜賞罰則又非聖人之心矣然則
春秋誅意之書固萬世天理人欲之機帝王
傳心之典也豈特一武仲而已哉予因是有
感有感

文城集後序

文城翁者吾夫子之潛號也翁之始至春文也不詳其姓氏䛐之什百不少洩姑神交而心師焉人見其駕風鞭霆形迹無泥咸曰此黄石赤松之流乎翁不辯既見其揮毫題咏逸興不羣咸曰此李杜韓蘇之輩乎翁不辯復見其論道折理毫髮無爽咸曰此洙泗伊洛之正傳乎翁亦不辯不稱道人則稱無名氏人莫測其所以嘗以一詩自述内有中天

日月孤心在萬古乾坤兩眼開之句明始有所疑時集翁稿適命明作跋檢書舊録中偶得希董先生遺集讀其辭氣與翁如出一手隨考泰興誌知希董先生者死革除之難凛凛忠節爭光日月者也驚悟而嘆曰吾師文城其此翁乎前詩之意其在是乎既驚且喜思得其暇而竊問焉而翁已預知之矣薄暮召見明道實綱常節義拳拳在念愴然若死節時事嗚呼悲哉此翁爲吾師必矣夫君臣之義雖無不同然分不可假而死者其死也難而易分猶可而必死者其死也易而難革除之際雖文學如胡解諸君猶且負約不顧而翁則以身殉之未嘗少假若子若孫若夫人者俱以死從則其清天心事白日肝腸信有以謝　高廟之神靈矣翁以如是之偉烈而避諱久湮文集散忘幾盡所遺者不十之一二可痛也幸方遜志公有希董堂記張翊公有廟碑記得聞其概而近以朝夕吟咏得

新稿若干卷豈非斯文之大幸歟由是知而迹之無所泥者翁之神也而非幻也文之不可禦者翁之餘緒也而非本也理之無所眩者翁之逢源資深也而非襲取也常則爲伊爲周變則爲夷爲齊其翁之謂乎翁死義已幾二百年而英爽之發恍然如昨吾於是益知天地之正氣真有不依形而立不待生而存不隨死而亡者矣明等荷翁教愛誠爲深切而道義文章豈百世師表有非明等所得

師者然士貴尚友而周子曰志伊尹之志學顔子之學則我翁者正諸弟所當志而學焉者也窮師其道以修行而達師其道以致君庶不負乎翁也已

嘉靖壬戌季冬吉旦弟子徐希明齋肅頓首百拜謹序

又序

節義文章予嘗謂擅其一焉亦可以垂令名於不朽今自我文城夫子觀之則知節義而
九一
濟之以文章所以明其節義者愈篤文章而成之以節義所以顯其文章者益光兹非古今之尤罕者乎我夫子精忠大烈載於祀記詩賦文章寄於遺集迄今二百載矣而浩然正大之氣磅礴於天地間者未嘗少衰是豈區區管鄉之陋足以佇夫子之雲車而夫子之精英亦豈為管鄉所能阻哉蓋其不死之神如水行地中無往不在而於此偶洩其機耳東等東心虔侍兩歷寒暑每於良晨清夜珠玉揮毫未嘗不愕然駭異然於夫子之節義尚邈乎不可窺也閱冬吉默啟明子之衷適檢遺集展而誦之甚鑑然金石與夫子如一口始疑其夫子而夫子即慨言其實東子聞之恍若有失既而敬捧遺集見平生吊武穆之詩有云我有雨行生鐵汁等閑不為旁人泣今朝來上岳王墳一灑平原芳草濕不覺喟然嘆曰夫子之節義奚待臨難而後顯耶吊武穆之時而已知天植其性矣第恨死節
九二
文城集
之慘自身而子而孫而閨閫不及一言盡赴其義今後人仰天椎血嗚呼痛哉能不以夫子之吊武穆者轉為夫子吊也雖然慷慨一時血食百世而芳名直與日月爭光則夫子之神亦少慰焉東無似久荷甄陶之德始識其真且驚且喜進師其道以用世退師其道以淑身固東之素志而期無負於夫子之教者然又不敢自私故錄其新稿以傳使世之人前覽其遺稿而知夫子之節義文章超越

古今再覽其新稿而知夫子二百年不磨之
正氣一仰止而在斯也
嘉靖壬戌季冬吉旦弟子徐啟東頓首百拜
謹序

文城集　九十三

清河内傳　文昌顯化之説

予本吳會間人生於周初後七十三代今改為化字　為士大夫未嘗酷民虐吏性烈而行察同秋霜白日之不可犯後西晉末降生於越之西嶲之南兩郡之間是時丁未年二月三日誕生祥光冪戶黃雲迷野居處地俯近海里人謂清河叟曰君今六十而獲貴嗣童稚時不喜嬉戲每慕山澤往往語言若有隱顯晝誦羣書夜避衆子自笑自樂身體光射

文城集　九十四

居民祈禱則予啞啞而訕長嘯曰土木而能衣人之衣食人之食享之而有應謗之而有禍我為人而焉無靈乎自後夜夢或為龍或為王者天符或為水府曹自怪而不甚信為吉兆後三農憊旱嘉禾無甦舞雩祝神恬然驗予思曰寐中夢治水府今反當驗夜往水際以夢中官銜牒河伯而驚魂尤恐忸怩不能忽爾之間陰雲四合風飛雷震一吏稽首予前曰運判徙居予曰非我也我乃張戶老

之子名亞綠水府得達故字雩夫吏曰奉命促予予曰家人如何吏曰先到治所予惶懼未決吏揖上一白鳳而去俛首里聞風雨聲中頡失鄉地到一山連劍嶺而撑參宫星也若鳳凰之偃下有古湫引予入一巨穴門有數石笋吏曰民之禱雨祝此石而有應名曰雷柱吾方褰衣入穴吏又曰君記周室為人七十三代陰德傳家而迄今否予方大悟若夢覺也吏曰君在天譜得神仙之品於人

文城集 九五

世鮮有知之者晋不日有中興之兆君可尋方而顯化予曰謝天使響報也予入穴若墮千仞之壑近地而足不沾若騰身虛空有王者之宫中有禁衛予入遂見家人悉都其間改日作儒士往咸陽請姚萇之故事清河内傳焚香切記

諸仙詩話

正德庚辰吳中諸生梁廷用者留都大司馬喬公白巖門下士也有方士挾運箕術遨遊江湖梁往扣之降筆曰吾回道人也欲賦詩出韻來乃出十韻隨聲應之敏若夙搆其詩曰

吾家住在蓬萊山之陽隔斷三千弱水萬頃之汪洋曾佩劍以化龍亦叱石以為羊經千秋黃塵變滄海歷幾度冬檜為春楊青山不

文城集 九六

改色白雲空悠揚自樂烟霞深處有佳趣不將功名心旆隨風颺瑀樓玉宇水晶殿日與猿鶴同徜徉饑飡霞渴飲潤養得中黄一氣絶凡慾那能有病求醫瘍神遊八極涵動靜不管天地暮雨而朝暘我來登壇為君發狂句山靈驚倒星斗散亂飛羣鵶

又乞白巖詩曰吾當邀李仙同賦復隨十七韻作白巖詩曰

六丁持斧施神工鑿開西南萬仞之崆峒芙

萏一朶插天表勢壓天下羣仙雄冰壺倒月色澄澈瑶臺倚斗光玲瓏百丈虹霓望呑吐八埏霖雨瞻空濛虛室不受一塵染靈光真輿銀河通乳泉掛壁噴晴雪玉梅懸谷摇香風上有神仙玉虛子凌風出没遊太空登虬伐蛟下入海底水晶窟朝真謁帝獨步天上瓊瑶宫頭角嵯峨自卓立胷襟磥砢誰磨礲商家傳說作良弼宋室張峻多奇功憶昔江樓吹鐵笛明月一醉三人同遍來一別世間 九七

文城集

甲子不知數但見幾度玉洞桃花紅金龜老黄鶴翁各分一諱貽此公天然意趣自相合芳稱長在塵寰中好將大手整頓乾坤了歸來一笑拂雲看劍重會滄溟東

後喬公居冢宰日出此卷示何孟春先生孟春為之跋稱其詩跌蕩不凡而字妙有飛動勢云

李西崖翁少時曾為紫姑仙戲初亦以符呪請之復運箕即至一日因事祈請降箕大書一絶

我是唐朝李翰林蓬萊歸路已千層君家有事來相問濃淡須磨墨數升　既而曰賢閤在此白當少避於是崖翁故夫人岳氏附箕叙述家事甚悉及退神復至崖翁姻黨有夫以事扣之神不應乃書一律云

遼鶴歸來語正呢五雲樓外鼓三椎窮陰易落陽初轉化日舒長夜半遲燈火漫勞供凛冽文章無怪不葳蕤仙才豈是于尼鬼不與 九八

文城集

庸人作箕鑑

京山舉人夏寵築臺覆一小亭扁曰斗南書屋又題詩詞於壁以自游息嘉靖癸未會試以高第自期已而失意歸於途中得降箕法抵家遂大作之一日致請降書曰屋字尸至之象也可改室字因别以詩曰

孤身直至三千里一鶴飛來九萬重寄與斗南書室主相思盡在月明中　識者疑其語不祥明年寵卒

閩中有文士年十七歲登鄉薦春闈屢試失意輒於靜夜仰天號嘆嘗欲禱夢於九鯉湖至途中有降紫姑仙術者因而扣之曰予讀書發憤三十年矣學博而文益閎肆流輩無不推讓然而屢下南宮何也姑仙以詩答之曰

勸子慇懃九鯉湖不如邂逅問仙姑晨粧窗下晨花句此事從今記得無　文士驚愕面赤流汗遂不復禱夢歸家未幾感嘆而卒

文城集　九九

焉初文士有族妹姿容頗艷一日晨起晝眉文士過窗前指簷下花枝帶露而哦詩曰

晨花露重巧低頭滿臉嬌紅半帶羞秀媚十分珍未得儘教玉蝶逞風流　妹聞詩心動因為所亂穢瀆天倫鬼神昭鑒生平富貴自此折喪矣仙詩所云蓋直其事而警之耳

江州朱原虛有詩名二弟髫年父母早喪原虛匿父所遺綾錦十餘篋又逐弟居外流離不振一日鄰人降仙原虛適在座起請曰聞大仙能詩幸見教乃詩曰

何處西風夜捲霜雁行中斷各悲涼吳綾蜀錦成私篋不及姜家布被香　原虛見詩大慙即召二弟還與之完娶教以業儒後二弟登科典州郡事事兄如事父焉

江都有太守某者文雅風流頗有時名臨政二年遣吏持數百金入京賄宦官劉瑾

文城集　一百

求遷擢事不諧乃禱紫姑仙以決所疑乃降筆曰

幾樹甘棠種未成使君何事苦經營雷霆怒擊冰山碎只恐錢神也不靈　越數日瑾事敗伏誅太守以鑽刺落職

金陵賈客歸自湘東有老翁來附舟尾矚翁橐多金邀翁同爨而翁亦寄心焉六月六日風行江中客乃與家僮謀捽翁墮水而死取其金以歸是年生子及長為博徒

悖逆不孝蕩敗家産客無聊賴聞里中有
降紫姑仙者往叩之仙姑降筆曰
六月六日南風惡揚子江心一念錯老翁魚
腹恨難消黄金不是君囊橐　於是賈客
氣奪嗚呼即此一事則禁人之惡鬼神在幽
有明感焉世之人烏不憚哉

石笋霞光　何仙姑

一拳蒼翠直參天點點星星帶血鮮兀聳丹
脂藏彩鳳嵬巔指破夕陽邊

寶蓋宣靈　曹國舅

紫氣浮沉第一峯鶴歸華表笑春風金臺每
有高鳴鳳玉闕長觀隱卧龍洞口流雲銜石
破江頭老日映山紅也知天地爭光彩星斗
周旋繞箇中

釣川涵碧　鐵拐李

雷澤源流秀氣分絲綸懶放樂斯文雖然竿
繫含微節决許鯨來吐碧芬

隱阜含芬　張顛仙

蘭藏幽谷不知春野鳥從他自叫頻翠色終
含霜曉白紅光始破月華新流雲激起清聲
爽晴石敲開瑞氣真少壯也從青外得宜男
不許動平津

象鼻和風　呂洞賓

吸得東湖水漸乾番身直入報平安吹嘘造
化回春意吻起元和破歲寒翠色半含霜石
表祥光長透白雲端冰清玉潤成良璧留與
高人着眼看

鷹巖肅氣　曹國舅

幾年無跡到山西直入龍源天地知嚇破鴉
羣心共膽從今不許再飛啼

金壘日彩　曹國舅

欲釣雲霞震萬靈陟峯遥望碧空清流來烟
霧藏星斗滚出光輝蘊道經偏怪紅涵天地
窄最堪翠聳物華英浩歌驚落長空月漫得
流觴到載明

玉屏圍勝　曹國舅

崑崙遥送一奇形慶有晴輝遍四明山色翠
含元氣老日光紅破數峯青落花流水通仙
徑霽月光風賽錦城分付沙鷗且休訝他時
聊可一循繩

題澹泉號　曹國舅

蒼蒼翠翠碧澄澄脈出崑崙萬古名月窟瀉
來甘似醴雲根湧出冷如冰魚龍長噴千年
水烟霧深藏一鑑明誰識其中真妙用能令
一灑世安寧

文城集　一百三

題源泉號

滚滚無窮一派流青春須把釣緡收莫將晝
夜工夫曠一曲滄浪到白頭

羣仙來遲國舅偃場而作

雨作黄梅陰復晴欲行且止駐江城呼童放
鶴來天外窗下蕉芭又動聲

又

春來非是愛吟詩詩是田園樂興時清入唫
懷花月照紅生笑面柳風吹村聲盪耳烏鹽
角社酒柔情玉練槌閑惡閑愁儂不省春來
非是愛唫詩　麥青未必三時粥桑緑其
如二月絲

文城集　一百四

福清韓秀才與一鬼婦交配生育一子今
五歲矣鬼婦善吟咏有詩録于左方以見
妖魅之異也 萬曆甲戌年春三月記之

寒食瑞菊

江城春色迥非常猶有籬花此日黄不共茱
萸浮俎席却隨榆柳逐烟光騷人得雨催佳
句野蝶尋風駭異香自是天工施巧運故教
寒藻傍春陽

癸酉七夕

楚水閩山一徑斜迎風敲竹故人家但知海
上多秦石豈識人間有漢槎木筆試題今夜
雨江蓉曾對十年花故山麋鹿嗟誰主古木
寒泉老歲華

又七夕

揺落西風大火流淩雲跛步庾公樓人間佳
節無今古海上鯨帆任去留玉杵韻殘河漢
杳紫簫聲斷海門秋相逢盡是提兵者猶憶
當年鼓角愁

七夕風雨不會

荏苒風塵客路賒故人只尺亦天涯心馳銀
漢金莖露情重荊庭玉樹花緑水迢迢山隱
隠白雲在在月家家遲違不敢吹香夢一取
詩聲付木鴉

欲韓生立主不果

朔風振撼冷瀟湘幾樹歸鴉叫夕陽不見王
孫來駟馬惟聞牧豎下牛羊荒山野水悲長
夜冷鬢疏容怯凍霜漠漠寒雲愁杳杳何時

祀我一爐香

韓生以詩刺奉復

瘴日狼烟頃刻飛孤魂忽忽傍寒枝心灰鬱
恨浮金碗淚血拋愁下玉巵雲暗高唐仙袂
濕雨過巫峽柏舟移嗟予香冷思韓壽錯憶
藍山盼少微

和岳武穆滿江紅

話約銀河霎時間雲收雨歇枉做了叢莽溪
頭一場轟烈關山風雨百年心家國存亡千

里月有何心勾引蔓藤纏添凄切　雲雨債

何時滅烟花恥應難雪為姻緣故把白瑜玷

缺高唐夢裏情如水南浦樽前淚成血羞覷

着嫦娥長自在瓊瑶闕

管溪求仙降壇公孫棨仙神將降先遣

徐一峰淨壇

悠悠香氣隔林聞雲掩松蘿路不分地靈知

得遊人意先遣詩童掃白雲　須臾仙降

春日晴春風輕乳燕雙雙飛麋鹿兩兩行踏

文城集　一百七

春悲杜宇總是不關情

我去蓬萊數十秋山川還見古深幽忘機鷗

鳥蘆花岸戴月漁郎渡箬洲莫為相逢分首

處肯教明月逐波流

題虹橋

烏鵲銀河渡錦蓮聖明特賜小蘇仙蛟龍不

挽飛騰翅撲落桃花幾萬千

希董先生遺集

（明）茅大方 撰

《希董先生遺集》五卷，明茅大方撰，據南京圖書館藏清鈔本影印。

茅大方有《文城集》，已著録。

是集又作《希董堂集》、《希董先生遺書》、《茅中丞希董集》等，爲詩文合集，以收詩爲主。茅誧詩文在明永樂後被禁，流傳不廣，今所見爲清鈔本。弘治初，儲巏始輯其遺集，並以希董爲名。嘉靖中，世宗下詔旌表靖难死節諸臣。嘉靖十一年（一五三二）誧之從子洵，嗣子灝乞吏部侍郎姜清爲之序。次年，泰興令朱篪刊刻之，並自跋於後，名爲《希董先生遺集》，凡五卷，分别爲七言絶句，五言律詩，七言律詩，五、七言古詩和雜著，另附方孝孺所撰《希董堂記》。其詩清麗雄壯，境界開闊，得唐人風神。「湧翠晴山勢欲流，無邊風物雨初收」，「萬山入漢秦關險，孤棧連雲蜀道難」，「花間鶯避春城仗，林杪僧歸晚寺鐘」，「萬里不來青鳥使，千年空老碧桃花」等佳句天成，不讓古人，可傳不朽。

（張　航）

希董先生遺集一卷

影明嘉靖刊本

[illegible]

璜川吳氏藏書

昭皇帝語及方孝孺則曰是箇忠臣嗣位之初
即
諭禮部釋黨屬因還其田宅大哉
皇言一
高皇帝立敎之心也自是百年以來良有司祗
承
德意諸臣咸祠于其鄉若遜志巽隱諸集則天
下傳焉惟先生死義尤偉正德末始祠泰興
而其遺文則弘治初柴墟寔輯之蓋勤二十

希董遺集序

餘載所得僅若干篇編校未遑公已即世嗚
呼惜哉昔予謁公南曹獲聞其義又十七年
辛卯過海陵與公從子僉憲洵嗣子太學生
灝顩遺書得之手録以行明年度淮中丞梅
國劉公會予舟中偶及是録欣然欲加編校
刻梓以傳嗚呼先生之文百年而泯微柴墟
之力弗集微梅國之力弗傳使先生精神若
存足以風動天下光于君臣之義二公固善
推
列聖之心者也於世敎豈小補哉先生履歷畧
載祠記若夫因文以論其世梅國當有說也
予烏敢知予惟述舊聞于柴墟者寫之簡端
用紀集刻之故云耳
嘉靖壬辰孟夏之吉弋陽姜清謹序

希董遺集序　二

希董先生遺集卷一

七言絶句

用韻寄董安常學士

憶昔承　恩下日華斯文傾蓋便通家別來萬里無
消息漫惜分携洛水涯

莫因爲客歎年華酒滿清樽書滿家但得雲山供嘯
咏靜中真樂自無涯

頗聞風物似中華何用登臨苦憶家但願莫年常強
飯漁樵隨處是生涯

逍遥物外誦南華曾把文章佐漢家宣室定應求舊
德未容白髮老天涯

希董遺稿卷一　一

年未知非鬓已華秪愁竊禄負　王家舊游閣老如
相問爲説驅馳白海涯

小園八韻爲張季容典儀賦

竹屋書聲

幽軒窈窕傍篔簹公退絃歌白晝長日莫碧雲窓戶
隔只容清響出琳瑯

琴臺晩趣

夕霏斂盡敞雲林大雅寥〻古意深擬向此中分半
席載彈秋水濯塵襟

雙鑑月明

鴛池瀲灩湧金波水檻秋光夜〻多只尺瀛洲分兩
地廣寒宮闕影嵯峨

荼蘼春洞

風爲東君次第吹夜來花信到荼蘼巖扉不隔遊仙
夢載酒花閒一詠詩

緑陰晴晝

嘉樹沉〻碧霧深滿庭濃緑作晴陰槐柯不入高人
夢坐挹南薫自鼓琴

葵萼朝陽

南風披拂暮春光燁〻丹衷向太陽爲愛不隨桃李
艶自將心事比幽芳

水鑑荷風

希董遺集卷一　二

小池新水浸清香水面香風送晩凉一曲鑑湖歸未
得此中聊學賀蘭塘

菊潭秋意

菊甘泉洌正秋深汲得甘泉薦落英自愛幽香凝潛
德非緣服食慕長生

小園八詠爲王本立文學賦

榴山晴寺

晴嵐花氣晩蒸紅花下精廬圖畫中咫尺天台路非
遠杖藜便過石橋東

細洞東流

春水浮渠引磵泉高人洗耳聽涓〻一泓截斷塵凡

路便欲尋源訪洞仙

白磯曉渡

磯頭白石爛如銀舟子招〻可問津誰道瀛洲逾弱
水人間別有鳳池春

薇風香院

海南凉露溢銀缸架底薰風撲鼻香書院日長清似
水傍人錯認紫薇郎

書窓積雪

雪歒脩竹壓鸞巢獨把韋編坐寂寥但覺檐前摧翠
羽不知門外已齊腰

月明花影

壁月流輝照好花花枝旖旎影交加幽人花下開樽
飲影落樽中月未斜

玉葉雨聲

玉樹秋深夜雨鳴泠〻清響夢中聽幽懷愛爾如天
籟不是長安逆旅情

金菊秋容

籬菊流金箇〻黃陶家景物占秋光幽芳自有風霜
操不逐群葩競艷陽

次壁間所揭唐人詩韻

秦山楚水路迢迢不道瓊花亂後凋鶴背遊仙清夢
遠月明誰度紫鸞簫

齋閣香銷午漏時疎簾細雨動幽思石闌桐葉秋如
許點筆長吟杜甫詩

朝退歸來寡送迎高懷自許鶴同清終南秋色軒窓
裏即景好詩隨意生

湧翠晴山勢欲流無邊風物雨初收宦情自比閑情
澹高捲珠簾挹素秋

臘月十八日以公事力疾肩輿出會 國公
有詩見貽因和奉答

此去君家路不賖如何便似隔天涯料應只是尋梅
處花外輕寒透小車

馬前衛卒背如鴉門外平堤旋築沙力疾肩輿追駿
武邦人應訝鶴乘車

城陰老樹集昏鴉穩〻肩輿踏軟沙幾度醉歸明月
夜絕勝陶令小轅車

詩成蠻紙墨塗鴉輿到東山屐踏沙千古謝公高致
在豪華不數七香車

題墨竹

疎竹亭〻直不阿高懷重詠武公歌誰將截作參差
管吹得虞庭鳳鳥過

神物飛騰去不還神孫依舊滿雲山阿誰摹得眞龍
種常恐風雷起壁間

三月二十九日侍從過九龍池儒臣承敎刻

竹賦詩爲和一絶句
凌雲高節出山林時聽清風戛玉音桃李滿園春不
競幽貞獨守歲寒心
席上戲贈朱雪江
紅袖扶酣白髮稀碧簫聲斷玉鸞飛揚州明月渾如
舊夢遠雲空只未歸
晚歸口占
晚歸移榻坐前庭高樹風回酒易醒何處玉簫求鳳
侶清聲哀怨不堪聽
題墨梅
昨夜春風入硯池今朝春意滿南枝氷姿莫訝渾如
舊自是仙人涅不緇

希董遺集卷一 五

題神仙雪景畫卷
不騎玄鶴過蓬瀛踏遍瑤堦上玉京知是神仙有清
約共觀天女散飛瓊
五月十七日聞繆先生復任紀善来及潼關
喜而有作
曉來烏鵲噪檐間忽報先生已入關白髮青衫紫騮
馬邦人還識舊容顔
泰東亭畔記分攜渭樹江雲怨別離千里關山音問
少明朝相見話相思
九龍池館儗天台華髮仙郎喜再來白鶴瑤笙雲路
遠依然千樹碧桃開
琅玕萬個碧雲齊鐵筆鐫書舊日題林下仙翁似相
識縞衣迎舞屢高低
題扇面小景
垂老優游際太平扁舟隨意釣絲輕此身雖在江湖
上還有丹心戀 聖明
駐節觀風渭水濱釣舟誰子颺輕綸也知山澤悠々
者即是唐虞皞々民
佳山擁翠入虛亭碧澗琴聲洗耳聽自是唐虞熙治
化遂令巢許擅高名
溪廻路轉翠巖前隔竹琴聲響澗泉好駐我車虛左
席雲林深處有遺賢

希董遺集卷一 六

題扇答叔拱詩畫意
鴻漸青冥矯々飛江湖矰繳漫藏機上林春意寬如
海儀羽穿花舊德輝
題扇面赤壁圖
月湧金波挹素秋扁舟乘興事清遊長鳴老鶴無拘
束不似南飛夜鵲愁
題扇四首
金水橋邊曙漏稀海棠枝上月初低將軍斂佩朝衆
去驚起花間小鳳棲
好武將軍復好文山林清興迥超群新詩寫向泥金

扇絕勝年欣白練裙
楚水涵空月露凉將軍才畧　東風
戰聊寫坡仙一葉航
坡老高風百世師謫居猶得事遨嬉烏飛鶴唳俱陳
跡秖有江山似舊時
東庭晚坐
屋角疎花駐晚紅墻頭嘉樹散清風移床漸喜塵喧
息馬首炎埃怕曉鍾
周南驛舘見菊偶題
莫投驛舍即如家庭菊班ヒ發舊葩自笑東西今幾
載年ヒ此地見黃花

夜宿鞏縣洛口驛
停車傳舍息煩痾謖ヒ凉風振樹柯欲寐不成翻起
坐布衾踈薄柰秋何
八月十五夜睢陽城上對月
睢陽城上月明多有客登臨意若何
題畫鷹為王文約僉憲賦
八月秋高鷙鳥雄聳身摶擊厲蒼空妖狐狡兎聞風
遁却漫空拳下石峯
題墨梅為王僉憲賦
蕚綠仙人佩水蒼珊ヒ清響出雲房料應秖共林和
靖月底尋詩過墨庄
鐵面瓊肌涅不緇南枝寧受雪霜欺東風摽後方成
實商鼎調和待爾為
題夏圭山水斗方
披卷俄觀鄭左詩淄襟幽氣動幽思蒼煙古木橫塘
上好似吳門問道時
夜坐言懷
庭樹陰斜月漸移苦茶醒困坐多時夜深自喜塵喧
息莫遣樓頭畫角吹
睡鴨煙霏散異香小蟾窺席夷清光江南舊日豪華
事一刻千金意不忘

駐五丈原代何審理賦
天下三分未足誇經綸直欲定中華大星不向原頭
落未必山河屬晉家
題山水扇面
三茅山色闘清研山裏樓臺是洞天我欲尋鸞便歸
去御風直到五雲邊
秋夕寄黃先生用張儀曹韻
一夕玄機付蓐收商飈金氣便行秋人間揔喜炎熇
靜何事班姬掩扇羞
月色當天竹影停一襟灝氣玉壺清炎涼頓覺今非
昨却道天工造化輕

次韻張儀曹絶句 二首

長揖蟾宮問素娥清光好似隙駒過自嗟白髮年來少秪有丹心日漸多

萬里滄溟駕一舟張帆直欲過鰲頭天吳斂跡驚濤息誰道瀛洲阻弱流

早秋二絶

誰道天公造化慳遍施霖雨洗塵寰青蠅不識時光變猶自營々几席間

寒蟬抱葉寂無聲絡緯莎雞應候鳴微物尚能含至理悠々人事轉關情

上鄂王墳

我有兩行生鐵汁等閑不為傍人泣今朝來上鄂王墳一灑平原芳草濕

前文明容寶禪師言還定體漫賦絶句 二首

兄弟情深不忍違小庭花落又言歸東書明發新東路拭目看雲自在飛

驅車曉出護龍河一曲驪駒未易歌別路最憐芳草色駸々偏上客衣多

輓陳宗道秀才

種桃滿苑着花新分得東君幾日春却被狂風吹落去也應恨殺看花人

補泮宮紙窗

簷前野馬日紛々窗下棲遲又九春細剪蠶皮重補綴明光留與後來人

希董先生遺集卷第一

希董先生遺集卷第二

五言律詩

過蕭関

清曉度蕭関羊腸路險艱兩崖山屭贔一磵水潺湲
地勝禪宮古時平戍卒閒登臨望沙漠風景慘秋顔

過瓦亭驛

地重嚴防戍山高鬱絡盤亂雲晴作雨積雪夏生寒
逐兎將軍勇頒禽士卒驩儒臣愧無補鮮食敢饕餮

餘州道中

大漠連千里平沙峙兩城昔聞頽土築今見綠莎生
重譯詢羌卒聯營列漢兵華戎俱混一無復請長纓

次韻答姚孟幾贊善

關右稱文獻才華獨數公裁詩紓錦綺講道悟機鋒
傾蓋情如故聯床話更濃夜窓奎壁近應是兆文同

正孝方處士挽詩用陳導吉韻

軒冕終辭薄田園久不居高風人有望素節世無如
墓柏霜枝瘁庭花露葉疎季方鄉夢遠掩淚哭來書

又

學道宗先哲文章淑後賢登龍淹盛世化鶴惜芳年
述行辭難免承家孝可傳賢王題墓表光采動山川

次韻答張季容典儀

下馬憩山館心清萬慮沉庭花留晚艷窓樹覆晴陰
撫景新詞溢懷人古意深功名方有念華髮莫侵尋

行營漫興四首

旌旗明夕照笳鼓度崇岡雲散千峯出星連萬幙張
賦詩分酒興看劍挹燈光隔帳聞淮語令人憶故鄉

二

北地得春晚蕭関積雪多鷹揚驅部伍魚貫歷巖阿
羌笛翻胡調秦兵雜楚歌漢家飛將在不必問廉頗

三

壤接西河遠山連北地高陰崖猶雪積層澗尚氷交
橫槊詩情好談兵士氣豪承平脩武畧應付霍嫖姚

四

普羅裁武服渾脫貯儒書練卒彌交

曉雲遮節導莫雨濕儲胥　聖主垂明訓陪臣敢逸
居

重任永壽縣山館漫興

下馬憩山館悠然愜素期高秋風作籟層澗雨生漪
榻擬南州下文非北隴移宦遊窮勝槩來往不知疲

希董先生遺集卷第二

希董先生遺集卷第三

七言律詩

五月廿二日白海行營溽暑如内地悠然起林泉之思

石田茅屋瀼西庄脩竹高梧六月凉翠簟風漪清入夢碧桐秋露冷生香飲牛不識堯年樂扣角猶歌子夜長今日驅馳歸未得却從塞外憶江鄉

用前韻再賦詩

夢入家山舊墨庄覺來塞月正凄凉梅花夜落轅門角栢子風飄合殿香燕頷立功憐我短龍頭得意羨渠長非才謬忝王臣列一飯那能忘 帝鄉

題東澗處士張公墓誌後為季容典儀賦

東澗仙翁逝莫追十年辛苦痛悽婆鏡中自掩孤鸞影琴裏誰調獨鶴詞兩豆薄羞春采藻一經勤讀夜燃藜兒今得禄親何在風木哀鳴致永思

仙居張季容氏每為余言蚤失怙母氏育而教之肆獲禄仕于時未嘗不嗚咽流涕既而述厥考東澗公行屬余請方先生希直銘其墓余夷考之乃知翁隱德君子也嗚呼翁隱德弗耀而歿賴賢配撫其孤迄有成立遂克昌厥家固死不朽矣配之賢子之令豈不足以激頹風而愧庸夫哉是皆可歌也故歌詩如右而併識其槩于左方云

東籬老叟思超群醉墨狂書白練裙史筆文章垂後世詩壇矛槊破中軍一聲鉄笛龍應化百尺松巢鶴許分邈〻仙蹤何處覓鳳山明月泖湖雲

昔年賜號小茅君墨髮垂眉槲葉裙丹熟大還頒洞吏詩成險語泣魔軍靈芝似草相將采神棗如瓜取次分一笑重逢老徐市塞門同望海東雲

余既和前之詩已而叔拱又聞楊鉄崖陸宅之錢曲江三先生同葬于淞之干山門人歲時拜掃共一亭而祀享之一再次韻故為賦此

我識東南三隱君葛巾藜杖生蕉裙陸機文名動四海楊子筆陣驅千軍家聲自得吳越譽詩興每從山水分逍遥靈爽宛如在月明同度雲間雲

六月廿六日丙子 端禮樓侍講

王家觀闕倚蒼穹俯視秦川紫翠中雲霧軒窻無暑氣煙霞衣袂有仙風人間瀛海参差是天上蟾宫咫尺通載筆儒臣叨侍從漫歌麟趾美周宗

次前韻

奎壁流光麗碧穹千年文運啓寰中治隆江左興王業化洽周南播國風召對 大廷三策重校讐東觀六經通非才忝從儒臣後進講潛窺道學宗

送方希直敎授考試京兆秋闈兼柬劉學士
奎壁增輝麗上台使軺催入鳳凰臺六經道學宗先哲三甲科名屬俊才校藝政煩東觀筆得賢應咏北山萊太平閣老皆耆舊要使文風振後來

七月廿日雨凉悵然動家鄉之思
雨凉蕭瑟透羅袍倦客思鄉覓夢勞江漢滔滔吳會遠關山歷歷雍州高佳兒書至逾三月衰鬢秋來感二毛溪上草堂應好在文鵶棲樹鶴鳴皐

試院有作呈同院姚孟幾贊善朱雪江紀善張升道李可畏二庵文
綿蕝成闈棘四交雍容巾卷集英豪神魚跋浪滄溟闊儀鳳鳴陽碧樹高藻餙錦箋揮玉管花生銀燭炫宮袍至公自有文衡在不待朱衣頷爾曹
雲斂天空宿雨收素華澄徹溢中秋山河影動淸虛府風露寒生白玉樓擣藥何人煩兎首登瀛有客占龍頭寰中福地皆仙境誰道崐丘阻弱流
薄暮雲收挹翠嵐長空一色碧於藍已知化雨來天上又見文星聚斗南老子放歌添逸興素娥移影照淸酣人生良會知能幾華髮蕭蕭欲滿簪

次韻答姚孟幾贊善
昔年寵錫下楓宸命服光華遠入秦雨露無私恩廣大風雲有象氣氤氳萬年形勝山河舊三代文明

禮樂新誰道蓬萊逾弱水人間只尺是通津

橘泉爲劉升元淵賦
天台春老碧桃花蘇井移來樹更嘉野史定修高士傳異方元出列仙家汲淸自儗泉如酒剖實寧論棗似瓜欲爲斯民開壽域願分一勺和丹砂

次韻奉答李曹公
元勳名譽動三台德澤含濡被草萊論道每陳經世畧匡時還用濟川才馬前玉節龍爲餙肘後金章虎作臺興誦載途深屬望雪山增重賴公來

次韻送方敎授還漢中
不特素節隱天台獨抱遺經上鳳臺道學遠宗濂洛裔文章重見孟韓才献書春殿陳無逸校藝秋闈詠有萊館閣只今需碩德東人矯首望重來

次韻答劉學士
登瀛學士近蓬萊五色文章照上台館閣衣冠推碩德門庭巾卷集英才　勑批鳳尾揮彤管班護鵷行侍玉臺八十高年恩寵厚金蓮特賜暮歸來

用韻寄錢嶧材文學
路入弘農問故人白頭重見誼如新高懷繾綣能投轄往事分明記卜鄰賓席燈花紅映酒書窓草色暗田春別來無限相思意梁月娟娟入夢頻

題鴨綠江

鴨緑新題御筆封東夷稽首慕時雍勤民自有安邊
畧駐驛徒誇破虜功渡口雄師揚聖武沙頭舊壘認
遺踪同仁一視恩無外垂訓諄々息戰功

高麗故京

海邦秋色莫荒凉想像登臨倍感傷君相自移新社
稷人民空念舊家鄉飢烏啼月閒官寺衰草迷烟暗
市坊俯仰興亡宜鑒戒莫教琴瑟重更張

送董安常閣老之雲南

記得分携下玉京秋風邂逅洛陽城晤言恍憶三更
夢惜別驚看萬里行宣室尚存新制作夔人應試舊
儀刑　聖朝不久遺耆碩莫儗騷唫動遠情

希董遺集卷三　十七

謁漢洛陽令董宣廟

寂寞空祠倚市廛一時風節至今傳名臣強項非邀
譽聖主推心本尚賢古道轍稀横犬兕清風氣肅厲
鷹鸇我來伏謁重增感捉筆題詩意憮然

洛陽懷古

龍門山色鬱蒼々山下興亡幾夕陽光武定都終繼
漢昭儀改洛擬遷唐壞陵廢寢榛蕪合敗壘空壕黍
豆荒四海秪今逢盛治肴函底用設兵防

過永城

塵土驅馳笑宦情揚鞭薄暮過酇城郵籤急報王臣
至驛鼓頻撾縣吏迎歲月不留嗟老大事功無補負
平生此行宣室如前席準擬傾心答　聖明

次韻答劉叔淵

憶昔江南避地時還從越客綱千絲幾番春雨滋花
萼文見秋風咏黍離投筆未應慚定遠燒丹準擬俟
安期老懷為向賢郎道來往詩筒慎勿疑

單指揮奏事至京師曹國李公有詩奉賀

讜論嘉猷宛曲陳　龍顔有喜寵恩新綸音涣發中
天日庶物生成大地春北極慶雲占泰象西山積雪
淨邊塵綸巾羽扇清談際諮訪無時念下民

送宋孟徽教授入京兼柬文淵諸閣老

文旆朝天入玉京韶光二月照人明逶迤魚藻涵春
水爛熳鶯花繞禁城一代文章尊太史千年道學表
遺經　朝廷故舊能相問為説迂儒戀闕情

希董遺集卷三　十八

凝清軒詩為胡駙馬賦

香薰白晝漏聲遲正是朝回燕坐時雲母軒窗霏細
霧水晶簾箔颺輕颸竹梢滴露聞幽響桐葉揮毫寫
近詞門外紅塵高十丈纖埃不許到書帷

白雲軒

綺窗繡户白雲封正在皇家貳室東影隨宮衣秋夢
冷氣蒸庭樹露華濃無心伴鶴來三島有意從龍下
九重却憶山中陶宰相千年同調不同風

和史銘可訓導寄來詩韻

武英東閣拜綵綸命服光華遠入秦漫道文章窺往
聖愧無德業繼前人　九重曙色曈曈日四海恩波
浩浩春喜見新詩增感激此心思報渴生塵

鄭叔貞為石先生挈幼女之漢中道過長安
用韻以送

萬里山河道路迍為師携女入西秦扁舟夜泛吳門
月短帽晴遮漢苑塵草色和烟留暮景柳花飛雪送
晴春服勞弟子無多見今喜清名繼古人

五月廿一日莫歸有作是日奏事使回

薄莫聊休簡牒忙淌襟清氣溢詩腸月臨粉署雲初
霽露浥苔階夜欲涼老景自嗟華髮改虛名誰道白
眉良今朝最喜朝回使天語頻宣拜寵光

送謝駙馬奉使蜀中

帝子分封鎮錦城舘甥傳命下彤庭百年西域漸文
化五夜中天識使星龍首雨乾春漲緑蛾眉雲斂莫
山青太平景物無邊好為采風謡達聖明

五月十七日夜坐有感

移榻虛庭坐月明悠悠人事轉關情象占錫馬承新
命機動飛鷗爽舊盟病襲微軀風度改愁形衰鬢雪
華輕六年載筆慚無補中夜深思夢寐驚

和雪江朱先生有感詩韻

詞林侍直綵毫纖莫道周南歲月淹賓席坐分雲液

酒内厨行賜水晶鹽清時安用宗元巧白首惟師趙
抃廉方欲倚歌攄我意西曹又報簡書嚴

和繆先生見貽詩韻

碧筠挺挺玉為竿緑樹于于翠作團風物謾將詩句
寫客懷應藉酒盃寛學如賈傅陳匡濟意擬陶翁適
易安嗟我非才叨厚禄嘉猷黼黻賴同官

偶題

金碧樓臺五色雲絳紗衣袂紫綃裙仙家宛在清虛
境宗譜還分大小君石室烟霞封外史瑶臺星斗煥
玄文玉皇授得長生訣下與塵寰掃垢氛

六月十六日端禮樓進講奉教賦詩次繆紀
善韻

百二山河重鎮雄金城環遶宛如龍南樓勢揷金冥
表東井光連紫極中書演九疇宣帝範詩歌二雅正
皇風儒臣進講思陳戒敢學楊雄賦漢宮

奉教裁詩意氣雄君臣會合儗雲龍河間事業賢王
上賈傅才名盛世中俊逸詩歌唐體製雍容文物漢
儒風經筵日日蒙前席絶勝鄒軻對雪宮

題姚孟幾贊善金粟山歸來軒詩卷

詔許懸車未白頭光前絶後越時流儒臣報國功名
遂命服歸田禮數優侍講曾聞趣左掖去思還說在
南州小山叢桂皆無恙金粟飄香幾度秋

題王右軍穀家藏疑山疊翠圖

九重雲斂翠嵯峨小隊南軒使節過錦席坐分椰子酒畫船行聽竹枝歌蠻鄉傳檄蠻煙靜虎帳投壺樂事多悵望臨沂仙路遠展圖重憶舊山河

又

五色泥緘墜錦雲仙書仙篆鳳鸞文丹砂轉昂初成道寶籙升階又策勳將意遠煩青鳥使嗣音重拜紫霞君明朝有約瑤池會玉樹金桃許我分

過華山

岧嶤泰華鎮秦川勢與西方灝氣連地控瑤池三萬里蓮開玉井幾千年披雲仙掌驚奇觀致雨神功駭異傳更欲馭風淩絕頂叫開閶闔上朝天

過潼關貽鞠彥文知事

羽檄無傳衛卒閒幞中柱笏看青山金城雄鎮三千里玉壘高居百二關應有詩才追鮑謝可無邊畧繼終班我來相見渾如夢話舊燈前一解顏

過滎陽吊馬訓導

重到滎陽訪馬融索留嗚咽慘悲風春秋尚憶儲皇問道德空為後學宗澹薄朝餐羞苜蓿凄涼秋意滿梧桐楚辭歌斷英魂遠寂、孤阡宿草封

鄭州道中

騑、駟牡駕輕車衛卒傳呼過白沙禾黍村墟兩岐路茅茨煙火幾人家驛亭客、種楊柳籬落疎、開槿花風景相看亦不惡胡為尚咏丘中麻

送張益歸天台省覲

阿咸年妙美丰姿總角從遊弱冠歸秦苑露華滋玉樹赤城霞采炫斑衣題橋欲遂相如志力學毋忘孟母機此去重來還有約春風灞水柳依、

丁丑除夕

關山綿邈鎮秦川楚客西來日數年耿、孤忠懸白日悠、萬事聽蒼天桃符吉語爭先寫栢酒深杯最後傳老我久忘詢舊俗燈花隨意賦詩篇

戊寅元日

曉鐘催僕早朝衣白雪光搖白玉墀太史重頒夏正朔群臣還習漢官儀畦疏破臘將抽甲墻柳漏春思展眉媿我今年當五十前非雖悟竟何追

元日後奉敎賦詩用朱雪江紀善韻

聖祖龍飛億萬春神孫茅土守全秦大藩雄鎮山河壯正朔重頒歲月新日射觚稜光動采雪消馳道淨無塵儒臣思竭涓埃報愧乏嘉猷繼古人

送王賓旭檢校

王郎才氣越時流一命來咨憲府籌盛世文章思獻頌少年詞賦擬登樓龍頭浪湧三春雨豸角風生六月秋此去廟堂如見問讜言無惜獻嘉猷

春祀嶽鎮和朱雲江韻
君王齋沐脩禋祀嶽鎮威靈翊 聖朝黃酒芬芳浮
玉瓚碧幢隱約下璇霄三陳獻禮循周制七奏登歌
叶舜韶帝力神功俱廣大花村社鼓謳民謡
和方希直先生韻
素鸞飛去鶺鴒寒悵望令人詠急難別後遠懷詩裏
見病餘衰鬓鏡中韜登瀛事業期貞觀輔世文章陋
建安體氣已平須強飯蒼天未必負儒冠
儒冠際遇盛明時不數當年酈食其巾卷門生俱特
達縉紳文學尚棲遲多憂賈誼思陳策遺愛陽城定
勒碑才調如公堪接武姓名當使汗青垂

送陳用中司訓先生還漢中
柳安花殷食又寒渭城歌斷思漫漫萬山入漢秦関
險孤棧連雲蜀道難驢背尋詩春正好峨眉如畫雨
初乾勝遊歸後添佳趣為寫新圖寄我看
登南山仰天池和張脩聽典儀韻
金碧樓臺擁太空山川形勝壯秦中君王陟岵迂幢
蓋釋子升堂候鼓鐘窅緲瑶笙驂駕鶴飛騰石鉢聽
經龍即心向善皆興化誰道禪宗別有風
送李曹公出鎮西域用張儀曹韻
麟符虎節寵恩新淵袖天香下玉宸五夜將星經昴
畢萬年皇化被崑崙紫駝白馬番人貢赤黍黃羊漢

辛屯 聖主安邊恢妙筭都緣保障為斯民
圖畫麒麟閣上頭策勲當日願封留先公事業皇王
眷奕世功名子姓收雲路康莊追駿武天朝治理仗
鴻猷嗟予忝後登龍客惜別因風念馬牛
再次前韻柬張儀曹
憶昔承 恩下石頭關中又是七年留身名未信儒
冠負姓字深慚仕版收侍講經筵思獻納退朝模府
賴諮謀多君詩詠追風雅不比長歌夜飯牛
再次登南山仰天池韻
一上終南望眼空長安景物畫圖中花間鶯避春城
仗林杪僧歸晚寺鐘渭水東流來鳥鼠吳山西下走

蛟龍我生自信通仙骨便欲同乘列子風
塞門至銀州關道中
行盡平沙過柳林羽旌前導度遥岑山腰路轉羊腸
細渡口泥游馬足深歸命胡兵通漢語感人羌笛奏
商音晚來漸覺征衣薄蕭颯凄風作莫陰
銀州西下忽都河胡卒東來唱舊歌星散諸營連坼
堠雲屯萬里蔽沙陀自嗟出塞春光少誰道臨關月
色多顧我鶴形非燕頷立功萬里定如何
送羅用賓廉使赴京
宿雨初收曉日晞東亭送客上京畿鳳凰儀羽來琪
樹獬豸威風動繡衣世運彌文春浩蕩星垣執法夜

光輝太平事業須公等莫憶桐江舊釣磯

過馬嵬驛

馬嵬春色自凄迷壞塚荒凉古驛西風柳宛如胡旋舞露華猶似淚粧啼華清禍水漸紅石蜀道幽魂化白泥美惡並存天意在昭陵烟草莫萋萋

武功唐太宗廟

文皇祠廟倚丘阿絳節青旂枉駕過封建 興新社稷登臨重問舊山河姿如龍鳳瞻儀表照愧鵾鵬感咏歌

又

鶯花二月滿長安一笑相逢露膽肝白髮莫嗟知遇晚青春轉覺別離難金臺操價求良驥瓊樹留花待綵鸞太學舊傳新譽美致身猶在五雲端

希曾遺集卷三 壬五

次咸陽

陽關歌徹舊時聲征旆悠悠過渭城碑碣尚存秦漢事山河不改古今情傷春廢苑鶯花老愁雨荒陵燕麥生考史瞻圖吊陳跡平原回首莫雲橫

次乾州

乾西高塚尚叅差父老能傳阿武孌折翼自驚鸚鵡夢化龍誰識虺蛇詩乾坤易位天常變日月行空咒祚移千載令人增憤惋故將直筆重誅夷

次永壽縣

亂山環曲入麻城山崦人家若散星牧豕群兒驚虎跡停驂過客聽鶯聲長松古塔前朝寺茂草荒垣舊縣庭欲考圖書論往事殘僧指點斷碑橫

次邠州

梁山西上古邠州我老頻年此地遊駐節觀風詢舊俗服田力穡繼前修雨滋隴麥苗初長春入畦桑葉尚柔聖代思文重農事熙熙民物儗成周

次宜祿驛

圻墉荒城倚夕陽追詢往事話前唐幾家烟火今墟市十里蒿萊古戰場蘭若刼灰原有數闍浮魔障本無常殘僧指點穹碑在讀罷令人益感傷

希曾遺集卷三 壬六

登涇州回山

回州樓觀擁煙霞即是瑤池阿母家萬里不來青鳥使千年空老碧桃花漢朝天子求丹藥瀛海神仙望翠華欲問安期杳何許滄溟清渤幾桑麻

次平涼

平凉疆域控西戎三月猶寒氣未融山麥蟠根封積雪野桃含萼待東風書回塞下邊塵淨兵到原頭獵火紅更擬明朝從鶴駕為尋仙跡訪崆峒

王先生寄惠鹽梅賦詩酬之

遠因驛使寄鹽梅政及徵車日下來匡國要煩調鼎手作舟宜得濟川才奇葩獨冒氷霜發異實深承雨

露培聞說相如方病渴定和瓊液賜金杯
尹問從學岐山鄕校子客居關中恒往來三
輔問因嘗識之今寓泰興邑治乃復會面目
擊其為政之善心竊喜之繼出是卷求賦思
養堂詩又嘉其不忘親也為述唐律一首
軒中退食每委蛇深動前人屺岵悲三釜永懷曾子
志百年同切仲由思岐山蒼莽秋雲外淮海蕭條夜
雨時且鼓琴聲出堂戶邑人應誦白華詩
海昌胡虛白別逾三十年有詩見寄次韻奉
答
昔年曾賦峽山雲遠寄吾家大小君棨〻儀章丹鳳
翼飄〻仙氣紫霞裾清狂酒興思前夢白戰詩才張
我軍惆悵睽離三十載老來共喜際彌文
秋夕用丙子歲秋懷詩韻
露華凉漬白蕉袍清思都忘簡牒勞壁月流光東井
近文星麗采太微高似聞周甸歌麟趾應喜卷阿舞
鳳毛信美山川未歸去可無清興到江皐
六月十五日追思壬辰歲是日承 恩感而
賦詩
記得先朝拜命時大庭三接晝生輝恩沾光祿黃封
酒寵賜文思錦綺衣遺詔忽猶丹鳳降蒼梧無復六
龍歸今朝追感情何極疾首哀唫涕淚揮

閏五月二十四日聞 遺詔感傷
聖主乘龍上九天小臣哀慕淚如泉緇衣忍見當年
賜墨勅空遺後日宣㸃〻清霜華髮改悠〻白日赤
心懸守成已見文明治願祝 皇圖億萬年
再用袍字韻答張儀曹
總道詩才奪錦袍公餘應不歎賢勞茶香晚竈輕煙
細琴響清泉古調高藥臼有時和石髓賓筵聊復薦
溪毛夜來好興清如許玄鶴長鳴過九皐
七月凉生白苧袍徵車休訝驛程勞鳳儀耀日溪山
近鳥道連雲蜀棧高好藥初收膏上疾清霜應㸃鬢
邊毛願言努力加飡飯要看功勳並稷皐
七月四日子顒歸後感懷
幼子殷勤遠問安山川跋涉路多難長河艤棹水初
合峻坂停車雨未乾原上鶺鴒應入夢堂前萱草自
生歡秋風又復東歸去離緒悠〻繞肺肝
戊寅閏五月十八日 詔告天下大赦改元
喜而有作
嗣皇頒詔宣仁化黔首傾心望泰康萬國謳歌歸曆
數九疇敷錫敘天常紀年期見文明治繼統宜承
聖哲王慚愧儒臣思補報寸絲敢獻袞衣裳
送朱雪江入覲
十載臯比德業脩高才從此贊皇猷文聲落地鏘金

王劍氣橫空暗斗牛傳道要師韓吏部授經須記魯春秋樽前莫嘆桑榆晚好把功名取次收

賜鶴鳴樓宴

新宴歌樓奉玉音衣冠雲集振儒林士民樂業唐虞治萬物皆春天地心醅潑甕頭浮綠蟻曲傳簷外舞仙禽歸來瞻拜瑤墀下喜動 龍顏德澤深

清明日有感用張潞公韻二首

客飯猶寒火未生祭餘觴豆列前庭春風花柳隨時好夜雨松楸入夢青萬里江山勞悵望百年身世嘆飄零宦遊無限思鄉意隣哭哀哀不忍聽

杏花雨後紅連屋草色春深綠滿庭節物又驚新火改夢魂常繞故山青豈無報 主丹心切還有思親兩淚零爛熳客懷誰與適放歌止許鶴來聽

便道歸謁先聖

溶溶泮水繞宮墻峯峯高梧近講堂藻外神魚吹暖浪枝頭儀鳳語朝陽豆籩嘉靜春秋祀佩玉鏗鏘弟子行老我歸來重拜謁十年往事不能忘

遺子顒歸

季子東歸又歲除殷勤為寫萬金書松楸在望春深長棣萼聯芳雨後舒奕世衣冠華黼黻傳家經訓舊菑畬後人好繼前人志莫負高門駟馬車

扶風馬伏波廟

淡烟疎木古祠空故老猶傳矍鑠翁名姓特 東漢傳世家原出右扶風椒房不與旌賢畫銅柱還題破虜功三輔地靈人孕秀 勛業又希蹤

過太白山

岌斜連脉自西來雄冠終南壓五臺鳥道齊雲留積雪龍湫激水起轟雷清祠修祀昭神貺勝地鍾靈育俊才駐馬原頭重回首望中只尺是蓬萊

過終南山重陽宮

重陽福地集群仙即是人間小洞天瀛海鶴書三萬里瑤池桃實幾千年雲窓松暝來山雨石鼎茶香裊澗泉願為斯民開壽域長生何必問談玄

送鄭貞還鄉

三月長安盎盎春上東門外送行人 賢王翰墨揮雲錦才子文名動縉紳皂帽白袍遊學久丹山赤水夢歸頻到家莫道機頭織拭目争看席上珍

憶朱雪江

五雲西畔教書堂此老才華信少雙筆走龍蛇翻地軸詩成錦繡扶天章楚江日色離情遠汾水秋風旅夢長十載同窓今間別客懷相憶未能忘

希董先生遺集卷第三

希董先生遺集卷第四

五七言古詩

松巖詩

宿鳥歸喬林游魚躍重藻物各遂天真人胡不由道鎬〻南山人肥遯獨懷寶依巖結松巢於焉擬棲老高眠絕周夢據瞑托懷抱秋苓帶雲鋤春　和露搗一食毛骨輕再茹顏色好人間烟火疎山中歲年老素節晚不渝幽貞恒自保顧彼桃李容夭艷何草〻

長城月

娟〻長城月萬古光不磨昔人築城見明月望鄉有淚如金波今人見月重懷古問月如何月無語寃魂

希董遺集卷四　三十二

還向月中啼白骨化為城下土秦皇備胡築長城不道宮中即胡虜一朝胡禍起沙丘流禍直到長城頭前星滅彩將星落縱橫鹿馬宮中遊乃知長城之築非奇謀要使仁義圍中州只今　聖朝皇風被遐陬絕域嚮化如奔流長城為故壘古塹成荒溝荒凉陳跡月明裏胡笳咽月令人愁

杏花春雨軒為徐叔拱良醫賦

江南二月春雨足杏花滿樹紅壓屋旖旎胭脂濕未乾斑斕翠錦交相簇花底仙人杖藜起繞屋看花愛花雨韶光不減上林春餘澤流成上池水莫說江村沽酒家青帘搖拽東風斜却憶詞林虞太史錦箋麗句真清華曾聞董仙有仙術賣藥長安積陰德活人人栽杏一樹萬樹成林爛春色徐卿本是雲間仙麒麟二子來青天壺中丹藥自神授肘後奇方誇異傳傳家分得董家樹春色年〻照窓戶探花不用羊將車賣果曾教虎知數記得攜家別鄉縣春雨催花開欲遍花成子結生意多憶花未遂東歸願曲江雨後花容新艷麗直擬江南春見花遮莫動歸興遲子醫國非醫人

諸葛武侯廟

洪武二十九年歲在丙子春正月甲申某偕儀賓吳侯掄暨護衛中軍胡政左軍徐

希董遺集卷四　三十三

遵右軍王毅陸榮從　王西畋過岐山渡渭水駐五丈原下明日乙酉侍衛獵原左歸其遂與寮友審理副江陰何屛良醫正吳淞徐叔拱典儀副天台張六成登原謁諸葛武侯廟望褒斜眺岐渭山川形勝故壘空壕漢魏相持之陳跡在焉於是相與感往事評得失慷慨賦詩而還又明日次郿乃書所賦詩俾鳳翔守將眉山家誠揭於廟壁以紀歲月云

五丈原頭大星落軍吏驚翰報兵幞卯金社稷竟丘墟典午山河歸掌握武侯英風冠天下雄才自是伊

呂亞茆廬一出展經綸寰宇三分圖王霸大耳君王赤精裔魚水相逢事開濟東征未捷儻騎龍顧命諄諄有深慮丈夫肯負六尺孤赤心白日忠誠孚上書切陳内外政出師誓復東西都羽扇綸巾定籌畫木牛流馬飛芻粟渭陽持久兵益堅懿也含羞受巾幗皇天厭漢災祚移大勳未集天奪之遺謀受維走仲達雖死不死真英奇山水不隨人事改壁壘依然陳跡在江流激石八陣存鬼護神訶越千載荒凉遺廟原之顛兵民至今脩豆籩侯靈洋〻宛如在春秋迎享風泠然

問月

前年看月東海頭月色照我紫綺裘醉呼素娥歌窈窕跨鳳直與群仙遊去年看月來濠上月色照天光滉漾齋厨冷落樽罍空悶對妻奴發惆悵今年看月來故鄉月華冷浸芙蓉裳笑聽漁歌起欸乃鄰翁滑辣村醪香三年看月各有處月色娟娟只如此人生窮達那能移乾坤覆載元無私却憶風流李謫仙曾將杯酒問青天杯空酒盡人何在明月萬古仍高懸可憐往事今已矣過若秋風吹馬耳漢家陵闕高崔嵬不分荒凉月明裡我今對月且盡歡兒女欵轄身無官亟呼斗酒數十酌俯仰但覺心神安銀河界天淨無垢玉兎自與氷輪走靈槎此夕或可乘便欲乘

希董遺集卷四 三三

之上南斗

希董先生遺集卷第四

希董遺集卷四 三四

希董先生遺集卷第五

雜著

鄉試小録序

聖王之傳莫重乎道而經者載道之器也道固著乎經〻之旨必得人而後明焉孔孟述經明道傳之後世有天下國家者莫不尊信而崇用之　皇明受命尊經崇道之意益至誕建文明科因故典而損益之先之經術以詢其道次之論判以觀其學次之策時務以察其才之可用詩賦文辭之夸乎靡麗者章句訓詁之狃于空言者悉屏去之一　近世之弊駸〻乎成周賓興之制而三物之敎殆復脩于今日也洪

武丙子歲當大比之期陝右藩司遵定制披棘闈招舘内學士爰啓請于　王俾予司文衡辭弗獲廼及同院儒臣閱其經學讎其奧義第其等差得合格者凡若干卷撤棘之日藩司憲府合謀於衆曰鄉試有録故事也矧玆得人之盛其可以無録乎於是乃緝是録編而屬予序其端予乃進士子而喻之曰　聖朝取士圖其治也諸子傳經志行道也今而登名于春官進策于　大廷行將躋膴仕而得行其道諸子之志遂矣苟能持是志而弗渝不為物欲誘不為功利私惟誼是正惟道是明于以熙庶績于以致泰平使鄉邦之人指是編而咸曰偉哉文科得人之盛信乎斯道之尊崇而經術之可重也是予之所以望於諸子抑豈非諸子之素願乎如是則諸子功名又將焜燿青史匪直著于是編而已也諸子其勉之毋忽

是歲秋八月既望某官某邑某序

送張李二先生還山東序

同僚之契古人之攸重也以其官同事同故相與盡同寅之好恩義兼至終身不少衰逮子若孫猶敦叙世契此其風俗淳厚非後世所及余竊慕之故於僚友之間未嘗不欲與之同盡斯義也今年秋當鄉試士之歲余承　王命忝司雍藩之文衡與之同膺是任者則孟幾姚公溟通朱公道升張公可畏李公也

孟幾雍産也余今官於雍固與之同也溟通余同郡人今來秦邸實與余同陛焉道升可畏同究人同師孔而學斯道者則余之學余之道未始不與之同焉五人之同者固如此今又同為文衡官則其義之同者可知已由是坐焉則同席食焉則同爨晨而興則同作以事〻夕而休則咸入而同息間則談德義于以見道之同商古今于以見學之同握手笑談傾吐肺腑又以見心之同焉如是者浹旬矣闈棘既撤升道顧可畏而謂余曰吾儕幸同儒者流獲與數子同考文于玆同遊之日雖未深而交際之情則有同乎膠之投于漆也魚之得夫水也玆將舍以去則有離

合之不同矣余豈能忘情哉子盍有言以贈我乎余聞之慨然嘆曰古道之不興久矣人之交深而情同者殆鮮交未深而情能同者為尤鮮焉余無似獲托交於二子子茲所言蓋有同乎余之心也余能已於言乎子今舍余以去矣苟能念夫道之同學之同心之同而毋忘乎今日之同事則雖千里猶一家未嘗不同是心也離合之不同安足道哉二子曰子之言善矣請書以歸我余乃次其言以為序擬書於二卷而各遺其一焉俾異時子孫之敦序世契者出是卷以觀之殆不異乎通家之左劵其好益堅其義益篤又有同于今日者矣余特念夫有弗能同者耳孟幾

希董遺集卷五　三七

溟通偕作曰君子苟能觀夫天與火之象則未有不以類而致同者於是乎書今年為洪武廿九年歲次丙子八月丁未具官某邑某人序

寶忠堂記

人生天地間固貴乎位之崇而尤貴乎忠之盡位崇而忠弗至雖能取榮於當時而弗能垂譽於當世位崇而忠益盡則功名之盛匪直昭著於一身而福澤之無窮又必施及於其子孫矣是故享有祿位之君子必加盡忠以居位焉忠盡乎已位顯乎時已又惟後之子孫弗克世守是懼於是乃有傳家之訓焉苟保一時之富貴而弗思貽謀於厥後者是豈君子之用心哉特進光禄大夫中軍左都督合淝劉公以勛賢之舊居台鼎之重蓋盡忠而得位者也貞亮謹廉之所以盡其心獻替折衝之所以盡其職上有以得乎　君下有以加乎民惟我　聖天子倚毗之意益至恩日益隆任日益重褒忠之都俞訓忠之戒勉寵遇期待之優渥不惟及公之身又有以及公之子若孫矣天下薦紳之士莫不仰望景慕而咨嗟太息其不可企及也公年既高而忠彌顯烝烝焉翼翼焉不以位崇寵渥為可喜惟以報稱之道或闕無以垂範於後世之子孫為可憂於是即京都賜第之堂名之曰寶忠堂大書以揭其中于以昭　聖訓為至寶且

希董遺集卷五　三八

以示夫後之人當世守而弗渝云惟古有之寶經訓者儗以菑畬寶善人者儗於金玉皆以其道之攸存足以資吾身吾能詢其道而用之足以俾吾道之克尊吾位之克稱而吾終身寶用有不能盡者故以良田奇貨為喻欲人因彼而識此也今公之名堂直以忠為寶則是忠為希世之珍而非外物之所能喻也於乎以物爲寶往往溺其志墮其身以忠為寶必能寶厥身康厥家矣後之人信能舍物之寶紹公之忠弗敢替纘公之位弗敢忽將見世祿之傳世功之報成周世臣有不得專美於昔者矣若乃視是訓同金玉以是堂同菑畬徒知傳而用之而莫知所以效忠

盡忠之道固非賢子孫之志抑非公名堂之初意也公之嫡子遂盛年正氣才行卓然受知　皇上今以遼東之節移治陝右聲譽方著蓋已能寶其忠而守聖訓矣由是知公之後福源〻其未艾也是為記

洪武三十年龍集丁丑二月既望奉議大夫某處某人記

修聽軒記

人之所得乎天者克舉而弗墜則天之所以報乎人者亦必左右維持之而有以異於凡民矣天人感應之妙在乎心術一念之幾善則應之而福禄降不善則違之而災戾生是理之常夫豈偶然之故耶吾友

天台張季容氏温如其質也確乎其行也侃〻乎其辭氣也雍容乎其德與性也殆有得乎天而思克舉之者也典儀于秦闕二楹間言之曰脩聽是蓋脩已聽天之說其用心亦聖賢之術也余每休沐出輒一造之未嘗不及乎政事之得失心術之邪正至於聖賢道學之奥天人相與之幾又未嘗不惕然知有所敬欣然若有所會而融然於心胷間焉由是更相規而交相戒所以盡力乎在已而弗敢必乎在天者益至曷敢有一毫自欺自蔽之私季容行之久守之固用是聲譽籍然于上下天之所以福季容者蓋有自矣於乎士生天地間讀聖賢書希聖賢道窮而談道義以淑後人達而分庶職以佐　天子殆有出乎凡民之上則天之所以賦於我者固已厚於彼矣我當脩之而勿荒存之而勿忘乾〻乎固強為善而弗遑恐〻乎勤於職業而不敢康斯則克守乎上天之命所謂天之左右維持於我者初亦不計其必然與否也雖然念慮動於隱微之中而天之所應者昭彰而可指事為作於顯明之際而天之所報者冲漠而難諶也天人之理若此其可以一息之或忘乎天或悖夫理而自棄夫天之所以賦我者而禄〻焉與凡民同其歸哉季容負修已之學有聽天之誠天之所以福季容者殆不僅止於斯而已也季容其敬慎之哉

洪武三十年歲在丁丑六月既望某處某官某人記

題宋高宗靈異卷後

世有非常之人必有非常之事靈異之應神器之歸雖出乎天之為而實本乎人心之所感召也余嘗造太傅曹公出示斯卷宋高宗靈異之蹟具繪為圖于以見宋德中興有非偶然之故也於戲宗自宣和失馭乾綱解紐靖康之難忠賢之謀弗庸武勇之士解體君臣迎合姑息苟安日以和議為妙筭然而議和之使未聞有以材氣懾伏虜情者當時高宗實居康邸出會虜帥獨能以英毅之氣騎射之善使虜畏服及乎虜難再作承命即行自非憂國忘身志存宗社

者疇克爾耶余由是推而知高宗之心固非茍交以自全也非欲立功以自顯也亦非犯難以自棄也誠以為分則藩王親則介弟當天步艱難之際惡可碌碌與常人同哉於是奮激以行上有以感天心下有以慰人望宫闈始出則神人擁衛於杳冥之中逮次於磁則四民懽呼遮遏而莫俾征旆之北指也是皆高宗之心有以感乎天、、之定命爰眷於高宗茍至虜庭必不獲返是又以尋常之事度非常之人也非常之人天必為之左右維持以安全之矧乎高宗生有異夢之徵長負兼人之勇天之所賦固已異於常人矣抑豈俾之淪胥于敗哉世傳白馬南來之事不尤

異于金輿之返乎北耶又曰天之所以眷高宗者如此然而曷為終於江南而弗克光復祖宗之舊業乎是又未知天人之理者也於戲建炎以來高宗之心則有異於曩者矣泯、、焉忘君父之仇棄宗社之重棲、、焉忍臣虜之辱而甘處于江南之小朝廷是以天亦猒之有以奪之而不復有天眷顯赫之靈異人事齟齬動失其常殆由高宗之心變其常故也天人之感甚可畏哉使高宗入杭之后忠孝之誠無替于初復讎之念毋忘乎寢食之頃則天必有以相之佑之南宋中興之烈抑豈僅止于彼而已耶惜乎高宗之弗能終也觀是圖者知高宗之始也有以得乎天尤當求高宗之終也有以失乎天

洪武丁丑春二月上丁日某官某處某人拜手謹書

送王茂材歸廬陵序

士所尚者志也少而志之存弗戾乎性長而志之尚弗渝乎理則德器之成抑惡可量哉余佐　秦藩有年矣所接之士若封内之學于郡縣博士者若四方之道出乎是國者若入覲若廵省所過郡若縣士之秀出民表者莫不從其師而來朝于

王朝既退余未嘗不進而勵之觀其所尚有華而浮者焉有朴而野者焉有文而迂者焉察其所志、、乎道者幾希求能養其性循其理者殆不多見也廬陵

王汝舟憲慔王君賔旭子也甲戌之冬始至陜右侍父候見　端禮門之左逮出以余嘗為弟子師也特伏謁於公署其容肅如其氣温如其言訥如視其所尚無華靡之習無朴陋之固質而文、、而有節者也察其志則志於學而奥聞道者也空谷跫音吾於汝舟見之由是浹旬之間、、一來見、、則必請益或談經或論詩或上考古人得失之迹至於心學正邪之幾微事物是非之本末未嘗不反覆問難必求通而後已余因嘆曰汝舟有志士也可謂知所尚矣居無何以父命歸省其母若宗之長告别於余且請言為訓余弗獲辭迺書如右而重之以辭曰汝舟之志有

矣特懼夫持守之弗固耳果能持久而弗失致力而弗倦孜〻於問學駸〻於聖賢道義之域則復其性造其理成其德器盖匪難矣君子之德清廟之器是余所望于汝舟也汝舟其勉之

祭陳公迪文

維洪武三十一年歲次戊寅四月丁丑朔越三十日丙午致祭于亡甥公迪茂材之靈曰惟甥育於外家生而聰悟分則舅甥情猶兄弟其幼也晝則同肄於學宵則共寢於被情意怡〻焉其長也雖出處異途離合不一而親〻之誼蓋未嘗間也余來秦甥亦以秀民被選天官余謂甥必能躋膴仕以展所蘊既而

聞甥除知懷慶府余蓋欣焉以喜也去年秋余從王入覲館于會同聞甥坐事繫獄余又愕然以驚也旋蒙　普恩釋桎梏從行伍以戍于開平甥來謁余于館且言當遠離相視話夙昔惜別離余固不能不惻怛于中也迨乎今年春大兒順致書云甥復有仕志獲罪于　朝竟死于秦淮之上讀之不覺涕泗交頤也嗚呼痛哉甥有才而未施有志而未展有親遂殯而未葬有子既長而未婚有情弗伸而竟死非正命〻之於甥果何如耶嗚呼痛哉余孑立無兄弟有三姊或蚤世或遠離惟甥為強近之親意有望于甥以爲余家光今又若此使余不能不痛也嗚呼痛哉豈天賦命之不齊歟抑甥先德未廣歟將甥弗能順命而致然歟余弗得而知也甥玉骨已還鄉土靈魂已復室廬余以遠宦弗克躬臨以哭吾甥之不幸也姑設牲醴望祭官舍甥其有知服我斯悃嗚呼哀哉尚饗

跋卞莊子刺虎圖

卞莊子之刺虎其勇固可尚是可以立懦夫而不可以與強悍者道恃力之強用氣之悍而又鼓之以莊子之勇則幾何而不至於履險而取敗哉苟有莊子之勇要必約之以禮裁之以義而後可與有爲矧無莊子之勇而躁進以求成功其可乎觀者尚戒之哉

跋錢舜舉山水

山水之樂士大夫固不可忘情也然逸遊徜徉而流連光景者又非士論之所許是故雖有丘壑之勝林泉之佳弗敢無節漫遊以曠厥事乃繪圖以為休暇之清翫焉此畫之所由作今觀舜舉所畫是圖盖吳淞山水之清勝是余舊所由而有樂于彼者今則弗獲往矣竊計山水之間耕釣之士其樂固不異於昔也雖然士徒知自得其樂而莫知其樂之所從來苟人咸溺於山水之樂則將誰與共治以致此樂於山水間哉

跋東坡手簡後

眉山蘇文忠公當宋盛時寵任帷幄名動四海天下後世孰不知其賢且貴也今觀公謫居時與部使者手簡而能遜順畏慎若此非適時委命者能然乎於戲公之心其聖賢之心歟

手簡附

軾頓首再拜毒熱不審跋涉之餘起居何以軾罪廢之迹託庇部中尋常不敢上問實非懈怠望賜矜察謹奉手啓少布區〻不宣軾頓首再拜

提刑奉議執事　六月二十六日

希董遺集卷五　四五

附録

希董堂記　天台方孝孺撰

禄位高乎人者可以耀一時而不足以傳百世道德備乎身者可以傳乎古而不足以貴當時有志之士將安所取則哉吾之所受於天者推之可以澤天下垂之可以法無窮非特可徼利達也使富貴而事功昭乎時福澤加乎民君子固有取焉苟徒禄位而已矣則君子奚取乎是漢儒為公卿者多矣公孫弘之寵禄終身韋賢之父子相繼孔光胡廣之壽考皆當時所指說稱頌以為善保富貴者千載之後雖庸人孺子皆知輕賤之董仲舒在武帝時最為不遇屢遭有力者擯斥不得立　朝廷而周旋藩國以仁義道德匡正之至今尊其學術以為聖賢之徒士之善尚友者每喜引以自望則夫人之眞可貴者果安在哉世方汲〻於後世之所賤而不汲〻於後世之所慕非其甚惑歟若夫秦府長史茅侯大方其所謂善尚友者歟茅侯有學行為淮南學者師考績入朝　天子召對而悦之擢為大國輔臣且勉以董子輔相之業賜賚期待者甚寵侯以為布衣而受隆遇懼無以稱　聖天子眷知之恩諫爭彌綸得大臣體未踰年秦國稱治因大書揭其正堂曰希董之堂以彰　聖訓且著其志云茅侯為人敦大和雅不亢不諂其於正誼明道之言深有得焉蓋聞董子之風而興起者然董子不為人主所知其出事藩國多遇驕王故匡

希董遺集卷五　四六

直爲甚難今茅侯之仕也　天子嘉其能賢王重其德從容規諷内外推服其所遇如是過董子遠矣雖然劉向嘗稱董子謂伊呂不能過蓋惜其不得盡行其道也使董子而得大位其可慕者豈不愈多哉蓋禄位者小人得之則彌貴而彌辱賢者處之則彌貴而彌光賢者非以位而貴也道施於人被其澤者衆故其譽聞益賢也今茅侯以盛年逢盛時志意偉然才氣傑然焉知其位不過於董子哉得董子所不得之位而行董子所欲行之道使天下後世有慕焉則侯為善學古人而不負　聖天子之訓矣

希董先生文集卷第五終

跋希董詩集後

希董集〻先正茅公詩也公精忠大節輝映天地詩特緒餘耳不足以盡公也曷以刻哉盖詩雖不足以盡公而人之仰止於公者匪是莫寄雖欲弗刻弗得也巡撫梅國劉公始以稿授予〻諷詠之見其詞旨清麗筆力遒健追配唐人之作而襟懷之壯烈過之雅稱其為人云然則後人欲想像乎公者不將因是集以得其人乎梅國公之意固自有在也麓官公之鄉仰公之節茲獲刻公之詩景慕之私庶其少慰也已刻成謹用附数語於簡末

嘉靖癸巳易月之吉知泰興縣事浙江山陰後學朱麓拜手謹跋

柴墟文集

（明）儲巏 撰

《柴墟文集》十五卷《附録》一卷，明儲巏撰，據上海圖書館藏《海陵叢刻》本影印。

儲巏（一四五七—一五一三），字静夫，號柴墟，卒謚文懿，明直隸泰州人。成化二十年（一四八四）進士。授南京吏部主事，遷户部侍郎。劉瑾用事，引疾歸，瑾誅，復起調南京吏部侍郎。好推引名士，與李夢陽、何景明、徐禎卿相倡和。

是集爲其從子儲洵嘉靖四年（一五二五）刻於沔陽郡齋。是集十五卷，包括詩五卷，序文三卷，墓志一卷，雜著二卷，奏疏一卷，書簡三卷。前有吴邵寶序。儲巏刻苦好學，凡先秦百家之言，魏晋隋唐兩宋詩文詞賦，至金元遺著，皆旁詢博訪。其詩規仿陶、韋，文亦恬雅，至於才力富健則不及李夢陽等，然亦明代泰州人物文章之冠。儲巏作詩頗有造詣，詩三卷中古詩、律詩、絶句皆有，有陶潛、韋應物的風致，多恬淡平雅，灑落清遠，如《自柴墟歸海陵》『白蘋無數依紅蓼，唯有逍遥一釣翁』，别有一番清遠志趣。《柴墟閑行》：『款茶談稼穡，按節數寒温。不覺垂楊外，烟沉日已昏。』亦可看出其爲詩風格。其詩或寫景感懷，或離别贈友，或題書題畫，或唱和應答。後人對其詩評價頗高，清朱彛輯《明人詩鈔續集》，謂『讀明詩者不可不知文懿』。是集序有言『其爲奏疏、爲書啓、爲碑表、序記、銘志諸作，繫天下國家大體，關乎古今治亂者，則方正嚴毅斬截崛奇。』讀其文，可了解其交遊情况和待人處事之法，更可以窺見一個文臣憂國憂民之心。

（耿陳陳）

儲文懿公集序

南京吏部左侍郎柴墟先生儲公既卒之十有三年其從子台州貳守平甫以公集若干卷刻于沔陽郡齋者謁予二泉山中請爲之序其言曰先伯父爲先生知素矣是集之序非先生其

慨然興懷也序吾烏乎辭諸公天資超邁自幼學時已有尚友千古之志涵養既久其性情風度從容詳暇接引後進穆如可親至論國事人才正邪忠佞辨涇渭義色法言凜莫可犯歷兩考功品署惟允及佐中臺厲起名節如恐不及剡牘之餘溢於言論時稱大雅君子必公焉歸故其爲詩或恬澹平雅或渾雄跌宕或洒落清遠所謂風雅遺音公蓋有之其爲奏疏爲書啟爲碑表序記銘誌諸作繫天下國家大體關乎古今治亂者則方正嚴毅斬截崛奇雖片言單詞蒼然古色壁立千仞望之嵬然而未易卽焉其長篇大章抑不待論也烏乎盛哉故觀公之爲人者雖未嘗執簡披閱可以知其言觀其言者亦然若夫公所蓄積書自六籍外先秦兩漢以來諸子者之所撰無不讀也詩自騷選以來魏晉唐宋諸家者之所賦無不誦也其博如此乃若近事自宋金元季至我國初諸老之遺言逸跡旁詢壽耈徵之故府歷能道之元夫鉅人自公卿達於韋布號有識者無不賓禮交游相與參訂焉至欲筆之爲書其言則曰知古非難知今爲難通達國體者古難其人而況今乎云云繼之以嘆由是觀之充公所志使見柄用必將大建勳業上追古人而以時以地未之究也其所述作託諸縑楮金石者皆公之餘爾然公之所蘊執是以暴於天下而徵乎其所行夫誰曰不可

哉予自甲辰從公登第越十年被召自州相從郎署者數年凡公所著往往得承面論而私讀其稿故嘗僭有所論如此先是公之知友山西憲使來與顧君華玉嘗以台守過我亦將屬序未果今乃卒爲台州執筆固亦予之分也集初名柴墟刻既成而

賜諡命下遂稱之上以昭

聖明崇奬名德不遺遐故之盛典下以慰公於九原云爾公諱巏字靜夫柴墟其別號也其邑里世系官階履歷在碑誌者不書台州名洵辛未進士累官兵部郎中由沔陽知州遷今官

嘉靖乙酉冬南京禮部尚書

詔許有疾調理前戶部左侍郎都察院右副都御史總督漕運友生句吳邵寶序

序

天地有大文日星河嶽之所不能盡者必生一代之大儒以發舒若夫悲名位不崇未免失之郊寒島瘦不過如古人之窮愁著書而止安見所謂鼓吹一代者乎故天之生大儒也既予之以大才又必隆之以功名重之以爵位以得騁其輝煌瑰異之略而後其爲文也恢奇卓犖發古人之所未發上與日星比其麗下與河嶽並其深而天地之大文乃盡如吾六世祖文懿公其近代之一人也吾家世陽羨自寧之公始渡江而北越四傳而生我文懿公公之生也幼而天才穎異過目輒成誦一時冠蓋過里者莫不樂覩其丰儀於是乎有神童之目長而文日益進宏中肆外冠絕一時癸卯甲辰聯撥兩元一時聲價出瓊山先生之上厥後立朝二十年官進少宰所歷有聲有古大臣之度逆閹用事飄然歸老逍遙詩酒之間卒後棺上發五色文成珍禽異卉之狀爲名手所不能繪者是吾祖生前未盡之文猶見於身後如此非所稱天生大儒鼓吹一代者耶余小子幼承庭訓聞吾祖之懿行最悉稍長讀其闈書繼而讀其文集而後知近代之文求所謂恢奇卓犖與日星比其麗河嶽並其深者固莫吾祖若也後之人讀吾祖之文當思隆生之非偶而後不負吾祖之爲人與吾祖之爲文也已

康熙庚申仲春花朝前一日六世孫澐拜手謹識

柴墟文集目錄

一卷

詩

卷二

詩

孝宗皇帝挽詞　弘法寺與應韶別
別後有懷應韶　感事寫懷
贈叔亨都憲詣京師　送劉大理赴兵侍
別劉東之席上次韻　老米店舟中與懿卿夜飲
金舜舉巡按雲南就省親思南
答唐執中歲暮感懷　送人官江東
次國賢飲南屏家別後之作　送李叔源副憲河南
壽王介菴　送戴司寇先生之南京
席上次希大韻送良貴少參之廣西
馮御史執之賈主事璇同遊太明寺
驛中會宿別朱亨之用實夫韻

送顧華玉之南京并壽其大母
賓館春風卷　送後本中知零陵
同馮執之遊上方寺　贈周瀛一首仍其喜雨韻
悼亡　挽高員外揖之
追挽孫叟德麟　挽廉知縣
挽吳潛祖母　史經聞家艱回
挽武陵楊給事母　悼光孝寺然僧
挽仲維馨　歲寒亭牡丹
松菴屠公加封　滁易道中漫興
送王尚文參議之陝　壽洪洞韓尚書
次徐傳賞內閣芍藥　次楊邃菴先生韻

盧溝西次白巖贈別　雨中寄興
金臺　謁靜修先生祠
雄縣感事　青縣會別應韶
大城院夜思　將至德勝門暫憩寺中
大房金源諸陵　游石經山值雨
發涞水　游太寧山
雄縣舟行至保定　霸州大水
宿龜山寺　入易州
薄晚渡白溝即事　夜入雄縣懷歸
衝雨發雄縣至涿州　固安途中次舊韻
登繹山　宿呂梁有感

宜陵次前人過家韻　登方山次馮執之韻
直沽阻風
游盤山宿四門塔寺期叔鳴元弼不至
夜坐次壁間韻　遇叔鳴元弼於山間
石門詠石將軍次壁間韻
再次盤山峯字韻答恆叔治中再次徐字韻答恆叔
冬至恭祀東陵　東墅荆柳
荆柳之日客有携酒相訪者次韻謝之
人日用韻寫懷　迎春日赴郡齋宴集
夜坐有感　西園季春
雨中看階前芍藥　池上即事仍前韻

四卷

詩

七卷

序文

八卷

序文

九卷

墓誌

十五卷

書簡

目錄終

新增目錄

柴墟文集卷之一

曾孫燿文振甫率男[illegible]校

古詩

送劉東山先生行邊

七月秋已肅北風捲黃埃欻茲數百騎夜過長城來我公調兵食慘澹旌旗開前驅初出塞黠虜驚且猜平生職方略聲徹單于臺况茲仗忠義山岳可使摧乃知折衝具廟勝先掄才吁嗟秦漢時無策良可哀司徒來何遲胡馬已無迹傳聞夜來雨虜窟水三尺皇靈暢無外嗟爾忍爲逆豈無嫖姚將不殺乃奇畫常憂六月師須令十年積天驕未能絕古人重守邊芻粟既飛輓士卒仍屯田何爲肉食人此法日棄捐茲行理軍實重見洪熙前吾聞塞下議詔許司徒專得志貴一時成功論百年丁寧誡邊吏中國方晏然

宿金山聽潮閣

朝遊懽未極暮憩還自營上方鐘磬罷虛室洽然清起視夜何其片月東南生青山如改顧隱隱攢高城蛟龍寒尚蟄波浪誰與爭乃知羣動息夕景涵空明欻爾紫霞想緬貽滄洲情篝燈閉石閣細聽江濤聲

公樂驛

薄暮抵山驛高舂辭薊丘青山半啣日重爲行人留山中三日行頗覺懷抱幽鳥鳴白雲澹不省人間憂簡書復驅出兀兀如拘囚自憎牛馬走眞作稻粱謀何人諸夙尚爲我營菟裘

發永濟驛

暮宿山下城朝飯山下驛山高雲霧深飯久初見日豈不畏馳驅欲憩仍復

出悄悄閔農心落落用世術川塗漭無際稅駕何時必賴此寛旅憂千里青未畢

磨臺山中

牆低林木踈馬上見山麓朝陽曬我背蹊徑紆且復徐驅喜崖豁稍上驚峯獨何當陟其巔一騁遠遊目閬風眇崑丘萬里疑可縮翻思下土人誰與洗炎燠歲旱不爲霖白雲滿幽谷

薊州山中

青山借微雨洗沐爲誰容宿雲猶未歸更覺岡巒重我行頗愁寂賴此山靈供宛如平生交傾蓋遙相從晚來境逾勝四顧皆奇峰何由擅一丘且作漁陽農諒無功業建還以千家封

渡三河

出郭渡河水清波思濯纓濯纓不可得復逐青山行青山澹無姿白石紛縱橫蜿蜒走一徑始得坡陀平停車古樹下凉意翛然生

渡白溝次東之金臺韻

西山鬱高寒青繞燕代闊我行春已深絮纊尚未脫平生四方志眼底纔圭撮區區白溝河編箇不能劉經涑流漸廣赴海瀆莫遏欲渡仍徘徊緬懷開運末茲惟遼晉疆終古抱嗟咄天公憤餘腥老雨夜來潑堂堂十六州幅幀一朝割桑君漫周旋國旱爾爲魃中原殺戮盡胡忍犬羊括哀哉黃龍府回首飯無鉢橫流到靖康戎馬屢南跋往事勿具陳憂端猝難豁居人諱言兵惟記粘與曷

靈山

靈山慕名勝曦午停征軺倒裝換冠幘徑往凌岧嶢手披茂草開思逐浮雲

飄迢迢詣白塔獨立吹清飈迴旋休緇廬老屋依山椒野僧三四輩衲破形容顦共言山中貧菽水聊今朝問渠何所戀且得避征徭

平谷院中

縣僻客來少庭幽草木删我來掃荒翳老樹迴蒼顏溫溫飄風來稍稍暮鳥還晨興開北牖一飯面青山烟峯遠宜眺絕勝窮躋攀惜哉行役累暫寓非長閒

望瑯邪有懷

林嚶迭寂歷野淥明潺湲蕭蕭雲日冷更覺春山閒坡陀漭迴互四合如連環何人留妙語環滁皆好山我行攬秀色遠見瑯邪顏輕軺搖短夢兀兀句愈慳緬懷諸老翁游戲超人寰荒城偶一顧文藻貽榛菅至今股肱郡介在江淮間遙遙望不及飛鳥空中還

寶坻郊行

四月麥隴焦靈雨苦不早田家能幾日租食不相保我從鄣陰來風嘆顏色老閒愁塡肺腑詩思淨如掃焉得膚寸雲救此千里槁傅巖諒已求桑林尚須禱

悼手植檜次涯翁韻

物理有代謝陳根仍復新猗與千年檜乃爾枯株存想當蓊鬱時羽蓋魯東門坑焚幸不及白兔迷狂秦豈無四方樹楷杏難爲羣上無鸛鴿巢下免螻蟻屯鱗皴苔蘚迹茫昧科斗文伊誰紀顛末嵌壁書八分我來刼火餘所見異所聞傷哉翰林句感歎傳成均南枝幾時復青帝將東巡豈繄孔氏木四海皆門人會見干霄姿鳧繹爭嶙峋

廷章文光邀遊龍潭寺賦謝

蒼山宛龍蟠南棹峴邪尾潺潺兩崖間一綫行如蟻崎嶇度澗彴蒼莽拂林
卉何年鑿靈巖佛閣擅雄偉長年環滁思江介浮一葦及茲諸良游落落故
人幾肝腸苦雕琢鬢髮銷讒誹歷覽石上題留詩弔山鬼兩公廊廟具名姓
在丹扆空山豈久留且醉月生朏

訪鳳舉進士寺中

聞君儆僧刹屢往屬未閒及茲炎雨際獨步城東灣路紆經石棧木杪開柴
關老僧訊鄉曲喜溢眉與顏砌苔淨堪憩庭樹涼可攀藤蘿映瓜圃眷子栖
其間此境稍閒閒已覺超塵寰誰爲剷屋角坐納西南山嗟予職吏局茲游
良已慳但恐他時至君去空予還

坐月一首贈張一

悄悄不成寐愛此明月閒流光媚清夜徐度銀河灣道人掩襟坐塵慮了不
關盅虛發朗煥如對君子顏緬懷古仙人一往不可攀至今指遺跡明滅飛
鴻間我欲載圓魄日夕經人寰永栖廣寒殿擬作蓬萊山憂虞抵富貴不知
誠何慳雲居倘有獲仍載張騫還

贈張鳳舉改令寧海

嘉君本奇士得縣山水窟前年遊桐江釣瀨漱齒髮今年過赤城天姥爽風
骨況茲侯城里有士古硉矹手把遜志編生氣凛不殁長有懷賢詩高齋對
明月

再一首

相別六七年復此與君別喧塵苦無情回首迷車轍台南渺何許海嶠霞明
滅豈無送行人我意先到澌且須一尊酒痛洗肝肺熱期君來何時寒暑不
再閱

涉園

涉園日已晚春去聊追攀微風喜我至習習鳴樹間方池瀦無波中有鳧藻
閒雖非沂水曲聊此清塵顏浩歌彌自慰携幼徐當還

婁職方池亭次韻

虛池受明月風瀦微漣起蕩漾不成圓夜靜波乃已豈知天中影已落金尊
裏清光本無方臨流笑吾子驚烏繞涼柯游魚集芳芷安得駕桂舟沿洄三
萬里道逢古仙人長揖問名氏沉沉廣寒宮去此路餘幾迴驂悄無言欲別
聊莞爾泝流過臨皋褰裳訪居士崖空山寂寥水月餘形似

題蒼雪道人卷

水官失蒼珮龍伯竊上天染成天水碧屑花競芳妍瀰漫三萬頃彷彿堆雲
烟物情忌太潔白帝不敢前道人茅宇小骨冷驚高眠出門杳無見乾坤正
蒼然誰開混沌竅坐此清泠淵翩然謝濁世還我太古年

即事用韻答趙叔鳴進士

趙生淮海士眉宇溫而閒宛如九皋禽獨立秋塘灣朅來游京國籍甚名賢
關胸中爛文字膏澤曾與顏翹材館閣地賢俊爭追攀胡爲不見擢猶滯郎
吏閒青雲多捷徑冠蓋紛區寰誰能濟無事日眺城西山生才必有用頗笑
時人慳幽貞子無厭天道終好還

至日再用韻招趙張拼公獻飲

節物不相貸歲功無停閒昨日淥水波今日冰雪灣倏茲日長至商旅皆閉
關齋居幸暇豫思奉我友顏寓游邏坊陌過從非難攀人情眷鄉邑况託文
字間常恐忽分散[illegible]天一寰君看暮歸雲未必朝來山感此每長嘆嗟君
來何慳一觴亟相屬生運春陽還

贈別公獻用至日韻

憶昨初筮仕共乞留都閒君盧淮水湄余住古柳灣相思輒相見絕勝居鄉關嚶鳴正欣悅君有憂在顏春江流慟哭歸棹遡難攀旋京忽奉召悒別須臾間秋風大儀夢不隔千里寰所期永今日把臂游燕山如何復乖隔矯首疑天慳同心抱離感爭似仍同還

末俗競夸毗誰能宅幽閒愛君醇樸姿古道無碕灣栖心翰墨窟閉跡聲利關何論江夏裔吾國今有顏走昔不自況徙倚長松攀顏行愧時論幸處蘿蔦間到今齒髮暮僅識海與寰蹉跎十年讀精舍閒南山美哉千頃陂賴爾蠲余慳狂馳寧我願稅駕行當還

白巖扇頭次泉齋韻

黃塵走名都白日觸隆景雲山忽當眼便自出人境翛然蹇驢翁細路轉岩嶺跡林劃空明一笑得人影我家柴墟旁南望長引領烟蘿繞茅屋江月開漁艇栖栖恐無成題詩聊自省

觀中卽事

蜡月省牲初有詔傳尺一周廬屬近郊羽衛肅清蹕輦路雪已乾京城冬不飀通宵走士女共候翠華出如何風與塵滯蕩在今日

是日獨坐懷應韶

風沙擊人面我馬未能出上牀借餘暖獨坐道士室閒生栖雲心漫想馭風術悔不留髯郎暮去轉蕭瑟何當竟無事共此南榮日

送王載卿使揚粵

長安滯雨餘客衣盡生蘚王郎將何之走馬皇華選欲語仍低徊已去復假塞澤國終歲負邊庾幾時衍我非王子明何以爲君餞悠悠南海湄軺車隔年轉星霜易變改事業責黽勉平生萬里遊送子興不淺

中秋日鏡光閣餞馮執之分韻得長字

招提倚城背俯抱平湖涼晴颸蕩暄濁高閣淩空翔秋期倏然至我友之遠方駕言騁遐矚共舉惜別觴九衢豈無月塵土涴清光眷焉此終夕徙倚隨巖廊浮雲爾何如點綴天中央吁嗟人間事欻化那可量燕月幾回圓桂水千里長相思逐明發良夜遙想望

送鍾舜臣升廣東參議

去年京師旱今歲乃淫雨世事本無方人生各有遇灑然丈夫心出處隨所寓喟彼冥迷人昨非竟誰悟不見曲江公獨立三珠樹朗詠孤鴻篇千秋動遐慕

嶺海常軫念孰爲吾民師民徭相啖食還定嗟何時盜賊本王民殺戮豈所宜冥冥氛祲地安得清風吹輟我郎署彥輿論良在茲階前卽萬里南粵非天涯

七月廿有三日雨中同邊李坐李道士西軒

炎歊困朱曇久阻塵外遊及茲風雨辰相與躋崑丘飛觴狎羽客揮翰逢詩流翛然供宴坐花竹媚涼秋空庭水盈尺泱漭天光浮搴廉遲夕霽欲去仍爲留坐悲芳草歇况復鳴蜩稠豈無終夕歡感事令人愁層雲蔽蒼昊誰能詰其由梯空諒有術願就王喬謀

贈題寒泉濯足 閣公以考功郎中出參河南年五十有三卽棄官歸關中走進士時聞其風而高之乃今謬繼公官又與其子御史允德游亦可謂有世契矣題寒泉濯足一景致仰慕之意云

岍山在何處望入春雲微中有百尺泉日夕鳴珠璣淪漪瀯平涤亦足充我饑興來恣游詠濯足褰裳衣不嫌水泉冷但喜無塵霏頹波正東注宴坐聊

因依洽然天壤間高詠如清沂非關厭聲利自與心賞違

湘潭暮雨竹圖

重華去不返暮雨秋楓岸相思千點淚灑向幽篁畔淚盡竹不枯目斷江空晚誰言不同藏魂返蒼梧遠流風被豐鎬行露歌江漢至今枝上痕羞與行人看巫陽霧杳冥堤曲花靡曼何爲辭賦人等作荒淫勸我心本無求之死乃所願援毫寫吾詩爲洗湘妃怨

病目

清陽兩童子自少與我俱奈何嬰以疾使我心煩紆我貧無舊業所業詩與書蚩蚩三十年賴此多懽娛胡寧眚我目何異喪吾軀金鎞落誰手藥石徒區區頤言屏氛雜身心常晏如會當清洽瀏還我明月珠

古詩

過玄武湖

北山飛翠凝吾杯舟人舉棹相徘徊城隅扳舵踏冰入船底軋軋聞春雷霜風吹衣衣欲裂湖天泱漭疑飛雪司空勸飲夕郎酬始覺微酣生頰熱中流咫尺冰盡開沙禽水鳥忘驚猜新洲昨夜梅花發暗香偏逐詩人來湖波爲帶城爲被册府圖書眞得地堪笑前朝建此都只將山水供游戲鍾山龍蟠幾百里下有　龍宮藏劍履山中老樹盡成龍夜夜飛來飲湖水湖波直與銀河通背城一派垂晴虹柏梯高寒石梁迴十洲三島神仙宮長堤隱隱湖心路堤上行人日來去春風楊柳夏芙蕖換盡年光顏色故世間萬事如雲烟湖光山淥只依然不及湖中魚與鳥涵泳　恩波今百年

匏菴題馬圖贈楊邃菴西巡次韻

西戎獻馬何年來玉關石城天漢開銜沙蓊雲祇一日頓令冀北皆駑才誰遣此疋長洲下似貌當時大宛者年深物化毛骨改謾道生程復生馬匏菴老筆詩境新題贈西臺第一人平生好畫今好馬金源祕監疑前身尚憶吳興趙丞旨半幅生綃價無比何如沂渭若雲屯畫苑連天屬吾子楚丘坰野何須曹尺箠不假奚官勞龍驤內廐不知數空聞芻粟如山高邊城馬飽狂胡遁萬隊看公秋入覲君王願得仗前鳴已欲人間千里駿

題吳康齋贈劉濟寧清白字卷

康齋兩字雲垂紙珍重劉宗百金比南窗把卷觸熱看習習清風吹簟几就中墨汁西江水直寄任城五千里閩中丈人不復見得見風流老孫子傳家所寶在不貪阿堵眞堪付泥滓長安父老向人說虞部郎官亦如此君不見漢家西京全盛時五侯七貴門如市繁華回首併成空籍籍今聞楊伯起

房山

我行京西三百里日望燕臺歌易水春風着眼到房山不放黃塵吹馬耳烟嵐護雪不肯銷層峰相揖如相招千金枉購倘書畫何如平地橫生綃晚來頃刻巖姿變急雨漫山颯銀箭斜陽一抹亂青紅似與詩人供戲幻胸中丘壑句傳神聞道劉公下筆親太華中峯五千仞人間何地卜東鄰

次韻邵國賢生女

太行虎谷雄鬚眉於菟不合來非時春風試手瑤環姿遺情坐誦陶翁詩婉婉索笑聊自奇泉齋准擬秋生羆歲晚共訝稱觴遲居然抱送丹山雌向來餐飣空禱禳蓮仙入夢那能離奪胎換骨嗟神醫何當遇之及未衰人生抱子寧無期況此二妙時所推詞源墨窟應有兒閨中少婦慎莫嗤他年衫袴看騑隨我歌慰君君豈悲鳥雌鳥雄誰得知

贈魏文璧（廣陵魏文璧號野鶴自云泛海六七日至蓬壺山訪異人得藥與方茲游京師諸公相率次少陵韻贈之）

昇仙樓高胡不住回首蓬山墮烟霧縞衣化盡帝京塵何年却返三珠樹青精石髓毛骨換流水桃花人世暮壘爲砥柱蜺爲梁中有飛仙往來路愛君小隱燕城市傾蓋壺公郎如故萬金良藥到長安不羨金莖一杯露海波萬里秋風餘豈願得食馴階除爾來貽我太古訣茫昧不似人間書遠遊賦罷脫身去蜉蝣起滅嗟紛如

送吳貢士歸海門

海門儒士吳季子閉戸長年誦書史丞郎勸駕充國賓樸研囊錐來帝里手攜尺素故人書謁我騎省春風初明光試罷忽歸去衝塵自傚城南車知君家近瀛洲路俛首橋門非久住他年晞髮過咸池與君同賦觀瀾句

送程貢士入南監

與君傾蓋長安陌姻婭何須論宿昔京遊三月苦思歸白馬湖乾欲龜坼春官召試彤庭前晨曦五色搖爐烟集賢學士看墨卷青袍鵠立知誰先姓名且入南雝籍桂殿秋風吹羽翮到家喜雨謾留連洗眼湖光依舊碧

次名甫借悲青坂韻

黑風掀舞旄頭出胡兒夜甲陰山窟雲中老將提偏師犄角平原共衝突重圍七日空飲泣鉦鼓無聲箭衔骨漢家安得飛將軍百騎還能遮倉卒

次名甫釋悶

吾家麯生作老兵十年一劍游咸京乾愁漫漫不可斷空杯自笑攻堅城天驕破障虞侯死嗟汝掉舌徒縱横新鬼煩寃舊鬼哭纍纍戰骨桑乾平綸巾羽扇請一戰七校未可輕書生南窗睡醒快新雨滂沱爲洗烟塵清

南旺湖次韻

南湖水闊秋無岸盡日開帆疑不轉忽從樹杪得高崖始覺扁舟出天畔漁家何自住楓蘆陂寒雁驚遙相呼斜陽欲下晚風急人間此景何時無君不見飲啄那須論藜藿人生得意良不惡

秋蟲嚙盡枯楊滚道上征車晚驅犢北風昨夜過任城便覺緇塵浼吾足十年飽看江南山衰遲自愛留都閒檀園宴坐騁吾目十章柳樹城隅灣君不見漢家苦覓羊裘樸底事江湖任踈放

八月十五夜對月有感

昔年中秋在靈谷坐待冰輪轉空曲一天明水四山寒老兎涼蟾出新浴擧杯不飮嚼菊田扶衰取醉憐謫仙三山豪士頗跌宕高歌屢和騎鯨篇洞天一别長相憶草樹巖巒總陳迹山中父老寄書來十過中秋無此客前年奉詔祀房星樸被獨宿祠西廳正當今夕月滿榻水晶窗戸琉璃屛古人不見風流在冷落人間無好會南樓高興據胡床西園清讌追飛蓋中宵徙倚庭中央我所思兮天一方銀潢碧海渺無路翻令百感生中腸嫦娥應笑詩人老底事愁多頭白早千年石臼擣玄霜不與人間救枯槁聞道狂胡戰武威

關山塵土浣清暉安得并州劉越石一聲長嘯解重圍

次白巖望白雲閣之作

白巖樞閣興絶豪盤馬醉睨西樓小谷中猛虎視耽耽萬里纔堪供一飽柴墟眼渴沙霧黄一斑暫見林間蒼天憐此樓掣鑰去白雲噴薄迷其方

再次應韶閣韻

飛來傑閣秋林杪勢走平原軋山小歸來三日夢岧嶢苦恨詩腸撑不飽巢阿縞鶴毛羽黄白雲變作天狗蒼眼前時事忽翻覆我欲掉臂遊諸方

燕城行

燕城莽陳跡易水留餘潸浩歌入東市暮色横西山西山影沒扶胥灣神仙

可望不可攀昇天入海兩寂寞騰有迂怪傳人間烏頭白盡馬生角秦人猶笑燕人頑扶傾本有望諸策底用屠狗驚函關我來此地市駿骨傾囊直破千金慳天山之芻日池水要令騄駬充君閑紛紛過眼祇凡骨龍媒何處埋榛菅郊坰變滅戰爭盡意像慘淡山川閒筑歌劍舞枉悲咤壯士一去誰當還西風落日三臺路彷彿萬古來征顏

十六夜飲徐昌國館

八月十六夜中秋明月今宵多清風吹浮雲空明萬里天無河西林看月苦無伴城東有客能相過月從禁中來亭亭御纖阿涼蟾吐靈液老桂生新柯瑤樓玉宇不知處但見粼粼宮瓦搖金波酒酣逸興發衆客謠且歌倒着紫綺裘滿勸金卷荷青山渡口喚李白黃泥坂下追東坡古人不見今時月今人回首成蹉跎明年修甑事吳苑知誰何顧影不復醉踏碎階前莎旁有蠛

虱臣涕泗心靡它綠章閔雨三萬字籲天無路祈姮娥再拜酹杯酒勸汝明月愼勿離畢仍滂沱

律詩

坐月

溽暑得涼夜小山涵碧漣到家纔見月爲客已經年病阻登樓嘯閒思對榻眠高城今夕漏不到枕屏前

夜熱

月暈光微滅風軒吹漸稀氣蒸眵眼澀汗浹病身肥竹冷思湘簟荷香愛越衣南枝栖已定烏鵲不須飛

小晴

輕霞迴照晚疎雨發涼新新沐閒稀髮高吟自爽神河山微有影樓宇淨無塵歷盡浮雲態淸光始近人

雨夜

漯瀉河將渴飄蕭漏未終雲峯懸宿雨月殿閉遙空涇渭千流合炎涼萬里同北窗支石枕秋意滿簾櫳

微涼

微涼生枕簟唾與病相宜海月供清玩林風愜素期暗蛩喧砌急栖鶴抱巢危預向蟾宮道秋來桂許移

有懷

冷坐誰爲伴淸謠夜不眠懷人千里共看月幾回圓秦塞連雲戍荊門下峽船幽懷兼病抱依舊析津年

望夕

暑鬱庚重伏陰凝魄正圓羽蟲明可數螢火暗能然塵土開清景光華照暮

年浩歌追太白把酒問青天

閒坐

北城聞柝罷待月坐南軒露溼蟾光動風冷桂影翻旅懷多作病宦海只聞喧何似今宵看閒身在故園

坐久

坐久牆垂練今宵月較遲嫩涼吹細葛古調發柔絲灩灩金波麗沉沉玉宇移莫愁光漸少素質未曾虧

涿鹿道中

受命戡坰牧驅馳敢自閒雨中行涿鹿詩裏過房山野水寒猶澁邊雲晚更頑歸程那用算應傍麥秋還

行役不違舍趨裝發井房雲低山戴帽渡晚水漸裳牧事嗟吾劣燕風自古
強道旁沙礫地盡說是逃亡

掉鞅遊歌地平生願不違山川動悲慨習氣挾雄飛曲折黃泥坂蕭條白石
扉春和聞有詔寬大恤邦畿

涿州分司夜坐

簿牒相仍急沉迷眼欲花籠燈猶閱馬聽樹已棲鴉強半春爲客饒多夢到
家却嫌塵土涴無地汎僊槎

曉發至新安

出郭半舍許晨光猶未舒壯心看手劍殘睡倚肩輿遠水微茫樹平沙莽蒼
墟去年脩禊處北望意躊躇

咫尺千家邑縈迴六里村輕陰詩發興獨眺客忘言野色明還滅林烟淡欲
昏只疑滄海上雲水浴朝暾

望青縣

青縣望不極兼程盡日遙衣從塵裏春化向客邊消野飯留荒寺車吟過小
橋西山能慰客返照故相撩

自文安至保定

夜短不成寐晨初仍戒征星霜行曠野燈火發高城游倦憑誰慰歌勞祇自
賡褰帷看日出花柳半村明

露坐

曙鼓愴春睡開窗月已西樹高先占鵲城小盡聞雞露坐移床久星言數馬
齊何時巾櫛罷擕酒覓芳蹊

淶水道中次韻答朱主事

九日登高興山川此地良雲門判獨住粉署許相將輿似催租減情同看菊
傷將軍能有約歲晚過南塘

王程有餘暇最喜得朋良野站詩分贈行廚酒自將年豐人語別秋老物華
傷正憶金閨彥飛鴻漸滿塘

登雄縣城樓

高秋愜登眺平楚動悲歌樓櫓何年廢前朝爭戰多雲開青海戍塵淨白溝
河翻笑咸平際金繒滿寨駞

雉堞倚雲平關河控古城獨憑秋閣迥千里暮山橫灑落平戎策淒涼款塞
盟瓦橋遺石在覽古若爲情

入順義

眼纈晴初放心旌暮欲懸柳行聊弭蓋沙渡急迴船積水經荒漠層峰抱遠
天柴墟它日夢應到此山川

新城道中九日

九日偏風雨氈車皂笠斜岸楓明赤葉野菊蔓黃花清唳初霜雁低飛欲暮
鴉白溝聊引眺樽酒不須賒

過盧溝橋

萬礎峙橫流襟形抱帝州駕鼇驚海立蟠蝀覺天浮燕趙悲歌地關河浩渺
秋何當乘曉月驅馬過盧溝

夜詣三河

簿牒知何益關河厭屢經夢牽東閣句駕媿北山靈沙細路銜雪村寒樹帶
星遲明行役在依舊數長亭

三河道中曉行

臥冷獨看月曉行初見霜莫驚顏鬢改自乞道塗忙僧碗供幽茗奚囊聚越糧病身多少事忘却在他鄉

武清院中睡覺

騏驎歸苑寂蟋蟀近床鳴往事夢中復暗愁閒處生篝燈留掩映城柝遞分明此地還追憶秋窗曉月情

兗州道中

聖賢環轍地而我亦來遊井邑遺風在山川灝氣浮盪胸雲出嶠縱目海侵樓泱漭仙源裏憑誰訪帝丘

自兗州至闕里

晨出魯東門晴光抱日溫青山路旁堠喬木望中村入里先憑軾函香敬扣閽東遊有成約泗水欲窮源

過牛欄山追次許給事九日韻

不是窮途客嗟君底事號意多空落落節去自滔滔鍾鼎羞勛業軒墀惜羽毛南山秋色晚若箇與爭高

不識陽坡路牛山十里遲野陰秋近晦沙軟雨移時石迸千年菊江涵九日詩憑高懷小杜此地亦堪悲

一雨洗塵土青山如病蘇宿雲城轉壓積潦路常迂萬里邊聲雁千金電影駒宦游多感慨懷古覘平蕪

八月十五夜過海子橋

爲愛湖心月長堤薄暮回浮雲仍點綴清夜謾徘徊九陌笙歌待層城刻漏催桂宮消息近曾約及期來

清源舟夜

十年三往復此地忽重經塵土長安夢烟波汶水舲平川涵夕景遠樹隱春星魯酒偏難醉從人笑獨醒

三月過范水

好風貪利涉半日隔秦郵雜鳥鳴芳甸閒花占遠洲酒從今雨飲春及故鄉遊老大空縻祿湖西欲繫舟

穿城至漕堂飲

入市槐成陰當壚酒佐歡清淮晴可濯疊嶂晚宜看客子淹留久將軍禮數寬飲中幽興在花絮惜春殘

將至清河睡起

睡醒湖日滿帆影見中流風景猶吾土妻孥共此舟潮隨殘夜長水接遠天浮野性依然在閒飛羨白鷗

泊舟見新月

肅肅趨嚴命郵程不假催泊舟新月出欹枕暗鐘來囊裏晴還曬書籤夜忽開誰云游宦樂旅思若爲裁

宿口岸寺次壁間韻

古刹初留宿平生漫好奇貝經翻舊業祇樹倚高枝月伴枯禪坐秋欺病客肢清光不相負此地一題詩

小憩馬店僧舍

僧舍倚林端征塗一憩鞍棕蕉供宴坐疏筍入晨飡曠野雲山遠初陽霧露殘季鷹瞻望近無用說荒寒

西園季春二日次

瑤草方堪擷緋桃暖欲然暮春懷曲水今雨到西園村遠須攜酒厨寒不禁

烟武陵非此地漁父莫尋源

彭城有感

清夜棹歌發高秋客思生綿綿鄉國夢歷歷水雲程老樹危蟠石衝波怒嚙城白門樓上月偏傍海東明

涉濟

河曲風無定船扉掩復開岸花銜絮落沙燕掠波迴詩思逢春亂鄉心苦病催分流從此去欲渡且徘徊

留城雨夜

南歸仍臥病藥裹謾隨身風雨留城夜鶯花沛水春渴心懸楚旱衰鬢洗京塵長路曾來往逢人莫問津

古城

古城臨水驛燈火望中微雨夜孤舟泊江春遠客歸楚謠多慷慨漢事惜睽違指點英雄跡漁樵謾是非

淮城春晦

捲幔涼生袷楚天今麥秋留連淮浦飲悵望秣陵舟（屈中丞留飯逢追劉尚書不及）樹密藏村墅湖平見驛樓碧波芳草晚春亦帶離愁

元日雷雨三日雨雪仍雷四日雪

元日何多雨纔春已荐雷史嚴宣父筆詩冷杜陵杯一飽思坡麥閒吟覷野梅晴光與淑氣應不待人催

春晦連日風雨贈別

風雨彌昏旦韶華晤去來病多空意氣事往半塵埃西郭園初筍南湖水盡苔今朝覽明鏡更覺老相催

春去年年別顏衰日日侵稍期全晚節已媿負初心江郭行雲晤湖田冒雨深柳陰晴處坐聊和老農吟

病較芳時晚春含晦日陰曉鐘人不寐舊雨客難尋院徑蛛絲重庭虛鳥跡深平明添好況移竹滿西林

殘春猶兩日欲去且相留脈脈難爲別匆匆可自由天涯芳草路花外夕陽樓誰道文園客新來賦倦游

七月十四日夜得雨

苦暑不能寐微涼夜欻生病身逢雨健詩思與秋清雲薄蟾蜍見簾疏蟋蟀鳴翛然疑夢境行坐到天明

郊墅花朝

林霽聊容與郊寒尚寂寥客懷空耿耿春色自蕭蕭遠水含烟滄浮雲挾雨驕南榮梅樹下瀹茗過花朝

宿龍江驛有感

舊驛臨江滸開門近翠微憶曾乘月宿因得趁潮歸歲久舲人老天寒使客稀摩娑庭下樹頓覺壯心違

人日雪不止

入夜飄初急遲明積已深王春方少雪人日不妨陰病阻城南步寒生塞上吟晴郊燈月近願聽屬車音

懷舊何處觀燈好四首

何處觀燈好分曹建業年春星低觀闕晴雪映山川鄰曲筵長接城隅騎每聯憶同江水部終夕詠紅蓮

何處觀燈好臺城並騎時酒邊看夜戲花下聽春詞火樹璇霄發松棚綵市

移遲遲南陌上明月鎮相隨

何處觀燈好琳宮禁籞西星橋通碧落雲網綴丹梯梅畔春猶寂松梢月漸低傳柑誰得句痛飲憶宣溪（王世賞號宣溪是夕予同希大邦兗飲朝天宮西院）

何處觀燈好風光帝里多鮫屏圍寶炬鼇駕灩金荷列第珠垂箔長橋蝀枕河誰家吹鐵箋月午更相過

遇雪將訪涇川

共抱王猷興相將訪剡溪五更千里雪殘月滿城雞戴笠人堪盡移庖酒自擕主人聞客至應掃竹間泥

再答

宦邸聊堪隱危峯枕曲溪人情疑夢鹿時事怕聞雞夜枕牽詩臥寒杯罷酒擕只愁門外雪客至踏成泥

謝病久不出何時過虎溪解空忘寒馬臥穩卻朝雞晝槳江春發青藜閣夜擕雪堂它日客阪步自黃泥

良鄉察院夜次壁間韻

不眠疑漏盡獨坐愛燈明好夜春連市微風月滿城凝香清燕寢落筆得鵞聲無限懷人意迢迢到玉京

徘徊沙苑夕更喜騁星明雜虜猶遮塞王師未築城春田榛莽迹夜枕鼓鼙聲宛種雖神駿何須慕漢京

次吳侍郎克溫天界寺別春

病裏逢春去持杯奈酒何空山花事晚晦日雨聲多謾誦劉郎句疑聞穆氏歌長干舊僧在應記客曾過

江東朋舊少詩裏得陰何行輩皆稱老追隨不厭多香臺供燕坐花院聽鶯歌共算餘春日還期載酒過

對月懷叔鳴

碧水東西渡青崖八九盤獨行懷我友旅夢到長安九日誰家菊清風楚澤蘭山中秋月冷不似玉河看

九月十七日夜看月因懷西林兼簡致中

清夜金波灩遙空玉露溥秋光媚幽獨詩境入高寒泱漭愁何在徘徊興未殘西林好明月誰共子西看

二十日夜月下獨吟再簡致中

涼夜有幽思獨吟秋月中那堪一水隔不與故人同摵摵聞金粟飄飄近碧空禪林想瀟灑舒嘯對生公

壽華濟之乃翁

句吳山水郡況復值清時曉閣琴尊淨春泉杖屨遲百年惟菊隱一命且松

滋想問平安罷當筵詠壽詞

董萬英之兄遺墨卷子

藥裹頻傳問詩筒忽送愁稍能淹疾病應不廢賡酬客裏孤鴻泣人間宰木秋最憐詩未到魂已到鈞州

題王氏祭掃圖

城南營葬域當日表新阡文武衣冠盛松楸雨露偏龍光垂九地鳥跡刻千年淮水流無盡人間不乏賢

溪流縈抱處高冢鬱生烟汎掃除榛棘兒孫共墓田悽悽霜露感冉冉歲時遷爲讀眉山記披圖重慨然

柴墟文集卷之一終

柴墟文集卷之二

律詩

曾孫燿文振甫率男洵垍校梓

孝宗皇帝挽詞

宮車疑晚出帳殿竟彌留雨泣孤臣慟天崩萬國憂憂勤眞損壽燕翼賸詒謀陟降知何處還從七聖遊

憑几宣遺命悲風白日陰藥來仙嶠遠雲覆帝鄉深惻怛鐫租詔丁寧餽戍金神霄時反顧四海正懸心

黃屋能無意蒼生自少緣風琴閒舜殿曦馭薄虞淵晷數升遐月翻悲踐祚年神功并聖德高紀合同編

憶昨臨軒日從容訪老臣日高瞻袞冕風細颺絲綸六典書初汗千秋鑑已塵都人含淚問翠蓋恐南巡

厭代嗟何遽千秋抱此哀因山開禹穴環水築軒臺黼座訏謨盛宸遊法從陪祇應彤管史曾注起居來

弘法寺與應韶別

初日下長坂出門征馬嘶如何十年別復此一尊攜憶月洮河北迴舟青縣西相思劇離抱書劄若爲題

別後有懷應韶

木葉脫已盡上無寒蟬嘶摻摻美人手別去何時攜秦中明月滿驛路車塵西蕭條寺門壁留君前日題

感事寫懷次李東匡韻

獨坐池邊榻長謠月下庭感時頭漸白諳俗眼長青秋觸蛩聲動風搖鶴夢醒世紛誰得喪嗒爾且忘形

贈叔亨都憲詣京師

天上千秋節江南一使來表隨香案上船待酒杯開遠水浮仙棹晴雲滿帝臺淸朝金鑑錄誰似曲江才

王事牽行役京華數往來淮雲秋尙溼江霧曉初開曝日長懷闕祈年願築臺賢勞應眷顧當路正需才

送劉大理赴兵侍

南寺停丹筆中臺候玉珂涇雲鍾阜雨秋水潞河波廟算何煩戰天驕已請和匏翁舊門巷公暇數相過

夢祥徵柱石足跡遍方輿懷抱平生在功名取次書邊兵今健否國馬近何如回首同官意長安十載餘

別劉東之席上次韻

我有連城璧贈君良是輕盧庭扳逸駕芳宴列華榮山水秦中地關河歲暮程休歌渭城柳投老若爲情

老米店舟中與懿卿夜飯

北風三日厲旅次潞河邊蛙柴燈前飯氷霜歲暮船龍顏違咫尺豸史荷留連檣艣三千里無功愧長年

[illegible]金舜舉巡按雲南就省親思南

紫禁瞻依切炎方夢寐頻比年違定省今日賴咨詢驄躍連錢急衣飄雜綵新進知趨控處五馬正行春

答唐執中歲暮感懷

旅食長安客遲回歲復徂貧能藏楚璞老不試齊竽鄉國三秋夢風雲萬里軀淸朝推轂日爭說薦唐衢

送人宦江東

客有秦關念江東一舸遲路衝鴻雁去身與菊松辭山水供多暇功名及壯時登臨懷李白時寄鳳臺詩

次國賢飲南屏家別後之作

四山飛雨急不放片雲東落落客初合沉沉夜未窮脚觴傾宿抱弭蓋挹清風頗訝蘭溪辯燈前酒面紅

送李叔源副憲河南

霜簡仍分命星軺半載書徂冬辭漢闕覽古入參墟詩逐郵筒發春生判筆餘高平論人物郝李盛冠裾

科名三晉重風采一臺傾巡歷河山徧囘翔歲月更稱觴澆磊磈攬轡憶澄清關吏遙應識前騶過洛城

壽王介菴

廊廟辭榮願山林結靜緣深衣供燕坐老手校遺編晚節遭逢盛高名諫諍傳遙知初度日先拜祝堯年

萬口誦臺萊南山對酒杯杖題靈壽賜堂榜具瞻開黃髮秋初換丹心老不囘都人須洞處長訝陝中來

送戴司寇先生之南京

曉漏辭丹極春星動貫城刑名聊付託鎖鑰共經營南國公來重西曹掾總清舊時風采在擁馬看秋卿

京邸慚官冗春風坐未深每因趨殿陛常得望冠襟閱士平生眼憂民四海心留都寧久滯早晚奉綸音

席上次希大韻送良貴少參之廣西

迢遞蒼梧郡王程數驛棲雨晴花繞路春晚水平洲年事多翻覆才名豈滯留中原凝眺處長在月山頭

嶺徼休辭遠風烟滿郡棲奇峯鬱林石叢桂甞家洲對酒愁明發停裝借雨留朝囘最相憶聯步殿東頭

馮御史執之賈主事璇同遊太明寺

野寺乘春到縈紆一徑賒風聲殘葉亂人影夕陽斜醉墨懷僧壁歌鐘失帝家馮唐多逸興隨處岸烏紗

蘭若層霞上江南山繞門衝泥陪妙躅移席盡芳尊地冷笙全澁風高旆欲翻邊愁猶未已徙倚憶中原

騁望攄幽抱茲遊良已遲岡巒聯楚蜀臺殿閱陳隋雲物蒼茫外鶯花寂歷時談兵懷杜牧對酒寫烏絲

驛中會宿別朱亨之用賓夫韻

江館送君行遙遙白下城傾杯愁酒盡促席愛燈明闕下平安字淮南骨肉情短歌非楚調彷彿帶離聲

三十已專城靑雲萬里行病身驚我在老眼爲誰明夕照臨流意寒江聽雨聲壯年遊宦樂莫動別離情

壯哉山水郡共羨使君行盜起非無謂民嗟尚有聲潢池兵後略畎畝舊時情樂土行看復風謠達帝城

惜別重行行高風落雁聲野陰朝雨急江靜夜波明弋水旁通越靈山曲繞城此邦多故舊送子不勝情

送顧華玉之南京并壽其大母

悵雨移舟檥懸秋夢枕幃故鄉牛渚近古調鳳臺稀雲日烘春酒山川媚綵

衣東曹揮翰罷退食奉慈闈
憶昔含飴日丁年卽省郎歸程初度裏壽域百齡旁瑤水浮仙棹秋護樹碧堂御綫鸞鵲墨分寵看相將

賓館春風卷

賓館才函丈前修宛若存冠裳陪晝寂琴瑟奏春溫戴學今行世王臣半出門河汾空自偉房杜竟無言
坐來留一語千載汝南思異代誰能繼遺風今在茲輝光奚擇地語笑許移時細論吹噓妙當年我較私

送後本中知零陵

結客名場日江南蚤識君屢爲鄉榜屈今喜縣符分俗遠歌虞德山深帶楚氛它年來奏績重讀柳侯文

同馮執之遊上方寺

蜀岡青不斷西崦上方開林暝杉松合天清鸛雀迴斷橋微有石洌井不生苔多暇陪驄馬芳春共酒杯
第五泉西路村墟接寺扃酒清欣地主駕俗媿山靈日夕觥隨箭春寒幙護屏迴舟望雲壑鐘磬晚泠泠
歌吹竹西好馬蹄何惜遙坐深貪佛日吟穩待花朝賓客總瀟灑江山非寂寥燕城多勝迹更訪月明橋

贈周瀛一首仍其喜雨韻

鍾甫後來秀詞林新有聲詩隨今雨得畫共遠山平野寺秋光早高居夜氣清栖遲應不久名在魯諸生

悼亡

西風吹敗葉獨夜轉傷神千里共明月一尊懷故人泉臺尋隔歲夜壑不逢晨莫道清談誤淒然語最眞

挽高員外揖之

憶昨京師別風沙欲暮時我卿慈母恤君抱故人私掩抑含悽久徘徊欲去遲那知回首際相見更無期
揮涕南歸日朝迴數過予行裝煩吏護詩榜借公書甚荷交游厚多慚禮法疎如何經月別凶問到吾廬
妙質生華胄高科擢茂才秦關曾擁節杭局爲掄材贍有賢勞譽俄興殄瘁哀遺書方略在留待阿郎開
文酒京華會交歡席屢同官居留好夜僧閣倚晴空棋罷樽空月詩成硯吐虹傷心舊遊地愁過玉河東

追挽孫叟德麟（里中孫叟德麟予弘治甲寅過家時已百有二歲作詩賽之迨戊午多歸則叟丙辰年已下世矣復次韻）

（追挽同錄於此）

海濱多大老百歲獨完名閱世衣冠古臨風杖履輕何須都貴顯惜不與耆英盛事宜歌詠東軒舊有盟
嘆息斯人殁唯留百歲名客來看杖在仙去覺棺輕午枕槐初夢秋潭菊自英東軒精爽在地下續詩盟（全文賈嘗約賦詩賀之無何文賈亦死東軒其號也）

挽龐知縣

罷官才半百此志亦悽然掣肘功名際抽身水石前秋先凋玉樹老不惜華顛細讀平生傳重懷叔度賢

挽吳潛祖母

粉署識賢孫平生得具論詩書藹慈訓章服荷明恩四世人門盛千家閭範

存百年嗟未逮誰與叩層閽

史經聞家艱回

垂老與親別得官聊欲回誰傳吳市問翻作薊門哀洒淚看秋卷貽思到夜臺氈車氷雪裏那得阿經來

挽武陵楊給事母

前年甌邸使詔假拾遺歸幃帔中朝寵旌旄故里輝樹風臨晚靜薤露逼朝晞手綫今留在教兒補舜衣

茶鐺雾道暍飯甑乞隣餓雀井人相弔楊家母最慈夜烏明月冷春閣小星悲爲愛西垣彥殷勤著挽辭

悼光孝寺然僧

老愛屏山律閒參洞室禪幽居惟種竹淨社不名蓮院日留殘局牀風掩斷

編西林耆宿盡懷舊一悽然

歸來煩問訊病臥屢將迎曾擬同衰暮那堪隔死生閉門雙樹老照座一燈明窅爾之何處多應在化城

挽仲維馨

憶在先皇日嗟君寵渥濃醫廬天咫尺齋閤語從容大字隨詩進奇方與藥封鼎湖攀不及今喜復隨龍

擬老住松東人間夢境同閒心經世遠淸鏡閱人空病滯賢勞日哀卿色養中堂堂那可得湖海嘆沉雄

排律

歲寒亭牡丹次子佩韻

春晚羣芳歇時晴屬此花託根依漢署品色擅姚家仙種誰傳譜王封合用麻佩褰薰麝馥妝鏡洗鉛華寵早爭懸綵憐遲密護紗誤御防野鹿偷啄怪林鴉艷若疑交競嫣然豈自誇砌添苔色映闌受樾陰遮爛賞眞宜數流光詎許賖爲渠生百感酹墨任橫斜

松菴居公加封

歷數貤封日中年到白頭元僚申帝眷眉壽荷天休服寵袍裁鶴扶衰杖賜鳩誥新犀軸換帶媛玉華浮盛美工宜頌流傳史合收南陽微見李東郡迥聞劉弘景山中相閣公物外遊傳經惟有託種德本無求葵遠常傾日松喬正耐秋海濱頤大老那復慕西周

滁易道中漫興

野曠疑停騎風高且下帷長途消白日小市出青旗廢邑人烟聚僑居土語移吹空嵐作雨迸岸凍流澌水宿迴帆遠鄉書入遞遲北征隨塞鴈楚思詠

江蘺山抱環滁勝舟貪涉泗奇中原方騁望獻歲正逢時行李非留滯山川愜夢思長安小兒女好在數歸期

送王尙文參議之陝

遲暮逢新命賢勞嘆匪躬旋車過洛下飛蓋入秦中馬訝藍關度槎疑碧落通川塗紆感慨鬢貌自豪雄借劍心尤在彈冠道未窮詩篇追大曆奏草慕宣公暫假旬宣寵要輸獻納忠徂征方浩浩出處豈匆匆灑落高秋氣悲歌國士風久瞻雙闕北明發大江東曠野迎寒隼遙天起暮鴻秦涼凋敝極先爲訪疲癃

壽洪洞韓尙書

位望登三事勳名歷兩都上書曾伏闕報主欲捐軀語泄翻成禍謀深轉謂迂高墉鄰射隼散地忽思鱸去國丹心壯悲時白髮徂浮雲驚屢變砥柱閱

羣趨京洛書爭薦河汾道不孤詔應求奮卜才合濟時須已悟更生疏閒披潞國圖只疑洪洞石彷彿近蓬壺

律詩

次徐傳賞內閣芍藥四首

風流獨擅玉堂陰手植當年意已深好是菁華融結地偏承雨露發生心晴香豈待憑闌嗅絕品從教按譜尋五色詔成長對此清平誰羨謫仙吟

花神弭節待誰歸老盡年芳見此稀不爲遭逢開熳爛從知采擷到芳菲濃熏自得爐烟覆清賞爭傳筆陣圍莫訝人間春色淺瀛洲深處是仙扉

日高紅藥滿階陰仙禁青春覺許深底用借緋爲正色共知披赤是初心詩成南國懷誰贈譜在吾鄉愧未尋今日才情非白傅賡歌重見玉堂吟

醉折嫣紅戴帽歸賞花高宴省中稀瑚盤擎出香初散金鼎調成食共菲駐景日閒唯足睡鳴條風少不須囘承平風物憐渠在合有文章記此扉

次楊邃菴先生韻 邃菴先生過飲予家園亭聯句共得六首明日復次韻見貽語意益佳不可繼和諷詠之餘彊此奉謝展卷疾讀覺我形穢矣

五畝陰陰草蓋亭短牆長送半山青篝燈夜几光流竹洗硯秋池墨汚萍賦就每憐司馬渴客來惟愛次公醒黃花莫道眞幽獨罇有新醪案有瓶

西園飛蓋鬧清宵夜半相看興轉饒客子遠來猶授葛秋風初至不驚條一規海月當窗見千丈京塵隔水消疑有仙人在寥廓詩成應遣鳳來招

京口相望數尺天款門偏少隔江緣何須雪夜才乘興試問雲巢肯借眠入廓總知揚子宅繫籬無數米家船憑君且說西涯句可是江西一派傳

滿勸當筵金巻荷百年高會苦無多牆頭莫管秋生菌天上誰傳月有魔喜劇放歌誰擊筑飲闌提筆似揮戈超然便欲凌虛去直取天瓢挹絳河

醉酒嘈嘈共一燈詩壇底事不相能戰酣彷彿聲驚蟻書罷淋漓字訝蠅坐月漸看消薄靄履霜長恐至堅冰臨臯老鶴依然在借問東坡夢也曾

鳳池人物故無雙童子知名已辦降命駕未償千里約掄材須倩萬人扛經過此地重傾蓋許宿貧家旋掃窗聞有中泠泉萬斛可分餘溜瀉寒缸

盧溝西次白巖贈別

別君一日如三月近在京西抵越南野色催詩連遠樹東風吹夢隔晴嵐省郎誤許前旌待驛吏爭馳別騎探最憶花前攜酒地王程無暇阻高談

雨中寄興

范陽豪俠未銷沉總爲燕歌動楚吟白草金陵迷馬跡秋風賈峪隔巖陰十年未洗塵隨脚萬事還經雨到心欲爲房山留半日簿書明發正駸駸

金臺

萬里長風動薜蘿眼中燕趙共山河趣程未辦登高賦問俗猶傳擊筑歌喬木幾經荒塚盡斜陽偏傍故臺多黃金不解縱橫厄疑有冥鴻避網羅

謁靜修先生祠

晚生猶及誦遺書斂衽清風太古初豈意驅馳經里社敢忘薰沐拜冠裾杜門絃誦刪修後避世歌謠感慨餘黃鵠翩翩何處所雷溪蓬海往來居

雄縣感事

大雄山西河水漫暮春霰雪行人寒蒼棱一片纔雄石閱盡河流幾今昔邊聲颷颷木葉山當年鼓角收三關紫陽老筆乾坤恨世宗不到幽州還

青縣會別應韶

西來離思滿征裘擬共髯郎泛此舟詩裏刻期須七日飯時移棹忽中流水風笑語徘徊別塵海襟期汗漫遊千里神交非異事莫將青縣比梁州

大城院夜思

渺渺孤城入暮笳，坐深游思轉無涯。風高明月還生暈，夜久青燈自結花。雁鶩登堂愁吏簿，驛驢遮路擁奚檛。長安兒女應懸念，過盡淸明未到家。

將至德勝門暫憩寺中

纖風不動晚涼慳，自笑行人久汗顏。暫借僧房移白日，纔離客路戀青山。圖書散帙齋居寂，兒女迎門語笑閒。才薄將何歌駉駜，馬頭空帶勅書還。

大房金源諸陵

奉先西下亂山侵，澗道迴旋入暮林。翁仲半存行殿跡，莓苔盡蝕古碑陰。秋山春水風流遠，大定明昌德澤深。却是宣和解亡國，穹廬黃屋恐非心。

長白山高朔漠連，金源風致故依然。千秋魂魄猶思沛，萬里丘陵却到燕。感事重翻汎統疏，傷心莫問靖康年。幽蘭一燼雄圖歇，汝水悠悠入墓田。

游石經山値雨

青崖碧嶝未曾乾，十步眞成九屈盤。石洞經深猶有字，雪龕僧老不知寒。山中猿鶴驚初識，雨後峯巒愜細看。徙倚危欄懷靜琬，名山何用六經刊。

宿雲濃合雨來初，一徑躋攀七里餘。路轉忽疑青嶂合，寺深唯共白雲居。且須午飯留僧榻，却喜秋霖滯客車。亦欲著書藏石洞，試尋佳處結吾廬。

雨凝苔滑不可步，獨酌且爲松風留。白雲悠揚弄晚色，錦樹掩映搖淸秋。懸崖欲迸飛泉墮，僻境轉覺鳴蟬幽。輕險不省放皎日，絕頂遲我他年遊。

發淶水

重來秋色點平蕪，野鳥溪花識故吾。北地山川雄涿易，舊家人物擅崔盧。紀行自媿詩非史，懷古重披郡有圖。莫遺藩牆抛筆研，閉門三月賦燕都。

遊太寧山宿淨覺寺翌日登翠屏絕頂復宿上方共得四首

石磵蒼綠路轉遲，白雲留客媚晴姿。秋喧不似高寒地，山靜眞如太古時。何處風迴微有籟，茲遊境勝却難詩。放歌欲到遺臺上，愁對馮公倒酒卮。

青山欲暮渾無言，藤蘿詰曲愁攀緣。巖屏細灑衣盡溼，石梁暗度人爭喧。幽崖一逕紆得寺，流水百折誰窮源。振衣始覺諸天近，星斗錯落當前軒。

半空初聽上方鐘，巖戶猶看掩復重。歷盡丹梯臨絕巘，坐分蒼石蔭長松。鍾靈合作幽都望，檢祕誰開奧室封。奇勝未窮吾輿在，月明今夜宿西峯。

飄搖眞覺此身浮，騰欲乘雲賦遠遊。神跡何年開鳥道，雲泓無地訪龍湫。極知山水三生契，先領風華九日秋。不是翠屏供晚眺，輕烟何處數齊州。

雄縣舟行至保定

淮南洲渚三年夢，此日扁舟泛大雄。碧葦黃蘆連遠照，浴鳧飛雁渺晴空。風波轉覺秋吟健，魚蟹仍供晚飯同。一曲滄浪何處聽，酒酣留待月明中。

霸州大水因憶春時所見

曾記春時柳滿隄，渡頭移棹見晴霓。川塗契闊頻生夢，風景依稀未入題。秋水灌河非故迹，暮鴻遵渚得幽栖。可憐禾黍年年沒，欲挽橫波盡向西。

宿龜山寺

龜山深處掩禪關，許借輶車半榻閒。夜枕白雲牽客夢，秋林紅葉醉詩顏。淩空塔影藤蘿外，殷地鐘聲島嶼間。獨撫佳辰臨絕頂，風流無地比龍山。

入易州

萬山趨海欲東浮，曾記高歌入易州。絕塞風雲生遠興，嚴城鼓角動淸秋。樓居豈有仙人在，市飲誰從俠客游。六載悠悠華髮換，黃金臺上看吳鈎。

薄晚渡白溝即事

官柳經秋片葉初，塞垣霜晚雁飛疎。燕南趙北登臨罷，故壘遺臺草樹餘。百

里路貪三丈日兩鄉心繫一封書白溝似識前年客依舊縈紆伴使車

夜入雄縣懷歸

南浦波明晚正陪西山雲暝底相催車遙路轉千峯過吟苦詩從萬里來客裏流年吹短髮城隅明月滿高槐東瀛欲下嗟留滯弭蓋清都再擬回

衝雨發雄縣晚至涿州

淋浪一雨趁歸程客思翛然半夜生塵漲洗開秋氣淨簿書拋却病身輕却看車馬增行色轉覺雲山賴晚晴好景供詩隨處有松廳明月范陽城

十月晦歸自固安途中次舊韻

歸來行橐笑詩慳曉日高林一破顏客路蒼茫臨近甸病身堅瘦對西山氷霜已老歲華晚塵土無時轍迹閒寄謝柴墟休落莫野雲飛鳥有時還

登繹山

絕頂扶搖百丈梯稟秋風日劇攀躋祖龍此地遺碑在威鳳何年老樹棲巖竇泉流微作瀑洞天雲搆不生泥南窺禹穴扁舟晚且試空鐘石上題

宿呂梁有感

赤石貪緣宿呂梁黃茅轉盼失前岡百年身世如黍贅一髮功名媿楚狂投老計應吾土好懷人情與暮雲長夢回多少關心處清鏡朝來有鬢霜

宜陵次前人過家韻

京塵遠逐傳車香南國多溫水石蒼戀闕夢回驚待漏寧親心壯許還鄉川原共獻清晨色霧雨爭披白日光獨恨歸來仍歲惡海天蕭索入詩腸

登方山次馮執之院中韻

王程未遣此身閒已見青林雉子斑龍虎勢雄瞻上國烟霞境勝覓方山行躋絕巘披雲到坐閱滄波漱石還咫尺鍾陵違舊約欲憑詩句扣江關

直沽阻風

我歸妻子留京師隔年不見長相思四十九歲始衰日一百五日初歸時流河館前日出早直沽渡口潮生遲南飛鴻雁今北往此身定處嗟無期

游盤山宿四門塔寺期叔鳴元弼不至

十年幽夢寄盤山積翠浮嵐杳靄間客滯薊門如有待路緣沙嶺本難攀高秋遠興須登塔清夜閒吟且閉關欲激泉聲喧枕過暫教塵土洗潺湲

夜坐次壁間韻

衝寒吟入白雲徐淡抹巖姿畫不如深谷逶迤松作籟古碑磨滅蘚成書翠微臺殿人烟渺黃落山川木葉疎老我東游渾未倦盤山佳麗紀行初

躋攀無路倚藤蘿漫許身輕一鳥過風約塞雲臨晚盡瀑垂崖雪向秋多羣峯矗矗爭騰擲落木瀟瀟動嘯歌之子不來誰問訊千巖萬壑夜如何

翌日遇叔鳴元弼於山間

歷徧中盤七十峯氷崖雲磴盡行蹤誰將形勝歸戎落本爲山川畫薊封絕頂氣寒連沆瀣澄潭秋冷臥蛟龍黃泥坂下漁陽路不羨東坡二客從

石門詠石將軍次壁間韻

精爽千年護石門晚風黃葉亂山村時危暗灑英雄淚貌古全無斧鑿痕故壘夜嘶惟石馬老兵秋酹只匏尊望夫多少山頭婦不似將軍殿塞垣

再次盤山峯字韻答恆叔治中

遼海層波疊亂峯浮雲來去帶仙蹤誅茅擬作終年計種粟仍開百里封白日轉巖迷野馬青山盤磴渺游龍山中行跡何人識須向龕僧問所從

偶生雲翮到中峯咫尺全燕萬里蹤山麓森宜千頃浸洞門閒用一丸封漸看遠色疑浮蜃莫縱狂吟觸鬭龍徙倚汍寥愁復去人間塵紲恐無從

羊腸窄曲倚連峯，上有燕人避世蹤。樂土不煩沙嶺戍，毀垣曾傍石門封。雲中秋興歌黃鵠，天際江聲瀉黑龍。見說漁陽豪俠地，田疇栖處有誰從。

薊門何處得奇峯，頗愜平生汗漫蹤。天作金城寬北顧，神慙玉檢却東封。飛流噴薄崖懸蝀，老樹鱗皴石迸龍。更欲蓬山凌倒景，移書東海訪衡從。

再次徐字韻答恆叔

峯端驕眺入青徐，四顧蒼茫縱所如。紀勝獨嗟遺宋志，題名僅得辨燕書。清秋踞石身還健，白髮移家計已疎。莫怪山靈如舊識，意游曾是十年初。

冬至恭祀東陵

雪後車塵喜不揚，羸驅初試北風強。行廚暫飽沙河飯，出郭猶聞御苑香。曾說蹕臨金粟地，誰禁龍到白雲鄉。神宮豈爲江淮遠，萬古茲山鎮朔方。

五陵佳氣鬱蒼蒼，誰羡秦關百二強。千騎從官天上蹕，一函中使御前香。北

來碣石非仙路，南去蒼梧豈帝鄉。最是因山渾不改，九泉銀海渺無方。

滿山燈火列齋廬，十載王官奉謁初。騎省秋來還有賦，文園老去漫多書。氈寒倘憶青綾直，臺迴頻瞻絳節居。擬和冰廳長至曲，昌平道上獨馳驅。

鐘聲半夜出明樓，陵樹行行石磴幽。鴿立且須中使鑰，駿奔初薦太常羞。橋山弓劍雲長閉，高廟衣冠月自遊。曾是鍾陵陪祀者，幾回清夢落南州。

十里松林護曉霜，出門初覺夜蒼涼。苦寒酒客爭持被，太瘦詩人不裹糧。平野忽看山滿地，高城似與月爲鄉。揭來始識東陵路，記取茲辰日在陽。

東墅刜柳

三年京邸憶郊廬，穉柳行行手種初。常怪園丁留復去，每逢鄉使問何如。吾生已娩林居晚，此地誰開野燒餘。莫訝條枚輕翦伐，要令喬木記柴墟。

刜柳之日客有携酒相訪者次韻謝之

寂寞西林舊草廬，歲窮翻笑客來初。故人相見懽何劇，老圃吾生娩不如。冰雪解嚴杯洗後，松篁動色句成餘。花時定有閒游者，十里青青看柳墟。

人日用韻寫懷

簷風昨夜換春聲，暗入衰顏不自驚。跡寄雪鴻看往事，夢遺蕉鹿悟浮生。乘閒好結春山伴，宜晚先栽老圃英。最是憂農心未了，自從元日望新晴。

東風催我一長吟，晝刻新添試水沉。東閣官梅還逸興，草堂人日繫同心。初移穉柳開荒景，暫止幽禽聽好音。隨處年芳堪我老，流光何用苦相侵。

迎春日赴郡齋宴集

共迎春去出東城，報道春從海角生。青蓋日消浮酒暈，綵鞭風細裊吟聲。物華謾說燈期好，歲事先占穀日晴。十載宦遊常記憶，故鄉風俗少年情。

陌雪初消海日生，東皇直待使君迎。何妨士女傾城看，不許魚龍繞地行。坐

覺階墀添晝刻，醉醺簫鼓雜春聲。勸農早晚桑田去，願與斯民樂歲成。

夜坐有感

歲晚風光感壯懷，不眠眞苦漏聲催。詩寒擁被唯深坐，眼暗移燈亦倦開。廣廈未顚能自庇，狂瀾欲倒竟誰迴。關心極有秦涼戍，步裏猶聞畫角哀。

西園季春二日次客席間韻

西園初試舞雲風，物色年芳處處濃。野外軒裳眞汗漫，眼前花柳自青紅。送春詩待臨流得，好事人來載酒同。莫使淮南招隱去，桂枝留看小山叢。

三月晦日雨中看階前芍藥此花移植久矣予歸三年不開今歲乃開數花遂用次韻一首

三歲歸來始一看，捲簾深坐傍闌干。數枝帶雨開何晚，此日憐春別更難。封殖喜留嘉種在，低回如語舊盟寒。裁詩爲喚東君轉，酒餞花前正爾寬。

池上即事仍前韻

篋底塵編倦不看惜春連日到江干柳條弄色華年換芳草貽情遠道難臺逈漫愁雲作暝權開翻笑水生寒遠遊剩有飛黃輿消得昆侖萬里寬

芍藥將謝再次韻

莫怪多情盡日看春殘花謝總相干遲開已待花神久真賞能逢地主難翠幄微香吹漸遠玉槃承露瀉初寒三年擬試沉香筆却算行期爲爾寬

邳州月夜

晚來風定水涵空清夜迢迢坐未終幽興自貪湖上月餘音誰託嶧陽桐帆隨樹影移千里枕撼波聲落兩洪莫倚黃樓詩版在壯遊非復少年同

將至甘陵阻風雨

衞流三日阻行舟擬宿甘陵復此留老樹挾風渾作籟衝波受雨不成漚功名漸損中年興兒女平添兩地愁急掃陰霾迴白日五雲高處曙光浮

神樂觀祈雨

河漢疎明夜向殘松林燈火共清班未應赤地論千里已託青詞叩九關鬬角尚看晴蝀在江心容有老龍閒仙壇雲薄難成雨膚寸還須借泰山

候雨不至再次

農事行看九夏殘隨車雨少愧通班凌敲且待風生馭觸熱翻思雪擁關楚地獄空歌頌作傅巖人遠畫圖閒愁來更爲防秋急聚米論兵謾擬山

再次韻答石邦彥學士

海宇天瓢一滴殘賦詩曾記殿西班空聞棄野霑千里底爲龍江限一關露禱幾回瞻灑霽水耕何處覓寬閒今年准擬詩人瘦莫道相逢飯顆山

次韻答邦彥快雨

坐數風檐雨點殘松廳香案徹宵班山川氣與星河接土木身非雨露關久嘆物華承潤澤乍涼人意覺蕭閒兵塵未洗三農渴莫放歸雲戀舊山

至日送希大子克祀陵

歲事宵嚴有故常漢家原廟白雲鄉詔從溫室傳都尉奏下氷廳綴侍郎風後陌塵初着凍冬來陵樹未霑霜十年驂乘今華髮灑淚茲辰憶舜藏

中秋雲晦待月寫懷

浮雲何處逐輕颸隔歲佳期萬里遙玉宇瑤樓秋寂寂銀漢碧海夜迢迢衰顏欲乞千年藥壯觀閒思八月潮稍喜層陰時解駁不妨歌詠度清宵

當年行樂憶忘歸江表重來往事非九夏炎蒸侵白露中秋雲露掩清輝移舟南渚歡悰減飛蓋西園舊侶稀天柱峯頭好明月人間誰解覓知微

江淮旱甚告賑貸者日至以韻閔之

驛書旁午柏臺前錯擬今年是有年常愧恩波徒自沐不知旱火定誰然千家砧杵閒秋月萬井村墟少暮烟安得蒼生同辟穀赤松深處訪神仙

秋思

青鏡朝來白髮新已拌林臥作陳人詩疑晚歲真成癖病喜豐年始乞身蕉鹿幾迴隨夢變塞鴻何處附書頻憑誰撥置牀頭藥更買南山作近鄰

十六夜始晴試筆

燈夕新晴喜未央坐深呵筆試年芳雪明華月澄清影風細踈梅度暗香老去逢春心尚健興來穿市病全忘十年桂闕鰲山客未許寒檠照鬢霜

郊園閒興

短策輕筬路未遙揭來閒坐伴漁樵病餘筋骨憐燕驥歲晚氷霜憶漢貂水國音塵波渺渺風林詩思葉蕭蕭探春欲放江南棹聞道梅花已着條

歲晚病懷

園居蕭灑復何求天際浮雲任去留病枕夜長妨穩睡吟笻冬暖散閒愁支離未就歸田稿汗漫虛疑駕海舟五十五年成底事春風依舊屋東頭

海國棲遲歲又殘將心此日向誰安稻粱謀拙空垂翼松菊情多穩掛冠社遠漸驚詩思減身閒聊得病懷寬濟時事業諸公在羣盜中原莫謾看

季冬月夕次病懷二律

高城寒漏遞宵殘烏鵲南飛夢已安扶老漸須鳩作杖著書何用鷸爲冠中天宮闕遙相望晚景江湖較自寬洗眼殘年惟此月不眠重爲捲簾看

貝闕何須泛海求清光今夕覺遲留十年京國鄉園思幾處關山鼓角愁對影莫辭花下酒乘流疑是雪溪舟素娥應笑詩人老不爲蒼生也白頭

元旦試筆

桃符題罷一傳觴卻笑衰顏借酒光人日草堂還得句春風燕寢自凝香隨陽候雁多成字獻歲寒梅已作行滿眼陽和開物象海隅無地着冰霜

人日

對酒何能累十觴病餘空復惜流光殘年凍洗春池墨遲日晴添午篆香綵縷戲看荊俗勝草堂遙憶杜陵行欲知新興詩多少應費宣毫百管霜

穀日迎春

共舉春風第一觴東郊春到已韶光晴占穀日傾城喜暖近花朝滿路香寶字垂雲天上帖青旂拂曉殿前行滄洲臥病何年起記得東華待漏霜

立春日

未試春盤且洗觴吹葭五夜待春光催花謾翦隋宮綵賜酒曾霑漢署香白髮銀旛聊作戲青衫竹馬自成行淩晨便有名園與獨喜喬松不受霜

十四夜小飲

病酒年來已罷觴清光今夕共燈光金牀花散千門雨華屋柑傳滿座香準擬垂虹追輦步偶看走馬憶戎行飲闌欲借陽春曲消盡征人幕上霜

上元夕飲客

愛客曾留臘底觴晚筵絲竹瀉寒光淡籠明月饒春麗小浥輕塵覺雨香何處風來花作陣誰家燈好妓成行開年共說逢佳境碧盌留新有蔗霜

次喬宗伯白巖三律

佳辰留客競浮觴一飲先拌盡曙光雲葉弄晴翻桂魄燈花烘夜吐蘭香瓮瓊錯落筵前令箏雁參差曲徑行莫訝東君扶病坐故人投分比明霜

山腰臺殿倚江濤坐久松濤作雨聲寺古碑文多變滅塔高鈴語半分明神游碧落三山動病阻藍輿五月征擬待涼秋登絕巘滿川閒看白雲生

右梅花水寺中

江南四月筍蒲濤海錯時魚亦有聲玉骨筋橫犀角細素鱗盤映水晶明官船載去惟充薦漁網遮來不算征此日嘗新增感慨野人芹曝媿平生

右嘗時魚

空山水木澹孤清誰抱焦桐聽此聲花落幾年人已去水流何處月還明湖西晚詠詩仙句嶺表春懷驛使征共說商巖消息近陳根應有一枝生

右弔梅

飲雨花臺次白巖韻十月九日

酒面寒香泛紫萸山中節物晚秋宜花臺騁望還良月幕府追歡已異時遼鶴重來華表語代僧何在影堂悲病身只有登臨健更得南宮句解頤

再次聯句韻

年華老去喜逢辰十月今移九日新遠寺茶烟懷地主高臺花雨供山神城頭落日常留客野外輕塵不汚人莫怪秋來遊興懶從年少踏芳春

重登雨花臺再依韻

南郭重來已浹辰遠山多霽更鮮新尋幽對酒還多事抱病登臺較有神攬珮欲從方外士盍簪偏愛榜中人賞心似與流光競轉眼殘年即好春

除夕寫懷

殘臘初春雪滿廳送窮吾亦戒奴星齋中長物韓檠在身外浮名漢簡青老境着人空守歲年芳入夢喜添丁翛然瀹茗梅花畔且置人間醉與醒

元旦二日謁文廟病作既愈次韻

獻歲晨趨博士廳依稀東壁見文星忽驚眼底花全墨共訝眉間色已青月滿屋梁詩擬杜鶴歸華表姓非丁三年病裏餘生在昨夜邯鄲夢又醒

齋宿有懷

春寒獨宿省中廳宮漏沉沉候曙星五夜露溥仙掌白九霄雲繞泰壇青詩歌鎬宴懷張仲夢入商巖感武丁十載郊禋曾扈蹕清齋今夕覺神醒

雨中赴賞西臺牡丹

探花心在雨中過病怯深杯奈酒何地主有情開宴早花神無語閱人多不須池館臨歌吹已勝山林帶薜蘿祇恐春華易銷歇柏臺高處撫庭柯

二月十四日遊東山

雨晴曾約訪東山出郭何妨抱病顏十里路隨花柳入片時身共水雲閒風流故國惟墩在春到誰家有燕還合與詩人增勝概四山消得一亭環

青山一髮十年思載酒乘春喜未遲案有雲山皆作供座無絲竹雅宜詩清時不灑新亭泣往事堪消別墅棋試向臨川丞相道于今墩姓合從誰

西臺招飲馬上即事仍次前韻

禁籞西來接御堤碧波芳樹泛晴暉春情不逐林花盡年事頻驚海燕飛舊國山川全壯麗行臺珂馬豈卑微宦游未倦心期在老大無成敢賦歸

西臺公讌許同攀樽俎常開紫翠間霽景坐貪湖上涂夕陽歸趁馬前山川原似畫連城闕官府如仙隔市寰憶得蘭亭修禊事飛觴揮翰有餘閒

屢卜居未遂

僦屋都城已十年移從東陌復西廛傍人門戶終低首老我風塵未息肩江海故墟三畝宅歌鐘甲第萬緡錢一枝應被林鳩笑今在長安若箇邊

柴墟文集卷之二終

柴墟文集卷之三

曾孫燿文振甫率男[illegible]

律詩

賜緋

蒼龍覲闕麗晴暉天子初郊詔賜緋縹緲雲霞開御篋盤旋鸞鶴費宮機騎曹地穴空霑惠宣室齋嚴正受釐惟有丹心堪報稱載歌天保荅恩輝

郊齋再次賜緋韻荅同事者

南郊燈火夜生暉風蘸霓旌雜綵緋望裏山川連地軸空中象緯出天機飛龍載肇千年祀盻蠁初頒四海釐多少先皇簪筆士共瞻天日詠重輝

東山草堂一首送司馬劉公致仕歸華容

一片丹心兩鬢絲東山渺渺寄遐思歸雲未厭秋霖望佳菊曾留晚節期拖玉忽傳楓陛詔賜金能辦草堂貲遙知報國籌邊意多在南榮曝背時

送孔聞韶襲衍聖公還闕里

上公趨拜赤墀前玉帶麟袍稱少年輿隸不聞三代後雲仍獨與六經傳通家再接登龍跡愛客還歌振鷺篇從此昌辰看祝壽泗濱長艤上京船

次韻送楊邃菴還陝

西來函表謁彤闈驄馬乘秋意欲飛荷橐憶曾紆主眷傳經聊復借公歸極知貌古心能似自愛官淸俗與違昨日都城圜講處皐比猶擁舊時衣

寥落商歌振九林百年吾道竟誰任浮生歲月銷塵事末路功名感素心老大漫思游學廣沉迷安得望洋深主盟賴有夫君在却愧棲棲未盍簪

次見素見寄之作

名盛常愁謝病遲故人心思獨誰知十年報國書頻上異日同朝詔所期江海豈忘廊廟在麒麟終異犬羊羈深衣漫說黃州過不管人間似奕碁

次白巖虎谷碁韻

酒酣整旅出華堂此戲從誰竟濫觴敗自奇兵飛旺燥勝因危地却誇張高城警夜微傳箭別壘防秋盡柵楊最喜第功詩案在絕勝懸印髑髏場

疎檽延月愛茅堂晚避游塵自洗觴醉裏放言侵短李春來苦戰接髯張得朋致恨居無竹撫歲重歌隰有楊却愧迂疎眞忝竊交游隨處有名場

歲晚高歌蟋蟀堂不辭霑醉盡君觴虬鬚風致今猶昨雞黍襟期范與張宦達祇愁成小草年徂應解唱衰楊酒酣我欲煩陶雁墨浪淋漓一滌場

次應韶韻謁元世祖廟

雲暗崖山海日斜颶風歌斷不勝嗟誰教犖洛歸胡羯坐見園林散暮鴉葱嶺向來窮馬跡桃源何處覓人家那知夜雨荒祠下鐘鼓聲沉起亂蛙

次克溫南宮賞魏花

南宮花發滿朱欄對酒先拚十日看彩筆舊傳才子夢靑綾誰道主人寒明妝向晚園紅燭妙舞迴春試翠盤空鶴花枝無好句東風應笑客衰殘

再次

紫豔重重十二欄銷憂聊借午晴看客多不減前年盛花晚偏逢四月寒酒醒東曹添唱和風流西洛有杯盤出門却笑人間事姚魏於今姓未殘

王尙書漢英宅賞花仍次前韻

移向平章宅裏欄十年纔得主人看日高粉面微含醉風細檀心不受寒肯謝芳塵隨繡幰合教華屋薦金盤詩成欲寄長安去爲道名花尙未殘

飲張仲湜寓舍悵然感牡丹已謝再次

淸波繞檻竹爲欄滿樹離披訝未看洛下園池多代謝江東風日自暄寒賞

餘酒送花前令坐久棊留石上盤曾是沉香亭畔客含毫應自惜春殘

賀克溫遷居次仲混太宰韻

長安甲第近何如却笑承明厭舊廬小隱漫求三畝宅芳鄰眞擬萬金居客來吳下多留榻官滯周南且著書老我荆溪空問舍過從今已十年餘

仲混請老次韻奉留

少年詞賦擬相如曉入彤墀夜直廬謝病屢移江表疏買田曾卜桂陽居莫驚春晚淹行李想念時危畏簡書聞說蒼生占出處詩成應是倚樓餘

仲混有詩述歸再疊韻解之

平子才高愧不如瑤華清夜贈窮廬官閒共喜分曹坐社晚還嫌隔巷居南國興多騷作賦中山功就謗成書憑誰細看巖前柏柯葉亭亭霰雪餘

再次韻留仲混

人物它年正渺予隆中寧復若人廬閒愁笑我搔頭坐深念聞公抱膝居別墅日長聊對奕留臺歲久爲修書湘南剩有林皐興須待黃扉獻納餘

中秋遇雨簡涇川因其謝客故末句調之

病裏佳辰擬作歡老年秋月幾回看雲中長嘯登樓坐篷底清談泛渚還謾遣笙歌開晚霽直教風雨障高寒桂花香冷蟾宮寂應爲詩人久閉關

答涇川雨夕飲客待月

山亭飲客愜幽歡達曙同期皓月看老兔忽從雲際浴素娥新自海東還嘯臺聲迥憑風發詩社盟重帶雨寒莫怪繞庭頻顧影秋來今夕最相關

九日同諸公登幕府山次樊川韻

秋晚驚看木葉飛寒山一逕到來微天晴曠野千峯出水落長江萬里歸渺渺平蕪懷故國垂垂短髮對斜暉平生剩有登高興千仞岡頭再振衣

是日涇川以詩來次其韻

九日詩來野寺中閉門應笑坐詩窮開尊獨喜黃花舊吹帽爭看白髮公徙倚峯前留夕照登臨江左有遺風湘皐預擬懷人處極目南天送去鴻

次白巖韻二首

南國官曹簿領閒登高九日許追攀暗香十里梅花水老石千年幕府山飛雁北來催歲暮夕陽西下笑詩慳杜陵衰老樊川病空對佳辰把菊還

楓林松壑路冢冢客思逢秋未易消且拂烟霞凌絕頂懶從樵牧問前朝病中得句還蕭索醉裏看山欲動搖祇恐明年移俗駕題名先擬白雲招

次孫司空韻二首

積水長天萬里浮淸秋竟日坐銷憂蒼龍闕近瞻王氣白鷺洲晴快客眸座上題糕詩已就江東看菊譜重修關心尙有西南戍歸路逢人問蜀州

江左淸時幕府閒山椒遺壘復誰攀關中華岳三峯削海上瀛洲一水環病起逢辰憐菊瘦興來留句拂苔斑明年九日應相憶曾共司空月下還

送克溫改官禮部

驛路離觴送曙暉宦情鄉思兩依依春來天上徵求數病裏江南故舊稀每愛伐桑題素壁行看視草列黃扉同心別有臨歧贈剩采芳蘭綴客衣

送蔣中允敬之歸省

予告恩深似往年驂鸞那復羨飛仙北扉冠佩聊湘浦中允聲名豈輞川稱壽酒隨巖桂發紀行詩待驛梅傳南歸萬里緣何事剪綵攜兒拜膝前

世臣家禊飲遇雨

春水平街一尺泥爲尋靑野過靑溪詩傳洛社還須續酒憶郫筒不用攜老病願從修禊減風情思與浴沂齊行雲忽逐淸歌散碧醉歸來月已低

次答世臣

香芹白飯出青泥花裹人家憶浣溪彩筆興高憐絕唱瑤琴調古許同擕辭春便覺鄉心動涉世誰能物理齊湖海看君豪氣在高樓百尺臥應低

青陽驛有懷李惟正奉寄

千里相思隔彩蟾行臺何意一掀髯燕秦路繞經年夢兄弟交忘異姓嫌細瀉青尊愁欲別重臨畫舫坐還厭憶君中夜渾忘寢起對星河自捲簾

朝天宮西方丈席上答宣溪四首元夕後一日

燕中正月非南州仙臺獨發梅花幽幽芳未嚼左車痛清境已作西湖遊共傳佳句動官舍不煩短笛吹江樓金盤華屋薦朱實看汝驛使來炎洲

淸香晝戟擬蘇州嶺海風烟句轉幽玉署久辭名尙在琳宮未到夢先遊酒狂謾笑陳驚座詩好眞慚趙倚樓塵世回頭誰不朽柳公名字嘗家洲

閬城迢遞憶秋間曾共佳人看暮山歲月忽驚遊子老雲林長羨道人閒燈前對酒憐重碧管裏論詩愧一斑此日登臨仍賦別分題須待月西還

才名誰復在王前束髮橫經入講筵官裏咄嗟人事變周南留滯主恩偏傳柑最憶張燈夜薦菊頻經過嶺年莫趣南轅聞有詔彤墀春曉聽鳴鞭

崔都尉席上限韻贈白巖西遊

歸期回首變涼暄醉裏吟鬚且復掀鄉月幾年輝上國使星一點離西垣秋風簫鼓橫汾渡曉漏衣冠望嶽軒弧矢平生多少事太行高處眺中原

海岳西遊夢已眞過家持節喜相因驅馳合有馬卿賦憂樂長關范老身朔暮歌謠千古壯晉祠香火一時新相思莫待并州駕秉燭春宵語嚮晨

靈濟宮席上再次韻贈白巖

使軺今日徧燕雲西望關山一送君祠老汾陰空故跡路經河曲有新聞趙朝暫輟金閨籍代祀新頒玉檢文何處相思詩正劇數行宮柳逗斜曛

西堂客散復相留半醉翻憐別思稠詔下雲霄看使出詩臨海嶽合神搜池塘生夢鴛鴻夜鄉國聞歌蟋蟀秋明日慈恩擕酒去憶君兄弟冠山頭

張光祿席上分韻賦檜亭

未隨塵土翳蓬蒿晚着幽亭愜所遭風細暗聞笙籟發地偏眞得斧斤逃移根曲阜還同紐分液中山合作醪歷盡歲寒柯葉在柴墟松竹與爭高

次劉宗伯野亭慶鶴韻

東觀新詩對鶴裁雨翎風翮一時開棲遲喜傍松筠住飲啄悔隨塵土來五夜夢醒懸輦路九秋聲迥應琴臺世間物化渾難料早晚乘軒接上台

書從海上拂雲裁籠到江南對竹開袖拂且隨兒舞去腰纏不許客騎來月明珠樹懷仙嶠秋滿金莖憶露臺楚宮袍誰得似羽儀端合映三台

次野亭金橘

珍賜傳聞出內盤長安年少訝金丸靑黃剩喜文章爛風味渾宜齒頰酸霜後書林懷遠問山中茅墅託幽歡南州嘉樹無他種却笑淮人作枳看

次東山韻請野亭諸公出遊

咫尺登臨且此山擬尋崧少訪商顏因人始覺江山勝作吏惟便歲月閒禊日尊罍須縱飲花時車馬欲忘還詠歸剩有春宵興正及高城月半環

華屋丘山渺渺思羊曇扶醉到來遲古人零落空回首我輩登臨合賦詩江鳥似賡吳下詠野樵曾看晉時棊一杯不向花間醉借問含情欲待誰

次韻太宰劉公留別南宮竹鶴

初夏曾期翦籜冠歲寒翻笑結交難笙竽暗奏詩多況風月頻添座有歡清影隔林應伴鶴高枝垂檻想棲鸞敬亭舊是栽培地不用南宮寫畫看

風漪烟景憶登瀛皓鶴修篁舊有盟萬里籠來聲價重三多養得羽毛成官
中物色無何別夢裏形容太瘦生留在南宮添故事主人隨處寓高情

次韻寄酬檜亭

故人門巷騎曹西嘉樹芳蘭憶舊蹊詩語忽驚年事換薦章重喜姓名題相
思入夢還迷路文字交歡豈病畦欲試平生看晚節柏臺高處已分棲

次韻司冦洪公春游

樹簇晴川草覆堤娛人山水共含輝白雲司裏高情在玄武湖邊逸興飛行
近溪橋還掩映坐深山閣轉霏微詩成恍憶錢塘路只欠湖船待月歸
風流何地許追攀獨往尋幽水石間返照隔林明晚塔浮嵐繞屋浸春山清
吟倚偏岩前樹迴眺頻臨海外寰祇恐瑤墀趨召急未容頻向此中閒

簡王德華少宰

一觴相對水曹前京陌分攜已十年南國風光聊復爾中原消息更茫然攤
書曉撲山椒翠瀹茗晴浮竹外煙清鏡功名多少在暫來閒伴玉堂仙

壽絳州韓尚書

雲路聲名自夕郎司空初拜鬢初蒼舉杯灑落清秋健退食從容白日長化
國山川開壽域留都官府仕仙鄉他年甲子應難算縣老何曾見海桑

德華寓居乃余舊宅感而次韻

聞君移住柳灣前憶我幽棲十二年隔水條桑猶沃若當軒修竹已蒼然河
陽客散傳遺墨綿上人來換舊烟勸破浮生眞傳舍不須華表問飛仙

曹司馬新樓成九日招宴病不赴

清秋病起憶登臺聞說新樓亦壯哉衰鬢漸絲羞落帽枯腸久藥戒銜杯軒
車竟日羣公駐霽景遙天萬里開（是日早陰）最喜茲辰還閏月菊花開遍待重來

追和丹山太傅九日曹樓登高

司馬樓成九日餘西曹酒美與詩俱雲開曙色瞻雙闕晴望京華盡九衢勸
飲不須歌蟋蟀憑高爭起插茱萸清時多有籌邊暇坐嘯何妨共客娛

謝希大虎皮

風簷短札墨淋開多謝皐比撤送來食肉我非投筆相寢皮君有控弦材毫
端擬畫眞難類座上聞談祇謾猜却笑病餘還戀闕車茵穩稱不須裁

白燕次元禮

小立簷牙玉雪清柳花庭落剩風情巢辭翠幕棲方穩羽避緇塵去較輕長
記繫時添縷線最宜簪處綴瑤瓊前身想被王郎誤脫却烏衣怨未平

再次希大韻

歸來海國幾陰晴顧影翻疑夢未明暮渚掠迴宜月澹秋林辭去着霜輕却
愁太潔還多忌所幸同羣不異聲十載長安衣化盡爲渠搖曳轉關情

次希大應韶上陵見懷聯句

千里岡巒一眺同喜從今雨到詩中雲車不散山川氣石馬長鳴草樹風拾
級縈迴還整佩據鞍酬唱豈須筒五陵未了孤臣願十載鍾山望鬱葱

李貽教席上留別次韻

詩名此日滿儒紳酒畔重翻楚調頻歸思暗驚紅樹晚交情眞笑白頭新飛
鴻跡寄千門雪老驥心馳萬里塵曾是荊南懷橘客一杯分我洞庭春

白巖諸公餞於梨雲禪房留別石門分榮字

高秋宴別戀南榮花木禪房祖席清蹤苑漫求千里價雞壇曾署十年盟坐
聞仙梵懷前度吟送飛觴報左行明到鄉園稱壽罷東風回首詠遷鶯
乘傳翻慚里巷榮故園猶及見秋清驪駒慷慨燕南調魚鳥侵尋海上盟刻

燭敢忘今夕會據鞍非復少年行春明紫禁烟花繞想共趨朝聽曉鶯

陳明之東昌別後追不及至南湖夜遇共得二首仍次前韻

南望湖深野色昏太丘帆過宿誰門澄潭月出非人世秋舫波明亦小軒瑤草莫悲幽澗冷青楓翻借赤霜溫茲游未定平生約歲晚河梁擬再論

澗邊芳草擷華紳長話歸鴻送目頻絕冀驊騮喧價重環滁山水藉詩新擬尋畫舫占虹氣却歎緇衣化素塵莫訝清宵臨泛久看花曾共曲江春

席上次李職方遊弘法寺韻

西林幽事濟相關遠陌初窮識舊灣洞裏莓苔疑小有壁間行草憶高閑松杉落落臨孤巘鐘磬泠泠隔九寰莫訝詩人貪佛日杏花零落即春還

次德華韻留別

久擬彈冠共此生每從揮塵見高情少題鸚鵡已呼友晚著貂蟬還拜卿詩

滿夜筵行橐重雪消春陌驛車輕故人好在中州幾相見應勞話姓名

次張進之除夕前署直客懷

晝省宵嚴篆刻長徂年蟋蟀載歌唐佁儜作吏家千里咫尺懷人天一方燕谷變寒偷煖律豐鐘鳴晚約秋霜從來志士悲華髮清鏡功名淚幾行

漠漠烟花老客鄉十年舂卉共秋芳生憎宦巧眉相妬自分郎潛語不傷遠志漫勞呼小草新篁曾擬發枯楊折除時命君休怨椽筆誰登翰墨場

再次進之放懷二律

散帙南闈非傲吏裁詩東省縱閒情羊腸自笑一官轉蝸角何堪兩國爭老却棋枰機事息春辭藥裹病身輕竭來已置人間事叵底吳鈎半夜鳴

青雲舊侶久相依裹飯追隨共橐衣命駕不煩千里約開樽直洗十年非扁舟我欲留張翰尺疏誰當薦陸機柱下圖書前席對未應烟笠便東歸

次鍾員外舜臣陪祀

靈風吹幕拂雲和冠佩宵嚴待漏過碧落空明連海岱紫官縹緲近星河神釐願與三農共春氣偏隨萬乘多南省郎官初扈蹕圜丘賦罷夜如何

再次

青郊風日漸暄和太史迎春輦路過底用玉書封岱嶽漫傳寶鼎出榮河燔柴禮屬陶匏舊祈穀聲非黍稷多今夜獨承宣室問賈生才調復誰何

次舜臣春宴

俠陛仙韶一再成日高黃繖下西清受釐已錫千齡夢上壽還傾萬國情周斝飲餘零露浥舜絃鳴罷卿雲橫歸來獨撥蓮燈坐一點丹心向闕明

白巖貞菴游潭柘寺聯句見憶次韻奉酬二首

石磴迢迢躡遠空晚來烟月轉空濛虛疑澗飲隨龍去且得雲棲與鶴同潭

柘偶然誰作寺松濤無恙自含風憑君說向塵埃客想像題詩莽蒼中

睡穩籐牀出郭遲行行已負白巖期澄潭古寺僧常定老樹前朝客易悲路遠竟隨明月至山空似與素秋宜重來擬結騷壇侶莫使山靈笑後時

杭稽勛歸省次劉蘆泉韻

彩毫詩屬紀行初畫舫齋深稱燕居雲繞修門紅日近路迴鄉國素秋餘溪南酒熟供萸菊江上書遲候雁魚一曲南陔還遠思長安西陌季方廬

暫輟郎銜予告初且隨潘岳賦閒居十年作吏獨何晚一疏寧親不願餘化國日長衣畫彩寬鄉歲好夢維魚買田擬就吾宗住爲訪東坡舊屋廬

送陸全卿謝病歸吳中

長河氷雪已崚峋何處征車可問津懷抱向誰傾寫盡功名愧我往來頻賢勞報主身方壯眉壽宜親酒正春聞說詩人多謝病如今吳地有芳隣

謝張東園先生過訪

觸熱相過咫尺難溼雲流潦雨初乾經旬遠辱三移趾多病那能一對餐頓覺清風吹隱几欲留殘照駐歸鞍吾門此客誰家有莫作尋常禰襪看

次韻送白少卿還滁陽

彌掉天涯晚更移問君南去復何時秋生遠道迎征旆歌徹高雲送酒卮三晉人才從古盛十年臺省為誰遲瑯琊舊說多幽草晏歲無忘寄所思

次韻賀柏窗生女

驪珠無數海東南為報詩人且再探五柳風情聊慰女三槐門第自宜男漫憑虺夢今成戲笑挽虬鬚覺漸堪明日訪君誰拜客座隅先共阿戎談

次希大贈李二惟誠韻

過從觸熱每相妨樂事逢秋却併忙舞罷珮環空竚立棊殘鴻鵠總宜忘不眠自得東曹句好事誰移北海觴我欲攜杯還對酒飛雲無跡枉縈腸

再次韻答李二

吾生浪跡本無妨簿牒塵埃自爾忙年事關心聊漫遣舊遊回首重難忘不辭剝啄同開局剩欲淋漓再舉觴最是城東旋馬處露華流月洗詩腸

會飲淨拭行軒

竹邊尊俎意生涼散作清風爽欲狂初月光微猶勝燭長河影淡不成章偶陪露坐驚離席却笑天涯滯異鄉知已年來萍梗甚楚江歸路憶微茫

送德華郎中奉詔封藩府

西行今日意何如賓從無煩擊別袪玉節曉隨長樂詔金貂寒伴武平車參墟選使開新國汾曲寧親指舊廬更喜春風旋轡日冰霜消盡太行餘

送秦國贊臨清總餉

凌熇無地坐東曹咫尺清風不可招今雨未能傾別蓋嚮晨誰為駐征軺屯田盡海書空在轉口頻年粟未饒淮海平生多感激可無封事到青霄

柴墟道中奉懷張一

龜城五日謾流連野寺僧廬盡別筵詩裏輕軺穿北郭望中喬木認東田歸鴻目斷青山轉春草晴生綠水牽今夜相望更相憶阿戎應伴對牀眠

次東園贈舍弟韻奉寄

南村露飲坐秋旻爭席翻憐父老醇把盞醉時忘左手飯牛歌闋悟前身夜聞玄雁初驚歲老共青山不受塵明日客來還對飲牀頭新漉滿烏巾

次國賢邵伯見懷

兩目開緘宛見君相思遙度范湖雲十年剛得朋簪合百里難將別袂分楚國謾傳誰氏學漢廷曾誦少年文南歸多少中原念徙倚船窗望夕曛

送葉良臣推官之金華

世家文采擅名場通籍金閨始拜郎三尺分明懸象魏一官聊且問桁楊詩囊遠入溪山窟吏簿平分雁鶩行最是此邦風俗舊高樓長詠沈東陽

次韻答張鳳舉進士

暖風晴日滿京師獨扣東齋赴晚期樸學謬當文字雅虛名慚受里閭知病防逸興空繫毫坐戀清塵謾奕棊閒借僧房秋意遠可能無句慰相思

次韻答趙叔鳴進士

遺編長對趙東山平地誰能絕頂攀發軔舊曾乘歲壯篝燈今却愧秋閒一官宿屈風雲際盡日沉迷簿領間我欲函書投北渚餘波猶得洗塵顏

再答鳳舉兼柬叔鳴

行裏二人得我師况茲二妙愜心期名場羽翼爭先睹鄉國人才愧晚知飲

罷壓移秋寺榻詩成曾覆夜堂棊十年舊侶依稀在歲杪因君有所思
誰賦鄉關擬子山少年張緒獨追攀家臨南甸何愁遠身在東曹却愛閒登眺且須拋事外聲名今已落人間歸與亦有柴墟輿夢裏梅華正玉顏

用趙張韻奉答李師文進士

豈有篇章續小山向嚴叢桂託君攀少年授簡才情別暇日臨池意態閒無復暮雲懷白下虛疑明月滿梁間一官冗長歡悰減正擬交游慰病顏
文采翩翩李藥師十年江左共襟期烟霄此日名初動風骨前時我獨知落葉滿街行得句飛鴻游目坐忘棊相逢每道同袍客春草池塘劇夢思

移疾答李師文仍用前韻

詩瘦誰嘲飯顆山江東李白許躋攀合并最喜交非晚酬贈翻憐病未閒永夜尊罍城柝後細風珂馬陌塵間鳳臺寂寞桐花冷我欲攜君解醉顏
病來何處覓醫師請告須移五日期霄漢功名青史笑江湖心跡白鷗知貌從秋後衰於菊詩向人前劣似棊獨有閒情同楚客澧蘭沅芷不勝思

雨夜寫懷

空齋積雨迴生愁何處歸雲晚復留獨鶴不眠長警夜暗蛩多思自鳴秋十年事與塵俱化萬里心隨水共游明日清冥期桂魄庾公高與滿南樓

次元善韻奉答見懷之意共得二首

舊京文藻剩才賢轉眼春風已十年載酒動陪雲谷燕移牀憶就水亭眠別來城郭應無恙老去頭顱底是仙曾把平生商略盡不將名託故人傳
誰賦緇衣好此賢枉教他日論當年萬金帚敝眞難鬻百尺樓高不借眠落落薊門聊作客飄飄吳市擬成仙著書莫念頭空白留在名山也自傳

送祝維貞致仕歸海寧次明之韻

京塵洗盡鬢毛輕好雨霑人亦有情涉世自憐心尚壯憂時翻笑病先成一封奏罷中朝悟三禮編來晚歲呈明日征車休早發東門歸路少人爭

送蔡中舍署南刑部員外郎

北山蒼翠浸湖流却喜分曹得爽鳩丹筆且煩書牘背紫泥曾羡視詞頭十年待漏風簾燭四月移家水國舟欲寄離懷愁不盡故人先爲問台州

送王文珮入南監

雲路何須歎後時十年燈火下帷遲冠巾且伴諸生試科第終騰上國知策馬亂流還弭蓋戴星征店獨題詩別君欲採蘭華贈江海茫茫有所思

壽石詩壽明之乃翁都憲

咫尺烟霏散綵毫展圖稱壽自西曹淮南境勝叢生桂海上仙來共戴鼇鬱鬱氣含蓮岳潤巖巖秋與柏臺高摩挲最愛雲常觸霖雨人間望正勞

送馬汝勵歸任

長安秋夕使星明乘傳南來見馬卿春省表隨香案上夜堂杯向綵衣傾雄飛萬里身方壯小却三年政已成明日驪車仍賦別都門千樹不勝情

次汝修直宿中秋夜

雲散金波灧不流省郎宵直禁城秋坐聞天籟風將御臥待仙槎地欲浮夜永星河還澹澹詩成人月共悠悠青冥近說多歧路試與驂鸞問所由

送陳嘉言司餉天津

倚棹天津幾日程驛亭秋色接神京舳艫萬里江南餉茅葦千家海上城最愛驅馳當壯歲極知文采稱時名公餘定有交親念擬向西樓賦晚晴

送劉進士台濬縣令

半年通籍共金閨赤縣分符暫解攜家學自傳賢伯仲科名曾冠蜀東西萬

年枝穩終棲鳳三尺鋩寒且試雞春草夢回多少思玉堂明日有新題

送廣平黃同知　義興人

春選誰居省試先南雄才譜照當年持家剩有遺書在佐郡惟留舊笏傳官職祇今纔易地文章如此合同編海邦不似王畿近取次歌謠到日邊

聽公房宴雨以栗夫明之限韻

雨中詩筆鬬寒銛未放驕陽且戒嚴涼意蕭森來遠樹秋聲噴薄動虛檐塵塗此日囂初定齋閣何人睡正甜更愛長廊供晚眺冰簾誰控玉鈎尖

草合空階浸碧尖鳥藏深樹啄紅甜醉驚颯沓渾忘梵坐却炎蒸半近檐高蝀欲垂疑海竭片雲低仕爲詩嚴觀魚剩有濠梁興漫笑任公錯用銛

雨後送周進士之官南京工部

秋霖十日滯長安楚客歸心夜欲攢陌上緇泥妨躍馬江東芳樹待棲鸞詩綠水部題應偏書奇鄉關到不難投老鍾山吾意在憑君先問北園檀

送馬崇功御史赴南臺

青春衣繡馬卿回綵鷁江頭不待催消息共傳眞御史典刑猶在舊留臺楚謠遠自觀風得漢檄閒因愛日開一曲湖光供嘯詠暮歸應有鄴生陪

送婁誠善分教歸安

坐春清塵旅舍前野亭風致故依然書成不待公車詔官冷何須客坐氈鹿洞規模纔異地龍門人物有遺編一杯鮭菜知何日極目江湖接遠天

送達士曙教崇德

清世功名滯逸才一官聊復下燕臺移家最喜三吳近坐席仍看萬卷開永日絃歌鳴泮藻高秋詩思滿庭槐城東舊有傳貽院應共諸生闢草萊

送龐元化參閩省政

日上都門欲別時稍留剛得酒行遲乾坤總是驅馳地霄漢常懷諫諍姿黎嶺褰帷開曉瘴武溪迴棹弄晴漪林居盡使多幽致爲道朝回有所思

次宣谿韻贈別趙栗夫

文章誰復詠虞周對客揮毫愛少游願我眞爲牛馬走侶君須向鳳麟求賢勞自喜身方壯穠蓑同看稼有秋他日燕山遙動色有詩來自海東頭

追別宣谿仍前谿

回首昆明萬里周壯歌眞愜子長遊圖書暫與蓬山隔文字聊供桂海求雨化諸生爭待旦風行六詔漫生秋炎方此去非留滯冠蓋長安見黑頭

送胡企參守撫

愛君得郡守臨川卷畫溪山萬井連想見風謠喧竹馬敢忘淸白利餐錢訟庭爭訝秋臺筆鈴閣閒臨內史箋擬峴臺高誰續記政成當並古人傳

晴雲漏日射秋旻雨浥車塵陌路新執別重憐同榜誼論交兼有故鄉親終筵酒薄還能醉敗局棊多轉不嗔明日相望便江海書郵長憶撫州人

寄題高御史觀風卷

持節南來草木知觀風處處采民詩不辭淮海驅馳徧長憶雲霄獻納遲秋晚獨看橫鶚處霜寒多是避驄時中都近說潢池靜根本從來軫睿思

題劉御史澄淸卷次楊石淙韻二首

清淮不似使君廉攬轡澄淸歲已厭吳海餘波愁欲盡漢家今日法須嚴指揮旁午驚書判心計從容到米鹽聞道憂時多感慨近來霜鬢幾莖添

西臺趨召豈常何滿邑風謠薦已多秦地人才眞絕代楊門弟子盡高科雲來自觸崇朝雨海潤先占九里河欲寫相思隨去旆石淙明月照淸波

題月會鄉英卷二首

佳句新圖自赤城海鄉冠履識耆英開筵且盡寒暄意結社初非月旦評小傳何人書隱逸風流他日說昇平攀援欲舉端明例莫道滄浪未濯纓

我欲載酒相盤旋畫圖彷彿開晴軒龐公不省入城府陶令自賦歸田園彈絲盡日流水遠垂綸傍午春風暄三山烟霧渺無跡海陵咫尺眞仙源

次敬修禊飮韻三首

一觴相屬豔陽天擷取溪芳供野鮮多謝老僧開淨刹不妨狂客詠初筵催花送酒春風裏倚竹題詩落照邊誰道蘭亭成絕倡揮毫今在永和前

人間修禊永和年每道兹辰一慨然臨水恨無中令句感春休誦麗人篇且拚夜醉停飛蓋莫算秋期有別筵石鼎聯成天漸曙起看仙客已迴旋

當年詞賦擅班揚笑拂京塵住海鄉點也詠餘風度瑟羲之書罷水迴觴偶看節物驚遲暮久厭時情較短長我欲東園從此老滄波萬頃木千章

呂邦彥請飮新城道觀追次遜齋先輩謝客見訪之作

山中春酒縮新茅仙棹相將汎碧濤座客盡傾張翰重主人誰似呂安勞金尊檀板花前句海錯江魚竹下庖曾是鄉賢棲隱地欲追遺事薦溪毛

西園辭春再用新城韻

興來詩壘卻前茅灑徧吳箋憶蜀濤花鳥頓教供野逸雲山先許浣塵勞亭因擇勝頻移地酒爲臨流不費庖一盞醉春多少意等閒明鏡有霜毛

羅令邀過野人家看芝舍舟輿行次張一韻

維舟沙岸作宵行百折藍輿七里程柳下杯盤嫌月黑農家場圃愛秋晴年豐共報芝連屋地僻那煩火作城霑醉歸來尋野渡不知江上夜潮生

徐廷圭鄉老八十歲慶以詩

黃髮飄蕭及暮年病餘翻喜得神全神翁自有傳家籙高士初無負郭田杞菊繞園開畫境冠裳隨轡入賓筵後車留與兒孫載不向磻溪弄釣船

家君生日次外姪瀛韻志喜　是日立春

滿堂詞賦賀生朝不羨歌喉共舞腰和氣早從天上至輕寒全向酒中消家臨海屋神仙近春滿壺天歲月饒常爲吾翁祈上壽年年袍笏拜青霄

諸公有詩祝壽代　家君答之

幾年生日似春朝客至相忘懶折腰老境古年心尚在健身逢酒病全消謀生敢望金章及閱世誰將白髮饒枉沐瑤瑤何以報夜來東壁麗層霄

再次韻爲　家君謝客

詔傳三命免趨朝絕勝揚州鶴背腰燈底眼花乘醉放鏡中鬢雪近春消久便暮景漁樵共所願豐年稼穡饒此日稱觴眞自慰過家游子屬丹霄

再次

不逐雞鳴候早朝睡醒花影轉廊腰經多世事浮雲變逢着仙家白日消年去酒杯催客盡老來棊局向人饒杜陵野客空頭白搔首江天詠赤霄

再次

素封贏得老清朝曾笑休文病減腰塵事祇隨蕉鹿看機心不待海鷗消春生此日辰安在酒伴閒身歲可饒最是君恩忘不得夜移香案向雲霄

守歲　甲子除夕

殘年欲別思依依坐守三更漸解圍老覺詩書敦宿好閒思富貴有危機故園梅柳爭春發左掖鴛鷺隔歲違此夕送窮眞戲劇回頭四十九年非

北山看梅席上次霄字韻一首　人日

喜無風雨妬佳朝愛此牆東雪半腰青子綠陰春已兆暗香疎影句堪消栽從北寺塵扉淨開遍南枝暖意饒却笑師雄眞夢幻酒醒啼鳥在烟霄

次王檢討敬夫席上留別

五柞長楊賦未厭漢陂春水夢來添懷歸日數花磚逼予告風聞草詔淹漢
苑舊遊誰伯仲虞廷妙選本師僉壽觴想在城南曲尺五天低處處瞻

奉送子隣太守述職之京師

河梁畫舫轉城隅滿櫂清風灑客裾錦里淹留今雨別赤城攀臥十年居猶
嫌長物隨行李獨喜賢勞有薦書祇恐漢廷趣召急不煩歲事報何如

紀張元德夢寄東園先生

天上雲和按綵樓人間光景接瀛洲適臨日觀東方曙轟飲仙橋北斗秋盛
事不須疑夢境高人端合伴仙遊他年我亦攜兒去細數張公海屋籌

謝何先生幷寫懷次韻二首

松菊猶存逕未除振衣歸去興何如平生圖史關心處晚歲襟懷涉世餘藥

籠擕春聊獨病釣竿臨水共誰漁淸宵剩有瞻依念擬在春風坐草廬
漸看芳草積庭除閉病端居只晏如好古學慚編簡末感春心自悼傷餘擬
開柳逕稱居士更訪桃源覓老漁莫訝城西村路遠東風花鳥託吾廬

再次奉答二首

詩草經秋未剗除春來滿地思紛如菁華媿我空遲暮膏馥從師乞剩餘畫
虎謾勞江左史釣鰲須伴海東漁十年奔走人間徧還向西林築講廬
獻歲荒蕪漸掃除烟郊風物畫難如居閒便覺山林勝算老誰能歲月餘着
跡水南還作吏會心濠上不須漁長安底事饒春夢聖主恩深憶殿廬

再次韻奉答

長嘯歸來習氣除浮雲人事看何如冥冥鴻鵠雲霄外落落松筠霰雪餘老
去河陽聊寄牧騷成澤畔不逢漁自慚亦在程仇後省識汾西有敝廬
根塵斷盡萬緣除喚起論詩興突如古調謾晞蘇李後國風終愧邶鄘餘江
山不改供游戲簡册無窮費獵漁聞說謫仙巖戶好移家眞欲住匡廬

柴墟文集卷之三終

柴墟文集卷之四

曾孫燿文振甫率男埥均校梓

律詩

送王德輝尚書歸餘姚

南來暫輟紫宸班弭棹江干便擬還東觀圖書頭半白北堂魚筍夢常關歸鴻縱目雲霄外老鶴鳴陰莽蒼間多少玉堂嘉話在風流應對謝東山

壽太傅屠公

勛業三朝際聖時蒼顔黃髮侍彤墀漢儀柱下張公在宋事經筵潞國知臺省同升多故吏簿書長暇有新詩丹山舊與神仙約小駐人間百歲期

王守溪先生尊翁壽詩

湖山燕處日翛然垂橐歸來直道全物外烟霞誰與伴人間官府不妨仙秋淹觴詠逢初度老得逍遥有内篇欲向襄陽慰耆舊王喬今日勝當年

送馬侍郎歸故城

西掖東曹疏幾封秣陵回首寄行蹤懷歸當擬瓜期及算老誰能蔗境逢去國衣冠非寂寞過江舟楫且從容攀援欲詣三山别閒看浮雲結晚峯

檜亭小集聯句次韻答大經

痛飲何妨病眼花兵廚酒美憶曾賒且從疏雨開棊局漫擬滄波弄釣槎青鏡功名良自苦白頭賓客定誰佳歲寒共保襟期在霜露蒼蒼詠暮葭

再答檜亭並簡陳本初編修

開偏桃花復栄花不來非爲檜亭賒江干未築柴墟室天際空浮漢水槎清夜杯盤隨雨好晚年懷抱向山佳一歡更阻詩人約聞道南朝水滿葭

再次韻答本初編修

彩筆垂垂夜吐花生疑春色爲君賒孟公詩價能驚坐漢使神游欲問槎南國故人千里合中宵明月一方佳繞庭却憶柴墟路十頃芙蕖十頃葭

有懷江東檀園再次前韻奉簡大經本初

春風吹盡陌頭花饒此林亭物色賒睥睨繞牆因作舍桔槔行水戲浮槎檀園冠蓋晨星淡蔗境交游晚日佳自省騎曹非縱飲流光回首待吹葭

寄題檜亭戎葵

主人高興此亭佳手種葵花四面皆祇爲傾陽敦宿好却緣烹露得清齋低昂雅稱千尋木珍重須留十丈荄一點丹心誰似得春風紅葉謾當階

大經有詩未見邀賓之意再次韻調之

種花底似種葵佳白白紅紅處處皆事去春風懷舊覿心懸白日愛吾齋駢頭爭放重樓萼衛足能全九地荄謾說主人眞好客不容騎馬下堂階

月夜過檜亭次其壁間韻

雨餘何處納新涼晚過西園檜石旁已慣奚奴攜楚簟更從地主借胡牀結廬心遠城中隱踏月詩成竹下狂清夜欲歸仍徙坐中天宮闕未渠央

奉題檜亭次喬陳二内翰聯句韻

光祿幽居閬苑西春深草合自成蹊園扉漸學東坡築齋榜曾煩北海題繞砌葵榴新作障沿牆杞菊細分畦莫言吏隱渾閒在看取臺烏入舊栖

廷章邀覩龍潭遂留飲寺中次壁間韻以謝

泱漭澄湫石磴微春寒不與毳袍違空中樓閣神靈會潭底蛟龍窟宅稀芳樹自貪幽寺發亭雲還向故人依多情苦憶西淮語石假峯前詠落暉

小詩一首問訊李獻吉員外疾

寂寞書齋獨爾思殿門相語暫移時年饑頓覺詩人瘦世險誰能國士知長

夏病軀須藥石冗曹心計極銖錙千金善保西州器眼底紛紛未有期

獻吉答詩有嬾病夢思青山之句作詩解之

拂拂京塵點客衣眼中相接似君稀耽書癖在非關病憂國心多敢乞歸飯顆有詩憐甫瘦空同無麥憶秦饑秦川如掌山如畫肯許他年白版扉

獻吉見訪同過檜亭夜飲作詩併謝之

涇雲流潦正縱橫策馬誰過太痩生河朔舊傳逃暑飲崆峒新有卜隣盟頻來老樹渾相識細看羣飛亦自營擬別主人須月出灑窗疎雨更多情

新秋寫懷仍次韻答檜亭

卜居西郭碧山橫委巷頻煩白馬生詩到素秋如有約交從蚤歲豈須盟十年騎省塵中役百里檀園夢裏營不向君家雙檜醉絲桐何處寫高情

贈石提學用聯句韻

六月松風灑鬢長太行高絕自淸涼官兼風紀懸新印行有圖書伴舊裝學館頌成喧石介都亭輪在憶張綱他年弟子河汾盛誰道西臺御史狂

充棟遺書萬軸存藁城喬木舊人門交歡正喜新居接餞別那堪苦調翻畫省文書還視篆玉堂風雨獨開尊傳經舊侍休齋側養士平生已細論

謝楊名甫雨中過話

臺笠衝風雨滿蓑美人深巷忽相過興高不減山陰棹調古難酬郢上歌淸世封章多感激前修遺事許編摩茶瓜盡日蕭然坐借問誰家載酒多

贈張愈光次宣溪諸公卷中韻

憶初相見桂曦堂風骨驚人自點蒼餘子風流傾北海前朝家世本東陽忘年老我宜呼友獻賦於今合拜郎洗眼雲霄看羽翮南山丹鳳引雛翔

元旦之三日過海子橋懷李獻吉用韻

城南城北動經春雪霽山門水色新感舊偶懷東道主逢時空忝北都賓新詩近日緣誰瘦斂帚長年枉自珍咫尺淸晨違問訊空同何處訪秦人

別劉東之席上次韻

花宮飲別月平西留宿先拚占鶴棲杯酒共憐身尚健塵沙誰念眼都迷雲連蜀棧逢人少雪盡秦川覺路低回首長安春事近美人千里費招攜

答獻吉酬見懷之詩

秦川渭水故鄉春關塞相望旅夢新彈鋏肯從齊下士上書曾是漢庭賓詩多仙語因殆玉病有神方卻袖珍磊魄胸中多少在莫將名姓作山人

再次韻別伯安獻吉

風華漠漠浹旬春世事悠悠百感新去國更憐王逸少閉關誰問李元賓千金浪買人間骨七聘曾求席上珍隴水粵雲千萬里騎曹羈絆是何人

答袁鳳儀歲暮感懷

捧檄誰教判解池長安冠蓋訝君遲飛黃老矣空奇骨海鶴翛然餘舊姿萬卷難供折腰具十年仍賦看花詩京塵千丈誰相問歲晚天涯有所思

送盧文淵知岳州

飛觴先賀岳陽人刺史眞如漢吏循白簡凝霜烏府重朱轓飛雨虎符新高樓詩就應懷范故國城荒想問津仰止東山遺老在草堂無惜駐車頻

崔民瞻戶部得誥壽親

同拜龍墀奉玉音殿東擎出主恩深光隨湛露初歸第思逐飛雲已度邪翁嫗幾家俱白髮郎官十載只丹心鳳梧山畔春風宴應有仙人跨鶴尋

西園阻雨復用十四夜韻

詩腸無地著閒愁往事浮雲去不留帶郭荷蒲成小景隔溪風雨弄淸秋登

高譔憶賢臺句學圖慙非藝苑游極目空明三萬頃晚晴須上郡城樓

無礙先生限韻禁體雪二律

殘冬無雪覺詩孤一雪詩腸句不枯坐喜征塵消朔漠夢疑人境換淸都高眠幌曉花生紙獨釣船迷水近蘆莫倚圍爐爭附熱還將遠意問靑奴

積雪叢陰勢已孤陽生九地暗噓枯直驅荒穢連滄海似厭繁華洗絳都遠戍獨憐冰滿甲貧家誰道絮非蘆關河凍合江天杳消息春風看雁奴

次張東園悼梅

不將欄檻護芳根酒醒東風已過門開晚共憐春欲半吹殘偏是月初昏絳臺仙遠迷歸跡玉笛聲高黯別魂莫訝石腸多綺語廣平調鼎重開元

送張元德

飄飄辭賦擬鳴皐不羨長卿意氣豪別酒留連驚歲晚征車迢遞覺天高名家久擅燕公筆芳躅重裁進士袍雲路聲華無限在泥金先慰倚門勞

次張進之除夕

曲江二十年前客少壯忽看衰老時輦過馮唐猶恨晚戟隨楊子故教遲爲郎謾道才名誤通籍終非草澤遺更是歸田還守歲可能黃髮與君期

懸燈寓直記留司殘雪飛鴻跡屢移客意自長浮世短少年渾健老人癡久拌歲與閒官轉自愧才非要路知同在淸時端有味南園須製賞春詞

張進之請贈萬千戶

將軍結髮事戎軒緩頰能通六詔言自請渡江宣上澤竟還侵地與中原充庭再數金沙貢賜爵初開綟綬源欲草尺書招贊普薦渠須是得南園

燈夕前二日白巖平臺來問疾歸途聯句見寄因次韻二首

長安春事試燈初殘雪扃門客問疎病起裳衣還臥榻公餘珂馬忽吾廬淹

留坐久殘淸茗問訊詩來抵素書想過東垣多緩步九霄華月伴歸車

穿市牙旗晚思濃到門人笑錯登龍雄談彷彿迴三峽玉立分明見兩峯病邸步蟾空倚杖嚴城弛禁謾藏鋒風流此夕眞堪畫不似飛鴻雪上蹤

贈送王給事蓋奉使湘府

左掖封章獻納頻雄藩將命寵光新不妨行李淹殘歲正及皇華發早春草綠湖南應訪舊路從江表便寧親淸時入奏方虛席無用臨池問楚臣

贈送戴給事銑册封楚府

彩鳳噰噰鳴曙暉碧空銜詔下王畿使華曉逐湘南遠諫草春懷闕下稀開府山川環楚甸過家風日媚萊衣歸程莫待梅天晚多少邊情寄瑣闈

次韻賀張尚質生子

且佩荷囊擬袋魚傾杯爭賀得雄初夢符玄鳥春當仲瑞紀仙禽歲已餘東國人倫誰月旦西州冠冕舊門閭不須百試之無字似爾多生想在書

劉尙寶務教回南京次謝方石韻送之

石潭垂釣老傳經奕葉文章動漢廷南國揭來逢昨雨故人相望幾晨星可堪對酒還離別長記題詩入窈冥叔子吾師聞健在爲煩卿使道丁寧

贈劉太守致仕歸　師召主事之父

東海淸風滿郡謠百年稅駕到林皐健身謾刻鳩爲杖暮齒仍裁鶴作袍蔣徑過從唯二仲吳中迢遞有三高歸歟自是秋江興不爲仙郎在左曹

送黃紹還黃巖省母

長安夢繞赤城標秋杪涼風灑客袍海內世家黃吏部河東文字柳儀曹留連萋被還停騎拂拭吳鈎擬斷鰲此日庭闈俱在念越江波晚朔雲高

寄永平推府張振卿

清晨送客出都城東望昌黎憶振卿久厭青氈惟簡册抑從丹筆試刑名晴
空脫帽爭看鶴春日遷喬載詠鶯記得別時曾有約一杯山海話平生

次司成謝公大母旌門

寂寞泉鄉路已遙題坊名姓竟難消紫宸特省孤孫表彤管新書列女條何
異蘇卿歸北海因嗟江令過南朝密章讀罷山靈舞疑有雲駢駐碧霄

生朝答鍾甫幷簡諸公

老去何須看鏡頻長安空踏十年塵錯疑原憲非眞病謾許陶潛是後身拄
壁戲看蓬矢舊開筵笑舉菊杯新醉中莫問人間事白髮滄江擬釣綸

卽事

藏金郿塢事何如天網恢恢竟不疎重典固宜同社鼠餘殃還恨及池魚皂
囊萬里宮臣疏靑史千年獄吏書聞說都人傾市看太平今日祝皇輿

次韻答東園先生

漢署歸來睡思濃病餘無復賦三雍巡檐自曬花邊藥欹枕惟聞郭外鐘豈
有文章陪國論漫將名姓入臺封舊時三徑今搖落欲向陶翁借菊松

起廢後簡郡博諸公

書巢擬種老生涯病裏渾忘歲月賒乾鵲譽晨頻送語清燈臨夜自開花扶
衰合戲高堂綵起廢重宣魏闕麻欲向武夷論出處且題詩問魯東家

送韓大理轉刑侍之京師

擁別江千駐畫橈鳴榔渡口候春潮看花再作長安客聽漏曾陪左寺寮忠
獻雲仍凡幾葉明良歌詠已三朝夾城槐蔭經過處想見淮人誦舊謠
舊築郊居傍水涯修門回首望來賒枯腸戒酒因行藥老眼耽書故著花便
整冠裾趨紫禁祇慙名姓汚黃麻北山猿鶴應相笑早晚移文到爾家

答夏郡博

夢裏仙居接兩涯海門山好向誰賒丹霞掩映千年樹碧澗縈迴十里花雲
外聽人吹楚竹洞中留客飯胡麻醒來忽捧堯天詔憶在台南第幾家

答李郡博

嬾慢吾生亦有涯市沽村酒未須賒閒消永夜詩還草暗喜豐年雪又花抱
病敢祈同犬馬掄材直擬到桑麻只愁屑屑煩來往貽笑東京博士家

陳情奉旨仍許病痊起用感媿之餘再次前韻

數行濃墨灑天涯未許爲農去國賒老病三年南楚艾春晴二月上林花每
慙左轄頻虛席已幸西垣不毀麻溫詔拜看重感激微軀何以答皇家

聞洵姪應和理卿三進士報呈郡中諸公共賦

雙璧誰誇兩手把遜齋詩語憶生存聯翩載睹河東鳳變化爭摶海北鯤風
急綵械飄驛路日高黃榜揭天門吾鄉科第從來盛周許名家合幷論

生朝自壽

衰遲只合置山巖謝病那堪左部銜枕上邯鄲眞幻境書中京洛盡空函初
心道德顏何厚平地神仙骨自凡笑插黃花還自壽明年兒子試春衫
病裏生辰彊自聊白來鬢髮半刁騷秋喧籬落纔看菊歲晚瀛洲合種桃老
業尙餘書作贅浮名須用酒爲逃崚嶒瘦骨人應笑欲並南山百丈高

家君生朝次客韻

敢希潘令賦閒居正及吾翁八十初步屧晚園栽杞菊舉杯春社飲枌楡庭
留愛日逢多後客滿佳辰記歲餘不向當筵誇矍鑠自呼蒼鹿駕輕車

依韻贈高汝瞻因懷張逸叟

聞逐漁樵已定居偶逢春事入城初閒揮白羽歌粱父忽杖青藜訪石渠小

邑遺才三老後故家喬木百年餘因君苦憶雲莊叟不見同乘下澤車

十二日飲周甥宅疊瀛生韻

重城欲暮倚晴曛筆陣騷壇未解紛病起逢春眞快事酒闌聽客有新聞笙歌清夜留詩伴兒女芳年對聘君起向梅花還索笑暗香疎影共誰分

飲盡西巖落日曛小堂深巷淨塵紛晴貪燕寢凝香坐暖覺鶯歌隔樹聞樓月與多憐老子湖梅詩好憶徵君一歡不待春燈促歸騎翩翩夜欲分

十七日答方貢士嘉伯

燈夕曾期夜夜觴素娥慇約惜蟾光儘教涷雨銷紅豔且待晴雲貯碧香上國烟花清夜夢故園賓客暮年行追歡直與春宵競秉燭何愁正月霜

張灣次錢水部韻留別

久拌沙苑謾爲卿忽入霜臺恐負丞薄晚移舟浮潞水當年結屋近鍾陵心期自種秋風柏榮願眞看夏日冰共說留都兼吏隱潁江還往記吾曾

宗一席上次陞官韻

公朝郎署喜同陞記得馮唐老亦曾騎省移文通姓字山公啓事薦賢能官清更結求仙伴病起渾如出定僧九萬里風安税駕只愁無地着飛騰

次韻送吳雨疇之易州

郎署卿曹久盍簪兩都游宦託交深春鶯再囀遷喬調老驥長懷歷塊心楓落吳江還獨詠酒香燕市憶同斟驅馳記得京西路夜夜相思夢裏尋

平明冠蓋擁神州分省如公足勝遊子長舊多燕趙跡希文兼有廟堂憂春來伐木千山應雨後看泉萬壑流到處軒車遺愛在三吳人物渺難儔

別朱升之用希大韻

邊城六月請王師橫槊何人共賦詩躍馬豈堪仍此別分曹翻恨不同時舟

中兩興題陶菊江上年芳詠楚離今日軍麾須謝傅東山翹首寄遐思

又分韻得多字送杭東卿

飛樓突兀掛明河西北雲山入檻多絕頂危巢欹鶴雀夾城流水帶蒲荷清商掠樹驚秋到明月看人奈別何坐撫佳辰懷遠道送君須待醉時歌

乙丑除夕次舊歲韻

宦情鄉思兩依依老境先聲已入圍世短定非金石質才疎須決利名機車中問馬還能數夢裏瞻熊亮不違清鏡平明看故態莫論知命與知非

贈張鵠舉

少年揮筆動京華開眼書林破五車南省幾人先擢第東田百里舊通家飛鴻未舉雲間翼叢桂平分月窟花老我短檠還夜坐謾將文字作生涯

贈華源楚

鳴鹿呦呦詠野蒿綵旗催宴拂青袍儒科近羨王甥盛女德爭傳祝氏高幕府騎來符曉夢舵樓詩穩送秋濤知君剩有屠龍技更欲臨岐贈孟勞

竹居爲顧山人賦

山下幽居傍海涯此君偏與隱君宜坐聞清吹詩先得臥近涼陰俗可醫春雨剩移淇澳種歲寒應長鳳凰枝藍輿舊有東游約徑造何時載酒隨

寄賀鼎夫新拜寺丞

自笑青驄老不勝趨裝何意問金陵板輿對境能將母棘寺臨湖不負丞暇日罇罍應屢設近城樓閣喜重登遲君欲結它年社只恐行臺早見徵

題馬汝礪同年會詩軸

青春游宦半濡須曾過留都賦載驅六載重來歌哭異七人誰在李程俱風高木落天連楚歲暮江平水合渝垂老同年凡幾會爲君中夜撚吟鬚

送張光祿廷賓致仕歸

江菼蒼蒼江鳥飛石城留別重依依疏成擬扣君門上詔出先從宦海歸莫對青山談往事閒梳白髮向斜暉知君舊有蓴鱸興不爲秋風賦式微

送徐耕讀

籍甚當年數二徐獨將巾屨狎樵漁謀閒未受徵君召請養頻煩少傳書壽域正開忻老未歸期屢輟待秋餘臧林舊有吾宗在十畝從公擬卜居

饒公猷友愛堂寄題

鄉國論交喜未遲兩君風誼海濱知每於北去南來日常憶兄酬弟勸時晚榻不開荆樹傳春堂重詠棣華詩寄題此日懷予季芳草年年夢小池

再賀屠松菴加封

紫誥迴鸞下九天人間五福若翁全加封不待中書考算老才過尙父年山

水宴游兼吏隱廟堂經濟本家傳松菴說與丹丘近更欲飛觴杖履前

侍郎張公邀飲有本亭次明仲都憲舊韻

西來幽勝結斯亭星月巖姿太茂靈天際浮雲都變白秋深老柏獨鍾青春容晤喜迴丹墜晚照端宜照翠屏聽徹潺湲歸興緩只疑雲竇泄滄溟

汶上與亨之內弟話別二首次貽教前韻

金閨著籍謬拖紳咫尺東州念汝頻酒醒碧雲愁外合夢回玉樹眼中新暫留行舫同看月重把離尊爲洗塵並轡何時期報政六街官柳禁城春

戀別悠悠語夜昏蒼茫水驛泊荆門庭鸞斂翮聊棲棘野鶴鳴陰却近軒舊雨杯盤渾夢寐頻年書劄豈涼溫病眸不惜侵燈坐懷抱憑誰與再論

再答寫懷

臘酒初封半坼泥惜春連日醉芳溪鶯林歌斷停杯待花陣香來滿袖攜搨偏彩箋多詠蜀調成錦瑟肯干齊南遊暫借江山助未必青冥羽翼低

移居次韻

渺渺飛鴻點雪泥僦居今復傍青溪地偏車馬心應遠老愛圖書手自攜種菊敢辭開徑晚結茅聊用覆簷齊一枝棲息何時定回首淮雲入望低

送劉敬夫還泰

一曲驪歌酒滿斟亭皋飛葉潞河深忽看姻婭過逢地不奈京華去住心天上恩濃歌湛露淮南旱久望秋霖懸知晝錦非君戀名姓於今屬羽林

次韻馮御史執之留別

連城價重本荆南楚語曾從杏苑諳論諫幾年書累百澄清兩地命銜三中宵興逸題詩別千里心同對面談輦轂他年應有問臺郎何地不宜堪

別來詩思爲君牽回首平山已隔年夢醒旌麾春舫外酒闌棊槊夜燈前江

淮舊識青驄使霄漢新傳白雪篇想計郵程殘歲發陽和隨至海東邊

謝王晉之

赤日紅塵逐馬蹄遠從城北到郊西瓜時不負秋風約松寺曾拌月夜棲移席本須還折簡到門何事不留題知君興盡重來嬾斗酒升堂欲自攜

倣古意仍紅葉韻

粉壁紗窗隔樹看儂家門戶近長干錦機文字縈心苦青鏡鉛華駐景難滿地梨雲供夜寂一簾蕉雨閉春寒吳舲見說歸來穩水長橫塘昨夜寬

賀方嘉伯發解赴南宮

芳年緤馬步蘭皋任俠猶嫌楚客豪平地烟霄差恨晚南山秋色敢爭高九華殿曉香浮研五色雲晴日照袍弧矢從來四方志驅馳應不賦賢勞

送冒良房卿

東國人門數雉皋兄曹楚楚擅雄豪百年譜系通家舊奕世科名占榜高插架書多香滿屋堆牀笏重曉隨袍青年才力看君健更欲臨歧贈孟勞

次韻寄謝錢司訓

長鋏休彈飯越行短檠猶計讀書程碧波采藻春風晚綵筆垂花午夜晴尊俎遠煩移馬店干旄久擬駐龜城湘靈舊有驚人句未必儒冠誤此生

次冒有質韻寫懷

詩來悽斷一長吟我亦因君話夙心曾與冰霜同歲晏漫隨花鳥度春深鳴無和鶴愁看易曲爲離鸞罷鼓琴種得新篁聊慰藉晚涼相對碧森森

訪張養中值其出飲不遇次壁韻留題

野色含烟淡欲收溪光著樹暖初浮酒狂自笑陳驚坐詩好難逢趙倚樓塵榻漫留開墨卷晚山貪看上簾鈎興來不似山陰盡驅馬悠悠到水頭

送封秀才貢入南監

青衫初試禁林題咫尺蓬山路許梯小邑人才多間出舊家門閥豈卑棲秋高擬擢南宮桂歲晚誰甘太學虀此日送君懷小鳳桐花開滿赤城西

追輓李兆先

西郊烟草寄餘哀並馬前年此地回詩境分明誰遣夢仙山縹緲却憐才佳城閉晚愁長別遺卷藏深怕獨開想念尊翁憔悴盡後身應化郭郎來

過蜀岡遊功德寺次韻

酒酣雙屐閣林莎臺殿參差趁曲陀山遠望隨雲不盡風輕身與鳥俱過歌鐘漫憶當年盛城郭其如故國何洗耳雷塘無限水遼陽曾聽哭聲多

同年王郎中璘尊甫千兵幷母宜人挽詩

短世眞從一夢猜燕歌猶動羽林哀百年勳業聊存跡奕世衣冠不乏才篋底兵書遺感慨墓中袖劍走風雷黃沙積裏高秋月曾照將軍擐甲回

升堂未及太宜人彤管瓊臺狀最眞禮塔少因王母疾脫簪曾助羽林貧老驚節序供蘋藻閒愛詩書感鳳麟十九年來多少事墓田如舊寵光新

題徐霖畫萱爲華母壽

金鳳婆娑綠雲杪碧砌雕欄風裊裊天留此種表春餘人自無愁花自笑小山叢竹又生孫白髮含飴笑語溫東鄰西舍共驚歎三十年前雪擁門

挽周伯深

別來書劄謾殷勤京國初歸一見君數語豈知成永訣十年空自歎離羣畫橋臥水當窗見金屋鳴鐘到枕聞同舍舊游誰復在獨將衰淚灑秋雲

丹旐悠悠野水濱哀歌悽斷白頭親杏園竟負看花約儒席虛留待聘珍自倚勝年翻得病可能仙骨不成塵窮廬此日悲多少又向西風哭故人

是日省墓

九里溝西路渺茫葛衫初受野風涼村延秋色三分淡雨挾河流二尺彊多事白雲迷宰樹無情黃土閉玄堂含悽欲去仍延佇滿路啼烏鬧夕陽

寄挽鄉丈何宗輔

丈人華髮我諸生老去相看只故情馬援不令牀下拜何顒自許汝南評病中杖履隨鷗社別後音書阻雁程絮酒無緣空有淚春風想像哭佳城

哭李若霖次楚英韻

吳鉤塵澀竟誰投枯坐空齋類楚囚病爲眈書侵鶴骨貧非嗜酒典鸘裘功名落落嗟難合歲月堂堂苦易流同學故人歌最苦可能長夜一回頭

衞晉明卒於歸州其守胡君璉爲治喪詩挽之

鳴騶不遺到夔州似爲歸州刺史留苦被官程催歲月幸將旅骨託交游三

湘抱病津亭夕萬里歸魂海國秋朋舊中年看漸少爲君歌罷醉橫流

胡兵馬母孺人挽詩

三十年前哭未亡績燈深夜伴書郎柏舟久繫中流石萱背忽驚前夜霜夢裏藁砧今合墓眼前姻婭幾升堂賢聲已溼鸞綾墨取次恩華到密章

夜飲西寺奉次匏翁韻

祇林遥在碧城西行盡長廊不見泥銜雪吟鞭停馬待揖門僧袖向人低堂深最愛簾垂半笙暖爭教曲唱齊共荷昇平多宴會不妨中夜有鳴雞

挽楊樗老

何處悲風到夕郎晚秋雲物正蒼涼所嗟榮顯渾無及况復艱難已備嘗萬里蓬瀛眞汗漫三吳耆舊幾存亡竭來細讀平生傳不負趨庭有諫章

挽傳處士體齋叔父

慘淡哀歌滿素縑楚江秋淚省中添蘊眞自喜開陶徑投老何曾築傳巖每爲山行吟獨放慣從泥飲坐能淹百年風致今陳跡惟有寒花繞舊簷

鄖城大雪追次應詔韻

雨雪淹旬記秣陵燕南三月尚寒凝帷車戒曉初聞霰佩劍銜寒似握冰野漫忽迷官路曲水明聊見女牆層却妨宿麥經春爛似厭繁桃向日蒸凍合詩肩饒噤痒花生醉眼任瞢騰憑君莫擅山陰勝瀛海奇觀恐未曾

絕句

與况山人郊行口占所見

東風送征帆遠樹忽相隔只愛江上舟不問舟中客

閉門三日雨斷送春歸去西郭少人行草深迷渡處

麥阪斷人行驅馬荒田裏隔岸聞鳴榔魚舟在深水

古城如頹垣知是何年築野草燒痕多牛羊不來牧

雜言再疊郊行韻并簡晉之

結廬在西郊稍與人境隔不恨郊居幽城中有嘉客

宴坐林廬深日暮忘歸去開門見人影江月在何處

巢居寄林間枝穩何須築中有潛心人不似牛山牧

閒愁何處生夜靜雨聲裏沉沉無已時階下隨流水

題李崆峒扇頭

碧樹不知暑流泉欲濺衣窅然塵外語宴坐澹忘歸

汝忠扇次韻

扁舟不用檝萬里流空明江風供短笛吹作裂雲聲

錄園丁語

雨落在何處水深穿我池浮雲千里外變化誰能知

江雪漲溪水水清泥不渾樹根看已改沙岸長新痕

題王憲之畫

桂宮棲老兎長向月中看仙種應多實移來伴歲寒

聽琴與蓮女

懸燈照靜室泠泠鳴玉琴清霜凍明月如聞空外音

六言

渡河乘月至保定院中

月出渡口初夜蟲鳴草際清秋菰米未炊客飯柳條已繫漁舟

暮行河隄無伴月照沙水有情前日曾來倦客今宵還宿孤城

歲久苔連牆腳風高葉滿階除月下誰吹荒管燈前忽送家書

秋晚縣中客少年飢道上民流燈影不成獨醉爐烟謾結閒愁

附

席上賦史巽仲歸雲洞

悠揚滿洞中歸來不知處曉起語農人春田夜多雨却問洞中雲何事下山去

柴墟文集卷之四終

柴墟文集卷之五

曾孫燿文振甫𢈔男均垍校梓

絕句

趁朝寓目

疎鐘隱隱出彤墀坐候明星起却遲內苑牆高楊柳暗東方猶似未明時

李後主寫生鵪鶉

毫素長供內殿歡隔江忘却汴盟寒梁園花落秋風起應作山頭凍雀看

元勛都尉家貓圖

竹石陰陰晝起遲人間鼠穴已潛移看渠醒眼非無意欲待朱闌日午時

李宗一使山東題荷鷺横披爲贈

紅蓼白羽汎空明淅淅新涼六月生咫尺滄洲千里隔雲飛水宿總關情

雲湖水仙花

花應轉被詩人惱坐此紛紛綺語何莫擬百錢看襪錦水仙原不解凌波

題畫

沙浦波明碧樹攢杏花疎雨澹生寒京城殢却江南夢試問吳船借畫看

雨齋書所見

雲峰矗矗嵌秋空九疊屏風較未工怪得雲時風雨横楚山移在月明中

題花雀畫

羽毛何處避虞羅巖桂冬榮有舊窠莫憶嶺南風土好錦雞翠鳥漢宮多

閒庭晴景羽參差春去茫茫似有思翹首牡丹花下立赤霄玄圃往來時

中流砥柱圖爲秉德侍讀題

萬里龍門載得來木天驚見此崔嵬不妨倒景留難駐已覺頹波挽盡回

止菴畫角

青山點點水濺濺坐隱烏皮木榻穿說是止菴人不信白雲常宿草堂前

次白巖九日西觀見憶之作

亂插霜華歲已侵且隨佳節寄閒心江州未覺風流減合著劉郎伴酒吟

詩情無奈簿書叢每憶前時賞眺同誰謂分曹翻落寞獨餐秋鞠詠飛鴻

題扇贈喬本大

坐撫塵編碧樹深十年探盡古人心抱琴莫向西林去書閣於今有賞音

題白巖扇次韻

青谿佳處隔塵氛何限風情寄水雲莫訝朱絃時拂拭南薰留和玉宸君

題扇贈惟正奉使湖南

飛鴻暫遠日邊行六月行人底事忙碧浪紅蕖三萬頃樓船滿意汎瀟湘

口號與嘉伯覓竹

何處淸風洗俗腸眼中無地覓瀟湘玉山也有篔簹谷試借西園一畝涼

潤守王誠之以假山石見貽奉謝二首

鐵甕城高入望頻小山相餽更情親無端也有平泉癖慚媿南山覓石人

一劄重煩怪石供開窗已覺翠浮空數峯尙帶江南雨彷彿金焦入眼中

寄王鴻漸一絕

西湖千頃鎖風烟雨暗城陰晚泊船誰似樓居王處士焚香高對畫棚眠

題仲昭太常墨竹

嫋嫋風枝落筆初墨卿揮灑徧東吳秋來自護篔簹種丹鳳明年有小雛

崔都尉家芙蓉畫屏

十丈蘭舟艤水旁三湘誰爲殿秋芳風流一種秦樓客移作銀屏護晚霜

馬上答希大二絕

帝城春事較來遲芳草垂楊總後時醉眼爛烘桃李暖向年今日在留司

文園多病本無端酒賦琴歌伴歲寒何處仙人醫不老不來賣藥向長安

元章拜石圖

虎賁猶似對中郎末世那知老子狂才到宣和流落盡眼中誰是丈人行

郭錦衣紅菊次韻

冷坐誰人送酒錢閉門忘却罷官年潯陽苦與臺城近吹得紅塵到菊邊

又黃菊

繞砌團團媚夕暉晚烟長爲護塵霏高秋不用悲黃落昨夜新霜力正微

題扇次韻

十年縛屋南山陰草長沒路無人尋湘中老人忽相訪自謂與予諳夙心

中秋答希大

曾誦坡詞憶丙辰秋期底事又因循我家明月偏蕭索只伴中堂默坐人

歲寒庭前牡丹謝

眼看春去減穠華倚檻依依影共斜開向省中猶不賞錯將飄泊怨天涯

漁樂樵隱二圖爲吳隱君題

鷗波濯足柳維舟閱盡滄江到白頭偶與野人相話及夜來閒夢入西周

黃帽青鞋嬾折腰擬隨麋鹿住山椒少年操斧曾傷手只傍風林拾墮樵

嘲石門九日不見招遊西觀

老樹斜陽憶舊臺樽前笑口幾人開應憐騎省悲秋甚不放垂鞭入社來

題國賢扇之畫菊

自惜秋叢向晚開不因遲暮怨無媒一從移作泉齋供添得幽香繞屋來

山寺茉花

桃李吹殘萬里霞惜春無奈到僧家詩人本是齏鹽客只合中庭賞茉花

李宗一錦川芙蓉

不怨秋風開較遲自從春盡數花時涉江采得情何限欲及馨香寄所思

六月三十日太平門堤上口號二首

赤日當空午未央長途老馬汗如漿人間炎熱渾多事消得湖堤六月涼

功名未老鏡中年世路悠悠且著鞭正是行人愁喝處隔牆高柳咽新蟬

次韻謝武靖伯惠茉莉茶

采采江南茉莉花移根多在列侯家清時幕府渾無事羽扇綸巾自煑茶

茗飲初傳陸羽方清風六月午窗涼笑渠河朔英雄者避暑翻教入醉鄉

茉莉香浮碧椀新槍旗猶帶建安春何人更汲中泠水來餉松廳病暑人

小摘冰蕤試鳳團策勛聊復一登壇誰知橫槊談兵地花譜茶經亦謾看

張道士山房 正月十九日冒雨過張道士碧雲山房蓋別十有五年矣剖柑命酒酌予夢鶴小樓追念舊游凋謝殆盡道士今年八十有一而康強如曩時奔走塵途者固不如閒居之佚也感歎之餘爲賦四絕

不到青林十五年長松垂鬣鶴成仙江東舊事憑誰話坐盡銅盤一穗烟

芳樹青青二月時林扉銜雨記吾詩紅塵消盡長安客留得雲房老鍊師

十日連江雨不休雨聲隨處種閒愁寧簾欲待晴時去不爲春寒不下樓

徙倚詩成午照餘仙家宮府半樓居醉來也有回仙興自劈黃柑蘸酒書

舟中題畫贈錢員外仁夫致仕歸吳中

清泉白石舊成隣謖謖松風灑鬢新行過溪橋須稍待長安恐有拂衣人

送人歸彭城

征軺十過姚徐州不爲雲龍半日留莫負杏花明月夜吹簫飲酒共君游

岩畔幽亭爲鶴開壁間詩榜謾生苔彭城未少張天驥借問東坡何處來

題扇贈元政譚

錦樹經秋一葉飛長安游子抱書歸青雲歧路回頭在莫向西風賦式微

走筆次龍雨

紙背驚看墨點鴉睡醒初試玉川茶詩人也有閒消息昨夜西齋夢筆花

強明之萱卷

怕見庭前雪色萱北堂吾亦冷魚軒與君同抱春暉恨春草青青露滿園

題左世英贈行卷

郎君師我我師公鈴閣尊罍笑語同一自歸田賦成後十年梁楚夢魂中

文章太守去多時一樹甘棠滿郡思前日忘年今老大倚風常誦郡齋詩

少日嬉遊海上城抱琴重過若爲情他年江海頻相覓爲鼓松風一再行

西寺四首與然話舊

西寺伊吾記我曾夜檠長借佛龕燈白頭耆宿今誰在只有然公是舊僧

僧殘屋老竹林枯太息重來歲月徂三十年前讀書客故吾應不似今吾

不到西林已十年砌臺香院尙依然倦遊却羡僧窗好日午松風猶獨眠

海上歸來老退之冠巾心在定何時素衣我被山僧笑一墮京塵已化緇

贈欽人羅士敬蘭册

展卷風前興已高哦詩誰續楚臣騷因渠重有懷人意步馬他年到漢皐

九畹光風翠欲流幽香無定被林丘莫言曾是尙書握此種移來自鄂州

寺中再次敬修詠竹

翠葆青筠晚興長佳人衫袖不曾霜數枝絕似湖州筆欲改僧居喚墨莊

四鼓入城一絕贈羅令

四更風露洗塵顏譙鼓聲沉戍柝閒萬戶篝燈渾不閉使君江上看芝還

答周瀛北寺秋夜仍其韻

紅葉滿街秋正濃清吟四壁答寒蛩上方月落鐘聲定想像燈前憔悴容

邗溝途中仍瀛韻

片帆高掛夕陽時倚棹蒼茫未有詩却是夜來風雨橫江聲撼枕酒醒遲

湖口風生月上初漁家燈火漸看無一年兩度盂城夜閒却秦郎舊酒罏

出城從西門渡水過西墅看竹

南國移來水隔瀟碧雲千里思寥寥相看尙有梅華舊好在風晨與月宵

老可當年費穮材胸中成竹不曾培柴墟却是淇園種莫作篔簹障子猜

岸曲春泥濺馬蹄手遮西日過前溪春來底事頻移竹留待遊人醉後題

雨後初分一畝涼西園合有墨君堂籜龍不用愁斤斧坐看新梢百尺長

苦思詩人詠碧瀟水光烟色楚天寥他年繞檻題佳句應記移時舊雨宵

愛此娟娟嶰谷材霜姿須自早春培藍輿定有高人至不是王猷莫浪猜

窮年學道姚筌蹄枉種新篁綠滿溪閉戶著書張籍宅汗青留與白頭題

徙倚庭柯語笑涼爲貪看竹盍茅堂一尊想對張公子更覺清風灑鬢長

聞秋聲偶成

秋聲無際海天長萬葉蕭疏片月光莫笑時人箏笛耳却將天籟按宮商

雨後出郭

三尺蕎花舞白波斷橋斜路欲成河題詩不障西山雨枉問村童借牧蓑

題樊贊理小畫

抱琴閒訪野人家石逕縈紆略彴斜亦欲移家來此住雲林終是少風沙

三月晦前二日晚出城

爲惜年光自不支西樓誰唱送春詞出門何處無芳草欲倩東風住少時

兩生芳草城陰綠絮逐游絲水面渾忙裏不知春已去日斜騎馬出青門

送卞提點歸南京

別後江東幾夢思子來先問壁間詩城南二月春無限芳草青青沒路時

憶曾銜雨宴林扉滿座英游白下稀今日塵途無舊侶獨攜詩卷送君歸

答貢元禮

楸枰猶勝對臯盧老我機心漸欲無却笑往年狂絕處夜闌曾作繞牀呼

攜琴扇頭次韻

湘情孔思有遺篇餘響琮琤石磵前欲和南風羞自獻繡囊還拂舊時絃

追送李茂卿四絕

聞說故山猿鶴愁一官袞袞六年留如今勘得歸來是却共山靈到死休

白頭老母青山弟病裏書來夢裏思總道棄官參佛去野人心事向誰知

莫將名理視蟲魚觸手遺編盡掃除想到東喬唯宴坐青山他日不藏書

青天一幕記臺城瀛海東來復見卿出處此身知共歛山林終是得完名

淵明撫松横披

三徑蕭然十畝寬賦詩舒嘯足盤桓門前五柳經秋悴獨撫孤松共歲寒

老子元非避俗翁歸來多愛看孤松情知也爲霜髯惜不爲秦封爲宋封、

丙辰冬十二月十三日在平軒新居燈下與應韶對局予連勝六局詩以調之

虎谷平生慣熱謾昨宵肝膽不勝寒他年若撰平胡記莫忘提兵過六盤

虎谷輸予書册不納再調促之

孤注憐君每自謾圖書空盡夜灰寒不知更有何編在我欲探囊仔細盤

虎谷答詩有勝喜敗欣之句再答

筆舌紛紛祇自謾敗車羸馬且酸寒情知勝敗渾閒事一局何須當五盤

虎谷有詩誇向日羸白巖貂帽詰且問之乃詭詞也其末句詩甚故

詩先折之

莫倚多才局上謾也須平麓到高寒柴墟亦有堂堂陣不是尋常紙作盤

爲白巖解嘲且爲虎谷圖二首

貂帽誰知自坐謾狐裘翻誤晉溪寒（晉溪王德華也德華出使虎谷以狐裘抵白巖貂帽對奕勝者以贈德華虎谷輸一局遽索馬歸省中曰天方寒吾裘不能贈矣）直將別墅羸歸去虎谷從吾改作盤

弱魯強齊不待謾孱兵空著鐵衣寒包羞尚可圖違局鑽透南山舊石盤

二十三日夜會飲高虞部家虎谷與白巖對奕連輸二局旺燥西歸

白巖有詩復次前韻

十觥今得直前謾（一局敗者罰酒五觥）旺燥歸時夜正寒三尺喙看無用處迎春須試膠牙盤（膠唐人作去聲讀二十四日即立春也）

魚圖

銜波齧鬣眼中稀不向河津點額歸靈沼幾年涵沛澤隨龍長傍赤雲飛

上巳前一日泛舟過西園口號二首

不分年光逐病中強持杯酒對東風西園春色濃如酒醉得桃花朵朵紅

城隅一水綠相連春暮誰來泛酒船可惜探花筵上客又教扶病過新年

五色菊次韻

最愛黃華小石蒼風霜搖落殿秋芳不須顏色隨時改自與春花譜洛陽

送宜興族人

水木根源翳我思短題不惜贈君詩到家試問移淮日恐有吾宗老父知

堂前松桂百年陰門外桑麻十里深父老至今論土著故家風物只臧林

江上秋風起白波晚涼疎雨洗明河游人眞是江南客拍酒船頭聽棹歌

臧林孫子吾宗秀華冑遙遙魯國來怪得前人尙王謝從來家世有人材

郊行

凌兢瘦馬踏春泥雪後郊原綠未齊一抹午烟風隔斷野雞聲在竹林西

孫志同自然亭

天作虛亭寄碧漿爲君瀟灑貯清風萬間廣厦平生具想在蒼然直節中

斤斧無聲匠石閒萬竿排闥庇郎官舊家臺館多翻覆看汝亭亭歷歲寒

七日寶應有懷

湖雨吹風洗暮烟渚禽驚浪逗行船舊時酒伴飄零盡莫怪春愁到客邊

古城驛

野水微茫斷岸平幾家相對掩柴荊不須候吏沙頭報驛站懸知是古城

北風

一路輕寒二月中水南桃李不曾紅怪來河朔春光晚吹過花時尙北風

兗州道中

楊柳春風夆路深驛東迴轉愜幽尋却嫌東下山無賴滿目岡巒隔孔林

揚州久雨史癡家用紙作掃晴娘戲題

平明奉帚不辭勤宿靄遙遙看溼未分不爲望郎愁雨滑妾心元自厭行雲

涞水雪行

飛飛小雪點春烟寂寂輕寒入暮篠却怪西山明似畫不知遠日晃晴川

獨鹿西來路更奇遠山駢首競追隨行人莫笑詩寒乞坐擁氈裘正苦饑

入易州

萬壑風烟散不收放歌今日縱燕遊客程漫道無供給滿眼青山入易州

容城道中

三月一日天氣佳燕南春風著面來渡頭楊柳不堪折忽憶故園花盡開

日西汾水到容城四野天低驛路平多少春情無酒伴只憑詩句紀王程

野戍風從畫角生遠游心共白雲橫官程可是眞無暇長傍斜陽入暮城

出新安

縣前垂柳裊烟絲相送行人出郭時昨日白溝河畔看淡黃猶自得春遲

道中有懷

故園丘隴又清明春草離離萬里情最憶兒時隨上冢野航炊餅過東城

蔗漿麥飯上墳時少者嬉遊老者悲三十年來杳如夢天涯回首一悽其

春成人歸未有書老親應怪問何如平安欲託南飛燕說在漁陽兩月餘

京國三年定省違鄉園欲去意先飛牀頭擬辦歸寧疏要及吾翁七十歸

出雄縣南門

河隄一曲柳成行千里塵霾隔此鄉魚櫓不鳴沙鳥靜村扉半掩水風涼

任丘東

東行百里心悠哉白雲散盡青天開喧風中人晝饒睡野田茫茫詩不來

霸州北門

輶車春盡却南還病眼凝塵澁遠天爭似益津門外柳暖風晴日趁三眠

村舍前杏花爛開

錦樹成團爛熳春毀垣荒舍未全貧碧雲欲合斜陽淡最是無言更惱人

小憩次壁間韻

忙裏題詩一送春兩間風日愛晴勻他年定有方城夢萬柳廳前閱馬人

黃村

梨花半落柳初綿客路題詩憶閬仙莫道長安春已盡歸人猶在暮鐘前

順義院中夜坐

山城無客共胡牀擬約銀蟾納晚涼老樹去天三百尺却從平地挹清光

密雲

叢木平沙路窈冥漁陽今日記曾經隴頭流水關山月故着邊愁入夜聽

過房山

秋光著意洗秋山碧淨千峯宛若閒不似春來多變態斷虹殘雨片時間

察院望西山

臥聽松風坐看雲十年忘却在塵氛柴墟恐有移文誚只借房山作隱君

望岐溝

野水荒烟沒斷橋欲尋遺老問前朝不因書記班師奏未必岐溝盡屬遼

吟臺

一夜泉聲喧枕過千巖秋色撲簷來山靈應悔馮公出何必吟詩老此臺

發大城

秋郊風日擁征軺詩景晴隨野思飄合眼片時三十里百年愁向此中消

永清院後李樹

春來花事已闌珊欲去曾留半日看秋晚只愁搖落盡一林紅葉抱霜寒

階前甘菊

繞砌遲遲待我來暗香幽意自徘徊從教院僻無人到也向秋風最後開

銀冶嶺

青濛一徑亂山間族族千峯擁翠鬟最恨剛風吹樹裂不教倚看暮雲閒

山迴水曲自成溪城市初來路欲迷西崦人家尋不盡衡門應傍翠微棲

密雲即事

遠戍誰憐塞下兒密雲回首是京師幕南未係單于頸立馬荒城有所思

渡水望靈山

三河一水路平分錦石清波漾碧紋赤日當空詩思渴卻從沙浦望行雲

岧嶤白塔記靈山上有貧僧絕往還憶我舊游成悵望飯時蔬筍樹林間

出薊

松門有約許躋攀六里烟霞夢寐間今日漁陽又東去卻呼亭吏問盤山

石門驛西

青山綠樹路漫漫四月春光正未殘只比江南少洲渚行人莫作塞垣看

桃山小憩

山下幽祠借午涼野人爲我置藤牀官程卻憶園居好黃鳥綠陰清晝長

君子口人家

三間茆屋十弓耕了卻官租任此生聞道薊門憔悴甚麥田都屬五軍營

草縛溪橋樹掩門遺民疑是漢時存山空禾黍苦無雨日晚牛羊知有村

寶坻道中

半日趨程百里餘扁舟黃渡復巾車鄉愁客思渾無奈聊借青山一破除

黃渡口西仍渡河行行官樹夕陽多客程莫怨黃昏近明月滿空流素波

戴家閣寺晚至香河

寶坻西去路逶迤且憩僧廊避午曦晚盡柳行三十里緒風渾似暮春吹

香河喜雨

風埃日日老青山長路詩情索寞間昨夜不成今雨好鄚西歸路洗塵顏

麥隴桑畦四月深春乾愁殺老農心廳前數馬風生鬣枕上聞鳩雨溼林

雨中至鄚縣

青郊停騎愛春濃水岸沙堤樹萬重行近潞河纔得雨薊門山色爲誰容

題極樂巖龕

老樹輪囷怪石稜鳥鳴猶在白雲層山中歲月非人世輸與龕巖打坐僧

巖閣次壁韻

天風萬里興悠哉老鶴摩空未擬回若向龜山高處看也應消得此中來

渡涿河見月有感

曾記長淮泛月時柁樓清詠欲眠遲無端涿鹿城邊水暗與清光隔歲期

老米店有感

長河澹澹夜漫漫好月多情伴曉寒常怪季家筵上客中秋不待五更看

層氷一夕塞河船記得攜家已十年鮭菜燈前誰共飯月明行店一悽然

宿天津

海霧波風夜欲殘青綾回首憶長安年年十月舟中宿病骨於今較耐寒

青縣舟中對月懷應韶

潞河依舊向東流曾共髯郎十里舟何處不看今夜月關山偏解憶洮州

舟穩潮平睡思新微茫烟月到天津平生不識秦川路夢裏何由見故人

晚至滕陽

曉乘山月入滕陽毳幕氈車不受霜殘夢已醒醒復夢高城回首日蒼涼

淮上感雁

薊門九月半凋殘塞雁南飛歲始寒清影幾羣淮水上教人回首憶長安

連翩南去掠予舟淮水空明楚澤幽底事欲棲還不定稻粱應有網羅愁

漂母祠

層城百雉洞門開城下淮流去不回欲問王孫釣遊處更無漂母水邊來

安山頂上

絕頂超超十里平白雲晴傍筍輿生移書寄與瑯琊客不似龍蟠澗底行

瑞巖山次元章韻

浮江一葦復東還誰滯行人汴泗間明月長安晴陌上相逢就是瑞巖山

泗亭清明

京陌音塵故國情心旌長觸夢魂醒杏花楊柳紛紛雨惆悵清明在泗亭

魚臺道中郊行

曉碧翻光雨點餘岸花隂柳接村居春郊處處皆堪畫只有閒愁畫不如

棘城桃花

春風無力繫歸驂千樹桃花午正酣一片詩情渾欲住碻磝山北棘城南

舊縣驛前人家

桃花掩映野人家住久依山老屋斜怪得只從牆外看行人車蓋滿風沙

野寺槐樹盤覆庭中甚可愛在清源驛路中

嘉樹憐渠託野僧危枝攙入白雲層綠陰清晝長廊簟借問詩人到也曾

淮堰

秋風淅淅動簾旌淮堰還稽半日程鄉思轉多眠不得海潮催得月東生

儀徵往六合道中口號

出郭縈紆十里韜斷橋人立候春潮江南山色曾相識疑有飛雲隔水招

野水荒陂寂歷春江天春色著遊人山家住久誰為伴獨有危巢老鶴隣

題華文光蘭軸

九畹青青獨採時美人含思欲貽誰莫言歲晏山中寂縶馬春風似有期

附廷章次韻

楚水湘雲日暮時無言騁望却思誰靈氛久結幽人珮欲謁東皇恐後期

槐寺中折桃一枝

遊塵不著露桃新古寺頹垣自晚春折得一枝車上看也分春色與行人

東平道中柳下有感

沙堤官柳綠連空妬舞貪眠白日中忘却去年河上水晚風殘葉盡書蟲

是日晚風定

石尤風定海天空烟水濛濛片月中秋晚淮南春薊北笑人行跡似飛鴻

寄書

倚風衫袖薄寒輕楊柳橋低水暗生北海寄書南海去中年離別若為情

新昌何中丞榮山菴卷

新墳鬱鬱築高盤丹碧峯巒四面攢聖代文章先世德豐碑千字與人看

千古玄堂一夕開白楊蒼檜總新栽夜深聽得山靈語昨日尚書上塚來

宛委圖開天姥歌名山占盡奈僧何能令舊刹為新塚更覺君恩此處多

冬青樹老杜鵑啼高蓋西來接會稽莫問宋陵何處是故宮今已作招提

清涼門送客因過江飲貝氏別墅己巳正月二十有五日

春山洗淨雨初晴山下人家半繞城我是行人還送客江花江草若為情

碧水丹山事事幽臺城無處不堪遊怪君不待離筵散欲渡春江第一舟

野墅風高酒力殘江空春淺帶餘寒藍輿十里灣環路贏得青山隔水看

詩答潔夫弟

池塘春草夜來生小謝裁詩寄帝城莫訝開緘鄉思劇客邊今日正清明

何處寬鄉可卜居買田他日住柴墟香秔飯熟村醪美黃髮相堪莫願餘
今日音塵懸薊北往年雲樹隔江東與君一世爲兄弟强半光陰已落空
當年家食歎無餘耕讀相期老共居誰道有官兄勝弟奉親教子樂誰如

夏太常墨竹

湘雨秋生萬竅哀老卿盤礴爲誰開南山霧色知何在不見嗈嗈彩鳳來
何處淇園寄此生開圖慘淡壯心驚他年得住篔簹谷忘却江南訪墨卿

同王竹堂出通濟門入長干里

繞郭穿林六里程筍輿眞在畫中行春風似慰遊人意時送春鳩喚雨聲
水際烟霏濬欲開近城山路愛縈迴王猷此地多佳興隨處人家看竹來

數日杏花爛開原善有三月無花之句戲題奉東

一宵風雨競芳城觸眼江山歲事新城裏杏花開欲盡野亭三月未曾春

次東之奉訊子仁

長安旅食一春徂狗監人亡賦客孤他日滿城傳好句却來爭問出關無

十月十二日至張灣因憶戊午歲憂去正是日也

往年今日別京師五載重來似有期傷心祇是行人換水色風聲如舊時

柴墟文集卷之五終

柴墟文集卷之六

曾孫燿文振甫率男坮均校梓

序文

壽介菴王先生九十序

太子太保吏部尚書介菴王公致政歸關中今十有五年矣海內之士想其風采誦其言說詢其起居之狀如裴晉公之在東都司馬溫公之在西洛以爲世之輕重焉　今上皇帝初卽祚既上　尊號於　兩宮爰下優老之詔凡大臣致仕年及九十者降　璽書遣使者賜綵幣酒饌存問於家于是公年九十矣乃命禮官如　詔舉行儀文繁縟　寵靈煥赫實　昭代之盛典也公既拜賜于家亟遣其子詣　闕陳謝且手疏政事之未行者以獻於乎休哉　上之待公公之報　上可以追配古昔而無忝矣承平百年來斯典

也僅兩見之昔魏文靖公歸老蕭山垂及百歲　先朝嘗遣使問勞之公與魏公名位德誼雖不甚上下至於論功與言則公或非魏公所及也因憶弘治之初柄政銓府陽德方亨羣賢彙征如鉅鹿耿公華亭張公襄城李公莆田彭公盱江何公太原周公錢塘倪公才猷風節維國之禎皆豐芑數世之培埴海內所慕望者公皆引而置之政事之地宣謀猷輸忠赤同寅協公以毗弘治之治君明臣忠至今天下之人追思遐詠而不能已　今天子訪落之初優老之詔首及於公吏民跽讀皆謂　覃恩宇內槪及老者耳及禮官按籍求之公之外九十者無人焉乃知特爲公發也則其　眷顧屬望之念已先定於淵衷矣如或起公於家而授以大政公能幡然而來又豈不引其善類以復成正德之治乎夫世之治也常於其君子敦龐碩大壽考遐久占之公春秋高矣著書玩易閱天下義理不少休且飲啖動履健强無恙宛

如五六十歲人諸公凋謝之餘國家更化之後而獨歸然以存爲天下之大老安知上天之無意乎或以爲公謝事家食久矣使其一旦復起亦焉能遽知天下之善類而舉之夫公善類之宗也公復起則天下之善類亦將作而從之矣矧公雅意當世安知天下之善類今不歷歷在其胸臆乎適光祿卿王佐太常少卿孫交喬宇楊旦皆舊天官屬樂公之德壽而被　休命也相與誘巏以詞巏游宦兩都亦嘗出入公門下又忝厠諸君後故不敢讓而寫祝願之意如左云

送喬希大代祀西行序

上卽大寶之元年太常喬君希大代祀西出巏次其道路所經自京師而西由今之恆山道井陘至太原遂出雁門過雲朔循山而南泝汾走堯涉滎河抵蒲坂東望太行之脊歷猗氏諸縣容與參井之野抵皐落氏而憩焉希大晉産也從其先大夫少長京師及官省寺僅兩至其鄉晉之四封計足跡所及蓋一隅爾乃今將　嚴命秩羣祀駕軺乘傳獲徧遊焉壯哉茲遊全晉恢乎其胸中矣夫士之好遊豈直役景物矚山川而已哉博其見聞廣其志意抑有取於是焉耳今卽希大所之者言之覽虞唐之故都想其君臣之盛憂深思遠遺風尙存者則慨然于千載之上徘徊故絳之封晉之卿士會盟戰爭馳騁一時者何其多哉則論其世以考其伯業之盛衰過首陽而軾焉孤竹二子之高蹈誰其嗣之西河綿上殆聞風而興起者乎俯長城臨廣野甾狐之口句注之塞虜歲盜吾險而入何耶則太息發憤思提戈以逐之而折其驕其衣冠大族文史世家汾之薛解之柳聞喜之裴近代如陵川之郝遺山之元過其里訪其子孫則懱然于懷脂車策馬思與並驟而齊馳若是乎遊非吾希大其孰能之予與希大同舉進士同官也久觀游觴詠恆與之俱

曩在海陵嘗夢希大被　溫詔出使燕晉閒車騎甚都尋以書報之至是乃驗豈非神交邪惜巏之陋且羈於官不能結駟與之俱西也希大學廣才贍有兼人之資不出國門且十七年其胸中磈磊硍硉者顧無以盡發他日直追太史公之遊乃其夙志茲蓋發軔也予姑序以趣其行

贈林待用序

予友林君待用自刑部員外郎拜雲南按察副使待用往以論事黜倅姚州尋復官南都今　上嗣極之初凡海內忠藎耆碩之士悉召用之屬以政事至是近臣有以待用姓名聞者迺拜今官中外人士歎然曰待用材行稱天下茲當寘諸崇重淸切之地祼其忠勤究其猷爲乃厭天下之望曷爲徙之西南萬里之外屈賢滯能實非所以處待用也巏聞之曰不然古之大臣蓄材以維國也不盡出其所長使天下常懷不滿之望待用有重名於時無慮乎其不遠至也是故擇是官而任之篤其材躋其譽望洊起而用之將惟其遠且重者是託豈故遷之將以償公義焉耳而遂已於是耶況雲南壤晝錯蠻夷間待用風聲所蒞足以彈壓其悍疆聳震其視聽張　國勢而平民俗吾知其必賢於人也遠矣繇是觀之蓋以優待用爾豈故屈抑之哉巏既以是語人因竊有所感焉夫人臣之事上忠信修潔非以要知也特不獲乎上則易奪於讒諂嬖幸之流將無以成其功而致其志待用謇直自將　先皇帝既納其忠今　上褒揚先朝之德烈又復加命是官滋寵異之風告有位仰惟　二聖優忠賞諫之明振古鮮或之迨嗟我臣工際茲休嘉罔敢不奔走率職敬承　天休矧待用孤危之跡特被　簡知覆燾之私敻絕臣下則其所以報　上之施者當何如哉待用行同年諸君子宴餞之旣誡巏爲序巏辱待用愛善久矣然待用天下士也顧巏何人猥託諸友而是規焉抑聞

之居盛名者恆不自用則待用於巏之言蓋亦有所擇也夫

贈南京刑部尚書劉公考績序

兵與刑皆政之大者國脈之短長民數之登耗實繫諸此兵或不得已而應之然古之聖人推其仁心有殺一不辜而得天下不爲者至於刑之不得其平夫何諉哉則吾典獄者不得其人也三代以降漢唐盛時史稱其黎民醇厚幾致刑措雖文帝太宗爲之君然槐棘之下廷陛之間如張釋之于定國戴冑徐有功之流守法持議不阿不撓以輔其君之不逮典獄者得其人其效蓋可睹已　高皇帝得天下於亂國之餘稍用重典混一後卽頒誥律定刑具法司奏當也必廣參聽　躬裁決致其謹焉勸懲之典風動四方國祚靈長迄于今賴之邇者中人瑾盜國柄始斷仁恩尙嚴刻自　京師以至郡國屢起大獄根連株蔓幾至大亂天盈其罪尋亦誅滅南京刑部凡留都大小之獄萃焉尙書視　京師職專而任切勢遠而望隆常難其選不輕授人東吳劉公由兵部侍郎簡拔而來以經術飾吏事以法令濟官守所謂威與富者一切不得屈誘其間郎吏率職三年政成南京獄刑號爲平矣巏沓與公同僚見其涖官勤明廉直其議論行誼得諸吳中往哲爲多經世之務謀國之慮往往在刑章訟牒之外第以嘗佐憲院長理寺故以是官歸之然公之蘊蓄豈一法曹所能盡也公以御史巡閩省時有誣人致死者獄已成矣公廉其寃而釋之巡廣時土人豪於鄉者以私憾輒誣人爲盜民病之公訊置於法其害乃息又有繫小兒將腐刑以進者公曰彼無罪乃絕其世况卽死者什六七耶悉縱遣之及以都御史巡撫川蜀中貴人行多悟縱公屢以法抑之嘿不得發思有以甚之初蜀江險歲善覆舟父老力請復之公具奏不報公以去蜀御史璟欲樹已功再奏之盜國者曰此已寢矣迺逮　詔復

請何耶中貴人間使人諾曰此議自劉某始因撼以他語遂幷逮公下　詔獄冀瘐死之公連章籲訴竟直其誣此公愼刑奉職　之章聞者昔蘇公敬獄周公使太史書其事以爲後世司獄之式公之事應書而予非史也會少秋官郭公廷章暨其屬徵巏言以爲贈巏辱公交游久爰以所聞見者概書之他日或可備史氏之遺闕也

送蔡介夫南還序

閭進士蔡君介夫試政天官之三月以疾告歸同事者七人難其去爭爲歌詩識其別而以序諉於巏自顧鄙劣曷足以知介夫又懼辱諸公所以命巏始貢來京師謁今大司成丘公公爲海內儒宗不肯一世獨言介夫學醇而行潔可以進之於古人嘖嘖加賞嘆不釋口巏既雅聞介夫矣及聞公言益用勤鄉慕不能忘既而禮部放榜巏與焉閱之喜有介夫名益又自幸曰今而後庶幾得附介夫倣其所爲以成予德也逮奉　恩命賜進士第任以事予與介夫俱得在天官曹乃始獲與介夫定交焉介夫氣淸而色和外閑而內辨始卽之固已使人忘其鄙吝心及與之久處不自覺其薰蒸於中而優優乎其相忘於外也與之論天下事治俗之汙隆文章之高下道學之邪正古今人心術之公私事功之立後當若何成敗一以義理折斷之其言精深剴到聞之者瞿然以驚惕然有所興已則犂然有所得巏於是益服丘公之知人而吾介夫果非庸衆人之可及也嗟夫朋友道喪久矣古之人有齟齬一世而尙友千載者當其時豈無其人乎哉顧秦越之殊方出處之異致而彼此之不相値或一幸而遇焉則又名實之乖剌氣味之參差不齊往往不如其所聞知則亦收之於前而却之於後成合於始而破敗於其終也已由是觀之信乎取友之難也巏與介夫幸生同時學同業志同方見錄於有司

同試政於天官曹又同方將依之冀粗有所進而終身焉是賴今介夫一旦乃以病去則予之欲倚於介夫者顧將何託焉乃知古人所憾者果不可謂之無而世之賢豪君子不可得而必與處雖與處亦不可得而必久者皆爲不幸也雖然君子之取友或論於一世或議於一室或交於千里之外或感發於數千百年之下而有獲於數千百年之上如古之人皆可指數豈必在於一聚散久不久之間哉同其趨而益善其學堅其約而不背其所以爲是雖絕數千里之遠不得朝夕繼見抑何害其爲吾友也況夫有德者必得其位脩於人者未嘗不獲乎天介夫之疾當起於旦暮去非遠且復來又何憂乎久別耶行當復相聚矣第懼予何以爲侯而再見吾介夫耶是爲序

贈參議毛君貞甫序

今年夏山東參議毛君貞甫以計餉詣　京師貞甫向以給事中啣　命使

兩廣使旋於道擢今官諸嘗與同僚者聞其來皆曰凡自諫垣以出者餞有宴贈有言獨貞甫拜　命傳舍不果今茲來也盍行之乃相與張宴於其邸宴既則又言曰孰宜贈吾貞甫以言耶於是屈引之張時行謂巏雅知貞甫者乃來屬予言巏與貞甫同家于南同出入場屋復同官　南京知之可謂稔且久矣竊自意巏之知貞甫者雖貞甫或未之知也初巏居鄉校時即慕今辣齋王公讀其奏疏危言壯色想見其爲人後得見公於江東英姿雄辯慨然有當世之念稱所慕焉既又得見范齋李公公高介尚節義博雅好古折行輩接後進之士巏亦與焉貞甫來南京輒日游兩公間與之上下其議論巏悚然私異之久之詢其然蓋貞甫自舉子時則已爲王公所重館之爲子弟師李公吳中前輩不汎許可特以遠大期貞甫處之若平交然兩公當世之偉人非阿其好者巏知貞甫者以此竊意貞甫亦未必之知也夫士之

崛起而特立固不盡藉於師友鄉閭之益然抱崛起之才持特立之操使復有所資藉焉敏化而速成要亦不爲無助第不能苟焉而合也貞甫涖官銳於職業屢論列政事得失人頗危之尋移疾以去弘治庚申　天子亟於求治思用故司諫者復召起之置諸近列屬有邊警貞甫再上書論便宜及邊將所以不用命者語益切直無何以使出及被山東符貞甫嘆曰吾所得已逾涯可以休矣復以疾力請致仕執政者慰留之踰年乃抵任予觀今之仕者挈挈計歲月論階資以覬幸其偶得之者又惴惴恐失之貞甫中外去就容與若視爲長物其賢於人遠矣傳有之人有不爲也而後可以有爲若貞甫者非其人耶或者謂貞甫給事　禁中方以材諝褎聞于時稍頃可以都通顯躋崇近顧乃驟出之外以拂其心斯引疾而去也於戲貞甫豈若是哉給事中職于言者也繩愆違究利疾覈賢不肖觸人主喜怒側目者權貴人

皆所不能免者故視其省闥恆若逆旅然朝可就而夕可去也幸　今天子納諫獎善未嘗斥逐一言者脫有之貞甫視放流顚踣之境亦宜坦途然爾又豈慊於外內哉況參議一省官尊而秩厚職專而望重又得觀省於齊魯海岱之間以愜其願耶夫貞甫昔者論天下之事規模條畫蓋已悉備若斂其圖回天下者措之一方秖出其緒餘爾巏抑何以贈爲貞甫行哉巏固知君者思以解或人之論可也

送太僕少卿李公序

唐長慶中孔戣以左丞請老韓吏部愈狀其賢聞諸朝謂天子當留老成人自助不宜苟順其求殷勤感激累數百言當時戣年七十且三矣使退之爲宰相得天子相唯諾豈遂聽其去耶古今人未嘗不相及蓋有爲戣者矣而退之者邈未有以聞何耶弘治四年秋太僕少卿　詣　闕上　壽年才

六十遂以致仕請吏部緣其奏也許之卿大夫士莫不嘖嘖咨歎高公之行且傷今之人無以處公也夫士之亟以自見者功業聲光而已耳然皆可儻致而苟獲惟其所謂品與望則不可概得焉此非一人之私也公游宦三十年海內之人讀其文章靡然以服卽其言與貌羣然以趨其所嗜好爲之取捨其論人賢不肖爲之重輕其官於內暨外也又爲之愉且戚此豈可以襲取哉品與望之所屬也蓋公少居太學卽有聲嬖人嘗欲致爲子弟師公直辭卻之及選中書舍人供奉　內殿有　詔寫浮屠書公辭非臣職且疏時所當弛張者以言左右有惎公者譖而笞之罷其　殿直凡此皆他人席以取卿相之地公之自守何如哉既益無所合迺分司留南京久之稍遷至今官視事甫兩月遽又以去此天下所以益缺望也蓋才之難久矣今有一人焉其賢聞於衆矣及其去也則曰是矣足惜哉吾將求賢者以繼之嗟乎持是說以待庸衆人可也果賢也又豈可多得哉今　國家閒暇在位者以守章程習文書稱其職業固不盡竢竭然材者也若公者使得其位則倡古道以正士俗課其功積孰與之當哉公篤好古文章深雅善筆札篆隸尤勁其其尺牘造次皆可傳然皆公餘事也於乎後之人得其爲人於文墨之外者病今之不究其用而追慨焉蓋亦非予一人之私也公茲還吳中南京人士咸賦詩送之巏僭序諸首

贈少參吳君之官廣西序

予官南京喜從名人魁士游于時萃仕於斯者閩中得陳時安林長深林待用吳守愚數人焉皆文行秉備彬彬君子也南京山水壯麗又多高臺故苑平遠疏曠宴游賦詠眺覽之地故暇則輒從諸君子欣然以游蓋當聖明御極寓內無事留司職務既簡而朋游復意氣相得方其羣嬉駢集蓋忘其爲東西南北之人也無何長深最先出尋以親老辭雲南僉憲得教授常州明年待用時安繼出爲雲南廣西按察副使至今年守愚復擢廣之參議於是閩人之游好者出無幾矣夫古之君子尙友天下之士博且徧矣至要其平生所善愛者則亦不數人豈非以知已者之難哉昔歐陽永叔與尹思魯梅聖俞謝希深游謂洛陽東西之衝賓僚之盛後可繼也去後十餘年追思曩時之游有邈不可得之嘆此予於守愚之別益嘆賢豪君子聚合之難而交游知已之果不可汎得也守愚材質銳健文辭筆札楚楚贍逸咏歌諧謔獨不作閩語自其明經取進士時年未三十拜南京工部主事歷員外郎郎中轉今官朱衣金鐐隱然當方面之重年猶未四十是皆時輩所難及予獨有爲守愚喜者夫文學政事君子未嘗歧而二之孔門四科之列特各枚舉所重者爾不然顏閔之流他顧有不足耶近世遂以政事屬諸吏文學屬諸儒謂其截然有不相入此豈覈到之論哉守愚雅擅文學往以飾政事宣風覃化施及蠻夷一洗俗儒譾吏之陋乃所優爲者顧不可喜歟冬官諸僚友託予序以贈予既重守愚別遂罄意所言然羣僚之意蓋不殊此他日守愚政成而來吾輩復有留於斯者乎尙當嗣爲疇昔之游也

贈太守何公陞任貴州左參政序

官人之法莫善於久任不徙莫不善於數易無常也三載考績三考黜陟幽明有虞所以計羣吏之治核庶績之成者其法詳盡可以憲章百世矣漢魏以降代自爲制漢與去古未遠居官者猶有十年不調三世爲郎或長子孫以官爲氏者其貴久任蓋如此暨我　國朝考績之法追紹有虞然洪武永樂之際躋省寺列郡邑官滿聲實相副者則　賜璽書增俸秩以慰留之務在得人久其任而不易歲月非所計也漢元成以後長吏數易王嘉言於朝

曰吏或居官數月而退迭故迎新交錯道路中材苟容求全下材懷危內顧二千石益輕賤吏民慢易之吏士臨難莫肯伏節死義以守相威權素奪也維揚之守頃遼陽王公甫再踰歲以致仕去番陽鄧公代之未踰歲副憲廣西而去今閩中何公代之又未踰歲參政貴州而去凡三閱歲而三易守焉夫揚大郡也太守尊官也方其愼簡於初疇咨於衆以爲宜厥任矣既宜之矣曷爲不久其任哉漢相之言識治體者當瞿然而思悚然而悟矣何公初以進士授行人滿三載考於吏部巏時備員考功諗其賢書其考曰奉使克勵其操居官尤篤於學大冢宰亟以稱許之久之陞南京戶部員外郎歷郎中擢湖州知府進浙江左參政績效益著聲問益起巏聞之竊喜且媿昔者知之不盡也會中人瑾用事誣以罪編管自在州無何瑾敗起知揚州至是迺復前官將輒貳守于公書來屬巏爲贈且曰公之先自其大父給事中以

官學起家至公之父諸父及諸昆弟皆以明經發解奕世儒官而公之兩弟繼先逐擢知崖州繼周擢知膠州稱人之善必本諸父兄敢併以請巏嘗慕嘆閩中舊家大族人才之盛若公家學之源淵世科之輝赫官冑之蟬聯埒之他族尤鮮之及公之賢固有所自而謭陋如巏者固宜未能盡知也第借公之蒞揚也有蘊於中者未盡施有敷於下者未盡洽巏嘗與聞考績幽明之說而借留之未能也持久任之說以告焉然世方喜進趨倖超躐聞予言將不以爲迂則以爲惑矣夫惟有志之士超然以世道爲計者或者以予言爲然也若公者茲世之賢者也顧不然予言也乎是爲贈

送吳中立知揚州序

國朝置天下爲十有三司司各控其府南北之府獨直隸兩京大形勢也其選守也常重其守也常難其守之賢或不賢也毀譽常易被揚州府隸南京負淮瞰江東際於海吳楚之交截然一都會也其選守也尤重府率三州七縣民事既紛不可理加之郵傳將迎之勤供億誅求之苦魚鹽商旅之雜皆萃於府聽於守焉其守也尤難地直要衝多四方遊談豪辨之士卿　朝命使四方者又日夜交馳旁出不絕其賢否毀譽尤易被自非才識精敏知大體有行望者罔克勝此肇　國迄今守揚者奚翅數十人前之賢者巏未及知也求之近世治行卓異民思不忘則今三原王公爲稱首公後歷臺省握戎政勳名顯大照映當世究其注心勵行已昉於爲守時矣繼之者鮮或及焉嗟夫是豈其士風民俗驟殊於前日也哉特所以爲守者有不同焉爾　上在位久今年春當黜陟之期特　勑銓曹察外有司賢不賢者進退之整齊吏治興起太平于時揚州闕守吳君中立被大臣薦往踐其任中立世家臨川自進士歷官南京刑部郎中十年矣其爲人也志剛而氣和識敏而行

潔都人士皆謂是官非中立不可異時追紹王公者其切望於斯人矣乎巏既喜揚人得君矣且竊爲君喜焉昔人謂事功之成由時勢之易揚州古稱樂土近年始失舊觀民望賢守殆饑渴然中立蓄所有甚富際此敝凋之餘同僚留者又多君子相與協恭沛發嘉政一蘇疲民吾見其守無難而聲問易流也巏不自揆嘗欲傳王公政績爲二千石楷法未就也俟他日吳君政之成也並傳其事以告揚人於不忘焉揚之人官南都者刑部郎中孫蕃都察院都事戴璋吏部司務黃用戶部郎中冒政相率爲酒肴餞之既屬巏爲序

贈吏部尚書陳公致仕歸閩中序 代作

國朝以禮待臣下中外之臣皆以年七十致仕南京吏部尚書陳公前期三年既以疏馳請　上不允諭留之踰年又請曰臣貪冒恩私宜去久矣今老

且病非敢欺也　上重違其意特降　璽書遷　太子少保俾驛致于家命有司月繼廩粟歲給輿皁以終其身搢紳士夫交口相歎曰　朝廷以禮使臣之意於是焉至而公之行能又足以當茲　天子　寵命可謂兩得也已公閩人也自登科筮仕迄今歷兩京致位通顯凡政事之大者禮樂銓選兵戎錢穀或副或專公無不與奮才奏功蓋四十年矣而天下之士不以此稱誦於公究公之心亦不以此自居也至於論列今之大臣淸脩鎭重坐於廟堂不動聲色足以坐鎭雅俗標榜後進負德望知大體者必首及於公焉蓋非一人之私言也某嘗竊論之古今人所謂大臣者非但以其才謂功烈邁出乎等夷而然也蓋居其位有所恢張者可以名之曰才乘其時有所樹立者可以名之曰功惟其兼乎才與功而又備乎絕出才與功之上者乃所不可及然閱百千萬人之衆歷數千百年之久如是者蓋不多見百年以來而公乃獲兼而有之然遭　列聖垂衣裳治天下之時較才度功擬諸古之大臣事業炳赫照人耳目者固不敢以後先論若夫歸然老成風流篤厚使天下陰受和平安靜之福則公可以追配往昔而不自歉也雖然所處不同故也使易其地公豈缺才與功者哉然豐于此而約于彼焉孰有孰無必有能辯之者今歸其鄉也追惟夙昔立　朝行已灑然既無毫髮不慊於心而又獨受　天子之深知殊恩異秩娛其老而佚於家焉浩浩乎心與天游年與德茂爲樂殆不可量也異時　天子行憲老納言之禮起公於家皤然在廷羽儀邦國又將推其所獨樂者與人共之其可必也審矣某既羨公歸之榮也而又惜其所蘊有未盡施且庶幾其異日之復將柄用也於其去備以贈之

贈南京刑部郎中趙君藺完出判吉安序

今年春南京刑部郎中趙君藺完以事出倅吉安于時戶部主事唐玉潤率其郡士大夫盛餞江東門外酒半有惜藺完者顧而言曰君任法官十餘年持平讞明聲稱籍甚凡今科第官資與君相埒者皆聯翩欵起雄藩壯郡遠邇相望君獨不以罪左遷是官可謂不平矣又有參語者曰不然吉安民俗健訟訟輒連蔓不可解大臣知君才且賢緣此輟君以往耳自　今上卽位雖曩時斥逐遐遠疏棄之人皆一旦湔洗之寘諸顯列矣況君去不以罪豈久滯者哉夫晦於前者每彰於後而此之屈者未必不爲彼之伸物理蓋然也君行且召用又何患焉語既藺完拱而言曰爵祿名器非人臣所得私也凡吾臣子奔走外內輸忠宣藎得以薄就功名以自見者皆　君上之賜也矧予待罪郎署久　上不以其無狀亟罷黜之乃今復畀以善地繼廩祿焉德至渥也予敢不惟命是聽惟益愼厥職而圖厥終是力又惡敢決擇內外寘忻戚於間哉衆客悚然異其言於是益知藺完處得失進退之會恢乎其有餘而世俗拘攣之見蓋不足以語藺完矣藺完其先開封之祥符元時有爲雲南中慶路儒學提舉者遂家焉大父誠仕當永樂宣德間歷四劇縣皆有聲至藺完迺第進士歷今官其學問履歷之美所從來蓋遠矣藺完今判吉安其守則顧君天錫也天錫往以刑官不阿所職出倅永州二君出處旣同道誼斯合晝諾可否相濟以成吾見吉人蒙其休澤也會玉潤請予序遂次第其語以爲贈云

贈考功管君出守惠州詩序

南京去　京師既遠凡百司庶府之臧否皆考功課其殿最諮于吏部以聞其責任蓋重矣吏部每難其選必得閎大修潔之士方稱斯任前輩如余君可才戴君景元劉君文綱皆以才行譽望褐於一時至今稱考功者人曰

三君三君云文綱之後管君升遠自驗封主事實繼之升遠識敏志大自兒穉時居官行己之譽已得諸父師聞見之餘及涖是官優賢而劣否拔異而別同才謂赫然遂與三君相望於上下考功之官由茲益重矣升遠今歲擢守惠州人率謂其居考功久不宜復畀以郡夫君子之仕所以行志也方今分曹列職得以近名施澤遂其疇昔之願者孰有如郡守者乎都數百里之地欣戚係其慘舒觀感視其頻笑可謂寵且重矣此固吾升遠之夙志也况惠州乃眉山蘇公所嘗宦游州在楚越之南名人偉士不憚阻遠而往者以蘇公爲之先也然蘇公以別乘謫居升遠則當　明聖之世握符垂組連十數城而守之視蘇公之遭遇蓋又過焉由是言之在升遠無不宜者夫升遠官考功其聲光既有以埒於先輩而出也又得以愜其志蘊以追前賢之宦跡蓋無歉然矣第愧巑之不敏迺今承乏而繼茲官焉仰觀數君子之盛美

懍懍乎難其繼也升遠於巑有數年之好今別也當有以教之贈惠州詩共一帙巑直寫意所欲者爲序諸首

贈宋僉憲之官詩序

予取友於天下得魁磊博雅之士數十人皆巑之所師資賢焉者不但朋焉而已南京刑部多君子他人之賢者予未嘗不扳而與之游若宋君惟寅則今交游中與予最故者惟寅當成化丁酉舉　京闈鄉試第一人時彭侍講敷五鄭洗馬瑤夫知貢舉二公碩學清望聞天下鑒賞之際拔吾惟寅稱人之上程其文章流布邦國予時未識惟寅以其主司之賢知吾惟寅必傑然一時者也後予官南京聞林待用氏亟與之還往遂因待用往納交焉待用性明銳表裏洞豁惟寅沖雅廉靖秉君子之操二人者德相濟而業相規非苟合者也嗟夫朋友之道喪已久矣豈世俗諛佞苟合之謂哉考德問業相觀而善偕躋乎君子之域古之道也予無似迺獲託交於待用惟寅之間二君者直以其向慕之勤不卽加棄之故嘗聞其言論以啓予之顓蒙閱其行履以勵予之不逮顧方資之以稍進而二君者又皆以才謂欵爲時所顯庸則巑之私有不獲盡遂者矣余固爲天下得人喜亦豈能無少憾於中耶惟寅今僉憲事山東同官諸君子相率賦詩贈之題其卷曰海嶽清風而以序屬巑巑觀諸君子之篇什旣樂惟寅遷是官矣而又眷戀其去若不可一朝舍者蓋惟寅之賢孚於人人久矣不獨巑一人之私也他日惟寅登泰山遂東游海上返而觀諸鄒魯汶泗之郊軺車所臨淸風載道則江東故人之思亦未必不形諸眉睫之間也

贈胡公少參之陝詩序

今茲多禮部郎中胡公伯堅擢參議陝省公薄於程期方隆寒遂備車以西

廣陵人宦寓於京師者咸惜公去迺醵飲於巑之舍以餞之觴一再行客有言者曰公自爲諸生時以文章才氣負當世之志部使者至膽其院試之文傳郡邑爲學者楷式聲名赫然動淮海間然七入場屋乃始發解當是時人固惜之及公登進士第筮仕儀曹佐主客長膳部凡　國家　朝賀封册燕饗貢舉之大典公皆涖之循故實傳經義明練恭愼將事不忒者蓋十有餘年同時輩流與公科第相埒官秩相比者多聯翩躐常選躋膴仕以出而公以不事表襮不慣附麗乃今以日月資級遷是官焉夫參議一省承流宣化當藩垣屏翰之寄亦何負於公哉顧等而視之論年而較德程材而量功在公若有不慊焉爾以是故人尤惜之語旣巑因謂客曰稟於天而不可趨避者命也制於時而不可前却者勢也是二者聖與賢無如之何也若夫人心是非之正好惡之公則非時與勢所能易也故古之怙勢乘時捷取寵利之

徒幸而得之未嘗不侈然自視盛志意以驕閭巷及時異事殊向之奔馳以得之者適足爲人所訾議此守道狥義之士所以寧樂於此而不羨於彼也由是論之則公之茲行乃所宜賀又惡用惜其不慊也哉況陝之爲地被山帶河西北控諸番夷在今天下爲雄藩要鎮士之慷慨立功名者皆思掉鞅結騎游其間公挾其才泣其事他日乘事幾之會得宣才猷建勳伐以究其所施使海內之人聞其姓名以竦挹其風聲以服則今日爲公惜者又安知不轉爲公賀哉於是客皆以巙言爲然各賦詩以祝贈之以巙與公同里閈視巙爲晚輩故又屬爲序乃次第前語以復於公併爲序云

贈黃時用詩序

時用舊有聲場屋間癸卯歲傭車抵京師巙俱焉益聞其議論明年時用顧其年已壯不樂與少年歲貢進士乃低徊謁選得吏部司務來南京又明年

巙以考功郎繼來遂爲同官留都吏部事既簡司務職在散地時用少學春秋志論嚴正負其才具簿書管籥外念無以發乃日與才傑之士游下上其議論凡古今人學識之正邪人品事功之崇卑心術之險夷天下事所以壞興與今之士所當取捨違嚮者吃吃不離口其言炳厲峻直足以作懦夫小人罷惰不振之氣聞者多背訕之時用竟不變曰吾道固如是也嗚呼上溺於習久矣時用忘其官之卑蚤夜磨濯以強其職業可不謂豪傑之士哉今天子方延海內賽直修偉之士以恢太平儻有以時用生平聞者必將當其才而易之官矣豈久淹於是耶時用官三年上計詣　闕下行將有所遇也贈詩共若干篇巙與時用俱廣陵人故爲序

贈鄧君貢甫還南京戶部詩序

鄧君貢甫初官南京戶部主事掌黃籍泣玄武湖勤明廉清吏民莫能欺人固促爲才大夫也及勘城南牧地毅然不爲勢家屈掔而還諸官由是聲譽籍甚巙時備員考功會貢甫考績輒書其考曰明慎以司版圖清約以勵官守尚書毘陵王公愼許可視牘欣然曰吾雅知其賢非溢美也及巙調官北上踰數年與貢甫胥會於京師叩其學益博志益堅其經世庇民之畧張施次第益浩乎不可測巙於是益愧向者納交之疎而貢甫懷奇韞美不表褐以求聞則尤不可及也弘治己未貢甫以員外郎來監揚之鈔關揚四方之都會舟車之衝財賦之藪也貢甫至則剗宿弊鐲橫征抑豪強通商旅不數月而政成廢滯具舉名實交孚蓋其所負者大此特其緒餘焉而民已被其不貲之惠矣夫士之仕也患志之不恆守之不力故或悲於始而惌其終或謹於細而忽其大或修於顯而盭於微甚可懼也貢甫入官十數年其操履軌度不異寒素要之竟不變也可知已豈非特立士哉貢甫廣之東莞人先

世在宋元時官總管守其土地人民稱於嶺南大父組以儒起家令靈川縣及貢甫遂以文學舉進士卒業於深菴丘公之門所得益邃公以遠到期之蓋其家世源流之盛師友問學之懿從來遠矣宜其卓然有立也居揚朞年代者至茲還郎曹揚之人士及寓游於揚者詠慕其德相率賦詩奉送之圖其中以志扳戀之意既成軸以序徵諸巙巙於貢甫十年之雅且揚人也遂不辭猥序於上方貢甫他日列方岳躋巖廊尚有以慰揚人之思則非巙言所能盡也

贈曾舜善冠帶還莆序

古之爲民者四貨殖者蓋商之流王政所不可無也然君子每愼與其人者豈概以其逐末故歟世固有商名而士行者古之豪傑不羈之士亦有困於無聊隱忍自詘處於賣漿販脂之間者然負其才能卒有以樹立以自爍見

於世而不竞與其倫輩伍焉若是者君子亦豈得而盡棄之哉曾君舜善莆之涵江人也予不識舜善而得其爲人於翁君守洪守洪今太常陳公壻也公以盛德宿學負天下之望其得壻必佳矣守洪以大臣子修謹好學居公之甥館其取友必端矣舜善商也得還往其翁壻之間其必有所取矣守洪來語予曰舜善名家子少讀書志氣偉然性雅好游覽嘗挾其貲出入嶺海間數年致多財會縣官募民入貲錫以章服君遂慨然應之遂拜散官今年秋來游金陵仰觀　宮闕之宏壯與城池之高深退見都邑人物之雅且秀浩然歎曰樂哉遊使吾自閟於家又何以獲是偉觀也哉既而念其母孺人將歸而省之予閩人之仕於此者皆愛其爲人而重與之別願子言以爲贈予觀世之人修廢舉之術行于四方指畫心計乾沒於利特拔於其中者幾何人哉舜善出所有以助縣官不足非隱而不忘世者乎身乎外乃心罔不在親側非游而不違親者乎由是觀之蓋亦賢而隱於商者也予聞莆田爲全閩人物淵藪其仕於中外相望後先者予幸見聞之矣至於大山長谷之中託跡於耕築釣卜啜菽飲水詠歌先王之道以自樂焉者未必無其人也舜善歸矣爲我訪焉他日復游於斯其歷數以告我也

送吳禹疇序

車駕自臨燕于今幾六十年仕於內者職親勢近取名聲陟崇顯爲地益便留都官視外官雖稍重凡今內外大官秩至三四百石者掄擬輒不此及望輕勢奪積漸與外官等　陛下在位久益明習　國家事患天下吏惰政罔有成績特破故例不問外內惟賢暨能洊授以位于時南京刑部郎中吳君禹疇超拜貴州副按察使命既下大夫士皆謂南官不預茲選久矣曩時官于此者豈其蘊蓄猷爲咸不逮於　內者耶特偏於位置困於年資爰弗克

慊其心以究厥施焉爾　陛下銳意思治驟起幽遠俾人人獻其所長罔有不獲盡用之嘆其示天下廣矣罐於此竊過計焉夫前世人主嘗患資格不足盡偉傑之士慨然破例以用人卒之所用者往往不副其所聞知于是人主之心浸怠於初而益狃其舊士之學古利器居常憾不獲用及用矣實厭人望者又每不多見焉是二者何其相須之切而相値之難也哉禹疇拔自故常之外秩尊而寵踰望重而委深往踐其任所以副上知而塞羣聽者寧能自已而不前乎予夙知禹疇端厚通敏勵於文學嘗雅意斯世冀赫然有爲也挾是以往殆不可禦他日號於天下謂留都多才賢果不可概詘其肇于此乎其肇于此乎禹疇行司封主事夏廷章暨名卿士相率爲詩贈之屬予題其首夏於吳爲姻家也宜其推大之以此云

贈游君用賓出守紹興序

南京刑部郎中游君用賓今年春上最至吏部尙書毘陵王公愼許可按考功牘亟以稱書更其詞曰性行方雅君方治裝詣京師郡符既至遂不果盡君之才行聞於人人久矣不竢奏課而定也初　上即位之元年宷臺臣言旣察兩京官屬式序在位矣今年春値海內述職復　勑銓曹特嚴黜陟之典蓋自藩臬重臣以下凡不職者黜幾數十百人所以風告天下者甚切南京擢知郡者凡五人銓曹仰承　上意皆度其郡之所在與所以治者稱其才力以授焉可謂同心求治矣夫用人各當其才而久其功此堯舜之治也顧人才識之所宜有疎密寬猛繁簡之差焉惟用之者不違其長則不害其用也紹興東南嘉郡古稱民性柔慧重法犯士喜學問師友今之風俗如古所云否耶君任法官十餘年聽訟蓋無難獨其爲人渾雅廉靜所以鎭俗而定民者有在於法律聽讞之外此士大夫率喜紹興宜君也予聞爲政者嘗

示民好惡所在以導其歸山陰陳直夫氏日居憲府最有直聲今謝病歸山中佩馨履潔足不入城府此其邦人所瞻望者君行數過其廬而禮焉則民知所勸矣夫　聖君賢相掄材求治如此之急君既被　命其設施次第備矣奚俟予言然予特舉是告君者良以今人之所緩而君之所欲聞也會太學周生合其友十數人請必有以贈君因書以爲序

送贛州太守周君序 代作

上即大寶之元年釆臺臣言　命下銓曹行考課之令拔去憸浮以儆有位而尤慎簡茂異以充岳牧之選于時周君文鳴以驗封正郎擢守贛州蓋自更化之後吏都方破資格覈名實未嘗輕薦人以官而贛之爲府控制閩廣呼吸荆吳地大以惡民雜而嚚尤難其守者文鳴官于南服而吏部挈以任之豈非才行茂異夙有以聞於政府者哉文鳴世家湖廣之龍陽自少穜學

績文舉進士爲邑人倡尋授都水主事改考功而至今官文鳴器識偉重練於政事敏有以治劇惠有以使人名實孚於上下蓋非一日往踐其任乃所優爲者矣雖然予復有爲文鳴告者蓋今之贛非昔之贛矣今之守贛者亦不可以他郡之守例視之邇者贛人與峒寇相煽爲變破城障剽齊民勢浸不可制至廑　聖慮擇憲臣持節以往恩馴威讋僅得其平甚矣治平之難而破壞之易也文鳴當贛人傷夷繹騷之餘彈壓其悍強輯和其民俗防微慮遠爲之畫百年無事之策乃有以寬　南顧之憂而副賢公卿遴選之意此在文鳴所嘗究意者豈俟予言之贅哉他日績效愈著聲聞益遠由是歷方岳躋巖廊人將數其履歷曰自南京吏部發軔者則予豈不與有耀焉

壽留守朱侯七袠序

朱秀才祥嘗從予游聳甫崇敬留守衛百戶致仕家居今年登七十秀才之妻之父李鳳率親賓往賀之秀才請予道其祝壽之意予曰汝知汝翁所以壽乎曰不知也予曰壽者五福之一人所至願而難得者也而武夫健士得之尤難予嘗讀傳記見天下多事之時英雄割據干戈相尋當是時雖大山長谷之民求寧厥居而彌厥性者猶不可得况提戈擐甲于戎馬殺伐之場者乎及天下甫定中國之民幸生聚矣獨武夫健士上之人復資其力以扞姦宄而戍邊陲較之中國之民得全其生者蓋鮮夫壽者人所不可必得而武夫健士之必不可得也尤如此四方之民戴　列聖之仁膏澤沐浴休養太平已百年矣而西戎北狄悍驕桀驁猶時時竊發亭障間汝翁雖寄官軍旅然當太平之時而又官于留都少不戍邊陲長不履行陣神完而氣固志得而體愉此其所以壽也汝知之乎秀才矍然以予言爲然朱氏其先廬州六安人侯之先人有功洪武永樂間積功至今官侯嗣之將五十年直亮恭

勤鮮有敗事有子二人長曰禮世其官次即祥京學弟子員習舉子業穎銳可愛世之人有壽者他福未必備也侯獨子姓材良家復衍裕其所以致此蓋有其道予獨推侯之所遭際以克壽者宣　上之德澤使人知所自也侯初度之辰實弘治辛亥正月之十有三日　今天子郊祀祝釐斂福之明日也

壽迮氏翁媪序

高郵迮文淵選丞浙之桐鄉縣値隆冬傭車以行客有止之須春以載者文淵曰字父母之年皆老矣字無似弗克顯揚乃今幸倅茲邑惟亟歸庶薄慰吾親之望倘奚春之待耶遂過余告所以行曠曰是宜亟歸也君之來也父母垂涕而送之其遠也跂而望之及其久也倚門而望之數君之行日相顧而言曰吾兒曷歸乎若是其爲情蓋不可舍一日而遠遊者今君奉檄而歸

冠服煒然侍于左右日率昆季合賓婭擊鮮洗觴薰然以爲樂若是其爲情蓋天下無以易之者君其亟歸哉雖然君被丞縣之命期會不可愆職業不可曠恐不獲內罄其私而久乎父母之側也則將奈何吾聞君有三弟能嶷嶷克家而賨也方治經習舉子業必能體君之心而勉于子職者也居者養親之體仕者養親之志君奚難于出哉况桐鄉距高郵僅千里兩地之使月相還往不患乎音問之不繼也歲時君以職事詣兩都亦可以止傳而過家他日懋有治行部使者廉訪以聞則又得以書最而貤封是皆所以尊榮其親者君其行哉文淵曰吾父向以饑歲發粟拜冠帶之賜矣吾母乃高沙沈處士之女爲婦爲母閭里稱之明年皆躋八袠念吾父頃辱少宗伯張公壽以文矣吾母未有屬也敢祈子一言壽之字將奉歸以爲里巷之榮也因再拜以請嚾於字雅有鄉曲之好薄不可辭但嚾私有所忌未嘗祝人之母也乃稍次第前語書諸卷首文淵祝壽之際命賨展而誦之二老人執觴囅然而笑曰吾乃今知有子之樂也亦豈不稍助其壽乎

壽杭廷瑞七十詩序

樸菴杭處士其先揚之泰人國初戍于燕隸武功中衛籍遂家于潞河之灣處士質直重然諾以義氣聞涿莫間凡揚之行旅游宦詣京師者舟車竭蹶足之餘必憩其家至則供張飲食欣然如歸焉以故揚人尤德之今年處士壽七十七月四日縣弧之旦也於是揚之大夫娛嬉謔悲愁嘅歎懷思駭愕無聊之故意之所極一於詩發之久之學益博詩益工所樹之竹益鬱然成林與之曰吾詩藉此以成者是又宜名吾詩遂題其集曰看竹漫稿予官留曹日間輒至其所婆娑容與竟日不忍舍去去後三四年與之才謂欵聞於時當路者交薦之擢總江東漕餉今年冬徧出其詩以請曰君嘗可予序者予閱之既乃曰昔衛人美武公之德屢以竹而歌詠之君故治毛鄭詩豈徒寓興於竹假助于詩而已予觀君之文詞既以翹然盛茂及施于官守堅剛之操彌久不渝箋詩者所云君蓋似之矣昔者人讀君詩固以看竹而跂慕之茲又以竹證君之德則是集也何患於不傳而待予之序哉與之請益堅乃爲之序爲之序所以納交於此君且欲聞主人之好也與之其毋以我爲隘也乎

柴墟文集卷之六終

柴墟文集卷之七

曾孫耀文振甫率男培均校梓

序文

海屋壽徵圖序

弘治己未封主事莆田林公元旭年七十冬十一月十有二日實初度之辰前期黄員外伯望方主事壽卿抵書于嶸曰吾閩繇唐涉宋暨于有國人門之盛莆爲最莆之稱世家者以百數而林爲最公唐邵州牧藴之後自宋宗正簿曰應成者講道東湖時大儒瓜山潘氏復齋陳氏尊考亭之學公逮事焉公子棟棟子岡孫三世取進士棟仕知同安縣岡孫仕知瑞安州岡孫之孫教諭圭力闡閩洛之傳有重名於時號三復三復之孫宗教授于揚號敬齋以師道鳴士子翕然以爲法此公世胄家學之盛也公敬齋之仲子性至孝旦起輒具盥櫛食飲衣履客至視其疾視藥行視裝非事事日侍側不去友于昆弟教諸子嚴而法謹先世祠墓恆葺治之性直諒素不干公府不爲婞阿語態此公器質行履之懿也元配安人黄氏宋狀元公度之後訓導滋之女大姑方性嚴他婦莫能事安人能伺其涼燠饑渴及滋味甘淡之節爲衾被滫瀡忠養之不倦問請輒當其意臥則坐牀下摩撫使睡覺則以鼻交其意徐呼使復又覺則又如是焉蓋衣不解帶二十年敬齋官于外嘗貽書命公携室以隨安人請留侍姑而遣妾輿俱撫諸子女同仁均養紡績至老不廢聲跡不至廳屏今年七十矣公五丈夫子長曰俊歷官至按察使移疾家居佩睢州學正僖崇明教諭傳佐皆業儒媲德徇賢此公道行于妻子教成化濡之驗也莆中大夫士咸曰公宜壽於是繪圖賦詩以侯圖曰海屋壽徵者蓋假神仙家之説以祝公敢屬吾子序嶸作而言曰猗哉公之壽也今之人亦有年踰於公者較之公載德趾美有所承藉于前禔身御家有所培植于己彪炳育珍有所嗣續于方來求之四方蓋未之多見也夫三者固若無係于壽然子然徒壽于世則人何貴于壽哉亦終于磨滅無聞而已耳由是論之公之壽奚翹異于人人雖燕齊詭怪之士能談閲海桑之變視蓬瀛之水屢清淺者亦無足慕也已公諸子皆賢居者能養其體仕者能養其志按察君文學節義蔚然于時簡在　帝心召命荐至固不得久于公側也巽時陟巖廊秉鈞軸移所以壽親者以壽國脈以壽民命嘉猷偉績爲時名臣使天下誦之萬世仰之推其所自曰此元旭公之子也則豈祇壽公之年且壽公名于無期矣嶸無以似君辱與之遊公之家世行業飫于見聞頌德美而祝壽祺豈敢爲諛俟公躋于大耋期頤之域倘得升公之堂操几杖而從之尚當爲公頌也

送靳充道序

丹徒靳充道今歲舉南畿解榜第一人充道年纔二十有六儀觀秀爽公卿士民莫不嘖嘖賞歎時董庶子尙矩張贊善庭祥司貢舉僉謂主司之賢則充道之文學器識必傑然一時者也越三日予與思齋文選順德給事往賀之二君道其家世甚詳因得聞其尊府嘗經歷溫州及今幾二十載溫之人猶誦其姓名併其面貌言動之狀不忘余于是知充道之修于家者有自而經歷公之昌厥後也固宜及館觴而醼會孫御史文冕至復舉觴而謂座客曰此余官潤時所識士也其學得之丁玉夫氏玉夫得之乃翁易洞先生先生德隱于鄉極愼許可于諸生中特愛之嘗曰靳生他日遠到科目非所屑也今果然矣余既得其師友學問授受之詳于是知吾充道果非時輩可及而益歎主司之得人也夫古之君子成其道德文藝之美者博取之於外

而厚納之於中浸灌磨治積有歲年蓋非突然一日而遂成也充道得之天者既厚而本之父兄師友者又能相藉以成則夫裒然一第曾足以畢充道之能事哉抑居盛名者惟厚望於人而所以汲於自修者每若不足權鄉薦時長充道一歲亦云蚤矣視充道今日所得則既相去遠甚充道由此而益充之則古人之可傳者可以毅然爲已任第愧權之不力不能相與以進而胥考其成焉

孝徵詩錄序

御史史君公著鄭之新鄭人丁其先大夫奉議公之憂結廬于墓悲號毀悴縣人皆哀之嘗中夜劇賊數人肩羊豕肉以饋投書曰聞君孝敢以是助墓祭須臾有雲氤氲欵迴旋墓上郭守宏見而異之榜其廬曰白雲飛處是年祭田之穀一莖雙穗者掇亦至若干秉于是汴洛間能詩者爭歌詠之史

御史孝遂聞於遠邇弘治已未公著將命按南北淮鹽事既而還郡太守許君本儉倡同官曰公來此邦之人皆稔公之行若被諸聲詩以爲頌抑豈不爲吾民勸不亦可乎無何裒僚寀儒彥幷寓居傳游諸人士詩題曰孝徵錄書來屬予序初公著蒞淮上風采凜然通商惠民經畫周至雖生長瀉鹵之地夙習於亭竈間者殆弗能過邇者闗里災及邊吏不嚴比虜破障徼恣寇掠公著屢馳疏以消弭扞禦策爲言權聞而益奇之因嘆中州固多奇士廼今得公著踐履之雅蘊蓄之深固非驟發偶致而然也古之君子多積學養望於窮約之日大行兼善於得志之時經曰事親孝故忠可移於君公著其善移者哉漢人以修於家壞於天子之廷爲懼公著其勿壞者哉夫孝之爲德格天地感鬼神草木雲物之祥乃理之相孚氣之相召非誕荒冥惚之不可詰徵者況於盜賊吾人類也乎公著之徵蓋無足怪今虜勢未已征戍餽餉之役未休雨暘氷雹山川之沴氣未和　天子不得怡宰相以爲憂公著行矣其移厥孝俾匈奴之衆免胄款塞奉贄而朝乎俾邊民父子老幼脫鋒鏑完室廬庶幾愓乎俾雨暘時草木動植之物蕃山川流峙之性安恆而不變乎固亦吾儒者事也蓋天下事惟宰相得行其道諫官得行其言歐陽子曰言行道亦行也誠若是公著之孝之徵滋大矣詩凡一卷詞溫意厚傳之里巷州閭使人油然興起孝弟之心風俗不爲無補第時之所亟公著所自許卿士大夫所屬望不已於是也權不獲與公著別乃序以贈

送施君彥器擢守河間詩序

台爲淛水東郡山環海富在古人物稱多君子至　國初有文學節行奔走一世者出故鄉望益重權嘗讀其書論其世想其道德儀刑之盛輒咨嗟歎息願爲之執鞭而不可得厥後備官南北都始得接見台之大夫士往往議

論峻直文章贍蔚風概偉特足以起懦夫鄙儒之氣于是益嘆前修之澤入人者深而故家遺俗風流未泯蓋非世變所能易也故台之士才且賢者權不自校未嘗不強而附焉若今施君彥器則權同年友也彥器溫明雅重彊學而文今年秋以刑部郎中擢守河間郡　命既下間有謂權者曰河間當南北之衝土曠而瘠民惰而囂有盜賊之俠有屯戍之師有將迎之費有宂濫之征而又有賜予之地湯沐之邑貴近者涖焉視他郡尤紛不可理施君儒雅之質得無用違其長乎權曰子言非盡知施君者施君在刑曹幾十年飭躬愼法棘棘不阿大司寇以下皆譽重之日者將指太原勘臺察之獄君據事奮筆毫髮不少貸卒奪御史官此其自立如何　天子大臣知其賢故特畀是郡而超授之蓋其才罔不宜者況一郡乎第今之守郡誠有難者或者子未之思也夫擊豪強破奸宄使得行其志一薄尉之職爾顧今之守令

監司旁午其上吏民窺伺其下簿書期會之外一搖手不可得得其志否耶彥器守茲要郡必求所以行其志阜民立政爲　國家樹保障以固畿輔乃克慰中外之望此則難者然非吾彥器亦莫能辨也彥器將之員外黃君汝修與之有連也倡諸僚友賦詩餞之謂巏雅知彥器且號夙慕台人者乃屬爲之序

送汪進之知永嘉序

丁巳冬進之既竣使事於部會選進士補給事中巏一日相揖馬上與語曰銓曹重給諫之職茲遴選於衆而求其人君雅有才謂其必不舍君矣巏將賀其得人也進之曰余次當作令是寧可得耶巏既叩其所以又曰選士以充諫職未必概拘以例也君第往無惑居無何進之乃選永嘉令巏詣其館因出向所爲文章觀之見其問學閎深而浩博其議論深切而核明其述古

今人事所以成敗與法令風俗之所當張弛而移易者則又憂深而思遠如古之人慟懣太息以號於人者讀未盡卷巏悚然異之益媿向者知進之者之不深而又嘆選士者竟以例而失進之也退復自念天之生才難矣蓋必歷試久練以盡其蘊而古之君子厚待其身者亦不肯輕出薄發以暴其才以吾進之方聞謇直不獲賓諸獻納補拾之地顧乃吏之郡邑丞尉之間可謂違其才矣是安知造物者之無意乎昔賈生當漢文之世發憤流涕論天下事欲一切更張之帝方謙讓未遑而讒忌之人已躡跡而至矣後之議者蓋高其才偉其志而亦病其少年之銳不先固結其君臣而驟用其才也今吾進之之自待固厚也已而永嘉又在東南之陬地僻而民厚政簡而訟清進之既治其民事以其暇日益修其學問而練其才猷他日充養之既宏望實之既孚奉　召而來列諸臺省則沛然行其所學而不憾其齟齬不遇如賈生矣由是論之進之之出處蓋有默相之以需其用者而又何不慊於茲行矣乎進之既執吾友胡德淵偕金生衍來屬言以贈巏既釋然於進之之去而決其將來之必有聞也乃不辭而序其行

贈董汝淳知楚雄序

董太守汝淳服除赴　闕吏部薦知楚雄府大夫士皆與議曰董君爲人清彊良實好古篤學果於力行前典兩劇郡廉惠之政至今人思之楚雄在西南萬里外推而授之校資度德無乃與故常盭乎巏日聞於人因語及之爲汝淳慰汝淳曰此言蓋私予殆非知予者楚雄可爲予賀矣昔予之得郡也一當圻輔之望一控岷漢之衝地要而任重郡劇而事叢惴惴焉日營職業以逭罪戾自顧非予所宜也今楚雄雖僻在漢僰之間按其提封不足當中州一壯縣以予長其人得不曠厥職庶幾餘力且及予之舊學焉雖予自擇

其宜便莫楚雄若矣尙奚以遠近論哉巏聞而益重之蓋荆梁極南之域在昔非中州人士所居守令之缺率多以罷老遷謫者備其員化有所不宣政有所不平故其人往往變激尋干戈以扞游徼之吏異時蓋嘗病焉汝淳秉廉明之行無譴逐之虞又樂乎其職不鄙其民往宣　陛下之德淳以柔服之使荒陬絶壤之民幡然改觀曰董使君非若人者流吾徒可以嚮化矣嗚呼失之此而彼得焉汝淳游宦何所不宜耶重之行者咸贈以言巏與汝淳同舉進士且交游兩都尤善也故輒爲序亦衹述所聞以要其成媿無以爲汝淳贈也

仙居士人贈縣令詩序

高安劉端夫令仙居既九年仙居人士多賦詩貣其行聯爲一册今南臺經歷王宏文序諸首御史王成之復屬予繼序二君俱其邑人也記予前四五

年在京師嘗聞端夫治仙居聲稱藉甚嗣後未有所聞也迺今復得聞其治最之成於二君焉予雖不入其境而履其庭可以坐得其所以治矣使予竟其所聞者二君之惠也夫今之譽人者多狥其暱比之私而每爲溢汎之言他人言之予且不信也二君者世所謂端人君子也而其所職尤在別賢不肖激濁揚清佐　天子行賞爲海內之所信者其不阿其所好而紿於人可知也況又有紿於予乎此予所以信端夫之治不爽於予昔所聞也仙居得縣千餘年矣爲之令者蓋什百其人宋之時惟古靈陳先生以其治聞其聲宏以遠迄于今不衰未聞有所繼也嗟夫古之人斂惠此土者未嘗不望於今也今之人承流此土者亦未嘗不企於古也古今人未嘗不同也端夫之治既見稱於今之君子矣雖未躋於古人茲又將改秩日躋於古人者固有待也吾見二君者益將廣其所譽而予也亦得大其所聞也

贈舒君桓玉擢廣東僉憲序

今年春三月南京刑部員外郎舒君桓玉拜廣東按察司僉事巏於桓玉俱甲辰進士釋褐凡十年矣同年擢是官者自羅公旦始而僅五人拔自南京者則肇于桓玉今爲第六人紀綱之地畀付維艱可謂遴選也已舒氏故豫章宦族其先有諱邦佐者宋淳熙進士錄事參軍于衡至桓玉之大父有常出仕　皇朝兩知縣綽有行績伯考伯敬以曾鶴齡榜進士歷守名郡而其尊人　甫則又啟　封備服晦德于鄉故桓玉所以學與仕者皆本之父兄之懿而發諸充溢之餘其在刑曹謹法令淬廉隅傳授書訊棘棘不阿繇主事進員外郎甫六年爾聲聞歘著命秩載加實自致之而桓玉不自多也桓玉將抵任同年官南京者凡廿有三人醵飲於白軸之之第而餞焉酒半相顧屬觴於巏謂宜有言以寵其行顧巏之無似豈復有裨桓玉而敢先諸君子以言矧剛明闓亮如桓玉者抑奚取於巏而待其言邪試言之以塞諸君子之請今夫策名列職敭歷中外者四海之人也至於節行之相砥礪功名之相推挽喜相欣而憂相戚者惟同年爲然巏嘗徵諸衆矣人曰某賢者也自其居官名與位日顯融矣與之同年者必躍然喜曰此吾榜之幸也視之他人言色間有不喜者矣又曰某非賢也自其居官名與位日隳敗矣與之同年者必怫然不喜曰此吾榜之不幸也視之他人言色間有喜者矣故一事得同年莫不策勵以相勸一事失同年亦莫不沮喪以相愓其德誼之親契分之厚蓋如此則今日諸同年之宴所以厚望於桓玉者爲何如哉且吾同年日僉憲廣東者得黃戶部世英歐陽舍人子履今汪御史鼎夫又以其職巡行計數君子朝夕與俱咨諏王事所以交修而共濟者猶吾諸同年之好也嗚呼何嶺海之間獨先被吾同年休澤乎此尤可爲廣人慶也宴既諸同年皆曰凡子之言皆吾儕之所欲者請書之遂書以贈

贈張鳳舉序

泰興在洪武之季茅公大方實僉御史府文學行義振聾一世及今百餘年矣士之產其鄉者顧往往厄於科目抑塞而無聞巏竊惑之弘治丙辰鳳舉挾其季翀偕試于京師鳳舉翹然舉進士巏始納而友之蓋思茅公而不見見其鄉之子弟得以遐想公之爲人乃巏所夙願而况方聞修博贍文辭力學問如吾鳳舉者哉巏既解向之所惑竊又爲茅公之鄉得人喜無何鳳舉竢選執政者廉其賢擇睦之淳安令以授焉瀕行數過予若重舍予以去者觀其意非有所擇於中外蓋懼其學之撓於政也因告之曰陽山夷陵皆東南數千里外荒寒之境退之永叔居之益得肆其所學凡川塗之所經江山之所觸又足以發其志意助爲文章由是論之學問蓋非他故所能奪在學

者壹其志而已今淳安視淛東西縣俗和而訟簡最稱易治茲行也歷吳越之都會山砠水涯極幽遐奇詭之觀皆資鳳舉以學者而又何患乎鳳舉行哉巏之陋奚足以盡子也於是諸大夫士輒聯句贈之既題諸卷而巏廼以意所言者爲之引

送楊名甫母太孺人歸慈溪序

魯卿歎有賢母曰敬姜焉歎嘗諷其母之休績也敬姜述古后夫人內子命婦列士之妻賦事獻功之制及民生之善惡以勞以逸以土之沃瘠百餘言以語之陳詞援義儀法凜若當是時先王之化未遠而齊魯大國公卿世族壹彝內則有不失其舊者猶如此吁豈末世所能及哉吾友鄞楊名甫自少游鄉校凝然如成人及第進士宰三劇縣皆有德于民民爭留之故冡宰倪文毅公於稠人中拔寘考功主事廷論皆以爲得人名甫益肆問學奮厥職

屢上書論政事當弛張者　天子嘉其言輒下公卿議議上輒趣行之夫士之樹立固藉於賓友之相切劘官師之相規誨巏獨異夫名甫涖官有恆德謀國有恆心若夙習而豫定非歲月焉所以切劘規誨而成者是獨何耶抑鄞故多才之地爲之長爲之游者皆他郡國之不若耶每見退而思之意其必有自也一日揖名甫詢及其家世名甫曰先文林君晦德于野甫就祿寘山不及養母孺人元城張丞女也性嚴而貌恭才識類偉男子博聞古今者自子器入官教之勤教之儉躬率之猶兒時也巏曰君之賢實本於父母巏固意其然又曰母今年六十有七將攜葉氏妹與其壻歸謂子器曰兒一心奉職吾歸治吾生庶兒無內顧憂也巏竦然曰有是哉太孺人之賢於是乎加人遠矣今之仕者孰不願養其親滫瀡之甘綺毳之溫輿馬之適第宅之安皆養也名甫郎秩雖痺彊力可辦此以爲悅而太孺人獨超然遠計不以

累其子安於儉勤以歸此其意期待於子者何如於戲太孺人之賢於是乎加人遠矣久之名甫過巏言曰吾母以季夏晦前一日生子器觴而祝之且留母行母爲留踰月今秋高雨畢瀕行矣子器媿無以愉親也敢請君一言爲母壽因慰之行予觀載籍先王之教天下非但詳於公卿士庶之間蓋亦及女婦焉師傅保姆之助圖史威儀之則其爲教也備矣彼其人人有士君子之行豈盡竢養於學選於鄉哉抑亦內教之豫也敬姜之言君子錄焉若太孺人約已而教子者蓋與古傳記合是宜章而揭之爲世之爲母者法壽且行也以是獻何如名甫曰此吾志也遂次第其語以歸之

送華源潔遊南廱序

今天下之士試於　內廷惟進士與歲貢士監以御史環以禁衛其嚴且重蓋同問有賢良遺逸被薦而至者不過試於有司以狀上　聞而已國初進

士之額未定有一歲放榜或僅取百十人者當時充百司庶府卿大夫之選稱任使而著功謨大率皆歲貢士也承平久積漸甄別之然士特立自負要其所樹立不減於進士者猶往往有之至於今則寖不逮矣嗟夫豈人才敻異於疇昔耶蓋亦有繇然已何也　祖宗得天下征戰殺伐之餘當儒學衰熄之日人才未盛隨所得而用之乘其彊富精明之時鼓以奮迅邁往之氣而又隨之以賞罰懲勸之實當是時人才豈可以方類分耶今則羣多士而養之學限以歲月而爲之貢既貢矣又限以歲月而注之選將選矣又限以歲月而授之官年徂而地拘業荒而志沮一旦課功覈績乃俾與新進之士等抑何怪其不相及也歟夫天生人才自足以供一世之用雖時君世主各以意尚設科分類以求之然大要不出其人也故在漢則曰績良文學茂才孝廉隋唐以後則曰明經有道進士制科使易其時更其目吾見前之充賢

良文學之選者卽後之明經有道其人也後之充詩賦制科之選者卽前之茂才孝廉其人也夫豈借才於異代哉是則　今之進士與歲貢士其初蓋均是人也特有司錄用之法與士之自待其身者不同故異時成就者遂差殊以觀爾脫　今之世悉罷科舉而惟責郡國歲貢士焉則世之趨尙號進士者又胥藉是以出矣豈能避有司之求而悉他塗以自見乎吾友華君源潔篤厚而雅愼明敏而通練自少治進士業勤且精矣厄於造物者屢試場屋不利今年貢至春官及入試褎然占前列詞翰燦然意氣壯盛縉紳多士皆器異之事竣復遊南雝揚人仕於朝及諸嘗往來者咸屬予言以贈巏與源潔同里閈且有連交遊最久源潔母孺人居孀有節操今年垂八十矣源潔以年而貢非所好也姑以慰母氏之心巏故罄意所欲言者爲告南雝之士異時有擢高科列膴仕以才業聞於世使人不敢例以歲貢少之者其在

於茲乎其在於茲乎

榮壽圖詩序

成化甲辰春舉禮部進士者共三百人時初釋褐相揖漫呼爲同年巏與厤城董朴汝淳皆未相知也無何會汝淳於張經歷秉素家經歷方以言事謫官師宗汝淳閔閔然爲之言其道路所經與其地風俗藥食之所宜甚悉巏始得其姓與字識其面貌而有以知汝淳也及同官南京數往還焉汝淳篤學而勵行施于有政確乎其不可拔皦乎其不可汚巏乃益稔汝淳之賢私幸獲而友焉因又賀吾榜之得人也汝淳自厤城迎其父明山翁嗣承母氏曾養於官翁修髯晬貌言論冲暢有隱君子之風巏往拜而異之既三年汝淳勵職有成　天子封翁如其子官曾爲安人翁時年七十三曾年視翁加二歲矣賓僚皆嘖嘖侈羡相與言曰今之仕者咸以祿逮其親爲願而及封者什之四五而已偏侍者尤半焉孰有高年具慶如汝淳父母者乎可謂榮且壽已是不可無賀迺繪圖賦詩而以簡授巏曰請爲序維董氏故邑中衣冠家自翁之先人僉憲　伯兄通判　皆以宦業聞翁纘父兄之業雅不欲仕韜美而家居以教子善族爲事故其子弟童漸長漬質厚材良擢甲科升太學者四五人需試於鄕者又六七人可謂盛也已巏既悉其家世宦學之懿于是知汝淳之賢遠有所自而翁之善教茲爲有徵是宜顯而敍之以爲其邦人勸若夫揚厲　國家體遇臣下教忠勸孝之義及天之所以申錫祉壽於翁媼者則圖與詩具於下方無庸乎巏之贅也

送鄭先生知博白縣序

始先生典教泰之日巏年十七八在諸生後獨奬與之間語巏曰春秋一經自先聖筆削後歷數大儒箋釋微辭奧義多闡白然尙有可議者予嘗脫去

傳註直取聖經讀而玩之其詞簡其事覈其義深其理直凡當時國君卿大夫之功罪會盟征伐交聘之是非中國四夷之賤貴亂臣賊子之隱微莫不昭然簡册有不待三傳而見者學者有得於是則爲子爲臣臨大事決大疑殆不難矣子質敏可更授之巏時方治毛詩工舉子業弗暇然冀有待焉迨癸卯領鄕薦甲辰遂貢春官與　賜進士第欲往授其說不可得矣嗟夫學莫大於師友之益古之人有越境去國從之游者幸而卽之雖羅飢餓觸厄難瀕死不忍去誠以所樂在是也巏幸先生臨教之且欲授以所自得者挈而躋諸高明之域不可謂不遇矣而庸惰玩愒卒不果從事是可慨歎也已又明年巏授南京考功先生亦滿九載俟選於吏部當道者重其才超授知博白縣道過江東巏謁之先生曰予卑官也藉子稍有聞子奚贈我巏曰先生明春秋經剔去浮僞獨得聖人之粹精其用力勤且久矣巏雖不竟其業

博白之衆必有豪特儁偉者在其間又奚患乎無所傳也然昔者惟見於文字議論之間今則得百里而治之措諸政事而行其所學矣是固先生夙願也論者謂五經之有春秋猶法律之有斷例挾而治天下有餘裕矣矧一邑哉敢以是爲贈

送沈德莊知崇安縣序

古之學者之游道也於聖人賢士之所在輒數千里往從之游不幸不及其人而事之也誦其詩讀其書私淑其業於其門人弟子之所傳尚以爲未足也則識其顔貌冠履并其嗜好之所在又訪其觀游宴射之處徘徊想像以得其爲人嗟乎是何學道之篤也今年夏吏部患郡邑令倅恆不滿其員迺超集選人亟試之於是山陰沈俅德莊選建之崇安令予與德莊有一日之雅聞之躍然喜往賀之曰此四方學者願游而不得者子得之何其幸哉聖賢之生不數數然也或相去數千里或相距數百歲始得一人焉獨建之崇安當宋中葉有胡文定公之家學淵源有劉忠顯公之世篤忠義而先師晦菴朱子則講學於文定從子原仲忠顯季子彥冲之門一時諸賢歸然相望鱗駢鳳簉皆在今溪山百里之間朱子雖晚徙建陽而崇安則少所游壯所居者今夫一鄉一邑得一士以爲望人猶嚮慕而欲居之况羣賢彙萃之地乎得一節一藝之士猶以爲重况大賢鉅儒師表百世者乎子試於稠人中而獨得是邑焉造物者殆有以私於子也夫羣賢之書今固家傳而人誦矣然其微言遺墨故家舊族之所襲藏者人固不得玩繹之也道德之光山斗之像丹青所摹子孫所寶者人固不得瞻對之也五夫之里九曲之溪百丈之山父兄師友談經講道高棲遐遯之地人固不得徧游而盡覽也子併而得之何其幸哉何其幸哉雖然予又有爲子喜者崇安閩之闕里也司銓筦

者使不擇其人而槩授之則夫人視之將與他縣埒矣子家世以儒宦聞子之兄弟繼以賢科顯子之志向端而問學篤又予所夙知者宰是邑也固宜予竊又爲崇安喜也他日上計而來凡足之所經心之所得耳目之所聞見者畢傾倒于予以償予夙昔之願抑豈非予之幸矣乎或曰德莊方求所以涖官者子乃覼縷以是爲贈無乃迂且詖歟予曰學者於聖賢之道求諸方冊可以治天下况入其鄉履其道有不能治一邑者乎德莊於予言殆必有犂然當于心者予何庸及乎他哉遂書以爲贈

送周汝大教諭餘杭序

今歲春周汝大以乙榜舉人選署餘杭教諭瀕行屬予言以贈予備員考功凡郡邑學官秩滿而進者得盡閲試之其文詞之明習器局之偉整志意之奮邁葢未嘗無其人然齪齪無似遝不稱厥任大都則什之六七也私竊自嘆養育人才之地顧乃宜若人者厠其間耶間嘗發策謂在下者當不苟就必思奉其職在上者當不輕授必豫蓄其人覼縷數百言冀以動執事者之聽而稍有以變通之然予之言既無以見重於時而法令之故常者有司亦不能以猝變則亦措諸空言而已夫公卿百執事皆代君以理物者責任可謂重選拔可謂難已學校者公卿百執事所從出也求公卿百執事而不求其師予不知其何也嗚呼今之士其無蕲待於教也已乎汝大往教餘杭餘杭爲杭之屬邑山水秀麗人性敏慧名人勝士所嘗遊覽賦詠之處葢亦恆於志也已考其人物前修予不及見所及聞者邑中鄒氏葢著姓父子兩世蔚爲名卿功名焯焯在今人耳目至若徐御史之諒直盛郎中之謹飭乃予所知者是皆出於學也汝大他日能自得士如此用收師儒之效顧不偉也歟予將按其籍而求之也第予又有爲汝大告者餘杭之士固嘉矣而其民

往往好爭而健訟冒法以陵上教諭之職雖非丞與令也然挈一方風教之柄寧恝然不加之意乎飭躬治行親賢遠邪敦德義以風之進髦俊以諭之鼓舞濡習未必無補於政也若夫侵官黷利以爲戒則吾汝大固恂篤端靜之士也予復何言以爲贈哉

送施以德教諭龍泉序

江東施以德挾其藝三黜於禮部謀諸友徐霖曰自吾之游學家益以貧今年逾四十矣尙奚擇仕耶霖往以告巏巏曰出處有命惟自決庶其無悔於是以德走吏部請選得教諭龍泉學焉以德力學攻文章志氣彊盛雅欲樹功名以自見巏素壯之選既會給事中御史忤旨繫獄奮然欲上書論救尋以獄釋不果觀其意未嘗一日不在當世也蓋古之君子之於天下也志一於中而剛大之氣充滿發見於外勢不可奪利不可回故隱顯進退皆赫赫有所成以聞于世巏嘗慨斯人者之不及見每有所觸輒欲脫去奔走四方以求之若吾以德者不卑其官不餒其氣殆可進於是也耶惜予不獲久與之居而究觀其成也今往教龍泉龍泉固多材秀偉雋之士以德以其自進者而又身率之異日有根於剛大之氣發爲文章措之事業驚動一世者出入術相謂曰此施先生弟子也顧不有助於以德歟巏雖不獲盡睹其全而遲以徵之者蓋有在於是以德其有以副予望也哉與以德游者皆爲賦詩巏爰序之并是以贈

壽淡菴廖處士八十有九序

巏奉召時過嬴博間訪淡菴廖處士於家處士貌樸而氣完聽其言簡而質飲予以酒其季子純侍左右惟謹處士所居在南北要衝舟車商賈走集之地而其言貌乃若深山長谷自少至老不與世相往來者巏甚訝之及抵官其長子紀官考功主事與巏爲同僚邇來一年矣主事明謹廉直有前輩風與之論古今事品藻人物是是非非務盡底裏巏於是益喜處士之有子而必其家教之有素也今年秋主事迎處士同其母孺人養于京邸同僚醵酒亟往賀之於是處士年八十有九孺人亦七十有八矣康強和豫耳聰目明衆莫不羨其翁媼偕壽相率侈爲詩歌以祝之居數月處士念捨閭里久乃言歸十二月十有八日初度也主事爰萃諸詩裝軸肅使者持歸爲壽且疏處士羣行焯焯者授於巏以序諉諸蓋處士爲人忠信直諒見義勇爲其賙窮掩骼焚券平量十數事尤足以風動流俗論其人品記所謂善人史家所謂仁心爲質者也巏既悉其行履蓋惜處士局於韋布不足以稱其所施而向者尊俎之間又愧知處士者之不深且盡也夫壽者五福之一尤造物所靳惜與人者故必有德以將之有質以受之孔子曰仁者壽至求其近仁者則曰剛毅木訥又謂天之生物栽者培之觀處士之行與事其非德有以將之質有以受之者耶今處士年已及耄矣主事行將績成　天子貤恩有褒封之典有章服之華所以娛其體而養其中者不止於今日巏知其必介期頤之壽而爲邦家之光也姑序此以俟之

贈封吏部郎中張公致仕歸安定序

河間府通判張公年未六十馳疏以致仕請公之子綵時官吏部司封郎中白于尙書以　聞　上俞其請卽以綵之官封之榮寵其歸中朝卿士莫不嘖嘖曰張公可爲有子矣初巏之備員考功也公以莒判滿三載來巏廉其治行亟以最書然尙淺之乎知公也蓋公歷郡邑凡行院都御史暨監察御史以下騰章奏薦之者四遣羔幣勞之者五有惜其滯屈直請以京秩處之者皆公自以致之非有藉于子然也何以言之夫富貴利達之誘人陷溺

其中子不能奪諸其父弟不能奪諸其兄公之才譽薦聞于時且以司封爲之子焉自他人處之稍偃蹇而不去跛足躋下大夫列矣而超然不顧掉鞅以西其高明勇決爲何如哉夫退無與其子則前日所以仕亦何藉於子哉于此可以益得公之爲人而巎姚知公之不夙也夫少壯而仕老而休乃天之道人情世制緣以爲進退者也今夫雨之爲澤也當熯旱蘊隆之際泰山之雲觸石而出不崇朝而徧天下山川爲之融潤草木爲之華滋顧不快於民歟使溢而不已爲霪爲潦則人將胥厭之且咨怨之矣士大夫功成名遂年已至矣猶幾幸不舍遲回而不決者無乃甚於是歟嗚呼公其賢於人遠矣昔疏廣受請老一朝辭位而去漢史特傳其事及唐楊少尹年滿七十告歸其鄉昌黎韓公盛文字以張大之公之官位視楊與二疏雖卑而年非老篤則尤過之古今人不相及未可論也然二疏與楊之去微良史大儒之筆

抑何以赫赫於後世若巎者文曷足以傳公耶雖然巎固知公之傳也司封君今以才行鄉用於時宦業蓋未可量經曰立身揚名以顯父母者蹈習斯語久矣是則公之進退非子所能與而其傳則實係于司封也又何假於文耶與司封同官者贈詩共若干篇巎姑以是爲序

江湖利濟序

休寧畢文中成化癸卯當大比時與予同館于江東之寓舍文中通春秋學才氣豪邁間誦其所爲文章視科第若將俯而掇焉者予甚奇之同館六七人與予相得懽尤甚是年予叨發解自是與文中不相聞者幾十年文中有兄字廷馨旅游四方蓋久日介吾友陳廷贇過予予亟叩文中動定云何廷馨曰吾弟雖屢入名場不利然意氣弗少沮嘗曰郁苟未老必得其當以報兄兄詣　京師有儲太僕者吾故人也相見幸以是告知予閔其意且爲之喜蓋蓄久發遲必將一日欻聞於衆也廷馨將南還新安大夫士宦游于朝者咸作爲歌詩贈其行聯爲鉅冊題曰江湖利濟旣疏其行事以序諉諸予蓋廷馨世家子新安人乃游於商商於吳越徐豫間者凡三十年寬大儉實不一乾沒於利所至視歲之豐歉以取舍之最其平槪焚券橋諸水數事他賈人所甚不及者眞不媿文中之兄也予旣得其槩行因誦程伯子有曰士苟存心於愛物於人必有所濟夫士之得濟於人者貴爲上富次之貴者濟人以道富者濟人以利道與利其具有廣狹其施有大小豈可並擬哉顧其存心於愛物則富亦可埒貴而言也然世之貴人方其志得之日往往持祿位擅利權以自封殖饑寒困瘁之民思以濟之者蓋鮮況未富者哉由是論之廷馨蓋商而士者詠歌寵大之也不亦宜乎惜其處下所施者不遐歸哉爲我屬而弟曰異時以道濟人裨而兄未逮者余蓋有待也

送秦擇之先生分教安仁學序

今制郡縣歲貢之士有不待年請學官以選者則聚之太學祭酒先生旬肄而月試之旣滿歲第其氏名前者進於吏部吏部再試之疏其堪選者以聞　天子乃詔重臣覆試之　殿廷下拔其果可以教人者始屬吏部以選焉其法視舊蓋詳且覈而得人號爲多矣吾友錫山秦擇之　廷試裒然居第一繇是選分教安仁縣學初予交擇之於南京讀其文章聽其論議尊俎間挹其豪逸之氣灑然異之謂非科目所能羈馽者別去十餘歲擇之始貢于有司低回太學者又久之乃僅及此世常謂科目足以盡豪傑雋異之士觀於擇之豈其然耶擇之於歌詩尤警拔跌宕自其家居時與江南諸詩人倡和於淸泉白石之間已翹然有能詩名及來太學予間與太原喬希大訪之擇之方僦屋以居顧其四壁墨粘紙綴皆一時名人勝士賡酬追逐宴游

之作予覽之既笑謂之曰君之窮至是殆坐是耶夫士之行世窮達不足論要之道行志適而已擇之窮既久所得益多今斂其所得往教安仁之子弟豈無材良行修之士出於其門者乎若然殆足爲擇之樂而忘其窮也已當國家更制之初得典學之官如吾擇之其人者可謂遴選矣使列郡皆若人非世道之幸耶異時枚數其弟子之賢挈安仁蕞爾之邑與河汾蘇湖之盛於昔者俾人等視之不敢忽焉巏將又爲擇之頌也於其行姑此贈之

戶部郎中王君若思省祭詩序

今年秋南京戶部郎中王君若思馳疏請於 朝曰臣備員郎署茲卜餘年曩以年勞猥承 誥命所以贈臣父母者渥甚臣瓊州人道遠不得輒過家上塚俢 朝廷之賜夙夜疚然于心惟是羣臣省祭者具著于令臣乞援是間歸 上若曰是所以勸忠也爰允其請若思既㑹裝與之游好者率賦詩

送之而屬巏爲之引蓋瓊之爲州炎方萬里之外環海而中居前世人材往往鄙陋鮮與中國齒迨今尚書丘公始以文學敭歷館閣爲時聞臣而若思實出其門下通經學古質厚材良蔚然中州俊傑之風不但瓊民之秀者也蓋 王國之多賢聖化之無外於是徵且大矣巏嘗讀詩見先王盛時羣臣有事於四方卿士大夫必詠歌其德業揄揚其寵榮章更什繼渢渢乎其音所以著一時明良之盛而鼓舞萬世者也今寓內無事臣工優閑若思以宣力之餘謁告而還燎黃于墓衣錦于鄉教忠惇孝萃美厥茲是宜諸君子宣上之所以寵若思幷及其先者形諸篇什俾荒陬窮海之民讀其詩者皆歡然興起觀光帝臣之願則是詩之作豈小補哉昔班孟堅論蜀之風俗景武間猶未能篤信道德及司馬相如游宦 京師以文辭顯於世鄉卹慕循其跡後有王揚之流文章遂冠天下嗚呼風俗之移易蓋係於倡也若思行哉式遄其歸他日瓊人文學宦游之盛吾知不減於蜀也

壽王處士剛仲詩序

山陰王處士剛仲茲歲登六十六月之廿有九日誕辰也處士弟明仲方以御史典學南圻迺請羣卿尹之詩聯爲一軸繪圖其間而告於巏曰吾兄德隱於家久矣而人罕有聞者蓋吾兄既恥於聞而吾之淺薄又不足以發其隱也念吾之幼也不及事吾父以長以教底于今日者皆吾兄力也今耆年矣吾將歸而壽之然壓於今制不果吾心闕焉茲圖也茲詩也乃吾所以寓壽焉者抑聊以盡吾心爾願子爲我序諸蓋君子之於世惟出與處出者泰焉以行道未嘗不意處者之隘也然而處者爰求其志而自慊則亦何異於行道者之所得也哉况世之所謂爵祿名宦其加損得喪予奪之故旣泊然無以入其心則其養生繕性得以彌其性命較之弊精神瘁心思於行道之

地者蓋又什百其多矣然古之隱處之士含章晦德固不亟以聞自非重譽望者爲之先則亦莫獲盡聞也處士得明仲爲之季遂聞於時茲又宜諸聲詩託之圖畫其聞後也益無疑矣顧巏之辭曷足以張大之然聞之士之剛明端直毅然不私者恆壽蓋多得天地剛健貞固之氣故也人家兄弟資稟往往絕似巏未獲接處士幸與明仲交觀其所以行已造士者實剛明端直毅然者焉于其弟可以證其兄矣由是論之繼今處士之壽將之耄之耋而耄之期他日又將大書特書不一書而遂章聞於後世無窮也已豈藉巏今日之辭哉蓼蕭之三章曰宜兄宜弟令德壽豈敢賦此僭諸羣玉之首既以復于明仲遂爲之序

松谷道人詩序

嶺南楊景昌別墅在番禺山中嘗植松以自嬉遂自稱松谷道人景昌後舉

進士拜東流令去山中將十年矣意未嘗不在是也間發諸篇什傳詠於時戶部主事涂邦玉李蓋卿與之游倡諸詩人爲屬和之既成帙諉序於確予謂松之生率在大山長谷之間乃山人處士之所婆娑嬉翫相依以老者也景昌昔處而家託稱於是可矣廼今宰百里之地簿書呧吏塡委其間而獨貽眷不忘焉其趣尙可謂潔清不汙矣然古之君子未嘗必仕亦未嘗必不仕顧其時之所値而各有所挾焉予雅觀夫松矣修嚴亢直有凜然不可犯之色歷冰霜觸崖石有特立必致之操其材之細者可中薪蒸而鉅者利棟宇尤爲匠石工師之所睨視而旁求匪秖資幽賞而已景昌昔居山中徘徊其下旦暮與俱有得於松者深矣顧吾儒者豈藉羣然草木以增益哉然景昌之治東流所以嚴已勵志以應上下之求與予所稱於松者蓋亦無異由是言之未必非其昔之所得也若徒曰景昌貽情一草樹山石之微以矯夫世之溺仕者而自潔則非古君子出處之義吾知景昌不爲也予與景昌同年進士故輒爲序景昌其亦可否予言乎

送杜嘉齊冠帶歸永嘉序

文選郎中杜君思齊有弟曰敷字嘉齊今年多來自永嘉思齊游宦兩京不歸者將十年友于之念嘗往來于懷也至是喜甚會縣官募民入貲予以冠帶思齊曰此亦可寵吾季遂分俸爲營致之既冠帶出見諸同官同官皆爲之喜迺醵錢往賀宴于思齊之官舍賓主咸集兄勸弟酌肴核雜陳笑語和洽酒半司封夏廷章執盞謂予曰嘉齊之貌何其酷似其兄也吾儕今日胥歡于此思齊行且遷秩他往他日思思齊不見得見其弟即如其兄也人生聚集豈常耶是會蓋不偶子宜序以贈予辭不可因諗于衆曰士之兄弟有同姓者焉左提右挈前襟後裾此同姓爲兄弟者也有異姓者焉官資相讓職業相規此同僚爲兄弟者也方其處而家也不知有異姓兄弟之懽也及其出而仕也不得久同姓兄弟之樂也二者常病其不可得而兼是宴也合同姓異姓者具在焉此賓與主之偕樂也然諸君知其樂而不知其所以樂也昔周之衰兄弟相戒小宛之嘆興卿士相讒巧言之什作讀其詩可知矣吾儕幸際平康之世僚友形寅恭相讓之風兄弟遂和樂且眈之慶爲樂奚可言哉使非其時憂讒念禍之不暇矣然則今日一觴相屬於此又其可忘所自也歟廷章曰子之言是也遂次第其語爲嘉齊東歸之贈

贈周廷貢歸吉水序

周廷貢既卒業南京國子監歷事天官曹予備員考功率之共事焉廷貢初聽見時儀度溫雅可愛予意其非士之出於望郡者則必故家世族之才子弟也既而問其邑里門閥乃知其爲吉水鵲敷之周氏司空文襄公之諸孫也文襄仕當宣德正統之際有言有績稱時名臣同時敭歷津要出於吉安一郡者不啻數十人若少師楊公冢宰王公司成李公則尤顯大者也訏謨道德聲聯輝照鼓舞一世奔走後先遺風餘澤至今猶在也而況士之出於其鄉者哉又況出於文襄之家者哉吾於廷貢之才美有所徵矣夫古之論士者必本於父兄必階於師友必薰習於里閭鄉遂之間非此三者而特然有成謂之豪傑之士豪傑之士不多得也今之士不幸生於窮鄉下邑閭閻窶人之家無是三者與俱幾其有成也難矣廷貢仰而父兄之範則近而師友之漸摩出而里塾之聞見俱不力而致焉尙何豪傑之不可及哉夫爲人子孫難矣爲名臣之子孫則尤難也廷貢歸哉當倡其族之子弟蚤夜汲汲法其乃祖之德烈又當倡其邑之子弟蚤夜汲汲追其前修之聲光庶無忝矣予生也晚不獲從諸君子游每想一時之盛未嘗不慨然興慕也今得識

其子孫而考其流澤之未泯可無言以規贈乎上饒程生廷直廷貢友也介
來請予言爲贈遂書此歸之

柴墟文集卷之七終

柴墟文集卷之八

序文

曾孫燿文振甫率男均堉校梓

賀愚逸顧處士六袠

貽封序

金陵吳楚間一都會也　大明興肇爲京師既七十禩乃爲南京視前代蓋東西都焉地據江山之勝高城深池包絡林麓輿陜之河華洛之崤澠相埒俯臨仰矚使人氣象廣大神超而意壯其神皋粵壤崇臺閒館仙佛之所廬漁樵之所舍使人游閒騁放得以訪古而宅幽其閭閻巷陌都人士女被服袪麗車騎雍容歲時追逐歌舞愉樂使人永日而忘年其宮闕之壯府署之嚴周廬環衛之盰列凡祖宗謨訓之所在流風遺烈之所存使人悚然過其下慨然以思肅然其有言若是者雖陜洛不得而兼也故大夫士退老於家與幽人逸士之家食者多列第築室於其間而愚逸顧處士則故家於金陵者藏書千卷治田二百畒年甫六十拜仲子璘吏部主事之　封褒衣博帶出與士大夫遊退則教其子若姪耕且讀優游容與飫金陵之盛頹然以老焉蓋世之治也王者之化自泉而流瀕既其久也自葉而流根其治常相因而勢亦相維徵諸三代蓋可見已憶巏未冠時挾冊來游間觀金陵之盛聞諸長老猶以不逮宣正之際爲望及今四十年復來考政事諏民俗所不改者江山城郭而已嗟夫賦東京者必述陪都之盛記洛園者直候天下之盛衰此豈非有位者之責乎會璘之友戶部郎中朱升之請予文致賀處士予既有慨於中又喜衣冠之家猶有曩昔之風且愧圖回以復盛觀非予力之所及璘材偉而文雅志當世因其請乃屬而告焉稱觴之頃聞予言於處士當以爲何如也

丹桂秋香詩卷序

自晉郤詵對策爲天下第一以桂林一枝自詡後世應舉子牒者率緣是以相尙蓋俗傳久矣吾友杜君舉卒業南雍日繪一圖曰丹桂秋香既請予能詩者復以序屬予夫人之情棄捐者常出於有餘吝惜者常生於不足物與人皆然無足怪者君舉世家鳳陽霍丘鳳陽當

聖祖龍飛初一時草野絲粟之才皆欻然奮起就功名於世故今之疏封國土嗣守勳祿者多其裔也及天下平俊傑勇悍之士無所施其技迺稍稍就學問而有司又以繩墨束縛之俾與吳越之士敏于藝文者角相逐于是士之不得志者始不能無矣迨癸卯鄉薦君舉與其友田某皆貢於鄉而江淮之間夙窘於科目如霍丘者亦突然有人與之馳騁于上下嗚呼豈其習之久而藝亦精耶抑其渾雄博大之氣久鬱而不發則有以躐人上耶將奇傑之士非土產風氣所能限耶嗣今以往吾知人才科目之盛倍蓰於疇昔矣此則予與君舉之所共喜者也雖然君舉質美而學強駸駸於古人未已也豈以一第自多哉爲此圖者特以志一時之遭彊充耳目之玩好而已予與君舉當交相勉焉使異時追繼古人者不在彼而在乎此則尤可喜也姑爲序

田氏昭先錄詩序

古史官傳循吏必載其徵瑞於策蓋著其政之美而垂信於來世也夫草木蟲獸之變動亦豈可以必得哉君子之爲政惟強於自治而已然自今言之讀其傳想其人則未有不駭慕嘆異考求其所以致此而尙友之者此則史氏采錄之助也霍丘田君某宰單縣日獲麥秀兩岐之瑞邑之士民歌詩詠之既卒若干年其子瑀予解榜友也以序來請且曰先君治單甚有聲當道

者屢薦之卒不果顧其政績之偉豈一草木所可盡哉然天不嘉錫以此亦無有聞諸後矣予憐其志許之嗟夫古之君子抱道蓄德囿於小官而不獲大施者衆可以盡數哉幸用矣當時之人又以其名位之卑而不之錄或錄之而不詳此予所嘗慨歎者也子之先人位雖不高職雖不崇政事他者予雖不及盡聞即此一節可傳矣第予非史也言無以信於世姑爾序之子藏諸家焉異日必有采者雖然得後之賢如子矣又何憂乎不傳耶

贈太學生李文盛序

天下之士需次而官者　天子蓄之太學益充所學俾老其材須其成焉則用之故其中多四方賢豪奇俊之士士之厚待其身不輕於用者亦皆於是乎願游予少時甚竊慕之而未遂也夫士之爲學未有不須友以成之者鄒孟氏亦謂友一鄉之善士爲未足當進而友天下之士以至於古之人焉夫古之人遠矣其書存焉予求之於書以神交之爾若今天下之士予可以承其言論以覈其是非法其行事而視爲作止者顧莫之獲此予之所大歉也既予壯游　兩京過太學之門輒徘徊焉周覽不忍即去思欲挾册從其先生弟子雍容揖遜於其間蓋不可得矣夫服聖人之教居　天子太學士之美大光寵莫此之甚然聞之口今或有謂太學稍不及曩時之盛者豈非風教之移易不逮於前耶宜興李文盛游太學數年既卒業同舍生王世敬重其質美而有文惜其去也請予言贈之夫師友不相規贈久矣在上者無以率其下在下者又無以望其上焉其將廢矣乎世敬獨能知朋友相贈之誼蓋亦退然自克者予因感昔時嚮慕之勤而卒不得一游以償所願且念夫士之游者苟無所成而去他日當有同予慨悔者焉庶今之游者聞予言而有所感興而既游如文盛者亦由此而幾進也若夫進言以翹人過則予固

有所不恤焉是爲序

贈別王憲之序

成化甲午余始與鄉試來南京時憲之先至館于大功坊之東余偶僦館與之比焉憲之儀觀峙拔負其才藝論辯常屈其座人余時未冠憲之長余十有四歲稠人內獨奇余因定交高相期許余得日瞰其中之所積而知憲之藎翹然者也意其不久當即取高第躋膴士然厄於造物者屢試輒屢不利予益得與之游焉癸卯憲之院試居第一挾其藝復來時年寖長矣人稍稍易之余視其器蘊猶龍泉大阿光芒雖稍斂避而其廉利者則未嘗頓也是年余叨解憲之再不利瞠然執余臂曰吾嘗期靜夫同解今君先我去矣遂悵而別繼予赴京師過其家拜其尊甫教諭公自是每過徐必詣憲之留竟日弘治己酉憲之奉教諭公命復俛首就試試已誦其程文余愛其簡雅非

復少年語也賀之曰必中必中比榜出果然喜劇馳赴之憲之懲往年事前數日浮江已歸矣憲之年近五十凡六試場屋乃幸取一第其夙志豈以是爲欣戚哉然其家故貧父母俱老且未有子獨一稚弟持門戶今士之所志業不在科舉則已既業於是得之而不喜非人情也又况□憲之者尤可喜哉而余特爲之喜則以交於憲之者深而得其家事爲詳他人雖喜要皆不若余之甚也憲之今歲會試下第茲游南監余數延之飲既又別去謂必有以贈之予曰曩與足下期不專在是也謂特藉是置吾身焉爾今既得之矣曩所期者固在也况發之遲者其收功也常果以博而艱于初者天將有其後也子之位行有以副子之志矣子試思之不然余迺以一第喜子既就而遂已乎憲之曰然遂爲序

贈程德深歸祁陽詩序

永之爲州在衡湘間山水奇拔據九疑瀟湘之會前世皆莫有聞至唐柳宗元謫居于茲始以其林麓谿谷之盛宣於文章搜奇抉異窮極變態而永之山水遂名於天下惟其山水奇特故其淸淑之氣蜿蟺磅礴往往得於傑秀之士然亦莫有顯聞者永之支郡曰道州宋濂溪周子始出焉濂溪建圖著書續千古絕學厥後河南程氏新安朱氏演而大之濂溪之學遂行於世故論永之人物者周子蓋其特也由今觀之永之士率多通經學古質乎中而文乎外豈非前賢之文章道德流風餘韻薰漬感發而然耶予同年程德和雅健而文有士君子之行初釋褐時詢其家世永人也及拜南京吏部主事又同官际予過規誨輒至予甚德之仲兄德深挾其藝十試場屋不利弘治庚戌歲貢至　京師茲來游南監長身古貌趨揖有儀與之言傾倒明快蓋暢於世故者予因得其中之所蘊嘆其兄弟之皆良益知荆楚之多材也程

氏裔出汝之上蔡德深之曾祖元季爲祁陽令因家焉考某嘗主蘭溪簿有遺愛民至今思之其家仕與學皆有模訓故其兄弟之成立本諸父兄者多不但得之山川之奇秀與往哲之遺風也歲之初吉德深以例暫歸諸僚寀重其去皆賦詩屬望之予與其季同年故特爲序

望雲思親圖序

人子之思親凡手之所持足之所履耳與目之所聞見得於感觸輒及其親推類而長之靡不繫其思也今之人知慕其親者見於文詞形於圖繪率多以望雲寓其思焉豈非有作而倡者之於前歟夫天下事未嘗無倡也惟倡之者非其人則和之者亦鮮苟有名德命世之士倡之於前則天下之人並起而爭慕之矣望雲思親唐狄文惠公所倡也公之孝廣矣徘徊大行之麓顧瞻白雲特其一時所觸爾他人未嘗詣其所游値其所見也廼亦以是寓

其思者豈非公之勳庸德望照耀後世而動人若是歟公在當時歷官中外具有言績至其精忠大義勸說女主訖能取日虞淵克復唐祚尤人臣之所難故議者謂公一念之孝篤厚於中隨所在而易其施焉殆確論也夫以公之大節昭著迄今則其風聲之被及文字之緒餘人猶興起而爭慕之者口口況夫天理民彝之共其感人當何如哉無怪乎後之人子慕公之一節也蜀府承奉宋君念親之不見日遑遑焉而求愀乎而有思終無以宣其情也亦繪圖曰望雲嗚呼公之感人於是焉至矣宋君出入　殿幄鞠躬朝夕祇事于　王既移孝而忠矣而又拳拳慕其所生不置焉是則尤可尚已會予同年進士成都何廷獻託予敘其所圖卷既嘉其誼且重何請也因序之

壽紀君士傑七袠詩序

高皇帝既定鼎金陵慮無以大諸夏之觀也乃徙四方闤右之衆充牣京師

至于今百年聲名文物搢紳韋布繁縟豐熾不與他郡等夫　聖人之化敷及萬方固罔有間然當　日月之照臨雨露之沾濡其光華膏澤遲速淺深固不可以概論也民物既盛教化尤深故今閭巷往往多龎大壽豈之士自予官吏部今五六年謁予文而稱賀者殆不啻數十人非余所爲文而余不及聞者蓋又不知其幾也猗歟盛哉今年春紀君士傑壽躋七袠三月二十日乃初度之辰也親賓皆盛酒食具文詞往賀金吾錢侯廷佐復屬余序之予交金吾久而亦知士傑之爲人也則又何辭紀氏其先潤州人洪武初以閭右徙上元世篤禮義士傑生三子璉口口皆溫然克家所以娛其心而介其壽者多矣士傑居首善之地享高明之壽譬之松柏產於大山長谷靜深之域牛羊斧斤之不相及其壽也固宜抑孰知　國家涵煦之久也往年天子上長樂徽稱覃恩天下士傑仍被高年冠帶之寵嗚呼　國家惠養元元者至矣紀氏父子其念之哉若夫詠德介壽之詞皆繫諸篇什余不及云

康氏獻壽圖序

君子之壽悅其親膳飲之欲潔裘服之欲溫宮室之欲邃起居之欲安以爲未也又冀有道德之富名譽之光以顯大之至於生朝歲日則又撰文詞以致頌託草木以祈年蓋無所不用其至而其心猶欿然不自足也然天下之爲草木者夥矣君子有取焉必其形色氣性各有攸當焉者今夫指楢栵樗櫟以壽其親非嘉木也君子怫然作於色矣指蓬藋萑蔚以況其兄弟之好非美卉也君子脫然捨之矣唯椿也萱也蘭也與蕙也載於易味於詩賞拔於莊騷傳紀之書其爲物也有堅確後凋之操靜閒駢秀之資可以共悠久可以翫芳華可以佩而比德可以樹而忘憂是故君子有取焉蓋雖託意於草木之微亦無不用其至也祁門康氏自侍郎公以文學起家歷歆通顯門

閥遂爲新安望鄉進士佑者嘗問經於予馳書來告曰佑叔父志英天資樸茂晦德于鄉徽人善析產以居叔父與三兄共炊而食者將迄百年生三丈夫子位价仙業儒服賈克紹厥家歲十一月廿有六日叔父懸弧之旦也叔母程媲儀儷德與偕老焉佑與諸昆季爰取椿萱蘭蕙繪爲一軸以寓祝壽燕喜之私敢乞序以獻予惟康氏諸老人惇友篤愛垂白以居而羣從子弟又多被服儒雅嗣其父兄之休予雖未歷其境履其閾知爲薰然孝弟之族也夫孝弟之行大矣積之以誠持之以久實能通神明而感動植異時其家園囿階庭之間木將有連理而生者焉草將有同穎合莖而秀者焉又不待假諸采色形諸繪畫以姑寓其意也佑與价皆文藻煒發譬於草木其尤得和氣之先者乎侯志英壽介於期再濡筆以序

贈醫士李維節序

癸卯年余赴鄉試于南京時醫之有名者周文采楊汝和曁惟節三人越明年余舉進士于京師文采汝和適奉召至余以病延之語焉汝和質利而旁通文采思專而懇到各挾所長而爲醫皆時之所難得者既心愛之獨以未識惟節爲慊迨予官南都惟節醫日有名今年春金吾錢侯爲予言其友人許子貞垂老矣疾屢作他醫往往不能治獨飲惟節所予藥輒愈丁未秋子貞遘霍亂衆謂其侵尋羸瘠之餘殆不堪是病惟節診之曰氣稍不足然脈無異固無傷也遂製藥日飲之無何果復愈余雖未悉惟節之學然錢侯之言有以符余夙聞者是可得其大槪也已三人者宜乎頡頏於一時也惟節先河南人前進士安敏之孫子貞少亦游進士之門其往來契密蓋自少至今矣子貞每病愈往謝惟節遺以錢幣輒麾去不顧子貞念無以答其勤也思得名文辭者將其意乃屬錢侯來請予言以余雅知惟節之醫良也今又併得其爲人況錢侯又予之所器重者則將何辭惟爾惟節懋乃藝日副友朋之望余他日當爲惟節備書而不究于是也姑爲贈

張母節壽詩卷後序

予觀節壽詩卷喟然言曰天人之合難矣古之壯夫志士曁烈女婦當變故厄窮之際毅然不變克完其天何可勝數哉迄今乃或名氏無聞及稍聞者或子若姓又蒞焉嚚愚罔獲紹大厥世遂顯揚之嗚呼天之所難能於人者人或致之人之於天攸賴焉者天顧莫之逮焉此予所難知者泰人張壽母周氏弱年棄諸夫籌甫晬母誓不他今七十歲矣享其婦女饋養迨五十年修於人而獲諸天如持左券此又何哉故君子亦徵於善而已至於悠遠得喪蓋非所計也母居之室戶曹冒先生顔曰節壽既序其事且多詩之者復屬予題其後夫職文字以揚義烈予事也矧吾鄉人惡可辭歟

贈李容之序

安昌李容之旅於維揚與貢士高楫之王宗仁游容之計於商二君業於儒道不同而交狎焉予固怪之今年冬二君自揚來南京出容之所居山八詠圖請予詩因道容之故儒家子中以家故奪其學而託於商商於揚五年矣明年將西歸幷請予序以贈予謂容之本儒者業與商賈伍矣乃切切慕吾儕與之游觀其志蓋翹然出其儕輩未嘗不欲一日輟彼而就此也可謂愼所嚮矣三君者之取人也不槪其跡而於其心可謂樂與人爲善者矣然則予於其交也又何怪焉容之家中條之旁有岩壑林池之勝圖之所謂八詠者是也予固癖山水者然未擊其勝遽欲彙而詩之又何以盡山水之變態也哉俟予他日或西而游過中條訪明之登高俯深卿觴而賦未晚也夫容之出江湖之上則與賢士大夫游入而家則據山水以自放焉觀其好尚不問可知其爲人矣矧予重二君之請乃無一言以贈乎是爲序

送施以德序

江東徐子仁予與之往來子仁才翰絶出力古學自嬉間問其所與游歷舉六七人皆一府才俊之士余既雅愛士遂介子仁偏與之游得其文章讀之信非世俗之所及宜其意氣相得而頡頏於一時也古之學士大夫率喜稱逆天下士士之負才不遇者往往託以知名予於數君可謂既知之矣惜乎力不足以振之顧其才美各有以自見豈望於予哉而予每讀其文則以是自歎也今年秋施君以德取府解考官晚得其卷及引榜注名姓相顧歎惋者久之歲十月治裝將浮江淮道徐兗燕趙之墟覽觀中州之形勝以抵京師茲行亦壯矣京師才賢攸聚官位學行如退之永叔之流者蓋有其人也彼方汲以求士以德於人人中又挾所得而異其求焉跡若不相聞而勢

有必相須者行矣何患乎無所遇哉子仁輩咸作詩寵送之予爲之序

壽程君思賢七十詩引

予嘗閱新安志知汪程二姓之舊之蕃之永程肇於太守元譚至忠壯公再以武功顯梁陳間演迤而宋若文簡文淸之相業刑部禮部之節義龍圖徽猷之文學皆其卓然者北徙於洛又得明道伊川兩夫子續孔孟之統開絕學於萬世其道德功言則又非一鄉一族之所能擅也上下千餘年衣冠門閥之蟬聯餘休遺澤之培植風聲習氣之鼓盪詩書圖史之漸薰故其雲仍散居四方者多材美健強者碩謹愿之士蓋其所憑者遼乎厚矣歙人思賢忠壯公之裔也治廢舉術嘗入貲被冠帶之寵有三丈夫子伯曰相仲顯季昌往來積貯於海陵思賢今歲壽登七袠海陵人士相賦詩壽之既成軸其鄉人汪希曾請予引其首夫古之養生繕性者多處於深山大谷寥闃無人

之境絕世故去外撓泊然於塵壒之表期於造物者游乃得其壽故廣成子曰無勞爾形無搖爾精乃可以長生今思賢觸寒暑犯江湖值風濤舟輿之不測則恐怖叫號以求脫於須臾逐什一之利得則欣失則戚豈無勞其形搖其精者乎而年纔七十聞其飲啖強健步武輕便若五六十人者則之耋之耄之期頤皆未可量也此又何歟予嘗究觀人之樂以適心志爲上貧富貴賤不與焉彼稽康之好鍛阮孚之好屐此豈有聲色臭味能動人哉然樂之終身不厭蓋自獲其心志之所適耳新安地狹民稠民多以商爲業思賢自少遨游吳粵荆揚之區不能無險虞而逸樂者強半不能無或失而得足以償之他故不能搖外物不能奪相忘於商以自適斯其壽也歟夫本其家世以見其氣脈之深厚質其行事以見其心志之恬愉及其三子又見其所以養志而介壽者若夫揄揚之祝頌之則備具於諸詩茲不復贅

方與義詩引

南京國家肇基之地留守之任相承二三中貴人暨公與伯而參其事者文臣獨尙書一人焉與義以給事中掌版籍涖玄武湖不與六科事適吏科闕與義握其印會災變卽連疏留守者及他有司事以聞　上方銳意求治爲黜三人特發　勅以厲其餘無何與義歸省同官盧主事錦蜀人也嘗規湖之隙地藝牧其中留守者偵得之遂幷劾與義與義曰釁自我始錦不可獨罪力爲營解之既而詔使涖獄錦竟除名與義褫三官左遷羅雄之驛丞夫君臣朋友以義合者也與義居其位得其言而言利有所不顧害有所不避可謂不後其君矣當讞獄之際使其稍稍爭論可自潔已顧獨不忍罪錦俛首默語而署牘焉可謂不賣其友矣由是觀之與義其君子哉羅雄在西南萬里之外炎風瘴霧中州人士所不堪處與義怡然就道曾不少見顏色其

胸中所蓄有過人者世所謂窮達信詘又奚足以論與義哉與之游者相率賦詩贈之余爲之序

愛直聯句引

曩予備官南都際一時名德文雅之士不自忖度輒彊附之游間辱以文字燕集相酬倡爲嬉樂別去十餘年山川城郭歷歷在念思從曩人遊貌不可得矣予友徐宣之給事南垣嘗謂余曰南都時社殆不減昔年之盛而君之姓字尙有口之不置者嗟呼曦何以得此聲於人哉實有所攀附然也會宣之考最至京師曦乃合太原喬希大□梁李宗一濵中張進之沂陳德卿郴李貽教武昌劉用熙錫山呂仲仁歷下邊庭實餞之因聯句以贈共得唐律若干首傳觴授簡怳然秣陵之會也夫吾曹之飲所以異於販夫市兒者正以文字酬酢焉爾使投贈之非其人詠歌之失其義亦奚取於是哉宣之涖

職諫署每毅然論天下事尤篤嗜文學夙夜磨淬期進於古人歌以贈之可謂得其人當其義矣句成之明日嚾請于希大篆愛直兩大字於卷首是夕崔都尉餉酒夜既半復聯句謝之亦詩席之可紀者故宗一俾書於末云

贈醫士祝　序

祝生某以小兒醫名敍南京今年春黄時用爲予言其所生兒方晬一日病壯熱喘甚狀若外感然羣醫環視之皆曰肺病也既投藥病益篤或告之曰小兒醫良者人多趣祝氏盍請之既至指其脈卽曰病在脾蘊熱而延於肺爾療其脾肺當自愈也遂製藥連飲之越數日果愈時用僅一子特愛之既愈德某尤甚遇人亟盡道其事曰活我子者某也予既爲時用喜且奇其人必深於其術不狃於庸俗之見者也既而稍稍聞諸人謂某於其書不甚盡解所知特趣旨大約而已然今士人家小兒病者他醫往往不能療諉之某

則輒愈收聲指績傾動里巷人莫能究其然予竊怪之古之說者謂醫言意豈渠閔人多矣得之於心應之於手遂不資學耶夫古之聖人爲天下後世慮蓋仁且智矣患人之夭死而創爲是術以救之也凡陰陽寒暑晦明燥溼之節人之一身筋骸脈絡肺臟竅節之詳既從而著於書矣至於草木金石其形色液味與夫土地之所可不可又從而名之焉患人之不能兼也又從而制爲鍼砭灸熨之法以應其猝而補其不及其慮至深而法至密矣故學是術者非積數十年之久不敢操之以試於人今有人焉漫事於學而試其方方輒有驗豈非世之所難者耶惜乎予未嘗從事於斯而亦莫能詰之也然予又聞秦越人華陀之流皆遇異人授以奇術其治病有不可以故常論者使祝君或有出於此則又豈予所能知耶時用兒既愈思有以褒其能間屬予爲言之時用家世醫交游間甚重許可有取於某殆必有所見予姑以臆聞者告焉讀者豈以予言而卽軒輊於某也哉

蟠桃壽卷引

錦衣王侯孟仁之母夫人今年壽六十有四雲湖陶孟學值其生朝畫桃于卷以爲壽蓋取王母獻桃之故事云嘗考之博物志言桃七枚大如彈丸遺武帝者五自取其二又武帝内傳亦言桃如鳧卵形圓而色青茲事不見於正史合傳志所載而論之要必有據非盡出於傳聞想像而爲好事者所假託以傳也然孟仁之事母也滌瀡旨甘左右就養高堂邃閣燕處攸寧翟第朱幘歲時内謁綷縩佩繡象服煒然含飴弄孫神融體和既壽而康福履無艾亦何羨於茲哉雲湖爲此不過假之以祝壽爾然雲湖繪事一時號稱奇絕世方爭寶之流傳于後使展此卷者玩賞之餘知有孟仁之母則畫未必無助也然予又聞燕齊邃海之疆閎衍博大神仙異人往往出入乎其間

雲湖客游之久或者有所遇如安期生羨門之流者乎不然何是桃之色暈頳潤如閬風瑤水初實時耶惜無曼倩在旁從而指之曰吾已三竊之以證予言之不幻也雲湖顧予大笑遂強予書諸卷諸詩家有詠桃稱壽者以是爲引云

余處士壽詩序

徽之婺源余處士尙賓生於屠維協洽之歲孟春穀日今年初度之旦蓋歷三百甲子矣處士之倩韓生漢子時卒業南京太學前期摘其山中之景命工繪圖求諸大夫士歌詩詠之將以寓歸俾歌以爲壽已而手圖詣予屬爲之序予嘉生之誼迺本處士所以壽者爲之言曰凡物之壽以其才亦必得夫所託之地今夫松柏其才最壽者也亦必產乎長山大谷曠遠靜幽之地雨露之澤深牛羊斧斤之不相及然後有以歷數千百歲之久而當其才薪

安視今天下郡邑僻在一隅山峭厲而水清激雖往者叔季之世兵戈鬬爭之所不及其民又擅其林麓土地之饒有以給其衣食處士生於天下無事之時承詩書之世稟厚而養完行飭而身尊是固宜其康且壽也所居在婺之陀川有山水原田亭塢之勝可稼可漁可樵可牧處士既引恬樂澹頹然自放無所用其思慮而三丈夫子焆谿恢又藝儒服賈有以樂其心而佚其躬巾車藜杖日逍遙其間光景日新心志日舒皆所以介其壽也吾聞上壽恆見於道德純被之世今太平久矣至和薰蒸民康物豐處士得其地際其時繇今以往之耋之耄之期頤皆可幾也異時敦龐豈弟皤然于鄉以徵我
國家至仁之應又豈直余氏之慶也哉詩若干篇繫於下方寫山水之幽佳祝吉人之壽暇要之治世之音也覽者當自得之

題李恆齋先生遺教帖

右恆齋先生示子諸帖嚾莊誦之皆小學爲已之事作而嘆曰恆齋可謂克教矣但詩之末句每以少年登科緜待其子心竊怪之最後誦至舟中自述有移孝爲忠履是悟非之句乃知恆齋之意在此而不在彼是豈但以科目誘子弟者人乎惟正自遼海往長閩憲使來屬嚾題其後吾儕終身求之此册有餘師矣尚復何言他日過湖與長公岳伯對牀話及必不以予言爲簡也

柴墟文集卷之八終

柴墟文集卷之九

曾孫燿文振甫率男埴均校梓

墓誌銘

中憲大夫南京通政使司右通政夏君墓誌銘有序

太師夏忠靖公有孫曰崇文字廷章仕至中憲大夫通政使司右通政考諱瑄歷官太常寺少卿有大志慨然自負不售知于人凡太師所以佐　本朝者授諸廷章語輒解悟蓋其父子自爲知已故廷章議論行誼克肖其家
敬皇帝初臨朝羣臣爭上書言事進士李文祥忤執政者謫咸寧丞廷章適考績寓　京師拜疏言　明詔首求言故忠義之士咸感激以進今文祥以言倅縣彼一人奚足惜第恐人人以爲戒塞忠諫路且新政抑何以示四方衆皆危之無何執政者相繼罷去文祥仍改京秩繼又言愼終維始宜選儒

臣日備　講讀　祖宗謨訓宜書屏障觀覽宜召用大臣如故事朝夕接見以議國政宜愼名器禁奇巧斥異端裁冗費錄功臣後褒節義之臣皆今日所宜先者尋又指大臣之邪正者乞進退之所謂正者前兵部尚書王公竑暨給事中王公徽也弘治辛酉北虜跳邊兵踰年不解廷章罹内難服已闋臥病家居泫然曰吾世臣也豈以私戚而忘國家之憂疏十事入遞上之親大臣舉賢才理財用任將帥修武備採羣策明賞罰敦忠信廣仁恩正士風其凡也覼縷蓋數千言未報傳邊警日甚復槩括前事力言之在太僕寺丞有上言歲罷民間俵馬請徵價者廷章言　祖宗藏馬於民歲孳牧之以備調發慮蓋遠矣若概徵價久之種馬亦耗脫有警何從得馬乎言者計非便
乙丑五月　敬皇帝棄羣臣　上宅憂屬有星變即奏言敬天惟在思孝賞罰用舍一守成法變異將自弭矣是月虜寇宣府我師失利復惶遽極言備

禦之策殷勤鄭重若不測在旦夕者且曰此虜爲中國患史册所書痛不忍言矧星文示儆尤不可忽會　詔諸司陳利病馳上五事勤政學愼起居節冗費謹邊防公薦舉皆切務也廷章每建白輒傳以家世舊聞　祖宗典故忠誠溢發其言明白痛快　天子察其忠　詔有司多議行之間有彊直語亦不以爲忤初以進士選南京吏部驗封司主事進郎中在署久當轉官太宰耿文恪公語人曰夏崇文太師孫不宜補外殛薦陞通政使司左參議轉太僕少卿始至今官以便母養官南京廿有五年得年五十有二正德丁卯春三月庚戌以疾卒于織錦坊之私第前母周氏封宜人母李氏累封恭人周宜人無子前卒葬宛平比少卿卒特遷至湘陰祔竁焉配王氏恭人兵部侍郎士英之女三男子弘敷弘輔女子長聘翟鳳儀仲邵玠季黃元暖皆宦族子長在室卒孫男女凡三人廷章始以援李進士知名其後愈慷慨論天下事當世公卿奇其才卒以公輔望之敭歷留都官寖顯矣使臻柄用恢張所蘊蓄要其功當不止文字間覽其章奏可以悲其用世之志矣諸孤奉匶南歸以卒之明年月日葬太師兆之次請左參議程君溫狀徵予銘予二人故廷章僚友也其世系遷徙群行之詳既具狀中巃特志其大者以繫予思亦廷章之志也銘曰　在昔有虞龍作納言　皇有四極稽古建官猗與廷章翔于郎署晉陟銀臺旻得其處穆穆　孝皇配古放勛諷于有衆昌言日聞維時廷章蔚有論列事有敗興人有忠謟匭納函封亹亹靡竭　天子嘉嘆茲予藎臣太常之子太師之孫諫書滿篋貽爾後昆詩亦有之南有喬木豈如世臣華我邦國太師之澤江漢彌長趾美承休奕世相望湘陰之域其歸其藏我銘吾友庶幾不亡

陝西布政使司左參議致仕進階中順大夫辣齋王公墓誌銘 有序

正德庚午七月七日陝西布政使司左參議致仕進階中順大夫辣齋王公卒於南京之私第享年八十有三遺命子韋曰予平生故人鮮有在者晚得儲靜夫號知我墓中之石汝其往請銘於是韋列公世次事行遣使以書幣來請巏既進使者問而哭諸次因慨公之銘宜得宗工鉅儒顧諉諸巏巏以病戒筆研久且陋不足以知公尙敢銘耶重惟屬纊之託而韋再以書趣語哀甚卒辭不可則謹序而銘之序曰公王氏其先河南考城人元之季徙江浦　國朝隸錦衣衛始爲南京人公諱徽字尙文辣齋其號也天順丁丑舉禮部進士以外艱庚辰始　廷試對策數千言援據古議論及時事讀卷者擬及第都御史冦琛嫌其語直抑寘第二甲第三人選庶吉士試春雨詩公倣柏梁體頃刻賦百餘韻李文達王忠肅相顧喜得人會　詔限年以選公不與兩公甚惜之除南京刑科給事中　憲宗皇帝初臨朝公率同官言五事大畧謂古昔得失載于前史乞　經筵兼講治鑑綱目無所隱諱朝夕取爲法戒諫官之言有可採者乞戒有司勿廢滯權倖者不得假託以中傷之選任大臣宜隆體貌大罪不可宥小過不可辱庶人知自重而名器尊近年將領多以私暱進繇本兵者非其人先黜尙書昂擇人以進退之則將可得最後言禁近之臣宜悉遵　舊制使無他與否則始雖愛之及其敗而治之非保全之道也其言尤備上皆嘉納之踰數月適中貴人　謫至南京公諗其故倡同官曰是可輕貰乎操筆具疏一日而就一曰明刑罰以正朝綱二曰監往事以防後患數其大不韙之罪四乞寘諸法因指斥執政者之不職曰必如是斯可以善後奏入聞者皆爲震懼有欲以危法中之者給事中御史爭上章論捄賴　天子仁聖仍其秩俱調遠州判官公得普安州普安貴州邊徼也公至興學諭俗其習稍變始有舉于鄉者土官龍賨死子暢當襲

族人爭之都御史視公爲予奪暢以賂數千求助公不納卽日勘任之白千戶者富而虐卒訴之獄數年不决卒詣都御史曰須王判官來乃白千戶覘公何如以生魚數頭假廩人以入公曰若地無魚其出白氏乎卻之按其諸不法者竟抵其罪判七年秩將滿父老上書留爲守都御史恐滯公也不聽去之日遮道泣送焉歸南京三年尙書尹公旻頗屬意遲公考滿託府丞昂從臾之公至京請休致尹公曰給事望重他日人究出處責在我矣請不已以例聽公且歸凡十有三年弘治初王端毅公居吏部始薦公拜陝西左參議公爲一起分涖延安鞏田均徭民平邊給踰年忽有所不樂遂謝病歸當路于陝者爭留之公堅不可奪已時年六十有三也公天資超悟刻意問學考古今成敗治亂務求其要自諸生已慨然有當世志孫御史鼎馬府尹諒皆奇之京兆特月給緡錢爲學舍費及居言路冀以次論列天下事一再言

遽被謫故天下之士誦公之言皆高其識壯其直一時侍從臺諫若侍郎葉公盛編修陳公音相繼留公者章至十數上不已自陝歸杜門不出聲望益重名碩之士多以公輔擬重之公論治每誦張宣公語無求辦事之人當求曉事之人論士習惟以廉恥不修奔趨日下爲極可憂嘗曰今仕者以剛方爲刻忌緩爲寬學者以持正爲滯恬軟爲通文者以典雅爲膚淺怪刻爲古健皆後生所深戒嶬與林待用夏廷章間從公游聽其議論輒相咨歎不及公之壯而究其用考公平生尹公似知矣而不克薦王公薦矣用違其長大學士商公奉召過吳武功伯訪以亟起公爲規商公屢薦之亦竟不果甚哉遇合之難也然公守義篤信不肯少絀以苟合可謂無媿其言者矣公文章師韓歐詩倣王維劉長卿筆札逼勁鑒別古書畫器物尤稱精博有辣齋稿史疑引笑集共若干卷傳於時曾祖韓中祖嗣中父寧以公仕贈判官母胡

氏贈孺人繼封孺人配俞氏繼楊氏皆贈孺人又繼配徐氏側口吳氏子男一人出於吳韋也以進士改庶吉士授南京吏部考功主事女二人一在室曁孫女三人皆已嫁士族孫男曰逢元韋賢而有文其最公行又曰公嚴毅若不可親接見之者多得其懽心豪爽若不受窘束讀書一室凝然終日簡淡不煩於事然孝友慈恕百務整悉坦易不盡人情然忠信明决人莫之欺蓋得諸家庭人無間其言者曰不得而舍也其葬以卒之年十二月二十有三日銘曰

長泰之鄉祠堂之原歸形于斯維公墓門有德在人有言在國其言維何古之遺直勿謂已矣後人之思何以徵之眎此銘詩

通議大夫河南按察使姜君墓誌銘 有序

弘治壬戌冬廣西思恩府知府岑濬襲破田州逐其知府猛於外遂放兵刦

掠勢寖不可制　孝宗皇帝詔總兵者會兵討之且命按察副使姜綰先往撫諭濬知謀自綰發不聽　命悖益甚綰乃提兵自賓州入直抵舊城破濬斬之獻其首軍中以猛始亂復拘之武緣於是思恩田悉平綰奏曰岑之先非有功德於民秖以夷種世嗣若子孫乃自殘奪禍蔓生人濬誅猛俘顧其後蔑有立者宜按馬湖例肇設法官附縣分州丕變其俗庶邊民底靖寬南顧憂臣綰謹畫一具置建事宜以　聞　詔趣廷臣議大率從綰行之自濬死吏得守其土比年邕管稍無事綰之力也嗚呼姜君之學可爲有用矣君字玉卿綰其名其先洪之奉新人中家樂平再遷弋陽祖諱度德平學訓導考諱璧母汪氏俱以德善聞君少有至性五歲喪父悲泣如成人八歲就外傅卽知勵學德平愛而奇之長復喪母樵於野暇輒讀書授經莆田林氏補縣學生成化戊戌　賜曾彥榜進士除知竟陵縣擢南京河南道監察御

史首論　午朝宜及大政陳治道十事又論大臣規起復者語頗直人嘅之會典留鑰者盧蕩訟起君蒞焉數其罪遂率諸御史劾之其人擄摭以解至廑詔使勘獄諸御史竟坐誣被謫君得桂陽州判官凡五年轉寧國府同知又三年陞慶遠府知府府邊夷前守率以夷治君至一新庶政民僚改觀時四境之外皆賊窟君計先翦其渠魁乃選健兒教之戰無何皆兵也賊稍稍懼初商販者舟繇柳江抵慶遠柳慶二衛官兵在哨者陽護之陰實以爲利君一日自省泝江歸哨者以情見迫遽譁言賊伏隩恍君陸行便君曰吾守也避賊此江復何時行耶麾民兵左右翼擁蓋樹幟聯商舟徜徉進焉賊竟不敢出自是舟行者無所用哨矣逃崑鄉韋七旋天河韋萬妙皆酋賊世亂邊會府不能討屬之君悉以計斬之七旋之黨合諸峒賊騎步數萬來攻城君部署官吏環城守之戰三時賊悉衆穴城我師罷城將潰君厲聲曰賊計

窮矣吾立破之師稍定乃出公私銀錢詢於衆曰能殺穴城者一級予十金客熊清者先登衆隨之緣堞而上奮擊死數十人賊猶疾戰會四鄉兵至君常約賊來慎且毋戰宜據險邀其歸至皆如約陳於巔呼聲與城中應賊駭乃引退亟縱兵合擊之追奔數十里斬首二百餘級死於崖瀨者以千計由是君之威震蠻夷間東蘭等州皆歸侵地近賊者多願編爲民右都御史華容劉公曰玉卿文武材使督兩廣功烈殆過韓永熙矣亟薦之即拜廣西按察副使　勅提督右江道時糧完壘繕兵益嚴柳慶間羣賊出沒悉斬定之又明年遂成思恩之績君常語人曰廣民毒於蠻賊久矣賊未靖土官之橫也舍是何以爲治屢以廣事當弛張者次第陳於會府劉公已去廣多齟齬其議屬有疾自右江家居吏部重其才起爲河南按察使疾再作遂致其事以歸得年五十六卒於正德丁卯夏五月甲子前期語人曰吾死於正寢必端坐不近婦人已而果然君爲人孝友居官以廉儉率下議論侃直聞義則彊于行臨危處劇辦治不撓嗜學不騖詞華嘗置正學階梯于几曰主敬乃可讀也所在脩復祠學課子弟講及飲射爲民興水土利婚喪有式飯僧祭鬼酗飲之俗悉釐禁之杜請託抑豪強凡斷大獄數十皆積年莫能決者慶遠稅法民尤稱便其用兵徒行野宿爲士卒先不用鄉導豫圖山川所由不調兵食惟用郡兵持糒有獲輒分給之謀密而速故所至輒成功配周氏三子清鄉貢士濟夭季曰泓二女嫁裴朴陳詰月日葬某鄉某原清以方伯舒公狀授弟汎走南京徵蘿銘且曰治命也蘿與君雅善其可辭初君出謫凡九人溧陽繆全之樗滁州劉伯和愷安成劉時讓遜皆臺中名士大臣諫官多疏留之後致訟者以他罪繫死君輩往往起用樗終莒判愷再轉僉閩憲致仕餘多流落不偶及君久躓而興成功於粵衆謂大行可跂俟而僅已於

是殆有命不可曉耶九人者惟遜今副湖憲云銘曰

士不苟合常閼其施有偉者君仕也惟時嶺海之陬休問彌大盜殪夷歸聲域無外堂堂折父稱君曰能底言於績　天子之明亦既用之爰發其有胡不壽躋以旬以久世長意短命也則那嘅彼同官君得已多不朽者功庸紀於史尚永其聞銘示無已

中憲大夫廣西太平府知府進階亞中大夫李公墓誌銘有序

公李姓諱昊字志遠成化已丑舉張昇榜進士忻穆王出閣　詔選講讀官吏部閱諸進士以公與徐　薦授翰林院檢討公日侍　王左右訓詁之外敷陳諄切　王甚重之有小疾輒遣中官問遺甫四月卽爲公父母請　封既得請以上尊文綺致賀皆異數也癸巳　王以疾薨公哀痛甚既久弗能釋有以且改他官開慰者公艴然曰　王猶父也忍其死乃他望耶語聞縉

紳間改南京禮科給事中丁內艱服闋補工科秩滿陞浙江布政使司參議公在言路因累告之異力陳時事當罷行者及勘遼東軍餉覈侵牟償負竭遼人稱之在浙江值紹興水災輒寬民逋負湖州叛孝豐縣也營治勦劇廟學館解逾時皆落成陳輔者嘉興百戶以衆劫府庫公提兵分捕之圍既合遂就擒尋以外艱歸調長蘆都轉運鹽使司同知居三年陞廣西太平府知府公曰仕可已矣遂請老歸南京晚年以　恩例進階亞中大夫公之先蘇之崑山人大父搆洪武初以閭右徙上元考彥輝號松月有隱德妣朱氏公少警穎從張篠菴節之學詩文故有源委所著坦拙稿十卷謫居集四卷藏于家配王氏封孺人繼配趙氏四子勳熙熊默勳南京欽天監陰陽人熙前監察御史雅以文詞稱諸女皆連姻名族盧裕華㬌林鎧具鯨其壻也孫男珍次寶女子一人聘金昆公享年七十有八以正德戊辰十月十有二日卒

既踰再月二十有一日葬鳳西鄉李家庫大父之兆諸公以參議羅公仲祥狀徵銘初公給事中既滿適吏科都給事中缺衆望屬公同僚有規進者顧誣公夤緣要近飛書以　聞中貴人將　旨召吏部議謫之尚書尹公盛論公之爲人曰此必誣也事乃寢又嘗以事忤執政會嘉興之變御史例劾監司其府者公與焉執政案其奏遂調長蘆考公之履歷詘伸得喪之際若皆人力所爲者而公以坦拙自號退然處其間可謂能安之者矣巏與熙游久公蓋丈人行也良宜銘銘曰

彼捷而趨我坦以爲衢彼巧而覷我拙以爲居抑知其然命不可除維躋於人我則有餘嗟嗟李公逝莫與俱泐銘于竁尚永厥譽

雲和縣縣丞進徵仕郎南菴王君墓誌銘 有序

正德壬申春二月巏起廢改官南京過維揚聞南菴居士王君卒往弔之其子儼以墓銘請辭之無已出高戶科穎之所爲狀巏讀之愛其覈而文因念公行應銘狀且備又重以儼之請復何辭耶乃諸而銘諸狀曰君王氏諱成字信之世家江都曾大父德山大父福與父昱俱隱於野母焦氏君少穎敏七歲讀書輒通大義弱冠補縣學廩膳生試場屋屢不利天順壬午俛首應歲貢卒業太學成化庚寅始授兗之嶧縣丞典馬政君曰命也丞何負於予哉時政久弛弊滋甚公端己嚴禁平市價使豪右無所射利攻駒考牧不泥常法踰年公私稱便廐皆良馬令范某每凌君尋以敗憲司檄君覈其贓沒之君秖求抵罪不深其獄故事令闕丞當署縣印有李簿者自請署君卽推以與之簿不謹囚若干人夜反獄簿惶懼謀於君君集捕卒戒之曰囚不得晝行計未越境若輩當速往果於叢莽隱窟中得之簿梟仍委君署縣事歲饑議者欲發緡錢糴穀以賑君曰緩乃貸巨室穀約稔歲倍償之巨室爭出

穀以應民賴以全活者甚衆於是東人交頌君曰是長者願卽得爲眞令會焦孺人喪君歸不果辛丑服闋補浙之雲和縣丞在括蒼山中地險俗頑仕者多不竟其任君下車結以恩惠民始相孚縣舊以銀爲稅歲久鑛絕稅仍斂於民民苦於倂輸君爲之通融以一夫所出分輸四時民以爲利隣縣咸取則焉在官數年諸廢俱舉乙巳秩滿九載以　詔進徵仕郎忽有所不樂遂請老歸居城南別墅因號曰南菴居士樹楊千本以給薪費且曰使吾子孫知爲勤力之地耳作室城北聚書史延師儒教子姪其中暇則躬考課驗其勤惰同日遣三子補弟子員君前配薛氏生男曰儒先卒次儼以進士歷官南京工部主事女二適國子生謝秩揚州衛指揮任恭繼朱氏生男偉鄉試舉人季曰侃二女揚州衛舍人李維禎刑科給事中葉相其壻也君享年八十有四以正德庚午七月二十九日卒卒之又明年月日葬郡城西花臺

之原狀既悉君之始終矣又曰君聲宏氣直善談論事父母色養備至友諸弟先世遺產罄與之內姪薛麒同居京邸夜凍雨暴作麒已睡垣將頹君濳移置已榻頃之果頹麒驚起叩謝曰微公麒殆不救矣晚年益簡靜或浹旬不至城市雖飲社讀法僅一再造公府而已徜徉吟嘯翛然自得鄉人益高之予觀君之佐縣惠民變俗之政綽有可書考君之脩於家者風度器局殆又非一丞所盡也惜居下僚未極其用今主事昆季日躋融顯君之蓄而未發者其不在於茲乎銘曰

佐仕於邑弗究其施請老於家有永其詒菴彼城南樹藝以嬉有胤有年福履孔宜歸藏斯丘公乎何悲老成不作典刑奚爲我刻銘詩爰慰孝思於赫有命尚昭厥垂

徐元定墓誌銘

君諱輿之字元定與予同舉成化甲辰進士出宰淄川縣甫三月坐事執政者罷其官既歸之七年爲弘治壬子六月十七日以背疽死於家訃聞予痛悼者累日嗚呼元定遽止是乎蓋抱才負氣之士嘗患於不自善用又患乎用之者違其長元定斯弛踔厲取求於人者既疏而人望元定者乃槩之以拘儒曲士毫髮弗少貸焉此其遇合之難而卒窮以死也元定讀書最深到喜遷固韓蘇文日不釋手其爲文氣勢張王馳騁反復觀者洞心駭目如萬馬爭場武夫悍士猝不可得而馭也其爲詩師杜子美效其諸體悲壯沉着五言律蓋近之其尺牘長者數百言短者五七語無不警絕兼之字畫遒勁海內人與之通往來者每得其一劄爭相傳誦蓋元定能事臻抄者尤在此也喜交游後生及門者皆折行輩與之傾倒肺腑揮金飲客罄橐無慍色遇不合者輒厲聲擯之於坐善元定者多危之元定處之漠如也卒之日誠其

從子曰瓚予平生故人完好者唯儲君我即死其往請銘瓚來以告嗚呼予何能爲元定銘且又安忍耶爲序之曰元定初名傑棄官後以字行其先爲太平繁昌人貌豐而皙眉目瑩爽可愛幼隨其先人主簿公政官汶上故語態悉類北人母吳孺人老尚在娶于氏生二子長曰鳳翔蚤死次曰養浩妾某　子一曰同仁女四人春秋四十有六以年月日葬　山祖塋之次有詩文若干篇稿藏于瓚散逸者尚多知元定者必爲之彙編也嗚呼科舉行而古文廢非一日矣元定崛起時輩中天資豪鋭不餒不懾直前以古人爲師可謂難也已今人枚指其細故欲併而棄之要之得失終不相掩也今歲元定以家乘來與予言近讀老子孫吳書益見古文高處又曰讀朱晦翁集其文章議論與之當低頭拜矣嗚呼元定於是蓋將易故而即新也孰謂其遽死此予所以重爲之惜耶銘曰

孰艱其行孰隕其名斂其華英壹文以鳴彼蚩者瞅我得已嬴伊銘之故哀靡有成

文林郎何處士與東墓誌銘 有序

泰興何處士與東年七十有九老於東皋之草亭正德辛未其仲子棠薄會試戒行且止處士察其意謂曰汝以吾老而懼行耶汝即登第吾怡然瞑目矣棠重違其意走京師處士尋以正月丙寅卒唱進士第之七日棠始聞訃哀甚亟易服以歸爰卜卒之年十月二十七日葬處士永豐鎮之東原與盧氏孺人合窆前期竭蹶過海陵謁於予曰吾翁所望于棠者既溘然無以見圖以慰諸幽且聞於後惟壙石之銘是託爾敢以卞博士思敏之狀請予哀其志且於何氏有連也爲序而銘之序曰處士諱岷與東其字號東皋世居邑之永豐鎮稱著姓曾祖彥清讀書有大志祖濟以義發粟　詔旌其閭考

顆爲人質實恬遜鄉人卽其號稱雲谿翁妣朱氏處士少日資行巽綏母常念其不及甫冠考妣卒卽能奮起率諸弟力農服賈不懈族人始異之常曰詩書何氏素業不可棄也迺資仲弟與峻游學于外爲諸子弟延師於家成化辛丑歲大饑處士推所積助縣官不足例得散官辭不拜踰年薦饑益助之將授以冠服階文林郎再辭有司曰此詔令也夫誰敢格乃拜而受之弘治辛亥漕河竭都御史發丁夫十萬以濬之籍泰興者蓋萬之六令丞議曰茲役大而人衆寬則敗事猛則鷩民必擇人以涖之宜莫若何文林者乃檄以往處士經畫周密民競趨事迄先他邑以功告焉都御史喜移文勞之李進士文昭記其事尤備初處士聯從昆弟凡十一人其出而仕者鴻臚寺主簿與瞻中兵馬司正兵馬指揮與峻中年後皆彫謝獨處士巋然存殆三十年結廬於田題曰東皋草亭名人槩士贈遺文字以爲樂於時從子樟以舉

人授應天府推官棐以進士浦城令擢南京陝西道監察御史子棠孫珊又繼中京府鄉試處士曰樂哉吾可終於隱矣至是棠成進士惜處士不及見而校其所得視諸昆弟可謂多也已配盧氏賢淑得母婦道先卒子曰林曰棠一女適蔡欽先處士卒側室張氏男曰木曰果三女皆在室孫男三長卽珊劭學績文中式而卒次曰烏郎曰材兒女孫二人銘曰

何衍于邑執肇其萌三世晦迹力田而吺薄言發之兄弟駢躋司城典臚才美斯售弗究厥蘊以詔後昆譬彼河流載道其源其流泱泱何多孫子鄉選廷掄日躋膴仕仕者有規學者有師美哉東皋克相於斯不仕而居功與仕並矧曰惠勤施於有政瞻彼東皋有田有廬爾嗣之昌爾名則俱我作銘詩惟潛是述尙有龍光永賁幽室

王處士秉忠墓誌銘

處士諱信字秉忠王氏故太原人元季諱某者提舉太平路儒學遭亂弗克返籍於當塗遂爲當塗人某生誠誠生貴再世以醫知名貴尤旁通卜筮地理之說少居依母戍周周故黃州衛戍兵也在令母家戍絕者甥繼周無子貴因其姓戍焉故今又爲黃州人此處士之曾大父大父暨考也處士甫壯則戍嘗從中使下西洋歷古城古里松門諸國而歸非其志也恆念王氏本儒家奈何沒於戍籍先緒乎迺資其子弟游學景泰癸酉長子孚應鄉薦後教諭褒城學處士迨食其祿閭巷榮之性彊毅言行無隱慝勇於改過賙貧結客意氣懽如令宗伯華容黎公贊其像曰出言正直所性剛方人不以爲過晚年得代脫行伍卒復其姓享年八十有六娶吳氏側室楊氏子男四孚美玉珍玉碧玉二季暘出也女四咸嫁著姓孫男八曾孫男十二孫女亦九人可謂蕃已成化丁未閏二月一日卒於家其葬在黃崗縣東紘鄉呂陽村

與吳孺人合窆焉年月日也至是孚託其鄉人張員外良弼持參政周公狀請予銘王氏在太原最著處士家値世故再徙於黃中復被他姓播遷阨困蓋微矣處士奮自戎籍勗嗣以儒復始垂休顯明昌大是宜有述以詔後人遂不辭爲銘銘曰

王氏有姓著參墟當塗著籍條遠餘避地屛仕艱厥居甥爲舅戍令所於埸來齊安迷厥初蟬聯胤胄嗟逾疏慭遺斯人材且諝慼家悼姓力拮据亟釋介胄惇詩書有子訖復衣冠閭孫曾兄也庭貫魚廼知衛始終斯祜黃崗之左墳突如我銘載石昭居諸

明威將軍指揮僉事喬君墓誌銘

君諱崗字世宗其先上都人洪武初歸附中國有爲百夫長者至諱完成者嗣其職永樂間始 賜姓曰喬君之祖也完成之子諱琳屢以戰多積官至

明威將軍揚州衛指揮僉事君之考也君年甫弱冠明威公以防秋卒於京師君聞訃痛絕即日杖而行家人請治裝君叱曰此何時尙從容耶跋涉數千里奉匶以歸成化庚寅乃詣兵部襲明威公之職涖官十有　年年踰強仕即致其事退休於家課僮奴治田畝先之以勤儉不數年財雄里閈周貧已貸爲鄉人所趨暇則輒延文人名士譚飲以爲樂精悍之氣猶時見顏面間蓋君本欲以武自豪承平久且隸於揚顧無以發僥首稼穡蓋非其雅尙也享年六十弘治乙丑五月九日以疾卒於泰州之舊第配王氏子男七人曰仁曰侃曰傑曰偉曰伸曰儀曰倣女三人淑端淑正嫁田欽王輗皆舍人淑好在室孫男三人女四人君之配嚾伯外祖明昇之女先妣恭人之從妹也王氏望族勳庸德隱世有聞人諸甥壻文科武級服金紫者至六七人郡人論婚姻之門閥必曰王氏賢且貴君諸子業儒力田翹然有立仁襲君職尤以才謂自見今選掌衛事嚮用于時是雖本君之教然母氏之德善外家之源流所成就者多矣仁昆季以年月日葬君於泰之某鄉某原前以鄉進士王啟狀寓書來請銘嚾發書而泣曰此嚾應銘者夫復何辭銘曰

賜姓於國以開厥家累功於代載振厥華維君之材克纂前武櫜弓縛戈乃棄不取海陵之壖我佃我耘我食其力聊樂我員不究其施嗣也則顯不昌其年世也則遠最喬之初暨君之終刻銘于墓耀用無窮

黃處士時德墓誌銘

弘治已酉冬十一月四日戊午黃處士時德卒儀眞人空市走弔之入其門見哭者纍相屬也凡內外婚姻之族則曰處士遇我惠甚厚未嘗以貧亡久遠渝其初其羣弟則曰吾兄待我無憾我嘗忤其意也其子姓少者則又曰吾翁最我仁且均翁今亡矣語皆悲不可聞越三日訃至南京吏部司務時用從弟也哭之益哀明年庚戌子澁卜二月壬寅遷殯蜀岡先塋之左時用迺最處士行自爲狀屬銘於嚾曰吾兄之行可謂古之善人矣乞以是銘辭不可遂序而銘之維黃氏世稱衣冠家處士諱顒字時德號眉間老人七歲喪烈考楚奇母包氏居婺泣語之曰爾父故善醫兒當嗣之毋他業也于時叔父院判以醫顯憫其孤日提而誨之稍長遂知醫既而顧族人曰醫非市利也間則寓於商出入衡湘楚粵間所至輒交其賢者歸不市他物惟取嘉木奇石隨而嬉治園餙屋紛植後先意修如也一門合食踰千指姻婭復無慮數十家處士躬孝讓不問疏戚外內悲忻遺問恩禮周浹靡有遺漏故沒也人尤思之享年六十有一配萬氏子男三澁芳華孫男二鑾鑄女四在室予往年會處士飲舅氏家見其氣貌寬愉言笑楚楚可聽意其旅游意得者也乃今悉其爲人愷悌恭睦有長者之風焉人固不可以貌定初處士挾醫游海上遇寠人病掇善藥活之寠人無以謝見其四子俾選納其一焉處士曰吾乃以醫奴爾子耶馳而去嗚呼是知善人矣時用稱蓋不誣銘曰

黃以國氏條遠益蕃伊令孫子自宋臣始靖康繹騷于汴南遷虞候客省繼仕偕聞于昇于淮遭時艱圮殿郛版儒三世之躋既究厥居復避于蘇　皇有四極乃家江都蟬聯胤胄通暹而發諫掖醫垣弃世炳若維君之生克纘考業惇族慈家懋行無缺欒欒寠子戴美莫忘弗嗣而孶緒問益章蜀岡之陽公墓攸宅我銘其藏眎久無斁

張存善墓誌銘

公張姓諱孜字存善號裕齋國子助教贈奉直大夫訓部員外郎頎之子奉直四子長曰文是爲遜齋先生起家進士累官淛江按察副使公與弟敦敷自少胚胎問學內外資討務博以深畢儒士屢試不第既遜齋貴敦復游學

獨任以家乃彊舍所業當是時淮之南公兄弟最以學行聞人不異其窮達也公性孝友奉直官臨邑時病痞甚有僧自代來謂能愈是疾奉直難其藥公私嘗　進服之遂愈母成宜人蚤世奉繼母許無間言內仁九族完昏訖喪恩義斬斬嘗出見婺婦抱幼子行以泣問之則曰妾故王令之妻也即推衣食與之蓋公負材雅意仕宦既無以發故隨力所及爲之如此米鹽不可詰得年五十有七卒以成化丁未十二月六日配高氏得母婦道繼晏繼陳子男三人霽霈霆一女瑞英孫男九　人其葬在弘治元年二月八日唐莊之原公性闓直儀貌偉重善論事猝以禍福臨之不得初若不可即處久洒然不厭語輒見城府面折人過而人不怨也晚築室城隅別號雲莊老叟鼓琴嘯咏其中意豁如也詩文閑淡有裕齋集若干卷疾革顧賓親訣語翛然而逝初成化壬寅遜齋捐館舍無何敦卒至是又及公年率不稱所得迄今

人語及輒悲焉巏兒時辱公愛嘗欲妻以女子不果後竟以甥女妻余季胤去歲過家詣拜公墓霈儽然廬其墓弔既以銘請曰先人遺命也嗚呼公墓予固當銘豈謂今遂銘耶銘曰

多學與行趍美父兄既處而家奚不久生伊今之缺既遠斯羸尚茲來者以鴻厥聲

封承直郎戶部主事吳公墓誌銘

公諱文字德輝號頤菴子一人名彥華不使治他業教之學學成舉進士拜戶部主事踰年以　太后徽稱恩獲封視其子官年七十有四矣大夫士莫不稱吳公善教子老而及封也既留養京師久屢欲歸南京主事承公志得間輒乞改官輒沮今年七十有九矣暴得噎病病往往劇主事乃上書自言執政者見而閔之爰改南京兵部公臥舟中及抵家凡百日日醫藥不輟竟以弘治辛亥四月十日卒公行應銘予僚友蔣惟深爲狀其序曰吳氏先家陝之鳳翔後徙句曲公曾祖興付以戍故又居南京元季再世顯官五世祖某　國朝山西左布政使繇考茂成以上四世乃晦不間公少以行懿聞閭里事寡母孝撫弱弟彌篤夏永堅死無後公曰吾友也買地葬之歲時酹其墳淮西人貸公久弗償勢家誅劵往約以母遺之公立焚劵蓋其聞者及子貴命服在躬煌煌如也益恂讓絕不加人人益敬公不榮其官而榮其德配周氏得母婦道贈安人死先公十九年子即主事今署員外郎才謂籍甚女子三人孫男三人既卒之十有四日彥華奉葬鳳西鄉周家山合安人窆焉初巏寓京師館舍與公並得游公父子間主事于時族選常念公老求官南京養最便會戶部請增其屬銓密以姓名上　奏可不果後出治餉於淮曰可矣即間歸築室留妻子侍辭公去請調大臣堅留之又不果至是歸也巏

亟省之比卒也弔焉主事嚮予哭曰彥華以祿養故貽吾翁疾而損其年罪斯大矣敢乞子銘巏曰若翁春秋高茲又獲終于寢幸也苟舉喪而歸子又何耶銘曰

寵及其身歿也在堂最公之德茲銘其藏

宿遷縣儒學訓導張先生暨配陳氏合葬墓誌銘有序

臨海張先生成化乙未正月十有五日以疾卒於京師越十年乙巳其孤鎮始舉進士奉葬邑之上奧之原又五年爲弘治庚戌二月九日其配陳氏亦卒鎮時官南京刑部主事聞計將奔卜以月日啟先兆而合窆焉以狀亟銘巏辭不可爲序而銘之序曰先生諱瑄字宗溫宋龍圖閣直學士蕭之後其先洛陽人建炎南渡徙居台之臨海曾祖仲英洪武初主溧水簿祖彥博考思誠咸有隱德妣侯氏先生少則爽悟七歲知屬句稍長補郡庠弟子員從

里儒陳內翰廷嘉參政子幾葉太守孟德游綜經緯傳務敏贍爲文詞聲問籍甚既而屢試場屋不利年且四十矣先生曰命也迺偕貢禮部授新鄭儒學訓導禔身率行日進諸生講肄之語以魯齋許公授受所自嘗曰學當爲是毋徒呫呫章句秪徼利祿也諸生㦬然聽之尋署縣事適征襄陽兵傳其境先生朒犒豫防民用不擾其辯柴剛事尤明偉仇家誣剛殺人獄成抵死先生獨白其寃剛擕婦子詣謝進百金爲壽先生曰若何知我哉斥而麾之邑民方疏其所以治請爲眞令未及上先生以內艱歸矣陳孺人參政兄之子柔嘉慈孝得母婦道享年六十睟先生彊九歲子男三人長即鎭次銳暨鋅初先生捐館京師也再奉宿遷之檄病不克往鎭時少不及從友人林教諭子中自病訖卒醫藥斂舉數千里歸其棺焉可謂有始終者君子於是知先生之德又孚於友也銘曰

官不究施利已及民年不與耆後惟有人上奥之原窆如其墓斂德考終既永且固執敢我封猗婦之良穀也同室今也同藏爰作銘詩著美厥儷尚有龍光自鎭攸始

何處士墓誌銘 有序

處士何姓諱似字宗輔其族系遷徙世德之詳在其考以行誌中誌處士之友遜齋張公所撰也處士長身晢貌譚吐明暢自巏童子時見其所與游者皆老成名德之士于時處士從子良貴仲子良載游鄉校治舉子業巏相繼師之日往來其家處士喜曰儲氏今有子矣後巏再不第讀書郊寺中處士間具酒食擕客相勞問指佛前熏爐謂巏曰譬如是香人無異聞則中邊皆香矣巏悚然感其言及巏忝科第備員于官處士寖老且病矣得間屢往候之坐予臥榻前或輿疾過予語竟日不輟一日愀然語曰某事子宜戒某事子何爲然耶詞情諄切惟恐巏之行盭于素蹟于成也嗚呼視巏之進止而忻戚動焉如處士者豈多得哉處士讀書通大義不治章句其修于家施于宗黨者恆與書傳合天資闓爽明能知人交朋友不輕于然諾貴產不踰中人其周人之急若有餘者薛甲母死猝不能殯處士輟母棺與之或曰奈公老母何處士曰棺可即辦渠母不可羸葬也歲饑輸粟若干石令得冠服如有官者處士曰非吾志也布衣巾帽終其身忻忻焉晚年益務謙晦郡大夫鄉飲以賓請輒辭謝不出耆舊故人結會以娛老請處士祭酒則月赴之配孺人胡氏百夫長志學之女贈禮部郎中大經之妹陝西參議玉之姑也慈明裕順稱處士之配享年八十有五弘治癸亥三月二十有六日終于正寢孺人前處士一年生其卒在處士卒之明年奇四日焉可謂偕老也已二子伯瑛仲瓚瓚字良載以毛詩發解授廣昌縣令一女適馬宏有孫四人勛勤

來東曾孫六人孫曾女又八人以某年某月葬某鄉某原胡孺人同日竁焉初處士下世巏作詩寓哭之頃又獲哭處士于殯廣昌先生曰吾翁葬子宜銘巏敬諾之至是瑛走　京師亟速銘痛惟處士遇巏特厚故巏誦其語愈久而不能忘乃追識之以致巏之所以哀處士者既又掇其生平之槩而系以銘銘曰

是惟海陵何處士之墓有淑者人同穀而祔其藏宜深其封宜固嗟後之人孰其敢侮我銘諸幽永賁終古

修職郎崇德縣丞沈君墓銘

崇德丞沈君既致縣政歸老江都越十有六年爲弘治己未六月廿有五日以疾卒於家其子璋屬其女兄之夫馬生雲翔具事狀徵銘於巏巏覽狀既起而言曰若是其行應銘矣初君之丞崇德也會鹽官海溢隄壞民溺死者

無虞萬守臣屢易吏不能塞有老嫗夢神人拔劍拄海於是人有稱君者乃檄治之君循海復渠先殺水勢楗木繫石築隄若干里隄成海不爲患老嫗見而驚曰曩夢卽若翁也民故德君遂祠居海上德淸賊姚太總聚黨數千人怙太湖之險虜掠張甚君策之曰賊舍險而衆疑乃可破也策既行乃誘之入崇德率百人夜走伐木圍之矢石亂下遂擒渠魁縣民饑野有餓莩部使者欲請　命而發廩君曰古人有不請者其先發以聞所賑殆數萬戶君在縣十年庶政具舉築隄勸寇聲蹟尤著人士哀詩誦之書其大者細可見也已沈氏世家江都君諱讓字宗仁曾祖瓚祖堅考定母吳氏生五子君季子也自少器識警偉選補府學生天順壬午以年四十通一經例升太學滿歷拜令官君雅性訥曠而篤恩義冬月次濟上聞母訃徒而奔七日抵家趾皸瘃流血諸兄前死能經紀其家配卞氏繼配錢氏勤明內助側室杜氏馬

氏六子瑤璉璋瑞琇璞長女嫁雲翔少許張某孫男四乾坤蒙巽女六曾孫男曰祖錫瑤卒業太學璋乾俱縣學生君既壯猶食貧不數年貲產蓋里中稱富室狀稱君游學時嘗拾遺金歸其人太湖之役使者勞以千金弗受其生財有道蓋非乾沒者君晚歲號竹坡享年六十有七以歲之辛酉某月日葬大儀鄉宋莊雙墩之側卞孺人杜氏祔焉銘曰

豐其家奚啻於貲善於官有偉其施芒芒海涯百世之祠孰丞之卑而慢以呰嗚呼沈君不亡其在茲

吳處士大有墓誌銘 有序

吳伯瑜瑾卜弘治庚申冬十一月壬申葬考處士於場之老壩原前期手狀請予銘曰先人病且革謂不肖瑾曰愼毋以浮屠喪我若不死我其匄儲考功銘顧予不腆之文何足爲託重念處士屬纊語瑾又禮葬乃序而畀之銘

處士諱完字大有揚之泰州人自其曾大父子茂大父孟安考文韶世家富安場積善于野文韶配夏氏處士之母也處士少有至性聞人言子爲父母劬勞報者宜素食三年卽斷葷肉如其言既長治家嚴肅勤儉爲子弟先愼交游重然諾里中人多善之女弟適某甲甲死衣食之於家克成厥志族人腴田若干畝售既成券矣慨曰然昔人買田以贍族吾乃盡吾兄弟恆產乎毀其券不索其直轉運使建社學指長地以獻予之金辭不受判官徐鵬舉難之特書於册亭民季選輩壯未有室曰吾渠長也爲料理之處士稍讀書篤嗜朱子小學不厭每曰是日不可離者觀其行得諸小學爲多可謂善讀也已享年六十有四卒於己未八月十有八日娶沈氏生三男子瑾琰璣瑾州學廩膳生女嫁崔萊一許謝鏞孫男二人鵬鶴女六人諸場岸海民恆以魚鹽爲業頃歲子弟多翹秀喜文學予固異之瑾敏而文蓋揭然者乃知多

繫乎父兄之教也銘曰

維古小學聖作經蒙以養正斯蒙亨周衰教弛書焚嬴後生倀倀如瞽盲中行獨復峙考亭箋詩註易羣言并謂聖有基繇弱齡喻彼大木培初萌爰輯此書垂範程炯然萬古流日星猗歟處士篤且誠三復斂衽稱神明童而習之老逾精豈徒誦說禆躬行載觀往哲揆平生存吾不惰沒也寧高原膴膴窆有扃賁幽掇此鐫爲銘

沈處士宗泰墓銘誌 有序

蘇之嘉定舊姓稱沈氏茲處士諱嶽字宗泰別號松谷宋太守都遠公八世之孫也都遠先濠州人宋季守蘇州避元之猾僑東海之淸浦遂家焉都遠生文亮文亮生珪有五子仲曰允禮允禮生鏞鏞生輅輅生三子伯氏諱宙者處士之考也配黃氏自都遠公以下皆野處無以聞處士既纂家政交隣

睦族懋有恩紀力田搆室貲產日饒乃聚書教子弟聘名士爲之師遣子鰲補弟子員誨之曰博學以充識友善以成德致用以行志此三言者汝識之終身可也弘治戊午鰲發解自京闈歸處士喜甚謂鰲曰此先人遺澤及汝汝益勉之比歲江南饑縣官募民入粟處士慨然輸若干石例冠帶視銓曹未入流者處士辭不受縣官曰吾何敢格　詔命乃拜而受之嘗有海舟駛至清浦舟中逮千指有司防海者譁言盜欲執之處士白其長曰渠曹百人卽盜宜抵罪否則不祥大矣訊之乃鄭人捕魚充賦者既得釋處士仍資其還焉其遇事有識度類若此得年五十有三娶周氏生長子鰲少者名龍暨夔側室某氏所出孫男女各一人卒於弘治戊午十月晦遡其生正統丙寅十有一月六日也瀕終誡鰲曰鄉人之貸貸祇以斂怨若勤儉當自贍何藉是爲鰲奉治命蠲逋寢貸人用是多之卜兆古江溇之原卒再踰年庚申月日乃葬鰲以長洲居士沈周狀走使者來請銘予讀之喟然曰沈氏晦又不發處士嗣世慶飭家禔身從容片言脫百夫於厄而躬不大受祉蓋昌厥裔乎是宜銘銘曰

利惴而却義趻而前百夫阽危口挈而還胡厄其施不永以年抑天之篤將後其延銘以俟之慰彼下泉

武略將軍副千戶劉君墓誌銘

君劉姓諱棌字正芳其先高郵人諱全者始隸尺籍有功洪武間既死弟某嗣以靖難兵死於陣子某嗣齊眉山之役亦殲焉無子於是全之子敏長矣兵部錄其家狀以聞　詔授副千戶階武略將軍涖太原左衛左所久之改武成中衛尋又改守禦泰州所敏卒子廷彰嗣廷璋卒子文遠嗣君文遠之子母全氏戶部郎中永平長女也少穎爽選補弟子員讀書郡學中甫十四

襲先將軍官行已儉愼人視之弗以其少稍長益涉躐史傳暢曉軍事成化已丑選戍京師裝飭戎嚴師以期集甲辰復屬以督餉節冗費修廢政饟用羨溢師益以和會同官詿於吏議亦以例罷君弘治已未當路者廉其才高御史崇熙檄以署印都憲安成張公抃軍政任之君被疾甫愈慨然起視事究利病張弛之吏士方德君竟以前疾增劇而卒實辛酉某月某日也承平久甲胄之士非戍邊徼履行陣無所用其技君資明果有幹局事事輒以辦稱使專且久竭所蘊當聞顯於時晚獲所遇挈一軍授之遽又以病死士有志幾於功名之會其難哉於戲亦秖繫其遇而已君少孤母前卒大母張繼母趙鞠養之及族人堅欲異居君奉二母舍於外盡以產讓焉瀕終誡子姓數百言皆涖官持家之要將瞑麾女婦出戶正衣冠詣中堂舁出乃絕此其質美聞學之力流輩或未能及可以觀其槩也得年五十有一配王氏郡望姓長葛教諭澄之女子男二貴治舉子業次曰貢五女伯仲嫁周灌薛鋭餘在室男孫二人繼勳繼業女一人貴新卜兆城東灌溝之原卒之明年冬十一月某日奉匶以葬至是致母王宜人命持國子生王敞狀徵予銘權王出也教諭公之諸甥繼勳又聘予季之女蓋世有連也銘其可辭銘曰

維劉之先遡矣聞繇曾高肇戎乃振小宗嗣戰踣厥身爰有多伐垂仍昆上功幕府滲明恩桓桓世倅千夫軍紮孤奮起猗此君壯也肆武少則文千艘銜尾輸京囷防秋萬騎屯如雲維君涖止靡潰奔晚提兵印共且勤中丞御史胥咨掄疾胡爲兮遽不仁有志竟使齎莫伸有來孫子駢騶驎邁往豈止倅前勛謂君云亡君不泯灌溝之原峷有墳我銘在石昭無垠

范景儀墓誌銘

君諱顒字景儀揚之泰州人與予同里閈故予知君行系蓋詳初君兄景立

無子君憂之亟爲置媵妾數人居數年寂莫有乳者立顧君以老求嗣意寖衰君不已益出鈔幣物色宜子者得某氏女加勸而納之已而果生子先是成化　年饑縣官募民粟散官寵之君曰此可稍歡吾兄也慨然發若干石得拜其兄階某郎嗚呼立之未嗣也年幾六十環衆妾而無子意且休矣非君切切不忍獨其兄何以迓續厥宗迄今而後哉此予誌君之墓不及書他特書君友義之行示後之人子不忘也范氏故泰之衣冠家君祖均寶元領軍副使考仲先焯有隱行祭酒吳公節表其墓君配馬氏鏜鑑欽所生子也鏜以太學生竢吏部選君享年七十有一卒於弘治己酉五月六日卒後月日葬郡城西某鄉乾山之原鏜娶徐予祖姑女也迺寓狀屬予銘銘曰

觀人之行當取其大大者不渝其細其槩允義范君克友因心左右其兄克嗣于今豈今之嗣將百世俾爾孫子胥受明祉遙遙大家有開必承我銘在兹庶其有徵

承德郎禮部主事仲與成墓誌銘

弘治乙卯秋禮部主事仲與成奔父喪歸寶應既踰年以疾卒於苫廬訃至京師卿大夫士多慟惜之嚾既發書慰其兄與立久之與立書來曰本罪極禍延所怙兹縲焉在疚而又重失吾弟本何以爲生也葬有日唯吾子哀而銘之嚾與仲氏兄弟游而與成也久誼不可辭迺按閭御史允德狀序曰與成諱棐考諱蘭以藝行聞於時積官至太醫院使與成年十六試京府輒翹然諸生上成化丙午弱冠發解遂第進士選翰林庶吉士讀中祕書種學績文聲譽歘起既而授禮部主事涖職明慎益以治稱三載考最　勅封承德郎比其卒也年才三十有二耳初院使公賁賓友盛一時與成兄弟幼則競爽駢秀可愛日侍尊俎見聞已超卓今大學士李公待詔潘公前中舍丁公皆遣從之游自後兄弟相繼登甲科列郎署人咸嘖嘖曰公善教子公捐館與成哀毁特甚再拜疏以葬祭請　上念公侍醫勞將盡予之有司持以例曰當祭不果予葬與成歸已嬰疾顧大母鄭氏母楊氏老懼傷之黽勉襄事疾寖劇竟不起推其志凡安榮其親者蓋無不至而年不逮仕不久不克以究其藴可哀也哉宜與立欲銘諸幽而慰其死也娶江都高氏副都御史銓之女前十年卒　贈安人有女一人許嫁縣學生程恩繼娶當塗劉氏河南參政釗之女　封安人生一男曰天吉與成卒於丁巳三月廿六日葬縣北黃浦之原卒之明年二月廿八日也高安人祔銘曰

嗚呼與成行本於父兄學成於師友既仕而彊爰發其有胡不永其年嗟誰之咎抑知其然將昌於後我銘有徵庶幾不朽

承事郎安伯恭墓誌銘

君安姓諱敬字伯恭萬全都司宣府前衞人君兄弟凡三人伯氏伯弘善積著以貲助邊請鹽數十萬始挾君來淮揚成化己丑載鹽若干艘歷荆蜀抵雲貴諸藩貿易事未既弘遣君先歸君至揚念嫂范氏留宣府亟遣兄子玉往迎之凡十年弘始歸自貴君喜且泣曰吾兄老乃尙遠賈耶居八年弘有疾君營醫藥甚至比卒厚斂之卜地蜀岡以葬玉之幼也君遣游都司學長娶尹氏尹故駙馬都尉家也族大而貴君捐數十萬爲納其女成化丁酉君應募入粟拜承事郎玉俱焉久之病玉死君生死之視其父迨臥病猶擇宜婚嫁者處其孤曰凡以報吾兄也囑其子金善撫之世恆謂賈人乾沒於利君友悌之行士或不及也豈君子富好行其德者抑非耶君謹厚遇人小心無貴賤得喪寵辱猝加之不動曰天也享年七十有二卒於弘治己未冬孟辛卯遡其生宣德戊申正月廿有三日也配李氏千戶克成之女生子金繼

配施氏金少與玉同學今薦于鄉君曾祖諱芳祖賜考貴妣陸氏安氏其先太原陽曲人宣德末調貴戍宣府因家焉自君兄弟旅游於揚今又爲揚之江都人揚江淮都會也擅鹽海之富承平久四方商賈比屋以居至老去其鄉遂土著矣君壯時歲一至宣府省墳墓素蓋篤義者疾革顧金以守身爲戒且曰禮士庶人踰月而葬我卽死無久殯金遂以仲月廿有六日奉葬伯弘兆之穆使來以前進士方希誠狀請銘予未識君然雅奇金不可使其親無聞也序旣迺爲銘銘曰

緊君之先晉陽里以戍留邊家再徙君之儒長伯氏倚友于之行賈莫比迄其初終一無毀篤生而胤才且美版孺策名開厥祉我銘幽室徵諸此維揚有安自今始

陽武縣知縣許公樂墓誌銘

許君公樂以弘治十二年八月廿有八日卒于家殯蓋三年矣其子錕以未克葬不除喪禮也至是始得宅兆城西之原以十五年三月十日遷而窆焉君之友都事吳君述事狀錕肅之偕來請銘嚾兒時挾册從諸生後及見吾鄉前輩師儒之盛爾來三十餘年矣比過家訪之向之前輩或處於鄉或倦於仕存者蓋無幾人顧瞻里閭每有老成淪謝之慨若君者尤一鄉之特仕旣不遂而又僅得中壽以歿則又何哉不能不重予之慨也君諱僖公樂其字經歷斌甫之孫處士宗善之子少補弟子員長身偉貌秀出行輩長通周易務博覽爲文詞郡子弟多從之遊屢入塲屋不第年幾四十以貢至　京師卒業太學注選於吏部復家食久之始選知河南陽舞縣君初涖官悉心民事夙夜張施不懈隣境盜逸入陽舞者輒爲君獲之才譽稍起會有訟及君者臺察入其言逮君于理君曰民習素惡前令有鮮有終任者吾雖力辯得白然豈能堪獄吏耶卽引咎棄官歸日以載籍自娛暇則與耆宿故人飲相率爲會士大夫侈其事圖詠傳之配周氏側室沈氏周生男錕也女子長者嫁王國泰次聘都事君長子宗武未行而夭孫男二人一清一寧初經歷公未老薪罷官間以諸子廢舉江淮間嘗泊磬山天大風波濤洶甚喟然曰力田不愈於末乎迺豈田數百頃歲積穀幾萬石至君之世父宗裕遂發囷助有司饑　詔旌其門君之伯兄信又緣是拜散官故許氏在海陵稱右族君雅負氣不受人軒輊自念大父恬退又顧田廬可老故一遭躓抑奉身而歸歸五六年迺病病幾一年迺卒卒時年六十有五於戲豈非命耶君蚤善嚾且家世有連君之爲人又不可使無聞銘宜不可辭銘曰

其材翹如父兄之澤其文斐如膠庠之碩成才孔艱亦旣于試牽車方馳遽槭其驅孰爲孰尸不竟其施相古先民恆鑑於斯嗟嗟公樂今也則亡不瑕有命銘永其藏

林文玉墓誌銘

予居憂於家鮮過從妻周之兄之子瀛數晨夕焉一日介林氏子昇衰絰見曰先世父廷瑞雅善林文玉以女妻其少子旻文玉卒旻與其兄昇創痛惟所以厚其親者乃力營宅兆覬得顯者銘曰庶不棄吾親於埜也語未旣出瀛所述狀再拜以請予嘗患世之野師談風水善福禍以惑人若伊川先生葬説儒者所當從者則又漫不之講林氏子迺然且圖文字託諸不朽是可嘉也已遂按狀序曰君諱瑄文玉其字世居揚之泰州考諱興母皮氏生四子君其暮子也父母歿兄弟異居踰十數年君貲產日富諸兄私語曰天何獨厚四郎耶伯兄文質曰不然吾儕不如瑄勤不如瑄儉尙奚天之咎諸兄告不足君屢周之嘗值大寒往遺以錢穀曰毋侈費詰旦雨雪他人不相顧

矣諸兄咸感泣君力田於鄉有老農死無殮鬻棺以葬有壯未室者假貸以成之鄉人德君甚至則老幼遮迎曰翁來矣翁來矣晚年州大夫諉以稅長益惴惴教子弟畏法平斂瀕終尤以克家爲誡得年六十有四生於宣德乙卯八月八日卒於弘治戊午冬十有二月四日妻沈氏生男二卽昇旻女子四王瑞張允唐湧丘承信其壻也孫男二女五長者許嫁賈經鄒鎭滕貫以卒之明年臘月既生魄堋於下水溝之新阡瀛言其地視他處突出水從巽來旋繞其趾渟潴悠揚匯流於坎蓋堪輿家所謂吉壤也銘曰

兌之山巽之水樂哉斯丘完且美緊誰撫誰卜君之子寧君於斯君不死乘金穴土氣終此有來孫曾胥受祉屠維協洽歲適止泐銘玄石志其始

宜人王氏墓誌銘

太宜人王氏諱善果處士明遠之季女　封奉訓大夫南京戶部員外郎冒

公之配中憲大夫武昌府知府政之母也奉訓公少孤孱端愨可念處士屢目之曰是故儒家子宜娶吾女家人爭沮之處士堅不可奪竟納于家既而生中憲甫十歲乃改館于外宜人佐奉訓公持門戶典饋祭率有規緒中憲既冠奉訓公命治舉子業人多以爲迂宜人獨慫臾之曰詩書汝家故業也成化乙未中憲舉進士第踰三載考主事最　勅曰政母其封安人升員外郎未及考會　皇太后受尊號進宜人春秋既高紡紉不少輟服食儉素第如故常歲時之嘉一飾冠帔而已閭巷間益高之相傳誦爲子女法享年七十有七二子長爲中憲次曰文明經飭行修州學廩膳生女嫁何寶繆遵孫五人朗良彤朓育曾孫曰繼宗孫女七人曾孫女三人俱在室初中憲在郡臺察屢以治狀　聞吏部覈其然請　誥封之中憲念親老亟馳疏乞移封辭極剴切司封格以例不果尋乞便郡養巏曰于部郎中曰行且擢矣欲徙郡何耶爲寢其奏至是滿九載歸次南京聞宜人疾留妻子舟中信宿馳以歸至則斂之七日矣卒之日實弘治己未冬十有二月庚申也巏走位哭曰天乎先宜人蚤見背得見其女昴弟猶先宜人也今日亡矣悲夫以明年春三月庚午奉葬先塋之兆永吉鄉之原中憲持進士徐耆狀哭語良曰知吾母者宜莫若太僕弟汝往請銘惟我王世爲世顯姓居海陵者族大而貴宜人諸父兄皆武功積官殿藩翼衞握兵四方姊娣從女之甥壻又多聞人大官蟬聯赫奕他姓莫與埒冒氏自仲智父名儒起家充郡博士至奉訓公父子遂以宦學顯庸于時合二姓之美以配故宜人在家爲淑女及嫁爲賢婦母蓋教習然也而處士之明識迄今人愈稱焉法宜有銘刻諸玄堂顧非巏任也巏雅師中憲獲銘從母命其可辭銘曰

王氏著姓條遠益蕃婉婉宜人毓此德門伊誰相攸處士之識伊誰作配大

夫之德篤生偉人直大而文留署南邦聲績焯聞帝嘉良臣爰錫其母天監母賢載鞶其後既多受祉而壽亦躋凡今婦女盛孰與夷巏作銘詩敬揚淑懿尙有龍光賁茲幽隧

錢孺人陳氏墓誌銘

海陵錢處士大有以儉勤靖退聞於鄉力農服賈類古自食其力者予嘗壽之以文曰翁之儉鄉之子弟宜師已處士長子浩克肖其德入貲拜散官稱義民予官京師時聞處士暨浩卒爲悒嘆者久之及予罷内艱歸處士之配陳孺人繼卒於是其季濟持成名狀詣吾廬請銘予以服辭濟再拜進曰先人雅善君濟之少也且辱君游君忍不銘吾母予哀其意迺爲撰次之孺人姓陳氏諱善寧處士文玉之女郡博仲良之孫歸于錢處士凡五十年生三丈夫子浩洪濟洪先浩卒濟今爲國子生注選於吏部二女嫁王經孫鑑孫

男七貢貫資賙貯貞贊女一人享年七十有七卒於弘治己未七月三日卒之年十一月廿有八日奉葬七里溝之原合處士藏焉處士性簡重而目嚴冷事稍迕其意輒斂襟危坐竟日弗語家人莫能測孺人勤明慈儉終老無嚎克左右之故能閨庭雝睦底成厥家婦人行不踰梱自非奇異絕人者里巷間或莫之聞設非其人毀敗其家業人固得而指摘也跡錢氏之興蓋多孺人之助予故特取以誌若夫澣濯灑掃之常筐筥錡釜之細雖繫於婦職不具載云銘曰

維儉與勤克順厥身梱德之良天錫其有既富且厚猗錢之昌穀也好逑死歸其丘我心既臧嗟女孫子無忘其嗣百世之藏

太孺人朱母董氏墓誌銘

成化丙戌六月丁巳貴州布政使司司獄朱君仲明以疾卒於官有男三人長者始丱女三人皆及笄而在室其配董孺人號殞不食曰吾何以生耶既數日環其孤而哭曰死吾已矣吾姑老將誰養吾子女將誰歸耶天乎何以處我也哀聞省中都御史安陸李公義之遣使慰問賻以金爲兩者三十有二將辭之不可始飭喪跋涉以歸次楊子江忽暴風旁舟皆覆沒孺人正色曰命也且畢吾志列子女左右侍瞑目以俟少頃抵儀眞觀者以爲異竟返匶喪於家焉嗚呼司獄君死荒裔朱氏蓋危且蔱矣孺人煢煢忍死顧事有大於死者及薄於險舍死無可爲矣卽毅然從之流離顚沛屢瀕於死以其子女再造有家迄于今益蕃以大斯豈偶然也哉孺人諱懿字愼徽處士士能之女母刁氏少則慧朗頎然有立既長歸于朱司獄君之考文淵同知綿州事謫鄞簿請老歸母孺人房且老孺人事之以孝自力司獄君寓京師鄞公適卒凡斂殯之具皆孺人竭力營治及貴州之喪至姑已在殯孺人經理

二喪哀瘁彌劇家人請少休曰吾夫昔之官念姑老羹股肉以別未亡人幸抵舍復何愛耶凡嫠居五十年治家整密子婦定省應對惴惴惟謹事無鉅細必跪白可否得請乃敢行僮奴侍側竟日不聞語欬內外肅如也教諸子力田劬學嘗示以譜曰汝家廿有七世矣世有顯者汝輩其勉之孫嘉會初入試孺人夙期之比得解卽案香於庭進而誓之汝弱冠登科實藉世澤維廉維恕永矢無忘嘉會再拜曰謹受教孺人時年八十有一踰一紀享年九十三乃卒正德庚午四月甲辰遡其生永樂戊戌四月癸未也子孔曜先卒孔華太學生需吏部選季孔瞰孫男六人長嘉會以進士歷官兵部員外郎改監察御史次嘉祥嘉賓嘉議嘉慶嘉愛女五長嫁巏次嫁趙玳與嘉會皆孔華出餘在室曾孫男曰原學承學女曰從柔以卒之又明年月日啟司獄君之兆而合窆焉外舅太學貽書巏曰子欲撰文詞壽吾母今亡矣其爲銘巏曰致仕過寶應病臥舟中妻歸省孺人問巏所以來既而喻之纔十數語巏嘆其識慮精到意孺人壽蓋未艾也甫半月遽哭其訃悲夫惟孺人事行宜載郡乘列史牒是將屬之御史孫巏謹銘諸石以竢銘曰

安宜之未廿有七覯文服武世紹述沿宋迄今譜可質南藩典獄載卑秩隕然弗施奄以卒繩繩趾美若有庢憖遺斯人貞且佐歸死完生志斯畢凡今女士孰與匹宜爾子孫闡儒術世家復始古所必琢銘匪諛告幽室

王廷信妻余孺人墓誌銘

孺人余氏諱妙善揚之儀眞人伯大父處恭以文行知名考諱用誠孺人自少性行閑淑用誠尤愛之選所宜配間過里校見王氏子璋狀貌凝重曰是可配已遂夤緣媒氏與嫁之璋字廷信孺人嬪其家才年二十承尊撫卑率有倫緒宗族內外咸宜之既而生子相治舉子業孺人未嘗以一子故牽於

愛嗇而弛其教鄉先輩明經者相歷從之游孺人盛酒食而饋之弗懈務人人得其懽心相雋爽而文予識之場屋今十餘年屢試不利輒憤歎無以爲親慰至是孺人卒相哭曰吾母所望於兒者自今不復見矣孺人享年六十有一弘治己酉八月甲寅以疾卒於家遡其生宣德己酉十一月丙辰日也子男二曰相曰松庶子也廷信卜以卒之年十二月甲申遷殯先塋之右而衰焉相迺啣哀來請銘予讀其狀弔之曰子之母資子以學而不及視子之成命也子苟不渝所志卒顯而母者不尙有待耶既遂爲之銘銘曰

猗孺人兮維婦之良篤厥胤兮而志則彊胡欻去兮乖所望世雖短兮意則長後有耀兮終不忘嗟哉孺人安斯藏

母宜人董氏權厝誌

母宜人董氏揚之通州人　皇封奉政大夫吏部郎中家居之繼室宜人爲處女二十五年而嫁嫁十有六年而卒實弘治戊午八月之廿八日也初成化己亥先妣王宜人見背既免喪弗欲再娶嚾與弟嵐間從容以請家君泣曰卽有德善如汝母者乎不聽久之聞董媪女既笄而賢乃因賓妁以告始諾而聘之宜人既歸凡家君食飲衣服之需視蚤暮煥寒恆當其會饋賓薦祀以式以時及嚾竊位于朝封安人既又進宜人家君每罷酒輒泫然流涕曰先妻不及封而及汝庸非天乎汝其思所以繼之宜人益斂戢不自勝家君曰是善事我有男一曰嵃女三伯仲許嫁馬鎭王槐孫四洵滇滋汶女六一許周沐皆良族也嚾夙負罪委冠踰年天奪所恃居常慨慕抱終身之戚焉及宜人來母得以事先宜人者事之無何忝鄉貢往試進士遂拜官南京吏部再調吏部越至今官忽忽十五六年間得間過家者三晨昏宜人之側者僅十餘月而已所冀來日之長也孰意偏罰罪甚災禍荐延醫藥不及侍

含斂不及親終天之慟曷其與極奔喪抵廬卜以卒之年十月日祔葬先妣王宜人之墓卜人曰玆歲未可以祔家君曰其聽之乃厝於墓之東若干步竢改葬請太史氏銘焉

吳仲恆妻司氏墓誌銘

成化丁未秋沈憲副先生至自吳中出庶吉士吳克溫所爲狀授予曰吳貢士一鵬將葬若母司氏假是請銘自一鵬褎然薦于鄉予雅聞其才名未之識也先生喜接士不汎許可而亟稱之乃今益知其爲才子弟因念其子如是母宜有聞也遂爲序而銘之司氏常熟人諱妙慶父江母顔氏嫁長洲吳仲恆甫仲恆幼孤貧失業謀遷於蘇司氏年甫十五脫簪珥屏絕膏沐早夜作苦者數年卒相成其家既而生一鵬一鵬自少知學從鄉之賢士大夫游過其家者必趣具酒食款之移日家人難之則曰吾欲使吾兒熟聞嘉言開廣所知識耳汝寧知耶丙午秋一鵬既試京闈聞其病亟復返省之越五日有以一鵬發解聞者而司氏卒矣實八月二十六日也得年四十有七嗚呼人子之欲懽榮其親蓋有竟老而不獲者一鵬母且壯所求者將有獲焉顧莫之逮此尤可痛者其家以卒之又明年弘治改元正月十一日葬于吳縣天平山龍岡之新原銘曰

家也既完于婦曷負子也孔才曷負于母年則不多命復誰咎琢銘幽宮式聞于後

亡妹馬鎭妻壙銘

妹行四以行名小字淑憐先繼妣董宜人出也自少性警慧習女禮輒通解弘治戊午秋宜人見背嚾奔喪歸廬舍妹婉娩家君側梔衣檗食嚾甚安之服除年十八嚾爲飭裝嫁里中兒馬鎭甫三月病瘠而死初小弱弟嵃四歲

瘡痘妹日夕保抱與之俱適姬之疾至私念觸其瘡不可飲冷水闕之遂感疾百方莫能愈既劇堅請於夫遷寢室之東偏曰吾尸此榻新人殆弗用也臨絕家人匝視之遽請之出曰我更衣留女奴侍我少選人則目瞑矣嗚呼痛哉實弘治辛酉夏四月十有七日也鎮以卒之年五月十有三日葬祖塋北東若干步嚾哀妹之明淑而夭也哭爲銘丹書于磚納以識其墓銘曰

父母女之姑舅婦之夫也妻之胡弗宜之而已於斯

何處士宗輔墓表

海陵何處士既卒凡郡之大夫耆俊相與弔於廬四方之旅游而賈居者相與哀於市田野村疃場亭之民相與奔走以驚問曰處士亡矣則又相向而悲處士無官於朝無俠於鄉無貲力以雄於里閈嗚呼果何修以得此哉初海陵前輩有張存簡氏以雄文博學爲諸生倡方聞豪邁不汎交人有弟存

善氏劬學惇行名次其兄兄弟皆偉人也偕友於處士而兄呼之存簡氏歷官中外歲時致書物問起居不絕蓋既老而敬不衰焉有王禮莊氏讀書善談論嗔笑譏謔一發於詩布褐於家視當世之事若夙習然者公卿間浸聞其名晚年每謂鄉子弟曰我老矣何宗輔論事有識汝曹其往依之禮莊之後有本和丘氏爲本和工詩倣唐人諸體尤長於集句渾成可誦閉簾據几授里中兒句讀溫然老儒也交於處士父子間觀游嬉宴恆俱焉四人者人品有顯晦行輩有後先與處士友皆至懽而莫逆傳曰居視其所親處士之德善繇是概可知已昔嚴君平在蜀因卜筮導子弟以善王烈居鄉里盜者慚訟者悔當是時大夫君長涖之於上顧獨不能化其民歟抑孰知民之感化者乃在於法象禁令之外傳所稱逸民隱士豈可盡謂其無補耶吾州僻在淮海之間風俗自昔樸厚然人才鮮少不獲與名都壯郡齒嚾竊憾焉每一聞耆舊凋謝輒泫然悲念曰其存者復幾何前所稱四人者嚾猶及見之倏忽廿餘年處士復喪於是乎老成人漸淪亡矣後之來者豈無其人其賢於處士耶嚾固不得而知也秪若是其賢焉不及今表之於墓則前輩遺風日就湮滅鄉閭子弟何所觀法嚮於善哉將又誘於誰耶處士諱似字宗輔羣行顯然者嚾具誌於幽堂茲特牽聯書其大者以繫鄉人之思他固得而可略也

吳孺人墓表

弘治辛亥孺人吳母壽百歲其子若孫之長者有耄艾焉其曾孫幾於有室於是鄉人封知府秦公洎其子方伯公大司馬華亭張公侍御蘇門夏公率聞而詩之侈爲盛事曰茲吾所創見者也是年孺人以九月四日病卒卒之明年十二月二十有五日葬富安鄉閻江山祔夫兆先事其子質等遣孫兗

齎狀走南都乞墓表於嚾嚾按李庶所爲狀孺人姓鄧氏諱抄貞常之無錫人曾大父常大父士彥父文瓚母顧氏孺人嫺習教範端靜夙成年踰笄字嬪於吳吳故大族曰均聘者自延陵徙錫之閻江均聘生伯成元青山鎮巡檢仲實國子學錄巡檢生原度原度生師浩師浩生克勤號養眞孺人養眞妻也養眞行端而好義凡田疇室廬器物恣兄所取不爲校務勤儉料理家政遂充於貲正統乙巳大軍有事於南紬艫相銜風雪饕虐役者重繭凍皴無所於憩亟止之宿設巨釜啗以糜景泰甲戌歲祲蒙袂輯屨貿貿然來者旁午於道月給之粟且兩助有司賑貸全活毋慮萬指以恩授九品章服人以爲孺人有相焉吳族雅敦詩書延明師淑羣子弟戶外多賢達屨孺人館穀餽餼惟謹語其子若孫曰彼賢者不可以簡已而見諸孫秫曾孫文袞音接蹟登鄉校日幾其成且曰吾宗世德厚矣顧無食其報者庸詎知不自若

等發之勉哉孺人年七十養眞捐館自是日督婢縷紡績不輟僧尼巫覡不可售以私及門輒斥宗族姻黨嘉凶弔慶之禮甚厚服御澣濯而已每初度諸子婦率孫曾玄雁鶩行以進稱觴介壽慈顔于于不知躬之老也比歲朝廷詔養老賜粟帛焉禮亦宜之至是病革諭諸子曰吾老待盡耳毋以醫禱爲也昔吾母死寘九月四日吾其是日乎已而果然其生以洪武二十五年十月五日子三長質冠帶義民次貫次寶別出女一適邵鍔孫男十一穀稔穎季稠棫程稑穮稱導女八適楊綱鄒榮潘瀾錢椲錢珏餘未行曾孫男十五文章哀晉襄袞齊雍永商餘未名女十三適鄒珉過輔餘幼玄孫男四女三於戲以予觀於孺人爲婦爲母爲大母爲曾大母猶及見四世焉淑德盛福至矣然嘗聞諸曲禮百年曰期頤壽至於期則飲食居處動作無不待於頤養也古之老者上而天子諸侯養之下而其家能養之故世多仁壽有如孺人非所以養之者之有道歟雖然彤管職廢久矣蓋有潔修乎閨門而聲實湮沒不傳於世者何限則爲表於墓道姑以繫夫孝子慈孫之用心者也

左孺人魏氏墓誌銘

初青州府知事左君弼奔其母孺人魏氏喪自易水過京師而歸高郵予往弔之察其意若有求於予而未遑也今年秋服闋改選吏部因持狀詣予請追爲之銘予曰若母既葬矣奚用銘爲弼拜且言曰吾母懿行聞於里中葬時亟不及銘若又弗及今圖之日遠易忘殆無以繫後人之思也敢請子哀其意爲序而銘之孺人魏氏諱四娘大父諱英戶部主事父諱恆晦德於鄉母金氏生孺人天性閒淑貌容整肅精女紅不妄言動父母甚鍾愛之既長擇嫁得左　甫舅姑宜其爲婦夫宜其爲配接妯娌御婢僕疏戚咸宜之生四丈夫子瑋琦弼玠曰某也農宜某也商宜某也惟儒宜久之皆有成立家漸豐會歲歉　遂發粟被冠帶之寵於是里人咸嘖嘖嘆曰是皆孺人內助之力也享年六十八歲以正統丙辰二月二十七日生卒於弘治癸亥八月廿有四日瑋娶朱氏繼姚氏琦娶吳氏弼凡三娶張舒王氏玠娶高氏一女適王泉孫男七人有娶孫氏佶娶王氏僖聘呂侃聘陳餘倘幼女孫又七人長嫁董楫次受張鎰尤紀陳積張僉聘餘未及受聘其子姓可謂蕃衍也已卒之明年冬仲十有七日葬城東向氏之塋左氏之莊距今又再踰年矣嗟夫婦德主內闈而不章然觀其家之成子孫之多且賢其德美亦不可掩如孺人者是已志女史者率侈載偉然奇烈之行顧謹於庸言庸行者往往不之及焉抑豈知奮於彼者乃昉於此耶是宜銘銘曰

婦德之懿自閫而章母道之善彌遠而昌嗟後之人曷其所忘追銘於石永賁其藏

儲府君墓誌銘

伯考宗節府君年六十二成化丁未五月廿五日以疾卒于家卜以卒之年口月十九日奉葬招賢鄉之西　原吾父承直君抵書諭𡃓曰爾伯父之行爾悉之爾宜速銘嗚呼天乎我伯考質行　既不紹厥後重弗永其年𡃓尚忍不銘以傷吾父手足之　乃抆淚序而銘之序曰府君諱禮宗猝其字處士仲文之孫景榮之子儲氏舊毘陵士族　泰州嘗中微矣府君聯其兄宗德弟宗明暨吾父藝農服賈務張其家久之稍有集叔祖景昭性爽豁醉則拊先祖景榮背曰吾家獲復舊觀緊吾兄諸子之力府君性謇壯恆愼于法閭巷間見醉人趣走避之里卓或至門懍懍然曰何爲撓官府也配陳氏生男趣死置一妾竟無子府君曰命也吾且老矣遺歸其家陳一女嫁

戚氏子璁初㦒之幼也諸父特愛之異羣兒焉長伯父宗德嘗曰吾先詩書之脈幾絶是兒警敏殆將繼之乎卒後十有四年㦒始忝甲科府君跋涉暑月攜妻孥就之京師已而拜今官又護之南來蓋死生苦樂相俱也㦒賴先澤粗克有立嘗痛長伯父蚤世不及畢受其訓所幸府君與吾父稍及見焉今府君又不享其祿一日而棄之此㦒沒世之痛也於乎銘曰

不盩其常何以弗後不傷其和何以弗壽刻誌銘哀庶幾不朽

柴墟文集卷之九終

柴墟文集卷之十

曾孫燿文振甫率男培均校梓

雜著

漢關將軍漢壽亭侯廟碑

古之英雄壯毅之士或以勞定國或以死勤事或禦大患捍大災其沒也被其賜者則相與祠而祀之大者郡小者邑究其所及而止爾若夫肇于一方偏于天下則未有如關將軍漢壽亭侯之祠之侈者也侯河東解人也當漢末佐昭烈皇帝翊漢討賊及督荊州威振華夏吳人懼其偪也潛師襲之侯殞于難時建安二十四年冬十二月也侯在當時義勇雄槩稱萬人敵計其麾戈斬級之所在襄樊許雒間爲多其刺顏良馘于禁尤駿偉竦震故今小兒婦女皆知侯之爲烈而駭以神之然予嘗考其所以祀則不盡如流俗所稱說也蓋漢統之續絶昭烈其人焉而已而昭烈之進止視侯之存與亡焉方昭烈之西也侯以節鉞獨守江陵江陵距吳魏之衝侯援襄攻樊降其郡縣數十自許以南往往遥應操稱善兵議欲徙都以避其鋭何其雄哉當是時一軍向宛洛一軍出秦州恢復之勢成矣嗚呼孰謂侯齎志以歿遂使操奸大統權裂漢土而王之昭烈君臣始謀不集乃寓國於蜀憂勤經略竟不獲其祀漢配天之心志士仁人千載之下猶爲之悲嗟憤惜思欲起侯而從之者也由是論之則侯之祀夫豈荊蜀之所專也哉不然吳魏之臣爲其主謀伐者抑多矣迄今皆祠亡祉撤覡有聞者則國統之正閏民志之從違智力蓋不可恃也已初江陵之難侯及子平死之及成都破孫彝又死之歸然大節與漢終始宗臣遺烈凜凜猶生也侯積官至前將軍漢壽亭侯漢壽城也亭侯漢列侯之次者爾今人謂壽亭者蓋弗考也與又廟額所在稱王洪

武初嘗詔例仍其舊侯仗大義以討僭竊其不卑侯而王稱也皦然矣予故悉書以正之泰之廟不知何所始予以事禱輒應且慕侯之義烈思以文字報焉乃爲碑載其所以係民心者而系以辭侑其享云辭曰

神之來兮夷猶遭雲中兮歷九州覽河山兮既改慨宗國兮悠悠鄰之中兮江之左彼何人兮敢汙吾土叱余騎兮徂征忽反顧兮千古

神之去兮荆之野紛紜旗兮風馬閻廟兮洋洋髯如戟兮面如赭揚漢靈兮耿無方奄四海兮皆漢之疆驅癘兮降康民欽祀兮不忘

重刊遺山先生集

巏少時間見遺山詩文於他集輒喜誦之不置及鉅鹿耿公典鑰留都嘗謂巏曰吾友段可久家藏遺山集日借讀之而未竟也吾老矣尚冀一讀子試訪之弘治甲寅巏調官吏部始得祕本於新安程公亟納諸公公喜動顔色

曰刻本今亡矣是不可使之無傳也巏因録而讀之乃知學士大夫慕尙遺山者不但其文章之盛蓋金本夷裔入據中國然承宋遼之餘大定明昌之際人才政治在彼亦有可稱者君子固不得而盡削也天興播亡文獻淪喪遺山奔走流寓不能自存乃力以國史爲已任網羅放失諏訪耆舊孜孜矻矻幾三十年雖沮於匪人薄於既老不克成書其所自著若中州集壬辰雜編續夷堅志并茲集四十卷則沓一代文獻之所萃厥後先修金史悉剟用之向無遺山則金源氏立國之故存什一於千百未必盡章聞於後世也或者謂金之亡崔立之變死生辭受之際遺山處之有不能逭人之議者噫是未考也觀其對揑申之語誌聶女之墓隱忍激烈意蓋有待而爲也有待而不克豈非阨於時耶予讀其金亡以後之文辭悲歌慨歎有詩人傷周騷人哀郢之遺意亦可見其志也已不然容城劉氏陵川郝氏節行文學在當時莫之與京獨於遺山謡慕尊稱之至抑又何耶然則以遺山之才之美値亂亡之世不獲究其用且厄其身蓋夫人之不幸君子所當嘆惜焉者又奚暇他議也哉沁水李君叔源以御史按行河南使來請其集以刊自中統壬戌初刊迄今餘二百祺矣遺山之文終不可晦固有待乎其人惜吾鉅鹿公之不及見也李仁卿下序凡四首輒以臆見志諸末非敢亦以爲序云

晞髮集引

晞髮集有宋遺民謝翱皋羽所著翱之出處志行其友方鳳吳謙有狀有志太史宋公暨諸先輩有傳翱書殆百卷此集蓋其一也維宋以仁厚立國以禮誼恭讓遇士大夫比其亡也又値夷元猾夏而有之故食焉仕於朝者往往死其封疆社稷以就夫義命之所安而丞相文公尤光明俊偉震動一世迄收宋三百年養士之效至於儒碩豪傑之士窮處於家者恥淪於夷以毀

冠裂裳爲懼則相率避匿山谷間服宋衣冠以終其身而翱則丞相嘗署以職者計其時所以處成敗利鈍死生去就者諸謀已定及丞相死於燕翱徬徨山澤長往不返懷賢憤世鬱幽之意一吐於詞卒窮以死視一時督府相從之士等死耳翱眞丞相之客也蓋其君臣之所感召師友之所切劘故底於成就者如此嗚呼是豈一日而然哉此集巏鈔於建安楊晉叔會馮御史執之按部至海陵巏出而閱之作而嘆曰翱之樂府諸體侶李賀張籍近體出入郊島間古文則直遡柳柳州之派其志潔其行廉有沉湘蹈海之風是宜傳也同時之士泯焉不傳者多矣翱獨賴是集之存傳翱可以想見其餘其不傳者亦或有殘編斷簡流落人間者乎將又因之以傳也廼筴之至揚告唐運使文載運使曰此予雅慕其人而未見其文者遂相與刻之而屬巏爲之引

遊第一山

第一山前路半蕪憑欄小立撚吟鬚雲横紫塞無來雁冰斷黄河不渡狐此日都梁聊共醉向來東甫可長吁淮山那管人間事依舊青青出畫圖

宋南渡後與金人畫淮爲界聘問之使於盱眙館焉此西山眞公出使之詩感憤之意溢於言外公嘗有疏謂金人方偪蒙古之難請絕其幣豈在此詩後乎嚾過都梁陳少卿大章張別駕禧邀予游第一山誦及是詩謂當與茲山並傳因命刻之於石

感秋詩卷

少司寇屠公日副臺端出巡畿甸今大學士長沙李公兩中試筆大書一詩問之既而名卿才大夫相屬和之共得若干篇聯爲一卷題曰感秋間命嚾序諸左嚾惟自古國家閒暇之時文學之臣率相與賡詩唱酧以鳴一代之盛至於感秋云者往往多士之窮悴放逐閔時憤事有觸而鳴者也今休明之代小大之臣咸雍容在列含和翹英以發其蘊顧茲一時閔雨之作遽用是題諸卷無乃非其時耶嚾竊疑之未有以言也無何嚾奉命校牧出入漁陽上谷間見裨將老校諏公所以鞫邊者則皆引手指曰某關我公之新創也某砦我公之新遷也某城某壘我公之新繕治也又言公在邊數年恤民蒐卒彈壓悍強憂深思遠恆若有猝然旦夕之虞者公去未幾虜乃敢深入及巢河敗績邊民老幼相嚮哭曰我公在寧有是耶嚾既悉其言乃釋然嘆曰公之所感嚾得之矣蓋國家之興也君子自以爲不足以公之才經略一隅綽有餘地猶乃曲爲之備周爲之防憂治世而危明主老成之見固如此乃若所題蓋其體國之誠蓄積深厚隨所寓而形見之自不覺其然爾豈直爲閔雨發哉宋相范文正公有言居廟堂之上則憂其民處江湖之遠則憂

其君此古之人志於天下者之爲心也公名位方隆事業日茂繇是觀之古今人豈有不相及者哉吾知是詩之作雖出於尋常屬和亦當有不朽如岳樓之記者矣乃以是復公曰吾采諸詩以名卷子乃波及於他且疑予於古人益將重予之感也子姑書之

祭鉏鹿耿公文 代諸堂上作

嗚呼我公衣冠之裔河洛之英文儒之粹邦國之禎有開厥先肇自鉏鹿韞德炳文奕世有續惟　清惠公謇謇名臣懿行峻功委祉後人山川閟靈載萃於耿篤生我公風骨秀整沉浸書史務探本原弱齡飛騫甲科諫垣乃遷禁林掌國之史文詞醇深維古是擬乃長國學摯化之樞模範端良維衆所趨乃遷少宰乃改宗伯未秉國鈞彼爲我阨孰堪留鑰輟公而南民恬卒嬉維公具瞻戊申之冬　天子求舊　詔趣公來在　朕左右公踐舊列直哉惟清媚于神人上下以寧容與有年仍躋上宰公辭不居　帝命無改公曰帝德何以報之臣維盡瘁以死繼之孰幽孰明爰黜爰陟孰材短長爰繩爰尺凡是用舍奚愛與憎惟理之若　帝命是承番番在廷羽儀多士　宮保載加寵眷彌至胡不眉壽遽此弗祥俯仰晨夕而公殞亡百僚嗟傷　當宁震悼天不慭遺奪我元老維公羣行綽有古風江夏之博山公之公涑水之儉安陽之忠兼是衆美繇初迄終峻級崇階人曰已貴緬懷良臣公以爲畏才猷文學人曰已備不如古人公以爲愧才難之嘆在古則然猗今之世敢謂無賢考古平生儷美往昔閱茲百年胡可多得惟　明天子憫恤尤勤贈官加賻以勵具臣節惠易名曰文與恪質諸幽明公可無怍凡我同朝與公後先漸濡德義各亦有年爰酧一觴以寫哀悰公乎不亡歆此殽酹

又一首 爲本部作

嗚呼冢宰之任蓋亦難哉宰物之衡持國之柄進退視廊廟之重輕取捨關風俗之衰盛　天子接之而改容百僚瞻之而起敬是宜俯一世而旁求斯乃稱大廷之簡命堂堂我公氣仁語溫學端心靜渾涵之量廉儉之性粤中外之翱翔茂聲華之照映迨晚歲之登庸叶輿情而交慶乃掄羣才乃釐庶政體國忠　君奬賢遠佞憂形於色恤民之艱憤見乎辭黜吏之橫率循典章抑絕僥倖雖猥瑣之有求亦和悅而屢諍蓋嘗窺公之心考功之行外雖雍容中主於勁始雖異同卒抵於正惟游從之既久知斯言之克稱嗚呼孰謂公厭世倏往而今不可更乎何昨日之語笑今日之悲哽乎豈鬼神之見忌功業不與之竟乎抑斯民之無祿而吾黨之尤不幸乎念有生之歸盡蓋今昔之所然惟德人之淪亡雖沒世而思詠然則某等之哭公者豈徒同官之誼屬吏之私而已哉蓋亦悼楊綰之速奪於唐嗟子產之云亡於鄭也嗚呼哀哉尚享

又一首

嗚呼古有之士爲知已者死夫死生於人大矣士於知已至不愛一死以爲報蓋傷賢者之難而所知有甚於死也歷觀往昔懷奇負異之士困躓諸身而不遇者何可勝數而巏也問學行履舉無所似乃獨辱公之知薦諸屬吏之列使獲與聞陟明出幽之政而燕閑之餘又得以承教詔瞻道德間嘗謂巏曰予甚愛子宜厚自愛嗚呼是雖父母之於子弟何以異哉巏退而思之謂公有取於巏殆必有所見巏亦矢心自厲思竭其駑鈍之識冀如古人之報知已而得謦萬一焉孰意巏未及有所陳說而公已無意於斯世使巏銜無窮之慟懷不盡之思悠悠蒼天曷其有極自今以始巏惟修身補過殫力厥官期無負公之知而公尚鑒其昏愚要之以中正以畢疇昔之愛也堂堂

之氣溫溫之言登堂酹公儼若有聞哀誠抑塞不知所云尚享

祭在都御史戴先生文

惟我先生有德有學有言有儀敷教寬明穆然淸風維士之師執法方嚴矻然喬嶽維國之毘位有卑高政有疾徐左右具宜豸冠象服翱翱朝夕既老無隳憶公盛年涖止南國風化攸基造我多士譬饍飲食慰渴與飢至今東南彬彬學者維公之貽公登於　朝士皆相慶彈冠而隨於赫　孝考宵衣臨御舜禹之姿疇咨在廷掌我邦憲在公勿疑公感知遇獻忠納誨佐　帝之釐都俞一堂使久於位太平可期旻天降割辛卯之變薄海涕洟日月幾何公亦臥病遽阽於危維古君臣遇合爲難千載一時胡不憖遺孰主張是而已於斯易失者時難平者事志士之悲　休明之運棟梁既折榱桷奚裨維　今天子憫勞念舊䘏典載貤喪轝徂南公不可作茲將從誰儀刑日遠春風賓館悠悠我思陳辭薦酒爲天下慟豈哭吾私尚享

祭通政夏廷章文

昔我初仕與君同官壯年意氣相得甚歡君資茂明渾然在璞說詩論文皆本家學據今援古尤熟前聞有觸其緒談辭如雲維時　留都多士攸集老成博雅相望林立君扳與友予亦追隨接席聯轡游歌宴嬉同署十年君留我去薊樹吳雲渺然異處君官再陟三詣　京師每話夙昔竟日移時僧廬餞行城隅執別引領送君烏帽出沒丁卯之春我來自　京聞君嘉劇言續舊盟舟次留城得君之訃淚灑南天痛徹心腑憶昔結交升君之堂今來縞好哭君之喪俯仰廿年悵焉今昔煢煢諸孤增我悽惻維君平生有行有言我無愧色銘于墓門歸葬有期君不可作薦酒陳詞淚與盃落尚享

祭余司馬文代冢宰公作

維蜀有材肇稱自昔猗歟皇朝偉人繼出維公之生負材特奇恢廓之畧沉毅之資初官戶曹驟有能譽柄臣曰才是可大試言言陝府畀以郡符曾未三載政浹民孚蹟聞中朝羣工交薦迺殿藩垣迺掌邦憲西人跳梁屢闖我疆公曰防虜戰豈可常河山千里朝巡夜晝限以提封迺制奔突大城堅堡包絡窮邊虜騎雖驕望不敢前　帝嘉乃勞本兵是寄坐撫四夷維公之韙宅憂復起錢穀暫司北虜讙囂仍長邊師公曰西功可施于北百堵方興羣讒內惑辨而復明公節愈完蹶而復伸帝德罔愆惟　今天子方勤任使胡不憖遺而公已矣念公立朝今四十年許國之忠白首益堅公在廟堂四夷慴服虎豹在山望而辟易公在將閫屹如長城相我天子登茲太平身繫安危名滿夷狄殄瘁之哀古今所惻矧惟某等與公同年企德懷交哀執甚焉喪舉徂南臨流奠送匪哭吾私天下之慟青神之山維蜀之毘公神不亡其

在於茲

祭賀窗張先生文

嗚呼自　國家肇科百有餘年被選之士什百且千校名聲之不朽獨狀元之有傳惟公有子蓋其一焉有充其行有蔚其言偉聲實之相副稱　當代之詳延故嘗考其世家之纂紹遡其學問之淵源人莫不曰猗公之賢蓋公家教之有素而尤內行之罔愆惟積蓄之深厚故償報之克全有昌於後必爲於前豈能於人弗得於天矧長年與多祉匪一一之偶然某等稔交於令子得風致於夤緣承凶問而相嘆悼風化之變遷寄哀誠於薄奠恨遠道之莫宣尚饗

祭翰林吳汝賢文

吁嗟先生全閩之秀斯文之宗惟小子之有幸獲既壯而游從念往古之共嘆每知己之難逢或神交於千里而對面之殊同甲辰之春試藝南宮偕千人而旅進媿文字之雕蟲何高明之勘閱獨鑑賞於顓蒙遂由茲而定契辱奬詔之從容謂科目之既置當道德之愈崇佩斯言之無斁每激發於微衷逮選官而南邁悵門牆之莫通幸朽雕之有待接冠佩於江東喜燕閒之奉教濯煩熱於清風窺陳編之渾灝方引始而未終冀歲月之博約庶歛實而收功何此願之不遂奄遘閔而承凶惟先生之特立實衆美之所鍾凜方嚴之矩矱矧才識之超充使年位之差進必功業之顯融惜乎今世之所見徒文字之豪雄悼前修之不作眇既往之遐踪寓哀誠於一薦匪吾私之是恫

祭周原已文

嗚呼原已孰畀爾才孰賓爾位胡頎而躋胡倏而棄惟上天之生才夫豈茫乎其無意胡長養之甚艱而折摧之亦易豈鈞陶於氣化錯長短之不齊抑融洩其精華逢鬼神之所忌嗚呼原已學博而彊行完而治志蓋有待而未睹其成才可有爲而未盡其試獨偃蹇於一官而容與於文字肆藻思之紆

餘煥篇章之瑩緻雖醉筆之淋漓亦聲聞而駭視焯聲譽之四延紛朋游之傾企方長途之騫騰俄中道之顛躓念有生之歸盡繄聖哲其必至校原已於故常傷一死之獨亟眇煢然其一身孰上昆而下季迨祿養之未終顧厥胤之未植萃百責而未償遽浩然於下地嗚呼原已曷以爲慰慨古人之有傳未必盡由於所嗣苟老顯而無能亦泯滅而莫記今則承君之祀有族與甥發君之潛有碑與誌想高明之大觀亦豁然其無累矧賢傑之云亡尤精爽之特異豈下土之隘居將九天之超致駕風雲兮上征歷九州而游戲惟吾黨之舊游實切磨於道義過故宅而銜哀覽遺篇而隕淚追笑語之平生悵神交於夢寐爰寓酹以緘辭庶原已之來涖

祭吳一清文

嗟嗟一清命止斯耶胡爲乎才而位不遂胡爲乎德而壽不遐豈彼蒼之靡定抑司命之僭差此吾徒所以相疑而致詰爲之驚痛以長嗟念君之生明經起家登甲科而壯馳厥譽官水部而益振厥華嚴嚴　寢廟厥材孔嘉多官百僚　簡命匪他岷山之巔閬水之涯單車往臨突兀蹊蛇靡及之懷蓋不遑於夙夜惟淸之譽遂欻動於邛巴迺遷勳部郎秩載加冀歲月之超拔必爵位之高奢何夢刀之未竟遽感鵩於日斜嗚呼哀哉某等幸得同官日偕出入聆君言論怡怡豈弟窺君城府渾渾谽谺感宦途之會合欽德譽之無瑕睹靈車而悅歎陳酒肉以邀遮嗚呼哀哉尙享

祭吳侍郎母夫人文

婦德主內易稱含章惟其有子淑問乃揚於惟宜人德音孔茂來嬪于吳宜

婦宜母維茲少宰爲時鉅公迥其長育克成厥功　恩命薦封自天而下匪私于吳以詔來者啟封備服寵祿方殷胡不百年奄訃以聞　帝念近臣郵典維異爰命守臣治墳諭祭凡今父母能養幾何較諸宜人所得孰多生榮死哀永世有耀報如所生少宰之孝矧惟某等夙仰桐彝同朝之誼云胡不悲南望延陵路修且阻哀誠炯然寓此殽醑尙享

祭吳仁甫文

嗚呼仁甫孝足以悅親而胡不終厥養才足以從政而胡不究厥施矧年歲之茂盛而聲譽之載馳較資望之所獲將通顯之在茲何徑去而不顧溘焉與世而長辭念昔仁甫初來　京師曰我無怙賴母之慈倘獲祿以爲養乃孤生之所期俄甲科與郎署煥天錫之匪私曾幾何時母老且衰曰予何病維故鄉之思仁甫曰嘻兒也之仕維母之嬉母既不樂兒仕何爲乃連章以控訴竟改秩於留司此其出處之大致抑吾人之所共知嗚呼孰謂仁甫撫壯而欻逝而其母也乃阽死而獨遺冥冥之中尸此者誰此吾徒所以承訃而驚愕相嚮而涕洟長淮之南大湖之涯魂惝怳而誰招駕逶迤而莫追所可慰者冀來者之有繼惟令名之不隳嗚呼哀哉尙享

靳太夫人哀詞

翰林靳充道侍其母太夫人於　京師巏與之遊甚習有昆弟之歡今年冬太夫人奄疾巏聞而驚亟走弔之比斂也凡再哭焉夫仁人孝子之事其親記于禮者詳矣巏往來充道家見其所以奉太夫人大而常者固安然於禮其隱而細者記禮之家或不能備也於戲可謂純孝也已巏甫壯失所恃每惝怳歎曰何巏獨無母以事耶見凡有母者輒爲之喜而亡也則爲之悲太夫人春秋高啟封備服享有多福充道日溫然養于其側故常倍爲之喜乃

今遽爾使吾充道亦若巏之銜恤以終身焉則又寧不倍爲之悲耶乃辭以紓其哀詞曰

維坤之德順乃載兮猗與若人庶可配兮含章履貞耀于內兮孰字其狐桐有誨兮洵美而文軼等輩兮地道無成終有代兮於　皇顯思賁爾賚兮宜康而壽亦既倍兮凡今母婦嗟孰逮兮歸從君子其無悔兮

江朝東挽詩序

今年春朝東詮選　京師以疾卒於旅舍其季淙護喪而歸過南京楊給事方震使來告訃巏走哭之石城門外嗚呼吾朝東乃遽厭世而去耶念巏頃從朝東及諸名士遊間以文字燕集爲娛朝東思深而語麗句出輒傾座人然巏視其貌則退然若不勝至他人得句則欣賞之不啻若自其口出嘗與巏觀蓮燈聯句讀者以爲工顧予詩潤色於朝東者實多朝東不以告人也

嗚呼以吾朝東冲靜端雅之資博大兼容之度語言筆墨之外觀法於嚾者多矣嚾方冀茲來日久其好而繼有得也豈謂朝東遽不可作嚾昔將以自賀者今乃爲弔耶自朝東持服而南今甫三四年爾向之朋游往往傷讒罹禍罷逐以去僅而不死者亦病枚數之則皆一時之賢也不知天之生賢竟如何耶此嚾於朝東之死而益悲也朝東夙受知今翰林張先生先生尤慟之其事行之最具先生所爲誌及給事君狀嚾直序游從之好附諸誄挽之後以志其私焉蓋朝東之不朽者固不假嚾以傳也

馬淑人何氏哀挽詩序

少宗伯西充馬公之配曰何淑人今年夏六月卒於南京之官舍卿大夫士既往弔之退則相與爲紼謳之辭共得若干首公屬嚾爲之序嚾與公伯子金爲同年友仲子禽先後居考功爲同官故常被公接納出入其家凡淑人

爲良配爲賢母者詠其德音亦已久矣及得哀挽諸辭讀之則淑人事夫以成其志教子以成其才者篇連句累言人人同焉蓋其德孚中達外非嚾一人獨有所聽聞也夫婦德主內其閨門之修惟飲食菹脯絲麻組織筐筥庖匜之間饋賓薦祀養老慈幼而已苟治諸已者安且勤施諸人者恭以順則婦職修而內政舉助其夫子大矣夫豈細行哉嚾常怪史氏所撰錄烈婦貞媛臨變故蹈崎危往往皆絕異非常之行如淑人者則例視之爲常婦或漫無所紀或紀之而不詳焉吁秖繫其遇而已矣豈能修於廳屏之內乃又惶惑於利害之頃乎其殆不然也又史氏務摭奇聞歸於輔教警世言固各有當也今淑人德韞諸躬政修於家作配文儒薦生賢胤遭右文之代啟封備服委祉垂休茲亡也閫內之行又播諸聲詩刻之金石以耀於無窮可謂遭逢之極者矣他日太史氏當曰西充蜀之支邑也自馬公父子始以進士起爲時聞人而克相胥誨實維淑人之善其可不錄以傳歟因淑人之善公之道行於妻子者槩可睹矣其又不重以錄歟予非史也姑序以竢焉

挽張母詩引

嚾兒時聞諸鄉隣謂敬修甫之學成行修舉名進士多其母孺人之力稍長適敬修甫解遂安令而歸始獲與之游初敬修甫有官時負其才具視一縣坐治之然性狷直不喜媚權貴人卒爲其中傷失職母曰官有命不可以吾養奪兒之直遂頹然與之歸焉母之賢由是益彰母享年若干去歲某日以壽終于家嚾縻祿于外不獲赴葬乃請于知敬修甫者得詩共若干首以寄哀之夫古之賢母嘉婦多繫其夫子之賢因致譽於當世名人遂託於文字以傳不朽母有子矣其葬也紀行有狀誌幽有銘不患乎無傳也又何假於是雖然憂其或無以傳而備爲傳之計乃敬修甫之志抑予鄉人之私也烏

可少耶詩既成帙嚾不辭序諸首

覺菴劉先生眞贊 有序

成化初覺菴先生典教於泰寬溫愨易爲諸生所附慕嚾以童子備灑掃列先生每過譽之曰吾兒資性若子吾可歸田矣時先生諸兒方握文柄參省轄顯庸於朝先生默然斂避若無與於已者人益以是重之既而陞教敘學秩再滿遂致仕以歸今三十年矣嚾夤緣欲一拜之不可得適先生兒子尙寶君侍先生像至京師嚾得拜於其邸因爲贊以致瞻慕之私云贊曰

猗與先生石潭爲父呆齋爲兄不褫而爭泊然體素石潭之淸不忮而傾坦然履順呆齋之貞斂其菁英支揚裔蜀請業文黌孰棟孰楹詵詵弟子維邦之楨胡不失行爰歸於吉錫有令名髮白顏頳冠巾宛若我範我程彌老而

勛德尊壽豈猗與先生

陳明之小像

梧竹之韶鸑鷟之姿弱齡抱四方之志一日决千里之馳含章藴眞發軔在茲予將賞其詞辯於束帶立朝之日壯其膽志於正笏論事之時惟周爰於任使乃沛見於敷施噫異日晝史摹巖廊之象文儒寫琬琰之辭僉曰此甲辰名進士也庶知予言之匪私

贊　司訓

孰寫此像賔諸藏菴氣夷而面粹志遠而視耽孰昇其全維道之探孰宣其和維詩之耽是宜名位可以夙致學術可以偏覃廼卑棲於黌序不究騁其輷軫噫豈將豐於終者初皆不免乎嗇而既合諸天者人遂不可以參也耶

周隱君像

嗚呼是惟周隱君之像貌樸而眞氣夷而朗澹奚所求靜得其養跋　寵命之有臨忽掀褰而獨往吾將求之抑安所仰謇言語之形容矧丹青之摹倣庶幾乎巖栖澗飲之侶覔其遐踪孝子慈孫之門挹其遺響也耶

土司訓贊

予嘗拜公於堂何其神觀之朗夷氣貌之和易也畫者雖不畢得其眞全而亦大都其形似約而不流泰而不肆既老而德彌新堅中而外必致是宜闡儒教於兩岸延書香於來世猗歟若人邦之吉士

王孺人贊

含章不伐維婦之職娠賢有成維母之則彼貌其眞我形其德侑以贊詞永錫爾極

饒公媪贊

方巾大帶儼乎其趨浮几高堂衎乎其居城府不可以拘聲勢不可以驅玉筍之陽淦水之隅或杖而芸或緡而漁婆娑嬉遊恬澹懽愉脫塵氛以自放忘歲月之既逾矧其好義樂善承前世之休澤敦詩閲禮廣來裔之菑畬若人也豈非名都之善士淸世之潛夫也歟

有閑其儀其德必茂有昌其家其祉必富淸高林下之風窈窕閨門之秀嬉䋏含飴日躋眉壽若夫燕處之溫然服飾之□然畫工僅得其彷彿筆史何以爲雕鐫噫惟觀其夫之德子之善乃徵其攸賢

祭吏部馬少師夫人文

於惟夫人少以女士秀於梱帷來嬪令族家人攸宜動應圖法言爲壺彝婦道以順母道以慈巖巖少師維　弟之毘盡瘁於國奚恤家爲猗與夫人內政克持以相以助少師賴之　帝嘉其賢錫以命詞累封極品寵與夫隨珩

璜之飾翟茀之儀祇謁　三宮委蛇委蛇方茲難老福履日綏胡遘於疾欻與世辭百僚興嘆少師孔悲喪我良助偕老其誰請假于　朝　帝爲嚬咨飭葬賁祭春官俾司彤管之史貞珉之詩生榮死哀孰與等夷山川既佳日月有時玄堂載啟潁水之湄蘋蘩之敬合薦靈輀導詞有祝祈格于斯尙饗

柴墟文集卷之十終

柴墟文集卷之十一

曾孫燿文振甫率男堉均校梓

雜著

宜祿堂記

補齋朱君存仁既謝事歸休范水之上爰葺舊居苴陋完新榜其堂曰宜祿於是君年六十矣其子戶部郎中應登屬吳郡徐霖繪鹿以獻遂徵予爲記客有疑之者曰君宰三邑凡十餘年且治于堂宵思于室期征會稅朱墨紛拏泣岸置辭法比苛嬈尊官貴使聲勢凌震將迎唯對顏低語諾或咈其膺訾毀欵至自鄭而徙莫知其由悒悒長陽江陵戾止牽車維楫載妻與孥長江巨湖濤浪吞吐怮心慄膽覬脫須臾若是乎危且勩矣鄙人視之皆祿之重而然也乃今獲家食復以是爲堂稱何歟囅曰客不覩夫鹿乎方其豐草長林清泉曲阿甡甡然以遊儦儦然以羣宜矣一旦騰上林蔭靈囿虞人獵師弦矢所不加掎角所不及抑豈非宜夫祿曰天祿初執制之而孰養之易曰大亨以養聖賢則固君制之而養夫臣者朱君夙以賢能與掄用於時既宜祿矣仕既倦納其祿而歸所以宜之者固在也況有二子焉長者已給下大夫之秩少者方廩于學闢而大之無已耶蓋學不篤而亟於祿者謂之干道不行而溺於祿者謂之竊是二者君子不由也茲曰宜祿乃鄒孟氏所謂修其天爵而人爵從之者以是自處而詔其子顧不宜耶客起而謝曰聞中丞言灑然解吾惑矣因第其語記之并以爲君壽

睢寧縣河防記

中國之河患兗豫爲甚漢時禹道猶有存者厥後河益南徙始釃淮海而委之又其後海道寖絕遂合諸淮徑淮而流者惟徐州合汴泗而東焉若今中

牟之濠歸德之睢則壅積不治潰溢四出匯爲巨浸亘兗豫間荐被其害蓋十有餘年矣弘治己酉金龍口告決　上採廷議諉其事於南京兵部侍郎白公昂改官戶部公亟抵治圖所以塞金龍與濬中牟者甚力尋又辟武庫婁郎中性往畫歸德南東之水屬以事之武庫並河而出考之禹貢歎曰灉沮會同傳謂灉汴也沮睢也此蓋其故道耶疏宜下流始乃諏官屬庀卒徒鳩工宿遝歷縣錯州訖于歸德凡若干百里泄其瀦蓄支流攸從距泝沿淮壹駛而注于是亳宋之民始釋墊溺即于夷塗我田爾廬奔走相慶既月睢人思永厥績列狀來請記予最其事凡睢寧濬河二百三十里築隄兩涯長二萬五千八百二十有五丈高一丈二尺卑或半之廣五丈或四丈薄則二丈三丈隄外爲渠五以防他水之溢纍石于河鬲木而閉縱之爲閘三自庚戌四月己酉始事而八月之乙未成積工三萬四千有奇助役事者令義以下五人皆武庫選其材者其扞疏綜理之詳事具河道記蓋河之出于西北者其源廣而注於東南者勢最卑其決也蓋其勢然惟多爲之委豫而防之斯爲善治而職河渠者謾諉曰天人力訖不俾施惟茲睢河之役獨破常論按禹之故因而導之迄能底績而其利較然槩謂古人之跡往不可復者其弗思也已蓋古之聖哲凡所以圖民之菑皆要諸久遠後之人不深考其然故其遺跡往往圮滅斯民既無所被利顧又爲之災也嗚呼豈獨河渠也哉故爲之記俾來者有考焉而繼其成也

揚州府鈔關重修浮橋記

揚州府鈔關肇建城之東南隅東七十里有河曰白塔江淮之舟私焉以其無所禦也迺徙茱萸灣以榷之既而河屢塞關仍舊而浮橋則故無所也弘治庚戌楊通判玘署征事始創之公私以爲便議者又謂鈔關利博而事殷

非京官鮮克勝任於是南京戶部移主事一人往涖之主事者非久任視關梁如傳舍或頹敗輒苟完之歲滿得代去則已因仍積漸橋之不治蓋久矣正德辛未春陳主事德階來視橋益壞喟然曰關與梁相須于此不亟治費將逾甚詢諸父老咸曰然迺因緡于訟鳩工庀材杙水抵隄爲梁者四梁四舟於其間凡長若干尺廣半之作坊於右榜曰通濟樹碑於左築一亭焉經始是年三月丁巳訖工五月戊寅甫三閱月而告成腐者新撓者直車徒以通開闔以固欄承楯簷翬飛翼舒揚人曰壯哉廣陵圖志復增此橋矣是宜有記使來泰徵於予巏聞之杠梁陂澤皆先王政之所不遺時儆諸民故其敎曰雨畢而除道水涸而成梁單襄公過陳火朝覿矣而川無舟梁嘆其敎廢而亡國鄭子產聽政以其車濟人於溱洧君子惜其惠而不知爲政特舉令以詔諸人蓋其所繫若此顧世之庸俗吏弗以爲先也若德階者可謂

力行先王之政矣或曰是役也職乎征而兼乎涉譏而不征亦王政也無乃偏廢與巏曰政也此事之不可猝復而德階勢有所不逮者也今夫竭天下之常賦以供 國家之歲費計曹廩廩常患於不給脫不幸方數千里有凶荒札喪師旅之變亦何以饋恤之征之於民固不若征之於商之爲愈也維揚江淮之衝商賈之會也關於斯梁於斯殆不得已焉爾司征者第平其政曰是惟佐百姓之急而已吾何與焉若然雖權輿於元狩附之先王之政可也然則王政卒不可復與曰賢良文學漢廷鹽鐵之議其略斯睹矣得其人時宜而損益之奚不可也德階名塤閩縣人家世宦學蔚有材謂方嚮用於時予姑爲之記俾來者得以考其績嗣其成焉或者之言嘉其志於復古幷記之

寶稼堂記

稼之切於民生不可一日而無者也不可一日而無則不可一日而不寶焉採珠於淵求金玉於山取象犀之齒牙於絕人之域售之者高價致之者夸奇人莫不以爲寶也然與務本知道者論之則將惡而遠之矣孔子恥樊遲學稼非惡稼也惡其未聞乎道不知所以致稼也蓋稼之切於民生與典紀彝倫實相爲用今夫數口之家仰足以事父母俯足以畜妻子惟稼焉是賴否則驅而之善也難矣非惟有家者當寶也雖有位者亦當寶之爾之祿民之力也非惟有位者當寶也雖有國者亦當寶之百姓足君孰與不足百姓不足君孰與足然則自天子達於庶人皆當惟稼焉爲之寶視珠若金玉與犀象之屬其爲所寶之輕重緩急何如哉然人之情弃忽者多狃於故常寶重者常出於不足今民之生自壯至老朝饔夕飧舍之不可一日者莫非稼也然惟由之而不知故不知寶乃若凶年饑歲至於一簞食一豆羹得之則

生弗得則死視昔之所寶者皆無益於性命之重則稼之爲可寶也其信然乎 朝廷取賦大率出江南民力亦告竭矣予見近年溫飽之家子弟浸入豪靡其於稼也豈徒不知寶之而已哉錫山趙氏累世從事耕讀至廣淵藝儒飭行益昌其家於鴻山之麓治堂三楹榜曰寶稼其務本知道者歟是可以諭其子弟風其鄉人矣因郁景章請余爲記其事云

山泉書屋記

內江王氏有別業在縣之東山廻水合草木豐秀其北羣山迤邐而來矗臨江滸山之麓有泉洽然出焉今運判公之先人愛其地之嘉也迺誅茅縛屋聚子弟肄業其中題其榜曰山泉書屋至是蓋五十年矣運判公來屬予記蓋君子之學所以用天下顧天下之重惡可苟用哉古之君子處空山窮谷寥絕之墟積歲月而專志慮渙然斯有得也迺出而當天下事物無與敵變

故無與撓按其成說而指拾其功名伊尹之在野傳說之在巖諸葛孔明之在南陽若無與於天下也卒之終身之所就校其昔之所學無毛髮爽焉此其故何哉嗚呼彼蓋靜而閱天下之事定矣今子之先人築室山中畀子弟以學意蓋有在於是乎矧吾聞之易曰山下出泉蒙君子以果行育德夫蒙之爲卦坎下艮上易之義視君子體艮以靜養其德而法坎以動果其行也仰而山俯而泉資吾德業之盛者殆有在於方册之外以是名書屋可謂善教者歟自運判公讀書其中殆二十年厥後登科爲名進士立　朝爲良法從轉運爲才大夫所以酬其先人經始之勤者庶無遺憾然王氏子孫被儒服而事詩書者繩繩乎其未已也異時有成德達材翹然自見以當天下者必又出於斯也夫予將遲其見也姑爲之記

憲度餘思軒記

同年友郴陽馮執之以御史按治兩淮卽揚之察院搆軒曰憲度餘思既成巏適至揚肅予軒中飲而告之曰維御史官視他職最稱雄要凡建白移行中外者稍不合軌度利害輒係焉故涖事之頃宜慄然以思然天下之事各有職司相諉屬惟御史則宜無不知宜無不言以裨　天子之耳目故燕閒之際則宜遐思深念以竭其餘允中無狀誤徼寵茲職日懼　明命弗稱俛焉而未逮也用是榜諸楣出入恆觀省焉冀有以奉其職而追其愆而子爲我記之乎巏重其請因歎今之仕者致思厥職者固有之矣思及其餘乃志於兼濟求之古人則陸敬輿范希文之流蓋未之多見也夫思之於人大矣聖賢進德修業皆讙於思其語門人弟子往往以思配學屢言之在艮之象則曰君子以思不出其位若擬之御史人視之非有侵官之忌已視之非有越職之嫌極其所思亦莫非職位宜然也嗚呼涖是官者惟患其不思爾何慮乎出位之有執之之按淮也肅綱維剔私蠹凡郡邑河渠亭竈館傳之利病弛張增損其大者無慮數十至其抗章諍事屢發權貴人之私沒其利於官毅然見於色諤然形於言人皆異其爲猝然義烈所激而然繇今觀之孰知其本諸中之有思故發之正行之勇而不可禦也哉傳曰國之將興也君子自以爲不足以是名軒執之其殆猶有不足者乎今宇內多事執之受更而還也豸冠衣繡立於　殿陛之前進而思退而思惟以獻替於　天子而兼濟乎天下未必不自斯軒而得異時持節於斯者追詠高風跂而慕之猶古人然則斯軒也又爲執之去思之地也巏姑記以竢

揚州儒學文津橋記

揚之學肇於宋仍於元至於　皇明屢修建之殿堂門廡既飭既奐惟是東西行者出入委巷愜隘無以稱弘治已未春教授李師文諸生葉如欒百餘

人白其事于御史劉君嶢遂諉諸同知葉君元爰貨氓廬橋諸水以屬於通逵甫僝功知府許君節至曰是當遠大圖迺伐石爲梁爲翼而甃覆之東西峙以桓表元大書曰文津又明年御史馮君允中巡涖兩淮特藻絢其表且屬巏志歲月於石無何王公恩擢自臺察殿守此邦詑其諸餘而橋遂成蓋
皇有四極迄今百有餘年右文興學古莫與京雖荒陬遐壤學宮備具揚爲江淮一都會冠蓋之萃舟車之衝謁廟肄學之使恆相望也而道隘弗治顧漫焉莫加之意雖非吾道隆汙所係然郡望之重民志之同在物理有不當然者迺今始協羣議更衆力規而稱之豈非有待然歟天下之事恆忸乎舊而難卽乎新蓋如此巏於是有警焉今夫築室聚土而詔之者凡以學焉耳學之成在明體以適用是豈易哉姑喻之廟也學也其體也途也橋也其用也昔途與橋之未備也亦何病於學然人視之有歉然不自充者必既備

焉乃已士學於茲苟體有不具用有不周吾豈無遺恨而無觖望於人哉橋於斯涖於斯者可以繹思而興起矣稽之郡志揚之橋多矣其聞者唯昔人觀遊題詠所及而已今求其處又往往頹沒不可以盡識何哉橋固因人而重也揚故文獻之國也異時體用之士犖然出其間蓄道德於躬昭功德於時則人將不曰抑橋之助哉若然豈惟斯橋得儌寵以聞凡與茲役者與有耀焉而不腆之文或得附題詠者之後即諸橋之勝皆莫得與之倫矣或者謂橋之建初以堪輿家之說夫崇聖學隆教基進諸生於道迺良牧守名御史之意也奚取於是哉嚾故略之剟所宜言者爲之記

王氏兄弟字說

禮之廢久矣冠者禮之始嘉事之尤重者宜不可廢也古之人蒞是也月日必筮賓客必諏堂阼几筵必靜以潔拜跪揖立登降出入之容必恪以嚴其

三加之辭必祝其威儀之欽辭志之修而廣之以福祿壽考之盛是豈耀視聽哉蓋將納其子若弟於成人者之域加重於攸始焉耳今士庶家寖不行此矣愛其子弟者幼則命之以嘉名長而冠也則爲請於先生長者字以大之又從而繹其字爲說以告焉蓋如是而已予不獲觀於古矣然亦有取於是夫字而爲之說者豈非欲致修儆之意於厥初乎使其子弟才也必視而思曰吾之名謂何吾之字謂何胡爲乎吾之敗業而隳行罔副吾之名與字也若然雖非古所謂祝辭也其要子弟於道意蓋同焉耳嗟夫失之彼而得之此焉君子固不得以廢也南京王氏兄弟三人長曰安朋游爲字之曰惟寧取棠棣之五章勸友于也仲曰定字以惟靜志一而中寂大學之教也季曰守字以惟約施博之功其肇於是乎予既喜字之寓戒有潛復古道之意而三字者之名之字又皆要近切當殊無世人衒華騖外之稱豈不尤可嘉

哉王氏其先中山世家惟寧暨其二季俱質厚而好禮所往來者如李裕之伊德彝又皆今士之美者故其喜尙如此夫聖賢格言大訓學者得其一言終身行之有不盡者三子者之名字皆周公孔子孟軻標揭以告人者稍以是踐諸行焉禔身治家何所不至哉余承裕之請迺爲之說

書章恭懿公傳後

景泰壬申　茂陵徙封沂王公時爲禮部郎中屢進言不恤至復儲事尤剴切當是時元臣故老猶多在列　禁無一語獨公以死爭　帝怒寘公獄瀕死或者謂　帝意他有所在故罪公特甚是蓋不然公所言觸他忌諱者多矣　帝於此特遲留不即處分爾懷愍既薨　帝繼未有嗣舍故太子不立而誰立乎此理勢之必然者異時　茂陵手詔復　帝舊號辭旨溫厚且追究當時權臣不已　帝之意至是益彰矣嗚呼公之言惜不盡用也使早用

之兩宮旣懽羣志翕定又豈有他日多故哉天下事安危倚伏蓋相因特無人先言　之并聽之者爾幸一有言者而君子獨小人衆又罔以共厥功覽公之傳益壯其事而悲其意後世考公論列者尙知所繫之大如此云

跋復霍山碑

文章託諸金石蓋借其遐久可傳然金石之堅亦有時而銷毁仆裂則亦如之何哉惟傳之在人則庶乎其不朽希大奉常復其先大父侍郎公之碑蹟行甚偉士林盛稱之人竊謂侍郎公之厚德茂烈又得奉常之卓卓者爲之孫碑雖不復不患乎無傳也雖然魏公之笏子孫寶之是碑之復昭　國典闡孝思所繫尤重謂是亦可傳也其誰曰不宜

題吳懋貞奏議後

右懋貞奏議若干篇嚾讀之累日大都主於理勝而雄辭直氣沛然發之其

拯邊捄時數章尤剴切反覆使人太息流涕而不能已非忠誠篤厚奚能然耶頃諫署知名者大江之西得三人焉楊方震張經載暨吾懋貞蓋其前修曩哲風聲行誼流被之遠如此三君者雖稱爲天下士可也夫諫官之志易行而責甚重世常患不得其人苟得其人充滿厥位職獻納而廣聰明固人之願也今天子益明習政事攬納羣言如懋貞者使久於其列必有喟然當上心而趨行焉者顧乃優其秩而補外何耶殆非人所能知也巘於懋貞夙嚮往之相見京師首尾僅三載又各於職不得數往來以下上其論茲別也慊然殆有所失豈予之私非耶因題其集識而歸之讀者可以得其爲人矣

題駉野稿後與史御史公著別

御史史君公著按行淮揚間至泰輒過巘之廬訪焉屢索巘所爲詩巘謝曰不能公著遂朗吟曰樹高先占鵲城小盡聞雞此非君詩也耶巘怪其何自

得之則曰予雅聞之矣無何書來索益亟巘感其誼乃錄前歲在畿輔間校馬紀行若干首將以塞其請因媿巘之無似而詩尤譾陋乃亦謬爲人所傳公著積學工詩自足以名家顧取於巘殆有不可曉者夫以巘之詩公著尤不斥棄則夫世之大家高古雄深參漢魏而薄李杜者尙文爲公著祕耶吾知公著將揚旌劘壘作者之場姑借巘爲之前驅焉爾會公著北旋乃題其所以而納之幷以爲別

題歙程氏譜

徽之程肇于晉新安太守元譚歷十有餘年益蕃以大此譜修於宋淳熙乙未距今三百廿有五年矣紙敝墨渝而世系遷徙婚姻宦蹟之詳悉得以考見非徽人重族姓嚴譜牒何以藏守之久哉內翰克勤常修家乘最爲明備蓋亦以諸程之足徵也此本留於居歙者相游於泰予因得而觀之爲識數語使程之來者益知所寶云

題周生鳳册葉

昔司馬子長觸罪悼家貧財賂不足以自贖乃傳貨殖縱其游觀所得肆筆數千言史氏謂其崇勢利而羞賤貧識者固悲其不遇有爲而作也今觀燕蘇氏捐百金赴周生之急子長之述胡可盡廢哉傳所謂君子富好行其德者蘇氏豈其人非耶嗚呼孝之行非一端周生之行類漢董永蓋人事之俱不常有者蘇氏好義乃能得其人而當其施焉是宜傳也已

題趙文敏一家墨蹟

宋諸帝皆善書至於賢妃淑媛亦有以筆札知名者承平文彩槩可想見今觀文敏公一家率能游弄筆墨清麗閒婉各有態度豈非宗國流風餘韻所及耶應龍郡博舟中出示此卷輒爲之語如此他固不暇及也

題金太子允恭墨竹

金太子賢故人爭寶其繪事靜修劉公每有詩嘆詠之惜其不永不克彰施於治竟何如也張中齋謂太子不當留心於藝此正前宋所當鑒者誠爲覈論第宣和之亂不盡成於畫苑然論者遽以是尤之則人主之嗜好可不謹哉

題宋穆陵賜吳丞相詩卷

弘治丙辰子旦在京師手此卷屬予題予偶亡之百方求之不得私念若家世藏也亡則將何辭已而子旦從他處物色得之予驚喜如獲寶玉大弓於先王之世今浹歲矣與子旦晤於南京復出卷眎予則夙所欲言者詞林諸老被之筆劉洞心駭目無容予喙矣因亟識歲月而歸之蓋懲前之危不暇別有討論而留之久也　穆陵在沂邸鄭清之兼府教日購高宗御書俾習

焉謁史彌遠輒譽其翰墨不容口書固帝王一藝耳嚾嘗觀思陵之書精能遒健有晉宋風度穆陵書此年蓋四十且七矣而骨力綿弱殆無一筆近之計廿年前在邸所習可知也淸之亟爲之譽豈非欲事事稱其善堅彌遠策立之意而爲巳地耶丙子後一日嚾再書

題傅日章贈錢文瀚雪詩卷

前輩詠雪窮極變態無若韓歐王蘇諸家後有作者蓋不可及同年傅日章仍此大篇贈判府錢君政守之餘走筆及此亦可喜也判府稱嚼雪道人古今篇章品格液味蓋備嘗之矣予復何言

題莊定山貽秦用中詩卷

余聞之定山詩初就少陵既而讀劉靜修詩酷愛之近得其數十篇橫逸益不可當遂與二公相忘矣文章要爲儒者餘事古今人善鳴者未有不自闢

道始觀定山詩者當以此意求之此卷乃中歲所作貽其友無錫秦用中用中與定山相得其亦以予言爲然乎

題吳江莫氏壽樸卷

樸非美材也生於莫氏之家見賞於世之能文辭者遂託名以傳焉樸亦幸矣使是樸之賞遇非偉人莊士世所欽望并及其文辭者則亦孰從而知之等於不遇爾此卷多前修題跋樸固得其人矣予獨悲夫特拔之士或當世故不得彌其性而是樸也乃以瓠落無用閱數百歲而獨存嗚呼祇繫其遇而已矣展卷三四惻予懷者久之

題迮氏譜

迮氏自受姓迄今凡五易譜歷歷載其然今人家祇一姓不變不三四傳杳不知統緒迹此知迮氏世有人哉予觀先王建國賜姓命氏所以別斯人族類之所自出子孫各本其祖百世不可改也迮之後人博古惇始者尙釐而復諸初焉文淵謁選歸持以示予蓋不謂無意也

題景婁軒記後

詩有之高山仰止景行行止疏曰景明也謂所行之光明也又曰景行大道也兼是二訓義斯備矣讀者蒙上句而誤遂謂景猶仰也後世加字者迺輒取前修姓氏稱曰景某景某云至有榜其樓亦曰景疏者今錫山錢孟淸氏又復景婁榜其軒皆未考也天下事承譌襲謬狃人聞見者恆有焉猝然詰之求其說而每不得此特其易辨者爾而人亦往往踵其誤蓋亦字學弗講之故歟孟淸尙慕古人謙巽自將意則嘉矣予將告以師其意而更其榜其亦然予言也否乎或曰婁公唐名宰相謀猷功烈稱其官位梁文惠姚文獻之儔也孟淸以里閭之士馳而慕之無乃擬非其倫也歟嗟乎士患無其具

爾誠有之竢時而詘伸焉隱見非所論也等而上之孰非士所宜慕者而況孟淸求諸婁公者又止于記所云耶

題李時行書卷後

右東坡贈王定國詩鄉先生李公書也初閩中鄭公定以書名一時名流爭慕之公得其所書秦淮海小詞手模之二十年遂別出意態放逸閒麗成一家書公性最遠濬獨嗜書不厭每過交游家不問其在與亡也輒易冠解衣襪行坐哦壁間詩命紙筆疾書數十番欣然竟日以去妻嘗在蓐公爲治湯具就煬灰作字指畫腕掣不少休久之聞兒啼聲始悟其妻須飲也公名子字時行仕至青州推官其歿也妻子貧無所歸寓葬于靑而家焉嗚呼可以見公行已前數十年公書流落人家者尙多時人不省重之今購之者高價不可得已蓋古人雖文墨細事亦有泯沒當時者然其輝光精采終不可蔽

故公之書亦暫晦而卒章也此紙爲西園丘本和氏所得既而貽其甥方生禾西園好古工詩歌行尤醞藉死六七年矣至今里巷間亦不復有斯人㦤嘗慨吾郡前輩淪謝遺事往往不傳今人至有不省識姓名者况其大者乎竊欲訪而錄之未暇也適禾解試持此卷過余乃述所聞題其端而歸之庶覽者知公之爲人蓋余之所嗟慕者又不但如公筆劄之妙也

題錫山楊處士梅卷

呂許公見王沂公梅詩遂知其遠到墨莊主人將屬纊時寫此遺其子豈徒假是貌其閒遠潔淸之趣于後耶意有在也雖然昇也爲之嗣吾知其不忝所遺矣

跋王憲之尺牘卷

徐東方山水之國在今爲南北之衝憲之故宦家子喜交納 四方尊官名士過徐者咸獲與之游焉故得其簡劄爲多既久恐散沒也遂聯爲大卷視薄厚遠邇爲次第之予觀憲之富於文學廓落自奇爲此者蓋誌一時交游之盛以備他日遺忘爾若夫尙友天下之士誦詩讀書又將進友古之人焉此則憲之夙志也覽者當以此意觀之

題畢運使瑞烏詩册後

都運畢公昔居考功殿最羣有司之功罪而陟黜之優賢而劣否拔異而別同正色直辭風采偉甚及丞京府益剛大無貶屈人不便公者交惎之竟中以罪左遷今官踰六七年守道不變猶居府部也政成人和烝爲瑞異大夫士爭詠歌之此册識烏之瑞則其一也㦤竊論之公眞人瑞也人惟瑞公而已何有於草木禽蟲之細哉謂草木禽蟲自公而瑞從而瑞之抑似矣然不若瑞公之爲到也公昔者名位寖高矣使無所頓挈雲飛玉立羽儀邦國豈

不盡快天下之覩耶東坡謂昌黎公能開衡山之雲馴鱷魚之暴而不能弭羣小之謗使其身安又謂其所能者天也物之爲公瑞也殆若是已乎今天子方總羣策網羅雋異而用之若公者行將棲之禁禦巢之阿閣使羽毛畢朝雉狡率服也已豈久遲回於外者哉異時兩淮之人當知予言之爲瑞也

鴻山趙氏思成堂詩

伊昔玄聖睿思哲深揖且於夢文王於琴惟茲古人在我奚屬繇聖之功既遠而覿矧我禰祖氣禪形分彝牆祀胙有見有聞春雨既濡霜露辰降豈啻豈蕭蕭然其上猗廣淵甫徹胄腴華克篤孝思報始追遐作堂高明鴻山之麓歲時薦登祖禰歆格我耕於野我漁於河先民有遺匪我則那顧瞻斯堂百禩無圮是用作詩勗爾孫子

西歸賦贈王介菴先生還三原

承后皇之嘉惠兮飽祿食之有年督孤恩於既老兮賜骸骨而歸田車轣轆其將行兮耿予懷之惻然忽反顧以掩涕兮抱餘忠之未宣慨魯叟之去國兮日遲遲乎吾行舍父母而遠適兮豈伊人之本心何余生之孔辰兮當日月之盛明睠深恩而義厚兮敢疾去之爲樂遵大路余躑躅兮訟愚誠之不逮願就見而無因兮馭飄風而西邁予豈不知引默以耽祿兮又豈不知既數而愈疏惕朝夕揆余中兮匪厥初之所圖隮吾君於羲昊兮臣亦竊夫令聞苟有利於 國家兮又何愛於隕身衆嘽沓以競進兮予亦怪夫不羣脫縮忍而旁窺兮將焉用夫彼臣瀹涉橫流而漸裳兮搴出涕而誰語信義命之孔昭兮孰逃去而有處念往昔之蒙恩兮悼抽誠之不固豈今時之不然兮殆羣言之交孚仰后皇之亶聖兮爰旦夕之倏悟伏草莽以俟命兮恐年歲之遲暮相觀古之僕臣兮罔克有終返初服於衰迷兮又何憾於我躬獨

后皇之未酬兮悊予心之忡忡斯古人之所求兮豈予涕之無從豁浮雲而上征兮庶　九關之可通願泣血而陳辭兮畢惓惓之餘忠

太宰陳公致仕還閭中司封主事夏　賦四言古詩贈之蓋公之質行渾樸簡雅詩以肖其德也嶣忝屬吏後敢繼其韻如左

惟天監下惟聖惠民惟臣欽若福祿乃申公佐　上宰帝頻顧瞻睠我舊邦往近我安邦人祁祁迓公至止公不怒言彊馴棼理公曰老矣帝褒以詞誰謂南遠朕恒爾思我士我戎我倉我廩百爾有成惟卿之蓋公拜稽首帝德其天臣靡敢怠所不有年臣嶣作頌奮揚　帝仁咸有一德帝暨公純

周生炯祝辭

海虞周生炯隨其父司副先生官於南畿既冠往省其大父生質敏力彊方進於學某祝之一日之長也迺賡祝詞勗其未至而觀其成焉詞曰

維禮重冠維士重始禮壞俗媮士鮮克美猗司副君行古教嚴加冠之子禮罔或愆嚴嚴廣庭聳耀羣視筮日諏賓備物祇事有羲在首有煒在躬爰貞其始克致其終咨爾周生曷以象德宜篤而求宜勤而蓄勿謂有奐載張且驕喻彼農人我蓘我穮穮之蓘之稼登於畝續之引之學崇於我惟學無斁惟賢可齊先民有言升高自卑咨爾周生式敬勿替以揚爾休以華爾繼我作訓詞匪頌乃規用相爾成萬福爾宣

題思軒王公手簡卷

王文肅公爲人秀雅整飭雖擅文墨而吏事精敏能析秋毫御下雖嚴至可當談笑者則喜動眉睫俯仰可觀此卷十一帖與吳中顧廷會者雖皆細故最可見其平生正如傳神者不在其人斂容自持之時而陰察於衆人中乃獨得其天也公捐館忽忽十有五年嶣舊爲之屬奉觀手蹟追誦半山老人幕府少年之句豈勝慨然廷會寶之今日當知公之不易得也

遠遊辭二首送子仁

桂輈兮蘭檝山可陟兮江可涉超荒忽兮萬里周追古人兮從之遊古之人兮不可求紛上下兮徙離憂嗟今世兮寧無子仇念子獨兮當返子不歸兮歲將晚

攬車兮縶馬訊將歸兮孰與子處紛如其馳騖兮胡獨遺子於野仰有岵兮俯有流曰吾有命兮嗟誰尤苟年歲兮不悔子雖無求兮人將可求

陳巽卿剪牡丹二枝見貽爲賦醉花陰一闋

粉豔相偎紅尚淺入眼驚仙選解語又含羞露泫雕欒似訴金刀剪　銅花漬水瓶生蘚欲插還重撚畢竟伴春歸安得司花喚取東風轉

雨中花

穠綠千枝紅一點好國色天香熏染似宿酒醒遲晨粧洗罷日午房初斂莫對金罇辭瀲灩能幾日春風輕颭怕滿砌飄零欄干深處翠幄重重掩

雨夕　浪淘沙

簾外雨蕭蕭點注涼宵閒身底事病相撩燈暈漸低簷溜急欲睡無聊　秋晚物華凋落木驚飆美人惆悵幾年遙自笑胷中空磊磈有酒難澆

簷溜伴更長睡穩藤牀京塵不到枕屏旁新築燕臺高幾許夢裏微茫　世事苦難量老去年光沉思只合住鱸鄉前日故人隨雨散誰在誰亡

楊花有感　卜算子

老去惜春殘病起憐詩瘦倚棹西園獨往來此意人知否　白髮漸如新青眼渾非舊落絮飄花却有情欲與春相守

踏莎行　寓意

弱柳含顰夭桃倚醉春光不似儂兒媚別時底事最關情秋波欲轉盈盈淚
暮入征衫寒生客被蘭心暗結銅槃穗青松小院碧苔痕明朝重是相思
地

浪淘沙　入夜

一綫繫斜暉遠樹依依金烏不肯待人飛恨殺西山催暝色先上征衣　行
路古來非誰息塵機賞心又與一春違賴有盈盈波上月相伴東歸

浣溪沙　方城晚思

漠漠春田盡燒痕幾家廬井路旁存行人到此暗銷魂　四野赤雲環碧落
一叢高樹認孤村晚來岑寂倩誰溫

浣溪沙　復至固安

柳下藍輿詠落暉風前團扇障塵霏今朝初解簿書圍　歸思正如花亂發

年光長與燕爭飛到家猶及授春衣

洞仙歌　落梅　張東園有憶秦娥賦此答之

江城玉笛怨梅花開早吹徹西園淨如掃惜花人曉起豔質幽香無處覓惟
有青苔碧草　梨雲清夢斷几閣餘香惆悵金尊爲誰倒待都把相思訴與
秦娥也不似逋仙詩好更奇語羅浮約明年倩健步移來繁花晴昊

風流子　三月二日邀飲西園

西園春事晚遊人少草樹自幽閒看舊種江梅初移岸柳纔窺青眼漸換朱
顏登臨處遠山浮野際流水遶城灣郊墅詩家江村畫苑沙頭桂檝木杪柴
關　蘭亭競陳迹但高文抄墨流落人間好趁花時陶寫禊日追扳便清夜
尊罍何妨北海中年絲竹正賴東山痛飲直須秉燭莫放春還

朝中措　三月三日促飲北寺中

野陰風色妬春暄桃李竟無言修禊共追令節醉時許過高軒　花宮梵遠
祇林香散竹塢陰繁坐待漸看日暮不成又似西園

柴墟文集卷之十一終

柴墟文集卷之十二

奏疏

曾孫燿文振甫率男 增 均 校

題薦舉遺才

臣㦸竊念幸逢
聖明而臣守官南京吏部政務簡少俸祿優游不能有所建明仰贊
聖君維新之政既慚且懼夙夜于懷邇者聞
陛下軫念先年言事官員如林俊強珍賀欽等數人皆超改官資布列清要
遠邇傳說罔不忭欣凡百臣工益加勉勸然聞之輿論謂言事官員如俊
等者尚有數人未蒙錄用意者大臣論薦偶未之及蓋將次第行之也臣
有所見不敢隱默謹昧死以聞臣竊見前中書舍人今普安州判丁璣
潛心理學刻意躬行效法古人恥隨流俗前工部主事今景東府通判張
吉學博行端諳曉政務當李孜省用事之日人爭附之吉亦江西人也獨
指陳其惡不與往來觀此一節他可知已前進士今臨西縣縣丞敖毓元
賦性介直學問深長前工部主事今思南府通判王純議論篤學負氣鯁
直比因上言保留王恕措辭失當致蒙外除今
陛下既賢王恕而用之則純者亦宜略其短而用其長也此四人者求之時
輩蓋不多得天之生才難矣君人者長養成就之尤恐其不足而四人者
乃皆棄之蠻夷嶺海之間毒霧瘴氛與死爲伍瞻 天仰
聖情實可憐憫非
陛下憐而起之恐終棄廢於 明時矣至於前進士今咸寧縣縣丞李文祥
當
陛下御極之初文祥纔釋褐辦事乃能唱衆敢言此可爲

陛下新政賀也當時大臣不能將順
聖意謂其年少氣鋭宜挫抑之天下之人皆知非
陛下本意也邇者
陛下增補諫官無非欲博聞讜言以恢至治臣謂五人者既已直言以徇國
豈肯變節以辱身伏乞
陛下取而寘諸風紀論思之地則其言論風采必有可觀與其旋求敢諫之
士不若先用已試之人孟子曰見賢焉然後用之此之謂也然此臣所知
者其未知者尤乞 特勅吏部從前逐一查出
陛下兼收並蓄較材量能簡而用之使天下洞然知
陛下獎忠納諫之實賢才羣集忠言日聞
陛下明聖之資又當鼎盛之年唐虞三代之治何不可及之有臣不勝大願
然亦天下臣民至望也謹具奏
聞伏候
勅旨

題救言官以光 聖德 代作

臣等竊見都給事中龐泮等監察御史劉紳等頃因上言免差官校提解
武岡州知州劉遜
皇上震怒俱下之錦衣衛獄數日以來內而臣工外而軍民莫不私憂竊嘆
以爲龐泮等不諳事體觸忤
聖心卽其所言不爲無罪所可惜者
皇上之盛德 國家之大體不可因此一事而有所損爾仰惟
皇上卽位以來明目達聰用言聽諫狂直者每賜優容抵牾者未嘗斥逐虛

心從善以義斷恩有古帝王所不及者
聖德昭彰已十年矣今乃因其言事一有不當舉六科十三道盡下之獄此
雖泮等有以自取然以
皇上十年納諫之美而遽然有此傳之四方不能無議書之史策不能無疑
因一事以掩前功以小故而妨大德此臣等所以竊爲
皇上惜也且泮等建言亦其職業但今次所論劉遜之事意傷於急遽辭失
於婉曲然原其心蓋仰賴
聖明在上素有以聽用其言是以隨事納忠不避煩數則其情固可矜而罪
亦可略也况科道官乃
朝廷之耳目凡國家之利害生民之休戚時政之得失百官之邪正皆得言
之是以古之帝王及我

祖宗建立是官必選天下直諒敢言之士以充厥職有一言之善者卽賜施
行雖多言不當者亦不加罪所以奬異而優容者惟以養其敢言之氣使
之森然立於
殿陛之前于以扶持正論消阻邪謀爲
廟社之福若折摧之囚繫之中人之資守道徇義者少趨利避害者多彼惟
知緘默觀望持祿保位而已他日脫有大事誰復爲
皇上言哉由是論之摧辱言官蓋非　人主之利也自泮等下獄科道一空
攝事署印盡委之人糾儀侍班皆曠其職惟此異常之事豈宜清明之朝
皇上臨朝之時視瞻所及及燕閒之處思慮所經未必不惻然有動於
宸衷也昔唐太宗嘗謂侍臣曰比見人來奏事多有怖慴言語致失次第尋
常奏事情猶如此况欲諫諍必當畏犯逆鱗所以每有諫者縱不合朕心

朕亦不以爲忤若卽嗔責深恐人懷戰懼豈肯更言貞觀六年陝縣丞皇
甫德參上書逆旨太宗以爲訕謗侍中魏徵進言曰自古上書率多激切
若不激切則不能起人主之心激切卽似訕謗惟詳其可否太宗曰非公
無能道此者令賜德參帛二百段故臣等嘗論唐太宗非惟能容人之諫
又導人而使之諫非惟不怒人之諫又賞人而使之諫故貞觀之治庶幾
成康實其屈己納諫所致也欽惟我　朝
列聖尤喜諫諍臣等不能悉舉謹具一二事以言洪武初年朝臣有上疏萬
餘言者
太祖厭其迂衍怒欲罪之羣臣有阿意者指其疏曰此不敬此詆謗罪當誅
上怒未解宋濂對曰彼應詔上疏其心爲　朝廷耳烏可深罪乎
上乃覽疏中有足采者召阿意者罵曰吾怒時若等不能諫乃激吾誅之何

異以膏沃火向非宋濂之言幾不誤罪言者耶洪熙初大理少卿弋謙數
言事有言其賣直沽名者楊士奇對曰主聖則臣直惟陛下容之不然進
言者將懼矣
仁宗雖不罪謙然免其朝參令專坐司視事自是一月餘言事者少
仁宗諭士奇曰自免弋謙朝言者不至豈果無事可言遂令士奇就榻前書
勅引過命弋謙如舊朝參令百官言事毋以謙爲戒此
祖宗之聖德明訓
皇上所當祖述憲章者也今龐泮等不諳事體縲絏下獄已示之罰矣伏望
皇上廓天地之量霽雷霆之威沛發明詔不日而赦之則不惟泮等心懷感
愧益圖報稱而內外大小之臣六軍萬姓之衆莫不歌詠
聖德懽欣交通四方傳之以爲盛事史策書之以爲美談德業之盛名譽之

美眞可以匹休
祖宗而貞觀之治有不足言矣然此豈高遠難行哉惟在
聖心獨斷一轉移之間爾臣等待罪大臣義同休戚是以昧死以盡惓惓之
愚忠惟
皇上赦臣等之罪而採納其言則天下幸甚

奏紀注　言動

伏見
陛下卽位以來屢垂
淸問召見大臣至於今歲舉行尤數或講究典禮或諏詢治道或綜核庶職
或制御四夷邇者又
親御午門讞審大獄

盛德偉績垂耀無窮非臣之愚所能殫述臣聞堯舜之德文武之政所以布
天下傳後世者賴有典謨方策之存使非史臣當時記載則後代君臣何
所誦法故古者設立史官左史記動右史記言大率爲此臣備員班行每
覩
陛下宣召羣臣登對多係
帷幄之語造膝之言近臣不得以聽聞史官何由而紀錄臣竊惜之夫前代
史官追述往昔尙且網羅放失捃拾傳聞以成不刊之典豈如今日
宸衷睿想之所行
聖謨神斷之所著明並　日月炳若丹青顯然可書足以傳信且儒學里塾
之士門生弟子更相問難猶有日錄年譜以備遺亡
陛下履萬年之位臨九有之衆勵精圖治益大有爲將來延訪日廣政事日
新益有不可勝書者顧乃無所纂記以貽來世非闕典歟失今不圖誠恐
歲月綿遠耆舊凋謝或遺失莫存或傳聞各異事蹟無以紀其始末年月
無以考其後先後時之悔恐不能無雖悔亦無及矣竊考
本朝史職似與前代稍異臣愚欲乞
陛下特勅在廷臣僚先後曾蒙
召問者備錄當日於何
殿下欽奉
聖諭及
奏對之詞具本進覽宣付史館如事干機密不宜宣露者
御覽訖仍行封識付之謹密之臣藏諸深嚴之地所謂金匱石室者以俟將
來庶

聖君言動舉無所遺羣臣論說亦以附見洪武年間嘗有起居注
陛下儻採臣言而行之正合
祖宗之典貽萬世之謀臣不勝至願

題議防虜患

臣聞漢人有言曰敵加於己不得已而起者謂之應兵兵應者勝利人土
地貨寶者謂之貪兵兵貪者敗考之古今中國四夷之用兵其勝與敗皆
不能違此其或不能勝者所以應之未盡其道耳仰惟
陛下嗣大歷服之初屢降德音布德施惠崇正黜邪是在我者有自修之實
無可乘之釁已足以震動四夷矣諒陰之中邊報一至卽
命將出師練兵積穀以爲戰守之計以保　宗社爲心是眞所謂應兵也蠢
茲醜虜忘先帝之兼愛乘中國之大喪逆天背道猾夏殘民是眞所謂貪

兵也以天道人事論之曲直之算勝敗之形固已決於廟堂之上帷幄之間無庸臣下之議矣但中外人心私憂過計皆謂此虜怙勝日久蓄謀愈深且如去年佯言入貢以款我師繼又潛通東胡以分我勢今則擁衆寇我宣府分兵掠我廣昌恐有分道入寇之謀多方誤我之術矧西北邊陲屢經殘破瘡痍迄今未復近畿列郡連遭荒歉盜賊所在縱橫時事若此亦可寒心傳曰四郊多壘卿大夫之辱也臣謬叨大夫之列極弱且愚然一念愚忠不能自已謹條陳五事裨廟謨之萬一儻賜采擇稍見施行則海內之士嘉謨奇計皆將次第獻於

闕下矣昔宋神宗初即位富弼勸之願勿首先留意邊事今

陛下嬛嬛在疚輒及邊事蓋門庭之寇義不容已臣願

陛下於虜退之後增修德政簡拔賢才覈名實以治軍崇節儉以裕下必如

大舜敷德以格有苗周宣薄伐以逐玁狁斯盡先

皇帝付託之責實天下臣民至願也緣係議防虜患事理未敢擅便開坐謹

題請

旨

計開

一敏聽斷夫匈奴之衆不過漢一大縣然中國常失利虜常得志者何歟蓋虜人法令簡易約束嚴明凡舉一事必集衆謀衆謀既同數言即決朝發夕至疾如風雨此其取勝一端也今吾中國議論苦於異同文移傷於煩滯姑以邊事言之有會議會推數日而不決屢奏而不定或有建言奉

旨兵部看了來說者故金酋謂宋人曰待汝家議論定時我已過河矣此往事之明鑑也臣願

陛下凡措置一邊事推擇一邊臣或有建言邊事者特召內閣府部院寺大臣並科道之屬示以原奏導之使言若事體重大猝不能定者或日中再議或姑待明日大臣不許徇私小臣不許觀望反覆講求務求至當

陛下稱制臨決即日行之庶幾盡羣臣之才趁事機之會不爲虜人之所先不爲後時之貽悔且使兵部得省章奏之繁專精神一思慮爲

陛下審處三邊之事昔漢趙充國論西羌事宜六月戊申發奏七月甲寅璽書報從其計漢都長安距金城幾二千里而往復僅七日應事敏速如此故充國卒能成功願

陛下俯馭以爲法

一備將才臣竊見　國家每有邊事會推將臣輒難其選考之前史如春秋列國下逮南北朝蕞爾一方尚有才具文武者數人以維持其國豈有都萬邦之廣據四海之大乃以乏才爲憂第求之不切蓄之不豫然耳今保國公朱暉都御史史琳雖蒙

簡用萬一虜人或壓境踰時增兵應援或分道入寇遣將折衝臣愚不知復擬何人以往也乞

勑兵部先事會推武臣中堪爲大將者幾人副將者幾人文臣中堪爲提督者幾人贊畫者幾人不拘內外務在得人使之共事京營練習軍馬不惟兵將相諳臨事整暇抑使虜人知吾有備伐其奸謀乃上策也

一廣參謀照得各邊巡撫都御史凡軍馬錢糧城池關隘皆其職掌以一人而兼衆事平時或能竭力支持當此倥偬之日思慮恐不能周

悉才識恐不能兼該臣愚願乞
勑該部於在京在外官員會推曉暢軍事雅有志操者十數員以備都御史
幕僚之選每邊差委一二員前去補其謀議之缺相戰守之宜識慮
既多必能濟事考之前史如諸葛亮伐魏則有楊儀楊顒爲之屬裴
度平淮蔡則有韓愈李正封從其行亮與度皆絕出之才亦須多士
之助況其他乎苟得其人比之臨事差官旋爲措置者難易懸絕矣
一募材勇北虜恃戎馬足懷禽獸心沈鷙有力騎射精強乃性習然也
邇者宣府失利皆我遊兵之精者臣竊慮焉遊兵尚不能敵京軍之
尅勝殆未可知也昨總兵官奏取保定等府達官達舍非我族類其
心終異必須我之將帥能駕馭之我之師旅能頡頏之乃能析其心
得其力否則未見其益也夫驍勇材武之士未必盡產於沙漠在中
國倍有之彼挾其所負亦豈肯帖然人下哉在有司優異拔取之耳
臣願
勑兵部選差忠實明敏官員前往沿邊州縣及腹裏地方懸賞招募不拘士
民軍舍之餘但膽力過人騎射可取五兵之中能操一技者面試其
能起送赴部置營房以安其室家聚粟帛以足其衣食軍舍則改隸
其籍士庶則待考其功平居則束之部伍以變其習有功則差其官
級以酬其勞蓋材勇之士聚之京師既可以威敵制遠奸民有嘯聚
弄兵之謀者亦入吾彀中可以坐消其患矣
一褎功賞夫好生惡死人之常情戰陣相接鋒刃相交使吾士卒忘生
赴死以求勝惟在賞罰公明行之果且速耳雖孫吳韓白之善將舍
是亦無以成功也今邊境所患者稍有功次多爲有力者攙奪及

至行賞文移覈實動經歲月又乖古人賞不踰時之意將士解體兵
氣不揚弊實坐此臣愚願乞　朝廷捐數十萬之銀貯之受敵之所
付以紀功之官
勑兵部定爲賞功之格能殺胡人一首者賞銀若干兩殺二首者倍之殺其
酋長者又倍之提首而入懷金而出願受官者納賞以爲左驗如此
則賞不踰時士皆戮力而兵威作矣但兩軍鏖戰紛拏之際既斬敵
首復進禦他敵何暇轉而持之恐爲他人所有則又當體士卒之情
而爲之處臣愚不知邊事竊以臆見籌之凡軍法五人爲伍五伍爲
隊一隊共二十五人晝則同戰夜則同守有無相資患難相恤父子
兄弟不啻過也故有功則宜同賞有罪則宜同罰若一隊之中有能
殺敵戰不暇顧者許本隊軍士乘間得便持取其首解戰之後必不
相欺若疑似不明即以所給賞銀均散一隊絕其爭端彼此通行亮
無不服如此則所斬之首雖不能一一歸於手刃之人爲本隊所得
者十常八九爲他隊所得者十不過二三亦體其情而結其心矣儻
此說可采乞
勑兵部議處施行
題地方事件
准戶部咨該本部題雲南清吏司案呈查得總督漕運都御史總兵等官
遞年例該赴京會議下年該運京儲其南京總督糧儲都御史例該免其
赴京本部移咨先期將應議事件明白條陳星馳差人具
奏以憑會議請定奪等因具題奉
聖旨是欽此欽遵備咨到臣除欽遵外臣本愚昧叨總京儲事有見聞豈敢

緘默爲此謹將應議事件開坐具本專差辦事官姚萬章親賫謹題請
旨
計開
一專責任以完粮儲照得南京粮儲每年該戶部坐派浙江等布政司
直隸太平等府滁和等州例該差委參政通判判官縣丞等官部運
先年官屬相維事體歸一部運不敢改委歲輸不至後期以此下無
逋負廩有餘粮近年以來官民姦弊日滋錢糧拖欠日甚戶部等衙
門雖奏有差官催督之條住俸降級等例立法愈密欠糧愈多推原
其故蓋由奉行之不至與夫責任之不專參政等官或累年託故不
至通判等官或臨時營求改差司府州縣掌印正官輒便循情准聽
違例改差首領雜職等官錢粮既非各官經收納戶多不受其約束
陸續赴京前後不一人自開數告納各另給領通關有一人該納千
石而告七八百石者有一縣粮納十名而止來五六名者人文俱不
整齊姦弊何由查考若不申明　舊制法在必行年復一年廢弛愈
甚如蒙乞　勑該部會議通行浙江等司直隸等府各該州縣着落
司府州縣掌印正官自正德二年爲始將所屬應納南京稅粮備造
手册開寫某布政司某年分總該粮米若干黃黑豆若干馬草若干
總部官某人某府該納粮豆草若干部運官某人某州某縣粮豆草
若干部運官某人粮納戶某人一樣二本定限本年十二月以裏一
送南京戶部一送臣處以憑稽考各該管粮官員倘有託故營求不
親部運囑託掌印官改差例不該差人員六品以下俱聽臣行令問
刑衙門就近提問五品以上參奏提問其納戶人等陸續告納稅粮

照數收完查册相同方許給與通關各該官員粮草不完過違一年
之上者住俸三年之上者降級不許給由陞任行取各該衙門悉照
題　准事例遵守施行如此庶幾法令嚴而官民懼責任專而拖欠
少矣
一廣儲蓄以固根本查得直隸鳳陽府廣儲等倉該戶部每年派撥河
南直隸等處米麥三十餘萬石先年粮有贏餘奏有折銀事例繼後
援例告納本色日少折色日多軍官既易於侵欺軍士尤難於糴食
法久而弊漸出利行而害亦隨近又據南京戶部委官署員外郎主
事章寓之呈稱在倉米麥常不勾一月支放竊惟鳳陽乃
祖宗根本之地設立八衛一所官軍如此之多儲蓄如此之少思患預防誠
爲可慮卷查直隸淮安等府及河南布政司自弘治元年起至弘治
十七年止共拖欠該府倉粮一百七十萬石中間雖有係小民拖欠
遇例蠲免者緣未經查勘亦難除豁照得南京粮儲每歲差遣部官
四處催徵猶尚未能無欠該府稅粮止於行文催促拖欠豈不尤多
如蒙乞
勑該部會議合無將該府稅糧自正德二年爲始止收本色候三五年間倉
粮有餘另行奏納折色其拖欠之數查照南京差官徵催事例行南
京戶部差委司屬官一員前去各該司府州縣督催完納悉照查追
江西等處錢粮事例一體施行惟復行令巡視倉場御史不妨本等
公務親詣各該地方催督如此庶幾通融有法而倉廩可實催督有
人而逋負可完矣
一覈災傷以除宿弊查得錦衣等衛屯田歲額子粒一十四萬餘石派

撥南京應天等衛倉上納以備江北七衛官軍俸銀計七衛官軍每
年俸糧該支一十三萬有零先年屯種不缺官軍歲給有餘軍無坐
食之費民省供應之勞
朝廷立法最爲良便近年以來官軍作弊日深屯粮拖欠日甚弘治十八年
止徵一萬九千五百餘石今尚欠六千石有零正德元年止徵三萬
二千四百餘石今尚欠七千石有零官軍俸粮放支不敷該部只得
將運到民粮照數補撥屯粮之額歲減撥補之數歲增以京儲而代
屯粮全非立法本意屯田官軍便於得利一行比較之例輒以災傷
爲辭連名狀告動輒成羣及至差官踏勘多被設詐欺瞞以熟作荒
以輕作重雖間有災傷去處未必如其言之甚也臣近查得各衛屯
粮供與應天等府滁州等州民間納粮田地犬牙相參坵畝相接遇

災輕重固無不同相待軍民尤宜一體及照先據南京江陰衛指揮
僉事蔡倫呈稱弘治十五年各衛原報幷量出新增田地亦有山岡
荒硬瘦地雖經報粮在册委實難以開耕臣博加詢訪頗與所言相
同如蒙乞
飭該部會議今後屯田如果被災照例委官踏勘俱要與相近民田被災分
數相同若有虛詐旗軍人等問擬應得罪名干礙軍職參　奏提問
如果地勢有高低量增分數其弘治十五年各衛原報幷新增田地
除可耕田地照舊完納子粒外其有告稱委係山岡荒地委官踏勘
明白行令管屯御史南京戶都委官覈勘相同奏　請除豁此則情
法兩盡宿弊可除矣
一省文册以甦疲困查得南京錦衣等四十二衛每年該造實屯文册

先年題
准造送總督都御史處差人類繳戶部以省各衛差人之費近年各衛除造
送類繳之外復造一本仍前差人繳送戶部因襲既久不敢停止及
查各衛每年將屯田官旗軍餘姓名田粮舊管收除實在數目造册
繳報謂之荷包文册凡造一次非止一本百戶造繳千戶千戶造繳
管屯指揮而管屯指揮造繳本衛方纔類造數本或繳兩京戶部所
轄總督府總督都御史屯田御史等處紙劄書算之費與前項差人
繳册盤纏之需一皆科斂屯軍科斂之際又不從實自上而下倍蓰
無算前起未完後起又至十數年來殆無虛日又有衛所軍政官員
每遇麥熟秋成之時謀差下屯俵散香扇酒食等物需索財物剝害
多端屯軍疲困實多由此再照巡視屯田御史等官踏勘災傷例該

類造　奏繳幷戶部等衙門文册紙劄工食銀數多雖出於本衙門
收貯贓罰然亦可爲節省如蒙乞
勅該部計議合無今後各衛實屯文册止聽臣總督衙門類繳戶部不必重
繳荷包文册或五年或三年造繳一次無干衙門視爲故紙無益於
事不必繳報勘災文册如南京戶部告判屯粮仍宜備造以備查考
戶部等衙門止宜總册備照惟　奏繳文册合無仍行備造惟復止
造總數非臣昧死敢擬請自
聖裁各該管屯官員務要遵照永樂年間
勅諭事理撫恤屯軍不許絲毫科擾違者指實參　奏治罪如此則屯軍數
年之疲困或可復甦造册之頻繁亦稍省費矣
題馬政四事

近者災變非常
聖心恐懼
詔令羣臣痛加修省各開具興革事宜臣等皆以庸才備員太僕馬政未舉
民瘼未除召變致災實均有罪
陛下不即加責爲幸已多且使人各盡言又豈容默謹以馬政四事開坐上
陳伏乞
聖覽仍
勅該部議處施行不勝甚幸
計開
一議養京營戰馬竊見團營軍馬內衛京師外備征調軍精馬壯二者相資乃可以壯威而禦侮也近年以來營中之馬日見消耗告稱倒死無日無之多者十數疋少者四五疋以有限之馬供無窮之死誠可嘆惜原其所以蓋因軍士貪圖草料私賣以養馬爲累倚恃朋銀買補以馬死爲幸把總之官又多徇私派領不恤貧軍姦頑之徒又多延挨比較以顗
恩宥若不議處弊壞愈深臣等風聞團營官軍大約不下十萬團營之馬大約不下三萬以十萬之軍豈無三萬之家衣食稍餘產業稍足者哉但恐練閱不精派養不當耳如蒙乞
飭提督大臣各營選委忠實軍職一員將所轄官軍從一詢驗家產財力分爲三等上等悉令養馬不足以中等補之其馬十四歲以下倒死責令全賠十四歲以上者止賠半價二十歲以上者免賠革去樁頭朋銀之例絕其衆輕易舉之私編成格眼文册兵部用印鈐縫一本收

貯營中以備科道等官點驗一本送太僕寺以備本寺少卿點驗如有倒補轉換事故各該官員就註册眼爲照官軍養馬既按月關支草料又以時下場牧放若處置有法騎養得人遞年作踐瘐死之弊亦可以漸保其無矣議者必曰騎軍步卒練習已久若通行選閱未免更張臣等不知兵事然考古兵法騎亦可以爲步步亦可以爲騎非如天生兩不可易者若平時騎步不能相通臨敵決戰何以出奇制變乎今團營提督皆奉
命內外大臣臣等豈敢與議但職司馬政不忍不言查得本寺給與京營馬疋除先年不開外弘治十六年給馬三千疋十七年一萬一千疋十八年又一萬疋內五千疋未領每疋値銀二十餘兩皆竭民膏血所得一旦付之軍士骨立槁死暴殄可憐積以歲月八九疋僅賠一二矮小老弱比之原馬直駑駘之易騏驥矣　國家何所賴哉此臣等所以痛心而一言也
一議減馬政文册照得本寺所轄養馬地方南北直隸及河南等處各該府縣內外衛所及宣府等處各該城堡每年各項文册解造甚多臣等檢看有舊有而今可省者亦有新增而不可少者有季報馬册一年四季開報舊管新收開除實在數目者是也有孳生馬册每年開報孳生馬駒并馬戶姓名本寺具數類册交與御史出差印記者是也有備用馬派取寄養馬未到先繳一本馬已到隨繳一本以憑查對者是也又有點馬簿册少卿寺丞等官按臨所在臨期投遞以憑點閘者是也以寄養馬册計之本寺一本督理少卿一本分管寺丞一本該府通判一本是一事而四本矣以孳生馬疋計之本寺一

本寺丞一本印記御史一本該府通判一本是亦一事而四本矣各項文册計其工食解送之費加之官吏人等因而科擾所費不貲皆出於民况其所造不過鈔謄舊册略有增損各該官員視爲具文亦不檢閲勞民傷財於事無益臣等豈敢坐視不爲之處看得孳生馬册各該衙門每年止須二本一留本處備照一候御史寺丞會印之時投遞每年三月以裏止具總數申文到寺以憑轉報他文可以盡免矣備用馬册亦止須二本一留備照一候解馬到寺之日就同依准投遞凡先繳文册皆可免矣點馬簿册本寺於寄養馬匹行令各該衙門一體照式編造可以常用少卿一年滿日交與接管少卿寺丞三年滿日交與接管寺丞其餘點册點單手本之類可以盡免去矣惟季報文册乃

欽定條例所載臣等昧死言之若將一年四季分併半年一進一年止造二次每造止許二本一留本處以備遺亡一解本寺以備查照則似與舊制無違衆之民財亦損但臣等不敢擅議伏乞

聖裁各項文册如蒙 准言乞

勅兵部通行各該衙門並南京太僕寺永遠遵守造册差人止許掌印正官動支無礙官錢不許管馬官吏仍斂民財督理分管官員非奉欽依不許別生事端擅令造册州縣屬府者本府類解衛所屬都司者都司類解如無所屬者方徑解違者各坐以罪庶爲便益臣等聞古人有言生一事不如省一事寬一分則民受一分之賜訪得各該衙門籍册亦多徒費無益若推類行之亦爲民造福一端也乞

飭部議處幸甚

一議處管馬官員照得順天等府所屬州縣寄養兒扇馬匹田有定額賦有定丁比之別處牧養孳生馬匹者事體繁簡大有不同今該府馬政官員既有本寺少卿提督又有寺丞分理又有各府通判專管事少而官多令煩而民擾至於文移簿册之費迎送廪給之需積少成多皆爲民累查得少卿係奉勅督理官員難以更改合無將分管寺丞盡行減省管順天府者改委別府管保定河間二府者止令管理孳生馬匹至於寄養馬匹專委少卿各府通判等官悉聽約束如此則職專而可責成民安而無多擾矣再照宛平大興二縣先年該

欽差給事中等官王廷等奉

勅查勘宛平縣原額免糧養馬地一千一百七十九頃四十八畝有零編養馬一千二百九十匹大興縣地五百八十六頃五十三畝有零編養

馬五百二十六匹大率計之爲田八九十畝養馬一匹比之別縣止五十畝養馬一匹者例已不同編戶造册詳於舊法民安事久已爲定規續該順天府建言要將宛大二縣馬匹分派別縣寄養管馬官員起送吏部別用該兵部覆奏行移本寺臣等看得民間種地莫非王土養馬者免糧出税者免馬此不易之道也今兩縣地土幾及二千頃既不養馬又不納糧却將馬匹加派別縣揆之事理可謂不均况兩縣密邇 輦轂全無馬匹緩急調用何以應付該府所言可謂知其一未知其二也合無仍將管馬官吏存留辦事免糧人戶照舊領養庶幾先事有備民無不均若謂京邑之民差使累重宜加優恤許令原養二匹人戶共養一匹則

恩澤之施又加於他縣一倍矣如兩縣管馬官員得留本府管馬通判可以

革去議者必曰他府不革獨革順天府可乎蓋他府管孳生之馬事多不可革順天府止寄養之馬事簡可革也

一議清場畝租銀照得各該養馬地方俱有牧馬草場先年事體歸一專令牧養馬匹近年法制更改祇是徵納租銀除眞定等府每年陸續解銀到寺近又該兵部差官淸查外惟順天府所屬二十七州縣永平府所屬六州縣保定府易州淶水定興新城新安容城雄縣七縣河間府青縣任丘靜海三縣每草場有一段百十畝者有數段幾百頃者每年租銀有三四十兩者有五七十兩者自弘治六年起例以來各府徵收並無分文解送到寺既廢牧馬之舊規又失徵租之常利若不查理其弊愈深及照先該都御史洪　奏將順天等府免糧養馬空閑地土每年照畝徵銀祇行二年續該本寺奏准免徵除

例前已行給民買馬外未給之數亦未淸查臣等竊思前項銀兩俱緣馬政而設比與別項課稅不同既已徵收在官又非小民拖欠可比如蒙乞差本寺少卿一員遍歷所屬督令各該掌印并管馬官員逐一淸查要見某處原設有牧養馬草場田土若干自弘治六年起每年各收租銀若干見在何衙門交收其別項支費者奉何衙門明文可據及查免糧空閑地畝某處某年分該徵銀若干已給與人戶者若干見收在官庫若干在官者悉令起解該徵者立限催完其各年徵收在官銀兩或爲官吏侵欺或推稱別項支費查無明文憑據悉聽差去官員應拏問者拏問應參奏者參奏追徵淸理完日通將各處草場頃畝坐落里地佃種人戶花名並每年該徵銀兩等則之數造册二本一送兵部備照一留本寺查考如此則不惟革官吏侵欺之弊且可助邊方買馬之資其於馬政亦爲小補

題馬政利病

近奉

聖諭痛加修省已將本衙門事當興革者開具上陳數日以來竊思邊方馬政關係尤重稽之案牘粗得其沿革利弊之概再行開具伏候

聖裁照得本寺歲收各處馬價銀兩起自成化二年爲因南方一二府縣地不產馬暫收折色自後比例者衆日漸加增當時所積不多各邊不曾指取以後間有奏討量與亦不盡從緣各邊自有買馬之需如宣府餘糧陝西屯田等項銀兩是也利源一開潰不可塞查得宣府成化二十一年止奏討銀一萬兩自弘治十四等年至今則一十三萬兩矣大同成化二十年并二十二年止奏討銀二萬八千三十兩自弘治十等年至今則一十

六萬五千兩矣延綏成化年間止共討銀三萬九千兩自弘治九年至十八年則一十萬二千一百九十五兩矣甯夏弘治十八年以前節次止討銀二萬一千一百三十兩弘治十四年至今纔及六年則已七萬兩陜西布政司等處止是成化二十二年取銀三千八百八十兩自弘治元年至今則節次共討過一十五萬九千兩有餘矣他如甘肅遼東山西等處各節次奏討過一十一萬五千三百七十二兩皆數倍於前可謂費出無經糜費不貲矣及照本寺寄養順天等府馬匹起自正統十四年爲因虜寇犯順馬匹不敷歲取南北直隸等處馬二萬匹俵養近圻以便征調然本意備京營之用不專爲各邊之資緣各邊各有行太僕寺苑馬寺所畜馬匹足備征調故也其後馬政廢弛人心狃頑一遇邊警詗言馬少張皇聲勢奏　請紛然横議一興牢不可破查得宣府自成化十一年至弘治十

二年止取馬一萬九千一百三十四匹弘治十四年至正德元年七年之間却取過馬二萬一千四百五十四匹大同自成化十一年至弘治七年止取馬一千九百六十五匹弘治十二年至正德元年八年之間却取過馬一萬一千八百三十一匹除給銀買補者不計已數倍於前矣邊方官軍因見京師銀馬易以邀求遂將騎操馬匹不甚愛惜及至倒死又不賠償鎮巡大臣多闊略文法豈能一一覈實把總等官惟乾沒貨利豈能一一盡公甚至貪黷之徒如近年都督莊鑑侵欺買馬價銀追贓罷官亦其一也其中弊病難以悉言若不計處　國家之財物有限邊方之請求無厭歲復一歲何以支持臣等叨司馬政恆切憂惶然材識淺短素無經畫且事勢牽制又難舉行輒以愚見條陳稍逭不職之罪查得先年邊方討馬兵部奏勘缺少是實方行量給其後不知緣何不料邊情之緩急不計內馬

之盈虛隨其奏討之數輒給與之而又不復稽考任其耗費合無該部仍照先年良法今後奏討者嚴加覈實量爲給與庶幾邊方不敢妄求

朝廷不致徒費彼知馬不易得亦肯調養用心又查得本寺未收折色以前邊方止給馬匹今給銀十萬作馬萬匹價少馬多似利於官殊不知馬價銀兩一入軍中既爲有司尅減又爲軍士花費及至買馬所餘幾何價既不多馬何從好隨買隨死終費官價隨死隨討終累　朝廷原其本心非全爲馬合無今後邊方缺馬之時仍給本色以杜前弊若謂寄養之馬不敷聽臣等多方措置又查得各邊俱有餘糧屯田草場樁頭等項銀兩以備買馬之費先年不曾給與本寺銀馬邊無不足今歲給益多邊益不足何歟必須查考方得其詳合無兵部奏差風力郎中一員與同本寺督理少卿前去各邊查勘前項銀兩歲入若干收貯若干各該城堡騎兵若干有馬者若干該補者若干近年本寺發去銀價買馬若干餘銀若干給過馬匹某城若干某堡若干如有姦弊聽其參究事完之日具數造册收貯兵部預知其盈虧多寡之數臨期請給易以酌量若一時動衆興師暫添銀馬不在此數又查得邊方討馬開稱馬死或生災病或因馳逐理或有之然不應如是之多其間豈無作踐瘦損偷賣私借之弊並無一字聲說況生病亦由於水草之不時馳死亦由於作止之無節要在得人專心牧養豈可盡諉之馬哉合無兵部行移鎮巡等官各以暴殄天物爲戒愛惜

國馬爲心選委管馬官員督責養馬軍士務要飲飫以時蔭息有地疾病者委之官醫作踐者治以軍法及照本寺奉

勅督理少卿止是每年到邊點閘一次合無今後點閘二次倒死者皮張鬃尾俱有方准朋賠買補者齒歲身材相應方准印烙但巡點之處不及大

同緣大同銀馬一從本寺給與既有相關亦合查點合無

勅令　兼管庶幾人皆警畏事可責成又查得督理京營少卿奉有

勅諭內開比較百戶指揮都指揮等官瘦損倒失馬匹或按月住俸或奏

聞區處

天語丁寧俱有則例然遐邇一體內外一法合無

勅督理少卿宣府大同各城堡等處悉照京營則例遵守施行使邊方將士惕然悚懼知　朝廷修舉馬政法律嚴明庶幾變其舊習以圖後效又查得陝西各邊因是地方曠遠道途艱難不來取馬止是弘治十七年十八年於平定州給與延綏馬共三千五百匹其遞年奏討本寺馬價買補馬匹不下數十萬兩及彼處餘糧屯田官地樁頭各項銀兩亦合查究前項京營住俸比較事例亦合通行但原無本寺官員督理乞

勅兵部另行議處或者所見謂邊方重地鎭巡大臣閫外之事宜從寬大若每事較量多方綜核邊方將士恐有不堪臣等謂團營爲京輔之屯比之邊方尤重提督極人臣之貴比之鎭巡尤尊　朝廷愼重馬政尚有科道點閘少卿督理況邊方乎蓋鎭巡等官於軍士務結之以恩臣等典牧之官正欲裁之以法固並行而不相悖也臣等愚昧不能盡識時宜伏乞
勅下該部詳其可否補其闕略畫爲長策爲邊方久遠馬政之利不勝幸甚

陳情再乞休致

正德五年三月二十七日吏部爲缺官事該本部會推題奉
聖旨儲　還着做戶部左侍郎管右侍郎事欽此欽遵本年十二月十五日吏部移咨到臣除本日望
闕謝

恩訖臣本非才加以多病
皇上起臣退閑之中任以卿佐之重惟當促裝就道赴部供職圖報稱於萬一乃臣之職分亦臣之志願也緣臣先患虛弱溼熱等證荷蒙
聖慈准令致仕杜門家居將及一載雖憑藥餌僅能支持一遇煩勞輒又發動以致元氣未復病勢未回今奉
恩命夙夜靡寧臣欲奉
命則病不能前臣若稽程則罪不可逭愚衷展轉憂病愈增伏望
皇上察臣才不足爲有無憫臣病不堪於任使仍令致仕得以養病痊可之日倘蒙錄用則臣誓竭犬馬之力以報
天地之恩臣不勝感戴顒望之至

改南京戶部侍郎謝　恩

正德七年二月十八日准吏部咨欽蒙
聖恩改授前職臣聞
命屛營俯躬跼蹐竊以南京實根本之重地戶部乃錢穀之劇司職既貳於地卿選宜從於人望顧茲重任乃畀微臣伏念臣才不逮人器非適用久塵仕路績效未之有聞薄竊時名行實無以相副褰嘗待罪於司計尋以移疾而歸田屬當
更化之初復叨起廢之列緣疾未愈具疏再辭蒙
大化之保全
賜溫詔以調理家食未久
朝命載頒爰改
留都仍供舊職謂臣年力未衰既不終於廢棄憫臣氣稟素弱俾稍得以優

閒惟
皇上之體羣臣同　天地之養萬物而臣庸陋之質老荷生成之偏顧
恩德之難名豈消埃之可稱臣敢不磨礱朽鈍罄竭愚誠生財有道雖慚本末之知報
國無能惟勵始終之節臣無任感戴
天恩之至

改吏部侍郎謝　恩

臣先任南京戶部左侍郎正德八年正月初六日准吏部咨欽蒙
聖恩改授今職伏念臣質本庸愚才尤譾薄歷官京秩忝懷竊祿之慚佐職地官全乏生財之道方滿盈之是懼忽　光寵之載臨爰自計曹俾司選部首六卿之倅貳綜羣吏之綱維澄汰以別賢愚考課以書殿最責任既

重掄選惟難顧臣何人乃叨斯職欲控避則懼煩言之爲瀆雖祇受益思
大造之難酬誓殫夙夜之勞稍效涓塵之報臣無任惶悚感
恩之至
奏乞恩　貤封
伏覩弘治十一年十二月二十一日
詔書内一款兩京文職官員歷俸未及考滿者與應得誥勅欽此欽遵當
恩詔渙頒之時臣以太僕寺少卿未及考滿聞繼母董氏喪守制在家後臣
於弘治十五年十月内起復到部本月二十四日
欽蒙復除前職臣查得太常寺少卿黄寶先年奉詔乞以本身應得
誥命移封父母及查得太僕寺少卿王質丁憂服除之後亦行比例乞
恩封贈父母俱蒙

聖明　允其所請臣父儲信見年七十四歲臣先任吏部郎中蒙給
誥命封如臣官臣母王氏贈宜人繼母董氏封宜人以臣歷官之微勞叨與
聖朝之盛典已爲至幸夫復何求仰惟
陛下以至仁覆天下以達孝率羣臣臣下未及考滿先與應得誥勅
聖恩隆厚蓋已極矣援例移封如黄寶者亦從而與之服闋乞
恩如王質者又從而與之
恩典無分於久近
聖澤普及於幽明可謂體悉臣子之至雖古昔盛時莫有過之者臣昔守制
不得與黄寶同時以乞封臣今復除竊敢比王質陳情以干澤伏望
聖慈勅下該部查照黄寶王質事例將臣應得
誥命封贈臣之父母俾臣父垂老得再沾一命之榮臣母偕亡得再賁
九原之寵豈惟副臣一人之私抑亦爲天下臣子之勸希冀
天命臣不勝恐懼待
命之至

柴墟文集卷之十二終

柴墟文集卷之十三

曾孫燿文振甫率男培均校梓

書簡

奉李西涯先生

巏鄙陋之資謬從諸生後出入門下十有餘年殘膏賸馥沾丐多矣春間臥病乞休荷蒙垂庇得返田舍感刻之私何可云喻入夏來加以滯下之苦血氣至覺未復身世若斯百念俱灰冷矣惟是先曾祖潛行未白一念耿耿蒙許作傳得附諸名集之末蓋非執事之文雖不肖之孫如巏百輩終亦莫能傳也夢寐麓堂徒切瞻仰機務之暇伏乞援筆揮賜且乞珍翰幷篆於首巏當什襲以藏如昔人蕭齋之重也時序近寒伏希調護寢餗益隆福履不宣

巏無似謬辱起廢之列以疾具辭伏蒙溫旨准令調理此蓋鈞慈庇覆所及

感刻尋辱書刻之惠命再錄先曾祖行狀奉上機務之餘敢乞瓊翰登卷卷首更乞篆書數大字尤幸傳之來世蓋不但一鄉一家之榮也恃知不勝冒瀆禺望之至

奉劉東山先生

巏頓首拜復巏不獲瞻奉忽復踰歲人吏自巴陵來者每詢尊候起居多福輒以爲慰自公南歸年事紛然日殊月變至今未已海內屬望仰止東山草堂雖安想不能無蒼生之望也巏比脫馬曹謬司南餉才鮮能薄秉倉場多事惟虞曠敗恐負公夙昔期待之意便中希誨教幸幸因盧守行謹奉手牘伏惟順時自愛以介壽祺不宣

奉戴先生司寇

巏拜啟久違教範不勝瞻詠每士夫至自南京者恭諗台候動止萬福私竊爲慰第巏冗懶不能數修書問於左右罪戾無所逃焉爾賢嗣氣質聞日茂秀仁人君子培植深厚異時自應遠到也未涯侍奉漸涼伏冀崇護寢餗以副中外倚重不宣

奉謝方石先生

巏昔在江東極蒙垂愛懶鈍不省承教迄今鄙心慊然奉違數年曠於修問惟是仰止之私有加於昔但時竊聞動履於台之士夫恭諗道德日崇著述日富輒用欣抃爲海內慶蓋歸然人望如我公者今不過數人而已謹附啟幷帊爲壽伏冀頤養爲吾道加愛不宣

復楊邃菴都憲

比承手劄期獎太過感愧感愧巏叨長馬曹才力譾薄考古之馬政養之於民不若養之於官之善國初舊法猶多此意今則盡廢矣執事邊方馬政盡

是養之於官之意某竊仰之但無由面承方略乞從吏備錄一通見賜使某稍依倣而行之亦中國保馬之幸也至懇至懇西陲晏然皆執事經略之力比聞關中荐旱恐更勞撫綏耳邊方利病敝寺初爲宣大而言遼陝皆差官乃廟論也想洞照矣時事日變弼諧拾遺者皆無所庸其力有志者憂之古人致君必自有術執事爲中外倚重且爲西事留不得與諸老斡旋一堂之上計他日功成而來恐蠱壞愈深倍爲力矣儻以爲可語幸有以示之邊庭寒早惟調護爲世道重不宣

承手劄幷佳集珍感珍感讀榮遇錄令人感嘆不已蓋願治之君常患於無臣負才之士常患於不遇先帝知人善任而公逢時遇合雖在昔以爲難况後世乎然某常竊有憾者當時居謨明弼諧之地者將順聖德恐尚有未盡也邃菴集一時鉅工勝士高古之作充然盈帙某之駑鈍豈能復着一語哉

竢閒中努力何如未敢遽爾承命恐爽約於左右也所列將才楊保二帥已移文矣餘二人非有所擇舍言輕地遠之人且當然爾曹生浮議石齋言得之北司冗際惜不及細扣之然此生自佳士喻之奇寶賞識者多豈終棄於道側也明年再舉當騰諸薦牘矣不宣

復王思菴太宰

承賜台翰存問周至感刻感刻所諭致政一節鈔呈未出已蒙聖明俞允詔旨溫厚恩典駢蕃中朝士夫無不嘆息誠近時所未有也諗之盛價說尊體雖稍違調攝行時已平和矣此後從容起居當益介壽祺歸然老成爲當代人瑞也巏夙承知遇弗克捧觴上壽厠於賀賓之列不勝瞻慕伏惟崇護寢餗以慰下情不宣

答童宗伯

巏向者獲侍左右猥蒙誨愛最切最深奉違許時冗惰之故未及修問代承手教遺以佳惠夏間朱貢士至又蒙賜以蘇集拜領之餘惟增感愧而已伏惟執事文學行義孚於海內所不知者特一二人爾茲者聖明養留清望益著區區波及之言適足以自損其何傷於執事乎無由馳賀惟冀調護寢餗益介壽祺以副具瞻之願不宣

使至伏蒙手教并領嘉貺兼恭諗動履康裕感慰何可量致政之請特荷眷留中外喜無他議蓋我公去意已决賢賢尙齒誼自朝廷初非在我有所濡滯也所諭誥命司封謂例未得致仕者須考績至京乃敢請給更乞裁處示之巏近承乏馬曹自顧鄙劣叨竊過望實教澤所及但私心未獲日侍教左右爲憾爾謹附此序謝伏惟以時倍加頤養以隆遐福不宣

寄楊石齋

巏前歲在京師奄罹大故荒迷中重辱弔慰哀感無量抵家無何聞公亦以變去位嗟乎何吾人同罹此厄邅耶萬里奔赴川塗跋涉其憂苦蓋倍於僕也恭惟孝心純至思慕摧裂何以堪居第南北相望無由奉瞻以相控訴爾讀禮之餘著述必富賢伯仲又有閉門師匠之益異時胥會尙冀沾丐殘餘以潤衰朽也未間惟冀抑哀強食以慰輿望不宣

慰張東白廷祥

巏久違門屏瞻仰彌切前歲居憂側聞太宜人奄棄榮養尋聞執事持服南還哀迷中不及馳弔又不及奏疏上慰悚罪悚罪伏計此時已及禫服今宇內多事中朝需賢執事道德高厚雅有經世宰物之念諒不得偃息於家矣伏冀抑哀調護佇竢柄用副海內之望不宣

寄費閣老

大拜踰年道阻無便不克寓賀悚罪悚罪巏備員無補閒中每念及時事姑以所急者奉瀆且如江西流賊初間劫掠出沒止百里之間合省固未罹其毒也自調狼兵以來征科供億已增一番民害矣然狼兵凶橫嗜利其淫汙刲戮尤甚於賊養寇縱賊爲害日滋今當事者既不能節制土官其土官又不能斂戢其衆昨賊已散蔓徽衢間矣禍將何時而已耶僕之愚謂狼兵既不可猝遣諸餘又不可變易莫若擢一大將如咸寧伯者領京邊官軍各數千人奉敕前去相同狼兵殺賊一則彈壓之使不爲害一則激勵之使速成功賊平之日就護送狼兵出境使之知中國兵威不敢玩視以弭後患愚見如此未知何如附上以備采擇執事宰制四海使萬物各得其所況江西父母邦也諒軫諸思慮久矣奚竢僕言不宣

寄劉司寇與淸

楊正郎來承惠新錄佳箋珍感珍感奉別忽復踰歲爟抱病如舊思奉高論清燕邈不可得徒切瞻企而已林下之人求一安穩爲幸近因流賊窺淮戒心洶洶聞楊虎已戮於渦水但羣盜在中原者勢尚猖獗全卿識慮沈密當此大任朝論可謂得人果能成功使儒者增重又爟之所竊喜也想有書達執事論賊勢竟如何其大指希示及之歲杪伏惟調燮不宣

歲前承手劄論及賊情家僮伏謁又辱降屈年德垂問賤疾感愧感愧執事篤於故舊之情但爟不足以當之也羣盜近愈狂悖出入圻甸尚未見殄滅之期爟所憂者京軍再出若勝則得不償失萬一不捷此舉殆似孤注也其中利害難以具言此惟可告執事希祕之何生晉謁敬附手牘新春惟珍攝不宣

與張都憲朝用

側聞憲旆駐淮已久爟抱病里居不獲晉謁又不及裁問於左右悚罪悚罪弄兵潢池者所在未已長淮以南大江以北獨晏然無事皆執事撫綏之力也林下之人得一安穩與斯民受惠多矣近京兵復出賊勢愈堅竊恐山東饋糧不繼意外可憂且賊勢窮迫又復窺淮有城池者可以自保鄉村鎭市罹此慘毒奈何淮揚近日簡募兵民雖衆但主客之心不一且無善將者統御之若復窺淮京軍蹙其北淮師截其南亦一奇也此皆臆見想在執事軫慮中矣夙承知遇輒敢及之歲晚伏惟調護爲世道重不宣

爟頓首啟奉違光範每勤瞻嚮兩淮饑荒甚勞撫綏竊讀乞糧封事幷與東山先生書經濟之才忠愛之藴益深嘆仰近蒙聖明憫惻免折色糧價免佽印馬駒恩甚渥也但不知廬鳳與揚米價徵起若干開種鹽價上納若干果如其數伏望執事倣曾南豐河北捄災議損益行之爟所慮者前價未得耳

至於各衙門諸餘銀兩亮皆以便宜發之不敢贅鄙見謂目前捄荒簡便應急百方以思莫如截留漕運之米爲善今幾甸穀價殊賤若以太倉年積之價召商糴納百萬餘石每年軍士月糧間支一月則三年可盡矣一則此間賤不至傷農二則倉銀不至他費卻留漕米五十萬石於淮又不下常年之數是一舉而三利於空白中得此若干糧以賑饑也亦有欲言者戶部以事干漕運爲詞謹奉白以竢裁擇儻以爲可馳奏之未晚也爟無補鄉郡甚切憂愧恃愛輒敢切及伏冀鈞照不宣

爟頓首啟爟無似特辱照庇感刻感刻曹侍御行曾附狀想徹鈞覽矣兩淮生靈遭此荒歉疫癘盛行蝗蝻繼作哀哉吾民何以堪此所賴執事撫巡於上極力賑恤其經畫之備防禦之周聞諸縉紳莫不稱誦以理論之人定亦能勝天亮不遠也昔人謂水旱之災民愁苦怨傷所致今散利罷征民且無所苦矣但貪酷之吏虐甚於魃苛甚於虎竊聞列郡尚或有之得去一二太甚者爲戒則導民和銷變異未必無補此亦中朝士夫之議也恃愛且圖稍効區區以報竊敢聞於左右伏冀矜察不宣

奉靳充道

新歲人回始拜高文之惠典雅溫粹眞仁人之言老父小子獲此何啻百朋之錫但期奬太過喜幸之餘繼之以愧不能已爾爟比得旨准調理起用微軀無似何以當此捫心揣已惟增感怍而已姪洵叨舉進士爟更爲之喜者以出吾兄門下爲尤榮耳適京口吏行附啓餘冀調護爲斯道重不宣

復顧都憲良弼

承賜涑水先生墓碑珍感珍感蓋士之所立德功與言而已三者嘗相資焉德與功須能言之士以傳能言之士須盛德奇功者乃寫其所欲言古今常

患不相値今涑水先生德業之盛美君臣之契遇無愧古人矣非東坡超卓之識古贍之辭序而詩之何以稱哉誠百代奇遇也遺山集中如涑水俟碑雷御史誌亦是奇作但方之坡公差覺緩步爾奉上四册因附鄙誠狂率幸不罪且因以請教也有終貴恙大抵劬學之故想自能調攝今㣲愈矣末由趨侍撫綏之餘惟爲道自愛不宣

答高都憲

疊承手劄垂眷甚篤感刻感刻所諭乃稽勳駁出今已歸之所由矣𧥄愧不能先事彌縫然限於曹司亦無由先知想不罪也圻甸彫敝倍勞撫綏均徭恤民一章最爲切至但不知廷議如何聞前人起一項地畝錢民甚不便又聞談者謂今之急務在撫流亡蠲徭役戢權要黜貪墨及秋後戒勸借此數事想皆入思議矣恃知輒附聞已喧惟調護以需大拜不宣

復陸全卿都憲

韓評事來承惠手翰珍感珍感劇盜自湖南掠舟而來據江湖之險爲東南之害無辜元元被其殺戮不可以數計有司皆匿不以聞南京杜指揮近又失利人心益懼恭諗執事仗鉞來南諸將沓至士民始有所倚賴蕞爾殘賊不日可平矣然聞之議者謂各路官軍士馬強盛勢如泰山之壓但北方戎騎舟楫恐非其長須諸將齊心恊力可以成功又謂急之則在我亦不能無小傷只舟師重圍之一有衝突四面夾攻使之晝無所掠夜不得休則旬日之內亦當就縛又謂江西之賊見今散蔓廣信各縣前日到衢之開化恐賊乘船抵淛踰嶺疾走一日往會之須先設備遏其去路又江東官軍前去截殺不過乘時竊微功以蓋前愆耳然所在糧草恐難贍給况此輩見賊先潰牽引我師須善處之又熒惑太赤其占一主火災賊知衆寡不敵必因風縱火須嚴備之前日瓜州可鑑矣執事久總師旅慮周謀悉前所陳者想已先得之恃知輒又以告惟願執事果於成功以白儒者之效以寬朝野之憂也殘暑軍中倍加葆衞不宣

與南屏侍詔先生

久不奉淸誨豈勝瞻企承屢借書感甚感甚蓋祕本最難得出近日修書開局衆目所在尤爲難也極知費公心思何以爲報但當彊讀稍酬知己爾陵川集四册納上他書再無留在敝齋者矣乞檢入之不具

奉王秝齋

𧥄久曠書問極知罪戾然區區瞻仰之意則常在秝齋左右也廷章來恭諗體履多福益慰卑情兼聞賢郎欽佩才譽佳茂秋闈發解士林傾望此尤可爲公賀也時事日新老成彫謝巋然繫海內之望者惟公數人而已伏惟頤養爲道加愛不宣

去歲伏承手劄兼領賻儀重以賤目之故曲煩垂念備示良方其爲哀感曷可云喻憂疾相絆裁謝久稽南望門屏每勤瞻企時事日變公雅負當世之望端居深念諒倍常情所恨不得趨侍左右稍聞經濟之略爾間閒公草書卷子欽佩向曾寫一通見寄首絕遺一字蓋未辨也𧥄近得鈔全集錄此詩於別紙奉觀徐給事宣之久慕德望因其行謹附手狀秋暑尙熾伏冀調護以慰與望不宣

寄林見素

奉別數年相見期與公對案連榻數日夜不休不意對面又成千里之隔別後徒惘惘爾聞自浙抵湖南遠惟即日起居佳勝爲慰陝伯之擢汪又先之奈何知公任運必不經懷但不可遽有休退之請此事再容奉白也原善附

在簽錄之列得冠帶閑住詞氣卑佞士夫短氣雖江西人亦謂渠家門戶掃地可嘆可嘆士君子立身當安義命豈以在外者而喪所守哉僕非淺薄要公知其人爾徂暑惟保練以副士林之望不宣

承諭并二帖得窺知獄案本末以公之明直謙虛而呶呶者乃無故中傷之不問可知其爲人矣第不知臺察曾照詳之否不然眞所謂求全之毁也怪哉怪哉湖南治行洪洞公在稠人前極稱奬之巏懼公獨立爲衆所憎然又有知已如此者卻可爲公賀也陝伯之擢爲嬖人所尼內翰語之曰此人恐非終不用者渠應云豈終不用且稍止之用不用豈足爲病實益彰公之直渠輩所見想自以此軒輊人不知有道者觀之不直一笑但不可輒請休退墮渠術中卻笑吾輩不自優裕亦以此熱中也乞俯聽之時弊日深靜中思之無一可恃眞天幸爾何由奉見罄所欲言惟冀若時保練爲吾道之重萬萬

別後數奉問不知一一徹覽否秋來起居想益佳勝僕近看時事雖多翻覆要之是非終不泯滅公胸次夷曠眼前細故想不留滯也所瀆前書已悉茲不贅未奉侍間唯調護寢食爲道自重萬萬

公之決去甚高但僕輩不能挽留眞可愧也聞野服過黃相知亦有跡太奇之議如何如何病起復用特不爲例士林美之此事斡旋之力涯老居多便中望附一書轉謝座主於門生恩義自當然爾亦無嫌也司農家須善處之得兩不相傷則善矣未涯瞻奉惟珍嗇副海內之望不宣

違久無由再奉顔範閒中每切馳慕惟翹首一南望爾存敬太守來得聞起居安裕甚慰甚慰林居著述必日富無惜寄示僕得少祛俗陋也叨轉騎曹尋數月矣此官無補於職直苟祿而已所竊喜者得避要劇之地想故人亦以是爲僕喜也諸餘不能一一惟保毖以副海內之望不宣

久不修問耿耿昨寶應舍親有書來道公薦及於巏捧書驚愕良久夜間思之憂慼彌甚故人高誼僕豈不悉第恐尚有未思者爾巏人品素劣學行無以過今之中人偶忝科名遂竊時譽此終身之愧也歷官無狀再叨今秩逾望已甚矣服闋來自以婚嫁私冗稽留赴選非有他也然尚恐在人有養高自便之論即今趣裝擬在夏秋間北上豈敢勞公汲汲引薦乎此固公爲國愛才之盛心但巏實非其人也蓋古之君子皆務韜晦沈默不欲異於人因以得名名者造物所深忌如巏者已竊時名多矣自顧實何能萬一以副之此他人所不知而巏獨知者有其實者尙爲造物所深忌無實者將何如哉公盛名重望在天下凡百舉措衆所注目巏也何人乃當此舉設或異時志不能帥氣涖官行已稍有悔吝豈不汙公簡牘益重巏之罪哉前輩謂常調官好做使巏即復除一官稍盡職業苟全素守亦聊可藉口見故人矣況敢

望意外之擢使姓名赫赫在人耳目爲衆所屬望窺伺指摘邪或者公謂巏或不被知於當路慨然有此舉此須面悉然有命焉況實無見知者且比來無缺何與人事也如囊封未發乞寢之刓其稿如已發未遠遣急脚追之庶不誤公知人之明巏亦免過情之恥煩言浮議無從而生乃至幸也急於奉白覼縷無次恃游從之舊耳伏冀亮貸不宣

辱薦將謂泛及奉牘乃知官僚之選也悚愧悚愧是選巏豈能堪哉徒玷公知人之明也鄙文久稽實坐冗懶兼筆路澁澀之故傳來尊諭似不諒察稍涉此念巏不齒於士類矣兼尊公盛德抑何間然之有稿率率成甚愧庸俗幸一一指摘其疵纇示之當再努力幸勿存形跡也時勸侍御禮遇過當相見爲巏稍降謝之留都多缺蚤晚得侍左右尤巏之幸暑熾冀道體珍攝不

宣

昨承手劄幷領精縑珍感珍感服除後汩沒人事中忽枉教墨奉誦無已殆如寐得醒也索居久不聞朋友規戒之益流於汙下日不自知耳幸公相望不遠便中無惜垂誨乃至願也朱舉人辱寵訪雖以嚾故然下士乃公素好也壽文遲滯愧悚不可言自前歲憂回書册散亂原來行實不知置在何處有稿望錄示幸幸如出於林黃二公之筆不可得只煩公有所示嚾得依據牽率成稿也拱伺諸留續布漸熱加愛不宣

鄙文以久逋之故昨亟於奉償遺漏乖舛悉如來教悚愧悚愧今略贅數語稍見本題至於廣伯新銜緣公已辭免且稿中召命薦至之語亦涵此意姑仍舊如何此舉專賀七十若移在令弟校文之年則亦過期矣不知若果黃方二公初意也此皆鄙見乞再示可否期耋之間嚾當再頌當不食言矣平

世用人多循資望世安二者兼有之感公之意欲以積薪之說待僕不知當路之見正如太倉之放陳也呵呵側室比生一子今日彌月公雅垂念謹附知親賓致賀俱堅却只乞公一詩爲此兒壓災也餘具別紙秋暑熾甚未涯瞻侍爲道加愛不宣

春暖遠惟道體亨裕爲慰江西賊勢想倍勞經畫聞之士夫須官軍與大家世族隨賊剽掠所在公私合力勦之乃善如何如何一時監司不甚悉知可以協謀者想國賢及朝言在幕次爾海內方多事不可謂無材但誠心任事者甚少士習至此極難變此更可憂也聞於當路處有薦牘賤姓名亦玷其中感愧感愧其如此公亦在人驅使中何賊平後想寵召面悉不宣

昨具手帖以空事奉瀆蓋痛憤之極控於知已不覺覼縷如未汙白簡且已之僕將自處亦不欲以此等事奉溷也恭諗江西之盜寢息利民善俗之政次第舉行聞於下風不勝欣慰蓋賢者在位有識者惟恐其無成况忝遊從之厚者哉茲復稍有聞見輒布諸左右請裁擇聞之士夫寧府賢而有才昨所參諒無損於盛美朝廷重宗藩內批不得不然乞稍引咎順受之爲當好善惜名王之善念此牖也可以納約此無齟齬他政可沛然行矣罰贖固時宜然貧人久係官不便只科罪疾遣之如何勸借固廣儲蓄然江西人甚吝且奉行者不至姑已之如何風聞許復定昌懋貞亦謂未善古人行事多先看人心之向背此非人所向也奈何亦作背人心事乎契勘盡豎只據覆請爲妙不須已甚甚之適以寬之且恐轉累盛也公性明銳甚事至乞稍緩之且召兩司從容議處彼亦不敢不竭誠不然恐不免退有後言者恃舊叨切古語云無之而置誠親之也幸悉此意未涯瞻侍惟若時保愛不宣

持服家居忽踰歲矣卽日不審氣體何如抑哀就禮以全大孝乃交游至愿

也太夫人几筵前皆以不得躬奠爲慊附上薄儀稍辦脯果侑奠辭爾惟鑒納之江淮旱災饑民死者甚衆高懷雖罹荼毒想不能便忘也附知

別來馳慕不已南都多事想公悉知靜觀莆田相繼捐館朝東近罹內艱全之玉卿與義諸人又皆以言得罪聯翩四出交游零落莫甚此時向來聚集眞不偶然也范齋去歲生子獨此稍慰嚾靡祿愧甚亦盛爲人不喜將來出處不知如何也時事日新目前人物屬望者甚少公且因官効職養望蓄才一登要津所發便沛然矣無便久不修問萬冀崇護以副具瞻之望他所欲言與義能悉不具

久別奉懷耿耿雖間承手翰及兵侍王公至始獲盡聞起居之詳直道至誠內外綏服紀綱之地實愜具瞻欣忭欣忭承不鄙以賤姓名聞於王公且感且愧才識薄劣恐負故人之知爾諸公書皆轉上但范齋馳賀未得昨又諗

其乞身矣年來士夫多鮮晚節近日謝方石李范齋乃浩然決烈但老成人引退此又有可慮者臨楮不能悉也公名位優著許不久當歸中朝未奉侍間惟多愛以副瞻企不宣

去歲又辱滇中象櫛番錫之賜感荷感荷承差回曾具手書并雜詩文數篇奉覽昨承諭謂無書至今稿尚在也豈承差逸去耶但公移鎮不得覆矣湖湘地邇此後却得屢通問也賢姪過此得書諗公起居之詳云體貌視舊豐美甚慰甚慰至於學行宦業與年日廣此則不諗而知者但貧約如故此吾人之常奈何奈何僕年來爲病所苦諸餘皆廢他日甚無以副故人之知獨此念未忘爾宏文行又喜公得賢僚奉接未涯惟加愛爲吾道重不宣

承手劄垂問賤疾詞意諄至不善調攝每勤故人之念益重感怍無已賤目瞳子幸無他虞但兩絃赤爛病後久未得痛乃血氣不足所致多方未得充實奈何奈何日者多謂厄運使然恐或然也公貧乏惠帶何以克當多病無似之人腰間豈稱此飾置之篋笥永以爲榮而已一齋提學昨行曾附書想徹覽矣所懇借鈔者幸留意有恆先生蒙殊待其行履固取重於公想又以僕師之故也知感知感

賢姪在江口踰月臨去始得相見又迫晚急欲出城遂不及留一飯悵悵聞貴體今歲亦稍違和公食色淡薄無庸贅言但飲藥亦須戒辛溫之劑雖參耆亦不可久服蓋火常有餘反助邪熱之故僕雖不能盡郤宿病然保此孱弱之軀亦賴投藥不差也幸垂聽毋訝斯文故人相繼淪謝言之慘傷范齋朝東想聞訃矣近仲璧又以背疽下世繆全之死三日乃幸復甦不知造物於此公何如也近交游又得楊方震朱懿卿數公甚慰人望但各以事牽不得常合爾何時獲奉君子言笑一豁鄙懷也秋杪惟調嗇不宣

家君承惠領次感甚生子碌碌乃辱交於當世偉人數千里外重蒙貺問尤足爲老者之慰也巏淺劣何足仰裨盛德來諭有書至愈病之譽蓋高明廣大取善無已之盛心不自覺其詞之溢也公名實相副內外交孚巏有他聞當即奉告不敢爲諛但實無所聞然公檢身下問勤勤如此乃巏所當法而巏之無能寡過郤專靠公之切誨也誌文承命謬爲增損并前兩篇附陳价回但恐不稱時安孝念聽其采擇爾价亦說有命持歸刻石也冬寒保練以副傾慕之誠不宣

承諭鬢有華者此血傷之故養陰最妙陰卽血也蓋陽常有餘陰常不足但陽動而陰靜吾人方爲世故牽挽竟日只是動豈能靜以養邪若在燕間或中夜能忘念默坐澄湛一二時亦殊勝積久則靜常爲主以應動陰血可漸復矣此巏近稍悟者乞體驗之南京今冬雨雪彌月長老言數十年所未見又臘月大雷電亦非時可憂奉知恐又軫慮也廷玉提學亦欲公節勞省事然此公正自不免爾除誌附宏文价上久矣覽訖示知歲晚惟加重不悉

新歲再承手翰無便未及裁復罪罪柳灣風物如昨但故人散盡無復曩時之懽早晚冀公來續舊游不知造物者肯置公閑處否也元善將出請室今昨所惠悉轉納矣全之賻金已作書召其子他人恐不可託也公官極清貧篤於故舊之誼勤劬周到卽此一節亦當在古人中求之嘆服嘆服枕肱道人昨歲得一丈夫子七十老人特特奇事天道眞不爽也巏亦近眞一妾向承念此故敢瀆知沈畏齋在武昌暇中想多延訪巏兩年以病懶不常置書乞爲道意萬萬聞湖南熱劇惟加重不宣

寄孫九峰

奉闊既久瞻企日甚僕以冗劇不獲時致書問罪愧何可言春間雖乘便致

數字然草率太甚祗足取罪於執事者聞服色已在祥禫間矣讀禮之餘閒理想益精到旦夕瞻望傒從南來冀得聞緒餘以為楷法此僕夙願也未陪侍間惟節哀自愛不宣

春間仲醫生行曾附狀不知徹公覽否憂患之餘甚愧不謹悚罪悚罪緬惟道體起居多福比來多事想大攄賢蘊康濟時艱海濱難得邸報不知邊事近日如何巏之私憂自古大患皆起於□□外侵盜賊內訌今內地之民貧甚亟宜軫恤以固根本須得賢守令錯布州縣乃佳遴選更易此郤公之任也惟知舊輒爾奉瀆惟裁擇之不宣

寄蔡介夫

得手書承太夫人奄棄祿養吾兄持服南歸自京至閩跋涉數千里癯然道體何以勝此苦耶無由奉慰日惟馳念而已巏薄祜甫壯先安人已見背得

年才四十有六較之太夫人享高壽祿養寵封皆及存日萬萬不及矣況吾兄行學純備他日將畢遂顯揚之願如巏者則又竟何贖哉此足以為慰也乍暄氣候不常舟中惟節哀強食以副士林之望萬萬不宣

在京承海愛耿耿不忘舟中開緘又得手錄正學集數十段見諭朋友箴規切至如吾介夫者何可多得巏鄙陋之質加以多病正須良師友日警戒之但相去遼遠不得日奉言論巏之無復長進實判於此矣別來不識動定何如近見邸報監牲一節縣念無已此時想復職人便當示知為慰汝愚尚未過此前諭已悉到官匆匆適仲璧行聊此惟加愛以副斯文之寄不宣

兩辱手翰諭僕出處一節甚荷甚荷僕舊歲此念已決尋承家君之命未果至今抱愧謀之未審語故人也邇來覺賤體稍健但氣不得猝完固不能任勞黽勉調養以竢不知後竟如何也固憶公往日養氣之論最為切要一身不能治何暇他為歲月不留誠恐因循泯沒了此一生中夜耿耿病中唯此念未忘爾因恃公知愛及此衷悃幸勿聞之他人也

巏昨北上後不知吾兄自浙抵閩音問常切奉懷比者得手書數番慰甚慰甚承繼有大王母憂苦事奈何罹此厄境諒惟有道處之唯勿過毀傷乃朋友至望令叔歿在上新河者其事僕實不知想是既別江左矣不敢掠美也巏劣弱之資政府過聽調居此地何以供職徒自積漸畏爾尋常念不得奉陪左右及來郤又値吾兄之去若豫有為之阻閡者豈非巏之不幸耶瞻望南天數吾兄之至日以需來教計得竟遂此愿也臨紙不悉所欲言切冀抑哀加愛是祝

巏昨罹大故荒迷中伏承教慰賻我送我情誼篤至感刻何可言抵家勉襄葬事兼海鄉無便布謝未及及承疊賜手劄哀感益深新歲緬惟體履康裕

主客之除想執政者以吾兄不任勞劇之故然吾兄所養所蓄神明彊毅他人未必盡知也承示不久留巏欲奉瀆幸稍安之不惟姑恤人言蓋天之生才甚難如吾兄者出必有所為也今雖不得盡所蘊異日豈無識拔者乎一時得失不足介意要當使在我者常有餘爾若遽然引退他日復出關係甚多雖山林著述益於後學終不若吾身親見之也如必欲去亦須一二年渾然無迹乃勝此巏之臆見輒以奉告幸裁鑒之賢郎鄉舉甚慰甚慰庸學淺說千冀鈔示窮廬寡陋開卷得承教也餘不能悉唯調護眠食為道加愛萬萬

急脚回承新歷手劄之賜感感新歲伊始遠惟道體亨嘉豈勝瞻慰巏罹此厄運殘臘中又失一既晬女子靜中顧念益不自堪惟閒閱書史力為排遣而已秀才周瀛即亡妻兄子去歲提學方公過泰以病不出茲行聽考此公

嚴察恐有他虞嶒未嘗納交不敢輒通名姓敢乞以僕之故儻有蹉跌多方一斡旋之幸甚幸甚因其行附狀春氣尚寒惟爲道葆重不宣

久不領教瞻仰瞻仰憂後氣體何如時於閩中士夫略得起居爲慰禫服在今年便起復否交游皆禺族公來薰德聆教尤嶒夙愿也時事極可憂將來不知何以捄藥汝源必能言之未涯款侍抑哀加愛不宣

答丁玉夫

久闕奉狀罪甚罪甚惟於交游間每諗動念以慰瞻企乃區區一念之私也專城之寄實執政者捜揚賢雋之意承手書若謂嶒亦與聞其事者捧讀數遍益增愧怍而已吾兄學行清古士林攸重諒致遠奚止於此惟冀少安之蓋賢人得志世道之幸他固不足爲輕重也相見未涯唯爲道加愛不宣

奉李范齋

別後甚切瞻企希哲至諗尊體向愈忻慰無量翩然蚤退位不稱德士論所共惜晚年必介祺壽折此浮榮也嶒今歲臥病數月此時幸稍健但目疾猶未爽豁闕於修問職此之故亮之亮之未侍奉間唯調護眠食以副下懷不宣

與沈畏齋憲副

奉別忽復再歲中間屢辱惠問蕞爾小子一及門牆輒蒙記愛感幸感幸南望武昌每與悵望何由日奉良誨耶賢郎想益茂秀見與范齋帖近日積稿倍常荆楚江山題詠殆盡風流萬古矣閒中多得寄示卽如面承也近寒惟加重不宣

公昨過江東僕以病不果奉謁及敝廬承枉顧於時薄暮又不獲奉君子之教從容移日怏怏迄今公儒林宿望浩然引退足以激厲薄俗寓居武昌其江山之勝及前人興滅戰爭之蹟益助文字之豪計今人奔走以得者不足易公所好也諸郎想益秀發大有向以綵履見寄何以消受惟珍感而已許郎中行敬此修問徂暑惟調護以副瞻企不宣

寄劉與清都憲

向承手劄并惠誌書領次感刻迄今無已尋聞執事入蜀未及裁謝悚罪悚罪然此書復得之詳嶒謹載之誌中使泰人世世誦而感之非嶒一人而已也蜀中歲豐夷靖皆執事撫綏之力臺端虛席久矣計不久留於外新歲伊始萬冀調攝以迓寵渥不宣

寄李子陽

久闊無任瞻企人自江東來者每辱垂問感感吾兄雅有當世之志留都奉常奚足以留近聞衆署成均此蓋大拜之兆也嶒抵家已屢閱歲服除後婚

嫁多事遂不果行今秋擬北上冀一南官以竊祿得如所圖又得陪奉左右但恐吾兄又赴召也因便謹附簡徂暑惟調攝不宣

答白秉德

白集十七帙納上乞檢之明之處有一册想自上矣中有模糊處得克溫本并校間隨筆註之但不能一一也公家少傅膏馥霑丐後人多矣嶒又夤緣於公得丐其殘餘感感荷荷所愧才非元劉得與其諸孫相倡和爾箋百幅奉供揮灑不悉

復石邦彥

嶒抵舍一月已三枉手劄體悉祝望之至藹然楮墨之外捧誦數過故人高誼惟中心藏之而已疾痰所滯海果未能投種奈何奈何公當及時栽培無似小子之運暮也西陲忽有此變霈恩之後必有攜貳悔悟者便中寄示以

慰畎畝之憂景明覬然無書想以向者洵姪之故詩卷能擲一序乃見曠度也煩爲僕謝之徂暑餘惟珍衛道體萬萬不宣

與張柏崖

執事赴闕後巑雜病綿延久闕修問繼聞復官翰林士論攸愜况巑忝門下士其爲喜忭尤倍羣情遠惟即日侍從經帷鋪陳道德仁義之説啓沃當宁蓋天下陰被其賜非止如他有司效一職治一官者可論也瞻企瞻企巑自度不堪時用覓官來南但近北司張甚侵撓羅織毒流縉紳稍有稜角者渠便側目矣家貧糜祿不能引去奈何奈何惟執事雅垂獎愛必有以教之他人前巑不以告也不宣

承教帖恭審孝履清勝感慰感慰服禫在邇不知明春遂上京否南臺得禍最烈蓋有借是快其意者出處之際伏惟高明必有超然之見但一得之愚謂不如姑待年歲之爲愈也恃愛敢及此尊甫先生祭文遲滯多罪多罪兼文思荒落不足以發隱君子之潛尤可愧也漸寒惟崇護不宣

寄畢嘉會

久不修問遠惟履况清裕爲慰公獻南回想能達鄙意不能推轂甚爲公愧也巑居此甚無補廣陵父母之邦也不能風動長民者一一奉公恤下他境尚何望哉嘗與同僚言惟須公撫治乃得淮海澄清爾都憲李公相見必及詢訪乞明告之畏天命而悲人窮乃公夙志也未間惟爲道自愛不宣

伻來承手帖并厚魄領次寵感寵感恭諗考最咋又風聞京尹之拜亮不久滯於揚也承京師故人尙齒及不知近日摧頹已甚又非昔之無似者矣靑溪序文鈔上詩册且留在敝齋容作一詩贖不敏之罪史公欲修運司志取敝州志以備考索已轉借冒先生本然州志所載不及什一須各場委人採

訪事跡乃佳不宜速成也邵地官書附上乞即寄去萬萬蓋地官屢有書僕不能一一裁謝甚愧此友爾未間惟調護以需嚴召不宣

答韋彥質

承手劄并領鈔本四帖感感但獎與太過巑自視缺然不敢當捧讀數四秖益發慚爾他書更乞留意訪之恐閩中士夫祕惜不欲轉寫也待用家居閒嘗得慰藉此固同年相契之素然此公孤介亦有不喜之者凡百望調護之當爲天下愛惜也人還謹奉狀餘冀以時保練不宣

答孫惟冕

奉別忽復數年追惟舊游每切懸念恭喜諸公稍稍進用然尙未得分列通顯以究所施巑謬居此心雖不能忘而力有所不迨不能無責也廣德之政聞父老相傳説謂數十年所未有歆羨歆羨不知在公乃略出緒餘爾承手翰并領佳茗感感但獎與太過愧不敢當凡有闕失輒爲垂示乃見舊誼也全之資志以沒士林至今惜之溧陽相望其孤想在撫視中矣未涯瞻侍惟調護以副遠懷不宣

寄婁元善

別後甚切瞻企戴令選日曾託致書瀕行遣人去問則渠移館城外不及見矣交游相知雖書問疏數不以爲厚薄然私心甚闕然也亮之亮之周生來承手翰示充閭之慶備諗動履佳勝忻慰何量居閑著述發明家學不有得於今必有聞於後此吾兄所素期者區區榮願想無以尙之矣走碌碌一無所稱但謀食不決去爲甚愧爾他非楮墨所悉末由奉晤惟調護副友朋之望不宣

伻來承手翰并寄示諸詩讀數過恍然如見故人面也欣感欣感聞被請主

白鹿洞學得一方英俊教育之最是儒者所樂想皤然赴其請矣如何如何
日已兩附書茲不多及餘惟加重不宣

與王誠之

久闊幸去歲在京邸相接但僕以初到館舍未定於公甚簡冷耳悚罪悚罪玉夫憲副聞罹奇厄哀哉哀哉內翰充道相會間謂韋公仁人經紀其家也趙夢麟書問久缺亦希致意向聞其家有一書名墳海錄乞借轉鈔見寄幸幸他具別紙徂暑惟冀葆愛不宣

與張敬修東園

乍別不勝瞻戀皬兩日苦齒痛無悰衰軀多事北行尚未能辦秋冬之間欲扁舟赴公鷄黍之約或能努力也府公是王御史恩餘姚人曾在湖廣巡按冒先生稱其才此公在本科久是老道長不知如何典郡想是銓曹重守令

之意馮御史書來謂有人擠之殆不可曉也晉明冒良俱入試今歲共三十二人可謂盛矣必有發解以爲鄉閭之望者邊事尙未寧帖秋高更可慮爾水鄉早涼未中調嗇不宣

奉何良載先生

皬前歲匆匆過家不克奉教比來屢諗尊候動止佳裕紛冗不及齋沐修問亮夙知其頑懶之性不便斥絕之也近世時文敝陋之甚求詞理精蔚如先生所作者絕不可得每論及此輒動遐想藏之於家要之異日當有領略者爾尊甫八丈恭審納福期頤之歲想猶及稱觴也徂暑伏惟調護不宣

柴墟文集卷之十三終

柴墟文集卷之十四

曾孫燿文振甫率男埴均校梓

書簡

寄喬白巖希大

皬不孝禍延母氏荒迷中承屢慰加賻厚不可量季冬抵家幸襄葬事所幸者嚴君康健日侍左右爲慰爾海鄉寂寥朋從稀少辱贈佳賦時復展卷一讀以寄遐思宛然如對白巖也石淙進補奉常應詔典學關中甚慰物望盖君子在位善類自爾彙進此可爲世道慶也比月賤妻病篤得少間促促作書不能盡所欲言稍俟稍俟末由瞻晤惟若時調攝不宣

春暖遠惟履況清佳熊羆想已協夢矣如何如何皬自悼傷後顧瞻身世益孑然無聊但已立猶子差用爲慰爾乞封事未得回示茲託之舍親徐進士

如不嫌於親齋煩整頓之白巖善作人意中語幸爲一援筆也進士明敏謹厚其材可任亦嘗聞於志同便中幸及之奉瞻尙遠未間惟爲道加愛不宣

趙倅回辱惠書歷歷感感但渠以過家又託人轉寄開緘秪領歷本不知手帖竟何處失之窮鄉得故人一劄不啻百金徒奉空函令人惋恨無已若帖中有所關係不惜重見示也使至又領日報恭諗簡擢選曹賢人當路多士胥慶不但友朋欣慰而已向曾以重守令及量才堪煩簡而調之爲志同僚長言此雖常談似尙可爲吾兄新政之助奉常之選叨陪石淙先生第資望俱淺秖增憂愧常調官好做此吾輩素守者幸諒之皬擬在秋冬間治裝淹速尙未能必未瞻奉問惟加愛不宣

久不得京師消息甚切憂念聞禁鈔邸報海濱一無所聞天下氣脈通塞正在此恐不須過防也皬近來頓爾衰憊不但比年憂病所積乃中年氣血衰

耗自然之徵異時與公相會殆忝然一翁矣欲如往者窮日夜極追逐爲樂何可得耶青溪大拜甚愜輿望更能挽回司徒叅當賀樞筦之地俱得人也秋嚴惟珍攝萬萬不宣

久不領手帖耿耿秋來巏屢奉狀不知一一閱否遠書恐不能悉達也邊事聞稍靜若解嚴後玩愒如前卻更有可憂廟堂必有卻顧之策使數十年無事者如何如何青溪公履任張施必大慰輿望第海濱未有聞爾邦彥東之想俱起復巏臘月禫矣明年須嫁小女乃可北上計奉晤在秋冬間也未中惟寶燮不宣

謝守回承書報感感青溪公竟不起士林有殄瘁之痛涯翁又失冢器令人眞悶死也不知天竟何如耶聞亦有微恙寡欲卻厚味乃良藥至祝至祝巏春初擬行祇恐無缺坐守得與吾兄聚首乃所願此後時事日新若留都亦可竊祿藏拙也淮南寒甚想都下尤劇珍愛不宣

新歲遠惟起居佳勝巏已趣裝矣聞徐濟間路甚澁恐不可攜孥以行朝正者回想有消息三月初巏或謦身北上也向夜夢白巖差往中山隨看辭免并不允批答皆非故常所有巏曰此近兩漢辭命必涯老之筆奉白以竢果然殆千里神交也因徐禮科行附簡春和加愛不宣

謝守來承書報感感巏初擬謦身北上緣室人有彌月在中夏者中年來亟於得子豈能持被出門耶故且遲回待之郭西向年之會南湖曾有八孤之戲白巖暨座中客想多抱子矣示知爲慰南湖一僨遂不起且聞其後事不靖俯仰存歿爲之慨然寶應新進士朱嘉會巏內弟也青年美質頗惜其得之早耳閒中希進而教之奉晤尚遠入夏切冀珍嗇不宣

屢奉狀想徹左右昨聞見素謬及於僕急發使止之行已踰月無及矣此舉關係極不細巏何人敢當之哉秉之時情亦不宜有此恐徒致一番不靖爾奈何奈何想公善處泯焉無跡不致張皇使僕輩得免他議也常調官好做巏久安此語矣遞中得示數字爲慰萬萬秋間必得瞻晤面際得覼縷也不宣

奉別倏已踰月途中水淺日觸風霾且有惡少之警行路之難此行備嘗之東郡旱勢尤甚不知圻輔得雨否開河遇黃宗賢縮其志向學識今士之難得者請有以處之方石先生亦有書達老先生矣麓堂非居之際希爲小子致意高文仰望眞如饑渴之於食飲也忽忽附問不宣

寄邵國賢

子仁之書諸禮臻妙天付此腕與渠想亦憐其窮阨然爾老兄善書名家賞之固宜僕不解書而所見亦與之合蓋非阿其所好他人稍稍有不然者要之良金美玉公論自不可掩定價自不可奪也所臨數紙輒得其形似嘆服嘆服然不敢便謂逼眞老兄嗜學專到人品又高將來何患不及或者更突過之也巏平生於此藝似無夙契展玩數四徒增羨慕并汗愧爾不一不一

巏昨罹大故伏承弔賻兼賜奠章哀感無已殘歲抵家僅襄大事即辰杜門抱戚苟存視息瞻望泉齋邈若江海每覽詞翰用寄故人之思而已誌文僭勒公名實存歿者借以爲寵但荒迷文字不當累公書丹爾乞亮貸亮貸窮廬寂寞因風不惜垂問未中爲道自愛不宣

巏前歲抵家襄事先母誌文僭勒公名書丹尋具書并誌託揚州顧指揮寄上昨顧君至泰乃云不曾問得使府其書尙留篋中數千里外致書不果甚令人怏怏也兩承手劄佳章之惠甚慰哀悰但私門多故亡妻忽爾喪逝痛割殆不可當此皆殃咎所致奈何奈何昨宋判回重承垂念高文厚賻寵慰

存沒斯文骨肉情見乎辭平生故人如吾泉齋者豈多得哉哀感之誠藏之中心而已前書今歲必達但恐遷轉又不相値也聞亦有令愛之戚苦苦熊羆之吉如何吾徒俱老大矣公宜亟圖之瞻晤尙遠未間惟爲道葆愛不宣」

奉別忽兩閱歲瞻企何可言嚾居閒冀有少進抵家不幸憂疾相繼多事碌碌尋常十數日不近書册日俗下矣奈何奈何屢辱手劄期待良厚捧書長嘆甚愧故人之知也容春精舍涯翁謂吾兄誠孝懇至有必致之理確論也而記文經兩手乃得尤是異事殆有神物護持之耶致大蓋宋之學士老儒恥仕元者稱遺民最可悲吳草廬亦稱遺民之子意蓋同此所須拙作容寄奉諸餘已俱託徐進士書茲不贅未間惟爲斯文加愛

闊久奉懷益勤不置江西學政不惟髦俊翕服至使其山林耆逸與仕宦中朝者交誦無間此人所難也邇聞盜賊尙熾奈何奈何說東廣後山一種尤

橫恣但恐響應卽難撲滅識者多以爲憂計與見素中丞相得歡甚想日夕經營不日奏功紓此一方之急也嚾昨抵京幸復除硯顏竊祿無足爲故人道私懷耿耿時有所觸一浩嘆耳便中不惜寄問未間爲道加愛不宣

向辱寵示碑文捧玩之餘忻羨忻羨國賢守郡文章益深到可愛僕居間於此卻汨汨度日爲愧何可勝言昨歲詣京師聞大旆當來促裝復淹數日奉候旣而不訖見悵然南歸及棃秀才附手帖至亦惓惓冀此嘉會可謂千里神交也晉塵久疎平生故人如國賢者何可多得僕豈遂不省記耶直積懶然爾亮之亮之邇來用人稍破常例國賢時譽藹然計不久居許矣未嚴召間惟加愛以副馳企之私

與楊方震

承示言行錄考據精博微顯闡幽處甚多第嚾之私意尙恨收錄未廣方正學一時諸公必不可泯近世如彭從吾邱深庵諸公亦當次第入也如何如何邊防多警海濱傳聞不眞說大同宣府皆在重圍中果爾眞可劇憂也近日想多論列便中略示其概可乎徐禮科宣之茲莅職慕公以爲依歸同僚相得則事成嚾重爲公賀也餘暑保愛不宣

復王應韶

承手劄幷示公移諸詩捧讀數過怳然如對風範也關中學政遂庵去後得吾兄代之秦涼之士何其幸哉文移所示皆育才化俗之要因憶向年上饒婁先生絛教亦如此明切儻可備參考試檢閱之但不知在陝所行與南圻同異如何嚾自罹大故抵家室人喪去又失一小女子衰絰餘生加之多病朋資離索舊學蕪廢甚愧他日無以見故人也便中幸數教之尊甫先生爲僕轉致瞻慕之誠萬萬介夫在南都每得書聞近日甚健幷奉知會晤未

涯惟爲道加愛不宣

與夏廷章

承示游雞鳴詩甚觸往年之興江山城郭宛然在目恨不縮地以從公游也曲肱道人言者亦波及之覆奏內歷述其三請致仕俱奉旨勉留出處極爲明白但老先生悼傷之餘聞此恐亦不堪然平生淸介之行忠愛之誠高文博學海內所共稱伏豈一人能輕重之哉况其所論無他尤可見其卒無可議也暇中乞以此意奉慰之萬萬否到且留在銀臺如何想必有堅辭之章只自陳敍不及言者尤爲盛德若說得婉曲使聞之者自悔且愧亦可此在公調護之爾時事日新不可言不可言未中愛重不宣

前歲京師別後尋聞太夫人奄棄榮養承訃驚怛未及奉慰嚾隨以母氏喪歸抵家又重以室人之戚罪逆深重遘災特甚太夫人前不獲一酹雖在哀

疚此心惕然久欲附狀聞褁事在長沙無便兹具瓣香束帛謹遣家童將上乞於几筵前一道賤姓名萬萬計禫服在邇明春北上面盡餘懷也不宣

寄李惟誠

巏重以室人喪逝昨承手劄惠慰勤至哀感哀感兩年憂患未必專是厄運實巏忝竊過望所致也夫復何言昨聞行府被火是誰餘殃及我平軒耶又聞去秋貴恙天下事不如意者固十常八九然於吾人似不止八九也奈何奈何想高明襟抱有以安之而已邊事近如何司馬賓僚多嘉謀雄略之士笑談尊俎想能折衝千里外矣人便示知爲慰秋高惟保毖不宣

張老回備道雅誼并領手劄佳惠波及此老者又其餘也感刻感刻殘臘又承平軒白巖聯句見寄捧誦數過益重故人之思巏今冬服闋計明歲或得奉瞻但恐遷轉南北不可遙度耳張舍行病疥不多作字惟高照之不宣

與李惟正

奉別忽再閱歲憂患之餘追念舊游輒興瞻慕夏間承手書兼拜厚賻慰問諄至哀感何可言見懷坡韻之作捧讀數過幾欲下淚朋友道喪久矣如公家兄弟規愛之切海内寧有幾哉屢欲奉和腸枯思竭援毫輒止何時得侍左右一醒滌爲快耶所示諸文體製各當筆力充贍稱所欲言健羨健羨建祠合族尤是義舉西平真有後矣邊事甚可憂但海濱遼邈所聞不多吾兄日有所聞憂當倍於僕也裁謝不敏悚罪悚罪秋深惟珍練不宣

黄令來得手書恭諗出巡遼陽今日見與志同書憲旆已在三河矣相去不數程不得一握手悵悵巏自去歲嬰兒夭折懷抱甚惡僶俛人世只是百年未滿耳初意留於家者冀調南官恐途中驚悸醫藥不便且免往復之勞不意痘毒遽發蹉跎不採迄今痛悔無已承慰及不覺涕零也奈何奈何平軒尊兄前巏已三奉問起居此後當數致公友愛之意朱推官初任未免愆違賴垂教感感分司所諭顧巏淺薄不能奉以周旋然鄙心耿耿不能忘也因价便得附此不宣

承手翰領女紅之惠忝竊通家之好問貺及此珍感珍感平軒老兄昨出處不定誠如來諭想是順境處久稍不快意便自不堪耳昨得其陝中書六月二十三日入關翌日即履任矣行臺諸公皆已釋然欣慰欣慰南湖家事甚切鄙懷前使者俱曾致託但皆避嫌遂迤邐至今今差者當約志同同往力言之喜亦遇霈典矣承垂念嗣續兩地皆茫然明年半百矣愁人愁人賢郎有室公將抱孫益動僕之念也蚤晚欲再圖之惟是此輩人極難得穩當者耳餘具別紙不宣

自二公持服後僕未嘗通狀奉慰及使旆往還江東僕以病故又不克走弔

罪多罪多念以夙知必能體察遠惟讀禮之餘閉門講習他時當與河南眉山相望數百載間不便追逐時輩而遂已也巏瀕年抱病百事無復長進卻眞負此生矣二公當數有以誨之相見尚遠惟抑哀自愛不宣

寄黄公獻

奉別幾半年矣坐冗未及修問但時時於南來士夫問公獻動定爲慰然公獻亦竟無一字見貽豈亦以分曹之冗耶曾監丞册子想付之矣此人末節乃淪胥至此甚辱名家之筆但僕欲完初約爾奈何奈何敍稿幸寄示也一署皆吾鄉名士最是盛集公暇必多酬倡所恨小子不能攀附爾目下邊事甚亟巏庸怯無補最宜投之閒散想不久得與諸公相聚也未間惟珍練以副上望不宣

寄王懋學

舊歲懋學出淮上僕口病無以爲別至今怏怏忽復閱歲豈勝瞻企遠惟德學與日俱新雖闕市之征暫屈賢者然淮海間寘一偉人風采所及關係亦非細故也茲奉上祠部所鈔者巏懶且病日就衰颯矣纂述之任卻眞有望吾懋學也介夫素多病持服南歸巏甚念其不勝喪也會際乞寬慰之萬萬午暄惟爲道加愛不宣

闊久每勤瞻企貴恙向瘉尤慰友朋之望提學冀方多士之幸異時枚數門生所收當不止如程薛諸公也巏近轉副馬曹忝竊過望惟是職業無補兼之舊學荒墜得此祇足爲愧爾故人亮知鄙意也承寄橫渠語錄感荷感荷丁君回聊附區區餘惟爲道加愛不宣

仵來承手教兼諗起居佳勝爲慰爲慰介夫舉家臥疾在杭州昨已發書問訊但道遠未得勿藥之報日切懸念爾老兄博學偉器中州人豪區區總要

豈敢自私正當奉助備武庫中一物賚上六册須付謹潔者留在分司內鈔爲佳餘四册緣有圖畫卻待公來再奉此書宣布未廣不能忘慮也知之知之披奉在邇熾熱惟加愛不宣

與陳明之

日承遠惠哀感哀感巏兩弁憂病殆不能生每賴故人書劄開慰寥寂而明之獨無一書見及益不可曉數年游從之雅亮不如是恝也邊事孔殷職方攸係想倍勞經畫以助廟謀自始事迄今口人入寇及我之戰守屯戍調兵遺將次第命屬吏鈔一通見寄如何蓋巏亦竊有隱憂欲聞之稍自寬爾不宣

答楊晉叔

承惠道鄉集奉讀手翰感愧感愧天部人才皆遴簡海內佳士如巏者奚能爲役廼獨荷過譽如是耶靑谿先生捐館士林悼嘆不置時方多事老成人尤難得也世鄉弁楊馬二僚長乞道名暮寒慄冽珍毖不宣

復龔元之

昨房登之回蒙手劄副以厚惠存問周至感刻不勝巏殘歲已除服牵於家事尙未得北行公兩舉大參計亦不久居郡如東人之福未艾尙爾少滯今冬或得奉見都下也登之守已清白時流中蓋不多得感公惠顧甚厚屢爲人誦之蓋賢者氣類相從有不約而自同者理固然爾因其人行謹附狀首夏伏惟調護加愛以膺召用不宣

久闊每勤瞻企濟上偶會袁司訓得聞起居之詳欣慰欣慰以公才望豈遂臥於林下者愧無力以起之爾賢郎今歲尙未利遠到者固自不小就也未涯瞻會保練不宣

復蔣惟深

久闊瞻慕無已比年家居無便奉問間遇江東人士得聞起居之略爾仰間領手翰弁書幣之惠豈勝慰浣駐舟訪醫巏當躬謁但暑病初愈揚州多事不能任勞且猝不能出爾幸亮之貴疾入秋諒亦嚮愈溼熱多酒所積飲量須大節服藥乃効也二僚作古可惘德光家想在庇下玉露後册奉鈔名臣錄因北來書帙散亂一時不能檢出巏行期未定會晤未涯惟冀調護眠食即聞勿藥之慶是祝不宣

與李叔源

憲旆出巡時忽忽不克一奉言論迄今耿耿昨揚令書至道執事欲刻遺山先生文集使來巏處取之巏慕遺山最篤嘗以不見全集爲恨訪之十數年始得祕本於今禮部程公錄而藏之欲託好古者刻行而未得也承領雅意

欣喜無量遂借初本再校一過但其中亦有一二處訛缺惜無他本可證奈何奈何然古書之行於今者未必皆能完好也遺山文章大家著術贍富如中州等集不行於世久矣執事企仰鄉賢汲汲表章之甚盛舉也全集四十册納上外傳志題贈諸作乃嚾於他集中輯錄者亦望并刻之蓋遺山在當時已爲名人碩士所與不待後世始知子雲也須擇楷書有典則者另寫潔本方可入梓聞下許州規措想承委得人矣太康吏回謹附狀秋暑惟珍攝不宣

復毛貞甫

奉別忽再閱歲病軀坐冗疎於修問自諒則無他也平生故人如貞甫者海內亦不多得嚾豈易忘耶承手翰幷領厚惠益增感愧貴恙側聞違和詢之南來士夫聞謂漸抵平復矣讀來諭甚爲懸念豈貞甫愼疾之至亟於東歸

故爲危言以撼僕耶不然則須急就醫藥也近時號知醫者皆詳於藥品略於飲食然此二物乃相濟以養生者須兼擇之爲妙宗伯童公論此最善瀕行訪問之勿以爲迂也向年賤疾曾此收效所以奉告盛价回又值匆冗他不及一一愼加保練以副士林之望乃嚾至禱也

承手翰并領嘉貺感甚感甚齒藥尤荷垂念之意更冀惠方乃收後效耳致政之章議定在任調理不知何爲齊變守溪先生必詳及之急流勇退一時鮮見眞遂公之高尚矣第僕輩淺薄不能奉留爲可愧也亨之承委曲扶持有斯文骨肉之誼非楮墨所旣藏之中心而已歸途徂暑惟倍加調護以綏後祿不宣

與程德和

向歲疊承惠問匆匆具謝甚愧簡略人來每咨動定及嗣續何如與公俱漸老矣顧瞻身後甚使人無聊賴也奈何奈何恭諗寵膺薦章計在郎署不久相會蓋不可期惟努力多男子爲故人之慰乃至祝也廷章來自長沙否示知欲置瓣香之敬不知其所在爾妻兄子周瀛茲赴病起之考恐有蹉跌行臺乞多方一斡旋之緣嚾納交疎且在服中不敢輒奉狀也千萬千萬餘不宣

寄楊君謙

承屢貺問冗懶之故奉答不敏君謙當諒其無他也嚾在此忽忽度日計平生竭蹶以得者不滿君謙一笑亦以是沮於執筆爾知之知之與君謙雖同年在京暫得相聚未嘗厭飫交懽爲快今皆老大矣他年相見恐不及少時意氣之盛也向承佳扇嚾惜緘題數字未曾開視一日杜檉居同徐子仁過訪索扇作畫乃出之杜爲寫芝徐繼以詩可謂不負嘉惠矣因念君謙在數

千里外何由得一詩乎嚾卽席口號云爲惜緘題入手遲淸風千里古人思畫成一事知還欠封寄江南乞寫詩一笑一笑今附全卿回煩作一詩明年託便寄來也往哲錄標例甚新序事簡雅大都自一家之言正不與人共機軸者金小史未得奉讀窺著述之妙有餘本望寄示萬萬瞻款未涯惟爲斯文加愛不宣

昨承寵示二絕誦之悵然病劣屢欲就閑但以貧故未決所愧不能如高尚者要自胸中擺脫未透爾陶史謹愿可愛承欲置一善地緣格於條貫兼別有主者及期當再爲圖也惠橘荷齒頰間風味殆如坐榮飯齋中益用切慕爾周文濟過吳欲乞一詩此君謙援筆可得者渠託蚤致意附知近喧惟加愛不旣

與張進之

雨中檢敗篋得舊稿數篇奉覽甚愧涴目鼎珍禁臠飽飫之餘亦須一嘗葵莧之盤知世間別有此味也嚾自視比來益昏惰不前又不及向之稍有可觀歲月無多祇增愧懼奈何奈何此可對相知一發嘆也不宣

復姜玉卿

承示廣西事宜遼邈僕未能知聞之有識者皆謂非用兵不可況公親歷其事績效已著仁人君子豈欲佳兵哉不如是無以除殘而輯衆也又諭專重柄者多事因循不獨廣西爲然使公目覩於此憤恨當又如何所愧吾輩竊祿不能有無於其間而賢者顧久滯於外尸此者伊誰之責也時事日新邦輔必能言之楮墨不能盡區區姑此附謝漸暖惟珍攝以副士林禺仰之望不宣

復陳文德

奉別忽復閱歲疊承寵問感荷無量周南之擢乃公望實素孚宰副省郎一閱選簿即擬是郡僕實無推挽之力不敢誑也但去歲聞賢郎夭折甚爲懸念夷陵所得當爲英物足以寬慰矣承示觀德碑賢者所至便有稽古變俗之政健羨健羨祭鉅鹿公文讀之嘆息嚾在此碌碌甚愧受此公之知也顧公有以教之比日爲考察京官簿牒塡委不能一一未涯瞻奉惟調護以屬時望不宣

復王伯安

清涼之游得飫聞高論卻悔在京時多閒漫過日不曾數就有道也嚾鄙陋之質摧頹已甚所幸得良師友時提撕之庶幾稍有進詣平生所傾慕者海內不數人栖遲零落今皆捨我去矣奈何奈何承期待過厚何以副之秖益增愧耳鄙詩未成正以俗冗之故兼佳章玩索有味亦自難爲下筆也尊甫老先生遽爾致政言之於邑有微恙喜遂平復爲慰未間爲道珍愛不宣

復李宗一

使來承手翰屢辱嘉惠感感絮艾護膝尤荷遠念嚴寒切骨跪拜之餘當益感故人之貺也坐冗未得治筆研卷子久留齋中愧愧近不幸哭一未彌月嬰兒至今情思惝怳使者又徒回想公聞之且爲我惋惻姑置稽遲不問也聞使旆已出齊魯之境諸寺僚先趣出之矣時事日新遞中多郵報不具奉瞻不遠已寒珍嗇不宣

奉別忽再踰歲中間嘗兩致起居之問邇來側聞抵京英姿豪氣不減疇昔想不爲造化小兒所苦矣欣慰欣慰嚾忝竊過望日以曠敗爲懼相知者何以教之諒於某便不以疏遠恕也今日涉園見杏花甚切奉懷比此簡至北土者亦爛然矣觴咏之際想亦及某也未涯瞻晤珍毖不宣

答方輿義

南北遼邈無便數致書問每切瞻企唐主事至領手書印盞并海內雜咏燈下讀數過潸然下淚誦至有膽如身之句又擊節壯公春明門內之人眞可愧死也公言行動於蠻貊斷欲損飲又能卻瘴平生忠直神明護持亮無他虞晚節當益昌也屢與志同圖回必遂稍比以畢故人之願然爲國薦賢亦非阿好之私也第嚾寡薄兼猝未得便耳請千萬少安之嚾以點馬出近圻不得訪唐君熟詢公起居又不能奉和佳作爲慰殊切耿耿尙圖續布之不宣

兩辱手帖副以佳章詞古調高意氣感激近士夫中漸不聞此語捧誦數過不覺懦氣復振仰羨仰羨公林居日久造詣益深意造物者暫屈將以大伸遲速得喪高明胸次想已透脫矣江東自昨冬迄春雪雨大異往歲貴郡民

疵蓋同此沴氣也奈何奈何雨中復用高韻一詩附上聊以侑柬亦欲公知鄙懷索莫至此耳未涯瞻奉惟加愛不宣

與徐宣之

奉別又涉新秋矣起居聞益佳勝爲慰賤體病暑已獨愈比生一子今日彌月幸得長大萬事足矣想宣之聞之爲僕喜也葛生處曾令其卜算否時事近何如邊劇聞已緩自四月至今邸報希一看有所聞不惜寄示也比日秋熾惟加愛不宣

昨胡惟臣回附書想徹覽矣不意遽罹國哀臣庶皆有堯崩之痛天意殆不可諶耶所建明者想應讜言之詔連日煩亢不暇鈔看亮稱先旨也宣府失利五六千人至殺兩裨將人情洶洶傳聞口復掠上谷京軍已出矣未知將來如何攘外必須治內今內不治者多第一大蠹未去貽患不可勝言此非

法頴可盡者人回聊及之不一

余司勛行曾附書舟行恐尚未達前狀已送南屏人事且待頒後納上須再一簡爲轉上也吾鄉之災乃至此極哀哀元元罹此凶歲果沴氣召之耶抑天殺也嚾前疏宛轉許力止得免印息馬當事者似不欲此事出於僕當蘇泰時儀何敢言民稍霑澤嚾之望足矣免折色糧價聖明寬大出司計之上萬萬但恐不能捄燎眉之急近聞逐之御史增饑民之數發折色之價甚強人意今京畿粟價殊賤若司農請發太倉積銀召糴百萬石每年軍餉間支一月則三年可盡處之有道諒亦無流言於道路者郤留漕米五十萬石於淮不惟此間不至傷農兼流通太倉之錢可以杜別項借支之弊且又不減歲漕之數賤極必貴貯粟既多又可備荒此姑就留五十萬言之若多多則尤善一舉而數利得所謂糞土中得此數十萬以賑饑也曾與張時行論之時行上言只欲將倉銀給軍糧兩月是欲白捐三十萬兩故司農未肯擔荷亦有書與巡撫矣宣之謂此議如何巡撫公各項財穀悉以便宜發之斷無長孺所不避者請勸之他具別紙蓋自視淺薄無裨於民也不宣

與王應韶

使旆日過南都匆匆不及奉教悵悵別來忽復閱歲遠惟妙質銳志造詣益深將來追繼古人嚾竊有望承諭永樂初節行之士尤見志尚所在嚾不自揆念其忠於所事嘗欲蒐其遺事稍發其潛然此事禁諱已久又僕聞見不覈須他日面談不敢輒託諸紙筆也嘗聞今宗伯公說戶部尚書王鈍公餘望抑其詳此事須博問多訪庶得之一人所聞有限也又諭及徐生事生才俊可愛初年涉於習俗稍不謹今雖痛懲往疚然已坐此見黜僕亦緣之得謗矣而應韶乃復勸僕徒之善人之域何其所見異於時人耶愛才一事斷不可與俗人言爾知之知之久辱盛意聊此奉復未閒惟多愛以副向慕不

宣

與汪憲副

嚾頓首啓大旆南行不及餞別悚悚即日春暄遠惟體履清福敝郡荒歉百年所無暴骸中野殆數千計哀哉有生罹此厄運南望鄉園潸然出涕而已所賴執事竭誠殫慮多方賑捄尤遺黎之幸近巡按李公疏稱本府廬鳳折色糧價兩淮開種鹽價大約已得幾二十萬嚾謂若果有之南豐河北捄災之議可行矣使饑民併得數月之費歸而護麥治田以須秋望乃善後之策請與撫巡諸公一論之嚾亦具書奉白矣近廷議欲發餘鹽之價留漕船之米果得請尤爲一助竢再報嚾待罪無補愧不可言竢還定之日當拜公道左爲生民謝爾未間惟冀爲民葆衛不宣

復王太守克承

巏竊仰德望積有歲年乃者天惠吾民屈守敝郡豈弟之政廉靖之風宜我士民形於遠邇巏雖阻於官守不得祗謁廳事其爲喜慶　萬常情所念茲歲不登切勞綏撫布新除舊弭災召和伏惟有道將受厥明昨蒙裝飾粹楔增光里閈顧茲鄙陋獨荷寵私其爲感謝曷可言既遡風引領薄此敍陳不宣

承賜座船方以未及奉謝爲罪迺辱專使惠以手劄副以厚儀人家生兒亦是常事第巏行薄得子良遲重煩仁慈垂念枉賀拜領之際感戢莫勝使回先具手啓秋仲北上尙容趨候廳屏稍伸謝臆殘暑猶熾伏冀調攝以副下情不宣

巏頓首啓久曠修問甚勤瞻感揚民之饑而泰爲甚幸賴執事陳言設法畢

力拯捄邇者聖明憫惻窮民免徵折色糧價免印孳生馬駒可謂薄征矣不知廬鳳與本府米價幷兩淮鹽價果如御史遂之所言否如有之乞懇申憲臺分方計口幷數月給之爲勝曾子固河北捄災議甚當今可行也此外各衙門錢穀俱可便宜發之矯制之罪必蒙宏貸幷乞轉達廷議又欲蠲免各項征科亦有請再留漕上米者行否竢再奉白不宣

復趙叔鳴

巏向在京師奄罹大故疊承弔慰情誼篤至盛儀遠別感荷益不可當抵家僅襄大事不意復有亡妻之變中懷痛割疾病侵凌益不自堪幾至盲死痛定思痛怳然如一人鬼關也屢承手劄幷郵報之惠極慰窮廬但哀悰無聊未及裁謝兼自去春便聞有監倉之差又未悉軒旆所在是以迤邐至今爾罪愧罪愧惟亮貸之徐東方要害之地高山曠野足可登眺公餘必多傑作便中幸寄示有王憲之者巏故人也請過而問之張一比來政譜甚佳揄揚須荷朋友也知之知之會晤尙遠惟調嗇是祝不宣

去歲承遠顧拏舟訪客百里之外此風久寥寥矣顧巏何人當此高誼感愧感愧別後冀卽能詣京奉謝不意多事牽滯迄今尙未成行如菊月未離計在明春冰泮得挹顏釆矣時事近如何家居每切耿耿明之職方想籌邊無暇頻年不報一字相見乞致此意且道元之巏姨季也略垂照之漸寒惟加愛不宣

郡守回承手書日報新詩之惠自顧淺陋何以當名流知愛感愧感愧小簡昨附元之致謝想徹覽明春擬行面際得覼縷也三詩清古甚得選體送獻吉兄者絕近東野叔鳴天資粹朗又能玩味古人語趣固自深到也第衰懶不能奉和耳奉晤伊邇未間加愛不宣

復張鳳舉

久不得君書方切詠思承手劄及枉示秋興諸篇思致妙逸讀之爽然豈勝開慰以君文行清雅出宰百里宜有不釋然者但敍文與詩苦語較多半山老人嘗言少年爲句忌數悲哀恐君不免坐此爾古之志士嘗以不得臨民爲憾淳安雖小山水頗佳要當澡雪奮發以澤及斯民爲樂笑談歌咏以奔走期會爲不足浼已乃所願望於君也政成譽善自有識拔之者豈久滯一邑耶恃奮輒叨叨惟亮納別紙所示非相見不能悉歲晚惟加愛強政不宣」

與立書來稱鳳舉政務通敏所守介然爲諸邑之冠卽與剡薦當可必也巏竊爲慰過不過於鳳舉何輕重哉第朋友之私爲賢者得路不能不忻快爾第四小女殘臘不幸以痘瘡夭折初承議婚時巏不敢遽諾且爲之約者正慮此厄爾今果然矣奈何奈何蓋締好高門亦自不易也人便謹附狀未中

加愛不宣

囉昨往府中承專使盛饋抵家啓手翰甚愧使回不及附謝也弔訪之誠囉積久矣但服闋後便爲人事迤邐至今目下緣繼室納采尚未得出東田之會計在春夏之交郤不煩賢弟輩遠候以重囉稽遲之罪也寓居公館似便想日得聚首間則就假高榻夜話如何奉晤未遠益勤瞻詠不宣

昨貴价來冗中復書甚愧不謹緣賤目至今未爽朗不能致精於筆研間也中年來多事多病遂無溫故知新之益恐便了卻一生爾奈何奈何小姪比來勤學否渠輩不知歲月易過請時以此意提警之米肉薄助學堂之費歲晚寒冽惟加愛不宣

久不奉問耿耿惕何諸友高第鄉邑增重想婚姻之家喜更甚於他人也小姪邇來試卷稍佳但疑非阿戎之筆竢面試之然在珠玉之淵或能掇拾一

二亦足以駭衆也如何如何奉請賢弟因始謀者旅出尚未果邇聞設館城西乞令小姪請開聽教蓋區區之意欲往來二先生函丈冀所得當益多也但又懼其駑弱不能領略耳乍暄葆重不宣

承枉手翰備悉雅意感刻感刻貴目想即清朗矣且戒筆研究養之異時乃不再發也令弟鵠舉不鄙以佳作一冊致書於僕病中得一快讀清新奇健眞擅場之作緣病暑後憊甚不得細見先附知之家僮行強病聊此諸留續布不宣

與王欽佩

久不聞起居耿耿誌文刻否其中疵纇不惜再見示無存形迹也囉疾勢如奮要之且不能死但不得健勝如往日耳奈何奈何新春惟抑哀加愛是祝

寄謝德溫

昨承手翰冗懶兼鄙作未就未及奉答病劣之人備員留都已踰涯分辱德溫垂念何以堪之感愧感愧輒有瀆江西盜賊狼兵之害近日愈甚今當事者既不能節制土官其土官又不能斂戢其衆兵禍延蔓殆無已時蓋狼兵既難猝遣諸餘又難變易囉謂莫若擢一大將有威略者領京邊官軍數千人奉勅前去督同狼兵勦殺一則彈壓之使不爲害一則激勵之使速成功賊平之日就護送狼兵出境使之知中國兵威不敢玩視稍警其心以弭後患此區區臆見未知如何亦有書與鵝湖先生矣煩請懋貞廷尉同往議之如可採行須臺諫交章論之千萬勿謂此議倡於僕也不宣

與黃縉秀才

承惠長書并見謝李二先生書快讀數過爲之悚歎無已蓋固奇足下及今益奇正學之疑自度益非誣也今世才敏之士甚多但爲時文所拘格卑氣

弱養成一種軟熟衰颯氣習以致行己涖官皆無足觀獨足下超然攻古文詞邁往之氣特立之操閒見諸楮墨間此囉所以斂衽起敬直以古人期之非鑿空逐影妄訣後輩以自要譽也勉旃勉旃宗賢乎端有望於子矣所論時事在引拔人才最爲至論南軒論東漢之季意正如是惜某之寡弱不足勝此而疎遠之地且不得與聞奈何然此心耿耿因足下語固當廣之耳近時士大夫如蔡君介夫王君伯安皆趨向正造詣深講明義理不專爲文字之學今介夫致仕歸泉州伯安雅有山水之樂計不久亦歸越中以足下卓識高才服闋後閒出往從之游所得當益勝矣恃知不覺覼縷未涯相見抑哀強自愛不宣

復曹御史廷輝

遠辱手翰并領嘉惠寵感寵感執事高風海內人望囉以不得奉瞻顏範爲

慊自顧淺薄無以助之乃辱奬諭益增悚赧南望襄漢惟切瞻望而已因錢丞行便謹附狀丞在下僚甚賴垂照荷荷𣏌由趨謁惟冀調護道體以副輿望不宣

復馮侍御執之

吏持手翰至承招金山之游得陪兩侍御覽江山之勝何其幸哉第巏自四月來病目病𤸃病泄瀉今幸稍愈尚未能任勞平生有痁夏之疾盛暑將至不敢不防舍妹早殀懷抱不暢老父自喪愛女終日鮮懽舍弟又擕小姪在揚晨夕無人在側妹家在此月下葬誼當臨送開緘誦帖逸興飛動怳然如在金焦但病身多事不能趨召徒增企想之恨耳勝游佳境臨期齟齬諒由鄙俗素無山水之緣也奉白大綸侍御移在初秋如何不然祇努力陪公狼山一行以償宿約耳徐令暫謫非公之風力都憲之扶持殆不止此口口口

寬明惜先入者讃之然不久當有賜環之寵也橋記欲作二篇乃兩生將順盛意云然要名之私巏雖愚不以此窺公也大綸會際乞道懷仰之誠天熱奉勸少飲故人相見恐不覺酣適也金山回想即過泰餘留面既不宣

謝集小敘既辱命容十數日奉上文津記亦欲及吾兄未還旆時呈稿但近來俗冗文思衰落急不能抖擻爾分司遺址不能忘情者其地在城中可避他虞有長地可作林池爲晚年休閒娛游之處就得之亦便不能修葺且靠吾兄寫官劵認下異時竢文載終之豈敢迫也觀象書乞鈔一本見惠萬萬內官傴死老人須勘報何如爲進止彈文但祇據事直書不爲激訐之語乃當漸寒保重不宣

復歐孚先

久闊無任瞻企淅酒之惠至今飲醇感甚感甚大藩政譽播滿人口計遷轉當在不次聞之輿論蓋然巏抵京復除前職役役駑駘間無補於事祇合充一囯長爾不足爲故人道也昨過薊門聞令姪守舍以課紙訪之不獲相見爲慊薊民近被京營淸牧馬草場奪其良田數千頃甚是彫敝但郡守稍能撫之爲可慰耳會晤諒不遠未間惟調護眠食以副傾仰不宣

答劉希召

巏向以諸生嘗辱宗伯公齒及得以文字附諸集中既得以爲報又獲託賤姓名於未何幸如之但自顧淺薄不敢犯不韙之罪苟且爲之是以前者聞命懇辭實此之故非有所飾詐也希召意既堅甚且假以歲月巏當努力奉命相知十數年又何須一觴相屬乃爲他日左劵乎甚愧行已無似不爲吾友取諒也今日坐冗須晚始得抵舍希召裝久矣明日即望首塗無以巏不果爲念也不悉不悉

短別更不得握手一笑巏亦自厭塵冗不待故人見誚也鉅鹿公家事得希召董之平生愛才今食其報矣古人感知己嘗數千里會葬巏以廩祿故不得往赴一慟負愧何可言所賴者得希召此行爾方伯高公文德太守皆篤誼之士相見乞致鄙意嵩洛間當有超然之作無惜寄示萬萬公差事竣謁病告歸他日自無吏議但欲文移歷歷明白爾使中保練不宣

與李巡按

昨韓舍人行嘗附手簡想徹覽矣人來自揚者恭諗執事汲汲捄荒措置財穀防禦盜賊憂勤不置眞兩淮生靈之幸也蓋此事本無善策若拘文法守故常則事何以濟哉近張給事時行又建言請留漕運之米戶部并執事前奏覆處巏屢懇於當道咸以留爲請但恐不多有亦吾民一助也更冀執事一面令民護麥一面料理𥝱種以治秋田乃可以善後蓋𦍑官賑濟終不可

常也瞻晤尚遠保愛不宣

嚾比者兩奉手啓計徹行臺矣所請漕米與張夕郎本同覆准留一十四萬石報具別紙凡士庶至自淮揚者莫不於執事稱誦感戴往往有泣下者謂非執事死者殆多十數萬矣古稱活千人者後必大今執事所活無慮十數萬他日天之報施當如何哉仁人君子固不計功謀利然理有不可誣者非嚾之諛也第聞迄今未雨麥已槁秋又不可望江淮爲南北之衝將來事變殆不止一方之餒而已此則更可憂者今執事旋京不遠更冀及此餘日益發賢蘊大圖經久之策以爲去後之思使老稚竟免溝壑之塡强壯亦無潢池之戮益固邦本以終大惠則執事功業之茂又豈嚾區區筆舌所能盡哉恃知輒覼縷然亦執事所樂聞也未瞻侍間伏惟爲國加愛不宣

復張黃門時行

佳章筆勢縱贍剴切反復說盡事情嘆伏嘆伏抹時行道執事素蘊非偶因鄙言而發也聞司農欲會議處之鹽事且必不驟論恐有所觸并此廢格也聊此復不宣

與劉東之

嚾啓春間迫於公事不克奉送途中滿冀一會過靑縣聞之館吏云舟行過此六日矣悵甚悵甚入夏想已抵家遠惟吾兄孝心純至哀痛曷勝切望抑哀就禮爲他日顯揚之地乃朋友至願也京西臺院屢見題咏輒馳企慕渡白溝次金臺高韻一首錄在別紙附上讀禮之餘聊紓哀抱也不宣

與李茂卿

屢辱寄問感感近於馬思進處得公諸詩皆豪宕奇偉無今人軟美氣習讀之快哉快哉和陶詞亦佳但蕭散冲澹之趣便不得如陶爾然公人品高將

來造詣亦當到古人也僕淺薄多病學問漸廢道路遼邈不得數從交游之後奈何便中惟不惜教音是望春暄愼重不宣

柴墟文集卷十四終

柴墟文集卷之十五

曾孫燿文振甫率男均培校梓

書簡

寄仲與立親家

五月間風聞令弟祠部不諱𡃤甚驚疑及他處得眞訃爲之悲痛數日以令弟溫明篤厚何以有此豈迫於數命造物者亦無如之何耶苦事苦事遠惟吾兄友愛切至何以堪此即辰不審動定何似當此大故要須以理遣之况二老親在堂尤賴吾兄多方寬譬乃底康吉幸勿過於哀戚以重老人之悲也京師積雨後住宅垣屋間有傾頹處亦僕守視不謹之咎目下稍晴便爲修整矣知之久不獲便奉慰此心耿耿元弼行附此他候續布不一

承惠長書并領嘉魚珍果是日早使府人至又領歲前之惠蔫荷遠意感荷

何可當𡃤自去秋襄事後遂葺敝居薄冬月泥水涷迍邅至今未得竣事時詘舉贏頗費心力二太宜人前未及走使奉問起居罪愧罪愧惟一致書天祐勉其及時務學蓋承公之囑也承諭宦中孤立甚爲公念及展讀至近日諸公亦已相信則又爲公喜居今之世立身處衆最難最難古人謂知圓行方亦不獨今世爲然也第𡃤之病正亦坐此雖鄉里稍有識者亦以迂闊峻嶒目之竟不知何如處世乃能無忤顧昔賢往哲自有法度豈能一一顧恤流俗哉鳳舉極荷吹噓惜才愛士固公之盛德𡃤亦與有寵也公親老門戶豐盛遠宦蓋非本心幸稍安之名實既孚諒不久滯於睦也瞻奉尙遠惟葆重不宣

昨承厚燕盛惠禮儀繁縟有加無已感刻感刻瀕行亟於開舟不及再奉高論殊爲怏怏所欲示知者想續有手翰見及也抵家備道尊眷慈愛小女之意皆欣喜無量雖遠心猶近也人回聊此已寒抑哀自愛不宣

數日嚴寒不審孝履何似𡃤賤目向愈但太君葬日已近誌文遂不曾着筆蓋譾陋之才亦不敢率爾奉稿也小女服藥不知效否前承手翰下慰周悉感刻感刻數日內當遣人視之近日除拜如何邊事亦稍靜否因便示知襄事在邇惟抑哀強食是祝不宣

承惠手帖名酒多感多感家君老年尙能日飲數十杯然敝鄉之酒濁惡不堪正須此淸冽之味也𡃤抵秋准北上彌月者在仲季間矣此時入夏豈能行耶承寄會錄但未得亨之甲第之報縣縣儲楠是故秋官世資之族昆弟亦嘗敘宗盟通往來兩日盛傳何棐是狀頭如何如何果然益爲鄉邦增重矣小女甚繫遠懷但跋涉重湖且不欲之來異時再奉書爲進止也見素先生謬舉及𡃤甚荷故人之知然人情時事極不宜有此已發使止之但恐無

及此正人以爲榮𡃤以爲懼者須面悉大聲口傳并帖中演其餘意者珍領無量靜乃養陰之要訣即今五六月陰初生切戒容止天祐且移榻於外令結夏課可也誌文竢奉稿亦不久滯矣體齋捐館詞林又失此老可爲世道惜也奈何人回謹狀復未中調愛不宣

與葉貳守

舟中得奉顏采聆雅言幸甚幸甚但恨匆匆遽別爾首夏伏惟動履淸裕府公所疑者想一揖即釋然執事至誠有素諒無不動也軍解不知詳允否𡃤茲具狀恐後時矣然亦欲致感謝之誠修河之役農月僉夫甚擾即欲作書懇曹公請寢之不然移在秋冬間但不能必其聽否耳須執事極力斡旋之也王生許惠米恐須一指揮縣吏憚執事嚴明州家以曠役中矣請置之如何登之託賢郎所餽名酒已拜嘉矣餘不宣

聞貴體愆和甚切馳仰著印兩月吏民畏悅如李臨淮入郭中令軍部伍旗幟令人改觀補偏起廢想過勞神用也治瘧不宜用斷藥須詳所以致此者先治之瘧母既去則瘧不斷自愈矣此僕已試之方也承過有褒拂敢以意奉復比日想勿藥矣猝不能出謹遣家童奉問起居不罪不罪

近辱手劄諭及饑民及鈔得撫巡奏本讀之內有備執事所呈者含悽出涕不能自已哀哉吾民厄運參會奈何奈何巏待罪無補愧不可言僕僕然懇於當路祈多方以賑之如免依息馬發鹽價蠲折色皆聖明仁政又有生民困苦朕甚惻憫之旨巏謂即此一念可以變沴爲和矣近張戶部再請留漕餫米其說甚當下戶部議亮必有所濟但百姓無麥與禾靠縣官賑貸恐不可久耳鄙意欲行曾南豐河北捄災之議使饑民并得數月食價一面使之護麥兼治秋田乃可以善後亦有書與行臺矣會際請及之憲副汪君與執事素相得同事於揚疲民之幸也餘具別紙不宣

寄高指之

別久甚切懸慕吾兄才具豈宜浼以司征第爲曹局所限爾自公多暇湖山佳處必多吟詠亦足以暢發逸興也巏近叨貳馬曹自顧無狀躐超優職祗增慚愧爾令叔先生盡譽日章昨使至諗動履甚吉知之知之相見未涯惟保重以副遠大之望

復仇東之

兩辱手翰冗懶不及裁答悚悚三士記前有諸君題跋令人閣筆暇時亦欲彊綴數語但恐汙紙得賜罷免乃幸也如何如何二書承校正非但嘉惠後學想古人亦於地下知感矣谷音疑出清碧一手恐未必然此固高明不定之論但切勿出此語後生輩一聞之便謂古書古人皆不足據妄生閒議論也知之知之校本僕亦竊正數字奉觀請再正之仍乞發下餘一册并筆談古文四册納上稍備書府之缺他書俟有兼本者當再續奉也野語如點勘過就付去手良便他不一

雨後新涼快人燕居想超然佳勝但苦坐冗不得數奉言笑每用耿耿爾谷音所載皆志節慷慨之士讀其詩思其人可以喟然發歎也但中有錯落處并其人出處有見於他書者請校示之筆談野語亦乞校正此事正須行祕書爾筆談先望着筆欲寄去陽羨使之速改譌本得不多傳也知之知之筆箋聊將意幸納之

與沈儀賓寶

承惠長書并領楚葛感甚感甚東坡才絕古今何可輕擬辱奬祗發一愧然不敢謂後生中無人也心地頓爾開明乃學問精專之驗當要究經學涵泳義理爲勝奇書異册雜人聞見不須收蓄此巏痼病今稍悟矣奉知奉知尊丈先生庭訓有素亮不竢巏之贅也彩侍間乞道嚮慕之誠行人立促書不能悉

與徐興之

承就醫過此此間眼科亦少佳者在吾輩寬心省事自料理之爾僕初病時甚乖將悉後來遂作故疾痛定思痛此可爲戒也去歲甚闕款問迄今悚悚昨承手帖喜動顏色知吾兄德度大勝昔時交游間正須棄捐細故乃可久也蒸鵝罇酒聊以軟脚竢賤目稍快面盡契闊不宣

復周元弼

承示令祖母喪應否承重僕禮學素疏兼比日目疾又不能檢閱書册甚愧吾兄下問也奈何奈何示謂不當承重者想據祖在爲祖妣杖期之說蓋古

者父在亦爲母杖期今制則通三年矣嫡孫承重者以此推之實亦相同但錄與律皆盛代之書不知誰爲後來定本今卻難於適從爾且從貴司行一手本到吏禮二部看詳留都多議禮通經之士必有至當之論使孝子慈孫得不違於禮也臆見如此請裁之顧進士煩致鄙誠憂患中得故人詞翰慰不可言族目疾愈當附狀奉謝也他不能一一亮之

答沈公茂大尹

縣人至又領手翰并厚餽薦承雅意感刻感刻自愧鄙劣何以得此於公茂也令祖母治命情甚篤至族考最日百方一歸以襄大事乃盡慈孝之念顯揚褒贈此計日可得者姑待之史公相會僕盛稱治行之美史公亦素知蓋鳳麟芝草人人皆以爲瑞理固然也所請丁口僅補闕乏無庸過慮爲民一念惓惓不已如吾公茂者豈多得哉石坊賴德元年兄已面委府中矣更須

一牌令其竣事回報事乃趨辦也便中煩略及之人回謹此陳謝新歲伊始惟葆愛以迓寵祉不宣

與沈德元

昨承寵顧并領厚餽感甚感甚牌坊重煩垂意既不破斂州財力委之府中事又易集且使嚾掠無擾鄉人之美非公裁處曲當奚能至是感德之私藏之中心而已第府中事冗尚未暇及鄙見欲請專發一牌委一判倅官令其竣事具報事乃趣辦也宜否裁之因便謹此附謝春氣尚寒惟愼節寢餗不宣

與葛廷光

向聞使節過江東急欲趨拜舟已發不及悵悵承惠鳳池吟稿汪公名蹟久湮聞於後者賴有文字之懿自非執事表章鄉哲則并此集散失矣甚盛舉也欣忭欣忭但僕初得鈔本後集有胡仲子標註末有三序聞前集亦有標註惟今閣老邱公家所收本有標註不可并得但此三序不可不刊謹鈔上乞付之梓也奉侍未涯惟加愛以膺遠大不宣

與賈元禮

久不修問屢承垂念感感奉瀆少宰童先生以年近七十有謝事之請先生文學行義爲士林之望兼之才識宏博施無不宜歷歷雖久未究其用遠惟執事當掄才之任奏下之日萬乞助堂上從容留之蓋先生之去於己計最便但如此老成人時所鮮得尊賢尚齒使鎭薄俗亦盛事也執事知之素詳必有以處之恃故輒叨叨惟亮察不既

昨劉稽勳行曾附書納上所瀆想不以爲忤也然鄙意更望開納遂爲成例爾如何如何近見復泰公咨詞婉意到歎服無已此雖介庵看詳大悉想出

公手也士大夫多文學固佳逢時遇合施諸有用則尤難也公所學者今恰爲不負矣未中加愛以副嚮慕不宣

答楊重光

別老兄六七年矣耿耿在念闕於音問病與懶兼之故使來承華劄新詩連篇累牘奉讀數過不置宛然如從重光吉甫攀緣上下於武夷雲谷間也仰羨仰羨中州集未領全帙他書更望致寄如何書坊之便以是奉累爾良會未涯加愛萬萬

答王宏文

奉別忽再閱歲豈勝瞻慕每與舊游文酒之會有懷言笑尤劇耿耿嚾鄙劣官南圻將十年所納交者皆一時雋偉之士閑中妄欲紀敘諸人行略以備異時林下覽觀如古人交游錄故人外傳之類公之盛美幸稍知之但向留

王公疏家無鈔本此正所當載者乞錄寄萬萬更乞勿語他人也向懇轉鈔
者如何已許俟兩年矣未涯相見冬寒惟保練爲斯文重不宣

與繆全之

別來忽復閱歲士風日變時事日新令人抑鬱而無誰語仰屋竊歎而已緬
懷諸君子直躬義色心未嘗不在葛魯沅湘間也堯民懿卿甚慰人望昨堯
民下吏已釋總督者報復被劾之私爾可笑可笑野亭被逮昨亦根究得分
曉聞彼復有後言將來不知何以究竟也巏在此爲人指側久矣跡甚孤危
然思之禍福得失斷有不可迴避者吾人當安義命豈以在彼者奪吾所守
哉承惠藥會黃精尤病體所宜珍感珍感瞻侍未涯未中爲道自愛不宣

與邵民愛

伊德載到家始知民愛入蜀抵任聞郡事煩甚吏民亦難馭檢身率下乃民

愛所優爲聰察之餘濟以寬大則尤得牧守體矣恃故輒及此不罪不罪道
遠不得時致書奉覿未涯惟加愛

與陸希遠

別後每劇奉懷承手翰并惠感愧感愧吾兄才氣豪俊出宰百里良非所好
承諭謙撝太甚益見省躬奉職之美東坡自海外歸劉元城曰浮華習盡去
非昔日之東坡也蓋自古名士須稍經抑滯遠到乃佳況吾兄寵召有日非
久淹下僚者巏冗食無補視吾兄得據所藴福澤一方尤可愧也良晤未涯
惟加愛以副傾企

承手帖捧誦之餘竊見希遠以捄時行道自力仰羨仰羨東方彫瘵能寬一
分則民受一分之賜章民何幸得賢令如希遠耶士君子行志澤物最是樂
地此外蓋不足計也僕年來甚爲疾病所苦幸此閑散得以竊祿承過譽秖
增愧悚更望有以加誨也未中調嗇不宣

答盧伯絅

寓居咫尺無便不得日置書問然此心縣縣如接面談也見廷重知公動履
甚詳大率不如意事十常八九不獨窮居者然也公讀易必善處困矣去就
須自决若居天長當趁廷重時買田築室聞欲他往恐賢主人不能過廷重
也思之思之聞欲歸蜀極是畢竟他鄉秖可暫寓歸裝稍辦當自决往也臨
楮不勝區區

答文太僕宗儒

昨相聚甚希別後瞻企彌切謝病之請淺薄既無以留又從而慫慂之去誠
鄙心所未安也承諭愧悚文書久下京府尙未契勘到也公方時屬望豈便
高枕郤事耶菊田詩稿曾收輯否切望切望未中加愛不宣

昨賢郎過此承諭及羅太夫人憂尋訪之館舍說即過滁陽矣不及附慰罪
罪范庵捐館凡百賴公經理義氣浩然直前不顧足收此公取友之效如僕
者眞可愧死也承令作狀僕豈敢以鄙劣辭但僕晚及門牆其五十歲以前
履歷及所上封事皆未知見俟便訪出奉報鄙意謂莫若各出所聞見畫一
付之一人採擇似爲詳盡在南京者僕當圖之吳中及他處郤須公任其責
爾楚頌手卷是南京張允學家舊物有帖子可證望轉出與之亦爲范庵完
信也家僮不久詣吳餘俟續布

答黃良貴

來翰可作此詩之跋便當聯爲一卷也使我公入座當有擅場之作餘子斂
衽矣此後願受約束於旗鼓之下幸勿麾而出之也眞切眞切徐生此幅在
舟中書苦無佳紙筆故爾僕惜渠才翰正欲呈美於公然篋中適檢得此渠

亦可謂不遇矣知之睡起奉答不周不罪不罪

與郭太守

巏拜啟去歲歙州缺守詢之選部以執事膺薦巏不勝欣慰此時計已下車矣當此饑歲民逃且死望良牧守眞如赤子之望慈母也第公私無備倍勞經畫爾頃者聖明特蠲秋稅折價免歲報馬駒今又廷議請免一切科派州縣可一意捄荒矣愚見謂雖流離彫敝之極一面守護彝麥一面處置牛犂種穀以治秋田乃可冀桑榆之望不然恐值和調之歲亦無所得矣恃舊輒瀆未由庭謁伏冀爲民加愛不宣

與外舅朱先生

昨歲暮得亨之書始知尊丈復監新正乏使違起居之問甚切瞻想遠惟尊候暨眷聚諒各安和介福歙州坫上人回又得亨之徐州書說北方土已潤

不可陸行正月六日已附便船行矣昨林寺副回說水路甚難車騾往往陷泥淖中卻甚爲亨之幸喜也巏與室人俱粗安惟是行期未定待此月盡決進止竢再報也奉侍未涯伏冀調護眠食不宣

得報恭諗亨之內弟高捷南省巏與室人欣忭無量但未得即奉觴尊丈前稱賀也進士第不知得泥金帖否得唱名在高第尤所望大母生朝想請假暫歸爲壽專使將菲儀致遙祝之敬并致賀儀不能躬出厠賀賓之後悚愧悚愧初夏惟冀調護納福不宣

比得揚子灣手書知尊丈復過家暑月跋涉想調攝有道起居亨吉遠慰下懷鄉友回亨之有書見寄頗有科選不滿之意巏已兩致書寬慰之矣人生豈能事事如意耶巏擬秋仲北上揚楚間必留連十數日竢果成行臨發專人奉報賤體病暑遂爲故常之疾已嚮愈令愛以下幸俱安因便謹附手簡餘不備

寄唐執中

奉別忽再閱歲僕雖坐冗嘗縣縣於左右人來輒念興居爲慰此時想已抵家矣雄豪之士蘊蓄遠大一出便當警動一世正不當以蚤暮論出處也齊東野語煩留意訪之得爲完書他日祇從老兄借觀數日爾鄉里多後來之秀想在冶鑄中矣示知示知文玉親家病廢小妹孤甥甚爲懸念念之輒酸鼻惟數過而存問之使渠知僕意亦聊以自慰也未中惟加愛爲大科之重不具

與方嘉伯

嘉伯行時不及再送想諒之雞鳴濤曠又多佳士友結夏課最宜聞入秋暫歸冀得一會巏不久亦北上也僕得子已晚不欲張皇親友致賀俱堅卻妻

丈先生前奉書亦不曾及恐盛暑勞其使者往來不久亦寶應胥會矣如問及煩婉曲達之因源潔行聊此未中珍毖不宣

答胡教諭彥深

久闊遂不知彥深出處承手翰乃知典教淄川此實一方多士之幸居閒想益肆文學追跡古人計不久又纍試禮部當褎然在人上也淄令尚未新除僕當亟言於選司擇一明健吏以副吾友勤民之意但知人亦甚難惟以盡吾心爾仇東之方止文學之士交游中難得者想彥深知之相其姪也幸屬而教之萬萬書帕將意不足答貺唯愧愧他不宣

與檉居

承惠佳畫珍感珍感比日口困不及奉謝惟亮之谷音所集諸詩音調清激小傳尤簡切可愛巏讀而悲之奉觀當動檉居懷古之歎也紙三百番并帕

箋將意此非潤筆之餽也呵呵他留面既不宣

問陶雲湖

數日稍闊耿耿昨聞騎從出城瘡恙想遂平復矣公性度耐事極不可得想是靜觀既久於禪林兼有所得故一切難苦皆不能動心也歎伏歎伏遠行擬在何日要輟冗與公爲别爾未中保練不一

與朱亨之

得手翰知貴眷納福但尊舅微恙不意尚爾淹滯計秋涼當勿藥矣監假已久想即治裝此時過江最宜慎重須四鼓起看星月明朗四無雲翳乃可渡也江東回動定示知他不一

站船人回得手翰知舍車從舟矣計程想正月盡可到也大母在寶應尊眷在南雍已專人奉候獻歲俱納福亨之可無遠念也嚾趣裝且行聞徐濟間

路甚澀不敢盡室以出吳州守回諗之如何再爲前卻或者嚾先單身先行大科之賀尚得不遠奉見也不一

嚾自三月十日得亨之南宮之報與令姊欣慰無量元德回始知未被庶吉士之選亨之青年美質宜與而不得嚾甚惜之然此事亦非人力所盡爲吾曹自處正在於聽命而自力也又聞懷歸甚切丈夫四方之志此其發軔亦宜稍安之馴習既久他日可以當事也尊丈先生四月過家在此秪住兩日體氣比舊甚健貌亦加腴矣諗諸尊幼皆安吉可寬遠念也嚾入秋北上相見不遠未中慎交納廣學問是祝不宣

久不得書甚切懷仰部中兩次辦事官皆未回想有書在彼副總時源追賊至黃州止百餘人劇賊劉齊亦在其中源索舟過江湖廣官兵見賊少欲專其功止源勿過源回兵往壽州賊遂奪舟順流而下五六日至南京在和尚港住一日南京操江并守禦者怯懦無謀賊守風至晚遂揚帆東下抵金山掠瓜洲鎭江南京官兵始去應故事追襲竟不敢發一矢可謂無人之甚其賊閏月十五夜過南京今日家人來說因鎭江調兵相拒賊東過太興沙上人家已遭其焚劫聲言要入泰州過揚州北上又捨舟從陸矣奈何奈何今日已發人回家探看并搬移入城矣兩日酷暑病體正費支持又聞此不勝憂慼老父在家干係尤重微官眞是何物也此賊料之大約要逃命江海之間如往年施天泰之類費許多氣力纔得捕滅非旦夕可以成功若如此邊江沿海州縣何以克當所恨者黃州人不宜止時帥南京不宜輕放過耳此書煩與洵姪同看安葉諸公皆當言責亦與之商議早爲處之情迫詞隘恕草率

與王肅之

久闊僕臥病家居邈然不知肅之出處使來承手翰嘉惠始知提兵川蜀以靖賊徒朝廷簡用可謂得人矣今渠魁已得餘黨漸平計不日凱旋當登壇大拜也僕已改官留都碌碌無足爲道末由奉會軍中更祈保障不宣

與徐子仁

卷價奉去恐不滿進生之望但僕輟俸錢爲之多自不能辦爾瑣瑣論價不惟諸君笑僕寒乞兩太史聞之地下想亦撫掌大笑也甚愧甚愧

宋君來閒緘得令兄隱君之訃苦事苦事此翁健在何遽厭人世而去耶又聞以二郎託足下死生之際骨肉之情令人悲痛老兄之意自顧諸子劣弱以是託賢弟爾足下知之乎當受而撫之也途中計與以德淹留不意四十日抵家在足下亦云快矣到後雲湖以七月到此甚恨不及相見有書先託亮之轉寄到否知之知之筆談已託東之校過目下作得一序便寄去陽羨

煩致意徵之勿廣傳布也韶會望轉致幷圖書一切見寄萬萬京師交游皆有後期之望然足下身事如此恐不得罄身出門也寒近惟好將息不一

久闊豈勝懸念亡妻誌石辱書篆甚感甚感聞新居極寬雅經營想未斷手指擬其處便若與諸君宴坐其中矣轆服滿終求一官辦老江東也內姪鍾甫質敏可與語茲以事游江東如有所託煩爲垂眷也千萬千萬臨紙不能盡所言春寒惟好將息不具

答王公濟

所諭已悉未得手帖相見間已及此意屢枉佳貺何以報稱感愧感愧惠茶未領豈非竢沒中洽同餉之乎計不化爲烏有先生也已喧惟加愛

與劉職方本升

久別每勤瞻企時於務教尙賓處諗知起居冲裕爲慰數年來交游多事委

巷舊鄰皆易新主栖栖朝夕惟僕一人閑居獨念不勝故人之思也僕兩年亦甚爲疾病所苦坐此缺於修問罪愧罪愧貴體向愈想不日復起冀得再續前好但公一出便膺顯擢不復再滯於此矣聚合又未可期也便中時惠晉問乃幸

與姚秀夫李惟正

妻武庫回解裝得聯句展誦恍然如對言笑也快哉快哉二公皆偉人同處留司相與討論想益深到相望不遠無由陪侍徒切瞻企而已近承秀夫手翰荷荷惟正所鈔本子公餘錄過望寄示以沃渴懷秋高保重不宣

答莫日良

久闊奉懷耿耿昨賈郎持手翰至僕値危疾既不克款接又虛辱命悚悚所賴情照冀不斥棄今日得請罪也聞出整淮上戎事採偏補敝竚竢設施胸中甲兵此特小試也未奉接間惟加愛以副嚮慕不宣

答徐元定

別後文字想益高古切欲求看以沾膏馥既在藎卿處僕可就得矣藎卿極愛佳製嘗舉誦數篇渠亦開敏遂知公文之佳也公居山中久專意文學世故想盡絕所忘者不獨藎卿字也呵呵

與朱楚英

前歲過家忽冗不獲與足下盡日劇談惟是此心懸念爾不知足下尙以夙昔相待知僕此心否耶足上天資超逸爲里中後來之傑僕心善之近見送文佩詩益歎足下才思淸拔所惜者不肯少降就古人法律爾詩文字畫皆有典則若說不煩繩削而自合則樊宗師之外他人恐不能也愛足下厚故爲此言亮之亮之見嘉伯元楚諸友幷告之以爲何如

答周千兵

小女幸託高門重承厚聘繼領華翰益諗至情兩姓之好既諧百世之懽永固謹將帊以爲壽幷納扇以袪煩副以文字之資爰相瑤環之嗣提戈握印固知將種之特奇說禮敦詩豈藉外家之膏馥愉情莫旣敬簡以陳

與周近仁

歲初在京承雅愛感荷感荷賢郎在此以舊故屢過敝寓愧無長助也褎然高舉與有寵華忻幸忻幸遠惟高明期以遠大亮不動懷然弱冠登科有子如此亦可稍慰也無由厠賀謹此布狀寒近惟調愛不宣

與姪洵

自汝北上每念汝道路辛苦冰霜寒慄不置然男子四方之志亦須備嘗艱難他日可以當事也計汝新正到京矣江米巷段廷用是吾鄉人其宅乃仲

親家舊宅有閒房可借住彼無不肯也惜不曾早與汝言恐今定居矣又我曾寄一靑紵絲裼靑鼠皮襖一領與葉景華折賣近葉書來說爲劉敬夫取去至日入場尙寒可取以禦之尋常祇閉門看書爲佳凡事與晉之親家同之諸鄉舊爲我致意不多及

得汝書知汝得舉進士且吾鄉得三人而愛之親家又同舉家門之慶鄉邦之光甚喜甚喜今歲必選庶吉士期爾與選若然則更爲喜或者一甲亦可望也如何如何二月內我病作幸又愈世事已灰心矣昨恩詔許調理痊日起用不勝感激諸老先生維持之力不敢忘也欲作書以謝病且未能得相見先爲我再三謝之不一

二月十八日得咨幷汝書閒退之人且疾未脫忽蒙起用進退皆難欲再具辭士夫相勸一則有負君相軫念曲處之意二則恐致好名違俗之嫌彊疾

一出蓋非得已已於三月廿一日到任今差官進本謝恩內閣幷冢宰諸公皆有書奉謝汝可送者遠之餘付辦事官分送可也爺爺幸康健然年高時艱心常憂惕比向年出仕大不同到京十數日已夢想數番矣昨報賊在陸安等州恐犯揚泰甚恐已差人回省矣常打聽來南人頻寄書是望餘不能一一

楊賓夫幷周掾行俱有書知之西涯老先生宅上留得手卷求曾祖父傳已四年矣先生近有書來索事狀想前者已失今重錄事狀幷小簡一通汝可央亨之舅同去投書請文仍備二帕爲贄此後得便去催須今秋得乃盡我此念也

閏月晦張辦事官回得汝書知曾在寺中相見說汝平安甚慰選期尙遠無以韓同年南來動心遲速各有命也連日因流賊消息未得泰與江上人家說已爲所燒賊欲舍舟掠馬由泰入揚以圖北上聞此紛紛之論愁怖不可言已三起差人回一二日內想得眞聞也李閣老先生曾催請手卷文字否因明日辦事官行揮汗乘忙附此南京熱甚病體祇靠藥餌支持顧守中致意常常問渠討報寄來

閏五月望賊過南京六月將望復自通州上來至九江七月十一日又復過南京三往來如入無人之境泰無人焉可歎也幸官兵十三日俱追到儀鎭等處連日無消息因江上禁船往來說又趕在東邊家鄉未免驚懼然我師水陸皆進恐賊不暇登岸吾郡稍遠江口決不爲賊所犯也汝婦北行我爲之課欲待戈刑侍回京覓船附上已報湞輩矣細思此行亦不易湞書來說再圖之爹爹喜康健家間俱平安且秋成亦有六分吾鄉眞樂土有年但爲[illegible]強弱順逆論之官軍克勝可期其奈二劇盜狡猾識者尙未敢

必[illegible]見報知吳廷器已回急流勇退可嘉我自入官來精神稍可但肌肉瘦瘠如舊耳看事勢如何卽引身東歸也石先生張刑侍且致意今日得一同年訃感懷不得作書知之

昨戈司寇諸公南中勘事初聞其避賊從陸北上不意其猝過南京急欲報湞行速不及湞書來亦說今年多事不暇送家小矣家中無人奈何然不以一第自滿且專心問學爲美八月間始得朱吏來書說欲從伯安宗賢游京師朋友如此者恐不多得宜常親近之戈司寇前已再三託其致意於張黃二公說吾姪在部希照看之不久自有書奉達也我病尙未脫然親老身單歸心日動竢明春看如何圖之不一

執中回得書爲慰□□痘瘡不幸吾郡中此毒者甚多奈何客中宜自寬置之勿復念可也前日河路稍淸不意四月末白羊河復有燒船之慘天心未

肯厭禍將來不知竟如何也出門後汝父一房搬回昨有警復搬入城郤令湞一房搬出若賊勢不已恐泰亦不可住復登仕路如在樊籠日夕沈憂家國之寄不知何處是樂土也時寄書來萬萬

羅廷評并公差人回得書知吾姪平善爲慰但家小未發爲念耳書中說從鳳舉北上恐不果儲平昨來看船待與駕部謀處未免搭官船省力且同元德寶眷行尤好選在何時翁守洪何以先題單選恐又是一格也爹爹尊體日健嶑在正初六日成婚汝伯疾亦瘳愈此間雖尚可竊穌然早衰志意彫落且吾親春秋已高不能久處矣待考滿圖之餘俟後書不一

病衰日就斂退不意復有此轉脫錢穀之冗就清閒之署此皆諸老先生當路者體念病軀所及也感幸感幸晉之孔時理鄉皆不聞選除消息元德令兵[illegible]俱正月十二日附鮮船北上矣計二月末旬可到家間喜爹爹康健[illegible]上六日成婚亦稍收心可慰餘待汝婦到悉能言也諸老先生病冗尚未作書謝俟稍遲相見話及之不一

與姪湞

連日不知家鄉音問此心憂煎不可言舊疾加以暑病不出衙門已數日矣初九日金吏留子行今復遣吏王瀣同看爹爹并探賊勢既移入城須堅爲守城之計所慮城中人少城外人多若不豫處置多人入城誰與共守不知州所有定策否曾排布下人否磚石火器之類曾一一豫辦否弔橋改否橋下復深四門兩邊開闔否是皆不可苟且者若得官軍并土軍在如臯海安截住可使不至吾州此又上策也聞都憲公在東湞可將我意徧告張冒陳三老生及孔時應和同見都憲公各出方略爲保城之計有備無患不可恃其不來也見太守公致此意病中不能一一具書知之

寄某

承俯和泰陵挽章讀之隕涕不已聖德享年不永此千古之痛也邊事近幸稍靖然中外恬然遂不之及可歎可歎秖有東山老老成謀國今又爲人所搆懇求歸矣將來不知如何也嚾向所陳者亦無甚高論俟鈔寄奉觀垂念南湖欲裒集遺文梓行使君高義當於古人中求之地下之人想亦望於吾輩也當徧告諸公成之蘇刻敏齋正少海市詩珍荷珍荷他本有副者容檢奉人立促書不能待也明春過通州得先示及巏或可謀一出奉會也餘領諭矣寒甚加愛不宣

柴墟文集卷十五終

虞山丁祖蔭校

柴墟文集附錄

澹泉鄭先生吾學編傳

曾孫燿率男埙均蒐輯

儲公名巏字靜夫泰州人成化二十年進士歷南京考功主事文選郎中弘治七年調考功十年陞太僕少卿公淳行清修與物無競而自守介然考功出入三年臧否不淆交遊稀寡嘗薦張吉等五人可任諫官論救科道龐泮等不宜以言事下獄又上言乞令史官紀注言動如古左右史康陵初陞太僕卿明年僉都御史總粮南京閒局無事專心經史訪輯國朝故事又明年入戸部爲侍郎逆瑾專權益甚公卿奔走瑾前公愧憤引疾求去長沙與公善得允致仕內批公有才望行且起巏公去數月瑾誅不數月公起時瑾雖誅[illegible]月事公益不樂明年冬又乞休去七年改南京戸部是年冬改吏[illegible]益力起益數其淳易恬靖人皆慕之卒謚文懿

華玉顧先生靈徵記

柴墟儲文懿公正德癸酉以南京吏部左侍郎告終於官喪歸海陵之地丙子塗墍攢於墓舍丁丑啓而葬諸制域視其棺上變發黝墨成繪畫文具有畫家鱗皴烘染之法其前奇石枯松旁出二小筍莖葉咸備左則梅株夭矯如龍稍綴數花其杪右如左而樹差短全無花古雅蕭散絕不類今俗工所爲後有文隱隱未就吁亦異甚矣哉殆有鬼神爲之其間者家人驚愕走聞州大夫馳駕來視削而究之深入木裏於是四境喧詫觀者塡溢莫不駭歎以爲神異模其大都藏之家廟夫靈氣寓於兩間生人爲聖喆文秀其發於天地則爲卿雲景星麟鳳芝草之祥彼此更見無有定質龜龍之文是爲圖書果孰使之然哉昔公孕天地之靈端方秀睿耀諸德藝天下祝其萬年以爲[illegible]於下壽其精華之所蘊蓄固宜有盡也歿而歸諸大造必且爲[illegible]著體物而示象蓋亦理所宜有無足怪者譬之椒蘭之澤漸物成芳嘉種不腐蒸且爲菌謂公之靈不能爲此豈達於天人之際者乎

叔鳴趙先生靈徵詩

前和竹栟迸石成陽休山立貌其生左榫梅吐花盈盈不穠不槁如詩淸柳挺榫右屹霄峥凜凜直氣曾塡膺造化於公眞有情生前已號萬人英死有文章淺土呈欲朽翻爲不朽稱萇血千年碧更熒雷陽斷竹根荄萌二老志節何精誠文懿不負大魁名瑞生瑞死徵其靈瑞生瑞死徵其靈

前木文

左木文

右木文

楨伯歐先生廣陵十先生傳之一

儲巏字靜夫其先昆陵人也宋時徙海陵今遂爲泰州人生而秀穎少工文辭成化癸卯舉應天鄉試第一甲辰舉會試第一廷試賜二甲進士第一當是時泰州儲君名動京師矣太宰濟南尹旻欲選爲屬懇求便養授南京吏部考功主事盧氏耿九疇知其爲人簡重端默有公輔之器及轉天官尚書調巏考功郎中嘗覈一官得實九疇忽又改評巏不從且云公所執何異王介甫兩侍郎方並坐省中九疇大慙良久曰我爲渠知已然非我莫能容也後尚書某繼耿亦欲有所改評巏指其官注藉云嫌涉部長鄉里遂不改弘治丙辰當黜陟天下官員巏考如皋令某不稱職令囑某太監爲之請巏宣言於署廳曰某某雜職尚能名節自檢有以進士宰邑反不自立且託內侍干[illegible]云方發如皋令干託時吾幾媿死嘗疏薦丁璣張吉敖毓元王[illegible]人可補諫職之缺六科十三道官龐泮等論事下獄爲之申救人服其敢言丁巳陞太僕少卿乙丑陞本寺卿蒐訪馬政得失剗革蠹弊條舉所當興復者疏四事以聞詔皆報可又上章請紀注孝廟言動以示將來正德丁卯擢都察院左僉都御史總督南京糧儲首釐正倉庾宿弊條上應議數事省糧戶及京邑供給之費戊辰進戶部右侍郎己巳轉左庚午春以疾乞休溫詔答之賜乘傳歸是冬召復舊職辭不就壬申春起爲南京戶部左侍郎癸酉改南京吏部左侍郎甲戌卒於官巏有內行事親至孝撫從子洵如已出授之經學竟以進士顯門人卒業者多取科第時李夢陽何景明等倡古文辭執政者嫉才欲擯斥之巏以文章復古爲國家元氣故於李何極其扶植得不傾陷性好學老而彌篤文法森嚴詩沖淡沈蔚有陶韋之風所著有柴墟文集騈野集奏疏各若干卷嘉靖癸未禮部以易名請賜謚

曰文懿

皇明世說新語七則

儲巏疏薦謫籍遺才丁璣張吉王純敖毓元李文祥曰與其旋求敢諫之士不若先用已試之人

儲巏答林待用云平世用人多循資格感公意欲以積薪待僕不知當路之見正如太倉之放陳也

儲巏在吏部留意人才考詆臧否無不曲當一時人士竦然戒曰儲君陽秋可畏

耿九疇爲太宰深知儲巏之賢調爲考功郎中嘗覈一官得實九疇忽又改評巏不從且云公所執何異王介甫兩侍郎方並坐省中九疇大慙良久曰我爲渠知已然非我莫能容也

儲柴墟病亟召友人顧璘王韋囑以後事至不能言猶舉筆作國恩未報親養未終八字無一語及家事

儲巏云徐子仁書種種臻妙天付此腕與渠想亦憐其窮厄然耳

王韋作詩爲諸老所賞儲巏稱之曰絕似溫李陸深戲曰本是王韋蓋指王摩詰韋蘇州戲之

皇明大政紀斷

巏直隸泰州人好賢惜才凡海內知名士咸見推引阨窮弗達者必思振起之遠非類不惡而嚴未嘗有不善人至其門也邵寶常語人曰持身當以柴墟爲法方終不爲惡人累其見推重如此

王弇州別集說

成化甲辰會試第一名儲巏南直隸人仕至戶部左侍郎改南吏部左侍郎卒謚文懿嘉靖甲辰會試第一名瞿景淳亦南直隸人仕至南吏部右侍郎改北禮部左侍郎卒亦謚文懿

李卓吾續藏書評

李贄曰公視陽明先生居然前輩矣陽明中弘治十二年進士時公則已太僕少卿而往來問學若弟子吁此公之所以益不可及也後泰州有心齋先生其聞風而興者與

跋

燿莊誦我

老祖柴墟文懿公集凡十五卷惟我　伯祖平野公嘉靖乙酉刻於沔陽官署者是也已行之天下矣行之既遠則原板用之彌勤墨瀋蠹嚙雖有棗梨必無幸矣士夫購求茲集率無以應識者憾之君子曰先烈之弗彰非孝也後學之靡式非公也非孝非公燿於是有大懼焉搜笥中僅存原槀一部自備百金重授之梓更檢鄭澹泉吾學編傳顧華玉靈徵記趙叔鳴靈徵詩併圖歐楨伯廣陵十先生傳之一

皇明世說新語數則咸補入邵二泉集序之後別爲一卷合原集共十六卷繕寫校刊閱二年而始就庶乎可以當宗器存口澤也欸哉燿竊論曰我

老祖文懿公人皆稱爲天下才人也我以爲我老祖蓋神仙中人也何也公性靈絕異體骨不凡抽翰布辭往往似不食煙火人語爲人修潔清苦澹漠冲和眞有道者氣象以故處溷濁而不汚履盛滿而不危負高才美名而人不忌其得全身避世之術者耶逮乎騎箕之際神意蕭爽遺命忠孝翩翩而逝蓋棺後天葩瑞藻繡於戢身之宮變幻非常殆不可以瞬視道家謂之尸解或又以公生平不盡之奇麗於此益發云當公於神仙中人亦豈矯誣之說若乃文章詩賦功業人品國史已有定評燿何敢贅於末簡

萬歷甲寅仲夏吉旦

三世曾孫燿百拜謹撰

陽山徐來復改之甫書

柴墟集舊傳刻於江西故泰州收藏者甚少年久散失幾如吉光片羽同珍矣鋧家二函先大父時俱爲邑尊取去族中諸君半不識此爲何物戊戌二月偶於市上購得是集喜不自勝第自顧力綿猝難翻刻致令祖德不新子孫之過大矣奈何之八月中秋病後啓鋧識

跋

右儲文懿公（瓘）柴墟集十六卷，遽退庵筆記云：張海房太史（符驄）稱有兩刻本，攷初刻十五卷，乃公從子平甫先生（洵）官台州貳尹時所梓，邵二泉（寶）序稱刻於沔陽郡齋者是也。開雕之歲距公歿十三年，時爲嘉靖乙酉，此刻久無傳本（按此刻今尚有之，字大於萬曆本，余嘗親見，退翁特未寓目耳）。海房生康熙初，蓋猶及見，云其二刻乃公曾孫寅賓（爟）因舊板漫漶重刊，取顧華玉（璘）靈徵記、趙叔鳴（鶴）靈徵詩、鄭澹泉（曉）、歐楨伯（大任）所撰傳及文懿軼事散見諸書者，合邵序爲一卷，共十六卷。邵序後有宜興族人儲昌祚、公曾孫埍、劉忠孕（宏宇）兩序，卷末有寅賓自跋，皆重刊時所增。時爲萬曆甲寅云云。今此本十六卷，應即寅賓所刻。聞儲氏後裔云，板尚存祠宇，特祇有半部，又半部在儲家洋族人家，皆朽腐闕失，卒未易合。因念文懿當日負重名，碩德偉度，天下仰望，丰采迄今三四百年，海內讀書論古之士皆慕公爲人，願讀公所著書。詞翰之美，乃公餘事，然即此已足衣被天下，允爲吾邑人物文章之冠，而欲求全集完本如覓宋槧之難。姑以此本付印，尚冀有力者旁搜精校，重梓以永厥傳，亦邑賢之責也。民國十二年癸亥正月五日韓國鈞撰

柴墟文集　跋　一　海陵叢刻　第十六種

一庵王先生遺集

（明）王棟　撰

《一庵王先生遺集》二卷附提要，明王棟撰，據明鈔本影印。

王棟（一五〇三—一五八一），字隆吉，號一庵，明江蘇泰州人，爲王艮從弟。幼時從其父學醫，父殁後棄醫學文。嘉靖五年（一五二六）補泰州學官廩生，師事泰州王瑶湖。後從王艮學，「受格物之旨，躬行實踐，得家學之傳」。嘉靖三十七年應歲貢，授江西建昌南城縣訓導臺使，聘白鹿洞書院，又主南昌正學書院。四十二年以内艱去官。四十五年補山東泰安州訓導，未幾遷江西南豐教諭，信從者衆。隆慶二年（一五六八）創水東會，建義倉。五年擢山東深州學正。六年，致仕歸。萬曆三年（一五七五），立宗祠，置祭田，定祀典。萬曆四年，主泰州安定書院。另著有《易説》《祠堂紀事》。

是集由王棟裔孫所輯，凡兩卷，卷首載監察御史孫之益序。上卷包括小像、年譜紀略、《會語正集》、《會語續集》，下卷主要爲《論學雜吟》及各體詩文，並其門人李梃所記《誠意問答》等。王棟爲宋代心學一鉅子，其心學主張貫於《遺集》之中，集中體現在《會語正集》、《會語續集》以及《誠意問答》諸書當中。先生學問之成就，一則是在王艮「淮南格物」的基礎上作了適當發揮，有所增益；二則是「不以意爲心之所發」，在自家體驗中獨創「意」説。其主張主要有四：一、反對「以知是知非爲良知」，批評以見聞情識爲良知的心學弊端；二、提出「心性良知，自完自足」，認爲良知爲本體，人人可具足；三、提倡從「格物」認取「良知」；四、意是心之主宰。言「意近乎志」，「意即心之主」，「『獨』即『意』之别名」。是書足可稱「心學」之一力作，無怪乎黄宗義《明儒學案》亦多録之云。

（張　航）

王一庵先生集序

心齋王先生倡道海濱講重孝弟論格物而推本脩身從游者莫不服其教而族弟一庵子尤信之篤體之深吾嘗考一庵子之行實能孝親友弟誦一庵子之言不外誠意脩身其學深淺純粹其語親切簡明其近炙安豐遠溯姚江以尋源於洙泗而成一代之大儒者洵於心齋稱難兄弟哉宜當時主講席人有得師之慶也今其裔孫等裒集會語付剞劂請予弁數言於首予雖不能盡窺精奥然知可以俟後聖而啟來學與心齋先生遺集並傳不朽矣

旹

天啓四年歲在甲子菊月之望

欽差提督蘇松等府學政巡按直隸監察御史邛州孫之益頓首拜譔于澄江公署

重鐫一庵王先生遺集目録

目錄終

一庵先生像

像贊

雍雍其容坦坦其胄洙泗宗派桃李春工千載一日仰止攸同

近溪羅汝芳撰

即公之象盎然春容叩公之蘊鏗然洪鐘斯文興起師道尊隆仰瞻山斗百世同風

南城門人吳星撰

乙未季夏十二世孫　真重梓

重鐫一庵王先生遺集卷之上

廬陽郝繼可汝極父校正
同里門人吳軒尚賢父仝校
孫王守安存遺
四代姪孫王家俊重梓
王元鼎補輯
五代姪孫王象晋
王象恒
王象有參閱

年譜紀畧附出處事蹟

先生諱棟字隆吉號一庵隸維揚泰州姜堰鎮人其先伯壽自姑蘇從淮南生三子孟國祥季國禎析居安豐場仲國瑞析居本鎮生善卿善卿生德元德元生文善文善生瓚號栢林以醫鳴先生父也先生方七歲先公命習舉子業時年十有一歲遇瘟疫流行奉先公命備藥材施救村鎮一日行至沙村莊遇馬嗟嗑幾爲所傷仍命業儒二十四歲補泰庠食廩餼自謂舉業雖出身階梯心學實孔曾正脉遂師事州守瑶湖王先生嗣同林東城師事伯兄心齋受格物之旨躬行實踐得家學之傳先生幼最孝先公性剛直時與内一言不合即外居先生泣拜三日勸歸務使父母懽悦每事幾諫之不聽則拜諭親于道乃止五十六歲應歲貢初訓江西建昌府南城縣臺使聘主白鹿洞會詩曰聞學未堪稱洞主竊官猶自愧山靈又聘主南昌正學書院會復創太平鄉等處集布衣爲會人多興起以内艱去起補山東泰安州未幾遷江西南豐教諭泰安鄉士夫不忍捨以手卷贈書有使得覩東魯聖人之頌豐接壤南城衆皆異之以爲天啟斯文復賜之先生豐士信從益衆至隆慶戊辰叙水東會建義倉遺會學十規著一庵會語行于世其間誠意之旨尤發前聖所未發先生歷三任所積俸金毫不自潤悉寄歸制田與弟方塘氏共爲辛未遷深州學正初先生屢署縣州事毫不受私致仕歸清貧如洗悦樂自

如大開門受徒風動遠近叛歸載草堂著會語續集時州守蕭公柳堂聘主會海陵安定書院朝夕與士民講學創修族譜使昭名分歸併遞年睽屬親疏立宗祠以統族衆制祭田以供祀典遺易說祠堂紀事等書壽七十九歲配享師心齋精舍祠里中咸稱之曰越中淮南生三王夫子云越中指陽明淮南指先生心齋

明孝宗弘治十六年癸亥正月乙丑先生生是爲正月初一日亥時也初盤古以來鎮民多業農賈世不聞理學獨先生以理學顯以戚爲

三

破天荒始生辰逢癸亥乙丑癸亥癸亥人咸異其不偶云

武宗正德八年癸酉先生十一歲是年疫氣大熾先公命備藥材效董奉植杏故事遍施藥材村鎮一日行至沙村左逢遇烈馬嗟嗑蹶騾異常先生仆地盡日乃脫歸謂先公曰吾幾爲馬所傷身不能保矣于是棄醫仍令業儒

世宗嘉靖五年丙戌先生二十四歲習易經補郡庠生次年食廩餼自謂舉業雖出身階梯心學貫孔曾正脉是年師事州守瑤湖王先生學古之道守陽明高第弟也

六年丁亥先生二十五歲

之受格物之學有所得出仁往語人曰格物乃爲學標柄良知人人自有自是但爲見聞情識所混識認不真故有格物之學以身度人而推心絜矩彼此皆安內外無夫方是良知潔淨而不爲見聞情識所混故曰致知在格物物格而從知至也于是聞發家學益明

十九年庚子先生三十八歲越中提出良知要旨教人體認淮南指出格物揭柄教人下手先生合而之先生事親最孝先公性剛直一日與內不合即外居先生廢寢食泣拜三日勸歸使父母懽悅每事幾諫不聽則拜務諭親于道乃止是年以弟休第二子用賓爲嗣

四

三十三年甲寅先生五十二歲

三十七年戊午先生五十六歲考栢林公卒先生哭之盡哀行古喪禮是年除江西建昌南城縣訓導兩奉柱史聘主白鹿洞南昌府正學書院會又撫太平鄉等處集布衣爲會興起益衆時著縣事有胡姓兄弟告爭家財先生諭以難得者兄弟易得者田土動以一本至情胡感悟兄弟泣拜歸復共爨終身永翕偃然蘇公下淚殊有感諭之風焉

四十二年癸亥先生六十一歲母孺人丁氏卒居喪哭泣甚哀

四十五年丙寅先生六十四歲服闋赴銓部候選補山東泰安州在職咸頌其德親來畜之望焉未幾

豐與南城接壤豐士慶天跡而先生慶會合不偶于是復聯舊同志為會四方信從益衆時著豐事有一寡婦子某太學生罪誣大碎先生感渠寡母曲全之私報數百金屺置不顧

穆宗隆慶二年戊辰先生六十六歲

是年叛水東大會建義倉著會學十規大發識意之旨遺會語行于世

五年辛未先生六十九歲

先生名動當道撫院交薦推有司之選先生志切高尚致未滿豐任遂遷深州學正意不欲然時海陵兵憲傅公應犎衡水人也有甥某庠深州強先生行初推深州接仰報豐有鄉達某偽先生曰某向知深州積金一甖志持歸如著州事可取之後先生果署州事竟不埋及女歸田 三

里跡身不菑其事

六年壬申先生七十歲

致仕歸里清貧如洗樂學不倦開門受徒遠近依從日衆初歸栽草堂著會語續集行于世創修族譜遺稿歸併進年以睦族人

萬曆三年乙亥先生七十三歲

創宗祠春秋祭祀尊祖先睦族衆制祭田定祀典著祠堂紀事等書先生清介不入公門族有被勢以櫂差戴者曰吾族大差不能免終不肯私囑先生皆先生守嚴有以感之也

二年丙子先生七十四歲

是年州守蕭公柳堂時主會泰山安定書院論學四方向風蕭公構吳陵書院祀師心齋督理多先生任焉

七年辛巳先生七十九歲

正月二十六日先生辛七日前病革與弟方塘永訣曰余至憾者與爾爲手足幾八十年未嘗少厭餘何慮顧孫曇俞門生吳軒等只有會學一事叮嚀並不及他事語未竟著有意中事囑本宗東厓惜未至而歿時江西南城吳旦等來謁已長逝矣而泣之心喪居廬三月而歸

會語正集

、孔子言吾十有五而志于學始學之要莫切於此吾人直當持此志學二字爲今日第一步工夫志不定者須責志○學不明者須辨學○

、孔子十五即專志於學三十而遂立何定志早而立之速也今或從事已久而志猶雜然靡定其如學何 六

、志與學常相須者也○志專一則學精明○學日進則志亦日真矣○

、會友以辨志爲先○所謂志者○求爲聖人之志也○必念念所期純是道義○而一毫勢利紛華之習不雜於中○方是真志○然後可與共學○譬之種穀而以稊稗之雜則終日培壅灌溉莫非稊稗之生

將來吐花、成實畢竟皆爲稊稗將焉用之會友不以辨志爲先是相率而誣矣

孔門教弟子不啻千言萬語而記論語者首曰學而時習之不亦悅乎是夫子教人第一義也蓋人之心體本自悅樂本自無慍惟不學則或憧憧而慮營營而求忽忽而恐戚戚而憂而其悅樂不慍之體遂埋没矣故時時學習則時時復其本體而亦時時喜悅一時不習則一時不悅一時不悅則便是一時不習可見聖門學習只

七

是此悅而已由是爲人信與而得志行道則此悅發而爲樂不爲人信與而不得志不行其道則此悅不改爲慍悅即樂之來而幾微忻忻以向榮者也不慍即樂之守堅而固安安以自得者也學不離樂孔門第一宗旨信而悟之思過半矣

孔子勵發憤忘食之志只是做樂以忘憂工夫其自叙終身好學之至亦惟於此一樂而已豈獨教人然哉

周子教二程尋仲尼顏子樂處是教於自己心上尋求得來蓋孔顏之樂原是人心所共有者二程悟之便即一尋而得故能吟風弄月以歸

陽明先生提掇良知二字爲學者用功口訣真聖學要旨也令人只以知是知非爲良知此猶未悟良知自是人心寂然不動不慮而知之靈體其知是知非則其生化於感通者耳

明翁是於孟子不慮而知處提出良知二字指示人心自然靈體與大學致知不同大學教人當

八

止於至善則其本末始終一先一後之辨宜必有體認工夫方能知到極處非以良知有所不足而以是幇補之也特人氣稟習染有偏重見聞情識有偏長故必有格物之學體認而點識之然後良知本體潔淨完全真知家國天下之本實係自脩其身而主宰確定則誠意工夫方始透真蓋立本之知既已昭明而不惑則反身之念亦自真實而不欺矣故曰欲誠其意者先致其知致知在格物若明翁所指之良知乃是

大人不失赤子之知明德渾全之體無容加致者也蓋物格而知至方是識得原本性靈無貳無雜方可謂之良知若復云致豈於良知上有增益乎故謂致知則可謂致良知則不可

良知無時而昧不必加致即明德無時而昏不必加明也大學所謂在明明德只是要人明識此體非括去其昏如後人磨鏡之喻夫鏡物也心神也物滯於有迹神妙於無方何可倫比故學者之於良知亦只要識認此體端的便了不消

九

更著致字先師云明翁初講致良知後來只說良知傳之者自不察耳

陽明先生解大學明明德於天下云明我之明德於天下合知篇首在明明德則謂明我之明德於凡天下國家日用應酬無適而非明德之著正所講良知之學也蓋吾心靈體本有良知千古不磨一時不息而氣稟物欲不能拘之蔽之所謂本明之德莫之或昏者也人自不用耳故大學教人認此本明之德而著之於日用之間是謂明明德猶言用明德體用一原非明體以待用也

先師以安身釋止至善謂天下國家之本在身必知止吾身於至善之地然後身安而天下國家可保故止至善者安其身之謂也欲安其身則不得不自正其身其有未正又不容不反求諸身反（能）身則身無不正身無不正則處無不安而至善在我矣古今有志於明德親民而出處失道身且不保者不明止至善之學故也

十

大學止至善猶易所謂元吉中庸至德至道亦以詩明哲保身言之其安身運世之樞軸一而已矣

知至至之止至善也慮善以動故可與幾知終終之安汝止也動惟厥時故可存義

先師之學主於格物故其言曰格物是止至善工夫格字不單訓正格如格式有比則推度之義物之所取正者也物有（即）物有本末之物謂吾身與天下國家之人格物云者以身爲格而格度

天下國家之人則所以處之之道反請諸吾身而自足矣

大學原只以脩身爲本其所以推原至於格物只是挨尋追究出學問頭腦使學者得其要領有下手處耳雖曰劈初下手頭腦在此卻又是吾人一生精神命脉徹首徹尾工夫蓋人時下知至善便即時下止至善故格物既爲知至善工夫亦即爲止至善工夫易所謂知至至之是也然而已嘗止至善者又不可一日而廢格物之

十一

學且如吾輩一向講求體認立本用功可謂知所止者或時行有不得而不反求諸身則是忽又不知止至善矣能勉以格物之功而反躬自責此又一體認而復明於至善矣故格物雖主乎未知止至善之先亦未嘗不行乎既知止至善之後易所謂知終終之是也斷不亦徹首徹尾而不可一日廢焉者乎

格物之學。究竟只是反身工夫。篇中藏恕絜矩好惡等言無非此理孔門傳授無非此學故知此弟友自責自脩聖如夫子未嘗廢此學也顏子以克己成不校之能曾子以忠恕闡一貫之藴子思以致曲造有誠之化孟子以三反究強恕之功皆未有不由此學而終身者也孟子没而此學湮矣程子嘗云正己以格物一言盡之惜不力主其説以爲定訓先師勉仁方與明哲保身論發明格物止至善之學甚詳學者心悟而身體當自洞然無疑矣

孟子反身强恕三自反之類。俱是格物工夫。其身

十二

正而天下歸之則物格知至而治平畢舉矣此見孟子極明格物之學故能獨接夫子之傳後儒專以即物窮理爲格物而不知反身立極知至至之何以承孟氏之統哉

人志意不定。只緣不知此身當止於至善之地。故不先自治。而妄欲治人。或施之不效。而不知反己。以至不量可而輕入。欲卷懷而姑徐。進退遲疑。漫無主宰。志若何而定耶。故必格度體驗真知身爲天下國家之本。決當止於至善之地。此

之謂知止然後志不貳於自脩心日休於有主人雖欲指議其非且無所自況復有莫之與而傷之者哉是此身常止於安吉之地而至善在我矣

定靜安慮是立言者自叙知止至善天然有此妙機脩身以下是舉古聖賢用功從來有此次第其實一而已知止即物格而知至也定靜即意誠而心正也安即身之脩而至善之止也慮即齊家治國平天下得即家齊國治而天下平也

十三

得是行無不得之得君子行有不得者皆反求諸己其身正而天下歸之亦自然之理耳

舊謂意者心之所發教人審幾於念動之初竊疑念既動矣誠之奚及蓋自身之主宰而言謂之心自心之主宰而言謂之意心則虛靈而善應意有定向而中涵非謂心無主宰賴意主之自心虛靈之中確然有主者而名之曰意耳大抵心之精神無時不動故其生機不息妙應無方然必有所以主宰乎其中而寂然不動者所謂意也猶俗言主意之意蓋意字從心從立中間象形太極圈中一點以主宰乎其間不著四邊不賴倚靠人心所以能應萬變而不失者只緣立得這主宰於心上自能不慮而知不然孰主張是孰綱維是聖狂之所以分只爭這主宰誠不誠耳若以意爲心之發動情念一動便屬流行而曰及其乍動未顯之初用功防慎則恐恍忽之際物化神馳雖有敏者莫措其手聖門誠意之學先天易簡之訣安有此作用哉

十四

或曰意猶主意不與志相類乎曰意畧在前主意立而後志趨定矣然篇首定而後能靜定字本應意誠註云志有定向亦是說主宰定也志與意豈相遠哉

誠意謂之毋自欺謂不自欺其良知也如惡惡臭如好好色形狀出良知之不欺者而指之以示人耳蓋謂不欺之形狀正如人之惡惡臭與好好色一出於自然之良知而無一毫作僞之私雜於其念中此便是自己慊是底真工夫而非有

所待於多也

・誠意工夫在慎獨。獨即意之別名。慎則誠之用力者耳。意是心之主宰。以其寂然不動之處。單單有個不慮而知之靈體。自做主張。自裁生化。故舉而名之曰獨。少間攙以見聞才識之能。情感利害之便。則是有所商量倚靠不得謂之獨矣。世云獨知。此中固是離知不得。然謂此箇獨處。自然有知則可。謂獨我自知。而人不及知則獨字虛而知字實。恐非聖賢立言之精意也。知誠

十五

意之為慎獨。則知用力於動念之後者。悉無及矣。故獨在中庸謂之不睹不聞。慎在中庸謂之戒慎恐懼。故慎本嚴敬而不懈怠之謂。非察私而防欲者也。

慎獨註云謹之於此以審其幾。後儒因欲審察心中幾動辨其善惡而克遏之。如此用功真難湊泊。易大傳曰。君子上交不諂。下交不瀆。其知幾乎。幾者動之微。吉之先見者也。則幾字是在交際事幾上見。非心體上有幾動也。心體上有幾動則是動於念。楊慈湖所以謂之起念。即非大學中庸所謂獨也。大傳又曰。夫易聖人所以極深而研幾者也。朱子解云。所以極深者至精也。所以研幾者至變也。以變釋幾。非事幾乎。後儒因又謂於心幾動處省檢而精察之。以是為研謬亦甚矣

○不睹不聞。非是說目未睹色。耳未聞聲之時。乃其心性中涵寂然不動。目不可得而睹。耳不可得而聞之本體也。故曰所不睹所不聞。二所字當

十六

玩。不睹不聞。即所謂獨。而慎即戒慎恐懼之總名也。

○未發之中。亦即不睹不聞底物事。中庸本言喜怒哀樂之未發。非曰未發喜怒哀樂之時。蓋謂心之生機無時不發。當其發喜發怒發哀發樂之際。皆必有未嘗發者以宰乎其發。故能發而皆中節也。不然只是亂發。豈復有中節之和哉。故養其未發之中。亦即慎獨工夫也。

・察私防欲。聖門從來無此教法。而先儒莫不從此

進脩只緣解克己爲克去己私遂漫衍分疏而有去人欲遏邪念絶私意審惡幾以及省察防檢紛紛之説而學者用功始不勝其繁且難矣然而夫子所謂克己本即爲仁由己之己即謂身也而非身之私欲也克者力勝之辭謂自勝也有敬慎脩治而不懈怠之義易所謂自强不息是也一息有懈則欿然而餒矣夫天陽也剛也易之乾卦著陽剛之德也故乾以自强言之示天下以法天之學也告顔子而以克己言之示顔子以體乾之道也

十七

•克己亦即脩己以敬蓋敬字本是對怠而言丹書所謂敬勝怠者吉怠勝敬者滅是也程子解主一之謂敬無適之謂一朱子合而言之曰敬者主一無適之謂此皆與而難明某嘗更之云不怠之謂敬觀程子言心懈則有防心苟不懈何防之有是即敬之謂也而克己之非去私益明矣

•上蔡云克己須從性偏難克處克將去故以數年去一矜字苦費多少工夫若孔子之告顔淵此心纔一敬勝便百度都歸天則眞是太陽一出而魍魎潛消也

、孔子告顔淵仲弓辭語雖殊旨歸則一但顔子天資高一言即悟仲弓則須指點分明耳故顔子既已請事不疑而仲弓又問聖人豈有二語哉特與指點出個克己時底景象與之識認夫人見大賓承大祭時其心之精神何等凝聚視聽言動何等精明即此便爲克己認得是這景象只須到處是這景象至於出門處褋而易忘使民下交而易忽時節都只是這景象則克己工夫無時間斷由是反身推己强恕而行自然家邦無怨與所謂天下歸仁者又何彼此之間哉仲弓得夫子指點大段分明故亦與顔子同辭而任也

十八

•以我自克之己而周旋中禮則其身正而天下歸之故克己復禮爲仁以我自敬之身而推己行恕則取譬近而家邦無怨故主敬行恕爲仁天

下歸仁與家邦無怨皆不是說效皆是形容仁處蓋必人無怨意而有歸心乃是我之精神與之通貫如此方始是仁我愛人而人不親我猶我之仁未至也茲欲人己通貫不由於己而由誰哉孟子曰仁者如射射者正己而後發發而不中不怨勝己者反求諸己而已矣要看三個己字

問心之精神是謂聖果夫子語乎曰是否不必深究但人良知不昧時心之精神亦自不懈心苟不懈則良知亦自精明孔叢子之學混於異端故其書載此一語世莫不以爲誣會得時亦即克己主敬之謂也

十九

問欲致良知必須精察此心本無色貨名利之私夾襍方是源頭潔淨曰此是以良知爲未足而以察私補之也良知自潔淨無私不必加察但要認得良知真耳不認良知而務察其私其究能使色貨名利之私一切禁遏而不得肆安望廓清之有日哉

○良知雖人人自有○多爲見聞情識所混認不真○且如古今從事於學者○往往有拘執道理而昧於變易之宜○或因襲故常而安於流俗之套○皆良知混於聞見而誤以聞見之知爲良知也○又或牽昵恩私○如請禱夫子厚葬顔淵之類○增減禮制○如欲去餼羊門人爲臣之類○及一切過於厚○過於愛○矯枉而過直○救偏而過中者○皆良知混於情識○而誤以情識之知爲良知也○故必有格物之學○以良知爲靠心絜矩○務使内不失己○外不失人○彼此皆安○而本末不亂○方是良知潔淨而不爲見聞情識之所混也○故曰致知在格物○物格而後知至○

廿

◎壹是皆以脩身爲本是以修身指格物也蓋自天子至於庶人則盡乎有家有國有天下者而皆不先責人只自誠意正心以脩其身脩身正己則吾之格正足爲物之取正而家國天下無有外吾格而不正者矣是脩身非格物而務脩身以立本者乃格物也

詳觀大學經文明言自天子以至於庶人壹是皆以脩身爲本則是格物止至善之學人人之所共爲共成原無人品限隔今曰古者十五入大學而惟天子之元子衆子以至公卿大夫元士之適子入之而其非適子者則皆限於分而不得與凡民惟俊秀入之而其非俊秀者則皆限於資而不得聞是誠可疑

大學名義是言極於至大而無所不包之學也而得其道者是之謂大人故謂大人之學亦是但非只對小子與有職位者言乃孟子所謂天民以上正己物正之大人（正己物正是格物也）易所謂龍德正中之大人也（龍德正中止至善也）且此書與中庸同出戴記一言其大無不包而學有序一言其中無所倚而用有常大是中之規模中是大之準則學者得其名義則於道幾矣

問何以言大學爲學之大曰三綱領正見學之大也在明明德依明翁謂在我之明德於凡天下國家日用事物皆體以良知之本然自能應萬事合體用爲一原而内外皆盡有以包之而無遺矣斯不謂之大乎在親民明翁依古本仍作親字謂與斯人情相聯氣相貫而藹然相親則民吾同胞物吾同與通萬物爲一體而包涵徧覆不隔藩籬矣又不謂之大乎在止於至善先師謂止吾身於至善之地使身安而不危則能妙出處而動合時宜制經權而行無轍迹既明且哲以保其身夫然後保家保國保天下自天佑之吉無不利而非斷港絶河之學矣斯又不謂之大乎分而言之一事自爲一大也合而言之三事統爲一大也蓋其明明德於天下國家則有範圍不過之智配天高明而無物不覆幬矣親天下國家之民則有曲成不遺之仁配地廣大而無物不持載矣又止於至善則出處有權擶柄在手又所以爲掌握乾坤之主宰運行造化之樞機矣故先師又云止至善者明德親民之訣竅是明德親民之大又以知止於至善而後能成其大也

衆人之心麤故不知險阻而常危殆學道則物格知至能慮能幾止至善而安矣故惟精之以格物致知之功然後能反身守約而定於一能反身守約而定於一然後殊塗百慮無所往而不用其中中即所謂禮也天則也安且吉之道也衆人之心麤則過與不及皆危矣

圭

○常人之病莫重於好貨好色儒者之病莫隱於好勝好名而良知未嘗不知也真志一定則良知自不能欺故皆一切消化其不化者只緣志不真耳

有因過而悔甚者衆以篤志稱之曰未也夫其所以悔者專爲性道而責志乎抑未免爲毀譽而求全也先師云一覺便消除人心依舊樂此方是真悔真覺流行不滯之真機

○一友覺有過言愧悔不樂曰莫煩惱前頭失處只喜樂今日覺處此方是見在真工夫煩惱前頭失處尚在毀譽上支持未復本體喜樂見在覺處則所過者化而真體已呈露矣二者之相去不亦遠乎

求全之毀君子所不免但人雖至愚責人則明吾儕被毀蒙謗付之無辨可也若一切不以爲意付之不問自以是爲有容此恐蹊於脩慝之實尚須即其所以毀謗之者而索究其因必或有可召致之故從而改之此方是反求諸身無盡頭底學問不然其不類於不得於心勿求於氣者一間耳

盂

易傳曰益動而巽日進無疆故學者有邁往敏求之志當復入之以沉潛思致之學如此方能日進無疆書云遜志時敏亦動巽兼資之意也不能動巽兼資亦是氣質之累剛而果者庶幾能動也而麤心浮氣鮮沉潛之功柔而順者庶幾能巽也而玩日愒月乏恢宏之志無怪乎學之不日進矣

頻復頻巽皆緣執守不固而復言無咎巽言吝其歸不同則以聖學本乎治心心得其養則和樂自著暴慢自消不求巽而自巽今九三以過剛

上人之資居巽之時爲巽之事則是徒從事於謙退之爲不根源於心性之養容有施巽未幾而不覺客氣之潛發者故學無成功而可吝也若復之九三謂之曰復則已復其心性本體特不能堅確固守故雖厲可以無咎然則頻復者未可與立巽則未可適道者乎或曰復既可以無咎何以云厲曰厲之者危之也一復永復其復乃敦頻之又頻迷復之門安得不危不危斯不免於咎矣危之將奈何安靜以養微陽固復善者所當珍重者也

二五

一友極喜好白沙先生詩字學之甚勤告之曰恐涉奪志夫白沙詩字自是多能吾儕篤志聖人之學只當以興起斯文參贊位育爲重任以反己格物強恕求仁爲實功詩苟可托之顯道不忌頭巾字苟可資之記言何拘墨妙若或溺於求工因而奪志便使齊驅李杜並駕鍾王於性道何補程子曰書云玩物喪志於書札於儒者事最近然下向好着亦自喪志又曰某作字甚敬非是要字好即此是學惟其是學故不奪志也

或問本體曰體用原不可分良知善應處便是本體孔門論學多就用處言之故皆中正平實後儒病求之者逐事支離不得其要從而指示本體立論始微而高虛元遠之蔽所自起矣

二六

鄙夫雖氣質凡庸而良知本性未嘗不與賢知者等故聖人必竭兩端而告之非但良知人人自明抑道本愚夫愚婦可以與知舉其至近而遠者自寓乎其中耳

聖人所不知不能即愚夫愚婦與知能行之事故孔子於事公卿父兄勉喪飲酒之事皆曰何有於我夫是四者日用常行之道誰不知之能之然及其至而無過不及則信乎雖聖人亦有所不能盡豈曰問禮問官求博極於良知之外者哉

夫子於子臣弟友四者皆必有道而曰丘未能一焉蓋其反觀內省自覺於其大端大致非曰不

能○只更小小庸言庸行之常○微有不謹不行有餘不足之處○便不得爲言行相顧慥慥篤實之君子○便比於己之所以責乎人者有所未盡即此可見及其至而聖人亦有不知不能者○此類是也○夫責人必盡○而自責畧之○是所藏乎身不恕○而違道遠矣○故夫子反己格物○躬自厚而薄責於人○則所以自盡之至善○初不外於責人之良知○而奚必遠人以爲道乎○

三十七

及其至也之至即中庸其至矣乎之至故不但民鮮能之雖有得於知仁勇者亦有不可能也又不但知仁勇者不能雖夷尹惠皆古聖人亦惟曰聖之清任和焉已矣其中（於）庸之道之至亦有不知不能而不害爲聖人也所謂惟聖者能之蓋指孔子聖之時者而言千古一人而已矣此之謂至聖孟子曰乃所願則學孔子學其時中之至也吾儕敢謂能其至哉特不得不以孔孟爲標的耳

程子曰明得盡查滓便渾化此格言也然不必質美者能之良知本體人人具足不論資質高下亦不論知識淺深信得及悟得入則亦得（明）盡矣有不能者○百倍其功○終有明盡時節到得明盡便亦都無查滓所謂明則誠也學者但當盡力此明不必更求其次只緣當時說個其次惟莊敬以持養之遂使無限英雄盡擇取其所謂次者而終身用力孰敢有自任質美而從事於明盡渾化之功者乎故中庸論困知勉行只說人一己百人十己千而已工夫初無二項以是知

三十八

質美者合下便明得盡其次則須師友講求○潛心體悟○歲月磨礱○便亦可以明得盡矣所謂明盡只是認得良知的確無遮蔽處耳

知格物之學然後可與權人言立之熟則可與權非也學非物格而知至雖意極誠心極正終身只是能立而已故權不論生熟人又言遭變事而知權此亦非也仁智合○而知時措之宜○處變特權中之一事耳故權亦不論常變

舜處頑父嚚母傲弟之間○橫逆至而又至○乃能反

求諸身○號泣自怨而愛且敬者○無一不盡其誠○卒能化之○而天下之爲父子者定○所謂爲法於天下可傳於後世者如此○不能如舜則便是未免爲鄉人蓋爭以敵爭忿以報忿彼此相較而求勝者鄉人之能事也今吾爲士將以聖賢自期待者而亦不能仁愛禮敬依然只是能敵能較而已不謂鄉人而何如此我欲求勝於彼則彼亦欲求勝於我仇仇相報不至於忘身及親不已也以是知君子有終身之憂○正反己格物之學○無一朝之患○則其止至善而安矣○

三十九

先師樂學歌誠意正心之功也勉仁方格物致知之要也明哲保身論脩身止至善之則也大成學歌孔子賢於堯舜之旨也學者理會此四篇文字然後知先師之學而孔孟之統燦然以明

或問大成學歌以師道自任何也曰天生烝民作之君作之師自古帝王君天下皆只師天下也後世人主不知脩身慎德爲生民立極而君師之職離矣孔子憫天下之不治皆緣天下之無師故遂毅然自任無位而擅帝王師教之大權與作春秋同一不得已之志況不俟時位隨人接引則欛柄在手而在在能成此其所以賢堯舜而集大成者凡以任師道故也觀其汲汲周流無非欲與斯人共明斯道或上而君卿大夫下而士農工賈苟可以得其人斯足以慰其望矣孔孟既沒世鮮能師至宋周子曰師道立而善人多程子曰以興起斯文爲己任真得孔孟任師家法但不力主其說以爲運世承統第一事功吾先師所以不得不自任也而亦豈其所得已哉

四十

問遺錄出入爲師之說曰先師此語本無可疑出則必爲帝者師言人不可輕出必君相信之果有尊師共道之意方可言出否則恐有辱身之悔非止至善之道也處則必爲天下萬世師言當以興起斯文爲己任講學明道以淑斯人若息交絕遊徒爲無用之隱非大人不襲時位之學也

遺録一條云大學言治國在齊其家齊家在脩其身脩身在正其心而不言正心在誠其意誠意在致其知可見正心誠意致知各有工夫何爲其然也曰此恐傳之或失其眞但自今而觀物格知至實乃止至善工夫非專爲誠意而設但知止而後志有定向是意亦由之而誠也今言誠意致知工夫各别似亦無可疑者而曰正心不在誠意豈誠意之外復有正心之功乎特誠意一言關係總要良知眞宰自慊不欺則誠

三十一

於中者必形於外不獨内克其心寛廣而正抑且外潤其身舒泰而脩又不獨暢於四支而赫喧宣著民不能忘抑且發於事業而親賢樂利没世感化是則誠意通於脩齊達於治平非止爲正心之要而已程子謂天德王道其要只在謹獨意蓋如此故人學不言正心在誠其意非誠意無關於正心若非正心所得專耳

()

問遺録一詩言念頭動處須當謹似亦以意爲心之所發如何曰謹念是戒其莫動妄念○非於動後察善惡也○亦是立定主意○再不妄動之義○且予所謂意猶主意○非是泛然各立一意便可言誠○蓋自物格知至而來○乃決定自以脩身立本之主意也○中庸即曰誠身○孟子即曰反身而誠○不本諸身○便是妄了○不以意爲心之所發雖是自家體驗見得如此然頗自信心同理同可以質諸千古而不疑惑豈以未嘗聞之先師而避諱之哉

○心不在焉須知不在何處人言心要在腔子裏心

三十二

苟只在腔子裏面則凡腔子之外可盡無心乎天心之本體静虚無物則爲心不放失無在而無不在也若或一有所着馳於彼則不存於此有所在則有所不在矣此之謂不在焉即遂無以管攝此身而視不見聽不聞食不知味者有矣

○○○象山謂在人情事變上用功○正孟子必有事焉之意○必有事焉○非謂必以集義爲事○言吾人無一時一處而非事○則亦無一時一處而非心○無一

時一處而非心則亦無一時一處而非學故凡日用動靜云爲一切人情事變孰非吾心性中所有之事孰非吾職分內當爲之事故謂之必有事焉猶言須臾離事不得件件隨知順應而不失其宜是則所謂集義者也故孟子以後能切實用功而不涉於虛想虛見虛生虛談者無如象山

孟子自謂知言養氣特對告子之病言之耳集義亦然若不因告子立言而據此以觀孟子則何

三五

不求明於在己之良知而求明於在人之言語何不求養於志至之主帥而求養於氣次之卒徒何不求慊於居仁之全體而求慊於集義之應事大抵吾儒之學立乎中正無所不該故一遇不得於言勿求於心者則正有知言之學以對之一遇不得於心勿求於氣者則正有養氣之學以對之一遇以義爲外者則正有集義之學以對之不特此耳遇爲我則正有萬物一體者爲之對遇兼愛則正有理一分殊者爲之對遇執中則正有隨時變易者爲之對遇放達則正有周旋中禮者爲之對遇清談則正有經綸實用者爲之對何也大中而至正故也如人立乎正室之中央則凡自西自東自南自北自四隅之間而立者吾無不與之相對以是知吾儒之學之大而孟子所以繼大成之聖也歟

由仁義行是自良知天性生機流出不假聞見安排行仁義者遵依仁義道理而行不由心生者也一是生息於中一是襲取於外二者王霸聖凡之別非安勉生熟之分也語意與是集義所生非義襲而取之一類

三六

聖人神化之精不出於人事應酬之實故孔子論知幾其神不出於上交不諂下交不瀆之兩言吾先師論明哲保身亦不出於愛敬之一道若他人論幾論哲必着許大元微奧妙之辭愈深遠而愈不實矣

孟子之學極精細極嚴密故其施報於季任儲子辭受於齊薛宋較量權衡錙銖不忽可謂踏實

地工夫○今人談心說性妙極杳微而於日用應酬○一切糊塗放過○亦異於孟子矣

孟子之學極醇正只看對滕文公事齊事楚之問直曰是謀非吾所能及也及其再問又問亦但請擇於守死遷國二者而已後世工於謀國者都便有一般擺布用巧出奇以是知宋人請賣度牒爲常平本亦是欠正

孟子論治如告梁惠王先爲義利之辨以正其心術次爲王道之陳以立其紀綱其告齊宣王推

三二五

恩制産滕文公性善經界與夫良臣民賊之辨當道志仁之說皆是要將乾坤世界重新鎔鑄一番至今鑿鑿可行後此雖儒者所談猶不免有補葺罅漏之意其餘益不足觀矣

或曰使子爲政亦能鎔鑄乎曰鎔鑄天下必君相同德同心方可整頓此孔孟所以不得行其志者也若使得宰一邑而鎔鑄一邑理亦有之但恐監司者掣其手足與遷轉之速則不能耳然終是田制之偏賦役之重刑統濫於罰贖學校弊於文辭凡此皆關大政鎔鑄夫豈易言然大人之學不襲時位吾將以興起斯文爲己任使師道立而善人多朝廷正而天下治此吾所以鎔鑄天下之一大爐冶而非時位所能限也

王政之大端莫要於井田封建肉刑里選四者今皆變壞而不可復矣然限田可以救不井田之失久任可以救不封建之失嚴生刑而寬死刑可以救不肉刑之失先德行而後文藝可以救不里選之失

三二六

友見同志中有述其所自悟者而歎夫己之獨不能也告曰信心自得者有悟虛心信人者無悟有悟者知識明然亦易差而患於自是當勉以沉潛之功無悟者踐履實然亦易倦而患於自餒當奮以剛果之志各求得力而已何必同吾人今日切實用功只一反身正己便了更有何說信者信此悟者悟此終身行之一以貫之更不出此

有衣朋友之衣者見而止之應曰朋友車裘共敝

何分爾我曰車裘當與朋友共敝不可敝朋友之車裘衆以爲確論

、、有庭下草荒者詰之曰得無以庭草交翠與濂溪先生比乎有濂溪之意則可不然則蕪穢不治而已矣曰吾將命除之曰除之以廓清之意則可不然則亦作好作惡而已矣故除與不除俱不論只看所以然如何良知自辨良知自真凡涉於迹者皆非真也

、、不好田獵不以作好傷吾仁也不除窗草不以作惡傷吾仁也夫然後滿腔子是惻隱之心

三七

、大哉聖人之道分明是說聖人豈是懸空論道蓋聖人心通無外思入有形元氣周流精神洋溢上爲天地立心下爲生民立命遠之爲萬世開太平微之爲鳥獸魚鼈昆蟲草木遂咸若之性其功用若是之大與天齊準者也所以然者以心性本然之體原自優優充足自具禮儀三百威儀三千無限功用皆從此出夫豈不能育萬物而等於天哉上說功用下說性體非謂大小也

尊德性而道問學謂是極乎道體之大盡乎道體之細則似德性不足以兼其細尚俟學問以幇補之此明翁所以疑其不然而曰尊德性是主意道問學是工夫也致廣大以下俱道問學事謂必擴披度量如地廣大而於精細微密之處無疎畧之遺昭朗胸次如天高明而於太過不及之間無遮蔽之失蓋人之所以失禮廢義不盡精微多是爲褊心狹量所妨礙所以偏陂反

三八

側不由中庸多是爲凡情俗見所遮掩故非有廣大高明之心量者不足以盡之由之也溫故以下亦只是涵泳溫養這段廣大高明意思使之擴充長裕日新又新一番知新則一番安固然後這段廣大高明意思養成一片厚重不浮底器識而動容周旋自崇盡乎德性所具三百三千之禮蓋即精微中庸而天下萬物何者不在發育之內然則聖人功用之大有不與天齊準者哉

○萬物皆備於我舊謂萬物之理皆備我心則孟子當時何不說萬理皆備於我心孟子語意猶云視天下無一物非我總只是萬物一體之意即所謂仁備於我者備於身之謂也故下文即說反身而誠其云强恕而行正是反身之學由强而至於誠都是真知萬物皆備我身而以一身體萬物也

○大舜所以爲大謂其善與人同也善與人同也者與天下同爲善而不獨自爲善也故雖耕稼陶

三九

漁之人凡有向上之志可接引者皆可取者也若曰舜是取人之善以易己之未善則當時耕稼陶漁之人有何過舜之善而固舍己之未善者而從之乎舍己猶云忘己從人猶云同人書曰稽於衆舍己從人亦只是參稽衆論之意而未必其善之過於我也與人爲善而使人人同得乎善乃見其善之大正與天下化於孝此之謂大孝一例以是知吾人爲學而若不屑與鄉里庸衆之人共爲之終是自小

自古士農工商業雖不同然人人皆共此學孔門猶然考其弟子三千而身通六藝者纔七十二其餘則皆無知鄙夫耳至秦滅學漢興惟記誦古人遺經者起爲經師更相授受於是指此學獨爲經生文士之業而千古聖人原與人人共明共成之學遂泯沒而不傳矣天生我先師崛起海濱慨然獨悟直起孔子直指人心然後愚夫俗子不識一字之人皆知自性自靈自完自足不假聞見不煩口耳而二千年不傳之消息

四十

一朝復明先師之功可謂天高而地厚矣

聖人致中和便須禮樂興刑罰中普天率土懽忻交通至和氤氳而順氣感召安有不位育者哉限於位而不能達之天下亦各隨其一家一國祥氣駢臻而不爽也

行遠自邇下引妻子好合此即造端夫婦之意抑和妻子宜兄弟順父母皆家庭間事故曰卑邇書云始於家邦終于四海孟子曰人人親其親長其長而天下平皆此意也或以父母爲高遠

有是理哉

父之愛子天性也然使愛獨子與愛多子者異愛才子與愛不才子者異皆是於天性上有所增損不可不謂之私或曰不才子亦愛之得非莫知其惡者歟曰愛之深則必教之切矣中也養不中才也養不才養字内有無限多方教育以俟其漸改漸化之意今人多以寛慢爲養此與棄而不教者相去幾何

○嘗書聯對云不責人真工夫不動氣真涵養又書與一友云反身正己而不責人歌詩尋樂而不動氣二者實相須吾人所以不知反己惟欲責人只縁先自動氣也平居不由歌詩尋樂以養其和順襟懐而欲臨時臨事不動氣者鮮矣既動氣便責人又何以行恕乎哉

罒

纔没意趣便是工夫間斷纔有窒礙便是工夫差錯

○自公者不私人亦不望人之私己自信者不疑人亦不忌人之疑己

○古人好善惡惡皆在己身上做工夫今人好善惡皆在人身上作障礙

愛憎明辨者官家賞罰之權包容渾厚者君子仁愛之道

聖賢惡人之惡只是見不賢而内自省不使不仁者加乎其身然猶拳拳焉思欲轉移化導而不可得也豈有甚疾之而自累者哉

或問曰陽貨瞰孔子之亡孔子亦瞰其亡報施相稱是或一道與曰孔子瞰亡非謂欲其稱也陽貨惡人孔子本不欲見而饋之蒸豚又不容於不見往則失身不往則失禮故權以通變而瞰亡以答之則二者兩全而無失矣吾人之於報施只當自盡道理切不可誤持相稱之説而必欲與人分罪過也曰此亦君子豈過於厚之道歟曰不然聖人之量天覆地載於人何所不容君子之學智崇禮卑於道何所不盡吾心不於此等處反己自盡切實用功其不至於自亢自狥失禮廢義者鮮矣

罒

孟子去齊曰王庶幾改之所改必指一事是齊王明有罪過賢者義不苟留然雖以淳于髡加以嘲譏終不直其所以去之故但引孔子燔肉之事微露其端而曰君子所為衆人不識而已皆忠厚之意也

一仕人曰我而今不但無宮室妻妾之念連所識窮乏者得我之念俱沒了笑荅曰所識窮乏者得我之念雖不可有以與爾隣里鄉黨之念却不可無孟子此語只病其為此不緊要事而受

四二

無禮義之萬鍾若萬鍾由禮義而得之雖宮室妻妾且非害道况周貧濟乏豈聖賢之所非乎

古人禮樂之教今皆無之然日用應酬坐立拜起周旋升降之閒莫非謹禮之地又能於冠射燕壺等禮閒一習之則禮樂(教)亦畧存矣但古樂不傳今樂無可習者獨歌詠一事乃其遺意學者誠不可一日不歌詩也能學琴者時一撫琴非是要備具禮樂之文誠導養中和之助有不得不然者矣

明經綸主宰位育樞柄豈不流於偷閒學少年矣乎前輩名儒亦多有自成一段清虛高曠之懷者恐亦不能無議

○○或曰人言去得一分人欲便是存得一分天理真是倒說了我而今却說存得一分天理便是去得一分人欲此(曰)亦非也天理一存便即都存此時人欲便都消化何以分數言之理欲相勝此重彼輕尋常論人固亦有此然非知聖學者也良知本體原自潔淨纔有絲毫人欲夾帶其間

四三

便即非真體矣輕重幾分濟得甚事

○○曾子三省時(是)臨時臨事覺省自己之良知良知一省便即皎然瑩徹絕無不忠不信不習之事矣非省察於既事之後視其有無而改勉之也世有杖亘用功吾猶以為當下放過而况一日三點檢者何以語聖學哉

○吾道一以貫之一字不與貫字對之字指道而言一者不二之名中庸所謂為物不二所以行之者一也心性良知自完自足不須聞見幫補不

明經綸主宰位育樞柄豈不流於偷閒學少年矣乎前輩名儒亦多有自成一段清虛高曠之懷者恐亦不能無議

○○或曰人言去得一分人欲便是存得一分天理真是倒說了我而今卻說存得一分天理便是去得一分人欲此亦非也天理一存便即都存此時人欲便都消化何以分數言之理欲相勝此重彼輕尋常論人固亦有此然非知聖學者也良知本體原自潔淨纔有絲毫人欲夾帶其間便即非真體矣輕重幾分濟得甚事

○○曾子三省時是時臨事覺省自己之良知良知一省便即皎然瑩徹絕無不忠不信不習之事矣非省察於既事之後視其有無而改勉之也世有役豆用功吾猶以爲當下放過而況一日三點檢者何以語聖學哉

○吾道一以貫之一字不與貫字對之字指道而言一者不二之名中庸所謂爲物不二所以行之者一也心性良知自完自足不須聞見幫補不假知能覘貼而天下之道無不統會於中故曰一以貫之曾子曰忠恕而已矣正謂自我本心之實推而行之自然無不通貫豈復有餘事哉忠恕總是一字意而已矣三字都對貫之而云也先儒謂忠恕一以貫之自說得好

學以聚之聚也者凝聚而會歸於一之謂也與中庸凝道同意若曰多聞多見而積累以爲聚則聖人之志荒矣

聖門自顏子以下穎悟莫若子貢然卒自歎曰何敢望回蓋其專以聞見測識爲學而不反求於自性之良知故恒以天資不及知識不如爲歎而不知顏子之深潛默識乃其所以潛心聖人而卓爾見道者也曾子知此而以魯質篤實求之於內故二子獨得其宗

自心自性自誠自明不着商量不煩意見仁者見之謂之仁智者見之謂之智既有所見便是妄心妄非自誠見非自明惟百姓不落意見而日用皆道卻又由而不知終身罔覺故君子之道

鮮矣君子誠明根於心性通乎晝夜而知又何
意見之有哉
孟子言養心莫善於寡欲荀子却言養心莫善於
誠非但不識誠亦不識養字之意人心一覺便
是真體不善養之則有牿亡之害故於耳目口
鼻四肢之欲人所必不能無者一切寡少則心
無所累得有所養而清明湛一矣此非教人於
遏人欲上用功但要聲色臭味處知所節約耳
孟子止言寡欲周子遂說寡焉以至於無此非其
畢
養乎心者有疏密之異特二公所指欲字之義
不同周子以心之情私感物而動者爲欲故不
得不謂之無孟子以身之形氣應迹而迷者爲
欲故不得不謂之寡讀者不以辭害義可也
李延平曰爲學不在多言但默坐澄心體認天理
夫則講學始有力耳此爲始學不善用功徒以
言求者發非徹底全功也羅豫章曰靜坐中看
喜怒哀樂未發之前作何氣象亦是就初學靜
坐時教其識認性體一番亦非欲其時時如此
也今乃執此以爲工夫欛柄此豈二公之心哉
程子每見人靜坐便道善學善字當玩如云魯男
子善學柳下惠一般學本不必靜坐在始學粗
心浮氣用以定氣宜神可也周子主靜之說只
指無欲而言非靜坐也今人認以靜坐養心求
歸於寂失之遠矣孔子曰逝者如斯不舍晝夜
天地萬物只是動而不息原不會靜也思之當
自躍然
明道先生終日端坐如泥塑人自言其靜坐有工
畢
夫在非只恁地虛坐過了他是在感應不息上
用功故及至接人則渾是一團和氣其天機活
潑豈兀然枯坐靜而無動者所能及哉
問閒思雜慮何以却之曰聖人之學不必論此心
之生機頃刻不息孔子所謂出入無時莫知其
鄉是其神明不測自合如此若一概指爲閒思
襍慮盡欲無之必求至於杳然無念歸根於寂
非惟勢有不能即能之正異端所謂槁木死灰
自絕其生生不息之機而可乎但不必思閒慮

雜徒自勞擾耳非絶其自生者也
勿忘勿助與勿正心三勿字俱是因告子之病而戒之蓋告子以義爲外而直欲制心是將使其心爲槁木死灰而與事物不相涉不由誠意自慊而務正其心者也故大學明言正心而孟子毅然主張曰勿正心翻轉學術之弊而喫緊言之亦不得已之甚矣且旣以義爲外則盡將日用間一切人事付之於忘是告子又有忘之病故又戒之以勿忘忘卽莊周誣顔子心齋坐忘之忘實異端蔑棄經綸遺落世事之說也豈以顔子而有是乎昔謝顯道云吾嘗習忘以養生明道先生曰施之養生則可於道則有害又曰忘則涉乎去念觀此則忘非告子之病而何助長謂助其學力之長以求不動心之速也孟子說是集義所生旣生則漸長矣告子不待漸生漸長而欲速期效強而制之故與宋人助苗之長相類舊謂助氣之長告子之學勿求於氣而以助其長乎告子一病而三痛而孟子歷以三勿戒之此可謂至明至辨而或者謂欲調停於於勿忘勿助之間殆不然矣

道之顯者謂之文心之天則謂之禮博文是日用間人情事變隨處應感知行合一底工夫約禮是卽其所博之處參互體驗以歸於吾心自然之天則而一以貫之不待外求矣孟子云博學而詳說之將以反說約也解得甚分明此孔門通教諸子之法自顔子而言則曰博我約我云耳

重鐫一菴王先生遺集卷之二

備兵使者東魯黃家瑞 訂正

維揚郡守垣晉馬鳴騄

吳陵守牧古禾陳 棻 仝訂

三世孫 守信 守安 守康 存遺

四世孫 家縉 元鼎 家鼐 蒐輯

五世孫 象泰 象蓁 象袞 熖 仝輯

六世孫 言綸 韓瑒 雍鎬 恭閱

會語

高堅前後不是道體，仰鑽瞻忽亦不是工夫，此皆假借字。舊以顏子初嘗仰鑽夫子之高堅，甚謬。蓋顏子是見道卓爾之後，深知道無窮盡，亦無方體，而借此字面以極其形容之耳。又自叙其得見此妙之由，以爲始因夫子由博入約之教，循而學之，已若得其意趣，而忻忻然機不容已，自是竭才以畢其力，則所見益覩，此所以真知其無窮盡方體之若是也。既無窮盡方體，又孰由而從之哉？末由非是俟其自化，是說到底難從，若復可從，則是猶有窮盡方體，非所以爲道之妙矣。辛

道以中爲至，不欲過高。如伯夷一冠不正便望望而去，柳下惠袒裼裸裎尚由由與偕，是皆過出常情、高不可及之行也。風之所動，必起於高，故夷、惠俱各有風，可以鼓動百世。若伊尹雖有任底意思，然近於出處之中，而平正切實，循規蹈矩，故伊尹不言其風，不見其高故也。

伊尹幡然自改之，是改前日之非也。想湯三使往聘，必有辭命辨論以廣其猷，猷自樂之隘，故遂悟而改之。其下覺民被澤之言，皆悟後語也。世以伊尹感三聘之勤而後出，是淺淺乎窺伊尹矣。要之，伊尹以三聘出，與孔明之以三顧出者不同：伊尹是悟己之學，孔明是感人之誠，二者之相去遠矣。後世乃有被蒙招聘，皆必待三而行，指二公所爲爲去就格式，謬哉！壬

伊尹以覺民自任，既曰天之所使，又曰非予而誰，可謂任之至重，不容少諉，此是實見得天生本

性萬物一原故謂之天使天從何處使之以其性使之也故從古聖賢纔有所覺便欲覺人孔子學不厭教不倦通作一件事幹凡曰且只了我自家皆是未明本性未嘗有覺者也伊尹可謂徹底一悟真可以言覺矣

伊尹之志志乎仁顔子之學學乎仁

君子坦蕩蕩小人常戚戚此最好考驗日用工夫一日坦蕩便做了一日君子一時憂戚便做了一時小人

五十二

問孔子稱文王至德武未盡善何於易又曰湯武革命順乎天而應乎人曰聖人之言本自分曉順天應人役己以從天人也文王則天命已去而固留之人心已離而固合之役天人以從己也其相去不亦遠乎

漢儒知學近醇正者董仲舒一人而已惜乎英氣不足不能擔當獨任隨（隋）文中子能擔當獨任却又心麤故皆不能任道承統孟子當戰國時功利波頹異端瀾倒非其英氣擔當慨然力任何以能砥柱中流而首出庶物哉

今之斷鄉原者皆執其衆皆悅之以爲罪案此正合一鄉皆稱愿人又合鄉人皆好之未可也故凡見有多爲衆所悅者便以鄉原之學斥之矣然樂正子其爲人也可欲程明道暴慢者致其恭狡僞者獻其誠非衆悅乎中庸言莫不信行莫不悅近不厭遠有望及其至而莫不尊親又非衆悅之至乎故斷鄉原只當在闇然媚於世上誅剿其心不係於人之好惡君子反求諸身委曲盡道世豈有惡之者哉但在毀譽上彌縫則便媚於世耳

五十三

韓子自以能排佛老繼聖人之絶其實未嘗排得分毫蓋佛老之學皆於心性上有見故敢與吾儒爭衡韓子原未嘗理會吾儒心性之所以是佛老心性之所以非吾之（與）彼之所以異只欲以吾儒之禮樂文章權衡斗斛排他棄君（臣）子離父子處非惟無以服其心而實足以貽其笑所以一遇大顛便輸服了

佛老之學出於孔孟之後故無有能排之者獨程子云言爲無不周遍實則外於倫理此是在心性當然上責之可謂約而盡者陸象山云佛老之學主於出世吾儒之學主於經世斯不謂盡而又盡者歟

或曰佛言明心見性道家言修心煉性而吾儒亦曰存心養性三教俱是在心性工用功但作用不同耳曰不然二氏初未識心性本然分量原是萬物皆備原能參贊位育而妄以清虚寂靜

五十四

觀心性却只見得心性中之一隅吾儒非但漫然存養而已然必曰盡其心者知其性也不盡其心可謂知性乎必曰唯天下至誠爲能盡其性不盡其性可謂至誠乎二盡字當玩味盡是盡其原初天賦于人本然分量所謂萬物皆備而參贊位育者也吾儒所以必主經世爲功業者亦其心體性分所當然故耳

今之講學者不入於老則入於佛不入於佛則入於告子不思論語孟子之書乃孔孟當時講學語録反覆印正（證）無非人情事變工切實工夫今何必求高於論語孟子之說求高於論語孟子乃適混一於異端諸家推原其故蓋始於認大學誠意爲心之所發是不免發（於）後求誠而去欲防私之弊所由以起此高明之士所以鄙之而跳入於老佛場中亦無怪其然也大學誠意本説心之主宰主宰一定自無邪私物欲可干此先天易簡之真機不俟去而欲自不侵不待防而私自不起者老佛之超脱只緣竊得此機括耳

五十五

不究其因反以吾儒之學不如彼之直截超脱而往往借用其説以補吾儒教法之全不亦惑之甚哉

一友喜言當下精神答曰佛家有此教法本亦吾人爲學切近工夫未爲不可但大學之旨必從格物致知方得止於至善蓋必絜度於人己之間使彼此皆安而本末不亂然後吾之舉動盡出於良知天理而不混於見聞情識俗態私心乃爲至善之地無忿無惡無咎無疵如此則當

下精神始有着落不然則當時佛老諸人何者不是當下精神而於此道中正之全終有歉也又有言日用閒只坦坦平平無所沾滯自覺一身輕便者曰此意本真然亦飄蕩無據亦須隨時隨事實用反身格物工夫方見精密否則見聞情識皆得與良知牢真混而難別雖坦平輕快終涉糊塗且捕風捉影之爲非踏實履平之學也一云獲父母兄弟妻子慈愛之徵遠近鄉邦信與之驗曰此是真能實用反身工夫故得

五六

感應流通效驗是豈可襲取之哉更須一以正己格物盡其在我莫於效驗上安身着腳庶無差忒故嘗曰反身則樂責人則憂反身則一責人則二反身則血氣通貫而爲仁而天下歸之矣責人則手足痿痺而不仁而親戚畔之矣

謂多友曰諸君今日眷戀於予可謂至愛然此一念道義相關從古聖賢親如骨肉投如膠漆豈一毫勉強於其間哉誠以身莫榮於道義學莫重於師友有此師友則一身有道義而貴且尊無此師友則一身無道義而卑且賤尊貴則榮而保身保家保名節斯與聖賢同其美矣卑賤則辱而敗身敗家敗名節斯與禽獸同其惡矣然則師友豈不至重豈不至親乎諸君誠念及此則不但待區區爲然凡處同志之有志向有道義者皆不得不以此愛愛之矣凡遇四方之有志向有道義者亦皆不得不以此愛愛之矣又須拳拳接引後進同樂同歌非但是與人爲善之仁自不容已亦所以夾持己身不得回頭

五七

轉念須作緊要事努力爲之

有急於開講立教者告之曰先師以前諸前輩身負道德者雖自有餘而與人爲善之心殊不汲汲自先師發明任師同樂之旨直接孔孟正傳而出其門下者往往肯以講學自任然又自責不厚操養欠真或於進退辭受察倫明物之閒不免氣習用事所以多不服人而成功亦因以鮮也今海內有話柄云凡出心齋門下大抵好爲人師斯言豈其誣哉亦吾輩有以取之耳

思遺録一條或言爲政莫先於講學師曰其惟盛德乎其必曰官先事信而後言可也在吾輩既無盛德足以感物安得不俟信而後言時下言動取與必自慊於良知以求不負所學而所恃以取信於人者其在兹乎任師錫類固吾儒經世之勲而修己俟時不汲汲焉以耘人之田自撓自累亦所宜審此中真有毫釐千里之幾不可不察也

或問知行曰知行之辨今時論學所最苦者予以

三十八

爲只在明認良知爲急陽明老先生初講知行合一辨者紛紛後講良知聽者唯唯此其見道愈精而施教益善也良知明而知行之説自不辨而通矣夫不慮而知不學而能此知此行根於德性講求其理踐履其事此知此行萌於見聞然德性無假於見聞而見聞不離於德性二者交錯而變化多端是故有合一之知行有並進之知行有先知後行之知行有先行後知之知行有先後相因之知行有彼此相須之知行又有專言知而行在其中專言行而知在其中之知行古今書傳所稱種種各别知曰孩提之童無不知愛其親及其長也無不知敬其兄此合一之知行也曰學而不思則罔思而不學則殆此並進之知行也曰知之非艱行之惟艱此先知後行之知行也曰行有餘力則以學文此先行後知之知行也曰尊其所聞則高明矣行其所知則光大矣此先後相因之知行也曰道之不行知者過之愚者不及也道之不明賢者

三十九

過之不肖者不及也此彼此相須之知行也曰知至知終知義存義此言知也而行在其中所謂明得盡查滓便渾化是也曰敬義夾持上達天德此言行也而知在其中所謂不習無不利則不疑其所行是也如此之類不可枚舉明翁主合一則自探本言之示天下以默識真體而信之者可以一悟而成聖甘泉主並進則自用功言之示天下以交脩成德而執之者可以力勉而成賢吾人今日但當深明敬良知之學則

自不混於見聞而知行諸說宜有疑而待辨乎

會語續集

明翁初講致良知曰致者至也如云喪致乎哀之致其解物格知至曰物格則吾良知之所知無有虧缺障蔽而得以極其至矣觀此則所致良知者謂致極吾心之知俾不欠其本初粹之體非於良知上復加致也後因學者中往往不識致字之義謂是依着良知推致於事

六十

分良知　知致知為行而失知行合一之旨後只說良知更不復言致字今明翁去久一親承面命諸大名賢皆相繼逝海内論學者所稽憑故有虛空冒認良知以為易簡超脫指知覺凡情為性混入告子釋氏而不自知又不言致字誤之也二者之間善學者須

格物之說明翁云格者正也正其不正以歸於正也此是格之成功先師却云格如格式有比推度之義物之所取正者也則自學者用功之其究亦同歸於正而止矣但謂之格式則於格字文義親切可以下手用功明翁所謂正其不正已自含此意在學者體貼有得當自曉然矣

明翁提掇良知立教發千古聖學明德真旨人心靈體自知自明不假思慮安排自能殊塗百慮一悟而入更復何言吾人欲得透露良知則必反身格物　實體認默而識之然後此知此明不為見聞情識所混不為智愚賢不肖意見所偏則信乎良知直指性命之機緘格物又為學術之欛柄

六十一

有辨於予者曰既是良知自明何俟學術透露曰夫人性體雖一而氣質不同故夫高明善學之士但一收攝精神内觀本體則其天性虛靈精粹皎潔而良知真竅自與聖賢同明由此涵養充拓知性知天更有何事此明翁專以良知教人之本旨也若中人以下一時未能洞識真體則其方寸之中恍惚疑似雖有知覺而氣質習

染見聞情識皆能混之故必有格物工夫體認默識方是知至方是真正良知此則大學詳爲學者立法而先師復主格物之本旨也予每說學必使從格物認取良知以此

或疑心翁以格物爲反身之學用於應事接物時甚好但若平居未與物接只好說個良知更有何物可格曰格物原是致知工夫作兩件折開不得故明翁曰致知實在於格物格物乃所以致知可謂明矣且先師說物有本末言吾身是

六二

本天下國家爲末可見平居未與物接只自安正其身便是格其物之本格其物之本便即是未應時之良知至於事至物來推吾身之矩而順事恕施便是格其物之末格其物之末便即是既應時之良知致知格物可分析乎況先師原初主張格物宗旨只是要人知得吾身是本專務脩身立本而不責人之意非欲其零零碎碎於事物上作商量也夫何疑哉

大有問曰大學明言物格而后知至是格物二字明爲學術頭腦何明翁當日只說致知直待心翁繼之始詳示格物要旨以爲初學下手第一功課曰明翁原不從大學經文條分句解只緣先儒釋致知爲知識之知因以格物爲窮究物理遂使無限英雄莫不學以窮理爲急終身執閣無路出頭天生我陽明夫子一朝默悟此一知字不從聞見外來乃是天德良知性所自有所謂致知致此而已此一知字既明更不消復討聞見知識而格物之非窮理不待辨矣然奈何

六三

不善學者又或只以尋常任氣作用誤認良知往往知以良知責人而不知自己之知已先虧缺故我先師爲人挑出古人格物真旨說大學篇中自天子至於庶人以下乃是申解格物要語可見物有本末身爲本天下國家爲末其本亂而末治者否矣格度於此而知所先後則吾良知之所知者方是止於至善故曰物格而后知至含格物而言致知非天分極高原無氣質之累者鮮不謬也然則發明翁之蘊教萬世無

窮我先師之功不大矣哉

問格物如心翁之說果若於窮至物理有問矣然令天下又有以感化民物言者又格神之格又有以格去物欲言者如廢格之格二說何如曰宋儒自朱子前已嘗有此二說皆關繫學術不全故皆爲晦翁所棄今先師云格即絜矩之義物乃物有本末之物絜度於心孰本孰末機要得矣於是一心修己立本更不尤人責人此於聖經中自有明文可據且已上三說無不包括在內蓋既修己立本自人無不感化自無物欲相干亦自於事物之理罔不明盡此所以爲學術之全功不易之定說也

廿四

問物格知至既云修己立本何復有誠意工夫曰物格知至方纔知本在我猶（本）未立也故學者既知吾身是本卻須執定這立本主意而真真實實反求諸身強恕行仁自修自盡如此誠意做去方是立得這本若只口說知本在我而於獨知之處尚有些須姑息自諉尤人責人意念便是虛假便是自欺自欺於中必形於外安得慊足於己而取信於人乎故誠意二字正吾人切實下手立本工夫方得心正身脩本可立而末可從也

問誠意既足以立本矣何復有正心工夫曰這卻只是一串道理意是心之主立本之意既誠則心有主故不妄動而本可立身可脩若自家不曾誠意立本而望施之於人僥幸感應皆是妄想皆是邪心皆是中無所主憧憧往來病痛故意誠而后心正非於誠意後復加一段正心工夫也

廿五

問前單多言敬則中心有主今曰誠意則心有主謂主敬不如主誠者乎曰不然誠與敬俱是虛字吾非謂誠能有主謂誠此修身立本之意乃有主也誠字虛意字實譬如方士說丹意是鉛汞丹頭誠則所謂文武火候而已又通考之北宮黝之有主是主必勝孟子（施）舍之有主是主無懼曾子聞大勇於夫子是主自反而縮孟子之

異於告子是主行慊於心皆必有一件物事主宰於中乃有欛柄今只泛言敬則中心有主不知主個甚麽將以爲主個敬字畢竟懸空無所附着何以應萬變而不動心乎吾輩今日格物之學分明是主脩身立本誠意是所以立之之功不須說敬而敬在其中蓋自其真實不妄之謂誠自其戒慎不怠之謂敬誠則敬敬則誠其功一也又程子嘗言學者先須識仁識得此理以誠敬存之而已這便是以仁爲主誠敬是所

奎

以存之之功究竟來孔之言縮孟之言慊程之言仁皆與大學脩身爲本統脉相承若合符節思之當自躍然

學者一得良知透露則時時處處昭朗光曜諸所動作皆在知中故曰蓋有不知而作者我無是也茍於此天性真知不能徹底皎潔而藉見聞爲知識則不過知之次者耳聖人原不藉見聞爲知識故其教人也雖鄙夫有問皆可叩兩端而竭盡無餘

鄉人有以割股愈親疾者或問曰割股固非中道亦發於愛親之真心非即良知歟曰此個真心亦自聞見上發來蓋聞世有親疾而割股者固遂發此真心以効法之惟其心真故或感應若從良知靈竅上發來則必能知此是父母遺體安忍毀傷又知吾父母儻一聞知必反痛惜又知萬一傷命如事親何良知之知全體洞徹安有此不知而作之事哉

先儒發變化氣質之論於學者極有益但若直從

奎

氣質偏處矯之則用功無本終難責效故只反身格物以自認良知尋樂養心而充滿和氣則自然剛暴者溫柔懦者立驕矜者巽簡傲者謙鄙吝者寬惰慢者敬諸所偏重或近於中矣以是知學必涵養性源爲主本而以氣質變化爲徵驗

變化氣質本是後來效驗今人皆作工夫用悅樂心體本是見在工夫今人反作效驗看二者辨之弗明是執閽了

始學之士麤心浮氣雖嘗立得願學真志一時感觸便先主張此所謂氣壹則動志也須是收攝精神調和性氣養就從容儒雅氣象方得百體從令而舊習可奪也故曰持其志無暴其氣

養氣之說雖始發於孟子其實孔門語學何莫不然如顏子非禮勿視聽言動曾子動容貌斯遠暴慢之類何者不是養氣工夫並內外一體心事通貫謂之相資交養心勿忘也

卆八

西銘規模大東銘檢束嚴均有益於學者人戲言戲動最害事明暈中往往有識得仁體擔當大任者而言動輕浮終見植立不起是氣壹足以動志書所謂不矜細行終累大德其斯之謂歟嘗見一前輩善戲或非之則曰武公之學最稱精密且不免有善戲謔時無太拘人若是也一友曰即不戲庸何傷乃大悅服於時在坐者咸善之

君子聞己過而改之見人善而遷之言乎自爲則得矣舜則不以有善自私而以公善爲樂其視陶漁耕稼深山野人無不有可取者則皆樂然取之而與公同爲善是以一人之善達之爲天下之善誠天地覆載之心量也此見吾人當以惓惓接引後進爲心不可俯視斯人而有不屑同羣之意

孔子欲得中道而狂狷亦在所思樂育英才而鄙夫亦堪叩教故包蒙藏疾不棄一人庸衆二千兼收並蓄夫然後大以成大小以成小而造就曲成之盛乃至七十餘士如造化之生物不息

卆九

而品物咸章也有道君子欲以興起斯文爲己任則必有包容荒穢之量然後可以收薰陶長育之功

吾人誠欲以善善世必自有藹然親愛貫意先得其心然後言易入而善易從也如欲善父母必親愛父母而得父母之心欲善兄弟妻子亦必親之愛之而各得其心以至於宗族親戚朋友鄉黨彼上彼下莫不皆然未有情意不孚而教化可行者也故君子親得天下人然後教得天

下人

自責自修學之至要令人詳於責人只爲見其有不是處不知爲子而見父母不是子職必不共爲臣而見君上不是臣職必不盡他如處兄弟交朋友畜妻子苟徒見其不是則自治已踈動氣作疑自生障礙幾何不同歸於不是哉有志於爲己者一切不見人之不是然後能成就自家一個是

一友謂某之教人只反身樂學兩件工夫爲要旨

七十

曰此亦只是一事何謂一事曰事事反身以自誠則障礙不生而真樂在我所謂學便然後樂也時時尋樂以爲學則天機不滯而反己益精所謂樂便然後學也故孟子曰反身而誠樂莫大焉又曰樂則生矣生則惡可已故曰一也二之則不是

喜怒哀樂之感乎人惟哀難化其次怒亦易留蓄喜者爲陽樂則陽之陽者也怒者爲陰哀則陰之陰者也陽主發舒陰主凝結故性雖一致而情則殊科皆氣質使然耳學道君子有未發之中爲主宰則亦神感神應無不得其中節之和而氣質不能爲之累矣

顏子有見於怒之難制於此戒懼而不使之遷夫子所以獨稱真好學不遷云者心性本體不因怒而有遷也好學之人時時刻刻心有真宰雖當發怒之時亦自有未嘗發者寂然不動自做主張故其輕重權衡適中其節過之即化氣和心平本體澄然畧不搖撼夫何遷動之有其曰

七十一

不貳過貳之爲言疑也良知之明一時不息故一過便覺一覺便消有何疑貳古人改過不吝亦是不疑貳也

明道先生謂於怒時遽忘其怒而觀理之是非此正有反身自責工夫在然此但姑爲學者立法使知轉腳而已若顏子之不遷怒機括又還在前蓋其未發之中時時有主非於怒後做工夫也一友曰孟子三自反不如顏子一不校曰是何言與自反然後能不校不校正所以自反也

友謝失言

卓然自拔之謂立行無不得之謂達人生天地間堂堂此身完完此性乃爲世情物欲輾轉浮沉而不能卓然自拔於流俗之表用之家邦而行有不得當如天地賦予何哉故孔子言仁只說要與天地間人俱立俱達便了蓋緣我與天地間人原是同此稟賦不容獨自做人故也

人所以不能立達只此學不明而良知未透露耳可見孔子告子貢爲仁是說要與天下共明此

七十二

學便是仁之大者何必博施濟衆然後爲仁故雖堯舜之治天下亦只是要與天下共明此學而已其曰輔之翼之豈非立達之謂乎明翁曰千古聖賢只是這些子人生一世只有這件事

子貢謂夫子之言性與天道不可得而聞蓋夫子教人只在言動事爲上從實理會而性天之妙自在其中故曰下學而上達更不懸空說個性與天道使人求高望遠學者理會得時則夫子之文章何者不是性天之流行外文章而別求性天則妄矣吾人今日正不可汲汲於談天說性而失聖門教法之常

聖門教法初不教人靜坐至程子言之此是他自家體貼用功覺有得力處故其言如此然亦因其可靜而靜非厭動而喜靜也故又言閒時須要靜坐遇事便有精神令人終日擾擾忙忙逐外而不肯收攝省事閒靜片時固大不是若復閉門謝事合眼趺跏以是爲靜養工夫亦異於程子矣

七十三

人萬般作用皆心之精神爲之顧所用何如爾用之於內則氣定而清明在躬用之於外則欲動而昏憒襍出故學者苟得一時收攝精神向內閒閒靜靜盜帖此心則雖氣質庸下習染深痼之人即時便靈便知是知非知善知惡好惡便與人相近這便是一陽來復忽見天地之心亦即夜氣光景也自此涵養充拓去不可勝用先師常教人於此安靜以養微陽

問如何是安靜以養微陽曰詩云小心翼翼昭事

工常只是謹慎保守此個靈根常是閒閒靜靜欣欣融融便是得其所養今人只要向外馳騖安得陽長陰消且如人一時收攝精神略見虛明光景便將平日才智襯貼起來多聞見者馳騖於聞見能立事功者馳騖於事功善作詩者馳騖於詩會寫字者馳騖於字以至要立門戶要取聲名等等恢宏皆作勞攘精神逐外白日見迷當如陽復何哉

君子之道淡而不厭惟淡然後不厭今人往往淡

二十四

不下來只是趕熱鬧如騖聞見較事功貽聲名露才智皆是厚味濃香可歆可豔何往不是熱鬧心腸又如吾輩講學明儕勤勤懇懇與人爲善豈不是好然或就中幻出一點熱鬧心腸釀醞愛染不知明來之染孔子是甚心腸他是直從憂世之志惻隱惘念底根上發來故謂之盡心盡性吾輩若不是這心腸則便是趕熱鬧便是精神逐外便是人欲之私

學求易簡古今名言世多不識易簡宗源只作草率踐略看夫乾確然健動故易坤隤然順靜故簡吾人日用間只據見在良知爽快應答不作滯泥不生遲疑方是健動而謂之易中間又只因物付物不加一點安排意見不費一毫勞攘工夫方是順靜而謂之簡如此却與天地相似易簡而天下之理得矣今以易簡爲名而只草草便宜行事何謬如之先師一詩云莫因簡易成踈略蓋爲斯人發也

今之論學者多以脫超爲見道此只可爲拘執道

二十五

理防檢勵行者言之觀明輩中凡喜超脫者率皆不盡精微或失事廢禮不近人情而猶居然自以爲是何益焉善學者只在反身守約默識良知則經禮三百曲禮三千無一而非天機順應之妙不求超脫而未嘗不超脫也且超脫二字堯舜孔孟未嘗言之者異學之流也吾儒何必說此

今之談率性者多是率意非率性也須是先識性字性是心之生理於中自具五常之德自知寬

裕溫柔發强剛毅齋莊中正文理密察故率循此性謂之知道豈以是任氣作用者爲性道耶君子謂百姓日用是道特指其一時順應不萌私智者言之謂雖聖賢處此不過如是惟其冥然暗合而不知其即此是道是性是聖是賢故轉眼便作跳踉非自私則用智忽入於禽獸之域而亦不自知也故與道合者纔什一而背於道者恒什九矣

卅六

問堯夫言天根月窟閒來往是如何曰天根指易之復卦是說動之端月窟指易之姤卦是說靜之端來往云者動中有靜靜中有動不屬有無不落方體皆指此心神明不測變化無方不可以動靜求也善學者特於二者之間握其機而已堯夫又一詩云恍惚陰陽初變化絪縕天地乍迴旋亦是說此須玩初乍字蓋言動而未動靜而未靜學者握得此機則可得意忘言樞紐造化矣大學誠意中庸未發之中皆須識此初乍意思乃爲得之我先師云若得吾心有主張須是在這裏主張始得

卅七

堯舜以來論道論學只是言中中者何性也性何以謂之中也劉子曰人受天地之中以生書不云乎惟皇上帝降衷於下民若有恒性夫衷中也降衷爲性故性即是中仁義禮智溥博淵泉而時出之時出正所以中也惟精惟一乃其用功之要故知一則知中知中則知性矣商書始因精一之傳反覆專言一德箕子洪範又指極字示人而曰無偏無黨無反無側是知極即中之義也以中爲標極而帝與羣黎百姓共會而共歸之無非精一執中之學而所以著夫性者無遺說矣至孔門授受則又挑出性中一個仁字明白指點與學者精實用功使之有下手處而孟子因之言仁言義言禮言智愈發揮而愈親切真有大造於萬世者哉

全論性體須着仁義禮智信五字相聯見是裏受五行之氣而生然多只說仁義禮智而不言信以信即仁義禮智之真實而無妄處猶五行之

土寄當旺於四時之間也又或單言仁義則以仁自該禮禮即仁之著也義自該智智即義之藏也仁禮陽而義智陰猶五行不外陰陽而春夏則皆陽秋冬則皆陰也又或單只言仁則又以仁爲四德之長而義即仁之制禮即仁之文智即仁之別舉仁而四德皆在其中亦猶春生之氣流行貫徹於一歲之周舉春而五行之氣無不在其中矣聖賢立論詳畧雖殊旨歸則一此理宋儒言之最詳

七十八

五品人倫亦是原自五性所生天然自定聖人因性以立教固不得而增損之也父子自是春之仁君臣自是秋之義長幼之序自是夏之禮夫婦之別自是冬之智朋友之交自是四時寄旺之信君子事親孝則忠可移於君順可移於長五常百行皆由此出是即春仁之統領也道義由師友有之而親義序別皆待朋友切磋而後克盡是即信土之寄旺也非性所定而由人乎哉

孟子言盡其心者知其性也蓋天下凡職分所當爲者皆其性分之固有故人必知天地萬物無一不備於吾性之中然後能以宇宙内事爲己分内事而竭盡心思擔當自任故曰盡其心者知其性也既知其性則又知是於穆天命原來如此豈不即知天乎次節是教人實下手自任工夫末節是說這自任工夫須是死而後已方是克盡心處

七十九

心性二字古人俱不並言則以心者神明之舍靈覺之天性是心所生之理而爲仁義禮智之德者也心無性生於中則心止爲血肉之軀性能知覺作用而已不足謂之心也性不管攝於心則仁義禮智皆爲長物而無應感時出之妙豈足謂之性哉心之與性離析不開故大學只言正心而性自含於中中庸只言率性而心自具於内後世邪說横流混以知覺作用說心說性孟子不得已乃以心性二字對舉而竝言之曰存其心謂操存仁義禮智之良以爲心不使長

失於邪惡而心非外乎性者也若所謂君子以仁存心以禮存心是已曰養其性謂保養生機妙應之靈以成性不使牿害於人爲而性非外乎心者也若所謂君子所性仁義禮智根於心是已舍心固無以見性舍性亦無以見心會得時便說養其心存其性亦可便只言心不言性言性不言心亦可

孟子又言性也有命焉命也有性焉性與命亦非有二命即天命性即天性中庸天命之謂性是也孟子蓋曰食色臭味世以爲性而不原於於穆之命則不得謂之性矣故君子必知命而後可以語盡性也氣稟偏全世以爲命而不協於純粹至善之性則不得謂之命矣故君子必盡性而後可以語至命也

易言窮理盡性以至於命理即心之天理窮之言極也此心純乎天理之極而無一毫人欲之私是謂窮理盡性與中庸至誠盡性一例聖人之心純乎天理之極故能成己成物贊化育而與天地參如此直是踏到性之所以爲命底地位而性命一致聖人晧合乎天道矣非以理性命爲三物也

一友事親孝而苦家貧奉養不周喻之曰昔子路自傷貧無以養孔子曰啜菽飲水盡其歡斯之謂孝曾元養曾子每食必有酒肉孟子以其不知養志而病之此孔孟格言萬世貧儒事親之律令也但盡歡養志亦不易言必修己守身之學時刻不違方能了此四字故曰反諸身不誠不悅於親矣因思孟莊子不改父之臣與父之政夫子何獨謂之難能蓋獻子之臣無獻子之家者也非好善忘勢者不能用獻子之政有絜矩之道者也非好義忘利者不能守故曰難能可見爲人子者苟不篤志精修知本知學而欲强行繼述以爲孝可得也哉

友問曾子省身如何只有三事又如何每日只爲人謀曰身者天下國家萬事萬物之本曾子實見得萬事萬物皆備我身故終日用功只是

反求諸身反求諸身則一正百正一了百了更有何事其曰爲人謀者非謂謀人之事也人惟不知反身格物之學故一切應酬只自了當一身何暇顧照人之可否曾子則欲以己度人以人觀己己所不欲勿施於人必求至於内不失己外不失人而後已若或人謀不忠便是行己不恕而反諸身不誠矣此猶自泛泛接人處對證自家反身工夫又對證於師友之間以省其一話一言一傳一習之處則其反身之誠益親全益密然則聖門守約之學孰有賢於曾子者乎

一日語多士曰夫道千聖相傳公共之理也何孔子特曰吾道一以貫之又曰予一以貫之曰吾曰予非夫子自得之妙超前聖而獨神者乎曾子蓋知之故亦曰夫子之道忠恕而已矣歸之夫子明非所同於前聖者也有辨於列者曰夫子一貫之旨非即堯舜精一之傳歟曰不同堯舜本是精而一夫子則是一而精曰聖門教法博約兼舉非即精而一者歟曰博約是夫子爲學者立法使之易入乎耳故顔子說是夫子循循然善誘人夫子亦自表曰亦可弗畔而已語意顯然思之自見雖然二者之别何待遠思正如諸君從事反身格物以體認天性良知便是精而一若善悟者悟得良知明盡則格物自在其中便是一而精吾人今日切實用功雖知孔子合下自一却不可不老實遵守當時善誘方法隨時隨處致博致精故曰中人以下不可以語上也我何人斯而敢躐等於上智大賢之地全位哉特欲與諸君說破孔門學術宗源故喫緊一言之耳

好色好貨好勇三者今時衆人痼疾學者真切用功必痛懲之而後可以入德嘗會中有語及於此類者一友力爭之謂孟子於齊王曾不是戒因引樂記人生而靜天之性也感於物而動性之欲也一段以謂但使知節於内可矣不必戒也予曰是則是矣然非所以立教法也孟子不戒齊王但引之以就與民同欲之大端耳苟誠

以愛民爲[illegible]愛民之心重則自恣之念日輕矣此其導君巧術非可例於教門人者也今來學士友以匹夫之身習染之熟是方有悔過遷善舍舊從新之意不與作戒何自反躬以知節乎昔夫子所示君子之三戒初不外此則亦豈得已哉友終不然蓋恐落於去人欲是第二義也

學者多忙即是病痛先師一詩云肯爲區區利祿忙白沙亦云今人忙處古人閒大抵多忙必多慾也

閒羅近溪會學某處一友問離却明友便不濟如之何公答曰誰教你離了明友來此語泛然聽之若只裁談取笑不知此是真實正當之論聖人復起不易斯言者也若爲别立一說便是爲拙工改繩墨了道義由師友有之孔門高弟雖顏閔諸賢終年月日只是相聚不離他如孟子答曹交歸而求之有餘師雖亦有此道理畢竟是外之之辭

人自家不肯立志雖明師良友朝羣暮聚末如之何人亦有言無藥可醫無志病信哉言矣後生既入會即須立定真志一心要做聖賢君子天地間上等好人急急尋討如何下手用功如何擺脫舊習即將平時慣習世俗心腸翻然一洗纔復上念便與悔改決不甘心混在鄉里常人中虛生枉死必如此乃不孤負來會初心

學者之於會如魚之於水鳥之於林魚失水則死鳥失林則危學無師友之會則便精神散漫生意枯槁於何取益於何日新故成己成物原是一項工夫有道之士且不可謂會無勝己而有忽慢況初學未有所得可不汲汲於趨會乎哉

定期會學古未有之無日不學無日不會也後人者學術太輕往往以職業相妨不遑暇及不得已姑與約立會期以救離羣索居之失固已一暴十寒去古人之志遠矣況復有懈怠有冗奪而可以赴不赴者嗚呼難矣哉

仁

恕一道也仁是恕之心體恕是仁之施用孟子言强恕而行求仁莫近謂當强於行恕非以强

行爲恕也說者謂子貢能恕而不能仁安有不仁之人而可以行恕者哉夫子謂非爾所及特以其能言未必能行故警之耳豈在無勿二字之間

大凡同志既云願學孔子而又闖入別家門牆俱是志襍今世學孔子而志雜者非止一端或則慕傚佛之超脫或則羡隱逸之清高或則逞才藝於文章或則決死生於氣節或則立異說而標榜門户或則務卓行而樹立勳名其最下者藉之進取以行其富貴利達之私假之攀援以便其聲勢紛華之習凡此種種眞志不定信道不篤是皆不足以言同志而又何以學孔子哉

同志有喜究長生之術者或問曰斯亦保身之道否曰非也此正所謂眞志不定信道不篤吾儒保身只要戰戰兢兢以全歸爲免盡道而死順受其正今長生之術大都怕死朱子一詩曰我欲往從之脫躧諒非難但恐逆天理偷生詎能安夫逆理偷生之事豈君子之所爲乎先師論明哲保身不出愛人敬人而止安有此等異端作用

曾記甘泉翁在南京時欲扁其所居室曰自然堂請東廓翁書之廓翁不可謂辭同老氏懼後學之生惑也今世論學者或多採佛氏之言以印證心體固謂其能簡易直截然而惑之者不無妨於踐修之實也嗚呼廓翁之慮遠矣

異端所見皆吾儒所必有者如老氏言虛佛氏言寂吾儒亦何嘗不虛不寂只是他有見於此便即持得太重所以有偏吾儒却無所不具亦不教偏重一邊故能中正時出而無弊也近世學者亦多有捉得聖門一件工夫便亦持得太重者類皆不能無弊

白沙言靜中養出端倪本亦安靜以養微陽之義似無可議者但人稍稍持得太重則便添出一番作用反費精神胡敬齋嘗議其非不知其以主敬爲宗更較持得太重欲求陳先生收功一自在天機又萬萬不可及矣

楊墨之差易見故自孟子一辨之後無人復入其門鄉原媚世盜名雖間有人效之然亦内省有愧高明有識之士自不屑爲獨告子之學近似率真坑陷多少有志好學人豪鶻鶻突突撞入其門恬不爲怪此其爲害特深至今不息者也凡今之不肯精細入思從容中道而但任氣作用率意徑情且傲然號於人曰吾自良知妙用矣管甚人是人非吾自天性流行矣管甚無破無綻少循規矩則謂之拘執道理少盡報施則

完

謂之陪奉世界凡若此者謂非告子不求於心不求於氣之學乎嗚呼安得起孟子於九原而辨正之也

後世學術不明豈獨異端害正告子混真其最難辨者隱以爲高塵芥祿爵彼固自謂孔孟之徒而世之誦法孔孟者亦莫不仰視高風歆羨愛慕竟無辨其已爲孔孟所不與者蓋天生聖賢爲民物也故聖賢盡性必盡民物之性必贊化育而後可與天地參此輩雖高曠不羣鳳翔千仞然謂得聖人之清岸然欲自稱爲孔孟之徒則其潔身亂倫同羣鳥獸是未免於不同道也可不辨哉

天地生物之心無一息之停故聖賢經世之懷亦無一時之歇孔孟所以惓惓不忘天下不以亂世不可爲而遂不肯爲也必如此方是爲天地立心爲生民立極爲往聖繼絕學爲萬世開太平世有離羣遯世之徒亦莫不以此四言自名其學不知其心先與天地不相似往聖不同謀

全完

矣如立何如繼何

大凡看士人出處不必拘以形迹只看所以然如何苟出而可以隨分得行經世之志雖終淹而不厭以至老死宦鄉非貪位非慕祿也若感慨見幾急流勇退而遂潔身高蹈無復是心便與聖賢作處天地懸隔觀孔子歸歟歸歟惟曰小子狂簡不知甚心腸讀是書不能不令人惶愧汗出

聖人經世之功不以時位爲輕重今雖匹夫之賤

不得行道濟時但各隨地位爲之亦自隨分而
成功業苟得移風易俗化及一邑一鄉雖成功
不多卻原是聖賢經世家法原是天地生物之
心

一友問格物之說喜曰看來格物二字只是個致
知底致字曰然曰學既明白如此須作第一事
幹庶不虛負所聞曰作第一事還有第二第三
須是看得事即學學即事日用間一切動靜云
爲總只是這一個學方是無間斷無歇手處友
李
乃躍然

德不孤必有鄰孔子是說德苟盛大而不孤陋則
必類應而有比鄰今吾輩倡會而類應不多豈
皆人之不肯信不肯爲哉良由吾德之尚孤耳
於此正當反己自責極力擔當如果大明大昌
自然隨感隨應若萌一毫尤人責人之意便不
是修己立本功夫去格物之學遠矣

學者但一時一刻在惡衣惡食上起念便不是志
道心腸依舊作世俗之態但一絲一毫在尤人
責人上動心便不是出群豪傑未免爲鄉里常
人

學者以聖賢律己則必嚴密一層於無過中搜出
有過來然後不見己之是以衆人望人則必放
寬一步於有過中脫出無過去然後不見人之
非

孟子說三反工夫直說到於禽獸又何難焉此見
孟子學問精純無歇手處深體味之始而曰禽
獸奚擇於以見天地生人性皆不遠絕無此等
李
與禽獸無異之人則亦絕無橫逆猶是之事矣
繼而曰禽獸何難於以見萬一有之亦不以爲
患難而改其反身而誠之樂且必不以其曲在
彼而易其犯而不校之心如此方是健行剛立
不至斷港絕河

學者千病百痛皆從柔之一字失故中庸語達德
必資乎勇孔子曰吾未見剛者大哉剛乎

質美而用心不剛反不如遲鈍而心不懈者可漸
磨而進世云駑可及驥誠哉是言也

學者最怕優柔從生少年資質雖近醇而或夾帶優柔之氣則終身事業可卜矣孔門弟子顏曾最著皆自剛健得之其言曰有爲者亦若是士不可以不弘毅任重而道遠何其勇也

某初聞學動以聖賢自任訕謗紛紛不奈何漸入還就苟求息謗而已一日侍坐先師林東城謂師曰近王生之學進矣師曰如何曰先時多謗近却無師笑曰我是無惡無德底工夫人即有無惡無德底然應某惶愧淚下不能止師謂在坐者曰是子良知活可教自是復加發憤下顧人非殊有得力去處可見人爲學須是勇往擔當糢糊着終不濟

學者聽師友講論須要慎思明辨真契於心若只一切執其言語遵守不疑固云篤信但恐無得於心終成口耳是必以言證心以心證言自家體貼出來方是自得孟子言欲其自得正謂自家得之於心不從外襲則聞皆自聞見皆自見故能居安資深而左右逢原也某初聞先師格物說若爲舊說牽纏再三致疑思辨體貼數十年方始渙然氷釋而或者猶以某爲過信師說審如是予其自誣而誣人者哉

嘗聞一前輩云學貴從心悟入從身發揮甚愛之因思顏子不遠如愚便是從心悟入亦足以發便是從身發揮後又聞貢受軒說顏子不遠如愚是在微處醞釀亦足以發是微之顯此又有意味在大率學者聽師友教言須是默識心融若只在言下承接過去終沒受用所謂道聽塗說德之棄也

經書中凡言自字身字己字俱是切要用功字面不可輕易看過如云修己以敬人只看敬字重己字便忽畧了吾日三省吾身人只看省字重身字便忽畧了又如大學自明自修人只看明字修字重自字便忽畧了蓋此三字皆是對人而言皆是聖賢立本意也推此類更多

聖門不廢文學但有緩急之序耳後世則專以讀

書窮理爲學溺聞見而梏其心故明翁反覆極言聞見之害亦救時之弊也今良知之學既明却不可盡廢文學不能參互考訂細入精微先師曰六經正好印證吾心是的當語

予一日獨侍瑤湖師師謂曰此看吾子時正似有欲罷不能意思對曰敢不勉師曰此時正好用功予時不知所對師亦默然坐後坐踈狂孟浪而反失之餘二十年寓京邸日取大學古本讀之忽自省曰聖學工夫是多少精微細密安可以口耳處

畚

見襲取得之因悟瑤師當日教言是要更竭力求之乃有卓立之意自是發憤不敢怠荒然而年邁力衰悔之晚矣

孔子曰四十五十而無聞焉斯亦不足畏也已又曰年四十而見惡焉其終也已皆勉人及時爲學之意後生少年能及時喫緊上進極好若不幸蚤歲蹉跎又不可遂以年衰自諉以某自考少時孟浪因循五十無聞始知愧悔精思力行頗覺歲進六十七十更見日有孳孳蓋人過中年精力雖衰然其嗜欲之念既不甚熾而好勝之氣亦易爲降故亦未嘗不可上進如武公九十有五猶箴儆於國吾人可以年過而遂不用志乎哉

學不精進必至玩日愒月拋擲光陰故日用工夫只耳目應感時節稍沒精神便是間斷便即有許多踈畧病痛雖不見其過失而麻麻木木非覺非知古聖賢精微細密之學殆不如此庸德庸言是小小尋常言行無甚關係時節今人

盫

之所忽處正古人之所謹處故學必於細微之處不少放過方始入精

大舜一生學問只是精而又精觀堯初只以允執厥中授舜正以天性流行自然恰好自無過與無不及不待商量裁割然後知中但在人允執之而已矣此所謂明得盡渣滓便渾化却與天地同體更有何說舜却增出精一兩字做個入德工夫豈以堯之訓爲未足哉特人氣稟不齊知識互異故須如此用功乃不走作雖是爲大

法程跌撲不破觀其竭力耕田共爲子職子職既盡無欠缺矣然而父母不愛兄弟不宜在他人縱不怨尤亦只付之無可奈何便即粗率却人悅之好色富貴舉不足以解憂又復精思不論他非只省己罪是要於無罪過中捜出罪過務求一段未曾盡底道理於其子職既盡之餘直到夔夔齋栗瞽瞍允若而後已焉此是何等樣精精則人心安而道心著然後一於中而執之允矣吾人若能如此用功有何聖人之不可到

或問予子嘗謂堯舜精而一孔子一而精矣何復深取舜之精乎曰有是言也又不曰吾輩反身格物以體認天性良知是即精而一者乎孔子當時雖自謂一以貫之至其設教未嘗不以由博入約循循誘人雖顏子用功亦由此入其曰既竭吾才竭於精也曰如有立卓卓於一也曾子平日隨事致精反身守約得其要矣故亦能聞呼即唯其應如響說者謂顏曾獨得其宗不其然歟

反身立本工夫自天子至於庶人無貴賤一也自洪荒至於今日無古今一也故夫堯舜禹湯文武之爲君皐夔稷契周召之爲臣無一不本於自成之德雖當苗民逆命亦惟曰至誠感神班師自治而已漢唐語治鮮克知此惟董仲舒知以正君心正朝廷正誼明道立說而又不得其位申公知講求治法之無益而曰爲治不在多言顧力行何如耳可謂頂門一鍼庶幾知此味者而又不容於時下此如韓愈陸贄勤勤章奏皆不過詳於制度文爲而已它尚何惟哉如此而欲求見帝王之治遐哉邈矣宋室真儒識此機要又奈何天之未欲平治天下俾皆不得正色立朝呂明善治至有戒晦翁除却正心誠意四字不言者嗚呼學術至此其亦可哀也夫

安定胡先生當洙泗久湮之後濂洛未啟之前崛有原本觀其　顏子之學　程氏

論則其所學所教可謂善握其機故能涵養德性薰陶氣質俾其及門之士莫不循循雅飭庶幾於道世傳其以經義治事立教教人不知此特官蘇湖時設置科條之一端耳非其至者也如以是而已矣則聞見之博適以長傲知識之多適以恣狂豈能造就人才一時變化之至此哉

顏子屢空正見不改其樂處他人一遇空乏便須驚惕預防故所空不至於屢顏子則方且受用

卆八

性天真樂充足有餘何暇計較此物回視子貢貨殖褋懷雖能守貧無諂胥壞不同矣

學者病痛每從逆境中發作要是多少磨礪方得處困而亨故處困真足以進人易言困德之辨西銘謂貧賤憂戚玉汝於成皆此意也

孩提赤子無不知愛親敬兄則是不由學慮而知仁義之良故謂之良知長而漸生乖智則便喪失其良所存唯是知覺此不可指爲良知者也今人只以不待思量自生知見者一切認爲良知而不論其所知所見爲何物奚翅千里

赤子良知良能原不會分爾我故常和稍長添入世情知識則便會分爾我父母兄其能爾我也稱之曰乖乖者不和之謂而本然之天性漓矣彼見父母之悅之也乖日益增而和日益散如之何不習愈遠乎可見人爲學能於爾我之心去其太甚則乖損和益而赤子之天可漸復矣昔堯夫嘗作打乖吟亦謂打落其乖俾不害於和也又其拙賦云天下拙刑政徹上安下順風清弊絕與此意竝同

卆九

一友好直己之是語之曰是非之在人心自明白辨何須自家理直子直其是誰肯認非此余少時害過切骨病痛曾記與林東城論一事於舟中余欲明辨自己之是東城則欲渾厚莫辨謂辨得自己極是不難爲了別人子執滯不能服時李天泉在坐兩解之曰二公皆是也渾厚則仁之意多辨明則義之意多子曰巧哉仁可以該義義不可以該仁吾二人之優劣既較然矣何

得謂皆是乎東城大笑曰公依舊又在這裏辦個優劣要做甚麽公可謂只是生薑樹上生但自此吾當進於明辨公亦當進於渾厚則彼此俱有益耳予於是始大悟其差亟起謝教自是悔改數十年來然後能不敢不渾厚也

初見瑶湖師時問閒思雜慮滅東生西如何可去師曰只在何思何慮上用功退而領悟不得再見再問又見又問反覆只此數言在坐年長者目予止之師曰勿阻其志其人曰是子年稚情董數塵尊師清聽師曰此正是他不惜董處他是緊要處着力不肯放過吾却於是予有深望焉然雖師教諄諄終未有得直到數十年後問辨體認反覆多番然後知當日何思何慮之教真切實用功要旨也

易傳曰天下何思何慮非教人一切不思慮也學而不思則罔心之官則思慎思研慮皆學者用功所在安得糊塗易傳之意蓋言天下之理同歸而塗自殊一致而慮自百我這裏真是廓然大公則自然物來順應我這裏真是寂然不動則自然感而遂通更復有何事可思何物可慮而有待於計較安排者耶今不玩本章全文而惟截其何思何慮四字欲人槁木死灰其心於一切無所思慮之地豈理也哉或云此是聖人地位亦伊川發得太早之說也會得時何思何慮正吾人為學切近工夫蓋必實見得天性良知果是自能感通自能順應果是別無絲毫巧智復有待於計較安排此方是真機妙用真性流行而內外兩忘澄然無事矣不然終日應酬都只是憧憧往來自私用智何足以言學乎

不識不知然後能順帝之則乎人只要多增聞見以廣知識攙雜虛靈真體如何順帝則乎益人有知識則必添却安排擺布用智自私不能行其所無事矣故曰所惡於智者為其鑿也

象山先生時常惟人滯泥又時常說人不伶俐益人於日用應酬纔有滯泥便即擬議作難便不是乾之易纔不伶俐便即粘帶巧智便不是坤

之簡如何得與天地相似何足言天性流行

楊慈湖云不起意非之者曰謂之不起私意則可此恐未服慈湖之心蓋意纔有起便即是私大學意誠豈待意起而後誠乎慈湖之言多過高可病者此一語却不可盡以爲非先師嘗言只心有所向便是欲有所見便是妄又曰良知一點分（份）明明亭亭當當不須安排不須計較默識此語慈湖所謂起意非即有見有妄而安排計較者耶

亘

先師說孔子大成與孟子別孟子只以其集合羣聖兼全衆理爲大成師則曰常將中正覺斯人便是當時大成聖蓋言孔子當時以師天下爲己任奉奉欲與天下同底於道則是成不獨成合天下之成而爲一大成也今學人（者）苟知隨處覺人不徒自善一身而已雖不能爲大成之聖是亦大成之學也此先師擴孟子所未發處抑又考之孟子說舜之大孝亦與孔子不同孔子只就他尊富饗保處（說）大孝孟子却云瞽瞍此之謂大孝　不是說合天下　孝爲而一大孝者耶

或謂吾人動以覺人自任不幾於好爲人師者乎曰孟子此語蓋爲自是自滿無復取善者發古之人惟敎學半今若一面教人一面取人虛心受善使成己成物通爲一事亦何不可之有何日是學問有餘人資於己不得已而應之底時節

亘

問常將中正覺斯人恐中正是學問垂成裁割恰好底地位泛然以覺斯人豈初學小子之所能知曰不然先師不曰個個人心自中正蓋是指點人良知所有（自）有底中正示人非推我所有以與之也中庸言以人治人亦謂如此甘泉翁却云良知之中正處是天理是因世之不善學者誤以一切任氣作用者指爲良知則未免有中不中正不正者混雜其間故有是說若論良知本性自無過自無不及自無不大中至正有不然者非良知也

夫子答爲仁之語不一而足於中最切近平實使中人以下皆可與能者則莫如告樊遲居處恭執事敬與人忠數語蓋夫子見其屢問未悟不得下手機要故爲立定規矩與之持循令學者依此用功殊有已鼻上達妙悟其歸一也故曰此是徹上徹下語

百四

孟子謂動容周旋中禮盛德之至也雖是說聖人事亦吾人天性真機所自足者蓋人於動容周旋苟不根於中心一段至誠之德真實作用則便在禮度上逐節求中與(卻)爲干祿而經德爲正行而信言爲生者而哭死都只是外面妝飾安得有一段天性流行底自在真機故吾人爲學正當如此任性任真勿指此爲聖人性之之事而與反之者不相涉也君子行法乎此而已矣

中庸言不明乎善不誠乎身學者緊要在能明善善即朱子所謂人性皆善之善人人良知自具仁義禮智自知孝弟忠信所謂不加毫末萬善足焉者也人而明此則但反求諸身色色種種都從我一念至誠惻怛中自然流出自然(無)不謫然真實無不感動得入若不明此善在我而只勉强從外面撥拾將來都只(是)妝點作僞而已矣何自而誠乎不誠乎身雖行於父母跟脚前最所鍾愛最易取信者且不能動而況於朋友乎況於君上與下民乎

百五

禽獸卒勞於孚字而慈愛不能已且皆自喻於交構而知能不由學何哉蓋天地以仁愛而生物則所生之物莫不得是心以爲心父母以情交而有子則所有之子亦莫不得是氣以爲氣故天地感而孕字之愛真矣父母感而交構之知切矣惟人亦然今天下人罔不溺於慈子而深於悅色此却與禽獸蠢然知覺爲不相遠矣君子達於是使知自別於禽獸而抑情體道曷容一朝已乎

大學言上恤孤而民不倍孤者幼而無父之稱則非己之子也常情薄宗族兄弟之孤子而溺愛

其子則慈子非天理良知之公也而欲化民難矣故以恤孤言之民化而不倍倍亦所謂溺愛之端倍理之事也安有從化之民而有此倍行者哉

治莫嚴於義利之辨國君專利常始於聚斂之小人然聚斂之小人乃爲善之小人也最難識辨蓋其任怨於己而委利於君不爲家計身圖而矢心於竭忠報主豈不是善故不惟人主嘉之而在朝諸臣亦信之然從知以利爲利而不知

真

以義爲利之爲大利是誠識之淺小量之狹隘故又謂之小人也孔門如冉求高弟尚昧於是況下者乎且聖賢以規模狹小爲小人者非止一端如云言必信行必果硜硜然小人哉夫言信行果學之要務而拘拘然守此則太狹矣孔子謂子夏曰無爲小人儒亦以其篤信謹守規模狹隘而廣之也尹士病孟子干澤濡滯則其處進退之節何其凜然孟子謂之小丈夫彼亦深自悟曰士誠小人也凡此皆謂爲善之小人

成王賜周公重祭伯禽受而藏之可也而居然襲用則非矣孔子入太廟見其所陳之禮數皆非諸侯所宜有者故必每事問之又因或人之疑而曰是禮也其警之深矣此與禘自既灌而往見天子之禮次第施行即曰不欲觀之同意

鄭國之爲辭命更四賢之手而各盡所長非忠於謀國無一毫嫌忌之私者不能與此選也而虞廷師師相讓之風亦畧可見矣故夫子叙之以彰其美漢唐以來安得有此氣象

真

桐葉封弟辨説者曰史佚成之不欲以累周召諸聖賢也鄙見此正當時諸聖賢成君之美而不市私恩之意蓋當時大封同姓唐叔獨以年幼未封此缺典也成王是言雖出於戲亦其心之未安故諸聖賢即乘此擇日以畢其事若姑待數年必俟臣下建議請行則恩在下而不在上矣此等事在後世不可復見其曰天子無戲言又足以警其餘也

夫子於公山佛肸之召皆欲往而卒不往人謂從

來察知其不可故遂不果於行是殆不然二子之惡顯暴一時夫子豈待必察而後知其人之終不可化事之終不可爲乎意其初對使者嘗致婉約之辭如對陽貨吾將仕矣之云一例而門人不能記其詳也及子路直言致辨夫子苟自白其權辭之意則其幾爲不密矣故只據理答之邦無道危行言遜夫子良知至善之妙如風雲之變鬼神莫能測其機也史謂二子以禮來聘故欲往其附會之說歟

夏

一庵王先生遺集卷之二終

重鐫一庵王先生遺集卷之下

歷陽郝繼可汝極
同里門人吳軒尚賢
孫王守安存
四代侄孫王家俊重
王兢昂補輯
象恒
五代侄孫王泉晉恭閱
一 象泰

論學雜吟

詩類

七言律詩 計四十首

尋樂吟四首諗同志

周子當年教兩程只將尋樂每先令聖功多少堪拈出此意如何最要明一點靈機從此發萬般妙用此中生些兒活計真消息借問諸君信未曾

其二

孔顔真樂不難尋尋動天　樂在心打起

原書缺頁

本體放開懷抱即靈襟休將雅興疑狂興且向
音兒太音自是不尋尋便樂凡砂鍊出是精金

其三

真樂原從樂處生大家同樂共薰成向榮碧草都
春色對語黃鸝盡好聲歸詠能知偕點爾偷閒詎
敢笑程兒分明入聖起凡路說與時人莫浪驚

其四

人言尋樂要尋真試把真尋看古人弄月吟風方
着意傍花隨柳更留神時時悅是時時習日日春

二

爲日日新真樂即從行樂始信之及者見之親

答友人首尾吟

着察當觀日用民一民還具一天真看他用處皆
條理使若知之即聖神智向智中惟見智仁於仁
上只偏仁偏仁見智皆非道着察當觀日用民

了心窩首尾吟

坐卧山窩只了心虛靈原不滯塵襟見聞一梏
須塞知識空多障益深佳興四時方淡酒太音千
古未絃琴自曾會得忘言趣坐卧山窩只了心

原書缺頁

洞主　猶自愧山靈當年勝事嘉唐隱千載斯
文憶考亭何處函關生紫氣誰將閒語亂遺經

照來亭和韻三首

照來非欲占時名靜隔塵囂志亦清莫把詞章供
聚樂須將道義結同盟千年聖學多歧惑百代師
模一鐸鳴試向良知看易簡本無雕刻自天成

其二

亭倚蒼崖樹作鄰朋來剛值舞雩春山中舊洞慚
無主天下英才豈乏人望入五峯須有見推開六
五
合（有六合亭）更何塵誰當振世作豪傑收拾乾坤付一
身

其三

手攜朋侶入亭來坐倚晴窗面面開黃鳥乍鳴歌
互答翠屏交映錦初裁并包物我相忘意都付虛
靈不昧臺一洗青天休作障斯文千古看昭回

遊開光寺

乘興看山未問晴須臾雲淨物華明半空飛瀑真
如練四面攢峯不識名石屋遠尋行腳健龍池閒

愁洗心清登臺敬讀降王刘無奈干戈百感生（臺有明翁紀功勒石時寇猖獗故云）

鄉友人集會和荅李宗德

南北東西數十年歸歟吾黨亦天緣同盟已結論心會着己須還近裏鞭莫把貪圖深舊習好修仁義企前賢保家保命皆由此善利關頭仔細研

諸生聞講堂用心師韻

集會勤君聞講堂也知多論亦迷方虛靈自不參聞見影響空勞說助忘鹿洞判心偏易曉鵞湖析理故難詳兩般消息分歧路　到無言意味長

示講堂諸生

講堂遊侶發歌聲天籟無端靜夜鳴真樂得來非色象良知悟破自靈明見聞情識休相混勢利紛華豈足攖此是乾坤真訣竅漫矜私秘說師承

中秋望月用明翁韻

登樓望月月初晴天淨渾無一翳生此景共誰論妙契我心剛與對貞明自圓自滿曾何缺非色非空孰可攖況是良朋同樂賞夜闌人醉興猶清

李一吾公邀飲水竹居

琅玕遍植滿溪頭淨洗人間老俗愁一壁清芬雲洞曉百年瀟洒月輪秋幽情鳳隱丹山穴樂意鷗眠白水洲借問先生更何事弄丸終日只悠悠

其二

賦詩隨酒看源頭漫興休教花鳥愁要柱青藜窮宇宙肯從白髮老春秋推開理障光先室動活天機水溢洲識得本心真易簡吟風弄月自悠悠

和荅董落山二首

平生不解皺眉頭一樂能消百欲愁真體瑩時光射斗此心慊處氣橫秋琴方得意常懸壁鷗共忘機立宿洲獨坐江門無所事只看江水逝悠悠

其二闋

集會李敬初湯從吾所

百鈞一擔兩肩頭重任還多遠道到愁性廓肯疑賢發早情忻寧許客悲秋庭翻細草仍除徑水漫遊魚或在洲我講君聽俱只耳自聞自見自悠悠

太平鄉集布衣為會有作

聖學之傳傳此心此心無古亦無今何人不有虛靈在覺者都無物欲侵一樂自能忘俗慮百年端用盡冊書太平此會真奇會忽有聞風共賞音

月夜泛盱江彈琴舟中

水滿江干月滿天短蓬輕下思怡然光涵一色明如晝雲斂千峯靜似禪得意解琴慚獨樂懷人歎枕竟忘眠明朝好訂姑山約共了鴛湖未了緣

起復北上城中諸會友餞于宏道堂有歌殷勤莫負離言者賦此答之

別離今日更何言珍重人持一念堅千載不傳真聖脉百年難遇此天緣但將樂學時時爾自有生機潑潑然道在人宏原易簡悟來風月正無邊

別家鄉諸友疊前韻

濯耳聽披肝膈言百年此會定須堅好攀逸駕追先哲莫遣凡情戀俗緣認得反身真樂處會於日用各安然乾坤許大經綸事只在親親長長邊

鄉約諭俗詩六首

其一　闕

其二

天地生人必有先但逢長上要謙謙鞠躬施禮宜從後緩步隨行莫僭前庸敬在兄天所叙一鄉稱弟士之賢古今指傲爲凶德莫學輕狂惡少年　右尊敬長上

其三

生來同里共鄉鄰不是交游是所親禮尚往來躬自厚情關休戚我先恩莫因小忿傷和氣遂結深讐起鬭心報復相戕還自累始知和睦是安身　右和睦鄉里

其四

子孫有教是貽謀失教還爲祖父憂不獨義方昭訓迪更尋師友擇交游才須學也誇賢嗣愛勿勞乎等下流驕情養成爲不肖敗家蕩産是誰尤　右教訓子孫

其五

士農工賈各勤勞自有榮華自富饒好定一心攻本業莫垂雙手待明朝精神到處天心順術藝成

時泰運交勿漫起貪登壟斷羨魚還恐失撩樵右各安生理

其六

凡百非爲不可爲爲非何日不招非無端自作風波惡有犯休嗟命運虧起念一差何所忌回頭萬悔不能追報言時下諸君子我不欺人人怎欺右毋作非爲

歌類

又鄉約六歌

父天母地兮五倫之綱生我育我兮其恩莫忘饑寒癢痛兮求切彷徨推乾受濕兮辛苦備嘗兒失學兮急義方兒遠出兮縈柔腸嗚呼一歌兮歌正長爲子不孝兮孰若豺狼

其二

愛兄敬長兮人性之良悖逆犯上兮生民之殃凡尊我兮父之齒凡長我兮兄之行徐行後長兮謂之弟疾行先長兮謂之狂嗚呼再歌兮歌不忘愛敬不失兮邦家其昌

原書缺頁

一菴遺集二卷兩江總督採進本

明王棟撰。棟字隆吉，號一菴，泰州人。嘉靖中由歲貢生補江西南城訓導，遷深州學正。初，王守仁艮知之學，有泰州一派，始於王艮。棟爲艮從弟，故獨得其傳。所至皆以講學爲事。集分二卷：上卷曰《會語正集》、《續集》；下卷曰《論學雜吟》，及各體詩文，并其門人李榹所記誠意問答之語。黄宗羲《明儒學案》嘗稱棟意非心之所發一語爲獨得宗旨，而又謂泰州之學時時不滿師説，益啓瞿曇之秘，致躋陽明而爲禪云。

東田遺稿

（明）張羽 撰

《東田遺稿》二卷，明張羽撰，據《文淵閣四庫全書》本影印。

張羽（一四六七—一五三六），字鳳舉，號東田，明江蘇泰興人。泰興張氏一族爲封建望族，詩文傳家。羽之曾祖張忠，有《樵隱集》傳世；祖張琳『喜吟詠，能填古詞曲』；叔祖張璲，著有《西莊遺稿》四卷、《皇華集》；父張黼，著有《居雍録》等。羽弘治八年（一四九五）中舉，次年登進士，初授淳安知縣。後改海寧縣知縣。陞江西道監察御史。正德年間，因上疏彈劾宦官劉瑾而下獄。釋放後改任雲南道監察御史。後歷任保定知府、邵武府知府等，累官至河南左布政使。爲人耿介，善詩文，尤工於詩。

是集爲張羽詩文合集，詩、文各一卷，收詩二百餘首，文二十餘篇，明嘉靖年間由其季子子楨彙編成集，從弟張錦刻之於家，門人儲洵爲之序。其詩内容頗廣，多涉酬答、懷古、遊歷、紀事等，文則爲奏疏、雜著二類。張羽作詩，追慕唐音，聲律與意境並重。如《客夜》一首：『寒愁渾不寐，城鼓四更分。夜久風銷燭，天陰雪打門。鄉關千里隔，宫闕九重尊。惆悵絲綸舊，清江有釣緡』，聲律收放自如，情景描摹得當，讀之清新可頌，讀後又饒有餘味，别有風致。是集收文不多，然其文章之澹静峭直足可得而見。《劾劉瑾書》是其代表，言辭激切，正氣凛然，其憂國憂民之心實可共鑒。概而言之，張羽詩文俱有格，其人其詩皆可稱道，四庫館臣亦稱之曰『不爲舊調之膚廓，亦不爲新聲之塗飾，肖心而出務達所見而止，在明作者中可以自爲一隊矣。』

（張　航）

欽定四庫全書　集部

東田遺稿卷上

詳校官中書臣沈　颺

中書臣劉源溥覆勘

總校官編修臣王燕緒

校對官學正臣常　循

謄録監生臣鄧以伊

欽定四庫全書　集部六

東田遺稿　別集類五　明

提要

臣等謹案東田遺稿二卷明張羽撰羽字鳳舉奉輿人弘治丙辰進士官至河南左布政使是集詩文各一卷為其季子楨所編門人儲洵序之羽為御史抗疏劾劉瑾直聲震朝野文雖不多其方正之概凛然見于行間詩亦規摹盛唐不落纖巧之習蓋弘治正德之間去明初前輩猶為未遠流風餘韻往往而在而羽之澹静峭直又出天性雖其博大富健不及李東陽程敏政排奡鉅麗亦不及李夢陽諸人而不為舊調之膚廓亦不為新聲之塗飾肖心而出務達所見而止在明作者中可以自為一隊矣乾隆四十六年十月恭校上

總纂官臣紀昀臣陸錫熊臣孫士毅

總校官臣陸費墀

東田遺稿序

君子消長之道值其時而文隨之時進而章明勃乎蒸雲以利以澤時卷而懷則儼乎崇山逸氣上濟望者仰而誦之非道之異也國朝弘正之間籍顯地以雅實自任而能振拔士類如西涯李公篁墩程公海内舉稱文宗于時列曹署如我文懿公白巖虎谷九峰二泉諸公彬彬郁郁皆文行豪特之選東田先生始釋褐至京師一日以文名遂揖公卿席賓敬若古歐蘇學士云者故暇則游從談燕以詠以奕夜寒刻燭不覺漏曙別則爭

賦詩飲餞卷聯愛直慷慨閣議升車而行搢紳偉之先生長身玉晳廉潔清方神秀頴發博聞强志不取合於流俗真翩翩振鷺也始令淳安讀鐵翁去思碑仁愛好教化以寬平稱良晉内臺伸威提法風裁徵明不為利疚不以勢詘讀地震開殯取燈諸疏危苦激切嚴聽敢毅表坐正人照彼佞者吁不得盡其極也當銜忌補掖郡保定賸左襠齧城之狐視先生敬憚之三月無敢撓

治讀孫司徒九峯書悲其志連章乞歸再薦起貳藩臬踰年歸亟薦正左轄不浹時歸讀其言曰朝廷以廉退用臣臣敢不以名節自愛夫自愛以節三仕而三已進退之道柳時也哉先生曠遠峭直得一善則盱衡擊節黃見眉端即非其意雖籠富貴分縻爵奚啻傷損晚休東田偕其弟北渚先生高情旁礴周流情理之間無溢言曼辭以為侈大無病哇厲色以資譋訕勁特而不能屈已寡儔而窂於曲應咏歌先王之澤滋暢正始之宗

讀其詩琅琅有遺音矣嗚乎高山大川不田不舟水土所珍以先生砥行而未大行以濟命也夫先生季子楨收次遺編從弟刻之家授簡命洵夫玄之秘笆習之韓之文漢叙之先生可得而聞者洵愚昔然媿其能辭先生諱羽字鳳舉位望行歷載南溪中丞誌中洵特論其世繫哭門之思云爾嘉靖癸卯夏四月望賜進士第奉政大夫福建提刑按察司僉事前兵部郎中門人儲洵拜書

欽定四庫全書

東田遺稿卷上

明 張羽 撰

詩

早朝偶作 丙辰春登第後二弟鵬舉下第南歸因懷之

曙色初臨五鳳城建章宮外聽啼鶯紅依御水桃花淨綠壓宮牆柳葉生退食從容當日午趨朝遲暮自天明潞河南下歸舟急不盡池塘春草情

奉贈柴墟儲公

儒雅當年定可師相留一醉亦心期官情多暇詩頻擬秋興堪悲菊未知病喜家兒能檢藥靜憐簷鳥不驚碁身應萬仞青雲上滄海明珠幾注思

贈昌武昌南還

五十巖廊定不遲黑頭郡節亦相宜玉除曉日瞻龍衮江夏春風靡繭絲門士無書通薦藁野人有祀到生祠歸舟千里衡湘水明月清秋總入詩

奉贈胡少叅先生督餉陝藩

霽色望秦山春雲過渭川辛勤憐去國老大獨籌邊相
國功重問司農位久懸清江留舊業此意亦蕭然

任城太白樓

山城煙柳護春寒太白樓前送曉看故塚生愁虛采石
舊恩和醉對金鑾登臨有興妨多病流落難逢笑冗官
莫信江湖輕遠適憑高我亦望長安

邰伯湖寄柴墟先生

湖口餘寒駐客舟鄉園猶是數程留短檠遲析悲今雨
丹闕青雲感舊遊飛鵠正酣雲外路浴鷗猶眷水中洲
當時萬卷空多興通籍金閨誤見收

次韻荅朱楚英

北來鄉思漫能禁寒盡燕方雪正深日下啼猿驚泣玉
眼中流水憶鳴琴浮生誤覺邯鄲枕緩頰慙多相國金
明日定堪重獻策長沙已動賈生心

三忠祠詩次韻淮陰方太守

諸葛武侯

驅馳曾喜出南陽魚水猶懷聚一堂拜表宮中無故主
墜星原上漫垂楊三年後死功須定百務勞生敢解量
莫恨馬曹終竊據荊徐不得失雲長

岳武穆王

岳王旌幟眼中空精爽褒公與鄂公萬里山河聞叱咤
千年廟貌識英雄猶看汗馬回生氣須到黃龍立戰功
誰誦辨誣成浩嘆兩宮哀怨更難終

文丞相

秋日文山塚樹蒼舊君報死亦尋常羣疑未白亡元日
萬里猶歸侍帝傍東海無家兵已盡南冠不免死猶光
燕京祠廟靈風急社鼓神鴉満夕陽

嚴陵曉發次夏嚴州汝梅韵三首

官舟夜並越溪行已判青春付客程出嶂漸分嚴瀨曉
聽鐘新識建山晴東來白雪明江縣北望紅雲擁帝城
三輔未應愁遠適漢庭須亦試蕭生

承恩誰賦内前行遠客來頻識水程一鳥波間閙上下
數峰天外忽陰晴山林不解南風曲裘馬猶矜北斗城
莫向春明門外别大梁賓客望班生
春陰强作間畊行出淖猶堪載酒程每厭蜃樓來海暗
定知爝火忌天晴山陽地濕茅穿逕雪後江高水到城
病怯官怋無暇日銅章錯憶綵紋生

送周仲鳴使歸二首次夏嚴州韻

猶是行春隊裏仙聞名未勝見時賢交從暇日酧知己

飲託雄文紀盛筵出郭圖書留近驛隔江燈火候歸船
送君便重思前度不道長安遠日邊
使回意氣望中仙曾喜風流入晉賢旌節㸃看勤傳舍
國風猶待獻經筵星辰北極三秋夢氷雪東方萬里船
遥憶趨朝馱瘦馬珮聲夜過玉河邊

西坡為程正夫賦

石路縣孤墅村居倚夕陽過山窺昧谷望日認扶桑曉
圃葵榴競秋田秔稌香東坡近為政欲避蓋公堂

贈徐景禹進士

徐郎久别亦何如笑共燈前謝起居老杜詩多看峽後
阿蒙賢勝在吳初慰言聊致民家語病客都忘舉業書
莫厭相留成坐久獨憐遠地故人疎

登石碁枰山

昔聞二僊侶對奕此高峰日月推移外乾坤勝負中㝠
心孤鳥過撫掌四山空應有傍觀者猶憐着意工

過柴墟墓

千里江淮秋色闌九原松栢晚雲攢愁經墓下辭房琯
誤過州西哭謝安宿草自繁承淚遍長楊空撫賞音難
孤舟明發夷陵道空對晨星曉月殘

壽何篤齋七袠

壽星卿月照天中春曉樓船過永豐東閣襟期同汗漫
南塘風日好從容鯉庭玉樹連枝秀鸞誥金花奕葉封
曾共少年矜傅粉白頭林下各成翁

贈林生歸嚴陵（生從蔡霞山授春秋余與偕至南岩月餘辭去）

憐君風格出璠璵二十工文衆不如奏賦定知觀國早
聞詩曾及過庭初遥隨博望浮靈境頻扣中郎乞異書
憶得問名猶少小南川堂下揖青裾

閩中九仙觀用李惟正杭世卿二卿長韻二首

尋真初識郭門山二月春深古觀閑仙去碧桃空錯落
客來黄鳥故間關經樓出堞看潮坐道院迷雲認樹還
更羨留侯能辟穀只從松子住人寰

荒碣依微認晉唐茘枝榕葉暗迴廊峰霞晚結燒丹氣

欽定四庫全書　東田遺稿　卷上　六

澗溜春寒煑石香雲外紫壇穿樹覓林間瑶席拂花張
夜歸欲假仙游夢只恐靈修吝發藏

壽丹山屠都憲先生

三朝爭識舊容儀晚節重恩荷主知分座貂蟬看故吏
朝天珂馬共佳兒都堂再入人皆仰新法難平迹已危
憶對南山傾壽酒年年應記菊開時

吴銀臺宅食桃魚云出尚方為作一律

御苑仙桃出絳閣恩波蕙飫賜魚芬桃從武帝筵中降
魚是文王沼内分幾度著花供餽與定看濡沫惜殷勤
報瑜未足酬珍貺在藻還同祝聖君

弔賈長沙

歲晚長沙路懷賢弔賈生翔鸞秋自遠妖鵩夜還鳴禮
樂思周旦憂疑過屈平霸陵無日起湘水至今清

玉岡宅同劉松石道長賦海棠用唐人錦瑟詩韻
二首

梅花零落入新絃蜀海棠猶早占年垂蒂最先迎戲蝶

欽定四庫全書　東田遺稿　卷上　七

落紅應不到啼鵑香微曉許呼仙侶艷冷如知避瘴煙
滇中此花正月盛開為道玉峰春意滿更看桃李共依然
生憎鶗鴂雜鳴絃忽對花叢憶去年嬌艷真看如中酒
返魂應解逐啼鵑湖山靜夜深凭月燈火迴時小障烟
剛被東風輕喚醒尚饒春睡欲茫然

送劉松石歸黄州

玄都舊逐看花仙憶道重來樹滿千同畏簡書行海外
劇愁戎馬共燈前是時滇中傳言官軍逐劇盜劉七自襄湖順江而下才名避地

應三舍齒序先君漫十年却送歸旌悲故里幾回飛夢

郭東田

壽孫母太夫人

院君年老髮垂絲健態怡顏似少時霞帔承恩延晚慶斑衣迴笑慰重慈謝家玉樹迎春滿王母蟠桃度歲遲只與隣姬同甲子勝多賓客頌螽斯

德州道中次北潭先生贈別詩韻

南雁飛時燕已西高林欲静遠山低流年暗裏看逢酉

歸路秋深喜過齊問宿隔隣分火照出關隨伴候鷄啼病來端覺詩情薄懶向郵亭續舊題

次韻送林先生

時名江左薄夷吾皦日中天藉手扶盛節酬恩盟帶礪長生乞藥問蓬壺三邊控吏遥迎馬五月歸旌忽載途

闕

建溪楊太僕陶園

陶園想見古人情采菊看松趣日成遺世自禁彭澤醉為官剛悟馬曹名偃溪九曲遥穿徑奴橋千頭晚傍城欲命巾車來入社豫從詩卷訂前盟

投贈延平歐陽崇道棄官歸廬陵

龍津孤月下城初荒洞長風拂袖餘閩海去時逢荔子楚江歸日到鱸魚浮榮屣脱二千石舊業珍藏六一書猶有罷人懷舊德 闕

用韻送李懷德進士歸建寧

冬殘歸計屢移旬漫擁干旌送遠人燕市酬金逢駿馬

郢歌希和到陽春賓筵欲别情還戀世故相看懶重陳却對梅花官舍晚憶君標格恍如真

贈聶鳳山都憲之南贛

薇垣左轄稱循良柏府中丞重激揚兩月追隨傾洛下十年風誼憶滇陽涓人駿骨初逢賞澼技侯封漫購方今日須公如小范會應威德靖炎荒

同王龍湫翟青石遊梁園押韻賦詩仍各賦一律

官閑幾日惜浮生弔古尋幽燕集成梁苑有基空梵刼

杜鵑如訴答鸎聲（汴人不識鵑聲，余始于座上聞之）上方開霽鐘先報
高樹迎秋葉盡驚總為文園愁病在予虛遊望不關情

人日次韻李崆峒

幾日闗人事陰風贑鼓韓謀回開野戰齋卧匝隣啼積
雪冥鴻遠輕陽太白低元戎頻送捷有待頌淮西

輓大行吳年兄勿齋

昔從秋宴鹿鳴堂曾共歸舟問北江前輩文章推巨筆
往時燈火憶同牕二雛風格祥麟並八月星槎畫鷁雙

我憶九原招不起紫薇花下獨眉龎

雪中送王一江少叅之廣

好去王公子離亭共此桮望依鳧舃遠興憶雪舟來越
徼占行色梁園惜賦才天涯獨寥落猶喜暫徘徊

送劉西陂巡洛

劉郎相見晚悵別坐天明春雪那能急泥途不可行冥
心通紫極灑淚對蒼生同是看花客因君百感并

草堂雪霽為樊雙岩賦

先公昔分閫曾此駐旌旗栢府良弓後茅堂肯構時原
光摇霽雪河響圻春澌樂矣南榮曝吾君恐未知

送萬安然歸南昌

黄花落盡亂鴉啼閑道仙舟傍晚移江邑秋殘驚客久
故園春在夢歸遲馮驩心事無魚鋏毛遂才名脫頴錐
我亦無人識名姓對君慵寫送行詩

黄潤夫别號松亭為賦一律

咫尺徂徠有路經萬松行裏寄幽亭曉寒枯硯研零露
春暖虛窗嗅茯苓石室可招丹鳳下草廬誰唤卧龍醒

清高我愛黄公子座右新題晚翠銘

使節榮行代儲柴墟作贈焦宗伯分韻閑字排律

瑞日氛煙靜祥春淑氣來蒼龍隨警蹕丹鳳舞蓬萊道
泰諸靈協仁同一視該履端均朔裔布澤到寒荄玉牒
分藩盛金縢冊典開眷言懐睦族簡命重掄才宗伯三
朝舊時名兩制魁誦詩元浩瀚束帯久徘徊染翰終投
筆和羹待作梅九遷躋鼎鼐三錫貢泉臺詔借皇華節

思看宰木培遺羹翻謝頳建鉞衆多裴野水星槎度沙堤畫錦回泌清同照耀嶽峙㸃崔嵬鶴壠焚鸞誥龍章動蝶灰幣陳中婦綺尊注大官醅湛露霑封草需雲覆蒖盃寵華詞客賦燕醉里人陪今子休歌棘先公舊植槐鄉遊花正好國計驛還催洛度行須徧詩篇定易裁歸囊發大雅願擬賛康哉

寄于文祥

十載同書硯于今恨不平青雲未得意白社漫馳情韓

子榮猶焰馮郎鋏欲鳴作詩聊寄舊風月助凄清

中秋次柴墟先生韻二絶

卯歲離鄉歷丙辰無端歸計只逡巡長安亦有江門月今夜清光冷照人

好懷對客醉佳辰頻教家兒數酒巡欲去且看花上月秋光深處易留人

慧河寺留別同鄉金上人

旅懷寥落寓京師山寺逢僧是故知兩月都忘為客日廿年能記出家時夜堂觀奕金蓮盡秋閣開歌玉樹悲明日移家定何處藤蘿寒月照相思

領淳安柴墟席上留别贈行諸公

長安傾蓋荷先知投贈今宵幐有詩水國山晴舟去逺春明花早燕歸遲坐殘曙漏猶高咏數過韶華滯去期最是玉河堤畔柳依依偏向别離時

黄潤夫北山新居

小逕城陰繞薜蘿瓦盆相對長高荷花深山鳥時還下

地僻儒紳襞亦過草色雨亭生畫景爐香秋院引絃歌分明蕭散紅塵外未必仙居定若何

九峯北潭二老同日報罷

九峰高凌雲北潭清徹底我遊遍京洛寓目惟有此峰高更無儕小草不成美潭清足空洞鑑見衆形纎陰霾忽朝暗風浪薫時起衆人恐波及吾心恒仰止楊家伇氷山奉高空沼沚雲開潦水盡萬古此流峙

至日寄都下故人二首

冬至山陰煖氣微五更𠋫事動朝衣鷄聲衙吏來應早雁足鄉書到亦稀天上星辰雙闕迥江邊氷雪寸心違

寓游正憶窮愁日薄晚東齋坐不歸

至日今年更越西京華遥望眼先迷朝衣待曙悲新約唫燭爭寒憶舊題簷外氷霜愁自痼山陽煙霧喜同儕宦途未暇滄洲遠何處浮雲不定棲

元夜奉次篁墩先生韻

今雨相逢是上元一樽殘漏未辭煩醉眸歸送鰲山畫

離思春憎錦瑟繁北斗高居縣夜直南山孤興倚秋園

十年曾是西莊舊圖卷依稀憶贈言

春雨

輕風遥遲折春夜苦復長脈脈夜來雨如縷縈羈腸撫卷不成讀篝燈燗餘光渺矣望故園帝鄉復何方伊昔年少心展脱聲利塲紛如睦下吏晨莫徒皇皇佳遊劇遐想吏隱良參商拊心媿江雲濯足悲滄浪既乖齊竽調徒抱荆璞傷侯封亦漂技千金購奇方西燕正低掠北鴻翩迴翔物候轉日新塵顏非故常篤言阻歸牽昨夢勞悠揚懷哉紫荆樹連枝發幽芳况兹餞饉餘禄食慚顏紡明朝一雨霽南陌行春桑

宫怨

清秋宫月照牕紗重捲珠簾望翠華咫尺昭陽恩不到鏡中容貌枉如花

贈徐生

徐郎二八能文字暫負秋期已恨遲可愧嚴陵江上客

功名三十少人知

次韻答莊貳教志明

喜君儒雅可吾師燕集山堂幾訂期盛際雲龍非偶事閒情花鳥是深知才華自愧山公啟静鎮猶懷謝傅碁淮海十年多舊侶蒹葭秋水正興思

疊韻

春歸溪口訊舟師猶悔鄉園負宿期臨事我慙程不識閱人誰是魏無知聞笳欲下清宵淚折屐虚懷勝日碁

莫任江湖輕浪迹食芹曾切尚方思

哀田家口號

三月連陰四月過桑田無利有催科行人莫訝深山虎
一入城中虎更多

端午

五月江村歸夢長又從客裏過端陽石榴輕閃風前色
山艾時飄苑外香競水數舟那更急穿花雙蝶故多忙
兒童不省宦中好猶插朱符說故鄉

病中口號

三十功名媿獨難秖將多病付仙丹千金市駿應誰是
萬卷焚魚正自寬綠野雲閒秋稻熟青溪月淡夜魚寒
遲歸已負滄洲約便信輕舟下急灘

嚴陵晚泊東同遊諸公

客懐何處寄秋城欲與長沙弔屈平江上逢人皆社約
舟中見樹問山名煙波日靜魚龍晚霜月天高杞菊清
暫共建昌祠下泊上方鐘磬夜分明

淮口擬別三弟文舉萬寄諸弟

淮陰去路爾歸程欲寫愁心寄遠征雲塞忽分聯雁影
泥途未出跛驢行三年去國身先病幾日思家夢亦驚
傳與青春諸玉季辛勤三十媿為兄

示楷

憶從春燕共羣英鄉國虛傳甲第名千里氷霜心盡赤
幾人萍水眼偏青他鄉得病悲妻子薄宦歸家笑弟兄
誰判憂虞需富貴秖應江海老浮生

早春行下邳

青草山前雨未晞東風初解試春衣過淮柳短鶯遲語
連海沙長雁欲歸舴艋雲中河水綠鞦韆畫裏女裳緋
行人正漫西江興到處風光賞更違

晚春舟中

風光二月成虛擲客路三千鎮獨歸去國漫憐行日遠
到家常恐見花稀燈穿夜舫春蟲入帆過晴沙宿鷺飛
零落當時多少事東風江上欲沾衣

嚴州天寧寺

水南石上天寧寺，春盡移舟偶自登。煙樹霧花猶病眼，
洞雲崖月獨閒僧。樓高百里山皆出，江近諸川瀉欲騰。
誰許宦遊誇勝覽，鳳城宮闕百憂并。

茅亭

思君千里問茅亭，忙裏還能幾日登。花重雕闌晴幕啟，
香凝磐石午琴鳴。醉翁喜雨應陳迹，放鶴沉香漫有名。
曾是檢書當夜坐，會逢藜火訪更生。

題莊志明邑博扇面小景

猶憶西池畔，蓮開七月紅。波明魚度藻，莎碧鷺依叢。客
舍秋天外，花期病眼中。莫愁歸日晚，正是剎青蓮。

喜張邑博振卿生子麟兒短絶以志

星樓歌鼓動新秋，傳喜麟兒誕月周。我亦二郎如阿仲，
與君相對醉江頭。

秋興同商進士景貞押韻作

離家秋晚自初春，九辨年來入賦頻。病久漸能知藥性，
途窮端欲問錢神。詩懷似媚江花淡，旅食全甘海味新。
莫訝偷閒成夜醉，定須疎散是吾真。

花期曾負曲江春，搖落秋芳寄興頻。蟋蟀生愁渾寂莫，
芙蓉何意更風神。江邊病客終違俗，河内凶年媿食新。
開道蛾眉當北去，漢家物色恐亡真。

露下江蘺綠似春，寒潮西去打城頻。青山舊鎖吳宮恨，
白浪疑歸胥廟神。返照迴鴉楸葉淨，孤舟闌雁荻花新。
玉簫明月成追憶，歸夢紛紛記未真。

花柳曾沾輦路春，登高誰賦黍離頻。峽雲虛綰巫蛾髻，
湘水能傳屈子神。萬里九重天闕遠，千金一笑主恩新。
三郎亦自慚韋武，猶有傍人笑太真。

御苑離宮不耐春，夕陽詞客放歌頻。當時漫意禪梁父，
何處宸遊訪洛神。近侍寵多賓客盛，腐儒憂在鬢毛新。
秋來亦有休文瘦，欲倩傍人為寫真。

宵行

嵐氣薄征旗，溪風振弱鬣。鴉驚葉響，吠犬覺花移村

靜看燈近山深見月遲秋空蕭瑟在此景與心宜

宿嚴州西觀次韻贈别周仲鳴水部

才名曾喜動堯庭見領恩光賦出城幾日鄉音投客話九秋三館惜離情髮遲歸棹須明發定過前灘憶夜聽為有吴山堪寄遠侯郎知亦盛詩聲

除夕同張振卿押韻作數絶

官忙剛得夜深眠除夕宅鄉更惘然貧病謾憐猶故態兒童浪説慶新年

曾聽朝鷄警獨眠午門燈火夜森然一官此日天涯外遠効華封祝萬年

江閣疎鐘惱客眠俸錢酤酒醉陶然明朝况是正元節百歲浮生又一年

休沐寒宵正穩眠疎遲羸得髮皤然黄楊已受春功薄猶恐明朝值閏年

嚴州新春用林南川郡博韻

春到無多日孤舟細雨來近郊微見麥隔水忽看梅凍雪宵燈約殘更曉角催新年猶旅食未試豹燒胎

嚴陵舟中值雪次林緝熙韻

雪花交白日又共守庚申興助乘舟客愁添失路人朧梅猶遲煖塞草未知春村酒温新火長年語自親

咏雪次洪克明邑博韻

春寒漸勁此舟中陣陣氷花度幕風野積遥看千逕合岸深只放一溪通平添新漲時兼雨寄綴高枝亦藉風小泛會應乘暇日幾人幽興得相同

贈應文昭耆士

六十青溪士迂疎白髮生舊家餘故老薄俗畏仁聲手種花都活爐燒藥亦靈里中推月旦猶不後諸兒

題何大淵藏吕廷振畫雁

金風力弛矢射獵紛健兒驚飛天南鄉悠悠定何之南人苦相求設罔横中陂稻粱非所謀網羅不可罹瀟湘在何處夕月虚寒枝安如圖南鳥一徙棲天池翩翩上林間北海還縲羇長門度深夜屬我千金詞歸飛背江

燕春秋以為期獨坐鼓瑶瑟會向柱行歌

畫鷹

田車不蹈蓄莵叢鷙鳥何勞送澤宮知是漢皇仁鳥獸
虞人解自慎絛籠

縣令羅公初導新河邀與小泛因呈同遊諸公寓
規勸之意得詩八絶

日晚僊舟出遠林南風時共解煩襟行人要識蒙恩澤
得與新河流水深

官河晴雨紀巡遊茂宰新懷洚水憂猶有懽聲傳道里
城中下令緩征求

右呈羅尹

海榴花過緣成林試折殘枝露濕襟莫惜飄紅低著地
玉顔正少主恩深

農時得共問畊遊只有村翁不識憂為語城中官府好
近來惡吏不需求

右呈楊丞 楊有政譽

官舟簫鼓競遥林倚醉波間一散襟九夏風光千日酒
君恩飜覺暇中深

齋休詩健足清遊玉食還同佐邑憂今日民愁公賦急
晚絲新穀不勝求

右呈蕭簿 蕭時董賦

晚潮新漲下西林小泛回時月滿襟昨日市墟多巨浪
使君莫較酒盃深

天閑八駿憶周遊誰解千金破主憂定是龍媒能萬里

涓人駿骨亦先求

右呈靳簿 靳時司牧

贈別陳百一

君從西州來未至動消息長步登我門顧笑一為揖江
湖謝鄉音傾蓋如舊識殷勤寄雙魚為云紫墟客劍頭
挂一書種種青囊錄江山覽奇勝窮海遍踪跡談玄出
造化潛悟宣龜卜燒鉛期成金漫言河可塞耽奕日忘
坐呼燈了殘局平生山水心半入瑶琴曲日來賣草書

數紙充一食貨利輕秋毫只苦飯不足三旬惜言别挽
之能信宿虀鹽不終厭緒言正堪續侵晨御風去盼望
不可即茫茫水雲閟頃刻疑地縮歸來舊山中猿鳴喜
相逐傾囊發贈言顧笑若重獲看山得佳處為結數椽
屋待我休官日會尋領松赤

與陳百一押韻擬作閨怨

孤房獨夜冷凄凄睡起眉纖偃月低數過佳期憎報鵲
嗔回好夢怪隣鷄紅顔獨壓嬌娥伴薄命翻為蕩子妻

憔悴擣衣君莫念砧聲應不到遼西

題壁間山水圖與陳百一押韻作

看山幾處載圖經飯顆猶嘲太瘦形久判雲林非世路
慣看麋鹿上秋庭霜崖亂葉當書下寒谷幽蘭沁酒馨
似憶西行山水郭别來江上幾周星
南國繁華幾代經孤城猶作虎龍形東山載妓閑春墅
北嶺移文鎖夜庭朱雀無家歸燕子蒼生有恨怨寧馨
相逢漫作新亭飲日暮歸舟幾戴星

用韻答錢邑博孔易三首

儒官散地列清流近領恩光出上州詩酒聊同塵外賞
容顔遲惜鏡中秋才同伏驥堪先致史繼悲麟會晚修
誰念廣貧藏萬卷富兒容易置書樓
官廪爭受得閒偏烏帽青袍未老年靜擬詩篇酹暇日
漫憐花鳥競春天韓公興劇盤中賞賀監狂嘲水底眠
今日人才君獨美何如朗月暎星纏
越水吴山舊品題詩聲近喜過淮西春便野寺衝泥到

興遠遥峰過雪躋才子瀛洲懐玉樹仙人瑤島夢丹梯
由來孤鶴煙霄上難與羣鷄羽翼齊

東田夜坐次餘姚孫惟獻韻

晚林分火上篝燈午醉淹留坐見星樹帶鵶棲和月冷
閑扶花睡倚春醒臨池對客看泉溜問夜停盃數漏聲
小憩莫教牕送曙夢思剛復遶春明

徐河舟中二首

孤棹下青徐飄飄幾日餘身遥驚歲晚病怯覺舟虚午

竈全炊藥宵燈倦掩書京華縣北斗風景定何如
月暗泊舟遲河流送弱澌風波身健日氷雪歲寒時閒
路人曾識懷家僕共悲前林歸暮鳥盡解宿高枝

臨城路見雪 過徐至臨城驛屬滕邑

行過南徐路離家是幾時鄉寒衣漸薄計日驛爭馳老
雪迎車舞終風直面吹狐潛應有迹鷙鳥莫啼飢

曉入東平

支病起宵征清霜下四更驛園紅樹遠月過黑雲明北

道諳齊語東平入漢城何人愁遠戍蜀道正難行

至武城望京師再雪

北雪夜紛紛清晨客出門爐紅應自煖尊綠漫宜温碧
澗分平野青烟駐遠村洛城饒甲第歌吹入黃昏

客夜

寒愁渾不寐城鼓四更分夜久風銷燭天陰雪打門鄉
關千里隔宮闕九重尊惆悵絲綸舊清江有釣緡

朝見日漫題二首

京華去住漫難期旅食重看歲暮時雪後報朝趨闕遠
城中借馬出門遲宮樓曙動庭燎合禁苑春回御柳知
鬢任衰衰逕注望舊分千室藉恩私
春明舊迹惜睽離鬢謁官墀夢亦疑野客衣冠慚勝會
隣家僕馬識朝期千牛露刃渾揮霍五鳳晨光欲動移
忽訝西行山水縣東曹列侍漫成思

新歲唫

新年初見雪消時拜舞懽同覲赤墀須朔載分堯甲子

明裡重飭漢威儀銅龍漏徹鷄人報鐵騎班迴象路移
帝道由來嚴正始從臣還擬太平詩

送何篤齋宰浦城 在京師作

東郊晴雪滉征衣北闕晴雲動曙暉建水郎官持節去
楚江遊子及春歸與君得縣年俱長作伴還鄉願亦違
淮海音書看不遠定應貧乏慰庭闈

賞蓮押韻同孫惟獻諸公賦因呈

沅芷湘蘭怨楚臣習池風景賞猶真秋唫靜愛山依閣

宴坐馴看鳥傍人盃沁碧荷翻下露衣沾紅雨濕餘春
山公老興依稀在消遣沠觴到座頻
九夏風光任達臣池亭歌舞樂全真戲裁蓮葉欺紈扇
笑羨荷花惱玉人華屋夢回梁燕午金蓮歸憶禁鸎春
由來懽賞從閑得記取偷閑賞亦頻
水仙綽約合為臣取次詩騷品鑑真碧葉團欺池面月
紅粧嬌妬景中人緇泥不染元同幻剪綵常新賸借春
更與浮萍有深愛憐渠踪跡往來頻

秋水紅蓮入幕臣重來風格認猶真一尊海外酬佳節
千里花間見故人唫送碧筒紅燭晚歌翻白苧錦箏春
長沙亦是悲秋客猶惜湘纍寄興頻
未分飄蓬笑逺臣天涯勝會更投真莫驚歳晚同遷客
只對花清是故人七澤秋光連玉井六郎丰采照青春
便期東道為蓮社對景分題未厭頻
御苑風光媚近臣繁華回首夢疑真獨憐荷芰花間月
曾照芙蓉闕下人玉盾恩沾仙掌露金錢醉憶曲江春
天涯零落多幽思何處秋山遂送頻

天台桃源

桃源舊路逺微茫問勝尋幽傍夕陽流水無媒花自落
胡麻未熟日空長峰迴晚碧匀眉黛川弄明霞作舞裳
却笑塵容渾未洗玉真莫認是劉郎

天姥峰次俞英之韻

天姥山高風露清下方路轉上方平花先得日開偏早
鳥慣聞鐘宿不驚飛閣危從雲外起迴泉幽似鏡中傾
夢遊更覺雲霓逺儗借仙人鶴背輕

天津施憲副席上觀雅樂次韻二首

羽籥分曹暎幕油筵間鼙許寄雙眸瑟傳清廟貤文思
舞愛韶箾象德休伴呂亡齊終放逺離騷懐楚合兼收
從伶莫浪移宮羽座有高人舊姓周
午筵剛見續膏油舞佾真便豁醉眸季子賞音心苦晚
孟公留客意忘休歌殘雅頌猶餘韻調入伊凉亦漫收
豈是腐儒偏好古由來先進亦從周

病起贈韓時元國醫

上國新春惜鬢絲，病回真識有良醫。一家兒女皆蒙力，千古岐黄幾試奇。肯劵遠遺寧望報，同鄉數去不須期。卻緣豎子潛難及，豈是當時漫不知。

寄東鄉大伯父

十年不過東莊宅，歲晚高堂拜白頭。喜到出門遥認馬，送歸攜杖近經丘。黄花徑裏開詩卷，紅稻香時泛酒甌。聞說別來强健在，幾迴天外望雲浮。

山居圖為嚴陵方氏賦 正德己巳

空谷遠朝市，幽人心所嬰。偃蹇烏角巾，終謝冠綬縈。出門四山曉，一水相與明。吾意聊適耳，匪希高尚名。村醪薦囷果，山花逞奇英。良朋遠相求，春禽鳴嚶嚶。呼筵劇傾倒，一飲輕十觥。酣來卧崖石，松風為解酲。一醉遺萬慮，百畝稱閒氓。竹林豈狂者，桃源非世情。白日復欲暮，閉門閒瀨聲。扁舟者誰子，風波勞爾生。

嚴州天寧寺留別貫上人

蕭邱蘭若昔相從，仙露明珠近再逢。深院焚香迎玉節，上方披闥挹金容。重來似憶身前事，久住那驚飯過鐘。更欲遠依方外去，憑君先記寺門松。

上饒南巖寺漫題 寺在巖洞中北向

南巖萬古靈，北户向幽扃。緣洞逢三殿，窺空逗七星。泉疑鳴錫處，石帶補天形。不共山僧語，還看是武陵。

禪宮作意留，來隔幾峰求。洞覆簷牙過，雲依佛面浮。栖真迷白鹿，駐景憶丹邱。歲晚輸樵者，長謌任此遊。

五級峯 在南岩

靈山空自靈，靈山在上饒境與南岩五級峯相望山出水晶 廬嶽遠相形。五級通寥廓，諸天隔杳冥。風煙孤客去，木葉九秋零。落日南岩靜，僧閒自誦經。

居山祠 祠在南岩不知何神

仙岩草樹青，春夢憶前經。逕入鷲峰墮，林迴放日停。風波喧下界，鷗鷺起長汀。歸路江煙暝，遊人醉未醒。

贈某公歸田

南國人龍忽在田辭榮學道得長年慚同社日扶春醉閑憶衙時廢午眠（時已致仕）觀奕愛逢花外墅䑛吟驚出瀼西篇 闕

疊前韻

樹外朱扉暎水田風光端屬隱居年鶴知人意偕童舞花戀春光學柳眠當席按歌頻寄調分題倚和動連篇山靈更識留賓意會遣飛流作醴泉

送友出都

郎署焚魚舊等威王家卜鳳疊恩輝湖山秋色迎烏帽閨閣春容上衮衣齊瑟久緣千世拙虞簫終惜賞音稀江東鮑謝猶餘韻張翰歸來迹已違

席上觀伶戲次韻

綺席初陳畫障迴暗除黃帽試金釵等閑面目屏間在取次梳粧鏡裏佳故事翻新思怨易後觀隨衆笑顰偕分司此日渾多思豈有狂言雜劇俳

棄妾嘆次前韻二首

郎家憎妾少低迴棄置還同匣底釵思怨難憑詞客賦容顏那托畫工佳春回繡閣帷猶惘夜靜蘭閨影與偕可是倚門人盡悦此身端恥學優俳

靜思那論日九迴臨鸞羞睹嫁時釵自緣薄命逢姑惡空負青春倚壻佳貌似月娥憐獨宿身非梁燕媿重偕笑顰若爾無憑準應恐傍人說是俳

觀伶舞次韻

翩如矯鶴出青田燭底低迴絶少年長袖欲欺風柳弄倦眸嬌暎海棠眠謾誇假髻玲瓏様只辦纏頭錦繡篇

共說阿書能掌舞（阿書家僮）霓裳何處送溫泉

涂賓賢按廣

驄馬出番禺青春畏簡書蓮峰迎玉節椰葉拂雕輿按部唐封舊觀風越吏餘鳴琴音尚遠攬轡意何如

送周國英赴寧鄉幕

好道寧鄉近清秋楚望分驛連黃蘗嶺舟過碧湘門縣劇才還稱官應勢亦尊長沙多古意傳語問靈均

送俞秋官宅仁赴衡陽太守

頻年來往赤城霞憶過衡陽太守家迤屋峯巒含晚翠隔溪梅柳競春華雙龍紫詰承恩舊五馬朱幡入郡賒豈為蒼生煩賈誼憑傳幽意過長沙

拜陵途中有感

寺外西山翠結層鳴騶未動意先登陰雲漫欲低平野病眼遥能認泰陵曾日少年悲作客細尋往事得逢僧鍾山紫氣東南在秋晚凭高思正騰

出使至長沙院中次壁間詩韻 庚午年作

野燒明山雪人煙隔戍牆九州淹歲晏羣盜劇年荒警翼頻喧樹頳鱗自戀塘有懷憐賈誼寂寞賦臨湘

益陽院後小軒

江上兵常梗湖南歲又新小堂開傳舍高榻謝車茵氷雪深迴座山泉近結隣未應躭此景猶是遠行人

桃川宮秦人洞 武陵源在龍陽縣

桃川川上望仙宮峭壁重巒半古松騎馬到崖遥度水入林迷路忽聞鐘花開洞裏應長好底過軒間暫亦逢當日秦人何處在數家茆屋隔西峯

次韻秦人洞二首

桑竹深村好自由眼前嬴得去秦州雲邊野燒逢渠斷雪後春溪過驛流問路偶隨漁父入尋真空憶洞仙留湘纍千古騷魂在蘭芷遥堪託薦羞

隱居非是學巢由敲朴那當制九州洞裏尚憂秦慘刻江東今襲晉風流蒙恬萬里城方急徐市三山去已留

闕

界亭驛次壁間韻

亂山行出見幽亭返照高林忽易傾村舍尚傳戎馬過炊烟初傍驛樓生伏波銅柱功差立 時總制新報平湖省賊 荆國青苗禍已成 先是當路聚斂湖省賊由是起 正是徬徨愁不去候人鼓角報嚴程

常德院中值雪次壁間詩韻

看雪山齋起不眠餘寒猶覺入新年三分春色深無賴

一樹梅花好自憐毛外陰雲連楚澤鴈邊朔氣隔胡天
窮崖空谷渾蕭瑟煖在朱樓碧樹顛

山火

風急吹山燒煙光遶障空草根延木杪西麓走東峯晚
照曛殘蝀青天下火龍秖應便樵獵有路入深松

郵亭次韻徐用先道長

南山芃草朝生霧棲鶻巢邊起新路客子心懷履險憂
馬頭春色空遲暮

平越院中小憩用壁間韻二首

院中高樹出城頭石路縈迴帶水流幾處過山剛到晚
一從為客數逢秋川源燒沒夷酋部旂幟風高漢戍樓
立馬七盤愁望絕青煙恍惚極齊州

陌頭輕雨浥黃埃遶道春旂度嶺來楊老城邊逢客去
吳公陂下憶花開繡衣持斧憐南徼畫省焚香夢北臺
溪洞頻年猶報警候人漫自送餘盃

龍里驛次王蘭亭文濟韻口號

官閒曾喜住蓬萊瘦馬巔崖路轉迴破敵尚須魚鳥陣
賦詩空擬鳳凰臺陽城不諫終當去吕誨先知更讓才
憶別玄都春正好桃花想見一番開

至貴陽贈王蘭亭文濟

經時多病怯長途到處先供煮藥爐二月天涯逢故友
去年花裏醉皇都山分夷漢憑看誌野有流亡合繪圖
未訝南中行路險風波終日滿江湖

貴陽與徐用先道長押韻聯句別後作此寄意

南州聲望故依然幾處還逢下榻眠秋晚為期春始到
客中相憶夢常牽詩人自昔多憂事才子論功重策邊
不獨好辭驚絕藝試從萬選看青錢

和韻贈白參將

連營刁斗互迴縈漢將威名舊姓程嶺上建牙迴小隊
幕中籌敵借長纓干戈外閫遥分制谿洞先聲會請平
應惜春農勤戍守武成遺算貴精明

滇南喜雨次王岡韻

畏日薄翳景薰風轉祥氛雨氣颯欲至飛蠓低作犀庭
蕉足志喜踈黙聲先聞巢鳥方拮据未陰心恒勤昆明
擊鯨波太華山在昆明噓龍雲農憂劇公田仰玆寬一分稍
見夏畦潤似嗅秋秔芬帝澤霈無涯雨珠非所忻逖矣
商巖翁為霖憶書云陳詩向玉岡磨崖紀隆勛

午日偶題弔屈原

沅湘何許太淒其愁絶中流競兩旂郢俗狂猶投角黍
騷魂醒欲屺江蘺九歌天外憂空切五日人間弔不知

賈誼少年徒解賦霸陵無事漫興悲

黔國别號玉岡用喜雨詩韻為賦此詩

玉峰出南海鬱鬱蟠靈氛逸勢驅黙蒼金碧那爾羣黙蒼
金馬碧鷄皆滇中山名清華入攬擷峻極訓前聞躋攀絶崇階仰
止徒殷勤瀛洲足波濤龜蒙膏雨雲春玆元化精太璞
殊未分朝從玉岡遊春風襲蘭芬貞懷良不玼發容人
所忻古來稱嵩高不讓坏壤云終期覆簣初竟此為山
勳

玉岡以歷百本饋南園司徒南園報以美人圖一
幅玉岡舉以見示為賦一絶

鳳歷蛾眉兩闕妍書中端自有嬋娟風流却憶張公子
雪月風花看百年

客久夢中代內作二絶

梅蘂先春發山茶寒著花郎從前日去蚤晚過長沙
南去長沙萬里程清猿啼斷鷓鴣鳴相思不識關山遠
夢裏隨郎一處行

次韻玉岡秋興四首

江上青山秋更奇賞懷猶隔楚天涯丹楓欲障千林晚
黃鵠歸飛萬里時往事燈前悲昨夢流年暗裏惜芳姿
霜寒鳥雀依叢急恠底飢鳶苦見欺
何處秋生詩律奇杜陵蕭索蜀江涯孤舟淚迸啼猿後
三峽濤迴落木時鷗鳥自飛閑不去芙蓉雖晚故多姿
楚鄉雲雨還朝暮宋玉風流亦漫欺
瀘水煙銷秋日晶關河風色慘邊情年光暗惜江離晚

秋鬢愁看客鏡明十道羽書聞夕警五更城角落寒聲
季鷹自昔多幽思不為鱸魚嘆遠征
露下澄塘浸水晶芙蓉花落太無情青山近擁孤城壯
銀漢高臨萬戶明小院松篁增爽氣誰家絃管劇商聲
秋原莫哭誅求急薇蕨生多尚足征

出滇至平夷館適覩合溪張天益道長留一詩壁間見候次韻為報

社裏逢君可惠連華宗分派各江天千山雲樹蠻煙隔

五月音書驛使傳詩好總知心獨苦官閒贏得事多便
相期共振埋輪業猶有豺狼滿道邊

至普安察院合溪道長復留一詩見候次韻

歸路依微取次尋前山日日厭登臨寒經索嶺霜林靜
瘴入盤江晝霧深古驛荒涼驚歲晚野雲容易結秋陰
驅車縱獵輸誰子蔓草斜坡羡獲禽

中山道中 真定府趙州古中山地也

二月中山道風塵障早行病思千日酒懶拂衆人情客
夜便投寺兵時喜到城使君方謝事憐爾縣官迎

贈國醫趙良臣

秋來鬢髮欲添絲笑見兒行病起時貧憶宗清多義事
疾逢秦緩足良醫刀圭苦口收餘味蘭蕙回春得故姿
獨有江湖憂轉癖別君無語重淒其

里人陳生善歌舊嘗識之十五年後再聞其歌因贈

餘音尚憶小梁州十五年前作漫遊重上朱樓歌一曲

楚天涼月在西樓

贈陳百一山人 客予家者數年今歸

六十看君白髮新江湖人笑往來頻機心已息碁常負
談舌猶存食未貧折柳重驚南浦暮種桃空憶武陵春
津亭渺渺應回首故國并州意更真

釣臺次韻建德舟中作

六十年裴道路難九重鳳詔幾回丹交遊便合君臣定
廊廟何如江海寬桐水一絲名節在雲臺千尺畫圖寒

十年塵土嚴陵夢明日扁舟過釣灘

客中

春風珂馬曲江城曾共梅花賦廣平兄弟甲科猶有恨

縉紳文字浪知名並遊年少皆能貴今日朝廷幸自清

萬里風塵江上客長安遥望眼偏明

港口小泊口號酹莊貳教舟中見贈

符分山縣記當年泛盡溪流笑靡然叢爵自依新赤子

蠹魚曾出舊青編每忻芹暴因思獻見履庭霜識戒堅

貧乏只今消息在雀生猶藉闕知傳

贈鄭山人

脈理依稀寄掌紋眼中奇伏定難論秦關百二金城在

建業東南紫界分形勝未銷人共棄豪華欲盡石終存

他鄉我亦孀官拙還擬攜君看舊村

聞雁與陳百一作押韻

菰老蘆黄障淺池晚晴初喜凍雲披忽驚鳴雁霜中度

似覺秋風塞上移胡騎漫勞矜碎柳棲烏正自揀寒枝

年年惆悵金河客錯憶岐周賦鳳儀

病中喜友人王繼武遠過不能出迓口號寄意

不見王郎三十年病中看刺轉生憐吹簫橋上悲秋月

沽酒樓前瞀野烟詩格總知猶健在鬚髯驚說已皤然

君應問我龍鍾態約畧如君六載前

楊大用大尹見示晚年生子詩次韻答賀

賀客閧堂少白丁共誇椿樹老逾靈同時器識推楊子

晚節芝蘭有謝庭宰邑定知陰德在承家端擬策名馨

他年會約乘軒過聽取摩空作賦聲

大用見示述懷之作因次韻

青山晚愛攜筇往華髮秋憐覽鏡知江上浮鷗馴自好

塵中驅馬去何之閑尋謝墅圍碁侶病隔梁園授簡期

坎止流行看更定豈因時態學悲絲

病中喜雨 在保定作

伏枕聞鳴雨閉牕愜病心天公神叵測旱魃爾何侵傴

渥應千里斯須可萬金更祈三日止年麥忌恒陰

題扇景

湖上生秋雨簷間滴翠陰竹西風景在別路一驚心

江晚山色遥黄蘆雁初起漁歌何處歸聲落滄浪裏

夜至銅巖驛逢臧進士張茂才

木葉下秋山歸人傍晚寒見燈投驛遠過雨涉溪難詩客逢佚喜碁儔憶謝安勝遊難可繼莫負吏情閒

黄希武宅觀奕

奕闗未全非閒枰對夕暉過河乘勝算爭道觸危機老馬頓憂蹶奇兵忽冐圍羊公在江上陸抗莫專威

鄉居用八弟鵠舉詩韻聊述

東風近浦送漁歌澌盡平溪漫綠波野望獨便吟處遠春寒猶較病來多閒看稚子排新局醉傍村翁藉軟莎遲暮未成投老計巢鳩聊寄北山阿

幽居底事動長歌老大心知感逝波花外枯桑爭日永鏡中華髮逗春多薄田遶舍差宜黍小徑緣村漫掩莎何處冥鴻飛正遠更看鸞鳳競巢阿

寄陳別駕汝耀

三山雁使隔年回傳道甘棠樹重培別駕風流餘薄領郡齋蕭散到蓬萊榕陰暗裏衙聲合荔子紅時吏俸來獨向樵川愁病在好音遲子笑顔開

拿口驛午憩次壁間詩韻

山行彌月未論旬又聽前灘數候人太守十年從白髮樵陽兩度見青春風波險欲摧心折政事書堪與淚陳愁絶杜陵渾太瘦謫仙詩好為傳真

壽李通判母

華筵阿母下瑶臺彩服仙郎試老萊鸞誥舊從天上降蟠桃新出海中來醲分禄米恩波注錦簇官衙壽域開記取年年延賀客小春時節任徘徊

次韻黄小江中秋是歳閏八月

桂香蘭馥夜交清心賞還同寄鶴城影合三人憐月色望遥一水憶簫聲病看髻紱真為祟忙覺玄泓久敗盟三五秋光吟過老盍簪愁咏少年行

烏石風吹晩遂清閏年羇思黯闌城星河際海涵秋影
鸞鶴凌風嬌夜聲重見月圓還照酒似防秋去更尋盟
銀蟾玉兎無才賦起看黄楊遶砌行

贈黄北山

書工如畫畫如詩王掾當年固不癡昨日里中歌舞伴
人前解唱北山詞

聞簫

鳳樓縹緲接雲霄環珮聲微夜寂寥弄玉由來有仙骨

欽定四庫全書　東田遺稿　卷上　四十六

時人莫浪學吹簫

小孫輩病起謝戴元道國醫

五十歸田計未遲西風肺氣欲蘇時久虧月俸遺家累
稍喜秋成給藥資老戀山林真有癖病愁兒女豈無私
江邊千室渾凋瘵何得從君遍問醫

秋雨

桑竹陰陰淺護村午天風雨未開門時從屋底窺峰頂
擬過橋西看水痕歳事一廛憂救麥秋租三限急雞豚

當年曾説心勞日欲起陽公與細論

風雨歸舟次韻

客到尋常不整巾旋羞雞黍供清貧孤舟分袂秋同迥
獨鶴隨笻晩自馴曾逐雪中迴剡曲定從花外説秦人
于今更憶玄真子細雨斜風入詠新
風雨應愁墊角巾相看渾笑出途貧知津更試輕舟捷
諳路寧論老驥馴眼底風波懷共濟望中仙侶詫傍人
明朝挂席期重到潦盡川平霽色新

欽定四庫全書　東田遺稿　卷上　四十七

送劉尚絅赴桐廬幕

送君明發遡江干越船吳檣逓渺漫山鳥語更傾白學
海潮聲漫切猗蘭桐廬附浙元名縣蓮幕親民足好官
獨有幽懷憐遠道夢隨飛鳥落嚴灘

明妃

絶漠琵琶漢苑心胡雛漫聽豈知音自緣花貌渾難畫
不是丹青故索金

贈國醫張從實

來往三神漫醉醒玉桃瑤草姤長齡丹砂九轉新傳訣道德千言舊注經南渡世家原共脈東田交誼久忘形煙霞僻處稀人迹却為逢君眼重青

贈般道士

少年曾喜誦南華解指隣山說是家九轉自調丹竈火千年應見碧桃花青溪道士橐中鶴碧海仙人袖裏蛇不為觀鵝頻過館駐顏端欲乞靈砂

送黃主簿詩

仙帆西去水連雲彭蠡匡廬楚望分黃憲未妨稱世德趙堯終不愧斯文移家歲晚留鴻跡佐邑功存計馬羣好在年豐身健日太平林壑荷吾君

輓潘主簿詩

塵世浮榮夢不憑槿花先夕嘆飄零安仁病去曾誰誄邠老詩存漫托名五月孤萋歸旅櫬千家父老泣銘旌東山山下流泉咽應為憐君帶哭聲

送朱縣丞

新來初握長官符漫詠歸裝問去途多病獨便抛簿領遠來應自劇江湖一官遲暮馮唐傳孤棹夷猶范蠡圖吾老東田慵卧在北門供帳有人無

題劉大叅函關圖

卯金公子托金蘭惜別秦川雪滿山何處思君天萬里祇應清夢到函關

題美人圖

幽魄誰爇返魂香恍惚仙姿出洞房畫裏呼名渾欲語琴中傳意故成狂愁顰西子憐傾國心謝東隣絕踰墻却恨丹青枉圖畫燕脂山外泣王嬙

咏牡丹用唐人韻

沉香亭路到無因悵望東風欲度春穠艷重逢木芍藥麗詞應泣謫仙人糚臺醉浥葡萄露錦襪香留瑞腦塵不用凭欄傷往事玉環元只是前身

浪蕋浮花謝俗塵洛陽移種獨饒春雨中淡泊同幽客天與繁華鬬麗人開向驪宮鷩羯鼓落從金谷印香塵

東君珍重非韓令十二雕闌許托身

題徐都司宅上海棠

雨膩煙霏曉夢酣東風扶醉倚危𣠲遊人遥隔雕牆外桃李成林欲認難

西園春曉

二月東風曉逗寒西園刚借摽梅看幽人興落春華外不奈新紅上竹闌

秋晚過尭卿弟莊

白髮看吾弟兒童共昔年謝家偏玉樹何氏勝林泉病起能招客秋深為放船吾衰如杜老吟罷意茫然

登絅卿弟東樓

南風送花雨攜客上東樓遲景玆多暇微凉熏似秋雲空吴望淍草綠楚騷留眷此連枝會高吟愧昔遊

題醉學士

天上歸來老集英醉中歲月漫崢嶸先生不是高陽侶自笑三閭説獨醒

別友人

殘燈明曙鼓晴鐸報春城月出銀河隱林開鳥雀鳴故人憐易別舊事笑難憑寄語今年去休忘管鮑情

贈郭生

郭郎人盡笑髮白不憂貧賣藥來通市分錢與餓人洞簫飛月夜郢曲度陽春有客渾曾識休論見面新

聽琴

嵇康昔疎放孤桐托奇音陶潛自曠達空撫無弦琴君

懷廣陵曲我愛柴桑吟那能悅俚耳所貴崇古心

喜張處士枉過次韻答意

詩客春殘病未興白頭漫興秖如曾江蘺彌望空憐晚甸麥緣貧稍藉登閑伴海鷗浮浪蕩醉過隣叟對鬅鬙幽情更愛玄真子漁父詞工和未能

別王南原憲副

相送曹門道離情秖自憐西風吹汴水南客問吴船佩劍明秋日鳴笳入暮天遥知彩衣樂猶及桂花前

次韻答丁茂才有道

丁度青雲器窮年對古書文辭殊秀雅風骨究蕭疎賞合涓金重音稀郢曲餘吾衰慚狗監徒爾識相如

春日集八弟鵠舉園用韻二首

春遊便野服翻覺猒鳴琚緩步新開徑閑看近得書何心嬰世網有容待公車好在菟裘老無勞更卜居

池芰亭新蓋風篁戛素琚清標吾獨愛疎節客曾書鷄黍招同社兒童候小車春園幽勝在差擬浣花居

放舟疊前韻書絅卿弟扇頭

春水纔容棹松風暗學琚酒從彭澤醉詩倩阿咸書已乞仙人藥深辭長者車那知林薄外亦有老農居

松鶴軒贈處士蔡良翰

西軒棲隱處松鶴與人閒素節終相保冥飛豈易扳瘦寧知衛祿清不受秦銜子和孫枝秀還渠藉好顏

輓詩

凱風悲棘心蓼莪杳春深陟屺迷長望鳴琴眷好音膽九劬柳母羊棗泣曾參寵渥年來下哀榮出華陰

竹齋為劉尚絅題

美人居傍竹西亭氷玉相看眼更青伺鳳翔鸞渾未解軒閒試亦鼓湘靈

雪夜與鵬舉弟過禪房

夜久真消雪水茶聽琴觀奕共燈花當年幾許留詩在不向山僧問碧紗

堂上曾分佛供茶憶僧遥問木蘭花相逢更愛毘盧煖

笑煞塵途抗帽紗

東樓夜集 得銀字絅卿弟宅

秋盡江南訪隱淪江南風物總宜人洞庭橘綴山頭錦笠澤魚拋水面銀

詞

壽沐國公詞

今年冬十月廿三日玉岡先生逢其初度者適三十年而予萬里來滇得稱觴致詞為壽亦一勝會也

顧聚合不可常而王岡仁靜宜老壽後三十年子東西南北未可期也而年年生日縱令一歌此詞公庶幾憮然興懷猶如東田之在座耳詞之調為金菊對芙蓉

黄綬庭槐碧攸營柳朝來畫戟霜凝更煙霏瑞腦日麗雕甍華階鶴舞南飛曲降阿母青鳥低鳴又何須用金貂換酒銀甲彈箏　相共祝取長生記當年此日光岳鍾靈喜干戈將印不負蜚英舊家燕子歸來慣見滇海

萬里波澄羣仙道是人間元老天上長庚

送朱思齋詞并序代作

伏以國家惟用賢以養民守令必親下而獲上雖豪傑之士不待人與顧公輔之階亦由譽召恭惟寅長朱老先生大人閣下天才挺異人望歸隆世承折檻之風夙纘考亭之緒蜚英兩制伯仲聯芳出宰一麾江淮婉美下車伊始游刃有餘崇儒備歌鹿之需閔農切書蝗之譬均田之議方劇而持志益堅行水之智既殫而成功永賴防危則重投石起距之賞化俗則嚴珥筆教訟之刑誠信下孚聲華上達冰蘗之操允出臺評夏楚之施奚嫌輿議某等叨居僚貳與有榮光睹薦剡之屢騰知徵車之孔邇久陪宴笑忻聞三月之謠宿荷忻懷惕失二天之庇敬裁鄙製用作後徵詞之調為喜遷鶯

琴堂新霽正涼入薰絃潛消殘暑帝日中天郎星分野望極碧穹如洗蒲境謳歌滿路潘縣春風桃李相看取

問東君政績前賢傳裏剛喜應秖是栢府嚴霜解作花封雨竹馬迎來花驄催發江郭放教容與屈指爪時易即崇樹垂陰曾幾頻向說繡衣行部爭留好語

贊

雲安胡君遺像贊

湯溪胡君以邑博卒于官其友東田子題其像曰

三丘崔嵬維君之姿雙溪漣漪維君之辭肆仁以靜亦淵以思何實修而譽甲嗟負大而小施賞音難逢值數

或奇懷哉雲安今其已而嗚呼噫嘻道崇縛紲守尚谷
谿稗肅蕃儀雁門鄙規融獨沮膺壤遭孔蚩胡殤匪彭
胡陵不夷繄君陶鑄無私躍冶多乎顏化弓裘罔斁過
庭嘉予鯉趨典刑猶存庶幾來兹

東田遺稿卷上

欽定四庫全書

集部

東田遺稿卷下

詳校官中書臣沈　颺

中書臣劉源溥覆勘

總校官編修臣王燕緒

校對官學正臣常　循

謄録監生臣潘　河

欽定四庫全書

東田遺稿卷下

明　張羽　撰

奏疏

劾劉瑾疏

江西道監察御史臣張羽謹題為陳言時政事臣無似待罪言路才識淺陋無所裨補謹昧死上言臣聞創業之君必先於體統而守成之道尤貴於持循洪惟天朝

太祖高皇帝奮起元室之季百戰間關以有天下肇造之初延訪忠良任用賢知集羣謀而稽衆長以定畫一之制諸司臣工咸有職守內外大小勢相維屬而又設司諫之職立風紀之官求以開廣聰明糾察姦宄樞機密而防範周體統嚴而規模遠內治既正外治亦張聖子神孫萬世帝王之業肇於此矣厥後列聖相承有隆無替逮孝宗皇帝益隆繼述之道天資明而好學問聖志銳而恤人言敬天勤民法祖為治接大臣以禮使羣

臣有恩爵賞威刑率由公道征歛興作動合經常十八年間朝廷尊安海内殷富中官私人不聞干政鄙夫邪類不聞肆青古稱二帝三王之治不能過也天禍臣民先帝奄棄哀號思望四海同悲陛下以英妙之年履至尊之位方在諒陰羣心惟戴以為陛下必將大興維新之化以光先帝遺烈奈何小人當國蒙蔽聰明至理難臻侈心易肆陛下有乘龍御天之資而羣下不能成其美陛下有馳馬試劍之習而小人得以售其奸遂使政

事舛訛膏澤罔究仁賢解體閭閻拊心蓋五年於玆矣所以然者豈以先帝之美政非當令之所宜行而今日之人心頓異於先帝時也良由任用小人之弊耳臣切見司禮監太監劉瑾鬼蜮其形虺蛇成性剛愎自用陰很害人挾主威以令羣臣任己私而亂成法凡其設心蓄慮動為國家天下之大蠹陛下不覺其奸以為能事寄之心膂假以柄權故瑾得以緣法為奸怙恩妄作目不識文字而謬擬綸言身不諳典刑而恣行威賞祖宗以來百五十年綱紀法度規模體統蕩然無幾存者迹瑾奸邪誤國之罪難徧以疏舉姑言其大者則陛下初年以勵精為治而瑾導之以不常視朝陛下初年以純孝為心而瑾導之以不親饗廟陛下初年以繼承為念而瑾導之以不得入後宫凡此三者大政所關國本攸係而奸人蠱惑之禍亦基於此也至於大學士劉健謝遷尚書劉大夏韓文等皆顧命大臣老成忠亮先帝簡任以遺陛下而瑾畏其軋己不利行私首先去之是使

陛下不得用舊臣也給事中戴銑劉菃御史薄彦徽蔣欽等忠直敢言為國不貳先帝涵養作成蓋非一日而瑾惡其剴切攻發已過悉屏逐之是使陛下不得聞忠諫也入覲官僚黜陟臧否親民之任故嚴其考也一貪其財賄則拘留過時而幸免者得以中旨復故職登科進士甲第等差事君之道貴正其始也一私其黨與則恩榮破例而倖進者至以傳奉入翰林武舉以儲將材而中選者悉投之於遠卒有緩急誰其應募招商以實

邊儲而入粟者皆繫之於獄卒有凶荒誰為轉輸芻粟之腐壞無問監臨主守倍數追償故有貧不能給繫獄經年名為聚斂實為斂怨也官吏之犯罪無問公私輕重一切罰米故有累犯重科積至千石名為儲蓄實崇禍也抄沒之刑槩加於薄罪而中人之家籍其貲財動以萬計多取辦於有司枷號之辱濫及於大臣而無知之民横屍都市何啻千人類多罪不至死沿邊諸軍苦於屯種日不聊生加之丈量陞科之擾是激其變故也

逋逃軍士迫於饑寒勢不得已重以里隣連坐之法是絶其生路也有捕盜之功隨以都御史之賞而必責其親冒矢石徒足重傷國體耳殊不知征斂之政急則摽掠之徒興捕之其何能止惡健訟之俗則削其鄉貢士之額而又限其不任京官徒以犬吠人情耳殊不知羅織之獄興則告詰之風起禁之其何能息始而提人駕帖勤於公府之文移繼之行事校尉猛於催科之胥隷則朝廷之威近於褻而民間之害日已滋矣凡此數端率皆時弊不近人情行之而失天下之心傳之而詒後世之誚非祖宗之法而不可以為治也而瑾且招權攬勢任意據援苞苴盛行營作無已甲第徧於京師貨財豐於內帑吞噬民業撩亂萬家發掘丘墳狼藉千塚虐及枯骨毒流窮閻然人心知尊朝廷故畏劉瑾門户之禍雖酷為身者不敢怨父兄之讐雖切為家者不敢言傷天地之和召水旱之菑皆由於此陛下中其奸謀不加詰問委棄政務専事般遊既不得讀書以監戒前古又不得閒暇以思惟治道旬月之內一再視朝或至日

昃百司之章疏不經於前四方之休戚不煩於慮陛下樂於便安無所拂逆遂以劉瑾為真能忠勤謂諸臣為徒事煩擾臣愚以為章疏不聞則朝政無由而理休戚不關則民困無由而蘇耽於晏安則虧損至德過於遊騁則罷勞聖躬凡此之為皆瑾之至利而國家天下之至不利也臣竊憂之方今吏治尚慘刻士風競奔趨君子小人相為倚伏今日之所用率非前日之舊人間有

一二老成才智苟非以緩急赴召則必以羈縻勉留出入伺候於奸權之門大官拜于前小官拜于後納忠効力如事所尊峻法深文苟圖自結故劉瑾欲賞一私人則公卿百官僉贊其功欲罰一私人則公卿百官羣摭其過而在外有司觀望風旨曲意逢迎故民命已急而有司視之皆罪人民力已竭而有司視之皆富室令公卿百執事皆失其職四民之間皆失其業而瑾之威虐日益以甚中外憂危莫不股戰脇息以為禍將及已譽

望隆者慮遠害蓄積豐者謀全家其有不然則胥而為非矣臣聞山東江西福建兩廣以及京畿之地盜賊縱横而荆蜀之間騷然靡寧去年遼東軍士被甲攖城北邊用兵輕喪總制而寧夏之亂變起宗藩實非細故雖復殄滅損失良多而强寇劉烈蘭四之徒擁衆稱雄志不在小是皆劉瑾稔惡長奸開可乘之釁以招之也然瑾不知其罪而顧以為功不知其可憂而顧以為得志非智有所不及所利在此也寘鐇之叛瑾實啓之幸而

天亡瑾身受大賞復推恩以官其兄至為都督夫以劉祥閭閻小人卑鄙庸劣一旦因奸弟之勢夤緣至此則平江伯陳熊元勛之裔今雖有罪固得以法宥也陳瑄有功而敘其後劉瑾有罪而官其兄賞罰如此非所以令天下後世也夫罰不遺大奸則人心服國不私近倖則事體安今宗藩為其激變乘輿為之震驚而元惡大憝招釁啓禍如瑾者顧迺恃其敏巧佞說安享富貴侈然自擬於至尊而患不及此天下之人所深懼大駭莫可得而知其由也況今之高官顯職多用私人引類呼

朋布列樞要瑾身為人臣已有南陽近親之庇迹其今日高貴已極勢不能復為人下而又厚自封植陰蓄異圖廢格詔書茲行荼毒衆方憂其必為不利而為其積威所刼莫敢告言臣為陛下計必去劉瑾而後人心可安國家可治而為瑾之自計苟無他志則不當專權固位久處至危之地而使人疑之也臣聞古之為人臣有功而無過莫如周公周公以諸父之親冢宰之尊而元

聖之資也武王没成王幼周公相之不自恃其聖智吐餔握髮以延天下賢人負成王以朝諸侯制禮作樂身致太平周有天下多周公之功也然而一遭管蔡流言退而恐懼遜於東山不敢安居以為勢有所宜然耳今瑾非親非尊無周公萬一之功而狹險倨嫚浮於恭顯訓注之惡在朝疑之天下怨之而乃矜功伐美恬不知畏此其中必有不可測者此臣之所謂危也臣願陛下試一思之先朝用儒臣則不見今日之亂今日用劉瑾

何以無先朝之功則忠佞邪正斷可知矣固未有舉世之人皆欺罔不肖而瑾一刑臣獨忠且賢也然瑾之奸邪其最不可恕者惟其假威濟私不顧國體顛倒錯亂朝令夕更瑾亦心知衆怨羣怒禍將及之間則上章乞休外示遜避而中實貪不能舍至於中旨慰留陳其功烈加以賞賚即其詞意蓋若大凡國政之妨吏民者皆出朝廷而其更張轉移皆由於瑾是瑾以怨歸君上而以功歸於己欺罔厚施之罪不容於誅矣然而天下之

人皆知瑾之蒙蔽而日覬朝廷之開明故彼倡亂之黨動以除瑾為名而中外人心亦以去瑾為快陛下何不一因人心之怨怒選數瑾之罪惡而置之於理令其將京城内外私宅莊田凡有幾所悉皆報出計其營作之工木石之費凡用金穀幾何計劉瑾所得口糧及恩賞禄米自有常數其餘蓄藏糜費之物從何而來則瑾之奸欺自不可得而掩飾然後昭布中外與衆去之别選良實内臣以備左右任使大開悔悟之端以彰平明之

法悉去舊習與民更始則中外肅然天下稱聖主矣設以瑾為從事有年不忍加罪則當收其政權寘之閒散以絶禍基仍勅文武羣臣或有大政則僉議於朝不當猶前依附私至瑾宅陰助奸謀其或不悛即為奸類是亦陛下寛假之一術也臣竊謂劉瑾今日之不改為惡譬如騎虎勢不得下朝廷今日之不去劉瑾譬如養虎終將噬人失令不去雖有知者不能圖其後矣凡臣所言瑾之奸惡乃其什一在朝之臣蓋有知而不敢言者

自謝遷等之去與戴詵等之獲戾瑾復受計姦人阻塞言路以為蒙蔽作奸之地中外以言為諱間有奏疏則皆先受指揮非排擯忠賢則更張制度也近而左評事羅僑幸一言之輒得罪以去繼而都御史黄珂左通政叢蘭亦一言之復為言官所論臣固知令日言之明日必為劉瑾所中傷禍不旋踵甚無益也然身為王臣復有言責仰慙國家養士之恩卒無裨益適因憂憤觸心積為疾疢使一旦發狂以死固不必以言得禍也吾君

在上祖宗先帝之靈在天死生輕重之間臣籌之熟矣伏望陛下以天下蒼生塗炭為念以海内豪傑觀釁為憂以宗社久安長治之道為計臣言可采即賜施行則時事猶可為人心猶可保而上天之意猶有可得而回者矣臣干冒天威不勝戰栗隕越之至緣係陳言時政事理未敢擅便謹題知伏候勑旨

地震疏

據楚雄府經歷司呈承本府照會備陰陽學陰陽生楊復初呈稱正德六年四月十六日寅時自東南起去西北地震如雷吼卯時復震二次至本日午時又震三次十七日微震一次十八日午時又震一次將房屋瓦片牆垣輒石動搖脱落等因轉呈到臣續據雲南布按二司經歷司呈各承奉本司劄付照會准守巡洱海道咨關及據楚雄衛經歷司呈俱同前因會同鎮守雲南總兵官征南將軍黔國公沐議照地道弗靖菑異匪常除會案通行修省外臣竊惟地震之變其應非一考之傳

記為歲饑為寃獄為兵興民勞為臣下專恣為小人道長大率陰盛而反常故應以震動所謂越職專政是其咎也然或震於一方不見於他處則猶疾痛之在人感之暴者發之偏耳頃於聽有時而聵目勞於視有時而矇受病專也雲南之地去京師為特遠安危休戚卒不易通是以惠澤不先加而苛刻恒首及焉以遠故也自頃以來年穀不登横歛益急民竭其力地竭其利匹夫不獲相率而為非令其山林郡邑之間盜賊滋起而隴

川安南之司巨酋跋扈兵禍相連特為慘烈較之隣境貴州諸省兵荒之患實亦不殊而京師不之聞也今年春夏之間旱熯尤甚而地震當四月之期適為凶年之候天時人事皆反厥常民病已深不可救藥臣愚竊意由今之勢積而不解所謂陰乘陽弱勝强之應已為不虛不必更有他變而後為異也然而當路不加憂守臣不見恤方物之求急於民瘼禽鳥之愛恩於夷獠私門之橫斂倍於常賦雖一二同事揉正之意固不能無而

輕重之勢實不能較將如之何臣謂道隨行乖氣因事逆萌變之興猶將未已也臣猥受國恩叨列言路茲復謬膺巡按之寄遇萌而懼莫知攸為其於舉廉仁抑貪戾慎刑以重民命節財以厚民生與凡職分之所得為固不敢不勉竭駑鈍粗效涓埃至於察專恣之萌杜羣枉之漸憂不測而防未然則有非臣下之可得而與聞者臣不佞竊謂此在聖心感悟之間耳伏願陛下懲創往事推廣善端名用老成之臣旁求忠諫之益扶植陽道遏抑陰柔法健順之常以建中和之極使天下臣民皆知易轍而改塗安土而樂生重念遠方之人使其呻吟疾苦有所控告特勅各該守臣留意撫綏期於安集毋或襲為掊剋之風重其倒懸之厄申勅藩臬諸臣令其宣揚德意通達下情務寬一分毋為沮撓使夷漢之間有所依附各官之中設有方命虐民任私債事聽巡撫都御史及臣等指實糾舉示以威嚴以彰平明之政若臣等失職曠官付託不效則國家斧鉞之下固無所

逃罪也臣不勝區區之忠身在萬里之外憂病交并緣地震事理除隴川等處事情另行會奏外謹强疾條陳地方利病四事開坐具本差承差楊楷親賫謹題請旨

計開

一清利源以蘇疲困臣切照雲南地方原有新興等銀場九處歲辦課銀伍萬貳千叁百捌拾兩原撥採穵軍夫壹萬玖千貳拾陸名除前該巡撫都御史李奏減銀貳萬肆百陸拾兩減去軍夫壹千陸百貳拾

貳名其餘軍夫壹萬柒千肆百肆名辦銀叁萬壹千
玖百貳拾兩節因鎮守内臣自令京官人等分管各
場招集義夫採窋侵尅入已偽稱礦脉細微歲課不
足遂將軍夫口粮折辦及令乾認銀兩令計一歲課
銀礦場所出不過叁千之數而軍夫折辦乃至貳萬
捌千餘兩而加耗糜費實倍之臣愚竊謂礦不可求
諸人之身而出於人之身不謂之礦令乃令其鬻妻
子竭膏血以償之非所以利國家也況令各場礦脉

不至細微但因京官分管先入買場之資後收管場
之利故礦銀悉歸於私而課銀則辦於官也滇人有
言京官管場重取之軍夫而不足設令他官督管專
取之銀礦而有餘臣已會同鎮守總兵官黔國公沐
公同都布按三司各掌印及守巡等官熟議外伏望
聖明勅下該部計議前項銀課歲入不多而邊方窮
困益甚合無將各該礦場比照福建等處事例一切
封閉免其辦課少紓數年之困若歲課必不可無採
辦必不得已則查照前巡撫都御史吳巡按監察御
史陳各奏事情轉行吏部查照舊例選除素有風力
廉能方正僉事一員前來專管督令義夫採辦務令
逐年完課不必經由鎮守内臣將辦納軍夫放回操
備庶幾事定而弊除課完而費省實亦可為也及照
雲南府羅次縣大橋馬銅場一處近亦指言銀課不
敷軍夫故絶奏行開窋謂以銅場所得之資補銀課
不足之數其實則彼盜銀礦而不足又舉此以益之

也況其地四隣蠻夷利源一開釁端隨啟既無近利
或遺遠憂亦宜通行查禁封閉以絶後艱二害既除
百姓安業弭菑消變之務莫有急於此也

二久職任以節浮費臣切照雲南地方萬里藩維四
隣夷裔地偏而勢阻土瘠而民貧近歲以來鎮守内
臣更代頻數跟隨官舍又復衆多一至此地誅求太
急民不能堪迨及一二年間所欲既盈上下差定而
奄忽之間復又代去前行後効率以為常送往迎來

迄無寧歲臣愚竊謂彼一更易既無增益於民徒爾重其勞敝故遠方之人習見其事始而懼其來終而懼其去為其苛刻必不能免爾事勢如此非所以保疆圉而安黎庶也伏望陛下軫念窮邊重遭荼毒合無令後差遣內臣到鎮若其暴戾貪橫及縱令官舍肆為不法者聽巡撫巡按官員指實奏聞定其去止其有稍循禮法粗效安靖與民相宜者聽其久任不必數為更代重其送迎之費必若始雖斂戢而終乃背弛然後易之如此行之既久庶幾民心不違而於

國家之大體亦無所損弭盜恤民之道不外是也

三罷冗員以寬民力臣切照雲南雖云一省然地本荒裔夷羅所居財賦物產不及中州數郡之富而金齒騰衝又其下郡也特以遠而傳聞以為富爾實不然也本省原設衙門除監司等官外復有鎮守內臣一員總兵官一員巡撫都御史巡按監察御史各一員事體相繼法制已備可以萬世行之而無敝也後因罔利之徒開端作俑復於金騰地方添一內臣鎮守夫以一隅之地前數臣者統而治之為有餘聞而供億廪餼糜費不貲因為食焉者衆而民力不能支也況前後數人廉靜者少一人之來衆人隨之於事無少裨益而實有大害存焉近而太監張誠激亂之事可鑒也查得前項內臣屢經奏革旋復添設此其來非真為地方保障計也今軍民之困尤甚疇昔若更任之不去臣恐將來之患不但如前日而已者雖復嚴刑以繩其倡亂之人於事體固無裨補況蠢爾

夷貊有不可勝怒者乎臣之所謂久敝之地已傷之民必不能厭其無已之求也臣愚伏望陛下憫此一方重遭荼毒特勑該衙門計處合無查照舊例將金騰添設內臣取回別用專令鎮守雲南太監兼管庶幾事體歸一而民力得以少紓而於國家建置之意亦不戾其初也

四廣學校以變夷風臣切惟雲南古荒服之地人性

狖鷙前代以來竊據無常至我國家始襲華夏之風被禮儀之教漸變夷俗邇來農務於耕稼士勤於詩書土官夷人亦知有學益前古所未嘗有也然先是學制未廣民間子弟與夫各該官生名在學官者或連數郡而萃於一處或總數衛而聚於一方以故教化未大行民風未至於丕變臣奉命南來行歷雲貴二省之地見其所屬衛門未有學校之處其人皆囚首垢面裸身徒跣服弓矢而仗干盾性狀獰惡不通

語言間或設有學校則亦遵義循禮衣冠文物悉如中州臣是以知變夷莫先於建學而禮義之衛人雖之蠻貊之邦可行也臣節據六凉平夷等衛所霑益等州各申呈彼處官生人等各因附名别學道里隔涉不便肄業軍官生員皆願出貲捐俸助建學舍以便講習又可以見人心之向化樂於為善如此也況其欲為建學之意秪資教育不圖廪食揆之事勢無難為者臣愚伏望陛下特勑該部計議合無撫從其意聽令臣等從宜相度將六凉平夷等衛所相應建學之處即與區畫料理具實奏請建立學校增廣生徒選除教官鑄降印記其師生員名悉照各該府州衛所事例量為多寡生員既無廪膳亦得以常例優免科貢之年聽令赴考應試使有進身之階如此行之數年庶幾禮讓興行蠻夷感化固亦可以美風俗而固人心一時之勞萬世之利也

再題地震

正德六年十一等月十二等日據洱海衛指揮使司經歷司呈幷雲南縣申各據陰陽生邱彦剛張仲和呈各稱本年十月二十七日卯時初刻地震自東北過往西南隨止續據大理府鄧川州申據本府陰陽生孫貫道呈同日辰時一刻地震自北方起往南方復回北方止官民房屋俱各搖動又據鶴慶軍民府經歷司呈據本府長康等一十三圖里老楊景隆等呈稱同日辰時正一刻地震有聲如雷自西北往東南正二刻方止搖動

合府官民房屋致將原分守禦本府大理衛前前右右二所城垣震倒一處約有三丈又據本府劔川州申據陰陽生張芳呈稱同日卯時二刻本州地震聲響如雷從坤方起至下四刻往艮方止將本州公廨分司牢獄牆垣盡行震倒并市鎮鄉村軍民房屋傾倒數多又自本日辰時三刻至二十八日巳時二刻連震九次及據本州民人趙永老人李泰楊輝等各告稱前項月日本州西南方地震有聲如雷將人民房屋牆垣內多震倒

壓死婦女楊氏等九名口并牛馬牲畜不計其數壓傷男婦段平李奴等共三十七名口即今時或微動不止人多露宿十分驚惶又據鶴慶軍民府經歷司呈稱據本府長康等里里老楊景隆等呈稱照得正德六年十月二十七日辰時正初刻自西北往東南地震如雷響動至正二刻止已經備呈轉達外至本年十一月二十九日半夜子時正初刻地震自北往東搖震至正一刻止本府房屋俱各搖動等因各申呈到臣案照先據楚

雄尋甸等府衛經歷司節呈前事俱經具題去後今據前因除會同鎮守雲南并金齒騰衝等處地方御用監太監張鎮守雲南總兵官征南將軍黔國公沐巡撫雲南等處地方都察院右副都御史顧絫行通加修省外臣竊惟近來地震之報他省皆有之而不若雲南之數雲南之地先是固嘗震動而未有今此之甚益四月楚雄震八月尋甸震今十月十一月鶴慶大理洱海劔川鄧川諸府州又相繼大震傾倒房垣壓死人畜變異極

矣天戒切至罔知所由將應止一方而於天下國家無所慮歟抑變且不測而非獨為邊隅咎也臣遠仗天威無敢違巡顧畏時與一二憲臣及巡守官員巡行郡縣問民疾苦其有苛政敝法之妨吏民者固嘗具列上聞而暴官汙吏又嘗按治其罪顧荒裔之外多故之餘吏政尚和同士風習諛佞權要所在上下靡然附之而勢利之移人雖平日譽望之士不能勉也今四境之內一歲之中災沴相望癘疫大作民死亡相繼加之蠻夷跋

邑不庭而饑饉遺黎復相聚為盜其為患至近且劇也而吾有司兵戎不修儲蓄無素諸凡所令所行非剥奪人之財則戕害人之生也然顧其安然為之而不憂譴責之加者此無他謂為夷而易虐遠人無得知也今變異之後必有奇應而有司曾莫之懲假設不幸而有方千里之水旱民且飢死何以備之又不幸而一夫首禍諸夷從之而起何以制之吾大不足恃者隣境貴州四川諸省寇亂相尋兵禍未解支吾捍禦之不暇卒有警

急何以能相恤也臣切憂之夫一方之安危休戚係吏政而所以制吏政之平者巡撫都御史巡按監察御史之責何也風紀之攸存而羣有司之所宗也臣聞之都御史林俊之在江西力除姦暴境内肅清監察御史王憲之在直隸沮抑豪右民以安業故雖一朝之患不害也是惟二臣才足以有為而志不可以利奪故其名聲風采所至赫然非獨時使之然也今方急進取務容悦依違顧望不一可否事又言難委順以為衆人先謂為識時務知榮辱大不然也況又有不止於是者乎故近無所觀法而遠不知所嚴威吏以益縱民以益窮致此變異宜也臣才質䟎弱復多疾病從事荒遠無所猷為慙負國恩大懼隕越禦災抗患實所未能伏望聖明俯念遐荒民窮財匱正宜保愛生全之時勑下都察院選差御史一員前來巡按仍勑吏部將臣放歸田里以便養疾申勑巡撫都御史顧令其正已格物播揚恩威使遠方之人有所持循依庇及勑布政使等官等令其守

正奉公毋敢阿徇附和利已妨民益巡撫既得人巡按又得人布政使等官皆得其人則法制相維事體從正雖有横惡之人傾撓之令亦將禁而不得施而一朝災害之來亦有所顧藉而消弭之矣

奏捷

該雲南都布按三司右布政使等官丁養浩等呈各准本司咨開抄奉鎮守雲南總兵官征南將軍黔國公沐等會案為急救生靈以安地方等事備行各職統率雲

南左衛官軍同元江府建水州蒙自縣民兵由西路進曲靖越州二衛官軍同石屏新化二州嶍峨縣民兵由判村進雲南中衛官軍同阿迷羅雄寧州教化三部長官司民兵由齒村進會同進勒安南長官司叛賊那代那欽那銓那鉞那銘等依奉於正德六年十月内俱到臨安府調集前項軍兵措置合用糧餉既戒且備於十一月十三日發臨安十九日進哨二十日擒賊三人攻打苴使寨擒一人二十二日會抵賊巢賊衆覘知先聲

預於大小窩子等處據險拒戰我兵擒賊一人斬六人俘獲賊屬六口牌甲七件二十三日遂進攻小窩子寨那欽等率賊千餘人迎敵我兵冒險直前擊斬賊九人擒五人俘獲賊屬一十六人贓畜三十一頭件我兵亦被射傷二人賊敗遁去二十四日諜報賊那代等大衆據本雞寨進攻之復大戰賊潛蔽柵間伏弩射我軍傷民兵二十餘人我兵皆殊死戰斬賊八人俘獲賊屬并被擄男婦共一十五人賊崩潰投崖谷溺水死者甚衆會夜斂兵逼賊巢而營賊懼不敢襲二十五日復攻小窩子賊敗擒一人斬五人俘獲賊屬四人賊退保白石寨二十六日我軍集寨下分五路繞出賊前後賊數千人乘高吶喊矢石交下我兵傷者二人死者一人衆力戰進薄賊巢賊急皆下馬迎敵我兵四面夾擊之又驅象放砲以助軍威良久賊潰走斬七人擒一人俘獲那欽那銘妻妾四人牛馬盔甲共九十二口頭件副會夜我兵乃止二十七日我兵分道追擊遇賊於阿革山復戰

獲那欽那代以衆遁去我軍追奔三十里及之復戰獲那代并擒六人斬一十三人俘獲賊屬二十七人贓畜二十二頭件賊千餘人走聚山頂我兵發勁弩巨銃四面攻圍賊又大潰多溺綠水河而死於是賊之精悍者死亡畧盡二十八日斬賊七人擒三人二十九日斬賊三人三十日又攻刼馬寨搜阿革箐擒劇賊者吾等二人俘獲賊屬三十二人贓畜一十四匹件餘賊散走復聚大窩子等寨十二月初一日攻破阿克谷寨遂進攻

大窩子賊悉衆拒敵我兵擊敗之擒那代子那鑑等三人斬一十二人俘獲賊屬九人牛羊二十隻初二日攻斗木花仗賊敗走又搜朧窩箐獲那代妻一人并幼子那安女阿姐等七人賍畜七頭件擒賊一人斬三人初三日攻多歹寨擒賊五人斬一十人俘獲賊屬三人初四日於大屯山箐斬賊七人擒三人獲賊首那銓初五日擒賊一十四人斬二人初六日連攻果鷲白等五寨又搜濫泥設賒寨等箐共擒賊五人斬一十四人俘獲

二十六人鎗刀銃甲九副件初七日又攻白舌普寧等寨搜娘都古箐擒那銘等三人斬一十七人俘獲賊屬一十九人器仗一十二件初八日至初十日又連攻雜窑阿母戈刻等寨搜曲宗箐共斬賊一十四人擒那欽子那成等八人十一日劇賊王七遁入箇舊山搜獲之又擒賊一人俘獲賊屬三人十二日又打戈刻寨追獲賊黨十人於是賊之父子兄弟與其惡黨渠魁擒獲盡絕其餘亡命之徒雖不能無然多脅從之人似亦可追

益自十一月十九日進哨以至于今凡二十有七日通共拏獲賊首七名斬賊一百三十七人擒脅從賊徒七十三人俘獲賊屬牛馬騾羊盔甲鎗刀等項共三百八十六名口頭匹件副内被虜男婦二十一名口遂使大盜肅清邊方底定黎民安堵夷獠格心雖未躋不世之功頗收一時之效所謂兵不踰時役不再舉者也等因案查先據雲南布政司經歷司呈承奉使司劄付備臨安府蒙自縣申安南長官司土舍那代同男那欽那鉞

那銓那銳那銘并黨惡者吾王七等同惡相濟累犯不悛始賊寘頑無知近而猖獗尤甚統領賊兵前來城邊搖旗吶喊意欲攻城搶虜婦女割耳男子支解若待奏報至日方議征勦誠恐本賊自度惡逆既彰事勢已急一旦陰謀竊發或致攻陷縣治貽患邊方誠不可不夙為區處等因臣等會議得那代等屢肆猖狂並無畏忌節經撫諭曲為保全奈何本賊不感朝廷更生之恩益恃父子積年之惡其先殺虜禄卿人等猶是以夷攻夷

令復戕殺縣民實已害及近地况將婦人割耳男子祭
旗又敢殺應捕老人支解取膽日益充殘罔知悔悟若
不加兵勦捕誠恐日復一日滋其陸梁愈難撲滅職轉
行該鎮守巡撫衙門查照原擬調發三路人馬行委右
布政使丁養浩同都指揮同知方畧僉事邵導道同都
指揮方仲副使聶賢同都指揮僉事沐嶽各統率三路
並進各要謀度周悉號令嚴明刻期會哨約日齊舉務
將本賊父子人等擒拿解問仍行文安南國并附近賊
巢衙門各於路嚴謹把截毋得助兵其合用糧餉亦依

原擬臨安府廣濟等倉關支設有不敷查支該府官錢
糴買應用并隨軍賞功銀兩銀牌段帛等物通行布政
司委官領銀前去措置仍聽右布政使丁養浩整理支
給其有功人員職查照舊例就行各該守巡官員先行
隨軍查驗仍候覈實及通行禁約征進官兵人等不許
妄殺一人擅取一縷等因已經會本具題去後隨該職
親詣軍前嚴督各哨紀驗功次禁革奸弊及鎮守雲南

總兵官征南將軍黔國公沐等復分遣官員賫執欽降
旗牌前去督功更會委分守臨元道左叅政鍾渤繼往
齒村路與原定各官協謀行事及行兵備副使王昊繼
督粮餉隨該右哨統兵僉事邵導道都指揮同知方仲
報稱攻打小窩子木雞寨白石山等寨生擒首惡那代
那欽黨惡者吾續該中哨統兵右布政使丁養浩都指
揮同知方畧報稱攻打曲宗等處山寨生擒那代子那
銘黨惡王七又該左哨統兵副使聶賢都指揮僉事沐

嶽報稱攻打擺寧大窩子等處山箐生擒那代子那鑑
那安等及節據蒙自縣大屯小甲人等報稱賊首那銓
并賊黨阿米等十人因被官軍殺敗逃來各屯山箐擒
獲前來今據前因職會同鎮守雲南并金齒騰衝等處
地方御用監太監張鎮守雲南總兵官征南將軍黔國
公沐巡撫雲南等處地方都察院右副都御史顧議得
三司統兵等官從事兵戎躬效智勇以故軍士爭奮醜
類悉擒方當匝月之期遂定積年之患尤能戢兵戒殺

不忍大索窮追允安夷漢之心大洩神人之憤諸酋絶其邪志外國息其釁端是皆仰仗天威遂爾靖安邊境也其三哨官兵斬獲首級生擒賊犯職已親臨紀録查驗復畨追出安南長官司印信一顆同將解到獲得牛馬騾羊變賣銀兩并盔甲鎗刀器械逐一見數俱發布政司收貯俘獲人口發屬收養被虜男婦給親完聚首惡那代等發行三司掌印并該道守巡等官從公會問至日與有功陣傷等項官軍民兵姓名處實造冊及本

長官司衙門印信各另奏請定奪用過糧餉并賞功銀兩等項行布政司清查造冊徑自奏繳除於十二月十五日班師外緣係捷音事理未敢擅便會專差齎捧謹具奏聞伏候勅旨

守保定有疾乞休

臣由進士初任知縣尋陞御史及補今官先於正德二年四月間該吏部為急缺科道官員事題奉欽依將臣行取赴京彼因限期緊切衝冒炎暑兼程前趨行及山東德州地方中途風雨交作猝乏雨具旁無旅舍前有嚴程比至州城自辰達酉霑濕既無可避饑渴復不能支臣氣體素弱加以濕熱交蒸道路勞頓遂爾困憊行不能前淹留信宿隨復就道臣於爾時亦不覺受病之深也自後每遇春夏之月煖氣流動前疾舉發痰飲客於中焦濕氣流於支節拘攣煩亂不時有之年復一年漸以沉痼今春以來疾復大作脾土内蝕心火上炎飲食言語動有妨礙較之初年實益狼狽臣前在京師乞

藥於太醫院醫士盛曄韓春項尚陵及往雲南則醫生孟淳梁景芳至保定則醫生霍鳳相繼診療迄不能痊藥餌徒施病根終在臣初有疾遂欲乞身歸田思惟國恩未報初志未終猶欲勉圖後効既而行役遠方歷觀多事感激發憤不忘于衷此臣所以强疾馳驅依依以至於斯也今病與日增莫能自力數月之内疾痛飲藥之日多安强從事之日少臣之初志實所難讎況臣始以中途被雨蒙一朝不測之患因循隱忍遂有今日腹

心肢體受病彌深而旅食異鄉上無慈母之顧憐下無妻孥之在側生死之寄委於僮奴則微臣之身將來之患其不可測度有大於今者也臣嘗驗之往時疾作療之易愈近而微一感觸調理尤艱蓋元氣不逮於平時藥力不至於膏肓而疇昔諸醫復多間遠興居之際少逸多勞此疾所以日益危也臣聞懷榮保安非事君之道勞形役神非養命之理今臨政則疾未閒療疾則政不裕勢不能以兩利患常失於後圖為臣之謀義先謝事固不宜忘諱疾之戒而蒙竊位之憂也況夫官為牧守屬當大郡假專制於一方並等威於三輔雖多才强力之人猶懼弗勝其任如臣鄙病何以能堪方今國家經多故之餘適更化之始用賢養民急於療疾使臣於此苟祿以養病軀冒患以榮名嗜進而不知後悔則國家將焉用於臣而臣之危病實妨賢人之路此臣今日迫切不得已之情也臣前在雲南亦嘗冒死陳情願乞休退未蒙諭允臣當殞身盡瘁仰荅深恩然疾久不瘳

職益多曠居常省念彌切驚憂素餐之誅臣奚能逭伏望皇上憫臣病苦察臣愚誠勑下吏部將臣放歸休致以便調理萬一苟全多病之軀獲覩太平之盛以大國家生成之仁則臣不勝幸甚緣係有疾乞恩休致事理謹具本令男張貴抱賫奏聞伏候勑旨

再乞休疏

臣因舊患痰濕調治不痊謹於今年三月間具奏乞恩休致仰奉欽依吏部知道欽此欽遵續蒙該部轉行撫按衙門行令臣在任調理照舊供職遵依一面服藥扶疾管事至七月初旬前疾大作肢體重困莫能支吾已將所掌印信及倉庫錢粮等項關發本府委官署管外臣思惟數年之疾非一朝可瘳久疲之民非卧而可治雖臣仰荷深恩罔敢自惜然數月以來身心雖勤於簿書日力每分於醫藥沉痾積滯轉相為劇豈惟微臣懷鰥曠之憂而郡民猶觖保全之望無寧以臣一人而重為百姓之菑也伏望聖恩俯垂矜念勑下吏部容臣退

休速選忠良代臣職任庶幾臣病軀得以歸全郡民有所庇賴臣不勝感戴天恩之至緣係多病曠官懇乞休致事理謹具本令男張爵抱賫奏聞伏候勑旨

副汴臬乞恩休致

臣見年五十六歲直隸揚州府泰興縣人由進士先任知縣尋陞御史於正德七年陞直隸保定府知府正德八年因患痰濕等疾奏准致仕節該兵部侍郎陳玉監察御史徐文華盧雍及臣原籍直隸巡撫都御史叢蘭

巡按監察御史張士隆各保舉題奉欽依起用正德十三年五月内奉吏部劄付文憑復除福建邵武府知府臣時舊疾痊痾依奉於當年九月赴任至正德十五年十一月欽陞前職正德十六年四月前來到任臣仰思累朝録用之恩適逢聖政維新之會名起老成任用賢知雖林壑退藏之人亦思奮揚以効尺寸況臣謬膺風紀之任濫被金紫之榮敢不勉竭庸愚少圖報稱以無忘疇昔諸臣論薦之言然臣矢心未終行年則晚形勞

疾作益不自由去年冬間風熱上壅右目猝然昏花今年春來痰濕旁流左臂旋亦痿弱近而目益加暗臂復不仁淹留彌時醫藥罔效案牘妨於披閱出入艱於應酬司法之官豈宜有此懷禁保禄臣不忍為竊念臣少時疾弱至長差強甫過中年老態隨見且臣自先世以來類多蚤世臣祖琳卒時年纔五十有二叔祖中書舍人城卒時年纔四十有六臣父贈監察御史黼叔授迪功郎黻皆以五十六歲而殁去年臣弟翡亦以五十二

歲而亡臣今年五十有六視二祖及弟已踰其數視父與叔適如其期雖修短有常然父子祖孫相承一氣顧臣髪短齒踈疾多食少先零之質不能無望秋之感臣慚負國恩無所逃罪顧臣有二弟皆由進士出身翀任江西廣信府知府聰任禮部精膳司主事彼皆年力精強志尚堅定臣固常遺書戒之彼其在職宜可以仰答洪恩於萬一是臣報國之心雖不能行之臣身猶或行之臣弟也此臣衷曲之言何敢上塵天聽念惟君之於

臣猶父之於子子有疾苦必從父母告之今臣不幸而有宿疾隱憂敢復隱於陛下伏望聖慈憫臣衰疾察臣愚誠俯賜寛仁容臣休致萬一仰仗威靈猶幸苟延喘息臣雖無狀猶將拭目瞻天以觀太平之盛舉手加額以祝齊天之休臣干冒天威無任戰慄隕越之至緣係有疾陳情乞恩休致事理謹具本令男張熙抱賫奏聞

伏候勅旨

河南左轄乞休

臣由進士歷任知縣御史知府按察司副使於嘉靖二年四月内陞任河南右叅政南陽撫民爾時因患目昏臂瘓等疾上疏乞恩休致蒙吏部題奉欽依病痊推用自是獲歸田里屏居一室專意養痾六七年間目始暗而復明臂先瘓而亦愈視瞻作用盡復故常出入興居一無妨礙嘉靖八年二月内叨蒙復除四川左叅政無幾陞河南右布政使尋轉今官仰荷隆恩亟於圖報不遑顧慮鋭意前來比至藩司衆務攸萃久静之後輒不任勞數月以來兩目昏花幾不能視一臂麻木幾不能持披閲多艱應酬俱困兼之行年既邁老態寖加當事善忘與物多忤每請張於胥吏恒紛糺於簿書歲寒之節雖堅日暮之光不與老馬無庸於捕鼠樗材焉取於蔽牛臣誠自知謂宜速去若復留滞寧無悔尤咎至圖歸為諜斯晚况今境内多故民間阻饑上自撫巡衙門兩司長貳下至州縣卑官罔不事事而臣屬以衰病冒守藩垣瘝曠為嫌譴責奚逭縱人言之未及亦内省之

未安臣慚負國恩莫能報效忠誠不泯雖死猶生未終填海之心能忘結草之念伏望聖慈憫臣衰病勅下吏部容臣退休庶幾少延六袠之餘齡卒全三紀之終譽臣不勝感戴天恩之至

再乞休疏

臣因患目昏臂瘓等疾於今年正月二十四日上疏乞休未蒙賜允臣不勝感懼謹復昧死上言臣昔自諸生叨登進士服官中外三紀于兹爰自草茅薦歷藩屏猥

以章布濫被金緋顯榮逮於尊親溫飽適於俯仰一身之外悉為國恩萬死為期敢忘臣節顧行年既暮初志未終臣本庸愚老益闇劣才不足以通變智不能以自謀而末疾彌留患在要害奉職無狀中切憂危仰惟聖明本以廉退取臣臣敢不以名節自愛苟昧乞身之義終懷失己之嫌亦非所以報効於明時也伏望聖慈憫臣衰疾勑下吏部容臣歸休則陛下天地之仁始念臣愚既拔於幽滯終憐臣老復鑒其悃誠愚臣進退之間

實惟吾君所命臣無任待罪隕越之至

雜著

奉巡按察院議兵事狀

伏承誨諭義概凛凛豈惟武弁下吏有所感激震動雖鄙劣若羽者資益固亦非淺耳夫英雄豪傑平時韜晦其於天下之事若非素計預習而一旦荷重寄攬大權綱維萬里之外而拊循羣僚之上則其經營謀畫皆出於尋常知慮之外而事變之來雖至於驚世駭俗聞見亦裕然為之而無所難此果何術以行之哉道誼開諸中而事幾激於外也昔孔明起南陽出壠畝耕耘之姿任興漢討賊之計以與天下謀勇之士鬬智角力於一朝雖平日奸雄跋扈若曹操司馬懿之徒皆摧敗困服而莫敢攖其鋒議者謂其為伊尹呂望之儔管仲樂毅弗論也陸贄在奉天圍城中以疏遠危譖之階專懲艾悔惕之令致能使山東之士感激不忍忘唐先輩謂其文術出張良賈誼之右蓋惟二公者其心明於義利之

辨其智審於順逆之勢而其才又足以通於應變之務也令執事釋褐入仕冠豸立朝搏擊以為權澄清以為任控海濱險阻之地犯事勢危迫之秋義有所不辭幾有所難遏雖微軍旅之命而得以任廓清之功雖無綸綍之責而得以宣仁義之言執事其將亦為武侯宣公之烈也乎此東南之所屬望而愚夙夜腐心焉於斯者也所論備戰守給餽餉及諸條約謹已悉如指揮處分畧定唯是意外之慮亦已領畧罔敢忽忘獨計卻武為

郡密邇賊巢賊若一意東下此非所為圖若欲竊據以延喘息或崩潰亡命則侵軼犇逸足為吾憂然建寧有周知縣必復雖慮其獨任教諭周瑾可輔之光澤杉關近有徐知縣泰令武平监司復遣沙縣何亦尹知縣以往其他關隘亦分布將吏令各自為守是二要害地皆得人料理必能辦此不憂也若泰寧邵武諸隘亦遣吏護之閩其地距彼尚遠山谿峻仄一夫當關其險足恃顧此不可往彼豈獨可得來耶抑此時此地要為不可

攻以待敵已飭境上吏修堅壁清野之法嚴偵號斫營之警凡既備矣至於成敗利鈍惟天所授人臣之義竭力致死與城存亡外此無復有他謀矣第先後謀報為說不倫淺陋之見直以為皆謬耳英雄欺人焉可盡信故聞命之日不此之為憂而憂在彼顧賊非英雄耳聞之蓄念既久其所延攬招致非一日矣曽不得一中材之士為之規畫而孟浪狂悖至如斯者此其間或有狙詐之術設疑以誤人耳竊謂爾時生日稱賀必其人已

亡去失所在故孫公輩從而索之索之不得明日復往又從而索之其舍人賓客陰相為謀亦懼人之疑而圖其後也遂錮諸公不出戕孫公以懾諸不附逆者至於奪印符收府庫亦一時急計苟圖自免以利行事此其為謀既久且秘非至於今始殺人而反也又謂京師已戮二人謂孫公告其反謀章凡十三上通政司業已封入此二人並以授之賊且於上前明其無罪令反形已露遂先伏誅審如是當復何憂竊以為未然夫二人者

皆有擁衛之權平日怙恩妄作固當無所不忍然小人之情秪圖其利顧今已極富貴欲復何為彼其為志將亦不利其有他也渠獨不聞丁公之事乎矧章疏實非其所司彼烏得而盜之此其間倚伏之幾又有所不能言者此愚之所大懼也謀者復謂賊悉以其衆登舟順流而下果若人言其將安之耶賊誠愚無謀亦知乘城之利乘舟之害使非謀定計成徒謂其王室懿親人不敢輒圖已一旦舍城郭就舟楫欲以千艘之衆臨不測

之淵與天下爭衡以徼一時之利則南都沿江諸軍扼其前荆湖襄漢上游諸軍躡其後進不得以戰退不得以走勝負之數此成禽耳安有身為大賊而猶謂人不敢輙圖之者哉誠然是天亡之而彼自送死也凡此類可疑志士仁人當必有旁觀默會流涕痛哭搏膺扼腕欲言而無從者矣羽七年家居不省門外之事而遠地無可與語者故私見臆説誕妄無所取衷而於執事為役之日淺料敵之計踈懼見譴誚顩耿耿有懷不敢以

告人亦不敢不以告之執事也是間城守凡有數説未可先圖亦以夫人為心不同雖面語終日不得其所為謀也已復使人偵之俟得報遂當馳請承命約畧上瀆衛士驕縱而為之上者乏帥正統馭之人上下之分不明親長之義不立平時不可倚賴緩急殊易於動搖武弁數人志相報復攻擊效尤此其勢不至於胥敗不止耳設有警急方憂其内崩將何以戰亦何以守令計郡城週遭為地七里週城之堞凡為數二千三百有奇官軍之衆不及是一旦欲為持久計必參用民間丁壯計三人守一堞法當用七千人官軍僅二千二百餘人猶當用民丁四千七百人然其父行子從兄行弟從子弟行者父兄亦從之其衆實倍焉賊至則分番迭戰賊退則更休以守此所謂全軀保妻子之人終必得其死力而潛消衛士陸梁之氣亦賴有是耳先是徧諭郡民之家凡為父子兄弟者幾人令人具一器杖平時操為以備他盜令適嚴警悉以齊一時或召其父老感以忠義

諭以恩威使自相告語緩則作業如故急則授兵登陴上以衛公家下亦所以自衛庶幾訓習既久可以一戰耳議者持論欲復衛士前日汰去之餘然此為數無幾愚見其害不見其利也急則用之緩則棄之非所以示大信也且令此曹輕有司矣不得已而以分隸他隘易民兵代守者而就其餉亦一術也其城上週廬凡千三百所畧如省城之制此在承平足為觀美設有城下之師亦頼以蔽風雨拒矢石然吾之勁弩長戟亦不可得

施而火攻之患尤可憂也謂宜乘時改移去其十之一脩火道復戰地斯可以言守抑師行糧從令議守備糧復不可緩計有司歲積秖足以供衛士三月之需其民兵咸有顧役之入不復食於官獨所云拳師打手則皆市井屠沽之流田野鏝鋤之氓一旦奪其衣食之業使之擐甲執兵以臨不測之地此不飽其食何得以用其力哉頗令府藏無畜財以為種本則數千石之粟卒不易得不得已而出其下策頗屬邑類有積粟以備歲凶

比來年穀屢登民未仰食固可一取之以供軍實不宜委之以資敵也若粟又不足則索諸郡姑量出金貲令其豫畜以應時需選任廉吏以司出納俟賊既滅徐為之圖此一時之權非萬全之策然較之有司取諸民間以生咨怨利害正相十百千萬也大率此物一歸之官自無常主急則為軍師之費緩則為府庫之藏亦勢有必至而理有固然者矣均為國家何所殊異顧任人之道尤難其選當更圖之事在獲已即不宜以為請也然此皆為守城計而未及進攻之議惟高明長慮遠攬定戰守之計權輕重之宜審利害之勢號令之下其誰不致死諜報屢至咸謂賊果東矣為今日計悉索列郡精兵以號召江閩豪傑分兵守要害而以一軍護糧道約南贛兩廣建昌諸路赴義之師刻期西下先以一檄散其協從黨與繼遣精銳由間道直擣洪都據賊巢穴而以諸軍循江而下且戰且招賊若失利於東勢將復西而我背城為戰以逸制勞則主客之勢成而犄角之功

立矣此策之上者也特懼吾財賦不足耳財賦雖不足而役不可已若不及早圖之俟其竊據已成而以全師臨我制之之力其難當十倍於今而猶未見其定也夫緘縢扃鐍之施非可以備負匱擔囊之盜所謂小堅大擒者也故兵法貴於通變而智者利於攻瑕謂勢有所宜趨舍也今吾不忘西向之憂而賊適不虞於我也不因利乘便以撓其計至環數州之地連數萬之衆殫財屈力為巨盜守非用兵之法也愚聞善勝者必先進戰

而後可以議退保若先為退保計後將有欲戰而不能者矣先發制人惟高明圖之百年之謀千古之憤决於此矣敢私布之左右病暑不能為辭且揞彊不能執筆伏惟執事矜原焉悚悰悚悰

擬河南鄉試録前序

國家統一區宇任土之貢實維萬邦然則貢舉賢才以資盛治固當以天下為選也嘉靖元年河南鄉貢大比得士凡八十人葢制額也視兩都則為少視諸省則為

衆亦選於千七百人之中而拔其尤者也噫兩河昔稱形勝為之士者亦雄於文哉或謂文章之體至科舉而寖壞為其沿襲常格不足以盡士子之長然就其所至亦有不可廢者葢學非醇則無以適理辭非飾則無以行遠其一時掄選簡拔宏深辯博之學高明碩大之才胥此乎兆焉要未可以記誦辭章少之也愚嘗博觀程式之文矣數舉以前猶尚古簡後稍變而為華藻久之充放豪宕視前大殊至於今已為極盛意者更歷數舉之後日新月異超軋抵轢于今者亦將猶今之視昔矣葢文章必屢變而益盛自昔已然非由今日也然昔之文其變也以時今之文其變也以地三代而下文章之盛莫若兩漢西京之作渾雄醇厚介於先秦戰國之間最為近古東都以降稍稍不逮而魏晉又次之唐以大歷貞元為盛宋之作者亦大振於熙寧元豐之間此所謂參氣化關盛衰而非偶然者也今之諸省固古者列國之分地京師南圻文章都會故能備四方之體外之

業文者吳楚長於富麗甌越長於清雅齊魯長於藴藉巴蜀長於組繪三秦習雄渾而三晉尚豪華葢皆得於山川風氣之所先與夫師儒習尚之所守雖其體裁思致不能皆同要之類足以當一時之求而不失為善變者也愚初入大梁道嵩嶽之麓問黃河之津見其穹窿洶湧卒然逢吾前而駭吾目竊謂地靈如此發為人文宜當何如今諸士之文始見其平暢豊衍無險陂若廣原然冲澹瑩徹無混淆若止水然至其神奇特出汪洋

大肆理至詞順而氣益充真若仰峻極萬仞之勢縱奔流九曲之觀恍然心境相忘而莫能自喻于言語形容之外信諸士之雄於文也雖然愚聞之非其地而樹之患不（闕）

擬河南鄉試録後序

文不可易而為也亦不可易而知也盡其心以為之迹其故以求之欲因此而得彼亦難矣夫四民之業惟士為大農工商賈咸專一業以資其身苟為泛用其心則業不得而精業不得而精則身無以為資故農不知為

市而賈不知為鍛專於業故也士則不然凡天下之事皆若切於吾之所為有所不知則必窮搜遠討以求得其說積之久而後出之則言有所資而叩之其應為無窮故積文之士身不親耒耜而說稼穡於老農手不操斤削而畓器智於巧匠足不履闤闠而課利悉於良賈豈惟是也天下之事皆能知之皆能言之彼研其精於汗漫之中而凝其神於紬繹之節則其為業者精而為文者工矣夫豈苟然哉然凡業習於身則專而固習於言則泛而疎固則可以久而疎則難為終文者士之所業也以言習之者也言固有時而渝者矣抑孰知士以文而著文以實而顯世未有不立事功而可以文章稱者故太上以立言為功德之次況空言無實者哉今夫農不以多穫舍其耒耜工不以絶藝毁其斤削賈不以善售越其闤闠以是為恒業而固守之也士於文何獨不然有所資則攻之至於事功之實乃或外視之而漠

然不以加之意曾彼三民者之不如遂使天下後世謂文士為多言無實吁亦戚矣故夫求士於文華之中鮮有能不眩於將來者而聽言觀行雖聖人不能廢也知言顧豈易哉昔之人惟賈誼董仲舒韓愈陸贄韓琦范仲淹之徒為能文其言至於今不朽彼所謂踐言力行之士也外是則揚雄善草玄而守道不如杜欽谷永張説擅文宗而許國媿於姚崇王安石盡讀天下書而相業不逮司馬光遠甚則亦何有於文哉今諸士子之文組

麗而非華宏博而非誇渾乎無涯浩乎成家其於業可謂精也已矣自今以往其將力行其言如賈生輩之不朽矣乎否則亦如揚雄之流而已矣是非有司之明所能逆覩也夫農荒於耕則田畯制其罰工怠於作則工正考其事賈忘於肆則市吏索其藏今士登進於有司行將有官守言責之寄苟為不恒其心而棄其業其視事功之實不若今之於文也則有司者固得以操權衡黜陟之說以臨之也河南鄉試得士八十人葢制額也

有司惟視其能文而已諸士子其知所以自致者哉

茅公祠記

分有至近而遠事有至易而難夫君親近倫也依以始終故遠忠孝易能也視以生死故難是故名掩於常而彰於變行隨於安而激於危家不造則子道成國多難則臣節顯理所不可奪勢固不能遑然則委質之素移孝之終至於靡身殉國不亦難哉吾鄉先正前副都御史茅公當洪武之季遇難以死至於今其英風義烈凜凜猶生鄉人故老類能述其概葢當其時有身見其慷慨赴義者言之心懾氣奪謂公忠節古今天下所未有吾敝邑藉以有稱於時公是之死顧不為難耶抑公非獨殞厥軀爾矣其子死焉孫死焉至其伉儷亦死焉葢航海之行未成而赤族之難隨作雖室家之近有不及相謀者而為忠為孝為義舉無歉焉則誠難矣昔我文皇帝以神武首出之資建萬世太平之業一時遭逢侯王謝前勲勚相望乃獨有如公者矢心名忽抗節豫讓

真足以媿夫為人臣而懷二心者亦豈不為聖化之一助哉若茅氏者誠不可少矣孰能為之葢自元之季世海岳氣分人倫道喪否痌極矣國家隆興之始其英華精爽發於羣倫為賢為哲為俊為傑為志節為功烈挺異雄豪之輩往往有焉公固一代偉人平時脩為論議必先其遠且難者而從事焉卒之能使其家之人感化興行咸知倫理之大綱卒遇變故欣然同歸夫豈待於驅使然哉故尚論之士謂公一門全節當其氣化所至

足以當隆古多賢之期會不其然乎惜乎公道誼類董江都經畧加賈長沙而前席之名臨軒之問漫無所遭直使之不幸而涉大變蹈至危進不得覩伊周之勛退不得託夷齊之迹悲夫或者謂士之處世銘功彝常與喪元溝壑初非二致不為此則為彼吉凶成敗惟天授之其信然哉若公之死非一人一家之故其所關係至大矣公諱譜字大方希董其别號世家泰興初舉賢良方正仕為邑學訓導尋遷泰邸長史擢副御史臺素善

前學士遜志方公嘗為公作希董堂記意氣相許卒與偕死國事可謂同趨於正者矣公殁垂百三十年典刑不可識文獻無可徵後之人為之悲嘆感慨葢有不在中郎博陸之下者豈不痛哉前提學御史蕭公責邑令彭侯即廢祠祀公後巡撫都御史劉公復放遜志齋故事謂吾令朱侯為刻希董集以傳亦仰承國家崇尚忠烈之盛節也既而朱侯以廢祠非所以奉寧公九原之靈爰考公故宅於市橋迤南屋廬堂寢咸在乃仍其舊而修飾之遷主其間致嚴祀事龔公有所依焉謂羽為公鄉人託為記其事羽老且病顧奚能言然表章先公遺烈固夙夜腐心焉者亦奚以為辭爰志其畧朱侯諱篪字守諧紹興山陰人世以儒顯兄弟登甲科者三人伯兄侍御公暨仲兄武庫公並有風節侯蒞政修整邑中稱宜朱氏葢忠孝家也故侯於公尤加之意云

送河南按察使陳公遷山東左布政使序

弘治丙辰同年舉進士者凡三百人時在京師相與游

從甚洽令距昔垂三十年一時同升東西南北若萍梗然聚合不可得常而江湖萬里之外一或見其文章聞其風采則必傾慕感慨而遐想其為人庶幾乎見之而無從也噫是豈獨愚於諸公然哉其不能忘情於三百人猶一人也河南按察使遷山東左布政使靜齋陳公愚丙辰同年也公自舉進士至為方伯敭歷既久其操履貞固器度優宏固無假賛述愚嘗得其所著西行稿南巡録諸書而竊觀其文章其纂述則義例精純其章

疏則言議剴切其詩歌諷詠則興寄冲淡而曠夷要之其言出於其衷雖不知其人固可以想像得之況於知公者哉然則公譽望日隆而駸駸顯庸者非獨以治行優異受知於時而已也愚近承乏汴南獲與公周旋者數月公為政整暇日斷獄至百數發姦擿伏如神明然雖豪右權貴一無所假借然平反亭疑之功為多益刻深文致非公所為心而勸懲寄於刑罰之外要之非文法吏所能辦也至凡河嶽祭告之文金石記載之作多

出於公公之為學為仕可謂勤而有成勞而有功者矣抑公初入翰林為庶吉士得盡讀中秘書而出督楚晉諸州學事復以文字為職業調郎秋官提刑外臺皆明刑弼教以為守故今迄有底績信非偶然耳公嘗語人謂如錢穀出納兵賦庸調稍若謙遜而不居者至當事者或有所咨焉則酬答如響悉能當其義而服其心又可見公於天下之務罔有不究心焉者其勤且勞非一朝矣今往之藩東豈惟旬宣經制是賴台輔之任兹始試馬愚聞之鄒魯尚文學而青齊之間詐力相高以成風俗公之至也久矣公出其平生緒餘以淑諸人而移其俗使東方之人衣被威德若南河之人而加盛焉尤愚同年者之所願望也公行有期同僚董公抑之王公彥聲謂愚於公有宿好以贈言屬之愚顧愚疎昧譾劣何足以知公而沉迷簿書思致冗俗其如公之行何哉計惟贈別之艱於辭愈於惜別之艱於感遂以斯言復二公而致侈望於公焉公將何以命愚耶

送邑博寇君歸鄜坊序

嘉靖改元之明年余歸自汴藩適吾弟廣信太守亦解官來歸相與角巾野服徜徉於東田北渚之間與平時交親能詩如某諳樂如某某善圍棊某工鼓瑟往往過從忘形忘年以共樂余乃為吾弟書春帖云才地慚良牧恩波放老漁又自署云廊廟重熙日江湖後樂年益先是三十年僕僕修途淄塵涅衣頹波委楫馳隙之景迅邁不可復追自兹以往為歲月者將復幾何幸而息

機弭節庶幾少延日暮之光以觀太平之盛其幾萶在我而不在人也抑士之仕於時也固為道焉耳夫茍大而不為天下之具瞻小而不為一方之倚重可去也抑或上焉不為父母之養下焉不為富貴之謀可去也故巢由棲於唐虞不失為通沮溺囂囂於春秋不失為矯道不同故也然則令雖彔征類進之時而山林長往之迹頗亦焉可無也鄜坊寇君典教吾庠也七年矣其人古貌其為心如之居常有恩於諸生故士類感之間亦

有惠於吾民故邑人懷之然以其狷介少容矜持太過其畏而銜之者亦衆矣令年春君謂其父事於外也毅然請老以歸諸士民留之再至不聽乃相率祖餞於西郊酒行樂張迭起為壽于時周生崇儒進曰吾師端人也有範俗之度為之賦羔羊繼而蔡生券進曰吾師隱倫也有高世之風為之賦考槃於是寇君乃作而言曰夫行彰於人者美之孚也樂成於已者善之充也吾無能焉二三子辱貺于我逝將奚酬賦木瓜而退明日崇儒券以語余自余歸食於家與余同者獨吾弟及吾友閩郡别駕陳君二人頗今復得寇君焉君之言曰吾非薄仕進而樂廉退也吾行年近暮而病且貧與其行或聽於人而志不伸於已雖日被三接之寵歲荐九遷之榮吾烏能以彼而易此也君行矣其鄉之舊遊亦必有奕者紘者唫者謳者傒君之歸久矣君至而恭桑梓撫室廬之暇將攜若人者覽玉仙之勝弔石堂之迹倦則升堂抗席命杯酒敘平生之歡於是乎張陶朱圖誦淵

明辭出余令日之言證之庶幾君之為樂亦猶夫余也余雅重寇公於兩生有瓜葛之誼因其請故為之詞送行詩凡若干首題其簡端為景湖别語蓋慕寇君若蘇湖之胡公云

賀邑大夫朱公冠子以良序

壬辰冬十二月既望吾大夫思齋朱公以其仲子以良仲貞者冠於邑學之明倫堂先期宿三館師儒五經弟子暨吾儕歸老于鄉者咸往焉至是大夫迎賓而入揖

讓以升相禮有人將事有容三加彌虔祝辭惟令既乃張筵醴賓觴諸執事者酬酢有秩雍容怡愉禮成而歸於凡與於斯會及士民來觀者咸謂大夫能行古禮而嘆慕之諸生周崇儒焦烺以東田子羽承大夫賓名之辱諗曰大夫重冠事不得行之於廟顧令之室奚擇於學之宮而必於斯者是有謂矣羽續其言曰大夫於民若嚴君焉富而教之職在大夫令其子視吾人家視吾邑故教民始其子教邑始其家重始於學示民茲周矣

且大夫為理之日淺賦均而訟平政通而俗成退而勞心出而勞形凡所以徼惠吾民者至足矣聞之前大夫之賢者若江夏蔡公古燕吳公蓮溪羅公順德冼公永豐鄭公德惠在人心至于今思之大夫玆娩美數公而威明整暇文采風流過之吾民賴以安養化導之者將超駕前脩而逸其羣奚但一禮之教成而已抑大夫名家父子昆弟甲科相望焜燿後先有子四人伯曰某字某偕其仲業儒大有文名叔某季某雖少而岐嶷穎異稱其家兒則吾以良之冠成人之禮大夫素命之久矣兩生者以吾言為足以徵大夫之後請書以頌之因序

三叔母夫人壽文

予季父從母何夫人以恭仁康定景皇帝臨御之五年逮今上皇帝嘉靖十有二年生八十年矣予家故事內外大人壽登六十若七十生日舉賀輒異常年壽八十者葢尤異也近世以來惟予仲父從母戴夫人八十有

五顏貌僅若中年今夫人復繼之秋八月念有七日適初度辰諸弟洮習宿從問禮厥明羽以羣從九人者入候寢門外夫人亦夙興具禮服以出見於中堂稱觴致詞已乃行禮為拜興者凡八既而孫之行十餘人曾孫之行復十餘人姑之子及予若孫之壻外孫若女孫之子至數十人咸以序見率如初禮仕而不與是會者獨夫人之伯子翊及予仲弟璁二人耳此外而丈夫則然內而諸子婦諸孫婦暨諸女孫歸寧者亦三言勝常則

故脯羞致滫沐飾帨帨獻縷繡須次展拜視丈夫偕其
節焉其不與者亦翊聽二婦耳夫人乃人賜之食飲既
徹則應門入致客詞曰某無似幸托鄉里衣冠之後辱
於慶門有連禮得以拜夫人敢首以請再至者曰某某
之父若子獲從諸郎為兄弟交夫人固吾母某固夫人
子也幸無辭見焉三至者則曰某東家之西某西家之
東某隣某也嘗及見夫人願入為壽凡是三等為客復
若干人夫人皆命辭之弗獲則皆見之客則李澄之朱

廷潤劉尚絅吳天瑞余德英常時享諸君也是日內外
見者益衆甚夫人問勞酬謝咸宜其人益不徒於諸子
姓領之而已夫人名家少有淑德夙閑姆儀晚娛孝養
視聽聰明興居不衰猶二十年昔夫人也是舉親賓餽
遺羞鴈醴幣筐篚殽核填委廳事飲客無間疎戚少長
闐然騰懽雖輿臺臧獲咸使醉飽匪独習亦不能辨也
夫人以戚事命羽為紀之憶為兒時以至壯歲逮事諸
父諸母周旋詩書禮義間餘六十年今老矣事二母惟
日之戀明發之懷逝將終身慈命有嚴忻戚係焉因叙
以志

五叔母夫人壽文

予叔母飛熊公朱夫人今年壽八十仲冬念有三日是
為誕辰族氏於夫人若小郎輩從子輩孫輩妯娌若女
婦輩長少咸集序拜者四致祝者三亭午始寅絡繹未
已人衆故也親賓則有杭江津亂淮流沿危渉險晨興
宵征不遠數百里而至者里閈之近可知已于時有以

文事為壽者擬遐齡於金石咸出鉅筆有以繪事為壽
者放至樂於仙真悉為良工而絲竹沸騰則猶機杼之
伊軋醴牢稠疊則猶廩庾之充盈於是夫人之子從弟
欽錦樂母之壽悅賓之來既稱觴已則張筵於庭揖衆
於座坐而南向者皆華顛素領金緋在躬益非有齒爵
者不得與也次則儒冠衣者年少長者坐以北向東西
向者惟序戚序長而已三爵之後獻酬交錯歌舞迭興
殽馨酒芳人其醉止輿老掖少歸近舍遠益日不足而

燭以繼之明日復然又明日復然三日乃已一時儀文之盛豈惟鄉人雖吾家未始有也始飛熊公以縫掖之肩謹厚稱於吾宗素善治生積金鉅萬而敦睦好義人咸德之卒之以貲偕欽補官飛熊指揮錦及孫梓並登國學棫授散秩樞臬並佳蔭公五十年間承遺安振餘烈躬被金紫施及後昆可謂盛矣夫人名家純德猶諸母而慈惠逮下室家攸宜令而八十康强優游老景志安體和顏色怡悦計雖九旬猶令雖百齡猶令而後之

來日當未可涯也先是三日欽復得丈夫子一人夫人喜動顏色而諸母宴集垂九十者二人夫人同甲者二人怡愉滿堂樂可知已亦惟吾家有之夫來而不可期者申錫之祥也有而不可奪者迓承之善也向使陶朱猗頓之資王母元君之適苟無主張綱維之者則皆徒然覬幸之矣羽世承先公之義報德之懷猶之公子因以兹言入壽夫人夫人亦首肯之欽出以語其客黄君王封君銅吳甥鵠輩僉曰惟義昌業惟德紹休先公夫人誠有之請書之為稱觴之頌

亡弟文舉墓誌銘

嘉靖癸未冬十二月甲寅葬我先弟文舉於馬庄之原先考侍御史定興府君先妣太孺人墓次其兄河南参政羽廣信知府翀同時觧官咸歸于家相與聚哭既哀既痛乃謀諸弟翉圖志其墓惟先君葬時大司空嚴陵胡公實志之及葬先妣又得大司馬太原喬公為志吾張氏世系之詳昭然可質兹得以畧吾弟諱翾文舉其

字常於別業構石為亭號石亭居士先君生子兄弟七人羽為長翀次之其次吾弟弟之次翹官衢州府學訓導次翊不幸早世次翺官禮部主客員外郎季即翉明經補邑庠弟子員累舉未第皆太孺人出也吾弟生成化庚寅十一月四日辛丑正德辛巳十一月十六日行年五十有二偶病痺誤於醫遂致不可諱嗚呼痛哉予何忍言吾弟豊偉卓犖器度弘遠幼而敏悟讀書為文諸兄莫能先長工於詩為句清雅石亭稿存焉為有家法

其初在先君侍下行誼無所見先君即世弟綜理家政
規則甚詳內外經費出入惟義予兄弟二十年得無內
顧憂以專心宦業賴吾弟之勞益其才足以發名譽而
韜於藏力能致富饒而樂於約善可表正鄉俗而泥於
窮令而已矣君子曰有道之士傲焉若張遺焉若忘潛
名而實昌晦迹而德光斯可以誦吾弟矣吾弟配李氏
邑巨族李思瞻之女有子而殤養闕子為子曰休弟
未卒前二年側室錢氏生子一曰梗幼而有父風予夙

夜望其成也女二長曰智李出既嫁而寡子死歸在室
次曰雲側室蔡氏出尚幼予既為志哀不能句讀諸弟
固欲為銘爰系諸末使淍書之銘曰弟永逝乎兄孔哀
乎胡畀之厚乎而奪之速乎信天之不可質乎

叔父故飛熊衛指揮公墓誌銘

今年冬十一月丙申將葬我叔父指揮公于北山之陽
從弟欽偕其季錦詣羽謀曰父葬宜有銘將託諸他聞
人則懼畧於疏委諸先友則懼疑于近凡畧與疑皆非
所以圖不朽也兄周旋諸父間得父之行實為悉而平
生不以言語狥人夫人知之疏若近舉不足以嫌而又
父意所屬也兄請無辭銘焉羽意難之會八弟前武選
郎中聽自潮歸將之淛來言曰是有故事可從也昔昌
黎公屢銘其族氏大人柳柳州自為先人墓表不以親
避也兄非能諛墓者適為先太守兄銘今銘不作謂如
叔父何羽猶固謝而弟輩辭益義以恭因敘曰吾先世
受姓命氏出黃帝後歷世邈綿統系支流莫可悉考家

乘所載泰興有張氏始吾本真公由本真公三傳至仲
繆公仲繆公之子為工部尚書虞衡員外郎佑之公佑
之公生子四長諱某字某次諱某字某皆逸民三諱某
字某家饒于財正統間邑中饑入千石於官詔旌其門
鄉人稱為尚義張公四諱某字某仕至饒州府知府屬
派實自四世祖以分叔父指揮公則尚義公之孫父樸
菴公諱某字某母周孺人生公命之諱曰毓寧賓字之
為廷謐弟二人仲諱毓明字廷昭季諱毓英字廷彥仕

為仁和簿皆先公卒公少善治生然恥罔利既長盡讓二弟以屋廬父母悅其養天順迄成化間吾族以貲補散官者先後四人公與焉正德中詔民得入貲授三品武衛公遂偕欽受告身注為南京飛熊衛指揮使借服金緋並復其身鄉人榮之令上嘉靖改元之三年邑中復大饑視正統年加甚公時寢疾召謂欽曰吾先公捐千石為子孫地至於今賴之聞鄉之人饑且死吾寧忍獨有餘必周之而行吾志欽既入義倉粟千石間為糜

粥食餓人又數代有司輸輓為費復數百金遂被旌命如先公可謂世有其美者矣自吾先公員外公世戍靖州歲合金繒若干為餉值歉輒不易供公曰此吾責也揮百金購善田收其入給戍者不以煩族人人益稱其為義公賦性簡重與人無畛域凡周恤人不以疏戚惟視賢而貧者先焉卒有橫戾不逞或侮之亦置不較故人不得為間言加公奮其世業家累萬金欽繼承克肖益裨其規畫經紀家以益大初年有屋數其楹田僅千畝季年屋以楹計者幾及千計田之為畝萬數然公所遺於後人匪獨恃此也聞之先饒州公多尚義公所為語人曰吾兄其有後哉施及塗殍神聽之矣先中書公亦曰吾家諸少並雋茂可人若夫擅美箕裘龔芳堂構固自有其人耳時公益在許可中今其言悉驗云公寢疾踰兩朞竟至不起卒之日遠邇聞之老者往哭少者趨弔道路咨嘆彌月不已時嘉靖丙戌九月十有七日也距其生正統十四年二月廿三日春秋七十有八矣

嗚呼公年足以配德名足以酬義哀榮始終於公足矣而人猶謂奪之速也然則食未既之報其在公之子若孫也孀母朱孺人秦府紀善明通公之孫處士某公之女少歸公為伉儷公起家行義實多內助焉孺人生子一即欽勤生篤義稱為公子次將孺人生錦授經為太學生長益務學行底于成女一朱出適舉人何桐孫男五人棟梓械樞臬棟早卒梓得與錦同升太學生孫女二皆嫁為士人妻公未病時嘗即近地從堪輿家相度

之賨墳為山鑿窪為池樹以松檜崇以祠宇中作生丘謂曰信樂矣哉逝將休於斯於是日攜羣從故舊燕遊其間生死盛衰之說不能為欣戚於公公其達命矣夫地居邑之陰因名北山茲是之葬欽錦以先君之所營為增脩葺之可謂克盡飾終之禮者矣宜有述也令年為嘉靖己丑云銘曰吾宗之興粤惟四祖崇義積仁時莫與伍緊飛熊公克繩前武擬食素封䎶迹阡畝比屬凶年人饑以阻廪有千石揮之如土爰被金緋焜燿門

户施于後昆駢冠聮組八袠以終允受多祜北山之陽惟公之所從予作銘永質千古

祭弟文舉

嗚呼吾弟何為而遽有此禍也客中聞之哀慟垂死呼天叩地質之無從與其喪吾弟無寧喪予也念昔先父母生予兄弟七人妹二人不幸五弟翊及二妹相繼蚤世吾兄弟六人者五十年來友愛篤至父母安之族黨稱之家庭之間怡怡如也惟吾先人以及吾曹世稱清白先君在時嘗苦貧乏吾弟夙知幹蠱方僕僕為左右飧粥之謀憂虞苦樂偹嘗之矣先君官定興予及二弟四弟八弟咸有仕進之業不克以從季弟翀尚在孩提往送歸迎實仗吾弟予出為縣令弟為予而南予入為臺郎弟為予而北舟車川陸之險畚不避也若予與二弟之舉進士千里移家則又皆吾弟任其勞而父母弟妹之喪煢煢哀戚之中助予以襄事行禮者吾弟之力為多是吾弟事父母能服其勞處兄弟能敦其義貧賤

憂患無適而不相須也令予叨副汴臺二弟出守信州四弟近領三衢學事八弟久為禮曹郎七弟行且報捷南省兄弟駸駸向融計吾弟雖家居食貧身無冠紱之榮門無公府之擾庶幾優游徜徉於百年之間以與吾兄若弟白首叙天倫之樂於無窮以少酬疇昔勤苦之節不謂吾弟竟舍予而歿也嗚呼痛哉嗚呼痛哉予何能為生哉當予歸自圻輔貧不能以自贍弟待予益加厚予時在田舍間弟匹馬遥遥為予而來至則坐語終

日無少厭怠及予復之武陽弟以家累不得如往昔之相從然千里尺書宛如面語在原之意實契予衷予意猶有百年之期不謂吾弟竟舍予而先殂也嗚呼痛哉予令而後其即歸去來耶弟無復從予以笑語其或久於役耶盼望弟之音書亦永絕矣思弟而弟不來哭弟而弟不知予之為慟其有既耶抑予為官三十年家益以貧弟固未嘗得少依藉以長尺寸令而已矣將他日豐厚優裕固不可期思欲與弟共守貧苦如往時不可

復得矣予之念弟其能已乎且予令年五十有六長弟三歲而生平不肖於先人有子三人亦皆長立吾弟識慮過恒人讀書曉大義視予未老子孤而幼門户之事望弟以有興是予可以死而弟未可死之時也天乎天乎何奪吾弟之速也去冬十一月二月兒采來省予官云弟秋九月因食蟹誤吞其螯遂鯁而為疾令且就愈予固私以為憂後二日季弟輩令家人以訃音至蓋病鯁之後為諸醫所誤以為痰火視之遂致不諱聞之驚慟若隕自天旋復圖歸彌留周月謂有君命未敢輙行且勢不得以亟去也因遺書戒弟子輩令卜葬期候得報音遂當就道襄弟大事以終予懷嗚呼昔五弟二妹之亡及諸幼姪之殤予皆在焉湯藥棺殮實親視之迄令二十年間時一興思不覺飲泣獨弟之疾予乃不得一視其狀一分其疼遐思易簀之時其諄諄夢寐之言戀戀懷兄之態當必有家人婦子所不能知不忍言者予固已知之矣痛哉痛哉天禍予兄弟何至此極也嗚

呼已矣吾弟平生孝友能承順父母之懽心令未老而終又獲從先父母以遊於地下脩短之限人所不能逃獨且奈何弟益將瞑目九泉而予之悲惘思望尚何所終窮也若百年之事義在于予一息尚存當不使弟有後憂也弟其有知庶諒予心玆遣采歸祭告弟靈瞻望天南涕血交迸嗚呼痛哉嗚呼痛哉尚享

祭二伯父文

羽小子不敢稱先德惟吾伯父内剛厲而能柔克外踈

潤而有廉隅交不擇利而親義不見難而懟非意干之不能一毫之挫赤心投之罔吝千金之揮睦族不有其仁恤隣恒先其施凡斯數端皆他人之所無伯父有之而亦衆所共知緊惟伯父雖以畝畝耕耘之姿而實為鄉里衣冠之懿厚業足以裕後令子足以承家及物者衆垂世者長殆所謂死而不亡者姪等及趨諸父之庭宿蒙猶子之愛謦欬雖遠典刑尚存永訣一觴哀慕罔既尚享

祭弟鵬舉

曰家門何為有此凶禍吾弟奄逝弟婦繼亡嗚呼痛哉吾弟才器夙成蚤登科甲花封柏府綽有賢聲爰及領郡益弘厥施儉人構釁毅然來歸吾時解官亦歸東田兄弟既翕朋舊交懽念吾先人率皆蚤世惟吾與弟垂至六袠白頭相期謂可百年不幸至此哀痛何言去年與弟燕客于堂令乃與客為弟發喪豈我骨肉則為永傷嗚呼痛哉弟婦孺人寔能内助一疾告終嗟天之數哀哉哀哉弟今何在生耶死耶抑豈夢耶胡不在公胡不在家嗚呼痛哉垂絶之容不遠吾目永訣之言不忘吾心視弟二子悲喜交集幸迷已娶季亦岐嶷卜以今月廿有四日奉遷雙柩往營兆域率我妻子及我婦孫哭弟于堂弟能有聞吾老多病豈任哀苦百年有懷弟其知我

祭二伯母文 代振卿弟作

痛惟二母繼歸先君猗彼堂萱附兹庭椿吾宗盛蕃諸

妣淑均肆予母氏允嗣徽音先君棄背遭家不辰賴母尚在寔宜我人百年為期僅八逾旬皇天不弔母倏沉淪嗚呼痛哉撫我之德生我之恩如彼昊天罔極疇倫雙靈在殯奄忽三春終身之慕何夕與晨嗚呼痛哉謹卜是月廿有二日奉遷靈車高嚴之原往從先君是依是親嗚呼痛哉篤親以仁執喪以心胡易之富胡戚之貧高天厚地吾情無垠慈靈不昧鑒兹哀忱痛哉痛哉

遺楷采楨分單

父東田翁語汝楷采楨諸兒吾家世承宦業清白相傳較之宗人初無善田利産先君侍御公歿世之日止遺敝廬一區薄田二處令汝叔二人所業即是已吾歷仕三十餘年中間出處相半雖叨厚祿為貧為養自給未周畧無贏餘為汝曹地此在族黨鄉郡皆能知之然吾亦不以此自少顧汝兄弟三人同胞一氣不承尺寸之資幸而皆能自食差有田宅亦又何求但數百年詩禮

家聲謂宜世守況吾與汝母皆年七旬老態日甚身後之念未能忘情且向遺非意之撓汝曹皆親嘗之足為殷鑒爰逸汝叔暨汝諸弟同至蒞盟吾手書將汝曹各有成業及先後積負明載其上粗注規條與為永貿汝曹其體吾意自令益自飭勵恒相習為義毋相習為非義則吾生可以怡顏歿得以瞑目汝曹圖之

計開

弘治十五年吾因違汝祖贈御史定興府君作書遣桂男至仁和借汝三叔祖銀四十兩後寄汝三叔還之前書未得徐質之宣卿正德十年因楷援例入監憑黄潤夫等借汝五叔祖銀二百兩又憑表兄蔡誠表弟蔡濟借外祖明七公銀六十兩楷自還之

正德十五年我托汝十叔祖仁和叔祖親書一紙於汝五叔祖處認還未了借銀三百六十兩勿分祖債吾借昔汝祖歿時吾諸弟未仕而貧吾為兄蚤仕諸凡勉為不較弟輩皆知豈令數十年已成之約可復

諉之誰哉我又自托黄潤夫輩借用銀八十兩與前共銀四百四十兩吾老矣前紙在汝叔堯卿宜卿處汝兄弟三人可分與一紙各承認銀一百四十七兩待後奉還汝二叔初未言及相周之義不可忘也知之

楷正德九等年買張家莊後趙政等陸地與續買地相參令歸之楷嘉靖等年買張宣卿蕭灣莊地一處嘉靖七年買楊景蕃等房地一所並是楷貲聽為世

業采楨無與
采於嘉靖二等年買三房東門房地一所吾賴以棲息及買封謚葉概二家房地蔣家堡頡車陸地二處東門曹均張模草場並是采眥聽為世業楷楨無與
楨嘉靖十年買張振卿東門基地一所又轉買楷灌瀆港水田一處並是楨眥聽為世業楷采無與
正德十等年續買張家莊後蔡祥等陸地數百畝地瘠價廉銀不及二百兩正德嘉靖間吾歸避居於彼

廿年來游歌食息戀戀于兹吾即老去汝曹猶宜世守使後人知為東田舊業汝曹亦繫遐思然此亦在汝曹不聞平泉草樹文饒徒亦諄諄乎令計此地及家人數輩別為處分具載外紙原有東門草場六十畝汝曹後來各得二十畝
汝曹兄弟幸皆成立父母在上下及妻孥當承顏順志無有異心諸凡吉凶之事須和同均一處之毋多較量每歲常祀必誠必信毋或遺忘汝曹交親必擇賢論世若失之凶人匪類或恐遺笑抑有後憂汝曹凡子若孫務令讀書毋令飲博凋敗身家楷爾長既仕務為孝義以先諸人采爾有兄弟務為醇誠益敦孝義楨爾圖仕進勉為孝義以慰父兄
嘉靖十五年春三月十三日書

東田遺稿卷下

醫學指歸

（清）趙術堂 撰

《醫學指歸》二卷首一卷附《奇經八脉歌》，又《穴同名異類》，清趙術堂撰，據南京圖書館藏清同治元年（一八六二）趙氏旌孝堂刻本影印。

趙術堂，字觀瀾，號雙湖（又題字雙湖，號觀瀾），久居興化。清代醫學家。趙術堂早年習儒，曾官直隸州州同，後久居興化縣。生平淳厚謙慎，嗜於醫學，頗有心得。三十歲即知名於淮、揚兩府。學術理論能融會諸書，學不泥古，不爲一家所囿，醫學造詣頗深。于道光二十八年（一八四八）編著《醫學指歸》，凡書共二卷。

書前有作者《自序》，叙述由儒轉醫之緣由，以及作者學醫之心得體會。上卷，内容有肺經、大腸經、胃經、脾經、心經、小腸經等臟器經絡循行、所主病候、治療原則、處方用藥。下卷，主要討論膀胱經、腎經、三焦經、膽經、肝經等，並述各臟器經脉循行、所主病候、治療原則、處方用藥等内容。《醫學指歸》以《靈樞·經脉》篇之十二經脉爲主，依人體臟腑經絡起訖變化分析病證之標本虛實。書中按十二經脉，以『經絡解』『病證解』爲題，注解張潔古《臟腑虛實標本用藥式》，作爲『治法解』，各經並附有圖。通過此分類整理，對於生理、病理、症候、治法和用藥等内容作簡要介紹並有叙述，將重要内容以歌訣形式叙述，便於初學者記誦，頗爲實用。

（王　柳）

同治元年仲春

醫學指歸

旌孝堂藏板

醫學指歸　上

人子事親不知醫古人輒謂爲不孝蓋衛親生急於
娛親志也惟精於醫而七情內鬱六氣外淫爲嵩年
防所當防始克盡所當盡非孝僅藉乎醫而非醫豈
全乎孝耶獨是醫微矣賾矣經藏之難辨感受之各
殊按治之易忒毫忽千里焉得盧扁而指授之然盧
扁雖往後起諸儒要皆奉內經及各家論說爲入門
途徑途徑不悞趨向自端上智可進於神明中材不
虞其隕越　雙湖先生所以有醫學指歸之作也指
指示也歸依歸也　先生性純孝弱冠即慮不知醫
不能爲人子而殷勤博採曲證旁通寢饋於諸書者

二十餘年而始有所心得因本其所獨得者作經絡
辨證等十有二解指後學以依歸不獨已之心盡於
親且使凡爲子者之心皆有以盡於其親焉懿哉誠
所謂永錫爾類者哉棠前承乏清河名醫孝子之聲
時已洋溢遠邇嗣讀伯韓朱侍御趙孝子傳益知
先生之祗奉高堂頤性娛情果獲冲融壽考天蓋成
先生以孝天因神
先生以醫也是編卒業有年遍質吳越諸名宿始自
訂爲成書洎
先生歸道山　大吏上其孝行於　朝請祀孝弟忠

義祠亦即取鑒於是異數也實
先生之篤行有以廣茲令譽也今　賢嗣　小湖昆
仲世其家學刊行是書
先生之錫類先錫於家庭其亦凜凜於不知醫不能
爲人子之遺訓也夫
署江南漕督江甯布政使司布政使愚弟吳棠頓首
拜譔

漢人詁經徵實其事難宋人詁經談理其事易醫學
亦然自明代薛立齋趙養葵輩倡爲通同之議輙欲
以數方治萬病學者憚讀書樂從其說以自便而誤
人者多矣此亦高談性命以召生徒之流亞也高郵
趙雙湖先生輯靈樞經絡篇即五臟六腑十二經
合本經所載病證表裏虛實寒熱而縷析其用藥之
式爲醫學指歸一書無一無本之言可謂能徵實矣
易曰神而明之存乎其人　先生之學必有神明於
是書之外者然規矩繩墨在是是必不師心自用者
也　先生篤孝大吏請

旌於
朝語云爲人子者不可不知醫此書之著蓋即其孝
之一端也譬之經學不特言徵諸實亦且行徵諸實
此書不艮可貴哉與張子和儒門事親錄無名氏壽
親養老新書並傳可也余夙耳　先生名且聞其喆
嗣三人業儒業醫皆克家無愧今先生已歸道山余
與子詢郎中同官水部余弟又與笛生主政聯姻其
知先生也尤稔長公小湖家居養母力辭薦辟將梓
厥考遺書請敘於余爲述顛末以告讀是書者
工部侍郎姻愚姪宋晉頓首拜敘

序

余自服官以來三令興化每接士大夫必詢其人之孝友者及仁厚端謹者期以爲風俗倡又以其地數有水患人多病溼思得良醫起其病衆咸以　雙湖趙君對已而因微疾見其人恂恂然恭且謹及其論脈絡分寸如洞見五藏癥結冠一時岐黄家乃知君故高郵人家於興爲醫以活人爲志江淮間足跡殆徧性謙慎好施予樂於爲善內行尤淳篤事二親克孝遇病且貧者就醫必贈以藥雖大寒暑治病弗輟兼以其暇成醫學指歸一書俾後之學醫者識經絡

原委焉夫以所見於君者如彼所聞於人者如此其孝而好善也信矣其仁厚端謹而工醫也信矣余因望興人而并及於僑興之人君乃其尤粹者故於君歸道山時余有實心爲善之額旣之近間令子以君行實請
旌於
朝余亦以令興久編輯興志將成書載君於流寓傳然則君志在活人君之書又志在貽後學以活人讀其書者亦可悟折肱之微意也夫因是書就刋悉君之生平而樂爲之序

欽加知州銜知興化縣事靈石梁園棣拜撰

昔范文正公文章德業爲有宋一代完人少時嘗曰吾不能爲良相必爲良醫蓋良相治國良醫治病事異而心與理則同也顧不察夫經絡脈息不足以言醫即察夫經絡脈息而不審證之寒熱虛實辨藥之君臣佐使亦斷不能醫醫豈易言哉　雙湖先生隸高郵居興化篤行君子也少攻舉業誦輒不忘事親孝逮養大母大母病隨侍湯藥苦無善治者遂專心習醫精研脈理自靈樞素問以及景岳諸家審證立方製藥之法確有心得吾鄉龔意舲太守嚮宰興化嘗爲余言　先生品粹醫精竊心慕之而未一面也

醫學指歸序　一

已亥館泰署始識荊越辛丑余來承乏興邑文正書院交益密每病治無不愈甲辰返里病篤諸醫斂手偶檢　先生舊方一服即痊後詢其故　先生謂病有本有標此適合隔一隔二治法也其精審詳密類如此　先生天性肫摯善承先志拯困恤嫠樂善不倦歿後郵興兩邑纍列乘志籲大吏請旌孝行而諸喆嗣能讀遺書蜚聲藝苑長君小湖前歲克紹四方就診無異昔時今春余病累旬屢醫弗效長君適自外歸數帖霍然淵源洵有自也頃以　先生手輯醫學指歸屬序讀之鉤元提要縷析條分益信品粹醫精襲公諒非虛語嘗至孟城泛珠湖登文游臺穆然想見前哲之流風而興邑有得勝湖又昔賢文正公涖治之邦也　先生自號雙湖其有慕文正公良相良醫之說擇其一以濟人乎東坡先生謂范公仁義禮樂孝弟忠信爲有德者必有言　先生出是編以證世墨瀋沾溉臻斯民於仁壽則良醫直與良相同功矣是爲序時

咸豐元年辛亥閏八月下澣韻溪愚弟蔡春泉頓首

拜

醫學指歸序　二

序

語云為人子者不可不知醫吾友　趙君雙湖純乎孝者也幼因侍　祖母疾棄舉業習醫盡通其術著手輒效活人無算聲名藉藉江淮間生平好陰行善多仁人長者之行鰥寡孤獨之賴以舉火者日數十家寓乎醫以施濟焉孰非孝行所推哉今以孝旌於

朝　令嗣小湖復梓是書問世　君之醫與孝傳小湖之醫之孝亦俱傳吾欽其人樂為敘梗概云

咸豐元年九月上澣世愚弟鄭鑾拜敘

生人者天也然寒暑不正雨暘不時則病人者亦天天病人而不能治人病惟醫體天好生之心以補其缺憾人之一身殆初生於天後生於醫乎醫代天工天報醫必厚乃扁鵲以伎見殃倉公坐法當刑其故何也竊謂醫必伎與心兼良乃可稱良醫而受福報伎劣人憎心慝天譴醫之心非必好利而草菅人命始為不良也驕吝未除則濟人弗廣而已足自殺其軀越人詢中庶子以管窺天淳於不為人治病病家多怨察其心似未免驕吝宜乎伎高賈禍太史公引老子慨美好者不祥之器豈其然哉　雙湖趙先生蓋伎與心兼良者籍高郵僑寓吾與深於素問靈樞諸書以醫鳴三十年名動江淮間懼世醫之不辨虛實表裏寒熱溫涼也著醫學指歸二卷　先生卒後令子小湖將授梓乞祚誤敘祚自慚謭陋未讀內經何敢敘　先生之書惟觀今之名醫趾高氣盛不耐煩勞又或秘惜禁方弗肯示人而　先生謙退不伐視疾兢兢然恐有錯誤日治百餘人自朝至夜分始罷寢食或廢未嘗憚煩且天性篤孝當事請旌於

朝貧而好施邑中窮嫠恃以衣食者甚衆寔人就療

吾友　雙湖先生所遺醫學指歸一書其子小湖暨
諸昆季付之梓而公諸世屬宜敘宜不知醫何敘爲
然　先生所以業醫之故惟宜知之且悉初至與也
年十有七即與交見所閱醫書通目即稔宜背勸讀
儒書　先生曰儒書明理盡性以盡人之性醫書亦
然曩者先祖妣及先妣病延醫診治入藥不瘳竊歎
已不知醫致使大人彌留床蓐又嘗見有父母者往
往因小疾而誤於方劑卒至殞身失養恨不知酌良
劑以活之俾其親得終餘年醫之習也緣是故耳宜
因知　先生之醫爲事親計也且爲凡事親者計也

醫學指歸序　一

古云孝弟爲爲仁之本　先生一生盡孝而外行仁
之事不能枚舉宜乎大江南北聲名藉甚至易簣後
上自官長縉紳下及鄉愚婦孺無不望棺拜奠涕泗
交頤者跡其致病之原春夏交會大疫流行　先生
迫於救人至數十晝夜而未安寢食由是精神耗竭
自知不治詔諸子曰吾勤勞數十年一無所遺惟遺
此書耳此書乃爾先祖命吾敬慎輯成留爲爾曹之
志於醫者酌用閱書所載悉本神農本草黃帝內經
以爲言禮曰醫不三世不服其藥此書一出將神明
於三世者多矣噫　先生遵父命而遺書於子其子

輒贈藥物茲復述其所得輯爲一書欲登斯人仁壽
之域不驕不吝非良於伎而尤良於心者耶藝精而
人不忘身殉而子克家天之所以報　先生者顯其
名冒其後視扁鵲華實嘗過之昔樂天謂夢得詩在
在處處有靈物陰護禔謂是編亦然必傳於世無疑
也故樂爲之敘

咸豐元年歲在辛亥閏八月上澣學山李福禔頓首
謨

醫學指歸序　二

又能推父意而公書於人是亦以孝繼孝之意歟或
謂予與　先生交既久盍以其孝行詳敘於此宜曰
指日
天恩表孝
綸綍煌煌永垂不朽亦奚事宜臚陳其事而後傳
咸豐元年歲次辛亥仲秋上澣世愚弟劉春宜頓首
敘

醫學指歸自敘

余少時立志於儒因　祖母病篤延醫罔效深以不
知醫理即不能事親爲憾遂肄醫讀內經諸書乃知
天人合一之道本與儒通其理微其法妙愈加考核
愈覺艱深初尚半明半昧繼則將信將疑幾有望洋
之歎竊以醫之爲道外感內傷爲證治兩大關鍵去
其所本無復其所固有儒如是醫亦如是可兩言而
盡之蓋六淫外襲身中氣血日失和平有汗吐下和
之治是去其所本無也若七情暗傷身中氣血日就
虧耗有滋填培補之治是復其所固有也然不知十
二經絡不辨虛實表裏寒熱溫凉差之毫釐謬以千
里舉手便錯卅餘年來恒潛心於此辨究如履虎尾
如涉春冰不敢以人命爲嘗試惟謹守規矩之中不
矜奇亦不炫異謂我拙者聽之笑我迂者亦聽之終
其身日以寡過自期平居用藥悉遵本草用藥式熟
讀黃帝靈樞經脈篇及諸穴分寸歌日加探索爰集
成經絡解病證解治法解各十二篇并繪成十二經
圖十二腑臟圖作者謂聖述者謂明即僅云述余亦
何敢不過編釋一冊願後之子孫能儒則儒否則欲
學爲醫當亦如余之由儒習醫兢兢惕惕先討論乎

是書奉爲指歸然後參讀古聖賢各家註集庶幾脈證相參經絡既明用藥自有把握行見危者安困者亨登斯人於仁壽之域是則予之所厚望也子孫其守藏之勿替道光二十八年歲在戊申仲冬日高郵趙術堂觀瀾氏自敘

醫學指歸自敘　二

先生出居甓湖塍湖
先世以學名醫知儒
儒爲孝子醫亞酒于
著書壽世與闡靈樞

叟湖先生尊照

愚弟范鳳諧

醫學指歸目錄

手太陰肺經

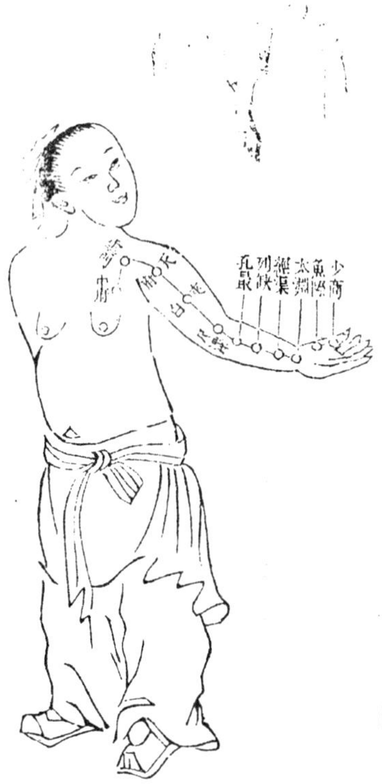

醫學指歸圖 一

肺臟圖

肺重三觔三兩六葉兩耳凡八葉附脊第三椎

考尺寸觔兩升斗古今異同古之一尺與今之木工曲尺相等古之一兩今之七分六厘古之一升今之六勺七抄餘倣此

手陽明大腸經

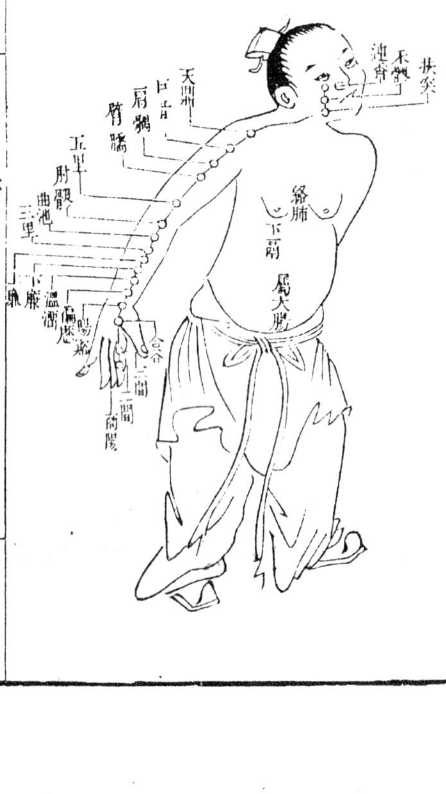

醫學指歸圖 二

大腸腑圖

大腸重三觔十二兩長二丈一尺廣四寸徑寸半當臍右迴疊積十六曲盛穀一斗水七升半

大腸上口卽小腸下口

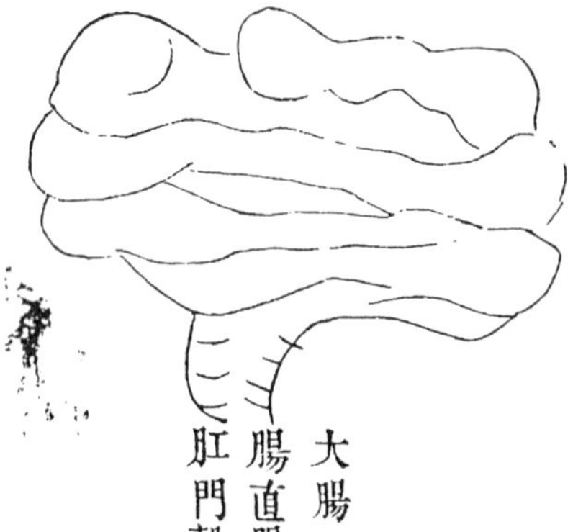

大腸下接直腸直腸下爲肛門穀道也

足陽明胃經

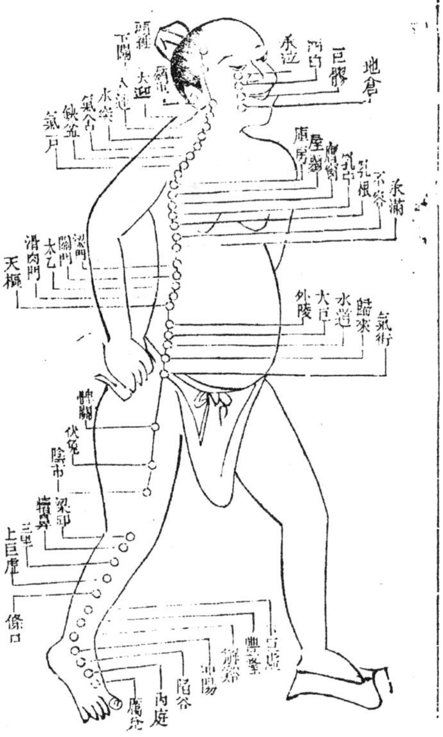

醫學指歸圖　三

胃腑圖

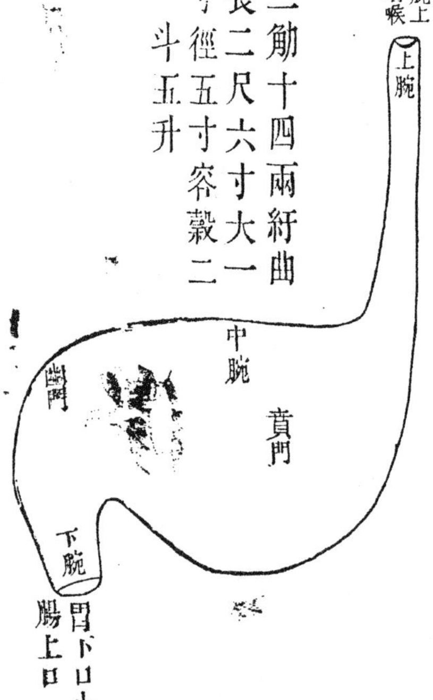

胃重二觔十四兩紆曲屈伸長二尺六寸大一尺五寸徑五寸容穀二斗水一斗五升

足太陰脾經

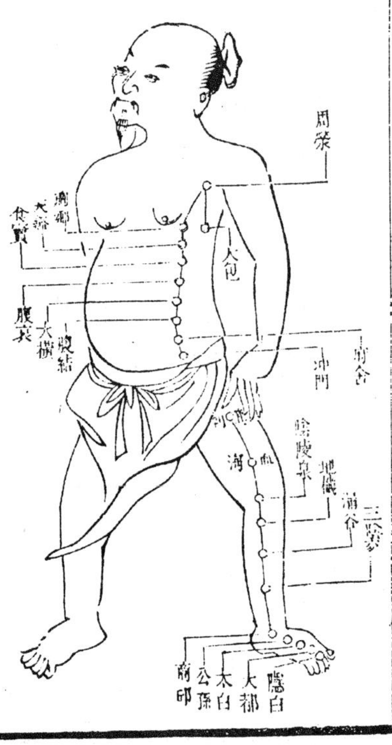

醫學指歸圖　四

脾臟圖

脾重二觔二兩扁廣三寸長五寸有散膏半觔

手少陰心經

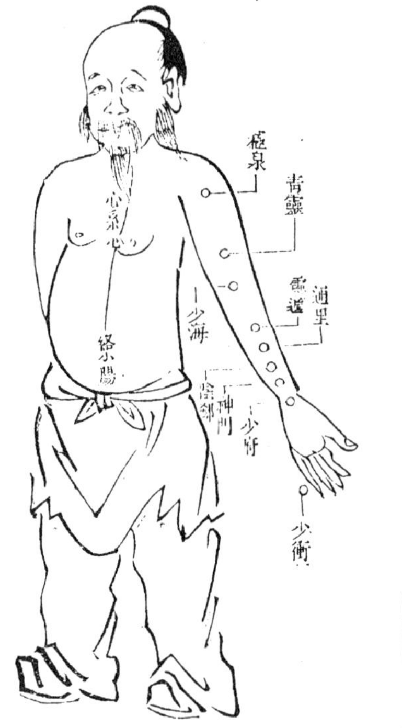

醫學指歸圖 五

心臟圖

心形如未放蓮花重十二兩中有七孔三毛盛精汁三合附脊第五椎

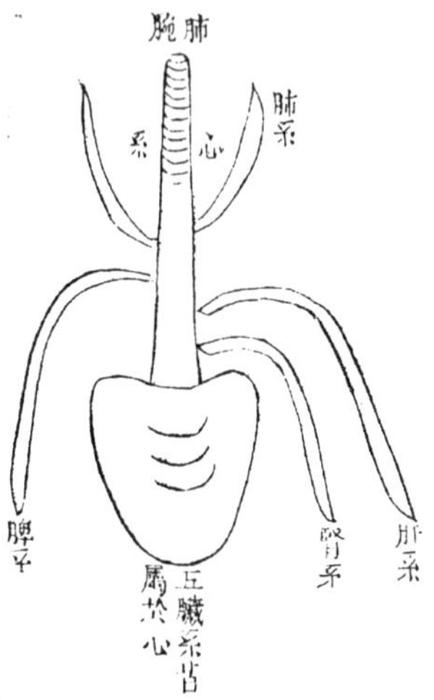

手太陽小腸經

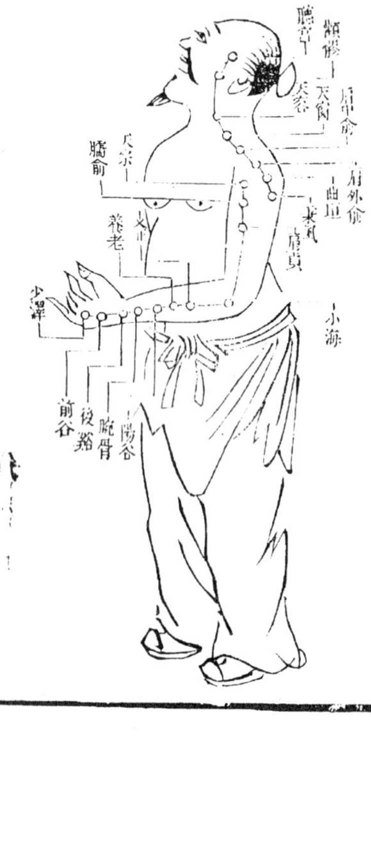

醫學指歸圖 六

小腸腑圖

小腸重二觔十四兩長三丈二尺廣二寸半徑八分分之少半左迴疊積十六曲容穀二斗四升水六升三合合之大半

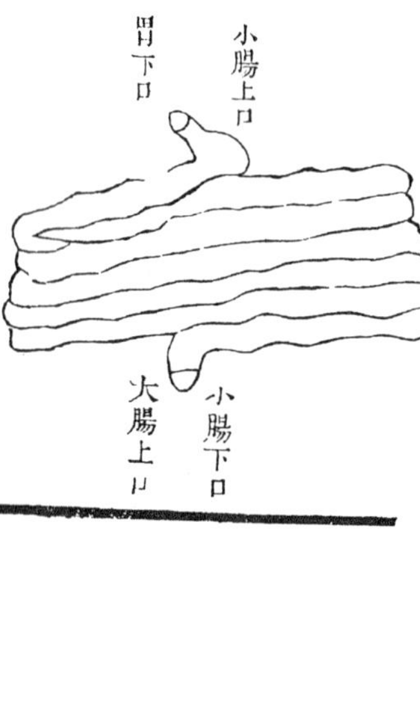

足太陽膀胱經

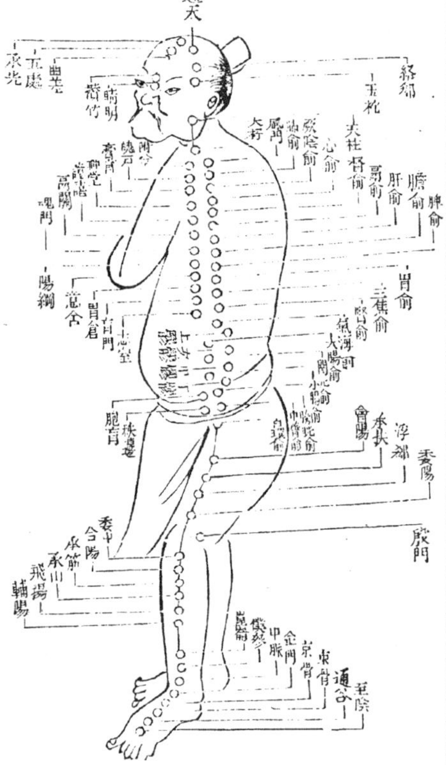

醫學指歸圖　七

膀胱腑圖

膀胱重九兩二銖縱廣九寸盛溺九升九合廣二寸半

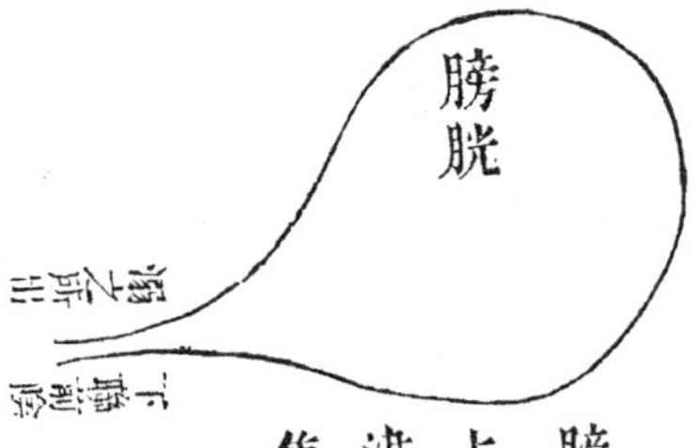

膀胱有下口無上口上系小腸津溺由小腸下焦滲入

足少陰腎經

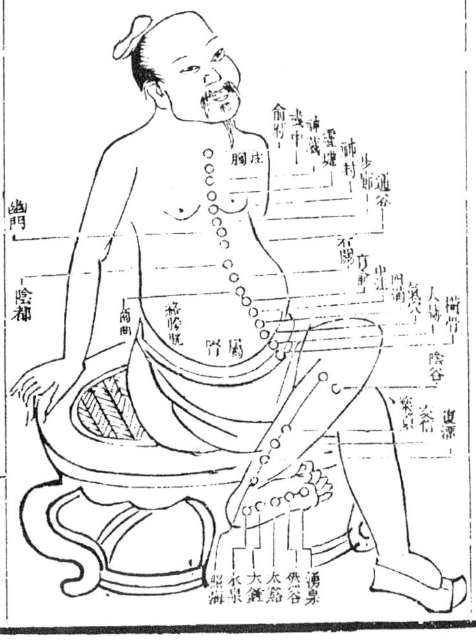

醫學指歸圖　八

腎臟圖

腎有兩枚形如豇豆重一觔一兩附脊十四椎當臍下兩旁前後與臍平

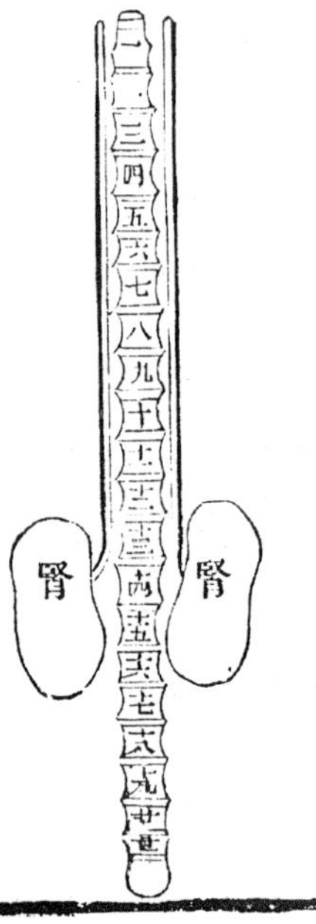

心包絡經圖

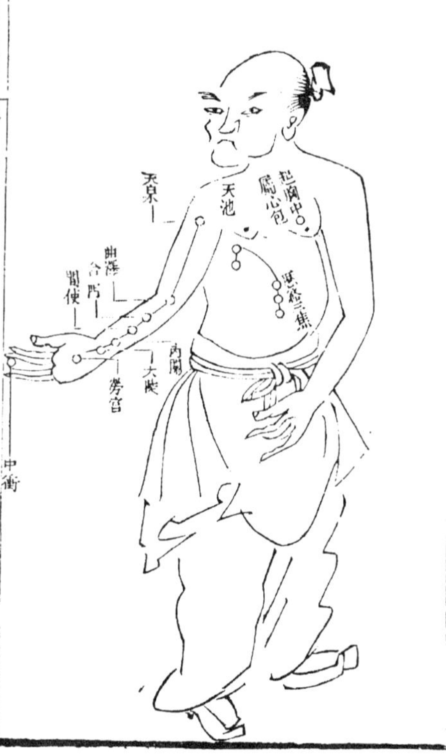

醫學指歸圖　九

心包絡臟圖

心包絡即膻中宜配心臟脈訣配諸尺中應心主而爲相火誤矣內經昭然

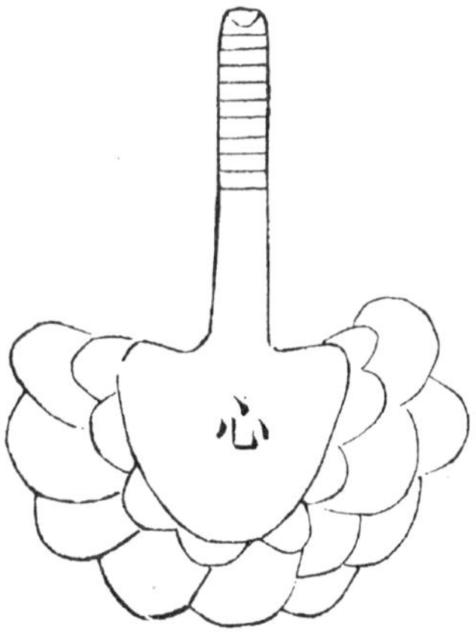

三焦經圖

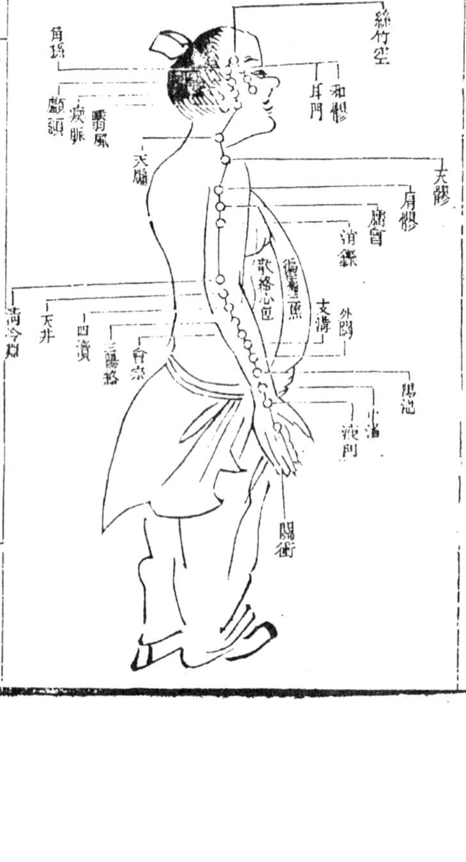

醫學指歸圖　十

三焦腑圖

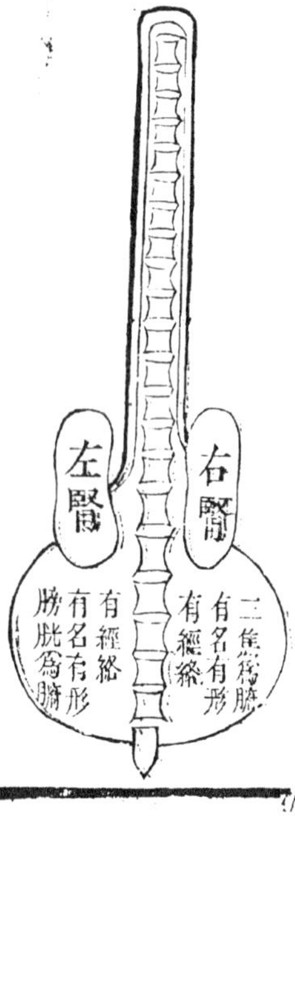

足少陽膽經

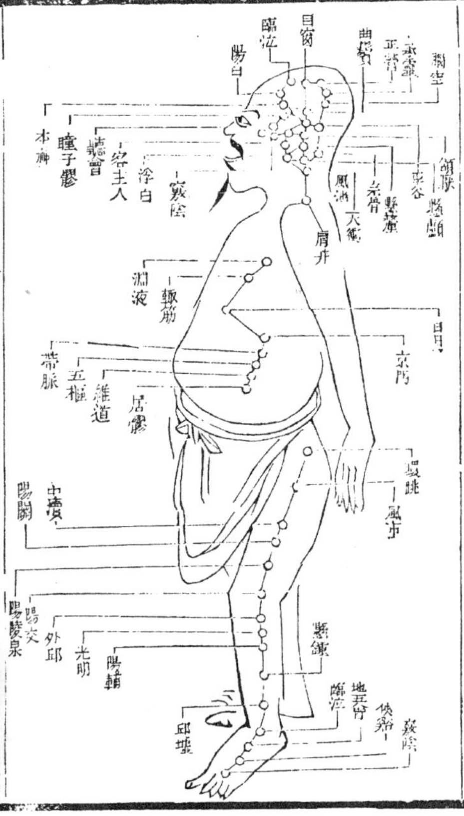

膽腑圖

膽在肝之短葉間重三兩三銖藏精汁三合狀如瓶

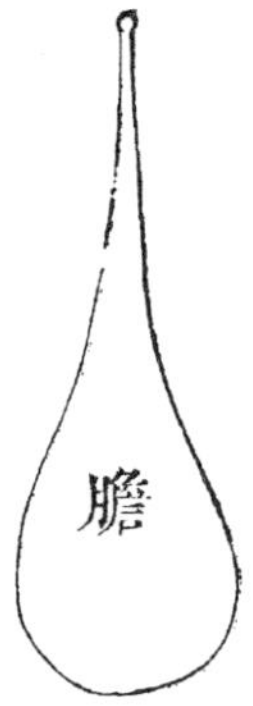

足厥陰肝經

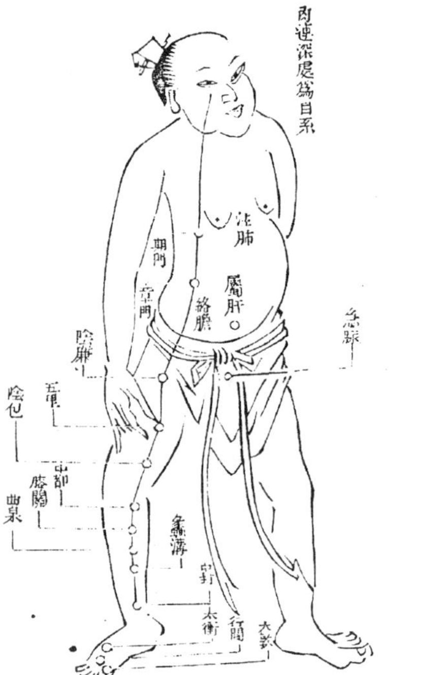

肝臟圖

肝重四觔四兩左三葉右四葉凡七葉附脊第九椎

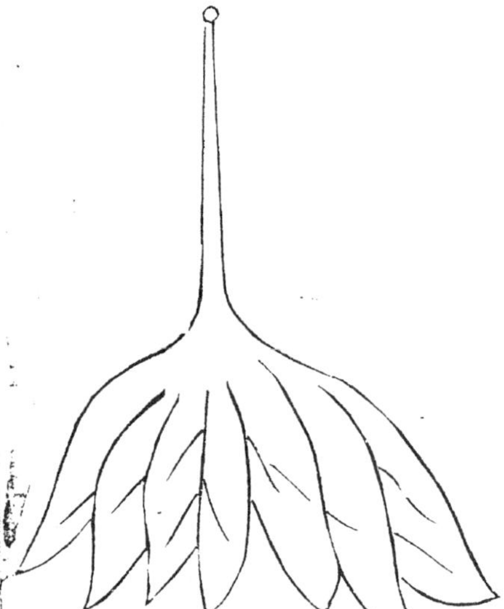

醫學指歸卷上

高郵趙術堂觀瀾編輯　男 秦言 秦譜 校字

內經靈樞經脈篇

肺經第一（是經起於中府穴終於少商穴）

肺手太陰之脈起於中焦下絡大腸還循胃口上膈屬肺從肺系橫出腋下下循臑內行少陰心主之前下肘中循臂內上骨下廉入寸口上魚循魚際出大指之端其支者從腕後直出次指內廉出其端是動則病肺脹滿膨膨而喘欬缺盆中痛甚則交兩手而瞀此爲臂厥是主肺所生病者欬上氣喘渴煩心胸滿臑臂內前廉痛厥掌中熱氣盛有餘則肩背痛風寒汗出中風小便數而欠氣虛則肩背痛寒少氣不足以息溺色變爲此諸病盛則瀉之虛則補之熱則疾之寒則留之陷下則灸之不盛不虛以經取之盛者寸口大三倍於人迎虛者則寸口反小於人迎也

經絡解

中焦者中脘也胃口胃之上脘也絡猶兜也循巡也膈心下膈膜也肺系喉嚨也肩下脇上曰腋膊下對腋處爲臑臑盡處爲肘肘以下爲臂廉隅也關前動脈爲寸口大指本節之後其肉隆起處統謂之魚魚際則其間之穴名也端杪也支者如木之有枝以其自直行之脈而旁行之也脈之直行者爲經旁行者爲絡臂骨盡處爲腕　手太陰肺經之脈起於中焦者以穀氣入胃其精微之氣上注於肺脈也下絡大腸以肺與大腸相表裏也轉巡胃之上口屬之於肺即從肺系橫出腋下蓋由胸中之中府雲門以出腋下下循臑內歷天府俠白行於手少陰心經手厥陰心主包絡兩經之前下入肘中抵尺澤穴既下肘中乃循臂內上骨之下廉歷孔最列缺入寸口之經渠太淵以上魚又

循魚際出大指之端至少商穴而止其支者從腕後之列缺穴交於手之陽明經以至於商陽穴又隨商陽而上行也

肺經諸穴歌

手太陰十一穴中府雲門天府列俠白下尺澤孔最見列缺經渠太淵下魚際抵指少商如韭葉

分寸歌

太陰肺兮出中府雲門之下一寸許雲門璇璣旁六寸巨骨之下二寸數天府腋下三寸求俠白肘上五寸主尺澤肘中約橫文孔最腕上七寸取列缺腕側

一寸半經渠寸口陷中主太淵掌後橫紋頭魚際節後散脈舉少商大指端內側相去爪甲韭葉許

病證解

動者動穴也以各經之穴動則知其病也所生病本經自病也諸病他經合病也或由本經而累及他經或由他經而干犯本經皆是也氣盛邪氣之盛也氣虛正氣之虛也統自病合病氣盛氣虛四項而病情約略殆盡其間每項各舉數證以見意他經亦有止言自病合病二項不復詳言盛虛諸病者蓋卽此可以類推也如肺脹滿致膨膨而喘

急欬嗽此臟病也缺盆中痛甚則交兩手而瞀此經絡病也缺盆雖大腸所經之地而絡脈交於大腸仍肺之經絡也故皆爲肺生之病以下爲欬爲喘病與上同而與上氣渴煩心等病並舉則他經所累也胸滿亦與脹滿相同脹滿專以肺言此則兼諸氣之膹鬱也臑臂內痛亦本經之病與上兩手掣痛無異而與厥掌中熱並言則心與心主之所累及也肩背疼痛氣盛氣虛皆同而所因異也汗出中風肺主皮毛故也小便數而欠與溺色變皆腎與膀胱之病母病累及子也少氣不足以息本臟病也以上所敘諸證甚詳其有未備者更以本草標本諸病參看

本草臟腑虛實標本用藥式

肺藏魄屬金總攝一身元氣主聞主哭主皮毛

本病臟腑之病

諸氣膹鬱肺主氣 諸痿肺爲五臟華蓋故五臟之痿皆屬於肺 喘同經 嘔氣逆故嘔 氣短欬嗽上逆同經 欬唾膿血肺癰也 不得臥肺臟魄也 小便數而欠遺失不禁同經

標病經絡之病

灑淅寒熱肺主皮毛 傷風自汗肩背痛冷臑臂前廉痛同經

治法解

本經所言補瀉寒熱治病之法已該但經以鍼言後世鍼法失傳以用藥代之本草所論補瀉寒熱用藥之式正與經意相合詳註於後以代治法解

氣實瀉之

肺主氣實者邪氣之實也故用瀉下分四法

瀉子

水爲金之子瀉膀胱之水則水氣下降肺氣乃得通調

澤瀉入膀胱利小便 葶藶大能下氣行膀胱水 桑皮下氣行水 地骨皮降肺中伏火從小便出

除溼

肺氣起於中焦，胃中溼痰凝聚，其氣上注於肺，去胃中溼痰，正以清肺。

半夏除溼化痰和胃健脾 白朮燥溼追涎化痰墜癖 白茯苓利竅除溼瀉熱行水 薏苡仁甘益胃土勝水瀉滲溼 木瓜斂肺和胃去溼熱 橘皮理氣燥溼導滯 消痰

瀉火

肺屬金，畏火，火有君相之別，君火宜清，相火有從逆，兩治。氣實只宜逆治。

粳米色白入肺除煩清熱 石膏色白入肺清熱降火 寒水石瀉肺火胃火治痰熱喘嗽 知母清肺瀉火潤腎滋陰 訶子斂肺降火泄氣消痰

通滯

邪氣有餘，壅滯不通，去其滯氣，則正氣自行。

枳殼破氣行痰 薄荷辛能散涼能清搜肝氣抑肺盛 生薑辛溫發表宣通肺氣 木香升降諸氣泄肺疏肝 厚樸辛溫苦降下氣消痰 杏仁瀉肺解肌降氣行痰 皂莢通竅吐痰入肺大腸 桔梗入肺瀉熱開提氣血表散寒邪 蘇梗下氣消痰祛風定喘

氣虛補之

正氣虛，故用補，下分三法。

補母

土為金母，補脾胃正以益肺氣。

甘草補脾胃不足 人參益土生金大補元氣 升麻參耆上行須此引之 黃耆壯脾胃補肺氣 山藥入肺歸脾補其不足

潤燥

補母是益肺中之氣，潤燥是補肺中之陰。金為火刑則燥，潤燥不外瀉火。瀉實火則用苦寒，瀉虛火則用甘寒。

蛤蚧補肺益精定喘止嗽 阿膠清肺滋腎補陰潤燥 麥冬清心潤肺強陰益精 貝母瀉火散結潤肺清痰 百合潤肺安心清熱止嗽 天花粉降火潤燥生精滑痰 天冬清金降火滋腎潤燥

斂肺

久嗽傷肺，其氣散漫，或收而補之，或斂而降之，宜於內傷，外感禁用。

烏梅斂肺濇腸清熱止渴 粟殼斂肺濇腸固腎止嗽 五味子收斂肺氣消嗽定喘 白芍安脾肺固腠理收陰氣斂逆氣 五倍子斂肺降火生津化痰

本熱清之

清熱不外瀉火潤燥，前分虛實，此分標本寒熱，意各有注，故藥味亦多重出。

清金

清金不外滋陰降火甘寒苦寒隨虛實而用

黃芩苦入心寒勝熱瀉上焦中焦實火　知母苦寒瀉火　麥冬甘寒潤肺　卮子苦寒瀉心肺邪熱　沙參甘寒補肺滋五臟之陰　紫菀下氣調中潤肺瀉火　天冬甘苦大寒清金降火

本寒溫之

金固畏火而性本寒冷過用清潤肺氣反傷故曰形寒飲冷則傷肺

溫肺

土爲金母金惡燥而土惡溼清肺太過脾氣先傷則土不能生金故溫肺必先溫脾胃亦補母之義也

丁香辛溫純陽泄肺溫胃　藿香快氣和中開胃止嘔入手足太陰　款冬花辛溫純陽溫肺理氣　檀香調脾肺利胸膈引胃氣上升　白豆蔻溫煖脾胃爲肺家本藥　益智仁燥脾胃補心腎　砂仁和胃醒脾補肺益腎　糯米甘溫補脾肺虛寒　百部甘苦微溫潤肺殺蟲

標寒散之

不言標熱者肺主皮毛邪氣初入則寒猶未變爲熱也

解表

表指皮毛屬太陽入肌膚則屬陽明入筋骨則屬少陽此解表解肌和解有淺深之不同也

麻黃辛溫發汗肺家要藥　蔥白外實中空肺之菜也發汗解肌通上下陽氣　紫蘇發表散寒祛風定喘

内經靈樞經脈篇

大腸經第二 是經起於商陽穴終於迎香穴

大腸手陽明之脈起於大指次指之端循指上廉出合谷兩骨之間上入兩筋之間循臂上廉入肘外廉上臑外前廉上肩出髃骨之前廉上出於注骨之會上下入缺盆絡肺下膈屬大腸其支者從缺盆上頸貫頰入下齒中還出挾口交人中左之右右之左上挾鼻孔是動則病齒痛頸腫是主津液所生病者目黃口乾鼽衄喉痺肩前臑痛大指次指痛不用氣有餘則當脈所過者熱腫虛則寒慄不復爲此諸病盛

醫學指歸卷上　九

則瀉之虛則補之熱則疾之寒則留之陷下則灸之不盛不虛以經取之盛者人迎大三倍於寸口虛者人迎反小於寸口也

經絡解

大指次指者手大指之次指卽第二指名食指也循指之指正次指也合谷虎口穴也肩端兩骨間爲髃骨肩髀上際處爲天柱骨缺盆足陽明胃經穴也頭莖爲頸耳以下曲處爲頰　手陽明經之脈受手太陰之交遂起於次指之端循次指之商陽二間三間之上廉出合谷穴在兩骨之間又上

陽谿穴卽兩筋之間又循臂之上廉偏歷溫溜下廉上廉三里入肘外廉之曲池穴上循臑外之前廉歷肘髎五里臂臑以上肩之肩髃穴又出髃骨之前廉循巨骨穴上出天柱骨之會上會於大椎自大椎而下入缺盆循足陽明經脈外絡繞肺臟復下膈當天樞之外會屬於大腸其支者雖自偏歷而入又自缺盆上行於頸循天鼎扶突上貫於頰入下齒縫中復出夾口兩吻相交於人中之內左脈往右右脈往左上挾鼻孔循禾髎迎香而終以交於足陽明胃經也

醫學指歸卷上　十

大腸經諸穴歌

手陽明廿穴名循商陽二間三間而行歷合谷陽谿之俞過偏歷溫溜之濱下廉上廉三里而近曲池肘髎五里之程臂臑肩髃上於巨骨天鼎紆乎扶突禾髎脣連迎香鼻迫

分寸歌

商陽食指內側邊二間來尋本節前三間節後陷中取合谷虎口歧骨間陽谿上側腕中是偏歷腕後三寸安溫溜腕後去五寸池前五寸下廉看池前三寸上廉中池前二寸三里逢曲池屈骨紋頭盡肘髎大

骨外廉近大筋中央尋五里肘上三寸行向裏臂臑
肘上七寸量肩髃肩端舉臂取巨骨肩尖端上行天
鼎喉旁四寸眞扶突天突旁五寸禾髎水溝旁五分
迎香禾髎上一寸大腸經穴是分明

病證解

大腸主津液故言津液所生病上二證是本經自病下諸證或本經或合他經也皆未言及府病舉例以概其餘也齒痛脈入齒縫也頸腫脈上行於頸也目黃合太陽少陽經病也口乾脈挾口也鼽衄脈挾鼻孔也喉嚨肺系臟腑相連也肩臑痛脈

上肩臑也次指不用脈起於次指也實則熱腫虛則寒慄以寒熱分虛實也

本草臟腑虛實標本用藥式

大腸屬金主變化爲傳送之官

本病臟腑之病

大便閉結泄痢下血裏急後重疽痔脫肛腸鳴而痛以上諸證或虛或實或寒或熱皆本府病補經所未備

標病經絡之病

齒痛喉痺頸腫口乾俱同經　咽中如梗咽非本經脈入缺盆循胃脈外近於咽　鼽衄目黃手大指次指痛俱同經　宿食發熱宿食在內發熱在外故爲標病　寒慄同經

治法解

腸實瀉之

大腸主出糟粕邪氣有餘壅滯不通則爲實故用瀉下分兩法

熱

熱結於腸大便不通寒以下之

大黃蕩滌腸胃下燥結去瘀熱　芒硝潤燥軟堅蕩滌實熱　芫花蕩滌留癖飲食寒熱邪氣　牽牛瀉氣分溼熱通大腸氣秘　巴豆開竅宣滯斬關奪門　郁李仁下氣行水破血潤燥　石膏清熱降火

氣

氣實則壅行氣破氣則滯自下

枳殼破氣行痰消痞脹寬腸胃　木香泄肺氣實大腸治瀉痢後重　橘皮理氣燥溼下氣消痰　檳榔瀉氣行痰攻堅去脹治大便氣秘

腸虛補之

大腸多氣少血氣血不足則虛故用補下分五法

氣

補氣不外下文升陽降溼二法此所謂氣疑指風言蓋風爲陽氣善行空竅風氣入腸則爲腸鳴瀉泄諸證故藥只舉皂莢一味正以其入腸而搜風

也。

皂莢 辛溫性燥入肺大腸搜風除淫

燥

燥屬血分金被火傷則血液枯燥養血所以潤燥

也

桃仁 行血潤燥通大腸氣秘 麻仁 潤燥滑腸 杏仁 潤燥消積通大腸氣秘 地黃 瀉丙火清燥金補陰涼血 乳香 消氣活血通十二經 松子 治大便虛秘 當歸 補血潤燥滑大腸 肉蓯蓉 補精血滑大腸

溼

土爲金母脾虛溼勝則水穀不分下滲於大腸而

爲泄瀉燥脾中之溼所以補母也

白朮 補脾燥溼 蒼朮 燥胃強脾除溼散鬱 半夏 和胃健脾除溼化痰 硫黃 大熱純陽而疏利大腸治老人虛秘

陷

清氣在下則生飧泄胃中清陽之氣陷入下焦升而舉之如補中益氣升陽除溼之法是也

升麻 升陽氣於至陰引甘溫藥上行 葛根 輕揚升發能鼓胃氣上行

脫

下陷不已至於滑脫濇以止之所以收斂正氣也

龍骨 濇腸固精 白堊 濇腸止利 訶子 收脫止瀉濇腸斂肺 粟殼 斂肺濇腸 烏梅 斂肺濇腸 白礬 性濇而收燥溼止血 赤石脂 收溼止血固大小腸 禹餘糧 重濇固下 石榴皮 濇腸止利泄

本熱寒之

大腸屬金惡火肺火下移大腸每多無形之熱故宜寒之

清熱

實熱則瀉虛熱則清前言其實此言其虛省文也

秦艽 燥溼散風去腸胃熱 槐角 苦寒純陰涼大腸 地黃 瀉火清金涼血止血 黃芩 寒勝熱瀉肺火

本寒溫之

金寒水冷每多下利清穀故用溫

溫裏

溫裏亦所以補虛前補虛條中未之及亦省文也

乾薑 去臟腑沈寒錮冷 附子 大熱純陽通十二經絡治一切沈寒 肉果 濇大腸止冷痢虛瀉

標熱散之

不言標寒者邪入陽明已變爲熱且手陽明經脈在上非寒邪所干

解肌

陽明主肌肉已非在表不可發汗第用解肌之法

石膏體重瀉火氣輕解肌 白芷散風除溼通竅表汗為陽明主藥 升麻表散風邪亦入手陽明 葛根解肌退熱

內經靈樞經脈篇

胃經第三 是經起於頭維穴終於厲兌穴

胃足陽明之脈起於鼻之交頞中旁約太陽之脈下循鼻外上入齒中還出挾口環脣下交承漿卻循頤後下廉出大迎循頰車上耳前過客主人循髮際至額顱其支者從大迎前下人迎循喉嚨入缺盆下膈屬胃絡脾其直者從缺盆下乳內廉下挾臍入氣街中其支者起於胃口下循腹裏下至氣街中而合以下髀關抵伏兔下膝臏中下循脛外廉下足跗入中指內間其支者下廉三寸而別下入中指外間其支

者別跗上入大指間出其端是動則病灑灑振寒善呻數欠顏黑病至則惡人與火聞木聲則惕然而驚心欲動獨閉戶塞牖而處甚則欲上高而歌棄衣而走賁響腹脹是為骭厥是主血所生病者狂瘧溫淫汗出鼽衄口喎脣胗頸腫喉痹大腹水腫膝臏腫痛循膺乳氣街股伏兔骭外廉足跗上皆痛中指不用氣盛則身以前皆熱其有餘於胃則消穀善飢溺色黃氣不足則身以前皆寒慄胃中寒則脹滿為此諸病盛則瀉之虛則補之熱則疾之寒則留之陷下則灸之不盛不虛以經取之盛者人迎大三倍於寸口

虛者人迎反小於寸口也。

經絡解

頞鼻莖也頞下爲頷頷中爲頤頤前爲髮際髮際前爲額顱股內爲髀髀前膝上起肉處爲伏兔伏兔後爲髀關挾膝筋中爲臏脛骨爲骭足面爲跗

足陽明受手陽明之交起於鼻之兩旁迎香穴上行而左右相交於頞中過太陽睛明之分下循鼻外歷承泣四白巨髎上入齒中還出挾口兩吻地倉環繞脣下左右相交於承漿卻循頤後下廉出大迎循頰車上耳前歷下關過客主人循髮際

經頭維會於額顱之神庭其支者從大迎前下人迎循喉嚨歷水突氣舍入缺盆行足少陰俞府之外下膈當上脘中脘之分屬胃絡脾其直行者從缺盆而下下乳內廉循氣戶庫房屋翳膺窗乳中乳根不容承滿梁門關門太乙滑肉門下挾臍歷天樞外陵大巨水道歸來諸穴而入氣街中其支者自屬胃處起胃下口循腹裏過足少陰肓俞之外本經之裏下氣街中與前之入氣街者合乃下髀關抵伏兔歷陰市梁邱下入膝臏中經犢鼻下循足面之衝陽陷谷入中指外間之內庭至厲兌穴而終也其支別者自膝下三寸循三里穴之外別下歷上廉條口下廉豐隆解谿衝陽陷谷以至內庭厲兌而合也又其支者別跗上衝陽穴別行入大指間出足厥陰行間穴之外循大指下出其端以交於足太陰也胃之經脈有二一上行至頭一下行至足絡脈有四伏行胸腹者二旁行脛足者二其實上下二脈雖不同行而中有絡脈以相連貫則仍一脈也伏行二絡一起於胃一止於胃仍是一脈至氣街而合行於脛足絡與經又仍一脈也下二絡一交於太陰一旋分而旋合其旁行

之路雖殊而結穴正自井然也

胃經諸穴歌

足陽明四十五自承泣四白而數巨髎有地倉之積大迎乘頰車之夥下關頭維及人迎水突氣舍與缺盆氣戶兮庫房屋翳膺窗兮乳中乳根不容承滿梁門關門太乙滑肉天樞外陵大巨從水道歸來氣街入髀關之境伏兔至陰市梁邱犢鼻自三里而行上巨虛兮條口下巨虛兮豐隆解谿衝陽入陷谷下內庭厲兌而終。

分寸歌

胃之經兮足陽明。承泣目下七分尋。四白目下方一寸。巨髎鼻孔旁八分。地倉夾吻四分迎。大迎頷下寸三分。頰車耳下八分穴。下關耳前動脈行。頭維神庭旁四五。人迎喉旁寸五真。水突筋前迎下在。氣舍突下穴相乘。缺盆舍下橫骨內。各去中行寸半明。氣戶璇璣旁四寸。至乳六寸又四分。庫房屋翳膺窗近。乳中正在乳頭心。次有乳根出乳下。各一寸六不相侵。卻去中行須四寸。以前穴道與君陳。不容巨闕旁三寸。卻近幽門寸五新。其下承滿與梁門。關門太乙滑肉門。上下一寸無多少。共去中行三寸尋。天樞臍旁

二寸間。樞下一寸外陵安。樞下二寸大巨穴。樞下四寸水道全。樞下六寸歸來好。其去中行二寸邊。氣街鼠蹊上一寸。又去中行四寸專。髀關膝上有尺二。伏兔膝上六寸是。陰市膝下方三寸。梁邱膝上二寸記。膝臏陷中犢鼻存。膝下三寸三里至。膝下六寸上廉穴。膝下七寸條口位。膝下八寸下廉看。膝下九寸豐隆係。卻是踝上八寸量。比那下廉外邊綴。解谿去庭六寸半。衝陽庭後五寸換。陷谷庭後二寸間。內庭次指外間現。厲兌大指次指端。去爪如韭胃井判。

病證解

陽明多氣多血，曰血所生病，舉血以概氣也。振寒，所謂寒慄鼓頷，經病也。善呻數欠，府病也。顏黑，脈起於面，經病也。惡人與火，胃熱盛也。聞木音而驚，土畏木也。閉戶獨處，陰薄陽也。上高而歌，陽盛則四支實也。棄衣而走，熱盛於身也。賁響腹脹，火盛與水相激也，皆府病也。骭厥，脈行於骭，經病也。以上皆本經自病也。狂，胃熱乘心，與上登高棄衣同。瘧，兼少陽病也。溫淫汗出，胃主肌肉，內熱則腠理開也。鼽衄，脈行鼻外也。口喎，脈挾口也。脣胗，脈環脣也。頸腫，脈循頤出大迎也。喉痺，脈循喉嚨也。大

腹水腫，脈循腹裏也。膝臏腫痛以下，皆經脈所行之地。以上本經病居多，或合他經而並見也。身前寒熱，脈行於身之前也。消穀脹滿，府病也。溺色黃，胃熱下入膀胱也。其有未備者，另詳本草中。

本草臟腑虛實標本用藥式

胃屬土，主容受，爲水穀之海。

本病（臟腑之病）

噎膈反胃（有火則噎膈，無火則反胃）中滿腫脹（同經）嘔吐（聲物俱出，胃寒熱皆然）瀉痢（溼熱下行於腸）霍亂腹痛（脾胃俱病）消中善飢（同經）不消食（脾不爲胃用）傷飲食（胃病累脾）胃管當心痛支兩脇（木剋）

土素少陽病也

標病之痳經絡

發熱蒸蒸身前熱身後寒同經發狂譫語必兼登高棄衣諸證身熱四支實故屬標病咽痺咽胃系也上齒痛脈入齒口眼喎斜脈挾口且過睛明穴也鼻痛、鼽衄同經赤瘡脈起交頞

治法解

胃實瀉之

胃主容受然太實則中焦阻塞上下不通故用瀉下分二法

溼熱

熱盛則溼者化而爲燥故用下法

大黃蕩滌腸胃下燥結去瘀熱芒硝潤燥軟堅蕩滌腸胃

飲食

重者用下輕者用消

巴豆去臟腑沉寒下冷積神麯化水穀消積滯山楂消食磨積化油膩滯阿魏入脾胃消肉積硇砂消食破瘀治肉積鬱金下氣破血三稜破血消積輕粉劫痰涎消積滯

胃虛補之

土喜冲和或熱或寒皆傷正氣耗津液故用補下分二法

溼熱

氣虛溼勝溼勝熱生去溼卽所以去熱熱去而正氣自生

蒼朮燥胃除溼白朮燥溼和中半夏除溼化痰茯苓滲溼行水橘皮導滯消痰生薑調中暢胃開痰下食

寒溼

脾中之陽氣不足則胃中之津液不行補陽乃以健脾亦以燥胃故寒去而溼除乃能上輸津液灌溉周身

乾薑逐寒邪燥脾溼除胃冷附子補眞陽逐寒溼草果健脾煖胃燥溼祛寒官桂補命門火抑肝扶脾丁香溫胃補腎肉果理脾煖胃逐冷祛痰人參補陽氣扶脾土黃耆補中益氣壯脾強胃

本熱寒之

不言本寒者治寒溼之法已見上條也

降火

土生於火火太過則土焦降心火乃以清胃熱

石膏足陽明經大寒之藥地黃苦寒入心瀉丙火犀角瀉心火清胃熱黃連瀉心火厚腸胃

標熱解之

邪入陽明則病在肌肉寒變爲熱故不言標寒

解肌

陽明主肌肉邪及肌肉已不在表故用解不用發

升麻表散風寒足陽明引經藥葛根入陽明經開腠發汗豆豉發汗解肌調中下氣

內經靈樞經脈篇

脾經第四是經起於隱白穴終於大包穴

脾足太陰之脈起於大指之端循指內側白肉際過核骨後上內踝前廉上腨內循脛骨後交出厥陰之前上膝股內前廉入腹屬脾絡胃上膈挾咽連舌本散舌下其支者復從胃別上膈注心中是動則病舌本强食則嘔胃脘痛腹脹善噫得後與氣則快然如衰身體皆重是主脾所生病者舌本痛體不能動搖食不下煩心心下急痛溏瘕泄水閉黃疸不能臥强立股膝內腫厥足大指不用爲此諸病盛則瀉之虛

則補之熱則疾之寒則留之陷下則灸之不盛不虛以經取之盛者寸口大三倍於人迎虛者寸口反小於人迎也

經絡解

核骨足大指本節後內側圓骨也腓腹爲腨髀內爲股臍上爲腹咽胃系也舌本舌根也　足太陰脾受足陽明之交起於足大指端之隱白穴循指內側白肉際大都穴過核骨後歷太白公孫商邱上內踝前廉之三陰交上腨內循䯒骨後之漏谷上行交出足厥陰之前至地機陰陵泉上循膝股

前廉之血海箕門迤邐入腹經衝門府舍復循腹結大横會下脘歷腹哀過期門之分循本經之裏下至中脘之際以屬脾絡胃又由腹哀上膈循食竇天谿胸鄉周榮曲折向下至大包又自大包外曲折向上會中府上行人迎之裏挾喉連舌本散舌下而終其支者由腹哀穴別行再從胃部中脘穴之外上膈注於膻中之裏心之分以交於手少陰心經也

脾經諸穴歌

足太陰脾中州二十一穴隱白游赴大都兮瞻太白

訪公孫兮至商邱越三陰之交而漏谷地機可即步陰陵之泉而血海箕門是求入衝門兮府舍軒豁解腹結兮大横優游腹哀食竇兮接天谿而同派胸鄉周榮兮綴大包而如鉤

分寸歌

大指內側起隱白節後陷中求大都大白內側核骨下節後一寸公孫呼商邱內踝陷中遺踝上三寸三陰交踝上六寸漏谷是踝上五寸地機朝膝下內側陰陵泉血海膝臏上內廉箕門穴在魚腹取動脈應手越筋間衝門期下尺五分府舍期下七寸判腹結期下六寸八大横期下五寸半腹哀期下方二寸期門肝經穴道現巨闕之旁四寸五御連脾穴休胡亂自此以上食竇穴天谿胸鄉周榮貫相去寸六無多寡又上寸六中府換大包腋下有六寸淵液腋下三寸絆

病證解

舌本強脈連舌本也食則嘔脾不能化食也胃脘痛脈絡胃也腹脹脈入腹也善噫脾氣厥逆於胃也得後與氣則快脾氣下泄也身體重脾主肌肉也以上或經病或絡病或臟病皆脾經自病也舌

本痛甚於強也體不能動甚於重也食不下不但嘔也心煩心痛脈注心中亦合心經病也溏瘕泄脾不實也水閉脾病連腎也黃疸脾病本色外現也不能臥腎病干脾也強立股膝腫足大指不用皆經病以上合病也不言氣盛氣虛省文也

本草臟腑虛實標本用藥式

脾藏志屬土爲萬物之母主營衛主味主肌肉主四肢

本病 臟腑之病

諸溼腫脹痞滿 即經中腹脹得後與氣則快不能臥食不下諸證 噫氣 同經

輕揚上行同升麻服能吐 虀汁吐諸痰飲宿食 藜蘆吐上膈風涎 苦參瀉火燥溼祛風逐火 赤小豆行水散血清熱解毒 鹽湯能涌吐 苦茶下氣消食瀉熱清痰 濃茶能引吐

下

下法不止去結除熱凡驅逐痰水皆是也蓋脾惡溼脾病則溼勝土不足以制水每生積飲之證故與腸胃三焦下熱結之法稍異

大黃瀉血分實熱下有形積滯 芒硝蕩滌實熱推陳致新 青礞石體重沈墜下氣利痰 大戟瀉臟腑水溼 續隨子下積飲治水氣 芫花去水氣消痰癖 甘遂瀉隧道水溼

土虛補之

土爲萬物之母而寄旺於四時土虛則諸臟無所稟承故用補下分三法

補母

土生於火益心火所以生脾土也

桂心苦入心經益陽消陰 茯苓安心益氣助陽補脾

氣

氣屬陽陽氣旺則溼不停而脾能健運

人參大補元氣益土生金 黃耆補中氣壯脾胃 升麻升陽氣補衛氣脾胃引經藥 葛根入脾經升胃氣 甘草補脾胃不足 陳皮調中快膈脾胃氣分之藥 霍

大小便閉同水閉 黃疸同經 痰飲脾不爲胃行津液 吐瀉霍亂 脾胃同病 心腹痛同經 飲食不化脾不健運

標病經絡之病

身體膚腫重困嗜臥同經 四肢不舉脾主四肢 舌本強痛 足大指不用同經 九竅不通脾爲萬物母上營衛脾病則諸臟俱病九竅在外故爲標病 諸痓項強脈行人迎挾咽

治法解

土實瀉之

脾胃俱爲倉廩之官而脾主運化脾氣太實則中央杼軸不靈故用瀉下分三法

瀉子

金爲土之子土滿則肺氣壅遏瀉肺氣所以消滿

訶子泄氣消痰開胃調中 防風瀉肺散頭目滯氣 桑皮瀉肺行水下氣消痰 葶藶大能瀉肺下氣行水

吐

經云在上者因而越之痰血食積壅塞上焦涌而去之其勢最便故用吐法胃實不言吐者胃主容受脾主消化積雖在胃而病生於脾也

豆豉能升能散得鹽則吐 巵子苦寒瀉火吐虛煩客熱 蘿蔔子長於利氣能吐風痰 常山引吐行水祛老痰積飲 瓜蒂吐風熱痰涎上膈宿食 鬱金行氣破血

香入脾經去惡氣　葳蕤補中益氣治風溼　砂仁和胃醒脾快氣調中　木香疏肝
和脾三焦氣分藥　扁豆調脾煖胃消暑除溼

血

脾統血喜溫而惡寒寒溼傷脾則氣病而血亦病
甘溫益脾則陽能生陰所以和血而補血也與他
臟養血之法不同

白朮甘溫和中同血藥用則補血　蒼朮甘溫辛烈燥胃強脾　白芍瀉肝安脾為太
陰行經藥　膠飴溫補脾甘緩中　大棗甘溫補中入脾經血分　乾薑辛溫燥溼能引
血藥入氣分而生血　木瓜伐肝理脾調營衛利筋骨　烏梅酸澁而溫脾肺血分之藥　蜂
蜜甘溫補中調和營衛

醫學指歸卷上　廿九

本溼除之

不言寒熱者實兼寒熱也下分二法

燥中宮

脾惡溼燥溼所以健脾脾喜溫故只言寒溼不言
溼熱且溼去而熱自除也

白朮苦燥溼　蒼朮除寒溼　橘皮理氣燥溼　半夏除溼化痰　吳茱萸
燥脾除溼　南星燥溼除痰　白芥子溫中開胃利氣豁痰

潔淨府

水乃溼之原行水乃以除溼故治溼必利小便

木通通膀胱導溼熱　赤茯苓利溼熱赤勝於白　豬苓利溼行水　藿香去惡

氣則正氣通暢氣化則小便利

標溼滲之

脾之經絡受傷者不止於溼外感之溼中人不止
脾之一經脾專言溼舉一以概其餘也以溼屬脾
從其類也

開鬼門

溼從汗解風能燥溼

葛根解肌開腠　蒼朮發汗除溼　麻黃辛溫發汗　獨活搜風去溼
以上所舉四藥或入陽明或入太陽或入少陰非
專入脾經也蓋溼與熱合傷在肌肉則用陽明藥
溼與風合傷在皮膚則用太陽藥溼與寒合傷在
筋骨則用少陰藥溼土於五行寄旺故兼諸經藥
也推之他經溼在太陽則用麻黃溼在陽明則用
葛根蒼朮溼在少陰則用獨活觸類引伸方得作
者本旨不可
泥看餘倣此

醫學指歸卷上　卅

內經靈樞經脈篇

心經第五（是經起於極泉穴終於少衝穴）

心手少陰之脈起於心中出屬心系下膈絡小腸其支者從心系上挾咽繫目系其直者復從心系卻上肺下出腋下下循臑內後廉行手太陰心主之後下肘內循臂內後廉抵掌後銳骨之端入掌內後廉循小指之內出其端是動則病嗌乾心痛渴而欲飲是爲臂厥是主心所生病者目黃脇痛臑臂內後廉痛厥掌中熱痛爲此諸病盛則瀉之虛則補之熱則疾之寒則留之陷下則灸之不盛不虛以經取之盛者寸口大再倍於人迎虛者寸口反小於人迎也

經絡解

心系有二其一上通於肺其一由肺葉而下曲折向後並脊裏細絡相連與腎相通正當七節之間蓋心通五臟系也手腕下踝爲銳骨　手少陰經受足太陰脾之交起於心循任脈之外屬心系下膈當臍上二寸之分絡小腸其支者從心系出任脈之外上行而挾咽繫目系以上二脈一下行一上行皆伏行於內者也其直者出行於外亦經脈也從心系上至肺臟之分出循腋下抵極泉穴自

極泉下循臑內後廉行手太陰心主兩經之後歷青靈穴下肘內廉抵少海自少海而下循臂內後廉歷靈道通里至掌後銳骨之端經陰郄神門入掌內廉至少府循小指端之少衝而終以交於手太陽小腸蓋心爲君主之官尊於他臟故其交經授受不假支別云

心經諸穴歌

手少陰九穴成極泉青靈少海深自靈道通里而達過陰郄神門而迎抵於少府少衝可尋

分寸歌

少陰心起極泉中腋下筋間脈入胸青靈肘上三寸取少海肘後五分容靈道掌後一寸半通里腕後一寸同陰郄腕後方半寸神門掌後銳骨隆少府節後勞宮直小指內側取少衝

病證解

嗌乾脈上行挾嗌也心痛本臟之府其餘心痛皆包絡痛也渴而欲飲心火內炎也目黃脈繫目系也脇痛脈出腋下也臑臂後廉痛脈循臑臂後廉也掌中熱痛脈入掌內也　心爲五臟之主邪不能干除真心痛外所載皆經絡中病此下即有本

病亦包絡之病非本臟病也況經絡相連病證多
同故內經雖各詳經絡而本草所載兩經合一今
遵內經仍各分一經至於標本用藥俱載包絡經
中心經不必另載

內經靈樞經脈篇

小腸經第六（是經起於少澤穴終於聽宮穴）

小腸手太陽之脈起於小指之端循手外側上腕出
踝中直上循臂骨下廉出肘內側兩筋之間上循臑
外後廉出肩解繞肩胛交肩上入缺盆絡心循咽下
膈抵胃屬小腸其支者從缺盆循頸上頰至目銳眥
卻入耳中其支者別頰上䪼抵鼻至目內眥斜絡於
顴是動則病嗌痛頷腫不可以顧肩似拔臑似折是
主液所生病者耳聾目黃頰腫頸頷肩臑肘臂外後
廉痛為此諸病盛則瀉之虛則補之熱則疾之寒則

留之陷下則灸之不盛不虛以經取之盛者人迎大
再倍於寸口虛者人迎反小於寸口也

經絡解

腕下兌骨為踝脊兩旁為膂膂上兩角為肩解肩
解下成片骨為肩胛目外角為銳眥目下為䪼目
內角為內眥　手太陽受手少陰心經之交脈起
於小指少澤穴由是循外側之前谷後谿上腕出
踝中歷腕骨陽谷養老穴直上循臂骨下廉支正
出肘內側兩筋之間歷小海穴上循臑外廉行手
陽明少陽之外上肩循肩貞臑俞天宗秉風曲垣

肩外俞肩中俞諸穴乃上會大椎左右相交於兩肩之上自交肩下入缺盆循肩向腋下行當膻中之分絡心循胃系下膈過上脘抵胃下行任脈之外當臍上二寸之分屬小腸其支者從缺盆循頸之天窗天容上頰抵顴髎上至目銳眥過瞳子髎卻入耳中循聽宮而終其支者循頰上䪼抵鼻至目內眥睛明穴以斜絡於顴而交於足太陽經也

小腸經諸穴歌

小腸穴十九中路從少澤步前谷後谿之隆道遵腕骨觀陽谷養老之崇得支正於小海逐肩貞以相從

值臑俞兮過天宗乘秉風兮曲垣中肩外俞兮肩中俞啟天窗兮見天容匪由顴髎曷造聽宮

分寸歌

小指端外為少澤前谷外側節前覓節後捏拳取後谿腕骨腕前骨陷側兌骨下陷陽谷討腕上一寸名養老支正腕後量五寸小海肘端五分好肩貞胛下兩骨解臑俞大骨下陷保天宗秉風後骨中秉風髎外舉有空曲垣肩中曲胛陷外俞胛後一寸從肩中二寸大杼旁天窗扶突後陷詳天容耳下曲頰後顴髎面鳩銳端量聽宮耳端大如菽此為小腸手太陽

病證解

嗌痛脈循胃系也頷腫脈循頸上頰也肩痛脈出肩解也臑難舉脈循臑也耳聾脈入耳也目黃脈入內外眥也頰腫頸頷肩臑肘臂外後廉痛皆經脈所過之地以上言經病未言府病言本經病未言合病然亦可類推也

本草臟腑虛實標本用藥式

小腸主分泌水穀為受盛之官

本病（臟腑之病）大便水穀利小便短小便閉小便血小便自利大

便後血（大腸主大便膀胱主小便而小腸兼主大小便以分泌水穀也）小腸氣痛（本府病）宿食夜熱且止（以小腸為受盛之官）

標病（經絡之病）身熱惡寒（手足太陽病同）嗌痛頷腫（同經）口糜（合胃經瘀以脈循胃系也）

耳聾（同經）

治法解

實熱瀉之

小腸承胃之下脘而下輸膀胱大腸實熱則不能泌別清濁故用瀉下分二法

氣

氣分有熱則水穀不分行水即以導熱

木通（通大小腸導諸溼熱）豬苓（利溼行水）滑石（利竅滲溼瀉熱行水）瞿麥（降心火利小腸行水破血）澤瀉（利溼行水）燈草（降心火利小腸）

血

熱入血分則血妄行清熱所以涼血止血

地黃（瀉丙火涼血生血）蒲黃（生行血熟止血）赤茯苓（入心小腸利溼熱）巵子（瀉心肺邪熱下從小便出）丹皮（瀉血中伏火涼血而生血）

虛寒補之

小腸屬火化物出焉虛寒則失其職故用補下分二法

氣

胃爲小腸上流胃氣虛則溼流小腸而水穀不分調補胃氣即以補小腸之氣也

白朮（燥溼和中益陽補氣）楝實（導小腸熱引心包相火下行）茴香（開胃調中療小腸冷氣）砂仁（快氣調中通行結滯入大小腸）神麴（調中開胃化水穀消積滯）扁豆（調脾煖胃消暑除溼）

血

血分寒虛則多凝滯補陽行氣所以活血而補血也

桂心（辛走血能補陽活血）胡索（行血中氣滯氣中血滯）

本熱寒之

不言本寒者虛寒已見上條省文也

降火

小腸與心爲表裏心火太旺往往下傳於小腸降心火所以清小腸之上流也

黃柏（瀉相火補腎水）黃芩（苦入心寒勝熱瀉心肺三焦之火）黃連（大苦大寒入心瀉火）連翹（形似心入心經氣分而瀉火）巵子（瀉心肺三焦之火）

標熱散之

陽邪中上陰邪中下手太陽經脈在上非寒邪所能干故止言標熱

解肌

陽邪每多自汗之證故不用發表且小腸經專主上部與足陽明解肌不同

藁本（辛溫雄壯爲太陽風藥）羌活（搜風發表）防風（解表去風上焦風邪）蔓荊（輕浮升散主上部風邪）

孫履鰲監刊

醫學指歸卷上終

醫學指歸下

醫學指歸卷下

高郵趙術堂觀瀾編輯　男𩃴 泰階 增訂 校字

內經靈樞經脈篇

膀胱經第七是經起於睛明穴終於至陰穴

膀胱足太陽之脈起於目內眥上額交巔其支者從巔至耳上角其直者從巔入絡腦還出別下項循肩髆內挾脊抵腰中入循膂絡腎屬膀胱其支者從腰中下挾脊貫臀入膕中其支者從髆內左右別下貫胛挾脊內過髀樞循髀外從後廉下合膕中以下貫踹內出外踝之後循京骨至小指外側是動則病衝頭痛目似脫項如拔脊痛腰似折髀不可以曲膕如結踹如裂是爲踝厥是主筋所生病者痔瘧狂癲疾頭顖項痛目黃淚出鼽衄項背腰尻膕踹脚皆痛小指不用爲此諸病盛則瀉之虛則補之熱則疾之寒則留之陷下則灸之不盛不虛以經取之盛者人迎大再倍於寸口虛者人迎反小於寸口也

經絡解

頭頂上爲巔腦後爲項肩後之下爲肩髆椎骨爲脊尻上橫骨爲腰挾脊爲膂挾腰髖骨兩旁爲機機後爲臀膝後屈處爲膕股外爲髀捷骨之下爲

髀樞腓腸爲腨　足太陽之脉受手太陽之交起
目内眥睛明穴上額循攢竹過神庭歷曲差五處
承光通天自通天斜行左右交於項上之百會其
支者從巔至百會抵耳上角以上一經脉一絡脉
上行於頭者也其直行者由通天絡郄玉枕入絡
腦復出下項以抵天柱又由天柱而下循肩膊内
挾脊兩旁相去各一寸半下行於大杼風門諸俞
由是抵腰中入循膂絡腎下屬膀胱其支別者從
腰中循腰髖下挾脊歷上髎次髎中髎下髎會陽
下貫臀至承扶殷門浮郄委陽入膕中之委中穴

其支別者爲挾脊兩旁第二行相去各三寸之諸
穴自天柱而下從膊内左右別行下貫胛膂歷附
分魄戶膏肓神堂譩譆膈關魂門陽綱意舍胃倉
肓門志室胞肓秩邊下歷尻臀過髀樞又循髀樞
之裏承扶之外一寸五分之間而下與前之入膕
中者相合下行循會陽下貫踹内歷承筋承山飛
揚輔陽出外踝後之崑崙仆參申脉金門循京骨
束骨通谷至小指外側之至陰穴以交於足少陰
腎經也

膀胱經諸穴歌

足太陽六十三睛明攢竹詣曲差五處之鄉承光通
天見絡郄玉枕之行天柱高兮大杼抵風門開兮肺
俞當厥陰心膈之俞肝膽脾胃之藏三焦腎兮大腸
小腸膀胱俞兮中膂白環自從大杼至此去脊中寸
半之旁又有上次中下四髎在腰四空以相將會陽
居尻尾之側始了背中二行仍上肩胛而下附分二
椎之旁三椎魄戶四椎膏肓神堂譩譆兮膈關魂門
兮陽綱意舍兮胃倉肓門志室秩邊胞肓承扶浮郄
與委陽殷門委中而合陽承筋承山到飛揚輔陽崑
崙至僕參申脉金門探京骨之場束骨通谷抵至陰

小指之旁

分寸歌

足太陽兮膀胱經目内眥角始睛明眉頭陷中攢竹
取曲差髮際上五分五處髮上一寸是承光髮上二
寸半通天絡郄玉枕穴相去寸五調匀看玉枕挾腦
一寸三入髮二寸枕骨現天柱陷後髮際中大筋外
廉陷中獻自此夾脊開寸五第一大杼二風門三椎
肺俞厥陰四心俞五椎之下論膈七肝九十膽俞十
一脾俞十二胃十三三焦十四腎大腸十六之下椎
小腸十八膀十九中膂内俞二十椎白環廿一椎下

當以上諸穴可排之更有上次中下髎一二三四腰
空好會陽陰尾尻骨旁背部二行諸穴了又從脊上
開三寸第二椎下爲附分三椎魄戸四膏肓第五椎
下神堂尋第六譩譆膈關七第九魂門陽綱十十一
意舍之穴存十二胃倉穴已分十三肓門端正在十
四志室不須論十九胞肓廿秩邊背部三行諸穴勻
又從臀下陰文取承扶居於陷中主浮郄扶下方六
分委陽扶下寸六數殷門扶下六寸長膕中外廉兩
筋鄉委中膝骨約紋裏此下三寸尋合陽承筋腳跟
上七寸穴在腨腸之中央承山腨下分肉間外踝七

寸上飛揚輔陽外踝上三寸崑崙後跟陷中央僕參
亦在踝骨下申脈踝下五分張金門申脈下一寸京
骨外側骨際量束骨本節後陷中通谷節前陷中强
至陰卻在小指側太陽之穴始周詳

病證解

氣衝頭痛脈上額絡腦也目似脫脈起內眥也項
如拔脈下項也脊痛脈挾脊也腰似折脈抵腰中
也髀不可曲脈過髀樞也膕如結脈入膕中也踹
如裂脈貫踹內也以上皆太陽經絡中病也痔脈
貫臀也瘧兼少陽證也狂癲合陽維陽蹻兩經病
也頭項痛脈上額入腦下項也目黃淚出脈起內
眥也鼽衄內眥近鼻合陽明病也項背腰尻以下
至小指不用皆經脈所過之地以上或本經或合
他經皆經病未及府病也府病載本草中

本草臟腑虛實標本用藥式

膀胱主津液爲胞之府氣化乃能出號州都之官諸
病皆干之

本病（臟腑之病）

小便淋瀝或短數或黃赤或白或遺失（膀胱主小便諸病皆本府病）
或氣痛（本府病）

標病（經絡之病）

發熱惡寒（太陽主表）頭痛腰脊强（同經）鼻塞（內眥近鼻）足小指
不用（同經）

治法解

實熱瀉之

膀胱主津液實熱則津液耗散瀉之所以救液也

下一法

泄火

水不利則火無由泄行水所以泄火

滑石（淡滲泄寒瀉熱下走膀胱而行水）　豬苓（除溼瀉熱下通膀胱）

下虛補之

膀胱氣化乃出或熱或寒皆能傷氣氣虛則下焦不固故用補下分二法

熱

熱在下焦乃眞水不足無陰則陽無以化宜滋腎與膀胱之陰

知母潤腎燥而滋陰爲氣分藥 黃柏瀉膀胱火補腎水不足爲血分藥

寒

虛寒則氣結於下或升或散皆所以通其氣虛寒則元氣不固或溫或澀皆所以固其氣

桔梗開提氣血載藥上浮 升麻能升陽氣於至陰之下 益智仁攝精固氣縮小便 烏藥辛溫順氣治膀胱冷氣 萸肉固精祕氣縮小便

本熱利之

不言本寒者已見補虛條中省文也

降火

水在高源上焦有火則化源絶淸金瀉火亦補母之義前虛熱條中所載乃正治法此乃隔一治法互文也至行水泄火惟實者宜之已見前瀉實條中與此條有別

地黃苦寒瀉火入手足少陰 巵子瀉心肺邪熱從小便出 茵陳苦寒勝熱苦燥溼入足太陰經 黃柏瀉相火補腎水 丹皮入手足少陰瀉血中伏火 地骨皮降肺中伏火

標寒發之

不言標熱者寒邪中下初入太陽猶未變爲熱也

發表

太陽主表寒邪入表急宜驅之使出故發汗之法較解表尤重

麻黃辛溫發汗去營中寒邪 桂枝發汗解肌調和營衛 羌活搜風勝溼入足太陽經 防已通腠理療風水太陽經藥 黃耆無汗能發有汗能止 木賊草發汗解肌升散火鬱風溼 蒼朮發汗除溼

內經靈樞經脈篇

腎經第八 是經起於湧泉穴終於腧府穴

腎足少陰之脈起於小指之下邪趨足心出於然谷之下循內踝之後別入跟中以上腨內出膕內廉上股內後廉貫脊屬腎絡膀胱其直者從腎上貫肝膈入肺中循喉嚨挾舌本其支者從肺出絡心注胸中是動則病飢不欲食面如漆柴咳唾則有血喝喝而喘坐而欲起目䀮䀮如無所見心如懸若飢狀氣不足則善恐心惕惕如人將捕之是爲骨厥是主腎所生病者口熱舌乾咽腫上氣嗌乾及痛煩心心痛黃

疸腸澼脊股內後廉痛痿厥嗜臥足下熱而痛爲此諸病盛則瀉之虛則補之熱則疾之寒則留之陷下則灸之不盛不虛以經取之灸則强食生肉緩帶披髮大杖重履而步盛者寸口大再倍於人迎虛者寸口反小於人迎也

經絡解

足少陰腎之脈受足太陽膀胱之交起足小指之下斜趨足心之湧泉轉出內踝前起大骨下之然谷下循內踝後之太谿別入跟中之大鍾照海水泉乃折自大鍾之外上循內踝行厥陰太陰兩經之後經本經復溜交信穴過脾經之三陰交上踹內循築賓出膕內廉抵陰谷上股內後廉貫脊會於督之長強還出於前循橫骨大赫氣穴四滿中注肓俞之所臍之左右屬腎下臍過任脈之關元中極而絡膀胱焉其直行者從肓俞屬腎處上行循商曲石關陰都通谷諸穴貫肝上循幽門上膈歷步廊入肺中循神封靈墟神藏彧中俞府而上循喉嚨並人迎挾舌本而終其支者自神藏別出繞心注胸之膻中以交於手厥陰心包絡經也

腎經諸穴歌

足少陰兮廿七湧泉流於然谷太谿大鍾兮水泉緣照海復溜兮交信續從築賓兮上陰谷掩橫骨兮大赫麓氣穴四滿兮中注肓俞上通乎商曲守石關兮陰都安閉通谷兮幽門肅步廊神封而靈墟存神藏彧中而腧府足

分寸歌

足掌心中是湧泉然骨踝下一寸前太谿踝後跟骨上大鍾跟後踵中邊水泉谿下一寸覓照海踝下四寸安復溜跟上前二寸交信踝上二寸聯二穴止隔筋前後太陽之後少陰前築賓內踝上踹分陰谷膝

下曲膝間橫骨大赫併氣穴四滿中注亦相連各開
中行止半寸上下相去一寸便上肓俞亦一寸肓
俞臍旁半寸邊肓俞商曲石關來陰都通谷幽門肅
各開中行五分俠六穴上下一寸裁步廊神封靈墟
存神藏彧中腧府尊各開中行計二寸上下寸六六
穴分腧府璇璣旁二寸取之得法自然眞

病證解

飢不欲食蓋虛火盛則飢而不欲食者脾氣弱也
乃木火侮土之故以腎虛不能養肝且脈貫肝上
膈也面如漆柴水枯而腎之色黑者見於外腎之

主骨者瘦於形也欬唾有血喝喝而喘以脈入肺
中皆火盛水虧之疾也坐而欲起皆陰虛不能安
靜也目無所見水虧肝弱也心如懸脈絡心包也
善恐如人將捕恐傷腎也骨厥腎主骨也口熱舌
乾咽腫上氣嗌乾痛脈循喉嚨挾舌本也煩心心
痛脈絡心也黃疸身體面目皆變黃也有急黃勞
黃腦黃陰黃癖黃噤黃五色黃黃汗酒疸穀疸黑
疸女勞疸名目不可不辨腸澼即滯下滯下即痢
疾痢疾本於腎腎司二陰也脊股內後廉痛脈所
經也痿骨痿腎主骨也厥腎虛氣上逆也嗜臥即

傷寒論中所謂但欲寐蓋熱邪入腎則神昏而嗜
臥也足下熱痛脈起湧泉也以上或臟病或經病
而合他臟病居多以腎脈入肝入肺絡心一臟而
連諸臟與他臟異也

本草臟腑虛實標本用藥式

腎藏智屬水爲天一之源主聽主骨主二陰

本病（臟腑之病）

諸寒厥逆骨痿（同經）腰痛腰冷如冰（臟病及腑）足胻腫寒
（水氣下泄）少腹滿急疝瘕（腎主下焦少腹腎所治也）大便閉泄吐利
腥穢水液澄澈清冷不禁（腎主二陰）消渴引飲（火旺傷水）

標病（經絡之病）

發熱不惡熱（眞寒假熱）頭眩頭痛（太陽經病腎絡所通）咽痛舌燥
脊股後廉痛（同經）

命門（右腎爲命門）爲相火之原天地之始藏精（精化於氣）生血
（陽能生陰）降則爲漏升則爲鉛（鉛乃北方正氣一點初生之眞陽一念之非降而爲漏一念之誠守而成鉛）主三焦元氣

本病（不言標病者兩腎經絡皆同也）

前後癃閉（腎主二陰左腎病便閉右腎病癃閉有寒熱之分）氣逆裏急疝
痛奔豚（病同左腎滿急疝瘕而有寒熱之別）消渴（亦同左腎而水火虛不同）膏
淋（淋病屬小便而膏淋則傷精）精漏精寒（命門上藏精）赤白濁（亦精道病）

溺血崩中帶漏（命門主生血）

治法解

水强瀉之

眞水無所謂强也。膀胱之邪氣旺則爲水强。瀉膀胱乃以瀉水也。下分二法。

瀉子

木爲水之子。水溼壅滯得風火以助之。結爲痰涎。控去痰涎。正所以疏肝而泄水也。

牽牛（逐水消痰瀉氣分之溼熱） 大戟（去臟腑水溼瀉肝經風火之毒）

瀉腑

膀胱爲腎之腑。瀉腑則臟自不實。

澤瀉（利溼行水瀉下焦血分溼熱爲療風水之要藥） 豬苓（利溼利水） 車前子（滲膀胱溼熱利小便而不走氣） 防已 茯苓（除溼瀉熱下通膀胱）

水弱補之

腎爲水臟。而眞陽居於其中。水虧則眞陽失其窩宅。無所依附。故固陽必先補水。

補母

肺爲腎之母。補肺金所以生腎水也。

人參（大補肺中元氣） 山藥（色白入肺益腎强陰）

氣

火强則氣熱。火弱則氣寒。寒熱皆能傷氣。補氣之法。亦不外瀉火補火二端。內經腎臟不分左右。本草雖分。究竟命門治法已該左腎中。

知母（瀉火補水潤燥爲腎經氣分藥） 元參（色黑入腎能壯水以制火） 破故紙（補相火以通君火煖丹田壯元陽） 砂仁（辛溫益腎通行結滯） 苦參（瀉火燥溼補陰益精）

血

血屬陰。陰與陽相配。陽强則陰虧。無陽亦無以生陰。故滋陰溫腎。皆所以益精而補血也。亦兼命門治法在內

黃柏（瀉火補水腎經血分藥） 枸杞（生精助陽清肝滋腎） 熟地黃（滋腎水補眞陰塡骨髓生精血）

鎖陽（益精興陽補陰潤燥） 肉蓯蓉（入腎經血分補命門相火） 萸肉（補腎溫肝强陰助陽） 阿膠（養肝滋腎和血補陰） 五味子（斂肺滋腎强陰濇精）

本熱攻之

邪熱入裏。直攻腎臟。非如前補氣條中用清熱之法可以緩圖者也。惟有急攻一法

下

熱入腎臟。眞水已虧。豈可攻下。而傷寒少陰條中有用大承氣湯下之者。以有口燥咽乾之證。故屬之少陰。其實乃少陰陽明也。熱結於足陽明則土燥耗水。熱結於手陽明則金燥不能生水。攻陽明

之熱正所以救腎水也況腎主二陰瀉腑所以通小便攻下所以通大便此亦瀉實之法補前條所未備

本寒溫之

北方水臟加以寒邪恐眞陽易至消亡故有急溫一法

溫裏

溫裏亦不外下條益陽之法但本非眞陽不足以寒邪犯本急用溫法故所用皆猛烈之藥與下補火法大同小異

附子大熱純陽逐風寒溼治沈寒錮冷之病 乾薑生逐寒邪而發表炮除胃冷而守中 官桂益陽補氣 白朮苦燥溼溫和中 蜀椒發汗散寒入命門補火

標寒解之

寒邪直入陰分然尚在經絡未入臟腑故曰標寒解表

寒邪入於少陰經絡雖在表未入於裏已與太陽之表不同第可引之從太陽而出不可過汗以泄腎經故不言發表而言解表也

麻黃發表解肌去營中寒邪衛中風邪 細辛辛溫散風邪乃足少陰本藥 獨活搜風去溼入足少陰氣分 桂枝發汗解肌溫經通脈

標熱涼之

寒邪入於骨髓久之變而爲熱以邪猶在表故爲標熱

清熱

熱自內出發熱而不惡寒不可發汗故用清熱之法

元參入腎補水散無根浮游之火 連翹入心瀉火除三焦溼熱 甘草生用瀉火炙用補中入汗劑則解肌入涼劑則瀉邪火 豬膚治少陰下利咽痛

火強瀉之

火強非火實也水弱故火強火強則水愈弱故瀉火法仍是補法

瀉相火

腎火與水並處水不足火乃有餘滋陰即以瀉火所謂壯水之主以制陽光是也

黃柏瀉相火補腎水不足 知母潤腎燥而滋陰 丹皮入足少陰瀉伏火涼血而生血 地骨皮瀉肝腎虛熱涼血而補正氣 生地黃滋陰退陽入足少陰 茯苓行水 元參色黑入腎壯水以制火 寒水石除三焦火熱

火弱補之

火居水內即坎中一畫之陽先天之本是也弱則腎虛而眞陽衰敗故宜補

益陽

腎中元陽不足無以藏精而生血故補火而不失之燥則陽能配陰而火不耗水即用燥藥亦必以滋腎之藥佐之益陽與澀裏所以不同所謂益火之原以消陰翳是也

附子 引補氣藥以復散失之元陽引補血藥以滋不足之真陰 肉桂 入肝腎血分補命門相火不足 益智仁 補命門之不足濟精固氣 破故紙 緩丹田壯元陽 沉香 入右腎命門能煖精壯陽 川烏 功同附子而稍煖寒宜附子風宜烏頭 硫黃 補命門真火不足性雖熱而能通 天雄 補下焦命門陽虛 烏藥 治厥逆之氣 陽起石 補右腎命門 茴香 煖丹田補命門不足 胡桃 屬水入腎佐破故紙大補下焦 巴戟 入腎經血分強陰益精 丹砂 同地黃枸杞之類養腎 當歸 和血養血治一切血證陰虛而陽無所附者 蛤蜊 補肺潤腎益精助陽 覆盆 益腎臟而固精起陽痿縮小便

精脫固之

血生於陰而精化於陽陽不能固則精不能藏故固精屬之右腎

澀滑

澀以止脫澀之所以固之也

牡蠣 澀以收脫治遺精 芡實 固腎澀精 金櫻子 固精氣入腎經 五味子 收耗散之氣強陰澀精 遠志 能通腎氣上達於心治夢洩 萸肉 固精秘氣 蛤蚧 與牡蠣同功

內經靈樞經脈篇

心包絡經第九 是經起於天池穴終於中衝穴

心主手厥陰心包絡之脈起於胸中出屬心包絡下膈歷絡三焦其支者循胸中出脇下腋三寸上抵腋下循臑內行太陰少陰之間入肘中下臂行兩筋之間入掌中循中指出其端其支者別掌中循小指次指出其端是動則病手心熱臂肘攣急腋腫甚則胸脇支滿心中憺憺大動面赤目黃喜笑不休是主脈所生病者煩心心痛掌中熱為此諸病盛則瀉之虛則補之熱則疾之寒則留之陷下則灸之不盛不虛以經取之盛者寸口大一倍於人迎虛者寸口反小於人迎也

經絡解

小指次指即手小指之次指乃無名指也　手厥陰心包絡經之脈受足少陰腎經之交起於胸中出屬心下之包絡由是下膈歷絡於三焦其支者自屬心包上循胸出脇下腋三寸天池穴上行抵腋下循臑內之天泉以界手太陰肺經手少陰心經兩經之中間入肘中之曲澤穴又由肘中下臂行臂兩筋之間循郄門間使內關大陵入掌中勞

宮循中指出其端之中衝穴。其支別者從掌中循
無名指出其端而交於手少陽三焦經也。

心包絡經諸穴歌

手厥陰心包之絡，計有九穴而終，自天池天泉爲始，逐曲澤郄門而通，間使通乎內關，大陵近於勞宮，既由掌握抵於中衝。

分寸歌

心包起自天池間，乳後一寸腋下三。天泉曲腋下二寸，曲澤屈肘陷中央，郄門去腕方五寸，間使腕後三寸量，內關去腕止二寸，大陵掌後兩筋間，勞宮屈中

名指取，中指之末中衝良。

病證解

手心熱，脈行於掌中也。臂肘攣急，腋腫，胸脇支滿，皆脈所過之地也。憺憺大動，心宜靜而反動，本臟病也。面赤目黃，手少陽經病，心包絡脈所過也。喜笑不休，心在聲爲笑，本臟病也。脈所生病，心主脈也。煩心心痛，本臟病也。掌中熱，即手心熱也。　以上經病多與心經相同，以經脈相近也。至於臟病，心經則無，而心包絡則有，以心臟不可受邪，凡病皆包絡相火受之也。內經分心與心主爲兩經，本

草言證治則合而爲一。今遵內經仍分爲二，至本草所載則附於心主條下，以本病屬於心主，標病兩經略同，治法亦兩經無異也。

本草臟腑虛實標本用藥式

心藏神，爲君火，包絡爲相火，代君行令，主血，主言，主汗，主笑。

本病心包之病　諸熱瞀瘛心主火，火勝則目眩筋急　驚惑譫妄煩亂心藏神，心病則神亂　啼笑罵詈與經言喜笑不休略同　怔忡即心火病　健忘心藏神　自汗心主汗　諸痛痒瘡瘍心主血，熱傷血也

標病經絡之病　肌熱熱在血分　畏寒戰慄熱極似寒　舌不能言心主言　面赤目黃　心煩熱　胸脇滿痛　引腰背肩胛肘臂經同

治法解

火實瀉之

心屬火，邪氣有餘則爲火實，故用瀉，下分四法。

瀉子

土爲火之子，瀉脾胃之熱，而心火自清。

黃連苦寒，瀉心火，王海藏曰：瀉心實，瀉脾也　大黃大瀉血分實熱，入足太陰、足陽明

氣

火入上焦則肺氣受傷甘溫以益元氣而熱自退雖以補氣亦謂之瀉火火入下焦則小腸與膀胱氣化不行通水道瀉腎火正以導赤也

甘草生用瀉火入涼劑則瀉邪熱 人參大補元氣生亦瀉火 赤茯苓瀉熱行水入小腸氣分 木通通小腸膀胱導溼熱從小便出 黃柏沈陰下降瀉膀胱相火

血

火入血分則血熱涼血所以瀉火

丹參色赤入心破宿血生新血 丹皮瀉血中伏火涼血而生血 生地黃瀉心火涼血而生血 元參壯水以制火

鎮驚

心藏神邪入心包則神不安化痰清熱兼以重墜亦鎮驚之義也

硃砂瀉心經邪熱鎮心定驚 牛黃清心解熱利痰涼驚 紫石英重以去怯入心肝血分

神虛補之

心藏神正氣不足則爲神虛故用補下分三法

補母

木爲火之母肝虛則無以生火故補心必先補肝

細辛辛溫肝膽 烏梅味酸入肝 棗仁甘酸而潤專補肝膽 生薑肝欲散辛散所以補肝 陳皮辛能散入厥陰行肝氣

氣

膻中爲氣海膻中清陽之氣不足當溫以補之即降濁升清亦所以爲補也

桂心苦入心補陽活血 澤瀉利溼熱溼熱既降則清氣上行 白茯苓安心益氣定魄安魂 茯神開心益智安魂養神 遠志苦瀉熱溫壯氣能通腎氣上達於心 石菖蒲辛苦而溫通竅補心

血

心主血補心必先補血生新去滯皆所以爲補也

當歸苦溫助心爲血中氣藥 熟地黃入手少陰厥陰生精血 乳香香竄入心調氣和血 沒藥通滯血補心虛

本熱寒之

不言本寒者心虛則寒上補虛條中已載省文也

瀉火

虛用甘寒實用苦寒瀉火之法不外二端

黃芩苦入心寒勝熱瀉實火 竹葉甘寒瀉上焦煩熱 麥冬清心火潤肺燥 芒硝苦寒除熱 炒鹽瀉熱潤燥補心

涼血

涼血亦不外瀉火但瀉血中之火則爲涼血

生地黃入心瀉火平諸血逆 巵子色赤入心瀉心經邪熱 天竺黃入心經瀉熱豁痰

標熱發之

不言標寒者心經在上非寒邪所能干且心主血脈邪入於脈已非在表有熱無寒可知

散火

火鬱則發之升散之藥所以順其性而發之與解表發表之義不同

甘草入汗劑則解肌　獨活搜風去溼　麻黃發汗解肌走手少陰　兼　柴胡發表升陽平少陰厥陰邪熱　龍腦辛溫散熱

內經靈樞經脈篇

三焦經第十是經起於關衝穴終於耳門穴

三焦手少陽之脈起於小指次指之端上出兩指之間循手表腕出臂外兩骨之間上貫肘循臑外上肩而交出足少陽之後入缺盆布膻中散絡心包下膈循屬三焦其支者從膻中上出缺盆上項繫耳後直上出耳上角以屈下頰至䪼其支者從耳後入耳中出走耳前過客主人前交頰至目銳眥是動則病耳聾渾渾焞焞嗌腫喉痹是主氣所生病者汗出目銳眥痛頰腫耳後肩臑肘臂外皆痛小指次指不用為

此諸病盛則瀉之虛則補之熱則疾之寒則留之陷下則灸之不盛不虛以經取之盛者人迎大一倍於寸口虛者人迎反小於寸口也

經絡解

三焦手少陽之脈受手厥陰之交起於第四指之端關衝穴上出歷液門中渚循手表腕之陽池出臂外兩骨之間歷外關支溝會宗三陽絡四瀆至天井穴從天井上行循臂臑之外歷淸冷淵消濼行手太陰之裏手陽明之外上肩循臂臑會肩髎天髎交出足少陽之後過秉風肩井下入缺盆復

由足陽明之外而交會於膻中之上焦散布絡繞於心包絡乃下膈入絡膀胱以約下焦附右腎而止其支行者從膻中而上出缺盆之外上項過大椎循天牖上耳後經翳風瘈脈顱顖直上出耳上角至角孫過懸釐頷厭及過陽白睛明屈曲耳頰至𩑰會顴髎之分其又支者從耳後翳風穴入耳中過聽宮歷耳門和髎卻出至目銳眥會瞳子髎循絲竹空而交於足少陽膽經也

三焦經諸穴歌

手少陽三焦之脈二十三穴之間關衝液門中渚陽

池外關通連支溝會宗三陽絡四瀆天井清冷淵消濼臑會肩髎相聯天髎處天牖之下翳風讓瘈脈居先顱顖定而角孫近耳絲竹空而禾髎接焉耳門既闕經穴已全

分寸歌

無名之外端關衝液門小次指陷中中渚液下去一寸陽池腕上之陷中外關腕後方二寸腕後三寸支溝容腕後三寸內會宗空中有穴用心攻腕後四寸三陽絡四瀆肘前五寸着天井肘外大骨後骨罅中間一寸摸肘後二寸清冷淵消濼對腋臂外落臑會肩前三寸量肩髎臑上陷中央天髎缺盆陷處上天牖天容之外旁翳風耳後尖角陷瘈脈耳後青脈現顱顖亦在青絡脈角孫耳廓中間上耳門耳前起肉中禾髎耳前動脈張欲知絲竹空何在眉後陷中仔細量

病證解

耳聾渾焞脈入耳中也嗌腫喉痹脈上項也汗出汗爲心液三焦爲心包之表也目銳眥痛脈至銳眥也耳後肩臑肘臂外痛小指次指不用脈所經之地也以上皆經病未及腑病也

本草臟腑虛實標本用藥式

三焦爲相火之用分布命門元氣主升降出入游行天地之間總領五臟六腑營衛經絡內外上下左右之氣號中清之府上主納中主化下主出

本病臟腑之病

諸熱瞀瘛臟腑同病暴病暴卒暴瘖火性急烈也躁擾狂越譫妄驚駭臟腑同病諸血嗌血泄火盛則血熱妄行諸氣逆衝上火性炎上諸瘡瘍臟腑同病痘疹瘤核亦瘡瘍之類

三焦本病上已詳敘以下六條皆他臟他腑之病諸經已載此復詳敘三焦條下者以三焦總領五

臟六腑營衛經絡無所不貫故也

上（上謂心肺胸膈上脘諸經）熱則喘滿諸嘔吐酸胸痞脇痛食飲不消頭上汗出

中（中謂脾胃兩經）熱則善飢而瘦解㑊（尺脈緩澀謂之解㑊）中滿諸脹腹大諸病有聲鼓之如鼓上下關格不通霍亂吐利

下（下謂肝腎大小腸膀胱諸經）熱則暴注下迫水液渾濁下部腫滿小便淋瀝或不通大便閉結下痢

上寒（三焦屬火火實則熱火虛則寒）則吐飲食痰水胸痹前後引痛食已還出

中寒則飲食不化寒脹反胃吐水溼瀉不渴

下寒則二便不禁臍腹冷疝痛

標病（經絡之病）

惡寒戰慄如喪神守（同本臟病）耳鳴耳聾嗌乾喉痹（同經）

諸病胕腫疼酸（本經在手但三焦為決瀆之官水道不行下注而為胕腫）驚駭（驚必兼搐譫見手足故屬標病）手小指次指不用（同經）

治法解

實火瀉之

三焦屬火邪氣有餘則實故用瀉下分三法

汗

實在表則發汗亦兼諸經解表之法

麻黃（足太陽手少陰陽明汗藥）柴胡（少陽汗藥）葛根（手足陽明汗藥）荊芥（足厥陰經汗藥）升麻（陽明太陰汗藥）薄荷（足厥陰經汗藥）羌活（足太陽足少陰厥陰汗藥）

石膏（足陽明手太陰三焦汗藥）

吐

實在上焦則用吐法

瓜蒂（吐風熱痰涎上膈宿食）食鹽（辛溫能涌吐）虀汁（酸鹹吐痰飲宿食）

下

實在中焦下焦則用下法

大黃（大瀉血分實熱下有形積滯）芒硝（蕩滌三焦腸胃實熱）

虛火補之

虛火謂火不足之證即寒也故溫之所以為補

上焦

人參（甘溫補肺）天雄（補下焦以益上焦）桂心（苦入心）

中焦

人參（益土生金）黃耆（補中益氣）丁香（溫胃）木香（和脾氣）草果（健脾煖胃）

下焦

附子（補命門相火）肉桂（入肝腎血分補命門相火）硫黃（補命門真火不足）人參（得下焦引補三焦）沉香（入命門煖精壯陽）烏藥（治膀胱冷氣）破故紙（入命門補相火）

本熱寒之

不言本寒者。虛火即寒。省文也。實火亦熱。但前言瀉法。此不用瀉而用寒。則本熱不必皆實火。瀉熱亦不止汗吐下三法也。參看其有精義

上焦

黃芩（酒炒上行瀉肺火） 連翹（瀉心火與心包火） 梔子（瀉心肺熱） 知母（上清肺金而瀉火） 元參（散浮游之火） 石膏（色白入肺） 生地黃（瀉心火）

中焦

黃連（爲中部之使） 連翹（兼除手足少陽手陽明經熱） 生苄（隨他藥能治諸經血熱） 石膏（足陽明大寒之藥）

下焦

黃柏（瀉膀胱相火） 知母（瀉腎火） 生苄（入手太陽陽明治溺血便血） 石膏（兼入三焦） 丹皮（瀉肝腎火） 骨皮（瀉肝腎虛熱）

標熱散之

三焦經脈在上。且少陽居表裏之間。無所謂寒也。故不言標寒。

解表

解表亦是汗法。但前通言諸經汗法。此則專指本經言。故前條首言麻黃。而此條首言柴胡不用麻黃也。

柴胡（少陽表藥） 細辛（少陰本藥辛益肝膽可通少陽） 荊芥（肝經表藥可通少陽） 羌活（肝經表藥可通少陽） 葛根（陽明表藥能升陽散火） 石膏（三焦表藥）

內經靈樞經脈篇

膽經第十一 是經起於瞳子髎穴，終於竅陰穴

膽足少陽之脈，起於目銳眥，上抵頭角，下耳後，循頸行手少陽之前，至肩上，卻交出手少陽之後，入缺盆。其支者，從耳後入耳中，出走耳前，至目銳眥後。其支者，別銳眥，下大迎，合手少陽，抵於䪼，下加頰車，下頸合缺盆以下胸中，貫膈絡肝屬膽，循脇裏，出氣街，繞毛際，橫入髀厭中。其直者，從缺盆下腋，循胸，過季脇，下合髀厭中，以下循髀陽，出膝外廉，下外輔骨之前，直下抵絕骨之端，下出外踝之前，循足跗上，入小指

次指之間。其支者，別跗上，入大指之間，循大指歧骨內出其端，還貫爪甲，出三毛。是動則病口苦，善太息，心脇痛，不能轉側，甚則面微有塵，體無膏澤，足外反熱，是爲陽厥。是主骨所生病者，頭痛，頷痛，目銳眥痛，缺盆中腫痛，脇下腫，馬刀俠癭，汗出振寒，瘧，胸脇肋髀膝外至脛絕骨外踝前及諸節皆痛，小指次指不用。爲此諸病，盛則瀉之，虛則補之，熱則疾之，寒則留之，陷下則灸之，不盛不虛，以經取之。盛者人迎大一倍於寸口，虛者人迎反小於寸口也。

經絡解

脇又名胠，曲骨之外爲毛際，毛際兩旁動脈爲氣衝，髀厭，髀樞也，脇骨之下爲季脇，骺骨爲輔骨，外踝以上爲絕骨，足面爲跗，足大指本節後爲歧骨，大指爪甲後爲三毛。　足少陽膽經之脈，受手少陽三焦之交，起於目銳眥之瞳子髎，由聽會、客主人上行頭角，循頷厭，下懸顱、懸釐，循耳上髮際至曲鬢、率谷，由率谷外折，下耳後，循天衝、浮白、竅陰、完骨，又自完骨外折，循本神，下至陽白，會睛明，復從睛明上行，循臨泣、目窗、正營、承靈、腦空、風池，至頸，行手少陽之脈前，下至肩上，循肩井，卻左右交

出手少陽之後，入缺盆外。其支者，自耳後入耳中，過聽宮，至目銳眥瞳子髎之分。其支者，別自瞳子髎下大迎，合手少陽於䪼，下臨頰車，下頸，循本經之前，與前之入缺盆者相合，下胸中天池之外，貫膈，即期門之所，絡肝，下屬於膽，自屬膽處循脇裏，至氣衝，繞毛際，遂橫入髀厭之環跳穴。其直行者，從缺盆下腋，循胸，歷淵液、輒筋、日月，過季脇，循京門、帶脈、五樞、維道、居髎，與前之入髀厭者相合，乃下循髀外，循太陽、陽明之間，歷中瀆、陽關，出膝外廉，抵陽陵泉，下輔骨前，歷陽交、外丘、光明，直下抵

絕骨之端循陽輔懸鍾而下出外踝之前至邱墟循足面之臨泣五會俠谿乃上入小指次指之間至竅陰而終其支別者自足面臨泣別行入大指循歧骨內出大指端還貫入爪甲出三毛以交於足厥陰肝經也

膽經諸穴歌

足少陽兮四十三瞳子髎近聽會間客主人在頷厭集懸顱懸釐曲鬢前由率谷天衝而下見浮白竅陰之妍完骨露兮本神陽白臨泣見兮目窗與連正營承靈居其後腦空穴繼靈而安風池肩井兮淵液輒

筋日月兮京門關帶脈五樞由維道居髎而續環跳風市抵中瀆飲陽關之陽陵泉至陽交之外邱間光明陽輔懸鍾可瞻邱墟臨泣地五會俠谿竅陰而膽經全

分寸歌

足少陽兮四十三頭上廿穴分三折起自瞳子至風池積數陳之次序說瞳子髎近眥五分耳前陷中聽會穴客主人名上關同耳前起骨開口空頷厭懸顱之二穴腦空下釐曲角中懸釐之穴異於茲腦空下廉曲角上曲鬢耳上髮際隅率谷耳上寸半安天衝耳後入髮二浮白入髮一寸間竅陰即是枕骨穴完骨之上有空連完骨耳後入髮際量得四分須用記本神神庭旁三寸入髮一寸耳上係陽白眉上方一寸髮上五分臨泣是髮上一寸當陽穴髮上寸半目窗至正營髮上二寸半承靈髮上四寸諦腦空髮上五寸半風池耳後髮陷寄肩井肩上陷中求大骨之前一寸半淵液腋下方三寸輒筋期下五分判期門卻是肝經穴相去巨闕四寸半日月期門下五分京骨監骨下腰絆帶脈章門下寸八五樞章下寸八貫維道章下五寸三居髎章下八寸三章門緣是肝經

穴下脘之旁九寸含環跳髀樞腕宛中屈上伸下取穴同風市垂手中指盡膝上五寸中瀆逢陽關陽陵上三寸陽陵膝下一寸從陽交外踝上七寸外邱踝上六寸容踝上五寸光明穴踝上四寸陽輔通踝上三寸懸鍾在邱墟踝前之陷中此去俠谿四寸五卻是膽經原穴功臨泣俠谿後寸半五會去谿一寸窮俠谿在指歧骨內竅陰四五二指中

病證解

口苦膽汁味苦也善太息膽氣不舒也府病也心脇痛不能轉側脈循脇裏也面塵體無膏澤脈所

過處氣鬱爲病也足外反熱脈循外踝也頭痛脈行於頭也頷痛脈加頰車也缺盆痛脈起於目也缺盆腫痛脈入缺盆也腋腫脈下腋也馬刀俠癭脈循頸項腋脇也汗出振寒瘧少陽居半表半裏也胸脇以下諸節痛皆脈所經也小指次指不用脈所絡也

本草臟腑虛實標本用藥式

膽屬木爲少陽相火發生萬物爲決斷之官十一臟之主（主同肝）

本病（之臟腑病）

口苦嘔苦汁善太息（同經）憺憺如人將捕狀（膽氣虛）目昏（主同肝）不眠（魂藏於肝少陽與肝爲表裏）

標病（之經絡病）

寒熱往來痁瘧胸脇痛頭頷痛耳痛鳴聾瘰癧結核馬刀足小指次指不用（俱同經）

治法解

實火瀉之

木旺生火火有餘則爲實故用瀉

瀉膽

相火有餘則膽實瀉火所以瀉膽也

龍膽草（益肝膽而瀉火）牛膽（瀉膽除膽中熱）豬膽（瀉肝膽之火）生甤仁（消火散熱治目赤腫痛）生酸棗仁（生用酸平療膽熱）黃連（瀉火益肝膽豬膽汁炒）苦茶（瀉熱消痰）

虛火補之

肝腎虧弱相火易虛故用補

溫膽

膽虛則寒故宜溫補補氣補血所以溫之也

人參（壯膽補氣正氣旺則心肝靜）細辛（辛益肝膽）半夏（補肝潤腎除溼化痰）當歸（和血養血）炒甤仁（明目補肝）炒棗仁（專補肝膽炒熟療膽虛不眠）地黃（補陰生血）

本熱平之

不言本寒者已具溫膽條中省文也

除火

瀉膽條中亦多降火之藥但火兼虛實前言其實此兼言其虛

黃芩（瀉實火仲景柴胡湯用爲少陽裏藥）黃連（解見前條）芍藥（瀉肝火能於土中瀉木）連翹（除少陽氣分實熱）甘草（入涼劑則瀉邪火）

鎮驚

肝藏魂有熱則魂不安而膽怯重以止怯所以鎮之也

黑鉛(鎮心安神)　水銀(主天行熱疾安神鎮心)

標熱和之

不言標寒者少陽半表所主在筋邪入於筋較肌肉更深則寒變爲熱

和解

和法較解肌更輕

柴胡(足少陽表藥)　芍藥(瀉肝火入肝經血分)　黃芩(足少陽裏藥)　半夏(發表開鬱)　甘草(入汗劑則解肌)

內經靈樞經脈篇

肝經第十二(是經起於大敦穴終於期門穴)

肝足厥陰之脈起於大指叢毛之際上循足跗上廉去內踝一寸上踝八寸交出太陰之後上膕內廉循陰股入毛中過陰器抵小腹挾胃屬肝絡膽上貫膈布脇肋循喉嚨之後上入頏顙連目系上出額與督脈會於巔其支者從目系下頰裏環脣內其支者復從肝別貫膈上注肺是動則病腰痛不可以俛仰丈夫㿗疝婦人少腹腫甚則嗌乾面塵脫色是主肝所生病者胸滿嘔逆飧泄狐疝遺溺閉癃爲此諸病盛則瀉之虛則補之熱則疾之寒則留之陷下則灸之不盛不虛以經取之盛者寸口大一倍於人迎虛者寸口反小於人迎也

經絡解

三毛後橫紋爲叢毛目內深處爲系頏顙咽顙也

足厥陰脈受足少陽膽之交起於大指叢毛之大敦循足跗上廉歷行間太衝抵內踝前一寸之中封上踝過三陰交歷蠡溝中都復上一寸交出太陰之後上膕內廉至膝關曲泉循股內之陰包五里陰廉入陰毛中左右相交環繞陰器抵小腹

上循章門至期門之所挾胃屬肝下絡於膽又自期門上貫膈布脇肋循喉嚨之後上入頏顙連目系上出額與督脈會於巔其支者從目系下行頰裏交環於唇口之內其又支者從期門屬肝處別貫膈上注肺下行至中脘之分以交於手太陰肺經也

肝經諸穴歌

足厥陰一十三穴終起大敦於行間循太衝於中封蠡溝中都之會膝關曲泉之宮襲陰包於五里陰廉乃發尋羊矢於章門期門可攻

醫學指歸卷下　三八

分寸歌

足大指端名大敦行間大指縫中存太衝本節後二寸踝前一寸號中封蠡溝踝上五寸是中都踝後七寸中膝關犢鼻下二寸曲泉曲膝盡橫紋陰包膝上方四寸氣衝三寸下五里陰廉衝下有二寸羊矢衝下一寸許氣衝卻是胃經穴鼠蹊之上一寸主鼠蹊橫骨端盡處相去中行四寸止章門下脘旁九寸肘尖盡處側臥取期門又在巨闕旁四寸五分無差矣

病證解

腰痛肝與腎通乙癸同源也㿗疝脈繞陰器也小腹腫脈抵小腹也嗌乾脈循喉嚨也面塵脫色肝膽同病也胸滿脈貫膈也嘔逆脈挾胃也飧泄風火性急不及消化也狐疝脈過陰器也

本草臟腑虛實標本用藥式

肝藏血屬木膽火寄於中主血主目主筋主呼主怒

本病之病臟腑

諸風肝主風木眩暈風火之象僵臥強直驚癇諸風火上炎筋脈受傷之證兩脇腫痛胸肋滿痛肝脈貫膈布脇肋腫痛滿痛似屬標病但肝為雷火諸逆衝上皆屬於火則胸脇作痛皆火逆為之也况經脈伏行之地在內不在外故屬之本病之類疝痛標病中有㿗疝小腹腫痛而此列之本病以腹中作痛皆得名之為疝非必下連睪丸也

醫學指歸卷下　三九

癥瘕血積為癥氣聚為瘕女人經病血室屬於肝經

標病之病經絡

寒熱瘧同經頭痛吐涎脈上額會於巔目赤脈上連目系面青脈行頰裏多怒怒必外見辭色故為標病耳閉少陽脈入耳中肝之表也頰腫脈行頰裏筋攣肝主筋卵縮丈夫㿗疝脈繞陰器女人少腹腫痛陰病脈抵小腹

治法解

有餘瀉之

肝實則為有餘故用瀉下分五法

瀉子

心爲肝之子。瀉心火所以瀉子也。

甘草 瀉丙火

行氣

肝主血。而氣者所以行乎血。氣滯則血凝。行血中之氣。正以行血也。

香附 血中氣藥，調氣開鬱 川芎 行氣散瘀，血中氣藥 瞿麥 破血利竅 牽牛 瀉氣分泄熱，通下焦鬱遏 青皮 入肝膽氣分，破氣散血

行血

血凝滯不行則爲實。留血不去則新血不流。破血乃所以行血也。

紅花 入肝經，破瘀活血 鼈甲 色青入肝，治血瘕經阻 桃仁 厥陰血分藥，泄血滯，生新血 莪朮 入肝經血分，破血消積 三稜 入肝經血分，破血消積 穿山甲 專能行散，厥陰通經 大黃 大瀉血分實熱，下積通經 水蛭 逐惡血瘀血，破血癥積聚 䗪蟲 破血積堅痞癥瘕 蘇木 入三陰血分，破瘀血 丹皮 破積血，通經脈

鎮驚

邪入肝經。則魂不安而善驚。逐風熱。墜痰涎。皆所以鎮之也。

金箔 金制木，重鎮怯，治肝膽風熱之病 鐵落 平肝去怯，治善怒發狂 雄黃 得正陽之氣，入肝經氣分，瀉肝風 珍珠 瀉熱定驚，鎮心安神 代赭石 鎮虛逆，治血熱 夜明砂 瀉熱散結 胡粉 墜痰消脹 銀箔 鎮心明目，去風熱顛癇 鉛丹 墜痰去怯

醫學指歸卷下　四十

龍骨 收斂浮越之正氣，安神鎮驚 石決明 除肝經風熱

搜風

肝主風木。故諸風屬肝。搜風之法。於肝經獨詳。

羌活 搜肝風 荊芥 入肝經，散風熱 薄荷 搜肝風，散風熱 槐子 入肝經氣分，疏導風熱 蔓荊子 散上部風邪 白花蛇 透骨搜風 獨活 搜肝去風 皂莢 搜風洩熱 烏頭 大燥去風 防風 搜肝去風 白附子 去頭面游風 殭蠶 治風化痰 蟬脫 除風熱，治皮膚

不足補之

肝虛則爲不足。故用補。下分三法。

補母

腎爲肝之母。故云肝無補法。補腎即所以補肝也。

枸杞 清肝滋腎，益氣生精 杜仲 甘溫補腎 狗脊 平補肝腎 熟地黃 滋腎水，補眞陰 苦參 燥濕勝熱，補陰益精 萆薢 固下焦，補肝虛 阿膠 養肝滋腎，和血補陰 兔絲子 強陰益精，平補三陰

補血

血宜流通而惡壅滯。補血之中。兼以活血。乃善用補者也。

當歸 和血補血，爲血中氣藥 牛膝 益肝腎，生用破惡氣 續斷 補肝腎，宣通血脈 白芍藥 補血瀉肝 血竭 散瘀生新，和血聖藥 没藥 通滯血，補肝膽 川芎 補血潤燥，散瘀通經

醫學指歸卷下　四十一

補氣

木性條達鬱遏之則其氣不揚辛以補之所以達其氣

天麻辛溫入肝經氣分益氣強陰 柏子仁滋肝明目肝經氣分藥 蒼术升氣散鬱 菊花去風熱明目 細辛辛散風熱補益肝膽 蜜蒙花潤肝明目 決明入肝經除風熱 穀精草辛溫去風熱入厥陰肝經 生薑辛溫散寒宣氣解鬱

本熱寒之

不言本寒者不足即為虛寒溫補之法已見上條省文也

瀉木

木中有火瀉木亦不外瀉火但酸以瀉木鹹以瀉火瀉中有補與下瀉火攻裏有虛實之分與上補母補氣血又有寒溫之辨

芍藥炙瀉肝大補肝血 烏梅酸斂肺補金以制木 澤瀉鹹瀉腎火起陰氣

瀉火

苦寒瀉火亦是瀉其有餘但不用攻伐止用寒涼亦是和解之法

黃連瀉肝膽火豬膽汁炒 龍膽草益肝膽而瀉火除下焦溼熱 黃芩瀉少陽相火 苦茶瀉熱下氣 豬膽瀉肝膽火

攻裏

行血亦用大黃是行血亦攻裏但攻裏不必行血故另立攻裏一條皆所以瀉實火也

大黃入肝經血分下燥結而去瘀熱

標熱發之

肝主筋在肌肉之內邪入肝經寒變為熱故不言標痳

和解

肝之表少陽也故用少陽和解之法

柴胡少陽表藥 半夏辛散發表開鬱

解肌

邪入筋而用解肌法解肌而用太陽發表藥蓋邪已深入引之從肌肉而達皮毛也

桂枝發汗解肌 麻黃發汗解肌

孫履鰲監刊

醫學指歸卷下終

附奇經八脈歌

督脈起自下極腧並於脊裏上風府過腦額鼻入齗
交爲陽脈海都綱要
任脈起於中極底上腹循喉承漿裏陰脈之海妊所
謂衝脈出胞循脊中從腹會咽絡口脣女人成經爲
血室脈並少陰之腎經與任督本於陰會三脈並起
而異行
陽蹻起自足跟裏循外踝上入風池
陰蹻內踝循喉嗌本足陰陽脈別支
諸陰交起陰維脈發足少陰築賓郄
諸陽會起陽維脈太陽之郄金門穴
帶脈周迴季脇間會於維道足少陽所謂奇經之八
脈維繫諸經乃順常

附穴同名異類

一穴二名

後項一名交衝　強間一名大羽　竅陰一名枕骨　腦戶一名合顱　曲鬢名曲髮
腦空一名顳顬　顖顖一名顖息　聽宮一名所聞　瘈脈一名資脈　素髎一名面正
水溝一名人中　承漿一名懸漿　廉泉一名舌本　風府一名舌本　上星一名神堂
絲竹空一名目髎　清明一名淚孔　巨髎一名巨窌　肩井一名膊井　淵液一名泉液
臑會一名臑髎　大椎一名百勞　命門一名屬累　風門一名熱府　巨闕一名心募
期門一名肝募　腎俞一名高蓋　中膂內俞一名脊內俞　天窗一名窗籠
天鼎一名天頂　天突一名天瞿　扶突一名水穴　天池一名天會　人迎一名五會
缺盆一名天蓋　腧府一名輸府　玉堂一名玉英　神闕一名氣舍　四滿一名髓府
腹結一名腸窟　衝門一名慈宮　上氣衝一名氣街　橫骨一名曲骨端　輒筋一名神光
陽輔一名分內　陰都一名食宮　水突一名水門　水分一名分水　會陰一名屏翳
會陽一名利機　太淵一名太泉　商陽一名純陽　二間一名間谷　三間一名少谷
合谷一名虎口　陽谿一名中魁　三里一名手三里　少衝一名經始
少海一名曲節　少澤一名小吉　大泉一名天溼　陽池一名別陽　支溝一名飛虎
蠡溝一名交儀　中封一名懸泉　中都一名中郄　三陽絡一名通門　陰包一名陰胞
陰交一名橫戶　委中一名血郄　懸鍾一名絕骨　漏谷一名太陰絡　地機一名脾舍
血海一名百蟲窠　上廉一名上巨虛　下廉一名下巨虛　陰市一名陰鼎
伏兔一名外句　太谿一名呂細　照海一名陰蹻　金門一名梁關　崑崙一名下崑崙
飛揚一名厥陽　附陽一名付陽　僕參一名安邪　環跳一名臏骨　申脈

一名陽蹻湧泉一名地冲

一穴三名

絡卻一名強陽一名腦蓋禾髎一名長顛一名禾窌客主人一名上闗一名客主瞳子髎一名前關一名太陽頰車一名機關一名曲牙聽會一名聽河一名後關肩髃一名中肩井一名偏肩脊中一名神宗一名脊俞膻中一名亶中一名元見鳩尾一名尾翳一名髑骬上脘一名上管一名胃脘中脘一名太倉一名胃募氣海一名脖胦一名下肓氣穴一名胞門一名子戶中府一名府中俞一名肺募勞宮一名五里一名掌中大赫一名陰維一名陰關長強一名氣郄一名撅骨日月一名神光一名膽募承筋一名腨腸一名直腸溫溜一名池頭一名逆注復溜一名昌陽一名伏白陽關一名陽陵一名闗陵陽交一名別陽一名足窌神門一名銳中一名中都然谷一名然骨一名龍淵

一穴四名

瘂門一名瘖門一名舌橫一名舌厭攢竹一名始光一名光明一名員柱關元一名丹田一名大中極一名小腸募中極一名玉泉一名氣原一名膀胱募天樞一名長谿一名穀門一名大腸募京門一名氣俞一名氣府一名腎募承山一名魚腹一名內柱一名腸山承扶一名內郄一名陰闗一名皮部

一穴五名

百會一名三陽一名五會一名巔上一名天滿章門一名長平一名季脇一名脇髎一名脾募

一穴六名

腰俞一名背解一名腰戶一名髓孔一名腰柱一名髓府右門一名利機一名丹田一名精露一名命門一名三焦募

名同穴異類

頭臨泣足臨泣　頭竅陰足竅陰　腹通谷足通谷

背陽關足陽關　手三里足三里　手五里足五里

爰夫醫書肇自軒岐方藥傳於盧扁漢唐以來禁方多不傳之祕宋元而後著述皆補救之文非精心以獨其源流則治疾而疾且益甚得博學以深爲考究斯解經而經乃不亡如我　雙湖世伯大人以孝旌於

朝事實中載庸行數條以及樂善好施諸大端類皆嘖嘖人口惟醫學指歸二卷尚未梓行寬乞而抄讀之恍然知藥按君臣佐使證詳表裏陰陽酌古準今法良意美洵靈樞之功臣也寬先世亦以太醫院顯名於世悔無傳人及　世伯自郵還興與寬祖宅比

鄰交深三世因得薰陶其學問熟悉其生平焉每憶

世伯造詣深邃稟資靈明醫由孝生養老之新書可補道從心悟課功之伏案何勤遇寠人則極力扶持幾忘囊盡臨疑證則一經調攝輒見春回詎意庚戌年天災流行因救病而不計安居遂勞神而致成重疫葛仙卽病臥不起猶憫貧民公臥病所言皆臨證及素行善事文翁雖宴飲如常早知亡日公易簀前三旬自知不壽方書一卷僅稱身後之遺探索終身始著不刊之作嗚呼趙孟往而無與爲善倉公歿而誰爲生人手澤猶存心源可接所欣克家著望醫緩承稱繼起之良益信教孝有書傳門別無事親之錄

咸豐元年八月下旬世愚姪姚武寬頓首謹識